宋诗鉴赏辞典

赵朴初题

新一版

缪钺 霍松林 周振甫 吴调公 曾枣庄
葛晓音 陈伯海 赵昌平 莫砺锋 刘永翔
等撰写

上海辞书出版社

《宋诗鉴赏辞典》

撰稿人（以姓氏笔画为序）：

于绍卿	马祖熙	王　劦	王从仁	王兴康	王英志	王思宇
王根林	王镇远	王翼奇	韦凤娟	邓光礼	邓韶玉	艾荫范
左成文	龙　晦	卢文周	史　乘	史良昭	白敦仁	朱世英
朱永安	朱杰人	朱明伦	乔象钟	刘乃昌	刘文忠	刘永翔
刘扬忠	刘初棠	刘知渐	刘学锴	刘禹昌	刘竞飞	刘逸生
刘德重	许理绚	孙　静	孙艺秋	苏者聪	李　敏	李中华
李文钟	李正民	李廷先	李壮鹰	李良镕	李宗为	李济阻
李敬一	李景白	吴　锦	吴汝煜	吴孟复	吴调公	邱俊鹏
何大江	何丹尼	何庆善	何满子	余恕诚	余嘉华	沈　晖
沈时蓉	张　兵	张　翰	张仁健	张成德	张志岳	张明非
张金海	张惠荣	张锡厚	张燕瑾	陈文华	陈文新	陈邦炎
陈志明	陈伯海	陈顺智	陈祥耀	邵毅平	林从龙	林东海
金子湘	金启华	金菊林	周凤岗	周本淳	周振甫	周啸天
周锡山	周溶泉	周慧珍	屈守元	孟庆文	赵其钧	赵昌平
赵晓兰	胡守仁	胡国瑞	胡晓晖	钟元凯	袁行霈	聂世美
莫砺锋	顾之京	顾伟列	顾志兴	顾复生	徐少舟	徐世琤
徐永年	徐应佩	徐定祥	徐树仪	唐富龄	陶文鹏	陶道恕
黄　刚	黄　明	黄　珅	黄宝华	萧作铭	萧瑞峰	曹　旭
曹中孚	曹光甫	曹济平	崔承运	阎昭典	梁归智	梁瑞玲
葛晓音	韩小默	蒋见元	程一中	傅经顺	曾枣庄	赖汉屏
雷履平	詹杭伦	鲍　恒	褚斌杰	蔡义江	蔡厚示	鲜述文
熊礼汇	缪　钺	潘同寿	霍松林			

审　订　者：李廷先

原书责任编辑：严寿澂　贺银海

责任编辑：霍丽丽　辛　琪

特约编辑：杨月英

目　录

出版说明 …………………………………… 1

凡　　例 …………………………………… 1

论宋诗(代序)……………………………… 1—9

篇 目 表 ………………………………… 1—24

正　　文 ……………………………… 1—1582

附　　录

诗人年表 ………………………………… 1583

宋诗书目 ………………………………… 1611

名句索引 ………………………………… 1659

诗人笔画索引 …………………………… 1681

篇目笔画索引 …………………………… 1684

《宋诗鉴赏辞典》

撰稿人（以姓氏笔画为序）：

于绍卿　马祖熙　王　劦　王从仁　王兴康　王英志　王思宇
王根林　王镇远　王翼奇　韦凤娟　邓光礼　邓韶玉　艾荫范
左成文　龙　晦　卢文周　史　乘　史良昭　白敦仁　朱世英
朱永安　朱杰人　朱明伦　乔象钟　刘乃昌　刘文忠　刘永翔
刘扬忠　刘初棠　刘知渐　刘学锴　刘禹昌　刘竞飞　刘逸生
刘德重　许理绚　孙　静　孙艺秋　苏者聪　李　敏　李中华
李文钟　李正民　李廷先　李壮鹰　李良镕　李宗为　李济阻
李敬一　李景白　吴　锦　吴汝煜　吴孟复　吴调公　邱俊鹏
何大江　何丹尼　何庆善　何满子　余恕诚　余嘉华　沈　晖
沈时蓉　张　兵　张　翰　张仁健　张成德　张志岳　张明非
张金海　张惠荣　张锡厚　张燕瑾　陈文华　陈文新　陈邦炎
陈志明　陈伯海　陈顺智　陈祥耀　邵毅平　林从龙　林东海
金子湘　金启华　金菊林　周凤岗　周本淳　周振甫　周啸天
周锡山　周溶泉　周慧珍　屈守元　孟庆文　赵其钧　赵昌平
赵晓兰　胡守仁　胡国瑞　胡晓晖　钟元凯　袁行霈　聂世美
莫砺锋　顾之京　顾伟列　顾志兴　顾复生　徐少舟　徐世琤
徐永年　徐应佩　徐定祥　徐树仪　唐富龄　陶文鹏　陶道恕
黄　刚　黄　明　黄　珅　黄宝华　萧作铭　萧瑞峰　曹　旭
曹中孚　曹光甫　曹济平　崔承运　阎昭典　梁归智　梁瑞玲
葛晓音　韩小默　蒋见元　程一中　傅经顺　曾枣庄　赖汉屏
雷履平　詹杭伦　鲍　恒　褚斌杰　蔡义江　蔡厚示　鲜述文
熊礼汇　缪　钺　潘同寿　霍松林

审　订　者： 李廷先

原书责任编辑： 严寿澂　贺银海

责　任　编　辑： 霍丽丽　辛　琪

特　约　编　辑： 杨月英

出版说明

本书是我社中国文学鉴赏辞典系列之一。该书出版近三十年来，备受读者好评且长销不衰，成为中国古典文学普及读物中的经典之作与文学爱好者案头常备的工具书。

本书原有的选目，较好地反映了宋诗流派纷呈，风格迥异，名家众多的特点，又注重文学史的流派与流变，在作家的遴选、篇目的分配上颇为合理，得到学术界与读者的认可，故对于本书选目，不作较大改动；鉴赏文章的作者，大多是当年有关领域的不二之选。绝大部分专家以狮子搏兔的精神，鞭辟入里厚积薄发，阐幽烛隐，触处生春，为读者指迷导航，架起文学鉴赏之桥，至今看来仍历久弥鲜。这些作者有的已驾鹤西去，有的成耄耋长者，更有不少成为宋诗研究领域卓有建树的学术中坚，对于他们当年的支持，我们谨表示深切怀念、崇高敬意与衷心感谢。

本书的成功经过了时间的检验，但近三十年来宋诗研究领域成果累累，如宋代某些诗人的生平考订，宋人总集、别集新的整理出版，有关研究资料、研究著作的不断推出，以及与诗歌中古地名相对应的今地名的巨大变化等等，都需要得到及时反映。故本次修订，主要是请有关专家对这方面进行纠错与补缺。鉴赏文章，一般不作较大的修改润色，仅就个别篇章进行订误补充或调整。通过在充分考量的基础上审慎吸取前人研究成果，校订补充有关诗人生卒年，修改鉴赏文章中涉及变易的古今地名，补充出版信息，展示宋诗研究整理的新成果，全面调整作家篇目次序，进而扩大版面，改进版式与装帧，使全书的质量有较大提升。囿于各种因素，本次修订，尚难臻完美，不当之处，尚祈专家与读者不吝指正。

上海辞书出版社

2015 年 7 月

凡　例

一、本书共收二百五十五位宋代诗人的作品一千零三十八题，计一千二百五十一首。

二、正文中作家的排列，大致以生年先后为序；个别情况则依据卒年；生卒年无考者，则以在世年代先后为序。同一诗人之作，凡所收作品较多者，大致以编年顺序排列。

三、本书的赏析文章，大体是每题一篇；亦有一题分数篇者或数题合为一篇者，视撰写需要而定。

四、本书使用简化字，在可能产生歧义时，酌用繁体字或异体字。

五、诗中典故及疑难字句的注释，一般置于正文中，有的则在原诗末酌加注释。

六、本书所涉古代年份，一律用旧纪年，并括注公元纪年（“年”字则省略）。

七、每位作家的首篇作品前，均附有其小传，无名氏从略。

八、本书正文中插入有关宋人诗意的书画作品三十余幅，其中以宋人作品为主。

九、本书附有：诗人年表、宋诗书目、名句索引、篇目笔画索引等，供读者参考。

论宋诗(代序)

缪　钺

宋初沿袭五代之余,士大夫皆宗白居易诗,故王禹偁主盟一时。真宗时,杨亿、刘筠等喜李商隐,西昆体称盛,是皆未出中晚唐之范围。仁宗之世,欧阳修于古文别开生面,树立宋代之新风格,而于诗尚未能超诣,此或由于非其精力之所专注,抑或由于非其天才之所特长,然已能宗李白、韩愈,以气格为主,诗风一变。梅尧臣、苏舜钦辅之。其后王安石、苏轼、黄庭坚出,皆堂庑阔大。苏始学刘禹锡,晚学李白;王黄二人,均宗杜甫。"王介甫以工,苏子瞻以新,黄鲁直以奇。"(《苕溪渔隐丛话前集》卷四十二引《后山诗话》)宋诗至此,号为极盛。宋诗之有苏黄,犹唐诗之有李杜。元祐以后,诗人迭起,不出苏黄二家。而黄之畦径风格,尤为显异,最足以表宋诗之特色,尽宋诗之变态。《刘后村诗话》曰:"豫章稍后出,会萃百家句律之长,究极历代体制之变,搜讨古书,穿穴异闻,作为古律,自成一家,虽只字半句不轻出,遂为本朝诗家宗祖。"其后学之者众,衍为江西诗派,南渡诗人,多受沾溉,虽以陆游之杰出,仍与江西诗派有相当之渊源。至于南宋末年所谓江湖派,所谓永嘉四灵,皆爝火微光,无足轻重。故论宋诗者,不得不以江西派为主流,而以黄庭坚为宗匠矣。

唐代为吾国诗之盛世,宋诗既异于唐,故褒之者谓其深曲瘦劲,别辟新境;而贬之者谓其枯淡生涩,不及前人。实则平心论之,宋诗虽殊于唐,而善学唐者莫过于宋,若明代前后七子之规摹盛唐,虽声色格调,或乱楮叶,而细味之,则如中郎已亡,虎贲入座,形貌虽具,神气弗存,非真赏之所取也。何以言宋人之善学唐人乎?唐人以种种因缘,既在诗坛上留空前之伟绩,宋人欲求树立,不得不自出机杼,变唐人之所已能,而发唐人之所未尽。其所以如此者,要在有意无意之间,盖凡文学上卓异之天才,皆有其宏伟之创造力,决不甘徒摹古人,受其笼罩,而每一时代又自有其情趣风习,文学为时代之反映,亦自不能尽同古人也。

唐宋诗之异点,先粗略论之。唐诗以韵胜,故浑雅,而贵酝藉空灵;宋诗以意胜,故精能,而贵深折透辟。唐诗之美在情辞,故丰腴;宋诗之美在气骨,故瘦劲。唐诗如芍药海棠,秾华繁采;宋诗如寒梅秋菊,幽韵冷香。唐诗如啖荔枝,一颗入口,则甘芳盈颊;宋诗如食橄榄,初觉生涩,而回味隽永。譬诸修园林,唐诗则如叠石凿池,筑亭辟馆;宋诗则如亭馆之中,饰以绮疏雕槛,水石之侧,植以异卉名葩。譬诸游山水,唐诗则如高峰远望,意气浩然;宋诗则如曲涧寻幽,情境冷峭。唐诗之弊为肤廓平滑,宋诗之弊为生涩枯淡。虽唐诗之中,亦有下开宋派者,宋诗之中,亦有酷肖唐人者;然论其大较,固如此矣。

兹更进而研讨之。就内容论,宋诗较唐诗更为广阔。就技巧论,宋诗较唐诗更为精细。然此中实各有利弊,故宋诗非能胜于唐诗,仅异于唐诗而已。

唐诗以情景为主,即叙事说理,亦寓于情景之中,出以唱叹含蓄。惟杜甫多叙述议论,然其笔力雄奇,能化实为虚,以轻灵运苍质。韩愈、孟郊等以作散文之法作诗,始于心之所思,目之所睹,身之所经,描摹刻画,委曲详尽,此在唐诗为别派。宋人承其流而衍之,凡唐人以为不能入诗或不宜入诗之材料,宋人皆写入诗中,且往往喜于琐事微物逞其才技。如苏黄多咏墨、咏纸、咏砚、咏茶、咏画扇、咏饮食之诗,而一咏茶小诗,可以和韵四五次。(黄庭坚《双井茶送子瞻》、《和答子瞻》、《省中烹茶怀子瞻用前韵》、《以双井茶送孔常父》、《常父答诗复次韵戏答》,共五首,皆用"书""珠""如""湖"四字为韵。)余如朋友往还之迹,谐谑之语,以及论事说理讲学衡文之见解,在宋人诗中尤恒遇之。此皆唐诗所罕见也。夫诗本以言情,情不能直达,寄于景物,情景交融,故有境界,似空而实,似疏而密,优柔善入,玩味无斁,此六朝及唐人之所长也。宋人略唐人之所详,详唐人之所略,务求充实密栗,虽尽事理之精微,而乏兴象之华妙。李白、王维之诗,宋人视之,或以为"乱云敷空,寒月照水"(许尹《山谷诗注序》),不免空洞,然唐诗中深情远韵,一唱三叹之致,宋诗中亦不多觏。故宋诗内容虽增扩,而情味则不及唐人之醇厚,后人或不满意宋诗者以此。

唐诗技术,已甚精美,宋人则欲百尺竿头,更进一步。盖唐人尚天人相半,在有意无意之间,宋人则纯出于有意,欲以人巧夺天工矣。兹分用事、对偶、句法、用韵、声调诸端论之。

(一)用事　杜甫自谓"读书破万卷,下笔如有神"。其诗中自有熔铸群言之妙。刘禹锡云:"诗用僻字须要有来去处。宋考功诗云:'马上逢寒食,春来不见饧。'尝疑此字僻,因读《毛诗·有瞽》注,乃知六经中惟此有饧字。"宋祁云:"梦得作九日诗,欲用糕字,思六经中无此字,不复用。"诗中用字贵有来历,唐人亦偶及之,而宋人尤注意于此。黄庭坚《与洪甥驹父书》云:"自作语最难。老杜作诗,退之作文，无一字无来处。盖后人读书少，故谓韩杜自作此语耳。古之能为文章者，真能陶冶万物，虽取古人之陈言，入于翰墨，如灵丹一粒，点铁成金也。”黄庭坚欣赏古人，既着意于其“无一字无来处”，其自作诗亦于此尽其能事。如《咏猩猩毛笔》云：“平生几两屐，身后五车书。”用事“精妙隐密”，为人所赏。故刘辰翁《简斋诗注序》谓“黄太史矫然特出新意，真欲尽用万卷，与李杜争能于一词一字之顷，其极至寡情少恩，如法家者流。”实则非独黄一人，宋人几无不致力于此。兹举一例，以见宋人对于用字贵有来历之谨细。

《西清诗话》：“熙宁初，张掞以二府初成，作诗贺荆公，公和曰：‘功谢萧规惭汉第，恩从隗始诧燕台。’以示陆农师。农师曰：‘萧规曹随，高帝论功，萧何第一，皆摭故实，而请从隗始，初无恩字。’公笑曰：‘子善问也。韩退之《斗鸡联句》：“感恩惭隗始。”若无据，岂当对功字也。’乃知前人以用事一字偏枯，为倒置眉目，反易巾裳，盖谨之如此。”(《苕溪渔隐丛话前集》卷三十五)

唐人作诗，友朋间切磋商讨，如“僧推月下门”，易“推”为“敲”；“此波涵帝泽”，易“波”为“中”，所注意者，在声响之优劣，意思之灵滞，而不问其字之有无来历也。宋诗作者评者，对于一字之有无来历，斤斤计较，如此精细，真所谓“寡情少恩，如法家者流”。此宋人作诗之精神与唐人迥异者矣。

所贵乎用事者，非谓堆砌饾饤，填塞故实，而在驱遣灵妙，运化无迹。宋人既尚用事，故于用事之法，亦多所研究。《蔡宽夫诗话》云：“荆公尝云：‘诗家病使事太多，盖皆取其与题合者类之，如此乃是编事，虽工何益。若能自出己意，借事以相发明，情态毕出，则用事虽多，亦何所妨。’”《石林诗话》云：“诗之用事，不可牵强，必至于不得不用而后用之，则事词为一，莫见其安排斗凑之迹。苏子瞻尝为人作挽诗云：‘岂意日斜庚子后，忽惊岁在己辰年。’此乃天生作对，不假人力。”大抵用事贵精切、自然、变化，所谓“用事工者如己出”(《王直方诗话》)，即用事而不为事所用也。

非但用字用事贵有来历、有所本，即诗中之意，宋人亦主张可由前人诗中脱化而出，有换骨夺胎诸法。黄庭坚谓：“诗意无穷而人才有限，以有限之才，追无穷之意，虽渊明、少陵不得工也。不易其意而造其语，谓之换骨法；规摹其意形容之，谓之夺胎法。”

诗中用字用事用意，所以贵有所本，亦自有其理由。盖诗在各种文学体裁中最为精品，其辞意皆不容粗疏，又须言近旨远，以少数之字句，含丰融之情思，而以对偶及音律之关系，其选字须较文为严密。凡有来历之字，一则此字曾经古人选用,必最适于表达某种情思,譬之已提炼之铁,自较生铁为精。二则除此字本身之意义外,尚可思及其出处词句之意义,多一层联想。运化古人诗句之意,其理亦同。一则曾经提炼,其意较精;二则多一层联想,含蕴丰富。至于用事,亦为达意抒情最经济而巧妙之方法。盖复杂曲折之情事,决非三五字可尽,作文尚可不惮烦言,而在诗中又非所许。如能于古事中觅得与此情况相合者,则只用两三字而义蕴毕宣矣。然此诸法之运用,须有相当限度,若专于此求工,则雕篆字句,失于纤巧,反失为诗之旨。

(二)对偶　吾国文字,一字一音,宜于对偶,殆出自然。最古之诗文,如《诗经》、《尚书》,已多对句。其后对偶特别发展,故衍为骈文律诗。唐人律诗,其对偶已较六朝为工,宋诗于此,尤为精细。《石林诗话》云:"荆公晚年,诗律尤精严,造语用字,间不容发,然意与言会,言随意遣,浑然天成,殆不见有牵率排比处。如'含风鸭绿鳞鳞起,弄日鹅黄袅袅垂',读之初不觉有对偶,至'细数落花因坐久,缓寻芳草得归迟',但见舒闲容与之态耳,而字字细考之,若经檃括权衡者,其用意亦深刻矣。尝与叶致远诸人和头字韵诗,往返数四,其末篇有云:'名誉子真矜谷口,事功新息困壶头',以谷口对壶头,其精切如此。"大抵宋诗对偶所贵者数点:

(甲)工切　如"飞琼"对"弄玉",皆人名,而"飞"字与"弄"字,"琼"字与"玉"字又相对。如"谷口"对"壶头",皆地名,而"谷"字与"壶"字,"口"字与"头"字又相对。如"含风鸭绿鳞鳞起,弄日鹅黄袅袅垂","鸭绿"代水,"鹅黄"代柳,而"鸭""鹅"皆鸟名,"绿""黄"皆颜色,"鳞鳞""袅袅"均形况叠字,而"鳞"字从"鱼","袅"字从"鸟",备极工切。

(乙)匀称　如"细数落花因坐久,缓寻芳草得归迟",其中名词动词形况词相对偶者,意之轻重,力之大小,皆如五雀六燕,铢两悉称。

(丙)自然　对偶排比,虽出人工,然作成之后,应极自然,所谓"浑然天成,不见牵率处"。如黄庭坚《寄元明》诗:"但知家里俱无恙,不用书来细作行。"陈师道《观月》诗:"隔巷如千里,还家已再圆。"陈与义《次韵谢表兄张元东见寄》诗:"灯里偶然同一笑,书来已似隔三秋。"骤读之似自然言语,一意贯注,细察之则字字对偶也。

(丁)意远　对句最忌合掌,即两句意相同或相近也。故须词字相对,而意思则隔离甚远,读之始能起一种生新之感。如苏轼"身行万里半天下,僧卧一庵初白头"。黄庭坚"舞阳去叶才百里,贱子与公俱少年"。读上句时,决想不到下句如此接出,此其所以奇妙也。

(三)句法　杜甫《赠李白》诗云:“李侯有佳句,往往似阴铿。”《寄高适》诗云:“佳句法如何。”《江上值水如海势聊短述》诗云:“为人性僻耽佳句,语不惊人死不休。”韩愈《荐士》诗称孟郊云:“横空盘硬语,妥帖力排奡。”唐人为诗,固亦重句法,而宋人尤研讨入微。宋人于诗句,特注意于洗炼与深折,或论古,或自作,或时人相欣赏,皆奉此为准绳。王安石每称杜甫“钩帘宿鹭起,丸药流莺转”之句,以为用意高峭,五字之模楷。黄庭坚爱杜甫诗“不知西阁意,肯别定留人”。肯别耶,定留人耶,一句有两节顿挫,为深远闲雅。《王直方诗话》云:“山谷谓洪龟父云:‘甥最爱老舅诗中何语?’龟父举‘蜂房各自开户牖,蚁穴或梦封侯王。’‘黄流不解涴明月,碧树为我生凉秋。’以为深类工部。山谷曰:‘得之矣。’张文潜尝谓余曰:‘黄九似“桃李春风一杯酒,江湖夜雨十年灯”,真是奇语。’”观此可知宋诗造句之标准,在求生新,求深远,求曲折。盖唐人佳句,多浑然天成,而其流弊为凡熟、卑近、陈腐,所谓“十首以上,语意稍同”。故宋人力矫之。《复斋漫录》云:“韩子苍言,作语不可太熟,亦须令生。东坡作《聚远楼》诗,本合用‘青山绿水’对‘野草闲花’,以此太熟,故易以‘云山烟水’。此深知诗病者。”此事最足以见宋人造句之特色。若在唐人,或即用“青山绿水”矣,而宋人必易以“云山烟水”,所以求生求新也。然过于求新,又易失于怪僻。最妙之法,即在用平常词字,施以新配合,则有奇境远意,似未经人道,而又不觉怪诞。如黄庭坚“桃李春风一杯酒,江湖夜雨十年灯”,张耒称为奇语。“桃李”,“春风”,“一杯酒”,“江湖”,“夜雨”,“十年灯”,皆常词也。及“桃李春风一杯酒,江湖夜雨十年灯”,六词合为两句,则意境清新,首句见朋友欢聚之乐,次句见离别索寞之苦,读之隽永有深味。前人诗中用“江湖”,用“夜雨”,用“十年灯”者多矣,然此三词合为一句,则前人所无。譬如膳夫治馔,即用寻常鱼肉菜蔬,而配合烹调,易以新法,则芳鲜适口,食之无厌。此宋人之所长也。

(四)用韵　唐诗用韵之变化处,宋人特注意及之。欧阳修曰:“韩退之工于用韵。其得韵宽,则波澜横溢,泛入傍韵,乍还乍离,出入回合,殆不可拘以常格,如《此日足可惜》之类是也。得韵窄,则不复傍出,而因难以见巧,愈险愈奇,如《病中赠张十八》之类是也。譬夫善驭良马者,通衢广陌,纵横驰逐,惟意所之,至于水曲蚁封,疾徐中节,而不蹉跌,乃天下之至工也。”宋人喜押强韵,喜步韵,因难见巧,往往叠韵至四五次,在苏黄集中甚多。吕居仁《与曾吉甫论诗帖》云:“近世次韵之妙,无出苏黄,虽失古人唱酬之本意,然用韵之工,使事之精,有不可及者。”诗句之有韵脚,犹屋楹之有础石,韵脚稳妥,则诗句劲健有力。而步韵及押险韵时,因受韵之限制,反可拨弃陈言,独创新意。此皆宋人之所喜也。

(五)声调　唐诗声调,以高亮谐和为美。杜甫诗句,间有拗折之响,如"宠光蕙叶与多碧,点注桃花舒小红","一双白鱼不受钓,三寸黄柑犹自青","负盐出井此溪女,打鼓发舡何郡郎"。其法大抵于句中第五字应用平声处易一仄声,应用仄声处易一平声。譬如"宠光"二句,上句第五字应用平声,下句第五字应用仄声,则音调谐和。今上句用仄声"与"字,下句用平声"舒"字,则声响别异矣。因声响之殊,而句法拗峭,诗之神味亦觉新异。此在杜甫不过偶一为之,黄庭坚专力于此。宋人不察,或以为此法创始于黄。《禁脔》云:"鲁直换字对句法,如:'只今满坐且尊酒,后夜此堂空月明。''清谈落笔一万字,白眼举觞三百杯。''田中谁问不纳履,坐上适来何处蝇。''秋千门巷火新改,桑柘田园春向分。''忽乘舟去值花雨,寄得书来应麦秋。'其法于当下平字处以仄字易之,欲其气挺然不群。前此未有人作此体,独鲁直变之也。"黄非独于律诗如此,即作古诗(尤其七古),亦有一种奇异之音节。方东树谓黄诗"于音节尤别创一种兀傲奇崛之响,其神气即随此以见"(《昭昧詹言》)。

总之,宋诗运思造境,炼句琢字,皆剥去数层,透过数层。贵"奇",故凡落想落笔,为人人意中所能有能到者,忌不用,必出人意表,崛峭破空,不从人间来。又贵"清",譬如治馔,凡肥醲厨馔,忌不用。苏轼评黄诗云:"黄鲁直诗文如蝤蛑江瑶柱,格韵高绝,盘飧尽废。"任渊谓读陈师道诗,"似参曹洞禅,不犯正位,切忌死语"。方东树评黄诗曰:"黄山谷以惊创为奇,意,格,境,句,选字,隶事,音节,着意与人远,故不惟凡近浅俗,气骨轻浮,不涉毫端句下,凡前人胜境,世所程式效慕者,尤不许一毫近似之。"黄陈最足代表宋诗,故观诸家论黄陈诗之语,可以想见宋诗之特点。宋诗长处为深折,隽永,瘦劲,洗剥,渺寂,无近境陈言、冶态凡响。譬如同一咏雨也,试取唐人李商隐之作,与宋人陈与义之作比较之:

> 萧洒傍回汀,依微过短亭。气凉先动竹,点细未开萍。稍促高高燕,微疏的的萤。故园烟草色,仍近五门青。(李商隐《细雨》)
>
> 萧萧十日雨,稳送祝融归。燕子经年梦,梧桐昨暮非。一凉恩到骨,四壁事多违。衮衮繁华地,西风吹客衣。(陈与义《雨》)

李诗写雨之正面,写雨中实在景物,常境常情,人人意中所有,其妙处在体物入微,描写生动,使人读之而起一种清幽闲静之情。陈诗则凡雨时景物一概不写,务以造意胜,透过数层,从深处拗折,在空际盘旋。首二句点出雨。三四两句离开雨说,而又是从雨中想出,其意境凄迷深邃,决非恒人意中所有。同一用鸟兽草木也,李诗中之"竹"、"萍"、"燕"、"萤",写此诸物在雨中之情况而已;陈诗用"燕子"、"梧桐",并非写雨中燕子与梧桐之景象,乃写雨中燕子与梧桐之感觉,实则燕子、梧桐并无感觉，乃诗人怀旧之思，迟暮之慨，借燕子、梧桐以衬出耳。宋诗用意之深折如此。五六两句言人在雨时之所感。同一咏凉也，李诗则云“气凉先动竹”，借竹衬出；陈诗则云“一凉恩到骨”，直凑单微。“凉”上用“一”字形容，已觉新颖矣，而“一凉”下用“恩”字，“恩”下又接“到骨”二字，真剥肤存液，迥绝恒蹊。宋诗造句之烹炼如此。世之作俗诗者，记得古人许多陈词套语，无论何题，摇笔即来，描写景物，必“夕阳”“芳草”，偶尔登临，亦“万里”“百年”，伤离赠别，则“折柳”“沾襟”，退隐闲居，必“竹篱”“茅舍”；陈陈相因，使人生厌，宜多读宋诗，可以涤肠换骨也。再举宋人古诗为例，黄庭坚《跋子瞻和陶》诗云：

　　东坡谪岭南，时宰欲杀之。饱吃惠州饭，细和渊明诗。彭泽千载人，东坡百世士。出处虽不同，风味乃相似。

此诗纯以意胜，不写景，不言情，而情即寓于意之中。其写意也，深透尽致，不为含蓄，而仍留不尽之味，所以不失为佳诗。然若与唐人短篇五古相较，则风味迥殊。如韦应物《淮上即事寄广陵亲故》诗：

　　前舟已渺渺，欲渡谁相待。秋山起暮钟，楚雨连沧海。风波离思满，宿昔容鬓改。独鸟下东南，广陵何处在。

则纯为情景交融，空灵酝藉者矣。

宋诗中亦未尝无纯言情景以风韵胜者，如：

　　春阴垂野草青青，时有幽花一树明。晚泊孤舟古祠下，满川风雨看潮生。（苏舜钦）

　　梨花淡白柳深青，柳絮飞时花满城。惆怅东栏一株雪，人生看得几清明。（苏轼）

　　我家曾住赤栏桥，邻里相过不寂寥。君若到时秋已半，西风门巷柳萧萧。（姜夔）

诸作虽亦声情摇曳，神韵绝佳，然方之唐诗，终较为清癯幽折。至如：

　　书当快意读易尽，客有可人期不来。世事相违每如此，好怀百岁几回开。（陈师道）

则纯为宋诗意格矣。

宋诗既以清奇生新深隽瘦劲为尚，故最重功力，“月锻季炼，未尝轻发”（任渊《山谷诗注序》），盖此种种之美，皆由洗练得来也。吕居仁《与曾吉甫论诗帖》云：“要之此事须令有悟入，则自然越度诸子，悟入之理，正在工夫勤惰间耳。”此言为诗赖工夫也。因此，一人之诗，往往晚岁精进。王安石少以意气自许，故语惟其所向，不复更为含蓄。后为郡牧判官，从宋次道尽假唐人诗集，博观而约取，晚年始尽深婉不迫之趣。作诗贵精不贵多。黄庭坚尝谓洪氏诸甥言:“作诗不必多,某生平诗甚多,意欲止留三百篇。”诸洪皆以为然。徐师川独笑曰:“诗岂论多少,只要道尽眼前景致耳。”黄回顾曰:“某所说止谓诸洪作诗太多,不能精致耳。”作诗时必殚心竭虑。陈师道作诗,闭户蒙衾而卧,驱儿童至邻家,以便静思,故黄庭坚有“闭门觅句陈无己”之语,而师道亦自称“此生精力尽于诗,末岁心存力已疲”,此最足代表宋人之苦吟也。

宋诗流弊,亦可得而言。立意措词,求新求奇,于是喜用偏锋,走狭径,虽镌镵深透,而乏雍容浑厚之美。《隐居诗话》云:“黄庭坚句虽新奇,而气乏浑厚。”刘熙载云:“杜诗雄健而兼虚浑,宋西江名家,几于瘦硬通神,然于水深林茂之气象则远矣。”此其流弊一。新意不可多得,于是不得不尽力于字句,以避凡近,其卒也,得小遗大,句虽新奇,而意不深远,乍观有致,久诵乏味。《隐居诗话》云:“黄庭坚喜作诗,得名,好用南朝人语,专求古人未使之一二奇字,缀葺而成诗,自以为工,其实所见之僻也。”方东树曰:“山谷死力造句,专在句上弄远,成篇之后,意境皆不甚远。”此其流弊二。求工太过,失于尖巧;洗剥太过,易病枯淡。《吕氏童蒙训》云:“鲁直诗有太尖新、太巧处,不可不知。”方东树曰:“山谷矫敝滑熟,时有枯促寡味处。”刘辰翁曰:“后山外示枯槁,如息夫人绝世,一笑自难。”此其流弊三。

陈子龙谓:“宋人不知诗而强作诗,故终宋之世无诗,然其欢愉愁苦之致,动于中而不能抑者,类发于诗余,故其所造独工。”此言颇有所见,惟须略加解释。盖自中晚唐词体肇兴,其体较诗更为轻灵委婉,适于发抒人生情感之最精纯者,至宋代,此新体正在发展流衍之时,故宋人中多情善感之士,往往专藉词发抒,而不甚为诗,如柳永、周邦彦、晏幾道、贺铸、吴文英、张炎、王沂孙之伦是也。即兼为诗词者,其要眇之情,亦多易流入于词。如欧阳修,世人称其诗“多平易疏畅,律诗意所到处,虽语有不伦,亦不复问,而学之者往往遂失于快直,倾困倒廪,无复余地。”(《苕溪渔隐丛话前集》卷二十二引《石林诗话》)是讥其不能酝藉也。然观欧阳修之词如:

寸寸柔肠,盈盈粉泪,楼高莫近危栏倚。平芜尽处是春山,行人更在春山外。(《踏莎行》)

芳菲次第还相续,不奈情多无处足。尊前百计得春归,莫为伤春眉黛蹙。(《玉楼春》)

尊前拟把归期说,未语春容先惨咽。人生自是有情痴,此恨不关风与月。(《玉楼春》)

何其深婉绵邈。盖欧阳修此种之情,既发之于词,故诗中遂无之矣。由此可知,宋人情感多入于词,故其诗不得不另辟疆域,刻画事理,于是遂寡神韵。夫感物之情,古今不易,而其发抒之方式,则各有不同。唐人中工于言情者,如王昌龄、刘长卿、柳宗元、杜牧、李商隐,若生于宋代,或将专长于词;而宋代柳周晏贺吴王张诸词人,若生于唐,其诗亦必空灵酝藉。陈子龙谓"宋人不知诗而强作诗",宋人非不知诗,惟前人发之于诗者,在宋代既多为词体夺之以去,故宋诗之内容不得不变,因之其风格亦不得不殊异也。

英国安诺德谓:"一时代最完美确切之解释,须向其时之诗中求之,因诗之为物,乃人类心力之精华所构成也。"反之,欲对某时代之诗得完美确切之了解,亦须研究其时代之特殊精神,盖各时代人心力活动之情形不同,故其表现于诗者风格意味亦异也。宋代国势之盛,远不及唐,外患频仍,仅谋自守,而因重用文人故,国内清晏,鲜悍将骄兵跋扈之祸,是以其时人心,静弱而不雄强,向内收敛而不向外扩发,喜深微而不喜广阔。宋人审美观念亦盛,然又与六朝不同。六朝之美如春华,宋代之美如秋叶;六朝之美在声容,宋代之美在意态;六朝之美为繁丽丰腴,宋代之美为精细澄澈。总之,宋代承唐之后,如大江之水,潴而为湖,由动而变为静,由浑灏而变为澄清,由惊涛汹涌而变为清波容与。此皆宋人心理情趣之种种特点也。此种种特点,在宋人之理学、古文、词、书法、绘画,以至于印书,皆可征验。由理学,可以见宋人思想之精微,向内收敛;由词,可以见宋人心情之婉约幽隽;由古文及书法,可以见宋人所好之美在意态而不在形貌,贵澄洁而不贵华丽。明乎此,吾人对宋诗种种特点,更可得深一层之了解。宋诗之情思深微而不壮阔,其气力收敛而不发扬,其声响不贵宏亮而贵清泠,其词句不尚蕃艳而尚朴澹,其美不在容光而在意态,其味不重肥醲而重隽永,此皆与其时代之心情相合,出于自然。扬雄谓言为心声,而诗又言之菁英,一人之诗,足以见一人之心,而一时代之诗,亦足以见一时代之心也。

一九四〇年八月撰写

一九八六年二月审订

篇目表

徐　铉

送王四十五归东都 ……………… 1

梦游三首(其一) ……………… 2

杨徽之

寒食寄郑起侍郎 ……………… 4

张　咏

新市驿别郭同年 ……………… 5

晚泊长台驿 ……………… 6

与进士宋严话别 ……………… 7

柳　开

塞上 ……………… 9

郑文宝

柳枝词 ……………… 10

王禹偁

寄砀山主簿朱九龄 ……………… 12

畬田词五首(其一) ……………… 14

畬田词五首(其四) ……………… 14

村行 ……………… 15

春居杂兴二首(其一) ……………… 16

日长简仲咸 ……………… 17

官舍竹 ……………… 19

泛吴松江 ……………… 20

对雪 ……………… 21

保　暹

秋径 ……………… 24

文　兆

宿西山精舍 ……………… 25

惠　崇

访杨云卿淮上别墅 ……………… 26

宇　昭

塞上赠王太尉 ……………… 27

杨　朴

莎衣 ……………… 28

魏　野

书友人屋壁 ……………… 30

登原州城呈张贲从事 ……………… 31

寻隐者不遇 ……………… 33

潘　阆

岁暮自桐庐归钱塘 ……………… 34

寇　準

江南春二首(其二) ……………… 35

书河上亭壁四首(其三) ……………… 37

春日登楼怀归 ……………… 38

夏日 ……………… 39

虚堂 ……………… 40

蒨　桃

呈寇公二首 ……………… 41

钱惟演

无题三首(其一)…… 43

对竹思鹤…… 45

林 逋

孤山寺端上人房写望…… 46

山园小梅…… 49

小隐自题…… 51

宿洞霄宫…… 52

书寿堂壁…… 54

刘 筠

柳絮…… 55

汉武…… 57

杨 亿

代意二首(其一)…… 59

南朝…… 61

穆 修

鲁从事清晖阁…… 63

贵侯园…… 64

司马池

行色…… 65

范仲淹

江上渔者…… 66

野色…… 67

柳 永

煮海歌…… 68

张 先

题西溪无相院…… 70

晏 殊

无题…… 72

示张寺丞王校勘…… 73

石延年

金乡张氏园亭…… 75

宋 庠

重展西湖二首(其一)…… 77

宋 祁

八月望夜无月有感二首(其一)…… 78

落花二首(其一)…… 79

九日置酒…… 81

曾公亮

宿甘露僧舍…… 82

余 靖

子规…… 84

山馆…… 85

梅尧臣

和才叔岸旁古庙…… 86

猛虎行…… 88

范饶州坐中客语食河豚鱼…… 89

南邻萧寺丞夜访别…… 91

陶者…… 93

田家语…… 93

汝坟贫女…… 95

鲁山山行…… 96

醉中留别永叔、子履…… 98

寄题徐都官新居假山…… 100

悼亡三首…… 101

书哀…… 103

梦登河汉…… 104

春寒…… 107

戊子三月二十一日殇小女称称三首(其一、其二)…… 108

岸贫 …………………………… 111
村豪 …………………………… 112
晚云 …………………………… 113
小村 …………………………… 114
月下怀裴如晦、宋中道………… 115
东城送运判马察院 …………… 116
晨起裴、吴二直讲过门云，凤阁
韩舍人物故，作五章以哭之
(其一、其二)………………… 119
东溪 …………………………… 120
梅雨 …………………………… 122
梦后寄欧阳永叔 ……………… 124
送门人欧阳秀才游江西 ……… 125

石　介

岁晏村居 ……………………… 128

文彦博

清明后同秦帅端明会饮李氏
园池 ………………………… 129
雪中枢密蔡谏议借示范宽雪
景图 ………………………… 130

欧阳修

戏答元珍 ……………………… 132
水谷夜行寄圣俞、子美………… 133
别滁 …………………………… 136
丰乐亭游春三首 ……………… 137
啼鸟 …………………………… 139
唐崇徽公主手痕 ……………… 140
菱溪大石 ……………………… 142
边户 …………………………… 144
和王介甫明妃曲二首 ………… 146
晚泊岳阳 ……………………… 149
秋怀 …………………………… 149
宿云梦馆 ……………………… 151
怀嵩楼新开南轩与郡僚
小饮 ………………………… 151
梦中作 ………………………… 153

苏舜钦

哭曼卿 ………………………… 155
夏意 …………………………… 156
过苏州 ………………………… 157
和《淮上遇便风》……………… 158
中秋夜吴江亭上对月怀前宰
张子野及寄君谟蔡大 ……… 159
初晴游沧浪亭 ………………… 161
沧浪亭怀贯之 ………………… 162

韩　琦

柳絮二阕 ……………………… 163
北塘避暑 ……………………… 165
郡圃春晚 ……………………… 166

赵　抃

和宿硖石寺下 ………………… 167
次韵孔宪蓬莱阁 ……………… 168
题杜子美书室 ………………… 169

石象之

咏愁 …………………………… 171

李　觏

忆钱塘江 ……………………… 172
璧月 …………………………… 173
读长恨辞 ……………………… 174
乡思 …………………………… 175
秋晚悲怀 ……………………… 176
苦雨初霁 ……………………… 177

残叶 …… 178
张　俞
蚕妇 …… 179
苏　洵
游嘉州龙岩 …… 181
九日和韩魏公 …… 183
邵　雍
安乐窝 …… 184
插花吟 …… 185
蔡　襄
梦中作 …… 187
陶　弼
碧湘门 …… 189
周敦颐
题春晚 …… 190
文　同
新晴山月 …… 192
织妇怨 …… 193
北斋雨后 …… 195
望云楼 …… 196
袁　陟
临终作 …… 197
黄　庶
和陪丞相听蜀僧琴 …… 199
探春 …… 200
怪石 …… 201
刘　敞
微雨登城二首(其一) …… 202
城南杂题四首(其三) …… 204
曾　巩
西楼 …… 205
城南 …… 206
多景楼 …… 207
凝香斋 …… 208
王　珪
游赏心亭 …… 210
金陵怀古 …… 211
司马光
送张寺丞觐知富顺监 …… 213
南园饮罢留宿,诘朝呈鲜于子骏、范尧夫彝叟兄弟 …… 214
客中初夏 …… 215
闲居 …… 216
和君贶题潞公东庄 …… 217
和邵尧夫安乐窝中职事吟 …… 219
王安石
河北民 …… 221
葛溪驿 …… 224
思王逢原三首(其二) …… 226
示长安君 …… 228
夜直 …… 229
泊船瓜洲 …… 231
纯甫出释惠崇画要予作诗 …… 232
歌元丰五首(其五) …… 235
元丰行示德逢 …… 236
后元丰行 …… 239
葛蕴作《巫山高》,爱其飘逸,因亦作两篇(其二) …… 241
登宝公塔 …… 243
题西太一宫壁二首 …… 245
金陵怀古四首 …… 247
次韵平甫金山会宿寄亲友 …… 250

桃源行 …… 252
明妃曲二首(其一) …… 254
明妃曲二首(其二) …… 257
张良 …… 259
送项判官 …… 261
即事 …… 262
杏花 …… 264
午枕 …… 265
北陂杏花 …… 266
定林 …… 267
江宁夹口二首 …… 269
梅花 …… 270
江宁夹口三首(其三) …… 271
江上 …… 272
岁晚 …… 273
书湖阴先生壁二首(其一) …… 275
午枕 …… 276
半山春晚即事 …… 277
江上 …… 278
北山 …… 279
悟真院 …… 280

郑　獬

滞客 …… 281
采凫茨 …… 282
春尽 …… 283

刘　攽

城南行 …… 285
新晴 …… 286
雨后池上 …… 287

王安国

记梦 …… 289
西湖春日 …… 290
游庐山宿栖贤寺 …… 291
题滕王阁 …… 292

俞紫芝

咏草 …… 293
水村闲望 …… 295

徐　积

李太白杂言 …… 297
花下饮 …… 299
哭张六并序 …… 301
赠黄鲁直 …… 302

吕南公

老樵 …… 303
勿愿寿 …… 304

晁端友

宿济州西门外旅馆 …… 305

王　令

假山 …… 307
饿者行 …… 309
暑旱苦热 …… 310
春游 …… 311
寄洪与权 …… 312
和束熙之雨后 …… 314
感愤 …… 315
暑热思风 …… 317
秋日寄满子权 …… 318
金山寺 …… 320
读老杜诗集 …… 321

张舜民

村居 …… 323
打麦 …… 324

苏子瞻哀辞 …………………… 326
郭祥正
春日独酌(其一、其二)………… 328
徐州黄楼歌寄苏子瞻 ………… 329
金山行 ………………………… 332
凤凰台次李太白韵 …………… 334
怀友二首 ……………………… 335
蔡　确
夏日登车盖亭(其三) ………… 337
冯　山
山路梅花 ……………………… 338
苏　轼
荆州十首(其一、其二、其四)………………………… 340
辛丑十一月十九日既与子由别于郑州西门之外,马上赋诗一篇寄之 …………………… 343
和子由渑池怀旧 ……………… 345
石鼓歌 ………………………… 347
王维吴道子画 ………………… 352
真兴寺阁 ……………………… 355
岁晚相与馈问,为"馈岁";酒食相邀,呼为"别岁";至除夜,达旦不眠,为"守岁"。蜀之风俗如是。余官于岐下,岁暮思归而不可得,故为此三诗以寄子由 ………………………… 357
游金山寺 ……………………… 360
石苍舒醉墨堂 ………………… 363
出颍口,初见淮山,是日至寿州 ………………………… 365
泗州僧伽寺塔 ………………… 368
雨中游天竺灵感观音院 ……… 370
六月二十七日望湖楼醉书五绝(其一、其二)………………… 371
夜泛西湖五绝(其三、其四、其五)………………………… 373
望海楼晚景五绝(其二) ……… 374
吴中田妇叹 …………………… 375
往富阳、新城,李节推先行三日,留风水洞见待 ……………… 377
法惠寺横翠阁 ………………… 379
新城道中二首 ………………… 381
饮湖上,初晴后雨二首(其二)………………………… 382
於潜僧绿筠轩 ………………… 384
病中游祖塔院 ………………… 385
竹阁 …………………………… 387
有美堂暴雨 …………………… 388
八月十五日看潮五绝 ………… 390
宿九仙山 ……………………… 394
书双竹湛师房二首 …………… 395
夜至永乐文长老院,文时卧病退院 ………………………… 397
过永乐文长老已卒 …………… 398
与毛令方尉游西菩寺二首 …… 400
捕蝗至浮云岭,山行疲苶,有怀子由弟二首 ………………… 402
送春 …………………………… 405
寄刘孝叔 ……………………… 406
寄吕穆仲寺丞 ………………… 409
雪后书北台壁二首 …………… 411

祭常山回小猎 …………………… 412
东栏梨花 ………………………… 414
待月台 …………………………… 415
筼筜谷 …………………………… 416
司马君实独乐园 ………………… 417
子由将赴南都，与余会宿于逍遥堂，作两绝句，读之殆不可为怀，因和其诗以自解。余观子由自少旷达，天资近道，又得至人养生长年之诀，而余亦窃闻其一二，以为今者宦游相别之日浅，而异时退休相从之日长，既以自解，且以慰子由云 …………………………… 420
韩幹马十四匹 …………………… 423
李思训画长江绝岛图 …………… 426
百步洪二首(其一) ……………… 428
月夜与客饮酒杏花下 …………… 430
大风留金山两日 ………………… 432
次韵秦太虚见戏耳聋 …………… 433
端午遍游诸寺得禅字 …………… 437
予以事系御史台狱，狱吏稍见侵，自度不能堪，死狱中不得一别子由，故作二诗授狱卒梁成，以遗子由 ………… 438
初到黄州 ………………………… 440
雨晴后步至四望亭下鱼池上，遂自乾明寺前东冈上归二首 …………………………… 442
正月二十日往岐亭，郡人潘、古、郭三人送余于女王城东禅庄院 ………………………… 443
雪后到乾明寺，遂宿…………… 445
正月二十日，与潘、郭二生出郊寻春，忽记去年是日同至女王城作诗，乃和前韵…………… 446
六年正月二十日，复出东门，仍用前韵 ……………………… 448
南堂五首 ………………………… 450
东坡 ……………………………… 452
和秦太虚梅花 …………………… 453
海棠 ……………………………… 456
题西林壁 ………………………… 457
高邮陈直躬处士画雁二首 …… 459
书林逋诗后 ……………………… 461
登州海市并叙 …………………… 464
惠崇春江晓景二首(其一) …… 467
虢国夫人夜游图 ………………… 468
书李世南所画秋景二首(其一)…………………………… 471
书鄢陵王主簿所画折枝二首 ………………………… 472
书王定国所藏烟江叠嶂图 …… 474
赠刘景文 ………………………… 477
泛颍 ……………………………… 478
聚星堂雪 ………………………… 481
轼在颍州，与赵德麟同治西湖，未成，改扬州。三月十六日湖成，德麟有诗见怀，次韵 …… 483
书丹元子所示李太白真 ……… 486
壶中九华诗并引 ………………… 488
八月七日初入赣过惶恐滩 …… 490

十一月二十六日松风亭下梅花盛开 …… 492
荔支叹 …… 494
纵笔三首 …… 497
被酒独行，遍至子云、威、徽、先觉四黎之舍三首(其一) …… 499
儋耳 …… 500
澄迈驿通潮阁二首 …… 501
六月二十日夜渡海 …… 503
杨 蟠
陪润州裴如晦学士游金山回作 …… 506
孔文仲
秋夜二首(其一) …… 508
晏幾道
与郑介夫 …… 509
苏 辙
竹枝歌九首 …… 511
次韵子瞻不赴商幕三首(其二) …… 513
逍遥堂会宿二首并引 …… 515
游西湖 …… 517
方惟深
谒荆公不遇 …… 518
舟下建溪 …… 519
魏 泰
荆门别张天觉 …… 520
道 潜
绝句 …… 523
江上秋夜 …… 524
秋江 …… 525
王 雱
绝句 …… 527
绝句 …… 527
孔平仲
代小子广孙寄翁翁 …… 528
寄内 …… 530
霁夜 …… 530
和经父寄张缋二首 …… 531
禾熟 …… 534
昼眠呈梦锡 …… 535
黄庭坚
赣上食莲有感 …… 536
秋思寄子由 …… 539
送王郎 …… 540
寄黄幾复 …… 541
送范德孺知庆州 …… 544
次韵王荆公题西太一宫壁二首 …… 546
次韵子瞻武昌西山 …… 548
子瞻诗句妙一世，乃云效庭坚体，盖退之戏效孟郊、樊宗师之比，以文滑稽耳。恐后生不解，故次韵道之。子瞻《送杨孟容》诗云："我家峨眉阴，与子同一邦。"即此韵 …… 551
双井茶送子瞻 …… 553
戏呈孔毅父 …… 555
陈留市隐 …… 556
次韵子瞻题郭熙画秋山 …… 557
题郑防画夹五首(其一、其二) …… 562

次韵王定国扬州见寄 …………… 563
次韵柳通叟寄王文通 …………… 564
次韵幾复和答所寄 ……………… 566
次韵子瞻以红带寄眉山王宣义 …………………………… 567
听宋宗儒摘阮歌 ………………… 570
题子瞻枯木 ……………………… 573
题竹石牧牛并引 ………………… 575
寺斋睡起二首 …………………… 577
北窗 ……………………………… 580
和答元明黔南赠别 ……………… 581
次韵黄斌老所画横竹 …………… 583
又答斌老病愈遣闷二首 ………… 584
寄题荣州祖元大师此君轩 …… 586
病起荆江亭即事十首(其一、其六)…………………………… 588
次韵马荆州 ……………………… 590
次韵中玉水仙花二首 …………… 592
王充道送水仙花五十枝，欣然会心，为之作咏………………… 593
次韵高子勉十首(其三、其四、其七、其十) ………………… 596
蚁蝶图 …………………………… 599
雨中登岳阳楼望君山二首 …… 600
自巴陵略平江、临湘，入通城，无日不雨，至黄龙奉谒清禅师，继而晚晴，邂逅禅客戴道纯款语，作长句呈道纯……………… 602
题胡逸老致虚庵 ………………… 603
新喻道中寄元明用觞字韵 …… 604
跋子瞻和陶诗 …………………… 606
武昌松风阁 ……………………… 607
次韵文潜 ………………………… 610
鄂州南楼书事四首(其一) …… 613
寄贺方回 ………………………… 614
十二月十九日夜中发鄂渚，晓泊汉阳，亲旧携酒追送，聊为短句 ……………………………… 616
书磨崖碑后 ……………………… 617
清明 ……………………………… 620
徐孺子祠堂 ……………………… 622
次韵裴仲谋同年 ………………… 624
弈棋二首呈任公渐(其一) …… 625
郭明甫作西斋于颍尾，请予赋诗二首 ……………………………… 627
过平舆，怀李子先，时在并州 ……………………………… 629
次韵盖郎中率郭郎中休官二首 ……………………………… 630
和陈君仪读太真外传五首(其四) …………………………… 633
次韵伯氏长芦寺下 ……………… 634
池口风雨留三日 ………………… 636
题落星寺四首(其三) ………… 638
次元明韵寄子由 ………………… 640
登快阁 …………………………… 641
奉答李和甫代简二绝句 ……… 642
夜发分宁寄杜涧叟 ……………… 643
题阳关图二首 …………………… 644
云涛石 …………………………… 646
秋怀二首 ………………………… 647

李之仪

合流遇潘子真，出斯文相示，因置酒。子真，黄九门人…… 650
次韵东坡还自岭南 …… 651
书扇 …… 653

秦　观

赠女冠畅师 …… 654
秋日三首(其一、其二) …… 655
纳凉 …… 657
春日五首(其一) …… 658
次韵太守向公登楼眺望二首 …… 659
泗州东城晚望 …… 661
金山晚眺 …… 662

李　唐

题画 …… 663

米　芾

望海楼 …… 666
垂虹亭 …… 667

贺　铸

清燕堂 …… 669
题诸葛祺田家壁 …… 670
宿芥塘佛祠 …… 672
秦淮夜泊(辛未正月赋) …… 673
病后登快哉亭 …… 674

陈师道

妾薄命二首 …… 676
送内 …… 681
寄外舅郭大夫 …… 683
南丰先生挽词二首 …… 684
丞相温公挽词三首 …… 686
嘲秦觏 …… 689
示三子 …… 690
九日寄秦觏 …… 692
雪后黄楼寄负山居士 …… 693
次韵李节推九日登南山 …… 694
田家 …… 695
泛淮 …… 696
送吴先生谒惠州苏副使 …… 698
次韵秦少游春江秋野图二首 …… 699
后湖晚坐 …… 700
舟中二首(其一) …… 701
病起 …… 702
别黄徐州 …… 704
题柱二首并序(其一) …… 705
次韵夏日 …… 706
登快哉亭 …… 708
陈留市隐者(有引) …… 709
绝句四首(其四) …… 711
春怀示邻里 …… 712
归雁二首 …… 713
和寇十一晚登白门 …… 714
放歌行二首 …… 715
除夜对酒赠少章 …… 717
登鹊山 …… 719

晁补之

渔家傲 …… 720
贵溪在信州城南，其水西流七百里入江 …… 722
吴松道中二首 …… 723

晁冲之

夷门行赠秦夷仲 …… 725
都下追感往昔因成二首 …… 727

僧舍小山三首(其一、其二)…… 729
次二十一兄季此韵 …………… 730
春日二首 ……………………… 732
李　彭
春日怀秦髯 …………………… 733
张　耒
感春十三首(其一、其八)……… 734
劳歌 …………………………… 736
有感 …………………………… 738
春日书事 ……………………… 739
夏日三首(其一) ……………… 739
赴官寿安泛汴 ………………… 740
海州道中二首 ………………… 741
秋日登海州乘槎亭 …………… 742
和周廉彦 ……………………… 744
初见嵩山 ……………………… 745
怀金陵三首(其二、其三)……… 746
发安化回望黄州山 …………… 747
夜坐 …………………………… 748
周邦彦
春雨 …………………………… 749
潘大临
江间作四首(其一、其三)……… 750
刘次庄
敷浅原见桃花 ………………… 753
关　澥
绝句二首(其一) ……………… 754
绝句二首(其二) ……………… 755
江端友
牛酥行 ………………………… 756
方　泽
武昌阻风 ……………………… 759
杜　常
题华清宫 ……………………… 760
邹　浩
咏路 …………………………… 761
宗　泽
早发 …………………………… 763
胡直孺
同官倡和用山字韵 …………… 764
王　寀
浪花 …………………………… 766
饶　节
偶成　眠石　晚起 …………… 767
苏　庠
清江曲 ………………………… 770
寇国宝
题阊门外小寺壁 ……………… 772
高　荷
蜡梅 …………………………… 773
洪　炎
山中闻杜鹃 …………………… 774
次韵公实雷雨一首 …………… 775
四月二十三日晚同太冲、表之、
　公实野步 …………………… 776
谢　逸
送董元达 ……………………… 778
寄隐居士 ……………………… 779
谢　薖
夏日游南湖 …………………… 780
唐　庚
讯囚 …………………………… 781
张求 …………………………… 783

春归 …………………………… 785
白鹭 …………………………… 786
栖禅暮归书所见二首 ………… 787
春日郊外 ……………………… 789
醉眠 …………………………… 790
惠 洪
崇胜寺后,有竹千余竿,独一
根秀出,人呼为竹尊者,因
赋诗 ………………………… 792
瑜上人自灵石来,求鸣玉轩诗,
会予断作语,复决堤,作
一首 ………………………… 793
题李愬画像 …………………… 795
谒狄梁公庙 …………………… 798
次韵天锡提举 ………………… 799
徐 俯
春游湖 ………………………… 801
韩 驹
九绝为亚卿作(其三、其四、其五、
其八)………………………… 802
夜泊宁陵 ……………………… 804
题湖南清绝图 ………………… 806
和李上舍冬日书事 …………… 808
登赤壁矶 ……………………… 809
吴 涛
绝句 …………………………… 811
左 纬
春晚 …………………………… 812
叶梦得
赴建康过京口呈刘季高 ……… 813
石 悉
绝句 …………………………… 814
程 俱
豁然阁 ………………………… 816
夜半闻横管 …………………… 817
刘一止
冥冥寒食雨 …………………… 818
小斋即事 ……………………… 819
访石林 ………………………… 821
汪 藻
春日 …………………………… 822
漫兴二首 ……………………… 822
桃源行 ………………………… 824
即事二首 ……………………… 826
宿酂侯镇二首 ………………… 827
己酉乱后寄常州使君侄 ……… 828
王庭珪
和周秀实田家行 ……………… 830
移居东村作 …………………… 832
二月二日出郊 ………………… 833
送胡邦衡之新州贬所二首 …… 834
孙 觌
横山堂二首 …………………… 836
吴门道中二首 ………………… 837
周紫芝
五禽言(其一、其三、其四、其
五)…………………………… 839
李 纲
病牛 …………………………… 841
吕本中
兵乱后杂诗五首(其一、其四、

其五）…………………… 843
柳州开元寺夏雨 …………… 845
连州阳山归路 ……………… 847
读书 ………………………… 848
春日即事二首（其二） ……… 849
梦 …………………………… 850
海陵病中五首（其一） ……… 851
李清照
上枢密韩公、工部尚书
胡公 ……………………… 852
浯溪中兴颂诗和张文潜
二首 ……………………… 858
夏日绝句 …………………… 861
曾　幾
三衢道中 …………………… 862
苏秀道中自七月二十五日夜
大雨三日，秋苗以苏，喜而
有作 ……………………… 863
寓居吴兴 …………………… 865
发宜兴 ……………………… 866
题访戴图 …………………… 867
食笋 ………………………… 869
朱　弁
送春 ………………………… 872
春阴 ………………………… 873
李弥逊
春日即事 …………………… 875
东岗晚步 …………………… 875
云门道中晚步 ……………… 877
沈与求
舟过荻塘 …………………… 878
石壁寺山房即事 …………… 880
王　铚
春近 ………………………… 881
陈与义
襄邑道中 …………………… 882
雨 …………………………… 883
和张矩臣水墨梅五绝（其一、
其三、其四、其五）………… 885
以事走郊外示友 …………… 887
中牟道中二首 ……………… 888
清明二绝（其二） …………… 889
雨晴 ………………………… 891
寒食 ………………………… 892
发商水道中 ………………… 893
北征 ………………………… 895
感事 ………………………… 896
得席大光书，因以诗迓之……… 898
正月十二日自房州遇虏至
奔入南山十五日抵回谷
张家 ……………………… 899
同左通老用陶潜《还旧居》
韵 ………………………… 901
登岳阳楼二首（其一） ……… 903
巴丘书事 …………………… 904
再登岳阳楼感慨赋诗 ……… 906
居夷行 ……………………… 907
除夜二首（其一） …………… 909
己酉九月自巴丘过湖南别
粹翁 ……………………… 910
咏水仙花五韵 ……………… 911
春寒 ………………………… 913

雨中对酒庭下海棠经雨
不谢 …… 914
次韵尹潜感怀 …… 916
别岳州 …… 917
别孙信道 …… 919
伤春 …… 921
观雨 …… 922
雨中再赋海山楼 …… 924
渡江 …… 926
刘大资挽词二首 …… 927
得张正字书 …… 928
怀天经、智老，因访之 …… 929
牡丹 …… 931
早行 …… 932
周 莘
野泊对月有感 …… 934
邓 肃
偶成二首 …… 935
张元幹
潇湘图 …… 937
登垂虹亭二首 …… 939
王 琮
题多景楼 …… 940
张 嵲
读《楚世家》 …… 942
朱 松
答林康民见和梅花诗 …… 943
曹 勋
入塞 …… 945
出塞 …… 945
朱 槔
夜坐池上用简斋韵 …… 947
刘子翚
汴京纪事二十首(其一) …… 949
汴京纪事二十首(其五) …… 950
汴京纪事二十首(其六) …… 951
汴京纪事二十首(其七) …… 952
汴京纪事二十首(其十七) …… 953
汴京纪事二十首(其二十) …… 955
南溪 …… 956
策杖 …… 957
岳 飞
池州翠微亭 …… 959
题青泥市壁 …… 960
董 颖
江上 …… 961
萧德藻
登岳阳楼 …… 962
次韵傅惟肖 …… 963
古梅二首 …… 965
黄公度
乙亥岁除渔梁村 …… 967
悲秋 …… 968
道间即事 …… 970
陈 焕
梅花 …… 971
王十朋
夜雨述怀 …… 973
咏柳 …… 974
韶美归舟过夔，留半月语离，
作恶诗以送之，用韶美原
章韵 …… 975

韩元吉

送陆务观福建提仓 …………………… 976

吴 儆

寓壶源僧舍三绝 …………………… 978

陆 游

度浮桥至南台 …………………… 980

望江道中 …………………… 983

新夏感事 …………………… 984

晚泊 …………………… 985

秋夜读书每以二鼓尽为节 …… 986

上巳临川道中 …………………… 988

游山西村 …………………… 989

黄州 …………………… 991

哀郢二首 …………………… 992

秋夜怀吴中 …………………… 994

金错刀行 …………………… 995

山南行 …………………… 997

归次汉中境上 …………………… 999

海棠歌…………………… 1001

剑门道中遇微雨…………………… 1002

三月十七日夜醉中作………… 1004

醉中感怀…………………… 1005

胡无人…………………… 1007

宴西楼…………………… 1009

长歌行…………………… 1010

成都大阅…………………… 1012

对酒…………………… 1014

春残…………………… 1015

月下醉题…………………… 1016

江楼醉中作…………………… 1017

万里桥江上习射…………………… 1018

秋晚登城北门…………………… 1020

登拟岘台…………………… 1022

关山月…………………… 1023

寓驿舍…………………… 1024

舟中对月…………………… 1026

南定楼遇急雨…………………… 1027

楚城…………………… 1029

泊公安县…………………… 1030

初发夷陵…………………… 1032

六月十四日宿东林寺………… 1033

登赏心亭…………………… 1035

冬夜听雨戏作二首(其二)…… 1037

自咏示客…………………… 1038

五月十一日,夜且半,梦从大驾亲征,尽复汉唐故地,见城邑人物繁丽,云“西凉府也”。喜甚,马上作长句,未终篇而觉,乃足成之…………………… 1040

夜泊水村…………………… 1043

感愤…………………… 1044

书愤…………………… 1046

临安春雨初霁…………………… 1047

雪中忽起从戎之兴戏作四首…………………… 1048

枕上偶成…………………… 1050

秋夜将晓出篱门迎凉有感二首…………………… 1051

九月一日夜读诗稿有感走笔作歌…………………… 1052

十一月四日风雨大作二首(其二)…………………… 1054

初夏行平水道中………………… 1055
书室明暖,终日婆娑其间,倦则扶杖至小园,戏作长句二首……………………… 1056
禹迹寺南,有沈氏小园。四十年前,尝题小词一阕壁间。偶复一到,而园已三易主,读之怅然…………………… 1058
小舟游近村,舍舟步归四首(其四)………………………… 1059
六月二十四日夜分,梦范致能、李知几、尤延之同集江亭,诸公请予赋诗,记江湖之乐,诗成而觉,忘数字而已 ……… 1060
枕上作………………………… 1061
雪夜感旧……………………… 1063
书愤二首……………………… 1064
忆昔…………………………… 1066
夏夜不寐有赋………………… 1067
幽居初夏……………………… 1068
沈园二首……………………… 1070
陈阜卿先生为两浙转运司考试官,时秦丞相孙以右文殿修撰来就试,直欲首送。阜卿得予文卷,擢置第一。秦氏大怒。予明年既显黜,先生亦几陷危机。偶秦公薨,遂已。予晚岁料理故书,得先生手帖,追念平昔,作长句以识其事,不知衰涕之集也 ………………… 1072
西村…………………………… 1073
枕上作………………………… 1074
梅花绝句……………………… 1076
秋夜思南郑军中……………… 1077
溪上作二首…………………… 1079
赏小园牡丹有感……………… 1080
示儿…………………………… 1081

范成大

秋日二绝(其一)……………… 1083
浙江小矶春日………………… 1083
碧瓦…………………………… 1085
催租行………………………… 1086
横塘…………………………… 1088
早发竹下……………………… 1089
后催租行……………………… 1091
州桥…………………………… 1093
画工李友直为余作《冰天》、《桂海》二图,《冰天》画使北虏渡黄河时,《桂海》画游佛子岩道中也。戏题……………… 1094
乙未元日用前韵书怀,今年五十矣………………………… 1096
蛇倒退………………………… 1097
判命坡………………………… 1099
劳畬耕………………………… 1100
望乡台………………………… 1102
荆渚中流,回望巫山,无复一点,戏成短歌………………… 1103
鄂州南楼……………………… 1105
初归石湖……………………… 1106
秋前风雨顿凉………………… 1109
晚步吴故城下………………… 1110

重阳后菊花二首………………… 1111
咏河市歌者……………………… 1112
春日田园杂兴十二绝(其二、
其三、其五、其六) ………… 1113
晚春田园杂兴十二绝(其三、
其六、其十)………………… 1116
夏日田园杂兴十二绝(其一、
其七、其九、其十一) ……… 1119
周必大
入直召对选德殿,赐茶
而退……………………… 1121
行舟忆永和兄弟………………… 1122
己丑二月七日雨中读《汉元
帝纪》,效乐天体………… 1124
王　质
东流道中………………………… 1127
山行即事………………………… 1128
尤　袤
淮民谣…………………………… 1130
题米元晖潇湘图二首…………… 1132
杨万里
癸未上元后永州夜饮赵敦礼竹
亭闻蛙醉吟………………… 1134
过百家渡四绝句………………… 1137
和仲良春晚即事五首(其三、
其四、其五)………………… 1138
都下无忧馆小楼春尽旅怀
二首………………………… 1141
次日醉归………………………… 1142
夏夜追凉………………………… 1144
虞丞相挽词三首(其一)……… 1145
小池……………………………… 1147
暮热游荷池上五首……………… 1148
新柳……………………………… 1152
闲居初夏午睡起二绝句………… 1153
插秧歌…………………………… 1155
二月一日晓渡太和江三首
(其一、其二) ……………… 1156
舟过谢潭三首…………………… 1158
明发房溪二首…………………… 1159
峡山寺竹枝词五首(其一、
其二) ……………………… 1160
春晴怀故园海棠二首…………… 1162
暮泊鼠山闻明朝有石塘
之险………………………… 1164
题盱眙军东南第一山
二首………………………… 1166
晓出净慈寺送林子方…………… 1168
过扬子江二首…………………… 1169
晚风二首………………………… 1172
初入淮河四绝句………………… 1173
泊平江百花洲…………………… 1176
桑茶坑道中八首(其二、其三、
其五、其七)………………… 1177
舟中排闷………………………… 1178
八月十二日夜诚斋望月………… 1180
五更过无锡县寄怀范参政、
尤侍郎……………………… 1181
宿池州齐山寺,即杜牧之九日
登高处……………………… 1182
池口移舟入江,再泊十里头
潘家湾,阻风不至 ………… 1183

过松源，晨炊漆公店六首
(其五)…………………………… 1185
南溪早春……………………………… 1186
吕 定
戏马台………………………………… 1187
登彭城楼……………………………… 1189
朱 熹
赋水仙花……………………………… 1192
六月十五日诣水公庵雨作…… 1193
拜张魏公墓下……………………… 1195
春日…………………………………… 1197
观书有感二首……………………… 1199
奉酬九日东峰道人溥公见赠
之作……………………………… 1200
偶题三首…………………………… 1201
淳熙甲辰仲春，精舍闲居，戏作
武夷棹歌十首，呈诸同游，相
与一笑…………………………… 1203
陈 造
都梁六首(其一、其二) ……… 1207
田家谣……………………………… 1209
题赵秀才壁………………………… 1210
薛季宣
春愁诗效玉川子………………… 1211
朱淑真
秋夜………………………………… 1215
陈傅良
用前韵招蕃叟弟………………… 1216
徐 照
促促词……………………………… 1219
分题得渔村晚照………………… 1220
楼 钥
月夜泛舟姚江……………………… 1221
大龙湫……………………………… 1223
题《孟东野听琴图》因次
其韵……………………………… 1225
王 炎
双溪种花二首……………………… 1227
辛弃疾
送湖南部曲………………………… 1229
章 甫
田家苦……………………………… 1231
即事十首(其三、其十) ……… 1233
湖上吟……………………………… 1234
陈 亮
梅花………………………………… 1235
赵 蕃
雨后赠斯远………………………… 1236
叶 適
鉏荒………………………………… 1238
赠高竹有外侄……………………… 1239
张 镃
杂兴………………………………… 1240
过杨伯虎即席书事……………… 1241
庄器之贤良居镜湖上，作《吾
亦爱吾庐》六首见寄，因次
韵述桂隐事报之，兼呈同志
(其三)…………………………… 1242
竹轩诗兴…………………………… 1244
刘 过
多景楼醉歌………………………… 1245
夜思中原…………………………… 1248

喜雨呈吴按察二首(其二)······ 1250
挽张魏公······················ 1252
刘仙伦
题张仲隆快目楼壁·············· 1254
题岳阳楼······················ 1256
敖陶孙
洗竹简诸公同赋················ 1258
用前韵谢竹主人陈元仰········· 1259
竹间新辟一地,可坐十客,用前韵刻竹上······················ 1261
姜　夔
过德清二首···················· 1263
送《朝天续集》归诚斋,时在金陵······················· 1265
过垂虹························ 1266
平甫见招不欲往二首(其一)························· 1268
昔游诗十五首(其五、其七、其十三)···················· 1269
次石湖书扇韵·················· 1272
除夜自石湖归苕溪十首(其一、其三、其五、其七)··········· 1273
湖上寓居杂咏十四首(其一、其二、其三、其九)··········· 1276
姑苏怀古······················ 1278
钓雪亭························ 1279
送范仲讷往合肥三首(其二、其三)························ 1280
刘　翰
石头城························ 1282
汪　莘
湖上早秋偶兴·················· 1283
次潘别驾韵···················· 1284
危　稹
送刘帅归蜀···················· 1286
韩　淲
风雨中诵潘邠老诗·············· 1287
雨多极凉冷···················· 1288
裘万顷
早作·························· 1289
次余仲庸松风阁韵十九首(其四、其五、其六)··········· 1290
雨后·························· 1292
徐　玑
泊舟呈灵晖···················· 1293
春日游张提举园池·············· 1294
新凉·························· 1295
翁　卷
野望·························· 1296
哭徐山民······················ 1297
乡村四月······················ 1298
山雨·························· 1299
某　尼
悟道诗························ 1300
刘　宰
开禧纪事二首·················· 1301
野犬行························ 1302
葛天民
江上·························· 1305
迎燕·························· 1305

戴复古

夜宿田家…………………… 1307

江阴浮远堂………………… 1308

庚子荐饥三首……………… 1308

梦中亦役役………………… 1311

寄韩仲止…………………… 1312

大热五首(其一)…………… 1313

赵师秀

薛氏瓜庐…………………… 1314

岩居僧……………………… 1315

数日………………………… 1317

约客………………………… 1318

高　翥

春怀………………………… 1319

晓出黄山寺………………… 1320

秋日………………………… 1321

赵汝镃

途中………………………… 1323

耕织叹……………………… 1324

陈　均

九江闻雁…………………… 1326

洪咨夔

狐鼠………………………… 1327

泥溪………………………… 1329

促织二首…………………… 1330

魏了翁

十二月九日雪融夜起达旦…………………… 1331

华　岳

田家十首(其三、其四、其六、其十)………………… 1332

酒楼秋望…………………… 1334

骤雨………………………… 1335

江上双舟催发……………… 1337

岳　珂

病虎………………………… 1338

王　迈

简同年刁时中俊卿诗……… 1341

观猎行……………………… 1344

读渡江诸将传……………… 1346

许　棐

泥孩儿……………………… 1348

乐府二首…………………… 1350

秋斋即事…………………… 1351

刘克庄

北来人二首………………… 1352

戊辰即事…………………… 1354

筑城行……………………… 1355

苦寒行……………………… 1356

军中乐……………………… 1357

冶城………………………… 1359

赠防江卒六首(其五、其六)…………………… 1360

郊行………………………… 1362

示同志……………………… 1363

归至武阳渡作……………… 1364

落梅………………………… 1365

西山………………………… 1366

周　弼

夜深………………………… 1367

姚　镛

访中洲……………………… 1368

冯去非
所思…………………………… 1370
叶绍翁
游园不值…………………………… 1371
登谢屐亭赠谢行之………………… 1372
夜书所见…………………………… 1374
田家三咏…………………………… 1375
武　衍
柳枝词…………………………… 1377
宫词…………………………… 1378
秋夕清泛…………………………… 1379
赵希檆
次李雪林苕溪寄来韵二首…… 1380
次萧冰崖梅花韵………………… 1381
俞　桂
过湖…………………………… 1382
送人之松江………………………… 1383
安如山
曹将军…………………………… 1384
乐雷发
逃户…………………………… 1388
送丁少卿自桂帅移镇西蜀…… 1389
秋日行村路………………………… 1390
冯取洽
自题交游风月楼………………… 1391
方　岳
三虎行…………………………… 1393
农谣五首…………………………… 1394
湖上四首…………………………… 1396
春思…………………………… 1397
观渔…………………………… 1398
泊歙浦…………………………… 1400
梦寻梅…………………………… 1401
戴　昺
天台道上早行……………………… 1402
夜过鉴湖…………………………… 1403
夏曼卿作新楼,扁曰“潇湘片景”,来求拙画且索诗…… 1404
叶　茵
山行…………………………… 1405
机女叹…………………………… 1406
张道洽
梅花…………………………… 1407
林希逸
溪上谣…………………………… 1408
萧立之
送人之常德………………………… 1410
春寒叹…………………………… 1411
第四桥…………………………… 1412
茶陵道中…………………………… 1413
偶成…………………………… 1415
毛　珝
甲午江行…………………………… 1416
柴　望
越王勾践墓………………………… 1418
江心寺…………………………… 1419
月夜溪庄访旧……………………… 1420
和通判弟随亨书感韵…………… 1420
道　璨
题景苏堂竹………………………… 1422
家铉翁
寄江南故人………………………… 1423

刘 濈
题江湖伟观…………………… 1424
许月卿
追赋暮游…………………… 1426
挽李左藏…………………… 1427
李彭老
吊贾秋壑故居……………… 1429
陈 起
湖上即事…………………… 1430
夜过西湖…………………… 1431
利 登
次琬妹月夕思亲之什追录…… 1432
田家即事…………………… 1432
野农谣……………………… 1433
郑 震
荆南别贾制书东归………… 1435
林 升
题临安邸…………………… 1436
何应龙
见梅………………………… 1437
客怀………………………… 1438
葛起耕
楼上………………………… 1439
罗与之
寄衣曲三首………………… 1440
看叶………………………… 1442
商歌………………………… 1443
陈允平
小楼………………………… 1444
登西楼怀汤损之…………… 1445
陆 壑
退宫人……………………… 1446
丁 开
可惜………………………… 1448
建业………………………… 1449
严 羽
有感六首(其一、其三) ……… 1451
临川逢郑遐之之云梦……… 1452
和上官伟长芜城晚眺……… 1454
访益上人兰若……………… 1455
送戴式之归天台歌………… 1456
张 琰
出塞曲二首………………… 1459
吴锡畴
春日………………………… 1460
林和靖墓…………………… 1462
皇甫明子
海口………………………… 1463
龚 开
瘦马图……………………… 1465
谢枋得
庆全庵桃花………………… 1467
武夷山中…………………… 1468
春日闻杜宇………………… 1469
北行别人…………………… 1470
何梦桂
夜坐有感…………………… 1472
陈文龙
元兵俘至合沙,诗寄仲子 …… 1474
俞德邻
姑苏有赠…………………… 1475

周　密

夜归…… 1477
野步…… 1478
西塍秋日即事…… 1479
西塍废圃…… 1480

文天祥

晓起二首(其二)…… 1481
夜坐…… 1484
过零丁洋…… 1485
南安军…… 1487
金陵驿二首(其一)…… 1488
建康…… 1489
真州驿…… 1490
过平原作…… 1492
和中斋韵(过吉作)…… 1494
除夜…… 1496
正气歌…… 1497

连文凤

春日田园杂兴…… 1501

韩希孟

练裙带诗…… 1502

汪元量

醉歌十首(其三)…… 1504
醉歌十首(其四)…… 1505
醉歌十首(其五)…… 1506
醉歌十首(其八)…… 1507
醉歌十首(其九)…… 1508
醉歌十首(其十)…… 1509
送琴师毛敏仲北行三首(其一)…… 1510
徐州…… 1511
湖州歌九十八首(其六)…… 1512
湖州歌九十八首(其十)…… 1513
湖州歌九十八首(其二十八)…… 1514
湖州歌九十八首(其三十八)…… 1515
湖州歌九十八首(其四十二)…… 1516
湖州歌九十八首(其四十五)…… 1516
湖州歌九十八首(其六十)…… 1517
湖州歌九十八首(其八十五)…… 1518
秋日酬王昭仪…… 1518
潼关…… 1520
太皇谢太后挽章二首…… 1521
利州…… 1523

王　奕

送谢叠山先生北行…… 1524

彭秋宇

秋兴二首(其二)…… 1526

真山民

山亭避暑…… 1527
泊白沙渡…… 1529
泊舟严滩…… 1530
杜鹃花得红字…… 1531

郑　协

溪桥晚兴…… 1533

罗公升

戍妇…… 1534
秋怀…… 1535

柯茂谦

鲁港…………………………… 1537

邵　定

山中…………………………… 1538

詹　本

闲中…………………………… 1539

郑思肖

咏制置李公芾………………… 1540

德祐二年岁旦二首…………… 1541

伯牙绝弦图…………………… 1543

送友人归……………………… 1544

方　凤

哭陆秀夫……………………… 1545

北山道中……………………… 1547

文及翁

山中夜坐……………………… 1548

梁　栋

金陵三迁有感………………… 1549

四禽言………………………… 1551

渊明携酒图…………………… 1553

野水孤舟……………………… 1555

王　镃

山中…………………………… 1557

林景怡

晓起…………………………… 1558

林景熙

京口月夕书怀………………… 1559

商妇吟………………………… 1561

山窗新糊有故朝封事稿阅之

　有感………………………… 1562

冬青花………………………… 1563

梦中作四首…………………… 1565

溪亭…………………………… 1567

书陆放翁诗卷后……………… 1568

梦回…………………………… 1569

谢　翱

效孟郊体三首………………… 1570

铁如意………………………… 1573

西台哭所思…………………… 1575

过杭州故宫二首……………… 1577

书文山卷后…………………… 1579

秋夜词………………………… 1580

赵　㬎

在燕京作……………………… 1581

【作者小传】

徐　铉

(916—991)　字鼎臣，扬州广陵(今江苏扬州)人。仕南唐，累官翰林学士。归宋，直学士院，历给事中、散骑常侍。淳化初，因事贬静难军行军司马。精通文字学。善诗文。有《徐公文集》。

送王四十五归东都　　　　徐　铉

海内兵方起，　　离筵泪易垂。
怜君负米去，　　惜此落花时。
想忆看来信，　　相宽指后期。
殷勤手中柳，　　此是向南枝。

据传徐铉幼时即有文才，十岁能属文。后与韩熙载齐名，在南唐并称“韩徐”。其弟徐锴亦有文名，传说宋使李穆至江南，见到他们兄弟二人的文章，曾大加赞叹，认为“二陆不能及也”。

徐铉仕南唐时，曾受命巡抚楚州(治所在今江苏淮安市楚州区)，因得罪“权近”，被以“擅杀”的罪名流舒州(治所在今安徽安庆)，又改徙饶州(治所在今江西鄱阳)，不久又召回京师。《送王四十五归东都》即写于召回京师之后。

这是一首送别诗。生离死别，是人生痛苦事。因此，送别之诗大多消沉凄苦，读来使人感到沉闷。唐初王勃的《送杜少府之任蜀川》摆脱了这种传统的写法，成为送别诗中的名篇，徐铉的这首送别诗，虽不及王作那样有名，但也别开生面，有其独到之处。

“王四十五”未知其名，“四十五”是在兄弟(包括从兄弟)中的排行。“东都”指江都府(今江苏扬州)。五代南唐都江宁府(今江苏南京)，称西都，遂把五代吴的旧都江都府称为东都。诗的首联扣题，写送别，先写送别时的形势。当时南唐偏安江南，其他地区正战乱不绝。赵匡胤在公元960年发动陈桥兵变，夺取后周政权以后，先后用兵攻破荆南、湖南、后蜀、南汉等，进行着统一全国的战争，诗中“海内兵方起”即指此而言。朋友相别，离愁别绪，本来就够凄苦的了，现在又值兵乱不绝，自然更令人焦心。这“海内兵方起”一句，包含甚富，突出了感离伤别的浓重气氛，自然带出下句“泪易垂”之意。颔联归结到王四十五身上，并抒发了自己的惜别之情。“负米”事见《孔子家语·致思》：“子路见孔子曰：‘由也，事二亲之时，常食藜藿之实，为亲负米百里之外。'”后来就把“负米”用作孝养父母的故实。王四十五离开相对安定的地区，不辞艰险，回家尽孝，我爱之重之。怜，即爱的意思。下句作一转折：当此落英缤纷之时，我们二人正应把臂同行，赏花饮酒，你要回家尽孝，我只得在此送别，只可惜辜负了春光。“无可奈何花落去”，惜别之情更见凄婉。送别的气氛，与王四十五的情谊，至此可以说已抒写得淋漓尽致了。于是颈联语气一转，由伤离而劝慰。“想忆”指别后思念。“后期”指后会之期。诗人另有一首《七夕应令》诗云：“斗柄易倾离恨促，河流不尽后期长。”“后期”亦同此义。这句是说，一别之后，可以鱼雁往来，相互宽慰，终还有相逢之日。末联“殷勤”，是情意恳切的意思。“折柳”相赠，则是我国古代朋友相别时的习惯，以后就成了送别的代称。《三辅黄图·桥》即记“霸桥在长安东，跨水作桥，汉人送客至此桥，折柳赠别”。唐代权德舆《送陆太祝》诗亦有“新知折柳赠，旧侣乘篮送”之句。这一联是说：我情意殷勤，折柳相赠，君须记取：此乃是向南之枝！为什么要这样写呢？因为东都江都在江北，江宁则在江南，友人虽北去，然而思念朋友之时，必定会翘首南望的，所以特地说“此是向南枝”。这样，末联以折柳相赠，慰藉友人归结全诗。

此诗表达了朋友间的真挚情意，抒写了离别时的缠绵情思，但伤别之中有劝慰，并不一味消沉。诗的语言也平易朴实，颇能感人。在送别诗中，可说是上乘之作。

(徐世琤)

梦 游 三 首(其一) 徐 铉

魂梦悠扬不奈何， 夜来还在故人家。
香蒙蜡烛时时暗， 户映屏风故故斜。
檀的慢调银字管， 云鬟低缀折枝花。
天明又作人间别， 洞口春深道路赊。

徐铉的《梦游》共三首，从内容看，是写梦中与相爱的人欢会的情况，是对旧时一段生活的回忆。这里选的是三首中的第一首。

首联点题。“魂梦悠扬”，向读者显示：下文“还在故人家”云云，皆为梦游，并非实事。悠扬，指飘忽无定。“奈何”，处置、对付的意思。李商隐《七月二十九日崇让宅宴作》诗云：“悠扬归梦惟灯见，濩落生涯独酒知”，大致与此联境界相似。整句是说：魂梦悠扬，不由自主，直至夜来，还在故人之家。“故人家”即指旧时所恋之人家。元稹《酬乐天见忆兼伤仲远》诗云：“瘴侵新病骨，梦到故人家。”也写因思念而魂驰故人之家。颔联写相会时的情景。“香蒙”对“户映”；“蜡烛”对“屏风”；“时时暗”对“故故斜”，铢两悉称，对仗甚为工整。上联已点出夜晚，这里“蜡烛”之语承上文而来，很是自然。而用了“香蒙”、“时时暗”等语，则更有朦胧之致，正是幽会时的情景。下句写户上的屏影。烛光欲明还暗，飘移不定，照射于屏风而投在户上的影子，也就摇曳不定而“故故斜”了。“故故斜”三字，语甚婉丽。故故，是屡屡、常常的意思。杜甫《月三首》诗：“时时开暗室，故故满青天。”也以“故故”与“时时”构成工整的对仗。颈联转到“故人”。“檀的”是古代女子脸上点饰的红点，如杜牧《寄澧州张舍人笛》诗云：“檀的染时痕半月，落梅飘处响穿云。”慢调，则是指随意调弄。银字管，指有银字作饰的管乐器，古代笙笛类管乐器上常用银字作饰，以表示音色的高低。白居易《南园试小乐》诗有“高调管色吹银字，慢拽歌词唱《渭城》”之句，其中“银字”就是“银字管”。云鬟，是古代女子的一种发式，鬟是指环形的发髻，云鬟也称云髻，形容女子发髻浓密如云。折枝花，当是指插于云鬟之上的饰花。从这一联中可以看出，梦中的“故人”，乃是一位女子，她云鬟高耸，檀的为饰，正在华年。弦管悠扬，表明她又是妙解音律。这一联中，“檀的”对“云鬟”，“慢调”对“低缀”，“银字管”对“折枝花”，对仗也十分工丽。

末联写惜别。虽然佳期难得，但是临近天明，又不得不别。一个“又”字，透露出无限惜别情意。洞口，指神仙所居的洞口，这是从刘晨、阮肇入天台遇仙女的典故化来，唐人李阳冰《阮客旧居》诗云：“阮客身何在，仙云洞口横”；赵嘏《早出洞仙观》也有“露浓如水洒苍苔，洞口烟萝密不开”之句。此处用“洞口春深”之语，正暗示一别之后，天上人间，后会难期，故云“人间别”。赊，是长、远的意思。李商隐《无题》诗云：“刘郎已恨蓬山远，更隔蓬山一万重！”这末联的意境正与此相似。诗人虽未明说，然而相怜之深、相思之苦，溢于言外。

这是一首艳体诗。艳体诗当艳而不俗，丽而不佻，情深而文明。此诗庶几近之。

（徐世琤）

【作者小传】

杨徽之

(921—1000)　字仲猷，浦城(今属福建)人。周显德二年(955)进士。入宋，除著作佐郎，知全州(今属广西)。太平兴国初，转库部员外郎，判南曹，参与编《文苑英华》。真宗时历官礼部侍郎、枢密直学士兼秘书监。咸平二年(999)，任翰林侍读学士。卒赠兵部尚书。

寒食寄郑起侍郎①　　杨徽之

清明时节出郊原，　寂寂山城柳映门。
水隔淡烟修竹寺，　路经疏雨落花村。
天寒酒薄难成醉，　地迥楼高易断魂。
回首故山千里外，　别离心绪向谁言？

〔注〕 ① 郑起侍郎：《宋史·文苑传一》载郑起于周恭帝初，官殿中侍御史。宋乾德初被贬后，未任京职。"侍郎"疑当是"侍御"之误。

此诗作于北宋乾德初至太平兴国初，杨徽之贬为外官之时。向故人郑起倾诉"别离心绪"是全诗的主旨。

杨徽之与郑起二人均负诗名，于俗寡谐，同为五代周的宰相范质所赏识，擢任台省之职。宋太祖代周称帝之初，二人又被贬为外官。相同的爱好，相近的性格，一段相似的政治遭遇，使二人虽分处二地，仍鱼雁往来，互诉衷曲。

冬至后一百五日为寒食，寒食后二日为清明，首句"清明"后缀以"时节"二字，即将寒食包括在内。在此时节"出郊原"春游，乃宋时风俗，如邵雍《春游》诗即有句云："人间佳节唯寒食。"

第二句"山城"点明诗人出游的地点。"寂寂"，用叠词渲染周围的环境气氛。柳则是带季节气候特征的植物，不但唐人韩翃有"寒食东风御柳斜"名句传世，而且宋人每逢寒食，即以杨柳等物饰于轿顶之上，四垂遮蔽。每户且以"面造枣飷飞燕，柳条串之，插于门楣"（《东京梦华录》卷七）。因此，"柳映门"是寒食特有之景。

颔联二句二景：一远一近，一朦胧一清晰，如画家构图，色调和谐，笔触错落有致。值得注意的是：同时写寒食清明，柳永《木兰花慢》词："拆桐花烂漫，乍疏雨，洗清明。正艳杏烧林，缃桃绣野，芳景如屏。"而在杨徽之笔下，则是"水隔淡烟修竹寺，路经疏雨落花村"，如此色调淡雅、风物凄清之景，与前"寂寂山城"相呼应，与都城寒食时繁华热闹景象形成鲜明的对照，曲折委婉地表达了诗人被贬后的愁思。

颈联即景抒情。"天寒"，点出寒食节乍暖还寒的气候特点。"酒薄"，暗示山城的荒僻。自唐至宋，均有寒食扫墓之俗。此时此景，登高见之，倍生思家之念。诗中"易断魂"，显由"地迥"和"回首故山千里外"而来；而"难成醉"也与此有着密不可分的关系。可以说，这两句与范仲淹《御街行》词"愁肠已断无由醉。酒未到、先成泪”，有异曲同工之妙。

尾联之妙，在以问句作结。诗人本有一腔“别离心绪”，喷涌欲出，今以“向谁言”出之，于“露筋骨”之中，仍不失为唱叹之音，与全诗的基调和谐一致。

作者于西昆体盛行之时，能不雕金镂玉，不堆砌典故。颔联平仄稍做变化，颈联虽对得很工，然而略有“流水对”之意，故仍不失自然流转之美。全诗无论是内容，还是艺术手法，都显得自然而清新。无怪宋僧文莹谓“杨公必以天池皓露涤笔于冰瓯雪碗中，则方与公诗神骨相副”（《古今诗话》引）。　（刘初棠）

【作者小传】

张　咏

(946—1015)　字复之，自号乖崖，濮州鄄城（今属山东）人。太平兴国五年（980）进士。历官枢密直学士，出知益州。真宗初，入为御史中丞，出知杭州，再知益州，进礼部尚书，因遭排挤，出知陈州。卒谥忠定。有《乖崖先生集》。

新市驿别郭同年　　张　咏

驿亭门外叙分携，　酒尽扬鞭泪湿衣。
莫讶临歧再回首，　江山重叠故人稀。

郭同年，不知何许人。从“同年”二字看，是与张咏同一年中进士者。新市驿当是新市县之驿。其地宋时属河北西道中山府（见《新唐书·地理志三》及《宋史·地理志二》），与相州毗邻。此诗当作于张咏任相州通判或离任之际。其时，他尚未登台阁，未与西昆诗人杨亿等唱酬，故此诗语言明净，并未染上华靡浮艳的习气。

“驿亭门外叙分携，酒尽扬鞭泪湿衣。”点出与郭同年分别的地点和气氛。别易会难，古今所重。何况“分携”之处，又在“驿亭门外”，客中离别，而所别之人，又是同年。科举时代，每重同年之情；而张咏自号乖崖，以为“乖”则违众，“崖”不利物（见《宋史·张咏传》）。平素落落寡合，因而与故友分袂之时，情意尤殷。“酒尽”，不是写酒少，而是言“叙分携”之际语多时长。“扬鞭泪湿衣”，与柳永《雨霖铃》词：“留恋处、兰舟催发。执手相看泪眼，竟无语凝噎”数语，用意相近。所不同者：一别故友，一别情人；一骑马，一乘舟而已。

“莫讶临歧再回首”，承前再作渲染。从逻辑上说，“反”包含先有“正”，诗人只有在作出了令人惊讶的举动之后，才会有“莫讶”之语。临歧，临别。临歧回首，人情之常，不会令人惊讶，更不会使送别者惊讶。只有在行者一再回首，不断回首的情况下，送别者才会感到惊讶。此处，诗人正是用“莫讶”二字，突出其对郭同年恋恋不舍的深情。

“江山重叠故人稀”言诗人“临歧再回首”之由。“江山重叠”，言征途之险峻。唐人《元和郡县图志》卷十八谓：中山府（唐称定州）一带多山，其地有恒山、孤山、尧山、无极山等。天险倒马故关，便因“山路险峭，马为之倒”而得名。明乎此，对“江山重叠”四字，对征途的困苦和艰险，便会有更深的理解。异乡客地遇见故人，固可令人分外高兴；异乡客地与故人“分携”，必然分外留恋和伤感，何况是“故人稀”的张咏，故陈衍《宋诗精华录》评此七字曰：“眼前语说得担斤两。”

此诗语浅情深，看似自出机杼，其实是翻用王勃《送杜少府之任蜀川》诗意，可贵的是浑化无迹，“用事不使人觉，若胸臆语也”（《颜氏家训》语）。与《晚泊长台驿》诗同看，则诗人善作翻案诗之本领，可见一斑。　（刘初棠）

晚泊长台驿　　张 咏

驿亭斜掩楚城东，　满引浓醪劝谏慵。
自恋明时休未得，　好山非是不相容。

诗题“晚泊长台驿”，知此驿临水。河南府信阳县有长台渡，其地与襄阳相近，“其俗近荆楚”（见《宋史·地理志一》）。

首句“驿亭斜掩”扣题“晚泊”。“楚城东”则暗示泊舟之所乃长台驿。

“满引浓醪劝谏慵。”醪乃带滓醇酒。醪而曰“浓”，曰“满引”，看似颇自得其乐，实为不得已之举。《南史·谢弘微传》载谢瀹每以心直口快得罪权贵，其兄于送别之时，指其口曰：“此中唯宜饮酒！”诗人“满引浓醪”一语暗用此典。《宋史·张咏传》谓张咏数次犯颜谏太宗、真宗；丞相大僚于承天节斋会有酒失者，咏亦奏弹之，而劝谏、奏弹的结果，就是由京官而放外任。“劝谏慵”，即懒于劝谏。这只是他在劝谏“碰壁”之后的愤激语。事实上，直至他晚年，在真宗不肯召见的情况下，还再三上疏谏真宗不应“虚国帑藏，竭生民膏血，以奉无用之土木”，力请斩误国宰臣丁谓、王钦若以谢天下。

“自恋明时休未得”，陡然兜转，表明自己恋位不去的原因在于拳拳为国之心，并非贪图富贵。《蔡宽夫诗话》谓："（张咏）居无媵妾，不事服玩，朝衣之外，燕处惟纱帽皂绦、一黄土布裘而已……尝以诗寄傅霖逸人，云：'前年失脚下渔矶，苦恋明时不忍归。为报巢由莫相笑，此心非是爱轻肥。'"《宋史·张咏传》谓其"所至以政绩闻"。可见"自恋明时"一语，确自其肺腑中流出，并非欺世之谈。

"好山非是不相容"一语翻用《北山移文》。南朝周颙始借隐居以沽名钓誉，终羡富贵而出仕。于是名士孔稚珪假山灵之口，讥周颙有违初衷。张咏为举子时，尝从隐士陈希夷，欲分华山一半；希夷以纸笔蜀笺赠之，咏笑曰："吾知先生之旨矣，殆欲驱我入闹市乎？"（见《苕溪渔隐丛话后集》卷十九）以此与张咏生平事迹合观，可知咏与周颙虽皆始隐终仕，然二人心迹实异。故陈衍《宋诗精华录》谓其结句"婉挚"。

在一首短短的七绝里，有叙述，有议论，有感慨，有起伏开阖。取材博赡而能熔铸变化，借事以发明己意，而达到"情态毕出"的境地，这是此诗在艺术上的成功之处。

（刘初棠）

与进士宋严话别　　张 咏

人之相知须知心，　心通道气情转深。
凌山跨陆不道远，　蹑屩佩剑来相寻。
感君见我开口笑，　把臂要我谈王道。
几度微言似惬心，　投杯着地推案叫。
此事置之无复言，　且须举乐催金船。
人生通塞未可保，　莫将闲事萦心田。
兴尽忽告去，　挑灯夜如何。
弹琴起双舞，　拍手聊长歌。
我辈本无流俗态，　不教离恨上眉多。

"多情自古伤离别"，话别之诗，自然多愁善感。但也不尽然，一些豪杰之士、洒脱达观之人，往往不以离愁别恨为怀，相反，在他们笔下，谱出的是一首首充满热情的歌曲，表现出诗人独特的个性。张咏这首诗就是突出的例子。

诗歌写的是别情，可是起首便宕开去，从议论入笔。"人之相知须知心"，将朋友情谊之深描写殆尽。然而，诗人并不满足，又用"加一层法"刻意描绘。他们之间，不仅心心相印，而且对事理的看法，也是互为沟通的，他们的友情，是"有道之情”，有着共同的思想基础。两句看来纯属虚笔，却起着统摄全诗的作用，这一点，读罢全诗便可了然。

有着如此真挚的情谊，那么，千山万水也挡不住他们的交往。“凌山跨陆不道远，蹑屩佩剑来相寻”，山水阻隔，人地两疏，诗人都不放在眼中，执意来“寻”友人，情意之深，可想而知。诗句写得气魄宏大，诗人不用“爬山涉水”，而用“凌山跨陆”，除了用词的避熟就生之外，主要的，是为了表现豪迈的个性。与之相配合的，是诗人自身形象的描写，“蹑屩”，脚着草鞋，先秦策士常如此，《史记·虞卿传》：“蹑屩担簦，说赵孝成王。”显出平交王侯，倜傥不群的风度；佩剑，更显出仗剑走天涯的豪情。

以上算是本诗的引子，接着，写会面情况。“感君见我开口笑，把臂要我谈王道。”笑迎、把臂的动作，透出情分，“谈王道”，即议论治国平天下之道，表明志同道合，与开首的“心通道气”相呼应。“几度微言似惬心，投杯着地推案叫。”谈话是十分投机的，几次剖析到精微之处，激动已极，到了放浪形骸之外的地步。他们的话题是丰富的，高谈阔论之后，频频劝酒。金船，指的是酒器。话题自然转向了人生的坎坷。人的一生，时而通达，时而蹭蹬，很难预料，也无法把握。但是，作为一个境界高尚、气度豁达的人，完全不必将个人区区荣辱得失挂在心头。“达则兼济天下，穷则独善其身”，本是儒家倡导之义。诗人与宋严探讨的，正在于此。于是，他们的精神境界得到了某种升华和净化。

最后六句写话别场景。兴尽即去，举止豁达，也表现了朋友间不拘俗套的密切关系。离别之际，并没有执手看泪眼，而是将灯拨亮，弹琴起舞，拍手长歌。一个“聊”字，多少透露出一点无可奈何的惆怅之情，但总的说来，还是乐观的。李白著名的诗篇《赠汪伦》，写汪伦踏歌相送，李白不仅没有愠色，而且认为汪伦的情意最深，深过那千尺桃花潭水。原因在于，李白在这一阵高歌中，寻到了知音，只有汪伦最了解李白的豪爽性格以及对生活的充分自信。本诗以双双歌舞话别，所要显示的，无疑也是一种与李白相近似的旷达襟怀和不同凡俗的相知之情。

张咏是个带传奇色彩的人。《宋史·张咏传》说他“少学击剑，慷慨好大言，乐为奇节”。文如其人，本诗正是他个性的充分表露。《宋诗钞》评张咏作品云：“诗雄健古淡有气骨，称其为人。”指的就是这一路作品。当然，他也写过一些艳情诗，因而被列入西昆派中，其实是不太合适的。

本诗结构整齐，前十二句都是四句一转韵，后六句夹入五言，为六句一韵。这样，全诗很自然地分为四个部分。开首写“相寻”，中间两部分写“相谈”，最后是“相别”,次第井然。手法上,开始从议论入笔,出语不凡。“推案”一段进入高潮。接着稍稍降低调门,又引出起舞长歌的第二次高潮。全诗大开大阖,跌宕有致。遣词造句则务求透彻,除“凌山跨陆”外,“投杯”一句也很典型。不说“置杯”,却说“投杯”而且是“着地”,不说“拍案”,却说“推案”,将情状刻画得淋漓尽致,入木三分。还有,首尾的议论,也十分豁露、犀利,这些,都是颇有特色的。

(王从仁)

【作者小传】

柳 开

(947—1000) 原名肩愈,字绍先(一作绍元),号东郊野夫;后更名开,字仲涂,号补亡先生。大名(今属河北)人。开宝六年(973)进士,历任州、军长官,殿中侍御史。提倡韩愈、柳宗元的散文,以复兴古道、述作经典自命。反对宋初的华靡文风,为宋代古文运动倡导者。作品文字质朴,然有枯涩之病。其诗仅存四首。有《河东先生集》。

塞 上

柳 开

鸣骹直上一千尺,① 天静无风声更干。
碧眼胡儿三百骑, 尽提金勒向云看。

〔注〕 ① 鸣骹(qiāo):一种响箭。

这首诗是柳开的名作,诗人犹如技术高超的摄影师,在最引人注目的一瞬间按下快门,给读者留下了一幅渗透着力之美的画面:

塞外的大漠上,风儿不吹,云彩不动,一切都像凝固了,突然,一支响箭呼啸着直刺云霄,窥探宋朝边境的胡骑蓦然举首,仰望长空……

自然,这幅画并不能全部概括这首诗。如果一首诗只是一幅静止的画面,那就未免会使人产生单调之感,一首好诗应该给人以画面的流动感,扣人心弦的音乐感以及丰富的内涵。

诗人赋予塞上辽阔、苍茫的背景以两个动体——箭和胡骑。而迅捷得不见其形、只闻其声的箭则是使整个画面移动的牵引力。随着它冲向无垠的天空,在它身后牵引着数百胡骑的视线。箭在疾飞,视线在延长,使整个画面都活动起来。除了这画龙点睛的移动感之外,诗人又以简洁的手法给这活动的画面配上富于塞外情调的音乐。整幅画卷在响箭的呼啸声中展开，它刺破了宁静的氛围，又引起了大群战马突然被勒住而发出的嘶鸣声，这不是箭的独奏，而是由箭的呼啸、胡骑的嘶鸣组成的一首感情激越、节奏急促的交响曲，它伴着移动的画面，进入读者的想象中，造成一种紧张、强大的气势，赋予全诗以力之美。后两句是全诗高潮，胡骑"尽提金勒向云看"这个群像式的造型把响箭疾飞的效果淋漓尽致地表现出来，诗也就在这里戛然而止，至于箭的余响，骑士们注视响箭时的心理反应，诗人则让读者自己去倾听，用自己的想象力去完成，而读者也正是通过这种想象，感受到诗的无穷魅力。

诗人通过对一个瞬间场面的描摹，给人以美的艺术享受。他的笔下虽无刀剑相交，仅响箭一支，但人们从这支来无影、去无踪的响箭中，可以感受到诗人某种自豪的心理和高亢的精神，这当然是宋初国势的相对强盛在当时人们精神上的反映。

（王　劦）

【作者小传】

郑文宝

(953—1013)　字仲贤，汀洲宁化(今属福建)人。太平兴国八年(983)进士。初师事徐铉，仕南唐为校书郎。历官陕西转运使、兵部员外郎。善篆书，工琴。以诗名世，风格清丽柔婉，所作多警句，为欧阳修、司马光所称赏。有《江表志》、《南唐近事》等。

柳　枝　词[①]

郑文宝

亭亭画舸系春潭，　直到行人酒半酣。[②]
不管烟波与风雨，　载将离恨过江南。

〔注〕 ① 此诗一说为张耒作。 ② 直到：《艺林伐山》作"只待"。

郑文宝在宋初颇负诗名，风格轻盈柔软，不脱晚唐、五代格调，其文集已失传，只在宋人著作中保存若干篇诗文以及零星诗句。关于这首《柳枝词》，《苕溪渔隐丛话·前集》卷二十四云，宋代"尝有人客舍壁间见此诗，莫知谁作，或云郑兵部仲贤也，然集中无有，好事者或填入乐府"。可见当时已为人传唱。

此诗写出了挚友别离之际那种人人心中所有而笔下所无的情景，意境优美，从中可窥宋初诗风之一斑。

此诗构思巧妙。首先，抒写“离恨”，不露筋骨，显得风流蕴藉。清人吴乔《围炉诗话》论“诗意大抵出侧面”之旨，即举此诗为证，评之为“人自别离，却怨画舸”，确实深得此诗三昧。其次，章法独别，迥不犹人。陈衍说：“案此诗首句一顿，下三句连作一气说，体格独别。唐人中唯太白‘越王勾践破吴归’一首，前三句一气连说，末句一扫而空之。此诗异曲同工，善于变化。”（《宋诗精华录》）

第一句描写“画舸”：一只装饰华丽的船。“亭亭”，高高耸立的样子。“系春潭”指船系于春日潭水边的柳树上。“古代有折柳赠别的风俗，所以刘禹锡《柳枝词》说：‘长安陌上无穷树，只有垂杨绾别离。’”（钱锺书《宋诗选注》）此“系”暗含着“柳枝”的题意，因此船也就与赠别之情相连了。从远处看：漂亮的船静静地停泊在碧绿的春水之上，又与岸边杨柳相绾，宛若一幅优美的春潭画舸图。这里是以外物之静反衬内心之乱。不久，这幅宁静的画面就被打乱了。“直到（一作“只向”或“只待”）行人酒半酣”：诗的镜头由远而近，深入到画舸之内，“行人”正在与送行的朋友饮酒饯别；但“行人”酒兴未尽，还有许多话要与朋友倾诉，这“画舸”就要解缆起锚了，怎不令人生怨？诗人不怨“行人”而怨“画舸”，这就更显示出朋友之间难舍难分的情意，亦使诗更富有情趣。这与李白《赠汪伦》诗“桃花潭水深千尺，不及汪伦送我情”的直抒胸臆相比，就别具轻盈柔软的风味。但“画舸”之可怨可恨尚不止此。“酒半酣”还不要紧，航程中的浩渺烟波与斜风飞雨更增人愁绪；它却全然不顾而只管前行，这就更使人肠断了。这一句真切地写出了诗人对朋友前途的关心；而“烟波”与“风雨”恐怕亦不尽指自然界。“行人”之所以甘于不管烟波风雨而远离，自然也有其不得不然的苦衷，这都属于弦外之音，由读者去想象了。“载将离恨过江南”：船载着朋友之间的“离恨”，要经过烟雨江南而远去了。诗以低沉感伤的情调结束，仿佛还可看到诗人含泪目送征帆远去的情景。这句采用化无形为有形的手法，使抽象的“离恨”化为有形的可以被“载”之物，显得“离恨”具有沉重的分量，压在人的心头。郑文宝这首诗，特别是尾句，对后来的诗词创作影响很大。以宋代为例，如周邦彦《尉迟杯》词云：“无情画舸，都不管、烟波隔南浦。等行人醉拥重衾，载得离恨归去。”李清照《武陵春》词云：“只恐双溪舴艋舟，载不动许多愁！”显然都由此脱化而来。

郑文宝绝句在宋代为人称颂：“大抵仲贤（文宝字）情致深婉，比当时辈流，能不专使事，而尤长于绝句”；“须在王摩诘伯仲之间，刘禹锡、杜牧之不足多也”（《苕溪渔隐丛话·前集》卷二十四）。就语言之清丽，章法之巧妙，风格之柔婉蕴藉等方面来看，诚然是十分出色的。

（王英志）

【作者小传】

王禹偁

(954—1001)　字元之,济州巨野(今属山东)人。世代务农。太平兴国八年(983)进士。历任右拾遗、翰林学士、知制诰。遇事敢言。曾上《御戎十策》,陈说防御契丹之计。屡以事贬官。真宗时,预修《太祖实录》,直书史事,为宰相不满,降知黄州,作《三黜赋》以见志。后迁蕲州,病卒。文学韩愈、柳宗元,通俗畅达。诗崇杜甫、白居易,风格接近白居易。有《小畜集》。

寄砀山主簿朱九龄　　王禹偁

忽思蓬岛会群仙,①　　二百同年最少年。
利市襕衫抛白纻,②　　风流名纸写红笺。
歌楼夜宴停银烛,　　柳巷春泥污锦鞯。
今日折腰尘土里,③　　共君追想好凄然。

〔注〕 ① 蓬岛:即蓬莱,又称蓬壶,传说中三神山之一。它出没于海中,上有神仙所住的宫阙,人们可望而不可即。　② 利市:犹"吉利"。王禹偁《赐宴清明日绝句》:"几多红袖迎门笑,争乞钗头利市花。"　襕衫:唐宋举子的服饰。《宋史·舆服志》:"襕衫,以白细布为之,圆领大袖,下施横襕为裳,腰间有襞积。进士及国子生、州县生服之。"　③ 折腰:指弯腰逢迎上司。陶渊明任彭泽令,知郡督邮将来,乃叹道"吾不能为五斗米折腰",遂弃官而去。见《晋书·陶潜传》。

朱九龄是诗人的同榜进士,交谊甚笃。主簿,县令下属,掌户租、狱讼诸事。砀山(今属安徽)主簿是朱九龄进士及第后初授的官职,而诗人初授成武(今属山东)主簿。这首寄赠诗当即作于成武县任上。

诗人胸怀大志,时称"心有屠龙夺明珠志"(刘斧《青琐高议》),对于杂务繁冗的主簿一职颇不称意,曾一再形诸篇咏:"位卑松在涧,俸薄叶经霜"(《成武县作》),"除官佐卑邑,折腰称小吏"(《谪居感事》)。成武在当时又是一个"雨菌生书案,饥禽啄印床"的贫瘠小县,与诗人刚离开的繁华的京师悬若霄壤。这一切都使他缅怀那进士及第时春风得意的情景,而对当前的处境深感失望。在这种思想支配下,他作了这首七律寄赠给遭际相同的同年朱九龄以抒慨。

美好的生活一旦逝去,在回忆中往往会被想象渲染上一层瑰奇的光彩而显得更加美好。此诗首句便表达了诗人蓦然回想起初举进士时内心的感触。

以前人们常将考取进士譬作“登龙门”，诗人在这里则进一步将此譬作身入蓬莱仙境，而自己及同时及第者当然都成了平步登天的神仙。次句自然地由“群仙”归结到此诗所要寄赠的朱九龄身上。诗人另一首《送朱九龄》诗云“之子有俊才，弱冠中正鹄”，可见其时朱九龄年方二十岁左右，是诗人二百同年中最年轻的。

当时曾有这样的习俗：人们认为能获得一片新进士换下的襕衫或皇帝赐予的花是一件吉利的事，尤其当物主是一个少年及第的人物时。朱九龄不用说，诗人自己时年三十，也还年轻，他们的襕衫自然成了争夺的目标。颔联出句所指即此。一个“抛”字充分描摹出他们脱下白纻（细麻布）襕衫任人争夺时那种得意的神态。在封建社会，“风流”又被视为才子们所专有的韵事。而所谓“风流”，无非是出入于花街柳巷。此习起于唐代，《开元天宝遗事》云：“长安有平康坊，妓女所居之地……每年新进士以红笺名纸游谒其中，时人谓此坊为‘风流薮泽’。”名纸犹今名片，以红笺所写的名纸专用于见倡优女子。此联描写他们少年及第之光彩、风流。

颈联紧承上联对句而进一步具体描述他们当日游宴于歌楼舞馆，驰马于花街柳巷的那种欢乐生活：歌楼上银烛高照，觥筹交错的宴会通宵达旦；骑着骏马风雨无阻地驰骋于花柳巷中，不惜让污泥溅污了马鞍下的锦垫。“停”字在这里作放置解，和唐诗人朱庆余《闺意献张水部》“洞房昨夜停红烛”之“停”同义，“停银烛”，即摆着燃烧的银烛。蜡烛与锦鞯一样，在当时也是一种奢侈品，诗人以这种不吝千金的豪举来衬托他们的狂喜心情。

尾联急转直下，由当日的狂欢归结到目前的凄凉。诗人以陶渊明“折腰”的典故喻其为微薄的俸禄俯首事人的苦恼，此情此景与当日之春风得意相比，不啻天上地下：昔日的蓬莱神仙，今日成了匍匐于尘土之中逢迎上司的小吏。这种况味，自然只能用“凄然”二字来表述了。此联出句以“尘土”与首句“蓬岛”相对照（释道称人世间为“红尘”），以“追想”与首句“忽思”相呼应。对句“共君”二字牢牢扣住题目，以“凄然”二字结束前面的今昔对比以见寄赠之意。

此诗以首句“忽思”展开，次句紧承首句点题，颔、颈二联都与上联之对句紧密衔接，环环相扣，显得一气呵成，至尾联却以神龙摆尾之势突然一折，既与前三联在气氛上形成鲜明的对照，又与首句遥相呼应，使全诗曲折有致而又浑然一气，颇见结撰之妙。此诗是诗人较年轻时的作品，其意境情调与后来之作颇有差别，但全诗明白晓畅，情真意切，已经显示出与五代以来浮靡纤丽之作的很大不同。

（李宗为）

畬田词五首(其一)　　王禹偁

大家齐力斸孱颜，[1]　　耳听田歌手莫闲。
各愿种成千百索，　　豆萁禾穗满青山。

〔注〕 ① 斸孱颜：斸(zhú)，砍伐。孱颜，山高貌。

王禹偁的五首《畬田词》，是他在淳化二年(991)贬官商州(治所在今陕西商州市)的第二年春天写的。商州多山，深山穷谷，不通辙迹，农民垦殖的是畬田，即火耕田、火种田。前二句"大家齐力斸孱颜，耳听田歌手莫闲"，展现了一幅欢乐而又热情洋溢的垦畬图：在那高山丛莽之中，劳动者在斫伐树木，排山奋进，"鼓声猎猎酒醺醺，斸上高山入乱云"(《畬田词》其三)，随着山风吹来的猎猎鼓声和亢亮的田歌，劳动者互相勉励，齐心协力地劳动着，简括而又着力地渲染出了改山造田的磅礴气势。

"各愿种成千百索，豆萁禾穗满青山"二句，明白道出了劳动者美好的愿望。诗人用民歌般朴实的诗句唱出了农民的心声。"索"字，原指大绳子，这里指长度单位，诗人自注："山田不知其畝亩，但以百尺绳量之，曰：某家今年种得若干索，以为田数。"

这首诗清新爽朗、畅达和谐，诗人不是以旁观者而是以贴切畬田劳动者的口吻创作的，劳动者自然也乐意唱它："畬田鼓笛乐熙熙，空有歌声未有词。从此商于故为事，满山皆唱舍人诗。"(《畬田词》其五)无疑地已成为劳动者自己督课勉励之词。这样的写法与以旁观者身份所作的不同，读来更感真切。

《畬田词》为诗人借当地民歌的格调，融会了民歌通俗清新、悠扬生动的优点而创作的新歌词。唐代流行于巴渝(今四川东部)一带的山歌《竹枝》，主要因刘禹锡创作的十一首《竹枝词》新歌词，从而立足文坛，经久不衰；而唐代流行于道州(治所在今湖南道县)一带船夫唱的民歌，经元结在大历二年(767)创作的五首《欸乃曲》，从而显名后世。王禹偁的五首《畬田词》也起到了相同的作用。此诗对承晚唐、五代而来的宋初浮靡诗风，起到了力矫时弊的作用。　(金菊林)

畬田词五首(其四)　　王禹偁

北山种了种南山，　　相助力耕岂有偏？
愿得人间皆似我，　　也应四海少荒田。

"北山种了种南山"一句，概括交代了"斸畬"劳动分别先后、协力共同进行的特点。这一句的着眼点即在于强调劳动者的协作精神，所以便很自然地引出了下一句“相助力耕岂有偏”。“相助力耕”是一种一家垦畬，四邻相助的淳朴高尚的美德，也是一种古老的风俗习惯。“杀尽鸡豚唤劚畬，由来递互作生涯”（《畬田词》其二），只要谁家有事于畬田，四围乡亲“虽数百里如期而至，锄斧随焉”（《畬田词》序）。“岂有偏”系承接上句而来，是把“北山”、“南山”，一视同仁，无所遗留的意思。

“愿得人间皆似我，也应四海少荒田”二句，借农夫之口，表达了在劳动中产生的自豪感。畬田广种，不局限于一山一地，若人间皆能如我，那就“四海少荒田”了！此二句，同时又双关诗人的政治志向。王禹偁出身农家，熟悉和关心农事，又时值宋初承五代战乱之后，人口流徙，土地抛荒，提倡开荒种地是地方亲民之官的首要任务，为此，诗人提倡畬田，想做到“四海少荒田”，恢复遭到破坏的农业生产，其意义是很大的。

此诗清朗上口，民歌风味很浓郁。“普天之下莫非王土”，诗人希望当朝的执政者“择良二千石暨贤百里”，也就是说要精选州官和县官（二千石是古代郡守的代称，百里是县令的代称），使全国各地都能提倡开荒，又希望能够“化天下之民如斯民之义”，要是天下的农民都能像商州人民那样“更互力田，人人自勉”，那么“庶乎，污莱尽辟矣”（《畬田词》序），全国农业之振兴就有希望了。　（金菊林）

村　行　　　王禹偁

马穿山径菊初黄，　信马悠悠野兴长。
万壑有声含晚籁，　数峰无语立斜阳。
棠梨叶落胭脂色，　荞麦花开白雪香。
何事吟余忽惆怅，　村桥原树似吾乡。

这首诗，是王禹偁于太宗淳化二年(991)被贬为商州团练副使时写的。王禹偁以妖尼道安诬陷徐铉，当以反坐论罪，反获谴于朝廷，从开封贬官到商州的。他自解是：“平生诗句是山水，谪宦方知是胜游。”（《听泉》）他在“商山五百五十日”（《量移自解》）写了不少写景抒情的诗。《村行》是出色的一首。

诗一开始，在动态中写景，马穿过黄菊夹道的山径，真是马蹄有色，马蹄踏香。“信马悠悠野兴长”，马既悠然自得，人亦野兴正浓。这一句看起来是两件事，实际上是由于人有野兴，才放任马的随意而行。为什么？因为贪看景色。颔联紧接着写景：“万壑有声含晚籁，数峰无语立斜阳。”景是由下而上，由深而高。

“万壑”,明言山壑之多。“有声”,暗写山泉淙淙。炼一“含”字,写声音全在壑里,全从壑出。“晚”字点时间,又呼出下句的“斜阳”。“籁”字是应“有声”。这一句本属平平,但对下句有衬托作用。“数峰无语立斜阳”,是全篇的精策。山峰本不能言,以“无语”称之,是透过一层写法,无理中有理。“立斜阳”,更见晚山可爱,无限好景。人对山而忘言,山对人而“无语”,真是契合无间,人与大自然融为一体。这句诗,确实不只是修辞的技巧,而是有妙理在焉。本联对仗精工,音节响亮,自不待言。这一联又是大景。颈联则又从行道中所见的草木写起。“棠梨叶落胭脂色,荞麦花开白雪香。”这里色彩鲜明,有红有白,有果实,有繁花。棠梨经秋成熟,叶落而果实累累,红如胭脂,悬空而垂;荞麦秋季开花,宛如白雪一片,只是不寒而香,布满大地,预告丰收。美景如此,看来当叫人流连忘返。然而陡顿一转,不是赏心乐事,而是“何事吟余忽惆怅”,吟诗之后,悲从中来,真有点煞风景,也叫人莫测。一问之后,一答收场。“村桥原树似吾乡。”作者对景而思家了。但却不明说。辗转委婉,原来村庄里的桥,平原上的树,都像诗人家乡的风物一样。按常理上讲,看到异乡的风物宛如自己的家乡,也该是件高兴的事,然而诗人却以“惆怅”二字,引起下面的一句。全是写景写事,“惆怅”之情,渗入在景事中。作者宦游异乡,复遭贬谪,抱负难展,不如归去。但又有家归不得,所以看到景物似家乡而感叹。

这首诗,风格飘逸,淡中有味,明白自然,看起来似不费力,实在是从千锤百炼中得来。王禹偁自称“本与乐天为后进,敢期子美是前身”。他确实是能得白居易七律的精神,而也能继承杜甫在长安、成都两地所作的七律风貌的。

(金启华)

春居杂兴二首(其一) 王禹偁

两株桃杏映篱斜, 妆点商州副使家。
何事春风容不得? 和莺吹折数枝花。

太宗淳化二年(991),王禹偁从开封被贬官到商州,任团练副使。此诗即作于次年春。“一郡官闲唯副使”(《清明日独酌》),团练副使在宋代是一个常被用以安置贬谪官员的空衔,商州的生活条件在当时也很差。诗人便在那“坏舍床铺月,寒窗砚结澌”(《谪居感事》)的困苦条件下空怀壮志,过着无所事事的生活。在这种状况中,以“拜章期悟主”(同上)而无辜被贬的诗人的愤懑心情是可想而知的。这首七绝就是以触事兴感的形式,通过咏叹风折花枝这样琐事来曲折隐微地反映自己凄苦的生活，并抒发心头的难言之痛。

诗人住所的竹篱下欹侧生长着桃杏树各一株，被贬为商州团练副使的诗人简陋的住房就靠它装饰点缀着。可是这一日无情的春风不但吹断了几根花枝，连正在树头啭鸣的黄莺也给惊走了。于是诗人责问春风：你为什么容不得我家这点可怜的装饰呢？

春风无知，诗人责问得似乎无理，但正是这无理的责问真切地描摹出了诗人心头的恼恨，由此也反衬出了诗人对那倾斜于篱前的桃杏和啭鸣于花间的黄莺的深厚感情，曲折地反映出了诗人生活的孤寂凄凉。同时，这一责问似乎还另有含意。灼灼桃杏和呖呖莺声本是妆点这明媚春光的，而春风又正是召唤花开鸟啭的春天主宰。如今，这有功无过的桃杏与黄莺竟不为春风所容，这不正是隐喻诗人的遭遇吗？以篇幅短小的绝句，不用一典而能包含如此丰富、深远的意蕴，技巧可谓已臻化境。

《蔡宽夫诗话》云，诗人作此诗后，其子嘉祐曾提出其后半与杜甫诗“恰似春风相欺得，夜来吹折数枝花”相似，建议改写。诗人听后高兴地说：“我诗的命意竟能与杜子美暗合吗？”不但没改，还又咏一诗道：“本与乐天为后进，敢期杜甫是前身！”（《苕溪渔隐丛话》引）此处杜甫诗是指《绝句漫兴九首》之二。诗人在遣辞命意上与杜诗诚有点类似，但师其辞而不师其意，确乎有新的境界。

此诗首句写景；第二句落实景之所在，又引出诗人并点明其身份，为下文的发问作铺垫；第三句以责问来抒情；第四句补述所感之由。全诗篇幅虽小而布置得宜，曲折有致。

（李宗为）

日长简仲咸[①]　　王禹偁

日长何计到黄昏？　郡僻官闲昼掩门。
子美集开诗世界，　伯阳书见道根源。
风飘北院花千片，[②]　月上东楼酒一樽。
不是同年来主郡，　此心牢落共谁论。[③]

〔注〕 ① 简：即书信，用为动词。仲咸：冯伉的字，与王禹偁同为太平兴国八年(983)进士，故诗中称同年。 ② 风飘：影印本为“风骚”，《宋诗别裁集》据《小畜集》改，从之。 ③ 牢落：无所寄托貌。如陆机《文赋》：“心牢落而无偶。”

此诗作于诗人贬谪商州任团练副使时，沉郁苍凉，感慨万端，但又“怨而不怒”。

首句“日长”点题，笼罩全篇，似在说明写信原因，意在微露全诗之旨。此句也是情语，刻画了自己“寂寞恨更长”的苦闷心情。次句“闲”字，聚全诗精神，为一篇眼目。口中说闲，正是心中不肯闲之故。他为官清正，有志改革，然淳化二年(991)，因为徐铉雪诬，抗疏论道安告奸不实而获罪，因而贬谪商州。故一“闲”字，凝聚着作者的不满和惆怅，苦闷和孤独。真可谓“一字妥帖，全篇生色”。在王禹偁的作品中，“闲”字触目皆是。如：“副使官闲莫惆怅”(《寒食》)，“从今莫厌闲官职”(《春居杂兴》)，“伴吟偏称作闲官”(《馆舍竹》)等。还有用作题目的，如《幕次闲吟》、《闲居》等，都表达了这种情怀。“郡僻”、“昼掩门”对闲字作了进一步渲染。以下三联均承此而来。

颔联是写读书销愁。王禹偁诗师范杜甫、白居易，“本与乐天为后进，敢期子美是前身”。他用“开诗世界”来盛赞杜甫，独具只眼。但醉翁之意不在酒，意在杜诗中寻觅知音，有所寄托，借杜诗之酒杯浇自己之块垒，抒发其仕途坎坷、怀才不遇的悲凉心境。他又从老子(老子，字伯阳)《道德经》中寻求精神归宿。在他的诗中，像“安得君恩许归去，东陵闲种一园瓜”(《新秋即事》)之类表现隐居思想的诗不少。但他始终没有避世，“便似人家养鹦鹉，旧笼腾倒入新笼”(《量移后自嘲》)。占主导地位的仍是“直道虽已矣，壮心犹在哉”(《谪居》)的积极用世思想。这种矛盾，他自己也了然于心，“张翰精灵应笑我，绿袍依旧惹埃尘”(《松江》)。他用杜甫和老子合联，正暗示出这种复杂心理。

书中没有找到寄托，想从自然界中寻求安慰。他趁黄昏月出之际，独自登楼以遣心中幽怨，但映入眼帘的是万花飘零的萧瑟景象，意在排遣，岂知又添了一段伤春之情？当此际，孑然一人，抑郁不平之情能与谁诉？不觉气咽语塞。颈联未著一情语，而孤独寂寞之情毕现，寓情于景，堪称佳妙。“月上”一词似乎无关紧要，实不能轻易放过。它交代了流动的时间，又将诗人感情转进一层，白天难熬盼黄昏，到了黄昏又如何呢？只有一樽在手了。

尾联骤然一转，豁然洞开，抒发了自己同仲咸亲密无间的感情。当时，他常以诗赠仲咸，离商州之日即赋诗留别：“二年商岭赖知音，惜别难藏泪满襟”(《留别仲咸》)，可见两人友情确实很深。但若出以肯定之句，便索然寡味，这里妙用反问句法，暗将仲咸与世俗对比，愈见仲咸的高义，世俗的薄情。这样造句，含蓄蕴藉，内涵丰富。

此诗语言平易，风格清新，饶有风韵，与白乐天相近。章法井然，一气流转，“共谁论”、“酒一樽”、“昼掩门”等前呼后应，始终紧扣一“闲”字。二、三联对仗也很工稳。

(周凤岗)

官　舍　竹

王禹偁

谁种萧萧数百竿？　　伴吟偏称作闲官。
不随夭艳争春色，　　独守孤贞待岁寒。
声拂琴床生雅趣，　　影侵棋局助清欢。
明年纵便量移去，　　犹得今冬雪里看！

淳化二年(991)，诗人因为徐铉雪诬，抗疏论道安告奸不实，受小人之谤，遂解知制诰职，贬为商州团练副使。商州，是个人穷地僻的小郡，团练副使只是个虚衔，实则无事可干。清冷的郡斋，难挨的时光，迁客的意绪，是可想而知的。他忽推北窗，一阵可餐的翠色迎面扑来。官舍北窗边，一大片碧玉琅玕，染绿人的鬓发须眉，诗人仿佛不期遇见了可以倾心交谈的知己，全身沉浸在一片碧绿透明的溪流里，心中升起了诗的旋律：好一片官舍竹，是谁种下这"萧萧数百竿"呢？也许是一位与自己身世遭际相同的前贤，为了排遣孤寂心情，寄托清高的品格，才种下这些绿竹？如今伴我苦吟，多么相称。颔联"不随夭艳争春色，独守孤贞待岁寒"，既有形象上的暗示，又有精神上的契合。当桃李春风之日，群芳争奇斗艳，占尽春色，而官舍竹仍一身青衣，独守坚贞，只愿在岁暮天寒之际，让漫天的冰霜来检验一下自己贞洁不渝的操守。这是咏竹，更是自喻。"夭艳"、"春色"，皆有风人之旨。

颔联写竹的品格，颈联则精心选择了"拂"和"侵"两个传神动词，让竹叶萧萧的声音和青青的姿影介入诗人的生活，从而把人和竹联系起来。公退之暇，拂琴敲棋，清风徐至，物我同趣，无限清欢。

至此，诗人的襟怀全部呈露，于是道出下面两句："明年纵便量移去，犹得今冬雪里看！"即使明年贬谪到更远更荒僻的地方(量移，原是自贬所移至稍近的地方，此处是反语。)，今年已将岁暮，犹能在这里看到翠竹白雪结为岁寒之友。"雪里看"是"看雪里翠竹"的意思，此既具骚人风致，而且照应了颔联，待得岁寒而现出孤贞。

第二年四月，王禹偁果真"量移"至解州(治所在今山西运城市西南)，那么"今冬雪里看"了没有？看了。这年冬天所作《喜雪贻仲咸》诗云："衣上惹来看不足，竹边听处立多时"；《雪夜看竹》诗云："梦断闲窗酒半醺，月华薄薄雪纷纷。莫言官散无拘束，一夜披衣见此君。"诗人在月色朦胧的雪夜披衣对竹，益见其清高孤洁。他一生爱竹，写了不少咏竹诗，《官舍竹》所表露的牢骚不平和自我宽解，

都与著名的《黄冈竹楼记》有异曲同工之妙。　　（曹　旭）

泛吴松江　　王禹偁

苇蓬疏薄漏斜阳，　　半日孤吟未过江。
唯有鹭鸶知我意，　　时时翘足对船窗。

吴松江又名吴江，即今流经苏州、上海等地的苏州河。宋太宗至道元年(995)，诗人第二次遭贬，“二年为吏住江滨”(《再泛吴江》)。浮沉的仕宦生活使作者对险恶、黑暗的官场产生了厌恶。这首诗写孤舟泛江、自得其乐的情趣，正是诗人怀着“宦途日日与心违，人事纷纷任是非”(《言怀》)的心情，到大自然的怀抱中寻求精神安慰的写照。

“苇蓬疏薄漏斜阳，半日孤吟未过江”，这是一幅有声的图画。夕阳西下，余晖斜照。茫茫江面上，晃晃悠悠地飘荡着一叶孤独无依的小船。“半日”，说明小船在江面上已经飘荡很久了，坐在船舱里的诗人通过从稀疏的芦蓬缝隙透出的西斜的日光，也知道天色已晚，时近黄昏。但是从那回旋在寂寥的江面上的吟诵声中，我们知道此刻诗人仍然既无意过江，也不急于返岸。这吟诵声在这风平浪静、薄暮降临的江面上，显得格外清晰，既无人唱和，也无人欣赏，是那样的孤寂，由此又可以知道船舱中除诗人外，别无他人。诗人为何独自一人久久泛舟江上？为什么不返家？到底要飘往何处？

三四句，作者并不作正面回答。“唯有鹭鸶知我意，时时翘足对船窗”两句，写尽了诗人的孤独之感。那一只只单足翘立、曲颈对窗的鹭鸶，仿佛理解人情，通晓事理。它们静静地伫立着，不时伸头探脑窥视着船舱里的诗人，似乎在聆听着诗人吟诵，伴着诗人泛舟。诗人于是忍不住要对它们倾诉衷肠了。诗人的“意”是什么呢？尽管这里没有对读者明说，但从他的身世遭遇中不难知道，这就是直道而行及“成败观千古，施张在四维”(《谪居感事》)的抱负，“屈于身兮不屈其道，虽百谪而何亏”(《三黜赋》)的决心，以及“薄宦苦流离，壮年心已衰”(《春日官舍偶题》)的苦闷，等等。诗人的“意”是复杂的，而这里用“唯有”二字重重勾勒，则他人不知“我意”，不言而喻。愤懑之气，寂寞之心见于言外，给读者留下了无穷的寻味余地。至此，读者先前心头的疑团也找到了答案：原来诗人在江上找到了自己的知音——鹭鸶，所以他逗留船上，“半日孤吟未过江”，他是要把自己所有的“意”都尽情地对鹭鸶倾诉啊！“诗以奇趣为宗，反常合道为趣”(《冷斋夜话》引苏轼语)。乍一看，如此写是不合情理的，但是这种写法正符合诗人此刻的心境。他越是写鹭鸶对他有情，就越反衬出人世对他的无情；越是写他对清高的鹭鸶的喜爱，越是反衬出他对污浊的官场的厌恶；越是写他有鹭鸶为伴，就越是反衬出他孤寂的处境。这正是这首诗的“奇趣”之所在。

这首小诗，遣词用字平易简淡，状物抒情活泼生动。它出现在“因仍历五代，秉笔多艳冶”（《五哀诗》）的宋初，尤为难得。仿佛是姹紫嫣红中的嫩绿小草，朴素而饶有风韵，自然而颇见情趣，清新悦目。　（詹杭伦　沈时蓉）

对　雪　　　王禹偁

帝乡岁云暮，　衡门昼长闭。
五日免常参，　三馆无公事。
读书夜卧迟，　多成日高睡。
睡起毛骨寒，　窗牖琼花坠。
披衣出户看，　飘飘满天地。
岂敢患贫居，　聊将贺丰岁。
月俸虽无余，　晨炊且相继。
薪刍未缺供，　酒肴亦能备。
数杯奉亲老，　一酌均兄弟。
妻子不饥寒，　相聚歌时瑞。
因思河朔民，　输挽供边鄙：
车重数十斛，　路遥数百里，
羸蹄冻不行，　死辙冰难曳。
夜来何处宿，　阒寂荒陂里。
又思边塞兵，　荷戈御胡骑：
城上卓旌旗，　楼中望烽燧，
弓劲添气力，　甲寒侵骨髓。
今日何处行，　牢落穷沙际。
自念亦何人，　偷安得如是！
深为苍生蠹，　仍尸谏官位。
謇谔无一言，　岂得为直士？
褒贬无一词，　岂得为良史？

不耕一亩田， 不持一只矢；
多惭富人术， 且乏安边议。
空作对雪吟， 勤勤谢知己。

诗题《对雪》，表明诗意不在咏雪，而在于抒感。诗约作于宋太宗端拱元年(988)，作者在汴京(“帝乡”)供职，任“右拾遗直史馆”。那时候宋跟契丹(后称“辽”)正打仗，战争的负担和灾难全部转嫁到人民身上，王禹偁对此颇有感慨，于是在雪天写下了这首作品。

全诗可分五段。第一段从篇首至“飘飘满天地”，从题面叙起，写岁暮深居值雪。这段文字很平，但有两方面的作用。一是突出天气的奇寒：为官的作者本人是深居简出(“衡门昼长闭”)，朝廷免去五日一上朝的惯例(“五日免常参”)，官署亦不办公(“三馆”指昭文、国史、集贤三馆)，这些都间接表明岁暮天寒的影响。而大雪漫天飞扬则是直接写寒冷(“睡起毛骨寒，窗牖琼花坠”)。二是描述一己的闲逸。既无案牍劳形之苦，复多深夜读书之趣，因而往往睡到日上三竿才起来。一日睡起，忽觉寒气入骨，有玉屑一样的白花飞入窗内，于是“披衣出户看，飘飘满天地”。十个字对雪没有作细致的描绘，却全是一种潇散愉悦的情味。这里写的是闲人眼中的雪，是“帝乡”京都的雪，倒使人联想到一首唐诗：“飞雪带春风，徘徊乱绕空。君看似花处，偏在洛城中。”(刘方平《春雪》)天寒风雪，独宜于富贵之家呵。这里写天寒，写闲逸，无不是为后文写边地兵民劳役之苦作铺垫或伏笔。

第二段(从“岂敢患贫居”到“相聚歌时瑞”)承上段，写家人团聚，赏白雪而庆丰年。值得玩味的是从篇首“衡门”(横木为门，谓简陋的住宅)句到这一段，诗人一再称穷。“贫居”固然是穷，“月俸无余”、“数杯”、“一酌”亦无不意味着穷。其实这倒不是他真的要发什么官微不救贫一类的牢骚，而是别有用意。他虽说“穷”，却不愁薪米、能备酒肴，惠及父母兄弟妻子。在这大雪纷飞的岁暮，他们能共享天伦之乐，共贺“瑞雪丰年”。这里句句流露出一种“知足”之乐，言“贫”倒仿佛成了谦辞。所以，诗人实际上是要告诉读者：贫亦有等，从而为后文写真正贫而且困的人们再作地步。晚唐罗隐诗云：“尽道丰年瑞，丰年事若何？长安有贫者，为瑞不宜多。”(《雪》)从“相聚歌时瑞”的人们联想到长安贫者，替他们说了一点话。王禹偁这里的写法大致相同，但他想得更远，语意更切。

第三段即以“因思”(由此想到)二字领起，至“阒寂荒陂里”句，转而以想象之笔写黄河以北(“河朔”)人民服劳役的苦况。关于北宋时抽民丁运输军粮的情况，李复《兵馈行》写得最详细，可以参看："人负六斗兼蓑笠，米供两兵更自食；高卑日概给二升，六斗才可供十日。……运粮恐惧乏军兴，再符差点催馈军。此户追索丁口绝，县官不敢言无人；尽将妇妻作男子，数少更及羸老身。"（《潏水集》卷十一）第四段则以"又思"二字领起，至"牢落穷沙际"句，进而写兵役的苦况。

这两段所写河朔兵民之苦，与一二段所写身在帝乡的"我"的处境，适成对照。一方是闲逸，而一方是不堪劳碌：服劳役者"车重数十斛，路遥数百里，羸蹄冻不行，死辙冰难曳……"，服兵役者"城上卓旌旗，楼中望烽燧，弓劲添气力，甲寒侵骨髓……"一方无冻馁之苦，而一方有葬身沟壑沙场之忧：或夜宿"荒陂里"，或转辗于"穷沙际"。字里行间，表现出诗人对河朔军民之深厚同情，从而引出一种为官者的强烈责任感，和对自己无力解除民瘼的深切内疚。

从"自念亦何人"到篇终为第五段，作自责之词而寓讽喻之意。看来诗人内疚很深（源于其责任感），故出语沉痛。他觉得贪图一己的安逸是可耻的（"偷安"），感到自己身为"拾遗"而未能尽到谏官的责任，身"直史馆"而未能尽到史官的责任，不足为"直士"、不足为"良史"。"不耕一亩田"，又无"富人（民）术"，有愧于河朔之民；"不持一只矢"，又乏"安边议"，有负于边塞之兵；更对不住道义之交的热忱期望（"勤勤谢知己"乃倒装趁韵句法，意即谢知己之勤勤）。所以骂自己为人民的蛀虫（"深为苍生蠹"）。而事实上，王禹偁本人为官"遇事敢言，喜臧否人物，以直躬行道为己任"，是不当任其咎的。他在此诗以及其他诗（如《感流亡》）中的自责之词，一方面表示他不愿尸位素餐的责任心，另一方面也是对那些无功食禄之辈的讽刺。

全诗层次极清楚，主要运用了对比结构，但这不是两个极端的对比（如白居易《轻肥》），而是通过"良心发现"式的反省语气写出，对比虽不那么惊心动魄，却有一种恳挚感人的力量。全诗语意周详，多用排比句式（二、五两段尤多），乃至段落之间作排比（三、四段），却毫无拖沓之嫌。其所以"篇无空文"，实在于"语必尽规"。因此，此诗不仅在思想上继承杜甫、白居易系心民瘼的传统，在艺术风格上也深得白诗真传，以平易浅切见长。从诗歌语言的角度看，乃是以单行素笔直抒胸臆，初步表现了宋诗议论化、散文化的风格特征。　（周啸天）

【作者小传】

保　暹

生卒年不详。僧人。金华（今属浙江）人。与希昼、文兆、惠崇、宇昭等合称"九诗僧"。作品入《九僧诗集》，已佚。

秋　径　　　保暹

杉竹清阴合，　闲行意有凭。
凉生初过雨，　静极忽归僧。
虫迹穿幽穴，　苔痕接断棱。
翻思深隐处，　峰顶下层层。

北宋初年，诗坛上曾有名重一时的九位高僧，即欧阳修所说的“国朝浮屠，以诗名于世者九人”(《六一诗话》)。时值西昆体盛行，“时人争效之”。九僧虽深居禅林古寺，却恶此时弊。于是他们结为诗友，常相互倡和赠答，以清炼洗浮艳。保暹是金华名僧，九僧之一。《秋径》是他的名作。

初秋时节，杉竹林叶茂枝密，清阴一片，甚是安谧。一条小道，从中蜿蜒穿行。修篁原本就是佛门爱物，孟秋的清阴更是为人们所喜爱。这里幽静雅致，确实是僧人信步闲行的好去处。此时正是“空山新雨后”，金风送爽，凉意宜人。诗人自然心旷神怡，游兴更浓了。密林深处更是宁静至极。忽然，诗人听到轻微的步履声，它划破了寂静，显得分外清晰。原来是寺僧归来了。“蝉噪林逾静，鸟鸣山更幽”，作者正是采用以动写静，以声绘寂的手法，进一步渲染了山林的阒寂有致。归僧的脚步声消逝了，四周又是一片悄然。在这样静谧的天地里，诗人的目光由大及小、由粗及细，开始注意起大自然可爱的小生命了。他看到，这条小路上石板的断缝间，时浓时淡地点满了暗绿的青苔。于是诗翁的兴致更高了，谛视也愈细了。他分明见到在那幽穴裂罅之间，虫迹纵横交叉。这条密林中的小路是这样使诗人流连忘返，以致他禁不住遐想，在那下面层层岩峦的深处，必有深幽之地，足可隐居。

古来绘秋景的诗不胜枚举；即便是写山径秋行的，也不乏其作。杜牧的《山行》色彩斑斓，充满了对秋光的爱恋，属这类诗的珍品；保暹的《秋径》清新淡雅，表现出僧人淡泊的情怀，也是这类诗中别具一格之作。九僧皆师承贾岛、姚合，崇尚苦吟，诗作“清苦工密”(方回《瀛奎律髓》)。此诗语言平易自然。“凉生初过雨”、“峰顶下层层”，看似明白如话，其实却凝聚匠心。“虫迹穿幽穴”可谓描绘工切。“人见九僧诗或易之，不知其几锻炼，几敲推乃成一句、一联，不可忽也。”(同上)从此诗看，这个评价不算过分。

(朱永安)

【作者小传】

文　兆

生卒年不详。僧人。南越(今广东、广西一带)人。与希昼、保暹、惠崇、宇昭等合称“九诗僧”。作品入《九僧诗集》,已佚。

宿西山精舍　　　　文　兆

西山乘兴宿，　　静兴寂寥心。
一径松杉老，　　三更雨雪深。
草堂僧语息，　　云阁磬声沉。
未遂长栖此，　　双峰晓待寻。

我国以“西”名山者甚多,大都以所在方位来定。此诗之“西山”本名“西岩山”,坐落在浦城县(今属福建)西,西山精舍即在其上。这首诗也许是僧文兆云游到西山,宿于此精舍时所作。

首联点题,并抒感。第二句中“兴”字,《瀛奎律髓刊误》本作“称”,体味诗意,应作“称”。文兆乃僧人,一路游方;又是诗人,故又贪于观赏景色,待他来到西山之时,早已夜色苍茫了,便乘兴歇宿在西山精舍中。一入精舍,他的最强烈的感觉,便是“静”。佛家本以“清静”为本,因此他随即感到,此处之静寂,与自己的“寂寥心”正相符。首联两句,已含蕴着他对西山精舍的好感。

既然这里如此称心宜人,他便不忙着就寝,而先走出户外,准备各处走走,好好领略一番。中间两联便具体描写这个“静”境。颔联由视觉角度描写:他独自一人,慢慢在精舍内的一条小路上散步,看到老松、老杉森然排列在路的两旁;时已三更,除他而外,寂无一人,唯见天空之中,雪花裹着雨丝,纷纷扬扬,向人脸上飘来。真是万籁俱寂啊,便是连那松杉之“老”与雨雪之“深”,似乎也透发着不尽的“静”意。颈联自听觉角度描写:他又从小路尽头折了回来,徘徊在户外。此时,草堂之中,僧人们早已语息入眠了,唯有云阁那边,隐隐传来低沉的磬声。更深人静,兼风雪之夜,故磬声自“沉”;然低沉磬声尚能传入耳鼓,益发衬出精舍之静。

这种幽静境界,实在使他歆羡不已,便想长栖于此,从此不归!继而转念自己是游方僧,四海为家,焉能不归?因而尾联便道:“未遂长栖此,双峰晓待寻。”作为一个僧人,固然未能久栖于此,但作为一个诗人,听说西山精舍外双峰奇绝,那么待明晨天亮时,可要饱览一番。

这首五律首写“静”感，中间展开，具体写“静”，尾联先呼应开首，写爱其处而欲栖未遂，再宕开一笔，预作明晨打算，可谓意脉相连又开阖自如了。另外，这首僧人之诗，虽微有禅味，却因平易流畅，不事雕饰，而诗味更浓，故清人纪昀的批语说：通体“气韵翛然，无刻画龌龊之习”，堪谓的论。 （周慧珍）

【作者小传】

惠 崇

（？—1017） 僧人。建阳（今属福建）人，一作淮南人。以善画称于时，诗亦有名。与希昼、保暹、文兆、宇昭等合称“九诗僧”。作品入《九僧诗集》，已佚。

访杨云卿淮上别墅 惠 崇

地近得频到， 相携向野亭。
河分冈势断， 春入烧痕青。
望久人收钓， 吟余鹤振翎。
不愁归路晚， 明月上前汀。

杨云卿其人不详，他在淮水之上有一套别墅。僧惠崇乃淮南人，两人邻近，因此过从甚密。这首五律便是惠崇至淮上别墅访杨云卿时所作，写两人相携同游的情致。

首联点题，写过访。因为两人居处邻近，所以惠崇得以屡到淮上别墅访杨云卿，一个春日的下午，他又去了。宾主二人便相携向郊野一个亭子走去，那里无遮无拦，正可饱览野外景色。

颔联描写郊野景致。河，该就是指淮河了。烧痕，火烧草地所留之痕。二人站在野亭之中，纵目远望淮河，看到河水冲过山脊（冈）滔滔而来，将那冈势一断为二；又游目观望四野，见那曾被野火焚烧过的草地上，经春风吹拂，又长满了青草，正是“尽放青青没烧痕”（苏轼句）了。这一联写景句，原是惠崇取唐司空曙、刘长卿二人的诗句合成，故颇为人所诋，有人便公然讥其犯古，作诗嘲曰：“河分冈势司空曙，春入烧痕刘长卿。不是师兄多犯古，古人诗句犯师兄。”（宋司马光《温公续诗话》，后两句宋刘攽《中山诗话》中又作：“不是师偷古人句，古人诗句似师兄。”）直到明代，王世贞还在批评：“剽窃模拟，诗之大病。……乃至割缀古语，用文已陋，痕迹宛然，如‘河分冈势’、‘春入烧痕’之类，斯丑方极。”(《艺苑卮言》卷四)其实，取古人诗句入于己诗并不自惠崇始，而这种手法亦不应简单归为“犯古”、“剽窃”，倒是刘攽之说较为合乎情理，他在引上述嘲诗后，又说：“杜工部‘峡束苍江起，岩排石树圆’，顷苏子美(即苏舜钦)遂用‘峡束苍江，岩排石树’作七言句。子美岂窃诗者，大抵谓古人诗多，则往往为己得也。”这类例子不胜枚举，如向负盛名的林逋《山园小梅》中“疏影横斜水清浅，暗香浮动月黄昏”一联，便是取南唐江为“竹影横斜水清浅，桂香浮动月黄昏”入诗，仅换了两个字，而后梁翁宏《春残》颔联“落花人独立，微雨燕双飞”，则被小晏原封不动地用入《临江仙》(梦后楼台高锁)一词内，也颇为人激赏。由此可见，于古人成句不论有意全取，还是裁剪、点化，只要用得精妙、妥帖，仍属一种创造，依旧不失为佳句。正是在这个意义上，可以说，惠崇当是看到眼前之景恰与前人诗境相合，于是便随手拈来两句构成一联，由于用得得当、精警，他还“尤自负”呢(《温公续诗话》)。

颈、尾两联拉归宾主身上，写他二人的浓厚游兴，亦景亦情。惠崇、杨云卿两人久久瞻望四野景色，忘记了时间的流逝，连那专心致志的河边垂钓者都收起钓具往回走了，他俩却还不肯挪步。望中抽暇，两人还一唱一和，即景吟诗抒怀，一首长诗吟罢，只见那临水已久的白鹤也振翅(翎，鸟的羽毛，这里指鹤翅)飞去了。其时天已向晚，暮色降临，可惠、杨二人还在意兴不倦地观赏着。他们岂不担心，再过会儿归途难行吗？不，惠崇心中有底，他轻松地说：“不愁归路晚，明月上前汀”，月光已洒照在前汀之上(汀，水边平地)，愁什么！词气之中，充溢着悠然适意的情调。

惠崇之诗，在宋初“九僧”中最负声名。这首诗写出了游兴的浓厚，情态的闲适，景物的美好，且吐词属语，浅近自然而有情致，颇见艺术才华。　(周慧珍)

【作者小传】

宇　昭

生卒年不详。僧人。江南人。与希昼、保暹、文兆、惠崇等合称“九诗僧”。作品入《九僧诗集》，已佚。

塞上赠王太尉

宇　昭

嫖姚立大勋，　万里绝妖氛。
马放降来地，　雕盘战后云。

月侵孤垒没， 烧彻远芜分。
不惯为边客， 宵笳懒欲闻。

这首诗，是僧宇昭作客边塞时，为王太尉出师攻辽大捷所写，并以之赠给王太尉的。

自北宋初年直到“靖康之变”前一年(1125，辽为金所灭)，辽始终是北宋北部边境的大敌，时有侵扰，而宋常为辽所败。王太尉这次却大败辽军，宇昭感到欢欣鼓舞，因此略过激烈战斗场面的描写，起笔便写征辽大捷，称赞王太尉为“嫖姚”，认为他像西汉嫖姚校尉霍去病大败匈奴那样，为朝廷建立了大功。

首联括尽大捷后，中间两联转笔描写战场景色。“雕盘战后云”之“盘”，原作“闲”，欧阳修《六一诗话》曾称引此联(然误作惠崇诗，非)，作“盘”；《瀛奎律髓刊误》(卷三十)收录此诗，亦校正为“盘”。方才还是厮杀得昏天黑地的战场上，诗人看到，现在的气氛却煞是宁静：战马三五成群地散放在这敌军缴械投降之地，大雕则盘旋在那战后复趋明净的云海中。渐渐的，夜幕降临了。月光如水，洒照在辽军弃下的孤垒之上，方才还能看得很清楚的这座孤零零的堡垒，如今白茫茫、明晃晃的一片，却再也寻不见了。野火把遮目的杂草烧得干干净净，月光下，一眼望去，远处的平芜也能看得分明。

上面两联中，作者以战马、大雕、孤垒、远芜描写出了边塞战场的特有景色后，又听到了这塞上特有的划破长空的笳声——军中报晨昏的号角声，作者不是战士，而仅是僧人为边客，因而尾联抒发感受道：“不惯为边客，宵笳懒欲闻”，点明了自己的身份和作为方外之人的心境。

这首诗起笔豪壮，歌颂了王太尉的军功；中间两联写战场景色，气韵沉雄，境界开阔，直逼唐人；唯尾联抒发自己感受，未免衰飒，令人有蛇尾之感。(周慧珍)

【作者小传】

杨 朴

生卒年不详。字契元，郑州(今属河南)人。因同学毕士安荐，太宗以布衣召见，赋《莎衣》诗，辞官而归。

莎 衣

杨 朴

软绿柔蓝著胜衣， 倚船吟钓正相宜。

蒹葭影里和烟卧，　菡萏香中带雨披。
狂脱酒家春醉后，　乱堆渔舍晚晴时。
直饶紫绶金章贵，　未肯轻轻博换伊。

杨朴，字契元，郑州人。为人恬淡闲静，不慕荣华富贵，一生布衣。据《蒙斋笔谈》记载："朴性癖，尝骑驴往来郑圃。每欲作诗，即伏草间冥搜，得句则跃而出，遇之者皆惊。"可见他对写诗已到了痴迷的地步。后来他的同学毕士安向宋太宗推荐他，他即赋《莎衣》诗，辞官而归。《莎衣》诗是他的代表作，《瀛奎律髓》说："此诗对御所赋，天下传诵。"

《桐江诗话》载："杨朴契元，一日秋晴，钓于道旁溪中。值漕台陈文惠出，从者呵之，契元竟不顾。文惠怒，摄至邮亭中诘之。契元丐纸笔供状，乃作绝句云云，文惠谢遣之。"这首《绝句》是："昨夜西风烂漫秋，今朝东岸独垂钩。紫袍不识莎衣客，曾对君王十二旒。"从这段记载，可以看出杨朴傲岸的性格和狂放的风神，也可知他曾以《莎衣》诗对太宗的事是可信的。杨朴咏《莎衣》和这里的《绝句》其思想精神是一致的。

莎衣，即蓑衣，是以蓑草编织起来的御雨的衣披。蓑衣、笠帽是雨具，也是渔人常备之具。七律《莎衣》除了尾联缘蓑衣而抒情表意外，其余三联都是咏蓑衣。但它不是一般的咏物，而是由物咏人，由人抒情，表现了遗世独立、飘然物外的韵致。

首联说渔人爱蓑衣。草缀绳编的蓑衣，在诗人的眼中色艳质柔，比一般衣服还好。"软绿柔蓝著胜衣"，绿与蓝的草色，饰以软与柔，不仅显示了其色鲜嫩，而且表现了质地轻软。说蓑衣胜于衣，是由于着了蓑衣，"倚船吟钓正相宜"。"吟"是吟诗，"钓"是钓鱼，钓鱼只是一般渔人的生涯，吟诗则是文人学士所独擅。既垂钓又吟咏的渔人，就不是普通的捕鱼人，而是隐逸的高士。诗人爱蓑衣，正是爱这种浪迹江湖之上，逃脱官场之外的感情流露。诗的起句便奠下了全诗的基调，透露出清静淡泊的情韵。

颔联叙渔人披蓑衣。"蒹葭"，芦苇；"菡萏"，荷花。这两句意思是：在那芦苇的婆娑影子里，在那浮动的水气中，披着蓑衣卧在渔船之上；在那如盖的莲叶影里，在那清幽的荷香中间，披着蓑衣御着雨。这一联写得极有意境，波光潋滟，烟霭迷蒙，苇影参差，莲叶滴翠，荷花吐香，加上雨洒湖面，如溅珠迸玉，此间一叶扁舟，舟上卧着披了蓑衣的渔人，这景象充满了诗情画意。诗人描绘这么一幅渔人乐趣图，是对渔人无忧无虑生活的赞颂，也是对"不知有汉，无论魏晋"的世外桃源的向往。诗人之所以要叙写渔人披蓑衣的情景,就在于借此表现一个桃花源式的理想天地。因此这里的景愈美,也就显得人愈雅,从而对比了现实社会中官场的混浊,披上蓑衣,就能超然尘外,就可归返自然,诗人对蓑衣怎能不爱呢!

颈联写渔人脱蓑衣。在两种情况下脱蓑衣:一是醉后,一是晴时。沉醉之时,狂放不羁,甩脱蓑衣,这时精神上也是自由的。晚晴之时,归棹拢岸,乱堆蓑衣,这时心情上也是轻松的。虽然写脱蓑衣,实际上仍然体现着渔人的怡然自乐,无拘无束。

以上三联都集中笔墨于写蓑衣。首联系总起,二三两联分写,一写“披”,一写“脱”。“披”时风景如画,“脱”时神情活现。写“披”,景是动,人是静;写“脱”,景是静,人是动。一“披”一“脱”,两相对照,把诗人对这种渔人生活的由衷深爱披沥无遗。

尾联表明不愿将蓑衣换取官服,是本诗主旨之所在,也是诗人锋芒的崭露。“紫绶”,紫色的绶带;“金章”,黄金印章。紫绶金章,指高级的官爵。莫说紫绶金章多么高贵,我还不肯轻易把蓑衣换了它呢!杨朴面对太宗皇帝,拒不受官,不愿将蓑衣换锦袍,可见其情操。无怪乎此诗要“天下传诵”了。

这首诗表现了诗人视官爵如敝屣的思想,由于要和“紫绶金章”对举,因而诗人改变了自楚辞《渔父》以来一贯咏渔翁的写法,不着力于“人”而专意于“衣”,从而构成“换”的关系,构思新巧。在前三联极写蓑衣的基础上,笔锋一转,泻出正题,真是点睛传神之笔,足有千钧万斛之力。

(徐应佩 周溶泉)

【作者小传】

魏 野

(960—1019) 字仲先,号草堂居士,陕州陕县(今属河南)人。不求仕进。真宗西祀时曾遣使召之,上表以病辞。卒赠秘书省著作郎。与寇準、王旦往来酬唱。诗格清苦。原有《草堂集》,其子重编为《巨鹿东观集》。

书友人屋壁 魏 野

达人轻禄位, 居处傍林泉。
洗砚鱼吞墨, 烹茶鹤避烟。
闲惟歌圣代, 老不恨流年。

静想闲来者，　还应我最偏。

诗题一作《书逸人俞太中屋壁》。逸人，隐士。诗人书其屋壁的友人，就是这位名叫俞太中的隐士。全诗描写了这位隐士脱离尘俗的幽居生活和闲散安逸的心境，同时点明诗人自己与他在心迹、志趣上的一致。

首联就指出这位友人过的是断绝世情、远离尘嚣的隐遁生活。达人，通达知命的人，指友人俞太中。世人多追求禄位，这位达人却视之轻如鸿毛。他结庐在依林傍泉的地方，那里听不见尘世间的喧闹，又得以时时徜徉在深林流泉之间，优哉游哉。此联提纲挈领，总摄全诗。

中间二联具体描绘这种生活和心境：友鱼鹤，伴砚墨，品茶赋诗，老之将至而无憾。“洗砚鱼吞墨，烹茶鹤避烟”，极写幽居之趣。这位逸人到流泉洗砚，就招得鱼儿争先恐后地吞咽着黑黑的墨水。他点火煎茶，熏得那站在炉边的鹤来不及地避开。生活闲散自由，心境也闲逸安宁，简直令人忘了尘世外的一切。但也并不尽然：“闲惟歌圣代。”圣代，封建时代指称当代。北宋初年，朝廷对这些清雅隐士颇为爱赏，常有征召。不就者，则予以殷勤劳问，如林逋便曾受宋真宗“诏长吏岁时劳问”（见《宋诗纪事》卷十）。魏野自己，也在真宗西祀时被召过，不过他“抱琴逾垣而走”（见《古今诗话》）了。想来俞太中也有过此种际遇，因此闲暇之时，倒也不忘作诗吟咏当朝的“深恩厚泽”。隐者清心寡欲，随缘自适，一切听任自然，故而“老不恨流年”。韶华流逝，老之将至，也不觉得遗憾。真是一个无所忧虑、自得其乐的隐逸人。

颔、颈二联中，诗人把友人的隐逸生活勾画得如此细致生动，闲情逸致临摹得如此精微真切，其原因在于，他与这位友人是同道，也是一位隐士。所以末联便把自己也拉入诗中。他从自身措笔，代为友人设想道：静着时，想想那些有闲空来的人，还应当算我最偏。偏，指心境偏僻，即指不好名利、不喜俗人、习静喜幽等等不合世俗常情的心理。魏野的确是这样的人：“秉心孤高，植性冲淡，视浮荣如脱屣，轻宠利如鸿毛”（见《巨鹿东观集·序》）。

赵与虤《娱书堂诗话》称魏野诗“冲淡闲逸”、“警句甚多”，诚为的论。此诗笔致潇洒飘灵，诗境冲淡闲逸，似不食人间烟火食者语。警句“洗砚鱼吞墨，烹茶鹤避烟”，其言虽浅，其境甚深；既富诗情，又具画意，堪称佳对。　（周慧珍）

登原州城呈张贲从事　　魏　野

异乡何处最牵愁？　独上边城城上楼。

日暮北来惟有雁，　　地寒西去更无州。
数声塞角高还咽，　　一派泾河冻不流。
君作贫官我为客，　　此中离恨共难收。

张贲，一作张贵，是诗人的同乡抑或朋友，不详。不过，诗既呈献给他，显然关系亲密。原州，北宋时辖境相当今甘肃镇原及宁夏固原东部地，属当时的边疆地区。诗人是陕州（治所在今河南陕县）人，隐居在陕州城东郊。他何时、何因跑到原州这个边城作客，情况不详。就诗论诗，这是一首抒发羁旅愁情的七律，首尾二联抒情，中间二联写景，景与情谐。

诗劈头就以问句而起，呼喊出了压抑在诗人心中的愁情："异乡何处最牵愁？"身处异乡，本已够令人愁的了，但这已算不了什么，因为"异乡"之中，还有一处最牵动愁情的所在，那就是："边城城上楼"。当客子伶仃一人，登上边城城上楼时，是最黯然销魂的了。何以如此说？因为，站在这边城最高之处，纵目远望，能一览无遗地看到边地景色。就是这带有边地特征的景色，最能牵引出客子心中之愁。这个意思，诗人不曾明说，然而可以从下面的写景中体味出来。

且看其景是如何牵情的。"日暮北来惟有雁"：秋季黄昏，自北而来的，唯有振翅而飞的雁儿，可见杳无人影。雁儿头也不回地向着中原、向着南方飞去了。我的家园也在中原呀，可是我却不得不还滞留在这儿。望着那越飞越远的雁儿，能不令人伤感？

"地寒西去更无州"：虽说现在还是秋天，然而边地冬来早，早已经是寒气凛凛了。从这儿再往西去，已经没有朝廷的州郡设置了。可叹我就像那身不由己的蓬草，被风一吹、几吹，就吹到了这杳渺荒僻的原州边城，不由得忧从中来！

"数声塞角高还咽"：塞角，画角前冠以"塞"字，因地处边塞，故云。这时，偏偏又听到几声画角声。这向晚的角声，有时高昂，有时呜咽，悲凉凄切，在我这羁旅的心境上，又平添了几多哀愁！

"一派泾河冻不流"：派，水的分流，泾河是渭河的支流，故云。泾河，源出宁夏六盘山东麓，东南流经甘肃到陕西高陵县境入渭河。原州城楼上望下去，只见泾河早就冻住不流了。天冷，心更凉呀！

两联二十八字，展示了"塞下秋来风景异"的边塞风光。此种风景，在客子眼中，无处不牵惹起他的愁情，因而尾联便又直吐其情了。贫官，指张贲，其时任州郡长官的僚属（从事），官卑职小，俸禄菲薄。诗是呈给张贲的，故将他也一起拖入诗中。诗人直抒其情道：您异乡作贫官，我异乡为异客，这中间的离恨，我们二人一样难以收拾！

此诗写景，景象萧瑟；抒情，情感悲怆，同其描述隐逸生活的诗相比，境界迥然不同，可见诗境是随处境、心境而异的。（周慧珍）

寻隐者不遇 魏 野

寻真误入蓬莱岛， 香风不动松花老。
采芝何处未归来， 白云满地无人扫。

唐诗中以访隐不遇为题材的小诗有好几首。而以贾岛的《访隐者不遇》最为后人激赏。读魏野这首七绝总会令人联想到"松下问童子，言师采药去。只在此山中，云深不知处"的诗句，这两首诗意境确是相似的。诗题中的"隐者"为谁，人们已不得而知，魏野本人即是宋初有名的隐士，他与不少隐逸者有交往，这里反映的就是诗人生活的这一方面，写的是隐者相寻，终未得遇。与贾岛诗相比，诗题首字易"访"为"寻"，仅换一字，内中含义却昭然有别。贾岛诗中，隐者在"云深不知处"，但毕竟"只在此山中"，还是有目标可见的，而此诗中的隐者，行迹更加漂泊不定，难以捉摸。

"寻真误入蓬莱岛"，首句点出寻访的地点，这位隐士看来是个道士，诗人称之为得道成仙的"真人"，足见敬仰之情。"误入"二字，既说明诗人是不知不觉中来到此地的，也表现了他对此幽寂之景的惊异之情。"香风不动松花老"具体写所见之景。香风不动，松花自落，隐者居处之清幽可见。

第三句"采芝何处未归来"为一转折。贾岛诗中虽略去问句，却还有一回答的童子出现，魏野则将发问的对象也略去了。他自问自答道：满地白云，杳无行迹，隐者想必采灵芝去了。灵芝，历来被认为是长生不老之药，长在深山峭壁，采取不易，隐者这一去，何时归来就难以肯定了。诗人虽未能见到隐者，内心却向往之，他伫立于此，极目远眺，隐隐透出惘然若失的感情，诗篇已终，余音未了。

在宋初诗人中，魏野的风格是近于唐人的。《宋史》本传云："野为诗精苦，有唐人风格，多警策句。"写访隐者不遇的诗，除贾岛一首外，唐人如高骈"落花流水认天台，半醉闲吟独自来。惆怅仙翁何处去，满庭红杏碧桃开"，李商隐"城郭休过识者稀，哀猿啼处有柴扉。沧江白石樵渔路，日暮归来雨满衣"，韦应物"九日驱驰一日闲，寻君不遇又空还。怪来诗思清人骨，门对寒流雪满山"等等，在唐诗中都属上乘之作。"意味闲雅"（蔡正孙语）是这些诗总的风格。魏野一生没有出仕，居处是"清泉环绕，旁对云山，景趣幽绝"（《宋史》本传），真宗遣使召之，他"闭户逾垣而遁”(《宋诗纪事》卷十),是个真隐士,他写的《寻隐者不遇》诗,于“闲雅”之外,就更有隐逸之风。前人称他诗风“平朴而常不事虚语”(《玉壶野史》),这首诗纯用白描手法,青松郁郁,白云悠悠,构成鲜明的艺术形象。将香风引入诗句,更使整个画面增辉。而这些都显示了隐者的高洁,表达了诗人的向往之情。

宋人蔡正孙对这首诗有“模写幽寂之趣,真所谓蝉蜕污浊之中,蜉蝣尘埃之表”(《诗林广记》后集卷九十七)的评语,对阅读此诗,应该说是不无启发的。

(黄 刚)

【作者小传】

潘 阆

(? —1009) 字逍遥,一说号逍遥子,大名(今属河北)人。狂放不羁,交游皆当代名士。太宗时,应召入朝,赐进士及第,寻以其狂妄追还诏命。坐王继恩事,亡命潜逃,后被捕获。真宗释其罪,授滁州参军。卒于泗州。其诗寒苦清奇,有孟郊、贾岛之风,为王禹偁、苏轼所赞赏。有《逍遥集》。

岁暮自桐庐归钱塘 潘 阆

久客见华发, 孤棹桐庐归。
新月无朗照, 落日有余晖。
渔浦风水急, 龙山烟火微。①
时闻沙上雁, 一一皆南飞。

〔注〕 ① 龙山:富春江南岸的小山。

这首诗作于由桐庐(今属浙江)经富春江归回杭州的途中。作者原为大名人,尝寓居钱塘(今浙江杭州),诗题“归钱塘”,示钱塘之居,已经很久,把这里作为第二故乡看待了。

诗的开头“久客”两句,是说:长久客居外地,不觉已经出现花白的头发了。此刻买棹桐庐,乘着扁舟独自归来,可见思归之情,非常殷切。三四两句:“新月无朗照,落日有余晖。”从时间着笔,示傍晚舟中所见。这两句自然清颖,富于理趣,似乎信手拈来,实由洗练而出。时当上弦,新月已上,在落日余晖的映衬下,天空中浮起了一弯眉月,而此时天边霞彩,却显得绚丽可爱。澄江如练,余霞成绮。虽然新月还未能朗照,却也带着些淡淡的晴彩了。东天的如眉初月,西天的夕阳在山,人在舟中,俯仰成趣。

五六两句,是从经过的山水着笔,写归途景物。时近黄昏,晚风渐紧,渔浦边上已聚集了渔舟,暮潮也随着兴起。江岸那边的龙山一带,升上了阵阵些微的炊烟,远方也见到星星的灯火。天空渐渐呈现了暮色,作者所乘的船儿,也便停泊了下来。七八两句:"时闻沙上雁,一一皆南飞。"在泊舟之后,听到沙洲上已有落雁的声音。在草木黄落的深秋,鸿雁是惯于南飞的。现在一行行南飞的归雁,已在寻求它们歇宿的地方了。作者于凝静中看到"平沙落雁"的情景,而所见之景、所闻之声,却都是动态,这些景象,使作者更生思归之情。这两句和起笔归棹相应,显示"物犹如此,人何以堪"。全诗作意,正在于一个"归"字。

这篇五律,思致清远,刘贡父《中山诗话》说:"潘阆诗有唐人风格,仆谓此诗,不减刘长卿。"刘长卿在唐代被称为五言长城,其诗句如"离人正惆怅,新月愁婵娟"(《宿怀仁县南湖寄荀处士》)、"石横晚濑急,水落寒沙广"(《浮石濑》),皆与本诗意度相近。

（马祖熙）

【作者小传】

寇　準

(961—1023)　字平仲,华州下邽(今陕西渭南市东北)人。太平兴国五年(980)进士。淳化五年(994)除参知政事。景德元年(1004)辽兵大入,拜同中书门下平章事,力排众议,促真宗亲征,进驻澶州督战,与辽订澶渊之盟。后为王钦若等所谗,罢相。天禧三年(1019)复相,封莱国公。又受丁谓排挤,降官,后贬逐雷州,死于南方。仁宗时追赠中书令,谥忠愍。能诗,七绝尤有韵味,今传《寇忠愍公诗集》三卷。

江南春二首(其二)　　寇　準

杳杳烟波隔千里,　　白蘋香散东风起。
日落汀洲一望时,　　柔情不断如春水。①

〔注〕 ① 柔情:范雍《忠愍公诗序》引此诗,也作"愁情"。

此诗大约作于晚年。末句"柔情",一作"愁情",结合诗人生平遭际看,似应为后者。

关于这首诗,明代杨慎曾和朋友何仲默开过玩笑。他在《升庵诗话》卷十二中说,何仲默曾经扬言说:“宋人书不必信,宋人诗不必观。”有一天他就抄了寇準此诗和张文潜等三人诗各一首,问他说:“这是何人诗?”何氏读完道:“唐诗也。”

由这故事可见此诗颇具唐诗特色,情韵悠长,蕴藉空灵。

诗的一二句点明题意,并描写出了江南春日黄昏的那种迷离艳冶之美。杳杳,指江水的深暗幽远。夕阳西下,江面上水波渺茫,远望好似烟雾笼罩;江水浩渺,迢递不断,恍若远隔千里。一阵东风,吹来缕缕白蘋清香。寥寥十四字,似写无人之景,实是境中有人,“隔”、“风起”、“香散”,都是从人的感觉角度落笔的,因此第三句就将人推出镜头来。原来此时诗人正伫立在汀洲(水边平地)之上凝望着。此属倒装句法,按顺序而言,应把此句提到最前面,但如倒转过来,便属凡笔,诗意也索然了。

美景令人陶醉,也撩人伤感,尤其是悲愁郁结的人,所以末句便转入抒情。此时,诗人面对一江春水,心中陡然涌起无限愁绪,感到自己的绵绵愁情就像眼前的春水,无了无休。“柔情不断如春水”,凭借鲜明生动的艺术形象,化抽象为具体,含蓄地倾吐出愁情的沛然莫遏,与早于他的李煜《虞美人》词“问君能有几多愁?恰似一江春水向东流”,和晚于他的秦观《江城子》词名句“便做春江都是泪,流不尽,许多愁”,可谓异曲同工。李词鲜明、生动,秦词情辞兼胜,寇诗则妙在首尾呼应,情景相生,另有耐人吟味之处。

寇準是北宋著名的政治家,位至宰相,功业彪炳,性亦刚毅,而竟然写出如此柔丽感伤之诗,便是他同时代人也觉得难以理解,议论纷然:宋僧文莹《湘山野录》云:“莱公(按寇準封莱国公)富贵之时所作诗,皆凄楚愁怨,尝为《江南春》云云。”南宋胡仔:“忠愍诗思凄惋,盖富于情者。如《江南春》云……观此语意,疑若优柔无断者。至其端委庙堂,决澶渊之策,其气锐然,奋仁者之勇,全与此诗意不相类,盖人之难知也如此”(《苕溪渔隐丛话后集》卷二十);曾经做过寇準副职的范雍在《忠愍公诗序》中也谈道:“尝为《江南春》二绝,……人曰少贵无不足者,其摅辞绮靡可也,气焰可也,惟不当含凄尔。”其实,他们都不曾说对。范雍以为只有诗人的女婿文康公(名王曙)说中了:“乃暮年迁谪流落不归之意。诗人感物,固非偶然。时以为文康公之知言也。大约公之为诗,多有此意。”诗人在澶渊之盟后不久,就被王钦若排挤罢相。晚年复相,又被丁谓排挤去位。后贬死雷州(今属广东)。作为一个人,他能心中不存芥蒂吗?作为一个政治家,他能不感到失意和抱负难以再展的苦闷吗?而作为一个诗人,“人禀七情,应物斯感;感物吟志,莫非自然”(刘勰《文心雕龙·明诗》),他对景伤情,发为诗句,也就不难理解了。

(周慧珍)

书河上亭壁四首(其三)　　寇　準

岸阔樯稀波渺茫，　　独凭危槛思何长。
萧萧远树疏林外，　　一半秋山带夕阳。

原诗题很长，因此一般选本都截其末句为题，这里也沿用。不过，从原诗题中，可以窥见诗人作诗的经过，因照录如下："予顷从穰下移莅河阳，洎出中书，复领分陕。惟兹二镇，俯接洛都，皆山河襟带之地也。每凭高极望，思以诗句状其物景，久而方成四绝句，书于河上亭壁。""穰下移莅河阳"，是指诗人由参知政事之职，于至道二年(996)罢知邓州(即"穰"，治所在今河南邓州市)，咸平初徙河阳(治所在今河南孟州市西)。"分陕"是用典。相传周公、召公分陕而治：陕而东者，周公主之；陕而西者，召公主之。诗人于景德二年(1005)官中书侍郎，翌年罢为刑部尚书，知陕州(治所在今河南陕县)，正是周公、召公"分陕"之地。故称"洎出中书，复领分陕"。由此可见，这组七绝所咏，乃是河阳、陕州二地之景，写作时间在景德初至景德三年或稍后，其时诗人的身份是谪官。四首诗分咏四季景物，本首写的是秋景。

一个秋日的傍晚，诗人独自倚着危槛(高楼长廊上的栏杆)，凭高俯瞰。第一眼看到的是水。河岸靠近在高楼的一边，所以望下去，岸显得很宽阔。樯，桅杆，这里指船。水中，船只稀少，因此越发衬得那烟波滔滔，浩渺无际。

水，后浪推前浪，滚滚东流。凝望着它，诗人心潮翻滚，觉得绵绵思绪竟也像视野中的水一样悠长。这是为什么？他暗暗询问自己。其实，他很清楚：当初，诗人在参知政事任上，曾破格提拔了几个贤才，遭到群小围攻，被排挤出朝廷。不过，诗人善于克制自己，他知道，要消除不快，最好的办法莫过于忘掉它。于是，他抬起眼睛，看到了树林，看到了秋山。

秋风萧萧，草木摇落，远处有一片稀疏的树林。目光越过这片树林，诗人发现一个奇妙的景致："一半秋山带夕阳。"一半，红日西沉，夕阳所照，只及山的一半，故云。秋色正浓，山自然也染上"秋"了。这一半秋山，此刻在夕照之中，一片灿亮。远远望去，不像是残阳照着秋山，倒仿佛是那秋山披带着夕阳余晖。"带"字极妙，不仅变秋山的被动为主动，且将常景写成了异景，饶有韵味。

全诗由触景生情，到以景撇情，隐隐地传达出了诗人情感上的挣扎过程。一个遭到贬谪的诗人，其思绪，其"愁情"，总会顽强地萦绕在心头，景物当前、景与情会时，孑然独处、百无聊赖时，便翻涌上来。然而，诗人毕竟是一位刚毅的政治家,他不允许这思绪、这愁情肆意泛滥,因此,他往往一洗悲酸之态,将自己的注意力引到风景的观赏上,把读者也带进他描绘的景色之中,本诗便是如此,其《虚堂》、《夏日》等诗也是如此。

(周慧珍)

春日登楼怀归　　寇　準

高楼聊引望，　杳杳一川平。
野水无人渡，　孤舟尽日横。
荒村生断霭，　古寺语流莺。
旧业遥清渭，　沉思忽自惊。

这首五言律诗,有人认为"当是莱公谪外时所作"(见王文濡编《历代诗评注读本》上册),其实不然。它作于寇準二十岁左右的青年时期。王辟之《渑水燕谈录》说:"莱公初及第,知归州巴东县(故城在今湖北巴东县西北)",司马光《温公续诗话》道:"年十九进士及第,初知巴东县,有诗云:'野水无人渡,孤舟尽日横。'"王士祯《带经堂诗话》卷十二引《蜀道驿程记》亦道:"公在巴东有'野水、孤舟'之句为人传诵",另外葛立方《韵语阳秋》也有类似说法。此说当可信。

全诗前三联写春日登楼见闻,尾联由见闻而怀归。

首联首句即点明登楼。聊,姑且。引,长,引申为"远"。一个春日的下午,诗人公务之暇,大概这样想:闲着也是闲着,姑且登上高楼去眺望一下吧。

次句至颈联都写望中之景。次句总览。上楼伊始,放眼望去,首先摄入诗人眼中的,是"杳杳一川平",一片广袤无际的平野。因为他站"高"眺望,所见自然杳远。

颔联俯察。诗人从平野尽头收回视线,开始细细察看楼前底下有无别致的景色。原来在这片广野中,竟横卧着一条河流,水上还有一条渡船。不过,四野空旷无人,既不见渡者,连那船家也不知到哪儿去了。诗人不由好奇,便将目光久久地停留在那儿。但是看了好半天,也不见有个人来,只有那条孤零零的渡船横转在水里漂啊漂的,诗人心里琢磨着:看来这条渡船自清晨渡人后,就一整天地被船家撂在这儿了。这一联纯粹的写景句,宋人葛立方竟认为:"寇忠愍少知巴东县,有'野水无人渡,孤舟尽日横'之句,固以公辅自期矣,奈何时未有知者。"(《韵语阳秋》卷十八)这是从何说起呢?因此遭到清人何文焕的诘难:此联"乃袭'野渡无人舟自横'句,葛公谓其'以公辅自期',强作解矣。"(《历代诗话考索》)何氏的意见是正确的。寇準因为"平昔酷爱王右丞、韦苏州诗"(范雍诗序语),所以此地看见相仿景色时，很自然地受到韦苏州（应物）《滁州西涧》诗的触发，便随手点化了韦句，而意境比韦来得丰厚，如斯而已，何来“公辅自期”之思？葛立方之说显然是穿凿附会。

颈联写抬眼见闻。霭，轻烟；断霭，谓烟时起时没。诗人伫望楼头已久，因此当他目光移开渡船，抬眼向荒村望去时，已近黄昏，村里人家大约已在点火做饭了，所以冒出了缕缕轻烟。高楼不远处还有一座古寺，听得出有几只黄莺在那儿啼啭着。

也许是流水、渡船、炊烟勾起了诗人对故乡类似景色的回忆，抑或是无所栖托的黄莺（流莺）的啼声唤出了诗人心中对故居的思念，总之，登楼见闻领出了尾联的怀归之情。此时，诗人不可遏止地怀念起故乡来：在那遥远的地方，那清清的渭水（泾水浊，渭水清）流经的下邽（今陕西渭南市东北），就是自己的故里，在那里，有自己的田园家业（故业），有自己的亲人……迷离恍惚之中，诗人仿佛已置身故园，看到了家乡的流水，家乡的渡船，家乡的村庄，他完全浸入了沉思之中。蓦地一阵心惊，他回过神来：咳！此身还在异乡巴东呢！这时，他的心头该有何感想呢？然而他不说了，就在“惊”字上收住了笔。

全诗一首一尾的“聊”与“惊”二字下得极妙。“聊”，说明他并非因怀归而登楼，然后再因登楼见闻逗引出怀归之情，诗意与诗题相合。“惊”字下得生动警切，它揭示了诗人由遐想到突然惊悟的心理状态，含蕴着初入仕途乍离家乡的青年诗人对故园的依恋之情。

由于写景是全诗的重心，因此读者的注意力也多被这对仗工稳、生活气息浓郁的二联景句所吸引。尤其“野水”一联，妙手偶得，浑然天成，更博得了人们赞赏。宋僧文莹《湘山野录》以为它“深入唐人风格”。王渔洋把它转引入《带经堂诗话》的“佳句类”内，连北宋翰林图画院也将此联作为考题来品评考生高低，这都说明这首诗以写景驰名，以致本来写得并不差的抒情句却为它所掩了。

（周慧珍）

夏　日　　　　寇　準

离心杳杳思迟迟，　深院无人柳自垂。
日暮长廊闻燕语，　轻寒微雨麦秋时。

本诗作于罢相期间。诗人凡两次罢相，这是其中哪一次则不详。

首句，离心，指离开汴京之心。迟迟，迟缓，这里形容迟钝的样子。罢相，对这位很有作为的政治家来说，无疑是最沉重的打击，他自然是耿耿难忘的。在一个夏日的傍晚，他又觉得离心萦怀，竟有一种说不出的绵长、悠远的（杳杳）味道，所以思绪也被搞得有些迟钝了。人在忧思郁结时，往往如此。杳杳，迟迟，两对叠字，细致地描绘了诗人彼时忧郁惝恍的心理。

既"杳杳"，又"迟迟"，这时如果有个人来聊聊，也可有所开解，然而没有。第二句说，深深庭院之中，阒无一人，唯有那柳树在那儿倒垂着枝条。竟是如此静谧、冷清！

正因为分外地静，所以第三句说，在这黄昏的时光，有几只归巢的燕子，只有它们不知人愁，在长廊那儿呢呢喃喃说个不停。"燕语"，不仅写出了一个静的境界：因静，才听得见燕子的呢喃声；而且也反衬得诗人身心的更加寂寞。试想，如果诗人还在相位上，哪有心思、哪有闲暇去听燕语呢？

末句，麦秋，秋天是谷物收成的季节，而初夏因为正是麦熟的时候，所以古人便将初夏称为"麦秋"。天又下着蒙蒙的细雨，丝丝寒意，轻轻向他袭来，他这才想到：现在正是初夏收麦的时节。诗到此句点题并徐徐收住。

那么，诗人是否已经从离心之中解脱出来了呢？看来不曾。尽管诗人将自己的注意力转移到了景物上，把读者也引到了夏日的景色之中，但只怕夜深人静之时，他又要"欹枕难忘是旧情"（《虚堂》），不免身在江湖而心怀魏阙了。因而，读着这首诗，令人不由产生一种压抑感，而这恰恰是受了诗人杳杳离心的感染。

（周慧珍）

虚 堂　　寇 準

虚堂寂寂草虫鸣，　欹枕难忘是旧情。
斜月半轩疏树影，　夜深风露更凄清。

体味诗意，此诗似作于晚年。诗题取首句前二字，实类"无题"。

首句写堂静。用静中之动来反衬其静。虚堂，空堂，用《庄子》"虚室生白"之意。孤身独处，更无他人，所以觉得堂屋是空荡荡的。孤身、夜深，空堂显得分外寂静，只听到堂外草丛中不知什么虫子在鸣叫着。"草虫鸣"是静中之动，因"寂寂"才能听见虫鸣；听得见虫鸣，愈见堂之"寂寂"。如此一个静悄悄的堂屋，正可酣眠。

然而，次句却写人不眠。此时，独处于堂屋之中的诗人斜靠在枕头上不能成眠。堂寂，虫鸣，都是他在不眠之中感觉到和听到的。何以不眠？"难忘旧情"，因为旧情萦绕心头，令人难以忘怀。旧情之“情”，在这里似不应解作“恋情”或“爱情”。一是不曾听说诗人生平有过浪漫的或不幸的爱情，再是从三四两句的意境与全诗的氛围看，也似与恋情无涉。所以这里的旧情，怕也是《江南春二首》（其二）之中的“愁情”吧，即“暮年迁谪，流落不归之意”。范雍《忠愍公诗序》曾说：“大约公之为诗，多有此意”，那么，把这里的“旧情”归入“此意”，似不算牵强。另外，诗人说成“旧情”，也许是故意含糊其辞。总之，暮年迁谪，流落不归，是诗人一生中沁入心髓的不幸，他当然难以忘怀，袭上心来时，自然要欹枕难眠了。

按照思路，底下大概要倾吐一下难忘旧情的伤悲了，而诗人却不，“而今识尽愁滋味，欲说还休”，于是他绕过“旧情”把目光转向窗子，来了个写景句：“斜月半轩疏树影”，月光斜照在半截窗户上，又把稀疏的树影投在堂屋的地上。也许是树影在摇曳不定吧，总之，诗人已感到寒意，所以他觉得夜半更深风露更加凄清了。诗到此句，便戛然而止，诗人似乎把“旧情”忘记了。

其实没有。尽管“旧情”只如一个闪电，瞬间便消逝了，而更多的笔墨用于写景。但是，这些景物的描写已著上了“旧情”的色彩，而使一切景语皆成了情语。起笔的“虚”字就语涉双关：“虚堂寂寂”，是他自己的灵台孤寂，方感到空堂之分外寂静；他把目光转向窗户，看那月光，看那树影，原是为了解脱“旧情”的萦绕，但是，看到的又是凄清的环境，而环境的凄清正是他心境凄然的反照。总之，诗人于“旧情”欲言又止，只是在亦即亦离之中，融情入景，描绘眼前景物，构成一种凄迷的氛围，烘托出一缕难忘旧情的凄楚的情感，这就比直陈胸臆，显得更加缠绵悱恻，蕴藉婉曲，令人味之不尽。同时他身为大臣，政治上的不幸际遇是不好多说的，也只能出之以委婉之词，点到为止。

（周慧珍）

【作者小传】

蒨　桃

生卒年不详。寇準侍妾。

呈寇公二首　　蒨　桃

一曲清歌一束绫，　美人犹自意嫌轻。
不知织女萤窗下，　几度抛梭织得成。

风劲衣单手屡呵，　幽窗轧轧度寒梭。
腊天日短不盈尺，　何似妖姬一曲歌。

寇公就是北宋名相寇凖，蒨桃是他的侍妾。寇凖在当时是一位比较正直、有功于国的大臣，但生活上非常豪华奢侈，《宋史》本传说："凖少年富贵，性豪侈。"欧阳修《归田录》也说他"早贵豪侈"。《呈寇公》二首就是蒨桃针对他的一次豪侈之举而作的。

《苕溪渔隐丛话后集》卷四十有段记载："公自相府出镇北门，有善歌者至庭下，公取金钟独酌，令歌数阕，公赠之束绿，歌者未满意。蒨桃自内窥之，立为诗二章呈公云……"讲的就是蒨桃作诗的经过。

蒨桃的第一首诗，是用对比的手法，揭示一个不合理的社会现象。一二句写美人（歌女）。三四句转写织女的辛劳，寇凖的毫不足惜而滥施赏赐。蒨桃不平，所以她要站出来说话，表现了蒨桃对不合理的社会现象的指责和对织女的同情。全诗出语坦率，倾向鲜明。

第二首，蒨桃简直是在为织女代言了，因此这四句很像是织女的独白。这个独白道出了如此一个辛酸事实：北风猛烈地吹着，一年四季为人织绫的织女自己"可怜身上衣正单"。她在那幽暗的窗下，一刻不停地投梭织绫，只听得织机轧轧叫着。天冷极了，那梭子握在手里也是冷冰冰的。虽然"鸡鸣入机织"，可是冬天日短，往往整天也织不满一尺。人是这样的辛苦，哪里比得上那位妖冶的歌女，唱一曲歌就能得大量赏赐！

这段代言，语意沉痛，辞气哀怨，表达了蒨桃对那处于生活底层的织女的深切同情。

作为一个侍妾，地位是很低下的，所以她才能如此真切地体念到织女苦楚，而以诗的形式向豪侈的寇凖进言，很像白居易的"唯歌生民病"的讽喻诗。这位不谙蚕织苦、只知挥霍的相爷看了蒨桃的诗，该有所惊悟、有所愧悔了吧，可是，寇凖对蒨桃之言颇不以为然，步她第二首诗的原韵，写了一首《和蒨桃》，直言不讳地回答道："将相功名终若何？不堪急景似奔梭。人间万事君休问，且向樽前听艳歌。"说他要及时行乐，还要听歌。要听歌自然还得要大量赏绫，蒨桃的诗等于没有做，反映了这位寇相思想的另一面。

然而蒨桃毕竟是可敬的。一个地位卑下的侍妾，她在寇凖宴乐之际不去乘兴助乐，反而作诗批评一位堂堂的当朝宰相，她不怕他发怒吗？但是她敢，她有足够的勇气来诉说不平，又有足够的才气来写出不平之鸣。这是一个富有同情心和正义感的才女。其诗其人博得了千百年来读者们的喜爱和尊敬。

(周慧珍)

【作者小传】

钱惟演

(962—1034)　字希圣,临安(今属浙江)人。吴越王钱俶之子。少补牙门将,从父归宋。官保大军节度使,加同中书门下平章事。预修《册府元龟》。仁宗时,被劾落职,为崇信军节度使。卒谥思,改谥文僖。景德间与杨亿、刘筠等十七人相唱和,结集为《西昆酬唱集》,号"西昆体"。所著今存《家王故事》、《金坡遗事》。

无题三首(其一)　　钱惟演

误语成疑意已伤,　春山低敛翠眉长。
鄂君绣被朝犹掩,　荀令熏炉冷自香。
有恨岂因燕凤去,　无言宁为息侯亡?
合欢不验丁香结,　只得凄凉对烛房。

无题诗始自晚唐李商隐。大抵以隐衷不便直述,故权以"无题"标目。历来以解无题诗为难。盖以既无标题,则归趣难求,往往只能见仁见智,此其一;又玉谿无题,衍楚骚余绪,芳草美人,时有寓托,此其二。元好问云"诗家总爱西昆好,独恨无人作郑笺",主要就指的无题一类诗作。故欲解钱氏此诗,当先于此二节有一大体判断。按《西昆集》中《无题三首》由杨亿原唱,钱惟演、刘筠各如数和作。既为唱和,则当无不便为他人言之微意在,大抵仿玉谿体裁,而同咏一事。又既三人同咏,则诗意可相互发明。由此窥入,差可得其仿佛。

此诗实写一女子之爱情纠葛。

"误语成疑意已伤",按杨亿原唱之一有云:"才断歌云成梦雨,斗回笑电作雷霆",可知此女子与现时的爱人本相恩爱,然而因自己无意间说错了话,引起猜疑,欢笑顿然变作雷霆之怒。杨诗又云"不待萱苏蠲薄怒,闲阶斗雀有遗翎",说的是其爱人之怒意,虽有忘忧的萱草,亦未可缓解,因此这女子只得独自神伤,"春山低敛翠眉长",她低首蹙额,那涂着黛翠的修眉,如同春山般秀美,如今却也染上了一抹薄雾愁云。相传卓文君形容姣好,"眉色如望远山,脸际常若芙蓉"

(《西京杂记》),又传西施常患心痛,以手捧心,眉尖若蹙,二句合用二典,刻画出含愁佳人楚楚可怜的情态。

《说苑·善说》记鄂君子晳泛舟于中流,为他摇桨的越女歌曰:“今夕何夕兮,搴洲中流;今日何日兮,得与王子同舟……山有木兮木有枝,心悦君兮君不知。”于是鄂君“乃掩修袂行而拥之,举绣被而覆之”。又东汉荀彧是有名的美男子,他曾为尚书令,人称荀令君,《襄阳记》载其衣带生香,“至人家,坐处三日香”。三四二句用此二典,承上而言,朝来还是唱随绸缪,恩爱犹如鄂君之与越女,而曾几何时,“斗回笑电作雷霆”,他已一怒而去,只剩得他常日熏衣的香炉中的细缊余香在勾起无尽的忆念。

“有恨”、“无言”二句,继写女子的幽思并暗点这一场纠葛的缘由。《飞燕外传》记汉成帝后赵飞燕与其妹一起私通宫奴燕赤凤,争风反目,遂为帝知觉。《左传》记楚国灭息,载息夫人归,三年不言,楚子问之,对曰:“吾一妇人,而事二夫,纵弗能死,其又奚言!”这里燕凤、息侯均代指过去的情人。二句说自己现在含恨抱愁,并非因恋着过去的情人,而默默无言亦非为思念以往的恋情。至此可知,“误语”云云,原来是她对爱人戏说起旧时的情人,就“误”字观之,此人或非实有,而大抵为有失考虑的戏言。

然而一时之失慎,却产生了严重的后果,《古今注》云:“欲蠲人之忿,则赠之青堂,青堂一名合欢,合欢则忘忿。”又“丁香体柔弱,乱结枝犹垫”(杜甫《江头四咏·丁香》),因此一直作为愁结不解的象征,李商隐诗即云“芭蕉不展丁香结,同向春风各自愁”(《代赠》)。此刻,这女子纵有合欢在手亦不能消去爱人的忿怒,而空落得满腹排遣不去的愁怨,正如杨亿原唱之二所云“合欢蠲忿亦休论,梦蝶翩翩逐怨魂”,于是她只得独处烛光似泪的空房而凄切怅惘。

这诗虽未必有深刻的寄托,然而在表现手法上却深得李商隐无题诗的神韵。张采田评李诗曰“哀感沉绵”、“宛转动情”(《李义山诗辨正·无题》),钱惟演此诗从造型、布局两方面都较完美地体现了这一特色。

此诗活用典故与句法运用巧妙,言简意长,耐人寻味。如“春山”句合用卓文君、西施二典,将美与愁相糅合,又以“翠眉长”作殿,女子楚楚可怜的神态毕现。中间二联,上下句均各用一典。二联上句正用,下句反用,又通过“朝犹掩”、“冷自香”中“犹”、“自”二虚字的勾连,表现了女子无限叹惋的心情。“朝”字言变化之迅疾。“冷”而仍“香”状恋情之绵长,更得细缊吞吐之致。三联句法与二联相异,出句与对句同意,而均不明言,却用“岂因”、“宁为”连续二问,更将委曲之情表现得百回千折。

在布局上，先用“误语成疑”造成悬念，前四句引而不发，只是反复极写愁怨之态，直至三联方打转，应首句之“误语”，点明本末缘由，四联合拢，反照“意已伤”，起结开合，包蕴密致而舒回迂徐，尤能切合当事人的潜流的思绪。因为失意人总是在目睹身边事物（如绣被、熏炉），触发联想后，再进而反省事件之起由（如燕风、息侯）的。如在“误语”后直接燕风、息侯，则全诗就索然寡味了。这些就是此诗在艺术上的成功处。

（赵昌平）

对竹思鹤　　钱惟演

瘦玉萧萧伊水头，　　风宜清夜露宜秋。
更教仙骥旁边立，①　　尽是人间第一流。

〔注〕 ① 仙骥：即指鹤，因仙人常骑鹤，故鹤便成了仙人之骥。

竹为树中君子，鹤称禽中高士。南朝谢庄《竹赞》云“贞而不介，弱而不亏”；鲍照《舞鹤赋》则称鹤“钟浮旷之藻质，抱清迥之明心”。“对竹思鹤”这一诗题本身，就先透露了作者的命意所在。对竹，是实景；思鹤，是虚拟。诗的构思，在历代众多的咏竹、咏鹤诗中又可称是蹊径独辟，自具一格。

“清”之一字，是全诗的立意所在。前二句，“对竹”于洛阳伊水之滨，水竹相映，境界之清可见。这倒并非是首创，萧齐虞羲《江边竹》诗早执先鞭，而唐人诗中更不乏其例，如白居易《画竹歌》云“野塘水边欹岸侧，森森两丛十五茎”。可见不仅诗人，画师亦早已取此为景。然而钱氏连著“瘦”、“萧萧”、“风”、“露”、“清夜”、“秋”诸语，却又显示了西昆诗人善于锤炼的艺术造诣。清伊东流，又正值风轻露白的清秋之夜。这清迥的背景，更衬托出丛竹的瘦劲之骨，萧萧之韵。两个“宜”字尤堪玩味。这萧萧瘦玉，只宜于清秋之夜，野水之滨，一种孤高不群的意态，顿时从两个“宜”字中传出。“宜”与“不宜”，又是诗人的主观感受，所以作者的情趣又从两个“宜”字中隐然可见。三句“更教”二字正就两个“宜”字接过，由“对竹”而更“思鹤”。鹤为“羽族之宗长，仙人之骐骥”（《相鹤经》），《诗经》又云“鹤鸣于九皋，声闻于天”。以仙鹤配野竹，两个第一流，韵趣自能相通。

“尽是人间第一流”，是全诗的结穴。瘦竹、清风、凉露、仙骥，都是第一流的雅物。在这尘世有谁能欣赏这清超脱俗的第一流雅境呢？当然是非第一流的雅士莫属。在这一点上，陈衍可称是钱惟演的异代知音。他在《宋诗精华录》中评此诗说“有身份，是第一流人语”。对此诗命意的含蓄而贴切，陈衍的评论可说是片言中的。不过，他忘了知人论世，忘了说明钱惟演是否够得上“第一流人”。

从“伊水”可知，此诗当为惟演在仁宗天圣、明道年间判河南府时所作。在此以前，他就附从权相丁谓，依附刘妃，力拥刘妃为后，并在真宗病重时主张皇帝崩后由刘后听政。在这种利害关系之上，他与丁、刘结为姻亲。作此诗前后，刘后崩，他又迎合仁宗之意，主张以刘后配祀真宗。因此为正直的朝士所不齿。在这些重大问题上，同是西昆诗人的杨亿、张咏等就比他有骨气得多。惟演天圣、明道间二次由中枢外放河南，也正是因为他与权相、外戚的这种不光彩的关系为朝士劾奏所致。远在他为馆臣、预修《册府元龟》时，曾有《鹤》诗一首，云：“碧树阴浓接玉墀，几年飞舞伴长离。”(“长离”即凤)。可见这首《对竹思鹤》，表面看是浮云野鹤，清高脱俗，骨子里却是一种牢骚。这只“鹤”实在是忘不了玉墀丹陛的。“第一流”云云，实有所不称。因此《对竹思鹤》作为诗来说颇有佳处，但毕竟是经不起深究的。

(赵昌平)

【作者小传】

林 逋

(967—1028)　字君复，钱塘(今浙江杭州)人。早岁浪游江淮间，后归杭州，隐居孤山二十年，种梅养鹤，终身不娶，亦不仕，旧时称其“梅妻鹤子”，卒谥和靖先生。其诗风格淡远。与钱易、范仲淹、梅尧臣、陈尧佐均有诗相酬答。有《林和靖诗集》。

孤山寺端上人房写望　　林 逋

底处凭阑思眇然？　　孤山塔后阁西偏。
阴沉画轴林间寺，　　零落棋枰葑上田。
秋景有时飞独鸟，　　夕阳无事起寒烟。
迟留更爱吾庐近，　　只待重来看雪天。

林逋隐居杭州时，结庐西湖之孤山。孤山之上有孤山寺，这是他常常喜欢登览的胜地。本诗写一个秋日的傍晚，诗人在孤山寺端上人(上人，和尚的尊称)房饱览风景。诗以素淡的笔触，描绘出幽邃的景色，造成一种幽寂的意境。而这种境界，正是林逋这位幽人(隐士)所眷恋的。

首联破题领起：诗人在何处(底处)凭阑远眺呢？他在孤山寺端上人房。房的方位何在？孤山塔后有一座阁，就在此座寺阁的西边。偏，边。眇通“渺”，辽

林和靖

——〔宋〕马远

远,高远。诗人凭阑纵目时,思绪飞得很远、很远。幽思又因何而起?诗人并不明说,而将笔宕开,于颔、颈二联画了四幅风景画。

画面在“望”中一幅幅依次展开。先是一幅“方外寺”:阴森森的树林里,隐隐约约地闪现出几所寺院。诗人身处佛地,所以第一眼看到的便是佛寺。暮色苍茫,远远望去,这个景色暗淡得就像一帧褪了颜色的画。寺在“画轴”之中,想象奇妙。眼中是画,诗笔下也是画。画境阒寂幽深,正见方外本色。

再是一幅“葑上田”:葑,菰根,即茭白根。葑上田,又称架田:把木框子浮在水面,框上安着葑泥。诗人转移了一下视角,但见水面上零零星星地飘荡着一块块的架田,犹如那棋盘上割下来的方格子。枰,棋盘。以棋盘方格譬架田,比喻贴切。其时夕阳西下,夜幕将临,农夫们都已荷锄归家了,因此画面上阒无一人,分外宁静。

接下是一幅“空中鸟”:诗人举头瞻望天宇,只见寥廓秋空之中,偶尔飞过一只伶仃的小鸟。诗人赶紧将这“独鸟”捕捉进画中,又涂上几抹秋云作为背景。

最后展开的是一幅“墟里烟”:夕照之中,什么都没有,唯有袅袅寒烟(秋已深,炊烟在秋空之中,该也带有深秋的寒色了)萦绕半空,这表明,附近村落的人家已在点火做晚饭了。这幅诗人略略低首绘下的画,意境空寂,色彩也淡得不能再淡了。

寺、田、鸟、烟四轴风景图,展现的正是高僧端上人日日置身其间的那个幽深清寂的环境。此种环境,与这位幽人断绝尘想、潇洒物外的恬静心境、闲逸情致正相吻合,因此,他从中领略到了莫大的兴味,渺然幽思便由此而起,令他久久留连,迟迟不愿归去。

末联便直抒这种倾慕心情,诗人道:我迟迟逗留着,不舍得归去。今日之游,我愈加喜爱这块胜地了,因为,它与我的庐舍相近:近,我得以迟归,又得以常来。现在,快要掌灯吃晚饭了,我也该回去了。不过,等那雪花纷扬时,我要重来此地,观赏那银装素裹的世界。

这首七律向以工于写景驰名,不仅“诗中有画”,而且手法高妙。颈联在词序的排列上作了精密的调动,画面就在宁谧中浮动着一股生动的灵气。而颔联,则因其奇妙的想象与贴切的比喻,更受后世诗人们的激赏,仿效之句也最多。如滕岑有“何人为展古画幅,尘暗缣绡浓淡间”(《游西湖》),程孟阳有“古寺正如昏壁画”(《闻等慈师在拂水有寄》),黄庭坚有“田似围棋据一枰”(《题安福李令朝华亭》)、“稻田棋局方”(《次韵知命入青原山石》),文同有“秋田沟垅如棋局”(《闲居院上方晚景》),杨万里有“天置楸枰作稻畦”(《晚望》),杨慎有“平田如棋局”(《出郊》)，等等，因此王渔洋品评此联“写景最工”(《池北偶谈》)，是有道理的。

(周慧珍)

山园小梅　　林　逋

众芳摇落独暄妍，　占尽风情向小园。
疏影横斜水清浅，　暗香浮动月黄昏。
霜禽欲下先偷眼，　粉蝶如知合断魂。
幸有微吟可相狎，　不须檀板共金樽。

这首诗选自《林和靖诗集》。《宋诗纪事》题作《梅花》。

诗一开端作者就直接抒发对梅花的赞赏：“众芳摇落独暄妍，占尽风情向小园”，它是在百花凋零的严冬迎着寒风昂然盛开，那明丽的景色把小园的风光占尽了。一个“独”字、一个“尽”字，突出了梅花生活的独特环境、不同凡响的性格和那引人入胜的风韵。“占尽风情”，更是写出它独有的天姿国色。作者虽是咏梅，但实际是他“弗趋荣利”、“趣向博远”的思想性格的自我写照。苏轼在《书林逋诗后》说：“先生可是绝伦人，神清骨冷无尘俗。”《四库全书总目》说：“其诗澄澹高逸，如其为人。”可知其诗确是作者人格的化身。

颔联对梅花作具体的描绘：“疏影横斜水清浅，暗香浮动月黄昏。”这一联简直把梅花的气质风韵写尽写绝了，它神清骨秀，高洁端庄，幽独超逸。尤其是“疏影”、“暗香”二词用得极好，既写出了梅花稀疏的特点，又写出了它清幽的芬芳。“横斜”描绘了它的姿态，“浮动”写出了它的神韵。再加上黄昏月下、清澈水边的环境烘托，就更突出了梅花的个性，绘出了一幅绝妙的溪边月下梅花图。那静谧的意境，朦胧的月色，疏淡的梅影，缕缕的清香，确实令人陶醉。所以这两句咏梅诗成为千古绝唱，一直为后人所称颂。欧阳修说：“前世咏梅者多矣，未有此句也。”陈与义说：“自读西湖处士诗，年年临水看幽姿。晴窗画出横斜影，绝胜前村夜雪时。”(《和张矩臣水墨梅》)他认为林逋的咏梅已压倒了唐齐己《早梅》诗中的名句“前村深雪里，昨夜一枝开。”王十朋对其评价更高：“暗香和月入佳句，压尽千古无诗才。”辛弃疾在《念奴娇》词中奉劝骚人墨客不要草草赋梅：“未须草草赋梅花，多少骚人词客。总被西湖林处士，不肯分留风月。”因为这联特别出名，故“疏影”、“暗香”二词就成了后人填写梅词的调名(此二调创自姜夔)。可见林逋的咏梅诗对后世影响之大。

然而这两句诗也并非纯出自己创造，而是有所本的。五代南唐江为有残句：

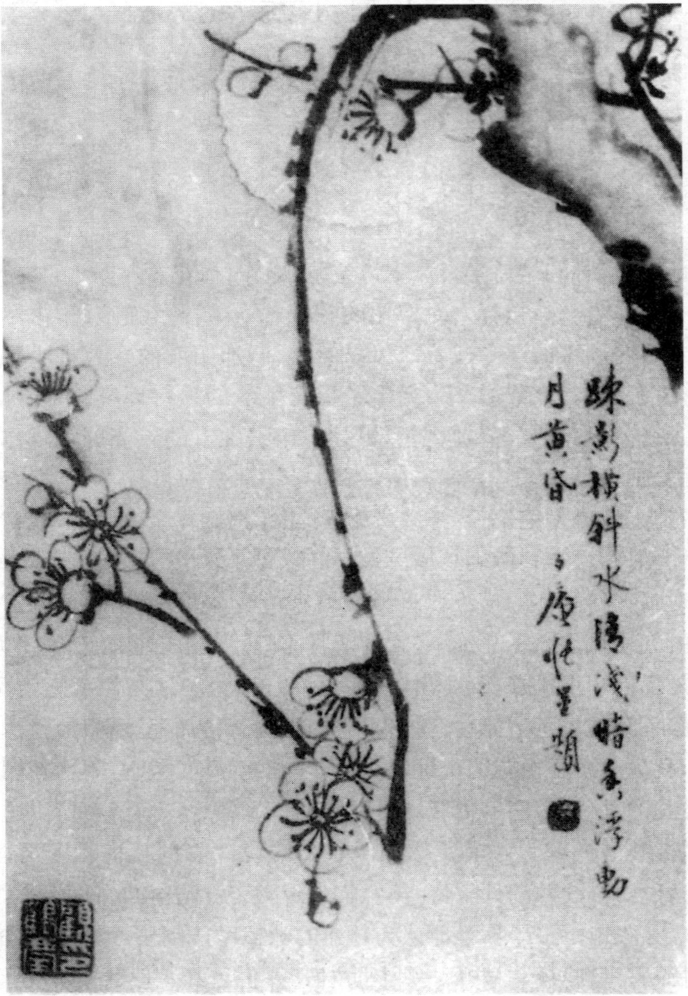

梅

——〔清〕张崟

“竹影横斜水清浅，桂香浮动月黄昏。”这两句既写竹，又写桂。不但未写出竹形的特点，且未道出桂花的风神。因没有传下完整的诗篇，未构成一个统一和谐的意境，感触不到主人公的思想情绪，故缺乏感人力量。而林逋只改了两字，将“竹”改成“疏”，将“桂”改成“暗”，这“点睛”之笔，使梅花神态活现，可见林逋点化诗句的功力。《宋史》本传说：“其词澄澹峭特，多奇句”，大概是指的这类诗句。

颔联重在描写梅花本身，而颈联则是着意作环境的渲染：“霜禽欲下先偷眼，粉蝶如知合断魂。”霜禽，一作冬鸟；一作白鹤、白鸟。依据林逋“梅妻鹤子”的情趣，还是作“白鹤”解为好。前句极写白鹤爱梅之甚，它还未来得及飞下，就迫不及待地先偷看梅花几眼。“先偷眼”三字写得何等传神！后句则变换手法，用设想之词，来写假托之物，意味更其深远。而“合断魂”一词则更是下得凝重，因爱梅而至销魂，就把粉蝶对梅的喜爱夸张到了极点。通过这联的拟人化手法，更进一步烘托作者对梅花的喜爱之情及幽居之乐。联中那不为人留意的“霜”、“粉”二字，其实也是诗人精心择取，用以表现一尘不染的情操和恬淡的趣味。

以上三联，是写眼中之梅，胸中之梅，作者自己的感情则是隐曲地流露于其中。至尾联，作者被梅所陶醉，其喜爱之情不能自抑，于是从借物抒怀一跃而为直抒胸臆：“幸有微吟可相狎，不须檀板共金樽。”檀板，是檀木制成的拍板，演奏音乐时用以打拍子。这两句是说：如在赏梅之时低声吟诵，那么，在恬静的山林里尽可自得其乐，檀板金樽的豪华热闹场面又有何用呢？这就把诗人的情操趣味和盘托出，使咏物与抒怀达到水乳交融的地步。 （苏者聪）

小隐自题　　林 逋

竹树绕吾庐，　清深趣有余。
鹤闲临水久，　蜂懒采花疏。
酒病妨开卷，　春阴入荷锄。
尝怜古图画，　多半写樵渔。

这首自题小隐的五律，以轻松愉悦的笔调，以似乎向人夸赞的口吻，歌咏了诗人恬然自适的隐居生活，展示了他悠然自得的情怀志趣。

首联，诗人称道自己居处环境之美与心境之自得：翠竹绿树环绕着我的庐舍，我就在这里隐居。生活在如此清幽深秀的环境里，真让人感到趣味无穷。修竹丛树，俨然是一道隔离尘世间的屏障。居处其中，颇有一种世外桃源之感，难怪这位诗人要感到“趣有余”了。

中间两联便具体叙说“趣有余”。颔联写飞禽、昆虫。诗人以一种亲昵而嗔怪的口气说：在我这隐居者的领地中，连那鹤、蜂竟也不同寻常。鹤嘛，本该探进水里捕捉鱼吃，现在它竟对着水久久地站着，显见得闲极了；小蜜蜂呢，也应当在花上不停地采花粉，可是却不大采，真是懒透了。把此联抽出来玩赏，自然是写景。以人拟物，写得生动活泼，细腻真切：唯其“闲”故能“久”，唯其“懒”方才“疏”，十字无一字虚设，遣词用意精微至极。然而，将它放进诗中探究，却又不是纯粹的写景句。透过“鹤”与“蜂”，可以看见诗人自己：他“坐茂树以终日”，正在有情有致地观赏着那鹤、那蜂，品味着小隐生活的无穷滋味。在这里，他实际上是用一种拟人化的以境写人的手法，来描写自己优游的闲适生活和心情。这的确是很惬意而又“趣有余”的。

颈联直接写诗人自己。酒病，即酒醒后所感觉到的那种困惫如病状态。春阴，即春荫，指春天树木枝叶欣欣向荣，在日光下所形成的阴影。这里诗人讲自己：我太喜欢饮酒，每每从沉醉中醒来时，就感到四肢疲软，恹恹如病，妨碍了开卷读书，这时也就干脆不读了。当然也不能总是这样一味地闲散着，春风和煦时，我也扛着锄头步入春阴之中去劳作，试试品尝那田家乐的味道。“春阴入荷锄”作以上解释固然可以，但另有一解更富诗意：我荷锄去劳作，连那春阴也跟了进来，它好心地为我挡着日头，似乎是陪我一起享受那田家乐，比起陶渊明“晨兴理荒秽，带月荷锄归”来，更觉自得。如此，既与诗人彼时心境谐和，又与颔联拟人化的手法相一致。诗人饮酒，不必像刘伶那样担心旁边有个妻子劝着、阻着（他根本不曾娶妻）；荷锄，又有那春阴作伴，因而这种生活，真也是“趣有余”了。

隐居生活其乐无穷，故而尾联进一步称赞道：我们隐者喜欢缘山斫柴，临水垂钓，而我曾经喜爱古代的图画，原因就在于这些图多半把我们这样樵夫渔父式的隐士画了进去，我们的生活就像画一样的美。诗到此悠然而结。全诗仿佛是一首自赞曲，唱完末句，诗人便又隐入了那被翠竹绿树拥抱的庐舍中去了，留下的，让读者自己去吟味。

这首荡漾着喜悦心声的小诗，歌咏了隐逸高趣，情调轻松，笔姿新颖，语句清淡，有一种“咏之令人忘百事”（梅尧臣《林和靖先生诗集序》）的意趣和魅力。

（周慧珍）

宿洞霄宫　　林 逋

秋山不可尽，　　秋思亦无垠。
碧涧流红叶，　　青林点白云。

凉阴一鸟下，　　落日乱蝉分。
此夜芭蕉雨，　　何人枕上闻？

洞霄宫在今浙江杭州余杭区西南大涤洞，一向是游览胜地。道家认为大涤洞是第七十二福地，唐代建有天柱观，北宋改名洞霄宫。宋朝大臣退休，常挂个“提举洞霄宫”的职衔，可见它的名气。林逋是杭州孤山的隐士，如今来此游览，自然会写下他的观感，此诗就是其中的一首。

一开头，“秋山不可尽，秋思亦无垠”，是对整个环境和自己整个心情先作一笔概括。洞霄宫建在大涤山上，他就先从山写起。“不可尽”说明山之大，著一“秋”字，点出时令。“亦无垠”是指自己的心情。山大景多而美，一路观赏不尽，自己欣快心情随景而生，也随景而变，一浪接一浪，所以说“无垠”。这两句是总冒，把客观景物和内心感情先安顿一笔，借此也引起读者的注意。

第二联，“碧涧流红叶，青林点白云。”进入具体写景。虽只有十个字，却有几点应该注意。第一，色彩绚丽。用了“碧”、“红”、“青”、“白”四字，铺开一幅彩绘，见得秋山秋水，一派鲜艳，毫不枯淡。第二，涧水在奔流，树林有点染，一派活泼，一片生机，是活的景，不是死景。第三，涧是碧色，却流红叶；树是青的，却映白云。强烈的对比，映衬，激射，明亮得很，绚烂得很。第四，“碧涧……”是向下看，“青林……”是抬头看；“流红叶”何其匆匆，“点白云”何等悠闲。一俯一仰，一动一静。而诗人心情的徘徊起伏，又可于言外得之。

第三联也是具体写景，但与上联不同。上联写得绚丽，此联写得明净；上联着重安排景物，此联暗地交代时间；上联写“涧流”，其声清冷，此联写“乱蝉”，其声噪闹。“凉阴”见得日已西斜，“落日”已是时近黄昏，写时间的流转，层次分明。所以两联重点不同，疏密各异。至于两联的对仗工整，下字准确，轻重匀称，也同样能看出作者的细密功夫。

结末一联，用意在点出题目的“宿”字。他是打算在山中过夜的，不过还未到就寝的时候。然而他已经想到枕上的情景了：洞霄宫种了许多芭蕉，看天气又快要下雨，那雨打芭蕉的音响，一定又是很有韵味的。那么，谁能在枕上听到呢？诗人故意下此一问，其实他分明知道，今夜是定能领略这种幽美的情韵的，只是不晓得同听此声的还有哪些人罢了。

就这样，诗是写完了；然而还留下了悬念，也就是没有真正结束，且让读者自己去追踪寻味了。

这也正好回应开头那句：“秋思亦无垠”，章法极为细密。　　（刘逸生）

书寿堂壁 林 逋

湖上青山对结庐， 坟前修竹亦萧疏。
茂陵他日求遗稿， 犹喜曾无封禅书。

这首诗最早曾书于林逋自作寿堂壁上，是他临终明志之作。诗题一作“先生临终之岁自作寿堂因书一绝以志之”，当是后人所题，不出林逋之手。

“湖上青山对结庐，坟前修竹亦萧疏”二句，从“结庐”和“坟前”落笔，由生前写到身后，概括了他的一生。林逋是个清苦的隐逸诗人。绿波荡漾的西子湖水，翠竹葱茏的湖心孤山，令这位“梅妻鹤子”的诗人流连徜徉。这面湖依山的庐舍，正是他朝夕相处之所。诗人在此，虽“家贫衣食不足”，却“性恬淡好古，弗趋荣利”，杭州近在咫尺，居然“二十年足不及城市”（均见《宋史》本传），足见其安贫乐道的志趣。首句侧重写的是“庐”，是述他生前，次句紧扣的则是“坟”，是述他身后。林逋生前作圹庐侧，自有长眠于湖光山色间之意。“亦萧疏”三字，示身后的萧条，正见隐士本色。这两句形象地总结了他的一生。

《后村诗话》说林逋一生苦吟，自摘十三联五言，唯五联存集中，梅尧臣序其诗集，更叹“所存百无一二焉，于戏惜哉”！林逋也曾说：“吾方晦迹林壑，且不欲以诗名一时，况后世乎！”但好事者往往窃记之，所以遗稿尚有数百篇。“茂陵他日求遗稿，犹喜曾无封禅书”二句，即以遗稿中并无封禅书一类阿谀谄媚文字自慰，以示高洁。茂陵，汉武帝陵墓，这里即指汉武帝。据《汉书·司马相如传》，司马相如死后，汉武帝曾从他家中取到一卷谈封禅之书。所言不外歌颂汉皇功德，建议举行“封泰山，禅梁父”的大典。林逋借古喻今，表明决不屑于像司马相如那样希宠求荣。“犹喜”、“曾无”俱为庆幸之语，感情色彩很浓。这二句是和靖名句，颇为后人传诵，所以如此，并非在于它是奇语、丽句，而是因为它表现出诗人的高尚志节。宋真宗时，大臣王钦若等伪造符瑞，怂恿真宗东封泰山，借以邀宠。林逋这两句诗是针对此事而发，立意高绝。秦少游曾赞曰：“识趣过人如此，其风姿安得不高妙也！”后代文人在用司马相如草封禅书之事时，有正用反用之别，王禹偁《谪守黄冈谢表》中“茂陵封禅之书，惟期死报”之语，是正用，林逋这里是反用。对此，《艺苑雌黄》评曰：“自非学力高迈，超越寻常拘挛之见，不规规然蹈袭前人陈迹者，何以臻此”，认为林逋要高出王禹偁一筹，这是很有见地的。以后胡仔虽颇不以为然，但和靖此二句流传之广，决非王之可比，却是事实。

林逋生当北宋盛世，诗文颇有名，却淡于荣利，终生布衣。诗中所表白的，并

非虚语，所透出的是一股高逸淡远之气。（黄　刚）

【作者小传】

刘　筠

(971—1031)　字子仪，大名(今属河北)人。咸平元年(998)进士。仕真宗、仁宗两朝，屡知制诰及知贡举，预修国史，官至翰林承旨兼龙图阁直学士。再知庐州，卒。曾预修《图经》及《册府元龟》。诗学李商隐，工于对偶，词藻华丽，和杨亿齐名，时称“杨刘”。与杨亿、钱惟演等十七人唱和，结集为《西昆酬唱集》，号“西昆体”。

柳　絮　　刘　筠

半减依依学转蓬，　斑骓无奈恣西东。
平沙千里经春雪，　广陌三条尽日风。
北斗城高连蠛蠓，　甘泉树密蔽青葱。
汉家旧苑眠应足，　岂觉黄金万缕空？

自《诗经·小雅·采薇》“昔我往矣，杨柳依依”起，杨柳，后又有柳絮，就与诗歌结下了不解之缘。仅在西昆诗人所宗尚的李商隐集中，以柳命题者，就有近二十首之多。历代写柳和柳絮之诗，名章佳句，固络绎如云；而陈辞熟语，更连篇累赘。刘筠此诗则能在众作如林中别开生面。

王夫之云：“把定一题、一人、一事、一物，于其上求形模，求比似，求词采，求故实，如钝斧子劈栎柞，皮屑纷霏，何尝动得一丝纹理？以意为主，势次之；势者，意中之神理也。”(《薑斋诗话》)这首咏柳絮诗好处就在于不入熟滥，不规规于形象的刻画、藻彩的敷饰，而能在立意取势上透过一层，以此驱遣典实，熔裁物象，在吞吐断续、若即若离中，借柳絮的形象道出了诗人的一缕淡愁。

这诗主要的吟咏对象是宫柳。宫柳在南朝以来一直为王侯勋贵所歌咏叹赏。《南史》记刘悛之为益州刺史，献蜀柳数枝，条甚长，状若丝缕，齐武帝植于太昌云和殿前，常玩嗟之，曰：“杨柳风流可爱，如张绪当时。”“暖暖阳云台，春柳发新梅。柳枝无极软，春风随意来。”梁简文帝这首《和湘东王〈阳云楼檐柳〉》诗，又将宫柳描绘得何等柔美而自在。然而在刘筠看来，宫柳却有双重的悲愁。

《大戴礼·夏小正》“正月”：“柳梯：梯也者，发孚也。”柳树伴着春风的到来而始发。鹅黄著枝，轻罗笼烟，二月间它又如此婀娜多姿。然而春犹未尽，柳却已经过了“当时”之“年”。它那“依依”可怜之态业已半减，虽在春时，那蒙蒙飞絮恰似秋日离根飘荡的转蓬，只平添东西南北的离别人，马上折枝为赠时无可奈何的枨触。然而此时，“平沙千里经春雪，广陌三条尽日风”。平沙千里指野外，广陌三条为城市，二句互文见义。柳树丰姿半减之时，正是万物经过春雪的滋润，在风和日丽中竞艳争芳之际。这是柳所共有的悲哀。

然而宫柳比起一般柳树来，更有其独特的可伤处。《三辅黄图》记，“（汉）惠帝更筑长安城，城南为南斗形，城北为北斗形。今人呼汉京城为斗城”。扬雄《甘泉赋》：“翠玉树之青葱。”颈联借汉言宋。树入禁中，身价陡增，被称为玉树，京城上应星象，紫气蒸腾，似有无数蠛蠓（飞虫）在空中浮游，更与仙境琼府相仿。然而宫柳在其中是否真的幸运呢？“汉家旧苑眠应足”，《三辅故事》记：“汉苑中柳，状如人形，曰人柳，一日三眠三起。”柳在宫中，更见娇慵，为贵人所狎玩。然而高城隔绝，禁中森严，待它睡足醒来，“柳色黄金嫩”的韶光已经过去，它已是一片青绿，步入了中年。“岂觉黄金万缕空？”是全诗的结穴，冷然一问，分外警省。常柳虽然风华短暂，然而它们在平沙千里、广陌三条的风光中也曾品尝了青春的快乐，也能领略事过境迁的悲哀，它们的“生活”是流动的，活生生的。而闭锁于高城禁苑中的宫柳，却只是度着死水一潭般的年光，尽管已万缕空空，而自己尚未必有丝毫的觉察呢！

《柳絮》寄托的愁思，如果孤立地看，可理解为替宫柳传神，也可理解为代幽居的宫人感叹身世。然而分析一下刘筠的思想以及当时的境遇，可知诗中意象实寄托着作者所别具的怀抱。

此诗见录于《西昆酬唱集》。此集起于景德二年（1005），迄于大中祥符二年（1009），时刘筠以秘阁校理预修《册府元龟》，而距其咸平五年（1002）入校太清楼书，擢为第一，初入宫禁，已多历年所，年龄则已过三十五而尚不满四十。刘筠与杨亿是西昆诗人中对现实政治比较清醒，又较有正义感的人物。所以他虽身居清华之职，却并未为“昆山玉府”的“仙境”所陶醉。当时他与杨亿在《宣曲》、《汉武》、《明皇》等作品中就已对内外政策作了借古喻今的讽喻。后来在与权臣丁谓（亦为西昆体作者）的斗争中更因守正不阿而外放，曾有“奸人用事，安可一日居此”之壮语，而为朝野所敬佩。由此可知，《柳絮》诗所写眠足而起，不知韶华已虚度的宫柳形象，实是久居宫禁而青春刚过的诗人的自伤与自警。这就使此诗在立意上先占一地步。《西昆集》中与刘筠此诗同题唱和的还有杨亿、钱惟演各一首，均不如此诗之立意超迥，这并非是才力之高下，而是因为杨亿虽正直而当时已早过中岁，不可能再有刘筠这种青春方逝的感触，而钱惟演人格不高，后来依附丁谓以为进身之阶，故不能有刘筠这样的襟怀。

立意得势，立意的超胜使得此诗的开合结构，深得曲折回互之势；遣句造景亦能推陈出新。首联以春日柳絮比秋日断蓬，迷茫中暗寓迟暮之感。次联忽然抛开柳絮主体，而写城乡的明媚春光，看似不续，而实为反衬，笔致开脱而意脉暗连。由次联之“广陌三条”又进而荡开，引到北斗城、甘泉树，似与首联相去弥远。然而末联复用人柳、黄金柳二典，收向主体，冷然一问，始知中间步步曲折原来都归向一个“空”字，既与首联相应，又翻出一层新意。杨亿曾评李商隐诗谓“包蕴密致，演绎平畅，味无穷而炙愈出，钻弥坚而酌不竭”（《韵语阳秋》引），刘筠此诗在艺术上也正深得义山之奥秘。

（赵昌平）

汉 武　　刘 筠

汉武天台切绛河，①　半涵非雾郁嵯峨。②
桑田欲看他年变，　匏子先成此日歌。
夏鼎几迁空象物，　秦桥未就已沉波。
相如作赋徒能讽，　却助飘飘逸气多。

〔注〕 ① 天台：有的注本以天台确指通天台，非是。按《史记·封禅书》，通天台建于元封二年堵塞瓠子口以后，如泥于通天台，与下文“瓠子”句矛盾。 ② 非雾：《史记·天官书》：“若烟非烟，若云非云，郁郁纷纷，萧索轮囷，是谓卿（庆）云。”非烟与非雾，本为二物，此以平仄关系以雾代烟。

这首咏史诗是《西昆酬唱集》中的名篇。宋真宗咸平、景德年间，知枢密院事王钦若等怂恿真宗崇信符瑞，京师四裔，纷纷附会天象，虚呈祥瑞。至大中祥符元年（1008）遂有“天书”降临；四年，真宗因而东封泰山，这出闹剧达到了高潮。“赵受命，兴于宋，传于恒。居其器，守其正。世七百，九九定。”（“天书”文，以上均见《宋史·真宗纪》）朝野内外弥漫着一片虚妄的吉祥喜庆气氛。这引起了一些有识见的士大夫的不安。刘筠、杨亿等七名馆臣遂在“天书”降临前后，以《汉武》为题唱酬，意在通过雄才大略而偏偏“尤敬鬼神之祠”（《史记·封禅书》）的汉武帝故事，借古喻今，以示微讽。刘、杨二作，是其中最佳者。

此诗一二句，以状物起兴。汉武一生好为崇楼峻阁，奉巫祠神。元鼎三年（前114）春所作柏梁台，高二十丈，“用香柏百余，香闻十里”（《封禅书》），据传就是用来供奉长陵女巫神君的（《汉武内传》）。以后又兴建了通天台，高三十丈；井干台、神明台，均高五十丈（《封禅书》），诗中的天台即是这众多仙台的总称，

“天”，言其高。这二句诗抓住了天台“高”而“入云”的两个侧面，以精丽的语言，创造了笼罩全诗的迷离虚幻的气氛。天台之高，竟直切绛河（即银河）。这“切”字特为天台拔地矗起、如锋锷参天的气势传神。“非雾”指五色祥云，与上句“绛河”互映，便见彩霭氤氲。又用“半涵”两字，“半涵”与“非雾”相配，加深缥缈空灵之意；切天台含云吐雾，郁郁纷纷，犹如紫气护绕的仙家灵山。“郁嵯峨”三字为二句殿末，水到渠成，工切而自然。

“桑田欲看他年变”，《神仙传》载，仙女麻姑曾三历人间沧海桑田之变而依然绰约似少女。第三句借用麻姑事，承上点明汉武筑天台之目的，遂渐次将武帝推向凌风凭虚的仙游境中。第四句急转直下，“瓠子先成此日歌”，猛然又将凌云天子拉回到人世。武帝元光三年（前132），黄河在瓠子口（在今河南濮阳市境）溃决，二十余年间，多次修治而无成效。河决又偏与求仙密切相关。方士栾大说：“黄金可成而河决可塞，不死之药可得，仙人可致也。”因此武帝“方忧河决而黄金不成”（《封禅书》），遂于元封二年（前109）亲临瓠子口督塞，“悼功之不成，乃作歌云：‘瓠子决兮将奈何？皓皓旰旰兮闾殚为河’……”（《河渠书》）刘筠截取汉武塞河决的这一侧面，形象地指出其求仙梦的破产。这二句诗转折突兀却流荡妥帖。这是因为在连贯而下的流水对中成功地参用了倒装句法。顺说而又协律当为“他年欲看桑田变，今日已成瓠子歌”。将三句之“桑田”置前，正接首联天台入云，以加强“仙”气，而四句以“瓠子”领起，则顿然给人以洪水浩渺之感，助成了陡折急转之势，有效地传达了诗旨。

五六两句顺上陡折之势荡开。夏禹曾作象征九州统一的宝鼎九只，由夏而殷而周，国灭鼎移，陵夷而至秦时，宝鼎沉沦。汉武帝元鼎元年（前116）竟在汾水边发现。方士公孙卿称鼎“出与神相通”，武帝德配黄帝，当上封泰山，“上封则能仙登天矣”（《封禅书》），于是元封元年汉武东封泰山，复巡蓬莱，冀遇诸神。以后直至去世，二十余年间，更遍封五岳四渎，求仙不止而终无效验（同上）。这正与当年秦始皇多次封禅东巡，筑跨海石桥以寻诸神的愚举一样。（《史记·秦本纪》及《三齐要略》）李贺《苦昼短》：“刘彻茂陵多滞骨，嬴政梓棺费鲍鱼。”这二句诗总结了这两位一代雄主佞仙的可悲下场。刘筠此诗五、六二句发展了李贺的诗意，以史证史，意谓汉武虽得到了夏鼎，然而执迷不悟，求仙不止，其结果也只能与秦皇一样石桥沉波，含恨而亡。象征九州统一的宝鼎复现也只能是一场幻梦。这样二句承三四转折之势，在咏汉武的同时，放笔开拓出上下数千年盛衰兴亡的广大时空境界，言外之意则在讽喻真宗，勿以祥瑞为可凭依，而当以前王之覆辙为鉴戒。

最后,“相如”二句,由放而收,点睛煞尾。写的是汉武帝文学侍臣司马相如曾作《大人赋》,以讽仙家之虚妄;但他铺张过甚,结果“天子大悦,飘飘然有凌云气游天地之间意。”(《汉书·司马相如传》)元代方回《瀛奎律髓》释此二句为指“谏者不切”,其实含义更深。刘筠是馆臣,地位与文学侍从相仿,这里是化用典故。承上讽喻意,谓自己也只能像相如一样以诗赋为微讽,但不知真宗见到后,是否会像汉武一样辜负了臣下的一片曲衷?全诗至此收束于含义深长的感叹期望之中。

此诗好在既具有西昆体固有的风格,却无此体通常的弊病。语言典丽精工,却含蓄而得当,没有浓得化不开之嫌;多用典实,却位置妥帖,并不显得堆垛;这固然因为此诗内容充实,不同于西昆体常有的无病呻吟;而另一重要因素是结构颇见匠心,既保持了西昆体组织细密的特点,又深得杜甫、李商隐七律以气运律、善于擒纵开合之神理,故能于典丽精工中见跌宕回旋之势,得兴寄遥深之旨。

(赵昌平)

【作者小传】

杨 亿

(974—1020) 字大年,建州浦城(今属福建)人。十一岁,太宗召试,授秘书省正字。淳化三年(992)赐进士及第,直集贤院。真宗时官翰林学士,兼史馆修撰。预修《太宗实录》,又与王钦若同修《册府元龟》。仁宗时追谥文。诗学李商隐,多写身边琐事,词藻华丽。与刘筠、钱惟演等十七人诗歌唱和,结集成《西昆酬唱集》,号“西昆体”。与刘筠齐名,时称“杨刘”。著作多佚,今存《武夷新集》。

代意二首(其一) 杨 亿

梦兰前事悔成占, 却羡归飞拂画檐。
锦瑟惊弦愁别鹤, 星机促杼怨新缣。
舞腰试罢收纨袖, 博齿慵开委玉奁。
几夕离魂自无寐, 楚天云断见凉蟾。

《代意》二首,载杨亿编的《西昆酬唱集》。杨亿首倡,李宗谔、丁谓、刁衎、刘骘各和一首,刘筠和二首。题名代意,似代人立言,而这个人从诗里所描写的事情来看,当是指一离妇。古人常以男女比拟君臣,这从屈原以来就是如此,所以这诗,结合杨亿的身份来说,当系有所为而作,但又不能过于实指,以免穿凿附会。

诗一起即用典,梦兰事,本出《左传·宣公三年》:"郑文公有贱妾曰燕姞,梦天使与己兰,曰:'以是为而子,以兰有国香,人服媚之如是。'既而文公见之,与之兰而御之。辞曰:'妾不才,幸而有子,将不信,敢征兰乎?'公曰:'诺。'生穆公,名之曰兰。"

这一典故,本系吉利的事。而起句云:"梦兰前事悔成占",所悔何来?当指下面的仳离之事。首句确实是饱满而又曲折,顿挫生姿。炼一"悔"字,把全首诗意包含其中。第二句"却羡归飞拂画檐","羡"字系从"悔"字引来,因悔前事,自羡眼前。"归飞"字样,本是用《诗经·小雅·小弁》:"弁彼鸒斯,归飞提提。"这一语典的运用,自然衬出一己之孤单,和双飞鸒鸟归来之可乐。虽不明说,而其意自见。首联实沉重凝练,而又大开大阖,对照鲜明。艳丽中有凄凉意。

颔联"锦瑟惊弦愁别鹤,星机促杼怨新缣",字面秾丽,属对精工,"别鹤"、"新缣"两典,在此联中尤显出凄婉之致。"别鹤",是"别鹤操"的简称。据《古今注》云:"别鹤操,商陵牧子之作也。娶妻五年而无子,父母将为之改娶,妻闻之,中夜起,倚户而悲啸。牧子闻之,怆然而悲,乃援琴而歌,后人因为乐章焉。"妻子即将遭受"七出"的不平待遇,这当然是个悲剧。"新缣"之典,出于汉代乐府民歌:"新人从门入,故人从阁去。新人工织缣,故人工织素。织缣日一匹,织素五丈余。将缣来比素,新人不如故。"(《上山采蘼芜》)这又是妻子已遭遣出,而让织缣的新人当门户了。总之,弹瑟也好,织机也好,皆是妇女的不幸遭遇。此联在美丽的词藻下用哀怨的夫妻离异的典故构成。"梦兰"事本成空,所以这一联证明"悔"的事实。诗的结构章法,有线索可寻。写离妇之遭遇,可谓淋漓尽致。颈联再从宫闱中之乐事写起,歌舞、博弈本都是赏心乐事,但由于离异,所以是"舞腰试罢收纨袖,博齿慵开委玉奁"。"博齿"是一种赌博游戏,由来已久。《楚辞·招魂》:"成枭而牟,呼五白些。"王逸注:"五白,博齿也。"这一游戏,今已不传,现在掷骰子游戏庶几近之。这一联,以人间乐事反衬今之寂寞,实加深对梦兰前事成占而又反悔的描绘,是"悔"字的再伸延。尾联不再以典出之,直接抒情,"几夕离魂自无寐,楚天云断见凉蟾"。她该有多少不眠之夜,多少离愁!在这静夜里,楚天澄净,明月高照,然而人在何处?较之"隔千里兮共明月"更为凄凉。因为"自无寐",是自己相思不寐,而所思者则未必如己之重相思的。所以更为沉痛。

这首诗,题为代意,实为自抒己意,有难言之隐,而又不能已于言,终于用比兴手法写出这首诗。屈原云："初既与予成言兮，后悔遁而有他。"(《离骚》)杨亿的遭遇有点类似。据欧阳修《归田录》载："真宗好文，初待大年(杨亿字)眷顾无比，晚年恩礼渐衰。"杨亿于此时期判史馆，奉命和王钦若等同修《册府元龟》，"亿素薄其人，钦若衔之，屡抉其失"(《宋史·杨亿传》)，而"陈彭年方以文史售进，忌亿名出其右，相与毁訾"(同上书)。《归田录》又载："杨文公亿以文章擅天下，然性特刚劲寡合，有恶之者，以事谮之。大年在学士院，忽夜召见于一小阁，深在禁中。既见，赐茶，从容顾问，久之，出文稿数箧以示大年，云：'卿识朕书迹乎？皆朕自起草，未尝命臣下代作也。'大年惶恐不知所对，顿首再拜而出。乃知必为人所谮矣。"这真是"众女嫉余之蛾眉兮，谣诼谓余以善淫。"(《离骚》)从杨亿的遭遇来看，这首《代意》当是在如此的背景中写成的，真是"抒情空拟《四愁》诗"(李宗谔和本诗诗句)，"年少情多岂易禁"(刘骘和本诗诗句)。《代意》诗是有这如许含意的。

(金启华)

南　朝①　　　　杨　亿

五鼓端门漏滴稀，　夜签声断翠华飞。
繁星晓埭闻鸡度，②　细雨春场射雉归。
步试金莲波溅袜，　歌翻玉树涕沾衣。
龙盘王气终三百，　犹得澄澜对敞扉。

〔注〕① 本诗在写法上，明显受着李商隐同题诗的影响。李商隐《南朝》诗曰："玄武湖中玉漏催，鸡鸣埭口绣襦回。谁言琼树朝朝见，不及金莲步步来？敌国军营漂木柹，前朝神庙锁烟煤。满宫学士皆颜色，江令当年只费才。"　② 埭：堤坝。这里指玄武湖北堤，又名"鸡鸣埭"。

宋真宗景德二年(1005)，当时在朝中任知制诰的杨亿奉诏参与修撰《历代君臣事迹》(后名《册府元龟》)一书。此后的三年时间内，他与同在秘阁的刘筠、钱惟演以及其他朝臣，互以诗歌相酬唱，计得诗二百五十首，编为《西昆酬唱集》。

《南朝》即为当时的酬唱诗之一。它在写法上仿效唐代诗人李商隐的同题诗。诗中列出南朝天子荒淫误国、败亡相续的历史事实，在铺陈中即含讽刺之意。通过咏史，寄寓了诗人不忘前代教训、借古讽今的意义。

首联便揭示出南朝君主无日无夜、淫乐不止的情景。据《南齐书·武穆裴皇后传》记载：永明中，"宫内御所居寿昌画殿南阁，置白鹭鼓吹二部；乾光殿东西头，置钟磬两厢：皆宴乐处也。"齐武帝夜间与宫妃宴乐，天色始明，又要与宫女嫔妃外出游玩。这一联所展现的就是这样一番景象：五更时节，宫殿正门报时的鼓声响了。此时,宫女们就要起来梳妆。不一会儿,建有翠华旗的车驾,后面载着许多随从的宫女,便从宫中出发了。下句的“夜签声断”,用陈文帝的典故。陈文帝起自布衣,知道创业的艰难。为了自强不息,他让宫中报晓的鸡人将告时的更签用力投于石阶,发出响亮的声音,使自己在熟睡中也能惊醒。

颔联写南朝天子荒于游猎。据史书记载,齐武帝经常带着宫女去琅邪游玩狩猎,早上出发经过玄武湖北堤,晨鸡始鸣,这就是诗中所说的“繁星晓埭闻鸡度”。又据记载,南齐君王特别喜爱射雉。东昏侯时,置射雉场二百九十六处。每次外出射猎,东昏侯与鹰犬队主徐令孙、媒翳队主俞灵韵等人齐马并行。为了不让人看见,常常临时驱赶百姓。有时人们衣不暇披,徒跣而出,犯禁者随手格杀(见《南史·齐本纪》)。这就是“细雨春场射雉归”一语所包含的历史内容。

颈联写南朝天子淫于酒色。上句写南齐东昏侯宠幸潘妃。他不仅与潘妃一起戎服驰逐,极选天下珍宝以供潘妃服御,还曾凿金为莲花,贴于地面,让潘妃行于其上,说是“步步生莲花”。“波溅袜”,化用曹植《洛神赋》中“凌波微步、罗袜生尘”二语,形容潘妃姿态轻柔、宛若神仙。下句说陈后主沉浸于诗酒女色之中。他每天与张贵妃、孔贵嫔以及众狎客一起酣饮,不理政事,谱写了《玉树后庭花》等艳丽的曲调,令宫女歌唱。在陈后主所作歌词中有这样两句:“玉树后庭花,花开不复久。”由于调子哀苦,据说后宫美人唱这首歌,往往落泪。“涕沾衣”,就是形容这种颓靡感伤的亡国之音的。

抚今思昔,诗人感慨不已:由于南朝天子竞逐繁华、荒淫不止,所以号称“钟山龙盘、石城虎踞”的金陵终于销尽了王气,偏安江左三百年的南朝终结了。现在物是人非,只有那滔滔东去的清波可以作为南朝遗迹的见证。敞扉,喻南朝宫殿遗址。末联不仅是对南朝君主荒淫误国的形象概括,也启示人们不要忘记其中所蕴涵的深刻的历史教训。

诗人这样结尾,是有着一定寓意的。当时,宋朝刚刚和辽国订立了屈辱的“澶渊之盟”,规定每年向辽国输送银十万两、绢二十万匹。同时,宋真宗崇尚浮华、沉湎女色,又正在准备东封泰山的大典。这种情况自然引起诗人的隐忧。所以,诗人通过咏史,委婉地提醒君王牢记南朝的教训,不致重蹈前代的覆辙,因而有着讽喻现实的意义。

这首诗精于用典。诗人将一系列关于南朝的典故组织得很巧妙,锻炼得很工致。前六句有合有分,末二句以景结情。加之音节铿锵、辞采华丽,呈现着“取材博赡、练词精整”(《四库全书总目提要》语)的艺术风采。

(李中华)

【作者小传】

穆　修

(979—1032)字伯长，郓州汶阳(今山东汶上)人。后居蔡州(治今河南汝南)。大中祥符进士。曾任泰州司理参军，后为颍州、蔡州文学参军。继柳开后，力主恢复韩、柳散文传统。有《穆参军集》。

鲁从事清晖阁　　穆　修

庾郎真好事，　溪阁斩新开。
水石精神出，　江山气色来。
疏烟分鹭立，　远霭见帆回。
公退资清兴，　闲吟倚槛裁。

古人论诗，讲求“诗趣”，宋人魏庆之在他的《诗人玉屑》中专辟“诗趣”一门，罗列了“天趣”、“奇趣”、“野人趣”、“登高临远之趣”，以为“诗趣”之宗。穆修的五言律诗《鲁从事清晖阁》，以清新的笔触勾勒了一幅恬静、闲适的风景画，可说是一首得“天趣”之作。

诗题“鲁从事清晖阁”，从事，是官名，古人把州、郡幕职官称作“从事”。鲁从事为何人已不可考，但从首联“庾郎真好事”看，这位姓鲁的从事似乎年纪还比较轻，而且颇有点文名，故诗人称之为“庾郎”，把他比作南北朝时的著名诗人庾信。“清晖阁”是鲁从事所建阁名，诗人赞扬他的这一举动是“真好事”。“溪阁斩新开”，“斩新”，全新、极新。此句用字生新。首联交代了清晖阁的主人——鲁从事；点明了位置——水边，并点明这是一座刚刚落成的新楼阁。

颔联写阁中所见，呼应首句“真好事”。“水石精神出”，意思是说，登上新建的楼阁一望，眼界顿开，原来隐而不露的水石佳处立时呈现在眼前。精神即指水石佳处。溪阁未建，佳处无人领略；溪阁一建，佳处立见。“出”字下得有力。“江山气色来”，临水之山，因水气熏蒸，显示出莽莽苍苍、郁郁葱葱的生气。山水辉映之中，自具一种特殊的韵味。所谓“气色来”，即指这种境界。

颈联写远景。“疏烟”，指远处山水间的雾气。既言“疏”，则山野的空旷与冷寂可以想见。鹭即鹭鸶，一种水鸟，羽毛洁白，腿、颈修长，有长身玉立之态。雾气氤氲之中，白鹭分行而立，境界优美，宛如一幅山水画。“远霭见帆回”，诗人在远眺中，看到烟霭里船帆悠悠而行。既写出了江水在日光的照耀下朦朦胧胧的景象，又使归帆显得遥远而模糊，给人以一种可望而不可即的感觉。这两联前二句虚写，后两句实写，把读者引入了大自然清远高旷的境界。

如果说中间两联的写景寄寓了诗人的某种心境，那么尾联则是直接的表露。"公退"，出自《诗经》"退食自公"，指处理完公务以后；"清兴"指高雅的兴味；"资"者，助也。诗人热爱这大自然的闲淡和高洁。他多么羡慕鲁从事在公务之余，能有这样一个赏心悦目的去处，他仿佛看到这位才气横溢的"庾郎"倚在清晖阁的栏槛上，一边欣赏着大自然的美景，一边在推敲诗句。裁，这里作修改讲，这是一种多么令人神往的境界！

宋初的诗歌，尚未脱离唐人的窠臼。这首诗也不例外。但诗人运用清新的语言、虚实相间的笔法，描绘出鲜明的形象，为江山传神，似亦不在唐人山水诗之下。

（朱杰人）

贵侯园 穆 修

名园虽自属侯家， 任客闲游到日斜。
富贵位高无暇出， 主人空看折来花。

北宋的都城汴京（今河南开封），人文荟萃，富庶繁华，不仅有喧阗的街市，高耸的楼榭，还有数以百计的名园佳圃。据《东京梦华录》记载，"大抵都城左近，皆是园圃，百里之内，并无闲地"。又载当时的东京市民有探春的风俗，每年正月十五以后"都人争先出城探春"。这时，达官贵人们的私家花园也一齐"放人春赏"。这首《贵侯园》就是写春天游赏名园的，但值得寻味的是，这首小诗的主题并不是赞美，而是讽刺。

第一句"名园虽自属侯家"，起得很平淡，但含义颇深。"名园"，"属侯家"，顺理成章，无可非议。但诗人却用"虽自"两字把它们组合起来，作一转折，引出下文。诗人进一步写道："任客闲游到日斜"。虽然名园属侯家所有，但游人却可以随意游玩、观赏。"到日斜"三字，把"任客"和"闲游"的含义表达得十分透彻。诗写到这里，读者有理由认为名园虽属侯家，但也属于大家，这诚然是一件大好事。但诗人的用意并不在此。

诗人紧接着又写道："富贵位高无暇出"，这就告诉人们，贵侯徒有名园，他根本没有闲暇前来观赏。有趣的是诗人对"无暇出"所作的注脚："富贵位高"。这就是无暇出的原因。最后一句："主人空看折来花。"名园的主人也赏花，不过他所观赏的只是失却了生命力的"折来花"。诗人说，这是"空看"，因为这种花决不能使人领略到大自然充满勃勃生机的意趣。如此观花只能是可悲的。侯门深似海,贵侯们深居简出,纵使坐拥名园,也难得一至,只能看看折下的花。至此,读者才真正体会到"虽自"二字的分量:名园确实并不属于那些占有者贵侯们,富贵使他们无从接近大自然,也便失去了造化赐予人类的美的享受。

这首诗质朴无华,但含意深刻,对于贪婪的占有园林之胜的贵侯们,予以辛辣的讽刺。

（朱杰人）

【作者小传】

司马池

(980或989—1041)　字和中,陕州夏县(今属山西)人。司马光父。进士及第。历官至天章阁待制、知河中府,徙同州、杭州。后被劾,降知虢州,徙晋州。

行　色　　　　司马池

冷于陂水淡于秋,　远陌初穷到渡头。
赖是丹青不能画,　画成应遣一生愁。

什么叫"行色"?此词出于《庄子·盗跖》。故事是说,孔子访盗跖,吃了大亏,失魂落魄地跑回鲁国,迎面碰上柳下惠。柳下惠看他的狼狈样子,就问了一句:"车马有行色,得微(得非)往见跖耶?"这就是"行色"一词的来历。以后,看到那些风尘仆仆、匆忙赶路的人,就说他"行色匆匆"。把"行色"二字作诗,既是"行",又是"色",那可不是容易的事。

然而也真有举重若轻的人,司马池就是一个。他是著名史学家司马光的父亲,曾在安丰(在今安徽寿县南、安丰塘北)监酒税。这首《行色》便是他在安丰时写的。

安丰南面有个芍陂,是一片很大的水塘,传说是春秋时代楚国孙叔敖开的,后来曹操又加以疏浚,直到北宋一直是有名的水利工程。安丰又是交通渡口,来往的人很多。因此,司马池这个监酒税的闲官有许多机会看到来往旅客满面风尘、来去匆匆的神气。看得久了,他就慢慢看出个道理来,原来所谓"行色"就是这个样子的。

到底是什么个样子呢?他用十四个字把它概括起来,那就是"冷于陂水淡于秋,远陌初穷到渡头"。

"远陌"是长途;"初穷"是刚刚走完;如今来到这个渡口了。你看这些远远奔来的客人，疲倦劳累，神情萧索，看不出半点欢容；也没有谁来欢迎、送行，别人对他是那么冷淡，他对别人也一样漠不相关。虽说这渡口人来人往，也算热闹，然而彼此之间却感觉不到半点温暖。这就是所谓“行色”啊！诗人知道，芍陂的水是冰冷冰冷的，可这“行色”比芍陂的水还要冰冷；秋天是萧条惨淡的，而“行色”比秋天的天气还要凄凉萧索。于是他就得出“冷于陂水淡于秋”七个字。

确实，这七个字是高度的艺术概括，你就算写一篇洋洋洒洒的大文，说“行色”是如何如何，也未必就能胜过这七个字。我们只需闭目一想，就会感觉到它那比喻是多么准确，手法又是何等高明了。

后面两句只是补足的话。意思说，幸亏画家还没有本领把这种“行色”描绘下来，假如他能描绘下来，挂到墙上，这一辈子就不要有高兴的日子了。因为，只要瞧它一眼，心里就难受。

张耒曾赞叹过这首诗：“梅圣俞尝言：‘诗之工者，写难状之景，如在目前；含不尽之意，见于言外。’此诗有焉。”（见《右史集》卷四八）评价是非常中肯的。

（刘逸生）

【作者小传】

范仲淹

（989—1052）　字希文，苏州吴县（今属江苏）人。大中祥符八年（1015）进士。宝元三年（1040）任陕西经略安抚招讨副使，兼知延州，加强对西夏的防御。庆历三年（1043）任参知政事，与富弼、欧阳修等推行新政，兴修水利，为夏竦等中伤，罢政，出任陕西四路宣抚使。后在赴颍州途中病死。卒谥文正。工诗文，晚年所作《岳阳楼记》最为传诵。有《范文正公集》。

江上渔者①　　范仲淹

江上往来人，　　但爱鲈鱼美。
君看一叶舟，　　出没风波里。

〔注〕 ① 江上渔者：《诗人玉屑》卷九引《翰府名谈》，题为《赠钓者》，诗中“但爱”作“尽爱”，“风波”作“风涛”。

这首语言质朴、形象生动的小诗，自会使人联想到唐诗中“谁知盘中餐，粒粒皆辛苦”（李绅《悯农》）的名句，联想到作者“先天下之忧而忧，后天下之乐而乐”

的思想。全诗仅二十个字，但言近而旨远，词浅而意深，可以引发丰富的联想。

首句说江岸上人来人往，熙熙攘攘，十分热闹。他们在干什么？自然引出第二句。原来人们往来江上的目的是“但爱鲈鱼美”。但爱，即只爱。鲈鱼体扁狭，头大鳞细，味道鲜美。人们拥到江上，是为了先得为快。但是有谁知道鲈鱼捕捉不易，有谁体察过捕鱼者的艰辛呢？世人只爱鲈鱼的鲜美，却不怜惜打鱼人的辛苦，这世道是多么不公平啊！于是作者在三四句构拟了一幅生动的图画来反映江上渔民的辛劳。一叶扁舟，出没在风波里，真是“人命危浅，朝不虑夕”。渔民们为什么要冒这样的风险呢？诗人没有明说，便戛然而止，而读者已经能够体会到作者的弦外之音了。这就是：渔民们完全是为生活所迫，鲈鱼之美是靠渔民之苦换来的啊！这种言尽意不尽的手法，使诗歌含蓄隽永，耐人回味。

诗中饱含了诗人对那些驾着一叶扁舟出没于滔滔风浪中的渔民的关切与同情之心，也表达了诗人对“只爱鲈鱼美”的江上人规劝之意。在江上和舟中两种环境、“来往”和“出没”两种动态、吃鱼人和捕鱼人两种生活的强烈对比中，显示出了诗人的意旨所在。

（詹杭伦　沈时蓉）

野　色　　　　范仲淹

非烟亦非雾，　幂幂映楼台。
白鸟忽点破，　残阳还照开。
肯随芳草歇，　疑逐远帆来。
谁会山公意？　登高醉始回。

一般说来，“野色”泛指郊野的景色。李白诗“芳草换野色”，杜甫诗“竹风连野色”，姚合诗“嫩苔粘野色”，似乎都可以这样理解。然而，范仲淹这首诗里的“野色”，却别有所指，指一种具体的什么东西。这东西，非烟非雾，可开可合，能歇能行，而又难以实指，不可名状，无法形容。但是，春日郊行，只要凝神四望，触目皆是这种东西，只见它在浮动，在荡漾，在闪烁；它是空气，还是水气，抑或是一种光的折射，单凭直觉，是很难分辨清楚的。这东西本身已不好描绘，至于喝足了酒，醉眼蒙眬所见到的这东西的模样，更是难以捉摸了。这诗的成功之处正是把这种看不清楚的东西清清楚楚地表现出来了。即梅尧臣所说的“写难状之景，如在目前”。

作者是怎样表现这种虚无缥缈的“野色”呢？传统国画中，有所谓实者虚之，虚者实之的艺术手法。要画烟岚云气这类虚的东西，常常要借助于山峰草树。

草树山峰为岚气所遮，观者便知有岚气在。这首诗表现野色，也正是用这种虚者实之的手法。这“野色”既不是烟，也不是雾，但却是深密浓重地遮着亭台楼阁，这楼台便是点染野色的实物；白鸟飞起，夕阳斜照，恍惚看到了野色的开合，这白鸟和残阳也是烘托野色的实物；野色似乎在春草之上行走，不肯随草而歇，又似乎伴随着船帆，自远处而来，芳草和帆影，同样是映衬野色的实物。末联“谁会山公意？登高醉始回”，在蒙眬之中翻进一层。山公，指晋朝山简。山简镇守襄阳时，经常至习家池饮酒，大醉而归。作者以山简自况，说他登山喝酒，归时醉眼模糊，见到这种野色。白居易“花非花，雾非雾”，是写老眼昏花，这里则是以醉酒眼花，来突出野色的迷离恍惚。总之，无论是物，或者是人，都是为表现野色服务的，都是“虚者实之”的实体。

烘托野色的实体，并非实打实地端出来，不是照相式的再现，而是实中有虚，因而使读者透过朦胧野色，看到一幅玲珑剔透、笔墨淋漓的山水画：天上挂着红色的夕阳，空中飞着白色的鸟儿，烟岚笼罩着楼台，芳草连接着江边，帆影露出于江中。还有自远山醉归的主人，说不定还学着山公倒骑着马儿。这些景物与野色相映照，虚虚实实，藏头露尾，如同云中龙，构成一幅美丽迷人的图画。在这幅图画里，可以感受到作者豪爽的性格和旷达的情怀。或许这诗的用意正是要通过野色和这美丽的画面来表现作者的乐观精神。 （林东海）

【作者小传】

柳　永

(987？—约1053)　字耆卿，原名三变，字景庄，排行第七，世称柳七，崇安(今属福建)人。景祐进士。官至屯田员外郎，故又称柳屯田。怀才不遇，为人放荡不羁，终身潦倒。卒于润州。创作慢词独多，对宋代慢词的发展颇有影响。擅长白描，曲尽委婉。诗仅存《煮海歌》一首，描写盐民生活，颇痛切。有《乐章集》。

煮　海　歌

柳　永

煮海之民何所营？　妇无蚕织夫无耕。
衣食之源何寥落，　牢盆煮就汝输征。
年年春夏潮盈浦，　潮退刮泥成岛屿；

风干日曝盐味加，　　始灌潮波塯成卤。[1]
卤浓盐淡未得闲，　　采樵深入无穷山；
豹踪虎迹不敢避，　　朝阳出去夕阳还。
船载肩擎未遑歇，　　投入巨灶炎炎热；
晨烧暮烁堆积高，　　才得波涛变为雪。
自从瀦卤至飞霜，　　无非假贷充餱粮；
秤入官中充微值，　　一缗往往十缗偿。
周而复始无休息，　　官租未了私租逼；
驱妻逐子课工程，　　虽作人形俱菜色。
煮海之民何苦辛，　　安得母富子不贫！
本朝一物不失所，　　愿广皇仁到海滨。
甲兵净洗征输辍，　　君有余财罢盐铁。
太平相业尔惟盐，　　化作夏商周时节。

〔注〕 ① 塯：通“溜”，流动貌。

柳永是北宋早期的著名词人。他的《乐章集》里，大多是写男欢女爱的作品。他的诗流传下来的只有三首，这首《煮海歌》反映了盐民的艰辛生活，深刻地揭露了当时的社会现实，可以看出，柳永除“偎红依翠，风流事，平生畅”外，还有关心民瘼、为民请命的另外一面。

《煮海歌》层次井然，开头四句领起全诗，先说不事耕织的盐民，以“煮海”为业，引出下面煮盐艰辛的一段；接着再引出盐民在官租私租逼迫下过着苦难生活的一段。最后八句是议论，寓讽谏之意，全诗结构谨严。

柳永担任过浙江定海晓峰盐场的监督官，对盐民生活有所了解，成为他写《煮海歌》的现实基础。在描绘煮盐的艰辛时，柳永用他擅长的铺叙手法，层层展现盐民的劳动过程。潮涨潮落，盐分积淀泥中，盐民匍匐刮泥，堆成“岛屿”，让它风吹日晒。诗人所说“始灌潮波塯成卤”是指淋卤。把含盐的泥块“铺于席上，四围隆起，作一堤垱形，中以海水灌淋，渗入浅坑中”（宋应星《天工开物·作盐》），成为盐卤。然后上山砍柴，不论远近，不避虎豹，早出晚归，船载肩扛，运柴归来，用来熬卤成盐。白花花的盐是盐民经历千辛万苦得来的。清代《如皋县志》曾这样记载盐民之苦：“晓露未晞，忍饥登场，刮泥汲海，伛偻如猪，此淋卤之苦也。暑日流金，海水如沸，煎煮烧灼，垢面变形，此煎办之苦也。”这正是柳永此段诗意的极好注解。

劳动的艰辛还不足以说明盐民的痛苦。他们的痛苦更在于官租私租的重重剥削，因而食不果腹，衣不蔽体，虽作人形，面俱菜色。这构成了《煮海歌》的又一重要内容。写艰苦劳动场面，用的是铺叙手法；而接着揭露高利贷盘剥之重，官府赋税之苛，入官盐价之低，触及封建剥削的实质。作者采用了寓论断于叙事之中的手法。不同的艺术手法，适应不同内容的需要。前者引起人们对盐民的同情，后者激起读者的不平感。

宋诗喜发议论，《煮海歌》也不例外。"煮海之民何苦辛，安得母富子不贫！"以母子喻政府和人民，正好说明盐在宋代是由官府专卖，低价收购，官府成为盐民最凶狠的剥削者。后二句为盐民请命，祈求朝廷施行仁政，提高盐价，以活民命。由此减少的国家财政收入，只要"甲兵净洗"，去冗兵之弊，就足有余财，尽可罢盐铁之税。诗的最后又寄希望于宰相。像《尚书·说命》所说，治国就像烹饪，宰相即为调味的作料，"若作和羹，尔惟盐梅"。只要宰相得人，恢复"三代治世"是指日可待的。那时，盐民便能安居乐业了。由盐民之苦生发一番大议论，表达了作者的政治见解，卒章显志，体现了曲终奏雅的讽谏之意，体现了对"煮海之民"的深切关怀。

后来元代王冕作《伤亭户》，清代吴嘉纪作《风潮行》，都切实写出了盐民的苦辛。《煮海歌》成了这类诗的先驱。

（吴　锦）

【作者小传】

张　先

(990—1078)　字子野，乌程(今浙江湖州)人。天圣八年(1030)进士。曾任吴江令。晏殊知永兴军，辟为通判。官至尚书都官郎中。晚年退居湖杭之间。曾与梅尧臣、欧阳修、赵抃、苏轼等游。善作慢词，与柳永齐名。造语工巧，曾因三处善用"影"字，世称张三影。有《安陆词》(一名《张子野词》)。

题西溪无相院

张　先

积水涵虚上下清，　几家门静岸痕平。
浮萍破处见山影，　小艇归时闻草声。
入郭僧寻尘里去，　过桥人似鉴中行。

已凭暂雨添秋色，　莫放修芦碍月生。

此诗又名《华州西溪》。皇祐二年(1050)，晏殊知永兴军，征聘张先为通判赴陕。三年后张先又重游长安，其间似到过华州。时先已年过六十，然精力旺盛，诗兴不衰。王安石曾说他“留连山水住多时，年比冯唐未觉衰；篝火尚能书细字，邮筒还肯寄新诗”。本诗表现诗人对雨后秋溪的独特兴会，抒写一种高妙情致。

起句从远处、大处落笔，展示西溪的独特风貌。“积水”，暗写雨。一场秋雨，溪水涨满。远远望去，天光水色浑融一片，大有孟浩然诗句“八月湖水平，涵虚浑太清”(《望洞庭湖赠张丞相》)的气势。经过一番新雨刷洗，临溪屋宇显得明丽清宁，仿佛平卧在水面上，别有一副悠闲的静态。

颔联笔触一转，从小处、近处着墨，使诗情飞动。“浮萍破”，这是一个极细小而不易察觉的物象，是水上微风初起所致，被诗人捕捉住了。一个“破”字，寓动于静，体物入微。草声是极微弱的声响，为诗人听到，足见其静，此乃以动衬静的笔法，给人以生趣。此联一见一听，一静一动，错落有致，妙趣横生。

颈联更进一步，把一种静趣深化到禅悟的境地。

“入郭僧寻尘里去”，反衬出眼前这无相院是个离俗之境，远却尘嚣。“过桥人似鉴中行”，非但写静，且静到净化的程度；非但溪水照彻人影，且照彻了人的内心，几乎达到“心与境寂”的禅悟境地。

尾联用逆挽虚收法。“已凭暂雨添秋色”一句，在篇末点出，确是巧设安排。一是突出了西溪之妙境，先绘景后叙其所由出；二是可以放开一步，宕出远神。“莫放修芦碍月生”，意谓秋雨之后，芦苇勃生，莫让它恣意长高，使人领略不到深潭月影。这一结余味悠然，又与首句“积水涵虚”相应。

张先善写“影”，人称“张三影”。他写影的本领，在此诗中也可见到。“浮萍破处见山影”，是明写；“过桥人似鉴中行”，是暗写；“莫放修芦碍月生”，是虚写；为全诗增添了生机和情趣。

(许理绚)

【作者小传】

晏　殊

(991—1055)　字同叔，抚州临川(今江西抚州)人。景德中赐同进士出身。庆历中官至集贤殿学士、同中书门下平章事兼枢密使。谥元献。以文章得时誉，诗词尤婉丽，擅长小令。原有集，已散佚，仅存《珠玉词》及清人所辑《晏元献遗文》。

无　题　　　　晏　殊

油壁香车不再逢，　峡云无迹任西东。
梨花院落溶溶月，　柳絮池塘淡淡风。
几日寂寥伤酒后，　一番萧索禁烟中。
鱼书欲寄何由达？　水远山长处处同。

此诗无题，一作《寓意》。无题，故隐其题；寓意，寄托其意。总之，一段幽怨难以明说，是一首含蓄的爱情诗。

首联飘忽传神。一开始出现的便是两个瞬息变幻的特写镜头："油壁香车"轫辘而来，又骤然消逝；一片彩云刚刚出现而又倏忽散去。写的都是物象，却半隐半露，寄寓了一段爱情周折，揭示主旨。"油壁香车"，是古代女子所坐的装饰精美的轻便小车，指代女子。车是这样的精美，则车中人的雍容妍丽，可以想见。然而这样一位美人却如巫山之云，来去无踪，重逢难再，怎不令人怅惘！"峡云"暗用楚襄王和巫山神女梦中相会的美丽传说，渲染浓密的爱情气氛。但"云雨巫山枉断肠"，毕竟是一场虚妄。前句写人间，写现实；后句写天上，写梦幻。首联写得兴象玲珑，清新流丽。

颔联景中有情。"梨花院落"、"柳絮池塘"，描写了一个华丽精致的庭院。宋葛立方说："此自然有富贵气。"（《韵语阳秋》卷一）反映出诗人的高贵身份。"溶溶月"、"淡淡风"，是诗人着意渲染的自然景象。这两句互文见义：院子里、池塘边，梨花和柳絮都沐浴在如水的月光之中。阵阵微风吹来，梨花摇曳，柳条轻拂，飞絮萦回，是一个意境清幽、情致缠绵的境界。大概是诗人相思入骨，一腔幽怨无处抒写，又适值春暮，感时伤别，借景寄情；或是诗人触景生情，面对春宵花月，情思悠悠，过去一段幽情再现。这里展现的似乎是实景，又仿佛是一个幻觉。诗人以神取景，神余象外。可谓"不着一字，尽得风流"（司空图《诗品》）。

颈联"几日寂寥伤酒后，一番萧索禁烟中"，写眼前苦况，欲遣不能。多少日子以来只凭杯酒解闷，由于饮得过量，形容憔悴，心境凄凉。"伤酒"两字，诗人颓唐、沮丧的形象可见。目前又是寒食禁烟之际，更添萧索之感。

末联宕开一笔，由设问自答作结，深化了主题。诗人似乎想从悱恻的感伤中挣脱出来，探索寄书的途径，去寻觅失去了的爱情。但问得深切，答得无情。"水远山长处处同"一句，乃斩钉截铁之语，如瓶落井，一去不回。原来摆在诗人面前的不是一般险阻，而是永远冲不破的障碍。这两句看似寻常平直，却是全诗中决绝语，最为沉痛哀怨。晏殊在《鹊踏枝》词中有"欲寄彩笺无尺素，山长水阔知何处?"说的情景与本诗类似，都有一种难言之隐。但本诗寓意更深。"知何处"，一切尚在不解之中，使人感到怅惘；"处处同"则已无疑可置，只有绝望之情。这种情绪在首联已暗暗流露，然后曲折道出，由结句点破，情长怨深。"处处同"三字弦外有音，寻绎其意，乃人事阻隔，才处处有碍，无路可通。此联"妙在能使人思"（锺惺《古诗归》）。

此诗通篇运用含蓄手法，"意在言外，使人思而得之。"（司马光《迂叟诗话》）"怨别"乃全诗主旨。字面上不著一"怨"字，怨在语言最深处。"不再逢"、"任西东"，怨也；"溶溶月"、"淡淡风"，怨也；"寂寥"、"萧索"、"水远山长"，无一不怨。"处处同"则是怨的高潮。章节之间起承转合，首尾呼应也都以"怨"贯串，此其一。其二，含蓄又通过比拟手法表现出来。"油壁香车"、"峡云无迹"、"水远山长"，托物寓意，言近旨遥，"婉转附物，怊怅情切"（《文心雕龙》）。其三，写景寄兴，"梨花"、"柳絮"二句出之以景语，却渗透、融汇了诗人的主观情绪，蕴藉传神。

晏殊被称为富贵闲人，然而他的诗在富贵气中却有缠绵悱恻的情致。

（许理绚）

示张寺丞王校勘①　　晏　殊

元巳清明假未开，　小园幽径独徘徊。
春寒不定斑斑雨，　宿醉难禁滟滟杯。
无可奈何花落去，　似曾相识燕归来。
游梁赋客多风味，　莫惜青钱万选才。

〔注〕 ① 寺丞：即太常寺丞。太常寺，掌宗庙祭祀之事。寺丞为主官之佐贰，亦为内部事务官性质。校勘：指崇文院校勘，掌图书著作之事，为儒臣之职。

晏殊一生富贵闲适，风流多才思；又雅好宾客，喜拔擢后进。幕府之中经常游宴歌吟，诗酒唱和，多有即景感怀、娱宾遣兴之作。本诗即其一，是示与幕中诗侣张先、王琪的。

首联因时兴感。起句点明时令。时值暮春三月，元巳清明将至未至之际，草木萌发，生机勃然。达官贵人，休假踏青；王孙仕女，倾城游赏，最是一年好风光。一幅清明游春图刚欲展现，诗人却用"假未开"三字煞住。次句写实景，有景有人。富贵之家，园林景致清幽。诗人没有用纤秾的彩笔着意渲染，而是用白描手法勾画出一个徘徊幽径的自我形象。"独徘徊"流露出淡淡的哀愁。

颔联承上思绪，渲染气氛，烘托“徘徊”心情。清明时节天气多变。诗人捕捉住蒙蒙细雨的物象，用一个“寒”字来抒发此时此地的身心感受。由于“雨不定”，水汽浮动空间，带来一股漠漠轻寒。“斑斑雨”还暗示花落。清明佳节尚未到来，不定的春雨却已透露春将阑珊的消息。年迈的诗人想到时光流转，人生短暂，迟暮之感油然而生。雨不止，愁不断，只得借酒自遣。“斑斑”形容雨点滴不断之态，“滟滟”写酒满溢之状，两组叠字，低徊要眇。酒和雨本无联系，但都浸透了诗人的伤春愁绪。景、物、情三者交融，浑然一体。

颈联与上相承，又转出新意。“花落去”、“燕归来”都是眼前景，具体可感。“无可奈何”、“似曾相识”，却是抽象的思绪。两句都出之以虚实相间的笔法。出句描写诗人对花落去的眷恋，对句借燕子归来抒写岁月流转，梦耶非耶的朦胧思绪。两句属对工巧，音节流畅，形成委婉凄迷的意境，写景抒情中又含理趣。大化流转，花开花落，人力奈何不得。而旧燕归来，似曾相识，可见人事兴衰，无往不复。二句中所含哲理，颇耐人寻味。李渔云：“琢句炼字，虽贵新奇，亦须新而妥，奇而确，总不越一‘理’字。欲望句之惊人，先求理之服众。”此言甚谛。连晏殊本人也自爱此联之工。《四库全书总目提要》谓：“《浣溪沙》春恨词‘无可奈何花落去，似曾相识燕归来’二句，乃殊《示张寺丞王校勘》七言律中腹联……今复填入词内，岂自爱其词语之工，故不嫌复用耶？”

尾联反转点题，出人意表。诗人既已领悟到人生的哲理，伤春叹逝，无济于事，猛然从愁思中振起，表示要以及时选才为己任。主旨豁然呈露。

“梁园赋客”，借用汉代梁孝王好宾客，一时才士多游梁园之典故以喻己。《宋史》本传：“殊平居好贤，当世知名之士……皆出其门。”显然，诗人把张先、王琪比作当年梁园中的司马相如与枚乘之辈。“风味”即韵味，极称其学识富赡，才思出众。《复斋漫录》云：“晏元献因对王琪大明寺诗板大加称赏，召至同饭，饭已，又同步游池上。对春晚，有落花，晏公每得句，书墙壁间，或弥年未尝强对。且如‘无可奈何花落去’一句，至今未能对也。王应声曰：‘似曾相识燕归来。’自此辟置馆职，遂跻侍从。”记载是否属实，姑置不论，而晏殊对王琪赏识，由此可知。

“青钱万选”典故出自《新唐书》，卷一百六十一载：“员外郎员半千数为公卿，称(张)鷟文辞犹青铜钱，万选万中，时号鷟‘青钱学士’。”晏殊借此称赞张寺丞、王校勘的才能，劝其不要吝惜自己的文才。

此诗回环委婉，波澜曲折。前六句写景，一气呵成，伤春情致含蓄缠绵。结句翼然振起，直抒胸臆。感情基调与前文殊不协调。此乃抑扬之法，先饱抒衰迟之愁，“无可奈何”一句暗转，后突然扬起，气局转新，焕发出异常精神。愁思而不失理智，感伤而不失气度，使对方受到激励。

“无可奈何”两句乃全诗警句，不仅寓情于景，还寓情于理，可谓情理兼胜，所以千百年来传诵不衰。读之令人产生不断的艺术联想，又从中领悟到人生的哲理。对后来宋诗以理路入诗，也许是个启迪。（许理绚）

【作者小传】

石延年

(994—1041)　字曼卿，宋城(今河南商丘)人。累举进士不第，以武臣叙迁得官，以太子中允、秘阁校理卒于京。力主加强对辽和西夏的防务。诗风劲健，甚为欧阳修所推重。有《石曼卿诗集》。

金乡张氏园亭　　石延年

亭馆连城敌谢家，　四时园色斗明霞。
窗迎西渭封侯竹，　地接东陵隐士瓜。
乐意相关禽对语，　生香不断树交花。
纵游会约无留事，　醉待参横月落斜。

山东金乡张氏园亭之胜，著名一时。石延年三十三岁那一年为金乡令，游张氏园，给园主人题赠了这首七律。

东晋贵族谢安曾于“土山营墅”，“楼馆林竹甚盛”①，诗起笔以谢家亭馆作比，写张园概貌，大处落墨；“连城”二字，极有兴象。这第一句写亭馆之盛，是鸟瞰；第二句则转笔写园色之佳，视角缩小。“园色”是园中鲜花盛开的色彩，以天上彩霞作譬，又冠以“四时”二字，可见园中四季如春、百花争艳的绚丽景象。“敌”、“斗”二字，更为亭馆花树平添无限精神，园主人的豪情雅量，已隐然在目了。第三句进一步缩小视角，专写游晏之室，室中之窗，窗外之竹。本意不过说，窗外有绿竹万竿，垂翠欲滴；却化用了《史记·货殖列传》“渭川千亩竹，此其人与千户侯等”的话，更著一个“迎”字，不但写出推窗则修篁弥望的景色，而且显示出园主人张氏的富有。这里的绿竹与上句明霞般的百花掩映成趣，极富色彩瑰丽之美。第四句无非说，这园子建在城郊，园外是大片瓜地；又由于用了东陵侯召平种瓜故事②，显示出园主人身份的清高，暗承一二，不露苞节。五六两句，集中笔墨写园中花鸟，着意渲染此中生机生趣。树上禽鸟相向，欢畅啼鸣；枝头繁英相续,香飘不断。这一联由景色描绘暗暗过渡到抒情,逗起结意。七八两句正面写“纵游”之乐。“纵游”就是尽情游赏,“无留事”即无所留恋于人间俗务之谓。意即此时我心中无牵无挂,与雅人会约于此,正好恣意畅游;而园主人又殷勤劝饮,直到夜分;我也不辞一醉,频频倾杯畅饮。愿待到月落参横,彼时园中夜色,醉眼相看,当另有一番佳胜。这里的“醉待”之“醉”,关合美酒令我沉醉与园色令我陶醉两重意思。参横月斜,事属驰想,是此时兴会的延伸,并非眼前现实,所以说“待”。以对未来夜色的悬想衬此时兴会的浓郁,把诗境推开、延伸,乐意盈盈其中,有摇曳不尽的情味。且“醉”中自见园主人的豪情盛意,诗还是暗暗归结到主人身上,回应篇首,开阖有序。通篇未曾着一字及主人,却处处隐然有主人在,这种手法也是相当高明的。

这首诗中“乐意相关禽对语,生香不断树交花”一联,是延年名句,向为宋人所激赏。《鸡肋集》说:“尤为佳句。”刘克庄《后村诗话》说:“为伊洛中人所称。”可惜他们都没有具体说明好在哪里。蔡正孙《诗林广记》后集卷七石曼卿(延年)条引《文公语录》说,这两句“极佳”,佳在“方严缜密”。朱熹专从章法结构着眼,指出它结景启情、暗逗下意的好处,又似乎言之过偏,未中肯綮。近人陈衍《宋诗精华录》说:这两句好在“能于‘绿杨宜作两家春’外辟出境界”。他虽然说得隐约其辞,但毕竟标举出“境界”一语,可供寻绎。白居易《欲与元八卜邻,先有是赠》一诗中的“明月好同三径夜,绿杨宜作两家春”,确是佳句。诗人凭空构想:如得与元八结为邻居,树亦当呈献友情,它将以浓荫覆盖两家,平分春色。诗人移情及物,以物寄情,达到了物我情意交融的境界。石延年同样用了移情手法,但他写的是物物情意交融的境界,与白氏所写的境界不同,这就见出是另辟蹊径。细味延年诗意,那树间小禽,好像急于要把自己心中的乐意告诉对方,因此间关相向,软语商量;那花树也似乎有意一株与一株枝叶交错,万花临风竞发,因此花香就不是来自一棵一棵的树,而是联成一线,结成一团,浓荫不断,香风相续。进一步咀嚼这“禽对语”、“树交花”两语,其实是自然景象,并无什么“相关”的“乐意”存乎物物之间;而诗人有此天真的看法,全在于他自己有一种特殊的感受。他以有情之眼观无情之物,遂觉万物皆有深情,它们都在“竞用新好,以召余情”。这里,物物之情,原是诗人之情;物物之乐,即是诗人之乐;物物欣然的境界,乃是诗人一往情深的境界。这境界自然又深了一层。陈衍激赏其“辟出境界”者,殆即指此。

(赖汉屏)

〔注〕 ① 语见《晋书·谢安列传》。 ② 东陵侯:召平本秦东陵侯,秦亡为民,种瓜于长安城东,瓜味甜美,俗称东陵瓜。后多以喻隐士。事见《史记·萧相国世家》。

【作者小传】

宋　庠

(996—1066)　初名郊,字伯庠,后改字公序。安州安陆(今属湖北)人,后迁居开封雍丘(今河南杞县)。天圣二年(1024)进士第一。官至兵部侍郎同平章事。与弟祁并有文名,时称"二宋"。卒谥元宪。诗多秾丽之作。有《宋元宪集》、《国语补音》等。

重展西湖二首(其一)　　宋　庠

绿鸭东陂已可怜,　　更因云窦注西田。
凿开鱼鸟忘情地,　　展尽江河极目天。
向夕旧滩都浸月,　　过寒新树便留烟。
使君直欲称渔叟,　　愿赐闲州不计年。

今河南许昌,是北宋时许州的州治所在地。西湖是许昌城里一个占地百余亩的大湖。据说这是唐朝名将曲环镇守许昌时,挖土筑城,引潩河水灌注而成。西湖原分东西两半,中间以横堤相隔。西部比东部大数倍,水却很浅。皇祐年间(1049—1054)宋庠贬官知许州,兴工疏浚了西湖,并凿断横堤,使东西相通,连成一片。完工以后,他写下了《重展西湖》二首以记其事,这里选其中的第一首。

首联描述凿通西湖时诗人喜悦的心情。"绿鸭"写湖水的色彩。古人常以"鸭头绿"、"鸭绿"形容绿色,"绿鸭"即"鸭绿"的倒文。李商隐:"绿鸭回塘养龙水"(《射鱼曲》),李贺"水凝绿鸭琉璃钱"(《屏风曲》),都用"绿鸭"形容水色。陂,池塘。"东陂",指西湖的东半。此句意谓,东半湖虽然面积不大,但绿波荡漾,水光粼粼,风景已经十分可爱了。接着以递进句"更因"承接上文,说明凿断横堤后东半湖的水流入西半湖,其景更令人陶醉。鲍照《登庐山》诗云:"松磴上迷密,云窦下纵横",窦,指山的孔穴,云窦,指从山穴或山谷中涌流而出的云。在这首诗中,作者借用"云窦"比喻从横堤上凿开的孔穴中滚滚流出的湖水。"西田"并非指田,实指西半湖,因水浅故曰"田"。东半湖水深、水位高,东半湖的水源源流注到西半湖,于是东西两半湖连成了一片,使西湖平添无限风光。

颔联写重展后的西湖胜景。由于凿通了东西两湖,西湖的面积扩大了,又由于浚治,西部的水也加深了。这两个变化带来的一个最直接的后果是,鱼和鸟得到了更广阔的天地。诗人用一个动词"凿开",十分准确地交代了疏浚之功,又用

“忘情地”三个字,在模拟鱼鸟的欢情之余,透露出诗人自己喜悦的心境。下一句“展尽”是个双关的动词。一方面是说,湖面开阔了,就像大江大河一样无边无垠;另一方面是说,诗人极目远眺,看到水天一色,胸怀顿觉舒旷。诗人并不直接表达自己的情怀,而是寓情于景,显得含蓄而有韵味。这一联曾被人们广泛传诵。但《西清诗话》认为此联本于五代徐仲雅的诗“凿开青帝春风圃,移下姮娥夜月楼”,但“用古句摹拟,词人类如此”,只是宋庠用而化之,胜于常人罢了。(《宋诗纪事》卷十一)

颈联深一层写新湖的夜色:“向夕旧滩都浸月”,写得很细腻。“旧滩”当指西半湖的湖沿,整治前因水浅,故成“滩”。但现在不同了,西半湖的水位明显升高,昔日的湖滩,现在也被水淹没了。入夜,皓月当空,水中映出月亮的倒影。“都浸月”三字,写水波浩渺、水月交辉之状如见。“过寒新树便留烟”,在朦胧的月色中,新枝摇曳,就像蒙上了一层薄薄的烟雾。这是多么迷人的夜景!

尾联即景抒怀。古人称太守、郡守、刺史之类的地方长官为使君。这时宋庠正贬官许昌,为知州,故自称“使君”。“直欲”即“真欲”、“真想”;“称渔叟”,就是做个渔翁,意即归隐。“愿赐闲州不计年”,但愿朝廷赐给我一个闲散的州郡,让我在大自然恬适清闲的环境里度过一生。这表达了诗人热爱自然、厌恶官场庸俗生活的强烈感情。当然,也流露出消极厌世的情绪。

这首诗在艺术上颇有特色。诗人善于寓情于景,通过鲜明生动的意象,表达丰富、热烈的感情,自然而含蓄。诗人的观察力比较细密,故状物、写景细腻传神,中间两联的对仗十分工整精巧。

(朱杰人)

【作者小传】

宋 祁

(998—1061) 字子京,安州安陆(今属湖北)人,后迁居开封雍丘(今河南杞县)。天圣二年(1024)进士。曾官翰林学士、史馆修撰。与欧阳修等合修《新唐书》。书成,进工部尚书,拜翰林学士承旨。谥景文。与兄庠并有文名,时称“二宋”。诗词语言工丽。《玉楼春》词中有“红杏枝头春意闹”句,世称“红杏尚书”。有《宋景文集》、《笔记》、《益部方物略记》等。

八月望夜无月有感二首(其一)

宋 祁

素波凉晕淡曾城, 怊怅三年此夜情。
独卷疏帷成默坐, 暗虫相应作秋声。

这首诗选自《宋景文集》,原作共两首,此为其一。其二为:“九旻含爽助清辉,万里重阴误赏期。正恨浮云无意绪,世间偏恼最明时。”第一首第二句后作者自注云:“在淮南三年,中秋俱不见月。”表明这两首诗写作在淮南,具体地说,是在寿州(今安徽寿县)。宋祁与兄宋庠并有文名,两人同于天圣初举进士,时号“大小宋”。庆历元年(1041)宋庠与宰相吕夷简政见不合,罢参知政事,出知扬州;宋祁也托病请求外调,出知寿州。此诗当在庆历三年(1043)所作。

首句“素波”指月光,从谢庄《月赋》“素月流天”句化出。“凉晕”指月亮周围的光环,这是月光经过云层中水分折射而形成的光象。因为是“秋月”,故冠以“凉”字。“曾”通“层”,这里含有高的意思。这天夜里,本当皓月当空,方里清辉,但月光却被“浮云”所掩,不能透射出来,只能隐约看到远处的高楼。一个“淡”字,刻画出月色朦胧之状。“怊怅”句写诗人在盼月而不见月的惘然若失的心情中度过了三个中秋。第三句“疏帷”指稀疏的遮挡门窗的帷幕。中秋之夜,无月可赏,“万里重阴误赏期”,“默坐”和“卷疏帷”的下意识动作正表明有苦难言、寂寞难排。第四句反衬出诗人百无聊赖、无可奈何的心境,忽又从静中写“闹”,从视觉转写听觉,此起彼伏凄咽的小虫叫声,随着夜的沉寂而愈益清晰,刺人耳鼓。秋声,即指秋夜里风吹草木、虫鸣四壁汇成的凄清声响。诗人的挚友欧阳修后来写的《秋声赋》有“但闻四壁虫声唧唧,如助予之叹息”之句,也是这层意思。

从诗里所显示出来的诗人,是孤寂的,失意的。他的“有感”,究竟感的什么,难道仅仅是因为看不到月亮吗?非也。他在另一首《中秋望夕不见月》五言排律中也说:“此夜浮云恶,胡然溷太清!”他一再埋怨“浮云”,很容易使人联想起《古诗十九首》第一首中的“浮云蔽白日,游子不顾反”。《文选》李善注云:“浮云之蔽白日,以喻邪佞之毁忠良,故游子之行不顾反(同返)也。”李白《登金陵凤凰台》诗:“总为浮云蔽白日,长安不见使人愁”也谓此意。诗人所感的似乎是由自然现象而联想到人事:浮云蔽月,使得三年看不到清辉;他们兄弟被吕夷简之流排挤出来,使得三年回不到帝京。怎不令人郁结于心,耿耿于怀!这就构成了诗的婉转而低沉的情调。

全诗含而不露,朦胧而不晦涩,写得流畅自然,托物寄意,委曲地表达自己的心声,有点唐人风味。

(李廷先)

落花二首(其一)　　宋　祁

坠素翻红各自伤,　青楼烟雨忍相忘。
将飞更作回风舞,　已落犹成半面妆。①

沧海客归珠迸泪，　　章台人去骨遗香。②
可能无意传双蝶，　　尽付芳心与蜜房。

〔注〕 ① 半面妆：《南史·后妃传》载梁元帝徐妃，“以帝眇一目，每知帝将至，必为半面妆以俟，帝见则大怒而出”。 ② 章台：汉长安章台下街名。旧时用为妓院等地的代称。

真宗天禧五年(1021)，宋祁二十四岁，与其兄庠以布衣游学安州(治所在今湖北安陆)，投献诗文于知州夏竦，以求引荐。席间各赋“落花”诗，夏竦以为宋祁有台辅器，必中甲科。祁亦因此在宋初文坛崭露头角。足见此诗非一般惜花伤春之作。清沈德潜说：“诗贵寄意，有言在此而意在彼者。”(《说诗晬语》)本诗即是。

首联破题，刻画落花时一片迷离凄苦的景象，状物而不滞于物。起句，诗人捕捉住所咏物的自然特征，以“素”、“红”代指花。唐人韩偓有“皱白离情高处切，腻红愁态静中深”(《惜花》)之句，以“白”、“红”状花。用借代这一修辞手法，使事物形象逼真。花的娇艳、春的绚丽如在目前。然而，它们却红颜薄命，夭折了，令人叹惋。“坠”、“翻”两字形象生动，情态感人，是从杜牧《金谷园》“落花犹似坠楼人”句化出。花本无情之物，却道“各自伤”，分明说花有人性。原来落花之自伤飘零，乃绸缪于青楼烟雨，别有难忘的幽恨。

颔联承上“落”意，从时空角度深入描绘了落花的全过程，极缠绵悱恻之致。出句描写落花飞动的舞姿。“更作”二字个性鲜明，感情强烈。“飘飘兮若流风之回雪”(《洛神赋》)，其态可掬，“悲回风之摇蕙兮，心冤结而内伤”(《楚辞·九章·悲回风》)，其状可哀。对句写花终于落地之后，在地上仍不甘香消玉殒，虽已着地，仍不失红粉佳人的美容。其执著之情，从“犹成”两字中渗透出来。“半面妆”用的是梁元帝徐妃的典故。此两句不仅刻画落花尽态极妍，栩栩如生，而且融入了诗人自己深沉的感受，一往情深，不能自已。人物交融，托物寓情。看似描写外界景物，实则处处有我在，景物始终著有我的色彩。“更作”、“犹成”二语更加强了感情色彩。李商隐《和张秀才落花诗》中有“落花犹自舞，扫后更闻香”之句，乃李商隐借落花勉励张秀才，不要因落第而颓废，应似落花一样自振自珍。宋祁此诗于此取法，所以刘克庄《后村诗话》说：“‘将飞更作回风舞，已落犹成半面妆’，宋景文《落花》诗也，为世所称，然义山固已云已。”不过，此诗之学李义山，不在镂红刻翠，恍惚迷离之貌，而在于缠绵悱恻，一往情深之神。表面上咏物，实质上写我。至于所写的具体情事，则颇难道破，亦不必深求。然而诗人的感受读者完全能体会得到，即是屈原那种“虽九死其未悔”的精神。义山诗的神髓在此，此诗的神髓也在此。这正是此联能传诵后世的原因所在。颈联以沧海客归，珠犹迸泪，章台人去，骨尚遗香，喻落花的精诚专一，表现了诗人的忠厚悱恻之情。龚自珍《己亥杂诗》中“落红不是无情物，化作春泥更护花”，即由此点化而成，都是加一层描写了“虽九死其未悔”的执著精神。

此诗借落花引起象外之义，感情沉郁，寄托遥深，传达给读者的是感受，而不是具体情事，确是达到了陈廷焯《白雨斋词话》所说“必若隐若现，欲露不露，反复缠绵，终不许一语道破”的境地。

（许理绚）

九日置酒　　宋　祁

秋晚佳晨重物华，　高台复帐驻鸣笳。
邀欢任落风前帽，　促饮争吹酒上花。
溪态澄明初雨毕，　日痕清淡不成霞。
白头太守真愚甚，　满插茱萸望辟邪。

近人陈衍说：“九日登高，不作感慨语，似只有此诗”（《宋诗精华录》），此言甚谛。

首联破题。起句点明节令，音调高扬。绚丽的物华，宜人的秋色，孰不为之神驰？一个“重”字流露诗人流连光景之意，领起全诗。同样写秋晨，则“云物凄清拂曙流，汉家宫阙动高秋”（赵嘏《长安秋望》），有送目伤秋之愁；“白雁南飞天欲霜，萧萧风雨又重阳”（鲁渊《重九》），则有去国怀乡之思。而宋祁此句，不作愁语，气局一新。此亦诗人境遇气质使然。

次句由“重”字引出。“高台复帐驻鸣笳”，何等气派！又是“高台”，又是“复帐”，又是“鸣笳”，其场面之阔绰，气氛之热烈，历历如绘。这绝非庶民之登高，而是富贵人赏秋情景。诗人少年得志，一生显达，历任知制诰、工部尚书、翰林学士承旨，晚年知成都府，本诗中有“白首太守”之句，似是晚岁在成都所作。

颔联承上，写佳日兴会，形象鲜明。出句与对句分写登高与饮酒两个场面。“邀欢”、“促饮”二语，道出了高朋满座、觥筹交错的盛况。“任落风前帽”一句活用典故。《晋书·孟嘉传》：“孟嘉为桓温参军，九日游龙山，风至，吹嘉帽，温命孙盛为文嘲之。”古人把此事作为风流美事，杜甫曾反其意而用之：“羞将短发还吹帽，笑倩旁人为正冠。”（《九日蓝田崔氏庄》）甚为宋人所激赏。宋祁又反杜诗之意。一用“羞”，一用“任”；一沉郁，一洒脱。显示心境不同，诗境亦不同。“争吹酒上花”，意谓争饮菊花酒。重九登山饮菊花酒乃古来传统的雅事。“任落”、“争吹”两词相反相成。诗人兴会淋漓之状毕现。

颈联一转,以景语出之,写登山所见。诗人把酒临风,游目骋怀,只见上下天光,一片清明。"溪态澄明初雨毕,日痕清淡不成霞",经过一番秋雨刷洗之后,天宇澄净,秋容清淡。二句境界开阔,气象恢宏。"明"字与"清"字道出了秋晨的特色。其意境与韩琦"虽惭老圃秋容淡,且着黄花晚节香"(《九日水阁》)约略有相似处。宋祁修唐书十余年,晚岁"弥为进境"(《四库全书总目提要》语)。他"博学能文章,天资蕴藉,好游宴,以矜持自喜,晚年知成都府,带《唐书》于本任刊修……远近观者,皆知尚书修唐书矣,望之如神仙焉。"(《东轩笔录》)此诗的境界显然与他积极处世的态度有关。

尾联笔力所聚,精彩益显,以欣喜的心情、活脱的形象作结。"白头太守真愚甚"一句,幽默诙谐,乃诗人自画像,形神俱出。"愚甚"两字,看似自嘲,实却矜持。"白头太守",不仅刻画诗人与众不同的外貌,更表明了自己的太守身份。意谓"九日置酒"非一般登高,乃太守之宴游也。一股富贵气从中透出,照应首联。结句"满插"为"愚甚"作了注脚。古人有重九登高插茱萸以压邪的习俗。《续齐谐记》:"费长房令桓景九月九日囊茱萸,登高以避祸"。诗人故用"满插茱萸"的夸张笔法,描绘自己放浪形骸,豁达开朗。杜牧有"菊花须插满头归"(《九日齐山登高》)之句,乃故作旷达语,强颜欢笑;杜甫《九日蓝田崔氏庄》一诗,亦以茱萸作结,"醉把茱萸仔细看",乃辛酸语,寄寓了身世飘零之慨。而子京此句与之异趣,原因在于身世际遇不同。

此诗俊逸流畅,属对工巧,尤其是末联,给全篇平添喜剧气氛,生活情趣极浓。良辰美景,赏心乐事,几人可得?而诗人适逢其会,发为词章,即成此兴会高华之作。

(许理绚)

【作者小传】

曾公亮

(999—1078)　字明仲,泉州晋江(今属福建)人。天圣二年(1024)进士。嘉祐中,拜吏部侍郎、同中书门下平章事。熙宁二年(1069)进昭文馆大学士,累封鲁国公,旋以太傅致仕。卒赠太师、中书令,谥宣靖。曾与丁度编《武经总要》。

宿甘露僧舍　　曾公亮

枕中云气千峰近,　床底松声万壑哀。

要看银山拍天浪，　开窗放入大江来。

镇江北固山上的甘露寺，从古是著名游览胜地。此寺始建于唐文宗大和年间，重建于北宋真宗大中祥符年间，北枕长江，风景绝佳。古往今来，诗人墨客不知留下多少歌咏的篇章，而特别值得提出来的，是曾公亮这一首绝句。

到过甘露寺的人，也许觉得奇怪，甘露寺左近哪里来个“千峰”，又有什么“万壑”？至于大江滔滔的景象，北宋时代如此，倒可以说是写实的。问题在于开头两句。

这一疑问不无道理。因此就须先解释这两句。

诗人写的是夜宿甘露寺的情景：他在靠江的一间屋子里歇下来，便发觉屋子里充满了水气，似云似雾，连枕头也是凉沁沁的。静耳一听，房子下面响起了阵阵松涛，也不知有多少松树，只觉得像海潮似地，呼呼啦啦，一阵比一阵紧。潮湿的水气和翻滚的松声慢慢把他带进一个想象中的世界：他仿佛自己置身在千峰之上，山中云气直扑到枕上来；又好像来到岩壑深处，风卷松声，就在床底袭来，使人产生惊恐之感。这开头两句写的其实就是这些想象，或可以说是幻觉。因而“千峰”、“万壑”不能认为是当真的。这样理解，就不至于误以为作者是在说梦话了。

诗人可以如实写景，也容许发挥浪漫的想象。然而在这里，他不可能如实地写，必须发挥浪漫的想象。那理由就在于要先替后面两句垫一个台阶，或者说，做一个思想准备。

后面两句破空而来，设想新奇，构思独特，猛然接目，真使人有石破天惊之感。

他住的地方，窗外就是浩荡的长江。那长江到了丹徒附近，陡然波涛汹涌，白浪翻滚，气势实在惊人。据唐代李吉甫编的《元和郡县志》说：“北固山在县北一里，下临长江，其势险固，因以为名……江今阔十八里，春秋朔望有奔涛。”北宋时代应该还是如此。试想那十八里的江面，还加上海涛的涌托，那“银山拍天浪”五字，岂不是写得恰如其分，毫不夸张。然而，使人为之目眩神骇的却是“开窗放入大江来”这七个字。那大抵是凌晨的时候，诗人从床上起来，要看一看江上的景色，他打开窗子，不禁猛吃一惊，那一望无边的大江，仿佛一下子扑进窗子里来。只见风水相激，波澜翻卷，云气浩荡，有如一座银山当头压下。他简直呆住了。

大江怎么能够涌进窗口来呢？然而，在诗人的感觉里，又确实是这样。“它是涌进来的。不！其实是我开窗把它放进来的。”他写出自己这一刹那间的亲切的感受。

我们不妨赞美一声：这样的千古名句，不能有二。　　（刘逸生）

【作者小传】

余　靖

(1000—1064)　本名希古，字安道，韶州曲江（今广东韶关）人。天圣元年(1023)进士。因上疏谏罢范仲淹事被贬。庆历中为右正言，赞助庆历新政。曾三次使辽，通晓契丹语。以作“蕃语诗”，被劾贬官。皇祐年间被起用，知桂州，后加集贤院学士，官至工部尚书。卒谥襄。有《武溪集》。

子　规

余　靖

一叫一春残，　声声万古冤。
疏烟明月树，　微雨落花村。
易堕将干泪，　能伤欲断魂。
名缰惭自束，　为尔忆家园。

庆历三年(1043)，范仲淹任参知政事，曾上书朝廷，力主兴修水利，并要求对旧制作些整顿和改革，遭到守旧派的反对，被贬为陕西四路宣抚使。时诗人为集贤校理天章阁待制，与范仲淹交往甚密。他对范仲淹的遭贬极为同情，因上奏章慷慨陈词，亦被贬为监筠州酒税。这首《子规》是诗人感此事而作。在诗中，他竭力为范仲淹辩护。字里行间，充满了朋友间的生死不渝之情。

全诗的核心是一个“冤”字。开头两句，诗人借子规的啼叫声，直接昭示了诗的主旨。子规声起，一春即残，其声之凄厉可知。如此的噍杀之音，而又“声声”不息，则此鸟必有万古的沉冤在。这开首二句，托物起兴，沉郁凄凉，暗示出范仲淹被贬是“万古”奇冤。这里的“万古冤”三字，充分表现出诗人对这位贤相抱负未展的满腔同情，对这位知己不幸遭遇的无比愤慨。下面两句是写景，疏烟明月，微雨落花，一幅春残之景。子规啼叫其间，声声裂耳，更显凄婉。于是五、六两句，转为直抒胸臆，写出了自己对这声声泣血的子规啼的感受。诗人不由肝肠寸断，涕泪滂沱。他既同情范仲淹的遭遇，又恨自己无力相助。最后两句，则由比兴转为赋，联系到自己身上，说范仲淹那样的贤相，也落到如此地步，自己窃禄忝位，于心何安，还不如及早归田的好，表达了与范仲淹共进退的决心。

全诗写景抒情，互相交替，显得不呆滞，多变化。语言既明白如话，读来琅琅上口，又凝练厚重，确是一首好诗。　　（张　兵）

山　馆　　　　余　靖

野馆萧条晚，　凭轩对竹扉。
树藏秋色老，　禽带夕阳归。
远岫穿云翠，　畬田得雨肥。
渊明谁送酒？　残菊绕墙飞。

此诗大约是诗人晚年所作，有陶潜、王维田园诗的遗韵，在对自然景物的描写中带孤独惆怅之情。

一开头，诗人就把人们带进了一幅凄清孤寂的图画里。“野馆萧条晚”一句，点明了时间、地点和诗人所处的环境。而“萧条”两字，不仅渲染了田园的冷落，更表现了诗人此时的情怀。诗人凭轩远眺，摄入眼底的是“树藏秋色老，禽带夕阳归”的景象。“老”、“归”、“藏”、“带”四字，不知融入了诗人多少的情感！紧接着的“远岫穿云翠，畬田得雨肥”两句，把景物描写得更活了。“穿”、“肥”两字，十分鲜明、生动。诗人越是把美赋予自然景物，就越能反衬出他自己黯然神伤的心情。至此，他直抒胸臆了：“渊明谁送酒？残菊绕墙飞”，真有雷霆万钧之力。陶渊明隐居田园，贫无酒钱，尚有亲朋好友送酒上门，如今，诗人在此寂寞、凄清的山馆，又有谁来嘘寒问暖呢？只有绕墙的残菊陪伴着自己。诗至此戛然而止，凄凉之意，溢于言外。

综观全诗，诗人采用了由近及远，从景到情的写法。先写“山馆”的萧条，再作自然景物的刻画，最后则一泻情怀。过渡自然，浑然一体。情思借助于自然景物来表达，含蕴丰富，耐人寻味。　　（张　兵）

【作者小传】

梅尧臣

(1002—1060)　字圣俞，宣州宣城（今安徽宣州）人。宣城古名宛陵，世称梅宛陵。少时应进士不第。历任州县官属。皇祐初赐进士出身，授国子监直讲，官至尚书都官员外郎。曾预修《唐书》。诗风古淡，对宋代诗风的转变影响很大，与欧阳修同为北宋前期诗文革新运动领袖。有《宛陵先生文集》，又曾注释《孙子》。

和才叔岸旁古庙　　梅尧臣

树老垂缨乱，　祠荒向水开。
偶人经雨踣，　古屋为风摧。
野鸟栖尘坐，①　渔郎奠竹杯。②
欲传《山鬼》曲，　无奈《楚辞》哀！

〔注〕 ① 坐：通“座”，指神座，名词。如作动词，则与下句“杯”字不对。　② 竹杯：以竹为杯，旧时神庙以此卜吉凶。意指杯珓。

景祐元年(1034)秋，梅尧臣自汴京南归，由汴河入淮河，经运河，溯长江而至宣城。此诗为其途中所作，是一首与人唱和的写景诗，也是一幅风俗画。王广渊字才叔，大名成安(今属河北)人。

梅尧臣曾提出：诗要“意新语工”，要能“状难写之景，如在目前；含不尽之意，见于言外”(欧阳修《六一诗话》引)。像这样一所水旁古庙，本无可写；要出新意，更不容易。作者是怎样着笔的呢?

他先写庙旁老树，着眼于“垂缨乱”。枝叶下垂，杂乱不整，既见树老，亦见村荒。渲染荒寒，以为背景。接着用“荒”字点明庙之古，并以“向水开”表明其在“岸旁”，从而点清题目。三四句写庙中静态：泥塑的偶像已经雨淋而踣地；屋宇也被风摧而破残。五六句写庙中动态：野鸟栖息在积满尘土的神座上，借此刻画出游人稀少、香火冷落；但这毕竟还是一座水旁神庙，故偶尔还有渔人前来卜问吉凶。一动一静，纯用白描，由于把握了最有特征的形象，故能“写破庙如画”(陈衍《宋诗精华录》)。而且，不仅把破庙写得“如在目前”；还能使人想象到村落之荒凉。如果将其与作者后来所写的“淮阔洲多忽有村，棘篱疎败谩为门”(《小村》)等合看，则北宋时淮上之社会贫困、民生凋敝这一社会侧面，便可从言外得之。

言外还有一层意思值得注意：神庙已“为风摧”，神像已“经雨踣”，可见神佛还不能自保，又怎能保佑别人呢? 然而竟还有人来“奠竹杯”，岂不可笑? 韩愈在贬往潮州的南行途中，见到号为“木居士”的神庙，题诗说：“偶然题作木居士，便有无穷求福人”，揭露宗教迷信之虚妄，表现了不信神的思想。此诗用意正与韩愈相同。它既反映了当时一种社会风俗，又含有哲理，且富有谐趣，耐人深思。这样说理有什么不好呢?

结处说：“欲传《山鬼》曲，无奈《楚辞》哀！”《山鬼》是屈原《九歌》中的一首，是

梅尧臣像

——清道光年间刊本《吴郡名贤图传赞》

屈原从民间祀神的巫歌中整理出来的。梅尧臣行经东楚旧地，过古庙，见奠神，想到《山鬼》，原很自然。当然，这不是对《九歌》作评论，实际上是说"欲传古庙曲，无奈寸心哀"。如上所说的荒凉村落、迷信巫风，确有足使人哀之处。说到这里，自然会想起梅尧臣在另一首诗中所说："屈原作《离骚》，自哀其志穷。愤世嫉邪意，寓在草木中。"这里说"《楚辞》哀"，正是说他的"自哀"，也是说他的"哀"与屈原的"哀"相同。这样结尾，是"以情结景"（沈义父《乐府指迷》）的写法，其中"含不尽之意"，值得细味。

写古庙，不写崇楼高塔，而写这一水旁破庙；不写山光水色，而写老树荒村；不是赞颂神佛的"法力无边"，而是写神佛的不能自保，这是他选材运思的独创之处。由于他着眼于现实社会，力求用平常的题材与平淡的语言，写出真实的生活图画，使诗歌"意新语工"。这样就使得诗歌不再是吟风弄月的浮辞滥调，而走上写实道路。刘克庄说："宛陵（梅尧臣）出，而后桑濮之哇淫（色情的）稍息，风雅之气脉（比兴的）复振"，推之为宋诗的"开山祖师"。这主要表现在他的《田家语》、《汝坟贫女》、《书窜》、《冬雪》、《陶者》等作品里；他的纪行写景之作，如此诗及《岸贫》、《村豪》、《小村》，也能显示出这一倾向。

（吴孟复）

猛虎行　　梅尧臣

山木暮苍苍，　风凄茅叶黄。
有虎始离穴，　熊罴安敢当！
掉尾为旗纛，　磨牙为剑铓。
猛气吞赤豹，　雄威蹑（慑）封狼。
不贪犬与豕，　不窥藩与墙。
当途食人肉，　所获乃堂堂。
"食人既我分，　安得为不祥？
麋鹿岂非命，　其类宁不伤。
满野设置网，　竞以充圆方。
而欲我无杀，　奈何饥馁肠！"

《猛虎行》系乐府旧题，为王僧虔《伎录》所载平调七曲之一。《乐府诗集》题解中载其古辞四句："饥不从猛虎食，暮不从野雀栖。野雀安无巢？游子为谁骄？"似尚非全篇。后人作此题者，题旨不尽相同。唐李贺《猛虎行》和张籍《猛虎行》才明显以猛虎比拟藩镇割据一方，世袭为恶。这个曲题自然也就带上一些寓言色彩了。

梅尧臣这首《猛虎行》也近似寓言，是借猛虎来讥刺当朝陷害忠良的权臣。夏敬观说："此诗当是讥司谏高若讷。是时范仲淹言事忤宰相，落职知饶州（治所在今江西鄱阳），欧公（欧阳修）贻书切责，司谏高若讷以其书闻，欧公坐贬夷陵（治所在今湖北宜昌东南）。"朱东润则认为："其时若讷附和吕夷简，不足当猛虎之称，此诗当是指吕夷简。"（见《梅尧臣诗选》）吕夷简是吕蒙正的侄子，宋仁宗朝当过宰相。高若讷如无吕夷简支持是不足以贬逐范仲淹和欧阳修的。朱说近是。

诗的开头先描述和渲染猛虎出穴的威风。黄昏时候，在苍苍的山林里，一阵凄风刮来，黄色的茅叶沙沙作响。"云从龙，风从虎"，老虎出洞了！熊罴不敢当，其气势足以吞赤豹，慑封狼。"掉尾为旗纛，磨牙为剑铓"，这两句不仅写出了猛虎的张牙舞爪的模样，而且暗示了讽刺的对象。王充《论衡》载："鲧为诸侯，欲得三公，而尧不听，怒甚，欲以为乱，比兽之角，可以为城，举尾以为旌。"李贺《猛虎行》"举头为城，掉尾为旌"，用此典以刺藩镇，而此诗则用此典以示所刺对象不是在下层，而是在朝中的权奸。犹如猛虎慑服赤豹封狼，这个权奸先以其威势慑服同类。高若讷之附和吕夷简，就是趋附这种威势。

中间一段写猛虎吃人的情况。这只猛虎不在篱边墙下捉犬豕，专在大路上吃人，而且吃得很多。这一段，意在借猛虎当途吃人，来抨击奸佞的陷害忠良。全诗的核心就在这一段。借物寓意，也是一种比附，同样必须抓住相似点。张籍《猛虎行》和李贺《猛虎行》意在讥刺藩镇父子相继称霸一方，所以抓住猛虎"年年养子在空谷"、"乳孙哺子，教得生犷"的行为，作为比附的相似点。而此诗意在抨击吕夷简辈陷害范仲淹、欧阳修这样的忠良，故抓住猛虎"当途食人肉"作为比附的相似点。这一点可以说是全诗的要害。

末段代猛虎设词，为食人事作辩解，从而进一步暴露权奸凶狠的本质。诗以猛虎的口气说：食肉既是我分内的事，怎么能说是不祥的呢？麋鹿的性情是柔和的，它不伤同类，结果还是被人捕杀吃掉。（圆方指人，人是圆颅方趾，故称圆方）损人利己，举世皆然，"而欲我无杀，奈何饥馁肠"！强盗有强盗的逻辑，老虎吃人也有其吃人的逻辑。代虎申辩这种逻辑，犹如戳人一枪，猛地倒抽，带出肚肠，足以置人于死地。后人评此诗："从猛虎的吃人逻辑出发，讽刺辛辣，为自古诗中所罕见。"（朱东润《梅尧臣诗选》）

（林东海）

范饶州坐中客语食河豚鱼　　梅尧臣

春洲生荻芽，　春岸飞杨花。

河豚当是时，　贵不数鱼虾。
其状已可怪，　其毒亦莫加。
忿腹若封豕，　怒目犹吴蛙。
庖煎苟失所，　入喉为镆铘。
若此丧躯体，　何须资齿牙？
持问南方人，　党护复矜夸。
皆言美无度，　谁谓死如麻！
我语不能屈，　自思空咄嗟。
退之来潮阳，　始惮飧笼蛇。
子厚居柳州，　而甘食虾蟆。
二物虽可憎，　性命无舛差。
斯味曾不比，　中藏祸无涯。
甚美恶亦称，　此言诚可嘉。

景祐五年(1038)，梅尧臣将解知建德县(今属浙江)任，范仲淹时知饶州(治所在今江西鄱阳)，约他同游庐山。在仲淹席上，有人绘声绘色地讲起河豚这种美味，引起尧臣极大兴趣。他本是苦吟诗人，居然于樽俎之间，顷刻写成这首奇诗(见《六一诗话》)。

全诗分五层写，中多转折，读时最当留意。

首四句赞河豚以起。"河豚常出于春暮，群游水上，食絮而肥，南人多与荻芽为羹，云最美。"(《六一诗话》)"春洲生荻芽，春岸飞杨花"，不仅善言暮春物候，而且暗示"正是河豚欲上时"。鱼虾虽美，四时毕具，而河豚上市有季节性，物以稀为贵，加之其味的确鲜美，所以一时使鱼虾为之杀值。"河豚当是时，贵不数鱼虾"二句，妙尽情理。此诗开篇极好，无怪欧阳修说："故知诗者谓止破题两句，已道尽河豚好处。"(同上)

以下八句忽作疑惧之词，为一转折。"其状已可怪，其毒亦莫加"二句先总括。以下再分说其"怪"与"毒"。河豚之腹较他鱼为大，有气囊，能吸气膨胀，目凸，靠近头顶，故形状古怪。诗人又加夸张，谓其"腹若封豕(大猪)"、"目犹吴蛙(大蛙)"，加之"忿"、"怒"的形容，河豚的面目可憎也就无以复加了。而更有可畏者，河豚的肝脏、生殖腺及血液含有毒素，假如处理不慎，食用后会很快中毒丧生。诗人用"入喉为镆铘(利剑)"作比譬，更为惊心动魄。要享用如此口味，竟得冒生命危险，是不值得的。“若此丧躯体，何须资齿牙”二句对河豚是力贬。

看来，怕死就尝不着河豚的美味，而尝过河豚美味的人，则大有不怕死者在。“持问南方人”四句表现了一种与上节完全对立的见解，又是一转折。河豚产于沿海，故南方的“美食家”嗜之如命。他们几乎是异口同声，津津乐道，说河豚美得不得了，全不管什么贪口者“死如麻”之类的警告。“美无度”（语出《诗经·魏风·汾沮洳》）的极言称美，“党护”（偏袒）的过激行为，写出了一种执着的感情态度。这自然是“我语不能屈（说服）”的了。非但如此，这还使“我”反省以“自思”。

从“我语不能屈”句至篇终均写“我”的反省。可分两层。诗人先征引古人改易食性的故事，二事皆据韩愈诗。韩愈谪潮州，有《初南食贻元十八协律》云：“唯蛇旧所识，实惮口眼狞。开笼听其去，郁屈尚不平。”柳宗元谪柳州，韩愈有《答柳柳州食虾蟆》云：“余初不下喉，近亦能稍稍，……而君复何为，甘食比豢豹。”诗人综此二事，谓可憎如“笼蛇”、“虾蟆”，亦能由“始惮”至于“甘食”，可见食河豚或亦未可厚非。然而又想到蛇与虾蟆为物虽形态丑恶，食之究于性命无危害，未若河豚之“中藏祸无涯”，可是联系上文，河豚味之“美无度”，似乎又是蛇与虾蟆所不可企及的。

“美无度”，又“祸无涯”，河豚真是一个将极美与极恶合二而一的奇特的统一体呢。于是诗人又想起《左传》的一个警句：“甚美必有甚恶。”觉得以此来评价河豚，是再恰当不过的了。

古人说：“不入虎穴，焉得虎子？”人类在制定食谱的问题上也是富于冒险精神的。综观全诗，尧臣对南方人“拚死食河豚”的精神，还是颇为嘉许的。但他没有这样说，而是设为论难，通过诗中“我”与南方人的诘辩，及“我”的妥协，隐隐地表达了这个意思。构思奇特，风格诡谲。诗中旁征博引，议论纵横捭阖，既以文为诗，又以学问为诗，但形象性与抒情性仍是很强的，欧阳修目为“绝唱”，并非溢美。至于其以丑为美，以文为诗，又大有得力于韩愈之处。（周啸天）

南邻萧寺丞夜访别　梅尧臣

忆昨偶相亲，　相亲如旧友。
虽言我巷殊，　正住君家后。
壁里射灯光，　篱根分井口。
来邀食有鱼，　屡过贫无酒。
明日定徂征，　聊兹酌升斗。

宵长莫惜醉， 路远空回首。

景祐五年(1038)，作者解建德县(今属浙江)任，入汴京，归太庙斋郎班。居汴京时，与萧寺丞南北为邻。某夜，萧寺丞来告别，作者因而为他饯行，并写下这首诗。宋魏泰《临汉隐居诗话》引此诗，题作“赠朝集院邻居”，这也说明这首诗是在朝中任职时为邻居作的。寺丞，一般指大理、太常、鸿胪等寺的佐官。

这首诗语言平淡，感情深厚，朴实如汉乐府，真淳如陶渊明，是很能代表梅尧臣诗风的一首好诗。

首两句写作者与邻居萧寺丞一见如故。陶渊明诗云：“相知何必旧，倾盖定前言。”说途中偶尔相逢，倾过车盖，攀谈起来，便认作知己。(化用古语：“白头如新，倾盖如故。”)梅尧臣这诗云：“忆昨偶相亲，相亲如旧友。”平平道来，语气似陶诗，意思也似陶诗，显然是从陶诗脱胎而来的。《临汉隐居诗话》说梅诗“虽乏高致，而平淡有工”，的确，梅尧臣没有陶渊明那种高情逸致。这是因为陶已经走向超脱，而梅仍然十分执着，所以缺乏“高致”。然而造语平淡这一特点，却是和陶诗一脉相承的。北宋初期诗风固然受到元(稹)白(居易)的影响，追溯其源，实是远绍陶体。

接着四句写作者与萧寺丞比邻的环境。诗人所居，与萧寺丞门巷有别，一在后，一在前，一在北，一在南；作者在自家门口可以看见南邻北墙壁缝间透射出来的灯光；两家水井也挨在一起，只有一篱之隔。两家居宅很近，诗人抓住日常所见，平平写来，层次井然，而有一种“闲远”之致。《临汉隐居诗话》云：“梅尧臣《赠朝集院邻居》诗云：‘壁隙透灯光，篱根分井口。’徐铉亦有《喜李少保卜邻》‘井泉分地脉，砧杵共秋声’，此句尤闲远也。”徐铉诗着意为之，用力太重，其实不如梅诗自然。

末六句写两家日常来往和临别之夜酌酒话别的情景。萧寺丞有时邀作者到他家做客，并热情款待他，有酒有鱼，菜肴丰盛；而萧串门到作者家，则常常因家贫没酒肴可招待。萧要离京远出，临行前来告别；作者虽贫，在这临别的夜晚，自然要备办薄酒来为之饯行。这“升斗”之酒，饱含着作者对于邻人的深情厚谊。“宵长莫惜醉，路远空回首”，结尾的这两句劝酒词，更是表达了深沉的惜别之情和留恋之意。说的是口头语，抒的是肺腑情，这境界也是“豪华落尽见真淳”(元好问《论诗》评陶句)。

梅尧臣集中有《送萧监丞渚宰临邑》诗：“羡君先拜邑，残腊见登车。远驿寒云重，长郊积雪馀。行当劝民稼，始信带经锄。还到济南日，应传古尚书。”朱东润《梅尧臣集编年校注》把此诗与《南邻萧寺丞夜话别》同系在景祐五年，二诗编次一前一后，挨在一起。细揣二诗诗意，萧监丞渚与南邻萧寺丞或许竟是一个人。然则，"南邻"诗中的"明日定徂征"，可能是指萧渚由汴京远行赴山东临邑就县宰任。

（林东海）

陶　　者　　　梅尧臣

陶尽门前土，　　屋上无片瓦；
寸指不沾泥，　　鳞鳞居大厦。

这首五言绝句，运用短小精悍的形式，深刻地揭示了封建社会的基本矛盾。只用事实对照，不加评论，发人深省。

诗里说：陶者烧窑制造砖瓦，几乎烧尽了门前的陶土，可是他们自己却只能住在土阶茅茨式的简陋小屋里，他们屋上并无片瓦。而那些十指不沾泥土的富家贵族，他们并不参加任何生产劳动，更不用说制瓦这样的苦活了。但住的是高楼大厦，游玩的地方是翠馆红亭，屋瓦像鱼鳞一样，排列得整整齐齐。这是一个多么强烈、鲜明的对比啊！寥寥四句，写得简练老辣，其中蕴含着诗人对劳苦人民的深厚感情。

同时人张俞有《蚕妇诗》："昨日入城市，归来泪满巾；遍身罗绮者，不是养蚕人！"也写得恰到好处，只是还带有主观的感叹（用感情色彩，感染别人）。这一首只用客观的描叙，使读者自下结论，所以尤为难得。钱锺书《宋诗选注》在这首诗的注语中说："唐诗里像孟郊《织妇词》的'如何织纨素，自著蓝褛衣！'郑谷《偶书》的'不会苍苍主何事，忍饥多是力耕人'！于溃《辛苦行》的'垅上扶犁儿，手种腹长饥；窗下掷梭女，手织身无衣。'和杜荀鹤《蚕妇》的'年年道我蚕辛苦，底事浑身著苎麻？'也都表示对这种现象的愤慨。"这些都是古代诗人反映劳动人民疾苦的诗章，不过在表现手法方面，略有不同罢了。

（马祖熙）

田　家　语①　　　梅尧臣

谁道田家乐？　　春税秋未足。
里胥扣我门，②　　日夕苦煎促。
盛夏流潦多，③　　白水高于屋。
水既害我菽，　　蝗又食我粟。
前月诏书来，　　生齿复板录。④

三丁籍一壮，　恶使操弓韣。⑤
州符今又严，⑥　老吏持鞭朴。
搜索稚与艾，⑦　唯存跛无目。
田间敢怨嗟，　父子各悲哭。
南亩焉可事？　买箭卖牛犊。⑧
愁气变久雨，　铛缶空无粥。⑨
盲跛不能耕，　死亡在迟速。
我闻诚所惭，　徒尔叨君禄。⑩
却咏归去来，　刈薪向深谷。

〔注〕 ① 原序："庚辰(康定元年)诏书，凡民三丁籍一，立校与长，号弓箭手，用备不虞。主司欲以多媚上，急责郡吏；郡吏畏，不敢辩，遂以属县令。互搜民口，虽老幼不得免。上下愁怨，天雨淫淫，岂助圣上抚育之意耶？因录田家之言次为文，以俟采诗者。" ② 里胥：地保一类的公差。 ③ 流潦："潦"同涝，指积水。 ④ 生齿：人口。板录：同版录。在簿册上登记人口，称版录。版，籍册。 ⑤ 恶使：迫使。弓韣(dú)：弓和弓套。 ⑥ 州符：州府衙门的公文。⑦ 艾：五十岁叫艾。这里指超过兵役年龄的老人。 ⑧"买箭"句：汉龚遂为渤海太守，教民卖剑买牛，卖刀买犊。(见《汉书·龚遂传》)这里反用这个故事。 ⑨ 铛缶(chēng fǒu)：锅和罐。 ⑩ 徒尔：徒然。叨：不配享受的待遇而享受了叫"叨"。君禄：指官俸。

这首五言古诗反映了北宋田家生活的痛苦。仁宗康定元年(1040)六月，为了防御西夏，匆匆忙忙地下诏征集乡兵，加强戒备。而官吏们借此胡作非为，致使人民未遭外患，先遇内殃，上下愁怨，情景凄惨。作者满含同情记录了田家的语言，是继杜甫、元结、白居易等诗人之后产生的深刻地揭示民生疾苦的诗篇。

开头四句是说，谁讲田家快乐呢？春天的租税，到秋天还未能交足。地保、里长敲打我家的门，正没早没晚地催迫交税呢！这四句写租税的繁重，田家感叹春税到秋都未能交完，而催促又急，痛苦可知。次四句写在水灾、蝗灾的侵袭下，秋收难有指望。盛夏五、六月，内涝成灾，白水比住房还高，豆类、谷类都受到严重的灾害。作者此时在河南襄城县做县令，这里靠近许昌，地临汝河。河水涨时，河岸里面即就形成内涝；河中之水常常高过堤岸下的人家居屋。这四句写灾祸频仍，因而田家处境更加悲惨。接着"前月诏书来"以下八句，是诉说除了租税剥夺和天灾威胁之外，兵役又带来严重的灾难。就在这年(仁宗康定元年)夏天，西夏攻宋，朝廷增置河北、河东、京东西诸路弓手，襄城地处京西路，前月诏书下来登记人口，三丁抽一壮丁("三丁籍一壮"，即指三丁抽一。)，强迫人民操持弓箭。现时州里又下了公文，严紧地催迫，老吏拿着鞭子和棍棒，到乡下来搜索，连老年和幼年，也都在抽兵之列。幸免于役的，只有跛子和瞎子。这八句写官吏变本加厉地为非作歹，抽丁太滥，造成田家都无壮丁在室，情况倍加凄惨。下面“田闾敢怨嗟”以后八句，写在兵役、租税、水灾等灾难的煎逼下，田家生活艰难，欲诉无门，走投无路。诗中先写面临重重追迫，田家哪敢怨嗟，只有父子相持悲哭。种田地哪还再有指望？为了买下弓箭，只好把牛犊卖掉。次写淫雨不止，天意愁怨，锅子里罐子里连稀粥都装不上了。瞎子和跛子都没有劳动力，不能耕种，死亡只在早晚之间了。这八句总写人祸、天灾给田家带来的苦难。以上各节，全是田家自诉之语。是诗的第一部分。

结尾四句，是作者听了田家语所兴的感慨。也是诗的第二部分。“我闻诚所惭，徒尔叨君禄。却咏归去来，刈薪向深谷。”作者是地方官，听完田家悲酸的诉说，感到内心的惭愧。自己身为县令，徒然受到从人民身上剥夺来的官俸的供养，却不能为人民解除忧患，拯民于水火之中，只好吟诵《归去来兮辞》，学陶渊明弃官归田，回到深山幽谷，刈点薪柴，自食其力。全诗朴质无华，感情深厚。白居易说：“文章合为时而著，歌诗合为事而作。”作者为诗，正是继承了这样的光辉传统的。作者论诗以平淡自励，力挽北宋初期西昆体所形成的华而不实的诗风，对于转移诗坛风气，起了积极的作用。唐诗人韦应物《寄李儋元锡》诗说：“身多疾病思田里，邑有流亡愧俸钱。”作者这首诗的结尾四句，和韦诗同样感人。

（马祖熙）

汝坟贫女　　梅尧臣

汝坟贫家女，　行哭声凄怆。
自言“有老父，　孤独无丁壮。
郡吏来何暴，　县官不敢抗。
督遣勿稽留，　龙钟去携杖。
勤勤嘱四邻：　幸愿相依傍。
适闻闾里归，　问讯疑犹强。
果然寒雨中，　僵死壤河上。
弱质无以托，　横尸无以葬。
生女不如男，　虽存何所当！
拊膺呼苍天，　生死将奈向”？

这首诗作于仁宗康定元年（1040），时作者任河南襄城县令。

诗里通过汝河边上一位贫家女子的悲怆控诉，描叙了一个由于征集乡兵，致使贫民家破人亡的典型事例，反映宋仁宗时期人民在兵役中所遭受的苦难。和另一首《田家语》是作于同一年的姊妹篇。

起笔两句入题："汝坟贫家女，行哭声凄怆。"这个诗题《汝坟贫女》定得很有意义，原来《诗经·周南》中，就有一篇《汝坟》诗，"汝坟"，指汝河堤岸边上。那篇诗是用一位妇女的口气描写乱世的诗歌，说丈夫虽然供役在外，但父母离得很近，仍然有个依靠。这一篇取《汝坟》旧题，也用一位女子的口吻来描叙，但这位妇女的遭遇却更加悲惨。作者从她走着哭着的凄怆声音，引入下文悲酸的诉说。诗从第三句"自言有老父"到末句"生死将奈向"，全是贫女控诉的话语。这段话可分为三小段。第一小段由"自言有老父"至"幸愿相依傍"八句，诉说老父被迫应征的情况。前四句诉说家中孤苦，没有丁壮，老父年迈无依。郡吏征集弓手，强迫老父应征，县官虽知实情，不敢违抗。后四句诉说老父被督遣上路，符令紧迫，不许稽留，老人只得拄着拐杖应役。在老父上路之时，贫女殷殷地嘱托同行的乡邻，恳求他们照顾年迈的父亲。按照当时诏书"三丁籍一"的规定，这家本不在征集之内，但是官吏们取媚上司，多方搜集丁口，以致超过兵役年龄的老人，也被搜索入役。《田家语》诗中所写的"搜索稚与艾，唯存跛无目"，这里正是最好的例证。

第二小段由"适闻闾里归"至"僵死壤河上"四句，诉说老父出征之后，隔了一段时日，闾里有人从戍所回来。贫女前来问讯，怀疑她父亲还在勉强撑持，哪知回答的是她父亲已在寒雨中僵冻而死，露尸在壤河边上。

第三小段由"弱质无以托"至结尾句"生死将奈向"六句，叙说老父死后，贫女弱质，孤苦无依，老父的尸体运到村里，也无力安葬。只好捶胸痛哭，呼天抢地，悲痛自己是个女儿，不如男子，虽然活在世上，却没有什么用，就连自己是生是死，也不知如何了结。

全诗语言质朴，字字悲辛，纯用自诉口气，真挚感人。诗里写的，仅仅是在兵役中被折磨而死的一个实例，但这个事例，是成千成百事例中的一个，很有代表性。它道出了当年兵役过滥，使人民遭受苦难的悲惨实况。诗的小序说："时再点弓手，老幼俱集，大雨甚寒，道死者百余人，自壤河至昆阳老牛陂，僵尸相继。"可见当时无辜的人民，未遭外患，先受内殃，所造成的社会悲剧是如何的惨痛。

（马祖熙）

鲁山山行

梅尧臣

适与野情惬， 千山高复低。

好峰随处改，　　幽径独行迷。
霜落熊升树，　　林空鹿饮溪。
人家在何许？　　云外一声鸡。

“远上寒山石径斜，白云生处有人家。停车坐爱枫林晚，霜叶红于二月花。”在以《山行》为题的诗中，杜牧的这首七绝历来脍炙人口。这首《鲁山山行》虽不如杜牧的《山行》著名，但也很有特色，不愧佳作。

鲁山，一名露山，故城在今河南鲁山县东北，接近襄城县西南边境。仁宗康定元年(1040)，梅尧臣知襄城县，作此诗。

这是一首五律，但不为格律所缚，写得新颖自然，曲尽山行情景。

山路崎岖，对于贪图安逸，怯于攀登的人来说，“山行”不可能有什么乐趣。山野荒寂，对于酷爱繁华，留恋都市的人来说，“山行”也不会有什么美感和诗意。此诗一开头就将这一类情况一扫而空，兴致勃勃地说：“适与野情惬”——恰恰跟我爱好山野风光的情趣相合。下句对此做了说明：“千山高复低。”按时间顺序，两句为倒装。一倒装，既突出了爱山的情趣，又显得跌宕有致。“千山高复低”，这当然是“山行”所见。“适与野情惬”，则是“山行”所感。首联只点“山”而“行”在其中。

颔联进一步写“山行”。“好峰”之“峰”即是“千山高复低”；“好峰”之“好”则包含了诗人的美感，又与“适与野情惬”契合。说“好峰随处改”，见得人在“千山”中继续行走，也继续看山，眼中的“好峰”也自然移步换形，不断变换美好的姿态。第四句才出“行”字，但不单是点题。“径”而曰“幽”，“行”而曰“独”，正合了诗人的“野情”。着一“迷”字，不仅传“幽”、“独”之神，而且以小景见大景，进一步展示了“千山高复低”的境界。山径幽深，容易“迷”；独行无伴，容易“迷”；“千山高复低”，更容易“迷”。著此“迷”字，更见野景之幽与野情之浓。

颈联“霜落熊升树，林空鹿饮溪”，互文见意，写“山行”所见的动景。“霜落”则“林空”，既点时，又写景。霜未落而林未空，林中之“熊”也会“升树”，林中之“鹿”也要“饮溪”；但树叶茂密，遮断视线，“山行”者如何能够看见“熊升树”与“鹿饮溪”的野景！作者特意写出“霜落”、“林空”与“熊升树”、“鹿饮溪”之间的因果关系，正是为了表现出那是“山行”者眼中的野景。惟其是“山行”者眼中的野景，所以饱含着“山行”者的“野情”。“霜落”而“熊升树”，“林空”而“鹿饮溪”，多么闲适！多么野趣盎然！

苏轼《高邮陈直躬处士画雁》诗云：“野雁见人时，未起意先改。君从何处看，得此无人态？无乃枯木形，人禽两自在！……”梅尧臣从林外“幽径”看林中，见“熊升树”、“鹿饮溪”，那正是苏轼所说的“无人态”，因而就显得那么“自在”。熊“自在”，鹿“自在”，看“熊升树”、“鹿饮溪”的人也“自在”。

欧阳修《六一诗话》云：“圣俞尝语余曰：‘诗家虽主意，而造语亦难。若意新语工，得前人所未道者，斯为善也。必能状难状之景如在目前，含不尽之意见于言外，然后为至矣。’”此联就可以说是“状难状之景如在目前”。是不是还“含不尽之意见于言外”呢？也可以作肯定的回答。“熊升树”、“鹿饮溪”而未受到任何惊扰，见得除“幽径”的“独行”者而外，四野无人，一片幽寂；而“独行”者看了“熊升树”，又看“鹿饮溪”，其心情之闲静愉悦，也见于言外。从章法上看，这一联不仅紧承上句的“幽”、“独”而来，而且对首句“适与野情惬”作了更充分的表现。

全诗以“人家在何许？云外一声鸡”收尾，余味无穷。杜牧的“白云生处有人家”，是看见了人家。王维的“欲投人处宿，隔水问樵夫”，是看不见人家，才询问樵夫。这里又是另一番情景：望近处，只见“熊升树”、“鹿饮溪”，没有人家；望远方，只见白云浮动，也不见人家；于是自己问自己：“人家在何许”呢？恰在这时，云外传来一声鸡叫，仿佛是有意回答诗人的提问：“这里有人家哩，快来休息吧！”两句诗，写“山行”者望云闻鸡的神态及其喜悦心情，都跃然可见、宛然可想。

方回《瀛奎律髓》评这首诗说：“尾句自然；‘熊’‘鹿’一联，人皆称其工，然前联尤幽而有味。”胡仔《苕溪渔隐丛话后集》卷二四说：“圣俞诗工于平淡，自成一家。如《东溪》云：‘野凫眠岸有闲意，老树着花无丑枝’，《山行》云：‘人家在何许，云外一声鸡’，《春阴》云：‘鸠鸣桑叶吐，村暗杏花残’，《杜鹃》云：‘月树啼方急，山房人未眠’，似此等句，须细味之，方见其用意也。”这些意见，都可以参考。

（霍松林）

醉中留别永叔、子履①

梅尧臣

新霜未落汴水浅，　轻舸唯恐东下迟，
绕城假得老病马，　一步一跛令人疲。
到君官舍欲取别，　君惜我去频增嘻，②
便步髯奴呼子履，③　又令开席罗酒卮。
逡巡陈子果亦至，　共坐小室聊伸眉，④
烹鸡庖兔下箸美，　盘实饤饾栗与梨。
萧萧细雨作寒色，　厌厌尽醉安可辞！

门前有客莫许报，　　我方剧饮冠帻攲。⑤
文章或论到渊奥，　　轻重曾不遗毫厘，
间以辨谑每绝倒，　　岂顾明日无晨炊。
六街禁夜犹未去，　　童仆窃讶吾侪痴。
谈兵究弊又何益，　　万口不谓儒者知。
酒酣耳热试发泄，　　二子尚乃惊我为。
露才扬己古来恶，　　卷舌噤口南方驰。⑥
江湖秋老鳜鲈熟，⑦　　归奉甘旨诚其宜。
但愿音尘寄鸟翼，　　慎勿却效儿女悲。

〔注〕①永叔：欧阳修，字永叔。子履：陆经，字子履。下文"陈子"为"陆子"之误。②噫：表示叹息。③便步：形容步履随便。④伸眉：得意的样子。⑤冠帻（zé）：帽子和头巾。攲（qī）：斜。⑥噤口：闭口不言。⑦鳜鲈熟：《晋书·张翰传》："翰因见秋风起，乃思吴中菰菜、莼羹、鲈鱼脍，曰：'人生贵得适志，何能羁宦数千里，以要名爵乎？'遂命驾而归。"

这首诗是庆历元年（1041）作者四十岁时所作。当时，北宋对西夏的战事正紧。梅尧臣怀着忧国忧民的感情渴望获得一个上前线的机会，曾经向范仲淹透露过自己的意图，可是未被理会，相反却被派远往湖州担负监税的任务。这件事给了他很大的刺激，他满怀失意之情怏怏离京。此诗真实地反映了他临行前痛苦而复杂的心情。

诗一起照应题目中的"留别"，写自己将离汴京乘舟东下。"新霜未落汴水浅，轻舸唯恐东下迟。"两句诗既点明留别的时光节令，又借助对景物的描写，隐隐透露出诗人孤凄落寞的情怀。"绕城假得老病马，一步一跛令人疲。"则是作者为自己勾勒的一幅落拓失意的自画像，于幽默的笔调和自我调侃的语气中不知包含了多少内心难言的隐痛。

"到君官舍欲取别"以下八句叙作者告别及友人饯别情景，表现出挚友间依依惜别的深厚情谊。在这里作者没有花费许多笔墨描述主客对饮情景，只借"便步髯奴呼子履，又令开席罗酒卮"等细节的点染和对席上肴馔的罗列，写出主人款待的盛情；借对室外"萧萧细雨"景色和自己"冠帻攲"的恹恹醉态的描写，反映出席间不拘形迹、开怀畅饮的亲切气氛和作者沉醉于眼前美好时光的快意微醺。笔触细腻生动，富有情趣。

"文章或论到渊奥，轻重曾不遗毫厘，间以辨谑每绝倒，岂顾明日无晨炊。"这一段描写笔墨酣畅，兴会淋漓，生动地传达出宾主契合无间、畅谈不觉忘情的动人情景，将诗情推向高潮。

正是在这样亲切随意的气氛之中，在心曲相通的知交面前，作者才情不自禁地樽前放歌，一吐胸中块垒：“谈兵究弊又何益，万口不谓儒者知。”“谈兵”，即研读兵法，在这里并非泛指，作于同时的欧阳修《圣俞会饮》也提到尧臣注《孙子》一事，说：“遗编最爱孙子说”，可见尧臣确有志从军。这两句发自肺腑的心声，是作者压抑已久的感情的迸发，既包含了爱国忧民却报效无门的痛苦，也有自己屡试不第、沉沦下僚的酸辛。其中虽不免对个人穷通得失耿耿于怀的牢骚，仍然是对封建社会里无数爱国的正直知识分子共同遭遇和思想感情的高度概括，具有深刻的现实意义。

在“酒酣耳热”之际倾诉肺腑，本当滔滔不绝，一吐为快，作者却又出乎意料地陡转笔锋，刹住话头。“露才扬己古来恶，卷舌噤口南方驰。”语气骤然变得平缓，但在欲说还休的背后，却使人更清楚地感到他那郁结心头无法排遣的苦闷。结末写自己强烈的思归之情，并说明分手时不宜过于伤感，既是安慰友人，也是宽解自己，强作豁达。首尾衔接，更显得情味深长。

这是一首留别之作，却不落专写凄切之情的窠臼，而是借留别以抒怀，将对国事的忧虑、个人的不平以及离情别绪尽寓其中。此诗笔力苍劲，承转圆熟，自然流畅，质朴简淡，鲜明地体现出梅诗语淡情深的艺术特色。 （张明非）

寄题徐都官新居假山　　梅尧臣

太湖万穴古山骨，　共结峰岚势不孤。
苔径三层平木末，　河流一道接墙隅。
已知谷口多花药，　只欠林间落狖鼯。
谁侍巾鞲此游乐，　里中遗老肯相呼？

宋代江南园林艺术颇为发展，由于取材方便，苏州、湖州等地区，私家建造园林风气很盛。庆历三年(1043)，梅尧臣在湖州任监税官，诗即作于此时。徐都官，未详，夏敬观谓“疑即建德徐元舆，集中屡见”。此诗不施藻绘，瘦劲挺拔，很能体现宋诗的艺术特色。

首二句具言徐都官新居假山取材之美，造型奇峭逼真。“太湖万穴古山骨”，指取太湖石为假山。太湖石多孔穴，是很理想的园林建筑材料。这里不径言石而言“古山骨”，本于韩愈《石鼎联句》诗首句“巧匠斫山骨”，使人感到假山不假，它原具有山之骨髓。叠石成山，故下句言“共结”。不言“峰峦”而言“峰岚”，盖

"岚"为山中雾气，著此一字，不仅写出山形，而且绘出山神，颇有云气蓊郁之感。再加"势不孤"三字，更见峰峦重叠之妙。

三四句承上，写假山与周围环境相得益彰。这里的"苔径三层"、"河流一道"，皆人工建造。假山有崎岖小路达于峰顶，高于园中之树("平木末")，山路上满布苔藓，古趣盎然。山下河流一道，显然自墙外引入。于是，假山、真树、活水，彼此浑溶无间，大得自然意趣。

"已知谷口多花药"，暗用西汉隐士郑子真身居谷口而名动京师的典故。此句承前而来，下句却作一转折，说自然景物仍有不可及处，假山之上毕竟缺少野生动物——"只欠林间落狖鼯。"("狖"，黑色长尾猿；"鼯"，飞鼠。)诗人著此一句，意若有憾焉，其实乃深喜之也。意思是说若有狖鼯出没其间，假山就更逼近自然了。从"只欠"二字可以体味。这样，在转折之中，又翻进一层。

至此，已道尽假山胜处，末二句理所当然地写到游园。但值得注意的是，诗人却撇开自己和朋友，着意提到"里中遗老"(遗老，指老者)，颇耐寻味。看来徐都官新居假山既成，却未"对外开放"，连里中老者亦未能一饱眼福。诗人既以先游为快，也就想到这一层，才有此一问："谁侍巾鞲(代指都官，鞲，臂套)此游乐，里中遗老肯相呼?"这一联化用杜甫《客至》"肯与邻翁相对饮，隔篱呼取尽余杯"句意，而含意颇深，表面看，是说与人分享，其乐更甚；深一层的意思是，为官者当与民同乐。这与诗人好友欧阳修的《醉翁亭记》末尾一段的措意不谋而合。于是诗的境界得到提高。这种民胞物与的思想，就《田家》、《陶者》、《汝坟贫女》的作者而言，是一贯的。只是诗人不说"应"相呼而只问"肯"否，措语甚婉，乍读不易体察。

题咏之类，切题、体物都不难，有较高的思想境界则不易，这牵涉到诗人本身的思想境界问题，不可力学而至。"应怜屐齿印苍苔，小扣柴扉久不开。"看来梅尧臣是不赞成这种态度的。

(周啸天)

悼亡三首

梅尧臣

结发为夫妇，　于今十七年。
相看犹不足，　何况是长捐！
我鬓已多白，　此身宁久全？
终当与同穴，　未死泪涟涟。

每出身如梦，　逢人强意多。

归来仍寂寞，　欲语向谁何？
窗冷孤萤入，　宵长一雁过。
世间无最苦，　精爽此销磨。

从来有修短，　岂敢问苍天？
见尽人间妇，　无如美且贤。
譬令愚者寿，　何不假其年？
忍此连城宝，　沉埋向九泉！

这是梅尧臣悼念亡妻之作。陈石遗很推重此诗，谓：古诗写夫妇之情而工者尤少。潘岳《悼亡》，最为著名，但其中除"望庐思其人，入室想所历"等数语外，无沉痛语。元稹《遣悲怀》，写"贫贱夫妻百事哀"，颇能动人；但"俸钱过十万"，"营奠复营斋"，毕竟是官僚口吻。只有圣俞此诗，最真挚、最纯洁，当为千古第一。盖梅人品高，感情真，与那些熏心富贵者固不相同。讲得很确切。

"结发"两句以总叙起，着重在"十七年"。梅与其夫人谢氏于天圣六年(1028)结婚，至庆历四年(1044)谢亡，凡十七年。(欧阳修《梅圣俞墓志铭》："年二十以归吾，凡十七年而卒。")"十七年"而"相看犹不足"，便见爱之深、情之挚。"相看不足"之时，忽然中路"长捐"，其悲痛自可想见。语愈平淡，情愈真切。首四句已把悲情写完，接下去怎样写呢？

元稹诗中说："昔日戏言身后意，今朝都到眼前来。"梅尧臣也写谢氏身后的自己心情：由自己"鬓已多白"料想到"身宁久全"，逆计"同穴"之期当在不远，似可强作宽解；然而在"未死"之前，则一息苟存，即有"泪涟涟"而不能自止。几番转折，愈转而愈深。

第一首是总写。第二首则突出一点，作具体刻画。情是抽象的，必须因事因景才能写出：至于写得"尽意"，则尤为难能。梅尧臣先从自己的"出"门与"归来"写。司马迁写自己悲痛心情，有"居则忽忽若有所亡，出则不知所往"，即是从"居"、"出"着笔的。梅尧臣的"每出身如梦"，比"不知所往"，表情似更明晰。心在谢氏身上，故出门也像做梦一样；"出门""逢人"，也只是勉"强意多(周旋)"。"出门"时有人谈论，还可稍解悲戚；"归来"时则孤寂之感更甚。潘岳诗"望庐思其人，入室想所历"，亦即此情此景之写照。人在"出门"时有所见闻，回来总想向亲人讲讲，可是人亡室空，"欲语向谁"呢？这一点写出了最难写的情意。接下去写"窗冷孤萤入，宵长一雁过"。古人把丧妻之夫，比作鳏鱼(混子鱼)，谓其夜不闭眼。这两句也就是描写长夜失眠的景况。由于长夜难眠，所以窗中飞入"孤萤"，天空一声雁叫，皆能看见、听到。这两句刻画得尤为真切。真是"含不尽之意，见于言外"。"世间无最苦"，谓世上没有比此更痛苦的事了，自己的"精爽"(精神、神智)全部被其消磨了。语近夸张，但非此写不出镂心刻骨之痛。

第三首，以"问天"形式，写出爱情之专与悲哀之深。但他不直说问天，而先说"从来有修(长)短"。人生寿命不齐，本属自然；但愚者寿而贤者夭，这是什么道理呢？这就要"问苍天"了。设想之奇，正见用情之挚。特别是"见尽人间妇，无如美且贤"，看似夸张，却又最合情理，因为在他心目中确是如此。有人戏谓其"情人眼中出西施"；难在做了"十七年"夫妇，还能持此看法，其用情之专一，在当时士大夫中是颇不易得的。就诗来说，把妻子写得愈贤愈美，则其死亡，愈堪悼惜。陈石遗曾指此谓"从《诗经·硕人》中来"。梅尧臣虽未必有意摹拟《诗经》，而千古诗人的思路往往前后相同，则是未必不然的。"忍此连城宝，沉埋向九泉！"真是"有声当彻天，有泪当彻泉"(陈师道诗语)了。

梅尧臣论诗，谓"惟造平淡难"。其诗也有"平而无奇、淡而无味"之处。但此三首，则情真意切，深入浅出，以最平最淡之语，达最深最浓之情，表达最明白，而又最耐人回味，可谓言情的杰作。那种"望尘下拜"的人，那种夸耀"俸钱"的人，当然写不出这样的诗。

(吴孟复)

书　哀　　　　梅尧臣

天既丧我妻，　又复丧我子。
两眼虽未枯，　片心将欲死。
雨落入地中，　珠沉入海底，
赴海可见珠，　掘地可见水。
唯人归泉下，　万古知已矣！
拊膺当问谁，　憔悴鉴中鬼。

庆历四年(1044)，梅尧臣自湖州入汴京，舟行途中，妻子谢氏不幸病故，给诗人精神上以沉重打击："结发为夫妇，于今十七年。相看犹不足，何况是长捐！"(《悼亡三首》)祸不单行，舟次符离时，次子十十(乳名)也相继亡故。眼看贤妻爱子接连去世，诗人不胜悲痛。《书哀》就是在这种境况中写成的。

诗一开篇就直书这段个人哀史。前两句完全是直白式："天既丧我妻，又复丧我子。"这里没有"彼苍者天，歼我良人"一样的激楚呼号，却有一种痛定思痛的木然的神情。人在深哀巨痛之中，往往百端交集，什么也说不出。"既丧……又复丧……"，这种复叠递进的语式，传达的正是一种莫可名状的痛苦。诗人同一时期所作《悼子》诗云："迩来朝哭妻，泪落襟袖湿；又复夜哭子，痛并肝肠入"，正是"两眼虽未枯"的注脚。这里还使人想起杜甫《新安吏》"眼枯即见骨，天地终无情"的名句，而意味更深。《庄子》云："哀莫大于心死"，而诗人这时感到的正是"片心将欲死"。

说"将欲死"，亦即心尚未死，可见诗人还迷惘着：难道既美且贤的妻、活蹦乱跳的儿就真的一去不返了？他不敢相信，可又不得不信。这里诗人用了两个连贯的比喻："雨落入地中，珠沉入海底"，雨落难收，珠沉难求，都是比喻人的一去不复返。仅这样写并不足奇，奇在后文推开一步，说"赴海可见珠，掘地可见水"，又用物的可以失而复得，反衬人的不可复生。这一反复，就形象地说明自己的悲痛，自己的损失，是不可比拟的，无法弥补的。同时句下还隐含这样的意味，即自己多么希望人死后也能重逢啊！

然而，事实是不可能的，"他生未卜此生休"。故以下紧接说："唯人归泉下，万古知已矣！"这并不全然是理智上的判断，其间含有情感上的疑惑，难道真是这样的吗？这是无人能够回答他的问题，"拊膺当问谁"，诗人只好对镜自问了。"憔悴鉴中鬼"正是他在镜中看到的自己的影子，由于忧伤过度而形容枯槁，有类于"鬼"，连他自己也认不出自己来了。最末两句传神地写出诗人神思恍惚，对镜发愣，而喁喁独语的情态。

《书哀》一诗主要用赋法，间以独特的比喻，将一己的深哀巨痛，用最朴素凝练的语句表现，颇能传神写照，感人肺腑。无怪陈衍云："此首……最为沉痛。"(《宋诗精华录》)

(周啸天)

梦登河汉　　梅尧臣

夜梦上河汉，　星辰布其傍。
位次稍能辨，　罗列争光芒。
自箕历牛女，　与斗直相当。
既悟到上天，　百事应可详。
其中有神官，　张目如电光。
玄衣乘苍虬，　身佩水玉珰。①

丘蛇与穹鳖，　盘结为纪纲。②
我心恐且怪，　再拜忽祸殃：
“臣实居下土，　不意涉此方。
既得接威灵，　敢问固不量。
有牛岂不力，　何惮使服箱？③
有女岂不工，　何惮缝衣裳？
有斗岂不柄，　何惮挹酒浆？
卷舌不得言，　安用施穹苍？
何彼东方箕，　有恶务簸扬？
唯识此五者，　愿言无我忘。”
神官呼我前，　告我无不臧：④
“上天非汝知，　何苦诘其常？
岂惜尽告汝，　于汝恐不祥。
至如人间疑，　汝敢问于王？”
扣头谢神官：　“臣言大为狂。”
骇汗忽尔觉，　残灯荧空堂。

〔注〕 ① 水玉珰：水晶制成的饰物。 ② 纪纲：这里代指仆人。 ③ 服(fú)箱：即驾车。 ④ 臧：善。

这首诗作于庆历五年(1045)六月二十九日。当时，以范仲淹为首所推行的旨在整顿政权机构、兴利除弊、加强宋朝统治的新政，由于贵族官僚们的强烈反对，只一年左右时间，便宣告失败。一大批立志改革的新派人物统统遭到罢斥，宋朝的统治面临着更加深刻的危机。一贯忧国忧民的作者，以其对社会生活的深刻观察和特有的政治敏感，用诗歌及时地反映了这一场震动朝野的政治斗争，表达了他对是非混淆、贤愚莫辨的黑暗政治的不满。字里行间洋溢着诗人爱憎分明的感情和满腔抑郁不平之气。

在当时的政治高压下，作者的倾向不便明言，于是便借鉴了古代诗人屈原和李白的诗歌艺术表现手法，以梦境反映现实，借天上影射人间。这就使得全诗既闪烁着诗人的奇情异彩，又显示出其批判政治现实的锋芒，成为古代诗歌中不可多得的力作。

诗一开始，就用奇幻的笔调描写了作者梦登河汉的情景：“夜梦上河汉，星辰布其傍。位次稍能辨，罗列争光芒。”灿烂的银河、闪烁的群星，在诗人也在读者面前展现出神话般的境界。诗人情不自禁地轻曳脚步在银河两旁巡礼，于排列有序、熠熠争辉的繁星中看到了东方苍龙之一的箕星、牵牛星、织女星以及北斗七星。“自箕历牛女，与斗直相当。”两句诗看似若不经意，信手拈来，实则大有深意，为后文议论埋下伏笔，于此可见作者诗思的缜密。

“既悟到上天，百事应可详。”这两句是由写景到叙事的过渡。从中既透露出诗人内心郁积已久的对人间百事不解的迷惘；也可以看出：此时此刻，他对从天上求得答案满怀着希望。

不料，接下去却笔锋陡转，用充满夸饰的色彩，勾画了天神威严可怖的形象：“其中有神官，张目如电光。玄衣乘苍虬，身佩水玉珰。丘蛇与穹鳖，盘结为纪纲。”这样一个目光如电、身着黑衣、左右又盘结着蛇和鳖的神官形象，较之屈原《离骚》中不予开门的“帝阍”和李白《梁甫吟》中发怒的“阍者”，都刻画得更为具体，也更具有威慑力。他的出现，无疑为方才还明净神奇、充满浪漫情趣的天空涂上了一抹阴森的色彩，使诗人从对仙境的陶醉中猛醒过来，生出“我心恐且怪”的惶惶不安之感。这里，天上神官的象征意义虽未点破，但在其鲜明可感的艺术形象中，已蕴含着对读者的丰富的启示。

面对突然出现的狰狞可怖的“威灵”，诗人仍然斗胆发问，显示出追求真理的执着精神，一连五问，以排比的句式、充沛的气势，仿佛喷射而出：“有牛岂不力，何惮使服箱？有女岂不工，何惮缝衣裳？有斗岂不柄，何惮挹酒浆？卷舌不得言，安用施穹苍？何彼东方箕，有恶务簸扬？唯识此五者，愿言无我忘。”不难看出，这一连五问本于《诗经·小雅·大东》。在那首著名的讽刺诗里，历数了一系列天文星象，说织女不能织；牵牛不能拉车；北斗杓星不能舀酒浆；箕星不能簸扬。指出它们徒有虚名而不切实用。这里却反其意而用之，指出：有牛不让拉车；有织女不让缝衣裳；有斗不让挹酒浆，有舌而不得言。暗喻朝中贤士有用的不能见用，有言责的不能进言，唯有恶人却可以像箕星一样任意簸扬其恶，肆虐猖狂。这一段是全诗的主旨所在，作者以其痛快淋漓的发问尽情倾吐了胸中的不满及讥讽，并猛烈抨击，将全诗推向高潮。不仅集中表明了作者对这场政治斗争的鲜明态度，而且显示出他深邃犀利的思想和敢于斗争的勇气。

接下去写神官的回答却使诗情陡然下跌。他的话两句一顿，层层递进：“上天非汝知，何苦诘其常？岂惜尽告汝，于汝恐不祥。至如人间疑，汝敢问于王？”意思是说：天上的事本来不是你所应该知道的，何苦一定要寻根究底呢？如果你一定要把天上名实不符之事问个明白，哪里是我不肯告诉你，只恐天机泄漏给你，于你反有不祥。这其中的奥秘不难弄懂，譬如人间有种种荒谬不平之事，难道你敢统统拿去诘问王者吗？神官的这几句话虽是劝告之辞，却揭示出丰富深刻的道理，它一方面表明大千世界到处黑白不分是非颠倒，人间如此，天上亦然。同时以“至如人间疑，汝敢问于王”两句直接点醒正意，有力地批判了权奸当道、阻塞贤路、打击贤臣、实行恐怖高压的黑暗政治现实。

仙境倏然消失，梦亦随之破灭，诗至此戛然而止。作者在这里没有多费笔墨交代梦醒后的感想，但透过“残灯荧空堂”这凄清而悲凉的景象，读者是不难体会出作者那失意怅惘的心情的。然而尽管如此，读完全诗，掩卷长思，给人印象最深的却是作者不畏强权、不怕高压，从心底发出的不平的呐喊。这是正义的呼声，任凭什么压力也无法将它扑灭。诗人的斗争精神，通过巧妙的艺术手法，使诗歌产生了震撼人心的力量。

这首诗内容充实，想象奇特，一气贯注而又跌宕生姿，充分地表现了作者的战斗精神。他在《寄滁州欧阳永叔》一诗中曾说：“直辞鬼神惧，微文奸魄悲。不书儿女书，不作风月诗。”这首《梦登河汉》诗体现了作者这一诗歌主张。

（张明非）

春　寒　　　　梅尧臣

春昼自阴阴，　云容薄更深。
蝶寒方敛翅，　花冷不开心。
亚树青帘动，　依山片雨临。
未尝辜景物，　多病不能寻。

这是诗人庆历六年(1046)初春写的一首景物诗。当时，从政治形势说，范仲淹革新派的活动正处于低潮，从私人生活说，也是梅尧臣心情比较凄苦的时期。为了挽救宋朝统治的危机，宋仁宗于庆历三年，任用范仲淹、富弼、韩琦等人，实行兴修水利、发展农业、整顿政权机构等项改革，可惜这所谓“庆历新政”，仅仅推行一年左右，就因旧官僚的反对而失败。庆历五年秋后，形势的发展对革新派更加不利，富弼、范仲淹、尹洙等人或罢或贬，欧阳修也遭受诬告，贬为滁州知州。政治上支持革新派，交谊上和欧阳修关系很深的梅尧臣，这时感到形势严峻，曾寄诗提醒欧阳修，“慎勿思北来，我言非狂痴”。(《寄滁州欧阳永叔》)在个人生活上，梅尧臣的妻子谢氏死后不久，次子又一病而逝。这丧偶失子的悲痛，一年多来一直摧折着诗人的柔肠。这年年初,他吟诗曾有"东风固无迹,何处见春归"(《感春之际以病止酒……》)之句。孤独的诗人领略不到周围的温暖和大地的春回。《春寒》诗大致就是在这种背景下写出的。

诗是写初春的景物和感受,反映了作者凄冷的情怀。首联由正面入题。晨起本望能看到风和日丽的春色,不料又是一个阴沉沉的天气,薄薄的云层变得越来越浓了。"自",有本来、自来的意思,表明今年春阴久已见惯,已非一日。"薄更深"写云层变厚,以显示寒意愈深。开首擒题,概括写春寒。

中间两联,通过具体物象来表现"春寒"。"蝶寒"两句是说:蝴蝶因寒气袭来,收起双翅,不能飞舞;花卉因气候凛冽,蓓蕾萎缩,无力舒展。这是借春天最有代表性的蝶和花,来写天气之寒。"亚树青帘动"是写风,亚同压,压挂在树枝的酒旗,随风翻转,足见风力之猛;"依山片雨临"是写雨,依傍山丘的阴云,霎时送来了阵雨,说明雨势之急,四句从不同角度形容春寒。这一派峭寒,推迟了春光的脚步,窒息了大地的生机,使天宇充塞着寥落凄冷的气氛,这就把春寒真切地刻画下来。

蝶和花是人间美好的物象、春光的标记,它们为寒气摧抑,而不能及时给人间送来春的喜悦和温存,是令人遗憾的。"蝶寒方敛翅,花冷不开心",运思精巧细腻,体现出诗人细致的观察和敏锐的感受。诗人对自然界微妙物象的真切揭示,常常会诱发人们对生活中更多事物的合理联想:由于周围的环境没有提供必要的条件和气氛,而使新生事物的双翅和蓓蕾得不到人们所期望的舒展和开放,在社会政治生活中,不也是常见的现象吗?更何况再有冷风山雨的袭击呢!所以纪昀说:"三四托意深微,妙无痕迹,真诗人之笔。"

尾联写作者的态度以作收束,是说:我从来不曾辜负春光的良辰美景,可是这回却因多病体弱,不能外出寻春了。其实,多病恐怕是托辞,倒是春寒和风雨败了诗人的游兴,使他只好怏怏然杜门不出了。梅尧臣写诗,主张"愤世嫉邪意,寄在草木虫"(《宛陵文集》卷二十七)。他的诗多有托物寄意之笔,本篇虽只就"春寒"着墨,读者不难从中领略到诗人对当年社会政治气氛的感受和反映。

(刘乃昌)

戊子三月二十一日殇小女称称三首(其一、其二)　梅尧臣

生汝父母喜，　死汝父母伤。
我行岂有亏，　汝命何不长!
鸦雏春满窠，　蜂子夏满房。

毒螫与恶噪，　所生遂飞扬。
理固不可诘，　泣泪向苍苍！

蓓蕾树上花，　莹洁昔婴女。
春风不长久，　吹落便归土。
娇爱命亦然，　苍天不知苦。
慈母眼中血，　未干同两乳。

这是诗人伤悼其幼女称称的诗。戊子为宋仁宗庆历八年(1048)，诗人四十七岁，在京城汴京(今河南开封)任国子博士。未成年而死叫“殇”。据诗人《小女称称砖铭》，称称生于庆历七年十月七日，于次年三月二十一日夭亡，还不足半周岁。就在称称死去的当天，诗人在极度悲痛中，写了此诗。原诗共三首，上面所录为前两首。

这两首诗都是写对称称夭亡的悲痛之情，但它们又各有重点。第一首写称称不当死而死，使作者伤心不平。

子女夭亡是对父母的最猛烈的打击，遇到这种不幸的事件，当父母的，总会对着孩子的遗体，一边痛哭，一边呼唤，一边诉说。诗的开头四句就是作者流着眼泪对死去的称称讲的伤心话。当孩子呱呱坠地以后，做父母的是非常喜欢的。称称出生时，作者就特别写了一首《宋中道快我生女》的诗，诗中说“慰情何必男，兹语当自戒”，表示了自己的喜悦心情。然而这种得女的欢喜，正加重了失女的悲伤；生时之喜越甚，死时之悲愈烈愈深。开头两句生死对举，可以使人感到距离是这样近，生之欣喜好似就在昨天，不到半年，这欣喜就变成了悲伤。所以下文接着就写称称生命的极其短暂。过去有一种迷信说法：如果一个人做了亏心的事，他就要受到“报应”，他自己或者他的子女就要遭到灾祸。“我行岂有亏”，这是用反问表示否定，也就是说，自己并没有做什么亏心的事，可是称称为什么却不幸夭亡了呢？“何不长”是用反问加重表示悲痛。当然，诗中这样说，并不表示作者相信这种迷信说法，这只不过是作者极度悲怆的一种表现。这里连用两个反问句，语气极强。这四句接连用了三个“汝”字，不假雕饰，好似脱口而出，正是含着眼泪呼唤死去的女儿的口吻。

然而称称究竟为什么会死去的呢？人们在亲人逝去时，必定自然要想到这个问题。称称死时还在襁褓之中，“其喜也笑，不知其乐；其怒也啼，不知其悲；动舌而未能言，无口过；动股而未能行，无蹈危；饮乳无犯食之禁；爱恶无有情之系：

若是则得天真与保和”(《小女称称砖铭》),也就是说,无论在生活饮食或人事方面,都找不到任何原因。想来想去,作者后来只好想到环境方面了。诗中说:称称在时,春天,屋旁树上的乌鸦孵出小鸦,雏鸦成天乱叫;夏天,蜂窠里挤满了小蜂,它们常来螫伤称称。正是由于雏鸦的恶噪和小蜂的毒螫,使得称称飞走了。古时迷信,有鸦噪不吉利的说法,如《格物论》云:“老鸦鸣则有凶咎。”庆历八年闰正月,三月二十一日已入夏天,所以诗中说到夏日之蜂。不说“死亡”而说“飞扬”,一方面固然为了避免同第二句的“死”重复,同时也反映了作者这里因为回忆起称称生时情景,因而觉得她仿佛并没有死的心理状态。这四句写的都是称称生前极细微的情节,表明在称称生前,就是在这些极细微的方面,作者也在为她操心,关心着她的成长;而且,只有对死者爱得极深,才会极力去寻究其死因。作者爱女之深,于此可见。

人们在悲伤欲绝之时,往往会失去理智,常常会把一些无关紧要甚至毫不相干的因素当作重要的东西,等到稍稍冷静下来,自己也会感到并非如此。此诗作者也是这样,后来冷静一想,也觉得“毒螫与恶噪”,很难成为称称的死因。她究竟为什么会死,终究找不到答案。“理固不可诘”是说称称之死是没有理由的,也就是说她是不该死的。正因为她不该死而竟死,所以作者痛哭流泪,质问苍天。

第二首写称称的天真可爱,她的死给父母带来无尽的悲伤。开头四句写花蕾被风吹落,比喻称称之死。“蓓蕾”是含苞待放的花。它莹洁可爱,就像作者从前的小女儿一样。它充满生机,正待绽开,可是春光易逝,春风并不长久,转眼之间,它就被夏日的狂风吹落地上,化作泥土。称称死于初夏,“春风不长久”点出死时。这几句,句句写花,而又句句关合着人,关合着称称,所以五六两句即点明此意。“娇爱”即指作者可爱的小女儿,她“丰然晰然,其目瞭然,耳鼻眉口手足备好”(《水女称称砖铭》),长得白白胖胖,眼睛是那样明亮,耳鼻眉口是那样端庄,小胳膊小腿是那样健美,可是她却夭亡在襁褓之中,她的命运岂不就像枝头被吹落的花蕾一样不幸!高高在上的苍天啊,你为什么这样冷酷无情,你难道就不知道人世间有失子之痛,死别之悲,竟然要夺去她的幼小的生命!“苍天不知苦”是说如果苍天有情的话,它就绝不会让称称死去的,而她竟然死去,可见老天爷不知道人间有这样的悲苦。人们在悲伤至极的时候,往往呼天唤地,这句正写出了这样的心情。结末两句写得更加伤心惨目。慈母是最疼爱自己的儿女的,儿女死去,母亲最伤心。称称的母亲也是先之以泪,继之以血;乳汁是哺育称称的,而今乳汁未干,而爱女已逝,乳汁与血泪交流,不知何时才能流尽?庆历四年作者哀悼前妻谢氏和次子十十的《书哀》“两眼虽未枯，片心将欲死”，诗意与此相近。乳汁有枯干之时，父母有生之日，失女之痛却永无穷尽之期！

这两首诗用朴素的语言，把伤悼女儿之情写得非常真切沉痛，可以说是作者用自己的血泪写成的。近人陈衍云：“（第一首）落想迥不犹人。（第二首）末十字，苦情写得出。”（《宋诗精华录》）评论极为中肯。　（王思宇）

岸　贫[1]　　梅尧臣

无能事耕获，[2]　亦不有鸡豚。
烧蚌晒槎沫，[3]　织蓑依树根。
野芦编作室，　青蔓与为门。
稚子将荷叶，　还充犊鼻裈。

〔注〕 ① 岸贫：住在河岸边的贫民。 ② 无能：不能。 ③ 槎沫：水上漂浮的零枝断梗。

这首五律，描绘的是居住在河岸边上贫苦人家的生活情况。全诗纯用淡墨，朴素无华。真实地反映了北宋时期豪富兼并土地，导致许多农民陷入无地、无房、无食、无衣赤贫状态的社会现实。

开头两句：“无能事耕获，亦不有鸡豚”，即写这些贫户。他们失去田地，所以不能从事农业生产。他们住在河岸边，屋旁少有空地，所以也无法饲养鸡豚。第三、四两句：“烧蚌晒槎沫，织蓑依树根。”写贫户没有烧的燃料，没有吃的食粮。他们捡来河边的蚌蛤，权当粮吃；晒着从水上漂来的断梗枯枝，权当烧蚌蛤的燃料。他们依傍着树根编织蓑衣，挣点些微的收入，生活异常贫困。第五、六两句：“野芦编作室，青蔓与为门。”写他们并没有住屋，只靠野芦编成的苫席，做个简陋的住处。这住所也没有门扇，只在门框上缠着些藤蔓，便算抵个柴门。芦苇是野生的，藤蔓也无须用钱买，号称住处，这和巢居穴处没有多少差异。结尾两句：“稚子将荷叶，还充犊鼻裈。”犊鼻裈，短裤，或谓围裙，因形如犊鼻，故名。最早见于《史记·司马相如传》：“相如身自著犊鼻裈，与保庸杂作，涤器于市中。”这里是说贫家的孩子穿不上衣服，权拿荷叶把身上围起来。孩子穿着如此，成人的衣着，无须多说，自然是破烂不堪。全诗八句，把河岸边上贫户的生活景况，尽情描绘出来，不加评论，而满含感情。

诗作于仁宗庆历八年（1048），仁宗在位后期，西、北二方均有边患，朝廷每年要供给契丹、西夏以大量的绢币，官府机构庞大臃肿，宫廷费用开支浩大，赋税有增无已，土地兼并的情况也越来越严重。导致大批农民破败流徙，成为赤贫。这首诗反映出诗人对社会现实的关心，对贫民疾苦的同情。（马祖熙）

村 豪 梅尧臣

日击收田鼓，① 时称大有年。②
烂倾新酿酒， 包载下江船。
女髻银钗满， 童袍毳㲲鲜。③
里胥休借问， 不信有官权。

〔注〕 ① 收田鼓：秋收时土豪打鼓催唤佃农劳动。 ② 大有年：丰年。 ③ 毳(cuì)：细软的皮毛。㲲(dié)：丝布。

这是一首揭露乡村中土豪的诗篇。农民辛勤劳动了一年，果实全被地主村豪掠夺去了。这些土豪在地方上势力很大，连官府也干涉不了他们。他们不是官，但势倾官府，是农村中的恶势力。

诗的开头两句："日击收田鼓，时称大有年。"写秋收日程已到，村豪们每天敲击收田之鼓，召集佃农们为他们收割，他们督催别人辛苦劳动，让人家头顶烈日，脚踩污泥，汗水滴在田地里，自己只在一旁监收。他们占有绝大部分的土地，剥夺别人的劳动果实。除了打鼓催唤佃农刈禾之外，还不时在啧啧称道说："今年是大有的丰年。"他们沾沾自喜，恬不知耻，自居田地的主人，连佃农们最低度的穷苦生活，仿佛也全出于他们的恩赐。

三四两句写村豪在夺取佃农劳动成果之后，狂欢享乐，烂倾用粮食新酿的美酒，包载下江运谷的船只，颐指气使。这两句反衬佃农劳苦终年，吃的却是粗粝之食。五六两句，写这些村豪家里，妇人的头上是插满银钗；儿童的衣袍，全用细软的毛皮和丝绸制成；真是锦衣玉食。这两句反衬劳动者却衣不蔽体，女无裙裤，孩子们在秋天，也全无衣着。一旦天寒，只有忍饥受冻。

结尾两句："里胥休借问，不信有官权。"揭露村豪确实是一股顽固的势力。不仅乡村的小吏不敢过问他们，更教人难以置信的是：他们权势熏天，终年鱼肉人民，毫无顾忌，就是地方官，竟也奈何他们不得。这"不信有官权"一句，写得极为沉痛，逼近老杜。

全诗所述，都是实况。作者同情人民，疾恶豪霸，在做地方官的时候，对农村现实，有深切的了解。他对贫富不均、苦乐悬殊这一社会现实，则是深恶痛绝的。这首五律正是在这样的心情下写的。（马祖熙）

晚　云　　梅尧臣

黮黮日脚云，[1]　断续如破滩。
忽舒金翠尾，　始识秦女鸾。
又改为连牛，　缀燧怀齐单。
伺黑密不嚣，　额额城未剜。[2]
风吹了无物，　犹立船头看。

〔注〕 ① 黮(dǎn)黮：黑貌。 ② 剜(wān)：挖。

这是诗人庆历八年(1048)作的一首写景诗。它全力描绘傍晚云霞的变幻多姿，色彩鲜明，比喻奇妙，使人耳目一新。一般地说，写动景比写静景为难，尤其把握客观景物中瞬息变幻的形态，需得手疾眼快，挥笔迅扫。本篇作者正是"振笔直遂，以追其所见"(苏轼《筼筜谷偃竹记》)，从而把稍纵即逝的晚云奇景捕捉刻绘下来的。

开端二句，写所见晚云的最初形态，并顺手点题。黮，人们惯用以形容乌云，如曹丕《愁霖赋》："玄云黮其四塞"。"日脚"本指透过云层下射的日光，"日脚云"，指夕阳照射下的低空云层，这句点明描写对象。乌云在晚风中舒卷离合，集散不定，犹如支离割裂的河滩，尚未连成一片，故曰"断续如破滩"。

中间六句写晚云变幻所构成的奇异景色。由于云层浮动和日光照射，天边晚云出现了五颜六色、绚烂多姿的形象：忽而展开了金黄的翠尾，慢慢才看清，那里仿佛是仙女弄玉引来的一群凤凰。随后又变成了身披五彩织锦的牛群，牛尾上还捆着光焰四射的火把，这许是齐人田单指挥的火牛阵吧？一会儿又成了阒寂无声的步兵阵，大约暗中包围了敌寨，正等待着夜深发动奇袭，穴城而入……诗中"秦女鸾"指凤凰，是借用秦穆公女弄玉的故事。《列仙传》说：青年萧史教弄玉吹箫，作凤凰声，引来许多凤凰，后来他们双双"随凤飞去"。"连牛"、"缀燧"，指火牛阵，是借用田单的故事。《史记·田单列传》说：齐国田单同燕国打仗，使用千余头耕牛，罩以五彩龙文的缯衣，牛角装上匕首，牛尾捆上火把，点燃火把，牛被烧狂奔，怒而冲向敌阵，结果把燕军打败。"伺黑"两句，是写奇兵围城的情景。额额，形容城高；未剜，穴道尚未挖通。诗人在这里飞驰想象，借助古代故事，采用一系列复杂的比喻，写出晚云的奇妙变幻，手法是新巧的。

收尾两句，是写自己为晚云的奇妙景象所吸引的情形。一阵风吹散了晚云，天边了无一物，自己还一动不动地伫立在船头凝望呢。这既暗示了景物之奇，使目睹者不暇旁顾；又写出了晚云之幻，面前的瑰奇物象倏忽过眼一空。且还补出写景的立足点，点明以上描述的一切，都属自己途中所见，从而增强了真切感。梅尧臣认为好诗要能“意新语工”，“状难写之景如在目前”，本篇正是借助于新奇的比喻和联想，把晚云的难写之景，展现于人们的眼前。 （刘乃昌）

小 村 梅尧臣

淮阔洲多忽有村， 棘篱疏败漫为门。①
寒鸡得食自呼伴， 老叟无衣犹抱孙。
野艇鸟翘唯断缆， 枯桑水啮只危根。
嗟哉生计一如此， 谬入王民版籍论。②

〔注〕 ① 漫：轻易地，这里意为草草地。 ② 王民：臣民。版籍：交租税的户籍。论：看待。

这首诗作于仁宗庆历八年(1048)秋天，诗人把淮河地区惨遭水灾之后人民所忍受的痛苦，通过一个沙洲上的小村所见的情景，作了朴素的描绘。

诗的开头两句：“淮阔洲多忽有村，棘篱疏败漫为门。”写大水泛滥以后，淮壖许多低地，沦为泽国，其高处却出现一些沙洲。作者经过这里，忽然见到沙洲上有个小村。这村中人家，用荆条编成的篱笆，已经稀疏地破败了。篱边草草地留了个门，景象萧条，村上没有一间像样的住屋。第三四两句：“寒鸡得食自呼伴，老叟无衣犹抱孙。”进一步描写村中的情况，寒鸡偶然寻得食物，还在呼唤它的伙伴，诗用“寒”字形容这儿的鸡子，已冷得瑟缩可怜，点明季节已是深秋。村中的老头儿没有裹体的衣服，却抱着孙子，用自己的身子为孙儿取暖。村里家禽很稀少，人也很稀少，诗中没有写丁壮的人，暗示壮年已经流离到外地去谋生了。五六两句：“野艇鸟翘唯断缆，枯桑水啮只危根。”水上飘着一只小船，船头翘起，犹如鸟雀翘着尾巴，船上阒然无人（弃置无人顾，故曰“野艇”），唯余断缆。村上没有树木，枯了的桑树也被水啮走了，只剩下一点残留的根子。以上六句，画出这个小村的凄凉情景。这儿没有完好的房屋，编棘为门；没有多少食物，鸡子寻食也不容易；没有衣着，老的小的，都在禁受寒冷，甚至连船只和桑树也没有。说明残留的居民，生计艰难，家家户户在饥寒中忍受煎熬和痛苦。然而使作者更为痛心的，还不止这些。诗的结尾中写道：“嗟哉生计一如此，谬入王民版籍论。”尽管沙洲村上人家，灾后现状，如此凄惨，他们还是被谬误地编入交租完粮的户籍，作一般的王民看待，受不到应有的抚恤，这是多么可悲的事啊！作者咏叹至此，不再作评论，可见他对这些穷苦灾民，倾注着满眶同情的泪水。

近人陈衍评此诗说:“写贫苦小村,有画所不到者。末句婉而多风。”(《宋诗精华录》)可谓确评。

（马祖熙）

月下怀裴如晦、宋中道　　梅尧臣

九陌无人行，　寒月净如水。
洗然天宇空，　玉井东南起。
我马卧我庭，　帖帖垂颈耳。
霜花满黑鬣，　安欲致千里。
我仆寝我厩，　相背肖两巳。
夜深忽惊魇，　呼若中流矢。
是时兴我怀，　顾影行月底。
唯影与月光，　举止无猜毁。
吾交有裴宋，　心意月影比。
寻常同语默，　肯问世俗子！

皇祐三年(1051),诗人在宣城服父丧期满,又到汴京,为生计奔波:“近因丧已除,偶得存余生。强欲活妻子,勉焉事徂征。”(《依韵和达观禅师赠别》)年届半百的诗人,看来已倦于宦游。这种心情,就隐隐表现在这首月夜怀人之作中。

裴如晦(名煜)和宋中道皆为尧臣好友。同一时期有《贷米于如晦》之作,可知他们过从甚密,有通财之谊。诗人和裴、宋二位的知己之情是十分深厚的。

此诗前四句从月色写起。汉代长安城有八街九陌(见《三辅黄图》),这里借“九陌”指汴京街道。玉井,星座名。这时是夜深人定,月光如水,天宇澄澈,景象很美。对月怀人,诗人常事,此诗亦然。

但别致的是,诗人并不即写怀人,而写月下所见庭中马匹垂首帖耳之态与仆人酣睡之状。

马一般是站立着睡觉的。而“我马卧我庭,帖帖(熨帖貌)垂颈耳”,可见此马非羸即老。“霜花满黑鬣”,或许并不真是鬣毛花白,而只是月光反射所致的错觉。然而它容易使人联想到马的衰老。这马当年或许很神骏,但如今既成伏枥的老骥,即便有千里之志,又何以致之! 睹物思己,能不怆然!

再看仆人,居然就在马厩中睡熟了。他们(应是两个人)“相背”而卧,酷似黻形花纹(据《古文尚书·益稷》伪《孔传》,这种花纹如两个“巳”字相背)。其中有人梦魇惊叫,好像中了冷箭。这里,诗人绝非随意描写,而是有感而发的。梦魇,心境不安定时容易产生。诗以仆人的困顿和马的羸老,间接反映出他们主人的形象,不用说,这位主人也是久经风霜的了。而从这里,就隐隐流露出诗人对仕宦的厌倦感,大有屈原"仆夫悲余马怀兮,蜷局顾而不行"(《离骚》)的意味。其笔法看来自然,却颇费安排。

以上可视为怀思情绪的酝酿。"寒月"、"霜花",使环境更见清冷,诗人更感孤寂。于是兴起了怀人之想:"是时兴我怀,顾影行月底。"以下反复就"月"、"影"生发,显然受到李白《月下独酌》一诗的影响。由于孤寂,诗人就把月和影拉来,凑成"三人"。"唯影与月光,举止无猜毁",言外之意是,茫茫人海,无不尔猜我毁。从而又起怀念友人之情,觉得裴、宋二人与自己情投意合,简直可比月与影。"语默"出自《易经》"君子之道,或默或语"。诗人又想到,平素彼此语默相同,对俗子几乎是不屑一顾的,思念之情于是更切。所以陈衍评云:"未由太白对月意,翻进两层。"(《宋诗精华录》)

初读此诗,像是仅就月下之景、事、情作平直铺叙。细味之,则见写月夜之景色,写仆马之情事,都是为写怀人而作的必要铺垫。这是很有特色的,显然是从《离骚》化来。末段点化唐人诗,善于出新。盖以月、影拟人,固为太白诗原有;然以友人比月、影,则全出尧臣新意。宋诗的善于翻新,于此可见。 (周啸天)

东城送运判马察院 梅尧臣

春风骋巧如剪刀, 先裁杨柳后杏桃。
圆尖作瓣得疏密, 颜色又染燕脂牢。
黄鹂未鸣鸠欲雨, 深园静墅声嗷嗷。
役徒开汴前日放, 亦将决水归河槽。
都人倾望若焦渴, 寒食已近沟已淘。
何当黄流与雨至, 雨深一尺水一篙。
都水御史亦即喜, 日夜顺疾回轻舠。
频年吴楚岁苦旱, 一稔未足生脂膏。
吾愿取之勿求羡, 穷鸟困兽易遁逃。
我今出城勤送子, 沽酒不惜典弊袍。
数途必向睢阳去, 太傅大尹皆英豪。
试乞二公评我说, 万分岂不益一毛。
国给民苏自有暇, 东园乃可资游遨。

这是诗人在汴京(今河南开封)东城送别友人之作。运判马察院,指马遵,字仲涂,饶州乐平(今属江西)人,当时以监察御史为江淮六路发运判官,是诗人的好友。宋张世南《游宦纪闻》云:"龙图(龙图阁学士,马遵后来曾任此职)马公仲涂家藏蔡忠惠(即蔡襄,字君谟,谥忠惠,北宋大书法家)帖,用金花纸十六幅,每幅四字,云:'梅二(按即梅尧臣,字圣俞,排行第二)马五(即马遵)蔡九(即蔡襄)皇祐壬辰(即皇祐四年)仲春寒食前一日会饮于普照院,仲涂和墨,圣俞按纸,君谟挥翰,过南都试呈杜公(即杜衍)、欧阳九(即欧阳修)评之,当属在何等。"所叙时间、人事与此诗相合,知此诗作于皇祐四年(1052)二月,当时梅尧臣在京城汴京监永济仓。

梅尧臣是一位同情劳动人民的诗人。此诗虽写送别,却表现了对人民疾苦的深切关心。

开头四句先写送别的时间。这几句化用唐贺知章《咏柳》名句"不知细叶谁裁出?二月春风似剪刀"诗意,但却又有发展变化。贺诗单写春柳,此诗重点在写杏桃。把春风比作剪刀,说它裁出了柳叶,又裁出杏桃,这是变无情为有情,把没有感情的春风,写成了有情的巧匠,设想新奇而富有诗意。第三句的"圆尖作瓣"承接上句,写杏桃的花瓣,圆瓣指杏,尖瓣指桃。"得疏密"是说它们疏密适中,既不太稀,也不太密。第四句说它们的颜色红若燕脂(同胭脂),艳丽无比,也就是说,春风不但剪其形,而且染其色。春风荡漾,柳绿桃红,景色是如此宜人。这几句语调轻快,写出送别时的愉悦心情。

朋友相别,使人怅恨,此诗为何透出欣喜之情呢?原来这段时期京都地区大旱,据《宋史·仁宗纪》记载,去年(皇祐三年)八月,汴河即已绝流,马遵此时也因此而被困在京城。而到这次送别时,气候已有转机,即将下雨;同时派去引黄河水入汴河的夫役,也已于前日遣发,汴河即将通航,这怎能不令人欢欣呢?此刻就是因为马遵即将回到江南去,所以梅尧臣等人在东城为他送别。此诗第五句至十句就是描写此事。《埤雅》:"鹁鸠,灰色无绣顶,阴则屏逐其匹,晴则呼之。语曰'天将雨,鸠逐妇'是也。""黄鹂"句诗意即本此。黄鹂不鸣,鹁鸠逐妇,都是即将下雨的征兆;"深园静墅声嗷嗷"的"嗷嗷",就是鹁鸠逐妇的嘈杂喧叫声。"开汴"指疏浚汴河河口和汴河上游,以便引黄河水顺畅地注入汴河。这四句是叙事,节奏急促,气氛非常热烈。下面接着写人们的心情:都城的人盼望下雨就像渴极的人盼望水喝一样,寒食前夕,大沟小沟都已疏浚完毕,以便大雨下来时迅速排水。据《宋史·河渠四·京畿沟渠》记载,北宋京都每年春天疏浚沟渠,以防水潦成灾。诗人于皇祐五年所作《淘渠》"开春沟,畎春泥,五步掘一堑,当涂如坏堤”，即专写汴京整修下水道。“何当”这里是“合当”之意，表示肯定语气。“黄流”指引来的黄河水流。宋代设有都水监，管理河道堤防，原来隶属于三司河渠，嘉祐三年(1058)始置专监。作者写此诗时，都水尚无专官。诗中的都水御史即指马遵。舠是小船，形如刀。“雨深一尺”，可以解除旱象；水深一篙，则汴河可以通航。友人马遵即可乘着轻舟，顺流直下，日夜兼程，回到江南的任所去。“亦即喜”的“亦”字，表明欢喜的不仅是马遵，还包括京都和吴楚地区苦于旱灾的人民，自然也包括作者在内。“回轻舠”点出题中的“送”字，“轻”字不仅同上文“水一篙”关合，而且还写出了行者的欢悦心情，因为只有水深流急，舟行迅疾，舟才显得轻；只有人心情愉快，才会更加感到小舟的轻。这几句如急流行舟，节奏非常轻快，写出了送行者和行者的愉快心情。

马遵是转运判官，他这次回任所的任务，就是要协助转运使收缴吴楚财赋，由汴河运进京师。此诗第三大段，即由此着笔，写诗人对友人的希望。因为吴楚频受苦旱，连年歉收，即使这回下一场透雨，庄稼得到一次较好收成，老百姓仍然缓不过气来，所以诗人希望友人在收缴赋税时，不要额外多收，如果加重剥削，老百姓无法生活下去，他们就会像无食之鸟、被困之兽一样，被迫逃亡。唐代刺史、节度将正税常额之外加收的赋税贡献朝廷，称为“羡余”。“频年苦旱”而仅“一稔”，老百姓身上自然没有什么油水，所谓“勿求羡”不过是不要大肆搜刮的委婉说法。当时江淮两浙荆湖发运使许元以聚敛刻薄为能，希图得到迅速提升，所以诗中特别以此嘱咐友人，作为此次的临别赠言，要他对上司许元加以规劝，实际上是讲给许元听的。据《宣城县志》记载，马遵为官清廉，他任宣州(治所在今安徽宣城)知州离去时，郡僚军民争欲挽留。最后八句又将此意加以申说。出城相送，不惜典袍沽酒，可见对友人情意深重。而计算行程，友人此去必定经过睢阳，杜衍、欧阳修正在那里，所以作者要友人将他上面讲的话请他们两人评一评，看看是否于天下的人不无少补。睢阳即今河南商丘，秦代曾于此置睢阳县，宋时称南京应天府。太傅指杜衍，当时以太子太傅退居南京。大尹指欧阳修，当时任应天府知府兼南京留守事，汉唐时京师地区行政长官称尹，诗中即沿此例尊称其为“大尹”。他是尧臣的至友，曾为其《宛陵先生诗集》作序，对梅诗极为赞赏。“万分岂不益一毛”是反用《孟子·尽心上》“杨子(指杨朱)取为我，拔一毛而利天下，不为也”语意，是说如果按照自己的意见去做，于国家人民多少有点好处。诗中说请杜衍、欧阳修评说，是有深意的：他们二人都是朝廷的重臣，杜衍曾为宰相，为人刚正廉明；欧阳修曾为知制诰，能关心人民的疾苦。他们肯定会赞同诗人的意见，如果转告许元，许元对他们的意见不能不加以认真考虑。结末两句仍承此意，以“国给民苏”相期许。“国给”和“民苏”是互为因果的：只有国家强盛富足，人民才能得到苏生；只有人民温饱，有力耕作，国家才能富足。只有国家富足，人民安居乐业，地方上没有事端，做地方官的许元和友人马遵，才有闲暇逸致，得以在东园尽情遨游。“东园”在真州(治所在今江苏仪征)，许元所筑，尧臣有《真州东园》诗。欧阳修有《真州东园记》，详记修园始末和马遵同发运使施昌言、许元园中游憩事，中有“使上下给足，而东南六路之人无辛苦愁怨之声，然后休其余闲”语，与此诗之意相同。诗以东园作结，既能唤起友人的美好回忆，又从正面作了奖劝，表达了对友人的殷切期望之情。

此诗通篇都以国计民生为意，而将朋友深情，融贯其中，一韵到底，情调轻快，在送别诗中，可算是别具一格。

(王思宇)

晨起裴、吴二直讲过门云，凤阁韩舍人物故，作五章以哭之(其一、其二)

梅尧臣

平生交友泪，　又哭寝门前，
鲁叟不言命，　楚人空问天。
月沉沧海底，　星陨太微边，
莫恨终埋没，　文章自可传。

使虏尝专对，　江湖谪几年，
始看还近侍，　遽此隔黄泉。
沃酒酒空满，　托词词谩传，
视予犹手足，　莫怪独潸然。

这组诗作于宋仁宗皇祐四年(1052)，时尧臣五十一岁。一日晨起，惊闻裴、吴二位直讲过门告知友人韩综去世噩耗，心情极为沉痛，当即连作诗五章以哭之，抒发了暮年失去旧友的深切悲痛，表现了作者对友人韩综的深情赞叹和深沉悼念。全诗笼罩着浓重的哀婉悲怆的气氛。

诗题是“哭”，诗一起便以哭发端：“平生交友泪，又哭寝门前。”两句诗犹如一阵悲风骤起，创造出强烈的艺术氛围。表达了对友人逝世的深哀巨恸，同时点出二人平生有着深厚的交谊。“哭寝门”，见于《礼记·檀弓》：“师吾哭诸寝，朋友吾哭诸寝门之外。”交代了作者与逝者的朋友关系。颔联紧承首联点明“哭”的原因，但作者没有使用直接表达“死”的字眼，而是别出心裁地运实入虚借用了典故，说："鲁叟不言命，楚人空问天。""鲁叟"、"楚人"分别指孔子和屈原。"言命"指《论语》所载孔子"罕言利与命与仁"之语；"问天"指屈原著的《天问》。"不言命"、"空问天"不仅暗寓亡故之意，而且明显透露出作者的痛惜怅惘之情。用典自然贴切，含蕴极为丰富。"月沉沧海底，星陨太微边。"是用比兴手法进一步抒发对逝者的高度赞美，将友人喻为皎洁的明月、璀璨的星辰，言其逝世犹如月沉沧海、星落长天，意境高远，含意深邃，既烘托出友人崇高鲜明的形象，又流露出作者的无限惋惜和怀念之情。诗至于此，已将伤悼悲苦之情摹写得极为真切，然作者意犹未尽，又说："莫恨终埋没，文章自可传。"既是对死者文才的推崇，又是以人虽离世而文章终能传世告慰死者，同时也以此自慰。此诗一联一转，愈转愈悲，情韵绵绵，有强烈的感染力。

其二紧承上首由对友人才华的赞美转入对其政治才能和生平遭际的回忆。"使虏尝专对，江湖谪几年。"事见《宋史·韩综传》："使契丹，契丹主问其家世，综言(父)亿在先朝尝持礼来。契丹主喜曰：'与中国通好久，父子俱使我，宜酌我酒。'综率同使者五人起为寿，契丹主亦离席酬之，欢甚。既还，陈执中以为生事，出知滑州，徙许州。"这两句诗上句写其出使应对能随机行事，下句言其不能因功受赏反无辜遭贬，迁谪江湖，对照极为鲜明，不仅概括了韩综宦海沉浮的不幸遭遇，而且寄托了作者的深刻不平和同情。继愤激之情而来的是更深一层的丧友之痛。作者进而追忆往昔彼此形迹相亲的深厚友谊，感念今日永隔黄泉的生离死别，不由思绪万千，哀思难禁。"始看还近侍，遽此隔黄泉。"虽无一字言情，而无限低回，情见乎辞，令人不忍卒读。"沃酒酒空满，托词词谩传"一联紧承"黄泉"而来，想象死者有酒不能饮、有口不能言的情景，摹写真切，悲怆之气溢于言表。结末写作者念及自己与死者生前情同手足，不禁悲从中来，不能自已，潸然泪下，在沉重的嗟叹中收束全诗。上篇以哭悼发端，此首以"潸然"作结，互相呼应，布局严谨。

此诗以朴素凝重的语言直抒胸臆，既不妆点景物，又不雕饰藻绘，只以一片从肺腑中流出的真情，表达出对友人真诚的敬慕和哀悼，却有很强的感人力量。

（张明非）

东　溪　　梅尧臣

行到东溪看水时，　坐临孤屿发船迟。
野凫眠岸有闲意，　老树着花无丑枝。
短短蒲茸齐似剪，　平平沙石净于筛。

情虽不厌住不得，　　薄暮归来车马疲。

东溪，即宛溪，在尧臣故乡宣城县。此溪源出宣城东南峄山，至城东北与句溪合。宛、句两水，合称“双溪”，即李白诗“两水夹明镜”之两水。

这是写景诗，写得“意新语工”。

第一句，写行到之地（东溪）与到此之由（看水），而“闲意”已暗含于中，因为只是为了“看水”而“行到”，自是爱闲而不是车马征逐，奔走钻营。第二句写面对之景（孤屿）与留连之情（发船迟），而山水之美，使人爱之不厌，亦自见于言外。平平写来，毫不费力，而十四字中概括如许之多，确是“平淡”而有功力的（《临汉隐居诗话》）。当然，这还只是开端，精彩的还在下面。

三、四两句，写“看水”时所见岸旁之景。元代方回赞为“当世名句”（《瀛奎律髓》）；清代纪昀赞为“名下无虚”（《瀛奎律髓评》）；陈衍也说“的是名句”（《宋诗精华录》）。它妙在哪里呢？宋代胡仔说：“似此等句，须细味之，方见其用意。”（《苕溪渔隐丛话》）

先就第三句说：杜甫《漫兴》中有“沙上凫雏傍母眠”，此句取景与杜相同。这说明：作者写水乡春色，抓住了最有特征的东西；更重要的是由此景象中细绎出“有闲意”来。“凫眠”是人所共见的，而“闲意”则由作者的想象与感觉来。作者看到“野凫眠岸”，想象它的自由自在，感觉它“有闲意”，其实正是作者自己“爱闲”、“羡闲”。当时人傅霖诗曰：“忍把浮名卖却闲。”热衷名利之徒是不会“爱闲”、“羡闲”的。这是要从当时社会环境来看的。当然，说“闲”也并非真的遗弃世事，更不是不劳而食。那些热衷名利的“车马客”才真是不劳而食的人；而“浮云富贵”，不事奔竞的人，往往正是最关心世事的。

第四句写岸旁老树，春深着花。此亦乡村常见之景。但“老”与“丑”往往相连，说它“无丑枝”，是作者的新意。这样写，不仅使这一平常村野增添几分春色，更重要的是反映了作者心情。欧阳修说梅尧臣“文词愈清新，心意难老大，有如妖娆女，老自有余态”（《水谷夜行》）。“老树着花无丑枝”不正是“老自有余态”吗？不正是作者“心意难老大”的自我写照吗？

这两句合起来看，那就是写出了一个清淡平远而又生意盎然的自然景象，又写出了一个恬静自得而又老当益壮的人物心情。每句前四字写景，后三字写意，边写边议，有景有意，而意又饱和在情中，使景、情、意融为一体。从而既写出深层的含义，而又保持鲜明、生动的形象，它成为“名句”，其妙处是可以说清的。

三、四句写水旁岸上；五、六句则写水中洲渚。梅尧臣《游隐静山》有“溅溅涧水浅，苒苒菖蒲稠。菖蒲花已晚，菖蒲茸尚柔。”《会胜院沃州亭》中又有“前溪夹洲后溪阔”。是东溪中有洲渚(即第二句所云“孤屿”。谢灵运有《江中孤屿》诗)，而蒲茸为宣城山水间常有之植物。加上“浅浅”与“齐似剪”，形象尤为鲜明。“山净江空水见沙”，韩愈曾经这样写过。但韩写的是江是急流；梅尧臣在句中加上“平平”和“净于筛”，则表现溪水的清澈而又平静，更具有江南特征。这两句只写景，而春意之融和、游人之喜悦，自在言外。

结以“情虽不厌”，总括了中间四句，并回应了第二句的“发船迟”。“情虽不厌”，但事实上又不可能在这个野溪边住下；尽管如此，仍然直到“薄暮”才“归来”。这和王安石“爱此江边好，流连至日斜”(《小舫》)，用意相同。至于归到城中之后，就免不了车马驰逐，没有东溪那种闲逸之趣了。两句中有四层转折，在多次转折中，写出最深层的含义，此是韩、柳“古文”的长技，以梅尧臣为“开山祖师”的宋诗的“以文为诗”，主要就表现在这等地方。它的长处，在于“尽意”；但言之太尽，形象性不免有所减弱，此诗末两句即过于质木。

这首诗有新意，有名句，有“道前人所未道”之处，至于通篇结构严密，层次繁多，对诗歌语言的发展，很有作用。其中一些长短得失，也可供人们比较研究。

(吴孟复)

梅 雨

梅尧臣

三日雨不止，　蚯蚓上我堂。
湿菌生枯篱，　润气醭素裳。
东池虾蟆儿，　无限相跳梁。
野草侵花圃，　忽与栏干长。
门前无车马，　苔色何苍苍。
屋后昭亭山，　又被云蔽藏。
四向不可往，　静坐唯一床。
寂然忘外虑，　微诵黄庭章。①
妻子笑我闲，　曷不自举觞？
已胜伯伦妇，　一醉犹在傍。

〔注〕 ① 黄庭章：指《黄庭经》，主要讲道家养生修炼之道。

宋仁宗至和二年(1055)诗人丁母忧居宣城。这年五月，宣城连日大雨，山水大发，因作诗以纪其事，《梅雨》是其中的一篇。它生动地描写了梅雨景象，表现了作者闲适恬淡的情绪。

此诗写雨中小景，内容未见沉厚，情理也无多可取，但由于作者善于从常见景象中捕捉富有诗意的感受，并且以清疏简淡之笔描摹景物，同时以景融情，所以能度越常情，将通常使人不欢的梅雨景象描绘得清新可喜，生动传神。

"三日雨不止，蚯蚓上我堂。湿菌生枯篱，润气醭素裳。"诗一起即遇景成咏。作者宛如写生一般，纯从眼前景象着笔，通过蚯蚓上堂、枯篱生菌、空气湿润、素裳长霉等情景，绘出一幅显示出梅雨天气特征的形象图画。接着便放眼庭院，只见东池里的虾蟆儿活泼地跳来跳去；花圃里长出了许多野草，竟与栏杆一般齐。蛙鸣与雨声织成一片，不仅将人们带进梅雨季节之中，而且蛙鸣雨声更衬托出环境的幽静。这一段描写有声有色，动静相映成趣，其中"侵"字、"忽"字尤为传神，既写出野草经过雨水浸润茁壮生长的一派生机，也透露出久雨之后作者乍见此情此景时的惊讶神态。"门前无车马，苔色何苍苍。屋后昭亭山，又被云蔽藏。"这四句写作者从院中踱出门外所见。门前无车马停留，说明因梅雨而宾客罕至；也正因为无车马之迹，门前经雨水滋润的青苔才显得格外苍翠。远眺屋后，平时在阳光照耀下清晰可辨的昭亭山，此时却云遮雾蔽，朦胧不清。这几句诗宛若一幅浓淡相间、疏密有致的水墨画，清新淡雅，生意盎然。

以上文字纯乎写景，然而正如王国维《人间词话》所说："一切景语皆情语也。"作者笔下的梅雨景象是真实而且具体可感的，但又不是对客观事物的简单摹拟，而是作者"以我观物，物皆著我色彩"（同上）的产物，是染上了作者主观感情色彩的鲜明图画。正是由于作者怀着自甘淡泊、安恬闲适的心情，所以当他置身于这样一个清幽僻静得几乎与尘世隔绝的世界，才不仅没有孤寂冷落之感，相反还从中领略到极大的兴味。作者笔下呈现出一派蓬勃生趣，正是作者融情入景的缘故，只不过写得含蓄不露，耐人寻味罢了。此外，以上描写，虽都是寻常之景，但经过作者巧妙的剪裁安排，便自然而不散漫，工巧而无雕镂之迹，显示出作者于平淡中见精彩的艺术造诣。

"四向不可往"以下直抒胸臆，写作者面对梅雨静坐家中寂然无虑的闲适自得。其中借晋人刘伶故事写妻子劝饮一节，尤为诙谐可喜。刘伶，字伯伦，竹林七贤之一，蔑视礼法，纵酒放任。《晋书》本传载："尝渴甚，求酒于其妻。妻捐酒毁器，涕泣谏曰：'君酒太过，非摄生之道，必宜断之。'伶曰：'善！吾不能自禁，惟当祝鬼神自誓耳。便可具酒肉。'妻从之。伶跪祝曰：'天生刘伶，以酒为名。一饮一斛，五斗解酲。妇人之言，慎不可听。'仍引酒御肉，隗然复醉。"作者用此典故，一则与刘伶妻相比写妻子劝饮之举；更主要的是借刘伶以自况，表现自己摆脱尘俗、超然物外的高情。

仁宗康定元年(1040)作者在知襄城县事任上也曾经历过一次大水,情景与此次宣城大水相似。当时作者亲见人民遭受灾祸却又无计可施,不觉忧心如焚,作《大水后城中坏庐舍千余作诗自咎》,与这首《梅雨》诗所表现的情绪相比判若两人,它反映出作者由于晚年生活的安定,对人民的疾苦不怎么关怀了,梅尧臣后期作品不如前期,此为原因之一。(张明非)

梦后寄欧阳永叔　　梅尧臣

不趁常参久,　　安眠向旧溪。
五更千里梦,　　残月一城鸡。
适往言犹在,　　浮生理可齐。
山、王今已贵,　　肯听竹禽啼。

此诗作于至和二年(1055)。是年,梅尧臣五十四岁,在宣城居丧。首两句"不趁常参久,安眠向旧溪",讲的就是这个事实。唐宋制度:在皇帝正朝日,在大殿朝见,称为"常参",参与这种朝见的,称为常参官。梅居丧前,官为太常博士,得与常参。从皇祐五年(1052)居母丧,其冬扶柩归里,至此将近三年,故云"不趁常参久"。"旧溪"即故乡,宣城有东、西二溪,已见《东溪》篇中。此诗为梦后所作,故开头点出"安眠"。接下去,"五更千里梦,残月一城鸡"两句,转入"梦后"情景。

这首诗之所以见称于人,主要就在这三四两句,特别是第四句,确是"写景如画",并"含不尽之意"。一些文学史就以它作为梅尧臣"状难写之景,含不尽之意"的范例。

梅尧臣提出这一名论时,他以"鸡声茅店月,人迹板桥霜"为例,认为"道路辛苦、羁旅愁思,岂不见于言外"?梅尧臣这时"安眠向旧溪",自然没有"道路辛苦、羁旅愁思";然而,他在梦中走过"千里"(当然是走到京中,见到欧阳修,否则就不必写诗告之了),"五更"时醒来,看到的是屋梁"残月",听到是满城鸡啼。这种眼前光景与梦境联系起来,就有了说不尽之意。"意"在哪里呢?

杜甫《梦李白》中写到梦后时说:"落月满屋梁,犹疑照颜色。"那是把要说的"意"说了出来(当然也还含有未尽之意)。这里"残月"二字实际上概括了杜甫那十个字,这里的"一城鸡"与茅店的鸡声当然不一样,因为那是催人上道,而这里却还在"安眠"之中。但"残月"虽在,而不见故人"颜色",耳边唯有"一城鸡"声,则离情别绪自然涌上心头。不特如此，“鸡唱”还是催人上朝的信号。《周礼·春官·鸡人》即利用鸡的“夜呼旦，以叫百官”，王维诗也说：“绛帻鸡人报晓筹。”梅尧臣“不趁常参久”，在梦回闻鸡时，自然又会想到“汉殿传声”（《春渚纪闻》语）。这是不是穿凿了呢？不是，因为只有这样理解，首句才有着落。所以，这一句不仅写出在“安眠向旧溪”时的梦醒情景，而且寄托着去国（离开京城）、思友之深“意”。

第五句的“往”，自指梦中的魂“往”到京城与欧相见，是承“千里梦”而来的。“言犹在”是梦后记忆。杜甫的梦李白，写梦李白来；此诗则写自己“往”；杜甫对梦中情景描写较多；而此则仅以“言犹在”三字概括过。这是因为两诗所要表现的重点不同，详略自异。梦中“言犹在”耳，顷刻间却只剩下“残月”、鸡声，这自然使人想到“人生如梦”。因之而觉得得失“可齐”之“理”。这就是第六句“浮生理可齐”的含意。讲到“人生如梦”，有人斥为消极，但这只是一方面；从身在官场者说，看轻富贵功名之得失，才能保持廉洁、操守，因而还是未可厚非的。

结尾说“山、王今已贵”，是用山涛、王戎来比欧阳修。欧时已官为翰林学士，故云。“竹禽”，梅在《夹竹花图》诗中说：“花留蛱蝶竹有禽，三月江南看不足。”可见竹禽是江南之物。我觉得梅是用以自比的。山涛、王戎与阮籍、嵇康原皆隐居，称为“竹林七贤”。“肯听竹禽啼？”是问他是否还有山林之兴；言外之意，则是希望他保荐自己。因为山涛曾荐过嵇康。

山涛保荐嵇康，而嵇康却写了《与山巨源绝交书》；梅尧臣却希望欧阳修保荐自己，这是不是太庸俗了呢？这样讲，是不是贬低了梅呢？当知时代、事情不同，不能一概而论。嵇康“绝交”，这里不去谈它；至于梅本不是山林隐士，而宋朝制度，官吏考绩又要看保荐者多少。而且，梅在诗中先说“不趁常参久”，再说到“梦后”的满“城鸡”声，又说到自己对官场得失并不十分介意，然后再微示求助之意，正是老老实实说话。既不是遗世脱俗，也不是汲汲富贵，这样反见梅的品格。再说，这年八月，梅尧臣服阕入京；第二年（嘉祐元年）便由欧与赵概的联名奏荐，而得官国子监直讲。

论人必须顾及“全人”，讲诗也必须顾及全诗。寻章摘句，再加抑扬，反失真实。

（吴孟复）

送门人欧阳秀才游江西　　梅尧臣

客心如萌芽，　　忽与春风动。

又随落花飞，　去作西江梦。
我家无梧桐，　安可久留凤。
凤巢在桂林，　乌哺不得共。
无忘桂枝荣，　举酒一相送。

这是一首送别诗，作于嘉祐四年(1059)，作者五十八岁，在汴京(今河南开封)任国子监直讲，奉命编修《唐书》。欧阳秀才名辟，字晦夫，桂州灵川(今属广西)人，据苏轼跋此诗语，他此时二十五岁(见《东坡题跋》)，曾和弟简从梅尧臣学诗。"秀才"本指才能优异的人，汉代以来曾作为荐举人员的科目之一，唐初设有"秀才"科，后废去。这里用作读书应举的士人的泛称。"江西"指宋代江南西路地区，在今江西省一带。

此诗同送别亲人或朋友的诗不同，是送别门人游江西。这里的"游"兼含游历和游学两种意思，它可以长阅历，增见识，广交游，是封建社会读书人及第入仕之前常常要从事的一项活动。欧阳秀才对这次出游充满了美好的向往，诗人送行，则表示热切的希望，离情别绪自然是有的，但在这里已不是重要的东西，所以诗中略而不写，完全从前者着笔。

全诗分作两节。前四句先从对方着笔，写门人欧阳即将启程出游。诗中用了两个比喻。首句的"客"即指在汴京作客的欧阳秀才。春风一吹，草木都发出萌芽，欧阳秀才心中也像草木发芽一样，产生了出游的愿望。"忽与春风动"点出时间。"忽"字、"动"字下得特别精当。春天的花草树木，往往头一天看还似光秃秃的，第二天却忽然绽出颗颗新芽来了。"动"字不仅是说萌芽的发生，还指它在春风吹拂下不断成长；它一经萌发，不久就要长出枝叶，开出鲜花。出游的念头也是如此，它一经产生，就不断滋长，变得愈来愈强烈。所以第三句用"又随"二字紧接转入下文。由萌芽而开花，花又被风吹落，飞向天空，欧阳秀才的心，又随着落花，飞向西江。"西江"指大江(长江)下游西段，也就是题中的"江西"。古典诗词写落花，常常带着感伤的情调，此诗写其飞举飘扬，却充满生机。"西江梦"指想象中即将开始的江西游历生活。梦境是变幻莫测、飘忽无定的；既可以梦见过去，也可以梦见未来。用"梦"形容游历生活，可以引起无穷联想：使人联想到欧阳秀才去江西后的行踪不定，生活的丰富多样、难以预测，使人联想到他醒来梦里对此日客居京中这段生活——包括作者这次送别在内——的回忆；既充满了对未来的美好憧憬，也包含着对过去的深长怀念，情致绵邈，意味无穷，造语之妙，已臻绝致。这四句比喻新颖贴切，把欧阳秀才游江西之事，完全变成生动的形象描绘，可见作者的才思和艺术创造力。

下面六句转到作者方面，正写送别，仍然全用比喻。凤凰是传说中的神鸟，据说它非梧桐不栖，非竹实不食，天下安宁，它才出现。诗中用它比喻欧阳秀才，是说他才华出众，非常人可比，表达了作者对他的赞赏，同时也是希望他今后能为朝廷建功立业。“家无梧桐”云云既是自谦，也是对门人的勉励，愿他振翅高飞，奋力进取。门人即将远行，做老师的对他今后的一切，当然非常关心，下面两句就是对他的谆谆嘱咐。传说桂林是凤凰栖集之处。《天地运度经》云：“泰山北有桂树七十株……常有九色飞凤、宝光珠雀鸣集于此。”刘向《九叹》：“桂树列兮纷敷，吐紫华兮布条。实孔鸾兮所居，今其集兮惟鹗。”鸾为凤属。旧说乌能反哺。晋代束皙《补亡诗·南陔》：“嗷嗷林乌，受哺于子。”此诗即以“乌哺”指乌鸦，是凡鸟，借喻平庸之辈。屈原《楚辞·涉江》：“鸾鸟凤凰，日以远兮。燕雀乌鹊，巢堂坛兮。”比喻贤士远离，小人窃位，可见凤凰乌鸦，品类不同，不能共处。此诗“凤巢”两句即暗用其意，是要欧阳秀才去江西以后，善自择居，慎于交友，不要同卑俗之人居处和往来；同时也是奖誉欧阳秀才，说他今后前程远大，绝非“乌哺”辈所能相比。这是作者的临别赠言。结尾紧接“桂林”，举酒相送，以功名相期，补足送别之意。《晋书·郤诜传》：“累迁雍州刺史，武帝于东堂会送，问诜曰：‘卿自以为何如?’诜对曰：‘臣举贤良对策，为天下第一，犹桂林之一枝，昆山之片玉。’”后因称科举及第为“折桂”。“无忘桂枝荣”，就是要欧阳秀才不要放弃科举；举酒相送既是送别，也是祝愿他异日科举及第，不负所学，施展平生的抱负。在科举时代，一般读书人要跻身仕列，只有应试及第一途，所以作者以此作结，郑重叮咛，表达了对门人的殷切期待。据《宋诗纪事》记载，在这次送别后的三十二年，欧阳辟中了元祐六年(1091)进士，没有辜负老师的希望。元符三年(1100)，苏轼南迁过合浦(今属广东)，见到欧阳辟，欧阳将珍藏的梅尧臣送他的这首诗给他看。苏轼和欧阳辟同出于梅尧臣之门，并受知遇之恩。所以苏轼见此诗后，还写了一段很有情意的跋语。

古代诗歌运用比喻手法的很多，但像这首十句的五言古诗，通篇从头到尾全都采用比喻的，却不多见。这正是此诗艺术上的成功之处。比喻可以使诗含蓄蕴藉，更富形象性，增添诗情画意。欧阳修称“圣俞(尧臣字)覃思精微，以深远闲淡为意”(见《六一诗话》)。本篇绝无华丽秾艳语，精致细密，越读越觉真味悠长，正是一个很好的例证。

(王思宇)

【作者小传】

石 介

(1005—1045)　字守道，人称徂徕先生，兖州奉符(今山东泰安东南)人。天圣八年(1030)进士。历郓州观察推官、南京留守推官、镇南节度掌书记、嘉州军事判官。居忧，躬耕徂徕山下。入为国子监直讲，后擢太子中允，直集贤院，作《庆历圣德诗》。出判濮州，未赴卒。主张道统文统合一，推崇韩愈，反对西昆体。有《徂徕集》。

岁晏村居　　石 介

岁晏有余粮，　杯盘气味长。
天寒酒脚落，　春近臛头香。①
菜色青仍短，　茶芽嫩复黄。
此中得深趣，　真不羡膏粱。

〔注〕 ① 臛(huò)：肉羹。

石介长于文，但其诗也颇有可取者，这首《岁晏村居》就是一例。

石介是以反对"西昆体"而著名的。他以儒家道统自居，作《怪说》上、中、下三篇，反复申明自己的为文主张。他反对杨亿等为文的"穷妍极态，缀风月，弄花草，淫巧侈丽，浮华纂组。刓锼圣人之经，破碎圣人之言，离析圣人之意，蠹伤圣人之道"。(《怪说》中)他痛心"今天下有杨亿之道四十年矣。今人欲反盲天下人目，聋天下人耳，使天下人盲，不见有杨亿之道，使天下人耳聋，不闻有杨亿之道"。(同上文)实际上，《西昆酬唱集》的结集行世，石介尚在孩提之时。他在二十六岁时登仁宗天圣八年(1030)进士第，与欧阳修为同榜，共有改革当时文风的志向。不过石介更为偏激，更喜以维护儒家道统而标榜。于作诗则认为："歌颂吾职，其可已乎?"(见《宋史》卷四三二本传)他的五、七言诗，如《汴渠》、《麦熟有感》、《读诏书》、《西北》、《蜀道自勉》、《闻子规》等，均能写当时重大事件，以抒发一己的忧国之感。而其《岁晏村居》、《访田公不遇》等，写农村幽居生活，颇为清新，富有韵味。

此诗一起即点题，"岁晏有余粮"，年终了，家有余粮，这当然是农村中丰收后的乐事。由于家有余粮，很自然的引起下句，"杯盘气味长"，其含意是杯中有酒，盘中有肴，气香味美，耐人品嚼。颔联又是从首联伸展开来，两句首两字皆点节令，"天寒"自"岁晏"出来，冬天是冷，而冬天来了，春天还会远吗？颔联下句又以

"春近"开头，则道出真情，而又崛强见意。时令变化如此，而人的生活如何呢？"天寒酒脚落"，天虽冷而酒可御寒，寒则不足畏。"春近朧头香"，是想象，也是感觉。"酒脚"对"朧头"，精妙而又自然。"酒脚落"看来多么可爱，一"落"字，显出杯中已满。"朧头香"则是从嗅觉而又感到味美可口。这一联，是对首联第二句的具体铺写。颈联"菜色青仍短，茶芽嫩复黄"，是"春近"的大地生机，又是从室内写到室外，大自然中的"菜"、"茶"等植物，均冲破寒冷的地面，而来迎接春天，然而菜色则青而仍短，茶芽则嫩里带黄。是幼稚，却是充满活力的，前途无限的。诗句也是含有无穷的生机，寄有无穷的希望，并寓有深邃的哲理。如此时节，如此环境，如此生活，如此情景，作者处此境界，尾联似脱口而出，顺理成章，"此中得深趣，真不羡膏粱"。这里的"深趣"二字，实耐人寻味，该包括上面六句所有的情、景、事等，而一"得"字，体会极深。本来儒者所谓的"君子固穷"、"箪食瓢饮"等等，家本寒微的石介是安之若素的。而今天岁晏村居，能有此享受，实心满意足。一己若此，村中当也不穷。推己及人，所谓"深趣"，当即寓此。"膏粱"何足羡哉，对贪图不义之富贵者，贬意在不言中，而诗的余韵不绝。

石介的这一首诗，写来似不费力，即景生情，触处生春，近景远景，浮于纸上。有色有香，生机弥漫，于平淡中寓真精神。受陶渊明、韦应物诗的影响，是很明显的。

（金启华）

【作者小传】

文彦博

(1006—1097)　字宽夫，汾州介休（今属山西）人。天圣五年(1027)进士。历枢密副使、参知政事。庆历末因镇压王则起义，拜同中书门下平章事，封潞国公。熙宁初，反对王安石变法，出判河阳等地。司马光复相后，为平章军国重事。以太师致仕。有《潞公集》。

清明后同秦帅端明会饮李氏园池　　文彦博

洛浦林塘春暮时，　　暂同游赏莫相违。
风光不要人传语，　　一任花前尽醉归。

读文彦博这首诗，会很自然地想到老杜《曲江二首》（其二）："传语风光共流转，暂时相赏莫相违。"杜甫的意思是：可爱的风光呀，你就同穿花的蛱蝶、点水的蜻蜓一起流转，让我欣赏吧，哪怕是暂时的；可别连这点心愿也违背了啊！文彦博此诗中二三两句，显然是化用杜诗语，然意思却不尽相同。且看其诗。

秦帅端明姓司马，是文彦博的老友。清明后的一日，诗人与他会饮于李氏园池，首句便作描写：时当清明后的暮春，二人来到李氏园池。李氏园恰临洛水，园中树木丛聚，池水汪汪，真是"天气澄和，风物闲美"（陶潜《游斜川》诗序语）。因此紧接第二句便说："暂同游赏莫相违"。单就字面意思而言，与老杜的大致不差，但由于所言对象有别，故诗意便不尽相同了。老杜乃以拟人化的语气与"风光"言，诗人在此却向同游者说道：既然良辰美景当前，游园会饮便是赏心乐事了，让我们共同尽情游赏吧，尽管是暂时的（短时间的），可也莫违背了我的心愿啊！更何况，诗人接下两句说，我们还有游赏的有利条件呢："风光不要人传语，一任花前尽醉归。"传语，寄语也。老杜还须寄语风光，求得风光首肯以后方能游赏，诗人在这里却说，他们"不要传语"，此句意思，详而言之，乃是苏东坡所说："天地之间，物各有主；……惟江上之清风，与山间之明月，耳得之而为声，目遇之而成色，取之无禁，用之不竭，是造物者之无尽藏也"（《前赤壁赋》），简而言之，便是李太白所道："清风朗月不用一钱买"（《襄阳歌》），因此不须人先去传语，可以听任我们于花前觥筹交错，恣意观赏，尽兴方归了。

老杜的那一联另有深意，自不待言。诗人这首诗所表现的，则是他悠然闲适、尽情享受李氏园内阳春烟景的感情。语言圆美流转，格调清新明快，值得玩味。

（周慧珍）

雪中枢密蔡谏议借示范宽雪景图　　文彦博

梁园深雪里，　　更看范宽山。
迥出关荆外，　　如游嵩少间。
云愁万木老，　　渔罢一蓑还。
此景堪延客，　　拥炉倾小蛮。

枢密蔡谏议，或许就是蔡抗，字子直。他在英宗时知谏院，神宗立，改枢密直学士。范宽乃宋初画家，字中立，华原（今陕西铜川）人，善画山，下笔雄强老硬，自成一家，更擅写雪山。评者以为"得山之骨"、"善与山传神"。这首诗是写诗人欣赏范宽雪景图的观感。

在隆冬积雪很深的一日，诗人与蔡谏议同游地处京都汴梁（今河南开封）东南的梁园（即兔园，亦称梁苑，汉梁孝王刘武所建）。蔡谏议出示一轴范宽的"雪景图”。诗人便展开画轴入神地欣赏起来。画面中心是范宽最擅长的山，画得非同凡响。因此在首联点题后，诗人便于颔联赞叹道：“迥出关荆外，如游嵩少间”。“关荆”亦称“荆关”，五代后梁画家荆浩与关仝的并称。荆、关二人都擅画山水，而关仝师事荆浩，有青出于蓝之誉，更擅写关河之势，时称“关家山水”。又是这个关仝，与另一画家李成，并范宽三人，形成了五代、北宋间北方山水画的三个主要流派。诗人赏玩着手上的“范宽山”，惊异于画家的化工之笔，不由大为叹赏，称赞范宽之山实在已经远远超过了关仝及其老师荆浩笔下的山。画幅上峰峦重叠，爽气逼人，诗人览之味之，一似神游于嵩高（嵩山）、少室山之间。嵩、少，合而言之，乃我国五大名山之一——“中岳”嵩山的别名，在今河南登封县北；分而言之，则指嵩山与其高峰少室山（地处嵩山西面，其主峰御寨山高一五一二米，为嵩山最高峰），此处当分言。这里，诗人以“迥出”赞其画品之高，以“如游”喻其画境之真，欣喜地传达出对“范宽山”高度艺术成就的钦仰之情。

看罢主山，诗人方才移目观赏周围的景致。颈联便着笔描写：高峰上、山腰间，寒云阴沉惨淡，凝结不开，似也为雪天的阴冷而愁；山上山下，万木森然，且多是千百年的老树。然而，这景色如此奇绝，难道因为寒冷而竟至人踪灭绝吗？非也，诗人又看到，一位适才独钓于寒江雪中的蓑笠翁，现在正提着一个渔篓还家呢。

范宽这幅雪景图，由于情景生动逼真，引起了诗人欲延宾共酌的雅兴，因而尾联便道：“此景堪延客，拥炉倾小蛮。”（小蛮，酒榼，古代盛酒的器具。）诗人既置身梁园深雪里，又才赏罢范宽雪景图，所以兴致勃勃地要与蔡谏议一同围着红炉尽兴痛饮一番。

诗人犹如一个高明的导游者，将人引入画境后，并不作呆板的介绍，而是诱人在览物兴感之中，展开充分的想象，又向人展示画面细节之美，并且全诗处处点染着诗人的喜悦之情，因此这首诗既是画中有情（如颔联），又是情中有画（如尾联），诗情画意汇为一体。

（周慧珍）

【作者小传】

欧阳修

（1007—1072）　字永叔，号醉翁，晚年又号六一居士，吉水（今属江西）人。幼贫而好学。天圣八年（1030）进士。曾任枢密副使、参知政事。因议新法与王安石不合，退居颍州。谥文忠。提倡古文，奖掖后进，为北宋古文运动领袖。散文富阴柔之美，为“唐宋八大家”之一。诗学韩愈、李白，古体高秀，近体妍雅。词婉丽，承袭南唐余风。曾与宋祁合修《新唐书》，并独撰《新五代史》。有《欧阳文忠公集》、《六一词》等。

戏答元珍 欧阳修

春风疑不到天涯， 二月山城未见花。
残雪压枝犹有橘， 冻雷惊笋欲抽芽。
夜闻归雁生乡思， 病入新年感物华。
曾是洛阳花下客， 野芳虽晚不须嗟。

仁宗景祐三年(1036)五月，欧阳修降职为峡州夷陵(今湖北宜昌夷陵区)县令。次年，朋友丁宝臣(字元珍，其时为峡州军事判官)写了一首题为《花时久雨》的诗给他，欧阳修便写了这首诗作答。题首冠以"戏"字，是声明自己写的不过是游戏文字，其实正是他受贬后政治上失意的掩饰之辞。

欧阳修是北宋初期诗文革新运动倡导者，是当时文坛领袖。他的诗一扫当时诗坛西昆派浮艳之风，写来清新自然，别具一格，这首七律即可见其一斑。

诗的首联"春风疑不到天涯，二月山城未见花"，破"早春"之题：夷陵小城，地处偏远，山重水隔，虽然已是二月，却依然春风难到，百花未开。既叙写了作诗的时间、地点和山城早春的气象，又抒发了自己山居寂寞的情怀。"春风不到天涯"之语，暗寓皇恩不到，透露出诗人被贬后的抑郁情绪，大有"春风不度玉门关"之怨旨。这一联起得十分超妙，前句问，后句答。欧阳修自己也很欣赏，他说："若无下句，则上句何堪？既见下句，则上句颇工。"(《笔说》)正因为这两句破题巧妙，为后面的描写留有充分的余地，所以元人方回说："以后句句有味。"(《瀛奎律髓》)次联承首联"早春"之意，选择了山城二月最典型、最奇特的景物铺开描写，恰似将一幅山城早春画卷展现在读者面前，写来别有韵味。夷陵是著名橘乡，橘枝上犹有冬天的积雪。可是，春天毕竟来了，枝桠上留下的不过是"残雪"而已。残雪之下，去年采摘剩下的橘果星星点点地显露出来，它经过一冬的风霜雨雪，红得更加鲜艳，在白雪的映衬下，如同颗颗跳动的火苗。它融化了霜雪，报道着春天的到来。这便是"残雪压枝犹有橘"的景象。夷陵又是著名的竹乡，那似乎还带着冰冻之声的第一响春雷，将地下冬眠的竹笋惊醒，它们听到了春天的讯息，振奋精神，准备破土抽芽了。我国二十四节气中有"惊蛰"，"万物出乎震，震为雷……蛰虫惊而出走"(《月令七十二候集解》)。故名惊蛰。蛰虫是动物，有知觉，在冬眠中被春雷所惊醒，作者借此状写春笋，以一个"欲"字赋予竹笋以知觉，以地下竹笋正欲抽芽之态，生动形象地把一般人尚未觉察到的"早春"描绘出来。因此，"冻雷惊笋欲抽芽"句可算是"状难写之景如在目前"的妙笔。

诗的第三联由写景转为写感慨:“夜闻归雁生乡思,病入新年感物华。”诗人远谪山乡,心情苦闷,夜不能寐,卧听北归春雁的声声鸣叫,勾起了无尽的“乡思”——自己被贬之前任西京留守推官的任所洛阳,不正如同故乡一样令人怀念吗?然后由往事的回忆联想到目下的处境,抱病之身又进入了一个新的年头。时光流逝,景物变换,怎不叫人感慨万千!该怎样排遣心中的郁闷呢?诗人并没有消沉,于是末联落到“待春”的自为宽解的主题上去:“曾是洛阳花下客,野芳虽晚不须嗟。”我曾经在产花的名园洛阳饱享过美丽的春光,因此,目下不须嗟叹,在这僻野之地等待着迟开的山花吧。

这首诗在写景方面,于料峭春寒中见出盎然春意,颇富生机;在抒情方面,于寂寞愁闷里怀着向上的希望,不觉低沉;实在是诗人之笔,政治家之情,二者融为一体,诗情画意,精妙之极,自具一种独特的艺术境界。　　(李敬一)

水谷夜行寄圣俞、子美　　欧阳修

寒鸡号荒林,　山壁月倒挂。
披衣起视夜,　揽辔念行迈。
我来夏云初,　素节今已届。
高河泻长空,　势落九州外。
微风动凉襟,　晓气清余睡。
缅怀京师友,　文酒邀高会。
其间苏与梅,　二子可畏爱。
篇章富纵横,　声价相摩盖。
子美气尤雄,　万窍号一噫。
有时肆颠狂,　醉墨洒滂沛。
譬如千里马,　已发不可杀。
盈前尽珠玑,　一一难拣汰。
梅翁事清切,　石齿漱寒濑。
作诗三十年,　视我犹后辈。
文词愈清新,　心意虽老大。
譬如妖韶女,　老自有余态。
近诗尤古硬,　咀嚼苦难嘬。

初如食橄榄，　真味久愈在。
苏豪以气轹，　举世徒惊骇。
梅穷独我知，　古货今难卖。
二子双凤凰，　百鸟之嘉瑞。
云烟一翱翔，　羽翮一摧铩。
安得相从游，　终日鸣哕哕？
相思苦问之，　对酒把新蟹？①

〔注〕 ① 本诗最后两句也有解为：我虽“对酒把新蟹”，但因独居无友，所以仍然想念不已。这样解就与题目“夜行”离远了，故不取。

这首诗是欧阳修庆历四年(1044)秋天写的。这年四月他任河北都转运使，巡行辖区，夜间从水谷(今河北省完县西北)出发，独行踽踽，因而想到在京师时的文酒高会，特别是苏舜钦、梅尧臣两人的诗歌风格，写下这首有名的五古，以寄慰好友。后人常以此诗作为评论苏舜钦、梅尧臣诗风的重要依据。

全诗四十八句，按内容分为五节。前十句为第一节，写题目中的“水谷夜行”作为全诗的引子。首两句写夜半更深起行的感受。首句鸡声惊起，寒、号、荒这些字给人以荒凉冷落的感觉，“山壁月倒挂”写月将落的景色，生动形象，和首句的荒寒相映成趣。三、四句写早行赶路。五、六句回忆初离京师，时值初夏，而现在已届素秋，强调出行之久。这些都为下文怀念京师作垫。同是写将晓的景色，李商隐的“长河渐落晓星沉”是凄丽，而“高河泻长空，势落九州外”则是气势雄浑，境界开阔。九、十两句写天将拂晓，睡意全消，自然引起下节怀友之念。

“缅怀”二句由眼前的侵晓夜行想到当日京师的文酒高会，冷落的行旅和热烈的气氛形成鲜明的对比。然后文笔从高会的众宾收缩到自己所畏爱的苏、梅二人。古人称值得敬佩的朋友为“畏友”。“可畏爱”三字引出下面几节对苏、梅的评论，直贯篇末“双凤凰”的比喻。“篇章”两句总写二人创作之富，声名之高，难分上下。这是总评，为下两节分评起个头。这是第二节。

第三节专论苏舜钦的才气。《庄子·齐物论》说：“大块噫气，其名为风，作则万窍怒号。”“万窍号一噫”就是用《庄子》的语意来表现“气尤雄”的程度，说他作诗的气势，犹如大风陡作，万窍皆鸣。苏舜钦又善于草书。“有时”两句暗用张旭(张颠)来夸赞苏的书法，这也是“气尤雄”的注脚。“譬如”两句写其奔放，这是兼诗和草书说的。“盈前”二句主要写其既多且好，但“难拣汰”三字于赞扬中也略有微词。这一节共八句，合而观之，一个才气横溢的诗人和草书家的形象如在目前，他的酒酣落笔尽情挥洒的风神令人神往。

第四节十二句专写梅圣俞诗风的古淡，和子美的雄放恰成对照。梅比欧大五岁，“梅翁”的称呼既亲切又有尊敬的意味。“事清切”的“事”是动词，表示梅刻意追求“清切”的境界。次句用流水穿过乱石的形象来比喻“清切”，但不是直说，而说成是“石齿漱寒濑”，就更显生动。这里暗用孙楚“漱石枕流”的典故，使人不觉。“作诗”两句写梅诗工力之深（相传梅圣俞日课一诗），又表示自己对梅诗的尊崇之意。“文词”四句写作诗之久，老而不衰。一般人年龄一大，才思往往不如年轻时的敏锐，因而诗的工力虽深，清新之感却逊于当年。而梅圣俞却不然，年龄心意虽然老大（其实这时才四十三岁）但文词反而更加清新。这句的“虽”字有的本子作“难”，那么可以解释为全心全意作诗，不知老之将至（诗人青春长在）。单从这两句看，似乎“难”字味还长些，但和下面“譬如”两句接不起来，所以把四句合起来看，仍以“虽”字为是，两句因韵脚而倒装。“譬如”两句从“徐娘半老，丰韵犹存”典故化出。用“妖娆女”作比喻，带有亲切幽默的味道。“近诗”四句写梅的诗风从清切到古硬工力愈深，而一般浅人愈难欣赏。用“食橄榄”为喻，非常贴切，写出梅诗耐人细细琢磨才能欣赏的硬功夫，这是下节“古货今难卖”的伏笔。食橄榄这个比喻被后人沿用来说明一种生涩的诗风，如评黄山谷诗等。把这一节十二句和上节八句对比，看出作者用笔的变化。苏诗的特点是雄放，作者八句也像一气喷出。梅诗是“古硬”别人不易理解，所以作者用十二句分三层来写梅诗的特点，先写作诗之久，以自己为衬，再用比喻说愈老愈清新，最后特别提到“近诗尤古硬”，表明工夫老到，但“真味”必须细嚼得之，读者不可掉以轻心，失此“古货”（古人不管自己怎么创新，总标榜越古越好）。看出作者的苦心尤在宣扬梅诗的高超。这两节是本诗的主要部分，又为最后一节的总结准备了条件。

最后一节十二句，分三层，“苏豪”四句为第一层，总结前两节的描写。苏诗虽容易为人欣赏，但用“徒惊骇”三字，也含有对当世舆论的不满。梅就更不用说了。“二子”六句为第二层，对两人表示深切的同情和赞扬，比他们为“双凤凰”，可说推崇备至，但“云烟”二句也表现出对他们的遭遇深感不平。“凤凰”既是祥瑞之物，理应受到全社会的尊重和爱护，但刚一施展才能（云烟一翱翔），立即受到摧抑排摈（羽翮一摧铩），两句“一”字紧相呼应，以见当世之妒贤嫉能。在此诗后不久，九月苏舜钦就因以进奏院祠神费饮酒而被小人告讦，贬谪而死。欧阳修在《苏氏文集序》一文里感慨尤深。“安得”二句一方面就“凤凰”的比喻生发，哕哕，本指凤凰的鸣声，这儿即指作诗唱和；另一方面回应篇首“二子可畏爱”的语意。最后两句为第三层，表示相思之情不能已，所以作诗寄问，交代题目中的

“寄”字。因为自己独行无友，风尘仆仆，想到当时京师文酒高会的盛况，想到苏、梅诗才，也许这时你们正在持螯把酒吟兴正浓吧？怎么知道我的相思之苦呢？所以得寄诗相问。这样和题目中的夜行及第一节正好呼应。这两句总结全诗，似乎略嫌草率，未能达到神完意足的境界，有点美中不足。

欧阳修在唐代诗人中极为推重韩愈，认为作诗当以韩为法。这首五古可以明显看出韩诗的影响。在诗中写朋友的不同风格，韩愈《醉赠张秘书》说：“君诗多态度，蔼蔼春空云。东野动惊俗，天葩吐奇芬。张籍学古淡，轩鹤避鸡群。”欧公此诗就韩愈这种写法开拓得更广阔，把苏、梅诗风的特征予以尽情描绘，对社会上对他们的排斥极表不平。诗前的叙事写景简劲利落而语句凝练，中间的评论形象生动又极富感情。全诗条理脉络清楚紧凑，在欧诗五古中堪称佳作。

（周本淳）

别　滁　　欧阳修

花光浓烂柳轻明，　　酌酒花前送我行。
我亦且如常日醉，　　莫教弦管作离声。

欧阳修于仁宗庆历五年（1045）八月贬为滁州（今属安徽）知州，在滁州做了两年多的地方官，他的著名散文《醉翁亭记》就是在滁州作的。庆历八年，改任扬州知州，这首《别滁》诗乃当时所作。

欧阳修胸襟旷达，虽处逆境之中，仍能处处自得其乐。读他的《醉翁亭记》末二段，就可见他与民同乐的情景。此诗和《醉翁亭记》同样用了一个“醉”字，但并不过多地渲染那些离情别绪。《醉翁亭记》是写游宴之乐、山水之美，这诗所表现的父老亲故送别饯宴的情景，当别是一番情味。

首句写景，点明别滁的时间是在光景融和的春天。欧阳修由滁州徙知扬州，朝廷的公文是庆历八年闰正月乙卯下达的，抵达扬州为二月庚寅。这就大体为我们提供了这诗的具体写作时间。滁州地处南方，气候较暖，这里与作者在夷陵（今湖北宜昌夷陵区）所写的另一首《戏答元珍》诗“春风疑不到天涯，二月山城未见花”不同，而是花光浓烂，柳丝轻明。这样，此诗首句不仅写出了别滁的节候特征，也为全诗定下了舒坦开朗的基调。

次句叙事，写当地吏民特意为欧阳修饯行。“酌酒花前”，是众宾客宴送知州，与《醉翁亭记》的知州宴众宾正好相反；这天还有丝竹助兴，气氛显得热烈隆重。它虽不同于过去投壶下棋、觥筹交错的游宴之乐，但同样写出了官民同乐和滁州民众对这位贤知州离任的一片深情。

后两句是抒情，诗人把自己矛盾、激动的心情以坦然自若的语言含蓄地表达了出来。欧阳修在滁州任职期间，颇有惠政。饯行时当地父老向他所表示的真挚友好的感情，使诗人的内心久久不能平静：二年多的贬谪生活即将过去，这里地僻事简，民俗淳厚，特别对前年在滁州琅琊山与众宾客的游宴情景，更是低回不已；而如今却是离别在即，滁州的山山水水，吏民的热情叙别，使他百感交集。这里“我亦且如常日醉”的“且”字，用得极好，写出了诗人与众宾客一起开怀畅饮时的神情意态和他的内心活动。结句用的是反衬手法，在这种饯别宴上作为助兴而奏的音乐，当是欧阳修平时爱听的曲调。但因离忧婴心，所以越是悦耳的曲调，内心就越感到难受。唐朝张谓写过一首题为《送卢举使河源》的赠别诗：“故人行役向边州，匹马今朝不少留。长路关山何日尽，满堂丝竹为君愁。”这里结句所表达的意思，实为欧阳修所本。“莫教弦管作离声”，发人思索，使诗意余韵不尽。后来黄庭坚《夜发分宁寄杜涧叟》诗“我自只如当日醉，满川风月替人愁”，也是从此脱出。

欧阳修这诗与一般叙写离愁别绪之作所渲染的凄恻之情，有明显的不同，它落笔轻快自然，平易流畅，读来非常感人。这与宋初盛行的刻意追求辞藻华丽，内容却不免空虚的“西昆体”诗风形成鲜明对照。由于欧阳修在诗歌创作中以明快朴实的诗风力矫时弊，因而就成了北宋诗坛的一大名家。　　（曹中孚）

丰乐亭游春三首　　欧阳修

绿树交加山鸟啼，　晴风荡漾落花飞。
鸟歌花舞太守醉，①　明日酒醒春已归。

春云淡淡日辉辉，　草惹行襟絮拂衣。
行到亭西逢太守，　篮舆酩酊插花归。

红树青山日欲斜，　长郊草色绿无涯。
游人不管春将老，　来往亭前踏落花。

〔注〕 ① 太守：汉代一郡的地方长官称太守，唐称刺史，也一度用太守之称，宋朝称权知某军州事，简称为知州。诗里称为太守，乃借用汉唐称谓。

丰乐亭在滁州（今属安徽）西南丰山北麓，琅琊山幽谷泉上。此亭为欧阳修任知州时所建，时在庆历六年（1046）。他写了一篇《丰乐亭记》，记叙了亭附近的自然风光和建亭的经过，由苏轼书后刻石。美景，美文，美书，三美兼具，从此成为著名的游览胜地。

丰乐亭周围景色四时皆美，但这组诗则撷取四时景色中最典型的春景先加描绘。第一首写惜春之意，第二首写醉春之态，第三首写恋春之情。

先看第一首。头两句说：绿影婆娑的树木，枝叶连成一片，鸟儿在山上林间愉快地歌唱。阳光下和煦的春风轻轻吹拂着树枝，不少落花随风飞舞。“交加”，意为树木枝叶繁茂，种植紧密，所以枝叶交叉重叠，形成一片绿荫。“荡漾”两字写出春风在青山幽谷、林间草坪飘扬的神理，也写出游人在撩人春景中的愉快心境。明媚春光，令人心醉。诗人呢，野鸟啁啾，杂花乱飞，他一概不闻不见，他也进入了醉乡。次日酒醒，春无踪迹，原来已悄然归去了。第四句“明日酒醒春已归”，表面说醉了一天，实际是醉了整整一个春天。此句用夸张的语言反衬春景的迷人和春日短暂，带有浓厚的惋惜之意。

第二首前两句说：天上是淡云旭日，晴空万里；地上则是春草茂盛，蓬勃生长，碰到了游人的衣襟；而飞舞着的杨花、柳絮洒落在游人的春衣上，“拂了一身还满”。一个“惹”字写出了春草欣欣向荣之势，春草主动来“惹”人，又表现了春意的撩人；配上一个“拂”字，更传神地描绘了春色的依依。此句与白居易的名篇《钱塘湖春行》中“乱花渐欲迷人眼，浅草才能没马蹄”两句相比，功力悉敌，简直把春景写活了！第三四句写游人兴之所至，来到丰乐亭，在亭西碰上了欧阳太守。太守在干什么呢？他双鬓和衣襟上插满了花卉，坐在竹轿上大醉而归。篮舆，是竹轿。他不乘一本正经的官轿，而坐悠悠晃动、吱嘎作响的竹轿，显示出洒脱不羁的性格。因为坐的是敞篷的竹轿，故而人们得以一睹这位太守倜傥的丰采。

第三首写青山红树，白日西沉，萋萋碧草，一望无际。天已暮，春将归，然而多情的游客却不管这些，依旧踏着落花，来往于丰乐亭前，欣赏这暮春的美景。有的本子“老”字作“尽”，两字义近，但“老”字比“尽”字更能传神。这首诗把对春天的眷恋之情写得既缠绵又酣畅。在这批惜春的游人队伍中，当然有诗人自己在内。欧阳修是写惜春之情的高手，他在一首《蝶恋花》词中有句云：“泪眼问花花不语，乱红飞过秋千去”，真是令人肠断；而本诗“来往亭前踏落花”的多情游客，也令读者惆怅不已。

综观三诗，都是前两句写景，后两句抒情。写景，鲜艳斑斓，多姿多彩；抒情，明朗活泼而又含意深厚。三诗的结句都是情致缠绵，余音袅袅。欧阳修深于情，他的古文也是以阴柔胜，具一唱三叹之致。如果结合他的散文名作《醉翁亭记》

和《丰乐亭记》来欣赏本诗，更能相映成趣。（周锡山）

啼　鸟　　欧阳修

穷山候至阳气生，　百物如与时节争。
官居荒凉草树密，　撩乱红紫开繁英。
花深叶暗辉朝日，　日暖众鸟皆嘤鸣。
鸟言我岂解尔意，　绵蛮但爱声可听。
南窗睡多春正美，　百舌未晓催天明。
黄鹂颜色已可爱，　舌端哑咤如娇婴。
竹林静啼青竹笋，　深处不见唯闻声。
陂田绕郭白水满，　戴胜谷谷催春耕。
谁谓鸣鸠拙无用，　雄雌各自知阴晴。
雨声萧萧泥滑滑，　草深苔绿无人行。
独有花上提葫芦，　劝我沽酒花前倾。
其余百种各嘲哳，　异乡殊俗难知名。
我遭谗口身落此，　每闻巧舌宜可憎。
春到山城苦寂寞，　把盏常恨无娉婷。
花开鸟语辄自醉，　醉与花鸟为交朋。
花能嫣然顾我笑，　鸟劝我饮非无情。
身闲酒美惜光景，　唯恐鸟散花飘零。
可笑灵均楚泽畔，　离骚憔悴愁独醒。

这首《啼鸟》诗，一说是欧阳修在庆历六年（1046）知滁州（今属安徽）时所作，一说作于贬夷陵（今湖北宜昌市夷陵区）时。作者在嘉祐二年（1057）春主持礼部考试时另有一首《啼鸟》诗，中有“可怜枕上五更听，不似滁州山里闻”二句。据此，似以前说为是。

这首诗按内容，大致可分为三段。

首四句为一段，为全诗的序曲，主要是时令和环境的描写：虽然是官居荒凉，虽然是穷山僻壤，但春天一到，则阳气萌动，繁花似锦，万物竞生。这几句的渲染，为全诗定下了欢快明朗的基调。

从“花深叶暗”句到“异乡殊俗难知名”，为第二段。这一段紧承上文，转入对各类啼鸟的描写。“百舌”(即画眉鸟)、“黄鹂”、“青竹笋”(亦称竹林鸟)、“戴胜”(布谷鸟)、“鸣鸠”(即斑鸠)、“泥滑滑”(亦称竹鸡)、“提葫芦”(亦称提壶鸟)等,均为鸟名。而“绵蛮”、“哑咤”、“谷谷”、“嘲哳”等,则都是形容各种鸟叫的词语。作者观察细腻,时或用一两个恰当比喻,描绘了一幅百鸟争鸣的阳春图景,写得很有情致。尽管作者起先说“鸟言我岂解尔意”,但到后来,他还是在不知不觉中被啼鸟感染了,觉得啼鸟原来也具有性情。你看那不会营巢、素称笨拙的斑鸠,也知晓阴晴,正如古谚所说,“天欲雨,鸠逐妇;天既雨,鸠呼妇”。再看那花上的提葫芦,也好像通晓人性,向我频频劝酒。在这一片生机盎然的气氛之中,遭贬谪的诗人做何感想呢?这就是下文要描叙的内容。

从“我遭谗口”句到最后,是全诗的第三段,同时也是全诗的主旨所在。作者笔锋一转,由鸟及人。所谓“我遭谗口”,当是指庆历五年(1045)有人谣传作者和留养在家的孤甥女张氏有不正当的关系这件事。此事后来虽经辩明,但欧阳修却终于因此降官,出知滁州。他既遭此诬陷,在政治斗争中又曾多次为流言中伤,所以他每闻那些如簧之巧舌(不管是人言,还是鸟语),憎恶之心,即时生起。然而,山城寂寞,美人歌舞全无(娉婷:美女,此处代指能歌善舞的乐妓)。实在无法消磨时光,于是只好以酒浇愁,醉与花鸟为朋(“交朋”,一本作“友朋”)。因为“花能嫣然顾我笑,鸟劝我饮非无情”,这种拟人的手法,不管是诗人醉后的想象,还是诗人聊以自慰之语,反正到了这两句,人和物已经融为一体,作者的心境已经由激动而归于平静。他既担心鸟散花落,又笑屈原的憔悴独醒,自寻烦恼(《离骚》:屈原著名长诗,但这里是取其“遭忧”之义)。这最后两句所表达的三分无奈、七分旷达的思想,既是本篇题旨的归结,同时也是欧阳修屡遭贬谪后处世之方。在其《与尹师鲁书》、《夷陵县至喜堂记》、《醉翁亭记》诸文以及《戏答元珍》诗等作品里,他曾多次表示要不以迁谪之情萦怀,不作穷苦之文字。他告诫自己:“野芳虽晚不须嗟。”

这首诗在形式上也有值得注意之处。首先是语言通俗易懂,音节流畅自然,不求险怪,不掉书袋,具有行云流水般的舒卷流动之美。其次是移情入景,借物言情。整个看来,此诗采用了赋的手法。但是,赋中也含有比兴。题为“啼鸟”,目的却是要写人。作者充分发挥想象力,运用拟人的手法,赋予啼鸟以情性,借“啼鸟”来引导和表达自己的思想感情,达到物我交融之境。 (徐少舟)

唐崇徽公主手痕 欧阳修

故乡飞鸟尚啁啾, 何况悲笳出塞愁。

青冢埋魂知不返，　翠崖遗迹为谁留？
玉颜自古为身累，　肉食何人与国谋？
行路至今空叹息，　岩花野草自春秋。

唐代宗时与回鹘和亲，以崇徽公主嫁其可汗。据《唐会要》卷六载："公主，仆固怀恩女，大历四年五月二十四日出降回鹘可汗。"崇徽公主手痕碑在今山西灵石。传说公主嫁回鹘时，路经此地，以手掌托石壁，遂有手痕。唐人李山甫有《阴地关崇徽公主手迹》诗(见《全唐诗》卷六四三)。

在这首诗里，诗人对崇徽公主不仅是怜其远嫁，哀其不幸，而且从政治上指明产生这个悲剧的原因。这就使这首诗在格调上不同于一般洒同情之泪的凄凉挽歌，而启发人们在深沉的哀怨中进而对这些女子的个人悲剧加以政治上的思考，激起人们对许多不能远谋的肉食者的愤慨。

诗从对比开始。诗人的眼前出现了当年崇徽公主远嫁时的凄凉情景。"啁啾"是形容鸟的细碎鸣叫声，白居易《燕》诗："却入空巢里，啁啾终夜悲。"不离故乡的鸟儿尚啁啾鸣叫不止，何况豆蔻年华的少女随着悲笳、离别父母、远嫁万里之外呢？她那依依之情，自可想而知了。作者在这里倾注了自己对她的怜惜同情。"青冢埋魂知不返，翠崖遗迹为谁留？"在感情上更进一层，同时，诗人的思绪也回到了现实。"青冢"是指王昭君之墓，传说她的墓常年长着青草，故名"青冢"。这里用来代指崇徽公主的埋身之地。诗人在这里反用了杜甫咏昭君的"环珮空归月夜魂"(《咏怀古迹之三》)诗意而用了一个"魂"字，则使诗情变得更为深婉，同时使读者仿佛看到一个楚楚动人的姑娘，满眼含着哀怨的泪水在"翠崖遗迹"之间飘荡。她是在诉说什么？是抛家傍路的孤独、凄凉？还是在埋怨亲人的无情？谁都不知道。青草年年绿，此恨绵绵无绝期。接下来作者奇峰突起，发出议论："玉颜自古为身累，肉食何人与国谋？"这是从诗人的肺腑里迸发出来的声音：自古以来，有几个肉食者能为国家的富强而出谋划策？又有多少美丽可爱的女子遭受远嫁的厄运，成为对外执行妥协政策的牺牲品。"玉颜"反为"身累"，"肉食"不与"国谋"，诗人寓于这两对矛盾现象中的诘问尖锐犀利，自古罕见。此联议论深切痛快，而又对仗工整，《朱文公语录》推崇此联道："以诗言之，第一等诗；以议论言之，第一等议论也。"对于这样的盛誉，它确实当之无愧。末联，作者笔锋一转，长叹一声，无可奈何之情袭人心怀，行路人到此只能报之以叹息，而孤魂栖止的崖花野草春秋更替，年复一年。这里以无情衬有情，颇有韵致。

全诗随着诗人感情的变化而发展，从怜惜、愤慨直至无可奈何的叹息，在时间上，则两度由古及今作大幅度的跳跃，使诗情波澜起伏，把读者的感情之流导入诗人以激情冲击而成的曲折回荡的河道中。

欧阳修所处的时代，正是宋朝由盛到衰的转折期，统治者对内统治严酷，而边境却军备废弛，受到东北部契丹和西北部西夏的不断侵扰。尽管欧阳修等少数大臣主张选将练兵，巩固边防，可是宋朝还是苟且偷安，忍辱求和。诗人为国家蒙受的耻辱而感到羞愧、愤慨，但又对此无能为力。在这痛苦的心情中，诗人借古生情，结合民间传说，为崇徽公主远嫁这一历史悲剧唱出了这样一曲饱蕴愤懑之情的悲歌。

（王　劦）

菱溪大石　　欧阳修

新霜夜落秋水浅，　　有石露出寒溪垠。
苔昏土蚀禽鸟啄，　　出没溪水秋复春。
溪边老翁生长见，　　疑我来视何殷勤。
爱之远徙向幽谷，　　曳以三犊载两轮。
行穿城中罢市看，　　但惊可怪谁复珍。
荒烟野草埋没久，　　洗以石窦清泠泉。
朱栏绿竹相掩映，　　选至佳处当南轩。
南轩旁列千万峰，　　曾未有此奇嶙峋。
乃知异物世间少，　　万金争买传几人？
山河百战变陵谷，　　何为落彼荒溪濆。
山经地志不可究，　　遂令异说争纷纭。
皆云女娲初锻炼，　　融结一气凝精纯。
仰视苍苍补其缺，　　染此绀碧莹且温。
或疑古者燧人氏，　　钻以出火为炮燔。
苟非神圣亲手迹，　　不尔孔窍谁雕剜。
又云汉使把汉节，　　西北万里穷昆仑。
行经于阗得宝玉，　　流入中国随河源。
沙磨水激自穿穴，　　所以镌凿无瑕痕。
嗟予有口莫能辩，　　叹息但以两手扪。
卢仝韩愈不在世，　　弹压百怪无雄文。

争奇斗异各取胜，　　遂至荒诞无根源。
天高地厚靡不有，　　丑好万状奚足论。
惟当扫雪席其侧，　　日与佳客陈清樽。

此诗作于庆历六年(1046)，时欧阳修年四十，贬守滁州。他这次贬官，表面上受甥女张氏之狱的牵连，实际上由于立朝刚直，正言切谏，不能见容于仁宗；又因推行"庆历新政"，得罪了当朝的保守派。但他自信一身清白，无愧于人；虽遭贬斥，仍然意气昂扬，此心如石。恰好他在菱溪得一嶙峋巨石，因赋此以寄意。

这首七古可分五个层次。前六句写发现大石的经过，以"新霜"、"秋水"、"寒溪"、"苔昏土蚀"等词语衬出此石的寂寞凄凉。第六句一个"疑"字，写人皆不顾；一个"我"字，明唯我独赏，结上启下。"爱之"以下十句是第二层，写运石南轩，陈列赏玩的情趣。牛车载石穿城，聚观者"但惊可怪谁复珍"，可见世无巨眼，难得知音，笔端有多少感慨；清泉洗石，又见出爱赏情深。于是，置此于朱栏绿竹之间，俾显露其特有的风骨。一石当轩，千峰失色，从对比中写出此石的高标。以上两层，都是正面着笔，用实写手法，文字在记叙描述中，见出洗练、纡徐的风致。下面转为议论，改用虚写手法。"乃知"以下六句是第三层，以山河百战，陵谷变迁，推想大石经历，写出人世沧桑，神驰往古，思接千载。这一层实际上是过渡，"遂令"一句即迅速带起下层，转接灵活。"皆云"以下十四句是第四层，承上把"异说纷纭"具体化。有人议论说，这是女娲炼就的补天巨石，因此精气凝结，绀碧相间(绀，青中带红的颜色)，温润晶莹。也有人说，这只怕是燧人氏用来取火的石头。他从这石头上钻出火来，使人间得以熟食，因此石上留下那么多窟窿，不然的话，谁能雕剜出这样的孔窍来呢？还有人说，这大石本是宝玉，是出使西域的汉使张骞得自于阗。他把这块宝石置于黄河的上源，让河水把它冲到中国来，那些窟窿便是黄河之水冲刷的见证。这一层假借各种议论写出此石的不同凡俗。三种议论，构思奇特，开合多变，一波未平，一波复起。又累用神话和史实，使此顽石平添神秘的异彩，是全诗最精彩的片段。"嗟予"以下为最后一层。听了以上种种解说，诗人有口不能辩，但以两手扪石，为之叹息，形象地写出他心底的波澜。卢仝曾写过《月蚀诗》(见《全唐诗》卷三八七)，讨伐食月亮的虾蟆精怪；韩愈写过《祭鳄鱼文》(见《韩昌黎集》卷三六)，讨伐吃人的鳄鱼。可惜现在没有这样的雄文，弹压天下怪异，遂使异说纷纭，莫衷一是。我唯有日日坐在此石旁边，与朋友们共赏它的高风峻骨，以寄我平生的磊落胸怀。

读诗至此，可以明白，诗人赞美菱溪大石，其实是自写胸襟。此大石空怀高才美质，长埋于荒烟野草之中，能有几人见赏，几人珍惜？我乃洗以清泉，还彼本来面目，又引来纷纭议论，其实有几人识其来历，为之真赏？结处“扫雪”二字，以冰雪喻石之坚贞。至此，石、我融为一体，暗点题旨结穴。

方东树《昭昧詹言》说，欧阳修这首《菱溪大石》“从韩《赤藤杖》来，不如东坡《雪浪石》。‘皆云’十四句，平叙中入奇，议以代写。”韩愈的《赤藤杖》(见《全唐诗》卷三三九)是一首和作，中间设喻，一拟此杖为滇池之神出水所献，说它是赤龙的胡须，因此赤血淋漓；一拟此杖为日神羲和丢失了的鞭子，这两处想象奇特。但通篇纯然咏物，不涉兴寄。苏东坡的《雪浪石》(见《苏轼诗集》卷三七)也是次韵之作，诗中说那块有白脉的黑石是放炮炸出的飞石。全诗气韵生动，造语新奇，很有气势；兴寄也很深远。方东树论诗，本之桐城义法，纯从篇章结构着眼，没有从意境着眼。至于以“平叙中入奇，议以代写”九字评本诗第四层，却颇精当。

(赖汉屏)

边　户

欧阳修

家世为边户，　年年常备胡。
儿童习鞍马，　妇女能弯弧。
胡尘朝夕起，　虏骑蔑如无。
邂逅辄相射，　杀伤两常俱。
自从澶州盟，　南北结欢娱。
虽云免战斗，　两地供赋租。
将吏戒生事，　庙堂为远图。
身居界河上，　不敢界河渔。

“边户”，边境地区的住户。此指与辽(契丹)交界处的居民。此诗为作者至和二年(1055)冬充任贺契丹国母生辰使(后改贺登位国信使)出使契丹途经边界时有感而作，揭露了屈辱的澶渊之盟给国家人民带来的深重灾难，抨击朝廷的腐败无能，对边户的不幸遭遇表达了深厚的同情。

此诗通篇都是采用边民叙述的口吻。全诗分为两部分。前八句叙说澶渊之盟以前边民对契丹的抵抗和斗争。北宋从建国开始，就受到契丹的严重威胁。从太宗(赵光义)以来，契丹就不断南攻，特别是澶渊之盟前一个时期，进攻更加频繁。开头两句，正是这种形势的真实写照。“家世”句是说家里世世代代都在边地居住，可见时间之久。而在这很长时期中，不仅年年都要防备契丹的侵扰，而且一年之中，时时刻刻都处在战备状态。“胡”是古代对西北方少数民族的称呼，这里即指契丹。正是这种长期的战斗生活，培养了边民健壮的体魄和勇武性格，以致孩子还没有长大就已开始练习骑马，妇女们都能弯弓射箭。“儿童”包括男女而言，并非单指男孩。边民的英武表现在各个方面，作者也会从边民那里听到或看到许多这方面的事例，如果件件罗列出来，就会拖沓冗长，没有重点，难以给人留下深刻的印象。诗中只写儿童妇女的“习鞍马”、“能弯弧”，取材很精。儿童习马，妇女射箭，这在别处是很难见到的，最能体现边民的尚武特点。这个富有典型意义的细节，不仅有着现实的依据，还同悠久的历史传统有关。河北地方，从春秋战国以来，一直是经常征战之地，当地人民，历来就有尚武之风，加之宋朝建国以来与辽长期对峙，自然使尚武之风更加发展。孩提妇女都能弯弓射箭，青壮年男子自然更加骁勇善战。

这样英武的人民，当然绝不会任人侵侮，下面四句，就写边民对契丹的英勇斗争。“胡尘”谓胡骑践踏扬起的尘土，指契丹来犯。“朝夕”是早晚、时时之意，表明辽军不仅攻扰频繁，而且出没无常，威胁极大。“虏骑”即指辽军。“蔑如”是轻视之意，是说边民对契丹毫不畏惧，根本没有把他们放在眼中，表现了边民的英雄气概。因为契丹经常入犯，边民常常同他们不期而遇，一见之后即互相射杀，双方死伤常常相当。“俱”是相等、一样之意，表明辽军异常凶悍，也体现了边民为保卫国土、保卫自己的和平生活而英勇战斗的精神。

上面虽然讲到残酷的战斗，巨大的伤亡，情调却是高昂的，下面转到澶渊之盟以后，情调就不同了。宋真宗景德元年(1004)闰九月，辽主萧太后和圣宗(耶律隆绪)亲率大军南攻，直抵澶州(今河南濮阳)，威胁汴京(今河南开封)。真宗本想听从王钦若、陈尧叟之计迁都南逃，因宰相寇準力排众议，坚持抵抗，只得勉强去澶州督战。由于部署得当，加之宋军士气高涨，在澶州大败辽军，并杀其大将萧挞凛(凛一作览)，辽军被迫请和。结果战败的辽，不但没有退还半寸幽燕的土地；打了胜仗的宋朝反而同意每岁赠辽绢二十万匹，银十万两，同辽签定和约，史称“澶渊之盟”。这次议和可以说是宋辽关系的一个转折点，从此以后，宋廷对辽即完全采取妥协屈服的方针了。诗中的“结欢娱”，即指这次议和，这本是统治者的语言，边民引述，是对最高统治者和那帮主和派大官僚的辛辣讽刺。据和约，以后辽帝称宋帝为兄，宋帝称辽帝为弟，似乎情同手足，“欢娱”得很。宋朝廷用大量绢、银买得了“和平”，以为可以笙歌太平了；契丹统治者打了败仗，还得到这样丰厚的贡献，确是得到了“欢娱”；而受苦的却是宋朝劳动人民，这大量的绢银，全都将从他们身上榨取出来。而对于边民说来，他们更要同时向宋、辽两方交纳赋税，遭遇更加悲惨。朝廷既然对辽采取妥协屈服的方针，边境上的将吏自然害怕同辽发生纠纷，便约束边民，不准他们“生事”，实际上就是要边民服服帖帖听凭契丹骚扰，不得反抗。朝廷为了欺骗民众，便把这种妥协求和以求苟安一时的行径，说成是深谋远虑。“庙堂”本指太庙的明堂（天子宣明政教和举行重大典礼的地方），诗中用来代指朝廷。“远图”本是统治者欺骗人民的话头，诗中用作反话，加以讽刺。诗的最后两句就是“远图”的具体说明。“界河”在今河北中部，上游叫巨马河，下游叫白沟河，故道流经涞县、新城、霸县、天津等地入海，宋辽以此为界，故称“界河”。这里本来是中原故土，现在却成了宋辽边界，而且由于朝廷的妥协退让，住在界河上的边民，甚至连去界河打鱼的权利也被剥夺了。“不敢”不仅是说要遭到辽军的横蛮干涉，还包括宋朝将吏的制止，因为他们害怕得罪辽军。澶渊之盟以后边民长期蒙受着这样的屈辱。到了庆历二年（1042），宋在辽的武力威胁下，又对辽岁增绢十万匹，银十万两，并改“赠”为“纳”，屈辱就更甚了。庙堂的“远图”在哪里？末两句极悲愤沉痛，是对朝廷的尖锐谴责。

此诗写法同杜甫的名篇“三别”相同，都是采用诗中人自叙的口吻。这样写可以使人感到更加真切，增强作品的感染力。诗中把澶渊之盟的前后作为对照，也使对朝廷主和派的揭露更加深刻有力。欧阳修前期在政治上站在以范仲淹为代表的改革派一边，对辽和西夏主张坚决抵抗，反对妥协。他在庆历三年写的《论西贼议和利害状》，就主张对西夏采取强硬态度。《边户》一诗，正是这种政治主张的反映。

（王思宇）

和王介甫明妃曲二首

欧阳修

胡人以鞍马为家，　射猎为俗。
泉甘草美无常处，　鸟惊兽骇争驰逐。
谁将汉女嫁胡儿？　风沙无情面如玉。
身行不遇中国人，　马上自作思归曲。
推手为琵却手琶，　胡人共听亦咨嗟。
玉颜流落死天涯，　琵琶却传来汉家。
汉宫争按新声谱，　遗恨已深声更苦。
纤纤女手生洞房，　学得琵琶不下堂。
不识黄云出塞路，　岂知此声能断肠？

汉宫有佳人，　天子初未识。
一朝随汉使，　远嫁单于国。
绝色天下无，　一失难再得。
虽能杀画工，　于事竟何益？
耳目所及尚如此，　万里安能制夷狄？
汉计诚已拙，　女色难自夸。
明妃去时泪，　洒向枝上花。
狂风日暮起，　飘泊落谁家？
红颜胜人多薄命，　莫怨春风当自嗟。

这两首诗是和王安石而作的。这两首是欧阳修平生最得意之作。叶梦得《石林诗话》引其子欧阳棐语云："先公(欧阳修)平生未尝夸大所为文，一日被酒，语棐曰：'吾诗《庐山高》，今人莫能为，惟李太白能之；《明妃曲》后篇，太白不能为，惟杜子美能之；至于前篇，则子美亦不能为，惟吾能之也'……"说李、杜不能为，语太矜夸，欧阳修似不会如此说，但其为欧得意之作，则是事实。叶梦得接着说："今阅公诗者，盖未尝独异此三篇"，则是其妙处在宋代还未被人看出。它的妙处究竟何在呢？这值得仔细玩味。

前篇首四句，破空而来，用类似散文的诗语，写胡人游猎生活，暗示胡、汉之异。接着以"谁将汉女嫁胡儿"，接到明妃身上。写明妃以"汉女嫁胡儿"，以"如玉"之颜面，冒"无情"之"风沙"，而且"身行"之处，连"中国(指中原)人"也看不到，明示明妃"流落"之苦。接下用"推手为琵却手琶"，紧承"马上自作思归曲"。"推手""却手"，犹言一推一放。"琵琶"本是象声词，犹今言"辟拍"，以乐器之声为乐器之名。一推一放，辟辟拍拍，刻画明妃满腔哀思，信手成曲。但琵琶哀音，却十分感人，连胡人听了"亦咨嗟"不已。这种写法与王安石"沙上行人却回首"相同。以上三层，由胡、汉习俗之异，写到明妃流落之苦，再写到明妃思归作曲，谱入琵琶，层次井然，而重点在于这一琵琶"新声谱"。因为作者正是要就此发抒慨叹的。

"王颜"句承上，"琵琶"句启下。脉络十分清晰，而笔势极为矫健。作者所要讲的就是琵琶"传入汉家"以后的反应。按理说，明妃的"思乡曲"本应引起"汉家"的悲悯、同情与愤慨；然而"汉宫"中却将其视为"新声谱"来"争按"，以别人的苦楚，供自己享乐。"遗恨"、"苦声"并没有激起应有的反响。

"上有好者，下必有甚焉"。汉宫中"纤纤女手""学得琵琶不下堂"，不正是因为统治者喜好这种“新声”吗？喜好这种“新声”，不正是因为他“生于深宫之中”，根本不知道边塞之苦吗？这里讲的岂止于“纤纤女手”呢？

众所周知，自石晋割弃燕云十六州，北边广大地区在北宋一直没有恢复，有多少“流落死天涯”的人呢？仁宗时，辽、夏交侵，而宋朝君臣却仍粉饰太平，宴安如故。“不识黄云出塞路，岂知此声能断肠？”这正是作者对居安忘危、不事振作的宋朝君臣的揭露与谴责。以前写明妃的人，或写明妃个人遭遇，或借以发抒“士不遇”的感慨，欧阳修却从夷夏之辨讲起，从国家大事着眼，这是他高于前人之处。而且，明明是议论国事，但却只就琵琶“新声”而言，能从小中见大，因之，较后篇之“在诗中发议论”，艺术性更强。欧阳修看重这两篇，并认为前篇优于后篇，大概即由于此。

后篇“汉宫”四句化用西汉李延年歌意，略叙明妃事实，笔力简劲。“绝色”两句，紧承前四句，妙在完全用“重色”的君王自己口吻说话；“虽能”两句转向责备汉元帝，就事论事，语挟风霜。但这只是为下边两句作铺垫。

“耳目”两句，为全篇警策，宋人说它“切中膏肓”（《诗林广记》引钱晋斋语），至今仍广泛传诵。眼前的美丑尚不能辨，万里之外的“夷狄”情况何以判断？又何以能制定制服“夷狄”之策呢？这确是极深刻的历史见解，而又以诗语出之，千古罕见。结果不是“制夷狄”而是为“夷狄”所“制”。因而自然引出“汉计诚已拙”这一判语。

“汉计诚已拙”语简意深，是全诗主旨所在。汉代的“和亲”与宋代的“岁币”，同是乞求和平，为计之拙，正复相同。言汉实是言宋。妙在一经点出，便立即转入“女色难自夸”，以接回明妃身上，否则就成了《和亲论》而不是《明妃曲》。

“明妃去时泪”四句，用泪洒花枝，风起花落，渲染悲剧气氛，形象生动，但主要用以引起“红颜”两句。这两句要明妃“自嗟”“薄命”，怨而不怒。看来，欧阳修对王安石诗中讲的“人生失意无南北”，“汉恩自浅胡自深”等语，也像王回等人一样，有所误解，故下此两句，以使之符合于“温柔敦厚”之“诗教”。欧、王思想境界之差别，亦于此可见。但解释时也不能太坐实，像钱晋斋说是“末言非元帝之不知幸于明妃，乃明妃之命薄而不见幸于元帝”，则与篇首“天子初未识”，“耳目所及尚如此”皆自相矛盾，有失于诗人“微而婉”之旨。

前一首，写“汉宫”不知边塞苦；后一首写和亲政策之“计拙”，借汉言宋，有强烈的现实意义。其间叙事、抒情、议论杂出，转折跌宕，而自然流畅，形象鲜明，虽以文为诗而不失诗味。叶梦得说欧阳修“矫昆体，以气格为主”（《石林诗话》），这二首诗正是以气格擅美的。

（吴孟复）

晚泊岳阳 欧阳修

卧闻岳阳城里钟， 系舟岳阳城下树。
正见空江明月来， 云水苍茫失江路。
夜深江月弄清辉， 水上人歌月下归；
一阕声长听不尽， 轻舟短楫去如飞。

本诗是欧阳修的名作之一。是一首七言古诗。全篇以叙述起笔，“卧闻”二字，从容不迫，纡徐而来，显得悠然自适，并点明是途经暂泊。“城里”、“城下”，为全诗紧要处。系舟城下，“城里”之事当然不知，所以首句仅仅以悠闲笔调轻轻带过，但那钟声却有无限韵味，耐人思索。日暮钟声，想此刻“城里”，大概正是炊烟袅袅，灯火煌煌。而诗人自己，却漂泊城下，闲卧舟中，心中不由泛起层层涟漪。

待到他从沉思遐想中醒来，只见一轮皓月，悬于空江之上，似欲亲人。“空江”二字，固然指洞庭湖口空旷开阔的景象，也暗示了诗人刚从遐想中醒来时的一片茫然之情。此时，他的视线由明月转向江面，探寻那归去的水路。江面云水茫茫，烟霭沉沉，江路又在哪儿呢？

当诗人的注意力重返现实时，已是夜深月上，眼前呈现一片“江月弄清辉”的美景，令人想起唐代张若虚的诗句，“空里流霜不觉飞，汀上白沙看不见。江天一色无纤尘，皎皎空中孤月轮”。蓦地，水面上传来一串歌声，原来是舟子趁着明月归去的唱晚之声。对一个羁旅中人来说，这“一阕”歌声将引起多少思绪，难怪诗人要“听不尽”了。这轻舟短楫，疾去如飞。诗人久久凝视着，其心情如何，便不再说下去了。实在也无须言说，因为读者自能体会到。

此诗写旅中思归，深藏不露；只是句句写景，然景中自有缕缕情思。以“城里钟”起，以月下歌止，拓前展后，留下足以使人驰骋想象的空间，同时以有意之“听”照应无意之“闻”，表现了感情的变化。全诗语句平易流畅，情意深婉曲折，所以方植之说：“欧公情韵幽折，往反咏唱，令人低回欲绝，一唱三叹而有遗音，如啖橄榄，时有余味”（《昭昧詹言》）。这段话可谓此诗的评。此诗以情韵胜，实是欧之本色，其唱叹之致，与欧文相似，而与他学李白或韩愈的那一类诗歌不同。

（陈顺智）

秋 怀 欧阳修

节物岂不好， 秋怀何黯然！

西风酒旗市，　　细雨菊花天。
感事悲双鬓，　　包羞食万钱。
鹿车何日驾？　　归去颍东田。

这首诗抒发了作者热爱生活和感叹国事的复杂感情。

“节物岂不好，秋怀何黯然！”黯然，心神沮丧貌。此联意谓：应季节时令而产生的景物难道不好吗？为什么所引起的秋怀秋思却这样令人心神沮丧呢？首联用反问句式，点明自己热爱自然而又心绪黯然的矛盾。秋天不仅令人心旷神怡，而且是五谷登、山果熟、菊黄蟹肥的季节。这样的季节，本应令人欣喜陶醉，为什么反而使诗人黯然神伤呢？——这就不能不引起读者的疑问。

颔联不直接作答，却承首句描绘“节物”：“西风酒旗市，细雨菊花天。”西风里酒旗招展，细雨中菊花盛开。十字咏尽秋日佳趣。

那么，究竟为什么心绪黯然？颈联承第二句，对此作了回答：“感事悲双鬓，包羞食万钱。”要理解这两句，先须了解“感事”和“包羞”的内涵。诗人幼孤家贫，生性节俭，当今已有丰厚的官俸，因而他的“感事”，显然不是个人生活上的事而是国家大事。如果说上句尚属隐约其词，那么，下句便由隐约而明朗：所谓“包羞”，即指所作所为于心不安，只感到耻辱。唐代杜牧《题乌江亭》诗云：“胜败兵家事不期，包羞忍耻是男儿。江东子弟多才俊，卷土重来未可知”，那是批评项羽不能包羞忍耻，再振羽翼。这里的“包羞”，其用意恰好相反。二句意谓：因感叹国事，连双鬓都因悲忧而变得苍苍了！自己实在羞于过这种食厚禄而于国无补的苟且生活。

尾联是愤然思归：“鹿车何日驾？归去颍东田。”鹿车，借用佛家语，此处以喻归隐山林。两句意谓：我何日才能驾起鹿车，回到颍东去过躬耕田亩的生活呢？诗人以“贤者避世”之想，表现了对与世浮沉的苟且生活的憎恶。《乐府纪闻》云：“欧阳永叔中岁居颍日，自以集古一千卷，藏书一万卷，琴一张，棋一局，酒一壶，一老翁于五物间，称六一居士。”参照这一记载，可以清楚看出，欧阳修的“鹿车何日驾？归去颍东田”，既有儒家忧世之慨，也有道家超然物外之想。

《文公语录》云：“欧阳公文字好者，只是靠实而有条理也。”“实而有条理”就是这首诗的突出特点，它就像蚕吐丝为茧，层层倾吐，一丝不乱；章法严谨，丝尽茧成。《雪浪斋日记》云：“或疑六一诗，以为未尽妙，以质于子和。子和曰：‘六一诗只欲平易耳。如：西风酒旗市，细雨菊花天，岂不佳？”’这联名句，不用一个系词，不着半点雕饰，以纯白描的手法，不仅写出了典型的季节风物，也写出了诗人对自然、对生活的喜爱之情；不仅有杜甫“细雨鱼儿出，微风燕子斜”（《水槛遣心二首》其一)那样的自然美景,也有张籍“万里桥边多酒家,游人爱向谁家宿”(《成都曲》)那样的市井侧影,可谓高度精练,清新自然。（傅经顺）

宿云梦馆　　欧阳修

北雁来时岁欲昏，　　私书归梦杳难分。
井桐叶落池荷尽，　　一夜西窗雨不闻。

这是诗人思念妻室之作。欧阳修曾坐“朋党”之罪出放外任。“云梦”,县名,今属湖北。本汉安陆县地,西魏立云梦县,宋熙宁二年改为镇,入安陆县,后又置县。这诗是外放时途经云梦驿馆之作。

“北雁来时岁欲昏”,是写季候、时节,也是暗点思归之情。“北雁”南来,是写眼前景,但古有鸿雁传书之说,所以下句接以“私书”,表示接到了妻子的信,一语双关。“岁欲昏”即岁月将暮之意。“岁暮”正是在外客子盼与家人团圆的时节,而诗人不但不能与家人团圆欢聚,反而要远行异地,这怎能不引起悠悠愁绪!

“私书归梦杳难分”是对思归之情的具体刻画。欧阳修与妻子伉俪情深,他的《踏莎行》,就是写他们夫妻相别情景:“候馆梅残,溪桥柳细,草薰风暖摇征辔。离愁渐远渐无穷,迢迢不断如春水。寸寸柔肠,盈盈粉泪,楼高莫近危阑倚,平芜尽处是春山,行人更在春山外。”试想,这样难舍难分的夫妻,离别之后,怎能不“私书”不断?怎能不梦寐以思?心有所思,夜有所梦,真乎幻乎,梦耶非耶,两实难分。“杳难分”三字,逼真地显示了诗人梦归后将醒未醒时的情态和心理。

后二句大意是说:梦醒后推窗一看,只见桐叶凋落,池荷谢尽,已下了一夜秋雨,但自己沉酣于梦境之中,竟充耳不闻。李商隐《夜雨寄北》诗云:“君问归期未有期,巴山夜雨涨秋池。何当共剪西窗烛,却话巴山夜雨时。”“西窗”二字即暗用李诗情事。言外之意是:何日方能归家,与妻室共剪西窗之烛,共话今日云梦馆夜雨之情事乎?

这首诗,虽然运用了李商隐的诗意,但能运用入妙,不着痕迹,既亲切自然,又增益了诗的内涵。唐顺之说:“盖文章稍不自胸中流出,虽若用别人一字一句,只是别人字句……若自胸中流出,则炉锤在我,金铁尽熔,虽用他人字句,亦是自己字句”(《与洪州书》)。可用此话理解本诗用典借词之妙。（傅经顺）

怀嵩楼新开南轩与郡僚小饮　　欧阳修

绕郭云烟匝几重，　　昔人曾此感怀嵩。

霜林落后山争出，　野菊开时酒正浓。
解带西风飘画角，　倚栏斜日照青松。
会须乘兴携佳客，　踏雪来看群玉峰。

欧阳修贬滁州已经三个年头了。滁州山水，蔚然深秀。唐代诗人韦应物、名相李德裕均曾仕宦此地。诗题中的“怀嵩楼”，就是李德裕为滁州刺史时所建。李本籍赵郡(今属河北)，自其父李吉甫为相，已把洛阳当作第二故乡。德裕两度分司东都，曾在洛阳伊阙(今龙门)附近营治名园平泉别墅，广搜天下奇花异石于其中。后来他出将入相，总难忘情此地。在他留下的诗作中，有不少怀念嵩洛之作。因此，他把在滁州修建的这座楼名为“怀嵩”，而且还写了《怀嵩楼记》。欧阳修年轻时候，也曾在洛阳为钱惟演幕中推官，常与梅尧臣、尹师鲁辈畅游伊阙、嵩山，他后来也常常想起这段壮游，对嵩洛有极深的感情。此刻，他登上怀嵩楼，想起“昔人”(德裕)怀归嵩洛那份深情，更引发了自己怀人追往的感慨。再说，德裕一代英才，功业赫然，不幸陷于朋党之祸，先贬滁州，终窜珠崖，客死南海。他曾作《朋党论》，力摒众议，风骨铮铮。现在，欧阳修也因推行“庆历新政”被指控与范仲淹、余靖、蔡襄等人结为朋党；他也作了一篇《朋党论》，力辨君子之朋与小人之朋的界限。历史竟如此巧合，命运遭际把他与两百年前的滁州刺史李德裕联系在一起。但是，他此刻登上斯楼，却不像李德裕那样“思解组”①，萌退志；而是以怀古发端，写眼前胜景，豫他日清游，绝无衰飒之态，在景物描绘中见出嶙峋风骨，有一种傲岸不可摧抑之气荡漾笔端。这是此诗的最大特色。

深秋霜林木落，望中景象萧疏，却有群山争出，别呈一番胜境，这不是宣告万物的生机是摧挫不了的吗？楼前野菊丛生，迎霜竞放，正好杯酒对赏，慰此幽独。自然界的风霜，压不住野菊的蓬勃生机；政治上的风雨，又怎能抑自己情怀勃郁？“西风”往往令人感到萧瑟，画角总带几分悲哀，诗人却“解带”迎之，那胸次何等坦荡，器宇又何等轩昂！“斜日”后面便是黄昏，因此不免使人联想到迟暮。但诗中落日，正照着苍劲的青松，显示出它那不可凌迫的气概，诗人“倚栏”对赏，心与物俱，他不正是对着自己的影子沉思吗？结联回应“山争出”，悬拟来日群峰，诗情更为激越。秋肃固不足畏，冬威又安能抑己壮志？冬天一到，定要引来更多的佳客，乘兴踏雪，欣赏那玉洁冰清的世界。这个结联，气象恢宏，一股昂扬之气，流荡在字里行间。如果说，此诗结尾与孟浩然《过故人庄》“待到重阳日，还来就菊花”出于同一机杼，那么，孟诗则仅仅以热情的向往递进一层，此诗却是以无畏的精神翻进一层。他在贬夷陵时就曾有

“行见江山且吟咏，不因迁谪岂能来！”（《黄溪夜泊》），“须信春风无远近，维舟处处有花开。”（《戏赠丁判官》）这样的诗句。虽一再贬斥，诗文中反映的精神状态，却总是那样乐观。那种顽强的意志，不屈的性格，总是给人以积极向上的力量。这是这首七律最可贵的地方。

这首诗的好处，不止境界高远，风格遒上；即以写景而论，同样是自然流畅而又层次分明的。全诗以“感”字入题，以“兴”字结穴。“云烟”是俯瞰负郭之景，“霜林”是平视远处之景；“野菊”写楼下景物，“解带西风”写楼上风光。“斜日青松”是“倚栏”所见；踏雪看山是登临所想。前六句写所见所感，是实写；后两句设想来朝风物，是虚写。摄景的角度不断变换，或俯或仰，时远时近，有实有虚，描绘了开阔深远的画面，画幅中凝聚着傲岸昂扬的精神。无怪乎陈衍在《宋诗精华录》中评论说：“‘霜林’一联极为放翁所揣摹。”放翁与欧阳修一样，有似火肝肠，如山意志。他极力揣摹的，必然是在洗练的景物描绘中见出个人精神面貌这种高超的艺术手法。

（赖汉屏）

〔注〕 ① 思解组：李德裕《怀嵩楼记》起笔就说：“怀嵩，思解组也。”（《全唐文》卷七〇八）

梦　中　作　　　　欧阳修

夜凉吹笛千山月，　路暗迷人百种花。
棋罢不知人换世，　酒阑无奈客思家。

在古典诗歌中，写梦或梦中作诗为数不少。清赵翼在《瓯北诗话》中曾说陆游的集子里，记梦诗竟多至九十九首。这类作品有的确实是写梦，有的则是借梦来表达诗人的某种感情。

欧阳修此诗四句分叙四个不同的意境，都是梦里光景，主题不大容易捉摸，因为诗人在这里表达的是一种曲折而复杂的情怀。

首句写静夜景色。从“凉”、“月”等字中可知时间大约是在秋天。一轮明月把远近山头照得如同白昼，作者在夜凉如水、万籁俱寂中吹笛，周围的环境显得格外恬静。“千山月”三字，意境空阔，给人一种玲珑剔透之感。

次句刻画的却是另一种境界。“路暗”，说明时间也是在夜晚，下面又说“百种花”，则此时的节令换成了百花争妍的春天。这里又是路暗，又是花繁，把春夜的景色写得如此扑朔迷离，正合梦中作诗的情景。此二句意境朦胧，语言幽隽，对下二句起了烘托作用。

第三句借一个传说故事喻世事变迁。梁代任昉在《述异记》中说：晋时王质入山采樵，见二童子对弈，就置斧旁观。童子给王质一个像枣核似的东西含在嘴里，就不觉得饥饿。等一盘棋结束，童子催归，王质一看，自己的斧柄也已经朽烂。既归，亲故都已去世，早已换了人间。这句反映了作者超脱人世之想。

末句写酒兴已阑，思家之念不禁油然而生，表明作者虽想超脱，毕竟不能忘情于人世，与苏东坡《水调歌头》所说的"我欲乘风归去，又恐琼楼玉宇，高处不胜寒"，意境相似。

四句诗虽是写四个不同的意境，但合起来又是一个和谐的统一体，暗寓作者既想超越时空而又留恋人间的仕与隐的矛盾思想。

"诗言志"，读完全诗，寓意就逐渐明朗了。诗人的抑郁恍惚，与他当时政治上的不得志有关。这诗在《居士集》卷十二，它前后的二首目录原注都标明为皇祐元年(1049)，可能为同时所作。这时欧阳修还在颍州，尚未被朝廷重用。所以这四句是在抒发心中的感慨，它的妙处是没有把这种感慨直接说出。这种意在言外的手法，要仔细体察才能明其究竟。

明代杨慎在《升庵诗话》中曾对此诗做过分析。他认为古人绝句诗一般有两种不同特点：一种是一句一绝，四句诗是四个不同的独立意境，如古时的《四时咏》："春水满四泽，夏云多奇峰。秋月扬明辉，冬岭秀孤松"；杜甫《绝句》："两个黄鹂鸣翠柳，一行白鹭上青天。窗含西岭千秋雪，门泊东吴万里船"；以及欧阳修这诗都属此类。另一种是"意连句圆"，四句意思前后相承，紧密相关，如金昌绪的《春怨》即是。这首《梦中作》，确如升庵所说，写的乃是秋夜、春宵、棋罢、酒阑等四个不同的意境，但又是浑然天成，所以陈衍说："此诗当真是梦中作，如有神助。"(《宋诗精华录》)

这诗另一个特点是，对仗工巧，天衣无缝，前后两联字字相对。这显然是受了杜甫《绝句》诗的影响。

(曹中孚)

【作者小传】

苏舜钦

(1008—1049)　字子美，绵州盐泉(今四川绵阳市东南)人，迁居开封。少以父荫补官。景祐元年(1034)进士。曾任大理评事，范仲淹荐为集贤校理、监进奏院。被劾除名，寓居苏州沧浪亭。后复为湖州长史。工诗文。诗与梅尧臣齐名，风格豪健，甚为欧阳修所重。有《苏学士文集》。

哭曼卿　　苏舜钦

去年春雨开百花，　与君相会欢无涯。
高歌长吟插花饮，　醉倒不去眠君家。
今年恸哭来致奠，　忍欲出送攀魂车！
春晖照眼一如昨，　花已破蕾兰生芽。
唯君颜色不复见，　精魄飘忽随朝霞。
归来悲痛不能食，　壁上遗墨如栖鸦。
呜呼死生遂相隔，　使我双泪风中斜。

石延年字曼卿，与苏舜钦为诗友，过从甚密，友谊颇深。庆历元年(1041)二月，曼卿卒于京师，舜钦写下了这首挽诗，表现了诗人对亡友深厚诚挚的友情。

石延年多才多艺，性格洒脱幽默，他的诗歌和书法在当时享有很高的声誉，但不幸只活了四十七岁。石延年的早死，对他的好友来说无疑是晴天霹雳；唯其突然，更加重了人们的悲痛感。这首挽诗正是抓住了"突然"这一点来着笔。诗人采用了对照的手法：以一年前的春天与曼卿欢会的场景与一年后的春天为他送葬的场面互衬，使人们体会到，他的去世是多么的出人意料，从而突出诗人的悲痛欲绝的心情。头四句写去年春天与石延年相会，细雨绵绵，百花盛开，其"欢无涯"。诗人写了两个具有喜剧性的事件：插花与醉倒。插花时"高歌长吟"；醉倒后"眠君家"。既写出了欢乐，更表现了二人的亲密无间。紧接着，以"今年恸哭来致奠"承接上文，使气氛陡然一变，增强了事变的突发感。"恸哭"表明悲哀之至；"忍"实际上是不忍、强忍。"欲"，将要。"攀魂车"即灵车。以下几句写今春的悲伤。"春晖"句与前文"春雨"、"百花"相照应：百花盛开，春光依旧，但故人不可复见。"花已破蕾"句则与"插花"相呼应；去年春天插的花已经破蕾发芽了，可是插花的主人已别花而去，"颜色不复见"了("颜色"，就是面容)。但是在诗人的心中，他并没有死，"精魄飘忽随朝霞"，他的灵魂已化作美丽的朝霞。表现了诗人对亡友的眷眷深情。

最后四句写诗人送葬归来后，目睹亡友遗物，再次勾起的内心波澜，是全诗抒情高潮。诗人送葬归来后，因悲痛而不能进食，挂在壁上的亡友遗墨更激化了悲哀之情。石延年善书，宋人评论他的书法"气象方严遒劲，极可宝爱，真颜筋柳骨。"(《诗人玉屑》卷十七)在这里诗人用"栖鸦"来形容他的遗作，点出了石延年书法的神韵和骨力，也巧妙地暗示睹物思人，不由黯然神伤。这一切使诗人发出了无穷悲叹：死生之隔，竟如此不可逾越；遗墨在即，而音容难再现了。于是极度悲痛的泪水又一次夺眶而出。此诗真挚奔放，构思精巧，确是一首很感人的挽诗。

（朱杰人）

夏 意 苏舜钦

别院深深夏席清，　石榴开遍透帘明。
树阴满地日当午，　梦觉流莺时一声。

苏舜钦这首《夏意》诗，能于盛夏炎热之时写出一种清幽之境，悠旷之情。

"别院深深夏席清"："夏"字点明节令，而"别院"、"深深"、"清"三词却层层深入，一开始即构成清幽的气氛。别院即正院旁侧的小院。深深，言此小院在宅庭幽深处。小院深深，曲径通幽，在这极清极静的环境中有小轩一座，竹席一领。韩愈《郑群赠簟》诗曾以"卷送八尺含风漪"、"肃肃疑有清飙吹"形容竹席。"夏席清"，正同此意，谓虽当盛夏，而小院深处，竹席清凉。深深是叠词，深深与清，韵母又相近，音质均清亮平远。这样不仅从文字形象上，更从音乐形象上给人以凉爽幽深之感。

"石榴开遍透帘明"："帘"字承上，点明夏席铺展在轩屋之中。诗人欹卧于其上，闲望户外，只见榴花盛开，透过帘栊，展现着明艳的风姿。韩愈曾有句云"五月榴花照眼明"（《榴花》），第二句化用其意，却又加上了一重帷帘。隔帘而望榴花，虽花红如火，却无刺目之感。

陶渊明有句云："蔼蔼堂前林，中夏贮清阴。"（《和郭主簿》）此诗第三句正由陶诗化出，谓虽当中夏亭午，而小院中仍清阴遍地，一片凉意。此句与上句设色相映，从"树阴满地"可想见绿树成林，不写树，而写阴，更显得小院之清凉宁谧。

在这清幽的环境中诗人又在干什么呢？"梦觉流莺时一声"，原来他已为小院清景所抚慰，虽然烈日当午，却已酣然入睡，待到"梦觉"，只听得园林深处不时传来一两声流莺鸣啼的清韵。写莺声而不写黄莺本身，既见得树荫之茂密深邃，又以阒静之中时歇时现的呖呖之声，反衬出这小院的幽深宁谧。南朝王籍诗云："鸟鸣山更幽"（《入若耶溪》），王维《辛夷坞》："月出惊山鸟，时鸣春涧中。"末句意境正与二诗相类。

此诗无一句不切夏景，又句句透散着清爽之意，读之似有微飔拂面之感。

诗的表现手法尚有三点可注意：

笔致轻巧空灵：写庭院，落墨在深深别院；写榴花，则施以帷帘；写绿树，从清阴看出;写黄莺,从啼声听得,句句从空际着笔,遂构成与昼寝相应的明丽而缥缈的意境。

结构自然工巧:诗写昼寝,前三句实际上是入睡前的情景,但直至末句才以"梦觉"字挑明,并续写觉后之情景。看似不续,其实前三句清幽朦胧的气氛句句都是铺垫,而"日当午"一语更先埋下昼寝的伏线,待末句挑明,便觉悄然入梦,骤然而醒,风调活泼可喜,避免了质直之病。

风格清而不弱。唐代常建的《破山寺后院》云:"曲径通幽处,禅房花木深",形象与此诗一二句相似,但常诗写出世之想,寂灭之感,而此诗给人的印象是洒脱不羁。欧阳修称舜钦"雄豪放肆"(《祭苏子美文》),故虽同写清景,却能寓流丽俊爽于清邃幽远之中,清而不弱,逸气流转,于王、孟家数外别树一格。

(赵昌平)

过　苏　州　　　苏舜钦

东出盘门刮眼明,　萧萧疏雨更阴晴。
绿杨白鹭俱自得,　近水远山皆有情。
万物盛衰天意在,　一身羁苦俗人轻。
无穷好景无缘住,　旅棹区区暮亦行。

这首诗是诗人过苏州时流连光景之作。作品不仅描摹了苏州的明媚风光,也抒发了诗人达观不羁的情怀。

"盘门"在江苏苏州市西南隅,朝向东南,初名蟠门,门上刻有蟠龙。后因水陆萦回曲折,改称盘门。水陆两门并列,陆门两重,两门之间为瓮城,又称月城;水门设闸两道,城外大运河绕城而过,飞桥驾河上,气势雄伟。"东出盘门刮眼明,萧萧疏雨更阴晴",意谓:行舟东出盘门,一片清雅明媚之色,此刻,刚下过一阵细雨,天也放晴了。不说景物如何明媚,而说"刮眼明",一个"刮"字的妙用,使人具体感受到了气清水秀、万物生辉的快意;再加上"更阴晴"的补充,就更使人感到大地如洗的新美,爽气得沁人肺腑。

首联是写总体感受,颔联承此而写具体景物:"绿杨白鹭俱自得,近水远山皆有情","杨",即柳。清风徐来,绿柳依依,宛如舞姿婆娑;春水泱泱,白鹭相随,宛如爱侣为伴,所以说它们"俱自得"。近水如镜,既照着城头的雉堞、纹关石,又照着绿杨、白鹭和行舟,好像要把世上的一切美秀都收于一镜之中;远山葱翠,或如玉簪亭亭,或如鬟髻对起,似与近水媲美,所以说它们"皆有情"。视无情为有情,既写出了苏州的风物之美，也道出了诗人对它们的喜爱。这一联不仅上下句对仗，而且是句中对偶（如“绿杨”对“白鹭”、“近水”对“远山”），这就使得韵致更谐美，画面更生动。这一联显然是从李商隐《二月二日》“花须柳眼各无赖，紫蝶黄蜂俱有情”两句化来，而一经点染，则别有韵致。

处于这样“俱自得”、“皆有情”的环境中，诗人不能不对影自怜而生感慨，于是写出了“万物盛衰天意在，一身羁苦俗人轻”这样语意双关的话。大自然诚然美好，但它既有“盛”，必有“衰”，而这种盛衰又不是主观意志所能主宰得了的，所以说在乎“天意”。“天意在”三字，表面是对造物主而发，实则也是对人世的主宰者而言。葵藿向阳，未必恩遇，女萝攀附，未必不崇，蝼蚁可据大槐，鸿鹄反而垂翼，这事物的错综颠倒怎能不使人产生“万物盛衰”在“天意”之想！“一身羁苦俗人轻”是对世俗的讽刺。诗人四方漂泊，故曰“羁”；沉沦下僚，不得安闲舒适，故曰“苦”。合观“羁苦”，它兼指羁宦羁旅之苦。世俗之眼，只认荣华富贵，不识道德学问，羁苦之身，自为俗人所轻。诗人被借故劾免之后，曾向欧阳修写信说：“舜钦年将四十，齿摇发苍，才为大理评事。廪禄所入，不足充衣食，性复不能与凶邪之人相就近。今脱去仕籍，非不幸也。”（费衮《梁溪漫志》引）这段话可说是对“一身羁苦”的注脚，也是不畏世俗轻视的自白。

尾联总收一笔：“无穷好景无缘住，旅棹区区暮亦行。”“无穷好景”回应上边所写美景；“旅棹”回应“羁苦”，表明临去时对苏州的眷恋之情。

刘克庄在《后村诗话·前集》中说：“苏子美歌行，雄放于圣俞（梅尧臣），轩昂不羁，如其为人。”其实，轩昂不羁的，不只是他的歌行体，像这首律诗，虽以清切闲淡为主，却也散发着俊快不羁之气。诗之佳处，正在于此。 （傅经顺）

和《淮上遇便风》 苏舜钦

浩荡清淮天共流，　　长风万里送归舟。
应愁晚泊喧卑地，　　吹入沧溟始自由。

诗题标明，有人作了《淮上遇便风》，此为和诗。《诗经·郑风·萚兮》：“倡（同唱）予和汝”，唱和诗本此。《淮上遇便风》原唱者未详，只就此诗作解。

这首诗是抒发行舟淮上遇便风之快感，表现了诗人放情万里的心怀。

首句，“浩荡清淮天共流”。“浩荡”点出河宽水盛，“清淮”点出水色澄澈，“天共流”谓水天一色。只此一句，既写出了沧波浩瀚之势，又写出了登舟如行青冥的快意，加之“长风万里送归舟”，让诗人凭虚御风，不久即可回到久已阔别的故乡，岂不是天助我愿！不言喜悦，喜悦之情自见。

诗贵立意高远，小诗中尤贵曲曲中陡生新意。如杜甫本是"望岳"而未登山，诗末却呼出"会当凌绝顶，一览众山小"。设无此等远思妙想便是凡笔。此诗也不妨解作"遇便风而生云帆沧海"之思："应愁晚泊喧卑地，吹入沧溟始自由。"从这富于启发和象征意义的诗句中，使人想象到诗人冲决羁绊、背负青天作逍遥游的胸怀。诗人在朝之日，就曾疾愤构陷之徒，"愤懑之气，不能自平"，"嵘竑于胸，一夕三起"，这"吹入沧溟"之想，实是诗人清白、高远的思想写照。

这首诗，从"浩荡清淮天共流"到"长风万里送归舟"，再到"吹入沧溟始自由"，都是写乘"便风"的快意，其感情是层层递进的。其中，前两句是现实，末一句是遐想。无现实而写遐想便没有生活基础，无遐想而只写现实则淡而无味，二者相辅相成。这是应注意的一点。其次，还应懂得"应愁晚泊喧卑地"的妙用。这是一个"垫句"，也是诗中"波折"。从"垫句"说，它是为了给下句蓄势，通过一收一放，让末句的语势更加酣畅。从"波折"说，它是为了避免诗味平直，产生"对比鲜明"的效果。正是由于害怕船泊喧嚣卑湿之地，才更显得"吹入沧溟始自由"之可贵，令人读后产生痛快淋漓之感。　（傅经顺）

中秋夜吴江亭上对月怀前宰张子野及寄君谟蔡大

苏舜钦

独坐对月心悠悠，　故人不见使我愁。
古今共传惜今夕，　况在松江亭上头？
可怜节物会人意，　十日阴雨此夜收。
不唯人间重此月，　天亦有意于中秋。
长空无瑕露表里，　拂拂渐上寒光流。
江平万顷正碧色，　上下清澈双璧浮。
自视直欲见筋脉，　无所逃遁鱼龙忧。
不疑身世在地上，　只恐槎去触斗牛。
景情境胜返不足，　叹息此际无交游。
心魂冷烈晓不寝，　勉为笔此传中州。

这是一首即景生情、怀念故人和感叹身世的诗。诗人选择了具有典型意义的时间和空间，来抒发自己的感情。

中秋是我国人民传统的亲人团聚的佳节，中秋之夜对月，往往能勾起对亲故的思念之情。吴江亭则因为与诗人的两位好友张先、蔡襄有着某种特殊的联系，故更能勾摄起对友人的怀念。吴江，一名吴淞江，古称松江，源出太湖，流经吴江(今属江苏苏州)、吴县(今属江苏苏州)等，向东北入海。北宋康定元年(1040)词人张先(字子野)在吴江当县丞，将江边的如归亭"撤而新之"，蔡襄(字君谟，排行第一，故称蔡大)在亭壁题词云："苏州吴江之滨，有亭曰'如归'者，隘坏不可居。康定元年冬十月，知县事秘书丞张先治而大之，以称其名。既成，记工作之始，以示于后。"(《中吴纪闻》卷三)庆历五年(1045)、六年，苏舜钦受庆历革新反对派的诬陷，削职为民，避居苏州。在阴雨初晴的中秋之夜，他登临此亭，望着一轮圆月，不觉感从中来。

全诗分为三个层次。第一层八句，借中秋对月直抒胸臆。首言"独坐"，造成一种"孤独"的氛围，与"中秋对月"形成强烈的对照，并自然地引出"心悠悠"——不见故人而产生的无限情思。接下去两句，扣住"中秋"和"松江亭"，进一步点出勾起思情的缘由：古往今来，人们都珍惜中秋之月，因为它象征着和亲故的团聚，更何况我现在"独坐"的如归亭是友人张先所修治，且亭上还留有另一位好友蔡襄的题词呢！可现在人去亭空，唯独我一个人坐在这里遥望着中秋之月。此时此景，大有"何事长向别时圆"之慨。联想到诗人被逐出朝廷，远离世居的汴京，可以想见他的心绪是很不佳的。但诗人似乎并不愿意自溺于这种气氛中，笔锋一转，写出一件令人快慰的事——时令、气候似乎也解人情事，连绵的阴雨在中秋之夜停止了。可见不仅人间珍重这中秋佳月，上天亦对之怀有深意。这四句从表面看，是在庆幸中秋见月，实质上正反衬出诗人徒见明月，不见故人的伤感。以上八句以感慨、议论为主，以情真取胜。

第二层八句写中秋之月。头两句写明月渐升的情景：长空万里，表里澄澈。这时，升起了一轮明月。寒光从空中直泻而下，仿佛水银在流动。接着写江、月互相辉映的景色。吴淞江风平浪静，碧波万顷，江中映出了月亮的倒影，唯见上下一双玉璧浮沉辉映。这时的世界显得多么洁净，诗人仿佛觉得自己也变得晶莹透明，简直可以看到自己的筋脉。而大江更是明净得可以见底，潜伏的鱼龙真要担心无处藏身了。(此句倒装，即"鱼龙忧""无所逃遁"之意。)这奇异的景色，使诗人产生一种飘飘欲仙的感觉，仿佛离开人世，像海客乘上浮槎，到了天上，他担心会触上斗牛星座。这是多么奇特的想象。

这里对月亮的尽情描写与前文所表现的感慨，有何逻辑上的联系呢？这要从诗人的经历和当时的处境上去理解。苏舜钦慷慨有大志，是庆历革新的健将，却受到诬陷，被迫远离亲故，来到苏州隐居。他希望朝政有澄清之日。诗中对月光洞照力的赞美，正寄托了这种理想。而对仙境的向往，则表现了诗人对理想境界的追求。

最后四句，由写景再次转为抒怀。面对中秋佳景，不由联想到自己悲凉的现状，虽有良宵美景，无奈孑然一身，远离亲朋，岂不孤寂可悲。诗人辗转枕席，无法入眠，不觉到晓。于是提起笔来，写下了这首诗，寄给远在中原的好友蔡襄，以寄托自己的情思。

这首诗与一般的抒怀诗不同之处，在于诗人把抒怀与议论、写景巧妙地糅和在一起。这种用较多篇幅议论的做法，在苏舜钦以前的宋人诗中尚不多见。另外，想象奇特、感情深挚也是这首诗的特点。　（朱杰人）

初晴游沧浪亭①　　苏舜钦

夜雨连明春水生，　娇云浓暖弄阴晴。
帘虚日薄花竹静，　时有乳鸠相对鸣。

〔注〕 ① 沧浪亭：在今江苏苏州市内。原为五代吴越广陵王钱元璙后人的池馆，庆历五年(1045)，苏舜钦以四万钱购得，筑亭其中，取名沧浪。园内有假山曲水，尤多草树花竹。

一般说，苏舜钦写景物的诗并不以再现自然美见长。他笔下的景物大多带有很强的主观色彩，比如“绿杨白鹭俱自得，近水远山皆有情”(《过苏州》)，“老松偃蹇若傲世，飞泉喷薄如避人”(《越州云门寺》)，写的是经过诗人“加工”过的景物，形象本身就具备了诗人的性情。这有些像李白的山水诗。还有一种情况，就是诗人写景，虽然郁积深厚，却不直接说出，而是创造一种境界，让人去体味。这有些像柳宗元写山水游记。《初晴游沧浪亭》就是这种写法。

诗写于庆历六年(1046)春，诗人受人倾陷，革职为民，退居苏州已一年多了。一年来，他时时携酒独往沧浪亭吟诗漫步，此诗即写春日雨霁，他在沧浪亭畔所见到的自然景象。首句“夜雨连明春水生”，写诗人目睹池内陡添春水，因而忆及昨夜好一阵春雨。诗由“春水生”带出“夜雨连明”，意在说明雨下得久，而且雨势不小，好为下写“初晴”之景作张本。正因昨夜雨久，虽然今日天已放晴，空气中湿度依然很大，天上浓密的云块尚未消散，阴天迹象明显；但毕竟雨停了，阳光从云缝里斜射下来，连轻柔的春云也带上了暖意，天正由阴转晴。以上就是诗中“娇云浓暖弄阴晴”所提供的意境。句中“弄”字乃吴越方言，作的意思。诗抓住雨后春云的特征来写天气，取材典型。第三句“帘虚日薄花竹静”写阳光透过稀疏的帘孔，并不怎么强烈；山上花竹，经过夜雨洗涤，枝叶上雨珠犹在，静静地伫立在那里。"帘虚"即帘内无人。如果说这句是直接写静，末句"时有乳鸠相对鸣"则是借声响来突出静，收到的是"鸟鸣山更幽"(王籍《入若耶溪》)的艺术效果。显然，诗中写由春景构成的幽静境界和题中"初晴"二字扣得很紧。乍看，题中"游"字似乎在诗中没有着落，但我们从诗中诸种景象的次第出现，就不难想象得出诗人在漫游时观春水、望春云、注目帘上日色、端详杂花修竹、细听乳鸠对鸣的神态。诗中有景，而人在景中，只不过诗人没有像韦应物那样明说自己"景煦听禽响，雨余看柳重"(《春游南亭》)而已。

诗人喜爱这"初晴"时的幽静境界是有缘由的。他以迁客身份退居苏州，内心愁怨很深。在他看来，最能寄托忧思的莫过于沧浪亭的一片静境，所谓"静中情味世无双"(《沧浪静吟》)。他所讲的"静中情味"，无非是自己在静谧境界中感受到的远祸而自得的生活情趣，即他说的"迹与豺狼远，心随鱼鸟闲"(《沧浪亭》)。其实他何曾自得闲适，在同诗中，他不是在那里曼声低吟"修竹慰愁颜"吗？可见诗人在《初晴游沧浪亭》中明写"静中物象"，暗写流连其中的情景，表现的仍然是他难以平静的情怀。胡仔说苏舜钦"真能道幽独闲放之趣"(《苕溪渔隐丛话前集》卷三十二)，此诗可为一例。　(熊礼汇)

沧浪亭怀贯之　　苏舜钦

沧浪独步亦无悰，　聊上危台四望中。
秋色入林红黯淡，　日光穿竹翠玲珑。
酒徒飘落风前燕，　诗社凋零霜后桐。
君又暂来还径往，　醉吟谁复伴衰翁。

这是登沧浪亭怀念朋友之作。一开始就出现了诗人孤独寂寞的形象。他在园中独步觉得无聊，正是因为友人离去产生了一种若有所失的空虚之感。继而登高四望，则属于寻觅怅望，自我排遣。由于心境寂寥，望中的景色也偏于清冷。霜林自红，而说秋色入林，在拟人化的同时，着重强调了秋色已深。竹色至秋依然青翠，而日光穿过其间，更显得玲珑。林红竹翠，本来正宜会集朋友把酒吟诗，但现在酒友离散，如同秋风中的燕子；诗社亦已凋零，正像霜后梧桐。颈联两句写景，比兴意味很重，零落的秋景中带有人事象征，因而自然地过渡到末联，引起诗人惋惜聚散匆匆，慨叹无人伴其醉吟。

诗题为"怀贯之"，篇中并没有出现"怀"的字样，但从诗人长吟远慕的情绪和行动中，却表现出对友人的强烈、深沉的怀念。诗中友人虽未出面，而处处让人感到他的存在，时时牵绕着诗人的感情和思绪。那危台，那林木，那翠竹，不用说都曾经是作者和友人登览、吟咏的对象，其间都好像留有友人的一点什么，却又无可寻觅，反而触景兴慨。这样从诗人怅惘的状态和表现中，便把萦绕在心头难以排遣的怀念之情表现得非常深入切至。

怀念人的诗，格调上一般似以低回婉转容易取得成功，但此诗气格却颇觉高远。开头独步无聊、危台四望，就有一种超迈迥拔之气。所写的红叶、秋桐等秋景，也是以清幽萧疏的基调，反映着人的情绪。诗中说友人是"暂来径往"，似乎离别的当儿也没有那种依依之情。显然，诗人的怀念属于更深沉、更内在的一种类型。而这，在艺术上则可能更难于表现一些。 （余恕诚）

【作者小传】

韩 琦

(1008—1075) 字稚圭，自号赣叟，相州安阳(今属河南)人。天圣五年(1027)进士。累迁右司谏。仁宗时任陕西经略招讨使，与范仲淹等指挥防御西夏战事，久在兵间，时称"韩范"。入为枢密副使，嘉祐中官同中书门下平章事，累封魏国公。卒赠尚书令，谥忠献。徽宗时赠魏郡王。有《安阳集》。

柳絮二阕

韩 琦

惯恼东风不定家， 高楼长陌奈无涯。
一春情绪空缭乱， 不是天生稳重花。

絮雪纷纷不自持， 乱愁萦困满春晖。
有时穿入花枝过， 无限蜂儿作队飞。

这是两首即景之作，先说第一阕。

风中柳絮和风中百花是不同的，当阳春将尽、百花渐谢的时候，唯有柳絮不仅未零落成泥，反而漫天飞舞。诗人从这种关系入手来把握柳絮的特征，可谓善于状物。但诗人之意在于揭示柳絮性情的轻薄浮躁，所以采取了拟人化的手法。"惯恼东风"是关键，"不定家"仅仅是表现方式。这就比单纯描绘柳絮的外在情态更深一层，具有更丰富的内涵。

首句是景，次句才点出对景之人。“高楼”，人之所在；“长陌”，柳之所在。登高楼而望长陌，但见柳色如烟，远接天涯，这“不定家”的柳絮，纷纷扬扬，蒙蒙一片。登楼之前，诗人的心境本来是平静的，但现在睹物思情，不由自主，产生了满怀愁情。着一“奈”字，正表明愁来无端，无可奈何。至于这究竟是一种什么愁，则未予点明，仅在下句以“缭乱”作了补充，显示出这既不是单一的故乡之思，也不是纯粹的身世之感，它更为复杂，更为纷乱，因此也更为难堪。

第三句承上启下。既然柳絮漫天无际，既然诗人的愁情也一如柳絮般缭乱飞舞，情景相生相发，岂不是越来越无可奈何吗？如果顺势写下去，也并非不可，但“文似看山不喜平”，须作顿挫。第三句便是这样的顿挫，引而不发，为下句蓄势。空，徒然之意。诗人经历了烦闷、思索，终于豁然开朗，明白了柳絮“不是天生稳重花”，前此种种的情绪缭乱都是徒然的感喟。需要说明，第三句兼指诗人和柳絮而言。就诗人说，以他那样严肃的性格却为并不“稳重”的柳絮动情，当然会自嘲为“空缭乱”。就柳絮说，它癫狂起舞，轻薄作态，必然落得毫无结果，当然只是“空缭乱”！这里即物即人，不粘不脱，有浑融无迹之妙。

第二阕紧承第一阕而来。这时诗人的情绪已经平静，所以能以静观的态度来写。

一二句大笔渲染，在广阔的空间背景下活现出“絮雪纷纷”的轻薄浮浪之态。“乱愁萦困”是比喻之词。稍晚于韩琦的贺铸曾以“满城风絮”比喻闲愁，韩琦则是以萦怀困人的乱愁比喻满天风絮，实景虚写，一反以具体喻抽象的惯例，格外新鲜动人。

三四句则选择了一个细节加以描绘。由“穿入”而“过”，这是一个短暂的过程；“无限蜂儿”争先恐后地追着它飞，更衬出柳絮飘得极快。蜜蜂的性情是慕香爱色，而柳絮偏偏乏色少香，这就构成了一对矛盾。如果柳絮不“穿入花枝”，没有烂漫花丛作映衬，它就与蜜蜂无涉。而一一“穿”而“过”，既巧妙地借来了色香，又活泼有致，引来了“无限蜂儿”成队追逐。诗用“有时穿入花枝过”表现柳絮的狡狯轻薄，用“作队飞”表现蜜蜂的快乐和轻捷，精切传神。

“有时”一联写景，其特点主要是细，但又并非详尽无遗，句无余味。具体地说，诗只写“穿入花枝过”，却并未细写花枝，而枝的繁盛、花的灿烂都历历如在目前；诗只写“无限蜂儿作队飞”，也未展开描写，而那争先之状、嗡嗡之声，都可想见。景外有景，耐人寻味。

这两首七绝，每首都有其独立意义和艺术上的特色。但篇章前后的安排，却又显然有总体的考虑，次序绝对不能颠倒。既富于变化又周密严谨，于此也可窥见诗人的匠心。

(陈文新)

北塘避暑　　韩　琦

尽室林塘涤暑烦，　旷然如不在尘寰。
谁人敢议清风价？　无乐能过百日闲。
水鸟得鱼长自足，　岭云含雨只空还。
酒阑何物醒魂梦？　万柄莲香一枕山。

这首诗大约作于韩琦晚年因反对王安石变法，罢相守北京(今河北大名)之后。首句擒题，交代了时间(夏天)、地点(尽室林塘)，次句渲染极为幽静的自然环境(如不在尘寰)，并以"旷然"一词挑明题旨，抒发其超尘拔俗的思想感情和"不羞老圃秋容淡，且看黄花晚节香"(《皇朝类苑》)的正直清廉的高尚情操，表现了他的宽阔胸怀。

第二句用"如不在尘寰"比喻旷然之情，空灵飘逸。但作者犹嫌不足，在颔联中再进一步为"旷然"作注。在炎夏酷暑中，一般俗士，每喜以管弦消遣。但作者不借外物，只以沐浴清风自娱，悠然自得，摆脱了尘寰的炎热和烦恼。"清风"何以有如许魅力？且看稍后的苏轼《赤壁赋》："惟江上之清风，与山间之明月，耳闻之而得声，目遇之而成色，取之无禁，用之不竭"，即可明了。倘悟此意，即能烦恼冰消。"清风"一词语意双关，又表明正直无私，两袖清风。这里用"谁人敢议"的反诘句法，加强语气，著一"敢"字，尤为雄健峭拔，与下句"能"字对照，一个突兀而起，一个平平淡淡，起伏跌宕，足见诗人的功力。

颈联虚实并用，熔写景、抒情、说理于一炉。"水鸟得鱼"、"岭云含雨"，一近一远，一俯一仰，这是实写。"长自足"、"只空还"抒发作者感情，这是虚写。但细细品味，知其不唯写景抒情，还是以象征手法阐发人生哲理，所写之景不必是眼前实景。全联意谓要像水鸟那样"知足保和"，岭云那样来去无心。亦即庄子所谓"至人无己，圣人无功，神人无名"的"无为"思想。不去追求功名利禄，外在的事物都是有限的；追求内在的精神品格，才是他要表现的主要思想，也是他能旷然自得的根源所在。据《宋史》本传，他屡次主动辞位，确能"长自足"。但从他"凡事有不便，未尝不言"，"前后七十余疏"看，他也不薄事功。不过，"达则兼济天下，穷则独善其身"，本是儒家传统思想。韩琦如此，并不矛盾。

尾联是讲修养之法。韩琦不需要逃入酒乡以求忘忧，他酒醒之后，自有清心澄虑之物，即"万柄莲香一枕山"。这句衬托出他胸襟的清高脱俗。

这首诗含蓄蕴藉，境界高远，有雍容闲适之致。　（周凤岗）

郡圃春晚① 　韩　琦

溶溶春水满方塘，　栏槛风微落蕊香。
尽日杨花飞又歇，　有时林鸟见还藏。
沉疴不为闲来减，　流景知从静处长。
欲战万愁无酒力，　可堪三月去堂堂。

〔注〕 ① 郡圃：宋不设郡，但习惯仍称州为郡，故州署后的园圃亦称“郡圃”。

这是韩琦晚年知相州（治所在今河南安阳）时的作品。当时诗人既老且病，连一般的公务也应付不了，只能终日闲居；这种生活，对于以天下为己任的韩琦来说，无疑是一种难耐的折磨。而当他对着郡圃的一派暮春景色时，感物生情，这种愁情更抑制不住。因此，前半首就从这些景物着笔，但并非简单罗列，而是融合了诗人不断变化的情绪，表现出深厚的功力。

“溶溶春水满方塘”，一个“满”字，活画出春水方生的气象。当此碧波平岸、春深如海之际，似应开口一笑，愁苦俱忘。但突然之间，微风送来几缕淡淡的清香，诗人敏感地知道：这是春花正在随风飘堕。芳时难留，烟景不再，该送春了！目光所对是自然界的落花，心中所思则是生命的凋谢，情不自禁，悲从中来。但妙在诗人并不将这种愁情一泻无余，而是极为含蓄，暗寓于景物描写之中：“尽日杨花飞又歇，有时林鸟见（即现）还藏。”“尽日”，这是根据当时的观察作出的推论，从中隐隐可见诗人的闲愁。在用字遣词上，“又”、“还”，亦意在表现景物的不断重复，单调可厌，从而展示出诗人心境的烦闷、孤寂。

第三联由景及人，关键在一个“闲”字（“静”也是闲的意思）。韩琦本来是不“闲”的，他一向在朝廷或边关任职，政事繁剧，军务倥偬；当身染重病之后，为了调养，才申请回到故乡相州任职，因为这里是内地，要“闲”得多。后来病情加重，更是终日“闲”居了。但结果怎样呢？“沉疴不为闲来减”，希望落空了；不仅如此，还因为过于闲散却又不甘闲散，既有生理的痛苦，又有精神的苦闷，更觉得时间难熬。所以，“流景（即时光）知从静处长”在字面和上句是对偶，但意义并非平列，而是递进一层，抒写他的伤感。

最后一联直抒无可奈何的春愁。古人称酒为“酒兵”，谓酒能消愁，如同兵能克敌。说“欲战”，就暗含这个比喻在内。“愁”本不可数，加以“万”字，突出愁多，“战”字则从反面衬出愁多。愁情既如是之甚，当然想借酒一浇，无奈因病戒酒，连这也不能做到。于是，一切防守的力量尽失，只好任凭“万愁”进攻。

那么，这“万愁”从何而来呢？诗的最后一句用力点破：“三月去堂堂。”这既是实写春水满塘、春花堕地，浩荡春光正堂堂逝去；同时，它又是虚拟，比喻诗人桑榆晚景，沉疴在身，这是愁的根源，自然界春天的逝去不过是愁的触媒。诗用五个字将这两层丰富的内容融为一体，所以极有分量；唯其如此，“可堪”二字才益显沉重，情调衰飒，令人不胜其悲。（陈文新）

【作者小传】

赵　抃

(1008—1084)　字阅道，号知非子，衢州西安（今浙江衢州）人。少孤。景祐元年(1034)进士。官殿中侍御史，弹劾不避权贵，京师号“铁面御史”。历知杭州、青州、成都。神宗时，擢参知政事，与王安石议政不合，再出知成都。卒谥清献。有《清献集》。

和宿硖石寺下① 赵　抃

淮岸浮屠半倚天，　山僧应已离尘缘。②
松关暮锁无人迹，　惟放钟声入画船。

〔注〕 ① 硖石：此处所指在今安徽凤台西南淮河边。 ② 尘缘：佛教认为色、声、香、味、触、法为六尘，是污染人心、使生嗜欲的根缘。

船停泊在淮河岸边的硖石山下，山上坐落着一所古寺。山并不高，但从河底的船中仰视，寺里的古塔却给人“半倚天”之感。硖石一带环境幽静，加上古寺高踞山巅，遂使人觉得寺中的老僧，想必佛性圆足，超脱尘境了吧。舟行是寂寞的，此时舟次硖石，想到方外老僧，不免会起探胜造访的念头，也许是在舟中纵目眺望，也许已经登上了河岸，但发现松径边寺庙的栅栏是锁着的，寂无人迹。于是希望变成了怅望，古寺在人心理上似乎愈去愈远了。然而就在这怅望之际传来了暮钟的声音，一声声进入画船。那佛国世界本已邈焉难即，此时却放出钟声来到人间，这种声音，发人深省，令人神往。

诗以短短四句写出淮岸硖石古寺那样一片天地，同时表现了诗人的情感活动，面对眼前的山寺，虽身未能至而心向往之。作者也许借鉴了唐人张继的《枫桥夜泊》，但张继写的是船泊枫桥的羁愁和附近的清景，下笔的中心在诗人自己这一面。而此诗的中心落在硖石寺那一边，着重写硖石寺的环境气氛。诗人的情感在对景物的观照中表现得更其隐约。

诗在空间位置的处理上，首句是向上仰观古塔，末句是钟声下及画船。自下而上，复又自上而下，硖石古寺在心理上高远超脱的印象，即不待刻画已自然形成。在景物的配搭上，既有动，又有静，既有山巅古寺，又有水滨画船。于互相映衬中突出了硖石寺的静穆，而不显得枯寂。末句由写视觉感受，转到写钟声，更添出无限诗意。可以想象，那钟声在船头，在水上，荡漾传送，终于消失，但在心灵深处却悠然不尽，久久牵动旅人的情思。诗遂似收而未收，富有余味。

（余恕诚）

次韵孔宪蓬莱阁[1]　　赵 抃

山巅危构傍蓬莱，　水阁风长此快哉。
天地涵容百川入，　晨昏浮动两潮来。
遥思坐上游观远，　逾觉胸中度量开。
忆我去年曾望海，　杭州东向亦楼台。[2]

〔注〕 ① 宪：御史的省称。蓬莱阁：在越州（今浙江绍兴），位于鉴湖之滨。 ② 末句原注："杭有望海楼。"

一位带御史衔的姓孔的朋友，登越州蓬莱阁，写了一首观潮的诗寄给赵抃，本篇是赵抃的和作。

前四句是一幅蓬莱阁上望潮图。首句写阁的地势和建构之高，以见观潮视野的广阔。它在句法上是倒装，若把主谓语的顺序调整一下，便成"蓬莱危构——傍山巅"，意思也就非常容易明白。次句"水阁风长此快哉"，语言结构和声调都不像上句那样顿宕错落，又用了语气词"哉"，句势在律体中显得特别雄直。读之确实有水阁凌空、海风悠长的快感。这在情感和语气上已经为观潮作了准备，给全篇定下了基调。颔联写潮水，但在写潮水前先写大海。"天地涵容百川入"，说大海总汇江河百川之水，将天地包容在它的怀抱里。有此一笔，就写出了大海的广阔和气派，潮势即不待言而读者自能想见，故第四句未对潮势作正面描绘，腾出笔墨写晨昏两次起潮，以见大海的动荡不息。

诗的前半，不仅写了水阁、大海和海潮，也透露了临海观潮时的感受和兴奋心情。写得这样真切，似乎观潮人就是作者自己，但诗题是"次韵孔宪蓬莱阁"，观潮者实际上是孔宪。如何把前面似乎直接写自身所见所感转移到孔宪一边？

带着这个问题看第五句,便觉得诗人在开合收纵方面从容自如,运调得力。"遥思坐上游观远","遥思"二字极自然地把上四句所写的感受,转移给了孔宪。而"游观远"不仅概括了观潮的宏远景象,且将笔势拓开,由宏大阔远的视觉感受,引向"逾觉胸中度量开"的心境感受。设想对方此时必然格外心胸开豁。这虽是出于作者的揣度,但由于有前四句作铺垫,使人觉得"度量开"既豪宕而又着实有力。以情结景,成为前面写观潮的绝好收束。至此,诗意已经丰足,但收尾又转折推宕开去。"忆我去年曾望海,杭州东向亦楼台。"由对方转而联想到自己,回忆去年在杭州亦曾望海。虽只似淡淡提起,但"忆"字却又可以引人回味前六句所写的观潮情景,原来那情景作者亦曾是亲有体会的。由遥思对方而"忆"及己方。围绕观潮,诗人的想象和情感萦绕回环,给这首总体上是雄直豪迈的诗增添了回环之美。

这首诗无论写海潮,写人的胸襟,都显出一种开阔的景象,健举的气概,但不靠描摹刻画,而多用健笔直接抒写,那水阁风长的快感,那涵容天地百川的大海,那晨昏两次浮动的海潮,那"游观远"的视野,"度量开"的心胸,都显得开张雄阔。语言上绝去藻饰,不用典故,造语的质朴劲健,感情的豪迈,加上章法的开合转折,于律诗中融进了参差拗健之美。《宋诗钞》说赵抃写诗"触口而成,工拙随意,而清苍郁律之气,出于肺肝",这首诗是能够体现这一特点的。　(余恕诚)

题杜子美书室　　赵　抃

直将《骚》《雅》镇浇淫,　琼贝千章照古今。
天地不能笼大句,　鬼神无处避幽吟。
几逃兵火羁危极,　欲厚民生意思深。
茅屋一间遗像在,　有谁于世是知音?

唐代大诗人杜甫的书室存留至宋代的可能不止一处,但这首诗说到杜甫在异乡羁留,所指的书室显然不可能在中原地区。赵抃一生曾三次镇蜀,蜀地杜甫遗迹甚多,因此,此诗所题的书室,当属成都草堂,或是蜀地的另外某处。

给杜甫书室题诗,困难在于面临杜甫这样伟大诗人和他的辉煌作品,写不好就相形见绌,落"弄斧"之讥。所以不少作者往往取偏锋,从侧面着笔。但赵抃这首诗却从正面进行歌咏,概括地写出杜甫其诗其人,这是有相当难度的。

诗一开头就用正大的语气,肯定杜甫诗歌的崇高地位和光辉成就。径直把杜甫的诗歌比同《骚》、《雅》,说它起着压制浇薄、淫巧颓风的作用。"浇淫",既指世风,亦指文风。压制浇淫,可见有辅时济物的巨大功绩。杜诗的内容紧密关乎教化,而艺术又极高,像琼玉,像采贝,累累千章,光照古今。这样,首二句充分写出了杜诗的成就。三、四句进而极赞:"天地不能笼大句",言其规模气概横绝六合;"鬼神无处避幽吟",言万类在其笔下都显现形貌而难以逃避。清人仇兆鳌曾批评这两句"语意拙滞",似嫌过苛,应该把它放在全篇中加以考虑。设想这两句如出现在诗篇开头,则不唯拙滞,且亦空疏。但有一、二句作铺垫,这样赞扬却不显虚泛。若换上其他工巧一些的句子,便有可能伤于纤弱而没有现在这样庄重。

杜甫一生经历和他的思想与创作有自己的特点。诗在完成对杜甫的总评价之后,揭示了这种特点。"几逃兵火羁危极",概括他在安史之乱中所受的乱离之苦。"欲厚民生意思深",则归结到了老杜"穷年忧黎元"的精神。这一联写出老杜异于其他诗人的地方,造语朴实,而用意颇深。以羁危之身始终抱厚民之意,正是老杜之所以为老杜。而羁危之极的遭遇,则又使杜甫对生民的艰难有更深切的体验。宋代一般文人喜欢强调杜甫"每饭不忘君",赵抃重在赞扬杜的"欲厚民生",这是他见识超卓的地方。可能正是由于有这种卓见,他觉得世上真正了解杜诗深意、堪称杜甫知音的人并不多。"茅屋一间遗像在,有谁于世是知音?"言外见作者在杜甫的书房和遗像前瞻仰凭吊,体味杜诗的广博和欲厚民生的深意,颇觉要真正成为杜甫的知音并不容易。而作者自己则隐隐然有以知音自居的意味。这一联作为全诗的结尾,因点出"茅屋一间"收归到诗题的"书室",因有谁是知音的诘问,又把诗意向深远处再拓开一步,对于这首诗的圆满完成,颇关重要。但它不是凭空添缀得来,而是水到渠成之笔。"茅屋"乃杜甫逃难羁留之所,在第五句即已伏下根子;关于知音的诘问,近则由"意思深"生出,远则可追溯到首句《骚》、《雅》和浇淫的斗争。正缘有浇淫的世风和文风,使许多人沉溺其中而不自知,因而谁能深知《骚》、《雅》,作杜甫知音的慨叹,也就不是凭空而发了,可见全诗首尾之间有着内在联系。诗把对杜甫总括的评价、推许置于前半,一开始就高占地步,显得气格非同一般,然后由高处倾注而下,至结尾发为慨叹,遂更显得深沉有力,在内容和篇章的安排上也恰到好处。　(余恕诚)

【作者小传】

石象之

生卒年不详,字简夫,新昌(今属浙江)人。庆历二年(1042)进士。官太常博士、太子中允,以文学名世。

咏　愁　　　　石象之

来何容易去何迟，　半在心头半在眉。
门掩落花春去后，　窗涵残月酒醒时。
柔如万顷连天草，　乱似千寻帀地丝。
除却五侯歌舞地，　人间何处不相随？

人处社会中，难免会遭遇到不如意之事，于是便有了"愁"，于是在诗人笔下，便也产生了抒写愁情，诸如乡愁、边愁、离愁、春愁、闲愁一类的篇什。这首七言律诗可能就是石象之"识尽愁滋味"之后感慨系之而赋成的。不过，在诗中，他并未发抒某种具体的愁情、愁思，而是专咏愁之为愁。

首联追寻"愁"的踪迹。大千世界之中，决计不会有人喜欢"愁"的，然而"愁"却丝毫不理会人是否欢迎它，常会不请自到。既来了，又往往挥之难去，因而诗人慨叹道："来何容易去何迟。"它悄悄地向着你走来，驻于何处？有词曰："何处合成愁？离人心上秋"（吴文英《唐多令》），它总是停留在人们的心头，而眉峰又是人的心灵之窗，心头之愁，每每会显现于眉端，"半在心头半在眉"，一下子就捕住了"愁"的踪影。

次联揭露"愁"潜入的时机。由于种种不同原因，那些心中原就满贮着愁情的人，他们早已谙尽了愁的苦味，就也最怕"愁"的时时侵袭，所以他们往往要努力将"愁"流放到心房的僻远角落里，再筑起道道精神防线。可是，"愁"颇能欺人，它会待时而动、乘隙而入。诗人认为，"愁"最易潜入的时机有二：一是"门掩落花春去后"。几番风，几番雨后，春色匆匆归去，遗下满地落花狼藉。此情此景，门内孤独的断肠者窥见，最能勾起满腹愁绪，于是李煜便有"流水落花春去也，天上人间"（《浪淘沙》）的亡国哀愁；欧阳修笔下也有"门掩黄昏，无计留春住。泪眼问花花不语，乱红飞过秋千去"（《蝶恋花》）的青春少妇被弃之悲愁。一是"窗涵残月酒醒时"。愁人意识到"愁"又将悄悄爬上心头时，便要"举杯消愁"。可是，待他从沉醉之中醒来时，瞥见残月斜照窗槅，想到"人有悲欢离合，月有阴晴圆缺，此事古难全"（苏轼《水调歌头》），"愁"又必然冲破防线，笼罩心头。诗人想必早有体验，因此深感此二时辰，愁人之于"愁"，就会"眉间心上，无计相回避"（范仲淹《御街行》）了。

三联描写"愁"来的情状。恼人的"愁"，既已萦绕在愁人心头，停留在愁人眉上，那愁人便觉愁思弥漫，铺天——"如万顷连天草"，盖地——"似千寻帀地丝"（八尺为寻。帀，"匝"的异体字，环绕），把他团团包裹在其间，将他紧紧捆缚在其中，使人难堪，令人痛苦。你想挣脱它吗？它又"柔"又"乱"，剪不断，理还乱。着实叫人无可奈何，于是男儿如李太白者，便发誓要“明朝散发弄扁舟”(《宣州谢朓楼饯别校书叔云》)而去；女子似李易安者，却只能悲诉：“莫道不消魂，帘卷西风，人比黄花瘦。”(《醉花阴》)

末联慨叹“愁”之随处皆在。五侯，说法不一，西汉成帝时，王商等五人同日封侯，时人称为“五侯”；东汉梁冀一家有五人封侯，称梁氏五侯；这里泛指达官贵人。“愁”是如此气人(首联)、欺人(次联)、恼人(三联)，故而诗人叹道：那些达官贵人在歌台舞榭，花天酒地，醉生梦死，或许不知愁为何物，除此之外，愁乃“人间何处不相随”！

曹植有《释愁文》也写“愁”：“愁之为物，惟惚惟恍。不召自来，推之弗往。寻之不知其际，握之不盈一掌。寂寂长夜，或群或党。去来无方，乱我精爽。”相比而论，二者意思上虽有相似处，但显然石诗形象更鲜明、生动，兼之“万顷”、“千寻”一联妙喻，不仅为曹文“寻之、握之”所不及，而且即便跻于历代写愁佳句之列也毫不逊色，这首“咏愁”之作，通篇不著一“愁”字，却没有一句不切题意，诗人似乎在制谜语。李商隐有《泪》诗，也是通篇写泪而字面未出现泪字。这类诗以巧丽胜，近于文字游戏，大家或偶一为之。《宋诗略》评曰，此诗“格虽不高，却有神无迹”。确是的论。 (周慧珍)

【作者小传】

李 觏

(1009—1059) 字泰伯，建昌军南城(今属江西)人。世称盱江先生，又称直讲先生。庆历二年(1042)举“茂才异等”不第。倡立盱江书院。皇祐初，以范仲淹荐试太学助教，历任太学说书权同管勾太学。拥护庆历新政。极力排斥佛、道二教。以文章知名。有《直讲李先生文集》(亦称《盱江文集》)。

忆钱塘江

李 觏

当年乘醉举归帆，　隐隐前山日半衔。
好是满江涵返照，　水仙齐著淡红衫。

浙江流经今杭州市南的一段，别名“钱塘江”。诗以追忆之笔，描绘了钱塘江薄暮的奇丽景色。

首句即紧扣题面。当年，一作“昔年”，意同，切题“忆”字。“举归帆”三字，切“钱塘江”三字。举，高挂。当年，诗人可能是在钱塘江里坐船回故乡去，故称“归帆”。诗人道：想当年，我乘着酒醉，高挂起归船的风帆，回故乡南城(今属江西)去。“乘醉”二字统摄全诗，故其忆中之景，似真似幻，若实若虚，具有一种缥缈空灵之美。

次句写落日奇观。诗人在船上，先抬眼望远。“前山日半”，是说天已薄暮，夕阳西沉，前面山头上只余下了一半太阳。此是常景，不足为奇。然而，冠以“隐隐”，接上一“衔”，却是这位带着一副蒙眬醉眼的诗人所看到的奇观：船摇晃着，隐隐地看见前方有一座山峰，它已衔进了半只金乌(太阳)，余出的另半只，正在山顶上抖动着耀眼的金光。

末两句咏江面奇景。涵，容受。水仙，指水中女神。钱塘、西湖一带有水仙王庙，苏轼有诗曰：“一杯当属水仙王。”(《饮湖上初晴后雨》其一)诗人目光继又下移，观赏金光洒照的江面。此时江上景色，但见：返照入江，江水全红，片片白帆也泛着淡红光芒，景致十分瑰丽。不过，这位眼花耳热、醉态可掬的诗人，所见又自不同：看那斜阳返照的江面，江水一片灿红。水面上，一群穿着淡红衣衫的水仙，凌波微步，美艳动人。

上面二景，山能衔日，白帆变水仙，出人意想之外。然而，这一切都出之于诗人醉中的幻觉，因而又在情理之中。唯其如此，其景才由瑰丽而成奇丽，给人以一种新异的美感。

凭借回忆写景，却写得活灵活现；想象奇特，譬喻巧妙，却又纯乎天籁；对大自然的无限喜悦、热爱之情见于言外。　　(周慧珍)

璧　月　　李　觏

璧月迢迢出暮山，　素娥心事问应难。
世间最解悲圆缺，　只有方诸泪不干。

宋代有些诗人的作品，不免时有言意俱尽之弊，有逊唐人。但对世上事物的评价，往往是相对而言的。这首《璧月》诗咏常见之景，风格沉挚，寄托既明显亦含蓄，是宋诗中能继唐人一脉的作品。

月圆如璧，又现于暮山之上，而此时的素娥心事诚有难以言说者。“问应难”三字内涵甚富。东坡曰：“人有悲欢离合，月有阴晴圆缺，此事古难全。”是此事本不问亦可知，而竟然问之，则此事诚有不易说或不堪说之难。月有阴晴圆缺，是事物之常，本不难说，若问人心间之事，则有难乎为言者。今以人世事质之于天上素娥，素娥岂能说乎？

次两句，仍在咏月，句句不离所咏之物，而句句亦仍倾诉情怀。深知离别之苦者，当是世人，但，具深情者却不在人间，亦即情之深者应为世人，而实非世人。此非真谓物反多情，只是想说出世人无情而已。此即所谓夸大，亦即所谓无此理却有此情。方诸，古名阴燧，亦称阴鉴，鉴燧，古代于月下承露取水之器。远古用蛤壳，后用铜铸。铜铸方诸，可以照人，其圆如月。唐陆龟蒙诗："月娥如有相思泪，只待方诸寄两行。"《飞燕外传》："真腊国献万年蛤，光彩如月。……飞燕以蛤置帐中，常若满月。"远古取水用于祭祀，汉时承露盘即其遗制，而用于调药。

圆缺，以小者言，曰悲欢离合，以大者言，曰世运兴衰。悲欢离合，为个人哀怨。而关心世运兴衰则为代万人患难而痛心之仁人用心。前者人皆能之，后者则不多见。

方诸的有泪如珠，并非因为它自身忧苦，它本为无情之物，亦如诗人并非为自身忧苦，诗人一身又何足论？此泪自是万人愁苦之所凝聚，化而为仁者之泪。方诸形如璧月，故此处方诸、璧月无所区别，说方诸含泪，亦即说璧月含情，遍照人间哀苦。璧月有泪而人竟无情，此诗人之所以浩叹也。

世上最能理解圆缺兴衰之苦的，看来"只有"方诸而已。愤世嫉俗之言，而以凄婉之语出之，其感慨也深矣。

（孙艺秋）

读长恨辞　　李 觏

蜀道如天夜雨淫，　　乱铃声里倍沾襟。
当时更有军中死，　　自是君王不动心。

这首诗是李觏在读了白居易《长恨歌》以后所抒发的感慨。起始两句"蜀道如天夜雨淫，乱铃声里倍沾襟。"用《长恨歌》"夜雨闻铃断肠声"诗句本意，而略加扩展。作者用"淫雨"表示久雨；用"乱铃声"表示明皇在经过栈道时凄惶的心情；用"倍沾襟"表示他思念贵妃的哀痛之深。《明皇杂录》有这样一段记载：明皇奔蜀，到了斜谷口，正当霖雨不止，在栈道中夜闻铃声与雨声相应，明皇既悼念杨妃，因采其声制成《雨淋铃》曲。作者所追叙的，正是这段故事的简化。

从白居易《长恨歌》的内容来看，虽有讽喻的成分，但不占主导地位，歌辞用大量笔墨写李、杨之间天上人间生死不渝的爱情，并不把明皇对杨妃的宠爱说成是促成安史之乱的根本原因，而杨妃马嵬驿前的惨死，也就并非罪有应得。如果明皇和贵妃，只是一对普通的爱情伴侣，那么悼念自己的爱人，自然无可非议，可惜的唐明皇是一代君王，在"安史之乱"这场巨大的祸乱当中，因战祸遭受苦难的人民，因抗抵叛军而流血牺牲的将士，不啻亿万。君王对他们的流离失所，浴血军前,并不动心,所悼念的只是马嵬驿前宛转死去的蛾眉,那么君王的沾襟泪水,原不过是怀念当日“承欢侍宴”的荒淫的生活,从这一角度来看,似乎“安史之乱”对明皇来说,只不过是失去一位宠妃。作者兴感至此,于是慨然写下了后两句:“当时更有军中死,自是君王不动心。”作者以军中将士之死,和杨妃马嵬之死作对比,以“倍沾襟”和这里的“不动心”作对比,这谴责,是颇有分量的。作者愤惋的是这位君王“不爱江山爱美人”,忘记了遭受灾难的人民,忘却了在战争中为国牺牲的战士。这样的论调可以算得是皇皇史笔了。可见作者此诗和《长恨歌》的主题是截然不同的。《长恨歌》同情李、杨的爱情,所写的“希代之事”,显然是指传说中明皇和杨妃那种“在天愿作比翼鸟,在地愿为连理枝”的爱情故事。作者此诗立意翻新,发前人所未发,和唐代著名诗人刘禹锡《华清宫》、杜牧《华清宫》、郑畋《马嵬坡绝句》之并不责备明皇或李益《过马嵬》、李商隐《马嵬二首》、罗隐《帝幸蜀》之为杨妃鸣不平者完全相反,以新奇取胜,耐人寻味。　　（马祖熙）

乡　思　　　　李　觏

人言落日是天涯,　　望极天涯不见家。
已恨碧山相阻隔,　　碧山还被暮云遮。

落日黄昏,是极惹人愁思的时刻。这一时刻,百鸟归巢,群鸦返林,远在他乡的游子又怎能不触景生情归思难收?李觏的这首诗所表现的,正是游子在落日黄昏的时刻,所滋长的浓郁乡思。

首二句从极远处着笔,写诗人极目天涯时所见所感。人们都说落日处是天涯,可我望尽天涯,落日可见,故乡却不可见,故乡实更在天涯之外。二句极力写出故乡的遥远。诗人对空间距离这一异乎常人的感受,虽出乎常理之外,却在情理之中。钱锺书《宋诗选注》引石延年《高楼》:“水尽天不尽,人在天尽头”;范仲淹《苏幕遮》:“山映斜阳天接水,芳草无情,更在斜阳外”;欧阳修《踏莎行》:“楼高莫近危栏倚,平芜尽处是春山,行人更在春山外”;《千秋岁·春恨》:“夜长春梦短,人远天涯近”;以为与本诗首二句“词意相类”。他们与李觏同时,情之所至,感受相同,实是自然的巧合,有异曲同工之妙。只是石延年等人都是直言己之所感,李诗却先引“人言”作陪,用的是以客形主之法,语意更为痛切。

落日终于西沉了,暮色从天际逼来,把诗人的视野压迫到近前碧山。三四句即从近处着墨,写诗人凝视碧山的所见所感。“已恨”句转折巧妙,既承接上句,补充说明“不见家”之由,又“暗度陈仓”,由前二句着眼于空间的距离转到着眼于空间的阻隔。故乡不可见，不仅因为距离遥远，还因为路途阻隔，所以逼出一个“恨”字来。第三句用“已恨”二字领起，无限感慨已在其中。第四句再递进一层，故乡为碧山阻隔，已令人恨恨不已，何况眼下碧山又被暮云遮掩。诗用“还被”二字唤起，直使人觉得障碍重重，恨重重。再说，山本可用青、绿形容，用青更符合诗的平仄要求，可是诗人却用碧字，大约是因为青、绿较为轻、明，碧较为重、暗，不仅更符合暮色苍茫中山的色彩，而且能唤起凝重情绪。而当苍茫的暮色遮掩住碧山，给人的凝重压抑感也就更加强烈。诗至结尾，随着时间的冉冉推移，诗人的视野由远而近、由大而小的逐步收缩，色调的由明而暗的变化，结构上的层层递进，那乡思也就愈来愈浓郁，以致浓得化不开。

全诗在时间、空间、光色与结构上组成了一个浑成统一的艺术境界，给人以强烈的凝重压抑之感。（张金海）

秋晚悲怀　　李 觏

渐老多忧百事忙，　天寒日短更心伤。
数分红色上黄叶，　一瞬曙光成夕阳。
春水别来应到海，① 山松生命合经霜。
壶中若逐仙翁去，② 待看年华几许长。

〔注〕 ① 春水句：梁江淹《别赋》：“春草碧色，春水绿波，送君南浦，伤如之何。” ② 壶中句：壶公是传说中的仙人。据《云笈七籤》记载：壶中有日月如世间，有老翁夜宿其内，自号壶天，人称为壶公。《后汉书·费长房传》也记有长房从卖药壶公学道的事。

这首诗题为《秋晚悲怀》，诗人把主题定得十分明显。自从宋玉在《九辩》中大抒悲秋情怀之后，感秋、悲秋就成为历来诗人常写的主题之一，这首诗也是借秋晚的景象，抒写自己内心的悲感的。起始两句“渐老多忧百事忙，天寒日短更心伤。”感叹时光易逝，素志未酬。“渐老”则已是人生的秋天；“多忧”，可知世事并非平静；“百事忙”，可见劳生碌碌，生计维艰。但诗人伤怀者尚不止此，时已暮，天渐寒，日渐短，时序是不留情的，流逝的时光，能够再回来吗？“惟草木之零落兮，伤美人之迟暮！”一个有心的志士，又怎能不感到悲伤呢？这两句是从悲秋之情着笔，先把心事和盘托出，以见情真。次两句写秋天的景色，但景中寓情，“数分红色上黄叶”，在大自然原不过是点染秋色，在诗人却体察到时事的易于变迁。“一瞬曙光成夕阳”，更使人深惜曙景不长，朝晖易成夕照。“数分”以显其渐变；“一瞬”，以明其短暂。秋晚降霜，黄叶染成了红色。日暮了，夕阳虽好，毕竟抵不上朝阳；"霜叶红于二月花"，虽然给人以另一种美的感受，但毕竟不及春花啊！诗人是多感的，他们也懂得四时运行的规律，但面对现实，总难免产生淡淡的哀愁，因此这样的诗句，还是能引起不少人的同感。第五、六两句写了诗人开拓心胸，从现实中力求振奋。诗人想到流去的春水，应有到海的时候，它载去人们送别之情，祝愿它流进大海，汇成那雄波巨澜，在奔腾浩瀚、无边无际的海洋中，有它一分生命的力量。接着又想到山上的青松，青松的生命，是耐得住风霜的，在风欺霜打之后，依然虬枝奋昂，老干撑天，丝毫不带有畏怯的样子，兴许是因为它只该经霜吧。前句以"应到海"表示推测，是写他人；后句以"合经霜"表示理所当然，是写自己。前句于吟想中见柔情，是对他人的怀思；后句于激奋中见劲节，是对自己的策励。但诗人此时并未得到完全的超脱，丝丝缕缕的秋怀，仍然使他有"岁月将零"的伤感。在诗的结尾中，诗人说："壶中若逐仙翁去，待看年华几许长。"借用道书中壶公的故事，表示如果能追随着壶中的仙翁，也许能知道人间日月的长短，而不致有岁月蹉跎华年难再的感慨吧。全诗以悲怀起兴，以自求振拔结束，中间两联，对仗自然，语言清新洒落，可见诗人风格的一斑。诗中所表达的情意，对当时怀才未遇的志士来说，有普遍的意义。　（马祖熙）

苦雨初霁　　李　觏

积阴为患恐沉绵，　革去方惊造化权。
天放旧光还日月，　地将浓秀与山川。
泥途渐少车声活，　林薄初干果味全。
寄语残云好知足，　莫依河汉更油然。

李觏有《论文》诗："今人往往号能文，意熟辞陈未足云。若见江鱼须痛哭，腹中曾有屈原坟。"曾被人指目为怪。然反对意熟辞陈、嘲笑徒夸腹笥，实为李觏的重要文学观点；他的诗作，劲质崛强，生新奇特，可以看出是受到唐代韩愈、皮日休、陆龟蒙诸家影响。

久雨初霁之类，本是人们咏熟了的应时写景诗题，但到了李觏笔下，却能振聋发聩，刻意创奇，读来兼有古硬清新之美。诗人抓住了人们苦于久雨、亟盼新晴的特定心理，深入体察，表现出新的境界。先写积阴为患，淫雨兼旬，使人惟恐沉绵阴雨不可摆脱，以点出题面的"苦"，为下句的"惊"蓄势。苦雨一朝革去，真令人喜出望外，使人们不由得惊讶，原来大自然还掌握着这么巨大的权力，挥手之际便可以雨去晴来。积患既除，人们自然感到耳目一新，轻松愉快，进入了一个新天地。

所以下一联“天放旧光还日月，地将浓秀与山川”，就接写造化之功：这里不说日月重光，而说把旧光还给了日月；不说山川增秀，而说将浓秀付给了山川。这种拟人写法，把天地造化写活了。此联虎虎有生气，真是“皮毛落尽，精神独存”（《宋诗钞序》语）。接着一联，具体写景，转向精细入微的刻画。诗人敏锐的观察和独到的感受，主要体现在初霁时的景象转换和感觉变化。车声、果味，一为听觉，一为味觉，再加上上联的光影色彩，使初霁的境界全出。人们欣悦之情不言而喻。诗的题目至此似乎写足无余了，而最后一联，却又峰回路转，再出一层意思：“寄语残云好知足，莫依河汉更油然。”从人的心情说，苦雨太久，心有余悸，担心嫩晴不老，旧雨重来，因此寄语残云：该知足一点了，可别靠着天上河汉的水势，再来油然兴云、沛然作雨，破坏这美好的晴光！这一结束，语重心长，深得抑扬顿挫之妙。

这首诗在炼字上很见功夫。沈德潜《说诗晬语》谓：“古人不废炼字法，然以意胜而不以字胜，故能平字见奇，常字见险，陈字见新，朴字见色。近人挟以斗胜者，难字而已。”这首诗中的“活”、“全”等字，确是平常朴素，然而却十分精彩。“车声活”的“活”字，圆转流利，表达出一种愉快感，它与原先车轮在泥泞中带水拖泥的咿轧之声，形成对照。“林薄初干”（林薄，指茂密的丛林草木），叶上初阳消宿雨，果味尝来，自是鲜美，著一“全”字，不坐实，不说死，但用来恰到好处。像这样的炼字法，很值得玩味。

（顾复生）

残　叶　　　　李　觏

一树摧残几片存，　栏边为汝最伤神。
休翻雨滴寒鸣夜，　曾抱花枝暖过春。
与影有情唯日月，　遇红无礼是泥尘。
上阳宫女多诗思，① 莫寄人间取次人。②

〔注〕 ① 上阳：唐宫名，在洛阳禁苑之东。唐玄宗时，杨妃擅宠，貌美宫人多被遣居于此。天宝中有宫人在叶上题诗云：“一叶题诗出禁城，谁人酬和独含情。自嗟不及波中叶，漾荡乘春取次行。”唐宣宗时，宫人韩氏有题红叶诗：“流水何太急，深宫尽日闲。殷勤谢红叶，好去到人间。”事见唐范摅《云溪友议》及孟棨《本事诗》等。 ② 取次：意为随便、草草、等闲。

《残叶》是一首咏物诗，通篇用拟人法，寄情真挚，词句清新。“悲落叶于劲秋，喜柔条于芳春。”（陆机《文赋》）时序推移，触景抒感，使外界客观的事物，沾染上诗人主观的感情，本是古典诗歌中惯用的艺术手法，而在作者这首诗里，由于笔触细腻，对残叶作多方面的描绘，把残叶赋予感知，就显得更加深刻。

诗的开头两句：“一树摧残几片存，栏边为汝最伤神。”写时已深秋，树叶经过西风的摧残，纷纷凋落，树上只剩有几片残叶了。作者凭栏怅望，顿感神伤，虽然残叶是无知的，但作者把自我的感情和残叶的命运融汇在一起来写，这就形成深情的笔墨。诗中的"为汝"二字，是用得极为亲切的。这残叶不随它们的伙伴一同飞去，是有心留恋自己的母枝呢，还是在回忆它们繁荣的过去呢？作者并没有提起，却在第三、四两句说："休翻雨滴寒鸣夜，曾抱花枝暖过春。"诗人以"休翻"句叮嘱残叶，不要再恋在枝头，在秋雨之夜播送凄冷的秋声。这是从现在情况着笔的。又以"曾抱"句回想叶儿在芳春时节，也曾抱着花枝承受阳春雨露，度过温暖明媚的春天。这是从往昔盛时的情况来写的。前句以"寒"字点翻雨的清冷；后句以"暖"字点抱花的温馨，把叶儿的身世作了鲜明的对比。第五、六两句："与影有情唯日月，遇红无礼是泥尘。"是写残叶的遭遇。前句写残叶在未落之前，日月以无私之情，仍然为它们留下恋枝的瘦影。后句写残叶在经霜之后，虽然染成红叶，但在委落的时候，那无礼的泥尘，却会使它们受到泥滓的玷污。这两句仍从对比落笔，立意颇新。结尾两句："上阳宫女多诗思，莫寄人间取次人。"是设想残叶凋落后的归宿。作者悬想残叶总会有凋零的时候，它们在飘落之后，倘若遇到富有才情的上阳宫女，也许会把自己的心事题在叶上，把叶儿摆在水里，让它流向人间，流到自己向往的情人身边，成为百年好合的媒介。然而人间多情的种子，从来就不是很多的，倘若这叶儿竟落在轻浮之辈手里，不仅姑娘们枉费题诗的痴情，这残叶儿也就得不到她们憧憬的归宿，那凄凉的身世也便更加可悲了。

古代诗人对落叶、残红颇多题咏之作，而写残叶寄兴者却不多。此诗起笔便见深情，三四句奇、警，五六句生、新，结尾两句翻陈出新，余韵不尽，堪称构思精巧之作。

（马祖熙）

【作者小传】

张　俞

生卒年不详。字少愚，号白云先生，益州郫（今属四川）人。屡举不第。因荐除秘书省校书郎，愿以授父而自隐于家。文彦博治蜀，为筑室青城山白云溪。有《白云集》。

蚕　妇

张　俞

昨日入城市，　　归来泪满巾。

遍身罗绮者， 不是养蚕人！

这首小诗，可以称得上是一首言简意赅的政治讽喻诗。诗人以极其通俗简练的笔墨，表现了一个严肃、深刻的主题。

诗中主人公乃诗题所标的："蚕妇"，一个以养蚕为生、深居僻乡、不曾见过世面的劳动妇女。前两句，写她入城与归来。昨日，她到城里去了一次。为何去？进城出售自己缫的丝？丈夫病了，只得由她自己进城？这一切，都无关宏旨，因此诗人不做交代。总之，她进城了。初次进城，也许她是带着一种新鲜感，兴冲冲而去的。不过，回来时，她却抽抽搭搭，珠泪涟涟，把一方手巾都揩湿了。这不由人不大吃一惊：遭抢劫了？受凌辱了？都不是，却原来是因为她看到了："遍身罗绮者，不是养蚕人！"她在城里看到那些浑身穿绫罗、着绸缎的富人，他们竟没有一个是辛辛苦苦的养蚕人！她内心受到强烈刺激，不禁扑簌簌落下了眼泪。这似乎不值得伤感吧，梅尧臣不也有诗说："寸指不沾泥，鳞鳞居大厦。"（《陶者》）这原是当时社会司空见惯的现实嘛。然而，从这个一般人已不以为奇的现象中，见闻寡陋的蚕妇却才发现了如此怵目惊心的社会现实：获者不劳！这正是自己贫困终生的根源啊。蚕妇昨日方始领悟世情，因而难怪她要悲伤，要"泪满巾"了。

以蚕妇入城的所见所感这个生活细节，来深刻揭露封建社会制度的极端不合理，立意既深，构思也巧妙，显示了诗人对生活的敏锐洞察力和高度概括力。

表现如此严肃的主题，诗人于诗中却不着一字议论，完全诉诸形象：蚕妇神态，蚕妇所见，蚕妇所感，写得绘声绘色，有血有肉，既有说服力，又富感染力，艺术上也颇堪称道。全诗寥寥二十字，前十字，以情绪对比，引人悬念；后十字，以强烈对照，发人深思。语言通俗而又精练，诗笔曲折，甚有特色。晚唐诗人杜荀鹤也有一首《蚕妇》诗："粉色全无饥色加，岂知人世有荣华。年年道我蚕辛苦，底事浑身着苎麻！"取材于同一角度，与张俞此诗堪为"姊妹篇"。（周慧珍）

【作者小传】

苏 洵

（1009—1066） 字明允，号老泉，眉州眉山（今属四川）人。嘉祐年间，得欧阳修推誉，以文章著名于世。曾任秘书省校书郎、霸州文安县主簿。参与修纂《太常因革礼》，书成而卒。长于古文，语言明畅，笔力雄健。为"唐宋八大家"之一，与子轼、辙合称"三苏"。有《嘉祐集》。

游嘉州龙岩　　苏　洵

系舟长堤下，　日夕事南征。
往意纷何速，　空岩幽自明。
使君怜远客，　高会有余情。
酌酒何能饮，　去乡怀独惊。
山川随望阔，　气候带霜清。
佳境日已去，　何时休远行！

嘉州，治所在今四川乐山。龙岩，《嘉定府志》卷四《山川》："九龙山，城东北四里，三龟山之右，一名龙岩，一名灵岩，又名龙泓。山上石壁刻石龙九，相传唐朝明皇时所镌，强半磨泐，其存者矫然有势。山最幽邃，号小桃园。"

嘉祐元年(1056)，由于文坛领袖欧阳修的推荐和称誉，苏洵名动京师，但求官未遂。第二年四月其妻程氏卒于眉山，苏洵父子匆匆返蜀。直至嘉祐三年十一月朝廷才对欧阳修的举荐作出答复，决定召苏洵试策论于舍人院。苏洵拒不赴试，他在《与梅圣俞书》中说："仆岂欲试者？惟其平生不能区区附合有司之尺度，是以至此穷困。今乃以五十衰病之身，奔走万里以就试，不亦为山林之士所轻笑哉！"嘉祐四年六月朝廷召命再下，梅圣俞又寄诗(《题老人泉寄苏明允》)劝其入京，加之二子服母丧期满，苏洵才勉强决定入京。同年十月三苏父子沿岷江、长江舟行南下至江陵，再陆行北上赴京。父子三人一路探幽访胜，"发于咏叹"，共作诗文一百七十三篇，分别编为《南行前集》和《后集》。苏洵南行途中诗，今通行本《嘉祐集》皆失载，宋残本《类编增广老苏先生大全集》载有十余首，此诗是其中的一首。由于苏洵这次入京非常勉强，因此全诗充满了抑郁之情。

诗的前四句写因匆促南行而不能从容欣赏嘉州龙岩风光。"系舟"表明是"舟行适楚"(苏轼《南行前集叙》)。征，远行。南征，沿岷江、长江南行。"日夕事南征"，从早到晚，整天都在忙于南行。"日夕"二字已充满怨气。往意，前行之意，而缀以"纷何速"，特别是缀一"纷"字，进一步抒发了勉强南行的不快之情。"空岩"指嘉州龙岩。"幽自明"的"自"字用得很精，它表明龙岩虽幽静明丽，"号小桃园"，可惜却无人欣赏，只是"自明"而已。前三句是因，后一句是果，遣词造句充满了强烈的感情色彩。

中四句写嘉州知州盛宴招待他们父子，而自己因心情不快，兴致索然。使君，汉代指刺史，汉以后作为对州郡长官的尊称。此指嘉州知州，姓名不详。高会，盛会，指嘉州知州为他们举行的盛大宴会。余情，富有感情。前两句表现了苏洵此时虽为布衣，但社会地位已有显著变化。苏轼《钟子翼哀辞》说，庆历七年(1047)，苏洵应制科试不中，到庐山等地游览，“方是时，先君未为时所知，旅游万里，舍者常争席。”这次南行是在嘉祐元年三苏父子名动京师以后，情况大变，沿途都有地方官吏，亲朋好友迎送。除嘉州知州为之“高会”外，过泸州，有老友任遵圣相候，苏轼兄弟都有《泊南井口期任遵圣》诗；经渝州(今四川重庆)，有渝州知州张子立“谒我江上”(见苏洵《答张子立见寄》)；至丰都(今属四川)，有“知县李长官”迎候(见苏洵《题仙都山麓并叙》)；苏轼《入峡》诗说：“野宿荒州县，邦君古子男。放衙鸣晚鼓，留客荐霜柑。”至江陵，他们父子更成了王荆州的座上客。可见，“高会有余情”，并不止嘉州一地，它充分说明了苏洵社会地位的提高。但苏洵被雷简夫誉为“王佐才”、“帝王师”(见邵博《闻见后录》卷十五)，他本人也自称“有志于当世”(苏洵《上富丞相书》)，当然不会满足于虚名。他对朝廷不能破格重用自己深感失望，嘉祐二年返蜀后，已决心不再入京：“自蜀至秦，山行一月；自秦至京师，又沙行数千里。非有名利之所驱，与凡事之不得已者，孰为来哉！洵老矣，恐不能复东。”(《上欧阳内翰第三书》)朝廷召他试策论于舍人院，他更感到是对自己的不信任：“昨为州郡发遣，徒益不乐耳。”(《答雷简夫书》)这就是“酌酒何能饮，去乡怀独惊”的主要原因，也是他整个南行途中情绪低沉的原因。

最后四句是申说前句之意。“山川随望阔”切地，嘉州是岷江、大渡河、青衣江三水汇聚之地，冲积成辽阔的平原，苏轼《初发嘉州》诗也有“旷荡造平川”语，因此，这一“阔”字正把握住了嘉州龙岩所见的特征。“气候带霜清”切时，苏洵父子于嘉祐四年十月初启行，正是深秋初冬时节，“霜清”二字准确地交代了时令。“佳境”指故乡山水，苏轼《初发嘉州》诗所谓“故乡飘已远，往意浩无边。锦水细不见，蛮江(青衣江)清可怜”，正好作这一句的注脚。结句“何时休远行”，更集中抒发了诗人勉强赴京的抑郁之情。苏洵《游陵(今作凌)云寺》诗，描写了凌云大佛的壮观，歌颂了夏禹、李冰治水的功绩，抒发了壮志不酬的苦闷：“今余劫劫(忙碌貌)独何往，愧尔前人空自咍(自嘲)。”他在《和杨节推见赠》中也说：“予懒本不出，苦为人事劫。相将犯苦寒，大雪满马鬣。”南行途中的这些诗句都可与“何时休远行”互证。

这首诗虽题作《游嘉州龙岩》，但并不以写景胜，对龙岩的描写着墨不多，用语也比较抽象；而是以抒情胜，全诗感情沉郁，格调苍凉，集中表现了这位饱经风霜、名满天下而前程渺茫的老人的抑郁之情。

(曾枣庄)

九日和韩魏公　　苏　洵

晚岁登门最不才，　萧萧华发映金罍。
不堪丞相延东阁，　闲伴诸儒老曲台。
佳节久从愁里过，　壮心偶傍醉中来。
暮归冲雨寒无睡，　自把新诗百遍开。

九日，指旧历九月九日重阳节。韩魏公名琦，字稚圭，相州安阳（今属河南）人。早年曾同范仲淹一起防御西夏，推行庆历新政。新政失败，先后出知扬州、定州、并州。嘉祐年间还朝，历任枢密使、宰相。韩琦原唱题为《乙巳重阳》，乙巳是英宗治平二年（1065）。这年重阳节苏洵参加了韩琦家宴，席间韩琦赋诗，当晚苏洵写了这首和诗，半年后苏洵就病逝了。在能够系年的苏洵诗中，这是最后一首；在今存近五十篇苏洵诗中，这首堪称他的压卷之作。

首联从十年来他们的交游，一直写到这天的宴会，语言高度概括，内涵十分丰富。苏洵于嘉祐元年（1056）持知益州张方平、知雅州雷简夫的推荐信赴京谒见韩琦、欧阳修等名流重臣，从此成了他们的座上客。时苏洵已四十八岁，年近半百，故云“晚岁登门”。雷简夫称苏洵为“王佐才”、“帝王师”，苏洵实际也是以此自居的，而这里却自称“不才”且冠“最”字，并以自己的“萧萧华发”同韩琦宴上的闪闪金罍（酒器）相映衬，看似自谦，实际充满怀才不遇之感。

颔联又从这天的宴会写到五年来的虚度光阴。出句以“不堪”承“最不才”，以“延东阁”承“金罍”，表示对韩琦宴请的谢意，自谦中也含着牢骚。汉武帝时公孙弘自举贤良，数年而至宰相，“于是起客馆，开东阁以延贤人。”（《汉书·公孙弘传》）这里即以公孙弘喻韩琦好贤而言自己不配这种礼遇。为什么“不堪”呢？下句作了回答。官卑位低，不堪重用。曲台指太常寺。因《礼记》有《曲礼》篇，故称专掌礼仪制度的太常寺为“曲台”。苏洵在嘉祐六年（1061）被命于太常寺修纂礼书，至赴宴时，刚完成《太常因革礼》一百卷，费时五年。苏洵以王佐之才干这种白首穷经的工作，深感虚度年华，用非所长，这集中表现在“闲”、“老”二字上。嘉祐元年欧阳修荐苏洵于朝，“欲朝廷不次用之”；韩琦也以为可用，独富弼主张“姑少待之”。（叶梦得《石林燕语》）拖了两年，朝廷才召苏洵试舍人院。苏洵拒绝赴试，朝廷授以试秘书省校书郎，不久又以苏洵为霸州文安县（今属河北）主簿，编纂太常礼书，直至去世。“书虽成于百篇，爵不过于九品。”（《老苏先生会葬致语》）这就是诗人发出“闲伴诸儒老曲台”的深沉哀叹的原因。

颈联尤为历代评论家所称赏。重阳节历来是人们登高赏菊，饮酒赋诗的好日子，但苏洵却在愁里度过。“佳”和“愁”形成鲜明的对比，而“久”字更有丰富的内容。苏洵在二十七岁以前“游荡不学”，未必怎么“愁”。但从二十七岁开始，他发奋苦读，希望有用于世，却连科不第；最近十年以来，虽然名动京师，却沉沦下僚，无法一展抱负。这个“久”字至少包括了三十年的不得志。现在他已五十七岁，很难再有所作为。“偶傍”，说明他平时已经很少有雄心壮志；“醉中”，说明未醉时已清醒感到壮志难酬。但“傍”、“来”二字仍表现出“烈士暮年，壮心不已”的豪情，“其意气尤不少衰”。（叶梦得《避暑录话》）

尾联以暮间归来，反复吟咏韩琦新诗作结，戛然而止，余味无穷。韩琦《乙巳重阳》说：“苦厌繁机少适怀，欣逢重九启宾罍。招贤敢并翘材馆，乐事难追戏马台。藓布乱钱乘雨出，雁飞新阵拂云来。何时得遇樽前菊，此日花随月令开。”韩琦诗那种久居高位、宾朋满座的富贵气，使苏洵更感到自己“闲伴诸儒”的穷窘；韩琦志满意得之余的淡淡闲愁，更激起了苏洵壮志不酬的深沉哀怨。这恐怕就是他越读韩琦新诗就越发难以入睡的原因。暮、雨、寒三字为全诗烘托出一种昏暗、凄冷的气氛，而“寒无睡”，“百遍开”更活画出这位“萧萧华发”的老人辗转反侧、夜不能寐的神情。

叶梦得说：“明允诗不多见，然精深有味，语不徒发，……婉而不迫，哀而不伤，所作自不必多也。”（《避暑录话》）这首诗在内容上堪称“精深有味，语不徒发”，深刻反映了宋代失意文人的精神苦闷；艺术风格上也是“婉而不迫，哀而不伤”，含蓄蕴藉，耐人寻味。

（曾枣庄）

【作者小传】

邵 雍

（1011—1077） 字尧夫，自号安乐先生、伊川翁等，范阳（今河北涿州）人。少随父徙卫州共城（今河南辉县市），后出游河、汾、淮、汉，居洛阳几三十年，名所居曰安乐窝。与司马光、吕公著等从游甚密。嘉祐及熙宁中，先后被召，皆不赴。卒谥康节。精象数之学。有《皇极经世》、《伊川击壤集》。

安 乐 窝

邵 雍

半记不记梦觉后， 似愁无愁情倦时。

拥衾侧卧未欲起，　帘外落花撩乱飞。

邵雍晚年卜居洛阳天津桥南，名其住所为“安乐窝”，诗歌多叙闲居生活的怡然之情。这首七绝，是他的闲适诗的代表作。

一二两句，将“半记”与“不记”、“似愁”与“无愁”，以至“梦觉”与“情倦”这些互为对立的情状交融在一起，表现了酣睡初醒时分迷离恍惚的心境。用对偶的两句铺排，造成节奏的舒缓感，正照出慵困之态。而上下句于浑然一气中各又略有侧重：“记”偏重客体，示物；“愁”偏重自身，示我。“物我两忘”，恰是诗人此时所入境界的概括。

第三句“拥衾侧卧”云云，言明懒起。如果说方才不过是蒙眬半醒，那么“未欲起”三字，显然已是诗人对这种混沌冲和的心神状态的有意识的留恋。与一般绝句诗四句依次起、承、转、合的惯例不同，这一句承首、次两句所合述的句意而伸展，不露圭角，依然是宕开之笔。设想读者至此掩卷，必当为作者担忧：尺幅易窘，末句如何收束得住？然而，第四句“帘外落花撩乱飞”，空灵一结，却不禁使人拍案称绝！“撩乱飞”情景如绘，不仅暗点出前时梦睡的甜酣，而且显示出此时之所以欲“拥衾”恋枕的那种安恬、清逸的心情。“自在飞花轻似梦”，帘外花影的空濛乱飞与帘内人心的湛明无挂互为映发，相得益彰。这三四两句或会使人想起韩偓的《懒起》诗：“海棠花在否？侧卧卷帘看。”然而虽同是侧卧看花，一者是有心外求，意象先存；一者则似漫不经意，而适为心证。由此对照，可知作者懒起的主旨，实在于自甘“太上忘情”的淡泊；这与陶渊明的“卧北窗下……自谓羲皇上人”(《晋书·陶潜传》)是同一机杼的。

这首小诗温粹平和，写来似毫不费力，却自然天成。前三句虽拗律，但尚质朴；第四句则风神旖旎，纯以情韵取胜。通首一气贯下，而觉余味隽永。

这首诗一题《懒起吟》，固自揭义明显，但后人却并不以《安乐窝》为忤题，这是什么缘故呢？原来“安乐窝”的命名，本取“安闲乐道”之意①。这首诗前半所写的心冥空无，不忮不求，可作“安闲”的诠释；后半表现的顺适自然，陶然忘机，则是“乐道”的本谛。“可以味理趣，可以求道学。”邵伯温《邵氏闻见录》记司马光见此首“安乐窝中诗”，“爱之，请书纸帘上”，或许正基于此吧？　（史良昭）

〔注〕①安闲乐道：见富弼《和〈安乐窝中好打乖吟〉》诗：“先生自卫客西畿，乐道安闲绝世机。”“乐道安闲”四字下自注：“窝义。”

插　花　吟　　　邵　雍

头上花枝照酒卮，　酒卮中有好花枝。

身经两世太平日，　　眼见四朝全盛时。
况复筋骸粗康健，　　那堪时节正芳菲。
酒涵花影红光溜，　　争忍花前不醉归？

这是一曲在太平时世中自得其乐的醉歌。“头上花枝照酒卮，酒卮中有好花枝”，插花者即是年过花甲的作者自己。花插头上，手持酒杯，酒杯中又浮现出花枝，诗人悠然自得的神态如见。

诗人何以会这么陶醉？颔颈两联以醉歌的形式作了回答。一生度过了六十年的太平岁月（一世为三十年），亲眼见了真、仁、英、神四朝的盛世，再加以筋体康健，时节芳菲，老人的心遂完全被幸福涨大了。笑眯着醉眼，再看面前的酒杯吧。只见杯中涵着花影，红光溜转，面对这花，这酒，这位处在盛世中高龄而又健康的老人，他的一生乐事都好像被召唤到了眼前，怎能不痛饮到大醉方归呢？

本篇与崇尚典雅的传统五、七言律诗相比，风格显然不同。它有白居易的通俗，而其实和白诗并非一路。白诗在平易中一般仍包含着高雅的意境，邵雍这类诗则表现了一种世俗的情怀。它纯用口语，顺口妥溜，吸收了民歌俚曲的因素，又略带打油的意味，具有一种幽默感和趣味性。诗格虽不甚高，但充溢着浓烈的太平和乐气氛。这种气氛的形成，固然由于内容是歌唱时康人寿，但还有其他方面的因素：老人白发上簪着红花，乐陶陶地对着酒杯，这一形象一开始就给诗带来一种气氛；语言节奏的流走顺畅，“花”、“酒”等字的反复回环出现，也显得和乐遂意；颈联“况复”、“那堪”等词语的运用，末联“争忍……不”的反诘句式，又都能把气氛步步向前推进，让人读了真觉得有那种击壤[①]而歌的意味。对于这类诗，固然不可能望有盛唐诸公作品的宏伟气象，但尚能近于“安闲弘阔”（《颐山诗话》评邵雍诗）。从中不难窥见北宋开国后“百年无事”的升平景象，一些人在小康中安度一生的那种心满意足的精神状态。

（余恕诚）

〔注〕 ① 击壤：邵雍有《伊川击壤集》。

【作者小传】

蔡　襄

(1012—1067)　字君谟，兴化军仙游（今属福建）人。天圣进士。庆历中知谏院，赞助庆历新政。皇祐中历知制诰、知开封府等，出知福、泉二州，入为翰林学士。英宗朝迁三司使，以母老出知杭州。卒谥忠惠。工书法。有《蔡忠惠集》。

梦　中　作　　蔡　襄

天际乌云含雨重，　楼前红日照山明。
嵩阳居士今何在？[①]　青眼看人万里情。[②]

〔注〕 ① 嵩阳居士：嵩阳，指今河南嵩山、少室颍水一带。居士，意即处士，古称有才德而不仕的人。始见《礼记·玉藻》："后士锦带。"郑玄注："居士道艺处士也。"又佛家称家居学道者为居士。（见《维摩诘经》："维摩诘家居学道，号称维摩居士。"）这里嵩阳居士，指元丹丘一类的高士。 ② 青眼：晋阮籍能为青白眼。见《晋书·阮籍传》。

这首诗题为"梦中作"，凭借梦中稍纵即逝的霎时间的清灵的感觉，结合平时的心志，自然倾吐而出，如奔泉之出山，清风之振叶。故诗境特奇，非寻常笔墨所能企及。

前半"天际乌云"两句，看似写雨后新晴景象，实质是针对时事而发，语意双关，自然合拍，寄意深长。楼头的红日，虽说已经照亮山峰，光明满眼；但天边乌云仍重，依然含有雨意，阴晦风雨，仍然可以随时到来。作者身当北宋中期，北方的契丹（此时已称辽国），西边的夏国，虽然在真宗、仁宗两朝，先后与辽、夏达成和议，并由宋朝岁给两国大量金缯，暂得相安，但危机仍存，隐忧犹在。赂敌求和，等于饮鸩止渴，不仅削弱了自己，更糟的是壮大了对方，形成不战自困的局势。这西边北边两个强敌，随时对宋朝都有严重的威胁。正如天际乌云一样，一旦翻滚起来，可能乌天黑日、风雨交加。暂时的晴朗，固然也是可喜的迹象，但晴意未稳，并不足恃。过于乐观，势必铸成大错。

后半"嵩阳居士今何在？青眼看人万里情"两句，是作者表明自己心志的话语。在诗里这两句所表现的是跳跃的感情，作者是文士，是著名的书法家，对于时局，虽则具有敏感和远见，但是自己感叹并未能补救时艰，空有拯时济世之心而无力实现，因而不无遁世高隐之情。作者想到嵩阳那里，因为这是高人逸士所居。古代的高士许由，传说曾隐居过嵩、箕颍水之间；唐代的隐逸，更多栖身于嵩山、少室；唐代大诗人李白集中，就有《送裴十八图南归嵩山》、《送于十八落第还嵩山》、《送杨山人归嵩山》等多篇，表明向往嵩、少之意，尤其是《题嵩山逸人元丹丘山居并序》那一篇，更能表达李白的心境。元丹丘是位高士，李白曾称他为"丹丘生"。这篇诗的序文说："元公近游嵩山，故交深情，出处无间，岩信频及，许为主人，欣然适会本意。当冀长往不返，欲便举家就之。"诗中说："故人契嵩颍，高义炳丹雘。（按：即炳若丹青之义）灭迹遗纷嚣，终言本峰壑。自矜林端好，不羡世朝乐。偶与真意并，顿觉世情薄。"嵩山逸人，即指嵩阳居士。可见本诗后两句，正是运用了李白的诗意。元丹丘是以青眼看待李白的，所以"岩信频及，许为

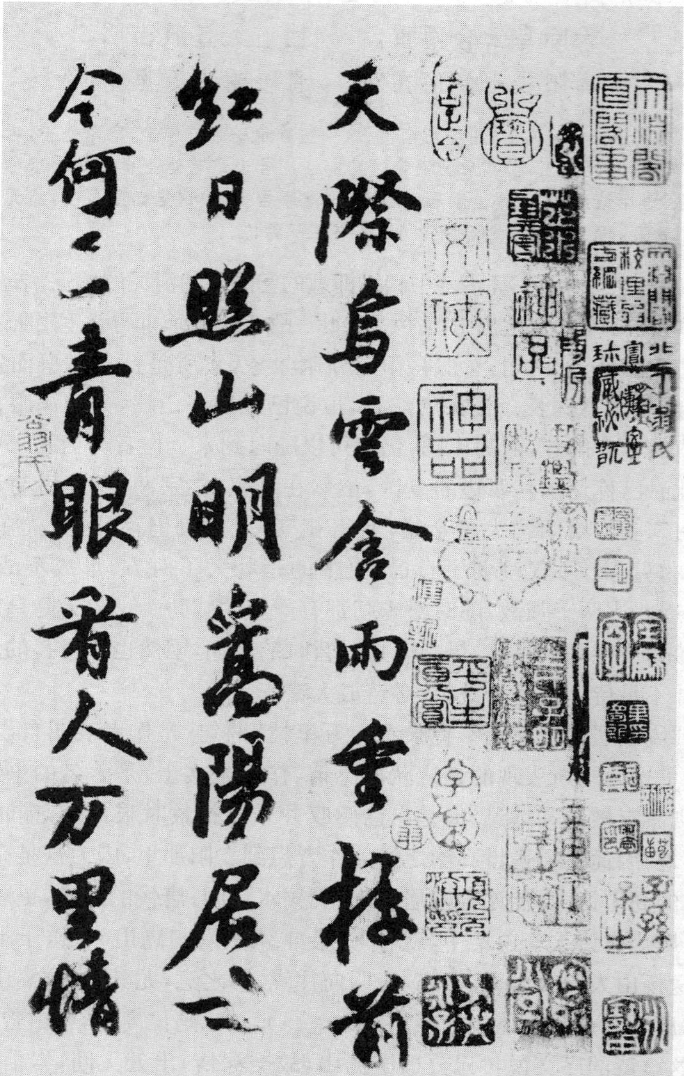

《天际乌云帖》

——〔宋〕苏轼

主人。”作者想到宋代当时，像元丹丘那样的高人绝少，而邀媚取宠的人，则到处存在，所以又有欲往无由之叹。诗句说：“嵩阳居士今何在?”深致惋惜之情。倘若嵩阳居士仍然存在，他们必然以青眼看人，虽然相隔万里，也是令人向往的。

全诗从感念时艰出发，借景抒怀，表达了作者忧世有心而救时无术；既慕隐居而又难能如愿的矛盾心情。诗人作为一个文人、一个书生来说，此诗情调是十分切合身份的。诗的语言明丽新警，婉而多风。陈衍评这首诗说：“此诗虽不及欧公梦中之作，然已有神助矣。”（见《宋诗精华录》）陈氏所谓“神助”，是指诗的境界高远，是梦中偶有会心之作。

（马祖熙）

【作者小传】

陶　弼

(1015—1078)　字商翁，永州祁阳（今属湖南）人。以功授阳朔县主簿，历官知邕州、东上阁门使、康州团练使。有《陶邕州集》。

碧　湘　门　　　　陶　弼

城中烟树绿波漫，　几万楼台树影间。
天阔鸟行疑没草，①　地卑江势欲沉山。

〔注〕 ① 行(háng)：行列。

碧湘门即长沙（今属湖南）城门。作品所描绘的是诗人在门楼上凭高四望所见的景色，句句写远，却又始终未着“远”字，表现出形象描绘的高度技巧。

开头两句展开一幅长沙城内的夏日风光图。画面的中心是树。登楼一望，远树如烟，故称“烟树”。万木葱茏，层层叠叠，有似水波浩荡，所以喻为“绿波”。“漫”本来是一个极为平常的字眼，用在这里却很新鲜，使人们清晰地看到，绿树如海，无所不在，仿佛不仅充满了整个长沙，并且正在漫溢出去。这就给人一种置身于无边浓绿之中的感觉。“几万楼台树影间”是进一步点染。“几万”，可见数量之多。如此众多的崇楼高台，却若隐若现于“树影”之间。这一衬托，这一装点，“城中烟树”的壮美景象就更其鲜明，也更富于立体感。

第三句目光移向城外。着一“疑”字，意味深长地表明所写的是远望的错觉。不错，鸟行最初出现在上空时，还需要仰视，而当渐渐地飞向远处，虽然实际上并未降低高度，但显得越来越低，仿佛是在贴地而飞，以至于没入草中。这里，“鸟行没草”是一个缓慢的过程，是动景，用以衬托“天阔”这一静景。因为没有“天阔”，就不见鸟行的远飞，也就绝不会有这般错觉。此句以“天阔”领起，用意显然。

在艺术表现上，这句诗有一点特别值得提出。古代诗人在表现空阔辽远的意境时，常常并不扫尽物色，而是有意用小小点缀加以衬托，如鲍照《芜城赋》：“直视千里外，唯见起黄埃。”《还都道中作》：“绝目尽平原，唯见远烟浮。”王维《使至塞上》：“大漠孤烟直”等等。所以，如果作者仅仅配置几行飞鸟来反衬“天阔”，就了无新颖之处，而他的匠心正在于写出了鸟行远飞、缓缓消失的过程，让读者进一步从时间的推移感受到空间的苍茫无垠。

第四句写远望中的“江”，即湘江。旧题王维《山水论》云：“远水无波，高与云齐。”这一带地势本来就“卑”（低），与远水相形，自然如同陷进去一般，所以，就连那些山峦也仿佛要被淹没似的。“沉”是经过锤炼所得的诗眼。陶弼另一首《公安县》诗也有句云：“远水欲沉城。”由此一字的重复使用，更可以体会到，用它描写远水浩茫的情景，确实和王维《汉江临泛》中“郡邑浮前浦”之“浮”异曲同工，意义相反的字眼同样真切地写出了水势之盛。“欲”字亦宜着眼。“欲沉”者，将沉而未沉也，既传达了远水浩茫给诗人的强烈主观感受，又恰当地把握住了描写的分寸。看似寻常却奇崛。

在句法上，这首诗采用“对结”（后联对偶）格。这种结尾虽有对仗工稳之美，却易流于板滞，故较为少见。但作者用得自然贴切：前二句单行，合写一景；后二句对偶，分写二景。景物的层次通过句式的变化显得清晰，内容和形式和谐统一。

（陈文新）

【作者小传】

周敦颐

(1017—1073)　原名敦实，避英宗讳改，字茂叔，号濂溪，世称濂溪先生，道州营道（今湖南道县）人。历南安军司理参军、虔州通判等，有政绩。熙宁中知郴州、南康军。嘉定中谥元。喜谈名理，精于《易》学，程颢、程颐从之受业。为理学创始人。有《太极图说》、《通书》和文集，后人合编为《周子全书》。

题春晚

周敦颐

花落柴门掩夕晖，　昏鸦数点傍林飞。

吟余小立阑干外，　遥见樵渔一路归。

“题春晚”之“春晚”，据首句“花落”之意，当是暮春之晚。诗所描写的，乃是乡村暮春晚景。

红日西沉，夜色降临之前，一位“吟余小立阑干外”的诗人，正在游目观赏村野景致。吟，可以指作诗，亦可以指诵读诗文。这位诗人可能白昼一天都在伏案，薄暮时分，微感疲倦，便走出屋子，在楼台（其居处也许是简陋小楼，故有“柴门”之语）栏杆外稍立片刻，略事休息。一、二、四句便是他“小立”时所见之景。

他先近看柴门。时已晚春，花儿纷纷飘落，有的还扬进了门内，把那夕阳的余晖挡在门外，可见落花堆积之多。

继又远看林子。稍远处有一片树林。苍茫暮色之中，可以看到几只黄昏时的乌鸦，忽高忽低、时上时下，紧挨林子飞着。鸦而曰“点”，乃是因为距离较远，天色昏暗，望去自然成“点”。

最后诗人放目遥望。在那乡间小路的尽头，远远望见樵夫渔子，担柴提鱼，一路归来。

展现在诗人眼前的这“春晚”三景，景景都扣题中“晚”字，而起笔“花落”则点明了（暮）“春”字。三景相合，融汇成村野薄暮时分谐和、静谧的意境。然而，诗人笔下所现之静境，又并不显得冷清、空寂：花自“落”，鸦在“飞”，人正“归”。点缀在诗行之中的三个动词，为这静谧的环境增添了鸢飞鱼跃的活泼泼的气息，诗人就置身在这恬静而又富有生意的境界之中，饶有兴味地“小立”观赏。

周敦颐是北宋理学的开山祖。理学家论人物，颇重所谓“气象”。程颢曾说：“自再见周茂叔之后，吟风弄月以归，有‘吾与点也’之意。”说的是茂叔（敦颐字）为人的气象。此诗的境界与他的为人一样，也是静而不寂，饶有生意，颇有“浴乎沂，风乎舞雩，咏而归”（《论语·述而》）的气象。（周慧珍）

【作者小传】

文　同

（1018—1079）　字与可，自号笑笑先生，人称石室先生，梓州永泰（今四川盐亭东）人。皇祐进士。历官邛州、洋州等知州。元丰初，以尚书司封员外郎充秘阁校理知湖州，未到任而卒，人称“文湖州”。善诗文书画。擅画墨竹，有湖州竹派之称。与苏轼为表兄弟，交谊深厚，常相唱和。有《丹渊集》。

新晴山月　　　　文 同

高松漏疏月，　　落影如画地。
徘徊爱其下，　　夜久不能寐。
怯风池荷卷，　　病雨山果坠。
谁伴予苦吟？　　满林啼络纬。

文同是北宋的大画家，他的画极受人们喜爱，“四方之人持缣素请者，足相蹑于门”（《宋史》本传）。可见求画人之多。他的诗也写得很好，大诗人苏轼极其赞赏，评论家誉之为“精绝”（《冷斋夜话》）。他的画和诗，正如其人，“襟韵洒落，如晴云秋月，尘埃不到”（文彦博致文同信中语）。这里的《新晴山月》即是此种风格。

我国古代诗歌写景之作很讲究诗情画意。文同的表弟苏轼称赞王维的诗“诗中有画”，并提出“诗画一律”的著名观点。文同是画家兼诗人，所以他擅长“在诗中描绘天然风景，常跟绘画联结起来，为中国的写景文学添了一种手法”（钱锺书《宋诗选注》）。本篇即以诗人兼画家的双重眼光，观察和体会月夜美景而吟成的富于画意的好诗。

题为《新晴山月》，首句就点出“月”字：从高大的松树枝叶的间隙中，漏出几丝稀疏的月光，“漏”字用得极细。因为巨松的枝叶十分茁壮繁茂，所以月光大部被遮住，只能透出淡淡的几丝，故曰“疏”。这句诗和唐人常建“松际露微月”境界略同。第二句申述第一句的余意，那些没有透到地上，而照在松树上的月光呢，将婆娑的树影投落到地上，像一幅斑驳的水墨青松图一样。这就是用画家的眼光来精细地观照眼前的景物了。而把此意化为诗句，也的确十分生动、形象。这两句诗，都是写月，第一句写月光的形，第二句写月光的神。第一句有很强的立体感，株株高耸入云的青松，瑟瑟作响的层层针叶，丝丝闪烁的月光，层次分明，动静结合。第二句则呈平面的图画，松影摇曳朦胧一片。两句仅十个字，但境界却很优美。

这良辰美景，真令人陶醉，无怪乎诗人在松下久久徘徊，不愿离去，更不愿匆匆入睡了。他要充分领略和细细咀嚼这天然图画的风光。

上半首是一片光和影的世界，下半首的情景骤然一变。颈联说：池塘里的荷花似乎因为怕风吹，所以将叶子卷了起来；山上的果子因遭到了雨打，所以纷纷坠落下来。第六句写的是雨后之景，照应题目上的“新晴”，又直接点出题中的

“山”字。到此则此诗写完了？不。诗人最后再来个自问自答：谁伴着我在此苦吟呢？只有啼声满林的络丝娘。末句的“络纬”，一名络丝娘，即俗称纺织娘的一种草虫。这下半首诗真是风声、虫声和吟诗声所交织成的月光曲。整首诗其实就是一片天然和谐的妙曲。诗人所以“夜久不能寐”，是因为他发现，此时此景，确是画中有诗，于是徘徊不能去，吟出了好诗；他独有会心，在诗中充分摄入大自然生机盎然之美，做到了诗中有画。所以此诗可说是诗、画、乐交融的一个艺术珍品，值得细细吟味。

（周锡山）

织　妇　怨　　　文　同

掷梭两手倦，　踏茶双足趼。①
三日不住织，　一匹才可剪。
织处畏风日，　剪时谨刀尺；
皆言边幅好，　自爱经纬密。
昨朝持入库，　何事监官怒？
大字雕印文，②　浓和油墨污！
父母抱归舍，　抛向中门下；
相看各无语，　泪迸若倾泻。
质钱解衣服，　买丝添上轴。
不敢辄下机，　连宵停火烛。③
当须了租赋，　岂暇恤襦袴；
前知寒切骨，④　甘心肩骭露。⑤
里胥踞门限，⑥　叫骂嗔纳晚。
安得织妇心，　变作监官眼！

〔注〕 ① 踏茶双足趼：“茶”字各本多作“茧”，兹从《四部丛刊》本《皇朝文鉴》改正。茶(niè)，本义同蹑，这里是指织机的踏板。趼(jiǎn)，脚跟上的老茧。　② 大字雕印文：印在绢上的“退”字，印，指退印。　③ 停火烛：停，停留。停火烛，意为摆着烛火。　④ 前知：早就料到。　⑤ 肩骭(gàn)：肩膀和小腿。骭，本义是胫骨，也指小腿。　⑥ 里胥：乡里小吏，也指公差。

这首五言古诗，从织妇哀怨的自诉，揭露当时劳动人民所受的残酷压榨。诗中且不提织成的绫罗绢匹，全给皇家拿去糟蹋浪费，却从织品入官进贡以前，所遭受的监官无理挑剔、刁难和退回重织种种磨难提出控诉，意义更加深刻。

全诗共分四个层次。第一小段“掷梭两手倦”至“自爱经纬密”八句，先由织妇自诉织绢时的艰辛劳动。她三天不停地苦织，掷梭的双手，累得十指都不能伸直；踩着踏板的双脚，脚跟都磨起了老茧；这时方可以把一匹绢剪下机来。次诉织的时候，小心谨慎，担心风吹日晒，绢丝色泽会变。就是剪下机来的当儿，也非常当心。直到别人看了同声称赞，自己也觉得经线纬线都很稠密均匀，这才举家庆幸。这一小段着重诉说织作的辛劳和织成的喜悦。勤劳纯朴的织妇，还没有感到愁怨。

第二小段由“昨朝持入库”至“泪迸若倾泻”八句，诉说交官时受到监官挑剔竟至退回重织的情况。这段先说就在庆幸织好绢匹的时候，她的父母欣喜地携带着到城里交官，满以为可以及早纳清租赋，免遭催逼。哪知监官却无理刁难，百般挑剔。他们竟在美好的绢匹上，恶狠狠地打上了退印。浓黑的油墨，把颜色鲜艳的绢匹也污染了。诗用“何事监官怒”一句，表明监官的捉弄，毫无道理。前四句，已见哀怨之情。次写她的父母，悲伤地把绢匹抱回之后，抛在中门下面，这时举家无语，相对悲泣，泪水像雨点一样倾注下来。这四句，示哀怨之深。全段着重写交官时所遭受的无理刁难，表明织妇一家，由喜而悲，由悲而怨。至于织妇本人的哀怨，不待明言，自可想见。

第三小段由“质钱解衣服”至“甘心肩骭露”八句，自诉在迫不得已的情况下，她家只得典衣买丝，含辛忍痛，重新织绢。这段先诉家中十分贫困，出于无奈，只有把身上的衣裳解下典当，换钱添丝。在重行上轴之后，她连夜留灯赶织，不敢下机。一丝一缕，都织上了她的哀愁。她不敢悲叹，怕伤了父母的心；不敢埋怨，怕交迟了更受折磨。她善良温厚，此时想到的全不是她自己的辛劳和苦累。为了还清一家的租赋，她哪里还顾惜自己的衣裳。她明知没有衣袴，难以抵挡冬天彻骨的寒气，但为了不误交租，宁可把自己的肩膀和膝盖裸露，以忍受寒冷的侵袭。她这种甘心受苦、忍辱劳作的精神，表现了当时下层劳动妇女崇高的美德。这一小段通过被罚重织、典衣换丝、深宵赶织等情节，不言哀怨，已见哀怨之深、压榨之重。

第四小段是结尾四句。织妇自诉在一家人遭受惨痛磨难的情况下，里胥地保们秉承上官的意旨，还是登门紧逼，他们踞着门限，叫骂不停，怪罪她家交绢太晚，可是她——织妇的心情，又有谁能体会呢！“安得织妇心，变作监官眼！”这是诗人的口气，勤劳善良的她，一心盼望织得快、织得好、早日完成租赋的苦情，又怎能变成监官的眼呢？那“监官眼”总是没有餍足的时候，即便织得再好也还要吹毛求疵的。那么她的哀怨，也将终无尽期。织妇的自诉，真是语语血泪，字字酸辛，而狠毒的监官们，只知取媚上司，追求荣宠，作为皇家的鹰犬，他们正是把自己的荣禄，建筑在劳苦人民的悲惨和痛苦上面的。

全诗都从织妇的自诉着笔，作者不加评论，只在最后两句微示深意。用意的深挚，比之唐人孟郊《织妇词》的“如何织纨素，自著蓝褛衣”、宋人张俞《蚕妇》的“满身罗绮者，不是养蚕人”，意义更加深刻。结尾“安得织妇心”两句，钱锺书《宋诗选注》以为，和“唐人聂夷中《伤田家》里的名句：‘我愿君王心，化作光明烛；不照绮罗筵，只照逃亡屋’相比，这两句更为简洁沉痛”。确实如此。（马祖熙）

北斋雨后　　文　同

小庭幽圃绝清佳，爱此常教放吏衙。
雨后双禽来占竹，秋深一蝶下寻花。
唤人扫壁开吴画，留客临轩试越茶。
野兴渐多公事少，宛如当日在山家。

此诗写北斋雨后的景色和作者的闲适心情，为作者熙宁七年（1074）任兴元府（治所在今陕西汉中）知府时作。

起联先总写北斋环境的幽静。北斋是作者在府衙内读书休憩的地方。庭院不大，园圃却极清幽，因为作者非常喜爱这个地方，所以常常免去属吏的例行参见，流连其中。“幽圃”不仅指地方僻静，主要还在于这里吏民不到，没有官事打扰，能使人得到心灵上的平静。旧时属吏每天早晚两次到上司衙门排班参见长官，禀白公事，叫“衙参”，也省称“衙”。说“常教”，就不是完全免除，不理政务，而是无事禀白时，即免去虚套，用字很有分寸。这两句总挈全篇，又引起下文，下面各联，即分别从景、事、情三个方面，作具体描绘。

颔联上承首句，扣住诗题，写北斋雨后之景。鸟雀和蝴蝶最怕雨，雨后天晴，它们也最先出来活动，所以作者最先听到竹上的鸟雀声。特用“双禽”两字，不仅因为鸟雀常常成对而飞，还因为两鸟对鸣，双双跳跃，更能见出鸟雀鸣叫的欢快悦耳，竹枝的摇曳多姿，如一鸟便有孤栖冷落之感。“占”是占有之意，写出鸟雀的欢喜得意神情，如改“占”为“站”，那就写成死鸟，索然无味了。深秋时节，蝶影已稀，故只写一蝶。因为这时花事已少，所以那只蝴蝶飞来飞去，四处寻觅。文同是宋代大画家，尤其擅长墨竹，苏轼曾多次为其所画之竹题赞，《图画见闻志》也说：“文同墨竹富潇洒之姿，逼檀栾之秀，疑风可动，不笋而成。”此联鸟声蝶影，高下相映，竹摇翠影，花含水珠，再衬着蓝天碧草，画面美丽，不愧是大画家的手笔。“占”字“寻”字，尤其传神，近代诗人陈衍特别赞赏它“下得切”（见《宋诗精华录》），确实颇具眼力。这里的一切景物都是那样淡雅素净，雨后的空气一尘不染，一切都显得那么清新，正是首句“绝清佳”的绝好写照。诗中虽然只写了景，可是这景中还有一个人，就是站在庭中欣赏这美景的作者，因而又同次句紧紧关合。

上面写室外，下面转到作者在室内的生活。“吴画”指唐代大画家、被后人尊为“画圣”的吴道子的画，这里用作珍贵名画的泛称。“扫壁”不仅是因为爱惜画，也表明兴致很高，所以特别挂在壁上，细细端详品鉴，绝非随便打开草草一瞥。“越茶”即越地（今江苏南部和浙江一带）所产之茶。越地盛产茶叶，多名贵品种，诗中因用作名贵茶叶的代称，同时也兼含着路远难致之意。茶叶既这样名贵难得，又是初次“试”饮，能享有此味者，肯定是作者的知心好友，则其交谈的快乐欢畅，不言可知。观画品茗，都是极其高雅之事，而一为独处之乐，一为交友之乐，情趣不同，而心情之恬淡闲适则一。

这清幽的景色和闲适的乐趣，不禁勾起作者对过去山居生活的回忆，因而引出末联。“野兴”就是指山居生活的情趣。这句是倒装句，是说因为近来公事稀少，所以野兴渐渐多了起来，并不是说为了多些野兴而少办公事。而公事之少，又与作者的治理有方有关，这里含着一些得意心情。在作者的《丹渊集》中，载有不少他在各地任官时向朝廷上奏的减免当地人民赋税的奏状，可见他还是比较能同情人民疾苦的。然而，作者从皇祐元年（1049）中进士，次年开始任官，到此时已二十五年，对仕宦生涯，已产生了一些厌倦情绪，所以末句表达了对旧日山居生活的向往。作者次年所写《忽忆故园修竹因作此诗》云：“故园修竹绕东溪，占水侵沙一万枝。我走宦途休未得，此君应是怪归迟。”与本篇所写正是同样的心情。

（王思宇）

望云楼

文同

巴山楼之东，　　秦岭楼之北。
楼上卷帘时，　　满楼云一色。

此诗原总题为《守居园池杂题》，原诗共三十首，此为第十二首，是作者熙宁八年（1075）秋冬之间至熙宁九年春初在洋州（治所在今陕西洋县）任知州时作。望云楼是作者居宅内的一座楼，诗写登楼所见的壮丽景色。

开头两句并不仅仅是写望云楼的位置，主要还是写楼头所见之景：向东望去，可见巍峨的巴山；向北望去，可见雄伟的秦岭。“巴山”即大巴山，为陕西汉中盆地和四川盆地的界山。“秦岭”在今陕西省南部。在望云楼可以同时望见两山，可见其楼之高，及其位置之佳。两山均极高峻，望见其山，自然可以望见山间飘荡的云彩。看去只写了山，实际也写了云。登楼远望，巴山、秦岭，峰峦起伏，连绵不绝，朵朵云彩，缭绕山间，景象非常壮丽。

上面两句是由楼中望秦岭、巴山，三四两句又把目光收回到楼中来；上两句写云、写楼高是暗写，三四两句则转为明写。诗意是说，因为望云楼飞檐凌空，所以楼上卷帘之时，萦绕在高楼四周的云彩即飞入楼中，呈现出“满楼云一色”的奇观，写出了晴空万里、云海浩茫、危楼隐现于云彩之中的奇丽景象。这两句紧承上文，仍是写楼中卷帘所见之景，如果是从下面远望楼中，就看不到“满楼”的景象了。这样一座高峻的望云楼，晴日登临，大有“荡胸生层云”（杜甫《望岳》）之概，自然使人视野开阔，神清目爽，难怪作者要写诗赞美它了。

文同是北宋大画家。此诗全用画笔，意境瑰奇，情致飘渺，俨若一首题画诗。用语极淡雅朴素，画面却极奇伟动人。每句用一“楼”字，显系作者有意安排，然而读来却如脱口而出，丝毫不显得重复，堪称宋诗中的佳作。苏轼有和诗云：“阴晴朝暮几回新，已向虚空付此身。出本无心归亦好，白云还似望云人。”（《和与可洋川园池三十首·望云楼》）一为画家之笔，一为感慨身世之诗，对照读来，颇有意味。

（王思宇）

【作者小传】

袁　陟

生卒年不详。字世弼，号遁翁，南昌（今属江西）人。庆历六年（1046）进士。知当涂县，官至太常博士。卒年三十四。诗慕韦应物。有《遁翁集》。

临　终　作　　袁　陟

青霭千峰暝，　悲风万古呼。
其谁挂宝剑？　应有奠生刍。
皎月东方陨，　长松半壑枯。
山泉吾所爱，　声到夜台无？

古代诗人有写临终（自挽）诗传统。它渊源于汉代丧歌《薤露》、《蒿里》，表达死者亲友对死者一去不归的哀悼之情。三国魏缪袭在此基础上写的《挽歌》，指出了生死乃不可逃离的自然规律，见解较为通达。晋陆机、陶潜都有拟作，陶的《挽歌诗》，则属自挽联章。陶潜旷达为怀，《挽歌诗》既写了"有生必有死"、"枯形寄空木"，儿啼友哭，"得失"、"是非"、"荣辱"不复知觉的身后情景，又写了"但恨在世时，饮酒不得足"的当前遗憾，与他的《自祭文》基调略同。

《临终作》是袁陟的自挽诗，约写于仁宗嘉祐（1056—1063）年间。他"读书最苦，因尔瘵瘠，没时才三十四岁"（《潘子真诗话》，《苕溪渔隐丛话·前集》引），官止太常博士。除此诗外，他还自作墓志，很有陶潜风度。王安石曾手写他赠郭功甫的律诗，对他的诗才颇为赏识。

此诗从墓地风光写到吊唁友朋，再写到朝夕相伴的松月，特别对生前爱听的山泉声表示极大的留恋，是诗人临终时乐观精神的生动体现。

首联以对句形式钩写想象中的墓穴的自然环境。霭，指雾气；青，言其浓。千峰被浓雾所笼罩，墓地四周只见一片茫茫夜色；耳边呼号着"万古"不歇的悲风。它和陶潜的"千年不复朝"、"风为自萧条"近似，却更觉富于形象感。

次联通过两个典故，突出墓穴主人即诗人自己的人品学问。前一典故是说春秋时吴季札奉命出使，路过徐国，徐君爱其剑，但不好意思开口；待季札完成使命，再经徐国，徐君已亡。季札认为所佩之剑早已心许徐君，于是将剑挂于坟树而去，以示不负友人。后一典故出自《后汉书·徐稚传》："及林宗（郭泰）有母忧，稚往吊之，置生刍一束于庐前而去。"诗人相信死后一定会有心意相投的神交、不求闻达的高士前来祭奠。"生刍"语出《诗经·小雅·白驹》："生刍一束，其人如玉。"也暗喻自己具有玉一般的品质。

三联景中寓情。"皎月"陨落于东方，"长松"枯槁于半壑，表面描写墓穴周围景色，实际赞美墓穴主人的人品。这两句以惋惜的语调宣布：一位有皎月般高洁品格和长松般坚挺节操的诗人，与世长辞了。诗人的自我惋伤是用以景寓情的含蓄手法来表达的。透过外在的景物描写，就能领会到内含的深刻感情。三联和二联紧紧结合，更起了深化主题的作用。

末联着重表现了自己的愿望：我生前所爱听的山泉声，不知死后能否在夜台（墓穴）中听到？诗人生动具体地抒写了自己热爱生活的情怀。人虽然埋进了墓穴，人间的美好事物，却使他永远难忘。他想到的不是饮食男女，而是那沁人心脾的山泉声。这种生活喜爱，更进一步表明他是一位洁身自好、不同流俗的诗人。

《临终作》由描写墓穴自然环境，进而展示墓穴主人的人品与情操，有着健康的基调。这是一个值得吴季札赠以宝剑的贤士,值得徐孺子奠以生刍的诗人。《临终作》是一个具有高尚情操的诗人死前的自我鉴定。在死神面前,他毫无恐惧之感,却有安详之色。他在人生道路上虽只活了三十四年,但对人生的态度,却是严肃而乐观的。《王直方诗话》说袁陟诗"慕韦应物而遒丽奇壮过之","临死一篇尤佳",是十分恰当的评价。

袁陟的《临终作》和同时代人秦观死前作的自挽词,形成了鲜明对照,前者"了达",而后者"哀怨"。这种差异来自作者的不同经历和思想状况。秦观因对新法持反对态度而遭贬,最后死于藤州。他的挽词充分表达了遭贬后惴惴不安的怏忿之情。自挽词中云"婴衅徙穷荒,茹哀与世辞",遘祸含悲的感情,明显地受了晋代诗人欧阳建《临终诗》"奇祸一朝作,飘零至于斯"的影响。欧阳建因与石崇沾亲而受牵连,以致全家被杀。他的《临终诗》能够引起秦观的共鸣,是容易理解的。而袁陟此诗则颇受陶潜的影响。这也就是他和秦观在思想与艺术上颇为异趣的一个重要原因。

（陶道恕）

【作者小传】

黄　庶

(1019—1058)　字亚夫,号青社,洪州分宁(今江西修水)人。黄庭坚父。庆历二年(1042)进士。历州郡从事,摄康州。著有《伐檀集》。

和陪丞相听蜀僧琴　　黄　庶

小园岂是春来晚？　四月花飞入酒杯。
都为主人尤好事,　风光留住不教回。

这是一首写景的小诗。题中的丞相指文彦博,他在作者写此诗之前曾任宰相,后出知青州(今属山东)、许州(治所在今河南许昌),改忠武军节度使、知永兴军,驻长安(今陕西西安)。从青州到长安,黄庶一直在他府中做幕僚。据黄庶自编的文集《伐檀集》,此诗是他皇祐末年在长安幕府时期随文彦博到伊阙(在今河南洛阳市南)省坟时所作,写他与同僚陪文宴饮听琴时所见小园景色。文彦博为汾州介休(今山西介休)人,他在洛阳有宅第,晚年退休,即居住于此。据诗题,此诗当为和作,原唱已不可考。

诗的前两句设问,后两句作答,而在前两句中,又自为问答,构思很巧。

“小园”是这次宴饮听琴的地方，是文氏的私园。文彦博《小园池上偶作》云：“微吟岸帻思悠然，近对方塘远见山。恩施洛阳均逸地，莫言此地是偷闲。”可见这小园非常幽美。“小园岂是春来晚？”春来大地，本是同时，不分先后，为何小园的春天，会比别处来得晚呢？这劈头一问，突兀而起，使人诧异：作者何以提出这样奇怪的问题？紧接第二句即加以说明：“四月花飞入酒杯。”一般在三月暮春时节，花已渐稀，此时已经四月，可是小园的落花，还纷纷扬扬，漫天飞舞。这表明小园的春天来得比别处晚，所以才有第一句的提问。花飞落入酒杯，说明飞花极其繁多。飞花繁多，不仅表明花木长得特别繁盛，而且花的品种也多，真是红橙黄紫，争奇斗艳，微风一过，花飞如雨。这句诗把宴饮之欢乐，景色之优美，写到了极致，如果同题中的听琴合看，可以说是良辰美景，赏心乐事，四者皆备。诗中之所以采用诘问句式，是为了表达惊喜之情，加强赞美的语气，若换成直叙语式，诗意就平淡多了。

三四两句再就“四月花飞”句作答。不是春来得晚，而是春留不归；不是春不愿归，而是主人不让归：“都为主人尤好事，风光留住不教回。”由花飞落到主人一边。“好事”即好多事、好生事。着一“尤”字，更见其“好事”之甚，非比寻常。主人之所以留住春光，表明他喜爱春光，喜爱春日充满生机的花草树木，可见主人志趣高雅不俗。也可以说，主人之所以要留住春光，还有一个目的，就是让这丽日暖风，好花好树，来接待宾客，为这次宴饮听琴增色，这又表明主人的热情好客，笃于友情。所以，写花亦即写人，赞美小园飞花亦即赞美小园主人。写花是明写，显得气氛热烈；赞美主人则含蓄蕴藉。

此诗写飞花只略一点染，即光彩照人；拟问答则隽永有味，富有理趣。堪称熔唐宋诗之长于一炉，为不可多得之精品。

（王思宇）

探　春　　　　黄　庶

雪里犹能醉落梅，　　好营杯具待春来。
东风便试新刀尺，　　万叶千花一手裁。

这是早春的季节，大雪纷飞，宛如严冬。腊梅虽然开始凋落，然而，落梅映雪，苔枝缀玉，别是一番景象，犹能引人一醉，正好整治杯盘，迎候春天的信息。黄庶在这首《探春》绝句中，以其首二句描画出一幅早春图景和由此表达出对春天的向往心情。“雪里犹能醉落梅”句，令人想象到“雪里落梅”的画景；“犹能”说明百花虽未生发，然而犹有落梅值得醉赏。“好营杯具待春来”句，是补叙，是

"醉"的准备，流露出一股盎然的兴趣。"落梅"二字，实际上也暗含笛曲《梅花落》的意义。作者显系受到江总"满酌金卮催玉柱，落梅树下宜歌舞"和徐陵"落梅奠酒杯"等诗句的启示，以落梅金卮的情趣，以飞雪迎春的画面，融合成一种新丽的意境。

诗的三、四两句承接上联"待春来"的意思，展开丰富的想象，描画了一幅生机勃勃的春意图。"东风便试新刀尺，万叶千花一手裁"，用的是唐人的表现手法和构思，如贺知章的"不知细叶谁裁出，二月春风似剪刀"、徐凝的"勾芒宫树已先开，珠蕊琼花斗剪裁"、温庭筠的"远水斜如剪，青莎绿似裁"等描写春天景物的诗句，都是将"春风"（亦即"东风"）拟人化，赋予它一把神奇的剪刀，精心剪裁出春天的红花绿叶，表现了春风的造化之功。黄庶这两句的构思有自己独到之处：一是表现在"便"字的使用上，便，习也，有熟练自如之意。"便试新刀尺"，说明"东风"年年运用"刀尺"来裁剪大好春色，已成为能工巧匠，今年虽是初试，但大显身手，定属不凡；二是表现在"新"字的使用上，"新"字突出强调了新春伊始，唯其是"新"的刀尺，方能裁剪出新的气象。而且，这一"新"字也不无显示与唐诗中熟见的"刀剪"有所区别的微妙用心。"万叶千花一手裁"句，是全诗的点睛之笔。"万叶千花"，语意双关，既是眼前所见如徐凝《早春咏雪》中描绘的"珠蕊琼花"的奇特景色，更是想象之中的百花斗妍的春天的气象。而"一手裁"三字之中充满了对春之神造化之功的赞赏。

这是一首即兴写景小诗，严格地说，它只是表达了诗人一种闲情逸致。诗中洋溢着一股欢畅、惊喜的情绪：惊喜于白雪落梅的早春奇特景色，惊喜于春天气息的萌生，惊喜于见梅落而知万叶千花之更新。诗题中之"探"，正表露了一种追求和喜悦。整首诗的格调是清新的：冰清玉洁的景象，芬芳醉人的酒香，飞雪迎来的春意，惊喜畅适的心绪……这便是意境，这便是此诗所独具的美感。

（李敬一）

怪　石①　　黄　庶

山阿有人着薜荔，　廷下缚虎眠莓苔。
手磨心语知许事，　曾见汉唐池馆来。

〔注〕① 本诗作者一说为黄庶之子黄庭坚。诗之原文又传为："山鬼水怪着薜荔，天禄辟邪眠莓苔。钩帘坐对心语口，曾见汉唐池馆来。"

黄庶有《和柳子玉官舍十首》，分咏柳子玉官舍内外的景物。这首《怪石》是十首之七。子玉,名瑾,工诗,善行草,与黄庶父子交谊甚厚。

诗题为《怪石》,头二句便突出地描写其"怪":如山阿之女鬼,披挂着薜荔藤蔓;似庭下之卧虎,安眠于莓苔之上。"山阿有人着薜荔",是化用楚辞《九歌·山鬼》"若有人兮山之阿,被薜荔兮带女罗"句。"山阿",山之曲隅;"薜荔",蔓生的香草。"廷下缚虎眠莓苔",则与苏轼"丑石半蹲山下虎"诗句取譬相似。"廷",同"庭",即庭院;"缚虎",以怪石被藤蔓缠缚,故云;"莓苔",苔类小草。这两句写怪石的形状,蒙上了一层神秘、怪异的色彩。

后二句写怪石阅世之多,"手磨心语知许事,曾见汉唐池馆来。"(来,语助词。)是说人们在怪石上手磨袖拂,依稀听到怪石的心声,在诉说历历往事:它历经千年,曾见过汉唐池馆。盛衰兴亡之感,自在言外。二句中,前句系从韩愈"手磨袖拂心语口"诗句脱胎而来。

题为"怪石",出语怪,设想奇,通篇突出了一个"怪"字,很有特色。前二句是实写,一写其形状之怪异:如山鬼,似伏虎。二写其年代之久远:若非千年怪石,恐无薜荔缠绕,莓苔缀生。后二句是虚写,写其经历长,阅世多,见识广,很像一位历史的见证人,经历过千百年时代的盛衰,见识过前朝后代池馆的兴废。这一点,尤其发人深思。咏物诗能逼真传神地状写出事物的真面目,已属佳作了,如能在对事物本身的描写中自然生发出一定的哲理,则更耐人咀嚼。黄庶的这首《怪石》便是。所以陈衍评论道:"落想不凡,突过卢仝、李贺。"(《宋诗精华录》)此外,此诗遣词造句避熟避俗,力求生新,为其子庭坚所效法,下开了江西派的诗风。

(李敬一)

【作者小传】

刘 敞

(1019—1068) 字原父,号公是,临江新喻(今江西新余)人。刘攽兄。庆历六年(1046)进士第二。累迁知制诰,拜翰林学士,改集贤院学士,判南京御史台。曾奉使契丹。长于《春秋》学,不拘传注。有《春秋权衡》、《春秋传》、《七经小传》、《公是集》等。

微雨登城二首(其一)

刘 敞

雨映寒空半有无, 重楼闲上倚城隅。

浅深山色高低树，　一片江南水墨图。

这是一首登楼野望之作。首句写秋日“微雨”，一个“映”字，十分贴切地抓住了自然景物的特征。的确，如果是春日微雨，它弥漫一片，有如云雾，那是不可能与天空相“映”的；而初夏烟雨，无边无际，将远处的一切都裹了起来，就更谈不上与天空相“映”了。只有在秋天，这“无点亦无声”的仿佛透明的雨丝，才具备这个特点。因此，从“雨映寒空”入手，再用“半有无”加以细致描写，就细致真切地传达了秋日微雨之神。至于在“空”前着一“寒”字，则是为了表现秋雨生寒的清冷之感，其中并不包含诗人的主观情绪。

次句写“登城”。“重楼闲上”即“闲上重楼”。这个“闲”字须用心揣摹。它既表明诗人并非第一次登临此处——那样一定心情迫切，不会着一“闲”字；又暗示他亦非劳人迁客——那样一定侘傺无聊，岂能“闲上”？而主要的，还是点出诗人时有余暇，心自安闲，尽可慢慢欣赏这秋雨中的秋山景色。

那么，纵目野望捕捉到了什么呢？诗人用一句诗进行了概括：“浅深山色高低树。”天高气清，列岫千重，或近或远，或苍或黛，自有“浅深”；而山上树木则颇为混茫，无可分辨，但见层层树丛，“高低”不等而已。“浅深”、“高低”，写出了秋山的淡远之境。

这景色也许是诗人从未发现过的。如果是这样，当然会更加兴致勃勃。元人刘因有这样一首《村居杂诗》：“邻翁走相报，隔窗呼我起：数日不见山，今朝翠如洗！”可见对于“旧相识”的新感受比乍见之时更具魅力。不过，也许这景色诗人已经见过，但以往他不是在微雨中纵目野望，也没有如此恬适的情绪，所以他今天的赏玩之兴才特别高。总之，无论属于哪一种情况，反正诗人流连忘返，已陷于凝想之中。在反复的玩味之后，终于豁然开朗：啊，展现在眼前的这“浅深山色高低树”，不正像“一片江南水墨图”吗？它空灵清逸，萧疏淡远，只有水墨画才有这种意境。过去从未欣赏到的美，今天却悠然心会，该是何等惬意。所以这最后一句就不只是一个精致贴切的比喻，而是饱含了极度愉悦之情。

但“浅深山色高低树”和“一片江南水墨图”之间的比喻关系也值得玩味。上句是实景，为了用水墨画比拟，诗人有意避开色彩，仅用“浅深”二字加以形容；下句则是虚拟的意象，虽是虚拟，却又极为细致，“水墨图”前着以“江南”二字，“山色”的清逸潇洒之致，就成了可以想象之物。这样由实入虚，虚实相生，虽无细腻的景物刻画，却更能显示景物的绰约多姿，更能引发读者悠远的联想。

（陈文新）

城南杂题四首(其三) 刘 敞

盘姗不称三公位， 掩抑空妨数亩庭。
只有老僧偏爱惜， 倩人图画作书屏。

刘敞《城南杂题》诗，共有四首，分咏开封城南四景。这一首题写短槐，其自注云："短槐在水陆院。"水陆院是一座僧院。

首二句表现短槐的姿态委琐可笑。本来，一般树木即使身段矮小，也不会成为人们嘲讽的对象。但槐树却例外，因为它和社会生活中庄严不凡的"三公"形象联系在一起。据《周礼·秋官·朝士》载："面三槐，三公位焉。"原来，周代外朝植有三棵槐树，三公之位则依次班列其下，于是后人便称三公为"三槐"。这样，槐树在中国古代的人们心中，就被涂上了一层神圣色彩。而反过来，人们也就要求槐树仪态轩昂，以与它所代表的名位相称。可是水陆院的这株槐树如何呢？它身材短小，枝叶盘姗，一副衰败老迈的样子。同认识现实中所有的畸形事物一样，诗人正是从它极端卑微的形象与极端神圣的象征意义之间的对比感到了它的荒唐：是啊，由这样一个角色来扮演三公，岂不令人忍俊不禁？于是，就从"盘姗不称三公位"着笔，一语中的，然后又用"掩抑空妨数亩庭"的实写进一层否定，喷涌而出，一气流注，嘲讽得酣畅淋漓。很明显，诗人的矛头是指向那些既不称职而又贪恋禄位的老官僚。

嘲讽短槐说到底是为了嘲讽老僧。的确，如此"短槐"，既无观赏价值，又无实用价值，除了极端反常的人，有谁会"爱惜"呢？这一次，仍然是通过对比——通过"老僧偏爱惜"与人们谁也不爱惜的对比，诗人强烈地意识到这个和尚性情的乖谬。说"只有"，正是为了强调除"老僧"之外再无他人，突出了"老僧"和他人的对比；说"偏"，则更进一层勾勒出他的乖谬，从而让读者自然引出一个结论：这老和尚实在太反常了。由此可见，诗人不仅善于从对比中发现对象的滑稽可笑，也善于勾勒突出，写得丰满完足。

"倩人图画作书屏"由第三句生发，具体表现出老僧的"偏爱惜"之情。自然界有多少动人的景致，他单单将短槐绘入屏风，确实够偏爱了！然而，仅仅写出这点，仍旧稍嫌浅直，更精彩的一笔在于用"倩人"二字写出了"图画作书屏"的曲折过程：如果是老僧亲自描绘，那样倒也罢了；但他没有这个能耐，他还要去请人。于是，这老僧的"偏爱惜"之情，他的庸俗性格，就表现得入木三分，更耐人寻味。

这首诗中“短槐”和“老僧”的形象，既是实写，但又通过二者概括了现实生活中某一些人的特征，所以富于象征意义。这一类诗，极易写得庄重有余，情味不足，但刘敞能以轻松的笔调出之，寓庄于谐，饶有风趣。（陈文新）

【作者小传】

曾　巩

(1019—1083)　字子固，南丰（今属江西）人。少有文名，为欧阳修所赏识。尝与王安石交游。嘉祐进士。官至中书舍人。散文平易舒缓，长于叙事说理，讲究章法结构，为“唐宋八大家”之一。亦能诗。有《元丰类稿》。

西　楼　　　　曾　巩

海浪如云去却回，　北风吹起数声雷。
朱楼四面钩疏箔，　卧看千山急雨来。

曾巩长于古文，是唐宋八大家之一。但有人尝“恨曾子固不能作诗”（惠洪《冷斋夜话》引彭渊才语），认为他“短于韵语”（陈师道《后山诗话》）。其实曾巩亦堪称诗坛射雕手，其《元丰类稿》即存古今体诗四百来首（另外佚诗数目不详），后人称赞其诗者亦不乏人。钱锺书即指出：“就‘八家’而论，他的诗远比苏洵、苏辙父子的诗好，七言绝句更有王安石的风致。”（《宋诗选注》）又说曾诗七绝体尤佳。他的七绝风格以清隽淳朴为主，但也有遒劲壮丽一路的。《西楼》就是具阳刚壮美之佳作。

“西楼”即诗中所谓“朱楼”，所以称“西楼”，恐与东面的海相对而言。它的位置当是依山面海。此诗是一首描写海滨雨前自然景色的作品。诗人选择了“最富于孕育性的顷刻”（莱辛《拉奥孔》语），渲染了一种“山雨欲来风满楼”的氛围与气势，描绘出海滨自然界特有时刻的壮美情态；并披示了诗人开阔的胸襟；给人一种崇高的审美感受。

首句写西楼前面的景色，直接截取了风云变幻的高潮的顷刻：乌云低垂，水天一色，只见海浪拍岸，宛如骏马驰骋，去而复回，呈现出一种动与力的壮美。

第二句从听觉的角度描写雷雨迫在眉睫的情态：忽然北风卷过，挟带“数声”震耳欲聋的雷响，平添了赫然的声势，壮美之情益显。“吹起”二字可谓笔力千钧,十足显示了狂飙的威力。在这场威武雄壮的戏剧中,“北风”是个“最佳配角”。风是雨的使者,诗人敏锐地捕捉到雷雨之前这个自然特征加以渲染,令人赞叹。

“朱楼四面钩疏箔”,“箔”是用苇或秫秸织成的帘子。此句在全诗结构上位置颇为重要,起一种衬垫作用。有了这一句,全诗避免了一气直下,显得跌宕有致。西楼是处在海山之间,诗写景是由海(楼前)——楼侧——楼——山(楼后)的顺序。此句写“朱楼”既是点题,更是从楼前海景通向楼后山景的桥梁,也是由写景转向抒情的过渡。考察诗意,此楼当雄踞于某座近海的青山之上,视野开阔,可回顾千山。“四面钩疏箔”,指楼上人也即诗人把楼四面窗户垂挂的疏帘用钩卷起。这个动作颇出人意料。按常理推测,风雨将至之际,应当闭窗才是。但诗人此刻偏要敞开四面窗户,原因何在呢?

“卧看千山急雨来”,诗人于尾句道出了内心的豪情,也解除了读者的疑问。前两句写风吹、云涌、浪卷、雷鸣,这是一支壮美的序曲,诗人最欲欣赏的乃是作为“主角”登场的“千山急雨来”的出色表演。他要看“急雨”冲刷这重峦叠嶂的更为壮美的画卷,他要享受“急雨”打破雨前沉闷局面而呈现的新鲜境界,以开阔心胸。这种美学境界的追求,反映了诗人力求上进、欲有所作为的思想境界。诗中一个“卧”字亦耐人寻味,它把诗人那种雍容气度生动表现出来,动中寓静,以静衬动,跌宕有致之妙于此可见。

曾巩诗曾学李白,此诗即是一例,语言如“清水出芙蓉,天然去雕饰”(李白),堪称“格调超逸,字句清新”(符遂《曾南丰先生诗注序》)。全诗气势磅礴,尺幅千里,而又不失雍容之态,充分表现了曾诗特色。

(王英志)

城　南　　　　曾 巩

雨过横塘水满堤,　　乱山高下路东西。
一番桃李花开尽,　　惟有青青草色齐。

曾巩此首《城南》与《西楼》风格迥异。《城南》亦写雨景,但它清隽淳朴,富有阴柔之美。二诗相照,显示了曾诗的另一种风格。《西楼》主要写雨前景,《城南》则写雨中景与雨后景,各尽其妙。

《城南》写的是《西楼》未来得及表演的主角“急雨”的情状。诗人选取了“城南”这一隅作为其舞台。“雨过横塘”,开篇即让主角登场。“横塘”乃古塘名,在今南京城南秦淮河南岸。唐人崔颢《长干曲》“君家何处住?妾住在横塘”即指此地。“水满堤”，指暴雨使秦淮河水涨而与堤岸相平，此句从侧面突出雨量之大。“乱山高下路东西”，继而又调换角度，写急雨来势之猛：雨从乱山高处落下，分东西两路倾泻而去。“雨”的“表演”可谓淋漓尽致了。但此诗中诗人对雨的感情已与《西楼》略有不同。后者纯然是欣赏其壮美之势的一面，这里却侧重写其具有破坏力量的一面。诗的意旨乃以此来衬托后两句的雨后小景，或者说雨造成的不同后果。

雨后两幅小景是：昔日绚丽似锦的桃李经受不住暴雨袭击的考验，已经零落殆尽，结束了一年一度的短暂青春；而惟有一片青草，不仅未被摧毁，反而翠绿欲滴，并且长得齐齐整整，毫无零乱倒伏之状。这暗示一条哲理：桃李虽艳丽，生命力却弱；青草虽朴素，生命力却甚强。暴雨如同一位严峻的考官，谁强谁弱，泾渭分明，掩盖不了。白居易有《赋得古原草送别》：“野火烧不尽，春风吹又生。”以“野火”衬托“原上草”的顽强生命力；《城南》以暴雨并通过与“桃李花开尽”对比，烘托出青草的难以摧毁的精神。二者异曲同工，诗人的褒与贬亦尽在不言中。后来南宋词人辛弃疾《鹧鸪天》又云：“城中桃李愁风雨，春在溪头荠菜花。”意境也与此诗相似。曾巩诗往往富有哲理与寄托，自具特色。如《高松》“高松高于云，众木安可到”；《菊花》“菊花秋开只一种，意远不随桃与梅”等，皆言在此而义在彼，寄托遥深。这就不同于一般的写景咏物诗，而是婉曲多蕴，有一定思想深度。

此诗能注意选取日常习见但又有典型意义的景物作为描写对象，含理趣而又不失诗意，因此既深刻又自然，耐人玩味。

（王英志）

多　景　楼　　曾　巩

欲收嘉景此楼中，　徙倚阑干四望通。
云乱水光浮紫翠，　天含山气入青红。
一川钟呗淮南月，①　万里帆樯海外风。
老去衣襟尘土在，　只将心目羡冥鸿。

〔注〕 ① 呗：梵音的歌咏。

曾巩中年后离乡宦游，行经镇江，登临多景楼，很赞赏其地风光，写下了这首七律。多景楼，在今江苏镇江北固山甘露寺内，北宋时郡守陈天麟所建，是寺内风景最佳处。它北面大江，遥控淮甸，形势险峻，东坡赞曰：“润州甘露寺多景楼，天下之殊景也。”（《采桑子》词序）自北宋以来，骚人墨客，题咏颇多，曾巩的《多景楼》是其中传诵的佳作之一。

首联总写多景楼的形胜,提挈全篇。此楼屹立北固山上,凭高远眺,水色山光,风月胜景,无不尽收眼底。故苏轼《甘露寺》有"一览吞数州,山长江漫漫"之句。张邦基《墨庄漫录》卷四也说:"江山之胜,烟云显晦,萃于目前。"曾巩这两句意谓欲于此楼周览胜景,只消徘徊倚阑,凭高四望,万千景象,便可豁然在目。这正抓住了多景楼居高临下,境界开阔的特点。

中间两联是写多景楼上所见景象:云气和水光氤氲之处,浮现出碧瓦红楼;晚霞同山峦于夕阳下青红相间,镶入远处的天空;月光下淮南原野传来了佛寺的钟声梵歌;江面上强劲的海风送来了远方的航船。四句,一写水光,一写山色,一写淮甸寺钟,一写江面帆船。"云乱水光浮紫翠",着一"浮"字,写明波光云影的迷离掩不住巍峨的宫观;"天含山气入青红",用一"入"字,刻画出霞光山色的浓彩浸染了黄昏的远天。月光下传来"一川钟呗",不难想象出淮南原野的平阔寂静;海风中驶出"万里帆樯",使人意识到长江的迢遥汹涌。诗人抓住了富有特色的景物,构成了一幅色彩明丽、山川掩映的壮阔画面,给人以美的享受。

壮丽宏阔的景象,开阔了诗人的心目,于是他于尾联以唱叹的语调,抒写了个人的感受和襟怀。意谓虽老境渐至,征尘满衣,内心中并未放松对未来目标的企望和追求。冥鸿,指飞入远天的鸿雁。嵇康《赠秀才入军》诗有"目送归鸿,手挥五弦。俯仰自得,游心太玄"之语,表现一种心与道俱的高旷自得情怀。曾巩化用其意,说自己尽管身世蹭蹬,却仍在注目艳羡那高振健翮,远翔天宇的飞鸿。这就体现了诗人"蹑景追飞"的远大抱负。全诗视野宏阔,韵格浏亮,形象鲜明,对仗工稳,确能表现出多景楼的胜景伟观。 (刘乃昌)

凝 香 斋　　　　曾 巩

每觉西斋景最幽,　　不知官是古诸侯。
一尊风月身无事,　　千里耕桑岁有秋。
云水醒心鸣好鸟,　　玉砂清耳漱寒流。
沉心细细细黄卷,　　疑在香炉最上头。

曾巩于熙宁四年(1071)由越州通判改任齐州(治所今山东济南)知州。到任后曾改善邑政,"除其奸强而振其弛坏,去其疾苦而抚其善良,未期,囹圄多空,而枹鼓几息,岁又连熟,州以无事。"(曾巩《齐州杂诗序》)因而得以悠游湖山,赋诗娱情。王士祯说:"曾子固曾通判吾州,爱其山水,赋咏最多,……而于西湖尤惓惓焉。如鹊山亭、环波亭、芍药厅、水香亭、静化堂、仁风厅、凝香斋、北渚亭、历山堂、泺源堂、阅武堂、下新渠、舜泉、趵突泉、金丝泉、北池、郡楼、郡斋，皆有作。”（《带经堂诗话》卷十四）本篇当为熙宁五年（1072）游大明湖而作。凝香斋，原名西斋，位于大明湖畔，取韦应物“燕寝凝清香”句意而命名。

首句点题，领起全诗，以下都是“西斋景最幽”的具体说明。“不知官是古诸侯”，紧承首句，形容自身的悠然自得，物我两忘。“诸侯”，指封建朝廷委派的州郡长官，有似于古代诸侯，故幽默地自称为“古诸侯”。曾巩身临西斋，徜徉山水，忘怀世情俗务，连自己地方长官的身份仿佛都忘记了。故曰“不知”，这也正见出西斋景致“最幽”，使诗人俯仰其间，心神愉悦。

“不知官是古诸侯”，并不是曾巩忘记了地方官的职责，而是他善于治邑，游刃有余，能使地方政通人和，因而才有徙倚湖山的余暇和雅兴。三、四句由第二句来，也可说是第二句的具体化。诗人怎样在吏务之余，颐养精神呢？原来齐州境内，桑麻遍野，庄稼茁壮，可望秋季丰收，人心安定；故而官衙中政简讼息，身闲无事，只消手持樽酒，临风赏月。一句就个人生活说，“一尊风月”，表示悠闲之趣；一句就社会环境说，“千里耕桑”，充满丰饶气氛。这一联见出政简年丰，正是第二句的注脚。

由于官闲无事，便可静心领略此中幽景雅趣，第三联笔力集中于此。济南最有代表性的风物是湖光和泉水，本联上句写湖光，下句写泉水。“云水醒心鸣好鸟”，“云水”，如白云一样纯洁的湖水。“醒心”，来自韩愈的《北湖》诗“应留醒心处”。欧阳修曾在滁州建“醒心亭”，曾巩为作《醒心亭记》。这里“醒心”含有使心地清醒明澈之义。这雅洁的云水，使珍异的水鸟惬意地嘤嘤和鸣。连水鸟也为湖光之美所动，诗人更会心旷神怡了。“玉砂清耳漱寒流”，“玉砂”，泉底砂石晶莹如玉。“清耳”，班固《答宾戏》说：“牙旷清耳于管弦”，陆机《演连珠》也有“瞽史清耳”之语，意指静心倾听，这里兼有使耳边清幽之意。“漱寒流”从孙楚“枕石漱流”（见《世说新语》）化出。静听水激砂石的潺湲之音，倍觉清爽。泉流本无纤尘，却又为玉砂磨洗，愈使人觉其清澈可鉴。这一联是全诗中的警句，“醒”、“鸣”、“清”、“漱”四个动词的使用，使句格变得极为灵动，下字精警，颇费安排。

末联归结全诗，意谓于此潜心书史，简直可说置身于最令人向慕的境界。细黄卷，指细心读书。寻绎义理叫细。“香炉最上头”，即香炉峰景物绝佳处。白居易称“匡庐奇秀，甲天下山”。李白登香炉峰有“且谐宿所好，永愿辞人间”（《望庐山瀑布》）之句。白居易曾在香炉建草堂，自谓“庐山以灵胜待我，是天与我时，地与我所，卒获所好”（《草堂记》）。可见香炉幽境历来为人向慕。曾巩读书于凝香斋,感到无异于置身香炉峰,说明他对齐州山水非常喜爱。这首诗抒发了诗人于邑政之暇优游湖山、沉心书史的高雅情趣,意境清幽隽洁,沁人心脾。(刘乃昌)

【作者小传】

王 珪

(1019—1085) 字禹玉,成都华阳(今属四川)人。庆历二年(1042)进士。官翰林学士,知开封府。神宗即位,迁学士承旨。拜参知政事,进同中书门下平章事,后拜尚书左仆射兼门下侍郎。哲宗时,封岐国公。卒赠太师,谥文。善文翰。有《华阳集》。

游赏心亭 王 珪

六朝遗迹此空存, 城压沧波到海门。
万里江山来醉眼, 九秋天地入吟魂。
于今玉树悲歌起, 当日黄旗王气昏。
人事不同风物在, 怅然犹得对芳樽。

赏心亭,建康(今江苏南京)名胜,北宋丁谓所建。在"下水门之城上,下临秦淮,尽观览之胜"(《景定建康志》卷二十二),文人多有题咏,本篇是王珪登赏心亭所作。《诗林万选》题为《再登赏心亭》,《华阳集》(《丛书集成》本)卷三题作《游赏心亭》。

诗前两联,描述登赏心亭所见,侧重在写景。建康是东吴、东晋、宋、齐、梁、陈等六朝旧都,遍地古迹名胜,城郭北濒大江,滚滚波涛,东流入海。无论从历史地位还是从地理形势角度看,都非同寻常。故诗的开端二句,作者从宏观着眼下笔,一下就抓住了这座名城历史的和地理的特征。它使人们仿佛面临城北汹涌奔流的江水,不禁想起在建康这一壮阔的历史舞台上,几百年来曾经演出过多少朝代更迭、风云变幻的政治戏剧!然而,如今存留的却只有令人怅望的历史陈迹了。"此空存",一个"空"字,含有多少感慨,这与刘禹锡"潮打空城寂寞回",是同一境界。"城压沧波",一个"压"字,写出了江城的险峻。前一句是从时间上来写,后一句是从空间上来写。

三四两句,紧承第二句,继续从空间范围上大笔勾勒。"城压沧波到海门",是一幅境界极其宏阔的画面,"城压",见出高城的强固,足以镇住呼啸的水势;

“沧波”，见出江水的浩渺，一望无际；“到海门”，见出江水源长而流远，一泻千里。“万里江山”，“九秋天地”，由此生发而来，都是这宏阔境界的伸展。“来醉眼”，暗示诗人襟怀郁勃，举杯遣怀，于醉中登高眺远。“入吟魂”，透露诗人触景生情，感慨弥深，不吐不快。“来”、“入”两个动词，使客观景物动化，写出了无限江山奔赴眼前的态势，见出炼字之工。这两句既显示了赏心亭凭高眺远，视野宽阔，又为下文感怀作了适当的铺垫和过渡。

诗的后两联，主要在写情，即抒发登临的感慨。五六两句感慨史事。南朝陈后主陈叔宝沉湎声色，制作艳曲《玉树后庭花》，日夜与幸臣宠姬酣歌宴游，敌国进兵，恃长江天险，歌舞不歇，隋兵攻下建康，他匿入井中，国破被俘。前人多咏此事，如李白之“天子龙沉景阳井，谁歌玉树后庭花”（《金陵送别范宣》）；杜牧之“商女不知亡国恨，隔江犹唱后庭花”（《泊秦淮》）；许浑之“玉树歌残王气终，景阳兵合戍楼空”（《金陵怀古》）；都是名篇。王珪这一联“于今玉树悲歌起，当日黄旗王气昏”，由当今追溯往昔，是说：如今耳边不时响起《玉树后庭花》的歌声，它使人想起当年陈后主由于沉湎歌舞，荒废朝政，导致国破身俘。“黄旗紫盖”，是帝王气象，“王气”，旧指王朝的运数。“黄旗王气昏”，犹言陈王朝寿终正寝。听到玉树歌，人们不禁想起陈朝覆灭的历史悲剧。这亡国的悲歌，可说是晓悟后人莫蹈覆辙的警钟。唐人诗句陈述史事较为具体，讽谕性显豁。王珪这两句侧重提醒人们重视前车之鉴，不再追述史事，寓意较为隐曲。

七八两句，承五六两句而来。“人事不同”，归结“于今”、“当日”；“风物在”，回应首联“遗迹”、“空存”；“怅然”将全诗回荡的低徊沉思的情韵一语点破；“对芳樽”，绾合前文的“醉眼”，也表明感慨之深，只得借酒消愁。

王珪长期身任词臣，诗文多金玉珠玑，时号“至宝丹”。本篇大笔勾勒赏心亭风物，由眼前景象引出对前代历史教训的凝想，从而抒感遣怀。视野空阔，意境苍凉，感慨深沉，不同于其他的摛藻敷采之作。（刘乃昌）

金陵怀古　　王　珪

怀乡访古事悠悠，　独上江城满目秋。
一鸟带烟来别渚，　数帆和雨下归舟。
萧萧暮吹惊红叶，　惨惨寒云压旧楼。
故国凄凉谁与问，　人心无复更风流。

本篇《华阳集》题作《金陵怀古》，《瀛奎律髓》题作《依韵和金陵怀古》。李璧

《王荆文公诗笺注》收入，题为《和金陵怀古》。但《临川全集》、《王文公文集》均不载此篇，当为王珪所作，误入荆公诗集。方回云："此诗原刊荆公集中，今以岐公集为正。"

首联破题，兼点时、地。为排解乡思而"访古"，但往事如烟，相隔久远，难以追寻。独自踯躅江边古城，扑入眼帘的只有一派萧索的秋光。"悠悠"、"独上"、"满目秋"，开端即为全诗笼罩了一层孤寂、离索的气氛。

中间两联，紧承"江城满目秋"，着力描写诗人眼中金陵的秋色。晚烟凄迷中，一只水鸟孤零零地落在僻静无人的沙洲上。秋雨淅沥不停，江面上稀落地漂浮着几片帆影，驶向归途。萧飒的晚风，把山麓层林的红叶，吹得七零八落。暗淡的寒云密布低空，阴沉沉地仿佛要把古老楼房压垮。四句，一写别渚孤鸟，一写数帆归舟，一写晚风劲吹、红叶凋零，一写寒云阴沉、楼阁昏暗。一句一景，宛如四幅秋景画屏，物象虽不同，却同是淡墨素彩，集中反映了秋光的萧索摇落，创造了一个寥落清冷的意境。

中间两联，融情入景，锻字炼句，显出作者艺术匠心。"一鸟来别渚"，本极孤寂，再加荒烟缭绕（"带烟"），愈见其情景凄迷。"数帆下归舟"，何其寥落，又兼秋雨凄凄（"和雨"），更显出风物清冷。对于鸟，着一"来"字，表明它是悄悄落下；对于舟，用一"下"字，可知其行色匆匆；如改为"飞"字、"泛"字，就恐怕韵减神消，索然无味了。"暮吹"用"萧萧"象其声，"红叶"惊落，满地飘零，晚风之紧可以想见。"寒云"以"惨惨"状其色，"旧楼"难以承受住它的重量，云层之厚不言而喻。处处景中含情，借景宣情，不假说破，金陵江城的冷落宛然在目。

尾联归结全诗，为金陵秋景图点睛。这历史上虎踞龙盘、人杰地灵的雄都，如今竟一派凄凉，无人过问；登临此地，谁还有往日那种激扬奋发、踌躇满志的风情气韵呢！"故国凄凉"应"江城满目秋"，"谁与问"应"独上"。"人心无复更风流"，由以上种种风物，水到渠成地诱发出了不吐不快的感慨，体现了诗人深沉的忧思。

这首诗格调的寥落沉郁，与昂奋进取的盛唐气象迥然有别。宋朝立国不久，逐渐形成积贫积弱的痼疾，旨在缓和危机的王安石变法，虽部分地达到了"富国"的目的，但"强兵"的效果甚微。元丰四年、五年（1081—1082）同西夏进行两次战争，都惨遭失败。第二次的"永乐之败"，丧师二十万，神宗"临朝痛悼，为之不食"（《宋史纪事本末》卷四十）。当时王珪在朝身任左相，对国势日益凌夷，感触必深。《金陵怀古》的"故国凄凉"之叹，未必只是一般的发吊古之思，很可能是感慨国势的时代悲愁的曲折反映。

（刘乃昌）

【作者小传】

司马光

(1019—1086) 字君实,陕州夏县(今属山西)涑水乡人,世称涑水先生。宝元初进士。仁宗末年任天章阁待制兼侍讲、知谏院。英宗时进龙图阁直学士。神宗即位,擢翰林学士,反对王安石变法,出知永兴军,旋判西京御史台。哲宗即位拜尚书左仆射兼门下侍郎,主持朝政,废除新法。为相八月,病死。赠太师、温国公,谥文正。撰有《资治通鉴》,另有《司马文正公文集》、《稽古录》等。

送张寺丞觐知富顺监

司马光

汉家五尺道,　置吏抚南夷。
欲使文翁教,　兼令孟获知。
盘馐蒟酱实,①　歌杂竹枝词。
取酒须勤醉,　乡关不可思。

〔注〕 ① 馐:此处作动词用,"荐"的意思。

"黯然消魂者,唯别而已矣!"(江淹《别赋》)自古以来,以"别"为题的作品,多悲凄缠绵之作,常囿于个人感情圈子之内,而司马光的这首送别诗,却能俯瞰九州,追溯千古,将历史、现实、希望结合起来,以诗的美启迪友人的沉思,用历史的光辉烛照前进的道路,感情深挚而不浮露,境界高人一着。

富顺在川南,与云南近邻。古代,包括云南、贵州及川西南的广大地区,《史记》、《汉书》称为"西南夷";《三国志》、《华阳国志》称为"南中"。历代王朝很早就注意到这一带地方的开发,秦代李冰、常頞,先后修筑从四川通往云南的路,长约二千余里,宽约五尺,史称"五尺道"(见《史记·西南夷列传》、《华阳国志》),还在西南夷地区设置官吏。汉承秦制,继续派唐蒙等"凿石开阁",修筑官路,直达建宁(今云南曲靖);汉武帝时,以兵临滇,滇王降汉,武帝仍令其"长帅",赐"滇王"印,先后置益州、越嶲、牂牁、犍为等郡,西南夷地区自此有了全国统一的行政建制;汉王朝还实行移民屯田,内地的先进耕作技术渐传边疆。首联以简练的笔墨概括了这些史实。

在注意加强边疆与内地政治、经济联系的同时,一些有见识的官员,还注意边疆文化的提高和民族的团结。西汉的文翁在汉景帝末任蜀郡太守,在成都设立学校,入学得免徭役,一时"学徒鳞萃,蜀学比于齐鲁"(《华阳国志·南中志》)。

三国时期的诸葛亮，对南中大姓的叛乱，并不单纯以武力征服，而是采取“攻心为上”的策略，相传对其首领孟获“七擒七纵”，使其心悦诚服。诸葛亮还吸收一部分民族上层人物为其“属官”，参与蜀国中央政权。结果，南中安定，无复后顾之忧。诸葛亮南征，恩威兼施，然而教化似未遑顾及。“欲使”二句即于此着眼。二句一气直下，意谓朝廷欲将文翁的教化施于南中孟获之辈，使之共进于文明之域。

南中地区，古人多视为蛮荒之地，其实，这里物产丰饶，民风淳朴，蜀锦、桐华布、筇竹杖，远在西汉就已销售国外，风味饮食亦多，蒟酱就是其中之一。蒟酱，一作“枸酱”。一说是一种胡椒科植物做的酱，味辛辣（《史记·西南夷列传·索隐》）；另一说是鸡棕酱，蒟、鸡同音，为内地人误记（尹艺《鸡棕油》）。鸡棕本是一种香菌，向被视为“山珍”。明谢肇淛《滇略·产》云：“鸡棕……土人盐而脯之，熬液为油，以代酱豉。”南中蒟酱，汉代就已销往邻近地区。南中民间歌舞丰富优美，巴渝间流传的《竹枝词》就是其中的代表，它含思婉转，色彩明丽，唱时以鼓笛伴奏，同时起舞。唐刘禹锡曾据以改作新词，脍炙人口。“盘馐”二句即选取这两件有代表性的事物，说明了南中风物之美。

尾联二句，诗人劝友人在途中开怀畅饮，切莫频起乡关之思。言外之意是，南中之事大有可为，现在不可以忧思自伤心神。司马光毕竟是政治家，颇有眼光。诗中所发的主张是针对唐宋以来的弊端而发的。唐天宝年间，杨国忠等贪边功以邀宠，对南诏发动了两次大规模的进攻，结果全军覆没，自此西南兵戈不息（见新、旧《唐书·南诏传》）；宋太祖赵匡胤则“挥玉斧”，把大渡河以南之地划出疆界（见毕沅《续资治通鉴》卷四），使继南诏而起的大理国与中原地区的文化交流受到阻碍。司马光对友人的谆谆嘱咐，表现了他对西南地区的深切关注。

此诗虽偏于议论，不摛文敷采，也不刻意求工，然而在质朴的语句之中，蕴含着丰富的内涵，而且感情诚挚，含意深远，在宋人五律中属于佳作。这与诗人“视地而后敢行，顿足而后敢立”的淳朴性格也是一致的。（余嘉华）

南园饮罢留宿，诘朝呈鲜于子骏、范尧夫彝叟兄弟

司马光

园僻青春深，　衣寒积雨阕。
中宵酒力散，　卧对满窗月。
旁观万象寂，　远听群动绝。
只疑玉壶冰，　未应比明洁。

鲜于子骏，名侁；范尧夫，名纯仁，乃范仲淹次子；尧夫弟彝叟，名纯礼，为范仲淹三子。三人与司马光皆有交谊。玩味末两句之意，这首五言古诗当写于宋神宗熙宁年间，王安石变法以后，司马光处于政治上不得志的时期。

一个春日的晚上，诗人与鲜于子骏、范氏兄弟聚饮南园，饮罢便留宿在那儿。夜半酒醒，写下这首诗，次日早晨（诘朝）呈送给子骏等三人。

开首两句写节候。青春，春季。时当初春，诗人却觉得春深，乃因置身僻园之故。连绵春雨方停，觉得身上衣有些难以抵挡这料峭春寒。

中间四句写夜半酒醒。万象，指宇宙间的一切事物。群动，指宇宙间的一切声响。在这雨后添寒的夜晚，诗人与好友相聚，痛饮一番后，不觉得酩酊大醉。夜半酒力发散，方才清醒过来。睁开眼睛一看，只见满窗皓月正与自己卧处相对，好不晃眼。沉醉中醒来，再难成寐，于是便游目旁观，侧耳远听，但见万象寂然，群动俱歇。

有心事的人往往如此：狂欢的时候，可以把一切都抛在脑后，然而一旦孤身独处，尤其是寂寂长夜难以成眠的时候，心头就不免要一阵阵地泛起涟漪了，现时诗人便正处于此种心境中。可以设想，他大概是想起了朝廷中那场关于变法的纷争。当初，他想，自己在神宗面前与王安石争得好激烈，还给王安石写过两封信进行劝阻，可是他不听，皇帝也支持他，新法终于推行了……我如此喋喋不休，难道是为了自己？还不是为了社稷、为了君上吗？司马光当然不以为王安石新法有进步意义，而他本人也确实认为自己是出于一片忠心的，因此最末两句便道：“只疑玉壶冰，未应比明洁。”未应，一作“未足”，当为“未足”。南朝诗人鲍照《代白头吟》有句曰：“直如朱丝绳，清如玉壶冰”，便以“玉壶冰”来比喻高洁清白的品格，以后还有盛唐诗人王昌龄，他用“一片冰心在玉壶”（《芙蓉楼送辛渐》）来自喻光明澄澈的品德，然而诗人这里说：我只怀疑“玉壶冰”这个比喻，还不足以用来比拟自己的明洁的品性和操守。这最末两句的点睛之笔，表白了诗人的心迹，也向朋友们流露了压抑于内心的一缕淡淡的委曲之情。

此诗虽然寄慨很深，却出之以淡笔，由景而情，缓缓道来，语言显豁，不事藻饰，因而读来不觉抑塞而仍有一种清新之感。这是这首诗艺术上的成功之处。

（周慧珍）

客中初夏 司马光

四月清和雨乍晴，　南山当户转分明。
更无柳絮因风起，① 惟有葵花向日倾。

〔注〕 ①"更无"句:化用东晋女诗人谢道韫咏雪诗句:"未若柳絮因风起。"(见《世说新语》)

这首绝句,近人陈衍在其选录评点的《宋诗精华录》中道:"此诗元祐入相时之作",其实非也。宋人蔡正孙的《诗林广记》收有此诗,题为《居洛初夏作》,诗下又附录《东皋杂记》的一则资料,亦云:"温公居洛阳,作此诗"(见后集卷十),因此,应为居洛之作,揆之诗意亦符。

诗中描写的,是诗人在洛阳所见到的初夏景色。熙宁四年(1071),诗人客居洛阳,编撰《资治通鉴》之暇,常常喜欢观赏大自然的风光,首句点明节候。时正初夏,雨后乍晴,天气清明而和暖。次句承"雨乍晴",写当户南山远景。诗人住宅正对着南山,雨丝蒙蒙中望之,唯有一个模糊轮廓。如今雨过天晴,再望之,便历历分明了。"转",意谓由模糊而转分明,既写出了不同天气下的景物的变化,又透露了他喜爱观赏美景的情趣。三、四两句描写眼前近景。柳絮,也叫"柳绵",白色绒毛,随风飞扬如飘絮。春尽夏来,枝上柳绵早已吹尽,故眼前没有因风起舞的柳絮;葵花却渐已长成,因而惟见向日的葵花。诗人上下左右寻找一番,看到了这典型的初夏景色。

这首诗,远景(南山)、近景(葵花),虚景(柳絮)、实景(葵花),相互映衬、烘托,形象既鲜明,境界又恬静,吟毕能令人怡然陶醉在这初夏清景中。然而,倘若以为这是一首纯粹的写景诗,就未免于诗意隔一层。究其实,此乃是一首即景抒怀之作,真谛蕴涵在后两句之中。这就不能不说到诗人因何客居洛阳的问题。熙宁二年王安石实行变法,诗人和他政见不同,竭力反对,然宋神宗支持王安石。因而当神宗欲任诗人为枢密副使时,他坚辞不就,并于三年出知永兴军(治所在今陕西西安),又于四年退居洛阳,直到元丰八年(1085)哲宗即位,方归京任职,其间居洛凡一十五年。这后两句所表白的便是诗人自己的情志。他说的是:我不是那随风飞扬的柳絮(因此自然不会人云亦云,随便附和王安石),我的一片忠贞之心,即便是在穷居洛阳之时,亦犹如一株向日的葵花,这也许是"物性固难夺"吧。这才是诗人真意之所在。所以前引《东皋杂记》又云:"其爱君忠义之志,概见于此",可谓知音了。不过此诗妙在诗人的心迹是巧借当前景色,委婉、含蓄地传达出来的,这就比直接表白更耐人寻绎。写得喻意醒豁而又不着痕迹,自然天成。由此可见,诗人的艺术表现力是颇高的。

(周慧珍)

闲 居

司马光

故人通贵绝相过, 门外真堪置雀罗。

我已幽慵僮更懒， 雨来春草一番多。

神宗熙宁三年(1070)，王安石主持的变法达到高潮。司马光不满新法，但暂时又无力抗拒，于是从熙宁四年至元丰八年(1085)，退居洛阳，仅任“坐享俸给，全无所掌”(《乞西京留台状》)的闲散职务，经营小筑，专意著书。本诗即写这一时期的生活情景。

诗题曰“闲居”，但诗人笔下展示的生活场面却不是优游闲散，而是内外交困；诗人的心情也不是恬淡安详，而是抑郁不平。首句谈到过去与自己持同一政见的老朋友，都纷纷随风转舵，投靠了新贵，与自己断绝了过从往来。次句慨叹昔日宾客盈门的盛况不再复来，如今门庭冷落到了真可以安置罗网捕捉鸟雀的地步。作者将自己在洛中的田庄名之曰“独乐园”，说明诗中描写的景况并非虚构。朋友如此冷淡，自己如此孤立，作者自然郁郁寡欢，衣冠也慵散不整。谁料家僮们又趁主人无心料理家务之机而大偷其懒，庭院不打扫，花草不修剪，致使一场春雨过后，野草蔓生，把大好的春光都淹没殆尽。这便是三四句描写的图景。

此诗内容与题目形成鲜明对比，因而具有强烈的讽刺意义。人情世态竟如此炎凉，“故人”僮仆皆如此势利，实在令人心寒齿冷！作者退居洛阳十五年，本是迫于形势；绝口不论时事，更非心甘情愿。从诗中可以看出，他并未忘怀国事。诗中对趋炎附势的“故人”的谴责，就流露出他对新法及其提倡、执行者的不满；对滋生的野草的厌恶，说明了他对这种闲居生活的反感。他希图重返京师，剪除“野草”，整顿朝纲。然而，革新派得到神宗的支持，恰如时当仲春，天降霖雨，遍地野草蓬蓬勃勃。作者只好望“草”兴叹，借诗遣怀了。

这首诗自然朴质，明白如话。前三句带有议论，直抒胸臆，不假藻饰。末句以景作结。全诗虽仅四句，却内涵丰富，耐人寻味，平易中有深致，浅显中见沉郁，显示了司马光作为一个“学者型”诗人的思想深度和艺术功力。

(詹杭伦 沈时蓉)

和君贶题潞公东庄 司马光

嵩峰远叠千重雪， 伊浦低临一片天。
百顷平皋连别馆， 两行疏柳拂清泉。
国须柱石扶丕构， 人待楼航济巨川。
萧相方如左右手， 且于穷僻置闲田。

因为和王安石的政见不同，作者自神宗熙宁四年(1071)至元丰八年(1085)，退居洛阳。元丰五年(1082)，曾任宰相的文彦博(潞国公)、富弼(韩国公)等人也因反对新法入洛定居。他们组成了一个在野集团，名之"耆英会"，常在一起聚首，置酒相娱。君贶，即宣徽使王拱辰，为耆英会成员之一。此诗当作于作者与诸老在潞公庄园宴乐时，写出了这些"耆老"们表面上优游闲散、遣情世外，实则身在江湖，心存魏阙，为不得在朝而耿耿不快的真实心情。

前四句写潞公庄园的景色。作者采用中国画以写意为主的泼墨笔法，粗线勾勒出了一幅"山沓水匝、树杂云合"(《文心雕龙·物色》中语)的山水画图。那淡淡的远景是嵩山，山峦重叠的峰顶上覆盖着白皑皑的积雪；那茫茫的一片是伊水，天水相连，浑然一色。画面近处，重墨点染的是大片平整的土地，矗矗楼台、潺潺清泉镶嵌其间；小溪两旁，柳枝低垂，轻拂水面。远近相宜，虚实相生，浓淡相间，一幅简远恬静的庄园山水图历历在目。若置身其间，一定会使人流连忘返。

然而出乎人意料之外，五六句作者笔锋突兀陡转。"国须柱石扶丕构，人待楼航济巨川"两句，耸然挺拔，别开一境，将前四句闲淡平和的气氛拓宕开去，而转以"正肃之气"代之。面对如画的风景，作者却无心观赏，反而勾起了他满腹愁绪、无限心事。那高峭入云的嵩山，似乎撑起了苍穹一角。国家这座大厦，不正是也需要如嵩山这样刚直有力的柱石来撑扶吗？那茫茫一色的伊水，深广莫测，人若想到达彼岸，小船独舟是不行的，需凭借楼船才能征服它。这两句承接首联，隐喻国家的治理须依靠大臣之力，而辅弼大臣又须仰仗皇帝的威势才能使自己的政治主张、治国纲领得以实现。此联从前四句淡远的景致中振起，气魄很大，气势很盛，令人有耳目一新之感，符合司马温公的大臣身份。

哪知正当作者雄心勃勃策划"扶丕构"、"济巨川"之时，历史的阴云却又悄然飘至心头。抚今追昔，又生感慨，笔势又陡然下跌："萧相方如左右手，且于穷僻置闲田。"当年的名相萧何辅佐汉高祖，曾被视为左右手，殊荣加身，然而终遭猜忌，有人劝他"多买田地，贱贳贷以自污。"据《史记·萧相国世家》记载，萧何"置田宅必居穷处，为家不治垣屋"。"且"字点出了昔日的萧何、今日的潞公并包括作者本人在内，买田建馆，投闲置散，并非出于自愿，而是迫于形势，不得不以此自娱消遣。作者把潞公比作萧何，实际上也是自况，既含蓄地赞扬了潞公(也包括自己)的辅君治国才干，又隐隐讽喻了宋神宗如当年猜忌功臣的汉高祖，在"国须柱石"之际，却将得力大臣排斥于朝廷之外。

全诗波澜起伏，感情抑扬有致。前四句写眼前景，笔起云烟，历历如绘，平和匀称。眼前景勾起心底情。五六句触景生情，骤然振起，气势轩昂，情感冲动。结尾又陡然抹倒，历史如彼，现实如此，不尽之意，尽在言外。这并不是出于作者的有意做作，而是由生活的矛盾所决定的。闲散的生活和宏伟的抱负、平静的风景和强烈的感情构成了生活中的巨大矛盾，作者把这个矛盾写出来，就形成了诗中起伏的波澜和抑扬的章法。（詹杭伦　沈时蓉）

和邵尧夫安乐窝中职事吟　司马光

灵台无事日休休，　安乐由来不外求。
细雨寒风宜独坐，　暖天佳景即闲游。
松篁亦足开青眼，　桃李何妨插白头。
我以著书为职业，　为君偷暇上高楼。

此诗《司马文正集》未收，附载于邵雍《伊川击壤集》卷十，熙宁七年（1074）作。邵雍原诗共十三首，题为《安乐窝中吟》，司马光和诗题目亦无“职事”二字。但雍诗第一首第一句云：“安乐窝中职分修。”一些选本遂在和诗题上加了“职事”二字（如陈衍《宋诗精华录》）。邵雍字尧夫，谥康节，北宋著名理学家、诗人，著有《皇极经世》、《击壤集》等。他的诗语句通俗，好谈理，被称为“邵康节体”（《沧浪诗话》）。他长期住在洛阳，把自己所居寝息之处取名叫安乐窝，并自号安乐先生。熙宁三年，司马光因与王安石政见不合，力请守郡。四年四月，改判西京御史台，来到洛阳，始与邵雍相识（见《邵氏闻见录》卷十八），并很快成了莫逆之交。在哲学思想上，二人都讲究象数之学，在政治上，都反对王安石新法，只是表现形式上不同。他们经常在一起作诗唱酬，司马光所和邵雍诗，多附载《击壤集》中。这里就是其中的一首。

“灵台”二句从“安乐”的名义说起，是安乐窝中职事吟的总纲。灵台，心也。语出《庄子·庚桑楚》：“不可内于灵台。”《诗·唐风·蟋蟀》：“良士休休。”毛传：“休休，乐道之心。”二句的意思是：心中无事就是最大的安乐，它是不须外求的。邵雍的哲学，主张“无思无为”，他说：“无思无为者，神妙致一之地也。圣人以此洗心，退藏于密。”又说：“顺理则无为。”又说：“天使我有是之谓命，命之在我之谓性，性之在物之谓理。”（并见《皇极经世》）在邵雍那里，“天命”、“人性”、“物理”实际上是一回事。他在诗中也说：“已把乐为心事业，更将安作道枢机。”（《首尾吟》）他把“安乐”看作是心的事业，道的枢机，反对向外寻求。他说：“诚明本是吾家事，自是今人好外求。”（《诚明吟》）司马光这两句诗概括了邵雍的这些思想。

在邵雍看来，乐天知命、顺理无为（即所谓“灵台无事”）就是养心的妙谛，就是最大的安乐。

“细雨”二句写邵雍日常游处之乐，是安乐窝中职事的一个方面。《宋史·邵雍传》称雍“兴至辄哦诗自咏，春秋时出游城中，风雨常不出，出则乘一小车，一人挽之，惟意所适。”《邵氏闻见录》卷二十记雍“每岁春二月出，四月天渐热即止；八月出，十一月天渐寒即止。故有诗云：‘时有四不出（大风、大雨、大寒、大暑），会有四不赴（公会、丧会、生会、醵会）’。”按雍诗《安乐窝中好打乖》亦云：“重寒盛暑多闭户，轻暖初凉时出街。”司马光和之云：“长掩柴扉避寒暑，只将花卉记冬春。”此诗“宜独坐”、“即闲游”写的就是这种情况，但诗句更觉清秀可喜。

“松篁”二句写邵雍观物乘化、乐道安贫、达观和乐的性格，是安乐窝中职事的又一方面。青白眼用阮籍事，诗中常典。对松篁亦开青眼，言仁者之博爱也。雍有《乐物吟》云：“安得岁丰时长平，乐与万物同其荣。”又《燕堂闲坐》诗云：“高竹漱清泉，长松吟清风。此时逢此景，正与此心同。”即所谓“开青眼”也。雍曾作《插花吟》有句云：“头上花枝照酒卮，酒卮中有好花枝。”又《南园赏花》诗云：“花前把酒花前醉，醉把花枝仍自歌，花见白头人莫笑，白头人见好花多。”又《年老逢春十三首》云：“红芳若得眼前遇，白发任从头上添。”即所谓“何妨插白头”也。自杜甫有“别来头并白，相对眼终青”之句，后世诗人亦多以“青眼”对“白头”，而工拙各异，《王直方诗话》尝论之。司马光与邵雍唱和，亦每有“青眼”、“白头”之句。如邵雍《首尾吟》云：“青眼主人偶不在，白头老叟还空归。”司马光《和首尾吟》云：“古道白头无处用，今时青眼几人知。”比较而言，则“松篁”二句更觉饶有诗情。其间“亦足”、“何妨”两个虚词表现了一种迈往之气，更有效地写出了邵雍的乐观性格。

结尾二句写自己和邵雍的深厚友情。“著书”指编写《资治通鉴》。司马光自到洛阳就集中精力从事这部史学巨著的编写工作，他在写给宋敏求的信中说：“某自到洛以来，专以修《资治通鉴》为事。”现在却从繁忙的编写工作中“偷暇上高楼”，这完全是为了邵雍的友情。《苕溪渔隐丛话》后集卷三二引《复斋漫录》云：邵雍“每出乘小车，为诗自咏曰：‘花似锦时高阁望，草如茵处小车行’（《年老逢春十三首》）。温公赠以诗曰：‘林间高阁望已久，花外小车终不来’”（《崇德久待不至》，崇德寺，温公在此修书）。所谓“偷暇上高楼”，亦即望小车之来也。“我以著书为职业”句，也流露出在政治上失意的情绪。

司马光在宋代不以诗名，但所写亦往往工稳、匀贴，清切有味，诗风比较平实。这首诗对邵雍的思想、生活、性格、品质进行了形象概括，同时还表达了彼此间的深厚友情。从上述引证可见，他的诗确是语无虚设，都是从生活实况中提炼出来的。

（白敦仁）

【作者小传】

王安石

（1021—1086） 字介甫，晚号半山，抚州临川（今江西抚州）人。庆历二年（1042）进士。嘉祐三年（1058）上万言书，提出变法主张。神宗熙宁二年（1069）任参知政事，行新法。次年拜同中书门下平章事。七年罢相，次年再相；九年再罢相，退居江宁（今江苏南京）半山园，封舒国公，旋改封荆，世称荆公。卒谥文。执政期间，曾与子雱及吕惠卿等注释《诗经》、《尚书》、《周官》，时称《三经新义》。其文雄健峭拔，为"唐宋八大家"之一。诗遒劲清新。所著《字说》、《钟山日录》等，多已散佚。今存《王临川集》、《临川集拾遗》，后人辑有《周官新义》、《诗义钩沉》等。

河 北 民

王安石

河北民，　　　　　　生近二边长苦辛。
家家养子学耕织，　　输与官家事夷狄。
今年大旱千里赤，　　州县仍催给河役。
老小相携来就南，　　南人丰年自无食。
悲愁白日天地昏，　　路旁过者无颜色。
汝生不及贞观中，　　斗粟数钱无兵戎！

王安石早年的诗歌创作学习杜甫关心政治、同情人民疾苦的现实主义精神，他的诗风也有取于杜诗的"沉郁顿挫"。本诗在王安石的早期诗作中是颇有代表性的。诗中反映河北人民在天灾人祸双重折磨下的苦难生活，字字句句饱含血泪，并透露出诗人内心无比的沉痛和人溺己溺的焦虑。这就有几分逼近杜诗的"沉郁"。而诗人因采取转折累叠、逐层深入、对比寄慨等表现手法而造成的文势跌宕之美，又可说是得力于杜诗的"顿挫"之妙。

"河北民，生近二边长苦辛"两句，开门见山地点明了一篇的题意。"二边"指邻近辽国与西夏的边界地区。辽与西夏是宋朝的敌国。按一般的想法，这一带的人民大概困于连年的战祸，自然难免要"长苦辛"了，但诗人压根儿没有提到这

王文公

公作字说时用意良苦置石莲百许枚几案上咀嚼以运其思遇盍未及益即瘞其拾至瘗而不觉世传公生家人见有獾入其室有顷公生故小字獾郎又传公在金陵有僧清晓于钟山道上见有童子教人捋嘴煖羽箑之偶问之曰往迎王相公尝上书宗中令法性外肾磨疹到寺未久闻公薨

宋文

王安石像
——清乾隆八年刊本《晚笑堂画传》

一点。当时北宋王朝用屈辱的妥协换来了苟安局面，边界上本无大的战事，那么边民究竟还有哪些“苦辛”呢？作者分三层来回答这一问题。

“家家养子学耕织，输与官家事夷狄。”这是第一层。河北之民，勤劳成习。“家家”者，风气普遍，无一例外之谓也。勤劳是取富之道。男耕女织，勿使相失，按照孟子的说法，可使“老者衣帛食肉，黎民不饥不寒”（《孟子·梁惠王上》）。可是现在的情况却不然。劳动所得先交给朝廷，朝廷转手送给辽国与西夏。送的名目，说来痛心，对辽称“纳”，对西夏称“赐”。“赐”字虽然比“纳”字中听些，但哪有受人威胁而又“赐”人以物之理呢？王安石用一个“事”字来概括，可谓得体。“事”即防御之意（钱锺书《宋诗选注》）。用予敌银、绢的办法来御敌，虽然有点荒唐，但这是北宋的一项国策，要长期奉行，因此河北之民只好“长苦辛”了。在这一层中，前后两句在对比中造成转折之势，从而波浪式地把诗意向前推进。

“今年大旱千里赤，州县仍催给河役。”这是第二层。大旱之年，赤地千里，哀鸿遍野，作为官府，理应开仓赈济，活彼黎庶，但现实的情况恰恰相反，州县两级官吏不顾人民死活，把最有生产自救能力的丁壮抽去上河工，丢下老弱妇孺不管。“仍”字见官府墨守成规，赋役杂税，无一减免。“催”字状其急如星火。用字极为精确。对外怯懦畏葸，对内凶狠强横，这也是北宋朝廷长期奉行的国策，因此河北之民又只好“长苦辛”了。在这一层中，前后两句在对照中造成累叠之势，这是诗家所谓的“加一倍写法”（《岘佣说诗》），从而使文气旋转而下。以下即写人民不得不离乡背井。

“老小相携来就南，南人丰年自无食。”这是第三层。边地既无活命希望，边民只好向南逃荒求生。“老小相携”四字寓无限悲惨之意。盖丁壮既为官府抽调，所剩只有老弱妇孺。在忍饥挨饿的情况下长途跋涉，老弱需要搀扶，妇孺需要照顾，而现在一切都无所巴望，只好老小相携而行。好在一个诱人的消息在鼓舞着他们：南方丰收，就食有望。哪知当他们吃尽千辛万苦来到黄河之南以后，竟发现河南人民也在挨饿。希望终于破灭。至此，二边人民的生计完全断绝。他们中间的大部分人必将困饿而死；侥幸活下来的人，则更将“长”伴“苦辛”，永无尽期。在这一层中，前后两句在映衬中造成开拓之势，从而暗示出“长苦辛”不是河北之民所独罹，河南之民以及其他内地之民无不如此；“长苦辛”的原因，不止是因为“近边”、“大旱”，即使是内地与丰年照样不能幸免。这就启发读者去思考造成这种局面的原因，扩展了全诗的思想意义。

上述三层，紧扣开头“长苦辛”三字而来，一层比一层深入地铺叙了河北之民所受“苦辛”的可悲，字里行间还透露出诗人对这种现象的严重关注和对受苦人民的深切同情。尽管前者是明写，后者是暗寓，但正由于在叙事中寓有主观的情韵，所以虽然用的是赋法，而感人的力量同样极为强烈。至第三层叙毕，边民的深愁极苦已无以复加，作者的心情也惆怅难述，于是便转换角度，专事气氛的渲染："悲愁白日天地昏，路旁过者无颜色。"上句为正面描写，形容边民的悲愁之气犹如阴云惨雾，弥漫天空，致使白日为之无光，天地为之昏黑。下句为侧面描写，指出道旁行人见此惨相，也不禁感到悲痛欲绝，色沮神丧。这两句都承上文理路而来，但前者虚，后者实，通过虚实相生，使诗中所写的内容更为惊心动魄，作者的感情脉络也趋于明朗。

篇末两句采用古今对比的手法寄托自己的深意："汝生不及贞观中，斗粟数钱无兵戎！"贞观是唐太宗李世民的年号。贞观十五年(641)，唐太宗曾对侍臣谈到自己有二喜："比年丰稔，长安斗粟直三、四钱，一喜也；北虏久服，边鄙无虞，二喜也。"(《资治通鉴》卷一九六)北宋积贫积弱的局面和对外退让的情形正好与唐太宗所说的"二喜"构成鲜明对比。王安石用感叹的口吻对流民宣传"贞观之治"的美好，这与其说是对流民的安慰，倒不如说是对时政的批判。

王安石是宋朝的大政治家。这首诗表明他有敢于抨击时政的胆识，这正是一位有作为的政治家和诗人最为可贵的品格。

(吴汝煜)

葛溪驿

王安石

缺月昏昏漏未央，　一灯明灭照秋床。
病身最觉风露早，　归梦不知山水长。
坐感岁时歌慷慨，　起看天地色凄凉。
鸣蝉更乱行人耳，　正抱疏桐叶半黄。

清代诗论家贺裳说："读临川诗，常令人寻绎于语言之外，当其绝诣，实自可兴可观，不惟于古人无愧而已。"(《载酒园诗话》)《葛溪驿》就是这类令人寻绎于语言之外的好诗之一。其写作时间，大约在皇祐二年(1050)① 。

首联一落笔就从情上布景。"缺月昏昏"是诗人仰视窗外之所见。行役之人每于独眠客舍之夜间最易萌生思乡之情。当此之时，人地两疏，四顾寂寥，唯有天上的明月聊可与家人千里相共，故抬头望月，实为自来行人寄托乡思之一法。本诗写月亦寓此意，而天公偏不作美，今夜悬挂于天庭的，竟是半轮"缺月"，且月色"昏昏"，犹如一团惨白的愁雾，这是多么令人扫兴！"漏未央"是诗人侧耳枕上之所闻。诗人于扫兴之余，便希望早入梦乡。怎奈原先并不十分在意的漏壶，此刻也仿佛故意作难，滴水声似乎越来越响。这在不眠之人听来，又增添了烦乱，心绪愈益无法宁贴。“未央”两字，不仅暗示入夜已深，且摹写诗人对漏声的敏感与厌烦心情如见。更兼一灯如豆，忽明忽暗，使孤寂的旅况更加使人难以为怀，而独卧秋床的诗人目不交睫、辗转反侧的苦颜，也就可想而知了。

首联虽为景语，而景中宛然有诗人自己在，故颔联便直接叙写羁旅的困顿和抒发乡思之愁。出句写旅夜的悲苦境遇有三重不堪。病中行役，体弱衣单，值此秋风萧瑟、玉露凋伤的凉夜，不仅肉体上有切肤透骨的寒意，而且连心灵也仿佛浸透在凄寒之中，一不堪。古人云：“凡人之思故，在其病也。”（《史记·张仪列传》）病中的乡思旅愁自当倍于常时，二不堪。句中“最觉”两字，受到刘禹锡《秋风引》的启发。刘诗云：“何处秋风至，萧萧送雁群。朝来入庭树，孤客最先闻。”所谓“最觉风露早”，亦即刘诗“最先闻”之意。诗人以其超越常人的深情敏感去体察、品尝人间的苦果，自有一种超越常人的深悲极痛，三不堪。对句以恍惚的梦境写自己难以排遣的乡愁。大凡思家心切，总希望借梦境与家人团聚，但梦醒之后，往往更增怅惘空漠之感。此句虽未明言梦醒后的难堪，但“最觉风露早”五字已透露梦醒的原因，“不知山水长”五字正是梦醒后的感叹，而将无限惆怅之意，留给读者自己去想象了。

刘熙载说：“律诗既患旁生枝节，又患如琴瑟之专一。融贯变化，兼之斯善。”（《艺概》卷二）本诗上半篇写羁旅之愁，颈联便另出一意，写忧国之思。出句“坐感岁时歌慷慨”，是说诗人一想到时势的艰难，连那无穷的乡愁和病身的凄寒都在所不顾，毅然坐起，情不自禁地慷慨悲歌。王安石是个爱国主义者。他自涉足仕途以后，对人民的贫困，国力的虚耗，政治上的种种积弊，有比较深刻的认识，希望通过改革来解决社会危机。在此之前，他曾写了《省兵》、《读诏书》等关心政治与民瘼的诗篇。诗中慷慨陈词：“贱术纵工难自献，心忧天下独君王。”（《读诏书》）“歌慷慨”三字正是他“心忧天下”的具体写照。对句“起看天地色凄凉”，写诗人于壮怀激烈、郁愤难伸的情况下起身下床，徘徊窗下。小小的斗室装不下诗人的愁思，只好望着窗外的天地出神，但映入诗人眼帘的，也仅是一片凄凉的景色而已。此句将浓郁的乡思、天涯倦怀、病中凄苦及深切的国事之忧融为一体，复借景色凄凉的天地包举团裹，勿使吐露，似达而郁，似直而曲，故有含蓄不尽之妙。综观中间两联，一写乡思，一写忧国之思，名虽为二，实可融贯为一，统称之为家国之思，这正合上文所谓“融贯变化，兼之斯善”的要求。

尾联中的“行人”实即诗人自指。诗人捱到天明，重登征途，顾视四野，仍无可供娱心悦目之事，唯有一片鸣蝉之声聒噪耳际。“乱”字形容蝉声的嘈杂烦乱，正所以衬托诗人心绪的百无聊赖。“乱”字之前着一“更”字，足见诗人夜来的种种新愁旧梦及凄苦慷慨之意仍萦绕心头，驱之不去，而耳际的蝉声重增其莫可名状的感慨，结句写秋蝉无知，以“叶半黄”的疏桐为乐国，自鸣得意，盲目乐观，诗人以此作为象喻，寄托他对于麻木浑噩的世人的悲悯，并借以反衬出诗人内心那种类似杜甫“忧端齐终南，澒洞不可掇”(《自京赴奉先咏怀五百字》)的悲慨。

全诗以作者的深情敏感为契机，抒写了强烈的忧国忧家的感情。这种感情随着时间的推移顿挫盘纡而出，并显示其转折变化的深度与广度，因此能极尽曲折往复之致，而造“可兴可观”的“绝诣”。

(吴汝煜)

〔注〕 ① 宋李壁《王荆文公诗笺注》卷三十九《初去临川》诗题下云：“抚州金峰有公题字云：‘皇祐庚寅，自临川如钱塘。’”葛溪驿正处于自临川如钱塘的交通线上。《初去临川》诗有“疾病乘虚亹亹侵”之句，与《葛溪驿》诗“病身最觉风露早”相合。又据蔡上翔《王荆公年谱考略》卷四皇祐二年庚寅下引张青补注称，王安石初去临川，曾与乡邻陈君一束，有“秋凉加爱”之句。时令也与《葛溪驿》诗相合。故可考定此诗为皇祐二年赴钱塘途中所作。

思王逢原三首(其二) 王安石

蓬蒿今日想纷披，　冢上秋风又一吹。
妙质不为平世得，　微言惟有故人知。
庐山南堕当书案，　湓水东来入酒卮。
陈迹可怜随手尽，　欲欢无复似当时。

中外都有不少才高而命短的诗人，北宋诗人王令(字逢原)就是其中之一。他以高尚的节操和卓越的才华闻名于世，而人们所以知道他的名字，是与王安石的揄扬分不开的。王安石于至和二年(1054)由舒州通判被召入京，路过高邮，逢原赋《南山之田》诗往见安石，安石大异其才，遂成莫逆之交，并将妻妹嫁于逢原，为他四方延誉，使这位年轻诗人的作品得以广为流传。然而，嘉祐四年(1059)秋，逢原仅以二十八岁的青春年华而逝世，这怎不令王安石痛心疾首，黯然神伤！第二年秋天，便写下了三首悼念故友之作，这是其中的第二首。

《礼记·檀弓》上说：“朋友之墓，有宿草而不哭焉。”宿草就是隔年的草，意指一年以后对于已去世的朋友不必再哀伤哭泣了。“宿草”，后世便成为专指友人丧逝的用语，这里蓬蒿泛指野草，句意正是由《礼记》脱胎而来，暗喻故友虽去世一年，而自己犹不能忘情。当时王安石身在汴京而王令之墓则在千里之外的常州，然凭着诗人沉挚的感情与驰骋的想象，在读者眼前展现出一幅凄怆悲凉的画面。哀痛之情也于景中逗出，于是从坟地写到了长眠地下的人。

“妙质”二字，今人注本往往释为“美妙的品德、卓越的才能”云云，其实不然。只要一读原诗第一首的尾联“便恐世间无妙质，鼻端从此罢挥斤”，便可知这里是用《庄子》上匠石运斤成风的典故，这里的“质”指质的、箭靶，用以比喻投契的知己。因而“妙质不为平世得”一句是说世人不能像匠石深知郢人那样理解王逢原。据当时记载，逢原为人兀傲不羁，不愿结交俗恶献谀之徒，甚至在门上写道：“纷纷闾巷士，看我复何为？来即令我烦，去即我不思。”可见他清高孤傲的性格，其不为世重，也就是很自然的事了。

“微言”是用了《汉书・艺文志》中“仲尼没而微言绝”的话，意指精辟深刻的思想言论。这句说只有深深了解死者的人才明白他的微言。言外之意，自己才是唯一理解王令的人，因而逗出下联的回忆。这两句用典熨帖精确而又不害词意畅达，并通过典实的运用，给原来枯燥板滞的议论注入了活力和丰富的意蕴，可见王安石铺排典故的娴熟技巧，陈师道怀黄鲁直诗“妙质不为平世用，高怀犹有故人知”，即从此联化出。这两句对怀才不遇，知音者稀的感慨，关合彼我，虽是为王令叹息，也包含着对自身的感喟。

颈联是追忆当年与王令一起读书饮酒的豪情逸兴。嘉祐三年(1058)，王安石提点江东刑狱，按临鄱阳，王令六月中便去鄱阳与安石聚会，诗句就是写这次会晤：庐山向南倾侧，犹如自天而降，对着我们的书案；湓水滔滔东来，像是流入了我们的酒杯。这两句以雄伟的气魄、丰富的想象、精炼的字句成为荆公诗中的名联。庐山如堕、湓水东来，已是雄奇绝伦，并以“当”与“入”两个动词作绾带，遂将自然景物的描写与人事的叙述融为一体，且气势阔大，令人可以想见他们当日豪迈的气概，诚笃的友谊，庐山、湓水便是他们的见证。这种昂扬的格调，宏阔的意境与前文凄凉悲慨的调子适成鲜明对照，而诗人正是以这种强烈的对照，表达了今日不可压抑的悲愁，同时也自然地引出了尾联无限的今昔之感。

诗人沉痛地慨叹道：一切往事都随你的离世烟消云散，昔日的欢会已一去不返。全诗便在深沉的悲哀中戛然而止。

这首诗所以成为王安石的名作，就在于其中注入了真挚的情意，无论是对故友的深切思念，还是对人生知己难遇的怅恨，或是对天不怜才的悲愤，都是出于肺腑的至情。这正说明王安石不仅是一个铁腕宰相，同时又是一个富于感情的诗人。此诗通首以第二人称的口气出之，如对故友倾诉衷肠，因而读来恻恻感人。短短八句中，有写景，有议论，有回忆，有感叹，运用了想象、使事、对比等手段，总之，体现了王安石高超的律诗技艺，所以有人以此诗为他七律的压卷之作，恐也是不无道理的。

（王镇远）

示长安君 王安石

少年离别意非轻，　老去相逢亦怆情。
草草杯盘供笑语，　昏昏灯火话平生。
自怜湖海三年隔，　又作尘沙万里行。
欲问后期何日是，　寄书应见雁南征。

这首诗作于仁宗嘉祐五年(1060)王安石使契丹前，这一年他正好四十岁。长安君是王安石的大妹，名文淑，工部侍郎张奎之妻，封长安县君。她“工诗善书，强记博闻”，聪明过人而又“不自高显”(王安石《长安县太君墓表》)，王安石与她兄妹之间感情深厚，因此在临行前写了这首诗给她。因为是兄长写给妹子，故云“示”。

“黯然销魂者，唯别而已矣!”(江淹《别赋》)何况彼此都处在重感情、易冲动的少年时期，一旦分离，自然是心情沉重。这就是首句的大意。它只不过说出了自古已然、人人都容易体会的实情，也可以说是人之常情吧。但紧接着——“老去相逢亦怆情”，却如奇峰拔地而起，出人意表。“相逢”应喜，何来“怆情”? 看来，这一句的关键是在“老去”二字。王安石此时仕途奔波，已历多年，虽不可谓失意，但总有一种大志未伸的感慨，这从他嘉祐三年上“万言书”主张改革政治，却未被采纳可知。作为一个以天下为己任、从青年时代起就想干一番事业的政治家，到了不惑之年还不能实现自己的理想，其悲怆的心情可以想见。可是，这种心情又不是可以随便对人吐露的，且不说别人不一定能理解，稍不小心还可能招致“怨谤朝廷”的罪名! 只有在像长安君这样自小与自己手足情深的亲人面前，才能一吐为快，因为，她不但能理解你，还会陪着你流泪叹息，给予同情和安慰。此其原因之一。“乍见翻疑梦，相悲各问年。”(司空曙《云阳馆与韩绅宿别》)由于相见不易，偶然相逢，难免喜极而悲，更何况分别多年，双方都容颜衰老、鬓毛疏落了，初见时甚至会怀疑对方的年龄，惊定后自不免“感叹亦歔欷”了! 此其原因之二。少年时会多离少，而且总觉得来日方长，相见有期，因此，虽亦依依不舍，终究可以自持;年老的人离多会少，见一次少一次，更感“相见时难别亦难”，这种短暂的相逢，只能使人倍觉伤情。此其原因之三。只有理解了这三层含意，才能充分感受“老去相逢亦怆情”一语的分量!

颔联是为人传诵的名句。这二句的好处在于能准确地选择家庭生活中的细节，运用恰当传神的词语，创造出一个温暖亲昵的家庭气氛的意境，以实证虚，说明自己的手足之情和家庭之乐，以见“怆情”的真实。“草草”修饰“杯盘”，可见酒菜的简单——家常便饭是也；“昏昏”修饰“灯火”，除了说明随便，还造成一种神秘感，在这昏暗的灯光下促膝谈心，似乎与整个世界都隔离了，难道还不可以放心地倾吐心中的秘密？王安石在为这位妹妹写的《墓表》里曾称赞她“衣不求华，食不厌蔬”，这“草草杯盘”和“昏昏灯火”不正是长安君这种俭朴精神的写照吗？生活虽俭朴，感情却是丰富的，对于难得归来又要匆匆离去的兄长，这位妹妹是用她特有的朴实无华但却真诚深情的方式来送别的。所以，席间谈笑风生，灯下推心置腹。“供”、“话”二字看似信手拈来，实则也是经过精心挑选的。吴可《藏海诗话》云：“七言律一篇中必有剩语，一句中必有剩字，如‘草草杯盘供笑语，昏昏灯火话平生’，如此句无剩字。”这话不是没有根据的。

家庭生活是如此的温暖欢乐，诗人却难得享受得到，这就不能不令他自伤自怜，感慨万端了，故颈联即以感叹语出之：我正为兄妹们被湖海阻隔、多年不见而伤情，想不到又要冒着风沙出使到万里之外的异域去。“三年”言时间之长，“万里”言距离之远，一纵一横，相辅相成。“湖海”极言阻隔之深，“尘沙”则言远行之苦，二句以“自怜”和“又作”串成一气，更使人感到难得相逢，别易会难！然而，王安石毕竟是一位大政治家，尽管“自怜”，还是决然而行。读到这里，不禁令人想起曹植《赠白马王彪》一诗中的名句：“丈夫志四海，万里犹比邻。恩爱苟不亏，在远分日亲。”大丈夫志在四海，视万里若比邻，若是手足情深，隔得再远些，我们的情分也会日益亲密的！曹氏兄弟是如此，王氏兄妹又何尝不是如此呢？所以诗人最后说：到了大雁南飞的秋天，我就会寄信回来，告诉你重逢的日期。这是对妹妹的安慰语，也是此行必能完成使命的自信语。以此语收束全诗，正可见王安石的个性。

这首诗对仗的技法也很高明。一般律诗都是中间二联对仗，此诗首联以“少年”和“老去”对起，造成一种似对非对的效果；颔联无论从内容、用词还是音调来看，的为工对；颈联又改用流水对，这就使全诗情韵相生，显得既工稳又活泼。

（陈文华）

夜　直　　　　王安石

金炉香烬漏声残，　翦翦轻风阵阵寒。
春色恼人眠不得，　月移花影上栏干。

诗题“夜直”犹今语所谓值夜班。宋代制度，翰林学士每夜轮流一人在学士院里值班住宿(见沈括《梦溪笔谈》卷二十三)。王安石于治平四年(1067)九月为翰林学士,未即赴。熙宁元年(1068)四月王安石奉诏越次入对,始至京师,而本诗写的是初春夜直,故可确定写作时间在熙宁二年,其时宋神宗已决定采纳他的意见,实行新法。

首句"金炉香烬漏声残",写夜色将曙未曙时的情景。诗人因有国事萦怀,夜间未曾合眼,因此对时间的流逝十分注意,既细看炉香之"烬",又静听漏声之"残"。这正是杜甫《春宿左省》诗"明朝有封事,数问夜如何"之意。

次句"翦翦轻风阵阵寒",写诗人启户来到室外的感受。"翦翦"形容风轻微而带有寒意。此句从韩偓《夜深》诗"恻恻轻寒翦翦风"点化而来。韩诗微带伤感情调,而本诗则纯为表现其从香雾氤氲的室内踱步到室外时的一种清新感。早春的天气,又在黎明之前,轻风吹拂,晓寒微侵,最能给人以春的气息。这是诗家最喜欢、最欣赏的清景。

第三句"春色恼人眠不得",写诗人面对着美好的春色,引起了内心的激动。"春色恼人",犹言春色撩人。欧阳修《少年游》词:"拈花嗅蕊,恼烟撩雾,拚醉倚西风。"恼、撩互文同义,可见恼可作撩讲。此句本自晚唐罗隐《春日叶秀才曲江》诗:"春色恼人遮不得。"王安石改"遮"为"眠",深切题意,使此句成为全诗的有机组成部分,故令人不觉其借用。再说,罗诗中的"春色恼人"是指美好的春色,与自己那种"安排贱迹无良策,裨补明时望重才"的落魄窘况太不相宜了,因此有"遮不得"之说。王安石诗中的"春色恼人"是说在这新春之时,自己终于有了千载难逢的君臣际遇,即将一展宏图,裨补明时,无数往事、感慨事、紧要事一齐涌上心头,因此只有用"眠不得"三字,才能表达这种兴奋的心情。就点化的功夫而言,王安石远胜于后来的江西派诗人。

结句"月移花影上栏干",是借景抒情,表达诗人愉悦的心情。花好月圆,原是人间美好事物的象喻,何况诗人是在皇家的宫禁之中来领略花的芬芳,月的清阴,当然也就更加感到赏心悦目了。

"春色"一词,有时含有政治意义。如杜甫《和贾至舍人早朝大明宫》诗:"五夜漏声催晓箭,九重春色醉仙桃。"《宋史·乐志》:"回龙驭,升丹阙,布皇泽,春色满人间。"本诗也是如此。王安石久蓄改革之志,曾向仁宗皇帝上《万言书》,倡言改革,未被采纳。神宗即位,才使他获得了实现抱负的机会,又时值初春,所以他更觉得"春色"的美好。诗中把政治上的际遇与自然界的春色融为一体,感情含而不露,意思也特别深挚,以致宋代周紫芝、沈彦述等人误把它当作艳诗来读,以为"非荆公诗"(《竹坡诗话》)。后来,何文焕虽然把他们斥之为"学究腐儒",认为这首诗的著作权仍应判归王安石(《历代诗话考索》),但他的意思,不过是说艳诗未必可非。可见他们都没有真正读懂这首诗。（吴汝煜）

泊船瓜洲① 王安石

京口瓜洲一水间,②　钟山只隔数重山。
春风又绿江南岸,③　明月何时照我还?

〔注〕①瓜洲:在今江苏扬州市邗江区南,临江。②京口:今江苏镇江。③又:《临川先生文集》卷二九作"自"。兹据张氏涉园影元本《王荆文公诗笺注》卷四三校改。

王安石喜欢改诗。他不仅为同时代人刘贡父、王仲至改诗(见《王直方诗话》),而且还为古人改诗。谢贞的《春日闲居诗》"风定花犹舞",王安石"改'舞'字作'落'字,其语顿工"(《彦周诗话》)。对于自己的诗作,他更是不惮多改。《泊船瓜洲》是他修改已作使之更为完美的著名例证。

这首诗作于熙宁八年(1075)二月。当时王安石第二次拜相,奉诏进京,舟次瓜洲。首句"京口瓜洲一水间",以愉快的笔调写他从京口渡江,抵达瓜洲。"一水间"三字,形容舟行迅疾,顷刻就到。次句"钟山只隔数重山",以依恋的心情写他对钟山的回望。王安石于景祐四年(1037)随父王益定居江宁(今江苏南京),从此江宁便成了他的息肩之地,第一次罢相后即寓居江宁钟山(今南京紫金山)。"只隔"两字极言钟山之近在咫尺。把"数重山"的间隔说得如此平常,反映了诗人对于钟山依恋之深;而事实上,钟山毕竟被"数重山"挡住了,因此诗人的视线转向了江岸。

古人云:"望秋云神飞扬,临春风思浩荡。"第三句"春风又绿江南岸",描绘了江岸美丽的春色,寄托了诗人浩荡的情思。其中"绿"字是经过精心筛选的,极其富于表现力。洪迈《容斋续笔》卷八云:"吴中士人家藏其草。初云'又到江南岸'。圈去'到'字,注曰'不好'。改为'过',复圈去而改为'入'。旋改为'满'。凡如是十许字,始定为'绿'。"作者认为"到"、"过"、"入"、"满"等字都不理想,只有"绿"字最为精警。这是因为,一、前四字都只从风本身的流动着想,粘皮带骨,以此描写看不见的春风,依然显得抽象,也缺乏个性;"绿"字则开拓一层,从春风吹过以后产生的奇妙的效果着想,从而把看不见的春风转换成鲜明的视觉形象——春风拂煦,百草始生,千里江岸,一片新绿。这就写出了春风的精神,诗思也深沉得多了。二、本句描绘的生机盎然的景色与诗人奉召回京的喜悦心情相谐合。"春风"一词,既是写实,又有政治寓意。曹植《上责躬诗表》:"伏惟陛下德象天地，恩隆父母，施畅春风，泽如时雨。”王建《过绮岫宫诗》：“武帝去来罗袖尽，野花黄蝶领春风。”这两处“春风”实指皇恩。宋神宗下诏恢复王安石的相位，表明他决心要把新法推行下去。对此，诗人感到欣喜。他希望凭借这股温暖的春风驱散政治上的寒流，开创变法的新局面。这种心情，用“绿”字表达，最微妙，最含蓄。三、“绿”字还透露了诗人内心的矛盾，而这正是本诗的主旨。鉴于第一次罢相前夕朝廷上政治斗争的尖锐复杂，对于这次重新入相，他不能不产生重重的顾虑。变法图强，遐希稷契是他的政治理想；退居林下，吟咏情性，是他的生活理想。由于变法遇到强大阻力，他本人也受到反对派的猛烈攻击，秀丽的钟山、恬静的山林，对他产生了很大的吸引力。《楚辞·招隐士》：“王孙游兮不归，春草生兮萋萋。”王维《送别》：“春草年年绿，王孙归不归?”都是把草绿与思归联系在一起的。本句暗暗融入了前人的诗意，表达了作者希望早日辞官归家的心愿。这种心愿，至结句始明白揭出。

毋庸讳言，用“绿”字描写春风，唐人不乏其例。李白《侍从宜春苑奉诏赋龙池柳色初晴听新莺百啭歌》“春风已绿瀛洲草，紫殿红楼觉春好”，丘为《题农父庐舍》“春风何时至？已绿湖上山”，温庭筠《敬答李先生》“绿昏晴气春风岸，红漾轻轮野水天”等，都为王安石提供了借鉴，但从表现思想感情的深度来说，上述数例，都未免逊色，因此本句可说是青出于蓝而胜于蓝了。

结句“明月何时照我还”，从时间上说，已是夜晚。诗人回望既久，不觉红日西沉，皓月初上。隔岸的景物虽然消失在朦胧的月色之中，而对钟山的依恋却愈益加深。他相信自己投老山林，终将有日，故结尾以设问句式，表达了这一想法。

“文字频改，工夫自出”(《童蒙诗训》)。本诗曾获得“超然迈伦，能追逐李杜陶谢”(《彦周诗话》)的赞誉。这正是“频改”所致。但这首诗的佳处，并不限于一字之工，当玩赏其全篇的精神所在，方能得其体要。

(吴汝煜)

纯甫出释惠崇画要予作诗

王安石

画史纷纷何足数？　惠崇晚出吾最许。
旱云六月涨林莽，　移我翛然堕洲渚。
黄芦低摧雪翳土，　凫雁静立将俦侣。
往时所历今在眼，　沙平水澹西江浦。
暮气沉舟暗鱼罟，　欹眠呕轧如鸣橹。
颇疑道人三昧力，　异域山川能断取。

方诸承水调幻药，　　洒落生绡变寒暑。
金坡巨然山数堵，　　粉墨空多真漫与。
濠梁崔白亦善画，　　曾见桃花净初吐。
酒酣弄笔起春风，　　便恐飘零作红雨。
流莺探枝婉欲语，　　蜜蜂掇蕊随翅股。
一时二子皆绝艺，　　裘马穿羸久羁旅。
华堂岂惜万黄金，　　苦道今人不如古。

这是一首咏画诗。题目中的纯甫，即作者王安石的七弟王安上，纯甫是他的字。惠崇是宋代著名的画家，建阳僧人，亦工诗，是宋初时的九诗僧之一，善作寒汀远渚平沙小景。《图画见闻志》卷四说他“工画鹅雁鹭鸶，尤工小景，善为寒江远渚，萧洒虚旷之象，人所难到”。现有《秋浦双鸳图》、《湖山春晓图卷》等传世。王安石的这首诗，对惠崇画的艺术表现力作了高度的赞扬。

诗的开头两句，先给惠崇一个总的评价，突出惠崇在美术史上的地位和作者对他的景仰，然后再细写。这就是先断后叙之法。“旱云”以下四句，艺术地再现了惠崇画的境界，为正面写画。六月的旱云涨生于林莽之上，观画者好像忽然置身于洲渚，有身临其境之感。“黄芦低摧雪翳土”中的“雪”字，指雪白的芦花，芦花被摧落覆盖在平沙之上，黄、白色对比鲜明，上黄下白，色彩有层次。洲渚之上，又有成群的野鸭和大雁与它们的伴侣静立其间，俨然一幅平沙落雁图。以上所写，只是画的局部，“往时所历今在眼”以下四句，写画又出一层。出色的绘画，唤起了诗人对昔日所经历过的景物的回忆，这里含有诗人欣赏画作时所引起的审美的艺术联想，同时说明画家的笔情墨意：在沙平水淡的江边，因暮霭沉沉，渔船和网罟都暗淡了，但依稀可见舟人渔子的身影。他们或斜攲而卧，或手摇樯橹，好像能听到呕呕轧轧的声音。“颇疑道人三昧力”以下四句，又换了一种手法赞美惠崇的画，即用幻境写画的艺术功力。“三昧”是佛家语，此指惠崇掌握了绘画的奥妙，达到了神明的境界。“异域山川能断取”一句，也是用佛典形容画技的高超。佛典中有所谓解脱菩萨断取三千大千世界，在掌中转动，如陶工转轮一样，以此比喻惠崇画山水，能将异域山川巧妙地搬到画中。“方诸承水调幻药”两句，形容惠崇用笔着色，如同在方诸(方诸是古代月下承露取水之器)中调和了神妙的药水，洒落在画绢上，随物赋彩，触处成形，画出的景物逼真传神，能使寒暑易节。

“金坡巨然山数堵”以下八句，是用巨然、崔白两位画家衬托惠崇。巨然是五

秋浦双鸳图

——〔宋〕惠崇

代、北宋初的杰出画家，开元寺僧，江宁（今江苏南京）人，师法董源，与董源并称为“董巨”，他们开创了南方山水画的一个主要流派。崔白也是宋代著名画家，字子西，濠梁（今安徽凤阳）人，他笔下的山水人物无不精绝，长于花鸟画，更喜画鹅。这八句诗又分两个小层次：前两句说惠崇之画与巨然所画之山，皆有远思，他人粉墨虽多，并无真趣高格，而得到世俗的漫然称许，是不足为训的。“与”，即称许之意。这句言外之意是说，真正应该称赞的是惠崇与巨然的画。后六句是正面描写崔白的花鸟画精彩绝世，他笔下那初吐的桃花，净洁可爱，好像在酒酣之时画笔生了春风，把桃花忽然吹开了，但又担心春风吹落了桃花，出现“桃花乱落如红雨”（李贺《李凭箜篌引》）的景象。这两句诗构思奇特，想象丰富。“流莺”两句，十分传神地描绘了崔白花鸟画的精工细腻：流莺探出枝头宛然像要鸣叫似的；蜜蜂采掇花粉，翅膀和腿上沾满了点点花蕊，这是生动逼真而又非常精细的特写镜头。

最后四句以感慨作收。“一时二子”应指惠崇与崔白，他们是同时代人，又都身怀绝艺，但却不免穷愁潦倒，以至裘马穿羸，长久地漂泊江湖。末尾两句的感慨，实际上暗寓着对朝廷不知爱惜人才的不满。

此诗结构严谨，层次分明，全诗可分四个层次，方东树概括为“一点，一写，一衬，一双收”（《昭昧詹言》卷十二）。“一点”指开头两句的点题。“一写”指“旱云”以下十二句的写画，其中用了三种不同的写法，显得有波澜，有变化。“一衬”指用巨然、崔白衬托惠崇。“一双收”指篇末四句的以感慨作收。方东树又盛赞此诗“笔力奇险”，“通篇用全力，千锤百炼，无一字一笔懈，如挽百钧之弩”（同上）。方氏的说法颇中肯綮。

（刘文忠）

歌元丰五首(其五)　　王安石

豚栅鸡埘晻霭间，　　暮林摇落献南山。
丰年处处人家好，　　随意飘然得往还。

王安石于元丰二年(1079)写了一组诗，歌颂元丰初年社会安定、农业丰收景象。这是第五首。

这首诗的章法结构值得注意。在前面，诗人已经把丰收景象写了不少：“水满陂塘谷满篝，漫移蔬果亦多收。”“露积山禾百种收，渔梁亦自富虾鲭。”……现在是写到最后了。这是收笔，是一组中的“终篇”。要怎样下笔才能表达出这个意思呢？不妨仔细寻味一番。

一开头，它写的就是傍晚的景色。“豚栅鸡埘晻霭间”，是说民家的猪圈和鸡窠都渐渐没入苍茫的暮色之中。“暮林摇落献南山”，是说大路上的树林，都纷纷落叶，剩下光秃的枝条，于是，南山（钟山的南面）就显露在行人的眼前。“献”原是奉献的意思，在这里应解作“呈现”、“显露”。这两句先写暮色，再写时令已是深秋。为什么要这样写呢？

这是“景中藏人”的写法。在景色之中隐约有人物的活动。人物又是谁呢？就是诗人自己。

为了观察丰收的景象，诗人已经在附近农村走了好半天了。大致的情况都看完了，此时又回过头来，只见村舍人家都掩映在蒙蒙的暮色之中，连猪圈鸡窠都不甚分明了。这是写诗人兴致已尽，正在返家途中；同时，又透出他对此景象依依不舍的心情。

诗人继续走着，只见路旁树叶黄落，积了一地。猛一抬头，啊！早些时还藏在密林中的钟山，如今却忽地豁露在眼前。哦！诗人高兴之余，不禁浮想联翩：“你这钟山呀，看到一派丰收景象，也该是非常高兴吧！我和你是同样的心情哩！”

这两句就是如此这般写出了诗人满心满意的喜悦。

第三句“丰年处处人家好”，是总括一句。因为前面几首已将丰收景象描画过了，至此就用大笔总括，是收束的应有之笔。

最后一句，“随意飘然得往还”，包含了三层意思：第一，自己是“随意”的。因为自己并无官职在身，不是以官员的身份来视察，无非是随便走走。第二，也是“飘然”的。因为不是在官之身，少了那套仪仗呀、随从差役呀、乡官父老迎送呀，等等，完全是个闲人，所以就能“飘然”。第三，用“往还”二字，结束整个组诗。刚才写的是“往”的所见，如今写的是“还”的心境。歌颂元丰丰收的主题，至此圆满结束。

带着欢快的心情结束此行，余味悠扬，兴致不尽。这就是本诗的章法。

（刘逸生）

元丰行示德逢

王安石

四山翛翛映赤日，　田背坼如龟兆出。
湖阴先生坐草室，　看踏沟车望秋实。
雷蟠电掣云滔滔，①　夜半载雨输亭皋。
旱禾秀发埋牛尻，②　豆死更苏肥荚毛。

倒持龙骨挂屋敖，③ 买酒浇客追前劳。
三年五谷贱如水， 今见西成复如此。
元丰圣人与天通， 千秋万岁与此同。
先生在野固不穷， 击壤至老歌元丰。

〔注〕 ① 蟠：遍及。 ② 尻(kāo)：臀部。 ③ 龙骨：水车。

此诗作于元丰四年(1081)。杨骥，字德逢，号湖阴先生，居金陵(今江苏南京)蒋山，与王安石为邻。王安石曾称赞他“怜愍鸡豚非孟子，勤劳禾黍信周公”(《示德逢》)。可见是一个勤劳善良的人。当时王安石所制订的新法在神宗的支持下，已经推行了十多年之久，并取得了比较显著的成绩，但是变法遭到了一些官僚士人的坚决抵制和激烈反对。王安石不断受到攻击，被迫于熙宁九年(1076)第二次辞去相位，退居到金陵半山堂闲居。但他仍系心朝廷，关心变法。本诗描绘了岁和年丰的盛世景象，歌颂了支持新法的神宗皇帝，表现了他希望把新法坚定不移地推行下去的鲜明立场，因而与一般的歌功颂德之作有所不同。

全诗分三个部分。

第一部分是开头四句。写天旱田干，人情思雨。诗人以富于特征性的事物渲染了颇为严重的旱情：“四山翛翛映赤日，田背坼如龟兆出。”“翛翛”原指鸟尾枯焦凋零的样子，这里借以形容四山的草木在烈日炎炎之下稀疏萧条、毫无生气的景象。“田背”即田底。田底原先浸没于水中，水干以后，底面朝天，犹鱼鳖失水，露出背面一般。“龟兆”一词，含义双关。“田背”曝晒既久，便裂如龟背上的纹理，此其一；其二是暗用《左传》“龟兆告吉”的典故，与下文写天从人愿、普降甘霖气脉相通。上述两句是写景，以下便从一个农家的角度写人们切盼时雨的情状：“湖阴先生坐草室，看踏沟车望秋实。”湖阴先生坐在草房里，“看”着车水的农夫，心里巴“望”着秋后的收成能够确保，但区区水车，小小水沟，究竟能给人以多少希望，实在是很难说的。两句没有直说人们如何焦急不安，如何切盼时雨，而焦急、切盼的心情已经跃然纸上了。

第二部分是中间六句。主要写时雨骤至，丰收在望的喜悦。“雷蟠电掣云滔滔”，写大雨欲来之状，有无限声势。“雷蟠”是说雷声遍及寰宇，惊天动地，到处轰鸣不已；“电掣”是说电光倏起倏灭，犹如火龙穿天划空，往来翕忽；“云滔滔”是说乌云如大海的波涛，汹涌而至，霎时布满天空。描写至此，大雨倾盆而下已在不言中，故下句换用叙述语气写旱情解除：“夜半载雨输亭皋。”“载”字上承“云”字而来。既然雨是由滔滔之云运载的，则其滂沱之势可知。“亭皋”就是平皋(用王先谦说)，指沃野，司马相如《上林赋》中有“亭皋千里”之语。“输亭皋”就是把雨水输送到千里沃野。句中的“输”字具有强烈的主观感情。久旱得雨，人们总希望滴滴雨水都能下到田中，这种心情非“输”字不能写出；再说人们切盼时雨而时雨果至，仿佛天能体察民心。及时输雨，这在封建时代一般认为是政通人和的表现，着一“输”字，便见出新法之上得天时，下合民心，且与下文歌颂“元丰圣人与天通”，也有着内在的联系。以下两句，诗人运用夸张的手法写雨后万物欣欣向荣的景象：“旱禾秀发埋牛尻，豆死更苏肥荚毛。”渴禾得雨，拔节猛长，千里沃野，一片丰茂，致使牛行田中，不见其臀；豆苗原已濒临枯死，至此则并皆复苏，肥硕的荚果，多如牛毛，湖阴先生先前的焦急与忧虑早已烟消云散，“倒持龙骨挂屋敖，买酒浇客追前劳”两句，生动地表现了他的欣喜心情。

第三部分是最后六句。主要歌颂元丰年间五谷丰登、庶民欢庆的盛况。“三年五谷贱如水，今见西成复如此。”民以食为天。连续三年的丰收，使谷贱如水，民无饥馑。如今又丰收在望，这就值得大书特书。“西成”一词最早见于《尚书·尧典》：“平秩西成。”传曰：“秋，西方万物成，平序其政助成物。”这就是说，政治措施得当，能助成万物，赢得丰年。元丰年间所以能连续丰稔，确与施行新法有关。均输法限制富商的聚敛，青苗法抑制豪强的兼并，农田水利法鼓励农民开荒筑堤，兴修水利。这一切或多或少提高了农民抗灾的能力，也在一定程度上刺激了农民的生产积极性。作者用《尧典》中的故实入诗，很自然地使人把年丰与政成联系起来，何况作者一直以尧舜期望神宗，神宗是知道的。“元丰圣人与天通，千秋万岁与此同”两句，正面歌颂支持新法的神宗，并致以良好的祝愿。最后两句：“先生在野固不穷，击壤至老歌元丰。”赞美新法给人民带来了幸福，因而人民将永远歌唱元丰朝的太平盛世。这两句中的用典极为灵活自然。孔子在陈绝粮，曾发过“君子固穷”(《论语·卫灵公》)的感慨。本诗却说：“先生在野固不穷。”由“固穷”到“固不穷”，一字之添，说明境遇完全改变。新法使人摆脱了穷困，即使孔子再世，也不会有“绝粮”之忧了。这是典故的反用。帝尧之世，天下太平，百姓无事，有八十老人击壤而歌(见晋皇甫谧《帝王世纪》)。壤，是一种木制戏具。诗末用“击壤至老歌元丰”结束全篇，隐隐然将本诗比作《击壤之歌》，则元丰之世也直堪上接唐尧圣代。这是典故的借用。上文“龟兆”、“亭皋”则是典故的暗用。关于用典，王安石曾说：“若能自出己意，借事以相发明，情态毕出，则用事虽多，亦何所妨。”(《苕溪渔隐丛话后集》卷二十五引《蔡宽夫诗话》)本诗的用典，正好体现了他自己的艺术主张。

颂诗的艺术生命主要表现在两个方面：一是要真实。这首诗写元丰年间的丰乐景象基本上符合历史真实。据《宋史·安焘传》记载,"熙宁、元丰之间,中外府库,无不充衍。小邑所积钱米,亦不减二十万"。又,陆佃《陶山集·神宗皇帝实录叙录》称:"迨元丰间,年谷屡登,积粟塞上盖数千万石,而四方常平之钱不可胜计。余财羡泽,至今蒙利。"本诗就是对这种历史现实的艺术概括。二是要有进步的思想。本诗虽是歌颂元丰天子,但其实际用意在于宣传新法的成效,以促使神宗继续施行新法。"元丰圣人与天通"一语,也不流于一般的颂圣俗套,而是有着深刻的历史背景。王安石不畏天命,但宋神宗却畏惧天变灾异,有时甚至因此而动摇了推行新法的决心。据《续资治通鉴长编》记载,熙宁七年"上以久旱,忧见容色。每辅臣进见,未尝不叹息恳恻,欲尽罢保甲、方田等事"。反变法派利用神宗这一弱点,往往借灾异之事上书要求废止新法。王安石虽曾劝勉神宗说:"水旱常数,尧、汤所不免……当益修人事以应天灾,不足贻圣虑耳。"怎奈神宗不能祛疑。恰好元丰年间连年风雨顺节,谷稼丰衍,王安石便借机赞颂天子施行新法与天心潜通,与天意相合。这对坚定神宗继续推行新法的决心,显然是有重要作用的。作者的用心可谓良苦。

(吴汝煜)

后元丰行　　王安石

歌元丰,　　十日五日一雨风。
麦行千里不见土,　　连山没云皆种黍。
水秧绵绵复多稌,①　　龙骨长干挂梁梠。②
鲥鱼出网蔽洲渚,　　荻笋肥甘胜牛乳。
百钱可得酒斗许,　　虽非社日长闻鼓。
吴儿踏歌女起舞,　　但道快乐无所苦。
老翁堑水西南流,③　　杨柳中间杙小舟。④
乘兴欹眠过白下,⑤　　逢人欢笑得无愁。

〔注〕 ① 稌(tú):糯稻。 ② 梠(lǚ):屋檐。 ③ 堑(qiàn):挖掘。 ④ 杙(yì):木桩。这里用作动词,指把小舟系于木桩。 ⑤ 白下:白下城,南朝齐、梁时曾为南琅琊郡治所。北宋时为金陵的别称。故址在今南京市金川门外。

本诗与《元丰行示德逢》是姊妹篇,也作于元丰四年(1081)。以年号为诗题,虽然或许受到韩愈《永贞行》的启发,但本诗实是效法杜甫。不过,杜甫那些以诗歌记时事,深刻反映当时社会现实的诗作,基本上是写实,而本诗则把理想和现实紧紧结合起来,为北宋中叶的变法改革唱了一曲颂歌,因而是一篇富于理想色彩的史诗。

全诗分为三个部分：第一部分是开头两句，歌颂元丰年间风调雨顺的气象："歌元丰，十日五日一雨风。"元丰年间风调雨顺是客观事实。反对新法的范纯仁也曾写道："赖睿明之在上兮，常十雨而五风。"(《喜雪赋》)相传周公辅政时，天下太平，岁无荒年，曾出现过这样的奇迹(见《盐铁论·水旱》)。古人认为政有德，则阴阳调、风雨时。这种说法当然不科学，但却寄托着古人对于理想政治的褒美之意。"五风十雨"之数为加倍形容之词，故王充曾说："言其五日一风，十日一雨，褒之也。风雨虽适，不能五日、十日正如其数。"(《论衡·是应篇》)王安石化用这个典故入诗，也是"褒之也"。从全篇来分析，"五风十雨"还是新法的象征。新法所至，如东风变枯，时雨润苗，万物得所，兆民以宁。这从下文的描写中可以看出。

第二部分是中间四句，歌颂元丰年间五谷丰衍、物产精美的盛况。"麦行千里不见土，连山没云皆种黍"，写旱田作物长势喜人，且播种面积极为广大。"麦行"就是麦垄。"千里"状其遥远。"不见土"形容麦苗稠密茂盛。"连山没云"即无边无际、远与天齐之意，不单指延伸得很远的山丘。如此广大的原野都种满了黍麦，则秋后粮食之家给人足和国无饥馑之患，固不待赘言。"水秧绵绵复多稌，龙骨长干挂梁梠"，写水田作物花色品种增加，且农田管理比较省力。"稌"是糯稻，产量低，一般用以酿造美酒。由于连年丰收，粮食有余，故能多种糯稻，多酿美酒。此句与下文"百钱可得酒斗许"暗相呼应。"龙骨"句上承"十雨五风"而来。因为风雨顺适，所以抗旱用的龙骨水车也就长年沾不到水滴，被挂在梁上檐下，任其赋闲。农民不用为灌溉操劳，也就乐得轻松了。他们出其余力，经营副业。"鲥鱼出网蔽洲渚，荻笋肥甘胜牛乳"两句，把江南鱼米之乡的富庶和农民生活的美好，渲染得令人神往。鲥鱼、荻笋原是佐酒佳肴。欧阳修《离峡州后回寄元珍表臣》诗"荻笋鲥鱼方有味，恨无佳客共杯盘"可证。故以下便以酒事承之。

第三部分是最后八句，歌颂元丰年间人民的幸福生活。先总写农村的欢乐气氛："百钱可得酒斗许，虽非社日长闻鼓。"社日是古代春、秋两季祭祀土神的日子。四邻互相招邀，带上酒肉、社糕，搭棚于树下，先祭土神，然后会餐。社日击鼓，唐诗中就有描写。刘禹锡《秋日送客至潜水驿》"枫林社日鼓，茅屋午时鸡"便是一例。由于连年丰收，酒肉便宜易得，故不待社日，同样可以聚会欢饮，击鼓自娱。总写以后，再分写青年人与老年人各自的快乐。南国水乡，本来就有男女青年在花前月下踏歌起舞的风俗，大熟之年，更为这种古老的风俗增添了欢声喜气。"吴儿踏歌女起舞，但道快乐无所苦。"不仅描绘了青年们纵情欢乐的情景，而且还写出了他们美滋滋、乐陶陶的内心世界。“但道”者，只用一句话来表达之谓也。“快乐无所苦”，即一切美满如意。言外之意是说，这些青年的爱情、婚姻生活也是十分甜蜜的。乡村老农纯朴率真，爱说爱笑。如今丰收在望，心里越想越美，一肚子的开心话总想找个地方说说。“老翁堑水西南流”四句，生动地勾画了老人坐船进城寻亲访友的快乐和对于生活心满意足的情态。

王安石与多数宋代诗人一样，喜欢以学问为诗，但他能够把渊博的学问纵横役使，入手而化，因此又不觉其掉书袋。这是一种很高的艺术素养。本诗虽然有其现实基础，但整篇的构思和命意却从《礼记》中来。《礼记·礼运篇》描绘先王的大顺之治云：“用民必顺，故无水旱昆虫之灾，民无凶饥妖孽之疾，故天不爱其道，地不爱其宝，人不爱其情……则是无故，先王能修礼以达义，体信以达顺，故此顺之实也。”本诗第一部分写天从人愿，慷慨助顺，仁风惠雨，略不失时，即“天不爱其道”之意；第二部分写满山遍野，谷稼弥望，江河沼泽，产物无穷，即“地不爱其宝”之意；第三部分写美酒易得，鼓声长闻，青年欢舞，老人嬉游，即“人不爱其情”之意。诗中未援引《礼运》篇上的片言只语，而其内容与《礼运》篇所描绘的大顺之治丝丝入扣，若合符契。杨万里尝称黄庭坚写诗“备用古人语而不用其意”(《诚斋集》卷一一四《诗话》)。本诗则正好相反，可说是“备用古人意而不用其语”。这样做，不仅可以避免书卷气，而且还可以收到言浅意深，味外有味的艺术效果。

反变法派刘述等曾上书宋神宗：“陛下欲致治如唐、虞，而安石操管、商权诈之术。”(《续资治通鉴》卷六十七)王安石罢相以后，继续受到攻击，因此他身虽闲居，外示平淡，内心实系念新法，忧思深切。如果说，《元丰行示德逢》旨在宣传新法的成效的话，那么本诗则进一步指出，元丰朝国富民安的景象已经使唐、虞的盛世复见于今日，新法完全符合尧、舜致治安民之道。他把《礼记》上记载的大顺境界织进了富于江南水乡特色的农村丰乐图中，顿使这首史诗化作一团神光，不仅护住了自己，而且还替新法抹上了神圣的光彩。以此歌颂新法所取得的辉煌成果，歌颂宋神宗有“修礼达义，体信达顺”之功，就如堂堂之鼓、正正之旗，而有理直气壮之势了。

(吴汝煜)

葛蕴作《巫山高》，爱其飘逸，因亦作两篇(其二)　王安石

巫山高，　　　　偃薄江水之滔滔。
水于天下实至险，　山亦起伏为波涛。
其巅冥冥不可见，　崖岸斗绝悲猿猱。

赤枫青栎生满谷，　山鬼白日樵人遭。
窈窕阳台彼神女，　朝朝暮暮能云雨。
以云为衣月为褚，　乘光服暗无留阻。
昆仑曾城道可取，　方丈蓬莱多伴侣。
块独守此嗟何求，　况乃低回梦中语！

诗人爱奇，常有借题骋才之作。王安石的这首诗与欧阳修的《庐山高赠同年刘中允归南康》一样，是宋人夸奢斗奇、逞才使气的典型作品。它虽无深刻的意蕴，却以丰富的想象、奇诡的语言与浩荡的气势、飘逸的风格而为人广泛传诵。

《巫山高》本为乐府旧题。宋玉在《高唐赋》、《神女赋》中有巫山神女的描绘，那“旦为朝云，暮为行雨，朝朝暮暮，阳台之下”的神女，千百年来给人们以美丽缥缈的遐想。这首诗前半写巫山之高峻，巫峡之凶险，后半即写神女的朝云暮雨，独处山中。全诗纯以想象出之，充溢着浓重的浪漫气息。

巫山耸立于江中，像是要把滔滔的江水拦腰截断。“偃薄”就是堵塞逼迫之意。诗的起势极为壮阔，单刀直入，点出巫山的位置。“水于天下实至险，山亦起伏为波涛”两句勾勒出巫山巫峡的山形水势，既概括又形象，气势雄伟，体现了诗人掀雷挟电的气魄和笔力。陈衍《宋诗精华录》说：“三四两句，横绝一世，何减‘磝硿乎数州之间，灌注乎天下之半’邪？是能以文为诗者。”可见对此二句造语的极度赞赏，所引“磝硿”二句是左思《吴都赋》中语，并借此指出“以文为诗”的特点，确实，句中用了“于”、“亦”等虚字，“实至险”、“为波涛”等语也是文章用语与句式，遂令诗更为流走自然，造成了奔泻宏阔的气势，这正是宋人以文为诗的成功之处。

“其巅”四句写山间景色。山巅高耸入云，目不可极，是形容山之高；崖岸陡峭，猿猱无法攀援而为之悲恸，是极言山之险。“崖岸”句脱胎于李白《蜀道难》中“猿猱欲度愁攀援”，然因巫山本多猿，《水经注》中就有“巴东三峡巫峡长，猿鸣三声泪沾裳”的记载，所以此句虽取李白诗意，却熨帖得体，不觉凑泊。“赤枫青栎”一句用了赤、青两种显眼的色彩来装点高山深谷，令人想起柳宗元曾用过的词语“纷红骇绿”(《袁家渴记》)、“萦青缭白”(《始得西山宴游记》)，加上下一句白日遇山鬼的描写，更显出山中阴森可怖。这两句色彩浓重，景物诡异，颇与李贺笔下的诗境相似，“青栎”一词其实也正出于长吉《感讽》中“袅袅青栎道”之语。“山鬼白日樵人遭”一句，诗人是有意用了拗折奇崛的句法，顺写应为“白日樵人遭山鬼”，将“山鬼”放于句首，意在突出山鬼，读来惊心动魄，骇人视听。

“窈窕阳台”以下四句写神女的朝云暮雨，出没于阳台之下，一依《高唐赋》中所写。“以云为衣月为褚”一句与李白《梦游天姥吟留别》中“霓为衣兮风为马”相类似，然如果说这句还有所依傍的话，那么“乘光服暗”则可称得上是作者的独创。这里的“服”字用作动词，是使用、驾驭之意，与“乘”意相近，《易·系辞》下就有“服牛乘马，引重致远”的话，因为神女朝为行云，暮为行雨，似乎是随着光的明暗而来去不定，所以造出“乘光服暗”四字，此四字中不仅表现了诗人烹字炼词、戛戛独造的能力，而且也体现了他丰富的想象力，于是下文即为神女设想。

昆仑山是传说中的神仙居住之地，《淮南子·墬形训》中说昆仑山有曾城九重，高一万一千里，上有不死之树。（按：墬即地。）方丈、蓬莱也是传说中海上三神山之二（见《史记·封禅书》）。最后四句的意谓：神女遨游太空、来去飘忽，本可与身居阆苑仙境的众仙为伍，然而她块然独处巫山，到底企求什么呢？“况乃”一句更翻进一层意思，神女茕然独处已凄凉可悲，况只能于梦中传语，度一时之欢，岂不令人叹惋！这两句用了楚王梦中与神女欢爱的传说，而全诗在一种哀怨凄切的情调中结束，如一首激昂飞扬的狂想曲，在悠远的琴声中寂然而止，给读者留下了无限想象的余地。神女为何留恋这巫山的奇峰险峡？那梦中一瞬的欢悦难道就是她独处的原因吗？……

全诗虽纯从空际落想，然写景叙事并不空泛虚诞，往往将想象与现实结合起来，如以樵人白日遇山鬼来形容山势险绝、荒无人烟，令人有身历其境的感受。又如结句中“低回”二字，表现了神女缠绵多情的神态，更赋予神女以人性，于是为她的块然独处而感伤，为她梦中之语而叹惋，使诗境不流于怪诞而富有人情味。

诗题云，爱葛蕴之《巫山高》的飘逸而作此诗，特举出“飘逸”二字为其标格，可知作者这首诗也意在追摹“飘逸”的风格，所谓“飘逸”，就是指驱驾气势、驰骋想象而构成的浪漫风格，《沧浪诗话》评李、杜二家的不同云：“子美不能为太白之飘逸，太白不能为子美之沉郁。”可见“飘逸”乃是李白诗歌的特色，荆公此诗正是继承了自屈原、李白、李贺等前代诗人的浪漫主义创作精神。叶梦得《石林诗话》载欧阳修之子欧阳棐述其父自评诗语，谓：“吾诗《庐山高》今人莫能为，唯李太白能之。”读王安石的这首《巫山高》，也有“唯李太白能之”的感觉，因而为安石诗作注的李壁说：“公此诗体制类欧公《庐山高》，皆一代杰作。”　（王镇远）

登宝公塔　　王安石

倦童疲马放松门，　自把长筇倚石根。

江月转空为白昼，　岭云分暝与黄昏。
鼠摇岑寂声随起，　鸦矫荒寒影对翻。
当此不知谁客主，　道人忘我我忘言。

宝公名宝志，是南朝的高僧，据《南史·陶弘景传》说，宋太始(465—471)时他出入钟山，来往都邑，披发徒跣，时显灵迹，到了梁武帝时尤受敬重，俗称他为宝公、志公。梁天监十三年(514)卒，葬于南京钟山定林寺前冈独龙阜，永定公主建塔于上，即名宝公塔。王安石这首七律就是写登临此塔的所见所感。

王安石另有《宝公塔》诗云："塔势旁连大江起，尊形独受众山朝。"可见此塔依山临水，地势险峻。故首联就写了登塔前的一路艰辛。从"倦童疲马"四字透出路遥行艰之状，"长筇倚石根"正说明山石礧磈，攀登不易。而倦童疲马留于寺门与诗人拄杖登山的情形恰成鲜明对比，通过童仆和马匹的倦息疲惫，反衬出诗人登山临水、意兴无穷的精神。此诗作于荆公晚年闲居钟山时，然于此二句中，一个兴致勃勃、不畏艰险的诗人形象已跃然纸上了。这不禁令人想起他的《游褒禅山记》中关于游览山水的一段名言："夫夷以近，则游者众，险以远，则至者少，而世之奇伟瑰怪非常之观，常在于险远，而人之所罕至焉。故非有志者不能至也。"而这诗中出现的诗人形象，正是一个不避险远的"有志者"。

颔联写登楼所见的景色：江上升起的皓月驱走了黄昏时苍茫的夜色，将黝黯的夜空照得如同白昼一般；岭间飘浮的云影加深了暮色的昏暗，像是将暝色分给了黄昏。这两句状写江上山间由黄昏转入月夜时光影的明暗变化，极为工妙。夜空本不可转，暝色也不能分，然诗云"转空"、"分暝"，已是一奇；以月转空，以云分暝，则将月和云赋予了活力和生命，又是一奇；明明是入夜，却说转为白昼，黄昏本是虚无，却说分予暝色，更是奇上加奇。然而，读这两句诗却并不感到它奇诡怪诞，相反，月光下一幅江上白夜的画面呈现在读者眼前，其间的形象是生动而鲜明的。此联是荆公诗中的名句，《冷斋夜话》举此与"一水护田将绿绕，两山排闼送青来"两联，引黄庭坚评语曰："此诗谓之句中眼，学者不知此妙，韵终不胜。"指出它振起全篇的警拔作用，后来江西派论诗标榜句眼、诗眼，就是强调了这种铸语精警的艺术手法，如这联中"转空"、"分暝"都是荆公戛戛独造之词，然于全句中不显得生硬晦涩，足可咀嚼回味。

颈联续写登塔的所闻所见：老鼠轻微的一动便打破了山间的寂静，声音随之而起；乌鸦在荒寒的空中高飞，投下它们翻飞的身影。这两句通过极细微的描写，表现了山间入夜时分的宁静和荒寒，"鼠摇"的声响十分微弱，但犹可听见，说明空山幽寂，古塔阒静。乌鸦在夜空中飞过本是晦昧不明的，然其影可鉴，正表现了月色的明朗。这一联造语也很奇警。“鼠摇”、“鸦矫”脱胎于卢纶的“斗鼠摇松影”和杜甫的“雁矫衔芦内”，但组合新巧，对仗自然，可见王安石炼字取意的精严娴熟。

如此静谧开阔的景色令诗人心旷神怡，深深陶醉，甚至忘记了尘世的烦扰和纷争，似乎将要与眼前景物融为一体，尾联就表现了诗人这种物我两忘的感受。“当此不知谁客主”一句，李壁注引《襄阳记》：“司马德操尝诣庞德公，值其上冢，径入室，呼德翁妻子，使速作黍。须臾，德翁还，直入相就，不知何者是客也。”那么主客显指寺中僧人与作者自己。

《庄子·大宗师》中说：“堕肢体，黜聪明，离形去知，同于大道，此谓坐忘。”又说：“泉涸鱼相与处于陆，相呴以湿，相濡以沫，不如相忘于江湖。”《外物》中也说：“言者所以在意也，得意而忘言。”都指出了“忘”是一种绝高的思维境界。此诗的最后一句就是用了《庄子》的意思：道人忘记了我的存在，我也忘记了用言语表达自己的感受。言外之意，正可见景色的迷人，江山的魅力。唯其如此，才能使诗人整个身心都融入眼前的景物中了，如痴如醉，冥与物会，以至于沉浸于物我两忘、不可言传的境界。写景至此，也就到了登峰造极的地步。结二句虽然只是刻画一种感受，却并不离登塔的主题，虽不写景，而景由此可见。《诗评》中评此诗云：“具吞吐嘘噏之势，造化归其毫端。”已指出了此诗写景状物上出神入化的表现手段。其所以成为王安石诗中广为传诵的名篇，原因即在于此吧。

（王镇远）

题西太一宫壁二首　　王安石

柳叶鸣蜩绿暗，　荷花落日红酣。
三十六陂春水，　白头想见江南。

三十年前此地，　父兄持我东西。
今日重来白首，　欲寻陈迹都迷。

宋人六言绝句，以这两首《题西太一宫》传诵较广，苏轼、黄庭坚都有和韵诗。陈衍《宋诗精华录》卷二录此诗，评为“压卷”之作。

王安石擅长绝句。严羽云：“荆公绝句最高，得意处高出苏黄。”杨万里云：“五七字绝句难工，唯晚唐与介甫最工于此。”这些看法是符合实际的。王安石的五绝、七绝中，都有不少脍炙人口的名篇。这两首六言绝句，也写得“意与言会，言随意遣”，情景交融，浑然天成，可与他的五绝和七绝中名篇相媲美。

据《宋史·礼志》、叶梦得《石林燕语》、洪迈《容斋三笔》：东太一宫，在汴京东南苏村；西太一宫，在汴京西南八角镇。这两首六言绝句，是王安石重游西太一宫时即兴吟成，题在墙壁上的，即所谓题壁诗。

王安石于景祐三年（1036）随其父王益到汴京，曾游西太一宫，当时是十六岁的青年，满怀壮志豪情。次年，其父任江宁府（今江苏南京）通判，他也跟到江宁。十九岁时，王益去世，葬于江宁，亲属也就在江宁安了家。嘉祐六年（1061），王安石任知制诰，其母吴氏死于任所，他又扶柩回江宁居丧。熙宁元年（1068），王安石奉神宗之召入京，准备变法，重游西太一宫，距初游之时已经三十二年，他已是四十八岁的人了。在这初游与重游之间的漫长岁月里，父母双亡，家庭多故，自己在事业上也还没有做出成绩，因而触景生情，感慨很深。这两首诗，正是他的真情实感的自然流露。

先谈第一首。

“柳叶鸣蜩绿暗，荷花落日红酣。”这两句，一作“草色浮云漠漠，树阴落日潭潭”，似稍逊色，但看得出都是写夏日的景色。“绿”而曰“暗”，极写“柳叶”之密、柳色之浓。“鸣蜩”，就是正在鸣叫的“知了”（蝉）。“柳叶”与“绿暗”之间加入“鸣蜩”，见得那些“知了”隐于浓绿之中，不见其形，只闻其声，视觉形象与听觉形象浑然一体，有声有色。“红”而曰“酣”，把“荷花”拟人化，令人联想到美人喝醉了酒，脸庞儿泛起红晕。“荷花”与“红酣”之间加入“落日”，不仅点出时间，而且表明那本来就十分娇艳的“荷花”，由于“落日”的斜照，更显得红颜似醉。柳高荷低，高处一片“绿暗”，低处一片“红酣”，色彩绚丽，境界甚美。

第三句补写水，但写的不仅是眼中的水，更主要的，还是回忆中的江南春水。苏轼《奉敕祭西太一和韩川韵四首》其四云：“陂水初含晓渌，稻花半作秋香。”可见西太一宫附近是有陂塘的。根据其他记载，汴京附近，也有名叫“三十六陂”的蓄水塘。《续资治通鉴长编》卷二九七载：神宗元丰二年三月，“引古索河为源，注房家、黄家、孟、王陂及三十六陂高仰处，潴水为塘以备”。王安石在江宁住过多年，那里也有陂塘，他的《北陂杏花》诗就写了“一陂春水绕花身”，《北山》诗也写了“北山输绿涨横陂，直堑回塘滟滟时”。此诗的三、四两句“三十六陂春（一作“流”）水，白头想见江南”，有回环往复之妙。就是说，读完“白头想见江南”，还应该再读“三十六陂春水”。眼下是夏季，但眼前的陂水却像江南春水那样明净，因而就联想到江南春水，含蓄地表现了抚今追昔，思念亲人的情感。

前两句就“柳叶”、“荷花”写夏景之美，用了“绿暗”、“红酣”一类的字面，色彩十分浓艳美丽。这“红”与“绿”是对照的，因对照而“红”者更“红”，“绿”者更“绿”，景物更加动人。第四句的“白头”，与“绿暗”、“红酣”的美景也是对照的，但这对照在“白头”人的心中却引起无限波澜，说不清是什么滋味。

再谈第二首。

“三十年前此地，父兄持我东西。”这两句回忆初游西太一宫的情景。三十年前初游此地，他还幼小，父亲和哥哥（王安仁）牵着他的手，从东走到西，从西游到东，多快活！而岁月流逝，三十多年过去了，父亲早已去世了，哥哥也不在身边，真是“向之所欢，皆成陈迹”！于是由初游回到重游，写出了下面两句：“今日重来白首，欲寻陈迹都迷！”——“欲寻陈迹”，表现了对当年与父兄同游之乐的无限眷恋。然而呢，连“陈迹”都无从寻觅了！

四句诗，从初游与重游的对照中表现了今昔变化——人事的变化，家庭的变化，个人心情的变化。言浅而意深，言有尽而情无极。比“同来玩月人何在，风景依稀似去年”（赵嘏《江楼感旧》）之类的写法表现了更多的内容。

蔡絛《西清诗话》云：“元祐间，东坡奉祠西太一宫，见公旧题两绝，注目久之，曰：‘此老野狐精也。’遂次其韵。”“野狐精”，在这里是个褒义词，由此可见苏轼对王安石写诗技巧的叹服。

（霍松林）

金陵怀古四首　　王安石

霸主孤身取二江，　　子孙多以百城降。
豪华尽出成功后，　　逸乐安知与祸双？
东府旧基留佛刹，　　《后庭》余唱落船窗。
《黍离》《麦秀》从来事，①　　且置兴亡近酒缸。

天兵南下此桥江，　　敌国当时指顾降。
山水雄豪空复在，　　君王神武自难双。
留连落日频回首，　　想象余墟独倚窗。
却怪夏阳才一苇，　　汉家何事费罂缸！

地势东回万里江，　　云间天阙古来双。

兵缠四海英雄得，　　圣出中原次第降。
山水寂寥埋王气，　　风烟萧飒满僧窗。
废陵坏冢空冠剑，　　谁复沾缨酹一缸！

忆昨天兵下蜀江，　　将军谈笑士争降。
黄旗已尽年三百，　　紫气空收剑一双。
破堞自生新草木，　　废宫谁识旧轩窗！
不须搔首寻遗事，　　且倒花前白玉缸。

〔注〕 ①《黍离》：见《诗经·王风》。《麦秀》：见《史记·宋微子世家》。

王安石早年曾随父王益宦游金陵；王益死后，全家就在金陵长期定居；晚年罢相，又在金陵城外的钟山之麓卜筑隐居。在他的集中有不少歌咏金陵的诗篇，《金陵怀古四首》就是他所作以金陵的兴亡历史作为题材的一组七律。

在这四首诗中，第一首可以说是这组诗的主题歌。而这首诗的前面二联又是这一主题的概括。首联一开始就拈出了建都于金陵诸国兴亡盛衰相继的历史现象，次联则点明其原因：凡是取得二江建都金陵的开国之君，大多是白手起家，好不容易取得天下，而其子孙往往轻易地把政权断送。二江是宋代的江南东路和江南西路的简称，也是建都金陵诸国的主要统辖区域。而这些政权所以败亡相继，主要是因为继承者享国以后，日趋奢靡逸乐。这二联高屋建瓴，概括的不单是金陵，也几乎是历史上一切政权的盛衰兴亡的规律。三四二联则以丰富的想象和怀古的诗情述说南朝旧事，以与上半首相印证：那金陵城中的东府城曾是东晋简文帝的丞相、荒淫的会稽王司马道子的府第所在，现在只剩下几间佛寺了。当年杜牧泊舟秦淮河上，听到商女唱着陈后主谱写的《玉树后庭花》遗曲，便联想到那淫靡之音终于使后主成为亡国之君。杜牧吊古伤今，写出了“商女不知亡国恨，隔江犹唱后庭花”的诗句。如今这十里秦淮，依旧画舫不断，余唱未休。诗人最后感慨地说：当年东周的大夫和殷朝的旧臣悯伤故国，眷怀旧都，因而作了《黍离》、《麦秀》之歌，然而千百年来，兴亡更替，人们对此既无能为力，那还是置之不论，一切付之酒杯，以免徒然的伤感吧。

第二首承上首而来，从六朝和五代的兴亡往事转想到宋太祖当年翦灭南唐，统一中原的千秋勋业。当时宋兵从采石矶架浮桥东渡，一举攻陷金陵。敌国的山川形势，虽然雄险，但在神武的君王面前，却起不了什么作用，除了投降，别无选择。指顾，是说在顾盼之间，极言其快。这一切使诗人日暮倚窗，遐想不已。

他又想到了当年汉将韩信带兵从夏阳(今陕西韩城)东渡黄河击败魏王豹的历史故事：韩信在正面集中大批船只，故作疑兵，以吸引敌军主力，却在侧翼用罂缻装着士兵偷渡，果然一举成功，生擒魏王豹。这里的长江比起“一苇可渡”的黄河来，当然要难渡得多，但宋兵却连罂缻也不用就渡过去了。作者是故意用翻案之笔，来达到抑此扬彼的目的。

第三首则进一步从宋太祖的荡平群雄、戡定江左的王业，想到金陵形势纵然险固，却从此不会再有英雄乘乱割据之事了。这万里东下的长江和高入云间的天阙山的双峰，一向都是据守金陵者的天然屏障，但在五代十国的群雄角逐中，胜利终归于从中原南下的英武之主——赵匡胤。这时割据者在金陵的“王气”就黯然而收，只剩下萧飒的寒风吹拂着佛寺的僧窗了。人们有时还可以在那些小朝廷君王的陵墓里找到一些随葬的冠剑，但谁还会来为他们泪沾冠缨，以酒相奠呢？沾缨，指泪水沾湿了扣在颊上的帽带。

第四首再次回顾旧事，探寻原委，指出那些割据江东的小国，只因不修内政而进入日暮途穷的境地。因此当赵宋的王者之师挥戈南下、进军金陵的时候，便天佑人助，没有经过什么艰苦战斗就降服了敌国，好似摧枯拉朽。敌国君主的运数已尽，作为帝王仪仗的黄旗不复飘扬，所谓“三百年王气”(东晋、南朝建都金陵约三百年)黯然而终。如果这里的天上还有什么紫气的话，这不过是过去埋在地下的龙泉、太阿这类宝剑的剑气而已。但这些都已成为历史的陈迹了，现在这里残破的城楼上已是树木丛生，倾圮的宫殿中再也看不到昔日的门墙和轩窗了。用不着为这些旧事搔首惆怅，还是开怀畅饮这玉杯中的美酒吧。

在这四首诗中，第一首诗是组诗的基调，末句“《黍离》《麦秀》从来事，且置兴亡近酒缸”，表面上是怀古吊今的嗟叹，但联系前面四句来看，却隐含着更深一层的意思：即历史上的朝代兴衰，都不是偶然的，骄奢淫逸，是取败之道，该灭亡的就应该让他灭亡，又何必惋惜呢？这层意思贯穿着整首组诗，这就使得这首组诗不同于以往充满着感伤情调的金陵怀古诸作，而具有比较明朗达观的色彩。其余的三首实际上都是第一首的推衍演绎。如果说第一首意在道古，那么其余三首都是意在论今。这三首的前半部分都是对宋太祖夺取金陵统一全国的勋业的歌颂，后半首则多为寄托兴亡的感慨。这可能是作者对于北宋的朝政和士风的逐渐废弛已经有所警觉，因而借诗寓意，这样就进一步丰富了诗歌的内涵，深化了诗歌的主题，比起一般歌功颂德的作品来，显然更值得回味和思索，也使得这组诗歌既包含着诗人的丰富感情和想象，也包含着思想家深沉的睿智和政治家匡时忧国的怀抱。

用七律写组诗始于杜甫。但杜甫的七律组诗如《秋兴八首》、《诸将五首》、《咏怀古迹五首》等，每首诗都各有其主题和意境，押韵也各诗不同。而《金陵怀古》却是四首同韵，并且每首的主题和意境基本相仿，这是作者的创新。本来在这种情况下很难避免使人感到重复，但读了这组诗，却感到四诗既一气呵成，又每首各有特色，并无雷同之感。在这里，有领唱也有合唱，有主调也有和声，成为一整套旋律和谐而又音调多变的协奏曲。由于四首诗都环绕着同一主题，用同一个韵反复咏叹，就使得这个主题更为鲜明，感情更为充盈，读者仿佛沉浸在一片洋洋盈耳的歌声中，感受到最大的精神上的共鸣，这是这首组诗艺术上的成功之处。 （徐树仪）

次韵平甫金山会宿寄亲友　　王安石

天末海门横北固，　烟中沙岸似西兴。
已无船舫犹闻笛，　远有楼台只见灯。
山月入松金破碎，　江风吹水雪崩腾。
飘然欲作乘桴计，　一到扶桑恨未能。

写景诗贵在能描绘出某地景色的特点，正如人之有个性，能表现出山水个性的作品方为写景的上乘之作。历代咏镇江金山寺的诗作很多，佳句也不少，如张祜的“树影中流见，钟声两岸闻”；徐鲂的“天多剩得月，地少不生尘”，工则工矣，而前人以为移用来形容其他的江边寺院也未尝不可，所以称不上绝唱。然而王安石的这首诗正是在描写金山寺的独特风貌方面取得了成功，因而备受后人推重。

起句横空而来，从远处落笔。遥望北固山，像是大海的门户，横亘天边。《世说新语·言语》中有“荀中郎在京口，登北固望海”云云，《十道志》说：“北固山三面临水，北望海口。”古代北固山距海要比今天近得多，唐、宋以后，大海逐渐东移二三百里，因此诗中称北固为海门是符合当时情况的。金山与北固山遥相对峙，此句正是登山所见，虽写北固山而金山之位置可见。句中“天末”、“海门”、“横”等词构成了宏丽阔大的画面，以如此浑厚豪健之笔为起调，遂令境界顿开。古人所谓“起手贵突兀”，主张首句要“直疑高山坠石，不知其来，令人惊绝”（沈德潜《说诗晬语》）。此句颇有这种气势，可谓工于发端。“烟中”一句由远而及近，描写眼前景物：晚烟朦胧中的沙岸，犹如杭州萧山境内的西兴镇，相传春秋时越范蠡筑城于此，吴、越曾在这里鏖战。王安石写过“唯有西兴渡，灵胥或怒张”的句子;苏东坡也有诗云:“江上秋风晚来急,为传钟鼓到西兴。”可见西兴是一个令人产生思古之幽情的地方。这句中以沙岸与西兴相比,可以想见江水拍岸,波浪翻滚的情形,大大丰富了诗意。

颔联写夜色中金山的所闻所见。金山古代处于江中,至清代才因泥沙淤积而与南岸相连,所以去金山的游客都得靠船摆渡。这句说游船已都停泊不开,但不时从船中传来一阵阵悠扬的笛声;远处的楼台消失在朦胧的夜色里,只看到闪烁的灯火。这两句一写声,一写光,将夜间宿于金山的见闻生动地记录了下来。镇江(古称京口,为润州治所)扼江南、江北运河入江之口,是繁盛之地,自然是画舫游船、歌台舞榭集中的地方。这两句在写景中表现了市井繁华之状。

颈联用了两个形象的比喻来刻画月色和江水:松林中斑驳的月光,像是片片碎金;江间白浪腾涌,犹如积雪崩落。从起句至此,六句都用对仗,然其对法各不相同,首联以远近虚实为对,海门为远,沙岸为近,北固是实,西兴是虚。颔联以所见与所闻为对,而插入“已无”、“远有”,“犹”、“只”等虚词,令句子音调流美,有唱叹之致。颈联以比喻为对,用了修辞中所谓暗喻的手法,不明言月如碎金,水如崩雪,而以生动的形象,令读者一看便知。细味这六句诗意,显然是按着时间的次序,写了由黄昏到初夜,再转入夜深的过程。登金山而遥见北固,又于夜雾中犹可依稀见到沙岸,自是黄昏景象;船舫虽泊而歌吹犹闻,楼台中灯火未灭,显见初入夜时人们兴犹未阑;山月入松,江风吹浪,则又为夜深人静后之所见。由此可以看出对偶的精严变化,章法的井然有序。

如果说前六句是眼前景物的写真,那么尾联则是由此而生发的感慨,诗人有意宕开一笔,不写景而写情,使结句的意味更深。诗人面对着如此高旷的景色,忽发奇想,欲飘然乘着木筏而去天尽头的扶桑一游。《论语·公冶长》中说:“子曰:‘道不行,乘桴浮于海。’”又张华《博物志》载:天河与海通,每年八月有人浮槎去来,尝有人乘槎而去,结果到了天河。这里将上述两个典故糅合起来运用。诗人深为眼前的景色所陶醉,真想抛弃世间的一切名缰利锁,遨游于神仙世界,这正与苏轼泛舟游于赤壁之下时“浩浩乎如冯虚御风,而不知其所止;飘飘乎如遗世独立,羽化而登仙”的感受相同。然而“恨未能”三字,又令诗境从想象跌回到现实。这两句虽是顺着上文而发的感喟,增加了景色的魅力,然而结合《论语》上“道不行”的说法与诗中“恨未能”一语,约略可见其中也不无深意。

诗题中的平甫是指王安石的三弟王安国,诗是依平甫原诗的韵脚而作,故称“次韵”,却一点都没有拘束和板滞之病,可见出作者深厚的艺术功力。

(王镇远)

桃　源　行　　　　王安石

望夷宫中鹿为马，　　秦人半死长城下。
避时不独商山翁，　　亦有桃源种桃者。
此来种桃经几春，　　采花食实枝为薪。
儿孙生长与世隔，　　虽有父子无君臣。
渔郎漾舟迷远近，　　花间相见惊相问。
世上那知古有秦，　　山中岂料今为晋！
闻道长安吹战尘，　　春风回首一沾巾。
重华一去宁复得，　　天下纷纷经几秦？

据说李白在黄鹤楼见到了崔颢的题诗，自叹不如，便搁笔不作黄鹤楼诗，然而后人有不以为然者，以为诗题虽同而诗意无限，不能因已有佳作在前而放弃了自己的尝试。诚然，文学史上也不乏同一题目而名作迭出的例子。自晋末的陶渊明作了一篇《桃花源记并诗》之后，历代文人墨客歌咏桃源之事的篇什便层出不穷，其中最著名的有王维的《桃源行》、韩愈的《桃源图》和王安石的这首《桃源行》，它们虽然都取材于桃源故事，但以各自特有的笔法表现了不同的艺术情趣和创作特色。以三诗参读，不仅可以体会他们不同的风格，甚至可以窥见盛唐、中唐以及北宋诗风的演变。

王维的《桃源行》纯是叙事，从"渔人逐水爱山春"写渔人初入桃源，一直说到回乡后"不辨仙源何处寻"，将一篇《桃花源记》原原本本地铺叙出来。自然流畅，全用本色语。韩愈的《桃源图》则流丽雄肆，音调高朗，表现了他"横空盘硬语"的手段和才情横溢的笔力，但叙述本事一段，基本上也还是按着记中所写一一铺陈。王安石的诗最晚出，他要力去陈言，自创新格，因而在陶渊明原作的基础上，凭着自己的想象，作了一番再创造。

开头四句意在点出桃花源的来历。望夷宫是秦国宫名，赵高就在此杀死了秦二世胡亥。诗以赵高的指鹿为马说明秦时的朝政昏暗，大权旁落，黑白颠倒，是非混淆；又以修筑长城而人民死者枕藉，表明了民不堪命。宋人曾慥《高斋诗话》中以为：指鹿为马是秦二世事，而长城之役是始皇事，认为荆公"用事失照管"；而李壁却不以为然，他说："据公诗意，概言秦事，实探祸乱之始末而互著之，如诗话所言，亦几狭矣。"（《王荆文公诗笺注》）李壁的意见是可取的，诗毕竟不同于历史教科书。这两句旨在说明嬴秦之暴虐无道，引出下面桃源避世的叙述来。

“避时”两句本于渊明《桃花源诗》：“嬴氏乱天纪，贤者避其世。黄绮之商山，伊人亦云逝。”商山翁就是指秦末汉初隐居于商山的所谓“四皓”——东园公、角里先生、绮里季和夏黄公。

“此来”四句描写桃花源中与世隔绝、平静安逸、没有等级、没有压迫的社会生活。“此来种桃经几春”一句将近千年的沧桑之变一笔带过，可见其远离尘嚣的超凡脱俗；“采花食实枝为薪”表现了桃源中人淳朴自然的生活方式，与陶渊明诗中所谓的“相命肆农耕”、“菽稷随时艺”虽不尽吻合，但更见其归真返璞、纯任自然的情趣。因而下面两句直接道出了作者的理想社会：“虽有父子无君臣”，虽然也基于《桃花源诗》中“秋熟靡王税”的话，但单刀直入，揭示得如此鲜明，是他胜过前人之处。所以清人金德瑛评王维、韩愈、王安石的桃源诗时说：“荆公云‘虽有父子无君臣’，‘天下纷纷经几秦’，皆前所未道，大抵后人须精刻过前人，然后可以争胜。”(《冷庐杂识》引)可见他以此为荆公的独造，也正是全诗的精彩处。

“渔郎”以下四句写渔人误入桃源及与桃源中人彼此感叹人世变幻的情景。“迷远近”本于《桃花源记》中渔人“缘溪行，忘路之远近，忽逢桃花林”的描述；“惊相问”则出于《桃花源记》中“见渔人，乃大惊，问所从来”诸语。“世上”、“山中”二句写彼此的感喟，也是从记中所说“不知秦、汉，无论魏、晋”而来。这一段概括了陶渊明文章的主要内容，可见作者精练词句，浓缩诗意的本领。

最后四句借桃源中人之口，感叹天下纷扰不安，太平盛世一去不返。诗拟桃源中人口吻，因西汉建都长安，故“长安战尘”云云，显指西汉末年的天下大乱以及其后的战乱频仍，分合聚散，战火不熄。因而于春风中回首往事，令人泣下沾巾，感叹虞舜那样贤明的君主已不可复得了。“天下纷纷经几秦”一句，不仅有感于改朝换代的沧桑之变，而且隐含历代的君主统治都与残酷短命的嬴秦相类似的意思，与开头的“望夷宫中”二句遥相呼应，反映出作者致君于尧舜的高远理想，故全诗的意义也就越出了歌咏桃花源的范围，而富有强烈的现实精神了。

桃花源的故事是一个充满了幻想的文学创作，它常常与虚无缥缈的神仙世界联系在一起，这在陶渊明、王维、韩愈的作品中都可以见到。如陶渊明诗的结尾处云：“奇踪隐五百，一朝敞神界。淳薄既异源，旋复还幽蔽。借问游方士，焉测尘嚣外？愿言蹑清风，高举寻吾契。”显然给桃源蒙上了一层迷离惝恍的神秘色彩。这无疑是受当时玄学风气与游仙诗的影响。故“桃源仙境”便成了人们习用的常语。王维诗说：“初因避地去人间，更问神仙遂不还。峡里谁知有人事，世中遥望空云山，”也分明以桃源为仙境。至韩愈则说：“神仙有无何眇茫，桃源之说诚荒唐。”直以桃源为神仙居处。而这种神秘气息在王安石的笔下却大大减少,甚至将渔人出桃源后迷路忘返的细节也略去不书(王维、韩愈诗中均有),因而此诗读来更具真实感,充分地反映了诗人对乱世的厌恶与对淳朴平等社会的向往。

在表现方法上,王安石的这首诗明显地带有宋人诗的特点,与晋唐人的作品格调不同。他的叙述本事,往往用议论出之,从整体上去把握而不作细节的描绘。如写秦时纲纪紊乱、民不聊生的景象就说"望夷宫中鹿为马,秦人半死长城下";记桃源中人的平等相待、怡然自乐,就说:"儿孙生长与世隔,虽有父子无君臣";感叹白云苍狗、盛世不再则说:"重华一去宁复得,天下纷纷经几秦?"都从大处落墨,以警拔的议论出之,这正是此诗的独创之处,也体现了宋人以议论为诗的特点。方东树的《昭昧詹言》中评韩愈等的《桃源图》说:"凡一题数首,观各人命意归宿,下笔章法。辋川只叙本事,层层逐叙夹写,此只是衍题;介甫纯以议论惊空,绝不实写。"已指出了这一特点。但是王安石的议论并不空泛枯燥,如他写秦代政治的黑暗就以"鹿为马"三字逗出;写江山易主、战乱频仍,即在"长安吹战尘"的叙述中体现。

这首诗的构思布局也颇具匠心。陶渊明、王维的作品都以渔人入山,然后引出桃源中人避乱隐居的故事;韩愈的诗则是先写桃源图之始末,再折入桃源的描述。而这首诗却从秦人避难起势,纯以咏桃源为主干,而渔人之误入,只是作为一个穿插,因而能脱去前人蹊径,别树一格,故金德瑛评咏桃源诸诗云:"王荆公则单刀直入,不复层次叙述,此承前人之后,故以变化争胜。"说明了此诗在运思谋篇上突过了前人。

(王镇远)

明妃曲二首(其一)

王安石

明妃初出汉宫时,　　泪湿春风鬓脚垂。
低徊顾影无颜色,　　尚得君王不自持。
归来却怪丹青手,　　入眼平生未曾有。
意态由来画不成,　　当时枉杀毛延寿。
一去心知更不归,　　可怜着尽汉宫衣。
寄声欲问塞南事,　　只有年年鸿雁飞。
家人万里传消息,　　好在毡城莫相忆!
君不见咫尺长门闭阿娇,　　人生失意无南北。

此诗作于嘉祐四年(1059)。当时,梅尧臣、欧阳修、司马光、刘敞皆有和作;

前此年余，刘原甫(敞)也写过《昭君辞》，梅也和过。

北宋时，辽、夏“交侵，岁币百万”(赵翼《廿二史劄记》)。景祐以来，“西(夏)事尤棘”。诗人们借汉言宋，自然想到明妃(即王昭君，因晋代避其帝司马昭讳，改称明君，后人称之为明妃)。梅、欧诗中皆直斥“汉计拙”，对宋王朝屈辱政策提出批评。王安石则极意刻画明妃的爱国思乡的纯洁、深厚感情，并有意把这种感情与个人恩怨区别开来，尤为卓见。

当时的施宜生、张元之流，就因在宋不得志而投向辽、夏，为辽、夏出谋献策，造成宋的边患。所以，王安石歌颂明妃的不以恩怨易心，是有着现实意义的。当时有些人误解了他的用意，那是由于他用古文笔法写诗，转折很多，跳跃甚大，而某些人又以政治偏见来看待王安石，甚至恶意罗织之故。清代蔡上翔在《王荆公年谱考略》中千方百计地替王安石辩解，但还未说得透彻。近代高步瀛还是说他“持论乖戾”(《唐宋诗举要》)，其实也没有读懂此诗。

明妃是悲剧人物。这个悲剧可以从“入汉宫”时写起，也可以从“出汉宫”时写起。而从“出汉宫”时写起，更能突出“昭君和番”这个主题。王安石从“明妃初出汉宫时”写起，选材是得当的。

绝代佳人，离乡去国，描写她的容貌愈美，愈能引起人们的同情。《后汉书·南匈奴传》的记载是：“昭君丰容靓饰，光明汉宫，顾影徘徊，竦动左右，帝见大惊。”江淹《恨赋》上也着重写了她“仰天太息”这一细节。王安石以这些为根据，一面写她的“泪湿春风”，“低徊顾影”，着重刻画她的神态；一面从“君王”眼中，写出“入眼平生未曾有”，并因此而“不自持”，烘托出明妃容貌动人。所以“意态由来画不成”一句是对她更进一层的烘托。当然，“意态”不仅是指容貌，还反映了她的心灵。明妃“低徊顾影无颜色”正是其眷恋故国无限柔情的表现。至于“杀画师”这件事，出自《西京杂记》。《西京杂记》是小说，事之有无不可知，王安石也不是在考证历史、评论史实，他只是借此事来加重描绘明妃之“意态”而已。而且，这些描绘，又都是为明妃的“失意”这一悲剧结局作铺垫，以加重气氛。

上面写“去时”，下面写“去后”。对于去后，作者没有写“紫台朔漠”的某年某事；而是把数十年间之事，概括为“一去心知更不归，可怜着尽汉宫衣”。这两句间，省略了一个转折连词“然犹”，即“然而犹且”，意思是说：“明妃心里明知绝无回到汉宫之望，然而，她仍眷眷于汉，不改汉服。”这能说明什么呢？

近代学者陈寅恪曾经指出：我国古代所言胡汉之分，实质不在血统而在文化。孔子修《春秋》就是“夷而进于中国则中国之”(《论语》)的。而在历史上尤其是文学上，用为文化的标志常常是所谓“衣冠文物”。《左传》上讲“南冠”，《论语》

明妃出塞图(局部)

——〔宋〕宫素然

中讲“左衽”,后来一直用为文学典故。杜甫写明妃也是着重写“环珮空归月夜魂”,这与王安石写的“着尽汉宫衣”,实际是同一手法。杜、王皆设想通过“不改汉服”来表现明妃爱乡爱国的真挚深厚感情,这种感情既不因在汉“失意”而减弱,更不是出于对皇帝有什么希冀(已经“心知更不归”了),不是“争宠取怜”。因此,感情更为纯洁,形象更为高大。接着又补上“寄声欲问塞南事,只有年年鸿雁飞”,把明妃一心向汉、历久不渝的心声,写到镂心刻骨。梅尧臣也说“鸿雁为之悲,肝肠为之摧”。王安石写得比梅更为生动形象。

最后,又用“家人万里传”言,以无可奈何之语强为宽解,愈解而愈悲,把悲剧气氛写得更加浓厚。更妙的是:笔锋一带,又点出了悲剧根源,扩大了悲剧范围。前面已经说过,明妃这一悲剧的起点可以从“入汉宫”时写起。汉宫,或者说“长门”,就是《红楼梦》中贾元春所说的“见不得人的地方”,从陈阿娇到贾元春,千千万万“如花女”,深锁长闭于其中。以千万人(有时三千,有时三万)之青春,供一人之淫欲。宫女之凄凉寂寞,可想而知。而况女之失宠与士之不遇,又有某种情况的类似,故自司马相如《长门赋》至刘禹锡的《阿娇怨》,还有许许多多的《西宫怨》之类,大都皆写此一题材,表现出对被侮辱、被损害的广大宫女的同情,或者抒发出“士不遇”的愤慨。唐人“宫中多少如花女,不嫁单于君不知”,本已先王安石而言之,只是说得“怨而不怒”;王安石却多少有点怒了。李壁说:王安石“求出前人所未道”,是符合实际的;至谓“不知其言之失”,则是受了王回、范冲等人的影响。王回引孔子说的“夷狄之有君不如诸夏之无也”,却忘了孔子也说过“夷而进于中国则中国之”;特别是误解了“人生失意无南北”一句。王回本是反对王安石变法的人,以政治偏见论诗,自难公允。　(吴孟复)

明妃曲二首(其二)　王安石

明妃初嫁与胡儿,　毡车百辆皆胡姬。
含情欲说独无处,　传与琵琶心自知。
黄金杆拨春风手,　弹看飞鸿劝胡酒。
汉宫侍女暗垂泪,　沙上行人却回首。
汉恩自浅胡自深,　人生乐在相知心。
可怜青冢已芜没,　尚有哀弦留至今。

首两句写明妃嫁胡,胡人以毡车百辆相迎。《诗经》上有“之子于归,百两(同辆)御(迓)之”之语,可见胡人以迎接王姬之礼来迎明妃。一般地说,礼仪之隆重,反映恩义之深厚,为下文"胡(恩)自深"作了伏笔。其中"皆胡姬"三字,又为下文"含情欲说独无处"作伏笔。

但明妃对此如何反应呢?诗中写她"含情欲说独无处,传与琵琶心自知"。梅尧臣《依韵和原甫〈昭君辞〉》中也说:"情语既不通,岂止肠九回?"他们意思是说明妃(昭君)与胡儿言语也不通,自然谈不上"知心",自然哀而不乐。

怎样才能写出明妃"哀"情呢?王安石突出了一个细节描绘:明妃一面手弹琵琶以"劝胡"饮"酒";一面眼"看飞鸿",心向"塞南"。通过这一细节,巧妙地刻画了明妃内心的矛盾与痛苦。接着,他又用明妃所弹的琵琶音调,感动得"汉宫侍女暗垂泪,沙上行人却回首",听者被感动到这个地步,则弹者之内心痛苦自不待言。"哀弦"之哀,是从听者的反应中写出的。

前面是明妃入胡及其在胡中的情况与心情的描写;末四句则是进一步加以分析、议论。这四句分为三层:第一层是"汉恩自浅胡自深"——明妃在汉为禁闭于长门中的宫女,又被当作礼物送去"和番","汉恩"自然是"浅";胡人对她以"百辆"相迎,"恩"礼自然较"深"。这句讲的是事实。第二层讲"人生乐在相知心",这是讲人之常情。如果按此常情,明妃在胡就应该乐而不哀了。然而事实如何呢?这就接入第三层:明妃在胡不乐而哀,其"哀弦"尚"留至今",当时之哀自可想见。为什么明妃之心与常情不同呢?原来,她深明大义,不以个人恩怨得失改变心意,而况胡人也并非"知心"。四句分三层,中有两个转折,有一个矛盾,只有把其中曲折、跳宕讲清,才能看出王安石的"用意深"及其"眼孔心胸大"处(方东树《昭昧詹言》)。南宋初,范冲"对高宗论此诗,直斥为坏人心术,无父无君"(李壁注中语,此据《唐宋诗举要》转引),直是没有懂得此诗。范冲是范祖禹之子,范祖禹是一贯反对新法的人,挟嫌攻击,更不足据。其实王安石这样描写明妃,这样委曲深入地刻画明妃心事,用以突出民族大义,恰恰是可以"正人心,厚风俗"的,在当时是针对施宜生、张元之流而发的,对后人也有教育意义。

在这两首《明妃曲》中,可以看到:王安石注意刻画人物,从描绘人物"意态",到解剖人物心理,有渲染,有烘托,有细节描写,简直是把写小说的一些手法用入诗中。而在"用笔布置逆顺"及"章法疏密伸缩裁剪"等方面,则又是把韩、柳等古文家的技法用来写诗。这样,就使诗歌的艺术手法更加多样化,诗歌的表现能力更强。由于两者结合得较好,故虽以文为诗,而形象性并不因之减弱,此诗末四句以形象来进行议论,即其明证。还有值得一说的:王安石(欧、苏也常常如此)既以小说手法与古文笔法来写诗,读者也就应以读小说读古文之法来读它,才能读懂。读欧、苏(特别是其五、七言古诗)等人诗,亦当如此。(吴孟复)

张　良　　王安石

留侯美好如妇人，　五世相韩韩入秦。
倾家为主合壮士，　博浪沙中击秦帝。
脱身下邳世不知，　举世大索何能为？
素书一卷天与之，　谷城黄石非吾师。
固陵解鞍聊出口，　捕取项羽如婴儿。
从来四皓招不得，　为我立弃商山芝。
洛阳贾谊才能薄，　扰扰空令绛灌疑。

王安石有不少咏史的佳作，写得情文相生，饶有新意，往往能摆脱传统的陈腐之见，大胆地评价古人，发前人所未发。这类作品直抵一篇史论，与他散文中一些读史的文章如《读孟尝君传》、《书刺客传后》等堪称异曲同工，这正是宋人以文为诗、以议论入诗的典型。这首《张良》即是其中一例，读来耳目一新，发人深省。

开头两句用欲扬先抑的手法，"留侯美好如妇人"，虽是出于《史记·留侯世家》中太史公所说："余以为其人，计魁梧奇伟，至见其图，状貌如妇人好女。"然王安石特举出此点以为起调，分明是要与后面所说的张良之奇功构成对照。"五世相韩韩入秦"句更明显地带有反衬的意味。张良的祖父相韩昭侯、宣惠王、襄哀王，父亲相釐王、悼惠王，故说"五世相韩"，然"韩入秦"三字将韩国为秦并吞，张良失去了贵胄公子的地位等家国之痛、身世之感都包括入内，于是引出下文博浪椎击的描写。

史载秦灭韩后，张良年尚少，然弟死不葬，为报韩仇，悉以家财求刺客，后东见沧海君，得力士，埋伏于博浪沙中（在今河南原阳县境内）以椎击秦始皇，误中副车，始皇大怒，下令大索天下，于是张良变更姓名，亡匿下邳。"倾家"四句就写了张良的这段经历，但并不是平铺直叙，而带有强烈的感情色彩，这里不仅对张良的忠于韩国给予了高度评价，而且提到不可一世的秦始皇对于张良也无能为力，从而赞扬了他的勇敢与机智。

"素书"两句写张良在圯（桥名，一说是水名）上遇黄石公事，这个故事史书中记载得有声有色。《史记·留侯世家》上说：张良在圯上遇一老翁，翁命良为他拾取堕履，良长跪而进，遂相约五日后相见，届时良往，翁已先至，斥之而去，复约五日后相见，如此者再，至第三次，翁授良《太公兵法》一卷，曰："读是则可为王者师,后十三年,见我济北谷城山下,黄石即我矣。"这个故事颇有传奇色彩,因而引起了后人的怀疑,司马迁在《留侯世家》后说:"学者多言无鬼神,然言有物,至如留侯所见老父予书,亦可怪矣。"王安石在此则彻底否定了这种说法,以为张良之深通兵书乃得自天赐而非传自黄石公,言外之意是说张良的奇才异智为其天赋而并非仰仗黄石公的指点。这正是王安石论史的特识处。

"固陵"两句是述张良在楚汉之争中所立下的奇功。据《史记·项羽本纪》载:汉高祖五年(前202),刘邦追项王至阳夏(今河南周口太康)南,与淮阴侯韩信、建成侯彭越约定共击楚军,而信、越兵不至,楚击汉军,刘邦退守固陵,形势万分危急,遂用张良计,许韩信、彭越封地,信、越遂出兵,大败楚军。"解鞍聊出口"是形容张良从容不迫而出奇制胜;"捕取项羽如婴儿"是用夸张的手法,将项羽这个叱咤风云的人物比作小儿,表现了诗人对张良的极度推崇。

"从来"两句便转入了汉朝一统后张良所表现的非凡才智。汉高祖晚年欲废太子,立戚夫人之子赵王如意,吕后甚恐,求教于张良,良令太子召商山四皓入辅,四皓指隐居商山的四位须眉皆白的老人,高祖曾召而不应。一日,四皓侍太子见高祖,高祖曰"羽翼成矣",遂辍废太子议。这两句即咏此事。据史载,四皓之来是"吕后令吕泽使人奉太子书,卑辞厚礼,迎此四人",而王安石说"为我立弃商山芝",显然是为突出张良而作的想象之词。

咏史至此,似已将张良一生的功业说尽,然结句忽宕开一笔,去写贾谊之事。洛阳人贾谊深得汉文帝赏识,为太中大夫,数上疏陈政事、言时弊,文帝欲以谊任公卿之位,为绛侯周勃、颍阴侯灌婴等人所忌,乃遭诋毁,出为长沙王太傅,迁梁怀王太傅而卒,时年仅三十三岁。

历代史家都以贾谊为年少才高,然王安石却说他"才能薄",分明是用此来作一反衬,烘托出张良的才智绝伦。然细析其中之意,也不是泛泛之言,张良功成名就后遂弃世学仙,欲从赤松子游,而正是这种视富贵如浮云的态度,使他成为汉高祖功臣中很少几个不受怀疑而得善终的人物。就这一点而言,他比知进而不知退的贾谊要高明得多。王安石另有《贾生》诗一首,就指出了贾谊缺乏高蹈出世的旷达胸怀。可知这二句诗虽写贾谊,其实未尝离开张良,而且正是顺次写来,由功成写到身退,全诗便神完气足。

咏史之作贵在能有高度概括史实和捕捉典型事件的本领。王安石这里选取了张良各个时期的主要活动,用极精练的语言写出,如在灭秦和楚汉之争中,张良屡建奇功。然此诗中仅取了固陵议封韩、彭之事,正因为这一战至关重要,直接引出了垓下之战,为汉高祖统一天下奠定了基础。又如写招四皓事,略去种种细节，只写四皓之初征不至而用良计得招至，抓住了要害，突出了张良的作用。

咏史之作往往融入诗人自己的感情和见解，表现了诗人对历史的重新理解和评判，此诗也不例外。诗人写出了自己的体会和见解，不受史书的拘限，如“素书一卷天与之，谷城黄石非吾师”一句就是对史书记载的否定，写固陵出奇谋而说“解鞍聊出口”，述太子招商山四皓则云“为我立弃商山芝”，都是凭着想象，用夸张笔墨写出。唯其如此，这篇诗作的意义就超过了一般史实的复述。诗中分明寓有在当日纷扰的政治斗争中作者自己的切身体验，结合王安石在推行变法中屡遭毁谤，最后终于辞官归隐的经历，则诗中对贾谊才薄的叹息与对张良高蹈出世的颂扬，正表达了他自己的深切感慨与立身大节，把咏史和抒怀巧妙结合。

至于此诗的音调高朗，语言畅达，起承绾合妥帖有序，都很明显，毋庸赘述。

（王镇远）

送项判官　　王安石

断芦洲渚落枫桥，　　渡口沙长过午潮。
山鸟自鸣泥滑滑，　　行人相对马萧萧。
十年长自青衿识，　　千里来非白璧招。
握手祝君能强饭，　　华簪常得从鸡翘。

这是一首送别诗。项判官生平未详。宋代的判官一般为州府或节度、观察等使的佐吏，主管判断公事，在地方官中虽非正职，但地位相当重要。

诗的开头两句写送别时所见的景物。首句“洲渚”是江中泥沙冲积而成的小洲，可见送别的地点是在江畔渡口。“断芦”和“落枫”点明时间是西风萧瑟的深秋季节。次句“沙长”与“午潮”密切相关，由于午潮已过，随着潮水的退落，原来被水淹没的岸边沙滩尽皆呈现眼前，显示送别的时间是过午以后。

三、四两句记渡口所闻所见。“山鸟”是指一种捕食小虫的禽鸟，俗称“山鸡”，又名“鸡头鹘”，它鸣叫时的声音为“泥滑滑”（滑，读作“古”），南方人也就称这种鸟为“泥滑滑”。“泥滑滑”三字，是山鸡鸣叫的谐音，写得颇为有趣。第四句概括地描述了这个渡口车来马往，熙熙攘攘的情形。“萧萧马鸣”出自《诗经·小雅·车攻》；这里的“马萧萧”，语本杜甫《兵车行》中的“车辚辚，马萧萧，行人弓箭各在腰”的诗句，与上句“泥滑滑”成对，也是谐音。作者运用唐代诗人的句子，熟极如流，写情写景，妙到毫端，却又各不相犯，足见其艺术手腕之高。

五、六两句写与项判官的交谊以及项判官的为人。第五句包括了两个典故：

“十年”用《礼记·曲礼》中的“十年以长，则兄事之”；“青衿”出自《诗经·郑风·子衿》“青青子衿”。据《毛传》：“青衿，青领也，学子之所服。”这句是说，两人的年龄大约相差十岁，亲如兄弟，最初认识的时候，彼此都还是没有官职的学子。第六句“白璧招”用《韩诗外传》“楚襄王遣使持金十斤，白璧百双，聘庄子为相，庄子固辞”事，指项判官为官廉洁，他千里迢迢来此，并不是受白璧招聘，贪图荣华富贵。

结末两句，是临别赠言。第七句的“强饭”用平阳公主对汉武帝卫皇后说的话。卫皇后即卫子夫，原是平阳公主家中的一名歌女。她初入宫时，平阳公主拊其背曰：“行矣！强饭勉之。即贵，愿无相忘！”（见《汉书·外戚传》）第八句的“簪”，指系发于冕的簪，“华”是形容词，言其美。“鸡翘”，是鸾旗车的俗称。这种车上的旗杆插有彩色羽毛。这两句是希望项判官保重身体，努力加餐，将来一定高车大马，前途无量。

这诗与一般赠别之作不同，作者没有渲染当时的别绪离情。前后八句脉络分明，自始至终用一个“真”字贯穿了起来。前四句写景，诗人把送别时耳闻目睹的真情实景加以描叙，渡口的情形，历历如在目前，给人留下了难忘的印象。尤其是“山鸟”一联，命意造境，别开生面，借前人的名句，为己所用，而又不露斧凿痕迹，波澜起伏，情趣盎然。后四句叙情，表达了诗人真挚的感情。其中虽穿插了几个典故，但用得精妙贴切，语重心长。后人谓王安石的诗在宋诗中有唐诗风调，这诗可作代表。高步瀛选入了《唐宋诗举要》，吴汝纶更是推崇备至，以为“负声振采”，是少有的佳作。

（曹中孚）

即　事

王安石

径暖草如积，　山晴花更繁。
纵横一川水，　高下数家村。
静憩鸡鸣午，　荒寻犬吠昏。
归来向人说，　疑是武陵源。

王安石这首诗直书所见，信笔写来，貌似平易，细味方觉锤炼之工、构思之妙。

这首诗描写山村午景，从日暖花繁的景象来看，正是春末或夏初时分，脚下的小路似乎也感到了节候的温暖，路上绿草如茵，满山的野花在阳光下更显得繁茂艳丽。首联由小径写到山色，徐徐展开，像是电影中由近到远地拉开了镜头，便给人以一种身临其境,历历在目的印象。

颔联以“纵横”、“高下”为对,工稳恰切,而且经纬交错,构成了一幅谐和匀称的画面:一道河水曲折流过,村中高高低低地散布着几户人家。自由宁静的气氛于言外可见。而“纵”与“横”、“高”与“下”,本身又各自对应,可见诗人烹字炼句的功夫;又以“一”与“数”相对,运用了数字的概念,遂令画面更加清晰可辨。

颈联进一步表现了诗人炼句的技巧。《复斋漫录》卷上说,“静憩鸡鸣午”是吸取唐人诗句“枫林社日鼓,茅屋午时鸡”的意思而来,其实未必可信,但指出了两者都是描绘午时鸡鸣的情景却是对的。鸡在正午休息的时候长鸣,可见其地的宁静安谧,而村民的悠闲恬适也从中可以想见。“荒寻犬吠昏”一句说狗在荒野里东寻西找,看到了昏暗的阴处就叫个不停,寥寥五字就将生活中这个不为人注意的细节传神地表现出来,而且由此可以推知山村远离尘嚣,难得有生人过访。这两句造语极为洗练,通过特殊的语言结构,将丰富的内容,熔铸在这极简净的十个字中。胡仔《苕溪渔隐丛话》说:“卢纶《山中绝句》云:‘阳坡软草厚如织,因与鹿麛相伴眠。’介甫只用五字,道尽此两句。如云‘眠分黄犊草’,岂不妙乎!”胡仔在此赞叹王安石的,正是他这种能“以少许胜多许”的语言表现能力,“荒寻犬吠昏”也是绝佳的一例。

尾联写自己的感受:诗人远足归来,向人谈起这番游历,就像亲身去了一次世外桃源。其中虽不言景,而景自在其中。同时,也可体会到诗人对桃源生活的向往。王安石另有《桃源行》一首,直接表达了他对陶渊明笔下的桃花源的赞美,与此诗所表现的感情正可相发明。

读诗至此,再回味本诗前六句所描绘的景物,直是一幅形象的桃源图。《桃花源记》中“芳草鲜美,落英缤纷”的描写,岂非与“草如积”、“花更繁”的景色相似吗?而“土地平旷,屋舍俨然,有良田美池桑竹之属,阡陌交通,鸡犬相闻”,不是又与此诗中间二联的意境一致?从这里可以看出诗人的匠心,虽然诗名《即事》,但绝不是信笔写来的随意之作,他在景物的摄取,题材的剪裁上早已有成竹在胸,虽以平易语言写来,却可见到遣字造句、构思谋篇的精心安排。这种千锤百炼而以平淡出之的手法,正是诗家化境。韩愈称赞贾岛的诗说:“奸穷怪变得,往往造平淡。”(《送无本师归范阳》)苏东坡提倡“绚烂之极,归于平淡”,都是指的这种特点。王安石《题张司业诗》中说,张籍的诗“看似寻常最奇崛,成如容易却艰辛”,实际上也道出了他自己作诗的甘苦。这首《即事》就是一个很好的范例。

(王镇远)

杏 花 王安石

石梁度空旷， 茅屋临清炯。
俯窥娇娆杏， 未觉身胜影。
嫣如景阳妃， 含笑堕宫井。
怊怅有微波， 残妆坏难整。

历代诗人对花常有偏爱。陶渊明对于菊，林逋对于梅，东坡对于海棠，山谷对于水仙，似乎都有一种特殊的感情，王安石对于杏花也正是如此。他的诗集中有多首咏杏花的作品，如“垂杨一径紫苔封”，“只愁风雨劫春回”等，都是广为传诵的篇什，而这首诗又以它特别的风味为人重视。

首二句说，石桥跨过了空旷的水面，茅屋正在清澈闪亮的溪水畔。这里用了两个形容词：“空旷”、“清炯”，都借指水面，是用了修辞中所谓借代的方法，以形象具体的特征代替抽象的概念，遂令诗意丰满，形象鲜明，如直说石梁渡河，茅屋临水，则兴味索然了。

三、四句说，俯看娇美艳丽的杏花，似乎并未觉得它本身比水中倒影更美，王安石另有《北陂杏花》一首云“一陂春水绕花身，身影妖娆各占春”，也是说岸上之杏花与水中之影相映成趣，平分春色，与此二句意境差近。王安石很懂得水中之影的妙处。宋人许觊的《彦周诗话》中就说：“荆公爱看水中影，此亦性所好，如‘秋水泻明河，迢迢藕花底’，又《桃花诗》云：‘晴沟春涨绿周遭，俯视红影移渔船。’皆观其影也。”诚然，读以上这些例子及荆公“殷勤将白发，下马照青溪”(《秣陵道中口占二首》)句，可见他对水中之影确有某种特殊的偏嗜。寻绎其原委，水中之影自有一种清莹而缥缈的美感，严羽《沧浪诗话》状诗之无迹可求、透彻玲珑就说：“如空中之音，相中之色，水中之月，镜中之象，言有尽而意无穷。”王安石爱看水中之影，正是深知个中三昧，意在追求一种空灵玄妙的韵味。

“景阳妃”是指南朝陈后主的宠妃张丽华、孔贵嫔，陈后主与她们终日嬉游，终于招致灭国之灾，隋军攻破台城时，后主与张、孔二人藏身于景阳宫井中，结果还是被擒，此井即后来人们所说的“胭脂井”，也称“辱井”。王安石这里以张、孔作比，说杏花在水中的倒影如含笑凝睇的美女，楚楚动人。以花比美人是诗家常语，这里以美人喻花则觉新警，令人想起杜牧“落花犹似坠楼人”(《金谷园》)的名句。

末二句承上而来，也还是将人拟花，然而写微波荡漾，花影缭乱的景象，便令此二句翻出新义。诗说水面的涟漪，将水中这位绝代佳人的容颜妆饰弄得残破难整，令人惆怅不已。因为上文已将杏花比作景阳妃，所以这里的“残妆”也显喻杏花，只是前用明喻而此用暗喻。“残妆坏难整”一句写花影凌乱，形象生动而富有动态的美，情韵绝胜。

这首诗所以在王安石的杏花诗中颇受人重视，就在它新颖别致的构思。诗虽从石桥、茅屋写起，但“空旷”、“清炯”已逗出水面如镜，为下文写杏花倒影之妩媚作了衬托和铺垫，写倒影也步步深入，妙趣横生，通过形象的比喻，描绘了水波由静到动以及花影在这过程中的变化，可谓“状难写之景如在目前”。

此诗虽咏临水之杏花，然全诗不着一花字、水字，诗人像是有意避开坐实的刻镂描摹，而杏花的风姿神韵全以空灵比况之笔出之，给人一种含蓄深邃的美感。其实，写杏花临水及其水中倒影这一景象，在唐人的诗中也早已有过，如吴融的《杏花》诗“独照影时临水畔”，然而王安石之诗所以能超越前人，就在于他表现这种景象所用的手法巧妙新颖，造成了十分动人的艺术魅力，能引起读者无限美妙的联想。

（王镇远）

午　枕　　　　王安石

百年春梦去悠悠，　不复吹箫向此留。
野草自花还自落，　鸣鸠相乳亦相酬。
旧蹊埋没开新径，　朱户欹斜见画楼。
欲把一杯无伴侣，　眼看兴废使人愁。

南宋李壁于此诗题下注云：“此诗必访一处吊古而有作。题乃云午枕，未详。”（《王荆文公诗笺注》卷三十八）细绎诗意，似与访古、吊古无涉。诗中主要通过梦醒后的所思所感，抒发兴废之愁。结句中的“兴废”两字实为一篇之纲。

诗人于午饭后就枕片刻，不觉蒙眬睡去。尽管睡着的时间不长，但梦中所历已有百年之久。诗的开头，“百年春梦”，既是写实，又寓有政治上的感慨。诗人一生从政，致力新法，但神宗去世以后，新法被全部废除。王安石的内心十分痛苦。“去悠悠”三字，有着无限的惋惜之意。梦境悠然远去，是无须惋惜的，但往事如烟，无法挽回，能不为之惋惜？“吹箫”用《列仙传》中萧史偕弄玉吹箫跨凤飞升之事。这里泛指神仙道术。据沈既济《枕中记》说，神仙吕翁有仙枕，可以让卢生进入梦中。“不复吹箫向此留”，是说自己没有神仙道术可以留在梦境之中。以上两句以叙事点题，借梦境以寄慨。

春梦短暂，人生百年犹如春梦，也很短暂。诗人由此而引起哲理的思考。颔联写野草的花开花落，鸣鸠的相乳相酬，颇具深意。自然界所以能出现欣欣向荣、生机勃勃的景象，主要是因为它能够遵循新陈代谢的规律。诗人从中汲取了力量，并对此感到欣慰。颈联由自然界转到人类社会。“旧蹊埋没开新径”，以朴素的语言表达了一个简单的道理：旧事物必然会被新事物代替。此句与刘禹锡的“芳林新叶催陈叶”（《乐天见示伤微之、敦诗、晦叔三君子，皆有深分，因成是诗以寄》）有异曲同工之妙。“朱户欹斜见画楼”，通过朱户、画楼的兴废迭代，暗示世间人事的不断变化和富贵荣利的不足慕。以上四句，由春梦生出感想，表面上句句是景语，实际上句句是理语。景与理的结合，既表现了诗人优雅、冷静的思想风貌，又见出诗人是善于在逆境中用哲理来开拓自己心胸，用美好的事物来陶冶自己情操的。

但现实的情况毕竟是太不幸了。诗人不能不感到寂寞与愁闷。“欲把一杯无伴侣”，这是多么难堪的孤独！由于眼前的“兴废”不是除旧布新，而是除新布旧，这深深地刺伤了诗人的心灵，因此结句终于归结为一个“愁”字。

这首诗虽然是在极度苦闷的情况之下写的，而且题材又与“春梦”联系在一起，但诗中却没有把人生与梦幻等同起来，而是从大自然和人世中汲取力量，造成强烈的诗情和深刻的哲理，借以排遣眼前的兴废之愁。尽管这一“愁”绪并没有完全被排遣掉，但全诗的基本倾向是积极的，这是本诗的独到之处。

（吴汝煜）

北陂杏花[①] 王安石

一陂春水绕花身，　花影妖娆各占春。
纵被春风吹作雪，　绝胜南陌碾成尘。

〔注〕 ① 陂（bēi）：池。这里指池边或池中小洲。

清代吴之振说：“安石遗情世外，其悲壮即寓闲淡之中。”（《宋诗钞初集·临川诗钞序》）对于王安石后期诗歌来说，这个评价是深中肯綮的。《北陂杏花》诗就比较典型地体现了这一艺术特色。

杏花的形象，鲜艳绚丽而不落凡俗。傍水的杏花，更是风姿绰约，神韵独绝。本诗所描写的“北陂杏花”，正是临水开放的。这种清幽的环境，使得杏花别具逸致。首句“一陂春水绕花身”，正描绘了这种逸致。“绕”字则以其特有的轻柔圆转之美，赋予“春水”以爱花、惜花和着意护卫、滋润“花身”的人格力量。春水尚且如此钟情，足见此花确实非常可爱。次句“花影妖娆”，是说树上繁花似锦，妖娆美丽，水中倒影荡漾，同样妖娆美丽，树上水下，相映生辉，相得益彰。宋人许觊《彦周诗话》称：“荆公爱看水中影，此亦性所好。如‘秋水泻明河，迢迢藕花底。’又《桃花诗》云：‘晴沟春涨绿周遭，俯视红影移渔船。’皆观其影也。”（《苕溪渔隐丛话后集》卷二十五引）花影倒映在明净清澈的春水之中，于原有的娇艳之外，复增其渊默虚静之美。有时风行水上，微生涟漪，水中的倒影也跟着摇曳荡漾，生出千姿百态的美；而风止以后，它又渊默自若，未始失其虚静的韵味。影之于形，似一而实二，两者有着不同的审美特征。“各占春”，表面上是说各自包含着浓郁的春意，实际上亦即各有其美学价值之意。王安石晚年退居林下，淡然自得，泊乎无为。他对于水中影的欣赏，正好反映了他在这种特殊的心境下对于虚静的审美理想的追求。

如果说，前两句主要抒写了诗人闲淡的情志，那么后两句“纵被春风吹作雪，绝胜南陌碾成尘”，便带有几分悲壮色彩了。鲜艳的花瓣纵然被春风吹落，飘洒在清澈的春水上，其纯洁的芳魂，却一无所玷，春水上涨，也许还有机会“暗随流水到天涯”，又不失其远大之志，而那开放于车水马龙的南陌边上的杏花，最终将被车轮马蹄碾得粉身碎骨，变成尘土，这是多么可悲！“作雪”与“成尘”，分别为高尚与污浊的象喻。诗人原先积极推行新法，后来又被迫闲居江宁，出处进退虽然不同，而其进步的政治理想与高尚的情操实未尝有异。为坚持自己的理想而献身，这是诗人一贯的宗旨。“纵被”、“绝胜”，语气坚决悲壮，与屈原“九死未悔”的精神极为相似。前人曾说：“末二语恰是自己身份。”（《宋诗精华录》）可谓一语中的。

王安石晚年曾眼看着自己亲手制定的新法被一一废止。他虽外示平淡，而内心实极痛楚。寓悲壮于闲淡的艺术风格，正是这种思想实际的深刻反映。

（吴汝煜）

定　林[①]　　王安石

漱甘凉病齿，　坐旷息烦襟。
因脱水边屦，　就敷岩上衾。
但留云对宿，　仍值月相寻。
真乐非无寄，　悲虫亦好音。

〔注〕①定林：寺院名。据《建康志》记载，定林寺有二。上定林寺在钟山应潮井后，刘宋元嘉十六年（439）建。下定林寺在钟山宝公塔西北，元嘉元年（424）置。有王安石读书处。

定林寺依山临溪，古木参天。王安石晚年退居金陵时经常到此游憩，并写过不少诗篇。这是其中最为出色的一首。

长期繁重的政务，使诗人体衰多病；来自反变法派的激烈攻击，使诗人的心灵也蒙受了创伤。他是多么需要一个清幽的环境来涤虑祛烦，休养身心！定林正是这样一个理想所在。首句“漱甘凉病齿”，从养身的方面赞美定林的风物宜人。“漱甘”化用了《晋书·孙楚传》中“枕石漱流”的典实。“枕石漱流”是隐者的行为，正合诗人当时的处境。不说“漱流”而说“漱甘”，表明诗人对定林的山泉溪水十分喜爱。“凉病齿”是说水泉清凉，对于病齿特别相宜。次句“坐旷息烦襟”，从养心的方面赞美定林的清静可喜。久坐之后，能令人澄心息虑，邈然神远。两句写定林的好处，摒绝景语，纯从自身的感受道出，而定林的山水林壑之美，已在不言中。

颔联写水边脱屦与岩上敷衾两个细节，透露出诗人微妙难言的衷曲和守正自信的品格。水边脱屦，化用王勃《山林兴序》中语：“簪裾见屈，轻脱履于西阳；山水来游，重横琴于南涧。”(《全唐文》卷一八四)诗中易“脱履”为“脱屦”，意思稍晦，但“簪裾见屈”，恰合自己身份。诗人用世之心十分强烈，罢相盖出于不得已；行吟泉畔，岂是素愿？水边脱屦这一行动，看似放达不羁，实际上颇有几分《离骚》的意味。岩上敷衾，暗用古语“独立不惭影，独寝不愧衾”之意。“就敷”两字，见其不加选择，随遇而安。诗人扪心自问，衾影无愧，故出处进退，无所不可。颈联所写白日对云而眠，晚上值月相寻，流连忘返，安之若素，正是这种内心世界的反映。

最后两句抒写自己旷达的襟怀，极富理趣。“真乐”一词，见于《列子·仲尼》：“无乐无知，是真乐真知。”晋张湛注：“都无所乐，都无所知，则能乐天下之乐，知天下之知，而我无心者也。”“无心”是指无机巧之心。诗人自问出处以道，未尝杂有机心，故退居林下，能乐天下之乐。“真乐非无寄”的“非无”两字，用双重否定的语气强调了一个肯定的意思，即“真乐”是无处不寄、所在皆有的。由于诗人达到了这样一种思想境界，所以连悲鸣的虫声也感到非常悦耳动听了。虫鸣之声，本无所谓悲与不悲。“欢者闻之则悦，忧者听之则悲。悲欢之情，在于人心。”(《旧唐书·音乐志》录唐太宗语)诗人对于“悲虫”之音感到愉悦，可见他内心欣然自得，将贵贱、荣辱、得失，一概付之度外，连整个身心都陶醉在无比美丽的定林秀色之中了。

通篇即兴即事，信笔点染，天巧偶发，若不用意，吟咏久之，始知于淡静闲适之中，寓有无限悲壮曲折之意，故贺裳击节叹赏说：“作闲适诗，又复如此，真无所

不妙。”（《载酒园诗话》）　　（吴汝煜）

江宁夹口二首　　王安石

钟山咫尺被云埋，　何况南楼与北斋。①
昨夜月明江上梦，　逆随潮水到秦淮。

日西江口落征帆，　却望城楼泪满衫。
从此梦归无别路，　破头山北北山南。

〔注〕 ① 南楼与北斋：李壁注谓“南楼、北斋，未详何在”。今按，安石曾一再咏南涧楼，《建康志》有“南涧楼在城南八里”的记载，“南楼”当是“南涧楼”之省。又据沈氏注引《建康志》：“昭文斋在钟山定林庵，安石尝读书于此。”“北斋”当即指昭文斋。

江宁是王安石第二故乡。秦淮河中的双桨，定林寺里的钟声，伴随他度过了晚年的悠悠岁月。他对江宁有极深的感情，为它写过“去此非吾愿，临分再上楼”（《再题南涧楼》），“春风又绿江南岸，明月何时照我还”（《泊船瓜洲》）等脍炙人口的诗句。现在，他又要离开这里了。这次再度出山，他是抱着勉强的心情奉诏的。此刻，他的坐舟已经离开江宁，心却仍然留在钟山。

头一首写晨起之思。舟行迟缓，昨天初发埠头，绕行了一天，到晚来碇泊夹口，还是在钟山附近。今天一早起来，出舱眺望，但见晨雾迷蒙，钟山被埋在密云里，什么也看不见，更不用说远处的南涧楼和昭文斋了。望而不见，心往神驰，三、四句乃转而回味昨宵好梦。在这里，诗人调集了明月、大江、海潮、河水来衬托他的依依乡情。他的家在秦淮河畔。河与大江相通，海潮入江，涌进秦淮，每到夜分，拍打着这六代繁华古都的堤岸，那沉重、澎湃的声音，他在家里是听惯了的。昨夜皓月临空，春潮晚急，诗人躺在船内，思绪与春潮一起翻腾。他忽然悟到，此刻我泊舟夹口，离开了故园；但两地一水相连，这潮水不正可以作联结两地的带子吗？诗人从眼前滔滔潮水生发联想，依稀入梦。他仿佛觉得，他的乡情归梦，正依托在这潮水上，飘到了秦淮故家。梦本是无踪无迹的，用不着什么东西来运载依托。诗人却凭空构想出春潮载梦一节，使他的归梦仿佛成了实体，像小船一样飘浮。这梦，上有皎皎明月照临，下有滔滔潮水托送，显得格外清幽奇丽。澎湃春潮，皎皎素月，依依归思，三者融为一体，构成了极为幽美缠绵的意境，读之令人神往。

第二首同样用了梦，但构思不同。前一首记昨宵之梦，写永夜情怀，用潮水连接两地相思；后一首则悬拟来日之梦，写一生归宿，感情略带忧郁。读前首，见诗人的心徘徊在夹口、钟山之间；读后首，则见他的心徜徉于佛门故地左近。诗的警策在三四两句。“北山”即钟山，荆公曾家于此。破头山则在蕲春，乃佛家大师说法道场圣地(参看李壁注引《传灯录》及沈氏注引《名胜志》)，这里喻指定林寺。定林寺在钟山深处，地极清幽，是荆公居江宁日常去的地方，寺僧特意为他收拾了一间精舍，作读书会友的净地。诗人说，今后我梦魂归来，将永远盘桓在佛寺故地左近。荆公晚年常常谈禅说佛，诗文中累见。惠洪《冷斋夜话》也有“舒王(安石晚年封号)嗜佛书”的说法。他甚至把自己修建的半山园也舍给了僧人，由哲宗赐名“报宁禅寺”。一个积极变法、态度坚决的政治家，为什么到老会对佛道如此感兴趣？他答复曾巩微讽他谈禅说佛时几句话就说得极好：“善学者读其书，惟理之求。有合吾心者，则樵牧之言犹不废；言而无理，周、孔所不敢从。”(见《冷斋夜话》)他学佛原不过取为我用。而且他认为：“成周三代之际，圣人多生儒中；两汉以下，圣人多生佛中。”儒与佛最终目的相通。再说，他为推行新法，树怨很多，深恐神宗死后，遭到政敌暗害，故参禅以远祸，那用心也是良苦的。现在“圣眷”虽隆，他何尝不知道事已难为；他从急流中已经想到勇退了。“无别路”三字，不是含有深沉、凄怆的感情吗？

如果说，第一首诗的构思之巧，在于用一水以连接两地相思；这第二首诗的妙处，就在于结句两个“北”字蝉联，在音节上迢递不断，给人一种回环绵密的感受，以此表达出他对重返故园迫切的心情，对人生归宿执著的抉择。何溪汶《竹庄诗话》引黄山谷的话说：“荆公暮年作小诗，雅丽精绝。”叶少蕴《石林诗话》也说，王安石的诗“晚年始尽深婉不迫之趣”。以这两首绝句而论，雅丽、深婉之外，而仍不失沉郁。

(赖汉屏)

梅 花

王安石

墙角数枝梅， 凌寒独自开。
遥知不是雪， 为有暗香来。

据惠洪《冷斋夜话》记王安石此诗的写作缘由说：“荆公尝访一高士不遇，题其壁。”这话的可靠性如何，难以遽断；王安石的诗文向无编年，除了作品中有事实可考、足以断定年代的以外，大多数无法确断其具体年限，从而也无法从写作年代来考索其行事、交往和作诗的情况，所以只能就诗论诗。

诗的第二句“凌寒独自开”，对梅花极表赞赏。严冬群芳纷谢，独有梅花凌寒开放,报道将至的春讯,诗人所欣羡的就是这种倔强的风骨。这不仅从字面可以看出,而且“有诗为证”。诗人另有《红梅》一绝,首两句说:“春半花才发,多应不奈寒。”“奈”、“耐”字古通,“不奈”即“不耐”,不堪忍受之意。总之,诗人对红梅之惧寒而迟发,是并不恭维的。对比之下,此诗的“凌寒独自开”,其倾倒之意自见。因此,“凌寒”一句,应是这首咏梅诗的主心骨。

因梅花的洁白,因开在百卉俱谢的严寒季节,自古的咏梅诗都联系到雪。如梁简文帝《雪里觅梅花》:“绝讶梅花晚,争来雪里窥”;何逊《咏早梅》:“衔霜当路发,映雪拟寒开”;阴铿《咏雪里梅》:“春近寒虽转,梅舒雪尚飘”……唐宋以后,更举不胜举。但此诗并不在画面上以雪映梅,也不是在意象上以梅拟雪。虽然繁花似雪,但诗人“为有暗香来”,已“遥知不是雪”。提出雪,是为了逗出梅花的香。意思是说,雪是高洁的,但梅花除了具有雪一般的高洁以外,还具有雪所不具有的香的品格。这梅花不仅凌寒呈艳,而且在严寒中播送出暗香。严寒既压不倒梅花的色,也压不倒它的香,于此更显出它“凌寒”的傲骨。“暗香”一词显然出自林逋“暗香浮动月黄昏”这一咏梅名句。

南宋人李壁《王荆文公诗笺注》论此诗时道:“《古乐府》‘庭前一树梅,寒多未觉开。只言花似雪,不悟有香来。’荆公略转换耳,或偶同也。”“偶同”未必,李壁或以为说“偶同”,即能为王安石开脱剿袭之嫌,其实王安石反用前人之意,正是他的高明之处。这首《古乐府》不过是就梅花咏梅花,形象和意境都不出梅花本身;而王安石则以“凌寒”一句显示了诗人对梅花的感情,故其中有所寄托。这样,诗人自己就进入了诗,所咏的是“有我之境”,这首诗就不再是冷冰冰的纯客观的描写了。

王安石是善于化用前人诗句的。如前面所举的《红梅》后两句“北人初未识,浑作杏花看”,也是翻用晏殊的《红梅》诗“若更迟开三两月,北人应作杏花看”的句意,不过后者是正用,前者是反用而已。诗的好坏原不在前人是否曾道过,贵在虽用前人诗句却能别开生面,推陈出新,铸造自己独特的意境。能做到这样,即使不是无意的“偶同”,而是有意的袭用,又有什么不好呢?　　(何满子)

江宁夹口三首(其三)　　王安石

落帆江口月黄昏,　　小店无灯欲闭门。
侧出岸沙枫半死,　　系船应有去年痕。

王安石集中以《江宁夹口》为题的七绝有两组,共五首。这里选的是第二组中的第三首。夹,在左右曰夹。《仪礼·既夕》:"圉人夹牵之。"因此,夹口应在沿江口左右一带。诗人南来北往,途经此处,在纵览风光的同时,心头不由泛起千丝愁绪,形于笔端。

根据同一组诗中所写,王安石此次途经,时间是在秋季,船自中午行到晚上,在江口停泊。落帆之后,呈现在诗人眼前的:舱里一灯荧荧,窗外夜色茫茫。这里的江面特别宽阔,波光浩渺,月轮孤悬。在朦朦胧胧的月光下,一切都披上了一层轻纱,罩着淡淡的哀愁。江上景物若隐若现,似有似无。在诗人的意念之中,此时此刻,最突出的感受应该是一个静字,虽然诗里没有明白写出。尽管岸边芦花瑟瑟,江上浪涛澎湃,但这一切都不在诗人的注意之中。因此,给读者的感受仍然是一个万籁俱寂的境界。

关门的咿哑声打破了江边的寂静,诗人的目光又转向岸上。王安石多次来往此地,当然知道附近有家小店,只是在朦胧月色中,周围景物显得有些异样和陌生,才迟迟没有辨认出来。而"无灯"又说明了小店主人的孤贫。这一句的描写,已由静态转为动态。

首句境界空旷、岑寂,次句描写细致入微。两句都是写景,诗人的主观感受与联想还没有明白表达出来,可能这时候连他自己也还不太清楚。接下来第三句仍然写景,只是在景物的内涵意义上已大为延伸,带上了浓重的感情色彩。这一次诗人的目光投向了一棵枫树,一棵倾斜的、半枯的枫树。可能过去他看到过此树绿叶婆娑、生机蓬勃的形象,而今天因为江水冲刷,岸沙崩坍,已是蟠根半露,枝干倾侧,快要死去了。这不能不使人想起庾信《枯树赋》里的名句:"昔年种柳,依依汉南。今看摇落,凄怆江潭。树犹如此,人何以堪!"而发出岁月易逝,年华老去的慨叹。

客舟、孤帆、江水、月色、小店无灯,枯树倾侧,这一切构成了一个凄迷寂寞的境界。第四句笔锋忽然一转,正面写出诗人的感想;既为曾经之地、旧识之物,那么,为什么不能找到我去年停泊时的系船之痕?"应有"二字,十分武断,看似无理,实则表达了诗人在孤寂愁苦中力求开拓的一种心情。同时,又告诉了读者:大江日夜奔流,过去的一切早被冲刷得干干净净。皇甫松《浣溪沙》云:"宿鹭眠鸥非旧浦,去年沙嘴是江心。"所云"应有",其实正是"必无"。因为从反面落笔,诗中的感慨才更深一层,回味才更为隽永。　（黄　明）

江　上　　　王安石

江北秋阴一半开,　　晚云含雨却低徊。

青山缭绕疑无路，　　忽见千帆隐映来。

王安石晚年寓居金陵钟山，“诵诗说佛”（苏轼语），追求心境的宁静。与此相适应，他的创作中出现了大量雅丽工致的绝句，在这种凝练轻巧的形式中，他表达了自己萧散恬淡的心绪，这首小诗就是这样的例子。

诗写泛舟江上所见的景物。写了秋阴，写了云、雨，写了青山和远处影影绰绰的风帆，都是很开阔、很宏大的物象，然而整首诗造成的艺术境界却不是雄健豪迈，而是空明幽淡，其关键便在一个远字。诗人摄取了各种远景来构成他的画面。“江北秋阴一半开”一句，令人想见雨过天晴，阴云半开，一抹蓝天已带上了晚霞的辉光，给人一种悠远的感受。“晚云含雨却低徊”一句，将黄昏时的云霞写活了。“低徊”本来指人的徘徊沉思，这里却用来表现含雨的暮云低垂而缓慢地移动，情趣横生，静中有动。诗人在这两句中勾勒了一幅秋江暮云图。它颇有米家山水的朦胧含蓄之美，画面并不是明快清晰的，而好像是有意追求一种半明半暗，神光离合的境界：阴沉的秋空不是全部开朗而是“半开”，可见光线并不太亮；向晚的云霞也不璀璨明艳，而带着雨意，它不是暴风雨之前翻滚的黑云，却是低徊容与，悠然静穆。所以幽远淡雅便成了这幅画面的基调。

三、四两句从云转到江边的青山，山是纠结盘曲的，像是要挡住诗人前行的去路，然而远处忽隐忽现的点点帆影，正告诉人们前途遥远，道路无穷。这两句写江行的特殊感受，不仅有景，而且景中有人，景中有意，蕴深邃的哲理于寻常景物之中，启人遐思，耐人寻味。后来陆游的“山重水复疑无路，柳暗花明又一村”，正是由此生发出来的名句。这里青山的回环曲折，帆影的时隐时现，也都构成了淡远的画面，与上面两句浑然一体、融汇无间。

清代神韵派的倡导者王士禛论诗最重淡远，他甚至从大画家荆浩论山水画时所说的“远人无目，远水无波，远山无皴”，悟出了“诗家三昧”。王安石的这首诗倒也颇能合于淡远的标准，而且无独有偶，王士禛也有《江上》绝句一首：“萧条秋雨夕，苍茫楚江晦。时见一舟行，蒙蒙水云外。”细品这两首诗，不难发现它们颇有相通之处。虽然渔洋曾批评王安石“狠戾之性，见于其诗文”，“无一天性语”（《香祖笔记》）。然而，殊不知自己的作品也还落入了荆公的窠臼，这正是文学史上奇特而有趣的现象。

（王镇远）

岁　晚　　　　王安石

月映林塘淡，　　风含笑语凉。

俯窥怜绿静，　　小立伫幽香。
携幼寻新的，①　扶衰坐野航。
延缘久未已，　　岁晚惜流光。

〔注〕 ① 的(dì)：一作“菂”，莲子。

“岁晚”，这里指阴历九月。此时，秋水澄碧，菊花正开，丝毫不比春景逊色。并且由于时近岁暮，“此景过后更无景”，因而比春景更令人爱惜。王安石以时(“岁晚”)而不是以景为题，正是为了突出这种“岁晚惜流光”的感情。

“月映林塘淡”，可见不是朦胧新月，至少是半月。可以设想，明月与清波相映，一定明朗动人，这就为“坐野航”作了伏笔。“风含笑语凉”，着一“含”字，可知笑语在风中缓缓荡漾，那么，这风自然是微风了。正因有此微风，才能“小立伫幽香”——小立片刻，等待花的“幽香”一缕缕飘来。由此可见，作品所展现的幕幕图景，尽管流转变化，却和谐统一。诗人运笔是极为细密的。

中间两联正面描叙诗人的赏玩过程。“俯窥”句赏水。“小立”句赏花。“绿静”二字颇可玩味。王安石之前，已有不少诗人分别用“绿”、“静”来表现水的动人，如李白《襄阳歌》：“遥看汉水鸭头绿”；谢朓《晚登三山还望京邑》：“澄江静如练。”所以，用“绿静”来代指水，就暗含了这一类描写在内，因而其作用也就不限于和“幽香”成对，求得属对工整，同时也富于画意，正好显示了水的可“怜(爱)”。

“俯窥”二字也不宜随便读过。宋人许顗《彦周诗话》有云：“荆公爱看水中影，此亦性所好，如‘秋水写明河，迢迢藕花底’。又《桃花》诗云：‘晴沟春涨绿周遭，俯视红影移鱼船。’皆观其影也。”明乎此，则不难看出：这里“俯窥”池塘，并非仅仅看水(那样就用不着“窥”)，而是入迷地欣赏着“水中影”：月影、树影、花影以及与此相关的一切景物。“窥”字极为传神，活灵活现地写出了诗人的个性；不仅如此，它还和“小立”形成对照，风致悠然。

“携幼寻新的”承“小立”句而来：塘畔的缕缕幽香诱惑着诗人，于是他兴致更高，“携幼”相寻。画面中出现了一老一少，相互之间又是如此亲密，可以想见他们必然款语绵绵，这就照应了上文的“笑语”。“扶衰坐野航”，进一层表现赏玩之兴。“扶衰”，虽衰老而强起；“野航”，一种“恰受两三人”(杜甫《南邻》)的小船。年老体弱，而所坐又非画舫楼船，既无箫管之喧，又无友朋之乐，究竟是什么唤起他如此高的游兴呢？由于诗人巧妙地排除了上述因素，读者就只能得出这个结论：不是别的，正是这秋月映照着的林塘夜色和“岁晚惜流光”的深切感情。所以“扶衰”并非叹老，“野航”亦非嗟贫，而是要通过两者更深刻地反衬出他的情怀。

最后一联画龙点睛。“延缘”,徘徊流连。“延缘久未已”具有很大的容量,它不仅包括了上述全部赏玩过程,还表明“扶衰坐野航”之后诗人仍在夜游。至于他何时会“已”,没有明写,也没有暗示,只是意味深长地说明了“延缘久未已”的原因:“岁晚惜流光”。有了这一句,全部描写赏玩的画面就获得了灵魂,也就不必再去追问还会“延缘”多久,而尽可根据自己的理解去想象,去回味。此诗虽然用笔平实,仍有含蓄不尽之意,原因正在于此。　（陈文新）

书湖阴先生壁二首(其一)　王安石

茅檐长扫静无苔,　花木成畦手自栽。
一水护田将绿绕,①　两山排闼送青来。②

〔注〕 ① 护田:《汉书·西域传序》:“自敦煌西至盐泽,往往起亭,而轮台、渠犁,皆有田卒数百人,置使者校尉领护。” ② 排闼:推开门。《汉书·樊哙传》:“高帝尝病,恶见人,卧禁中,诏户者无得入群臣,哙乃排闼直入。”闼(tà):宫中小门。

这是王安石题在杨骥屋壁上的一首诗。杨骥字德逢,别号湖阴先生,是作者退居金陵(今江苏南京)时的邻居和经常往来的朋友。

首二句赞美杨家庭院的清幽。“茅檐”代指庭院。“静”即净。怎样写净呢?诗人摒绝一切平泛的描绘,而仅用“无苔”二字,举重若轻,真可谓别具手眼。何以见得?江南地湿,又时值初夏多雨季节,这对青苔的生长比之其他时令都更为有利。况且,青苔性喜阴暗,总是生长在僻静之处,较之其他杂草更难于扫除。而今庭院之内,连青苔也没有,不正表明无处不净、无时不净吗?在这里,平淡无奇的形象由于恰当的用字却具有异常丰富的表现力。“花木”是庭院内最引人注目的景物。因为品种繁多,所以要分畦栽种。这样,“成畦”二字就并非仅仅交代花圃的整齐,也有力地暗示出花木的丰美。既整齐又不单调。

这清幽环境令人陶醉,所以当诗人的目光从院内花木移向院外的山水时,他的思致才会那样悠远、飘逸,才会孕育出下面一联的警句,“一水”、“两山”被转化为富于生命感情的亲切的形象,而为千古传诵。但后二句所以广泛传诵,主要还在于这样两点:一、拟人和描写浑然一体,交融无间。“一水护田”加以“绕”字,正见得那小溪曲折生姿,环绕着绿油油的农田,这不恰像一位母亲双手护着小孩的情景吗?著一“护”字,“绕”的神情明确显示。至于“送青”之前冠以“排闼”二字,更是神来之笔。它既写出了山色不只是深翠欲滴,也不只是可掬,而竟似扑向庭院而来!这种描写给予读者的美感极为新鲜、生动。它还表明山的距离不远，就在杨家庭院的门前，所以似乎伸手可及。尤其动人的，是写出了山势若奔，仿佛刚从远方匆匆来到，兴奋而热烈。所有这些都把握住了景物的特征，而这种种描写，又都和充分的拟人化结合起来——那情调、那笔致，完全像在表现“有朋自远方来”的情景：情急心切，竟顾不得敲门就闯进庭院送上礼物。两者融合无间，相映生色，既奇崛又自然，既经锤炼又无斧凿之痕，清新隽永，韵味深长。二、这两句诗也与杨德逢的形象吻合。在前联里，已可看到一个人品高洁、富于生活情趣的湖阴先生。所居仅为“茅檐”，他不仅“扫”，而且“长扫(即常扫)”，以至于“静无苔”；“花木成畦”，非赖他人，而是亲“手自栽”。可见他清静脱俗，朴实勤劳。这样一位高士，徜徉于山水之间，当然比别人更能欣赏到它们的美，更感到“一水”、“两山”的亲近；诗人想象山水有情，和湖阴先生早已缔结了深厚的交谊。诗以《书湖阴先生壁》为题，处处关合，处处照应，由此也可见出诗人思虑的绵密。

此诗对于“一水”“两山”的拟人化，既以自然景物的特征为基础，又与具体的生活内容相吻合，所以气足神完，浑化无迹，成为古今传诵的名句。

在修辞技巧上，三、四两句也堪作范例。“护田”和“排闼”的典故都出自《汉书》，是严格的“史对史”、“汉人语”对“汉人语”，可见诗律极为工细精严。但读来自然天成，全似未尝着力——准确地说，由于诗人将典故融化在诗句中，我们只觉得他采用了拟人手法，而不感到是在“用事”。“用事”而不使人觉，这正是其成功之处。

（陈文新）

午 枕 王安石

午枕花前簟欲流，　日催红影上帘钩。
窥人鸟唤悠扬梦，　隔水山供宛转愁。

诗以《午枕》为题，而集中描写的则是午梦初醒的一瞬间的情景。

首句概写，看似简略，并不空泛。季节是在交代地点时暗示出的：“花”，这就是春天的具体形象。从下文的描写还可看出：这是一种木本花，枝叶扶疏，以至于小鸟可以藏在其中“窥人”；花色是红的或者粉红的，烂漫一片，明丽照人，所以连花影也成了“红影”。这就表现出了春深如海的意境。写竹席用了三个字：“簟欲流”。其中暗含着“簟纹如水”的比喻，说它光滑透明，如同清澈的水，仿佛就要流动。比得很准却又出之以动态的描写，所展示的形象就更为生动、更为鲜明。

次句交代梦醒的时间。偏西的太阳将花影投上帘钩，这是从视觉方面表现时已午后；但“催”字带有强烈的主观感情色彩。对于迟迟春日来说，这个“催”字似乎无理，而好处也就在于无理：它既传达了惊异之情——他完全没有想到一觉睡了那么长时间；又表明睡得很香很甜——不然，就不会感到时间流逝得那么快！

后二句似乎显得突兀，原因在于诗人的心理状态迅速发生了变化。本来，他的心境恬适安宁，谁知醒后，委婉缠绵的愁情油然而生。造成这个变化的触媒是那座“隔水山”，而愁因则是刚被小鸟唤醒的“悠扬梦”。

“悠扬”即飘忽无定。诗人虽未点明梦中具体情事，但由此既可见梦境的虚无缥缈，又可以想象梦中情事不止一桩，变幻流转，所以诗人被带到了茫茫的远处，好不容易才为鸟声唤回。在诗人笔下，此鸟灵性，正在“窥人”，因此，它的鸣啭就不是与人无关的随意的“唤”，而是表达了殷切、专注的情意。尽管这样，诗人还是过了很长时间才从梦中回来。可见梦中一定是现实生活中所缺少的值得追求的情事。

“隔水山”是诗人的目光在远望中所见。但不是一座很遥远的山峦，它和诗人仅隔盈盈一水，而且四季常在，朝夕相伴。因此，这山自有一种独特的力量，它在一瞬间就使诗人回到了现实，感受到了梦境和现实的全部差异。而当诗人清醒地意识到他所迷恋的那些梦中情事已经烟云一般地消散了，又怎能不愁情宛转呢？

三、四两句在艺术表现上也很值得注意。其一，采取了极为少见的上三中一下三的句法：“窥人鸟——唤——悠扬梦，隔水山——供——宛转愁”，这就突出了“鸟唤梦”、“山供愁”两种景物，而以“悠扬”状“梦”，以“宛转”饰“愁”，不仅语意细腻，写出一种委婉飘忽的情态；而且前者双声，后者叠韵，因声见情，也恰好传达出诗人缠绵不绝的内心感触。声情和语意浑然一体，相映生色。“窥人”和“隔水”则为动宾结构，读来顿挫跌宕，显出变化。其二，以“隔水山供宛转愁”对“窥人鸟唤悠扬梦”，铢两悉称，是“工对”；在意义上，鸟唤而梦醒，梦醒而见山，见山而人愁，展示了一个相当复杂的过程，其表现力之强在“流水对”中并不多见。

（陈文新）

半山春晚即事　　王安石

春风取花去，　　酬我以清阴。
翳翳陂路静，　　交交园屋深。
床敷每小息，　　杖屦或幽寻。
唯有北山鸟，　　经过遗好音。

半山，在今南京。由宋时的江宁东门到钟山，这里恰好为一半路程，故称作半山。作者力行新法失败后，晚年退居江宁，并于元丰年中（或作二年，或作五年）营建半山园，自号半山。本诗表现了他隐退生活的一个侧面。

起首二句至为奇妙，寥寥十字，摹尽春色的变化，显示了一幅绿肥红瘦的景象。常人写红花凋谢，难免有惋惜之情，而使诗歌染上一层淡淡的哀愁。此诗却不然，诗人出以积极的人生态度，所以在他笔下展现的是欣欣喜人的景象。春风是无法“取”将花去的，但若没有这个“取”字，如何能形象地表现自然景象之变换？春风也不会“酬”与清阴，但若没有这个“酬”字，又如何能体现作者欣然自得的情怀？若无此二字，诗人的达观，春风的和煦，又怎能跃然纸上？

既然春风慷慨赐予清阴，诗人怎能辜负了那一片厚意，怎能不去欣赏？所以三、四句以“清明”为本，稍作敷展。“翳翳”，是形容树木茂密的状貌，“交交”，则是形容树木相互覆盖交加的样子。只见那小路沿着山坡在茂密的树林中蜿蜒曲折，伸向远处，一片静谧，在葱茏的深处，园屋隐约可见。这两句写静，略有唐人常建“竹径通幽处，禅房花木深”（《题破山寺后禅院》）的风味。然而常诗是禅寂之静，此诗用了“翳翳”、“交交”，显得更有生意。

至此，读者不禁要问，如此深园，其主人是谁？风度如何？所以五、六句笔锋一转，顺势推出主体形象。床敷，即安置坐具，杖屦，指扶杖漫步。二句截取两个生活片断来刻画半山园主人的风神。或居家凭几小息，或寻幽杖屦独行。两者虽是一静一动，但同样表现了诗人恬淡安宁而又欣然自乐的心境。

在此宁谧的氛围里，突然传来阵阵清脆悦耳之声，抬头看去，原是北山一鸟，掠飞而过，遗下一片“好音”！这两句极富韵味。北山即钟山，六朝时周颙曾隐居于此。如今这北山，除了诗人独步寻幽之外，杳无人迹，只有声声鸟鸣，偶尔来慰我岑寂。在平夷冲淡的外表下，怀孤往之志、举世无人相知的感慨不由显示于言外。难怪有人说是“寓感愤于冲夷之中，令人不觉”（高步瀛《唐宋诗举要》）了。

（陈顺智）

江　上　　王安石

江水漾西风，　江花脱晚红。
离情被横笛，　吹过乱山东。

读了这二十个字，人们也许觉得王安石的想法有点儿奇怪。离别之情，怎么能让那横笛之声吹到乱山的东面去呢？谁都知道，“离情”只藏在人的心里，任凭多大的风也无法把它吹走。如今却说“离情”让笛声吹了走，难道它也像“江城五月落梅花”那样吗？不。再对诗仔细品味，不难体会出它的妙处。

这首诗，虽题作《江上》，其实写的是离别之情。他刚才正和亲人分手，坐上向远方去的航船，顺着水势，加上西风，船像箭一样快，越走越起劲。诗人站在船头，眼看江水荡起粼粼的微波，岸花纷纷飘着落瓣，一股秋肃的气息扑人而来；本已满怀离情别绪的人，瞧了这样的景色，就更加难过。想不到不知是谁就在这当口吹起了笛子，紧一声慢一声，呜呜咽咽，凄凉幽怨，直透进自己的心坎里。听了这笛声，沉重的心就更加沉重了。他既不能干涉人家吹笛子，那笛也不肯停住。就这样，一个劲儿地缠住他，折磨他，他想摆脱又摆脱不开……正在无可奈何的时候，猛一抬头，原来船已转入乱山的东头。刚才同亲人分手的渡口，早已退得远远，望也望不到了——这才叫“离情被横笛，吹过乱山东”。“离情”二字，非常形象，十分准确，是不能用其他的字眼儿代替的。

诗到宋代，很讲究炼字炼句。王安石的“春风又绿江南岸”（《泊船瓜洲》）是个著名的例子。从这首诗看，也是如此。因笛声而引起离情，李白就写过，他的《春夜洛城闻笛》说：“谁家玉笛暗飞声，散入春风满洛城。此夜曲中闻折柳，何人不起故园情?”仿佛是随口而成，自然明畅；但王安石就不愿追随这种风格，他一定要把“离情”写成是一种“异化之物”，是能够让风吹着走的。这正是注意了锻炼，让句子显出不寻常的曲折。

（刘逸生）

北　山　　　　王安石

北山输绿涨横陂，　　直堑回塘滟滟时。
细数落花因坐久，　　缓寻芳草得归迟。

王安石晚年隐居金陵（今江苏南京），筑室于钟山（今紫金山）的山腰中，因自号“半山”。钟山又叫北山。这首诗就是写他住在钟山时的闲适之情。

人们会发现，这首诗的重点在后面两句，而后面两句却又颇有点蹈袭前人的痕迹。那是怎么回事呢?

王维有两句诗说：“兴阑啼鸟缓，坐久落花多。”（《从岐王过杨氏别业应教》）刘长卿有两句诗说：“芳草独寻人去后，寒林空见日斜时。”（《长沙过贾谊宅》）那么，此诗的“细数落花”、“缓寻芳草”是不是有抄袭唐人诗句的嫌疑?

宋、元以来，有些诗评家往往把两个诗人表面相同或相近的字眼拿来互相对比，硬指某人抄袭某人。这种说法，是不符合创作实践的。诗人触景生情或借景抒情，他着重的是当前的情和景；当前的情景是这样，他就按照这样来写他的诗。至于古人的诗句，因为读得多了，往往会在潜意识中出现；这种潜意识通常是本人不自觉的，但又会在潜移默化中影响诗人的构思。因而有些句子完成以后，不期而然的会同古人在某些方面有些暗合。这不是抄袭，更非有意。

王安石在北山闲居，日长无事，常到附近坐坐走走。这首诗便是写他的闲适生活。开头说，北山把它的翠绿的泉水输送给山塘，于是涨满了陂堤；不管是直的堑沟，曲的塘岸，都呈现一片滟滟的波光。两句概括了眼前的景色。下面转一笔就写自己：由于心情悠闲，一坐下来就是半天；也因为心情悠闲，看见树上的残花一瓣两瓣飘落地上，索性便一二三四地计数着，看看这会子功夫到底落了多少瓣。待他感到坐倦了，于是站起身来，缓缓向家走去。他此时仍是一样心情悠闲，一边走着，一边注意地上长的青草。春天快过去了，比起前些时，草地又扩展了，草也再长高了。他走走停停，悠然适然，也不知这回家的路到底走了多少时间。

这就是他当情当景写出来的诗。他哪里想到要去蹈袭前人？

当然，"坐久落花多"、"芳草独寻人去后"或其他近似的句子，很可能在他的潜意识里暗暗出现，他也许多少感觉到，也许仍然不自觉。但终究来说，他是写自己的诗。

用"细数落花"来摹写"坐久"，不仅形象很美，而且构思精细。用"缓寻芳草"来解释"归迟"，不仅大有理由，而且写尽闲适之情。《三山老人语录》云："欧公(欧阳修)'静爱竹时来野寺，独寻春偶过溪桥。'与荆公'细数落花'诗联，皆状闲适，而王为工。"评论是公允的。

(刘逸生)

悟　真　院　　　　王安石

野水纵横漱屋除，　　午窗残梦鸟相呼。
春风日日吹香草，　　山北山南路欲无。

悟真院又名悟真庵，在金陵(今江苏南京)钟山(亦称紫金山)之东，八功德水之南。金陵地处长江下游，山水秀丽，风景绝胜。《舆地纪胜》卷十七《建康府》引《续建康志·景物下》有"悟真院"，说明在宋时已为著名胜地。王安石晚年退居钟山，悟真院环境幽静，是他常去游览的地方。他有《同熊伯通自定林过悟真》诗云"暗香一阵连风起，知有蔷薇涧底花"，生动地刻画了这一带的自然风光。

首句"野水纵横"写悟真院所在地的地理环境。在这座寺院后面，除了有著名的八功德水之外，附近还有许多纵横交错的溪涧。这里河网纵横，殿阁临流的寺院建筑更显得多姿多态。此句意境与杜甫《客至》首句“舍南舍北皆春水”相仿佛。“漱屋除”三字，形容绿水缭绕。“漱”就是洗涤。“除”是墙根屋角。这句诗描绘了悟真院浸浴在纵横交错的野水之中，正经受着周围流水的冲漱涤荡，显得明净、壮观。

次句写倦游后倚窗午睡，好梦将阑，忽听得小鸟啼叫，似在彼此应和，点出正是桃红柳绿的春天。鸟鸣声呖呖可闻，正反衬出悟真院的清幽。古人说“诗中有画”，这诗的开头两句，就毫不费力地画出了一幅山寺风景图。

和煦的春风，送来了沁人肺腑的芳香。诗人被这大自然美景所陶醉。三、四两句，是对春的礼赞，说明诗人的视野已从悟真院移到了整个钟山。但见芳草遍野，欣欣向荣。山北山南，都被孳生的绿草遮满，连路径也几乎辨不出来了。短短两句，写出了暮春三月，江南草长的情景，与唐代孟郊《连州吟》的“春风朝夕起，吹绿日日深”和薛存诚的“积草渐无径”，有异曲同工之妙。

此诗题为《悟真院》，是一首写景之作，然而不乏气格。王安石是北宋一位杰出政治家，写作这诗时虽已退出政治舞台，但仍乐观自信，可见他襟抱之宽广。

（曹中孚）

【作者小传】

郑　獬

(1022—1072)　字毅夫，一作义夫，安州安陆(今属湖北)人。皇祐五年(1053)进士第一。累迁知制诰，出知荆南。神宗初，拜翰林学士，为王安石所恶，出知杭州，徙青州，提举鸿庆宫。其诗爽辣明白。有《郧溪集》。

滞　客　　　　郑　獬

五月不雨至六月，　河流一尺青泥浑。
舟人击鼓挽舟去，　牛头刺地挽不行。
我舟系岸已七日，　疑与绿树同生根。
忽惊黑云涌西北，　风号万窍秋涛奔；
截断雨脚不到地，　半夜霹雳空杀人！
须臾云破见星斗，　老农叹息如衔冤。
高田已槁下田瘐，　我为滞客何足言！

这是一首感怀诗。诗人通过久旱无雨的自然景象的描写，道出了自己成为旅中滞客的感受，流露了对农家遭遇天灾的同情。

通观全诗，觉得语畅意达，它是按照不雨—欲雨—断雨的三个层次，来连贯诗的脉络的。

在"不雨"这个层次里，先写延时既久，从五月到六月没有滴雨，致成大旱。次写河浅近底，流着的是浑浊的泥水，亦可见旱情严重。三写无法行船，船夫"击鼓挽舟"，但"牛头刺地"也拖不向前。"击鼓"，指开船打鼓，这于六朝诗里就有反映，例如阴铿《江津送刘光禄不及》："鼓声随听绝。"唐代还存此遗习，可从杜甫《十二月一日》的"打鼓发船何郡郎"诗句中得到证明。宋代又沿袭了这样的风俗。"刺地"，指牛拉纤时把劲使尽的样子，令人不难想象到干旱的严重程度。末写系舟岸畔，停行了七天，纤绳扣在绿树上，船犹如树根扎入深土似的不能移动。一个"疑"字，从心理感觉的角度，说出了旱势逼人。"不雨"是成旱的原因，成旱则又是河浅的根源，河浅是挽舟不前的缘由，挽舟不前的结果，使诗人当上了滞客，环环承接，因果衔接，密不见罅，使诗于一线串珠中触及了题意。

在"欲雨"这个层次里嵌进去"断雨"的层次，这两个层次并行展开，渲染了欲雨又断的气氛。忽地云集西北，分明是大雨将临的征兆，有谁不在惊喜中翘首长天，伫候雨降呢！然而，"风号万窍"，呼啸声紧，从四面八方狂吼起来了，卷得"黑云"似"秋涛"奔涌，出现了"截断雨脚不到地"的局面。盼雨雨不至，怎不叫人焦急！而"半夜霹雳空杀人"，只闻雷响，不见雨点，都给风吹散了，使人陷入了失望之中。唯其是在希望后的失望，才越发显得绝望的悲痛。顷刻间，云消星布，老农面对着这个景象，"衔冤"似的"叹息"不已，可谓哀怨之甚。这里，巧妙地以云涌、风吼、雷鸣、星耀的前后相关的变化，写出了诗人随着"欲雨"到"断雨"时的心潮的起落。物态人情，跃然纸上。

诗人用"高田已槁下田瘐，我为滞客何足言"煞尾，揭出了通篇的主旨：久旱不雨，田禾枯槁，相比之下，我虽成滞客，又何足道！

这首诗感事抒怀，写得很有情致，不失为忧民之所忧的佳作。

（周溶泉　徐应佩）

采 凫 茨　　郑 獬

朝携一筐出，　暮携一筐归。
十指欲流血，　且急眼前饥。
官仓岂无粟？　粒粒藏珠玑。

一粒不出仓，　　仓中群鼠肥。

这首诗从采荸荠的一个劳动场景引出感慨，反映了人民生活的疾苦，对造成民不聊生的社会现实进行了猛烈的抨击。

全诗先叙后议。一至四句，是写采凫茨的艰辛。凫茨，即荸荠，苏舜钦《城南感怀呈永叔》诗就提到它："老稚满田野，斫掘寻凫茨。"乡野百姓由"朝"到"暮"，花了整整一天，才只采到"一筐"，时间之长与数量之少形成对比，说明采之不易。他们在水田里或是在池沼里挖找荸荠，磨得十指染血，足见采之之难。而区区所得，只能聊以充饥。诗中以"急"于"眼前饥"的困境，突显了人民在死亡线上挣扎的情状。五至八句，是写官府囤积民粟的可恶。针对前面的叙述，诗人提问：官仓里难道是没有粮食吗？这个带有否定性的反诘，包含着谴责的意味。而答案揭出了，仓中闭藏着如珠玑般的谷粒，这更是加强了憎其所憎的感情浓度。接下去，以群鼠饱食仓粮收揽全篇，露出讥刺的锋芒，挑开了官民之间的尖锐矛盾。唐人曹邺有一首有名的《官仓鼠》诗："官仓老鼠大如斗，见人开仓亦不走。健儿无粮百姓饥，谁遣朝朝入君口！"这种肥了老鼠饥了百姓的现象，不正是《采凫茨》所要揭露的内容吗？从中，我们仿佛听到了"硕鼠硕鼠，无食我黍"（《诗经·魏风·硕鼠》）的呐喊！这里所说的"鼠"，是实指，也是虚指，那些吮吸民脂民膏的统治者与贪婪害人的老鼠何异！

郑獬为官清廉，敢于替百姓申诉，向以耿直著称于世。他的这首《采凫茨》，就表现了其察民情、谙世风的爽辣风格，通篇语浅意显，明白如话。前四句的叙事与后四句的议论，融若水乳；而由表及里的过渡，流转自然，呵成一气。沈德潜《说诗晬语》说："议论须带情韵以行。"这首诗，有对处在水深火热中的老百姓的同情，有对尸位素餐者的憎恨，寄慨良多，故理裹情韵，避免了枯燥说理的弊病。

（周溶泉　徐应佩）

春　尽　　　　郑　獬

春尽行人未到家，　　春风应怪在天涯。
夜来过岭忽闻雨，　　今日满溪俱是花。
前树未回疑路断，　　后山才转便云遮。
野间绝少尘埃污，　　唯有清泉漾白沙。

郑獬与王安石同朝，二人政见不同，但诗风却颇相似，律诗极类唐人，本诗便是一例。诗中写的是暮春时节，一位行色匆匆的旅人在返家途中所见到的景色和心理感受，不尽之意寓于景物描写之中，明快自然，工丽整饰，颇有唐人风调。

首句七个字，便将时间（春尽）、人物（行人）、地点（未到家）一一交代清楚。游子浪迹天涯，离家日久，又逢春色，能不倍添惆怅？连春风也要来责怪：为何不好端端在家，跑到这天涯来干什么？这就是第二句的意境，含蓄风趣。

思家心切，而路程遥远，当然只得昼夜兼程。颔联仍以景物描写来表现行人盼望早日回家的急迫心情。“夜来过岭忽闻雨”，高山上的气候变化多端，忽而晴、忽而雨是常事。过岭时突然遇雨，可以想象翻越的山岭是多么的高；而过岭又是在漆黑的夜间，看不见雨点，只能“闻”到雨声，又可以想象翻越山岭是多么的难。作者没有从正面写山高路险，而是用“忽闻雨”写出“夜来过岭”的特点，给读者留下了广阔的想象余地。“今日满溪俱是花”，写东方既白，小雨初霁，行人来到飘旋着落花的山溪边。夜间风雨打下的花瓣勾起了他满腹心事。“逝者如斯夫！”时值暮春，落红无数，而在外宦游多年的行人也到了迟暮之年。他不愿如残英随波逐流，而希望叶落归根，回到故乡，回到亲人身边，所以才这样不顾艰险，昼夜兼程。读者从中可以体味到行人淡淡的惆怅和隐隐的伤感情绪。这一联《宋诗纪事》标为名句，确实是诗人精心锤炼而成。

颈联写人在曲折重叠的山间行走时的感觉，着重写动势。山势陡峭，忽上忽下，下坡时能远远望见前面路边的树，上坡时视线被山挡住，不但看不见前面的树，而且仿佛小路在山顶被突然截断了。气喘吁吁上了山顶，再回头望去，团团白云飘然而至，身后的山峦已经淹没在茫茫云海之中。真是移步换形，气象万千！此情此景，没有亲身体验的人是感受不到，也描写不出的。

尽管长途跋涉，旅程辛苦，但山间空气清新，野趣宜人，加上归家在即，所以尾联洋溢着行人如脱羁之鸟重返自然般的兴奋喜悦之情。当然野外的景色绝不会“唯有清泉漾白沙”的，作者如此写，自有其更深的含意。他是为了着重点出“清白”二字，使野间的“清白”同尘世间的“污”形成鲜明对比，让读者从主人公对“绝少尘埃污”的喜爱中体味他对乌烟瘴气之官场的厌恶。作者曾任翰林学士，后被新党所恶，宦途失意，屡遭贬谪。此处就自然流露出了他的身世之感。

唐人诗重在炼意，宋人诗重在炼句。北宋王安石、郑獬一派诗人，都善于精细地刻画自然物态，通篇写景而情寓其中。郑獬此诗可以说是“状难写之景如在目前，含不尽之意见于言外”，读者随着行人的视野、脚步，能从字里行间感受到作者心情的变化，领略到在崎岖漫长的山路上跋涉的滋味，但全诗却没有一句是直接抒情，可见作者的艺术匠心。

（詹杭伦　沈时蓉）

【作者小传】

刘　攽

(1023—1089)　字贡父，或作赣父、赣父，号公非，临江新喻(今江西新余)人。刘敞弟。庆历六年(1046)进士。为州县官二十年，迁国子监直讲，官至中书舍人。曾助司马光修《资治通鉴》，分任汉代部分。有《彭城集》及《公非集》。

城　南　行　　　刘　攽

八月江湖秋水高，　大堤夜坼声嘈嘈。
前村农家失几户，　近郭扁舟屯百艘。
蛟龙蜿蜒水禽白，　渡头老翁须雇直。
城南百姓多为鱼，　买鱼欲烹辄凄恻。

这是一首以现实生活为题材的诗。"八月江湖秋水高"，首先点明季节，交代了事件发生的时间，接着于"秋水"后面着一"高"字，表现出潮水汹涌、波浪如山的情景。写江湖浩瀚，古代诗人多用"平"字，如王湾《次北固山下》："潮平两岸阔"，孟浩然《望洞庭寄张丞相》："八月湖水平"等。刘攽用"高"，意在显示水势狂暴，并暗示出继续上涨的险恶趋势。放在这里，精神全出。

水势已盛，而且继续暴涨，后果可想而知。"大堤夜坼"的"夜"字表明果然在夜间决口了。江堤决口的情景是可怕的：黄流滚滚，漫天而来，时值"夜"间，只听得其"声嘈嘈"。其中包含了许多内容：树拔屋崩，鸡飞狗跳以及村民们的惊惶失措、大哭小叫，无疑是"嘈嘈"一片。

三四两句用"前村"、"近郭"两幅图景，描绘出水淹之后的惨象。"失"，意味着全被冲毁，这是溃口近处的情景；那么，远处呢？诗人没有写，但可以想象得出那幅"村村稻苗今安在？川飞湖倒接大海"(吴嘉纪《堤决诗》其一)的画面。在这种情况下，村民们只得纷纷驾着小船去城南圩堤上避难。"扁舟"，小船。"屯"，聚集。"百艘"极言其多。仅"近郭"之处就屯集着"扁舟百艘"，由此可见逃难百姓之多；而这些人还算幸运，因为他们有船。至于那些来不及躲避以及无船的贫民，则早已葬身鱼腹。这两句勾勒得十分简略，但言外有意，含蕴丰富。

五六句将笔触移向"渡头"。这不仅因为"渡头"就在"城南"，乃诗人眼中之景；更因为"渡头老翁"的形象能够概括丰富的内容。"雇直"即工钱。"渡头老翁”现在需要工钱，这就暗示出过去不要——或许这渡头本为公家所有，他的报酬在正常情况下也由公家付给。但目前却是“蛟龙蜿蜒水禽白”的非常时候。“水禽白”，可见水鸟翔集江面，加以江水滔滔，望去但见白茫茫一片。而这浩浩荡荡的江水又偏偏是在弯弯曲曲（“蜿蜒”）的堤岸约束下流着，当然会形成险恶的漩涡和异乎寻常的流速。可能正是在这种情况下，公家取消了渡头，从而也取消了给“老翁”的报酬。但是，这里一个耐人寻味的事实却是：“渡头老翁”宁愿冒葬身鱼腹的危险，也仍然要“出没风波里”——他迫于生计，要靠摆渡的“雇直”来养家糊口！一个本应含饴弄孙的“老翁”，却不得不在“蛟龙”背上谋生，这是何等触目惊心！“渡头老翁”如此，其他“城南百姓”的境遇也就不言而喻了。

最后两句表现诗人对受难百姓的真切同情。“买鱼欲烹”本是日常生活中小事，为什么会“辄凄恻”——总是抑制不住内心的悲伤呢？不为别的，就因为“城南百姓多为鱼”！是受难村民的厄运刺激着他的良心，使他产生了深厚的同情。白居易《轻肥》一诗曾写到一群“大夫”、“将军”，“食饱心自若，酒酣气益振”，完全不念及“是岁江南旱，衢州人食人”。与此相对照，刘攽的人格是很高尚的。在心理变化的顺序上，诗人是由“买鱼欲烹”而联想到“城南百姓多为鱼”，然后“凄恻”之情油然而生。但在表现时却有意将“城南百姓多为鱼”放在前面，大笔如椽，挽合前面六句，突出了村民们的苦难。在句法上，前后两用“鱼”字，构成变相的连环句，贯串而下，缠绵往复，正好表现出诗人深深的哀悯之情。

这是一首古风。在明白了它所抒写的内容之后，对于它朴实平易、简洁流畅的诗句，就会觉得含意深厚。

（陈文新）

新 晴 刘 攽

青苔满地初晴后，　　绿树无人昼梦余。
唯有南风旧相识，　　偷开门户又翻书。

这是一首夏日即景诗。“青苔”、“绿树”、“南风”，都是富于季节特征的景物。

“青苔满地初晴后”，看似信手写来，只是客观地交代天气初晴、青苔满地的情景，实际上其中暗含着对比。“初晴后”等于说“雨后”。雨后“青苔满地”，那么雨前呢？清人袁枚这样描写过初生的苔：“白日不到处，青春恰自来。苔花如米小，也学牡丹开。”（《苔》）青苔总是生长在潮湿阴暗的地方，因此，即使雨前已生，但那势力范围却只限于一些“白日不到”的角落。而现在，“青苔满地”，这就暗示雨实在下得太久。而这一暗示显然包含着诗人曾经热切盼望天气好转的心情和久雨初晴带来的欢悦之感。

次句中的“昼梦余”即昼梦之后，和“初晴后”同属全诗的关键时间。“初晴后”就客体而言，表明诗人所捕捉的乃久雨初晴之景；“昼梦余”就主体而言，强调诗中所写之景即诗人昼梦方醒所见。这六字不可忽略。因为，初晴之后，昼梦之余，人的情绪通常是爽朗的、愉悦的。所以，在一首短短的绝句里不厌其烦地细写时间，就不仅表明这是一首即景诗，还表现了作者心境的宁静恬适。

“绿树”是对“青苔满地”的照应，进一步写雨后景色。是的，雨后的树叶比平日更加浓绿，微风拂来，湿润的叶片一阵摇晃，这绿就更为鲜明。诗中重重点出一个“绿”字，看来是要写出这种醉人的感觉。正由于景色令其陶醉，“无人”才是十分真切的遗憾。不是吗？久雨初晴，佳处无限，领略有得，却“无人”共语。这当然会引起空荡荡的感觉。同时，绿阴生昼静，在浓密的树色笼罩下，四周一片静谧，诗人“无人”之感更为强烈，更为渴望见到任何一个老朋友。这就为下联写他对南风的亲切感情蓄足了笔势。

因为“惟有南风旧相识”，所以三四两句自然以南风作为主角。“偷”，《宋诗别裁》作“径”。用“偷”字，可以显示南风的诙谐，仿佛有意要和老朋友开个玩笑；用“径”字，则能突出南风的急切，不是轻敲，不是缓推，而是排闼而入。不过，夏日的南风通常总是平和的，所以“偷开”似较“径开”为胜。

用拟人手法写风，并不是作者的独创。李白《春思》：“春风不相识，何事入罗帏？”薛能（一作曹邺）《老圃堂》：“昨日春风欺不在，就床吹落读残书。”但刘攽并非徒事模仿，而是别开生面。不错，南风只在晴和天气里才有。这南风是晴天的象征，是诗人在淫雨绵绵期间所热切盼望过的。惟其如此，它一出现，诗人就极为兴奋，有一种老友重逢的欣喜。“旧相识”，已十分亲近；何况还是盼到今天才见到的呢！带着这种亲切感情来看南风，当然没有李白那种“不相识”的猜疑，更不会有薛能那样的“欺不在”的牢骚，在他眼里，那吹开大门、拂动书页的动作，无疑表现着南风的友好：它想悄悄了解老友近来所读何书，等诗人醒后，再畅谈一番。这里，一“偷”一“又”，诙谐而又急切；一“开”一“翻”，细致而又准确，写出了诗人心境的恬适恰到好处。

（陈文新）

雨后池上　　刘　攽

一雨池塘水面平，　淡磨明镜照檐楹。
东风忽起垂杨舞，　更作荷心万点声。

这里，展现在我们面前的是一幅雨后池塘图，从诗中写到的东风、垂杨、荷等物象来看，显然是春季，因此，再确切些说是一幅雨后池塘春景图，给人以清美的艺术享受。

首二句展示的是雨后池上春景的静态美。第一句写雨后池塘水面的平静，只淡淡地出一“平”字。如果只读这一句，也许会觉得它过于平常，但在这句之后紧接以“淡磨明镜照檐楹”，却境界顿出。“淡磨”二字颇可玩味。施者是春雨，受者是池面，经春雨洗涤过的池面，好比经人轻磨拂拭过的明镜，比中有比，比中有拟人，这就使“水如镜”这一浅俗的比喻有新鲜之感。不仅能使人感受到春雨后池上异常平静、明净的状态，并能进而联想到前此蒙蒙细雨随着微风轻拂池面的轻盈柔姿。“淡磨明镜照檐楹”，创造的正是非春雨后池塘莫属的艺术境界。与此相适应，这两句语势平缓，无一字不清静，连略带动感、略为经意的“淡磨”二字，也一如字面，给人以一种轻淡的心理感受，显得毫不着力。

三四句由静而动，进一步写雨后池上的动态美。东风忽起，舞动池边的垂杨，吹落垂杨柔枝细叶上缀满的雨滴，洒落在池中舒展的荷叶上，发出一阵清脆细密的声响。这里，诗人笔下荡漾的东风、婆娑起舞的垂杨、荷心的万点声，无一不具有一种流动的韵致和盎然的生意，与前二句相比，自然别是一番情趣。与此相随，语势节奏也由平缓而转向急促，字字飞动起来。“忽起”二字，首先造成突兀之势，展示出景物瞬息间由静而动的变化，给人以强烈的动感；随后再用“更作”二字作呼应回旋，造成一种急促的旋律，从而把上述有形的与无形的、动态的和声响的景物联贯起来，组成一幅形声兼备的艺术画卷。

雨后池上景物之美，诗人既写其静态，又写其动态，不仅显得丰富多姿，而且构成对比，收到以静显动，以动衬静，相得益彰的艺术效果。首句平直叙起，次句从容承之，而以第三句为主，尽宛转变化功夫，再以第四句发之，本是绝句的一般构造法（见《唐音癸签》卷三引杨仲弘语）。诗人用这一方法巧妙安排，使语言结构形式与内容和谐统一，成因势置景、笔随景迁之妙。　（张金海）

【作者小传】

王安国

（1028—1074）　字平甫，抚州临川（今江西抚州）人。安石弟。幼敏悟，以文章著称于世。熙宁元年（1068）赐进士及第。除西京国子监教授，授崇文院校书，改著作佐郎、秘阁校理。与兄政见不合，非议新法。安石罢相，被吕惠卿以事夺官。有《王校理集》。

记　梦　　王安国

万顷波涛木叶飞，　笙箫宫殿号灵芝。
挥毫不似人间世，　长乐钟声梦觉时。

关于这首诗，惠洪《冷斋夜话》说："王平甫(平甫，诗人之字)熙宁癸丑岁直宿崇文院，梦有邀之至海上。见海水中宫殿甚盛，其中作乐、笙箫鼓吹之妓甚众，题其名曰：'灵芝宫'。邀之者欲俱往，有人在宫侧，隔水谓曰：'时未至，且令去，他日当迎之。'至此，恍惚梦觉，时禁中已鸣钟。平甫颇自负不凡，为诗记之。"说的便是此诗的写作经过。

俗语说，日有所思，夜有所梦。诗人平素必好神仙，因而梦中方能经历如此海上仙境。好仙而入仙境，当然使诗人"颇自负不凡"，而出之以诗章了。

这首小诗的前三句便记梦中之境。顷，百亩也。万顷，形容海上波涛浩渺。诗人直宿崇文院中。深夜，沉沉入梦。恍恍惚惚，觉有人邀其之海上，便飘飘然随其人凌万顷波涛而去。途中，海风呼啸，挟带起两岸木叶，纷纷朝人脸上飞来。顷刻之间，已来到了金光灿烂、宏伟华丽的水宫跟前。诗人立定，但见眼前楼阁鳞次栉比，里面又隐隐传出笙箫鼓吹之声。于是诗人凝眸细察，发现了宫殿的绣金横匾上，大书着"灵芝宫"三个字。诗人乃文人雅士，每见书画诗文，必玩赏再三，故其时，他兴味盎然地走近前去，举首细细观赏，见那"灵芝宫"三字，不知哪位名家挥毫写就，端的是笔走龙蛇，神采飞动，不似人间手笔。

末句转笔写梦醒。长乐，汉宫名，此处代指宋宫。正在诗人驻足观赏、流连忘返时，猛可里却听得一阵钟声，于是"忽魂悸以魄动，恍惊起而长嗟"，自己原不曾离开崇文院一步！定神看那窗外，晨曦微明，始悟方才乃是长乐宫晨钟将自己从仙乡唤回。

思想梦境，离奇瑰丽，犹在目前，怕稍纵即逝，仙景一失，事后难摹，故想必诗人彼时赶忙就案头取过纸笔，"作诗火急追亡逋"，将适才的梦中仙境赋写下来，欲待天大亮时，拿去向同僚诗友夸示夸示。果然，这个浪漫离奇之梦，这首浪漫神奇之诗，引动了文人雅士们的浓厚兴趣，于是其事其诗，不仅为上述《冷斋夜话》所收录，其他宋人笔记如彭乘的《墨客挥犀》、赵令畤的《侯鲭录》等亦有记载，而魏泰的《东轩笔录》则据"时未至，且令去，他日当迎之"之语又加敷衍，谓四年后平甫卒，果真去了"灵芝宫"云云，则纯属无稽之谈了。

（周慧珍）

西湖春日 王安国

争得才如杜牧之，　　试来湖上辄题诗。
春烟寺院敲茶鼓，　　夕照楼台卓酒旗。
浓吐杂芳熏巘崿，①　湿飞双翠破涟漪。
人间幸有蓑兼笠，　　且上渔舟作钓师。

〔注〕 ① 巘崿(yǎn è)：指山。巘，小山(见《诗·大雅·公刘》《毛传》)；崿，崖(见《文选》张衡《西京赋》李善注)。

王安国很喜爱杭州风光，曾有"游览须知此地佳"(《杭州呈胜之》)之句。《西湖春日》是王氏在杭州游览西湖春景所作。此诗曾误入《林逋集》，《宋诗纪事》已改署王安国。

只有超群的才华，方配摹写非凡的胜景。如西湖这样驰名天下之景，需要有杜牧那样的才情，前来挥笔题咏，才算得上不虚此游。然而，这如何可能呢？诗篇一开端，就用感喟企望的语气，披露了诗人对西湖的赞赏之情。杜牧因写过许多描摹湖山的名作，而深受人们推崇，故李商隐有"刻意伤春复伤别，人间惟有杜司勋"(《杜司勋》)之句。这里借企慕杜牧来赞美西湖——怎能得有杜牧那样的才华之士来西湖题诗，以赞誉人间的美景呢？写法上是借客尊主，从侧面入题，振起全篇。

人间虽难得有杜牧的才华，但来到湖上，山光水色，赏心悦目，雅兴遄飞，岂可不吟诗呢？以此，中间四句转入对西湖春景的正面描写：西湖边处处寺院，缭绕着袅袅飘动的春烟，时而传出一阵集合僧人饮茶的鼓声；孤山下楼台亭榭，披上了夕阳的霞光异彩，屋角间高插着招徕顾客的酒旗；起伏的山岩中，盛开着万紫千红的春花，散发出浓郁的芳香；湖面游客的画船，冲破荡漾的波光摇曳前进，水花溅湿了刻画在船头上的双双翠鸟。这是多么细腻真切的西湖春光图！

中间四句，一句一景。写寺院，在春烟氤氲中响起茶鼓，足见其中香火之盛、僧徒之多；写楼台，于夕阳斜照中招展酒旗，暗示早晚游客不断，店铺繁忙。写山色，以"杂芳"烘染，"熏巘崿"三字，给人以浓香扑面之感。写湖光，借画舫点缀，"破涟漪"一语，写出游船的幽闲和湖水的平静。无论游山泛湖，还是寻访寺院，登临楼台，人们所领略的无不是一派赏心悦目、春意盎然的旖旎风光。这里采用移步换景的手法，工笔刻画，不仅描摹出作用于视觉的生动画面，且从听觉、嗅觉、触觉各种角度，使读者感受到西湖春日的繁忙兴旺、欣欣向荣。

尾联抒写诗人对西湖的总体感受，意义上同首联呼应，措辞上也同开端绾合。人生难有杜牧之才，人间却幸有蓑衣和苇笠，湖上题诗也许才情不够，驾起渔舟做一名钓翁总还可以吧！总之，目寓西湖风光，恋恋不忍离去，不免产生栖身湖山的凝想和雅志，未能有诗才，幸能有蓑笠，不能作诗人，且可作钓叟。“幸”、“且”两词，回应上文“争得”，使结构谨严，浑然一体。 （刘乃昌）

游庐山宿栖贤寺 王安国

古屋萧萧卧不周，　　弊裘起坐兴绸缪。
千山月午乾坤昼，　　一壑泉鸣风雨秋。
迹入尘中惭有累，　　心期物外欲何求！
明朝松路须惆怅，　　忍更无诗向此留。

本篇是王安国游庐山夜宿栖贤寺感怀所作。庐山佛寺颇多，有五大丛林，栖贤寺是其中之一，为南齐参军张希之首建，屡经兴废，遗址在今三峡涧玉渊潭北。时诗人踯躅庐山，独宿佛寺，古屋萧索，四顾寥落，不免顿起遗世独立之想。这首诗就抒写了作者登览庐山的洒脱襟怀和情趣。

首联紧扣“宿栖贤寺”，以直叙入题。由于寺殿年久失修，故山风吹入，萧萧作响，而卧寝不得周严，寒气难免侵入。“弊裘”句由上文生出。因寝卧不宁，故而“弊裘起坐”，由“古屋萧萧”，而生“绸缪牖户”之想。“绸缪牖户”出自《诗经·豳风·鸱鸮》，意思是缠绕束薪，修补户牖。这一联切题叙事，且渲染出一种夜宿深山古寺的萧索阒寂气氛。

由于中夜不眠，得以目睹深山夜景。次联集中笔力摹写庐山之夜。层峦叠嶂中，皓月当空，皎洁的清光，简直把整个大千世界变成了朗朗白昼；一道山谷间，泉水淙琤，仿佛为寂静的人寰带来了风雨交至的萧瑟秋声。一句写山中月色，主要诉诸视觉；一句写壑间泉声，主要诉诸听觉。这里静景和动景互相配合，出色地构造了一个明净、透彻、幽寂、清寒的尘外世界，为人排解尘念、唤起遐思，布设了一种适宜的氛围。方虚谷谓王安国诗“佳者不可胜算，而富于风月，此诗三四壮浪而清洒。”（《瀛奎律髓》卷一）正指出这两句的独特气韵。

沉浸于如此境界中，自然会俗念藏形，世虑顿释，于是脱口咏出“迹入尘中惭有累，心期物外欲何求”两句。“尘中”，犹言尘世、尘网，包括世俗社会和市井闹区。踪迹进入尘世，则难免有俗务牵累、世事羁绊，着一“惭”字，表示了对世俗桎梏的不甘和不满。由此生出了“期”字，只消“心期物外”，自会无求无欲，身心恬然。物外即世外，《唐书·元德秀传》载德秀"陶然遗身物外"，元氏以置身物外，求得精神超拔。诗人则虽"迹入尘中"，却能"心期物外"，而达到泊然无求的境界，似更为通达。两句一写形迹，一写心神，结构相对，内容相反，而意义上又有递进，连贯而下，对仗中具有气韵流动之美。

虽然"心期物外"无妨"迹入尘中"，但离开这宁静高洁的环境，毕竟不无感喟，因而尾联有"须惆怅"之语。庐山长松林立，今日尚有"松树路"之名。天明首途，穿越松柏蔽空的山路，恐怕会怅怅不已吧！正由于此，如今片刻留伫，岂忍无诗题咏，虚此一游？这两句，"须惆怅"一转，"忍更"再转，而收到题诗留念，甚合登览诗旨趣，最为得体。"忍更"二字强调必须有诗，表达出对庐山清境的低徊依恋，颇有余音袅袅之致。

（刘乃昌）

题滕王阁 王安国

滕王平昔好追游，　高阁依然枕碧流。
胜地几经兴废事，　夕阳偏照古今愁。
城中树密千家市，　天际人归一叶舟。
极目沧波吟不尽，　西山重叠乱云浮。

滕王阁旧址在今南昌市新建县西章江门上，是唐高祖李渊之子滕王李元婴在高宗时期任洪州都督时所建。它背负名城，下临赣江，是历代游览胜地。王勃青年时远道省父途经洪州（今江西南昌），曾参与阎都督举行的宴会，即席作《滕王阁序》并诗，以精美多彩的文笔，描绘高阁胜景，滕王阁从此著称于世。据《能改斋漫录》卷十一载，王安国这首诗，是他十三岁时登临滕王阁所作，时为康定元年（1040）。据说当时"郡守张侯见而异之，为启宴张乐于其上"。王安国是安石四弟，安石在《平甫墓志》中称安国"年十二，出其所为铭、诗、赋、论数十篇，观者惊焉。自是遂以文学为一时贤士大夫誉叹"。据此看来，王安国十三岁写作《题滕王阁》诗，不是没有可能的。王勃、王安国两位早慧的诗人，都在青年时代登临滕王阁，留下了为人传诵的名篇，这可说是唐宋诗坛上的佳话。

首联开门见山，用平叙笔墨写滕王阁的来历和现状。滕王李元婴喜好游赏歌舞，因此兴建此阁。虽物换星移，历经沧桑，高阁依然完好地保存下来。滕王"好追游"，并非凭空而发，王勃当年不是有"佩玉鸣鸾罢歌舞"之句吗？足见滕王当时的歌舞盛况。"依然"，强调这一游览胜地历久不废。"枕碧流"，点出高阁的所在，它安然高卧于一派深碧的滚滚江流之上。这一联对滕王阁虽有空间形势的交代，但主要是从时间角度叙写，上句写昔，下句写今。

颔联紧承首联，着重从时间着眼，写滕王阁这块胜地在历史长河中所经历的沧桑之变。从唐高宗显庆四年(659)建阁，到王安国十三岁游览此地，纵观这三四百年的历史，风云变幻，几度沧桑。“兴废事”、“古今愁”，含蕴丰富，引起人们的种种遐想。“几经”和“偏照”强调变迁之匆迫，兴废之不常。在自然和人事的隐隐对比中，包含着无限吊古之思，今昔之感。

颈联以下转为从空间着眼，写高阁所在的地理形胜和周围风光。颈联出句写城，南昌向为名都，人烟稠密，市街繁荣，是商贾荟萃之所。对句写江，赣江由赣州曲折北流，经吉安、清江，流经南昌，纵贯今江西全省，是省内最大河流。登阁俯瞰，城中绿树浓荫，千家栉比，市井兴旺；凭栏远眺，赣江遥接云天，江面上一叶扁舟，摇曳而过，仿佛游人从天边归来。上句是近景，下句是远景，“树密”、“千家”，给人以繁荣之感；“天际”、“一叶”，具有淡远闲静之趣。两句有远、有近，疏密衬映，一静一喧，相互对照，写出了滕王阁背城面江的独特风光。

尾联宕开视野，继续写景，而于写景中收煞全诗。“极目”在意念上与前句“天际人归”紧密相关，“沧波”与首联“碧流”遥相呼应。放眼江流，气象万千，非诗句所能写尽，这就将无限风光囊括其中。客观景物吟咏不尽，正是暗示诗篇将尽。正在吟咏不尽之时，西山之上乱云重叠，晚烟出岫，又展现出一幅新的图景。“珠帘暮卷西山雨”(王勃《滕王阁序》)，也许西山的晚云将要带来一番风雨吧！凭阁四望，胜地的晦明变化谁能预测其妙呢？“西山重叠乱云浮”，意象苍茫缥缈，虽以景结，而含蕴浑厚，言尽而意不尽，极有韵味。（刘乃昌）

【作者小传】

俞紫芝

(？—1086)　字秀老，金华(今属浙江)人，流寓扬州(今属江苏)。终身不娶。曾游王安石之门。其诗为安石所爱重。

咏　草　　　　俞紫芝

满目芊芊野渡头，　不知若个解忘忧？
细随绿水侵离馆，　远带斜阳过别洲。
金谷园中荒映月，　石头城下碧连秋。

行人怅望王孙去， 买断金钗十二愁。

俞紫芝，字秀老，金华人，流寓扬州。少有高行，不娶，喜作诗，但人未知之。可是王安石对他却十分赞赏。他的《旅中谕怀》诗："白浪红尘二十春，就中奔走费光阴。有时俗事不称意，无限好山都上心。一面琴为方外友，数篇诗当橐中金。会须将尔同归去，家在碧溪烟树深。"王安石曾将"有时俗事不称意，无限好山都上心"写在所持的扇面上，于是时人始称异。王安石称赞他的诗："公诗何以解人愁，初日芙蕖映碧流。未怕元、刘争独步，不妨陶、谢与同游。"认为他的诗如红蕖碧水，和元稹、刘禹锡、陶渊明、谢灵运是一流，可以说是推崇备至了。

《咏草》以草的连年繁茂，抒发了人世沧桑的感慨，在古代咏草的同类诗中别具一格，颇饶风味。

首联从渡头草写到忘忧草。"满目芊芊野渡头"起句铺之以实景：满眼都是茸茸碧草。开篇即触题，既精警峭拔，又平顺自然。野渡头，是野草蔓生之处，也是诗人立足之地。这渡头，为下文"绿水"、"别洲"的叙写立了基、开了源。继野草实景之后，诗人没有纵笔铺叙草的滋生和繁茂，或就此直接发一通议论，而是缘此提出一个问题："不知若个解忘忧？""若个"，《方言藻》解为"那个"，句意为不知道那个懂得忘忧。言下之意就是，只有这个草能使人懂得忘忧。古代有萱草可以忘忧的说法，《诗·卫风·伯兮》："焉得谖(同萱)草，言树之背？"《毛传》："谖草令人忘忧。"这里沿用其意。诗的开头统领全篇，为下文叙写开拓了境地。

颔联从离馆草写到别洲草。近看，芊芊绿草随着流水到达离馆；远望，茫茫野草追着夕阳到达他洲。"离馆"，即别馆，也就是别墅。这两句说草到处蔓延，可到富贵之宅，也能达荒远之洲。

颈联从金谷园中草写到石头城下草。金谷园是晋代石崇的离馆，石头城即金陵(今南京)。这两句写的是秋草。衰草凄迷，反衬了荣华已逝。石崇"财产丰积，室宇宏丽。后房百数，皆曳纨绣，珥金翠。丝竹尽当时之选，庖膳穷水陆之珍"(《晋书·石崇传》)。庾信《枯树赋》："若非金谷满园树，即是河阳一县花。"金谷园中过去铺锦列绣，花奇草异，如今成了"荒映月"的凄凉景象。月是当年月，园非昔日园，离馆的豪华已付流水，石崇的奢富已成陈迹，只有草还在那里一岁一枯荣。石头城，这六朝建都之地，虎踞龙盘，过去也是金粉膏泽，豪华相继，如今徒剩秋草迎风，败叶委地。这一联由金谷园写到石头城，以今日之败象暗衬往日的盛况，仍然以草为行文线索，可是概入了广阔的空间和悠久的时间，而且对比的反差极为强烈。这两句以草的枯凋衬托豪富的衰败，同时隐含着草枯还可荣，人败不再盛的意思，意蕴丰足，委婉曲折。

尾联从送王孙愁写到金钗愁。诗的前面部分都围绕着草来写，至此始直触人事。“王孙”，古代贵族子弟的通称，《楚辞·招隐士》：“王孙游兮不归，春草生兮萋萋。”后世则用于一般身份高贵的人，王维《山居秋暝》：“随意春芳歇，王孙自可留。”白居易《赋得古原草送别》：“远芳侵古道，晴翠接荒城。又送王孙去，萋萋满别情。”这首诗中所用，乃指石崇，意为行人想着石崇离去。“买断金钗十二愁”，“买断”是招致来的意思。“金钗十二”指美女。《古乐府》有“头上金钗十二行”之句，《留青日札》说古人髻高，故能插金钗六双。这里的美女系指石崇的爱妾绿珠，她美而艳，善吹笛。石崇势败后，赵王伦派孙秀去抄他的家，向他要绿珠，石崇不肯给，孙秀杀了石崇，绿珠为石崇堕楼而死，这就是“买断金钗十二愁”的本事。诗的结尾点明石崇人亡财空，说明富贵一时，昙花一现，终不如草还能春风吹又生。诗到收煞处才回应发端时提出的“不知若个解忘忧”的问题，争逐于名利之场，到头来只落得烟消云散。

这首诗咏草，不是以草为喻，或以草为景，而是借草抒情。写时又不是直抒其意，而是以对比而显意。写作特色是，虚实结合：渡头之草为实，园中之草为虚；远近结合：离馆之草为近，别洲之草为远；今昔结合：渡头之草为今，金谷之草为昔；物意结合：写草是物，写人是意。意新语工，很足使人玩味。

（徐应佩　周溶泉）

水村闲望　　俞紫芝

画桡两两枕汀沙，　隔岸烟芜一望赊。
翡翠闲居眠藕叶，　鹭鸶别业在芦花。
溪云淡淡迷渔屋，　野旆翩翩露酒家。
可惜一绷真水墨，　无人写得寄京华。

俞紫芝一生不仕，过着隐逸的田园生活，写了些抒发闲情逸致、描绘自然风光的诗篇，《水村闲望》即为其一。

《水村闲望》按“望”组织题材，以“水”显示特色，集中表现了“闲”的心境，写得幽远恬静、雅丽自然，确不愧王安石评为“初日红蕖碧水流”的境界。

先写粗望。放眼一望，只见：“画桡两两枕汀沙，隔岸烟芜一望赊。”“画桡”，有着彩绘和雕饰的船。桡，原指桨，这里代指船。成双的船泊于沙滩，“枕”状其静泊之态。再抬头远望，隔岸衰草凄迷，寒林萧疏，一片迷蒙景象。“赊”在此为语助辞。李商隐《昨日》诗:“昨日紫姑神去也,今朝青鸟使来赊。未容言语还分散,少得团圆足叹嗟。”此中“赊”为助辞。杨万里《多稼亭看梅花》诗:“先生次第即还家,更上城头一望赊。”可证赊字也是助辞。“隔岸烟芜一望赊”犹云隔岸的烟芜一望收。“芜”,写秋草已衰败,下句有“芦花”,这时当为深秋,因而称草木为“芜”。“烟”,见其远,如烟雾茫茫。此联构成了沉寂、荒漠的意境。

接写细看:“翡翠闲居眠藕叶,鹭鸶别业在芦花。”“翡翠”即翠鸟,一种羽色青翠的水鸟。翠鸟眠卧在荷叶之下。鸟羽和叶色相近,加之又眠而不动,不细看不见。“鹭鸶”即白鹭,“别业”即别墅。白鹭栖息在芦花丛中,鸟羽和花色近似,且是安居其间,也是不细察不辨。水中有荷叶如云,岸边有芦花似雾,一绿一白,相映成趣。荷下眠着翠鸟,芦中藏着鹭鸶,无风无声,动物不动,静物更静,物态中传出人情,闲适之意漾荡纸面。

再写远望。诗人的望眼,由河中沙滩转到隔岸烟树,又回到河内的荷叶,再移到岸边的芦花,最后又沿河望去,只见“溪云淡淡迷渔屋,野旆翩翩露酒家”。溪云淡淡,暮霭沉沉,渔屋迷茫,酒旗招展,有一种朦胧的美。溪云、渔屋,绿树、酒旗,一动一静,动中有静,静中有动,更增情味。

最后在极力描绘水村美景之后,写出感慨:“可惜一绷真水墨,无人写得寄京华。”眼前所见犹如一幅水墨画,“绷”,指绣出的画面。诗人不说纸上画,而言刺绣画面,使人感到画面栩栩如生。可惜无人写了寄京华。为什么要寄去京都呢?京城之中,多追名逐利之徒,而这种悠然恬适的田园生活,无疑是一帖清醒剂,使他们知道这里才是赏心悦目的。由此可见,诗人不是为写景而写景,而是以景述怀。诗人厌弃混浊的官场,向往无羁绊的自然生活之情,于此披露无遗。

俞紫芝经过了“白浪红尘二十春,就中奔走费光阴”(《旅中谕怀》)的求宦生活,官场失意后才彻悟了应该归返自然,于是蛰居水村,寄情于山水。如《吴兴》诗中所写:“沽酒店穿斜巷出,采莲船傍后门归。翠沾城郭山千点,清蘸楼台水一围。”和《水村闲望》一样,展现了另一天地。这一类诗表现了诗人与世无争、独善其身的高尚心志。

（徐应佩　周溶泉）

【作者小传】

徐　积

(1028—1103)　字仲车,楚州山阳(今江苏淮安楚州区)人。治平四年(1067)进士。授楚州教授。事母极孝。政和中,赐谥节孝处士。有《节孝先生集》。

李太白杂言　　徐　积

噫嘻欷奇哉!①　　自开辟以来,不知几千万年,
至于开元间,　　忽生李诗仙。②
是时五星中,③　　一星不在天。
不知何物为形容,　　何物为心胸,
何物为五脏,　　何物为喉咙?
开口动舌生云风,　　当时大醉乘游龙。
开口向天吐玉虹,　　玉虹不死蟠胸中,
然后吐出光焰万丈凌虚空。
盖自有诗人以来,　　我未尝见:
大泽深山,　　雪霜冰霰,
晨霞夕霏,　　万化千变。
雷轰电掣,　　花葩玉洁,
青天白云,　　秋江晓月。
有如此之人,　　有如此之诗!
屈生何悴?④　　宋玉何悲。⑤
贾生何戚?⑥　　相如何疲?⑦
人生何用自缧绁,⑧　　当须荦荦不可羁。⑨
乃知公是真英物,⑩　　万叠秋山清耸骨。
当时杜甫亦能诗,⑪　　恰如老骥追霜鹘。
戴乌纱,著宫锦,⑫　　不是高歌即酣饮。⑬
饮时独对月明中,　　醉来还抱清风寝。
嗟君逸气何飘飘,　　枉教谪下青云霄。
大抵人生有用有不用,　　岂可戚戚反效儿女曹!
采蟠桃于海上,⑭　　寻紫芝于山腰,⑮
吞汉武之金茎沆瀣,⑯　　吹弄玉之秦楼凤箫。⑰

〔注〕①“噫嘻”句:此句连用感叹词,表示高度的惊奇。 ②诗仙:诗人贺知章誉李白为谪仙人。 ③五星:旧称金、木、水、火、土星为五星。传说李白的母亲,梦见长庚星而生白,世称太白(金星)之精。 ④屈生:屈原。《史记·屈原贾生列传》:“屈原既放,行吟泽畔,颜色

憔悴,形容枯槁。” ⑤ 宋玉:屈原弟子。宋玉《九辩》有“悲哉!秋之为气也”之句。 ⑥ 贾生:贾谊,汉文帝时政论家、辞赋家,有《陈政事疏》、《过秦论》等著名文章。 ⑦ 相如:司马相如。汉武帝时著名辞赋家。相如在蜀生活贫困,曾与卓文君至临邛置酒舍自为佣保,而令文君当垆。 ⑧ 缧绁:黑色的粗绳,旧时用以系囚犯。 ⑨ 荦荦:卓越不凡。 ⑩ 真英物:杰出的人物。《晋书·桓温传》:“生未期(一年),太原温峤见之,曰:‘此儿有奇骨,可试使啼。’及闻其声,曰:‘真英物也!’” ⑪ 杜甫:与李白同时,小于李白十一岁。杜集中有赞颂和怀思李白的诗篇近二十首。 ⑫ 乌纱:乌纱帽。宫锦:宫锦袍。李白在江南,著宫锦袍戴乌纱帽,饮酒行吟。 ⑬ 高歌酣饮:杜甫《赠李白》:“痛饮狂歌空度日,飞扬跋扈为谁雄。” ⑭ “采蟠桃”句:旧传瑶池畔有蟠桃树,三千年开花,三千年结子。 ⑮ 紫芝:灵芝草,菌类,可食。《乐府诗集》有《采芝操》:“晔晔紫芝,可以疗饥。” ⑯ 汉武帝太液池中有金人承露盘。沆瀣:夜间的水气。⑰ 弄玉:秦穆公女。其夫萧史,善吹箫,为鸾凤之音,后皆乘鸾凤仙去。(见《列仙传》)

徐积这首《李太白杂言》,在歌颂大诗人李白的诗歌中,堪称绝唱。当李白在世的时候,任华曾写过一首《杂言寄李白》的歌行,对李白倾吐高度的景慕之忱,描塑出诗人傲岸、丰满的形象。而徐积这首杂言,除了给诗仙以深情的赞歌以外,更称誉诗人为乾坤开辟以来,最神奇、最俊逸、最有气骨的英杰,呼之为“诗仙”,尊之为“真英物”,诗是光焰万丈的诗,人是光焰万丈的人,有如此之人,如此之诗,然后伟大的祖国,可以无憾!比之任华所作,更有特色。全诗可分为五段。

开头从“噫嘻欷奇哉……忽生李诗仙”为第一段。以惊叹的口气领起全诗,赞誉李诗仙的出生,是开辟以来至开元间(713—741)的奇迹。作者认为这样的奇才,这样的英杰,大概是五星中的一颗亮星来到了人间吧!“是时五星中,一星不在天。”这两句承上启下,开展了下面第二段的九句:“不知何物为形容……然后吐出光焰万丈凌虚空。”这段前四句是神奇的四问,感叹如此的诗仙,其形容、其心胸、其五脏、其喉咙,究竟是何物所铸成?其形容有如山岳之高峻,心胸有如日月之光明,五脏有如百花的芳馨,喉咙有如珠玉的清声妙韵,有此奇特,岂非灵异!后五句是两层设想:作者设想诗仙一开口动舌,便生风云,因而可以在大醉的时候骑龙遨游;一开口向天便吐出玉虹,而玉虹必先蟠屈于诗人的胸中,然后才能吐出万丈凌空的光焰。这段是从诗仙的本质和壮采奇思的源泉来写的,纯从空灵的虚处着笔;而在诗的第三段,则是以实证虚,引用众多的物象为比譬,使虚实相生,以见诗人用笔的不可羁勒,和他对人生不甘自为缧绁的卓荦高风。

诗的第三段:“盖自有诗人以来……当须荦荦不可羁。”前十一个短句,赞美自有诗人以来,未曾见过李白这样的诗人以及李白这样的诗作。在李白的诗中,有深山、有大泽、有雪霜冰霰、有早晨的霞彩,有傍晚的云气,千变万化,异彩纷呈,不可端倪,不可尺度。有时如雷轰电掣,有时如玉洁花妍,有时像青空飘浮的白云,有时如秋江澄洁的晓月,吞吐万象,胸罗四海,真是自有苍生以来,未见有如此之人，如此之诗。后六句“屈生何悲……”作者认为有了这样的诗人，这样的诗篇，屈大夫有什么憔悴？宋玉有什么悲伤？贾生有什么忧戚？司马相如有什么疾困？他们的作品，都将为之失色；他们的忧虞，只是在人生的遭际当中，把自己自陷于人间世的缧绁，而不知从磊落豪逸中自求振拔。他们虽有绝代的才华，但缺乏诗仙那种不受尘网牵萦的逸气。

第四段为“乃知公是真英物……醉来还抱清风寝”八句。前四句紧承前文进行小结，指出以屈、宋、贾、马和李白相比，李白是不可一世的真英物，他那清峻的诗人骨骼，仿佛耸峙着的万叠秋山。把李白和当时也以能诗著名的杜甫相比，则杜甫如志在千里的老骥，李白如横空高飞的霜鹘，以老骥追霜鹘，显然是难以追及的。后四句写李白富于豪迈俊逸之气，他在日常生活方面也不同于常人，他戴着乌纱帽，披着宫锦袍，不是高歌，就是酣饮。他对月独酌，举杯邀月，“高吟大醉三千首，留著人间伴月明”。醉了之后，就抱着清风酣然就寝，神完气足，啸傲红尘，这就是我们伟大诗国的诗人！

第五段为最后八句。前四句：“嗟君逸气何飘飘……岂可戚戚反效儿女曹！”感叹诗人以如此的仙才，如此的逸气，在谪下青云之后，虽然几次承明见召，挥翰龙楼，但盛名为权贵所妒，竟不为时所用，离开长安，流落堪悲。作者认为诗人虽不用于时，但大名自有千古，我们正不必效平常儿女为诗人悲伤。作者咏叹至此，又以这段后四句作为余文，设想我们的诗仙，自有更宽广的世界，他可以遨游八极，驰心万仞，或“采蟠桃于海上”，或“寻紫芝于山腰”，或“饮汉武金盘之玉露”，或“吹秦楼弄玉之凤箫”，则“将茹万世之清芬，视荣华如尘土，与宇宙而长存，御神奇而终古”。那么诗人留给我们的，当不止“惊风雨”、“泣鬼神”、“咳唾成珠玉”的诗篇而已！

全诗从“神奇骏逸”四字着笔，充分地揭示了李白诗歌的词采壮浪，气到笔吞。中间以屈、宋、贾、马和李白相比，用意不在于贬低这些大文人，而在于说明李白除具有惊才绝艳以外，更有其超逸于他人，不受人生拘牵的一面。以当时同享重名的杜甫与李白相比，但杜甫诗风和李白不同，“老骥”与“霜鹘”之喻，也显得极为生动形象，不是故作李杜优劣之论。从历来歌咏李白的诗篇来看，徐积这首杂言，是具有独特思致的好诗。（马祖熙）

花　下　饮　　　　徐　积

我向桃花下，　　立饮一杯酒。
酒杯先濡须，　　花香随入口。

花为酒家媪， 春作诗翁友。
此时酒量开， 酒量添一斗。
君看陌上春， 令人笑拍手。
半青篱畔草， 半绿畦中韭。
闲乌下牛背， 奔豕穿狗窦。
潜身猫相雀， 引喙禽呼偶。
包麻邻乞火， 穿桑儿饷糗。
物类虽各殊， 所乐亦同有。
谁知花下情， 犹能忆杨柳。
中心卒无累， 外物任相揉。
余方寓之乐， 自号闲人叟。

这是一首即兴之作。作者已届老年，心境恬淡，花下饮酒，随意点染，既不含蓄，又不用典，而真趣盎然，有意到笔随之妙。

全诗分三段，第一段八句，点题扣题，写花下饮酒之乐。时值芳春，作者站立在桃花树下，举杯饮酒。杯中的酒，先沾濡着他的胡须，花的香味，也随着酒的芳香流进口中。这桃花仿佛是酒家的老媪，这春天的景色，仿佛是诗翁的朋友。由于心境的欢愉，作者的酒量顿增，此刻再添上斗酒，他也不会吃醉的。第二段十二句，写饮酒之后所见的陌上景象。这段头两句："君看陌上春，令人笑拍手。"句意率真，而欢忭之情，跃然纸上。作者用"君看"两字，表示与人同乐的心情，以"笑拍手"一句，显现此时内心的欢畅，并就此开展下面八句所写的物景。篱边的春草已经半青了；畦中的春韭都已转绿了；牛背上飞下了悠闲的乌鸦；狗窦中穿过奔跑的小猪。猫儿潜着身子，蹲伏在那里瞄着麻雀；鸡儿寻到食物，正引伸着长喙在呼唤着伴侣；包着麻秆的邻居正向人家讨火；穿过桑林的村童在向田间送午饭。所有这些物象，有动物，有植物，有成人，有儿童，无不欣欣然各具生态，各有所乐，真是一片生机。这样就很自然地拈来这段的结语："物类虽各殊，所乐亦同有。"诗人眼里的阳春，是多么公正而无私啊。

末段六句，写花下闲适之情。这段开头，作者说："谁知花下情，犹能忆杨柳。"作者此刻所忆的杨柳，也许是年轻的时候，曾经折下赠别自己朋友的柳枝；也许是和自己的妻子分手时那些楼前的垂柳，也许是自己作客他乡所见的渡头杨柳。杨柳是最能牵惹人们的情思的，诗人未必无情，但它所引起的，原不过是人生旅程中的过眼云烟，一霎即逝，诗人此刻的内心，是无所累挂的。可见他的情怀，仍然是非常旷达的。这段结尾两句说："余方寓之乐，自号闲人叟。"不汲汲于富贵，不戚戚于贫贱，一杯在手，任物自适，触处皆春，飘然于利禄之外，也许就是作者此刻的心情吧。

这首诗的特点是：诗中所描绘的全是乡村中普普通通的景物，生活气息较浓。文字不避俚俗，绝少设色绘彩的笔墨，因之相雀之猫，呼偶之禽，穿窦之豖，皆可入诗。乞火的邻友，送午饭的村童，莫不怡然自得。而所有客观的描绘，无不寓以诗人主观的忻喜之情。诗人自我的形象，展现得非常鲜明，除了饮酒之乐以外，他还分享着自然界和社会生活的欢乐。（马祖熙）

哭　张　六并序　　徐　积

张六子庄死矣！十一月十三日夜四更时，积用素服望其所居哭之，哭且为诗。明旦涕泣以书，使孤甥、老老致于柩前。呜呼哀哉！

欲视目已瞑，　欲语口已噤，
欲动肉已寒，　欲书手已硬。
惟有心上热，　惟有心上悲，
此热须臾间，　此悲无休时。
所悲孤儿寒，　所悲孤儿饥，
苦苦复苦苦，　此悲遂入土。

作者所哭的张六，字子庄，是一位贫士。通过诗序，可知其为作者的姊丈或妹夫。序中直呼其字，当是妹夫。此妹嫁后早亡，遗有幼甥，而张六亦不幸病故，室中惟有孤甥及其老老（祖母），所以这首哀悼诗，写得很凄苦。

全诗从逝世者的心境着笔，表明死者虽已离开人世，而心有余悲。死者家境贫寒，上有老母，下有孤儿，自己也不得其寿，自然是很悲苦的。这种情况，就死者来说，是含悲入土，饮恨重泉；就生者来说，是孤苦无依，饥寒交迫，盖人世凄哀之情，无有过于此者。诗的前四句，写死者欲视、欲语、欲动、欲书，这些全不是写他对生的留恋，而是为存者——孤儿、老母着想，写他不忍其哀伤，不忍其无以为生，忍受饥寒的煎迫。不幸的是死者欲视而目已瞑，欲语而口已噤，欲动而肉已寒，欲书而手已僵，感官肢体，既已失去了功能，自然无法挽回他的生命。

中间四句，感叹死者结束了生命，而此时所存的，只有心头的余热，和心上的余悲。这热是保持不了多久的，而悲哀则是没有休止的时候。"彼苍者天，曷其有极！"张六的死，也是抱憾无穷的。末后四句点出悲之所在，即：不忍孤儿的饥寒。当张六在世的时候，无母的孤儿，清贫的家境，孤儿的生活已经非常凄苦；现在他自己也与世长辞，孤儿的命运，也自然更加可悲。在这里诗人没有把老老和孤儿同时并写，是因为老老的晚年固然悲苦，但苦中之苦却是刚刚懂事的幼儿。结句"苦苦复苦苦，此悲遂入土。"作者把死者自己的悲痛，奉献于死者的灵前；死者既已含哀去世，而此悲将与死者同归黄土；倘若死而有知，必将与生者同声一恸！全诗哀音镇纸，字字血泪，怆恻感人。序文也满含哀思，对逝者的家境，逝世的日期以及和作者的关系，作了简要的叙述，使诗意更加明显。 （马祖熙）

赠黄鲁直　　徐　积

不见故人弥有情，　一见故人心眼明。
忘却问君船住处，　夜来清梦绕西城。

徐积的年齿略长于黄庭坚（鲁直），但对黄的才学很推重，他曾评黄诗说："鲁直诗极奇古可畏，进而未已也。"（江端礼《节孝先生语录》）这首诗就是他写赠黄庭坚的作品。

大概是黄庭坚于途中过访徐积，畅叙之后又匆匆分别，诗即写在黄别去之后，从未见故人写到既见故人，再写到分手后的思念之意，全诗纯以时间为次，章法井然有序。前二句说与黄没见面时，则思之良苦，一往情深；见了面便心眼顿开，欣喜若狂。这两句的意境与《诗经·国风·召南·草虫》中"未见君子，忧心惙惙，亦既见止，亦既觏止，我心则说"的描写相类似。通过未见时与已见后的对照，真实地表达了朋友间心心相印、情投意合的感情。

后两句极言故人去后，诗人梦萦魂绕的相思之情。说因忘记打听庭坚的船泊于何处，故自己的梦魂整夜在西城一带飘荡寻找。这里用了极度夸张的手法，而造意新奇，想落天外，令人神往。梦本是无意识的，而说梦魂有意地去追寻友人的踪迹，已为奇绝；追寻而不得，其原因竟在忘了问其船泊之处，故而梦绕西城，不忍遽去。婉转地表现了诗人对黄庭坚的情意之笃，留恋之深。这里忘却问船泊处是现实中之事，而清梦绕西城是梦幻中之情，诗人故意将梦与真交织在一起，造成了一种亦真亦幻、亦实亦虚的艺术境界。这两句诗感情诚挚、意味深长，写积想成梦，梦中寻友之情正与杜甫《梦李白二首》中"魂来枫林青，魂返关塞黑"诸语异曲同工。而因此诗是绝句，故更为凝练。

此诗的语言很质朴，全篇中几无一修饰的词语，如前二句中"不见故人"、"一见故人"二句不忌重复，似信笔写来，然而其中表现的感情却是深沉笃实，皆自肺

腑中流出，所谓至情无文，大概可用作此诗的评语。（王镇远）

【作者小传】

吕南公

生卒年不详。字次儒，自号灌园先生，建昌南城（今属江西）人。熙宁乡贡。试礼部不遇，退而著书。与曾巩友善。有《灌园集》。

老　樵

吕南公

何山老翁鬓垂雪？　担负樵苏清晓发。
城门在望来路长，　樵重身羸如疲鳖。
皮枯亦复汗淋沥，　步强遥闻气呜咽。
同行壮俊常后追，　体倦心烦未容歇。
街东少年殊傲岸，　和袖高扉厉声唤。
低眉索价退听言，　移刻才蒙酬与半。
纳樵收值不敢缓，　病妇倚门待朝爨。

吕南公的这首《老樵》，在宋诗中颇近于梅尧臣的《田家》、《陶者》、《汝坟贫女》一类作品。被称为宋诗“开山祖师”的梅尧臣，曾在《答裴送序意》中说：“我于诗言岂徒尔，因事激风成小篇。辞虽浅陋颇克苦，未到二雅安忍捐！”因事激讽，实源于风、雅的“饥者歌其食、劳者歌其事”，汉乐府的“缘事而发”，唐代新乐府的“一吟悲一事”，是针对现实之作。吕南公的诗，也是这类作品。

诗人蕴蓄着深厚的同情，把老樵的悲惨景况，写得相当细致感人。先说他辛苦担柴疲惫跋涉长途，再叙他卖柴取值，疲惫归家。描写老樵，是两鬓如雪，皮枯骨瘦，羸如疲鳖，汗淋漓，气呜咽，加上壮俊在后追赶，更是体倦心烦，未容歇息。好不容易到了城中，那个买主少年，两手笼袖，站在高门前，神气活现地厉声呼唤；老人为了生计，低眉俯首，小心求告，讨价还价半天，到最后“移刻才蒙酬与半”。就这么一点微薄的薪价，可家中的病妇还在倚门而望，等着买米下锅呢！从“清晓发”的樵夫，写到“待朝炊”的病妇，诗篇暗示读者，这时离朝炊已不知过了多少时刻了。

这首诗，质朴无华，刻画人物入木三分，倾注着作者的同情。樵夫的奔波劳碌为了谁？为了倚门而盼的病妇，为了三餐不继的家！这就比"卖炭得钱何所营，身上衣裳口中食"的卖炭翁的处境更为可怜。主人公内心所希望的是快：快赶路、快进城、快售出、快归去。可是作者偏偏延缓了诗行的节奏，突出了矛盾的另一侧面——一切都快不起来！这个"鬓垂雪"的衰弱老樵，长路辛劳，"樵重身羸"，他清早起床，所食也未必果腹，此时只能"如疲鳖"地拖着脚步拼命向前移动。担子不能歇，步伐不能停，死拼着挑进了城。接着，买主的"厉声唤"，带来了希望，也许成交会快一点、出价会高一点吧？然而恰恰相反，成交快不了，价钱上不去。辛苦贫困的老樵，在这个贫富不均的世界里，注定了要受人欺压，到此境地，只能委曲求全，不能再计较价钱了，快动身往回赶吧，家中等着钱买米呢。

诗篇不长，但作者善用对比手法，大大丰富了叙写的内涵，增强了表现力。鲜明对照的地方很多，如以"街东少年殊傲岸，和袖高扉厉声唤"，对比老樵低眉退听、由人杀价的可怜处境；以"同行壮俊常后追"，衬托老樵身羸皮枯、步履艰难的悲惨状态。再有，"病妇倚门"与"少年和袖"两个画面，形成的对照也是刺目的：同是倚门，但是两人姿态不同，神情迥异。这种自然而含蓄的对比之中，包孕着作者强烈的爱憎感情。

刘熙载《艺概》云："代匹夫匹妇语最难。盖饥寒劳困之苦，虽告人，人且不知，知之，必物我无间者也。杜少陵、元次山、白香山不但如身入闾阎，目击其事，直与疾病之在身者无异。"此语信然。诗人必须设身处地感同己受，方能"代匹夫匹妇语"，写出他们的痛苦、不幸，并以其真情实感，激动人心。在这方面，吕南公的《老樵》，也提供了一个好例。

（顾复生）

勿愿寿

吕南公

勿愿寿，　　寿不利贫只利富。
君不见生平龌龊南邻翁，　　绮纨合杂歌鼓雄，
子孙奢华百事便，　　死后祭葬如王公；
西家老人晓稼穑，　　白发空多缺衣食，
儿孱妻病盆甑干，　　静卧藜床冷无席。

这首诗以贫富悬殊的对比，表露了愤愤不平的情绪，为穷人发出了不愿长活受罪的心声。

诗一开篇，直言"勿愿寿"，这就出乎常理之外，诗人为什么对长寿有如此怪异的看法呢？原来是因为"寿不利贫只利富"，一下子点中要害，石破天惊，揭示

了诗的主旨。

为了证明“寿不利贫只利富”，诗人引导读者来看富者与贫者迥然不同的生活情况。诗中出现了两个人物形象，一是“南邻翁”，一是“西家老人”。双方的家室，这边是荣华不尽，那边是赤贫如洗，一经相比，判若霄壤。诗人将此只作客观叙述，把两种截然相反的情形呈露出来，让人们从对比中作出结论。“南邻翁”，其人“生平龌龊”，为富不仁，而就“龌龊”两字来看，他可能是靠投机经商致富的。“南邻翁”身着纨绮，娱情于笙歌，陶醉于鼓乐，一派豪华气象。而他的儿孙亦锦衣玉食，任意挥霍。他的死后哀荣一如王公。把“南邻翁”的“富”写足写满，才更能突出“西家老人”的贫寒，也更能鲜明地表达主题思想。“西家老人”是“晓稼穑”的农夫，凭着自己一双手，本可以养家活口，却“白发空多缺衣食”，贫困不堪。“白发空多”，不只是写其年老，更是写其虽劳碌一世，依然衣食无着。这位老人的儿子孱弱，妻子罹病，别说是调养没有条件，就是把肚子填饱也不可能。“盆甑干”三个字，概括了粒米全无的辛酸。“甑”，指古代做饭的一种瓦器。这种食不果腹的日子是多么的艰难啊！饥饿已忍受不了，再加上寒冷，岂不是更加痛苦吗？在饥寒交迫中如此打发岁月，自然就产生了“勿愿寿”的绝念。“静卧藜床冷无席”，静卧在草藜床上，连席子都没有，这就加重了“冷”感，身躯都冻僵了，活着还有什么生趣呢，把“勿愿寿”的立意发挥得淋漓尽致。

全诗语言明快爽切，说理即寓于叙事之中，且又感情诚挚，因此，虽不一唱三叹，自能感人。

（周溶泉　徐应佩）

【作者小传】

晁端友

(1029—1075)　字君成，巨野(今属山东)人。晁补之父。第进士。官杭州新城令。其诗为苏轼、黄庭坚所称赏。有《新城集》。

宿济州西门外旅馆　　晁端友

寒林残日欲栖乌，　　壁里青灯乍有无。
小雨愔愔人假寐，　　卧听疲马啮残刍。

晁端友字君成，巨野(今属山东)人。是苏门四学士之一的晁补之之父。他的诗为当时人所称赏，苏轼在《晁君成诗集引》中说他的诗“温厚静深，如其为人”

(《东坡集》卷二十四)。

《宿济州西门外旅馆》,是诗人投宿于巨野旅舍时一首抒情绝句,全诗以时间推移为线索,以客观景物为衬托,表露了凄风苦雨中人生漂泊之情。

诗的一二两句由暮写到夜,由野外写到室内,形成一种清冷、孤寂的气氛。"寒林",除了写荒郊野景,黄叶零落,林木萧疏,还暗寓着季节。"残日",也是一方面绘景,红日西沉,暮霭弥漫,同时也点明着时间,已近黄昏之时。冬日傍晚,"欲栖乌",也就是"乌欲栖",乌鸦要归巢了。残晖笼罩着疏林,寒林的梢顶盘旋着归鸦,构成了暗淡凄冷的意境。第二句由外景转为内景:"壁里青灯乍有无。""青灯",即油灯,其光发青,故名。陆游《秋夜读书每以二鼓为节》诗云:"白发无情侵老境,青灯有味似儿时。""乍有无"即乍有乍无,也就是灯光忽闪忽闪,时亮时暗。这是由于灯芯小,且有风吹的缘故。乌鸦归林,旅人投宿,在此日暮天寒之际,寓居于灯影幢幢的旅舍之内,怎不心旌摇荡,思绪纷乱!

诗的三四两句由坐写到卧,由雨写到马,宣泄了一种空虚、落寞的情绪。"假寐",指不脱衣冠而睡,通常指坐着打盹儿。在昏暗的灯光之下,外面下起了淅淅小雨,更使人增加愁闷。终因时间过久,解衣而卧,但怎么也不能入眠,还听到槽头的马在嚼着草料。夜阑人静,疲马啮着残刍,窸窣之声,更使人觉得深夜的沉寂。"疲马"是疲倦的马,"残刍",意为草料不多了。"疲马啮残刍",既表明时间之久,夜之深,又表现声音之弱。卧听着疲马啮着残刍,触动着诗人疲于奔波,深感孤寂的情怀,更使他久久不能入眠。

这首诗写诗人羁旅之中感到漂泊无定、前路茫然的感情,寓情于景,颇具功力。以物寓意,自然贴切。诗中的"乌"与"马"既是实景,又倾注着诗人的感情。诗人将这两物摄入诗篇,是有含意的。乌鸦暮投林,而人却无家可归,只得暂栖旅馆。疲马夜不眠,犹如人更深尤难寐。以景明情,含蓄蕴藉。诗人以残日的余晖,青灯的微光,小雨的细声,疲马的啮刍等自然之景,形成一种幽寂、空漠的意境,从而烘托出他的心情。诗人外孙叶梦得在《石林诗话》卷上记这首诗的三四两句为"小雨愔愔人不寐,卧听羸马龁残蔬","蔬"明显为"刍"之误。"不寐"不如"假寐","羸马"不如"疲马"。因"卧听"就已明示为"不寐",不必重复。而"假寐",则说明诗人感到旅途劳顿,要睡了,但心绪不宁,又不能入睡,身体的疲乏与心绪的不宁相矛盾,先是"假寐",而后决计卧眠,层次是很清楚的。至于黄庭坚受到此联启发而得句"马龁枯萁喧午梦,误惊风雨浪翻江"(《六月十七日昼寝》),系写马龁枯萁之声,犹如风雨翻江,与本诗中的意境迥然不同。这里是写长途劳顿,所以用"疲马",而"羸马"乃瘦弱的马,用在这里也就不切。问题还在于本诗中的灯光、雨声、马啸，其亮度、响度都是低弱的，情调是一致的，对诗人的情怀都起着衬托作用。

（徐应佩　周溶泉）

【作者小传】

王　令

（1032—1059）　字逢原，广陵（今江苏扬州）人。以教书为生。擅诗文。其诗风格奇崛豪放。王安石对其文章和为人皆甚推重。有《广陵先生文集》、《十七史蒙求》。

假　山[1]　　王　令

鲸牙鲲鬣相摩捽，[2]　巨灵戏撮天凹突。
旧山风老狂云根，　重湖冻脱秋波骨。
我来谓怪非得真，　醉揭碧海瞰蛟窟。
不然禹鼎魑魅形，　神颠鬼胁相撑挨。

〔注〕①《嘉业堂丛书》本《广陵先生文集》作《吕氏假山》，此据《宋诗纪事》引《广陵集》。② 鬣(liè)：鱼颌旁小鬐。　捽(zuó)：摩擦、触击。

王令因"见知"于王安石，"一时附丽之徒，日满其门"。（见《王直方诗话》）他是一个"倜傥不羁束"，对"为不义者"敢于"面加毁折，无所避"的诗人。王安石很欣赏他的才识，认为"可以共功业于天下"（刘发《广陵先生传》），即以吴夫人的女弟嫁给他。可惜"二十八岁而卒"，甚为"天下士大夫"所"痛惜"（王安石《王逢原墓志铭》）。

这首诗写于仁宗皇祐（1049—1054）年间，宋人夏均父曾说："此诗奇险，不蹈袭前人。"（《墨庄漫录》）其实王令的古诗深受中唐韩孟诗派的影响。全诗只有八句，侧重刻画了石假山的外形。

首句"鲸牙鲲鬣相摩捽"，用溟海中大鱼身上的器官作比。鲸、鲲是两个庞然大物，鲸牙鲲鬣相互摩捽，自然要给人以剑拔弩张的奇壮感。石假山造型异乎寻常，也许是神话中"劈开"华山的河神"巨灵"在变"戏"法，"巨灵戏撮天凹突"，他用巨掌把插入天外的崇山"撮"缩成凹突起伏的样式。他为石假山涂上一层神话色彩，给人以遐想。

不过，对石假山的成因也可以作如下设想："旧山风老狂云根，重湖冻脱秋波骨。”上句说，大约它原是一座史前就岿然形成的“旧山”，由于饱经沧桑，长期受风飙袭击而不断“老”化，单剩下一片白云托根的怪石。下句说，或许它本是耸峙在重湖上的一个奇峰，由于严霜侵凌，“冻脱”了林木，在秋波中空余嶙峋而立的瘦“骨”。诗人把山石说成是山之“骨”，是从韩愈《石鼎联句》“巧匠斫山骨”句中学来。

但诗人还想从别的角度来评价假山。“我来谓怪非得真，醉揭碧海瞰蛟窟”，他认为单纯强调假山造型很“怪”，似乎还未能反映它全部“真”相。说实话，它倒像酒仙醉后，卷去碧海的波涛，揭开海底的秘密，尽瞰“蛟龙”的“窟”穴。因为从假山的结构看，它的故乡可能在海上。

然而诗人犹恐这解释不够确切，又作了新的探索：“不然禹鼎魑魅形，神颠鬼胁相撑揬。”揬，通“突”，有“触”的意思。诗人说，要“不然”，它更像《左传》所说，大禹铸九鼎时，在鼎上集中塑造的各种鬼怪的形象。“螭魅罔两，莫能逢之”，本意是在引起人们的戒备。因为在假山上东支西突的峰峦和传说中害人的山神林鬼，用头顶肩胁相撑（柱）相揬（触）的架势，几乎没有什么两样。

此诗对假山的奇险造型反复进行刻画，自出心裁，气概雄阔。透过假山形象的描写，诗人的精神面貌和奇倔性格，也大略可以窥见。从鲸牙鲲鬣的相互“摩捽”到河神巨灵的“戏撮”“凹突”，这在一定程度上反映了诗人志在天下，羞伍流俗的生活态度。“旧山风老”，而“云根”犹存，“重湖”霜“冻”，而劲“骨”依旧，更体现了诗人凛然挺立、不畏风霜的性格特点。至于“醉揭碧海”，尽“瞰蛟窟”，铸形禹鼎，使木魅山鬼，原形毕现，就进一步表现了诗人“揭天心，探月窟”之概。

王令的《假山》同梅圣俞的《木山》具有相近的思想与艺术倾向。《木山》实际是把苏洵父子作为描写对象，而《假山》则是作者思想性格的艺术体现。虽然在艺术构思上，诗人的设想离奇古怪，不同凡响，却始终同他对待现实的态度相联系。诗里的假山，只是真山的一个微型。诗人把它放在宏观的范围来发挥艺术想象，天上地下，无处不在。在艺术结构上，由于运用了多层次的手法，短短八句诗，内容不断变换，真是神出鬼没，难以捉摸。但只要把握住全诗主题和结构，仍能理出脉络。

王令才识甚高，却不能表现出来，他连土丘都不如，只好以假山自况。他在《题假山》中就表达了这样的思想：“扰扰人心巧谓何？我肠愚只爱无它。目前好且留平地，浪爱山高险自多。”他写《假山》，大约有孤芳自赏的意思。难怪王令死后，王安石追念他，写下“妙质不为平世得，微言唯有故人知”（《思王逢原》）的诗句。王令生前也曾写道：“叩几悲歌涕满襟，圣贤千古我如今。冻琴弦断灯青晕，谁会男儿半夜心？”（《夜深吟》）对王令这首《假山》，也可作如是观。

（陶道恕）

饿　者　行　　　　王　令

雨雪不止泥路迂，　马倒伏地人下扶。
居者不出行者止，　午市不合人空衢。
道中独行乃谁子？　饿者负席缘门呼。
高门食饮岂无弃，　愿从犬马求其余。
耳闻门开身就拜，　拜伏不起呵群奴。
喉干无声哭无泪，　引杖去此他何如？
路旁少年无所语，　归视纸上还长吁。

七古《饿者行》，是王令揭示人民苦难的诗篇。当时地主豪绅大量兼并土地，加上官府摊派的苛捐税役，名目繁多。贫苦农民被迫离乡逃亡，饥饿转徙者所在皆是。诗人对此寄予深刻的同情，《饿者行》正是在这种情况下写成的。

诗的开头，以“雨雪不止泥路迂”等四句，写天寒雨雪，路道泥泞，行走艰难，连马倒下来都要人扶。这时，一般居民都不外出，行旅的人也停止了行进。时值中午，街市的大道上，竟看不到人影。“道中独行乃谁子”以下四句写就在这个时候，道路上却有个饿者，背着席子，踽踽独行，缘门乞食。他经过一家高门，堂上正在午宴，他乞求能得到些剩弃的食物，把喂狗喂马多下来的给点疗饥。这几句把饿者行乞求活的可怜形象，活生生地刻画出来。然而结果又是怎样呢？作者用下面“耳闻门开身就拜”四句，作进一步的描写。人在穷途饥饿的情况下，不得不低声下气，忘却自尊，这也够惨的了。在饿者呼乞的声中，这家的朱漆大门果然打开了，他连忙躬身下拜，伏地不起，可是连“嗟来之食”也得不到，被那些恶狠狠的“群奴”赶走了（“呵群奴”：因押韵而倒装，意即“群奴呵”）。这是多么悲惨冷酷的场面啊！这时，饿者的一点乞食的指望，也破灭了。他喉干无声，欲哭无泪，只得拄着拐杖，蹒跚地离开这里。这里是如此冷酷，其他的地方又是怎样呢？诗人明知饿者此去不会得到更多的仁慈，结局一定是更悲惨的。但故作设问，借以引起读者的深思。这样写，就使作品的客观意义更为深刻。但是诗人还是抑止不住自己的感情。他在结尾两句中写道：“路旁少年无所语，归视纸上还长吁。”这路旁的少年，正是诗人自己，诗人看到如此惨景，是愤怒、是同情？都没有表明，只用“无语”两字，以展示自己心情的沉重。直到归来之后，诗人铺纸展笔，描绘此情此景的时候，还不觉长叹几声。

在这首诗中，诗人只选取了亲目所睹的一个饿者乞食的场面，进行艺术概括。不必回溯饿者的苦难家史，也不必交代他沦为“饿者”的原因。只写他冒雪行乞，足见饥寒难忍；独自“负席缘门”，可知家已破败。而他乞食的结果，是富家对他并不“施恩”，而且恶奴还把他赶走。尽管诗人还不能理解什么是阶级矛盾，但他亲自看到了这一触目惊心的社会现实，并且把它描绘在诗篇里，形象地揭示了这一人间世的悲剧，可见诗人对于饿者是倾注了同情的泪水的。 （马祖熙）

暑旱苦热　　王 令

清风无力屠得热，　落日着翅飞上山。
人固已惧江海竭，　天岂不惜河汉干。
昆仑之高有积雪，　蓬莱之远常遗寒。
不能手提天下往，　何忍身去游其间。

王令胸怀济世大志，虽身处贫困，常思有以拯济天下之人。这首《暑旱苦热》，本因苦热而发，但诗中所表现的是天下人之苦热。即或有清凉世界，如果不能提携天下人同往，自己也便不忍独游其间。这种乐以天下、忧以天下的胸襟抱负，正是他所承受的儒家思想的可贵之处。

诗的开头说：“清风无力屠得热，落日着翅飞上山。”写清风本应能够驱热，此刻却无力驱除暑热；太阳能够助热，此刻却应落不落。这两句中“屠”字用得新奇，“屠”字本意为屠杀，也可引申为消灭。“着翅”一词，用得生动。落日本来无翅，“着翅”上山，显其不肯降落。这是诗人自铸新词的例子。“屠”字以示对暑热憎恨之深，“着翅上山”以示盼望日早落山之切。三四两句：“人固已惧江海竭，天岂不惜河汉干。”诗人从人间忧惧江海之枯竭，联想到天上也该怜惜河汉的将干。暑旱虽烈，未必能使江海都竭，但人们却有这种心情。河汉也未必能干涸，但上天应得为河汉之将干而担忧。前句用实写，后句是想象。笔墨开阔，寄情深挚。这两句用人意推测天心，以天人对照，显示天心之不可理解，与人意不同，正见诗人驰想之高远。第五六两句：“昆仑之高有积雪，蓬莱之远常遗寒。”诗人由名山想到仙岛。第三四句是渲染暑旱的严重，这五六两句则是写追寻清凉的紧迫心情。诗人想到昆仑山上有的是积雪，那里可能是凉爽宜人。蓬莱仙岛在虚无缥缈的海雾中间，那里可能留有寒气。诗人用“积雪”以示昆仑之高大雄伟，所以有终年不化的积雪。用“遗寒”以示蓬莱是神话中传说的仙岛，那里远隔人间，或者有不曾为暑热所驱逐而遗留下来的寒意。在诗人的想象中，这两处该是清凉世界，也是他所向往的地方。

结尾两句："不能手提天下往，何忍身去游其间！"紧承"昆仑"两句，表现了作者甘愿与天下人共苦难的情操。作者表白，虽有这样清凉的世界，但当天下人都在苦热之时，如果不能和天下人共同前往，自己也便不忍独游其间。诗人自恨不能拯天下人脱离火坑，也就不愿独自一个人去避暑追凉了。诗人这种要把整个世界提在手里的胸怀气魄和深厚的情谊，是和他的另一首诗作《暑热思风》里的"坐将赤热忧天下，安得清风借我曹"，可以互相印证。他的终极关切是兼济天下，在这篇诗中正是表白了他这种情操和思想。

（马祖熙）

春　游　　　　王　令

春城儿女纵春游，　醉倚层台笑上楼。
满眼落花多少意，　若何无个解春愁？

古代诗人以《春游》为题的诗作多得不可胜数，这首诗虽也以《春游》为题，但诗中的感情内容却与一般的春游诗有所不同。

首句"春城儿女纵春游"，写出了在百花盛开的明媚春光中青年男女熙来攘往纵情玩乐的热闹景象。王令是扬州人。北宋的扬州连接"五都十郡"，往来"千豪万商"（王观《扬州赋》），是著名的繁华都会。扬州人民且喜欢春游。据在扬州做过官的韩琦说："三春爱赏时，车马喧如市。"（《后土祠琼花诗》）由此可见，王令所记当是实况。说"春城"而不说扬州，这是因为"春城"两字可以唤起读者对于唐朝诗人韩翃的名句"春城无处不飞花"的联想。宋人写诗强调"用事"（即用典），有所谓"一字用事"、"两字用事"的讲究（详黄彻《䂬溪诗话》卷一）。这句属于"两字用事"。读者从"春城飞花"的联想，就能进一步体味到"纵春游"三字所包含的一片飞扬的情兴。如果直说"扬州"，未免有意尽于言之感。次句"醉倚层台笑上楼"，具体描绘了春城儿女春游的欢乐情景。在融和淡宕的天气里，他们乘着酒兴，迷花倚石，追欢逐笑，似醉若狂，极情尽致地沉浸在春游的快乐之中。"笑上楼"三字活画出一群无忧无虑的青年男女的情态。这句中的"醉"字下得极有思致。它既可以理解为酒醉，又可以理解为被春天的景色所陶醉。联系三四两句诗人独于盛中见衰、生出无穷"春愁"来看，似又微寓"众人皆醉我独醒"的意味。

作者对于春天怀着深沉的挚爱。因为爱得深，所以对于每一分春光都无比珍惜。第三句“满眼落花多少意”，抒写了作者由“落花”而引起的种种感触。诗人对于“落花”是很敏感的。杜甫曾说：“一片花飞减却春。”(《曲江二首》其一)何况面对着“满眼落花”呢？“多少意”正说明感触多。好花不能长红，韶光不能永驻，原是人间永恒的遗憾。多少诗人曾为之嗟叹！作者当然也不能例外。他由“落花”而想到春色正在渐减，春光正在流逝，于是乎，一种留春无术的幽愁暗恨伴随着“只恐花尽老相催”的悲哀袭上心头。联系作者“奈何少自废，老则成空悲”(《金绳挂空虚自勉兼示束孝先熙之》)来看，这种感触是十分强烈的。再说，王令是个有抱负的青年，尝称“命穷心狂高，不肯束世程。揭欲望丘轲，今昔相招迎”(《谢束丈见赠》)。但不偶于时，不容于俗，长期沉埋蒿艾，颠沛流离，求一温饱而不可得，面对着“满眼落花”，未免又产生身世飘零之感。落花既似诗人，诗人当然要深悯落花、自悼身世了。相比起来，这一层意思似较前一层更为凄楚动人。“多少意”原是一个笼统的说法，其内涵是不确定的，因此诗中也很可能寄托着对于北宋中叶表面升平的某种隐忧。诗人的这种种复杂的思想情绪，纵情玩乐的游人怎么能够理解得了？在这花团锦簇的春城里，诗人是寂寞和孤独的，因此结句很自然地发出了“若何无个解春愁”的感叹。

如前所述，这首诗的感情内容与一般的春游诗有所不同。诗的开头两句虽然渲染了春城的繁华、春游的热闹，并描绘了游人的欢乐情态，但全诗的主旨并不在这里。如果说，开头两句是“客”，那么后面两句才是“主”。作者正是运用主客陪衬和对比的方法，在繁华中看到了衰，并从衰的象征——“落花”触发种种情思和意绪，最后归结到一个“愁”字。至于“愁”的具体内容，诗中并未明言，但读者不难从落花的形象和整首诗的意境中探寻到消息。通篇正是在盛与衰、热闹与孤独、欢乐与悲愁的对比中，相反相成地把诗人由春游所产生的独特感受，意味深长地传写出来的。

（吴汝煜）

寄洪与权[1]　　王 令

剑气寒高倚暮空，[2]　男儿日月锁心胸。
莫藏牙爪同痴虎，　好召风雷起卧龙。[3]
旧说王侯无世种，　古尝富贵及耕佣。[4]
须将大道为奇遇，[5]　莫踏人间龌龊踪。[6]

〔注〕 ① 洪与权：作者之友。 ②“剑气”句：《晋书·张华传》：斗牛之间常有紫气，张华邀星象家雷焕仰视，焕曰：“宝剑之气，上彻于天耳！”宋玉《大言赋》：“长剑耿耿倚天外。” ③ 卧龙：东汉末诸葛亮隐居隆中山，好为《梁父吟》，每自比于管仲、乐毅，时人称为卧龙。

④ 耕佣:《史记·陈涉世家》:"陈涉少时,尝与人佣耕,辍耕之垄上,怅恨久之,曰:'苟富贵,无相忘。'佣者笑曰:'若为佣耕,何富贵也!'"又同书:"且壮士不死即已,死即举大名耳,王侯将相宁有种乎?" ⑤ 大道:据《王令集》,是指原本六经,宗师孔孟之道。 ⑥ 龌龊:拘于小节。《唐诗纪事》载孟郊及第诗:"昔日龌龊不足嗟,今朝旷荡思无涯。春风得意马蹄疾,一日看遍长安花。"

王令是一位具有进步思想和渴望建立功业的青年诗人,他身处穷困,抱负不凡,在诗歌中常常流露出雄视千古、跨压百代的志气。这首《寄洪与权》诗,是他和友人言志的诗篇。

起始两句,挺劲洒落,振响入云。诗人表示,一个青年志士,要有"倚长剑于天外"的气概,像龙剑那样腾光于高寒的暮空之中;要有光明磊落的胸襟,把日月的光辉,深锁在自己的怀抱。接着三四两句用积极的比喻勉励友人,也借以表达自己渴求用世的心愿。诗人说:"莫藏牙爪同痴虎,好召风雷起卧龙。"他认为既是一只猛志常存的老虎,就应当展现虎威,而不要像痴虎那样自藏牙爪;既是有志乘时而起的卧龙,就应当早日召唤风雷,以求行云施雨使天下人受到膏泽。虎失去牙爪,即无异于驯服的牛羊;龙离开风雷,即无以奋其神力。这几句都是借用比喻以言志述怀,诗人力求振奋的形象,跃然纸上。

第五六两句:"旧说王侯无世种,古尝富贵及耕佣。"诗人借用《史记·陈涉世家》中陈涉的话语和友人互相勉励,表示人贵有志,有了大志,方可以成大功立大业。王侯将相并不是世代相传的,力耕的佣工也有取得富贵的机会,这是早已被历史证明了的。历史上有许多英杰都是乘时而起,"舜发于畎亩之中,傅说举于版筑之间",宁戚曾经是喂牛的农夫,韩信受过胯下之辱,诸葛亮、王猛等人都以布衣出任当世之务,风云际会,要在不失其时。诗人用陈胜吴广起义时的言行自励,至少限度可以看出他对陈胜、吴广并不抱有歧视的态度,甚至是赞同这些在野的英杰发愤一时,以成就不朽的功勋。然而诗人对于出处的问题,是看得非常郑重的。诗的末尾两句说:"须将大道为奇遇,莫踏人间龌龊踪。"诗人一直以实现大道自期,所谓大道,就是原本六经"可以任世之重而有功于天下"的道理。出则可以济世泽民,不出(处)也要以"宏材敏识、伟节高行,特立于一时"。因此在困穷之中不谋苟且进身,而遇有时机,则应力求为世所用。"须将大道为奇遇",正是积极要求用世的心志的表现。作者曾在《招夏和叔》的诗里说:"大遇定当为世福,不逢犹作后来师。"在《奉寄崔的易》诗里说:"廊庙得逢应有义,草茅虽老尚知非。"从这些诗句中,可见作者所谓"大遇",就是"奇遇"。"廊庙",是指朝廷。遭逢奇遇,见用于朝廷,都必须得之以义。不义而取得富贵、而致身王侯将相,都是不足取的。作者鄙视那些"沉没于利欲之中"的学士大夫,他们有些人学为章句，以猎取功名；有些人钻营附阿，以图谋利禄。对于他们的龌龊行径，作者是非常痛愤的。作者始终有志于大道，虽经常处于寒饿之中，但“不干仕”、“不应举”、“不肯受人施惠”，这些正是“莫踏人间龌龊踪”的积极表现，作者的志节，是断非龌龊小生可与相比的。作者在《述志》一文中说：“士志于道，得其时则持其道进而行之天下，所得吾志者道也，富贵岂吾之志哉？非其时，而道不行于天下，则去富贵而不居，是犹吾之志也，何曾损益于吾心哉！”（见《王令集》卷三）这段话，可以作为本诗的注脚。

全诗意气高昂，感情强烈，表达了作者积极争取任世之重的大志和坚持道义的高尚风操。

（马祖熙）

和束熙之雨后　　王 令

猎猎风吹雨气醒，① 谁翻碧海蹋天倾？
如何农亩三时望？ 只得官蛙一饷鸣。
何处断虹残冷落， 有时斜照暂分明。
雷车改辙云藏迹， 依旧晴空万里平。

〔注〕 ① 醒（xīng）：此处读平声。

王令长期在外地教书“糊口”，过着清贫生活。束熙之是他童年时代在扬州的“同门”。（《和束熙之论旧》）他同老友分手十年，此诗是久别重逢之作。

王令性喜“幽僻”，酷厌暑热，对清风、甘雨很有好感。“坐将赤热忧天下，安得清风借我曹？”（《暑热思风》）他想借“清风”驱散“赤热”，正体现了身居斗室，心“忧天下”的怀抱。此诗着重描写一场阵雨后的自然景色，从侧面反映了农家望雨的迫切心愿，也在某种程度上表达了诗人切盼甘霖、广济黎元的思想感情。

诗题是“和雨后”，但首联却从雨前写起。“猎猎风吹雨气醒”，一开头就表现出先吹风后下雨的生动情景。风声猎猎而起，大雨沛然而至。清风吹来了凉雨，也赶走了暑气。人们从闷热中顿时苏醒过来，身心都感到舒畅。“谁翻碧海蹋天倾？”写得很有气魄。诗行中闪现出一个手挽碧海，足蹋银汉的巨人形象。“谁”能倒翻海水，倾泻天河，使人们普沾滂霈？恐怕只有雨师了。诗人写的是大雨降落时产生的颇带浪漫味的奇想，但他的济世激情，也因之得到体现。这一富有雕塑感的诗句，使全诗增色不少。

次联“如何农亩三时（春、夏、秋）望，只得官蛙一饷（片刻）鸣”。写阵雨来势猛，收场快，未能收到润泽之益，于对照中含蓄表达出诗人关怀农务的感情。雨师翻碧海、蹋天河的努力，并没有满足农家三时望雨的急需，却只为田中鸣蛙提供了片刻的活动场地。雨后蛙鸣，本是常有现象。由于诗人从晋惠帝蛙鸣为官、为私的典故中拈取“官蛙”（意指在官地的蛙）二字，人们很自然地就把它同向上级虚报雨情时自“鸣”得意的官府爪牙联系起来。这样，上下两句就在“官”、“农”之间无形中作了划分。其中“望”、“鸣”二字，很传神。为什么农家的渴“望”落空，只听得声声聒耳的“官蛙”鸣呢？此联用的是流水对法，十四字一气直下，在“如何”、“只得”四字夹带下流溢出的爱憎之情，依约可见。

三联摄下了阵雨初停的空中图像。暴雨适过，乌云在天。长空一角偶然浮现断虹残影，不免显得“冷落”。天边有时漏出一道斜阳，光照“暂”觉“分明”，须臾又被遮掩。此联写暴雨初霁，而层云未散的景象，很切“雨后”之题，但“何处”、“有时”、“残冷落”、“暂分明”等疑似不定之词，也微露出诗人的主观感觉。它写的虽是骄阳尚未取得空中优势的实景，却隐隐反映出诗人不满意暑热继续抬头的感情倾向。

四联忽然出现了纤云尽敛，晴空万里的场面，同首联恰恰形成尖锐对比。这时赤日又逞炎威，盛暑重新肆虐。“雷车（雷神之车，此处化用《搜神后记》阿香推雷车典故）改辙”，云神“藏迹”，雨师布就的阵势，只好自行解散。“依旧晴空万里平”这是晴色满空、万里无云的辽阔天宇的写实，流露出诗人对骄阳和暑热肆虐无能为力的怅惘心情。作为名句，它和“谁翻碧海蹋天倾”，同样为人们传诵。

此诗成功地写出了阵雨乍来乍止的生动过程。在景物描写中注入了诗人的感情，不愧是一首融情入景的佳作。诗人的感情或明或暗地与写景过程相渗透，只要掌握二三联中各句句首的关键词语，就能了解诗人赋予它们的真正含意。

在艺术结构上，此诗前半、后半壁垒分明。前面的“谁翻碧海蹋天倾”，同后面的“依旧晴空万里平”，各自摆开阵势。最后倾盆阵雨虽然敌不过似火骄阳，但诗人对前者很表好感，却是非常明显的。

（陶道恕）

感　愤　　　　王　令

二十男儿面似冰，　出门嘘气玉蜺横。
未甘身世成虚老，　待见天心却太平。
狂去诗浑夸俗句，　醉余歌有过人声。
燕然未勒胡雏在，　不信吾无万古名。

本诗采取直抒胸臆的方式，通过感愤言志，抒写了诗人内心的巨大抱负和强烈的报国愿望。一般地说，直抒胸臆的诗易失之浅露；本诗由于蕴蓄着一股深厚切至的爱国激情和踔厉奋发的精神力量，又凭借一腔遒峭雄直之气喷涌而出，因此用笔虽然劲直，而用情则极为深沉。

首联以奇肆的笔触，勾勒了抑塞磊落、俊伟慷慨的自我形象。"二十男儿"，血气方刚，按理说，应该是容光满面，青春焕发，正是大有作为的时候。现在诗人的情况却完全不是这样。他形容枯槁，面色似冰。由此可以想见，贫困的处境给予诗人的折磨是多么无情！但他并没有被压倒。艰难的困境使他锻炼出一种浩乎沛然的堂堂正气；他没有听从于命运的摆布，胸中蓄积了一腔敢于抗争的愤激之气。"出门嘘气玉蜺横"，生动地描绘了慷慨负气的形象。曹植《七启》形容上古俊杰之士："挥袂则九野生风，慷慨则气成虹蜺。"王令化用此句，以见其抑郁之气有如贯日之白虹，横亘天际，则其德行之卓异，心胸之阔大，以及愤激之情的深切，概可想见。

颔联承上抒写了力图有所作为的壮怀。出句是说，不甘虚度此生，要自强不息。他的志趣不在博取高官厚禄，而是为了修己及物，用王令自己的话来说，叫做"正已以待天下"（《答刘公著微之书》）。北宋中叶积贫积弱的局面已经形成。朝廷对于辽国、西夏采取妥协政策，每年都要输送大批财物给他们。这就大大增加了人民的负担，而结果却并没有换来太平。王令对此非常愤慨，曾说："何哉二氏（指辽、西夏）日内坏，不思刷去仍资存？"（《别老者王元之》）对句正是这种思想的表现。"天心"一词，最早见于《古文尚书·咸有一德》："克享天心，受天明命。"原指天的心意。后来也指君主的心意。孙缅《唐韵序》："愧以上陈天心"可证。"待见天心"，包含着待见明主的意思。"却"字在这里当返回讲。"却太平"三字见于韦庄《汉州》诗："人心不似经离乱，时运还应却太平。"意即返回到太平盛世去。诗人希望获见明主，以自己的才干张大国威。

一个二十岁的青年具此豪情壮志，自是难能可贵。但若才干、学识两不相称，便有大言欺人之嫌了，故颈联复从自身的才学着笔："狂去诗浑夸俗句，醉余歌有过人声。""狂"字是兴酣落笔情状的自我写照。他自己曾谦虚地说："狂搜得无奇，猛吐复自吮。"（《对月忆满子权》）"去"字应作"来"讲，属于反训。"浑"字之义，据杜甫《江上值水如海势聊短述》："老去诗篇浑漫与"解之，应作"直"讲（张相《诗词曲语词汇释》）。"浑漫与"，意即简直是率意对付。王令此句正从杜句脱胎而来。全句是说，兴来写诗，简直有夸俗之句。王令之诗，其同时代人王平甫已叹为"天上语，非我曹所及"（宋张邦基《墨庄漫录》卷一引），后来刘克庄也说他"骨气苍老，识度高远"（《后村诗话前集》）。以"夸俗"自诩，尤见其拔乎流俗、戛戛独造的才情。“醉余”即酒醉之后。诗人壮志凌云而报国无门,心情愤激难平,所以难免要借酒浇愁;而酒入愁肠,百感交集。国步之艰难,政事之日非,己身之牢落,种种不堪一想而又不能不想的愁闷事、心酸事、不平事触绪纷来,无法排遣,只能长歌当哭。所谓“过人声”,不当理解为声音的美妙动听,而是说他的一腔感慨及忧国忧民之情,较之一般诗人更为深广。因此,从某种意义上说,诗人的“过人”之声,正是他的过人才学、过人抱负、过人识见的意象化的喻示。

尾联以述志自励作收:“燕然未勒胡雏在,不信吾无万古名。”燕然,指燕然山,即今蒙古国杭爱山。据《后汉书·窦宪传》记载,窦宪曾追北单于,登燕然山,勒石纪功而还。“燕然未勒”是说功业未就。以“胡雏”代指辽国与西夏,本于西晋王衍称石勒为胡雏,带有轻蔑之意,与朝廷的畏之如虎适成对照。诗人渴望投笔从戎,一奋英雄之气,立功边塞之外。结句以孑然一身、贫困潦倒之“吾”,而希求万古不朽之“名”,沉着痛快地显示了青年诗人敢作敢为的鲜明个性。当时朝廷对辽和西夏一味退让,有识之士怵然伤心。结合当时的政治现实来看,王令希望通过勒石燕然来建立不朽的功名,实际上宣传了一种主战必胜的信念,表现了他的积极抗争的态度。诗人另有《寄王正叔》诗云:“近嫌文字不足学,欲出简札临渊抛。”“安得铁马十数万,少负弩矢加予腰。”“东西南北四问罪,使人不敢诬天骄。”与本诗并读,有珠联璧合、相映生辉之妙。

郑燮说:“文章以沉着痛快为最。”“至若敷陈帝王之事业,歌咏百姓之勤苦,剖析圣贤之精义,描摹英杰之风猷,岂一言两语所能了事?岂言外有言、味外取味者所能秉笔而快书乎?”(《郑板桥集·潍县署中与舍弟第五书》)王令此诗的长处,正在“沉着痛快”。

(吴汝煜)

暑热思风　　王 令

坐将赤热忧天下,①　　安得清风借我曹?②
力卷雨来无岁旱,　　尽吹云去放天高。
岂随虎口令轻啸,　　愿助鸿毛绝远劳。
江海可怜无际岸,　　等闲假借作波涛。

〔注〕 ① 坐:因为。 ② 我曹:我辈。

这首《暑热思风》和收入本书的《暑旱苦热》诗是同一主题的作品。这首因热极而思风,那一首因暑旱而苦热,都深见作者忧时之情和济世之志。人们常因己饥己溺而思有以拯天下人之饥之溺;因自己的困穷,自己的处于忧患,而思及天下有志之士的困穷和处于忧患。作者正是这样一位有志济世泽民的诗人，他抱着忧以天下、乐以天下的高尚情操，处处推己及人，在自己极度困顿的情况下，不改变自己的心志，《暑热思风》正是表达作者这样的胸怀的诗篇。

诗的开头两句："坐将赤热忧天下，安得清风借我曹？"首句点"暑热"，作者因自己遭受赤热，而担心天下人的为赤热所苦；次句点"思风"，因担心天下的人苦热，就产生了思风的愿望。作者深情地说：那能使我辈借得清风的相助，而为天下人驱除暑热，使他们不被酷暑所侵害呢？这两句寄情深远，是诗人从内心深处迸发出来的声音。第三四两句："力卷雨来无岁旱，尽吹云去放天高。"进一步抒吐了作者"济世泽民"的赤忱，这是高昂振拔的笔墨。第三句寄望于风能卷雨，使年岁不致成为旱年而使人民遭受旱灾；第四句寄望于风能驱尽闲云，使高空晴朗，现出一个澄清的世界。"无岁旱"则民受恩泽，"放天高"则时运清平。托意极为明显。这两句仍从思风着笔，但笔力千钧，使诗意更深一层。第五六两句："岂随虎口令轻啸，愿助鸿毛绝远劳。"是对风的祝愿，在句法上是从陡峭中进行转折。《易经》上说"云从龙，风从虎"，虎啸则风生，作者以为虎是一种暴力的象征，如果风只随着虎啸而生，这就失去济时泽民的意义。鸿毛是轻微的东西，鸿毛有志飞扬，风能助它一臂之力，那么鸿毛飞向远处，就要轻易得多。这两句希望风不要趋炎附势，随虎口以轻啸；而要给卑贱者以动力，助鸿毛以高飞。设想相当奇特，从中可以看出作者立身处世的高节。结尾两句："江海可怜无际岸，等闲假借作波涛。"是思风的余文。作者想到无边无际的江海，虽然可爱，但江海必须借助于风的威力，才能兴起雄波巨澜。如果风从江上来，从海上来，那么这沉寂的江海，就会给人世带来点生气，而有奔腾激荡的壮观；就会使天地间留下浩瀚雄奇的景象，而使有志之士得以开拓万古的胸怀，那该是多好的事啊！这两句为思风别开生面，收到余音绕梁的效果。

全诗八句，写了六层意思，前四句三层，是因暑热而思风的主旨；后四句三层，也是思风，是从旁着笔以为衬托。笔力雄健，思致高远，可见作者诗风的一斑。

（马祖熙）

秋日寄满子权[1] 王 令

楼前暮霭暗平林，　楼上人愁思意深。
未必薄云能作雨，　从来秋日自多阴。
三年客梦迷归路，　一夜西风老壮心。
欲作新声寄遗恨，　直弦先断泪盈琴。[2]

〔注〕 ① 满子权：满执中，字子权，扬州人，进士满泾之子，行三，与其兄建中（字淬翁）皆为王令少年时的至友。 ②“直弦”句：直弦，琴的主弦。旧时以琴弦断绝，比喻失去知音。据《吕氏春秋·本味》载：楚国人伯牙善于弹琴，钟子期最能欣赏、理解他的琴音。后来钟子期死了，伯牙没有知音，破琴绝弦，终身不复鼓琴。

这首七律是王令二十二岁时的作品，当时他在天长束氏学塾伴读已有三年，感叹壮志难伸，念及同里友人满执中（字子权）平昔互相砥砺的情谊，在这年秋天寄去这首诗，以抒发自己的怀抱。

诗的头两句：“楼前暮霭暗平林，楼上人愁思意深。”写秋天的傍晚，诗人独自登楼，楼前纵目，远处的树林，已经笼罩在暗淡的烟霭中间，他抱着深深的愁思，感叹时光易逝，在客地怀念自己的友人。前一句点明地点和时间，后一句写此时此境人的思绪，为全诗定下基调。第三四两句：“未必薄云能作雨，从来秋日自多阴。”是即景抒情之笔。诗人想到这眼前薄薄的云彩，只怕未必能降下雨来；又想到而今已是秋天，秋天从来就是多阴的。自己是一个书生，就像浮在天空的薄云，能够兴霖作雨吗？当时的局势，正像这么一个多阴的秋天，它能有放晴的时候吗？少年时候，他和满子权都怀有济时的壮志，他曾称颂满子权的诗作，有“万古晴天霹雳飞”那样的奇思壮采。如今他的友人，对着这多阴的秋天，又是怎样地料理自己的生涯呢？兴念至此，他感到自己和满君一样，虽有“神龙挐白日，挟雨万里飞”的壮志，但是这薄云载不了神龙，自然难以挟雨奋飞，只好付之一叹而已。

诗人接着用五六两句，写他自己的近况：“三年客梦迷归路，一夜西风老壮心。”作者在天长束氏家塾转瞬三年，束家因为怜恤他贫穷，所以招他来伴读。虽然东家束伯仁待他很好，得暂时免受饥寒之苦，但并非久计。在潦倒沉沦、一贫彻骨的困境中，所以有“三年客梦迷归路”的感叹。作者是有理想有抱负的志士，在天长的时候，“虽贫不应举”，“不干仕”，但坚持“虽穷贱死而不回”的操守。他认为当时是“天下无道”，谋到官位也不能达到“有功于天下”的目的。诗中“一夜西风老壮心”之句，不只是抒发怀才不遇的哀怨，更在于吐露将从此而无法实现政治抱负的愤慨。“壮心”自然是指“壮志”，作者本来已有壮志难伸之感，加上一夜西风的劲吹，这就迸发出壮心已老的哀痛。在结尾两句作者更深沉地向友人倾诉说：“欲作新声寄遗恨，直弦先断泪盈琴。”作者并不是一个消极人物，他也有冲决黑暗的雄心，在贫穷饥饿困厄的情况下，他曾把自己的悲痛写入了不少的诗歌，试图在这些篇章中寄托自己难以实现的“憾恨”，现在“欲作新声”，也正是为了这点，他把在新声中所要倾吐的心志，说成是“遗恨”，可见哀痛之深。接着他又感到知己难逢,知音殊少,满子权兄弟虽然和他是至交而且也是有志之士,但同样沉沦下层,爱莫能助,所以才有"直弦先断泪盈琴"的感慨。此调未弹,琴弦先断,作者在《哭诗六章》中也曾写道:"哀弦直易绝,哭词曲难终!""切切复切切,泪尽琴弦绝!"他朝歌暮哭,只有对知友一诉这样的衷曲,充分显示出诗人内心的悲怆之情。想来满子权读到此诗,定会为作者一洒同情之泪的。

全诗惜时光的易逝,感壮志的难酬,伤客地的凄凉,慨知音的难遇,是当时有志的贫士的共同遭遇,有一定的社会意义。 (马祖熙)

金山寺 王令

万顷清江浸碧山, 乾坤都向此中宽。
楼台影落鱼龙骇, 钟磬声来水石寒。
日暮海门飞白鸟,① 潮回瓜步见黄滩。②
常时户外风波恶, 祇得高僧静处看。

〔注〕 ① 海门:据王令《润州游山记》:"润州东十里,有山三,其二合为海门。"案:此文所指为焦山、象山相对之处。也即诗中所称的海门。 白鸟:水鸟,鸥鹭之类。 ② 瓜步:山名。在今江苏南京六合区东南。北魏太武帝拓跋焘率兵南侵刘宋时,曾登此山。

王令的诗歌,以粗犷豪迈,骨气苍老见长,在宋代曾享有很高的声誉。这首《金山寺》七律,却写得清新脱俗,洒落自然,是诗集中优秀的写景之篇。金山寺是著名的佛寺,也是风景秀丽的胜境。(寺在今江苏镇江西北金山上。当时金山屹立江中,今已与陆地相连。)诗的开头两句,气象阔大。首句以"万顷"写长江的壮阔,天晴江静,浩瀚的江水,一望无际,秀丽的金山屹立江心,就像浸在江水里的一颗巨大的绿宝石,青碧可爱。这句重点在写金山,而以大江为衬托,它不以雄奇险丽取胜,但显得非常自然。次句"乾坤都向此中宽",是景中寓情之笔。作者把心灵中的爱力和感受,和江山的壮美融为一体;把自己的胸襟怀抱和整个自然界融成一片。他所欣赏的碧山、大江,从空间来说,本是一点一线,而现在仿佛整个乾坤的景象,都汇拢在眼前的江山之间,显得江山宽广,无所不包。

三四一联写寺,第三句写金山寺楼阁巍峨高耸,作者写的不是静态的楼台,而是动态的清影,这影子落在江水里,闪闪浮动,竟然使水底的鱼龙都惊骇起来。影子的浮动,是由视觉得来的实感;而鱼龙的惊骇,则是作者通过想象产生的虚受。所以这句是由静而动,由实而虚,笔墨上的变幻,使词情也跌宕多姿。第四句的"钟磬声",是听到的,而"水石寒"则是心灵上的感受,和第三句相衬,可以说，是绘影绘声之笔。五、六一联，写日暮所见的景象：第五句由远到近，第六句由近而远。太阳偏西了，由金山寺登楼纵观，海天在望，焦、象二山形成天然的海门，使人顿增浩渺的遐思，而这时江面上却低飞着无心的白鸟，它们随波上下，自由自在，显得和谐而宁谧。接着作者把视线由向东方的纵观，转向对西方的远眺，潮水降落了，瓜步山前，在落日余晖的照映下，现出一片金黄色的沙滩。远眺近观，触目成趣，由水到山到沙滩，由钟磬声的浮响到白鸟的低飞，极写景之能事，这些景象的依次出现，等于替第二句“乾坤都向此中宽”做了注脚。

结尾两句是作者在游目骋怀以后的感慨：“常时户外风波恶，衹得高僧静处看。”语含双关，寄托遥深。江上没有风波的时候，毕竟是很少的，即使在晴光万里的日子里，也会随时产生风涛。自然界和人间世一样是变幻无常的，正因为这样，金山寺户外的风光，常时因为风波之险，一般人不易有登临游赏的机会。有志之士在人世间政治环境的惊涛恶浪中间，他们怀志未伸，奔走四方，过着困穷的生活，在风尘困顿之中，也往往无心探奇览胜。即以作者而论，他在七年当中，经常过着“冬暖常寒，昼短犹饥”的日子，这次流寓润州，以聚徒教授糊口，本非为爱慕镇江胜景而来。偶登金山寺，却喜正值晴明，得以一览江山之胜，那么金山寺前的胜景，晴天也罢，风波险恶的阴天也罢，只能让山寺里不染尘氛的高僧，在礼佛诵经之余，从静处去观赏了。

（马祖熙）

读老杜诗集　　王　令

气吞风雅妙无伦，①　　碌碌当年不见珍。②
自是古贤因发愤，　　非关诗道可穷人。③
镌镵物象三千首，④　　照耀乾坤四百春。
寂寞有名身后事，⑤　　惟余孤冢耒江滨。

〔注〕 ① 气吞风雅：元稹《杜工部墓系铭》称杜甫诗：“上薄风雅，下该沈宋，言夺苏李，气吞曹刘。”王令活用其意。 ② 碌碌：平庸无能。 ③ “非关”句：欧阳修《梅圣俞诗集序》：“非诗之能穷人，殆穷者而后工也。” ④ 镌镵：雕刻。 ⑤ “寂寞”句：本杜甫《梦李白》其二：“千秋万岁名，寂寞身后事。”

王令对于大诗人杜甫是非常尊敬的。《读老杜诗集》这首七律，既对杜甫诗歌作出高度的评价，又对诗人一生悲辛的遭际，寄予真挚的同情。诗的开头两句：“气吞风雅妙无伦，碌碌当年不见珍。”作者赞叹杜诗的成就，是继承了《诗经》以来的优良传统，又“气吞风雅”，达到精妙无比的程度。然而诗人在当时却被认为是碌碌无奇，虽有绝代的才华，并不能为时所用。《诗经》中的《国风》、《大雅》、

《小雅》，大都是写实的诗篇，反映出当时的时代面貌。杜甫的名篇《三吏》、《三别》、《羌村》三首等作，不殊《国风》；《兵车行》、《丽人行》、《哀江头》、《哀王孙》等作，可比《小雅》；《自京赴奉先咏怀五百字》、《北征》、《述怀》、《彭衙行》等篇，可方《大雅》。所以在杜甫身后，元稹、白居易、韩愈、杜牧、李商隐等诗人，无不对杜诗倍加赞扬，杜诗对后世影响之大，也是无与伦比的。杜甫在世，遭遇坎坷，生活极端困苦，像《同谷七歌》写他自己“岁拾橡栗随狙公，天寒日暮山谷里”；像《醉时歌》“但觉高歌有鬼神，焉知饿死填沟壑。”感叹“儒术于我何有哉，孔丘盗跖俱尘埃。”都可以说明他的一生大多在乱离穷困之中度过，并不为当时所重。王令用这两句概括杜甫的一生，用意是极为深沉的。

第三四两句：“自是古贤因发愤，非关诗道可穷人。”进一步表明杜甫诗歌和古代圣贤一样是因发愤而作。司马迁在《报任安书》中，有“诗三百篇，大抵皆圣贤发愤之所为作也”的话，杜诗也是如此。时代的动乱，人民的苦难，国事的艰危，都使诗人在感情上受到巨大的触动。这就是杜诗创作力量的源泉。诗人的生活，确实大多是困穷的，但王令认为不能因此说他们的诗是因“穷而后工”，更不能说是“诗道可以穷人”。历史上有不少英雄豪杰，他们在没有乘时而起以前，极度困穷，如韩信乞食淮阴，伍员吹箫吴市，他们都不是诗人，也一样的穷困，可见“诗道可穷人”不是确论。有些诗人如曹植、谢灵运、谢朓等人，诗也写得很好，却不因“穷而后工”。足见“穷而后工”之说，至多也只能有部分的道理；尽管工诗者以穷人为多，“诗道可以穷人”的说法，王令是极不赞成的。

诗的第五六两句，是王令诗中被公认的名句：“镌镵物象三千首，照耀乾坤四百春。”“三千首”是约数，杜甫现存的诗歌，只有一千四百多首，但这些诗篇牵涉的内容极为广阔，诗人忧国家之所忧，痛人民之所痛，面对复杂艰虞的社会现实，广泛而深刻地揭示安史之乱给人民带来的深重的灾难。杜甫对于人民的苦难，有着深切的同情；对于国家的命运，有着真挚的关心，不管自己生活多么困苦，而忧国忧民的热情，始终没有衰歇过。除了上述诸种主题以外，即使是咏吟自然景象，怀念亲友，咏史怀古，题画、论艺、论诗、论字，也都有杰出的诗篇。因此“镌镵物象三千首”这句，是颇能概括杜诗的内容的。“四百春”也是举其大数，由唐玄宗开元十八年(730)杜甫成年计起，至王令在世的宋仁宗嘉祐四年(1059)，约近四百年，杜甫的诗歌引起后世的崇拜和共鸣，激励着一代一代的爱国者。那么“照耀乾坤四百春”这句，的确是王令发自内心的崇敬的声音。

诗的结尾两句，是王令对于杜甫的悼念和感叹：“寂寞有名身后事，惟余孤冢耒江滨。”作者感叹杜甫虽然大名辉耀后世，诗篇流传千古，但是这“千秋万岁名”，毕竟是“寂寞身后事”。据《旧唐书》及其他有关记载，杜甫在代宗大历五年(770)，避乱往郴州依其舅氏崔伟，行至耒阳，因贫病交加，卒于舟中。当时草草葬于耒江边，直到四十三年之后(宪宗元和八年)，才由他的孙子杜嗣业把灵柩运归，安葬在今河南偃师西北的首阳山下。诗人的遗体，在王令写诗的时候，已经不在耒阳了。所以有“惟余孤冢耒江滨”的感叹，无非是就杜甫身后萧条的情况而言，以增加对诗人的悼念之情罢了。

全诗寄慨深沉，以赞颂为主，而以叹惋悲愤的心情出之。几千年来，有许多伟大的作家，多不能得志于当世，杜甫是其中之一。王令借此诗代鸣不平，所以有一种傲兀之气，跃然纸上。

(马祖熙)

【作者小传】

张舜民

(约1034—?)　字芸叟，自号浮休居士，又号矴斋，邠州(治所在今陕西彬县)人。治平二年(1065)进士。为襄乐令。曾上书反对王安石新法。元祐初，除监察御史。徽宗朝，为吏部侍郎，以龙图阁待制知同州。坐元祐党，贬商州。高宗追赠宝文阁直学士。与苏轼友善。1101年，撰有《苏子瞻哀辞》。有《画墁集》。

村　居

张舜民

水绕陂田竹绕篱，　榆钱落尽槿花稀。
夕阳牛背无人卧，　带得寒鸦两两归。

诗里所描写的是一幅静谧淡雅，又带有一缕清寂气息的秋日村居图。

“水绕陂田竹绕篱”，选材如同电影镜头的转换，由远景转到近景。村居的远处是流水潺潺，环绕着山坡上的田地。住宅外的小园，青竹绕篱，绿水映陂，一派田园风光。“榆钱落尽槿花稀”，槿花，又称木槿，夏秋之交开花，花冠为紫红色或白色。槿花稀疏，表明时已清秋，一树榆钱早就随风而去了。所以院落内尽管绿阴宜人，可惜盛时已过，残存的几朵木槿花，不免引起美人迟暮之感，清寂之意自在言外。

“夕阳牛背无人卧，带得寒鸦两两归。”牛蹄声打破了沉寂，诗人把镜头又转换到小院外。夕阳西沉，暮色朦胧，老牛缓缓归来。这景象早在《诗经》中就被咏唱过:"日之夕矣,牛羊下来。"(《王风·君子于役》)然而诗人并不去重复前人诗意,而是捕捉到一个全新的艺术形象:老牛自行归来,牛背上并不是短笛横吹的牧牛郎,而是伫立的寒鸦。寒鸦易惊善飞,却在这宁静的气氛中悠闲自在,站立牛背,寒鸦之静附于牛之动,牛之动涵容了寒鸦之静,大小相映,动静相衬,构成了新颖的画面。宋人诗力求生新,于此可见一斑。"无人卧"三字是不是赘笔呢?为什么不直说"夕阳牛背寒鸦立"?这正是此诗韵味所在。"无人卧"是顿笔,引起读者提出问题:那么到底有什么东西在牛背上呢?于是引出"带得寒鸦两两归",形象宛然在目。没有这一顿挫,则太平直,缺少韵致了。牛背负鸟这一景象,与张舜民时代相近的诗人也曾描写过。如苏迈的断句"叶随流水归何处?牛带寒鸦过别村"(见《东坡题跋》卷三《书迈诗》),贺铸的"水牯负鸲鹆"(《庆湖遗老集》卷五《快哉亭朝暮寓目》)。张舜民此诗显然意境更高。一是融进了自己的感情色彩。牛背寒鸦,体现了乡村生活的宁静和平,但作者使用"夕阳"、"寒鸦"来渲染气氛,在静谧之外又笼上一层淡淡的闲愁。二是刻画形象更为细腻生动。"带"与"两两"相互配合,则牛的怡然自得、牛和鸦的自然无猜,神态毕现。看似淡淡写来,却已形神兼备、以形传神。

宁静,是这首小诗的基调。前两句选择的是绿水、田地、翠竹、屋篱、榆树、槿花等静物,以静写静。后两句却是变换手法,以动写静。牛蹄得得、行步迟迟,有声响也有动态,但是没有破坏环境的和谐统一,奥秘就在于动作的迟缓、声调的单一。这显然与王维的山水诗如《山居秋暝》、《鸟鸣涧》等手法相同,以动写静,更显其静。

此诗通过细致地观察生活,以清雅自然的语言,勾勒出新颖的形象,表达了诗人悠闲宁静而又略带清愁的心境,构成了浑成和谐的意境,给人以优美的艺术享受。

(何丹尼)

打　麦　　张舜民

打麦打麦,彭彭魄魄,声在山南应山北。
四月太阳出东北,才离海峤麦尚青,转到天心麦已熟。
鹖旦催人夜不眠,竹鸡叫雨云如墨。
大妇腰镰出,小妇具筐逐。
上垅先捋青,下垅已成束。
田家以苦乃为乐,敢惮头枯面焦黑!

贵人荐庙已尝新，酒醴雍容会所亲。
曲终厌饫劳童仆，岂信田家未入唇！
尽将精好输公赋，次把升斗求市人。
麦秋正急又秧禾，丰岁自少凶岁多，田家辛苦可奈何！
将此打麦词，兼作插禾歌。

古诗中反映农民困苦生活的作品很多，如白居易的《观刈麦》、张籍《野老歌》、皮日休《橡媪叹》等都是传诵人口的名篇，而《打麦》自出手眼，不落窠臼，内容更丰富，艺术上颇多创造。

全诗可分为两段，从开头到“敢惮头枯面焦黑”为上段：

“打麦打麦，彭彭魄魄，声在山南应在北。”诗名“打麦”，开头就直承题意。但不是正面描写农民劳动场面，而是用相互回应的一片打麦声，侧面取影，写出了紧张艰苦的工作情景。接着作者撇开打麦，蓦然跳跃到打麦以前的收割。“四月太阳出东北，才离海峤麦尚青，转到天心麦已熟。”这里用夸张手法描写麦子成熟之速，目的是突出麦收的刻不容缓，渲染了农民抢收的紧迫性。“鹖旦催人夜不眠，竹鸡叫雨云如墨。”鹖旦是传说中夜鸣求旦的一种鸟。夜鸣催人，风雨将至，不抢收则颗粒无获。这两句进一步渲染出抢收的紧张气氛，引出下面对刈麦的正面描写：“大妇腰镰出，小妇具筐逐，上垅先捋青，下垅已成束。”只写妇女，实际上却已包括丁壮，笔墨简洁。捋青随即成束，既写出田家动作的熟练、紧凑，也写出神情的亢奋、紧张。白居易《观刈麦》说“足蒸暑土气，背灼炎天光。”与之相比，此诗抓住了刈麦场面中的特定动作，刻画更为准确。“田家以苦乃为乐，敢惮头枯面焦黑。”把农民的心理写得入木三分。夜无安眠，朝无少息，自然是苦事，但农民为何以苦为乐呢？固然这里有面对劳动果实的喜悦；更重要的是年成尚好，自己虽然所得无几，但不至于饿死道旁。这是凄楚的喜悦，辛酸的微笑。

这段通过对收麦环境、劳动场面和农民心理的描写，充分反映田家生计的艰辛。

下一段从“贵人荐庙已尝新”到结束，由回顾收麦跳跃到展望食麦。“贵人荐庙已尝新，酒醴雍容会所亲。曲终厌饫劳童仆，岂信田家未入唇。”荐庙即献于家庙作祭品，醴是甜酒。贵人们雍容尝新，饱食有余，和田家的不曾入口形成强烈对比，揭示出耕者不食，食者不耕的对立。“尽将精好输公赋，次把升斗求市人”，不耕者饱食却还有余，力耕者无食被迫售粮，田家的饥馁不言而喻，两者的对比又深入了一层。

麦秋结束，劳作未歇，诗人构思又跳跃到打麦后的插禾："麦秋正急又秧禾，丰岁自少凶岁多，田家辛苦可奈何！"这里写插禾只是一笔带过，不再作具体描写，虚实相间，错落有致。"将此打麦词，兼作插禾歌"，打麦和插禾，虽然一为农事之末，一为农事之始，但贯穿始末的是送不走的"苦辛"二字。田家的苦辛又要随着插禾周而复始了。结尾结而不断，首尾相衔，内涵丰富。

张舜民一贯重视民生疾苦，《画墁集》中有不少篇章表现了对人民的同情，而此篇尤为突出。诗中强调了农民的终生劳苦，内容比前人开拓得更广。

此诗在艺术上也颇有独到之处。题曰"打麦"，却忽而收麦、忽而食麦、忽而插禾，以打麦为联系中心，结构跳跃动荡，又有章法可寻，对主题的表现有重大作用。

由于作者熟悉农村生活，因此在描写农村环境及劳动场面时，形象真实生动，具有浓郁的生活气息。描写贵人神态，着墨无多，却传神阿堵。两种形象的对比，互相映衬，更加强了作品的感染力。

诗中使用四言、五言、七言，长短参差，自由洒脱，避免板滞，很有乐府风味。诗中换韵三次，平仄交押，仄声的短促峭急，突出了农民的劳苦；平声的悠长平和，刻画了贵人的雍容自得。

整篇诗不用典实，不使僻字，质朴平易，任情而往，在宋诗中颇具特色。

（何丹尼）

苏子瞻哀辞　　张舜民

石与人俱贬，　人亡石尚存。
却怜坚重质，　不减浪花痕。
满酌中山酒，　重添丈八盆。
公兮不归北，　万里一招魂。

建中靖国元年（1101）七月二十八日，苏轼自儋州贬所北归途中卒于常州。"讣闻四方，无贤愚皆咨嗟出涕。"（苏辙《东坡先生墓志铭》）苏轼的门生故友写了很多哀词挽诗，张舜民的《苏子瞻哀辞》就是其中的一首。

张舜民与苏轼兄弟友谊甚深。王安石变法，张上书反对与民争利。苏轼贬官黄州，张坐事贬郴州，二人曾同游武昌樊口。元祐初苏轼还朝任翰林学士，张以司马光荐被召为监察御史。张出倅虢州，苏轼有《次韵张舜民自御史出倅虢州留别》，历述他们间的情谊。绍圣元年（1094）苏轼知定州期间得墨石，作大盆盛之，激水其上，名其室为雪浪斋。不久，苏轼贬官岭南，张贬潭州（州治在今湖南长沙）。徽宗立，苏轼遇赦北归，张知定州（州治在今河北），重新葺治雪浪斋。他在《哀辞》序中说："我守中山，乃公旧国。雪浪萧斋，于焉食宿。俯察履綦（鞋及鞋的饰物，此指苏轼足迹），仰看梁木。思贤阅古（定州后圃二堂名），皆经贬逐。玉井芙蓉（苏轼盛石的盆，其《雪浪斋铭》有"玉井芙蓉丈八盆"句），一切牵复（复原）。"张舜民正要把这一切作诗告知苏轼，九月得知苏轼病逝的噩耗，于是写下了这首睹物思人的哀辞。

首联从人石俱贬写到石存人亡，诗一开头就具有强烈的感伤色彩。人贬指苏轼自定州远谪岭南。石贬指"以公（苏轼）迁谪，雪浪之名废而不闻"（张邦基《墨庄漫录》卷八），也就是《序》中所说的"思贤阅古，皆经贬逐"。苏轼知定州，李之仪等门人为其幕僚，诗酒唱和，"为中山（即定州）一时盛事"。当时曾准备把苏轼席间所赋《戚氏》词"刻石传后"，因其远谪而"不果"，雪浪斋也因此而"不闻"。石随人贬，一个"俱"字，道尽了当时的世态炎凉。更令人伤感的是苏轼所欣赏的雪浪石虽"不闻"而"尚存"，雪浪斋还可重新"葺治"，而石和斋的主人苏轼却再也见不到了，充满了物是人非之感。

中间两联承"石尚存"生发。颔联大意是说，墨石的坚重之质及石上有如浪花的"白脉"仍不减当年，令人怜爱。"坚重质"既是写雪浪石，又是苏轼的象征。苏轼一生爱石，今存最早的苏诗就是他的少作《咏怪石》，其后还有咏怪石石斛、醉道士石、文登弹子涡石、仇池石、沉香石、壶中九华石等诗篇。他之所以如此爱石，就在于它具有"震霆凛霜我不迁"的"节概"，也就是张舜民所说的"坚重质"，而苏轼一生在险恶的政治风浪中正具有这种坚重不迁的高贵品质。颈联隐括苏轼《雪浪石》诗和《雪浪斋铭》入诗，写珍惜和复原友人遗物。"满酌中山酒"，是说自己也要像当年苏轼那样"老翁儿戏作飞雨，把酒坐看珠跳盆"；"重添丈八盆"，是说自己要重作"玉井芙蓉丈八盆"以盛雪浪石。珍重友人遗物正表现了思念友人的深厚之情。

尾联承"人亡"。"不归北"，语意双关，既指苏轼卒于常州，又指苏轼鉴于政治原因，决意"不归北"。苏轼本来"已决计从弟（苏辙）之言，同居颍昌"（《与胡郎仁修书》），但行至真州，"颇闻北方事，有决不可往颍昌近地居者，今已决计居常州"。（《与子由书》）所谓"北方事"是指徽宗上台仅一年多，就由调停新旧两党转为再次打击元祐党人。苏轼为"省力避害"，决意留在离京城较远的南方。不料猝卒于常州，失去了同弟弟和老友重见的机会，张舜民也只能在遥远的定州为友人招魂而已。

这首哀辞的特点在于，没有详述同苏轼的旧谊，也没有为友人猝逝而沉痛哀号，只是紧紧围绕友人的遗物（墨石及石上的浪花痕）、遗事（饮酒赏石和作盆盛石），平平叙来，却充分抒发了物存人亡、睹物思人的哀悼之情。（曾枣庄）

【作者小传】

郭祥正

(1035—1113) 字功父，太平当涂（今属安徽）人。举进士。熙宁中，知武冈县，签书保信军节度判官。后为王安石所不满，以殿中丞致仕。元丰中，知端州。元祐初，阶至朝清大夫，致仕。少有诗名，见赏于梅尧臣。其诗颇有似李白者，为王安石所称赏。有《青山集》及其续集。

春日独酌(其一、其二) 郭祥正

桃花不解饮，向我如情亲。
迎风更低昂，狂杀对酒人。
桃无十日花，人无百岁身。
竟须醒复醉，不负花上春。

江草绿未齐，林花飞已乱。
霁景殊可乐，阴云幸飘散。
且致百斛酒。醉倒落花畔。

郭祥正早年即得梅尧臣赏识，梅说他“天才如此，真太白后身也”，并写作《采石月》一诗赠他。他的这两首诗就很像李白。李白《月下独酌》中有“举杯邀明月，对影成三人。月既不解饮，影徒随我身。暂伴月将影，行乐须及春”。此诗一开头便说“桃花不解饮”，与李的构思基本相同，从中也点明“独酌”。但它更写了桃花的“迎风低昂”、“向我情亲”，传出桃花神态。李白《对酒》诗中有“桃李如旧识，倾花向我开”，意亦与此相似。下接“桃无”二句，亦李白“昨日朱颜子，今日白发催”之意，而古朴自然，近似乐府。终以“竟须醒复醉，不负花上春”，亦李白《春日独酌》中“长醉歌芳菲”的意思，其中也表现了对美好春光的爱惜。

第二首，“江草绿未齐，林花飞已乱”，写春日江边景色如画，其中亦寓有时光迅速的意义。李白《春日独酌》诗：“白日照绿草，落花散且飞”，取材相似。但这两句写得似更自然流畅。“霁景”两句由景入情。这两句语属倒装，于中显示出：“阴云飘散”，始有“霁景”之“可乐”，尤见匠心。末言“百斛酒”，用夸饰之笔，写出豪放之情，而“醉倒落花畔”，与前照应，结构整齐工致，而又自然浑成。

这组诗如题所示，写的是“春日独酌”。春天是“可爱”的季节，而“独酌”则不免于孤单、凄清，这是一个矛盾。自然，这是他的时代、生活的曲折反映。他留恋地感叹“春光一何急”（本题第十首中诗句），但只能用“醉倒落花畔”来“不负花上春”，这又是一个矛盾，这也是他的时代、生活与思想的反映。作者生活在北宋的熙宁、元丰、元祐时期（1068—1093）；他赞成王安石“新政”，并且亲自参与过章惇“开梅山”的工作。现在看来，这不仅无可厚非，而且值得称赞。但在当时，在“熙宁”与“元祐”两派之间，他却很难自处。由于支持王安石，他被王安石的反对者百般诬蔑，从宋人笔记中看，有人说他谀诵王安石，而王安石“耻为小人所荐，因极口陈其无行”；也有人造出苏轼讥嘲他的话。由此推论，他当时所受到的排挤、轻蔑，就可想而知。但在元丰末年章惇执政之时，他反被下狱，直到元祐元年才放归（见《四库全书总目提要》）。这可能由于他也曾“刺新法之非”（同上），因而也不为章惇一派所喜。因此，他以“浊酒浇我肠，免使新愁入”（第十首），便是可以理解的。诗中形象是春日的“霁景”，是无限爱惜春光的人。其人其诗，“豪迈纵横，颇有不肯蹐缩沟犹之态”（清人朱珪《青山集序》）。这种豪放不羁，与消极避世者不同。

郭祥正在当时，不仅得到梅尧臣的赏识，也受到王安石、苏轼的推重。王安石在南京钟山时邀他前往“卧看山”，“伴我闲”；把他的诗写在自家屏风上。苏轼被谪惠州及自惠放归时，郭两次给他寄诗，苏也有和作；苏轼还在郭家壁上醉画竹石。他们互相关心、互相尊重，是很感人的。但一些小人因党争而造作流言蜚语；而后来修《宋史》的人、撰《四库全书总目提要》的人，也不能深辨是非，竟说他在两派间“忽离忽合”，目为“小人”，使郭祥正被诬了九百多年，今日应该为之辩正。

（吴孟复）

徐州黄楼歌寄苏子瞻　　郭祥正

君不见彭门之黄楼，　楼角突兀凌山丘。
云生雾暗失柱础，　日升月落当帘钩。
黄河西来骇奔流，　顷刻十丈平城头，
浑涛舂撞怒鲸跃，　危堞仅若杯盂浮。
斯民嚣嚣坐恐化鱼鳖，　刺史当分天子忧。

植材筑土夜连昼，　　神物借力非人谋。
河还故道万家喜：　　“匪公何以全吾州！”
公来相基垒巨石，　　屋成因以黄名楼。
黄楼不独排河流，　　壮观弹压东诸侯。
重檐斜飞掣惊电，　　密瓦莹净蟠苍虬。
乘闲往往宴宾客，　　酒酣诗兴横霜秋。
沉思汉唐视陈迹，　　逆节怙险终何求？
谁令颈血溅砧斧？　　千载付与山河愁。
圣祖神宗仗仁义，　　中原一洗兵甲休。
朝庭尊崇郡县肃，　　彭门子弟长欢游。
长欢游，　　随五马。
但看红袖舞华筵，　　不愿黄河到城下。

按神宗熙宁五年(1072)五月，苏轼到徐州，任“知徐州”之职。其年七月十七日，黄河在澶渊决口。八月十七日，水及徐州城。当时苏轼督率军民“修城捍水，以活徐人”。冬天水退，“作黄楼东门之上”(引自《集注分类东坡诗·纪年录》)。这是苏轼做的有利于人民的诸事之一。苏轼诗中屡屡写到，苏辙为苏轼作《墓志铭》，对此也大书特书；苏辙还写有《黄楼赋》。此诗即为此而作。

开头四句，先写黄楼之高，笔势飞腾。用山丘、云雾、日月来烘托，气魄宏大。

接着跳开来，回头写黄河决口“水及徐城”之事。先用“黄河西来”四句写水势凶猛，城被水围，刻画生动，写出难写之景。再以“斯民”等句写徐城情势危急与苏轼的勇于尽责。“斯民”句，用“嚣嚣”两字写当时人民惊恐呼号之状，情景逼真；加以“坐恐化鱼鳖”，点明这是人命攸关的大事。“刺史”句写入苏轼(唐之刺史，约当汉之太守，宋之知州)。在危急时，苏轼毅然挺身而出，一面发动群众，一面动用驻军(宋代制度：地方官无权动用驻军)，来筑堤护城。诗用“刺史”为“天子分忧”，措词庄重得体。“植材”两句写筑堤措施与工程速度。“神物借(按：助也)力非人谋”，尤得修辞之妙。句意言工程进度之速，如得“神助”，充分表明军民力量之大；说“非人谋”，实则正是赞颂“人谋”，这从下面“匪公”句就可以明白。“河还”两句，借用徐州人民口气，写出筑堤捍水的效果及对苏轼的赞颂，具体生动而又亲切，确为传神之笔。

“公来”以下转入黄楼。“公来”两句写苏轼利用筑堤所余之木石修建黄楼。

修黄楼做什么呢？是否为了个人享受呢？不是。下面就此细说。根据旧传“五行”说法，土能克水，而土为黄色。用“黄楼”制服水患，这是迷信说法；当然，苏轼、陈师道并不真的相信它，所以用“不独排河流”一语带过，接下便说“壮观弹压东诸侯”。唐、宋州郡约等于春秋侯国，“东诸侯”即指东方郡县。徐州自古为东方军事重镇，在东方起“弹压”作用，这是历史事实。句言“壮观弹压东诸侯”，是说黄楼“壮观”在东方郡县中为第一，这是就楼而言的。但这还只是一层；更深层的意思是：通过黄楼表明徐州繁荣壮盛，对其他州郡某些阴谋割据者会起震慑（弹压）作用。“重檐”两句刻画“壮观”之“壮”，这是写楼的必不可少之笔。妙在用“惊电”、“蟠虬”来形容，写得气势飞动，刻画出一个“壮”字，把黄楼写活了。“乘闲”两句写楼成宴客。苏轼《九日黄楼作》诗说：“诗人猛士杂龙虎，楚舞吴歌乱鹅鸭”，客人中有文有武，宴会上有舞有歌，可为此句作注脚。句中“诗兴”当即指《九日黄楼作》而言。这两句不仅写出苏轼的文采风流，而且暗示着“与人同乐”。这是修建黄楼的另一作用。这两个作用其实是联结在一起的，因为重镇的繁华，便是“镇压”力量的象征。但是，重镇的强大，是否又会被野心家用为割据之资呢？作者俯仰今古，引起“沉思”，因而有了下一段议论。

“沉思”四句，就汉唐往事，指出：“怙（按：恃也）险”“逆节（按：指违命，对抗中央）”的人，只能自致夷戮，没有好下场；“圣祖”四句，写出宋朝从太祖、太宗以来，统一了中原，并且加强中央集权，巩固一统局面，使朝廷尊崇，群县肃穆；具体到徐州，人民也就能过着平安无事的日子。他用“彭门（按：徐州古名彭城郡）子弟长欢游”，象征地方安定、社会繁华，写得形象生动。这也就暗渡到黄楼。因为黄楼也是歌舞之场，陈师道后来写《寄曹州晁大夫》诗，云：“堕絮随风化作尘，黄楼桃李不成春。只今容有名驹子，困倚阑干一欠伸。”陈师道《南乡子》词序中还说“晁大夫增饰披云（按：楼名），初欲压黄楼……而曹妓未有显者，黄楼不可胜也”。使人想见黄楼当时歌舞之盛。下文有“红袖舞华筵”之语，与此接榫。

最后，以“随五马”，点明苏轼与民同乐。“五马”是汉太守仪制，用典恰当。苏轼在徐州作的《江城子》词中有“为报倾城随太守”。人民既随太守出猎，自然也可随太守观看歌舞。当然，这主要是为了写水退楼成之后的地方繁华、官民同乐景象。这三句突然换韵，并用长短句写出，从语言风格看，很像民间歌谣。用它来总括全篇，真切而有余味。

这首诗有写景，有写人，有叙事，有议论，有抒情。其中既写了水来与捍水，又写了筑楼与楼成；写了苏轼，也写徐州人民；还写到汉、唐往事。内容充实，层次繁多，千端万绪，而作者执简御繁，举重若轻，纵横跳宕，转折自如。这固由他诗功纯熟，巧于修辞，精于组织，更由着眼点高，想象力强，正如朱珪评李白诗时所言："陵蹈虚空，俯视沧海"，"英光浩气，溢乎毫墨之外"，故"造语豪壮"（见胡仔《苕溪渔隐丛话》），足以上继李白，近比苏舜钦、王令、苏轼。朱珪认为，作者当与"晁、秦同传"，但他与晁补之、秦观风格并不相近。

（吴孟复）

金　山　行　　郭祥正

金山杳在沧溟中，　雪崖冰柱浮仙宫。
乾坤扶持自今古，　日月仿佛悬西东。
我泛灵槎出尘世，　搜索异境窥神功。
一朝登临重叹息，　四时想像何其雄！
卷帘夜阁挂北斗，　大鲸驾浪吹长空。
舟摧岸断岂足数，　往往霹雳搥蛟龙。
寒蟾八月荡瑶海，　秋光上下磨青铜。
鸟飞不尽暮天碧，　渔歌忽断芦花风。
蓬莱久闻未曾往，　壮观绝致遥应同。
潮生潮落夜还晓，　物与数会谁能穷？
百年形影浪自苦，　便欲此地安微躬。
白云南来入长望，　又起归兴随征鸿。

金山，在今江苏镇江西北，原在江中，明代后沙涨成陆，与南岸相连。本诗所写，是宋时矗立于长江中的金山。

诗开门便见山，以四句来状写山峰之高与它的天长地久。诗人说，金山远在那烟波弥漫的大江之中，它直插云霄，又值秋凉（下有"八月"之句为证），因此，山峰上早已是雪崖冰柱的世界了，仙宫（当指金山寺这座著名的古刹）便飘浮在其间。诗人又说，金山由天地（乾坤）扶持，历经古今，岿然不变；而日月又仿佛悬在它高高峰顶的东西两边，朝夕照耀、千古相伴。一开始，就为金山抹上了一层神异的色彩，从而为全诗奠定了雄壮的基调。

接下四句，诗人便写自己去登临金山，"搜索异境"。灵槎，即指浮槎，为了进一步加浓神话色彩，故换"浮"为"灵"。浮槎乃传说中来往于海上和天河之间的木筏，西晋张华《博物志》道："旧说云：天河与海通，近世有人居海渚者，年年八月，有浮槎来去，不失期。"诗人夸说自己行程：我便乘着灵槎出尘世到金山仙境去，要在那仙山琼阁中探奇访胜，窥看造物主的神奇功绩。说话之间，他已登上了久已向往的金山，送目纵观，便一下惊诧于眼前天造地设的异境，不由得连连抚膺长叹。他的思绪此时也随着多变的景物而快速运转：脑际一一闪过想象之中的四季风光，不由得又叹道：那该是何等雄奇啊！

下面八句，诗人挥动如椽之笔，描画了金山秋日异景。其时已是傍晚，诗人留宿在金山寺内的仙阁中。趁着夜幕尚未完全降临之际，他赶紧凭窗再次饱看奇景。刚一卷起帘子，便看见北斗七星像个勺子，闪闪发亮，挂在阁前。俯视大江，只见江中恰有一条世所罕见的大鲸，它乘风驾浪，扬起的浪花竟直吹长空。江上波涛汹涌，被摧毁的船只、断裂的堤岸，难以数计。此时，水天已连成一片，一条蛟龙正在兴云作雾，腾踔太空，但阵阵霹雳，又往往把它搥得无处躲藏，景象煞是奇险，不一会儿，又风平浪静了。八月的寒蟾（指秋月，古代神话以为月中有蟾蜍，故称月为“蟾”）活泼泼地跳荡在瑶海（指长江）之中，天上月，水中月，上下遥遥相对。蔚蓝的天空，这时也像是一面平滑的青铜镜，高悬在天上，倒映在水中，秋月的光辉就上上下下、一刻不停地磨着这两面镜子，把它们磨得纤尘不染。正在这时候，诗人看见一群小鸟儿，飞到了青铜镜似的蓝天之上，它们拼命鼓翅飞啊飞啊，可总也飞不出这苍茫的暮天；隐隐约约，突然又传来渔舟唱晚的歌声，悠扬动听，真是别有风味，然而一阵从芦花里吹来的清风，又忽然刮断了歌声，好不让人感到遗憾！这八句，诗人通过丰富瑰丽的想象，夸张多变的手法，把这神化了的金山风光，写得绚丽多彩，气象万千，宛然如在人目前，其中“鸟飞”二句，据《王直方诗话》说，还大为王安石称赏。

“蓬莱”四句，写诗人的思绪由金山想象到蓬莱（海上三神山之一，见《汉书·郊祀志上》）。诗人既惊喜于金山的无限风光，便由此及彼，想象到久闻其名而至今尚未涉足的蓬莱，它与金山，一为海上神山，一为江中神山，那么，景象的雄伟、景致的奇绝，蓬莱该也是与金山相同的了。像眼前金山，潮生、潮落，各有一番景致；夜还晓，晓还夜，“朝辉夕阴，气象万千”，景物与时间、季候运会，则景色的变化，又有谁能穷尽？蓬莱仙境必也是如此吧。

最后四句，写诗人想安身金山的念头，而又以思归作结。仙山美景是如此令人陶醉，诗人心中不由升起一个强烈愿望：人生百年，形影不过是世间一过客，又何必徒然熬苦自己？我干脆就在此地安身立命吧！正在如此打算，却不料“白云南来”。唐人刘肃《大唐新语·举贤》记曰：“（阎立本）特荐（狄仁杰）为并州法曹，其亲在河阳别业，仁杰赴任于并州，登太行，南望白云孤飞，谓左右曰：‘吾亲所居，近此云下！’悲泣，伫立久之，候云移乃行。”故此时南来白云进入了这位正在长望中的诗人的视野，便使他情不自禁地思念起父母双亲来，而“又起归兴随征鸿”，决定还是返回人间了。

这首诗，诗人把习见的登山览景的题材，通过丰富的想象，极度的夸张，写成了一首别具一格的游仙式的写景诗，通篇充满着神异的色彩，兼之感情奔放，造语奇壮，意境阔大雄伟，音调高亢浏亮，因而在给人以壮美享受的同时，又激起人们热爱祖国山河、热爱生活的强烈感情，它和苏轼的《游金山寺》诗，同是咏金山风光的名作。

（周慧珍）

凤凰台次李太白韵

郭祥正

高台不见凤凰游，　　浩浩长江入海流。
舞罢青蛾同去国，　　战残白骨尚盈丘。
风摇落日催行棹，　　湖拥新沙换故洲。
结绮临春无处觅，　　年年荒草向人愁。

凤凰台在金陵（今江苏南京）西南凤凰山上。据云，南朝刘宋元嘉年间曾有凤凰集于山上，乃筑台，并以“凤凰”分别命名山与台。唐天宝年间，大诗人李白离长安南游金陵，与友人崔宗之同上凤凰台，赋《登金陵凤凰台》七律一首。洎乎北宋，诗人郭祥正（表字功甫）步太白后尘，亦登台赋诗。《娱书堂诗话》道：“郭功甫尝与王荆公（王安石封号荆国公）登金陵凤凰台，追次李太白韵，援笔立成，一座尽倾”，说的即是本诗。这首诗不仅在形式上用太白原韵，而且在意义上，也是发挥太白诗颔联的“吴宫花草埋幽径，晋代衣冠成古丘”怀古意味，于眺景之中，抒发了吊古伤今的深沉感慨。

首联写眼前景物。诗人此日登上了金陵凤凰高台，已经看不见凤凰游的盛景了，唯剩脚下的一座空台。台下，浩浩长江汹涌澎湃，入海东流。这联意思实际上相当于太白诗的第二句：“凤去台空江自流”，但由于郭诗以二句扩展一句的内容，因此他便得以在第二句中缀以“浩浩”、“入海”二词，来壮大长江的气势，使永恒的江山与下面衰歇的人事形成强烈对比。当然，首联的意思并非仅仅如此而已。在古代，凤凰向被认为是祥瑞的象征，惟太平盛世方始出现。如今此地已“不见凤凰游”了，当年建都此地、盛极一时的六朝自然也相继随凤之去而消逝得无影无踪了，而唯有高台、大江在做着历史的见证人。

次联承上，很自然地转入怀古。诗人不由想起了六朝之中的最末一个王朝——陈的最末一个君王——后主陈叔宝。想当年，那个荒淫奢侈的昏君，日日灯红酒绿，沉溺在歌舞、美女之中，纵情作乐。不料笙歌未彻，隋军鼙鼓已动地而来，惊破了“玉树后庭花”之曲，匿于景阳宫井中的后主被搜出，执至长安，那一批粉黛青蛾也都栖栖惶惶跟着他一起被掳离故国，再无时日重返陈宫翩跹起舞了。唯有当时两军激战而弃下的白骨，依旧满满地掩埋在长江边野草丛中的累累古墓中，令人触目惊心。

三联先宕开一笔，然后又拉回到追念古昔的思路之上。夕阳西下时，刮起了风，滔滔长江中正行着几条船，风助浪势，不断地催送着那些船向前、向前；西半天上，渐渐下沉的红日也不时随着云朵晃动着，仿佛要被那风摇落下来似的。这种景象，使诗人想道：大自然的力量真是巨大的，可不是吗，那湖水不断地拥来新沙，日久天长，便改换了故洲的结构，如今岂不是唯见新滩而不见故洲了？

末联紧承上联，并以感慨兼讽喻作结。真是沧海桑田呀，岂止故洲如此？诗人进而又想到那后主至德二年(584)营造的结绮、临春两阁(当包括“望仙”，凡三阁)，它们都高数十丈，并数十间，窗牖、栏槛之类，都是用沉檀香做成，又饰以金石、珠翠，如此华美、坚固的建筑，而今安在哉？与那寻欢作乐的陈后主一样，都无处寻觅了。楼阁的故址处，如今荒草年年发，清风徐来时，随风飘动，似乎在诉说着不尽的愁意。讽喻之意于此已溢于言表，足够发人深省的了。

这首七律在内容上虽发挥太白诗颔联之义，却并不等同于太白诗意，而有其独特的怀古感受。艺术上则于模仿之中，又确实能得太白之神韵，兼之诗思敏捷，故不仅为当时人所倾倒，而且后人亦多有激赏之者，如明朱承爵《存余堂诗话》道：“真得太白逸气。其母梦太白而生，是岂其后身邪?”后句虽属荒诞之辞，前句还是有其道理的。

(周慧珍)

怀友二首　郭祥正

夕阳在窗户，　凉气何处来？
微风泛庭柯，　萧萧历空阶。
抱琴一写之，　冰霜溅孤怀。
但惜对樽酌，　而无良友偕。
聊将幽独思，　滔滔寄长淮。

晚坐庭树下，　凉飕经我怀。
亦有樽中物，　佳人殊未来。

佳人隔重城，　　谁复为之侪？
瞻云云行天，　　步月月满阶。
想闻诵声作，　　崩腾满江淮。

古人怀友、赠友之作，大致有两种写法：一是抒思念之情，寄箴勉之意，不对某个人作具体的刻画，汉魏六朝作者多如此，李白亦每每如此；至杜甫则侧重于对象的刻画，即不仅写出作者之心情，而且写出受者之个性，宋人更多如此。从后者说，自然有其长处，然而在某些人手中，不免满纸谀词；从前者说，诗中看不出受者特点，但诗人情怀通过比兴而写出，甚至有更多的概括性，苏轼所谓"作诗必此诗，定非知诗人"，也可作这样理解。这两首就属于前一种写法。

第一首，首先写了"夕阳在窗"，"凉气"乍"来"，"微风"动树，叶落"空阶"。这些极常见的东西，一经过诗人妙手，便组合成一幅画面，反映了清冷幽静的环境与心怀。这是"兴"的妙用。对于"赋、比、兴"，前人有种种解释，黄宗羲的看法似最合理，可以表述为：托物曰比，托景曰兴，托事为赋，因为世上从无"直言"之诗。

接下去，"抱琴一写之"，"之"字即代指上述那种境界。"冰霜溅孤怀"，是"写"的结果，是深一层的内涵。即王昌龄"一片冰心"(《芙蓉楼送辛渐》)的意思。这里"孤"字，似寻常而实重要，正是由它才能过渡到怀友。

"但惜"两句，写出怀友，言简情深。前面写了幽清之境与"冰霜"之怀，则"良友"为人，自然可知，所谓"不着一字，尽得风流"。

"幽独思"承前六句，"寄长淮"承上两句，"滔滔"，则正如李白《寄远》中所说的"相思无日夜，浩荡若流波"，把难以言尽之情，写得淋漓尽致，让读者于言外得之。

第二首，着重在从对方设想，想他远"隔重城"，"谁复为之侪"。上一首写自己"幽独"，这一首想友人"幽独"，这样，就把"怀友"之情写得更为深切。

下面突然接入"瞻云云行天，步月月满阶"。这似乎什么也未说，然而又却是什么都说到了。这就是钱锺书所说的，以不说出写说不出的话。从这句中可看到"唯见幽人独往来"那种图景。他"步月"望云，俯仰怀人，幽独的处境，皎洁的襟怀，想念友人而不可得见的无可奈何的惆怅，皆溢于言表。

作者的友人大概是官于江淮之间的，因此，终篇处勉以做好官来取得人民的赞颂。"诵"即《国语》"舆人之诵"的"诵"，韦昭注"不歌曰诵"；《周礼·大司乐》郑玄注："以声节之曰诵"，即谣谚一类的东西。汉朝时，各地人民对某些好官常用民谣来称赞他。"诵声作"即指此而言。怀友而加勉励，作者用意是可以理解的。这也是诗的讽喻作用之一。

作者的《黄楼歌》能显示宋诗特色;而这两首则纯属唐音,近于李白而不同于杜甫。因为所谓宋诗的特色,其实是从杜甫的部分诗歌发展而来的;正如朱自清在《诗言志辨》中所说的"诗之变自杜始"。这里再顺便讲一下,也许有助于鉴赏。

(吴孟复)

【作者小传】

蔡　确

(1037—1093)　字持正,泉州晋江(今属福建)人。嘉祐四年(1059)进士。历知制诰、御史中丞,参知政事。元丰五年(1042),拜尚书右仆射兼中书侍郎。哲宗立,转左仆射。元祐中罢相,知陈州,夺职徙安州,又徙邓州。坐讥讪,贬为英州别驾,新州安置,卒于贬所。

夏日登车盖亭(其三)　　蔡　确

纸屏石枕竹方床,　　手倦抛书午梦长。
睡觉莞然成独笑,　　数声渔笛在沧浪。

蔡确于嘉祐四年(1059)中进士,元丰五年(1082)拜尚书右仆射,元祐中,罢知陈州,以弟蔡硕赃败,夺职,徙安州(今湖北安陆),夏日登车盖亭,作十诗,此其第三首。《尧山堂外记》载:"时吴处厚笺注以闻,其略云:五篇涉讥讽。'何处机心惊白马,谁人怒剑逐青蝇'——以讥谗谮之人;'叶底出巢黄口闹,波间逐队小鱼忙'——讥新进用事之臣;'睡起莞然成独笑'——方今朝廷清明,不知确笑何事……"这里倒不妨探求一下作者究竟"笑何事"以及全诗主旨。

这首诗,着意刻画了作者贬官后的闲散之态和对隐居生活的向往。诗人本题第一首诗曰:"公事无多客亦稀,朱衣小吏不须随。溪潭直上虚亭里,卧展柴桑处士诗",就是对他那种官冷事闲生活的写照。不过,它没有本诗写得委婉深切。

"纸屏石枕竹方床,手倦抛书午梦长。""纸屏",即纸屏风,以藤皮茧纸制成,取其雅致通风,屏上常以梅花蝴蝶为饰。这两句说:游亭之后,便躺在纸屏遮挡的石枕、竹方床上,看了一会陶渊明的诗("卧展柴桑处士诗"),感到有些倦怠,便随手抛书,美美地睡了一觉。诗人是"夏日登车盖亭"的,因而,读了"纸屏、石枕、方竹床",使人顿觉气清意爽;读了"手倦抛书、午梦长",顿见诗人闲散之态;并且从"午梦长"中,还透出一点半隐半露的消息,这要联系下文来理解。

"睡觉莞然成独笑"，梦醒之后，诗人为什么要"莞然"一笑？他"独笑"什么？诗人所读的书，是"柴桑处士诗"；诗人所做的梦，显然也是耕樵处士之梦；梦中是处士，醒来是谪官，想想昔为布衣平民（"持正二十许时，家苦贫，衣服垢蔽。"事见《懒真子》），红运一来，金榜题名，好运一交，骤升相位，飞祸一降，谪居此州，这不都如大梦一场么？诗人"莞然独笑"，显然是在"午梦长"中有所妙悟；从而领略到人生如梦，富贵如云烟。由此，他想到了归隐；想到归隐，马上便有隐者的呼唤——"数声渔笛在沧浪。"听到这些，他的归隐之情就更加迫切了！

唐代诗人王维，写过一首《酬张少府》："晚年唯好静，万事不关心。自顾无长策，空知返旧林。松风吹解带，山月照弹琴。君问穷通理，渔歌入浦深。"这诗一方面明示自己"万事不关心"，一方面又描摹自己聆听"渔歌入浦深"的情状，所以归隐的题旨比较明显。而蔡确此首，却仅以"莞然独笑"、"数声渔笛"示旨，这就比王维之诗更形委婉；更具韵外之致，味外之旨。《楚辞·渔父》："渔父莞尔而笑，鼓枻而去，乃歌曰：'沧浪之水清兮，可以濯吾缨，沧浪之水浊兮，可以濯吾足'，遂去，不复与言。"王逸《楚辞章句》注曰："水清，喻世昭明，沐浴，升朝廷也；水浊，喻世昏暗，宜隐遁也。"描写闲散生活，抒发归隐之志，不满社会现实，便是本诗的主旨。

（傅经顺）

【作者小传】

冯 山

（？—1094）　字允南，初名献能，普州安岳（今属四川）人。嘉祐二年（1057）进士。熙宁末，为秘书丞，通判梓州，终祠部郎中。工诗。有《安岳集》。

山路梅花　　冯 山

传闻山下数株梅，　　不免车帷暂一开。
试向林梢亲手折，　　早知春意逼人来。
何妨归路参差见，　　更遣东风次第吹。
莫作寻常花蕊看，　　江南音信隔年回。

这首七律，是旅途即兴之作。作者用素描手法，写山路梅花，不添香，不着色，不写疏影横斜，只写梅花带来的春意，却非常传神。

开头两句："传闻山下数株梅，不免车帷暂一开。"这时作者正在车行途中，有人传告山下有冬梅数株，正在含香开放，触动了赏梅的清兴，随即停下车来，揭开车帷，下车前去观赏，可见诗人的雅兴之浓。第三、四两句："试向林梢亲手折，早知春意逼人来。"这两句用流水对，在意义上互为因果。作者在下车之后，步行到梅树中间，亲手折下林梢开放的梅枝。东风才放最高枝，所以在折梅花的当儿，不觉春意逼人而来。又因为作者是闻知山下有数株梅花，才开帷下车的，在闻得此讯之时，就已经感到春到人间了。所以前句的"试向"。后句的"早知"，都显出探梅、赏梅、折梅的清趣，很自然地表达了作者清旷的胸怀。第五、六两句："何妨归路参差见，更遣东风次第吹。"这两句写折梅之后，更觉春意逗人，因而产生了这样的感想：倘能在归途中不时见到梅花，实为旅途中的快事。"参差"本意是高下不齐，也有先后的意思，这里表示多次见到。初见梅花，已觉逸兴横生；则参差见到，岂不更增旅程中的清趣？由此，作者寄意东风，依次地把梅花吹放（次第，依次之意。）那该是多好啊！在诗句中作者是直接表达这样的情怀的，但纡徐曲折，摇曳多姿。"何妨"、"更遣"，都是用的期望语气，并不显得唐突。

结尾两句："莫作寻常花蕊看，江南音信隔年回。"是作者发自内心深处的赞语。他深情地说：如此高洁的梅花，不要把她当作寻常的花蕊看待，须知一年一度，她带回了春到人间的消息，也带来了江南隔年的消息。纵使开在山路旁边，无人赏识，也还给行人带来温慰之情哩！"等闲报得江南信，岭上先开一树梅。"古人早就有折梅寄远的故事，成为长期流传的佳话。据《荆州记》上说："陆凯与范晔相友善，自江南寄梅花一枝与晔，并赠诗说：'折梅逢驿使，寄与陇头人。江南无所有，聊赠一枝春。'"作者虽然未逢驿使，欲寄无由，但此行的见梅和折梅，确实也寄托了无限的深情厚谊，非笔墨所可言传的了！（马祖熙）

【作者小传】

苏　轼

（1037—1101）　字子瞻，一字和仲，号东坡居士，眉州眉山（今属四川）人。苏洵子。嘉祐进士。曾上书力言王安石新法之弊，后因作诗刺新法下御史狱，贬黄州。哲宗时任翰林学士，曾出知杭州、颍州，官至礼部尚书。后又贬谪惠州、儋州。历州郡多惠政。卒后追谥文忠。学识渊博，喜奖励后进。与父洵、弟辙合称"三苏"。其文纵横恣肆，为"唐宋八大家"之一。其诗题材广阔，清新豪健，善用夸张比喻，独具风格。与黄庭坚并称"苏黄"。词开豪放一派，与辛弃疾并称"苏辛"。又工书画。有《东坡七集》、《东坡易传》、《东坡书传》、《东坡乐府》等。

荆州十首(其一、其二、其四) 苏 轼

游人出三峡，　楚地尽平川。
北客随南贾，　吴樯间蜀船。
江侵平野断，　风卷白沙旋。
欲问兴亡意，　重城自古坚。

南方旧战国，　惨淡意犹存。
慷慨因刘表，　凄凉为屈原。
废城犹带井，　古姓聚成村。①
亦解观形胜，　升平不敢论。

朱槛城东角，　高王此望沙。②
江山非一国，　烽火畏三巴。
战骨沦秋草，　危楼倚断霞。
百年豪杰尽，　扰扰见鱼虾。

〔注〕 ① 古姓：据《太平寰宇记》，古姓指吴、伍、程、史、龙、郢(武昌著姓)与卞、伍、龚(武陵著姓)。 ② 望沙：后梁高季兴建楼以望沙津，故名望沙楼。北宋陈尧咨更名为仲宣楼。

苏诗各体均有极好作品，有人只重七古、七律、七绝而忽视五言，是不全面的。荆州十首是苏轼青年时期五言律诗的代表作，读过杜甫《秦州杂诗》的人，都会体会出它的渊源。嘉祐二年(1057)苏轼弟兄二人同榜中了进士，但不幸四月八日母亲在四川原籍去世。弟兄两人回家葬母并守丧。到嘉祐四年(1059)九月，母丧终制，十月还朝。朝廷有几位大臣推荐苏洵出山，于是父子三人一道取水路出三峡到荆州，再改由陆路北上。沿途三人写了一百首诗文，编成《南行集》，后来散佚不全。这年十二月八日抵江陵驿，次年正月初五，离江陵北上。《荆州十首》陆续写成于这几十天中。

三峡山川的奇丽，古迹传说的丰富，在在触发青年诗人的诗思。在荆州之前，他有《出峡》一篇，开头说："入峡喜巉岩，出峡爱平旷。吾心淡无累，遇境即安畅。"联系《出峡》这几句，可以体会《荆州十首》的发端二句，简洁地写出初到荆州的感受。"游人出三峡"，看似平平而起，但联系以前诸篇，再看"楚地尽平川"一

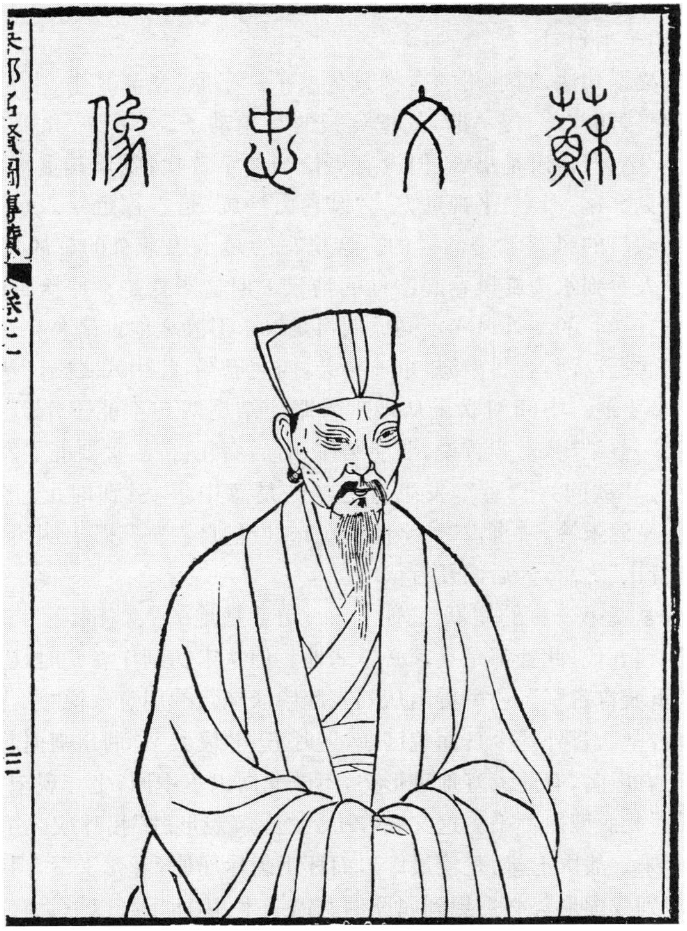

苏轼像

——清道光年间刊本《吴郡名贤图传赞》

句,可见这确是诗人出峡时的特殊感受。平川和三峡正成鲜明对比,写出地形特色,用"楚地"又暗伏兴衰之感。十首诗的内容都离不开这个前提。三四两句写出水陆繁忙之景。北客南贾从纵处说,吴樯蜀船从横处说,在读者面前展开一幅舟车辐辏图。在第十首中作者用"北行连许邓,南去极衡湘"应这两句。从诗律说,这两句用了当句对。

五六句换了句法,写荆州的自然景色。一片平原,江流其中,本来是各不相涉,但"江侵平野断",一侵一断,就把死板的写生动了。"平野"和第二句的"平川"重了"平"字,严格讲是小疵,但没有更恰当的字替代,就任其重复,这在唐人诗中也不罕见。这一句是平视远方。"风卷白沙旋"是直视近景。水面多风,而平原的风和峡口的风感觉是两样的。这里写的是水边常有的旋风,"风卷白沙旋",仿佛令人看到水边旋风卷起沙柱的情景。但这毕竟是平原沃野的旋风,和"黄沙直上白云间"的塞外风光不同。荆州是汉末形胜之地。诸葛亮在隆中答刘备说:"荆州北据汉沔,利尽南海,东连吴会,西通巴蜀,此用武之国。"从三国到五代,都是军事要地。中间两联全从地理着眼。结尾两句不能不作历史的回顾。一组诗的第一首结尾,对本首说,要能结住,对后面几首说,又要能引发。这个结尾恰到好处。"欲问兴亡意",发思古之幽情是意中事,引到即止。"重城自古坚",似回答又似未答。"自古"二字值得玩味。说"自古坚",既表明历史悠久,又含有"今非昔比"之意,为后面几首伏笔。

第二首紧就第一首的尾联生发。第一句就楚地的大范围说。二句收到荆州。从三国到五代,此处都是兵家必争之地。但从宋初到作者此时,已历一百三十多年。"重城自古坚",还可看出从刘表起惨淡经营的用意。说"意犹存",犹如上首的"自古坚",言外是今日面貌已非,遥呼五句"废城"。荆州割据起于汉末刘表。刘表徒有虚名,有此大好地理形势,不敢北向以争中原,坐守观望,直到刘琮降曹,作者因此而慷慨不平。这又暗和七句"亦解观形胜"相呼应。第四句由首句"旧战国"来。战国七雄,楚境最广。而怀王疏斥屈原,身死于秦,国势顿衰,终亡于秦。想到战国形势必然想到屈原的悲愤一生,因而千载以下犹有凄凉之感。作者路过忠州时,看到百姓为纪念屈原而建的屈原塔。即以此为题写诗说:"楚人悲屈原,千载意未歇。精魂飘何处?父老空哽咽。至今沧江上,投饭救饥渴。遗风成竞渡,哀叫楚山裂。屈原古壮士,就死意甚烈。"联系《屈原塔》来看,才能体会出"凄凉"二字的分量。同时这句诗又和第十首诗的结尾"楚境横天下,怀王信弱王"密切照应,兴亡之感,溢于言外。"废城"一联遥应一首末及本篇首二句,表明荆州历史悠久,虽屡经兴废,而旧井尚存,古族仍聚。

结尾一联，作者隐然自负有经济军事之才。“亦”字看似虚设，实则从三四两句来，使人想到屈原的抱负，以及诸葛亮的《隆中对》。作者在峡中有《八阵图》一诗，为孔明而激昂慷慨。第八句轻束吊古，颂扬当世的清明统一，从战国到五代荆南高氏，一笔带过。说“不敢论”，表明自己有这方面的才识，只是时世升平，用不着罢了。妙在一露便止，耐人寻味。这首诗以议论抒情为主，在十首中承上启下，引出荆州兴亡盛衰之事。

组诗的第四首借望沙楼的景色，寓讽于荆南高氏，因及五代群雄，写法和上两首不同。首句写明望沙楼的位置和景况，使人如见朱槛临风之胜。二句点明望沙之名，引出高氏盛时。三四嘲其畏葸无能。高氏对后梁、后唐、南汉、闽、蜀都曾称臣，时称“高无赖”，五代扰攘之季，高氏投靠多方，所以说他“非一国”，这三字形象而含蓄。“烽火畏三巴”直斥其怯懦。后唐派陶毂使荆南，高从诲曾炫耀兵力，吹嘘要伐蜀，实际畏蜀如虎。三巴指巴郡、巴东、巴西，即指蜀地，因与“一国”对偶，故用“三巴”。“战骨沦秋草”是虚想，见秋草而想象多少无辜兵士埋骨其下。暗用张籍诗“年年战骨多秋草”，但“沦”字下得沉重。“危楼倚断霞”实写，点明当前景物，和“朱槛”句呼应。朱槛重楼与断霞相映，倚槛临风，景色全收眼底。然霞上着一“断”字，既是自然景色，又和历史兴亡若接若连，引人遐想，这是作者着意修辞之处。“百年豪杰尽”，一句推开。五代乱离，群雄已矣，总束历史。“扰扰见鱼虾”乃当前所见。这尾联和第二首“升平不敢论”在意义上相关联。查慎行以为，鱼虾是比“五代君臣及僭号诸国”（《苏诗补注》卷二）。而赵克宜不同意此说，认为鱼虾是楼头所见（《苏诗评注汇抄》卷一）。赵氏驳查氏之说不为无理，但也失之过实。苏诗将豪杰与鱼虾对举，相映成趣，既有当前所见与过去情况相对比的一面，而言外不无讥讽之意，所谓若即若离，含蓄多趣。旧诗词中常用此种手法，要在心领神会，不必过于落实。

《荆州十首》虽不是一气呵成，但和杜甫的《秦州杂诗》一样，有起有结。中间若干首疏疏密密。这里选的三首联系还是较紧的。一题多首，要注意谋篇上有联系，写法上要有变化，每首有不同的侧重点和抒发方式，欣赏时不可忽略。

（周本淳）

辛丑十一月十九日既与子由别于郑州西门之外，马上赋诗一篇寄之　　苏　轼

不饮胡为醉兀兀，　此心已逐归鞍发。
归人犹自念庭帏，　今我何以慰寂寞。

登高回首坡垅隔，　　但见乌帽出复没。
苦寒念尔衣裘薄，　　独骑瘦马踏残月。
路人行歌居人乐，　　童仆怪我苦凄恻。
亦知人生要有别，　　但恐岁月去飘忽。
寒灯相对记畴昔，　　夜雨何时听萧瑟？
君知此意不可忘，　　慎勿苦爱高官职。

《宋史·苏辙传》称美苏轼兄弟的情谊说："患难之中，友爱弥笃，无少怨尤，近古罕见。"他们兄弟一生写了很多抒发手足之情的著名诗篇，这是苏轼所写的最早的一篇。

苏轼兄弟继嘉祐二年(1057)同科进士及第之后，嘉祐六年又同举制策入等。苏轼被任命为凤翔(今属陕西)签判，苏辙(子由)因其《御试制科策》尖锐抨击宋仁宗，在朝廷引起轩然大波，只好自己要求留京侍父。在这以前，他们兄弟一直生活在一起。苏轼赴凤翔任，是他们第一次远别。苏辙送兄赴任，送了一程又一程，一直送到离京城一百四十里的郑州西门外，苏轼写下了这首抒发离愁别恨的名篇。

诗的开头四句写离别之苦。胡为即何为；兀兀，昏沉貌。"不饮"而已醉得昏昏沉沉，神不守舍，自己的心已随着弟弟的"归鞍"而回到京城去了，一下子就烘托出因离别而精神恍惚的神态。汪师韩说"起句突兀"，纪昀说"起得飘忽"，这样开头确实既突兀而又飘忽。庭帏，束皙《补亡诗·南陔》(《文选》卷十九)有"眷恋庭帏"语，李善注："庭帏，亲之所居。"多用以指父母，此指苏洵(苏轼母程夫人已去世)。弟弟("归人")即将见到亲人都还思念不已，自己从此远离庭帏，更何以堪？这种对比手法，进一步突出了离亲之苦。

"登高"四句抒发别后思念弟弟之情。登上高处，回望归去的弟弟，却被坡垅所遮蔽，只见弟弟的乌帽时出时没而已。陈岩肖说："昔人临岐惜别，回首引望，恋恋不忍遽去而形于诗者，如王摩诘云：'车徒望不见，时见起行尘'；欧阳詹云：'高城已不见，况复城中人'；东坡与其弟子由别云：'登高回首坡垅隔，但见乌帽出复没'。咸纪行人已远而故人不复可见，语虽不同，其惜别之意则同也。"(《庚溪诗话》卷下)陈岩肖既指出了苏诗之所本，又点明了这两句是写"惜别"。这两句不仅感情真挚，而且"模写甚工"(《吴礼部诗话》)，善"写难状之景"(《纪评苏诗》)，它仿佛使我们看到了苏轼回望弟弟的神情。后两句对子由更是体贴入微，"苦寒"句，怕他归途受凉；"独骑"句，担心他途中孤独；而裘薄、马瘦、月残，更烘托出别后的凄冷寂寞气氛。

“路人”四句写自己悲苦的原因。前两句说，路人、居人都很快乐，不了解自己的痛苦，甚至连随身僮仆也不了解，而对自己的“凄恻”深感奇怪。后两句是“明所以‘苦凄恻’之故”。（王文诰《苏海志余》）“人有悲欢离合，月有阴晴圆缺，此事古难全”。人生难免有别，不应过分“凄恻”。这是自我宽解之词，先宕开一层，行文就曲折而不直泻。但想到岁月飘忽，盛时难再，又不免“凄恻”，仍紧紧扣住主题。

为防“岁月去飘忽”，最后四句写与弟弟相约早退。“寒灯”句是对“畴昔”（往昔）兄弟相聚的回忆；“夜雨”句是对未来相聚的盼望；“君知”两句则是相约之语：勿恋高官，以免妨碍弟兄欢聚。苏轼在诗末自注说：“尝有‘夜雨对床’之言，故云尔。”“夜雨对床”，有的本子作“夜床对雨”。韦应物《示全真元常》：“宁知风雨夜，复此对床眠”；苏轼《东府雨中别子由》：“对床空悠悠，夜雨今萧瑟”；《满江红·怀子由作》：“对床夜雨听萧瑟。”根据所本韦诗以及他在其他诗词中的用法，当以“夜雨对床”为是。所谓“尝有‘夜雨对床’之言”，是指嘉祐六年秋他们兄弟应制科试，寓居怀远驿时，一夜风雨并作，读韦应物诗，有感于即将远离，于是相约早退。苏辙《逍遥堂会宿并引》说：“辙幼从子瞻读书，未尝一日相舍。既壮，将游宦四方，读苏州诗至‘安知风雨夜，复此对床眠’，恻然感之，乃相约早退，为闲居之乐。故子瞻始为凤翔幕府，留诗为别曰：‘夜雨何时听萧瑟’。”苏辙这段话可作苏轼此诗最后四句的注脚。

苏轼这篇七古，在用韵上或如王鸣盛所讥，不甚严格，全诗十六句除第三、第十五句未用韵外，共“用十四韵而跨其五部（指月、药、陌、职、屑五部）”（见《蛾术编》卷七十八《东坡用韵》）。但这并未妨碍它为历代读者所激赏。其原因就在于感情真挚，摹写入微，行文跌宕，收转自如，具有浓郁的抒情色彩。正如汪师韩所评：“起句突兀有意味，前叙既别之深情，后忆昔年之旧约。‘亦知人生要有别’，转进一层，曲折遒宕。轼是年甫二十六，而诗格老成如是！”（《苏诗选评笺释》卷一）

（曾枣庄）

和子由渑池怀旧　　苏　轼

人生到处知何似？　应似飞鸿踏雪泥。
泥上偶然留指爪，　鸿飞那复计东西？
老僧已死成新塔，　坏壁无由见旧题。
往日崎岖还记否？　路长人困蹇驴嘶。

仁宗嘉祐六年(1061),苏轼出任凤翔府(今属陕西)签判,其弟苏辙送他到郑州,然后返回京城开封,寄给他一首诗,题为《怀渑池寄子瞻兄》。苏轼和了这首诗,完全依照苏辙的原韵。

苏辙十九岁时,曾被委为渑池县主簿,但未到任便中了进士①,因此他对渑池有一种特殊的感情。他寄给哥哥的诗里就说:"曾为县吏民知否?旧宿僧房壁共题。"很有怀旧之情。所以苏轼此诗开头四句就发表了一段议论。

就一个人来说,或是为了谋生,或是为了读书、应举、做官,东奔西走。像什么呢?像一只鸿雁。那鸿雁或是到南方过冬,或是回北方生养,来来去去。脚爪踏在雪泥之上,无非偶然留下指爪的痕迹,转眼它又飞走了;至于那留下的痕迹,它哪能记着啊;何况,痕迹又是很快会消失的。

这一段带有哲理性的议论,苏轼把这段议论用四句诗概括起来,形象生动,寄意深沉,因此很快就传扬开来了。此后,"雪泥鸿爪"便成了惯用的成语。

但这四句诗之受到广大读者欣赏,还不仅因其中所含的理趣;从艺术技巧来说,也是使人倾倒佩服的。清人纪昀评此诗说:"前四句单行入律,唐人旧格;而意境恣逸,则东坡之本色。"律诗三四两句本来要做成对仗,意思两两相对。有些诗人有意打破这个限制,变成似对仗而又不是对仗。换句话说,文字是对仗的,意思却不是两两相对。这就叫"单行入律"。崔颢的《黄鹤楼》诗开头四句就是这种格式,他是完全不理会对仗的。王维的《敕赐百官樱桃》开头说:"芙蓉阙下会千官,紫禁朱樱出上兰。总是寝园春荐后,非关御苑鸟含残。"第二联在文字上是对仗,意思却是承上而下,这也是"单行入律"。苏轼的"泥上偶然留指爪,鸿飞那复计东西。"从文字看,也是对仗,但那意思则是承上直说下去,所以也是"单行入律"。因为若不是运用这种格式,整个意思就难以圆满表达,而且行文气势也因此大受影响,所以非要打破不可。

打破原来的束缚,顺着自己要发挥的议论直写下去,就能圆满透达,纵横恣肆,显出行文的气势,思想的透辟。不是格律限制了我,而是我来驱遣格律了。这正是苏轼本领高强之处。

下面四句是应和弟弟诗中的怀旧之情。"老僧已死成新塔,坏壁无由见旧题。"据苏辙的诗注说:"昔与子瞻应举,过宿县中寺舍,题老僧奉闲之壁。"苏轼兄弟二人从前在渑池县的僧寺中投宿,又写了诗题在墙上。但如今老和尚死了,只剩下新建的埋葬骨灰的塔;至于当日题的诗句,也因为墙壁损坏,再找也找不着了。这两句,既是暗暗回应了"雪泥鸿爪"的意思,也回答了苏辙原作"旧宿僧房壁共题"的怀旧。可见人的一生,偶然留下痕迹,随时变灭,也是一种自然规律,是没有必要过分去怀念的。

最后,苏轼提起一件往事,又可以看出他的人生态度。他说:弟弟,你还记得吗?那一年,我和你路过崤山,在二陵之间颠颠簸簸走着,不料骑的马累死了,只好改赁了驴子。那时路又长,人又乏,那跛驴子不停地叫着。这种情景,你可还记得?②

仔细看来,这两句其实不是怀旧,而是希望他弟弟珍惜现在,开拓将来。内里的潜台词是这样:从前我兄弟二人经历过不少艰难困苦,如今彼此都中了进士,前途光明,同往日大不相同了。那些往事何必去怀念它,即使是怀念,也无非要鞭策自己奋发向前罢了。我想这层意思,他弟弟是看得懂的。

这首诗是苏轼的名作。从中可以看出他早年的积极态度,以及后来处在颠沛之中的乐观精神的底蕴。 (刘逸生)

〔注〕 ① 苏辙《怀渑池寄子瞻兄》诗自注:“辙曾为此县簿,未赴而中第。” ② 作者自注:“往岁,马死于二陵,骑驴至渑池。”二陵即河南省渑池之西的崤山。

石 鼓 歌 苏 轼

冬十二月岁辛丑, 我初从政见鲁叟。
旧闻石鼓今见之, 文字郁律蛟蛇走。
细观初以指画肚, 欲读嗟如箝在口。
韩公好古生已迟, 我今况又百年后!
强寻偏旁推点画, 时得一二遗八九。
“我车既攻马亦同”, “其鱼维鲔贯之柳”。①
古器纵横犹识鼎, 众星错落仅名斗。
模糊半已隐瘢胝, 诘曲犹能辨跟肘。
娟娟缺月隐云雾, 濯濯嘉禾秀稂莠。
漂流百战偶然存, 独立千载谁与友?
上追轩、颉相唯诺, 下揖冰、斯同鷇彀。
忆昔周宣歌《鸿雁》, 当时籀史变蝌蚪。
厌乱人方思圣贤, 中兴天为生耆耇。
东征徐虏阚虓虎, 北伏犬戎随指嗾。
象胥杂沓贡狼鹿, 方、召联翩赐圭卣。

遂因鼓鼙思将帅，　　岂为考击烦矇瞍。
何人作颂比《嵩高》？　万古斯文齐岣嵝。
勋劳至大不矜伐，　　文、武未远犹忠厚。
欲寻年岁无甲乙，　　岂有名字记谁某。
自从周衰更七国，　　竟使秦人有九有。
扫除诗书诵法律，　　投弃俎豆陈鞭杻。
当年何人佐祖龙？　　上蔡公子牵黄狗。
登山刻石颂功烈，　　后者无继前无偶。
皆云皇帝巡四国，　　烹灭强暴救黔首。
六经既已委灰尘，　　此鼓亦当遭击掊。
传闻九鼎沦泗上，　　欲使万夫沉水取。
暴君纵欲穷人力，　　神物义不污秦垢。
是时石鼓何处避？　　无乃天工令鬼守。
兴亡百变物自闲，　　富贵一朝名不朽。
细思物理坐叹息，　　人生安得如汝寿！

〔注〕 ① 原注云："我车既攻，我马既同"，又云："其鱼维何？维鲂维鲤。何以贯之？维杨与柳。""唯此六句可读，余多不可通。"

嘉祐六年(1061)十二月，苏轼初登仕途，签判凤翔(今属陕西)。览古兴怀，作《凤翔八观》八首，诗序中有"悲世悼俗，自伤不见古人，而欲一观其遗迹"的说法。《石鼓歌》是这一组诗的第一首。

首四句为第一小节，以初见石鼓的时、地领起。言时，用古史笔法，是长篇大赋的常用手段。言地，仅出"见鲁叟"三字，却既点明凤翔孔庙的所在地，又借此烘示出古鼓的庄重崇隆，意兼虚实。诗人从政伊始即思先睹为快，其渴慕之情可以想见。所以，"文字郁律蛟蛇走"云，既是"今见"的感觉，又实是"旧闻"的印证。石鼓的古拙而玄妙，庄严而飞动，以及诗人快慰而不满足，而亟欲深究的心情，竟都在短短四句之中显露出来了。

"细观初以指画肚"以下十八句为第二小节，具体描写了所见石鼓的情状。诗人不言其妙，而言"指画肚"的揣摩；不言其古，而言"箝在口"的懊丧。昔韩愈作《石鼓歌》，有"嗟予好古生苦晚，对此涕泪双滂沱"的喟叹，今诗人又瞠乎其后，如之奈何！然而，唯石鼓之妙而且古，令人欲罢不能。于是有"强寻偏旁推点画"

石鼓文拓本(先锋本)

碑文:“吾车既工(攻),吾马既同。……”

的举动，一个“寻”字、一个“推”字，苦心孤诣，晰然可见。居然不无所得，前后辨认出“我车既攻”等完整的六句来，好比于器玩中识得古鼎、于星辰中识得北斗一般。“犹识”的“犹”字有聊以自慰之意，“仅名”的“仅”字却又见难以餍足之心，诗人此时，可谓憾喜参半。一脔既尝，能不细窥全豹？于是诗人着力描摹了石鼓上其余的文字。“模糊”二句言其没者，斑驳漫漶，如瘢疤如胼胝，而残笔依稀。“娟娟”二句言其存者，秀见挺出，如缺月如嘉禾，而字形怪奇。“漂流百战”，回应前者，饱经风霜、硕果仅存，残破中有劲气。“独立千载”，回应后者，卓然标举、奇古无二，混沌中见精神。叙写至此，意犹未尽，故用“谁与友”的反诘。最后收束到石鼓的大篆书体，上与黄帝、仓颉的古文奇字分庭抗礼，下则哺育李斯、李阳冰的小篆，光前裕后。这八句用四组对仗，以存、没、显、隐的参错和对比来增加变化；句句如言石鼓之可识，句句又实言石鼓之不可识，然而，句句中却皆有石鼓的“古”“妙”二字在。用笔精练，而石鼓的态势已历历在目。

“忆昔周宣歌《鸿雁》”以下十六句为第三小节，追叙石鼓的原始。石鼓经近人考证，断为秦时记载国君游猎的刻石，而唐宋人因“我车既攻，我马既同”与《诗经·小雅·车攻》的起句相同，多附会为周宣王时物。苏轼也不例外。周宣王是历史上著名的中兴之主，诗人以“忆昔”突作折笔，以下即转入了对宣王政绩的赞颂。特为拈明“歌《鸿雁》”，不仅仅是为同下句“变蝌蚪”作文字上的工对。《鸿雁》为《诗经》篇名，古人认为是赞美宣王的作品，《毛诗序》所谓“万民离散，不安其居，而能劳来还定安集之”，这里正代表了宣王安内的治绩。诗人重点在歌颂宣王攘外的武功，故此处仅用一句为后文拓出地步，王文诰评作者“得过便过，其捷如风”，颇中肯綮。同样，次句表出当时太史籀变古文（蝌蚪文为古文之一种）为大篆，亦隐含了文德修明的意思。诗人认为宣王的中兴，合乎天道人心，人心厌夷王、厉王之乱而思治，而老成干臣如方叔、召虎、申甫、尹吉甫等又适为之辅弼，于是轰轰烈烈，武功烜赫：东征淮夷徐戎（居于今苏皖一带的古部族），壮士猛如怒虎；北平猃狁（即古匈奴）之患，军队如其指挥。掌管外交传言的象胥官，不断献上出自外邦的战利品；方叔、召虎一类的功臣，接连领受国君隆重的赏赐。“杂沓”、“联翩”两组联绵字，可用乐章作比：前者如促节，回应战事的频繁；后者如缓板，状写胜利的平易。至此，诗人方点明石鼓的原委：宣王制鼓是为推重将帅亦即是推重拨乱的政治，而不是用于自颂和自娱。《礼记·乐记》：“君子听鼓鼙之声，则思将帅之臣。”《诗经·大雅·有瞽》：“有瞽有瞽，在周之庭……永观厥成。”二者的区别是很明显的。诗人断定石鼓是如《诗经·大雅·嵩高》那样的颂功之作，与衡山岣嵝峰上的神禹治水碑同垂不朽；从宣王不炫己，以及鼓上无纪年、无作者姓名的情节上，进而推见了石鼓特出的一大长处，即“勋劳至大不矜伐”，有周文王、周武王的忠厚之风。结末的这段笔墨，实际上是对前所言石鼓辞密难晓的关应和生发。这一小节铺写酣畅，一气呵成。所谓物以人传，人亦以物传，著述宣王的“勋劳”，益见石鼓的崇高。在此小节中，诗人之笔已从石鼓的表象，进入了石鼓的内涵。

第四小节为“自从周衰更七国”至“无乃天工令鬼守”的十八句，写石鼓“义不污秦垢”。上文“欲寻”、“岂有”二句运用缓笔，似漫无收束，此处首二句即紧接着突兀而至，犹如天空中适才还是白云冉冉，陡然阴霾一布，霆雨将至，具有撼动人心的效果。“竟使秦人有九有”，诗人毫不掩饰对暴秦的憎恶。用一“竟”字，比用遂、乃、因、却等字更见感情色彩。“扫除”二句，为秦朝焚诗书、废礼乐的暴政先定一铁案。在这样严峻的形势背景之下，读者不禁要为石鼓的命运担忧。然而，诗人并未接写石鼓所遭受的浩劫，却串入了一段秦时石刻的情况。秦始皇、李斯等人，好刻石谀功，史载其先后于邹峄山、泰山、芝罘、琅玡、石门、会稽等处立石，这些石刻几乎便是秦人留与后世的全部文化遗产。其内容则无一不是“颂秦德”(《史记·秦始皇本纪》语)，如芝罘刻石词：“皇帝东游，巡登芝罘……烹灭强暴，振救黔首。”苏轼不无讽刺地援引了这些话，然与前定案数语对读，可见是欺人之谈！诗人于此串叙中多用讥刺，如以“上蔡公子牵黄狗”称代李斯，预示其日后覆灭的下场；以“后者无继前无偶”状写秦人刻石的骄矜，然而，“后者无继”，又同时带有不齿于后人的寓意。串写这一段，起着两个作用：一是以秦人“刻石颂功”的伪与劣，反衬出石鼓“功大不矜”的真与高；二是谓秦石既如此作伪，石鼓自然羞与同伍，必定不见容于当世，由此领起下文“此鼓亦当遭击掊”，可见它历劫犹存的不易。昔韦应物《石鼓歌》也写到“秦家祖龙还刻石，碣石之罘李斯迹。世人好古犹共传，持来比之犹悬隔”。但苏轼于此，挖掘得更深刻，发明得更透彻。石鼓究竟如何度此大劫？世无明载。诗人遂联想到另一“神物”——相传铸于夏禹时代的九鼎。《史记·秦始皇本纪》：“还过彭城，斋戒祷祠，欲出周鼎泗水，使千人没水求之，弗得。”石鼓不显于秦，当亦是鬼神暗中呵护吧！这里以“传闻”证未传未闻，虽以不解解之，但揆度合于情理，又仍关应全篇所叙述的石鼓的古、妙、真、高，可谓神来之笔。

最后四句为第五小节，以感叹石鼓的长存作尾。前面极力铺排石鼓经周之盛，历秦之衰，此处仅用“物自闲”三字轻轻带住。前面大量篇幅驰神走笔于石鼓之中，此处却又忽出作者，与起首四句呼应，而余意固无止尽。

苏轼擅长比喻，描写一件事物，有时接连用比喻，使人应接不暇。此诗即是一例。而此诗还有一大特点,即几乎全篇运用对仗,于整饬中求变化。不少地方开合雄阔,使人浑然不觉。不可否认,有些对句互文见义,少数甚而有合掌之嫌,但细细品味,作者于上下句总求各具重点,尽量扩大其内容的涵量。诗人这样做不是偶然的。在此以前,韩愈、韦应物俱有《石鼓歌》,韩诗尤为著名。韩诗以己身与石鼓的关系为经纬,酣恣行笔,而苏诗则以客观为主,欲免雷同。正因如此,后人往往以此二诗相比,并称名作。如翁方纲《石洲诗话》谓:"苏诗此歌,魄力雄大,不让韩公。然至描写正面处……尤较韩为斟酌动宕矣。"诚然,苏轼作此诗时,意中处处有韩、韦诗在,于是争奇逞胜,有些地方未免雕琢太过。然而,在前人留下的不多余地中,复以格律自囿,出新意于法度之中,尤见功力。

(史良昭)

王维吴道子画　　苏 轼

何处访吴画? 普门与开元。
开元有东塔, 摩诘留手痕。
吾观画品中, 莫如二子尊。
道子实雄放, 浩如海波翻。
当其下手风雨快, 笔所未到气已吞。
亭亭双林间,① 彩晕扶桑暾。②
中有至人谈寂灭,③ 悟者悲涕迷者手自扪。
蛮君鬼伯千万万, 相排竞进头如鼋。
摩诘本诗老, 佩芷袭芳荪。
今观此壁画, 亦若其诗清且敦。
祇园弟子尽鹤骨,④ 心如死灰不复温。
门前两丛竹, 雪节贯霜根。
交柯乱叶动无数, 一一皆可寻其源。
吴生虽妙绝, 犹以画工论。
摩诘得之于象外, 有如仙翮谢笼樊。
吾观二子皆神俊, 又于维也敛衽无间言。⑤

〔注〕 ① 双林:指拘尸那城娑罗双树,传说释迦辞世于此。 ② 彩晕:佛头上的彩色光圈。扶桑:太阳升起的地方。暾:日光。 ③ 寂灭:指佛家超脱生死的思想。 ④ 祇(qí)园:佛教胜地之一。释迦牟尼在此居住说法二十五年。 ⑤ 敛衽(rèn):收拢衣襟,对尊长表示敬

意的样子。无间(jiàn)言：没有缺点可言。

这首诗，是组诗《凤翔八观》之三，写于宋仁宗嘉祐六年(1061)苏轼作凤翔府签判时，时年二十六岁。王维与吴道子并为唐开元、天宝年间的名画家，凤翔的普门与开元二寺的壁间，俱有二人的佛教画，诗人于游观二寺时见到王、吴二人的画，便写下这首诗，表达了对王、吴二人绘画艺术的观感及评价。

诗的发端四句，以错落的句法，点切诗题，交代王、吴二人画迹的所在，使人了然于普门、开元二寺俱有吴画，而王维的画则在开元寺的塔中。下面“吾观”二句，紧接着对二人的成就作概要的评断，肯定他们在画苑中并列的崇高地位。下面即分别描写二人的画像及所感受到的各自的艺术境界。

“道子实雄放”以下十句写吴道子画。“雄放”二字概括地道出吴画的艺术风格特点。“浩如海波翻”句以自然现象尽致地形容出雄放的气势。“当其”二句乃诗人从画像所感受到的吴道子运笔时的艺术气概。这种对吴道子创作过程的体会，也表达了诗人自己的艺术思想。后来诗人在其《筼筜谷偃竹记》中曾说：“故画竹必先得成竹于胸中，执笔熟视，乃见其所欲画者，急起从之，振笔直遂，以追其所见，如兔起鹘落，少纵即逝矣。”若能意在笔先，成竹在胸，才能“下手风雨快，笔所未到气已吞”，这是艺术家的创作获得神妙境界的三昧所在，只有内具于己，才能领会到他人获得这种成就的匠心所在。“亭亭双林间”以下六句写吴画的形象，极精要地勾勒出画的内容，生动地显现出释迦临终说法时听众的复杂情态，他们或感悟悲涕，或扪心自省，而那些“相排竞进”者的状貌，又表现得多么情急，这一切都宛然如见。

“摩诘本诗老”以下十句写王维画。摩诘为王维的字。“摩诘”句从王维的身份提起，寓含王维画品的精神特质。即所谓“画中有诗”。“佩芷”句是对王维的人品和艺术的高度赞赏，即王维的人品和诗画艺术都是芳美的。“今观”二句照应前面“诗老”句，引用人所熟知的王维的诗的成就来喻其画风。“清且敦”意谓其画亦如其诗之形象清美而意味深厚。“祇园”以下六句写王画的内容。前二句写画中人物情态，不似吴画表现的强烈，而意味颇蕴蓄。后四句写画中景物，为吴画所无，俨然是一幅竹画，再现了竹的茎叶动摇于清风中的神姿。纪昀谓“交柯”句“七字妙契微茫”，王文诰说这四句即“公之画法”，这里面即寓有诗人画竹的艺法。这六句的画面，都具有“清且敦”的艺术风味。

诗末“吴生”六句，就对王、吴二人画的观感作总的评论，于相并尊重之中又从二人艺术造诣的境界，有所抑扬。对吴画评为“妙绝”，是对吴画中听众情态毕现形象的品题，而“妙绝”仅在迹象，只是画工的高艺。诗人认为王画“得之于象

释迦降生图(局部)

——〔唐〕吴道子

外”，如神鸟之离绝樊笼，超脱于形迹之外，精神自然悠远，于是衷心佩服，觉得无所不足。这里也体现了诗人美学理想的又一个方面。他在《书鄢陵王主簿所画折枝二首》中说：“论画以形似，见与儿童邻；赋诗必此诗，定非知诗人。”又说：“瘦竹如幽人，幽花如处女。”认为绘画不能但求形似，正如赋诗不能只停在所赋事物的表面，而要在形迹之外，使人在精神上得到启发，有所感受。瘦竹、幽花与幽人、处女，物类的质性迥异，而从瘦竹感到幽人的韵致，从幽花如见处女的姿态，俱是摄取象外的精神，意味便觉无穷。这种脱略形迹、追求象外意境的美学思想，长期支配我国文人画的创作，形成我国绘画艺术独具的风貌。

这是一首七言古体。七古是盛唐诗人的一个胜场，李白、杜甫在这一诗体上是并峙的两座高峰。七古与五古同是在创作上极少拘束的，而七言长古更宜于纵情驰骋，在章法结构及气势节奏各方面更可变化无方，臻于奇妙之境。李、杜之后，中唐唯韩愈可以接武，有不少佳作，再后就很寥落。苏轼的七言长古名篇迭出，成就之高，足与李、杜、韩相抗衡，这篇《王维吴道子画》即为其早年意气骏发之作。这首诗的章法很值得注意，整首诗的内容都在发挥诗题，而起结分合，条理清晰完密。诗的开始四句总提王、吴，为全诗的纲领。“吾观”二句，又在分写王、吴画前先作总评。“道子实雄放”及“摩诘本诗老”两层，依次分写王、吴画面，为全诗的腹身。最后六句以评论收束，前四句分评吴、王，末二句于一致赞赏之余又稍有轩轾，重申总评的精神。起和结的两节诗句于整齐中有参差，虽始终将王、吴二人并提，并极灵活而极错落之致。全诗章法真如诗中所说：“交柯乱叶动无数，一一皆可寻其源。”

全诗的韵调具有优美的节奏感。首端四句闲闲而起，似话家常，语极从容。结尾六句，因评论而有所抑扬，语气于转折间呈矫健之势，而掉尾又觉余音袅袅，悠扬无尽。中间写道子一层，形象奇突，如峰峙涛涌，使人悚异；而写王维一层，景象清疏，如水流云在，使人意远。作为诗的中心的这两层，意象情调，迥然异趣。而全篇四节，波浪起伏，如曼音促节，递相转换，于大体为七言句中适当间以五言，整个形成谐美的旋律，而气势仍自雄健。这是七言长古所必具的，也是不容易做到的。

（胡国瑞）

真兴寺阁　　　苏　轼

山川与城郭，　漠漠同一形；
市人与鸦鹊，　浩浩同一声。①
此阁几何高？　何人之所营？

侧身送落日，　引手攀飞星。②
当年王中令，　斫木南山赪。③
写真留阁下，④　铁面眼有棱。
身强八九尺，　与阁两峥嵘。
古人虽暴恣，⑤　作事令世惊。
登者尚呀喘，　作者何以胜？
曷不观此阁，　其人勇且英。

〔注〕 ① 浩浩：旷远貌。 ② 攀飞星：杨亿儿时登楼有诗云："危楼高百尺，手可摘星辰。不敢高声语，恐惊天上人。" ③ 南山赪：赪，赭色，这里指赭色的山。 ④ 写真：画像。 ⑤ 暴恣：暴戾骄纵。

这篇五言古诗作于仁宗嘉祐六年(1061)，这一年作者以直言极谏策问列入三等，授大理寺评事、签书凤翔府节度判官厅公事，开始进入仕途。诗作于凤翔，为《凤翔八观》中的一篇。真兴寺阁在凤翔城中，高十余丈，宋初节度使王彦超建(据《凤翔志》)。

诗的起笔四句："山川与城郭"至"浩浩同一声"总写此阁的高峻。登临阁上，但觉山川城郭，冥冥漠漠，仿佛同为一个形体。世人纷杂的声音，和鸦鸣鹊噪，浩浩茫茫，混合为同一的声音。这四句起得突兀，写得极为传神。化用杜甫《同诸公登慈恩寺塔》诗："秦山忽破碎，泾渭不可求；俯视但一气，焉能辨皇州"句意，但意象有所扩大。显示凭高纵目，所见各类形态，旷远微茫；所闻的种种音响，也难以辨别的景况。次四句由阁之高而引起遐想。前两句故作设问："此阁几何高？何人之所营？"这真兴寺阁，究竟有几多高呢？又是何人所营建的呢？后两句："侧身送落日，引手攀飞星。"用形象化的语言，先回答"几何高"这一设问。作者说：登临此阁，几乎侧着身子，就可以目送太阳落山(这是俯视所感)。伸出手来，竟可以攀摘飞星(这是仰观所觉)。两句用虚写表明实际感受，生动恍惚，极夸张之能事。接着以"当年王中令，斫木南山赪"两句，回答了上文另一设问"何人之所营"。作者说：当年本朝初期王彦超将军，以凤翔节度使加中书令的身份，驻节凤翔府，曾经斫木于州南的赭山，建成此阁。"王中令"，即王中书令的简称。他因何建阁，作者并没有提起，但在下面四句："写真留阁下……与阁相峥嵘。"却从他的画像，勾勒出他的形象：此人建阁之后，曾在阁下留真，他面色铁黑，眼光有如紫石棱，确有将军气概。他身长八九尺，此像与此阁都峥嵘高峻，给人以威严的感受，使人印象很深。

诗的最后,作者以“古人虽暴恣”等六句,写自己的所感。作者认为有些古人(包括诗里的王中令),其人虽说恣睢暴戾不足称道,但他们所作之事,也使世人为之惊奇。即以此阁而论,登者尚且感到惊讶吁喘,不知道建阁之人,具有何种胆量,竟能泰然胜任。结尾“曷不观此阁,其人勇且英。”作者更加强语气说:君如不信,何不观看此阁,则知王中令者,亦为勇猛英杰之辈,是不能拿一般的武人来看待他的。

全诗饶有俊爽高迈之气,写阁写人,都用生动形象的词采。作此诗时,作者年方廿六岁,豪迈英爽,正是壮岁作品的特征。陈衍(石遗)评此诗说:“此坡公五古之以健胜者。”(《宋诗精华录》)可谓确评。

(马祖熙)

岁晚相与馈问,为“馈岁”;酒食相邀,呼为“别岁”;至除夜,达旦不眠,为“守岁”。蜀之风俗如是。余官于岐下,岁暮思归而不可得,故为此三诗以寄子由

苏　轼

馈　岁

农功各已收,　岁事得相佐。
为欢恐无及,　假物不论货。
山川随出产,　贫富称小大。
置盘巨鲤横,　发笼双兔卧。
富人事华靡,　彩绣光翻座。
贫者愧不能,　微挚出舂磨。
官居故人少,　里巷佳节过。
亦欲举乡风,　独唱无人和。

别　岁

故人适千里,　临别尚迟迟。
人行犹可复,　岁行那可追!
问岁安所之?　远在天一涯。
已逐东流水,　赴海归无时。
东邻酒初熟,　西舍豕亦肥。
且为一日欢,　慰此穷年悲。

勿嗟旧岁别， 行与新岁辞。
去去勿回顾， 还君老与衰。

守 岁

欲知垂尽岁， 有似赴壑蛇。
修鳞半已没， 去意谁能遮？
况欲系其尾， 虽勤知奈何！
儿童强不睡， 相守夜谨哗。
晨鸡且勿唱， 更鼓畏添挝。
坐久灯烬落， 起看北斗斜。
明年岂无年？ 心事恐蹉跎。
努力尽今夕， 少年犹可夸。

这是苏轼嘉祐七年冬末写的三首有名的风俗诗。嘉祐六年(1061)，苏轼应制科入三等，以“将仕郎大理寺评事签书节度判官厅公事”，十一月至凤翔(治所在今陕西凤翔)。知府宋选对苏轼十分关心爱护。苏轼公事之暇，可以纵观附近的名胜古迹，留下了有名的《凤翔八观》诗。这年苏辙授商州(治所在今陕西商洛)军事推官。官告未下，苏辙要求留在京师侍奉父亲，第二年获准。苏轼一人在凤翔，遇到年终，想回汴京和父亲弟弟团聚而不可得，回想故乡岁暮的淳朴风俗，就写这三首诗寄给弟弟(子由)，以抒发思念之情。

《馈岁》全诗十六句，可以分为三节。前四句为第一节，交代馈岁风俗的依据。一年农事，互相帮助，现在大功已成，终年劳苦，岁暮余暇，稍纵即逝，所以不计货贝，以物相馈，免生“为欢无及”之悔。这几句交代背景，点明题目。“为欢恐无及”五字，直贯三首。“假物不论货”紧起下文八句。二节八句举出馈岁之礼，各随方物财力。两句总领下六句，下六句分说。“置盘”二句顶山川说。“富人”四句就贫富说。盘鲤、笼兔，富家的彩绣耀眼，贫家的微挚(同贽，礼品)舂磨(指粮食加工之粉糕之类)，使人仿佛置身于络绎往来的岁暮馈送队伍中，这是一幅精彩的风俗画。作者未着议论，自有赞美故乡风俗醇厚的意味。最后四句为一节引到当前。乡风(对照“官居”)二字总束前文，又贯下面两首。独唱句又应官居二句。不言思家，而在佳节期间，歌颂故乡习俗，叹无人共举乡风，一种无法遏止的思乡里念亲戚之情自然流于言外。

这首诗着重对比以见意抒情。前面十二句乡风之淳美，和后四句官居之冷落是一大对比，中间山川、鲤兔、彩绣、舂磨是贫富的对比。语句既形象又凝练，除结尾两句外,全为对偶句,在苏轼早期五古中,这是极精心刻画之作。

《别岁》从别字着眼,十六句,四句一节。第一节用故人之别引出别岁来。故人离别,即使远去千里,还有再见的机会,但临别时总还有迟迟不忍别的情意。而"岁"却一去不可复追,临别更应郑重对待,这就说明"别岁"的风俗非常必要。既已点明别岁,本来可以接写风俗,但那样就太平直了,作者却就"岁行那可追"一句逼出下面四句,章法上作一顿挫,把惜别之情写得淋漓尽致。这第二节多化用古诗乐府的成句,如《古诗十九首》:"相去万余里,各在天一涯";《古乐府》:"百川东到海,何时复西归?"《论语》:"子在川上曰:'逝者如斯夫,不舍昼夜!'"孔子叹息光阴如流水,一去不返,所以要爱惜时光,自强不息。后世的诗人,也有很多类似的感慨。如李白诗:"君不见黄河之水天上来,奔流到海不复回。"白居易诗:"去复去兮如长河,东流赴海无回波。"苏轼也无疑是受到这些诗句的影响,而他却用极平易的语言,表达得恰如其分。这第二节既是承上节末句,把与岁月之别写得如此感慨深沉,又为下节正面写"别岁"的欢饮蓄势。

第三节正面写别岁会饮的场面。东邻、西舍、酒熟、豕肥是互文见义,遥应首篇"农功各已收"句。而写欢饮一点即收,和前首"为欢恐无及"呼应。三句写热闹欢饮,末句却一落千丈,拍回上两节的无可奈何心情。如果是凡手,这一节大概要着力铺写,而作者却只用两组对句带过。别岁之意交代完毕之后,好像题意已尽,忽然又从今岁感念明岁,和一、二两节呼应,使感慨更加深沉。犹之图画,层峦叠嶂,使人有丘壑无尽之感。"山重水复疑无路"之时,忽出新意,意虽酸辛,语却略带幽默,这是苏诗后来的一大特色。纪昀批苏诗称赞"此首气息特古",又评这最后一节说:"逼入一步,更沉着。"赵克宜《苏诗评注汇钞》卷一说:"沉痛语以警快之笔出之,遂成绝调。"这些评论都较中肯。这首诗一方面反映出苏轼青年时代学习汉魏古诗的语言气息;另一方面立意遣辞也有他本身的风格,不像在七言古诗里那样笔锋犀利,才气逼人,常常一泻无余,说得太透太尽,而是才情内敛,耐人咀嚼回味。

最后一首《守岁》也是十六句,可以分为三节。前六句联系上首《别岁》,用生动的比喻说明守岁无益,从反面入题,与前二首又别。这个比喻不但形象生动,而且辰龙巳蛇,以蛇比岁,不是泛泛设喻。六句的前四句写岁已将尽,和上首紧密呼应,后二句写虽欲尽力挽回,但徒劳无益。"系其尾"字面虽然用《晋书·贾后传》"系狗当系颈,今反系其尾"的话,但在行文中完全以"赴壑蛇"为喻,到了除夕,已经是末梢了,倒拔蛇已不大可能,何况只抓尾巴梢,哪里能系得住呢?以这样六句开头,好像这个风俗无道理。要写守岁,先写守不住,不必守,这是欲擒先纵，使文字多波澜的手法。中间六句写守岁的情景。一个“强”字写出儿童过除夕的特点。明明瞌睡，却还要勉强欢闹。这两句仍然回味故乡风俗，不是东坡在凤翔时的情景。这年东坡虚龄才二十七岁，膝下只有一子苏迈，虚龄五岁，不可能有这两句所写的场景。“晨鸡”二句写守岁时心理状态入细，“坐久”两句写守岁的情景逼真。这两句主要是指大人守岁说的。纪昀很欣赏这十个字，说是“真景”。实际上这是人人守岁都有过的感受，他能不费力地写出来，使读者仿佛身临其境，格外亲切。最后四句为一节，与篇首第一节对照，表明守岁有理，应该爱惜将逝的时光，正面交代应该守岁到除夕尽头。结尾十字，字面上虽然用白居易“犹有夸张少年处”，但意在勉励子由。子由在京师侍奉父亲，苏轼希望两地守岁，共惜年华，言外有互勉之意。赵克宜评此十字说：“一结‘守’字，精神迸出，非徒作无聊自慰语也。”意思就是说，这个结尾，有积极奋发的意味在内，使全诗精神斗然振起，不是无可奈何聊以自慰。这个评语是有见地的。

三首诗如题前之序所说是一组，每首也都是十六句。古人讲究章法，写组诗既要注意各首间的有机联系，又要注意几首的写法不可雷同，要各有不同的入题、展开、收束的方式。杜甫的《羌村三首》就是范例。这三首诗虽然都是八韵，都写岁暮乡俗，但虚实开合，变化各异。第一首全用赋体，对比见意。语句凝练，多用偶句，实写多，虚写少。第二首先用故人之别衬出别岁之情，一变《馈岁》之对偶，而多化用成句，散行见意。从题前写到题后，由今岁（旧岁）引到来岁（新岁），正面占的比例少，可以说虚多实少。第三首先用六句以比喻反面入题，和前两首都不相同。中段用六句正面实写守岁情景。虚实相间。末四句大起大落，收束全诗。

东坡七古才气横溢，早年五古却法度谨严，语言洗练，不枝不蔓。这三首诗可以作为早年短古的代表。

（周本淳）

游金山寺　　　苏轼

我家江水初发源，　宦游直送江入海。
闻道潮头一丈高，　天寒尚有沙痕在。
中泠南畔石盘陀，　古来出没随涛波。
试登绝顶望乡国，　江南江北青山多。
羁愁畏晚寻归楫，　山僧苦留看落日。
微风万顷靴文细，　断霞半空鱼尾赤。

是时江月初生魄，　　二更月落天深黑。
江心似有炬火明，　　飞焰照山栖鸟惊。
怅然归卧心莫识，　　非鬼非人竟何物？①
江山如此不归山，　　江神见怪警我顽。
我谢江神岂得已，　　有田不归如江水！

〔注〕 ①“江心”四句苏轼自注：“是夜所见如此。”

宋神宗熙宁三年(1070)，苏轼在京城任殿中丞直馆判官告院，权开封判官。当时王安石秉政，大力推行新法。苏轼写了《上神宗皇帝书》、《拟进士对御试策》等文，直言不讳批评新法，自然引起当道的不满。苏轼深感仕途险恶，主动请求外任。熙宁四年，乃有通判杭州的任命，苏轼当时三十六岁。他七月离京赴任，十一月初三，途经镇江金山，访宝觉、圆通二僧，夜宿寺中而作此诗。

全诗二十二句，大致可分三个层次。前八句写金山寺山水形胜，中间十句写登眺所见黄昏夕阳和深夜炬火的江景，末四句抒发此游的感喟。贯穿全诗的是浓挚的思乡之情，它反映了作者对现实政治和官场生涯的厌倦，希望买田归隐的心情。

开头二句随意吐属，自然高妙，看似浅易，实则言简意赅，精彩动人。“我家”句，开门见山点出思乡主旨，“宦游”句写出门求仕，顺流而下，引出下文。“江入海”，点出金山独特的地理位置。施补华《岘佣说诗》：“‘我家江水初发源，宦游直送江入海’，确是东坡游金山寺发端，他人钞袭不得。盖东坡家眉州，近岷江，故曰‘江初发源’；金山在镇江，下此即海，故曰‘送江入海’。”汪师韩《苏诗选评笺释》称“起二句将万里程、半生事一笔道尽”，都说得很精当。“闻道”二句一虚一实，一动一静，将传闻中长江激浪拍天潮卷金山的景象和眼前水落石出沙痕历历的情状，描绘得有声有色，长江景观，这二句大体上包涵无遗。“天寒”二字则点明了这次来游的季节。接着二句写金山在长江中的方位和形貌。中泠是泉水名，即闻名于世的天下第一泉，金山在“中泠南畔”。“石盘陀”，写出了金山山石巨大而突兀不平的形状。“古来”句概括时空，写金山中流砥柱出没波涛的风貌(唐、宋时期金山远在江中，明以后江水北移，始成陆地)。“波涛出没”，也寄寓了作者对自古以来仕途的感慨，风险若此，自当视为畏途。以上六句有情有景，有古有今，有虚有实，有时有地，思绪飘忽，意象开阔，充分体现了苏轼七言古风天马行空、波澜浩大的特色。“试登”句把初到金山百感苍茫的思绪作一个收束，用“望乡国”来回应首句，并照应篇末“有田不归”，是诗中枢纽。“青山多”应是丽景，可是诗人似乎并无欣赏之情，却有嗔怪之意，仿佛怪青山多事，不知趣地遮断了迁客的望乡之眼。其实大江两岸青山固然众多，但是即便是一马平川，想在长江下游望见眉山故乡，那也绝不可能。这种跌宕多姿的写法，突出了诗人望乡的一片痴情。这二句无论在命意还是结构上都起到了承上启下的作用。

诗的第二层就从“望”字着眼，着力刻画深夜江心的特殊之景。这在时间上就需要有个过渡，“羁愁”二句便起到了这种作用。“羁愁”是苏轼当时心境的真实写照，他面对眼前胜景，并无闲情逸致，而是思绪万千。不过，如果就此“寻归楫”，还是心有不甘的，所以便来一个“山僧苦留”，似乎是不得已而留下望落日。其实这是诗人故弄狡狯，不然他何以竟望到二更月落呢？这二句诗情曲折，波澜横生。“微风万顷靴文细，断霞半空鱼尾赤”二句，色彩绚丽，境界壮美，是写景名句。“靴文”（即靴纹），状江面因微风而起的粼粼细浪；“鱼尾赤”，形容血红晚霞，重叠如鱼鳞。这两个比喻新颖贴切，可见“子瞻作诗，长于比喻”（见《诗人玉屑》卷十七）的特点。“是时”句转入夜景，也巧妙地点出来游的日期。《礼记·乡饮酒义》：“月之三日而成魄。”（“魄”是指月缺时光线暗淡而仅有圆形轮廓的那一部分），“初生魄”即初三，苏轼来游正当十一月初三。“二更”句点出“天深黑”的异常背景，预示将有不寻常事物出现，为“炬火”闪现作了渲染。炬火，本指束苇而烧的火炬，但这里显然不是，因为它那么明亮，那么突然，甚至光焰照山，惊动栖乌，这的确有点奇怪。但古人对此现象也有所记载，木华《海赋》：“阴火潜然。”曹唐《南游》：“涨海潮生阴火灭。”这大概就是所谓的“阴火”，或许是由某些会发光的浮游生物聚集水面而形成。在这里，它被苏轼神化了，或者竟是幻由心生，表达了诗人归田之情的浓重和执著。“炬火”的出现，为末一层的感慨预作地步，由景而情，把诗情推向了高潮。“非鬼非人竟何物”，用一个令人深思的悬念作结，逗出下文。

悬念揭开，出人意表，诗人悟出“炬火”是江神显灵示警，怪“我”冥顽不化，宦游不归。这种悟，主观色彩极浓，可见其命意所在。“不归山”本非己愿，现在神又来责怪，更见欲我归山乃天意。叙写可称奇幻。结尾二句直抒心曲。“岂得已”，蕴含着多少无可奈何之情，内涵丰富。“如江水”，是指水发誓，与对天盟誓相似，古人常用。如《左传·僖公廿四年》记晋公子重耳对子犯说：“所不与舅氏同心者，有如白水！”《晋书·祖逖传》：“（祖逖）中流击楫而誓曰：‘祖逖不能清中原而复济者，有如大江！’”此时苏轼是向江神立誓：只要家有薄田，足以糊口，一定立即归隐。末层四句总束全篇，使前二层的情景有了归宿，堪称画龙点睛。《四库全书》总裁官纪昀批末段道：“结处将无作有，两层搭为一片。归结完密之极，亦巧便之极。设非如此挽合，中一段如何消纳。”批得中肯。

苏轼七言古诗与韩愈一脉相承。这首诗与韩愈《山石》在结构和立意上有异曲同工之妙。两首诗前面部分的叙写都是兴象超妙,情景如绘,而最后四句也都由游览而引起感慨,点明主题。一云"有田不归如江水",一则云"安得至老不更归",语意很相似。

金山寺,原名龙游寺,又名泽心寺、江天寺。天禧初,宋真宗梦游此寺,乃赐名金山寺,"为诸禅刹之冠",殿宇巍峨,佛像庄严,文物既富,名胜也多。游寺而写寺景,也是题中应有之义,但往往难出新意。历来咏金山诗不少,但大都以刻画模写为能事,构思雷同而缺乏情致,所以佳作寥寥,传世绝少;只有唐人张祜"树影中流见,钟声隔岸闻"颇得神韵。"赋诗必此诗,定知非诗人",苏轼这两句诗确是深刻的经验之谈。他写游金山寺,便神思独运,另辟蹊径。他对金山寺本身景观皆略而不写,着重写登眺望远高旷绵邈之景,而景中则交织一片诚挚而浓郁的乡情,使人既感到景之新,也感到情之真。汪师韩《苏诗选评笺释》说:"一往作缥缈之音,觉自来赋金山者,极意著题,正无从得此远韵。"此诗之所以广泛传诵,与艺术上的这种"远韵"是分不开的。

（曹光甫）

石苍舒醉墨堂　　苏　轼

人生识字忧患始，　姓名粗记可以休。
何用草书夸神速，　开卷惝怳令人愁?
我尝好之每自笑，　君有此病何能瘳!
自言其中有《至乐》，　适意无异《逍遥游》。
近者作堂名"醉墨"，　如饮美酒消百忧。
乃知柳子语不妄，　病嗜土炭如珍羞。①
君于此艺亦云至，　堆墙败笔如山丘。
兴来一挥百纸尽，　骏马倏忽踏九州。
我书意造本无法，　点画信手烦推求。
胡为议论独见假，　只字片纸皆藏收?
不减钟张君自足，　下方罗赵我亦优。
不须临池更苦学，　完取绢素充衾裯。

〔注〕 ① 病嗜土炭:《柳河东集》卷三四《报崔黯秀才论为文书》:"凡人好辞工书,皆病癖也……吾尝见病心腹人,有思啖土炭嗜酸咸者,不得则大戚。"

石苍舒字才美(本集作“才翁”),长安人。善于草隶书法,人称得“草圣三昧”。苏轼由开封至凤翔,往返经过长安,必定到他家。熙宁元年(1068)苏轼凤翔任满还朝,在石家过年。他藏有褚遂良《圣教序》真迹,起堂取名“醉墨”,邀苏轼作诗。苏轼回到汴京,写此首诗寄给他。

苏轼是大书家,有多篇诗谈到书法。《凤翔八观》里的《石鼓文》、《次韵子由论书》、《孙莘老求墨妙亭诗》和这首《石苍舒醉墨堂》,都是传诵人口的。那几首诗都涉及论书,而这首纯粹蹈虚落笔,尤其特殊。

这是苏轼早期七古名篇。他后来的七古中常见辩口悬河、才华横溢的特色,此首即是这种特色早期成熟的表现。堂名“醉墨”就很出奇,诗也就在这名字上翻腾。起首明要恭维石苍舒草书出众,却偏说草书无用,根本不该学。这种反说的方式前人称为“骂题格”。第一句是充满牢骚的话。这些牢骚是和苏轼那段时期的感受分不开的。在凤翔的前期,知府宋选对他很照顾。后来宋选离任,由陈希亮接任。陈对下属冷冰冰的,又好挑剔,甚至苏轼起草的文字,他总要横加涂抹。苏轼对此很不满,在诗里也有所表现,如《客位假寐》。苏轼到了京城,正值王安石为参知政事,主张变更法度,苏轼也不满意,以致后来因此而遭放逐。这时虽未到和王安石闹翻的地步,但心里有牢骚,所以借这首诗冲口而出。这句话猛一读不觉怎样,细一想,把“忧患”的根源归于“识字”,实在有点令人吃惊。那么“忧患”何在呢?作者却一点即收,使读者自己领会。古人轻视识字的,恐怕要数项羽最有名气。他认为字不过用来记记姓名,不值得学(《史记·项羽本纪》)。作者巧妙地用了项羽这个典故而不落用典的痕迹。识字本是多余的事,更何况识草字,写草字,又写得龙飞凤舞,让人打开卷子一看惊叹不已,岂非更为不对!“惝恍”二字形容草书的变化无端。“令人愁”明贬暗褒。这两句紧呼下文“兴来”二句。这四句破空而来,合写两人而侧重对方。

五六二句从自己到对方,在章法中是转换处。苏轼是书家,《次韵子由论书》一开始就说:“我虽不善书,晓书莫如我。”用“我尝好之”对比“君有此病”,也是明贬暗褒。“病”指其好之成癖,暗伏对方草书工力之深,引出下面六句正面点明“醉墨”的旨趣。七八两句把《庄子》两个篇名用来赞美对方草书工力之深。九十两句正面点明以“醉墨”名堂的用意,十一十二两句又用柳宗元的比喻回应“君有此病何能瘳”,看似批评,实是夸奖。孔子说:“知之者不如好之者,好之者不如乐之者。”乐之不倦,造诣必深。下面四句即是正面赞美。这四句极有层次,首句总提,次句暗用前人“笔冢”(如王羲之、智永、怀素等)的故事写其用力之勤。接下写其造诣之深,这是用力之勤的结果。这两句又和篇首“神速”句呼应,一正写,一比喻。条理井然，语言飞动。

“我书”四句回到自己，上应“我尝好之”句。先谦抑，表明不上规矩，“点画”句和“惝恍”句相应。接下两句反问石苍舒为何对我书如此偏爱，看似自我否定，实有自负书法之意。如果正写即乏味，而且易流为自我吹嘘，用反诘语气来表现，供人回味，深得立言之体。怀素说：“王右军云，吾真书过钟而草不减张。仆以为真不如钟，草不及张。”“不减钟张”句即翻用这个典故赞美石苍舒。汉末张芝（伯英）和罗晖（叔景）、赵袭（元嗣）并称，张伯英自称：“上比崔杜不足，下方罗赵有余。”（见《晋书·卫恒传》）“下方罗赵”句即正用此典以收束“我书”。张芝人称“草圣”，《三国志·魏志·韦诞传》注说，张芝家里的衣帛，必定先用来写字，然后才染色做衣服。他临池学书，每天在池里洗笔，池水都成黑色。结尾两句又反用此典，回应篇首四句，石我双收。这四句都用写字的典故，出神入化而又紧扣本题。

这首七古可以看出东坡的本领。赵克宜评说：“绝无工句可摘，而气格老健，不余不欠，作家本领在此。”所谓不余不欠，就是既把题意说透，又没有多余的话。这正是东坡风格的特色。善于在别人难于下笔之处着墨，把叙事议论抒情完全熔为一炉。语言形象生动，结构波澜起伏，正说反说，忽擒忽纵，意之所向，无隐不达。骤然读之，像是天马行空，去来无迹；细加寻绎，却又纲举目张，脉络分明。正如作者所说画竹之妙：“交柯乱叶动无数，一一皆可寻其源。”（《凤翔八观·王维吴道子画》）至于驱遣书史，更是信手拈来，头头是道。学博才雄，无施不可，在这首诗中可以窥见一斑。

（周本淳）

出颍口，初见淮山，是日至寿州　　苏　轼

我行日夜向江海，　枫叶芦花秋兴长。
长淮忽迷天远近，　青山久与船低昂。
寿州已见白石塔，　短棹未转黄茅冈。
波平风软望不到，　故人久立烟苍茫。

熙宁四年（1071）六月，东坡以太常博士直史馆出为杭州通判。七月离开汴京，沿蔡河舟行东南赴陈州，历颍州，十月，出颍口，入淮水，折而东行，至寿州，过濠州、临淮、泗州，渡洪泽湖，又沿运河折而东南行，经楚州、山阳，抵扬州，渡江至润州、苏州，以十一月二十八日到杭州通判任。这首诗是他赴杭途中由颍入淮初见淮山时作。颍口在今安徽寿县西正阳关，颍水由颍上县东南流至此入淮，春秋

时谓之颍尾。寿州治所在今安徽寿县。

这是东坡的名作之一。第一句"我行日夜向江海"，实写由汴京赴杭州的去程，言外却有一种"贤人去国"的忧愤抑郁之情，令人想起古诗"行行重行行"，想起"相去日以远，衣带日以缓，浮云蔽白日，游子不顾返"这些诗句中所包含的意蕴来。王文诰说："此极沉痛语，浅人自不知耳。"这领会是不错的。东坡此次出都，原因是和王安石政见不合，遭到安石之党谢景温的诬告，东坡不屑自辩，但力求外放。其通判杭州，是政治上遭到排斥、受到诬陷的结果。"日夜向江海"即"相去日以远"意，言一天天愈来愈远地离开汴都，暗示了一种对朝廷的依恋、对被谗外放的忿懑不堪之情。全诗有此起句，以下只是实写日日夜夜的耳闻目见，不再纠缠这一层意思，但整个诗篇却笼罩在一种怅惘的情绪里。这是极高的艺术，不应该随便读过的。

第二句点时令。东坡以七月出都，十月至颍口，其间在陈州和子由相聚，在颍州又一同谒见已经退休的欧阳修于里第，颇事流连。计算从出都至颍口这段路程，竟整整花去了一个秋天。"枫叶芦花秋兴长"，形象地概括了这一行程。

三至六句是题目的正面文字，其描写中心是"波平风软"四字。这是诗人此时此地的突出感受，是审美对象的突出特征。

"长淮忽迷天远近，青山久与船低昂"二句是一篇的警策。这里没有一个生僻的字眼和华丽的词藻，更没有什么冷僻的典故，只是冲口而出，纯用白描，言简意深地表现了一种难言之景和不尽之情，表现得那么鲜明，那么新颖，那么自然。诗人把自己的亲切感受毫不费力地讲给人们听，使人们感到这一切都活脱脱地呈现在眼前。这种境界，是那些字雕句琢、"字字挨密为之"的诗人永远也达不到的。东坡谈艺，尝言"求物之妙"好像"系风捕影"，诗人不仅对他所写的东西做到了"了然于心"，而且做到了"了然于口与手"。这两句诗，可以说是抓住了此时此地的"物之妙"，而且做到了两个"了然"的例子。淮水源多流广，唐人尝称之为"广源公"（见《唐书·玄宗纪》，原作"长源公"，此据郭沫若校改）。诗人沿着蔡河、颍水一路行来，水面都比较狭窄，沿途所见，不外是枫叶芦花的瑟瑟秋意，情趣是比较单调的。一出颍口就不同了，面对着水天相接的广阔的长淮，顿觉耳目一新，精神为之一振。"忽迷"二字表达了这种情景交融的新异之感。而两岸青山，连绵不断，隐隐约约，像无尽的波澜，时起时伏。诗人此际，扁舟一叶，容与中流，遥吟俯唱，逸兴遄飞，他的心和江山胜迹已融合在一起了。究竟是山在低昂？水在低昂？船在低昂？他说不清；他只觉得一切都在徐徐地流动，徐徐地运行；他处在一种波浪式前进的过程中，他完全在大自然的怀抱中陶醉了！七个字写出了船随水波起伏，人在船上感觉不出，只觉得两岸青山忽上忽下；其中“久与”二字写出了“波平风软”的神情，也曲折地暗示了诗人去国的惘惘不安、隐隐作痛，“行道迟迟，中心有违”的依约心情。这两句诗，看来东坡自己也是十分得意的，他在后来写的《李思训画长江绝岛图》诗中写道：“沙平风软望不到，孤山久与船低昂”，重复用了这首诗的第四、第七两句，只换了一个“沙”字，一个“孤”字。

“寿州已见白石塔，短棹未转黄茅冈”二句振笔直书，用粗笔浓涂大抹，一气流转，使人忘记了这中间还有对仗。寿州的白塔已经在望，要到达那里，还得绕过前面那一带黄茅冈。说“已见”，说“未转”，再一次突出了“波平风软”的特色。这里的黄茅冈不是地名，而是实指长满黄茅的山冈，前代注家已经辨明过了。

七八句乘势而下，用“波平风软”四字总束了中间四句描写；用“望不到”三字引出第八句这个抒情的结尾。不说自己急于到达寿州，却说寿州的故人久立相待，从对面着笔，更加曲折有味。后二十三年（绍圣元年，即1094），东坡尝纵笔自书此诗，且题云：“余年三十六赴杭倅过寿作此诗，今五十九，南迁至虔，烟雨凄然，颇有当年气象也。”据东坡这段题记，知至寿州之日当有小雨。此诗“烟苍茫”三字就是描写那“烟雨凄然”的气象的。又，诗中所称“故人”不知指谁，翁方纲《石洲诗话》说“故人即青山也”，义殊难通。以本集考之，疑此“故人”或即李定。与东坡同时有三个李定，此李定即《乌台诗案》中所称尝“承受无讥讽文字”者。其人此时在寿州，东坡有《寿州李定少卿出饯城东龙潭上》诗可证。

这首诗情景浑融，神完气足，光彩照人，是一个完美的艺术整体。方东树评之云：“奇气一片”，正是指它的整体美，不能枝枝节节地求之于一字一句间的。赵翼《瓯北诗话》评东坡诗云：“东坡大气旋转，不屑屑于句法字法中别求新奇，而笔力所到，自成创格。”又云：“坡诗实不以锻炼为工，其妙处在乎心地空明，自然流出，一似全不着力，而自然沁人心脾。”“此不可以声调格律求之也。”参看这些评语，对于理解这首诗的艺术特点是有帮助的。从声调格律看，这是一首拗体律诗，前人又称之为“吴体”的。许印芳《诗谱详说》卷四云：“七律拗体变格，本名吴体，见老杜《愁》诗小注。”按杜甫有《愁》诗一首，题下自注云：“强戏为吴体。”吴体之名始见于此。所谓吴体，是说它有意破坏一般律诗的格律声调，把民歌或古诗的声调运用于律体之中，构成一种特殊的音乐美，以适应特定内容的需要。《杜臆》在论老杜《愁》诗时说：“愁起于心，真有一段郁戾不平之气，因以拗体发之。”朱熹《清邃阁论诗》称杜诗“晚年横逆不可当”。正是指杜的拗体律诗别有一种“横逆”难当的风格。纪昀评东坡此诗云：“吴体之佳者。”汪师韩《苏诗选评笺释》云：“宛是拗体律诗，有古趣兼有逸趣。”东坡此诗正是把古诗的声调运用于七律，以表达其郁勃不平之气。王士禛《居易录》所谓“苍莽历落中自成音节”者，东坡此诗实足以当之。

（白敦仁）

泗州僧伽寺塔　　　　　　　　　　苏　轼

我昔南行舟系汴，　　逆风三日沙吹面。
舟人共劝祷灵祠，　　香火未收旗脚转。
回头顷刻失长桥，　　却到龟山未朝饭。
至人无心何厚薄，　　我自怀私欣所便。
耕田欲雨刈欲晴，　　去得顺风来者怨。
若使人人祷辄遂，　　造物应须日千变。
我今身世两悠悠，　　去无所逐来无恋。
得行固愿留不恶，　　每到有求神亦倦。
退之旧云三百尺，　　澄观所营今已换。
不嫌尘土污丹梯，　　一看群山绕淮甸。

据《分类集注东坡先生诗》首卷《系年录》：《泗州塔诗》作于熙宁四年(1071)。其年，东坡“因言事大不协，乞外任，除通判杭州”。诗即由汴赴杭途中所作。“身世悠悠”等语，反映他当日心情；但其中较多地讲的是祷风于神的事。妙在即事说理，灵巧地揭露了神灵之虚妄。“寄妙理于豪放之外”，成为苏诗的代表作。

这首诗先写昔日（治平三年〔1066〕护父丧归蜀）南行过泗祷风于神，有求辄应的事。“逆风三日沙吹面”，极写风阻之苦；“香火未收旗脚转”，极写风转之速；“回头顷刻失长桥，却到龟山未朝饭”，极写风转后舟行之快。梅尧臣《龙女祠祈风》：“舟人请余往，出庙旗脚转”，“长芦江口发平明，白鹭洲前已朝饭”，写在苏轼诗前，苏诗构思当受梅诗影响；但苏诗写得生动流畅，胜于梅诗。

特别值得注意的是：他并不因祷风得遂而赞颂神灵之力；相反，他却由此发出一通否定神力的议论。“至人无心何厚薄”，看来好像抬高神佛，实则目的在于“以子之矛，攻子之盾”。因为道家以“至人无己”为修养的最高境界；而佛家讲“无人我相”，也是以“无心”为妙谛的。既本“无心”，即当无所厚薄；而“有求必应”，就不是“无我”而是有所厚薄了。妙在并不点破，反而说“我自怀私欣所便”。这意思是说：当时得风而欣喜，不过是自己私心，而神佛本来并无厚此薄彼之意。为什么这样呢？就行船来说：南来北往，此顺彼逆，“若使人人祷辄遂”，风向不是要一“日千变”吗？这是一个极寻常的眼前事实，但从来无人从这里想到神佛之妄。孔灵符《会稽记》所言樵风泾故事，是讥“人心不足”的，与苏轼用意并不相同。“耕田欲雨刈欲晴”，是用来为下句作譬。后来张耒在《田家词》中把它加以铺写，但归结为“天公供尔良独难”，亦显与苏轼原意相悖，点金成铁。用比较法讲古诗，不应看其形式之似，还应就作者用心细加区析。

宗教，总是宣扬神力，鼓吹以祷祀求福佑的，所以苏轼这一点破是很有意义的。苏轼早年便认为“天人不相干”（《夜行观星》），其对佛、道，只是取其“至人无心”，超然自得，并非迷信；他后来一些求雨祷雪之诗，大抵皆视神灵如朋友，以“游戏于斯文”（黄庭坚语）。以前后之作例之，苏轼不信神佛是有思想基础的。既有这样思想基础，又善于捕捉形象，且带着感情说话，故能“出新意于法度之中，寄妙理于豪放之外”。一个很深奥的哲理命题，他写得如此生动有趣，这是很不容易的。

接下去，用“我今”与“我昔”相对照；但如径直地写今日求风不遂，那就平弱了。他且不言风，而说心情。“身世”，谓己身与世俗；“悠悠”即“遥遥”，亦即两不相关之意。“身世两悠悠”，就是陶渊明在《归去来辞》中讲的“世与我而相遗”之意，亦即是说：世俗既不能了解自己，自己也不肯降心从俗。这是由于与王安石“议论不协”而引起的。就事论事，苏轼当时对新法认识不足，他后来也承认这一点。诗中好在一带而过，措词也还有分寸。正由“身世悠悠”，所以来去无心，去留任便，因而得行固好，留亦“不恶”。自己对去留无所谓，神也就懒得应其所求。明明是求风不验，却说“神亦倦”，给神开脱，语极微婉。明明由“议论不协”，心情苦闷，却“极力作摆脱语”（纪昀评语），不失豪放本色。这诗中有些话是很不容易措词的，他能说得如此明朗、如此自然、如此有趣，“纯涉理路，而仍清空如话”（纪昀评语），其驾驭语言的能力，确是惊人的。

“层层波澜，一齐卷尽，只就塔作结”，洵属“简便之至”（纪昀评语）。但“简便”也不是简单。他用“退之（韩愈）旧云三百尺”（韩愈《赠澄观》诗）凌空插入，笔势奇妙。僧伽是高僧（见《高僧传》），塔为喻浩设计的著名建筑（见《中山诗话》），其中有很多可写的话，他只用“澄观所营（再修）今已换”一语，将其一带而过，很快转入登塔看山。“百尺”“丹梯”，“群山”在望，着墨不多，境界开阔，且与上文“留不恶”遥遥相应，结构绵密。“无心”于仕途得失，而有意于大好山川，襟怀之豁达、趣味之高尚，皆意余言外。正由豁达豪迈，才敢于否定神权；复由其观察入微，“刻抉入里”，故深探妙理，趣味横生。“始知豪放本精微，不比凡花生客慧”（苏轼《题吴道子画》），可谓“夫子自道”。

（吴孟复）

雨中游天竺灵感观音院[1] 苏 轼

蚕欲老，麦半黄。
山前山后水浪浪！[2]
农夫辍耒女废筐，
白衣仙人在高堂！

〔注〕 ① 灵感观音院：在杭州上天竺，五代时钱俶所建。宋仁宗时，因祷雨有应，赐名“灵感观音院”，祀观音菩萨。 ② 浪浪（láng）：形容雨声之响。

蚕欲老，是说蚕到了快要吐丝的时候，需要勤饲桑叶，以保证蚕的健康发育。麦半黄，是说麦已到了快要成熟的时候，需要及时锄土，以利麦的吸收营养，来促进它的结实。

以上两项农家的工作，都是需要晴天才能做好的。当时的天气怎么样呢？却是接连下雨，以至山前山后全被雨水笼盖着（这是诗题字面的实际描写）。在这种情况下，农夫不能把耒锄土，农家妇女也不能携筐去采桑叶饲蚕了。“废筐”，即是不能携筐之意，《诗经·豳风·七月》有“女执懿筐，爰求柔桑”之句，这里是反用。而且带有雨水的桑叶，蚕吃了容易生病，所以不宜采用。

在这“农夫辍耒女废筐”严重妨碍农事的时刻，照习惯观念说，观音菩萨（即白衣仙人）应该是要为老百姓解除苦难的；但却高高坐在堂上，漠不关心！这当然是就眼前的神像来说的，表面上是责备神像土偶的无知，实际上则是指“为民父母”的地方官的不负责任。讽刺之意，溢于言外。

此诗作于宋神宗熙宁五年（1072），正是王安石大行新法的时候。苏轼是反对新法的，讽刺之意，也可能与此有关。但苏轼是比较能从措施的实效来看待问题的，对新法也并不一概反对，如“免役”法，他就曾认为于民有利；同时，依附新法的人良莠不齐，在执行新法的过程中，就往往出现不少的偏差。因此，这首诗的讽刺性不管是不是与反对新法有关，但从诗中关心人民的生活疾苦来说，还是应该肯定的。

这首诗语言通俗，韵调和谐，很有民歌风味。最妙的是最后一句，讽刺意味含而不露，给读者以丰富的联想余地。纪昀评此诗说：“刺当时之不恤民也，妙于不尽其词。”正确地指出了这首诗的主旨和艺术特点。

一般来说，宋朝在文字上的控制，比唐朝要严。因此，像杜甫、白居易等敢于针对时事而发的诗歌，在宋人中很难找到。苏轼虽然是个敢于说话的人，但也不能不有所顾虑，在表现形式上力求含蓄，言而不尽。此诗即是这样。尽管如此，苏轼后来仍因诗获罪下狱（即“乌台诗案”），几乎送了性命。因此，今天读这类诗，要了解他在严重束缚之下，还敢于和善于表达自己对时政的意见，而不能完全用杜甫、白居易等唐人的前例去苛求于他。　（张志岳）

六月二十七日望湖楼醉书五绝(其一、其二)　苏　轼

黑云翻墨未遮山，　白雨跳珠乱入船。
卷地风来忽吹散，　望湖楼下水如天。

放生鱼鳖逐人来，　无主荷花到处开。
水枕能令山俯仰，　风船解与月徘徊。

熙宁五年(1072)苏轼在杭州任通判。这年六月廿七日，他游览西湖，在船上看到奇妙的湖光山色，再到望湖楼上喝酒，写下五首绝句。这里选的是其中两首。

两首诗写的都是坐船时所见，而各有妙趣。先看第一首：

诗人写一场风雨变幻，十分生动。他那时是坐在船上。船正好划到望湖楼下。忽见远处天上涌起来一片黑云，就像泼翻了一盆墨汁，半边天空霎时昏暗。这片黑云不偏不倚，直向湖上奔来，一眨眼间，便泼下一场倾盆大雨。只见湖面上溅起无数水花，那雨点足有黄豆大小，纷纷打到船上来，就像天老爷把千万颗珍珠一齐撒下，船篷船板，全是一片乒乒乓乓的声响。船上有人吓慌了，嚷着要靠岸。可是诗人朝远处一看，却分明知道，这不过是一场过眼云雨，转眼就收场了。你看，远处的群山不是依然映着阳光，全无半点雨意么。

开头两句写的就是这场景象。

也确实是如此。这片黑云，无非是顺着风势吹来，也顺着风势移去。还不到半盏茶工夫，雨过天晴，依旧是一片平静。水映着天，天照着水，碧波如镜，又是一派温柔明媚的风光。

诗人把一场忽然而来又忽然而去的骤雨，抓住它几个要点，写得如此鲜明，富于情趣，确是颇见功夫。用“翻墨”写出云的来势，用“跳珠”描绘雨的特点，自然是骤雨而不是久雨。“未遮山”是骤雨才有的景象。“卷地风”说明雨过得快的原因，都是如实描写，却分插在第一第三句中，彼此呼应，烘托得好。最后用“水如天”写一场骤雨的结束，又有悠然不尽的情致。句中又用“白雨”和“黑云”映

衬,用“水如天”和“卷地风”对照,用“乱入船”与“未遮山”比较,都显出作者构思时的用心。这二十八个字,好像是随笔挥洒,信手拈来,仔细寻味,便看出作者功力的深厚,只是在表面上不着痕迹罢了。

第二首是写乘船在湖中巡游的情景。

北宋时,杭州西湖由政府规定作为放生池。王注引张栻的话说:“天禧四年,太子太保判杭州王钦若奏:以西湖为放生池,‘禁捕鱼鸟,为人主祈福。’”这是相当于现代的禁捕禁猎区;所不同的,只是从前有人买鱼放生,还要挂个什么“祈福”的名堂罢了。西湖既是禁捕区,所以也是禁植区,私人不得占用湖地种植。诗的开头,就写出这个事实。那些被人放生、自由成长的鱼鳖之类,不但没有受到人的威胁,反而受到人的施与,游湖的人常常会把食饵投放水里,吸引那些小家伙围拢来吃。便是你不去管它,它们凭着条件反射,也会向你追赶过来。至于满湖的荷花,也没有谁去种植,自己凭着自然力量生长,东边一丛,西边一簇,自开自落,反而显现出一派野趣。

然而此诗的趣味却在后面两句。“水枕能令山俯仰”——山也能俯仰吗?人们都读过杜甫“风雨不动安如山”(《茅屋为秋风所破歌》)的句子,杜牧也有“古训屹如山”(《池州送孟迟》)的说法,如今却偏要说“山俯仰”,山真能俯仰吗?诗人认为是能的。那理由就在“水枕”。什么是“水枕”?枕席放在水面上。准确地说,是放在船上。船一颠摆,躺在船上的人就看到山的一俯一仰。这本来并不出奇,许多人都有过这种经验。问题在于诗人把“神通”交给了“水枕”,仿佛这个“水枕”能有绝大的神力,足以把整座山颠来倒去。这样的构思,就显出了一种妙趣来。

“风船解与月徘徊”——同样是写出一种在船上泛游的情趣。湖上刮起了风,小船随风飘荡。这也是常见的,不足为奇。人们坐在院子里抬头看月亮,月亮在云朵里好像慢慢移动,就像在天空里徘徊。因此李白说:“我歌月徘徊,我舞影零乱。”(《月下独酌》)这也不算新奇。不同的地方是,苏轼把船的游荡和月的徘徊轻轻牵拢,拉到一块来,那就生出了新意。是的,船在徘徊,月也在徘徊,但不知是月亮引起船的徘徊,还是船儿逗得月亮也欣然徘徊起来呢?假如说,是风的力量使船在水上徘徊,那又是什么力量让月亮在天上徘徊呢?还有,这两种徘徊,到底是相同呢还是不同呢?确实,把“船”和“月”两种“徘徊”联系起来,就使人产生许多问号,似乎其中包含了什么哲理,要定下神来,好好想一想才是。如此说来,这句诗岂不是饶有情趣吗!

人们常说“风马牛不相及”。假如能把一些本不相及的东西拉在一块,那又

如何？读了苏轼这句诗，也许对读者有些启发吧。　（刘逸生）

夜泛西湖五绝(其三、其四、其五)　　苏　轼

苍龙已没牛斗横，　东方芒角生长庚。
渔人收筒未及晓，　船过唯有菰蒲声。

菰蒲无边水茫茫，　荷花夜开风露香。
渐见灯明出远寺，　更待月黑看湖光。

湖光非鬼亦非仙，　风恬浪静光满川。
须臾两两入寺去，　就视不见空茫然。

这三首诗是熙宁五年(1072)七月苏轼任杭州通判时作。这一组诗共五首，前两首写月下泛西湖："初月生魄迹未安，才破三五渐盘桓。今夜吐艳如半璧，游人得向三更看。""三更向阑月渐垂，欲落未落景特奇。明朝人事谁能料，看到苍龙西没时。"这里所选的是后三首，写月将落及月落之后的西湖景色。与前两首新月"吐艳如半璧"的明媚景色相反，后三首特别是最后一首给人以迷离神秘之感。

第三首写深夜西湖渔人盗鱼。苍龙，东方七宿(角、亢、氐、房、心、尾、箕)的总称。王十朋《分类东坡先生诗集注》引次公曰："苍龙，角、亢之宿，夜半而没。"因此，"苍龙已没"表明夜已深。牛斗，指北方七宿中的牛宿和斗宿(其他五宿为女、虚、危、室、壁)。曹植《善哉行》说："月没参横，北斗阑干。"阑干，横斜貌。刘方平《夜月》诗："更深月色半入家，北斗阑干南斗斜。"可见"牛斗横"亦写"更深"。长庚即金星，早晨出现于东方的金星，又叫启明星。长庚星有芒，李涗《酬词》："长庚冷有芒，文曲淡无气。"故长庚升指天将明。一二句都是通过星宿的升没来写夜已深，天将晓。三四句写渔人赶在未晓之前盗鱼。"船过惟有菰蒲声"是以有衬无，一个"唯"字，说明除船穿行于菰蒲之中发出的声响外，已没有任何声音，进一步写出了夜深人静。苏轼自注说："湖上禁渔，皆盗钓者也。"苏轼作为杭州通判，地方上的副长官，夜泛西湖，碰上渔人"盗钓"，违反"禁渔"规定，却不予过问，这是因为他本来就反对官府与民争利。这一组诗主要是写夜泛西湖所见之景，但这后两句却从一个侧面反映了"渔人"同官府的矛盾。

第四首的前两句续写船过菰蒲：菰蒲无边，湖水茫茫，荷花夜开，清香扑鼻。

月夜泛舟于这样的荷花丛中，当然更加令人陶醉。周密《癸辛杂识》载："西湖四圣观前有一灯浮水上，其色青红，自施食亭南至西泠桥复回。风雨中光愈盛，月明则稍淡。雷电之时，则与电光争闪烁。"所写"渐见灯明出远寺"即写此，"渐"、"出"二字，正暗示了船在行进中。以上所写都是月下湖光景色。"更待月黑看湖光"，提示下一首写月落之后的湖光景色。

如果说新月生辉，半璧吐艳，给人以明朗之感；菰蒲无边，湖水茫茫，给人以朦胧之感；最后这一首描写月落之后的湖光，则给人以变幻多端、神秘莫测之感。《岭南异物志》说："海中遇阴晦，波如然火满海，以物击之，迸散如星火，有月即不复见。"这是说海波似火。江波也有类似景色："江心似有炬火明，飞焰照山栖鸟惊。怅然归卧心莫识，非鬼非人竟何物？"（苏轼《游金山寺》）。这几句几乎可作这一首的注脚，说明湖光也是如此。第一句"非鬼亦非仙"，是总写湖光的奇异；第二句是写"月黑"之后，风恬浪静之时，湖光清晰可见；第三句写随着船行，湖光似乎也在移动，好像成双成对地进入了寺中；第四句是说船来到寺庙之下，却根本看不见刚才仿佛"两两入寺"的湖光；烘托出了一种神秘的气氛。

这五首组诗，都紧扣"夜泛"二字着笔，既写出了月夜西湖之景，又写出了黑夜西湖之景，处处给人以船行之感，不离"泛"字，表现了"夜泛西湖"的全过程。与此相联系，首与首之间，作者采用了蝉联格（这种诗格始创于曹植《赠白马王彪》），每首的结尾都是下一首的开头，而又略具变化：二、四首的开头是一、三首结尾的五、六两字；第三首的开头四字是第二首结句第三至第六四个字，但变"西没"为"已没"；第五首的开头二字是第四首的结尾二字。这样，既珠联璧合，又错落有致，读起来轻快跳荡。在风格上，这一组诗与苏轼其他描写西湖的诗篇如《有美堂暴雨》、《望湖楼醉书》很不同。那些诗以气势磅礴胜，而这一组诗却给人以清新、雅淡、恬静的美感。

（曾枣庄）

望海楼晚景五绝(其二)　　苏　轼

横风吹雨入楼斜，　　壮观应须好句夸。
雨过潮平江海碧，　　电光时掣紫金蛇。

有人说，读了东坡的"横风"、"壮观"（观，读去声，不读平声。）两句，觉得有些失望。他既说"应须好句夸"，却不着一字，一转便转入"雨过潮平"了。岂不是大话说过，没有下文。以东坡大才，何至如此？

这话虽说不无道理，但东坡这样写，自是另有原因。第一，他是要写一组望海楼晚景的诗，眼下还不想腾出笔墨来专写忽来忽去的横风横雨。所以他只说“应须”，是留以有待的意思。第二，既然说得上“壮观”，就须有相应的笔墨着力描写，若把它放在“晚景”组诗中，是不太合适的，因为畸轻畸重，不好安排。

事情也确实如此。到了第二年，他游览有美堂，适逢暴雨，就立即写了《有美堂暴雨》七律一篇，奇句惊人，堪称名作。应了他那“壮观应须好句夸”的话了。

其实细读此诗，我们便会发现他的思想有过一段起伏变化。在开头，他看到一阵横风横雨，直扑进望海楼来，很有一股气势，使他陡然产生要拿出好句来夸一夸这种“壮观”的想法，不料这场大雨，来得既急，去得也快，一眨眼间，风已静了，雨也停了。就好像演戏拉开帷幕之时，大锣大鼓，敲得震天价响，大家以为下面定有一场好戏，谁知演员还没登场，帷幕便又落下，毫无声息了。弄得大家白喝了彩。东坡这开头两句，正是写出大家（包括诗人在内）白喝了一通彩的神情。

雨过以后，向楼外一望，天色暗下来了，潮水稳定地慢慢向上涨，钱塘江浩阔如海，一望碧玉似的颜色。远处还有几阵雨云未散，不时闪出电光，在天空里划着，就像时隐时现的紫金蛇。

这首诗写的就是这一夜望海楼的晚景。开头时气势很猛，好像很有一番热闹，转眼间却是雨阑云散，海阔天青，变幻得使人目瞪口呆。其实不止自然界是这样，人世间的事情，往往也是如此的。上了年纪的人，经历的事情多了，恐怕还不止一次看见过这种现象呢。读一读东坡这首诗，也许会发出会心的微笑吧！

（刘逸生）

吴中田妇叹　　苏　轼

今年粳稻熟苦迟，　庶见霜风来几时。
霜风来时雨如泻，　杷头出菌镰生衣。
眼枯泪尽雨不尽，　忍见黄穗卧青泥！
茅苫一月陇上宿，　天晴获稻随车归。
汗流肩赪载入市，①　价贱乞与如糠粞。②
卖牛纳税拆屋炊，　虑浅不及明年饥。
官今要钱不要米，　西北万里招羌儿。
龚黄满朝人更苦，　不如却作河伯妇。

〔注〕 ① 赪（chēng）：赤红色。　② 粞（xī）：碎米。

本诗熙宁五年（1072）冬作于湖州。诗题下有自注云：“和贾收韵。”贾收，字耘老，吴兴人。平生钦佩苏轼，著有《怀苏集》一卷。苏轼作此诗时，王安石的一系列新法正在全国范围内逐步施行。这对缓和宋王朝的社会矛盾，调节封建生产关系等方面虽然有积极作用，但也出现一些弊端，苏轼有感于此，蒿目时艰，写下了《吴中田妇叹》、《山村五绝》一类的社会政治诗。这些诗篇里虽然夹杂了诗人对新法的偏见，但并没有冲淡诗中倾注作者同情民生疾苦的基调。

这首《吴中田妇叹》是在江南秋雨成灾的背景下写出的。诗人借田妇的口吻，集中描绘了江浙一带农民的悲惨生活情景。全诗分为两大段。前八句为第一大段，写雨灾造成的苦难。后八句为第二大段，写虐政害民更甚于秋涝。

诗的开头二句写今年粳稻的成熟期甚晚，幸亏没有多时秋天就来到了。点明了秋收的季节。紧接着诗人运转笔锋，直写雨灾。"霜风"二句写滂沱大雨使快成熟的粳稻无法开镰收割。杷，同钯。爬梳的农具因长期大雨潮湿而发了霉，镰刀也生了锈。这里用农具"出菌"、"生衣"来表现灾情之严重，使常景变成了奇句，显示出诗人独特的艺术才华。

"眼枯泪尽雨不尽"，这是化用杜甫《新安吏》："莫自使眼枯，收汝泪纵横；眼枯即见骨，天地终无情"的诗意。在即将收割的秋季遇上连续如注的大雨，农民怎不忧心如焚，伤心得落尽眼泪呢？又怎能忍心看着金黄色的稻穗倒伏在泥田里呢？"茅苫"二句由内心的伤痛转写抢收的行动。为了抢救粳稻，农民在田头边搭起了茅草棚，住宿在里面看管了一个月。好不容易盼到了晴天，赶紧抢收运载而归。然而他们却不能享受这辛勤劳动得来的果实。

"汗流"以下八句通过谷贱伤农的事实，抨击了造成钱荒的新法流弊。诗人先叙述农民担粮入市，汗流浃背，磨肿肩膀；后写米价低贱就同糠和碎米一样。经过多么艰苦的劳动，换来的却是那么微薄的收入！"卖牛"二句承上揭示了赋税的繁重。农民无奈只有卖牛凑钱纳税，为了烧饭，只得拆下屋里的木头，以解救燃眉之急，而顾不上明年的饥荒。这种夸张的笔墨，与司马光在熙宁七年《应诏言朝政阙失状》中所写农民"若值凶年，无谷可粜，吏责其钱不已，故卖田，则家家卖田；欲卖屋，则家家卖屋；欲卖牛，则家家卖牛"一样，都是片面的夸大言辞。不过，在新法条例中，如青苗法、免役法等都规定赋税要钱不收米。当时百姓有米而官府不要米，百姓无钱而必要钱。这就造成一时米贱钱荒的社会问题。诗中"官今要钱不要米"，触及时政流弊的实质。"西北"句是指当时为了抗击西夏，王安石采用王韶的建议，对西北沿边羌人蕃部进行招抚，虽有利于巩固边防，但也花费了不少钱。这必然加重人民的负担，而官吏催逼，唯钱是求，使农民走投无路，难以为生。最后二句借用典故收结，把全诗的气氛推到了高潮。"龚黄"，指汉代的龚遂和黄霸。龚遂任渤海太守,黄霸任颍川太守,他们都是以恤民宽政著名的官吏。这里的"龚黄满朝"是带着明显嘲讽意味的。"河伯妇",是用《史记》中西门豹传的故事。在战国时邺县豪绅与女巫假托"河伯娶妇",敲诈勒索,残害百姓。西门豹任邺县令时,为民除害,施计把巫婆投入河中。作者借用来表明百姓被逼得无路可走,不如投河自尽。这种用意苏轼后来在元祐元年(1086)写的《乞不给散青苗钱斛状》中说得很明确:"二十年间,因欠青苗,至卖田宅、雇妻子、投水自缢者,不可胜数,朝廷忍复行之欤?"

苏轼这首讥讪新法的诗篇,它的特点并不是用政治图解的方式来表达思想倾向,而是选取典型的生活情景和人物的行动,通过叙事抒情,间用议论的方式,形象地反映社会现实生活,读来感到真实动人。全诗的结构布局紧紧扣住诗题的"叹"字,写得层次分明而又步步深入。首先叹息稻熟苦迟,其次哀叹秋雨成灾,复次喟叹谷贱伤农,末以嘲讽官吏,逼民投河作结,更令人怵目惊心。整个诗篇的字里行间充满了诗人对劳动农民苦难遭遇的深切同情,尽管这是与反对新法的偏见交织在一起,也是不能轻易抹杀的。　　(曹济平)

往富阳、新城,李节推先行三日,留风水洞见待　苏　轼

春山磔磔鸣春禽,　　此间不可无我吟。
路长漫漫傍江浦,　　此间不可无君语。
金鲫池边不见君,　　追君直过定山村。
路人皆言君未远,　　骑马少年清且婉。
风岩水穴旧闻名,　　只隔山溪夜不行。
溪桥晓溜浮梅萼,　　知君系马岩花落。
出城三日尚逶迟,　　妻孥怪骂归何时。
世上小儿夸急走,　　如君相待今安有?

富阳今属浙江杭州,新城今为富阳市新登镇,在北宋为杭州所属县。李节推名佖,时为杭州节度推官。风水洞,据《杭州图经》载,距钱塘旧治五十里,在杨村慈岩院。洞极大,流水不竭。洞顶又有一洞,清风微出,故名风水洞。熙宁六年(1073)正月苏轼奉命出巡本州所属县,李佖先行三日并在风水洞等候苏轼。此诗即为谢佖而作。

开头四句双头并起,兼写自己和李佖。磔磔,鸟鸣声。春山已经很美,而又有春禽磔磔,不可无诗,这是写自己。但路途遥远,需李与语,这就写到李佖。漫

漫,长远貌。屈原《离骚》:"路曼曼其修远兮。"由杭州往富阳,沿富春江而行,故云"傍江浦"。这样起笔,为纪昀所极赏,说它"磊磊落落,起法绝佳。"(见《纪评苏诗》)

"金鲫"四句,写自己追李。金鲫池在钱塘江畔开化寺(六和塔即建于此)后,山涧水底有金鲫鱼,故名。"不见君"说明苏轼在金鲫池就找过李佖。定山村在钱塘县西南四十七里处。"追君直过定山村","直过"二字说明追得急迫,走得很快。"路人皆言君未远"的"皆"字说明苏轼一路都在打听李的踪迹。骑马少年指李佖。清且婉,清秀婉丽。这是借路人之言赞美李佖,从《诗经》"有美一人,清扬婉兮"化来。以上四句紧扣"不可无君语",写出了追李的急切之情。

"风岩"四句写李佖在等自己。"风岩水穴",指风水洞。"只隔山溪"的"只"字应"君未远",本来可很快追上;但为山溪所"隔",夜不能行,只有来朝才能见面。这样写,既是纪实,行文亦为之一顿。溜,小股流水。苏轼早晨从溪桥下的小股流水漂浮着的梅萼,推测是李佖系马于风水岩的梅树上摇落下来的。这一想象之词,读起来十分亲切。

"出城"四句是感谢李佖"相待"之词,虽出以戏语,却有严肃的内容。逶迟,纡回逗留貌,江淹《别赋》:"舟凝滞于水滨,车逶迟于山侧。"逶迟与凝滞对举,义相近。"尚逶迟",一本"迟"作"迤";"归何时",一本"时"作"迟"。王文诰认为当以"尚逶迟","归何时"为是:"'归何时',乃未归之词也。诗虽代为设想,佖既未归,自应作'归何时'。今既定'时'字韵,则上句之'尚逶迤',应仍作'尚逶迟'。"(《苏诗编注集成》卷九)王文诰之说大体可信。最后两句又以世上小儿的疾于奔走反衬李佖"相待"之不易,这样既颂扬了李佖,又讥刺了"世上小儿"。这里的"世上小儿",实际上是指那些投机新法的"新进勇锐之士",因此,这首诗后来成了苏轼"谤讪新政"的罪名之一。《乌台诗案》载苏轼的供词说:"熙宁六年正月二十七日游风水洞,有本州推官李佖知轼到来,在彼等候。轼到乃题诗于壁,其卒章不合云'世上小儿夸疾走',以讥世之小人多务急进也。"

这是一首七古,四句一换意,先总写自己需李同行,然后再分写己之追李和李之相候,最后以妻孥怪骂、世人疾走相映衬,充分抒发了对李"相待"的感谢之情。纪昀盛赞此诗的起笔,但却不满此诗的结尾,批评它"一结索然",因为这样的结尾不符合纪昀崇尚温柔敦厚、含蓄不露的评诗标准。其实这首诗的结尾颇能代表苏轼的性格和苏诗的特征:嬉笑怒骂,皆成文章;随手拈来,皆有奇趣。这篇七古两句一换韵,句句押韵,读起来急促跳荡,正好反映了苏轼巡视途中的轻松愉快心情。

(曾枣庄)

法惠寺横翠阁 苏 轼

朝见吴山横，　　暮见吴山纵。
吴山故多态，　　转折为君容。
幽人起朱阁，　　空洞更无物。
唯有千步冈，　　东西作帘额。
春来故国归无期，　　人言秋悲春更悲。
已泛平湖思濯锦，　　更看横翠忆峨眉。
雕栏能得几时好，　　不独凭栏人易老。
百年兴废更堪哀，　　悬知草莽化池台。
游人寻我旧游处，　　但觅吴山横处来。

这首七言古诗，是熙宁六年(1073)春，作者任杭州通判时写的。

在一个风和日丽的春日，作者又登上了杭州清波门南的法惠寺横翠阁，凭栏远眺吴山。他觉得这座山千姿百态，总也看不厌。在早晨看它，蜿蜒横亘，有如飘曳于云天的一条长长翠带；到了晚上，它隐现于苍茫夜色之中，但见一堆浓翠，高高耸立。开篇二句开门见山，省略了入寺、登阁等不必要的笔墨，清人纪昀说"起得峭拔"。但更精彩的是，一下笔即显示出作者善于从动态变化中捕捉景物特征的本领。山本不动，诗人却化静为动，表现山在朝暮间的纵横变化。可能作者感到这样写仍不足以传吴山之神，因此紧接着又写了"吴山故多态，转折为君容"，用拟人化手法，把吴山比作美女。这个美人本来就仪态万方；为了吸引人们的注意，她还要对着西湖这面明镜梳妆打扮。王安石有一名句："意态由来画不成"(《明妃曲》)，而此诗作者仅用十个字，便把吴山的意态画出来了，而且画得神采宛然，的确是为山水传神写照的妙笔。以上四句，借鉴了民间歌谣重叠而略有变化的句式，显得清新活泼。字里行间，透露出作者登阁览山的盎然兴味和对吴山的喜爱之情。

"幽人起朱阁，空洞更无物"二句，补叙自己登阁情事。"幽人"，是精神境界清幽高洁的人，既是对法惠寺高僧的赞美，也是作者的自谓。正由于朱阁空洞无物，幽人的心中也无遮无碍，忽然见到吴山从东到西一派青葱横在窗前，犹如绿色帘帷。作者在《送参寥师》诗中，曾介绍过他的写诗经验："欲令诗语妙，无厌空且静。静故了群动，空故纳万境。""幽人"四句，正是作者用"以静观动"、"以空纳实"的表现方法描绘出的妙景。这四句有奇趣，有禅味，是苏诗特有的风格。

然而，登阁观山所引起的空静心境，很快就发生变化。春来吴山的多态，不禁使作者联想到故乡四川的锦绣山川。但岁月流逝，渺无归期，不由悲从中来。秋天草木摇落，最容易引起思乡的凄清之情。但作者好作新奇语。他在“春来故国归无期，人言秋悲春更悲”二句中，用翻案法，偏说春比秋悲，把自己怀念故乡的愁绪渲染得更为浓烈。紧接着又挥洒出“已泛平湖思濯锦，更看横翠忆峨眉”二句，借景抒情，把眼前的西湖秀色，同濯锦江和峨眉山的旖旎风光联结起来，既表现自己对杭州的喜爱，又抒写对故乡的深情。作者以“濯锦江”和“峨眉山”作为故乡的象征，选景很有典型性。“平湖”与“濯锦”、“横翠”与“峨眉”相互映衬，诱人产生美丽的想象。为了与旖旎风光相应，作者有意用律句，对仗工整，而又圆转流动。

作者并没有停留在思乡的感情上，他进而想到岁月如流，人事代谢。“雕栏能得几时好，不独凭栏人易老”两句，暗用南唐后主李煜“雕栏玉砌应犹在，只是朱颜改”和“独自莫凭栏，无限江山，别时容易见时难”之语而反其意，更深一层地说，不独是凭栏人易老，雕栏、池台也要荒废朽败。借用前人诗句以熔铸自己诗境，是古典诗歌常用的手法。作者在这方面用得自然、贴切，常常是随手拈来，与自己所抒写的情景妙合无垠。写到这里，作者更飞腾想象，悬测未来。他想到百年之后，这里的池台楼阁已化为一片草莽。言外之意是说，自己也早已作了古人，遗骨已成尘土。“百年兴废更堪哀”二句，把内心中的哀伤感情抒写得淋漓酣畅，使全诗达到了抒情的高潮。但忽然笔锋又一转，写出了“游人寻我旧游处，但觅吴山横处来”。这两句含蕴丰富，奇气横溢。作者相信后人一定会怀念我，凭吊我，在朝横暮纵的吴山下寻觅我的遗踪。这里仍有伤感，但更多的是自豪。相信自己可与吴山俱存，名垂千古，这是何等乐观，何等旷达，何等豪迈！在经过了几番错综变化、波澜起伏的写景抒情之后，在结尾处又借“游人寻我”，自然地带出“吴山横处”，同开篇的“朝见吴山横，暮见吴山纵”前后呼应，首尾相衔。可见作者在章法结构上挥洒自如、大开大阖的功力。

欧阳修有一首脍炙人口的七古《春日西湖寄谢法曹》，是前四句五言，描绘许昌西湖景色；以下十二句七言，抒写朋友相念之情，以及自己异乡逢春、伤叹老大之意。论题旨，论思路，论章法，苏轼这首诗同欧诗都很相似。可以看出欧诗与苏诗之间的直接承传关系。如将二诗对照比较，欧诗中的“西湖春色归，春水绿于染。群芳烂不收，东风落如糁”，以及“雪消门外千山绿，花发江边二月晴”等句，写景流丽宛转，色彩鲜明，境界如画。全篇所抒之情比较单纯，笔调婉转安恬，四句一转韵，风格平易清畅。而苏诗写吴山，重在传神写意，笔致活泼跳脱，饶有奇趣。苏轼不仅抒写了春日思乡伤老之情，还进一步触发百年兴废之感，寄寓人生哲理。从思想的丰富、意思的深刻来看，似胜欧诗一筹。苏轼将欧诗前四句五言，发展为八句，后边的十二句，缩为十句。全篇韵脚平仄交错，使诗篇在整齐中富于变化。苏轼才情奔放，笔力恣肆灵动，七言古诗这种体裁最适合他纵横驰骋。黄庭坚说他的古诗"长篇须曲折三致意，乃可成章"（见胡仔《苕溪渔隐丛话·前集》卷四七引）。这首诗也体现了苏轼七古在谋篇布局上曲折多变而又脉络分明的艺术特点。

（陶文鹏）

新城道中二首　　苏　轼

东风知我欲山行，　吹断檐间积雨声。
岭上晴云披絮帽，　树头初日挂铜钲。①
野桃含笑竹篱短，　溪柳自摇沙水清。
西崦人家应最乐，　煮葵烧笋饷春耕。

身世悠悠我此行，　溪边委辔听溪声。
散材畏见搜林斧，　疲马思闻卷旆钲。
细雨足时茶户喜，　乱山深处长官清。
人间歧路知多少？　试向桑田问耦耕。

〔注〕 ① 钲：古代乐器。又名"丁宁"，形似钟而狭长，有长柄可执，击之而鸣。

神宗熙宁六年（1073）的春天，诗人在杭州通判任上出巡所领各属县。新城在杭州西南，为杭州属县（今浙江杭州富阳市新登镇）。作者自富阳赴新城途中，饱览了秀丽明媚的春光，见到了繁忙的春耕景象，于是用轻松活泼的笔调写下这两首诗，抒写自己的途中见闻和愉快的心情。

第一首主要写景，景中含情；第二首着重抒情，情中有景。

清晨，诗人准备启程了。东风多情，雨声有意。为了诗人旅途顺利，和煦的东风赶来送行，吹散了阴云；淅沥的雨声及时收敛，天空放晴。"檐间积雨"，说明这场春雨下了多日，正当诗人"欲山行"之际，东风吹来，雨过天晴，诗人心中的阴影也一扫而光，难怪他要把东风视为通达人情的老朋友一般了。出远门首先要看天色，既然天公作美，自然就决定了旅途中的愉悦心情。出得门来，首先映入眼帘的是那迷人的晨景：白色的雾霭笼罩着高高的山顶，仿佛山峰戴了一顶白丝绵制的头巾；一轮朝阳正冉冉升起，远远望去，仿佛树梢上挂着一面又圆又亮的铜钲。穿山越岭，再往前行，一路上更是春光明媚、春意盎然。鲜艳的桃花，矮矮的竹篱，袅娜的垂柳，清澈的小溪，再加上那正在田地里忙于春耕的农民，有物有人，有动有静，有红有绿，构成了一幅画面生动、色调和谐的农家春景图。雨后的山村景色如此清新秀丽，使得诗人出发时的愉悦心情有增无减。因此，从他眼中看到的景物都带上了主观色彩，充满着欢乐和生意。野桃会"含笑"点头，"溪柳"会摇摆起舞，好不快活自在！而诗人想象中的"西崦人家"更是其乐无比：日出而作，日入而息；田间小憩，妇童饷耕；春种秋收，自食其力，不异桃源佳境！这些景致和人物的描写是作者当时欢乐心情的反映，也表现了他厌恶俗务、热爱自然的情趣。

第二首继写山行时的感慨，及将至新城时问路的情形，与第一首词意衔接。

行进在这崎岖漫长的山路上，不禁使诗人联想到人生的旅途同样是这样崎岖而漫长。有山重水复，也有柳暗花明；有阴风惨雨，也有雨过天晴。应该怎样对待人生？诗人不知不觉中放松了缰绳，任马儿沿着潺潺的山溪缓缓前行。马背上的诗人低头陷入了沉思。"散材"、"疲马"，都是作者自况。作者是因为在激烈的新、旧党争中，在朝廷无法立脚，才请求外调到杭州任地方官的。"散材"，指无用之才(典出《庄子·逍遥游》)，此处为作者自喻。"搜林斧"，喻指深文周纳的党祸。即使任官在外，作者也在担心随时可能飞来的横祸降临，即便是无用之材，也畏见那搜林的利斧。作者对政治斗争、官场角逐感到厌倦，就像那久在沙场冲锋陷阵的战马，早已疲惫不堪，很想听到鸣金收兵的休息讯号。所以，作者对自己目前这样悠然自在的生活感到惬意。他在饱览山光水色之余，想到了前几日霏霏春雨给茶农带来的喜悦，想到了为官清正的友人新城县令晁端友。临近新城，沉思之余，急切间却迷了路。诗的最末两句，就写诗人向田园中农夫问路的情形，同时也暗用《论语·微子》的典故：两位隐士长沮、桀溺耦而耕，孔子命子路向他们问路，二人对曰："滔滔者，天下皆是也，而谁以易之？且而与其从避人之士也，岂若从避世之士哉？"诗人以此喻归隐之意。

两首诗以时间先后为序，依原韵自和，描绘"道中"所见所闻所感，格律纯熟，自然贴切，功力深厚。尤其是第一首"野桃"、"溪柳"一联倍受前人激赏，汪师韩以为是"铸语神来"之笔，"常人得之便足以名世"(《苏诗选评笺释》卷二)。其实不仅此联，即如"絮帽"、"铜钲"之比拟恰切，"散材"、"疲马"之颇见性情，不也各有千秋，脍炙人口吗？

(沈时蓉　詹杭伦)

饮湖上，初晴后雨二首(其二)　　苏　轼

水光潋滟晴方好，　山色空蒙雨亦奇。

欲把西湖比西子，　淡妆浓抹总相宜。

苏轼于神宗熙宁四年(1071)到七年在杭州任通判期间，曾写了大量咏西湖景物的诗。这是最脍炙人口的一首。

诗的上半首既写了西湖的水光山色，也写了西湖的晴姿雨态。首句写晴日照射下荡漾的湖波；次句写雨幕笼罩下缥缈的山影。联系诗题《饮湖上，初晴后雨》来看，两句所描摹的正是当天先后呈现在诗人眼前的真实景观。联系同题第一首诗的前两句“朝曦迎客艳重冈，晚雨留人入醉乡”来看，那一天，诗人在西湖游宴终日，早晨阳光明艳，后来转阴，入暮后下起雨来。而在善于领略自然并对西湖有深厚感情的诗人眼中，无论是水是山，或晴或雨，都是美好奇妙的。从“晴方好”、“雨亦奇”这一赞评，读者不仅可以想见在不同天气下的湖山胜景，也可想见诗人即景挥毫时的兴会及其洒脱的性格、开阔的胸怀。

下半首诗里，诗人没有紧承前两句，进一步运用他的写气图貌之笔来描绘湖山的晴光雨色，而是遗貌取神，只用一个既空灵又贴切的妙喻就传出了湖山的神韵。喻体和本体之间，除了从字面看，西湖与西子同有一个“西”字外，诗人的着眼点所在只是当前的西湖之美，在风神韵味上，与想象中的西施之美有其可意会而不可言传的相似之处。而正因西湖与西子都是其美在神，所以对西湖来说，晴也好，雨也好，对西子来说，淡妆也好，浓抹也好，都无改其美，而只能增添其美。对这个比喻，今人有两种相反的解说：一说认为诗人“是以晴天的西湖比淡妆的西子，以雨天的西湖比浓妆的西子”；一说认为诗人是“以晴天比浓妆，雨天比淡妆”。两说都各有所见，各有所据。但就才情横溢的诗人而言，这是妙手偶得的取神之喻，诗思偶到的神来之笔，只是一时心与景会，从西湖的美景联想到作为美的化身的西子，从西湖的“晴方好”、“雨亦奇”，想象西子应也是“淡妆浓抹总相宜”，当其设喻之际、下笔之时，恐怕未必拘泥于晴与雨二者，何者指浓妆，何者指淡妆。今天欣赏这首诗时，如果一定要使浓妆、淡妆分属晴、雨，可能反而有损于比喻的完整性、诗思的空灵美。

这里，诗人抒发的是一时的才思，但这一比喻如陈衍在《宋诗精华录》中所说，“遂成为西湖定评”。从此，人们常以“西子湖”作为西湖的别称。苏轼本人对这一比喻也很得意，曾在诗中多次运用，如《次韵刘景文登介亭》诗有“西湖真西子，烟树点眉目”句，《次前韵答马忠玉》诗有“只有西湖似西子，故应宛转为君容”句。后人对这一比喻更深为赞赏，常在诗中提到，如武衍在《正月二日泛舟湖上》诗中就说：“除却淡妆浓抹句，更将何语比西湖？”

王文诰在《苏文忠公诗编注集成》中称这首诗是“前无古人，后无来者”的“名篇”。其特点之一是概括性特别强。它写的不是西湖的一处之景或一时之景，而是对西湖的全面写照和全面评价，因而它就具有超越时间的艺术生命，一直到今天还浮现在西湖游客的心头，使湖山因之生色。 （陈邦炎）

於潜僧绿筠轩[①] 苏 轼

可使食无肉， 不可使居无竹。
无肉令人瘦， 无竹令人俗。
人瘦尚可肥， 俗士不可医。
旁人笑此言： “似高还似痴？”
若对此君仍大嚼， 世间那有扬州鹤！

〔注〕 ① 於潜：旧县名，在今浙江临安境。

於潜僧，名孜，字慧觉。在於潜县南二里的丰国乡寂照寺出家。寺内有绿筠轩，以竹点缀环境，十分幽雅。这诗是借题“於潜僧绿筠轩”歌颂风雅高节，批判物欲俗骨。以议论为主，但写得很有风采。

据《晋书·王徽之传》记载，王羲之的儿子王徽之，为人高雅，生性喜竹。有一次，他寄居在一座空宅中，便马上令人种竹。有人问其原故，他不予正面解释，“但啸咏指竹曰：‘何可一日无此君！’”这“可使食无肉，不可使居无竹”便是借此典而颂於潜僧。因为典故中有着那样一位风采卓异的形象，诗人又用了“可”、“不可”这样的选择而肯定的语气，一位超然不俗的高僧形象，便立刻跃然纸上。

“无肉令人瘦，无竹令人俗”是对“不可使居无竹”的进一步发挥。它富哲理，有情韵，写出了物质与精神、美德与美食在比较中的价值；食无甘味，充其量不过是“令人瘦”而已；人无松筠之节，无雅尚之好，那就会“令人俗”。这既是对於潜僧风节的赞颂之语，也是对缺乏风节之辈的示警。接着用“人瘦尚可肥，俗士不可医”申足此意，就更鞭辟入里。是的，一个人，最重要的是思想品格和精神境界。只要有了高尚的情操，就会有松柏的孤直，梅竹的清芬，不畏强暴，直道而行，卓然为人；反之，就会汲汲于名利，依违于得失，随权势而俯仰，视风向而转移，俗态媚骨，丑行毕现。这种人，往往自视高明，自以为得计，听不进奉劝，改不了秉性，所以诗人说这种“俗士不可医”——医之无效。

以上为第一段。这一段的特点是：出语精警，议论精辟，发人深省。

文似看山不喜平。上面全是诗人议论，虽出语不凡，但若直由诗人议论下去，便有平直之嫌，说教之讥。因而下段重开波澜，另转新意，由那种得了“不可医”的“俗士”站出来作自我表演，这就是修辞学中的“示现”之法。请看：

旁人笑此言：“似高还似痴？”

这个“旁人”，就是前面提到的那种“俗士”。他听了诗人的议论，大不以为然；他虽然认为“不可使居无竹”是十足的迂阔之论，腐儒之见，但在口头上却将此论说成“似高、似痴”，从这模棱两可的语气里，显示了这种人世故、圆滑的特点；他绝不肯在论辩中作决绝之语而树敌。

下面是诗人对俗士的调侃和反诘：“若对此君仍大嚼，世间那有扬州鹤！”“此君”，用王徽之“何可一日无此君”语，即指竹。“大嚼”，语出曹植《与吴质书》“过屠门而大嚼，虽不得肉，贵且快意”。“扬州鹤”，语出《殷芸小说》，故事的大意是，有客相从，各言所志，有的是想当扬州刺史，有的是愿多置钱财，有的是想骑鹤上天，成为神仙。其中一人说：我想“腰缠十万贯，骑鹤上扬州”，兼得升官、发财、成仙之利。诗意谓：你又想种竹而得清高之名，又要面竹而大嚼甘味，人间何处有“腰缠十万贯，骑鹤上扬州”这等美事！是的，名高者难得厚富，厚富者难得名高；仕宦者无暇学仙，得道者无暇仕宦；食肉者无高节，高节者不食肉；二美尚不得并兼，更何况欲兼数美！既欲肥鲜，又思脱俗，世上安有此理？既欲仕宦，又思成仙，人间安有此事！

这首诗，以五言为主，以议论为主。但由于适当采用了散文化的句式（如“不可使居无竹”、“若对此君仍大嚼”等）以及赋的某些表现手法（如以对白方式发议论等），因而能于议论中见风采，议论中有波澜，议论中寓形象。苏轼极善于借题发挥，有丰富的联想力，能于平凡的题目中别出新意，吐语不凡，此诗即是一例。

（傅经顺）

病中游祖塔院　　苏　轼

紫李黄瓜村路香，　乌纱白葛道衣凉。
闭门野寺松阴转，　欹枕风轩客梦长。
因病得闲殊不恶，　安心是药更无方。
道人不惜阶前水，　借与匏樽自在尝。

这首诗是熙宁六年（1073）作，这年苏轼在杭州任通判。祖塔院在杭州南山，唐开成元年（836）称法云寺。宋太平兴国六年（981），因南泉、临济、赵州、雪峰等高僧常到此，故又称祖塔院，即今虎跑寺。

开头写到祖塔院去的村路景物和作者的服饰。在村路上看到紫李黄瓜的色彩和闻到的香味，作者戴着乌纱帽，穿着白葛衣，显得凉快。乌纱帽，东晋时是官帽，唐时逐渐流行民间，不再成为官帽了。《冷斋夜话》称："哲宗问右珰（宦者）陈衍：'苏轼衬朝章者何衣？'衍对曰：'是道衣。'"朝章是上朝穿的官服，道衣是民间有道者穿的便服，较为凉快。接下来写到了祖塔院，那是在野地里的寺庙，故称"野寺"。作者在病中，所以在寺里闭门欹枕，就入梦乡了。当时是夏天，所以开着轩窗迎风，称"风轩"；因为入梦的时间较长，所以醒来看到窗外的松阴转移了。这一联写在寺中的情景。

作者在杭州做通判，与知州共理政事，平时不可能到庙里去游息。所以说："因病得闲殊不恶，安心是药更无方。"因为有病，所以有闲到庙里来休息，也很不坏。既然有病，求什么药方来治病呢？安心就是药，不用再求药方了。《景德传灯录》卷三记僧神光（慧可）向达摩求法，"光曰：'我心未宁，乞师与安。'师曰：'将心来与汝安。'曰：'觅心了不可得。'师曰：'我与汝安心竟。'"佛家认为求安心即在自己，自己认为心安了就是，不用外求。作者更认为只要自己能安心就能治病，不用再求药方了，结尾联系虎跑泉，说和尚借给匏瓢，供自己自由自在地喝泉水。道人即指僧人。

这首诗的构思，先写到寺前的路上景物，联系自己的装束。次写到寺后的情景，结合自己病中情事，再跟祖塔院的祖师即二祖慧可联系，从二祖的问安心方想到自己的病。一结把院僧同自己联系，归结到虎跑寺的泉水。这样结构容易成为一种样式，可以摹仿。纪昀批："此种已居然剑南（陆游）派。然剑南别有安身立命之地，细看全集自知。杨芝田（大鹤，有陆游诗选本）专选此种，世人以易于摹仿而盛传之，而剑南之真遂隐。"这里指出，苏轼这首诗"易于摹仿"，说明他的写法，按照游祖塔院的经过来写，可以供后人取法。钱锺书《宋诗选注》说，陆游除爱国诗外，还有"一方面是闲适细腻，咀嚼出日常生活的深永的滋味，熨帖出当前景物的曲折的情状"。纪昀讲"此种已居然剑南派"，就指这一方面的诗，苏轼这首诗正是例证。它的艺术特色，就是闲适细腻，像"因病得闲"，"欹枕客梦"，"松阴转"，"安心是药"等都是。纪昀批指出"剑南别有安身立命之地"，钱锺书又指出："什么是诗家的生路、'诗外'的'工夫'呢？""他说：'法不孤生自古同，痴人乃欲镂虚空！君诗妙处吾能识，正在山程水驿中'"；"换句话说，要做好诗，该跟外面世界接触，不用说，该走出书本的字里行间，跳出蠹鱼蛀孔那种陷人坑"。就苏轼这首诗说，虽然容易给后人摹仿，但它从生活中来，也是创造。后人摹仿这样的写法，这是后人的事，就苏轼说还是创造。

（周振甫）

竹　阁　　　　苏　轼

海山兜率两茫然，　古寺无人竹满轩。
白鹤不留归后语，　苍龙犹是种时孙。
两丛恰似萧郎笔，　十亩空怀渭上村。
欲把新诗问遗像，　病维摩诘更无言。

熙宁六年(1073)苏轼通判杭州时作《孤山二咏》,《竹阁》即其中的一篇。竹阁在杭州广化寺柏堂之后,唐代诗人白居易为鸟窠禅师建。鸟窠禅师俗姓潘,名道林,富阳人,九岁出家,居秦望山。元和年间,白居易守杭,入山谒师,并建竹阁于西湖之滨,迎师居阁上,自己也常游息其间。

白居易因“上疏论事,天子不能用,乃求外任”(《旧唐书·白居易传》)而除杭州知州;苏轼也因“论事愈力,介甫(王安石)愈恨……乞外任避之,通判杭州”(苏辙《东坡先生墓志铭》)。苏轼非常仰慕白居易的为人,尝自称“出处依稀似乐天”。这首怀古之作没有对竹阁作具体描写,仅以本色语点化白诗入己诗,就充分抒发了对白的思慕之情和眼前没有同调的孤独之感。苏诗好用典,并用得自然贴切,这首诗就是一个突出例子。

“海山”指海中仙山。《史记·秦始皇本纪》:“海中有三神山,名曰蓬莱、方丈、瀛洲,仙人居之。”“兜率”,兜率天,佛教所说欲界六天中的第四天,《景德传灯录》载释迦牟尼生兜率天。据传,唐会昌元年(841)有海商遭风,至蓬莱山,见一宫院名白乐天院,故白居易《答李浙东》诗说:“海山不是吾归处,归即应归兜率天。”苏轼诗的首联即用白居易诗中事,言无论是蓬莱山还是兜率天,皆茫然不见,所能见到的只有白居易当年为鸟窠禅师建的竹阁,仍然丛竹满轩。“无人”二字,既是写眼前景——竹阁的寂静;又是怀古,再也见不到白居易“晚坐松檐下,宵眠竹阁间”(白居易《宿竹阁》),诗一开头就充满了景是人非的感慨。

白居易《池上篇》说:“乐天罢杭州刺史,得天竺石一,华亭鹤二以归。”唐李远《失鹤》诗有“华表柱头留语后,不知消息到如今”之句,苏轼反用李诗之意,言李远为失鹤“留语后”至今仍“不知消息”而伤感,而白居易携华亭二鹤离杭时连“留语”也没有,只有竹阁翠竹(苍龙)还是当时所种竹子的后代。“白鹤”句扣“海山”句,“苍龙”句扣“古寺”句,两联都是以有(竹、竹阁)衬无(海山、兜率、白鹤),抒发了“前不见古人”的“茫然”之感。

颈联集中写竹,也是全用白居易诗中事。萧郎指唐代协律郎萧悦,工画竹,曾为白居易画十五竿，居易作《萧悦画竹歌》为谢，中有“举头忽见不似画，低耳静听如有声”之句，画之美者如真，白诗即赞萧悦之画有如真竹；物之美者如画，苏诗即赞竹阁之竹有如萧画。渭指渭水，源出甘肃渭源县鸟鼠山，东流经关中平原，在潼关入黄河。这里盛产竹，《史记·货殖列传》说：“齐鲁千亩桑麻，渭川千竿竹。”白居易是渭南人，有《退居渭上村》诗，其《池上篇》又有“十亩之宅，五亩之园。有水一池，有竹千竿”语。颈联对句即以白居易退居之地渭上村代居易，“空怀”二字更点明了全诗主旨。

竹阁有白居易遗像，苏轼《竹阁见忆》可证：“柏堂南畔竹如云，此阁何人是主人？但遣先生(指词人张先)披鹤氅，不须更画乐天真。”维摩诘是毗耶离城中的大乘教主，与释迦牟尼同时，曾以称病为由向释迦牟尼派去问讯的舍利弗、弥勒、文殊讲说大乘教义。据《旧唐书·白居易传》载，居易“儒学之外，尤通释典”；“栖心释梵，浪迹老庄”。白晚年退居洛阳香山，“与香山僧如满结香火社，每肩舆往来，白衣鸠杖，自称香山居士”。故苏轼以维摩诘喻白居易。最后两句是说，既见不到白居易其人，只好以自己的新诗叩问竹阁中的居易像。但其遗像正像维摩诘，默然无语，诗人没有同调的孤独之感自在言外。（曾枣庄）

有美堂暴雨　　苏 轼

游人脚底一声雷，　满座顽云拨不开。
天外黑风吹海立，　浙东飞雨过江来。
十分潋滟金樽凸，　千杖敲铿羯鼓催。
唤起谪仙泉洒面，　倒倾鲛室泻琼瑰。

熙宁六年(1073)，苏轼任杭州通判时作此诗。有美堂在西湖东南面的吴山上，为杭州知州梅挚于嘉祐二年(1057)所建。堂名“有美”，乃取自宋仁宗赐梅挚诗“地有吴山美，东南第一州”中的二字。

乍读此诗，常使人错以为是截取古风诗中的一段，其气势、节奏和结构与一般的七律颇不相同。例如，开篇便不取律诗寻常开合之法，而是直接将大暴风雨的声势突兀展现出来。俗话说高雷无雨，一旦雷起脚底，其雨势便可想而知了。“一声”二字，更显出雷霆之迅烈。第二句，“云”上冠一“顽”字，已见云层之厚重浓密，再接一个强烈的动词“拨”，拨而不开，笼罩满座，更兼脚底霹雳，其景其情，历历如在目前。

接下一联，诗人更舒笔大写暴雨突来、风起云涌之势。风本无形无色之物，何以色黑？海又何以能掀立半空？但非如此写，其波澜壮阔之貌，惊心动魄之状，便不能形容得如此淋漓尽致。“吹海立”是从杜甫《朝献太清宫赋》“四海之水皆立”句化出。古代以钱塘江为浙江，浙东乃指钱塘江以东的地区。这句中连用三个动作延续性较长的动词“飞”、“过”、“来”，极为生动地展示出大雨自远而近、横跨大江、呼啸奔来的壮观奇景。这种对暴风雨作动态的过程描绘，令丹青妙手为之缩手。

本诗题为“有美堂暴雨”，然直到第四句，才写及雨之飞来，前半重心，乃在写其“暴”，故诗人饱蘸浓墨，大笔勾勒云雷天风，显现其倾天泼海之势，接下才真正转到正面写雨，因而，雨未下，而其势已见。

五六两句，或状形，或绘声，写实写意兼用，表现诗人站在吴山高处对暴风雨的独特感受。前句化用杜牧《羊栏夜宴》诗“酒凸觥心潋滟光”，潋滟是水满溢动的样子，这里是形容雨中的西湖像一樽酒满将溢的金盏。在艺术上，“白发三千丈”式的扩展事物原貌是夸张，为达到特殊效果而缩小其比例，也是一种夸张。在诗人俯瞰之中，偌大的西湖，仿佛只是天地间的一只酒杯，其气魄之雄奇实不亚于李贺的“一泓海水杯中泻”（《梦天》）。羯鼓是一种西域乐器，“其声焦杀鸣烈，尤宜促曲急破”（见南卓《羯鼓录》）。唐代宋璟曾描述击鼓“手如白雨点”，苏轼反用其意，以羯鼓之急促状雨点之骤密，铿锵澎湃之声，如万鼓齐奏。

《旧唐书·李白传》载：“玄宗度曲，欲造乐府新词，亟召白，白已卧于酒肆矣。召入，以水洒面，即令秉笔，顷之成十余章。”苏轼于跳珠泻玉般的急雨中，由上联的酒的意象联想到李白故事，不禁忽发奇想：该不是天帝欲造新词，便倾水洒面，以唤起“谪仙人”李白，于是这珍珠琼玉般的仙泉洒落人间，即化作这满天的大雨了。全诗便在这“心游万仞”的奇想中戛然而止。

苏轼在这首诗中，似乎有意背离中国古代“诗以言志”的传统和微言大义式的象征暗示手法，完全站在客观地位，充分发挥自己的全部感受能力，任凭想象力驰骋于大自然的奇观之中。其创作态度，其笔法，恰如写生画家即兴挥毫，临摹自然实景。诗人正是通过这种纯粹客观式的画面，使人们领略到大自然的壮丽雄奇的景色。当然，透过这画面，我们也同样能感受到诗人创作时起伏激荡的情绪。在具体写法上，诗人紧紧扣住疾雷、迅风、暴雨的特点进行刻画，使全诗的节奏和气势亦如自然风暴般急促，来如惊雷，陡然而至，令人应接不暇；去如飘风，悠然而逝，使人心有余悸。其用词之瑰丽，其想象之奇特，无不令人想到唐代诗人李贺，但其气势之奔腾不羁，其韵律之琅琅悦耳，却又超越李贺，分明显示出苏轼个人的特色。

（胡晓晖）

八月十五日看潮五绝①

苏 轼

定知玉兔十分圆，② 已作霜风九月寒。
寄语重门休上钥， 夜潮留向月中看。

万人鼓噪慑吴侬，③ 犹似浮江老阿童。
欲识潮头高几许？ 越山浑在浪花中。

江边身世两悠悠， 久与沧波共白头。④
造物亦知人易老， 故教江水向西流。⑤

吴儿生长狎涛渊，⑥ 重利轻生不自怜。
东海若知明主意， 应教斥卤变桑田。⑦

江神河伯两醯鸡，⑧ 海若东来气似霓。
安得夫差水犀手， 三千强弩射潮低。⑨

〔注〕 ①《苏诗集注》查慎行注引“乌台诗案”：熙宁六年，任杭州通判，因八月十五日观潮作诗五首写在安济亭上，前三首并无讥讽，至第四首言弄潮人贪官中利物，其间有溺而死者，故朝旨禁断。又谓主上好兴水利，不知利少害多，正如斥卤之地变为桑田，为事之必不可成者。② 玉兔：旧说月中有玉兔蟾蜍（见《五经通义》），后世因以玉兔代月。 ③ 吴侬：吴人称我为侬（见《南部烟花记》）。 ④“久与”句：语本白居易《九江北岸遇风雨》：“白头浪里白头翁。” ⑤ 江水向西流：指海水上潮，江水势不能敌，所以出现逆流情况，随潮西流。 ⑥ 涛渊：指有涛澜的深水。 ⑦ 斥卤：海边盐碱地。 ⑧ 醯鸡：《庄子·田子方》：“孔子见老聃曰：‘丘之于道也，其犹醯鸡乎，微夫子之发吾覆也，吾不知天地之大全也。’” ⑨ 自注：“吴越王尝以弓弩射潮头，与海神战，自尔水不进城。”

这五首钱塘看潮七绝，作于神宗熙宁六年（1073）中秋，作者当时任杭州通判。

我国沿海潮汐，以钱塘江海潮最为壮观。每当农历八月十五至十八日，潮势汹涌澎湃，比平时大潮更加奇特，潮头如万马奔腾，山飞云走，撼人心目。历代诗人，多有题咏。苏轼这组七绝，是其中名作。

第一首开头两句：“定知玉兔十分圆，已作霜风九月寒。”首句点明中秋。“月到中秋分外明。”这年中秋，适逢晴朗，所以作者预知月亮十分团圆，心情也倍加欣喜。次句写晴秋的夜晚，风里带有霜气，虽在仲秋，因地近钱塘江入海之口，已有九月的寒意。作者设想在月夜看潮，海滨一定是比较清冷的，而景象一定也更加奇妙。三四两句："寄语重门休上钥，夜潮留向月中看。"作者此时住在郡斋，所以招呼管门的小吏说："这重门休得上锁，我将要在月夜看潮呢！"白居易有忆杭州词："山寺月中寻桂子，郡亭枕上看潮头。"(《忆江南》)苏轼和白居易不同，他要亲临海塘看取潮势，并在中秋月夜看潮，这兴致比白居易的"郡亭枕上看潮头"显得更高了。这一首只是作出看潮的打算，是一组诗的开头。

第二首前两句："万人鼓噪慑吴侬，犹似浮江老阿童。"连用两个比喻，描绘潮来的威势。先写所闻，次写所见。怒潮掀天揭地呼啸而来，潮头奔涌，声响洪大，有如万人鼓噪，使弄潮和观潮的吴侬，无不为之震慑。这第一句中，暗用了春秋时代吴越战争中的一个故事。鲁哀公十七年(前478)，越国军队在深夜中进攻吴军的中军，就在战鼓声中，万军呼喊前进，使吴军主力于震惊之余，一败涂地。作者借用这一战役越军迅猛攻坚的声威，来比喻奔啸的潮头，可说非常形象。在第二句中，作者又用另一个威势壮猛的比喻，说是怒潮之来，有如当年王阿童统率长江上游的水军，浮江东下，楼船千里，一举攻下吴都建业(今江苏南京)。阿童是西晋名将王浚的小名。如读过刘禹锡《西塞山怀古》"王浚楼船下益州，金陵王气黯然收"的诗句，便可以想见当日的军威。这两个借喻，都从海潮的气势着笔，是实景虚写，借以开拓人们的想象力。第三四句："欲识潮头高几许？越山浑在浪花中。"是实景实写。前两句写潮势之大，这两句写潮头之高。"欲识"句故作设问，以引出"越山"句的回答。这潮头究竟有多高呢？越山竟好似浮在浪花中间了。越山近指吴山和凤凰山，远指龛山和赭山，龛山、赭山在萧山境内对峙，形成海门。现在看来，海门在苍茫浩瀚的潮水中，潮头似卷越山而去，白浪滔天，怒潮如箭，诗的境界，也仿佛图画一样展现在人的眼前了。

第三首，抒写看潮后兴起的感慨。作者乘兴观潮，本为纵览海潮壮观而来，此刻却顿起身世之感。感叹自己由京城调任在外，身世悠悠，浑无定所，和江边的潮水一样，潮去潮来起落不定。所以起句说"江边身世两悠悠"，以示悠然长往，不知何时有个归宿？而年华易逝，白发易生，只怕长此以往，也像沧海波涛那样，不时掀起白头雪浪，自己也要成为"白头浪里白头人"了。第二句，"久与沧波共白头"，正是在这种情况下产生的感想。后两句："造物亦知人易老，故教江水向西流。"作者看到海潮上溯，竟能逼使江水随潮西流。江水本不能西流，但因不能与潮势相敌，居然出现西流的情景。作者设想，这可能是造物体会到人有易老的心情，遂教江水也有西流之日，以示人生未必无再少之时，将来返回朝廷仍然

观潮图(苏轼《八月十五日看潮五绝》诗意)

——〔清〕黄易

有望。(按：作者外迁，是因对当时王安石推行新政，持有不同的意见，所以有这样的感慨。)

第四首，是作者以地方官的身份，因看潮而抒发的议论。这首诗包含两层意思：一是怜惜弄潮人的重利轻生，一是讽喻当时朝廷兴建水利多不切实际，害多利少，难有成效。前两句说："吴儿生长狎涛渊，重利轻生不自怜。"因为弄潮的人，贪得官中利物，他们冒险踏波，常有被溺死的危险。但吴越儿郎，多习于水，狎玩浪潮，不知警戒。虽然当时也曾有旨禁止弄潮，但终不能遏止。作者时为杭州通判，对吴越人的重利轻生，产生怜悯的心情。后两句诗说："东海若知明主意，应教斥卤变桑田。"作者揭露了当时官府里的一种矛盾，即一方面是明令禁止弄潮，一方面主上又好兴水利，好大喜功，不衡量利害得失。导致弄潮者又被吸引到这种水利工程中来，所以朝旨禁断，绝无成效。这两句诗的意思是："东海的海神，倘若知道当代君王的意旨，应该让海边盐卤之地，一齐变成肥腴的桑田，那么弄潮人就可以不必再行弄潮，而兴办海滨水利之事，也就可以大显成效了。"诗句中确实带有讽刺的意味，因为斥卤变为桑田，一般说来，只是神话，是属于事之必不可成功者。既然断难有成，而又兴办不止，则弄潮人的灾难，也就难以摆脱。在这组诗中，只有这两句含有讥讽。但后来的"乌台诗案"，却把全诗都系于册子之内。指控为谤讪朝廷，御史李定、舒亶、何正臣等人，更联系苏轼居官地方的其他诗作，大肆诬陷，想把作者置于死地，形成了前所未有的诗狱，并累及作者的许多友人。现在重温此诗，可见宋代党祸冤酷的一个侧面。

在第五首中，作者再次抒发观潮所得的感想，这首是组诗的最后一章，诗人纯从想象落笔。前两句："江神河伯两醯鸡，海若东来气似霓。"是由观潮想到《庄子·秋水》所写河伯"望洋兴叹"这个故事。"秋水时至，百川灌河。""泾流之大，不见涯涘。"河伯自以为"天下之美为尽在己。"等到他东行至海，看到汪洋浩瀚的大海涛澜，这才向海若表示自己的渺小。江神倘若东临大海，自然也会有同样的感受。长江大河也都有潮头。诗人表示如以江河的潮水，和这样雄伟的海潮威势相比，那么江神河伯就像小小醯鸡(即蠓蚋)，是微不足道的。海若(海神名)从东方驾潮而来，潮水喷吐，就像虹霓一样，映着中秋的月色，这怒潮自然更加壮观。诗人这种来自看潮以后的观感，虽然出之以神奇想象的笔墨，显然是以事实为依据的。后两句："安得夫差水犀手，三千强弩射潮低。"诗人感到如此威势巨大的潮水，要把它压低下来，使之为人民造福，是非常不易的。倘能得到当年夫差穿着水犀之甲的猛士，用上钱武肃王(钱镠)射潮的三千强弩，把它射服就范，兴许是个好事。"安得"两字，表明诗人的愿望，也是诗人的想象。这两句把两个历史故事，巧妙地联在一起，给人以强烈的印象。“水犀手”的故事，本出《国语·越语》：“今夫差衣水犀之甲者亿有三千。”因而战胜了越国，成为一时的霸主。射潮的故事，出自孙光宪《北梦琐言》的记载：吴越王钱镠，在建筑捍海塘的时候，为汹涌的怒潮所阻，版筑无成。后来钱王下令，造了三千劲箭，在叠雪楼命水犀军驾五百强弩，猛射潮头，迫使潮水趋向西陵而去，终于建成了海塘。这故事虽近神话，但说明了“人定胜天”的道理。诗人把夫差水犀军和钱王射潮两事融为一体，而引用上且稍有出入，但设想是颇为神奇的。诗人为官杭州，也曾在西湖中建成苏堤，拦阻湖西群山涧壑注入西湖之水，或使停蓄、或使宣泄，使之造福杭民。说明诗人也重视兴修水利，不过从实际出发，不是好大喜功，害多利少罢了。

综观这组看潮绝句，波澜壮阔，气象万千，有意到笔随之妙。在运笔方面，有实写，有虚写；有感慨，有议论；有想象，有愿望。淋漓恣肆，不落常轨，可见苏诗在风格上英爽豪迈的特色。（马祖熙）

宿九仙山 苏轼

风流王谢古仙真， 一去空山五百春。
玉室金堂余汉士， 桃花流水失秦人。
困眠一榻香凝帐， 梦绕千岩冷逼身。
夜半老僧呼客起， 云峰缺处涌冰轮。

苏轼这首七律作于杭州通判任上，时年三十八。他本就好入名山游览，现在由于政治上的郁郁不得志，便更加寄情山水，他曾说“天教看尽浙西山”（《与毛令方尉游西菩提寺》）、“踏遍江南南岸山，逢山未免便留连”（《登惠山绝顶望太湖》），这首诗便是他熙宁六年（1073）游赏九仙山、夜宿无量院所作。

九仙山，诗人于题下自注：“九仙谓左元放、许迈、王、谢之流。”九仙山在杭州西，山上无量院相传为东晋葛洪、许迈炼丹处。首联叙题本事。一去，指王、谢仙逝，离开人世。五百春，举其成数而言。东晋开国元勋王导与孝武帝时的“风流宰相”① 谢安，二人既是政治家，又好登山临水，苏轼慕之，因此特地从九仙之中提出他们二人作为代表，说具有超逸风度的王、谢二人，他们政事之暇，不喜处身人间烟火浓烈处，却常好登山临水，赏玩自然美景，真可称得上是古代仙人式的游山客（真，也就是仙的意思。）。可是自从他们逝世以后，到这座仙山来游赏的风流人物很少，光阴如白驹过隙，山一空就是五百年。这两句之中还含有诗人的言外之意：今日我逸兴勃发，步武王谢，登览此山，方使空山又有知音。

颔联点化本事。"玉室"句,《晋书·许迈传》载,许迈在写给友人王羲之的信中道:"自山阴至临安,多有金堂玉室,仙人芝草,左元放之徒汉末诸得道者皆在焉",即此句所本。金堂玉室,指华美的道观,昔时仙人道士炼丹之地,今已成佛寺——无量院。余汉士,指院内尚竖立着左元放等得道之士的泥塑偶像。"桃花"句,陶渊明《桃花源记》记武陵人寻访到桃花源,遇居民"自云先世避秦时乱,率妻子邑人,来此绝境",秦人,指这些居民,这里代指王、谢等"九仙"。这一联说,诗人白昼游览九仙山时,只见山上桃花盛开,山涧流水淙淙,清静幽美,一似陶靖节笔下的桃源仙境,不过那些"秦人"却遍寻无着,唯在古玉室金堂之中,尚能瞻仰到左元放等人的塑像。真是景物依旧而人事全非了。

颈联点题。岩,高峻的山。白日尽兴游览,晚上一进无量院,诗人便感到困惫不堪了,所以他赶忙钻进帐内,倒在床上。在缭绕帐边的浓郁香气中,迷迷糊糊,酣然入睡。不料,日有所思,便夜有所梦,一进梦乡,诗人恍恍惚惚,觉得自己又在那些数不清的高峻山峰之间游赏着,而山顶冷风凛凛,寒气逼身。这里"冷逼身"乃一笔兼写虚实二境。虚者,"冷逼身"乃诗人梦中所感也;实者,诗人睡在山上无量院中,山高本冷,又值深夜,冷风袭人,传导入梦,梦中人便觉得"冷逼身"了。

尾联写夜半赏月。冰轮,月亮。客,诗人自指,因其作客无量院,故云。夜半时分,诗人正游于梦境之中,却被无量院中老僧唤醒。原来老僧素知苏轼游兴最浓,故而唤他起来领略美景。诗人赶快披衣出屋,在老僧的指点下,翘首仰望天宇,只见云如峰群,缓缓移动,峰峦缺处涌出了一轮白玉盘也似的圆月,影影绰绰,似见吴刚蟾蜍,疑非人间,诗人快乐得几乎要"起舞弄清影"了。"云峰缺处涌冰轮",清新自然,生动形象,是写景名句,无量院中有冰轮阁,即因此句得名。

这首诗在晤对美景、神交古仙人的描写之中,吐露了诗人带着一肚皮的不合时宜、到大自然的怀抱之中去寻求慰藉的情怀。然而,它没有露在诗的表面,而是织进了字里行间,须知人论世,方能味到。由此,这首诗也就比单纯的游山诗,更富意趣了。

（周慧珍）

〔注〕 ① 风流宰相:《南史·王俭传》:王俭"常谓人曰:'江左风流宰相,惟有谢安',盖自况也"。

书双竹湛师房二首　　苏　轼

我本江湖一钓舟，　　意嫌高屋冷飕飕。

羡师此室才方丈， 一炷清香尽日留。

暮鼓朝钟自击撞， 闭门孤枕对残釭。
白灰旋拨通红火， 卧听萧萧雨打窗。

此诗是苏轼在熙宁六年(1073)为杭州广严寺住持湛师而作。双竹，广严寺内有竹林，因所生竹皆成双作对，故又名双竹寺。

这二首抒写诗人游宿山寺的日常生活情景的小诗，独具艺术匠心。作者不是先写出游山寺的景物与情事，而是从"我"落笔，抒发情怀。这种写法在其他题画诗中亦可见到，如《书晁说之〈考牧图〉后》中所写："我昔在田间，但知羊与牛。"由自抒情思而进入题画。这里第一首起二句"我本江湖一钓舟，意嫌高屋冷飕飕"亦是同样机杼。"一钓舟"是化用杜甫《将赴荆南寄别李剑川》："天入沧浪一钓舟"的诗意。浪迹江湖之上并非诗人本意，不过反映了政治上受压抑的失意情绪。紧接着"意嫌"一句，对深居高屋感到意冷心寒。冷飕飕，寒冷的样子。这种"高处不胜寒"的感觉，难道不是诗人内心对官场生涯的厌倦情绪的流露吗？在熙宁变法的革新浪潮中，苏轼因政见不合，自请离京外任，企图暂时避开这纷繁复杂的斗争漩涡。他在《初到杭州寄子由二绝》中说："眼看时事力难任，贪恋君恩退未能。"他就是怀着抑郁不得志但又不忍隐退的矛盾心情来到山清水秀的杭州。起二句正是他那烦恼心绪的真实写照。

三四句"羡师此室才方丈，一炷清香尽日留"。诗人运转笔锋，写湛师清净的坐禅之处。据宋人编《集注分类东坡诗》引《维摩经》言，"三万二千师(狮)子座入维摩方丈室中，无所妨碍"。诗人钦羡这了无尘俗的方丈之室，那飘散着的一股淡淡的香雾云烟，终日在禅房四周缭绕不止，显现出一种清净而肃穆的气氛。这种情调并不意味着作者欲皈依佛门，而只是借以排遣郁积内心的烦恼。

第二首(宋何汶《竹庄诗话》题作《宿余杭山寺》)，写诗人夜宿寺院的心境。起二句"暮鼓朝钟自击撞，闭门孤枕对残釭"，承接上首。寺僧暮鼓晨钟，参禅礼佛，而诗人对此是闭门不问，任他自起自息，只是对着渐渐暗淡的灯光，孤枕而眠。

三四句"白灰旋拨通红火，卧听萧萧雨打窗"。细致地刻画了作者住宿山寺的情景。在这风雨之夜，山寺内残灯将灭，诗人亦将就寝。他刚拨开一层白色的烟灰，就发现里面还有一团通红的火焰，旋拨旋起。这既是写炉火，但又何尝不是写诗人心中难以熄灭的热情之火？虽然政治上的失意，使他苦恼，时而消沉，但他“奋厉有当世志”的意愿并没有消失。这种矛盾复杂的心情使他久久不能入眠。那萧萧风雨打窗声，仿佛把他带进了熙宁变法的浪潮中。他记得熙宁初期，时议纷争，自己数次上书陈述政见，然而不为执政者所容忍。当他离京赴杭州时，他的中表兄弟文同为之担忧，并作诗规劝说：“北客若来休问事，西湖虽好莫吟诗。”然而“口快笔锐”的诗人是听不进去的。如今夜宿山寺，辗转不寐，似乎又在吟诗了。诗篇以“卧听”句收结，与上篇首联自我抒怀相呼应，余韵不尽，耐人咀味。

这二首诗意脉连贯，充分反映了诗人“踏遍江南南岸山，逢山未免更留连”（苏轼《惠山谒钱道人烹小龙团登绝顶望太湖》）的情意。南宋何汶在《竹庄诗话》卷十七引《冷斋夜话》云：“山谷（黄庭坚）尝言天下清景，初不择贵贱贤愚而与之，然吾特疑端为我辈所设。……东坡《宿余杭山寺》诗云云。人以山谷之言为确论。”从诗中所写宁静、清淡的境界来看，作者不仅在于客观地再现山寺的清景，而且融情于景，通过清新通脱的语言，抒写了主观情思，表现了超旷的襟怀，使读者咀嚼到一种隽永的意趣。清人纪昀评此诗说：“意自寻常，语颇清脱。”也就是说，在极为平淡的诗意中，可领略到清脱深永的滋味。（曹济平）

夜至永乐文长老院，文时卧病退院　　苏　轼

夜闻巴叟卧荒村，　来打三更月下门。
往事过年如昨日，　此身未死得重论。
老非怀土情相得，　病不开堂道益尊。
唯有孤栖旧时鹤，　举头见客似长言。

永乐即永乐乡，在秀州（今浙江嘉兴）西北十五里。文长老即蜀僧文及。文长老院，唐代叫报本禅院，宋代应文及之请，改名本觉寺。苏轼通判杭州期间，曾三次过访秀州本觉寺。第一次在熙宁五年（1072）十二月，文已年老，作《秀州报本禅院乡僧文长老方丈》诗；第二次在熙宁六年十一月，文已病重，题此诗；第三次在熙宁七年五月，文已去世，作《过永乐，文长老已卒》，有“三过门间老病死，一弹指顷去来今”句，概括了他同文长老的全部交往。

首联点清题面，夜至永乐，闻文及病，不顾一路辛劳，虽已三更，还特往看视，突出地表现了他对乡人的关切之情。颔联出句是对前一年相会的回忆。从熙宁五年十二月至六年十一月已越一年，故云“过年”。一年之别，时隔不远，“往事”还历历在目，故云“如昨日”。从《秀州报本禅院乡僧文长老方丈》诗可看出他们

初次相见的谈话内容:"万里家山一梦中,吴音渐已变儿童。每逢蜀叟谈终日,便觉峨眉扫翠空。师已忘言真有道,我除搜句百无功。明年采药天山去,更欲题诗满浙东。"苏轼抱怨自己离开家乡太远太久(其实才四年,苏轼是熙宁元年冬守父丧期满离家的,从此未再返蜀),连小孩的口音都变了。因此,每逢乡人就特别亲热,整天谈说巴山蜀水的秀丽。他羡慕文及的得道忘言,生活安闲;感叹自己因与王安石政见不合,出任杭州通判,除作诗外,一事无成。表示已无心过问政事,只愿遍赏浙东山水,题诗采药而已。这就是"往事"的具体内容。颔联对句又回到眼前,言自己所幸未死,得以重温旧情。颈联说他们间友情甚深,并非因为同怀乡土,而是因为情投意合。这是否定一面以加强另一面的写法。其实,"怀土"正是他们"情相得"的重要原因,不但文及生前苏轼所说"每逢蜀叟谈终日,便觉峨眉扫翠空"足以证明这点,而且文及死后苏轼所说"存亡见惯浑无泪,乡井难忘尚有心"也证明共同的怀乡之情是联系他们的重要纽带。颈联对句是对文及的慰藉之词,言文及虽然卧病退院,不能开堂讲道,其道却更受人尊敬。此诗尾联特妙,妙就妙在"能状难写之景如在目前,含不尽之意见于言外"(梅圣俞语,见欧阳修《六一诗话》引)。如果要直接描写文及的病情严重,很难下笔,且不知要费多少笔墨。苏轼以旧时识客的孤鹤举头见客,长声哀鸣作结,而冠以"唯有"二字,文及病得难以交谈之意已在其中了。连孤鹤都为主人病重而哀鸣,作为乡人的苏轼,其难过之情就不言自明了。孤鹤的举头、见客、长言,既写出了它的活动的全过程及其哀伤的神情,又造成一种孤寂、清冷、悲凉的气氛,增强了全诗的抒情色彩,给读者留下了回味的余地。

苏轼早年诗本以"气象峥嵘,彩色绚烂"(《与侄书》)见长,这首诗却具有他晚年诗的平淡风格。平淡不是枯淡,而是外枯中甘,淡而有味,通过平淡的叙事,抒发了对乡人深厚的关切之情。

(曾枣庄)

过永乐文长老已卒　　苏 轼

初惊鹤瘦不可识，　旋觉云归无处寻。
三过门间老病死，　一弹指顷去来今。
存亡惯见浑无泪，　乡井难忘尚有心。
欲向钱塘访圆泽，① 葛洪川畔待秋深。

〔注〕 ① 圆泽:唐人袁郊《甘泽谣》载,李源与僧圆观友善,圆观与源约定,待他死后十二年,在杭州天竺寺相见。十二年后,源到寺前,有一牧童唱道:"三生石上旧精魂,赏月吟风不要论。惭愧情人远相访,此身虽异性长存。"《太平广记》三八七亦作圆观。但苏轼后删节《甘泽

谣》成《僧圆泽传》，则作圆泽，想必有所本。

熙宁四年(1071)六月，苏轼因议新法和王安石不合，以太常博士直史馆通判杭州，十一月到任。次年末，因事到秀州(今浙江嘉兴)，过永乐乡，游报本禅院，遇到一个四川同乡在那儿住持，名叫文及，苏轼写了一首诗，题为《秀州报本禅院乡僧文长老方丈》说："万里家山一梦中，吴音渐已变儿童。每逢蜀叟谈终日，便觉峨眉翠扫空。师已忘言真有道，我除搜句百无功。明年采药天台去，更欲题诗满浙东。"熙宁六年十一月，苏轼赴常州赈饥，又过秀州，夜过永乐，至报本禅院，这时文及已卧病退院，苏轼又做一首《夜至永乐文长老院，文时卧病退院》。次年五月赈饥事毕回杭，再至报本禅院，文及已圆寂，因而又写了这首悼诗。

这首诗对前二首诗来说，是总束两人的几次会面。首句写上次见面时文及的病容使人吃惊，次句写今天来文及已死。"初惊"、"旋觉"两句使人觉得来如飘风骤雨，纯出意外。"鹤瘦"、"云归"指病和死，非常切合和尚的身份。(唐末五代诗僧贯休不受钱镠改诗的无理要求，就说："闲云野鹤，何天不可飞！")"不可识"、"无处寻"，读之有空虚无常之感，正显出悼念僧人不同于世俗的特点。三四两句是有名的巧对。"三过门间"、"一弹指顷"、"老病死"、"去来今"，扣紧佛家术语和两人交往的事实。第一句讲两人交往。佛家以生老病死为四苦，这样写，从自己说，是感慨世事无常；对文及说，似有解脱意。佛家以"去来今"为三世，这里暗伏结语来世因缘的意思在内。这两句是流水对，语气直下。如果全用这样的方式，诗易流于滑易。五六句就作一顿挫，"存亡惯见"，重在"惯"字，见亡应流泪，却接以"浑无泪"三字，语特沉重。由文及的圆寂推向已逝的师友，作者的诗集中，在这几年写了不少挽诗。"存亡"二字着眼于"亡"。见亡而泪如泉涌，固然可以表示悲感之深，而泪泉已竭、无可再流则更为沉重，或许是因为习以为常而麻木无泪，心头的沉重更甚于有泪如雨，作者重在此点。作者与文及的交往是因同乡而起，联系他写的第一首，更易体会"尚有心"的含意。见同乡死于他乡，见亲朋日渐凋谢，更加深对乡井的怀念，感到归耕无日。这"尚有心"三字又和结语引用《甘泽谣》的故事相联系。

结尾两句，前人夸为用典极切，是和尚与儒生的公案。用圆泽比文及，既赞美他道行高，和第二首"病不开堂道益尊"相应；又有前缘未尽的思念之情。所以这个结尾，前人特别乐于称道。这样正好为三首诗作一总结。赵克宜评说："意沉着而语流美，七律佳境。"这是搔着痒处的，因为它一气呵成，前四句倾泻而出，后四句如纪昀所评，是"曲折顿挫"。特别是五六一联意极沉着而笔却飞动，引出尾联，使人有语尽而情意无尽之感。

(周本淳)

与毛令方尉游西菩寺二首　　苏 轼

推挤不去已三年，　鱼鸟依然笑我顽。
人未放归江北路，　天教看尽浙西山。
尚书清节衣冠后，　处士风流水石间。
一笑相逢那易得，　数诗狂语不须删。

路转山腰足未移，　水清石瘦便能奇。
白云自占东西岭，　明月谁分上下池。
黑黍黄粱初熟后，　朱柑绿橘半甜时。
人生此乐须天赋，　莫遣儿曹取次知。

诗写于熙宁七年(1074)杭州通判任上，时诗人年三十九。"西菩寺"一作"西菩提寺"。寺在於潜(今浙江临安)西的西菩山，始建于唐天祐年间，宋时易名为"明智寺"。毛令，於潜县令毛国华。方尉，於潜县尉方武。是年苏轼因察看蝗灾，过於潜，八月二十七日与毛、方二人同游西菩寺，作此二诗。

苏轼生性爱好登山临水，对祖国山河具有浓厚的兴致。政治上的失意，使他更加纵情于山水之间，以领略人生的另一种乐趣。这组七律，即既写其游山玩水之乐，又抒其心中感慨。

第一首前二联诗人的万端感慨已涌现于笔端了。诗人自熙宁四年十一月到杭州任，至此时已届三年。三年来，虽与知州陈述古唱酬往还，交谊颇深，但仍遭人排挤，故曰："推挤不去已三年。"仕途既艰，则该稍敛锋芒。熙宁初，因为诗人数次上书论新法不便于民，退而亦多与宾客讥诮时政，其表兄文同就极不以为然，故在他出为杭州通判时，就有《送行诗》相赠："北客若来休问事，西湖虽好莫吟诗"，可是诗人不听，继续不断作诗讥刺新政，诸如《山村五绝》、《八月十五日看潮五绝》等，不一而足。所以诗人自已也觉得好笑：这就怪不得连那鱼鸟也要嘲笑我的顽固不化了。首联诗人慨叹自己实在过于"赋性刚拙，议论不随"(见《乞罢学士除闲慢差遣劄子》)，便也怨不得自己不能"放归江北路"了。江北路，指回京师汴京(今河南开封)之路，汴京在长江以北，故云。诗人杭州之任，虽属自愿请行，但也形同放逐(那是由于政敌的攻击，不使安于朝廷)，因道：放逐南来，既未蒙赐环，我也就乐得任性逍遥，这可是天教我"看尽浙西山"了。浙西，据李吉甫《元和郡县志》，浙西有州六：润、常、苏、杭、湖、秀，这一带是山明水秀之区，真够诗人尽兴游赏的了。颔联在达观之言的后面，强抑着内心的愤懑。

诗人为首，一行三人，迤逦而行，尽管感慨丛生，然而去游寺，毕竟是令人高兴的事，故而下面二联便转笔写同游者，写他自己随兴赋诗的心情。尚书，指曹魏尚书仆射毛玠。玠典选举，所用皆清正之士，故太祖（曹操）尝叹曰："用人如此，使天下人自治，吾复何为哉！"（《三国志·魏志·毛玠传》）衣冠，指士大夫阶级。处士，古时称有才德而隐居不仕的人，此处则指唐末诗人方干。干字雄飞，终身不仕，隐居于会稽（今浙江绍兴）鉴湖之滨，以渔钓为乐，时号"逸士"（义同"处士"）。颈联先赞美县令毛国华是有清风亮节的毛尚书之后（这是赞美之词，实际上毛国华并非毛玠后人），又将县尉方武比作"风流水石间"的处士方干。同游者既都是清流雅望之士，诗人自然觉得十分难得："一笑相逢那易得"，由不得他不兴致勃勃起来。诗人兴来必要赋诗，又自以为"数诗狂语不须删"——这几句诗乃我率真狂放的本色之言，不必过于认真，推敲删改。

其时三人已来到了寺前，故第二首方始入题写游寺。一二联描写寺景。首联概写。众人驻足观赏，故曰"足未移"，而脚下之路却逶迤盘陀，早已绕过了西菩山腰，因说"路转山腰"。这时，对大自然的奇妙美景一向有敏锐观察力的诗人，于俯仰之间，已经发现了西菩寺内、外的奇景："水清石瘦便能奇。"颔联便分写水、石奇境。《於潜图经》云："寺前有东西两山，或有云晦，遥望如岭焉"，《咸淳临安志》曰："明智寺中，有清凉池、明月池"，寺景所奇便在此二山、二池上。诗人如此描写：先承"石瘦"写两山："白云自占东西岭。"两峰屹然，直插云霄，白云浪涌，时掩峰顶，其情景便仿佛是那白云自己占据了东、西二岭。又承"水清"写二池："明月谁分上下池。"天已向晚，一轮明月早已钻出了云缝，它一视同仁，不分上下，使两池共婵娟，而池水清澈，漾出了一双月影。在这两联中，诗人将他诗家的眼光所捕捉到的景物特点，以奇特的想象和灵动的笔致，加以渲染，便使那客观景物染上了浓厚的主观色彩，情态逼真，奇趣横生，生动地展现了西菩寺的无限奇妙风光。

颈联的描写，又变换了手法。诗人在游目庭院、田野时，看见了累累秋实：初熟的小米、高粱、半甜（半熟）的柑和橘，就重研丹青，为它们分别抹上了黑、黄、朱、绿四种较实物更为浓艳而鲜明的色彩，绘成了一幅色泽斑斓的秋色图。入胜境而观奇景、美景，诗人的游览之乐于此时便达到了极点，尾联便直说其乐：人生这种登山临水、探奇访胜之乐，是要由老天爷赐给的（言外之意：何况是老天爷特意赐给我的），可千万别让小儿辈们随随便便得知个中消息。方其时，诗人似乎已全然忘却了胸中深藏的许多烦恼了，实则非也。“天赋”已暗兜“天教”，分明有慨；而“莫遣”句，出自《晋书·王羲之传》：“羲之既去官，与东土人士尽山水之游……谢安尝谓羲之曰：‘中年以来，伤于哀乐，与亲友别，辄作数日恶。’羲之曰：‘年在桑榆，自然至此，顷正赖丝竹陶写，恒恐儿辈觉，损其欢乐之趣。’”诗人之意为：自己的探胜幽趣，如果让儿辈们知道，也会遭到非议，使人败兴。虽有这种言外之意在，又妙在比前首更为含蓄。

钱基博曾说：苏轼“好为嘻笑，虽羁愁之文，亦出以嘻笑，萧然物外，逸趣横生，栩栩焉神愉而体轻，令人欲弃百事而从之游焉”。移来品评此诗情调，也颇切当。然而此乃坡公胸怀使然，他人难以学到。在艺术上，二诗于随意吐属、一气奔放之中，又属对精妙，格律精严，用毛、方二古人之典以切毛令、方尉之姓，毫无着力之痕，堪谓挥洒自如与意匠经营融合无迹的佳构。（周慧珍）

捕蝗至浮云岭，山行疲茶，有怀子由弟二首① 苏 轼

西来烟障塞空虚，　洒遍秋田雨不如。
新法清平那有此，　老身穷苦自招渠。
无人可诉乌衔肉，　忆弟难凭犬附书。
自笑迂疏皆此类，　区区犹欲理蝗余。

霜风渐欲作重阳，　熠熠溪边野菊香。
久废山行疲荦确，　尚能村醉舞淋浪。
独眠林下梦魂好，　回首人间忧患长。
杀马毁车从此逝，　子来何处问行藏。

〔注〕 ① 疲茶(nié)：疲倦，劳累。

此二诗是熙宁七年(1074)八、九月间东坡将离杭州通判任时所作。是年，东坡三十九岁。子由时任齐州掌书记，在济南。《咸淳临安志》：“浮云岭，在於潜县南二十五里。”东坡任杭州通判的三年中，年年都有水旱灾害，所谓“止水之祷未能踰月，又以旱告矣”(《祈雨吴山》)。熙宁七年，京东旱蝗，“余波及于淮浙”(《上韩丞相论灾伤书》)。东坡因捕蝗至於潜，作此二诗寄子由，以抒发自己的抑郁之情。

第一首写捕蝗所感。首二句写蝗灾严重情况。飞蝗成阵，像弥天塞地的烟雾自西方蜂拥而来，虽秋田急雨，也比不上它那样迅猛、密集。东坡本年十一月

到密州任，《上韩丞相论灾伤书》追叙这段情况说：“轼近在钱塘，见飞蝗自西北来，声乱浙江之涛，上翳日月，下掩草木，遇其所落，弥望萧然。”其至於潜，又有《戏於潜令毛国华长官》诗云：“宦游逢此岁年恶，飞蝗来时半天黑。”此诗用一“塞”字、“遍”字，极写蝗势之烈。

三四两句痛斥当时官吏蓄意隐瞒灾情，不顾人民死活的罪恶行为。当时京东一带的某些地方官为了献媚执政，美化新法，竟公然隐瞒灾情，虚报“蝗不为灾”，甚至还宣称蝗虫能“为民除草”。诗人对这种鬼蜮行径，义愤填膺，他在《上韩丞相论灾伤书》中用自己亲身见闻，大声疾呼地加以驳斥说：（轼）“自入境，见民以蒿蔓裹蝗而瘗之道左，累累相望者二百余里。捕杀之数，闻于官者凡三万斛。然吏言蝗不为灾，甚者或言为民除草。使蝗虫为民除草，民将祝而来之，岂忍杀乎？”诗中“新法清平那有此”二句正是针对这一事实，为民请命，发出的愤怒呼声。诗人用揶揄的口吻说：既然你们矢口否认事实，说什么新法清平，一切都好，蝗虫不但不能为灾，反而会帮助农民除草；但蝗灾却是铁的事实，否认不了；那么，它又是从哪里来的呢？也许只能说是我这个倒霉鬼给带来的了！这是何等荒谬的逻辑！三四句喷薄而出，如闻其声。

五六句言为吏辛苦，欲诉无门，因而更加思念自己的亲人。“乌衔肉”用黄霸事。《汉书·黄霸传》说，黄霸为颍川太守，派了一个长年廉吏出外察访，嘱咐他要保密。这个廉吏不敢住宿邮亭，只好在路边弄饭吃，却碰上“乌攫其肉”。这事被人看见，告诉了黄霸。那廉吏察访回来，黄霸一见面就向他慰劳说：“你真辛苦了，在路边弄饭吃，老鸦衔走了你吃的肉！”东坡用此事，言自己此次因捕蝗入山，风餐露宿，深感为吏之苦，欲诉无人，因而很想和子由谈谈；而山川阻隔，寄书无由，这就倍增痛苦了。“犬附书”用陆机事。《晋书·陆机传》记陆机在洛阳，常靠一条骏犬和家里人往来传达书信。二句用事精切，对仗工整，增加了语言表现力量。

七八句又回到捕蝗事上来，说自己虽然满腔义愤，欲诉无人，但仍然想要“理蝗余”，努力做好蝗灾的善后工作，这股傻劲，连自己都觉得有些可笑了。东坡的可贵处，正是这种即使在最困难的情况下，也要坚持为人民做好事的积极精神。他晚年在写给老朋友李公择的一封信上说：自己“虽怀坎壈于时，遇时有可尊主泽民者则忘躯为之；祸福得丧，付与造物。”一个伟大诗人，是需要这种献身精神的。

第二首着重写山行疲苦之感。一二句点明时令、景物。重阳将近，溪边野菊已开出耀眼金花。三四句纪行。自己久不登山，今天为了捕蝗来到这山石荦确的浮云岭，深感疲苦不堪；然而自己正处在壮年，豪情未减，偶逢一杯村酒，犹能醉舞淋浪，觉得精力有余。此二句从生理方面的感受作一抑扬。五六句是夜宿山村的感受。夜晚，独自一人在林木荫翳的山村野店住宿下来，一天的疲劳，暂时忘却，顿觉宠辱不惊，梦魂安稳；然而，这片时的安闲却唤起数年来世路奔波的许多回忆：那时局的动荡，党派的倾轧，仕途的巇崄，以及眼前这场特大蝗灾给人民带来的困苦，自己奔走呼号、欲诉无门的忿懑……这一切，不觉涌上心来。诗人用“人间忧患长”五字加以概括，真是感慨系之矣。此二句再从心理上的感受作此一段抑扬。全诗经此两度抑扬，声情跌宕，有力地表露了抑郁不堪之情，并很自然地带出了结尾二句。

结尾紧承“人间忧患长”意，想到今天这种疲于奔走、形同厮役的处境，不禁忿忿然说：我真想像冯良似的杀马毁车，从此遁去，至于所谓用行舍藏那一套，不必再去管它，你也用不着再来和我讨论了！《后汉书·周燮传》载：一个叫冯良的人，三十岁，为县尉，奉命去迎接上官，他“耻在厮役，因毁车马、裂衣冠”遁去，跑到犍为跟一个叫杜抚的学者学习去了。家里人满以为他死了，过了十多年他才回到家乡。东坡用此事，也和当天山行疲苦、情绪不好有关。“用之则行，舍之则藏”，这是孔子的教训。在封建社会里，一些持身谨严的士大夫对自己的出处进退总是比较认真的。东坡弟兄也经常谈到这一问题。两年多以前，东坡在《初到杭州寄子由二绝》诗中就说：“眼前时事力难任，贪恋君恩去未能。”说自己不愿奉行新法，只是由于贪恋君恩，未能决然引去。在捕蝗事后不久，东坡在去杭赴密道中寄给子由一首《沁园春》词又说：“用舍由时，行藏在我，袖手何妨闲处看。”认为出仕或归隐的主动权是完全掌握在自己手中的。今天因捕蝗疲苦这个具体事件的触发，天秤不觉偏到那一端了。这和第一首结尾“理蝗余”的积极态度看似矛盾，其实不然。应该看到，在东坡思想上，为人民利益而奔走和为了奉行新法而被人驱使是完全不同的两码事。两首诗的结尾不过各有侧重耳。《乌台诗案》提到“独眠林下”这四句诗时，东坡自己解释说：“意谓新法青苗、助役等事，烦杂不可办，亦言己才力不能胜任也。”这正是东坡的痛苦所在。当然，王安石变法在历史上是一种进步。但是也要看到新法本身并没有解决农民问题；加上新法执行中的某些偏差，给农民带来的不利。因此，不能因为不满新法就一概加以否定。读东坡这两首诗，应更多地着眼于他对人民的同情。

这两首诗写的是现实生活给诗人思想感情上的一次巨大冲激，抑扬顿挫，感慨遥深，用事精切，写出了内心深处的难言之情，也是亲兄弟间推心置腹的肺腑之言，所以特别真切动人。

（白敦仁）

送　春　　　苏　轼

梦里青春可得追？　欲将诗句绊余晖。
酒阑病客惟思睡，　蜜熟黄蜂亦懒飞。
芍药樱桃俱扫地，　鬓丝禅榻两忘机。
凭君借取《法界观》，　一洗人间万事非。

《送春》是苏轼《和子由四首》中的一首。苏辙于熙宁七年(1074)春末任齐州(治所在今山东济南)掌书记时，作《次韵刘敏殿丞送春》，苏轼诗就是和这一首的，可称和诗的和诗。但苏轼《和子由四首》并非与原唱作于同时，因为其中的《首夏官舍即事》有"令人却忆湖边事"句，湖指杭州西湖，"忆"字表明作这四首和诗时已不在杭州。苏轼是熙宁七年八九月间由杭州通判改任密州知州的，十一月到密州任，苏诗旧注本系此诗于熙宁八年密州任上作，是大体可信的。

这是一首七律，律诗的格律已经很严，而次韵诗又多一重限制，不易写好。苏轼诗中的次韵之作竟达三分之一。有人指责他骋才，搞文字游戏。其实，艺术本来就是戴着枷锁跳舞，限制越严，表演越自由，越能赢得观众的喝彩。即以此诗为例，苏辙的原唱是："春去堂堂不复追，空余草木弄晴晖。交游归雁行将尽，踪迹鸣鸠懒不飞。老大未须惊节物，醉狂兼得避危机。东风虽有经旬在，芳意从今日日非。"这当然不失为一首佳作，抒发了伤春之情，寄托了身世之感。但与苏轼和诗相比，却不能不说略逊一筹。无论就思想深度，还是就艺术水平看，和诗都超过了原唱。

原唱的首联是惜春，和诗的首联却语意双关，既可说是惜春，又可说是伤时，感伤整个"青春"的虚度，内涵丰富得多。出句以反问语气开头，着一"可"字，表示"青春"已无可挽回地消逝了，比原唱的陈述句"不复追"，语气强烈得多。绊，羁绊。杜甫《曲江》诗有"何用浮名绊此身"句，苏轼反用其意，表示"欲将诗句绊余晖"。诗名虽也是浮名，但诗人已把功名事业一类浮名排除在外了，也就是"我除搜句百无功"、"更欲题诗满浙东"(《秀州报本禅院乡僧文长老方丈》)之意。青年苏轼"奋厉有当世志"，本以"致君尧舜"为目的。但这种雄心壮志早已像春梦一般过去了。他因同王安石的分歧被迫离开朝廷，无法施展抱负，只好以"搜句"来消磨时光。这对他来说是很痛苦的，可见开头两句就感慨万端，有很多潜台词。

颔联紧承首联，进一步写自己的心灰意懒。《唐宋诗醇》说："'酒阑'句是赋，

‘蜜熟’句是比，对句却从上句生出。”前句直赋其心灰意懒之情，以“惟”字加强语气；后句用一“亦”字，以黄蜂之懒比己之懒。颈联出句写景，遥接首句的伤春，“俱扫尽”的“俱”字说明春色已荡然无存；对句抒情，是“酒阑”句的进一步发挥，说自己淡泊宁静，泯除机心，不把老病放在心上。这一句是化用杜牧《题禅院》“今日鬓丝禅榻畔，茶烟轻飏落花风”句意。苏辙原唱颔联是比，颈联是赋，对仗平稳。苏轼和诗中间两联颇富变化，元人方回称其情和景相互交织，虚虚实实，“一轻一重，一来一往”（《瀛奎律髓》卷二十六）；清人纪昀也说：“四句对得奇变，此对面烘托之法。”（《纪评苏诗》）

《法界观》，即《注华严法界观》，唐代杜顺述，宗密注。据苏轼自注，苏辙“近看此书”，而他还“未尝见”，故说“凭君借取”。苏辙原唱以伤春始，以伤春结，和诗尾联的内涵丰富得多，所谓“人间万事非”既包括了个人仕途的失意，也包括了对时局的感喟。而“一洗”二字，更表现出平时感喟甚深，想利用佛教华严宗圆融无碍之说洗却人间一切烦恼。苏辙喜作律诗，并严守格律。苏轼才气横溢，“妙年诗律颇宽，至晚年乃神妙流动”（方回《瀛奎律髓》卷二十六）。此诗尾联上句五仄落脚，下句不作拗救，正是“诗律颇宽”的表现。但读起来并不觉得他未守诗律，反能给人以“神妙流动”之感。

（曾枣庄）

寄刘孝叔 苏 轼

君王有意诛骄虏， 椎破铜山铸铜虎。
联翩三十七将军， 走马西来各开府。
南山伐木作车轴， 东海取鼍漫战鼓。
汗流奔走谁敢后， 恐乏军兴污资斧。
保甲连村团未遍， 方田讼谍纷如雨。
尔来手实降新书， 抉剔根株穷脉缕。
诏书恻怛信深厚， 吏能浅薄空劳苦。
平生学问只流俗， 众里笙竽谁比数？
忽令独奏《凤将雏》， 仓卒欲吹那得谱？
况复连年苦饥馑， 剥啮草木啖泥土。
今年雨雪颇应时， 又报蝗虫生翅股。
忧来洗盏欲强醉， 寂寞空斋卧空瓶。
公厨十日不生烟， 更望红裙踏筵舞！

故人屡寄山中信，　只有当归无别语。
方将雀鼠偷太仓，　未肯衣冠挂神武。
吴兴道人真得道，　平日立朝非小补。
自从四方冠盖闹，　归作二浙湖山主。
高踪已自杂渔钓，　大隐何曾弃簪组！
去年相从殊未足，　问道已许谈其粗。
逝将弃官往卒业，　俗缘未尽那得睹？
公家只在霅溪上，　上有白云如白羽。
应怜进退苦皇皇，　更把安心教初祖。

刘孝叔名述，湖州吴兴（今属浙江）人。熙宁初任侍御史，弹奏王安石“轻易宪度”，出知江州，不久提举崇禧观。苏轼所谓“白简（弹劾官员的奏章）威犹凛，青山兴已多”（《刘孝叔会虎丘》）即指此事。熙宁七年（1074）苏轼赴密州任途中与刘孝叔等六人会于吴兴，著名词人张先作“六客词”，成为文坛佳话。熙宁八年四月十一日苏轼作此诗，对王安石变法作了相当尖锐的讥刺，并抒发了自己在仕途上进退维谷之情。

这首诗可分为三部分。第一部分自首句至“吏能”句，是讥时，讥刺宋神宗、王安石对外开边，对内变法，本想富国强兵，结果事与愿违。神宗初即位，鉴于宋王朝同辽和西夏的屈辱和约，有增强兵备，“鞭笞四夷”之意，先后对西夏和南方少数民族用兵，故此诗前八句首先讥刺开边。为了铸造铜制虎符，调发军队，已“椎破（以椎击破）铜山”，大量采铜，可见征调军队之多，这当然是夸张写法；但熙宁七年九月置三十七将，皆给虎符，则史有明文记载；熙宁七年八月遣内侍征调民车以备边，十一月又令军器监制造战车，可见“伐木作车轴”也是事实；取鼍（扬子鱼）皮以张战鼓，虽史无明文，但征集牛皮以供军用却与此相似。而这一切征调，谁也不敢怠慢，否则就有资斧（利斧）之诛。苏轼并不反对抵抗辽和西夏，他青年时代就表示要“与虏试周旋”（《和子由苦寒见寄》），就在写这首诗前不久还表示“圣朝若用西凉簿，白羽犹能效一挥”（《祭常山回小猎》）；但是，他反对“首开边隙”，反对为此而开矿、置将、伐木、取鼍，加重百姓负担，闹得鸡犬不宁。

“保甲”四句是讥刺新法的。团，聚集。“团未遍”指保甲法因遭到一些老百姓的抵制（有人为了不作保丁而截指断腕），还未完全组织起来。“方田”指方田均税法，丈量土地，均定赋税，引起民间诉讼纷纭。“手实”指手实法，令民自报土地财产，作为征税根据，“尺椽寸土，检括无余”（《宋史·吕惠卿传》），这就是“抉剔(搜求挑取)根株穷脉缕”的具体内容。“诏书”二句是对第一部分的小结。这些诏书表现了宋神宗对民间疾苦有深厚的哀怜同情(恻怛)之心,但这些新法一个接一个地颁布,事目繁多,吏能浅薄,并未取得实效。纪昀称这两句是“诗人之笔”,意思是说它怨而不怒,哀而不伤,没有把矛头直接指向皇帝。但却深刻地揭示了宋神宗、王安石的主观愿望同客观效果的矛盾。

第二部分自“平生”句至“更望”句,是自嘲。熙宁二年苏辙因反对王安石变法而罢制置三司条例司检详文字,神宗问王安石:“苏轼如何,可使代辙否?”王安石不赞成,认为他们兄弟“学本流俗”。“众里笙竽”,即《韩非子·内储说》所载滥竽充数一典的活用。《凤将雏》是汉代乐曲名。第二部分的前四句是说,自己早被王安石判为“学本流俗”,像滥竽充数一样,平庸得无可比拟(比数:相提并论);现在突然要他担任密州知州,作地方长官,独奏一曲,这就像要南郭先生单独吹竽一样,怎么吹得好呢?这是从主观上说的,接着又以“况”字领起,进一步讲客观上的困难:密州旱蝗相仍,老百姓饿得以草木泥土充饥,作为知州的诗人自己也“斋厨索然,不堪其忧,日与通守刘君廷式,循古城废圃,求杞菊食之”,过着“揽草木以诳口”的生活(《后杞菊赋》),更谈不上置酒宴、赏舞听歌了。“红裙踏筵舞”,乃从韩愈《感春》“艳姬踏筵舞,清眸刺剑戟”句化出。

“故人”句至末句为诗的最后一部分,是答“故人”(刘孝叔),戏语连篇,尤为曲折多姿。已经提举崇禧观,过着隐居生活的刘孝叔多次寄书劝苏轼“当归”。苏轼同朋友开玩笑说,我虽“学本流俗”,是“众里笙竽”,但总比那些盗食太仓之粟的雀鼠即贪官污吏好得多。他们都做得官,却要我像南朝陶弘景那样脱朝服挂神武门,辞官不干吗?这既回答了故人“当归”之劝,又嘲笑了当时一些无能的官吏。接着他称颂刘孝叔在朝直言敢谏,有补于世,及见朝廷遣使(冠盖)扰民,就立即自请提举宫观,归隐湖山,厕身渔钓;但“小隐隐陵薮,大隐隐朝市”(晋王康琚《反招隐诗》),要过隐士生活也不一定非弃官(簪组)不可。这样既赞美了刘孝叔的“高踪”,又为自己暂不归隐作了辩护。最后又转圜说,去年相聚时已闻其道之大略,自己定(逝通誓,表示决心之词)将弃官,到孝叔处完成这段学业,只怕俗缘未尽,未必能睹刘之大道。或进或退,自己正惶惶不定,有望故人教以安心之法。初祖指初传禅宗至中国的达摩。据《景德传灯录》载,慧可对达摩说:“我心未宁,乞师与安。”达摩说:“吾与安心竟。”末句即用这一佛典。

这是一首七古。范椁说:“七言古诗……须是波澜开合,如江海之波,一波未平,一波复起。又如兵家之阵,方以为正,又复为奇,方以为奇,忽复为正,奇正出入,变化不可纪极。”(见《仇注杜诗》卷一引)苏轼这篇七古就具有上述特点。第一部分讥刺新法，语言相当尖锐，却以“诏书”二句收住，揭露既深刻，又不失诗人忠厚之旨。然后顺手拈出王安石对自己的指责，转入自嘲，转得既陡峭又自然。既是流俗、滥竽，自然难于胜任独当一面的知州，何况又是灾伤连年之州呢？看似自谦，实际却回驳了“流俗”的指责。时局和个人处境既是这样艰难，本应接受故人“当归”的劝告，但作者却一波三折地反复申诉“未肯衣冠挂神武”，这就叫做“变化不可纪极”，这就叫做“东坡诗推倒扶起，无施不可”（刘熙载《艺概》卷二）。苏轼诗长于比喻，这首也不例外，如以“纷如雨”喻讼牒之多，以“抉剔根株穷脉缕”喻“手实之祸，下及鸡豚”，以白羽喻白云等。特别是“平生所学”四句，纪昀特别称许说：“妙于用比，便不露激讦之气。前人立比体，原为一种难着语处开法门。”这四句本来牢骚甚重，但由作者以“众里笙竽”坐实“流俗”的指责，以“独奏凤将雏”喻任知州，读起来反觉得风趣、幽默，“不露激讦之气”了。　（曾枣庄）

寄吕穆仲寺丞　　苏　轼

孤山寺下水侵门，　每到先看醉墨痕。
楚相未亡谈笑是，　中郎不见典刑存。
君先去踏尘埃陌，　我亦来寻桑枣村。
回首西湖真一梦，　灰心霜鬓更休论。

这首诗作于熙宁八年（1075）。这年，苏轼任密州（今山东诸城）知州。吕仲甫，字穆仲，丞相吕蒙正之孙。苏轼在杭州任通判时，吕任察推。苏轼到密州时，吕入朝做寺丞。寺是朝廷的官署，丞是属官。

开头写作者在杭州时，经常跟吕穆仲一起游览，做诗。孤山寺下，湖水侵门，每次去游，总先看醉中所题的诗。苏轼有《自径山回得吕察推诗》：“新诗到中路，令我喜折屐。”“君能从我游，出郭及未黑。”两人是同游同赋，时相过从。次联讲到吕家以及他和吕的关系。“楚相未亡谈笑是”，用楚相孙叔敖的典故。《史记·滑稽列传》：“其（孙叔敖）子穷困负薪，逢优孟，与言曰：‘我，孙叔敖之子也。父且死时，属我贫困往见优孟。’优孟曰：‘若（汝）无远有所之（往）。’即为孙叔敖衣冠，抵掌谈语，岁余，像孙叔敖，楚王左右不能别也。楚王置酒，优孟前为寿。庄王大惊，以为孙叔敖复生也，欲以为相。”下面写优孟不愿为相，因孙叔敖为相尽忠，其子穷困负薪。于是庄王封孙叔敖子于寝丘。说“楚相未亡谈笑是”，即看到优孟的谈笑，认为孙叔敖未死。“楚相未亡”一联下作者自注：“杭有伶人善学吕，举措酷似，别后常令作之以为笑。”“楚相未亡”句或指杭的伶人谈笑和吕穆仲一样，但

"楚相未亡"指楚相已死,王见优孟才认为楚相未死。吕还活着,不当称"楚相未亡"。而且吕的地位与楚相也不相当。这样讲,"楚相未亡"一联,两句意义相同,成为合掌,诗中的合掌对是应当避免的。因此这句可能还另有含意。吕穆仲是丞相吕蒙正的孙子,吕蒙正的地位同于楚相。《吕氏春秋·异宝》:"孙叔敖疾将死,戒其子曰:'王数欲封我矣,我不受也。如我死,王则封汝,必无受利地。楚越之间有寝之丘者,此其地不利,可长有者,其唯此也。'孙叔敖死,王果以美地封其子,而子辞,请寝之丘,故至今不失。"这是说楚相未死前对儿子说的话是对的。《宋史·吕蒙正传》:"先是卢多逊为相,其子雍,起家即授水部员外郎,后遂以为常。至是,蒙正奏曰:'臣忝甲科及第,释褐止授九品京官。今臣男始离襁褓,膺此宠命,恐罹阴谴,乞以臣释褐时官补之,自是宰相子止授九品官。"吕蒙正请把低级的官位授给儿子,跟孙叔敖要儿子接受坏的封地,做法相似。这样做都是对的。"楚相未亡"句使人想到吕穆仲祖上的家教。即使"楚相未亡"句表面上是指杭州伶人像吕穆仲,但是还使人想到吕蒙正的话跟楚相未死前的家教相似,这样讲就避免了合掌,就不是用楚相来比吕穆仲了。这联下句:"中郎不见典刑存。"借蔡中郎来比吕。《后汉书·孔融传》:"与蔡邕素善。邕卒后,有虎贲士貌类于邕。融每酒酣,引与同坐,曰:'虽无老成人,且有典刑(指容貌像蔡邕)。'"蔡邕做过左中郎将。这是说,吕穆仲虽不可见,但看到跟他容貌相像的人,也足以慰相念之情了。

三联"君先去踏尘埃陌,我亦来寻桑枣村",指两人的各奔前程。吕先到京中去做官,"尘埃陌"指京中,刘禹锡《元和十年自朗州召至京》诗:"紫陌红尘拂面来",称京中的路为"紫陌红尘"。作者到密州去做官,密州是产桑枣的地区。一结联系过去相聚,"回首西湖真一梦,灰心霜鬓更休论"。当年同在西湖,现在想来真如一梦,更不要说现在的灰心霜鬓了。唐裴度《洛书即事》:"灰心缘忍事,霜鬓为论兵。"熙宁二年,苏轼反对王安石变法,触怒安石。三年,王安石的连姻御史知杂谢景温劾奏苏轼回四川居丧时贩运货物入川。经过严格审查,知所劾毫无根据,是诬告。苏轼忍耐着不敢自明。四年,请求外放,通判杭州;七年,调任密州知州。"灰心"是被诬不敢自明的"忍事"所造成。熙宁八年,苏轼在密州作《江城子·密州出猎》词:"鬓微霜,又何妨!持节云中、何日遣冯唐(按:汉文帝派冯唐持节以魏尚为云中太守,抵御匈奴侵扰)?会挽雕弓如满月,西北望,射天狼(西北天狼,指西夏)。"苏轼的两鬓变霜,是因忧国而起,因担心西夏的侵扰而起。

纪昀批"楚相"一联,"二句俱是殁后典故,用来欠亲切"。苏轼这一联用典,只求典故可以跟所讲的今事相似即可,不像后人那样多顾忌。比方用蔡邕比吕穆仲，只就虎贲士貌似蔡邕，与伶人貌似吕这点相同，就可借用，不必顾忌蔡邕已死，吕还活着。后人多顾忌，则认为不宜用死人来比活人。纪昀这个批语，只能说明后来顾忌多了，不能说苏轼用典不切。苏轼这首诗的特点，就在用典故比今事。由于他的学问渊博，所以善用典故。这里"楚相"一联，借用孙叔敖比吕蒙正，是贴切的，"中郎"句也贴切，都是明用。"灰心霜鬓"句，用了裴度诗句，是暗用，更富有含意。这首诗显示了苏轼诗在这方面的特点。（周振甫）

雪后书北台壁二首　　苏　轼

黄昏犹作雨纤纤，　夜静无风势转严。
但觉衾裯如泼水，　不知庭院已堆盐。
五更晓色来书幌，　半夜寒声落画檐。
试扫北台看马耳，　未随埋没有双尖。

城头初日始翻鸦，　陌上晴泥已没车。
冻合玉楼寒起粟，　光摇银海眩生花。
遗蝗入地应千尺，　宿麦连云有几家。
老病自嗟诗力退，　空吟《冰柱》忆刘叉。

北台，在密州（今山东诸城）的北面。神宗熙宁七年（1074），作者由杭州通判改任密州知州，十一月到任，正是寒冬季节，这两首诗即作于此时。

第一首写自昏达旦，彻夜雪飘的情景。黄昏时节，淫雨绵绵，入夜后不知不觉转而为雪。作者只觉被褥无一丝暖意，有如水泼在上面，而不知道庭院里已雪积成堆了。"堆盐"，即堆雪。用盐喻雪，出自《世说新语・言语》，后世诗人都喜欢效用，如白居易《对火玩雪诗》："盈尺白盐寒。"作者"五更晓色来书幌，半夜寒声落画檐"一联，亦世称咏雪名句，但历来有歧解。费衮《梁溪漫志》卷七"东坡雪诗"条以为，"此所谓'五更'者，甲夜至戊夜尔。自昏达旦皆若晓色"。据此解，则"五更"应总指分为五更的一整夜。庭院里的雪光反射在帷幔上，明晃晃的，作者因寒冷未能安眠，加上"不知庭院已堆盐"，所以一整夜都迷迷糊糊，误以为天将破晓。直到天色放明，借着雪光，看见了垂挂在房檐下的冰溜子，这才省悟，原来是雨转为雪，所以有这"半夜寒声"。上句写地面上积雪的反光，下句写房檐下雪水凝成的冰溜，都紧扣"雪后"的标题，且又与末二句意思连贯。"扫北台"、"看马耳"，自然是天明以后所为。马耳，山名，在北台的南面，"上有二石并举，望齐马耳,故世取名焉"(《水经·潍水注》)。作者扫除积雪,登上北台,观赏雪景,只见一片银白世界,唯有马耳山尖尖的双峰高峭兀立,没有为雪所封。本应首先被雪覆盖的高山顶却"未随埋没",可见这双峰确实如马耳一般陡直,连雪花也无法驻留其上了。

第二首继写在北台观雪景的所见所感。太阳已升起,虽然昨夜下了一场大雪,但今天却是冬季里难得的一个晴天。往上看,天空中一群乌鸦开始活跃起来,绕着城墙,上下翻飞;低头瞧,小路上渐渐融化的积雪被来往的车辆辗来压去,变成了稀泥,黏糊在车上;放眼望,在阳光照耀下,积雪的原野上屋似玉楼,地如银海,冻得人皮肤起粟,耀得人目眩眼花。这四句皆是白描眼前实景。作者另有《次韵仲殊雪中游西湖》云:"玉楼已峥嵘。"《雪中过淮谒客》云:"万顷穿银海。"其"玉楼"、"银海"皆系实写。有人以为这里是用道家语"玉楼为肩,银海为目",实则凿之过深。颈联则表现了作者对农家生计的关切之情。大雪灭蝗,麦子得雪则滋茂,眼前这场大雪预示着来年的丰收,在观赏雪景时,诗人没有忘记这一点。诗人多么希望把自己对来年丰收的希冀和祝愿,把这场瑞雪所引发的种种感受一一用诗表达出来啊!可惜自己既老且病,诗力大不如前,只得空自嗟叹,以吟诵唐元和年间诗人刘叉的《冰柱》诗来自慰了。此时诗人虽年仅三十九,但退出朝廷已三四年,心境不佳可以想见,且古人四十叹老亦为常事,不必坐得太实。

二诗用韵颇有特色。"尖"、"叉"二韵属险韵、窄韵,而作者运用自如,韵与意会,语皆浑成,自然高妙,毫无牵强凑泊之迹。实不愧"才高气雄,下笔前无古人"(《瀛奎律髓》卷二十一)之大手笔也!

(沈时蓉 詹杭伦)

祭常山回小猎　　苏 轼

青盖前头点皂旗,　黄茅冈下出长围。
弄风骄马跑空立,　趁兔苍鹰掠地飞。
回望白云生翠巘,　归来红叶满征衣。
圣朝若用西凉簿,　白羽犹能效一挥。

诗题一作《习射放鹰》,熙宁八年(1075)作于密州(今山东诸城)知州任上。是年十月,诗人到郡城南二十里的常山祈雨,回来路上和同官在常山东南的黄茅冈举行了一次习射会猎,此诗便是此时豪兴遄飞、挥毫写就的。

首联点题,勾画出了狩猎队伍的气派和场面。青盖,指青盖车,一种安有青色布盖的车子，古代本为王者所用，这里则指州长官所乘之车。知州出猎，侍从很多，故云“点皂旗”。护卫们手持皂旗在车前开道，浩浩荡荡，开向狩猎场所——黄茅冈下。“出长围”，长，自然不仅指长度，也兼指宽度，是说圈出一个大围场。此处为下句“骄马跑空”作了铺垫。

颔联转入猎射场面的描绘。此时广袤的围场内，呼鹰策马，箭镞纷飞，场景定然十分紧张热烈。诗人从全景之中，剪取出最英武的两个场面，加以精细描写。两个场面的主角分别为一马一鹰。马非常马，乃是一匹骄马。骄，不光指其形体之壮健，更指其神采之骏异。空，指马蹄下黄茅冈这个围场，因为其平坦（苏轼同一主题的《江城子·密州出猎》词云：“千骑卷平冈”），兼之开阔广大，所以能听凭骄马纵横驰骋。马儿追逐猎物跑得性起，有时竟能竖起身子，腾踔而立。“骄马跑空立”五字已写得神完意足，形象飞动，尤妙在冠以“弄风”二字。“云从龙，风从虎”，此匹如虎骏马于一驰一骤、一腾一跃之间，扬起阵阵劲风，故而风因马起，马鼓风劲，所以谓之“弄风”。有此一“弄”字，则境界全出矣！鹰亦非凡鹰。此苍鹰“趁兔”——追逐狡兔，竟至于“掠地”而“飞”。掠地，擦地，既足见其训练有素，又具见其凶猛异常。其以“掠地飞”的挐云下攫之势追捕逃兔，不难想象，鹰爪之下，必无完兔。此联写得既警动有势，又状物如在目前，很具画意。至此，不禁使人想到王维《观猎》名句：“草枯鹰眼疾，雪尽马蹄轻”，也写鹰写马，意境相似，然其“疾”其“轻”，要通过人的想象才能体味出来，倘用画面很难传达出此中诗意。苏轼却写得形肖神似，任何一个丹青手都可以据此画出生动传神的马、鹰图。相比之下，苏诗就显得更为精警，更富形象性，所以清人何曰愈说他“七律之新警，于唐人外别开生面”（《退庵诗话》卷一），确非溢美之辞。

颈联写罢猎归来的风度神采。翠巘，苍翠的山峰，指常山。经过紧张的围猎，诗人现在一身轻快，不由回过头去眺望方才鏖战之处，但见常山白云缭绕，远远望去，恰似在不断吐出云气。俯视自己，一路归来，火红的枫叶已落满了征衣。二句表现了诗人顾盼自如的神态，而白云、绿岭、红叶，色彩对比鲜明，更增强了诗情中的画意。

至此，诗人还意犹未尽，在尾联中直接倾吐怀抱，一吐豪情。西凉簿，指晋谢艾。白羽，即白色的羽扇，儒将所持。据《晋书·张重华传》：重华据西凉，以主簿谢艾为将军，进军临河，攻麻秋。艾冠白帢踞胡床指麾，大败之。而苏轼生活的北宋时代，边患不时发生，因此他在诗词中，时时抒发自己渴望驰骋疆场的激情。尾联即以谢艾自许，说朝廷如果委予边任，定能麾兵败敌。所以朋九万《东坡乌台诗案》也说苏轼“祭常山回，与同官习射放鹰，作诗一首，题在本州小厅上，除无讥讽外，云：'圣朝若用西凉簿，白羽犹能效一麾'，意取西凉主簿谢艾事。艾本书生也，善能用兵，故以此自比，若用轼为将，亦不减谢艾也"。其意与前面提到的《江城子》词下阕："持节云中，何日遣冯唐？会挽雕弓如满月，西北望，射天狼。"互相阐发，胸襟抱负如此磊落正大，而当时言官竟强为曲解，把此诗列为讽刺新法之作，真是欲加之罪，何患无辞了。

全诗感情昂扬，气势飞动，对仗工稳，遣词用字尤见功力，如"点"、"出"、"跑"、"立"、"掠"、"飞"、"生"、"满"等字，富于表现力，下得贴切，难以移易；"青"、"皂"、"黄"、"苍"、"白"、"翠"、"红"等字，使所描写的事物色调鲜明，又与诗情十分相合，堪称苏诗七律中的上乘之作。 (周慧珍)

东栏梨花 苏 轼

梨花淡白柳深青， 柳絮飞时花满城。
惆怅东栏一株雪， 人生看得几清明！

这是《和孔密州五绝》中的第三首。孔密州，即孔宗翰，字周翰，历任将作监主簿，知蕲、密、陕、扬、洪、兖六州，元祐初任司农少卿、刑部侍郎，以宝文阁待制知滁州，未拜而卒。事见《东都事略》本传。苏轼于熙宁九年(1076)冬罢密州任，孔宗翰继任知州，故称"孔密州"。熙宁十年(1077)四月苏轼到徐州任，作此诗寄孔。

这是一首因梨花盛开而感叹春光易逝、人生如寄的诗篇。首句以"淡白"状梨花，以"深青"状柳叶，不但精确地把握住了春末夏初梨花、柳叶的特征，而且已暗含伤春之感。因为初春柳叶初发时是嫩绿色，梨花已盛开，柳叶已深青，说明春天已一去不返了。

第二句是前句的回复，以"柳絮飞"应"柳深青"，以"花满城"应"梨花淡白"。但读起来并不觉得重复，反而觉得更有情致，伤春之情更浓。这是因为第一句写梨花、柳叶之色，第二句写梨花盛开、柳絮纷飞之状，而回复的句式又加重了抒情色彩。

正因为一二句已暗含伤春之感，因此第三句即以"惆怅"二字开头。"东栏一株雪"即指"东栏梨花"。有的本子作"二株雪"，查慎行说："二，当作一。"(《初白庵诗评》卷中)明人郎瑛认为，既云"梨花淡白"，又云"一株雪"，重言相犯，主张改"梨花淡白"为"桃花烂熳"。俞樾反驳说："此真强作解事者！首句'梨花淡白'即本题也，次句'花满城'本承'梨花淡白'而言。若易首句为'桃花烂熳'，则'花满城'当属桃花，与'惆怅东栏一株雪'了不相属，且是咏桃花，非复咏梨花矣。此等议论，大是笑柄。"(《湖楼笔谈》卷五)驳得很痛快，苏轼以"词理精确"见长，不仔细体味苏诗原意而欲妄改，只能留下"笑柄"而已。

末句补足前句，正是"惆怅"的内容。苏轼由梨花的盛开感到人生的短促，充满了"人生如寄"(王文濡《宋元明诗评注》卷四)之感。据洪迈《容斋随笔》卷十五载，苏门四学士之一的张耒"好诵东坡《梨花》绝句……每吟一过，必击节叹赏不能已，文潜盖有省于此云"。所谓"有省于此"，或许就是张耒也有"人生如寄"的同样感慨吧！陆游说："东坡固非窃(杜)牧之诗者，然竟是前人已道之句，何文潜(张耒)爱之深也？岂别有所谓乎？"陆游所说的"别有所谓"就是洪迈所说的"有省于此"，都是指张耒同苏轼发生了共鸣，尽管关键的两句"是前人已道之句"，仍"击节叹赏不能已"。

苏轼才气横溢，纵横恣肆，他的某些诗确实"伤率、伤慢、伤放、伤露"(《纪评苏诗》卷十六《读孟郊诗》)。而这首诗却涵蕴甚深，有弦外之音，题外之旨。正如《唐宋诗醇》卷三十五所评："浓至之情，偶于所见发露，绝句中几与刘梦得争衡。"

(曾枣庄)

待月台　　苏轼

月与高人本有期，　挂檐低户映蛾眉。
只从昨夜十分满，　渐觉冰轮出海迟。

这首诗是苏轼《和文与可洋州园池三十首》中的第十首，于熙宁九年(1076)知密州任上作。文与可，字文同，善画竹及山水。他是苏轼的从表兄，二人相交甚厚，经常有诗文往来。文与可守洋州(治所在今陕西汉中洋县)时，曾寄苏轼《洋州园池三十首》，苏轼皆依题和之。

根据家宜父所编《石室先生年谱》"先生赴洋州，在熙宁八年秋冬之交，至丁巳秋任满还京"的记述，可知文与可守洋州是在熙宁八、九年间，其时正是苏轼被排挤出朝廷之后，由杭州通判调任密州知州时期。

文与可的《待月》诗的原文是："城端筑层台，木梢转深路。常此候明月，上到天心去。"诗中写出了诗人对待月台的喜爱以及到待月台赏月时产生的悠然神往、飘然欲仙的心境，引起了东坡的共鸣。

苏轼是继李白之后，甚喜明月并写有大量吟诵明月的诗、文、词的作家，借此寄寓诗人特有的旷达胸怀。正因为苏轼对月有着特殊的情感，所以才对别人的咏月诗有着敏锐的感受。他对文与可寄素心与明月的一片深情，十分理解，所以和诗的第一句便说："月与高人本有期。"不仅视文与可为同调，认为他是高雅之士，而且在苏轼心中，高雅之士都是爱月的，所以才说月与高人早有期约，因为他们本来就是"心有灵犀一点通"的。

"挂檐低户映蛾眉"一句，既是眼前之景，心中之情，又是从前人诗句中化来的。南朝鲍照的《玩月城西门廨中》诗有"末映西北墀，娟娟似蛾眉"之句，唐人李咸用也有"挂檐晚雨思山阁"之句。前人诗句一经苏轼点化，不仅意境新颖，而且更加凝练。"挂檐低户映蛾眉"一句说明，由于月的侵檐入户，使月与人显得十分亲近，而娟娟似蛾眉的柔情美态，也就显得更为动人。这看似写景的一笔，却使"月与高人本有期"的内涵更加具体化、形象化了。

诗人观月动情，从月的圆缺上想到人的命运。"只从昨夜十分满，渐觉冰轮出海迟"二句，写出了因满招损的自然规律。满月给人间曾带来无限美景和喜悦之情，然而满即缺之始。诗人久久伫立，眺望远海，等待着迟迟升起的一轮冰月，心中不免泛起淡淡的愁绪。"冰轮"二字写出了月的光洁、纯净，同时也略带清寒之意。此时诗人那官场失势的往事，大概正随着海上徐徐升起的明月而浮现在犹如海波一样动荡不宁的思绪之中了。

诗人以人拟月，借月抒感，把月写得有情有思。这种以人拟物、借物抒怀的高超技法，是苏轼诗的一个显著特征。

（袁行霈　崔承运）

筼筜谷　　苏轼

汉川修竹贱如蓬，　斤斧何曾赦箨龙？
料得清贫馋太守，　渭滨千亩在胸中。

这首诗是苏轼《和文与可洋州园池三十首》中的第二十四首。筼筜，是一种高大的竹子。据《异物志》："筼筜生水边，长数丈，围尺五、六寸，一节相去六、七尺，或相去一丈，土人绩以为布。"又《名胜志》载，"筼筜谷，在洋县城西北五里"。文与可官洋州时，曾于谷中筑披云亭，经常游赏其中。苏轼在《文与可筼筜谷偃竹记》中说："筼筜谷在洋州，与可尝令余作《洋州三十咏》，《筼筜谷》其一也。"

文与可的《筼筜谷》诗的原文是："千舆翠羽盖，万锜绿沈枪。定有葛陂种，不知何处藏。"大意是说，谷中竹林繁茂，俯瞰，犹如千万顶碧翠的车盖；平视，宛似武库架上矗立的万杆长枪。其中定有葛陂湖中化龙的神竹，只是难以找到它藏身之所。葛陂湖，在今河南驻马店新蔡县北，相传后汉汝南人费长房学道十年而归，受师命投竹杖于湖中，化为飞龙，于是百怪不生，水物灵异。文与可的诗写出了筼筜谷茂竹的长势和自己临谷观竹时的欣喜之情，同时寓有以竹托人之意。而苏轼的和诗却不写竹而写笋，写竹笋给文与可生活带来的乐趣和情味，其中也不乏以笋托人之情。

首句“汉川修竹贱如蓬”，开篇就表明自己没有观赏修竹的意思。“贱如蓬”三字，极言竹之众多。竹多笋亦多，隐隐关合第三句，为“清贫”、“馋”作铺垫。当时苏轼在北方的密州，眼前没有茂密的修竹，提笔写竹就不能太实，像文与可诗中“千顷翠盖”、“万杆绿枪”那样的实景，很难从笔下流出。眼前无景，不便杜撰，于是避实就虚，写想象中的情事。所以第二句“斤斧何曾赦箨龙”，笔墨转向了作为美味佳肴的笋箨。箨龙，是笋的别名。《事物异名录·蔬谷·笋》：“竹谱，笋世呼为稚子，又曰稚龙、曰箨龙、曰龙孙。”唐代诗人卢仝《寄男抱孙》诗有“万箨抱龙儿，攒迸溢林薮。……箨龙正称冤，莫杀入汝口”的句子。苏轼此句，从卢仝诗中脱出，却另辟新境，借惜竹之情抒发贤才遭受摧残的感慨，同文与可借竹托人的用意暗合。可诗人并不想在这里过多地借题发挥，以免引起不愉快的回忆，勾出更沉重的心思，于是笔锋一转，唱出了轻松愉快的调子。

“料得清贫馋太守，渭滨千亩在胸中。”渭滨，一作“渭川”。两句大意是说，我猜想得出，由于廉洁而清贫的太守，一定见此野味而嘴馋，乃至想把渭水流域的千亩之竹尽吞胸中。这两句诗，既有羡慕之情，又有赞美之意，同时有戏谑的成分，体现了两位诗人之间亲密的情谊，深刻的了解。苏轼在《文与可画筼筜谷偃竹记》中写道：“余诗云：‘料得清贫馋太守，渭滨千亩在胸中。’与可是日与其妻游谷中，烧笋晚食，发函得诗，失笑，喷饭满案。”此记与诗可相佐证。

这首诗既沉重又轻快。其暗喻和寄托造成了沉重的一面；其戏谑与赞美又使情调变得诙谐而轻松。大手笔作诗，总是舒卷自如，举重若轻，而又内涵丰富，底蕴深厚。

对文与可的《筼筜谷》诗，苏轼的胞弟苏辙也有和诗，曰：“谁言使君贫，已用谷量竹。盈谷万万竿，何曾一竿曲。”（《栾城集·和筼筜谷》）赞美中亦有嬉戏之意，与苏轼此诗可相参阅。

（崔承运　袁行霈）

司马君实独乐园　　苏　轼

青山在屋上，　流水在屋下。
中有五亩园，　花竹秀而野。
花香袭杖屦，　竹色侵杯斝。

樽酒乐余春， 棋局消长夏。
洛阳古多士， 风俗犹尔雅。
先生卧不出， 冠盖倾洛社。
虽云与众乐， 中有独乐者。
才全德不形， 所贵知我寡。
先生独何事， 四海望陶冶。
儿童诵君实， 走卒知司马。
持此欲安归？ 造物不我舍。
名声逐吾辈， 此病天所赭。
抚掌笑先生， 年来效喑哑。

此诗熙宁十年(1077)在徐州作，东坡时年四十二岁。东坡以熙宁九年罢密州任，最初的任命是移知河中府。十年正月初一日离开密州，取道澶、濮间，打算先去汴京。走到陈桥驿，又得到徙知徐州的任命。时不得入国门，只好寓居郊外范镇的东园。范镇于三月间往游嵩洛，带回来司马光为东坡《寄题超然台》的诗。四月二十一日，东坡到徐州任所。五月六日，读到司马光寄来的《独乐园记》，写了这首诗。

独乐园是司马光熙宁六年在洛阳所建的园。司马光与王安石政见不合，熙宁三年，神宗欲大用司马光，王安石反对，认为这“是为异论者立赤帜也”。司马光也不愿意留在朝廷，神宗任他为枢密副使，他上疏力辞，请求外任。是年九月，出知永兴军，熙宁四年四月，改判西京御史台，来到洛阳。六年，他在洛阳尊贤坊北国子监侧故营地买田二十亩，修造了这个园子，取名独乐园，并写了《独乐园记》和三首《独乐园咏》诗。

司马光给他的园子取名叫“独乐”是有深意的。在《记》文里，他首先说明自己既不同于王公大人之乐，也不同于圣贤之乐，而是像鷦鹩巢林、鼹鼠饮河一样“各尽其分而安之”。又说自己不敢比君子“所乐必与人共之”，所以叫“独乐”。在三首《独乐园咏》诗里，他用董仲舒、严子陵、韩伯休比拟自己，说董仲舒“邪说远去耳，圣言饱充腹。发策登汉庭，百家始消伏”；说严子陵“三旌岂非贵，不足易其介”；说韩伯休“如何彼女子，已复知姓字。惊逃入穷山，深畏为名累”。他对自己无力阻止新法的推行，不得不请求外放，实际上是满腹牢骚而又充满自信的。东坡这首诗针对司马光的这种思想矛盾提出自己的看法，他其时并未去过洛阳，更没有到过独乐园。

诗的主旨,据东坡《乌台诗案》自言:“此诗言四海望光执政,陶冶天下,以讥见任执政不得其人。”全诗分四段:

“青山在屋上”八句为第一段,正写独乐园。前四句写园的自然环境、园中景物;后四句以花、竹、棋、酒概括园中乐事。据《独乐园记》:园中有见山台,可以望见万安、轘辕、太室诸山;又有读书堂,“堂南有屋一区,引水北流贯宇下”。诗云:“青山在屋上,流水在屋下”,谓此也。园内又有浇花亭、种竹斋,故曰“花竹秀而野”。诗的首四句形象地概括了《记》文中的很大一部分内容。纪昀评云:“直起脱洒”,是恰当的。据李格非《洛阳名园记》:“独乐园极卑小,不可与他园班。”此诗用自然脱洒的笔调极写园的朴野之趣,是和园的“卑小”和主人公的思想、性格相一致的。又,如前所述,东坡并未亲涉园地,只是根据《记》的内容加以概括,如果写景过细,反而会给人一种不真实的感觉。胡应麟《诗薮》讥此四句为“乐天声口”,“失之太平”,“取法”太“近”,意思是说它缺乏盛唐诗人的那种“高格响调”。他不理解诗人的审美情趣是不能离开审美对象的特征的。

“洛阳古多士”六句为第二段,是由“独乐”二字生发出来的文章。马永卿《元城语录》说司马光把园名叫做“独乐”,盖“自伤不得与众同也”。这自然是司马光《记》文中所包含的意思,但说得太直露、太简单。东坡这里却放开一步,绕一个弯,从“与众乐”中来突出“独乐”,更觉深婉有致。洛阳自古以来就是名流荟萃的地方,风俗淳美,你即使高卧不出,而洛社冠盖也会为之倾倒,会云集在你的周围,你是不可能不“与众乐”的;所以用“独乐”名园者,并非真有遁世绝俗之意,只不过是“有心人别有怀抱”耳。“虽云与众乐,中有独乐者”二句,和欧阳修在《醉翁亭记》中说的“人知从太守游而乐,而不知太守之乐其乐也”用意略同。司马光的《记》文和诗,其弦外之音,都流露出一种失职者的不平,东坡深知此意,但说得十分委婉、曲折,所谓露中有含,透中有皱,最是行文妙处。白居易晚年退居洛阳,爱香山之胜,与僧如满等结社于此,号称“洛社”。此借用以指司马光在洛阳的朋友们。

“才全德不形”以下八句是第三段,是全诗的主旨所在。这一段承接上文“先生卧不出,冠盖倾洛社”这层意思加以发展,先引老、庄之语作一顿挫,随即递入全诗的主旨。“才全德不形”,用《庄子》原话。《庄子·德充符》篇说,卫国有个叫哀骀它的人,外貌十分丑陋,但在他身上却有一种特殊的吸引力,无论男女,都会受到他的吸引,离他不开。鲁哀公和他相处不久,竟至甘心情愿想把国政交托给他,还生怕他不肯接受。庄子说,这是由于他“才全而德不形”。所谓“才全”,按照庄子的意思就是把生死、得失、穷达、贫富、贤与不肖、毁与誉,乃至饥渴、寒暑等都看成是一种自然变化，而不让它扰乱自己的心灵。所谓“德不形”，意谓德不外露。德是最纯美的内心修养，虽不露于外，外物却会自自然然来亲附你，离不开你。按照《老子》的说法：“知我者希，则我贵矣。”人是愈不出名愈好的。你现在虽然无求于世，把毁誉、得失看得很淡，但由于你的才全德充，众望所归，虽欲逃名，其可得乎？据《渑水燕谈录》：“司马文正公以高才全德，大得中外之望。士大夫识与不识，称之曰君实；下至闾阎畎亩、匹夫匹妇，莫不能道司马公。身退十余年，而天下之人日冀其复用于朝。”诗中“儿童诵君实，走卒知司马”，说的就是这种情况。司马光是当时反对派的旗帜，士大夫不满新法的自然寄希望于司马光的起用。《乌台诗案》云：“言儿童走卒皆知其姓字，终当进用。……意亦讥朝廷新法不便，终用光改变此法也。”这正是全诗的主旨所在。

“名声逐吾辈”四句是第四段，把自己摆进去了。说，我们都背上了名气太大这个包袱，用道家的话说，真所谓“天之僇民”，是无法推卸自己的责任的。奇怪的是你近年却装聋作哑，不肯发表意见了。《乌台诗案》云：“意望光依前上言攻击新法也。”《东都事略》记司马光退居洛阳，“自是绝口不论事”。司马光自己也曾在神宗面前公开承认说自己“敢言不如苏轼”。作为一个政治家，他不像东坡似的诗人那么天真，他是很老练的。

此诗借《题独乐园》这个题目，对司马光的德业、抱负、威望、处境以及他内心深处的矛盾进行了深微的描写和刻画。在熙宁党争中，这是一个很尖锐的政治主题，东坡向来是不隐瞒自己的观点的。全诗于脱洒自然中别有一种精悍之气，东坡前期作品往往具有这样的特点。

（白敦仁）

子由将赴南都，与余会宿于逍遥堂，作两绝句，读之殆不可为怀，因和其诗以自解。余观子由自少旷达，天资近道，又得至人养生长年之诀，而余亦窃闻其一二，以为今者宦游相别之日浅，而异时退休相从之日长，既以自解，且以慰子由云

苏 轼

别期渐近不堪闻，　风雨萧萧已断魂。
犹胜相逢不相识，　形容变尽语音存。

但令朱雀长金花，　此别还同一转车。
五百年间谁复在？　会看铜狄两咨嗟。

熙宁九年(1076)十二月，东坡罢密州任，移知河中府。十年正月，行至济南，在子由家住了一个多月。子由自熙宁六年九月为齐州掌书记，有家在济南，但他本人这时已罢掌书记任，正以上书言事留在东京，兄弟未能相见。二月，东坡至郓州，道出澶、濮间，子由自京师特意赶来相会。兄弟俩自从熙宁四年九月在颍州分别，已经快七年不见面了。子由决定送东坡去河中府上任，二人同行入京，刚走到陈桥驿，东坡又接到新的徙知徐州的任命，不得入国门。他们在东京城外范镇家住了一个多月。四月二十一日，子由陪同东坡来到徐州，两弟兄在徐州相聚一百多天，到了八月间，子由将赴南京(今河南商丘)留守签判任，与东坡在徐州告别。行前，会宿逍遥堂，子由写了两首绝句留别。(见本书)二诗感情深挚，情调凄婉，东坡所谓"读之殆不可为怀"者。东坡则以雄浑之笔，沉郁之思，写了这两首和诗。东坡兄弟自少即怀用世之志，此时却想到"寻旧约"，想到"退休"，这是和他们当时所处政治环境分不开的。这一点，兄弟二人是心照不宣，不言而喻的，只是子由的诗说得更含蓄，东坡的诗写得更骏快而已。读东坡此二诗，应该抓住这一根本点，这不是一般的伤离惜别之作。

第一首"别期渐近不堪闻，风雨萧萧已断魂"，言别期渐近，已觉黯然销魂，更加风雨萧萧，助长了这种离情别绪。二句概括了子由诗中惜别之意，着重回答原诗提到的"风雨对床"那一层意思。三、四句"犹胜相逢不相识，形容变尽语音存"。表面看是推开一步，以相慰藉，实际上是更深入、更沉痛地表达了此时此地的复杂心情。纪昀评云："宽一步，更沉着"，这是很有道理的。在生活中人们常有这样的经验：两个朋友、亲人多年不见，岁月催人，容颜易老，一旦邂逅相逢，从外貌上彼此已经不能互相认识，但往往会从声音、神态上还能认出自己的亲人。唐人贺知章"乡音无改鬓毛衰"句，说的就是这种情形。东坡此诗，乍看之只不过是说我们虽然离多会少，但究竟还没有弄到相见不相识，只能从语音上辨认自己亲人的程度，所以还是值得互相宽慰的。但实际用意却远不止此。这里他用了一个典故，必须弄清他为什么用典才能弄清诗人的真实意图，才能懂得此诗的精妙之处。《后汉书·党锢传》："夏馥为党魁"，当党锢祸起，宦官诬陷、收捕党人，党人纷纷亡命的时刻，夏馥也"剪发变形，隐匿姓名，为冶家佣(帮人打铁)，亲突烟炭，形貌毁瘁，人无知者。弟静，遇馥不识，闻其言声，乃觉而拜之"。自熙宁变法以来，反对派不断受到贬斥，东坡兄弟也连年外放。这时，王安石已罢相，新党中的某些人更加肆意打击、排斥异己。东坡已经意识到这种危险处境，不过眼前自己还在徐州任职，子由也新近接到南京留守签判的任命，暂时还算得是比较侥幸的。他用夏馥的典故，既切合兄弟间情事，更重要的，暗示了党派倾轧中的危险处境和忿懑心情。他以尚未沦入夏馥那种可怕境地来宽慰子由，宽慰自己，曲折地表达了对时事的不满。果然，几年之后就发生了乌台诗案，则东坡的忧危之感，不是没有根据的。

第二首即题目所谓“子由天资近道，又得至人养生长年之诀”，从这一角度来说明“今者宦游相别之日浅，而异时退休相从之日长”的意思，以此安慰子由，宽解自己，但言外也同样蕴蓄着对时事的忿懑不平之情。

“朱雀”、“金花”都是道教炼丹书中的术语。施注引阴真君《金液还丹歌》云：“北方正气为河车，东方甲乙成丹砂，两精合养归一体，朱雀调护生金花。”按李白《草创大还赠柳官迪》诗：“朱鸟张炎威，白虎守本宅。”王琦注引淳于叔通《大丹赋》云：“朱雀翱翔戏兮，飞扬色五采。”俞琰注云：“朱雀，火也。”此诗第一句的大概意思是只要一旦金丹炼成，获得了长生久视之术。“一转车”用贾岛诗“碌碌复碌碌，百年双转毂”的意思，言人生一世，就像车轮旋转那样快速、短暂。一、二句连起来，意谓如果真能长生不死，那么，眼前这数年的分别，真像车轮一转，是非常短暂而快速的，确实算不了什么，值不得惋惜、留恋。

接下去二句“五百年间谁复在？会看铜狄两咨嗟”。承接上文长生久视之意，进一步把问题扩大了，意思加深了。从历史发展的长远观点看，五百年间，将会发生多么大的变化，今天那些争权夺利、煊赫一时的人，不是早也烟消云散了么？又和他们计较些什么呢？“铜狄”谓铜人，指汉武帝时所铸金人。这里又用了一个典故。《后汉书·方术传》记载，一个叫蓟子训的人，有神仙之术，“后因遁去，不知所止”。多年后，有人在长安东霸城看见他，“与一老公共摩挲铜人，相谓曰：‘适见铸此，已近五百岁矣！’”

宋代士大夫多信方士炼丹、养气之说，何薳《春渚纪闻》卷十云：“丹灶之事，士大夫与山林学道之人喜于谈访者十盖七八也。”苏辙早年也很注意这种“烧炼之事”，他在《龙川略志》中不止一次提到这个问题，并说自己“治平末泝峡还蜀，泊舟仙都山下，有道士以《阴真君长生金丹诀》石本相示，”并在一起讨论“烧炼事”。东坡在与王巩、张方平诸人的信札中也常常提到修炼，在黄州时写的诗中还提到在临皋亭设置别室，专放丹炉。但东坡并不相信有长生不死的人。此诗用“朱雀”、“金花”，只不过借用道书中的语言，借以表达一种诗的意象。诗人从历史长河这一悠久观点来看待眼前短暂的、变动着的一切，包括个人的遭遇，时局的变化。纪昀评此诗云：“此亦刺当日小人营营，终归于尽，而语意浑然不露。”可谓抓住了这首诗的实质。

这两首诗都用了一些典故，以深化诗的意境和内涵，增强诗的形象性、含蓄性和表现力。东坡善于根据表情达意的特定需要，从大量的文献资料中，选择那些具有典型意义的名言警句或历史事实，发掘典故本身所包含的深广的意蕴，精确、贴切地加以提炼和运用。前代批评家颇有讥评东坡诗好用事的，但这问题应该具体分析，区别对待。像这里，特别是像第一首诗，如果不用夏馥这个典故，诗人的复杂心情，是不能在简短的几句诗中表现出来的。（白敦仁）

韩幹马十四匹　　苏　轼

二马并驱攒八蹄，　二马宛颈鬃尾齐；
一马任前双举后，　一马却避长鸣嘶。
老髯奚官骑且顾，　前身作马通马语。
后有八匹饮且行，　微流赴吻若有声。
前者既济出林鹤，　后者欲涉鹤俯啄。
最后一匹马中龙，　不嘶不动尾摇风。
韩生画马真是马，　苏子作诗如见画。
世无伯乐亦无韩，　此诗此画谁当看？

苏轼既是诗人，又是画家，他的题画诗，多而且好。七绝如《惠崇春江晚景》和《书李世南所画秋景》都至今传诵。五古如《高邮陈直躬处士画雁》，纪昀称为"一片神行，化尽刻画之迹"。这首《韩幹马十四匹》则是七古中题画名篇。

韩幹，唐代京兆蓝田（今属陕西）人，相传年少时曾为酒肆雇工，经王维资助学画，与其师曹霸皆以画马著名，杜甫在《丹青引》里曾经提到他。他的《照夜白图》等作品尚存，而苏轼题诗的这幅画，却不复可见。诗题说是"马十四匹"，画中的马，却不止此数。南宋楼钥在《攻媿集·题赵尊道渥洼图序》里说：他看见的这幅渥洼图，乃是李公麟所临韩幹画马图，即苏轼曾为赋诗者。"马实十六，坡诗云'十四匹'，岂误耶？"楼钥因而题苏轼诗于图后，自己还作了一首"次韵"诗。李公麟临那幅画，自属可信。临本中的马是"十六匹"，也很值得注意。王文诰"据公诗，马十四匹，楼所见并非临本也"的案语，是缺乏根据的。细读苏轼的这首题画诗，就发现那些说"据公诗，马十四匹"的人，漏数了一匹，搞混了一匹，实际上是十六匹，和李公麟所临本相副。

诗题标明马的数目，但如果一匹一匹地叙述，就会像记流水账，流于平冗、琐碎。诗人匠心独运，虽将十六匹马一一摄入诗中，但时分时合、夹叙夹写，穿插转换，变化莫测。先分写，六匹马分为三组。"二马并驱攒八蹄"，以一句写二马，是

双马图

——〔唐〕韩幹

第一组。“攒”，聚也。“攒八蹄”，再现了“二马并驱”之时腾空而起的动态。“二马宛颈鬃尾齐”，也以一句写二马，是第二组。“宛颈”，曲颈也。“鬃尾齐”，谓二马高低相同，修短一致。诗人抓住这两个特点，再现了二马齐步行进的风姿。“一马任前双举后，一马却避长鸣嘶”，两句各写一马，合起来是一组。“任”，用也。一马在前，用前腿负全身之重而双举后蹄，踢后一匹；后一匹退避，长声嘶鸣。大约是控诉前者无礼。四句诗写了六匹马，一一活现纸上。

接着，诗人迅速掉转笔锋，换韵换意，由写马转到写人，以免呆板。“老髯”二句，忽然插入，出人意外，似乎与题画马的主题无关。方东树就说：“‘老髯’二句一束夹，此为章法。”又说：“夹写中忽入‘老髯’二句议，闲情逸致，文外之文，弦外之音。”他把这两句看作“议”（议论），而不认为是“写”（描写），看作表现了“闲情逸致”的“文外之文”，离开了所画马的本身，这都不符合实际。至于这两句在章法变化上所起的妙用，他当然讲得很中肯；但实际上，其妙用不仅在章法变化。第一，只要弄懂第三组所写的是前马踢后马、后马退避长鸣，就会恍然于“奚官”之所以“顾”，正是由于听到马鸣。一个“顾”字，写出了多少东西！第二，“前身作马通马语”一句，似乎是“议”，但议论这干什么？其实，“前身作马”，是用一种独特的构思，夸张地形容那“奚官”能“通马语”；而“通马语”乃是特意针对“一马却避长鸣嘶”说的。前马踢后马，后马一面退避、一面“鸣嘶”，“奚官”听懂了那“鸣嘶”的含义，自然就对前马提出警告。可见“通马语”所暗示的内容也很丰富。第三，所谓“奚官”，就是养马的役人，在盛唐时代，多由胡人充当。“老髯”一词，用以描写“奚官”的外貌特征，正说明那是个胡人。更重要的一点是：“老髯奚官骑且顾”一句中的那个“骑”字，告诉我们“奚官”的胯下还有一匹马。就是说，作者从写马转到写人，而写人还是为了写马：不仅写“奚官”闻马鸣而“顾”马群，而且通过“奚官”所“骑”，写了第七匹马。

以上两句，把画面划分成前后两大部分；又以“奚官”的“骑且顾”，把两大部分联系起来，颇有“岭断云连”之妙。所谓“连”，就表现在“骑”和“顾”“奚官”所骑，乃十六马中的第七马，它把前六马和后九马连成一气。“奚官”闻第六马长鸣而回顾，表明他原先是朝后看的。为什么朝后看？就因为后面还有九匹马，而且正在渡河。先朝后看，又闻马嘶而回头朝前看，真是瞻前而顾后，整个马群，都纳入他的视野之中了。

接下去，由写人回到写马，而写法又与前四句不同。“后有八匹饮且行，微流赴吻若有声”：八马饮水，微流吸入唇吻，仿佛发出汩汩的响声。一个“后”字，确定了这八匹与前七匹在画幅上的位置：前七匹，早已过河；这八匹，正在渡河。

八马渡河，自然有前有后，于是又分为两组。“前者既济出林鹤”，是说前面的已经渡到岸边，像“出林鹤”那样昂首上岸。“后者欲涉鹤俯啄”，是说后面的正要渡河，像“鹤俯啄”那样低头入水。四句诗，先合后分，共写八马。

“最后一匹马中龙”一句，先叙后议，赞美之情，溢于言表。《周礼·夏官·庾人》云：“马八尺以上为龙。”说这殿后的一匹是“马中龙”，已令人想见其骏伟的英姿。紧接着，又来了个特写镜头：“不嘶不动尾摇风。”“尾摇风”三字，固然十分生动、十分传神；“不嘶不动”四字，尤足以表现此马的神闲气稳、独立不群。别的马，或者已在彼岸驰骋，或者即将上岸；最后面的，也正在渡河。而它却“不嘶不动”，悠闲自若。这是为什么？就因为它是“马中龙”。真所谓“蹄间三丈是徐行”，自然不担心拉下距离。

认为“据公诗马十四匹”的王文诰，既没有发现“奚官”所“骑”的那匹马，又搞混了这“最后一匹”马。他说：“此一匹，即八匹之一，非十五匹也。”其实，从句法、章法上看，这“最后一匹”和“后有八匹”是并列的，怎能说它是“八匹之一”？

十六匹马逐一写到，还写了“奚官”，写了河流，却一直未提“韩幹”、也未说“画”。形象如此生动，情景如此逼真，如果始终不说这是韩幹所画，读者就会认为他所写的乃是实境真马。然而题目又标明这是题韩幹画马的诗，通篇不点题，当然不妥。所以接下去便点题。归纳前面所写，自然得出了“韩生画马真是马”的结论。“画马真是马”，这是对韩幹的赞词。而作者既赞韩生，又自赞，公然说“苏子作诗如见画”。读完下两句，才看出作者之所以既赞韩生又自赞，乃是为全诗的结尾作铺垫。韩生善画马，苏子善作画马诗；从画中，从诗中，都可以看到真马，看到“马中龙”。可是，“世无伯乐亦无韩，此诗此画谁当看？”——世间没有善于相马的伯乐和善于画马的韩幹，连现实中的骏马都无人赏识，又何况画中的马、诗中的马！既然如此，韩生的这画、苏子的这诗，还有谁去看呢？两句诗收尽全篇，感慨无限，意味无穷。

全诗只十六句，却七次换韵，而换韵与换笔、换意相统一，显示了章法上的跳跃跌宕，错落变化。

这首诗的章法，前人多认为取法于韩愈的《画记》。如洪迈《容斋五笔》卷七和方东树《昭昧詹言》卷十二都这样说。这当然是不错的，但这首诗穷极变化，不可方物，似乎更多的是受了杜甫《韦讽录事宅观曹将军画马图》的启发。（霍松林）

李思训画长江绝岛图　　苏 轼

山苍苍，水茫茫，　　大孤小孤江中央。

崖崩路绝猿鸟去，　惟有乔木搀天长。
客舟何处来？　棹歌中流声抑扬。
沙平风软望不到，　孤山久与船低昂。
峨峨两烟鬟，　晓镜开新妆。
舟中贾客莫漫狂，　小姑前年嫁彭郎。

苏轼知画善画，他作了大量评画、题画的诗文，本诗是其中的名篇之一。诗中对画未加评骘，只是如《韩幹马十四匹》诗中所说的“苏子作诗如见画”，将画的内容传达给读者，表示了对李思训这幅作品的肯定。

李思训是我国“北宗”山水画的创始人，他是唐朝的宗室，开元间官至右武卫大将军，新、旧《唐书》均有传。他的山水画被称为“李将军山水”。他曾在江都（今属江苏扬州）、益州（州治在今四川成都）做过官，宦程所经，长江风景是他亲身观赏过的，此画即使不是对景写生，画中景色也是经过画家灵敏的眼光取得了印象的，和向壁虚构和对前人山水的临摹不同。诗中所叙的“大孤小孤”，大孤山在今江西九江市东南鄱阳湖中，四面洪涛，孤峰挺峙；小孤山在今江西彭泽县北、安徽宿松县东南的大江中，屹立中流。两山遥遥相对。“崖崩”两句，极写山势险峻，乔木苍然，是为画面最惹眼的中心。“客舟”以下四句，写画中小船，直如诗人身在画境之中，忽闻棹歌，不觉船之骤至。更进一步，诗人俨然进入了小舟之中，亲自体会着船在江上低昂浮泛之势。诗人曾有《出颍口初见淮山，是日至寿州》一律，其颔联“长淮忽迷天远近，青山久与船低昂”，和第七句“波平风软望不到”，与这首诗的“沙平”两句，上下只改动了两个字，可见这两句是他舟行时亲身体会而获的得意之句，不觉重又用于这首题画诗上。至此，画面上所见的已完全写毕，照一般题画诗的惯例，应该是发表点评价，或对画上的景物发点感叹了，但苏轼却异军突起地用了一个特别的结束法，引入了有关画中风景的当地民间故事，使诗篇更加余音袅袅。

小孤山状如女子的发髻，故俗名髻山。小孤山又讹音作小姑山，山所在的附近江岸有澎浪矶，民间将“澎浪”谐转为“彭郎”，说彭郎是小姑的夫婿。南唐时，陈致雍曾有请改大姑、小姑庙中妇女神像的奏疏，吴曾《能改斋漫录》载有此事，可见民间流传的神幻故事已定型为一种神祇的祀典。苏轼将江面和湖面喻为“晓镜”，将大小孤山比作在晓镜里梳妆的女子的发髻，正是从民间故事而来。“舟中贾客”两句，与画中“客舟”呼应，遂使画中事物和民间故事融成一体，以当地的民间故事丰富了画境，实际上是对李思训作品的肯定。而这一肯定却不露痕迹，无怪清人方东树《昭昧詹言》评此诗时，称其"神完气足，遒转空妙"。"空妙"的品评，对诗的结尾，可谓恰切之至。

（何满子）

百步洪二首①(其一)　　苏 轼

长洪斗落生跳波，②　　轻舟南下如投梭。
水师绝叫凫雁起，③　　乱石一线争磋磨。
有如兔走鹰隼落，④　　骏马下注千丈坡。
断弦离柱箭脱手，　　飞电过隙珠翻荷。
四山眩转风掠耳，　　但见流沫生千涡。
崄中得乐虽一快，⑤　　何异水伯夸秋河。⑥
我生乘化日夜逝，　　坐觉一念逾新罗。
纷纷争夺醉梦里，　　岂信荆棘埋铜驼。⑦
觉来俯仰失千劫，　　回视此水殊委蛇。⑧
君看岸边苍石上，　　古来篙眼如蜂窠。
但应此心无所住，　　造物虽驶如吾何。
回船上马各归去，　　多言譊譊师所呵。⑨

〔注〕 ① 此诗原序："王定国访余于彭城，一日，棹小舟与颜长道携盼、英、卿三子，游泗水，北上圣女山，南下百步洪，吹笛饮酒，乘月而归。余时以事不得往，夜著羽衣，伫立于黄楼上，相视而笑。以为李太白死，世间无此乐三百余年矣。定国既去逾月，复与参寥师放舟洪下，追怀曩游，以为陈迹，喟然而叹。故作二诗，一以遗参寥，一以寄定国，且示颜长道、舒尧文邀同赋云。"王定国，名巩，大名莘县人，工诗，与苏轼交谊颇厚。颜长道，名复，山东人。盼、英、卿，马盼盼、张英英和某卿卿，是当时徐州的歌妓。参寥，僧道潜字，浙江於潜人。舒尧文，舒焕的字，时任徐州教授。 ② 斗落：同"陡落"。 ③ 水师：水手。绝叫：大声呼叫。凫雁：野鸭。④ 隼(sǔn)：一种猛禽。 ⑤ 崄中：奇险之中，崄同"险"。 ⑥ 水伯：指河伯。《庄子·秋水》说："秋水时至，百川灌河，泾流之大，两涘渚崖之间，不辨牛马，于是焉河伯欣然自喜，以为天下之美为尽在已。" ⑦ 荆棘埋铜驼：晋朝索靖看到天下将乱，曾指洛阳宫门外的铜驼说："会见汝在荆棘中耳！"(《晋书·索靖传》) ⑧ 委蛇(tuó)：长而曲的样子，亦作委佗。 ⑨ 譊譊(náo)：争辩声。

百步洪在徐州东南二里。悬流湍急，乱石激涛，最为壮观，今已不存。诗作于宋神宗元丰元年(1078)，作者时任徐州知州。诗的前半写舟行洪中的惊险，后半纵谈人生的哲理。

前半一大段开头四句写长洪为乱石所阻激，陡起猛落，急湍跳荡。舟行其间，就像投掷梭子一样，就连经常驾船的熟练水手，也不免大声叫唤，甚至水边的野鸭,也都惊飞起来。一线急流,和乱石互相磋磨,发出撞击的声响。次四句连用妙喻,形容这水波有如狡兔的疾走,鹰隼的猛落,如骏马奔下千丈的险坡,这轻舟如断弦离柱,如飞箭脱手,如飞电之过隙,如荷叶上跳跃的水珠,光怪离奇,势难控制。前两句状水波的猛势,后两句写船在波涛上动荡的情景,真是有声有势,渲染入神。接着以“四山眩转”等四句写船上乘客此时的感受:人们处于轻舟之中,仿佛四面的山峰都在旋转;急风掠过耳边,使人心动神驰。所见的是流沫飞逝,百漩千涡。在这奇险当中,虽说精神为之一快,却料想不到凭着秋水之涨,水伯竟然有如此的威力。“崄中”两句,总结形容水势的前文,转而开展纵谈哲理的后半,是承上启下之笔。

后半一大段,专谈哲理。“我生”以下六句,是由序文中所说人生会晤无常所引起的感慨。首两句是说:人生在世,生命是随着时光的推移而流逝的,好比逝水一样,在不舍昼夜地澌流着。但人的意念,却可以任意驰骋,能不为空间时间所限制,一转念的瞬息之间,就可以逾过辽远的新罗。“一念逾新罗”是化用佛家语:“新罗在海外,一念已逾。”(见《传灯录》卷二三)又发挥了庄子“其疾俯仰之间,而再抚四海之外”的思想(《庄子·在宥》)。表明生命虽然会像陶渊明所说的那样:“聊乘化以归尽”(《归去来辞》),任听自然去支配;意志倒是可以由人们自己掌握,不为造物所主宰。“纷纷争夺”两句,感叹人们在世间,不少人只知道攘权夺利,好似处在醉梦里一般。然而世事沧桑,变化极快,谁能相信洛阳宫门前的铜驼,竟会埋没在荆棘里面呢?这种世变的反复,看起来比洪水的奔流还要快些,可谁又能理解呢?后两句“觉来俯仰失千劫,回视此水殊委蛇”,是说觉悟过来,俯仰之间,便像已经越过了千种劫波,就是说失去了许多光阴。千劫,意即长时;“劫”是梵文佛家语“劫波”的省称。再回头看看流水,则依然盘曲如故。就以百步洪而言,也还是安闲自得呢!以上六句是作者对生命、意念和世事的看法,杂糅了佛家道家的思想。

“君看”以下四句:是就行舟洪中的人说的。先说,古人在这百步洪里,也留下了不少遗迹,但是其人早已不复存在,只有岸边的苍石上,还留有蜂窠一般的篙眼。再说,但如能此心无所住著,自己的思想能够旷达,即便自然界运行得再快,也与我无妨。“住”,即住著,是佛家语,“僵化”的意思。《金刚经》里有“应无所住而生其心”的话,诗中采用了这种说法,以示人要自求解脱,不被外物所拘牵。结尾两句:“回船上马各归去,多言哓哓师所呵。”总束前文,悠然而止,表明关于人生的哲理,前面已经说了个梗概,至此,各人都该离船上马转向归途了;再多说多辩,参寥禅师是会对人们呵责的呢!诗的这一大段,总起来讲,是解说人生有限，宇宙无穷，人应超脱旷达，不为外物所奴役的道理。诗的结尾，非常幽默，足以显示诗人笔之所至、无所不适的超迈风格。

综观全诗，前半写景，有滩陡涡旋，一波三折之势；后半谈哲理，极飘逸超脱、不为物囿之妙。东坡诗风格上的一大特色是比喻的丰富、新鲜和贴切，在这首诗中写洪波湍急，在四句中连用七种比喻，各极其态，各逞其妍，笔墨淋漓恣肆，蔚为壮观，千古罕见。谈哲理部分，参入佛家思想，运以庄子文笔，启示人们应掌握自家的意念，力求超越时空的局限，以开脱胸襟求得自由。虽不免混杂一些佛、道的消极因素，但从述真、乐观，不受环境支配这些方面来说，又具有积极的一面。此诗的艺术性，确实是高超的。所谓行气如虹，行神如空，“常行于所当行，常止于所不可不止”（苏轼《答谢民师书》），可以作为此诗艺术手法的注脚。

（马祖熙）

月夜与客饮酒杏花下　　苏 轼

杏花飞帘散余春，[①]　明月入户寻幽人。
褰衣步月踏花影，　炯如流水涵青蘋。
花间置酒清香发，　争挽长条落香雪。
山城酒薄不堪饮，[②]　劝君且吸杯中月。
洞箫声断月明中，　惟忧月落酒杯空。[③]
明朝卷地春风恶，　但见绿叶栖残红。

〔注〕 ① 散余春：一作“报余春”。 ② 酒薄：一作“薄酒”。 ③ 惟忧：一作“惟愁”。

这首七言古体诗据宋人王十朋注云：“按先生《诗话》云：‘仆在徐州，王子立、子敏皆馆于官舍。蜀人张师厚来过，二王方年少，吹洞箫，饮酒杏花下。’”可知作于徐州任上。又宋人施元之注云：“真迹草书，在武宁宰吴节夫家，今刻于黄州。”

这首诗的题目为“月夜与客饮酒杏花下”，所以除了写人还要写月、写花、写酒，既把四者糅为一体，又穿插写来，于完美统一中见错落之致。

诗的开头两句“杏花飞帘散余春，明月入户寻幽人”，开门见山，托出花与月。首句写花，花落春归，点明了时令。次句写月，月色入户，交代了具体时间和地点。两句大意是说，在一个暮春之夜，随风飘落的杏花，飞落在竹帘之上，它的飘落，似乎把春天的景色都给驱散了。而此时，寂寞的月，透过花间，照进庭院，来寻觅幽闲雅静之人。“寻幽人”的“寻”字很有意趣。李白有诗曰：“举杯邀明月，对影成三人”，诗人是主，明月是客，说明诗人意兴极浓，情不自禁地邀月对饮。

而在此诗中，明月是主，诗人是客，明月那么多情，居然入户来寻幽人。那么，被邀之人，能不为月的盛情所感，从而高兴地与月赏花对饮吗？

接下来“褰衣步月踏花影，炯如流水涵青蘋”二句，是说诗人应明月之邀，揽衣举足，沿阶而下，踱步月光花影之中，欣赏这空明涵漾、似水涵青蘋的神秘月色。这两句空灵婉媚，妙趣横生。诗的上下两句都是先写月光，后写月影。“步月”是月光，“踏花”是月影；“炯如流水”是月光，“涵青蘋”是月影。“炯如流水”，是说月光清澈如水，“炯”字状月光的明亮，如杜甫《法镜寺》：“朱甍半光炯，户牖粲可数。”“涵青蘋”是对月影的形象描绘，似水月光穿过杏花之后，便投下斑斑光影，宛如流水中荡漾着青蘋一般。流动的月光与摇曳的青蘋，使沉静的夜色有了动感，知月惜花的诗人，沐浴在花与月的清流之中，不正好可以一洗尘虑，一涤心胸吗！这两句诗勾画了一个清虚、明静、空灵而缥缈的超凡境界。

“花间置酒清香发，争挽长条落香雪”两句写花与酒。“长条”与“香雪”都是指花。杜甫《遣兴》诗中有“狂风挽断最长条”之句，白居易《晚春》诗中则说：“百花落如雪。”“花间置酒”两句化用了杜、白诗意，写出了赏花与饮酒的强烈兴致。美酒置于花间，酒香更显浓郁；香花，趁着酒兴观赏，则赏花兴致也就更高。花与酒互相映发。诗人此时的情怀，与李白《月下独酌》“花间一壶酒，独酌无相亲”的意趣迥然不同，不是寂寞孤独，而是兴致勃勃。

“山城”以下四句，前两句写惜月待客，突出“爱月”之心。山城偏僻，难得好酒，可是借月待客，则补酒薄之不足。“劝君且吸杯中月”一句，是从白居易《寓龙潭寺》诗“云随飞燕月随杯”中化出，表明诗人对月之爱远远超出了对酒之爱。后两句情绪渐转低沉，见诗人“惜月”之情。随着时间的推移，月光的流转，悠扬的箫声渐渐停息了，月下花间的几案之上，杯盘已空，诗人不禁忧从中来。此时诗人最忧虑的不是别的，而是月落。这里含着十分复杂的情感，被排挤出朝廷的诗人，虽然此时处境略有好转，但去国之情总不免带来凄清之感，在此山城，唯有明月与诗人长相陪伴。月落西山，诗人情无以堪。

诗的最后两句转写花，不过不是月下之花，而是想象中凋零之花。月落杯空，夜将尽矣，于是对月的哀愁转为对花的怜惜。今夕月下之花如此动人，明朝一阵恶风刮起，便会落英遍地，而满树杏花也就只剩下点点残红。诗中显然寄寓了人生命运的感慨。

这首诗韵味淳厚，声调流美，在表现手法上很有特色。首先是物与人的映衬，情与景的融入。人因物而情迁，物因人而生色。首句“杏花飞帘散余春”，是一派晚春景色，天上有明媚之月，花下有幽居之人，绮丽之中略带凄清之感。接着“明月入户寻幽人”一句，达到了物我相忘的境界。诗人因情设景，因景生情，情景交融，出神入化。

构思的错落有致、变化自如，使全诗情致显得更浓。开篇两句既写花又写月。三、四句重点写月，其中也有写花之笔。五、六句写花、写酒，但重在写花。七、八句写爱月之深。九、十句写惜月之情。最后两句是虚笔，借花的凋零写惜春之情，并寄有身世之感，寓意更深一层。通观全篇，诗人紧扣诗题，不断变换笔墨，围绕花、月、酒三者，妙趣横生。

诗人笔下的月，不仅是含情脉脉，而且带着一股仙气与诗情。这种仙气与诗情，是诗人超脱飘逸风格的体现，也是诗人热爱自然的心情的流露。

（袁行霈　崔承运）

大风留金山两日　　苏　轼

塔上一铃独自语：　“明日颠风当断渡。”
朝来白浪打苍崖，　倒射轩窗作飞雨。
龙骧万斛不敢过，　渔舟一叶从掀舞。
细思城市有底忙，　却笑蛟龙为谁怒？
无事久留僮仆怪，　此风聊得妻孥许。
灊山道人独何事，　夜半不眠听粥鼓。

金山，在今江苏镇江西北，据传，唐时裴头陀获金于此，故名。这首诗作于元丰二年(1079)四月，当时苏轼由徐州改知湖州，赴任途中，经过金山时作。

这首诗可分为两部分。前六句写“大风”。一二句借佛图澄事言大风将至。《晋书·佛图澄传》：“(石)勒死之年，天静无风，而塔上一铃独鸣。澄谓众曰：‘铃音云：国有大丧，不出今年矣。’既而勒果死。”佛图澄借铃语言吉凶，苏轼借铃语言风兆。第二句是铃语的内容。颠风即狂风，杜甫有“晓来急雨春风颠”句(《逼侧行赠毕曜》)。三至六句写风势。“朝来”应“明日”，写铃语应验，行文扣得很紧。风无形，故借浪以状风大：白浪打着苍崖，又从苍崖倒射于船上轩窗，像雨点般洒在船上。“打”、“射”、“飞”三字，把无形的风写得有声有形，可触可感。正如汪师韩所说：“轩窗飞雨，写风浪之景，真能状丹青所不能状。”(《苏诗选评笺释》)“轩窗”已写到船，五六句通过集中写船进一步写风势。龙骧，晋龙骧将军王浚受命伐吴，造大船，一船可容二千余人，后因以龙骧称大船。十斗为斛，万斛，形容船的容量特大。从：任，听凭。大船不敢过，小船任掀舞，通过一大一小，极写风浪的险恶。僧惠洪说："东坡微意特奇，如曰：'见说骑鲸游汗漫，亦曾扪虱话辛酸。'……又曰：'龙骧万斛不敢过，渔舟一叶纵掀舞。'以鲸为虱对，以龙骧为渔舟对，大小气焰之不等，其意若玩世。谓之秀杰之气，终不可没者，此类是也。"(《冷斋夜话》卷四)

后六句写人，写他们一行因风浪太大被迫"留金山两日"。七八句写他自己的态度。底：什么。意思是说，赶到湖州去也没有什么事，在这里逗留几天也没有什么不好，蛟龙掀起汹涌的怒涛难不倒我。这是一种随缘自适的态度。九、十句写妻孥僮仆的态度。他们想快点到湖州，如果"无事久留"，定会受到责怪，现在是因风而留，他们也就无话可说了。最后两句是写灊山道人的态度。灊山道人即苏轼的好友、诗僧道潜，又叫参寥子。苏轼这次由徐州赴湖州，曾先到南京(今河南商丘)看望弟弟苏辙，然后才南下，"至高邮，见太虚(秦观)、参寥，遂载与俱"(苏轼《跋秦太虚题名记》)。可见这时参寥也在船上。粥鼓即粥鱼，又叫木鱼，和尚诵经所敲的法器。后两句说，尽管风浪正掀打着船舱，参寥却正专心专意地倾听金山寺的木鱼声。反映了僧人不以风浪为意的镇定态度。

纪昀说："金山阻风中，有景有人在。"此诗前半写景，有声有色；后半写人，风趣幽默。"得行固愿留不恶"(《泗州僧伽塔》)，全诗正表现了苏轼这种随缘自适、不以风浪为怀的神情。

(曾枣庄)

次韵秦太虚见戏耳聋　　苏　轼

君不见诗人借车无可载，①　留得一钱何足赖！②
晚年更似杜陵翁，　右臂虽存耳先聩。③
人将蚁动作牛斗，④　我觉风雷真一噫。
闻尘扫尽根性空，⑤　不须更枕清流派。⑥
大朴初散失浑沌，⑦　六凿相攘更胜坏。⑧
眼花乱坠酒生风，　口业不停诗有债。
君知五蕴皆是贼，⑨　人生一病今先差。⑩
但恐此心终未了，　不见不闻还是碍。
今君疑我特佯聋，　故作嘲诗穷险怪。
须防额痒出三耳，⑪　莫放笔端风雨快。

〔注〕①"借车"句：孟郊《移居》诗："借车载家具，家具少于车。"②"留得"句：杜甫《空囊》诗："囊空恐羞涩，留得一钱看。"苏轼在这里是翻用其意。③"右臂"句：杜甫《清明》诗：

"此身飘泊苦西东,右臂偏枯左耳聋。" ④"人将"句:《晋书·殷仲堪传》载,仲堪的父亲曾患过一种奇怪的耳病,听到床下的蚂蚁动,以为是牛斗。 ⑤"闻尘"句:佛家把眼、耳、鼻、舌、身、意,称为"六根",又进一步把这些器官的感觉称为"六尘"。譬如耳朵是"根",听觉(闻)就是"尘"。闻尘扫尽,便是失去听觉,根性空,便是耳朵这个器官等于无用。 ⑥"不须"句:这里翻用晋代孙楚"枕流漱石"这句名言。以流水作枕,是为了洗耳。 ⑦"大朴"句:《庄子·应帝王》说,倏与忽相遇于浑沌处("浑沌"也是一个人),倏与忽觉得浑沌没有人们都有的七窍,很是可怜,于是便助人为乐,一天帮浑沌凿一窍。浑沌本是活的,谁知七窍凿完,浑沌便死了。⑧"六凿"句:《庄子·外物》说,人的喜、怒、哀、乐、爱、恶这六种情感是"六凿",人有各种情绪存在,便是"六凿相攘",不得安宁。 ⑨五蕴:佛家把色、受、想、行、识称为"五蕴"。"五蕴皆是贼"和"六凿相攘"意思相同。 ⑩人生一病:指听觉。差:通瘥,病愈。 ⑪额痒出三耳:隋朝传说,有个叫张审通的秀才,夜间睡梦中在冥府任记录。一次,冥官为了奖励他,在他额头上也安上一只耳朵。审通醒来后,觉得额头发痒,转瞬间果真涌出一只耳朵,比原来的听觉更灵。于是一时传为奇事,称他是"三耳秀才"。但是这只耳朵有如鸡冠,顶在额头上,有损美观。(见张君房《脞说》)

神宗元丰二年(1079),苏轼四十四岁。这一年,他由徐州改知湖州,三月里动身,四月底到达,此诗即写于途中。到八月,他因讪谤罪下狱,也就是文学史上常提到的"乌台诗案"。这首诗作于"诗案"前夕。当时已是山雨欲来,可作者却并没有觉察到问题的严重,他依然沉湎于感情上的冲动,特别是在秦观这样的至交面前(太虚,秦观的号)。

早在神宗熙宁三年(1070),王安石参知政事,开始推行新法时,苏氏兄弟就卷入一场政治斗争中。先是苏辙评论新法,使神宗不悦,于是贬为陈州学官。苏轼更加沉不住气,连写两个详细的奏章,纵论朝廷得失。这样,政争就进一步扩大。诗人自己也知道处境已难,就索性主动请求外调,神宗准许了他。诗人从此过着一种被猜忌的生涯,九年之中,换了四个地方,始而杭州,继而密州和徐州,后来是湖州。

外调之后,诗人更觉委屈,一种愤激情绪,往往在诗词中不择地而出。他的亲友为他担心,在杭州时,表兄文同便在寄给他的诗中作了最直率的规诫,劝他"北客南来休问事,西湖虽好莫题诗"。但是,诗人这段时间的作品,反而出现了从来没有过的繁富,大多笔墨恣肆,隐寓讥讽这种情况,一直持续到"乌台诗案"发生。看来,诗人在受到严重打击之前,依然把世途艰险、宦海风波看得太轻了。

此年三月,诗人由徐州改知湖州,他接到朝命,便启程前往,路过松江,遇到秦观,免不了诗酒流连。大概诗人此时听力已减退,所以秦观写了一首诗和他开玩笑。这本是挚友间心灵上的默契,谁知却激发了诗人的诗兴,于是次韵赓和。

诗的开头先从孟郊《移居》诗说起,因为他自己也正在"移居"(由徐到湖)。

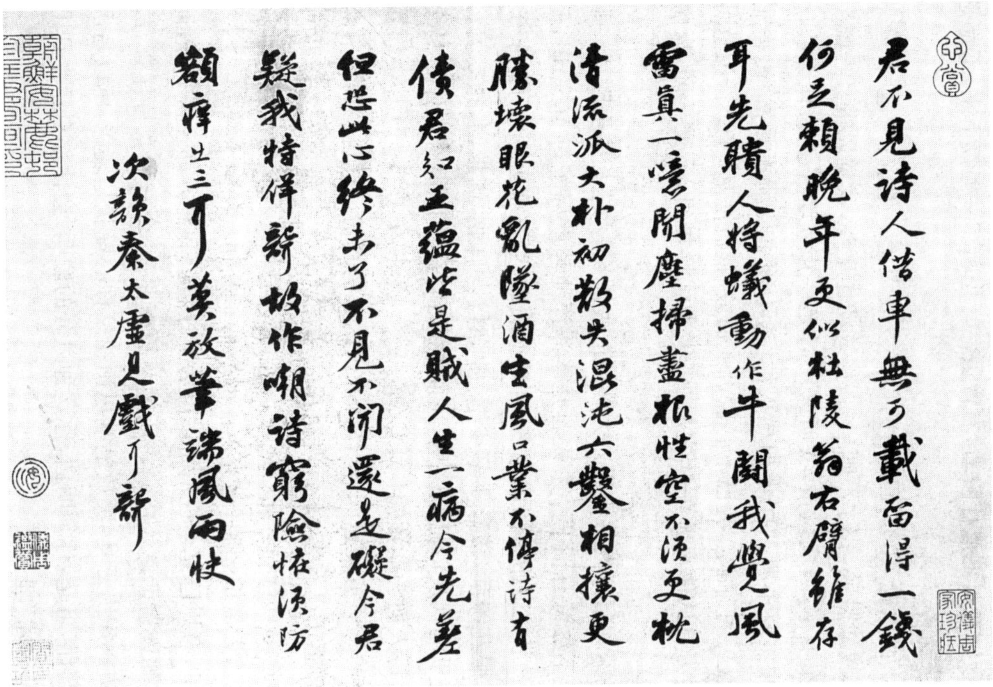

次韵秦太虚见戏耳聋诗帖

〔宋〕苏轼

移居显得如此清贫，于是又很自然地联想起杜甫的“留得一钱看”这句自慰兼自嘲的话。下两句转入耳聋。杜甫的另两句诗：“此身飘泊苦西东，右臂偏枯左耳聋。”若只从字面上寻找，也许对上号的仅是耳聋，可是，读者觉得他引这两句杜诗，一定想从整个精神上合拍，只有这样，典才用活。“君不见诗人借车无可载，留得一钱何足赖！晚年更似杜陵翁，右臂虽存耳先聩。”一气读下来，不都是浓得化不开的牢骚块垒吗？

下面便是正面入题，用亦庄亦谐的口气发表议论。他说：一般人总是那么提心吊胆，那么战战兢兢，我才不哩！“人将蚁动作牛斗，我觉风雷真一噫”，人家把蚂蚁之动看作牛斗，当成风雷，我听来不过是一声唉罢了。为什么我能这样呢？是因为我根本就不听，“闻尘扫尽根性空，不须更枕清流派”。患得患失之情，在我思想上已一扫而空，我已不必像古人那般“枕流洗耳”了。诗人这些话是有针对性的，因为自从他离开朝廷之后，多年来忧谗畏讥，不见不闻，反倒觉得清净。

接着，他又深一层抒发感慨说：“大朴初散失浑沌，六凿相攘更胜坏。眼花乱坠酒生风，口业不停诗有债。”一个人若是能浑浑沌沌就好了，一有知识，便有忧患，所谓“人生识字忧患始”，知识愈多，自必愈加敏感，这就更坏事了，纷纷扰扰，等于酒后生风，眼花缭乱，该惹下多少“口业”呀！（口业，佛教语，指妄言、恶口、两舌、绮语。这里喻祸从口出。）这里，还同时提到“诗债”，很有点像是乌台诗案的谶语，实际上诗人何尝能预知！

再下面，他的感慨愈旋愈深，索性倾吐出内心的真情。他说：“君知五蕴皆是贼”，对事物的敏感于己有害，幸而现在我已耳聋，“人生一病今先差”，尽可不闻不问了。但是，这果真行吗？此心还在，一切努力恐怕终将化为徒劳，所以“不见不闻还是碍”。诗人欲求超脱，终究不能的心情至此和盘托出。

诗写到这里，意思已完全说清了。但为了让自己和对方都轻松一下，他又强颜为笑，想用几句诙谐话遮盖住刚才所触及的衷曲。“今君疑我特佯聋，故作嘲诗穷险怪。须防额痒出三耳，莫放笔端风雨快。”你心疑我是装聋，所以写出这样险怪的诗来作调侃，可是，你须明白，你这种过分的聪明，会使你自己受到上天的戏弄，成了“三耳秀才”哩。

这首诗，恰好总结了诗人“诗案”之前一段时间内的思想情绪：他忧谗畏讥，却又未免“托大”。此时还是“我觉风雷真一噫”，到乌台诗案之时，只能“魂惊汤火命如鸡”（系于狱中所作）了。他经此打击，创巨痛深，所以在“诗案”以后，诗作的风格上以至手法上都有改变，由刘禹锡那样的喜讽刺，转而为白乐天式的旷达、陶渊明式的恬适——一句话，不再那么天真了。

天真，坦率，是诗人的本性，却又是他的苦难根源。读这位大诗人的诗，总不免有此感想。

（潘同寿）

端午遍游诸寺得禅字　　苏　轼

肩舆任所适，　遇胜辄流连。
焚香引幽步，　酌茗开净筵。
微雨止还作，　小窗幽更妍。
盆山不见日，　草木自苍然。
忽登最高塔，　眼界穷大千。
卞峰照城郭，　震泽浮云天。
深沉既可喜，　旷荡亦所便。
幽寻未云毕，　墟落生晚烟。
归来记所历，　耿耿清不眠。
道人亦未寝，　孤灯同夜禅。

这是一首记游诗，写于元丰二年(1079)的端午节，此时作者刚到湖州不久。同游者还有"苏门四学士"之一的秦观，秦观写有《同子瞻端午日游诸寺》可证。

诗的开头四句，直叙作者乘坐小轿任性而适，遇到胜景便游览一番。或焚香探幽；或品茗开筵，筵席上都是素净之物，以见其是在寺中游览，四句诗紧扣题目中的"遍游诸寺"四字。

"微雨"以下四句，转笔描绘江南五月的自然特色，蒙蒙细雨，时作时停，寺院的小窗，清幽妍丽，四面环山，如坐盆中，山多障日，故少见天日。草木郁郁葱葱，自生自长，苍然一片。苏轼本人对此四句诗很欣赏，自谓"非至吴越，不见此景"(见《苕溪渔隐丛话》前集)。这四句诗的确捕捉到湖州五月的景物特点。

当诗人登上湖州飞英寺中的飞英塔时，放眼观看大千世界，笔锋陡转，又是一番境界：诗人进一步描绘了阔大的景物。"卞峰照城郭，震泽浮云天"二句，写景很有气魄，既写出卞山的山色之佳，又传神地描绘出浮天无岸，烟波浩渺的太湖景象。此二句诗与"微雨"以下四句，都是写景的佳句。据《苕溪渔隐丛话》记载："东坡渡江，至仪真，和《游蒋山诗》，寄金陵守王胜之益柔，公(按即王安石)亟取读之，至'峰多巧障日，江远欲浮天'，乃抚几曰：'老夫平生作诗，无此二句。'"这就可见王安石对"峰多"两句是如何服膺了。但这两句的意境，又完全出现在

《端午遍游诸寺得禅字》的写景名句中。"盆山不见日"与"峰多巧障日"差可比肩,"震泽浮云天"比起"江远欲浮天"来有过之而无不及。

一个大手笔,写诗要能放能收,且看苏轼这首诗,在达到高峰之后,是如何收束的。他先插入两句议论,以作收束的过渡,对眼前所见的自然美景,发表了评论,说他既欣赏太湖的那种吐吸江湖、无所不容的深沉大度,又喜爱登高眺远,区宇开阔的旷荡。紧接此二句,便以天晚当归作收,却又带出"墟落生晚烟"的晚景来,写景又出一层。最后四句,又写到夜宿寺院的情景,看似累句,实则不然。与道人同对孤灯于古佛同参夜禅的描写,正是这一日游的一部分。

这首记游诗,作者在写景上没有固定的观察点,而是用中国传统画的散点透视之法,不断转换观察点,因此所摄取的景物,也是不断变化的,体现出"遇胜辄流连"的漫游特点。诗人的一日游,是按时间顺序而写,显得很自然,率易,但又时见奇峰拔地而起,六句写景佳句,便是奇崛之处,故能错落有致,平中见奇。

(刘文忠)

予以事系御史台狱,狱吏稍见侵,自度不能堪,死狱中不得一别子由,故作二诗授狱卒梁成,以遗子由 苏 轼

圣主如天万物春, 小臣愚暗自亡身。
百年未满先偿债, 十口无归更累人。
是处青山可埋骨, 他年夜雨独伤神。
与君世世为兄弟, 再结来生未了因。

柏台霜气夜凄凄, 风动琅珰月向低。
梦绕云山心似鹿, 魂惊汤火命如鸡。
眼中犀角真吾子, 身后牛衣愧老妻。
百岁神游定何处? 桐乡知葬浙江西。

神宗元丰二年(1079)四月,苏轼从徐州知州调任湖州知州。由于他一直对当时王安石推行的新法持反对态度,在一些诗文中又对新法及因新法而显赫的"新进"作了讥刺,于是激怒了的对方,便累章弹劾他"作为诗文讪谤朝政及中外臣僚,无所畏惮"。这年八月,苏轼在湖州被逮,押至汴京在御史台狱中四月,审讯他的谏官竭力罗织罪名,多方株连,必欲置他于死地。由于当时一些元老重臣如吴充、范镇等上章营救,以及神宗祖母太皇太后曹氏出面干预,神宗才下令从

轻发落，于这年十二月责授苏轼为检校水部员外郎黄州团练副使，在本州安置，不得签署公文。因和他有诗文往来而受株连的大小官员有张方平、王诜、司马光和他的弟弟苏辙等二十余人。这就是当时震惊朝野的“乌台(御史台)诗案”，赵宋开国以来，因文字批评朝政而被系狱的，苏轼是第一人。《系御史台狱寄子由二首》即是在狱中所写，子由是苏辙的字。

苏辙比苏轼小四岁。兄弟二人，自幼生活在一起，苏轼曾有诗说：“我年二十无朋俦，当时四海一子由”，兄弟情谊，到老不衰。当苏辙听到苏轼被捕的凶讯时，无异是晴天霹雳。他是最了解兄长的人。兄弟二人从政以后，彼此政见一致，苏辙很知道这次事件的严重性。这时，他正在应天府(北宋的南京，今河南商丘)任判官，立即上书神宗，自诉得到苏轼下狱的消息后，“举家惊号，忧在不测”，“臣早失怙恃，唯兄轼一人，相须为命”，“乞纳在身官以赎兄轼，得免下狱死为幸……”后来苏轼结案，苏辙果真谪往筠州(今江西高安)为酒监。

苏轼被逮入狱后，首先想到的也是他的弟弟，他该怎样向弟弟解释和关照呢?

第一首主要是表达对苏辙的怀念。首联：“圣主如天万物春，小臣愚暗自亡身。”这是一种对自己遭受的巨大不幸的号恸之音。诗人想到，由于自己的过错，不仅自身和家庭将遭可怕的灾祸，并且还要连累弟弟和许多朋友，这时他除了祈求圣主的恩赦，忏悔自己的罪过以外，还能说些什么呢? 下一联“百年未满先偿债，十口无归更累人”：自分必死，想到身后一家都将连累弟弟照顾，更觉心头沉重。事实上这时他在湖州的家室已由苏辙接往商丘同住了。第三联“是处青山可埋骨，他年夜雨独伤神”，是说本来人死以后，到处的青山都可埋葬，但留下弟弟一人，倘逢空山夜雨之时，未免独自伤神，想到这里，真是情何以堪。原来苏轼早年与弟弟在旅驿读书，一次读到唐人韦应物的一首赠人诗“那知风雨夜，复此对床眠”一联，彼此十分感动，就相约将来入仕后尽早退隐以享受“风雨对床”的闲居之乐。后来苏轼中举后赴凤翔任判官，苏辙从汴京一直送到郑州才分手。苏轼在马上作诗赠弟，有“寒灯相对记畴昔，夜雨何时听萧瑟”之句。“夜雨”所指就是此昔日约言。可是现在一切都已太晚了。今生已矣，愿结他生未了之缘。“与君世世为兄弟，再结来生未了因”，这是多么深挚的兄弟之情啊。杜甫的挚友郑虔因罪被贬台州司户参军，杜甫饯别赠诗：“便与先生应永诀，九重泉路尽交期”，歌唱的是永不背弃的友情；而苏轼在这里歌唱的是生死与共的兄弟之情，深挚感人。

第二首主要是表达对子与妻的思念以及对自己的伤怀。“柏台霜气夜凄凄，风动琅珰月向低。”这二句描绘出月光下御史台监狱阴森的侧影。汉代御史台多种柏树，所以又称柏台（见《汉书·朱博传》）。琅珰，指屋檐下系的铃铎。诗人在不眠的寒夜，想到自己在刽子手屠刀的阴影之下，心中充满了惊骇之情。“梦绕云山心似鹿，魂惊汤火命如鸡”，心如鹿撞，命运似鸡，就是这种心情的写照。据当时人记载，苏轼被捕时，押送他的狱卒“顾盼狞恶”，入狱时狱卒问他“五代有无誓书铁券？”即祖先有无功勋可以使子孙享受犯罪免死的待遇。这照例是对死囚提出的问题。在狱中，狱吏“诟辱通宵不忍闻”，也就是他在诗的序言中所说“狱吏稍见侵，自度不能堪，死狱中不得一别子由”的实际情况。“眼中犀角真吾子，身后牛衣愧老妻”：上句思念儿子，说他天庭饱满，逗人喜爱。下句言愧对妻子。牛衣，给牛御寒的草蓑。西汉王章少时贫病交迫，冬夜卧牛衣中，感伤而泣，与妻子诀别，妻子鼓励他不要气馁，努力读书。后来王章官至京兆尹，一次向皇帝上书，弹劾外戚权臣王凤，妻子劝止他，说：“做人要知足，你忘记了牛衣涕泣时么？”王章不听，果然因上书得祸，下狱死（见《汉书·王章传》）。这里苏轼既以王章表示对妻子的愧疚，也以王章的忠义敢言自剖对朝廷的忠诚。最后二句“百岁神游定何处？桐乡知葬浙江西”。作者在这里自注说：“狱中闻杭湖间民为余作解厄道场者累月，故有此句。”当年苏轼由京官外放，首先就到杭州任三年通判（地方副长官），在任期间，大有功德于杭人，因此杭州人民思之不已，为他作道场累月，这给了他很大的精神安慰。他说，死了以后，相信杭人一定会把他埋葬在那里，正像当年西汉朱邑在桐乡（今安徽桐城）做官时为邑人做了许多好事，死后葬于桐乡并建祠奉祀一样。

这两首诗是狱中“绝命诗”，出自肺腑，无暇雕琢，而自有感人的力量。苏轼反对新法，这是他认识上的局限。但执政者对持不同意见的对方大兴文字狱，这即使在当时，也被一般人视为不公正。“乌台诗案”给北宋后期的政局带来了明显的消极后果，士大夫多以不恤民命，讳言国事，自保身家为得计，以致元祐、绍圣，一反一复，元气大伤，国事终至不可收拾。苏轼这二首诗可说是这一历史悲剧的最生动见证。

（徐树仪）

初到黄州　　苏 轼

自笑平生为口忙，　老来事业转荒唐。
长江绕郭知鱼美，　好竹连山觉笋香。
逐客不妨员外置，　诗人例作水曹郎。
只惭无补丝毫事，　尚费官家压酒囊。①

〔注〕①作者自注："检校官例，折支多得退酒袋。"

元丰二年(1079)底，苏轼得脱"乌台诗案"之狱，被贬为检校尚书水部员外郎黄州团练副使，并于次年抵达黄州(治所在今湖北黄冈)。这首诗，从题目看，可知是苏轼初到之时所作，它表现了诗人面对即将到来的严峻生活，内心复杂微妙的感情。

开篇二句，诗人以自嘲的口吻回顾了自己的人生道路。自幼便"奋厉有当世志"(苏辙所撰《墓志铭》)的苏轼，当然不会仅为口腹之欲而干禄，而且他自嘉祐二年(1057)初就科举，便以其惊人才华一直为朝廷重臣所注目，被视为宰相之器。然而，二十余年之后，不但没有"功成名遂"，反而蹉跌至此，无怪诗人自笑老来荒唐。其实他这时才四十六岁，正是壮盛之年。"荒唐"二字，看来轻松诙谐，却内含多少难言的自伤之情。

颔联宕开一笔，描绘初到所见。黄州三面临江，著名的武昌鱼便产于附近；大江两岸青山连绵，秀色可人，素来以产竹著称。宋初王禹偁的《黄冈竹楼记》，开篇便道"黄冈之地多竹"。苏轼于初到之际，风尘仆仆之中，见江波而思鱼美，望修竹而羡笋香，喜悦之情，溢于言表。其中"知"、"觉"二字，以想象之辞入实见之景，描写对即将到来的生活的憧憬，紧扣初到题意，尤觉意味深长。

苏轼之谪黄州，所领一大串官衔都是虚授之职，并无实权，且是"本州安置，不得签书公事"，形同流放之罪人。故颈联中，诗人以逐客自命，并非夸张愤怼之辞。此联的出句是承接前面两联并更由此转下：既然自己平生一无所成，而黄州鱼美笋香，身为窜逐之人，在此作一名闲散的"员外"散官，(员外，正员之外的官。)又何乐而不为呢？在对句中，更以古今诗人自喻。水曹郎是属于水部的郎官，在以前的诗人中，何逊、张籍以及孟宾于都曾作过水部郎。苏轼借用这种巧合，幽默地说，这种职位好像总是为诗人而设。另外，苏轼本人正是因作诗攻击变法而险遭杀身之祸，最后贬谪黄州。因此，这句自我宽慰的话，不无牢骚之意。"不妨"、"例作"二字，牢骚之中兼带诙谐与放达，很能体现苏轼的个性。

末联则是反话正说，表现出东坡所特有的风格：如绵里藏针，平和中见锋颖，谈笑诙谐之际，令对手情伪毕露、无地自容。宋朝惯例，官吏俸禄，有相当一部分是用实物折价抵算，个人拿到这些不切于用的实物之后，只好再折价变卖，因此名义薪俸与实际所得常常相去甚远。苏轼作检校官，按规定要用朝廷造酒后废弃的退酒袋子(即压酒囊)折抵薪俸。故这表面是自惭尸位素餐，实际上却是说，贬官到此，今后将会破费朝廷许多抵作俸禄的"压酒囊"，这画龙点睛的一笔，勾勒出一种风趣而带讽刺性的喜剧气氛。这既是诗人苦中作乐的自嘲，也是对朝廷权势者的嘲笑。

这首诗，语言平实清浅，颇具行云流水之势，但其中的情感内涵却非常丰富，它不仅深刻地刻画出苏轼初到黄州时的复杂矛盾的心绪，而且还由这种心理变化体现出苏轼一贯的人生态度。这就是，无论遭到多大的打击和迫害，始终保持自己乐观超旷的胸襟，决不向命运低首屈服，更不为此摇尾乞怜，而是在自然中发现美，在逆境中寻求生活的乐趣，使生命永远充满活力和笑声。（胡晓晖）

雨晴后步至四望亭下鱼池上，遂自乾明寺前东冈上归二首

苏 轼

雨过浮萍合，　蛙声满四邻。
海棠真一梦，　梅子欲尝新。
拄杖闲挑菜，　秋千不见人。
殷勤木芍药，　独自殿余春。

高亭废已久，　下有种鱼塘。
暮色千山入，　春风百草香。
市桥人寂寂，　古寺竹苍苍。
鹳鹤来何处，　号鸣满夕阳。

苏轼于元丰三年（1080）二月一日到达黄州贬所，这两首诗是这年春末所作。

“奋厉有当世志”，敢于抨击时政的苏轼，以谤讪新政的罪名被捕入狱，几乎送命。经过中外臣僚的营救，得保首领，被贬为黄州团练副使，不得签书公事。他初来乍到黄州，惊魂未定，心灰意冷，杜门闭口，既不拜往迎来，更不谈论时事，常常独自一人钓鱼采药以自娱，信步逍遥以自适：“先生食饱无一事，散步逍遥自扪腹。”（《定惠院海棠》）本诗也是这种生活的写照。

第一首写雨晴后散步所见之景。一二句写雨晴。“雨过浮萍合”，说明先前的雨下得不小，若是毛毛细雨，就不致把浮萍冲散；也说明是初晴，否则，浮萍早合，就不会引起作者的注意了。“过”、“合”二字，恰切地写出了大雨初晴。任何一个在农村生活过的人都知道，雨后青蛙叫得特欢，“蛙声满四邻”的“满”字，可谓传神之笔。三四句写春光已失，经过大雨的摧残，海棠花已落尽。苏轼在《定惠院海棠》诗中就说过，海棠虽美，但转瞬就凋谢了：“明朝酒醒还独来，雪落纷纷那忍触！”“海棠真一梦”，就是写海棠花已“纷纷”落尽，像梦一样难寻其踪影。但

又何止“海棠真一梦”呢？大家熟知，苏轼在黄州不止一次地感叹“人间如梦”，他的经历不就是一场噩梦吗？因此，用梦来形容海棠的凋谢，浸透了他这时特有的感受。梅子成熟于夏初，“梅子欲尝新”，也说明春天是一去不返了。五六句写自己的孤独。“拄杖闲挑菜”——活画出了他那闲得无聊的神情。“秋千不见人”——他在《蝶恋花》中写过：“墙里秋千墙外道，墙外行人，墙里佳人笑。笑渐不闻声渐悄，多情却被无情恼。”佳人笑声渐失已令人烦恼，何况雨后秋千，根本不见佳人呢！最后两句以牡丹花（木芍药）在春末的独自开放，反衬百花凋零，春光已失。“殷勤木芍药”，赞牡丹情意恳切深厚，就是伤百花的无情。“独自殿余春”，可见他花已尽，在后曰殿，表明牡丹已是最后的花，余春即残春，独自为残春之殿，五字三层，层层充满了“迟暮”（纪昀语）之感。

第二首写“步至四望亭下鱼池上，遂自乾明寺前东冈上归”。“高亭”即指四望亭，在东坡雪堂南面的高阜上。“种鱼”即养鱼，种鱼塘即题中所说的“鱼池”。高亭久废，不再是供人游赏，而是用来养鱼的地方，一开头就给人以荒凉之感。“暮色千山入”即“暮色入千山”，写天已晚，为“归”作铺垫。“春风百草香”，写春已残，故春风送来的不是花香而是草香。“市桥人寂寂”，应“暮色”句，因天将暮故市桥人散。古寺即乾明寺，“古寺竹苍苍”应“春风”句，因春已残，故再也见不到“杂花满山”，但见苍苍竹木而已。高亭久废，暮色初临，市桥人散，竹木苍苍，都给人以冷落寂静的感觉。最后两句的写法与前一首相似，以鹳鹤号鸣，反衬市桥沉寂。正因为万物俱寂，突然出现的鹳鹤声似乎充满了暮色苍茫的整个天空，听起来更加凄厉。白居易《琵琶行》有“此时无声胜有声”之句，苏轼这里的艺术效果则相反，是“此时有声胜无声”。《纪评苏诗》说，这两句寓“羁孤”之意。这确是哀号无告的苏轼贬官在这寂寞江城的生动写照。

这两首诗写景如画，景中有情，旨意含蓄，富有韵味。纪昀认为这两首诗，“格在唐宋之间”，第二首“纯乎杜（甫）意，结尤似”。宋诗明快，唐诗蕴藉，杜诗沉郁苍凉。苏轼诗以明快见长，而这两首诗却含蕴丰富，不露不张。不细加咀嚼，很容易当作一般写景诗读过。但稍加品味，就不难发现这些写景词句都浸透着他贬官黄州初期所特有的感伤色彩。第二首更具有杜诗沉郁苍凉的特色，结尾更是杜甫惯用的手法，宕开一层，在更加开阔的画面上抒怀。（曾枣庄）

正月二十日往岐亭，郡人潘、古、郭三人送余于女王城东禅庄院　　苏　轼

十日春寒不出门，　不知江柳已摇村。

稍闻决决流冰谷，　尽放青青没烧痕。
数亩荒园留我住，　半瓶浊酒待君温。
去年今日关山路，　细雨梅花正断魂。

岐亭在今湖北黄冈麻城西北,苏轼的好友陈慥(季常)隐居于此。苏轼贬官黄州期间,他们经常互访,苏轼这次往岐亭也是为访陈慥。潘、古、郭三人是苏轼到黄州后新结识的友人,潘指潘丙,字彦明,诗人潘大临之叔。古指古耕道,能审音。郭指郭遘,喜为挽歌。他们三人对贬谪中的苏轼帮助颇大。苏轼《东坡八首》之七说:“潘子久不调,沽酒江南村。郭生本将种,卖药西市垣。古生亦好事,恐是押牙(古押牙为侠客)孙。家有一亩竹,无时客叩门。我穷旧交绝,三子独见存。从我于东坡,劳饷同一飧。”女王城在黄州城东十五里。苏轼于元丰三年(1080)赴黄州贬所途中,度春风岭,正是梅花凋谢时候,曾作《梅花二首》;过岐亭,遇故友陈慥。这次去岐亭访陈慥,正好时隔一年,景色依旧,想到去年的凄凉境况,不禁感慨万端,写下了这首著名的诗篇。

首联写春天来得很快,因“春寒”,仅仅十天不出门,而江边柳树已一片嫩绿。“江柳已摇村”的“摇”字很形象,活画出春风荡漾、江柳轻拂的神态。

颔联进一步描写春景。决决,流水声,卢纶《山店》有“决决溪泉到处闻”之句。冰谷,尚有薄冰的谿谷,柳宗元《晋问》:“雪山冰谷之积,观者胆掉。”谷中尚有冰,说明是早春。早春溪流甚细,故冠以“稍闻”二字,堪称词语精确。青青,新生野草的颜色。没,淹没,覆盖。烧痕,旧草为野火所烧,唯余痕迹。后句说青青新草覆盖了旧有烧痕。冠以“尽放”二字,更显得春意盎然。

颈联写潘、古、郭三人为他饯行。“数亩荒园”即指女王城东禅庄院。“留我住”,“待君温”,写出了三人对苏轼的深厚情谊。而这个地方正是他去年赴黄所经之地,今日友人的情谊,不禁使他回想起一年以前的孤独和凄凉。因此,尾联转以回忆作结。

去年苏轼赴黄途中所作的《梅花二首》,写得非常凄苦,读之,催人泪下。其一云:“春来幽谷水潺潺,的皪梅花草棘间。一夜东风吹石裂,半随飞雪度关山。”的皪(鲜明貌)的梅花生于草棘,已令人心寒,何况又被“东风”吹落殆尽呢?其二云:“何人把酒慰深幽,开自无聊落更愁。幸有清溪三百曲,不辞相送到黄州。”梅花开于草棘中,无人欣赏,已够无聊了;而又为“东风”摧落,或随飞雪度关山,或随清溪流黄州,自然更令人愁苦。所谓“去年今日关山路,细雨梅花正断魂”即指此。末句化用杜牧《清明》诗:“清明时节雨纷纷,路上行人欲断魂。”他现在也是

“路上行人”,尾联不止是回忆“去年今日”,也是在写今年今日,真是“含蕴无穷”(汪师韩《苏诗选评笺释》)。王文诰说得好:“末句暗藏‘路上行人’四字,结住道中。读者徒知赞叹,未见其夺胎之巧也。”(《苏诗编注集成》卷二十一)

这首诗前四句写“往歧亭”途中所见,五六句写女王城饯别,末二句因饯别而联想到去年无人“把酒慰深幽”。看似全诗“于题不甚顾”(冯班语,见《纪批瀛奎律髓》),实际是紧扣题意。写初春之景,景色如画;写友人之情,情意深厚。全诗一气贯注,看似信笔挥洒,实则勾勒甚密,有天机自得之妙。　(曾枣庄)

雪后到乾明寺,遂宿　　苏　轼

门外山光马亦惊,　阶前屐齿我先行。
风花误入长春苑,　云月长临不夜城。
未许牛羊伤至洁,　且看鸦雀弄新晴。
更须携被留僧榻,　待听摧檐泻竹声。

元丰四年(1081)冬,黄州大雪。苏轼在《书雪》中说:“今年黄州,大雪盈尺。吾方种麦东坡,得此固我所喜。但舍外无薪米者,亦为之耿耿不寐,悲夫!”苏轼写了好几篇咏雪的诗词,诗如《次韵陈四(慥)雪中赏梅》,词如《满江红·大雪有怀朱康叔使君》。本篇是其中之一。

这首诗以写景生动见长。首联写“雪后到乾明寺”。温庭筠《侠客行》:“白马夜频惊,三更灞陵雪。”韦庄《和同年韦学士华下途中见寄》:“马惊门外山如活。”第一句即化用温、韦诗意,用“马亦惊”来烘托漫山皆雪,一片银色世界。一开头就给人造成强烈印象,起笔确实不凡:“写山光,真写得出。”(陈衍《宋诗精华录》卷二)第二句以“阶前屐齿”写“到乾明寺”,以“我先行”写自己对雪景的酷爱:以先赏为快。

颔联写寺中雪景。风花指雪,岑参《白雪歌送武判官归京》:“忽如一夜春风来,千树万树梨花开。”长春苑,皇帝宫苑,历朝多有,尉迟偓《中朝故事》:“长春宫,园林繁茂,花木无所不有,芳菲长如三春节。”不夜城,据《太平寰宇记》载,登州文登县有不夜城,以日出于东,故以不夜为名。一般也用来形容灯火通明的城市,这里指雪光映照,有如白昼。长春苑、不夜城皆指乾明寺。出句写乾明寺也是“千树万树梨花开”,时正严冬,梨花不当开,故置一“误”字。对句写乾明寺月光照于上,雪光映于下,有如不夜城一般,彻夜通明,故云“云月长临不夜城”。

颈联抒发自己对雪景的热爱。苏轼《西江月》:“可怜一溪风月,莫教踏碎琼瑶。""未许"句,用法与此相同,这样至洁至净的银色世界,决不能让牛羊践踏,破坏她的纯洁。"且看"句,是想象雪晴之后,鸦雀戏弄于千树万树梨花间,尤其可人。

尾联写"遂宿"。前句写留宿乾明寺,后句申说留宿的目的是要欣赏大雪融化之景:雪大,融化时的雪水必多,定会发出摧檐泻竹之声。

此诗当然算不上苏轼咏雪诗的最上乘,但也决不像纪昀所批评的那样"俗"、"拙"、"不成语"(《纪评苏诗》卷二十一)。这首诗至少有两点值得肯定:一是写景形象,读了这首诗,好像我们也置身于这一银色世界一样。二是感情真挚,特别是后四句,充分抒发了他对这一至净至洁的雪景的热爱,反映出他的生活情趣。可以看出,他即使在贬所,生活态度仍然是积极的,并不以个人的遭遇介怀。

(曾枣庄)

正月二十日,与潘、郭二生出郊寻春,忽记去年是日同至女王城作诗,乃和前韵 苏 轼

东风未肯入东门, 走马还寻去岁村。
人似秋鸿来有信, 事如春梦了无痕。
江城白酒三杯酽,① 野老苍颜一笑温。
已约年年为此会, 故人不用赋《招魂》。

〔注〕 ① 酽(yán):味浓。此指酒醇。

此诗作于元丰五年(1082)。正月二十日,对苏轼似乎是个值得纪念的日子。他从御史狱出来被贬逐去黄州途中,过麻城五关作《梅花》诗二首,正是元丰三年正月二十日。其一曰:"春来空谷水潺潺,的皪梅花草棘间。昨夜东风吹石裂,半随飞雪度关山。"其二曰:"何人把酒慰深幽,开自无聊落更愁。幸有清溪三百曲,不辞相送到黄州。"这两首诗,都在借"半随飞雪度关山"的梅花形象,流露一股淡淡的哀怨凄凉之感。到黄州次年,即元丰四年,"正月二十日,往岐亭,郡人潘、古、郭三人送余于女王城东禅庄院",以此为题,作七律一首,末两句说:"去年今日关山路,细雨梅花正断魂。"正是指一年前来黄途中过麻城五关作《梅花》诗时的情景。再过一年,即元丰五年的正月二十日,又写了本诗,颇有乐在此间的味道。元丰《六年正月二十日复出东门仍用前韵》,又写了一首类似的诗。上举诸诗表现了诗人身处逆境而能超然旷达并最终执着于现实人生的精神境界。这和他从海南赦归时所说的"九死南荒吾不恨,兹游奇绝冠平生",属同一气质,正是苏轼的高不可及处。

元丰五年写这首诗时，他来到黄州已两年了，乌台诗案的骇浪已成往事，“本州安置”的困境却无法摆脱。《初到黄州》就自找乐趣：“长江绕郭知鱼美，好竹连山觉笋香。”后又自寻精神寄托，手抄《金刚经》，又筑南堂，垦辟东坡；得郡守徐君猷庇护，访游近地，杂处渔樵。至黄州后续有新交，诗酒唱和。诗题中的“潘、郭二生”，即黄州新交朝夕相从的潘丙、郭遘。上年正月二十日，苏轼去歧亭访陈慥，潘、郭和另一新交古耕道相送至女王城，作过一首七律。一年过去了，又是正月二十日。想起去年今日潘、古、郭三人伴送出城所突然感到的春意，不免心境荡漾。起句是据去年所感的设想。“东风”为春之信使，如城里有了春意，当然是这位信使先自东门而入；现在，城居的苏轼一点感觉也没有，恐怕是“东风未肯入东门”吧。为什么“未肯入东门”呢？妙在不言之中。但“忽记去年是日”出城之前，不也是“十日春寒未出门”，一到郊外方知“江柳已摇村”的吗？就在这年到郊外尚未入城的早春时节，渴望春意的诗人主动“出郊寻春”了。他是旧地寻春，又是“走马”而去，所以次句说“走马还寻去岁村”。

接下去不写寻春所获，却宕开一笔，忽出警句：“人似秋鸿来有信，事如春梦了无痕。”纪昀评曰：“三、四深警。”人如候鸟，感信而动。鸿雁南来北往，即使年年如斯从不懈怠，在瞬息万变的宇宙中也不会留下什么痕迹。人之如候鸟，正在于此，只不过人间的信息比自然季候要复杂得多；但同样，人感而斯动，其中一切经历、一切思绪，也只如春梦一般，时过境迁，了无痕迹。苏轼之所以有“人似秋鸿，事如春梦”之感，究其根源，是由于他遭受过乌台诗案的沉重打击，又正在贬逐之中，只有把一切往事，一切留恋和烦恼，都强自推向“春梦了无痕”的虚无境地，以解脱失意中难以消除的痛苦。纪昀评所谓“深警”，大约就是此意。这是就三、四两句本身来说。若就它在全诗中的关合说，则妙在虚实离即之间。“人似秋鸿”，实接首联；“事如春梦”，反照下文。似乎把人生进取、政治抱负都看得淡漠了，于是才有超然旷达、出郊寻春之举，于是才有下边四句所表达的春游之乐。它看似游离，实为全诗的关键所在。

“江城”指位于长江北岸的黄州。味道醇厚的江城白酒，笑意温和的野老苍颜，既可具体指这次春游的欢聚畅饮，也可概括苏轼在黄州的生活乐趣。总之，他是以此为乐，甚至要以此为归宿了。去年访故友陈慥，有三位新交相送，春涌心头；今年出郊寻春，又有潘、郭为伴，酒醺颜面。山水自然之乐，人情朴野之纯，完全可以驱除那些烦恼的往事，也完全可以冲淡甚至忘却他当前的困厄。所以，诗的最后说：“已约年年为此会，故人不用赋《招魂》。”“赋《招魂》”，指宋玉以屈原忠而见弃，作《招魂》讽谏怀王，希望他悔悟，召还屈原①；苏轼在这里借指老朋友们为他的起复奔走。最后两句是在告慰故人:我在黄州过得很好,已和这里的朋友们约定每年作此寻春之游,你们不必为我的处境担忧,也不必为召我还京多操心。

苏轼"奋厉有当世志",而且自信"致君尧舜,此事何难"。但在神宗、哲宗两朝党争中几经起落;而其"立朝大节极可观,才意高广,唯己之是信"②,又从不"俯身从众,卑论趋时"(《登州谢宣诏赴阙表》),遂使他一生陷于无边的灾难之中。苏轼对待历时三十年的灾难,总的态度是"随缘自适",但各个时期又有不同。构隙初起,赴密州途中说过"用舍由时,行藏在我"(《沁园春》词)的话,那时确还有还朝愿望。乌台诗案中他自料必死无疑,谁知不死而贬去黄州,简直恍如隔世;经过这一次打击,"平时种种心,次第去莫留"(《子由自南都来陈,三日而别》)。他在黄州"求所以自新之方",反觉"不可胜悔","今虽改之,后必复作",不如"归诚佛僧,求一洗之……则物我相忘,身心皆空"(《黄州安国寺记》)。再从他在黄州的诗词文赋和种种活动看,他对起复还朝已失去信心。因此,这首诗的结尾两句,不是牢骚,不是反语,是一种真情实感。苏轼在黄州寄情诗书山水,寄情新交故旧,尤其是切望惠及百姓,迥异于失意文士的消极避世。他的画像自题诗谓:"问汝平生功业,黄州惠州儋州",也不应看作牢骚反话。他在最失意最痛苦之时,总在努力使自己和大家都得到安慰,都生活得愉快些,这是他度过一切灾难的精神力量。他临死时对儿子说:"吾生不恶,死必不坠。"人们敬仰他、纪念他,一个原因是他的诗、词、文、书、画五艺俱绝,另一原因就是他有一腔正直忠厚的心肠,一种开阔旷达的襟怀。

(程一中)

〔注〕 ① 此说出王逸《楚辞章句》,但经后人辨析,其说误。《招魂》应为屈原自招生魂之作。 ② 马永卿《元城语录》。

六年正月二十日,复出东门,仍用前韵 苏 轼

乱山环合水侵门, 身在淮南尽处村。
五亩渐成终老计, 九重新扫旧巢痕。
岂惟见惯沙鸥熟? 已觉来多钓石温。
长与东风约今日, 暗香先返玉梅魂。

这首诗作于元丰六年(1083)。苏轼在元丰四年,作《正月二十日往岐亭,郡人潘、古、郭三人送余于女王城东禅庄院》。元丰五年,作《正月二十日,与潘、郭二生出郊寻春,忽记去年是日同至女王城作诗,乃和前韵》。这年作此诗,仍用前

韵。称“复出东门”，指上一次正月二十日出东门寻春，这年再出东门寻春，在寻春里有希望朝廷再起用自己的含意。

这年，苏轼在黄州。苏轼初到黄州，住定惠院，后迁临皋亭，后又筑雪堂，家住临皋。他有《南堂》五首。即写在临皋亭的高陂上筑南堂住家。《南堂》之四：“山家为割千房蜜，稚子新畦五亩蔬。”这首诗的开头：“乱山环合”，“淮南尽处村”，即指他在黄州的住处。“五亩”可能指临皋的“五亩蔬”。在南堂住家，有山里的千房蜜和田里的五亩蔬，可以逐渐为终老作打算了。为什么想在黄州终老呢？因为朝廷已经不用他了。“九重新扫旧巢痕”，“九重”，宋玉《九辩》：“君之门以九重。”指朝廷。新扫旧巢痕，陆游在《施司谏注东坡诗序》中解释这一句说：“昔祖宗以三馆（按：本唐代弘文、集贤、史馆三馆，负责藏书、校书、修史等事）养士，储将相材。及元丰官制行（按：王安石改革官制），罢三馆。而东坡盖尝直史馆，然自谪为散官，削去史馆之职久矣，至是史馆亦废，故云：‘新扫旧巢痕’，其用事之严如此。而‘凤巢西隔九重门’，则又李义山诗也。”李商隐《越燕》之二“安巢复旧痕”为“旧巢痕”所本。这里指出，苏轼此句不仅用事贴切，还把李商隐诗中的用词，运用在自己的诗句里，更显得用词有据。

三联承“终老计”说，“岂惟见惯沙鸥熟？已觉来多钓石温”。自己说要终老黄州，岂止跟江边的沙鸥习熟，还觉得来的次数多了，自己钓鱼所坐之石也觉暖了。《列子·黄帝》：“海上之人有好鸥鸟者，每旦之海上，从鸥鸟游，鸥鸟之至者百住而不止。其父曰：‘吾闻鸥鸟皆从汝游，汝取来，吾玩之。’明日之海上，鸥鸟舞而不下也。”这诗说与鸥鸟已熟，钓石已温，含有甘心退隐，忘掉机心的意思。虽说要终老黄州，但还忘不了朝廷，所以又说：“长与东风约今日，暗香先返玉梅魂。”长久与东风约定，到了正月里，梅花的香魂先返回去，梅花再一度开放。即希望自己能再回朝廷，神宗能再用他。唐末诗人韩偓《湖南梅花一冬再发偶题》：“玉为通体依稀见，香号返魂容易回。”“夭桃莫倚东风势，调鼎何曾用不才。”韩偓被排挤到湖南，想唐昭宗了解他，还能再起。梅花的花朵通体像玉，湖南梅花一冬两次开，第二次开好比魂的返回，意即希望自己再回朝廷。东坡诗的末句即化用韩偓诗意，浑然无迹。王文诰注：“公（苏轼）《历陈仕迹状》云：‘先帝（神宗）复对左右，哀怜奖激，意欲复用，而左右固争，以为不可。臣虽在远，亦具闻之。’此段语意适当其时，正此句之本意所谓‘暗香先返’者也。”暗香指梅，林逋《山园小梅》：“疏影横斜水清浅，暗香浮动月黄昏。”东风指君，神宗有起用他的意思，故称“与东风约今日”。诗题“复出东门”有寻春的意思，即希望梅花再开，他能再起用。

纪昀评："温雅可诵。"这首诗情意温厚，用思雅正。《宋诗精华录》卷二："读五、六两句，觉《旄丘》之'何多日也'，'何其久也'，殊少含蓄矣。"《诗·邶风·旄丘》："叔兮伯兮，何多日也。""何其久也，必有以也。"《小序》说："狄人迫逐黎侯，黎侯寓于卫。卫侯不能修方伯连率（帅）之职，黎之臣子以责于卫也。"责怪卫侯何以多时不来救黎侯，何以这样久不来。可是苏轼的诗只说自己习惯于这种隐居生活，没有一点责怪的意味，显得更其温柔敦厚。又说"渐成终老计"，好像这是自己的打算，不说被朝臣排挤陷害，只说"九重新扫旧巢痕"，朝廷有新的作为，也很含蓄。他希望能够归朝奉职，这种希望在诗题里只说"复出东门"，含有寻春的意思，这个春天，即"暗香先返玉梅魂"，指梅花在正月里落后再开，比自己在罢斥后能再回朝。"温雅可诵"正是这首诗的特点。　（周振甫）

南堂五首　　苏　轼

江上西山半隐堤，　此邦台馆一时西。
南堂独有西南向，　卧看千帆落浅溪。

暮年眼力嗟犹在，　多病颠毛却未华。
故作明窗书小字，　更开幽室养丹砂。

他时夜雨困移床，　坐厌愁声点客肠。
一听南堂新瓦响，　似闻东坞小荷香。

山家为割千房蜜，　稚子新畦五亩蔬。
更有南堂堪著客，　不忧门外故人车。

扫地焚香闭阁眠，　簟纹如水帐如烟。
客来梦觉知何处？　挂起西窗浪接天。

这五首诗是苏轼贬谪黄州（今湖北黄冈）后的自我写照。元丰三年（1080）二月，苏轼到达黄州贬所，先寓居定惠院，后迁居黄州城南之临皋亭。元丰六年，他新葺南堂，即景抒怀，写下了这一组五首七绝。故苏辙作和诗《次韵子瞻临皋新葺南堂五绝》，其二有"旅食三年已是家，堂成非陋亦非华"之句（《栾城集》卷十二)。《南堂》虽有五首，但一气呵成，非常自然地组合在一个完整、和谐的画面上。诗篇既反映了诗人不得一展抱负的愁绪，又表现了他旷达、洒脱的襟怀。

“南堂”，在临皋亭，俯临长江。据《东坡志林》卷四云：“临皋亭下八十余步，便是大江。”苏轼在《迁居临皋亭》诗中亦说：“全家占江驿，绝境天为破。”

组诗的第一首起二句描绘临皋亭依傍西山，俯临长江的地理形势。接着用特写镜头刻画南堂窗含大江，极目远眺的景色：只见江中千帆停泊，江面一片烟波渺茫。淡淡几笔，勾勒出一幅景物寥廓的画面。

第二首由景及人，写南堂主人公的形象。当时苏轼四十八岁，所以自称“暮年”。不过，他的眼力并未衰退；身虽多病，但发尚未白。“故作”二句写诗人在明净的窗下，还能伏案书写小字，开幽室以养丹砂。苏轼在《与王定国书》中说：“近有人惠大丹砂少许，光彩甚奇，固不敢服。然其人教以养火，观其变化，聊以悦神度日。”苏辙在和诗中也说：“何方道士知人意，授与炉中一粒砂。”这里“养丹砂”，既是闲居无聊的生活反映，又是内心愁绪的自我排遣。

第三首承上写诗人幽居的心境。苏轼初谪黄州时，举目无亲，孤独寂寞。他闭门谢客，常常借酒消愁。“他时”二句是虚写，昔日风雨之夜不能安眠，独自坐听那淅沥不尽的雨声，点点滴滴，增人愁思。这里着一“点”字，把自然界的雨声与诗人的愁绪，融为一体，诗情显得更为凄婉。三、四句采用实写，如今诗人一听到南堂屋瓦上响起点滴的雨声，不禁联想到东坞池塘中盛开的荷花，似乎闻到那飘溢四周的沁人幽香。这样的虚实相间，细腻地刻画了诗人的内心世界。

第四首抒写诗人的清贫生活。苏轼在《东坡八首》序中说：“余至黄州二年，日以困匮，故人马正卿哀余乏食，为于郡中请故营地数十亩使得躬耕其中……垦辟之劳，筋力殆尽，释耒而叹，乃作是诗。”“山家”二句，艺术地概括了诗人垦殖以自给的艰苦情景。不过，“五亩”并非实指，而是借用孟郊《立德新居》诗“独治五亩蔬”句意。“更有”二句则从躬耕自给写到新葺南堂，透露出困厄的家境稍稍有了点变化。“不忧”句化用了陈平的故事。《汉书·陈平传》说，陈平“家乃负郭穷巷，以席为门，然门外多长者车辙”。这里借以显示出作者有南堂可以待客，不必为故人频来而担忧了。

第五首正面写安闲自得的情趣。“扫地”二句，写作者在南堂焚香扫地而昼寝，睡在细密的竹席上，帐子又非常轻柔。“帐如烟”，犹如李白《乌夜啼》中“碧纱如烟隔窗语”那样，形容纱帐似云烟缭绕一般的轻软。这种闭门焚香昼寝的境界，与苏轼在《黄州安国寺记》所写“焚香默坐”的心曲是一致的。也不同于王维《竹里馆》“独坐幽篁里，弹琴复长啸”的悠闲意境，而近似韦应物“鲜食寡欲，所居焚香扫地而坐"(李肇《国史补》)的高洁情怀。"客来"二句,写诗人睡梦中醒来,不知身在何方,但见西窗外水天相接,烟波浩渺。这样以景收结,不仅表现了清静而壮美的自然环境,而且与诗人悠闲自得的感情相融合,呈现出一种清幽绝俗的意境美。

这一组诗都是围绕着置身南堂的种种感受而写,五首诗的立意各不相同,分列开来,独立成篇。每首诗从一个侧面展现诗人闲居南堂的生活面貌,但各诗不是孤立,而是相互勾连的。五首诗联缀成一幅精美的山水人物图画。在这无声的画面上,读者既可以鸟瞰依山傍水的临皋亭风光,又能窥见栩栩如生的主人公形象。在结构安排上,诗人匠心独运,由外景转写内情,笔墨流利,一层深一层地自抒襟怀,不仅倾吐心灵深处的愁苦,而且表现泰然自处的情趣,同时又把感情与景象交融在一起,渐入化境,自具耐人咀味的艺术魅力。尤其是第五首,随意写出眼前即景,而情与景合,自然成趣。苏轼颇喜此诗,曾书之于邢敦夫的扇面上。黄庭坚初读,以为是刘禹锡的作品(见《诗人玉屑》卷十七引《王直方诗话》)。足见诗人初学刘禹锡,其诗风有逼近之处。 (曹济平)

东 坡 苏 轼

雨洗东坡月色清, 市人行尽野人行。
莫嫌荦确坡头路, 自爱铿然曳杖声。

东坡是一个地名,在当时黄州州治黄冈(今属湖北)城东。它并不是什么风景胜地,但对作者来说,却是灌注了辛勤劳动、结下深厚感情的一个生活天地。宋神宗元丰初年,作者被贬官到黄州,弃置闲散,生活很困窘。老朋友马正卿看不过眼,给他从郡里申请下来一片撂荒的旧营地,苏轼加以整治,躬耕其中,这就是东坡。"荒田虽浪莽,高庳各有适。下隰种秔稌,东原莳枣栗",诗人不只经营起禾稼果木,还在这里筑起居室——雪堂,亲自写了"东坡雪堂"四个大字,并自称东坡居士了。所以,他对这里是倾注着爱的。

诗一开始便把东坡置于一片清景之中。僻冈幽坡,一天月色,已是可人,又加以雨后的皎洁月光,透过无尘的碧空,敷洒在澡雪一新、珠水晶莹的万物上,这是何等澄明的境界!确实当得起一个"清"字。谢灵运写雨后丛林之象说:"密林含余清。"诗人的用字直可追步大谢。

诗人偏偏拈出夜景来写,不是无谓的。这个境界非"市人"所能享有。"日中为市",市人为财利驱迫,只能在炎日嚣尘中奔波。唯有"野人",脱离市集、置身名利圈外而躬耕的诗人，才有余裕独享这胜境。唯幽人才有雅事，所以“市人行尽野人行”。这读来极其自然平淡的一句诗，使我们不禁从“市人”身上嗅到一股奔走闹市嚣尘的喧闹气息，又从“野人”身上感受到一股幽人守志僻处而自足于怀的味道，而那自得、自矜之意，尽在不言中。诗人在另一首诗里说：“也知造物有深意，故遣佳人在空谷。”那虽是咏定惠院海棠的，实际是借海棠自咏身世，正好帮助我们理解这句诗所包含的意境。

那么，在这个诗人独有的天地里，难道就没有一点缺憾吗？有的。那大石丛错、凸凹不平的坡头路，就够磨难人的了。然而有什么了不起呢？将拄杖着实地点在上面，铿然一声，便支撑起矫健的步伐，更加精神抖擞地前进了。没有艰险，哪里来征服的欢欣！没有“荦确坡头路”，哪有“铿然曳杖声”！一个“莫嫌”，一个“自爱”，那以险为乐、视险如夷的豪迈精神，都在这一反一正的强烈感情对比中凸现出来了。这“荦确坡头路”不就是作者脚下坎坷的仕途么！作者对待仕途的挫折，从来就是抱着这种开朗乐观、意气昂扬的态度，绝不气馁颓丧。这种精神是能够给人以鼓舞和力量的。小诗所以感人，正由于诗人将这种可贵的精神与客观风物交融为一，构成浑然一体的境界，句句均是言景，又无句不是言情，寓情于景，托意深远，耐人咀嚼。同一时期，作者有《定风波》词写在风雨中的神态：“莫听穿林打叶声，何妨吟啸且徐行。竹杖芒鞋轻胜马，谁怕？一蓑烟雨任平生。”与此诗可谓异曲同工，拿来对照一读，颇为有趣。（孙　静）

和秦太虚梅花　　苏　轼

西湖处士骨应槁，　只有此诗君压倒。
东坡先生心已灰，　为爱君诗被花恼。
多情立马待黄昏，　残雪消迟月出早。
江头千树春欲闇，　竹外一枝斜更好。
孤山山下醉眠处，　点缀裙腰纷不扫。
万里春随逐客来，　十年花送佳人老。
去年花开我已病，　今年对花还草草。
不如风雨卷春归，　收拾余香还畀昊。

这首七言古诗写于元丰七年(1084)春天，苏轼贬官黄州(今湖北黄冈)的最后一段时期。

苏轼一向喜爱梅花，他的诗集中，以梅为题的就有近四十首，本诗便是其中

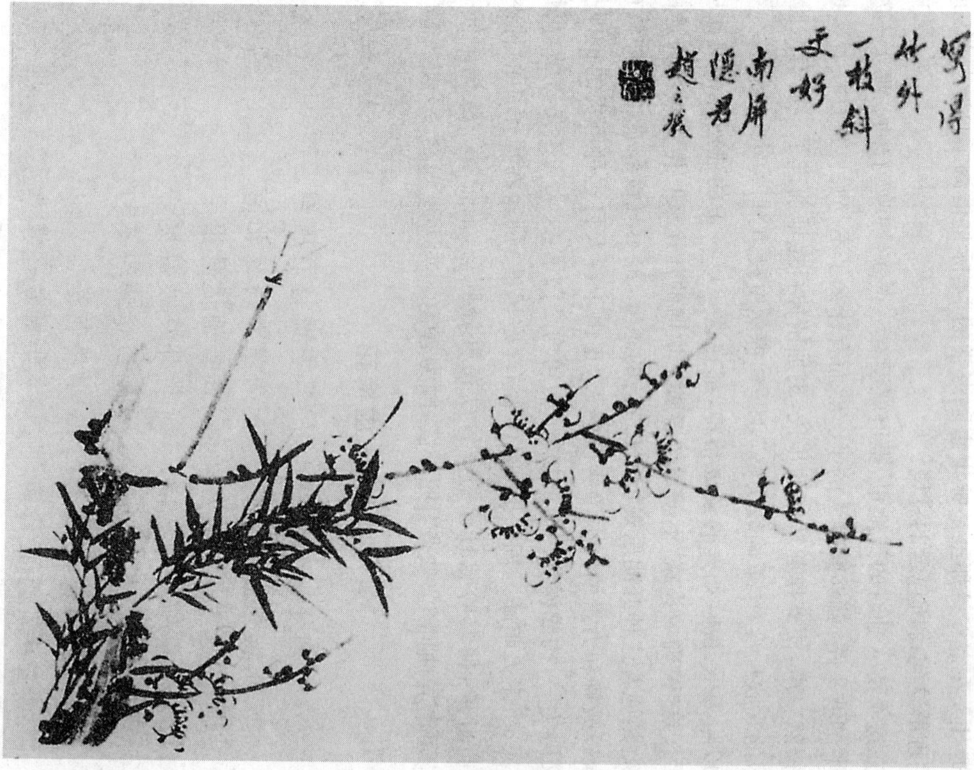

梅 竹

——〔清〕赵之谦

之一。秦观(字太虚)的原唱《和黄法曹忆建溪梅花同参寥赋》[1]也是一首和诗。苏轼的这首次韵和作,于赏诗、咏梅之中,暗暗流露出自己的深沉感喟。全诗可分四个层次,每四句为一层。

首层赞美秦诗。西湖处士,指宋初诗人林逋,他隐居在杭州西湖孤山,终身不仕,故有此称。骨应槁,指死去已久。林逋在诗坛上以咏梅驰名,其"雪后园林才半树,水边篱落忽横枝"(《梅花》),以及"池水倒窥疏影动,屋檐斜入一枝低"(另首《梅花》)等名句,为人称赏,尤其是《山园小梅》"疏影横斜水清浅,暗香浮动月黄昏"一联,被推为咏梅绝唱。苏轼在这里却认为林逋死去已很久了,只有秦观这首梅花诗才压倒了他。其实,秦诗写得虽也不差,但究不能与林诗相敌,苏轼未尝不知,他自己就一向对林逋咏梅诗,尤其是"疏影"一联十分倾倒,称道其有"写物之功"(《东坡题跋·评诗人写物》卷三),因此,他在这里对秦观此诗的评价,只不过是欣赏之余冲口而出的夸大之辞,并非深思熟虑的确论。接下二句引到自身,然其意仍是赞美秦诗。"东坡先生"是他自称,对秦观这位门下士,自称"先生"算不得自大,反有一种亲密感。说自己本来"心已灰",这里的"灰",是《庄子·齐物论》中"槁木死灰"的"灰",诗人遭受打击,贬官黄州至今五年,心境极坏,犹似槁木死灰,不大容易起感情的波澜了,现在却因为喜爱秦观这首梅花诗,故而"被花恼",恼,撩拨,被梅花撩拨起了看花的兴致。

次层便写赏看梅花。诗人兴致勃发,等不到翌日,当天黄昏就骑着马兴冲冲地赶到长江边上,勒马伫立江头,观赏梅花。诗人赏梅必要咏梅,下面三句,他便即景取材,用先衬托后对比的手法来写梅。先说:"残雪消迟月出早",节令虽已届春季,但还有一部分残雪迟迟不曾消溶;时正黄昏,月儿却早早地钻出了云缝,诗人将彼时所有的白雪、皓月拈入诗中,展现出一个冰清玉洁的境界来作为梅的背景,映衬得梅花更加高洁了。后说:"江头千树春欲闇",千树,言梅花众多,"闇"同"暗",江头梅花盛开,争娇斗艳,使得明媚的春光也相形暗淡了。繁花竞丽固然好,然而,诗人看到竹外有一枝斜开的梅花,相比之下,显得"更好"。"竹外一枝斜更好",在这里,诗人并没有雕镂其幽艳丰姿之形,而侧重勾画她斜倚修竹的幽独闲雅之神,也许这正暗合诗人自己的落寞情怀吧,所以他才分外倾赏于那枝"无意苦争春"的竹外孤梅。这一句诗是东坡的得意之笔,论家们也赞赏备至,如魏庆之说:"语虽平易,然颇得梅之幽独闲静之趣"(《诗人玉屑》卷十七),纪昀声称:"实是名句,在和靖(林逋谥号)'暗香'、'疏影'一联之上,故无愧色。"(王文诰辑注《苏轼诗集》卷二十二引)

三层回忆旧游。面对苔枝缀玉,色清香幽,看着她,诗人不由回想起当年在杭州赏梅时的雅兴了：那时，自己在通判任上，因为向往林逋"梅妻鹤子"的风采，公务之暇常常在孤山一带赏梅饮酒，哪里醉了，就在哪里醉眠少休。往往一觉醒来，睁开眼睛看时，便见梅花纷纷扬扬落满身上和地下。洒在身上的，好像是在装点我的裙腰；掉在地下的，多得不能扫，也不舍得去扫掉它。裙腰，一般根据白居易《杭州春望》："谁开湖寺西南路，草绿裙腰一道斜"诗意，认为是借喻长着碧草的山腰，或谓径指孤山，此解虽可通，但是，裙，古谓下裳，男女同用，联系上句"醉眠处"，这里也不妨直指诗人裙腰。第三句诗人继续遐想：以后自己由杭州调任密州（今山东诸城）、徐州、湖州（今属浙江），最后被贬在此地黄州，今日于春光之中重睹梅花芳容，就好像春也不远万里相随而来；离杭至今，又恰好十个年头，年年花开花落，人也逐年老去（已四十九岁），此情此景，岂不像那梅花年年岁岁在送我老去吗？逐客、佳人，都是诗人自喻。逐客称被朝廷迁谪之人，正是诗人目前身份；"佳人"一词在古代不专指美女，还指美好的人、有才干的人，后两者诗人都可以当之无愧。

末层抒发今日之慨。草草，形容忧虑的样子。畀，给予，昊，广大的天，畀昊，交给上天。余香，春尽花凋，唯留余香，故云。上层忆旧游，已有慨意在其中了，此层则由花送人老想到命途多舛，身心都欠佳：去年花开，在病中挨过；今春赏梅，心情仍不舒畅。诗人因思自己这个穷愁潦倒的逐臣，实在有负良辰美景，倒不如让风雨送春归去，把那些梅花啦，其他什么花儿啦都交还给上天算了。诗至此黯然而结，语意沉痛，寄慨遥深。

全诗由梅而己、由己而梅，曲尽意致，感情沉郁。在语言上，出语虽多用典，除"裙腰"、槁木死"灰"外，还有"江上被花恼不彻"（杜甫《绝句》）、"劳人草草"（《诗·小雅·巷伯》）、"投畀有昊"（同上）等，不过由于牵搭自如，便似"水中著盐，但存盐味，不见盐质"，所以使人看不出用典的痕迹，而依旧给人一种造语平易、不事雕琢之感，这也只有苏轼这样的大手笔才能做到。 （周慧珍）

〔注〕 ① 全诗是："海陵参军不枯槁，醉忆梅花愁绝倒。为怜一树傍寒溪，花水多情自相恼。清泪斑斑知有恨，恨春相逢苦不早。甘心结子待君来，洗雨梳风为谁好？谁云广平心似铁，不惜珠玑与挥扫。月没参横画角哀，暗香消尽令人老。天分四时不相贷，孤芳转盼同衰草。要须健步远移归，乱插繁华向晴昊。"

海 棠 苏 轼

东风袅袅泛崇光， 香雾空蒙月转廊。
只恐夜深花睡去， 故烧高烛照红妆。

《王直方诗话》记载：东坡谪黄州，居定惠院之东，杂花满山，而独有海棠一株，土人不知贵。对于这株幽居独处的海棠，横遭贬谪的苏轼自元丰三年(1080)一到黄州，便目其为知己，并数次小酌花下，为之赋诗。这首七绝也当是咏此海棠。

诗的开头两句，并不拘限于正面描写，也兼顾侧面渲染。“袅袅”，微风吹拂。“崇光”，此指海棠花光泽的高洁美丽。这两句把读者带入一个空濛迷幻的境界，十分艳丽，然而略显幽寂。

在后两句中，作者由花及人，生发寄想，深切巧妙地表达了爱花惜花之情。“只恐夜深花睡去”一句，似借用了唐明皇、杨贵妃的一段故事。施注《苏诗》引《明皇杂录》：唐明皇登沉香亭，要召见杨贵妃，而她酒醉未醒。等到高力士和侍女把她扶来后，她醉颜残妆，鬓乱钗横，不能拜见。明皇笑道：“岂是妃子醉耶？真海棠睡未足耳。”明皇是以人喻花，而苏轼这里是以花喻人。在诗人的想象中，面前的这株海棠说不定会像人一样因夜深而睡去，所以，他特意点燃高烛，照耀海棠，使她打起精神，不致“睡去”。古人作诗，常有痴语。人花对话，怕花睡去，这当然只是诗人的想象，是痴语。这种痴语是从李商隐“客散酒醒深夜后，更持红烛赏残花”(《花下醉》)化出，较李诗更有情致。诗人叹良辰之易逝，伤盛时之不再，其深情绵邈之致在这两句中充分显现。虽然用了典故，却使人不觉，原因在于运化入妙，情景真切。

这首绝句，由于造语之工，想象之妙，感情之真诚，构思之别致，所以历来脍炙人口。早在南宋时期，它便和东坡的另一首作于元丰三年的七古诗(《寓居定惠院之东，杂花满山，有海棠一株，土人不知贵也》)一起，为人们广泛传诵。如果把这首绝句和其他几首作于黄州的“海棠”诗结合起来读，或许理解会更加深刻。

(徐少舟)

题西林壁　　苏　轼

横看成岭侧成峰，　远近高低各不同。
不识庐山真面目，　只缘身在此山中。

苏轼于神宗元丰七年(1084)由黄州贬所改迁汝州(今属河南)团练副使。据南宋施宿《东坡先生年谱》：“四月发黄州，自九江抵兴国，取高安，访子由，因游庐山……”可知此诗约作于是年五月间。同时所作的游庐山诗，有《初入庐山五言绝句》(三首)、《瀑布亭》、《庐山二胜》(两首)、《赠总长老》等七首。《庐山二胜》前有短序云："余游庐山，南北得十五六(意谓游程所至达全山十分之五六)，奇胜殆不可胜纪，而懒不作诗，独择其尤佳者作二首。"又《东坡志林》卷一"记游庐山"条自述在庐山所作诸诗，"最后与总长老同游西林"，"仆庐山诗尽于此矣"。可知这是他游遍庐山之后带有对庐山全貌的总结性的题咏。知道了这一背景，极有助于对这首诗的理解。

西林寺又称乾明寺，位于庐山七岭之西。姚宽《西溪丛语》评此诗首句谓："南山宣律师《感通录》云：'庐山七岭，共会于东，合而成峰。'因知东坡'横看成岭侧成峰'之句，有自来矣。"如果不是泛游了全山，收摄远近高低的全部峰岭在胸中构成整体的形象，就正如《初入庐山》第一首中所说："青山若无素，偃蹇不相亲。要识庐山面，他年是故人"那样，只能看到峰峦坡陀的偃蹇(偃蹇，高耸貌)之状了。

次句"远近高低各不同"，一本作"远近看山各不同"，语意更明晰，但内涵较窄，只有"远近"而不及"高低"，颇疑苏轼初作如此，而以后改成今句。所以此句实应读作为"远近高低看山各不同"，方与次句的"识"字紧密扣合。远处、低处所"识"的庐山，只是青山偃蹇，葱茏一片；愈贴近、愈登高，则眼中所"识"之山中景物又随身之所至而各各不同。此时此际，庐山的局部的"真面目"方能收于眼底。若问："庐山就如你眼中所见么?"如果答道："那还有问题！我不是亲自经历了庐山么?"这回答好像没有错。其实仅就所见的一峰一峦，一树一石，和别的山一峰一峦、一树一石相比，并无多大差别，并不足以反映庐山的全部风貌。庐山的全景，庐山的"真面目"，它的总体形象，反而只有在远眺和鸟瞰时才能显现。因此诗人叹道："不识庐山真面目，只缘身在此山中。"

全诗道出了一个平凡的哲理，包括了全体与部分、宏观与微观、分析与综合等耐人寻思的概念。苏轼慨叹身在山中反不识山的真面目之时，其实是识了庐山真面目之后的见道之言。是经过了横看、侧看、远看、近看、高看、低看，在胸中凝聚了局部的诸认识因而对庐山的全貌有了深刻的印象之后，才悟到"身在山中"，即在山的某一局部时反而不识其真面目的事理。这时如果再下山回顾，眼中的山势虽仍然"偃蹇"如旧，但已不是如未游之前的"无素"和"不相亲"了。这时的庐山，在他已不是笼统的肤泛的面目，而是达到了具体的抽象。

这样，山水诗就具有了哲理性，不仅赢得了读者的广泛传诵和吟味，同时也成了人们讽喻某种社会现象的熟语。能产生这样的作用，就证明了这首诗的强大生命力。

(何满子)

高邮陈直躬处士画雁二首　　苏　轼

野雁见人时，　未起意先改。
君从何处看，　得此无人态？
无乃槁木形，　人禽两自在。
北风振枯苇，　微雪落璀璀。
惨澹云水昏，　晶荧沙砾碎。
弋人怅何慕，　一举渺江海。

众禽事纷争，　野雁独闲洁。
徐行意自得，　俯仰若有节。
我衰寄江湖，　老伴杂鹅鸭。
作书问陈子，　晓景画苕雪。①
依依聚圆沙，　稍稍动斜月。
先鸣独鼓翅，　吹乱芦花雪。

〔注〕 ① 苕霅(zhà)：水名，在今浙江省境内。通称苕溪，其支流之一经吴兴县，名霅溪。

陈直躬，宋高邮(今属江苏)人，职业画家。绘画、人品皆为世人推重。苏轼曾写信给他，希望得到一幅有关苕霅晓景的画，陈直躬便画了一张以苕霅晨光为背景的野雁图相送。这两首诗就是题咏此画的。

大凡作画，画静易，画动也不难，但要从静止中画出动态来就很不容易。陈直躬此画能抓住野雁欲飞未飞的一刹那，用出神入化之笔再现出野雁的精神状态，这是苏轼为之倾倒的原因。第一首第一、二句从画面以外着笔，诗人在暗示自己已被雁画强烈吸引的同时，也让读者先体会野雁见人时“未起”而“意先改”的神态，第三、四句写出画面，画的是野雁“无人态”，第五、六句写画家“从何处看”，才没有惊动野雁而把它不见人时的自然神态画出来。在展示画面和惊叹画家如何捕捉形象之间，显然还应该有诗人对绘画的赞美，可是苏轼有意把褒扬性词语收藏起来，让读者从无言之中去发现比任何语言都更多、更强烈的推奖之词，这是艺术空白的妙用。《庄子·齐物论》：“形固可使如槁木。”五六句用“槁木形”回答“从何处看”，由单纯的技法写到高级精神活动，用庄子的话说，就是由“技”而进入了“道”，这就把陈直躬的绘画同“画工”的简单描摹区别开来，表现了他摆脱匠气以后从事艺术创作时的精神状态,在他作画时,凝神而视,形同槁木,使雁不惊觉,仍怡然自得,就在这一刹那间捕捉住它的形象。"北风"以下四句写背景。其中除风、雪、云、水外,就只有白"沙"、"枯苇":一片苍茫的氛围。一方面刻画了苕霅溪边冬日早晨风光,以应下首的"晓景",另一方面也是对"闲洁"野雁的有力陪衬。描写中,作者用"振"写风,用"落"写雪,已把画在纸上的死物写活;继之,又用"惨澹"写云水,用"晶荧"写沙砾,使描写对象的境界全出。这是诗人笔力的高明之处,也是他重神韵的艺术观的体现。末两句的"弋人"呼应首句的"见人","一举渺江海"呼应第二句的"未起意先改"。本诗开头只说野雁见人时未起而先改之"意",到此才说出它必一举而横绝江海,读画如此,方可谓之识者。自然,"渺江海"云云,是由画面的触发而产生的想象,但想象的依据则是诗人平时对自然景物的深刻体会。画家立意固然高远,而诗人则能凌超画家的意想之外;画绝,诗更绝。末两句说,野雁发现了人,即振翅起飞,弋人见雁意已改,知矢弹难加,用"怅"字;雁飞杳冥,一举凌空,用"渺"字:如此下字,纯乎神工,他人难及。又,扬雄《法言·问明》:"治则见,乱则隐。鸿飞冥冥,弋人何篡焉?"李轨注:"君子潜神重玄之域,以世网不能制御之",即用鸿飞远空,矰缴不及来比喻脱羁远害。苏轼于元丰二年(1079)以"乌台诗案"系狱,获释后贬为黄州团练副使。元丰七年诏改汝州团练副使,次年五月,除知登州。第三年高太后听政,苏轼再度入京。这首诗写于元丰八年,在受尽折磨之后他预感到有可能重新卷入政治斗争的漩涡,所以在这只洁身避祸的野雁身上,留下了诗人的影子。

到第二首,诗人明显地改变了表现手法:前一首多虚写,赞叹画之高绝以及画的背景;后一首多实写,写野雁"闲洁"的品质,以及求画雁的本意。

第二首诗一开始,作者用画外的"众禽""纷争"反衬画中的"野雁""闲洁",也在鄙弃与倾羡之间写进了自己的心声。接下去,"徐行"、"俯仰"写动作,"意自得"、"若有节"写神情,是"闲洁"二字的绝妙注脚。"我衰"以下四句写诗人与此画的关系。"我衰寄江湖,老伴杂鹅鸭"既照应本首的"众禽事纷争",又回顾前首的"弋人怅何慕,一举渺江海",在吐露遭受打击以后苦闷心绪的同时,又寓托着不甘与小人为伍的情怀。句中"衰"、"寄"、"伴"、"杂"四字,在说明个人遭遇的过程中还传达了浓烈的感情色彩。"作书"两句表面上看只在交代雁画的来历,实际上,这一联诗的存在,不仅使不甘杂伴鹅鸭的思想更深一层,而且在全诗即将结束时点明诗、画的关系,也使诗篇条理清晰,布局谨严。"依依聚圆沙",再写苕霅;"稍稍动斜月",再写晓景。值得注意的是,作者在两首诗的第九、十句开头分别用上"惨澹"、"晶荧"、"依依"、"稍稍",显然是有意安排的,它们不仅使画面更动人,诗的抒情味更浓烈,而且使两首诗音律显得整齐、协调。“先鸣”两句继续写雁。诗人的本意是题咏雁画,然而此诗一开始却由画中之雁想到画外的雁,又想到“众禽”,再想到观画的“我”,绕了一个大弯子,最后才用画雁作结束。也只有苏轼挥动“止于不可不止”的巨笔,方能在纵中寓擒,作出如此大胆的安排。从内容上看,最后两句中出现的这只野雁一边启喙长鸣,一边奋力鼓翅,以致吹乱了身边的“芦花雪”,这就是对第一首第四句所说的野雁的“无人态”的具体描绘。苏轼在全诗结尾处才详尽交代画面的这一细部,章法上出人意表,艺术上也终于给读者以完整的享受。此外,这两句使用极朴素的十个字,却把画面交代得清楚逼真、细致入微,读之令人既见陈氏雁画,又见苕霅欲起之真雁,笔力也是惊人的。

这两首诗以咏画为主,行文中又时时插进作者的思想情绪。结构上如行云流水,乍看似不可捉摸,但逐句寻绎,则又自然天成,触处生辉。诗中的意象不断变幻,但始终不离主线。甚至用韵措词,也常在规范中体现出诗人的个性来。苏轼题吴道子画时说:“出新意于法度之中,寄妙理于豪放之外。”如果借用这一断语来评价他自己的这两首诗,也是十分恰当的。　　(李济阻)

书林逋诗后　　苏　轼

吴侬生长湖山曲,　　呼吸湖光饮山绿。
不论世外隐君子,　　佣儿贩妇皆冰玉。
先生可是绝俗人,　　神清骨冷无由俗。
我不识君曾梦见,　　瞳子瞭然光可烛。
遗篇妙字处处有,　　步绕西湖看不足。
诗如东野不言寒,　　书似留台差少肉。
平生高节已难继,　　将死微言犹可录。
自言不作《封禅书》,　更肯悲吟《白头曲》!
我笑吴人不好事,　　好作祠堂傍修竹。
不然配食水仙王,　　一盏寒泉荐秋菊。

这首诗元丰八年(1085)作,是写在林逋手书七言近体诗五首后面的①,所以诗里讲到林逋的诗和书法。全诗主要是赞美林逋的高风亮节,并赞美他的诗和书法,最后讲到人们对他的纪念。

林逋死后,宋仁宗赐谥和靖先生。他住在西湖的孤山二十年,足迹不到城市。不娶,住处多种梅花,养鹤,称“梅妻鹤子”。他写的诗,随手散去,不留稿。有人问他为什么这样,他说:“我不欲取名于时,况后世乎?”② 他的诗平淡深美,表达了高尚志趣。七言五首,分别为《松扇》、《孤山雪中》、《孤山亭林》、《送史》、《春日》,计三十四行,署款“时皇上登宝位岁夏五月孤山北斋手书林逋记”。知此卷作于宋仁宗天圣元年(1023),时林逋五十七岁。

这首诗开头两句,写林逋生长的环境。“吴侬”,吴语称我和你都叫“侬”,当时杭州属于吴语区域。开首即称他们生长在湖山深曲处,山水清澄。“山绿”的绿指绿水。后两句讲那里的人物,世外的隐君子当然是高尚的,就是佣工贩妇也都是冰清玉洁的人。还没有写到林逋,已给人高洁的印象。

接下去写林逋高风亮节,本于天性。“先生可是绝俗人,神清骨冷无由俗。”先生岂是与世俗隔绝的人,上文写那个环境里除了“隐君子”外,还有“佣儿贩妇”,正说明他不是与世隔绝的。“神清骨冷”是从《晋书·卫玠传》“叔宝(卫玠字叔宝)神清骨冷”来的。当时所谓骨,指气质品格而言,从神情到品格都清冷,何从谈得到俗呢?接着,作者写他对林逋的钦仰,这种钦仰在梦中得到反映。他在梦中见到的林逋“瞳子瞭然光可烛”。《孟子·离娄上》:“胸中正,则眸之瞭焉。胸中不正,则眸子眊焉。”瞳人明亮,说明胸中正,跟神清有关;瞳人昏眊,说明胸中不正。林逋既是“神清骨冷”,在梦里看到他,自然是“瞳子瞭然”,再夸张一下,便成为“光可烛”,可以照见一切了。这样写,正显出诗人对林逋的仰慕已经形于梦寐了。这样写,概括了林逋为人的特点。林逋写湖上风光的七言近体诗中,有反映隐居生活和情思的确是“神清骨冷”。如《湖山小隐》二首之一:“道着权名便绝交,一峰青翠湿蘅芳。”如《湖上晚归》:“卧枕船舷归思清,望中浑恐是蓬瀛。”跟权和名绝交,想望的是仙山,正反映他无意功名。看来作者的赞美林逋,是跟林逋的这五首七言近体诗相结合的。

接下来就谈林逋的诗和书法。“遗篇妙字处处有,步绕西湖看不足。”这里赞美林逋诗善于用字,尤其是咏西湖之作,更为湖上风光传神。“诗如东野不言寒,书似留台差少肉。”这里用唐诗人孟郊(字东野)的诗来比林逋。作者《读孟郊诗》:“要当斗僧清,未足当韩豪。”认为孟郊的诗可以跟贾岛(曾为僧,名无本)诗比清,不过豪雄不及韩愈。作者《祭柳子玉文》称“郊寒岛瘦”,认为贾岛诗缺点是寒苦。这里指出林逋诗有贾岛之清而无其寒。“书似留台差少肉。”宋李建中,字得中,蜀人。善写真书行书。掌管西京(洛阳)留守御史台,因称留台。这句指林逋的书法像李建中,瘦硬有骨力。称赞林逋兼有二人之长而无其短。王世贞称“苏长公(轼)一歌,推许至矣。然至‘诗如东野不言寒,书似留台差少肉’二语,便是汝南月旦，何尝少屈狐笔也。”③ 一方面指出苏轼极为推重林逋的诗和书法，一方面又指出苏轼的评论，像董狐记事的直笔，不作虚美，不推重过分。这样讲是恰当的。

下面再结合他的诗来讲他的高风亮节。“平生高节已难继，将死微言犹可录。”作者自注：“逋临终诗云：‘茂陵他日求遗草，犹喜初无封禅书。’”④ 汉武帝的陵园称茂陵。《史记・司马相如传》：“相如既病免，家居茂陵（汉武帝生前即建茂陵）。天子曰：‘司马相如病甚，可往从悉取其书。若不然，后失之矣。’使所忠往，而相如已死，家无书。问其妻，对曰：‘……长卿未死时，为一卷书，曰：有使者来求书，奏之。’其遗札书言封禅事。”相如临死前还在讨好武帝，劝武帝到泰山去封禅，祭天地，告成功。林逋不肯这样做，正显出他的高节。“自言不作《封禅书》，更肯悲吟《白头曲》！”《白头吟》，乐府曲调名，原为卓文君因其夫司马相如对爱情不忠诚而作，后人多有以此曲为叹老嗟卑、自伤不遇之辞。此处当指后一义。和靖乃高士，连《封禅书》也不屑作，岂肯悲吟《白头吟》之曲，以自伤不遇呢？

一结转到杭人对林逋的纪念。“我笑吴人不好事，好作祠堂傍修竹。不然配食水仙王，一盏寒泉荐秋菊。”王世贞称：“始，钱塘人即孤山故庐，以祀和靖，游者病其湫隘。”吴人指杭县人，就林逋故居作祠堂，显得低下狭小。作者自注：“湖上有水仙王庙。”即认为林逋应该和水仙王相配，在水仙王庙里受到祭祠，用一杯寒泉和秋菊来祭。王世贞又称：“因长公诗后有‘我笑吴人不好事，好作祠堂傍修竹’，遂徙置白香山祠，与长公配。”因为水仙王祠早已不存，所以后来改在白香山祠内祭祀林逋，把他跟苏轼相配。

这首诗的艺术特点，纪昀批里已经指出：“起手如未睹佛像，先现圆光。”又说：“结得夭矫。‘修竹’、‘秋菊’，皆取高洁相配，不图趁韵。”这首诗是赞美林逋，“平生高节”点明主旨在赞他的高风亮节。一开头从湖光到山绿，写环境的美好，从隐君子到佣奴贩妇，写人物的“皆冰玉”，这是陪衬。未写到林逋，已觉光彩照人。一结变化有力，故称“夭矫”，即另出新意。用“修竹”、“秋菊”来作陪衬，也是取高洁相配。写到林逋本人时，点明“神清骨冷”，显示他的高洁本于天性。又用梦见瞳子瞭然来写他的正直，显出钦仰之情。再评论他的诗和书法。又用司马相如来比，更突出他的高节。这一比又归到他的诗上，回到《书林逋诗后》之题。

（周振甫）

〔注〕 ① 手卷藏故宫博物院。 ② 见《宋诗钞初集・和靖诗钞》小传。 ③ 见《艺苑卮言》，下同。 ④《宋诗钞初集・和靖诗钞》作：“《自作寿堂，因书一绝以志之》：‘茂陵他日求遗稿，犹喜曾无《封禅书》。’”“草”作“稿”，“初”作“曾”。

登州海市并叙 苏轼

予闻登州海市旧矣。父老云:"尝出于春夏,今岁晚,不复见矣。"予到官五日而去,以不见为恨,祷于海神广德王之庙,明日见焉,乃作此诗。

东方云海空复空, 群仙出没空明中。
荡摇浮世生万象, 岂有贝阙藏珠宫?
心知所见皆幻影, 敢以耳目烦神工!
岁寒水冷天地闭, 为我起蛰鞭鱼龙。
重楼翠阜出霜晓, 异事惊倒百岁翁。
人间所得容力取, 世外无物谁为雄?
率然有请不我拒, 信我人厄非天穷。
潮阳太守南迁归, 喜见石廪堆祝融。
自言正直动山鬼, 岂知造物哀龙钟。
伸眉一笑岂易得, 神之报汝亦已丰。
斜阳万里孤鸟没, 但见碧海磨青铜。
新诗绮语亦安用? 相与变灭随东风。

这首诗作于元丰八年(1085)。这年十月,苏轼到登州去做知州,到任五日,朝命赴京改任礼部郎中。这首诗的石刻末题作"元丰八年十月晦,书呈全叔承议",可见是在十月底写的。登州(州治在今山东蓬莱)海市,登州海上,有时出现云气,呈现出宫室、楼台、城池、人物、车马等形状,称为海市,是大气中因光线折射所形成,反映地面物体的形象。广德王,即东海龙王。《通典·礼·山川》:"天宝十载正月,以东海为广德王。"

这首诗开头是对海市的想象,当时还没有看到海市。苏轼想象东方的云海里原来是空空的,后来在空明之处有群仙或现或隐,有浮世万象生出,在空中摇荡,这就是海市。浮世本指世事虚浮,这种海市中呈现的万象更是虚浮不定,难道真有贝阙珠宫?心知海市都是幻影,怎么敢烦劳神灵现出海市来。《楚辞·九歌·河伯》:"紫贝阙兮朱(珠)宫。"指河伯用紫贝作阙(即宫前的望楼),用珠子作宫。在这里,作者认为海市不过是幻影,并非实有。

接下来讲阴历十月底,在登州一带,已是天寒水冷,是《易·坤·文言》所说的"天地闭",草木不生,即海上不出现海市的时候。作者向东海龙王祷告,认为东海龙王把天寒水冷时蛰伏的蛇虫唤起来，又鞭打鱼龙，使它们作出海市。使重楼翠阜在降霜的天晓时出现，这样怪事百岁老翁也没有见过，所以要惊倒了。接着发议论，人间所能得到的东西容许人们用力去取得，海市是世外的幻影，并无实物，谁能占有它称雄呢？我轻率地向东海龙王发出请求，他却不拒绝我。从而确信我在世间所受的挫折，是遭到人为的打击，不是天要使我穷困。这就跟自己政治上所受打击结合起来了。早在元丰二年(1079)，苏轼任湖州知州。御史舒亶专摘他的诗语以为讥刺时政，御史何正臣以为他愚弄朝廷，于是他被逮捕，下御史台狱。后责授黄州团练副使。此即乌台诗案，是受到别人的陷害。

接下去引韩愈事来作比。“潮阳太守南迁归，喜见石廪堆祝融。”韩愈在贞元十九年(803)官监察御史，上疏论宫市的弊害，贬阳山(在今广东)令。永贞元年(805)，改江陵法曹参军，北归途中，曾游衡山，作《谒衡岳庙遂宿岳寺题门楼》：“我来正逢秋雨节，阴气晦昧无清风。潜心默祷若有应，岂非正直能感通！须臾静扫众峰出，仰见突兀撑青空。紫盖连延接天柱，石廪腾掷堆祝融。”紫盖峰连接天柱峰，石廪峰像腾跃而上，祝融峰像堆积着。韩愈是由监察御史贬官阳山令，北归时到衡山的。苏轼误记为这是在元和十五年(820)从潮州刺史召还北归途中所作。潮州(今属广东)，当时又称潮阳郡，所以称潮阳太守。“自言正直动山鬼，岂知造物哀龙钟。”韩愈以为自己的正直感动山神，使阴云散开。哪里知道天在哀怜他的衰惫，不忍心让他空跑一趟。这里既讲韩愈，又联系自己。认为自己求神而看到海市，正像韩愈的求神看到众峰一样，也是天在哀怜自己。“伸眉一笑岂易得，神之报汝亦已丰。”看到海市，高兴得伸展眉头一笑，这样的快乐难道是容易得到的吗？这说明神的报答自己也够丰厚的了。

一结写海市消失的景象。“斜阳万里孤鸟没，但见碧海磨青铜。”在海市出现时，看到的是云气中的“重楼翠阜”，云气遮住太阳，也看不见飞鸟。海市消失了，云散了，才看到“斜阳万里”，孤鸟没于远天。海静无波，有似新磨的青铜镜。“新诗绮语亦安用？相与变灭随东风。”用绮丽的词语来写新诗，又有什么用，海市跟着东方海上吹来的风一起消失了。这里称“相与”，除了指海市消失外，当还有对人事的感慨，在“伸眉一笑”中，自己所受的打击也跟着消失了。没有消失的是“新诗绮语”，流传到后世。

查慎行《初白庵诗评》卷中：“只‘重楼翠阜出霜晓’一句着题，此外全用议论，亦避实击虚法也。若将幻影写作真境，纵摹拟尽情，终属拙手。”纪昀评《苏文忠公诗集》：“海市只是‘重楼翠阜’，此正不尽形容，亦正不能形容也。从未见之前，既见之后，与岁晚得见之实，结撰成篇，炜炜精光，欲夺人目。”在查评里面，指出这首诗是苏诗又一特色，这个特色表现在"只'重楼翠阜出霜晓'一句着题，此外全用议论"，即以议论为诗。但诗中议论与抽象议论不同，是诗的议论。如开头"岂有贝阙藏珠宫"，即海市都是空的。这个议论，是结合"东方云海"，"群仙出没"，"浮世万象"来的，又是结合"贝阙珠宫"来的。再像"人间所得容力取，世外无物谁为雄?"这个议论跟上文密切结合。如"世外无物"，即就"心知所见皆幻影"来的，幻影是"无物"。在"谁为雄"里又别出新意，这个新意跟下文讲韩愈诗有关。这样就不同于抽象议论，只是诗意的转折，转到"谁为雄"上。接下去又是把韩愈跟自己相比，韩愈"自言正直动山鬼"，使阴云散去，能看到衡山山峰；自己求东海龙王，使在"岁寒天冷"时出现海市。这里妙在跟"谁为雄"若即若离。韩愈自认为靠他的正直能感动山神，有以他为雄的意思。但"谁为雄"是否定有人为雄，又跟下文否定韩愈感动山神，只是"造物哀龙钟"相应了。"人间所得"一联的议论，这样跟上下文的事例结合，就不同于抽象议论了。再像"自言正直"两句，说明天在可怜韩愈，也是议论。这个议论又是把自己和韩愈两件相似的事相比而来的，也不是抽象议论。一结的"相与变灭随东风"，也是议论，又是同上文讲海市的消失相结合的。

再就查、纪两家批语看，苏轼写他看到的海市，只有"重楼翠阜出霜晓"一句；写他未见海市前的想象，写他既见海市后的感想，写海市消失后的景象，都要写得多，这是为什么？查批认为"纵摹写尽情，终属拙手"，纪批认为"此正不尽形容，亦正不能形容也"。为什么尽情摹写是拙笔？为什么不能形容？原来海市常见于春夏，景象最美，到岁晚时出现的海市大为逊色，所看到的只有"重楼翠阜"，所以只用一句来写，这正是写实，并不是什么避实击虚，也不是不能形容。他开头写想象中的海市写得多，有"群仙出没"，有"浮世万象"，有"贝阙珠宫"，这是听别人讲的春夏的海市，比他看到的富丽多了，所以写得也多。到看了海市后的感想，结合"信我人厄非天穷"来写，话自然也多了。到海市消失后，描写海上景象，有碧海似青铜镜，有海市的"变灭随东风"，也就写得多了。假如苏轼在春夏时看到海市，他所看到的比他听到别人讲的更为富丽，那他就会加意描绘，并非"不能形容"，也非"摹拟尽情"是拙手了。他只用一句话来写他看到的海市，应该从写实角度来考虑。

王文诰注称："此诗出之他人，则'斜阳'二句已可结矣。公必找截干净而唱叹无穷，此犹海市灵奇不可以端倪也。"纪昀批："是海市结语，不是观海结语。"这首诗用"斜阳"两句作结，写海市消失后的海上景象，虽然可以，但上文写海市，到"重楼翠阜"两句完了，转到"人间所得容力取，世外无物谁为雄"，已不限于写海市。接下去用韩愈游衡山的祷告，跟自己的求东海龙王相比，也不限于讲海市，归到“神之报汝亦已丰”，还是兼指韩愈和自己说，也不限于海市。因此光用“斜阳万里”两句作结，从“人间所得”到“斜阳万里”都不是专讲海市，在切题上嫌不够。加上“新诗绮语”两句，才关合到海市，更为切题。　（周振甫）

惠崇春江晓景二首(其一)　　苏　轼

竹外桃花三两枝，　　春江水暖鸭先知。
蒌蒿满地芦芽短，　　正是河豚欲上时。

这首诗，一题作《惠崇春江晚景》，或题作《书衮仪所藏惠崇画》，是苏轼于神宗元丰八年(1085)在汴京(今河南开封)写的一首题画诗。一首好的题画诗，既要点明画面，使人如见其画，又要跳出画面，使人画外见意，从而既再现了画境，又扩展和深化了画境。

惠崇是能诗善画的僧人，郭若虚《图画见闻志》称其“工画鹅、雁、鹭鹚，尤工小景，善为寒汀远渚，萧洒虚旷之象”。这首诗所题的惠崇画，是一幅以早春景物为背景的春江鸭戏图。诗的前三句写了六样景物：竹子和竹外开放的桃花、江水和水上浮游的鸭子、布满地面的蒌蒿和新出嫩芽的芦苇。这些应当都是画中所有。分别来看，第一句写的是地面景；第二句写的是江上景；第三句写的是岸边景。从这三句诗，大致可以想见这幅画的取景和布局。

欣赏一幅画，如果只局限在目所能见的范围之内，那么，画笔所描摹、画面所展示的只是景物的色彩、形态、位置、数量、体积。就惠崇的这幅画而言，只画出了桃花之盛开、春江之溶漾、桃枝之在竹外、鸭群之在水上、蒌蒿之密、芦芽之短，这是画家在自然界所能见到的，也是欣赏画的人在画幅上所能见到的。但是，苏轼的这首题画诗，却还写了要凭触觉才能感到的水之“暖”、要用思维才能想出的鸭之“知”、要靠经验和判断才能预言的河豚之“欲上”。这些，无论在自然界或画幅上，都不是目所能见，是通过诗人的想象和联想得之于视觉之外、得之于画面之外的。而这首诗的高妙处，正在于以这些想象和联想点活了画面，使画中的景物变得生机勃发，情趣盎然，不复是无机的组合、静止的罗列。这生机和情趣，可以是画幅本身所蕴含而由诗人的灵心慧眼发掘出来的，也可以是画幅所无而由诗人赏画时外加上去的。这也就是谭献在《复堂词录叙》中所说的“作者之用心未必然，而读者之用心何必不然”。

当然，读者用心之所以然，不应是漫无依据的胡思乱想。其想象的契机、联想的线索，应当是有端倪可寻的。诗人在欣赏惠崇这幅画时所以产生“水暖鸭先知”的想象，是因为画面本来有水有鸭，更从桃花开、蒿芦生所显示的季节而想到江水的温度和鸭子的感知。至于诗人之写“河豚欲上”，可以是因画面景物，而想起梅尧臣《范饶州坐中客语食河豚鱼》诗的前四句“春洲生荻芽，春岸飞杨花，河豚当是时，贵不数鱼虾”；更可能是从河豚食蒿、芦则肥、初生的蒿、芦又可用以羹鱼而生发的联想。可以与这首诗参读的有作者的一首《寒芦港》诗：“溶溶晴港漾春晖，芦笋生时柳絮飞。还有江南风物否？桃花流水鲞鱼肥。”两诗所写景物、季节及其思路，都很相似。

题画诗是题在画上的，应当做到诗与画两相映发，成为珠联璧合的整体；同时，作为一篇文学作品，它又应当离开了画仍不失其独立的艺术生命。今天，尽管人们早已看不到惠崇的这幅画了，而苏轼的这首诗却依然是众口传诵的名篇。不必看画，只从这首诗所再现的景物美、所创造的意境美，从诗人所表露的对大自然、对生活的兴会中，读者自会为之吸引，受到感染。 （陈邦炎）

虢国夫人夜游图① 苏 轼

佳人自鞚玉花骢，② 翩如惊燕蹋飞龙。
金鞭争道宝钗落， 何人先入明光宫？③
宫中羯鼓催花柳，④ 玉奴弦索花奴手。⑤
坐中八姨真贵人，⑥ 走马来看不动尘。
明眸皓齿谁复见，⑦ 只有丹青余泪痕。
人间俯仰成今古， 吴公台下雷塘路。⑧
当时亦笑张丽华，⑨ 不知门外韩擒虎。⑩

〔注〕 ① 夜游图：北宋末期，曾藏于宋徽宗画苑，据说上面有徽宗的题字。 ② 鞚：马勒。玉花骢：唐玄宗的名马。 ③ 明光宫：汉代有明光殿，此处借指唐宫。 ④ 羯鼓催花柳：唐人南卓《羯鼓录》：“唐明皇好羯鼓，尝于庭内临轩击鼓，庭下柳杏时正发坼，明皇指而笑谓宫人曰：‘此一事，不唤我作天公可乎？’”后来传为羯鼓催花的故事。羯鼓，唐代由羯族传来的一种鼓，形如漆筒，音响急促高昂，故名羯鼓。 ⑤ 玉奴：杨贵妃的小名。花奴：汝阳王李琎的小名。李琎善羯鼓，杨贵妃工弦索。 ⑥ 八姨：即秦国夫人。 ⑦ 明眸皓齿：连同上句的“走马”与下句的“丹青”，都指虢国夫人。 ⑧ 吴公台、雷塘：都在扬州。吴公台因陈将吴明彻得名。隋炀帝死后，初葬吴公台下，后来迁葬雷塘。 ⑨ 张丽华：南朝陈后主（陈叔宝）的宠妃，隋灭陈时，张丽华匿于胭脂井中，被隋将韩擒虎俘获，旋被杀。 ⑩ 门外韩擒虎：杜牧《台城曲》：“楼头张丽华，门外韩擒虎。”

“虢国夫人夜游图”是唐代流传下来的一幅名画。图为张萱所绘，一说是出

虢国夫人游春图(局部)

——〔唐〕张萱

自周昉之手。先后曾珍藏在南唐宫廷、晏殊府第。哲宗元祐元年(1086),作者在汴京任职中书舍人曾看到此图,作了这首七言古诗。

虢国夫人是杨贵妃三姐的封号。据《旧唐书·杨贵妃传》,贵妃“有姊三人,皆有才貌。长曰大姨,封韩国夫人;三姨封虢国夫人;八姨封秦国夫人。并承恩泽,出入宫掖,势倾天下”。苏轼这首诗和杜甫的《丽人行》一脉相承,含有一定的讽喻意义。

诗的起四句为第一段,渲染虢国夫人恃宠骄肆。前两句所描绘的形象,正是图中虢国夫人形象的再现。作者写这位佳人,自己驾驭玉花骢马,淡妆多态。她骑在骏马上,身段轻盈,恍如惊飞的春燕。骏马骄驰在进宫的大道上,宛若游龙。真是美人名马,相互辉映;神采飞动,容光艳丽。《明皇杂录》记载:虢国夫人出入宫廷,常乘紫骢,使小黄门为御者。画和诗所绘写的都确有所据。“金鞭争道”两句,写虢国夫人的骄纵,和杨家炙手可热的气焰。作者用“金鞭争道宝钗落”这句,再现了图中的情景。为了抢先进入明光宫,杨家豪奴,居然挥动金鞭与公主争道,致使公主惊下马来,宝钗堕地。据史载,某年正月望日,杨家五宅夜游,与广平公主争道西市门,结果公主受惊落马。诗所写的,正是画意所在。

诗的第二段是“宫中羯鼓催花柳”以下六句。写虢国夫人入宫和宫中的情事。此刻宫中正作“羯鼓催花”之戏,贵妃亲自弹拨琵琶,汝阳王李琎在敲击羯鼓。在羯鼓争催的情况下,弦歌并起,舞姿柔曼,柳宠花娇。秦国夫人已经先期艳妆就座,打扮得非常娇贵。虢国夫人缓辔徐行,惊尘不动,素妆淡雅。显然,入宫以后马的步子是放慢了。真是珠光宝气,人影衣香,花团锦簇,在不夜的宫廷里,一派欢乐情景,纷呈纸上。诗中以玉奴和八姨作为衬映,而自鞚玉花骢的佳人,才是主体。画图是入神之画,诗是传神之诗,诗情画意,融为一体。作者写诗至此,于欢情笑意中,陡作警醒之笔。作者说:这绝代的佳人,如今又在何处呢?她那明眸皓齿,除了画图之外,谁又曾见到过呢?当年的欢笑,似乎今天在丹青上只留下点点惨痛的泪痕了。陡转两句,笔力千钧。

第三段是最后四句,紧承前文,作者在观图感叹之后,更对历史上一些回环往复的旧事,致以深沉的感慨。诗说:“人间俯仰成今古,吴公台下雷塘路。当时亦笑张丽华,不知门外韩擒虎。”历史上的隋炀帝,当年也曾嘲笑过陈叔宝、张丽华一味享乐,不恤国事,不知道韩擒虎已经带领隋兵迫近宫门。可是隋炀帝后来也步陈叔宝的后尘,俯仰之间,身死人手,国破家亡,繁华成为尘土。言外之意,是说唐明皇、杨玉环、虢国夫人等,又重蹈了隋炀帝的覆辙。“吴公台下雷塘路”,埋葬了隋家风流天子;“马嵬坡前泥土中”,也不只是仅仅留下杨玉环的血污,她的三姨虢国夫人也被杀掉,必然在那里留下血染的游魂。荒淫享乐者的下场,千古以来,如出一辙。昙花一现的恩宠,换来的仅仅是一幅供人凭吊的图画和图上的丝丝泪痕。

全诗着意鲜明,前两段十句,全以画意为诗,笔墨酣畅。"明眸皓齿"两句转入主题,作轻微的感叹。末段四句,揭示作意。语意新警,亦讽亦慨,而千古恨事亦在其中,如此题图,大笔淋漓,有如史论,足以引起后人深思。　(马祖熙)

书李世南所画秋景二首(其一)　　苏　轼

野水参差落涨痕,　疏林欹倒出霜根。
扁舟一棹归何处?　家在江南黄叶村。

这首诗作于哲宗元祐三年(1088)前后,当时苏轼作翰林学士,与宣德郎李世南同在汴京。李善画,作"秋景平远"图,诗人为其画题了二首七绝,这是第一首。诗题名其画为"秋景",有的记载称这幅画为"秋景平远",或作"秋山林木平远"。综合各种称谓看来,"秋景"是对这幅画的内容总的概括,而具体呈现秋景的则是山水及林木,所谓"平远"即是指画中辽阔的水面景象。本诗的第二首有句云:"不是溪山成独往,何人解作挂猿枝",可知这幅画内是有山的,当是位于近处。本首题咏的着眼处在于水面及其近岸的林木,从而呈现出一片清疏旷远之景。

诗中写的画景是一幅"水乡秋色",或可名曰"水乡秋意"。首二句给读者展示一片萧疏的水乡深秋景象。把"野水"和三四两句联系着看,画中的水面是很远阔的。首二句所写乃是近处的岸边景象。"参差"是不整齐之意,这里是形容水和岸相接处的形象。由于深秋水落,岸边突出许多干地,同时水也停留在一些隈曲处,于是水岸边呈现出参差之状,夏季烟水弥漫时这一切都是不存在的。下面继以"落涨痕",表明秋水下落后旧日水涨淹没的岸边床地又都呈露出来了。这句展现出的是一派湾荒水涸的风味。次句写岸边景物。"疏林"点明秋景,与末句"黄叶村"前后相应,构成秋象。首句所写的水岸也可认为冬象,而"疏林"既别于木叶尽脱,更不同于枝叶浓密,只能是袅袅秋风中的树林。"疏林"下接以"欹倒",使形象丰富多姿,更饶画意。"出霜根"生于"落涨痕",涨痕退落后霜根乃出,一"落"一"出",上下相应。"落涨痕"与"出霜根",在"疏林"的映照下,具有浓厚的深秋意味。

三四两句,再在展向远方的画笔疏淡处着眼,逗出人情。从这两句提供的画面,可以想见,一舟棹向远方,尽处林木数点。面对这令人心神旷远的自然境界,于是诗人问道，那条小舟一桨一桨地划向何处啊？应是归去江南的黄叶村吧！诗人发挥自己的想象，于景物中融入人情，似幕后隐语，启示读者，赋予画幅以悠然无尽的情味。吟此二句，想象画景，似觉与舟中人浩然长往，心情无限畅适。

七绝的写法，一般是前二句叙写事物，后二句抒发情思。本诗虽全章在题咏秋景画，仍于前二句着重以浓笔勾勒景物，给人以亲切的时节风物之感。后二句在用淡墨略加点染之际，凭虚恣发想象，演出人情，觉画景之外，情调悠扬，极耐人寻味。苏轼才气横溢，情调高远，其诗善于驰骋神思，翻空出奇。其题风景画诗无论长篇短章，都能不停滞于物象，常从生活联想中蔚发奇思，丰富了画的意趣，使读者快然惬情。

（胡国瑞）

书鄢陵王主簿所画折枝二首　　苏 轼

论画以形似，　见与儿童邻。
赋诗必此诗，　定非知诗人。
诗画本一律，　天工与清新。
边鸾雀写生，　赵昌花传神。
何如此两幅，　疏淡含精匀。
谁言一点红，　解寄无边春。

瘦竹如幽人，　幽花如处女。
低昂枝上雀，　摇荡花间雨。
双翎决将起，　众叶纷自举。
可怜采花蜂，　清蜜寄两股。
若人富天巧，　春色入毫楮。①
悬知君能诗，②　寄声求妙语。

〔注〕 ① 毫楮：毫，笔；楮，纸。 ② 悬知：猜想。

这是两首题画诗。鄢陵，即今河南许昌鄢陵县。主簿，官职名。王主簿，生平不可考。折枝，花卉画的一种表现手法，花卉不画全株，只画连枝折下来的部分，故名折枝。

第一首从诗画创作理论谈起，由大处入笔，然后层层推进，最终归结到王主簿的折枝画。第二首与此相反，它以王主簿折枝画为描写对象，至篇末才以诗代简，表示愿意听到王主簿对写诗作画的“妙语”。这组诗虽然分为二首，但围绕“以诗题画”，由画到诗，再由诗到画，最后仍然归结到诗，离中有合，体现了作者构思的精密。

第一首结合王主簿折枝画，抒写诗人对于“形似”论的意见。他认为，“以形似”作为论画的标准，和以为写诗只有写得形似才算好诗，都是错误的。他主张在“天工与清新”中赋咏事物之神韵。他所以推崇王主簿此画，叹羡它能用“一点红”“寄无边春”，正是因为这幅画虽然着墨不多，没有在纤毫毕肖上下工夫，但画家善于捕捉事物的精神韵态，所以更深刻地反映了事物的本质，作到了以少胜多。

苏轼精通诗、画，这里阐述的有关形似的艺术见解出于他多年的创作实践，在我国古代艺术理论中占有重要地位。但是，数百年来对苏轼的这首诗产生过种种误解。《韵语阳秋》卷十四云：“欧阳文忠公诗云……东坡诗云：‘论画以形似，见与儿童邻。赋诗必此诗，定非知诗人。’或谓：‘二公所论，不以形似，当画何物？’曰：‘非谓画牛作马也，但以气韵为主耳。’谢赫曰：‘卫协之画，虽不该备形妙，而有气韵，凌跨雄杰。’其此之谓乎？陈去非作《墨梅诗》云：‘含章檐下春风面，造化工成秋兔毫。意得不求颜色似，前身相马九方皋。’后之鉴画者，如得九方皋相马法，则善矣。”《升庵诗话》卷十三也说：“东坡先生诗曰：‘论画以形似，见与儿童邻。作诗必此诗，定知非诗人。’(原文如此——引者注)言画贵神，诗贵韵也。然其言有偏，非至论也。晁以道和公诗云：‘画写物外形，要物形不改。诗传画外意，贵有画中态。’其论始为定，盖欲以补坡公之未备也。”否定苏轼，说他是在主张画牛作马，当然是没有根据的。称许苏轼，以为他主张作画应如九方皋相马那样，虽不辨牝牡骊黄，只要能识得千里马就行，同样有违本意。对苏轼毁誉参半，像晁以道那样“欲以补坡公之未备”，亦无必要。诚然，苏轼在否定“论画以形似”的同时没有专门论述形似与神似的关系，不过苏轼是在写诗，不是作科学论文。何况诗中说“论画以形似”，指的乃是把形似当作论画的唯一标准。“赋诗必此诗”是指只有形似，死于句下的诗。再说，第二首诗中对王主簿折枝画的描写是那么逼真、生动，也说明了苏轼赞许的是既能形似更能传神的作品，他否定的只是没有意趣、没有韵味的形似之作而已。

从章法上看，第一首诗的前四句分别阐述论画、赋诗的标准。“见与儿童邻”、“定非知诗人”二句斩钉截铁，表明了作者在深思熟虑之后的明晰认识和坚定态度。五、六句诗、画总提，正面标出观点。“边鸾”两句对理论来说是例证，对王主簿来说是对比与反衬，对本篇的行文来说又是从说理到咏画的过渡。边鸾，唐代画家，所画花鸟极精美，据说他画的孔雀跟活的一样，好像能鸣叫。赵昌，宋代画家，善画折枝花卉，人谓他能与花传神。最后四句归结到王主簿所画折枝。有了边鸾、赵昌作铺垫，再用"何如"二字褒贬，王主簿此画的地位已十分清楚。"疏淡"指用笔不多，着色清淡。"精匀"指精巧匀称。前面的"边鸾"两句意为互文，谓边、赵二人的绘画既能刻画工致，写物如生，又能揣摩意态，用笔传神，此类画已属形神兼备。这里，诗人用"疏淡含精匀"进一步置王画于边、赵二家之上，采用的是同类相比法。

第二首诗咏画，特点是精当、形象。说它精当，是因为其中出现的画面图像正可用来印证前首所述的艺术理论；说它形象，是因为诗中对王主簿的折枝画描写得如此生动，可给读者以优美的艺术享受。一、二句写竹用"瘦"，写花用"幽"，已颇具情致，同时再用"幽人"比竹、"处女"比花，则进一步状出了竹与花的风韵，这自然是诗人以"神似"论画、赋诗的结果。三、四句写雀。"低昂"二字再现构图的照应配合，"摇荡"二字传达画中生物呼之欲出的神态，正是于"疏淡含精匀"、"天工与清新"中表现内在情味的妙句。"双翎"句再写雀。决，急速。《庄子·逍遥游》："决起而飞。""决将起"，指将起而未起。"众叶纷自举"，再写折枝。"纷"字、"举"字，显示出叶片争欲挺出的神气。这两句所揭示的是意念中的动作，是画家传神的结果。七、八句描写细腻，连蜂儿股上的"清蜜"也分明可辨。这应该是苏轼并非全盘否定"形似"的明证。总观画面，不过一丛竹、数枝花、两头雀、一只蜂，却带来了盎然春意。"若人富天巧，春色入毫楮。"既是对画家技艺的总评价，同时又呼应前首，点明王主簿以"一点红"、"寄无边春"的艺术功力。最后两句别出新意，与"题画"的主题似断似续，正是苏轼"大略如行云流水，初无定质，但常行于所当行，常止于不可不止"(《答谢民师书》)这样一种写作方法的体现。

这两首诗是苏轼用诗歌形式评论文艺作品的名篇，其中关于"形似"的见解颇受后人注目。写作方法上，前首几乎全用议论，又是苏轼以"议论为诗"的一首代表作。宋人喜在诗中说理，不过，如不将哲理融于情景之中，难免理障，令人读来淡乎寡味。但苏轼此诗，不但议论中肯独到，而且与情景描写配合有致，故能摇曳多姿，不愧是诗歌园地里的一朵奇葩。

（李济阻）

书王定国所藏烟江叠嶂图　　苏　轼

江上愁心千叠山，　浮空积翠如云烟。
山耶云耶远莫知，　烟空云散山依然。
但见两崖苍苍暗绝谷，　中有百道飞来泉。

萦林络石隐复见，　　下赴谷口为奔川。
川平山开林麓断，　　小桥野店依山前。
行人稍度乔木外，　　渔舟一叶吞江天。
使君何从得此本，　　点缀毫末分清妍。
不知人间何处有此境，　　径欲往买二顷田。
君不见武昌樊口幽绝处，　　东坡先生留五年！
春风摇江天漠漠，　　暮云卷雨山娟娟。
丹枫翻鸦伴水宿，　　长松落雪惊昼眠。
桃花流水在人世，　　武陵岂必皆神仙？
江山清空我尘土，　　虽有去路寻无缘，
还君此画三叹息，　　山中故人应有招我归来篇。

此诗题下自注云："王晋卿画。"王诜(1037—1093)，字晋卿，太原人，居开封，北宋开国功臣王全斌之后(见《宋史·王全斌传·附传》)。妻英宗之女蜀国长公主，官驸马都尉。虽为贵戚，却远声色而爱文艺，与诗人画家苏轼、黄庭坚、米芾等交好。作宝绘堂于私第之东，收藏颇富，苏轼为作记。善诗词、书法，尤以工山水画著名。好写江上云山、幽谷寒林与平远风景，用李成皴法，也有金碧设色。兼善墨竹，学文同。据苏诗查注：这首诗另有苏轼墨迹流传，其后有"元祐三年十二月十五日子瞻书"十三字。

方东树《昭昧詹言》卷十二云："起段以写为叙，写得入妙而笔势又高，气又遒，神又王(旺)。"所谓"以写为叙"，是指这一段实质上是叙述《烟江叠嶂图》的内容，但没有抽象叙述，而是形象描写。其实，如果既不看诗题，又不看诗的下一段，就不会认为这是介绍《烟江叠嶂图》，只感到这是描写自然景物。

前四句，着眼于高处远处，写烟江叠嶂的总貌。"江上"，点"千叠山"的位置。"愁心"，融情入景。"浮空积翠"，是"积翠浮空"的倒装，其主语为"千叠山"。"积翠"，言翠色之浓。"千叠山"积蓄了无穷翠色，在远空浮动，像烟，也像云。而烟消云散之后，则山形依然。几句诗，变静景为动景，写远嶂千叠、翠色浮空之状如在目前。

次四句，由远而近，由高而低，先凸现苍苍两崖，再从两崖的绝谷中飞出百道泉水；这百道飞泉，萦林络石，时隐时现，终于"下赴谷口"，汇为巨川，奔腾前进。在这里，诗人以飞泉统众景，从而运用了以明见暗、以隐见显的艺术手法。两崖之间，有无数幽谷，因为"暗"而不见，无从写；只写百泉飞来，而百泉之所自出，即不难想见：这是以明见暗。林木扶疏，奇石磊落，可见可写；但要一一摹写，就不免多费笔墨，分散重点，于是只写百泉之“隐”，就不难想象其所以“隐”：这是以隐见显。

后四句，诗人把读者的视线从百泉的合流出谷引向近景。“川平、山开、林麓断”，展现了三个画面；“林麓断”处，“小桥”、“野店”、“乔木”、“行人”，历历如见。而“渔舟一叶”，又把视线推向开阔的烟江。“吞江天”三字，涵盖了“烟江叠嶂”的全景，真有尺幅万里之势。

“使君”以下四句自为一段。纪昀评云：“节奏之妙，纯乎化境。”方东树云：“四句正锋。”“使君何从得此本”一句回到本题，既变真景为画景，又点出此画乃王定国所藏；而此画之巧夺天工，也不言而喻，为“点缀毫末分清妍”的赞语提供了有力的根据。“不知人间何处有此境”一句，又由画境想到真境，希望于“人间”寻求如此美好的江山，买田退隐，从而把全篇的布局，从写景转向抒情和议论。

“君不见”以下是最后一段。以“君不见”领起，将读者引向诗人回忆中的天地。这回忆对于诗人来说，并不那么愉快。元丰二年(1079)三月，苏轼罢徐州知州，改知湖州。四月，到湖州任。何正臣摘引《湖州谢表》中的话，指斥苏轼“妄自尊大”；舒亶、李定等又就其诗文罗织罪状。七月二十八日，苏轼于湖州被捕，投入御史台狱，这就是“乌台诗案”(御史台又叫“乌台”)。十二月结案，贬黄州团练副使，本州安置、不得签书公事。苏轼从元丰三年二月到达贬所，至元丰七年四月改任汝州团练副使，共在黄州度过了四年多的辛酸岁月。现在，他因看《烟江叠嶂图》而有所感触，唤起了对往事的回忆。“君不见”领起的“武昌樊口幽绝处”，点贬谪之地的幽深；“东坡先生留五年”，言贬谪之时的漫长。以下四句，吴北江认为分写“四时之景”，固然不算全错，因为的确写了景；但更确切地说，并非单纯写景，而是借景叙事、因景抒情。这四句，紧承前两句而来，概括了诗人在那“幽绝处”“留五年”的经历和感受：春天，闲看“春风摇江天漠漠”；夏季，独对“暮云卷雨山娟娟”；秋夜寂寥，“丹枫翻鸦伴水宿”；冬日沉醉，“长松落雪惊昼眠”。一年，两年，三年，四年……年年如此！贬谪生涯，贬谪心情，都通过四时之景的描绘而得到了形象的表现。

“桃花流水”二句，用“桃花源”的典故而翻新其意。陶渊明所写的“桃花源”，是苦于暴政的人们所追求的“春蚕收长丝，秋熟靡王税”的理想社会，后人又附会为仙境。苏轼则说：桃花源就“在人世”，那里的人们也不见得都是“神仙”。这两句，就是对前面“不知人间何处有此境”的回答。“江山清空我尘土”一句，句中有转折。“江山清空”，紧承“桃花流水在人世”；“我尘土”，遥接“君不见”以下六句，既指黄州的“五年”贬谪生活，又包括了当前的处境。惟其“我尘土”，才想到买田退隐。第一段的画境，第二段的“不知人间何处有此境”，第三段的“桃花流水在人世”和“江山清空”一线贯串，都指的是可以退隐的地方。而“虽有去路”以下数句，则是这条线的延伸。“寻无缘”的“寻”，正是“寻”退隐之处。因为欲“寻”而“无缘”，所以“还君此画三叹息”。虽“无缘”而仍欲“寻”，故以“山中故人应有招我归来篇”结束全诗。

这首诗以《书王定国所藏烟江叠嶂图》为题，当然首先是给藏画的王定国和作画的王晋卿看的。诗中的“君”也首先指王定国和王晋卿。王定国名巩，因受苏轼“乌台诗案”的株连，与苏轼同时被贬。王晋卿也同样被卷入“乌台诗案”，因为苏轼的那些“讥讽朝廷、谤讪中外”的诗，有些是王晋卿“镂刻印行”的。结果被贬到均州。还朝之后，三人相聚，“感叹之余，作诗相属，托物悲慨”（苏轼《和王晋卿》诗序）。此诗即是“托物悲慨”之作。

（霍松林）

赠刘景文　　苏　轼

荷尽已无擎雨盖，　菊残犹有傲霜枝。
一年好景君须记，　最是橙黄橘绿时。

这首诗作于元祐五年（1090）苏轼知杭州时。刘季孙，字景文，北宋开封祥符（今属河南开封）人，当时任两浙兵马都监，也在杭州。苏轼很看重刘景文，曾称他为“慷慨奇士”，与他诗酒往还，交谊颇深。

诗中所咏为初冬景物。为了突出“橙黄橘绿”这一年中最好的景致，诗人先用高度概括的笔墨描绘了一幅残秋的图景：那曾经碧叶接天、红花映日的渚莲塘荷，现在早已翠减红衰，枯败的茎叶再也不能举起绿伞，遮挡风雨了；独立疏篱的残菊，虽然蒂有余香，却亦枝无全叶，唯有那挺拔的枝干斗风傲霜，依然劲节。自然界千姿万态，一年之中，花开花落，可说是季季不同，月月有异。这里，诗人却只选择了荷与菊这两种分别在夏、秋独擅胜场的花，写出它们的衰残，来衬托橙橘的岁寒之心。诗人的高明还在于，他不是简单地写出荷、菊花朵的凋零，而将描写的笔触伸向了荷叶和菊枝。这是因为，在百花中，“唯有绿荷红菡萏”，是“此花此叶长相映”的（李商隐《赠荷花》）。历来诗家咏荷，总少不了写叶：如“点溪荷叶叠青钱”（杜甫《绝句漫兴》）、“接天莲叶无穷碧”（杨万里《晓出净慈寺送林子方》）、“留得枯荷听雨声”（李商隐《宿骆氏亭寄怀崔雍崔衮》）……由此看来，终荷花之一生，荷叶都是为之增姿，不可或缺的。苏轼深知此理，才用擎雨无盖表明荷败净尽，真可谓曲笔传神！同样，菊之所以被誉为霜下之杰，不仅因为它蕊寒香冷，姿怀贞秀，还因为它有挺拔劲节的枝干。花残了，枝还能傲霜独立，才能充分体现它孤标傲世的品格。诗人的观察可谓细致矣，诗人把握事物本质的能力亦可谓强矣！这两句字面相对，内容相连，是谓"流水对"。"已无"、"犹有"，一气呵成，写出二花之异。

可是，不论是先谢还是后凋，它们毕竟都过时了，不得不退出竞争，让位于生机盎然的初冬骄子——橙和橘。至此，诗人才满怀喜悦地提醒人们：请记住，一年中最美好的风光还是在"青黄杂糅，文章烂兮"（屈原《橘颂》）的初冬时节！这里橙橘并提，实则偏重于橘。从屈原的《橘颂》到张九龄的《感遇（江南有丹橘）》，橘树一直是诗人歌颂的"嘉树"，橘实则"可以荐嘉客"。橘树那"经冬犹绿林"、"自有岁寒心"的坚贞节操，岂止荷、菊不如，直欲与松柏媲美了。难怪诗人要对它特别垂青！

前人曾将此诗与韩愈《早春呈水部张十八员外》一诗相提并论："'天街小雨润如酥，草色遥看近却无。最是一年春好处，绝胜烟柳满皇都。'此退之早春诗也；'荷尽已无擎雨盖……'此子瞻初冬诗也。二诗意思颇同而词殊，皆曲尽其妙。"（胡仔《苕溪渔隐丛话》）两诗虽构思和描写手法相似，艺术工力悉敌，内容却以苏诗为胜。这是因为，韩诗虽也含有一定哲理，却仍只是一首单纯的写景诗；苏诗则不然，它融写景、咏物、赞人于一体，借物喻人，赞颂刘景文的品格和节操。韩诗所赞乃人人心目中皆以为好的早春；苏诗却把那些"悲秋伤春"的诗人眼中最为萧条的初冬写得富有生意和诗意，于此也可见他旷达开朗、不同寻常的性情和胸襟。真是浅语遥情，耐人寻味。

（陈文华）

泛 颍

苏 轼

我性喜临水，　得颍意甚奇。
到官十来日，　九日河之湄。
吏民喜相语：　"使君老而痴。"
使君实不痴，　流水有令姿。
绕郡十余里，　不驶亦不迟。
上流直而清，　下流曲而漪。
画船俯明镜，　笑问"汝为谁？"
忽然生鳞甲，　乱我须与眉。

散为百东坡，　　顷刻复在兹。
此岂水薄相，　　与我相娱嬉？
声色与臭味，　　颠倒炫小儿。
等是儿戏物，　　水中少磷缁。
赵陈两欧阳，　　同参天人师。
观妙各有得，　　共赋《泛颍》诗。

宋之颍州治所在今安徽阜阳。城临颍河。河亦即西湖。《清一统志》："西湖在阜阳县西北三里，长十里，广二里。颍河合诸水汇流处也。"

苏轼于元祐六年(1091)八月来知州事。元祐初，司马光一派上台，尽废王安石新法。苏轼经过多年阅历，看到"新法"实效，认为"不可尽改"，不肯"唯温(司马光封温国公)是随"，因而又为司马光一派所排挤，由翰林学士承旨兼侍读出知颍州。当时便有人说："内翰(翰林学士承旨的雅称)只消游湖中，便可以了郡事。"(《王直方诗话》)秦观也给苏轼寄诗说："十里荷花菡萏初，我公所至有西湖。欲将公事湖中了，见说官闲事亦无。"这首题为《泛颍》的诗，也就是写游湖的事。真的官闲无事吗？一方面，政简刑轻(即不去敲扑百姓，不去掠夺民财)，在封建社会中已算循吏；另一方面，当时，王安石变法已经失败，原来两派的政见之争，变成争权夺利，互相倾轧，使苏轼无可作为，但求洁身自好，因而以泛颍自娱。

题为"泛颍"，故不仅写"颍"，更着重写"泛"。

首两句，十字中包括三层意思：一是性本爱水；二是颍水之"奇"；三则言外之意是对颍自然爱得更甚了。爱到什么程度呢？接着写出"到官十来日，九日河之湄"。这是一个极不寻常的行动，因为从来未见过这样的"使君"。正是通过这一极不寻常的行动，写出了泛颍之勤，从而反映爱颍之深。他像拉家常似的，由颍到泛颍，由爱好到行动，作了初步介绍。至于颍之"奇"处与泛之可乐，留待下文再写。

下文怎样写法呢？

他妙想天开，用"吏民"的"喜相语"把诗境展开。吏民笑他"老而痴"，好像是贬语，其实却是亲昵的表现。苏轼在另一首诗中，代别人说："吏民莫作官长看，我是识字耕田夫。""吏民喜相语"正是没有把他当作官长看待，说他"老而痴"，就不是贬抑而是怜悯。更妙的是他竟否认为痴，这又与那些附庸风雅的文人不同。当然，否认为痴，又是为了转入"流水""令姿"的描写。从诗的结构说，这四句是承上启下的过渡段。由于他插进"吏民"的笑语与自己的辩解，使得波澜起伏，妙趣横生。

水的姿态是很难写的，尤其是旁无山林，中无激湍，就更难写。诗人是怎样写的呢？

他抓紧“流”字，先从流速写，“不驶”、“不迟”，恰到好处。再就波澜写，或“直而清”，或“曲而漪”，把颍水上、下流的姿态作了细致刻画。前面说过：他写的是“泛颍”（与梅尧臣的“看水”不同），所以不是从一点写，而是要写泛颍的全过程（十余里、上流、下流），写直处、曲处的不同姿态。观察细致，刻画精密。

水的姿态还常因风而变化。但如直写“风乍起，吹皱一河河水”，就没有多少意思了。苏轼想得很妙：先写“画船俯明镜，笑问‘汝为谁？’”风平浪静，波平如镜，自己影子倒在水中，自己和自己开起玩笑。“汝”正是东坡自己。忽然，微风乍起，波摇影乱，便“散为百东坡”了；然而风一停，波又静，影子“又在兹”了。他不仅写出真相，还写出变相，不仅是画工之笔，简直是戏剧之笔了。对此，他设想为水之“薄相”（游戏，今沪语尚有之，只是写作“白相”），觉得是水在和自己开玩笑。方东树说：苏轼“随意吐属，自然高妙……情景涌现，如在目前”（《昭昧詹言》），用指此等，是很适合的。但还须看到：他之所以这样写，还有更深刻的用意，从下文可以看出。

“声色与臭味，颠倒炫小儿。”意谓世人为富贵荣华、声色货利所炫惑，弄得七颠八倒。在苏轼看来，其中得失，只是顷刻间的变化，也是儿戏之物，与水的玩笑没有二样。但水虽也是“儿戏物”，却“磨而不磷、涅而不缁”（《论语》），即不会使人丧失廉隅，不会使人同流合污。苏轼在《前赤壁赋》中指出“苟非吾生之所有，虽一毫而莫取。惟江上之清风，与山间之明月，耳得之而为声，目遇之而成色。取之不尽，用之不竭，是造物者与我之无尽藏也，而吾与子之所共适”。水与明月、清风一样，是“不用一钱买”的，是取不伤廉的。他的爱水、泛颍，用以自适，原因在此。这里也就写出了自己磨而不磷、涅而不缁与淡泊明志的个性。

最后补出泛颍同游之人，有赵德麟、陈师道及欧阳修的两个儿子，这是例有之笔。妙在用“同参天人师”与“观妙各有得”，对前文作了概括。所谓“天人”，即物我之间、客观与主观之间；而“观妙”则是由客观景物悟出人生哲理。陈师道诗中有：“信有千丈清，不如一尺浑”，意在和光同尘；苏轼则侧重“等是儿戏物，水中少磷缁”，确是各有所得的。

方东树说：“坡公之诗，每于终篇之外，恒有远景，匪人所测；于篇中又各有不测之境，其一段忽从天外插来，为寻常胸臆中所无有。”（《昭昧詹言》）用以欣赏此诗之结构，也是颇为适合的。

（吴孟复）

聚星堂雪 苏 轼

元祐六年十一月一日，祷雨张龙公，得小雪，与客会饮聚星堂。忽忆欧阳文忠公作守时，雪中约客赋诗，禁体物语，于艰难中特出奇丽，迩来四十余年莫有继者。仆以老门生继公后，虽不足追配先生，而宾客之美殆不减当时。公之二子(棐、辩)又适在郡。故辄举前令，各赋一篇。

窗前暗响鸣枯叶， 龙公试手初行雪。
映空先集疑有无， 作态斜飞正愁绝。
众宾起舞风竹乱， 老守先醉霜松折。
恨无翠袖点横斜， 只有微灯照明灭。
归来尚喜更鼓永， 晨起不待铃索掣。
未嫌长夜作衣棱， 却怕初阳生眼缬。
欲浮大白追余赏， 幸有回飙惊落屑。
模糊桧顶独多时， 历乱瓦沟才一瞥。
汝南先贤有故事， 醉翁《诗话》谁续说。
当时号令君听取： 白战不许持寸铁。

这首诗在形式上的特点是“禁体”，即序中说的“禁用体物语”。什么叫“禁用体物语”呢？欧阳修的《雪中会客赋诗》小序云：“玉、月、梨、梅、练、絮、白、舞、鹅、鹤、银等事，皆请勿用。”这难道是故出难题，以便“于艰难中特出奇丽”吗？那岂不成了文字游戏？当然不是。

先看一下李商隐的《对雪》：

旋扑珠帘过粉墙，轻于柳絮重于霜。
已随江令夸琼树，又入卢家妒玉堂。
侵夜可能争桂魄，忍寒应欲试梅妆。
关河冻合东西路，肠断斑骓送陆郎。

此诗堆砌词藻，“多用故事”，写出一支“雪”的谜语，看不出有什么诗意。宋初“西昆”派诗人“学李商隐”，就专学这一类。由此可见，“禁用体物语”，正是要矫正“西昆体”流弊，使诗歌面向现实，以白描代替藻饰。欧阳修诗中说：“脱遗前言笑尘杂，搜索万象窥冥漠”，即有“力去陈言”，注意写实的意思。苏轼此诗，用白描语言，刻画喜雪心情，尤为细腻。

起句写“窗前”“枯叶”在“暗响”，再写“映空先集”，疑“有”疑“无”，纯属白描，确为初雪。欲落未落,“作态斜飞”,使人待之焦急,刻画尤为入神。这不仅把雪写活,而且写出望雪心情。久旱得雪,大家欢喜,“众宾起舞”,“老守先醉”,便是这种心情的生动表现。其中,“风竹乱”是舞姿,“霜松折”是醉态,但也是雪景。“恨无翠袖”,即《醉翁亭记》“宴酣之乐,非丝非竹”的意思。“横斜”是梅态也是舞姿,亦复语含双关。“微灯”写宴罢之后,灯光微淡,才能见雪;微雪时止时降,故望去若明若灭。纪昀说,此诗“句句恰是小雪,体物神妙,不愧名篇”,是不错的。但此诗之妙,主要还在于写出心情。

“归来”卧听“更鼓”,因更鼓知夜永,由夜永推知雪势(一般说来,雪多落于夜间,苏诗即有“夜静无风势转严”句)未已,故喜(《诗林广记》引此诗,“永”作“暗”,意更明白),即使冷到衣若生棱,也不以为嫌。人虽就寝,心在雪上,急欲了解雪下了多少,故次晨不待铃索之掣(太守有铃阁,每晨,吏人掣铃索通报),而已起床。这时最怕是雪晴“初阳”出(“生眼缬”谓照花了眼睛,形容天晴日出)。但事实上只是一场小雪,可是他还想对“余雪”再赏一下。从桧顶到瓦沟,一一注视;对疾风吹落下来的“余屑”也感到惊喜,这就加倍刻画出望雪、喜雪心情。杜甫说“忧国望年丰”。“雪兆丰年”,望雪即望丰年。这种心情正是忧国、忧民的表现。欧阳修诗中说:“乃知一雪万人喜”,这种忧喜是与广大人民一致的。

结处收到题目。“聚星堂”是欧阳修为知州时所建,“聚客赋诗”咏雪,“禁用体物语”是欧阳修“故事”。(有人说,“禁体”始于许洞。按宋初许洞为了难“九僧”,要其作诗禁用风、花、雪、月等字,见《六一诗话》)点明这些,自所当然。颍在汝水之南,故云“汝南”(颍在汉为汝阴郡,与汝南不是一地)。《汝南先贤传》是一本古书(今佚),这里借用“汝南先贤”指欧阳修。“故事”是“旧事”、“典故”的意思,即指咏雪事。“白战不许持寸铁”,指“禁用体物语”,“白战”,指不带武器的战斗,也就是所谓“肉搏战”,用作比喻生动形象,陈石遗谓:“最后画龙点睛,结不落套。”

试把此诗与上引李商隐诗相比,同为咏雪,而写法与内容迥不相同。李商隐那首诗(李商隐有很多好诗,但“西昆”专学这类),尽管词采藻丽,用典雅赡,究其思想,却很贫乏。苏轼洗去铅华,纯用白描,不惟“句句是小雪”,写出特征,且着重心理刻画,抉深入微,写出“乐以天下、忧以天下”的与万人同忧、喜的心情,实践了欧阳修讲的“搜索万象窥冥漠”的主张。清人翁方纲说,“诗至宋而益加细密,盖刻抉入里,非唐人所能囿”(《石洲诗话》)。苏轼此诗正可为其代表。黄庭坚之“夜听疏疏还密密,晓看整整复斜斜”(《咏雪呈广平公》),虽亦用白描,但中无寄托,仍近谜语,相较一下,有助赏鉴。

(吴孟复)

轼在颍州，与赵德麟同治西湖，未成，改扬州。三月十六日湖成，德麟有诗见怀，次韵　　苏　轼

太山秋毫两无穷，　巨细本出相形中。
大千起灭一尘里，　未觉杭颍谁雌雄。
我在钱塘拓湖渌，　大堤士女争昌丰。
六桥横绝天汉上，　北山始与南屏通。
忽惊二十五万丈，　老葑席卷苍云空。
揭来颍尾弄秋色，　一水萦带昭灵宫。
坐思吴越不可到，　借君月斧修曈昽。
二十四桥亦何有，　换此十顷玻璃风。
雷塘水干禾黍满，　宝钗耕出馀鸾龙。
明年诗客来吊古，　伴我霜夜号秋虫。

诗题已把写诗背景大体说清。作者于哲宗元祐六年(1091)调知颍州(州治在今安徽阜阳)，当时赵德麟(名令畤)为州判。由于那里常闹旱涝灾荒，两人“欲将百渎起凶岁”，决定浚治颍州西湖(在州治西北)。不过没有等到竣工，苏轼便于次年年初调知扬州。到了三月中旬，湖功完成，赵德麟兴奋地写诗寄怀苏轼，他便次其韵写下这首诗奉答。

全诗可分四节。头四句为一节，是开端。句下作者自注说：“来诗云与杭争雄。”原来苏轼知颍州前，曾知杭州，并在那里疏浚了杭州西湖，所以赵的来诗里有与杭州西湖争雄的话头。这也许是赵的一点幽默吧！作者便接过来以一个更加风趣的回答发端。

苏轼以道、佛两家思想作答。一二两句取道家齐物论思想。《庄子·齐物论》云：“天下莫大于秋毫之末，而太山为小。”秋毫怎么为大，太山倒为小呢？原来，从齐物论观点看来，“物量无穷”，大小只是相对而言。太山是大，可是比起更巨大的事物来，又为小；秋毫是小，可是比起更微细的东西来，又为大。所以太山、秋毫两者在大小序列中都是“无穷”的，至于称巨道细，那不过出在“相形”即相较范围中而已。大小如此，高下又何尝不是如此，又分什么杭、颍的雌雄呢！第三句取佛家思想。大千，也称三千大千世界，佛家用以称谓广大世界。《法华经》言，每一大千世界历劫则碎为一微尘，所以说“大千起灭一尘里”。大千世界至为广大，也不过起灭于一尘之中，杭、颍二湖不过大千世界中微乎其微的东西，

又争什么高下呢？所以，从道家思想看也好，从佛家思想看也好，都“未觉杭颍谁雌雄”。

这个开头极妙。它以一个富有哲理的大议论凭空喝起，突兀有势，摇人心目，为全篇增神。所以纪昀评之为“入手奇伟”。此其一。这个回答，把人们带进一个饶有兴味的哲理境界中，妙趣横生，引人入胜。此其二。第三，这个别致的开端，表现了诗人的学识与胸襟，显露出诗人那种囊括万有、高视人间、洒然超脱、不凝滞于物的思想气质。正是这种气质，使他旷朗地对待一切，不那么执着一端，杭州也好，颍州也好，扬州也好，只要能在所历之处留下一点利国利民的事业就好。这成为贯串全诗的一条主线。

次六句为第二节，紧承杭颍雌雄辩难的话头，追叙治杭州西湖事。这六句虽然都是实叙其事，但通过诗人富有个性的艺术构思，“写来异样惊动”（汪师韩评语）。杭州西湖的湮塞，在于菰葑滋蔓，侵蚀湖面达二十五万余丈。苏轼主持将葑田泥土起出，用它在湖中筑成南北十多里的长堤，即后来所称苏堤。堤上架映波、锁澜、望山、压堤、束浦、跨虹等六桥，并遍植花柳，结果湖清似镜，长堤如画，面貌一新。首句写治湖。“拓湖渌”三字下得准确贴切，向葑夺水的情景毕现。次句写堤成后，士女遨游的欢乐，有意用了两首民歌的故实。一是乐府《大堤曲》：“朝发襄阳城，暮至大堤宿。大堤诸女儿，花艳惊郎目。”“大堤士女”本此。一为《诗·郑风·丰》：“子之丰兮，俟我乎巷兮”，“子之昌兮，俟我乎堂兮”。“争昌丰”本此。昌、丰都是形容仪容的丰茂。将两首民歌的意境糅合成句，不需词费，一片追逐嬉戏的欢乐场景跃然纸上，典实是运用得成功的。中间两句夸堤。说它好像横跨于银河之上，这一优美的想象，给长堤六桥涂上无比神奇壮丽的色彩，而那终古悬隔于西湖南北两端的北山与南屏山，如今一堤相通，也真好像牛郎、织女一般要拉起手来了，静止的事物都充满活气。后两句歌咏除葑。覆压二十五万丈水面的老葑，像遮蔽碧空的苍云，被席卷一空，露出万里晴空般澄澈的湖面，这已使人惊为壮举，偏又领以“忽惊”二字，好似压湖的老葑只于一夕飞去。湖功被颂扬到了近乎神异的地步，诗人那赞誉之情，欣喜之态，简直呼之欲出了。

“朅来”六句为第三节，由杭而颍，转到写颍州西湖。上节写杭州，意在夸湖。这一次因为湖功未成即离去，故侧重在治湖之意与去湖之感。笔法极活，随事而变。颍州西湖处颍水下游，“朅来颍尾”，即承杭而言，指到颍州。作者到颍在元祐六年秋天，故言“弄秋色”。一水即指颍水。昭灵宫，祀张路斯之庙。相传张于隋初迁家颍上，自言是龙，后有许多灵异事迹，从唐初以来人们便立祠奉祀，逢旱多向之祈雨。宋神宗熙宁年间诏封为昭灵侯。这两句意在点明到颍州和拈出颍水，而全以景语出之，便形象生动。下二句转入治湖，妙语成趣。"坐"作"因"解，"吴越"指杭州。由于调至颍州，杭州没法到了，那么，就"借君（指赵）月斧"再造个西湖吧！《酉阳杂俎》载，唐文宗大和年间，有一士子游嵩山，遇一道士对他说，月亮乃七宝合成，其光受于日，"其凸处常八百三千户修之"，他即修月者之一，并出示"斤凿"。后来遂以月斧借喻修文能手。诗人这里加以活用，将颍州西湖比喻为月，以月斧喻治湖，以修去朦胧即月不明亮之处喻澄清湖水。二句不仅语多风趣，选用的典实也颇优美。后两句再一个转折。二十四桥为扬州胜景，杜牧诗云："二十四桥明月夜。"由于湖功将成，作者却由颍州改知扬州，因此不禁感慨道：二十四桥有什么了不起，竟被它掉换了这十顷明湖的清风。惋叹之情溢于言表。这两句乃是翻欧阳修成句而成。欧曾从扬州移官颍州，作西湖诗说："都将二十四桥月，换得西湖十顷秋。"于后者颇有不足之意。苏轼恰好相反，由颍移扬，便承势做个小小翻案文章，还是西湖为好，二十四桥何足恋恋！妙手移接，显示出诗人点化的功力。这节六句三个层次，转接有势跌宕多姿。

"雷塘"四句为结尾。诗末自注说："德麟见约来扬寄居，亦有意求扬倅。"这四句就是对赵这个意愿的回答。雷塘，在扬州东北，为隋炀帝葬处。炀帝生前常携宫人来此游览。唐时水利还很好，宋以来逐渐湮废，变为民田。所以诗里说水涸稼生，连宫妃遗物都耕出来了。《拾遗记》载魏文帝纳薛灵芸时，"外国献火珠龙鸾之钗"，诗中借此钗名。馀鸾龙，言只残存钗上鸾龙之饰。扬州可提的事物很多，偏偏要拈出雷塘来结尾，显然仍在对扬州水利废弛不满。所以末两句幽默地说，你明年来扬可以吊古，伴我在秋夜唱出秋虫般凄苦的哀吟。那不足之意是分明的。可惜苏轼在扬没待上多久，当年便转调他任，否则，雷塘水利也许又被兴复了吧！

宋人以议论为诗，以才学为诗，以文为诗。这首诗在这些方面往往能扬长避短。议论不坠于抽象说理，而富于耐人玩味的理趣；才学不流于堆垛故实，而能恰切用事以丰富诗的内涵；以文法入诗，不陷于平衍铺叙，而能注意形象飞动与腾挪波澜。本篇在章法上关合极紧，堪称巧构。首以与对方辩难始，结以答对方意愿止。中间则"前以杭之西湖陪说颍之西湖，后以欧阳之自扬移颍比己之自颍改扬，都有天然证佐，会成佳谈，构成绝唱"（汪师韩评语）。全篇跨度很大，包括杭、颍、扬三州，但不离湖水水利，从杭之西湖到颍之西湖再到扬之雷塘，一线贯串，散而不离。另外，翁方纲说："唐诗妙境在虚处，宋诗妙境在实处。"如果说虚宜于神，那么实则宜于趣。这首诗运思用笔，风趣幽默，触处生春，无疑给宋诗的发展以极大的启示。

（孙　静）

书丹元子所示李太白真[1] 苏 轼

天人几何同一沤，　谪仙非谪乃其游，
麾斥八极隘九州。[2]
化为两鸟鸣相酬，　一鸣一止三千秋。
开元有道为少留，　縻之不可矧肯求！[3]
西望太白横峨岷，　眼高四海空无人；
大儿汾阳中令君，　小儿天台坐忘身。
“平生不识高将军，　手污吾足乃敢瞋！”[4]
作诗一笑君应闻。

〔注〕 ① 真：画像。 ② 隘(ài)：狭小，此处用作动词。 ③ 縻(mí)：笼络，羁留。 矧(shěn)：况。 ④ 瞋：一作“嗔”；“瞋”、“嗔”本可通用，皆为怒意。但“瞋”又可作“瞪目”讲，兼有瞪目之态和愤怒之情，则更可取。

这是苏轼题在李白画像上的一首诗。这类诗，旧称“像赞”，多应像主或其后人之请，说些颂扬的话。苏轼晚于李白三百多年，在丹元子（一位姓姚的道士）所出示的李白像上主动题诗，这当然不是一般的“像赞”，而是诗人在抒发对这位伟大前辈的深刻而独特的理解。前人说苏诗“用事博”，钱锺书还从苏诗中看到“莎士比亚式的比喻，一连串把五花八门的形象来表达一件事物的一个方面或一种状态”（见《宋诗选注》）。这首诗运用典故和比喻，在十四句诗中就把十分复杂的“并庄、屈为心，合儒、仙、侠为气”（龚自珍《最录李白集》中语）的李白精神面貌表达得明朗而丰满。

全诗可分为两部分。开头两句异峰突起，写出了李白的高尚形象。“天人”是用魏邯郸淳赞扬曹植的话（见《三国志·魏志·王粲传》裴注引《魏略》），诗里借指古代才俊之士。沤，本义是水浸、水泡，这里是尽的意思。整句是说古来多少才俊之士都已湮没。这里用“天人几何同一沤”来反衬李白的声名永垂。下句从“谪仙”翻出新意，显出李白的卓立不凡。

《新唐书·李白传》载，贺知章读了李白的文章，对他赞叹说：“子，谪人也！”后人因称李白为谪仙。但苏轼对此犹不满意，谪降人间，终是凡人，所以翻案说“谪仙非谪乃其游”：人间的李白并非神仙谪降，而是神仙出游。这个美妙的想象和赞誉，比贺知章的“谪仙人”高出一头，李白既不是谪仙，更不是天人，而是远远地超乎两者之上的到处遨游的神仙，因此第三句说“麾斥八极隘九州”。“麾”

通“挥”,“麾斥”即“挥斥”。“挥斥八极”,语出《庄子·外篇·田子方》:“夫至人者,上窥青天,下潜黄泉,挥斥八极,神气不变。”郭象注“挥斥,犹纵放也”。所谓八极、九州,见于《淮南子·地形训》:“天地之间,九州八极。”九州原指上古时代中国的行政区划,其名称诸书不一,后因以九州泛指中华大地。而《淮南子》又说“九州之外有八寅,八寅之外有八纮,八纮之外有八极”,可知八极乃是比九州远为广阔的天地极境。这是说李白遨游天地,放纵八极,那个八极之内的小小的九州在他眼里就显得十分狭窄了。“化为”两句,信手用韩愈《双鸟诗》意,又生发出一个奇特的想象。韩诗说:“双鸟天外来,飞飞到中州。一鸟落城市,一鸟巢岩幽。不得相伴鸣,尔来三千秋……还当三千秋,更起鸣相酬。”苏轼借此把同时的李白和杜甫喻为天外飞来的双鸟,把他们不朽的诗歌喻为“一鸣一止三千秋”——正不知古今几千年才出现一个李白、一个杜甫呢。

李白真是遨游八极的神仙,天外飞来的神鸟吗?当然不是。“麾斥八极隘九州”,只是从空间上比喻李白精神境界的阔大;“一鸣一止三千秋”,也只是从时间上比喻李白诗才的古今难遇。这些比喻想象,可以说虚而又玄,但恢廓宏远,其“逸怀浩气,超然乎尘埃之外”,正是从宏观上为李白立照传神。如此运笔,也是在为下文作铺垫。

“开元”两句,是说,遨游的神仙,天外的神鸟,只因见到人间有个开元盛世,才来此稍事勾留;想笼络他多留些时日尚且不可,他难道还肯去乞求什么吗?这么一转,总收以上恢宏的幻境;而李白的来到人间,不言而喻,应是王朝的瑞气,国家之大幸,当然不可以世俗之眼来看待他了。全诗十四句,前七句用幻境写李白的精神境界,到此收住。

后七句则着重写李白的蔑视权贵,是全诗的主旨所在。十四句句句用韵,韵随意转,七句换韵,音节颇有特色,这在古体诗中是少见的章法。因此,它曾被人错误地从换韵处割裂为两首诗。

后段以“西望”两句领起,乃是承前而来。李白《蜀道难》诗说:“西当太白有鸟道,可以横绝峨眉巅。”太白,在陕西武功县南,是秦岭主峰,与蜀中之峨眉同为著名的高山;两句本指秦、蜀之间,只有鸟道可通,人难逾越。苏轼化此两句为“西望太白横峨岷”,又引出下句“眼高四海空无人”,是说李白眼高绝顶,雄视四海。“大儿”句指郭子仪,郭是平服安史之乱的名将之一,曾封汾阳王,任中书令。《新唐书·李白传》载:“初游并州,见郭子仪奇之。子仪尝犯法,白为救免。及白坐永王璘败,当诛,子仪请解官以赎。”“小儿”句指天台道士司马承祯,他写过一篇《坐忘论》,列举坐忘安心之法七条以为修道阶次,因此称他为“坐忘人”。

"身",犹人。又李白《大鹏赋序》说:"予昔于江陵见天台司马子微(司马承祯之字),谓余有仙风道骨,可与神游八极之表。"这两句是说李白视天下无人,只和郭子仪、司马子微两人交好。句中的"大儿"、"小儿",本是东汉末年祢衡的话。祢衡蔑视权贵,当面骂过曹操,一生只赞赏孔融、杨修,常说"大儿孔文举,小儿杨德祖"(见《后汉书·祢衡传》)。这里借来安在李白名下,显得口气很大。这四句连写李白的高视无人,因前七句已铺垫丰厚,所以平平道来,自然熨帖。但它又是在为下文蓄势,警策、高峰都在下两句。势足气壮,奇峰崛起:"平生不识高将军,手污吾足乃敢瞋!"唐玄宗最宠信的宦官高力士,曾先后被加封为右监门卫将军和骠骑大将军,称高力士为"将军",以显其权势之盛。相传李白在宫中陪玄宗饮酒,醉后令高力士脱靴,高力士从此怀恨,于是中伤李白。这两句承前而起,托李白的口气说话。这时的李白已不只是一般地轻视高将军,简直是声色俱厉、痛加呵斥了。这,充分表现了李白,也表现了苏轼对权贵的蔑视。人称李白为"谪仙",称苏轼为"坡仙",论气质,论诗,苏轼都最接近李白,苏轼也自认为最理解李白。所以最后一句,诗人竟向死去三百年的像主通话了:我作诗已罢,付之一笑,你应该是听到的吧!

按《诗集》编次,这首诗当作于元祐八年(1093)冬定州任上。这年九月,高太后崩,哲宗亲政,上距乌台诗案已十四年。苏轼还朝后连乞外任,到了定州当知州。他已饱尝了新旧两党的轮番排挤。哲宗亲政后,章惇等人复据要职,苏轼又面临新的危机。但他这时已久经忧患,看透了权贵们的强争恶斗,不过是"粪黄满朝人更苦",因此这首题像诗,也未必不是借李白以寄托他自己的愤慨。

(程一中)

壶中九华诗并引　　苏 轼

湖口人李正臣蓄异石九峰,玲珑宛转,若窗櫺然。予欲以百金买之,与仇池石为偶,方南迁未暇也。名之曰壶中九华,且以诗纪之。

清溪电转失云峰,　梦里犹惊翠扫空。
五岭莫愁千嶂外,　九华今在一壶中。
天池水落层层见,　玉女窗明处处通。
念我仇池太孤绝,　百金归买碧玲珑。

湖口即今江西湖口,旧属九江府,地在鄱阳湖之口,当江湖之冲,所以得名。这是绍圣元年(1094)东坡六十岁时南迁道中写的诗。前一年,即元祐八年

(1063)六月,东坡出知定州(今属河北),九月,主持"元祐更化"的高太后病逝,哲宗亲政,朝局再次发生变化。绍圣元年四月,东坡"坐前掌制命语涉讥讪"的罪名,责知英州(今广东英德)军州事,途中三改谪令,六月至安徽当涂,再次奉到"责授建昌军司马,惠州安置,不得签书公事"的谪令。他遣长子苏迈带领家属去常州就食,"初欲独赴贬所。儿女辈涕泣求行,故独与幼子过一人来"(本集《与王庠书》)奔赴惠州(州治在今广东)贬所。七月,行至湖口,写了这首诗。苏过也写了一首七言古诗(见《斜川集》卷三),其小序云:"湖口人李正臣蓄异石,广袤尺余,而九峰玲珑,老人名之曰湖(壶)中九华,且以诗记之,命过继作。"据苏过此序,知所谓壶中九华只不过是一个"广袤尺余"的石山,属于文人清供的案头小品之类。题材本身十分狭窄,诗人运用自己奔放的想象力,小题大做,加以开掘,写下了自己南迁生活的一段感情经历。这正是黄庭坚所谓"棘端可以破镞,如甘蝇、飞卫之射","诗之奇也"。

诗人从实际生活、从大处远处落墨:"清溪电转失云峰,梦里犹惊翠扫空。"清清的溪流,斗折蛇行,迅转如电,舟行疾速,岸上入云的诸峰很快在眼中消失了。而爱山之情,梦寐不忘,在梦中犹时时看见那苍翠横空的山色,为之惊叹不置。二句想象飞越,感情浓至。东坡此次南迁,自陈留以下沿汴、泗舟行,过扬州,越长江泊金陵,背离中原,远窜南荒,"兄弟俱窜(苏辙先贬汝州,再贬袁州),家属流离"(《东坡续集》卷六《与程德孺书》),其心情是凄苦的。诗中通过景物描写,透露了对中原山水的依恋之情。"云峰"泛指江上高耸入云的山峰。赵次公注以为实指庐山,也未为不可,因为在湖口是可以望见庐山的。东坡同时还写了一首《归朝欢·与苏坚别》词,开头四句云:"我梦扁舟浮震泽,雪浪摇空千顷白,觉来满眼是庐山,倚天无数开青壁。"词的意境可以与此"梦里犹惊翠扫空"句相发明。"翠扫空"三字由贾岛《望山》诗:"阴霪一以扫,浩翠写国门"化出,言苍翠的山色,像画家用大笔横扫,涂抹在广阔的天宇中的一幅画图。

三四句承接上文惜山之意,一气旋转而下,"五岭莫愁千嶂外,九华今在一壶中"。微露主旨,点醒题目。查初白评"五岭"句云:"三句带南迁意不觉。"这评语是恰当的。言"莫愁",正见五岭千嶂之外之可愁;所以言"莫愁"者,由于"九华今在一壶中",足以稍慰迁客寂寞之情耳。强作欢颜,聊以自慰,露中有含,透中有皱,最是抒情上乘。东坡以六十高龄,万里投荒,其愁苦是深重的,但他没有把自己的痛苦直白地倾吐出来,他轻轻地提出"莫愁"二字,从反面着笔,而这小小拳石,竟成了诗人此际的唯一安慰,则其中心的空虚、孤苦,可想而知。细细咀嚼饱含在语言形象中的情味,眼前便会出现一个老年诗人面对着这小小盆景、一往情深的孤苦形象，心情也会不自觉地受到感染。“一壶中”的“壶”，不过是盛放山石的盆盂之类，但由于“壶中”二字在文学上的传统用法，却给人带来一种灵异之感。《神仙传》说：一个叫壶公的人，“常悬一壶空屋上”，每天“日入之后”，他就“跳入壶中，人莫能见”，只有一个叫费长房的有道术的人能看见他，“知其非凡人也”。赵次公注云：此“壶公之壶也，中别有天地山川，故云耳”。有此二字，便把现实山石仙境化了，并为下文“天池水”、“玉女窗”作好准备，把读者带入一个虚无飘渺的神仙世界。

“天池水落层层见，玉女窗明处处通。”正面描写壶中九华形象。“层层见”言山石的层叠多姿，随着水落，一层层地显现出来，使人玩赏不置。“处处通”，写山石“玲珑宛转若窗櫺然”的特点。“天池”只是泛指天上之池，不必坐实去找它在什么地方，旧注拘泥于出处，或说在青城，或说在庐山，或说在皖山，这是不必要的。“玉女窗”见《文选·鲁灵光殿赋》：“神仙岳岳于栋间，玉女窥窗而下视。”这是文学上常用的典故，李商隐诗：“玉女窗虚五夜风”，是其例。用“天池水”、“玉女窗”构成一个优美的、惝恍迷离的仙境情调，诗人的想象力是十分活跃的。

结尾“念我仇池太孤绝，百金归买碧玲珑”，言所以欲买之意。仇池是东坡在扬州所蓄异石，东坡有《双石》诗，其小引云：“至扬州获二石，其一绿色，冈峦迤逦，有穴达于背；其一正白可鉴，渍以盆水，置几案间。忽忆在颍州日，梦人请往一官府，榜曰仇池。觉而诵杜子美诗曰：‘万古仇池穴，潜通小有天。’乃戏作小诗，为僚友一笑。”这就是仇池石的由来。这个仇池石是东坡心爱之物，他称之为“希代之宝”。为了它，曾和王晋卿一起往复写了好几首诗，讨论以石易画问题，传为艺林佳话。这里“太孤绝”三字，和前面第三句“千嶂外”一层映带生情，使全诗内在的抒情脉络贯串一气，萦拂有致，再一次抒写了诗人的孤愤之情。

这首诗通过一个狭小的题材，铭记了诗人南迁途中的一段感情经历。东坡对这段经历是难以忘怀的。八年之后（据黄庭坚和诗知为建中靖国元年四月十六日），东坡自海外遇赦放还，重经湖口，特意访问了石的下落，则已为好事者所取去。东坡乃自和前韵再次写了一首诗。次年，即崇宁元年（1102）五月二十日，黄庭坚自荆南放还，系舟湖口，李正臣持东坡诗来见，时东坡已去世，石亦不可复见了。黄庭坚也次韵和了东坡此诗。经过两位大诗人前后十年间反复题咏，这个壶中九华石也和仇池石一样传为石中珍宝了。（白敦仁）

八月七日初入赣过惶恐滩　　苏　轼

七千里外二毛人，　　十八滩头一叶身。

山忆喜欢劳远梦，　　地名惶恐泣孤臣。
长风送客添帆腹，　　积雨浮舟减石鳞。
便合与官充水手，　　此生何止略知津。

绍圣元年(1094)，“新党”再度执政，朝廷中掀起了一股打击“元祐党人”的恶浪，株连很广。苏轼被指责起草制诰、诏令中“语涉讥讪”、“讥斥先朝”，结果由定州知州调任英州知州，降一级。未到任所，再贬为宁远军节度副使，惠州安置。

这首诗是诗人赴惠州(今属广东)贬所路经惶恐滩时所作。诗题标明了写作的时间、地点。据江西《万安县志》载：“赣州二百里至岑县，又一百里至万安，其间有滩十八……滩水湍急，惟黄公为最甚。”南方人读“黄公”如“惶恐”，因被称惶恐滩，或以为自苏轼改名。

“七千里外二毛人，十八滩头一叶身。”意思是：我这个从七千里外被贬谪来的毛发斑白之人，只身在十八滩头颠簸飘零，简直就如一叶在波涛中翻滚。被贬荒远，如叶离枝，已见其苦；此叶又入险滩旋涡，其危更甚。本篇为七律起对格，“七千里”对“十八滩”，“二毛人”对“一叶身”，通过工巧的对偶，形象的比喻，既写出了被贬的路程(七千里外)，又刻画了当时的年貌(“二毛”斑斑)，又用强烈的对比写出了艰难的处境(“十八滩”、“一叶身”)，可谓妙手天成。《陈书·高祖纪》载：“南康赣石，旧有二十四滩，滩多巨石，行旅以为难。高祖之发也，水暴起数丈，三百里滩，巨石皆没。”在暴起数丈之湍流中，“一叶”飘零，处境之危可见。

颔联写心境：“山忆喜欢劳远梦，地名惶恐泣孤臣。”“喜欢”，苏轼自注：“蜀道中有错喜欢铺，在大散关上。”苏轼，蜀人，此以“喜欢”代指故乡山水。“孤臣”，失势无援之臣。(柳宗元《入黄溪闻猿》诗：“孤臣泪已尽，虚作断肠声。”)二句意谓：因思念故乡山水而忧思成梦，看到这叫惶恐的险滩就更叫我愁泣了。“劳远梦”可知思乡情切，“泣孤臣”可见心中悲苦。其实，这见“惶恐”而起悲思，不仅是写出了当时的处境和心情，也写出了世途险恶，暗含着对国事的忧愤。当时竞争激烈，政敌心狠手毒，令人动辄得咎；诗人乃心向王室，曾在施政用人方面对哲宗苦心劝谏，哲宗不但不听，反而远贤近佞，使许多才德之士遭贬荒远，这怎能不使人悲泣忧愤呢？见“惶恐”而“泣孤臣”，正是缘物抒情之笔。“山”对“地”，“喜欢”对“惶恐”，“劳远梦”对“泣孤臣”，不仅属对精工，而且内蕴丰富，感慨系之。

改“黄公”为“惶恐”，既有意趣，又能涉及身世国事，所以得到后人的承认和应用。如文天祥诗中就有“惶恐滩头说惶恐”、“遥知岭外相思处，不见滩头惶恐声”等句。

颈联写行舟，格调由凄苦转向雄放："长风送客添帆腹"，是说帆受风，如大腹鼓起；"积雨浮舟减石鳞"，是写因雨水暴涨，再也看不到水流石上的波纹。一"添"一"减"，用工稳的"流水对"写出了顺风行舟的快意。苏轼豪放达观，从来不肯把自己埋没在"念念成劫"的痛苦之中。只有理解这一点，才能更好地理解作品的这种转折。

于是尾联放开一笔，更作达观语。"知津"，知渡口，即识途，出自《论语》。二句意谓：我正应当为官府充当水手（与，为、替之意），因为我一生经历的风浪多的是，岂止是略识途而已。言外之意是，这点打击，在我看来，直是区区，算不了什么。

此诗前为凄苦语，后作旷达观，充分显示了诗人开阔的胸襟，也显示了苏诗"清雄"的特色。

（傅经顺）

十一月二十六日松风亭下梅花盛开　　苏　轼

春风岭上淮南村，　昔年梅花曾断魂。
岂知流落复相见，　蛮风蜑雨愁黄昏。
长条半落荔支浦，　卧树独秀桄榔园。
岂惟幽光留夜色，　直恐冷艳排冬温。
松风亭下荆棘里，　两株玉蕊明朝暾。
海南仙云娇堕砌，　月下缟衣来叩门。
酒醒梦觉起绕树，　妙意有在终无言。
先生独饮勿叹息，　幸有落月窥清尊。

这是东坡绍圣元年（1094）六十岁时在惠州贬所写的诗。这年六月，东坡在南迁途中再次奉到谪令，责授建昌军司马，惠州安置，不得签书公事。八月，再贬宁远军节度副使，仍惠州安置。十月三日，终于到达惠州贬所。最初寓居合江楼，十八日迁居嘉祐寺（见《后集》卷五《迁居》诗序）。松风亭在嘉祐寺侧近，东坡《松风亭记》云："仰望亭宇，尚在木末。"又《题嘉祐寺》云："始寓嘉祐寺松风亭，杖履所及，鸡犬皆相识。"是亭与寺都在半山坡上。十一月二十六日，松风亭下梅花盛开，诗人兴会浓至，写了这首诗。

"春风岭上"四句，从"昔年梅花"说起，引到今天的流放生活。东坡自注云："余昔赴黄州，春风岭上见梅花，作两绝。明年正月，往岐亭道上赋诗云：'去年今日关山路，细雨梅花正断魂。'"自注所称两绝句，指元丰三年（1080）正月赴黄州贬所，路过麻城县春风岭时所作《梅花二首》。句云："春来幽谷水潺潺，的皪梅花草棘间。"又云："幸有清溪三百曲，不辞相送到黄州。"言落梅随水远道相送也。第二年，元丰四年正月往岐亭，想起春风岭上的梅花，又写了七律一首，有"去年"、"细雨"之句。这些十三、四年前在黄州谪迁生活中的往事，现因面对松风亭下盛开的梅花不觉涌上心来。"岂知"句极沉痛，诗人现在已经是六十岁的老人，岂料再次流落，再次见到这个谪迁生活中的旧侣——梅花，而且是在"蛮风蜑雨"的边荒之地，比起黄州，真是每况愈下，怎不令人生愁！"蛮风蜑雨"四字，形象地概括了岭南风土之异。惠州是兄弟民族聚居之区，旧时代轻视少数民族，泛称曰"蛮"；"蜑"是专名，即所谓"蜑子獠"。

以下转入流落中再次相见的梅花。"长条"四句，在写松风亭下梅花之前，先以荔支浦、桄榔园中所见作为陪衬。那些半落的长条，独秀的卧树，虽非盛开，但已深深地触拨着诗人的心灵，他为她们的"幽光"、"冷艳"而心醉。"留夜色"极写花的光彩照人，"排冬温"极写花的冰雪姿质。"冬温"是岭南季节的特点，着"直恐"二字，表现了诗人对花的关注，意谓在这温暖的南国，你该不会过于冰冷，不合时宜吧！诗人选择了"荔支浦"、"桄榔园"，给全诗的描写笼上一层浓郁的地方色彩。

"松风亭下"四句是题目的正面文字。如果说那些荔支浦上半落的长条，桄榔园中独秀的卧树，已经唤起诗人的深情，则此松风亭下"玉雪为骨冰为魂"的盛开的两株，将会引起诗人怎样的激赏！侵晨，他来到松风亭下，发现荆棘丛中盛开的梅花在初升的太阳光下明洁如玉，他完全陶醉了，他的身心进入了一个梦幻般的优美境界：他眼前已经看不见梅花，他仿佛觉得那是在月明之夜，一个缟衣素裳的海南仙子，乘着娇云，冉冉地降落到诗人书窗外的阶前，轻移莲步，来叩诗人寂寞深闭的双扉！这里的实际内容只不过是说盛开的花枝在召唤诗人，使他不能不破门而出，但他却用"缟衣叩门"这一优美联想进一步加以比拟，在诗人所提供的染上了浓郁的主观色彩的艺术氛围中，不言情而情韵无限，不能不为它的艺术魅力所倾倒。纪昀评"海南仙人"二句云："天人姿泽，非此笔不称此花。"这是很有见地的。从诗歌咏物的角度看，诗人在这里没有致力于梅花形貌的具体描绘，而是采取遗貌取神、虚处着笔的手法，抓住审美对象的独特风貌和个性，着力于侧面的烘托和渲染，达到一种优美动人的艺术境界。这里，不妨用黄庭坚咏水仙花的名作来作一比较。黄诗的头四句是："凌波仙子生尘袜，水上盈盈步微月。是谁招此断肠魂？种作寒花寄愁绝。"诗人由"水仙"二字引起联想，用凌波微步的洛神来比拟花的风韵。这种比拟，当然不是外貌上的相似，而是着眼于两者之间在神采、性格上的相通,诗人描写的焦点是客观对象的神理。山谷的“凌波仙子”和东坡的“海南仙云”在艺术构思上是完全一致的,但东坡这里表现了更丰富的内容,更深邃的层次。

汪师韩《苏诗选评笺释》云:“秀色孤姿,涉笔如融风彩霭。集中梅花诗,有以清空入妙者,如《和秦太虚梅花》诗:‘竹外一枝斜更好’是也;有以使事传神者,此诗‘海南仙云娇堕砌,月下缟衣来叩门’是也。”汪氏所谓“使事”,是由于旧注解释东坡这两句诗,认为他使用了《龙城录》中赵师雄的故事。据题为柳宗元著的《龙城录》中说:一个叫赵师雄的人游罗浮山,天寒日暮,他在似醒似醉间遇见一个淡妆素服、芳香袭人的美女,相与笑乐。醉寝懵然,但觉风寒相袭,东方已白。师雄起视,乃在大梅花树下。这时“月落参横”,为之惆怅不已。经前人考订,《龙城录》的作者不是柳宗元而是王铚(张邦基《墨庄漫录》卷二,《朱子语类》卷一三八),有的又说是刘无言(《洪斋随笔》卷十),反正东坡不可能使用这本书中的故事。于是有人又说,不是东坡用《龙城录》,而是《龙城录》的作者袭取东坡此诗衍为小说故事。这问题用不着多去纠缠,难道像东坡这样想象丰富的诗人,不依靠前人书本,就写不出这两句好诗么?

结尾“酒醒梦觉”四句,又从梦幻世界回到现实中来。他“绕树无言”,其思绪是深沉的。从诗的内在感情脉络看,这和前面“岂知流落复相见”句所隐含着的情思一脉相连。他如有所悟,但终于无言。他究竟能说什么?说给谁听呢?这真是“此时无声胜有声”了!说“勿叹息”,说“幸有”,是强作排遣口吻。在这朝暾已明、残月未尽的南国清晓,独把清尊,对此名花,不妨尽情领取这短暂的欢愉吧!

此诗意象优美,语言清新,感情浓至,想象飞越。每四句自成一个片段,一个层次,由春风岭上的昔年梅花,到荔支浦的半落长条、桄榔园的独秀卧树,逐步引出松风亭下玉雪般的两株,而以“岂知流落复相见”句为全篇眼目。声情跌宕,妙造自然,是东坡晚年得意之作。他采用同一韵脚,一口气写了《再用前韵》、《花落复次前韵》共三首七言歌行,前人称之为“韵险而语工,非大手笔不能到”(《遯斋闲览》)。

(白敦仁)

荔支叹

苏 轼

十里一置飞尘灰,① 五里一堠兵火催。②
颠坑仆谷相枕藉, 知是荔支龙眼来。
飞车跨山鹘横海,③ 风枝露叶如新采。

宫中美人一破颜，④　　惊尘溅血流千载。
永元荔支来交州，⑤　　天宝岁贡取之涪。⑥
至今欲食林甫肉，　　无人举觞酹伯游。
我愿天公怜赤子，　　莫生尤物为疮痏。⑦
雨顺风调百谷登，　　民不饥寒为上瑞。
君不见：武夷溪边粟粒芽，⑧　　前丁后蔡相笼加。⑨
争新买宠各出意，　　今年斗品充官茶。⑩
吾君所乏岂此物？　　致养口体何陋耶！
洛阳相君忠孝家，　　可怜亦进姚黄花。⑪

〔注〕 ① 置：古代的驿站，差官歇脚换马的地方。 ② 堠(hòu)：古代记里程的土堆，这里也指驿站。 ③ 飞车：古代神话中能在天空飞行的快车。鹘(gǔ)：海鸟的一种，古代船上刻鹘作为装饰，这里指海船。 ④ 宫中美人：指杨贵妃。破颜：发笑。《新唐书·杨贵妃传》："妃嗜荔支，必欲生致之，乃置骑传送，走数千里，味未变，已至京师。" ⑤"永元"句：作者自注："汉永元中交州进荔支龙眼，十里一置，五里一堠，奔腾死亡，罹猛兽毒虫之害者无数。" ⑥ 天宝岁贡：作者自注："唐天宝中，盖取涪州荔支，自子午谷路进入。" ⑦ 尤物：特别美好的东西，一般用于贬义。疮痏(wěi)：疮伤。 ⑧ 粟粒芽：武夷山名贵的茶。 ⑨ 前丁后蔡：指丁谓和蔡襄。作者自注："大小龙茶始于丁晋公，而成于蔡君谟，欧阳永叔闻君谟进小龙团，惊叹曰：'君谟，士人也，何至作此事！'"丁谓，字谓之，真宗时为参知政事，封晋国公。蔡襄，字君谟，仁宗时进士。笼加：指包装。 ⑩ 斗品：宋代有赛茶之风，官僚们把选赛出的名品，称为斗品。 ⑪ 姚黄花：牡丹花的名品，其始为姚姓所培育。作者自注："洛阳贡花，自钱惟演始。"

这首七言古诗，作于哲宗绍圣二年(1095)，作者正被贬谪在广东惠州。他初次尝到南方甜美的果品荔支、龙眼，极为赞赏；但也不禁联想到汉唐时代进贡荔支给人民造成的灾难。在诗中作者揭示了由于皇家的穷奢极欲，官吏媚上取宠，各地名产都得进贡的弊政。同时对宋代的进茶、进花，也作了深刻的讽刺。

开篇四句描写汉代传送荔支，刻不容缓，急如星火的情景。皇家为了要吃到南方进贡的新鲜荔支，不惜叫差官十里换一次马，五里设一个站亭，拼命地传送。快马疾驰，尘土飞扬，有如传递紧急军事情报一样。人马由于奔跑太快，导致死伤的人很多。有的跌入土坑，有的倒在山谷，尸体散乱地堆叠在一起，给人民带来意想不到的灾难。接下去"飞车跨山鹘横海"以下四句，写唐代传送荔支的情景，前两句指出唐明皇为了加快传递的速度，使尽一切办法，用飞车踏过山冈，用快船越过海道，让风枝露叶的荔支，如同新采的一样，供他们享受。后两句描述唐明皇为着博得杨贵妃的欢心，在进贡荔支的途中，不知摧残了多少人的生命，惊尘溅血，似乎千载而后，那些人的鲜血还没有干："宫中美人一破颜，惊尘溅血流千载。”精神飞动，寄慨遥深，成为全诗警句。杜牧在《华清宫》诗中说：“一骑红尘妃子笑，无人知是荔支来。”揭露的正是这种情况，但造语不及东坡的雄浑。

接着以“永元荔支来交州”等八句，总结汉唐两代进贡荔支的弊政，并致以深沉的感慨和愿望。“永元”句总括开头四句，永元是汉和帝（刘肇）的年号，当时进贡的荔支，来自两广南部的交州。“天宝”句总括次四句，天宝是唐明皇（李隆基）的年号，唐时岁贡的荔支，是取自四川涪州（治所在今四川绵阳）。“至今”两句，表明直到现今，人们都痛恨唐明皇时的宰相李林甫，他处处谄媚皇帝，阿谀取宠，对进贡荔支，不加谏阻，人们恨不得吃他的肉，这自然是可以理解的。然而对汉和帝时的唐伯游（唐羌字），却很少有人酹酒来纪念他。唐伯游当年做湖南临武县令，见到传送荔支，死亡惨重，曾经上书给汉和帝，建议罢除交州荔支的进贡，和帝因而下令不再进献。他为人民做过好事，却没有得到应有的尊敬。可见现在能够继承唐伯游精神的人是很少的。“我愿”以下四句，作者表白了自己虔诚的愿望，祝愿上天能够悯恤黎民，不要生出像荔支那样特殊美好的珍品，给人民带来灾祸。只要风调雨顺，百谷丰收，人民无饥寒冻馁之忧，这便是国家上等的祥瑞。作者感念民瘼的深情，表达了他“悲歌为黎民”的愿望。

最后八句又为一段，由感叹汉唐进贡荔支的弊政，联系到当世又有贡茶、贡花之事。进贡荔支，固然使人民遭殃；贡茶贡花，同样是官僚们取媚皇家的行径，同样会给人民带来苦难。应当予以罢除。作者先以“君不见武夷溪边粟粒芽，前丁后蔡相笼加”两句，提出福建贡茶，开始于宋真宗时的奸相丁谓，后来仁宗时的学士蔡襄，也进贡过名茶。他们各出主意，贡上粟粒芽等名茶，借以争新买宠。就在今年，官吏们还借斗茶为名，所得名品，都成了进贡皇家的官茶。这种奉养皇帝口体之欲的东西，只不过是满足皇帝的物质享受，对治国安民又有什么好处？难道君王所缺乏的就是这些？这样做也未免太鄙陋了。结尾两句：“洛阳相君忠孝家，可怜亦进姚黄花。”进一步揭出贡花一事，始于洛阳相君钱惟演。钱惟演是吴越王钱俶的儿子，钱俶主动归降宋朝，被称为“以忠孝而保社稷”。钱惟演晚年曾为使相（宋代对留守节度使，加上侍中、中书令、同平章事〔宰相〕职衔，称为使相），留守西京（宋以洛阳为西京）。所以称洛阳相君，他曾经把洛阳名贵的姚黄牡丹，进贡给仁宗。从此洛阳就年年贡花。这两句感叹即使如洛阳使相，本是忠孝之家，可惜也向朝廷进贡名花以邀宠，而不知这种做法，对人民有害，言外不胜惋惜。

这首诗历来被誉为“史诗”。诗中把描写和议论结合起来，把对历史的批判和对现实的揭露结合起来。表明作者虽在政治上累遭打击，但他忠于国家，即使在贬所也仍然关心现实，常常在诗中提出自己的政见，指陈得失，一颗赤子之心，是经常和人民的疾苦联系在一起的。就诗来说，也写得跌宕起伏，沉郁顿挫，深得老杜神髓。

（马祖熙）

纵笔三首　　苏　轼

寂寂东坡一病翁，　白须萧散满霜风。
小儿误喜朱颜在，　一笑那知是酒红。

父老争看乌角巾，　应缘曾现宰官身。
溪边古路三叉口，　独立斜阳数过人。

北船不到米如珠，　醉饱萧条半月无。
明日东家当祭灶，　只鸡斗酒定膰吾。

这三首诗是苏轼六十四岁时在儋州所作。第一首自嘲衰老。首句，写处境寂寞，衰病成翁。次句，以风吹“萧散”的白须申述衰老。“霜”字既显须白之色，又带凄寒之气。这二句使人感到萧飒可伤。后二句忽借酒后脸上暂现红色一事，表现轻快的情绪，诗境转为绚烂。白居易《醉中对红叶》诗：“醉貌如霜叶，虽红不是春。”陆游《久雨小饮》诗：“樽前枯面暂生红。”也是写“醉面”之“红”，但直接指出不是“真红”。苏轼此诗，先写旁观的肯定，再写自己的否定，用笔较为曲折，也显得洒脱。“小儿误喜”，可能是儿子安慰父亲的话，更可能是诗人故作设想之辞。因为这时候，随侍诗人身边的儿子苏过，年已二十八岁，不会幼稚到把“酒红”当作“真红”，但诗人为了表达欢悦的心情，有意借儿子的话引来“喜”字；儿子之喜又引来他的“一笑”。但在“朱颜”与“喜”之前，先着一“误”字；经过“一笑”之后，又点破“朱颜”原是“酒红”。对儿子之喜的否定又不免回到对衰老的肯定。这里，诗人的情绪改变了，诗境改变了，但前面所写的可伤之事并没有改变。

诗篇的成功之处，就是通过情绪的变化，色彩的变化，内容的反复的否定和肯定，表现了诗人能用达观的态度、风趣的笔墨去对待和描写引人感伤之事，显得曲折坦荡，情趣风生，有过人的胸襟和笔力。

第二首，描写处境寂寞。前一首从寂寞写到热闹，这一首则从热闹写到寂寞。起二句说诗人出门时，有许多“父老”围着看他。他目前虽然像隐者、普通书生那样戴着“乌角巾”，但“父老”们知道他是一个曾经做过“宰官”的不平常人。

角巾是隐士们喜戴的头巾，屡见于《晋书》；乌是黑色，杜甫《南邻》诗有“锦里先生乌角巾”之句。“现宰官身”，语出《法华经》，宰官，泛指官吏，用典无痕。苏轼虽然在政治上屡遭打击，屡受贬谪，但他才名极大，贬谪时经常有人欢迎他。他在黄州时如此，在惠州时也是如此，他诗中就有“到处聚观香案吏”、“父老相携迎此翁”之句。在儋州，“父老争观”，想来也非止“曾现宰官身”之故，而该是他的文章、气节之名，也略传到海南中来。父老的亲近足以自豪，但说“缘”（因为）的是“宰官身”，又足自悲。这二句写的是热闹中的寂寞，自豪中的悲凉。后二句专写寂寞，弥见悲凉。一阵的热闹过去之后，“路人”少到可“数”，环境的荒僻寂寞可知。诗人闲着无事在“数”这些“路人”，加以“斜阳”、“古路”，只身“独立”，真是悲凉之至。但诗句只写物象，不着议论，不抒情感，不露“寂寞”与“悲凉”的字样，而寂寞与悲凉自在物象中见出。试想一个才高一世，在文坛、政坛都能大显身手的苏轼，落到这种境地，就其自身来说，是不幸，就国家来说，又是何等的不平！但诗人却不自嗟叹，而用自我欣赏、自我回味的心境来对待它。他的旷达胸怀形成了一层浓灰，盖着内心的不平之火，不使火气外露。但就读者感受说，这层浓灰只会把火的温热保持得更深微、更长久。

这诗的成功之处，就是能用恬淡的笔触，不露痕迹地来反映悲凉情境，蕴蓄着身世的不幸和社会的不平，高情远韵，余味悠然，而客观上却会引起读者极大的同情和为之产生愤慨。

第三首，写和儋州人民的深厚感情。起句写北方船只不到，儋州米价贵了起来，有“米珠薪桂”之慨。儋州当时耕种落后，产米很少，苏轼《和陶劝农六首》小序说：“海南多荒田，俗以贸香为业。所产秔稻，不足于食。”所以“北船不到”，米价高涨是必然的。次句写在上述情况下，诗人半月不得醉饱，这也是实况，参看他在儋州其他诗作可知。后二句写明天是东邻祭灶之日，他们和诗人感情极好，必然会以祭品相饷。膰，本义为祭肉，这里作动词用，指送祭灶品，即送“只鸡斗酒”。“只鸡斗酒”语出曹操《祭桥玄文》，切合祭品，可见用典精当。上二句写自己的窘况，也写儋州的环境；后二句写诗人对邻人的信赖，从一件具体小事侧面反映他和儋州人民感情的深厚。

这首诗的成功之处是以直截之笔写真率之怀。它直写诗人的渴酒思肉，直写对邻人送酒肉的期待，毫不掩饰，毫不做作，正如纪昀所评的“真得好”。诗写求酒肉，又写得这样真而不鄙。是否不鄙，就要看其“全人”，有待于“知人论世”了。苏轼其人，写此诗当然配得上称“真”，称“好”，称“不鄙”。

《纵笔三首》是苏轼晚年的白描好诗，第一首以风趣胜，第二首以含蓄胜，第三首以真率胜，共同的特点是作者胸怀旷达坦荡，诗篇笔调恬适闲远，情韵俱佳。王文诰评："此三首平淡之极，却有无限作用，未易以情景论也。"它的"作用"，正在于诗篇所体现的作者心境与诗境的超旷闲逸，值得人们学习。　（陈祥耀）

被酒独行，遍至子云、威、徽、先觉四黎之舍三首(其一)　　苏　轼

半醒半醉问诸黎，　竹刺藤梢步步迷。
但寻牛矢觅归路，　家在牛栏西复西。

苏轼于六十二岁时贬谪儋州。当时儋州地处"登高望中原，但见积水空"的海岛中，一片荒凉。他身为"罪人"，受到种种监视，只有第三子苏过随行作伴，处境非常困难。初期僦居官舍，后来又被逐出。幸而得到王介石等人的帮助，在城南"污池之侧桄榔树下"，筑了五间泥房以居。他和当地人民有了很深的感情。诗中的子云、威、徽、先觉四个姓黎的，就是他在当地要好的友人。

这首诗作于六十四岁时。写作者有一天带着酒后的醉意，遍访"四黎"之家，归途天色已暗，酒意未醒；并且地面上草木丛生，路径不明。他走入"竹刺藤梢"围绕的迷途中，要回家认不了路，只好沿着有牛粪的路径走，因为懂得自己的家就在牛栏之西。诗篇的最大特点就是敢于把人们认为最粗俗的东西"牛矢"（牛粪）取作诗材，写入诗中。韩愈在《进学解》中赞美良医能博取"牛溲（尿）马勃（药名），败鼓之皮"作为药物，他自己的诗，也好写粗丑的事物；但还没有用"牛溲"、"牛矢"之类入诗。沈德潜《说诗晬语》说："苏子瞻胸有洪炉，金银铜锡，皆归熔铸。……韩文公后又开辟一境界也。"从这首诗看，熔铸的不只是"金银铜锡"，而且及于"牛溲、马勃"之类了。

诗篇浅易如话，毫不雕琢，又写了最粗俗的东西，但读起来使人感受的不是"浅俗"而是雅，不是"粗丑"而是美。论其原因：第一，写得新鲜。现实生活中某些可写的事物，以前没人敢写，没人写到，诗人第一次大胆地把它写出来了，自然使人感到新鲜。第二，写得真实。诗人写的是他的一次真实的生活经历，并非出于想象。这种真实，出之于生活经验，宋黄庶《宿赵屯》诗："行逐羊豕迹，始识入市路。"写到类似情况，只是不敢用"矢"字；现在有经验的人在深山中找寻村落，碰到岔路无人可问时，还常凭"牛矢"辨路，因为有"牛矢"的路必然可以走到有居民的地方。情景真实，文字真实，必然会使人们感到亲切。第三，诗中具有与庸俗、丑恶截然相反的高尚情操，这是最重要的。诗人以曾官居清贵、才高一世的

身份来到儋州，和当地的居民能结下深切的友谊；走在布满藤刺的荒地上，住在牛栏西面的泥房中，不是自伤自怜，而是充满乐观自得的感情，这不能不说是高尚的。第四，作者的诗功深。他把朴素内容写得生动富有风趣，一片行云流水、毫不经意的活泼姿态，确是大家气格。苏轼此诗，可以说明一个问题：文学作品的"雅"与"俗"是相对的；只要作者情愫高，功力深，写作时能从真情实感出发，能大胆创新，任何"俗"的题材都可以创造"雅"的意境，使它显得美，显得有味。

（陈祥耀）

儋　耳　　　苏　轼

霹雳收威暮雨开，　独凭栏槛倚崔嵬。
垂天雌霓云端下，　快意雄风海上来。
野老已歌丰岁语，　除书欲放逐臣回。
残年饱饭东坡老，　一壑能专万事灰。

儋耳今属海南省儋州市。元祐八年（1093）哲宗亲政，重新起用新党。绍圣元年（1094）苏轼以讥斥先朝的罪名贬官惠州（今属广东），绍圣四年再贬儋耳。元符三年（1100）正月哲宗去世，徽宗继位，政局在短时间内发生了有利于元祐党人的变化，已死的追复原官，未死的逐渐内迁。六十五岁高龄的苏轼于五月内迁廉州（州治在今广西合浦），《儋耳》诗即作于此时。这首诗表现了他初得诏书时的欣喜之情，抒发了风烛残年，万念俱冷的深沉感慨。

首联写一阵雷雨之后的黄昏时刻，作者独自登高，凭栏远望。霹雳，疾猛之雷。古人常以雷霆之怒，霹雳之威喻皇帝的威怒，这里既是写实景，也是以霹雳收威暗喻哲宗去世，徽宗继位，朝政更新。"暮雨"的"暮"，也是含义双关，暗示以前朝政的昏暗；"开"，表现了他对徽宗的幻想，以为朝政从此清明。徽宗刚继位，想清除朝廷的党争，似乎将大有作为，苏轼当时还不可能看清他的真面目。《六月二十日夜渡海》也说："参横斗转欲三更，苦雨终风也解晴。云散月明谁点缀，天容海色本澄清。"这四句几乎可作"霹雳"句的注脚，表现了同样的幻想。崔嵬，山高貌。对句刻画了诗人凭倚栏槛遥望的神态。如果说出句是抒发的欣喜之情，那么对句的"独"字，则表现出孤寂之感，为尾联作好了铺垫。

颔联写登高所见，既是写眼前实景，又是象征时局。这是全诗最好的一联，被方东树誉为"奇警"（见《昭昧詹言》卷二十）。霓即虹，《埤雅》："虹常双见，鲜盛者雄，其暗者雌。"夏天雨后多出现虹霓，是眼前实景；但作者不以彩虹入诗，而以暗淡的雌霓入诗，显然是有寓意的。五月苏轼得到诏书时，迫害元祐党人的二惇（章惇、安惇）、二蔡（蔡京、蔡卞），已受到台谏的排击，“雌霓云端下”正象征了政敌的失势。雄风，帝王之风，与“庶人之雌风”相对，语出宋玉《风赋》。儋耳四周皆海，雄风来自海上，这既是写海风之快意，又是暗喻内移诏命的降临。

颈联记双喜临门。一是野老之喜，苏轼初到儋州，遇上连年灾害，元符三年喜获丰收。苏轼与海南人民休戚与共，野老的喜事就是他的喜事。二是自己之喜。苏轼谪居海南，无时不盼望北归。就在这年的人日（正月七日）他还感慨说：“三策已应思贾让，孤忠犹未赦虞翻。”（《庚辰岁人日作》）贾让是汉哀帝时人，曾上治河三策，其中上策是引黄河北入海。苏轼在元祐年间也多次提出类似的主张，不被采纳。元符二年黄河再次决堤北流，他的主张得到了应验。虞翻是三国时吴人，因忤孙权，长期流放交州。现在总算“赦虞翻”，除书已到，逐臣即将北归，他的高兴是不难想象的。

尾联写今后的打算，说自己年事已高，只要能吃饱饭，有栖身之地，就再无奢求了。杜甫《病后过王倚饮赠歌》有“但使残年饱吃饭”语，上句即用其意。《庄子·秋水》载坎井之蛙语：“擅一壑之水而跨跱坎井之乐，此亦至矣！”庄子是讥井蛙之浅薄，但后人却以“专一丘之欢，擅一壑之美”表现“轻天下，细万物”的隐逸思想（陆云《逸民赋序》）。苏轼的用法与此相同。他晚年思想很矛盾，由于政治上一再遭受打击，经常发出“心似已灰之木”（《自题金山画像》）一类的感慨。但其思想深处仍是“报国心犹在”（《望湖亭》），“少壮欲及物，老闲余此心”（《次韵定慧钦长老见寄》）。诗的末句虽略嫌消沉，但全诗的基调正如清人汪师韩所说：“嶒崒雄姿，经挫折而不稍损抑。浩然之气，于此见其心声。”（《苏诗选评》）

（曾枣庄）

澄迈驿通潮阁二首　　苏 轼

倦客愁闻归路遥，　眼明飞阁俯长桥。
贪看白鹭横秋浦，　不觉青林没晚潮。

余生欲老海南村，　帝遣巫阳招我魂。
杳杳天低鹘没处，　青山一发是中原。

这两首七绝作于元符三年（1100），诗人离儋州之前。澄迈，县名，在今海南岛；通潮阁，一名通明阁，在澄迈县西。

第一首诗描绘登通潮阁所见情景，闲雅的笔触中隐然透出羁旅愁绪。首句“倦客愁闻归路遥”，开门见山地点明诗人的心境和处境。“倦”字令人想见诗人旅途颠沛、神情困顿之态；而“归路”之“遥”，则暗示出漂泊之远，一怀愁绪由此而起。“愁闻”二字下得平淡，却将思乡盼归的心曲表达得十分真切，不管诗人是有所问而“闻”，还是他人无意之言而诗人有心而“闻”，都使人意会到身处偏远之地的诗人内心的落寞、孤寂。也许，他曾暗自期望：此处离故乡会近一点了吧？但是留心打听，方知归路依然遥远，怎不使旅客添“倦”，离人增愁呢？

诗人怀着思乡的愁闷心情独自行走，突然眼前一亮：前面有一座飞檐四张的高阁，凌空而起，俯视着跨水长桥。“眼明飞阁俯长桥”点出“通潮阁”之题。“眼明”二字极其准确地写出诗人对突兀而起的通潮阁的主观感受，而且使诗歌的情调由低抑转为豁朗。两句之间的起落变化，显示了诗人开阖自如的大手笔，也表现了诗人对人生磨难所持的乐观态度。正像他在另一首诗中所说：“九死南荒吾不恨，兹游奇绝冠平生。”（《六月二十日夜渡海》）把远贬海南视为难得的经历一样，在这里他也不肯让自己的精神就此委顿，而是竭力振作，将内心的愁苦化解开去。眼前这座凌空而起的通潮阁正是以其宏伟之势、阔大之景吸引了诗人的注意力。

诗歌很自然地由抒情转到写景：“贪看白鹭横秋浦，不觉青林没晚潮。”正因为“贪看”，全副身心被自然景色所吸引，故而“不觉”时光流逝，写得意气悠然闲适，大有与物同化之趣。有意思的是，诗人写白鹭，不用“飞”或“翔”，却着一“横”字，而这“横”字正是诗人匠心独运之所在。首先，“横”字带出一股雄健之势，如同一团浓墨重重地抹在画面上，其气势，其力度，是“飞”或“翔”所不具备的。其次，这一“横”字中，点染了诗人的主观情感，传达出诗人的神情意态：诗人凭栏远眺，“贪看”一队白鹭在秋浦上飞翔，视线久久地追随着白鹭移动，故而有“横”的感觉。若用“飞”或“翔”，则见不出诗人久眺的身影。更妙的是，白鹭“横”于秋浦之上，化动为静。这种“静态”完全是诗人的主观感受，它既与人们观察展现于开阔背景上的运动时所获得的感受一致，暗示出秋浦水天一色，空寥清旷；同时，也是诗人心境之“静”的外现。最后一句用一个“没”字写晚潮，虽然是动态，却也是无声无息，令人不觉其“动”。正是在这至宁至静的境界中，时光悄然消逝，晚潮悄然而退，只有一片青葱的树林映着最后一抹斜晖……而从诗人倚轩凝然不动的身影中，读者不难体会到深切的寂寞和一丝莫名的惆怅。

第二首着意抒发思乡盼归的心情。诗人从绍圣元年（1094）被贬出京师，六七年间一直漂泊在惠州、海南等地，北归无期，鬓发染霜，此时不觉悲从中来，发出“余生欲老海南村”的叹息：看来只得在这天涯海角之地度过残生了。然而，这自悲自悯的情感却不能淹没诗人心中执着的期望,他内心深处依然盼望有朝一日遇赦北还,因此第二句写道:“帝遣巫阳招我魂。”帝,指上帝;巫阳,古代女巫名,《楚辞·招魂》:“帝告巫阳曰:‘有人在下,我欲辅之。魂魄离散,汝筮予之。’巫阳乃下招曰:‘魂兮归来!’”诗人在这里巧妙地化用《招魂》之意,借上帝以指朝廷,借招魂以指奉旨内迁。诗人就像一个漂泊无依的游魂,苦苦地盼望上帝将它召还。无望已使人痛苦,而无望中的期望,更煎熬着诗人的心。这两句诗中翻腾着一种深沉炽热的情感,分外感人。

怀着强烈的思乡之情,诗人翘首北望,只见“杳杳天低鹘没处,青山一发是中原”。杳杳,形容极远。极目北眺,广漠的天空与苍莽原野相接,高飞远去的鹘鸟正消逝在天际;地平线上连绵起伏的青山犹如一丝纤发,那里,正是中原故乡!这两句以远渺之景抒写对故乡的怀念之情。“天低鹘没”,笔触洗练,气韵清朗,极具情致。而“青山一发”,用头发丝来比喻天际的青山,更是新鲜别致。黄庭坚曾称赞苏轼的诗“气吞五湖三江”,而此句也显示了苏诗特有的磅礴气势。只不过它不是以恢宏之景表现出来,如“峨嵋翠扫空”;而是将壮观之景“化”小,运于股掌之间:“青山一发”。另一方面“青山一发”又是实写之景。如此雄伟壮观的青山居然仅仅在地平线上露出一丝起伏的远影,可见青山之遥远,中原之遥远!而这正表明了诗人遐思的悠长。青山在天际时隐时现,宛如发丝若有若无,它牵动着诗人思乡的情愫,勾起诗人执着的期望。

这两首七绝虽然都是抒写羁旅思乡的愁怀,但前一首以景写趣,韵调清雅悠闲,意趣隽永;而后一首以景写情,笔墨洒脱飘逸,情感炽热绵长。共同之处是,虽写悲伤之怀,却不流于颓唐委顿;画面疏朗,笔力雄放。前人称苏诗“清雄”,这两首即是。

(韦凤娟)

六月二十日夜渡海　　苏　轼

参横斗转欲三更,　苦雨终风也解晴!
云散月明谁点缀,　天容海色本澄清。
空余鲁叟乘桴意,　粗识轩辕奏乐声。
九死南荒吾不恨,　兹游奇绝冠平生!

绍圣元年(1094),哲宗亲政,蔡京、章惇之流用事,专整元祐旧臣;苏轼更成了打击迫害的主要对象,一贬再贬,由英州(州治在今广东英德)而惠州,最后远放儋州,前后七年。直到哲宗病死,才遇赦北还。这首诗,就是元符三年(1100)

六月自海南岛返回时所作。

纪昀评此诗说:“前半纯是比体。如此措辞,自无痕迹。”“比”者,“以彼物比此物也”;既“以彼物比此物”,很难不露“痕迹”。但这四句诗,的确是不露“比”的“痕迹”的。

“参横斗转”,是夜间渡海时所见;“欲三更”,则是据此所作的判断。曹植《善哉行》:“月没参横,北斗阑干。”这说明“参横斗转”,在中原乃是天快黎明之时的景象。而在海南,则与此不同,王文诰指出:“六月二十日海外之二、三鼓时,则参已早见矣。”这句诗写了景,更写了人。一是表明“欲三更”,黑夜已过去了一大半;二是表明天空是晴明的,剩下的一小半夜路也不难走。因此,这句诗调子明朗,可见其时诗人的心境。而在此之前,还是“苦雨终风”,一片漆黑。连绵不断的雨叫“苦雨”,大风叫“终风”。这一句紧承上句而来。诗人在“苦雨终风”的黑夜里不时仰首看天,终于看见了“参横斗转”,于是不胜惊喜地说:“苦雨终风也解晴。”

三、四两句,就“晴”字作进一步抒写:“云散月明”,“天容”是“澄清”的;风恬雨霁,星月交辉,“海色”也是“澄清”的。这两句,以“天容海色”对“云散月明”,仰观俯察,形象生动,连贯而下,灵动流走。而且还用了句内对:前句以“月明”对“云散”,后句以“海色”对“天容”。这四句诗,在结构方面又有共同点:每句分两节,先以四个字写客观景物,后以三个字表主观抒情或评论。唐人佳句,多浑然天成,情景交融。宋人造句,则力求洗练与深折。从这四句诗,既可看出苏诗的特点,也可看出宋诗的特点。

三、四两句看似写景,而诗人意在抒情,抒情中又含议论。就客观景物说,雨止风息,云散月明,写景如绘。就主观情怀说,始而说“欲三更”,继而说“也解晴”;然后又发一问:“云散月明”,还有“谁点缀”呢?又意味深长地说:“天容海色”,本来是“澄清”的。而这些抒情或评论,都紧扣客观景物,贴切而自然。仅就这一点说,已经是很有艺术魅力的好诗了。

然而上乘之作,还应有言外之意。三、四两句,写的是眼前景,语言明净,读者不觉得用了典故。但仔细寻味,又的确“字字有来历”。《晋书·谢重传》载:谢重陪会稽王司马道子夜坐,“于时月夜明净,道子叹以为佳。重率尔曰:‘意谓乃不如微云点缀。’道子戏曰:‘卿居心不净,乃复强欲滓秽太清耶?’”(参看《世说新语·言语》)“云散月明谁点缀”一句中的“点缀”一词,即来自谢重的议论和道子的戏语,而“天容海色本澄清”,则与“月夜明净,道子叹以为佳”契合。这两句诗,境界开阔,意蕴深远,已经能给读者以美的感受和哲理的启迪;再和这个故事联系起来，就更多一层联想。王文诰就说：上句，“问章惇也”；下句，“公自谓也”。“问章惇”，意思是：你们那些“居心不净”的小人掌权，“滓秽太清”，弄得“苦雨终风”，天下怨愤。如今“云散明月”，还有谁“点缀”呢？“公自谓”，意思是：章惇之流“点缀”太空的“微云”既已散尽，天下终于“澄清”，强加于我苏轼的诬蔑之词也一扫而空。冤案一经昭雪，我这个被陷害的好人就又恢复了“澄清”的本来面目。从这里可以看出，如果用典贴切，就可以丰富诗的内涵，提高语言的表现力。

五、六两句，转入写“海”。三、四句上下交错，合用一个典故；这两句则分别用典，显得有变化。“鲁叟”指孔子。孔子是鲁国人，所以陶渊明《饮酒诗》有“汲汲鲁中叟”之句，称他为鲁国的老头儿。孔子曾说过“道不行，乘桴浮于海”（《论语·公冶长》），意思是：我的道在海内无法实行，坐上木筏子漂洋过海，也许能够实行吧！苏轼也提出过改革弊政的方案，但屡受打击，最终被流放到海南岛。在海南岛，“饮食不具，药石无有”，尽管和黎族人民交朋友，做了些传播文化的工作；但作为“罪人”，又哪里能谈得上“行道”？如今渡海北归，回想多年来的苦难历程，就发出了“空余鲁叟乘桴意”的感慨。这句诗，用典相当灵活。它包含的意思是：在内地，我和孔子同样是“道不行”。孔子想到海外去行道，却没去成；我虽然去了，并且在那里待了好几年，可是当我离开那儿渡海北归的时候，又有什么“行道”的实绩值得自慰呢？只不过空有孔子乘桴行道的想法还留在胸中罢了！这句诗，由于巧妙地用了人所共知的典，因而寥寥数字，就概括了曲折的事，抒发了复杂的情；而“乘桴”一词，又准确地表现了正在“渡海”的情景。“轩辕”即黄帝，黄帝奏乐，见《庄子·天运》：“北门成问于黄帝曰：‘帝张咸池之乐于洞庭之野，吾始闻之惧，复闻之怠，卒闻之而惑；荡荡默默，乃不自得。’”苏轼用这个典，以黄帝奏咸池之乐形容大海波涛之声，与“乘桴”渡海的情境很合拍。但不说“如听轩辕奏乐声”，却说“粗识轩辕奏乐声”，就又使人联想到苏轼的种种遭遇及其由此引起的心理活动。就是说：那“轩辕奏乐声”，他是领教过的；那“始闻之惧，复闻之怠，卒闻之而惑”，他是亲身经历、领会很深的。“粗识”的“粗”，不过是一种诙谐的说法，口里说“粗识”其实是“熟识”啊！

尾联推开一步，收束全诗。“兹游”，直译为现代汉语，就是“这次出游”或“这番游历”，这当然首先照应诗题，指“六月二十日夜渡海”。但又不仅指这次渡海，还推而广之，指自惠州贬儋县的全过程。绍圣元年，苏轼抵惠州贬所，不得签书公事。他从绍圣四年六月十一日与苏辙诀别、登舟渡海，到元符三年六月二十日渡海北归，在海南岛渡过了四个年头的流放生涯。这就是所谓“兹游”。很清楚，下句的“兹游”与上句的“九死南荒”并不是互不相蒙的两个概念，那“九死南荒”，即包含于“兹游”之中。当然，“兹游”的内容更大一些，它还包含此诗前六句所写的一切。

弄清了“兹游”的内容及其与“九死南荒”的关系，就可品出尾联的韵味。“九死”者，多次死去也。“九死南荒”而“吾不恨”者，是由于“兹游奇绝冠平生”，看到了海内看不到的“奇绝”景色。然而“九死南荒”，全出于政敌的迫害；他固然达观，但哪能毫无恨意呢？因此，“吾不恨”毕竟是诗的语言，不宜呆看。这句既含蓄，又幽默，对政敌的调侃之意，也见于言外。读至此，诗人的旷达襟怀和豪放性格也就跃然纸上了。

（霍松林）

【作者小传】

杨 蟠

生卒年不详。字公济，章安（今浙江椒江）人，一作钱塘（今浙江杭州）人。庆历六年（1046）进士。任密、和二州推官，后知温、寿二州。以诗知名。元祐中，常与苏轼唱酬。曾有《章安集》。

陪润州裴如晦学士游金山回作[1]　　杨 蟠

试上蓬莱第几洲？　长云漠漠鸟飞愁。
海山乱点当轩出，　江水中分绕槛流。
天远楼台横北固，　夜深灯火见扬州。
回船却望金陵月，　独倚牙旗坐浪头。

〔注〕 ①《宋文鉴》首句“试”作“世”，末句“浪”作“上”。此据《瀛奎律髓》。姚鼐《今体诗钞》同。

此诗写于仁宗嘉祐（1056—1063）年间，作者时任和州（治所在今安徽和县）推官。裴如晦，名煜，时知润州（治所在今江苏镇江）。杨蟠“平生为诗数千篇”（《宋史·文苑传》），曾受欧阳修称许：“苏梅久作黄泉客，我今亦为白头翁。卧读杨蟠一千首，乞渠秋月与春风。”（《读公济〈章安集〉》）《宋文鉴》和《瀛奎律髓》都选了它，也许就是欧公“卧读”过的一首好诗。

此诗是诗人陪裴煜游金山归途之作。胜游虽近尾声，清景尚在眼前。诗人生怕久后追摹为难，赶忙形诸吟咏，对这次旅游作了艺术总结。

首联写初上金山的观感。金山当时位于长江中流，兼有形胜、楼观之美。上句“蓬莱”是比拟之词。诗人陪同当地长官初“上”金山，恍如面临海上三神山，领略着仙境的滋味。“试上”和“第几洲”，用试探、设问口气，如实概括了最初印象。次句写上山后所见江间景色：长云漠漠，满布江山，连飞鸟也为难以度越而发愁。我上此山，真如到了蓬莱胜境。

次联着重钩画金山周遭环境。诗人临窗远眺，只见海上群山点点，“当轩”而出；凭栏俯瞰，又见江水“中分”，“绕槛”而流。“乱”字形容山如簇围，“当”字形容秀色可揽，“中”字状地处江心，“绕”字状江流萦回，都能写意穷形。

前两联以日间登山所感所见为中心，后两联则集中表现夜里回舟时情景。

三联侧重描写长江边两座历史名城镇江和扬州，而以镇江东北的多景楼和扬州城里的万家灯火作为典型。多景楼在北固山甘露寺中，裴煜守润州时，曾以此楼为题写过一首七律，诗中有“海岸千艘浮若芥，邦人万室布如棋”之句，就是从楼上看到的景致。杨蟠则从舟中“远”望北固山、多景楼，而赞赏它“横”立“天”际的壮观。尤以“夜深”“见”到的“灯火”辉煌的扬州城郭，更为引人入胜。诗人分别突出镇江和扬州的特点，一是名胜古迹，一是繁华景象，着墨不多，形象都很鲜明。在旷远寥廓的天幕下，北固山和多景楼横空屹立，不知阅历了多少古今兴亡。而扬州城的夜深灯火，也生动地证明：这个向以商业发达著称的古城，仍然是繁盛如昔。方回说五、六“自是佳句”，认为“细味”起来，和王安石的“天末海门横北固，烟中沙岸似西兴”(《次韵平甫金山会宿寄亲友》)相比，觉此诗“尤胜”。(《瀛奎律髓》)而王平甫则说它是“解量四至”的“庄宅牙人语”(《后山诗话》)，显然带有成见。

末联特把润州形势作了刻绘。上句写“回船”时回望“金陵月”色，意在把它同润州联系起来，并向裴煜暗示：金陵地处镇江上流，同属东南重镇，关系国家安危。下句则写得更含蓄。牙旗，旗杆上饰以象牙的旌旗，代指裴煜的官船。“独倚牙旗”，稳“坐浪头”，固然显示了裴煜坐镇润州的英威，言外却希望他勿忘保境安民的职责，与李商隐《重有感》“玉帐牙旗得上游，安危须共主君忧”的用意略同。

此诗向以善于摹写金山形胜见称。纪昀赞誉它“气象雄阔，到底不懈”，是当之无愧的。方回说杨蟠诗“葩藻流丽”，意谓写金山形胜，既能把握前后、左右，古迹、名城的特点，又能通过辞采流丽的语言来表现。全诗突出“陪”、“游”、“回”三字，却一点不见痕迹。二、三联尤能发挥诗人运用偶句的特长，自然流转，上句既佳，下句尤胜，珠联璧合，倍见精彩。作者同时又作《甘露上方》，其首联云“云捧楼台出天上，风飘钟磬落人间”，二者可谓异曲同工。此外，此诗又是七律中“格高调响”的典型，音节浏亮，雍容不迫，读来琅琅上口。

(陶道恕)

【作者小传】

孔文仲

(1038—1088)　字经父,临江新淦(今江西新干)人。嘉祐六年(1061)进士第一。调余杭尉,任台州军事推官,举贤良方正。哲宗朝,历秘书省校书郎、左谏议大夫,官至中书舍人。后入党籍。与弟武仲、平仲俱以文名,合称"清江三孔",有《清江三孔集》。

秋夜二首(其一)

孔文仲

孤枕夜何永，　破窗秋已寒。
雨声冲梦断，　霜气袭衣单。
利剑摧锋锷，　苍鹘缩羽翰。
平生冲斗气，　变作泪汍澜。

孔文仲生性狷直,为官廉洁,但他反对王安石变法,因而罢官。这诗是写罢官之后的凄苦生活和痛苦心情。

"孤枕夜何永","孤枕"点明形单影只,"何永",以反诘之语,写出愁思难眠;因为愁思,显得夜何其长!"破窗秋已寒",秋寒更觉窗破,窗破更觉秋寒。首联为起对格、因果句,通过互衬互补的笔法,既写出了节候和环境,又写出了清贫、孤寂的心绪。

长夜难眠,心事重重,透过"破窗",只见"秋月"当头,寒气袭人;在辗转反侧之中,刚刚朦胧入睡,不知何时飘来几朵乌云,便随着飒飒寒风,飘洒起淅淅沥沥的秋雨,因而吟出了颔联:"雨声冲梦断,霜气袭衣单。"

首、颔两联,双起双承。"雨声冲梦断",是承"孤枕夜何永"而来,极写辗转反侧之苦;"霜气袭衣单",是承"破窗秋已寒"而来,极写寒气逼人之甚。此二联以寒酸之语,刻画出诗人两袖清风,在任毫无积蓄,罢官更为凄苦的形象和心情。

颈联承上转入对壮志未遂的刻画。"利剑摧锋锷",是借剑写人。诗人怀抱利器,心念社稷,本想奋发有为,但利剑的"锋锷"却被摧残了!"苍鹘缩羽翰",是以猛禽自比。诗人本想奋飞万里,如"苍鹘"(又名"晨风")翱翔苍穹,但现实却硬逼使自己垂下了羽翼。一些心怀远志高节的人,常常以利剑猛禽自喻,又常常以锋折翅垂比喻心志被抑,如韩愈《利剑》诗就说:"我心如冰剑如雪,不能刺谗夫,使我心腐剑锋折。"李贺《高轩过》也说:"我今垂翅附冥鸿,他日不羞蛇作龙。"都是很好的例证。本篇以“剑”“鹯”自喻，既写出了心志的高远，又写出了壮怀之难酬，是很贴切的比喻。

尾联直抒胸臆，描叙心中悲苦：“平生冲斗气，变作泪汍澜。”“汍澜”，流泪貌。平生心志高远，气冲斗牛，想不到却落得清夜无寐，涕泪涟涟。

诗人自幼刻苦攻读，博洽群籍，词笔赡丽，议论深博，为人正直刻苦，最后是“因劳疾笃卒”。这样的人，按照传统观点，的确是难得的好官吏。但因为在熙宁初“力论王安石理财训兵之法为非”而罢官，据记载，孔文仲死后，“士大夫皆失声。苏轼拊其柩曰：‘世方嘉软熟而恶峥嵘，求劲直如吾经父(文仲字)者，今无有矣！’”

文如其人，这首诗的主要特点是古情古味，质朴无华，虽为近体，颇近古调。

(傅经顺)

【作者小传】

晏幾道

(1038—1110)　字叔原，号小山，抚州临川(今江西抚州)人。晏殊第七子。曾因郑侠上书请罢新法牵连入狱。后任颍昌府许田镇监。晚年退职家居，家境中落。其词低回缠绵。有《小山词》。

与郑介夫　　晏幾道

小白长红又满枝，　筑球场外独支颐。
春风自是人间客，　主张繁华得几时？

晏幾道字叔原，晏殊之幼子，是北宋杰出的词人。他所作《小山词》，黄庭坚称其“寓以诗人之句法，清壮顿挫，能动摇人心”(《小山词序》)。后人对他的词也都评价很高，但是他的诗作流传甚少。厉鹗《宋诗纪事》载晏幾道诗六首，《与郑介夫》即是其中之一。(按《山谷外集诗注》卷七有《次韵答叔原会寂照房呈稚川》及《次韵叔原会寂照房得照字》两诗，可见晏幾道与黄庭坚唱和，还是常作诗的，可惜都不传了。)晏幾道《与郑介夫》诗最早见于赵令畤《侯鲭录》。《侯鲭录》卷四云：“熙宁中，郑侠上书事作，下狱，悉治平时所往还厚善者，晏畿道叔原皆在其中。侠家搜得叔原与侠诗云：‘小白长红又满枝，筑球场外独支颐。春风自是人间客，主张繁华得几时。’裕陵(按，指宋神宗)称之，即令释出。”

这是怎么回事呢？郑侠字介夫，福州福清人，少时受知于王安石。他中进士后，为光州法曹参军。熙宁七年(1074)，郑侠秩满入都。因为他在外地作官时看到新法之弊，到京后，数次上书于王安石，言新法之为民害者。王安石派人对他说，想给他较好的官职，他不受，他说，只希望王安石能取其所献利民便物之事行其一二。后来受职监安上门。郑侠看到当时流民扶携塞道，颠连愁苦，于是绘《流民图》，具疏陈新法之弊，上奏于神宗。神宗颇受感动，遂命废止一部分新法。新党吕惠卿等大怒，一方面劝神宗恢复新法，一方面迫害郑侠，并穷治其平日往还厚善者，晏幾道遂受到株连。幸而神宗还算明白，释放了晏幾道，然而郑侠终因吕惠卿之陷害，免职，编管汀州。

晏幾道是宰相晏殊的贵公子，又有才华，本来很容易仕进，但是他性情耿介，厌恶官场，平生不肯"一傍贵人之门"(黄庭坚《小山词序》中语)。不过，他并不是忘怀政治的，他看到当时新法施行不当而带来的种种弊端，心中不满，所以与郑侠很合得来。他给郑侠的这首诗，虽然只有短短四句，但是含蕴丰富，有隐讽之意。首句"小白长红又满枝"，隐喻当时朝廷上一时得意的新贵。第二句尤其值得玩味。时当春日，"小白长红"，到处可见，晏幾道如果只为赏花，何必要去"筑球场外"呢？"筑球"本是宋代极为流行的一种球艺竞技比赛，参加者要分两队以争胜负(《东京梦华录》、《都城纪胜》等书都有记叙)。这种胜负之竞技与当时朝廷中的新旧党争颇有相似之处。所以晏幾道又在"筑球场外"之后加上了"独支颐"三个字。"支颐"者何？有所思之貌也。所思者何？即下文"春风"二句。这二句是对当时新贵的一种隐讽，意思是说，你们这些作威作福之人，亦不过如春风之"主张繁华"，像人间过客一样，终不能久也。"主张"之"张"，读去声，"主张"即是"主管"之意。这首短诗，言近旨远，寄兴深微，可见晏幾道的诗艺也是高明的。郑侠有《和荆公何处难忘酒》一首(见《宋诗钞》二集)云："何处难缄口？熙宁政失中。四方三面战，十室九家空。见佞眸如水，闻忠耳似聋。君门深万里，安得此言通？"表示了对新政的不满，所以晏幾道与郑侠是政见相合的。不过，郑诗是直说，而晏诗则是隐讽，就诗艺而论，晏胜于郑。

如果只读《小山词》，晏幾道仿佛是一个避远政治而以歌筵酒席自娱的人，其实并不尽然。他虽然因为厌恶官场而不介入政治，但是他还是关心政治的，并且有自己的见解。不但在他的《与郑介夫》诗中可以看出来，还有《观画目送飞雁手提白鱼》诗云："眼看飞雁手携鱼，似是当年绮季徒。仰羡知几避矰缴，俯嗟贪饵失江湖。人间感绪闻诗语，尘外高踪见画图。三叹绘毫精写意，慕冥伤涸两踌躇。"也可看出他对于官场中营谋私利、得失争逐的轻鄙与恐惧。这是晏幾道的另一方面，知人论世者所不可忽略的。(此文采用了叶嘉莹教授《灵谿词说》"论

晏幾道词"一文中的意见，此文载《四川大学学报》1983年第四期。）（缪　钺）

【作者小传】

苏　辙

（1039—1112）　字子由，一字同叔，号颍滨遗老，眉州眉山(今属四川)人。苏洵子。嘉祐二年(1057)进士。神宗时反对王安石新法。哲宗时官至尚书右丞、门下侍郎。徽宗时辞官。其文汪洋澹泊，为"唐宋八大家"之一。与父洵、兄轼，合称"三苏"。有《栾城集》、《春秋集解》、《诗集传》等。

竹枝歌九首　　苏　辙

舟行千里不至楚，　忽闻《竹枝》皆楚语。
楚语啁哳安可分，　中江明月多风露。

扁舟日落驻平沙，　茅屋竹篱三四家。
连舂并汲各无语，　齐唱《竹枝》如有嗟。

可怜楚人足悲诉，　岁乐年丰尔何苦？
钓鱼长江江水深，　耕田种麦畏狼虎。

俚人风俗非中原，　处子不嫁如等闲。
双鬟垂顶发已白，　负水采薪长苦艰。

上山采薪多荆棘，　负水入溪波浪黑。
天寒斫木手如龟，[①]　水重还家脚无力。

山深瘴暖霜露干，　夜长无衣犹苦寒。
平生有似麋与鹿，　一旦白发已百年。

江上乘舟何处客，　列肆喧哗占平碛。

远来忽去不记州， 罢市归船不相识。

去家千里未能归， 忽听长歌皆惨凄。
空船独宿无与语， 月满长江归路迷。

路迷乡思渺何极， 长怨歌声苦凄急。
不知歌者乐与悲， 远客乍闻皆掩泣。

〔注〕 ① 龟(jūn)：通"皲"，手上皮肤因受冻而开裂。

《竹枝歌》又叫《竹枝词》，乐府曲名，本巴渝一带的民歌，唐代诗人刘禹锡根据民歌改作新词，歌咏三峡风物与男女恋情。此后各代诗人多有仿作，内容也大体相近，形式都是七言绝句。忠州，今重庆忠县，旧属楚地。此诗为嘉祐四年(1059)冬诗人南行途中过忠州时所作，当时年仅二十一岁。苏轼也有同题之作，他在《引》中说："《竹枝歌》本楚声，幽怨恻怛，若有所深悲者……其山川风俗鄙野勤苦之态，固已见于前人之作与今子由之诗。故特沿畴昔之意，为一篇九章，以补其所未道者。"苏辙这首诗的主旨是写忠州一带"山川风俗鄙野勤苦之态"，表现了青年诗人对民间疾苦的深切同情。这首诗的形式是"一篇九章"，即由九首内容前后联贯的七言绝句组成，因为它是完整的"一篇"，读起来很像四句一换韵的七古。

第一章是全诗的序幕，写夜宿忠州的感慨。忠州在宋代属夔州路(见《宋史·地理志五》)，故说"不至楚"；但"南宾(即忠州)旧属楚"(苏轼《屈原塔》)，因此已有楚声《竹枝歌》。啁哳，亦作嘲哳，形容声音杂乱琐碎。白居易《琵琶行》："岂无山歌与村笛，呕哑嘲哳难为听。"结句以眼前景烘托《竹枝歌》歌声的凄楚，明月已给人以清冷的感觉，加之"多风露"，更是寒气袭人。诗一开头就造成了"幽怨恻怛"、清冷悲凉的气氛。

二至六章共二十句为第二部分，回叙"日落"时泊舟忠州时的所见所闻。二三章总写忠州人民"勤苦"之状。(驻本指车马停留，也泛指停留。平沙，广漠的沙岸。"茅屋"句写忠州的荒凉。舂，舂米。汲，汲水。)连舂并汲，相顾无言；齐唱《竹枝》，而其声凄厉，如泣如诉，写苦况如见。苏辙《夜泊丰口》诗说："野老三四家，寒灯照疏树。见我各无言，倚石但箕踞。"也是写"野老"的冷漠情状。为什么在"岁乐年丰"之时，忠州人民还这样悲哀，歌声如泣如诉呢？这是因为这里山高水深，狼虎出没，谋生太艰难了。以上是泛写。四至六章是特写，集中描写忠州妇女的悲惨境遇。俚人本少数民族，此指边远地方的人，是对于下文"中原"说的。处子,未出嫁的女子。“双鬟垂顶”,当地未嫁女子的发式。陆游《入蜀记》卷六:“未嫁者,率为同心髻,高二尺,插银钗至六只,后插大象牙梳,如手大。”又云:“大抵峡中负物率着背,又多妇人,不独(负)水也。有妇人负酒卖,亦如负水状,呼买之,长跪以献。”所谓“负水采薪长苦艰”即指此。她们的生活就是这样悲惨,她们“发已白”还未嫁人,这样的老处女不是一个两个,而是普遍如此(“如等闲”)。她们承担着繁重的劳动,或上山采薪,双手龟裂;或入溪负水,两足无力。但换得的仍然是饥寒交迫,“瘴暖”犹且“苦寒”,严冬更何以堪!她们的生活就像山中麇鹿一样,无人闻问,任其自生自灭。这就是所谓“君臣上下有恻怛之心、忠厚之政”的宋仁宗“治世”的真实情况。在苏辙之前三百多年前的杜甫描写当地妇女的悲惨生活说:“夔州处女发半华,四十五十无夫家。更遭丧乱嫁不售,一生抱恨长咨嗟。土风坐男使女立,男当门外女出入。十有八九负薪归,卖薪得钱应供给。至老双鬟只垂颈,野花山叶银钗并。……面妆首饰杂啼痕,地褊衣寒困石根。”三百多年过去了,而这一带的人民,特别是妇女的境遇,仍然没有什么改变!

最后三章十二句为第三部分,写旅客,包括作者自己在罢市归船后的思乡之情。第七章紧扣第二章写来自各地的旅客泊舟沙岸后,看到的是占着平坦沙岸(碛)的喧哗商铺(肆)。旅客从远地而来而又匆匆离去,记不清楚这是什么地方。天黑市散,回到船上,彼此也各不相识。这章记事十分真切,任何一个有旅途经验的人都会有同感。八、九两章紧扣首章,“去家”句照应“舟行”句,“忽听”句照应“忽闻”、“楚语”二句,“月满”句照应“中江”句,写“罢市归船”,月白风寒之夜,《竹枝歌》更勾起旅人无限的乡思和哀愁,所以“忽听长歌皆惨凄”。末章以当地人的悲歌和远客的乡思双收,谓歌者究竟是乐是悲,不得而知,也许是远客心情不好吧,觉得歌声凄楚急促,个个都掩面而泣。这样一种朦胧迷离的结尾,既未抹煞歌者的“幽怨恻怛”,又充分抒发了远客的“惨凄”,给读者留下了更多的回味余地。

这首诗反映了诗人对民间疾苦的关心,他虽年轻,但在诗歌创作上已比较成熟。全诗结构谨严,语言质朴,没有华丽的词藻,没有惊人的夸张,娓娓叙来而哀婉动人。他那特有的平淡有味的诗风,在《南行集》中已初露端倪。　(曾枣庄)

次韵子瞻不赴商幕三首(其二)　　苏　辙

南商西洛曾虚署,　长吏居民怪不来。
妄语自知当见弃,　远人未信本非才。
厌从贫李嘲东阁,　懒学谀张缓两腮。
知有四翁遗迹在,　山中岂信少人哉!

嘉祐六年(1061)苏辙兄弟都参加了制科考试。苏轼入三等(实为最高等,一二等为虚设),除大理评事、凤翔签判。苏辙由于在《御试制科策》中激烈抨击仁宗皇帝,在朝廷引起轩然大波,进行了一场激烈的争论。司马光认为苏辙"指正朝廷得失,无所顾虑,于(御试)四人之中最为切直",主张列入三等。胡宿却认为苏辙以致乱之君况盛世,力请黜之。后来由于仁宗的干预才达成妥协,列入四等下,除商州(今属陕西)军事推官,即题中所说的"商幕"。但知制诰王安石认为苏辙袒护宰相,专攻人主,不肯撰词。苏辙对朝廷大臣不能容直言深感失望,后来诏命虽下,他却奏乞留京养亲,辞不赴任。嘉祐七年十月苏轼作《病中闻子由得告不赴商州三首》,苏辙的次韵诗三首就作于其后不久,这里选的是其中的第二首。

首联写"不赴商幕"。嘉祐五年苏辙曾被命为河南渑池县主簿,因应制科考试而未赴任。渑池在洛水之西,故称西洛。现在又被命为商州军事推官,商州在渭水之南,故称南商。因均未到任,故说"虚署"。苏轼原唱有"近从章子(章惇,时为商令)闻渠说,苦道商人望汝来"句,苏辙次句即针对这两句说的,置一"怪"字,很自然地转到写"不来"之因。

颈联即写"不赴商幕"的缘由。"妄语"指他的《御试制科策》。在这篇对策中,苏辙批评仁宗"无事则不忧,有事则大惧";"宫中贵姬以千数,歌舞饮酒,欢乐失节";"择吏不精","赋敛繁重","一物已(以)上莫不有税";"惑于虚名而不知为政之纲",只顾"邀美名于后世";等等。这些指斥可谓深入骨髓。苏辙晚年在其自传《颍滨遗老传》中回忆说:"策入,辙自谓必见黜。""自知"二字颇有斤两,意谓我早就料到朝廷容不得直言,必被贬黜。苏轼原唱"策曾忤世人嫌汝","答策不堪宜落此",亦指"当见弃"。这篇"妄语"对苏辙一生的影响非常深远,不仅迫使他当时辞官,而且使得这位少年志士"自是流落凡二十余年"(苏辙《遗老斋记》)。对句"远人未信本非才",含蕴也非常丰富。这既是自谦之词,说自己是因为"非才",故"不来"商州,也就是第一首所说的:"怪我辞官免入商,才疏深畏忝(有辱)周行(仕宦行列)。"但这同时也是反语,借"远人未信"表明自己"见弃"不是因为"非才",而是因为"妄语"。

颔联是写他对"见弃"的态度。这里用了两个典故。"贫李"指唐代诗人李商隐。他早年任令狐楚的从事,深受礼遇。楚殁,其子令狐陶为相,因党争关系而不满李商隐依附李德裕,有意疏远他。重阳日李谒令狐陶,不得见,题《九日》诗于壁,末二句说:"郎君官贵施行马,东阁无因再得窥。""谀张"指唐代宰相张说,"缓两腮"即缓颊,指婉言阿谀。张说早年直言敢谏,被唐玄宗誉为"言则不谀,自得谋猷之体"。但后来因"承平岁久,志在粉饰盛时","首建封禅之义"(《旧唐书·张说传》)。苏辙用这两个典故,表示自己虽"见弃",但决不会像李商隐那样自嘲"东阁无因再得窥";也不会像张说那样由直言"不谀"变为奉承阿谀,缓颊而不再批评时政。苏辙是这样说的,也是这样做的。他在第三首中说:"近成《新论》无人语,仰羡飞鸿两翅差。"意谓能飞到兄长苏轼身旁,探讨自己的近作《新论》就好了。苏辙不但没有放弃自己的主张,而且在《御试制科策》等的基础上写成《新论》三篇,进一步发挥了自己的政治主张。

如果说颔联是紧扣"见弃"讲的,那么尾联就是由"非才"生发开去的。四翁指汉初隐士商山四皓。意思是说商州是四皓隐居之地,至今还有遗迹。自己虽未赴任,但当地决不缺乏人才。这既是谦词,也是对"商人望汝来"的答复。

这首诗代表了苏辙一生直言敢谏的精神。诗中满含激愤的情绪,但用语很婉转,含蓄蕴藉,不露不张,颇能代表他的诗风。

（曾枣庄）

逍遥堂会宿二首并引　　苏　辙

辙幼从子瞻读书,未尝一日相舍。既壮,将宦游四方,读韦苏州诗至"安知风雨夜,复此对床眠",恻然感之,乃相约早退,为闲居之乐。故子瞻始为凤翔幕府,留诗为别曰:"夜雨何时听萧瑟?"① 其后子瞻通守余杭②,复移守胶西③,而辙滞留于淮阳④、济南⑤,不见者七年。熙宁十年二月,始复会于澶濮⑥之间,相从来徐留百余日。时宿于逍遥堂,追感前约,为二小诗记之。

逍遥堂后千寻木,　长送中宵风雨声。
误喜对床寻旧约,　不知漂泊在彭城。

秋来东阁凉如水,　客去山公醉似泥。
困卧北窗呼不起,　风吹松竹雨凄凄。

〔注〕 ① 见苏轼《郑州别后马上寄子由》。 ② 余杭:此指杭州。 ③ 胶西:今山东胶县,宋时属密州(治所在今山东诸城),此指密州。 ④ 淮阳:即陈州,治所在今河南淮阳。 ⑤ 济南:即齐州,治所在今山东济南。 ⑥ 澶:澶州,今河南濮阳。濮:濮州,今山东鄄城北。

逍遥堂在徐州(今属江苏),即诗中所说的彭城。熙宁十年(1077)四月苏辙送苏轼赴徐州任,在徐州住了一百多天,八月十六日苏辙离徐州,赴南京(今河南商丘)签判任。这两首诗作于七月。

苏辙兄弟的情谊是很深的,《宋史·苏辙传》说:"辙与兄进退出处,无不相同,患难之中,友爱弥笃,无少怨尤,近古罕见。"在苏辙二十三岁以前,即苏轼赴凤翔签判任以前，他们兄弟一直生活在一起。从苏辙二十三岁起，他们就相聚之日少，离别之日多。苏轼在《颍州初别子由》诗中说："我生三度别，此别尤酸冷。"(三度别：嘉祐六年(1061)苏轼赴凤翔签判任，一别于郑州西门外；治平二年(1065)苏辙出任大名府推官，二别于京城；熙宁三年(1070)春苏辙赴陈州学官任，三别于京城。)颍州之别之所以"尤酸冷"，是由于他们兄弟都因与王安石的政见分歧而先后离朝，相距比前三次更远，政治抱负也无法施展。这次一别就是七年，是相别最久的一次，离愁别恨也最深。苏轼的名作《水调歌头·丙辰中秋……兼怀子由》即作于这期间。苏辙一生很少作词，这次在徐州也作《水调歌头》以别苏轼："今夜清樽对客，明夜孤帆水驿，依旧照离忧。但恐同王粲，相对永登楼。"王粲于东汉末在荆州投靠刘表，不为刘表所重视，作《登楼赋》感叹离乡日久，功业无成。苏辙提及王粲，正说明他的《水调歌头》和《逍遥堂会宿》之所以"其语过悲"(苏轼《水调歌头·安石在东海》序)，"读之殆不可为怀"(苏轼《和子由会宿两绝》序)，除弟兄别情外，政治失意也是重要原因。

第一首是触景伤情，前两句是写景，后两句是抒情。前两句所写之景虽是徐州逍遥堂之景，却与十七年前他们在京师怀远驿所见之景酷似。苏轼《感旧诗》叙说："嘉祐中予与子由同举制策，寓居怀远驿，时年二十六，而子由二十三耳。一日秋风起，雨作，中夜翛然(急速貌)，始有感慨离合之意。"——苏辙《引》中所说共读韦苏州诗，"相约早退"，即在此时——"自尔宦游四方，不相见者十尝七八。每夏秋之交，风雨作，木落草衰，辄凄然有此感。"这次逍遥堂的风雨声引起苏辙兄弟的"追感前约"，只不过是其中的一次而已。秋风秋雨，一般给人以"凄然"之感，但这次给他们的却是"喜"，因为他们在"不见者七年"之后，总算"会宿逍遥堂"了。但这种"喜"又是"误喜"，是空欢喜，因为他们原来是"相约早退"，去过自由自在的闲居生活。而现在二人皆仍居官，行动并不自由。眼下虽对床夜语，仿佛"旧约"真的实现了；但不久就要"孤帆水驿"，再次离别："贱仕迫程期，迁延防谴怒。"(《雨中陪子瞻同颜复长官送梁焘学士舟行汶上》)"不知"二字也用得妙，既可说是因"误喜"而暂忘"漂泊"，更可说是对"误喜"的自嘲。暂时漂泊彭城，有何可喜呢?

第二首是想象自己离开徐州后苏轼的心情。首句"凉如水"既是写秋凉，也暗示了自己去后苏轼将很感孤独、清冷。次句的客是自指，山公指苏轼。"山公"即晋人山简，山涛之子，官至尚书左仆射。他镇襄阳时，优游卒岁，唯耽酒，置酒辄醉。(见《晋书·山简传》)苏轼常以山简自况，如"谁记山公醉夕阳"(《新葺小园》)，苏辙这里也以山简比苏轼，说自己去后，兄长定很苦闷，只好以酒浇愁。第三句进一步补写苏轼的醉态，最后仍以凄风苦雨作结。全诗所写的秋凉如水，烂醉似泥，困卧不起，风雨凄凄，既造成了清冷的气氛，又突出了苏轼的苦闷，比第一首具有更浓厚的感伤色彩。

张耒说："长公波涛万顷海，少公峭拔千寻麓。"(《赠李德载》)苏轼(长公)诗如大海怒涛，汹涌澎湃；苏辙(少公)如高山茂林，幽深峭峻。这两首诗也颇能代表苏辙的诗风，质朴自然，不事雕琢，清幽冷峻，有一唱三叹之致。　(曾枣庄)

游西湖　　苏辙

闭门不出十年久，　湖上重游一梦回。
行过闾阎争问讯，　忽逢鱼鸟亦惊猜。
可怜举目非吾党，　谁与开樽共一杯？
归去无言掩屏卧，　古人时向梦中来。

元符三年(1100)哲宗去世，徽宗继位，想调停新旧两党。元祐年间官至副相的苏辙从岭南遇赦北归，居于颍昌(今属河南)。调停未成，徽宗很快又重新迫害元祐党人，而且比哲宗朝有过之而无不及。为了避祸，苏辙杜门颍水之滨，自号颍滨遗老，"不复与人相见，终日默坐，如是者几十年"(《宋史·苏辙传》)。说也奇怪，政和二年(1112)，也就是他去世的这一年，苏辙突然改变了"不踏门前路"的决定，不但出游颍昌西湖，而且泛舟湃水，写了两首纪游诗。

首联出句，一笔带过十年的生活。这十年来，他对不出门、不见人是自持甚严的。徐度《却扫篇》卷中说："苏黄门子由南迁，既还居许下，多杜门不通宾客。有乡人自蜀来见之，侍候于门，弥旬不得通。宅南有丛竹，竹中为小亭，遇风日清美，或徜徉亭中。乡人既不得见，则谋之阍人(守门人)，阍人使侍于亭旁。如其言，后旬日果出，乡人因趋进。黄门见之大惊，慰劳久之，曰：'子姑待我于此。'翩然而去，迨夜竟不复出。"这则轶事生动反映了苏辙晚年杜门颍滨的实际情况。"湖上重游"点题，"一梦回"说明他时时梦游西湖，"闭门不出"完全是为时势所迫。他在《泛湃水》中说："早岁南迁恨舳舻，归来平地忆江湖。""忆"字也表明，"闭门不出"的生活是苦闷的。

颔联写颍昌市民对他出游西湖的反应。苏辙在颍昌虽然住了十年有余，但当地闾阎(里巷)父老却很少见过这位昔日副相，因此争相打听他是什么人，以致连鱼鸟见到这位白发老人都为之惊猜。出句还比较平淡，对句的拟人手法使诗味倍增。

颈联是写自己的感慨，时仅十年，恍如隔世，举目非其党，无人共酒樽，抒发出没有同调的孤独之感。在徽宗朝，已经变质的新党如蔡京辈当权，元祐党人贬的贬，死的死，到苏辙去世前，他的昔日同僚已经很少有人在世了。因此，他晚年时时发出没有同调的感慨。崇宁五年(1106)他在《九日独酌》中写道："府县嫌吾旧党人，乡邻畏我昔黄门。终年闭户已三岁，九日无人共一樽。"可以参看。

尾联写现实中既然没有同调，只好与古人为友了。"归去"句抒发出一种无可奈何之情，聊可借以自慰的是"古人时向梦中来"。苏辙晚年除编辑《栾城》三集，修改《诗集传》、《春秋集解》、《古史》等学术著作外，还新著了《历代论》、《论语拾遗》等。他在《历代论引》中说："卜居颍川，身世相忘……复自放于图史之间。"这就是结尾一句的具体内容。

《游西湖》真实地记录了苏辙晚年的生活，并从一个侧面反映了徽宗朝的政治黑暗。他晚年诗风变得沉郁苍凉，读了这首诗，我们仿佛看到了这位饱经风霜的老人郁郁寡欢的神情。

（曾枣庄）

【作者小传】

方惟深

(1040—1122) 字子通，莆田(今属福建)人，居于长洲(今江苏苏州)。崇宁五年(1106)授兴化军助教。其诗为王安石所称赏。

谒荆公不遇

方惟深

春江渺渺抱樯流，　　烟草茸茸一片愁。
吹尽柳花人不见，　　春旗催日下城头。

这是一首访人不遇之作。"荆公"，指王安石，"荆公"是他的封号荆国公的简称。熙宁九年(1076)他因推行新法受阻，再次辞去宰相职务，退居江宁(今江苏南京)。"谒"是拜会。安石是作者尊敬的长辈，作者曾游于他的门下，故称"谒"。此诗就是安石退居江宁后作者往访不遇之作。

诗题作"不遇"，所以将前往拜谒时的情形全部略去，单写归去时的失望无聊心情。开头两句即写归舟所见大江的情景。第一句写江水。"春江"点出时令。"江"指大江，即长江。"渺渺"，水面辽阔的样子。"樯"是桅杆，这里代指船帆。船行江中，四面江水像是围抱着船帆一样流去。春江浩荡，水光接天，江面上飘着一片白帆，景象极美。然而江面愈是宽阔，愈衬出船的渺小，又愈透出孤寂之感，而这正是作者此时心境的真实写照，好像舟中也载着作者的万斛烦愁。看去全是写景，实际上是景中寓情。次句写岸上。“茸茸”，花草柔密茂盛的样子。从下文“柳花”来看，可知此时已是暮春，春草已经长得非常繁盛，此刻被笼罩在烟霭之中，看去迷迷茫茫，像是充满了哀愁。春草连绵不绝，哀愁也无尽无休。以上两句写景物，作者把自己的感情注入这些景物中，创造出一种凄清寂寞的境界，烘托出他的失望心情。

访人不遇，必然使人怅恨。所以临归去时，即使明知已没有希望，仍然情不自禁地要向被访者居住的地方或方向频频回首。这可以说是访人不遇的一种普遍心理。方惟深是莆田（今属福建）人，家在长洲（今江苏苏州），据诗意，此行也可能就是回长洲去。这回离开江宁，不知何日才能再来，怎能掉头不顾？然而回望江宁，惟见柳花乱飞，城头春旗招展，太阳已快落山，却不见所望之人的影子。“春旗”即春日之旗。庾信《马射赋序》：“落花与芝盖齐飞，杨柳共春旗一色。”“柳花吹尽”，说明凝望的时间已久。“春旗催日”，是说落日已在城头所建的旗帜之下，春旗迎风飘扬，好像在催促它快快落去。纷纷乱飞的柳花使人心烦，落日的余晖告诉人时间已晚，夜色将临，没有可能见到所访之人了。作者心中的怅惘之情，如一江春水那样远，那样深，那样悠长不尽。

《中吴纪闻》说：“子通（方惟深的字）最长于诗，凡有所作，王荆公读之，必称善，谓深得唐人句法。”又说：“此诗（即《谒荆公不遇》）荆公亲书方册间，因误载《临川集》（王安石文集）。”可见安石对此诗的喜爱。这诗通篇四句，全都采用熔情入景、以景写情的手法，篇中无一字直接明写作者的心境，而春江、归帆、烟草、柳花、春旗、落日等，无不渲染或反衬着作者的强烈思想感情。情景交融，浑然一体，深得唐人风致。

（王思宇）

舟下建溪　　方惟深

客航收浦月黄昏，　　野店无灯欲闭门。
倒出岸沙枫半死，　　系舟犹有去年痕。

这是旅途夜泊的一首小诗。建溪是闽江的北源，在今福建省。

开头两句写泊舟的时间和望中所见。“客航”，表明是离家远行。“收浦”即停船靠岸，“浦”是水滨。“月黄昏”系用林逋《山园小梅》“疏影横斜水清浅，暗香浮动月黄昏”诗语，形容月光昏暗，表明天黑已久。昏黄的月光，洒在平静的溪水上，一只小船划破水面，摇碎了月影，慢慢靠近岸边。有景，有人，有声，有色，景象非常幽静，画面非常优美。第二句是将唐韦应物《滁州西涧》“野渡无人舟自横”的名句改造而成。孤舟夜泊，最关心的当然是客店，所以船一靠岸，就在张望，看见客店并无灯光，正准备关门。这里既是“野店”，自然不是大的集镇，人家不多；而且为了方便行旅，必定临溪而设，所以极易望见。“无灯”，并不是说没有置备灯火，而是说没有点灯，野店固然简陋，但既是客店，恐怕不至于连一盏灯也不置备。这里有两层含意：一是表明今夜还没有客人，可见这里平常客人稀少；二是表明入夜已久，主人以为不可能再有客至，所以并未点灯，正准备关门睡觉。“欲”字下得很妙，它表明门将闭而未闭。如果已经闭门，则敲门叫门，会给投宿者带来许多麻烦；正是在这欲闭未闭之际，才使投宿者感到欣喜。

下面两句写系舟。这里既是“野店”，自然没有正规的码头，所以并无专门系舟的设备，只能把舟系在岸上的一株枫树上。上文店门欲闭未闭，是巧；此句枫树则是将死未死，是奇。“倒出岸沙”是说溪水从下面往里冲刷，在枫树根部冲出一个缺口，枫树一半的根得不到泥土的养料，加以又被系舟时摇撼捋坏，所以“半死”了。“半死”谓死去了半边，就是偏枯，这是树木的一种特异现象。末句“系舟犹有去年痕”写系舟时所见，更加新奇。“去年痕”是说去年系舟的痕迹还保存到现在，说明在此停泊的客人不多。这仍然是荒村野店地方才会有的景象。见此痕迹，怎能不令人称奇？

此诗选用最有特征的景物，写出荒村月夜泊舟的静谧境界。既是作者的精心选材和巧妙构思，却又使人感到全是信笔直书即目所见。化用前人诗语而不露痕迹，另出新意，可见作者的诗才。《莆阳文献》说：“此诗荆公（即王安石）爱之，尝书坐右，后人误入荆公集中。”确实是隽永可爱的一首佳作。（王思宇）

【作者小传】

魏 泰

生卒年不详。字道辅，号溪上丈人，襄州襄阳（今湖北襄樊）人。曾布妻弟。崇观间，章惇为相，欲官之，不就。晚年卜居汉上。工文章，有口辩。米芾称其与王安国并为诗豪。有《东轩笔录》、《临汉隐居诗话》。

荆门别张天觉 魏 泰

秋风十驿望台星，[①] 想见冰壶照座清。

零雨已回公旦驾， 挽须聊听野王筝。
三朝元老心方壮， 四海苍生耳已倾。
白发故人来一别， 却归林下看升平。

〔注〕 ① 台星：即三台，指上台、中台、下台共六星，在斗魁下，两两相比。《晋书·天文志》："在人曰三公，在天曰三台。"古人以三台喻三公，台星即指执政大臣。

张商英，字天觉。大观三年(1109)六月，宋徽宗罢蔡京相；七月，复召用张商英。张从宜都入汴京(今河南开封)，路过荆门(今湖北当阳)，魏泰从襄阳去会他，分手时，写了这首诗。

"秋风"，点明季节；"十驿"，极言襄阳至荆门里程之长；"台星"，谓张商英，表示诗人对他的仰慕和尊敬。"冰壶"，用以比喻张商英为官清廉。李白诗："为邦默自化，日觉冰壶清"；晁补之诗："尚书廊庙具，气若冰壶凉"，所用"冰壶"一词，含义都与此相近，都从鲍照"清如玉壶冰"句化出。

这首诗头两句叙诗人从襄阳赶来荆门跟张商英会见，推想他必能澄清当前的时局("照座清")。这充分表明了诗人对张商英友谊的深厚和期望的殷切。

"零雨已回公旦驾"，用周公旦的典故。周公辅成王时，兄管叔鲜和弟蔡叔度散播流言，说他将不利于成王，成王疏远了他。后来成王明白了事实真相，决定迎周公回来主持朝政。周公东征时曾作《东山》(《诗经·豳风》)诗，诗中有"我来自东，零雨其蒙"的句子。作者用这个典故比喻张商英，就暗含着张所遭诽谤业已澄清并将受重用的意思(张商英果然于次年任右相)。

"挽须聊听野王筝"，用桓伊和谢安的故事。谢安东晋名相，晚年因小人进谗言，孝武帝猜忌他。桓伊，小字野王，善音乐。有一天，晋孝武帝召桓伊饮宴，大臣谢安也在座。桓伊弹筝，歌曹植《怨诗》曰："为君既不易，为臣良独难。忠信事不显，乃有见疑患。周旦佐文、武，《金縢》功不刊。推心辅王政，二叔反流言。"意思在为谢安辩诬，谢安泪下沾襟，于是越席挽桓伊须，深致谢意。这里把张商英比作谢安，也暗喻张将重新获得徽宗的信任。

"三朝元老心方壮"：张商英历仕神宗、哲宗、徽宗三朝，因此称三朝元老。此次入阙对策，正满心想干一番事业。"四海苍生耳已倾"：谓全国老百姓都对张商英寄予莫大的希望。"白发故人来一别，却归林下看升平"：诗人自谓年老，虽不出仕，也将回襄阳老家期待过太平日子。

《宋史·张商英传》说：张商英"为政持平"，曾"大革弊事"，因此"蒙忠直之名"。魏泰这首诗，即反映了当时一些人对张商英的看法。

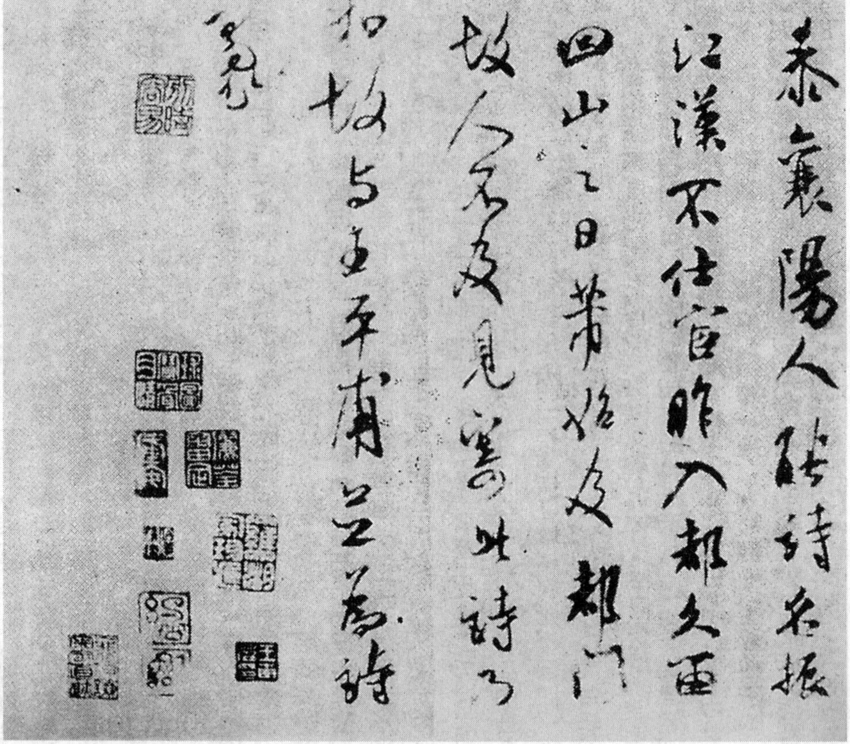

与魏泰唱和诗帖(局部)

——〔宋〕米芾

这首诗不以意境取胜，而以事、理结合和情、韵兼胜见长。它把叙事、说理和抒情三者都凝铸入诗，诗句里又饶有时、空变化和声、色交感。如首句："秋风"暗示了时间的转换，"十驿"展示了空间的悠长；两者相联，又形象地抒发了诗人情谊的殷切。颔联虽然用典，但不僻、不涩；既反映了当时朝野的舆论，又表达了自己内心的企求。加上"零雨"见色；"筝"见声。声、色交互，更增添诗的韵味。颈联出句写张商英个人的抱负；收句写普天下万众的期望。尾联回叙自身，写临别依依之意；且能脱出俗套，不作儿女沾巾之态，而以兴冲冲地归看升平结束全篇。这样写，诗的精神境界就高了，并可引起读者产生遐想。

米芾称魏泰与王安国"并为诗豪"(《宋诗纪事》)。话虽然说得过了头，但不纯是溢美之辞。魏泰强调诗要"浑厚"，反对黄庭坚"专求古人未使之事，又一二奇字缀葺而成诗"(《临汉隐居诗话》)，这类主张，对宋诗的发展显然有良好影响。

此诗除"诗律峻峭"已受到《桐江诗话》作者的赞许外，风格上也颇豪放，在宋诗中很有特色。

（蔡厚示）

【作者小传】

道　潜

(1043—1102)　僧人。字参寥，俗姓何，本名昙潜，赐号妙总大师，杭州於潜(今浙江临安西)人。自幼出家。与苏轼、秦观友善。轼谪居黄州，曾千里往访，同游庐山。轼知杭州，唱酬甚多。轼南贬岭南，亦坐诗语讥刺，命还俗。建中靖国初，诏复祝发。崇宁末，归老江湖。能文章，尤喜为诗，为苏轼称赏。有《参寥子诗集》。

绝　句　　　　道　潜

高岩有鸟不知名，　欵语春风入户庭。
百舌黄鹂方用事，　汝音虽好复谁听？

这首诗没有题目，作者不知所咏鸟儿的名字，其本意也不是咏鸟，诗中的政治讽刺意味虽然十分显豁，作者还是不愿直接点明，所以用"绝句"代题倒是聪明的办法。

由陈入隋的诗人韦鼎写过一首《在长安听百舌》："万里风烟异，一鸟忽相惊。那能对远客，还作故乡声。"也是由一鸟相惊而触动政治感慨，不过是通过埋怨鸟儿在异地仍作乡音而寄托深切的乡国之思。道潜则是慨叹无名之鸟难为善鸣者所容,借以对专权用事者予以讥刺。二诗都用正言反说之法,韦诗责怪百舌实际是怜惜百舌不知风烟之异,道潜说黄鹂百舌善鸣实是责其不容异鸟争鸣,不过一为曲说,一为比兴。

此诗发端用叙事句法写鸟儿居于高岩而不为人所知,其品种之珍奇可以想见。看它飞入户庭时,与春风欸曲而语,又是多么亲切诚挚。这句写鸟儿情态可爱,依依动人。接着叹息:户庭里得势的是百舌和黄鹂,你唱得再好又有谁听?这一问,粗看只是惋惜户庭已有善鸣之鸟。异鸟飞来未必能受赏识,其实意味深长。黄鹂百舌都是常见的鸣禽,黄鹂即黄莺,百舌是伯劳的一种,一名反舌,能反复其舌,随百鸟之音春啭夏止,这两种鸟因鸣声圆滑而常为人所畜养,有它们把持歌坛,自不容珍奇的鸟儿前来争鸣。同时,古人认为“反舌有声,佞人在侧”(《汲冢周书》),杜甫《百舌》诗曾借此鸟托讽说:“百舌来何处?重重只报春……过时如发口,君侧有谗人。”直以百舌之发口而鸣影射君侧有谗佞之人。联系道潜的身世背景来看,这首诗的主要用意是讥刺朝廷专权用事的新党,直指他们为君侧的佞人。道潜与苏轼交好,绍圣初,苏轼被贬往惠州,道潜也因作诗刺时而得罪,被勒令还俗,编管兖州。当时新法已经变质,朝廷用事的是章惇、曾布、蔡京等一伙人。这首诗将这一伙人比作鸣声圆滑、反复其舌的百舌、黄鹂,不光是嘲讽他们凭着伶俐圆滑、唱得好听而得势一时,而且还有力地抨击了他们专恣弄权妒才嫉贤的行径,诗中对不知名的鸟儿深表惋惜,也是对那些遭受排挤的高才遗贤寄予同情之心。

这首诗的客观意义要比作者的寄意还要深广。无名鸟儿唱得再好也无人来听,又说明听众缺乏鉴别能力,既不识高低,又不辨清浊,只能欣赏百舌、黄鹂凡庸的曲调。它还可以使人联想到古往今来由于小人用事而致使人才受排挤、遭冷落的现象,还可以使人联想到由于世人鉴识力的低下而造成的曲高和寡、庸音喧扰的情况。所以此诗虽然语浅意露,一目了然,却能在多方面发人深思。

(葛晓音)

江上秋夜　　道 潜

雨暗苍江晚未晴,　　井梧翻叶动秋声。
楼头夜半风吹断,　　月在浮云浅处明。

宋人写景,往往不满足于总体印象的概括或静态的勾勒,而是刻意追求深细地表现出时间推移过程中的自然景物的变化。这首七绝就是通过描写苍江从傍晚到夜半、天气由阴雨转晴的变化过程，烘托出江上秋夜由萧骚渐入静谧的气氛，构成了清冷寒寂的意境。全诗四句四景，分别选择最适宜的角度表现了阴雨、风起、风停及将晴时分的景色，虽一句一转，却合成一幅完整的画面。

首句写阴雨笼罩中的苍江到晚来还没见晴，"暗"字气象浑涵，下得精当，不但用浓墨绘出了天低云暗、秋水苍茫的江景，而且使浓重的雨意和渐渐来临的暗夜自然连成一气，一句写尽了白昼到傍晚的天色。如果说这句是从大处落墨，第二句则是从细处着意。井边的梧桐翻动着叶子，飒飒有声，自是风吹所致，因此时倘若还是"梧桐更兼细雨"，便应是"到黄昏点点滴滴"（李清照《声声慢》）的另一番景象了。由梧叶翻卷的动静辨别风声，又可想见此时风还不大，始发于树间，因此这细微的声息暗示了风一起雨将停的变化，又是秋声始动的征兆。第三句写半夜里风声才停时的情景，"吹"与"断"说明风曾刮得很紧，从楼头判别风声，就不同于从桐叶上辨别风声了，必定要有相当的风力和呼呼的声响才能听出是"吹"还是"断"。所以这一句中的"断"字放在句断之处，与上一句井梧翻叶相应，虽只是写风的一起一止，却概括了风声由小到大，吹了半夜才停的全过程。这正是欧阳修所写"初淅沥而萧飒，忽奔腾而澎湃，如波涛夜惊"（《秋声赋》）的秋声。这两句全从江楼上人的听觉落笔，真切地写出了秋声来时江上暗夜中凄清而萧骚的气氛。这个"断"字还承上启下，带出了最后一句精彩的描写：风停之后，乌云渐渐散开，但尚未完全放晴，月亮已在云层的浅淡之处透出了光明。作者准确地抓住了浮云将散而未散的这一瞬间，表现出月亮将要钻出云层的动态，烘托出半夜风雨之后天色初晴时那种特有的清新和宁静的气氛。"明"字在首句"暗"字的映衬下，成为全诗最耀眼的亮色，在结尾处预示出一片雨过天晴的明朗境界。

这首诗纯以写景的真切细致取胜，但如果没有作者对秋意的敏锐感受，便不容易准确地捕捉住每个特定时刻的景物特征，如果没有精巧的构思和炼字，也不容易在一首短短的绝句中如此层次分明地展现出景色随天色阴晴而转换的过程，并形成浑成的意境。

（葛晓音）

秋　江　　　　道　潜

赤叶枫林落酒旗，　白沙洲渚阳已微。
数声柔橹苍茫外，　何处江村人夜归？

绚烂的秋色与绚丽的夕阳相互映照，轻柔的橹声与柔和的黄昏溶成一片。

夕晖渐敛，暝色入江，诗中所表现的正是秋江最美也最令人惆怅的光景。“赤叶”冠于篇首，显然是有意要使它那耀眼的赤红色首先给人夺目的印象，与枫林连用而不觉重复，一则是需要强调枫叶已经霜变红，点明“秋”字，二则是为了突出它在夕阳辉映下浓重火辣的色彩效果，暗伏暮景。酒旗已落，可知已到了行人归尽、酒家收起招客帘子的时候，渡头的寂寥自可想见。据《容斋随笔》载，宋代酒肆都在外面挑起大帘，用几幅青白布制成。青白色的酒旗与红色的枫林相互映衬，本句内自成色彩对照，又与下一句形成色彩的交替对比。赤叶枫林从岸上写，白沙洲渚从水中写，红白相映，是明对。而夕阳的红色又与沙洲的白色在本句内自成对比，是暗对。因此首二句末三字虽不对仗，却暗藏一白一红的对照，对法明暗相间，句式整散相间，便避免了色彩过求巧对的板正之病。

“阳已微”三字用谢灵运《石壁精舍还湖中作》里“入舟阳已微”的现成辞语，写阳光已经昏暗，后二句便自然转入微阳朦影中的江村：轻柔的橹声从远处传来，不知是哪一处江村有人夜归？这儿说“苍茫外”，“外”字似乎下得无理。因暮色苍茫、充塞于天地之间，难以内外分界，但如设身处境去体会，又觉得唯用这“外”字方能写出橹声的悠柔和清远，方能想见江面的空阔和宁静。杜甫《玄元皇帝庙作》有“碧瓦初寒外”句，是把无象无形的寒气分出内外，借碧瓦与之相生发，夸张庙宇的高拔雄伟，使难以名状的内心感觉可呈于象，可感于目。这种境会唯诗人可以领悟，而画家只能束手搁笔。道潜这句诗可谓深悟以上所举杜诗之理，又有自己的独造之境。苍茫之色分出内外，便使人觉得数声柔橹犹如天外传来那般遥远，反过来又显出暮霭的浓重，结句冷然一问，便以凭空想象江村人归的情景补足了沉沉夜色中不辨舟船的意思，意境更觉悠远空灵。

这首诗前两句是入画之境，所以用彩绘之笔，后两句是空中传声，遂出于默会之境。前实后虚的转换大体与秋江由明渐暗的变化相吻合，首句为夕阳正好之时，次句为落晖已敛之时，第三句是日沉之后暮色苍茫之景，第四句是夜色笼罩秋江之景，这就在静态的意境描绘中不露痕迹地表现了由黄昏入夜的过程。有思致，有妙悟，颇可吟味。

（葛晓音）

【作者小传】

王 雱

（1044—1076）　字元泽，江西抚州人。王安石子。性敏悟。治平进士。历官太子中允、崇政殿说书、天章阁待制兼侍讲、龙图阁直学士。曾受诏撰《诗义》、《书义》。有《南华真经新传》。

绝　句　　王　雱

一双燕子语帘前，　病客无憀尽日眠。
开遍杏花人不到，　满庭春雨绿如烟。

这是一首语言平易、画面优美的小诗。它为人们提供了一幅秀雅小巧的春景画屏。园内燕语花开，春雨如烟，展示一片生机。然而，庭院中的主人，却始终躲在竹帘内倚枕静观这一幅幽静的春色图。

读头一句，人们会很自然地想到秦观的《夜游宫》："巧燕呢喃向人语，何曾解、说伊家些子事。"是的，谁能听懂燕子在讲什么呢？反正它们是在交谈最关心的话题。这种春日随处可见的景物，使人感到亲切。这景物暗点季候，指明地点，且暗示庭院阒寂，无人喧闹。否则，燕子便不会在帘前双双对语了。正因为庭院阒寂，所以第二句"病客无憀"，紧承上句而来。无憀，意同无聊，因有病闲居，所以整日倚枕高卧。第三句紧承第二句而来，因主人整日放帘倚枕，所以虽满园杏花盛开，也无人观赏。第四句承第三句，由遍地杏花，写到满庭春雨，一派绿烟。它为春燕、杏花等景物布设了秀雅的背景。

一、三、四这三句组成了一幅完整的画图，春雨迷蒙，一派幽静。全诗只有第二句写人。表面看来，这位主人对周围的一切似无兴趣。其实，正是他在细心地观察和领略着满院春光。唯其如此，他才听到燕子的亲切对话，看到杏花的一齐盛开，满怀幽趣地观赏碧绿的草坪和细雨。他的"尽日眠"，并不是进入睡乡。这个"眠"同韩愈《病中赠张十八》"不蹋晓鼓朝，安眠听逢逢"的"眠"字含义相同，不过是安闲地静听而已。这位垂帘高卧的"病客"，正为这幅画面增添了幽闲恬静的诗趣。

（刘乃昌）

绝　句　　王　雱

霏微细雨不成泥，　料峭轻寒透夹衣。
处处园林皆有主，　欲寻何地看春归？

这是一首于暮春之际写送春情怀的小诗。前两句写暮春天气常见的景象和感受。春天归去，总是伴随着风风雨雨。或者说几番风雨，摧折得春残花谢，以故李煜词谓："林花谢了春红，太匆匆，无奈朝来寒雨晚来风！"（《乌夜啼》）总之，写暮春总免不了写风雨。本篇首句写雨，次句写风。细雨迷蒙，若有若无，路上虽无泥泞，但云雾却阴沉不开。寒气没有冬季凛冽，不过春风如剪，透过夹衣，有时不免使人感到寒意。“霏微”状述细雨，“料峭”形容寒风，都是诗词中常用语。文字自然平易，却写出了天气阴沉、寒风料峭的晚春环境，为送春、伤春制造了气氛。

这首诗于结尾处点题。“看春归”三字，是全诗题旨。“春归”，一般指春天离去，所谓“常恨春归无觅处”，“乱红吹尽放春归”。春尽而归，花盛而谢，这是自然规律，且可迎来夏季的繁茂，秋季的丰收。不过，古人则常常借送春、伤春，寄托或发抒政治上或生活上的抑郁伤感情怀。如白居易《送春归》：“送春归，三月尽日日暮时。去年杏园花飞御沟绿，何处送春曲江曲。今年杜鹃花落子规啼，送春何处西江西。帝城送春犹怏怏，天涯送春能不加惆怅？”可见送春常常到林侧江畔，悼惜花飞花落，总不免怏怏惆怅。王雱这首小诗，不正面写对花弹泪的送春情景，却翻进一层，说处处园林有主，残存的春光都被人占尽，要想眼看着春光归去，却无法找到驻足放眼之地。送“春归”，固然难免惆怅，欲送春而无地，犹如对挚友亲人的远行，欲一送而不得，其怏怏之怀，怅惘之情，又将如何呢！

（刘乃昌）

【作者小传】

孔平仲

(1044—1111)　字毅父，临江新淦（今江西新干）人。治平二年(1065)进士。为秘书丞，集贤校理。出知衡州，徙韶州。徽宗即位，召为户部员外郎，迁金部郎中，为提举永兴路刑狱，帅鄜延、环庆。坐党籍被罢。与兄文仲、武仲俱以文名，合称“清江三孔”，有《清江三孔集》。著有《续世说》、《孔氏谈苑》、《珩璜新论》等。

代小子广孙寄翁翁　　孔平仲

爹爹来密州，　再岁得两子。
牙儿秀且厚，　郑郑已生齿。
翁翁尚未见，　既见想欢喜。
广孙读书多，　写字辄两纸。
三三足精神，　大安能步履。
翁翁虽旧识，　伎俩非昔比。

何时得团聚，　尽使罗拜跪。
婆婆到辇下，　翁翁在省里。
大婆八十五，　寝膳近何似？
爹爹与奶奶，　无日不思尔。
每到时节佳，　或对饮美食，
一一俱上心，①　归期当屈指。
昨日又开炉，　连天北风起。
饮阑却萧条，　举目数千里。

〔注〕 ①"一一"句：指思亲之心，俱上心头。

这首诗，实质上是一封平安家书。目的是告慰父母：儿孙近况甚好，叙述渴盼团聚之意，写法很别致。

诗分两段：上段十四句，下段十四句，双句押韵，一韵到底，章法整饬，语言活泼。

上段是向爷爷陈述五个孙孙的情况。诗题是"代小子广孙寄翁翁"，表明这是用了孩子的口气来写的。广孙最大，他以大哥哥的口气，一连叙述了牙儿、郑郑、自己、三三、大安兄弟五个的情况，文字虽少，但把五个小兄弟写得栩栩如生、各具情态。中间插以"翁翁尚未见，既见想欢喜"这样的猜度之语，显示了爷爷喜孙孙、孙孙爱爷爷的深挚之情；又插以"翁翁虽旧识，伎俩非昔比"这样的"新闻"，这就把两个刚学走路和说话的弟弟的聪明顽皮、讨人喜欢的情态写活了。爷爷看了这诗，怎能不眉开眼笑呢？

下段叙述对爷爷奶奶的思念之情。这后段，实际是以广孙的口气，代诗人自己向父母叙述思亲之情，渴归之意。（奶奶，对母亲的称呼。）作品不仅描摹了思亲的具体情节，而且从那"饮阑却萧条"的气氛里，显示了五个孙孙也很懂事，他们见到爸爸妈妈思亲的闷闷不乐，兄弟五个都不敢欢欣笑闹了。这又显示了小孙孙们的良好教养。

按照成年人的写信方式，除了前有称谓、后有祝颂语，一般应先问候老人，祝福老人，叙述渴念之情、思归之意，然后再叙述自己这方面的情况，以释尊长之情。这样才合于当时的礼貌。但因为这首诗是"代小子广孙寄翁翁"，就不能那样写，那样写就不合乎儿童的心理，就显得太"大人"气，失去了天真可爱的意趣。诗人深深懂得这一点，所以将禀报的内容加以颠倒，改变了一般书信的程式，增添了朴实美。

一首不满二百字的诗歌，代替了数百言难于表叙感情的家书，写得清新活泼、自然流畅、意深情挚，在古代诗歌里这种写法甚为少见，看来得力于汉代乐府民歌。 （傅经顺）

寄　内　　孔平仲

试说途中景，　方知别后心。
行人日暮少，　风雪乱山深。

这首诗可能作于赴惠州途中，题为《寄内》，可知是寄给作者的妻子的。他的别后心情，所谓“黯然魂销”者，在这首小诗里有充分而含蓄的表现。

以途中景色，见别后离情，这是古代诗词中最常用的抒情方法，即以实处见虚，则实处皆虚。不说“心情”，而只说沿途风物，风物虽是早已客观存在，而行人此时此地之心头滋味却是个人所有。其深度如何，其浓度如何，当如何见此心此情？作者均未明言。且别情之浓，别情之乱，若一一说去，将不知费去几许笔墨，愈说得多，愈不能将此弥漫四野、飘忽怊怅之心情说全、说清，故将虚化实，使实处全虚，则更易感人。李商隐的《夜雨寄北》就是采用这种表现手法。

按一般叙述方法，诗之顺序应为：“行人日暮少，风雪乱山深。试说途中景，方知别后心。”今将句倒转，是作者独具匠心处。第一联为第二联作铺垫，第二联陡转，转折颇险而陡，因奇特而见警策，可谓能于险中求警；若按意思顺序来写，则是平铺直叙，而无跌宕之势。读后只能感到行人于日暮时，说出风雪乱山中之感受，及因此感受而思念家人之心情，虽流畅而失之浅淡。此则不同，读首联竟不知所云“别后心”究竟如何，读次联不仅可知“途中景”色，亦可于所写景色中感知作者情怀之极苦、极乱。首联提出“途中景”，却全无一字说此“景”字，提出“别后心”，既不作心情之描述，又无形象以见意。而此诗却又转回头去接第一句去写“途中景”。如此安排，使读者自知景即心，心即景，与其写不易着笔之抽象心情，不如写引起此种情怀之实景，于实景中见到此极苦、极乱之心情。一如刘长卿之《逢雪宿芙蓉山》：“日暮苍山远，天寒白屋贫”，只着一“贫”字，使下联之实写“柴门闻犬吠，风雪夜归人”，实处全虚，一片苍茫凄寒之感，弥天而来，别人多少言语说不尽者，只以十字匀染出矣。孔平仲此诗的妙处也在于此。 （孙艺秋）

霁　夜　　孔平仲

寂历帘栊深夜明，　睡回清梦戍墙铃。

狂风送雨已何处？　淡月笼云犹未醒。
早有秋声随堕叶，　独将凉意伴流萤。
明朝准拟南轩望，　洗出庐山万丈青。

这首诗写秋夜雨霁的清静景色，表现出爽快的精神境界。一般都因宋玉有“悲哉秋之为气也”之句，而发悲秋之感；但也有反其意而用之的，如李白之称“秋兴逸”，刘禹锡之言“胜春朝”。《霁夜》表现清爽的心境，也是一种逸兴。

“霁夜”，这里是指雨霁之夜。但是，为了更好地创造意境，不仅将时间延展了，而且将顺序交叉着。最先触发作者诗情的，是闯入梦境的戍墙响铃。然而诗的开头却先写从帘栊透入室内的明亮夜色，即先写醒后所见，次句再写梦醒。看夜色在前，而梦觉在后，这是一种倒叙；颔联出句又先写雨霁前风雨交加的情景，然后再写眼前“淡月笼云”的景色，又是一种回叙；颈联仍先写雨前秋风扫落叶，再写雨霁萤火横飞，仍然是回叙；末联由夜推想到朝，悬想经过雨洗之后的明日庐山，必然是苍翠欲滴！诗境不限于雨霁，而是回叙霁前的风雨和推想明日的山色。这种时间的交叉和延展，不仅避免了平直，而且扩大了容量。

清爽的秋兴是通过秋夜景物的描写来表现的。诗的核心是一个“清”字，“清兴”融化在“清景”之中。这清景，就是秋月、秋声、秋叶和秋萤。古人说，“秋风清，秋月明”。清风明月确是秋夜的富于特征性的景色；秋叶飘落伴随着秋声，再加上闪闪发亮的点点流萤，更为秋夜增添了清凉之意。描写这种清秋之景，诗人采用了对比映衬的手法，比起一般的景物点染，其艺术效果要强得多。诉诸视觉的朦胧月色，在夜深人静的时候，尤其显得“寂历”，接着以诉诸听觉的戍墙之铃的清冷之声与之映衬，即所谓静中有动，动中有静，这便使人更加感到清寂。在提起“狂风送雨已何处”时，暗示读者，雨霁之前有一阵狂风暴雨。这狂风暴雨和眼前清寂的霁夜，恰又构成鲜明的对比。这便加强了雨过天清的切身感受。秋声是听出来的，堕叶也是听出来的，在夜里，落叶不是肉眼观察到的。这里用秋声堕叶的听觉动态和月夜飞萤的视觉动态交相辉映，对于引动清秋逸兴，也很有艺术效果。总之，用对比映衬手法描写秋夜景色，从而很好地表现出清秋逸兴，也是这首诗的一个重要特色。

（林东海）

和经父寄张绩二首[①]　　孔平仲

解纵枭鸱啄凤凰，　天心似此亦难详。
但知斩马凭孤剑，　岂为摧车避太行！

得者折腰犹下列，　　失之垂翅合南翔。
不如长揖尘埃去，　　同老逍遥物外乡。

半通官职万人才，　　卷蓄经纶未得开。
鸾凤托巢虽枳棘，　　神仙定籍已蓬莱。
但存漆室葵心在，　　莫学荆山玉泪哀。
倚伏万端宁有定，　　塞翁失马尚归来。

〔注〕 ① 缋：《宋诗钞》作绩，此据《豫章丛书》本《朝散集》。

孔平仲同其兄文仲、武仲"皆以文声起江西，时号三孔"（《宋史·孔文仲传》）。经父是大哥文仲的字。张缋是一位才识兼美之士，文仲曾屡以诗寄他。此诗大约是神宗熙宁间（1068—1077）和乃兄之作。平仲弟兄都和苏轼友善。文仲死后，苏轼拊着他的灵柩说："世方嘉软熟而恶峥嵘，求劲直如吾经父者，今无有矣！"张缋和文仲交好，正是苏轼所表彰的"劲直"一流的人物。

这两首七律《和经父寄张缋》对张缋刚正不阿的精神和未得施展的才学，热情赞誉，并作了慰勉和劝诫。第一首对张缋同权贵势不两立，因而在仕途上遭到挫折的身世，深表同情。第二首则钦佩张缋才华出众，经纶满腹，相信他虽暂屈下僚，终将长材得展。

第一首首联引申《庄子·秋水》"鸱得腐鼠"，而"吓""鹓鸰"之意，以"枭鸱"得"解纵"，"凤凰"被剥"啄"，比喻小人逞凶，君子遭害。世局如"此"，自无天理可以推"详"的了！次联赞扬了张缋的峥嵘风骨。上句称张缋就像前汉朱云那样，只知道凭借"尚方斩马剑"，誓"断佞臣"之头（《汉书·朱云传》），决不妥协。下句化用曹操《苦寒行》诗意，说他岂肯因为太行山艰险，可能摧折车轮，而回避不前。这两句把两个著名典故精心组合，成为孔诗中的佳联。张缋的凛凛风骨，在诗行中闪出了光彩。三联则评议了朝政的污浊，也从政治得失上为张缋作了分析。上句说，软媚者虽然卑躬"折腰"于小人之前，仍然屈居"下列"，所得几何？而洁身自爱者始则"垂翅"终将奋翼南翔，又算什么"失"呢？这两句把陶潜"不为五斗米折腰"和《后汉书·冯异传》的"始则垂翅回溪"，"终能奋翼渑池"的名言加以提炼，构成一联对句，以形象说理，极具启发性。末联"不如长揖尘埃去，同老逍遥物外乡"。在析理的基础上，对张缋提出建议：你的立身大节既已确定，对出与处的两种可能又都深有了解，那还有什么可犹豫的呢？看来，不如长揖尘世，同老于"物外"之乡，去作"逍遥游"，才真正适意呵！这里的"长揖尘埃"，"逍遥物外”，化用了《庄子》语意，对污浊政局表示了厌弃。

如果说第一首在赞誉中带有不少安慰的口气，第二首则于推崇中渗入了一些劝勉的成分。重点看来还在第二首。

第二首首联对张缋备极推崇，而又深表惋惜，他是“万”中选一的人“才”，却“官职”未“通”；他有“经纶”天下的满腹学问，却“卷蓄”而不得展用。次联以两个比喻，指出张缋不会久困“下列”，终将重返朝班。上句是化用《后汉书·仇览传》“枳棘非鸾凤所栖”的话，说鸾凤虽暂时“托巢”于“枳棘”之上，终能栖息在梧桐之颠，正如神仙，虽也有谪降，毕竟已在蓬莱三山“定籍”。三联对张缋既有勉励，也有劝诫。上句用《列女传》鲁穆公时漆室女忧念国事，倚柱而歌的故事。下句用《韩非子》卞和献璞刖足，抱璞哭于荆山的故事。两句一气呵成，意思是说，只要存着漆室女的耿耿之心，定有施展抱负之一日，无须学卞和抱璞而哭，因为世事本是倚伏不定的，否极终将泰来。于是引出尾联的宽缓语。尾联化用《老子》“祸兮福所倚，福兮祸所伏”的词意，以及《淮南子》“塞翁失马”的故事，对张缋作了鼓励。诗人指出：张缋在政治上虽然暂受挫折，只要此心不渝，定有祸去福归之一日。

《宋史·孔平仲传》说，“平仲长史学，工文词，著《续世说》……诸书传于世”。这两首诗可说是表达了平仲对人生的信念。诗中多次引用历史人物来说明现实生活中的政治与人事关系，不只有的放矢，而且饶有诗意，颇能发人深思。有的诗句由于对仗工巧已经成为名联流传，如“但知斩马凭孤剑，岂为摧车避太行”，“但存漆室葵心在，莫学荆山玉泪哀”，表现了古代“劲直”之士除恶犯险，无所畏避的精神。在今天还有借鉴意义。

这两首诗的一个显著特点，是把说理与抒情有机统一。两者如果处理不当，很容易造成割裂。但诗人熟练地掌握了写诗技巧，使之结合自然。如第一首的一、四联，第二首的四联，一再化用《庄子》中《秋水》、《逍遥游》和《老子》、《淮南子》中的词意与典故；第一首的三联节取汉、晋两朝的成语；说理成分都较浓厚。然而这些说理的内容，不仅与形象结合，而且发之肺腑，从而具有抒情色彩。在喻人以理的同时，还能起到感人以情的作用。这就避免了抽象、空洞地述说道理之弊。

这两首诗的中间两联把一些为人处世的生活准则，反复进行艺术综合，最后概括成精彩偶对，构思过程颇费推敲。如第一首次联以“斩马凭孤剑”对“摧车避太行”，“斩马剑”三字经他一分为二，“斩马”与“摧车”，便成了工对。又在“剑”前缀一“孤”字，以与“太行”成对，这“孤”字很能状出持剑人的胆气。再通过“但知”、“岂为”这样旨意确切的词语加强表现力，主人公张缋的劲直气骨，便鲜明地突现出来。又如第二首三联以“漆室葵心”对“荆山玉泪”，句首的“但存”、“莫学”，倾向性都很明显，表现出两种不同的纳忠方式，而十分推许前者。“玉泪”二字更打破了比拟妇女泪水的一般用法，而换上卞和抱璞玉哭于荆山的内容，顿觉异彩焕发。由于诗人在中间两联的写作上狠下了工夫，在酝酿一、四两联时，又尽可能地发挥他运用散行句式的特长，这就使他的七律作品能成为宋诗中的优秀篇什。“平仲之才，不第优于二孔，实堪高出一时。”(《静居绪言》)从此诗可证。

(陶道恕)

禾　熟　　孔平仲

百里西风禾黍香，　　鸣泉落窦谷登场。
老牛粗了耕耘债，　　啮草坡头卧夕阳。

这首诗很像一幅古代农村风俗画。据钱锺书《宋诗选注》，清初著名画家恽格(寿平)曾借此诗题画。作者孔平仲曾多次遭受贬谪，做过地方官吏。对农村的熟悉与了解，使他能够真切而生动地描绘出农村风光；而对官场的厌倦情绪，也正好借这野朴的乡村风俗得到淘洗与宽慰。

首句“百里西风禾黍香”，大笔勾勒出农村金秋季节的画面。诗人或骑马、或乘车、或登高，放目四野，百里农田尽收眼底。那结满累累果实的稻谷黍粱，在西风吹拂下，波翻浪涌，香气袭人。面对此境，诗人怎能不为之陶醉！

“鸣泉落窦谷登场”一句，诗人收束目光，由阔大之景集中到泉水沟窦和一派繁忙景象的打谷场上。“鸣泉落窦”是眼前所见。淙淙流泉落于溪潭之上，发出清越的响声，与打谷场上繁忙的声响交杂一起，构成一幅喜人的农村秋景。李文渊《赋得四月清和雨乍晴》有“熏风到处田禾好，为爱农歌驻马听”之句，虽然写的是春景，但意境与此诗颇有相同之处，可以互相参阅。

“老牛粗了耕耘债，啮草坡头卧夕阳。”诗人的目光离开了繁忙的谷场，注目坡前，看到了刚释重负、横卧坡头啮草的老牛。这是一幅非常富有农村特色的画面：其景致的野朴，其风韵的淡远，确是传神写照。诗的主旨是通过对老牛的赞赏，抒发长期蕴积胸中的郁闷之情。自己仕宦的坎坷，官场生活的劳苦，何异于老牛的耕耘之债？然而老牛的役债终有了结的时日，而自己何尝不希望尽早了却役债、像老牛那样释却重负、舒闲一下长期疲惫的心灵呢！

古人描写农事、抒发感怀的诗确也不少。如王维“农月无闲人，倾家事南亩”(《新晴晚望》)；元稹“农收村落盛，社树新团圆”(《古社诗》)；欧阳修“田荒溪流入,禾熟雀声喧”(《陪府中诸官游城南》);朱熹“农家向东作,百事集柴门”(《残腊》),但都不如孔平仲此诗抒情之深沉。

这首诗风格清新自然,尽管用意深,却似乎是随意写来,不加雕琢,一切似乎全在有意无意之间随意点出。

(崔承运 袁行霈)

昼眠呈梦锡 孔平仲

百忙之际一闲身,　更有高眠可诧君。
春入四支浓似酒,　风吹孤梦乱如云。
诸生弦诵何妨静?　满席图书不废勤。
向晚欠伸徐出户,　落花帘外自纷纷。

作者在明媚和煦的春天里,不外出观赏大好的春光,却闭门在家昼眠。一觉醒来,自以为有趣,于是写了这首诗送给一位姓郑字梦锡的友人。诗中描写自己昼眠前后的感觉,充溢着恬淡、闲适的气氛。

起句交代自己昼眠的原因。在“百忙之际”,脱略世务,“偷得浮生半日闲”,使朋友感到惊诧不已。诗人没有进一步交代导致自己闲暇的原因,但是读者可以设想,倘若诗人身居朝廷要职,是不会如此的。个中隐约透出了他仕途不得意的心情。

“春入四支浓似酒”写昼眠前的感觉。四支,即四肢。在暖融融的阳春季节,人会感到手脚软绵绵的,就像喝醉了酒一样。用“入”字来形容春意沁人肺腑,十分妥帖。“风吹孤梦乱如云”,是回忆昼眠中的情景。“孤梦”,说明这一觉睡得香甜安稳,连梦都被春风吹乱,如天上飘浮的白云,理不出头绪。其实,从作者这种连梦境都不愿如实透露的写法中,可以见出他深埋在心底的某种苦衷的端倪。

五、六句是叙事。由“诸生弦诵”句中,我们可以大致推断,此诗大约作于作者初入仕任秘书丞集贤校理之时,这是一个地位低微的散官。“诸生”大概就是指集贤院的学生,他们趁着大好春光正在琅琅读书。而作者自有定力,在弦诵声中照样能集中心思,左右图书,不废勤读。他是在英宗治平二年(1065)进士及第后,经吕公著推荐才得到这个小官职的,对这个不能尽其才的职位虽有所不满,但仍忠于职守,有时还可忙里偷闲。

最后两句写作者昼眠后的情景。打个呵欠,伸伸懒腰,掀帘下阶,徐步出门。这才发现天色已近傍晚,风儿正吹着落花,满院飘洒。昼眠后的诗人怡然自得地欣赏着这黄昏时节的景色,似乎悠闲自在。实则从诗人对“自纷纷”的落花描写中，可以体会到他无可奈何的情绪。花开花落，只能顺应节气，任其自然；人的升降荣辱，亦命中注定，不必强求，泰然处之吧。这种对人生的态度当然不算是积极的，但作者也只能如此了。

全诗层次分明，意脉贯通。把日常生活中一件极普通的小事，写得如此生动有趣，确也难得。

（詹杭伦　沈时蓉）

【作者小传】

黄庭坚

(1045—1105)　字鲁直，自号山谷道人，晚号涪翁，洪州分宁（今江西修水）人。治平进士。哲宗时以校书郎为《神宗实录》检讨官，迁著作佐郎。后以修史"多诬"遭贬。早年以诗文受知于苏轼，与张耒、晁补之、秦观并称"苏门四学士"。与苏轼齐名，世称"苏黄"。诗以杜甫为宗，有"夺胎换骨"、"点铁成金"之论，风格奇硬拗涩，开创江西诗派，在宋代影响颇大。又能词。兼擅行、草书，为"宋四家"之一。有《山谷集》、《山谷琴趣外篇》。

赣上食莲有感　　黄庭坚

莲实大如指，　分甘念母慈。
共房头𩤘𩤘，　更深兄弟思。
实中有么荷，　拳如小儿手。
令我念众雏，　迎门索梨枣。
莲心政自苦，　食苦何能甘？
甘滄恐腊毒，[1]　素食则怀惭。
莲生淤泥中，　不与泥同调。
食莲谁不甘，　知味良独少。
吾家双井塘，　十里秋风香。
安得同袍子，　归制芙蓉裳。

〔注〕 ① 腊（xī）：极。

元丰三年（1080），庭坚在吉州太和县（今江西泰和）做知县。四年，有事到虔

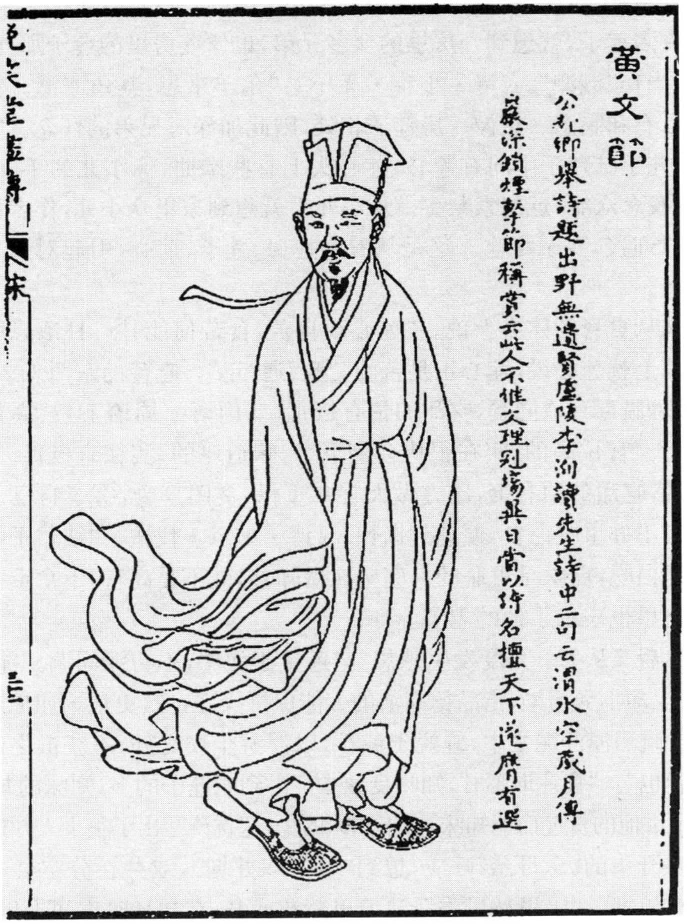

黄庭坚像

——清乾隆八年刊本《晚笑堂画传》

州(今江西赣州),即诗题所说的赣上,因吃莲子而作此诗。

开头说:“莲实大如指,分甘念母慈。”看到莲子像手指大,就想到在家里时,母亲分莲子给他们吃,怀念母亲的慈爱。吃莲子时,是先拿到莲房,即莲蓬,一个莲蓬里有好多莲子,共占一房,头露出在房外。“共房头䑋䑋,更深兄弟思。”看到一房里的许多莲子,就想到一房里的众多兄弟,也像莲房里的莲子那样相处。䑋䑋状聚集,当作“濈濈”。《诗·小雅·无羊》:“尔羊来思,其角濈濈。”羊来,角相聚集,不斗,有和睦意。正像一房莲子相处,因此加深对兄弟的怀念。“实中有么荷,拳如小儿手。”莲子中间有莲心,莲心头上有些拳曲,像小儿的手。“么荷”指莲心。“令我念众雏,近门索梨枣。”从小儿手就想到家里众小儿,作者回家时,众小儿在门口迎接,要梨枣吃。这是从看到莲房、莲子、莲心,引起对母亲、兄弟和众雏的怀念。

接下来从自身的体会上说。“莲心政自苦,食苦何能甘。甘飡恐腊毒,素食则怀惭。”承上就莲心说,莲心正是苦的,“政”通“正”。吃苦的东西怎么能感到甜呢?“甘飡恐腊毒”,飡同餐,吃甜的怕有极毒。《国语·周语下》:“高位实疾颠,厚味实腊毒。”官位高的,实在很快会倒下来,味道厚的,实在有极毒。这里就自己的经历说,吃甜的怕有毒,比方做大官拿重禄,贪图享受,害了自己。“素食则怀惭”,做官不办事吃白食,便感到惭愧。《诗·魏风·伐檀》:“彼君子兮,不素餐兮。”素餐即白吃,白吃是可耻的。庭坚在做知县,既不是高官,不拿重禄,又不白吃饭。在这里也表示了他的志节。

诗人然后又从另一角度发生感想。“莲生于泥中,不与泥同调。”莲生在淤泥之中,出淤泥却不受污染,指品德高洁的人能保持操守,像《史记·屈原传》赞美屈原那样,“自疏濯淖汙泥之中,蝉蜕于浊秽,以浮游尘埃之外,不获世之滋垢,皭然泥而不滓者也”。“食莲谁不甘,知味良独少。”讲到吃莲子的多,知味的却很少。这首诗主要是讲他的食莲而能知味,由于知味的少,这首诗写出了很少人知道的东西。

最后跟开头的“念母慈”呼应,想到“吾家双井塘”,双井在分宁县(今江西修水),那里有池塘。“十里秋风香”,池塘里荷花盛开,在初秋时香闻十里。这里又跟开头的“兄弟思”相应,“安得同袍子,归制芙蓉裳”。同袍,《诗·秦风·无衣》:“岂曰无衣?与子同袍。”袍,长衣。同袍本指友爱,这里当指兄弟。屈原《离骚》:“进不入以离尤(遇祸)兮,退将复修吾初服。制芰荷以为衣兮,集芙蓉以为裳。”“归”,指惧祸而退归。制芙蓉(荷花)裳,比喻保持高洁的情操。这里借用屈原的话,可见上文的“不与泥同调”也含有赞美屈原一尘不染的意思在内。

这首诗构思很新,写出了前人未写过的食莲知味。他从食莲子的分甘“念母慈”，从莲房的共房多莲子想到“兄弟思”，从莲子心的“拳如小儿手”而“念众雏”，这是因食莲而起的对家人的怀念。再从莲心苦引出食甘，比喻禄重的有害，素餐的怀惭，是入仕经历的有感之言。再从莲生淤泥而不染而生新的感受。这样的食莲知味，就是从“分甘”“食苦”中引出各种感想来。最后想到归隐，效屈原的修吾初服，含蓄地表示进不免遇祸，还不如退归，具有深切的感慨。（周振甫）

秋思寄子由　　黄庭坚

黄落山川知晚秋，　小虫催女献功裘。
老松阅世卧云壑，　挽著沧江无万牛。

元丰四年(1081)，诗人任吉州太和县(今江西泰和)令，很不得意。他在草木枯黄的晚秋季节，思念刚订交的好友苏子由(即苏辙)。这时苏子由被贬在筠州(治所在今江西高安)为监盐酒税，两人相距不远。诗人因秋而思，触景生情，写了这首诗，抒发了自己面对物华代谢、时光如逝的感慨。同时又强烈地表达了与污浊的社会现实格格不入的兀傲之情，也有慰勉苏子由之意。

全诗虽只短短四句，却蕴含着相当丰富的情感。开头两句，表面上是在描写晚秋自然景物的凋落，而实际上是借此来反衬自己落魄无依的郁闷心境。“小虫”，指促织(即蟋蟀)。晚秋天凉，促织鸣声四起，催促妇女织布，赶制裘衣。言外之意是：今又到了晚秋的季节，妇女们都在辛劳不息。春秋代序，岁月如梭。光阴徒催人老。一个“知”字，一个“催”字，表达出这种难遣的郁闷感伤情怀。

三四句，诗人的笔锋陡然一转，把自己比作高卧云壑的老松，早已饱尝了人间的炎凉世态，对功名富贵之类都看透了。因此，绝不与时俗同流合污。他说，只有沧江挽纤的万牛才能把老松拖走。言外之意是：此志甚坚，难以动摇。正如后来郑板桥比喻的：“咬定青山不放松，立根原在破岩中。千磨万击还坚劲，任尔东西南北风。”(《竹石》)诗人在这里化用了杜甫“云壑布衣鲐背死”，“万牛回首丘山重”两句诗，显得贴切自然。

此诗精雕细刻，遒劲工整，也体现了山谷诗瘦硬的特色。诗人曾说过：“古之能为文章者，真能陶冶万物，虽取古人之陈言，入于翰墨，如灵丹一粒，点铁成金也。”此诗可说是他对上述主张的实践。全诗善于化用前人成句，但并不显得晦涩难懂，亦无斧凿之痕。

诗人感秋抒怀，但不明言，而把情融入景，写得十分含蓄，足见诗人笔力之高。（张　兵）

送王郎 黄庭坚

酌君以蒲城桑落之酒，泛君以湘累秋菊之英。
赠君以黟川点漆之墨，送君以阳关堕泪之声。
酒浇胸次之磊块，菊制短世之颓龄。
墨以传万古文章之印，歌以写一家兄弟之情。
江山千里俱头白，骨肉十年终眼青。
连床夜语鸡戒晓，书囊无底谈未了。
有功翰墨乃如此，何恨远别音书少。
炒沙作糜终不饱，镂冰文章费工巧。
要须心地收汗马，孔孟行世日杲杲。
有弟有弟力持家，妇能养姑供珍鲑。
儿大诗书女丝麻，公但读书煮春茶。

这首诗作于元丰七年(1084)，时庭坚年四十，从知太和县(今江西泰和)调监德州德平镇(今属山东)。王郎，名纯亮，字世弼，是作者的妹夫，亦能诗，作者集中和他唱和的诗颇多。这时庭坚初到德州，王纯亮去看他，临别之前，作此送王。

这首诗自起句至“骨肉十年终眼青”为第一段，写送别。它不转韵，穿插四句七言之外，连用六句九言长句，用排比法一口气倾泻而出；九言长句，音调铿锵，词藻富丽：这在庭坚诗中是很少见的“别调”。这种机调和词藻，颇为读者所喜爱，所以此诗传诵较广，用陈衍评庭坚《寄黄几复》诗的话来说，是“此老最合时宜语”。但此段前面八句，内容比较一般：说要用蒲城的美酒请王喝，在酒中浮上几片屈原喜欢吞嚼的“秋菊之落英”，酒可用来浇消王郎胸中的不平“磊块”，菊可以像陶渊明所说的，用来控制人世因年龄增而早衰；要用歙州黟县所产的好墨送王，用王维《渭城曲》那样“阳关堕泪”的歌声来饯别，墨好让王郎传写“万古文章”的“心印”(古今作家心心相印的妙谛)，歌声以表“兄弟”般的“一家”亲戚之情。此外，这个调子，也非作者首创，从远处说来自鲍照《拟行路难》第一首“奉君金卮之美酒，玳瑁玉匣之雕琴，七彩芙蓉之羽帐，九华蒲萄之锦衾”等句；从近处说，来自欧阳修的《奉送原甫侍读出守永嘉》起四句：“酌君以荆州鱼枕之蕉，赠君以宣城鼠须之管。酒如长虹饮沧海，笔若骏马驰平坂。”虽有发展，犹属铺张，不能代表庭坚的诗功。到了本段最后两句：“江山千里俱头白，骨肉十年终眼青。”才见黄诗功力，用陈衍评《寄黄幾复》诗的话来说，就是露出“狂奴故态”。这两句诗，从杜甫诗“别来头并白，相对眼终青”化出，作者还有类似句子，但以用在这里的两句为最好。它突以峭硬矗立之笔，煞住前面诗句的倾泻之势、和谐之调，有如黄河中流的“砥柱”一样有力。何以见得呢？从前面写一时的送别，忽转入写彼此长期的关系，急转硬煞，此其一；两句中写了十年之间，彼此奔波千里，到了头发发白，逼近衰老，变化很大，不变的只是亲如“骨肉”和“青眼”相看的感情，内容很广，高度压缩于句内，此其二；词藻仍然俏丽，笔力变为遒劲峭硬，此其三。这种地方，最见黄诗本领。

第二段八句，转押仄韵，承上段结联，赞美王郎，并作临别赠言。“连床夜语”四句，说王郎来探，彼此连床夜话，常谈到鸡声报晓的时候，王郎学问渊博，像“无底”的“书囊”，谈话的资料没完没了；欣喜王郎读书有得，功深如此，别后必然继续猛进，就不用怨恨音书不能常通了。由来会写到深谈，由深谈写到钦佩王郎的学问和对别后的设想，笔调转为顺遂畅适，又一变。“炒沙作糜”四句，承上读书、治学而来，发为议论，以作赠言，突兀遒劲，笔调又再变而与“江山”两句相接应。炒沙，出于《楞严经》：“若不断淫，修禅定者，如蒸沙石欲成其饭，经百千劫，只名热沙。何以故？此非饭，本沙石故。”镂冰，出自《盐铁论》：“内无其质而学其文，若画脂镂冰，费日损力。”汗马，比喻战胜，作者《答王雩书》：“想以道义敌纷华之兵……要须心地收汗马之功，读书乃有味。”杲杲，明亮貌。这四句的意思是：追求写“工巧”的文章，像“炒沙作糜”，无法填饱肚子，像镂刻冰块，不能持久；应该收敛心神，沉潜道义，战胜虚华，才能体会出孔、孟之道如日月经天。庭坚肆力词章，力求“工巧”，但又有文要为“道”服务的观念，所以认为读书治学，要以身体力行孔、孟之道为主。实际上庭坚本身是诗人，不可能真正轻弃词章，这里只是表现他把儒家的修身、济世之道放在第一位而已。

最后四句为第三段。说王郎的弟弟能替他管理家事，妻子能烹制美餐孝敬婆婆，儿子能读诗书，女儿能织丝麻，家中无内顾之忧，可以好好烹茶读书，安居自适。王郎曾经考进士不第，这时又没有出仕，闲居家中，所以结尾用这四句话劝慰他。情调趋于闲适，组句仍求琢炼，表现了黄诗所追求的“理趣”。

这首诗多数人喜欢它的前半，其实功力见于“江山千里”以下的后半。方东树《昭昧詹言》说：“入思深，造句奇崛，笔势健，足以药熟滑，山谷之长也。”要体会这种长处，主要在后半。

（陈祥耀）

寄黄幾复　　黄庭坚

我居北海君南海，　　寄雁传书谢不能。

桃李春风一杯酒，　江湖夜雨十年灯。
持家但有四立壁，　治病不蕲三折肱。
想见读书头已白，　隔溪猿哭瘴溪藤。

此诗作于神宗元丰八年(1085)，其时诗人监德州(今属山东)德平镇。黄幾复，名介，南昌(今属江西)人，与诗人少年交游，此时知四会县(今属广东)；其事迹见《黄幾复墓志铭》(《豫章黄先生文集》卷二三)。

首句"我居北海君南海"化用《左传·僖公四年》楚子问齐桓公"君处北海，寡人处南海"的话，起势突兀。写彼此所居之地一"北"一"南"，已露怀念友人、望而不见之意；各缀一"海"字，更显得相隔辽远，海天茫茫。作者跋此诗云："幾复在广州四会，予在德州德平镇，皆海滨也。""海滨"，当然不等于"海上"。作者直说"我居北海"、"君(居)南海"，一是为了"字字有来历"，二是为了强调相隔之远、相思之深。

"寄雁传书谢不能"，从第一句中自然涌出，在人意中；但又有出人意外的地方。两位朋友一在北海，一在南海，相思不相见，自然就想到寄信；"寄雁传书"的典故也就信手拈来。李白长流夜郎，杜甫在秦州作的《天末怀李白》诗里说："凉风起天末，君子意如何？鸿雁几时到，江湖秋水多。"强调音书难达，说"鸿雁几时到"就行了。黄庭坚却用了与众不同的说法："寄雁传书谢不能。"我托雁儿捎一封信去，雁儿却谢绝了。这样一来，立刻变陈熟为生新。黄庭坚是讲究"点铁成金"法的，这句可算成功的例子。

"寄雁传书"，本非实事，《汉书·苏武传》讲得很清楚。但既用此典，就要考虑雁儿究竟能飞到何处。相传大雁南飞，至衡阳而止，故王勃《秋日登洪府滕王阁饯别序》云："雁阵惊寒，声断衡阳之浦。"黄庭坚这一句，亦同此意；但写得更有情趣。

第二联在当时就很有名。《王直方诗话》云："张文潜谓余曰：黄九云：'桃李春风一杯酒，江湖夜雨十年灯。'真奇语。"这两句所用的词都是常见的，谈不上"奇"。张耒称为"奇语"，是就其整体的意境而说的。上句追忆京城相聚之乐，下句抒写别后相思之深。诗人摆脱常境，不用"当年相会"之类的说法，却拈出"一杯酒"三字。"一杯酒"，这太常见了！但惟其常见，正可给人以丰富的暗示。杜甫《春日忆李白》云："何时一樽酒，重与细论文？"故人相见，或谈心，或论文，总离不开饮酒。当日相聚时的种种情事，尽包含在这三字之中。诗人又选了"桃李"、"春风"两个词。这两个词，也很陈熟，但正因为熟，能够把阳春烟景一下子唤到读者面前，给人以美感和快感，同时又喻示了彼此少年时春风得意的神情。

下句“江湖”一词，能使人想到流转漂泊，远离朝廷。杜甫《梦李白》云：“江湖多风波，舟楫恐失坠。”“夜雨”，能引起怀人之情，李商隐《夜雨寄北》云：“君问归期未有期，巴山夜雨涨秋池。”在“江湖”而听“夜雨”，就更增萧索之感。而“十年灯”，则是作者的首创。此语和“江湖夜雨”相联缀，就能激发读者的一连串想象：两个朋友，各自漂泊江湖，每逢夜雨，独对孤灯，互相思念，深宵不寐。而这般情景，已延续了十年之久！

温庭筠《商山早行》云：“鸡声茅店月，人迹板桥霜。”二句不用一动词，而早行境界全出。此诗吸取了温诗的句法，创造了独特的意境。“桃李春风”与“江湖夜雨”，这是“乐”与“哀”的对照，快意与失望，暂聚与久别，往日的交情与当前的思念，都从时、地、景、事、情的强烈对照中表现出来，令人寻味无穷。张耒评为“奇语”，确有见地。

后四句，从“持家”、“治病”、“读书”三个方面表现黄幾复的为人和处境。

“持家，——但有四立壁”，“治病，——不蕲三折肱”。这两个句子，也是相互对照的。作为一个县的长官，家里只有立在那儿的四堵墙壁，说明他清正廉洁，这句是化用司马相如“家居徒四壁立”的典故。“治病”句是化用《左传·定十三年》记载的一句古代成语：“三折肱，知为良医。”意思是：一个人如果三次跌断胳膊，就可以成为一个好医生；因为他必然积累了治疗和护理的丰富经验。在这里，是说黄幾复善“治国”。“治病”和“治国”的道理是相通的，所以《国语·晋语》里就有“上医医国，其次救人”的说法。黄庭坚在《送范德孺知庆州》诗里也说范仲淹“平生端有活国计，百不一试埋九京”。作者称黄幾复善“治病”、但并不需要“三折肱”，言外之意是他已经有政绩，显露了治国救民的才干，为什么还不重用，老要他在下面跌撞呢？

尾联以“想见”领起，与首句“我居北海君南海”相照应。在作者的想象里，十年前在京城的“桃李春风”中把酒畅谈理想的朋友，如今已白发萧萧，却仍然像从前那样好学不倦！他“读书头已白”，还只在海滨作一县令。其读书声是否还像从前那样欢快悦耳，没有明写，而以“隔溪猿哭瘴溪藤”作映衬，就给整个图景带来凄凉的氛围；不平之鸣，怜才之意，也都蕴含其中。这句诗是从李贺“不见年年辽海上，文章何处哭秋风”（《南园》十三首之六）化出，而意思更为深沉。

黄庭坚好用典故，此诗虽“无一字无来处”，但不觉晦涩；有的地方，还由于活用典故而丰富了诗句的内涵；而取《左传》、《史记》中的散文语言入诗，又给近体诗带来苍劲古朴的风味。

黄庭坚又主张“宁律不谐而不使句弱”。他的不谐律是有讲究的，方东树就说他“于音节尤别创一种兀傲奇崛之响，其神气即随此以见”。此诗“持家”句两平五仄，“治病”句也顺中带拗，其兀傲的句法与奇峭的音响，正有助于表现黄幾复廉洁干练，刚正不阿的性格。

总之，此诗善用典实，内蕴丰富，以故为新，运古于律，拗折波峭，很能表现出黄诗的特色。

（霍松林）

送范德孺知庆州　　黄庭坚

乃翁知国如知兵，　塞垣草木识威名。
敌人开户玩处女，　掩耳不及惊雷霆。
平生端有活国计，　百不一试薶九京。①
阿兄两持庆州节，　十年骐驎地上行。
潭潭大度如卧虎，　边头耕桑长儿女。
折冲千里虽有馀，　论道经邦政要渠。②
妙年出补父兄处，　公自才力应时须。
春风旍旗拥万夫，③　幕下诸将思草枯。
智名勇功不入眼，　可用折箠笞羌胡。

〔注〕 ① 薶：埋的本字。九京：即九原，山名，在今山西新绛县北，原为晋国卿大夫之墓地，称九京为字误，后世即以指墓地。 ② 政：正。渠：他。 ③ 旍旗：旌旗。《周礼·春官·司常》：“凡军事，建旍旗。”

这是一篇送人之作。范德孺是范仲淹的第四子，名纯粹。他在元丰八年(1085)八月被任命知庆州(治所在今甘肃庆城)事，此诗则作于翌年(元祐元年)初春。庆州当时为边防重镇，是北宋与西夏对峙的前哨，环庆路的辖区，相当今甘肃庆阳、庆城、合水、华池等县地。范仲淹和他的第二子范纯仁都曾知庆州，并主持边防军政大事。所以诗就先写范仲淹和范纯仁的雄才大略，作为范德孺的陪衬，并寄寓勉励之意，最后才正面写范德孺知庆州，揭出送别之意。全诗共十八句，每段六句，章法井然。

诗一开始就以纵论军国大事的雄健笔调，写出了其父范仲淹的才能、业绩和威名，确有高屋建瓴的气势。“塞垣草木识威名”，用翻进一层的写法，极写范仲淹的名震边陲。草木为无情之物，本谈不上识与不识，现在草木都能识，足见其声威之盛！草木尚能如此，人则更不待言。所以透过草木，实是写人。同时这一句也是用典：唐德宗曾对张万福说过："朕以为江淮草木亦知卿威名。"(《旧唐书·张万福传》)据史载，康定元年(1040)范仲淹为陕西经略安抚副使，兼知延州，翌年，徙知庆州，为环庆路经略安抚招讨使，兵马都部署。他在主陕期间，功业卓著，"威德著闻，夷夏耸服，属户蕃部率称曰'龙图老子'"(《渑水燕谈录》)，人称为"小范老子腹中有数万甲兵"(《名臣传》)。因而这一句是对他功业威名的高度概括。接着写其杰出的军事才能。"敌人开户玩处女"一句用《孙子·九地》语："是故始如处女，敌人开户，后如脱兔，敌不及拒。"此形容宋军镇静自若，不露声色。"掩耳不及惊雷霆"，则写迅捷的军事行动，出其不意，攻其不备。这里用"惊雷"代替"脱兔"的比喻，见出山谷对典故的改造与化用。《晋书·石勒载记》有"迅雷不及掩耳"之说，《旧唐书·李靖传》也说："兵贵神速，机不可失……所谓疾雷不及掩耳，此兵家上策。""惊雷"对"处女"，不仅有动静的对比，而且更加有声有色，形象的反衬更为鲜明。这两句诗确是范仲淹用兵如神的真实写照。如他率兵筑大顺城，"一旦引兵出，诸将不知所向。军至柔远，始号令告其地处，使往筑城。至于版筑之用，大小毕具，而军中初不知。贼以骑三万来争，公戒诸将，战而贼走，追勿过河。已而贼果走，追者不渡，而河外果有伏。贼失计，乃引去。于是诸将皆服公为不可及。"(欧阳修：《文正范公神道碑铭》)接下二句又是一转：范仲淹不仅是杰出的统帅，更是治国的能臣。"平生端有活国计"就是赞扬他的经邦治国的才能，惜乎"百不一试"，还未来得及全面施展，就溘然长逝，沉埋九泉了。这两句也是写实。仁宗庆历三年(1043)，范仲淹入为枢密副使，旋为参知政事，推行了一系列刷新朝政的措施，史称"庆历新政"，但只一年多即遭挫折而失败。

第二段写范纯仁。"两持庆州节"，指神宗熙宁七年及元丰八年两度为庆州知州。"骐骥地上行"袭用杜甫的诗句"肯使骐驎地上行"(《骢马行》)。骐骥是一种良马，《商君书·画策》："骐驎騄駬，每一日千里。"驰骋广野的千里马正用以比范纯仁。"潭潭"二句写他戍边卫国的雄姿。"潭潭"，深沉宽广，形容他的统帅气度，如卧虎镇边，敌人望而生畏，不敢轻举妄动。"边头"一句则写他的美政：劝民耕桑，抚循百姓，使他们生儿育女，安居乐业。同上段的中间二句一样，这两句也是一个对比：对敌人有卧虎之威，对人民则具长者之仁。"折冲"一句承上经略边事之意而来，是活用成语。《晏子春秋》云："夫不出尊俎之间，而折冲于千里之外，晏子之谓也。"原指在杯酒言谈之间就能御敌致胜于千里之外，此处用以指范纯仁在边陲远地折冲御侮，应付裕如。但下句一个转折，又把意思落到了经邦治国之上：范纯仁虽富有军事韬略，但治理国家正少不掉他。

第三段归结为送别范纯粹，临别赠言，寄以厚望。“妙年”一句承上父兄而来，衔接极为紧密。“春风”二句描写仪仗之盛、军容之壮，幕下诸将士气高昂，期待着秋日草枯，好及锋而试。王维《观猎》诗云：“风劲角弓鸣，将军猎渭城。草枯鹰眼疾，雪尽马蹄轻。”所谓“射猎”有时常用以指代作战，如高适《燕歌行》云：“校尉羽书飞瀚海，单于猎火照狼山。”照理，顺着此层意思应是希望战绩辉煌，扬威异域。但是诗意又一转折：不要追求智名勇功，只需对“羌胡”略施教训即可。孙子曾经说过：“善战者，无智名，无勇功。”“折箠”，即折下策马之杖，语出《后汉书·邓禹传》：“赤眉来东，吾折箠笞之。”诗至最后，宛转地揭出了诗人的期望：不要轻启战端，擅开边衅，守边之道不在于战功的多少，重要的是能安边定国。

至此，就可以体会这首诗的立意与匠心了。诗中写韬略，写武功，只是陪衬，安邦治国才是其主旨。所以第一句就极可玩味，“知国如知兵”，“知国”为主，“知兵”为宾，造语精切，绝不可前后颠倒。“知国”是提挈全诗的一个纲。因而一、二段写法相同：先写军事才能，然后一转，落到治国之才。诗人突出父兄的这一共同点，正是希望范德孺继承其业绩，因而最后一段在写法上也承接上面的诗意：由诸将之思军功转为期望安边靖国，但这一期望在最后却表达得很委宛曲折。尽管如此，联系上面的笔意，读者自可体会出来，如果直白说出，倒反嫌重复浅露，缺乏蕴藉之致。

这首送人之作，不写依依惜别之情，不作儿女临路之叹，而是发为论道经邦的雄阔慷慨之调，送别意即寓于期望之中。诗人好似在写诗体的史传论赞，雄深雅健，气度不凡。这正表现出山谷以文为诗的特色。这种特色还体现于独特的语言风格方面。他以散文语言入诗，多用虚词斡旋，大量运用典故成语，力盘硬语，戛戛独造，使诗产生散文一样的气势，好像韩愈写的赠序，浑灏流转。如“敌人”一联，点化成语，别具一种格调，确是未经人道之语。“平生”、“折冲”二联都是十足的散文句式，古雅朴茂，“百不一试”连用四个仄声字，奇崛顿挫，惋惜之情溢于言表。

本诗的用韵也别具一格。它一反常用的以换韵标志段落的写法，第一段用“名、霆、惊”韵，第三段押“须、枯、胡”韵，中间一段却三换其韵，首联、尾联分别与第一及第三段押同一韵，中间一联则押仄声的“虎、女”。全诗三段，句子安排匀称，而韵律却参差有变。

（黄宝华）

次韵王荆公题西太一宫壁二首　　黄庭坚

风急啼乌未了，　雨来战蚁方酣。

真是真非安在？　　人间北看成南。

晚风池莲香度，　　晓日宫槐影西。
白下长干梦到，　　青门紫曲尘迷。

这两首诗当是元祐元年(1086)秋天所作。王安石有《题西太一宫二首》:“柳叶鸣蜩绿暗，荷花落日红酣。三十六陂春色，白头想见江南。”(蜩，即蝉。)三十六陂在今江苏江都县，所以称“想见江南”，因三十六陂接近江南。“三十年前此地，父兄持我东西。今日重来白首，欲寻陈迹都迷。”王安石又有《西太一宫楼》:“草际芙蕖零落，水边杨柳欹斜。日暮炊烟孤起，不知鱼网谁家。”从诗看，西太一宫当已荒凉了。庭坚用王安石的诗韵和诗题来写，所以称《次韵题西太一宫》。

第一首开头“风急啼乌未了，雨来战蚁方酣”。这两句写眼前景物。王安石诗的开头写“柳叶鸣蜩”和“荷花落日”，也是写眼前景物。这首诗里的写景似有寓意。《述征记》:“长安宫南有灵台，有相风铜乌。或云：此乌遇千里风乃动。”乌可以用来观察风。《易林·震之蹇》:“蚁封穴户，大雨将至。”蚁是知道大雨要来的，为了争穴而斗。在乌啼蚁斗中间，说明风急雨骤。这两句的含意，从下两句中透露。“真是真非安在？人间北看成南。”《庄子·齐物论》:“故有儒墨之是非，以是其所非，而非其所是；欲是其所非而非其所是，则莫若以明。”两派的是非不同，各以自己的是为是，以对方的是为非；以自己的是为是，以对方的是为非，还不如调过来说明问题，即用对方的是非来看自己的是非。这些都不是真是真非，那么真是真非在哪里？任渊注：“《楞严(经)》曰：‘如人以表为中时，东看则西，南观成北。表体既混，心应杂乱。’在熙、丰则荆公为是，在元祐则荆公为非，爱憎之论，特未定也。”立一表为中心，在表的东面看，表在西面；在表的南面看，表在北面。这样把表的中心弄混了，方向也乱了。神宗熙宁二年(1069)，用王安石为参知政事，设制置三司条例司，筹划变法，元丰时，变法实行，这段时期以王安石为是。哲宗元祐元年，用司马光为相，反对新法，以王安石变法为非。作者认为新旧两派的是非之争，只是两派的立场不同所造成的，分不清真是真非来。

本着“真是真非安在”来看，那么“风急”“雨来”，正指政治上的风雨；“啼乌”“战蚁”，暗指新旧两派的政治斗争。这种斗争不过是立场不同，并不能分清真是真非。这样看是有道理的。这首诗的“真是真非安在”是议论，但它跟开头一联的形象结合，并透露含意，所以还是诗的议论。

第二首写眼前景，第一句写晚景，“晚风池莲香度”，第二句写晓景，“晓日宫槐影西”。王安石的诗句“荷花落日”,“芙蕖零落”,也讲荷花。这里写“香度”,从晚风送香来写,又有不同。西太一宫里是种槐树的,写“晓日宫槐”很自然。“白下长干梦到”,白下,地名,本名白石陂,后人在此筑白下城,故址在今南京市金川门(北门之一)外南区。唐武德九年(626),曾改金陵为白下,因用以代指金陵。长干,地名,在今南京市南。王安石诗:“白头想见江南。”这里正写王安石的想望江南。“青门紫曲尘迷”,《三辅黄图》:“长安城东出南头第一门曰霸城门,民见门色青,名曰青城门。”这里借指汴京的城门。紫曲,犹紫陌,指长安的道路。刘禹锡《元和十年自朗州承召至京》“紫陌红尘拂面来”。这句指京城里尘土使人迷茫,即用王安石诗:“今日重来白首,欲寻陈迹都迷。”这首诗的后两句,概括了王安石的两首诗意。这样的次韵,不仅用了王安石两首诗的原韵,还写了题西太一宫的景物,概括了原诗的诗意。但写得又有同有异。就写法说,王安石的第一首,先写景,后抒怀,这诗的第二首,也是先写景,后抒怀,是写法相同。但王安石抒自己的怀抱,这诗是概括王安石的怀抱,把王的第二首的感慨也概括进去,这就不同了。第一首联系新旧两派之争来写,就跟王的原作完全不同了。

(周振甫)

次韵子瞻武昌西山　黄庭坚

漫郎江南酒隐处,　古木参天应手栽。
石坳为尊酌花鸟,　自许作鼎调盐梅。
平生四海苏太史,　酒浇不下胸崔嵬。
黄州副使坐闲散,　谏疏无路通银台。
鹦鹉洲前弄明月,　江妃起舞袜生埃。
次山醉魂招仿佛,　步入寒溪金碧堆。
洗湔尘痕饮嘉客,　笑倚武昌江作罍。
谁知文章照今古,　野老争席渔争隈。
邓公勒铭留刻画,　刓剔银钩洗绿苔。
琢磨十年烟雨晦,　摸索一得心眼开。
谪去长沙忧鹏入,　归来杞国痛天摧。
玉堂却对邓公直,　北门唤仗听风雷。
山川悠远莫浪许,　富贵峥嵘今鼎来。
万壑松声今在耳,　意不及此文生哀。

按苏轼《武昌西山》诗有叙：

嘉祐中，翰林学士承旨邓公圣求为武昌令，常游寒溪西山，山中人至今能言之。轼谪居黄冈，与武昌相望，亦常往来溪山间。元祐元年十一月二十九日，考试馆职，与圣求会宿玉堂，偶话旧事。圣求尝作《次元次山洼樽铭》，刻之岩石。因为此诗，请圣求同赋，当以遗邑人，使刻之铭侧。

黄庭坚这首诗是和苏轼的，诗中要写的正是苏轼序中说的那一些。至于如何立意、如何取材，如何描写与结构，则出于黄庭坚的匠心。

可以设想：它可以由苏轼"步上西山"写起，也可以由苏、邓会宿时追溯上去；然而，他在开头四句中先写元结(次山)作樽。第一句中，"漫郎"是元结自号；江南即指武昌；"酒隐"概括元结当时生活，简洁明朗，且便于与"樽"联结。第二句写其地之胜：突出"古木参天"，形象优美；想象其为元结所手栽，有助于表现元结性格，且为末尾"万壑松声"作伏笔。第三、四句写元结就"石坳"处作樽，并想象其用樽以"酌花鸟"，且点明元结抱负，写出他"自许"为"调和鼎鼐"之手，即治理天下的宰相之才(《尚书·说命》有"若作和羹，用汝作盐、梅"，盐与酸梅皆调味品)。这样就把作洼樽与治天下联结起来。用手栽林木，樽"酌花鸟"，志"调盐梅"，把元结写成既务实，又脱俗，既豪迈不羁，又关心民物的人物，因而此樽也就不同寻常。元结是一位循吏，是关心人民的诗人，曾为杜甫所推重，所以，黄庭坚所想象的有一定根据，其中虽有夸张，但非揄扬过实。至其立意之高远与想象之丰富，则又是值得称赞的。

"平生"以下十二句，转写苏轼在黄州"往来溪山"，访得洼樽，并就樽饮客。妙在奇峰突起，先写苏轼胸襟。此段第一句用"四海"修饰苏太史，虽是套用习凿齿会见释道安时说"四海习凿齿"那句话(见《世说新语》)，但同时更概括了苏轼屡遭贬谪、南北奔波的经历与名重天下的身份(当时人说苏"四海共知霜鬓满")，这是切合实际的。紧接着点出"酒浇不下胸崔嵬"。"崔嵬"与"垒块"意略同。《世说新语·任诞》载：王忱谓阮籍胸中垒块故须以酒浇之。"垒块"谓心中郁结不平，"崔嵬"而"酒浇不下"，则郁结不平之气更高更大。这就进一步刻画出苏轼的心灵。苏轼认为"士以气为主"，他所推重是范滂、孔融、李白这样一些人，所以黄庭坚这样写是把握了苏轼性格特征的。这也正是苏与元结的"自许作鼎调盐梅"，所以有相通之处。

接下去转入苏在黄州。用"谏疏无路通银台"(按：银台，即御史台)，进一步写苏虽被贬，心不忘国，只因无路可通，才不得不寄情山水，而于"鹦鹉洲前弄明月”(鹦鹉洲,点明武昌;其地又是祢衡墓的所在)、“江妃起舞袜生埃”,使人想起黄庭坚在咏水仙花诗中讲的“凌波仙子生尘袜,水上盈盈步微月”,这里则用来刻画苏诗的“感天地”、“动鬼神”,使女仙也为之起舞。这六句是对苏轼形象的刻画。接着进一步刻画苏“步入寒溪”,招得“次山醉魂”,点出洼樽,这才与第一段衔接起来。接着又想象苏轼“洗湔”掉洼樽上的“尘痕”,把大江这个大“罍”中的美酒,舀入洼樽,再由洼樽中舀出,分“酌嘉客”。苏轼原诗中,就有“春江绿涨葡萄醅”,黄说“江作罍”,正是根据苏诗来的。这与第一段中写元结的“酌花鸟”,又可互相补充,互相映照。苏轼的“嘉客”中,固有二三士大夫,更多的是山中“野老”(见苏辙《武昌九曲亭记》)和渔樵(苏轼《答李端叔书》:“扁舟草履,放浪山水间,与渔樵杂处,往往为醉人所推骂”)。黄说“野老争席渔争限”,不仅写当时情景,更暗示苏轼文章虽好,但不得列于朝廷,只好与渔樵相处。

黄庭坚此诗主要是为苏轼而作,故以浓墨重笔写苏。写苏既豪放又平易,既执着又洒脱,“文章憎命”,然犹不忘君国,久经迁谪,而犹豁达自如,刻画出苏轼的个性,写得栩栩如生。

接下去,“叙东坡摩挲邓公之铭”(曾国藩《求阙斋读书记》),这是题中应有之笔。苏轼原诗中有“尔来古意谁复嗣,公有妙语留山隈。至今好事除草棘,常恐野火烧苍苔”。黄则只就苏轼来说,详略得宜,亦见剪裁之妙。按邓名润甫,绍圣时,官至尚书左丞。

最后,即“谪去”至末八句,“叙东坡还京与邓同值玉堂”(同上)。其中又可分为几层。

“谪去”句回应“黄州”一段,把苏轼比作贾谊。“归来”谓还京,“天摧”一向解为指神宗之死。这是纪事。按苏轼在《武昌西山》的第二首中说自己“欲收暮景返田里,远泝江水穷离堆。还朝岂独羞老病,自叹才尽倾空罍”,心情并不很好。黄庭坚针对这点,指出“山川悠远莫浪许,富贵峥嵘今鼎来”(鼎,一解为“大”),这是劝勉之词。联系第一段,即希望苏轼也像元结那样“自许作鼎(古人以鼎喻“三公”)调盐梅”。这里有个问题值得研究:当时哲宗即位,太后临朝,尽废王安石“新法”,苏轼并不完全同意这种做法。当时有人写诗给苏轼说“遥知丹地开黄卷(按:谓做皇帝侍读),解记清波没白鸥”,即劝苏隐居,为什么黄反以“富贵”为言?这是不是黄太庸俗了呢?这要联系末两句来看。在末两句中,他指出,苏轼想的并不是“富贵鼎来”,而是“松声在耳”,这是事实,值得深思。他“意不及此(按:指富贵,或者说“作鼎调盐梅”)”,自然有原因,因为他“坐闲散”时还想写“谏疏”,还朝以后,“富贵鼎来”之时,为什么反而想着江湖,想着退隐呢?这不是值得深思的吗？什么原因，他没有写，也不需要写，因为“文生哀”三字就能传之言外。不然，为什么“生哀”呢？作者正是在抑扬顿挫中写出“难言之意”的。这也是用“不说出”来写“说不出”之情，是诗的神韵所在。任渊说，“山谷诗律妙一世，用意未易窥测”（《山谷诗注》），实则黄诗虽“笔势放纵”（《豫章先生传赞》），但前后关锁联结之处，有迹可寻，苟能细心玩其词气，理出脉络，则其用意自明。其立意之高、尽意之巧，也就可得而欣赏了。（吴孟复）

子瞻诗句妙一世，乃云效庭坚体，盖退之戏效孟郊、樊宗师之比，以文滑稽耳。恐后生不解，故次韵道之。子瞻《送杨孟容》诗云：“我家峨眉阴，与子同一邦。”即此韵

黄庭坚

我诗如曹郐，　浅陋不成邦。
公如大国楚，　吞五湖三江。
赤壁风月笛，　玉堂云雾窗。
句法提一律，　坚城受我降。
枯松倒涧壑，　波涛所舂撞。
万牛挽不前，　公乃独力扛。
诸人方嗤点，　渠非晁张双。
但怀相识察，　床下拜老庞。
小儿未可知，　客或许敦厖。
诚堪婿阿巽，　买红缠酒缸。

这首诗的题目等于一篇小序，交代了写诗的缘由，而且说得很有情趣。北宋两位大诗人苏轼和黄庭坚，诗风各异，但并不妨碍他们之间互相钦慕与学习。苏轼有《送杨孟容》诗，自称仿效黄庭坚的诗体。黄庭坚认为这是苏轼一时的戏笔，就好像当年韩愈在《答孟郊》、《酬樊宗师》等诗中，摹拟孟郊与樊宗师的风格一样。他怕后人误会为苏轼有意向他学习，特地写了这首诗来表明自己对苏轼艺术才能的倾倒，还怕人不明瞭写诗的用意，再加上这段小序作说明，可见两位诗人的深情厚谊。由于本诗具有和答苏诗的性质，所以通篇采用苏诗的韵脚。又，苏轼原诗作于元祐二年（1087），本篇当亦作于此时。这期间他们两人都在京城任职，经常诗酒酬唱，是一生中比较愉快的时期。

诗篇一上来，就用生动的比喻，把自己的诗才与苏轼作了鲜明对比。曹、郐

都是西周分封的小诸侯国，后来分别为宋、郑所灭。《左传》记载吴公子季札曾到鲁国听乐观风，听到郐、曹的乐曲，不屑加以评论。楚国则是当时南方新兴的大国，土地辽阔，物产丰富，五湖三江（说法不一，这里泛指长江中下游众多的江河湖泊）尽在它疆域之内。诗人谦逊地以曹、郐自比，并热情赞美苏轼诗风如楚国那样气势宏伟，包罗万象，不仅充分表露了自己景仰之情，说法也很别致，给人以新鲜而强烈的印象。这是全诗的总括。

接下来八句具体称赞苏诗的成就。

先说它感兴的丰厚。赤壁，山名，在黄州（治所在今湖北黄冈），风景秀丽，苏轼贬官期间尝遨游于此。玉堂，指翰林院，苏轼于元祐元年（1086）拜翰林院学士，担任草拟诏书等重要职务，诗中把它写成云雾缭绕的神仙洞府。赤壁和玉堂，分别代表苏轼一生中失意与得意的时期，并列对举，是为了表明苏轼的诗歌艺术曾在不同的生活环境里受到锤炼，所以能达到精妙的极诣。这一联含意丰富，却被概括在纯用名词构成的十字对仗中，句意省净之至。

次说句法的精严。“提一律”，据任渊《山谷诗集注》：“言自提一家之军律也”，是用治军严整有法来喻指苏诗句律精严，形成了独特的风貌。坚城受降，则是用的汉、唐故典。汉武帝击败匈奴后，曾在北方边境筑受降城，接受匈奴贵族的投降。唐中宗时，张仁愿也在黄河以北筑起三座受降城，有效地防御了突厥贵族的侵扰。这里把苏轼的诗艺比作坚不可摧的城垒，自己在它面前只有认输投降，可谓设想奇特，别开生面。

再说苏诗笔力的健举，也是寓抽象评价于具体描述之中。作者想象：有一株巨大的枯松倒插在幽涧深壑中，被激流终日冲刷推撞，上万头牛也拖它不动，而苏轼一支笔就能把它扛起来。这样极度的夸张，突出地显示了苏诗的力量。当然，这四句诗包含的意境，不完全出于作者独创。杜甫《古柏行》云：“大厦如倾要梁栋，万牛回首丘山重。”韩愈《病中赠张十八》云：“龙文百斛鼎，笔力可独扛。”作者化用了杜、韩的诗意，在艺术形象上更为展开，从而取得了推陈出新的效果，这就是所谓“点铁成金”的手段。

对苏诗的多方面成就作了推崇备至的论述以后，诗篇转入两人关系的叙写。晁、张，指晁补之与张耒，他们和黄庭坚、秦观同游于苏轼门下，并称“苏门四学士”。作者这里假托旁人的嗤点，表示自己比不上晁、张二人，不足以托附苏门，言外之意也就是自己得列门墙，是出于苏轼的加意赏识。因此，自己只有怀着受知遇的心情，终身拜倒在苏轼面前。拜老庞，用的是三国时的典故。老庞即庞德公，东汉末年襄阳人，他很早就察识了诸葛亮的才能，称之为“卧龙”，而诸葛亮每次去看他，也总要独拜于床下。诗中借庞德公对诸葛亮的器重和诸葛亮对庞德公的敬仰，来比况苏轼与自己相互间的关系，既切合身份，又显得情意深长。

话说到此，似乎题意已尽，而诗的结尾却又陡然一转。作者抛开了一直在谈论的有关诗艺的话题，说：我的小儿将来怎样虽未可知，但也有来客称赞他淳厚朴质的；如果真能同您的孙女阿巽定亲的话，那我先买些红彩来缠在酒瓶上吧。表面看来，这完全离题了，实际并非如此。说自己的孩子或许可与阿巽相配，正表明自己的诗才不足与苏轼相匹。由于这个主旨前面已反复说过，所以收结处不再犯重，而改用诙谐的语气，作旁敲侧击的表白，使对方读到这里不禁会哑然失笑，而诗篇也就在这种幽默亲切的气氛里结束。宋人写诗，喜欢讲求机趣。黄庭坚曾说："作诗如作杂剧，初时布置，临了须打诨，方是出场。"本篇结尾正是实践了这个主张，对于后来杨万里"诚斋体"的所谓"活法"，有直接的影响。

本诗通过诗艺的讨论，揭示了苏、黄两位诗人之间互敬互学的深厚情谊，取材新颖。作者善于将抽象的事理转化为具体生动的形象，有丰富的想象力。此外，像比喻的奇特、典故成语的活用、字句的烹炼、文气的拗折以及押"降"、"扛"、"双"、"庞"之类险韵等，都体现了黄庭坚以及整个江西诗派的风格特点。

（陈伯海）

双井茶送子瞻　　黄庭坚

人间风日不到处，　天上玉堂森宝书。
想见东坡旧居士，　挥毫百斛泻明珠。
我家江南摘云腴，　落硙霏霏雪不如。
为君唤起黄州梦，　独载扁舟向五湖。

双井茶是黄庭坚老家分宁（今江西修水）出产的一种名茶。元祐二年（1087）诗人在京任职时，家乡的亲人给他捎来了一些，他马上想到分送给好友苏轼品尝，并附上这首情深意切的诗。

诗篇从对方所处的环境落笔。苏轼当时任翰林院学士，担负掌管机要、起草诏令的工作。玉堂语意双关，它既可以指神仙洞府，在宋代又是翰林院的别称。由于翰林学士可以接近皇帝，地位清贵，诗人便利用了玉堂的双重含义，把翰林院说成是不受人间风吹日晒的天上殿阁，那里宝书如林，森然罗列，一派清雅景象。开首这一联起得很有气派，先声夺人，为下面引出人物蓄足了势头。

第二联转入对象本身。东坡原是黄州的一个地名。苏轼于元丰二年(1079)被贬到黄州后,曾在东坡筑室居住,因自号"东坡居士"。这里加上一个"旧"字,不仅暗示人物的身份起了变化(由昔日的罪臣转为现时的清贵之官),也寓有点出旧情、唤起反思的用意,为诗篇结语埋下了伏笔。"挥毫百斛泻明珠"一句,则脱胎于杜甫《奉和贾至舍人早朝大明宫》诗中的"诗成珠玉在挥毫"。杜诗表现的是早朝皇帝的场面,用"珠玉"比喻诗句,在夸赞对方才思中兼带有富贵气象。与诗歌题材相切合。所以作者这里也用"明珠"来指称苏轼在翰林院草拟的文字,加上"百斛"形容其多而且快,更其是一个"泻"字,把那种奋笔疾书、挥洒自如的意态,刻画得极为传神,这也是化用前人诗意成功的范例。

第三联起,方转入赠茶的本事。云腴是一种古人认为的仙草,此指茶。唐皮日休《奉和鲁望四明山九题·青棂子》:"味似云腴美,形如玉脑圆。"硙,亦作"碨",小石磨。宋人喝茶的习惯,是先将茶叶磨碎,再放到水里煮沸,不像现代的用开水泡茶。这两句说:从我老家江南摘下上好的茶叶,放到茶碨里精心研磨,细洁的叶片连雪花也比不上它。比喻茶白,宋代以白茶为贵。把茶叶形容得这样美,当然是为了显示自已送茶的一番诚意,其中含有真挚的友情。但这还并不是本篇主旨所在,它只是诗中衬笔,是为了引出下文对朋友的规劝。

结末一联才点出了题意。作者语重心长地对朋友说:喝了我家乡的茶以后,也许会让您唤起黄州时的旧梦,独自驾着一叶扁舟,浮游于太湖之上了。五湖,太湖的别名。最后一句用了春秋时的典故。相传范蠡辅佐越王勾践灭掉吴国之后,不愿接受封赏,弃去官职,"遂乘轻舟以浮于五湖"(《国语·越语》)。苏轼贬谪在黄州时,由于政治上失意,也曾萌生过"小舟从此逝,江海寄余生"(《临江仙》)的退隐思想。可是现时他应召还朝,荣膺重任,正处在春风得意之际,并深深卷入了当时政治斗争的漩涡。作者一方面为友人命运的转变而高兴,另一方面也为他担心,于是借着送茶的机会,委婉地劝告对方,不要忘记被贬黄州的旧事,在风云变幻的官场里,不如及早效法范蠡,来个功成身退吧。末了这一笔,披露了赠茶的根本用意,在诗中起着画龙点睛的作用。而这番用意又并非一本正经地说出来,只是从旧事的勾唤中轻轻点出,不仅可以避免教训的口吻,也见得情味悠长,发人深思。

整首诗词意畅达,不堆砌典故,不生造奇词拗句,在黄庭坚诗作中属于少见的清淡一路。但由高雅的玉堂发兴,引出题赠对象,再进入送茶之事,而最终点明题意,这种千回百转、一波三折的构思方式,仍体现了黄诗的基本风格。

(陈伯海)

戏呈孔毅父　　黄庭坚

管城子无食肉相，　孔方兄有绝交书。
文章功用不经世，　何异丝窠缀露珠？
校书著作频诏除，　犹能上车问何如。
忽忆僧床同野饭，　梦随秋雁到东湖。

黄庭坚一生政治上不得意，所以常有弃官归隐的念头，而有时还不免夹带一点牢骚。这首写给他朋友孔毅父（名平仲）的诗，题头冠一"戏"字，正表现了他对自己浮沉下位、无所事事的生活境遇的自嘲自解。

开头两句就写得很别致。管城子，指毛笔。韩愈的《毛颖传》将毛笔拟人化，为之立传，还说它受封为管城子，诗语来源于此。食肉相，用《后汉书·班超传》的典故。据《后汉书·班超传》记载，看相的人曾说班超"燕颔虎颈，飞而食肉，此万里侯相也"，后来班超投笔从戎，立功西域，果然封侯。孔方兄，钱的别称。古时的铜钱中有方孔，故有此称，语出鲁褒《钱神论》："亲爱如兄，字曰孔方"，暗含鄙视与嘲笑之意。绝交书，则取自嵇康《与山巨源绝交书》。两句诗的意思是：我靠着一支笔杆子立身处世，既升不了官，也发不了财。但作者不这样明说，而是精心选择了四个本无关联的典故，把它们巧妙地组合到一起，构成了新颖奇特的联想。笔既然称"子"，当然可以食肉封侯；钱既然称"兄"，也就能够写绝交书。将自己富贵无望的牢骚，用这样的方式表达出来，非但不觉生硬，还产生了谐谑幽默的情趣。

三四句承上作进一步阐述：我的文章既然没有经邦济世的功用，那跟蜘蛛网上缀着的露珠又有什么两样呢？这是解释自己未能博取功名富贵的原因，归咎于文章无益于世，表面看来是自责，实际上说的反话，暗指文章不为世人赏识，在自嘲中寓有自负的意味。丝窠缀露珠，用清晨缀附于蛛网上闪闪发亮的露水珠子，来比喻外表华美而没有坚实内容的文章，构想新奇动人。

五六句转入当前仕宦生活的自白。作者于元丰八年（1085）应召还京，受任秘书省校书郎，元祐二年（1087）改官著作佐郎，诗中"校书著作频诏除"，就是指的这件事，"除"是授官的意思。但这两句诗不单纯是纪实，同时也在用典。北齐颜之推《颜氏家训·勉学》中谈到，梁朝全盛之时，贵家子弟大多没有真才实学，却担任了秘书郎、著作郎之类官职，以致当时谣谚中有"上车不落则著作，体中何如即秘书"的讽刺语。这里套用成语，说自己受任校书、著作，也跟梁代那些公子哥儿们一样，不过能登上车子问候别人身体如何罢了。校书郎、著作佐郎在宋代都是闲散官职，位卑言轻，无可作为。诗意表面上说自己尸位素餐，其实是对于碌碌无为的官场生涯的不满。

仕宦既不如意，富贵又无望，怎么办才好呢？于是逼出了最后两句的追思。诗人说：忽然回忆起当年跟你一起在僧床便饭的情景，我的梦魂便随着秋雁飞到了老家东湖边。东湖，在今江西省南昌市郊，距离作者的家乡分宁（今江西修水）不远。回忆东湖旧游，含有弃官归隐的意思。这是诗人在内心矛盾解脱不开的情况下所能想到的唯一出路。而不直说退隐，却写对往事的追忆，也给诗篇结尾添加了吞吐含茹的风韵。

这首诗抒写不得志的苦闷，却采用了自我嘲戏的笔调，感情上显得比较超脱，而诗意更为深曲。不明瞭这一点，反话正听，把作者真看成一个对功名事业毫不婴心的人，则是出于对诗篇的误解。文字技巧上的最大特点是善用典故，不仅用得自然贴切，还能通过生动的联想，将不同的故事材料串联组合起来，形成新的意象，取得出奇制胜的效果。这已经是一种艺术的再创造，没有深厚的文学修养是做不到的。黄庭坚为后来的江西诗人开了这个重要的法门，虽然他也不免有钻入牛角尖的时候。

（陈伯海）

陈留市隐　　黄庭坚

市井怀珠玉，　往来人未逢。
乘肩娇小女，　邂逅此生同。
养性霜刀在，　阅人清镜空。
时时能举酒，　弹镊送归鸿。

这首诗前有序，说陈留（今属河南开封市）市有位刀镊工，年四十余，没有家室子姓，只有一女年七岁，每天以做刀镊工所得的钱与女子醉饱，喝醉了酒就簪花吹长笛，把女儿放在肩上搭回来，没有一天感到忧虑，终生是快乐的。山谷认为这个刀镊工很懂得人生的道理。陈师道为他作了诗，山谷也为此刀镊工作了上面这首诗。

刀镊工，据王若虚诗："清晨理短发，已见数茎白。刀镊虽可施，殆似儿子剧。"（《滹南王先生诗集·盛秋》）似乎是理发美容工人，但据《都城纪胜》"此等刀镊，专攻街市皂院，取奉郎君子弟、干当杂事，说合交易等"，而《梦粱录》还在《都城纪胜》所叙之外添上了"插花挂画"，似乎刀镊工在宋代除了理发、美容之外，还要兼干其他杂事，结合本诗所述情况，似以理发、美容为主。但不管怎么说，刀镊工在当时居于社会最下层，是所谓“操贱业”者。

本诗是一首五律，首联即夸刀镊工，他虽是“市井人”，但俗是他的外装，“怀珠玉”是用《老子》的话：“知我者稀，则我者贵，是以圣人被褐怀玉。”据王弼注：“谓圣人之道足于己而不形于外也。”《参同契》也说：“被褐怀玉，外为狂夫。”山谷根据这些看法，给刀镊工以很高的评价，认为他寄迹于刀镊，是一个把他的金玉本质隐藏起来的“市隐”，这种人是难于逢遇的。颔联“乘肩娇小女”两句，描写刀镊工善于生活，据山谷的见解，由于刀镊工有道，具有高超的人生境界，虽处“低贱”下位，安于劳动平淡生活，不贪慕挣多余的钱。只要最低生活足够，把自己的小女儿搭在肩上，簪花微醉，自得其乐，因此胸襟异常超脱和潇洒。颈联“养性霜刀在，阅人清镜空”，是说刀镊工的行业，“霜刀”指刀镊工用以整容谋生的主要工具，刀经过磨洗，白亮如霜，替人整容完毕，还得要顾主对镜检查，发表意见，直至满意为止，工作是够麻烦的，服侍人在封建社会被认为是“低下”的，养性即“养生”，陈师道的《陈留市隐者》：“诗书工发冢，刀笇得养生。”“养生”也就是山谷诗中的“养性”。

尾联“时时能举酒，弹镊送归鸿”，咏叹刀镊工在每日工作完毕，还能略喝点酒，微醺之后，还能弹镊作歌，此暗用《战国策·齐策》冯驩故事，“送归鸿”用嵇康《四言赠兄秀才入军诗》“目送归鸿，手挥五弦”，用古代的冯驩和魏时的高士嵇康来比喻陈留刀镊工的人品，可见山谷对他的景仰了。

全首共四十个字，没有一个生僻的字，首联即揭出陈留隐者的高风，颔联用“乘肩娇小女”勾勒出一幅平凡却怡愉自适的隐者的画面，颈联紧接颔联，举出隐者职业特征，同时也阐明了首联的“市井怀珠玉”，故结构谨严，首尾呼应一贯，尾联虽用了两个典故，但为人所熟知，一反山谷造句生瘦，喜在小说、佛书上找寻僻典的诗风，全诗格调清新，音韵铿锵，是他的集子中较好的作品。　（龙　晦）

次韵子瞻题郭熙画秋山　　黄庭坚

黄州逐客未赐环，　江南江北饱看山。
玉堂卧对郭熙画，　发兴已在青林间。
郭熙官画但荒远，　短纸曲折开秋晚。
江村烟外雨脚明，　归雁行边余叠巘。
坐思黄柑洞庭霜，　恨身不如雁随阳。

熙今头白有眼力，　尚能弄笔映窗光。
画取江南好风日，　慰此将老镜中发。
但熙肯画宽作程，　十日五日一水石。

郭熙，字淳夫，温县(今属河南)人，宋神宗时为御画院艺学。他师法李成，由五代荆(浩)关(仝)画派一路拓展，创为"景外意，意外妙"(郭熙《林泉高致·山水训》)之说，尤工山水寒林，蜚声当时。元祐二年(1087)，苏轼(字子瞻)任翰林学士时，见郭熙《秋山》图，因作七古《郭熙画平远山水》，时黄庭坚任著作郎兼集贤院校理，遂依子瞻原韵次序和作一诗，故题曰《次韵子瞻题郭熙画秋山》。

早在元丰二年(1079)苏轼因反对王安石新政，被贬黄州(治所在今湖北黄冈)团练副使，次年庭坚亦由北京(今河北大名)国子监教授调知吉州太和县(今江西泰和)，六年更调监德州(今属山东)德平镇。八年，哲宗即位，新党失势，庭坚与子瞻先后被召任京职，二人作题郭画诗时，正在久迁召返后不久，宦海沉浮，记忆犹新。故山谷此诗虽曰题画，却颇多咏怀言志之意，以题画为线索，融画意友情感慨于一体，于意象超远中见奇崛之气。

全诗十六句，四句一转韵。

黄州四句，平声删韵。按次韵诗惯例，隐括子瞻原作大意，叙其在玉堂，即翰林院看郭熙画，因而萌动青林之思，亦即隐逸之想(庾信《任洛州酬薛文学见赠别》"青林隐士松")。子瞻原作是从玉堂观画起笔，渐次写到郭熙《秋山》图，从而勾出贬谪江南时的回忆，更发为"不觉青山映黄发"之叹，而有求郭熙画取龙门伊川图，以寄隐逸之思的遐想。山谷次韵，语句多与子瞻原诗相应，却变化其次序。他从子瞻贬谪黄州起笔，转入玉堂观画，同时引发青林之想。

山谷这一变化首先突出了郭画的传神处。郭熙所谓"象外意"、"景外妙"，就是要使人"见青山白道而思行，见平川落照而思望，见幽人山客而思居，见岩扃泉石而思游"。总之，要使人观此画而"起此心，如将真即其处"(《林泉高致·山水训》)。苏轼原诗已有此意，山谷更用倒插句法突出之。首四句是说，子瞻虽贬谪黄州，没有召还("环"与"还"谐音)，却因此得以饱览大江南北山水；如今召回京师，虽尊荣倍加，却因此与大自然隔绝。然而今日一见《秋山》图，顿然逸兴焕发，仿佛已置身青林之间。由"卧对"而"发兴"，用一"已"字，写出了子瞻身在玉堂，心游青林，顿然间神驰魄动的精神状态，点出郭画使人"真即其处"的特点，真是"笔所未到气先吞"(苏轼《题王维吴道子画》)。

这一变化更使此诗起笔即有龙腾虎跃之势。黄州与京师地隔千里，子瞻遭

秋山行旅图

——〔宋〕郭熙

贬至召回，时已七载。这四句却以极简省的笔墨将偌大的时空距离紧紧相连。前二句由“黄州逐客”起，起得陡健；三句转入玉堂观画，转得突兀；四句既应照二句“饱看山”，将前三句紧相钩连，又落脚于“青林间”，点出一篇主旨，为后文开出无穷天地。山谷诗力大气健，工于发端，这正是一个范例。

“郭熙官画”四句转上声阮韵，承上“郭熙画”正写画面，应原作“离离短幅”二句。第五句的意思是：郭熙《秋山》图虽为“官画”，即御院画，却不像当时画院派那样偏重形似，而是专尚荒旷杳远的意境。第六句含三重意，说此画虽为短幅，但是笔致曲折，能于尺寸之间开拓出一派秋晚旷远景色。“短”、“曲折”、“开”一语一转，句法拗折夭矫。五、六两句是虚写，七、八两句则实写申足上意。从苏轼原作可知此画是一幅平远秋山图，《林泉高致·山水训》说山有三远：高远、深远、平远。所谓平远，是从近山望远山，其色“有明有晦”，其意“冲融而缥缥渺渺”。“江村烟外雨脚明，归雁行边余叠巘”，正写出了这种特点。从“外”字、“余”字可以看出这是远景，正合从近山望远山之意。近景处将霁未霁，故雨脚明晰可辨，而景深处渐远渐淡，叠嶂江村正在烟岚之外若沉若浮。山峦的另一端上方，又有一行秋雁高飞南向。雨烟与叠巘的隐显变化，雁行与层峦的远近映衬，构成了“有明有晦”的色调、“冲融而缥缥渺渺”的意境。虽然画面上并未致力于秋山形状的刻画，然其荒远之致却由纸上浮溢而浸淫着观赏者的心灵，遭际相同，气味相投的两位大诗人，在郭熙荒旷杳远的画意中又一次发生了共鸣。

“坐思”四句转平声阳韵，“画取”四句复转入声质韵，此二节韵意不双转。前四句承上秋雁之行而生南归之思，意脉遥应首节“青林”之想。山谷是江西分宁(今江西修水)人。江外盛产桔柚，《尚书·禹贡》就有记载，历代更多所题咏，唐代韦应物《答郑骑曹青桔绝句》曾云：“书后欲题三百颗，洞庭须待满林霜。”山谷“坐思黄柑”句即由此化出。秋霜降，桔柚黄，诗人却不能归去，不禁感叹“恨身不如雁随阳”。这句是化用杜甫《登慈恩寺塔》“君看随阳雁，各有稻粱谋”句意。看来与上文意不相续，实则“雁随阳”句点明“黄柑”之思的含意，复将诗脉接回到画上来，以顿挫回旋之笔转入下文：谓既然归休之愿不遂，那么慰情聊胜无，趁郭熙头虽白而目力尚堪映窗作画时，请他“画取江南好风日”，以稍慰衰鬓客子的归心吧。这里“熙今”二句韵与“黄柑”二句相协(霜、阳、光)，意思则直接下节“画取”云云，是三、四节的关键，不但补写了《秋山》图的主人形象，且极自然地由三节过渡到四节。最后二句仍就求画言，化用杜甫句意收束全诗。杜甫《戏题王宰画山水图歌》云：“十日画一水，五日画一石，能事不受相促迫，王宰始肯留真迹。”说的是盛唐名画家王宰的佳作都成于舒闲不迫之间。山谷却变化其意，笔锋一转，说道，只是郭熙虽然肯作画，但他像王宰一样，要十日五日方能画得一幅，这对于渴望立刻见到家乡山水的诗人来说，不是略嫌迟缓了吗？至此，全诗在迫切期待中结束。从次韵角度看，与子瞻原作诗末求取龙门伊川图相应；而从此诗意脉看，又与开首苏轼的“青林”之思遥相呼应，画意、友情、归休之思，一笔总收，余意荡漾于尺幅之外。有的注本释末二句说，“只要郭熙肯画，那么即使慢点也不妨事”，虽亦可通，但似未得山谷原意。山谷用典有“脱胎”法，《诗宪》释为“因人之意触类而长之”。《诗文发源》载：“山谷云：作诗如作杂剧，初时布置，临了须打诨，方是出场。”必如前一解，末二句方有打诨妙趣。

从以上分析可见，此诗艺术上最成功之处是能于跌宕恣纵间见法度深严。可从三方面体会。

章法：山谷尝云：“文章必谨布置，每见后学，多告以《原道》命意曲折。后以此概求古人法度，如老杜《赠韦见素》诗布置最得正体。”此诗正可见其“命意曲折”之妙。此诗的内涵很复杂，有子瞻与郭画的关系，诗人自己与郭画的关系、与子瞻的关系。在这众多意思中，山谷把握住情趣高洁旷远这一点，这正是郭画的精髓，也是苏黄友谊的基础，这就在命意上抓住了根本，然后通过精心的结构，曲折有序地加以表现。首叙子瞻对画，末写自己求画，中间正写郭画以联结两端。在顺叙中处处用逆笔作顿宕勾勒，诗势似断复续，读来有龙腾虎跃之势。

韵法：此诗不像江西派某些篇章那样，押韵以险窄取胜，而是用韵甚宽平，且遵守七言四句一转韵、平仄互押的惯例。首四句用平声删韵，音调舒展清亮，正适于表现子瞻观画的旷逸情致。次四句上声阮韵，音调上扬宛转，又于表现郭画悠远之意境分外相宜。这两节意随韵转，故节奏舒徐，有清远之趣。由观画而思乡，陡转平声阳韵，如大钟骤鸣，噌吰镗鞳，诵之似能感到画境在诗人心中引起的强烈振动。末章又转入声质韵，短促的节律又仿佛在诉说诗人渴望家乡山水的焦切心情。这两节韵脚音质变化大，又参用古诗韵意不双转之法，遂于古朴峭折的音律中隐隐透出一种抑郁之气。由舒徐清远而峭折不平，正反映了诗人观画时心情的变化。

句法：山谷诗工于锤字练句，前述“郭熙官画”二句之含意屈折、“但熙肯画”二句之善于点化，均是好例。更从全篇看，此诗前后两部分造句均陡快豪健，而偏偏中段的“江村”、“归雁”二句，明丽清秀，摇曳生姿，如同老树着花，于槎枒中别添一段妩媚。全诗因之而有变化神奇之妙。

山谷七言宗尚杜甫、韩愈，于昌黎所谓“横空盘硬语，妥帖力排奡”（《荐士》）尤其心折。山谷诗或得或失，多半在此。此诗未从杜、韩诗表面的奇语险韵去学步效颦，而是抓住了杜、韩七古力大气雄的精神，于排奡中力求妥帖，所以能传颂不衰。

（赵昌平）

题郑防画夹五首(其一、其二)　黄庭坚

惠崇烟雨归雁，　坐我潇湘洞庭，
欲唤扁舟归去，　故人言是丹青！

能作山川远势，　白头唯有郭熙。
欲写李成《骤雨》，　惜无六幅鹅溪。

郑防是藏画的人，画夹大概相当于今天的集锦画册之类。这是作者题咏郑防画夹中作品的诗，共五首。这里选了二首。

第一首题惠崇的画。惠崇是僧人，能诗善画。《图绘宝鉴》说他“工画鹅、雁、鹭鸶”;《图画见闻录》说他“尤工小景，为寒江远渚，潇洒虚旷之象，人所难到”。正因为惠崇的山水、花鸟饶有诗意，才格外引起诗人品题的兴味。王安石、苏轼都有诗题咏他的画。苏轼的七绝《惠崇春江晚景》，更是脍炙人口。黄庭坚这首诗的首句六字，既点明画的作者，又描绘出画境。画中景物当然不止“烟雨”、“归雁”，但作者有意留给读者想象的空间。人们眼前仿佛展现着一幅烟雨归雁图。二三句承上，一气而下，写因欣赏画中景色而生幻觉：恍惚之间，好像坐在潇湘、洞庭的烟波之上，目送行行归雁，乡情油然而生。多么想唤一叶扁舟，回归故乡。第三句中的“唤”字，有的版本作“买”。“买”字不如“唤”字灵活。这三句不仅笔致疏朗轻淡，传写出画中的“虚旷之象”，而且化画境为实境，融入思归之情。第四句从前三句中跌落，描写自己身心已沉浸于幻境之中，忽听得友人说：这是丹青！才恍然省悟，知道错把画境当作真境。这样结尾，峰回路转，饶有情趣。

“诗是无形画，画是有形诗”(郭熙《林泉高致》)，诗画有相通之处。因此，诗歌可再现画境。但以诗题画，一般不宜于全写真境，更不宜全写画境。全写真境，变成了山水景物诗，不成其为题画诗；全写画境，用诗句一一描述画中景物，无异于舍诗歌想象和抒情之长，容易写得呆滞而无生气。沈德潜说杜甫题画诗“全不粘画上发论。如题画马、画鹰，必说到真马真鹰，复从真马、真鹰发出议论。后人可以为式”(《说诗晬语》)。他的《奉先刘少府新画山水障歌》，便从画面引出真景，又由真景返回画景。黄庭坚这首诗，便学习了杜甫题画诗的手法，使画中之景与画外真景水乳交融，并同自己的感情发生交流。

杜甫的题画诗，还有一个特点，便是在描绘画境中道出画理。如《戏题王宰山水图歌》，因题画而道出“尤工远势古莫比，咫尺应须论万里”的艺术见解。黄庭坚在此题的第二首咏郭熙画，也运用这一表现手法。郭熙是北宋山水画家，其画强调“取势”。他说：“真山水之川谷，远望之以取其势。”他的山水画论《林泉高致》，提出的“三远”——高远、平远、深远，就是要取山川之远势。黄庭坚对绘画有很高的艺术素养，所以这首诗的前二句“能作山川远势，白头唯有郭熙”，是很精当的评价。三四句具体咏赞画夹中郭熙之作。郭熙曾为苏才翁家摹写宋初北派山水画家李成的《骤雨图》六幅，因此笔墨大进。诗人在郑防画夹中得睹此《骤雨图》真迹，当然非常兴奋。但三四句不直说，而是曲折达意。自见郭熙画后，禁不住跃跃欲试，也来摹写《骤雨图》，可惜一时找不到六幅好绢。“鹅溪”，在今四川三台，以产上好画绢著称。把六幅画绢说成是“六幅鹅溪”，以出人意料的语言，创造出新奇的意象。溪水清澈透明，恰似皎洁轻柔的画绢。黄庭坚学杜诗，以善于锤炼句法、字法著称，于此句可见。这两句既奇警，又自然天成，而且给整首诗增添了盎然意趣，补足前二句之意，使全诗不流于枯燥。

从章法和句法来看，第二首三四句，一起一落，折出笔势，同前一首三句一气连贯、第四句陡然转折不同。可见诗人用笔灵活多变，绝不重复，总是力求创新与出奇。

（陶文鹏）

次韵王定国扬州见寄　　黄庭坚

清洛思君昼夜流，　北归何日片帆收？
未生白发犹堪酒，　垂上青云却佐州！
飞雪堆盘脍鱼腹，　明珠论斗煮鸡头。
平生行乐亦不恶，　岂有竹西歌吹愁？

这首诗当作于宋哲宗元祐二年(1087)，黄庭坚正在汴京为秘书省著作佐郎。王定国是真宗时名相王旦之孙，有才气。苏轼为其诗集作序，黄庭坚为其文集作序，可见他们关系密切。元丰年间，王定国受苏轼牵连也被贬。元祐初，苏轼还京，荐他为宗正丞，不久又遭指谪，出为扬州通判。他从扬州寄诗给黄庭坚，黄步其韵而成此诗，表达了对朋友的思念与劝慰之情，颇为感人。

古人常以流水为比，表达悠悠不尽的情思，如徐幹《室思》：“思君如流水，何有穷已时”、李白《沙丘城下寄杜甫》：“思君若汶水，浩荡寄南征”、李煜《虞美人》：“问君能有几多愁？恰似一江春水向东流”、欧阳修《踏莎行》：“离愁渐远渐无穷，迢迢不断如春水”、鱼玄机《江陵愁望寄子安》:“忆君心似西江水,日夜东流无歇时”等,例子举不胜举。这首诗第一句也是以流水喻情,而不用“是”、“如”、“若”、“似”等字,径直说是清洛在思君,是昼夜不断的流水向王定国送去绵绵情思,显得更为劲拔。元丰年间,导洛入汴,清洛即清汴。这一句既有喻意又是写实。它表明了诗人是在汴京(今河南开封),也暗示了王定国就是顺汴水到扬州的。汴水是联结汴京、扬州的纽带,是沟通朋友间信息的渠道,使两人诗歌唱和,息息相通。不仅如此,而且清洛也是王定国北归汴京的水道,所以诗人又写出了第二句,昼夜盼王定国早日归来,补足了思君的内涵。“何日”句见思念之切。王定国刚出任扬州通判,诗人就盼其北归汴京,足见两人友情之深,也表明诗人对朋友遭贬的不满。

在三四句中,诗人对朋友现在的处境表示了关切。劝慰朋友趁白发未生,还可饮酒作乐;遗憾的是刚要直上青云又被外放扬州作副守。吴汝纶说:“‘未生白发’等联,皆痛撰出奇,前无古人,自辟一家蹊径。”(引自《唐宋诗举要》卷六)“犹”、“却”二字,转接有力,意思陡下,含有无限感慨。一句之中语意有变,两句之间也有曲折。两句诗顿挫有力,诚为奇警。

五六句具体写王定国在扬州的生活。鱼腹细切成脍,堆放盘中像飞来的白雪;煮熟的鸡头米,像千万颗晶莹的珍珠。这是倒装句,借两个生动的比喻,特意把“飞雪”、“明珠”放在句首,以引起人们对美好事物的充分联想。美化这种生活,恰好说明实际上有可悲之处。因此可以说与上联意同,只是换了一种写法。

结联更作宽慰语。平生行乐本来不坏,哪有竹西的歌吹反倒惹起愁怀?隋唐以来,扬州一直是商业都会,歌舞繁盛之地。“岂有竹西歌吹愁”是从杜牧“谁知竹西路,歌吹是扬州”(《题扬州禅智寺》)脱胎而来。然而诗人并没幻想王定国会像杜牧那样在“春风十里扬州路”尽情享乐,“行乐亦不恶”的“亦”字有无可奈何的意味。王定国的原诗是以“愁”字作结的(次韵要求依原诗用韵次序)。“岂有”二字耐人寻味。因为愁与扬州的繁华热闹极不和谐,所以诗人希望朋友借歌吹以破愁。效果如何,不得而知。诗结束了,诗人对朋友的思念之情却像长江大河一样无穷无尽。全诗八句如同一句,一气回转而下,其中又多顿挫起伏。

(朱明伦)

次韵柳通叟寄王文通　　黄庭坚

故人昔有凌云赋，　　何意陆沉黄绶间?
头白眼花行作吏，　　儿婚女嫁望还山。

心犹未死杯中物，　春不能朱镜里颜。
寄语诸公肯湔祓，　割鸡令得近乡关。

山谷常与一些怀才不遇之士结为莫逆之交，在一些赠答诗中展现他们的精神风貌，借以抒发抑郁不平之情。作于元祐二年(1087)的这首七律就是这一类诗，诗寄王文通，显然诗中所写就是他的形象。

“故人昔有凌云赋”一句，借司马相如的故事来写老友的才华横溢。汉武帝读司马相如所作的《大人赋》“飘飘有凌云之气”，见《史记·司马相如传》。但接下来笔锋一转：如此才士，为何沉沦下僚呢？这一句以疑问形式出之，更能表现愤懑之情。它是慨叹，但更是责问，是对执政者的谴责。“陆沉”一词出于《庄子·则阳》：“方且与世违，而心不屑与之俱，是陆沉者也。”意思是说：虽在陆地，却如沉于水一般，比喻生活在人世间而实际过着避世的生活。故后人常用来称所谓“市隐”、“吏隐”之类的处世态度，如《史记·东方朔传》云：“陆沉于俗，避世金马门。”也兼含沉晦埋没之意。“黄绶”是黄色的印绶，低级官吏的标志。这一句既写出了人才的遭受埋没，也是暗写友人的亦官亦隐。此联将高才与不遇相对比，一是“凌云”，一是“陆沉”，确有转折跌宕之势，故方东树评为：“起叙事往复顿挫。”(《昭昧詹言》)

中间二联对“陆沉黄绶”加以生发。“头白眼花”本应是儿孙绕膝、安度余年的时候，如今却还要奔走仕途。待到“儿婚女嫁”之后，才可望挂冠归去，终老家山。“儿婚女嫁”用《后汉书·逸民列传》中向子平的典故，写友人的为官，实是迫于生计，非其本愿，见出他不慕荣利的品格。“心犹未死杯中物”，饮酒的豪兴尚不减当年，但“春不能朱镜里颜”，春天能使万物复苏，但不能恢复他青春的红颜。(朱，这里作动词用。)豪兴犹在，盛年不再，颈联又是一个转跌，在豪放旷达中含无限感慨。即以“心犹未死”一句而论，貌似放达，内里却有种种牢骚抑郁。

尾联则为友人向执政诸公吁请，希望他们从中斡旋，让他能在近乡之处做一个地方官。“湔祓”一词为山谷所常用，源出《战国策·楚策》：“今仆之不肖……沉洿鄙俗之日久矣，君独无意湔祓仆也，使得为君高鸣屈于梁乎？”亦作“翦拂”，见刘孝标《广绝交论》“剪拂使其长鸣”。原意是拂除旧恶，后多用作荐拔之意。“割鸡”用作治理一县的代称，出《论语·阳货》。孔子到了子游作县宰的武城，“闻弦歌之声。夫子莞尔而笑曰：‘割鸡焉用牛刀？’”“肯”即“肯不肯”，出语宛转，但仍包含怨愤不平之意。“割鸡”则呼应首联的才高位卑，见出诗人组织的绵密。

描写怀才不遇之士是山谷诗的一个重要主题。山谷入仕之后，强烈地不满现实政治，尤其对那班暴发的新贵投以蔑视，而对被埋没的才识之士则倾心相交，视为知音。在山谷诗中，这一对比十分鲜明，如："金张席贵宠，奴隶乘朱轩。丈夫例寒饿，万世无后先"(《圣柬将寓于卫，行乞食于齐，有可怜之色，再次韵感春五首赠之》)；"我官尘土间，强折腰不曲。饱饭逐人行，君来方拭目"(《送陈季常归洛》)；"不堪市井逐乾没，且愿朋旧相追攀"(《再次韵呈明略并寄无咎》)等。正因为山谷与他们遭际相似，品格相类，同声相应，同气相求，所以描写其形象也就分外真切。诗中人物的贫贱自守、兀傲奇崛、放旷不羁、愤世嫉俗，又何尝不是山谷的自我写照？诗人为其坎坷遭遇大鸣不平，抗议世道的不公，实是借他人之酒杯，浇自己之块垒。此诗作于元祐二年(1087)，正值旧党执政，山谷入京调任史官，但他并未感到春风得意，而是对激烈的党争十分反感。当时不仅新旧两党斗争剧烈，而且旧党内部也各立门户，党同伐异，所以他呼吁消弭党争、重用人才。这首诗正是反映了他内心的不平之气。

山谷多以长篇古体描写人物形象，但以短章勾勒，同样生动传神，本诗即是一例。它像一幅写意人物画，笔触简练，风格奇拗。作为律诗，本诗无论在风格还是在语言上，都显出山谷的独创性。传统的七律，讲究以景传情，追求流利圆转。山谷则着重在律诗中正面刻画人物的精神境界，所以他的律诗颇多不借景抒情，而是直抒胸臆，意在矫写景的柔弱。这一特色多表现在中间二联的组织上，他一反中二联俪青配白、装点景物的传统，以拗硬之笔，写奇崛之态。如本诗颔联以"头白眼花"对"儿婚女嫁"，在上下相对中，每句又自成对偶，有着往复回环的效果。颈联却奇峰突起，以不合正常节奏的散文句式构成对偶，原来每句前半部分双音节的两个音步变成了"一——三——三"的节奏，这样就成为："心——犹未死——杯中物，春——不能朱——镜里颜。"读来拗崛顿挫，生动地传达出牢骚不平的情怀。这种奇句拗调，确是前人少有的，可谓力盘硬语，戛戛独造，不是大手笔、大功力，是绝难达到这一境界的。（黄宝华）

次韵幾复和答所寄　　黄庭坚

海南海北梦不到，　会合乃非人力能！
地褊未堪长袖舞，　夜寒空对短檠灯。
相看鬓发时窥镜，　曾共诗书更曲肱。
作个生涯终未是，　故山松长到天藤。

据《黄山谷诗内集》卷八载，山谷旧跋此诗曰："丁卯岁幾复至吏部改官，追和予乙丑在德平所寄诗也。”则此诗写于哲宗元祐二年(1087)。从《寄黄幾复》到这首诗,两年过去了,生活发生了很大变化。山谷由德平调汴京,在秘书省任著作佐郎,幾复亦来京,阔别十余年的老朋友终于见面了!

两个人天南海北,相隔万水千山,鸿雁都捎不到信,就连梦中也难会面,可是现在却会面了,而且是在汴京相会。诗人想到了唐朝经历贬谪之后在东都邂逅相逢的韩愈与李础,“离十三年,幸而集处得燕,而举一觞相属,此天也,非人力也”(韩愈《送湖南李正字序》)就化成了这第二句诗。此联用了拗体,挺拔而起,笔力极强;而且化用典故,语如己出;很能体现黄诗特色。

顺着这个情绪写下去,诗人自然想到朋友岭南十年的艰辛与清苦。黄幾复有才有识,“孝友忠信”,“胸次隗磊”,处事多“便民”(均引自黄庭坚《黄幾复墓志铭》)。但却一直在偏僻的岭南小县任地方官,未得一展长才。纵使长袖善舞,在褊狭之地又怎能施展本领?只得寒夜孤灯,空自叹息了。《汉书》应劭注记定王为景帝歌舞称寿,“定王但张袖,小举手,左右笑其拙。上怪问之,对曰:‘臣国小地狭,不足回旋。’”在古人心中,短檠灯是书生苦读的象征。所以韩愈有《短灯檠歌》描写书生“两目眵昏头雪白”的形象。这两句也是妙用典故,自然恰当。

第五句又转到相会之时。两人相对,往事涌上心头。《论语》载孔子说:“饭疏食饮水,曲肱而枕之,乐亦在其中矣。”诗人意谓:当日二人虽然清贫,但是朝夕相处,曲肱饮水,切磋诗书,自有乐趣。而今相对窥镜,各添白发。岁月如流,更见此会之难得。

想到这里,自然引起思乡之情。于是诗人希望这久沉下僚的生涯早日结束。“个”犹“这”,“个生涯”即“这生涯”。《黄幾复墓志铭》云:“改宣德郎,知永新县。”幾复依然是漂泊南北,而自己也是浪迹他乡。如此生涯,终不是长久之计。于是想到了故乡:古松挺立山颠,直耸天际,老藤盘绕于上。向往之情溢于言表。虽不说归隐,而归隐之情自见。诗写到此,虽戛然而止,却饶有余韵。

严羽说:“对句好可得,结句好难得,发句好尤难得。”(《沧浪诗话·诗法》)这首诗结句好,发句也好。全诗以情为气脉,忽今忽昔,或开或合,亦乐亦苦,有扬有抑,皆由诗人感情起伏而定,显得深沉而苍劲。

(朱明伦)

次韵子瞻以红带寄眉山王宣义　　黄庭坚

参军但有四立壁,　　初无临江千木奴。
白头不是折腰具,　　桐帽棕鞋称老夫。
沧江鸥鹭野心性,　　阴壑虎豹雄牙须。

鹈鹕作裘初服在，　　猩血染带邻翁无。
昨来杜鹃劝归去，　　更待把酒听提壶。
当今人材不乏使，　　天上二老须人扶。
儿无饱饭尚勤书，　　妇无複裈且著襦。
社瓮可漉溪可渔，　　更问黄鸡肥与臞。
林间醉著人伐木，　　犹梦官下闻追呼。
万钉围腰莫爱渠，　　富贵安能润黄垆？

这首诗大约作于元祐三年(1088)。题中所称“王宣义”，即苏轼的叔丈人王淮，字庆源。王庆源曾作洪雅主簿、雅州户曹参军，后辞官归里，有书致苏轼求红带。红带即指红色的衣带，苏轼作有诗句“红带雅宜华发，白醪光泛新春”，所指便是此物。苏轼因之作《遗王庆源诗》。山谷的这首诗即步《遗王庆源诗》之韵而作。任渊注此诗作《次韵子瞻以红带寄王宣义》。

虽然是步韵之作，但山谷并没有随意敷衍成篇。七言二十句，笔墨淋漓，曲折多姿，将一个耿介傲岸之士写得栩栩如生。

前八句从“身外之物”落墨，通过对他的家境、服饰及外貌的描绘，渐次烘托出人物的内在精神面貌。

开头两句“参军但有四立壁，初无临江千木奴”，连用两个典故。前句用司马相如事：“家居徒四壁立”；后句用汉末李衡事。李衡为丹阳太守时，派人在武陵龙阳洲上作宅，种柑千株，临死时对儿子说：“吾州里有千头木奴，不责汝衣食。”山谷将这两个典故信手拈来，写王庆源的家境。值得注意的是，这两个典故虽然都是用来表现人物的清贫淡泊，但在意义上并不重复。前一个典故，是指他辞官归里后，栖身之所唯有四壁颓然而立；后一个典故则补叙他当官时清廉自守，无意置产，点明他归里后生计维艰的原因。两句之间，由“果”及“因”，层次分明；由表及里，显出人物的清高之节。从这里可以看出山谷用典的精细。

接下去的“白头不是折腰具”，用陶渊明不肯“为五斗米折腰向乡里小儿”而辞官归隐之典，紧承首句归来“但见四立壁”之意，章法缜密；同时又以“白头”引出下文，转入对人物服饰、外形的描述，承转自然。“白头”而不“折腰”，明白写出人物的傲世之情，随后又补上“桐帽棕鞋称老夫”一句，更见其不衫不履不头巾的狂放独行之态。接着，又用“沧江鸥鹭”来比喻其人的心性，用“阴壑虎豹”的牙须来形容其人长相的清奇。“鸥鹭”一句暗用了《列子·黄帝篇》中“鸥鹭忘机”的典故，写出其人性情的自然闲适。

至此，一个风神潇洒、仪态威严的银须老者形象已经勾画出来了。然而，诗人又运纡回之笔，再次从服饰上点染："鹔鹴作裘初服在，猩血染带邻翁无。"据《西京杂记》，司马相如归成都时，"居贫愁懑，以所著鹔鹴裘就市人阳昌贳酒与文君为欢"。而"初服"一词出自《离骚》："退将复修吾初服。"在"鹔鹴"句中用这两个典故，一是将其人比作司马相如，再次呼应首句；二是赞美其隐退而修高洁之志。"猩血染带"句暗点苏轼寄红带之意。值得注意的是，"鹔鹴"是传说中的西方神鸟，而古人又认为"猩血"染物，"色鲜不黯"，均是神奇之物。山谷显然是借写物之罕见而叹其人之难得。

开头这八句虽然都是刻画其人的形象，但前四句言朴意质；后四句却采用比喻、夸张手法，还带一点奇幻色彩。如此行笔，更见出山谷对其人的推崇、向往之情。

试想，如此一个心胸闲散、傲骨铮铮的人物，怎能混迹于官场中呢？诗人用"昨来杜鹃劝归去"一句，将往事便捷利落地一笔带过，七字之中运用了杜鹃啼血唤归及陶渊明赋《归去来》的典故，包含着其人出仕、辞官、归隐的生活经历，可谓言简意赅。接着写道："更待把酒听提壶"，开出一派新气象：如今归隐山林，把酒独酌，静听鸟儿啼鸣，何其悠然自在！在这短短的两句中，显示了作者谋篇布局的匠心和调动时空的魄力。本来前八句是叙归里后的情景，而一句"昨来"，将人忽地引向过去；紧接着一句"更待"，又将人的视线牵向现实，一挽一纵，收束前意，开启下文。运笔遒劲自如，大有动荡开合的气势。

从诗势上看，这十句之间可称得上一波三折。开头两句中，一个"但有"，一个"初无"，一往一复，已是笔底波澜。而且这两句起势突兀，有开门见山之妙，随后笔锋一提，另开一端，跌宕之间，自见波折。前四句采用散体句式，后四句却对仗工整，音节铿锵，形成由缓而疾的流动之势。"昨来"二句却又猛地顿住，闪出悠扬之韵。

接续上文的闲淡语，又作轻快语："当今人材不乏使，天上二老须人扶。""天上二老"指当时主持朝政的旧党领袖文彦博、吕公著。山谷虽然称赞王安石是"一世之伟人也"(《跋王荆公禅简》)，但在政治上是属于旧党一派的。元祐初年，旧党东山再起，力废新法，山谷也在这一时期主持编写《神宗实录》。这是他一生中政治上最为得意的时期。因此他宽慰王庆源说：当今人才济济，文、吕二公主持朝政，尽可归隐于林泉之间。

下面六句尽情描绘归隐的情趣。"儿无饱饭尚勤书，妇无複裈且著襦"，写家居清寒，而自得其乐。"妇无"句，用晋人韩伯少时贫困、其母为之缝制寒衣，只能先作“襦”(短夹袄)而无法作“複裈”(能套棉絮的夹裤)的典故。这两句造句古拙而有野趣。“社瓮”二句写他渔樵山林之乐。前一句“社瓮可漉溪可渔”，两个“可”字，写足了心满意足之态；后一句化用李白《南陵别儿童入京诗》中的“黄鸡啄黍秋正肥”句。李白此句是叙事，而山谷着一“问”字，则见出其人的洒脱神情，野趣横生。“林间”二句，更是神来之笔。山谷写其人携酒独游、醉卧林间，朦胧中仿佛听到“追呼”之声，醒来方知是伐木喧噪。言语之间，使人意会到，隐居林下，官场的争斗、尘世的喧嚣都远远退去了，回忆往事，竟然像是一场梦。这两句出语闲淡、情致悠远，似有无限感慨。

最后，作惊叹之语：“万钉围腰莫爱渠，富贵安能润黄垆？”万钉宝带，意味着高官厚禄，其人并不爱慕。“黄垆”即黄泉之土，《列子·杨朱篇》曰：“余名岂足润枯骨”，山谷稍加点化。言外之意是，能像这样啸傲于林泉之下，便足以快慰平生，功名富贵有什么用呢？末句“安能”一问，令人起无穷之思。

这首诗很有特点。首先是擅长用典。山谷素来主张“诗词高胜，要从学问中来”。而要显示学问，很重要的一个方法就是用典。这首诗几乎句句用典，有的寄意颇深。但由于山谷精于选择、提炼、点化，读起来还是流畅自然。像“四立壁”、“折腰”、“鸥鹭”等，均有炼意传神之妙。其次，此诗虽用典颇多，但又时见古拙之语，如“桐帽棕鞋称老夫”、“儿无饱饭尚勤书，妇无複裈且著襦”等，使通篇笔墨典重而不失其灵动，具有雅俗妙合之趣。从音律上看，全篇一韵到底，音节安闲和平，颇有雍容气度。山谷为了弥补一韵到底而造成的平板之失，在二十句中夹入四句对仗工整的诗句，以句式的变化来协调音节。

不过，能在章法严谨中见错综变化之妙，是这篇七言古诗使人传诵不绝的主要原因。全章以其人归故里开篇，处处照应此意，将林泉之士的心性气格写得神完气足。而苏轼寄红带之旨，也在诗中以“猩血染带邻翁无”、“万钉围腰莫爱渠”暗暗点出，写人写事，照应得很巧妙。通篇笔墨纵横，情思曲折而跌宕，放得开、收得拢，开合自然，全不费力，没有深厚的艺术功力是很难做到的。 (韦凤娟)

听宋宗儒摘阮歌①

黄庭坚

翰林尚书宋公子， 文采风流今尚尔。
自疑耆域是前身， 囊中探丸起人死。
貌如千岁枯松枝， 落魄酒中无定止。
得钱百万送酒家， 一笑不问今余几。
手挥琵琶送飞鸿， 促弦聒醉惊客起；

寒虫催织月笼秋，　独雁叫群天拍水；
楚国羁臣放十年，　汉宫佳人嫁千里；
深闺洞房语恩怨，　紫燕黄鹂韵桃李；
楚狂行歌惊市人，　渔父挐舟在葭苇。②
问君枯木著朱绳，　何能道人意中事？
君言此物传数姓，　玄璧庚庚有横理。③
闭门三月传国工，④　身今亲见阮仲容。
我有江南一丘壑，　安得与君醉其中，
曲肱听君写松风。

〔注〕 ① 摘(tì)：弹奏。　② 挐(ráo)：通"桡"，本指船桨，这里是以桨划船。葭苇：芦苇。　③ 庚庚：横貌。　④ 国工：指教场的乐工。

宋宗儒，生平不详。阮，即阮咸，一种形似琵琶的乐器，相传为西晋著名音乐家、文学家阮咸(字仲容)所创制。

从内容着眼，这首诗可分四段。

开头八句为第一段。其中：一二句叙宗儒家世，以"文采风流"写其深厚的家学基础，进而暗示他从小就得到很好的艺术熏陶；三四句用神僧耆域作比，以起死回生喻技艺绝妙；五六句写宋宗儒的形貌和生活；七八句写他的性格，展示出他潇洒不羁的艺术家风度。这一段为描写摘阮作准备，恰似音乐中的序曲。八句中又每两句一义，正如四条涓涓细流，为第二段中滚滚的音乐浪潮汇聚了充足的水源。"翰林尚书宋公子"：宋祁修《唐书》成，迁左丞，进工部尚书，拜翰林学士承旨。宗儒当是宋祁的后代。耆域，人名。《高僧传》记载："耆域，天竺人……汝南滕永文两脚挛屈不能起行。域取净水一杯，杨柳一枝，拂水举手向永文而咒。如此者三。因以手搦永文膝令起，即行如故。"故事中无"囊中探丸"，黄庭坚改造用之，更能够显示耆域的不凡身手，以及宋宗儒的超群技艺。

"手挥"到"葭苇"为第二段，是描写摘阮的重点段落，在全诗中的地位与作用，正像一支乐曲中的主题乐章。"手挥琵琶送飞鸿"，用嵇康《赠秀才入军》："目送归鸿，手挥五弦。"在第二段中，"手挥"两句独成一节，以对演奏者和听众两方面的描写，引出大规模的音乐场面。分而言之：上句写宗儒，"手挥琵琶"是动作，"送飞鸿"是精神状态；下句写听众，"聒"，指用声音扰乱人。写客曰"醉"，不但应第一段的"酒中"、"酒家"，使主客协调，而且用"醉"者尚被"聒"起，反衬音乐的强烈效果。"寒虫"以下八句具体描写阮乐。"催织"即促织。"寒虫"两句以虫禽之声取喻，写乐声辽远清幽，有海阔天空之感。"楚国羁臣"指屈原。"汉宫佳人"指王昭君，据说她出塞时曾携带琵琶，马上弹奏。这两句用历史上两个去国怀乡、忧谗畏讥的人物作比，仿佛使人听到阮咸上奏出的凄凉哀婉、生离死别的曲调。以下曲调有了变化："深闺洞房语恩怨"传达的是最和谐、最深情的人间之声；"紫燕黄鹂韵桃李"表现的是最优美的环境中产生的最动人的自然之声，都是无限悦耳宜人的轻快节奏。琴曲有《沉湘》、《昭君》二曲，分别写屈原、王昭君之事。又，韩愈《听颖师弹琴》："昵昵儿女语，恩怨相尔汝。"白居易《琵琶行》："间关莺语花底滑。""楚国"以下四句从字面上看乃是对阮咸乐的直接描写，已十分逼真、生动；可是在字面的背后，作者又暗暗套用琴曲名和韩愈、白居易咏写音乐的名句，更容易把读者带入优美的音乐境界。诗句写到这么圆熟的地步，是难能可贵的。"楚狂行歌惊市人"用《论语·微子》："楚狂接舆歌而过孔子，曰：'凤兮凤兮，何德之衰！往者不可谏，来者犹可追。已而！已而！今之从政者殆而！'""渔父挐舟在葭苇"用《庄子·渔父》渔父"杖挐而引其船……刺船而去，延缘苇间。颜渊还车，子路授绥。孔子不顾，待水波定，不闻挐音，而后敢乘"。这两句咏写阮咸振聋发聩的铿锵镗鞳之声，是全曲激越高亢的结尾。

"问君"至"横理"为第三段，主要结构由一问一答组成。问句中"枯木著朱绳"用抑法，极言阮咸之貌不惊人；"道人意中事"用扬法，极言宗儒用它奏出了神异的乐曲——抑扬之间自然出现一大段空白，回答的三句，就是填补这段空白的。"传数姓"与"玄璧庚庚有横理"从这支阮咸的历史、构造写其不同寻常，使"枯木著朱绳"和"道人意中事"间的距离大大缩短。

"闭门"至篇末为第四段。诗人又用"闭门三月传国工"补足了宗儒摘阮的全部奥妙：精美的乐器加上演奏者超群的功力。"身今亲见阮仲容"总提，因为作者确信"枯木"、"朱绳"真的出了奇迹，所以传染给读者的感情当然是高度的肯定和赞美。"阮仲容"，又从乐器的阮咸想到音乐大师的阮咸，因而进一步用阮仲容的音乐造诣指称宋宗儒，这是十分自然又十分巧妙的。这一段没有再写演奏，但却与演奏密切相关，好像是乐章中的尾声——这首诗描写音乐，结构上便有意仿照乐曲的组织法，使形式与内容达到了高度统一，这是很有意思的。其中"江南"、"丘壑"、"醉"、"曲肱"、"松风"等，看似随手拈来，实际上是照应首段对宋宗儒生活和性格的描写，暗示他到了那里将会有更相宜的环境，因而阮咸的演技也将达到新的境地。"松风"既系实指，又双关琴曲《风入松》，含义更深远。用这样的段落结尾，一方面更加渲染了本次摘阮的音乐效果，一方面又对下次演奏提出了新的要求，可见黄庭坚追求章法布局的奇崛新巧。

用文字来表现音乐是极不容易的。然而黄庭坚用有形的文字成功地记录了无形的音乐，而且以他敏锐精细的分辨力、入木三分的表现才能，再现了不同于其他乐器的阮咸的特殊风格。朱承爵《存余堂诗话》说："苕溪渔隐评昔贤听琴、阮、琵琶、筝诸诗，大率一律，初无的句，互可移用。余谓不然……山谷《听摘阮》云：'寒虫促织月笼秋，独雁叫群天拍水；楚国羁臣放十年，汉宫佳人嫁千里'以为听琴，似伤于怨；以为听琵琶，则绝无艳气，自是听摘阮也。"这首诗之所以取得如此巨大的成功，和以下两种方法的采用是分不开的。第一，比喻。音乐是听觉艺术，送入人们感官的音响稍纵即逝，是不可捕捉、无法停留的。诗是语言艺术，用文字写下来的东西却可以让万里之外、千年之后的人去感知。要在这两种艺术之间架起桥梁，比喻无疑是最有效的方法之一。也就是说，用能够凭文字记下来的、可以引起他人联想的事物，来唤起读者的想象，就会促成读者对并未听到过的音乐的体验。黄庭坚此诗的中间八句接连使用比喻，正是借助人们熟知的声音、感情、韵味、风调来完成由视觉到听觉的过渡的。第二，烘托与反衬。此诗开头八句从多方面酝酿感情，在进入第二段以前已为诗篇创造了浓郁的气氛，读者也被带进了音乐世界。篇末九句，又采取种种手段，不断巩固和发展已经在读者头脑中留下的音响效果。这些地方虽然不是正面描写摘阮，但由于它们的烘托与反衬，中间十句的描写才更自然、更有力。

（李济阻）

题子瞻枯木　　黄庭坚

折冲儒墨阵堂堂，　书入颜杨鸿雁行。
胸中元自有丘壑，　故作老木蟠风霜。

元祐三年（1088），庭坚在史局任著作佐郎。春天，苏轼知贡举（主管考试），庭坚做他的属官。苏轼这年曾在酺池寺壁画了小山枯木，庭坚作《题子瞻寺壁小山枯木》诗，苏轼又作枯木，庭坚题了这首诗。

任渊注："第一句元作'文章日月与争光'，后改焉。"为什么改？可能是因为"文章日月与争光"指苏轼是大作家，与《题子瞻寺壁小山枯木》之二"海内文章非画师"指苏轼是大作家，意思有些重复，所以改了。开头说："折冲儒墨阵堂堂"，折冲，本义是折坏敌方的战车，即打退敌人的进攻，这里是斟酌调停的意思。说苏轼用堂堂之阵来平息儒墨之争，学术不偏激，能得其平。"书入颜杨鸿雁行"，苏轼的书法可跟唐朝颜真卿和后周的杨凝式相比。《晋书·王羲之传》："我书比钟繇当抗行，比张芝草书犹当雁行也。"雁飞成行，指并列。这里不是说苏轼的书

古木怪石图

——〔宋〕苏轼

法像颜真卿、杨凝式，而是说他和颜杨两家一样是当时第一流的书法家。

后两句说，“胸中元自有丘壑，故作老木蟠风霜。”任渊注：“此两句元作‘笔端放浪有江海，临深枯木饱风霜。’”为什么改？因为他的《题子瞻寺壁小山枯木》之一说：“白发千丈濯沧浪。”“濯沧浪”跟“有江海”意思相近，所以改了。《世说新语·品藻》：“明帝问谢鲲：‘君自谓何如庾亮？’答曰：‘端委庙堂，使百官准则，臣不如亮；一丘一壑，自谓过之。’”这里指苏轼胸中原来有一种高尚的境界，所以画出老树蟠曲，迎接风霜。这里有以画喻人的意思。老树经过多年风霜的打击，造成蟠曲，正与苏轼历经政敌攻击而其节愈劲相似。这幅枯木，是他胸中的郁结自然吐露的。跟凡庸之辈不同，所以落笔作画，自有“老木蟠风霜”之态。至于称赞书法，当是画上有题字的原故。这首诗的构思特点是，不光写“老木蟠风霜”，还写出了苏轼的为人，写出了他的“折冲儒墨”，写出了他的“胸中丘壑”。

（周振甫）

题竹石牧牛并引　　黄庭坚

子瞻画丛竹怪石，伯时增前坡牧儿骑牛，甚有意态。戏咏。

野次小峥嵘，　　幽篁相倚绿。
阿童三尺棰，　　御此老觳觫。
石吾甚爱之，　　勿遣牛砺角！
牛砺角犹可，　　牛斗残我竹。

宋代绘画艺术特别繁荣，题画诗也很发达，苏轼、黄庭坚都是这类诗作的能手。本篇为苏轼、李公麟（字伯时）合作的竹石牧牛图题咏，但不限于画面意象情趣的渲染，而是借题发挥，凭空翻出一段感想议论，在题画诗中别具一格。

诗分前后两个层次。前面四句是对画本身的描绘：郊野间有块小小的怪石，翠绿的幽竹紧挨着它生长。牧牛娃手执三尺长的鞭子，驾驭着这头龙钟的老牛。四句诗分咏石、竹、牧童、牛四件物象，合组成完整的画面。由于使用的文字不多，诗人难以对咏写的物象作充分的描述，但仍然注意到对它们的外形特征作简要的刻画。“峥嵘”本用以形容山的高峻，这里拿来指称石头，就把画中怪石嶙峋特立的状貌显示出来了。“篁”是丛生的竹子，前面着一“幽”字写它的气韵，后面着一“绿”字写它的色彩，形象也很鲜明。牧童虽未加任何修饰语，而称之为“阿童”，稚气可掬；点明他手中的鞭子，动态亦可想见。尤其是以“觳觫”一词代牛，更为传神。按《孟子·梁惠王》：“王曰：舍之，吾不忍其觳觫，若无罪而就死地。”这是以“觳觫”来形容牛的恐惧颤抖的样子。画中的老牛虽不必因恐惧而发颤，但老而筋力疲惫，在鞭子催赶下不免步履蹒跚，于是也就给人以觳觫的印象了。画面是静态的，它不能直接画出牛的觳觫，诗人则根据画中老牛龙钟的意态，凭想象拈出“觳觫”二字，确是神来之笔。诗中描写四个物象，又并不是孤立处理的。石与竹之间着一“倚”字，不仅写出它们的相邻相靠，还反映出一种亲密无间的情趣。牧童与老牛间着一“御”字，则牧童逍遥徜徉的意态，亦恍然如见。四个物象分成前后两组，而在传达宁静和谐的田园生活气息上，又配合呼应，共同构成了画的整体。能用寥寥二十字，写得这样形神毕具，即使作为单独的题画诗，也应该说是很出色的。

但是，诗篇的重心还在于后面四句由看画生发出来的感想：这石头我很喜爱，请不要叫牛在上面磨角！牛磨角还罢了，牛要是斗起来，那可要残损我的竹子。这段感想又可以分作两层：“勿遣牛砺角”是一层，“牛斗残我竹”另是一层，它们之间有着递进的关系。关于这四句诗，前人有指责其“何其厚于竹而薄于石”的（见陈衍《石遗室诗话》），其实并没有评到点子上。应该说，作者对于石与竹是同样爱惜的，不过因为砺角对石头磨损较少，而牛斗对竹子的伤残更多，所以作了轻重的区分。更重要的是，石与竹在诗人心目中都代表着他所向往的田园生活，磨损石头和伤残竹子则是对这种宁静和谐生活的破坏，为此他要着力强调表示痛惜，而采用递进的陈述方式，正足以体现他的反复叮咛，情意殷切。

说到这里，不免要触及诗篇的讽喻问题。诗中这段感想议论，除了表现作者对大自然的爱好和破坏自然美的痛心外，是否另有所讽呢？大家知道，黄庭坚所处的北宋后期，是统治阶级内部党争十分激烈的时代。由王安石变法引起的新旧党争，在神宗时就已展开。哲宗元祐年间，新党暂时失势，旧党上台，很快又分裂为洛、蜀、朔三个集团，互相争斗。至绍圣间，新党再度执政，对旧党分子全面打击。统治阶级内部的这种哄争，初期还带有一定的政治原则性，愈到后来就愈演变为无原则的派系倾轧，严重削弱了宋王朝的统治力量。黄庭坚本人虽也不免受到朋党的牵累，但他头脑还比较清醒，能够看到宗派之争的危害性。诗篇以牛的砺角和争斗为诫，以平和安谧的田园风光相尚，不能说其中不包含深意。

综上所述，这首诗从画中的竹石牧牛，联想到生活里的牛砺角和牛斗，再以之寄寓自己对现实政治的观感，而一切托之于“戏咏”，在构思上很有曲致，也很有深度。宁静的田园风光与烦嚣的官场角逐，构成鲜明的对比。通篇不用典故，不加藻饰，以及散文化拗体句式（如“石吾甚爱之”的上一下四，“牛砺角犹可”的上三下二）的使用，给全诗增添了古朴的风味。后四句的格调，前人认为是摹仿李白《独漉篇》的“独漉水中泥，水浊不见月；不见月尚可，水深行人没”（《陵阳先生室中语》引韩驹语），但只是吸取了它的形式，词意却翻新了，不仅不足为病，还可看出诗人在推陈出新上所下的功夫。（陈伯海）

寺斋睡起二首① 黄庭坚

小黠大痴螳捕蝉，　有余不足夔怜蚿。
退食归来北窗梦，　一江风月趁鱼船。

桃李无言一再风，　黄鹂惟见绿匆匆。
人言九事八为律，　傥有江船吾欲东。

〔注〕①个别字与诗帖不一致，此据《山谷集》。

元祐四年（1089）春，庭坚在史局任秘书省著作佐郎。任渊注：“后诗云：‘桃李无言一再风’，盖春时作。又有‘人言九事八为律’之句，是时东坡为台谏所攻，求出补外，而山谷亦不容于时，故云。”

第一首开头用了两个比喻：“小黠大痴螳捕蝉，有余不足夔（神话中一足兽）怜蚿（百足虫）。”《庄子·山木》：“庄周睹一异鹊，执弹而留（伺便）之。睹一蝉方得美荫而忘其身，螳螂执翳（以叶自蔽）而搏之，见得而忘其形。异鹊从而利之，见利而忘其真。庄周怵然曰：‘噫！物固相类，二类相召也。’捐弹而反走。”蝉得美荫是痴，螳螂要捕蝉，比超蝉来是小黠，但比起异鹊要捕螳螂来，螳螂的捕蝉又成了痴，相比之下，异鹊捕螳螂成了大痴，所以小黠实是大痴。（此语出自韩愈《送穷文》：“驱我令去，小黠大痴。”）自以为狡黠去害对方，实际上为另一对方所害成为大痴，另一对方也这样。“有余不足夔怜蚿”，《庄子·秋水》：“夔怜蚿，蚿怜蛇，蛇怜风。”夔用一足行动，自以为有余，可怜蚿的多足无用，这个怜是可怜。蚿以多足行，自以为不及蛇的无足，蛇又自以为不及风的无形，这两个怜是企羡。看来这个“怜”字兼有这两义，在自以为有余，即可怜对方；在自以为不足，即企羡对方。正说明智愚的相角逐。任渊注：“诗意谓巧诈之相倾，智愚之相角，与此数虫何异，得失竟安在哉！”相倾相角正指封建社会中的派系斗争。这正同杜甫《缚鸡行》所说的“鸡虫得失无了时，注目寒江倚山阁”，把这种相倾相角比作鸡虫得失，不值得关心，还是弃置不顾，注目寒江吧。

下联也是杜诗这个意思，“退食归来北窗梦，一江风月趁鱼船。”《诗·召南·羔羊》：“自公退食。”原指从公家减膳，指节约。这里借指从公家下来进食。陶渊

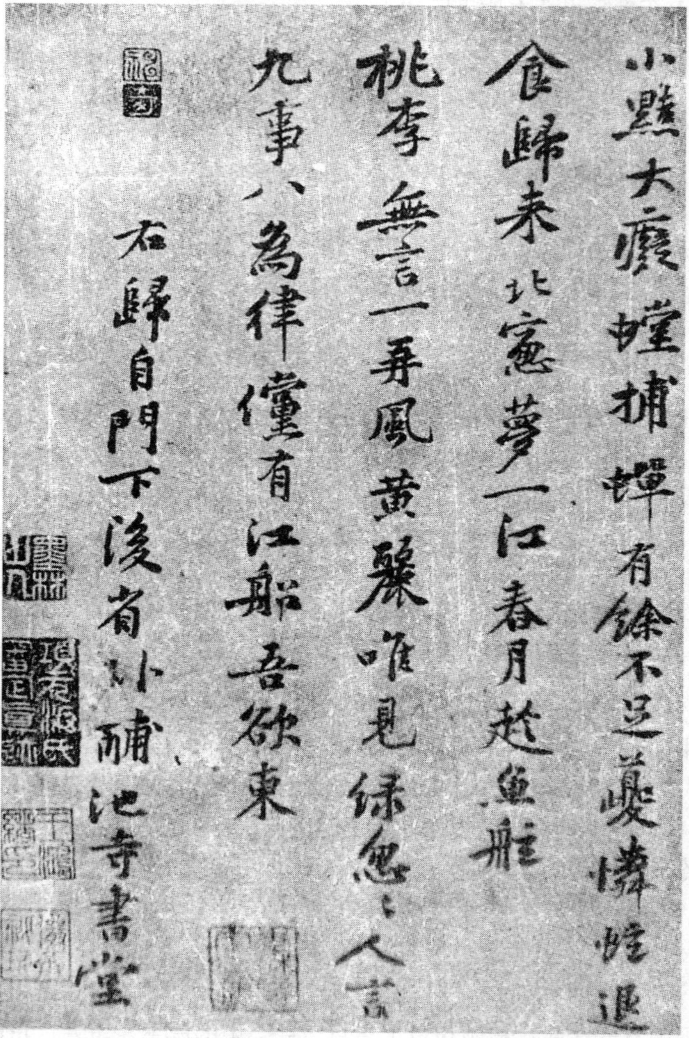

寺斋睡起二首诗帖

——〔宋〕黄庭坚

明《与子俨等疏》:“五、六月中,北窗下卧,遇凉风暂至,自谓是羲皇上人。”这里指在北窗下卧,梦见趁着渔船,领略一江风月。即抛开鸡虫得失的相倾相角,注目于一江风月。

第二首:“桃李无言一再风,黄鹂惟见绿匆匆。”《汉书·李广传赞》:“桃李不言,下自成蹊。”指桃李结果,人家多来采摘,因此树下成路。这里指桃李花。任渊注:“桃李(花)一再经风,无复颜色,红紫事退,遽成绿阴。意谓卒卒(猝猝)京尘中,未尝得细见春物也。”绿匆匆,很快地成了绿阴。“人言九事八为律,傥有江船吾欲东。”任渊注:“《汉书·主父偃传》曰:‘所言九事,其八为律。’又《韩信传》:‘高祖曰:吾亦欲东耳,安能郁郁久居此乎?’此皆借用谓世途狭隘,动触法令,宁自放于江海也。”

这两首诗在构思上各有特点。第一首举了两个比喻,以“螳捕蝉”比“小黠大痴”,以“夔怜蚿”比“有余不足”。但它不是简单的比,有辩证意味。再说,这两个比喻又别有寓意,这些寓意又在表面意义之外。像“巧诈之相倾,智愚之相角”,这是言语以外的含意,这就显出构思的深沉。接下来讲“北窗梦”,梦见“一江风月”。这个梦境跟上文两个比喻无关,跟两个比喻的寓意也无关,是抛开两个比喻的梦境。这种抛开的含意又在“北窗梦”里透露。“北窗梦,”从“北窗下卧”,“自谓是羲皇上人”来,含有厌弃当时的政治斗争之意,这就同上文两个比喻的寓意相关了。抛开这种政治斗争生活,才有“一江风月”的境界。这里不说“北窗卧”,却说“北窗梦”,又加上一个“趁鱼船”,因为在寺斋北窗下卧,是看不见“一江风月”的,所以加上“梦”字,点明是梦境。加上在梦中“趁鱼船”,才能尽量领略“一江风月”。

第二首的构思也有特色。不说桃李花飞,却说“桃李无言”,用拟人化写法。不说绿叶成阴,却说“绿匆匆”,极言成阴之快。不从作者眼中看出,却从黄鹂眼中看出。这样说就避免了前人说过的话,别出新境。这里的“桃李无言”是从“桃李不言”来的,又稍加变化。“人言九事八为律”,从“所言九事,其八为律”来,在诗语中大量化用经史中的语言是黄诗的一个特点。结语“吾欲东”,从“人言”句来,正由于人言,所以想离开朝廷。元祐三年(1088),杨康国、赵挺之、王觌论苏轼试馆职廖正一策题发问不当,攻击不已(见施宿《东坡先生年谱》)。苏轼因而屡次请求放外郡。他又侍哲宗读祖宗宝训,论及各种时弊,为当权大臣所恨。元祐四年三月,就被外放知杭州(同上)。庭坚因亦有求去的意思。这首诗上句两说桃李花落尽,绿叶成阴,与下两句因人言而吾欲东,两者似无联系。但上用“桃李无言”与下用“人言”相对,又似有关。元祐四年,苏轼上疏:“闻班列中纷然言近日台官论奏臣罪状甚多,而陛下曲庇,不肯降出,故许臣外补。伏望圣慈将台谏官章疏降付有司，令尽理根治，依法施行。”(同上)“人言”指台谏的攻击，“桃李无言”似与苏轼对攻击的不自辩有关。“九事八为律”似指执政者多听从这些谰言，所以苏轼去而他也不想留了。

（周振甫）

北　窗　　黄庭坚

生物趋功日夜流，　　园林才夏麦先秋。
绿阴黄鸟北窗簟，　　付与来禽安石榴。

季节转换之际，自然界一些事物的变化，往往特别引人注意。黄庭坚这首描写初夏景色的小诗，用意精深而下语平淡，读来颇耐人寻味。这首七绝可能作于宋哲宗元祐四年(1089)，当时黄庭坚在汴京(今河南开封)任著作佐郎，参与编修《神宗实录》。诗中所写为诗人在寓所北窗下之所见所闻。

第一句“生物趋功日夜流”，说的是自然界的普遍规律。植物的开花、结果，动物的成长、繁衍，仿佛都有各自的追求目的，像长江大河，日夜奔流不息。这是不以人的意志为转移的。这句诗起得突兀，像一篇文章的总论。

以下三句进入具体描写。第二句“园林才夏麦先秋”，写自然界各种生物的变化、发展在某一时期又有各自的特点，有盛有衰。眼前正是初夏时节，园林中花木茂盛、郁郁葱葱，一片生机，而麦子却已黄熟，有待收获的时候了。“秋”字有两种含义，一指节候，一指收获，一般植物秋天成熟，叫做收秋，而麦子是在夏天收成的，所谓“孟夏麦秋至”(《礼记·月令》)。诗中一个“才”，一个“先”，生动地写出了生物代谢变化中的差异，其中包含着诗人的一番感慨：自然界是如此，人世间何尝不然！

三四两句，更进一步借窗外景色，抒发感受。诗人靠在铺着竹席的床上，悠闲地听窗外绿树阴中黄鸟(黄鹂)在婉转地啼鸣。陶渊明曾说，“见树木交荫，时鸟变声，亦复欢然有喜。尝言五、六月中，北窗下卧，遇凉风暂至，自谓是羲皇上人。”(《与子俨等疏》)“绿阴黄鸟北窗簟”，既是实写眼前之景，也是概括陶文之意，以凝练的笔墨写出诗人对陶渊明为人的向往。最后一句“付与来禽安石榴”，看似平淡，却曲折地写出诗人深沉的寄托。“来禽”，就是林檎，俗称花红；“安石榴”，略称石榴，因系张骞从西域安息带回，所以叫安石榴。这两种果木都是初夏开花。为《山谷诗集》作注的任渊说：“末句盖有所寄，言物化用事于一时，姑听其自然耳。”元祐四年四月，黄庭坚的知己苏轼，由于朋党之争不容于当权者，曾多次乞求放外郡，这时，苏轼以龙图阁学士知杭州。从此黄庭坚失去了一个多年来朝夕相处、诗酒唱和的伴侣，心里极不舒畅。但他生性又很达观，相信这种状况迟早会有所变化，那么目前且听其自然吧，好像现在窗外来禽、安石榴花开正艳，过些时日还不是为别的花所代替？诗中"付与"二字，细致入微地刻画了这种复杂、矛盾的心情。黄庭坚的诗一般写得生硬奇崛，但这一首却显得自然清新，寓哲理于形象之中，读来意味深长。

（史 乘）

和答元明黔南赠别　　黄庭坚

万里相看忘逆旅，　三声清泪落离觞。
朝云往日攀天梦，　夜雨何时对榻凉？
急雪脊令相并影，　惊风鸿雁不成行。
归舟天际常回首，　从此频书慰断肠。

山谷与兄弟，手足情深。他在绍圣二年(1095)因所谓"修史失实"之罪被贬涪州别驾、黔州安置。黔州地当今四川彭水、黔江一带。这时，山谷的长兄黄大临(字元明)亲自陪同他跋山涉水，送他到达贬所。山谷的《书萍乡县厅壁》就曾述及此事："初，元明自陈留出尉氏、许昌，渡汉沔，略江陵，上夔峡，过一百八盘，涉四十八渡，送余安置于摩围山之下。淹留数月，不忍别，士大夫共慰勉之，乃肯行，掩泪握手，为万里无相见期之别。"这首诗写的就是他们兄弟分手时，难分难舍的惜别之情。黄元明在六月十二日离黔州，此诗作于是年之冬，当是追和。

全诗感情深笃，首联即正面写离别的哀痛，掀起感情的波澜。在离家万里的边远之地，兄弟相对，情深谊长，似乎忘记了是谪居异乡，暂寓逆旅。但是无情的现实是离别在即，归途迢递，兄弟将天各一方。古乐府《巴东三峡歌》唱道："巴东三峡巫峡长，猿鸣三声泪沾裳。"自然界动物的哀啼悲鸣陡然使他从幻想中清醒过来，于是点点清泪洒落在离别时的酒杯中。首联感情的跌宕起伏很大，给人以强烈的感染。

颔联写抱负落空，但求将来能兄弟相伴，晤言一室之内，长享天伦之乐。"朝云"用宋玉《高唐赋序》所述之事：楚怀王尝游高唐，梦见一女曰："妾在巫山之阳，高丘之阻，旦为朝云，暮为行雨，朝朝暮暮，阳台之下。"此句写当日与元明同过巫峡时，想起了楚王梦见神女的故事，同时也隐寓自己往日的抱负，只如登天之梦，已经破灭。"攀天"，在山谷的诗文中常用来指登上朝廷、施展宏图的意思，他还常常慨叹邪佞当道，要攀天登庸，阻力重重，如《代书》云："屈指推日星，许身上云霞。安知九天关，虎豹守夜叉。"《送少章从翰林苏公余杭》云："欲攀天关守九虎，但有笔力回万牛。”这一比喻又是来自屈原的“楚辞”，如《离骚》中说：“吾令帝阍开关兮，倚阊阖而望予。”《惜诵》云：“昔余梦登天兮，魂中道而无杭。”《招魂》云：“魂兮归来！君无上天些！虎豹九关，啄害下人些。”“夜雨”句则是用韦应物与苏东坡的诗意，感叹什么时候兄弟能长聚相伴，对榻话旧。韦应物《示全真元长》诗云：“宁知风雪夜，复此对床眠。”后经白居易沿用，“风雪”又化为“风雨”，其《雨中招张司业宿》诗云：“能来同宿否，听雨对床眠？”苏轼兄弟极喜此句，他们早年同读韦应物此诗，“恻然感之，乃相约早退，为闲居之乐”（苏辙：《逍遥堂会宿诗序》），所以他们的诗中常常咏及“对床夜语”，用以指摆脱了官场的束缚后，兄弟之间亲切温馨、自由自在的生活，如东坡“寒灯相对记畴昔，夜雨何时听萧瑟？”（《辛丑十一月十九日既与子由别于郑州西门之外，马上赋诗一篇寄之》）此句即为山谷所本。“凉”又是暗用陶渊明“五、六月中，北窗下卧，遇凉风暂至，自谓是羲皇上人”的意思（《与子俨等疏》），形容归隐后的逍遥自得。山谷在这里与长兄以退隐相约，表达了他在政治上遭受挫折而失望后，想在隐逸与天伦之乐中寻找慰藉的思想。

颈联既是写景，又是比兴，进一步申足兄弟之情。出句写大雪纷飞中，但见脊令鸟相互依傍，同时也是喻兄弟患难与共。《诗经·小雅·常棣》云：“脊令在原，兄弟急难。”对句则写惊风中，大雁离散失群，飞不成行。“雁行”也是切兄弟之意，《礼记·王制》曰：“父之齿随行，兄之齿雁行。”就写景而言，这一联是赋笔，但赋中有比，同时从睹物兴怀而言，则又是象中有兴。眼前的风雷交加之景无疑使诗人感叹自己境遇的险恶、兄弟的离散，所以雪而曰“急”，风而曰“惊”，正反映了诗人触景所生之情。柳宗元《登柳州城楼寄漳、汀、封、连四州刺史》中所写的“惊风乱飐芙蓉水，密雨斜侵薜荔墙”，无疑为山谷所取法。这一联用典贴切，形象生动，对比鲜明，“脊令并影”既是手足情深的写照，又反衬出兄弟离散的哀伤。

尾联从自身宕开，翻进一层，写兄长在归舟中常常翘首遥望天际，盼望兄弟早日归来。谢朓《之宣城出新林浦向板桥》诗云：“天际识归舟，云中辨江树。”山谷化用谢诗，而在写法上则吸取前人的艺术经验，比单纯写自己的相思来得更深婉蕴藉，更富有情致。如王维的《九月九日忆山东兄弟》，结句从对方落笔，反写兄弟之思己：“遥知兄弟登高处，遍插茱萸少一人。”杜甫《月夜》写“遥怜小儿女，未解忆长安。香雾云鬟湿，清辉玉臂寒”，都是同一机杼。结句作临别时的珍重叮咛之语：从今后可要多多来信，以慰我这天涯断肠人啊！诗人的满腔深情都倾注在这声声嘱咐中了。

这首诗表现出山谷在化用典故成语上的深厚功力。他用典繁富，但经过锻炼熔铸，却显得浑成无迹，真所谓水中着盐，食而方知其味。由于善用故实、点化成语，大大丰富了诗句的内涵，触发了层层的联想，所以这首诗读来令人回味无穷。山谷诗以瘦劲挺拔著称，但这只是问题的一面。由于他宅心忠厚，感情诚挚，所以他的诗作，拗峭中仍不失深婉之致，尤其是师友、兄弟赠答之作，更是情真意切，颇为感人，此诗即是一例。（黄宝华）

次韵黄斌老所画横竹　　黄庭坚

酒浇胸次不能平，　吐出苍竹岁峥嵘。
卧龙偃蹇雷不惊，　公与此君俱忘形。
晴窗影落石泓处，　松煤浅染饱霜兔。
中安三石使屈蟠，　亦恐形全便飞去。

黄庭坚（山谷）贬戎州（今四川宜宾）时，与黄斌老定交，斌老善画竹，画了一幅横竹送山谷，山谷因作此诗。斌老，四川梓潼人，文同的妻侄。文同是北宋的诗人，也是最善画竹的画家，“胸有成竹”就是他的故事。因此，斌老画竹的艺术风格和技巧是授受渊源有自的。而文同与东坡是中表兄弟，关系极好，作为苏门四君子之一的黄山谷到了戎州，便很自然地与在那里作小官的斌老交上了朋友。

黄山谷以修《神宗实录》被章惇、蔡卞一党诬为不实，于绍圣二年（1095）贬黔州，又于元符元年（1098）迁戎州，在戎凡三年。据任渊注，此诗当作于元符元年，正是山谷初到戎州，心情十分苦闷之时。在这几年中，山谷过的是谪居贬斥的生活，而戎州当时十分偏僻，无论生活或文化都谈不上，他把自己的寓所取名“槁木寮”、“死灰庵”，其心情可知。诗的第一句开头就写出“酒浇胸次不能平”，这是借阮籍的故事说明斌老画竹是有所谓而作，是在“酒浇胸次不能平”的心情下画的，同时又是以此自道。当时政局为章惇、蔡京搅乱，二人都很不满。画家本来就有“喜画兰、怒画竹”的说法，因此这句诗既表达了斌老，同时也表达了山谷自己的郁勃不满的心情。

“吐出苍竹岁峥嵘”的“吐”字下得极好，说明这幅横竹写作动机非凡，是把“胸次不能平”的心中块垒呕心沥血吐出来，所以才画得如此头角峥嵘，不同凡响。它在凛冽的岁暮也是高昂挺拔的；它像卧龙一样硬朗，在风雷之下硬着腰身，不为它所惊，不为它所屈。这正象征了他们两人都能顶受住当时的政治旋风，忠于自己的理想。第四句“公与此君俱忘形”，“此君”用的是王徽之的故事，指竹。这句是解释上句“卧龙偃蹇雷不惊”的，为什么竹能不为风雷所惊呢？这是因为斌老作竹把自己的品格、精神全都灌注渗透在自己所画的竹上，与竹融化为一。人有高尚的品格，才画得出高尚的画，这和作诗一样，“诗之等级不同，人到那一等地位，方看得那一等地位人诗出”，“人高则诗亦高，人俗则诗亦俗”（见徐增《而庵诗话》）。因此这句诗也是双关，既歌颂了斌老艺术胸襟的阔大，也透露出了作者自己的创作思想和他的人品，竹不为雷霆所惊，正如他们处变不惊。下面两句是叙斌老作画的情景，石泓即石砚，在晴明的窗下，斌老用兔毫笔饱蘸松烟墨，画出了这幅幽雅的横竹图，除画了横竹之外，还画了几块石头，让竹子盘根于其上，为什么要这样处理呢？这是考虑到竹子像龙一样夭矫、灵气，如果没有几块石头，把这些像龙一样夭矫的竹子屈蟠起来，它会像张僧繇画的龙一样，有朝一日把睛点了，就会乘雷霆破壁飞去。这样便歌颂了斌老画技的高超。古人多以龙比况竹子，这是用了费长房的故事，见《神仙传·壶公》，壶公以竹杖使长房骑之到家，后弃于葛陂中，视之乃青龙耳。章惇诗：“种竹期龙至，栽桐待凤来”，山谷咏竹多爱用此典故，如《从斌老乞苦笋》：“南园苦笋味胜肉，箨龙称冤莫采录”，《和师厚栽竹》：“葛化龙陂去，风吹阿阁鸣。”用卧龙去描写横竹是最恰当不过的。

本诗是古体诗，前四句用庚韵和青韵，平声；后四句用御韵和遇韵，仄韵；平仄交替，增强了诗的音节美。山谷诗以炼句著名，像“吐出苍竹岁峥嵘”的“吐”字，“卧龙偃蹇雷不惊”的“偃”字，“晴窗影落石泓处”的“落”字，“松煤浅染饱霜兔”的“饱”字，“中安三石使屈蟠”的“屈”字，都下得异常突兀，使人读起来有挺拔瘦劲之感，末处用三石的屈蟠，怕横竹飞去，尤为隽永有味。 （龙 晦）

又答斌老病愈遣闷二首 黄庭坚

百疴从中来， 悟罢本谁病。
西风将小雨， 凉入居士径。
苦竹绕莲塘， 自悦鱼鸟性。
红妆倚翠盖， 不点禅心净。

风生高竹凉， 雨送新荷气。
鱼游悟世网， 鸟语入禅味。
一挥四百病， 智刃有余地。
病来每厌客， 今乃思客至。

这两首诗是山谷在戎州(今四川宜宾市)以佛学观点答斌老病愈遣闷而作。佛学从东汉传入中国,经过长久的吸收融化,形成了具有中国特色的佛学——禅宗。一般文人学士都喜欢学点佛学,并与和尚打交道,韩愈与大颠、苏东坡与佛印都是最著名的例子。山谷生长于江西分宁,正是禅宗临济宗杨岐、黄龙两派盛行之地,他也不例外受到了些影响。在诗歌创作上山谷喜欢在佛经、语录、小说等杂书里找典故,以它们作材料入诗,有时也以他们的观点解释事物,本诗便是一个很好的例证。

"百疴从中来,悟罢本谁病",按照佛学的"万法唯心"、"境由心生"的观点,人的得病首先是由心得病而产生的,心在人体的"正中",故"百疴"俱从中来。如果参透了这个道理,就知道治病该先治心。"西风将小雨,凉入居士径",既有佛学上的大彻大悟,再加上一阵西风带着小雨,使居士的周围更加清凉。心病好了,身病也会慢慢好起来。"苦竹绕莲塘",莲是荷花,是佛教崇敬的一种花,按《大日经疏》卷十五所说,它是一种吉祥清净,能悦可众心的象征,因此山谷紧接说"自悦鱼鸟性",这是从常建的"山光悦鸟性,潭影空人心"(《题破山寺后禅院》)那里学来的。"红妆倚翠盖,不点禅心净",用的是维摩问疾、天女散花的故事。山谷在病时常以维摩自居,如《病起荆江亭即事十首》自称是"翰墨场中老伏波,菩提坊里病维摩","维摩老子五十七,大圣天子初立年"。本诗也是咏病,用维摩问疾的故事是非常自然的。维摩即维摩诘,乃在家居士,其神通道力远过于诸菩萨声闻等,佛遣其大弟子及弥勒佛等往问其疾,都辞避而不敢去。舍利弗是佛弟子中智慧第一人,毅然前往,维摩诘宅神天女以智辩窘之,甚至故违沙门戒法,以香花散著其身,使其有染,虽以神力去之而不得去。(见《说无垢称经》卷四)山谷以这个故事说明自己学佛有得,虽有红妆之艳,紧倚翠盖,也不能使自己的禅心受到点染,因而大彻大悟,战胜了疾病。本诗虽用了佛学典故,但由于山谷的善于锻句,善于"以俗为雅,以故为新",用了非常形象的"西风"、"小雨"、"苦竹"、"莲塘"、"红妆"、"翠盖"等最常见的词汇去烘托,因而融深奥晦涩的禅理于浅显易明的境界之中,使人读来丝毫不觉得艰深难懂,这显示出山谷艺术手法的高超。

下面一首是叙述病好了的心情,在病好之后,心情上得到解脱、安慰。魏了翁《鹤山文钞》卷十六《黄太史文集序》说:"山谷以花竹和气,验人安乐。"这两句话真好像是针对这首诗说似的。它以"风生高竹凉,雨送新荷气"引入,使人顿时感到病后新愈的清爽。病好了,心情宽和了,周围的竹子、荷花都特别亲切近人。"鱼游悟世网,鸟语入禅味"是从陶渊明诗"望云惭高鸟,临水愧游鱼"化出,不过山谷更加之以禅学的见解。以为众生皆有佛性,因此鱼也能悟世网,鸟语也入了禅味。第五、六两句他更加深一层发挥佛学见解，认为学佛之后，人能得到更深邃的智慧，所有病害，都能蠲除。按《维摩诘所说经》："是身为灾，百一病恼"，肇注："一大增损，则百一病生，四大增损，则四百四病，同时俱作。"(《维摩诘所说经方便品第二》卷上)"四大"，照佛家的解释是地、水、火、风，人的身体均由四大假合组成，因此人身无常，不实，受苦，只有大悟大解脱之后才能把四百四病挥斥而去，才能恢复健康。最后两句"病来每厌客，今乃思客至"，这是用对比的手法描写病中与病愈的两种不同心情，病中心情是烦躁的，怕客人来，不想与客人打交道，可是病好了，烦恼解除了，心情舒畅，花木扶疏，佳客来时就感到高兴，一切都以乐观态度去欣赏，鸟飞鱼跃，都会生意盎然。全诗虽塞进了些佛教的东西，但稍加诠释，就易懂易欣赏，所以钱锺书评为"以生见巧"(《谈艺录》第287页)，在技巧上是可供我们借鉴的。 (龙 晦)

寄题荣州祖元大师此君轩 黄庭坚

王师学琴三十年，　响如清夜落涧泉。
满堂洗净筝琶耳，　请师停手恐断弦。
神人传书道人命，　死生贵贱如看镜。
晚知直语触憎嫌，　深藏幽寺听钟磬。
有酒如渑客满门，　不可一日无此君。
当时手栽数寸碧，　声挟风雨今连云。
此君倾盖如故旧，　骨相奇怪清且秀。
程婴杵臼立孤难，　伯夷叔齐采薇瘦。
霜钟堂上弄秋月，　微风如丝此君悦。
公家周彦笔如椽，　此君语意当能传。

据黄庭坚此诗跋语，可知诗作于元符二年(1099)闰九月。祖元大师，据《荣县志·人士第八》说是王庠和王序的从兄，为嘉定寺僧，善琴，能弹东坡《醉翁操》，与山谷极友善。山谷于建中靖国元年(1101)遇赦还，祖元曾远从荣州追送于"泸之江安绵水驿"，由此可见他们在蜀交谊之深。祖元在寺种竹，名其轩曰"此君轩"，《晋书·王徽之传》："尝寄居空宅中，便令种竹，或问其故，徽之但啸咏，指竹曰：'何可一日无此君耶！'"祖元因此而名轩，山谷因祖元此君轩成有请而寄题此作。

本诗结构多层次，既要歌颂祖元琴艺之精，又要考虑到题目"此君轩"，不能不写到竹，歌颂祖元除琴艺外，又不能不写到祖元胸襟和人品的高超，同时也不能不涉及祖元的行业，层次复杂，如何安排得当，颇不易着墨。本诗头四句即写祖元大师琴艺之精，开头就说“王师学琴三十年”，因为有三十年的琴艺，所以才能达到“响如清夜落涧泉”的效果，山谷常以“夜落涧泉”歌颂琴艺，如《西禅听戴道士弹琴》便以“幽泉落涧雨潇潇”赞美戴道士的琴艺高超，“满堂洗净筝琶耳”是说群众习惯听俗乐，现在来听清雅的古琴，必须把那习惯听嘈杂的筝笛耳洗个干净，才能欣赏古琴的雅韵，李肇《唐国史补》卷下：“于頔令客弹琴，其嫂知音，曰：‘三分中一分筝声，二分琵琶，绝无琴韵。’”山谷显然是用这个故事来颂祖元琴艺的。弹到琴曲高妙之处，都希望祖元停手，恐怕琴弦断了，以后再也听不到这样古雅的琴曲了，这是从反面衬托祖元琴艺之高。紧接下面四句是叙述祖元的为人及其行业，原来祖元通星卜之术，曾以看相算命为生，由于直语触犯了人家的忌讳，所以托迹“深藏幽寺”，种竹抚琴，古代高人有操星卜为业的，如汉之严君平，魏之管辂等。九至十二句叙述祖元好客高雅，虽然“深藏幽寺”，但为人仍很豪爽，常“有酒如渑”以招待许多客人，当时在此君轩种竹，高不过数寸，然而今天长到连云之高，挺拔能承受风雨。下面四句再重复写竹，由于作者也与竹有深厚的感情，因此一见此竹，便有倾盖如故的友谊。而竹子在祖元精心的培育下，长得骨相奇怪清秀，于是用了两个典故。一是“程婴杵臼立孤难”，这个故事见于《史记·赵世家》，程婴为了要把赵氏血脉延续，与公孙杵臼精密计划，由程婴以他自己的儿子付与杵臼，却伪装出首，结果屠岸贾杀了程婴的儿子，然后程婴逃到山中把赵氏孤儿赵武抚养长大以报仇，这是借此典来夸竹之有劲节，能错节盘根，在最艰苦的情况下也要使自己的幼苗笋子顽强地成长起来。

“伯夷叔齐采薇瘦”，是用孤竹君二子伯夷与叔齐两弟兄宁采薇而食，乃至饿死，也不食周粟的故事，用以形容竹子的清瘦和劲节，同时孤竹又切合了咏竹，可算一语双关，笔墨十分精练，所以《苕溪渔隐丛话》说它“此虽多用典，善于比喻，何害其为好句也”。十七、十八两句再度以琴出现，与开头四句相呼应。“霜钟堂上弄秋月”，霜钟，堂名，蔡邕琴曲《秋思》曲之一，古人认为钟声在霜后特别清越好听，因此善琴的祖元以“霜钟”名其堂。山谷作此诗时，发挥了高度的想象力，臆想祖元这时该在霜钟堂上玩月吧，低吟的微风像送着清越的琴韵，竹子听着琴韵该会感到多么高兴。诗到了这里，竹子、琴韵、月光已经融合在一起，交织出一幅恬美的图画。最后两句“公家周彦笔如椽，此君语意当能传”。王庠字周彦，《宋史》卷三百七十七有传。东坡尝称他的笔如椽，也就是说要有如椽的文笔如王庠者，才能把竹的幽韵曲曲传达。山谷自谦愧无如王庠的文才，因为祖元是王庠的从兄，所以称为“公家周彦”，结尾仍归到竹。本诗前十六句凡四换韵，每四句一韵，韵式为平仄、平仄；最后四句凡两换韵，每两句一韵，韵式为仄平；句式错落有致，平韵、仄韵交替使用，故音节流美，但不浮响。二十句中凡四用"此君"，但不觉其累赘重复，组织功夫是较为纯熟而成功的。 (龙　晦)

病起荆江亭即事十首(其一、其六) 黄庭坚

翰墨场中老伏波，　菩提坊里病维摩。
近人积水无鸥鹭，　惟见归牛浮鼻过。

闭门觅句陈无己，　对客挥毫秦少游。
正字不知温饱未，① 西风吹泪古藤州。

〔注〕 ① 未：一作"味"。

这组诗是黄庭坚晚年作品。正如杜甫讲的"老去诗篇浑漫与"，往往随意挥洒；但"老去渐于诗律细"，愈老愈熟，愈趋平淡，则又觉自然而浑成。

这组诗中的第二首说到"……天子大圣初元年，传闻有意用幽侧(按：谓在野的人)；病起不能朝日边。"盖作于宋徽宗即位之初的建中靖国元年(1101)。徽宗刚即位时，有意调停"元祐"与"绍圣"两派矛盾，把年号定为建中靖国，起用了一批在放逐中的"元祐党人"。黄庭坚因此得于元符三年十一月离开戎州(治所在今四川宜宾)贬所，次年(即建中靖国元年)到峡州(治所在今湖北宜昌)。在那里待命，并写了这组诗。

徽宗的"有意用幽侧"，给有志用世的黄庭坚带来了希望；但他经历过"熙丰"—"元祐"—"绍圣"的反复，他不能不有所担心。这时，他希望朝廷真能破除门户之见，大臣不要结党营私，应"实用人才"，一秉"至公"("不须要出我门下，实用人才即至公")。他的意愿是很好的，然而事实未必如此。秦观已死于贬所；陈师道召到京中，也只是一个"正字"小官，难免饥寒；他自己则还处在荒江之上。他就是在这种情况下写出这组诗的。

第一首是就自己来说的。第一句把自己说成"翰墨场中老伏波"，意谓自己是文坛老将，人虽老，但仍像汉代的伏波将军马援那样，精神矍铄，还有"可用"之处。《后汉书·马援传》载：马援六十二岁时自请出征，并"据鞍顾盼，以示可用"。马援还说自己"常恐不得死国事；今获所愿，甘心瞑目"。黄庭坚用了这个典故，表明了他为国效力的意愿与决心。苏、黄作诗，皆喜用典。典故用得好，能以最少的文字表达最丰富的含义，此即一例。

次句说自己像佛经上讲的维摩诘一样，还病在菩提坊中。维摩诘是佛经上一个有学问、文才的人，所以文人皆喜用以自比，王维即取以为字。而且，“文殊问疾”这段故事，在唐朝已成为说唱材料（现在还传有《维摩诘经变》），故当为人所共知之典。山谷信佛，故自称“病维摩”。这句是说，他的“不能朝日边”，自非纯由于病的缘故。他有为国效力之心，而病卧荒江，其苦闷是不言而喻的。

第三、四句着重写所居之荒凉。黄庭坚《登快阁》云：“万里归船弄长笛，此心吾与白鸥盟。”然而，这里却连鸥、鹭这样水鸟也没有，自然不是隐居的地方。当然，他也没想到隐居。这里可以见到的，“惟见归牛浮鼻过”水。这一描绘，使穷乡僻壤的荒寒景象，浮现如画，做到了“状难言之景如在目前”。而作者的苦闷心情也就寄于言外。牛浮鼻渡水，语出佛书，但也是实景，在乡村中到处可见。唐时就有陈咏写过：“隔岸水牛浮鼻过，傍溪沙鸟点头行”（见《北梦琐言》），任渊注说：“此本陋句，一经山谷妙手，神采顿异。”比黄稍迟的孙觌也有“老牯浮鼻水中归”，显然是就黄诗而点化的。

他只是写景，但景中有情，反映了他当时的境遇。不仅他个人境遇如此，他的朋友，像诗人陈师道、词人秦观，其境遇也不好。组诗第六首讲的就是这一点。

这一首写陈、秦两人。既写了他们的苦吟与“挥毫”，表现出他们不同的性格与诗风；也写了他们的饥寒或贬死，反映出文人的悲惨境遇。

用“闭门觅句”来描绘陈师道，是概括得很好的。朱熹说：“陈无己（师道）平日出行，觉有诗思，便急归，拥被而思之，呻吟如病者，或累日而后起，真是‘闭门觅句’也。”（《语录》）可见这一艺术概括合乎实际。但这不能视为“不接触社会广阔现实生活”，因为明明是“平时出行，觉有诗思”，才“急归”“闭门”的，可见“诗思”正是“出行”所得。而且，作者构思，“其始也皆收视反听”（陆机《文赋》语）。中外古今，同此经验。因此，以为“闭门觅句”只能导致浮浅，与事实不符。

至于秦观的“对客挥毫”，朱熹认为：“盖少游（按：乃秦观之字）只一笔写出，重意重字皆不问，然好处亦自绝好。”秦观“博综史传”（苏轼评语），作品“清新婉丽”（王安石《答东坡书》中语），且“语豪而工”（《艺苑雌黄》），黄庭坚也说他“笔力回万牛”，看来并非皆是“一笔写出”。看来，这里所说的“对客挥毫”，正如欧阳修讲的“挥毫万字，一饮千钟”，或者像黄庭坚讲的“想见扬州众年少，正围红袖写乌丝”，无非描绘其豪放与敏捷，而不是不加锻炼之谓。

两人的工力、才能如此，其境遇如何呢？

陈师道被召为秘书省正字，他自己当时也很高兴，甚至说正字一官“名虽文字之选，实为将相之储”，他是抱有幻想的。但时过不久，他就因郊祀时，不穿赵挺之所赠之衣，因而"寒冻得疾不起"了。黄庭坚诗中的担心，竟成事实，可谓"不幸而言中"了。至于秦观，则早已死在被贬的藤州，"西风吹泪古藤州"，讲的正是这一事实。这些事实也就揭穿了宋徽宗"用幽侧"的欺骗性。"人之云亡，邦国殄瘁"，北宋不久也就亡国了。

把这两首诗(还有其他几首)连贯起来看，可以看出当时社会生活的一个侧面。这样的诗，写的就不是个人感慨，而实是社会生活的镜子。如果再把它与"实用人才"等语合起来看，还可以想到黄庭坚的政治敏感与识见。由于此诗是晚年作品，个别句子(如"近人积水无鸥鹭")不免粗率一些，但总的来看，却能"锻炼而归于自然"，"出之以深隽"(《艺概》)。 (吴孟复)

次韵马荆州 黄庭坚

六年绝域梦刀头， 判得南还万事休。
谁谓石渠刘校尉， 来依绛帐马荆州？
霜髭雪鬓共看镜， 茱糁菊英同送秋。
它日江梅腊前破， 还从天际望归舟。

这首七律是黄山谷五十七岁时在荆南写的(作者寓所在今湖北荆州)。马荆州，指荆州知州马瑊。马瑊曾赠诗于黄山谷，山谷即依原诗所用韵脚的次序写了这首和诗。这首诗真实地反映了作者晚年的生活和思想感情，在艺术上又颇能代表他的诗风。

首联感情色彩十分凝重。"六年"，指自己遭逢贬谪，身处逆境之中，已届六年。"绝域"指边远之地。作者于绍圣元年(1094)十二月贬官涪州(州治在今重庆市涪陵区)，黔州(州治在今四川彭水)安置，次年正月赴贬所，后又移置戎州(州治在今四川宜宾)，至写此诗时，六年之间政局两次波动，而作者在这政海的波澜之中沉沦，度过了一生中最为艰难的时期。他无日不在想念着自己的亲朋故旧，盼望着早日南归故里(江西修水)。这一切都梦魂牵绕，"梦刀头"便是这种心绪的写照。西晋王濬为广汉太守时，曾夜梦三刀悬于梁上，须臾又益一刀，部下为之解释说：三刀为"州"字，又益一者，是兆示将迁官益州。后王濬果为益州刺史。山谷暗用此典，意谓"梦刀头"为吉兆。又，古时刀头有环，"环"与"还"谐音，所以"梦刀头"又具体化为还归之兆。状写出作者身在边远之地而梦想还乡的心情。对于年近花甲的诗人，此时最大的愿望又莫过于"南还"，能够得到这样的人生结局，便也就万念皆休了。所以，"判(同'拚'，甘愿之辞。)得南还万事休"

是诗人真实感情的自然流露。

次联诗意稍有转折，“谁谓石渠刘校尉，来依绛帐马荆州？”意思是说，没想到我这当年的著作郎，如今借居于你荆州马太守的治所。这一联两个对偶句用典很精彩，含蕴极富。其一，“石渠刘校尉”，指西汉刘向。刘向曾在石渠阁讲论五经，又曾为中垒校尉。“绛帐马荆州”，指东汉马融。马融曾为南郡（包括荆州一带地方）太守，又常坐高堂，施绛纱帐以教生徒。作者巧妙地借用两位历史人物来比喻自己和马瑊的身份：黄庭坚曾为著作郎，故自比刘向；马瑊姓马，又为荆州守，故可比作马融。其贴切如此。其二，这是一副连珠对，用“谁谓……来依……”的句式紧紧关联，不可分割。本来，西汉时的刘向居然跑到东汉马融绛帐中来了，此典岂非用得无理？而冠以“谁谓”二字，便可自圆其说了。而作者实际上所要表达的日夜渴望南归，如今居然滞留在马荆州处，“谁谓”的语气中又不无意外的成分。山谷律诗最讲究对偶句的锤炼，这一联乍看像是散文句子，细读方知字字有来历，有着落，点化故典，生出新意，曲折深蕴，工切有味。

第三联写作者与马荆州的交往和友情：“霜髭雪鬓共看镜，茱糁菊英同送秋。”是说对镜而视，共叹岁月流逝，各自已是鬓髭皆白了。尽管如此，二人友情益笃，重阳佳节之时，茱萸和糁饭，金杯泛菊英，同以茱萸和菊花酒送走金秋。这两个对偶句对得十分工整，句与句对，一句之中又自对：“霜髭”对“雪鬓”，“茱糁”对“菊英”。“霜髭雪鬓”又系点化杜牧“前年鬓生雪，今年须带霜”而成。这些，都属可耐咀嚼之处。

末联“它日江梅腊前破，还从天际望归舟”。表达对马瑊官满当归的祝愿和自己的羡慕心情。明年，便是马瑊荆州任满的时候，马是维扬（今扬州）人，由荆州还乡，是乘船东归。作者暗用了刘希夷的“潮平见楚甸，天际望维扬”的诗典来比喻荆州、维扬同马瑊的关系，又写出了他在明年腊梅初破之时荣归故里、家中亲人企足而望的情景。“江梅腊前破”乃化用杜甫《江梅》诗“梅蕊腊前破”句，“天际望归舟”亦系化用谢朓“天际识归舟，云中辨江树”诗句而成。王夫之说谢朓的这两句诗状写出一位盼望亲人还归的女性形象，“隐然一含情凝眺之人，呼之欲出。”山谷这首诗的末联也正描写出了同样的艺术形象，他在此后《次韵中玉早梅二首》中有“梅蕊争先公不嗔，知公家有似梅人”之句，可知“天际望归舟”者当是马瑊家中那位“似梅人”。而且马瑊官满当归之时，作者也将出知太平州（治所在今安徽当涂），可在马的归途之中翘首迎接。所以，在这一形象中又寄寓了作者怀念故友和“判得南还万事休”的一种微妙的企羡心情。

黄庭坚一生坎坷，特别是晚年更多磨难，再加上受到禅家思想的影响，因而往往能看空功名勋业，追求一种特立独行的境界。因此，在诗歌创作上有时表现出一种坦荡平易、空灵淡泊的意境。这首诗是作者逆境中见转机之时写的，但既无痛定思痛之惊叹，又无欣喜欲狂之放语。他在荆州只是滞留待命，赏古城之秋色，叙朋旧之情谊。首联说“万事休”，意在忘却“六年绝域”的噩梦；领联叙“来依马荆州”，透出内心深处的喜悦；颈联写“共看镜”、“同送秋”，是纯真感情的流露；末联拟“望归舟”，怀着对未来的美好愿望。整首诗转接连贯，语气亲切，笔调从容，给人以淡雅的美感。

（李敬一）

次韵中玉水仙花二首　　黄庭坚

借水开花自一奇，　水沉为骨玉为肌。
暗香已压酴醿倒，　只比寒梅无好枝。

淤泥解作白莲藕，　粪壤能开黄玉花。
可惜国香天不管，　随缘流落小民家。

水仙花在我国引种栽培已有一千多年的历史，宋元以来歌咏水仙的诗篇渐多，黄庭坚咏水仙诗写得最早、最多，也最好。

宋徽宗建中靖国元年(1101)，黄庭坚结束了在四川的六年贬谪生活，出三峡，在荆州(今属湖北)住了一段时间，与荆州知州马瑊(字中玉)多有唱和。这两首诗就写在这一年的冬天。

第一首用比喻和对比手法刻画了水仙花的精神与性格。诗人要告诉人们的，不是水仙的绰约仙姿，所以少有形象的描写；他要写的，是水仙特有的性格，因此突出了幽香与柔美。

水仙花属石蒜科多年生草本植物，以水培法培育，不用泥土，宛如凌波仙子，婀娜多姿。“借水开花”虽奇，但确是实事。胡仔在《苕溪渔隐丛话》后集卷三十一讥这句诗说：“第水仙花初不在水中生，虽欲形容水字，却反成语病。”显然是片面的意见。杨万里《水仙花》诗也说：“天仙不行地，且借水为名。”可见黄诗不是语病。写水仙从水写起，恰恰是抓住了它的特征，传达出清雅高洁的神韵。第二句，诗人不作直接描写，而是连用两个比喻，说水仙花骨如沉香肌如玉，(水沉即沉香木)写出了水仙特有的晶莹澄澈之美。第三句紧承上句，补写了水仙的芳香。酴醿(tú mí)，蔷薇科落叶灌木，初夏开大型重瓣花，色白味香，苏轼赞为：“不妆艳已绝，无风香自远”(《杜沂游武昌以酴醿花菩萨泉见饷二首》之一)，韩维称之为：“花中最后吐奇香”（《惜酴醿》）。而水仙的暗香弥漫，却超过了酴醿。“压倒”一词用得有力，气魄惊人。幽香沁鼻，自然使人想起“疏影横斜水清浅，暗香浮动月黄昏”（林逋《山园小梅》）的梅花。的确，水仙与梅有相似之处，都是冲寒开放，色白香幽。无怪乎诗人在另一首咏水仙的诗中说“梅是兄”。然而这对兄弟性格迥异：梅花迎风斗雪，傲然挺立，显得坚强无比；水仙花不冒风雪，十分柔弱。“无好枝”，正道出了两者品格之异。诗人不写两花之同，只写其异，目的是在对比之中显示水仙柔弱的性格，或者叫阴柔之美。

诗人写水仙的意旨何在呢？胡仔《苕溪渔隐丛话》前集卷四十七云：“苏、黄又有咏花诗，皆托物以寓意，此格尤新奇，前人未之有也。”此诗确有寓意，第一首说得含蓄，第二首比较明朗。

第二首诗表明了诗人对“流落”贫寒之家的美女的同情，也深寓自己身世之感。诗下原有注：“时闻民间事如此。”其本事为：“山谷在荆州时，邻居一女子闲静妍美，绰有态度，年方笄也。山谷殊叹惜之。其家盖闾阎细民。未几嫁同里，而夫亦庸俗贫下，非其偶也。山谷因和荆南太守马瑊中玉《水仙花》诗……盖有感而作。后数年此女生二子，其夫鬻于郡人田氏家，憔悴困顿，无复故态。然犹有余妍，乃以国香名之。”（张邦基《墨庄漫录》卷十）黄庭坚以久沉下僚的积怨来写妍丽出众而不为人知的民间美女，笔端自然充满感情、流露不平之气。诗的前两句连用两个比喻：雪白莲藕出于淤泥，黄玉之花（黄玉花是水仙的别名）生于粪壤。由此引出以下两句：如此国色天姿的美女，却流落在小民之家！

“可惜”二字饱含了诗人无限的感慨。据说盛唐时期水仙曾被朝廷列为品花，而今在这荒远的荆州，少人赏识，岂不可惜！与此相似，眼前就有一位“闲静妍美、绰有态度”的佳人流落在闾阎细民之家，其身世岂不亦可惜！诗人自己满腹经纶，才华横溢，却久谪川蜀，远贬荆南，其仕途之坎坷岂不更为可惜！

结句“随缘”二字，显出诗人无可奈何之情：沦落天涯，韶华似水，一切都随机缘而来。“国香”，既指名花，又指佳丽，同时也是诗人自喻。

诗从莲藕写到水仙，从水仙写到邻女，又兼寓自己，层层深入，结构严谨。正如方东树所说：“凡短章，最要层次多……山谷多如此。”（《昭昧詹言》卷十一）咏物诗，形神俱佳方为上品。仅赋形写真是低层次的美；能传神寓意才是高层次的美。这两首诗意境风韵兼备，确为咏水仙的佳作。（朱明伦）

王充道送水仙花五十枝，欣然会心，为之作咏　黄庭坚

凌波仙子生尘袜，　水上轻盈步微月。

是谁招此断肠魂？　　种作寒花寄愁绝。
含香体素欲倾城，　　山矾是弟梅是兄。
坐对真成被花恼，　　出门一笑大江横。

黄庭坚被卷入新旧党的斗争后，曾贬谪四川的黔州（治所在今彭水）、戎州（治所在今宜宾）数年，建中靖国元年（1101）五十一岁时，奉召自四川回到湖北，乞知太平州（治所在今安徽当涂），在荆州（今属湖北）沙市候命。此诗为沙市过冬时之作。这年冬天，作者写了四题有关水仙花的诗，以本诗为最著。

在它题中，作者用梅花、兰花等来和水仙比较，这首诗却用人物作比。所谓人物，是传说中的洛神。水仙花，放在盆中与水石同供，白花黄心，有"金盏银台"之称，绿叶亭亭，幽香微吐，是冬天花中清品。曹植《洛神赋》："凌波微步，罗袜生尘。"写洛神飘然行水的姿态。诗篇开头两句："凌波仙子生尘袜，水上轻盈步微月。"用洛神的形象来写水仙，把植立盆中不动的花朵，写成"轻盈"慢步的仙子，化静为动，化物为人，凌空取神，把水仙的姿态写得非常动人。微月，任渊注："盖言袜如新月之状"，这说得通。但假如把"微月"看成步的补语，即谓缓步于"微月"之下，也未尝没有依据，《洛神赋》的"步蘅薄而流芳"句，"蘅薄"亦作"步"的补语。任注不必看成"定诂"，后说亦可参研。这两句直呼"凌波仙子"，未写到花，下面两句："是谁招此断肠魂？种作寒花寄愁绝。"就由洛神转到花，点出洛神是用以比花。上两句写姿态，这两句写心灵，进一步把花人格化，表现作者对花有深情，能够看出它有一种"楚楚可怜"之态，像美人心中带有"断肠魂"一样，使人为之"愁绝"。"断肠魂"移来状花，但说的还是洛神。洛神的断肠是由于对爱情的伤感，《洛神赋》写她："抗罗袂以掩涕兮，泪流襟之浪浪。"这三个字无论说水仙或说洛神，都是很动人的，因为把其整体概括成为这样的一种"灵魂"，是有极大的引起联想和同情的力量的。

前面四句，是扣住水仙本身的描写；下面四句，从水仙引来山矾、梅花，并牵涉到诗人本身，作旁伸横出的议论和抒情，意境和笔调都来个大的变换。"含香体素欲倾城，山矾是弟梅是兄。"上句仍从水仙说，用"倾城"美人比喻花的清香洁白的芳韵；下句则拿山矾、梅花来比较，说水仙在梅花之下而居山矾之上。山矾，这个名字是黄庭坚起的，山矾本名郑花，木高数尺，春开小白花，极香，叶可以染黄，庭坚因其名太俗，改为山矾。他在《戏咏高节亭边山矾花二首》的《序》中说到此事。用山矾来比水仙，也始于黄庭坚，有些人不服气，说山矾和水仙不好相比，杨万里《水仙花》："金台银盏论何俗，矾弟梅兄品未公。"黄庭坚一时兴到之言，不

《古贤诗意图》之黄庭坚《咏水仙》

——〔明〕杜堇

是仔细在那里品评。不然,前五句都用美女形容水仙,写得那样幽细秀美,为何第六句会忽作粗犷之笔,把三种花都男性化了,大谈什么“兄弟”问题?前后的不统一,不调和,几乎有点滑稽。作者正是有意在这种出人意外的地方,表现他写诗的随意所适,抒写自由,我们用不着费心去考虑他的比喻是否完全贴切。这一句诗使人惊为粗犷,惊为与前面描写格调的不统一,不调和,还是第一步;作者还有意要把这种情况引向前进。试看最后两句:“坐对真成被花恼,出门一笑大江横。”被花恼,语本杜甫《江畔独步寻花七绝句》,杜甫与庭坚,都不是真正“恼花”,恼花是来自爱花。杜甫是恼赏花无人作伴;庭坚是恼独坐对花,欣赏太久,感到寂寞难受。诗说赏花之后,想散散心,换换眼界,故走出门外。谁知作者所写出门后对之欣赏而“一笑”的,却是“横”在面前的“大江”。这个形象,和前面所写的水仙形象相比,真是“大”得惊人,“壮阔”得惊人;诗笔和前面相比,也是“横”得惊人,“粗犷”得惊人。这两句诗,不但形象、笔调和前面的显得不统一,不调和,而且转接也很奇突。宋陈长方《步里客谈》说杜甫诗《缚鸡行》结尾从“鸡虫得失无了时”,忽转入“注目寒江倚山阁”,“断句旁入他意,最为警策”,庭坚此诗,当是仿效。清方东树《昭昧詹言》说:“山谷之妙,起无端,接无端,大笔如椽,转如龙虎。扫弃一切、独提精要之语,往往承接处中亘万里,不相连属,非寻常意计所及。此小家何由知之?”这些话,可帮助认识本诗出奇的结语的作意和功力所在。

纪昀《书山谷集后》说庭坚的七言古诗:“离奇孤矫,骨瘦而韵远,格高而力壮。”这一首诗,从整体看,是“离奇孤矫”;从前半看,是“骨瘦而韵远”;从后半看,是“格高而力壮”。《昭昧詹言》评本诗的起四句是“奇思奇句”,“山矾”句是“奇句”,结句是“遒老”,也有见地。文学作品,千变万化,有以统一、调和为美的,也有以不统一、不调和为美的。从不统一、不调和中看出它的统一和调和,是欣赏文学作品的关键之一。能够掌握这个关键,就可以从本诗的不统一、不调和中看出它的参差变幻之美。陆游《赠应秀才》诗:“文章切忌参死句”,把问题看得太简单,看得太死,往往就会走上“参死句”的道路,交臂而失诸佳作。　(陈祥耀)

次韵高子勉十首(其三、其四、其七、其十)　　黄庭坚

岘南羁旅井,　　灞上猎归亭。
日绕分鱼市,　　风回落雁汀。
笔由诗客把,　　笛为故人听。
但恐苏耽鹤,　　归时或姓丁。

君不居郎省,①　　还应上谏坡。②
才高殊未识,　　岁晚喜无它。③
枥马羸难出,　　邻鸡冻不歌。
寒炉余几火?　　灰里拨阴、何。

志士难推毂,④　　将如高子何!
心期诚不浅,　　余论或相多。⑤
欲向沧州去,⑥　　还能小艇么?⑦
鸬鹚西照处,　　相并晒渔蓑。

沙上步微暖,　　思君剩欲招。⑧
蒌蒿穿雪动,⑨　　杨柳索春饶。
枉驾时逢出,　　新诗若见撩。
樽前远湖树,　　来饮莫辞遥。

〔注〕 ① 郎省:即郎署,尚书郎于尚书省内视事,故云。 ② 谏坡:谏官。唐人称谏议为大坡(见洪迈《容斋四笔》),故云。 ③ 它(tuō):本意是蛇。无它:没有祸患。 ④ 毂(gǔ):车轮中的圆木,代指车轮。推毂:比喻给人以帮助。 ⑤ 余论:即齿牙余论,指说话时附带提及。多:在此当看重讲。 ⑥ 沧州:州治在今河北省沧县东南。诗里是借用,泛指湖海,不是实指沧州。 ⑦ 能(nài):经得住。通耐。 ⑧ 剩欲:很想。 ⑨ 蒌蒿:也称蒿蒌、白蒿,一种长在洼地的多年生草本植物。

高子勉,名荷,江陵人,自号还还先生。能诗。黄庭坚曾称赞他说:"比得荆州一诗人高荷,极有篆力。使之凌厉中州,恐不减晁、张,恨公不识耳!"(《与李端叔书》)《次韵高子勉十首》是高、黄众多唱和诗中的一组,作于宋徽宗崇宁元年(1102)。其内容以对子勉的推许、奖掖为主,兼述二人交游和山谷情怀。这组诗同时又有为子勉提供学诗楷模的作用,所以艺术上也极其精研。

第三首是山谷自述。汉末著名文学家王粲,因长安大乱,乃往荆州依刘表,曾起宅岘山,屋旁有井。又据《史记·李将军列传》,李广罢官居蓝田南山,某日出猎夜归,曾被灞陵亭尉呵止,次日乃还长安。此诗第一句以岘南井写闲逸,却用"羁旅"修饰之;第二句用灞上亭暗示自己不被见用,但又加进"猎归"这样悠闲的词语,在这里,诗人以他独有的玄思瑰句吐露闲逸与苦闷,一开始便让读者对他的生活与思想有个全面的认识。"日绕"两句写当地风光,"绕"、"回"二字在写景的同时,还暗示自己的羁旅情绪和孤寂处境。“笔由诗客把”仍然写自己,“诗客”指高子勉。言久不作诗,因高子勉可与论诗,故复把笔为之。“笛为故人听”却一下子过渡到忆人。过渡的关键是“笔”、“笛”,笔为高子勉而把,笛为故人而听,“故人”指的是苏轼。言听到笛声想到了昔日的好友东坡,表现出追怀之意。向秀作《思旧赋》,言其闻笛而思故友嵇康、吕安。此处用典故而不露痕迹,是用事的高明处。末二句全力忆东坡。据《神仙传》记载,苏耽学仙成,化鹤归来,止于郡城楼上。又据《搜神后记》,丁令威学道,成仙后,化成白鹤栖于城东门上,有一少年举弓欲射之,鹤飞翔空中,盘旋而歌曰:“有鸟有鸟丁令威,去家千年今始归。城郭如故人民非!何不学仙冢累累!”苏耽与丁令威是不同的两件事,合两事而用之,这是黄庭坚拿手笔法之一。苏耽与苏轼同姓,说苏耽归来姓丁,暗指东坡已经逝去,诗人明知东坡已卒于常州,可是却用“恐”字、“或”字,表达的是他对东坡之死不忍直说的感情。

第四首美子勉之才,同时叹其不遇识者。开首二句用“不……还应……”构成排除句式,盛赞子勉非“郎省”、“谏坡”莫属。第三句忽然一转:“才高殊未识”,道出了此首主旨。至第四句又一转,反以“岁晚”、“无它”为“喜”。五、六句再变,由子勉不遇联想到“枥马”与“邻鸡”。“枥马”“难出”,是因为本身“羸”弱;“邻鸡”“不歌”,是因为自己惧“冻”。在以称许他人为宗旨的诗作中写入这类诗句,完全是出人意表的。可是黄庭坚大胆地用它们作为反衬,更加深了子勉不遇的悲剧意味。“寒炉余几火”从枥马、邻鸡再度折回到子勉身上来。用“寒”,用“余”,用“几”,突出呈现高子勉的清贫生活。然而作者的诗思刚在生活上兜了个圈子,又立即转变到“才”上来了:“灰里拨阴、何”的意思是说,高子勉在严寒之中拨火使燃,脑子里则构思着新的诗作,如阴铿、何逊水平的不朽诗篇,将在拨灰的同时产生。黄庭坚的本意是要用南北朝时期的著名诗人阴铿、何逊比喻高子勉,但吐而成句,却说是从灰里拨出阴、何来。这种奇妙的构思,特殊的句式,在别人的诗作中是少见的。这首诗的用笔始终如虬飞蠖舞,是黄庭坚“曲折三致意”的创作方法运用得最成功的篇章之一。

第七首由对子勉的引荐说到招其同游。一二句说推荐不成,其中前一句写出推毂之“难”,重在叙事;后一句叹“如高子何”,重在抒情。从作者叹惋和自疚的背后,还可以发现山谷诚挚的交友之道。三四句从另一角度措意,说自己对子勉有更高的期待,而了解子勉、能够举荐子勉的人可能也还不少。对于子勉的出路,这里如同绝处逢生;诗写至此,也别见天地。此诗同样多用转折:一二句说难以帮助,三、四句说或许有人会来关照,这是一种转折法;前四句写引荐子勉,后四句写劝其同游，又是一种转折法。五、六句用沧州为期，并问子勉是否经得住小艇的颠簸。这一句问得朴实、亲切，律诗里用“么”字极少见。千载之下，如闻山谷之声。末二句是对沧州生活的预想，用“鸬鹚”、“西照”、“晒渔蓑”这些古朴、自然的风光和情趣劝诱子勉，它们一方面承接二三句，含有对子勉的宽慰，另一方面承五六句，再申招游，同时，可以从中看出黄、高二人的格调与追求的境界。

最后一首写招游。诗中所用的呼唤之法大体有二：一是直述自己的期待，一是用优美的春景吸引。第一句中出现的是作者的形象，看似与招游无关。不过，独自漫步沙滩显示的是自己的孤寂，“微暖”二字透露的是春意，经过这一酝酿，渴欲偕游的感情在第二句便喷薄而出。这一句用“招”用“君”，作者的心意已经说破，但诗人不厌其详，重之以“思”、“剩”、“欲”，二人交情之深，山谷本性的笃厚，对子勉之看重，招游之切等，可谓包含无遗了。三四句着力写景。上句说蒌蒿“穿”雪，已颇新鲜、生动，继而又用一“动”字，则足以使读者看得出蒌蒿欣喜欲狂的精神状态，听得见春天到来的脚步声。下句写柳，作者的笔锋有意绕开对其幽姿美色的刻画，单说它向春天索要的太多了，言外之意，是杨柳不满于稍吐新绿，急不可耐地想抽出千枝万条。这两句中不仅“穿”、“动”、“索”、“饶”四字下得极为有神，而且全联构思精巧，涵蕴深曲，在古今景语之中，当也是出类拔萃的佳句。五六句插叙子勉前次来访。“枉驾”虽系客套语，放在这里倒能和盘托出作者因未能见面而产生的遗憾之情。不过子勉留下了新诗，这是黄庭坚很高兴的，一个“撩”字既肯定了高子勉诗作之妙，也表达了黄庭坚按捺不住的和诗欲望，因而在这个字的背后也就埋伏着全诗主题的红线——再次会晤的要求，“撩”字用得精妙绝伦，可谓化工之笔。末联明承第二句、暗承第六句，点明写诗的目的：“来饮莫辞遥”。此联在句法上的特点是：前句纯用名词，组成一幅幽雅的画图，具有强大的诱惑力；后句包括三个动词，给人急促迫切的感觉，提高了催其速至的效果。

这几首诗擒纵开合，结构新巧，音节自然，用语独到，是黄庭坚苦心经营的力作。尤其是多用曲笔，多生波澜，随处化俗为雅，化故为新，属思常常出人意表，代表了山谷诗作“惊创新奇”的一个侧面。

（李济阻）

蚁　蝶　图　　黄庭坚

蝴蝶双飞得意，　　偶然毕命网罗。
群蚁争收坠翼，　　策勋归去南柯。

这首诗是崇宁元年（1102）春作。建中靖国元年（1101），庭坚在荆南，朝廷召他做吏部员外郎，他辞去新命，求作太平州知州，在荆南等待朝廷命令。这年春还在荆南。

任渊注："此篇盖有所属。陆龟蒙《蠹化》曰：'桔之蠹蜕为蝴蝶，翩旋轩虚（按：状起舞），曳扬粉拂，甚可爱也。须臾，犯蠢网而胶之，引丝环缠，人虽甚怜，不可解而纵矣。'"这篇当有所指，指什么已不清楚，可能从陆龟蒙的《蠹化》而来，但跟《蠹化》又有不同。主要的不同是《蠹化》里没有提到蚁，这篇着重提了。蝴蝶偶然触网死去，它们掉下来的翅膀，蚂蚁争着衔到窠里去，因此立了功，受到册封。策勋，立了功，朝廷用策书来封官，策是古代写在竹简上的公文书。南柯，唐李公佐作《南柯记》，写淳于棼梦到槐安国，娶了公主，作南柯太守，享尽荣华。以后公主死，被遣归。这才梦醒，原来槐安国是庭前槐树下的蚁穴，南柯郡是槐树南枝下的另一蚁穴。比喻富贵得失不过如蚁穴中的一梦。这里写南柯立功受封，也不过是蚁穴中的一梦罢了。

这首诗写一双蝴蝶触网死去，这不是蝴蝶的罪，是设置网罗者的陷害。群蚁收拾坠翼，这也算不得立功，在蚁国里因此策勋，也是可笑的。这里当是讽刺当时朝廷的某些策勋，就像群蚁收拾坠翼那样可笑。诗的重点在后两句，这是不同于陆龟蒙《蠹化》的创造。诗中的蝴蝶也有含意，蝴蝶只是双飞得意，不触犯谁，是无辜的。正因为得意，缺乏警惕，就陷入网罗死去。这说明当时到处有网罗，一不警惕，就容易陷入死地。这点用意，可能本于《蠹化》。但《蠹化》写蝴蝶为橘树的害虫所化，蝴蝶双飞，会生出更多的橘树害虫来，因此它们的触网而死，对保护橘树还是好的。这篇则没有这个意思，这对双飞得意的蝴蝶，成了无辜被害，意义就不同了。

这首诗在艺术上的特点是只讲比喻，什么也不点明。作者的感情通过比喻的叙述来透露。像"偶然毕命"，写它们的死只是"偶然"陷入网罗，表达了同情。说"双飞得意"，更显出它们的无辜。"争收坠翼"又显出策勋的可笑。"南柯"更见立功不过如一梦。这样的比喻，正因为没有点明它的用意，所以概括的意义更广些。

（周振甫）

雨中登岳阳楼望君山二首　　黄庭坚

投荒万死鬓毛斑，　生出瞿塘滟滪关。①
未到江南先一笑，　岳阳楼上对君山。

满川风雨独凭栏，　绾结湘娥十二鬟。

可惜不当湖水面，　　银山堆里看青山。

〔注〕 ① 瞿塘、滟滪：四川瞿塘峡(长江三峡之一)中最险处。

这两首诗是黄庭坚七绝中的冠冕之作，兀傲其神，崛蟠其气，被广泛传诵。但奇怪的是却被清人方东树、黄爵滋、曾国藩等人所忽略。他们的《昭昧詹言》、《读山谷诗集》和《求阙斋读书录》，曾评点了山谷的不少名篇，却视不及此。可能是沧海遗珠，也可能是因为文艺批评眼光不同。

这两首诗的妙处是境界雄奇。尽管第一首的雄奇偏于动，第二首的雄奇偏于静，却都显示了诗人的胸襟高旷和文辞挺拔，于政局动荡、频历艰难困苦之余，仍旧卓然兀立，雄视千古，诚为不易。

第一首首句"投荒万死"，沉痛而并不衰飒，这就轻轻地引出了次句的欢欣。前面分明讲到"万死"，但一转而为"生出"，特别是历经航行之险的"瞿塘滟滪"等地而"生出"，走向家乡，这确乎是值得高兴！不过，这欢欣之情，在山谷笔下，可绝对不落窠臼，正如清人赵翼所说，山谷"不肯作一寻常语"(《瓯北诗话》卷十一)。他不是泛泛地说欢欣，而是以历代古人作为幸福象征的充溢诗情画意的"江南"在望，道出欢欣；不说"在望"，而是说"未到"；不是说将到未到的盼望，而是把欢欣之情化为具体的表情动作"一笑"；不仅仅是空洞地写"一笑"；而且写即使未到，但当登上岳阳楼，家乡在迩、"江南"在望时，就早已笑了起来，也就是诗人所说的"先一笑"了。不用说，诗里暂时还不可能写到的还乡以后，那就会更加大笑而特笑了。

从投荒四川到行将重见江南，从"万死"到"生出"，从登楼到眺望，这都是一系列的"动"：有行程之变，有心情之变。

第二首正面写眺望，眺望写得十分出奇。如果说前首偏于雄，而本首则更偏于奇。从当前君山想到有关湘夫人的古迹不算，还把君山写成湘夫人的发髻。此其一奇。深憾水势不大，以致不能在白浪堆中饱看青山，其浮想之阔，寄怀之壮，构思之美，笔力之雄，确乎是把八百里洞庭的乾坤摆荡，写得蓬蓬勃勃。此其二奇。

第一首不正面写君山，但诗人写了他的旷达豪雄心情，也可以说已经为君山图景安排了"蓄势"。诗人之高旷如此，君山之雄浑亦必如此。及至读到第二首正面写到君山，果然如此。作者并不止于当前君山，而能融合今古，把眺望时的凝思引入奇境，藉远来而登高，藉登高而望远，藉望远而怀古，藉怀古而幻念，极迁想妙得之观。朱熹评山谷"措意也深"，旨哉斯言！　　(吴调公)

自巴陵略平江、临湘，入通城，无日不雨，至黄龙奉谒清禅师，继而晚晴，邂逅禅客戴道纯款语，作长句呈道纯

黄庭坚

山行十日雨沾衣，　幕阜峰前对落晖。
野水自添田水满，　晴鸠却唤雨鸠归。
灵源大士人天眼，　双塔老师诸佛机。
白发苍颜重到此，　问君还是昔人非？

建中靖国元年(1101)，黄庭坚自戎州(治所在今四川宜宾)贬所东归，在荆州(今属湖北)沙市候命，经冬过年。崇宁元年(1102)，他从荆州南下岳州，经巴陵(岳州治所，今湖南岳阳)、平江、临湘(今皆属湖南)，进入通城(今属湖北)，然后下江西，到洪州分宁(今江西修水)探家，又至江州(治所在今江西九江)与家人相会。这首诗是自分宁赴江州，途经武宁时作。

起联，写途中遇雨，到了黄龙山才放晴。"山行十日雨沾衣"，即题中所说的"无日不雨"；"幕阜峰前对落晖"，即题中所说的"继而晚晴"。幕阜山是盘亘于湖北、江西边界的山脉，幕阜峰是它的一座山峰，和武宁黄龙山相对。当时作者的旧友惟清和尚居住黄龙山，作者过路时到山中看他，即题中所说的"奉谒清禅师"。颔联："野水自添田水满，晴鸠却唤雨鸠归。"写雨后情况。久雨不停，野地积水，流入田中，使田中水漫，故有上句。《埤雅》："鸠，阴则逐其妇，晴则呼之。语曰：'天欲雨，鸠逐妇；既雨，鸠呼妇。'"欧阳修《鸣鸠诗》："天将阴，鸣鸠逐妇鸣中林，鸠妇怒啼无好音。天雨止，鸠呼妇归鸣且喜，妇不亟还呼不已。"故有下句。这一联，两"水"两"鸠"钩连作对，组织比较特殊。但这种句法，前人已有之；白居易有"东涧水流西涧水，南山云过北山云"之句，梅尧臣有"南陇鸟过北陇叫，高田水入低田流"之句。宋周紫芝《竹坡诗话》称庭坚这联为"语意高妙"；清赵翼《瓯北诗话》则认为辗转模仿，"愈落窠臼"。平心而论：这联句法模仿前人，并不新奇，惟内容还有可取。它写的是雨后实感，但可能寓有冷眼看世事变化无常、人们喜怒无常之意，寓讽刺和诙谐于写实之中，似乎还能体现作者"夺胎换骨"的写诗方法的一点特色。颈联："灵源大士人天眼，双塔老师诸佛机。"这就是题中所说的"邂逅禅客戴道纯"，和他所作"款语"的内容了。灵源大士，谓惟清和尚，他晚年自号灵源叟，作者和他交情颇深，在《与徐师川书》中，赞美说："平生所见士大夫人品，未有出此公之右者。"集中涉及他的诗，有《寄黄龙清老三首》等。人天

眼，谓能洞悉佛教真理，成为“人天法眼”。双塔老师，指惟清的师祖惠南、师父祖心两个和尚，都是禅宗临济派的代表人物，死后的骨灰塔都建在山中，庭坚曾经为祖心的骨灰塔写过《塔铭》；诸佛机，意思是诸佛的“真机”所寄，语本佛偈“若人生百岁不善诸佛机，未若生一日而得决了之”。结联：“白发苍颜重到此，问君还是昔人非？”感慨自己年老重到黄龙山，不知有何变化。白发苍颜，语出欧阳修《醉翁亭记》。僧肇《物不迁论》：“梵志出家，白首而归。邻人见之曰：‘昔人尚存乎？’梵志曰：‘吾犹昔人，非昔人也。’”“问君”句本此佛理而加生发，意颇曲折；“问君”实是自问，“昔人非”，谓是否还是从前之我。《物不迁论》的宗旨是宣扬万物虽动而常静，变中有不变的道理。僧肇文中所引梵志之言，表示其身虽有今我的成分，然就旧我成分的存在言，则身犹旧我，所以一身既“犹昔人”，又“非昔人”，这说明变中有不变。庭坚诗可能有自表经历宦海风波，本性还坚持不变之意；但更多的是感慨这种风波所引起的一系列的变化，和自然规律的不可抵制，故和“白发苍颜”连在一起写。这一句自问，包含对很多经历的回忆，对人事无常的感慨，对自身的反省和对生活规律的思考，意味深长。它不是纯说抽象佛理，而是有自身的事在内，有复杂的情在内。它是全诗的警句，用反问语气作结，又显得别致。

古人诗篇，即使出自名家之手，也不容易做到一篇之中，句句都好。这一篇诗，前六句比较平淡，最后二句才显出精彩。（陈祥耀）

题胡逸老致虚庵　　黄庭坚

藏书万卷可教子，　遗金满籝常作灾。
能与贫人共年谷，　必有明月生蚌胎。
山随宴坐画图出，　水作夜窗风雨来。
观山观水皆得妙，　更将何物污灵台？

徽宗崇宁元年(1102)，黄庭坚离开谪居已久的川蜀，次年又贬往广西宜州。这首诗就写于两次贬谪之间，其时诗人的生活与心境都相对稳定。胡逸老，生平不详，致虚庵为其书房。从诗中可知，其为人不慕荣利，雅有山水之趣。黄庭坚在敬慕的同时，也表明了自己的高雅情怀。

诗人先发议论：诗书传家能使后代成才，而遗金满篓往往给子孙招来祸害。赞美了胡逸老的诗礼传家，显示其品格的清高，令人仰慕。此联语本《汉书·韦贤传》：“遗子黄金满籝，不如一经。”二句劈空而来，发唱惊挺。

颔联承上，进一步赞美庵主的仁爱之心。说他在灾年能拿出粮食与贫人共享，和气必能致祥，后代必得佳子弟。这里用了韦康、韦诞兄弟的典故。《三国志·魏书》卷十《荀彧传》裴松之注引孔融与韦端书说："不意双珠，近出老蚌。"孔融赞扬韦端的两个儿子康与诞为一双明珠。"明月"，指珠。诗人意谓，胡逸老必能像韦端那样，明珠出于蚌胎，佳子弟出于门庭。

颈联转到正面写致虚庵。白天闲坐庵中，眼前的山景如一幅幅图画映出；入夜倚于窗前，只觉风雨飒飒而来。这是脍炙人口的名句。方回说："五六奇句也"(《瀛奎律髓》卷二十五)。潘德舆也说此联为"奇语"(《养一斋诗话》卷五)。奇在哪里呢？第一，化静为动。将致虚庵依山傍水的位置，作了动态描写。"出"、"来"二字，将山水写活。第二，化实为虚。什么样的"画图"，尽可让读者去想象；夜来风雨是隔窗听到，并非眼见，也是虚写实事。第三，情景交融。五句写视觉，六句写听觉，整联都有能视能听的主体存在。宴坐的闲适，听雨的从容，都在不言之中，读者自能体会到。庵主高雅的人格、广阔的胸襟，与前两联一脉相承。只不过前两联是直叙，这里是衬托。

尾联总收全诗，照应开头。以闲逸之心观山观水，山水的妙境自能常现于心目之前。而山水的清淑之气又能涤荡肠胃，使此心(灵台，指心)澄清无滓，一尘不染。这里一方面说胡逸老，另一方面也披露了诗人自己的胸襟。 (朱明伦)

新喻道中寄元明用觞字韵　　黄庭坚

中年畏病不举酒，　孤负东来数百觞。
唤客煎茶山店远，　看人获稻午风凉。
但知家里俱无恙，　不用书来细作行。
一百八盘携手上，　至今犹梦绕羊肠。

这首诗是黄庭坚于徽宗崇宁元年(1102)所作，时年五十八岁。黄庭坚于哲宗绍圣元年(1094)被贬为涪州别驾，黔州(今四川彭水)安置。次年春，其兄元明送庭坚溯江，上夔峡，至黔州，后又徙戎州(治所在今四川宜宾)。元符三年(1100)五月，庭坚复宣德郎，监鄂州在城盐税。徽宗建中靖国元年(1101)四月，至荆南(今属湖北)，召为吏部员外郎，辞，乞知太平州，留荆南待命。次年，崇宁元年正月，发荆州，东归省视家人。四月，往萍乡(今属江西)省其兄元明，时元明为萍乡令。留十五日别去。五月，过筠州，至江州(治所在今江西九江)，与其家人相会。此诗乃别后在新喻道中所作，新喻(今江西新余)在萍乡之东。

黄庭坚与其兄元明友爱甚笃，贬黔州时，元明亲送至贬所。现在于贬谪数年之后，复职东归，与其兄相聚，其情谊之亲切可以想见。别后复寄此诗，朴质纯挚，如话家常。头两句说，自己多年来因病戒酒，所以这次东归与其兄欢聚，惜未能畅饮。（黄庭坚在戎州所作《醉落魄》词题序云："老夫止酒，十五年矣。"又《西江月》词题序："老夫既戒酒不饮，遇宴集，独醒其旁。"此皆"中年畏病不举酒"之证。）第一句不但在第六字应用平声之处用一仄声"举"字，并且"畏病不举酒"五个字都用仄声，这在七律诗句中是很特别的。这样做，为的是造成一种拗折的声调。第三四两句说新喻道中情况。唐宋人饮茶是用水煎煮，不像今人之用沸水沏，所以说"煎茶"。第五六两句是向家人嘱咐的话。"无恙"，黄诗任渊注引《风俗通》曰："恙，毒虫也，喜伤人。古人草居露宿，故相劳问必曰'无恙'。"篇末两句追忆当年元明不畏艰险相送到贬所的情况。《豫章黄先生文集》卷二十《书萍乡县厅壁》："初，元明自陈留出尉氏、许昌，渡汉沔，略江陵，上夔峡，过一百八盘，涉四十八渡，送余安置于摩围山之下。"所谓"一百八盘携手上"，即指此事。"羊肠"是形容山路之盘曲。

这首诗，从表面看来，清空如话，很容易懂。但是这里边还是蕴藏着不少的东西。黄庭坚论作诗时曾说："自作语最难，老杜作诗，退之作文。无一字无来处。"又说："古之能为文章者，真能陶冶万物，虽取古人之陈言入于翰墨，如灵丹一粒，点铁成金也。"（《豫章黄先生文集》卷十九《答洪驹父书》）在这首很平淡的诗中，还是体现了这一特点的。据《山谷诗集》任渊注，第一句下注云："《晋书·顾荣传》曰：'惟酒可以忘忧，但无如作病何！'"第二句下注云："《文选·李陵书》曰：'孤负陵心区区之意。'"又云："欧公诗：'快哉天下乐，一醻宜百觞。'"第六句下注云："杜诗：'来书细作行。'"又云："《后汉书·循吏传序》曰：'光武以手迹赐方国，皆一札十行，细书成文。'"第八句下注云："乐天诗：'梦寻来路绕羊肠。'"当然，黄庭坚作这首诗，并不一定每一句都是想到如任渊注中所引的那些来历，但是他确实有善于运化古书辞句、古人诗句的习惯。由于平时读书多、积累富，因此，在作诗时自然得来，而运化的又并无痕迹。不知道这些来历的人仍然可以读懂诗句，而知道来历之后，更觉得意味醇厚，这也是古人所比喻的如水中着盐之妙。这是黄庭坚诗的一个特点，其他诗人也同样要运化古书，不过黄庭坚更为突出而已。

还有，这首诗旋折自然，一气呵成，毫无作意。黄庭坚屡次称赞陶渊明诗、杜甫诗是"不烦绳削而自合"（见《题意可诗后》、《与王观复书》），而他这一首诗，也可谓能做到"不烦绳削而自合"了。

（缪　钺）

跋子瞻和陶诗 黄庭坚

子瞻谪岭南， 时宰欲杀之。
饱吃惠州饭， 细和渊明诗。
彭泽千载人， 东坡百世士。
出处虽不同， 风味乃相似。

《跋子瞻和陶诗》作于崇宁元年(1102)八月，上年七月苏轼已病逝于常州。这首诗也是对苏轼的深沉悼念。这年六月，黄山谷知太平州，九天即被罢，于是想到荆南去。当时赵挺之为相，和山谷有矛盾，也想置之死地，第二年把他编管宜州(今属广西)，崇宁四年黄即卒于贬所。了解山谷此时处境，可以体会此诗措辞的深沉。"跋"字表示对苏轼的尊敬。苏轼晚年知扬州时，和陶渊明《饮酒诗》二十首。南迁之后又和《归园田居》八十九首。绍圣元年(1094)东坡被安置惠州。在唐宋时代，贬到边远瘴疠之乡，就等于置之死地。连韩愈、李德裕、寇准这样的名臣，都曾为南迁而凄怆，李德裕、寇准就死在贬所。了解这个背景，才懂得这诗首两句的分量。何况章惇(当时的宰相)一心要杀苏轼。而苏轼是不以迁谪悲怆自苦的。他写过这样一些诗句："日啖荔支三百颗，不辞长作岭南人。"(《食荔支二首》)"九死南荒吾不恨，兹游奇绝冠平生。"(《六月二十日夜渡海》)章惇以为把苏轼放到惠州，水土不服和悲伤足以致他于死命，哪知东坡随遇而安，在惠州《纵笔》说："白须萧散满霜风，小阁藤床寄病容。为报先生春睡美，道人轻打五更钟。"《艇斋诗话》说："章子厚见之，遂再贬儋耳(治所在今海南儋州)，以为安稳，故再迁也。""时宰欲杀之"是有事实根据的，作者不直书章惇名字而用"时宰"二字，是含有深意的。北宋自绍圣以至灭亡，宰相弄权，残害善良，比比皆是。不独章惇一人，黄庭坚也亲受时宰之害，故着此二字以见小人弄权为祸之烈。从本诗看，这两句是为反衬东坡之胸怀人品，交代题目中"和陶诗"的背景。

三四两句一转，用寻常的动作，写出东坡高超的人品。心胸不开阔的人，忧伤终老，而东坡却能"饱吃惠州饭"，说明不以迁谪介意。这里注家都引杜诗"但使残年饱吃饭，只愿无事长相见"(《病后过王倚饮赠歌》)为出处，实际是用东坡《儋耳》诗"残年饱饭东坡老，一壑能专万事灰"之意。第四句入题。凡手至此，不免就《和陶》的内容褒赞开来，而作者点到即收，忽然跳出，借陶渊明人品赞东坡，大开大合。五六两句说得非常郑重恳切。从称呼上加以变化(子瞻——东坡，渊明——彭泽)。陶渊明见机而作，彭泽令只作一百多天就去官归隐，前人多目之为处士。而苏东坡却一生都在宦海浮沉。拿渊明喻东坡，从形迹看，两人截然不同，而他们不以贫富得失萦怀，任真率性而行，则是共同的，所以七句又一反，着一“虽”字以为转折，八句以“乃”字一合作结。“风味”二字含蓄不尽，人乎？诗乎？由读者自去领会。

方东树《昭昧詹言》卷十一说：“凡短章最要层次多，每一二句，即当一大段，相接有万里之势。山谷多如此。凡大家短章多如此。”可以说明这首诗的特色。东坡和陶诗有一百零九首，风格内容多种多样。作者却紧紧抓住“风味乃相似”这个特点，专写东坡胸怀。言为心声，其人如此，与陶相似，其细心和诗，境界可知。这是作者以简驭繁，遗貌取神，探骊得珠之处。而八句之中上下数百年，至少有四次转折，这是山谷短古的刻意求精之作。

（周本淳）

武昌松风阁　　黄庭坚

依山筑阁见平川，　夜阑箕斗插屋椽，
我来名之意适然。
老松魁梧数百年，　斧斤所赦今参天，
风鸣娲皇五十弦，　洗耳不须菩萨泉。
嘉二三子甚好贤，　力贫买酒醉此筵。
夜雨鸣廊到晓悬，　相看不归卧僧毡。
泉枯石燥复潺湲，　山川光辉为我妍。
野僧早饥不能饘，　晓见寒溪有炊烟。
东坡道人已沉泉，　张侯何时到眼前？
钓台惊涛可昼眠，　怡亭看篆蛟龙缠。
安得此身脱拘挛？　舟载诸友长周旋。

山谷结束了在黔州、戎州“万死投荒，一身吊影”的放逐生活之后，于崇宁元年（1102）赴太平州任，不料到官九日即罢，只得暂往鄂州流寓，本诗即写于此年九月途经武昌（今湖北鄂州）之时。这时，诗人的前途未卜，凶多吉少，果然在第二年再次远贬宜州。但是经过各种挫折和磨难，诗人的心胸变得更超然淡泊了，即所谓“已忘死生，于荣辱实无所择”（《答王云子飞》），“已成铁人石心，亦无儿女之恋”（《答泸州安抚王补之》）。他努力借助佛学与《庄子》，以应付逆境，正如他所说的：“古之人不得躬行于高明之势，则心亨于寂寞之宅。功名之途不能使万夫举首，则言行之实必能与日月争光。”（《答王太虚》）这首诗所反映的正是这样的精神境界。

全诗可分两个部分。第一部分写夜宿山寺所见所闻，以写景为主；第二部分抒发感情，表达渴望自由生活的心愿。

写景部分，诗人从大处落墨，描绘了一幅壮丽的山水画卷，创造了一个澄澈明净、生机盎然的高妙境界，表现了诗人在大自然中适然愉悦之情。这一部分又可分为写“松风”与“夜雨”两个层次。第一层挽住题面写阁夜松风。此阁依山而建，从阁上能望到广袤的原野，但见星回斗转，月落参横，夜色将尽，古松参天而立，在朦胧的夜色中，露出魁伟的身影。“斧斤所赦今参天”一句真是奇思奇语，一个“赦”字尤为新奇，写当年伐木者刀下留情，放过了它，老松才有今日的雄姿。人们难道不能由此联想到劫后余生的诗人和他那崚嶒傲骨吗？诗人在写景中不仅绘影而且绘声，所以接下去就写道：风过处，掀起了阵阵松涛，好像奏着女娲氏的五十弦瑟，那清泠美妙的乐声，洗去了耳中的尘俗。瑟，传说是伏羲氏所作，又据《史记·封禅书》：“太帝使素女鼓五十弦瑟，悲，帝禁不止，故破其瑟为二十五弦。”瑟本非女娲所创制，也许因为她是伏羲之妹（一说为其妇），又有素女鼓瑟之事，所以诗人移花接木，杜撰了“娲皇五十弦”的说法，但用“娲皇”加以点染，更增加了神奇色彩，有“如听仙乐耳暂明”的效果。“洗耳”本是许由的故事，尧想让天下给他，他觉得此话玷污了他的耳朵，于是洗耳于颍水之滨，终身隐居不出。“洗耳不须菩萨泉”一句颇耐人寻味，表现出山谷造语入思之深。所谓“洗耳”，实际上就是荡涤心胸，祛除尘虑。“菩萨泉”原是武昌西山寺的一眼泉水，诗人用它来关合“洗耳”，出语双关，妙达奥旨，既指泉水洗耳，又使人联想到用禅理净化自我。但诗句的意思又翻进一层，“不须”是说有更神奇的东西能启迪人的心灵，这就是山水之清音。面对着它，人间的一切烦恼愁苦都可抛却，精神会变得崇高。山谷是禅宗信徒，禅宗主张摒弃坐禅读经，直接从自然与人生中体验佛性真如，即所谓“青青翠竹，尽是法身；郁郁黄花，无非般若”。

写了万壑松涛之后，接着写山中夜雨的壮丽奇景，把人们引入了一个空灵澄澈的清凉世界。这层写景除景物与音响的交融外，还穿插了人物的活动，使自然美与人情美融合在一起，诗也就更具意境。诗人与二三知己，酒醉山寺，夜宿不归。“夜雨鸣廊到晓悬”，真切地写出了作者的感受，于是作者的精神也升华到了一个光明澄澈的境界。

这段写景气象峥嵘，意境宏阔。其中虽有松涛澎湃、夜雨淙鸣，但没有尘世的喧嚣，景中的人物也都是徜徉于山水之间的安贫乐道之士，人物的高风和山水的清音构成了清高脱俗的境界，逗出了下面的抒情。

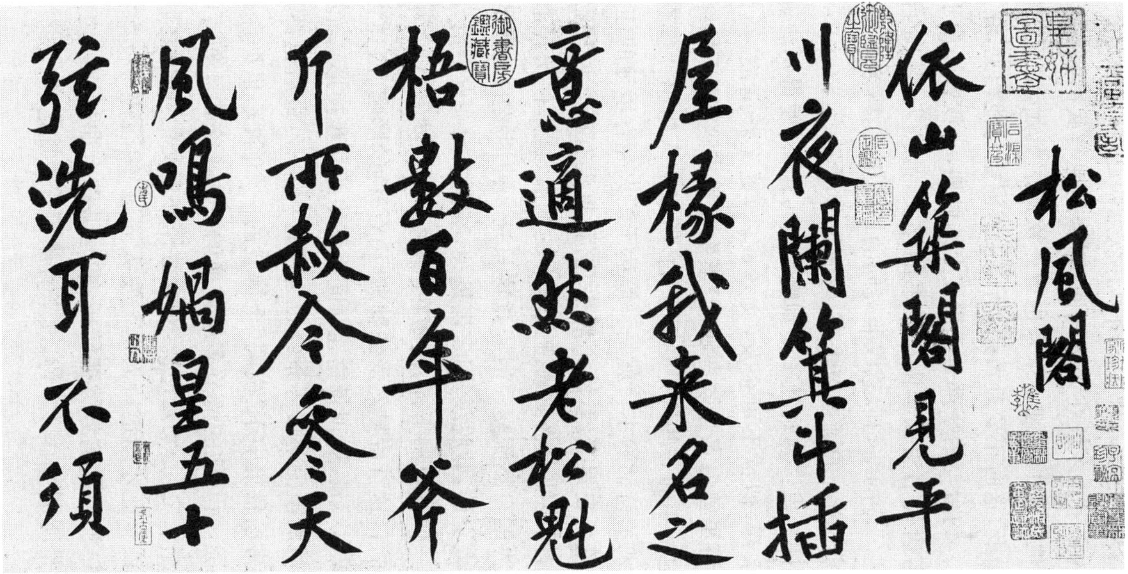

松风阁诗帖(局部)

——〔宋〕黄庭坚

“东坡道人”以下为抒情部分，洋溢着对上述美好境界的向往之情，是写景部分的自然发展，深化了意境，点明了题旨。在那神奇的夜景中，诗人似乎超脱了尘世，但黎明的来临又使他跌入现实。所以在炊烟四起之时，他想起了业已作古的东坡、正受贬谪的张耒。东坡在元丰间谪黄州，其地与武昌隔江相对，大江南北的溪山间留下了他往来的足迹。张耒也曾三次谪居黄州，最后一次即因悼念东坡、举哀行服而遭贬，这时正要赴黄州，所以山谷渴望与他相见，在友情与山水中摆脱现实的拘束。钓台与怡亭都是武昌江上的胜地，孙权曾畅饮于钓台，怡亭则在江中小岛上，有唐代书法家李阳冰篆书的铭文，故诗人说：“钓台惊涛可昼眠，怡亭看篆蛟龙缠。”诗的结句以感叹兼疑问的口气出之，既表现了对逍遥自在生活的向往，又透露出内心的疑虑与怅惘，感慨十分深沉。

山谷曾经这样评杜甫：“熟观杜子美到夔州后古律诗，便得句法，简易而大巧出焉，平淡如山高水深，似欲不可企及，文章成就，更无斧凿痕，乃为佳作耳。”(《与王观复》)他作诗虽曾力求奇拗古硬，但毕生在追求这种“不烦绳削而自合”的化境，这种境界他晚年的一些诗是达到了的，所以前人指出：“鲁直自黔南归，诗变前体。”(蔡絛《西清诗话》)本诗就是一篇达于炉火纯青境地的佳作。它不用僻典，不作拗语，但笔势自然老健，造语脱去凡俗；也没有谈玄说理，只是描绘出大自然宏阔的景象，但能使人感受到诗人博大的胸襟，这是他历经磨难，用禅学加以净化的精神境界的自然流露。但毕竟这只是一种消极的道德的自我完善，所以前人评为：“黄太史诗，妙脱蹊径，言谋鬼神，唯胸中无一点尘俗气，故能吐出世间语，所恨务高，一似参曹洞下禅，尚堕在玄妙窟里。”(同上)

就意境、章法而言，这首诗显然受到韩愈《山石》诗的影响。它们都是描写夜宿山寺，都是在记叙中写景，展现景物在时间推移中的移步换形。光线的晦明变化，山雨、松林及雨后的溪流潺湲等景物也为两诗所共有，最后也都是抒发向往之情。但山谷此诗将场景集中于“夜阑”至拂晓的一个阶段，借助深夜山景着力渲染超尘离世的氛围，而其他的情节多用逆挽的手法来交代。如诗的开头先写阁夜所见，接着“我来名之”一句是逆挽，对夜游作补充交代，松风之后的“嘉二三子”二句又是逆挽，读至此才知道诗人是与友人同游，然后转写夜宿赏雨。这样写，省去了流水账式的交代，笔势腾挪转折，叙写游踪有曲折掩映之致。本诗句句押韵，一韵到底，是所谓“柏梁体”诗，读来有累累若贯珠之妙。 (黄宝华)

次韵文潜

黄庭坚

武昌赤壁吊周郎， 寒溪西山寻漫浪。

忽闻天上故人来，　　呼舡凌江不待饷。
我瞻高明少吐气，　　君亦欢喜失微恙。
年来鬼祟覆三豪，　　词林根柢颇摇荡。
天生大材竟何用？　　只与千古拜图像！
张侯文章殊不病，　　历险心胆元自壮。
汀洲鸿雁未安集，　　风雪牖户当塞向。
有人出手办兹事，　　政可隐几穷诸妄。
经行东坡眠食地，　　拂拭宝墨生楚怆！
水清石见君所知，　　此是吾家秘密藏。

徽宗崇宁元年(1102)，黄庭坚在太平州(治所在今安徽当涂)作了九天知州，便被贬为管勾洪州(治所在今江西南昌)玉隆观。他初徘徊于江州(治所在今江西九江)，后移至鄂州(治所在今湖北武汉市武昌)。在往鄂途中，曾系舟武昌(今湖北鄂州)，一是为了游览西山、赤壁胜景，二是为了等待好友张耒的到来。是时，朝廷新旧党争余波未息，张耒因“闻苏轼讣，为举哀行服”(《宋史·张耒传》)，而被责授房州(治所在今湖北房县)别驾，黄州(今属湖北)安置。冬季，张耒到了黄州，山谷即从武昌过江与之相见，并以这首诗与张耒(字文潜)唱和。

全诗诗意可分三层：首四句为一层，次十二句为一层，末四句又为一层。

“武昌赤壁吊周郎，寒溪西山寻漫浪”，是写山谷在武昌的游览。西山，亦称樊山，是武昌的风景区。寒溪，是西山中的水流名。赤壁，在武昌对岸的黄州，与西山隔江相望。黄州赤壁本非周瑜大破曹兵之地，因苏轼《念奴娇·赤壁怀古》词中有“人道是、三国周郎赤壁”句，故山谷亦云“武昌赤壁吊周郎”，既借以表达登临怀古之情，又是对前一年去世的苏轼的追念。“漫浪”，指元结。唐元结，“或称浪士……酒徒呼为漫叟。及为官，呼为漫郎。”(李肇《国史补》)又其《自释》曰：“近文多漫浪之称。”元结曾避乱于樊上(亦属武昌，今鄂州樊口)，“常与县令孟士原交往，游于樊山之间”(《武昌县志》)。因此，“寒溪西山寻漫浪”，也是借西山聊发古意。但是，山谷毕竟是专候文潜的，所以，“忽闻天上故人来”时，便迫不及待地“呼舡凌江不待饷”了。二句中，“忽闻”，透出乍闻的惊喜；“天上”，状写从天而降的感觉；“故人来”，显见友情的挚笃，——前句写“惊喜”；“呼舡”(呼叫船只)，显出急不可待；“凌江”(渡江)，表明不顾天险；“不待饷”(“饷”同“晌”)，说明片刻不能耽搁，——后句写相见之迫切。以上四句，叙述与文潜见面之前，山谷自己的行踪、生活和期待朋友的急切心情。

"我瞻高明少吐气"以下十二句，写见面之后的感慨。头二句是对文潜的问候。"我瞻高明少吐气"，是说：我见到您的到来，终于可以稍稍吐气，一抒胸臆了。"高明"是对人的尊称。"君亦欢喜失微恙"，是说：您见到我，亦自欢喜，即便有些小病，也不觉得什么了。这两句包含的感情是很复杂的：知心好友，相见时难，又同为宦海沦落之人，只要彼此平安，也就是不幸中之大幸了！

接下来四句由彼此的问候很自然地转到对昔日师友的怀想。"年来鬼祟覆三豪，词林根柢颇摇荡。""三豪"，指东坡、范淳夫、秦少游。东坡和秦少游是山谷与文潜的师友，范淳夫是山谷作著作郎时的同僚，此时皆已去世。鬼魅作祟，"三豪"相继去世。其意所指，正是加害于他们的新党。这一点不能明说，只能说他们的死给词林带来不可估量的损失，动摇了文学界的根基，"词林根柢颇摇荡"便是这个意思。但是，作者的沉痛、愤激之情是掩饰不住的，他终于喊出："天生大材竟何用？只与千古拜图像！"上天降下苏、范、秦这样的大材，又有何用啊！活着的时候不能施展抱负，徒然在死后留下供后人膜拜画像了！这是反李白"天生我材必有用"(《将进酒》)之意，而取杜甫"古来材大难为用"(《古柏行》)之旨，实为痛心疾首之语。接着，诗人又写道："张侯文章殊不病，历险心胆元自壮。"这是由"三豪"的遭遇而联想到张耒的遭遇。张耒因哭东坡而被贬黄州，山谷亦因党籍而罹祸，二人肝胆相照，山谷从心底里钦佩张耒的文品和人品。所以，他称赞张耒身虽染微恙，而文章无衰飒之气，经历了艰险之后，心胆依然壮烈。

诗人在回顾了过去之后，转为对现实的慨叹："汀洲鸿雁未安集，风雪牖户当塞向。有人出手办兹事，政可隐几穷诸妄。""汀洲鸿雁"代指人民，"未安集"指不能安居。《诗经·小雅》有《鸿雁》篇，《毛诗序》曰："万民离散，不安其居"，统治者应能"安集之"。"塞向牖户"，语出《诗经·豳风·七月》"塞向墐户"，意谓堵塞向北的窗户，用泥涂抹门扇，以御寒过冬。第三句中"出手"，语出《传灯录》"与和尚共出只手"。第四句中"隐几"，语出《庄子》"隐几而卧"；"诸妄"语出《圆觉经》"于诸妄心，亦不息灭"。这四句意思是说：眼下正是严寒季节，百姓未能安居，理当为他们绸缪牖户。不过，这些政事朝廷大概已有人出面办理了，我们只需隐几而卧，根绝妄念便可。语意中透出对百姓的关切和对朝廷的不满。

诗的第三层亦即最后四句照应开头，并表明诗的主旨。"经行东坡眠食地，拂拭宝墨生楚怆！"是说我们漫游在东坡当年生活过的地方，拂拭东坡题诗的石刻，倍感凄怆！苏轼曾谪居黄州四年，如今张耒亦谪居于此，黄庭坚则一贬再贬，共同的遭遇更增其对良师益友的怀慕之情。墨迹依旧，人已隔世，言念及此，能不悲伤？诗从赤壁写起，又于赤壁落笔，以"吊周郎"、"寻漫浪"始，以拭宝墨、哭东坡终,首尾呼应,构为一体,感旧伤今,终明心迹:“水清石见君所知,此是吾家秘密藏。”是啊,水清自然石见,这正是我们的“秘密藏”。“水清石见”,出自乐府《艳歌行》“水清石自见”;“秘密藏”,出《圆觉经》“为诸菩萨开秘密藏”语。《涅槃经》曰:“愚人不解,谓之秘藏。”山谷在这里申明自己与文潜清白无辜,也预感到将来或有更大的祸事到来,但无论如何,事实终归是事实,总有水清石见之日。(也许这一天在他们的身后?)这里,可以见出诗人的正直品格,也透露出他在党争中沉沦的悲怆。果然,诗人在写这首诗后的第二年冬天便获罪贬宜州,到宜州后仅一年就与世长辞了——距写这首诗不到三年的时光。

山谷刻意学杜,又精研禅学,所以多典故,多禅语,是这首诗的第一个特点。不过,化用不露痕迹,因为写的是真感情。写真感情,是这首诗的第二个特点。师友之情,国事民瘼之情,无不发自心底,一气贯穿。一气贯穿,转接缜密,是这首诗的第三个特点。首四句与末四句相呼应,中间十二句又以二——四——二——四为层次,既可见出诗意转接的连贯,又可体味到诗人衷肠的回曲与感情的激荡。这是一首好诗,虽然其艺术并非最上乘,然其片言只字皆尽作者之方寸。其情其事,感人心魄,掩卷凝思,令人击节长叹不已!　(李敬一)

鄂州南楼书事四首(其一)　黄庭坚

四顾山光接水光,　凭栏十里芰荷香。
清风明月无人管,　并作南楼一味凉。

东晋征西将军庾亮镇守武昌(今湖北鄂州)时曾登城南楼览赏风光(见《世说新语·容止》及《晋书·庾亮传》)。后人于鄂州(治所在今武汉市武昌)复建一南楼纪念庾亮。山谷在崇宁元年(1102)寓居鄂州后即登斯楼,叹其制作之美,翌年六月再登,写下了这一组诗,本诗居四首之先。

陈衍曾说过:“山谷七言绝句皆学杜,少学龙标(按指王昌龄)、供奉(按指李白)者,有之,《岳阳楼》、《鄂州南楼》近之矣。”(《宋诗精华录》)本诗即是风神摇曳,具悠远之姿者,令人回味无穷。

起句即写登临纵目之所见,境界阔大,气象不凡。以“四顾”领起,具见豪迈气魄;“接”字下得贴切,描绘出山川相缪的壮丽景色;一个“光”字,则传达出月下景物的特殊魅力。接写“凭栏十里芰荷香”,夜色中的十里风荷,给人最深刻的感受不是其视觉形象,而是其清香四溢,所以着一“香”字而境界全出。面对如此风物,仿佛人间的一切奔竞争斗都不复存在,于是诗人唱出了“清风明月无人管”之句。“清风”近承“芰荷香”，即“荷风送香气，竹露滴清响”之意（孟浩然《夏日南亭怀辛大》）“明月”遥应“山光接水光”，点明皓月朗照，山川生辉。大而言之，“清风明月”实指一切自然景物。“无人管”，则是化用了东坡《前赤壁赋》最后一段的议论：“惟江上之清风，与山间之明月，耳得之而为声，目遇之而成色，取之无禁，用之不竭，是造物者之无尽藏也，而吾与子之所共适。”（清风明月，见《南史·谢譓传》：譓“不妄交接，门无来宾。有时独醉，曰：‘入吾室者但有清风，对吾饮者唯当明月。’”）清风明月，非人所得而私。诗人此时物我两忘，逍遥自适。

最后一句便点明了这种感情。一个“凉”字概括了他流连陶醉于山水间的种种感受。这里巧妙地运用了通感手法，无论是视觉之“光”，还是嗅觉之“香”，均并作一种“清凉”之感。既切合夏日“追凉”，又写出其摒弃尘虑之想。“清凉”，佛家常用语，指摆脱一切憎爱之念而达到的无烦恼境界，如《大集经》云：“有三昧，名曰清凉，能断离憎爱故。”又如《华严经·离世间品》云：“菩萨清凉月，游于毕竟空。”前面所写的景物都有清高脱俗的寓意，构成了一个使心境澄淡的“清凉世界”。一个“凉”字确是意味深长。山谷在这之前经历了长达六年的谪居黔州、戎州的流放生涯，遇赦后赴太平州任，仅九日即罢官，只得流寓鄂州，等待命运的安排，结果是远贬宜州而死。尽管如此，他却力图在儒、道、佛的思想中寻求精神寄托，一方面洁身自好，即所谓“苟非吾之所有，虽一毫而莫取”，一方面寄情山水，放舍身心，置生死荣辱于不顾。这就是他“清凉”心境的内涵。

清人冒春荣评李白七绝云：“七言绝句，以体近情遥，含吐不露为主。只眼前景，口头话，而有弦外音，味外味，神气超远。太白有焉。”（《葚原诗说》）山谷此诗确有太白的遗响，写景清新淡雅，抒情含蓄蕴藉而颇有理致。此诗通体散行，一意直叙，如流水淙淙，直归于结句的“凉”字，而又妙在点到即止，留下了玩味想象的余地。诗句在散行中又参以当句相对，如首句之“山光”对“水光”，第三句之“清风”对“明月”，往复回环，摇曳生姿，增添了声情之美。 （黄宝华）

寄贺方回　　黄庭坚

少游醉卧古藤下，　谁与愁眉唱一杯？
解作江南断肠句，　只今惟有贺方回。

山谷在黔州与戎州度过了六年漫长的谪居岁月，好不容易在徽宗崇宁元年（1102）被任命领太平州（治所在今安徽当涂）事，但到官仅九日即罢。在贫窭困顿中，他只得漂泊于江湖间，后寓居鄂州（治所在今湖北武汉市武昌），这首七绝就是崇宁二年在鄂州写寄贺铸的。贺铸是一位豪放任侠之士，又富有才情，诗、词精绝，名重一时。山谷与他颇有交谊，他在赴泗州通判任时，路经当涂，曾与山谷晤面。本诗就是他们分手后，山谷寄赠之作。

诗寄贺铸，却从秦观身上落笔，因为秦少游既是山谷挚友，同为苏轼弟子，同时与贺方回亦是知交。秦观于绍圣元年(1094)因列名“元祐党籍”而被贬处州，绍圣三年又徙郴州，而后贬横州、雷州，愈贬愈远，竟至天涯海角，元符三年(1100)五十二岁时才被赦北返，归途中卒于藤州(治所在今广西藤县)。本诗第一句“少游醉卧古藤下”即写秦观的逝世。字面上并未明写其死，只是说“醉卧”，显然是因为不愿提及老友之死，他以这一描写抒发了对挚友深情绵邈的追念。但这样写，也并非凿空杜撰，而是有事实为依据的。据惠洪《冷斋夜话》：“秦少游在处州，梦中作长短句曰：‘山路雨添花，花动一山春色。行到小溪深处，有黄鹂千百。飞云当面化龙蛇，夭矫挂空碧。醉卧古藤阴下，杳不知南北。’后南迁久之，北归，逗留于藤州，遂终于瘴江之上光华亭。时方醉起，以玉盂汲泉欲饮，笑视之而化。”(《苕溪渔隐丛话》引)当时人认为，这首词好像是一种谶语。尽管少游历尽磨难，但临终时却以宁静的心境面对死亡。山谷此句既是化用了少游的词，又切合其视死如归的坦荡情怀。

第二句说“唱一杯”，而不说“唱一曲”，这又是山谷造语的生新之处。晏殊有词云：“一曲新词酒一杯，去年天气旧亭台”，“无可奈何花落去，似曾相识燕归来。”这“唱一杯”既包含了“一曲新词”的意思，也呼应了上面的“醉卧”，针线极密。这个问题极耐人寻思。接着诗人自己作答：“解作江南断肠句，只今唯有贺方回。”这一转折使诗境从低回沉思中振起，然后一气贯注，收束全诗。这两句用逆挽的写法，形成衬垫，全力托出最后一句，挽住题目作结，确有画龙点睛之妙。山谷对贺铸的推重、赞美，全部凝聚在这句诗中了。只有像贺铸这样的豪侠多才之士，才有资格为少游唱出断肠之词。他的《青玉案》云：“碧云冉冉蘅皋暮，彩笔新题断肠句。试问闲愁都几许？一川烟草，满城风絮，梅子黄时雨。”当时传诵人口，人称“贺梅子”。“江南断肠句”正是化用贺词成句，切追悼少游之意。少游生前很喜欢贺铸这首词，《诗人玉屑》就载有山谷语道：“此词少游能道之。”

此诗尺幅之中，蕴含深情，表现了三个朋友相互间的情谊，构思精巧。但它不仅是一般的寄友怀人之作，山谷的感叹中沉淀着深厚的内容。在北宋的激烈党争中，许多才识之士纷纷远贬，经历了种种磨难，有些人就死在岭南贬所。徽宗继位，朝野都希望能消弭党争，徽宗也以此标榜，宣布改元“建中靖国”，因而所谓的“元祐党人”得以遇赦，但劫后余生也不能长久，苏轼、秦观、范纯仁等都在此时谢世，陈师道也死于贫病。崇宁元年，蔡京为相，党祸再起，开列包括苏轼、秦观在内的百余名"奸党"，刻石全国，并令销毁三苏及苏门弟子等的著作。山谷在遇赦时也曾对徽宗寄予厚望，但朝政如此，实不堪问，他又重新陷于绝望之中。师友凋零，前途未卜，其悲凉落寞、忧患余生的心情是可以想见的。就在作诗的这一年，山谷再贬宜州（治所在今广西宜山），不久即辞世。在这样的境遇下，他把贺铸视为知己，其寄慨之深沉，就非同一般了。贺铸虽是太祖贺皇后的族属，但秉性耿直，长期悒悒不得志，终于愤而退隐，卜居苏常。所以他们的友谊是有共同的思想感情作基础的。 （黄宝华）

十二月十九日夜中发鄂渚，晓泊汉阳，亲旧携酒追送，聊为短句 黄庭坚

接淅报官府，　敢违王事程。
宵征江夏县，　睡起汉阳城。
邻里烦追送，　杯盘泻浊清。
祇应瘴乡老，　难答故人情！

徽宗建中靖国元年(1101)，黄庭坚在沙市寓居至冬尽。次年（崇宁元年）春，返回老家分宁。六月赴太平州领州事，做了九天的官，便罢为管勾洪州玉隆观。九月，移至鄂州（治所在今湖北武汉市武昌）寓居。谁知命运多舛，到鄂州后的第二年(1103)，便被人摘录他在荆州所作《承天院塔记》中只言片语，锻炼出"幸灾谤国"的罪名，构成冤狱，远谪瘴疠之地宜州（今属广西），限即刻起程。十二月十九日晚，诗人在凛冽的夜风中，以老病之身，乘船赴贬所，写下了这首律诗。古代诗歌七言习称长句，五言则为短句，故诗题谓"聊为短句"。

贬谪的命令催魂逼命，急如星火，连熟炊的工夫也没有；"王事"在身，哪敢有片刻的耽搁！诗的首联"接淅报官府，敢违王事程"描写出一片紧张、急迫的气氛，诗人的悲愤心情透出纸背。"淅"是淘过的米，"接淅"是说来不及将生米煮熟。《孟子·万章下》云："孔子之去齐，接淅而行。"山谷用"接淅"的典故恰当地比喻了官命之急迫。次联承接上联之意，通过时间、地点的转换，具体地描写出舟行之急。"宵征江夏县"，是说连夜从武昌出发。"江夏县"即武昌，鄂州的治所。"睡起汉阳城"，是说待到天亮的时候，已泊舟对岸的汉阳了。这一联诗意急切，如同《诗经·召南·小星》所状写的"肃肃宵征，夙夜在公。"两个对偶句语气又极流畅，且切合水路舟行急速的实事。王事紧迫，江流湍急，船行飞快，那情景

和气氛宛在眼前。第三联写邻里、朋旧赶来送行的情景。“邻里烦追送，杯盘泻浊清。”叙事中透出无限的情意。“追送”和“浊清”都是偏义词：“追送”就是“送”，殷勤送别，“烦”字透出作者的感激之意；“浊清”实指“清”，清香的好酒。但是，“追送”的“追”字又进一步把前面两联的紧迫气氛渲染出来：诗人走得那样突然，以至邻里、故旧事先都没有得到消息，而仓促之间追到汉阳为之饯行。那泻入杯中的一杯杯饯行酒，包含了多少深情厚谊！末联写自己的感慨：“祇应瘴乡老，难答故人情！”此番谪居边远之地，功名前程乃至生命都是不可卜知的，这一切倒也不必计较，只是“故人”的友谊和真挚的感情永远无法报答，这才是终身遗恨的事。果然，作者自十二月十九日从武昌出发，经过长途跋涉，方于次年夏天到达宜州贬所，到宜州后仅一年，便怀着冤愤与世长辞了。老死瘴乡而“难答故人情”，竟成为他留给“故人”的诀别之辞。

这首诗是因亲朋故旧饯行，内心感念不已而写的，因此感情真挚动人，用典较少，语言平易流畅，不像山谷其他的诗那样刻意雕琢，讲求险怪奇丽。但是，诗的章法仍然是谨严细密的，四联之间，起、承、转、合的关系颇耐寻究。首联“起”，叙述紧急离开武昌的原因：王事在身，必须接淅而行。颔联“承”，承接上联之意，具体描写行程紧急、必须“宵征”的情形。颈联“转”，由行程的紧迫转为写邻里的追送和置酒饯别。末联“合”，归结点题，抒发离别之情。山谷长于律诗，而律诗的章法是颇有诀窍的，其中之一便是“起、承、转、合”。《红楼梦》第四十八回写到香菱向林黛玉学诗，黛玉说：“什么难事，也值得去学？不过是起、承、转、合，当中承转，是两副对子，平声的对仄声，虚的对实的，实的对虚的。若是果有了奇句，连平仄虚实不对都使得。”读者可以根据曹雪芹通过黛玉之口说出的这段话，来揣摩黄庭坚这首律诗艺术上的特点。

（李敬一）

书磨崖碑后 黄庭坚

春风吹船著浯溪， 扶藜上读《中兴碑》。
平生半世看墨本， 摩挲石刻鬓成丝。
明皇不作苞桑计，① 颠倒四海由禄儿。
九庙不守乘舆西， 万官已作乌择栖。
抚军监国太子事， 何乃趣取大物为？②
事有至难天幸尔， 上皇跼蹐还京师。③
内间张后色可否， 外间李父颐指挥。④

南内凄凉几苟活，　高将军去事尤危。
臣结春陵二三策，　臣甫杜鹃再拜诗。
安知忠臣痛至骨，　世上但赏琼琚词。⑤
同来野僧六七辈，　亦有文士相追随。
断崖苍藓对立久，　涷雨力洗前朝悲。⑥

〔注〕 ① 苞桑计：《易·否·上九》："其亡其亡，系于苞桑。"疏："苞，本也。"意为把东西系在桑树的根上就牢固了，苞桑计即根本大计。 ② 趣：与促同，急忙的意思。大物：即天下。《庄子·天下》："天下，大物也。" ③ 跼蹐(jú jí)：累足不安的样子。 ④ 颐指挥：以下巴的动向来指挥人，形容趾高气扬的傲慢态度，语出《汉书·贾谊传》。 ⑤ 琼琚词：贵重华美之辞，韩愈《祭柳子厚文》："玉佩琼琚，大放厥词。" ⑥ 涷雨：《尔雅·释天》"暴雨谓之涷"。

诗人要敢于写大题目，方能为诗坛射雕手。而写大题目，要有大议论，有卓识伟见，才能扣人心弦；同时，要有驾驭语言的万钧之力，才能达到内容与形式的统一。这首《书磨崖碑后》在这两方面都表现了很高的造诣。

诗虽然是题元结的《中兴颂》碑文，但涉及对唐代玄宗、肃宗千秋功罪的评价，所以也是一篇史论。唐玄宗天宝十四载(755)发生了震惊朝野的安史之乱。次年六月，玄宗仓皇出走，在路上发生了马嵬兵变，兵士杀杨国忠，又逼明皇(玄宗)杀了杨贵妃，演出了一场"宛转蛾眉马前死"的千古悲剧。同时，父老请留太子讨贼。于是太子李亨治兵朔方(治所在今宁夏灵武西南)，七月，即位于灵武(今宁夏中卫及其以北地区)，是为肃宗，尊玄宗为太上皇。肃宗至德二载(757)安禄山被其子庆绪所杀。乾元二年(759)禄山部将史思明杀庆绪，上元二年(761)，思明又为其子朝义所杀，叛乱基本平息。这年八月，元结撰《大唐中兴颂》，歌颂肃宗的中兴之功。碑文为当时大书家颜真卿手书，刻于湖南祁阳县境内的浯溪临江石崖上。

黄庭坚这首诗作于崇宁三年(1104)，前一年，他以"幸灾谤国"的罪名从鄂州(治所在今湖北武昌)贬往宜州(今属广西)，这一年春天，他途经祁县，泛舟浯溪，亲见《中兴颂》石刻，写下了这首名作。

开头四句是全诗引子。"春风吹船著浯溪"一句，横空而来，音调高朗，领起全首。特别是"著"字(同"着")，使人觉得春风像是有意吹送着诗人的小舟，将其置于浯溪之上。面对千古江山，往史陈迹涌上心头，这就引起了下文。藜即藜杖，诗人舍舟登岸，扶杖上山看碑。三四两句作一跌宕，表现了诗人对此碑的向往之情。山谷作此诗时已六十岁，所以说半世以来只看到《中兴颂》的拓本，而如今亲手摸到石刻已是须发苍然了。

从第五句起一直到“世上但赏琼琚词”，都是论唐代的历史。四句一层，层层展开。“明皇”四句是说唐玄宗没有深谋远虑，又宠信安禄山，肇成大祸，遂使乾坤板荡，天子奔亡，百官降贼。九庙，是帝王祖先的庙，“九庙不守”即指京城失陷，“乘舆西”指玄宗出奔四川。为尊者讳，所以用“乘舆”代替皇帝。乌不择树而栖息，比喻乱军攻陷两京后，大臣如陈希烈等纷纷投降。这里用了形象而含蓄的笔致将玄宗失德、安史乱起、朝廷危殆的境况勾画出来。下面四句转入对肃宗的指责。

“监国”，指皇帝外出时，太子留守代管国事。古来本有太子监国之事，因而山谷以为，肃宗何必袭取帝位。他还认为，安史之乱的平息，极为艰难，肃宗之成功乃是天幸。而“跼蹐还京师”，则写出了玄宗失位后的困境。

据史书记载，玄宗自蜀还京，当了太上皇，起初居于兴庆宫，太监李辅国与张后串通一气，离间他与肃宗的关系。上元元年(760)上皇登长庆楼，与持盈公主闲谈，正值剑南奏事官朝谒，上皇就令公主与如仙媛接待他，事后，李辅国诬奏“南内有异谋”，并矫诏将上皇移到西内，持盈公主被软禁在玉真观，忠于玄宗的高力士等被流放到巫州。“内间张后”四句就指此事。诗意说：肃宗内中要看张后的颜色行事，外面又受制于李辅国。“南内”，即指兴庆宫。上皇居于兴庆宫时已觉凄苦，几乎只是苟延残喘。到了高力士被流放，上皇幽居西内，则更是岌岌可危，朝不虑夕了。高力士曾为右监门将军，所以称他为“高将军”，这也是当时朝廷大臣对高力士的称呼。这里虽然是叙述历史，但有诗人的褒贬与感情在其中，他对李辅国、张后这样的奸邪小人深恶痛绝，对玄宗这个煊赫一时而晚景凄凉的帝王表示了同情与惋惜，而对肃宗的懦弱无能也表示既愤恨又悲悯。

“臣结”四句笔锋一转，以元结的《舂陵行》和杜甫的《杜鹃》诗来表现当时政治的腐败与对玄宗被幽禁的慨叹。元结于代宗广德元年(763)授道州刺史，目睹民生疾苦，有感于横征暴敛，写下了《舂陵行》一诗，并两次上表，为民请命，时离上元二年玄宗被幽禁仅两年。杜甫的《杜鹃》诗则是感明皇被幽事而作，对玄宗的晚景凄凉表示了同情，所以黄庭坚认为这两首诗代表了当时忠臣节士对政治的意见。然而，人们只把它们当作美妙的诗歌来欣赏，而不究其衷曲。

最后四句又回到诗人的游踪，据黄罃《山谷先生年谱》记载，当时与山谷同舟游浯溪的有陶豫、李格、僧伯新、道遵等。次日，又有居士蒋大年、僧守能、志观、德清等来同游，遂赋此诗，所以说“同来野僧六七辈，亦有文士相追随。”山谷泛溪观碑，正值天降大雨。面对着前朝兴亡盛衰的记载，诗人情激如涌，甚至赋予了大自然以强烈的感情：那眼前的暴雨像是要将前朝的悲愤冲洗干净。结句融景物与情感、眼前与历史为一炉，戛然而止，却神完气足。

这首诗的一个显著特点是章法谨严、层次清晰。山谷很重视长篇诗歌的立意布局，他说："每作一篇，先立大意，长篇须曲折三致意，乃可成章。"(《王直方诗话》引)他的长诗往往有叙、写、议三部分。以本诗为例，前四句叙游览读碑事，用以点明题目；中间一大段夹叙夹议，气势雄峻，波澜开合，跳荡起伏，又能曲折尽意；最后四句写当时情形，记同游之侣，一依古文游记的章法，结语寓情于景，气势回荡，真有杜甫所说的"篇终接混茫"(《寄彭州高使君、虢州岑长史三十韵》)之概。

这首诗另一特点是音调高朗。山谷的诗力戒平庸，他不仅在遣词造句上力求奇拗硬涩，而且在声调上也追求不同凡响。本诗就是一例，全首一韵到底，既有顿挫，又一气直下，所以陈石遗说"此首音节甚佳"(《宋诗精华录》)。此诗以高峻激昂的声调配合纵横恣肆的议论，形式和内容浑然一体。这样高超的诗艺功夫，真可谓炉火纯青。

(王镇远)

清　明

黄庭坚

佳节清明桃李笑，　野田荒垄只生愁。
雷惊天地龙蛇蛰，　雨足郊原草木柔。
人乞祭余骄妾妇，　士甘焚死不公侯。
贤愚千载知谁是，　满眼蓬蒿共一丘。

本诗《山谷诗集注》(任渊等注，刘尚荣校点)系于熙宁元年戊申(1068)之下，山谷于上一年登第，于是岁赴叶县尉，九月到汝州。

"清明佳节桃李笑"，在古典诗词里，清明佳节经常是和花联系在一起的。从崔护的"人面不知何处去，桃花依旧笑春风"(事参《本事诗》)，到杜牧的"借问酒家何处有，牧童遥指杏花村"，或是桃花，或是杏花，每到清明，上天似乎总会安排下一场繁盛的花事，来证明这是一个属于春天的节日。本诗的起首，一交代了自然的时序，二暗应了传统的文学习惯，这就使得普通的一句诗具有了双重的文化指涉性，提振了语言的诗性功能。

有春日，有桃李，诗人的心情是不是就此兴奋起来了呢？事实并非如此。"野田荒垄只生愁"，望着一片野草荒田，诗人心中升起的只是一片忧愁而已。一句起，二句转，一句扬，二句抑，这在古诗中是一种经常使用的写法。纷繁的桃李开得如此热闹，然而可惜，快乐"是他们的，我什么也没有"。"野田荒垄"，既是树木荣生之地，又该是人死后的葬身之所吧？诗人在此虽然没有挑明，但从下文来看，这样的意思已经在这里埋下。桃李欢笑，象征着生之热烈，野田荒垄，则象征死之寂灭。既是花开播种游赏踏青之时，又是纪念死者哀悼过往之日，清明节，就是这样一个集哀乐于一身的奇怪节日！

第二联直承首句“清明”二字。第一句语意未足，故再贴一联。需要注意的是这一联的句法。“雷惊天地龙蛇蛰”。蛰，藏也。动物冬眠不食不动，故有蛰伏之说。待到春天来临，阳气上浮，春雷一响，动物重又苏醒，纷纷开始活动，此又称惊蛰。从一般的语言习惯来看，“惊”与“蛰”乃是结合度很高的两个词。但在这里，黄庭坚却反人们的习惯而用之，在“惊”与“蛰”之间插入了一系列其他的语项。插入的这些语项造成了一种言语上的“迟滞”，亦在读者心中造成一种阅读的张力。这种对于日常用语习惯的“偏离”，也可能是因受到了格律的牵制，但是你不得不承认它的艺术效果。经过这样一调整，一个“雷”的主语，就带上了天、地、蛰三个宾语，句子自然而然地带上了一种奇崛之气。而下一句，“雨足郊原草木柔”，从逻辑上来讲，“雨足郊原”其实讲的是“草木柔”的原因，故它的两个半句之间，构成的其实是一种因果关系。按照现代语法来看，这上下两个句子在结构上并不相同，但奇妙的是，当它们组合成对句时，组合得又是如此严丝合缝。除去对偶的工稳，雷惊天地的力，与雨润郊原的柔，阳刚与阴柔相并，即使是在美学的抽象层面，这样的调配也令人心动。

“人乞祭余骄妾妇，士甘焚死不公侯。”第三联则是暂将首句放过一旁，直承第二句而来。第二句已经流露出悲观的意绪，这一联就再连用两个关于死的典故，同时点出清明节乃是祭奠之日的另一层含义。“人乞祭余”用《孟子》中典：齐人有一妻一妾，每日出门，“必餍酒肉而后反”，并说都是与富贵人一起。后来妻子发现齐人的“餍足之道”其实是向祭者乞食剩余祭品，而齐人不知情，还得意地“骄其妻妾”。孟子本义，侧重在讽刺“人之所以求富贵利达者”，因本事中有乞祭品的情节，故黄庭坚进行“场景贯通”，将它和清明节联系在一起。其实《孟子》中的“齐人”所乞的，也未必只是清明节的祭品了——如果只是靠一次清明祭祀，他早饿死了。“士甘焚死”，则用春秋时介之推的典故。介之推早年追随未遇时的晋公子重耳，在重耳饿晕之际，曾割股奉君。然而，当重耳成为国君之后，介之推却拒绝高官厚禄，逃入深山隐居。重耳为逼介之推出山，放火烧山，谁知介子推宁死不肯出山，竟和母亲双双烧死于树下。重耳为纪念介之推，遂改绵山为介山，并立庙祭祀。（事参《左传》）相传民众为纪念介之推，相约于其忌日禁火冷食，遂演变成寒食节。因为寒食节通常在清明节前一日或二日，故黄庭坚引用此典。不过需要指出的是,"寒食"其实和介之推并没有关系。《周礼·秋官·司烜氏》"中春以木铎修火禁于国中",则禁火本为周代旧制,黄庭坚所依据的,只是一种民间传说而已。

靠着乞食祭品而在人前作威作福的无耻之徒,与拒绝高官厚禄抱树而死的贤者,是作者在第三联中所提出的两种人生观的代表。二者谁是谁非,在本联中并没有回答,这就使读者转而期待下联,想看看作者对这两种人生观分别是何态度。诗歌的脉络因此由前两联的景物描写,引向了对人事的议论,可谓转得极妙。

哪知,承第三联而来的第四联,却多少有些令人意外。"贤愚千载知谁是,满眼蓬蒿共一丘。"作者既没有抨击丑恶,也没有歌颂崇高,而是用一种类似于虚无主义的论调作了结尾。贤者和无耻者一样归于寂没,满眼蓬蒿中,谁还记得他们的是非呢?

结尾的一联,作者到底用何种语气出之,是调侃,是牢骚,还是愤激,不同的读者读来可能会有不同的理解。但有一点是可以肯定的,那就是作者绝不会因为生命总会归于寂灭而泯灭了恶与善、愚与贤的大是非。如果作者真的可以像字面上那样做到齐善恶,等贤愚,他或许早就像庄子说的那样"乘天地之正,而御六气之辩,以游无穷"(《庄子·逍遥游》)了,又哪里会像现在这样感到"野田荒垄只生愁"?将心中的坚守隐藏在虚无的论调之后,这是修辞上的曲笔,全诗却因这曲笔而显得更加有力。明朝的顾允成在他的《小辨斋偶存》卷三中也曾谈到过齐人乞食的故事:"齐人有一妻一妾而处室者,是个富贵的乞丐子。一箪食一豆羹得之则生弗得则死,是个贫贱的乞丐子。然弗受弗屑贫贱的却有廉耻,餍足施施富贵的倒没廉耻。乃知意得志满之乡,正堕坑落堑之会。好些人向此中断送,不可不猛省也。"不知几百年前的黄庭坚,当此清明到来之际,心中所隐藏的,是否亦是类似的感慨呢?

本诗在写作上,紧扣清明节的双重文化意蕴(标示春天来临和祭祀悼念死亡)布局,二联承首句,三联承二句,在结构上形如交股。又用第四联承第三联,颇得转合之妙。在第二联中,作者又兼用特殊句法,使得诗篇生出奇崛之气、曲折之力。本诗虽非典型的江西诗,但确实已可见出江西诗常用的一些艺术技巧。

(刘竞飞)

徐孺子祠堂 黄庭坚

乔木幽人三亩宅, 生刍一束向谁论?

藤萝得意干云日，　　箫鼓何心进酒樽。
白屋可能无孺子，　　黄堂不是欠陈蕃。
古人冷淡今人笑，　　池水年年到旧痕。

这是一首吊古咏怀的诗，即借对古人、古迹之题咏而“自吐胸臆”，故姚鼐谓其“自杜公（甫）《咏怀古迹》来而变其面貌”（《五七言今体诗抄》）。

它题咏的是徐孺子祠堂，亦即徐稚故居。《后汉书·徐稚传》言：“徐稚字孺子，豫章南昌（今属江西）人。家贫，常自耕稼，非其力不食。恭俭义让，所居服其德。屡辟公府，不起。时陈蕃为太守，以礼请署功曹，稚不免之，既谒而退。蕃在郡，不接宾客，唯稚来特设一榻，去则悬之。后举有道，家拜太原太守，皆不就……灵帝初，欲蒲轮聘稚，会卒。”《舆地纪胜》言：“孺子亭在东湖（在今江西南昌）西堤上，孺子宅即孺子亭也。曾南丰（巩）即其地创祠堂。”

杜甫《咏怀古迹五首》，以“自叙起”（杨伦《杜诗镜铨》），而黄庭坚则贴紧“徐孺子祠堂”来写。姚鼐所谓“变其面貌”者大约指此。第一句讲祠堂，乔木四围中，有三亩之宅，为幽人之居（《易》“幽人贞吉”，后世用“幽人”指高人、隐士）。第二句写来祠奠祭。“生刍一束”，是徐稚本人的故事。郭泰母丧，徐稚往吊，“置生刍一束于庐前而去”。别人很奇怪。郭泰说：“此必南州高士徐孺子也。《诗》不云乎：‘生刍一束，其人如玉。’吾无德以堪之。”（《后汉书·徐稚传》）这句既点明“幽人”之为徐稚，且赞美徐稚“其人如玉”。但徐稚已死，谁能理解自己心意呢？“向谁论”三字领起下文。

第三句“藤萝”承“乔木”而来。乔木高耸，藤萝依附乔木，也干云蔽日，显出“得意”的样子。以喻小人依附君子而得意，造成浮云蔽日之势。在当时，如指小人欺世盗名的社会现象，倒也确切。

第四句是写祠堂建成之后，便有人吹箫打鼓来进酒樽，但那是把徐稚当作神佛一样来祭拜求福的。“何心”一词，用得耐人寻味。

这两句从眼前景事写起，但寓意深微。下两句接写自己的感想。

“白屋”指贫士所居。“能”，义同“堪”（见《汉书·严助传》注）。意谓贫士中怎堪没有徐稚呢？按黄庭坚《题伯时画严子陵钓滩》：“能令汉家重九鼎，桐江波上一丝风。”任渊注：“东汉多名节之士，赖以久存，迹其本原，正在子陵钓竿上来耳。”徐稚正是东汉的“名节之士”，他虽只是生活在白屋之中，却对汉家天下的存亡起了重大作用。

“黄堂”指太守所居。“不是”犹言“若不是”。意谓：若不是太守中少了陈蕃，则白屋中亦未必没有徐穉。语有省略。又可理解为反问句，即白屋之无孺子，不是由于太守中少个陈蕃吗？亦可通。说得更明白点就是：每个时代都有像徐穉那样的高士，只是没有陈蕃那样的太守去发现他，敬重他。

他赞颂与藤萝的依附相反的“名节之士”，慨叹太守不能注意发现这样的人，这就是黄庭坚“自吐胸臆”。

结句言“古人冷淡今人笑”，但“湖水年年到旧痕”。意谓徐穉这样的古人不为人知，今人中有这样的人也可能受到讥笑。但这种人品格自在，犹湖水年年长在一样。以景结情，耐人寻味。

方东树说“山谷之妙，起无端，结无端……每每承接处，中亘万里，不相联属”，这就是说其中跳跃很大，读时应该注意这点。 （吴孟复）

次韵裴仲谋同年　黄庭坚

交盖春风汝水边，　客床相对卧僧毡。
舞阳去叶才百里，[1]　贱子与公俱少年。
白发齐生如有种，　青山好去坐无钱。
烟沙篁竹江南岸，　输与鸬鹚取次眠。

〔注〕 ① 叶(shè)：即叶县。

史容《山谷外集诗注》目录将此诗编于熙宁二年(1069)。黄庭坚于英宗治平四年(1067)被任命为汝州叶县(今属河南)尉；次年，神宗熙宁元年九月，到汝州；熙宁二年，到叶县任职。

裴仲谋名纶，事迹不详，时为舞阳(今属河南)尉。黄庭坚于治平四年登进士第，裴仲谋也是在这年中进士的，故称“同年”。裴仲谋先作了一首诗给黄庭坚，所以黄作此诗和答他，“次韵”就是照用原作的韵字与次序。此诗前半首叙写自己与裴的交情，一气贯注。黄庭坚大概曾与裴在汝水(出河南嵩县天息山，入颍)滨僧寺中同宿，故有首二句；第三四两句说，自己与裴同为少年，居官之地又相距很近，可以时常通问。“交盖”即是“倾盖”，见《孔丛子》。《后汉书·朱穆传论》“纻衣倾盖”句下李贤注曰：“《孔丛子》曰：‘孔子与程子相遇于途，倾盖而语。’倾盖即交盖也。”“盖”是车盖。朋友途中相遇，停车共语，两车之盖倾斜相交，即是“交盖”。后人用此辞指朋友会晤之意。“贱子”是自谦之辞，古人诗中常用。鲍照《代东武吟》：“主人且勿喧，贱子歌一言。”这年黄庭坚二十五岁，裴仲谋的年纪大概也差不多，所以说“俱少年”。“舞阳”这一联句法很活，因为要保存情事的真实、语句的自然,而突破了一般律诗的规律。按规律,“舞阳”句第六字应用平声,但是“百里”是一个客观事实,不能改动,所以仍保留仄声“百”字。“舞阳”与“叶”都是地名,但下句用“贱子”与“公”两个普通名词作对,不用专名,这也是一种活法。杜甫诗中也有此种作法,如《送杨六判官》云:“子云清自守,今日起为官。”以“今日”对古人名“子云”。罗大经说,这是“诗家活法”(《鹤林玉露》卷四乙编)。“舞阳”这一联虽是对句,但读起来觉得流转自然,上句将应用平声字处的第六字改用仄字,下句将应用仄声字处的第五字改用平声“俱”字,更增加了一种拗折的声响。《苕溪渔隐丛话前集》卷四十七引《禁脔》,曾指出,“鲁直换字对句法,……于当下平字处以仄字易之,欲其气挺然不群。”可见这是黄诗常用之法,也是从杜诗中学来的。

第五六两句提笔宕开,发抒感慨。这是古人作七律诗常用之法,可以增加高远之势。所以吴汝纶评为“绝好顿挫”(《唐宋诗举要》引)。“有种”,借用《史记·陈涉世家》“王侯将相宁有种乎”的字面。第六句亦暗用一个“买山钱”的故事。唐朝苻载派人致书于頔,乞买山钱百万,于頔如数给他。(见《云溪友议》卷上“襄阳杰”条)黄庭坚作诗,讲究“无一字无来历”,所以他经常运用典故或成语,但是总是暗用、活用。譬如这句诗,即便不知道买山钱故事的人也可以读懂,而知道出处后,更觉得有意味,正如古人所说的,善用典者如水中着盐,看似白水,一尝则有盐味。这两句诗是慨叹自己白发已生,倦于宦情,而因无钱买山,不能归去。“坐”是因为之意。末两句接着说出,自己还不如水鸟鸬鹚能在江南的烟沙篁竹中悠闲自在的生活。“取次”是“随便”之意。黄庭坚作叶县尉时甚不得意。他初到汝州,即因“到官逾期”,被汝州长官富弼将他“下吏”(见《还家呈伯氏》诗史容注)。县尉要经常送往迎来,伺候上官,也使黄庭坚感到厌烦。他的《冲雪宿新寨忽忽不乐》诗有“小吏有时须束带,故人颇问不休官”之句,说出了郁闷不乐想弃官而去的心情。这样,就更可以了解这首诗末四句的含义了。

方东树说:“黄(按:指黄庭坚)只是求与古人远,所谓远者,合格、境、意、句、字、音响言之。”又说:“又贵清,凡肥浓厨馔忌不用。”又说:“又贵奇,凡落想落笔为人人意中所能有能到者忌不用。”(《昭昧詹言》卷七)黄诗的这些特点,就在这首诗中也可以体会出来。读这首诗,细细玩味,如同吃一种清醇而又别具鲜味的菜肴。苏东坡曾将黄庭坚诗比做“蝤蛑、江珧柱,格韵高绝,盘飧尽废。”(《苕溪渔隐丛话前集》卷四十九)大概也是取其并不肥浓而又别具鲜味吧。　（缪　钺）

弈棋二首呈任公渐(其一)　　黄庭坚

偶无公事客休时,　　席上谈兵校两棋。

心似蛛丝游碧落，　　身如蜩甲化枯枝。
湘东一目诚堪死，① 　天下中分尚可持。
谁谓吾徒犹爱日，　　参横月落不曾知。

〔注〕 ① 湘东一目：据《南史》，梁湘东王萧绎，早年一目失明。

这是一首以描写下棋为题材的诗。通体而论，应属佳作；但最富于烹炼的警句，该推"心似"、"身如"这一联。

写事写物的诗有其难处：一是难以刻画入微并形中见神；二是富有寄托，寓言外之意，发人深思，并非易事。看来下棋更不易写。棋盘、棋子，这都是没有什么好写的，关键是要写出下棋的对手双方的心理活动。《苕溪渔隐丛话》曾引过一首《观棋歌》，其中有四句写得神采奕奕，十分符合下棋情景：

初疑磊落曙天星，次见搏击三秋兵。
雁行布阵众未晓，虎穴得子人皆惊。

首言布局之初，春云待展；次言双方鏖战之烈；再次变局忽露，但端倪难测；最后则突出险中取胜，出人意表。这一种写法，侧重于对手双方的拼搏，确是生龙活虎，但较之山谷老人的突出心理状态，思深笔健，富于哲理，毕竟稍逊一筹。

"心似蛛丝游碧落"这一句，取自常见事物，但却奇崛异常。"蛛丝"之小，对衬"碧落"之大，已是一奇。而又偏偏不曾断绝，这就更富奇观。其毅力之非凡，恰可喻弈棋人殚精竭虑，务求胜算。然而，胜算之得，又决非轻而易举。左右为难的事，在棋局中是常见的。这就难免要徘徊，要沉吟，要冥思潜想。其深细，其浮动，其倏忽变化，的确是像太空中随风飘荡的蛛丝了。至于"身如蜩甲化枯枝"，则出于《庄子》中佝偻丈人承蜩的故事。丈人一心捕蜩，意志专一，竟把身子当作枯树，手臂当作树枝。典故被运用到这里来，喻对局者意志集中，已达到忘我境界。会下围棋的人大概都会知道，这种情景委实是逼真的。

不过，更值得注意的不仅是逼真，而更在于传形得神，以沉蓄的精力，传写出深邃的神思。清人蒋澜只看到这两句的"穷形尽相"、"绘水绘声"(《艺苑名言》卷一)，不免浅乎其言。这两句的刻画和铸境，总令人觉得初不止于弈棋，而有其更广泛的艺术概括。用于文思的专一可，用于科学家攻关时思维状态的描绘也可。

如果说颔联以刻画弈者的心思专一为主，那么颈联却是以描绘弈者的斗志坚韧为主；前者极写其忘我之境，后者极写其一意扭转危局之情。"湘东一目"，是用的南朝湘东王萧绎偏盲的典故，喻弈者处于不利之局。按理说，围棋要有两个"眼"才能活，可现在只有一眼，其结果可想而知。然而对此，弈者却决不服输，仍然在精心运筹，希望背城一战，总算还有个平分天下的局面。前面的“诚堪死”确乎是山穷水尽，后面的“尚可持”这一急转，却又表现为柳暗花明、蟠屈老辣之笔，充分展示了山谷的特色和擅长。

结尾虽说比较平淡，但却能席卷前文，并出以风趣之笔，以从容反问作结，表明一向珍惜光阴的人们，居然因一心鏖战，连夜阑更尽、星沉月堕也都忘却了。可以说把前文的心思专一和意志坚韧两层内容完全包罗，情景相生，使得眼前的对弈情境推向远处，不粘不滞，这就好像电影镜头的“淡化”，得“远而不尽”之妙。

黄庭坚之所以能写出这一种化境，绝不仅仅是源于其弈棋经验，也可以说得力于其诗文构思和禅悟的触类旁通。庄子的技进于道，禅宗的所谓“心妙以了色”(《大十二门经序》)，这一类哲理，大概都给予他以影响。（吴调公）

郭明甫作西斋于颍尾，请予赋诗二首　　黄庭坚

食贫自以官为业，　闻说西斋意凛然。
万卷藏书宜子弟，　十年种木长风烟。
未尝终日不思颍，　想见先生多好贤。
安得雍容一尊酒，　女郎台下水如天！

东京望重两并州，　遂有汾阳整缀旒，
翁伯入关倾意气，　林宗异世想风流。
君家旧事皆青史，　今日高材未白头。
莫倚西斋好风月，　长随三径古人游！

这两首七律作于熙宁四年(1071)，时黄庭坚任汝州叶县(今属河南)尉。诗题已标明了写作缘由。这两首诗是“联章体”，既各自成篇，又成为一个整体。这种联章的七律，杜甫写得最多，如《曲江二首》、《秋兴八首》、《咏怀古迹五首》等。黄庭坚早年曾精研杜诗，这两首联章诗，便是规摹杜诗体制的。

第一首写西斋风景，倾吐对朋友的渴慕之情，最后表示想同朋友欢聚。因为西斋的落成是朋友来函告知的，所以首联便从“闻说”写起。但并不落笔就写“闻说”，而是先说自己作铺垫。自己家境清贫，不得不以做官为业，所以听说郭明甫不愿入仕，在颍尾营西斋隐居读书，不禁肃然起敬。“意凛然”三个字，感情色彩浓郁，既含有对友人敬重之情，又寓有反躬自问之意。这三字是全篇联章的主旨所在，表示这两首诗并非一般应酬之什，而是有所为而作。首联二句，意思既连

贯而下，仔细品味，又有抑扬转折之妙。山谷律诗用笔谨严，细针密线，诗句中襞褶尤多，深得老杜诗顿挫之法。从这二句也可见一斑。

由首联的"闻说"，便引起颔联对西斋风光的遐想。西斋既是友人隐居读书的书斋，自然地从藏书写起。称赞友人藏书之富，正是赞美友人饱读诗书，学问渊博。"宜子弟"，更是表述友人的诗礼传家。第四句写景兼寓意，暗用《管子·权修》："十年之计，莫如树木；终身之计，莫如树人"之意。这一联，既写了西斋的藏书、子弟、林木、风烟，又抒发了关于培养人才的深刻见解，巧妙地寓议论于描写，使人几乎感觉不到这是说理之笔。这样的议论，带情韵而行，有形象，不失诗意之美。

西斋既是如此幽雅宜人，当然要引起作者倾心向往之情。于是，颈联便写对朋友的思念。"未尝"和"想见"二句，灵动流走，似乎是信手拈来，其实是用了多种技巧。第一，因果倒置的表现手法。本来是由于友人的好贤乐善，才时常怀念。但作者却反过来，先写自己终日思颍，后写先生好贤。这就使情意表达得曲折有味。第二，加倍一层写法。施补华《岘傭说诗》论杜甫诗云："'感时花溅泪，恨别鸟惊心'，'无风云出塞，不夜月临关'，是律句中加一倍写法。"黄庭坚这两句诗，也用了这种写法。上句，本来说自己"未尝不思颍"就可以了，却加上"终日"，表现对友人是朝思夜想。下句，本来只说"先生好贤"也够了，添上一个"多"字，更加深了读者的印象。第三，"未尝终日不思颍"一句，还有意使用双重否定句法，比直接说终日思颍，感情要强烈得多。

律诗中两联对仗，最能见出作者功力的深浅。这首诗对仗精彩。颔联用正名对，对得工整。上、下句之间，上句是实，下句是虚，上句是主，下句是陪衬，毫无雕琢呆板之感，更无"合掌"之弊。颈联尤为出色：气势充沛，运笔如风，十四个字一笔直下，一气说出；对仗不强求精严，而具自然浑成之妙；上下句句法不同，却能正反相对，并形成一意贯连的流水对，读来觉不到是对仗。律诗之法，第三联须奇警。此诗五六句堪称"警联"。

由于对友人思念之切，便生欢聚之想，所以尾联宕出远神，以景结情，想象自己已到颍上，同友人从容载酒泛舟于女郎台下，但见台下水天一碧，空明澄澈。这阔远的境界，正好衬托出两人聚会时心旷神怡之情。情景交融，浑为一体，使人逸兴遄飞。

程千帆、沈祖棻说："这篇诗赋西斋，但诗人却并没有到过西斋，所以全从想象落笔，化实为虚。'闻说'、'想见'、'安得'，都非泛下"（《古诗今选》下册）。见解精切。此外，从"闻说"到"想见"，再到"安得"，诗意连贯而下，层层递进，真如行云流水，舒卷自如。

第二首进一步写对友人的勉励，希望他出来从政，为国家出力，表现了作者对人才的爱惜，反映了他前期积极进取的人生观。在艺术表现上，前四句句句用典，一气连举五个姓郭的历史人物故事。首句，用东汉郭丹、郭伋事。这两个人都做过并州牧，是当时有名望的人物。次句，用唐代郭子仪事。郭子仪封汾阳郡王，曾平服安史之乱，再造唐室，等于是把天子冠上断了的旒又连缀起来。第三句用西汉豪侠郭解（字翁伯）事。郭解入关时，关中豪杰闻声争来交欢。第四句用东汉郭太事。郭太字林宗，是当时的儒林领袖人物。他死后，蔡邕作了一篇很有感情的碑文。作者引用这么多姓郭的历史遗事，是为了勉励郭明甫，希望他向先人学习。所以，在第五句总括一笔之后，便称赞郭明甫年富力强，才华极高，希望他不要贪图西斋好风月，应出来济世立功。山谷写诗，讲究章法布局，后一首的结构不同于前一首。他先把主旨隐藏起来，从容不迫地征引典故，最后才画龙点睛，道出主题。另外，诗中的“今日高材”和“西斋风月”，同前首的“万卷藏书”、“先生好贤”、“闻说西斋”，前后吻合，遥相呼应，也见出作者艺术构思的谨严细密。宋人好以才学为诗，以示腹笥之富。此诗后一首连用五个古人的典故，正表现了宋诗，尤其是江西派的这一特色。

（陶文鹏）

过平舆，怀李子先，时在并州　　黄庭坚

前日幽人佐吏曹，　我行堤草认青袍。
心随汝水春波动，　兴与并门夜月高。
世上岂无千里马？　人中难得九方皋！
酒船渔网归来是，　花落故溪深一篙。

黄庭坚在英宗治平四年（1067）登进士第后，被任命为叶县（今属河南）尉。因为到官误期，受到上级官吏的谴责；县尉职位低，俸禄也少，不足以养家，心中总是闷闷不乐。这首诗是他在熙宁四年（1071）春天，解去叶县尉职务时所作，表达的便是得不到赏识欲归湖山的心情。

一二句主客并提，以彼此远居又各不得意为“怀”字提供丰富的内容。“幽人”指李子先，他在并州（治所在今山西太原）作小官。“青袍”是下级官员的服装。历代文人常用青草比青袍，如庾信《哀江南赋》：“青袍如草”，杜甫诗：“汀草乱青袍”，含有不被见用的意思。这里作者说“堤草”认出自己的青袍来，不光属思奇巧，而且以草为有情物来反衬人的情怀难禁，效果极好。

三四句承首联中“各在异地”的含义，叙遥相思念之情。这两句借景抒情，情景互生。作者时在平舆，地近汝水。前句写自己，后句写朋友，但同第一二句一样都用实写法，仿佛友人也在目前，颇觉亲切。

五六句承首联中“各不得志”的含义，写无人理解的愤懑。这两句诗措辞自然，对仗工稳而又意在言外，显示出诗人锤炼语言的深厚功力。庭坚曾以此联示人，并说读这两句可以得律诗之法。《观林诗话》对这两句诗从形式上加以评论，说：“杜牧之云：‘杜若芳州翠，严光钓濑喧’此以杜与严为人姓相对也。又有‘当时物议朱云小，后代声名白日悬’此乃以朱云对白日，皆为假对，虽以人姓名偶物，不为偏枯，反为工也。如涪翁（黄庭坚号）‘世上岂无千里马，人中难待（当为“得”——引者）九方皋’，尤为工致。”《苕溪渔隐丛话·后集》（卷三十二）从内容上着眼加以评论，说：“鲁直（黄庭坚字）《过平舆怀李子先》诗：‘世上岂无千里马，人中难得九方皋’，《题徐孺子祠堂》诗：‘白屋可能无孺子，黄堂不是欠陈蕃’二诗命意绝相似，盖叹知音者难得耳。”足见这两句诗受到人们的爱重。

末二句写出全诗的主旨，劝李子先也解官归里，与己同游。其中“归来”二字明言作者用心，紧接着又下一个很有分量的“是”字，但诗人犹嫌不足，同时还用水涨花落、渔船载酒构成一幅具有强烈吸引力的图画，劝归之意算是发挥得淋漓尽致了。

山谷作诗，最讲章法。《昭昧詹言》卷十二云：“山谷之妙，起无端，接无端，大笔如椽，转折如龙虎，扫弃一切，独提精要之语。每每承接处，中亘万里，不相联属，非寻常意计所及。”本篇用幽人佐吏起，以故溪篙深结，大似无首无尾者，然而横空出语，收束有力。各联之间，首联说官卑，颔联写春兴，颈联叹九方皋之罕见，尾联叙故溪之可游，每联下语也好像不知其所从来。但细味诗意，脉理仍然是清晰可辨的。因为从内容上讲，诗人和朋友所以“心动”、“兴高”者，并不仅仅是感觉到“春波”、“夜月”的缘故，更重要的是感慨于自己“佐吏曹”、“青袍”这样的低下地位，因此也就极容易作千里马、九方皋之叹，慨叹之余，拟退处于酒船渔网之间，也就是顺理成章了。从结构上看，首联总提，中间两联分议，末联收拢，也分得巧妙，合得有力，既富变化，又作到了天衣无缝。（李济阻）

次韵盖郎中率郭郎中休官二首　黄庭坚

仕路风波双白发，　闲曹笑傲两诗流。
故人相见自青眼，　新贵即今多黑头。
桃叶柳花明晓市，　荻芽蒲笋上春洲。

定知闻健休官去，　酒户家园得自由。

世态已更千变尽，　心源不受一尘侵。
青春白日无公事，　紫燕黄鹂俱好音。
付与儿孙知伏腊，　听教鱼鸟逐飞沉。
黄公垆下曾知味，　定是逃禅入少林。

这两首诗见史容注《山谷诗外集》，系年是元丰二年(1079)，时庭坚三十五岁，仍在北京(今河北大名)任国子监教授。盖、郭两郎中，名未详；原注称郭为“郭丈”，年长于黄。神宗“熙宁变法”，至此已历十二年，欧阳修、苏轼皆贬谪在外；新党中也发生矛盾，自相斗争，王安石两度罢相，吕惠卿代起，这时吕也罢相，蔡确参知政事。黄庭坚受知苏轼，对新党是不满的，诗中即流露这种感情。

第一首起联，总写盖、郭二人的生平遭遇。“仕路风波”，表现作者对朝政、仕途的不满，“双白发”，谓两人年老，暗示从仕途和年龄上看，都适合休官；“闲曹笑傲”，写两人浮沉不得志，官职闲散，只能“笑傲”自适，“两诗流”，谓能诗，非俗吏，暗示从生活和性格上看，也该休官。颔联出句，从两人写到作者和他们的关系，一束一转，灵活有力。“故人”，交情不浅；“自青眼”，用魏阮籍能为青白眼故事，谓两人看重自己。对句别作伸展，从三人写到朝官，机势逞出。“新贵”，主要指新党及作者眼中的倖进之士；“多黑头”，谓年轻。《世说新语·识鉴》载王导谓诸葛恢当为“黑头公”，是赏识的话；司空图《新岁对写真》：“文武轻销丹灶火，市朝偏贵黑头人。”杜甫《晚行口号》：“远愧梁江总，还家尚黑头。”是讽刺的话；黄句中是讽刺意。王安石变法，有进步理想，但在实施过程中弊病不少，新党中的官僚，确多投机分子，甚至王安石本人也受过他们的中伤、打击，所以不能认为黄庭坚讽刺新党，就是保守。颈联忽转入写景。出句写“晓市”中“桃叶柳花”的可爱，句中“明”字，以形容词用为动词，强调桃柳不但自身鲜妍，并且映得“晓市”也明媚起来；对句写“春洲”中的“荻芽蒲笋”也都长成上市，不但可观，而且可口。这两句好像与上下文不接，孤立突兀；其实是用在野风物的可爱，以对照上文“仕路风波”的可畏，并为下文转入明写“休官”作关捩，承接很紧，只是意脉不露，状如跳跃而已。结联：“定知闻健休官去，酒户家园得自由。”闻健，似是唐人口语，即“趁健”、“趁早”之意，白居易诗中常用之，如“闻健且闲行”、“闻健朝朝出”。句中谓趁早休官，在“酒户家园”中过生活，既可得到欣赏自然景物之乐，又可摆脱居官的不“自由”；原注说郭郎中时常不着官服，穿戴“道巾野服，过亲党饭，颇为御史所诃。”故强调“自由”问题。这一联倒蒙上联，远结全诗，笔调由上三联的结实凝练稍稍变为宽松。

第二首起联的出句“世态已更千变尽”，作感慨语以进一步申述必须休官的理由，“世态”主要指上文的“仕路风波”、“新贵黑头”。对句“心源不受一尘侵”，承前“笑傲”、“诗流”、“自由”而来，勉励盖、郭心境要提高一层。心境保持高洁，不受俗尘侵扰，意本佛经“自心源达佛深理”，和禅宗的“本来无一物，何处着尘埃”的说心偈语。颔联，又从议论忽然转入写景，其突兀、跳跃，有如前一首的颈联。指“无公事”，才能够真正消受“青春白日”的乐趣，才能够听出“紫燕黄鹂”的“好音”，妙在不说“才能够”的道理，只直写景物，让人们自去体会这是休官的乐趣。这一联不但是以景抒情，而且是以景表现哲理了。方回《瀛奎律髓》评此联为“变体”；纪昀批：“此种句法屡用，亦是滥调。五六句却对得活变。”其实此种句法，黄诗并未滥用，纪氏批得过苛，似未深体它的作用。颈联：“付与儿孙知伏腊，听教鱼鸟逐飞沉。”向盖、郭两人提出休官后应取的态度：夏天“三伏”大暑和寒冬季节的变化，以及“伏祭”、“腊祭”等祭祀礼节，你们都不用管，让儿孙去关心得了；天上水底“鱼鸟”的“飞沉”，也可听其自“逐”，不要去引起遐思。史容注引《南史·梁元帝诸子传》，说梁元帝长子方等，曾经著论说：“吾之不及鱼鸟者远矣：故鱼鸟飞浮，任其志性；吾之进退，恒在掌握。”乃是羡慕鱼鸟的自由，似只能表示词语出处，不能解释诗中用意。纪昀说这一联胜过上一联，其实恰恰相反，这一联直接说理，不及上一联的含蓄有味、形象优美。结联：“黄公垆下曾知味，定是逃禅入少林。”说盖、郭两人饱尝世味，该有遁归佛门的出世之思。黄垆，《世说新语·伤逝》：“王濬冲（戎）乘轺车经黄公（卖酒老人）酒垆，顾谓后车客：‘吾与阮嗣宗（籍）、嵇叔夜（康）共饮此垆，自嵇生夭、阮公亡以来，便为时世所羁绁，今日视此虽近，邈若山河。’”逃禅，本指逃避佛家戒律，如杜甫《饮中八仙歌》所说的：“苏晋长斋绣佛前，醉中往往爱逃禅。”这里连下文“入少林”，是反过来表遁世归佛之意。少林，用佛教著名的达摩祖师在河南嵩山少林寺面壁参禅的典故。这中间的“味”字不指盖、郭因知酒味而要逃禅，是指饱尝世变和交游的死生聚散的况味，即尝到《世说新语》中的怀旧“邈（远）若山河”之味，于是便会看破俗情，有入禅之思。旧词反用，意曲一层，就能显出其中包含的深沉感慨了。这首诗颈联笔稍松，其余六句都写得结实凝练。

这两首诗，前六句都用对偶，以之叙事、写景、说理，工整灵活；句与联之间的转变、伸展和跳跃，显示黄诗的盘旋挺拔的笔力；第一首颔联的“自”字、“多”字，第二首颈联的“俱”字都用拗字，使藻丽之句，又显出拗峭之势；好谈佛理，说理力

求透过一层：这都表现出黄诗的特点。（陈祥耀）

和陈君仪读太真外传五首(其四)　　黄庭坚

高丽条脱琱红玉，①　　逻逤琵琶撚绿丝。②
蛛网屋煤昏故物，③　　此生惟有梦来时。

〔注〕 ① 条脱：臂钏。琱：即雕。《太真外传》载，贵妃去世后，玄宗思念不已。臣下多有献妃遗物者。谢阿蛮进臂钏，帝见之落泪。 ② 逻逤：吐蕃都城，今西藏拉萨。《太真外传》载，贵妃琵琶逻逤檀木所制，温润如玉。琵琶之弦则末诃弥罗国绿水蚕丝所制。 ③ 屋煤：屋上悬尘。

黄庭坚诗之渊源于韩愈、孟郊是人所皆知的，但其实他也受到李商隐的影响。应该说，排奡奇崛得力于韩、孟，这是山谷风格的主流；而长于用典、精于布局和偶涉艳情的色彩绚丽之作，则胎息于义山。

很显然，他的读《太真外传》这五首七绝组诗，境界、色泽，极近商隐。原来《太真外传》是宋初史官乐史所作，记叙杨贵妃事迹，才调渊雅，笔致绮丽，具有艺术魅力，难怪它引起了山谷的感喟和遐想。他这五首绝诗，不像大多数歌咏太真的作品侧重于引古鉴今，甚或把这位绝代佳人写成倾国的"祸水"，而是着力渲染爱情悲剧的意境。在这一点上，很得义山神髓。纵使黄诗的艳冶以盘拗出之，李诗的艳冶以婉约出之，互有不同之处，但并不影响凄艳气氛的大体近似。

黄庭坚之受义山影响，与其学杜有关。说起他的学杜，又和他的家世有关。他的父亲、舅父和前后两个岳父(谢景初和孙觉)，都是爱好和学习杜诗的，因此他从少年时代起，就潜移默化地受了杜诗影响。至于李商隐，其渊源虽属多方，但得力老杜却是他风格醇厚的一个重要原因，所以王安石曾经这样激情称许李商隐学杜的成就："唐人之学老杜而得其藩篱者，惟义山一人而已。"(《蔡居厚诗话》引)尽管同一渊源，而取法者各有其途径，各有其所取，也各有其成果。但既然各人的一瓣心香，居然能不谋而合，这就说明大家的审美观点，毕竟有其相同之处。

就本诗而论，其近李诗者至少有一点，就是都善于写出凄凉的幻境；于神思则缥缈，于感觉则精细，于笔势则灵转。从幻梦的破灭来看，这首诗很有点像李商隐的七律《银河吹笙》。李诗藉苍苍霜露而抒"梦断"之感，黄诗则藉过去繁华和当今破落的强烈对比，渲染出盛世如烟的枨触。至于后两句，则更是一大转折，一大跌宕。义山之"包蕴密致"，山谷之"囊括古今"(翁方纲：《跋山谷手录杂事墨迹》)，有时似乎也能统一。就说"蛛网屋煤昏故物"这一句吧，岂非道地的素描?把荒凉景象写得如此之足,可见笔力之雄。故物虽存,而昔时难再,这就除非“梦中”再见了。“此生”是一次重按,“惟有”就更加强调,推进一层。其结果,使读者为之怆痛,为之怅惘。

除诗风的渊源、承传外,二人的坎坷亦颇相类似。张佩纶《涧于日记》论及山谷有云:“终其身竟无展眉舒气之一日。较之义山之死于令狐,不同一侘傺乎?”确有至理。不同的只是相对地说,黄山谷性格比较豁达而诙谐些,义山虽说意志坚贞,但气质毕竟偏于多愁易感。可见山谷以兀傲见称,有时也以粗硬被人诟病,恰恰反映了他的高旷的品格,这和义山咏蝉以自表“高洁”,有两相沟通之处。

(吴调公)

次韵伯氏长芦寺下　　黄庭坚

风从落帆休,　天与大江平。
僧坊昼亦静,　钟磬寒逾清。
淹留属暇日,　植杖数连甍。
颇与幽子逢,　煮茗当酒倾。
携手霜木末,　朱栏见潮生。
樯移永正县,　鸟度建康城。
薪者得树鸡,　羹盂味南烹。
香秔炊白玉,　饱饭愧闲行。
丛祠思归乐,　吟弄夕阳明。
思归诚独乐,　薇蕨渐春荣。

元丰三年(1080)春天,黄庭坚罢北京(今河北大名)国子监教授,到汴京(今河南开封)改官,得知吉州太和县(今江西泰和)。秋天,他从汴京起程归江南,先回洪州分宁(今江西修水)乡里,然后赴任,一路上写了许多纪游诗。这首诗为途经真州(今江苏仪征)阻风游长芦寺作。伯氏,指庭坚之兄大临,字元明。长芦寺,据《传灯录》记载:“真州长芦崇福禅院祖印禅师,讳智福,江州人。四处住持,胜缘毕集。三十年间,众盈五百。”可见是一座规模不小的寺院。这首诗依元明韵而作,故称次韵。在《山谷外集》卷八中,有一首题为《外舅孙莘老守苏州留诗斗野亭庚申十月庭坚和》的诗,作于本诗之前,韵脚也和本诗相同。喜欢写次韵诗,是黄诗的特点之一。

这首诗写长芦寺下所见所遇,抒发了归江南故乡的喜悦心情。

起首四句,概括描写长芦寺外景,笔力雄健而自然。行旅之人对风势、风向往往特别敏感。第一句"风从落帆休",把这种感受写得极其生动。江上行舟,人们往往从船帆上观察风力大小。现在船落下了帆,似乎风也因帆落而停息。这种写法颇为出人意外。第二句"天与大江平",极写形势的开阔,放眼远望,水天相连,十分壮观。以上为目之所见;三四句写耳之所闻。"僧坊昼亦静",僧坊即长芦寺。寺院本是幽静的所在,在深秋季节,即使大白天,也似乎寂无声息。不过,是不是一点声音也没有呢?也不尽然。"钟磬寒逾清",长芦寺里传来的钟磬之声,在寒风中,听起来更觉清越。这四句诗写了季节、环境、气氛,看似不费力,却极为精警,可以说起笔不凡。

接着用移步换形之法写各处景致。"淹留"四句写登高看景。诗人这次游长芦寺,客观原因是风不顺而滞留。在此诗之前,作者写有《阻风入长芦寺》。可见他颇有空暇,心情相当悠闲,所以能细细游赏。他时而拄杖高岗,闲数座座相连的寺院屋顶;时而路逢幽人,煮茗共话。

接着诗人又换了一个角度,"携手"四句写从高处远望之景。"木末",树梢。"携手霜木末",极言立处之高。这句诗乃从杜甫《北征》"我行已水滨,我仆犹木末"句化来。诗人倚栏俯视,看到了江潮上涨,看到了往来于永正县(宋代的真州,在唐为永正县的白沙镇)江面上的船只;远远望去,连飞越建康(今江苏南京)城的鸟儿也看得见。这四句以极生动之笔,描绘了长芦寺登高眺望的一幅雄阔画面。特别是"潮生"、"樯移"、"鸟度"等词语,使整个画面充满了动感。

"薪者"四句,写山中樵夫采得树鸡(一种生在树上的菌子,可食),引起诗人的一番联想。他想象樵夫把采得的树鸡,回家做成具有南方风味的羹汤,又把白玉般的秔(同粳)米,煮成香喷喷的米饭,一家人美美地饱餐一顿。樵夫一家的做饭、烹羹,其实并非诗人亲眼所见,他依然在长芦寺下山间闲行。但是他却从樵夫为一家人的生计而辛苦操劳,对照自己领着朝廷的俸禄,顿顿饱饭,还在这里游逛,惭愧之情油然而生。字里行间反映了作者可贵的爱民思想。

最后四句写听到鸟叫声的感受。突然,草木丛中传来思归乐的啼叫声。思归乐是一种形状如鸠的小鸟,暮春时节,鸣声像"不如归去",人们听到它的叫声,就会唤起思乡之情。古代诗人专有描写这种鸟的,如唐代元稹在《思归乐》中写道:"山中思归乐,尽作思归鸣。应缘此山路,自古离人征。"白居易在《和〈思归乐〉》中也说:"山中不栖鸟,夜半声嘤嘤。似道东归乐,行人掩泣听。"在离人听来,思归乐的叫声是凄凉的。可是黄庭坚这次归江南顺道回乡,感觉就大不一样了。在诗人耳中,思归乐的叫声不啻一曲动听的歌。思归乐在明亮的夕阳下婉转吟唱，何等悦耳，何等温情。他在《阻风入长芦寺》诗中也曾流露了这种喜悦心情："岁寒风落山，故乡喜言旋！"他自治平四年(1067)登第，任汝州叶县(今属河南)尉，到这次赴太和知县任，中间整整相隔十三年，那出于内心的高兴可想而知。

"丛祠"四句和前面相接，是经过诗人精心构思的。细细寻去，针线极密。由"闲行"而听到"丛祠"(草木岑蔚处的土地庙)思归乐的叫声；从"不如归去"的叫声，想到自己正在回乡路上，不由喜上心来；这次回乡已在岁末，不久春天即将来临，那时薇蕨已肥，聊能充饥，和前面"饱饭愧闲行"句相呼应。

清人方东树说："山谷之妙，起无端，大笔如椽，转折如龙虎，扫弃一切，独提精要之语。每每承接处，中亘万里，不相联属，非寻常意计所及。"(《昭昧詹言》卷十)这首诗正是体现了这一艺术特点。更为可贵的是，这首诗气象"雄远壮阔"，却不大看得出作者在用力，可见诗人功力之深厚。

(史　乘)

池口风雨留三日　　黄庭坚

孤城三日风吹雨，　小市人家只菜蔬。
水远山长双属玉，　身闲心苦一舂锄。
翁从旁舍来收网，　我适临渊不羡鱼。
俯仰之间已陈迹，　莫窗归了读残书。

山谷早岁为地方官，曾在北京(今河北大名)当了七年的国子监教授，这是一个闲职，所以他常自比为唐代的广文先生郑虔。元丰三年(1080)入京改官，授知吉州太和县(今江西泰和)，秋天从汴京出发赴江南。这首诗就写在他赴任途中因风雨而留滞池口(今安徽贵池)的时候。熙宁、元丰年间正是新法推行之时，山谷因与当政者政见不合，加上位卑职微，心怀抑郁。他一方面慨叹抱负不能实现，一方面向往归隐田园，对现实政治采取消极的不合作态度。这一时期的诗文反映了山谷满肚子的不合时宜，于放旷达观中透出一股兀傲不平之气，如"枯桐满腹生蛛网，忍向时人觅清赏"(《再答明略二首》)，"五斗折腰惭仆妾，几年合眼梦乡间"(《次韵寅庵》)，"学得屠龙长缩手，炼成五色化苍烟"(《次韵寄上七兄》)，"安得田园可温饱，长抛簪绂裹头巾"(《同韵和元明兄知命弟九日相忆》)等即是。本诗描写旅途中的见闻杂感，表现出不慕荣利，以读书自娱的人生态度，在悠闲旷达的笔调中隐隐透露出内心的苦闷不平。

诗的前半在写景中抒情。首联从扣题入手，绘出一幅孤城风雨图：长江边上，孤城一座，风吹雨打，已经三日，小市人家只能以菜蔬度日。多么淡雅素朴的笔致！诗人好像信手拈来，不假藻饰，而富有诗情画意。字里行间流露出对质朴恬静的小城生活的喜爱。这里纯为写景，但内心情意已曲曲传出。颔联触物起兴，诗人放眼流观，无意中一些景物触动了他的情怀，于闲适宁静中见出内心的波澜。那浩浩江水流向远方，迤逦的山岭，看去像一双属玉鸟。司马相如《上林赋》云："鸿鹔鹄鸨，驾鹅属玉。"郭璞注："属玉似鸭而大，长颈赤目，紫绀色。"以上是远眺。近观则是："身闲心苦一舂锄。"舂锄即白鹭，这种鸟满身雪白，给人以清高闲雅的印象，但诗人却感到它身虽闲而心实苦。这个"苦"字实际是诗人触景生情，而又将情感投射于外物的结果，这里象中含兴，赋而兼比，表面写白鹭，而实际则是诗人的夫子自道。当时山谷面临种种矛盾。他志大才高，但现实政治又使他失望，自己只是个闲散无权的学官，只能自叹"少日心期转谬悠，蛾眉见妒且障羞"(《次韵答柳通叟求田问舍之诗》)，"蚤年学屠龙，适用固疏阔，广文困齑盐，烹茶对秋月"(《林为之送笔戏赠》)。他不愿屈身事人，渴望归田，但迫于生计，又不得不折腰为官，所谓"尝尽身百忧，讫无田二顷"(《次韵寄润父》)，"斑斑吾亲发，弟妹逼婚嫁，无以供甘旨，何缘敢闲暇?"(《宿山家效孟浩然》)都道出了内心的苦闷。但诗在这里只点到即止，给人留下了很多想象的余地。

诗的后半在记叙中抒情。如果说颔联是以物为比兴，那么颈联则是以人起兴。渔翁适从旁舍来水边收网，这一极偶然的景象却触动了诗人对世事的感慨。他由网而联想到鱼，于是反用"临渊羡鱼，不如退而结网"的成语(《汉书·董仲舒传》)，表达了不求仕进、自甘淡泊的心境。这一造语不能不说是一种巧思。反用典故成语，古人称为翻案法，如杨万里说："翻尽古人公案，最为妙法。"(《诚斋诗话》)《艺苑雌黄》云："文人用故事有直用其事者，有反其意而用之者，非识学素高，超越寻常拘挛之见，不规规然蹈袭前人陈迹者，何以臻此?"这种手法无疑受到禅宗的影响，禅宗推重翻却成案，更进一解的睿智，如六祖慧能的著名偈语："菩提本无树，明镜亦非台。本来无一物，何处惹尘埃?"就是对神秀以树、镜譬心的偈语的翻案。山谷此联从生活琐事中激发联想，闪耀出思想的火花，类似禅宗的机锋，于寻常事物中获得妙悟。

诗以达道之言作结，表现出超迈脱俗的胸襟。"俯仰之间已陈迹"化用王羲之《兰亭集序》的成句："向之所欣，俯仰之间，已为陈迹。"逸少的本意是感叹人生短暂，不觉悲从中来。山谷虽用其字面，其意却相反：世事瞬息万变，面对无常的人生，还是退出争名逐利之场，到书中去寻找乐趣吧。(莫即"暮"字)这正如他在另一首诗中所说的："功名富贵两蜗角，险阻艰难一酒杯。百体观来身是幻，万夫争处首先回。胸中元有不病者,记得陶潜归去来。”(《喜太守毕朝散致政》)由此可见佛道思想给予山谷影响之深。

山谷诗脱弃凡近,格高调逸,但这种高格又不是借助风花雪月、丽辞藻绘体现出来的,他往往在抒写日常生活的见闻感受中,表现出超脱流俗、兀傲崎崛的精神境界。如本诗就采用随感录式的写法,触物兴怀,涉笔成趣,在寻常事物的形象中参以名理,颇具理趣。诗的语言清新奇峭,字面上没有炫目的色彩,但自有深曲奇奥之致。写景淡雅而有风致,抒情则力翻成案,将平常的典故翻出新意,以刻画诗人拔出流俗的胸襟。在格律上,将古诗的气脉运用于律诗,骈偶之中又参以散文句法。颔联不仅对偶工切,而且“水远”与“山长”、“身闲”与“心苦”构成当句相对,但颈联与尾联却又用散文句法。颈联对偶有意使其不工,且上下句之间形成因果关系,如流水贯注,“此所谓寓单行之气于排偶之中者”(方东树《昭昧詹言》)。尾联多用虚词转折,给人一种古雅朴茂的感受。此诗清新古健,确如方东树所评,“别有风味,一洗腥腴”(同上)。 (黄宝华)

题落星寺四首(其三) 黄庭坚

落星开士深结屋, 龙阁老翁来赋诗。①
小雨藏山客坐久, 长江接天帆到迟。
宴寝清香与世隔, 画图妙绝无人知。②
蜂房各自开户牖, 处处煮茶藤一枝。

〔注〕 ① 自注:“寺僧择隆,作宴坐小轩,为落星之胜处。” ② 自注:“僧隆画甚富,而寒山、拾得画最妙。”

落星寺在鄱阳湖北部,雄伟秀丽的庐山在其北。传说天上偶然陨落下一颗巨星,触地即化作一座小岛,那便是星子县境内著名的落星石,落星寺也因此得名。此寺嘘吸于湖光山岚之间,恍如仙境,加上那美妙的传说,自然成了墨客骚人流连忘返的去处。

黄庭坚是洪州分宁(今江西修水)人。从分宁沿修水向东,就可直抵鄱阳湖。他来过几次落星寺,今存于他诗集中《题落星寺》的诗共有四首,这里选的是最为脍炙人口的一首。诗题或作《题落星寺岚漪轩》。

开头两句点出寺院的幽深和吸引着文人雅士的题咏。“开士”就是和尚。“龙阁老翁”是指诗人的舅父李公择,他曾经做过龙图阁直学士,当时颇有诗名。这里其实是泛指历代曾来此题诗的墨客骚人,也含有作者自况的意思。“深结屋”的“深”字是全诗的关键,落星寺坐落在山间深处,因而幽静寂寥,下文便全从“深”字铺展开去。

三四两句是此诗的警句,“小雨藏山”的“藏”字将雨和山都写活了。蒙蒙的细雨,从灰暗的天上飘散下来,密密麻麻的,给天地万象都蒙上了一层薄薄的轻纱,似乎要把眼前的一切都包藏在它无边无际的帷幔之中,诗人这里所捕捉的就是这样的形象。“藏山”二字。语本《庄子·大宗师》:“夫藏舟于壑,藏山于泽,谓之固矣。然而夜半,有力者负之而走,昧者不知也。”这是庄子的想象。而此句是想象与现实的结合,“小雨藏山”,人们司空见惯,然而只有在洞察敏锐的诗人笔下,才能以凝练的字句再现出这一画面。

天公既以小雨留客,诗人只得在寺中闲坐,也许与高僧谈禅,也许有清茗一杯相伴,然偶尔极目一望,那远接天涯的长江上时有星星点点的风帆慢慢驶近,但终因相距太远,像是永远也驶不到跟前。这一句的诗意是从韦应物《赋得暮雨送李胄》“漠漠帆来重,冥冥鸟去迟”两句化出。这一联对仗自然工稳,而且一气流走,不露斧凿之痕,但仔细品味,自可见诗人锤炼冥搜的功夫。这里虽是写景,然而景中有人、有情,“客”是诗人自指,但好客的主人也已隐然可见。这两句于写景中表现了落星寺的清幽僻静,寺院本深处山中,而山又包围在雨中,整个寺院于是便蒙上了一层迷离惝恍的色彩;而那天际风帆,离寺那么遥远,遥远得恍若隔世,反衬出落星寺的远离尘嚣。

宴寝,指休息安寝的便室。韦应物有句云:“宴寝凝清香”,(《郡斋雨中与诸文士燕集》)这第五句全从此化出。佛寺便室,清香一炷,淡淡氤氲,悠然而至,似与这山水、佛寺、小雨浑然一体,使人生出与世隔绝的感觉。诗人乘着游兴去看寺壁上的佛画,其中以僧隆的《寒山拾得图》最为妙绝。图画虽妙,但不为世人所知。这一句其实是脱胎于韩愈《山石》中的“僧言古壁佛画好,以火来照所见稀”两句。

黄庭坚论诗,有“点铁成金”、“夺胎换骨”之说。所谓“点铁成金”,就是对古人陈言加以变化,便可化腐朽为神奇,成为自己的诗。所谓“夺胎换骨”依《冷斋夜话》的解释:“不易其意而造其语,谓之换骨法;规摹其意而形容之,谓之夺胎法。”五句可说是“点铁成金”,六句则是“夺胎换骨”。这两句着意渲染落星寺的幽静,紧扣着起句“深结屋”三字。

末二句是说:寺中的僧房各各敞开着窗户,像是密集的蜂房一般,而到处都升起了缕缕青烟,告诉人们那里正在以一枝枯藤煮着香茗。枯藤在古代的诗画里经常出现,它不仅给人以凄幽的感觉,而且给人以美的联想。且不说杜甫的

“蓝田丘壑蔓寒藤”，或是像元人小令中“枯藤老树昏鸦”那样的名句；就是在中国画中，青藤、枯藤也是画家笔下的心爱之物，甚至有的画家将自己的名字取为青藤（徐渭）；就连书法家也追求枯藤般的笔致。任华称赞怀素的草书说：“更有何处最可怜，褭褭枯藤万丈悬。”赵孟頫《论书》也说：“苍藤古木千年意，野草闲花几日春。”黄庭坚本人能书善画，自然深明枯藤在艺术中的美学价值，因而这里的以藤煮茶，自是山中雅事，在诗人看来，清洌的山泉，上好的香茗，只有枯藤文火，方可取其真味。从这个意义上讲，最后的一结，笔致轻淡，然而留给了读者无限低回的余地。曲折地体现了寺中幽居的清虚绝俗之情。

这首诗在艺术上很有特色。从诗律上看，此诗属于拗律，就是故意将句中的平仄交换，造成音调的拗折，使诗句有一种奇崛瘦硬、不近凡庸的风貌。这种拗体所以为黄庭坚及江西派诗人所喜用，是与他们标新立异、出奇制胜的论诗宗旨相关的。

此诗还有一个特点：不用典故，不加藻饰，而全凭诗人烹字炼句的娴熟技巧，以平淡的语言写出，这在黄庭坚的诗中也是不可多得的。我国古代有所谓“白战”的手法，犹如手无寸铁的斗士，全凭勇气和智慧取胜。也如高雅的戏曲，不必假借舞台上喧闹的场面和豪华的布景，只凭它美妙的戏文、动听的唱腔便可打动观众的心弦；而内行的鉴赏家，自可闭上眼睛，细细地咀嚼品味它的韵味。读这首小诗，似乎也像是聆听了一曲优雅的清唱。（王镇远）

次元明韵寄子由　　黄庭坚

半世交亲随逝水，　几人图画入凌烟？
春风春雨花经眼，　江北江南水拍天。
欲解铜章行问道，　定知石友许忘年。
脊令各有思归恨，　日月相催雪满颠。

这首诗是元丰四年（1081）黄庭坚知吉州太和县（今江西泰和）时所作，年三十七岁。这时苏辙（子由）贬官在筠州（治所在今江西高安）监盐酒税。黄庭坚兄元明（名大临）寄苏子由诗，起二句云：“钟鼎功名淹管库，朝廷翰墨写风烟。”黄庭坚次韵作此诗寄子由。

此诗起二句说，我们的交亲虽有半世之久，而时光如逝水，有几个人建立了功业呢？“逝水”，暗用《论语》：“子在川上曰：‘逝者如斯夫，不舍昼夜。’”“凌烟阁”是唐太宗为纪念功臣而给他们画像之地。此二句笔势兀傲宏放，“次句接得不测，不觉其对”（方东树评语，见《续昭昧詹言》卷七）。第三四两句描写春天景物，花开江涨，而怀远之情见于言外，如作画之着色。黄诗虽然意新笔健，但有时失于槎枒枯涩，缺乏唐人“水深林茂”之气象（刘熙载语），像“春风”一联之兴象华妙，在黄诗中是罕见而可贵的。

第五六两句叙写怀抱。“铜章”指县令的印，史容注引《汉官仪》：“县令秩五百石，铜章墨绶。”“问道”的字面出于《庄子·在宥》：“黄帝闻广成子在空同之上，故往见之，曰：‘敢问至道之精。’”“石友”指志同道合的金石之交。潘岳《金谷诗》云：“投分寄石友，白首同所归。”（《晋书·潘岳传》）“忘年”指朋友投契，不计年岁的大小差别。梁何逊弱冠有才，范云称赏之，“因结忘年交好。”（《梁书·文学·何逊传》）这两句诗是说，自己想辞去县令的官职而归家学道，料想子由一定能赞许的，表示了知己之谊。“问道”的字面虽是用的《庄子》，但是此处所谓“道”的含义，并不限于《庄子》书中所谓之“道”，而应当是指一切有关进德修业的精言妙道。从这里也可以体会到，诗人用典并不一定拘于典故出处的原意。末二句又转笔说，你我皆有兄弟之思，欲归而不得，只好听任时光流转，催生白发而已。“脊令”是一种水鸟（“令”读零，平声）。《诗经·小雅·常棣》：“脊令在原，兄弟急难。”朱熹《集传》：“脊令飞则鸣，行则摇，有急难之意，故以起兴。”后人常用“脊令”借指兄弟。“雪满颠”，头顶生满白发。

（缪　钺）

登快阁　　黄庭坚

痴儿了却公家事，　快阁东西倚晚晴。
落木千山天远大，　澄江一道月分明。
朱弦已为佳人绝，　青眼聊因美酒横。
万里归船弄长笛，　此心吾与白鸥盟。

这首诗是黄庭坚于元丰五年（1082）知吉州太和县（今江西泰和）时所作，年三十八岁。快阁在太和县治东澄江之上，以江山广远、景物清华，故名。（见《清一统志》）

起二句叙写于公余之暇登快阁眺望，但是构思奇妙。黄庭坚大概因为是快阁而联想到晋夏侯济的话：“生子痴，了官事，官事未易了也。了事正作痴，复为快耳。”（《晋书·傅咸传》）黄庭坚却说，自己正是痴儿了却官事，所以有空闲登快阁玩赏，显示出一种兀傲的神情，笔势亦健拔。“倚”字用得好，含有倚阁赏晚晴两重意思，如果用“赏”字，就显得呆板了。然这个字的用法实自杜甫《缚鸡行》

“注目寒江倚山阁”句学来。第三四两句写景，因为是雨后初晴，空气清朗，所以看到天之远大、月之分明，气象阔远。

第五六两句提笔发抒感慨。第五句用伯牙、钟子期事。钟子期听伯牙鼓琴，最能知音。“钟子期死，伯牙破琴绝弦，终身不复鼓琴。”(《吕氏春秋·本味》)史容注说：“用钟期事，不知谓谁。”按黄庭坚此处不一定有所专指，只是慨叹自己的心怀志事，世无知者，所以如伯牙之绝弦不复鼓琴，而聊且借美酒以遣怀自娱而已。“青眼”，用阮籍故事。阮籍能为青白眼，嵇喜来吊，籍作白眼，喜不怿而退。喜弟康闻之，乃赍酒挟琴造焉，籍大悦，乃见青眼。(《晋书·阮籍传》)“横”字用得生新。第二句“倚晚晴”之“倚”字，此处“聊因美酒横”之“横”字，都是极平常的字，但是经过黄庭坚的运化，即能点铁成金，可见黄诗炼字之法。末二句是说，想弃官归隐，“归船”、“长笛”、“白鸥”等，都足以增加诗中形象之美。

这是黄诗中的名作。通首“一气盘旋而下，而中间抑扬顿挫又极浏亮。”(潘伯鹰评语，见所编《黄庭坚诗选》第99页)姚鼐认为，这首诗“能移太白歌行于律诗。”(方东树《续昭昧詹言》卷七转引)很能道出它的特点。元韦居安《梅硐诗话》说，太和的快阁，经黄庭坚作诗品题，“名重天下，前后和者无虑数百篇，罕有杰出者”。

（缪　钺）

奉答李和甫代简二绝句　黄庭坚

山色江声相与清，　卷帘待得月华生。
可怜一曲并船笛，　说尽故人离别情。

梦中往事随心见，　醉里繁华乱眼生。
长为风流恼人病，　不如天性总无情。

古人有以诗代简(书信)的习惯，如杜甫就有《奉简高三十五使君》、《得广州张判官叔卿书使还以诗代意》等诗。元丰六年(1083)，黄庭坚在吉州太和县(今江西泰和)任县令，有一位名叫李和甫的友人写给他一封信，也可能是以诗代简，于是黄庭坚写了两首绝句“奉答”。

两首绝句表达了两层意思，一层意思是对朋友的思念，另一层意思是说自己的苦闷。

先说第一首。诗人以托景寄情的艺术手法，抒发了对暌别已久的远方友人的怀念之情。

太和县地处赣江边，有山有水，景色优美。诗的一二两句“山色江声相与清，卷帘待得月华生”，诗人用生花妙笔向友人描绘了一幅秋江晚景图。黄昏时分，山色清幽，江声寂静，诗人卷起白天遮阳的帘子，等待东方一轮明月冉冉升起。“月华”，月光，借代月亮本身。此情此景，最容易引起怀远之情。突然，江边并泊的两只船上，传来悠扬的笛声，仿佛吹笛人在向远方的朋友诉说离别的情怀。这笛音如泣如诉，如怨如慕，引起诗人的共鸣，使他也沉浸在深切的对友人的思念之中。此处暗用向秀闻笛思嵇康之典，令人不觉。

这里需要指出的是，诗的一二两句，在技巧上运用了诗人所倡导的“取古人之陈言入于翰墨，如灵丹一粒，点铁成金”(《答洪驹父书》)的方法。杜甫《书堂饮既夜复邀李尚书下马月下赋绝句》诗中有“湖水(一作月)林风相与清，残尊下马复同倾”二句，黄庭坚进行一番脱胎换骨，取其“相与清”三字，并以杜甫与友人于湖边月下共叙友情，来反衬此时此地思念远方友人的寂寥寡欢。欧阳修《临江仙》词中有“阑干倚处，待得月华生”之句，黄庭坚则直接袭用其中“待得月华生”五字。这首诗虽用了“古人之陈言”，但用得妥帖，并无拼凑之痕。

再说第二首。在这首诗中，诗人尽情地向友人倾诉自己心情的苦闷。

黄庭坚所处的时代，社会矛盾尖锐、复杂，他洁身自好，不随流俗，常常因所追求的理想无法实现而流露出不满现实的情绪，于是在参禅、饮酒中寻求解脱。这首诗就真切地反映了这种内心的痛苦。

一二两句对仗工整，感慨深沉。茫茫往事，只能到梦中去追寻；日有所思，夜有所梦，梦中往事能“随心”见，可见日间思念之切。而现实中所谓繁华，在醉人眼里，不过是混沌一片罢了。诗人对朋友交情的诚笃，对富贵荣华的淡漠，于此可见。

三四两句更进一层。“风流”，指的是诗人所苦苦追求的理想，并非指风流韵事。黄庭坚的好友张耒在《读黄鲁直诗》中曾颂扬他：“不践前人旧行迹，独惊斯世擅风流。”诗人因理想无法达到而深感痛苦。“恼人病”意同恼杀人，这里是正话反说。而第四句“不如天性总无情”更是一句反话，意思是说，如果天性无情，就不会有种种痛苦了；可是我天性本是多情。那么，这些痛苦又如何能摆脱呢？说来沉痛之至，比正面直陈具有更感人的艺术力量。

(史　乘)

夜发分宁寄杜涧叟　　黄庭坚

阳关一曲水东流，　灯火旌阳一钓舟。
我自只如常日醉，　满川风月替人愁。

黄庭坚的诗歌一般写得生涩拗峭，蹊径独辟，但也有少量篇什声情流美，逼近唐人风韵的。这首小诗便是一例。此诗约作于诗人早年离开家乡赴地方官任时。分宁(今江西修水)是诗人的老家。杜涧叟名槃，是他的友人，看来在诗人出发时曾来送别。

提起送别，不能不想到著名的《阳关》曲。阳关在今甘肃敦煌西南一百三十里，是唐代出西域的门户。王维《送元二使安西》这首动人的送别诗，写成后广泛流传，被谱为歌曲演唱，称作"渭城曲"；唱时还要把结尾一句重复三遍，所以又称"阳关三叠"。本篇以"阳关一曲水东流"发端，可见是在依依惜别的深情中乘船离开了乡土。故人有心，流水无情，不可解脱的矛盾，一上来就给全诗笼罩上感伤沉重的气氛。

次句承写舟中回望的情景。旌阳，山名，在分宁县东一里。舟船远去之际，旌阳山下的灯火仍依稀可辨，而自己已单独置身于一叶小舟之中，随流漂荡于江面上。此情此景，又何以堪?

以上叙写离别，尚未进入直接抒情。下联本应着力抒述内心的愁思，却突然翻出了新意：我只不过像平时那样喝醉罢了，倒是满川风月在替人悲愁啊！前一句语气极平淡，仿佛将满怀愁思都解除了；后一句出人意表，却又将悲愁加于江上的清风明月。难道真是愁思转移了吗？非也。物本无情，人自有情，以有情观无情，才会使无情之物染上人的主观情绪色彩。这一江风月的悲愁，不就是诗人离情的外射吗？诗人不但自己悲愁，还要让天地万物都来替他悲愁，这样的愁思可真是无边无际、难以排遣了。由此可以体会到前一句里的那个"醉"字，那并不是一般的酒醉，而是"借酒销愁愁更愁"呵！愁思浸满了心田，加上一点朦胧的酒意，放眼望去，满川风月，一片愁情。诗人确实感到自己醉了，但并非醉于酒，而是醉于那勃发浓郁的愁情。所以这句语气极平淡的话，其实包含着极深沉的苦味。

情景相生，是古典诗歌常用的手法，而形式多样，例子不胜枚举。本篇的后一联，将无情之物说成有情，而把有情的人，偏说成是无情，就形成了更为曲折、也更耐人寻思的情景关系，在艺术表现上是颇为新奇的。从这一点看来，诗的风格毕竟还打着黄庭坚个人的印记，与唐诗的自然浑成尚有差异。　（陈伯海）

题阳关图二首

黄庭坚

断肠声里无形影，　画出无声亦断肠。
想得阳关更西路，　北风低草见牛羊。

人事好乖当语离，　　龙眠貌出断肠诗。
渭城柳色关何事？　　自是离人作许悲。

《题阳关图》二首，黄庭坚《书伯时〈阳关图〉草后》曰："元祐初作此诗，题伯时所作《阳关图》。"故《年谱》编入元祐二年（1087）。伯时是大画家、龙眠居士李公麟的字，其所作《阳关图》乃唐代诗人王维《送元二使安西》的诗意图。王维诗曰："渭城朝雨浥轻尘，客舍青青柳色新。劝君更尽一杯酒，西出阳关无故人。"渭城，是秦都咸阳故城，汉武帝时改称"渭城"，在今西安市西北，渭水北岸。阳关，古县名，西汉设置，故址在今甘肃敦煌西南，以居玉门关之南而名，与玉门关同为古代通西域的要隘。任渊《山谷外集诗注》说："阳关去长安二千五百里。唐人送客，西出都门三十里，曰渭城，今有渭城馆。"王维即在渭城送别友人元二西出阳关赴安西都护府（治所在龟兹城，今新疆库车东）时，写了这首赠别诗。此诗一题《渭城曲》，后入乐府，以为送别曲，反复诵唱，故又谓之《阳关三叠》。李龙眠取以为画，便曰《阳关图》。黄庭坚则又据图题诗，进行了再创作。画上题诗并不难，唯难在前有王维之绝唱。然而它并没有难倒北宋这位大诗人，他笔意纵横，连赋两首。且看其诗：

第一首写离别之悲。断肠，形容悲痛到极点。《阳关图》中的离筵上，主人向着远行者，手举杯，唇微启（似乎在唱着那让人黯然销魂的《阳关三叠》），故首句写道：在这使人悲痛欲绝的离歌声中，行者将踏上征途远去，远去，他的形影终于消失了，好不令人伤感！次句承上深叹道："画出无声亦断肠"，李龙眠之图，虽不能发出断肠之声，却也够使人肠断的了。两句遗貌取神，写出图意，三四句由"无形影"，想象行人去处："想得阳关更西路，北风低草见牛羊。"阳关更西路，即"西出阳关"的安西都护府所在地，那时还是穷荒绝域的地方。末句语出北朝乐府《敕勒歌》。北齐高欢玉壁之败，使斛律金作《敕勒歌》，其词曰："……天苍苍，野茫茫，风吹草低见牛羊"，欢自和之，哀感流涕。诗人想象：行人去到那"阳关更西路"处，见到塞外风物如此大异内地，必也哀感流涕；而送行者的心紧随那行者一道渐行渐远，想见其景其情，又焉得不悲？此二句，又把离别之悲写得渗出了画面，吟之味之，真够使世间那些多愁善感者欷歔不已了。

第二首究离别之情、关情之物。首句语出陶渊明《答庞参军诗序》："人事好乖，便当语离。"乖，不顺利。诗人先探究离情自何而来，说是：人事多有不顺利处，而不顺利之中，又以离别为最（原来"离"自"人事好乖"而来）。人世间既有离别之情，艺术家笔下必也有别离之情的反映。诗人接着道，由此，李龙眠的《阳关图》便画出了王维《送元二使安西》这首断肠诗(意)。三四两句,诗人又进一步推究,龙眠图中的渭城无知之柳,何以亦关人间别情?诗便以问句出之:“渭城柳色关何事?”——人自离别,关柳何事?思之、悟之,诗人得出结论曰:“自是离人作许悲”,原来是离人们自己在作出那如许悲意。推而阐之,诗人是说,物固无情,人自有意,有意的离人将情加于物上,便使那原不关情的柳亦自有了情。因为如此,所以离人们见到杨柳就会引起别愁、别情,听到《折杨柳》的笛曲与“渭城柳”(王维诗)之类的歌声,就难免要潸然泪下了!诗人按图索“骥”,穷究离别之情与关情之物,可谓入木三分。

《苕溪渔隐丛话》曾称引黄庭坚的诗“随人作计终后人”。这两首诗,堪称不“随人作计”的力作。二首八句五十六字,不仅吟出诗情(王诗)画意(李图),而且又突出画面,从空际、从理上着笔,深化了龙眠画意。全诗有情景、有理趣,兼之音调谐和,语言平易,绝无诗人某些作品的生硬与刻意好奇之病,因此,《题阳关图二首》虽未能与《送元二使安西》比肩,亦可称为题画诗中的上品之作。

(周慧珍)

云涛石

黄庭坚

造物成形妙化工,　地形咫尺远连空。
蛟鼍出没三万顷,①　云雨纵横十二峰。
宴坐使人无俗气,　闲来当暑起清风。
诸山落木萧萧夜,　醉梦江湖一叶中。

〔注〕 ① 鼍(tuó):动物名,即扬子鳄,又叫猪婆龙。

这是一首写景诗,不过这个景只是一块状似云涛的石头。

前四句从云涛石本身落笔,诗篇借助想象,佐以别具一格的布局、出神入化的描写,把它写得恍如横无际涯的真山真水,给读者以极美的艺术享受。其中一、二句总提,重在一个“妙”字,有了它,诗人不但对大自然的这一杰作先有一个整体的评价,抒写了他自己无限叹赏的感情,并且以石之奇妙精美强烈地吸引着读者的注意力,全诗的韵味于此奠定。“咫尺”与“远”本来是一对矛盾的概念,不过用在对这块云涛石的描写中却非常协调,而且,由“咫尺”到“远”还体现了作者想象的发展,给以后的描写拉开了序幕。三、四句充分驰骋想象,却又紧扣云涛石,使这块石头的精巧造型得到神话般的再现。分言之,“蛟鼍”句写水,“云雨”句写山,可是正是有了这样造型生动的怪石,作者才能想象出如此浩瀚神秘的水；也因为有了“三万顷”作铺垫，那块小小的石头才能有“云雨纵横”的伟观——这里想象与实有完成了谐美的结合，也给诗歌带来了生气。

后四句通过作者的感受表现云涛石的风韵，使这块石头的神异之处得到进一步升华。“宴坐”两句互文见义，句意直承三四句来。至此，云涛石已由物质实体转化成精神力量，其“妙”又深了一层。然而，即使第三联出现了“宴坐”、“闲来”的作者，那也还是异石的旁观者，所以到了末联，诗人更将自己写进石头里去，并且似乎看到了诸山的落木和自己乘坐的一叶扁舟——这里人景合一，想象更放光彩，云涛石也越发妙得出奇了。“醉梦”承“宴坐”、“闲来”，作者的身心与异石更见融洽。“诸山”承“十二峰”写石，不过由远望的“云雨纵横”变成了近看的“落木萧萧”。“江湖一叶”承“三万顷”写云涛，镜头由远而近，我们可以从中看出，作者之所以醉心于云涛石，正是出于对大自然的无限向往。

这首诗写得海阔天空，但却始终围绕“云涛石”三字落墨。构思新奇，刻画极工。清人方东树《昭昧詹言》中分析它说：“起句言此石，点题。次句分两半，上四字‘石’，下三字言‘云涛’。三四一句‘涛’，一句‘云’。五句‘石’，六句又‘云涛’。七八句以‘云涛’言，如在舟中，值此时景。全是以实形虚，小题大做，极远大之势，可谓奇想高妙。小家但以刻画为工，安能梦见此境！”

黄庭坚作诗最忌与人雷同，处处追求一个“新”字。他曾说“随人作计终后人，自成一家始逼真”，还说：“文章最忌随人后”。宋代诗人中写石头诗最多最妙的是苏东坡，黄庭坚继苏氏之后，以大手笔写小题材，用缚牛之全力，不轻浮，不油滑。诗中充分利用想象，但不像李白那样飘逸，李贺那样诡谲，韩愈那样奇险，更不像杜甫那样沉郁，却具有苏轼的豪纵风格，而仍有自己的面貌。（李济阻）

秋怀二首　　黄庭坚

秋阴细细压茅堂，　吟虫啾啾昨夜凉。
雨开芭蕉新间旧，　风撼筼筜宫应商。
砧声已急不可缓，　檐景既短难为长。
狐裘断缝弃墙角，　岂念晏岁多繁霜！

茅堂索索秋风发，　行绕空庭紫苔滑。
蛙号池上晚来雨，　鹊转南枝夜深月。
翻手覆手不可期，　一死一生交道绝。

湖水无端浸白云， 故人书断孤鸿没。

这两首诗，任渊注《山谷诗集》及史容、史季温注《外集》、《别集》皆未收；翁方纲校刊《山谷诗全集》据旧本收在《外集补遗》中，下注“熙宁八年北京作”，《宋诗钞》也收录。熙宁八年(1075)作者三十一岁，宋时北京即今河北大名，时作者在那里任国子监教授。

国子监职务清暇，能读书自遣，作者当时还未卷入新旧党斗争，处境比较单纯，所以诗篇虽带有感慨，但在他的作品中情调还是比较闲淡的，不像后来作品那样有着更多的郁勃不平之气。可是从形式上看，却又颇为特殊：它是两首七言古诗，而第一首八句，押平韵，中间两联对偶，很像七言律诗；第二首押仄韵，比较不像，惟八句中次联对偶，第三联接近对偶，也带律味。第一首作律诗看，句中拗字出入不大，主要是联与联相“粘”的平仄不合规律。作者大部分律诗，多求音节近古；这两首古诗，偏又形式近律。

第一首，前六句写“秋”，后两句写怀。起句“秋阴细细压茅堂”，写秋阴透入屋里。“细细”二字，既蒙上“秋阴”，表其不浓；又作下面“压”的状语，表不断沁透，用字细微。“压”字堪称“眼”字，“细”而能“压”，颇出奇，是积渐的力量，有此一字，全句显得雄健。次句“吟虫啾啾昨夜凉”，写虫声。着“昨夜”二字，表明诗所写的是翌日的白天；“凉”字与下句“雨”字照应。第三句“雨开芭蕉新间旧”，写雨后芭蕉的开放。“新间旧”，新叶与旧叶相间，可见观物之细。第四句“风撼筼筜宫应商”，写风吹竹声作响。筼筜，竹名；“撼”者，风力大，摇动出声；“宫、商”皆五音之一，以之写竹声，表其有音乐性，可见体物之美。第五六句：“砧声已急不可缓，檐景既短难为长。”古代妇女，多在秋天捣洗新布，替家人做御寒的衣服，故捣衣的“石砧”的声音四起，便是秋天到临的象征；秋天日短，故屋檐外日影(景即影字)不长。砧声到了“急不可缓”，便是秋意已深，寒衣应该赶制了。第七八句：“狐裘断缝弃墙角，岂念晏岁多繁霜！”承上“砧声”而来。户外捣衣声急，触动作者想到寒衣问题。想起来却是裘破无人缝补，这一是作客在外，一是宦况清贫，起四字意含两层；“弃墙角”，不自收拾，接以不念岁晚(晏)严霜多，难以对付，更见缺少谋虑。这两句自写意态的颓唐，但仔细想起来，却是作者曲述自己心情的洒脱的，因为在作者的心目中，所谓“达者”对待未来之事，是不应该戚戚于怀，多作预先的谋虑的。这两句是写“怀”。诗篇写秋是每联一句写景，一句写声，幽美中带点凄清，渐渐从不相干处写到切身之事；写怀又把切身的事排开，用达观的态度对待它，使人觉得作者所关心的倒是那些不相干的景物和天然的声籁，凄清之感又在洒脱的情趣中冲淡了。

第二首，前四句写“秋”，后四句写“怀”。起两句：“茅堂索索秋风发，行绕空庭紫苔滑。”仍写秋风及雨后。“苔滑”，是雨后情况，它和“空”字结合，表现室中空寂，门庭行人很少，也即表现冷宦孤居、过着寂寥的落寞生涯。第三四句：“蛙号池上晚来雨，鹊转南枝夜深月。”上句写雨再来，承前诗，看出雨是连日不断，时间又从白天转到夜里；下句用曹操《短歌行》“月明星稀，乌鹊南飞。绕树三匝，无枝可依”的诗意来写景。雨多池涨，兼以天冷，故蛙声虽多，而是“号”不是“鸣”，声带凄紧，不像夏天那样热闹有趣；雨余淡月照着树上的寒鹊，因栖息不安而转枝。这四句也是每联中一句写声，一句写景，凄清的气氛比前诗更浓，但还是淡淡写来，不动激情。第五六句：“翻手覆手不可期，一死一生交道绝。”感慨世上交情浇薄，不易信赖。杜甫《贫交行》：“翻手为云覆手雨，纷纷轻薄何须数。君不见管鲍贫时交，此道今人弃如土。”《史记·汲郑列传赞》：“一死一生，乃知交情。”为诗意所本。第七八句：“湖水无端浸白云，故人书断孤鸿没。”写得细微含蓄。从凄清、孤寂的处境中引起对友谊的渴求，首先感到的是世上真挚友谊的难得；这种情境又使作者更感到少数志同道合的“故人”的友谊的可贵，可惜的是这些“故人”又远隔他乡，不但无法相对倾谈，而且连代为传书的鸿雁的影子都看不到。四句中包含着复杂的思想感情的转折起伏，却写得若断若续，脉络不露，使人只能于言外得之；“湖水浸白云”，插以“无端”二字，便是埋怨它只浸云影而不能照出传书的鸿影，诗句就由写景化为抒情，做到寓情于景。前诗写怀，归于轻视物质上的困难，归于洒脱；这首诗写怀，归于重视别离中的友谊，归于绵邈。洒脱与绵邈兼而有之，使得诗篇也就兼具着理趣和深情。

清范大士《历代诗发》评此诗：“清和秀健，淡然以远。”笔调确实如此。但它在平淡的景物描写中，表现处境的凄清、寂寞，又从而含蓄地表现心情的洒脱、绵邈，加上形式特殊，古律相参，也有曲折的一面。深察之，犹露庭坚诗在似不着力处仍带匠心的本色。

（陈祥耀）

【作者小传】

李之仪

（1048—1127）　字端叔，自号姑溪居士，沧州无棣（今属山东）人。元丰进士。曾从苏轼于定州幕府。历枢密院编修官、通判原州。元符中，监内香药库。徽宗初，提举河东常平。坐草范纯仁遗表及行状，编管太平州。能文章，尤工尺牍。有《姑溪居士全集》。

合流遇潘子真，出斯文相示，因置酒。子真，黄九门人

李之仪

山谷老子久不见，　　豫章诗人何许来？
章江未觉清澈骨，　　西山一带寒烟开。
文章明镜现诸相，　　句律蛰户惊春雷。
红炉劝坐且一醉，　　为我更赋扬州梅。

这是一首七言拗律诗，是写给黄庭坚（山谷）的门人潘子真的。“黄九”是黄庭坚的行第。潘子真名淳，南昌人，曾从黄山谷学诗，著有《诗话补遗》（又称《潘子真诗话》）。合流当指章水南北二源相合后又东与贡水合流之处（二水合流即为赣江，即古豫章水）。作者与之在此相遇，既以文章相示，复又置酒相待，自然免不了有一番称赞潘文的应酬话。这首诗借用黄派律诗的散句拗调以及对典故点铁成金之法，仿其体而酬其文，不无游戏之意，然而也颇见其构思之巧。

首联写相遇之喜，见门人而先问候其宗师，是通常的礼貌，但用调侃的语气称黄庭坚为“山谷老子”，又可见作者与之关系的亲密。李之仪曾多次为黄山谷帖、草字、词、铭作跋，对他的为人、书法、文才都有较高的评价，所以见其门人而触动契阔之感，也就很自然了。江西在古属豫章郡，郡治在南昌。黄庭坚是洪州分宁（今江西修水县）人，故人称山谷为“豫章公”。这里问豫章诗人何许来，一语双关，主要是以籍贯称潘子真，问其如何来到此地，但也将他是豫章派诗人的身份顺便点了出来。“何许”二字似乎是最平常的疑问词，但此处实用《图绘宝鉴》中“何尊师不知何许人”的出典，暗伏问讯尊师近况如何之意，正与上文“久不见”文气连贯。这两句在问候中点明“遇”、“子真黄九门人”的题意，语言之质朴近乎白话，更显得口气亲切随便。

颔联中“章江”、“西山”当是写眼前景。由“寒烟开”可揣想相遇的时间是在冬末春初，但也不可以为这两句就是纯粹写景。韦应物有“怪来诗思清人骨，门对寒流满雪山”句（《休日访人不遇》），此处即翻用其意。韦诗以门前雪山、寒流喻诗思之清，这儿更透过一层，谓读斯文连章江都不觉得清澈骨了，也就是说潘子真的文思比江水还清，犹如西山一带寒烟散开一般明净。“西山”句合用两个典故。《晋书·王徽之传》载，王徽之以手版拄颐说：“西山朝来，致有爽气耳。”《世说新语·赏誉篇》载卫伯玉称乐广说：“此人，人之水镜也，见之若披云雾睹青天。”杜甫《赠特进汝阳王二十韵》就曾用“披雾初欢夕，高秋爽气澄”来赞美李琎

的风度俊爽和对他的热情接待。这儿将两个典故化为眼前之景，寒烟开暗藏披雾而觉西山有爽气之意，由评诗思之清而兼及诗人风神之俊爽，同时又暗度陈仓，使“披雾”这一典故中“人之水镜”的含义与下一联中的“明镜”之喻取得一暗一明的照应。颈联前一句赞潘文有如明镜，反映事物可使情貌毕现。以明镜为喻，取其明澈之意，承颔联赞其诗思之清而来，“现诸相”则是释语，这也是有意用豫章诗人好采佛经典故的办法来恭维其文章的明晰，可谓以其人之道还酬其人之文。后一句赞其句律，谓其诗声调宏大惊人，有如蛰雷。春雷始发声音可启蛰虫，这句取杜荀鹤的“和君诗句吟声大，虫豸闻之谓蛰雷”（《和友人见题山居水阁八韵》），与颔联一样，都是用黄庭坚的“点铁成金”之法，既是化用古人陈语，又正合冬末春初之景。尾联劝潘子真且图一醉，见宾主相得之欢。红炉即红泥小火炉，仍扣住冬景。末句请潘子真再为他赋扬州的梅花，用杜诗“东阁官梅动诗兴，还如何逊在扬州”（《和裴迪登蜀州东亭送客逢早梅相忆见寄》）之典，实以潘子真比何逊，何逊是齐梁间人，其诗“清机自引，天怀独流”（陈祚明《采菽堂古诗选》），所以最后仍以恭维潘子真文思之清扬为归宿。

这首诗粗看比较生硬，似乎各句格调不甚和谐，又故意违反七律常格，不光用拗律拗句，而且对仗不工，用字不避重复，如“章”字出现三次，“一”字出现两次。但细按之则处处扣住冬景的特色，又处处关合潘诗的清思，自有其内在的联系，而且典故层见，颇见功力。李之仪不是江西派诗人，其诗多华章丽句，饶有风力，倾向于取法李白、韩愈及齐梁，但他对黄山谷的诗风很熟悉，曾说“余居当涂凡五六年，鲁直所寓笔墨，无不见之”。因此这首山谷体虽是客串，倒也能得其神似。以这种风格来称许山谷门人，更是别有一番情趣。（葛晓音）

次韵东坡还自岭南　　李之仪

凭陵岁月固难堪，　食蘖多来味却甘。
时雨才闻遍中外，　卧龙相继起东南。
天边鹤驾瞻仙袂，　云里诗笺带海岚。
重见门生应不识，　雪髯霜鬓两毵毵。

李之仪于元丰中登进士第以后近三十年，乃从苏轼于定州幕府。元符中监内香药库，又因曾从苏轼征辟而被勒令停职。他与东坡不仅有师生之谊，而且同受党争之害，所以彼此之间的感情是很深的。这首七律将作者闻东坡还自岭南时悲喜交集的心情和重瞻东坡风神的渴望融化在浪漫的想象和苦涩的感叹中，深情地赞美了苏轼身处逆境而能保持达观的开朗胸怀。

首联概括东坡流放生涯中的甘苦，语似慰解而意极酸苦。“凭陵”有逼压之意，写东坡在政治斗争中所遭到的凌逼以及在艰难岁月中所承受的精神压力，颇为精切。蘖即黄蘖，落叶乔木，果实及茎内皮皆黄，可入药，味苦，古人常以黄蘖比苦心。虽说物极必反，但决无苦多反而味甘之理，这两句是反话正说，犹如人愤极无泪唯有苦笑，实是以反常的甘味来表现极度的苦味。另一方面，从东坡豁达的人生态度来看，这两句也写出了他在贬谪岭南的逆境中安之若素、甘之若饴的精神。

颔联写苏轼遇赦归来的背景。徽宗即位，例行大赦，这时向太后处分军国事，打击变法派，原来被变法派流放到岭外的元祐党人纷纷量移，相继复职。在他们看来，自然是雨露恩泽遍及朝廷内外。以“才闻”和“相继”对仗，可见出旧党起复之迅速，以“卧龙”为喻和“时雨”相对，赞美元祐党人的政略才能，反映出作者的政治倾向，也形象地写出了旧党得赦之后枯而复苏的政治气候，交代了苏轼得以还自岭南的原因。

颈联借颔联卧龙腾起之势，描写苏轼从天外归来的风采：鹤驾清风，仙袂飘飘，云里诗笺还带着海边潮湿的雾气。李之仪好将气清澈骨的人比作仙人凤鸾（如《题张湛然兄弟所居壁时谒之不见》），此处不仅是赞美苏轼贬谪之中依然保持着旷达的胸襟和旺盛的创作力，而且把他历尽磨难而依然清旷飘逸的形象升华到谪仙人的高度。在阔别东坡的日子里，作者是这样魂牵梦萦地怀念着他的老师：“几度惊回窗下梦，新来添得雨中寒。伤心不见东坡老，纵有鹅溪下笔难。”（《和储子胥桩竹》）难怪东坡的归来对他来说真是喜从天降。所以这一联是将作者平时的梦境与苏轼潇洒的风神综合在一起而形成的浪漫想象，东坡从天而降的形象又是将他喜从天降的心情夸大并加以具象化的结果。

尾联从浪漫的想象跃回现实，从“应”字可见东坡老归来后重见门生不相识的情景实为作者的揣想。“两毵毵”既指鬓、髯皆白，又包括两人须发皆白的意思在内。连门生都已如此衰老，则东坡历尽坎坷之后的老态更可想而知。事实上东坡归来这一年已经六十六岁，不久便离开了人世。这一联真切地写出了与宗师同命运的门生历尽苦难之后的深沉感慨，对东坡在贬谪中耗尽余生的不幸，流露了无限的同情。

此诗中间两联意奇境阔，首尾两联情悲语酸，却并无不协调之感，主要是诗中所写东坡洒脱豪放的风神和受尽磨难的悲慨正与这两种格调相适应。前人称李之仪诗取径险峭而有浑浩雄深之气，从这首诗能将飘逸和苦涩相统一的风格

来看，确有近似苏轼之处。（葛晓音）

书　扇　　李之仪

几年无事在江湖，　醉倒黄公旧酒垆。
觉后不知新月上，　满身花影倩人扶。

扇，是驱热消暑的用具，同时又是古代文人潇洒生活的象征。因此历来的题扇诗，或作轻松诙谐之辞，或为风流倜傥之语，大都是随意之作。这种诗往往正如扇子本身一样，只是生活的小摆设，为之者不甚经心，读之者亦不深索。李之仪此诗则不然，它以健爽流利的笔触抒写生活的情趣，清新俊逸，算得上宋人书扇诗中的佳品。

全诗以"无事"二字为其主干，通篇的描写都是围绕这两个字展开的：首句以"几年"写时间，以"江湖"写地点，在时间与空间的组合中，为"无事"创造了更悠闲、更自在的环境，诗篇一开始，便表达了优游自得的气氛，揭示了主题。第二句写无事中的事——醉。醉可以使人忘怀一切，因此"无事"的主人公更加解脱了。黄公酒垆，晋代酒家名（垆，酒店安置酒瓮的土墩，常代指酒店），竹林七贤中嵇康、阮籍、王戎等常在此酣饮。诗用"黄公旧酒垆"，以嵇、阮等饮酒者不受羁绊的生活作风取喻，进一步补足"醉倒"，自然也是进一步申说"无事"。"觉后"承"醉倒"。第三句说新月已上，然而诗人却还"不知"，再次显示了他万"事"皆"无"的心理状态。末句的"花影"是景之至美者，"花影"而又"满身"，充分表现了诗人醉倒花前的浪漫气质。"倩人扶"所突出的则是诗人的颓放。这一句描写醉态真是淋漓尽致，令人击节叹赏。

此诗第一句是生活与情操的概括说明，似戏剧中的序幕，一上来先从总体上给读者以完整的印象。后三句专写某次醉倒，则如电影中的特写镜头，是首句所述内容的生动再现。这种一、三分段的谋篇方法新颖、别致，李之仪巧用这一形式，使得在二十八个字的短小篇幅中，把情怀抒写得极为酣畅。

全诗虽仅有七言四句，但人物描写颇为成功：既有整体形象，又有细节刻画；既写形，又写神，读之可见其人。末二句虽只用"新月"、"花影"等片言只语写景，然而它们同主人公形象配合有致，所以构成的画面就十分新鲜、逼真——所有这些，都反映了作者所达到的高度艺术水准。苏轼跋李之仪诗说："暂借好诗消永夜，每逢佳处便参禅。"像《书扇》这样的好诗，是足以使大诗人苏轼爱不释手的。

（李济阻）

【作者小传】

秦 观

(1049—1100) 字少游,又字太虚,号淮海居士,高邮(今属江苏)人。元丰八年(1085)进士。曾任秘书省正字,兼国史院编修官等职。坐元祐党籍,累遭贬谪。少从苏轼游,文辞为苏轼所赏识。与黄庭坚、晁补之、张耒并称"苏门四学士"。尤工词,婉丽精密。有《淮海集》。

赠女冠畅师① 秦 观

瞳人剪水腰如束,② 一幅乌纱裹寒玉。③
飘然自有姑射姿, 回看粉黛皆尘俗。
雾阁云窗人莫窥, 门前车马任东西。
礼罢晓坛春日静,④ 落红满地乳鸦啼。

〔注〕 ① 无名氏《桐江诗话·畅道姑》曾谈到此诗的创作动机:"畅姓,唯汝南有之。其族尤奉道,男女为黄冠者十之八九。时有女冠畅道姑,姿色妍丽,神仙中人也。少游挑之不得,乃作诗云……"这传说虽未可尽信,但有助于理解此诗。 ② 瞳人剪水:李贺《唐儿歌》:"一双瞳人剪秋水。" ③ 寒玉:比喻畅道姑容貌清俊。 ④ 坛:祭祷的场所。

此诗题赠一位姓畅的道姑。"女冠"即女道士,"师"是对道士的尊称。

一二句实写畅道姑的美貌。她眼波清澈,身段窈窕,容貌清俊,这三者当然能显示一个青年女性的美,却没有表现出多少特色;而当诗人为她配置上"一幅乌纱"——一幅青布道巾,畅道姑顿时显得别具风韵。"乌纱"是道姑特有的装束,于是其道姑身份就不言自明。而且由"乌纱"、"寒玉"这类形象构成的冷色调的意境,使读者感到,这位女道士既和一般粉白黛绿的美女不同,也和韩愈《华山女》所写的"洗妆拭面著冠帔,白咽红颊长眉青"的风流女道士有异。刻画人物能写出这种不可移易的特点,表现了艺术家的匠心。

"飘然自有姑射姿",其意思颇近于白居易《长恨歌》描写杨贵妃时所说的"天生丽质",但不说"丽质"而说"姑射姿",又着以"飘然"二字,所表现的意境便大不相同:一凡俗,而一有仙气。"姑射姿"即神仙姿,语出《庄子·逍遥游》"藐姑射之山有神人居焉,肌肤若冰雪,绰约若处子",为读者展开一片虚无缥缈的神仙世界,正切合此女子的道姑身份。这样,畅道姑就不再厕身人间,而是超然立于神仙之境了。惟其如此,下句的"回看"就是来自神仙世界的对整个人间的扫视;而所见人间粉黛(借指美女),当然是"皆尘俗"。一个"皆"字表明毫无例外,同时也显示出,只有畅道姑的美,才达到了超凡脱俗的境地。诗到这里,她的美貌、她的仙气,栩栩如生,无须再赞以他词了。

下半首转向人物精神世界的刻画。"云窗"指畅道姑住所。"雾阁云窗人莫窥",其实只是说她的居于深院,别人轻易看不见她。但出之以暗喻,既借此造成一种迷离惝恍的意境,又觉含蓄有味。这一句是从客观环境表现人物不与红尘相接的一面。"门前"句则从其心境超脱上进一步写,她即使身近红尘,亦可心游其外。陶渊明《饮酒》第五首云:"结庐在人境,而无车马喧,问君何能尔,心远地自偏。"秦观化用其意。曰"门前",可见距离之近;曰"东西",可见往返之频。"门前车马","东西"往返,就中该有多少游春的公子!而这些,恰恰是畅道姑亲眼所见,亲耳所闻。她的反应如何呢?回答是:"任东西。""任"字下得有力。喧者自喧,寂者自寂,畅道姑不为所动。这正是"心远地自偏"!

畅道姑既如此真心诚意地忘情尘俗,潜心奉道,诗人就按照这一逻辑,点出她"礼晓坛"的细节;但不再展开,而是着一"罢"字,跳了过去,然后集中笔墨描写畅道姑活动的背景:"春日静"。这是别具深意的。

这确实是一个宁静的春日。落红满地,啼鸟鸣啭。而畅道姑不为所动,任其自落自啼,人物与景物的这种关系是很值得寻味的。秦观《千秋岁》云:"花影乱,莺声碎。……春去也,飞红万点愁如海。"花落鸟啼的暮春景色总易触发流光易逝的悲慨,尤其是青年女子,更易产生青春虚度的痛苦和叹息。但畅道姑却别具一种情怀。她真诚奉道,从未因韶华的凋零而产生过惆怅之情,她坦然,她宁静,所以花落鸟啼在她眼里不过是寻常景色,引不起感情的波澜。她照常全神贯注地焚香祭祷。暮春尚且如此,其他季节更不言而喻了。"落红满地乳鸦啼",以景结情,隽永有味。

(陈文新)

秋日三首(其一、其二)　　秦　观

霜落邗沟积水清,　寒星无数傍船明。
菰蒲深处疑无地,　忽有人家笑语声。

月团新碾瀹花瓷,　饮罢呼儿课《楚词》。
风定小轩无落叶,　青虫相对吐秋丝。

秦观是扬州高邮人。扬州在长江之北,由这里流经高邮至淮安的一段运河——邗沟(又名邗江),给自然风光增色。秦观别号邗沟居士即因此而起。邗沟在宋代属淮东路的高邮军。这是秦观描写家乡秋景的组诗的一二两首。他选取船上和家中情景分别进行艺术概括,于是邗沟一带的泽国风光和亭园雅趣,都生动、细腻地从纸面浮现出来。

第一首表现邗沟附近的水乡夜色。微霜已降,秋水方清,诗人乘船经过运河,习习凉风,吹来清新空气,很觉爽快。这时没有月光,只见满天星斗。诗人陶醉在迷人的秋江夜色之中,环顾四周,寒星万颗,映照水中,倍感亲切。一二句由霜寒二字领起,不消点出"秋"字,而题意自在其中。

三四句赞美环境幽寂。邗沟两岸丛生着菰蒲一类水生植物,在夜色朦胧中,给人以一望无际的感觉。菰蒲深处居然隐藏人家,诗人完全没有料到。不过,这种艺术处理,只适宜于若明若暗,唯见星光的秋江之夜,如果换成月夜和白天,就不一定恰切。本联妙在使用了"疑"、"忽"二字。诗人心中正结着一个菰蒲深处有无藏舟之"地"的"疑"团。忽然几声"笑语",方知岸上还有"人家",疑团顿时解开。这种情景,人们在生活中往往会要遇到,优秀的诗人却能通过艺术作品把它捕捉下来。宋人曾说此联和僧道潜的"隔林仿佛闻机杼,知有人家住翠微"(《东园》),都来自白道猷的"茅茨隐不见,鸡鸣知有人",而"更加锻炼"(《庚溪诗话》)。诗人们各自写出了生活中的类似体验,但秦观此联却显得更灵动,因而受到黄山谷的称赏。

第二首描写家庭生活中的闲适情趣。一二句写碾茶瀹(烹)茗、课儿读书两件家庭琐事。月团(茶饼)新碾,花瓷为杯,茶美而器精,说明诗人很通茶道。饮罢呼儿课诵《楚词》,更见教子有方。他同把酒色财气作为生活必需的腐败官僚,是大为异趣的。

三四句则突出了静观万物的逸趣闲情。小轩风定,树梢处于暂时静止状态,连一片枯叶也不见掉落。这可给了青虫以好机会,相对吐丝,好不自在。青虫乃细小生物,吐丝是轻微动作,但诗人却能仔细进行观察,他对昆虫世界的浓厚兴趣,对人世纷扰的淡泊情怀,都是可想而知的。诗人迷醉在青虫吐丝的小天地中,仿佛回到了儿童时代,简直忘掉了荣辱得失。这种情趣,是眼中唯见财与势的俗物所无法理解的。这样,诗人的超逸情怀,无形中便从纸背反透出来。方回说秦观"古诗多学三谢,而流丽之中有淡泊",并举了此诗,当亦属于有"三谢余味"之作。

两诗都写秋日,而内容各别:一夜间,一白日;一船中,一家里。写法更是各尽其妙。前者描写朦胧的秋江夜色:先勾勒秋江上有星无月的夜景,接着借人家笑语声的音响效果,暗示菰蒲中还藏有人家。这声音在画面上虽无法表现,但诗人通过解释疑团的方法,把绘画与音乐结合起来,便给这幅秋江夜色图配上了画外音。人家笑语之声,衬托出夜色的朦胧,全诗就更富诗味。后者描写诗人的闲逸雅趣：品茶课儿，已经够雅了。而遗忘世事，在风停树静之时观赏小虫对吐秋丝，更见出诗人胸襟的恬淡。小虫吐丝的细节，不仅给人以动中有静的印象，诗人体物入微的生活乐趣，也无形中表现了出来。

两诗一尚宏观，一尚微观，大小映带成趣。它们写的都是琐细的生活题材，虽看不出什么社会意义，却都以观察细致入微见称，语言也“清新妩丽”（王安石评秦观诗语）。

（陶道恕）

纳 凉　　秦 观

携杖来追柳外凉，　画桥南畔倚胡床。
月明船笛参差起，　风定池莲自在香。

这首诗的首句就点明题意：“携杖来追柳外凉”。人们看到的，是诗人携杖出户，来到柳外追寻清凉世界的情景。这句连用“携”、“来”、“追”三个动词，把诗人携杖出户后的动作，分出层次加以表现。其中“追”字更是曲折、含蓄地传达出诗人追寻理想中的纳凉胜处的内在感情，实自杜甫《羌村三首》“忆昔好追凉”句点化而成。这样，诗人急于从火海中解脱出来的情怀，通过一系列动作，就自然而然地表现出来。

次句具体指出了柳外纳凉地方的方位和临时的布置：“画桥南畔倚胡床。”这是一个绿柳成行，位于“画桥南畔”的佳处。诗人选好了目的地，安上胡床，依“倚”其上，尽情领略纳凉的况味。在诗人看来，这也可算“最是人间佳绝处”（《睡足轩》）了。胡床，即交椅，可躺卧。陶潜“倚南窗以寄傲”（《归去来兮辞》），是为了远离尘俗；秦观“倚胡床”以“追凉”，是为了驱解烦热，都是对美好生活的一种向往，他们或多或少是有相通之处的。

一二两句写仔细寻觅纳凉胜地。三四两句则展开了对它的美妙景色的描绘：“月明船笛参差起，风定池莲自在香。”月明之夜，船家儿女吹着短笛，笛声参差而起，在水面萦绕不绝。晚风初定，池中莲花盛开，自在幽香不时散溢，真是沁人心脾。诗人闲倚胡床，怡神闭目，不只感官上得到满足，连心境也分外舒适。这两句采取了对偶句式，把纳凉时的具体感受艺术地组合起来，于是，一个纳凉胜地的自然景色，就活现在读者面前。

此诗以纳凉为题，诗中着力表现的是一个绝离烦热之处。诗人首先经过寻访，发现了这个处所的秘密，其次进行具体布置，置身其间，与外境融而为一，把思想感情寄托在另外一个“自清凉无汗”的世界。

宋人吕本中曾在《童蒙诗训》中评论"少游此诗闲雅严重。"(《诗林广记》引)"闲雅"当指此诗词语上的特点而言,"严重"则涉及此诗严肃而郑重的内容。它很可能是秦观在仕途遭到挫折后的作品。

《纳凉》是一首描写景物的短诗。从字面上看,可说没有反映什么社会生活内容。但是,透过诗句的表面,却能隐约地看出:诗人渴望远离的是炙手可热的官场社会,这就是他刻意追求一个理想中的清凉世界的原因。秦观是一个有用世之志的诗人。他对官场的奔竞倾夺表示厌弃,力求远避,此诗表达的就是这种感情。这种把创作意图隐藏在诗句背后的写法,应着意体会。　（陶道恕）

春日五首(其一)　　秦 观

一夕轻雷落万丝，　霁光浮瓦碧参差。
有情芍药含春泪，　无力蔷薇卧晓枝。

这首七绝,以运思绵密、描摹传神见长。

春日大地,经过一夜细雨的滋润,春色更浓,各种花卉草木,千姿百态,穷丽极妍。对这特有的自然美,诗人没有作全面描摹,而是把镜头的焦点对准了庭园一角,摄下了一幅雨过初晴的精巧画面:琉璃瓦,浮光闪闪,犹如碧玉。那一株株芍药花,灿然盛开,由于水珠的重压,似在含泪欲泣,显得凄艳欲绝。蔷薇攀附着其他树枝,如佳人娇卧无力,百媚自生。在这里,有远景有近景,有动有静,有情有姿,随意点染,参差错落,描写生动细腻而又轻柔;在意境上以"春愁"统摄全篇,但通篇不露一"愁"字,读者则可以从芍药、蔷薇的情态中领悟到。

这首绝句,对自然景物不是一般的客观临摹,而是赋予人的情态,收到了情景相生的艺术效果。一夜细雨的沾润,娇嫩的花草已经感到承受不了。一个"含"字,一个"卧"字,不仅刻画了芍药、蔷薇经雨后的娇弱状态,传出了它们的愁绪,就连诗人的惜花之情,也都包孕在其中了。和风细雨尚且如此,狂风骤雨又将如何呢?芍药亭亭玉立,故有"含春泪"之态;蔷薇攀枝蔓延,故有"无力卧"之状。由于作者完全把握住了事物的不同特征和内在精神,因此状物能够传神。

诗的另一个特色是,用字精警,生动准确。"春"、"晓"二字,粗一看来,并没有什么特别之处,只是点明季节、时辰。但细细体味,正好渲染出此刻宁静的气氛,烘托了景物,使全诗更富有浓郁的诗情画意。同时,每句一个动词,用得极为巧妙。其中"落万丝"是全诗的脉络,对互不联系的景象:浮光,含泪,卧枝,起了纽带作用,使有轨辙可寻,脉断峰连,浑然一体。"浮"、"含"、"卧"三字,以实证虚，使读者更能体味到“落万丝”的情景。

此诗写得情思绵绵，百媚千娇，因此南宋敖陶孙评论道：“如时女步春，终伤婉弱。”(《诗人玉屑》引)金代元好问也说：“‘有情芍药含春泪，无力蔷薇卧晚枝’。拈出退之山石句，始知渠是女郎诗。”(《论诗绝句三十首》)不过，这首写景小诗自具一种清新、婉丽的韵味，十分受人喜爱，原因在于体物入微而又融情入景。

(冯海荣)

次韵太守向公登楼眺望二首　　秦　观

茫茫汝水抱城根，　野色偷春入烧痕。
千点湘妃枝上泪，　一声杜宇水边魂。
遥怜鸿隙陂穿路，　尚想元和贼负恩。
粉堞女墙都已尽，　恍如陶侃梦天门。

庖烟起处认孤村，　天色清寒不见痕。
车网湖边梅溅泪，　壶公祠畔月销魂。
封疆尽是春秋国，　庙食多怀将相恩。
试问李斯长叹后，　谁牵黄犬出东门？

这是哲宗元祐二年(1087)秦观任蔡州(治所在今河南汝南)教授时之作。“太守向公”，据《桐江诗话》云即“郡将向宗回团练”(《苕溪渔隐丛话·前集》、《诗人玉屑》引)。向有“登城诗”，秦观“次韵两篇”。组诗描述蔡州的地理、历史概况，表现了作者关怀人民生活的思想感情，是秦观七律中的两首名作。

蔡州州治所在的汝南，汝水流经城旁。诗人在《汝水涨溢说》一文里说：“汝南风物甚美”而“水潦为患”，入夏以后，“道路化为陂波”，“城堞危险，湿气熏蒸”，“岁岁如此”。文中所作介绍，对了解此诗写作背景，甚有帮助。诗人在郡守登城眺望时，由郡城地理形势、眼前景物生发出有关历史与现实的感叹，很能发人深省。

第一首开头两句是汝南人民水灾后重建家园的生活写实。汝水“抱城”奔流的势头和火种田中的“烧痕”换新绿的场景，告诉人们：春色被“偷”到人间，人们正在为重新安排自己的生活而努力。三四句把眼前景物与灾情回忆结合起来。“湘妃泪”、“杜宇魂”，借用虞舜二妃泪染斑竹和蜀王杜宇魂化子规的典故，喻指灾区人民家散人亡，拉泪招魂的凄惨情状。诗人眼中见到的修竹影，耳边听到的子规声，唤起他对灾民的深切同情。千万点血泪，一声声杜宇，汝南人民遭受洪灾，无家可归，惨不忍睹的镜头，仿佛就在眼前。五六句回顾了造成水灾的历史根源：汉、唐两代留下的隐患和祸根。前句指西汉末年翟方进为相，奏废汝南水利工程之一的鸿隙陂，从此"水无归宿"，经常为害。下句指唐宪宗元和年间，吴元济割据蔡州等地，对抗李唐王朝，擅改汝水故道，虽为李愬讨平，却贻祸无穷。这些往事，追想起来，都是令人哀伤愤慨的。七八句说城堞倾圮已尽，希望太守重加治理。《晋书·陶侃传》有陶侃"少时梦生八翼而上天门"，后来"位至八州都督"的传说，诗人以陶拟向，祝愿他像陶侃那样，为巩固赵宋王朝而效力。

第二首开头两句展开了一幅郊野萧条景象的素描：炊烟袅袅，郊野的孤村，依稀可辨；天色清寒，村舍的痕影，一点也看不见。洪水给汝南人民带来的后果，还未消除。三四句写汝南两个名胜车网湖和壶公祠的傍晚景色。湖边梅花盛开，祠畔明月初上，风景本很迷人，但去年的灾情，记忆犹新，前村的景象，宛然在目，不禁触景伤情，泪溅魂销。这景况和诗人同时之作"风将沉燎萦歌扇，雪带梅香上舞衣"（《次韵裴秀才上太守向公二首》），风格迥然不同。五六句说汝南是一个历史悠久、人才辈出的古城。早在春秋时代，它就是蔡、沈等国的封地，颇多"先贤"，人们立庙祭祀以示追怀"恩"泽。七八句则从另一角度指出：历史上蔡州也有秦代李斯（上蔡人，上蔡宋属蔡州）这样的人物，他官至丞相，却终遭杀戮之祸。诗人以提问口气，把李斯临刑时"牵黄犬出上蔡东门"的"长叹"反说出来（《史记·李斯列传》），意在从他身上引出经验教训。

这组诗表现了汝南的地理历史概况，却各具特点。第一首追溯汝南水灾的历史，重在探索造成水灾的政治、军事原因。第二首考查汝南的历史和名人，意在提供效法和借鉴的对象。第一首上半写人民重建家园的辛勤劳动和水患带来的严重后果，下半指斥汉、唐两朝当国宰相和乱臣贼子的所作所为，对现任太守寄予了希望。第二首上半写水灾之后的情景，下半由蔡州在春秋时代已是封疆之国和恩泽在民的将相庙食依然，看出这里民风淳朴，并引李斯之事为戒。这对现任太守也有讽劝作用。诗人从国家利益着眼，向地方长官有所建白，对人民生活表示关切，是应该受到肯定的。

两诗在艺术表现上有相似之处，由于突出了不同的内容而表现出各自的特色。第一首的"茫茫"二句写汝水抱城奔流，春色偷入烧痕，第二首"庖烟"二句写庖烟遥认孤村，天寒未见人影，诗人主要借助"烧痕"、"庖烟"四字于无人处写出人来。而"偷"、"认"二字，从诗人眼中发现、辨认，尤为传神。第一首"千点"二句和第二首"车网"二句都是假物寓人，借景抒情，也于无人处写出人来。它们既有烘托前两句的作用，也能增强对读者的感染力。第一首的"遥怜"二句，由汉代的昏庸宰相说到唐代的乱臣贼子，第二首的“封疆”二句，由春秋的封国说到庙食的将相，也是句句有人。回顾汝南历史，一正一反，给人不少启示。而一二两首末句“陶侃梦天门”的祝愿与李斯“牵黄犬”的“长叹”，指名道姓，对照明显。同是写人，前者无形，后者有形，诗人的同情显然在前者。而将相之所以至今血食，是因为恩及于民，劝勉向太守之意自在言外。

秦观是小小的教官，向太守曾多次请他代撰祀境内诸神的文字，可见对他是尊重的。在郡守登楼眺望时，他的次韵之作，咏史悯时，发了很多感慨。这组诗能摆脱一般“次韵”诗的窠臼，所以成为两首名作。（陶道恕）

泗州东城晚望　　秦　观

渺渺孤城白水环，　　舳舻人语夕霏间。
林梢一抹青如画，　　应是淮流转处山。

这是一首写景诗。画面的主色调既不是令人目眩的大红大紫，也不是教人感伤的蒙蒙灰色，而是在白水、青山之上蒙上一层薄薄的雾霭，诗人从而抓住了夕阳西下之后的景色特点，造成了一种朦胧而不虚幻、恬淡而不寂寞的境界。这种境界与诗人当时的心境是一致的，正如刘勰在《文心雕龙·物色》篇中所说：“山沓水匝，树杂云合，目既往返，心亦吐纳。”

据《元和郡县志》记载，唐代开元年间，泗州城自宿迁县移治临淮（在今江苏盱眙东北）。宋代仍其旧。北宋乐史的《太平寰宇记》说，泗州南至淮水一里，与盱眙分界。到了清代康熙年间，州城陷入洪泽湖。诗人当时站在泗州城楼上，俯视远眺，只见烟霭笼罩之下，波光粼粼的淮河像一条蜿蜒的白带，绕过屹立的泗州城，静静地流向远方；河上白帆点点，船上人语依稀；稍远处是一片丛林，而林梢的尽头，有一抹淡淡的青色，那是淮河转弯处的山峦。

前两句着重写水。用了“渺渺”二字，既扣住了题目中“晚望”二字，又与后一句的“夕霏”呼应，然后托出淮水如带，同孤城屹立相映衬，构成了画面上动和静、纵和横的对比。舳舻的原意是船尾和船头，在这里指淮河上的行船。诗人似乎是嫌全诗还缺少诉诸听觉之物，所以特意点出“人语”二字。这里的人语，不是嘈杂，不是喧哗，而是远远飘来的、若断若续的人语。它既使全诗的气氛不至于沉闷，又使境界更为静谧。唐代诗人卢纶《晚次鄂州》诗云：“舟人夜语觉潮生”，似为“舳舻”句所本。

三四两句着重写山。在前一句中，诗人不从“山”字落笔，而是写出林后天际的一抹青色，暗示了远处的山峦。描写山水风景的绝句，由于篇幅短小，最忌平铺直叙，一览无余，前人因此这样总结绝句的创作经验："绝句之法要婉曲回环。"（元人杨载《诗法家数》）对此中"三昧"，诗人深有体会。在他笔下，树林不过是陪衬，山峦才是主体，但这位"主角"姗姗来迟，直到终场时才出现。诗的最后一句既回答了前一句的暗示，又自成一幅渺渺白水绕青山的画面，至于此山本身如何，则不加申说，留待读者去想象，这正符合前人所谓"句绝而意不绝"（同上）的要求。

秦观以词名世，他的诗风清新婉丽，和词风颇为接近，所以前人有"诗如词"、"诗似小词"的评语。就此诗而言，"渺渺孤城白水环"之于"斜阳外，寒鸦万点，流水绕孤村"，"林梢一抹"之于"山抹微云"，"应是淮流转处山"之于"郴江幸自绕郴山"，相通之处颇为明显。但此诗情调尚属明朗，没有秦观词中常见的那种凄迷的景色和缠绵的愁绪。

（王兴康）

金山晚眺　　秦 观

西津江口月初弦，　　水气昏昏上接天。
清渚白沙茫不辨，　　只应灯火是渔船。

金山是江南名胜，地处今江苏镇江西北。原在长江中，后因砂土堆积，到清末便与长江南岸相连。据宋人周必大说，此山大江环绕，每风起浪涌时，其势欲飞动，故南朝时人称"浮玉山"（见《杂志》）。唐时有裴姓头陀于江边拾得黄金数镒，因改名金山。

此诗前半部分是并列的两句，分写江上的明月和蒙蒙的水气。"西津"指西津渡，在镇江西北九里，与金山隔水相望，是当时南北交通要道。"初弦"又叫上弦。《释名》说："弦，月半之名也，其形一旁曲，一旁直，若张弓弦也。"农历每月的初八、九时，月亮缺上半，故称"上弦"。诗人站于金山之巅，西向遥望，只见一轮新月，悬于西津渡口之上；江上水气，非烟非雾，正冉冉升起，几与天接。烟水迷蒙，使皎皎明月也蒙上了一层淡淡的云翳。这两句明暗交错，上下相对，不仅使画面具有明显的层次，而且避免了色调上的不和谐。"西津江口"四字，既点明"晚眺"方向，又划定了所见景色的区域。"月初弦"三字也有双重功用，既是写景，又是记时。这种借星月在天空中位置移动和形状变化来点明时间的手法，古人诗中常用，远如曹植的《善哉行》云："月没参横，北斗阑干"，近如唐刘方平的《夜月》诗云："北斗阑干南斗斜"，机杼正自相同。

诗的后半部分是相对的两句。渚是水边的小块陆地，沙指沙滩。"清渚"、

“白沙”,则写出了月下之景。“清渚白沙茫不辨”是承前一句“水气昏昏上接天”而来。白天从金山眺望西津渡,对岸景物是可以看清的,唐代诗人张祜因有“树影中流见,钟声两岸闻”(《题金山寺》)之句;但此时既已入夜,又有水气,诗人眺望的结果只能是“茫不辨”了。“只应灯火是渔船”作一转折:尽管对岸清渚、白沙,望去茫茫一片,但透过水气,还能看到江上灯火,隐现明灭,诗人因此判断道:那一定是对岸的渔船了。诗人在这两句中运用了反接法,便使诗句显得摇曳生姿,别具风调,比前两句的平叙景色更引人入胜。元人刘壎在《隐居通议》中说:“作绝句,当如顾恺之啖蔗法,又当如饮建溪龙焙。”也就是说,绝句不能“虎头蛇尾”,而要“渐入佳境”。这首《金山晚眺》正体现了这一要求。

此诗脱胎于张祜的七绝《题金陵渡》:“金陵津渡小山楼,一宿行人自可愁。潮落夜江斜月里,两三星火是瓜洲。”只要稍加比较,就能看出秦诗至少在三个方面与张诗相同:一、时间和地点相同,都是写镇江江面的夜间景色;二、描写手法相同,一用“潮落”、“斜月”来暗示时间的推移,一用“月初弦”来点明时间;三、境界相似,秦诗中的“只应灯火是渔船”显然是化用了张诗的“两三星火是瓜洲”以及张继《枫桥夜泊》中的“江枫渔火对愁眠”。由此可见秦观这首诗的渊源所自。但张祜诗中有人,且明写了诗人旅途无欢,触景生愁,秦诗则没有直接抒写诗人的怀抱,而是完全借景生情,这又是二者的同中之异。

(王兴康)

【作者小传】

李　唐

(1049—1130)　字晞古,河阳三城(今河南孟州南)人。徽宗朝,补入画院。建炎间,复入画院为待诏,授成忠郎,赐金带。善画山水人物,并以画牛著称。有《万壑松风图》、《晋文公复国图》、《采薇图》等传世。

题　画　　　　李　唐

云里烟村雨里滩,　　看之容易作之难。
早知不入时人眼,　　多买燕脂画牡丹。

画上题诗,是我国绘画艺术的一大特色。早期的题画诗,大多数由诗人为画家或藏画家题写,如李白《当涂赵炎少府粉图山水歌》、杜甫《戏题王宰画山水图歌》和《画鹰》等都是。到了宋代,才出现了画家在画上自题所作的诗,从而逐渐

清溪渔隐图

——〔宋〕李唐

形成融诗、书、画为一体的艺术传统。李唐这首《题画》诗，就是其中较早的著名作品之一。

这首诗名为“题画”，而实际上涉及画本身的只有第一句；其余三句，都只是借题发挥，用以抒写个人的感慨和不平。它的弦外之音，是耐人寻味的。

明代郁逢庆《书画题跋记》载，钱唐人宋杞云：李唐初到杭州，无人赏识，靠卖纸画糊口，生活十分艰苦。他写了这首诗，用来讥讽当时社会上崇尚艳丽花鸟画的风气。

“云里烟村雨里滩”才七个字，就把一幅生动的画景形象地凸现出来。画面层次分明，很有立体感：上方是云烟缭绕的山村，下方是雨水滂沱的河滩，一静、一动，相互衬映。画中景色是朦胧的，但画面是清晰的，山村隐约可辨，滩声仿佛可闻，不给人任何晦涩的感觉。这幅画是经过艰辛的精神劳动才创造出来的。因此下句说：“看之容易作之难。”俗话说得好：“看人挑担不吃力，事非经过不知难。”这是常人都懂的生活哲理。但常人往往醉心声色犬马，贪图富贵荣华，缺少真正的审美能力，对这种意境高妙的画看不上眼。诗人写道：“早知不入时人眼，多买燕（胭）脂画牡丹”（牡丹，一名富贵花）。意思是说如果画牡丹花，施以浓色重彩，定会大受时人欢迎。这自然是反话。这种反话，既饱含着带泪的幽默，又喷射出忿世的怒火。亦庄，亦谐，痛快，淋漓。这种风格，为后世许多题画诗所效法。如明代徐渭《题墨牡丹》云：“五十八年贫贱身，何曾妄念洛阳春？不然岂少胭脂在，富贵花将墨写神！”就可明显看出李唐此诗对他的启迪。

李唐在山水画和人物画方面都很有造诣。特别是他的山水画，构图精炼，用笔有力，着重创造意境。在画水的技法上，他改用一种盘涡动态之势，颇使“观者神惊目眩”。如此诗首句“云里烟村雨里滩”，就显示出李唐在创造意境和构图方面具有高度的才能。至于爱发议论，那是宋代诗人的习气，而李唐此诗的议论毕竟较富理趣，反而使人感到深刻有味。

（蔡厚示）

【作者小传】

米　芾

（1051—1107）　一名黻，字元章，号鹿门居士、襄阳漫士、海岳外史，人称米南宫。世居太原（今属山西），迁襄阳（今属湖北）。后定居润州（今江苏镇江）。以太常博士出知无为军。召为书画博士，擢礼部员外郎，出知淮阳军。精鉴别，擅书画。为宋代四大书法家之一。有《宝晋英光集》、《书史》等。

望　海　楼[1]　　米　芾

云间铁瓮近青天，[2]　　缥缈飞楼百尺连。
三峡江声流笔底，　　六朝帆影落樽前。[3]
几番画角催红日，　　无事沧洲起白烟。
忽忆赏心何处是？　　春风秋月两茫然。

〔注〕 ① 望海楼：宋时在镇江城内，登楼可望甘露、金山的美景，楼有蔡襄的题字“望海”。后改为“连沧观”，今已不存。 ② 铁瓮：即铁瓮城。据《丹徒县志》记载，县城（今镇江）的子城又名铁瓮城，相传为吴国孙权所筑，城之得名一说喻城池之坚固，一说因城之内外甃之以甓，一说登高下视，城之圆深有如卓瓮。 ③ 六朝：吴、东晋、宋、齐、梁、陈。

米芾一生喜好观览山川之胜，晚年过镇江，因喜爱其江山胜境而定居下来，《望海楼》是他定居镇江后的一首作品。

诗题“望海楼”，却不先写楼，而从楼所踞的城池写起。镇江古有“铁瓮城”之称，米芾使用了这个古称，又写这“铁瓮”矗立“云间”，邻近青天。旧传望海楼是镇江城中最高处，对城池如此称谓、如此描绘，是为望海楼铺设高接云天又富有雄奇之概的地理环境。于是第二句开始写楼。“楼”而能“飞”，是形容楼高如同凌空架构，又是形容楼檐上翘，楼体大有飞腾之势。一个“飞”字，既是实际描写，又有夸张意味，这显然是从《诗经·小雅·斯干》“如翚斯飞”句意化出。“缥缈”本是隐隐约约若有若无之状，用以写出云烟缭绕中的百尺飞楼与天相连，殆如仙境。首联二句是诗人自远方对望海楼的仰视，坚如铁瓮的城池是楼的根基，无垠的天宇是楼的背景，极写出望海楼的高峻奇伟。

颔联两句是写诗人登楼俯瞰的情景。望海楼下临大江，昼夜奔流着的涛声传入耳际，触发了挥笔作诗的雅兴，但诗人却说是江声流到了笔底；江上片片征帆映入眼帘，又引动了举樽饮酒的豪情，但诗人却说是帆影落到樽前，可谓妙趣横生。这本是诗人登临后的亲见亲闻亲感，但在两句之首分别冠以“三峡”、“六朝”二字，景与情就一下子脱开了眼前的实境，空间、时间大大扩展。诗人驰骋想象，让江声带着三峡的崔巍，让帆影映着六朝的繁盛，这正是刘勰《文心雕龙·神思》所谓“寂然凝虑，思接千载；悄焉动容，视通万里”。这两句以诗人的见闻感受突出望海楼高大久远。

就在诗人尽情观赏、逸兴遄飞之际，黄昏来临，远处传来阵阵画角声，像在催促红日西沉。日落了，平静的江边升腾起白色的雾气。可能是那呜呜的画角声把诗人从三峡与六朝的遐想中引回现实，但这一联写景却是自楼内向外远望，视线随着地平线延伸。在这里，红日、白烟形成色彩的对比，日落、烟起形成趋向的对比，红日落处、白烟起处形成远近的对比，而它们又融合起来构成一幅完整的画面。

黄昏可谓良辰，望海楼可谓美景，对于喜好观览的诗人，这该是赏心乐事了。然而尾联以“忽忆”二字领起，诗歌的情调急剧变换，诗人忽然想到，哪里才是自己心意欢乐之处呢？和煦的春风、皎洁的秋月一向被认为是自然中美的代表，但诗人却对此感到茫然，表露出低沉伤感的情绪。他是一位不肯与世俯仰的画家、诗人，仕途不顺利，被世人称为“米颠”，他蓄积于胸中的垒块总要在作品中一吐为快，此其一。具体到本诗来说，六代虽在此竞逐繁华，但它们还是随着三峡江声而流逝了，无限好的夕阳在画角声中也已西沉，此情此景怎能不使诗人心绪变得黯然呢？此其二。结尾一联虽显得有些伤感，但从中却可窥见正直的诗人画家内心所隐藏的难以言述的苦闷。姜白石论诗曾说“篇终出人意表，或反终篇之意，皆妙”(《白石诗说》)，米芾并非故意让尾联“出人意表”，“反终篇之意”，以求其妙，所以这结尾就更富深情、更含深义了。

这是一首写景为主的七律。诗人写景选择了不同的立足点——远近、内外、上下，不同的视线——仰视、俯瞰、远望，因而构成写景的不同角度，绘成多种特色的画面，展现出望海楼既有高峻雄奇的气势，又有久远博大的蕴含，还具有隽美淡远的逸韵。米芾在此确是充分发挥了他画家之所长。而夸张的写景手法把那些难以描述的抽象意念也具体化了：写诗情是江声流入笔底，写酒兴是帆影落于樽前。前两联无处不是夸张，第三联却是对黄昏景色的直接描绘。借助于想象和联想，望海楼的胜景历历如绘。

这首诗颔、颈二联的对偶句，不仅按律诗要求平仄相对，句法相当，而且做到了刘勰所谓“自然成对”，绝不刻意求工；“反对为优”，让事物互相映衬。颈联两句对仗在对比中写景已如上述；颔联两句一写声、一写形，一写地域上的自东向西、一写历史上的自古至今，最后却又分别化作自己的诗情和酒兴，情景交织，纵横开阖，收到了言短而意深的艺术效果。

（顾之京）

垂虹亭　　米芾

断云一叶洞庭帆，①　玉破鲈鱼金破柑。②
好作新诗寄桑苎，③　垂虹秋色满东南。

〔注〕 ① 洞庭：此乃太湖之别名，非湖南省之洞庭湖。《文选》李善注：“太湖在秣陵东，湖中有包山，山中有石室，俗谓洞庭。” ② 金破柑：此诗康熙甲寅仲冬涵芬楼印本《宋诗钞初集》

第二句作"霜破柑",今据清厉鹗《宋诗纪事》改作"金破柑","金破柑"与"玉破鲈鱼"在句中正好对偶。米芾《将之苕溪戏作呈诸友》之第三联曰:"缕玉鲈鱼案,团金菊满洲",亦为金、玉相对,可作印证。 ③ 桑苎:桑树与苎麻,民间养蚕与纺织所必需,此处因用以代指广植桑苎的家乡。

垂虹亭始建于宋仁宗庆历八年(1048),在太湖东侧的吴江(今属江苏)垂虹桥上,桥形环若半月,长若垂虹,甚为壮丽,宋代不少诗人、词人描写过。米芾此诗是以画家的心思、眼光、笔法来咏此亭。

诗歌的末句点明,诗人要写的是"垂虹秋色"。亭临太湖,秋季的湖水最为澄澈,湖的周围地区在秋季能为人们提供大量的鲈鱼与柑橘,诗人选取了这最能代表太湖秋天特色的景物入诗。不过,他不是通过叙述把景物告诉给人,而是通过绘制画面的手法,把景物展示于人:浩渺的太湖上一叶白帆,白亮亮的鲈鱼,金灿灿的柑橘,三者之间似乎没有什么必然的联系,但这正是诗人——画家为我们绘制的"秋水"与"静物"两幅画面。为使画面的形象更为生动和丰满,诗人在第一二两句中用了三个比喻:湖上的白帆如同秋日晴空的一片白云,鲈鱼如同白玉雕成,柑橘如同黄金铸就。前一个比喻将"秋水共长天一色"的境界具体化了,天水为一,云帆难辨,极言秋季天朗水阔。后两个比喻写出了鲈鱼和柑橘的金玉之质、金玉之色。这一联有着明丽和谐的色泽,生动而富于立体感的形象,浓淡有致、远近相间的布局。这画幅不仅给人以视觉享受,使人神怡心旷,而且那静物写生还在诱发人的味觉快感,引人馋涎欲滴。这是垂虹秋色的真正迷人诱人之处。然而秋水与静物都是眼前所见,在空间范围内它们毕竟还没有超越诗人的视线,于是他在第三句中写道,要把这描绘秋景的新诗寄往遍植桑苎的家乡。一个"寄"字把垂虹与家乡联系了起来,使诗歌在空间上得到了扩展,最后一句更让垂虹秋色漫布中国大地的东南方,诗歌所描绘的空间再度得到更大的扩展。如果用"诗中有画"来评述这首小诗前两句的话,那么这结尾一句则是突破了画幅的局限,绘出了难以用画面来表现的浩然秋色,使东南大地都沉浸在金色的秋光之中。在景物的描摹之中,融汇着诗人——画家对大自然多么深厚浓挚的爱啊!

米芾自谓作画"不取工细",但这首小诗的选词炼句却很讲究,平易、别致、奇险兼而有之。首句由"断云"、"洞庭"、"帆"三个普通名词与数量词"一叶"组成,"一叶"不同于"一片",它与"帆"都具有漂浮的动感,因而全句虽不用动词,却能将动态隐含于名词与量词之中,诗句与画面反而都收到异常清明简净的效果。次句中的动词却又是两个相同的"破"字,此字很平常,但用来描绘秋日美景却既奇又险，而用不好是会大杀风景的。两个“破”字分别与“玉”、“金”搭配，既表现出玉破而成鲈鱼、金破而成柑橘的瑰奇境界，又形成“句中对”，造成音节的和谐与明快。第三句本是平常的叙述句，但用“桑苎”代指家乡，十分新颖，使人联想到“绿树村边合”的质朴乡村，恰与具有绚烂色彩的第二句形成对比。末句中仅用一个“满”字，就写出了秋色的弥漫，正是“烟云掩映”的“米家”山水笔法。作诗专讲字句工巧终属下乘。清人沈德潜论诗之炼字：“以意胜不以字胜，故能平字见奇，常字见险，陈字见新，朴字见色。”用来评价米芾此诗，当不是过誉之辞。

（顾之京）

【作者小传】

贺 铸

(1052—1125) 字方回，号庆湖遗老，卫州(治今河南卫辉)人。宋太祖贺皇后五代族孙。熙宁中以恩授右班殿直，监军器库门。曾任泗州、太平州通判等职，晚年退居苏、常。其词善于锤炼字句。其《青玉案》有“一川烟草，满城风絮，梅子黄时雨”之句，人称“贺梅子”。词集名《东山词》(一名《东山寓声乐府》)、诗集名《庆湖遗老集》。

清 燕 堂　　贺 铸

雀声啧啧燕飞飞，　在得残红一两枝。
睡思乍来还乍去，　日长披卷下帘时。

这是一首写闲愁的小诗。

所谓闲愁，是一种无名的而又最令人难消受的愁。如能说出个所以然，可以一吐为快，倒也罢了。偏偏这种愁又是说不清、吐不尽的，这就难为诗人了。贺铸向以写闲愁擅长。他的《青玉案》词有几句最为脍炙人口：“试问闲愁都几许？一川烟草，满城风絮，梅子黄时雨。”连用三个比喻把闲愁具象化，贴切而形象，故人称“贺梅子”。但上面这首绝句却别出机杼，它通篇不用比喻，纯用直言其事的赋法来写闲愁，同样写得很成功。

诗人成功的秘密就在于：他没有直接从正面去写内在的情绪，却从精神状态的外观上，捕捉了某个典型的细节，着意传达出闲愁的特殊滋味来。

诗的头两句，不仅在写景中点出暮春的时令，而且还隐隐透露出“闲愁”的消息。花事已了，春将归去，而随同春来的鸟雀却依旧在追逐嬉戏，不知春之将尽。美好的青春就在不知不觉之中悄然逝去，一去不返。这对一个敏感的青年诗人（当时贺铸才满二十六岁）来说，该是多么沉重的精神压力！满腔用世的热忱，乘时而起的期待，可是在现实中却无法施展，只能眼看韶华渐尽，徒唤奈何。诗借景语发端，正写出了闲愁之起。

“睡思”两句，极写闲愁之苦。时当春末，尚慵倦欲睡，不仅有关天气，而且也是心事太重的缘故。“乍来乍去”四字，进一步写出了醒而欲睡，睡又不酣的情态，活画出主人公坐卧不安、心烦意乱的神气。整个白昼，就在这种迷离恍惚的状态中反复折腾、受尽煎熬。当此日长如年之际，下帘独坐，别无消遣，只能读点儿书——可还是因为无聊才读书，不过换个法儿解闷罢了。诗人妙在不着一“愁”字，却写出了愁的无时不在、没完没了。这里没有“泪眼”，没有“断肠”，只有淡淡的、轻烟般的愁，虽说又淡又轻，却整日价撩不开、扫不尽，叫人心灰意懒、没精打采；叫人困恼、悒郁，不能去怀。比起那种“正春浓酒暖，人闲昼永无聊赖。厌厌睡起，犹有花梢日在”（贺词《薄倖》）的闲愁来，这里的愁，使人意兴更加阑珊。

这首诗不是从正面着笔，而是以偏锋取胜，一经拈出典型的细节，全篇皆活。清人赵执信曾以“神龙”喻诗，以为“神龙者，屈伸变化，固无定体；恍惚望见者，第指其一鳞一爪，而龙之首尾完好，故宛然在也。”（《谈龙录》）指鳞爪而识全龙，窥一斑而知全豹，这种因小见大的本领，在篇制最短的绝句中尤为需要。诗人同时还注意了“声情”，诗人数处选用了舌、齿音的字，如“啧啧”、“在得”、“思”、“乍”等，以啮齿叮咛的口吻来写索寞惝恍的心情，以声情助诗情。所有这些，都是这首小诗的成功之处。

（钟元凯）

题诸葛耕田家壁①　　贺 铸

晚度孔明耕，　林间访老农。
行冲落叶径，　坐听隔江钟。
后舍灯犹织，　前溪水自舂。
无多游宦兴，　卜隐幸相容。

〔注〕 ① 诸葛耕（hóng）：原注：“地名诸葛耕，在乌江北八十里，与江南石头城相望。”当以诸葛亮得名，亮字孔明，故首句云“孔明耕”。

贺铸不但以填词名家，而且其“诗文皆高”（陆游《老学庵笔记》语）。《宋史·

文苑传》称贺"工语言,深婉丽密,如次组绣",其实他也有以平淡取胜的一面,这首诗就是其中的一例。

诗记述了一次夜访农家的感受。事由很简单,诗一开头两句就点明了访问的时间、地点和被访的对象。作者的感受也很清楚,诗的末两句明言自己倦于宦游、企望归隐的意愿。然而仅此还不足以言诗。诗人的任务不在交代事情的本末,而在写出他一层一层的感情活动来。因而,一次可能是寻常的访问,在诗人笔下也会成为观照内心波澜的契机,在平淡无奇的素材之中,蕴蓄着深长隽永的诗味。

元祐三年(1088)九月间,诗人偶然途经一个名叫诸葛碕的地方,在一个老农家盘桓了一宿。碕是山谷,该碕地处长江以北,与江南石头城遥遥相望。诗的第二句已点明"访"字。既然是"访",自然会有一主一宾,有宾主间过从的场面,这是题中应有之义。昔人写同类题材的篇什,每每由此下笔,如陶渊明《饮酒》组诗之九("清晨闻叩门"),就详写诗人与"田父"一劝一答的对话;孟浩然的《过故人庄》也写了"把酒话桑麻"以及最后重约会期的交谈内容;至于杜甫的《遭田父泥饮,美严中丞》,就更是绘声绘色地细细描摹出老农的音容笑貌、言谈举止。贺铸的这首诗却另出手眼。他把宾主间过从的场面统统隐到幕后,只让自己在舞台前独步,写自己的所行、所见、所言。"夜访"在诗里不过是提供背景的过场,诗人着意要让我们倾听的,是他自己潜思默运多时的心声。

诗人以"行冲落叶径"写夜访之始。所访的农户既坐落在"林间",故有"落叶"之小"径"。而行人步履急促,愈见行色匆匆,又照应了首句的"晚度"。一个"冲"字,把行人发现归宿之前、之后的焦灼和兴奋之情,形象地表现了出来。也许,这个蛰居在深林之中的庄户人家,对于诗人还别有一种特殊的感召力吧,无怪乎诗人要像当年陶渊明归田园时那样,"乃瞻衡宇,载欣载奔"了!

从"行冲"到"坐听",当已相隔了一个较长的时间。试想,遥隔大江,居然能听到从对岸传来的钟声,自然应是万籁俱寂的夜深时分了。唐人张继《枫桥夜泊》中的名句:"夜半钟声到客船",或为诗人所本。"隔江钟"和"落叶径",一写听觉,一写视觉,不仅形象上富有变化,而且在暗示不同的时间方面又各具典型性。入暮时分,物色依稀,需细细辨认道路,故有"落叶径"之所见;夜深人静,唯有听觉最为敏感,故有"隔江钟"之所闻。而从"行冲"到"坐听",又写出了心绪由骚动不宁归于从容怡悦的变化:前者缭乱,一如那落叶纷披;后者宁静,恰似那钟鸣悠悠。这种心绪的变化,自然离不开主人家热诚的款待、周到的安排、贴心的话语,诗人虽不着一语,却都历历可见。这里,无论是物色的选择、叙事的熔裁,还是情景的交融，都可见诗人的匠心独运之处。

这深夜回荡在江空上的钟声，使诗人不禁作悠悠之想。夜，本来是宜于静思的。钟声，似乎更赋予了周围的一切以深永的意义。诗人仿佛从中了悟了什么，眼前这普通的农舍，不只是游子的暂时栖息之所，也向诗人昭示了人生的归宿。灯下夜织，水碓舂米，这些极平凡的画面，此刻是多么富有魅力！它们唤醒了诗人内心的企求，一种类似陶渊明"人生归有道，衣食固其端"式的体认。夜半"犹"织，固然劳苦；水流"自"舂，却随性自得。诗人在顾盼之间，透露了长期蕴积在心头的隐衷。他在写于同一时期的其他诗章里，屡屡吐露了这种心事。《除夜叹》诗云："安得一扁舟，浮家乘兴东。江山此深隐，终老为田翁……稚子课樵汲，壮妻兼织舂。"可见，本诗颈联中所写的"织"、"舂"，既是实写田家秋作的场景，又象征了诗人心所向往的归隐的生活方式。诗人是情不自禁地把他心目中理想化的图景，投射到现实中普通的流水人家上来了。

这首诗平淡的风格，和诗人所要表现的、对返朴归真的退隐生活的歆羡和向往，是吻合无间的。苏轼评陶渊明的诗是"质而实绮，癯而实腴"，如果借这句话来形容贺铸的这首小诗，也是十分允当的。

（钟元凯）

宿芥塘佛祠　　贺 铸

青青穬麦欲抽芒，　浩荡东风晚更狂。
微径断桥寻古寺，　短篱高树隔横塘。
开门未扫杨花雨，　待晚先烧柏子香。
底许暂忘行役倦，　故人题字满长廊。

这是一首纪游诗。全诗可分"寻宿"和"投宿"两部分。前四句写寻宿。诗人从麦田着笔，一则是借大麦抽芒点明春末的物候，二则也暗示了自己在外求宿之由。当时诗人正"之官历阳（今安徽和县）石迹戍，日从事田野间"，以阅田为务（有公务在身），并非随兴所至的游览观光，这就和下文所说的"行役"暗相呼应。第二句写风势之大，此处的"晚"不是指日暮时分，当作晚春、暮春解，否则，与下文写天日的"待晚"，就不能契合了。盖贺铸此诗，正作于暮春三月间（诗人自注："庚午三月赋"）。欧阳修《蝶恋花》词云："雨横风狂三月暮"，亦以"狂"字形容三月时的风势。诗人既已阅田事毕，风尘仆仆，故欲求一块清静地方栖息，由此引出下面的"寻寺"之行。

诗人写"寻寺"的过程仅用了两个画面。前一个画面是"微径断桥"，以蜿蜒曲折的羊肠小道和断折不通的桥梁，把人们引进一个僻静冷落、略带荒凉感的幽深境界。环境之荒芜深僻，羁旅之寂寞疲困，尽在不语之中。正当道路不明、方向莫辨之际，前面却现出一个“短篱高树”的处所来：那池塘对面，竹篱丛中的院落，不消说便是佛祠的所在地了。两个画面不但表现了空间的移动，而且连行人在征途中的心理变化也依稀可辨。前一句用一“微”一“断”，突出了主人公置身于人烟稀少的陌生地域中，那种惘然若失空无所依的意绪；后一句用一“短”一“高”，暗示了错落有致的人工布置和安排，给人以柳暗花明的感觉。“短篱”非粉垣高墙，仍带山野风味；而“隔横塘”则又可见泉石萦回之势。

诗的后四句写“投宿”。诗人按入寺过程写来，层次井然：先写进入庭院，见满地堆积着飘落的杨花；次写走进祠殿，看寺僧点燃夜香；末写转至殿后的长廊，意外地发现了故人的题字。落花未扫，寺僧燃香，处处透出寺院所特有的清幽意趣。值得注意的是，在写投宿的过程中，还有人物的活动，除了行人之外，就是迎客的寺僧。诗云“开门”，自非推门而入，其间已含宾主间一呼一应的意思在内。于是紧接着的“未扫”、“先烧”，就不只是写来客的所见，而实在是暗写主人殷勤待客的情意。寺僧原不料会有不速之客来到这幽僻的所在，因未及洒扫庭除而深致歉意；为了便于来客早些安息，故天色未晚就焚香净室。主人待客的殷殷情意，于此跃然纸上。在寂寞与困顿之中，诗人竟意外地得到温暖，但更意外的，是诗人竟然还在这里发现了老朋友的题字，更令人欣慰。诗人的感情于此达到高潮。《庄子·徐无鬼》说：“夫逃虚空者，……闻人足音跫然而喜矣。又况昆弟亲戚之謦欬其侧者乎？”见到故人题字，如亲其謦欬。于是旅途的风尘、仕途的失意，此刻都消融了。

这首小诗，在似乎通篇都是直白的叙述中，却传达出一份至深的情味。全诗仅八句，有事、有景、有人物、有情致；虚实隐显，巧于安排，而读来又浑然一气，毫不见雕琢之迹。八句之间，承转无痕，潜相呼应。例如第七句“行役”照应首句起兴；第五句中的“杨花雨”，既承上一句“高树”而来，又和第二句的“东风狂”相呼应，而且着一“雨”字，就把眼前所见的杨花堆积的静态画面，变为一个纷纷扬扬飘散撒落的动态画面，从而为全诗平添了风韵和情致。　（钟元凯）

秦淮夜泊(辛未正月赋)　　贺　铸

官柳动春条，　秦淮生暮潮。
楼台见新月，　灯火上双桥。
隔岸开朱箔，①　临风弄紫箫。

谁怜远游子，　心旆正摇摇。②

〔注〕 ① 朱箔：这里指红色的窗帘。 ② 心旆：旆(pèi)，泛指旌旗。这里指“心摇摇然如悬旌之无所终薄”(《史记·苏秦列传》)。

六朝以来，金陵(今江苏南京)的秦淮河管弦画舫，灯火楼台，是诗人吟咏的好题材。贺铸的这首《秦淮夜泊》写得清丽优美，不愧佳作。

这是一首五言律诗。全诗八句，就有六句是写景。开头两句，写诗人在一个春天的夜晚泊舟秦淮，春风拂柳，暮潮生岸，富于诗情画意。中间四句，正面写泊舟秦淮的所见所闻，是全诗的重心所在，也是全诗的精彩之处。新月楼台，双桥灯火，本为静景。著以“见”字、“上”字，则化静为动。五六两句，“朱箔”、“紫箫”，备极华丽；“隔岸”、“临风”，更见缥缈之致；真是恍若蓬莱仙境。从景物描写角度看，这几句诗很有特点。首先，是位置经营之妙。诗人的视线从河岸楼台转到天空新月，接着又转到横跨秦淮河的小桥，转到河对岸的朱帘绣户。有近有远、错落有致，富有立体感。其次，造语十分讲究。如“隔岸”、“临风”，“开朱箔”、“弄紫箫”，佳人绰约的身影、优雅的体态历历如绘。诗的整个画面清丽秀俊，鲜明地表现了秦淮河的特点，所以纪晓岚评此诗曰“自然秀丽，雅称秦淮。”(《瀛奎律髓刊误》卷二十九)诗的末二句以抒情作结：眼前的景物美丽动人，但毕竟是外乡，加上正是暮夜时分，人们都在家中，而诗人却还独泊孤舟，于是一股乡愁不禁油然而生。这里要注意的是，这不是强烈的乡愁，而是那么一种淡淡的怅惘之情。这种情感是十分自然地产生的，同时又是比较微妙的，“摇摇”二字正十分生动贴切地传达出这种感受。只有这样理解，结尾两句才和全诗的情调和谐一致。

秦淮河是秦楼楚馆、歌儿舞女集中之处。贺铸这首诗色调明丽，不像杜牧的“烟笼寒水月笼沙”(《泊秦淮》)那样迷蒙清冷，因为它和杜牧诗感叹兴亡、讽喻现实的着眼点不同。人们从“春条”、“新月”、“灯火”、“朱箔”等意象中可以感受到一股温馨的气息，一种优美的情调。贺铸以词著名，但他其实是“诗文俱高，不独工长短句”(陆游《老学庵笔记》)。他曾经自负地说：“吾笔端驱使李商隐、温庭筠常奔命不暇。”(《宋史·贺铸传》)这首诗当得“清词丽句”之评，又比温、李诗歌的语言来得疏淡自然。从这里可以看到唐、宋诗差别的一个侧面。　(何大江)

病后登快哉亭　　贺　铸

经雨清蝉得意鸣，　征尘断处见归程。
病来把酒不知厌，　梦后倚楼无限情。

鸦带斜阳投古刹，　草将野色入荒城。
故园又负黄华约，　但觉秋风发上生。

快哉亭，位于彭城（今江苏徐州）东南角的城隅之上，建于熙宁末，由苏轼命名。贺铸自出任徐州宝丰监（管钱的官）一职以来，曾多次登临此亭，赋诗抒怀。本诗便是其中的一首。

诗一开首以雨后蝉鸣起兴。秋高气爽，雨过天晴，再加病愈登亭，何其快哉！连枝上的蝉也仿佛有所领略而在欢快地鸣叫。“得意”二字，既写出了蝉鸣的神态，又微露了诗人的歆羡之情：蝉之踌躇满志，岂不是因为它既得时、又得地！言下已隐含人不如蝉的况味。二句由“听”转向“见”：秋雨新洗，况值此黄昏之际，行人渐少，尘土不扬，那通往故乡的道路显得分外清晰。这一句在眺望中透露出诗人的心事：怀乡情重，思归心切，何曾有一日忘怀！平日里世事纷扰，或可抑制一时，一旦除去世务的尘翳，那潜在的意念又会立即浮现。当此病后偷闲、偶尔登临送目之际，思归之念便又油然而起。

三四两句极写归思之深、之切。“病来”，指病愈之后。病后的频频把盏，非消渴解馋之谓，实因乡愁太深、太重，挥之不去，斥之又来，不得不借助酒力排遣。这里字面上只写了病后，却透露出病前和病中的消息。病前早已借酒浇愁，病中被迫停饮；仿佛欠了的债要加倍偿还，故病后愈是贪杯，愈可见病中难以消停的情状。昔杜甫《登高》诗云：“万里悲秋常作客，百年多病独登台。艰难苦恨繁霜鬓，潦倒新停浊酒杯。”亦写一客游多病之身，深以停杯戒酒为恨。贺铸当时患有肺病，又滞留他乡，遭遇恰似老杜。可见使诗人最受煎熬的是怀乡病，所饮之酒，实在是满含辛酸强咽下的苦酒。百病之中，唯心病难治。清醒时固然为其所苦，即在睡梦中又何尝解脱！这里字面上只写了梦后，实则暗示出曾有无数次的思乡梦。梦中不妨千里回乡，则梦醒后愈是归思难忍，正如汉乐府《悲歌》所云：“悲歌可以当泣，远望可以当归”，这天长日久郁积的乡愁，这梦中犹且萦绕的归思，俱化为一含情凝睇之人，呼之欲出。至此，诗人的登临之意，已神气毕现了。

下两句又从忆想回到现实。鸦投古刹，自是黄昏时万物栖止的典型物色；而落日斜晖，又隐隐约约透露出诗人时不我与的迟暮之感。晚唐的温庭筠即多以夕照飞鸦写此情调，如“鸦背夕阳多”（《春日野行》），如“出寺马嘶秋色里，向陵鸦乱夕阳中”（《开圣寺》）等。贺铸或有所取法。天色向暮，自然界的飞禽均有所托，而人的归宿又在何处？暮霭之中，唯见远去的道路渐渐隐没在一片凄迷的草色之中。第六句系从白居易的诗句“远芳侵古道，晴翠接荒城”中化出，二者相同之处在于，都用行道上"更行更远还生"的草色喻示思念之殷切；不同之处则是白居易着眼于枯而复荣的春草，借喻别情之"满"、之盛；贺铸这里写的却是荣而复枯的秋草，其中暗寓失意之恨。诗人于怀乡思乡之中，又寄托了自己落拓不遇的身世之感，遂使全诗的思致更见深入、意蕴更见丰厚。

一年一度的秋风，最能动人归兴，而今滞留他乡，无计归去。眼见得梦想成空，徒然催人早生华发而已！"秋风发上生"几字，用语生新奇警，不落陈腐。唐代李贺诗云："秋野明，秋风白"，秋风和白色始相勾连，至苏轼又用"霜风"形容须发皆白，如"白头萧散满霜风"、"白须萧散满霜风"等。贺铸点化成句，自铸新词。这里不仅意指鬓发的斑白，而且秋风萧萧，又给人以冷的感觉。因此这一新奇的用语，也便暗示着作者凄冷的情怀。贺铸多病早衰，又因喜谈世事，每忤权贵，屡受排抑，悒郁难平。他在徐州任上曾多次吐露了这种幽冷不平的情怀，如"我已困摧辱，壮心如湿灰"(《寄杜仲观》)、"三年官局冷如水，炙手权门我未能"(《留别张白雪谋父》)，这些都可作为本诗的注脚。

这首诗在章法结构上颇具匠心。诗中写景和抒情的内容参差穿插，跌宕回旋，用笔极为灵动。如首二句用写景起兴之后，颔联忽然宕开去作一追叙，紧接着又用"梦后倚楼"一笔挽回。颈联再次写景，因为前几句已提供了一定的心理背景，故这儿的景都具有了象喻的性质。末两句直抒胸臆，立一篇之警策。全诗以得意的蝉鸣兴起，又以自己落寞感伤的情怀作结，在鲜明的比照中突出了诗人既不得其时，又不得其所的深沉感慨。《四库总目提要》称贺诗"工致修洁，时有逸气"，由此可见一斑。

(钟元凯)

【作者小传】

陈师道

(1053—1102) 字履常，一字无己，号后山居士，彭城(今江苏徐州)人。家境困窘。少学文于曾巩，绝意仕进。元祐初，因苏轼等荐，为徐州教授。后任太学博士、秘书省正字等职。诗宗杜甫，锻炼辛苦，质朴老苍。黄庭坚甚爱重之。为江西派代表性作家，常与苏轼、黄庭坚等唱和。有《后山先生集》、《后山谈丛》。

妾薄命二首

陈师道

主家十二楼， 一身当三千。

古来妾薄命，　事主不尽年。
起舞为主寿，　相送南阳阡。
忍著主衣裳，　为人作春妍?
有声当彻天，　有泪当彻泉。
死者恐无知，　妾身长自怜。

叶落风不起，　山空花自红。
捐世不待老，　惠妾无其终。
一死尚可忍，　百岁何当穷。
天地岂不宽?　妾身自不容。
死者如有知，　杀身以相从。
向来歌舞地，　夜雨鸣寒蛩。

《妾薄命》是乐府古题，陈师道在此是“借题立义”，可见诗人表达感情的方式是多样的。陈师道的这二首诗，以一位侍妾悲悼主人的口吻抒写了自己对老师曾巩的悼念。要不是原诗题下有自注：“为曾南丰作”，后世的读者真会以为这是一首侍妾的哀歌呢。

至于陈师道与曾巩的关系，宋人笔记上说得颇带传奇色彩：曾巩路过徐州，当时的徐州太守孙莘荐师道往见，虽然送了不少礼，但曾巩却一言不发，师道很惭愧，后来孙莘问及，曾巩说：“且读《史记》数年。”师道因此一言而终身师事曾巩，至后来在《过六一堂》诗中还说：“向来一瓣香，敬为曾南丰。”（见陈鹄《耆旧续闻》）这种记载显系小说家言。其实，曾、陈的师生关系史有明文，《宋史》陈师道本传上说他“年十六，早以文谒曾巩，巩一见奇之，许其以文著，时人未之知也。留受业。”元丰间，曾巩典五朝史事，荐后山有道德史才，然终因他未曾登第而未获准，因而，后山对曾巩有很深的知遇之恩。故元丰六年(1083)，当他听到曾巩的死讯后，即写下了这二首感情诚挚的悼诗。

第一首托侍妾之口，写主死之悲，并表达了不愿转事他人的贞心。起二句极言受主人的宠爱，“十二楼”即指十二重的高楼，鲍照《代陈思王京洛篇》中有“凤楼十二重，四户八绮窗”之句，这里是形容宫楼之高峻和豪华。“一身当三千”句，显取白居易《长恨歌》中“后宫佳丽三千人，三千宠爱在一身”的意思，然以五字概括，更为精炼，所以后山诗最权威的注释者任渊说，此句“语简而意尽”。这正体

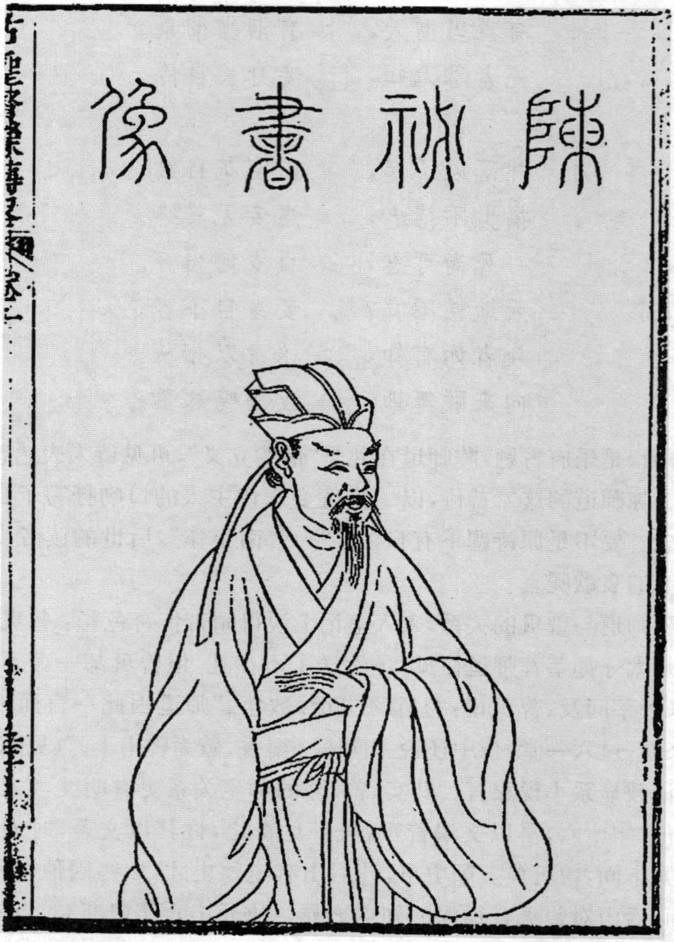

陈师道像

——清刊本《古圣贤像传略》

现了后山诗工于锻炼和善于点化前人诗句的特点。

“古来”二句陡然转折，悲叹自己不能至死侍奉主人，与上二句连读，可谓一扬一抑。“起舞为主寿”句承首二句，“相送南阳阡”句则承三四两句。汉代原涉在南阳为父亲置办的墓地，称为“南阳阡”，因而后世以此泛指墓地。此二句以极概括的语言抓住典型事件，构成鲜明对照：本来为祝祷主人长寿而翩翩起舞，转瞬间却往坟地为他送葬。两句中意象丰赡，节奏跳动，可见诗人用墨的简练，故陈模说，此二句“盖言初起舞为寿，岂期今乃相送南阳阡，乃不假斡澹字而意自转者”（《怀古录》）。刘禹锡的《代靖安佳人怨》悼宰相武元衡遇刺，说：“晓来行哭里门外，昨夜华堂歌舞人。”也是写乐极哀来，生死的变幻无常，意境与此二句略同，然而后山的造语更为高古凝练。

白居易《燕子楼》诗云：“钿晕罗衫色似烟，几回欲着即潸然。自从不舞《霓裳曲》，叠在空箱十一年。”此诗中“忍著”二句，与白诗意蕴相近，但并非泛咏男女之情，而另有很深的寓意。北宋中期，政治上风云变幻，元祐党、变法派轮番掌权，所以一般士人都讳言师生关系，以避免党同伐异，受到连累。一些趋炎附势之徒，则随波逐流，谄谀权贵。后山此诗正是对此种风气的批判，他责问道：难道忍心穿着以前主人赐予我的衣裳，去博取他人的欢笑吗？

末四句直抒胸臆，一腔悲慨，喷涌而出。然而死者无知，只有生者独自哀怜。整首诗便在生与死、哀与乐、有知与无知的对照中结束。

第二首则是第一首主题的延伸，表达了杀身相从的意愿，二首一气贯注。故范大士《历代诗发》评曰：“琵琶不可别抱，而天地不可容身，虽欲不死何为？二诗脉理相承，最为融洽。”

“叶落”二句以写景起兴，然意味无穷，细察诗人用意，至少有三层可以揭出：此二句承上文“相送南阳阡”而来，故写墓园景象，且兴起下文，此其一；又写墓地凄惨之状，以飘零之落叶与绚烂之红花相衬，愈见山野之空旷寂寥，写景状物颇能传神，并烘托出苍凉凄迷的气氛，故任渊说：“两句曲尽丘源凄惨意象。”此其二；且此二句写景起兴中又带有比意，落叶分明指已逝之人，而红花显喻己身。唯落叶飘败，故花之娇艳，徒成空无。潘岳《悼亡诗》有句说：“落叶委埏侧，枯荄带坟隅。”已以落叶比人之长逝，然寓意之深刻远不及此，故陈模盛赞此二句说：“陈后山‘叶落风不起，山空花自红。’兴中寓比而不觉，此真得诗人之兴而比者也。”（《怀古录》）此其三。

“捐世”以下八句一气流走，自然涌出，不可以句摘：主人不待年老即弃世而去，因而对我的恩惠未能到头。想来一死尚可忍受，而今后无穷的生涯怎样度过？偌大的世界，却容不得自己微弱的一身，于是发出了最后的心声："死者如有知，杀身以相从。"语气坚定，如铮铮誓言，真令读者对这位敢于以身殉情的侍妾肃然起敬。此八句层层相缩，语意畅达，纯自肺腑中流出，读来不觉其浅率，唯感其真诚。

至此感情的激烈已无以复加，全诗似应戛然而止了，然而"向来"二句，转以哀婉的情调结束：那以前歌声鼎沸、舞姿婆娑的地方，只留下夜雨的淅沥和蟋蟀的悲鸣，由此表达了盛时不再、人去楼空的感慨，一变前文率直奔放的激情，遂令诗意深远，避免了一览无余。这末尾的"歌舞"云云，正与第一首的开头"十二楼"首尾相应，也表现了作者的匠心。

这两首诗向来被认为是陈师道的代表作，故《后山诗集》以此为冠，其原因便在于此诗集中体现了后山诗的风格。后山诗的佳处在于高古而具有真情，锻炼而以淡雅出之。如此二首，造语极平淡，乍看似了无典实，不作艰深之语，只是直陈胸臆，然细析则几乎无一字无来历。在此不妨再举一例，以概其余。第一首的末二句"死者恐无知，妾身长自怜"，读来明白如话，然前句出自《孔子家语》："子贡问孔子曰：'死者有知乎？将无知乎？'"后句出于李白《去妇词》："孤妾长自怜。"故任渊说："或苦后山之诗非一过可了，迫于枯淡，彼其用意，直追《骚》《雅》。"意谓他的诗须细细品味，不是一读即可明白其中用意的，这正说明，后山诗在平淡的背后，有着惨淡经营的苦心。

除了平淡典雅，精练浓缩也是后山诗的一个显著特点，如此诗中"一身当三千"、"起舞为主寿，相送南阳阡"、"叶落风不起，山空花自红"等语，都以极简练的字句表达了丰富的意蕴，有"以少许胜多多许"的特点，故刘壎《隐居通议》说，后山"得费长房缩地之法，虽寻丈之间，固自有万里山河之势"。

然而此诗最突出之处还在于用比兴象征的手法，以男女之情写师生之谊，别具风范。这种手法自然可追溯到《诗经》中的比兴，《楚辞》中的美人香草。这在古典诗词中是屡见不鲜的，因为男女之情最易感人。正如明人郝敬所说，"情欲莫甚于男女……声音发于男女者易感，故凡托兴男女者，和动之音，性情之始，非尽男女之事也。"（陆以谦《词林纪事序》引）因而托喻男女之情而实寄君臣、朋友、师生之谊的作品历代都有，然与后山此诗有明显血缘关系的可推张籍的《节妇吟寄东平李司空师道》，其辞曰："君知妾有夫，赠妾双明珠。感君缠绵意，系在红罗襦。妾家高楼连苑起，良人执戟明光里。知君用心如日月，事夫誓拟同生死。还君明珠双泪垂，恨不相逢未嫁时。"此诗乃张籍为却郓帅李师古之聘而作，与后山此诗所述之事虽殊，但抒写手法颇多相通之处。虽然后世也有人对此执不同意见，以为此诗“比拟终嫌不伦”（陈衍《宋诗精华录》），然作为诗之一格，作为表达感情的一种方法，后山的这二首诗还是有新意、有真情的。（王镇远）

送　内　　陈师道

麀麌顾其子，　燕雀各自随。
与子为夫妇，　五年三别离。
儿女岂不怀？　母老妹已笄。①
父子各从母，　可喜亦可悲。
关河万里道，　子去何当归？
三岁不可道，　白首以为期。
百亩未为多，　数口可无饥。
吞声不敢尽，　欲怨当归谁？

〔注〕 ① 笄（jī）：簪子。古人用来插住挽起的头发。《仪礼·士昏礼》：“女子许嫁，笄而醴之，称字。”本诗中的“已笄”是说已经到了待嫁的年龄。

元丰七年（1084），陈师道的岳父郭概任提点成都府路刑狱。陈师道生计无着，只好让妻子儿女随从入川。他本人因为家有老母和妹妹，不能同行。这首诗是在临别之时送给他妻子的。它以简劲、浑厚、沉郁的风格见称于后世；在严羽所说的“后山体”中，无疑是一首重要的代表作。

全诗共十六句，可以平分为前后两个部分。前面八句主要是叙写眼前的悲况。开头以“麀麌顾其子，燕雀各自随”兴起怜子爱妻之情。“麀麌”是母鹿与雌獐。“顾其子”就是爱怜其子。“燕雀”为羽族之小者。“各自随”是说各从其类。这两句受到《礼记·三年问》中关于“有知之属，莫不知爱其类”的启发，因此不妨借用孔颖达的一段疏文来作说明：“鸟兽大小各能思其种类，况在于人，何有穷已？”以下即写到人事：“与子为夫妇，五年三别离。”结婚五年，三次与妻子分离，这已经够辛酸了，何况这次分别与前两次有所不同。前两次是自己出外谋生，妻子留在家里，而这次是妻子带着年幼的儿女随岳父到遥远的蜀地去。不是为贫困所迫，怎么会作出这样的抉择！作者没有详写自己的困顿，而艰难困顿之状已在不言中；作者也没有详写自己如何在贫困中挣扎，而“三别离”三字已足以概括。“儿女岂不怀，母老妹已笄”两句是对妻子倾诉衷曲。上句是说，让妻子把幼小的儿女带往远地，岂不思念？“岂”字下得沉重，言下有无限舐犊深情在，并隐隐透出万般无奈的歉意。下句是说，母老需要奉养，妹大等待出嫁，这两件事决定他不能同去蜀地。作者的这种衷曲，道出了人世的艰难与他自己所承受的生活的重压。无论是谁，罹此不幸，都将感到深悲极痛，非但难以为怀，亦复惆怅难述，而作者却以清劲简妙的语言出之，尽量避免纤毫不遗地刻画内心的痛苦之状，因而显得十分浑厚有味。不仅如此，诗人为了使他的妻子不至于在临别之际过于难过，还特地找来了两句宽慰性的话语："父子各从母，可喜亦可悲。"稚儿、幼女"从母"，与年过三十的中年男子"从母"，岂可同日而语？作者把两者混而为一，给悲哀的气氛增添了一点诙谐和风趣。在浓重的悲哀气氛下，这点诙谐和风趣虽然不能起到转悲为喜的作用，但由于作者尽力克制悲痛，给"可喜"两字留出了一定的感情位置，因此读来确能略略给人以精神上的慰藉。陈师道的诗作素以文省字净、"语简意博"（《瀛奎律髓》卷四七）著称。这两句诗最能显示这一特色。他把自己留下来侍奉老母，而让儿女们跟着妈妈到蜀地去这两件事，压缩成五个字，叙事的简妙，令人叹服；在极端贫困之中，这样安排家庭，使老有所养而幼有所育，内心感到欣慰，但一门三代骨肉分离，夫妇双方动如参商，又是何等可悲！这种复杂微妙的感情也只用了五个字来表达，抒情的简妙，实为罕见。金代刘壎说，陈师道写诗如得仙人费长房缩地之法，"虽寻丈之间，固自有万里山河之势也。"（《隐居通议》卷八）形容后山诗的简妙，可谓既形象，又确切。

后面八句主要抒发内心的悲愤。"关河万里道，子去何当归？三岁不可道，白首以为期。"以无比关切的语气对远行的妻子倾诉了离情别绪。"三年"大概是郭概的任期。妻子为了安慰他，告以三年之期，但诗人感到，自己贫困的境遇尚无尽头，三年以后能否会面，也难以预料。"白首"句从旧题《李少卿与苏武诗》"努力崇明德，皓首以为期"化出，隐含着明德自持，誓老相待之意。唯其用得不着痕迹，故更能见出寄意言外、旨泯句中之妙。处此无可奈何的情况下，作者对贫富悬殊的不合理社会深致不满，但他没有、也不可能采取直接抗争的态度，而是正面提出孟子的社会理想，与黑暗的现实进行对照，借以抒发自己的愤慨。"百亩未为多，数口可无饥"两句，话虽说得平静，内心的牢骚还是很明显的。孟子曾说："百亩之田，勿夺其时，八口之家，可以无饥矣。"（《孟子·梁惠王上》）孟子在宋代思想界的地位很高，但他的民本思想却未被宋代的统治者接受。百亩之田，原是一个普通农家的产业，而作者竟连这点起码的产业也没有，因而连人生最低的生活要求——温饱也无法满足。作者推己及物，已经触到了当时社会的严重症结，再说下去，势必要怨及在朝的权贵，这是作者不能不有所顾忌的，因此话到嘴边也只能强行带住："吞声不敢尽，欲怨当归谁？"感情的伏流逆折震荡，而又不使泻出，遂令诗中那种简劲、浑厚、沉郁的风格也因之而臻于极致。

陈师道曾说:“善为文者,因事以出奇。江河之行,顺下而已。至其触山赴谷,风抟物激,然后尽天下之变。”(《后山诗话》)本诗通篇不着一句景语,纯从“别内”一事上落笔,顺带写出心头的悲事、喜事、烦难事、不平事,因事见情,曲折详至,极尽诗家运笔变化之妙,成功地体现了他自己的“因事以出奇”的创作主张。

(吴汝煜)

寄外舅郭大夫　　陈师道

巴蜀通归使,　妻孥且旧居。
深知报消息,　不忍问何如。
身健何妨远?　情亲未肯疏。
功名欺老病,　泪尽数行书。

古代媳妇称公婆为“舅姑”,“外舅”则是女婿称呼岳丈。元丰七年(1084)五月,陈师道的岳丈郭概由朝请郎提点成都府路刑狱,因为陈师道家贫,无力赡养家室,所以妻子和一女三子都随郭概赴蜀,陈师道则留在长安(今陕西西安)。分手时陈师道写有《送外舅郭大夫概西川提刑》、《送内》和《别三子》三首诗,都流露出至性至情。这首《寄外舅郭大夫》则是分别以后的“诗简”,表达对远居异地的妻儿的关怀问候,抒发家庭不能团聚的悲哀。

首句说从遥远的四川,回来一个带信的使者。看似起得平平,道来却也不易。首先映入人们眼帘的是“巴蜀”二字,立刻使人想起李白“噫吁嚱,危乎高哉!蜀道之难难于上青天”的诗句,古代四川的交通困难,早已使“巴”、“蜀”这些字眼染上一层滞重的色彩。因而紧接着的“通归使”也就显得特别难能可贵。那样“崎岖不易行”的蜀道居然“通”了,来了一位信使,而他所带来的又正是自己朝夕盼望的妻儿的消息,真是“家书抵万金”啊!“通”本来是一个普通的字眼,但把“巴蜀”和“归使”串联起来,就打上了强烈的感情印记。

“妻孥且旧居”,是作者的内心独白。娇妻幼子,关山阻隔,不知有多久没有互通音问了,他们的情况怎样?该不会有什么意外吧?……面对远道而来的信使,脑海里日夜浮现的妻儿形象都要跳出来了,可是作者却写了这样一句淡而又淡的诗。像是沉吟,像是揣度,又像是自我安慰,一个“且”字,把那种又迫切又犹疑,惊喜慰惧交集,满肚子话要问却欲言又止的心情传达出来了。此时此刻的作者,真可谓“欲说还休,欲说还休”别是一般滋味在心头了。

颔联两句把沉吟犹疑的原因挑明了。作者的心理是在交通不发达的古代形成的。家人分居异地,消息阻塞,祸福不知,一方面盼望消息,一方面对消息反而产生一种畏惧的心理,生怕会有坏消息传来,特别在战乱年代这种矛盾心理更为突出。宋之问《渡汉江》:"岭外音书断,经冬复历春。近乡情更怯,不敢问来人。"杜甫《述怀》:"自寄一封书,今已十月后。反畏消息来,寸心亦何有!"都是这种心理状态的写照。陈师道是师法杜甫的,这首诗无疑也受了杜诗的影响。

但不管怎样"不忍问",害怕问,最后总得硬着头皮听消息。一旦获知妻儿都好,平安无事,那真像久囚遇大赦,长长地吐了一口气。心情立刻轻松起来,一扫嗫嚅之态,和信使也有说有笑了。因而"身健何妨远?情亲未肯疏"两句就带有明显的愉快情绪,既是对妻儿的安慰,也是一种自我慰藉。只要大家都身体健康,平平安安,那么即使隔山阻水也没有什么了。作者还进一步用温言絮语抚慰妻儿:夫妻、父子的亲情,绝不会由于分离而疏远、而隔膜,你们放心吧!

尽管有淡淡的微笑,却无法从根本上改变家庭异地分居、不能团圆的严酷现实。所以在最后一联,作者又情不自禁,悲从中来,不能抑制了。为什么自己就不能像别人那样合家团聚,共享天伦之乐呢?追根究底,还不是因为科名蹭蹬吗?古代读书人要想飞黄腾达,唯一出路是应举作官。陈师道尽管以孤介自诩,实际上也未能免俗。"功名欺老病,泪尽数行书",顾影自怜,年已老大,愁病交攻,连自己的妻儿都养活不了,想到这些,提笔回信之时,怎能不洒几点伤心之泪呢!全诗的思想深度也在此深入一步,由家庭的悲欢离合上升到身世的感慨,对社会不平的怨愤抗议也就意在其中了。

陈师道属于江西诗派,以"闭门觅句"的枯淡瘦硬风格著称,但他写家庭悲欢的几首诗都情真意切,通俗易懂。这首诗也是其中之一。通篇全以感情运行,首联平静,颔联沉抑,颈联以淡淡的欢快挑起,尾联复归结于感慨哀痛。起伏跌宕,得自然之趣,尽真情之妙。

(梁归智)

南丰先生挽词二首

陈师道

早弃人间事,　　直从地下游。
丘原无起日,　　江汉有东流。
身世从违里,　　功言取次休。①
不应须礼乐,　　始作后程、仇。

精爽回长夜,　　衣冠出广庭。

勋庸留琬琰，② 形象付丹青。
道丧余篇翰， 人亡更典刑。
侯芭才一足， 白首《太玄经》。

〔注〕 ① 功言：《晋书·杜预传》："（预）常言：立德不可以企及，立言立功可庶几也。" ② 琬琰：指琬圭琰圭。唐玄宗《孝经序》："写之琬琰，庶有补于将来。"《疏》："写之琬琰者，取其美名耳。"琬琰皆玉之美者。用以制成上端浑圆的琬圭，上端尖锐的琰圭。后世以琬琰比喻美德。这里比简册。

这两首五律，作于元祐元年丙寅（1086），距曾巩逝世，已有三年。作者在十六岁那年，曾受知于南丰曾巩，由此而诗文的声誉日隆。曾巩，江西南丰人，学者称南丰先生。他是欧阳修诗文革新运动的积极支持者，所作文章，被称为"本原六经，斟酌于司马迁、韩愈"（《宋史》本传）。在当时的文名，仅次于欧阳修，风格也相近。以"古雅、平正"见称。陈师道在这两首挽词中，一方面感激知己之情，表示南丰先生逝世之后，无从再受教益；一方面为国家痛惜人才，感念大雅既亡，对于国家制礼作乐，更是一大损失。

诗的第一首始起两句："早弃人间事，直从地下游。"表明南丰先生已与世长辞，抛弃了人间的万事，而九原难作，相见无期。地下从游，只不过勉作心灵上的自慰而已。这两句，前一句写南丰逝世的堪悲；后一句表示自己沉痛的悼念。第三四两句："丘原无起日，江汉有东流。"感叹南丰先生已经归葬丘原，自然无由再行返回人间，而先生的文章和令名，则长期与江水汉水永存，给人们留下了永久的忆念。王安石曾有赠曾子固诗说："曾子文章世无有，水之江汉星之斗。"这里作者借用其意。这两句说明人生虽然无常，但文章和美名，可以永垂不朽。

第五六两句："身世从违里，功言取次休。"曾巩在世的时候，从违参半，既有坎坷之时，也有顺遂之时。（从指顺境，违指逆境。）失意和得志的时候都有。所以"身世从违里"这句，是曾南丰一生遭际的概括。晋代杜预曾经说过：立德的事情，是不可企及的；但立功和立言是可以办到的。南丰先生也是如此。但今已辞世，则是立功立言，也将至此而止乎（取次，轻易之意）？这句感叹南丰先生倘获大年，则功言方面的成就，当是不可限量的。

结尾两句："不应须礼乐，始作后程、仇。"这两句感慨自己虽然得到南丰先生的提掖，可惜是才能不高，不必等待到制礼作乐的盛事，和隋代文中子王通的学生程元和仇璋相比，优劣已经判明。王通曾经赞誉过自己的学生程元和仇璋，说他们有制礼作乐的才能，作者自愧不如程、仇，未能光大曾巩的文学和功业，所以深感有愧师门。

第二首起始两句："精爽回长夜，衣冠出广庭。"《左传》上有"心之精爽，是为魂魄"的话语。"精爽"，指人的魂魄。这里是说，人死以后归于幽冥。次句"衣冠出广庭"，是说丧事已毕，陈逝世者的衣帽在广庭上，表示纪念（古代有这样的风俗）。这两句都是表明伤逝。第三四两句："勋庸留琬琰，形象付丹青。"前句是说：南丰先生有功于国家和人民，功勋还铭记在史册之上，留下千古的美名。后句表明：先生平昔的形象，已绘制在图画之中，使后人得以瞻仰。这两句是对曾巩一生作出评价。

第五六两句："道丧余篇翰，人亡更典刑。""道丧"句表示大道虽然已经丧亡，但先生的篇章翰墨，仍然存在人间，成为珍宝。"人亡"句，表明人亡故了，典型也就更改了。（更，更改。刑，通"型"。）但先生的风范，还永存在自己的忆念之中。"典刑"句出于《诗经·大雅·荡》："虽无老成人，尚有典刑。"这两句表明作者对南丰先生的景仰。

尾联："侯芭才一足，白首《太玄经》。"这两句是作者自期之语。侯芭是汉代著名作家扬雄的弟子。《汉书·扬雄传》上说，钜鹿人侯芭，常从雄求学，最后受其"玄言"（按：即《太玄》、《法言》），成为扬雄学业的继承人。作者表示南丰先生虽已辞世，自己愿意像侯芭一样，终身在文学方面作不懈的努力，以不愧为南丰先生的门人，不负先生的赏识。那么，尽管侯芭只有一人，能够白首承受先生的学业，先生也可以告慰于地下了。

这两首七律，在情调方面，是伤感失去知音。在内容方面，是歌颂曾巩在文学和功业方面的成就。曾南丰的去世，对朝廷来说是一重大损失。在艺术手法方面，语言经过锤炼，可说字字都有出处，写得很深沉。但缺乏浑成之致，浓烈之情，是江西诗派的共同弱点，作者也不例外，作者才情虽高，由于锻炼太过，难免此失。

（马祖熙）

丞相温公挽词三首　　陈师道

恭默思良弼，　诗书正百工。
事多违谢傅，　天遽夺杨公。
一代风流尽，　三师礼数崇。
若无天下议，　美恶尽成空。

百姓归周老，　三年待鲁儒。

时方随日化，　　身已要人扶。
玉几虽来晚，　　明堂讫受图。
心知死诸葛，　　终不羡曹蜍。

少学真成己，　　中年托著书。
辍耕扶日月，　　起废极吹嘘。
得志宁论晚，　　成功不愿余。
一为天下恸，　　不敢爱吾庐。

北宋的司马光是著名历史学家，又是政治家，历仕仁、英、神、哲四朝，是当时反对王安石变法的代表人物。神宗逝世，哲宗登基，反对变法的一派得势，司马光迁门下侍郎，拜尚书左仆射，也就是成为丞相。他执政后，全部废除新法，但于哲宗元祐元年(1086)九月即病死，为政不到一年。死后封太师、温国公，元祐二年正月安葬。陈师道这一组《丞相温公挽词》就写于此时。从历史上评价，王安石变法当然有进步意义，反对变法的无疑是保守派。但事物往往是复杂的，新法在执行过程中确实也有不少弊病，而王安石任用的官吏有些又不十分称职。因而当政权更迭，司马光作为反对派的领袖成为一时人望，也在情理之中。陈师道站在保守派的立场上，这三首挽词对司马光推崇备至，表达了一种痛失栋梁的情绪，在当时是很有代表性的。

挽词当然得说好话，但要说得恰到好处也并不容易。今天看来，司马光对历史的最大贡献，是完成《资治通鉴》这一空前历史巨著。但当时的人，像陈师道，则认为首先要从司马光的政治事业上来褒扬他。这三首挽词就紧紧扣住了司马光的相业落笔，写得庄重肃穆，雍容典雅。

第一首一开始就拉出一些历史上著名宰相作比，赞美司马光是一代贤相。“恭默思良弼”用《尚书·说命》里的典故。所谓“恭默思道，梦帝赉于良弼”，说商王武丁沉思治理天下之道，梦见天帝赐给他贤良辅弼，后来果然得到傅说。这当然是比喻宋哲宗起用司马光。“诗书正百工”，是说司马光的道德文章都足以领袖群伦，作百官的楷模。“诗书”即《诗经》和《尚书》，代指儒家经典，“百工”即百官，语出《尚书·尧典》：“允釐百工。”首联这种写法一下子就把司马光捧得很高，有高屋建瓴之势。颔联又推出两位名相。“谢傅”即晋代名臣谢安，《晋书·谢安传》记载：“谢安出镇新城，疾笃还都，自以本志不遂，深自慨失，既薨，赠太傅。”“杨公”是唐肃宗的宰相杨绾，他死后，肃宗曾慨叹说：“天不使朕致太平，何夺绾之速耶!”这一联很快进入“挽悼”的主题,干净利落。司马光为相一年就病死,政治上的抱负没有充分施展,但已经起到了砥柱中流、改变政局的作用,正如他的铭诗所云:“为政一年,疾病半之。功则多矣,百年之思。”因而用“本志不遂,深自慨失”的谢安和安史乱后正待“致太平”的杨绾两人早死作比,就把司马光当时的地位、作用一笔道出,深深的哀痛之情也不言而喻了。

颈联正面描写司马光逝世。《南史》记载张融哭其兄张绪曰:“阿兄风流顿尽!”杜甫《哭李常侍峄》诗中有句:“一代风流尽”,陈师道借用此句,比喻当时的风云人物司马光之死十分恰当。司马光死后封为太师,葬礼隆重,这就是所谓“三师礼数崇”。古代太师、太傅、太保称为“三师”,是一种荣誉衔,一般封赠元老重臣。这一联上句正面抒写对一代风流人物遽然凋谢的哀悼,全从一个“尽”字流露出来,有无限悠悠情意,下句则侧面烘托,写死后哀荣,表现了慰藉赞美之情。两句诗表达的感情既一脉相承而又各有侧重,正是所谓“烘云托月”。

最精警的是末联:“若无天下议,美恶尽成空。”如果没有天下舆论众口一词的哀悼赞叹,那么什么死后的封赠呀,哀荣呀,全不值分文。以“天下议”作为衡量评价死者的最高标准,这一见解不同凡响。作为保守派领袖的司马光能否博得“天下”普遍的肯定,那是另一个问题,所谓“天下议”实际上不过是反对新法的一派人的舆论而已。但从诗的本身来说,这的确是一个精彩的结尾,一下子提高了诗的境界,给人以更上一层楼的感觉。

第二首挽词不像第一首那样泛写而着重于司马光晚年才得拜相执政一事。首联说司马光在未被起用时早已天下归心,正像商朝末年民心都向往周文王一样,又像孔夫子在等待施展抱负的时机。《论语·子路篇》:“子曰:苟有用我者,期月而已可也,三年有成。”这就是“三年待鲁儒”句所本。这里虽然也是抬出两位古圣人作比,却与第一首的写法不尽相同,因为这里是从天下百姓的角度说的。说百姓早已期待司马光执政,大有“斯人不出,如苍生何!”的意味。这就更加拔高了司马光,衬托出作为“名相”的高大形象。颔联说司马光拜相时正是政治形势急遽变化的“危急存亡之秋”,可惜他已病体支离,行动都不方便了。《汉书·外戚传》里有“世俗岁殊,时变日化”的说法,“时方随日化”句即从此化来,意思是适逢多事之秋。这当然也是站在王安石变法的对立面说的,认为变法闹得天下大乱,亟待司马光出来收拾残局。总之,这一联是对司马光任用太晚,竟使他赍志以没表示惋惜。

颈联承颔联之意而语气一转,表示慰藉。古代的顾命大臣受命辅弼幼主,太后坐在玉几旁嘱托。据《礼记》,周公摄政辅翊成王时在明堂上统率百官,《史记》

里也有汉武帝召画匠画周公负成王图赐霍光的故事。"玉几虽来晚，明堂讫受图"，即说司马光在神宗死后被高太后起用入相，终于像周公和霍光一样肩负起辅弼幼主的责任。神宗支持新法，他死后哲宗即位，年方十岁，祖母高太后垂帘听政、支持废除新法，旧党得势。尾联用"死诸葛能走生仲达"的故事，说司马光像诸葛亮一样鞠躬尽瘁，虽死犹生，虽然享寿不高，比起尸位素餐的曹蜍之辈可强多了。曹蜍是曹茂之的小字，东晋尚书郎。《世说新语·品藻》里说："廉颇、蔺相如虽千载上死人，凛凛恒如有生气，曹蜍、李志虽见在，厌厌如九泉下人。"这样的结尾也很高明，不是泛泛地哀叹其早死的不幸，反而说这比白活着无所作为要有意义，有价值，这自然就把死者的身份更抬高了。

第三首挽词更进一步，概括了司马光的一生。首联追溯到逝者早年。《礼记·中庸》："诚者非自成己而已也，所以成物也。成己，仁也；成物，智也。""少学真成己"，即说司马光自幼就受儒学熏陶，所谓"温公平日之学以诚为本"。"中年托著书"，则指修撰《资治通鉴》。司马光与王安石政见不合，出知永兴军，乞判西京，留司御史台以归，居洛十五年皆以书局自随。"托"字用得很好，透露出司马光不是为著书而著书，也包含着因政治上不得意而著书明道之意。颔联又回到晚年拜相一事，作者认为这是司马光一生的大事业，所以反复皴染。"辍耕扶日月"，意为由在野而入朝，辅助哲宗，"日月"代指皇帝和太后。"起废极吹嘘"则指司马光执政后极力起用因反对新法而被排斥的官员。这一联在对仗上颇见功夫，将政治大事这么虚虚实实地一写，既有气势又富于形象感，使这首议论较多的挽诗不至于显得过分抽象。

颈联对死者既是安慰，又是赞美。上句说，虽然拜相时年已老病，但毕竟是"得志"了，这是值得庆幸的。下句说，司马光鞠躬尽瘁，以身殉天下，但求成功，其他在所不计。这样的境界是相当高的，是对死者的高度评价，也是作者追求的理想儒者的形象。至此，对司马光可以说已经盖棺论定，要说的话都说了。因而最后一联就归结到作者自身。"一为天下恸，不敢爱吾庐"，在死者的精神感召下，作者觉得自己不能仅为一己私利打算，而要效法死者，多为国事操心。这一联不仅是这一首诗的结尾，也是这一组挽词的结尾。由哀挽死者转为勉励生者，十分得体。

陈师道这三首挽词各有侧重，互不雷同，措词精练，立意高超，为"挽词"这一类型的作品提供了一个较好的范例。

（梁归智）

嘲　秦　觏

陈师道

长铗归来夜帐空，[1]　　衡阳回雁耳偏聪。[2]

若为借与春风看，　　无限珠玑咳唾中。③

〔注〕 ① 夜帐空：《文选》孔稚圭《北山移文》："蕙帐空兮夜鹤怨，山人去兮晓猿惊。"移文，檄文的一种。 ②"衡阳"句：任渊原注："戏其独宿无寐也。" ③"无限珠玑"句：李白《妾薄命》："咳唾落九天，随风成珠玉。"又东汉赵壹《刺世疾邪赋》："势家多所宜，咳唾自成珠。"此诗用李白句意。

秦觏字少章。是秦观（少游）之弟，作者的挚友。据《王直方诗话》："少章登第后方娶，后山作此诗时，犹未娶也，故多戏句。"诗题《嘲秦觏》，是以嘲讽秦觏迟迟未婚为内容的游戏笔墨。

首句："长铗归来夜帐空"用《战国策·齐策》"冯谖客孟尝君"事，冯谖在孟尝君门下曾经歌道："长铗归来乎？无以为家。"诗句以冯谖之"无以为家"，讥笑秦少章年逾三十，也还没有成家。"夜帐空"，用孔稚圭《北山移文》："蕙帐空兮夜鹤怨"句意，表明少章是在独宿，"空"字点出夜帐中并无佳人相伴，而不免让山中的独鹤也感到凄怨和清愁。这句中连用两个典故，纯从"无家"、"无偶"着笔。次句"衡阳回雁耳偏聪"，衡阳有回雁峰。"耳偏聪"是用《晋书》殷仲堪父闻蚁斗的典故，整句说：少章孤衾独宿，听觉特别灵敏，常听那孤雁的声音。少章也该求个伴侣了，何必老是竖着耳朵，去听那雁儿"行断不堪闻"的叫唤呢！（杜甫《孤雁》诗有"行断不堪闻"句）

三四两句"若为借与东风看，无限珠玑咳唾中"。用倒装语法，表明秦少章才气很高，写下了许多美妙的诗篇和文章，就是咳唾一下，也可以随风成为珠玉呢！怎么只让这些篇章，只借助春风传向人间，而不让位佳人去歌唱给春风呢？是打算像唐人孟郊那样，在及第之后，才趁着"春风得意马蹄疾"的当儿，然后"一日看遍长安花"，在其中挑个"红袖添香夜读书"的蛾眉知己吗？杜牧之诗说："玉白花红三百首，五陵谁与唱春风。"（《送李群玉》）诗人意谓，我看还是及早选个名门闺秀，在春风骀荡中比肩相看，并由她去歌唱春风吧！

全诗用典较多，但贴切自然，笔意并不凝滞。就情调来说，是亦庄亦谐，亦讽亦雅，读了之后，令人忍俊不禁。

（马祖熙）

示 三 子　　　　陈师道

去远即相忘，　　归近不可忍。
儿女已在眼，　　眉目略不省。
喜极不得语，　　泪尽方一哂。
了知不是梦，　　忽忽心未稳。

元丰七年(1084),陈师道的岳父郭概提点成都府路刑狱,因为师道家贫,妻子与三个儿子及一个女儿只得随郭概西行,而师道因母老不得同去,于是忍受了与妻子儿女离别的悲痛。将近四年以后,即元祐二年(1087),师道因苏轼、孙觉等人之荐,充任徐州州学教授,才将妻儿接回到徐州。记录这一场生离死别,后山留下了不少情意诚笃感人至深的佳作,如《送外舅郭大夫概西川提刑》、《送内》、《别三子》、《寄外舅郭大夫》等,这首《示三子》即是作于妻儿们刚回来之时,也是非常杰出的一首。

首二句说妻儿们去远了,相见无期,也就不那么惦记了;而当归期将近,会面有望,则反而控制不住自己的感情。"去远"句固然是记录了诗人的实情,然也深刻地表现了自己无可奈何的失望和悲伤,诗人决非真的忘情于妻儿,而是陷于一种极度的绝望之中。"归近"一句正说明了他对亲人不可抑捺的情愫。

"儿女"二句写初见面的情形。因离别四年,儿女面目已不可辨认。后山的《送外舅郭大夫概西川提刑》中有句云:"何者最可怜,儿生未知父。"可见别时儿女尚幼,故至此有"眉目略不省"的说法,表明了离别时间的长久,并寓有亲生骨肉几成陌路的感喟。

"喜极"二句是见面之后复杂心情的表现。久别重逢,惊喜之余,千言万语不知从何说起,只是相顾无言,泪洒千行,然后破涕为笑,庆幸终于见面。此十字中,将久别相逢的感情写得淋漓尽致,诗人抓住了悲喜苦乐的矛盾心理在一瞬间的变幻,将复杂的内心世界展现出来。

"了知"二句更深一层作结,说虽然明知不是在梦中相见,但犹恐眼前的会面只是梦境,心中仍然恍恍惚惚,不能安定。这种心理的描绘,可谓入木三分。由此可以推知:在与亲人分离的四年中,诗人多少次梦见亲人,然而却是一场空欢,反增添了无限的愁思和悲苦,正因为失望太多,幻灭太多,所以当真的会面时,反而产生了怀疑,唯恐仍是梦中之事,深沉的思念之情便在此中曲折表现了出来。这两句本于杜甫《羌村三首》中写回家初见亲人的惊喜和疑虑:"夜阑更秉烛,相对如梦寐。"意谓久别重逢,如相见于梦中,后来司空曙《云阳馆与韩绅宿别》中"乍见翻疑梦,相悲各问年",即用杜意;而陈师道此二句是翻用杜语,与晏幾道《鹧鸪天》中所诉说的"今宵剩把银釭照,犹恐相逢是梦中",意境略同,可见后山取前人诗意能点化出新意。

此诗通首造语质朴浑厚,无矫饰造作气,然读来恻恻感人,其原因主要在于诗人感情的真挚,语语皆从肺腑中流出,所谓至情无文,即是艺术上一种极高的境界。此类浑朴的作品自然得力于后山向古乐府和杜诗的学习,然他并不在字句上摹仿前人，而在格调立意上借鉴前人，故张表臣于《珊瑚钩诗话》中传师道之言曰："今人爱杜甫诗，一句之内，至窃取数字以仿像之，非善学者。学诗之要，在乎立格、命意、用字而已。"这在他自己的作品中已有充分的表现。当然，陈师道论诗标举"宁拙毋巧，宁朴毋华"(《后山诗话》)，即是他形成这种创作风貌的理论基础。可惜此类作品在他的集子中也并不很多，故弥觉珍贵。 （王镇远）

九日寄秦觏

陈师道

疾风回雨水明霞，　沙步丛祠欲暮鸦。①
九日清尊欺白发，　十年为客负黄花。
登高怀远心如在，　向老逢辰意有加。
淮海少年天下士，　可能无地落乌纱？

〔注〕 ① 沙步：水边可以系船供人上下的地方。

哲宗元祐二年(1087)，诗人由苏轼、傅尧俞等人推荐，以布衣充任徐州教授。徐州是诗人的家乡。还乡赴任道中，恰逢重阳佳节，想到那数载"独在异乡为异客"的流离生活即将结束，诗人心中充满欣慰。但同时又想到那与自己"潦倒略相同"(《除夜对酒赠少章》)的好友秦觏仍旅寓京师，心中又不免感到惆怅。于是他以诗寄友，抒发自己的万千感慨，并勉励朋友奋发有为。

作者首先从所见的当前景物下笔。"疾风回雨水明霞，沙步丛祠欲暮鸦"两句描绘的是诗人舟行一天，泊船投宿时的景色。傍晚时分，一阵急风将雨吹散，晚霞映照的水面泛着粼粼波光。从系在水边的船上，可以看到茂盛草木包围着的土地庙中，已有暮鸦来集。见到祠庙，恐怕才使诗人想起今天是九月九日重阳节。人逢佳节，那里少得了吟诗喝酒赏菊花呢？何况诗人此刻心情颇佳，自然是"一杯一杯复一杯"，大有不喝到酒酣耳热、颓然醉倒而不罢休之势。那知"九日清尊欺白发"，尚未尽兴却已不堪酒力。这年诗人才三十五岁，何以言"白发"？原来"发短愁催白"(《除夜对酒赠少章》)，在"十年为客负黄花"的窘迫潦倒生涯之中，诗人为前途渺茫而发愁，为生活无着而发愁，早就愁白了头！眼前欢乐的节日气氛，使他不禁回忆起不久前的流离生活。那时，为了生计而奔走他乡，寄人篱下，重阳佳节怎有心思赏花喝酒，白白辜负了黄花。这一联，"九日"句写眼前，"十年"句忆往事。眼前略有兴致，开怀畅饮；而往事却不堪回首。一喜一怨，感情复杂，往复百折，极其沉郁。

接着，诗人抒发自己对秦觏的怀念之情和慰勉之意。九日登高是当时的风俗，一般写重阳节的诗中都要提到，并非一定是实指。“登高怀远心如在，向老逢辰意有加”两句是写对秦觏的怀念。垂老之年，逢此佳辰，多所感慨，因此更加怀念在远方的朋友，自己的心仿佛仍然留在朋友身边。这样一位天下闻名的“淮海少年”，岂能逢此佳节而无所创作？方回以为，“无地落乌纱”句，用典极佳。这一句是用东晋孟嘉事，孟嘉是大将军桓温的参军，重九节与温同游龙山，风吹落帽，温命孙盛写文章嘲弄他，嘉又写一文回敬，都写得很好。从此，“九日脱帽”就成了重阳登高的典故。作者巧妙地用此典故，说明自己虽已渐向老境，然逢此佳节，仍兴致勃勃，何况秦觏这样的少年豪俊之士，岂能不结伴登高，写出优秀的诗篇来？对朋友的赞美之情、慰勉之意、期望之心，全都凝聚在此联之中了。

这首诗颇有特色。既是“九日”，那么吟诗、饮酒、赏花、登高皆是题中应有之义，作者巧妙地将它们糅合在诗中，既有实景，又有虚构。既是寄友，那么自己目前的处境、心情和对朋友的问候、祝愿等也应有所交代。作者用精炼的笔触，巧妙剪裁安排。全诗风格沉郁含蓄，意蕴深长，令人回味。　（沈时蓉　詹杭伦）

雪后黄楼寄负山居士　　陈师道

林庐烟不起，　城郭岁将穷。
云日明松雪，　溪山进晚风。
人行图画里，　鸟度醉吟中。
不尽山阴兴，　天留忆戴公。

元丰年间苏轼在徐州知州任上，建楼于城东门上，称为黄楼。陈师道于元祐三年(1088)，即任徐州教授的次年，登楼作此诗。负山居士为师道友人张仲连的别号，故此诗是登高寄友之作，前六句都写登高所见，末二句带出忆友，契合诗题。

首二句描绘了一幅雪后黄昏空明澄净的图画。林中屋舍已无炊烟缭绕，知是向晚时分，正因为烟雾都净，所以林间茅庐历历在目，极目远眺，自有一种广漠荒寒之感。这一切，加上城垣上的积雪，预示一年将尽。这两句看来是寻常写景，然颇切雪后登楼的情景。读此二句，令人想起唐人祖咏的名句：“林表明霁色，城中增暮寒。”

颔联的写景更表现出后山烹字炼句的功力。日光透过薄薄的云层，映照着松枝上的积雪，显得格外明亮；溪水纵横的山间吹进晚风，又带来了阵阵寒意。这一联一字一意，绝无冗赘之语。“日”并非普通的日，而是“云日”，这就将雪后薄云遮日的景象表现了出来；“雪”是“松雪”，给读者绘出一幅青白交映的松雪图;“山”为“溪山”,“风”是“晚风”,都力图用最简练的字句传递给读者尽可能多的意象。然而此一联中最妙的还是“明”与“进”两字,着此二字,全句都活,令人如见雪景,如闻风声,所以方回《瀛奎律髓》所说“‘明’字、‘进’字皆诗眼”,确为有见。

颈联也是写登楼所见,然“醉吟中”三字归到自己,令物我交汇,景中有人,景中有我。此联下语平淡,明白如话,然而对仗工稳,虽不像前一联那样颇见锻炼之工,然意趣横生,诗人萧散放达的高情逸兴已跃然纸上。而这种情趣在后两句中表现得更为充分。

据《晋书》,王徽之居住在山阴时,一日夜雪初霁,忽然忆及住在剡溪的朋友戴逵,就乘小船前去看他,隔夜才到了剡溪,但又不去登门拜访故友,却返舟回去,别人问他什么原因,他说:“本乘兴而来,兴尽而返,何必见戴?”这个雪夜访戴的故事历来为诗人墨客广泛称引,用来表现高人雅士的逸兴。陈师道在这里更深一层发掘其意义。意指王徽之因访戴而起山阴之兴,兴尽之后,忆戴之念亦息。而自己宁可不去拜访张仲连,以使山阴之兴不尽,可长忆张公。此二句,既可见诗人冲淡的情怀,又可见其友情的诚笃,把这个用滥了的典故翻出了新意。而且这里既契雪后的环境,又切寄友的诗题,可见后山用典的精密。

全诗前六句写雪后黄楼,后二句寄友,结构谨严,然而写景中已透出诗人旷达冲淡的心境,故末二句一气贯注,匀贴协调,所谓情景交融,于此可见。

（王镇远）

次韵李节推九日登南山① 陈师道

平林广野骑台荒,②　　山寺钟鸣报夕阳。
人事自生今日意,　　寒花只作去年香。③
巾欹更觉霜侵鬓,　　语妙何妨石作肠。④
落木无边江不尽,　　此身此日更须忙。

〔注〕 ① 南山:戏马台在彭城县南三里,其地有山称南山。(见《太平寰宇记》) ② 骑台:指戏马台。萧子显《齐书》:“宋武帝初为宋公,在彭城,九日出项羽戏马台,至今相承,以为旧准。” ③ “寒花”句:李后主诗:“鬓从近日添新白,菊是去年依旧黄。”杜甫诗:“寒花只暂香。” ④ 石作肠:唐皮日休《桃花赋序》云:“宋广平为相,贞姿劲质,刚态毅状,疑其铁肠与石心,不解吐婉媚辞,然观其文有《梅花赋》,清便富丽,得南朝徐庾体,殊不类其为人。”(宋广平,指唐玄宗宰相宋璟,封广平郡公)

这首诗是重阳登高即景抒怀之作。元祐四年(1089),作者在徐州任州学教授，诗即作于是时。李节推，姓李的节度推官简称。该职为节度使属官，掌勘问刑狱。

诗的开头两句写景："平林广野骑台荒，山寺钟鸣报夕阳。"广阔的原野上，远处平林漠漠，戏马台一带已经荒凉了。山寺里送来晚钟的声音，仿佛报知人们，已到夕阳在山的时分。诗句中点明了季节、地点和时间，语意闲雅。第三四两句抒情："人事自生今日意，寒花只作去年香。"时节易得，又是一年的重阳。每逢佳节，人们便有思亲之感；而菊花却依旧开放，还是和去年一样，送来阵阵的寒香。寒花，指菊花。诗句中含有"年年岁岁花相似，岁岁年年人不同"（唐刘希夷《代悲白头翁》）的感慨。大概自然的规律，总是如此吧。

五六两句，记节日清游的情况："巾欹更觉霜侵鬓，语妙何妨石作肠。"头巾被风吹得欹侧了，更觉得清霜已侵上了鬓发。诗歌的语言佳妙，也有"清便富丽"的高致，就像宋广平写《梅花赋》，措词婉媚，并不碍其铁石心肠一样。这两句写的是登高赋诗，妙在隐而不露。结尾两句："落木无边江不尽，此身此日更须忙。"抒发游赏以后的感想。"落木"句用杜甫《登高》诗"无边落木萧萧下，不尽长江滚滚来"句意，写傍晚登览所见的远近景象。"此身"句感叹节物如此可念，登临清赏的机会正不应放弃，而此日此身，还须忙于世务，很难得有时间，这又多么可惜啊！

陈后山诗多学杜甫，这首也是学杜有得之作，瘦劲浑厚。三四两句淡语有高致。

（马祖熙）

田　家　　　陈师道

鸡鸣人当行，　犬鸣人当归。
秋来公事急，　出处不待时。
昨夜三尺雨，　灶下已生泥。
人言田家乐，　尔苦人得知。

陈师道这首五言古诗《田家》，从徭役的角度，反映了农民的悲惨境遇。

全诗只有八句四十个字。首二句用了相同的句式，每句五字中，三字完全相同。这在格律诗是不允许的，只有古体诗或歌行才有这样的自由。但是如果内蕴不深，联系不切，也极易雷同空乏，令人兴味索然。作者选取了农村中常见的鸡鸣狗吠，来点染主人的作息时间，首先给人一种亲近感。而鸡啼于凌晨，犬吠于深夜，又是生活中的常景，则当役之人的劳苦与疲惫，已寓于诗句之中。细品二句诗意，当是“当清晨人当行之时，人早已出门；当深夜人当归之时，人尚未回家。”可谓句拙而意工。三四两句是对前两句的补充说明，表明当役之人如此夙兴夜寐，疲于奔命，原来是为了“公事”，即为公家服徭役。宋代徭役既重且多，是农民除了赋税之外又一沉重负担。这里值得注意的是一个“秋”字。秋天是收获的季节。农民一年的辛勤劳动，全指望于此得到报偿。但是官府征役“无间四时”，使“耕耘收获稼穑之业几尽废也。”（见司马光《乞罢保甲状》）从而断绝了农民的活路。著此一字更深一层表现了当役农民之苦。五六两句从另一角度叙述当役人生活的悲苦辛酸。霏霏秋雨不恤人间苦况，只是一个劲地下着，至于积水三尺。“灶下已生泥”，除了表明当役人的屋漏墙敝，还暗示这个家庭已是多日炊火不举。屋内满地泥淖，一家人于何处安身？炊断食绝，妻儿老小以何果腹活命？这都是读者会很自然产生的联想。最后，作者以一组设问反诘句结束全篇：人们不是习惯于称说“田家乐”吗？农民的痛苦你们哪里得知！诗至此戛然而止，结得十分有力。

全诗无一僻字，接近口语，但读来并不感到平淡无味，而具有一种真朴自然的韵致。宋诗中不乏以徭役为题材之作，大都是正面铺叙农民在繁重的劳役中所受的苦难。此诗则另辟蹊径，以当役人的早出晚归及家中情形之狼藉这两个侧面来表现，体现了作者艺术上的创新精神。在布局上，一二句与五六句是形象的描绘，三四句与七八句，或为陈述，或为议论，使得具体与抽象参差错落，相辅相成。清代学者纪昀称陈师道“五古剗刻坚苦，出入于（孟）郊、（贾）岛之间，意所孤诣，殆不可攀。”（《陈后山诗钞序》）从这首《田家》来看，并非溢美之词。

陈师道是江西诗派中与黄庭坚齐名的中坚人物。他写诗十分认真刻苦。“世言陈无已（师道之字）每登览得句，即归卧一榻，以被蒙首，恶闻人声，谓之‘吟榻’。”（叶梦得《石林诗话》）但是，由于这个诗派的宗旨中，有一味追求字句之间标新立异的一面。所以，他们惨淡经营的诗作，往往不免于生拗艰涩之弊。而陈师道这首《田家》，却写得清新刚健，深沉感人，有江西派之长而无其短。师道一生清贫，比较接近人民，能体察农民的疾苦。这说明，当诗人有真挚的感情郁积于胸中，一旦发之于笔端，就能写出思想性、艺术性俱臻上乘的作品来。

（王根林）

泛 淮

陈师道

冬暖仍初日，　　潮回更下风。
鸟飞云水里，　　人语橹声中。

平野容回顾， 无山会有终。
倚樯聊自逸， 吟啸不须工。

陈师道三十八岁时，由徐州教授移颍州（治所在今安徽阜阳）教授。这次调动，是由于他私送贬官出守杭州的苏轼，为党人交章弹劾。从此他断送了晋升的机会。按说，此番泛淮赴颍，他的心情是很不好的。但粗读这首五律，又似乎不尽如此。

这次淮上之行，正赶上冬晴，天气本来暖和，加上初日照临，又遇退潮，顺水顺风，诗一上来描写的旅途气象，是和平、宁静、温暖，心情显然也是畅适的。次联"鸟飞"、"人语"，更是一幅江淮水国图。鸟飞碧云中，与云彩共映于淮水，犹如在水中飞翔。"鸟飞云水里"五字，不仅说尽顺水行舟，水天一色的景致，而且令读者感到诗人鸢飞鱼跃的自得之趣，形成了一种明丽清逸的意境。对句"人语橹声中"，更饶佳趣。诗人高坐船上，橹声哑哑，人语嘈嘈。本来局促的小船，寂寞的旅行，因此平添了无限意趣。这一联，上句绘形，富于画意；下句写声，富于人情。两相融合，使诗情从第一联的温暖畅适变得更加明丽开朗。

颈联转出心情，仍是因景见情手法。"平野容回顾"，言楚地平阔，四野无山，使我得以伸展视线，回顾故乡彭城（徐州）。乡愁淡淡，尽在一顾之中。一个"容"字，下得极好。此间虽非故土，但平野亦自多情，容我恣意回眺。对句"无山会有终"，言江淮平原虽然"无山"，似无林泉之胜，但我必将有终老故乡之日，不至毕生奔走天涯。十字写回顾之情，终老之愿，总之是从"平野"、"无山"的眼前景逗出，句句不离泛淮所见。

一点淡淡的乡愁，一缕终老的心愿，刚刚给画面投上一小片阴云，马上又被一声长啸驱开了。"倚樯聊自逸，吟啸不须工。"作者坦荡的胸怀，驱散了薄雾轻愁。他靠着船桅，吟啸自得，心地顿宽，自有一种超迈的意气（逸气）。如此心境，如此风光，正可任情吟啸，自不必计较诗句的工拙了。

这首诗从风和日暖一路写来，便有一股温暖平顺之气；到"鸟飞"、"人语"，更有一种怡然之乐，颈联偶然点了一下乡愁及平生之愿，也随即排遣，看来，这位失意而执着的诗人，对仕途偃蹇，是欣然自适，毫无遗憾的了。其实不然。诗人那种不平之气，全在尾联一个"聊"字中透出。聊，姑且之意。原来，于群小之中伤，他终究未能完全置之度外；只是"姑且"以旷达超迈之气，驱散心头的浊雾。但既云"姑且"，一肚皮不平之意自在言外。

这样看来，诗情是在"聊自逸"的反面。他并非太上忘情，而是站得高人一头，不作苦涩语。从这里可以看出诗人过人的修养，也可窥见他写诗时深刻的构思。这首诗所写水上风光，固然鲜明清丽；写不平静的情怀，也十分含蓄。其运思之幽深，意境之超脱，表现了一种崇高美。陈师道的诗，好在一个深字。观其心与神俱，排遣俗虑之处，自有一种傲岸之气激荡于字里行间。这首诗可算是《后山集》中洗净陈言，淡远有致的佳什。（赖汉屏）

送吴先生谒惠州苏副使 陈师道

闻名欣识面，　异好有同功。
我亦惭吾子，　人谁恕此公？
百年双白鬓，　万里一秋风。
为说任安在，　依然一秃翁。①

〔注〕 ① 秃翁：《汉书·霍去病传》：卫青日衰，而去病日益贵，故人门下多去事去病，辄得官爵。唯独任安不肯去。又，《灌夫传》："与长孺共一秃翁。"秃翁，指失势的窦婴，老而且秃。这里是作者自指，言外之意是说已被免去教职。

陈师道中年受知于苏轼，由苏推荐为徐州教授。两年后，苏因党祸，出翰苑，守杭州；师道不避流俗横议，不顾上官阻拦，托病请假，送苏轼直到南京（今河南商丘）。五年之后，苏再贬为宁海军节度副使，惠州安置，窜身岭南；师道也被定为苏门余党，撤销了颍州教职。就在二人一处海疆，世人皆欲杀；一罢州学，潦倒穷愁之际，有一位苏氏的崇拜者吴远游，准备到惠州看望东坡，师道作此诗以寄意。

诗是送吴的，话却是说给苏轼听的。首句用杜甫《奉赠韦左丞丈二十二韵》"李邕求识面"句意，说吴久闻东坡之名，欣欣然欲一识其面。次句说，吴本方外士，与师道之坚守儒术者异趣；然而，二人于东坡，好贤慕义而不顾自身安危则一，故云"异好有同功"。这两句关合吴、苏和诗人自己，写"送"、"谒"正面。颔联上承"同功"，转写苏轼。吴远游能不辞万里之行，往谒坡公，自己却不克同往，一酬感恩知己之谊，因此深觉愧对吴生。一个"惭"字，写出了心驰神往而不果行的心情，很有分量。对句"人谁恕此公"，化用杜甫"世人皆欲杀，我意独怜才"句意，写东坡当时处境。"人谁恕"三字，既愤时议附于朋党，又暗将坡公比为李白，在愤慨、沉痛中露出骨力。正因为世人多趋炎附势，落井下石，不知羞惭，越发显得上句"惭"字的分量。颈联承此义，继写自己与东坡的遭际心情，是全诗警策。"百年"巧用杜甫《戏题上汉中王》"百年双白鬓，一别五秋萤"句。时东坡年五十八，师道四十二，合为“百年”，概指双方。“双白鬓”从形象着笔，檃括两人一生遭遇。这一句上承“人谁恕此公”，以人海之横流衬“双白鬓”之心魂相许，以“百年”之悠悠衬“双白鬓”之傲然特立，在茫茫人海中陡然树立起两个孤独、苍老而又昂藏不可屈的高大形象。对句“万里一秋风”，更是神来之笔。人去万里，心神则一脉相通，如秋风之远而无间。这句暗用杜甫“瞿塘峡口曲江头，万里风烟接素秋”之意而丝毫不露痕迹。“百年”句绘出两个心魂相许的形象，“万里”句写出彼此死生契阔的情怀，显出交谊之深厚，不可动摇。结联进一步补足“万里秋风”之意：请替我寄言苏公，他虽万死投荒，如卫青之君恩日衰；我始终不负公门，自罢教职后不求再仕，如任安之终不肯离卫青之门而改事他人。至此，诗情振起。接上“依然一秃翁”，似乎画出一个刚毅、固执的老人，昂然挺立于两间，虽削职为布衣，风骨依然不改。

这首诗写出了诗人坚持正义与友情，以及凛然不可犯的气概。诗本以慰远谪海隅的故人，客观艺术效果却显示出作者那种值得骄傲的孤独感，朴挚中自有慷慨，深沉而又不黏滞，处逆境而无悲凉，四用杜诗却不损骨力，凝重沉着，是《后山集》中的力作。

（赖汉屏）

次韵秦少游春江秋野图二首　　陈师道

翰墨功名里，　　江山富贵人。
倏看双鸟下，　　已负百年身。

江清风偃木，　　霜落雁横空。
若个丹青里，　　犹须著此翁。

这两首五绝，作于哲宗元祐六年(1091)。当时作者任颍州州学教授。《春江秋野图》，为宗室某所作，(作者自注云：“宗室所画。”)秦少游(观)有题图诗，作者依韵奉和。

第一首是为作图者写的。前两句：“翰墨功名里，江山富贵人。”表明作图的宗室，翰墨中早有功名，如今虽然力求超尘脱俗，但毕竟是江山中的富贵之人。他长期处在宫禁之中，过腻了富贵的生活，所以追求鱼鸟之乐，想求得一些山林清趣。视功名如脱屣。这种心情原是可以理解的。三四两句：“倏看双鸟下，已负百年身。”仍从宗室某着笔，说明他有志与鱼鸟同游，陡然看到一双白鸟，飞下清江，如此自由自在，因此惋惜自己抽身不早，此时虽已觉悟，却已有“辜负百年身”的感叹了。“百年身”，语本杜甫诗：“长为万里客，有愧百年身。”

第二首以规诫少游为主。首句“江清风偃木”点秋野之景：江水澄清，秋风偃木。次句“霜落雁横空”写秋空之景，北雁横空，寒霜遍野。时已深秋，是雁叫西风的时候，也是志士奋发有为的时候。古时候，人们到了秋季，常有“美人迟暮”之感，所以特别珍惜时光。三四两句：“若个丹青里，犹须著此翁。”意思是说：在这样的画图里，还须放着个渔翁做什么？这是针对秦少游的原作写的。少游诗说：“请君添小艇，画我作渔翁。”作者以为少游这样的诗句，说是戏笔则可，如果真有此情，你秦少游正当壮年，就觉有点不相称。凭你的才华，正该有所建树，说是要和渔樵为侣，未免过早了一些。你和作图的宗室，是境地不同，经历不同，他久在樊笼，所以想回返自然，享受点鱼鸟之乐。你却应当珍惜年华，如果扮个渔翁，乘上小艇，同样是辜负百年之身，但在意义上和宗室某的“已负百年身”，是迥然不同了。

这两首小诗立意很高，妙在隐而不露，意象深沉。对作图者，则嘉其能在富贵中力求超脱，能不贪权势，而与鱼鸟为友。对友人秦少游，则殷殷劝告，希望他以用世为志，不负华年，不必如樵父渔翁，醉心于追求闲适之乐，而致无益于世，平白地辜负了此生。

（马祖熙）

后湖晚坐　　陈师道

水净偏明眼，　城荒可当山。
青林无限意，　白鸟有余闲。
身致江湖上，　名成伯季间。
目随归雁尽，　坐待暮鸦还。

这首五律大约作于诗人自颍州教授任上罢归后，至绍圣初召为秘书省正字这几年家居赋闲之时。内容是写诗人后湖晚坐时所见景致，及其悠闲情怀。

前面两联写景不及人，但字里行间却隐然有一诗人在。晚坐后湖，首先扑入眼帘的自然是后湖，故首句即写“水净”。净，指水清。明眼，乃因水之明净而觉眼前一片明澈，极写水之清亮。偏，出乎寻常或意料之意，具有强烈的感受语气：那湖水竟是非同寻常的清澈啊。次句写荒城。城荒，写诗人其时看见自己所居之城很荒僻。因城市荒僻而以为“可当山”，联系颈联之“身致江湖上”一句，是说，尽管诗人由于某种原因，不得隐于山林，只能隐于朝市，那么就把这座荒城权当山吧，在意念之中，自己便也就隐于山了。偏、可当，是诗人的感受、感觉，故而读者能于首联的带有主观感受色彩的景致外，感觉到诗人的存在。颔联写青林、写白鸟。暮色笼罩下，诗人看见远处青林中，不断地升腾起迷漫的雾气，蓊蓊郁郁，似那青林怀有着无限情意；又见白鸟时而停在湖边，时而集于树上，显得从容、悠然，仿佛极有余闲似的。其实，从这两句带拟人化色彩的景物描写中，读者又分明看到了诗人自己：因为他遥望青林，其意无限，故觉青林似亦有无限之意；恰是他长时间（极有余闲地）瞩目白鸟，才以为白鸟也很有余闲。于写林、写鸟中，含蓄地写出了诗人自己的悠闲情怀。

颈联便明写自己。江湖，指隐士居住之处，说明他现在正过着隐居生活，是一个无所羁绊的隐士（因而才能如此悠闲地长坐后湖，观赏着水、城与林、鸟）。伯季间，语本曹丕《典论·论文》："傅毅之于班固，伯仲之间耳"，又《晋书·王湛传》："王济对武帝曰：'臣叔殊不痴，山涛以下、魏舒以上。'湛曰：'欲处我于季孟之间乎？'"此处当指二苏门下诸君。吴曾《能改斋漫录》（卷十一）云："子瞻、子由门下客最知名者，黄鲁直、张文潜、晁无咎、秦少游，世谓之'四学士'。至若陈无己（无己，师道表字），文行虽高，以晚出东坡门，故不若四人之著。故陈无己作《佛指记》曰：'余以辞义，名次四君。'"后来陈师道、李廌与"苏门四学士"并称"苏门六君子"。此句即谓：（我虽隐于江湖之上）然则文名成于苏门诸君之间，亦颇为世人所称道。言外不无欣然自得之意。

尾联写景亦写自己。天色已晚，暮空中，雁儿急急归去。诗人纵目追随着它们的归踪，直至在视野中完全消失。雁既已归尽，人是否亦可兴尽而归？否，诗人还在饶有兴致地坐等着暮鸦归来。人之闲散，情之闲适，于此又可见矣。

后山诗在艺术上的最突出之处，便是淡而实腴，此诗亦然。虽出以淡淡的笔墨，诗味却是极其丰腴醇厚的。诗人将自己那种无案牍劳形、无诈虞伤神的无拘无束的悠闲之态、自得之情，蕴于淡墨描就的景物之中，清神幽韵，而又苍劲雅健。

（张成德）

舟中二首(其一)　　陈师道

恶风横江江卷浪，　黄流湍猛风用壮。①
疾如万骑千里来，　气压三江五湖上。②
岸上空荒火夜明，③　舟中坐起待残更。
少年行路今头白，　不尽还家去国情。

〔注〕 ① 壮：大壮，易卦名，乾(☰)下震(☳)上，示阳刚盛长之象。"风用壮"，表示风力壮

猛。 ② 三江五湖：解释不一，《尚书·禹贡》：以松江、娄江、东江为三江。《汉书·地理志》以北江、南江、中江为三江。《水经注》以太湖及其附近的四湖为五湖，《史记》以具区（太湖）、洮滆（长荡湖）、青草、洞庭、彭蠡（彭泽）为五湖。 ③ 火：这里指磷火。

这首七言古诗作于哲宗绍圣元年(1094)，本年党祸起，苏轼被贬谪惠州安置，黄庭坚、晁补之、张耒等人，皆以党苏相继被黜。作者在这年春初，也因元祐余党，罢去颍州州学教授的职务。在离开颍州(州治在今安徽阜阳)的舟中，感慨时事，作诗二首，这里选录其中的第一首。

诗的头两句："恶风横江江卷浪，黄流湍猛风用壮。"写舟行之险。江上恶风卷浪，黄流湍急，风势壮猛，浪涛骇人。作者处于这样的情境当中，自然不免惊心动魄。三四两句："疾如万骑千里来，气压三江五湖上。"紧承上文，以重笔渲染风浪的威势。先写风涛之迅疾，仿佛万马破空而来，瞬息千里。次写风涛气势之猛，简直有横压三江五湖之概。这里，"万骑千里"是眼前所见；"气压江湖"，是心灵激荡所感。这几句把"情为境移"、"心为事慑"的景况，写得十分突出。但尚未表示由此而生的内心感慨，重点在于绘景。下面四句，则着重抒吐情怀。

第五六两句："岸上空荒火夜明，舟中坐起待残更。"表明险境之来，如此突然，显然是难以拒抗的。作者此刻身在舟中，任其颠簸，凝神远瞩，江岸上一片空旷荒凉，只见星星磷火，随风飘荡，送来点点微弱的光亮，只好在舟中坐起，静待更残，"长夜漫漫何时旦"，在风涛之夜，多么盼望黎明能及早到来啊！诗的末尾两句："少年行路今头白，不尽还家去国情。"作者回想廿多年以来，历尽人世的坎坷，自己从一个意气风发的少年，到如今的萧萧头白，饱尝行路艰难的滋味，此时此地，真是诉说不尽还家去国之情，深感行藏进退，都非出于自己的本意。还家也罢，去国也罢，全是迫于世路，劳人草草，旅食艰难，以致有今天的播迁，又怎能不感到人生的悲痛。

综观全诗，以写江上风涛入手，以痛感世事艰虞作结。前半极写风浪的险恶，后半流露志士的悲辛，情在境中，深沉悲壮。

（马祖熙）

病 起

陈师道

今日秋风里，　何乡一病翁！
力微须杖起，　心在与谁同？
灾疾资千悟，　冤亲并一空。
百年先得老，　三败未为穷。

此诗约作于绍圣二年(1095)。元祐二年(1087),他因苏轼的推荐,得了徐州教授、太学博士之职,生活稍得安宁,把妻子和儿女从在四川的岳父郭概处接回,过上几天稍稍安定的日子,得叙天伦之乐。可惜是好景不长,不久言官便以“进非科第”加以攻讦,从而被免官。实情则恐怕是因他是所谓苏轼“余党”而成了党争中的牺牲品。此后他的日子更难过了,连老母也只得“从其不肖子,就食河北”(《先夫人行状》)。其时他的岳父任河北东路提刑,他于是就食于岳父家。他的母亲贫病死于旅次。后来朝廷虽任他为江州彭泽令,也因丁母忧而未能就任。在此种种的煎迫之下,诗人病倒了。他病起之后,满含凄苦之情,低吟着:

“今日秋风里,何乡一病翁!”

在萧萧的秋风里,盛年的诗人忧病之余,犹如一个衰颓老翁。他勉强挣扎起来。“力微须杖起”,这是写实。更重要的则是下句“心在与谁同”,他想到前贤欧阳修的“老去自怜心尚在”,很自然地化用入诗。他尽管历尽磨难,颠沛流离,但此心尚在,此志不移。他独立西风里,四顾茫然,可惜此情无人能喻。所以说“与谁同”,感慨极深。诗人虽是屡遭挫折,但他的心还不是死灰,还不是止水,他还想作一番事业。这是诗人的积极入世处。

自身之疾,以及仕途坎坷,慈亲见背等之灾,使他大彻大悟,懂得了冤亲平等,皆属空虚。“千悟”,言悟的次数之多,也就是说灾病之多。(因每一灾病即有一悟。)“冤亲”句出于佛典,《华严经》云:“愿一切众生于怨于亲等心摄受,皆令安乐智慧清净。”虽用了佛家语,诗中所表现的却不是四大皆空,而是一种因遭际不幸而起的无可奈何的悲愁。这种言外之情,读者自能感受到。

最后一联,首尾照应,复写自己的衰颓。“百年先得老”,和他在另一诗中所写的“白发满头生”一样,是经历了至悲至痛以后的呼号,一字一句,俱自胸臆流出,不是无病呻吟。“三败未为穷”,内涵更为丰富。春秋时代,管仲与鲍叔相交,管仲自叹“吾尝三战三北,鲍叔不以我为怯,知我有老母也。”(见《史记》本传)诗人这里是化用“三战三北”之语,表明自己不因遭际坎坷而丧失志气,仍要一如既往,坚持操守,直道而行,不效阮籍穷途之哭。(穷,走不通的意思。)由此可见,诗人所祈向的,毕竟不是释家的空无寂灭,而是“穷则独善其身,达则兼济天下”的儒家之道。

陈师道是孤芳自赏、不求谐俗的苦吟诗人。他的作品,有人称之为“非一过可了,近于枯淡”。黄庭坚说,师道作诗“十度欲言九度休,万人丛中一人晓”。可见他诗的内涵不易为一般人所理解。人们常称引的不过是《别三子》、《示三子》、《春怀示邻里》等有限的几首。实际上正如《四库全书总目》所说,他的五律,尽管

有时“失之僻涩”，但“佳处往往逼杜甫”。这首《病起》，质朴老苍，沉郁顿挫，正是他逼近老杜的五律代表作。（顾志兴）

别黄徐州① 陈师道

姓名曾落荐书中，　刻画无盐自不工。②
一日虚声满天下，　十年从事得途穷。③
白头未觉功名晚，　青眼常蒙今昔同。④
衰病又为今日别，　数行老泪洒西风。

〔注〕 ① 黄徐州：作者之友，时任徐州知州。 ② 刻画无盐：《晋书·周𫖮传》：“庾亮谓𫖮曰：‘诸人咸以君方乐广。’𫖮曰：‘何乃刻画无盐，唐突西施。’”盖自惭不如乐广，别人称誉过甚，犹如刻画无盐，而以西施的形貌相加，未免唐突西施了。 ③ 途穷：《晋书·阮籍传》：“（籍）率意独驾不由路径，车迹所穷，辄痛哭而返。” ④ 青眼：晋代阮籍能为青白眼。常以青眼对所器重的人。

这首诗作于哲宗绍圣二年乙亥（1095），这年作者四十三岁。前一年在颍州州学落职之后，家居徐州，为生活所迫，寄食曹州知州郭概处。离徐州时，写了这首七律，向徐州守黄君告别。郭概是陈师道的岳父，师道家寒，不得不到郭家寄食。诗里表白了自己多年来的境遇，展示了临分惜别的深情。

诗的开头“姓名曾落荐书中”两句，是说自己的姓名，曾落在当时名流的荐书之中，而自己学诗有年，刻画无盐，还未能做到恰如其分，因而有“自不工”之感。首句运用元稹诗“名落公卿口”和杜甫诗“名玷荐贤中”的句意。次句用《晋书·周𫖮传》：“刻画无盐，唐突西施”的典故，表示作诗尚未全工，有愧所得的称誉。接着三四两句：“一日虚声满天下，十年从事得途穷。”前句是说：一朝得有虚名，由苏轼、傅尧俞、孙觉诸贤的推荐，自己以布衣而被任为徐州教授。从元祐二年（1087）到本年绍圣二年，恰好从事学政已有十年了，但仍然抱有途穷之感。“途穷”是指绍圣元年因党事牵连而被罢职，在诗句中表明自己的出处和被黜的无辜。

下面“白头未觉功名晚”两句，表明现今自己虽然已生白发，但因受到黄徐州的称赏和延誉，所以自己的事情，不久还可以寄望于黄徐州的引荐，而未觉功名之晚。而顾念今昔，深蒙黄徐州以青眼相加，这知己之情，尤为可贵。范讽诗说：“惟有南山与君眼，相逢不改旧时青。”黄徐州正是这样的人。

结尾两句：“衰病又为今日别，数行老泪洒西风。”作者感叹时光不肯饶人，自己年事渐衰，而又多病，所以临歧告别，不免泪洒西风。西风表示节季已是秋天，秋士多悲，作者境遇困穷，自然有老泪难禁之叹。这两句纯从自己的现况着笔，点明诗为告别而作的主旨。

全诗自诉出处之间，难以由人。自己本无心于政治斗争，却是受到政治上牵连，连一个州学教授也被罢职，在居贫生活之中，不觉为此浩叹。另一方面，表示自己刻苦力学，也还有志于功名，即使功名较晚，但遇有知音，将来仍可达成此愿。杜甫诗说："男儿功名遂，亦在老大时。"所以诗中对徐州黄守的始终以青眼相加，表示感激。

陈师道的诗作，往往要求无一字无来历，刻意求工求简，但有时反为工简所累，而显得有些局促。这首《别黄徐州》，是写得较好的作品，诗中做到尽情倾吐，情感真挚。

（马祖熙）

题柱二首并序(其一)　　陈师道

永安驿廊东柱有女子题诗云："无人解妾心，日夜长如醉。妾不是琼奴，意与琼奴类。"读而哀之，作二绝句。

桃李摧残风雨春，　　天孙河鼓隔天津。①
主恩不与妍华尽，　　何限人间失意人！

〔注〕 ① 天孙：即织女星；河鼓：谓牵牛星；天津：指银河。语出《史记·天官书》、《尔雅》、《晋书》。

陈师道一生贫穷潦倒，但为人十分有骨气。他和赵明诚之父赵挺之都是郭概女婿。《朱子语类》卷一三〇载：师道在严寒中缺乏衣服，却耻于穿他妻子从曾经两次诬陷苏轼的权臣赵挺之家借来的衣服，宁愿"冻病"而死。可见他穷得硬气。他靠着自己独具一格的诗文，为曾巩所赏识，黄庭坚所提携，苏轼所推挽，才当过两任穷教授。后来，苏氏遭党祸远贬惠州，师道被视为"余党"，连州学教授也当不成了。写这首绝句时，他四十四岁，已罢教职，住在曹州，寄食于岳父郭概家，穷愁潦倒，十分失意。

诗前小序说，"读而哀之，作二绝句"，可知"哀"是诗心。这哀，是因为读了一位女郎的题柱诗而引发的。女郎以琼奴自况，诗写得很凄婉。据刘斧《青琐高议》前集卷三载：琼奴姓王，本是仕宦大家少女，流落为赵奉常的小妾，受尽大妇鞭笞凌辱，赵虽欲回护而无能为力。后来她随赵家赴荆楚，路过淮山驿，在驿馆墙上题了一段写自己生平遭际的话。王安石之弟王平甫闻之，为作长歌以哀其事。然琼奴事固可哀，尚有平甫一歌，寄予同情，足堪千古。眼前这位在永安驿题柱的女郎,与琼奴遭际相同,但比她更为悲哀寂寞。她在题柱诗中说:“无人解妾心,日夜长如醉。”一个人有极深的痛苦而得不到任何人的理解与同情,这才是茫茫人世最大的悲哀。以陈师道这些年的际遇来说,他自甘清贫,不阿权贵,何曾有什么过错?却被无端卷入党祸,仕途阻绝,以一生学问之富,不得不就食妇翁之家,这份心情又能向谁表说?“同是天涯沦落人”,共同的遭遇,使诗人把自己与这位女郎联系在一起了。看来,小序中的“读而哀之”,与其说是哀人,毋宁说是诗人自哀。

诗的首句以春天桃李横遭风雨摧残为喻,写题柱女郎的悲惨境遇。一起诗情激越,但造语平常,看不到什么佳胜。第二句用织女牛郎隔天河相望的故事,说女郎被弃置,并非良人负心,而是由于另有一种横暴的恶势力隔离了他们,使他们苦苦相守相望而不得相亲,有咫尺天涯之恨。这就比第一句写的一般女性的悲哀深了一层。三句用白居易“红颜未老恩先断”诗意,把诗情更推进了一层。作为女性来说,青春尽日,便见弃捐,当时可说司空见惯。但这位女郎不同。她妍华未尽,正值盛年,“主恩”却先无端阻绝,这就较之别的女性又有更深一层的悲哀。有了这样三层蓄势,把诗情酝酿得十分浓烈,结句才以长吟永叹推出正意:“何限人间失意人!”人间该有多少失意者啊!这个结句以反问抒感慨,把诗情推向更高潮,把诗境也扩大了。人间失意,大都如此,岂独这一个女郎,又何尝限于女性!读书人中间,不是也有不少遇合无常、终身不偶的人吗?言外之意显然,他自己也就是这样的失意人。

以芳草美人自况,是自屈原《离骚》以来文学作品特别是诗词中习用的手法。但古人用这一手法,类多自喻明志;陈师道此诗却是从现实中一位失意女郎的题柱诗触发感慨,感情就更加饱满、深切。加上前三句层层蓄势、最后推出正意这种艺术构思,更加强了表达力量。而且,他设想出“天津”隔开牛女,以明自己的失意乃第三者媒孽其间,并非朝廷见弃,把怨恨之情写得既深刻又委婉,幽怨虽切而不失蕴藉,更得风人之旨。陈师道的诗,向以“运思幽僻”、“猝不易明”著称,因此,“言外寄托,难以悬揣。”(纪昀等为武英殿丛书《后山诗注》所作进呈按语。)但这首绝句倒立意鲜明,他把满腔失意的愤懑之情,委婉而又明确地倾诉出来了。这种诗,在《后山集》中并不多见,很能见出师道那种凄幽惆怅的真情实感。

(赖汉屏)

次韵夏日　　陈师道

江上双峰一草堂,　门闲心静自清凉。

诗书发冢功名薄，① 麋鹿同群岁月长。②
句里江山随指顾，③ 舌端幽渺致张皇。④
莫欺九尺须眉白，⑤ 解醉佳人锦瑟旁。⑥

〔注〕 ①“诗书发冢”句：《庄子·外物》“儒以诗礼发冢。”发冢，意为掘墓。这句的意思是，儒生为了博得功名，不惜掘墓取书，而功名终薄。 ②“麋鹿”句：麋鹿代表自然界的生物，人们若不追求荣利，与麋鹿为伍，就能自适其性，度其自然的岁月。 ③“句里”句：意谓在诗句内人们可以自由地绘写江山，指点顾瞻无不相宜。 ④“舌端”句：舌端，指论辩。韩愈《进学解》：“补苴罅漏，张皇幽渺。”意思说：儒家学说有缺漏的地方，要加以弥补充实；幽深微渺的道理，要加以阐明和发扬。张皇，意为发扬光大。这句用韩文原义。 ⑤“莫欺”句：莫欺意为“莫负”。杜甫《洗兵马》诗：“张公一生江海客，身长九尺须眉苍。”苏轼《张子野年八十五尚闻买妾述古令作诗》：“锦里先生自笑狂，莫欺九尺须毛苍。”（九尺：量长度的尺，历代不同，大抵今长于古。） ⑥“解醉”句：杜甫诗：“烂醉佳人锦瑟旁。”

哲宗绍圣四年（1097）的夏天，作者家居未仕，每天以讨论图书为务，专心文学。此诗作于是时，为言志之篇，表明作者自绍圣元年春天被罢去颍州学职以来，虽然生活清贫，却更加誓志精勤，以期不负百年之身。

诗的开头两句：“江上双峰一草堂，门闲心静自清凉。”这两句写门对清江，双峰当户，草堂擅江山之美；而草堂中所住的人，也因门闲心静，在长夏自感清凉。门闲，则无人事无谓的纷扰；心静，则尘虑全消，不热衷于富贵名利。足见草堂主人，殊有高致。三四两句：“诗书发冢功名薄，麋鹿同群岁月长。”感叹原来想以诗书起家，为了博得功名，甚至也和别人一样，不惜掘墓取书，但功名终薄，此愿难酬。而乡居清适，与麋鹿同群，过着隐逸的生活，反觉得岁月长存，心志安适。这两句是作者经过人世坎坷以后的自警之语。作者此时因党祸罢职闲居，所以有这样的感慨。

五六两句：“句里江山随指顾，舌端幽渺致张皇。”写家居读书之乐，表示功名虽因世事多端不可强求，但耽悦诗书，已成积习。尽管闲居在家，还是和文字结成不解之缘。在诗句之内，可以随心指点瞻顾，不碍为江山的主人。舌端讨论文章的幽深奥渺，可以使传留下来的学问，发扬光大，因而扩大知识的境界。

作者一生以刻苦读书为事，虽极度贫困也不改变自己的清操，在诗句中，可以使人领会到这种可贵的精神。结尾两句：“莫欺九尺须眉白，解醉佳人锦瑟旁。”这两句是说，不要辜负昂藏九尺之身，一任须眉斑白而无所成就，人生的时光，是值得珍惜的，自己也懂得“醉卧佳人锦瑟旁”的乐趣，但时不我待，贪图醉饱宴乐，决不能在学业上有所成就，所以应当刻苦自励，以求达成自己的志向。

（马祖熙）

登快哉亭 陈师道

城与清江曲，　泉流乱石间。
夕阳初隐地，　暮霭已依山。
度鸟欲何向？　奔云亦自闲。
登临兴不尽，　稚子故须还。

方回《瀛奎律髓》说，陈师道这首诗所写的快哉亭在徐州城东南，为唐代诗人薛能所筑阳春亭故址，李邦直重建此楼，苏轼名之曰“快哉”，此诗为元符元年(1098)后山在徐州时所作。

前六句写登楼所见，先写水，次写山，再写天，由低到高，层次分明，在写景中别具一格。先看水：一道清澈的江水沿着城墙曲折而流，城与清江同曲，这就使人想起杜甫“清江一曲抱村流”(《江村》)的意境，然而陈诗夺胎换骨，面目已与杜诗迥异。“泉流”句虽是直道眼前景物，然也契合登高所见。两句写景中，“江”与“泉”是动的，“城”与“石”是静的，故可谓动与静的结合，而正是这种结合与对照，将蜿蜒曲折的江水与飞沫四溅的泉水之动态刻画了出来。

再看山，山是通过暮色来写的。“夕阳”两句描绘了一幅山间落照图。落日刚刚隐没于地平线下，暮霭便在山间升起了。这两句虽然意思略相犯复，然造语工巧，特别是“隐地”、“依山”，形象而具体，读来如身历其境。“隐”、“依”二字本来都是带有主观色彩的，这里用来形容太阳与暮霭，就赋予客观的自然现象以人性，显得异常生动，与柳宗元笔下的“苍然暮色，自远而至”(《始得西山宴游记》)，境界相近。

“度鸟”两句写空中景物，然融情于景，包含了很深的寓意，所以历来受人称赏。山间时有飞鸟掠过，匆匆地不知投向何处。奔腾的云雾舒卷自如，飘曳有姿。鸟飞、云动，本是山间常景，而一旦注入了诗人自己的感情，便产生了耐人寻味的魅力。这两句虽是直道眼前所见，但也隐隐透出诗人心境平静、向往自由的意愿。其中不乏令人咀嚼的深意，那横空而过的飞鸟，岂不是人生匆遽的象征？杜甫诗说：“仰看一鸟过，虚负百年身。”其涵义为人生倏忽如鸟过，可与此句同参；而那自由自在的白云，尽管奔腾变幻，然终因无心于争逐，所以永远悠闲自得，正象征着诗人内心的恬淡寡欲、平静无波。杜甫诗“水流心不竞，云在意俱迟”(《江亭》)，把此种感情表现得很为明朗，而后山此联则较含蓄蕴藉。按王国维《人间词话》的说法，杜诗可以说是“有我之景”，而后山此二句则似“无我之景”,正有“不知何者为我,何者为物”的意趣,但在客观描写的背后,蕴含哲理和深意。故方回说:“如‘度鸟’、‘奔云’之句,有无穷之味。”纪昀也说:“五六挺拔,此后山神力大处,晚唐人到此,平平拖下矣。”说明了此二句寓意深长,有振起全篇之功。

“登临”两句翻出一层意思作结,撇开写景,而由游兴之不尽反衬出景物之令人流连忘返。然诗人并不直说自己游兴未尽,却说因家有稚子,故不能流连太久。所以任渊释此二句说:“以稚子侯门之故,不尽兴而返。”

后山诗往往以孤拔遒劲见长,于此首可见一斑。全诗苍劲有力,老气横秋,虽不用奇字僻典,然意兴无穷,纯以气格胜。这种风格,得力于杜甫,但也与后山孤傲的性格有关。方回评曰:“全篇劲健清瘦,尾句尤幽邃,此其所以逼老杜也。”正指出了此诗苍劲老健的风格与杜诗相近。　　(王镇远)

陈留市隐者(有引)①　　陈师道

陈留市有工力,随其所得为一日费。父子日饮于市,醉负以归,行歌道上,女子抵手为节。有问之者,不对而去。江季恭以为达,为作传。倩予赋之。

陈留人物后,　疑有隐屠耕。
斯人岂其徒?　满腹一杯羹。
婷婷小家子,　与翁同醉醒。
薄暮行且歌,　问之讳姓名。
子岂达者欤?　槁竹聊一鸣。
老生何所因,　稍稍声过情。
闭门十日雨,　吟作饥鸢声。
诗书工发家,②　刀�得养生。③
飞走不同穴,　孔突不暇黔。

〔注〕 ① 有引:元祐二年黄庭坚有《陈留市隐》拟陈作一诗,其序较陈诗“有引”为详:“陈留市上有刀镊工,年四十余,无室家子姓。惟一女年七岁矣。日以刀镊所得钱与女子醉,饱则簪花吹长笛,肩女而归。无一朝之忧,而有终身之乐。疑以为有道者也。陈无已为赋诗,庭坚亦拟作。” ② 发冢:《四部丛刊》本《后山诗注》“冢”作“家”,此据上海古籍出版社影印宋蜀刻大字本《后山居士文集》。“家”、“冢”形似而误。发冢,即掘墓。《庄子·外物》:“儒以诗礼发冢。大儒胪传曰:‘东方作矣,事之何若?’小儒曰:‘未解裙襦,口中有珠。” ③ 苶(niè):即镊子。

陈师道一生穷愁潦倒,出处遭际和孟郊、贾岛有相似之处,也是一位“苦吟诗人”。《陈留市隐者》是他诗作中颇具代表性的一首，大约作于元祐初年。

诗的前十句，是“引”的诗化，重在叙事。陈留地近汴京，原是人物辈出的地方。东汉文学家蔡邕和西晋“竹林七贤”之一的阮籍都是这里人。“陈留人物后，疑有隐屠耕”，两句有着十分丰富的内容，因江季恭为之作传的这位刀镊工的奇行，作者就很自然地联想到这些历史上的人物了。

以下笔锋一转，极写“市隐”刀镊工的疏狂之态：操劳所得为一日之费，与婷婷小女相与醉醒，傍晚则负女于肩，簪花吹长笛，小女按拍，引吭高歌，沿长街而归，其行有若楚之狂人接舆。是“众人皆醉我独醒”的愤世嫉俗者，还是“无一朝之忧，而有终生之乐”的不同凡俗的达者？总之，以长笛聊作一不平之鸣吧！

后八句当是诗人的自况和言志。他是一个穷老的书生，虽耽于诗文，然而一无凭借。他的诗，受到苏东坡、黄山谷的赏识。苏、黄诸人为之揄扬，使他这一位僻居陋巷的草茅下士，也有了一些声名。“稍稍”句是他的自谦之辞。敖陶孙《集评》云：“陈后山如九皋独唳，深林孤芬，冲寂自妍，不求赏识。”这“老生”二句，在自谦之外，也带有些“冲寂自妍”的意味。

“闭门十日雨，吟作饥鸢声”，是全诗佳句。淫雨十日，檐间淅沥不止，枯坐长饥，犹作苦吟。这是他穷愁生活的真实写照，因家境贫困，妻子和三子一女依附岳丈为生，这种人间生离死别的惨痛，他是亲身体会到了。如今形单影只，事业无成，搏击长空的苍鹰只能在斗室中作饥吟之声。二句写出了诗人穷苦潦倒和闭门觅句的情景。即使生活如此清贫，他仍执着地进行诗歌创作。这两句真是写得有情有致，无怪黄庭坚要激赏不已了。黄庭坚后亦有《陈留市隐》一诗，拟师道此作，中有“养性霜刀在，阅人清镜空”二句，被誉为“无以复加”（见《王直方诗话》），那是得师道佳句的启发而作成的。黄庭坚与陈师道处于师友之间，是师道真正的“知音”。

末四句抒发感想。诗人对那些以诗书浪得虚名，实为鼠窃狗盗之辈甚为鄙薄。这些人只是一些干“诗书发家”勾当的无耻小人。而那位陈留市隐，虽以刀镊为生，却悟到了养生之道。诗人对此颇为赞赏。“孔突”句，典出《淮南子·修务训》，意谓孔子、墨子二人，凡到一处地方，烟囱尚未熏黑即离去，席子尚未坐暖即起身，极意形容急于世务。突，烟囱。黔，黑色，此处谓熏黑。这里诗人是借用此典，来形容那些工于诗书发家之徒。他们席不暇暖，突不暇黔，为利来而为利往（与孔、墨为义不同），与以刀笄养生的陈留市隐迥然异趣，真如飞走之不同。此诗熔叙事、言志、抒情于一炉，语似枯淡而中实丰腴。（顾志兴）

绝句四首(其四)　陈师道

书当快意读易尽，　客有可人期不来。
世事相违每如此，　好怀百岁几回开？

这首诗讲的是这样一种生活感受：合口味的好书，读起来饶有兴味，颇感惬意，但往往很快就读完了，掩卷之际，令人怅然。对脾气的朋友，谈起话来很投机，非常盼望这样的知心朋友多多前来和自己交谈，但偏偏不见踪影，久盼之后，不免令人失望。世界上的事情每每是这样，希望和现实总是发生矛盾，不如意者十居八九，一个人一生中是很难遇到几次真正轻松愉快、开怀大笑的好辰光的。

读到这首诗，自然令人想起陈师道作于同年的另一首诗《寄黄充》。诗中云："俗子推不去，可人费招呼。世事每如此，我生亦何娱？"两首诗所表达的感受是相同的。作者之所以会有这种感受，和当时作者的生活经历有密切关系。哲宗元符二年(1099)，诗人困居徐州，生计维艰。尽管"人不堪其贫"，作者却不以为意，依然"左右图书，日以讨论为务，盖其志专欲以文学名后世也"(魏衍《彭城陈先生集记》)。诗人以苦吟著称。只有读过万卷书的人，才能如此精炼准确地捕捉到读书人读快书、意恐卷竟的共同心理状态，"书当快意读易尽"是作者读书亲身体验的概括，也是他孤独寂寞、唯有书伴的惆怅心情的流露。当时诗人的知心朋友尽在远方，黄庭坚被逐斥戎州(今四川宜宾)，苏轼被贬谪海外，音信难通；魏衍自徐移沛，张耒任职宣州，皆无从相见。而诗人一口气将一本好书读完之后，多么盼望能同这些朋友一起交流读书所得、讨论作诗甘苦啊！他思友心切，整日忽忽若有所失，因此发出了"客有可人期不来"的慨叹。怅然、失望之余，诗人又转以旷达，试图自我安慰：世界上的事情每每和主观愿望相违背，人生本来就难得有舒畅愉快之时，何必自寻烦恼呢？钱锺书《宋诗选注》说："只要陈师道不是一味把成语古句东拆西补或者过分把字句简缩的时候，他可以写出极朴挚的诗来。"这首从自己的亲身生活经历和感受中概括提炼出来的诗，正好用"朴挚"来说明其风格特点。

宋人爱用诗来说理。诗人多以冷静的态度来体察客观事物，善于把带哲理性的认识写入诗中，显得精深，富有理趣。这首诗同苏轼《题西林壁》、朱熹《观书有感》等脍炙人口的理趣诗的上品相比，似略逊一筹，但它仍不失为一首好诗。诗中所讲的道理来自作者对生活的亲身感受，所以读来并无枯涩之感。吴曾以为，此乃后山"得意诗也"(《能改斋漫录》)，信不差矣！　(詹杭伦)

春怀示邻里　　陈师道

断墙著雨蜗成字,① 老屋无僧燕作家。
剩欲出门追语笑, 却嫌归鬓逐尘沙。
风翻蛛网开三面,② 雷动蜂窠趁两衙。③
屡失南邻春事约,④ 只今容有未开花。

〔注〕 ① 蜗字:蜗牛爬过之处留下的黏液,如同篆文,称为蜗篆。 ② 网开三面:用商汤祝网故事。《吕氏春秋》:"汤见置四面网者,汤拔其三面,置其一面,祝曰:'昔蛛蝥作网,令人学之,欲高者高,欲下者下,吾取其犯命者。'" ③ 两衙:众蜂簇拥蜂王,如朝拜屏卫,称为蜂衙。任渊注引《埤雅》称"蜂有两衙应潮"。蜂在排衙时,是海潮将上的征兆。任注引钱昭度诗:"黄蜂衙退海潮上,白蚁战酣山雨来。" ④ 南邻:作者此时经常和邻人寇十一来往。南邻,指寇君。

元符三年(1100)春天,作者家居徐州,生活清贫,以读书作诗自遣。这首七律是其时为示邻里而作,表现作者贫居闲静的心境,也微婉地流露出世路艰辛的愤慨。诗的开头两句:"断墙著雨蜗成字,老屋无僧燕作家。"以"断墙"、"老屋",点明所居的简陋。残破的墙壁上,在春雨淋湿之后,蜗牛随意爬行,留下了歪歪斜斜的蜗篆。老屋因久无人居,所以任凭燕子飞来做窠。(作家,做窠之意。)作者在这里不写"老屋无人",而代以"无僧",实际上是自嘲的戏笔。表明自己也不过像个游方和尚而已,是经常浪迹在外边的。(有人以为,作者赁居僧房,故曰"老屋无僧"。因无佐证,不采此说。)作者居住在这样的老屋之中,可见生活的清苦。

三四两句:"剩欲出门追语笑,却嫌归鬓逐尘沙。"写自己也想外出追寻点笑语的机会,无奈又感到归来之后,鬓角上更会染上沙尘。(剩欲,更欲。剩,更、更加。)这两句显示作者虽然处于贫困之中,仍然保持傲然的清操,不愿在风尘中追逐。第五六两句:"风翻蛛网开三面,雷动蜂窠趁两衙。"即景抒怀,屋角的蛛网,檐口的蜂窠,在"风翻"、"雷动"的情况之下,形成本地风光,而"开三面"、"趁两衙",则是有所寄寓的笔墨。作者先写风翻蛛网,却是网开三面,昆虫仍好有个避开的去处。次写雷动蜂衙,那些蜂儿也仍然有主,有秩序地拥簇在一起,就像排衙似的。而人在尘网之中,倒是网张四面,受到党祸牵连,难有回旋的余地。过去自已虽曾奔走多年,如今依旧有途穷之感,不似蜂儿还有趁衙的机会。语意中对世路崎岖深表慨叹。

结尾两句:"屡失南邻春事约,只今容有未开花。"容有,不复有。此二句表明自己在现实的情况下，平白地辜负了春天，虽然邻家几次以春事相邀，都因未能赴约而失去机会，如今不会再有未开的花儿，因为春天已去，欲赏无由了。

（马祖熙）

归雁二首　　陈师道

弧矢千夫志，　潇湘万里秋，①
宁为宝筝柱，　肯作置书邮。
远道勤相唤，　羁怀误作愁。
聊宽稻粱意，　宁复网罗忧。

作计胸怀早，　为生去住频。
固为阴岭雪，　不尽洞庭春。
巧作斜行字，　催归去国人。
知时如有信，　决起亦相亲。

〔注〕 ①“潇湘”句：钱起《归雁》：“潇湘何事等闲回，水碧沙明两岸苔。二十五弦弹夜月，不胜清怨却飞来。”潇湘八景中有“平沙落雁”。

这是二首咏物诗，句句写归雁，句句切思归之情。诗作于元符三年（1100）的秋天，这年正月，宋徽宗即位，七月，作者除棣州（治所在今山东惠民）州学教授，此时尚未赴任。诗中略示自寓之意。

第一首开头两句：“弧矢千夫志，潇湘万里秋。”“弧矢”，代指弓箭，此处意为射雁；“潇湘”，二水名，皆在湖南，或以单称湘江是雁归之所。这两句说：射雁本是千夫之志，为了避开缯缴，如今北雁南飞，潇湘万里，又是一年的深秋了。三四两句：“宁为宝筝柱，肯作置书邮。”前一句切“雁柱”，筝柱斜列，颇似归飞的雁行。（宝筝柱即筝柱，“宝”为修饰语。）李商隐有“十三弦柱雁行斜”之句，张先《生查子》亦云：“雁柱十三弦。”所以宁为筝柱，归来之后，可以把清音示人。后一句切雁书，用苏武在匈奴借归雁传书的故事，（因此故事，后世便以“雁书”称来往书信。）并借用杜甫“肯作置书邮”诗句，表示雁之归来，也有意为人传书，所以用“肯作”一词示意，说明传书或有其事。

第五六两句：“远道勤相唤，羁怀误作愁。”“道远”句写雁侣，雁飞时都成群结队。远道飞归，山遥水远，所以应该殷勤相唤，以免伴侣偶尔离开行列。“羁怀”句，写雁在啼叫时，往往同猿啼的声音一样，会引起人们羁旅思归之情。作者的前辈欧阳修，就写过“夜闻啼雁生乡思”(《戏答元珍》)的诗句。所以这里用“误作愁”，表明这个意思。结尾两句：“聊宽稻粱意，宁复网罗忧。”以旅雁之归来作结。末句的“网罗”和起句的“弧矢”相应，“聊宽”句和“潇湘”句相应。雁鹜以稻粱为食，常常冒着弧矢的危险，觅食他方，故云“稻粱意”，杜甫诗：“君看随阳雁，各有稻粱谋。”(《登慈恩寺塔》)现在既已南归潇湘，自可稍宽稻粱之虑，也不致有误入人世网罗之忧，这是应当为之庆幸的。这一首着重用实笔写雁归之意。

第二首开头两句：“作计胸怀早，为生去住频。”表明雁的归来，早在胸怀中有了打算。它们原不想长期寄旅他乡，只是为了谋求生计，不得不来去频繁，或往或住。于是后二句作进一步的说明：“固为阴岭雪，不尽洞庭春。”作者用推测的口气，说明雁的归来，岂不因阴山(阴岭，即阴山，即平仄关系而改“山”为“岭”。)的严寒？但飞回之后，又要重行旅食他乡，不能住到春天，领受那洞庭(指洞庭湖)的春色。这就进一步表明去住由人，并非本意。五六两句：“巧作斜行字，催归去国人。”写旅雁在归程中，在秋空斜行作阵，排成雁字，仿佛要替人们写成远方的书信，以便促使去国离乡的游子赶紧归来。因此引出最后两句：“知时如有信，决起亦相亲。”决起，断然飞起。诗人感叹雁是知时的候鸟，人们看到北雁南飞，听到雁叫西风，就会意识到秋天已届，是“草木黄落”的季节了。因而雁的归飞，也给人带来相亲之情，启示人们，应该早作归计。

这一首用虚笔传神，点雁归之情。和前一首相比，较为深沉。拟人手法的运用，则使诗意亲切感人。

(马祖熙)

和寇十一晚登白门　　陈师道

重楼杰观屹相望，　表里山河自一方。
小市张灯归意动，　轻衫当户晚风长。
孤臣白首逢新政，　游子青春见故乡。
富贵本非吾辈事，　江湖安得便相忘！

元符三年(1100)宋哲宗死，徽宗即位，皇太后向氏权同听政，绍圣年间被排挤的元祐旧臣渐次召回。此诗即作于这一年的春天。后山师事曾巩，元祐中曾得苏轼、傅尧俞、孙觉等人之荐而授徐州教授，所以政治上接近元祐党人，此时自然感到十分欣喜。寇十一是后山的同乡和学生，名叫寇国宝，后山集中有不少与他唱和的诗作，这首既是和后辈而作，所以写得潇洒自如，在欣喜之中略带轻松放旷的意绪。

白门是徐州的城门名，地处交通要冲，形势险要，所以登上城楼，只见雄伟壮丽的楼阁高耸对峙，山环水绕，实为一方重镇。“表里山河”，语出《左传》：“表里山河，必无害也。”意谓有山河为屏障，可自守无虞。首二句起势壮阔，将白门的形势及登楼所见都包容在内。

三四两句极洒脱而轻松，徐州有地名小市门，故这里的小市是实指。因看到小市上了灯，诗人才萌动了归意，可见其游兴之浓；乘着和煦的春风回到家门，然而诗人的意兴似尚未尽，故伫立门前，让晚风吹拂着轻衫。此二句将自己的意绪动态与景物巧妙地结合起来，一个活生生的诗人形象便跃然纸上了。“小市”、“轻衫”、“归意动”、“晚风长”诸语，都好似随手拈来，颇有谐谑放达的意趣，特别是以“长”字形容风，形象而生动，令人如亲自感受到春风的宜人。

“孤臣”二句则道出了诗人轻松心情的由来。当时苏轼等人还贬谪于南方，故“孤臣”云云显指那些放逐他乡的旧臣，因朝廷有重新起用旧党的趋势，所以庆幸又“逢新政”，语中显然带着喜悦和希望，但“白首”二字中却包蕴着无限感慨，暗示出政治上派别斗争之漫长和严酷。但诗人毕竟为流贬远方的朋友可以北归而高兴，“游子”句即设想他们在春天融和的天气中重回故乡的情景。这一句显然脱胎于杜甫《闻官军收河南河北》一首中“青春作伴好还乡”句，其中表达的感情也同杜诗的欢愉之情相仿佛。

最后两句则表达了自己矛盾的内心世界。诗人感叹道：富贵早已与我们绝缘，但羁身于仕宦之途，既不能建功立业，又不能归隐江湖，自由自在，所以永远处于矛盾困窘之中。《庄子·天运》说：“泉涸，鱼相与处于陆，相呴以湿，相濡以沫，不若相忘于江湖。”故后人以相忘江湖指自由自在的生活。至于这种既向往无拘无束的生活，又恋栈仕途，名心难忘的矛盾，乃是封建时代知识分子的普遍心理，颇有典型意义。

全诗以写景起，以抒情终，虽为登楼而作，但不限于登楼所见，写归途、念友及自己的怀抱，其实也都是由登楼生出，所以整篇两句一转意，像是拼缀而成，然仔细玩味，则似断非断，还是可以找到诗人运思的脉络。　　（王镇远）

放歌行二首　　陈师道

春风永巷闭娉婷，①　　长使青楼误得名。②
不惜卷帘通一顾，　　怕君着眼未分明。

当年不嫁惜娉婷，　　抹白施朱作后生。③

说与旁人须早计，　　随宜梳洗莫倾城。

〔注〕 ① 永巷：汉代幽禁宫女妃嫔的地方。 ② 青楼：指显贵人家的闺阁。唐邵谒《塞女行》："青楼富家女，才生便有主。" ③ 抹白施朱：即抹粉施朱。

放歌行是古乐府使用的旧题。常借以表现人生失意或自我激励的内容。这两首诗借宫女失意，抒发志士怀才不遇的悲愤心情。古代女子，在选入宫门以后，往往得不到君王的眷顾，被幽禁深宫长巷之中，她们大多是被迫征召、才貌双全的淑女。现在不免顾影自怜，感叹芳年易逝，红颜易老，她们多么珍惜自己的青春，但又寻不到机会、得不到君王的一顾。作者诗中所写的，正是她们中间的两个例子。诗意委婉曲折，在幽怨低回中，仍见刚贞矜重的悱恻之情。两首都用自诉的口气。

第一首前两句："春风永巷闭娉婷，长使青楼误得名。"以"娉婷"点明宫女的美丽，也代指这位佳人。以"春风"，点出时节是芳春。这样妙丽的佳人，逢着这样美好的季节，总该生活得欢欣美满吧？可是恰恰相反，她被深锁在冷宫里面，长门永闭，一任外面花开花谢，春风吹不到她的身边，春天明媚的光景，对她全没有分儿。诗用一个"闭"，揭示她遭境的凄凉和内心的悲苦。第二句中的"青楼"，指代此女从前所住的处所，正因为当年她以美丽得名，才造成如今为姿容所"误"的后果。"长使"两字，无限辛酸，倘使当年竟没有如此绝世的芳容，也不致有今天这样冷落的处境啊！第三四两句："不惜卷帘通一顾，怕君着眼未分明。"写这位宫女自矜而又自重的心境，她想到过去也许对方没有真正认识到自己的春风之面，因而很希望有个机会，不惜卷起珠帘，让君王亲自一顾，自己是否明艳如花，但转而一想，又只怕君王"着眼"仍未"分明"，还是得不到青睐，更由此引起新的哀怨。这两句中"不惜"和"怕"互相映照，"不惜"示自怜之情，"怕"字点自珍之意，她虽然热盼对方的一顾，但又意识到过去之被弃置，正由于君王"着眼"未分明的缘故，这蓦然的一顾，难道就能"着眼分明"吗？兴念及此，适才的炽热的心情，又顿然冰消瓦解了。

全诗借宫女失意的幽怨，托志士不遇的悲辛，表现才名往往误人，以致怀有绝代才华的有为之士，往往困顿在风尘之中，老死于蓬门之下，和宫女的禁闭深宫，徘徊永巷一样，都有难通一顾之感；即使偶有时机，又因"着眼未明"，仍然有奋飞无路、恩遇无由之恨。诗中寄寓着"咫尺长门闭阿娇，人生失意无南北"（王安石《明妃曲》）的悲痛，虽有炫玉之情，但在委屈中以矜持自重作结，可说是立言得体。

第二首也是托宫女之不遇，表达美人迟暮之感；并以自身的遭遇，现身说法，启迪他人，不要自恃倾城的容貌，而要及早为自己作计，哪怕是随宜梳洗，也要早求归宿，以免蹉跎青春。

开头两句："当年不嫁惜娉婷，抹白施朱作后生。"表明自己当年不肯轻易嫁人，是因为"自惜娉婷"，不甘轻易辜负此生。但到了后来，感到芳华渐逝，就只好"抹白施朱"，学作后生模样，却是已经耽误了最美好的岁月。人生的春天是值得珍惜的，然而知己难寻，过于矜持，就难免自陷于苦恼之境。后两句："说与旁人须早计，随意梳洗莫倾城。"既是悲辛的话语，又是过来人痛苦的经验。"说与"一句，正是痛惜自己没有及早作计，因而劝告旁人，要珍惜自己的春光，早为之计，显示了"劝君惜取少年时"的意旨。"随宜"一句，更表明应当随着时宜装扮自己，千万不要自恃有倾城的美貌而坐失时机。

这首诗感叹人们往往以才华自矜，以致遭遇坎坷，反而知音难逢，不如一个普通的人士，就好像具有倾城容貌的宫女，在失去自己的青春以后，只好施朱傅粉，装作少年，纵有姿容，也竟不如随宜适俗的女子。从而劝诫人们，切莫自恃才华，要随宜一些，早为自己作计，否则，就像误入深宫的淑女一样，自负倾城，一旦不被眷顾，则无法安排此身，徒然有永闭冷宫的哀痛。

对于这两首《放歌行》，黄庭坚以为前一首"顾影徘徊，炫耀大甚"（《诗人玉屑》卷十八引）。清末陈衍也同意黄说，指出前作"终嫌炫玉"，后一首"为人说法则可，所谓'教人傅脂粉，不自著罗衣也。'"（见《宋诗精华录》）但就诗的实质而论，两诗意旨都在于抒发"国士佳人，一般难遇"的悲愤，读者能透过文字，探索弦外之音，自然可以理解。

（马祖熙）

除夜对酒赠少章　　陈师道

岁晚身何托？　灯前客未空。
半生忧患里，　一梦有无中。
发短愁催白，　颜衰酒借红。
我歌君起舞，　潦倒略相同。

此诗当作于哲宗元祐元年（1086）除夕。秦觏，字少章①，北宋著名词人秦观之弟，是年与诗人同在京师，过从颇密。除夕之夜，诗人置酒待客，与朋友们一起开怀畅饮。正当酒酣耳热之际，诗人却想起了自己的遭遇。于是趁着酒兴，发发牢骚，把满肚皮的不合时宜对朋友倾泄一番，也许这个新年会过得心情舒畅一点吧！

诗人究竟有着什么样的牢骚和不平呢？诗一开头，便直言不讳地和盘端出："岁晚身何托？灯前客未空。"明亮的油灯前，客人们正在兴高采烈地喝酒猜拳。大概这些客人们大都已得到了一官半职，生活有了着落，所以他们是那样无忧无虑。而诗人呢？一年又过去了，自己依然似无根浮萍，随风飘荡，无所依托。据史传记载，诗人早年受业于曾巩，得到器重。宋神宗元丰四年(1081)，曾巩推荐他作为自己的助手参与修史，但朝廷以他是"白衣"而拒绝了。元丰六年，曾巩去世。此时，诗人虽先后又结识了苏轼、张耒等人，但生活一直无着，甚至贫穷得无力养家，妻子和三儿一女只得随丈人郭概去了四川，只得孤苦零丁，独自一人生活。除夕之夜，本应合家团聚，可妻子儿女却在远方，难以相见；一年终了，自己托身何处仍无结果，诗人怎么能不感到抑郁不平呢？"半生忧患里，一梦有无中。"这一年，诗人已三十四岁。古人云："三十而立。"而诗人的半辈子却在忧患中度过，虽有才华，却无处施展；虽有抱负，却无法实现，只好在梦中寻求理想，寻求安慰。可梦境和现实截然相反。"有"，是指梦境，"无"，是指现实。梦中，抱负有地方施展，理想有可能实现，还有欢笑、有团圆、有衣食、有房舍……，应有尽有；而现实中却一无所有！严酷无情的现实粉碎了诗人美好的梦幻。眼见光阴流逝，愁白了头。此言"发短愁催白"，恐怕头上未必真有白发；言"颜衰酒借红"，亦恐怕颜面未必真的衰老如此。诗人这年才刚刚三十出头！在作于同年的《次韵答邢居实二首》中，诗人亦云："今代贵人须白发，挂冠高处未宜弹。"王直方以为"元祐中多用老成"，故东坡、无己、少游皆有"白发"句(《王直方诗话》)。诗人此写愁催白发，酒助红颜，无非是表示愁之深、心之苦罢了。老杜、乐天、东坡、郑谷等人都曾写过类似的诗句，但诗人此联在前人的基础上有所发展，对仗愈工，且恰如其分地表现了诗人当时窘况，带上了他个人特有的主观色彩，故而"无己初出此一联，大为诸公所称赏"(同上)，胡仔更以为是"以一联名世者"(《苕溪渔隐丛话》后集卷二)。愁不能胜，苦不堪言，满腹牢骚，对谁诉说？看来座中只有当时也是"布衣"的秦少章与自己遭遇处境略同②，可以作为自己的知音了。所以在发泄了一肚子的不平之气后，诗人唱，少章和且舞，两个"潦倒略相同"的人，姑且用歌声来排遣满腹愁绪吧，今晚毕竟是除夕之夜啊，来年再努力吧！全诗就题目收住，把前面的意思放开，在低沉压抑的气氛中透露出一丝亮光，却正衬出诗人无可奈何的心情。

读完全诗，不仅诗人不幸的遭遇和愁苦的心境能引起人们深深的同情，而且诗人那种对理想执着追求的精神也能令人鼓舞。诗人并非仅仅哀叹时光的流逝，他做梦也希望能一展平生抱负，他为理想不能实现而郁郁不乐，而愤愤不平。此诗正是他的一曲高唱。故纪昀评云："神力完足，斐然高唱，不但五六佳也。"（《瀛奎律髓刊误》卷十六）

（沈时蓉）

〔注〕①《宋史》卷四四四《文苑传》载秦观有二弟，觌字少章，觏字少仪。此据任渊《后山年谱》，以觏字少章为是。②据秦瀛《淮海先生年谱》记载，少章于元祐六年(1091)中进士第，调仁和主簿。

登鹊山　　陈师道

小试登山脚，　今年不用扶。
微微交济泺，　历历数青徐。
朴俗犹虞力，　安流尚禹谟。
终年聊一快，　吾病失医卢。

元符三年(1100)正月，徽宗即位，向太后听政，在她的主持下，被贬斥的旧党诸人陆续被召还京，官复原职。陈师道自从绍圣二年(1095)丁母忧以来一直闲居徐州，境况窘迫，也在今年七月被任为棣州(州治在今山东惠民)教授。这是他在棣州任上写的诗，表达了当时喜任新职、舒畅爽快的心情。

诗人并非汲汲于功名利禄之徒，他闲居徐州数年，尽管"累日不炊"、"贫无以养"，但"当权者或召见之，顾非其好，不往"(谢克家《后山居士集序》)。诗人"志专欲以文学名后世"(魏衍《彭城陈先生集记》)，所以高官厚禄打不动他的心，而一旦得到这个以传道、授业、解惑为业的教授职务，尽管俸薄官微，也使他欣喜异常，不顾体弱多病，兴致勃勃地去登山游玩了。

经历过饥寒交迫、贫病交加生活折磨的陈师道，尽管这年才四十八岁，但已感到精力不济。"小试"说明诗人对自己的体力没有把握。试登了一程后，诗人竟然喜出望外地发现，"今年不用扶"！在这喜悦后面，该包含了多少辛酸啊！今年，人逢喜事精神爽，思想轻松，步履也就轻快了。可往年呢？可以设想，往年无论是新春览胜，还是清秋登高，诗人都要在亲朋好友的搀扶下才能勉力而行。时当壮年的诗人却体衰如此，生活的贫寒是可想而知的了。

三四句写诗人登上了山顶，极目远眺。只见济水、泺水似两条白色的绸带，绕过山脚，往北流去，相交于远方的泺口。"微微"，即隐隐约约，看不真切。目光稍稍收回，青、徐二州的辖地上，阡陌纵横，牛羊成群；房屋田垅，树木庄稼，历历在目。徐州是诗人的家乡，家乡的山水是多么熟悉亲切啊！纪昀以为三四两句

"有神致，虚字炼得好"(《瀛奎律髓刊误》卷一)，这"神致"就在于这两句是景中有情。那样远的泺口居然都看到了，说明诗人在山顶逗留时间之久；那样多的景物竟然一一"数"来，可见诗人的兴致之高。诗人不是把自己兴奋愉快的心情明白说出，只是通过写景来透露；而写景又没有具体描摹云水竹石、鸟鸣花香，只是通过望远、指点两个动作来概括，这既符合登高远眺的实际，又含蓄地点明了要表达的情意。正如王士禛所云："画天外数峰，略有笔墨，然而使人见而心服者，在笔墨之外也。"(《带经堂诗话》卷三)画天外山峰，略具笔意，便使人体味到言外的情意，这就是这两句诗的"神致"所在。

诗人眼中的风土人情是那样浑朴、淳真，令人想到了虞舜理国之功；山川河流是那样恬静、驯服，使人回忆起大禹治水之劳。谟，即谋划。天下明德自虞帝始，山川由大禹定。看到眼前的山川，诗人自然想起了舜和禹这两位古代传说中的英雄人物。赏风景，忆英雄，何其快哉！然而当诗人的目光从远处收回到脚下，思绪从远古拉回到现实时，笔锋陡转，气氛骤变，兴致锐减。脚下的山因古代名医扁鹊而得名，可自己尽管体衰力弱，疾病缠身，却因贫穷而得不到卢医(扁鹊家于卢国，所以称为卢医)的医治。"终年聊一快"，多么凄婉的声音！诗人面对无情的现实，无可奈何。难得一年到头有这么一回愉快的时候，姑且忘掉一切，尽情享受吧！谁人知道诗人的欢颜后面隐藏着多少痛苦、多少悲哀呢！

陈师道作诗刻意学杜。方回以为此诗"暗合老杜"，且"与之俱化也"，未免过誉。查慎行已指出颈联"出句用'犹'字，对句复用'尚'字，便是合掌，老杜无此法也"(《初白庵诗评》卷下)，纪昀亦评曰："末句言病不遇卢医，生硬晦涩，是江西派过求瘦硬之病。"(《瀛奎律髓刊误》卷一)批评是中肯的。 (詹杭伦)

【作者小传】

晁补之

(1053—1110) 字无咎，号归来子，济州巨野(今属山东)人。元丰进士。曾任吏部员外郎、礼部郎中、兼国史编修等职。十七岁时至杭州，著有《钱塘七述》，为苏轼所称道。与黄庭坚、张耒、秦观并称"苏门四学士"。散文流畅，亦工诗词。有《鸡肋集》、《晁氏琴趣外篇》。

渔家傲

晁补之

渔家人言傲， 城市未曾到。

生理自江湖，　　那知城市道。
晴日七八船，　　熙然在清川。
但见笑相属，　　不省歌何曲。
忽然四散归，　　远处沧洲微。
或云后车载，　　藏去无复在。
至老不曲躬，　　羊裘行泽中。

晁补之《鸡肋诗钞》中有《补乐府三首》，《渔家傲》即其中之一。所谓“补乐府”，其实便是乐府诗。补者，补缀承续也。这表明作者意欲直接继承汉乐府“缘事而发”和唐代新乐府“即事名篇，无复依傍”的写作方法。因此，这首《渔家傲》“因事立题”，述写世事，并不以入乐与否为衡量标准。

看诗题，便知此诗是描写渔家生活的。自古以来，渔家之困苦艰辛，人所共知。他们既备受生活煎熬，还得顽强地与大自然拼搏，成年累月地经受险风恶浪、出生入死的考验。在作者出生前一年谢世的范仲淹，对此便深有体会。其《江上渔者》一首，满怀恻隐之心。然而晁补之这首诗，却丝毫不见此种情景，有的却是欢歌笑语，完全是别一种情调。诗人笔下的“渔家”，行舟江河，傲放湖泽；逍遥自在，悠闲自乐。他们既不为名利所动，亦不因权贵折节；超然物外，远离尘嚣。显然，这是一种非现实的“渔家”生活，其中无疑寄托了作者的理想，含蓄蕴藏着他寄情山水、归隐湖泽的志向。

诗的前四句首先点题：先写“渔家”性格之孤傲，复写其“靠山吃山，靠水吃水”的谋生之道。诗中“城市未曾到”、“那知城市道”二句，看似文义重复，实质上乃是为了强调这些“渔家”非一般意义上的渔民，他们不是不能、而实是不愿与城市结缘，以致身惹红尘。因为在通常情况下，任何渔民未必一定不去或根本未曾想去见识一下车马喧嚣的城市。诗人之所以强调这一点，选择这样的“渔家”落笔，刻意经营，备加颂扬，应该说大有其深意在。尤其是一个“未曾”，一个“那知”，充满了感情色彩，表现的是一种对“城市”不屑一顾的神态。

诗的中间六句，具体而微地描写了渔家生活和山水之乐。晴日里，七八条小船游弋清波，汇聚川上。时听笑语相属，但闻欢歌互答。待到暮色降临，渔舟归散，烟波江上，唯见远处的绿洲正隐约浮沉于一片微茫。诗人描绘的这一幅渔家行乐图，可谓动静相间，意态悠闲；诗情画意盎然，字里行间，令人神往。很清楚，这六句诗不只补缀上文，细写“渔家生理”，其实亦揭示了“渔家”“城市未曾到”、“那知城市道”的原因，并隐隐透露了诗人企慕自然、不愿缚于尘网的消息。因为有如此自在的去处，又何恋“城市”之有！

最后四句托物言志，总摄全文，借彼“渔家”之口，写己心中所思。看到这里，读者会恍然大悟：原来，诗中所描写吟咏的“渔家”，根本不是一般的江泽渔民、山野村夫，而是遁迹江湖，隐名埋姓，愿终生以渔钓自乐的隐士。这样的隐士，实际上乃是诗人自己。

诗人采用了以我写彼、以彼显我的互透法。在一片扑朔迷离的物象中，最后这四句诗连用了三个典故；倘深入而观，则其庐山真面遂兀现于读者眼前。后车，语出《诗经·小雅·绵蛮》：“命彼后车，谓之载之。”郑笺：“后车，倅车（按：即副车）也。《孟子》：‘后车数十乘，从者数百人。’”与作者同时的欧阳修，其《哭圣俞》诗云：“河南丞相称贤侯，后车日载枚与邹。”“河南丞相”乃钱惟演（曾任同中书门下平章事，位同丞相）；枚指枚乘，邹指邹阳。枚、邹均汉代著名文士，二人曾为梁王幕客，极为梁王所知赏，待如上宾。欧诗用以喻梅圣俞，言其游宴交往者皆才学之士，均具相当社会地位。晁补之引用这个典故，意欲说明“渔家”无意功名富贵，主动逃名避世。诗中的曲躬，即弯腰行礼，引申为屈身事人。典出《晋书·陶潜传》：“吾不能为五斗米折腰。”不愿浮沉于宦海，诗人意欲何为？诗的末句“羊裘行泽中”，点出了归隐思想。羊裘，用后汉高士严光事。据《后汉书·严光传》：“光武即位，（光）乃变名姓，隐身不见。帝思其贤，乃令以物色访之。后齐国上言：‘有一男子，披羊裘钓泽中。’帝疑其光，乃备安车玄𫄸，遣使聘之。三反而后至。”却终不为谏议大夫。又据《淮南子》：“贫人则夏被葛带索，冬则羊裘解扎。”在诗人的心目中，作一个逍遥于山水之间的贫士、隐士，远胜于在“城市”的达官贵人。这种思想既是消极，又是积极的；这是当时社会生活的一种曲折反映。

通观全诗，写来洒脱轻快，形象鲜明，笔致活泼，语言浅显通脱。诗以口语出之，间以白描勾勒。全诗凡六转韵，音调和谐，过渡自然；谋篇有方，立意高远。其颇具民歌风味的艺术特色，足见乐府歌辞之源远流长。宋代胡仔《苕溪渔隐丛话》：“余观《鸡肋集》，古乐府是其所长，辞格俊逸可喜。”近人陈衍亦曾说：“晁、张（耒）得苏（轼）之隽爽，而不得其雄骏。”若以此诗观之，亦可见其大概。

（聂世美）

贵溪在信州城南，其水西流七百里入江　　晁补之

玉山东去不通州，　　万壑千岩隘上游。
应会逐臣西望意，　　故教溪水只西流。

贵溪是信江的一段，它由信州（治所在今江西上饶）城南向西流约七百里入赣江。诗人写这首诗时，正贬监信州酒税。

自坐修《神宗实录》失实后，诗人的仕途便一步步地走着下坡路，先是降通判应天府（治所在今河南商丘县南）、亳州（今属安徽），继又贬监处州（治所在今浙江丽水）酒税，如今又贬在此地信州。其时是绍圣末（1097），诗人四十四岁。内心正郁结着满腔忧思的诗人，这一日在信州城南看到（贵）溪水西流的景象，不禁触景伤情，忧从中来，便挥笔写就了这首情愫郁悒的小诗。

前两句写溪水泉源的形势，为后面"溪水西流"蓄势。玉山，一名"怀玉山"，是信江的源头。"东去不通州"，并不是玉山以东再无宋朝的州郡建置，而是因为万壑千岩阻隔在东面的缘故，玉山便与邻州不相通了。流水照例向东，但现在万壑千岩既然阻遏（隘，"阻遏"之意。）在居东的上游地区，那么水流自然无法向东，便顺势西下，令诗人看到了这溪水西流的罕见景致。

后两句便写"溪水西流"所引动的诗人的愁绪。"西望"之地，当是指北宋都城汴梁，在信州的西北方。漫步在信州城南，看到这溪水西流的景象，诗人感慨万端。虽然，他本已深知，此乃是"万壑千岩隘上游"之故，属于自然界的客观现象，然而在这里，他却偏要将它纳入自己的主观意象之中，认为正是那造物主，也理解到了我这个朝廷逐臣每每西望京师之意，故教那溪水西流的！如此一来，诗人便将自己心里想说却不便说、不愿说的，诸如对朝廷的怨艾之情、对自己的自悲自怜之感，等等，一切尽皆含蕴在这眼前"溪水西流"的不言之中，而个中意味，则听凭读者自己去细细咀嚼了。

委实巧得很，诗人的老师苏东坡，在他贬谪黄州（治所在今湖北黄冈）时期，也曾看到过溪水西流的景象。那是坡公游蕲水（今湖北浠水）清泉寺时，看见临寺的一条"兰溪"，其水竟是向西而流的，便填《浣溪沙》（山下兰芽短浸溪）小令一首，其末两句抒发感受道："门前流水尚能西，休将白发唱黄鸡"，意谓流水应向东，此水竟西流，可见事物有着种种不同的发展变化。既然如此，那么我这个朝廷罪臣，可不要徒然自伤白发，悲叹衰老啊！表现出一种对人生抱着乐观态度的积极思想。比之乃师，晁补之此诗的思想情调，就未免过于低沉。不过，此诗由景物着笔，以景传情，委婉深曲，耐人寻味，在艺术上倒是颇值得称道的。

（周慧珍）

吴松道中二首　　晁补之

停舟傍河浒，　　四顾尽荒原。

日落狐鸣冢，　天寒犬吠村。
系帆凌震泽，　抢雨入盘门。
怅望夫差事，　吴山网楚魂。

晓路雨萧萧，　江乡叶正飘。
天寒雁声急，　岁晚客程遥。
鸟避征帆却，　鱼惊荡桨跳。
孤舟宿何许？　霜月系枫桥。

吴松，即“吴淞”，江名，太湖最大的支流。这两首诗是诗人行船在吴淞江上时所写。

两首诗中之“天寒”、“叶飘”、“雁声急”、“岁晚”、“霜月”诸语，点明季节已是晚秋。第一首写大雨泊舟。前面两联描写了泊舟所见之景。一个深秋的黄昏，诗人所乘之舟傍河(河浒)停泊。诗人站在船头，纵目四顾，发现周围乃是一片荒原世界。天寒、日落、荒原，故不见人迹，而唯闻狐狸在坟墓旁鸣叫着；不时从远处村庄传来阵阵犬吠声。诗人因何泊舟如此荒野之地？从下面一联方知，原来乌云密布，大雨将临，所以要赶紧靠岸，准备寻个地方避雨。震泽，太湖的古称。盘门，苏州城西南门名，是迄今仅存的古代水陆城门，始建于春秋吴王阖闾元年(前514)伍子胥筑城时。第五句带出泊舟地点，乃在太湖之上。两句说，停船靠岸时，诗人犹在饶有兴致地四面瞻望，这会儿，眼看大雨马上要倾盆而下，着了慌，赶忙帮助船家系住帆，争在雨先奔入盘门。徘徊在盘门中，观看着这并列的水陆两门，诗人不由想起了当初建此盘门的伍子胥，因此尾联便转入怀古。吴山，坐落在杭州西湖东南面，春秋时为吴国南界，故名。又因吴国大夫伍子胥以忠谏死，浮尸江中，吴人怜之，立祠山上，所以又称“胥山”。楚魂，在古代诗歌中常含有追吊古楚人之意，然而所指则随所咏而异，这里则指伍子胥，他原是楚人，因父伍奢(楚国大夫)为楚平王所杀，故离楚入吴。阖闾之子夫差重用子胥大败越兵，雪了勾践杀父之恨。可是此后夫差非但不听伍子胥的忠谏，允许越国求和并北上伐齐，竟还赐剑命子胥自杀，以至最后国灭身亡。诗人因而想到，夫差固然咎由自取，而可惜的是伍子胥的忠魂，至今还依恋着吴山。对忠臣的死于非命，诗人表露了他的深沉怅惋之情。

第二首写翌日行程。前三联描写了由盘门到枫桥的一路景色，兼及诗人自己的心情。天刚破晓，船又起航。头天傍晚下了一场大雨，今日清晨依旧是秋雨霏霏，兼以风声萧萧，江南水乡便满天飘舞着木叶。深秋，天寒，时时听到空中大雁，鸣声惶急，向着南方飞去而无留意。诗人不由得又低头思量自己：大雁急急归去，顷刻便能回到南方，可我自己呢？一年将尽，旅程却还遥远着呢。为了排遣乡思，诗人便留心观看船的四周，发现了两个极有意思的景象，其一是“鸟避征帆却”：自己所乘坐的这艘远行之船，在湖面上一摇一晃地前进着，水鸟们“啾啾”鸣叫着随在后面，有时船身猛一倒退，鸟儿们便急急地避了开去；其一是“鱼惊荡桨跳”：鱼儿们聚游在船的两侧，船家一起一落地摇动着双桨，偶尔声音响了一些，便惊得鱼儿慌不迭地散了开去。看着有趣，不知不觉间，夜已来临，尾联便写夜宿枫桥。枫桥在苏州城阊门外十里枫桥镇，本称“封桥”，因唐张继《枫桥夜泊》诗而得此名。天既已黑尽，诗人便盘算着：今夜，这艘孤舟该宿于何处(何许)呢？放眼望去，一轮霜月下，他看见了那久负盛名的枫桥。南宋诗人范成大编纂的《吴郡志》说：枫桥“自古有名，南北客经由未有不憩此桥而题咏者”。因此，诗人一见到枫桥，便兴致勃勃地嘱咐船家将船系在桥下，决定今夜宿于此处，以一抒幽思。

诗人写这两首诗，本无一定题旨，他在吴淞道上一路行来，身与境遇，便随兴而发，随感而咏，然不论写景或怀古，都富有时地色彩。遣词用语，亦不事雕饰，浅近自然，这与他随意挥洒的诗情是颇相合的。（周慧珍）

【作者小传】

晁冲之

生卒年不详。字叔用，号具茨。济州巨野(今属山东)人。晁补之从弟。授承务郎。师从陈师道。绍圣间隐居具茨山下，徽宗时屡荐不起。诗属江西派。有《晁具茨先生诗集》。

夷门行赠秦夷仲①　　晁冲之

君不见夷门客有侯嬴风，
杀人白昼红尘中。②
京兆知名不敢捕，③
倚天长剑著崆峒。④
同时结交三数公，
联翩走马几马骢。⑤
仰天一笑万事空，
入门宾客不复通。
起家簪笏明光宫。⑥

呜呼，男儿名重泰山身如叶，[7] 手犯龙鳞心莫慑。[8]

一生好色马相如，[9] 慷慨直辞犹谏猎。[10]

〔注〕 ① 夷门：大梁(今河南开封，宋为汴京)城的东门。 ② 红尘：指繁华热闹的街市。 ③ 京兆：京兆尹的省称，主管京城地方行政。 ④"倚天"句：宋玉《大言赋》："长剑耿耿倚天外。"崆峒：山名，在甘肃平凉市西。《史记·五帝纪》载：黄帝时，相传中国西至于崆峒。 ⑤ 骢：青黑色的骏马。 ⑥"起家"句：簪笏：古代用笏书事，簪笔以备书。臣僚奏事，执笏簪笔。起家簪笏：称由平民被选拔做官。明光宫：《雍录》：汉代明光宫有三，一在甘泉，一在北宫，一为尚书奏事之地。此处指尚书奏事之官殿。《西京杂记》："公孙弘起家徒步为丞相，奏事明光宫。" ⑦ 名重泰山：司马迁《报任安书》："死或重于泰山，或轻于鸿毛。" ⑧ 龙鳞：《韩非子·说难》："(龙)喉下有逆鳞径尺，若人有婴之者，则必杀人，人主亦有逆鳞，说者能无婴人主之逆鳞则几矣。"后世称触人君之怒为批逆鳞。 ⑨ 马相如：即司马相如。《西京杂记》："相如有消渴疾，及悦文君之色，遂以发锢疾。乃作《美人赋》以自刺而终不改。" ⑩ 谏猎：《汉书·司马相如传》："是时天子方好自击熊豕，驰逐野兽，相如因上疏谏。"《昭明文选》载有司马相如《谏猎书》。

唐代大诗人王维有《夷门歌》，赞叹古代一个激动人心的故事：魏公子信陵君礼贤下士，拜访了大梁夷门监侯嬴，后来经侯嬴的介绍，信陵君又结识了市屠朱亥。当秦围赵都邯郸的时候，侯嬴仗义扶危，为信陵君设计窃符救赵，又北向自刎以送公子，表白和信陵君共命运的决心。这首诗成为脍炙人口的名篇。晁冲之借用这个诗题，写诗赠送他的友人秦夷仲，赞颂夷门客至今仍然具有侯嬴的侠义之风，敢于不畏权威，慷慨任气，甘心为义举牺牲，而一般文士，一经起家之后，徒知保存富贵荣禄，唯唯诺诺，对国家大事不置可否，全无犯颜直谏的气节，比起夷门侠义的高风，不知这些人是否感到惭怍？

诗的开头四句，情词慷慨，如迅雷破山、长风卷海，画出一个侠义者——夷门客的形象。他景慕侯嬴，有侯嬴那样胆识和风操；他敢于为友报仇在白昼中杀人于闹市；他轻性命，重义气，京城的长官知名而不敢捕，凭着倚长剑于天外的气概，著名于崆峒之中(崆峒山是华夏祖先黄帝轩辕氏的发祥之地，这里用以指代华夏)。透过这四句诗，可以看出作者对夷门客的深情赞美。接着中间五句"同时结交三数公……起家簪笏明光宫"。作者写另一种人物。在夷门客好侠著义的同时，他还结交了当世的三数人物。平时他们乘着高头大马，联翩过市，恍若至交。一旦其中有人身入明光宫，成为皇家的簪笏显贵之臣，那么从前的宾客故旧，都不能再入其门，只有仰天一笑，忘却了过去的种种。"几马骢"是用东汉桓典的典故。桓典为侍御史，不避权贵，京师畏之，为之语曰："行行且止，避骢马御史。"(见《后汉书·桓典传》)这一句是说"三数公"全是些贪图利禄之辈，一旦作官,即趋炎附势,没有一个桓典式的人物。这些人和夷门客那种始终以真诚待人的精神相比,是多么可鄙啊!

末段四句,作者用对比的手法,以感叹作结。前两句:“男儿名重泰山身如叶,手犯龙鳞心莫慑。”写夷门客的侠义,他们尽管名重泰山,但为了扶危急难,他们敢于把自己的生命,看成像鸿毛一样的轻微,不惜以身蹈义。他们表现了侯嬴那样慷慨义烈的高风,即使手犯龙鳞,内心也毫不畏慑。后两句写当世受知于人主的文学之士,他们明知当时朝廷施政有重大的差错,也不敢犯颜直谏,比起侠义之士,又是多么可耻啊!作者于结句慨叹地说:“一生好色马相如,慷慨直辞犹谏猎。”马相如,就是司马相如,相如虽然是文学侍从之臣,虽然一生爱好美色,但当汉武帝冒险逐兽的时候,他还是敢于以直言谏诤的。而当世身居要职的廊庙之臣,他们竟然连司马相如这点忠介的节操也没有啊!这两句和上文的“几马骢”相应。作者追念侯嬴仗义扶危的高风,想到当今夷门仍然有侠义之客。想到夷门客敢于效法侯嬴的义烈行为而不恤自身的安危,想到国事处于危难的时刻,而平时惯于自命为社稷之臣的那些奸佞,竟然袖手旁观而无片言寸策以补救时艰,想到司马相如那样的文学之士,犹能以“谏猎”匡正汉武帝的过失,不觉慨然。

全诗于高昂雄劲中极顿挫之致。主旨在于激勉友人以夷门侠义之风自励,不加明言,而一扬一抑之间,自见愤世嫉邪的深意。作者也被列入江西宗派,但专学杜诗,故成就殊高,即以此诗而论,风格不类一般宋诗。刘克庄《后村诗话》说:“余读叔用诗,见其意度宏阔,气力宽余,一洗诗人穷饿酸辛之态。”例之此诗,可谓雅鉴。

(马祖熙)

都下追感往昔因成二首　　晁冲之

少年使酒走京华,　　纵步曾游小小家。
看舞《霓裳羽衣曲》,　　听歌《玉树后庭花》。
门侵杨柳垂珠箔,　　窗对樱桃卷碧纱。
坐客半惊随逝水,　　主人星散落天涯。

春风踏月过章华,　　青鸟双邀阿母家。
系马柳低当户叶,　　迎人桃出隔墙花。
鬓深钗暖云侵脸,　　臂薄衫寒玉映纱。
莫作一生惆怅事,　　邻州不在海西涯。

这两首诗的题目,《宋诗纪事》卷三十三作《追往昔二首示江子之》,并引《墨庄漫录》说:"政和间,李师师、崔念月二妓,名著一时,晁叔用(冲之字叔用)每会饮,多召侑席。其后十余年,再来京师,二人尚在,而声名溢于中国。……叔用追往昔,作二诗以示江子之。"这是此诗的写作背景。

第一首诗的前六句是追怀往昔的汴京之游。作者少年时代,是个裘马轻狂的贵公子。"少年豪华自放,挟轻肥游帝京,狎官妓李师师,缠头以千万,酒船歌板,宾从杂沓,声艳一时。"(《宋诗钞·具茨集序》)这段记载,可视为"少年使酒走京华"两句的注脚。"小小"指苏小小,她是南齐钱塘名妓,才倾士类,容华绝世,此诗以苏小小指代李师师。"看舞"、"听歌"两句,是回忆昔日的风月繁华和对名妓歌舞的欣赏。《霓裳羽衣曲》是唐乐,相传为唐明皇所制;《玉树后庭花》是陈后主所造,后主曾令后宫美人习而歌之。诗人想到这些轻歌曼舞来,至今仍觉声犹在耳,舞姿婆娑。紧接着,回忆起名妓李师师居处的豪华和环境的优美:绿柳夹道,门在柳荫深处,门上垂着珠帘绣箔,窗户上卷起碧绿的窗纱,窗口对着樱桃树,红的樱桃与绿的窗纱,色彩对比鲜明,更显出名妓居处的幽雅。但是这些都是十几年以前的事了。最后两句诗,发出眼前的感慨。昔日的风月繁荣如今已风流云散,昔日的座上客已一半不在人间(这句是从杜甫"亲朋半为鬼"句化出),李师师虽在,但文期酒会的主人也已如星之散落,彼此天各一方了。

第二首写法与第一首相仿佛,并且用同一韵,只不过变换了一下字面与典故,首句写春日步月的冶游之乐。章华台在楚,章华门在齐,汴京并无章华台或章华门,这里不过是借用其名喻指京华罢了。青鸟是西王母的使者,见《汉武故事》,以后"青鸟"便成了爱情的使者,这里是写诗人与名妓的欢会。颔联两句,与第一首的颈联相似。颈联两句写名妓装束与体态之美。最后两句是劝慰友人江子之并与友人共勉的话:劝友人不要一生惆怅,我们虽然将要分手了,但彼此所在,不过是相邻州郡,并不是天涯海角,还是后会有期的。

这二首七律在宋代曾传诵一时,或与晁冲之的风流韵事有关。诗人所追怀的是少年豪华自放的狎妓生活,在内容上并无多少可取之处;不过在艺术上却有值得称道之点。吕紫微(本中)把晁冲之放在江西诗派中,但他又认为晁冲之与江西诗派的师承不同。"众人学山谷,叔用独专学杜诗。"(《具茨集序》)从"系马柳低当户叶,迎人桃出隔墙花"一联中,可以看到他在学习杜甫的"香稻啄余鹦鹉粒,碧梧栖老凤凰枝"的句法。"鬓深钗暖云侵脸,臂薄衫寒玉映纱"两句,似从杜诗"香雾云鬟湿,清辉玉臂寒"化出,但他缺乏杜诗的沉郁顿挫,不免入晚唐纤巧一路。不过,这两首诗还是有为人称道的佳句。清人贺裳的《载酒园诗话》评晁冲之的诗说:"'猎回汉苑秋高夜,饮罢秦台雪作天'。'系马柳低当户叶,迎人桃出隔墙花',俱俊气可掬。"

(刘文忠)

僧舍小山三首(其一、其二)　　晁冲之

此老绝萧洒,　　久参曹洞禅。
胸中有丘壑,　　左手取山川。
树小风声细,　　岩深日影圆。
江湖不归客,　　相对一茫然。

爱此聚沙戏,　　知自法王孙。
一运郢斤手,　　都无禹凿痕。
藤梢未挂壁,　　荷叶欲生盆。
笑问山阴道,　　潜通何处村?

第一首的前四句所描写的是坐落在小山上的佛像,从"左手取山川"的写佛家手眼可知。这位佛祖属曹洞禅宗,塑像气度潇洒,他对曹洞禅(禅宗五家之一,此宗第二祖为曹山本寂、第一祖为洞山良价,故名曹洞宗。)下过一番功夫,故曰"久参曹洞禅"。"胸中有丘壑",指其佛学修养很深。"左手取山川"是用佛经典故。《维摩诘所说经·不思议品》说:"又舍利弗住不可思议,解脱菩萨断取三千大千世界,如陶家轮著右掌中,掷过恒沙世界之外,其中众生不觉,不知己之所往,又复还置本处,都不使人有往来想,而此世界本相如故。"此句喻像主手眼之高。"树小风声细,岩深日影圆"两句,转笔写山上及洞中之景,因山小,故用"树小"作衬,树大招风,树小故风吹树木的声音细小,此正是小山之景。"岩"指小山中的岩穴,即山洞,日光通过岩穴,透入洞中,可看到圆圆的光柱,"日影圆"三字,形象逼真,写出了洞中潜通小有天的境界。结尾两句,以情结景,抒写自己的感慨。"江湖不归客"乃诗人自指,诗人因绍圣初年的党祸,遂飘然栖遁于具茨之下,成了江湖隐士,他此时面对曹洞宗的佛像和僧舍小山,不免有相对茫然之感。今后是永远做一个"江湖不归客",还是等待时机继续从政,人生的道路,究竟归宿在何处? 均很难预测,故有茫茫然的感觉。

第二首的前四句,描写僧舍小山上的佛塔,作者不从正面写塔,却借用佛学典故,描写佛塔的来历。"爱此聚沙戏"二句,正用佛典。《法华经·方便品》云:"乃至童子戏,聚沙为佛塔,如是诸人等,皆已成佛道。"后来"聚沙成佛塔",成了

佛家一偈。“法王”为佛之敬称，“法王子”指“菩萨”，即佛弟子。“法王孙”当与“法王子”同义，因这首诗押十三元之“痕”、“盆”、“村”，为了叶韵，故不称“法王子”，而称“法王孙”。这两句诗说：聚沙为塔之戏，来自法王子孙，佛门弟子，这是因目睹佛塔而发，见塔联想到佛典。三四两句，转笔写佛塔建筑技艺高超，巧夺天工，无人工斧凿之痕。“一运郢斤手”句，用“运斤成风”的典故。《庄子·徐无鬼》篇说：“郢人垩慢其鼻端，若蝇翼，使匠石斫之。匠石运斤成风，听而斫之，尽垩而鼻不伤。”故以此典形容技巧入神。“禹凿痕”，即大禹凿山的痕迹，相传大禹为了治水，开过不少山。如山西河津的禹门，相传为禹所凿，故称龙门。山东郯城的禹王台，相传禹治水凿马陵山通沭水而西，筑台于此，以镇水势。此处的“禹凿”，不过借历史传说喻指人工斧凿之痕，“都无禹凿痕”，说明塔的建筑巧夺天工，非人力所能为。唐代诗人岑参《与高适、薛据同登慈恩寺塔》诗，有“突兀压神州，峥嵘如鬼工”之句，所谓“鬼工”，即言非人力所能营造，以形容建筑工程的精巧神奇，与此两句诗的写法相似，所不同者此诗用典，岑参则用夸张的描写而已。“藤梢未挂壁”两句，将佛塔宕开，跌入写景。因藤蔓尚嫩弱短小，所以还未曾挂在墙壁上，池中荷叶田田，荷叶之上的嫩茎，将要生出小的莲蓬，因莲蓬（又叫莲房）其状如盆，故用盆字形容，生动形象，从此二句诗看，当为初夏之景。结尾两句，“山阴道”指山洞，观下句“潜通”二字可知。因山小，山洞不可能太长，本也通不到何处村庄，故诗人用“笑问”二字，故意提出一问，以增加趣味性和幽默感。

这两首诗，凡六次用典，写景方面，偶见佳句，只是所描写的佛像、佛塔，若明若暗，让人颇费琢磨推敲之功。治宋诗者有人说：“唐诗熟，宋诗生；唐诗热，宋诗冷；唐诗放，宋诗敛；唐诗畅，宋诗隔……”当然，这也不是绝对的。但从这两首诗看，我们多少可以领略到宋诗的生、冷、敛、隔。它的用典有些生、冷，感情有点敛，不外放。境界有点隔，如雾里观花，终隔一层。比如第一首的前四句，写的是僧人，还是佛像，需要费些思索。僧舍中的小山是天然的山，还是人工堆砌的假山，为什么不正面写塔，却要玩弄童子聚沙的戏法。“一运郢斤手”两句，是写假山建造的巧夺天工，还是写佛塔，这均需要研究一番才能下结论，甚至还会出现不同的理解，这大概可以看作是宋诗隔与晦的特点吧。

（刘文忠）

次二十一兄季此韵①

晁冲之

忆在长安最少年，②　酒酣到处一欣然。③
猎回汉苑秋高夜，④　饮罢秦台雪作天。⑤
不拟伊优陪殿下，⑥　相随《于蒍》过楼前。⑦

如今白发山城里，　　宴坐观空习断缘。⑧

〔注〕 ① 作者出身济州(治所在今山东济宁)望族，群从极多，仅《宋诗纪事》所录，即有说之、补之、颂之、咏之、载之、贯之、谦之等人。季此，未详其名。 ② 长安：指北宋都城汴京。 ③ "酒酣"句：《墨庄漫录》："政和间，李师师、崔念月二妓，著名一时。晁叔用(冲之字)每会饮多召侑席，缠头以千万，酒船歌板，声艳一时。" ④ 汉苑：指京城附近的苑囿。如汉代有上林苑。 ⑤ 秦台：即秦楼，此处指歌楼。 ⑥ 伊优：即"伊优亚"，小儿刚学话的声音。《汉书·东方朔传》："伊优亚者，辞未定也。"后来省作"伊优"。用以讥讽逢迎谄媚的人，说话没有定见，迎合人意。 ⑦《于芀》：歌名，唐代鲁山令元德秀所作，德秀志行高尚，时人称为元鲁山。《于芀歌》是表明风操、规诫帝王过失的诗篇。 ⑧ "宴坐"句：是说用静坐的方法，追求超乎色相的物我皆忘的空灵境界。《释氏要览》："何者空门？谓观诸法无我我所，诸法从因缘生，无作者受者，是名空。"作者亦有学佛以求超脱之意，所以有"习断缘"之语。

这首七律作于遭逢乱离之后，作者追忆承平时在京城游乐的情事，和当前隐居在山城的情况相比，寄慨今昔，词意悲凉。首联"忆在长安最少年，酒酣到处一欣然"，从回忆着笔，当年他旅居京城，翩翩俊雅，轻财任侠，又在同辈诸人中，最为年少，颇以意气自负，在征歌侑酒之际，不惜一掷千金，风流自赏。"酒酣"一句，正是那时豪迈气概的写照。三四两句紧承前文，具体写"欣然"之事。"猎回汉苑秋高夜，饮罢秦台雪作天。"前句表明当年的秋天，常常在京城附近的苑囿打猎，回来的时候已是霜华满地的高秋夜晚。后句写有时纵饮歌楼之后，不觉外面已经素雪纷飞，变成琼瑶世界。这两句从田猎宴游中，写自己少年时期的意气，不同一般。

五六两句，写傲然自负之情。"不拟伊优陪殿下，相随《于芀》过楼前。""不拟"句，表示自己不甘心无所可否，伊优学语，追陪殿下，去迎合权贵们的意旨。"相随"句，写自己只愿和几辈知交相随，歌唱元德秀高士《于芀》诗，经过市楼之前，表白有志弥补时艰的心意。这两句写自己虽然爱好游乐，但操守刚贞，并非"同俗苟且"之徒。以上六句，全是忆旧，但层次鲜明，把自己的风度、性格、志向，活生生地展示出来，使人想见其为人。最后二句写当前，也是写诗的主旨。"如今"一句，陡然转折，表明今朝"白发山城里"之我，正是当年长安城中的翩翩年少。时事多乖，人已垂老，往昔拓落高迈的豪气，也消磨殆尽。在这里，作者且不作"断尽西风烈士肠"那样暮年的感叹，只以"宴坐观空习断缘"的淡语作结，表达内心深处的悲哀之情。"宴坐"，是静坐，"观空"，是佛家追求物我皆空的境界的方法。作者并未能割断尘世的情缘，相反，他是一位富于热情的人物。少年时代，就已经在软红尘中，显露铮铮的傲骨，老来也没有忘却国家的命运和自己的遭际。所以结句只写"习断缘"，用"习"字点睛，以示情缘未断，只能用佛家教义警示自己,以求习得断缘而已。作者此时内心寂寞空虚,所谓前缘如梦,往事如烟,梦似断而未断,烟似散而未消,所以结语虽淡,倒是极度凄哀之笔。这样作结,遂使往日的欢欣,以及自负之情,自任之气,都成为今朝悲凉的来源。

刘克庄《后村诗话》说:"'不拟伊优陪殿下,相随《于芀》过楼前',于乱离中追溯承平事,未有悲哀警策于此句者。"可谓知音之言。在读者或无此种心情上的感受,在作者却是从大半生中猛然回首所得的震撼心灵的话语。后村所谓"悲哀警策",正是着眼在此。

(马祖熙)

春日二首 晁冲之

男儿更老气如虹, 短鬓何嫌似断蓬。
欲问桃花借颜色, 未甘着笑向春风。

阴阴溪曲绿交加, 小雨翻萍上浅沙。
鹅鸭不知春去尽, 争随流水趁桃花。

这二首诗是诗人晚年的作品。他少年时代曾是一位豪华自放的贵公子,如今年老了,人生的春天过去了,但却遇上桃李春风、鸟语花香的春日,以人生的秋天面对妍丽的春光,诗人有什么感想呢?第一首诗抒写的就是这种感情。

从首句的"男儿更老气如虹"看,诗人倒不服老,有老当益壮、气吞长虹的英雄之气,至于鬓毛衰落、首如飞蓬的龙钟老态,诗人并不介意,不以老为嫌。虽然如此,但人老了,脸上的红晕失去了,怎么办呢?向桃花借点红色吧,但又不肯向着春风赔笑脸,去乞求大自然恩赐给自己桃花的红晕。

第二首诗,整首描写春景的小镜头。草木阴阴,夹溪而生,小溪曲曲折折,水之绿与花草之绿交加辉映,这是一幅优美的图画。"小雨翻萍上浅沙"句,写景工巧细密,静中有动。蒙蒙细雨打在水中的浮萍上,浮萍翻出细嫩的小叶,叶上黏着了一层细碎的水珠,看上去好像涂上一层细细的沙粒,这是非常精细的特写镜头。第三句一转,描写小溪中的鹅鸭不知春天将要逝去,争先恐后,在溪中游来游去,追逐着落在水中的桃花。从鹅鸭逐春的描写中,流露出淡淡的惜春感情。

这二首绝句,清新隽永,写景如画,含思婉转,第一首颇有自我解嘲的风趣,活泼幽默。第二首写景逼真传神,画面感很强,生活气息浓厚。"小雨翻萍"一句，表现出作者对景物观察十分细致。四句诗构成一幅完整的图画，小溪阴阴、细雨翻萍、鹅鸭戏水，形象都很鲜明，历历如在目前，令人感到趣味澄鲜，余韵不尽。

（刘文忠）

【作者小传】

李　彭

生卒年不详。字商老，南康军建昌（治今江西永修）人。公择从孙。精释典，称"佛门诗史"。诗属江西派。有《日涉园集》。

春日怀秦髯　　李　彭

山雨萧萧作快晴，　郊园物物近清明。
花如解语迎人笑，　草不知名随意生。
晚节渐于春事懒，　病躯却怕酒壶倾。
睡余苦忆旧交友，　应在日边听流莺。

这是一首出色的怀念友人的诗歌。诗人以曲折起伏的笔致，咏歌真诚的友谊在生活中的崇高地位。

"山雨萧萧作快晴，郊园物物近清明。"时值清明，雨后放晴，不仅写出了春天气候的倏忽多变，而且从春天轻柔的雨声中，写出了盎然春意。这两句先写雨，再点明时序，曲折有致，波澜顿生。如果两句位置互换，那就语气平直，一览无余了。

"花如解语迎人笑，草不知名随意生。"次联上承首联，把盎然春意具体刻画出来了。诗人采用拟人法，既写出一派明媚景象、蓬勃生机；又写出人们的欢愉心情。但不可轻轻放过"花如解语"这四个字。这不是俗草闲花，而是流光溢彩的天香国色。五代王仁裕在《开元天宝遗事》一书中记载："明皇秋八月，太液池有千叶白莲数枝盛开。帝与贵戚宴赏焉，左右皆叹羡久之。帝指贵妃，示于左右曰：'争如我解语花？'"诗人活用此典，从借指人化为实指花，创造出新的意境。无边春草，新绿欲滴，照眼春卉，撩人欲醉，春天气息是何等浓郁。然而诗人之意并不在此。这只是为下文作一反衬。

"晚节渐于春事懒，病躯却怕酒壶倾。"诗歌到此出现一大转折。尽管春天是如此妩媚动人，尽管人们为春天的到来而心境欢忭，但诗人却年事渐高，游兴阑珊,所以说"晚节渐于春事懒"。这句是从杜甫"晚节渐于诗律细"句变化而出。文人墨客,总是好赏花,喜饮酒。赏花既已无意,饮酒又为病体所禁。"却怕"二字,既是对病体的客观描述,又带无心饮酒的主观情感。心情的抑郁、颓唐,已得到具体说明。所以前面对春事越夸张、越强调,在这里就越突出心情的落寞、消沉,两者形成强烈对比。然而诗人眼前还不是一片灰色,他对人生还有着执著的企望、追求。这就是友谊。

"睡余苦忆旧交友,应在日边听晓莺。"百事不乐,只思念友人,不是"长忆"而是"苦忆",用字分量极重,表现了友情之深。"日边",是个常用典故,指天子近旁或国都,表明所苦忆友人秦髯是在京都。但此语与晓莺安排在一起,除了原来涵义外,又使人联想到日丽莺啭,既切合诗题"春日",又构成明丽形象,意境大为丰富。一扫颈联的抑郁,给全诗带来了一抹亮色。

诗人极写春色的美好,用来反衬自己心情之苦闷,又以心情之苦闷来反衬对友情的执著。两次反衬,突出了友谊的弥足珍贵,这就是诗人在结构安排上别具的匠心。

南宋诗人吕本中把李彭划入江西诗派,称颂他"诗文富赡宏博,非后生容易可到。"此诗中两次用典很能说明问题。但还须补充一点,就是不仅精于用典,而且善于变化,创造新的意境,使诗歌语言寓警奇于平淡,是此诗的显著特点,这是江西诗派在形式上追求"化熟为生"、"点铁成金"的具体体现。 (何丹尼)

【作者小传】

张 耒

(1054—1114) 字文潜,号柯山,楚州淮阴(今江苏淮安市)人。熙宁进士。曾任太常少卿等职。少以文章受知于苏轼兄弟。与黄庭坚、秦观、晁补之并称"苏门四学士"。亦能词。有《张右史文集》。

感春十三首(其一、其八)

张 耒

春郊草木明, 秀色如可揽。
雨余尘埃少, 信马不知远。
黄乱高柳轻, 绿铺新麦短。
南山逼人来, 涨洛清漫漫。

人家寒食近，　桃李暖将绽。
年丰妇子乐，　日出牛羊散。
携酒莫辞贫，　东风花欲烂。

浮云起南山，　冉冉朝复雨。
苍鸠鸣竹间，　两两自相语。
老农城中归，　沽酒饮其妇。
共言今年麦，　新绿已映土；
去年一尺雪，　新泽至已屡；
丰年坐可待，　春服行欲补。

张耒“有雄才，笔力绝健”，因苏辙的赏识而受苏轼“深知”（《宋史》本传），是“苏门”中最关怀人民生活的诗人。五古《感春》便是这方面的代表作。

《感春》共十三首，却非同时之作。这两首是张耒早年任寿安(在今河南宜阳县境)县尉时所写。两诗描写的，正是北方乡村春天“农事霭方布”的生活图景。前首写雨后信马游春时看到的郊野秀色，很像一幅自然景物速写，人只是其中的点缀。“草木明”、“尘埃少”，高柳“黄乱”，新麦“绿铺”，“南山”迎面，清“洛”初“涨”，北方原野上万物欣荣的盎然春意，引起诗人极大兴趣。雨后新晴，节近“寒食”，桃李的蓓蕾被暖烘烘的太阳熏得快绽苞了。村落里丁男妇女为丰年在望而分外喜悦，红日初升就把牛羊散放在牧场上。虽然手边不宽裕，人们还是利用劳动余暇入城“携酒”回来，与妻子同乐。树头开遍繁花的明烂春光如不及时欣赏，将会被东风带往天涯。后首基本上是前首“年丰妇子乐”，“携酒莫辞贫”二句的延伸和放大。它以洗练的笔触，塑造了一位老农城中沽酒归来，同老伴对饮共话的情态，很像一幅农家生活素描，人在其中居于主要位置。云起南山，晨雨冉冉，苍鸠两两，相语竹间，这便是画中人所处的自然环境。时晴时雨的天气，对作物生长很有好处。而苍鸠两两相语，和老农夫妇的斟酒“共言”，则起了烘托作用。这是借人们习用的鸣鸠唤妇的俗语起兴。老农夫妇的对话流露出丰收可望的愉快心情：去年下一尺深的雪，今春又屡降新雨，劳动没有白费，嫩绿的麦苗已在冒尖。看来丰年已可坐待，春衣快要补缝了。此诗以对话作为全篇重点，着墨不多，而形象丰满。

《感春》两首是诗人对北方农村春天的热情赞歌。雨水调匀，丰年在望，给农民带来了改善生活的实惠，通过诗人的主观感受，人们似乎呼吸着春天的气息，预享着丰收的快乐。老农夫妇祝愿丰收，入城沽酒，同乐共话的情景，表明他们对生活的热爱。作者生动具体地传达出农民这种感情，正是他关怀人民生活的表现。

“学文”、“急于明理”，这是张耒关于文学的基本观点之一。从这个观点出发，他认为写诗主要在于“理达”，不“以言语句读为奇。”(《答李推官书》)他晚年“益务平淡，效白居易体。”(《宋史》)这两首《感春》正体现了这一特色。作者所说的“理”，接近于现在所说的主题与思想倾向，所说的“达”，接近于现在所说的要尽可能地把二者表现出来。否则就是单纯追求“言语句读”的“奇”，是舍本逐末，不能算“理达”。以此诗而论，诗人运用多种艺术手法，作为他“寓理”的手段，诗人的真情实感，自然就从行间流露出来。在评论宋诗时，人们总爱把“理”与“情”对立起来，好像宋诗主理就不述情，这是一种误解。张耒这两首《感春》，是他“以理为主”的诗歌理论的具体实践，可是通首却看不出专言理的诗句，这很有助于破除上述偏见。

《感春》两首以不同的艺术结构和表现手法抒写对春天的感受，各有侧重，甚具匠心。第一首有作者出场，带有浓厚的主观抒情成分。第二首则以客观描写为主。两诗在人和自然的处理上颇有差异。第一首自然景物占主要位置，第二首则相反。在内容上既相连续，又相区别，或全面铺写，或个别集中，颇见错综之妙。在语言艺术上，尤能显示“平淡”之美。像“秀色如可揽”，“雨余尘埃少”，“南山逼人来”，“桃李暖将绽”，“苍鸠鸣竹间，两两自相语”等，毫不着意，却自然生动。张耒曾有“对偶”“格最污下”(《与友人论文，因以诗投之》)的主张。两诗虽以散行为主，却也间用对句，如“黄乱高柳轻，绿铺新麦短”、“年丰妇子乐，日出牛羊散”、“丰年坐可待，春服行欲补”。而黄、乱、高、轻、绿、铺、新、短，刻画柳、麦的生态，很有锤炼之功。“新绿已映土”，“新泽至已屡”，同“绿铺新麦短”，“雨余尘埃少”，不避重复，是为了收相得益彰之效。 (陶道恕)

劳 歌

张耒

暑天三月元无雨， 云头不合惟飞土。
深堂无人午睡余， 欲动身先汗如雨。
忽怜长街负重民， 筋骸长彀十石弩。
半衲遮背是生涯， 以力受金饱儿女。
人家牛马系高木， 惟恐牛驱犯炎酷。

天工作民良久艰，　　谁知不如牛马福。

张耒出身贫寒，从政后又一直沉沦下僚，对广大人民的穷苦生活有所体察和了解，在苏门四学士中，他是最关怀民生疾苦的。这首《劳歌》是他的“古乐府歌词”之一。它以朴素明快的语言，通过对“负重民”劳动神态的刻画，从一个侧面反映了劳动人民的悲惨命运。

诗的开头四句刻意渲染暑天之热。一二两句写天气：说“云头不合”，则可见烈日当空；说“惟飞土”，既呼应了上句“三月元无雨”，又强调了气候炎热干燥，尘土飞扬。三四两句写自己：盛夏赫赫，骄阳似火，深堂高卧，想动身而未动身，就汗如雨下，这表明炎热已到了难以忍受的程度。这四句对“热”尽情渲染，为后面写“负重民”劳动的艰辛，作了有力的铺垫。

“忽怜长街负重民”，下一“忽”字，笔锋陡然一转，结上开下，中间四句进入对“负重民”的正面描写。诗人由己及人，对于苦力的劳动强度，生活境况，不发抽象议论，也不作全面介绍，而是巧妙地通过两个典型细节的刻画，把“怜”的感情交织进去，含蓄地表现出来，去打动读者的心灵，这种手法是很高明的。“筋骸长彀十石弩”，一个青筋暴出，骨瘦如柴，身负重物，移步艰难的苦力形象，令人心碎。这一细腻描绘，不仅具有强烈的真实感，而且逼真地点明物体之重已远超过人所能承受的限度。“以力受金饱儿女”，苦力的区区报酬得来多么不易，其中渗透着多少血和汗！这就深化了主题。“半衲遮背是生涯”一句，使文意层层逼进。烈日曝晒，“负重民”尽管衣不蔽体，却全然不顾。因为他们已被剥削得一无所有，除出卖苦力外别无“饱儿女”之法。“负重民”是家中直接挣钱者，从事的又是如此费力的劳动，尚且是“半衲遮背”，那么完全可以推断，所谓“饱儿女”，充其量也只不过勉强活命而已。这两个典型细节的刻画，不仅逼真感人，使文势跌宕，而且含意深长。它启发人们去思索，是谁把“负重民”推向了苦难的深渊。至此，不能不惊叹作者观察的深刻，剪裁的精当。

最后四句，变换韵脚，笔锋一转，向更深的意境开掘，以人与畜相比。牛马都有人爱护，拴在树下乘凉，唯恐其“犯炎酷”，而“负重民”如此艰辛，却无人怜惜，真是人不如牛马。这样的强烈对比，更可看出“负重民”是生活在人间地狱，更能激起读者的深切同情。此外，作者有意换了入声韵，更令读者感到，这是“凄厉噍杀”之音。

这首诗所以具有强烈的艺术感染力，首先是因为诗人对劳动者有很深的感情，其次是因为成功地运用了多种描写技巧，刻意经营，发挥了艺术独创性。

（冯海荣）

有　感　　　　　　　　张　耒

群儿鞭笞学官府，　　翁怜痴儿傍笑侮。
翁出坐曹鞭复呵，　　贤于群儿能几何？
儿曹相鞭以为戏，　　翁怒鞭人血满地。
等为戏剧谁后先？　　我笑谓翁儿更贤。

这是一首饶有趣味的讽刺诗，是讽刺官僚作威作福、虐害人民的。

游戏起于对现实生活的模仿，从某种意义上来说，儿童的游戏可以反照出现实社会的影子。“群儿鞭笞学官府”，官府有所行，以至于为群儿普遍仿效，这本身即构成对官府的一种绝妙的讽刺。难怪诗人起笔即感于斯，发于斯，成为全篇立意之所在。然而，一般性的讽刺毕竟缺乏深度和力量，文学作品总是以个别反映一般，以具体反映抽象。于是，接下来诗人轻轻拈出一“翁”字。“翁”者何许人？出场时作者姑且隐去。“翁怜痴儿傍笑侮”，此翁虽不理解儿童游戏的心理，然忠厚长者之态可掬。往下看，读者才恍然，原来笑儿童游戏为“痴”者，竟是儿童游戏模仿的对象，即“坐曹鞭复呵”的富翁自己，真是绝妙的自我嘲讽。翁之前后两副面目的鲜明比照，构成全诗又一层戏剧性的讽刺。用人物自己的手摘下人物自己的假面具，这就是讽刺的真正力量。接着，诗人提出一个饶有趣味的问题：翁“贤于群儿能几何”？翁与儿孰贤，问题的提出本身就是对翁的极大讽刺，可见诗人特地拈出官府一“翁”的用心的良苦。随着问题的提出，五六句便以“儿曹相鞭”与“翁怒鞭人”两相比照，构成又一层戏剧性的讽刺。“儿曹相鞭”，不过逗乐为戏，天真无邪；“翁怒鞭人”，则是以人命为儿戏。“等为戏剧”，却又如此不同。那么，谁该受到指责？至此，诗人才忍俊不禁，以一评判者的身份就势下一断语：“我笑谓翁儿更贤。”一个“笑”字，于轻快的语调中尽挖苦讽刺之能事，应前翁之笑儿，更觉趣味无穷，笑人者终为人所讥笑，官翁有脸，不知当置于何处。

中国的讽刺诗，用浅显平易的语言，去表现重大的政治内容，至白居易始成大观。张耒的诗歌创作，大体也走着这样的道路。《四库全书总目提要》说张耒“诗务平淡，效白居易”，当是不错的。《有感》一诗便可代表其基本风格。有趣的是，白居易集有《观儿戏》一诗，虽立意与本诗不同，但构思的前后相循之迹则是可寻的。但比起白居易的讽喻诗来，《有感》自有其特色。白诗“刺”味有余，而“讽”味不足，《有感》则熔嬉笑怒骂、冷嘲热讽于一炉，既严肃尖锐，又幽默风趣，显示出卓越的讽刺艺术才能，可说是对白居易讽刺诗艺术的新发展。

（张金海）

春日书事　　张　耒

虫飞丝堕两悠扬，　人意迟迟日共长。
春草满庭门寂寂，　数棂窗日挂空堂。

这是一首描写春日景物的小诗，题目叫《春日书事》，但所书之事不外是春天的小景物。王国维《人间词话》说："一切景语皆情语"，此诗景中含情，从这个意义上说，"书事"含有"抒怀"的成分，从诗中摄取的小事细景中，可以体会到作者春日闲居的寂寞与孤独。

春日的景物多是动人的，但诗人不去描写春天的美景，却首先拈出"虫飞丝堕两悠扬"一景，真有点大煞风景。蛛网坠落了，当然不会捕捉到虫子，"虫飞丝堕"暗寓万事落空，心灰意冷。"悠扬"，含有飞动的意思，形容虫飞和丝堕之后的飘荡之状。"人意迟迟日共长"句，显示出主人公的无聊与厌倦。"共"字，兼春日与人意两者而言，故言"共长"。"迟迟"本指日长而暖，语出《诗经·七月》："春日迟迟。"大凡人在无聊的时候，就会感到日永夜长，甚至有度日如年的感觉。这句诗突出感觉上的日长，来表现主人公的心绪不佳。"春草满庭门寂寂"是春日荒寞之景，春草长满了庭院，但门内却是静悄悄的，说明人迹很少。"数棂窗日挂空堂"句，承上句而来，因门内寂寂无人，春日和煦的阳光，只能透过窗棂，投射在空堂上。一个"空"字，见得堂内是空旷的，与上句的"寂寂"二字相呼应。一个"挂"字，把日光映在堂上的形象描绘得很逼真，有立体感。

此诗称得上"思与境偕"(《诗式》)，主人公的感情，诗的气氛与景物描写和谐一致。诗人专门捕捉索寞、萧疏、枯寂的景物来构造诗歌的形象，给自然景物罩上一层暗淡的色调。作者以不愉快的感情来选择景物，又化景物为情思，使景物染上主人公主观的感情色彩。又加诗中的景物多是静态的，这就更衬托出主人公的寂寞与孤独。

（刘文忠）

夏日三首(其一)　　张　耒

长夏村墟风日清，　檐牙燕雀已生成。
蝶衣晒粉花枝舞，　蛛网添丝屋角晴。
落落疏帘邀月影，　嘈嘈虚枕纳溪声。
久判两鬓如霜雪，　直欲樵渔过此生。

此诗是张耒罢官闲居乡里之作。首句写对农村夏日的总印象。炎夏令人烦躁，难得有清爽的环境，而农村对于城市和官场来说，正具有“清”的特点。清，内涵可以是多方面的，清静、清幽、清和、清凉、清闲，等等，都不妨谓之清。因此，循“清”字往下看，诗所写的种种景象都体现了环境的清和心境的清。如次句“檐牙燕雀已生成”，春去夏来，幼雀雏燕整天在房檐前飞舞鸣叫，似乎近于闹，但禽鸟之能嬉闹于屋前，正由于农村环境清幽而无尘嚣。至于颔联写蝴蝶晒粉于花间，蜘蛛因天晴添丝于屋角，则更显得幽静之极。当诗人注目于这些光景物态的时候，自然不觉夏日的炎蒸烦躁，而会有一种清和之感。以上是写昼日消夏时娱目赏心之景。颈联写夜晚。帘是“疏帘”，枕是“虚枕”，环境之清虚寂静可见。月透疏帘而入，仿佛邀来婆娑的月影；溪声传至耳边，似被奇妙地纳入枕函之中。“邀”、“纳”两字，把月影写成有情之物，把溪声写成似可装纳起来的实体，透露出诗人对于月影、溪声的欣赏。这种月影、溪声本已带清凉之感，而诗人又是于枕上感受到这一切，则心境之清，更不言而喻。到此，成功地写出一片清幽的环境和清闲的心境，于是末两句成为水到渠成之笔：自己久甘庸碌，已经两鬓如霜，而农村环境又如此宜人，遂率性想在村野中过此一生。诗人吟哦之间虽不免微有所慨，但对农村夏日舒适愉悦之感，还是居主导地位的。

吴之振《宋诗钞》说，张耒诗效白居易，“近体工警不及白，而蕴藉闲远，别有神韵”。这首诗写农村夏日之清，诗境已臻于蕴藉闲远。虽没有十分工警的词句，但仍然耐读。

（余恕诚）

赴官寿安泛汴

张 耒

西来秋兴日萧条，　昨夜新霜缉缊袍。
开遍菊花残蕊尽，　落余寒水旧痕高。
萧萧官树皆黄叶，　处处村旗有浊醪。
老补一官西入洛，　幸闻山水颇风骚。

这是张耒赴洛阳府就任寿安县尉，途经汴河之作。首句“秋兴萧条”给全篇定下了基调，诗人抚念身世，纵目秋景，有一种萧条冷落之感。秋，本来就是冷生的，而昨夜新霜初降，又陡增了一层寒意。在这霜秋里，菊花已经开罢，连残蕊都已凋零；河床水浅，露出夏日水盛时的高高旧痕。官道两旁，树叶全黄，酒旗格外显眼，处处可见……诗人欣赏着汴河两边的景色，尽管有萧条之感，但萧条中那残菊、黄叶、水痕、酒旗，却又似乎带着诗意。这与诗人矛盾复杂的心情正好合拍，使他得到一种精神慰藉。“老补一官西入洛，幸闻山水颇风骚”，年龄老大，去就任低级官吏,不免有些扫兴,但此去是在洛阳附近,听说那里的山水颇富诗意。诗人目望神驰,从眼前的山水景色想开去,则又有一种向往中的快慰。

诗首尾两联抒写赴官寿安途中的情怀,中间两联写泛汴所见之景。情和景之间的有机配合和联系,对这首诗至关重要。本篇中间两联写景的作用,在于把秋兴萧条的情怀,通过客观景物加以外化,同时在物我交融中,作者又感受和捕捉到一种诗意,由实引向虚,由眼前引向未来,完成了向末联的过渡。如果说首联是破题,中间两联则是用写景接应了破题,并且做到了“抱而不脱,相接相避”。最后引出了富于遐想的末联。结构颇为完整。

作者写这首诗时年岁并不大,但诗中自称“老”,且境象萧疏,情感显得收敛寂寥,这反映出他去就任寿安县尉,并不满意。他所写的行役初霜的情景,很容易使人联想到唐代诗人李颀的《送魏万之京》:“朝闻游子唱离歌,昨夜微霜初渡河……莫见长安行乐处,空令岁月易蹉跎。”两首诗有类似之处,但一是对未来充满希望,一则是希冀有好山水供其消磨岁月,情调却有不同。　（余恕诚）

海州道中二首　　张　耒

孤舟夜行秋水广，　秋风满帆不摇桨。
荒田寂寂无人声，　水边跳鱼翻水响。
河边守罾茅作屋，①　罾头月明入夜宿。
船中客觉天未明，　谁家鞭牛登陇声。

秋野苍苍秋日黄，　黄蒿满田苍耳长。
草虫咿咿鸣复咽，　一秋雨多水满辙。
渡头鸣舂村径斜，　悠悠小蝶飞豆花。
逃屋无人草满家，　累累秋蔓悬寒瓜。

〔注〕 ① 罾(zēng):渔网。

这两首诗,形式似律诗而实为古体,勾勒了北宋后期苏北近海地区农村的画面。第一首写广阔的河水载着一叶孤舟,秋风满帆,诗人于夜航中谛听环视,欣赏着一路风光。第二首,续写第二天所见,景物与夜间的静谧优美有所不同,显得比较萧疏。

诗只是随笔写舟行所见,似未曾在文字上经意着力,但读起来却仿佛随着诗人亲历了那片天地。那静静的苏北农村的夜晚,鱼翻水响,罾头月明,以及白天寒虫咿咿、小蝶飞于豆花间的秋野景象，都鲜明地出现在诗人笔下。

张耒在诗文创作方面崇尚自然而无意求工。但从总体来看，像这样似未经锤炼却能清晰地再现一片天地的作品也不是容易写出的。两首诗开头四字“孤舟夜行”和“秋野苍苍”，都能用极简炼的文字领起全篇。写夜行，诗人比较注意表现听觉方面的感受，船不摇桨，周围静寂，才有鱼跳，也才能听得水响。由鱼跳连带写到守罾的茅屋和罾头明月，但结尾天未明而听到鞭牛声，仍归于听觉。下一首写秋野则着重表现视觉感受，由于田荒，遂多草虫鸣叫，而秋雨多，水满辙，则又助长了荒草的滋生，故有种种荒凉景象。两诗开头便能见出分工和侧重，并且紧紧围绕中心线索展开，能够在意境上给人留下鲜明完整的印象。两诗的结尾：“船中客觉天未明，谁家鞭牛登陇声”、“逃屋无人草满家，累累秋蔓悬寒瓜”，又能与开头相关联，并带有较深的含意。使人感到作者对一路景色和人民生活非常注意观察，感受深切，并非泛泛之辞。

二诗一写农家的辛劳，一写田地荒芜和农户的逃亡。辛勤之极而仍不免于逃亡，上下章联系起来更可以想见当时农村经济的衰败。不过诗虽有这样的意思，却又不同于白居易新乐府那种“一吟悲一事”，把笔墨集中在一点上。这两首诗是舟行纪实之作，围绕舟行多方面地再现道中所见情景，并不是处心要将“生民病”集中放大，单纯突出这一方面。张耒大概是要把对农村的诗意的美的感受和它的萧条荒废一同写出。而由于诗所写的环境偏于静寂，色彩偏于幽冷，诗的语言又很朴实，给人更多的是萧条荒凉的感受。 （余恕诚）

秋日登海州乘槎亭 张 耒

海上西风八月凉， 乘槎亭外水茫茫。
人家日暖樵渔乐， 山路秋晴松柏香。
隔水飞来鸿阵阔， 趁潮归去橹声忙。
蓬莱方丈知何处？ 烟浪参差在夕阳。

海州旧治在今江苏连云港海州区。乘槎亭得名于八月海客乘槎的古代传说（见张华《博物志》）。哲宗绍圣（1094—1098）初年，张耒知润州（治所在今江苏镇江），这是他秋登海州乘槎亭之作。

海州濒临黄海，靠近连云港。诗人登高览胜，海上八月，西风送凉，乘槎亭外，波涛万顷。首联写了茫茫黄海奔来眼底的壮阔景象。

海州是江北著名水乡，劳动人民下水捕鱼，上山采樵，颇能自得其乐。秋晴日暖，山路迂徐，松柏生香，别是一番佳境。次联所写是城外人家、山间小路的缩影。

三联是全诗的警句。诗人的视野由远天的雁群转向近海的浮舟。隔水飞来的“鸿阵”，在广阔的长空不断变换队形；趁潮归去的健儿，“橹声”频传，更见出和风涛搏斗时的急迫情状。如果给长空、雁阵、海潮、舟子一一着上颜色，这幅天水相接渔舟星罗的水彩画，很能引人入胜。

末联照应第二句，引出诗人的想象：那一望无涯的海上，不知“蓬莱”仙岛究在何处？也许就在夕阳尽处，“烟浪参差”的地角。

这是一首登山观海的诗篇。全诗节奏，随诗人登乘槎亭的主观感受为起伏，忽上忽下，时远时近，给人以天空海阔的印象。诗人立足亭中，放眼海上，对于面前的人家樵渔、山路松柏，虽然表示欣赏，却并不感到满足。对广阔的鸿阵、趁潮的橹声，虽有较大的兴趣，但更为向往的却是烟浪参差、夕阳尽处的海上三山。

苏轼曾经称赞张耒的作品“汪洋冲澹，有一唱三叹之声”。此诗也许体现了这一特点。“舒为沦涟，鼓为波涛，激之为风飙，怒之为雷霆。”（《答李推官书》）这是张耒形容作者充沛的思想感情在文学创作中喷薄而出时所说的名言，也可以用来形容这首诗。如果说此诗的人家樵渔，山路松柏，可以比作“沦涟”，隔水鸿阵，趁潮橹声，就可以比作“波涛”，而茫茫海水，参差烟浪，便近似“风飙”和“雷霆”。

张耒在绍圣以后，屡坐党籍贬谪，同苏轼有相似的命运。他早年便怀政治理想，却未能实现。“汉庭卿相皆豪杰，不遇何妨白首郎。”（《夏日二首》）这可算是他的内心独白。从这首景物诗中，我们看到：他要乘槎浮海，直上蓬莱三山，便在某种意义上体现了他的政治抱负。虽然这理想未能实现，但此诗还是具有开拓眼界心胸的鼓舞人的力量。

就艺术表现说，首尾两联，固然是由乘槎亭的得名而引起的，但登亭毕竟是外因，它通过内因——诗人的主观思想感情，才产生了这两联诗句，而其中恰好寄托着诗人的理想。但此诗一、四两联，却一向被人忽视，倒是二、三两联因写景成功而受读者注目。作者确是一个工于描写山光水色，而且最喜欢晴天的诗人。写于同一时期的“鸟飞山静晴秋日，水阔人闲熟稻天”。（《将至海州明山有作》）“溪声夜涨寒通枕，山色朝晴翠染衣。”（《屋东》）同此诗第二联的“日暖”、“秋晴”，绝不是雷同，而是诗人生活爱好的表现。上引两诗也写到山和水，但不及此诗写山写海的气象宏阔，可见要达到此诗的艺术高度，很不容易。　（陶道恕）

和周廉彦　　张 耒

天光不动晚云垂，　芳草初长衬马蹄。
新月已生飞鸟外，　落霞更在夕阳西。
花开有客时携酒，　门冷无车出畏泥。
修禊洛滨期一醉，①　天津春浪绿浮堤。

〔注〕 ① 修禊：阴历三月上旬巳日(魏以后始固定为三月三日)，人们结伴嬉游水畔，以消除不祥。这种古代习俗称修禊。

这首七律是和人之作，描摹芳郊暮色之美，抒写携酒踏春之乐。天津桥跨洛阳洛河上，风光优美，唐朝以来，便是著名胜地，"津桥东北斗亭西，到此令人诗思迷。"从白居易的诗句，可想见这一带景物迷人的程度。

"苏门六君子，文潜(张耒字)尤可喜，其七言律多秀句"(贺裳《载酒园诗话》)。张耒的诗，学白香山之畅，得苏东坡之豪，自成舒坦俊发的诗格。《和周廉彦》这首七律，可以代表他的成就。这首诗的写景状物，避免了单调、孤立的静态描写，成功地采用了衬托笔法，明快地传达出生活的美感。他以"晚云垂"映衬"天光不动"，以"芳草初长"烘托马蹄轻快(这句近似白居易写西湖早春的名句"浅草才能没马蹄"，但略有变动，点明季节已到清明时节了)；特别是"新月已生飞鸟外，落霞更在夕阳西"两句，更是在衬托的运用上妙笔翻新，取得了特异的效果。

诗中写景，取两种自然物相衬托以构成画面，多数是以大托小，大者作为小者的背景。如李白的《望天门山》："两岸青山相对出，孤帆一片日边来"；黄庭坚的《达观台诗》："不知眼界阔多少，白鸟去尽青天回"，都是以移动着的白帆、飞动着的白鸟为较小的局部，衬托在白日青天这样的大背景上，益显其动感。另一种方法是以小衬大，让大事物坐落在小事物的某一方位上。如岑参的《宿东溪怀王屋李隐者》："天坛飞鸟边。"这种写法就是钱锺书《宋诗选注》中所指出的："把一件小事物作为大事物的坐标，一反通常以大者为主而小者为客的说法。"这在宋诗中有不少例子，如梅尧臣的《依韵和原甫月夜独酌》："北斗柄高天渐转"，仿佛是北斗不动，有如轴心，整个天宇在环绕着七星斗柄而徐徐转动。张耒的"新月"、"落霞"一联，显然也来自梅尧臣《中秋新霁，壕水初满，自城东偶泛舟回》诗中"夕阳鸟外落，新月树端生"，但脱胎换骨，改造得更加明丽圆转。它的好处不仅在新月、落霞、夕阳、飞鸟四美俱陈，汇成美妙的晚景，而且这几种互相衬托的大小景物，全都在动态中浮沉变幻，色相无穷；归飞的孤鸟那边，新月流辉；下沉的夕阳西畔，落霞散绮。这样绚烂的景色，流动的笔意，若誉为“自然奇逸，非他人所及”（《童蒙诗训·张文潜诗》），该是当之无愧的。但张耒的诗每有秀句孤拔而通篇不称之累，“新月”、“落霞”再接下去，“花开”、“门冷”一联，读来便觉得浅露无味，不如上联的气韵自然生动。这就不免令人遗憾。（吴　锦）

初见嵩山　　张　耒

年来鞍马困尘埃，　赖有青山豁我怀。
日暮北风吹雨去，　数峰清瘦出云来。

这是一首写嵩山的诗，写法很别致。诗人所见的对象——嵩山直到末句才出面。“数峰清瘦出云来”，无疑是此诗最精彩的一句，但如把这一句提前，让嵩山一开始就露面，诗的意味不免索然。现在诗的首二句不是写嵩山，而是从作者宦游失意写起，“年来鞍马困尘埃，赖有青山豁我怀”，让人想到作者奔走风尘，在困顿和疲惫中，全赖青山使他的情怀有时能得到短暂的开豁。这样，青山便在未露面之前先给了人一种亲切感，引起人们想见一见的愿望。在读者产生这种心理后，照说青山该出面了。但第三句“日暮北风吹雨去”，仿佛又在期待中为人拉开一道帷幕，直到第四句五岳之一的嵩山才从云层中耸现出来。由于有前面的重重笔墨给它做了渲染准备，嵩山的出现便特别引人注目，能够把人的兴味调动和集中起来。并且又因有上面的一番交代，末句点出嵩山，又不至于意随句尽，见其面貌即止，而是自然要引人想象雨后嵩山的特有韵味和诗人得见嵩山后的一番情怀。

诗写的对象是嵩山，但在很大程度上它又是表现诗人自己。人们在精神上以什么作为慰藉，往往能见出志趣和品格。困顿于宦途，赖以豁情慰怀的是嵩山，那么诗人的情志也多少可以想见。同时山究竟以什么样的面貌出现在艺术作品里，也往往受作者的主观感情支配。“我见青山多妩媚，料青山见我应如是。情与貌，略相似。”（辛弃疾《贺新郎》）这里有着主观感情对象化的问题。此诗用“清瘦”形容嵩山，不光是造语比较新奇，而且在诗人审美意识活动中也反映了他的精神气质与追求。中国士大夫中一些高人雅士，不正是常常留给后世以清瘦、清峻的印象吗？如王维给孟浩然画像，“颀而长，峭而瘦，衣白袍”，就是典型的清瘦。因此，“数峰清瘦出云来”，虽是写嵩山，却又是物我融而为一，体现了诗人感情的外化。读了这首诗，嵩山的面貌，以及诗人的精神风貌，可能同时留在我们

的印象里,不容易分得很清。　　(余恕诚)

怀金陵三首(其二、其三)　　张 耒

璧月琼枝不复论，　秦淮半已掠荒榛。
青溪天水相澄映，　便是临春阁上魂。

曾作金陵烂漫游，　北归尘土变衣裘。
芰荷声里孤舟雨，　卧入江南第一州。

《怀金陵》三首,似非写于一时,其二实为金陵怀古诗,所咏的是亡国之君陈后主与张丽华的一段史事。《南史》卷十二《张贵妃传》说:“后主每引宾客,对贵妃等游宴,则使诸贵人及女学士与狎客共赋新诗,互相赠答,采其尤艳丽者,以为曲调,被以新声……其略云‘璧月夜夜满,琼树朝朝新’,大抵所归,皆美张贵妃、孔贵嫔之容色。”这就是“璧月琼枝”的本事。数百年之后,回想这段荒淫误国的丑事,对于张、孔的容色当然无需再评论了。她们早已魂埋幽石,委骨穷壤了。这且不说,就连具有一千多年历史的秦淮河,也有它兴衰的历史,如今不是有一半被荒榛所侵夺,失去了昔日的繁华吗?“青溪天水相澄映”二句是承首句而来,接咏张丽华之事。当隋军攻克台城之后,陈后主与张丽华俱逃入井中,隋军把他们从井中捞出,斩张丽华于青溪中桥(一说斩于青溪栅),所以青溪是张丽华的丧身之处。《南史·张贵妃传》又载:“至德二年,(后主)乃于光昭殿前起临春、结绮、望仙三阁,高数十丈……后主自居临春阁,张贵妃居结绮阁。”从诗的三四两句看,临春阁上魂应是指张丽华。陈后主死于洛阳,葬于邙山,所以“临春阁上魂”实应为“结绮阁上魂”,用“临春”代“结绮”,是因句中调平仄的需要。不过这也无关紧要,陈、张的幽灵,倒不妨在临春阁相聚。诗人不过是用此来警告不思振拔的宋代统治者,希望他们不要重蹈陈后主的覆辙罢了。

其三是追怀金陵的昔日之游。故首句言“曾作金陵烂漫游”。“烂漫”有散漫、放浪之意,这一句包含着许多对旧游之地的美好回忆。金陵是历史名城,六朝故都。谢朓诗云:“江南佳丽地,金陵帝王州。”金陵在历史上就是游览胜地,离开之后,依然令人难忘。“北归尘土变衣裘”句,由追昔转入抚今。言自己北归之后,风尘仆仆,衣裘也变旧了。岑参诗有“容鬓老胡尘,衣裘脆边风”之句,可以想见,诗人北归之后,容颜也大概变老了。三四两句,继续回忆令人神往的金陵之游:扁舟一叶,在湖中游荡,湖光山色,尽入眼底,在风酥雨腻的江南春日,雨打

芰荷，发出清脆的声音，犹如美妙的乐曲，此时舟中高卧，来欣赏雨打芰荷的美妙音乐，多么令人陶醉啊！张耒曾用优美的散文来描写金陵的美景："余自金陵月堂谒蒋帝祠，初出北门，始辨色。行平野中，时暮春，人家桃李未谢，西望城壁，壕水或绝或流，多鸡鹊白鹭，迤逦近山，风物天秀，如行锦绣图画中。"（《苕溪渔隐丛话·前集》卷三十四引）此段描写，可与此诗相参。

《怀金陵》三首，虽未必写于一时，但二诗的艺术风格相似，手法相同。一、三、四句一脉相承，第二句顿笔宕开，另换一意。第一首的咏史，"用意隐然，最为得体。"（吴乔《围炉诗话》）在咏史诗的写作上，他摆脱了宋人咏史"出己意，发议论，而斧凿铮铮"（同上）的通病，造语奇警，含意深婉，用典简净。《吕氏童蒙训》说："文潜（张耒字）诗自然奇逸，非他人所及。"这两首绝句，都具有"自然奇逸"的艺术特色。

（刘文忠）

发安化回望黄州山　　张　耒

流落江湖四见春，　天恩复与两朱轮。
几年鱼鸟真相得，　从此江山是故人。
碧落已瞻新日月，　故园好在旧交亲。
此生可免嘲伧父，　莫避北风京洛尘。

张耒于哲宗绍圣四年（1097）因坐元祐党籍，被贬黄州，监黄州酒税。徽宗建中靖国元年（1101），被召回京师，起为太常。此诗写于回京途中。安化即安化驿，具体地址不可确考，当在黄州附近，故能回望黄州山。宋代的安化县有三个，一在今甘肃境内，一在湖南境内，一在广西境内，距黄州最近的尚有千里之遥，由此可知安化不是安化县。作者另有《至安化驿先寄淮阳故人》诗，末两句云："寄语淮阳旧，人今放逐回。"与此诗为同期之作，可知安化即安化驿。诗人至安化驿站遇雨，稍作停留，先作《寄淮阳故人》，临行之际，又有《发安化回望黄州山》之作。

诗的首句说"流落江湖四见春"，说明诗人从被贬到召回京师已经四个年头。"天恩复与两朱轮"句，指自己蒙受皇帝的恩典，又给了自己做官的机会。"朱轮"是达官贵人所乘之车，在汉代，公侯及二千石以上之官皆得乘朱轮，此指诗人复被起用。"几年鱼鸟真相得"两句，是对自己四年来流落江湖生活的回忆。因被贬在外，如同不做官的山林之客，乐与鱼鸟相亲，又喜与江海山川结成了朋友，在游历江山胜迹中找到了乐趣。"碧落已瞻新日月"句，"碧落"指天，白居易《长恨歌》有"上穷碧落下黄泉"之句，此言自己遇上新君（徽宗）即位，犹如在天上看到新的日月。接着诗人想到故乡有许多老朋友(即淮阳故人),不久即可见面了,心里充满着喜悦之情。结尾两句言自己从被贬之地的南方回到北方,南方人不会再嘲笑我这个“伧父”了,想到这一点,北上的风霜,旅途的劳顿又算什么呢?“伧父”是骂人话,南朝谓北人为伧父,意即粗野,如陆机骂山东人左思为伧父,见《晋书·左思传》,即今所谓“北方佬”。

此诗在艺术风格上比较自然平淡,对偶不工,字句不雕琢,基调较轻快,诗人将四年贬谪生活的一肚子怨气,用鱼鸟相得与山水之乐,掩盖得不露形迹,情感表达含蓄婉转,温厚冲淡。结尾两句,从“嘲伧父”三字,可以概见贬居黄州时的遭人歧视,但作者却用幽然风趣的语言来表现,把过去不愉快的事洗刷得干干净净。

(刘文忠)

夜坐　　张耒

庭户无人秋月明,　夜霜欲落气先清。
梧桐真不甘衰谢,　数叶迎风尚有声。

张耒虽出自苏轼门下,但他的诗却效法张籍、白居易,风格朴素自然,晚年尤务淡远。诚如晁补之《鸡肋集·题文潜诗册后》所说:“君诗容易不著意,忽似春风开百花。”张耒自幼有雄才,然而仕途却十分坎坷,晚年罢官后,投闲困苦,却口不言贫,表现出刚毅而超脱的性格。

首句“庭户无人秋月明”,紧扣诗题“夜坐”二字,交代了环境。诗人在夜深人静之时,难以成眠,独坐月下,把自己融进了静谧而优美的自然之中。“秋月明”三字,乍看似陶渊明“凉风起将夕,夜景湛虚明”的明澈淡远之境,可是韵味迥然不同。“庭户无人”四字,将月色衬托得孤冷寒冽,使秋景变得萧瑟清寒。

次句“夜霜欲落气先清”,使人惊叹诗人对大自然观察、描绘的细腻与准确。清秋之夜,霜雾并不是骤然降临,它常常是随着月转星移而逐渐显现,所以诗人用了一个“欲”字。气清才显月明,月明益见气清,两者互为因果。此句与上句所构成的境界,使月与人离得更近了。明月近人,才更能逗引诗人心驰神往。

三四句“梧桐真不甘衰谢,数叶迎风尚有声”。这时,诗人独坐室内,静听秋声,不免神驰千里,情骛八极。他从稀稀落落的桐叶声中,听出了刚强的抗争精神、强烈的生命力,从而心灵受到震动,被带进了对人生哲理深邃而渺远的思考之中。当霜风凄紧之时,几叶寒桐迎风抖动,铮铮有声,多么扣人心弦!“尚”字紧扣上句而来,表明这数片寒叶在寒风中仍不甘心凋零,同时还暗示诗人内心的倔强之态。《文心雕龙·明诗》说:“人禀七情,应物斯感,感物吟志,莫非自然。”诗人此时闻声兴感,情怀发于不自觉,正是思与境谐的天然妙合。

这首诗首句起得平稳,次句承接自然,三句陡然转折,末句推向高潮。结构上的特点,是由诗人的整体构思决定的。由静看到细听,到深入地想,是诗的脉络。表现积极抗争的人生态度,则是诗的主旨所在。严羽《沧浪诗话》在讲到诗的好处时曾标举“言有尽而意无穷”,《李杜诗纬》也说:“诗贵意,意贵远不贵近”,张耒的这首诗就有意境深远的妙处。

（袁行霈　崔承运）

【作者小传】

周邦彦

(1056—1121)　字美成,号清真居士,钱塘(今浙江杭州)人。元丰初,为太学生,以献《汴都赋》为神宗所赏识,命为太学正。后任庐州(今安徽合肥)教授、溧水县令。徽宗时,提举大晟府,专事谱制乐曲。精通音律,能制新腔。其词格律精严。有《清真居士集》,已佚,今存《片玉词》。

春　雨　　　　周邦彦

耕人扶耒语林丘,　花外时时落一鸥。
欲验春来多少雨?　野塘漫水可回舟。

这首小诗题曰“春雨”,并不咏春雨其物,也不描绘雨景,而是写春雨所带来的“喜”意。不过,“喜”意不曾显露在字面上,它蕴蓄在意象之中。

从诗意看,诗人似乎是站在一个什么地方观赏着春雨后的景象。从他视野之广来看,其时他似在楼上凭栏静观。

春天是万物萌芽生长的季节,需要雨露滋润,恰好连下了几场春雨。按照一般写法,在诗的开首,他应该先发出类似“好雨知时节,当春乃发生”那样的赞美,然后再写由此而生的喜意,然而他却略去了这个前奏,直接从喜意写起。

他从楼上放眼望去,先看见一群耕人,他们正在小树林的土堆旁,扶着耒(古代的一种农具,形状像木叉)交谈着什么。因为春雨下得透,有利于庄稼的生长,耕农们想必是在谈论着“春雨贵如油”啦,“风调雨顺,丰收在望”啦之类的话题吧?一个“语”字,令读者想见耕人们的喜悦心情。

诗人目光移开耕者,又望见了花儿。那些花儿,几经春雨的润泽,早已是争开竞放、万紫千红，汇成一片花的海洋了，它挡住了诗人的视线，望不见花的那边还有什么，而唯见“花外时时落一鸥”。许是花外有条不太宽的河流吧，春雨之后，河水猛涨，碧波粼粼，喜得那鸥鸟不时扑入河中(去戏水)。“落”字用得妙：可以想见鸥鸟拍打翅膀，徐徐向下降落的神态，点缀着春雨后的自然景色。

一二句，诗人全由侧面落笔，含蓄地描写了耕人、鸥鸟的喜意，那显然是由春雨而带来的喜意，但字面上还不曾出现“春雨”二字。三四两句便作正面点题描写。看着眼前的景象，诗人不由想道：我倒也想要察看一下，入春以来已究竟下了多少雨？于是他的目光便搜寻着，搜寻着，发现了一处野塘，那塘水已经溢了出来，水面上简直可以转动一条小船，雨水下得真够多的了。此时，诗人心头之喜必也似水一样而“漫”了，不过他终究没有明写出“喜”字来，而留给读者自己去想象、去玩味。

(周慧珍)

【作者小传】

潘大临

(1057—1106)　字邠老，黄冈(今属湖北)人。家贫。曾与黄庭坚、苏轼、张耒诸人游。工书。善诗文。其诗得句法于苏轼，为黄庭坚所称赏。原有《柯山集》二卷，已佚。

江间作四首(其一、其三)

潘大临

白鸟没飞烟，　微风逆上船。
江从樊口转，　山自武昌连。
日月悬终古，　乾坤别逝川。
罗浮南斗外，　黔府若何边？①

西山连虎穴，　赤壁隐龙宫。
形胜三分国，　波流万世功。
沙明拳宿鹭，　天阔退飞鸿。
最羡鱼竿客，　归船雨打篷。

〔注〕 ①《苕溪渔隐丛话》前集卷五二引《潘子真诗话》载四首，《宋诗纪事》卷三三录二首。第一首第八句本作“古河边”，此据《宋文鉴》卷二一校改。

这两首诗大约作于宋哲宗绍圣二年(1095)到元符元年(1098)之间,原作共四首,这里选了其一、其三两首。潘大临隐居于黄州(今湖北黄冈),没有入过仕途。苏轼谪居黄州时,大临曾从之游,并跟他学诗。黄庭坚对潘大临的诗才也很赞赏。绍圣二年,苏、黄都被贬谪到边远地方,这两首诗就作于其后不久。

第一首开头两句写乘船入江:诗人乘船在微风淡荡的江面上,逆风行进。白色的水鸟向远处飞去,隐入一片雾霭之中。颔联两句写沿江行进时所看到的景色:黄州这个地方,江山秀丽。长江在樊口(今湖北鄂州西北)转了个弯,浩荡东去。郁郁葱葱的樊山延绵不断,直到武昌(今湖北鄂州)。颈联两句诗人抒发感慨:江山如旧,日月常悬,可是今日之乾坤已非昔日之乾坤,时光像滚滚东流的江水一样,一去不复返了。对这两句要结合诗人的生平来理解,他曾应试不第,其挚友张耒称他为"有志之狷士"(《潘大临文集序》),可见他并不是完全忘却世事的人。他面对滔滔东去的江水,慨叹时光的易逝,肯定包含着"功业未及建,夕阳忽西流"的怅惋。末联两句怀旧。诗人曾伴随苏轼在这一带徜徉啸傲,睹景生情,怀旧之心油然而生。苏轼和黄庭坚这两位诗坛泰斗,都是诗人的良师益友,而今俱远谪万里。诗人问道:东坡被贬至罗浮山(在今广东),那是比南斗星辰更为遥远的地方;至于山谷的贬所黔州(治所在今重庆彭水),则是个从未听说过的处所,它究竟在哪个方向呢?诗人对苏、黄怀念的深厚情意,通过这两句委婉地表达出来。

后面一首从怀古开始。黄州濒临大江,赤鼻矶的石壁直插入江,地势险要,人们传说这儿就是三国时周瑜打败曹操大军的赤壁古战场(真正的赤壁位于今湖北赤壁市),苏轼于此处曾有"大江东去,浪淘尽、千古风流人物"的千古绝唱。潘大临曾伴随苏轼在此游览,说不定还亲耳聆听过东坡的豪放歌声。如今他独自来到这古代英雄驰骋争雄的地方,不禁浮想联翩。西山重岭叠嶂,连绵不绝,定有猛虎藏于其间。赤壁下临不测之深渊,那直插江中的嶙峋巨石,正是龙宫的天然屏障。这虎踞龙盘的形胜处所,是三国鼎立时兵家必争之地,历史上的英雄叱咤风云,建立了盖世功业,就像这滚滚东去的万叠波浪一样流之无穷。诗人从思古的幽情中省悟过来,把目光重新投向眼前的实景:俯视沙滩,觉得一片明亮,那是因为许多白鹭栖息在那里。仰望天空,天空是如此的开阔,以至高飞云端的鸿雁似乎不是在向前移动。俱往矣,群雄争渡的时代已一去不复返了。我现在最羡慕的是江上的垂钓者,钓罢驾着一叶轻舟在烟雨中归去,悠闲地听着雨打船篷的声音。

潘大临是属江西诗派,他的作品原有《柯山集》二卷,已佚。现在尚存的作品只有二十多首诗和那句脍炙人口的“满城风雨近重阳”。当时人们对他的诗歌评价甚高,黄庭坚称他“蚤得诗律于东坡,盖天下奇才也”(《书倦殼轩诗后》),后来陆游也说他“诗妙绝世”(《跋潘邠老帖》)。从上面所举两首诗来看,他确实是出手不凡。首先,这两首诗的思想内容比较充实。前一首慨叹岁月易逝并怀念远谪的好友,后一首缅怀古时的英雄而结以归隐之志,都具有较深的情感内蕴。虽说叹时思隐,情调比较低沉,但这是诗人在无可奈何的处境中所发出的不平之声。只要看“形胜三分国,波流万世功”这样的诗句,便可体会到,诗人对于历史上建立了丰功伟业的英雄人物是多么景仰,他何尝不希望能有一番作为?可是由于时代和社会的限制(当时章惇等人把持朝政,政治黑暗),他只能终老于江湖之上。尽管诗人故作平淡之语,读者却不难看出隐藏在平淡下面的一颗不甘寂寞的心。这使得全诗感情沉郁,得杜诗五律之妙处。

当然,更值得注意的还是这两首诗的艺术特色,简单地说,有下面三点:第一,意境阔大,笔力雄健。前一首一开始就把读者的目光引向烟斜雾横的远方,三四句用“从”、“自”两字把眼前的江山一直连到远处,笔力遒劲。五六句用“日月”、“乾坤”作对,这是杜诗中用过的,如果作者笔力纤弱,则这种字面容易成为没有内容的空腔。此处虽比不上杜诗的千钧笔力,但也没有举鼎绝膑之病。后一首则一开始就写出了龙盘虎踞的险要地形,然后缅怀古贤功烈。两首诗在时间和空间上都有很大的跨度,写景抒怀,气势雄大,绝无纤仄之弊。清人姚壎评为:“大气鼓荡,笔力健举”(《宋诗略》卷九),很准确地说出了其主要优点。第二,结构严整,对仗精工。前一首四联皆对,后一首也有三联对仗,大多属对精工。全诗的结构也非常谨严,比如后一首中,前半首缅怀古代的英雄业绩,开首两句就写了山环水绕、虎踞龙盘的险要地形;后半首抒发自己的归隐之志,五六两句就写了鹭宿沙滩、鸿飞长天的宁静风景。彼此照应,构思极见匠心。第三,诗句凝练,炼字尤见功力。比如后一首的颈联,一个“明”字就写出了因毛羽皎洁的白鹭栖息于沙滩,从而使人望去觉得白光耀眼的情景,非常传神。“退”字的用法尤其使人叫绝。“六鹢退飞”本是《春秋》经语,但此处仅是字面上的借用,因为事实上飞鸿并不在往后退。只是由于天空太广阔了,高飞戾天的鸿雁在那么广阔的蓝天背景下飞行,使人无法觉察它们是在向前移动。如果凝望片刻,还可能误以为它们是在向后退飞呢。诗人就是这样巧妙地写出了在江面上仰望寥廓长天时所得的印象,使人读之历历如在目前。

总的说来,这两首诗工整凝练,诗味深永,颇类杜诗的风格。江西诗派本来是奉杜为“祖”的,在艺术上竭力学习杜甫,潘大临当然也不例外。王直方曾说:

"邠老作诗，多犯老杜，为之不已，老杜亦难存活。使老杜复生，则须共潘十厮吵。"（《王直方诗话》）言下之意是潘大临（邠老）模拟杜诗过分了一些。由于潘大临的作品大半已佚，无法断定王直方此评是否合乎事实。如果仅从上面的两首诗来看，他并没有对杜诗作生吞活剥的模仿，而是着重于从中得到艺术手法上的启迪，这种借鉴是比较成功的。潘大临的好友谢苙赞扬他说："杜陵骨已朽，潘子今似之。"（《读潘邠老庐山纪行诗》）并非溢美之言。（莫砺锋）

【作者小传】

刘次庄

生卒年不详。字中叟，长沙（今属湖南）人。熙宁六年(1073)赐同进士出身。官至侍御史，江西漕使。

敷浅原见桃花　　刘次庄

桃花雨过碎红飞，　　半逐溪流半染泥。
何处飞来双燕子？　　一时衔在画梁西。

"敷浅原"是古地名，说法不同，一说即今江西庐山；一说是庐山东南的平原，在今江西星子县境；一说又名"博阳山"，在今江西德安县南。这些都无关宏旨，总之，是在江西境内就是了。刘次庄当过江西漕使，这首七绝很可能便是他在江西漕使任上时，于敷浅原见桃花而作。

诗人在敷浅原所见之桃花，并非阳春烟景中盛开之花，而是花期已尽时的落花。落花总是报告着春将归去的消息，因此诗人看花时节当是暮春。春去花落，在多愁善感的诗人的笔下，或则描写惜花、怜花的心肠，或则发抒惜春、伤春的感情，情调多是低回凄婉、哀怨悲切的。然而刘熙载说："诗要避俗，更要避熟"（《艺概·诗概》），诗人在这里即一反常情，自出心裁，生动地表现了暮春残红的另一番风韵。

一二句的描写就情景可喜。在那"雨横风狂三月暮"的季节里，桃花身不由己，纷纷离开枝头，和着雨水一个劲儿地往下落，因云"桃花雨"。这是从李贺诗"桃花乱落如红雨"句化出。待雨过天晴、清风徐来时，那些花瓣（碎红）又都被风扶起，飘拂纷飞，蒙蒙乱扑行人面，来与人亲近，逗人喜爱，妩媚之极，动人之极。舞罢空间，方悠悠下坠，"半逐溪流半染泥"——一半去追逐清清的溪水，仿佛要随那清溪流回桃花源去；一半尽管力不从心，委落尘土，也依然芳香如故。把落花写得极有血肉，极富灵性。

上面两句将“无可奈何花落去”的狼藉残红景象描绘得花光水色，鲜艳耀目，而又情趣盎然，落花景致已写足，下面二句似乎山穷水尽、难以为继了。却不料“柳暗花明又一村”，诗人又另辟新境，使那桃花竟然获得了如此际遇：“何处飞来双燕子，一时衔在画梁西”——不知何处飞来一对轻盈的小燕子，她俩穿花拂水、贴地争飞，衔得几片桃花瓣，相依相并把它带到彩绘屋梁的偏西处。传神入妙，令人叫绝。

这首景色如绘的小诗，构思奇巧，诗笔明丽，情韵恬适，充分体现出诗人追求美的执著和拥抱生活的热情。

（周慧珍）

【作者小传】

关 灏

生卒年不详。字子容，钱塘(今浙江杭州)人。景仁子。熙宁六年(1073)进士。曾任余杭令。

绝 句 二 首(其一)　　关 灏

野艇归时蒲叶雨，　　缫车鸣处楝花风。
江南旧日经行地，　　尽在于今醉梦中。

从南朝以来，写江南风光的诗已经很多。前人写得越多，后人便越难措意。关灏所作的两首忆江南的绝句，虽未足名世，但追忆经行江南的前尘旧梦，抒写春日醉人而又怅惘的意绪，却也有其独到之处。这一首写的是诗人忆念中的江南之春：野渡口归来的小艇，蒲叶上沙沙的雨点，缫丝车旋转的呜呜声，谷雨节轻飏的楝花风。这些零散的印象和梦忆的片断，微漾着春的寂寞和春的骚动，又组成了一幅完整的江南乡村的风景小品。

头一句写的是春雨中的静趣，这既不是“野渡无人舟自横”（韦应物《滁州西涧》）的幽寂，也不是“钓罢归来不系船”（司空曙《江村即事》）的疏放，而是在野艇归来的时刻四顾悄然、静听雨声滴落在蒲叶上的惆怅之感。蒲叶一般指菖蒲，多年生草，长于水边，大蒲叶长三四尺，气味香烈。在野舟上领略蒲叶上的雨声，比起“画船听雨眠”来，又自有一种清新的野趣，春水的碧色、春蒲的香气、春雨的润泽也在悄默中沁透了心头。第二句以农家缫车的飞鸣和花信风的吹拂烘托出一片轻晕的醉意和春的风华。缫车即缫丝用的车，南方谷雨后收茧抽丝，缫车转动说明谷雨刚过。而楝花风则是谷雨节最后的花信风，徐锴《岁时记》说："三月花开，名花信风。"《东皋杂录》说："花信风，梅花风最先，楝花风最后。"楝是一种落叶亚乔木，高丈余，春月开花，色淡紫，果实椭圆如小铃，成熟后变成黄色，俗名金铃子。这一句从诸般春景中选出缫丝和楝花开放二事，既准确地扣住了谷雨节后的景物特征，又表现了江南蚕乡的独特风味。缫车转动的呜呜叫声又与楝花风形成有意无意的照应，正如前一句中野艇蒲叶在水和雨的关系上取得照应一样，使首二句构成春雨和春风的工整对仗，蒲叶和楝花，野艇和缫车的对仗又分别从村外和村里两方面为这幅小品画勾出了简单的轮廓，使零散的意象形成内在的联系，突出了作者最亲切的感受。后两句点明这一切不过是旧日在江南经行时所见，如今已尽入醉梦中了。这固然是表示对江南的留恋，连醉里梦里都难以忘却，更多的却是往事如梦的空幻之感。陈迹的追怀像短梦一般重现，那么对江南之春的怀念中又何尝没有人生之春的追怀？正因为原本是切实的往事，今日看来就像一场人生的醉梦，那野渡的小艇和蒲叶上的雨声才带着几分凄清和寂寥，那缫车的鸣声和楝花风的飘扬才含着些微醉意和迷惘，这些构成了江南之忆的主要印象。

将某种人生感触融入精心选择的典型景物，虽意绪惆怅，却能在半醒半醉的神态中保持清爽俊逸的风调，这是杜牧七绝的特点，此诗可谓得其仿佛。

（葛晓音）

绝句二首(其二)　　关　澥

寺官官小未朝参，　红日半竿春睡酣。
为报邻鸡莫惊起，　且容残梦到江南。

这首绝句与第一首意思相连属，点出了诗人在北地梦忆江南的背景。《宋诗纪事》小传载关澥为熙宁六年(1073)进士，曾任余杭令。前诗中所说江南昔日经行之处或即指余杭。从这首诗第一句可以看出，作者此时在京城里做着一个小小的寺官，当是寺丞一类的职务，还没有每天早朝参见皇帝的资格，这就明白道出了他的官位卑微。下一句说每天日上半竿还未起床，加上春意困倦，睡得更酣，又顺理成章地点出其职务的清闲。既然一不用朝参，二无所事事，自可放心酣睡，只望邻家报晓的晨鸡不要惊吵，且容自己续做到江南的好梦。第三句"邻鸡"遥应"朝参”,因鸡鸣时百官上朝,韩愈《李花赠张十一署》说:“白花倒烛天夜明,群鸡惊鸣官吏起”可证。此处着一“邻”字,足见他自己连鸡都不养,因为不用上朝,也就没有报时之需。第四句说“残梦”,说明梦已被惊破,所以“莫惊起”实是已被惊起,惊起后立即想到自己与朝参无关,又补足了第一句的意思。从表面看,作者对这种疏懒自在的生活颇觉心安理得,并无困顿失意之感,其实全篇都着眼在“未朝参”的感触上。放达的语气中透露了不甘心无所作为而又无可奈何的神情。

如将这首诗与上一首连起来看,便不难发现末句所说残梦,就是被惊破的昔日经行江南的醉梦。梦破之后,意犹未足,还想续做到江南的好梦,那么,梦魂中温馨的回忆是不是牵动了作者将残生消磨于江南山水中的归隐之思呢?梦破之后还想再续,酣睡之后还想再睡,只不过是把古人的昏酣遗世、放荡情志凝聚在早晨睡懒觉的一个生活细节之中而已。但这个普通的生活细节概括了作者被朝廷冷落的境遇,沦踬下位的烦闷,且乐逍遥的自嘲,归老江南的梦思。读过此篇,方知第一首中所写的乡村风景小品不仅仅是对江南旧日经行之地的回忆,也是他重返江南、归隐乡村的意念的流露。而他所希望再续的残梦,当然也就不只是再睡一个回笼懒觉,应是重续那已变成一场醉梦的昔日江南之行。如果说第一首是以人生之梦明喻真梦,那么第二首则是以真梦暗喻人生之梦了。人生如梦虽是一句老话,但诗人将它化成具体的生活情境,委曲地抒写了政治上的失意之感,便觉得新鲜别致。

这首诗粗看只是写日常生活中的闲趣,平直浅显,无多深意,但人生之梦的喻义和真实具体的梦境恍然交错,蹉跎岁月的感慨又在若有似无之间,须要细读,方觉构思巧妙,颇多含蕴。

(葛晓音)

【作者小传】

江端友

(?—1130)　字子我,陈留(今河南开封东南)人。靖康初,赐进士出身,诸王宫教授。上书辩宣仁诬谤,遭黜。渡江寓居桐庐鸬鹚源。后至太常少卿。诗属江西派。

牛　酥　行

江端友

有客有客官长安,　牛酥百斤亲自煎。

倍道奔驰少师府，　望尘且欲迎归轩。
守阍呼语“不必出，　已有人居第一先。
其多乃复倍于此，　台颜顾视初怡然。
昨朝所献虽第二，　桶以纯漆丽且坚。
今君来迟数又少，　青纸题封难胜前。”
持归空惭辽东豕，　努力明年趁头市。

江端友生年不详，卒于南宋高宗建炎四年(1130)，主要生活在北宋后期。北宋末年政治腐败，他隐居于汴京(今河南开封)封丘门外，躬耕蔬食，守节自重，不肯一至公卿之门。所以对官场的黑暗、官吏的卑污有高度的敏感和义愤，能予以无情的揭露和鞭挞。

这首诗是有事实依据的：宋徽宗宣和年间，任西京(今河南洛阳)留守的邓某，向徽宗宠幸的太监梁师成进献过一百斤牛酥。梁为徽宗朝蔡京、童贯等“六贼”之一，以善于逢迎得幸，代写御笔号令，常假造圣旨，纳贿鬻爵，权倾一时，京师人视为“隐相”，很多官僚向他摇尾以谋升进。这个邓某又是谄佞世家，宋神宗给他的父亲下过“趋向颇僻，赋性奸回”八个字的考语，他继承“家风”表演自然更加突出。这首诗即就其事塑造为艺术典型，有力地揭露了北宋统治阶层的腐朽。

首四句着意刻画邓某的献媚丑态。“有客有客”，只将词语重复一下，对象便被突出显示出来，唤起读者的分外注目。这种句法始于《诗经·周颂·有客》篇云：“有客有客，亦白其马。”后来杜甫也曾用于《同谷七歌》：“有客有客字子美。”都有突出主人公的艺术效果。“官长安”即做西京留守之意，因为汉、唐两代都以长安为西京，所以这里用长安借指宋的西京洛阳。人物摆出来了，下面三句便一笔笔勾勒他的表演。牛酥是从牛奶中提炼出来的高贵食用品，炮制时需经反复熬炼，积至百斤绝非易事，何况还“亲自煎”。西京留守是陪都最高行政长官，还愁弄不到几个煎牛酥的人？然而用不得。一来能否尽心煎出上品，放心不下；二来不躬亲其事，也显不出对“少师”的崇敬。所以自卑其身亲执贱役也就顾不得了，活画出巴结权臣的苦心。佳品既得，邀宠心切，自然恨不得插翅飞至。所以“倍道”即日夜兼程还不够，还要加上“奔驰”即飞跑前进。宋徽宗政和年间，立少师、少傅、少保三孤，为三次相之任。“少师府”即指梁师成府第。远路迢迢赶到府前，不巧主人并未在府，交给门上转呈是无法献殷勤的，只好等在门前了。“望尘且欲迎归轩”，那眼巴巴望着大路，只待尘头起时，便扑上去拜倒车前的焦灼神情如见。西晋潘岳、石崇等人谄事权臣贾谧，经常守候贾谧出行，则望其车尘而拜。"望尘"出此。作者用来刻画投献者的谄媚相，是入木三分的。这三句一写亲制，突出一个"精"字；一写亲送，突出一个"急"字；一写亲呈，突出一个"敬"字。通过这三部曲，投献者那利禄熏心、奴颜婢膝的嘴脸，便活生生地呈现在人们的眼前了。

直到这里为止，我们看到的是投献者的一路兴头，热度越升越高。"守阍"以下八句是本诗诗意的一大转折，章法上一大波澜。这八句全是守门人的话，却不啻一瓢瓢冷水向投献者兜头泼来。首先是守门人的一声断喝："不必拿出来了，已经有人赶在第一了！"这是一大扫兴处。"其多乃复倍于此"，比百斤还多一倍，这是二大扫兴处。"台颜"，大人的脸色呢？"初怡然"，钱锺书释其义说："本来对第一笔礼很喜欢，可是收到第二笔礼，就觉得第一笔礼平常了。"（见《宋诗选注》）贵人神情如此，这是三大扫兴处。昨天献者虽居第二，但桶坚漆丽，装潢领先了，这是四大扫兴处。"今君"二句一结，第一，来迟了，已属老三；第二，数量又少，只及他人一半；第三，装潢简陋，不过青纸包裹。你拿什么去争胜前人呢？投献者听此一番言语，怕不呆若木鸡么！

这段诗是鄙事庄说，情味妙不可言。其意义不只是对投献者的挖苦嘲弄，而且展示一个广大的境界，由前节的一个投献者扩至三个投献者，那么，明天、后天呢？自然会令人想到还将有第四、第五个接踵而至。牛酥一宗如此，其他珍品异物呢？自不言而喻。权贵的门庭若市的场景，整个官场苞苴公行的丑恶，都在无字处呈露出来了。

"持归"二句结尾很妙。西京留守听了守门人一番话，的确是"惭"了，但是并非惭其所为不正，而是惭其所为不及，所以不是退缩改悔，而是暗暗下定决心，明年再来争个头市。"辽东豕"用的是《后汉书·朱浮传》里的一个典故。大意是说，辽东有个人，见一白头小猪，感到很奇特，就把它献给上官。等到他到了河东，看到所有的猪都是白色，他"怀惭而还"。这里用来比喻西京留守的献牛酥。他百折不挠，受挫益坚，厚颜无耻，可谓绝伦，作者也就完成了这一典型的塑造。

揭露和讽刺丑恶现象的诗，远在《诗经》中就有了。但一般偏重于指斥和抨击。如《郑风·相鼠》讽刺无礼仪之人："相鼠有皮，人而无仪；人而无仪，不死何为！"直到略早于作者的徐积《赠陈莹中》诗攻击谗夫："湘江之竹可为箭，吴江之水可淬剑。箭射谗夫心，剑斫谗夫面。"也还是偏于诅咒。这首诗则不然。诗人几乎是不动声色、冷峻客观地勾勒被讽刺对象的丑态，不着一语评论，只将它摆出来供人们观览。由于刻画得穷神尽相，收到的讽刺效果反而更好。这是一首叙事讽刺诗，我国叙事诗在乐府中得到发展，这首诗也取乐府风调。"行"就是乐府的名称，运用对话也是乐府常见手法。用乐府式的质朴文字，以嘲讽语调勾画对象，这样写叙事讽刺诗，形式与内容是十分和谐的。　（孙　静）

【作者小传】

方　泽

生卒年不详。北宋中期人，不以文艺名世，但所作七绝《武昌阻风》，诗语惊人，为蔡絛《西清诗话》所称。

武昌阻风　　方　泽

江上春风留客舟，　无穷归思满东流。
与君尽日闲临水，　贪看飞花忘却愁。

这首绝句抒写江上行舟，途中遇风，阻滞武昌所引起的乡思和愁情。宋蔡絛《西清诗话》说，方泽"不以文艺名世"，而《武昌阻风》一绝"诗语惊人如此，殆不可知矣"。可谓推崇备至。这诗"惊人"的妙处何在呢？

妙在以水喻情。"无穷归思满东流"，便是以水喻归思。这种手法是颇有艺术效果的。然而，这并不是方泽的发明，他也是从古代诗人那里继承来的：如徐幹"思君如流水，何有穷已时"，李白的诗"东流若不尽，应见别离情"，"寄情与流水，但有长相思"，"思归若汾水，无日不悠悠"，"相思无日夜，浩荡若流波"，也都是以水喻情。不过方泽诗也有其独到处，就是即景取喻。人在船上，船在江边，临流凝睇，取水为喻，显得十分自然贴切；这水不是虚指，而是眼前的实物，这种即景取喻，最易达到情景交融的境地。

其实，全诗更"惊人"的妙处还在于委婉曲折的抒情手法。一个人的心情，如果表现得太率直，则一览无遗，索然寡味；如果拐个弯，换个角度，欲擒故纵，欲抑故扬，便比较耐人咀嚼。这首绝句将自己的心思和盘托出，却又盖上一层纱巾，让人去端详回味。明明是为风所阻，不得不停泊武昌，颇有迁怨于风之意，他却说"江上春风留客舟"，似乎是春风有意，殷勤劝留。实阻而曰留，这里一折；明明是因被风所阻，无端惹了一怀愁绪，可谓心烦意乱，他却说"与君尽日闲临水"，"君"是谁？指船？抑或指同船友人？两说均可通。这无关宏旨。重要的是"闲"字，果有那种闲情逸致来临流赋诗吗？没有。这是实愁而曰闲，这里又一折；明明是心中有无穷归思，有无尽乡愁，根本无心欣赏柳絮飞花，他却说"贪看飞花忘却愁”。固然,武昌柳是很有名的,古来诗人都喜吟咏,如孟浩然诗云:“行看武昌柳,仿佛映楼台。”但是,诗人此时的漂泊之感,使他无心去欣赏武昌的花柳。无心而曰贪看,这里再一折。一波三折,委曲尽情,意味自然深长。大凡故作解语者,皆缘不解之故。这诗正是因不解而故作解语。从心理学的角度看,这种故作解语式的委婉曲折的表现手法,是很合乎心理逻辑的,因而产生较强的艺术魅力。

(林东海)

【作者小传】

杜 常

生卒年不详。字正甫,卫州(治所在今河南卫辉)人。昭宪皇后族孙。元丰中,知郓州,权发遣秦、凤等路提刑,历官工部尚书。

题华清宫 杜 常

行尽江南数十程, 晓风残月入华清。
朝元阁上西风急, 都向长杨作雨声。

一首万口流传的好诗,有时却弄不清它的作者。这在文学史上并非个别现象。这首《题华清宫》就曾被当作唐代作品而收入了《全唐诗》和《唐诗别裁》,而《千家诗》收录这首诗时,又标明为王建所作。其实此诗的作者是杜常,生活在北宋时代。据厉鹗《宋诗纪事》引《河上楮谈》,可知作者于神宗元丰三年(1080)九月二十七日宦游秦、凤时,路过华清,留下《题华清宫》、《夜雨初霁》、《温泉》、《骊山》等四首诗篇,前题“权发遣秦、凤等路提点刑狱公事太常寺杜常”,后有跋云,由邑人“勒诸方石,以垂不朽”这一材料应属可信。

骊山下的华清宫,是唐玄宗、杨贵妃游乐过的胜地。咏叹华清风景,抒发盛衰之感,唐人早有不少名篇。如杜牧的“一骑红尘妃子笑,无人知是荔枝来”、“霓裳一曲千峰顶,舞破中原始下来”(《过华清宫绝句》),便是其中的佼佼者。在难乎为继的情况下,要后来居上,就得推陈出新,独辟蹊径。这首《题华清宫》便是如此,它取景深远,意味无穷,创造了独特的意境,表现了深沉的感慨。

开头两句,概括交代这一趟行程,“晓风残月”日夜兼行的氛围,也点出了凄迷景色,为历史悲剧的抒写作了铺垫。这是“未成曲调先有情”的起句。接着,最精彩的两句出现了:“朝元阁上西风急,都向长杨作雨声。”从朝元阁到长杨宫,首先是由唐溯汉，拉开了时间的距离，广阔的历史背景令读者生深邃之感。汉、唐并称盛世，而今汉家宫苑、唐朝殿阁，都只成了笼罩于西风残月之下的荒凉陈迹。两句一笔勾出千百年盛衰兴亡的历史，含蕴丰富。

从空间位置上看，唐的朝元阁位于长安城东，而汉的长杨宫则居于长安之西；朝元阁上的西风何能逆转来再吹向西方的长杨宫？《唐诗别裁》只好说"末二句写荒凉之状，不求甚解"。有的研究者将它解释为"互文见义"的写法：朝元阁、长杨宫都刮起了紧峭西风，同时也都接着洒下了急骤冷雨。这样解释可备一说。但是，原诗能否只看成是长杨秋雨的写实呢？似乎不然。它倒是很容易使人们联想起唐代诗僧毛可上人《秋寄从兄贾岛》的佳句："听雨寒更彻，开门落叶深"，西风飒飒，落叶萧萧，令人疑为冷雨阵阵。写景之妙，正在于这种象外句巧妙运用所取得的幻觉效果。固然，西风可能化雨，唐人雍裕之有《农家望晴》诗云："尝闻秦地西风雨，为问西风早晚回？"但残月既在天，西风"作雨声"，则未必就是真的雨声；何况，"长杨"又是一语双关，既可指长杨宫，也可指树木中的长杨。这两句似乎也是幻觉的描写，引人遐想。"超以象外，得其圜中"，是司空图《诗品》指点人们写诗、读诗的一种方法。"朝元阁上西风急，都向长杨作雨声。"风声，雨声，总是秋声；声声入耳，一曲心声而已。历史的垂戒，凭吊的感喟，都融铸在这首诗的意象中了。

（顾复生）

【作者小传】

邹　浩

(1060—1111)　字志完，自号道乡居士，常州晋陵（今江苏常州）人。元丰五年(1082)进士。历扬州、颍昌府教授、太常博士，出为襄州教授。擢右正言，坐谏立刘后，谪新州。徽宗朝，迁吏部、兵部侍郎，再谪永州。大观元年，复直龙图阁。高宗朝，赠宝文阁学士，谥曰忠。有《道乡集》。

咏　路

邹　浩

赤路如龙蛇，　不知几千丈。
出没山水间，　一下复一上。
伊予独何为，　与之同俯仰？

咏物诗贵在能寓微婉的兴寄于生动的物象描绘之中。寄托的深浅有时不在词意的显晦,而在诗歌概括容量的大小,邹浩的《咏路》即是一例。从全篇意思来看,这首诗当是作者在贬谪岭表的途中所作。邹浩是宋绍圣以后著名的诤臣之一,一生忠正方直,因敢于直谏,两次被流放岭南。第一次在哲宗元符二年(1099),为上疏谏立刘后,遭章惇诋毁,羁管新州(今广东新兴县)。徽宗即位时还朝,又为蔡京所忌,再次被贬,不久窜逐昭州(今广西平乐县),五年后才得归京。此诗虽不能确定究竟作于何时,却能概括他两次被放的感慨。诗中没有具体描写从京城到岭南一路上的观感,而是以不知几千丈长的龙蛇来比漫长的旅途,来比在千山万水之间盘旋上下的贬谪之路,形象地表现了作者上下仕途俯仰无愧的人生之路。

首句点题,“赤路”即炎荒之路。南方谓赤,又多红土,鲍照《代苦热行》:“赤坂横西阻,火山赫南威。”即以“赤”字形容炎热之地。“赤”字还兼有空尽无物之意。此处只写一条空荡荡的赤土路,则路途的漫长寂寞、炎方的燥热荒凉均在言外。因而以龙蛇为比,就不仅是取其曲折蜿蜒之状,而且照应了“深山大泽,实生龙蛇”(《左传》襄公二十一年)的出典,不难令人想到沿途险恶的自然环境。以下写路之形貌,处处扣住龙蛇之喻。“不知几千丈”以写龙蛇长度的量词写路之绵长,“出没山水间”用龙蛇出没不定的特点形容路之曲折,“一下复一上”以龙蛇上下低昂的动态写路之起伏,便生动地描画出路在山水间屈曲延伸、忽隐忽现的态势。在此漫漫长途上踽踽独行的作者禁不住自问:这一生为什么偏偏要随着这条龙蛇般的赤路俯仰上下呢?这一问含意复杂:首先是问究竟作了什么才会踏上这条贬谪远荒的道路,联系他在《愤古赋》中为屈原“以忠不容而卒葬于鱼龙之腹”而“愤然伤之”的心情来看,显然有痛愤自己无罪遭忌见放的言外之意在,因此这一问是对朝中权奸和谗人的责问。其次,“独何为”又含有何苦来的感叹。走上这条谪迁之路是他一生追求功名的结局,不肯随俗俯仰,便要随贬谪之路上下俯仰。道路的一下一上,不能不令人联想到仕途的上下、命运的起伏,因此这一问又是对自己所走的人生道路的疑问。尽管如此,联系邹浩在其他诗中一再表白的“俯仰无愧怍”、“俯仰不愧何缤纷”来看,可知他即使是在迁谪流离、屡濒于死的境遇中,也仍是以诤诤直骨、俯仰无愧而自豪的。

当然,诗中所咏之路,还可以令人想到言路。谏官倘要打开闭塞的言路,就要有敢于直犯龙颜、逆批龙鳞的勇气。古人向来将皇帝的反复无常比作“龙性谁能驯”①,那么邹浩所走的这条路,不正是与龙蛇相俯仰的一条险路吗?李纲在邹浩《道乡集》序中说,当时台谏大都敷衍塞责,甚至变乱黑白颠倒是非,“独公奋不顾身,犯颜逆鳞,论国事之大者于言路闭塞之时,号凤鸣朝阳。”可见此诗以赤路比龙蛇，围绕着邹浩被谪在途一事，启发人关于贬谪之路、人生之路、朝廷言路的多种联想，就有较为深广的意蕴。

应当指出的是：邹浩毕竟是一位道学先生，虽能以气节自励，但也有他迂腐的一面，他的《移居昭州》等诗同是写贬谪之感，却满篇都是"自新有路君恩重，犹冀他时不愧天"之类的话。《咏路》一诗虽含意较广，而终究缺乏强烈的愤激之情，其根源正在此处。王士祯称邹浩古诗似白居易，这首诗语言的平直浅俚便很有代表性，好在浅而能深，显而能隐，尚不失为佳构。　（葛晓音）

〔注〕①"龙性谁能驯"：原出颜延之《五君咏·嵇中散》诗，后为李白引用以喻帝心难测。

【作者小传】

宗　泽

(1060—1128)　字汝霖，婺州义乌（今属浙江）人。元祐六年（1091）进士。靖康元年（1126）知磁州，募集义勇，抗击金兵。康王赵构使金求和，途经磁州，为其劝阻。旋任副元帅，南下援救京师。后任东京留守，招集义军，拔岳飞为将，屡败金兵。多次上书，力请高宗还都，收复失地，均被黄潜善等所阻。忧愤成疾，临终时犹连呼过河者三。卒赠观文殿学士，谥忠简。有《宗忠简公集》。

早　发　　　宗　泽

缴幄垂垂马踏沙，　水长山远路多花。
眼中形势胸中策，　缓步徐行静不哗。

宗泽是宋代与岳飞齐名的抗金名将，陆游有两句著名的诗"公卿有党排宗泽，帷幄无人用岳飞"（《剑南诗稿》二五《夜读范至能〈揽辔录〉言中原父老见使者多挥涕感其事作绝句》），就是把两人相提并论的。他的诗虽所存不过二十来首，但一部分诗从一个抗金将领的角度反映了宋朝的抗金战争，很有特色。《早发》便是其中较为有名的一首。

《早发》写宗泽率领自己的军队于清晨出发，去进行一次军事活动。全诗的气氛可以用诗中的一个"静"字来概括。这"静"既是早晨的大自然所特有的宁静，又是纪律严明的宗泽部队行军时的肃静，更是一场激战即将来临之前的寂静。这三种"静"交织在一起，构成了一幅逼真的行军图。

“缴幄垂垂马踏沙”,写的是行进中的军队。“缴幄”(缴,通伞)是主帅行军时所用的仪仗,“垂垂”是张开的伞有秩序而无声地移动的样子,给人以静悄悄的感觉。“马踏沙”给人的感觉也是这样,那战马踩着沙地所发出的沙沙声,更衬托出行军队伍的整静。这一句的特色,就在于用一个视觉画面表现了一个听觉印象;而行军队伍的肃静不哗,正是反映了宗泽部队的纪律严明,有战斗力。

“水长山远路多花”写了行军队伍周围的自然景色。悠长的流水、绵亘的远山、点缀于路旁的野花,这三者所构成的意境,是一种大自然在清晨时分的静谧。大自然的宁静与行军队伍的肃静互相映衬。“水长山远”既是说的自然景色,又暗示了行军路线之长。而宗泽既有闲情雅致欣赏周围的山水花草,则表明他对即将来临的军事行动早已成竹在胸,为下面一句的正面描写作了很好的铺垫。

“眼中形势胸中策”,正面描写了主人公的思想活动。“眼中形势”,是指当时的抗金形势;“胸中策”,是指自己将要采用的战略战术。宗泽骑在马上,分析着当前的形势,考虑着自己的对策,觉得一切都已了然于胸中。正因为这样,所以“缓步徐行静不哗”,让部队放慢速度,坚定而又稳重地向前行进,静悄悄地没有喧哗之声。最后一句所表现的,是一种名将指挥下的部队的风貌。在“静不哗”中,既表现了严明的纪律,也表现了激战来临之前的肃穆气氛。

这首诗的最大特色,就在于它平平实实,不作豪迈语,却写出了一个大将的风度,至今仍脍炙人口。

(邵毅平)

【作者小传】

胡直孺

生卒年不详。字少汲,奉新(今属江西)人。绍圣四年(1097)进士。靖康间,知南京,为金所执,不屈,久而得归。高宗朝,擢龙图阁直学士,知隆兴府,进兵部尚书。其诗为黄庭坚所叹赏。

同官倡和用山字韵

胡直孺

章句飘飘续小山, 古风萧瑟笔追还。
海鹏共击三千里, 铁马同归十二闲。
功业会看钟鼎上, 声华已在缙绅间。
他年记忆怜衰老, 为报西川引一班。

关于这首诗的本事,《桐江诗话》记载说,宣和年间胡直孺在河北做官的时候,同僚陈亨伯等人倡和"山"字韵诗,胡直孺此诗最后写成,但诗篇一出,人人为之叹服。

首联以唱和破题,着力推奖同僚们的笔力诗风。西汉时淮南王刘安有一批门客曾以"淮南小山"为其共称而从事著述,他们的作品留传下来的有《招隐士》一篇,至今仍被认为是汉代骚体中的优秀作品。这首诗第一句中的"续小山",巧妙地使用了双关手法,既点明唱和的诗韵"山"字,又用淮南小山从人数和作品的质量两方面取喻,同时配以"飘飘"叠词,便把这次集会的盛况和参加者敏捷的诗思和盘托了出来。"萧瑟"常常被用来形容寂寞凄凉,这里指诗风衰微。次句进一步申足前句诗意,写法上先用"萧瑟"以喻淮南小山之后的一段空白,继以"笔追还"显示只有这次唱和的同人才是小山诗风的继承者,其气魄之大,罕有伦比。

关于颔联两句,《苕溪渔隐丛话》曾说:"元丰间,王平甫有'海鹏未击三千里,天马须归十二闲'之句,甚为一时诸公所称道。今少汲(胡直孺字)所云,岂非剽平甫之句,但易三字以为己作邪?"其实,胡直孺把王安国(字平甫)句中的希冀之词写成现实,虽仅易三字,却恰切地反映了宣和间暂时稳定的社会现实以及集会中诗人们的高雅志趣,是不应视为剽窃的。"海鹏"句用《庄子·逍遥游》中关于北溟之鲲变化为鹏以后,"水击三千里,抟扶摇而上者九万里"的故事,状写诗人及其伙伴们的广阔胸怀。"铁马"即天马。"闲"是马厩,《周礼·夏官·校人》:"天子有十二闲,马六种。"这里用铁马同入天子之闲,喻贤能毕至,四海一家,万象升平。颈联紧接着说,在这样的大好形势下作者及其辈流已经功成名就。钟、鼎是古代的两种铜器,统治阶级常在其上刻铸文字以记功德。"声华"犹言声誉。钟鼎铭功多在身后,所以前句说"会看"("会"是应当的意思);这一群同官在当时已有相当声望,因而后句说"已在"。尾联一方面直承中间四句,一方面又回头照应同官倡和,写在天下太平、功业已就的情况下,诗人将与同好们诗酒相征逐、潇洒送日月的打算。"西川",本指西方之水。庾信《文王见吕尚赞》:"言归养老,垂钓西川。""一班",指官吏的一个等级。《唐书·韦表微传》:"授(韦)监察御史里行,不乐曰:'爵禄譬滋味也,人皆欲之。吾年五十,拭镜揃(修剪)白(指白发),冒游少年间,取一班一级,不见其味。"末句用"西川"、"一班",显然含有退隐的暗示。写法上,尾联用"他年"对这一段生活的回忆出之,既以时间的流逝反衬同官诗酒交游的珍贵,又使描写角度发生变化,增强了作品的艺术力量。

这首诗写于宣和元年至七年(1119—1125)之间。到靖康二年(1127),北宋就宣告灭亡。在国家危亡前夕,身为宋朝官员的作者及其同僚们为表面上的和平与宁静所迷惑，沉湎于诗酒优游之中，这无疑是不足取的。但由于此诗一方面表现了作者志酬意满的雍容风度，一方面又有功成身退的暗示，代表了当时那种政治空气里中下层官僚们的思想和追求，再加上诗篇气势磅礴，语言流畅，结构谨严，用典自然，声律谐美，音调铿锵，因而很快取得了"人皆叹服"的艺术效果。《诗林广记》引黄庭坚的话说："少汲，后生中豪士也。读书作文，殊不尘埃，使之不倦；虽竞爽者，未易追也。"《宋诗纪事》引孙仲益的话说："公少工诗，语出惊人，鲁直一见，击节叹赏。他文称是，笔力雄赡，如行云流水，自然成文。"读这首诗，于胡直孺诗作的艺术造诣可略见一斑。

（李济阻）

【作者小传】

王 寀

（？—1122左右） 字辅道，一字道辅，江州德安（今属江西）人。登第，官校书郎、翰林学士、兵部侍郎。宣和中，以左道为林灵素所陷，弃市。

浪 花

王 寀

一江秋水浸寒空，　渔笛无端弄晚风。
万里波心谁折得？　夕阳影里碎残红。

关于这首诗，洪迈《夷坚志》己卷第八载有一则诗话说：曹道冲售诗京都，随所命题即就；一群"不逞之徒"要为难他，向他求《浪花》绝句，限"红"字为韵，曹谢以不能，要他们去求王寀学士。王欣然捉笔，一挥成此。为什么曹于他诗"随所命题即就"，独于此题谢以不能呢？大概因为，平常说的浪花，指涡流急湍，水浪如花，"红"字自然不好入韵。王寀的高明处，在于避实就虚，不写水浪如花，却写了浪中之花，因此使"读者无不嗟伏"。

王寀写的"浪中之花"，是夕阳倒映在秋水中的影子。夕阳是红色的，圆圆的，悬在天边本不像花；但倒映在水里，微波荡漾，就容易形成幻象。加上晚风吹皱一江秋水，把这个红彤彤、圆墩墩的影子摇碎了，形成层层皱折，这就更像花朵的千瓣嫣红。晚风时作时息，波浪起伏高低，夕阳倒影也就时圆时缺，有时如花之摇颤，有时似花之凋零，"红"字前再着一"残"字，更是传神阿堵。这"夕阳影里碎残红"是全诗之警策，诗人把它安排在结处，显然意在取得画龙点睛的艺术效果。

但这首绝句的佳胜处，又决不仅仅在于这超绝的点睛一笔，而是通体晶莹，风韵悠远，有一种幽邃的意境。大概，诗人觉得秋江清冷，一朵奇花，终嫌寂寞，于是落笔以"一江秋水浸寒空"为奇花画上背景，敷上底色。"浸"字把空中云彩引入波心，而且似乎增添了寒意。秋日晚霞，色彩绚丽，形象多变，浸在澄明秋水之中，染红了一江寒碧。以此为背景，烘托着那朵奇花，构成了一幅有层次、有变化的彩色图画。但诗人意犹未足，次句又用"渔笛无端弄晚风"给这幅图画配上轻柔、抒情的乐曲。笛声飘扬，为全诗添了声响，增了情趣，形成了意境，使读者耳与目一起得到美的感染。在章法上，"渔笛"上应"秋水"，"晚风"暗扣题面"浪"字，下启结句"碎残红"，勾连流转，意脉全在暗中。没有这一句，就看不出江中之浪，浪里之花。

为了突出结句的警策，诗人在第三句故作"万里波心谁折得"的一问，表现了他如醉如痴的意态。有此一问，就愈见此花之奇；欲折不能，又加添了一种可望而不可即的神秘感，引起读者轻轻的惆怅。在音调上，由于这一问而使全诗节奏变得更加轻柔舒缓，曼声摇曳，故作一顿、一跌，然后端出精彩绝艳的结句"夕阳影里碎残红"，终于神完意足，全诗飞动。

写秋江夕照，白居易"半江瑟瑟半江红"（《暮江吟》）名句在前；把水上阳光比作花，又有"日出江花红胜火"（白居易《忆江南》）的巧譬先出，但王寀的这首《浪花》自有其不可掩的丰姿。《暮江吟》描绘了江上夕阳投影，岸边露似珍珠，画面宽广，以立体感胜；王诗则集中一点，句句不离"浪花"，以层次丰富胜。白居易新月（"月似弓"）逗人遐思，王寀以渔笛作为伴奏，风调悠然有远致。在《忆江南》中，白以"日出江花"写出江南火一般的春色，表现了火一样的情怀，以热烈、壮美胜；王则以"秋水浸寒空"开篇，使画面色调柔和，取境幽邃，另有楚楚动人的风致。从这些地方可以看出王寀学唐人而能自出心裁。　（赖汉屏）

【作者小传】

饶　节

(1065—1129)　字德操，法号如璧，号倚松道人，抚州（今属江西）人。宋神宗熙宁末前后在世。曾为曾布客。后祝发为僧。陆游称之为当时诗僧第一。有《倚松集》。

偶　成　　饶　节

松下柴门闭绿苔，　只有蝴蝶双飞来。

蜜蜂两股大如茧，　应是前山花已开。

眠　石

静中与世不相关，　草木无情亦自闲。
挽石枕头眠落叶，　更无魂梦到人间。

晚　起

月落庵前梦未回，　松间无限鸟声催。
莫言春色无人赏，　野菜花开蝶也来。

饶节本来是个读书士子，曾投在曾布门下，后因与曾议论不合，乃出家为僧，法号如璧。他居邓州(今属河南)香岩山，名其所居室为倚松庵，自号倚松道人，取意于自己的诗句："闲携经卷倚松立，笑问客从何处来。"可见他那种闲云野鹤般的风采。他曾有诗写到他的倚松庵："庵外无人谁过前，老松千丈独参天。煮茶春水渐过膝，却虎短墙才及肩。"又有诗写到他的山居生活："禅堂茶罢卷残经，竹杖芒鞋信脚行。山尽路回人迹绝，竹鸡时作两三声。"都可见出其居处环境的幽僻和生活心境的恬适。这里的几首诗都是从不同侧面反映这种生活情趣。陆游评他的诗"为近时僧中之冠"，说明了他在诗歌方面的造诣；吕本中说他的诗"萧散"、"高妙"，代表了他的诗的基调与标格。

先看《偶成》。偶成，即偶然成咏。诗人本无意为诗，客观景物闯入眼帘，挑动诗情，遂脱口成篇。诗全是写庵中即目之景，而其生活意态即由景中见出。从上面的介绍里，我们知道他的茅庵是为老松环绕的，所以说是"松下"。松荫之下，已经透露出清幽的气息。在那却虎的篱笆"短墙"上有一扇"柴门"，但"门虽设而常关"，是闭着的，可见没有什么人事的骚扰，在清幽中又注入一股僻寂的气味。闭着的庭落里情景如何呢？锁着一院绿苔。绿苔只生于无人经行之处，可见少有人行走了，又加上一层安谧。一句诗三个层次，越涂越浓，把僧人幽居的环境和生活气息活现纸上。"闭绿苔"三字，《墨庄漫录》引作"昼不开"，不如前者内涵丰富。下面紧接上一句"只有蝴蝶双飞来"，尤妙。只有蝴蝶飞来，言外之意自是没有人来，把上句隐含的句意点得更为显豁。又不止此，也使美学意境开始转换。它表明：这个环境虽然远离尘俗，幽僻静寂，却并非寂灭，在它独有的这个天地里，充满着自然界蓬勃的生机，那五色斑斓的蝴蝶不是成双结对地飞舞着吗？

岂止蝴蝶！还有蜜蜂。你看它两股上拖着重重的花粉团飞来了，那不是前山的花已经开放了吗？从蜜蜂腿上的花粉推测前山的花开，已经是巧思妙构引人入胜；“大如茧”，尤其夸张得妙。花粉的采集有如此丰盛的收获，可见那前山的鲜花又不只是开放，而一定是花开遍野的盛景了。“大如茧”中竟展示出一个繁花烂漫的世界。花开之处只在前山，并不算远，庵中的主人尚且不知，要从蜜蜂的双股上推断出来，可见主人的好静不好动了。难怪青苔满庭，不只少有他人行迹，主人的行迹也少得很呢！这又密切回应首句。

这首诗展示的美学境界很耐人把玩。由第一句的幽僻静寂，推移到二三句的充满自然生机，再推移到第四句的繁花似锦世界，不只有尺幅千里之势，而且给人以步步扩展、步步升华、层出不穷之感。而从整个画面上看，清幽的环境与烂漫的山花相映衬；静寂的生活与蓬勃的自然生机相映衬。幽与丽，静与动，交织成一个幽僻美丽而又充满春意与生机的独特的境界，真个是世外桃源，“别有天地非人间”了。

《眠石》着重写脱俗的安闲自得心境。眠石即枕石而眠之意，读了题目，已感到一种高逸脱俗的气息。

首句以直抒胸臆的叙述语起。“静”是与“动”相对的。世俗之人牵缠世情，能动不能静。只有脱尘出俗，斩断名缰利锁，把浊世远远抛开，才能达到“静”的境地。所以“静中与世不相关”开始便把基本心境一语道出，这种起法开门见山，也喷薄有势，但全要靠下文展拓得好。否则，主要意思已明，而续语不称，便索然无味了。这首诗是承接推衍得好的。

次句由人写到物。不只人处“静中”，“与世不相关”，这里的草木也与世“无情”，而自处“闲”中。草木也具人性，草木写活了；草木也与人同志，人不再孤单了。人被置于相宜相得的环境中，人、草互映互衬，合为一体，诗的境界扩展了，遗世脱俗的气氛也更浓郁了。好花还须绿叶扶，扶得好。

第三句如果接着说偃仰床席，也未尝不可。不过拈出了“床席”，便不免使人有吃力之感，损伤了自然，而且也沾染了人世气，冲淡了离尘脱俗的况味。妙在诗人是以石为枕，以落叶为床席，就那么躺下来了。多么自然闲散！一切都凭依于大自然的赐予，诗人投身于大自然的怀抱中，享有大自然的一切，自由自在地生活，与人世不沾边儿。

末句再把离尘脱俗的境界推进一步。不只醒着的时候，处于“静中”，淡然忘世，睡上一觉，梦中也与尘世毫不相关：“更无魂梦到人间。”真是彻头彻尾彻里彻外超尘拔俗了。

小诗语言平淡，创造的意境却是浓郁的。一笔浓似一笔，一句深过一句，而那高怀遗世、萧散自得的情态都洋溢在字里行间。

《晚起》一首可以看到孟浩然《春晓》的影子，特别是前两句。但后两句境界便迥然不同。

庵前的晓月已经落山，朝阳就要探出头来，可是人还在香甜的梦中。不说僧家生活的自由闲逸，而其情境已饱孕其中了。可是松林里已经一阵阵传来雀噪，催人梦回了。无限，自然是说鸟声无限，但是树多才能鸟多，也就隐示着松林无限。一语关合两面，言简意丰。

诗人被鸟声催起身，漫步到庭中来享受一下晨曦，野菜已经开放鲜艳的花朵，招惹得蝴蝶翩翩飞来。诗人不禁闪过一个念头：不要说春色无人赏玩吧，那野菜花儿一开，蝴蝶不就追逐来了吗！即使诗人不来到庭院里，还沉酣在梦乡中，那又有什么关系呢？大自然的春色自有大自然中的生命品赏。推开一步说，这山林僻地的佳景，是否因为远离尘寰，便辜负了它的清姿，使它无谓的自生自灭了呢？不，大自然本身就是一个自我完足的世界，它是不乏自己的知音的。那么这两句诗，实在是在更高的境界上来夸说自然的胜地了。两句的次序有意地做了颠倒，顺说应是野菜开花蝶也来，谁言春色无人赏！那样便显得平弱乏力了。颠倒一下，使驳诘语居前，证语居后，便拗折有势，这是章法上的妙处。 （孙 静）

【作者小传】

苏 庠

(1065—1147) 字养直，澧州(治今湖南澧县)人。初以病目，自号眚翁。后徙居润州丹阳(今属江苏)后湖，更号后湖病民。绍兴间，居庐山，以徐俯荐，被召，固辞不赴。

清 江 曲 苏 庠

属玉双飞水满塘， 菰蒲深处浴鸳鸯。
白蘋满棹归来晚， 秋著芦花两岸霜。
扁舟系岸依林樾， 萧萧两鬓吹华发。
万事不理醉复醒， 长占烟波弄明月。

这首诗写于诗人三十七岁以前①。诗人一生主要过着遁迹江湖的隐居生活，这首诗便以自得其乐的心情，描绘了啸傲江湖、放任自适的闲逸生活。清江，似泛指诗人居处附近的一条清澈江河。

前六句所写，既是诗人隐逸生活的一日，又是长年生活的缩影。一二句写观赏。属玉，同鸀鳿，水鸟名，即鹭鸶，似鸭而大，长颈赤目，紫绀色。菰蒲，水草。诗人寄迹江河，触目之景，最多的自然是水鸟：鹭鸶常常嬉戏在塘水中，不过一有动静，便双双惊起，飞离水面；倒是偶居不离的鸳鸯，在那菰蒲深处，相对浴红衣，可以不受外界"骚扰"。长时间地观赏这些可爱而有灵性的水鸟，诗人感到有趣，感到欣喜。三、四句写归来。棹，桨。徜徉在"清江"之上，其乐无穷，诗人流连忘返，待回来时，往往天色已晚。桨划到白蘋盛开的岸边，他向岸上望去：挺立着丛丛芦苇。雪白的芦花连成一片，真好像是给两岸铺上了一层皑皑的浓霜。情景如画，诗人不觉心旷神怡。五、六句写系舟。林樾，指树林丛聚成荫处。将一叶扁舟系在岸边林荫下，上得岸来，迎面一阵萧萧秋风，吹起了诗人两鬓花白头发。如平镜的水面上起了一阵涟漪，诗人心田也掠过一个念头：对那些热衷于用世的人来说，这种江湖隐逸生活未免太平淡乏味了吧，不过，我却觉得其中有无限的情趣。因此最末两句，诗人表明自己的志趣。"万事不理"，指不问人事，不与世事，观其一生出处，这里似乎有着诗人与现实不合作的意味在内。"弄明月"，赏玩月色。诗人声称：我就喜爱这种无忧无虑、无拘无束的生活，万事都不必、也不愿去理会，每日价除了醒复醉、醉复醒外，便是"长占烟波弄明月"，小楫轻舟，永远占据在烟波江上，优哉游哉地观赏风景，玩赏月色，这是何等的舒心惬意！

这首诗，以属玉、鸳鸯、菰蒲、白蘋、芦花、扁舟、林樾等景物，创造出一种幽美清新的江湖世界，活动在其间的诗人，又是一位孤高出尘、自由不羁的隐逸者，因此，全诗给人以一种脱尽尘世烟火的感觉，而使苏轼大为赞赏："此篇若置太白集中，谁复疑其非也？"（胡仔《苕溪渔隐丛话》引）认为可与李太白诗媲美。味其与太白诗相似处，当有二：寄情山水、纵酒行乐、萧散洒脱的不群风致似之；随兴挥洒、辞气夸张、清新自然的飘逸风神似之。

（周慧珍）

〔注〕①苏轼卒于建中靖国元年（1101），苏庠生于治平二年（1065），死于绍兴十七年（1147）。此诗当写于苏轼逝世前，即诗人三十七岁以前。因此，便不能据诗中"华发"指为老年。

【作者小传】

寇国宝

生卒年不详。字荆山，徐州（今属江苏）人。师事陈师道。绍圣四年（1097）进士。曾为吴县主簿。

题阊门外小寺壁　　寇国宝

黄叶西陂水漫流，　籧篨风急滞扁舟。
夕阳暝色来千里，　人语鸡声共一丘。

这首诗的最早记载见于叶梦得的《石林诗话》。叶梦得从吴下(今江苏苏州)阊门外小寺壁间看到这首诗，经过多方打听，才得知它的作者是寇国宝。寇于绍圣四年(1097)与叶梦得同榜登进士第，久从陈师道学诗，深受陈的赏识。

诗写于深秋期间，正值黄叶飘坠的季节。西陂池水满溢。悬在梳檣上的竹席(籧篨)被大风吹得簌簌作响，客船已开不成了。诗人面对着黄昏降临后的千里夜色，不时听到同一山丘上嘈杂的人声和驱鸡入埘的声音。恰如《诗经·王风·君子于役》篇所咏："鸡栖于埘，日之夕矣，羊牛下来。"寇国宝家乡在徐州，长期游宦江南，时当秋深日暮，能不触动归思么？

这首诗纯凭作者的直感摭取即目所见和即耳所闻的景物，几乎不加点染，随口入韵，便呈现出一幅隽永有味的秋暮思归图。诗人身居小寺之内，眼见黄叶飘坠于西边的陂塘下，因而注视到陂水横溢，四处漫流。很可能，在诗人的潜意识里，此刻即产生一种飘零之感，动了归家之念。接着，诗人耳闻籧篨声响，知道外面起了大风，扁舟已无法开行。真是欲速归而不能，岂不越发愁煞？此时，夕阳冉冉西沉，夜色渐渐吞噬了大地，农夫荷锄而归，牧童驱犊而返，鸡栖于埘，猪、羊入圈……此景此境，又怎能不使诗人兴起"日暮乡关何处是"(崔灏《黄鹤楼》)的嗟叹呢？

这首诗句句都写景物，既未发一句议论，也没用一个典故。但正像王国维《人间词话》所说："一切景语，皆情语也。"诗人既即景生情，反过来又把情融入景物中，而不露一丝痕迹。诗中化用了前人的诗意和字面，却让读者一下子看不出来，真似唐代皎然《诗式》所赞许的那样："才巧意精，若无朕迹，盖诗人偷狐白裘于阃域中之手。"

寇国宝的诗，叶梦得已"恨不得多见"。但单从这首诗里，已能看出他虽然跟陈师道学诗很久，风格却与江西派诗迥然不同。叶梦得说这首诗"句意极可喜"。实际上，可喜的又何止限于句意？此诗的胜处，实在于境界。　（蔡厚示）

【作者小传】

高　荷

生卒年不详。字子勉，自号还还先生，荆南(治今湖北江陵)人。元祐太学生。晚年为童贯客。官至兰州通判。诗为黄庭坚所称赏。

蜡　梅　　高　荷

少熔蜡泪装应似，　　多爇龙涎臭不如。①
只恐春风有机事，　　夜来开破几丸书。

〔注〕 ① 龙涎：香名，抹香鲸病胃的一种分泌物。因得于海上，故称龙涎。

这是一首咏物诗。一般说来，咏物诗当然离不开对所咏之物的外形特征描写，但如果只注意到这一点，那就往往会滞于形相而缺乏神采。而对于一些常见的题材如牡丹、梅花等，更容易造成人云亦云、千篇一律，高荷此诗在追求神似方面却饶有新意。

首二句从色、香两方面刻画蜡梅外形：蜡梅色黄似蜡，熔化一点蜡汁来装点花朵，应该就像这个样子吧。至于蜡梅香气之浓郁，即使点上很多龙涎名香，也比不上它！应该指出，这两句诗虽然比较准确地写出了蜡梅的色、香，但是写得并不高明。黄如蜡汁，香胜龙涎，显得呆板而缺乏神采。如果全诗都像这样写，那么这将是一首平庸之作。但是诗人并没有停留于此，他笔锋一转，抛开蜡梅的形态，写它开花的过程。古人用蜡封书信作丸状以传递机密，取其易带且能防湿，蜡梅的花蕾形似蜡丸。诗人说：经过一夜春风，有几朵花蕾已坼苞开放了，大概是春风有什么机密要从这“蜡丸”中探取，所以把它们吹开了吧！这两句想象奇特新颖，出人意表，清人姚壎评曰：“奇特，咏物中之仅见者。”（见《宋诗略》卷九）是说得很中肯的。

这首诗前两句比较平凡，后两句则相当精警，诚如陆机《文赋》所云：“石韫玉而山辉，水怀珠而川媚。”由于有了后面两句“警策”，使得全诗陡然生辉，从而不觉前两句之呆滞了。崇宁元年（1102），黄庭坚自涪州贬所东归逗留于荆南（今湖北荆州）时，高荷曾往献诗，诗中“点检金闺彦，凄凉玉笋班”之句极蒙黄之叹赏，称赞他作诗“用一事如军中之令，置一字如关门之键”，并对他作了具体的指点。从这首小诗来看，后二句构思之奇巧确是得黄诗之所长。咏物诗一般只描写静态的物体，所以较难写得流动多姿。这首诗却选择了一个动态的过程作为描写的重点：蜡丸似的花蕾在春风中绽开。诗人展现在我们面前的不是一幅静止的图画，而是一组活动的镜头，不但春风被赋予了人的感情，而且蜡梅本身也显得生机勃勃。这样，诗人就突破了“形似”的局限，写出了蜡梅的神态。蜡梅在当时是比较罕见的花，许多诗人作诗咏它，黄庭坚集中就有好几首咏蜡梅的诗，但那些诗大多未能打破“形似”的局限，有新意者少。高荷此诗可谓青出于蓝而胜于

蓝，成为咏物小诗中不可多得的妙品。 （莫砺锋）

【作者小传】

洪 炎

(1067—1133) 字玉父，南昌（今属江西）人。黄庭坚之外甥。元祐末登第。南渡后官秘书少监。诗属江西派。有《西渡集》。

山中闻杜鹃 洪 炎

山中二月闻杜鹃，百草争芳已消歇。
绿阴初不待熏风，啼鸟区区自流血。
北窗移灯欲三更，南山高林时一声。
言归汝亦无归处，何用多言伤我情！

钱锺书《宋诗选注》谓此诗“是金兵侵宋，洪炎逃难时所作”。据阙名者所著《洪炎小传》云：“靖康初，炎家洪城（今江西南昌）。”建炎三年(1129)十一月，金兵入洪州，至次年四月退出。建炎四年二月，洪炎避居金溪。此诗应即写于此时此地。

杜鹃，一名鹈鴂，又名催归。《荆楚岁时记》载：“杜鹃初鸣，先闻者主别离。”洪炎此时流落异乡，初闻鹃鸣，自不免增添几许别恨离愁。何况时犹早春二月，而鹃啼声声却预示着百草争芳的季节即将过去，正如屈原《离骚》所咏：“恐鹈鴂之先鸣兮，使夫百草为之不芳。”这怎能不使诗人倍感凄怆呢？因而忧国愤时之念，混合着怀乡思家之情，便一时并集心头。诗人不禁为芳景的消歇而叹惋了。

南国山区，原不待熏风吹拂，即已遍地绿荫；这本不足奇。但对特别敏感的诗人来说，却处处觉得怪异。连小小杜鹃的流血悲啼，也只不过使诗人感到徒然多事罢了。这样，通过诗人的主观感受，使得审美客体都染上一层忧郁的色彩。也就是说，由于诗人的移情作用，大自然被人化了。

“北窗”点明地点；“三更”点出时间。当更深夜静，诗人在北窗下，朝着远在北面的家乡，自难免勾起不绝如缕的思念。他禁不住“移灯”向四周察看，好像要找回什么似的。却偏在这个时候，南山高林里不时传来一两声鹃啼。晚唐诗人崔涂曾经写过：“故山望断不知处，鹈鴂隔花时一声。”（《湘中谣》）近人俞陛云评此二句说：“隔花鹈鴂，催换芳年，益复动人归思。”（《诗境浅说》）那时洪炎正身当此种境地，又怎能不勾起令人肠断的乡思呢？

唐无名氏《杂诗》云："早是有家归未得，杜鹃休向耳边啼！"洪炎却想：如今金兵南侵吴楚，归路阻塞，杜鹃声声催归，它自己又何处归去呢（民间传说杜鹃产自西蜀）？又何必多言使我徒然伤感？如果说，唐无名氏《杂诗》写的是由物及己（由物候的变化引起诗人的伤感）；那么，洪炎则更进一层写出了由己及物（把诗人的感受物化）。这种奇中出奇、以故为新的写法，正是宋代江西派诗人自诩为"夺胎换骨"的奥妙所在。

综观全诗，所用字句都很寻常。但读者能从寻常的字句中隐隐觉出一股韵味。尽管诗里用了一些典故和化用了前人不少诗句，但从字面上却一时不易察觉。欣赏者只有多读书，才能更多地品尝出这类作品中所含蕴的深意。从这方面看，纪昀说洪炎诗酷似其舅黄庭坚，也不无道理。但王士禛评《西渡集》云："其诗局促，去豫章殊远"，认为洪炎诗题材狭窄，远比不上黄庭坚诗的挥洒自如。像这首诗，自始至终局限在鹃声所触起的乡思之中，而缺乏神游物外、大开大阖的气魄。阙名者所著《洪炎小传》谓炎诗"潇洒落拓，绝无羁愁凄苦之况"，看来并不尽然。相反地，洪炎此诗妙就妙在融思考于形象之中，能紧扣鹃声着笔，而抒写出"羁愁凄苦之况"。这正是宋诗擅长夹叙夹议而不同于唐诗力求"意境莹澈"的表现。

此诗为古体，但多用律句或拗句。前半押仄声韵，后半转用平声韵。给人一种拗中见平的美感。

（蔡厚示）

次韵公实雷雨一首　　洪　炎

惊雷势欲拔三山，①　　急雨声如倒百川。
但作奇寒侵客梦，　　若为一震静胡烟！②
田园荆棘漫流水，　　河洛腥膻今几年？③
拟叩九关笺帝所，　　人非大手笔非椽。④

〔注〕①三山：旧传海上有三神山，即蓬莱、方壶、瀛洲。见《史记·封禅书》。②胡烟：此处指金兵进攻所带来的战争烟尘。③腥膻：腥臊气味，这是对金人轻蔑的说法。④"人非大手"句：大手指大手笔，又称如椽笔。《晋书·王珣传》："珣梦人以大笔如椽与之。"又唐代张说、苏颋以文章著名当时，称燕、许大手笔。燕、许：燕国公、许国公，是张说、苏颋的封号。

诗人洪炎是黄庭坚的外甥，被列入江西诗派，诗风和他的舅舅相近，著有《西渡集》。这首和友人郑公实（作者《西渡集》中有不少和郑公实之作）《雷雨》诗，作于靖康之变（1127）以后，当时汴京失守，中原丧失，诗人寄居客地，在大雷雨中，感叹"河洛腥膻"，有志上疏陈情，而又自恨人微才弱，诗中颇见忠义激愤之气。

开头两句，写雷雨猛烈，惊雷从海上破空而来，仿佛具有拔走蓬莱三山的威势。倾盆的暴雨，有如百川崩泻，发出喧轰撞击的声音。在这样雷雨交加的时刻，作者以诗的中间四句，写他在此时的感受：他感到这雷雨只解带来侵人的冷气，使人在客中魂梦难安；这霹雳虽有震天的巨响，却不解怎样震静那遍地的"胡烟"。（若为，疑问辞，怎能之意。）天地苍茫，风云突变，京城沦陷了，本来已经长满荆棘的田园，现在又弥漫着茫茫的洪水。黄河洛水一带，本来是京都的所在地，却被金人占领已经几年了。这四句感慨深沉，作者在风雨震电之际，从个人的处境，想到国家和民族的灾难，心旌摇摇，不能自止，写成的诗句就倍感沉痛。在诗的结尾两句，作者更表白自己的心愿说："拟叩九关笺帝所，人非大手笔非椽。"九关，意为九重，古称"天门九重"，君门也是九重，比喻极高极深，下面的意见是难以上达的。帝所，天帝所在之处，这里指皇帝所在。作者以一介书生，有志陈词帝所，难免有"叩阍无门"之感。但作者激于忠愤之情，仍然有意向皇帝陈情，表达自己忧国忧时的心志，希望朝廷早日组织力量，北定中原，一洗"河洛腥膻"之气，使国家复兴。接着又感到自己人非大手，笔非如椽，唯恐倾诉有所不尽，无从收到补救时艰的效果。前句是愿望，后句是谦逊之词，语言婉曲，能够显出书生的本色。

（马祖熙）

四月二十三日晚同太冲、表之、公实野步　　洪　炎

四山矗矗野田田，　近是人烟远是村。
鸟外疏钟灵隐寺，　花边流水武陵源。
有逢即画原非笔，　所见皆诗本不言。
看插秧针欲忘返，　杖藜徙倚到黄昏。

这首诗不知写于何年。但从诗里所反映的生活情趣看，它很可能是洪炎晚年在临安（今浙江杭州）任职期间游赏近郊田园之作。

提起田园诗，很容易使人想起东晋诗人陶渊明和盛唐诗人王维、孟浩然、储光羲等。他们的作品，大都于冲淡中以兴象清奇见长。洪炎此诗则不然。它冶哲理与形象于一炉，主观的意象多于客观的兴象。因此读者必须边读边想，才能领悟其中的旨趣。

从题目可知：此诗写诗人于初夏的傍晚同朋友们在郊野散步时的所见、所闻和所想。诗人骋目四望：周围是巍然矗立的群山，田野里一片葱翠。近处、远

处展现出簇簇人烟和隐隐村庄。从鸟飞的那边,稀疏传来灵隐寺晚钟的声响。盛开的百花,映带着一弯流水,其幽美有如陶渊明当年所描绘的武陵桃花源。诗人边走边看,边看边想,似乎到处都是画,随处皆有诗。又正值插秧季节,诗人见农夫在辛勤劳动,若有所悟。他拄着藜木拐杖,和朋友们贪看着这一切,流连忘返,徘徊不去,直到黄昏……

这首诗的旨趣在哪里呢?

诗人所见,有山峦、田野、人烟和村庄,还有飞鸟、丛花和流水。诗人所闻,除了疏钟外,也还有鸟语、花香和流水声。这种种交织出一幅幅迷人的画图,谱写成一曲曲动人的诗章。诗人想:他不需要、也无可能用笔墨和言语把这些大自然的杰作描写出来。但这不是诗人的卓见,也不是此诗的旨趣所在。诚如钱锺书《宋诗选注》所指出的:苏轼、黄庭坚、陈与义和唐庚等人都有过与此类似的想法和写法。

诗人的卓见和此诗的旨趣是在末尾两句。这两句表明:诗人最爱赏的是农民的"插秧针",他看得几乎忘了归去,直到黄昏时候,大概是因为他领悟到只有辛勤劳动,才可能使生活变得更加美好。足见直到晚年,诗人对生活仍持着积极的态度,这是很可贵的。

这首诗采用了一系列对照手法。首句"四山矗矗"和"野田田"是崇高美和秀丽美的对照;次句"人烟"和"村"是近和远的对照。颔联用声和色对照。颈联用空间艺术的画跟时间艺术的诗对照。末尾用农夫的辛劳跟诗人的沉思对照。如果说,诗的前半是通过形象去描写自然景物;那么,后半则是稍带议论以宣讲人生哲理。正由于诗人采用了这样一系列的对照手法,才使得形象更加鲜明,不因议论而削弱;结构更加紧密,不因跳跃而松弛。同时也给读者以有益的启迪。

诗里有些思维方式很有特色:它把形象思维和逻辑思维紧密结合在一起,充分调动诸种感官(包括思维器官)的诸种功能。如"鸟外疏钟灵隐寺",即根据视觉形象"鸟外"和听觉形象"疏钟",然后通过大脑的综合、推理和判断,才确指这钟声是来自灵隐寺;"花边流水武陵源",即根据视觉形象"花边"和"流水",联想起书上所读陶渊明的《桃花源记》,才用"武陵源"作比喻。这正是宋诗不同于唐诗的地方(当然只是就多数而言)。

钱锺书说:"洪炎……虽然没有摆脱《山谷集》的圈套,还不至于像鹦哥学舌,颇能够说自己的话而口齿清楚。"(《宋诗选注》)这首诗,就是个明显的例证。

(蔡厚示)

【作者小传】

谢 逸

(1068—1113) 字无逸,自号溪堂,抚州临川(今江西抚州)人。屡举进士不第。博学工文辞。诗文见赏于黄庭坚。与从弟谢薖并称"二谢"。曾作蝴蝶诗三百余首,人称"谢蝴蝶"。有《溪堂集》、《溪堂词》。

送董元达　　谢 逸

读书不作儒生酸,　跃马西入金城关。①
塞垣苦寒风气恶,②　归来面皱须眉斑。
先皇召见延和殿,③　议论慷慨天开颜。
谤书盈箧不复辩,④　脱身来看江南山。
长江滚滚蛟龙怒,　扁舟此去何当还?
大梁城里定相见,　玉川破屋应数间。⑤

〔注〕 ① 金城关:金城,地名,故城在今甘肃皋兰西南。宋时为边关。 ② 塞垣:关塞。这里指西北边防地带。 ③ 延和殿:宋代宫殿名。《宋史·地理志》:"崇政殿后有景福殿,其西,有殿北向,曰延和,便坐殿也。"按:神宗时,龙图阁直学士李柬之致仕,帝特召之对延和殿。 ④ 谤书盈箧:《战国策·秦策》:"魏文侯令乐羊将,攻中山,三年而拔之。乐羊反而语功,文侯示之谤书一箧。" ⑤ 破屋数间:语本韩愈《寄卢仝》诗:"玉川先生洛城里,破屋数间而已矣。"

这首七言古诗是送别之作,古人在送别赠行的诗中,往往寓有勖勉之意,这首诗也不例外。作者的友人董元达,是一位慷慨负气、傲骨铮铮的志士,作者在激励他的同时,希望将来有重见之期,并预期彼此都能不改变自己的风操。

开头四句是诗的第一段。前两句指出董生虽然爱好读书,敦品力学,但不屑作一般儒生的寒酸、龌龊相,以科举起家,汲汲于追求功名富贵。而有志军戎,因而早岁就跃马西行,在金城关一带边防要地,参加军旅生活,以图立功绝域。次两句是说,董生虽然久在边疆,但当时西边的夏国,已与宋朝议和有年,所以未能在战场上建立功勋。而边塞苦寒,风霜凄紧,董生在归来之后,已经须眉斑白,面带皱纹了。这一段表明董生胸怀韬略,志气非同一般,而未遇时机,壮图未遂。"先皇召见延和殿"以下四句是诗的第二段。写董生归来之后,曾被先皇在延和殿召见,他在廷对的当儿,议论慷慨,曾使君王为之开颜(天,指天子),但终以年老,虽然谤书盈箧,他也不复置辩。慨然脱身高隐,看山江南,暂且不问世事。这一段表明董生在回到京都以后,虽蒙召见,然而并未获得重用。

末段四句点明送行之意。前两句是说，董生南行之后，将越过浪涛滚滚、蛟龙怒吼的长江，未知扁舟此去，何时才能归还。这两句深寓惜别之意。后两句的意思是：将来有幸，在大梁城里定能相见（大梁即汴京）。而玉川子的破屋数间，那时也定然存在。玉川子是唐代诗人卢仝的号，作者借以自比。玉川子卢仝一生没有得志，作者也累试不第。除科举之外，作者也还有其他途径可以进身，但他并不低声下气去干求别人的推荐，宁愿以布衣终老，所以在这里也以此勉励友人，表明将来相见，自己还是那几间破屋主人，友人也还是那么一个高傲自负之士。

全诗表达了送别友人的磊落旷达之情，不作临别雪涕之语，显得彼此都很有志节，不失自重的贫士身份。

（马祖熙）

寄隐居士　　谢　逸

先生骨相不封侯，①　　卜居但得林塘幽。②
家藏玉唾几千卷，　　手校韦编三十秋。
相知四海孰青眼，③　　高卧一庵今白头。
襄阳耆旧节独苦，④　　只有庞公不入州。⑤

〔注〕 ① 先生：别本作“处士”。骨相：《后汉书·班超传》：“（班）超微时，有相者谓之曰：‘君燕颔虎颈，是封侯骨相。’”又同传：“超少有大志，尝为官佣书，投笔叹曰：‘大丈夫无他志略，犹当效傅介子、张骞立功异域，以取封侯，安能久事笔砚间乎？’” ② 卜居：古人选择住所，必先占卜吉凶，故称为“卜居”。 ③ 青眼：比喻对人重视。《晋书·阮籍传》，籍又能为青白眼，见鄙俗之士，以白眼对之。嵇康来见，对以青眼。 ④ 襄阳耆旧：晋习凿齿有《襄阳耆旧传》，录高士多人。 ⑤ 庞公：即庞德公，后汉襄阳人，居岘山南，未尝入城市。

这首诗题为《寄隐居士》，表达了诗人对高人逸士的敬佩心情，也寄寓了诗人自己甘心隐居林下的心志。“先生骨相不封侯，卜居但得林塘幽。”诗篇一开头即表明先生风操甚高，不慕荣利。先生自以为本无封侯的骨相，所以无志于封侯，也不羡慕封侯。先生以高隐明志，在选择住所方面，但求于林塘幽静处结个茅庵，即已满足，不艳羡住在朱楼翠馆，自婴尘网。

第二联：“家藏玉唾几千卷，手校韦编三十秋。”写先生藏书之富和读书之勤。“几千卷”，极言藏书之多，且皆为珍贵的玉唾书。玉唾，即玉书。据《拾遗记》载：“孔子未生时，有麟吐玉书于阙里人家。”后世因称玉书为精贵之书。“三十秋”，极言时间之长。孔子晚年，喜读《易经》，曾经留下韦编三绝的故事。“韦”，是熟牛皮。古代用竹简写书，用熟牛皮筋把竹简编联起来，叫“韦编”，后世因以“韦编”代表书籍。先生手校经籍达三十年之久，可见治学的辛勤。

诗的第五六两句：“相知四海孰青眼，高卧一庵今白头。”表明先生在四海之内虽然不乏相知之辈，但他们多汲汲于功名富贵，和先生气味不同。以先生之高格，在这些人当中，谁也没有为先生所垂青，也不配先生给以青眼。先生高卧茅庵之中，甘与鸥鹭为盟、与田父野老为友，现今已经头发白了。“高卧”：旧喻隐居之士，高枕安闲而卧，不预世事。如陶渊明高卧北窗之下自谓是羲皇上人；谢安曾高卧东山，天下想望其风采；都是例子。这两句着重说明先生尽管知交很多，但知音极少。所以甘愿高卧山林，任他头白。

结尾两句：“襄阳耆旧节独苦，只有庞公不入州。”进一步赞美先生的风操。如果拿襄阳耆旧来相比，那么先生是真正的隐士。他的德行，可以和汉末的庞德公比美。别人借隐居之名，以猎取名望，为延誉出山的准备，先生却独如庞公，清操自励，始终不入州门。先生的风格高尚，于此昭然可见。

全诗表意朴素，旨在歌颂真正的隐士，并以此自励。作者自己也终身未入仕途，可见其托意之所在。此诗全篇用拗体，颇为劲健，为黄庭坚所赞赏。

（马祖熙）

【作者小传】

谢 薖

生卒年不详。字幼槃，抚州临川（今江西抚州）人。逸从弟。工诗文，与逸并称“二谢”。有《谢幼槃文集》、《竹友集》、《竹友词》。

夏日游南湖　　谢 薖

麴尘裙与草争绿，　象鼻筒胜琼作杯。
可惜小舟横两桨，　无人催送莫愁来。

这里所说的南湖，在今江西抚州市附近。“麴尘裙与草争绿”，麴，为酒曲，麴尘是酒曲上所生的菌，色淡黄，所以诗歌中往往以麴尘代指浅黄色。夏日游湖，湖畔绿草丰茂，草上游人往来，特别是仕女的浅黄裙，在绿草的映衬下格外绚丽夺目，似乎在与绿草争艳。“象鼻筒胜琼作杯。”筒，竹筒。畅怀痛饮，用粗如象鼻的竹筒饮酒，胜过用赤玉精雕细刻成的酒杯，美景在目，美酒在手，诗人逸兴顿发。由游湖，见到小舟双桨，联想到莫愁这位美女。“可惜小舟横两桨，无人催送莫愁来。”莫愁有两个。一个是石城女子，善唱歌谣，所以在六朝乐府中留下了一首《莫愁乐》：“莫愁在何处？莫愁石城西。艇子打双桨，催送莫愁来。”另一是洛阳女子。梁武帝《河中之水歌》：“河中之水向东流，洛阳女儿名莫愁。”后人往往合二为一，作为美女代称。但在此诗中，还是偏重前者。诗人好用大杯狂饮而不爱华贵玉杯、怀想民间女子莫愁而不怀想娇艳的大家闺秀，游兴之高，发想之异，活现出一个洒脱不俗的诗人形象。在宋诗中，这类性灵自然流露、不加掩饰的作品，并不多见。

谢荳被南宋吕本中列入江西诗派，刘克庄称赞他作诗好苦思，此诗在语言上很有江西诗派的瘦硬特色。七言绝句的句法，一般是前四后三，读来富有音乐美，江西派诗人却上承韩愈诗派，力求生新。此诗首句“麹尘裙与草争绿”，句式是前三后四。次句“象鼻筒胜琼作杯”，句式是三、一、三。语言上还极力避熟求生，所以首句不用“浅黄裙”而用“麹尘裙”、次句不用“竹筒杯”而用“象鼻筒”。尤其是末二句十四字中，把《莫愁乐》末二句化入，但又是反用其意：处处都表现出江西诗派的作风。

（何丹尼）

【作者小传】

唐 庚

(1070—1120)　字子西，眉州丹棱（今属四川）人。绍圣进士。受知张商英，擢提举京畿常平。商英罢相，贬惠州，会赦北归，道病卒。文采风流，有“小东坡”之称。有《三国杂事》、《唐子西集》、《唐子西文录》。

讯 囚

唐 庚

参军坐厅事，　据案嚼齿牙。
引囚到庭下，　囚口争喧哗。
参军气益振，　声厉语更切：
“自古官中财，　一一民膏血。
为吏掌管钥，　反窃以自私；
人不汝谁何，　如摘颔下髭。
事老恶自张，[①]　证佐日月明。
推穷见毛脉，[②]　那可口舌争？”

有囚奋然出，　请与参军辨：
“参军心如眼，　有睫不自见。③
参军在场屋，　薄薄有声称。
只今作参军，　几时得骞腾？
无功食国禄，　去窃能几何？
上官乃容隐，　曾不加谴呵。
囚今信有罪，　参军宜揣分；
等是为贫计，　何苦独相困！”
参军噤无语，　反顾吏卒羞；
包裹琴与书，　明日吾归休。

〔注〕 ① 事老：时间久了。 ② 推穷见毛脉：细枝末节都已推究清楚。 ③ 有睫不自见：《韩非子·喻老》：“智如目也，能见百步之外而不能自见其睫。”即见远不见近之意。

这篇作品，从所取的题材和表现的手法看，在揭露现实的古代诗歌中是别开生面的。乍看“讯囚”的题目，也许会联想起“葫芦僧乱判葫芦案”一类的冤狱，以为作者大概要直接叙写贪残官吏无心执法，使百姓们有苦难言；然而，作者反映吏治的腐败，并不从正面落笔。他是大题小做，侧击旁敲，通过上官和下吏相互的讯问攻讦，让他们不打自招，和盘托出了封建吏治的内幕：原来上官窃禄，小吏窃财，大窃小偷，彼此彼此，哪用得着装模作样地坐堂审贼！小吏的回敬，使得参军大人无词以对，再也审不下去，一场讯囚就此结束。

“直把官场作戏场。”这一幕有声有色的闹剧，从头至尾充满了嬉笑怒骂的讽刺意味。第一句“参军坐厅事”，就是一语双关，点出叙事诗的主旨。参军，即“录事参军”，宋时为知府属官，掌文书、纠察等事；但它又是唐代“参军戏”中优伶行当的专名，指扮演官员的滑稽角色。亦官亦伶，亦真亦假，下文参军的语言和动作，正具有这种可笑的两面性。他凭着公案，切齿咬牙，声色俱厉地对囚犯小吏打着官腔：官中财物都是民脂民膏，你这个为吏的，知法犯法，监守自盗，而今恶迹暴露，罪证俱在，看你还能巧口抵赖？紧接着，囚犯“奋然”而起，针锋相对，向参军据“理”抗争：请问，您曾否看到自己的问题？您未做官时还有点小名声，如今飞黄腾达，当了个参军！无功食禄，您的行为与盗窃有何两样？也不过上司包庇，您才没受处分。我认罪，您也该心里有数。咱们一样是千里求官只为财，何苦非要跟我过不去呢？小吏的一番答辩，气壮而势盛，以其人之道还治其人之身，把参军的嘴全给封住了。参军审不倒囚犯，只好羞惭地准备辞官还乡。活剧终场了，揶揄嘲笑之余，人们却要思索：在此官场舞台上演出的，到底是怎么一出戏！

与《讯囚》可以对读的，宋诗中恰好有一首张耒的《有感》，这两首诗的作者，生活的时期相近，他们都对现实政治相当不满，对民生疾苦相当同情，他们不约而同地都以"逢场作戏"来立意遣辞，批判当时的吏治。比较起来，张耒的《有感》是随感式的，写得简略一些；而唐庚《讯囚》讽刺的角度更为新颖，场面的叙写更为具体，声情毕肖，辛辣无比，巧妙地把审判者与被审判者轻轻调换一下位置，便豁然掀开了整个封建官场貌似庄严的帷幕，一下子兜出了大小官吏的丑恶老底，取得了喜剧性的强烈讽刺效果。（顾复生）

张　求　　　　　　唐　庚

张求一老兵，　著帽如破斗。
卖卜益昌市，　性命寄杯酒。
骑马好事人，　金钱投瓮牖。
一语不假借，　意自有臧否。
鸡肋巧安拳，　未省怕嗔殴。
坐此益寒酸，　饿理将入口。
未死且强项，　那暇顾炙手。
士节久凋丧，　舐痔甜不呕。
求岂知道者，　议论无所苟。
吾宁从之游，　聊以激衰朽。

用诗歌来对下层民众及其生活进行描写和刻画，汉乐府已有之，至唐人乐府而极盛。如白居易之《卖炭翁》、《杜陵叟》、《新丰折臂翁》、《西凉伎》等，皆是此中名作。本诗借诗语为一老兵张求作传，可以说是直接承续了唐人的传统。

"张求一老兵"，因张求本为一普通老兵，人未必能识其名，故起句直叙其身份。起得急，叙得直，诗歌反而显得有力。"著帽如破斗"，则是外貌刻画。"著帽"二字用得普通，用得随意，却反见出主人公洒脱不羁的个性。轻轻点染，一个落拓老兵的形象已经跃然纸上。"卖卜益昌市，性命寄杯酒。"因无其他收入，故老兵只好在益昌市上卖卜求生。在古代，卖卜往往是读书人在读书不成，而又丧失了其他谋生手段之后，无奈才选择的职业，因其运营成本极低，吃饭仅凭一张口也。干这一行的人，往往无房无地，可谓沦落到了极点。张求虽非读书人，但被生活所逼，也只好借此糊口——不过话又说回来，卖卜虽属“贱业”，其中确也藏龙卧虎。远的像汉朝的严君平、郎觊，近的像唐朝的武攸绪，甚至于宋末的名士谢枋得，都曾从事过这一职业。高人名士与江湖骗子混迹杂处，故虽是同行，却也不可一概论之了。上文的“性命寄杯酒”已隐隐透出张求的豪放，下文的叙述，则印证了其骨鲠。

“骑马好事人，金钱投瓮牖。”“骑马好事人”，指前来问卜的人。“瓮牖”，以破瓮作窗户，指的是张求的家。《史记·陈涉世家》：“陈涉瓮牖绳枢之子，甿隶之人。”说的是一个意思。“骑马”，标示的是问卜者的身份乃是富贵之人。身在富贵当中，本不必问卜。稍有世故者，即知此“好事”者之前来，多半是为了听几句恭维开心的话。卜者本多以口舌为功，遇此场景，理应逢迎而上，熟料张求却“一语不假借，意自有臧否”。按蓍龟卦象解卦，不肯作一曲语。下文鸡肋安拳，用刘伶典故。《晋书·刘伶传》：“（伶）尝醉，与俗人相忤，其人攘袂奋拳而往，伶徐曰：‘鸡肋不足以安尊拳。’其人笑而止。”本诗反其意而用之，张求只知直言，即使受到嗔怪殴打，也不肯改口，鸡肋安拳，以弱抗强，反见出一股倔强精刚之气。

“坐此益寒酸，饿理将入口。”饿理，即饿纹，指人口角的皱纹，古人认为有此纹者将饿死，用的是周亚夫的典故。《史记·绛侯周勃世家》：“许负指其口曰：‘有从理入口，此饿死法也。’”卖卜者不能逢迎人意，自当饿死。但“未死且强项，那暇顾炙手”。“强项”用的是东汉“强项”令董宣的典故。“炙手”指的是当权者。卜者自有卜者的信仰与原则，岂肯趋炎附势，因死而改节。至此，作者已将一介普通卜者的道德水准提升到士人的高度。

岂料，具有讽刺意味的是，真正拥有士人身份的读书人，却早已道德沦亡，廉耻丧尽了。“士节久凋丧，舐痔甜不呕。”“舐痔”，典出《庄子·列御寇》：“秦王有病召医，破痈溃痤者得车一乘，舐痔者得车五乘。所治愈下，得车愈多。”舐痔吮痈，士人们不仅不觉得恶心，而且甘之若饴，可见不讲气节廉耻，仅以利益为追逐的对象，已经成为士林的普遍风气。

“求岂知道者，议论无所苟。吾宁从之游，聊以激衰朽。”加一个“岂”字，是退一步说话，似贬实褒，以退为进。虽然张求未必真的懂得君子的大道，但其却能秉理直言，百折不避。光这一点，就值得君子与其为友。“衰朽”是作者自指。在这样的世上生存，受流行的士风影响，即使不能与其同流合污，亦不免略感到失望与颓唐。作为社会底层一员的张求的所言所行，恰给作者以激励和鼓舞，从市井中看到希望，此亦夫子所谓“礼失则求诸野”之意也。

本诗之写张求，略其形貌而独写其精神，又用其精神作为士人品性的对比，爱憎分明，言辞劲朴，直出直入，激愤之气，透出纸外，时人目唐庚为“小东坡”，以此诗论，适足当之。

（刘竞飞）

春　归　　唐庚

东风定何物？　所至辄苍然。
小市花间合，　孤城柳外圆。
禽声犯寒食，　江色带新年。
无计驱愁得，　还推到酒边。

唐庚字子西，时号“小东坡”。尽管他文采风流而又通于世务，然而在党争剧烈的北宋政局里却难以存身。宋徽宗大观四年(1110)冬，他被贬逐到惠州(今属广东)安置。这首诗就是诗人写于贬所之作。古来咏春的篇什不计其数，而唐庚的这首诗却能在众多的篇什中独具一格，读来别是一番滋味。

诗的前四句写景，用的是两副笔墨。头两句总写，如泼墨写意，以大刀阔斧的疏朗之笔，传达出春来不可阻遏的势头。这里不是“润物细无声”的雨丝悄悄地迎得春归，也不是“吹皱一池春水”的微风在为春的到来浅斟低唱，而是浩荡东风铺天盖地而来，把绿色的生命之树栽满人间。只此一笔，已写出春归的总形势。诗人以一问一答的句式领起，再用“定”字、“辄”字加重语气，使全诗一开始就起势不凡，颇有截断众流、先声夺人之妙。紧接着的三四两句，又换用工笔勾勒分写局部之景，画面渐渐收拢、移近，突出了“小市”、“孤城”两个特写镜头。“孤城”指惠州城，宋代时惠州商业繁盛，诗人另有《西溪》一诗描绘当地市集的盛况说：“市散争归桥纳纳，橹摇不进水潭潭。利倾小海鱼盐集，味入他村酒茗甘。百里源流千里势，惠州城下有江南。”那么本诗所说的“小市”，当是指经营鱼、盐、酒、茶的集市了。喧闹的市场、高耸的城楼，再加绿柳如烟、繁花似锦，映衬出一派花团锦簇似的烂漫春光。这两句句式颇类孟浩然《过故人庄》中的名句：“绿树村边合，青山郭外斜”，而又稍加变化。孟诗清淡，本诗妍丽，着色和氛围都大不相同。除了有村居田舍与商业市镇之别外，又有地域的差异。联系下文，此时正当新年乍到、寒食未至，而春光竟已如此之盛，正可见南国春来早。

五六两句暗转，从所闻、所见之景渐渐引出诗人潜结的心绪。“禽声”、“江色”固然是耳闻目击的景象，而“寒食”与“新年”的对举，却不仅是点明时令而已，其中隐含了诗人生涯中一段难以忘怀的情事。大观四年春，唐庚与其弟唐庾、友人任景初自蜀至公安，诗人曾自叙云：“时方寒食，吾三人相与戎服，游九龙池，饮酒赋诗乐甚。”但紧接着就发生了变故:“是岁,吾迁岭表;明年景初亦谪江左。忽忽数岁皆未得去,寒食无几,念之凄然。”初春携侣游乐,孟冬戴罪南驰,这倏起倏落、欢少悲多的戏剧性转折,正是和“寒食”相联系的。故诗人曾有诗云:“故都回首三寒食,新岁经心两湿衣”(以上均见《眉山唐先生文集》卷三)。可见这里的“寒食”、“新年”,非同一般的流年之叹,实为诗人郁结的情怀:其中有对美好时光的追忆,更有宦海浮沉、身不由己的惆怅和悒郁。欢情短暂而愁怀永结,这一年一度的寒食早就和诗人的身世之感融为一体了。这两句好比是“陈仓暗度”,以此为津梁,才翻跌出最后两句。

末两句极写愁思之深。古人写愁,比喻层出不穷。如曹植《释愁文》云:“愁之为物,惟惚惟恍,不召自来,推之弗往”,是把“愁”化为有形之物;庾信《愁赋》云:“闭门欲驱愁,愁终不肯去”,又把“愁”拟人化。本诗则由此作进一步的生发,诗人用一“驱”一“推”写出人与“愁”交手相搏的过程:人非但无计驱得“愁”去,反被“愁”推跌到尊前酒边。“借酒浇愁”的套语经此点拨变化,竟化腐朽为神奇,比起曹、庾等人的奇想来,诗人可谓青胜于蓝、后来居上了。以往写春愁者不乏其人,而表现得如此醒豁精警的还不多见,其原因盖在于诗人之愁,非一般的春愁可比,意蕴既深,出句自奇。

诗人在这首诗里用丽景反衬深愁,先极写春光暄妍骀荡,直到最后才急转直下,托出满腹心事。这一顿挫反跌,加强了抒情的力量。诗的首尾处尤见用力,一起一结都颇出人意表。起得俊快,结得沉郁:东风送春,势不可挡;愁绪袭来,难以招架。一首一尾恰如两重合奏,奏出了一阕“春归愁亦归”的主题歌。

(钟元凯)

白 鹭　　唐庚

说与门前白鹭群,　　也宜从此断知闻。
诸君有意除钩党,　　甲乙推求恐到君。

这是一首即景抒愤的诗,出语便奇。白鹭是与世无涉、不懂人事的水鸟,而作者不仅向它们说话,还要求它们从此断知闻,看来似乎无理,但这无理的要求正是不合理的时势所造成的:原来朝中诸君正在清除朋党,自己既然也是一个得罪的党人,那么按甲乙之序次第推求,恐怕就连自己门前的白鹭也难逃网罗了。唐庚作此诗时正被贬在惠州(今属广东),过着“好鸟不妨眠,世味门常掩”(《醉眠》)的生活,很少与人来往,既怕惹是生非,又抑制不住谪居的忧闷,于是只能借尖刻的讽刺以泄愤，这便是诗人当时的真实心境。

据《宋史》本传说，唐庚为张商英所推荐，任提举京畿常平仓。张商英是变法派，在徽宗时曾被起用为尚书左丞。蔡京执政后，根据徽宗清除朋党的旨意，定司马光、文彦博、吕公著等一百二十人为元祐奸党，由徽宗书写刻石，称“元祐党人碑”，立于朝廷端礼门。已死者削官，生者贬窜。又将元符末向太后执政时主张维持新法和恢复旧法的臣僚，分为正邪两类，再分上中下三等。邪类五百余人都加降责，后又将元祐、元符党人合为一籍，共三百零九人，刻石朝堂，章惇等变法派也被指为党人，与元祐党人一样对待，予以贬逐。张商英因与蔡京议论不合，蔡京指他写过《嘉禾颂》，称颂司马光，也把他列入元祐党籍，落职出朝。唐庚因是张商英所荐，自然受到牵连，政和初被贬岭南，流离困苦六年而不返。这就是“诸君有意除钩党”的背景。“钩党”是相牵引为同党的意思，词原出于《后汉书·孝灵帝纪》“制诏州郡，大举钩党”。用在此处，将徽宗君臣清除朋党比作东汉后期的党锢之祸，实际上也是对朝廷迫害士大夫提出的抗议。甲乙推求本是讽刺朝廷清除钩党株连之广，凡与党人稍有往来，即受牵累，所以按照从甲求乙、从乙求丙的关系类推，自然连白鹭也难免党人之嫌了。连不知人事的白鹭都要与外界彻底隔绝方能苟全，那么人就更不必说了。这样就通过对白鹭的无理要求突出了除钩党一事使许多无辜者受害的不合理。另一方面，甲乙推求到白鹭又暗合“鹭序”之意，白鹭飞有次序，小不逾大，类百官缙绅之象，故常以“鸠仪鹭序”比喻官僚，所以这一句又巧用典故暗藏比喻，概括了满朝百官被次第推求问罪的政治形势。

这首诗抓住当时清除朋党的株连之法加以夸大，把话说到极处，直截了当大发牢骚，似乎只求尖刻，不讲含蓄，但全篇设为对白鹭的劝诫警告之辞，议论双关白鹭的形象和寓意，命意很新，颇见匠心，故痛快透辟而仍堪玩味。　（葛晓音）

栖禅暮归书所见二首　　唐　庚

雨在时时黑，　春归处处青。
山深失小寺，　湖尽得孤亭。

春着湖烟腻，　晴摇野水光。
草青仍过雨，　山紫更斜阳。

唐庚和苏轼是同乡，身世遭遇也有些相似，人称“小东坡”。苏轼曾谪居惠州数年，唐庚因受知于张商英，张罢相后他也被贬惠州多年。这两首五绝就是他贬惠期间所作。题内"栖禅"，是惠州的一座山。诗写游栖禅山暮归所见景物。

第一首起句写岭南春天特有的气候景象：刚下过一阵雨，天色似乎明亮了一些；但旋即又阴云漠漠，在酝酿着另一阵雨。这变幻不定、时雨时停、时明时暗的天容和欲下未下的雨意，只用一个白描句子，便真切形象地表现出来。"在"字是个句眼，读来却感到自然浑成，不见着意的痕迹。

次句"春归处处青"，由天容写到野色。春回大地，处处一片青绿之色。"归"既可指归去，也可指归来，这里用后一义，传出喜悦之情；缀以"处处青"三字，欢欣之情更溢于言表。作者《春归》云："东风定何物？所至辄苍然。""所至"句亦即"春归处处青"的意思。不过《春归》诗强调春风的作用，本篇则泛言春归绿遍。结合上句体味，似暗示这种时下时停的春雨有滋润万物的作用。

第三句"山深失小寺"，正面点到栖禅山。句中"小寺"，当即栖禅寺。题曰"暮归"，则栖禅寺在白天游览过程中已经去过，这里说"失小寺"，当是暮归回望时，因为山峦重叠，暮霭朦胧，已不复见日间所游的小寺。山深，寺小，故用"失"字表达。这里透出了诗人对日间所历胜景的留恋，也隐约流露了一丝怅然若失的意绪。

末句"湖尽得孤亭"，与上一句相对。上句是回望所见，下句是前行所遇。湖，指惠州丰湖，在城西，栖禅山即在丰湖之上。诗人在暮归途中，信步走到丰湖尽头，忽然发现有一座孤亭，不觉感到喜悦。三四句连读，一方面是怅然若失，一方面却是欣然而遇，这中间贯串着诗人的"暮归"行程。

第二首起句"春着湖烟腻"，紧承上首结尾，仍写丰湖。春天来了，湖上缭绕着一层带有浓重湿意的烟霭，给人一种化不开的粘腻之感。句末的"腻"字固然是刻意锤炼，表现了春日南方卑湿之地的烟雨迷蒙，"着"字也同样是着意经营。春天，仿佛将它的灵魂与生命附着于湖烟之上，使湖烟也变得粘腻了。

次句"晴摇野水光"，写田野上的水流或湖塘在春天晴光的照映下，波光粼粼，摇曳不定。"摇"字不仅富于动态感，而且透出诗人的一份愉悦感。随着水光的摇动，诗人的心似乎也荡漾着一片春天的晴光。

"草青仍过雨"，第三句又回到天气的变幻。草色青绿，一片春意，而时停时下的雨在行程中又掠过了一阵。经过雨的洒洗，草色显得更青了。"仍"，再、又的意思。

"山紫更斜阳。"傍晚时分，烟霭凝聚，山色显得青紫，紫由返照而来，王勃《滕王阁序》有"烟光凝而暮山紫"之句，可与此参证。雨后斜阳的返照，使暮山更增添了姿媚和色泽。“更”字与上句“仍”字相应，突出斜阳的作用。

这两首诗，前首由天气写到山容湖景，后首由湖景写到变幻的天气和绿野紫山。“暮归”是所写景物的贯串线索。两首在写法上都明显偏于实写刻画，与唐代绝句多主空灵蕴藉有明显不同。两首均用对起对结格式，一句一景。表面上看，似乎各自独立，不相连属。实际上，所写景物不但为春日所共有，而且带有岭南地区春天晴雨变幻以及“暮归”这个特定时间的特征。因此，尽管各个画面之间没有明显的过渡与联系，但这些图景给读者总的感受是统一的。读者不但可以从中看到岭南春归时烟腻水摇、草青山紫的美好春色，而且可以感受到诗人对此的喜悦之情。这种以刻画实境为主、一句一景、似离实合的写景手法，在杜甫入蜀后的不少绝句中可以遇到。 （刘学锴）

春日郊外 唐 庚

城中未省有春光， 城外榆槐已半黄。
山好更宜余积雪， 水生看欲倒垂杨。
莺边日暖如人语， 草际风来作药香。
疑此江头有佳句， 为君寻取却茫茫。

唐庚诗的成就，近体在古体之上。他的律诗，工锻炼，善属对，自饶新意，不袭前人。《宋诗钞》谓其“芒焰在简淡之中，神韵寄声律之外”。《春日郊外》是他的一篇有代表性的律诗。

诗先概括地提示：在城里人还不知领略春光的时候，郊外已是榆槐半黄，满原春色。这两句，已可看出诗人敏锐的感受力。下面一联写景句就很有特色了：“山好更宜余积雪，水生看欲倒垂杨。”远山一抹，衬以皑皑的未融积雪，色彩鲜明；近处则波明似镜，映出了垂杨的倒影。这一镜头，自比“溪柳自摇沙水清”的景象更吸引人。

接着，“莺边日暖如人语，草际风来作药香”一联，则又变化句式，换了描写的角度。本来，这首春郊诗的景句，只消“山好、水生，日暖、风来”便可树起整齐的骨架；而作者却不取“日烘莺暖、风送草薰”式的表现手法，他要强调的是，花底莺歌因暖而繁，草际药香因风而发，以莺、草为主，以风、日为宾，写足阳春烟景。“如人语”、“作药香”，也显示了自然物的有意含情，为春郊景色增添了诗意。

最后两句，“疑此江头有佳句，为君寻取却茫茫。”立意近于苏轼的“作诗火急追亡逋，清景一失后难摹”（《腊日游孤山访惠勤、惠思二僧》）、陈与义的“忽有好诗生眼底，安排句法已难寻”(《春日二首》之一)。风光满眼，清景难摹，佳句渺茫，稍纵即逝，诗人们的体会正有同感。但唐庚在此却出以不肯定的语气：此中疑有佳句，而欲为酒朋诗侣撷取之时，却早已雪泥鸿爪，无处寻踪了。这一怅然的感触，倍增良辰乐事自古难全之憾，更为深切地道出了忽有所悟、难落言诠的诗家甘苦；和陶渊明的“此中有真意，欲辨已忘言”，立意不同。

唐庚作诗，极注意推敲，自谓写诗每每“悲吟累日，反复改正”。他甚至将讲求诗律提到了峻刻寡恩的地步。《唐子西语录》云：“诗在与人商论，深求其疵而去之，等闲一字放过则不可；殆近法家，难以言恕矣。故谓之诗律。东坡云：‘敢将诗律斗深严’，予亦云：‘诗律伤严近寡恩。’”这首《春日郊外》，用心深而不显得费力，读来简练有味。诗律虽严，却没有斫丧自然，所以显得可贵。 (顾复生)

醉 眠

唐 庚

山静似太古， 日长如小年。
余花犹可醉， 好鸟不妨眠。
世味门常掩， 时光簟已便。①
梦中频得句， 拈笔又忘筌。②

〔注〕 ① 簟(diàn)：竹席。 ② 筌(quán)：捕鱼用的竹器。

古人作诗，常追求“状难写之景如在目前，含不尽之意见于言外”(欧阳修《六一诗话》引梅圣俞语)的理想化境。唐庚的这首小诗，外表平淡无奇，内中自具深意，值得细细咀嚼。

这首诗以“醉眠”为题，其实写的是一个独酌—醉眠—梦醒的完整过程。一个春末夏初的日子，诗人在山林环抱的居所中独酌，空山幽静，不闻人声，宛如置身于冥寞的太古时代；时间也仿佛静止了、凝固了，不再流动。这里的一切，都使人恍惚如有隔世之感。这儿既无尘世的喧嚣和纷扰，也无名利的追逐和与日俱生的忧患，一切都显得悠然怡然。这是写环境氛围么？又不尽然。诗人实际上写出了一个将醉未醉之人对时空所特有的感觉。这位饮者虽尚未露面，但从他在幕后哼哼唧唧的唱词，不难想见其酣然四顾的身影。在人们浑然不觉之际，诗人已从“醉”字入手解题了。

紧接着，一位陶然自得的饮者形象，便活脱地出现在人们眼前。尽管春意阑珊，只剩下数枝残花，而饮者意兴犹浓，频频把盏。酒酣耳热之际，忽听得鸟声啼啭，他便又笑对鸟儿调侃，仿佛说：“我醉欲眠君且留，谅你这点絮聒，不妨我睡。”

俯仰之间，醉态可掬。"好鸟"一句，似从孟浩然的诗句"春眠不觉晓，处处闻啼鸟"(《春晓》)化出，诗人反其意而用之，在轻松风趣的口吻中，惟妙惟肖地写出了醉者旷放洒脱的神态。这里，"余花犹可醉"点出"醉"字承上；"好鸟不妨眠"又点出"眠"字启下，在似不经意之间，却细针密线，自有布置。

五六两句写饮者从户外进入室内。"门掩"、"簟便"都由"眠"字生发开去。竹席宜人，指明时令，和前面所说的"日长"、"余花"正相一致。欲睡掩门，这一本来是极平常的动作，却如平地生波澜，顷刻间漾起诗人感情的涟漪。"世味"二字，透露出诗人隐秘的心声。门之开合，与"世味"何关？原来在封建社会里，"门"常常成为人物命运遭际的表征，它和屋主人的贵贱穷达、荣辱进退是休戚相关的。如"朱门"象征权势炙人的达官显贵，"寒门"则表示社会地位的卑微低贱，所谓"门第"也者，正是把"门"和品第等级联系在一起。故得势显达时"开门延客"、"门庭若市"，落拓不遇时则"杜门谢客"、"门可罗雀"。炎凉世态，系于区区一"门"。唐庚当时正谪居岭南，他对这样的"世情"是尝够了滋味的。他有《鸣鹊行》诗云："至今畏客如於菟。岂惟避谤谢还往，此日谁肯窥吾庐？杜门却扫也不恶，何但忘客兼忘吾。喧喧鸣鹊汝过矣，曷不往噪权门朱？"又在《寄傲斋记》一文中设想，如有朝一日能从贬所脱归，回乡后将给故园之门命名为"常关之扉"。这些均可为本句注脚。诗人不说"门掩知世味"，却将"世味"置于"门掩"之前，不止是为了协调声律，也是强调了诗人内心的感慨，又可解作诗人欲乘掩门之际，将那使人心寒的"世味"推将出去，拒之门外，永不让它再来骚扰和破坏恬淡的心境，所谓"便欲醉中藏潦倒，已将度外置纷纭"(《谢人送酒》)，且置之度外可也。诗人在悠闲旷达的醉饮之后，忽生"世味"之想，说明他仍怀愤愤不平之气，实不能忘怀于人世。可见此诗所谓"醉眠"，并非抒写流连花酒的闲适情调，不过是借此挥斥幽愤，聊以自慰罢了。

最后两句写由眠至醒。诗人既乐于与花鸟为友，又何妨梦中携侣同游，吟诗留赏？然而这神游时的快意，一回到现实中便烟消云散，所得的佳句竟写不出来，"忘筌"是用《庄子》"得鱼忘筌"的语意。诗人用"梦中频得"、"拈笔又忘"这样轻捷的句子，写出了乍得忽失的惆怅之情，语调中不乏自嘲的意味。对美的追寻只存在于梦境之中，而梦终非现实，一旦梦醒之后，又该是如何惆怅！于此，我们不难在诗人幽默的调笑声中，领略到那淡淡的苦涩的滋味。

这首诗通篇用白描手法写景叙事，事显而情隐。"世味"二字为全篇之眼，贯前领后。在其映照之下，则"眠"前的独酌虽貌似自得，实际上却是诗人在人世间深感寂寞的写照：这里既无三两知己开怀畅饮的场面，也无田家父老提壶过饮的交往。而“眠”后在梦中兴高采烈的寻觅追求,又分明是诗人不甘寂寞苦作挣扎的努力。但现实无情,人生有涯,虽然力求摆脱寂寞,而又终于不得不归于寂寞。如此深衷,如许波澜,均借一次“醉眠”的情事出之,平淡中蕴含至味。王夫之论诗力主一“忍”字,意谓诗歌的含蓄蕴藉,非有大力者不足为言。此诗庶几当之。

(钟元凯)

【作者小传】

惠 洪

(1071—1128) 僧人,一作慧洪。号觉范,俗姓喻(一说彭),后改名德洪,筠州新昌(今江西宜丰)人。元祐四年(1089)试经于汴京天王寺,得度,先后依宣秘大师、真净禅师。后入清凉寺为僧。以医识张商英,又往来郭天信之门。政和元年(1111)张、郭得罪,他被决配朱崖。能画梅竹。尤好诗词。与黄庭坚相识。有《石门文字禅》、《冷斋夜话》。

崇胜寺后,有竹千余竿,独一根秀出,人呼为竹尊者,因赋诗

惠 洪

高节长身老不枯, 平生风骨自清癯。
爱君修竹为尊者, 却笑寒松作大夫。
未见同参木上座, 空余听法石於菟。
戏将秋色分斋钵, 抹月批风得饱无?

惠洪,俗姓喻(一作彭),号觉范,是北宋后期诗僧、诗评家。这是一首赞美修竹的诗。崇胜寺,所在未详。据吴曾《能改斋漫录》:“黄太史(庭坚)见之喜,因手书此诗,故名以显。”看来可能是诗人大观中入京前的作品。

首联赞美修竹的节高风清。“长身”正点题内“一根秀出”,“高节”从“长身”来,而含义双关。风骨清癯,既写修竹外形的颀长清峻,更传出其内在的美质与风神。这一联写修竹,形神兼备。“自”字强调其风骨天然生成,值得玩味。

颔联拍合题内“竹尊者”的称谓,以寒松对衬,进一步赞扬修竹的高节与风骨。秦始皇在泰山遇暴风雨,休于松树下,遂封其树为五大夫。“寒松作大夫”用此典故。修竹、寒松,本来都是高洁坚贞品格的象征,但现在修竹虽仍风骨凛然,作为隐君子的化身一向受到人们的喜爱,而寒松却接受了大夫的称号,成为尘俗

中的宦官而受到人们的讥笑。寒松与修竹出处的不同，更衬托出修竹的风清骨峻。“尊者”系梵文 Ārya 的意译，指僧人德智兼备者。这里说“爱君修竹为尊者”，似有以修竹隐指高僧之意，观后两联其意更明。

“未见同参木上座，空余听法石於菟。”“同参木上座”，指共同参拜木佛。“上座”为佛教语，指一寺之长。“木上座”，即指木佛。佛经故事中，有老虎听法的故事(於菟即老虎的别称)。此二句意思是“竹尊者”旁边因没有同样高大的树木，仿佛只有它和“石於菟”在参佛听法。

“戏将秋色分斋钵，抹月批风得饱无?”抹月批风，谓用风月当菜肴，是文人表示家贫无可待客的戏言(细切叫抹，薄切叫批)，苏轼《和何长官六言次韵》:“贫家何以娱客，但知抹月批风。”可参证。末联说，如果戏将修竹的一片秋色——深绿的竹色分给僧人的斋钵，不知道这“抹月批风”的秀色能否饱人饥肠？言外之意是说，这秀竹之秋色虽可悦目怡情，却未必真可餐。语意幽默。

语句枯淡，不施涂泽，意境清雅，而骨子颇硬，并时有诙谐的风趣。这是此诗的特色，也正是后来江西派所追求的境界。无怪江西派开山祖黄庭坚见而喜，以致手书此诗了。

(刘学锴)

瑜上人自灵石来，求鸣玉轩诗，会予断作语，复决堤，作一首①　　惠　洪

道人去我久，　书问且不数。②
闻余窜南荒，③　惊悸日枯削。
安知跨大海，　往反如入郭。
譬如人弄潮，　覆却甚自若。
旁多聚观者，　缩头胆为落。
僻居少过从，　闲庭堕斗雀。
手倦失轻纨，　扣门谁剥啄?
开关忽见之，　但觉瘦矍铄。
立谈慰良苦，　兀坐叙契阔。
谁持稻田衣，　包此剪翎鹤。
远来殊可念，　此意重山岳。
悃愊见无华，④　语论出棱角。
为余三日留，　颇觉解寂寞。

忽然欲归去，　破裓不容捉。
想见历千峰，　细路如遗索。
相寻固自佳，　乞诗亦不恶。
而余病多语，　方以默为药。
寄声灵石山：　“诗当替余作。”
便觉鸣玉轩，⑤　跳波惊夜壑。

〔注〕 ① 上人：对和尚的尊称。灵石：山名，在江西临川东南，山中有石灵像，因以为名。作语：指作诗。决堤：比喻破戒。 ② 数(shuò)：多次。 ③ 窜南荒：惠洪曾因得罪朝廷，决配珠崖(今属海南)。 ④ 悃愊(kǔn bì)：诚恳。 ⑤ 鸣玉轩：作者的书室名。作者的诗集，称《鸣玉轩集》。

这首五言古诗表达了作者和瑜上人之间的深厚情谊，全诗清峭隽永，比喻精当，不落恒轨，而挥洒自如，有意到笔随之妙。诗分三段。首段十句追叙自己在决配珠崖的时候，瑜上人闻讯惊忧，而自己却泰然处之，不以为意。这段前四句：“道人去我久，书问且不数。闻余窜南荒，惊悸日枯削。”叙述当年和瑜上人分别了很久之后，来往的书信并不很多，但当听到我被窜逐南荒的消息，他却非常惊心，担心我经此挫折，一定要日渐瘦削了。接着作者以“安知”以下六句，表明自己虽然被窜放远方，但视若无事，自己越过大海，就像往返城郭一样。打个比方，就仿佛弄潮儿出没在鲸波巨浪之中，尽管海岸边上聚观的人们，无不缩头落胆，为之惊悸，而勇敢的泅泳者，却或沉或浮，神态自若，毫不在乎。这个比喻，不仅恰到好处，而且把作者履险如夷的精神，描绘得非常形象。

第二段十六句，叙述作者在遇赦归来之后，瑜上人特意赶来探望的情景。这段前四句叙说自己僻居陋室，平时很少有人过访，小院子里十分清寂，麻雀儿相斗，竟落到地上来了。自己手里小小的纨扇(轻纨，绢制的团扇)，也因手倦而掉落在一旁。却在这个时刻，忽然听到剥啄敲门的声音(剥啄，指敲门声)，那是谁呢？作者在忖度着。接着以“开关忽见之”等六句，写开门以后见到瑜上人的惊喜之情，因为事先并不知道瑜上人要远道前来过访，所以用“忽见之”表示又惊又喜，又因为长期没有会面，所以用“但觉”表示此时的感觉。瑜上人虽然精神清健，但比之往日是消瘦多了。旧友重逢，先是握手交谈，互相慰藉；随后又坐定下来，倾吐阔别以后的情况。作者端详友人清瘦的外形，顿然兴起“谁持稻田衣，包此剪翎鹤”的感受。“稻田衣”是和尚穿的有像水田一般的格子的僧衣。“剪翎鹤”是剪去翎毛的野鹤，此处喻外形清瘦。这两句形容瑜上人穿着僧衣，而又用这种稻田衣包着瘦削的躯体，刻画人物极能传神。后六句感激瑜上人远来探望的深情。作者用“远来殊可念，此意重山岳”两句，感激他不辞跋涉之劳，特意远道前来，以见其情重如山，而且又用“悃愊见无华，语论出棱角”两句，赞美瑜上人诚挚朴实的高情，方正不阿的言论，以示其品格的高尚。又以“为余三日留，颇觉解寂寞”两句作一小结，表示相留虽说只有三天，但因彼此相知之深，颇能解除寂寞。这一大段写幽居清寂之景，叙知友重逢之情、状人物特有的形象，感知己悃愊之忱，笔意深刻，使前一大段瑜上人关切之情，更加具体。但瑜上人求诗之意还未点出。

第三大段从“忽然欲归去”到结尾，共十二句。写瑜上人在盘桓三天之后的辞行，并点明求《鸣玉轩诗》这一意旨。这段先以“忽然”等四句，写瑜上人的“欲归”，他既动归思，作者也苦留不得，“破裓不容捉”一句（裓，僧衣），形象地显示出他“破裓”萧然，不容挽捉，于是只得让他走了。“想见”两句，是作者想象瑜上人此去，又要历尽千峰越过像绳索一样抛在深山幽谷中的羊肠小道（遗索，指小路像丢下的绳索），给作者留下了深度的忆念，作者因而以次四句作如下的表白。“相寻固自佳，乞诗亦不恶。”表明相寻的情谊，固然可贵；而求诗的心情，也非常美好。可惜的是自己早已断绝了作诗的念头，目前正以沉默来医治自己“多语”的毛病。那么怎样来回答友人相求的厚谊呢？为了感知友前来的不易，还是“决堤”一次吧（决堤，喻指破例）。于是作者在结尾四句，用巧妙的语言来完成这一心愿：“寄声灵石山：‘诗当替余作。’便觉鸣玉轩，跳波惊夜壑。”作者说：寄个音信给灵石山，借山灵之助，给我点诗兴，为我作点诗吧！果然鸣玉轩前，一派波涛跳动的声音，一直涌上我的心头，惊动了沉睡的千崖万壑，于是思潮滚滚，迫使我写下了这首记录友情的诗篇。

全诗首写忧患中瑜上人相忆之情，次写放归后瑜上人相访之谊，末写瑜上人乞诗之忱，和自己不辞为之破戒重新赋诗以酬的心意。中间妙喻层出，佳趣横生，语法新奇，思致高远，不愧为传诵的佳作。

（马祖熙）

题李愬画像　　惠　洪

淮阴北面师广武，　其气岂止吞项羽？
君得李祐不敢诛，　便知元济在掌股。
羊公德化行悍夫，　卧鼓不战良骄吴。
公方沈鸷诸将底，　又笑元济无头颅。

雪中行师等儿戏，　　夜取蔡州藏袖里。
远人信宿犹未知，　　大类西平击朱泚。
锦袍玉带仍父风，　　拄颐长剑大梁公。
君看鞬橐见丞相，　　此意与天相始终。

《题李愬画像》是诗人赞颂中唐名将李愬的一篇七古。李愬为唐德宗时西平郡王之子，元和十二年(816)任唐、随、邓节度使，翌年曾率军雪夜攻克蔡州，生擒吴元济，封凉国公。后又历任武宁、昭义、魏博等地节度使。

起首两句，撇开题目，从楚、汉相争时的史事着笔。淮阴，指淮阴侯韩信。他击破赵军，俘虏了赵国的谋士广武君李左车，解其缚而师事之，并问广武君攻燕伐齐之计。广武君献计，韩信采纳，遂平燕、齐，项羽势孤。两句叙其事，并参以议论。说"其气岂止吞项羽"，言外意谓，韩信此举充分显示其远略和大将风度，岂止消灭一个项羽而已。用反诘语气，更显得气势充沛。

紧接着三四两句，揽入本题，引出李愬事。李愬奉命讨伐淮西藩镇吴元济，俘获了淮西大将李祐，"诸将素苦祐，请杀之，愬不听，以为客……令佩刀出入帐下，署六院兵马使。……由是始定袭蔡之谋矣"(《新唐书·李愬传》)。两句是说，李愬俘获李祐而不加诛，从此吴元济的命运已落掌股之中，胜利可期。这件事最足以说明李愬的政治远略和大将风度。说"不敢诛"，正见李愬此举是经过周密考虑的。一二句与三四句，时代远不相及，事情的性质与结局却很相似，二者并写对应，用历史的类比突出了李愬的形象。

"羊公德化行悍夫，卧鼓不战良骄吴。"羊公，指西晋名将羊祜。他都督荆州军事，出镇襄阳。在镇十年，开屯田，储军粮，作一举灭吴的准备。平日则与吴将陆抗互通使节，各保分界，绥怀远近，以收江汉及吴人之心。"德化"、"卧鼓"即指上述情事。这两句又举史事作类比，说羊祜用德化手段来对待凶悍的吴国武夫，卧鼓不战，目的正是为了使吴人骄而不备。暗示李愬在淮西之战中所推行的也正是这种德化政策。他对待丁士良、吴秀琳、李祐、董重质等降将，可以说都是施行一贯的"德化"政策。这两句分别承上启下。

"公方沈鸷诸将底，又笑元济无头颅。"沈鸷，形容深沉勇猛。据史载，李愬代袁滋为随、唐、邓节度，讨吴元济，"以其军初伤夷，士气未完，乃不为斥候部伍。或有言者，愬曰：'贼方安袁公之宽，吾不欲使震而备我。'乃令于军曰：'天子知愬能忍耻，故委以抚养。战，非吾事也。'……蔡人以尝败辱霞寓等，又愬名非夙所畏者，易之，不为备。愬沈鸷，务推诚待士，故能张其卑弱而用之。"这正是采用羊祜卧鼓不战以骄吴的策略，也是李愬“沈鸷”性格的具体表现。当他示敌以弱，不露声色的时候，心里正在嗤笑吴元济恃强而骄，不加戒备，马上就要掉脑袋了。两句承上，进一步揭示李愬深于谋略，沈鸷勇猛的性格，这和前面所强调的德化政策，从不同的侧面表现了李愬的深谋远略。

接下来四句，写平蔡战役的神速秘密。李愬雪夜入蔡州，是军事上攻其不备的大胆行动。“始发，吏请所向，愬曰：‘入蔡州取吴元济！’士失色。……黎明，雪止，愬入驻元济外宅，蔡吏惊曰：‘城陷矣！’元济尚不信，曰：‘是洄曲子弟来索褚衣尔。’”这正是所谓“等儿戏”、“藏袖里”了。大胆而果决的行动，实际上是建筑在谨慎周密的调查判断基础上，而在不明就里的人看来，不免等同儿戏了。这里的“等儿戏”，正是极赞其取胜之轻松不费力。如此神速秘密，“远人信宿犹未知”，宜乎称之为“藏袖里”了。李愬的父亲李晟（封西平王，故称“西平”）在德宗时平定朱泚之乱，直击泚所盘踞的宫苑，“披其心腹”，用兵韬略与李愬袭蔡颇为相似。这里于叙述平蔡之役后顺带一笔，正所以见李愬韬略得自家传，故用兵有乃父之风。这就进一步突出了名将后代李愬的形象。这几句夹叙夹议，突出赞颂了李愬的历史功绩——夜袭蔡州，以及在这一战役中所表现出来的杰出的军事才能。

“锦袍玉带仍父风，拄颐长剑大梁公。”两句落到画像上，赞美画中的李愬锦袍玉带，俨然具有其父西平王的仪容风度；身上佩着拄颐长剑，又正像当年的唐朝功臣梁国公狄仁杰。“仍父风”承上“大类西平”，衔接圆转自然，狄梁公是诗人崇敬的兴唐功臣，《谒狄梁公庙》诗有“使唐不敢周，谁复如公者”之句，这里将李愬与其父西平王及狄仁杰并提，正表明在诗人心目中，他们的功绩是先后辉映的。

“君看鞬櫜见丞相，此意与天相始终。”丞相，指裴度。裴度当时以同平章事（宰相）身份都督诸将讨伐吴元济。史载李愬破蔡后，“乃屯兵鞠场以俟裴度，至，愬以櫜鞬（盛弓箭的器具，这里指背着弓箭袋）见，度将避之。愬曰：‘此方废上下久矣，请以示之。’度以宰相礼受愬谒，蔡人耸观。”最后两句，抓住“鞬櫜见丞相”这一典型事例，突出表现了李愬不居功自傲、善识大体的政治品质，表明了他对朝廷的赤胆忠心和政治远见，为李愬的形象增添了光彩照人的一笔。“此意与天相始终”，这里所盛赞的“意”正是李愬的忠贞与远见。

这首诗在构思上有一个显著的特点，即运用历史的类比来突出主人公李愬的形象。全篇四层，每一层都以古人古事作类比映衬（韩信师广武、羊祜行德化、西平击朱泚、狄仁杰拄颐长剑的形象）。这种类比，由于与主人公的行事非常相似，因而对主人公的形象和性格起着有力的衬托映照作用。这种方法作为整体的艺术构思的主要手段，在全篇中贯串始终。像这样有意识地运用历史类比手法，在诗歌中还不多见。诗用论赞体，议论的成分很浓，但由于能以议论驱驾史事，议论本身又挟带着浓郁的抒情色彩，读来并不感到抽象枯燥。全诗雄健稳当，有碑版文字气息，所以陈衍评论说："抵段文昌一篇碑文，不啻过之。"(《宋诗精华录》)

（刘学锴）

谒狄梁公庙　　惠　洪

九江浪粘天，　气势必东下。
万山勒回之，　到此竟倾泻。
如公廷诤时，　一快那顾藉！
君看洗日光，　正色甚闲暇。
使唐不敢周，　谁复如公者？
古祠苍烟根，　碧草上屋瓦。
我来春雨余，　瞻叹香火罢。
一读老范碑，　顿尘看奔马。
斯文如贯珠，　字字光照夜。
整帆更迟留，　风正不忍挂。

这首五言古诗，是诗人拜谒唐朝名臣狄仁杰祠庙后所作。狄仁杰曾贬彭泽令，诗中提到"九江"，庙当即在彭泽县。仁杰在睿宗时封梁国公，故称"狄梁公"。

开头四句，从狄梁公庙所在地——彭泽一带的长江起兴。长江九派，巨浪汹涌，用一"粘"字，形象地描绘出远浪与天相连的壮阔景象。这白波九道流雪山的气势，必然要浩荡东下，尽管在九江一带有重叠的山峦将它勒回，但到了此地，竟奔泻而下，不可阻遏了。"必"字、"竟"字，正写出长江冲决一切阻拦，奔腾东下的气势。这四句点地，并兴起下文。

"如公廷诤时，一快那顾藉！"五六两句由眼前奔泻的长江联想到狄仁杰的"廷诤"。狄仁杰立朝以正直敢言见称。史载，武后"欲以武三思(武则天侄)为太子，以问宰相，众莫敢对。仁杰曰：'臣观天人未厌唐德。比匈奴犯边，陛下使梁王三思募勇士于市，逾月不及千人。庐陵王(武则天子，即中宗李显)代之，不浃日，辄五万。今欲继统，非庐陵王莫可。'后怒，罢议。……后匿王帐中，召见仁杰语庐陵事。仁杰敷请切至，涕下不能止。""后将造浮屠大像，度费数百万。……仁杰谏……后由是罢役。"这两句所概括的正是上述一类情事。这种为国家利益无所顾忌、犯颜直谏的态度，表现出政治家的刚决与勇敢精神。用万山不能勒回的奔泻千里的长江来比拟，实在是最确当不过的了。

“君看洗日光，正色甚闲暇。”典出《新唐书·狄仁杰传》，赞语曰：“故唐吕温颂之曰‘取日虞渊，洗光咸池。潜授五龙，夹之以飞。’臣以为知言。”虞渊，神话中日落的地方。咸池，神话中太阳洗浴的地方，“取日虞渊，洗光咸池”，意思是狄仁杰能从“虞渊”把太阳拉回来，能在“咸池”把太阳洗得更光亮，从而使唐王朝从衰落中重又复兴。

九十两句，是对狄仁杰功绩的总结性评赞，也是整个上段的收束。把问题提到“使唐不敢周”的高度，可谓无以复加。意思是说，狄仁杰使武则天建立的周政权，终于败亡，而使唐朝得以复兴，“唐不敢周”，实际上是“周不敢唐”。下边再补上一句“谁复如公者”，更将狄仁杰的功绩提到所有卫唐功臣之上。这两句的句法也劲健有力，与内容相适应，上句造语尤生新奇劲。

以上十句为一段，赞颂狄仁杰的品格功绩。以下转到“谒庙”。“古祠”四句，描绘祠庙荒寂景象。古老的祠庙笼罩在一片苍烟之下，碧绿的春草已经长上了屋瓦，更显出祠庙的冷落荒凉。诗人来时，虽当春雨洗绿的生机蓬勃的季节，但瞻望庙宇，香火久废，不禁嗟叹不已。这里蕴含着对世俗不重前贤的感喟以及对前贤身后寂寞的伤感。“春雨”、“碧草”，点缀物色，益见荒寂。

“一读老范碑，顿尘看奔马。斯文如贯珠，字字光照夜。”老范碑，当是庙中所立由范仲淹撰写的狄仁杰碑文。顿尘，停顿的灰尘；奔马，奔驰的马匹，似是借况碑刻上超逸奔腾的文字。四句写谒庙所见范碑，赞美其虽尘埋日久，而字体超逸，文笔精妙，光彩可以照夜。赞范碑，实际上也是赞狄仁杰。

结尾两句，写谒庙后迟留不忍离去的情景：帆已经整治好，但临行之际，迟留不去。尽管风正，却不忍把帆挂起来。这个细节，进一步渲染了诗人的崇敬追思之情，增强了结束语的抒情气氛。

（刘学锴）

次韵天锡提举[①]　　惠　洪

携僧登芙蓉，[②]　　想见绿云径。
天风吹笑语，　　响落千岩静。
戏为有声画，　　画此笑时兴。
夙习嗟未除，　　为君起深定。
蜜渍白芽姜，　　辣在那改性。

南归亦何有？　自负芦圌柄。③
旧居悬水旁，　直室如仄磬。
行当洗过恶，　佛祖重皈命。
念君别时语，　皎月破昏暝。
蝇头录君诗，　有怀时一咏。

〔注〕 ① 天锡提举：身世未详，疑为朱天锡，作者同时人张景修，有《送朱天锡童子》诗。② 芙蓉：湖南衡山有芙蓉峰。 ③ 芦圌(chuán)：亦作芦篅。圌，同篅。用芦苇或竹片编成圆圌，有柄可背负，用以盛旅途的粮食。本意为盛谷物的圆囤。

这首诗是步友人原韵的酬赠之作。全诗分三段。前六句为第一段。开头两句："携僧登芙蓉，想见绿云径。"叙说当时承天锡提举，相携共登衡山的芙蓉峰，所经行的山径上，绿云缭绕，至今还可以想见登山的情景。接着两句："天风吹笑语，响落千岩静。"则写登临之时，意趣盎然，天风吹送着笑语的声音，这声响打破了千崖万壑的寂静，回旋在幽谷丛林之间。登临之乐，恍如身在仙境，远非人世间所能有。"戏为有声画，画此笑时兴"这两句是说，因为心情的欢畅，当时曾赋诗以志，戏为绘景绘声之句，不仅诗境如同有声之画，而且所画的即为笑语时的清兴和神情。如今虽说此游已成往事，而笑语之情，登山之趣，依然历历在目。这一段极写登山之乐，而写景写情，写境界，写登临时的笑语，写笑语中蕴藏的兴致，可算是一片化机，融合在诗情画意之中，构成神奇的画境。

第二段十句。"夙习"四句，感叹自己虽然出家为僧，但积习未除，所以友人来访，深感高谊，不惜从入定之际，油然而起，破除"深定"时的戒律。从自己的习性来说，就好比是经过蜜浸的芽姜，尽管外面一层甜，却是内在的辣性并未改变。这段后半"南归"以下六句，回忆从琼崖南归以来，自己仍旧是孑然行脚之僧，所携所负，仅仅为芦篅之筐，其中不过是破衲、馀粮而已。归来之后，且喜悬在水边的旧居犹存，茅庵径直，聊可容膝，小得就像逼仄的悬磬一样，但即是这点足以藏头覆足的所在，也够得上满意的了。行当一洗往昔的罪过，重行皈依佛祖(皈命，即归依佛法之意。皈，即"归")，以扫除尘念，一意清修，将亦自有抛却红尘之乐。这一段追叙放逐遇赦后的情况，着重表明心性未改，且有志禅寂，以便友人了解自己的趋向。

第三段"念君"等四句，是对友人致忆念之情。想起友人临别的话语，就像天空中皎洁的月亮，破除了长夜的昏暝而在自己的心灵上朗照。在清暇之时，不免以蝇头细楷，恭写君诗，以便在怀思之时，取来咏诵一过，使不复生鄙吝之情，以为修行中的良伴。此情此意，必当得君之一谅，想来定能不我遐弃，也就大慰生平了。“皎月破昏暝”一句,善用比喻,意境高妙。

全诗第一段刻画共同游芙蓉峰的真趣,妙在不落言诠、语意之外,充满欢欣。第二段意在表明自己遇赦归来之后,当永远皈依佛教,虽贫亦无碍,过去种种,只不过偶然游戏人间。第三段写情,情中寓空灵之景,豁然落响天外,结句更回映前文之“携僧”,示临分时话语当永留心曲。全作意境高旷,幽清中见其雅致。作者虽为方外之人,但情根毕竟未断,尘念犹存,蜜渍姜芽之喻,十分形象。诗境和心境虽然不妨参合,但就诗而论,这首诗是诗境高于心境的。　(马祖熙)

【作者小传】

徐　俯

(? —1140)　字师川,自号东湖居士,洪州分宁(今江西修水)人。年幼能诗,为舅黄庭坚所器重。以父荫授通直郎。绍兴二年(1132)赐进士出身。历翰林学士、端明殿学士、签书枢密院事、兼权参知政事。与曾幾、吕本中游。诗属江西派,晚年之作趋于平易。

春　游　湖　　徐　俯

双飞燕子几时回?　　夹岸桃花蘸水开。
春雨断桥人不度,　　小舟撑出柳阴来。

徐俯是黄庭坚的外甥,早年作诗受到黄庭坚的影响,所以被吕本中列入《江西诗派宗社图》。但他后来极力要摆脱江西派艰深雕琢的风格,追求平易自然,主张“必有是景,然后有是句”(曾季貍《艇斋诗话》)。从这首《春游湖》即可看出他暮年的诗风。

诗写早春游湖的幽兴,目之所及,自成佳境:成对的燕子掠过水面,夹岸的桃花临水怒放,雨后的春水漫过了桥头,一叶小舟从柳阴中悠悠撑出。像桃红柳绿,春水双燕这类为人所写熟的常见景色,倘若真的不费心思随手拈来,极易落入平熟率滑一路。这首诗之所以能给人以新鲜之感,主要是能够以意趣剪裁景物,根据觅春的心理和游湖的行踪来安排构图。

发端作一问句,起得突兀,仿佛诗人忽然发现了双飞的燕子,这才意识到春天已悄悄回来了。“几时”二字是对燕子如见老朋友一般的亲切问候,春天不知不觉的来临在诗人心里所引起的惊喜之情也自然溢于言外。再看湖上,果然桃花开遍枝头,已是一片春意盎然了。“夹岸”二字写桃花成林,极为繁盛,为“蘸”字作意:花既夹岸,枝条斜伸到水面,方有蘸水而开的妙想。而蘸水又可使人意会桃花的鲜艳水灵仿佛是由于蘸饱了水分的缘故,甚至可以进而联想到水中桃花的倒影,故下一“蘸”字,桃花之神态、意趣俱出。后两句从过桥与乘舟两路写游湖之兴,而能将游踪化为画意。雨后水涨,淹没桥头,断了人行,改为坐船摆渡。这小小的插曲,倒给诗人提供了现成的诗料,不但可见出春雨之后湖上波平水满的情状,而且因断桥而寂无人行,还给这幅明媚的春景添上了一点荒寒的野趣和清幽的情味。舍桥登船,柳阴中撑出一叶小舟,与上句自成因果,接得现成。正如上句由桥断而见水涨,这句也由舟小而见湖宽。中国画表现水景常用此法,只就桥、船落笔,不画波纹,自有水意。所以这两句诗体现了中国诗歌艺术的两个重要的审美特点:一是写景在秀丽之外须有幽淡之致。花开燕飞,固然明媚,然无断桥野浦,便少逸趣。二是以实写虚,虚实相生。只消写出小舟一篙撑出柳阴的悠然情态,水面的空阔宁静和满湖阴阴的柳色便如在目前,正如全诗并无一字刻画湖光水色,仅在近水景物上做文章,就将满湖春色烘托了出来。南宋词家张炎有一首描写春水的《南浦》词,其中的名句“荒桥断浦,柳阴撑出扁舟小”就是从徐俯这首诗蜕化的,因强调了断桥的“荒”意和扁舟的“小”字,就比徐俯诗更明确地点透了那点荒凉感在桃红柳绿中的调剂作用,以及诗歌构图以小衬大的辩证关系。徐俯此诗曾传诵一时,赵鼎臣说:“解道春江断桥句,旧时闻说徐师川”(赵鼎臣《和默庵喜雨述怀》),可见第三句尤为著名,而张炎的《南浦》词居然能在前人名句上稍事改作而成“古今绝唱”,上述道理不是很耐人寻味吗? (葛晓音)

【作者小传】

韩 驹

(? —1135) 字子苍,仙井监(治今四川仁寿)人。政和初,以献颂补假将仕郎,召试,赐进士出身,除秘书省正字。历官洪州分宁知县、著作郎。宣和中,迁中书舍人,寻兼权直学士院。高宗即位,知江州。卒于抚州。少时以诗为苏辙所赏。论诗主禅悟。有《陵阳集》。

九绝为亚卿作(其三、其四、其五、其八)

韩 驹

更欲樽前抵死留, 为君徐唱木兰舟。
临行翻恨君恩杂, 十二金钗泪总流。

世上无情似有情，　　俱将苦泪点离樽。
人心真处君须会，　　认取侬家暗断魂。

君住江滨起画楼，　　妾居海角送潮头。
潮中有妾相思泪，　　流到楼前更不流。

妾愿为云逐画樯，　　君言十日看归航。
恐君回首高城隔，　　直倚江楼过夕阳。

亚卿，姓葛，阳羡(今江苏宜兴)人，曾任海陵尉，诗人的朋友。关于这组诗，胡仔《苕溪渔隐丛话》后集卷三十四记载说："余以《陵阳集》阅之，子苍(按即韩驹字)《十绝为葛亚卿作》，皆别离之词，必亚卿与妓别，子苍代赋此诗。其诗云：'妾愿为云逐画樯，君言十日看归航。'以此可知也。……徐师川跋云：'……十诗说尽人间事，付与风流葛稚川。'"这段话说明两点：其一，这组诗原来是十首(胡仔、徐师川都是诗人同时代人，后者还是他的朋友，故二人之说当可信)，在流传过程中，不知何故失落了一首，于是连题目也由"十"而为"九"了；其次，这组别离之诗的女主人公是一位妓女，这除了胡仔举出的例句外，尚可从"君恩杂"、"十二金钗"等语中得到证明。这组以女主人公的代言体写成的绝句，可能是诗人听了葛亚卿讲述自己的爱情故事后，为他们二人而写的。

他又要离她而去了，她黯然销魂，情不能已。诗人写出了她的这种感情，代她向他倾诉了内心深处无限的爱恋之情。

其三、其四两首，诗人用对比的手法写出她对他的一往情深。其三这首，以她强烈的感情变化表现她的深情。十二金钗，原谓人姬妾很多，这里指他情人众多。她先是极力挽留：他动身在即，离筵也已摆开，可是就在这举樽道别之际，她仍不死心，还想拼死(抵死)挽留住他，并且强忍悲痛，轻柔地为他唱起："洞庭波冷侵晓云，日日征帆送远人。几度木兰舟上望，不知元是此花身。"(李义山《木兰花》诗)"……都门帐饮无绪，留恋处、兰舟催发……"(柳耆卿《雨霖铃》词)等这些感伤离别的歌曲，力图唤起他对以往离愁别恨的回忆。然而他还是坚决要走。她大失所望，便由爱转恨(翻恨)：恨他对爱情太不专一(恩杂)，所爱既多，又轻别离，使得这些女子(包括她自己)总是在以泪洗面中打发光阴。这里的"恨"，含蕴着这位青楼女子既不能获得他专一的爱情又要常常饱尝别离之痛的内心苦闷。但是挽留也好，恨也好，都表现了她对他的深情厚爱。

其四这首，以世人的无情衬托她的真情。本来，世上那些无情者，都会装得像个有情人，他们在这种离别的筵席上，也往往会掉下几滴眼泪。可是她不是这样人，她对他说：你可千万不要误会了我，我今日当筵落泪，却是发自内心的一片真情，这“人心”之“真处”，你须要理会得，牢牢地记取啊，为了思念你，我总是暗暗地哀伤不已（因为我不是你的妻，故而连伤感也得避着些人）。侬家，是她的自称，犹言吾家。在对比之中，如泣如诉地道出了她对他的真情挚爱，并且展示出这个沦落风尘的不幸女子的内心活动：生怕刚才自己又爱又恨的态度会引起所爱之人的怀疑。

其五、其八两首，诗人以直抒胸臆的手法，写出了她对他的满怀痴情。她见他执意要走，便在其五这首中痴情相告道：从此天涯海角，人各一方，你住在那江边耸起的画楼内，我居住在这儿江水入海处（海角）。从今后，我将日日伫立海边送潮头（海水涨潮，潮头便随江而上，故云）。你可要晓得，那滔滔的潮头之中，有我的相思泪，它流啊、流啊，一直流到你的楼前，就再也不流了。她倾吐了别后她将为他“泪总流”的相思之苦。

其八这首写他终于要走了，她竟异想天开，说自己愿意变作一朵云，追着他的画船走。他终于被她的痴恋所感动，不由婉转相劝：“十日看归航。”她放他走了，然而正在“举手长劳劳，二情同依依”（《古诗为焦仲卿妻作》）时，她又突然向着他喊：“恐君回首高城隔，直倚江楼过夕阳。”“高城隔”，用的是唐人欧阳詹的典故。欧阳詹在太原恋一妓，临别赠诗，有“高城已不见，况复城中人”之句。诗意是说，只怕你走后，回首望我，已被高城隔住，看不到了，而我仍倚在江楼上盼望着你。情意极为凄婉。

男女爱情这个传统题材，在宋人笔下，多以当时的流行歌曲——词的形式来抒写，而在大量的五七言古今诗体中，以爱情为主题或题材的诗，却很少，而写得好的更为罕见。韩驹这组感情炽烈的爱情诗，淋漓尽致地表现了那位多情多义的妓女，对其友人葛亚卿不忍分别、又不得不分别的那种深情难舍的别离之情，写得缠绵悱恻，情真意挚，十分感人。这在宋人诗中显得极其难得。写作上，手法的灵活多变，语言的浅近自然，以及女主人公对爱情的大胆追求、热烈表白和深情奇想，都深得民歌神髓，作为文人诗，尤属不可多得。因此，这组诗在内容与艺术上，都颇值得珍视。

（周慧珍）

夜泊宁陵 韩 驹

汴水日驰三百里， 扁舟东下更开帆。

旦辞杞国风微北，　　夜泊宁陵月正南。
老树挟霜鸣窣窣，　　寒花垂露落毵毵。
茫然不悟身何处，　　水色天光共蔚蓝。

陆游曾见韩驹诗手稿一卷。他在《渭南文集》卷二十七《跋陵阳先生诗草》一文中说："先生诗名擅天下，然反复涂乙，又历疏语所从来。"可见韩驹讲究字句锤炼，不惮一再修改；又爱自己注明字句出处，以证实"字字有来历"。这正是典型的江西诗风。但刘克庄《后村诗话》却说："吕公(按，指吕本中)强之入派(指江西诗派)，子苍(韩驹字)殊不乐。"则又可证韩驹入江西而能不为江西所囿，"非坡非谷"(见王十朋《梅溪先生文集》后集卷二《陈郎中赠韩子苍集》)，"直欲别作一家。"(见《陵阳集》卷首小传)这首《夜泊宁陵》正是"别作一家"之诗。诗写水行风光，情景浑然一体，不假捋扯，显然有别于"生吞活剥"之作。

"汴水"是一条运河，从开封经杞县、宁陵东南入淮。诗人乘舟沿此顺流东下，又遇北风吹送，扬帆破浪。首联写舟行迅疾，如转丸而下。颔联"旦辞"，补足上联之意；"夜泊"二字点题。这两句对仗工稳，而又意义连贯，一气倾注，暗用太白《早发白帝城》诗意，令人不觉。后四句诗情一转，写夜泊情景。颈联"老树"、"寒花"，意境萧瑟，气象森严，节奏从轻快流走变为凝重沉着。尾联从眼前水天之景，转出茫然身世之情，境界变得深沉寥廓，含无限怅惘之意。韩驹始以受知于苏辙享誉诗坛，终坐苏氏之党而一再贬谪，死于抚州。从诗意看，这首《夜泊宁陵》当是被贬出都赴江西任所时而作。诗人把身遭党祸茫然不知所适的心情，表现在苍茫凄迷的水天月色之中，语淡而腴，境幽而远，结联更"如临水送将归，辞尽意不尽。"(见《唐音癸籤》卷三)与黄庭坚的奇峭、陈师道的枯淡迥异。

《诗人玉屑》卷二引《臞翁诗评》说："韩子苍如梨园按乐，排比得伦。"这是说韩驹写诗讲究章法结构。《诗林广记》引《小园解后录》说："……子苍有《过汴河》诗云：'汴水日驰三百里'云云，人有问诗法于吕居仁，居仁令参子苍此诗以为法。"可见吕本中十分推重此诗章法。此诗的开承转合也确有妙谛。首联两句紧承，联翩而下。读了第一句也许要问：舟行一日驰三百里，何能如此迅速？次句就作了回答：乃因"扁舟""东下"顺风"开帆"所致。这一联宕开。第三句"旦辞杞国风微北"，是对第二句"东下""开帆"的补充。不因"风微北"，就不能"开帆""东下"。四句"夜泊宁陵月正南"，则为第一句"日驰三百里"提出佐证。不及"夜泊宁陵"，又何能夸口"日驰三百里"？再从联与联的关系看，这一联"旦辞"、"夜泊"，一意紧承，极言时间之倏忽，使首联"日驰三百里"具体化，因此这整个第二联又合为一意，对第一联作了补充。第五句“老树挟霜”承三句“风微北”。不因北风，老树不至有窣窣鸣声。六句“寒花垂露”则上应四句“夜泊”。若非月夜扁舟系岸，自然看不见“垂露落毵毵”。“挟”、“垂”二字，极见锻炼功夫。尾联则回应首联，绾结全诗，把一叶扁舟置于“水色天光共蔚蓝”的浑茫一色之中，自然令人生茫然不知身在何处之感。水色天光，一片蔚蓝，给全诗染上了幽暗的感情色彩。汴水、夜月，老树、寒花，构成了一个苍茫幽渺的意境。首联大开，尾联大阖，正好结住全诗。

当然，诗缘情而生，不当拘泥于法。但是如果既能情景相生，不见雕镂之迹，又能脉络勾连，通体圆紧，又何尝不可！韩驹此诗，诗中有法，而又不为常法所拘，是其戛戛独造。

（赖汉屏）

题湖南清绝图　　韩　驹

故人来从天柱峰，　手提石廪与祝融。
两山坡陀几百里，　安得置之行李中？
下有潇湘水清泻，　平沙赤岸摇丹枫。
渔舟已入浦溆宿，　客帆日暮犹争风。
我方骑马大梁下，　怪此物象不与常时同。
故人谓我乃绢素，　粉精墨妙烦良工。
都将湖南万古愁，　与我顷刻开心胸。
诗成画往默惆怅，　老眼复厌京尘红。

这是一首题画诗，画的名称是《湖南清绝图》。画面上展现的湖南山水风景，有衡山诸峰，有潇湘之水。可以想见，这是缩千里于尺幅的艺术概括。

起二句先交代画的来历。湖南境内的衡山，有七十二峰，最大者五：芙蓉、紫盖、石廪、天柱、祝融。韩愈《谒衡岳庙遂宿岳寺题门楼》：“紫盖连延接天柱，石廪腾掷堆祝融。”可以约略想见天柱、石廪、祝融诸峰的峻险奇伟。诗人的一位老朋友刚从湖南回来，带回一幅《湖南清绝图》，上面画着衡山诸峰。如果照直交代叙说以上事实，不免平淡寡味。现在用“来从天柱峰”点明故人来历，已给人以平地见山，突兀而起之感；紧接着更故作惊人之笔，说他“手提石廪与祝融”，便觉奇趣横生，警动不凡。两句制造了悬念，吸引读者以极大的兴趣注视着下文。

“两山坡陀几百里，安得置之行李中？”坡陀，是不平坦的意思。展现在诗人眼前的，是巉岩不平、绵亘百里的奇峰叠嶂，然而这广袤的山峦却又怎能安放在这小小的行李之中呢？上句是以画为真，以虚为实；下句却又疑真为幻，疑实为虚。这虚实真幻的感受，不但突出了画艺的高妙传神，而且由于只加暗示而不说破，将悬念推进一层，造成了戏剧性的效果。这些地方，都可以看出，诗人努力将平常的事物化为新奇的意趣。

接下来四句，是对画面上景物的进一步描写。前四句由交代画的来历带出了画上的峰峦，这几句换笔写水。先上后下，先山后水，符合赏山水画时的自然顺序。山峰之下，有清莹的潇湘之水在静静流泻，水边，是白色的平沙，赭色的江岸，岸边的丹枫正在秋风中摇曳。在浦口的港湾内，渔舟已经停泊下来，而江面上的客船却还在趁着日暮顺风行驶。这四句叙写画中景物，层次分明，色彩丰富，动静相间，错落有致。“泻”字、“摇”字、“争”字，分别传出水、枫、舟的动态，它们与表现静态的“清”、“平”、“赤”、“丹”、“宿”等字互相映衬，组成一幅鲜明和谐的潇湘秋暮图景。“已”、“犹”两个虚字，彼此呼应，细致地表现出同一时间、空间范围内景物的不同情状，使人有亲临其境之感。

写到这里，已经把画面上的山水佳胜大体上再现出来了，下面乃转笔写到自己的感受，并顺势点明以上所见原是一幅绢本山水画。大梁，指北宋都城汴京，是作者客游之地，此处点出，暗逗结尾处的感慨。“怪此物象不与常时同”，是说画上的物象（山、水、舟、枫等）与平常所见到的真山真水并不完全相同，而是又似又不似，即经过艺术概括、高于自然原型的山水艺术形象。到这里，前面所设的悬念涣然冰释，翻过头去，却更感到画家的粉精墨妙，艺术高超，也感到诗人对此画描叙形容的真切和笔意的腾挪超妙。

“都将湖南万古愁，与我顷刻开心胸。”这两句进一步写到画的意境以及它的艺术感染力。湖南的九疑、苍梧、潇湘，与远古时代舜及娥皇、女英的悲剧性传说有密切关系，因此这一带的山水也好像凝聚了万古不消的悲愁。但这凄愁而清绝的山水却别具一种动人的神韵，它使看画的诗人顷刻间心胸开阔。这是对湖南山水以及这幅意境清迥的图画的高度赞美。

“诗成画往默惆怅，老眼复厌京尘红。”清绝的湖南山水，唤起了诗人对美好自然的热烈向往，促使他援笔为诗，抒写心灵的感受。但诗成之际，故人已经携画离去，清迥绝俗的山水佳胜已不复见，展现在昏花老眼之前的，依然是那熙熙攘攘的京城红尘，不禁暗自惆怅，若有所失。“京尘红”暗暗化用陆机“京洛多风尘，素衣化为缁”诗句。这一结，既与开头的故人携画而来遥相呼应，缴清了画的来踪去迹，更将画中可望而不可即的清绝之境与眼前尘嚣纷扰的现实环境作了鲜明对照，表达了诗人厌弃尘俗、向往自然的意趋。结得自如、完密而又富于余

蕴。全篇清新明畅，具有散文化的风格，却又富于诗的韵味。 （刘学锴）

和李上舍冬日书事　　韩 驹

北风吹日昼多阴，　日暮拥阶黄叶深。
倦鹊绕枝翻冻影，　飞鸿摩月堕孤音。
推愁不去如相觅，①　与老无期稍见侵。
顾藉微官少年事，　病来那复一分心？

〔注〕 ① 推愁：叶庭珪《海录碎事》卷九引庾信《愁赋》(此赋倪璠注《庾开府全集》未收)："攻许愁城终不破，荡许愁门终不开。何物煮愁能得熟？何物烧愁能得然？闭门欲驱愁，愁终不肯去。深藏欲避愁，愁已知人处。"这篇赋在宋代很流行，许多诗人都用到它。但是否确出庾信之手，尚难断定。韩驹"推愁不去"语即此赋中"闭门"二句。

这是一首和作。上舍，即上舍生的简称，宋代太学生之一。熙宁四年(1071)分太学为上舍、内舍、外舍，上舍是最高一级。李上舍，名未详，《冬日书事》是李的原唱。据吴曾《能改斋漫录》记载，这首诗是作者因坐苏氏学"自馆职斥宰分宁县时"所作。分宁属江西洪州，即今修水县，是江西诗派创始人黄庭坚的家乡。

首联写冬日的气候物色。北风劲吹，日色昏黄，白昼也显得阴晦无光。到了日暮时分，被风刮落的黄叶，已经深深地堆积起来，拥满了阶前。这是一幅黯淡凄寒的冬暮图景。凄厉的北风，阴霾的天色，昏黄的太阳，满阶的黄叶，处处显出萧飒残败的景象。而北风则在这里起着主要作用。"拥"字用得生动形象，与"深"字紧密配合，画出落叶满阶，紧贴阶前的情景。陆游曾指出"韩子苍(韩驹的字)喜用'拥'字，如'车骑拥西畴'、'船拥清溪尚一樽'之类"(《老学庵笔记》卷九)，所举两例都不如"拥阶"的"拥"字用得精彩。因此，李彭有《建除体赠韩子苍》云："平生黄叶句，摸索便知价。"一字锤炼，使全句也为之增色添价了。

颔联续写冬夜倦鹊、飞鸿的活动："倦鹊绕枝翻冻影，飞鸿摩月堕孤音。"这一联刻画极工。上句化用曹操《短歌行》句："月明星稀，乌鹊南飞。绕树三匝，何枝可依。""倦"字不但传出觅枝的乌鹊困惫的情态，而且表现出其长时间求栖息却无枝可依的处境。月夜朦胧，只能仿佛窥见乌鹊的身影，而冬夜凛冽的寒气，却使它在翻飞绕枝时显出瑟缩寒噤之态，故说"翻冻影"。这三字可说是字字着意锤炼，意新语奇，把冬夜的凛寒和倦鹊的孤凄传神地表现出来了。下句说飞鸿高翔，掠过清冷的月亮，投下了一声悲切的哀鸣。"摩"字，"堕"字，一从视觉，一从听觉，也都是着力刻画之笔。特别是"堕"字，不但描绘出声音的自高而下，而且传出听者心惊情凄的感受。这一联写"倦鹊"与"飞鸿"，固然是冬日即景书事，但已明显融有诗人的身世之感。甚至不妨说,它们也就是在贬谪中的诗人孤孑无依的身世的一种象征。随着时间由昼至夜的推移,凄冷的色彩更浓,主观抒情的成分也愈见突出,这就由借景抒情过渡到后半的直接抒怀,引出下联的"愁"字来。

"推愁不去如相觅,与老无期稍见侵。"前两联写气候物色,倦鹊飞鸿,实际上都已蕴含诗人的愁绪,这里便写到"推愁"。主观上想排遣愁绪,但愁却像是故意来寻找自己,硬是摆脱不掉。"如相觅",将推而不去的"愁"拟人化了,这就使直接抒情带有生动的形象性。下句是说,自己跟老并没有订立期约,而老却渐渐地来临了。这又是与主观愿望相违的现象。"老"的见侵,正是"愁"不能推的结果,上下句之间存在着因果关系。

"顾藉微官少年事,病来那复一分心?"末联承第六句,进一步抒写老来心境,说眷念微官,是少年时的情事,如今老病交加,怎能再为此挂心呢?后两联表面上和冬日景物没有直接关系,实际上,这"愁"、"老"、"病"都与寒冬衰暮有着内在的联系。

这首诗抒写了一个困顿失意的士人在阴冷凄寒的冬日愁病交侵的境遇与心情。全篇由景中含情到借景作比,再发展为直接抒情,情感的表现越来越显露,而衰飒的趋向也越来越明显。贺裳指出此诗"词气似随句而降"(《载酒园诗话》),是符合诗境特点的。诗工于刻画,骨骼瘦劲。潘德舆说"倦鹊"一联,"纯是筋骨,然皆语尽意中,唐人不肯为者"(《养一斋诗话》),其实这正是典型的宋调。

(刘学锴)

登赤壁矶　　韩　驹

缓寻翠竹白沙游,　　更挽藤梢上上头。
岂有危巢尚栖鹘?　　亦无陈迹但飞鸥。
经营二顷将归老,　　眷恋群山为少留。
百日使君何足道,　　空余诗句在江楼。

此篇题目一作《游赤壁示何次仲》,题下自注云:"时守黄州。"据张邦基《墨庄漫录》记载:"靖康初,韩子苍知黄州,颇访东坡遗迹。常登赤壁,而赋(指东坡前后《赤壁赋》)所谓栖鹘之危巢者不复存矣,悼怅作诗而归。"吴曾《能改斋漫录》也有类似的记载,而且录存了何次仲的和诗:"儿时宗伯寄吾州,讽诵高文至白头。二赋人间真吐凤,五年溪上不惊鸥。蟹尝见水人犹怒,鹘有危巢孰敢留?珍重使君寻古迹，西风怅望古城楼。”

起联叙述登赤壁矶的过程。开始时缓步寻胜，漫步于赤壁矶旁的沙滩、竹林，接着又挽着藤梢，一步步地攀登到赤壁矶的上头。从“寻”到“挽”，点明“登”字。上句意态悠闲容与，下句句法即显出着力之迹，与内容相应。

颔联写登赤壁矶后所见。苏轼《后赤壁赋》云：“予乃摄衣而上，履巉岩，披蒙茸，踞虎豹，登虬龙，攀栖鹘之危巢，俯冯夷之幽宫。”这两句暗用苏轼赋意，说登上矶顶，已经不复见往日栖鹘的危巢，也看不到从前苏轼谪贬黄州时留下的陈迹，只见江鸥飞翔而已。两句于写景中寓怀慕前贤之情与世事沧桑之感。“岂有”、“亦无”、“尚”、“但”，开合相应，将上述情感强化了，读来自有一种空廓虚无之感。苏轼作前、后《赤壁赋》在元丰五年（1082），离韩驹靖康初知黄州时，不过四十余年，而昔贤的陈迹已不复存，世事变化之速也就不难想见了。当时金人正不断南扰，北宋国势岌岌可危，“岂有危巢”云云，可能还融有某种现实感慨。

“经营二顷将归老，眷恋群山为少留。”颈联写登赤壁矶所感。《史记·苏秦列传》：“使吾有洛阳负郭田二顷，吾岂能佩六国相印乎？”“经营二顷”本此。出句承上人事沧桑之慨而兴归隐之心，说要经营田园以便返乡终老；对句稍转，说由于眷恋这里山川风物的壮美，不能不为之少留时日，“群山”即包括眼前的赤壁，一纵一收，仍拍合到本题上来。苏轼《游金山寺》说：“江山如此不归山，江神见怪惊我顽。我谢江神岂得已，有田不归如江水。”与韩诗都是登临览胜而兴归欤之思，而一则言“江山如此不归山”之非，一则曰“眷恋群山为少留”，思致有别，而各具情理。

“百日使君何足道，空余诗句在江楼。”据吴曾《能改斋漫录》，韩驹守黄州，“三月而罢，因游赤壁”，所以自称“百日使君”。使君，是州郡地方长官的代称。尾联收到诗人自身和眼前的江楼。对比苏轼那样的一代文豪，自己这区区“百日使君”自然更不足道了，离开黄州之后，留下来的只有题在江楼上的诗句而已。这是因前贤的遭遇而联及自己的遭遇，由已有的变化而推及后来的变化。这一结，将前面因思贤访旧而引起的空廓虚无之感进一步强化了。“空余诗句”，自谦中复透出对自己诗才的自负。所以这空廓虚无中仍有一种欣慰之感。（刘学锴）

【作者小传】

吴 涛

生卒年不详。字德劭，崇仁（今属江西）人，吴沆之伯兄。

绝 句 吴 涛

游子春衫已试单，　桃花飞尽野梅酸。
怪来一夜蛙声歇，　又作东风十日寒。

吴涛现存的几首诗皆见于其弟吴沆《环溪诗话》。这首七绝“写春深夏浅、乍暖忽寒的情味”（钱锺书《宋诗选注》），语句清新，体验真切。

前两句写气候之乍暖，并点示出春夏之交的季节。诗人颇善于选择人与物的典型形象。先写“游子春衫”：游子指离家远游之人。游子长年在外，对气候冷暖的变化最易感知。此时游子脱去冬服而换上单薄的“春衫”，这个视觉形象反映出气候的温煦，又给人一种舒适、轻松的美感。一个“试”字写出游子的心理状态，寓有因气温不稳定而尝试之意，也为后面的“又作东风十日寒”埋下伏笔。次写“桃花”与“野梅”。桃花于仲春开放，但此时已“飞尽”；梅花于初春开放，夏初结梅子，此时则“野梅酸”，二物皆足以显示江南三四月的特征。写桃花，仍从视觉角度，不仅“桃花”二字有色彩感，“尽”前冠以“飞”，又显示了动态美。写梅则从味觉角度，一个“酸”字，足使口舌生津。

后两句写忽寒。诗人审美感受相当细腻，也很会捕捉典型的细节：“怪来一夜蛙声歇”，这是从听觉角度落墨。前两天气温乍暖时，田蛙也为之欢欣歌唱，增添了暖意。但忽然“一夜蛙声歇”，确令人感到“怪”。“又作东风十日寒”：原来是气温又变寒，青蛙于气温变化极敏感，它们躲进洞里，声息全无，正显示着“东风十日寒”。此句又从触觉角度来写。“十日”与“一夜”相对，时间更长，但毕竟已是“东风”，此“寒”自是强弩之末，不必为之生畏。

此诗纯然写春夏之交人们对乍暖还寒气候的体验，未必有什么寓意寄托。但选材精到，体验细致，有跌宕曲折之致。特别是注意全面调动各种审美感受，从视觉、味觉、听觉、触觉等角度进行描写，使诗的意境显出多层次、多侧面，具有立体感，给人以更丰富的美感，这都是值得借鉴的。　（王英志）

【作者小传】

左 纬

生卒年不详。字经臣，黄岩（今浙江台州市黄岩区）人。政和中，以诗名世。

春晚　　左纬

池上柳依依，　柳边人掩扉。
蝶随花片落，　燕拂水纹飞。
试数交游看，　方惊笑语稀。
一年春又尽，　倚杖对斜晖。

人到垂暮之年，总免不了产生寂寞感伤情绪。尤其是季节更换、旧友凋零，更易引起老人的愁思。左纬的《春晚》就是抒发了这种带有普遍性的情感的。

“池上柳依依，柳边人掩扉。”首句“依依”二字已经点题。杨柳依依，自然不是柳眼初开，也不是枝头新绿，而是长条低拂的晚春季节。这两句诗体现了作者选择题材的精细。池塘和杨柳联系起来最能体现春天特征。谢灵运的《登池上楼》“池塘生春草，园柳变鸣禽”就是抉择这两者来报告春天消息，成为千古名句。居住在池上柳边的人，对春天的来去，自然比旁人敏感，其人是何许人呢？诗歌结句点出是倚杖老人，对春天的来去匆匆，他的感受和青少年不同，他的感受是什么呢？这在颈联中写出。

“蝶随花片落，燕拂水纹飞。”初春时节，花瓣正繁，不致谢落，燕子也尚未飞归旧巢。这两句的选材也是切合“春晚”诗题的。而且这十个字内，繁花、粉蝶、乌燕、碧水，色泽丰富、动态逼真。诗人体物很细、描摹很工：落花时而随风轻举，时而款款下坠，蝴蝶则是上下翻飞，两者颇为相似。所以写随花而落，正现出蝴蝶的飞行姿态。燕子则不同，写它掠水而过，正现出它的轻灵飘逸。同是飞行，而姿态各异，这正是诗人的匠心所在。

春色虽好，但毕竟是晚春，时日无多。老人由季节联想到人生，怅惘不已：“试数交游看，方惊笑语稀。”笑语，指当年交往时的欢声笑语。下这“笑语”二字，不仅表示老人笃重友谊，对友人的音容笑貌牢记不忘，而且是以“笑语”反衬“惊”，形成鲜明反差，突出心灵震动之强烈。杜甫《赠卫八处士》中“访旧半为鬼，惊呼热中肠”两句，与此内容相似。二者相比，杜甫感情更为激烈，左纬则表现得较为婉转，原因是对象由死者转换为生者。

“一年春又尽，倚杖对斜晖。”承接上文，诗人本可直抒胸臆，感慨生命之短促。然而这里宕开一层，用形象来加以说明。春尽，是一季之终结；斜晖，是一日之终结，晚春的斜晖笼盖住倚杖老人，不是最形象地感叹来日无多，最具体地表现出寂寥哀伤吗？这个结尾含蓄蕴藉，余味不尽。

如果说，此诗前四句主要写景，但也间入柳边老人，来含蓄地表现情思；那么后面四句就是以情为主，但也安排了“倚杖对斜晖”这景物。情景安排既各有侧重，又错落有致，是此诗结构上的一个特点。（何丹尼）

【作者小传】

叶梦得

(1077—1148)　字少蕴，号石林居士，苏州吴县(今属江苏)人，迁居湖州乌程(今浙江湖州)。绍圣四年(1097)进士。初任丹徒尉。绍兴初期，为江东安抚制置大使，兼知建康府、行宫留守，尽力于防务及筹饷。官终知福州，兼福建安抚使。学问博洽，精熟掌故。有《建康集》、《石林词》、《石林诗话》、《石林燕语》、《避暑录话》等。

赴建康过京口呈刘季高①　　叶梦得

客路重经黄鹄前，　故人仍得暂留连。
长枪大剑笑安用，　白发苍颜空自怜。
照野已惊横雉堞，②　蔽江行见下楼船。③
灞陵醉尉无人识，④　漫对云峰说去年。⑤

〔注〕 ① 刘季高：刘岑，字季高，吴江人，尝知镇江府，后以得罪秦桧，坐赃废黜。 ② 雉堞：城上排列如齿状的作掩护用的矮墙。此指防守的堡垒。 ③ “蔽江”句：用晋将王濬治水军，从长江上游，浮江东下，楼船千里，一举攻下吴都建业(今江苏南京)的故事。刘禹锡《西塞山怀古》：“王濬楼船下益州，金陵王气黯然收。” ④ 灞陵醉尉：《史记·李将军列传》：“(广)尝夜从一骑出，从人田间饮，还至霸陵亭。霸陵尉醉，呵止广。广骑曰：‘故李将军。’尉曰：‘今将军尚不得夜行，何乃故也！’止广宿亭下。” ⑤ 原注：“时季高在新城上月观。”作者与季高相晤，当在此月观，故有“漫对云峰说去年”之句。

高宗绍兴八年戊午(1138)，和议开始之后，当时主和派窃取了大权，南宋小朝廷媚敌求和，执行投降政策将成事实，作者此时以江东安抚制置大使兼知建康府的身份，在赴任途中，道经镇江，怀着满腔悲愤，访晤了知镇江府友人刘季高，感叹时事，赋呈此诗，表现对国事的共同忧虞，诗意悲慨苍凉，对和议深为不满。

开头两句：“客路重经黄鹄前，故人仍得暂留连。”表明这次重经镇江，仍然得有暂时和故人相聚的机会，算是此行的可喜之事了。“黄鹄”，是镇江的山名，山北有竹林寺，是林涧幽美的所在，南朝周颙曾憩于此间(见《南史·周颙传》)。这里用来指代镇江。然而此时的国事,已和先前大不相同。旧地重过,又未免感到难言的悲痛。第三四两句:“长枪大剑笑安用,白发苍颜空自怜。”感叹和谈已成定局,几年来艰难血战,将代之以苟且偏安,可笑这长枪大剑,将无可用之处;而自己也白发苍颜,壮志虽存,徒然只能自怜而已。作者前几年曾兼总四省漕计,以供馈饷,使军用不乏,前线诸将得以力战而无后顾之忧,如今眼看前功尽弃,恢复无望,所以在诗句中露出悲伤。第五句“照野已惊横雉堞”是说:前沿战地,依然烽火照野,战垒横陈,形势异常危险。谈和只能是饮鸩自醉。第六句“蔽江行见下楼船”,担心长江上游,也有被金人占据的可能,一旦金兵突破那里的江防,行见楼船将蔽江而下,对金陵带来莫大的威胁。这两句忧虞和议告成,必然要导致军心涣散,民心沮丧的后果,因而产生莫大的忧虑。最后,在“灞陵醉尉无人识,漫对云峰说去年”这两句诗中,作者以灞陵醉尉自喻。作者当年留守建康,曾经巡行查夜,唯恐防务稍有不虞,如今边防行将坐废,当年浴血奋战的将军们,都将弃置不用,自己这个灞陵小尉(指地方官),自然更是无人认识,只好登上友人新建的城楼,漫对云山,在悲痛中谈论些去年的情况了。

全诗切于忧国之情,深沉悲壮。刘季高也是主战的爱国志士,所以作者以此诗奉呈,希望志同道合的友人,共洒一掬山河之泪。

(马祖熙)

【作者小传】

石 悫

生卒年不详。字敏若,芜湖(今属安徽)人。元符三年(1100)进士。宣和元年(1119),中词科。曾官密州教授。

绝 句

石 悫

来时万缕弄轻黄, 去日飞毬满路旁。
我比杨花更飘荡, 杨花只是一春忙。

石悫,芜湖人,曾任密州教授。他远离故土、辗转仕途,更加上来去匆匆,身不由己,于是面对残春季节,柳絮如雪,触发出强烈的乡思,对自己的奔波游宦感慨万端。

如果把自己的羁旅之感直接说出,则容易流于空洞干瘪。诗人则借助巧妙的构思,不从本身起笔,而是触物起兴,借杨花之随风飘荡、不能自主,比拟自己往来赴任，离别家园；这就化虚为实，把羁旅愁思融化在具体的形象之中，读来情感突出，诗意盎然。

用杨花作比喻，古典诗歌中还可找出许多例子。如苏轼《水龙吟·和章质夫杨花韵》："似花还似非花，也无人惜从教坠，抛家傍路，思量却是，无情有思"，把杨花比作缠绵哀感的思妇。文天祥《过零丁洋》："山河破碎风飘絮，身世飘摇雨打萍"，把杨花比作日益沦丧的国土。此诗与它们又有所不同。诗人不仅将自己的转徙生涯和飘荡杨花作比，而且还要比出程度高低："我比杨花更飘荡，杨花只是一春忙。"结构上递进一层，使离情旅愁得到有力反衬，更显得深切感人。

在刻画杨柳形象上，诗人也有独到之处。"来时万缕弄轻黄，去日飞毬满路旁"，一个"弄"字、一个"满"字，大可玩味。下这"弄"字，则柳枝在骀荡春风里袅娜摇曳的形状宛然眼前，刻画出它的动态。下句的"满"字，看似描写静态，然而这静态中包含着过去飞落、现在仍在飞落，数日内还要继续飞落这整个过程的动态。所以是寓动于静、静中有动。刻画形象，角度多变。

此诗语言无奇字僻典，读来并无关碍，然而却非粗率平滑，而是含蓄精巧。除了上述"弄"字、"满"字外，如"来时万缕弄轻黄"，黄是颜色、轻是重量，颜色还能分轻重吗？看似无理，其实却蕴藏着艺术真谛。浓烈的色彩往往使人们感到沉重，如李贺《雁门太守行》中"黑云压城城欲摧"；同样，浅淡的颜色也会在人们心中引起轻的感觉，所以人们看到黄色淡到若有似无，便产生"轻黄"的感受。把视觉和触觉这两种不同感觉打通，就是修辞上的"通感"手法。与"嫩黄"、"浅黄"等词相比，"轻黄"自然精巧得多。诗中后两句充分体现出语言的含蓄。杨花只忙一春，言外之意是自己飘零四时。不说自己，而说杨花，余味不尽，感慨深长。

深沉的乡思旅愁，是古往今来诗歌的常见主题。然而此诗在形式上却力求新巧，显出宋诗特点。

（何丹尼）

【作者小传】

程　俱

(1078—1144)　字致道，衢州开化（今属浙江）人。以外祖邓润甫恩荫入仕。宣和三年(1121)赐上舍出身。徽宗时，为镇江通判、礼部员外郎。绍兴间，历官秘书少监、中书舍人兼侍讲。晚年秦桧荐领重修哲宗史事，力辞不受。与贺铸、叶梦得友善。有《麟台故事》、《北山小集》。

豁　然　阁　　　　　　　　程　俱

云霞堕西山，　　飞帆拂天镜。
谁开一窗明，　　纳此千顷静。
寒蟾发淡白，　　一雨破孤迥。
时邀竹林交，　　或尽剡溪兴。
扁舟还北城，　　隐隐闻钟磬。

豁然阁，濒临太湖，在今江苏吴江。北宋蔡佃有《豁然阁》诗："长风东南来，浊浪挠清镜。小轩寂寞入，默视心独静。"厉鹗《宋诗纪事》蔡诗注说："见《吴江县志》。"程俱《豁然阁》诗是和蔡佃之作。

《宋史·程俱传》载，程俱早年曾"以外祖尚书左丞邓润甫恩补苏州吴江主簿，监舒州太湖茶场"。《豁然阁》就作于这一时期。程俱《游大涤》诗："太湖隐吏疏且顽，手板拄颊看西山。"(见《宋诗纪事》)《吴县游灵岩》诗："明霞堕西山，夜气郁已苍。"《太湖泛檄西原道即事三首》说："西山路暗光已夕，东山山头余日红。"(以上均见《北山小集》)这些诗句中的"西山"，与本诗第一句"云霞堕西山"相互印证，也可见《豁然阁》是诗人早年游太湖所作。

一二句写诗人黄昏出游，飞帆驶入澄静的太湖。诗一开始就把人们引入奇美的境界，绚丽多姿的晚霞在西山上空飘浮，清风徐吹，帆船轻轻划破水平如镜的湖面，这景象，令人想起王勃《滕王阁序》的名句："落霞与孤鹜齐飞，秋水共长天一色。"

"谁开一窗明，纳此千顷静。寒蟾发淡白，一雨破孤迥。"诗人登上了豁然阁，凭窗远眺。阁窗直对湖面，湖光映照得十分明亮。他赞叹这窗开得巧，凭倚窗前，太湖千顷碧波尽收眼底。当幽暗的夜的帷幕缓缓下降的时候，湖景倍加奇丽，映照水面的明月射出淡淡的白光，朦胧而又神秘。(寒蟾，借代月亮，李贺《梦天》诗："老兔寒蟾泣天色，云楼半开壁斜白。")一阵风挟来了一霎雨，破坏了平静，把如璧的湖月撕得粉碎，仿佛沉入了湖底。孤迥，借代月亮。

"时邀竹林交，或尽剡溪兴。"七八句概述诗人的志趣。他时而邀朋聚会，这些朋友志趣高尚，如同晋代的竹林七贤；他又时而出访知交，如王子猷雪夜访戴，全凭兴趣(见《世说新语》)。

"扁舟还北城，隐隐闻钟磬。"结尾二句写乘舟返城。诗人乘着轻快的小船返回北城，途中隐隐约约听见清脆悠扬的钟磬声发自附近的庙宇。诗中隐隐流露了对豁然阁的依恋之情。

这首五古文笔轻淡，诗思摇漾，明显受了中唐诗人韦应物“高雅闲淡”的山水诗的影响。　　（李良镕）

夜半闻横管　　程　俱

秋风夜搅浮云起，　　幽梦归来度寒水。
一声横玉静穿云，　　响振疏林叶空委。
曲终时引断肠声，　　中有千秋万古情。
金谷草生无限思，　　楼边斜月为谁明。

这是南北宋之交的诗人程俱所写的一首七言古诗。横管即笛子，作者闻笛怀人，借以抒发收复北方的急切心情。

“秋风夜搅浮云起，幽梦归来度寒水。”写梦魂归来。静谧的秋夜，诗人怀念入于金人之手的北方，于是梦魂离开身躯飞向遥远的北方，而北方在金人统治之下，所以诗人用浮云遮空不见光明作比喻。诗人的梦魂不愿久留，于是立即飞度寒水，返回南方。

梦魂归来，已是万籁俱寂的深夜了。“一声横玉静穿云，响振疏林叶空委。”突然听到了横笛声。不眠的邻人吹起玉笛，笛声清脆高扬，飞上九天，响遏行云，并把秋风未能吹下的树叶纷纷振落。这笛声有如古代善讴者秦青的悲歌。

“曲终时引断肠声，中有千秋万古情。”写吹笛人忧伤的原因。深夜闻笛，笛声并不婉转悠扬而是激越悲壮，大概吹笛人也是流亡在南方的北人，他深夜难眠，想念故乡亲人，对南宋朝廷苟安一隅不胜愤慨，借笛声一曲曲地倾吐出深藏在肺腑的悲愤和苦思的深情。太平时节，宋人会在“杏花疏影里，吹笛到天明。”可是现在吹到临终，其声愈悲，好像是撕裂心肺的哀哀哭泣之声，叫人听了肠为之断。吹笛人本想凭借横笛倾泻心中的郁结，结果却引来了更深的悲伤。这声音里蕴含了思念故乡亲人的千秋万古的深沉之感。

七八句含蓄写出诗人的家国之思。笛声激起了诗人怀念北方故土的深情。他早年曾在东京开封供职。《宋史·程俱传》说，他“累迁将作监丞，近臣以撰述荐，迁著作佐郎。宣和二年，进颂，赐上舍出身，除礼部郎”。“金谷”是指金谷园，在洛阳邙山下，原是西晋富豪石崇的别墅，这里代指金人占领的地方，说那里的萋萋秋草使人生无限惆怅之情。此时，在诗人的想象里，今夜斜射的月光同样照耀着过去在北方所住的楼房，含蓄地写出了对北方的怀念。诗在这里已上升到精醇的意象化的情感了。

这首诗把叙事、描写、抒情、议论巧妙结合起来，艺术地表达了怀念故土的沉痛、孤寂之情。

《四库全书总目提要》卷一五六云："俱天性伉直……颇著气节。"在南宋小朝廷里，程俱正直敢言，主张恢复，常不得志于有司。他深藏在内心的郁闷悲苦，时时被日常的事件和景物激发起来。他善于以细致的笔触来描写景物，把主观上的深刻感受传达给读者，如这首《夜半闻横管》即是其代表作。此诗风格清劲、含蓄，显然受了柳宗元的影响。他的集子《北山小集》里就有《和柳子厚诗十七首》。《四库全书总目》说："诗则取径韦柳。"叶梦得所说："俱道诗章，兼得唐中叶以后名士众体"（《宋诗纪事》引），这看法是颇有见地的。 （李良镕）

【作者小传】

刘一止

（1078—1160） 字行简，湖州归安（今浙江湖州）人。宣和三年（1121）进士。绍兴初召试，除秘书省校书郎，累官中书舍人、给事中，以敷文阁直学士致仕。为文敏捷，博学多才。其诗为吕本中、陈与义所叹赏。有《苕溪集》。

冥冥寒食雨 刘一止

冥冥寒食雨， 客意向谁亲？
泉乱如争壑， 花寒欲傍人。
生涯长刺促， 老气尚轮囷。
不负年年债， 清诗断送春。

诗以首句标题，等于无题。为什么不立个题？大约是百感丛集，一时很难找出个焦点。看起来，诗是写春日的客怀的，但这"怀"，不只是他乡孤寂之感，思乡念土之情，还有身世之叹，家国之慨，以及无力改变前程的无可奈何的情绪。八句诗中有如此丰富内容，的确够杂的了。与其有题而不切，或者泛题而不明，倒不如无题的好。

首句的"寒食"，一作"寒日"，后者不如前者更有意味。寒食在清明之前二日（一说前一日），古人有禁火三日之俗，也是一个节日。"每逢佳节倍思亲"，自然最容易触动客子思肠。又何况冷雨淅沥，黯淡凄凉，更加令人心绪不畅呢！于是逼出了下句："客意向谁亲？"作客他乡，人地两生，"向谁亲"？无可亲也。不言思念乡土，怀想亲人，而深沉的思与怀都饱含在反诘语中，蕴藉不露。

从"冥冥"二字看，这雨绝不是几片乌云带来的霎时阵雨，而是镇日淅沥不休的绵绵春雨，这自然会带来山泉的暴涨。百谷众流，一时俱下，你拥我挤，夺路奔流，所以是"泉乱如争壑"。一个"乱"字，一个"争"字，不仅状出山泉盛涨之"象"，而且传出其"势"、其"神"，堪称佳句。本来是春暖花开季节，竟给连绵春雨弄得到处寒气袭人，那鲜花也瑟缩不安，似乎不耐寒风冷雨，要投向人的怀抱汲取一点温暖呢！"花寒欲傍人"，足与上句匹敌。上一句把泉写活了，龙腾虎跃；这一句把花写活了，楚楚含情。其实，花哪里会有傍人之想，欲傍人的是"客"，"向谁亲"三字就透露了消息。这是将人之情移给了花，写花正是写人。人与花融成一体，人、花不辨，意境浑成，意蕴浓深。

前两联他乡客绪已经说足，后两联再推衍到身世家国之感。

如果只是偶客他乡，倒也罢了，感慨也不会那么深沉。实际不然，而是"生涯长刺促"，长年在外奔走忙碌不休。诗人在别的诗里说过，"此世此身长作客"，"半生多客里"。这种流转不已的生涯背后不正隐藏着诗人道逢不偶、宦海浮沉的身世吗？但这并不能磨灭他的意志。所以"老气尚轮囷"。此"老气"并非衰老之气，而是"老骥伏枥，志在千里，烈士暮年，壮心不已"的老气。轮囷，形容老气盘曲在胸的样子。这首诗写于南渡以后，诗人从来没有忘怀国事，在别的诗里说过："江湖人已老，家国恨何穷"，"刺促伤时事，飘零念岁华。"所以虽生涯刺促，却老气郁勃在胸。这句诗给全诗带来一股昂扬气概。

"战尘未远边风急，十载花前笑不成"，尽管作者时时系心时局，在南宋腐朽政权的统治下，却不能有所作为。年复一年，他能够做到的，就是写上一首清诗送春，决不欠下诗债："不负年年债，清诗断送春。"到这里我们才豁然开朗，怪道诗人感慨那么深，原来已不知经历过多少次春天的感怀了。用清诗送春、不负诗债则示出年华虚度，无所作为之慨，余味悠然。

（孙　静）

小斋即事　　刘一止

怜琴为弦直，　爱棋因局方；
未用较得失，　那能记宫商？
我老世愈疏，　一拙万事妨；
虽此二物随，　不系有兴亡。

即事为诗，比较自由随便，不像军国大题目那么庄严。小斋即事，当然要与小斋生活情事相关。这首诗即从小斋常具之物琴、棋上着眼。不过诗并没有去描写琴棋生活，而是借琴、棋二物以写志抒怀，显得机杼独出，别开生面。

首联单刀直入，直陈本意。但由于所言均出常情之外，便有一种新颖引人的力量。怜，是爱的意思。爱琴，一般说来，自然是因为喜音。王维“独坐幽篁里，弹琴复长啸”（《竹里馆》），是把琴弹出声来，意在音，而不在琴。传说陶渊明抚无弦琴，不一定可靠。即使确有其事，当其抚时，也是在意想中听到了琴声。作者则不然，爱琴不是为了听音，而是为其“弦直”。爱棋，一般说来，自然是为了较智消闲，作者又不然，爱棋不是为了对弈娱戏，而是因其“局方”。“局”即棋盘，方形。二句都是在琴、棋上寻其品，言在物“品”，意在人“品”。“直”就是正直，不邪僻；“方”就是有棱角，不圆滑。作者在宋徽宗宣和三年(1121)登进士第后，曾官监察御史，“封驳不避权贵”，他的为官态度正好作“方”、“直”的注脚。

次联二句分承首联，是对首联句意的补说。“未用较得失”承“爱棋”句，因为只爱“局方”，不在对弈，所以没有用它较量胜负输赢；“那能记宫商”承“怜琴”句，因为只爱“弦直”，不在音声，所以没去记宫商五音。有了这两句，上两句句意更加显豁，对“为弦直”、“因局方”具有突出和强调的作用，并非赘语。

以“方”、“直”自守，其结果如何呢？便过渡到下两联。前两联言心之所尚，后两联言行之结局。古谣谚云：“直如弦，死道边；曲如钩，反封侯。”在南北宋之交腐败现实中，方直自然更无容身之地。所以，年纪愈长，世也愈加疏远。不是诗人有意疏世，而是正直乃为浊世所疏。“拙”是与“巧”相对的。便佞应世，自能圆转自如，所以为“巧”；直道而行，百途不通，所以为“拙”。因此，一拙万事皆妨。二句字字是说己，却无字不是讽世，反语藏锋，颇多余韵。

末联将诗意再推进一步。虽然琴棋二物始终相随，方直之品持守不变，却只落得小斋独处，无关乎国家兴亡了。感慨由一己浮沉提升到了家国兴亡的高度，诗境更高了。方直之人无关国家兴亡，那么什么样人占据着有系国家兴亡之重位呢？联系到徽宗以来，蔡京等“六贼”当路，国事日非的时局，更可体会到这联感慨之深。但表现上又是多么含而不露。这联同时又回扣首联的琴棋，使首尾紧密关合。

全诗主要是以陈述语说理抒慨，这样的诗最不易写好。由于作者抓住琴棋二物生发，便饶有趣味，并赋予琴、棋的品格以鲜明的形象性，构思极巧。吕本中、陈与义曾评论刘一止的诗说：“语不自人间来”，大约也正是感受到了诗人标格甚高，较少俗味吧！

（孙　静）

访　石　林　　刘一止

山行不用瘦藤扶，　度石穿云意自徐。
夜过西岩投宿处，　满身风露竹扶疏。

石林，指南宋文学家叶梦得。吴兴（今属浙江）西门外，卞山之南，坐落着一座名为"石林"的园子，因其处产石奇巧，罗布山间，故而得名。叶梦得筑亭于此，便也自号"石林居士"。他的《建康集》中有诗《再任后遣模归按视石林四首》（其一），描写石林园的景致道："岩石三年别，……旧绕山千叠，新添竹一围"，这些石、山、竹，都再现在刘一止这首诗中。

诗当写于诗人晚年到石林园去拜访叶石林之时。不过，虽曰"访"，其实被访者并未出现在诗中，诗人描写的，是他走访途中的景与情。

前两句，写诗人穿过卞山去访叶石林。瘦藤，指手杖。一般上了年纪的人，平地走路也离不开手杖。可是这位诗人却老当益壮，不用扶手杖就能轻松自如地翻山越岭。不仅如此，就连他穿行在高耸入云的石林之间，竟然也还能意态自若。这使老诗人感到分外自豪。"不用"、"意自徐"，传达出了他这种自得的心情。

后两句，写诗人来到了石林园中。扶疏，枝叶茂盛分披的样子。诗人一路走，一路观赏着山景、玩赏着奇石，走走停停，停停又走，待他翻过西山，披着满身风露来到石林园中（投宿处）时，早已是夜晚掌灯时分了。看着叶石林房舍外围着的森森翠竹，这位老诗人只觉得满目清新，便是心地里，也有一种说不出的轻快之感。

"文章本天成，妙手偶得之"，这首小诗写诗人访友途中的所见所感，随口吟成，诗思明快，格调清新，语言平易，如行云流水，颇得自然之趣，给人以轻松舒畅的感受。

（周慧珍）

【作者小传】

汪　藻

（1079—1154）　字彦章，饶州德兴（今属江西）人。崇宁进士。调婺州观察推官，历迁著作佐郎。高宗时任翰林学士。其诗初学江西派，后学苏轼。擅四六文。有《浮溪集》，原本久佚，清人自《永乐大典》辑出。

春 日　　汪 藻

一春略无十日晴，　处处浮云将雨行。
野田春水碧于镜，　人影渡傍鸥不惊。
桃花嫣然出篱笑，　似开未开最有情。
茅茨烟暝客衣湿，　破梦午鸡啼一声。

汪藻此诗，把春日出游的见闻感受次第展开，胜境纷呈迭出。入笔写难得的好天气，转出野田春水，然后又转出渡头水鸟嬉游，再转出竹篱茅舍风光，夭桃含笑情态；又转出雾气迷蒙，沾衣微湿，天色似暝，引得午鸡引吭啼鸣……无数富于诗情的片段，构成了迤逦的春游长卷，把人引入盎然春意之中。

这些景色诚然十分宜人，但初读之下总觉得诗中景物各自分立，似乎缺少勾连，很难形成一个整体。及至细味全诗，始悟出诗人用的是一种近乎现代戏剧中的"情意结构"手法，即不靠情节联系，而以心中情意活动流贯全篇，似断实连，另是一种独特的章法。首句开门见山，表示春日多雨，次句具体描绘，补足上句之意。（将雨，带雨。）春日多雨，早拟出游而苦无佳日；好容易才盼得今天放晴，足遂夙愿，心情之欣喜可见。多雨之日终得放晴的欣欣情意笼罩全诗，形成了一条线索。野田春水泱泱，一碧如镜，固然赏心悦目；渡边鸥鸟忘机，与人相亲相近，自有物我欣然之趣；篱间夭桃临风，似开未开，嫣然含笑，更觉于我有深情。茅茨人家，柳昏烟暝；迷蒙雾气，沾衣欲湿；意境朦胧优美。忽闻一声鸡鸣，更觉宁静安谧。全诗镜头累换，而诗人心情之欣悦，感受的新鲜，则回环相贯。清词丽句，信手组合，皆成妙谛。无怪乎张世南《游宦纪闻》说："此诗一出，为诗社诸公所称。"并谓此诗是汪藻幼年之作。诗人早年诗学江西派，此诗通篇用拗句，全法黄庭坚，然而拗峭之中，自具清丽之致，可谓刚外柔中。用笔之劲健不及黄，而温润则过之。纪昀说："汪诗深醇雅健"（见《武英殿丛书·浮溪集》），吕留良等在《宋诗钞·浮溪集》卷首小序中说："汪诗高华有骨，兴寄深远。""雅健"、"有骨"，此诗实足以当之而无愧。

（赖汉屏）

漫兴二首　　汪 藻

晨起翛然曳杖行，　一帘疏雨作秋清。
老来岁月能多少，　看得栽花结子成？

燕子年年入户飞，　向人无是亦无非。
来春强健还相见，　送汝将雏又一归！

诗题《漫兴》，颇近今天的“随感”。前一首因天气突变而起兴，后一首则见燕飞而兴感。诗的语言明浅，意境却很深远。

先看第一首。春天，早晨，老诗人拖着根拐杖在散步，他的心情是舒适的。但不一会下起小雨，诗人回到室内，隔着疏帘，望着细雨，顿觉寒意侵人，时序似乎一下子进入了秋天。这时他突然感到：节候从春到秋，往来倏忽；人生自孩提到老死，不也是这样迅速么？三四句应当并作一气读，意谓年岁日增，能有几度看得栽花结子？虽不无惆怅之意，然而冷眼观世，态度平静，与首句“翛然”相应，同时也引出下首的沉思。

第二首因燕飞入户而生遐想。燕子年去年来，不懂得人生有盛衰生死，也不管是否户换主人。它无是无非，似乎对谁都一样有情，又似乎对谁都一样无情。这头两句以燕子年年入户的“不变”与人生不断走向衰老死亡的“变”对比，以彼情之漠漠衬我生之匆匆，从事之永恒中透出我之有限。第三句又转而自慰，并向此年年入户之客殷勤致语：只要我能勉强健康地活到来春，一定能与你再见，再一次送你带着你的孩子飞回北方。

汪藻是南北宋之交诗坛名家，活了七十六岁，曾官翰林学士，六十七岁贬永州，客死于此。他的《浮溪集》诸诗，多言渊明、乐天、维摩（王维），足证其志趣高远。《漫兴》当是暮年居永州时所作。从这两首绝句看，这位被誉为“南渡后词臣冠冕”的诗人，老来深感人生倏忽，有来日无多之叹。但他把这个人生大限——死——看得很超脱，明知岁月无多，仍自不忘情于栽花结子，母燕将雏，具有陶渊明“纵浪大化中，不喜亦不惧”（《形影神·神释》）的风致。

这两首绝句含有一种哲理。诗中提供的形象，表露的感情，给了人们这样一种启示：人从孩提到老死，并非最后终结，归于虚无绝望，而是花落自有子存，燕子岁岁孵出幼雏，可证生命是“代代无穷已”，永远不会停息的；死亡中是孕育着新生的，一瞬中是包含了永恒的。这与苏轼在《赤壁赋》中所说“盖将自其变者而观之，则天地曾不能以一瞬；自其不变者而观之，则物与我皆无尽也”的宇宙观是一致的。不同的是，苏寄哲理于问答，是纯然议论；汪寓哲理于形象，因疏雨燕子而遐想人生，情缘境生，境与情会。诗的头一句说“翛然曳杖”，“曳杖”见其形象，“翛然”则见其心情——一种自在、超然的心情。从此诗的风韵看，也确实有超然象外、兴寄深远之致。可以看出，汪藻虽出入江西诗派①，诗风却更近于苏轼。

（赖汉屏）

〔注〕 ① 汪藻早岁在晋陵,见知于江西派徐俯、洪刍诸人,中年以后求列韩驹门墙,可证他与江西派的渊源。

桃　源　行　　　　汪　藻

祖龙门外神传璧,①　　方士犹言仙可得。②
东行欲与羡门亲,③　　咫尺蓬莱沧海隔。④
那知平地有青云,　　只属寻常避世人。
关中日月空千古,　　花下山川长一身。
中原别后无消息,⑤　　闻说胡尘因感昔。
谁教晋鼎判东西,　　却愧秦城限南北。⑥
人间万事愈堪怜,　　此地当时亦偶然。
何事区区汉天子,　　种桃辛苦求长年。⑦

〔注〕 ① 祖龙:指秦始皇。《史记·秦始皇本纪》:"(三十六年)秋,使者从关东夜过华阴平舒道,有人持璧遮使者曰:'为吾遗滈池君。'因言曰:'今年祖龙死。'使者问其故,因忽不见,置其璧去。使者奉璧具以闻。始皇默然良久,曰:'山鬼固不过知一岁事也。'退言曰:'祖龙者,人之先也。'使御府视璧,乃二十八年行渡江所沈璧也。" ② 方士:指古代求仙炼丹,自言有术长生的人。秦始皇曾召方术之士,欲求得奇药。 ③ 羡门:传说为古仙人。秦始皇三十二年,曾至碣石,使燕人卢生求羡门、高誓。(见《史记》)韦昭注:羡门、高誓,古仙人。 ④ 蓬莱:旧说海中有神山三,指蓬莱、方壶、瀛洲。 ⑤ 中原别后:指永嘉之难以后,晋室南渡,以喻靖康之变,徽钦二帝被俘,宋室南渡。 ⑥ 秦城:指长城。 ⑦ 种桃:旧题刘歆《西京杂记》载汉武帝有求长生之事:"初修上林苑……千年长生树十株。"又旧题班固《汉武内传》:"……以槃盛桃七枚,大如鸭子,形圆色青,以呈王母。母曰:'此桃三千岁一生实耳。'"

此诗题为《桃源行》,命题的依据是晋代陶渊明的《桃花源记》。陶渊明因为不满当时的政治,创造出一个与世隔绝的理想世界——桃花源,唐代的大诗人王维、韩愈都曾为之歌咏。作者虽然借用了这个旧题,但寄情深远,语意新警,确能发前人所未发,所以也成为名篇。

全诗分两大段。前段开头"祖龙门外"等四句用《史记·秦始皇本纪》(三十六年)秋,"有人持璧遮使者……因言曰'今年祖龙死'"的故事,表明秦始皇在并吞六国之后,妄想求仙长寿,不知神已传璧,明其将死。而当时的方士们,仍然一味阿谀,以为神仙可求。始皇曾因此而东行,使燕人卢生寻求仙人羡门、高誓,而咫尺蓬莱,终为沧海所隔,达不到他求仙的目的。后四句以"那知"二句陡转,说明真正的仙境,不待外求,人间自有这"平地青云"的境界,不过不属于贪图长期享乐的君王,而属于寻常的避世之人罢了。接着以"关中"两句对比来写,进一步表明“求仙长寿”的荒唐。秦始皇想求长生，对人民不施仁政，以天下为一家一姓私有，并不满足，还妄图君临万世，只传了二世就灭亡；妄图长期纵欲，而不知自身的死期已近。“关中日月空千古”，警语醒人，长期为君，享之万世，只不过是黄粱一梦而已。下句“花下山川长一身”，反振一笔，指出桃花源花下的山川，倒可以使人避开人世的祸乱，长时期过着“鸡犬之声相闻”，“黄发垂髫”皆能“怡然自乐”的生活。

这第一大段，从论古着笔，立意新警，已足发人深省。后一大段，更从讽今立论，感叹当前的现实，不能以秦为鉴，导致神州沦丧，河山变色。这段前四句以“中原别后无消息”领起，慨叹自从二帝被俘、中原被占以来，北方的音问遂断，故土的恢复无期。如今闻说胡尘，便生今昔之感。接着以“谁教”两句深沉致意。先反问一笔：究竟是谁导致晋朝的大业平白地判分成西晋东晋的呢？诗句中以“晋鼎判东西”，喻宋朝之分南北。因作者是宋人，所以不便明言。古代以九鼎为国运兴亡的象征。宝鼎存在，表示社稷安宁；“鼎革”则意味着朝代改换；“鼎分”则表明国家分裂，山河不复完整。宋朝自靖康之变以后，只保留着淮水以南的半壁江山。这里用晋事比喻宋朝，非常恰切。那么北宋的沦亡，根由何在？是谁造成这种惨痛的局面的呢？其原因不正在于皇家只图享乐一时，不顾人民和社稷的安危吗？至此，作者再拓开一笔：“却愧秦城限南北。”追溯秦欲以长城为天下的藩篱，而不知长城亦不足以限南北，何况无论在西晋或是北宋时期，长城地带早被北方的少数民族所占有呢？诗以“却愧”二字展示宋室存在的危机，比秦朝更为严重。秦人尚知筑长城以防胡，而朝廷早已失此藩篱，一旦政事不修，武备废弛，人心离散，胡马便可以长驱南下。靖康之变，就是活生生的教训。

那么这四句和诗歌的主题《桃源行》何从联系呢？作者在这段后四句才点明作意：“人间万事愈堪怜”两句，是说明“桃源”之事，本属人们为避乱而设想的境界，即使在秦朝时期，果有此境，也不过是偶然的存在。而如今人间万事，愈堪怜惜，桃源则更属渺茫。纵然有这桃花源，大敌当前，寻常之人，也无法逃避灾难。这两句先撇开桃源，告诉人们，现今的桃源，固然无从寻觅，便有也不足以避胡。后两句感慨汉朝的天子，偏偏不理政事，不恤民瘼，而效秦皇之求长生，汉武之种桃树，为求得道成仙，而蹈亡秦的覆辙。诗里的汉天子，即隐喻宋朝的道君皇帝徽宗赵佶。宋朝的国势，远不如秦朝，而君王寻求长生之心，却竟和秦皇一样，岂不更加可悲！“何事区区汉天子，种桃辛苦求长年。”两句映照前文，晋鼎之判东西，秦城之不能限开南北，正因为君王徒知求长生之术，辛苦种桃而不恤国事，才使胡骑得以长驱直入。桃源之名徒在，种桃之事堪哀。古今一理，此情岂不令人哀痛！

全诗说理精辟，运笔不落常轨。说明桃源这种理想境界，当年虽有传说，原不过是文人不满政治现实的虚构。至于君王背离人民，妄想以谋求长生寻觅海外仙源，不论古代的信任方士，现今的辛苦种桃，其结果都是以悲剧告终，使国家和人民遭受深重的灾难，皇族本身也归于夷灭。这样写法，显然和王维《桃源行》的渲染桃源境界，檃括《桃花源记》为诗；韩愈《桃源图》写桃源隔离人世，对人间的地拆天分，嬴颠刘蹶，都不知晓，渔舟之子，来至此地，又因人间有累而复出；在构思和意旨方面全不相同，也和王安石《桃源行》的感慨"重华一去宁复得，天下纷纷经几秦"的立意不同。诗贵创意创境，汪藻此作，可谓异军突起，别开生面。

（马祖熙）

即事二首　　汪 藻

燕子将雏语夏深，　绿槐庭院不多阴。
西窗一雨无人见，　展尽芭蕉数尺心。

双鹭能忙翻白雪，　平畴许远涨清波。
钩帘百顷风烟上，　卧看青云载雨过。

汪藻的诗，主要受苏轼影响。他像苏轼那样，能敏捷地捕捉事物形象，略加点染，再现大自然的美，这两首小诗，即是其例。

夏深了，燕语呢喃，雏燕乍飞；幽静的庭院里，槐树的绿荫渐见浓密。一阵雨过，西窗下的芭蕉在人们不知不觉之中又长大了许多。这些本都是夏天里的寻常景物，但一经诗人描绘，便使读者感到生机勃勃，觉得大自然实在迷人。这迷人的魅力从何而来呢？

燕子，人们通常把它看作是春天的使者。它常常给江南的人们带来春天的信息。如今它生了雏燕，"将雏"（携着小燕）教飞，意味着春天已经过去，又是"石榴半吐"（苏轼词《贺新郎·乳燕飞华屋》句）的盛夏了。诗人只用呢喃的燕语声，衬出一幅幽静的夏景；这跟南朝王籍《入若耶溪》诗"蝉噪林逾静，鸟鸣山更幽"以噪显静是同样的手法。如果说，这句点明了季节；那么，下句便接着点明了地点——在庭院里。上句以燕语写声，下句以槐荫写色。有声有色，诗的意境就变得更为鲜明。后两句镜头一转，换了场景：西窗雨过，芭蕉叶肥。读者从这时、空的运转中能获得快适的感觉，大自然毕竟处处显示出强大的生命力。钱锺书

《宋诗选注》在“西窗一雨无人见，展尽芭蕉数尺心”下注释说：“等于‘一雨，西窗芭蕉展尽数尺心，无人见。’这种形式上是一句而按文法和意义说起来难加标点符号的例子，旧诗里常见。”这种句式能使读者产生一种断而复续或若断若续的流动感，且有一定的哲理意味，耐人寻思。

第二首是另一种写法。诗人动中见静，用许多跳动的画面组成特写，以反衬其悠然自得的闲适心情。请看：成双的鹭鸟振动着雪白的羽毛，飞来飞去是那样忙；渺渺平畴涨起清波，望去是那样遥远。诗人随手把窗帘钩起，顿时便似有无限风光扑上楼头。诗人悠闲地躺着，欣赏那一团团带雨的青云从空中飞过。这真有点像杜甫《江亭》诗所写：“水流心不竞，云在意俱迟”，充分表现出一种以自然之眼观物的旷达襟怀。“能忙”，作“那么忙于”解；“许远”，作“如此远”解。这两句表面上看，是渲染翻飞之速和平畴之广；深一层看，则显示出双鹭的安闲和田野的静谧。“钩帘百顷风烟上”句着一“上”字，便把成百顷辽阔的风光写活了，好像大自然的美景都争先恐后似地扑来诗人眼底。末句“卧看青云载雨过”是否另寓深意，自无法确知。但联系到作者的生平，则此诗极可能作于政治上遭受挫折期间。汪藻一向怀抱青云之志，在几经政治风波之后，仍能泰然处之。此句所表现的，很可能就是这一境界。

汪藻的朋友孙觌叙汪藻诗说：“兴微托远，得诗人之本意。”（《浮溪集原序》）从这句话中可以察知：汪藻诗的比兴和寄托是很微妙、深远的。但这两首小诗是否也有寄托，不必强作解人，但就诗里所显示的意象来看，恐不是单纯的流连光景之作，反映出一种怅惘心情。

（蔡厚示）

宿鄚侯镇二首　　汪　藻

当时踏月此长亭，　鬓似河堤柳色青。
今日重来堤树老，　一簪华发戴寒星。

微凉初破候虫秋，　露草萤光已不流。
搔首与谁论往事，　星河无语下城头。①

〔注〕①星河无语：星河，指银河。星河无语，意即银汉无声。

这两首七绝作年无考，诗中有“一簪华发”之句，当是中年以后的作品。全诗并无国事的感慨，疑作于徽宗宣和（1119—1125）后期，作者年龄四十五岁左右。鄚侯镇在今湖北光化西北，宋代属襄阳府。鄚，在秦汉时本为县名，汉初，萧何封鄼侯，鄼侯镇即萧何封国的故址。当时属南阳郡，在汉水东岸。诗作于镇边的驿亭，作者是重游此地了。第一首抒写今昔之感，第二首是追怀往事。

第一首前两句："当时踏月此长亭，鬓似河堤柳色青。"从感念前游起兴。那时节曾经在长亭的附近踏月，自己的双鬓，和汉水河堤上的柳色一样的青青；可今日重来，风景依稀，亭是当年的亭，月是当年的月，踏着月色的人，也是当年的人。然而当年的堤柳，如今都已成为老树了；当年的人，也华发星星，是"伤于哀乐"的中年以后的人了。后两句："今日重来堤树老，一簪华发戴寒星。"正是由此而生的深沉的慨叹。《世说新语·言语》载："桓公（按：指桓温）北征，经金城，见前为琅玡（内史）时所种柳，皆已十围，慨然曰：'木犹如此，人何以堪！'攀枝折条，泫然流泪。"作者正是用了这个典故的史实，写身临此境的同感。姜白石《长亭怨慢》序引："桓大司马① 云：'昔年种柳，依依汉南。今看摇落，凄怆江潭。树犹如此，人何以堪！'此语余深爱之。"作者当亦深爱此语，而心情环境正复相同。所以着笔如此，以示古今人的思致，有其相同之处，心灵上所共鸣者，不必时代相同。

第二首头两句："微凉初破候虫秋，露草萤光已不流。"点明季节和时间。候虫鸣秋，蟋蟀和纺织娘之类的秋虫，已经用它们的声音，点破这初秋微凉的静夜了。草地上零露正浓，流萤因为露重难飞，已经停止它们的活动。夜也渐渐地深了。古有"以虫鸣秋"之说，所以用候虫之鸣起兴。后两句即景抒怀，"搔首与谁论往事，星河无语下城头。"感叹当年同来的人，都未曾来，自己此番单身作客，往年的情事，又和谁谈论呢？天空中星河渐低，仿佛垂向城头的样子。银河非常凝静，河水脉脉含情。星河无语，人也独立无语，这丝丝缕缕的往事，只有凭自己去追念，独自领会这淡漠的轻愁了。

这两首诗写得颇为清俊，可说是情景交融；写景即在眼前，而景中有情；写情又不离物象，而情中有景。诗的境界，易于使人受到感染。作者的诗歌，曾受到江西派诗人徐俯、洪炎、洪刍等人的重视。但就作品而论，则受苏轼的影响更为明显。从这两首来看，诗境清旷自然，风格确与苏诗相近。 （马祖熙）

〔注〕 ① 桓大司马：即东晋桓温。桓温曾为征西大将军加大司马。故称桓大司马。

己酉乱后寄常州使君侄　　汪 藻

草草官军渡，　悠悠敌骑旋。
方尝勾践胆，　已补女娲天。
诸将争阴拱，①　苍生忍倒悬。②

乾坤满群盗，　何日是归年！

〔注〕①阴拱：《汉书·英布列传》载随何语淮南王曰："今抚万人之众，无一人渡淮者，阴拱而观其孰胜，夫托国于人者固若是乎？"　②倒悬：《孟子·公孙丑下》："民之悦之，犹解倒悬也。"

己酉是南宋高宗建炎三年（1129）。那年冬十月，金兵大举南下，一自蕲（今湖北蕲春）、黄（今湖北黄冈）入江西，一自滁（今安徽滁县）、和（今安徽和县）入江东。江北守军纷纷向江南退却，江南诸郡守将望风或降或逃，致使金兵渡江，长驱直入。入江西者，轻易攻下江西诸郡，移兵趋湖南；入江东者，十一月攻占建康（今江苏南京），十二月攻常州（今属江苏），继而破江东诸郡，挥戈直抵越中，高宗赵构乘舟沿海南奔。"靖康之乱"后，好不容易才建立起的南宋政权，顿时岌岌可危，江南人民遭受空前劫难。是时汪藻在朝供职，写下了这首忧国伤时的诗篇。

诗人开篇即从宋金双方着笔，绘出令人忧心的时局：宋军退却江南，金兵跟踪南下，"浑认作、天限南疆北界"（陈亮《念奴娇·登多景楼》）的长江，也被金人的铁骑踏破。"草草"二字，状宋军南逃的匆忙慌乱之态，"悠悠"二字，绘金兵饮马长江、趾高气扬之状。二者对比，使人触目惊心，同时又寄寓作者对宋军软弱无能的强烈不满。此联以对起，在语言上也给人以沉着凝重之感。

次联也不像通常的律诗格局那样顺承首联，而是用逆挽之笔，写出靖康乱后和己酉乱前所出现的令人欣慰的局势。"方尝"句用越王勾践故事：勾践食必尝胆，立志报仇复国，终能灭吴兴越（见《史记·勾践世家》等）；"已补"句用女娲故事：女娲氏见天倾东南，于是炼五色石以补苍天（见《淮南子·览冥篇》等）。意思是说，靖康乱后，历几年艰辛，终于挽回了国家灭亡的命运，在东南建立起南宋政权。联系上联，不难体味出作者言外所含茹的感慨之深沉：国运的复兴是多么不易，可是金兵南渡，不仅雪耻无望，连偏安亦复不可得，实令人痛心疾首。若颠倒一二联的位置，便觉势弱气缓。

第三联出句遥接首句，由江北"官军"而及江南"诸将"；对句接次联，由国而及民；两句之间又有着直接的逻辑联系。"阴拱"，敛手曰拱，阴拱即暗自敛手，喻诸将袖手旁观，只知拥兵自重，全不顾朝廷安危。建炎四年二月，汪藻曾以翰林学士身份上言，指斥建康、京口（今江苏镇江）、九江（今属江西）诸镇守将，在金兵南渡之时，或"为逃遁之计"，或"拥兵相望"，致使建康失守，国难日深（见《宋史纪事本末》卷六十四）。诸将举措如此，国人无望，只有强忍难堪的痛苦。一个"争"字，一个"忍"字，客观的描述（诸将拥兵自重的丑态和人民遭受的痛苦）与主观的感情（强烈谴责和深刻同情）并出，堪称警句。

尾联呼应第二句。汪藻作此诗时随高宗逃亡于东南沿海。既然江北、江南、江西、江东遍是金兵，返朝也就遥遥无期。“何日是归年”，用杜甫《绝句二首》成句，双绾家国之痛。

汪藻早年受江西诗派的影响较大，《四库全书总目提要》所说“其诗则得于徐俯，俯得之其舅黄庭坚”，是有据的，尽管他后来转学苏轼，然而江西诗派的影响总在，不同的只是，江西诗派大多数诗人学杜仅得其皮相，而汪藻却能时得其神髓。这首诗从情调到风格，俱逼肖杜诗，便是一例。 （张金海）

【作者小传】

王庭珪

(1079—1171) 字民瞻，号卢溪先生，吉州安福（今属江西）人。政和八年(1118)进士。绍兴中，胡铨上疏乞斩秦桧，贬吉阳军，庭珪独以诗送行，坐讪谤流夜郎。桧死，许自便。孝宗召对内殿，除国子主簿、直敷文阁。有《卢溪集》。

和周秀实田家行

王庭珪

旱田气逢六月尾，　天公为叱群龙起。
连宵作雨知丰年，　老妻饱饭儿童喜。
向来辛苦躬锄荒，　剜肌不补眼下疮。
先输官仓足兵食，　馀粟尚可瓶中藏。
边头将军耀威武，　捷书夜报擒龙虎。①
便令壮士挽天河，　不使腥膻污后土。
咸池洗日当青天，　汉家自有中兴年。
大臣鼻息如雷吼，　玉帐无忧方熟眠！

〔注〕 ① 原注：“近报杀退龙虎大王。”

王庭珪做过茶陵丞等小官。因为坚持直道而行，和上司不合，同时看到时世的危机四伏，于是“宣和末，公年未五十，知时事阽危，无宦游意，学道著书，若将终焉。邑有卢溪，筑草堂其上，乡人号卢溪先生，执经者屦满户外”。（见周必大所作《行状》）他在经学、文学方面都有很深的造诣。

这是一首和诗。周秀实名芑，是著名词人周邦彦的侄儿，在庐陵郡做过通判，王庭珪《卢溪集》中和周唱和的有好几首，可知两人交情不错，可惜周的原作未能见到。

这首诗大约写于绍兴十年(1140)七月初。这年五月金兵南下，六月，攻顺昌，为刘锜军所败；攻石璧寨，为吴璘军所败；攻京西，为岳飞军所败；攻淮东，为韩世忠军所败。闰六月，岳飞军破金兵于颍昌府，克淮宁府，张俊军克亳州，韩世忠军克海州。作者在诗中借农家的丰收在望，表现出渴望官军乘胜前进收复失地的忧民忧国的心情。

全诗十六句，分成两部分。前八句写田家久旱逢甘雨的喜悦，后八句从因丰收而提到的兵食生发，从边境的捷报，写到当政者应该一鼓作气，收复失地。

首句写大旱，点明时间，二三两句写连宵及时的好雨预示丰收。“知丰年”三字引起后文。四句想象今年妻儿可以温饱，这句也暗示过去的饥寒。五六两句转韵，即从过去的苦况来衬托今天一饱之难得，在结构上是一大顿挫起伏。聂夷中诗《伤田家》说：“二月卖新丝，五月粜新谷。医得眼前疮，剜却心头肉。”第六句就聂诗翻进一层，写连年荒歉，虽然剜肉也难以补疮。七八两句扬起，想起丰收后的情况。“足兵食”三字引出下一部分。

下部分从第九句转韵，九十两句写近闻的边境捷报，作者特加了“近报杀退龙虎大王”的注解，龙虎大王是金兵主帅兀术手下大将，这表明胜利不小。杜甫《洗兵马》说：“安得壮士挽天河，净洗甲兵长不用。”是庆贺大破安、史叛军收复两京的。十一句化用杜句，希望乘胜前进，收复失地。十二句腥膻指金人，“污后土”，指金人占据，使大好河山蒙受屈辱，后土指国家领土。十三句又转韵，从眼前的捷报，预想南宋能够像汉光武那样中兴。《淮南子·天文训》说：“日出于旸谷，浴于咸池。”日，古人又以为人君之象。十三句用咸池洗日比喻南宋初期的一番周折，日当青天，表示光明景象，国运中兴。这一句是陪笔比喻，下一句以汉比宋，西汉灭亡后光武中兴，因此相信南宋也能中兴，这一句是正笔主意。结尾两句表面上看，是就上句直泻而出，到了真正的中兴之后，大家可以高枕无忧呼呼大睡了。但细一琢磨，末句却大有文章。玉帐是指主帅所居，玉帐无忧是说战事胜利，再不用主帅忧心了。“方”字是作者深意所在，意思是说只有失土收复，天下太平，才可安然睡觉，而现在只不过是杀退龙虎大王，离开“不使腥膻污后土”还早着呢！如果此时就以为玉帐无忧而熟眠未已，那局面又将如何呢？表面上这两句是预祝和想象宋室中兴的太平景象，实际上是含有对执政者的讽喻和表示自己的担心，而写来不着痕迹，耐人寻味。

全诗十六句,在用韵方面,四句一转,平仄相间,这是七言古诗转韵的典型方式。转韵之处,意义也相应有转换,于是内容和音节便有机地统一了起来。

（周本淳）

移居东村作①　　王庭珪

避地东村深几许？　青山窟里起炊烟。
敢嫌茅屋绝低小，　净扫土床堪醉眠。
鸟不住啼天更静，　花多晚发地应偏。
遥看翠竹娟娟好，　犹隔西泉数亩田。

〔注〕 ① 原注:“山中有西泉寺故基。”按明刻本“移”作“和”。

王庭珪《卢溪集》的诗是先按体裁再依时间编排的。二十五卷诗中,七言律诗就有九卷(第二十五卷哀挽的七律尚不在内),他对这方面用力最深。从这首诗可以看出作者善于写一种极为幽静的情趣。

首句一问点题,也有力地领起全篇。“避地”在古诗中多指避乱或逃避世俗的干扰。从王庭珪的历史看,两层意思都有。这句交代题中“移居”的原因。下面都就这句生发。“青山窟里”回答“深几许”的问题。“起炊烟”点明村字。避地避到“青山窟里”,既表示避地之深,又暗示生活必然有新的困难。三四两句就回答这样的问题。低小前下一“绝”字,可见其简陋。但为了避地,绝不敢厌弃。屋里连个绳床都没有,只是一个肮脏的土床,但扫干净了照常休息。“绝”字是入声,按正常的规律应是平声,下句“堪”字本该仄声却用了平声。晚唐以来常有这种对句,使人从音节上也产生一种峭拔的感觉。这三四两句是叙事言怀,写初到的活动和感受,写居住的内景。五六两句写住下之后外景的幽静。六朝王籍《入若耶溪》有:“蝉噪林逾静,鸟鸣山更幽”之句。王安石翻案说:“一鸟不鸣山更幽。”此诗第五句又把王安石的诗翻过来,比王籍的原作更加开阔深沉,“青山窟里”远离尘嚣,天本来就静,加上“鸟不住啼”就显得更静了。因为没有外界的干扰,所以鸟能够不住地啼。王籍两句是一意,这里一句却有两层,从鸟到天,人的感觉自在其中。六句从视觉写僻远幽静。因山地气候之寒,花也开得较平地晚。作者是从“花多晚发”推测到地处偏僻。“应”读平声,是推测之辞。这句“地应偏”也是强调幽静,不含贬义,和首句相呼应。外间花已落,这里花方盛开,这种“花多晚发”反而是难得的美景。白居易《长庆集》卷十六《大林寺桃花》说:“人间四月芳菲尽,山寺桃花始盛开。长恨春归无觅处,不知转入此中来。”读到“花多晚发地应偏”就很容易使人想起白居易这首诗的意境。这五六两句写外景近处的幽趣。作者从近处的"花多晚发"向远处望去，隔着几亩田处，一丛娟娟的翠竹临风，原来那是古西泉寺的遗址。这个句子作者用"犹隔"二字，一方面写在望中，一方面表现急切往看的心情。"天下名山僧占多"，凡山间寺庙多取美好的风景点。作者用这两句收束，是用古寺来强调东村山景实堪爱赏，而且令人"发思古之幽情"。这样就把前面一联的写景推进一步，使前半首所写避地东村的得计显得更为酣畅。

这首诗作者只通过叙事和写景来表达移居之快感，而不用直接抒情赞叹的方式。一起直截了当，唤起全篇；一结曲折含蓄，耐人玩味，很自然地交代了题下的自注。在王庭珪写幽闲境界的七律中，这一篇是值得称道的。　（周本淳）

二月二日出郊　　王庭珪

日头欲出未出时，　雾失江城雨脚微。
天忽作晴山卷幔，　云犹含态石披衣。
烟村南北黄鹂语，　麦垅高低紫燕飞。
谁似田家知此乐，　呼儿吹笛跨牛归？

这首诗写出郊行所见的景物。第一句是拗体，点明刚出郊时的情况，太阳要出还没有出，第二句写满天大雾，以致城都隐在雾里看不见了。这个"失"字用得很活。这里写的景色就像杜甫写的"孤城隐雾深"，但炼成"雾失江城"就不落套，而这个"失"字，正是从杜诗"归云拥树失山村"学来。"雨脚微"是写大雾像细雨一样，这两句写出山城的特有景色，实际这是天晴的前兆。三四句写雾消天晴。苏轼《新城道中》云："岭上晴云披絮帽，树头初日挂铜钲。"这三四两句较苏诗要凝练曲折一些，每句都作两层，把静物写活了，即所谓拟人化。"天忽作晴"把天晴当作有意识的行动，"忽"字对上句"雨脚"来的，原来是作雨，忽然又"作晴"了，四山原来被雾幔遮住，现在山都把帘幔卷起来了。第四句，天虽然晴了，但许多云还未散去，还要故意作态，那些山石上还没有散掉的云就像人披件衣服似的。唐人包贺诗："雾是山巾子，船为水靸鞋。"纯粹是打油腔。而这里写成两层，把云和石都写活了，远非"山巾子"之喻所能比拟。这一联写的是大处远景。五六句是近景，黄鹂语，紫燕飞，一片春日生机。而"语"是听得，"飞"是看见。"烟村南北"写行中所见，村南听到，村北也听到，那么"出郊"的行动自在其中。"麦垅高低"是山城近郊特色，表现地势不平。黄鹂紫燕的活动乐在其中，而在这里作者仍在衬托人的乐趣。农历二月二日春耕已开始，一早耕罢放牧归村，景色如画，使人想起唐人许多写牧童的诗句，如崔道融《牧竖》："牧竖披蓑笠，逢人气傲然。卧牛吹短笛，耕却傍溪田。"后几句写出一幅农家乐图。

七律中间两联易见精彩，而尾联难于中间，首联尤难。此诗顺序而下，极有层次。第一联写初出郊时，大雾如雨，连城池都看不见了。三四两句写天忽放晴后四山的景色，这一联是从大处远处着眼，天、云、山、石，都采用拟人化的手法，而每句都是两层意思的复句，两句句法相对而意思相连，上句写山卷幔，应该云雾尽失，下句写云却留恋不去，那个"犹"字很用力，和"忽"字对得极工稳。律诗中间两联应有变化，这五六两句虽然也有烟村、麦垅、黄鹂、紫燕四种东西，但各为单句。这两句作者的视线从远处收到近处，从大的东西收到小的，从静物写到动物。在天晴之后，看到一片生机。结尾又从物收到人，用鸟类逢春之乐，衬托田家早耕归来的愉快心情。作者没有直接说自己的感受，但是从笔下自然流露出一种热爱郊外人物的艳羡之情。这首诗以写景生动细致见长，和《送胡邦衡之新州贬所》那种横眉怒目、气壮山河的诗风，恰成对照，可以看出诗人触景生情，风格是多样的。

（周本淳）

送胡邦衡之新州贬所二首　　王庭珪

囊封初上九重关，　是日清都虎豹闲。
百辟动容观奏牍，　几人回首愧朝班？
名高北斗星辰上，　身堕南州瘴海间。
不待他年公议出，　汉廷行召贾生还。

大厦元非一木支，　欲将独力拄倾危。
痴儿不了公家事，　男子要为天下奇。
当日奸谀皆胆落，　平生忠义只心知。
端能饱吃新州饭，　在处江山足护持。

这两首诗是王庭珪的代表作。杨万里在《卢溪文集序》一开头就说："绍兴八年故资政殿学士胡公以言事忤时相黜，又四年谪岭表，卢溪先生以诗送其行，有'痴儿不了公家事'之句，小人飞语告之，时相怒，除名，流夜郎，时先生年七十矣，于是先生诗名一日满天下。"

在北宋仁宗朝，唐介因弹劾文彦博等人而触怒仁宗，贬为英州别驾，李师中作诗送行云："孤忠自许众不与，特立敢言人所难。去国一身轻似叶，高名千古重如山。并游英俊颜何厚，未死奸谀骨已寒。天为吾皇扶社稷，肯教夫子不生还?”一时传诵。王庭珪送胡铨比李师中送唐介要冒更大的风险，因为宋仁宗发怒时，还有蔡襄等人为唐说话，而文彦博也绝不像秦桧那样专横阴狠。胡铨上书请斩秦桧，震动朝廷，秦桧是必欲置之死地的。岳珂《桯史》卷十二《王卢溪送胡忠简》云:“胡忠简铨既以乞斩秦桧掇新州之祸，直声振天壤，一时士大夫畏罪钳舌，莫敢与立谈，独王卢溪庭珪诗而送之。”可见这两首诗是激于忠愤而写，从中可见王的品格和精神。

首句指胡铨所上“封事”(秘密奏章)，“九重关”指朝廷，君门九重，极言深不易达。第二句借天上的虎豹言“封事”上达帝前之不易。“清都”，神话中上帝居处，据说重重关门都有虎豹把守。这里以清都比朝廷，虎豹指奸臣和爪牙。“闲”，原指栅栏，这里引申为动词，意思是关起来。这是补充第一句之意，因当天守关虎豹被关，所以“封事”能直达殿上。三四句写朝廷上的震动。“百辟动容”指大臣们看到奏牍时受惊之情。四句写奏牍的威力，不知有多少人感到素餐尸位的可耻。胡铨当时不过是枢密院编修官，能够挺身直言，朝堂上的衮衮诸公能不自愧? 这句写得含蓄。以上四句喷薄而出，写朝廷一面。第五句转到胡铨仗义敢言的精神，可与日月争辉。普通夸赞名望高为泰山北斗，这里更说胡铨的声名高在北斗众星之上。六句一落千丈，名高北斗，却被贬到南海瘴疠之乡。“堕”字用得有力，和上句北斗星辰紧连，这样的人竟落到这等地步，充满了赞仰、同情和不平之意。一句天上，一句地下，大起大落。《卢溪集》和一般笔记引这句诗都作“瘴海”，胡铨在《卢溪文集序》里引这句诗作“瘴疠”，和“星辰”对得更工稳，可能手稿里写的是“瘴疠”。末二句又复振起，以贾生比胡铨，认为公道是非总不可泯，胡铨必然会很快召回朝廷。贾谊为了汉室的久安，上疏直言，受到大臣嫉恨，被贬为长沙王太傅，后来又为汉文帝召回。这两句用此典故，但加上“不待”、“行”等字，既有对胡铨的祝福，对当时朝廷“公议”不出的批评，也含有对奸臣当道不会长久的信念。八句诗既是一气呵成，又极抑扬顿挫之致，大长正气，令人百读不厌。

第二首从当时的形势赞扬胡铨的精神，痛斥秦桧。首句写国势阽危，大厦将倾，非一木所支，加个“元”字，是说明知如此，但还是要尽自己的力量来支撑危局。“拄”和上句“支”字呼应。这两句暗用孔子“知其不可而为之”的精神来赞扬胡铨的忠义。第三句讥刺秦桧，大厦将倾，正是这“痴儿”造成，和首句呼应。黄山谷《登快阁》首联:“痴儿了却公家事，快阁东西倚晚晴。”其中“痴儿”是自喻。王庭珪形式上用此句，但内容不同，这就是前人所谓“换骨”。岳珂《桯史》记载说:“既而桧死，卢溪因读韩文公《猛虎行》复作诗寓意曰:‘夜读文公猛虎诗，云何虎死忽悲啼。人生未省向来事，虎死方羞前所为。昨日犹能食熊豹，今朝无计奈狐狸。我曾道汝不了事，唤作痴儿果是痴。'盖复前说也。"可知"痴儿"确指秦桧。因这句诗被小人欧阳识告密，王庭珪被流放辰州。和秦桧这种痴儿对比，胡铨真正称得上男中奇杰。第四句"男子要为天下奇"和第二句相连。所谓奇，就是指"欲将独力拄倾危"说的。第五句回应上一首，因为上书是绍兴八年(1138)，而送行诗作于绍兴十二年，所以用"当日"二字，这句话概括上首前四句，写上书的威力。第六句赞扬胡铨的忠义，"只心知"反映胡铨忠义之心是一贯的，此心包括胡铨和作者自己，这是一层意思，同时也批评朝廷无人敢说话。黄山谷《跋子瞻和陶诗》说："饱吃惠州饭，细和渊明诗。"赞美苏子瞻磊落坦荡的心怀。这里对此句稍作变动，来安慰和勉励胡铨。"端能饱吃新州饭，在处江山足护持。"只要能心怀坦荡，像苏轼那样不以迁谪为意，那么不管到哪儿，江山神祇都能保护你平安。这个结尾和上首"汉廷行召贾生还"也相呼应。

一题两首，既要有呼应，写法又不能雷同。第一首着重写上封事时的情况，第二首着重写胡铨的内心世界，以鞭挞秦桧反衬胡铨，而结尾加以慰勉。在语言上第二首化用黄山谷的成句也和第一首微有变化，两首诗都以气胜，则是内容所决定的。

（周本淳）

【作者小传】

孙 觌

(1081—1169)　字仲益，常州晋陵(今江苏常州)人。大观三年(1109)进士。政和四年(1114)中词科。汴京破，受金人女乐，为钦宗草降表。高宗朝，官至户部尚书，提举鸿庆宫。早年附汪伯彦、黄潜善，诋李纲，后复阿谀万俟卨，谤毁岳飞。有《鸿庆居士集》。

横山堂二首　　孙 觌

波间指点见青红，　雪脊嶒棱倚半空。
幻出生绡三万幅，　游人浑在画图中。

苍云十亩荫平宽，　露叶风枝绕舍寒。
莫遣先生赋归去，　且令小吏报平安。

南宋葛立方《韵语阳秋》载:“东坡归宜兴,道由无锡洛社,尝至孙仲益家。时仲益年在髫龀,坡曰:‘孺子习何艺?’孙曰:‘学属对。’坡曰:‘衡门稚子璠玙器。’孙应声曰:‘翰苑仙人锦绣肠。’坡抚其背曰:‘真璠玙器也,异日不凡。’”仲益即《横山堂二首》作者孙觌的字。他的诗,取法东坡,豪健清新,与江西诗派的生涩不同。

《横山堂二首》,描写江苏太湖风景。太湖洞庭山附近,有好几处横山。一说横山在今江苏仪征西,“其阳有昭明太子读书堂”(《舆地纪胜》)。但据范成大《吴郡志》,横山当是苏州城西南十五里、位于太湖之滨的踞湖山。五代钱镠建立吴越国时,曾在横山造荐福寺。横山面临水天相接、一碧万顷的太湖,擅林涧、峰壑、云景、泉石之胜,又有芳桂、修竹等“五坞”。这一带地方,正是“笠泽鱼肥人脍玉,洞庭柑熟客分金”(苏舜钦句)的雄美而富饶的人间天堂,曾经引得白居易“五宿澄波皓月中”——一连五日夜在湖心泛舟。

第一首写景。“波间指点”,可见诗人是在湖上舟中。“青红”,当指山上的楼殿庙堂。第二句中的“雪脊嶒棱”,是指高峻蜿蜒的粉墙。“波间指点”还含有波光映照之意,满山林木和建筑映着太湖的波光,色彩绚丽,明灭闪烁,一片迷离,有如仙境。第三句掉转笔头,从“生绡三万幅”比喻浩渺无边的太湖,勾出全景。第四句糅合人和景作结。用笔轻灵,真实自然。“幻出”二字极妙,达到了司空图、严羽等人诗论中所推崇的“入神”的境界。所谓“入神”,即诗人在审美和创作活动中,情景交融,使客观事物升华为带主观色彩的意象,同时自己的心灵又受到这意象的熏习。此亦即是所谓“妙悟”境界。

第二首在写景中,透出了一种压抑低沉的心情:“苍云十亩”覆盖着“露叶风枝”,使房舍的周围散发出阵阵的寒气。

孙觌生活在北、南宋之交的历史大变动时期。靖康之变后不久,绍兴二年(1132),他知临安府,以盗用军钱除名,提举鸿庆宫,归隐太湖滨西徐里达二十余年。“绕舍寒”的“舍”,当指他自己隐居之地。他又曾替秦桧党羽万俟卨作墓志铭,谤毁岳飞,为人所不齿。不过,他在徽宗时,也曾吟出“噬脐有愧平燕日,尝胆无忘在莒时”的诗应制,期望最高统治者发愤图强。此时他归隐闲居,又寄希望于“君之一悟”。所以此诗首二句渲染了一种萧瑟的气氛,后二句则强压愤慨,故作达观,以讽刺之辞,一浇胸中块垒。

(林从龙　李文钟)

吴门道中二首　　孙　觌

数间茅屋水边村，　　杨柳依依绿映门。

渡口唤船人独立，　　一蓑烟雨湿黄昏。

一点炊烟竹里村，　　人家深闭雨中门。
数声好鸟不知处，　　千丈藤萝古木昏。

孙觌高宗朝仕至户部尚书，晚年"归隐太湖二十余年"（吴之振《孙觌鸿庆集钞序》）。这两首诗应作于此期间。

吴门（今江苏苏州）素称江南富庶之区，风光也很美。孙觌早年谄附权奸，"当时已人人鄙之"（纪昀《四库全书总目提要》）；晚岁被罢斥，退居乡间。很可能是他感到自己飞黄腾达已经无望，便索兴徜徉林下，到处寻幽览胜，悠游度日，注目于水边茅屋和渡口烟雨，怡情于炊烟、人家、鸟声、藤萝等幽静景观。

第一首着力描写乡里生活的萧散自得。王安石《菩萨蛮》词有"数间茅屋闲临水，窄帽短袖垂杨里。"几间茅屋的水边小村，杨柳扶疏，门窗尽绿。渡口有人在唤渡。虽然时值黄昏，唤渡人却仍不慌不忙，披蓑戴笠站在烟雨之中，不顾浑身湿透。景物中充满了诗情画意。前两句，纯用静物写生手法；后两句，才点出了人物，传出了声音，但画面却显得更为安谧。哪怕是连连传来的唤渡声，也只不过像是扔到浩渺湖水里的小石子，只能在湖面上掀起几小圈涟漪，并没有打破静谧。

第二首着力渲染山林风光的天然幽趣。一缕炊烟，引起了诗人的注意，发现了掩映在竹林深处的村庄。村子里的人家，在潇潇细雨中深闭着门户，不知从哪里传来了几声悦耳的鸟鸣；在高高的老树林里，藤缠萝（茑萝）绕，一片昏暗。这一句乃化用杜甫《白帝》"古木苍藤日月昏"句。第一首中还写到人声，第二首则只有鸟语；第一首还只是向往一种静谧的乡居生活，第二首则更进一步追求一个桃花源式的世界。虽然两首诗写的都是黄昏烟雨，但后一首显得更为幽寂，更为窈蔼迷蒙。

孙觌的为人，实在是至不足道。纪昀说："孔雀虽有毒，不能掩文章。"（《四库全书总目提要》）就这两首诗来说，写得萧散疏朗，富有情趣，颇类荆公晚年绝句，不应以人废言。

（蔡厚示）

【作者小传】

周紫芝

（1082—1155）　字少隐，自号竹坡居士，宣城（今属安徽）人。绍兴中登第。历官枢密院编修、右司员外郎、知兴国军。有《太仓稊米集》、《竹坡诗话》、《竹坡词》。

五　禽　言(其一、其三、其四、其五)　　周紫芝

婆饼焦

云穰穰，麦穗黄，婆饼欲焦新麦香。
今年麦熟不敢尝。
斗量车载倾囷仓，化作三军马上粮。

提壶卢

提壶卢，树头劝酒声相呼。
劝人沽酒无处沽。
太岁何年当在酉，敲门问浆还得酒。
田中禾穗处处黄，瓮头新绿家家有。

思归乐

山花冥冥山欲雨，杜鹃声酸客无语。
客欲去山边，贼营夜鸣鼓。
谁言杜宇归去乐?归来处处无城郭!
春日暖，春云薄，飞来日落还未落，春山相呼亦不恶。

布　谷

田中水涓涓，布谷催种田。
贼今在邑农在山。
但愿今年贼去早，春田处处无荒草。
农夫呼妇出山来，深种春秧答飞鸟。

所谓“禽言”诗，是指依据鸟的叫声给鸟儿起一个有意义的名字(如“婆饼焦”、“提壶卢”、“思归乐”、“布谷”都是)，再从这个名字上引申生发来抒写情感的诗。唐人偶有所作，宋人作者颇多(如梅圣俞、苏轼等)，间涉游戏笔墨。而此诗作者生活在北宋后期，目睹国家内忧外患，农民无复生意。他就把现实性极强的内容，纳入这种歌谣风味的诗体，深入浅出，推陈出新，遂高于前人同类之作。

第一首，“婆饼焦”是依声取义的鸟名。宋王质《林泉结契》卷一:“婆饼焦，身褐，声焦急，微清，无调。”这种鸟儿活跃在麦收季节。其时“丁壮在南冈”，而妇人在家烙饼，这鸟叫就像提醒人们“婆饼欲焦”。在古诗中，常将待割的熟麦比作

“黄云”。故此首起二句即云:“云穰穰(丰盛貌),麦穗黄。”翻腾的麦浪,有如风起云涌,丰收的景象中流露出农人的喜悦。这是打麦的季节,是烙饼的季节。“新麦”比陈麦可口;烙得二面黄,“欲焦”未焦的新麦炊饼,更是清香扑鼻。“婆饼欲焦新麦香”直写出难写的气息,几使读者垂涎。同时,它兼有欲夺故予的艺术功用。正是在这样美滋滋的诗句之后,“今年新麦不敢尝”一句才特别令人失望。为什么不敢尝?“斗量车载倾囷仓,化作三军马上粮。”盖宋时军费开销极大,负担转嫁于平民。所以尽管是“斗量车载”的丰年,农人仍不免饥寒。在口中粮化作军粮的同时,丰收的喜悦也就化为乌有。“不敢尝”、“化作”(军粮),用字轻便,而其包含的控诉力量是极沉重的。

第二首“提壶卢”,也是鸟名。唐白居易有《早春闻提壶鸟因题邻家》诗。“壶卢”通常作“葫芦”,可为盛酒器具,所以“提壶卢”的叫声有若“劝酒”。然而鸟叫实出于无心,所以也就不必合于实际:“劝人沽酒无处沽。”在那种“夺我口中粟”、剥削甚重的世道,酒,在民间简直成为奢侈之物。麦且不敢尝,何论杯中酒!所以鸟儿的叫声,实令人啼笑皆非。前三句妙在幽默。话到这里,似更无可申说。殊不知诗人笔锋轻掉,来一个画饼充饥:“太岁何年当在酉,敲门问浆还得酒。”二句出自古谣谚“太岁在酉,乞浆得酒;太岁在巳,贩妻鬻子。”虽化用其前半,意谓盼望世道清平,年成丰收,酒贱如水;亦兼关后半,暗示而今是个“贩妻鬻子”的艰难世道。最后两句更将这种画饼充饥式的愿望写得形象、真切:“田中禾穗处处黄,瓮头新绿(指新酿酒)家家有。”唯其如此,更衬托出梦想者企盼的迫切和现实处境的艰窘。

第三首,“思归乐”乃杜鹃别名,以其声若“不如归去”。此诗以兴法起:“山花冥冥山欲雨”,造就一种阴沉沉的气氛,衬托出客子沉甸甸的心情。同时,将“思归乐”的鸣声放在这山雨欲来、山花惨淡的环境中写,更见酸楚。“客无语”,是闻鹃啼而黯然神伤之故,“无语”适见有恨。既然“思归”,这流落他县的游子为何不归去?原来“客欲去山边(即山外,指家之所在),贼营夜鸣鼓。”这横行不法者,不是一般的盗匪,而是一伙明火执仗、鸣鼓扎营的“贼”(不必指实)。可见时世是怎样的不太平了。杜鹃传说是古蜀王杜宇死后所化,因思念故国,故啼曰“不如归去”。下二句即就鹃声着想,加以反诘:“谁言杜宇归去乐?归来处处无城郭。”“处处无城郭”,指城市普遍遭到劫掠之苦,语近夸张。末四句进而劝鸟说,山中可恋,何必归去!一连用三个“春”字,“春日暖,春云薄”将“春山”写得那么迷人,以反衬城市居之不易。“亦不恶”三字,实是退后一步的说法,颇见其无可奈何。此诗后半只写鸟,而归趣却在于“客”,可说是运用了宾主映衬手法。

第四首,"布谷"之鸣,在春耕播种之时。"田中水涓涓",正好插秧;而布谷鸟又声声催促。然而没有下文,看来此田难种。这不是农夫失职,而是因为"贼今在邑农在山"。世道正常应是农在田而"贼"在山的,而现在一切都颠倒了。"贼今在邑(城市)",似乎连官家一齐骂了。前首写城市无法安居;这里写农村也无法耕作,必然草盛而苗稀。以下就写农夫的祷愿:"但愿今年贼去早,春田处处无荒草。""但愿""去早",这真是个低标准的要求。所求之微,正反映出处境的可悲。"但愿今年贼去早",可见流寇横行,远不是一年两年的事情了。末二句说果如其然,则一定把妇女也动员起来,深种春秧,以报答布谷鸟的殷勤之意。似乎对鸟颇为内疚,语尤憨厚,这正是封建社会大多数善良农夫的写照。

这四首诗虽统一在"禽言"的题目下,但内容上各有侧重,艺术手法上也富于变化。它们以七言为主,杂用三、五言句,形式也不尽相同,笔致生动活泼。最基本的共同之点,是将严肃的内容,寓于轻松诙谐的形式,似谐实庄,是含泪的笑。虽然不著一字议论,不着意刻画,却能于清新爽利之中自见深意。　(周啸天)

【作者小传】

李　纲

(1083—1140)　字伯纪,邵武(今属福建)人。政和二年(1112)进士。宣和七年(1125)为太常少卿。靖康元年(1126),金兵初围开封,坚决主战,阻止钦宗迁都,以尚书右丞为亲征行营使,击退金兵。高宗即位,拜尚书右仆射兼中书侍郎,主张用两河义军收复失地,在职七十日,被黄潜善等排斥。后历任湖广宣抚使等职。屡上疏论时事,反对议和。卒谥忠定。有《梁溪集》、《靖康传信录》等。

病　牛　　　　李　纲

耕犁千亩实千箱,①　力尽筋疲谁复伤?
但得众生皆得饱,　不辞羸病卧残阳。

〔注〕① 箱:通厢,仓廪。

这首诗题曰《病牛》,实非写牛,而是诗人自喻坎坷与辛酸。

"耕犁千亩实千箱",写牛为主人耕田千亩,粮谷满仓。发端就点出牛终生辛劳,硕果累累,紧扣诗题。句中虽无“病”字,却字字含“病”意:亩复亩,年复年,必然气力衰竭,病由此生,千箱亦因此而实。两个“千”字,极力夸张,互相对照,显出了牛的辛劳,也突出了牛的功绩。

“力尽筋疲谁复伤”,承首句“耕犁千亩”。筋力已尽,谁复哀怜?点出了人们对这种结果的态度,是同情、哀怜,还是漠视、遗弃?这是诗人直接向人们提出的抱怨性的责问,具有强烈的感情色彩。言外之意是:并没有人对它同情、哀怜。

“但得众生皆得饱”,以牛的口气作答,把牛人格化;语气由上句的悲怨转为乐观、高旷,由牛转向大众百姓,突破了传统的自叹自怜。连用两“得”字,使语气更为强烈。这牛是诗人的化身,这句话与诗圣杜甫“安得广厦千万间,大庇天下寒士俱欢颜”(《茅屋为秋风所破歌》)的忧国忧民精神极为相似。其实两者并非偶然巧合。诗人罢相后所作诗的自序中极力赞美杜甫,他说:“独杜子美得诗人比兴之旨”、“其辞章慨然有志士仁人之大节”(《梁溪全集·诗十三》自序);“平生忠义心,多向诗中剖。爱国与爱君,论说不离口。”(《梁溪全集·诗十五·五哀诗》)可见诗人对杜甫是多么倾心,他的忧国忧民精神显然受到杜甫的影响。

结句是牛继续作答。“羸病卧残阳”,把牛置于夕阳西下气息奄奄的特定环境中,更衬托出病牛的悲惨结局。然而,着上“不辞”二字,语气突然一转,变悲凉为慷慨,使诗的格调骤然昂扬。这和北宋诗人孔平仲的“老牛粗了耕耘债,啮草坡头卧夕阳”(《禾熟》)相比,意境似更胜一筹。原因就在于此诗的病牛“不辞羸病卧残阳”,为的是“众生皆得饱”,气概非凡。而孔诗中老牛的“卧夕阳”,仅是因为“粗了耕耘债”,是释重负后的自我安慰。魏庆之所说“诗以意义为主,文词次之;意深义高,虽文词平易,自是奇作”(《诗人玉屑·命意》),正可用于这首《病牛》诗。

此诗是李纲贬谪武昌后(1128)所作。他官至宰相,“负天下之望,以一身用舍为社稷生民安危”;“忠诚义气,凛然动乎远迩”(《宋史·李纲列传》下);“概然以修政事,攘夷狄为己任”(《梁溪全集·朱熹序》)。然而,由于反对媾和,力主抗金,并亲自率兵收复失地,终为投降派谗臣所排挤,为相七十天即“谪居武昌”,次年又“移澧浦”,自称所历皆“骚人放逐之乡”(均见《梁溪全集·诗十三》自序),内心极为郁抑不平。为此,作《病牛》以自慰。此诗运用比兴和拟人手法,形象生动,感人肺腑,抒发了“先天下之忧而忧,后天下之乐而乐”的襟抱;语言通俗、凝练,意境高远。与其说这是一首咏物诗,不如说是一首言志诗。　(张惠荣)

【作者小传】

吕本中

(1084—1145)　字居仁,世称东莱先生,寿州(治所在今安徽凤台)人。少以荫补承务郎。绍圣间,以元祐党人子弟免官。绍兴六年(1136)赐进士出身。官至中书舍人兼侍讲,兼权直学士院。以忤秦桧罢官。论诗主活法,尚自然。曾作《江西诗社宗派图》。有《童蒙训》、《紫微诗话》、《东莱先生诗集》等。

兵乱后杂诗五首(其一、其四、其五)

吕本中

晚逢戎马际,　处处聚兵时。
后死翻为累,　偷生未有期。
积忧全少睡,　经劫抱长饥。
欲逐范仔辈,　同盟起义师。①

万事多翻复,②　萧兰不辨真。
汝为误国贼,　我作破家人!
求饱羹无糁,③　浇愁爵有尘。
往来梁上燕,　相顾却情亲。

蜗舍嗟芜没,　孤城乱定初。
篱根留敝屐,　屋角得残书。
云路惭高鸟,　渊潜羡巨鱼。
客来阙佳致,　亲为摘山蔬。

〔注〕 ①“同盟”句:作者自注:“近闻河北布衣范仔起义师。” ② 翻复:翻,同反,即反复。此据清刻本《瀛奎律髓》卷三十二。 ③ 糁(sǎn):米粒。

宋钦宗靖康元年(1126)丙午春正月,金兵围攻北宋都城汴京(今河南开封)。是年闰十一月,京师失守,城中一片混乱。第二年春,徽、钦二帝被掳北去。吕本中回到汴京,目睹国都残破的悲惨景象,触景伤怀,感而作此组诗。据方回《瀛奎律髓》卷三十二纪批:“诗见《东莱外集》,凡二十九首。”而钱锺书《宋诗选注》云:“《东莱先生诗集》里遗漏未收。”此据《瀛奎律髓》所录五首而选其中三首。

第一首写金兵南下事,抒发诗人的报国心愿。

“晚逢戎马际,处处聚兵时。”诗篇开头直点兵乱这一主题,渲染了战乱气氛。“戎马”,此指金兵。当时吕本中已四十多岁,故说晚年适逢金兵南犯,中原板荡,兵马四聚。首联揭示了背景,涵盖全篇。

“后死翻为累,偷生未有期。”此联承上。兵荒马乱的动荡年代,人命危浅,朝不保夕,苟且偷生亦非容易,真是“时危命亦轻”。“后死”与“偷生”对举,用语沉着,写出了战乱造成的苦难,表达了诗人对百姓命运的系念。

五六句“积忧全少睡,经劫抱长饥。”这既是诗人忧伤国事的无限深沉的感慨,又是乱后人民遭受苦难的真实记录。据南宋徐梦莘《三朝北盟会编》卷三十记载,靖康元年正月,金兵攻都城,“围闭旬日,城中食物贵倍,平时穷民,无所得食,冻饿死者藉于道路”。因此,诗中所写“全少睡”与“抱长饥”的悲愁凄苦情景,并不是陶渊明《怨诗楚调示庞主簿邓治中》诗中“夏日长抱饥,寒夜无被眠”的个人贫寒交迫的境遇,而是汴京遭劫时哀鸿遍野的现实缩影。

末二句“欲逐范仔辈,同盟起义师”以情收结,而与首句“戎马际”相呼应,道出诗人在国家急难之际奋身勤王报国的志节。逐,追随。诗人重来汴京,昔日繁华之地,如今满目疮痍,而金兵虽退,战乱未息。他们已窥测到中原虚实,定会随时派兵进逼。因此,当诗人听到河北布衣范仔率众抗金时,毅然地表示愿意追随他们,充分表现出一位赤诚的爱国者的形象。

第二首痛斥误国害民的奸贼,倾吐国破家残的悲愤。

首联“万事多翻复,萧兰不辨真。”北宋末年,歌舞升平的外象,掩盖着统治集团的昏庸腐朽。他们醉生梦死,沉湎酒色之中,没有料到北方女真兵鼙鼓动地来,惊破了升平美梦。世事的剧变,当然难以预料,但在这急难之际,有的弃官逃跑,有的忍辱乞和,而如李纲那样的坚决抗金者则很少。诗人在这里运用萧、兰作比喻。屈原《离骚》:“户服艾以盈要兮,谓幽兰其不可佩。……何昔日之芳草兮,今直为此萧艾也?”意思是说,每户人家都有挂满腰的野艾,而散发出清幽芳香的兰花则说成是不可用来妆饰。(萧艾,指不芳的野草。)昔日芳草,今成萧艾。自屈原以后,不少诗文常常以兰、蕙象征君子,而以萧艾比作反复无常的小人。作者在这里的比喻,既指决策议和的权奸,又指那些在急难中贪生怕死的守土官吏。神州陆沉,他们不能辞其咎。

“汝为误国贼,我作破家人!”这是诗人发自内心的愤怒呼声。这些误国害民的奸贼,“报国宁无策,全躯各有词”,为了苟且偷生,丑态毕露。现在自己则和城中百姓一样,成了一个家破之人。面对这严酷的社会现实,诗人倾泻出一腔悲愤。这是个人的感慨，也反映了人民的心声。

五六句"求饱羹无糁，浇愁爵有尘"承上诉说家破后的贫困境遇，汤羹里没有米粒，填不饱肚子，满腹忧愁，也不能借酒来浇愁。"爵有尘"，指饮酒的器具积满了灰尘，暗示长久未用。

末二句以景语收结，情味深长。"往来梁上燕，相顾却情亲。"这是化用杜甫《江村》"自去自来梁上燕，相亲相近水中鸥"的诗句。不过，所表达的并非一般的落寞惆怅心境，而是寓寄着兴亡之感。这使人想起了北宋词人周邦彦《西河》词中"燕子不知何世，入寻常巷陌人家，相对如说兴亡，斜阳里"。诗中虽没有直接抒写古今兴亡之感，但城郭面目全非，而燕子往来，依旧与人情亲。由于作者是身历其境，有切肤之痛，所以诗的意境与周词相比，更加沉郁悲壮。

第三首写战乱中残破景象，反映了人民遭受的深重苦难。

起二句"蜗舍嗟芜没，孤城乱定初"。蜗舍指低矮简陋的住处。作者身居陋室，目睹这乱后一片荒芜景象，心绪翻腾，情不自禁地发出了深沉的感叹。

"篱根留敝屦，屋角得残书。"诗人细致地刻画了劫后城中的残破情景，那断残的竹篱门墙下留着破旧的鞋子，进屋可以看到残存的书籍。方回《瀛奎律髓》列举吕本中乱后杂诗的一些断句，其中有"欃榼镞可拾，草木血犹腥"，揭露战乱带来的创伤，尤为沉痛。这首诗中的"敝屦"、"残书"，在日常生活中是件小事，但在特定的环境中，以小见大，勾勒出乱后冷落凄凉的现实图画。

五六句"云路惭高鸟，渊潜羡巨鱼。"这是化用杜甫《中宵》"择木知幽鸟，潜波想巨鱼"的诗句，但这里的意境不同，诗人看着那鸟儿在天空自由飞翔，鱼儿在深水来往游动，心中产生一种自惭的感受，似乎鱼鸟皆有依附，唯独自己走投无路。

最后二句"客来缺佳致，亲为摘山蔬"。具体地描写生活困顿的情景。客人前来，家中拿不出可口饭菜，只得亲到郊外采摘山野蔬菜。多么辛酸的凄苦情景，读来催人泪下。

这三首诗从不同的生活侧面反映了乱后苦难的社会现实，揭露了金兵破城和权奸误国的罪恶行径，抒发了诗人深沉的爱国情思。纪昀在《瀛奎律髓刊误》中批云："五首全摹老杜，形模亦略似之，而神采终不及也。"尽管如此，但此诗的感情沉痛深挚，又避免了江西诗派末流的生硬枯涩之弊。这表明，吕本中的诗风在靖康乱后有了变化。

（曹济平）

柳州开元寺夏雨　　　　吕本中

风雨潇潇似晚秋，　　鸦归门掩伴僧幽。

云深不见千岩秀，　水涨初闻万壑流。
钟唤梦回空怅望，　人传书至竟沈浮。
面如田字非吾相，　莫羡班超封列侯。

南宋初期，吕本中历尽艰辛，长途跋涉，从北方流亡到柳州（今属广西）避乱，因有所感而作此诗。据方回在《瀛奎律髓》卷十七批云：此诗末句"乃是避地岭外，闻将相骤贵者，亦老杜秦蜀湖湘之意也"。点出了诗中意象描绘寓有深慨，极有见地。

这首诗的前四句写景，寓寄着飘零冷落之感。后四句抒情，笔墨委婉而情意深沉。

诗篇开头从写景着笔，"风雨潇潇似晚秋，鸦归门掩伴僧幽。"展现出诗人在夏天风雨交加的傍晚，与寺僧为伴的清幽情景。潇潇，风雨之声。这里"似晚秋"的"似"字，写出了诗人对夏日风雨有一种深秋萧瑟的感受。而下句紧接着写诗人归宿的清幽环境，呈现出山寺阒寂的境界。

三四句"云深不见千岩秀，水涨初闻万壑流"写的是远景。由于云气弥漫，看不见重峦叠嶂的峻峭秀美的面貌，但是可以听到山水暴涨，万壑淙鸣的声响。这里静中有动，把群山起伏的气势写得流动有致，使人有如临其境，如闻其声之感。这两句是从顾恺之"千岩竞秀，万壑争流"语化来。

五六句"钟唤梦回空怅望，人传书至竟沈浮"由写景转入抒情。诗人卧宿寺院，几声清脆的晨钟声把他从睡梦中惊醒。"空怅望"，既写诗人思乡的美梦被钟声惊破而感到怅惘，又是写醒后盼望不到家书的失望意绪。"竟沈浮"，是说没有料想到传书的人竟会把书信遗失，这是用殷洪乔不肯为人传书信的典故。《世说新语·任诞》载，殷洪乔为豫章太守，临赴任，京都人托他带书信百多封，他悉投水中，并祝曰："沉者自沉，浮者自浮，殷洪乔不能作致书邮。"这一联细致地刻画了诗人思念家乡和盼望家书的真切感情。纪昀在《瀛奎律髓刊误》中批云："五、六深至，不似江西派语。"

末二句"面如田字非吾相，莫羡班超封列侯。"诗人借用两个典故，直抒自己流落异乡而抱负不得施展的无限感慨。"面如田字"，是说脸形方正如田一样，在古代认为有富贵之相。这是用《南齐书》中《李安民传》的故事。李安民是南齐名将，《传》中说他"面方如田，封侯状也"。第二个典故用"班超封侯"事。班超是东汉名将，据《后汉书·班超传》，他"燕颔虎颈"，相者认为"此万里侯相也"。班超后来投笔从戎，出使西域有功，封为定远侯。诗人在这里把两个故事连缀在一起，说自己没有封侯的形相，当然不是飞黄腾达的材料，也不羡慕这种显贵的官位。这是诗人“闻将相骤贵者”的激愤之语，也是在国事危难动荡之际，对那些坐享富贵的将相表示不满，其中流露出伤时忧国的深沉情思。这与方回在批注中所谓“亦老杜秦蜀湖湘之意”是吻合的。杜甫晚年流寓湖、湘一带，身在草野而心忧社稷，如《江汉》诗中所云：“江汉思归客，乾坤一腐儒。”而吕本中流亡广西的心迹亦近似老杜。此诗以情收结，笔力凝练，语简而意深。

这首七律诗，以景起，以情结；写景开阔，抒情细腻，构成一幅情景交融的生动画面。语言清新流畅，尤其是借古人以抒发感慨，运用妥帖，词意明白，没有晦涩难懂的弊病。这在吕本中的诗集里是属于别具风采之作。方回《瀛奎律髓》卷十七批云：“居仁（吕本中）在江西派中，最为流动而不滞者，故其诗多活。”流而不滞，确是本诗一大特色。

（曹济平）

连州阳山归路　　吕本中

稍离烟瘴近湘潭，　疾病衰颓已不堪。
儿女不知来避地，　强言风物胜江南。

这首诗是作者避地岭外，从广东返归湖南途中所作。连州，治所在桂阳（今广东连州）；阳山，县名，即今广东阳山县。

这是一首抒写羁旅生活的诗篇，但诗人把病体衰颓的苦楚与伤时避乱的忧愤交织在一起，笔力凝重，感情真切。

“稍离烟瘴近湘潭”，首句即扣住诗题，写出行役之艰苦。阳山县与湖南毗连，所以稍离南方瘴气之地就有靠近湖南的感觉。烟瘴，指瘴气，旧说南方山林中湿热之气，能致人疾病。

“疾病衰颓已不堪”，写旅途中病弱不堪的身体。诗人在《春日即事》之一中曾写过：“瘐病才苏休强酒，良辰虽好少题诗。”而这里写久病的身体又经过烟瘴之地，更显得衰颓不支了。以上二句写实，直抒内心凄凉愁苦之情。

三四句“儿女不知来避地，强言风物胜江南”承上转合，描绘细腻，语意凄婉。诗人因避乱来到湖南，身心憔悴，当然没有心绪来欣赏这里的美好风光。正如南朝梁何逊《赠诸游旧》诗中所写：“旅客多憔悴，春物自芳菲。”但是小儿女不解父亲此刻的心情，所以，偏偏要说湘中风光胜似秀丽的江南。这种情景，陈与义在《细雨》诗中亦写过：“避寇烦三老，那知是胜游。”“避地”与“胜游”，这是两种不同的境界与心情。当时金兵正不断南犯，中原遍地战火，人民灾难深重。诗人以病弱之躯来到湖南避乱，无论什么赏心悦目的美景，也不能缓解他那沉重的心情。然而小儿女对此是不了解的。这里用了“不知”与“强言”，极其微妙地刻画了他们把避地当作胜游的无知心理，不仅气氛显得协调，而且更反衬出诗人埋藏心中的无比悲愁之情，读来倍觉伤痛。

这首短小的诗篇，作者不是采用“一句一绝”的格调，而是前二句纪实，后二句抒情，短短四句，包含着丰富的内容，既反映了动乱时代的现实侧影，又表现了诗人衰病漂泊的无限辛酸与伤时忧国的深沉情思。语言通俗流畅，明白如话，并在自然流转中显示出凝练的笔力。这些足以说明，吕本中的诗作在南宋初期已注意到纠正江西派末流“词语艰涩”的毛病。（曹济平）

读　书　　吕本中

老去有余业，　读书空作劳。
时闻夜虫响，　每伴午鸡号。
久静能忘病，　因行当出遨。①
胡为良自苦，　膏火自煎熬。

〔注〕①因行：即因循，悠游闲散意。遨：游乐。

这首诗当作于高宗绍兴八年(1138)，作者因触怒权奸秦桧而被降职以后。时作者已年过半百，挑灯苦读至更深夜阑之际，不禁感到头昏眼花、腰酸手软。伴着微弱的孤灯，漫卷手中的诗书，一股苦涩悲怆的滋味随着倦意涌上心头。于是写下了这首诗，以抒发心中的感慨。

作者首先申明，仅仅是因为年老才操此读书“余业”，然而读书成底事，不过是“空作劳”而已。夜以继日，伴我者唯有虫鸣鸡号，这是何苦呢？自己年迈多病，养神修性、保重身体才至关重要，若得闲暇之际，完全可以命俦啸侣，一同外出游山玩水，何必黄卷青灯，如此苦读呢？岂非是自受煎熬？

作者友人谢薖有《读吕居仁诗》云：“今晨开草堂，草帙乱无次。探囊得君诗，疾读过三四。”(《谢幼槃文集》卷一)可知诗人确实有夜间读书写作的习惯，而且一夜作诗可达数首之多，文思之敏捷可以想见。只是使人费解的是，作者出身于名门世家，幼承家学，且又“以诗为专门”(《四库全书总目提要》语)，似当以读书为快事，何以会把读书看作是“空作劳”、“自煎熬”的“苦”事？何以诗中会笼罩着如此凝重、无可排遣的迟暮之感？细玩诗中词句，综考诗人身世，可以得出大致的答案。

诗的首联即引人思索。读书既为“余业”,那么何为“正业”呢?既为“空劳”,那么何为劳而有所得呢?年老时如此以为,年轻时恐怕未必吧?陆游《吕居仁集序》云:“公自少时既承家学,心体而身履之,几三十年,愈蹶学愈进,因以其暇尽交天下名士。其讲习探讨,磨砻浸灌,不极其源不止。故其诗文汪洋闳肆,兼备众体,……一时学士宗焉。晚节稍用于时。”这段话正可为此诗下注脚。作者本酷嗜诗学,性喜读书,只因后被朝廷重用,便决心报国济时,心目中便把仕途上有所作为当成了“正业”。而现在呢,虽有经邦之才、励世之节,却只能优游闲散,以诗书自娱。书读得再多,于定国安邦又有何用呢?岂非“空作劳”乎?还不如颐养天年,自适其适。诗的后半部分,作者似乎是自嘲自笑,强作宽解。实际上蕴藏着不甘如此终老林下、以读书消磨时光的郁勃之志。他之所以不能“久静”,不愿“出遨”,而甘愿如此自讨苦吃,就是因为他从心底还希望重返朝廷、从事“正业”,劳有所得,名垂青史。清人陆心源则以为,作者晚年“优游林下,著书教子,著述传于后世,有子蔚为大儒”,实在是一大幸事,还得感谢秦桧“玉成之”呢(《仪顾堂集》卷五)。孰得孰失,恐怕诗人始料所不及吧?　　（沈时蓉　詹杭伦）

春日即事二首(其二)　　　　吕本中

病起多情白日迟,　　强来庭下探花期。
雪消池馆初春后,　　人倚阑干欲暮时。
乱蝶狂蜂俱有意,　　兔葵燕麦自无知。
池边垂柳腰支活,　　折尽长条为寄谁?

这首诗是抒写诗人病起后所见的春日美好景象和寂寞相思的心绪。

诗篇开头展现了诗人病起看花的情景,点明了时令。首句“病起多情白日迟”,直写作者病起后眷恋美好春光的情态。“白日迟”,正是《诗经·豳风·七月》“春日迟迟”的那种初春阳光和舒的意象。这里用“多情”二字,更显得依恋不舍。下句“强来庭下探花期”,“强来”是从上句“病起”而来,写诗人勉强来到庭院,看看花朵是否盛开。

三四句写庭院初春景象,而把诗人的情态融合在内。“雪消池馆初春后,人倚阑干欲暮时。”和暖的春风轻轻地吹拂大地,园中池馆的积雪渐渐地消融了。诗人倚栏凝望,领略这早春的风光,一直到太阳将落的时刻。这里诗人勾勒出一幅情景交融的无声画面。南宋张九成对这一联极为赞赏,他在《横浦日新》中说:“可入画,人之情意,物之容态,二句尽之。”

五六句承上进一步写景。“乱蝶狂蜂俱有意”，这是从李商隐《二月二日》：“花须柳眼各无赖，紫蝶黄蜂俱有情”化出。蝶和蜂，都是春天蓬勃生气的象征。杜甫在《风雨看舟前落花》诗中亦写过：“蜜蜂蝴蝶生情性”的句子。但吕本中并不陶醉在这蜂蝶飞舞的明媚春光中，而是触景伤情，发出一种人生孤寂的感叹。“兔葵燕麦自无知”一句，暗用刘禹锡因看花题诗嘲讽朝廷权贵而遭贬的典故。刘禹锡在《再游玄都观》诗序中说：“重游玄都观，荡然无复一树，惟兔葵、燕麦动摇于春风耳。”这里的“无知”与“有意”上下相对举，情味深长。蝶与蜂虽是有生命的小动物，但写成有“情意”则是诗人移情于物的表现手法。尽管蜂蝶都“有意”，然而“兔葵燕麦”却“无知”。这是以无情衬托有情，言外含有不尽之意，耐人咀味。

最后二句“池边垂柳腰支活，折尽长条为寄谁?”这是全诗的点睛之笔。诗人春日病起看花，倚栏凝望的种种情意，都是为了怀人，但前六句都没有道破。末二句写眼前池边细长的柳枝，随风飘荡，犹如舞女那样婀娜多姿，仿佛依依有情，勾引起诗人无限思念的心绪。折柳赠人，这是在唐宋时期流行的一种风俗。李商隐《离亭赋得折杨柳》诗中有“为报行人休尽折，半留相送半迎归。”可是对于诗人来说，无论是折柳送别，还是迎人归来，都感到一种逃惘。因为音讯久疏，不知所念之人身在何方，即使把柳条都折尽了，又寄给谁呢?写得情意宛转，真切感人。

这首自抒情怀的即景之作，笔调凝练，意新语工，特别成功的是在写景抒情方面具有独到之处。诗人的妙笔不在一句情一句景的分写，而在于写景之中含情，抒情之中有景，从而构成一幅情景相融的生动画面。诗中的花、柳、蜂、蝶，兔葵、燕麦都是无情之物，诗人用“探花期”、“腰支活”、“俱有意”、“自无知”等加以描绘，这就化无情为有情，使情景妙合，自然成趣。令人读来，既感到全篇跳动着诗人的主观情思，又领受到一种委婉情深的含蓄之美。（曹济平）

梦　　吕本中

梦入长安道，　萋萋尽春草。
觉来春已去，　一片池塘好。

在唐宋诗坛上以梦境入诗的作品为数不少，或怀人，或纪事，有全篇写梦，也有借梦抒怀，内容丰富，手法多样，为千姿百态的古代诗苑增添异彩。吕本中这首记梦诗匠心独运，他以梦境抒写离别相思的深切情意。

开头即紧扣诗题写梦境。“梦入长安道”，诗人不是直接写梦中所见的人物，而是用“长安”这个特定的地点来代替。这是一种曲折含蓄的写法。李白《长相思》中说：“长相思，在长安。”这里诗人的梦境绕到去长安的路上，表明所思之人在长安，这里以长安代指汴京。

“萋萋尽春草”一句承上，既点明时令，又暗示相思情深。梦中的长安道上到处是茂盛的芳草。“萋萋春草”，这是从《楚辞·招隐士》“王孙游兮不归，春草生兮萋萋”点化而来。唐代王维在《山中送别》诗中化用这二句说：“春草明年绿，王孙归不归？”在送别的时刻就唯恐行人一去不归。这也是善于用事比喻的例子。而这里唯见春草萋萋，不见行人踪影，其相思怅望之情，尽在不言中。

三四句“觉来春已去，一片池塘好。”从写梦转写梦醒后的感受。一觉醒来，春天已去。从意脉的连贯来说，春去，也意味所思之人仍未归来。“一片池塘好”，是化用谢灵运《登池上楼》：“池塘生春草，园柳变鸣禽”的诗句。但这二句都是虚写，与作者另一首《睡》中：“觉来心绪都无事，墙外啼莺一两声”的写实笔法不同。这里是用比喻手法，表明眼前的春色虽已过去，但是池塘边的春草却长得很好，这不就是“明年春草绿”的象征吗？诗人寄希望于来年，然而所思之人归不归来呢？似乎又成为一个捉摸不定的悬念。相思之情真挚、深厚，而且含而不露，耐人咀味。

（曹济平）

海陵病中五首(其一)　　吕本中

病知前路资粮少，　　老觉平生事业非。
无数青山隔沧海，　　与谁同往却同归？

海陵属泰州(今属江苏)，作者晚年曾在此任小官。他饥寒交迫，贫病交加，“万事不如意，自然添白须”(《海陵杂兴八首》)，实有穷途末路之感。从这一首诗中，可以看出这时的作者处于多么深重的绝望之中：往事不堪回首，前途渺茫黯淡，病魔猖獗侵袭，生活孤苦伶仃，真是欲哭无泪、欲诉无门啊！吴曾以为这是作者的“临终诗”(《能改斋漫录》卷七)，确实，他此刻已经濒临绝境了。

久卧病榻的人，举止维艰，思维却异常活跃。当他感觉到自己的生命之火行将熄灭时，难免思前虑后，回首平生有无憾事，瞻望前途有否希望。此刻他想到的是什么呢？“前路资粮少”、“平生事业非”！真令人心灰意冷、垂头丧气！这两句是互文见义，既“老”且“病”，既“知”又“觉”。“前路资粮少”是用《俱舍论》中的颂语“欲往前路无资粮”，既然“无资粮”，那么“往前路”行得通吗？这里作者借用佛经语，说明在年迈多病时对前途已失去希望。作者一生，官至中书舍人兼权直学士院，任职仅数月就因触忤秦桧而贬谪，尚未来得及发挥他安邦定国的雄才大略。现谪居海陵，任一有名无实的小官，生命快要结束，怎不发出平生一事无成、壮心付诸东流的悲叹呢？往事如烟，前途无望，只求一死，尽快了却这人世间的孽债。"无数青山隔沧海，与谁同往却同归？"面对苍茫大地、寥廓山川，作者临死前的哀怨显得格外酸楚凄恻。青山重重，沧海茫茫，这么宽广的天地，这么壮美的山河，对于他似乎已不复存在。此刻，他孤零零地踡跼在病榻上，死亡迫在眉睫，再美的风景于他又有什么意义呢？"以乐景写哀，以哀景写乐，一倍增其哀乐。"（王夫之《薑斋诗话》）作者心情愁苦，一片阴影，而山川大地却阳光普照，万物生辉；作者病入膏肓，自知不久于人世，而青山不老，沧海自在，天长地久。哀情和美景是那样不调和，但正是这种极不调和的情景，进一步加强了艺术效果。他再也不能欣赏这壮丽的山川了，再也没有机会与朋友们游历其间了，其悲伤哀怨能不"倍增"吗？结句用反诘形式，加强了否定的语气。欲问青山，青山无语；思诘沧海，沧海不应；"念天地之悠悠，独怆然而涕下"，突出表现了沉痛万分的感情。

这首诗，是作者当时孤寂绝望心情的真实写照，表现了他失意潦倒的境遇，短短的诗行中，饱含着他以一生心血换来的无限感慨和深沉叹息。

（沈时蓉　詹杭伦）

【作者小传】

李清照

（1084—约1151）　自号易安居士，齐州章丘（今属山东）人。李格非女，赵明诚妻。幼有才藻，为晁补之所称赏。早年生活优裕，与明诚搜集书画金石甚多。金兵入据中原，流寓南方，明诚病卒，境遇孤苦。其词清丽婉约，颇具情致。诗作留存不多。著作已佚，后人辑有《漱玉词》。今人辑有《李清照集校注》。

上枢密韩公、工部尚书胡公　　李清照

三年夏六月，　天子视朝久。
凝旒望南云，　垂衣思北狩。
如闻帝若曰，　岳牧与群后。

贤宁无半千，　运已遇阳九。
勿勒燕然铭，　勿种金城柳。
岂无纯孝臣，　识此霜露悲。
何必羹舍肉，　便可车载脂。
土地非所惜，　玉帛如尘泥。
谁当可将命，　币厚辞益卑。
四岳佥曰俞，　臣下帝所知。
中朝第一人，　春官有昌黎。
身为百夫特，　行足万人师。
嘉祐与建中，　为政有皋夔。①
匈奴畏王商，　吐蕃尊子仪。
夷狄已破胆，　将命公所宜。
公拜手稽首，　受命白玉墀。
曰臣敢辞难，　此亦何等时。
家人安足谋，　妻子不必辞。
愿奉天地灵，　愿奉宗庙威。
径持紫泥诏，　直入黄龙城。
单于定稽颡，　侍子当来迎。
仁君方恃信，　狂生休请缨。②
或取犬马血，　与结天日盟。
胡公清德人所难，　谋同德协心志安。
脱衣已被汉恩暖，　离歌不道易水寒。
皇天久阴后土湿，　雨势未回风势急。
车声辚辚马萧萧，　壮士懦夫俱感泣。
闾阎嫠妇亦何知，　沥血投书干记室。
夷虏从来性虎狼，　不虞预备庸何伤。
衷甲昔时闻楚幕，　乘城前日记平凉。
葵丘践土非荒城，③　勿轻谈士弃儒生。
露布词成马犹倚，　崤函关出鸡未鸣。

巧匠何曾弃樗栎，　　刍荛之言或有益。
不乞隋珠与和璧，　　只乞乡关新信息。
灵光虽在应萧萧，　　草中翁仲今何若。
遗氓岂尚种桑麻，　　残虏如闻保城郭。
嫠家父祖生齐鲁，　　位下名高人比数。
当时稷下纵谈时，　　犹记人挥汗成雨。④
子孙南渡今几年，　　飘流遂与流人伍。
欲将血泪寄山河，　　去洒东山一抔土。⑤

〔注〕 ① 皋夔：《尚书·舜典》："皋陶为士（按指理官，掌刑法），夔为典乐。" ② 请缨：《汉书·终军传》："南越与汉和亲，乃遣军使南越，说其王，欲令入朝，比内诸侯。军自请愿受长缨，必羁南越王而致之阙下。军遂往说越王，越王听许，请举国内属。" ③ 葵丘：在今山东临淄西。践土：在今河南广武。葵丘之会，齐桓公为盟主，事见《春秋》僖公九年。践土之盟，晋文公为盟主，事见《春秋》僖公二十七年。 ④ 挥汗成雨：《战国策·齐策》："临淄之途，车毂击，人肩摩，连衽成帏，举袂成幕，挥汗成雨，家敦而富，志高而扬。" ⑤ 东山：或作山东。一作"青州"。

此诗，《宋诗纪事》题作《上枢密韩公、工部尚书胡公》，并自"胡公清德人所难"句起为另一首。《云麓漫钞》作一首，为《上枢密韩公诗》。从思想内容看，当是一首完整的古体。如至"与结天日盟"作一首，意思未完，似不能独立成篇；况李清照在"诗序"里说："作古、律诗各一章"，是指此一首与另一首七律《想见皇华过二京》而言，故今从《云麓漫钞》之说。

绍兴三年（1133）五月，宋高宗命签书枢密院事、吏部侍郎韩肖胄为通问使，试工部尚书胡松年为副使，往金国议和。贫病中的李清照在诗序中说"见此大号令，不能忘言"，有感而作此诗，上于韩、胡两位使臣。

开端四句写高宗对被金人俘至北方的徽宗、钦宗的思念。"北狩"，本为皇帝出巡之义，此处是作者未敢明言被掳的托词。其实高宗苟安江南一隅，对金人一味妥协，无意收复中原，他怕打了胜仗，父兄回来，自己当不成皇帝。所以这四句是诗人作为本朝臣子的门面话。

"如闻帝若曰"至"币厚辞益卑"，是想象中高宗对群臣的训辞。前四句写高宗为国家遭受厄运而没有像唐代员半千那样的贤臣而忧虑。他急求"贤臣"干什么呢？"勿勒燕然铭，勿种金城柳。"不是御敌，而是往金乞和。作者反用窦宪、桓温二典：东汉窦宪大破北单于于稽落山，登燕然山，勒石记功而还。（见《后汉书·窦宪传》）晋代桓温北伐，经金城，见前为琅玡太守时所种柳，皆已十围，慨然叹曰："木犹如此，人何以堪！"(见《世说新语·言语》)但在此二典前冠一"勿"字，以示高宗乞和的坚决。接着"岂无"四句，用反诘口气，表现高宗为寻求使者而焦灼不安的神情。"羹舍肉"，是用颍考叔孝母而食舍肉之事。(见《左传·隐公元年》)但加上"何必"二字，以示当务之急是尽忠而非尽孝。车载脂，语出《诗经》，指在车轴上涂油脂，喻整装待发。为了迅速达成和议，在高宗看来可以不惜一切代价，忍受一切耻辱："土地非所惜，玉帛如尘泥。谁当可将命，币厚辞益卑。"这四句写出高宗乞和的坚决。"币厚辞益卑"五字，刻画入微，鞭辟入里。高宗在建炎三年(1129)八月写的乞和书中说："今以守则无人，以奔则无地，此所以朝夕諰諰。然惟冀阁下之见哀而赦己也。""前者连奉书，愿削去旧号，是天地之间，皆大金之国而尊无二上，亦何必劳师远涉而后为快哉！"两者互相印证，可知李清照是多么真实地反映了高宗迫切求和的心理状态！不过作者在此诗中并非像在《乌江》诗中那样以作者的口吻去进行讽刺，而是用貌似客观之笔勾勒高宗的形象，而作者的褒贬之意已蕴藏在不动声色的叙写之中。

"四岳佥曰俞"至"将命公所宜"，为朝臣答高宗问。"中朝"四句，是群臣向高宗荐贤。韩姓的郡望是昌黎，故以"昌黎"代韩姓。"身为百夫特，行足万人师"，是对所荐使臣韩肖胄品德才能的极度赞颂。在朝臣看来，出使并非是乞和，而是要大振国威，大显身手，使金人胆慑，才能达成平等的协议。以下从韩肖胄家世与王朝历史两方面来勉励其出使。"嘉祐与建中，为政有皋夔。"皋和夔都是舜的贤臣，此处借喻韩肖胄祖辈。其曾祖韩琦历任仁宗、英宗、神宗三朝宰相，其祖韩忠彦在徽宗建中靖国时为相，以此说明肖胄为贤臣后裔，家世显赫；同时，又以汉、唐两代来说明当时国威之盛。"匈奴畏王商，吐蕃尊子仪。"王商，汉成帝之舅，"身体鸿大，容貌甚过绝人。河平四年，单于来朝，引见白虎殿。丞相商坐未央庭中。单于前拜谒商，商起离席与言。单于仰视商貌，大畏之，迁延却退。天子闻而叹曰：此真汉相矣。"(见《汉书·王商传》)吐蕃，这里当指回纥。郭子仪，唐朝兵部尚书，朔方节度使。屯兵万人于泾阳，被数十倍兵力的回纥包围，郭不畏强敌，仅以数十骑出，免胄见其大酋曰："诸君同艰难久矣，何忽忘忠谊而至是耶！"回纥舍兵下马拜曰："果吾父也。"(见《新唐书·郭子仪传》)作者假朝臣之口，以汉唐二例显示华夏自古以来的国威，意即作为堂堂正正的宋朝使者，功臣后裔，此次往金谈判，绝不能有污门庭，有辱国体，而应显示出英雄气概。朝臣的不屈服精神与高宗的妥协求和的心理适成鲜明的对照。由此可见朝廷内部主战与主和两派的斗争是何等激烈。当时殿中侍御史常同对高宗说："先振国威，则和战常在我。若一意议和，则和战常在彼。"而李清照笔下的朝臣形象正是对当时一部分贤臣的真实集中的概括。

“公拜手稽首”至“与结天日盟”，为使者韩肖胄的答辞，亦即是受命的誓辞。表现了朝廷重臣公而忘私、以国家利益为重的高尚品德和藐视敌人的英雄气概。“家人安足谋，妻子不必辞”，这是多么高尚的情操！“径持紫泥诏，直入黄龙城”，又是何等的胆量！（黄龙城，即黄龙府之城，是辽、金大城。）韩肖胄誓以无畏的精神与金人达成平等的协议。“单于定稽颡，侍子当来迎。”“或取犬马血，与结天日盟。”他深信终有一天金人会臣服于宋朝。（单于，匈奴王号，此处借指金贵族首领。）在国家危亡之际，这种精神是可贵的。对于结盟，从高宗来说，是继续他那“且守且和”的国策；从广大人民来说，经受七年颠沛流离的痛苦，多么渴望早日实现和平，过安居乐业的生活。但他们与投降派不同的是：和谈是有原则的，绝不能放弃原则去乞求和平。

以上叙写高宗“求贤”，朝臣荐贤，韩肖胄受命的经过。下面写副使胡松年：“胡公清德人所难，谋同德协心志安”，作者赞颂胡松年的为人，深信他能与韩肖胄精诚合作不辱使命。“清德”二字，写出他为人清廉正直的品德。据《宋史·胡松年传》载：“时使命久不通，人皆疑惧，松年毅然而往。”又载：“方秦桧秉政，天下识与不识，率以疑忌置之死地，故士大夫无不曲意阿附为自安计。松年独鄙之，至死不通一书，世以此高之。”“脱衣”两句，写胡松年受朝廷恩宠，有图报之志。前句用韩信背楚归汉的典故，韩信对项王使者武涉说：“汉王授我上将军印，予我数万众，解衣衣我，推食食我，言听计用，故吾得以至于此。”（见《史记·淮阴侯传》）“易水寒”，用荆轲刺秦王典，荆轲至易水之上，歌曰：“风萧萧兮易水寒，壮士一去兮不复还！”（见《史记·刺客列传》）易水虽寒而“不道”，更显见胡松年舍身报国的壮怀。

作者对两位使者作了交代后，紧接着写出使的场景：“皇天久阴后土湿，雨势未回风势急。车声辚辚马萧萧，壮士懦夫俱感泣。”这是一幅悲壮的出使图：使者在国势危急之时身负朝命的无畏精神，使壮士懦夫无不感泣，既为他们舍身报国的壮举而感动，亦为未卜和谈成败、使者安危而忧虑。此时，使者昂扬的激情，送者、观者的感泣，再加上辚辚的车声，萧萧的马声，汇合成一个悲壮的场景，它感天动地，可歌可泣。这里看出作者对这次出使既表赞同，又显悲慨。

身为嫠妇的作者，尽管漂泊贫病，却是如此关切国家朝廷的命运，不惜“沥血投书”，原因有二：

其一，是要向使者进“刍荛之言”：第一，要提高警惕，绝不能麻痹，要防患于未然。“夷虏从来性虎狼，不虞预备庸何伤。”且连举二例：“衷甲昔时闻楚幕，乘城前日记平凉。”春秋时，楚人欲于盟会中袭晋，把甲穿于衣中，使晋人不备。(见《左传·襄公二十七年》)又唐贞元三年，侍中浑瑊与吐蕃相尚结赞盟于平凉，为吐蕃军所劫，陷将吏六十余人。(见《旧唐书·马燧传》)这些历史教训，必须深鉴。第二，要依靠众力群智，哪怕是谈士、儒生和下等人，这是自古以来取胜的经验：“露布词成马犹倚，崤函关出鸡未鸣。”露布，捷书之别名。晋时袁虎随桓温北伐，被责免官，后须露布，桓令虎倚马前作，顷刻间成七纸，大被赞赏。(见《世说新语·文学》)战国时，孟尝君入秦，昭王要杀他，他逃至函谷关时，鸡未鸣。按关法，鸡鸣方开关。孟恐昭王后悔而追至，其客之居下坐者作鸡鸣而出关。(见《史记·孟尝君传》)作者以此规谏使者：不论出身贵贱、地位高下，甚或有过失误，只要有一技之长，都要善用，只有群策群力，才能完成使命。“樗栎”虽是不材之木，它在巧匠手里也是有用的(见《庄子·人间世》)，“刍荛”虽是采薪者，他的意见或许有益(语出《诗经·板》：“先民有言，询于刍荛”)。总之，要囊括人才，用其所长。李清照这些真知灼见，反映了她的清醒头脑和远见卓识。诗人作为一个弱女子，虽未涉足政事，但较之当朝那些短视的君臣不知要高明多少。

其二，是寄托故国之思。使者要去北方，经过她已被占的家乡——山东，那是她日夜思念的地方，她只希望他们给她捎来故乡新的消息，而没有任何物质欲求：“不乞隋珠与和璧，只乞乡关新信息。”这种爱国情怀是何等高尚，何等炽烈！她期待故乡消息的心情似乎已迫不及待了，于是驰骋想象的翅膀，任其在北国领空翱翔：“灵光虽在应萧萧，草中翁仲今何若。遗氓岂尚种桑麻，残虏如闻保城郭。”灵光殿在山东曲阜，为汉景帝子鲁恭王所建，它大概已是萧条了，淹没在杂草中的翁仲石人今天怎样了呢？中原人民是否能种桑麻？传闻敌方还在据守城郭。作者在这四句诗中，用了“应”、“何若”、“岂尚”、“如闻”等疑问设想之词，既写出她用想象来表现对故国故乡的一片深情，又写出她不能熨帖平静的情绪。

宗国沦亡，李清照个人家世也随着发生了巨大变化，从“挥汗成雨”的名门世家，一变而为“子姓寒微”、“家世沦替”；从欢快闲雅的贵妇，一变而为孤苦伶仃的“嫠妇”，这怎不叫她国难家愁一齐迸发：“欲将血泪寄山河，去洒东山一抔土。”以悲壮高歌作结，有如暮鼓晨钟震动朝野！作者此时年已五十，还想以血泪去洒遍故国河山，这种老当益壮的精神是震撼人心的。此后，她还写了《打马赋》，向往木兰驰骋沙场的战斗生活。

这是一首政治抒情诗，是整齐的五七言相结合的古体。前为五言，多为叙事；后为七言，侧重抒情。叙事是抒情的基础，抒情是叙事的必然升华。诗的前部分，作者以冷静的情绪，冷峭的笔触去描绘客观事物，个人爱憎在人物形象中体现,因而不甚明朗。而诗歌进入后部分,作者的感情,由隐至显,从舒缓至急骤、至奔放,终至不可遏止,其热烈奔放的激情真不亚于驰骋沙场上的铁血男儿。

诗中人物性格极为鲜明。五言部分通过三人问答对话的方式,把皇帝、朝臣、使者的形象刻画得惟妙惟肖,如同戏剧中的人物,一个个挨次出场。首先,高宗亮出迫切求和之相;接着,朝臣显出藐视敌方的气概;随后,使者表现出以民族利益为重的高风亮节。七言部分虽主要是抒情,但仍有人物形象,除了胡松年外,还有作者自己,一个欲以血泪保卫国家的志士形象跃然纸上。

此诗尽管以真人真事为题材,但作者并未受其约束,她善于驰骋想象,虚构细节。如事件产生的历史背景,人物的对话,出使时的壮烈场面,故乡的残破荒芜景象……无不是作者的虚设,但又并非不切实际,而是符合历史的真实、人物的性格,因而具有强烈的艺术魅力。

作者又善于用典。全诗用典多达二十多处,无论是叙事,还是抒情,均多借用典故,或明用,或暗用;或正用,或反用。表情贴切,含义深刻。但用典过多,不免也有晦涩难明之处。

（苏者聪）

浯溪中兴颂诗和张文潜二首　李清照

五十年功如电扫，　华清花柳咸阳草。
五坊供奉斗鸡儿，　酒肉堆中不知老。
胡兵忽自天上来，　逆胡亦是奸雄才。
勤政楼前走胡马，　珠翠踏尽香尘埃。
何为出战辄披靡？　传置荔枝马多死。
尧功舜德本如天，　安用区区纪文字！
著碑铭德真陋哉，　乃令鬼神磨山崖。
子仪光弼不自猜，　天心悔祸人心开。
夏为殷鉴当深戒，　简策汗青今具在。
君不见张说当时最多机，　虽生已被姚崇卖。①

君不见惊人废兴传天宝，　中兴碑上今生草。
不知负国有奸雄，　但说成功尊国老。
谁令妃子天上来，　虢、秦、韩国皆天才。
苑桑羯鼓玉方响，　春风不敢生尘埃。

姓名谁复知安史？　健儿猛将安眠死。
去天尺五抱甕峰，　峰头凿出开元字。
时移势去真可哀，　奸人心丑深如崖。
西蜀万里尚能反，　南内一闭何时开？
可怜孝德如天大，　反使将军称好在。
呜呼！奴辈乃不能道辅国用事张后尊，
乃能念春荠长安作斤卖。②

〔注〕 ① 张说为姚崇所卖事，见郑处诲《明皇杂录》：姚崇病危时，令其子以宝带重器致于张说，请为崇作碑文。并嘱其子：文成后即刻石，防说重改。张说碑文中对姚崇功业大加赞扬，崇子即刻于石。后数日，张说果使人索文，"以为词未周密，欲重为删改。"崇子即以石碑示之，并谓已奏御。使者复命，张说"悔恨拊膺"，说："死姚崇犹能生算张说，吾今知才之不及也远矣！" ②《明皇杂录·补遗》载，高力士被贬于巫州，山谷多荠而人不食，力士感之，因为诗寄意："两京作斤卖，五溪无人采。夷夏虽有殊，气味终不改。"

在李清照留存的为数不多的诗、词、文、赋中，词为婉约之宗，已成定论。诗、文、赋亦淋漓曲折，文采风流，虽断简残篇，均不同凡响。几首咏史诗无论月旦人物，评议兴废，都表现了超出时辈的卓越才识。如赞项羽"生当作人杰，死亦为鬼雄。至今思项羽，不肯过江东。"(《夏日绝句》)只四句短诗，写出了这位失败英雄的凛然可敬的气概。可称之为太史公之后又一曲对项羽的赞歌。这首诗不仅在当时是对南渡君臣的鞭挞，有强烈的现实意义，也激励后人，不可以忍辱偷生。咏史诗写得如此具有震撼人心的力量，岂是等闲悼古伤今之作可比？她这两首诗也可以称得上是咏史诗的杰作。

安史乱后，诗人元结于上元二年(761)有感于两京收复，玄宗、肃宗重返长安，大唐帝国再庆中兴，写了一首《大唐中兴颂》，后由大书法家颜真卿书写，大历六年(771)刻于浯溪(今湖南祁阳境)石崖之上，又称《浯溪中兴颂》，俗称《磨崖碑》。是一首四言的赞体颂诗，颂扬"天将昌唐"，"宗庙再安，二圣重欢。"自唐以来，对此碑题咏甚多。据说"自黄庭坚、张耒两大篇之后，宋人多认为绝唱难继的了。"张耒是苏轼门下士之一，比李清照年辈略早，她这时却和了张耒(文潜)两首，表示了自己的见解。既然石上题咏繁多，为什么独独要和张文潜，而且一和两首，值得探究一番。张耒的《读中兴颂碑》的全文是：

"玉环妖血无人扫，渔阳马厌长安草。潼关战骨高于山，万里君王蜀中老。金戈铁马从西来，郭公凛凛英雄才。举旗为风偃为雨，洒扫九庙无尘埃。元功高名谁与纪？风雅不继骚人死。水部胸中星斗文，太师笔下蛟龙字。天遣二子传将来，高山十丈磨苍崖。谁持此碑入我室，使我一见昏眸开。百年废兴增感慨，当时数子今安在？君不见荒凉浯水弃不收，时有游人打碑卖。”如果说元结的《大唐中兴颂》是一首颂歌，那么张耒的这首诗就是颂歌的颂歌。和张耒的见解不同，李清照不把酿成安史之乱的罪责归之于杨贵妃，而是着重批判了唐玄宗，历述他荒淫逸乐、骄盈自满之罪。张诗中的“万里君王蜀中老”，同情玄宗，李诗则写他“酒肉堆中不知老”，把玄宗写得昏庸可憎。“为何出战辄披靡？传置荔枝马多死”，“健儿猛将安眠死”，作为一国君主，竟使国家解除了武装，丧失了战斗力，还麻木不仁，自骄自满，要把“开元”两个大字刊上华山的高峰之巅，以为太平盛世会亿万斯年长久下去。她批判了唐玄宗又转而为他哀叹：时移势转，乃受制于奸人，被他儿子（肃宗）的张后和宦官李辅国强迁于西内。这对以孝治天下的唐朝岂非绝大讽刺？元结诗中的“盛德大业”和“二圣重欢”也不过是官样文章，“二圣”不是都被害于奸人之手吗？故云“奸人心丑深如崖”。这样虚弱的中兴，竟也值得磨崖刻石加以称颂，所以不客气地说“真陋哉”。她并不怪元结，说元结为假象所蔽如张说上姚崇的当一样，张说给姚崇的神道碑上过誉了姚崇；元结对“中兴”的颂扬恐怕也过分了。按磨崖碑刻于大历六年，其时玄宗、肃宗均已死去，张后、李辅国也已败露死，颂词仍然夸饰“中兴”，对负国奸雄只字不提，而事过二三百年，已经改朝换代，张耒还照着元结的老调子再唱一次颂歌，就不应该了。何况在张耒之前，黄庭坚所写的《书磨崖碑后》中已有“内向张后色可否？外向李父颐指挥。南内凄凉几苟活，高将军去事尤危”等语，尖锐地指明“二圣”的可怜处境，哪里谈得上“二圣重欢”？

在这两首咏史诗中，李清照笔锋横扫，不但批判了玄宗的荒淫奢侈，肃宗的庸弱无能，张后的擅权，李辅国的奸丑，元结的虚饰以及高力士被流巫州后的愚黯，只会写诗吟唱“长安春荠作斤卖”，不敢再提朝廷大事，笔下不留丝毫余地，沈曾植评她“才锋太露”（《菌阁琐谈》），恐是中肯的话。

安史乱后，玄宗与六军西行，行次马嵬，发生兵变，杨氏家族被诛，玄宗始保平安。对杨贵妃来说，这个惩罚是不公平的，难道应该让她来承担国家治乱的责任？唐人对此已有不同看法。当唐僖宗再次逃亡西蜀时，罗隐写诗就说：“马嵬山色翠依依，又见銮舆幸蜀归。泉下阿蛮应有语，这回休更怨杨妃。”（《帝幸蜀》）罗隐的诗不是故作翻案文章，李清照的诗也是根据史实说话，何必愤愤然说杨贵妃的血是“妖血”？李清照偏说她们姊妹都是“天才”，是能歌善舞的天才。所以，平心而论，李清照这两首诗的议论看似激烈、苛刻，实际上却抉出了安史之变的根本原因，史识高于张耒之上。两诗气势跌宕，形象生动，忽而写玄宗昏聩自满之可憎，忽而又惋惜他英雄末路受制于奸人之可哀。自然也不抹煞他的功绩："五十年功如电扫"，玄宗对缔造盛世也是有功的。为这位风流帝王作了一个诗的史论，全诗痛快淋漓，毫无衰飒之气。

易安居士有此卓识，来自长期对史籍的苦心钻研。更重要的原因是，她亲自经历了比安史之乱更险恶的靖康之难，备尝南渡流离之苦。徽、钦二帝宫中并没有杨贵妃这样的人物，竟被俘往金国。生当靖康之后，应该怎样来总结历史经验？这不能不引起她的深思。这两首诗的立意与《夏日绝句》相同，都在激励南渡人物奋发图强，尤其是皇帝、宰相负国家重任者，不能委弃自己的责任，其用心可谓苦矣。

易安居士才华横溢，她不仅在艺术上是一位有独创风格的词家，也是一位学识渊博的史论家。据说她还兼善书法、绘事。封建社会限制了她的才能的发挥。尽管如此，以现存的作品而言，足使她和大家并列而毫无逊色。　（乔象钟）

夏日绝句　　李清照

生当作人杰，　死亦为鬼雄。
至今思项羽，　不肯过江东。

李清照是我国历史上最著名的一位女词人，她的诗作传世很少，也不甚为世所称，这首五言绝句却是一首名作，传诵很广。

诗意明白爽朗，所用的项羽故事，也是人人所知的熟典。她的词或轻柔婉丽，或缠绵悱恻，而诗则都是洗净儿女气的慷慨之音，和词风大不相同。

这其实是一首借古讽今、发抒悲愤的怀古诗。北宋靖康二年（1127），腐败的宋王朝在金兵的沉重打击下瓦解，徽、钦二帝及赵氏亲属和大批臣民被掳北去。以当时的形势言，金兵是孤军深入，黄河南北的许多州郡有的尚在宋人之手，有的虽已被占，但金兵数量不多，立足未稳；在金兵的进攻下，太行山一带抗金的义军蜂起，威胁着金兵的后方；如果高宗赵构能蓄志抗金，中原事是大有可为的。但赵构一开始就没有恢复国土保卫人民的愿望，带着臣僚仓皇南逃，先逃到扬州，后渡江而至临安（今浙江杭州），在金兵的追袭下，又先后逃往越州（州治在今浙江绍兴）和明州（州治在今浙江宁波），喘息甫定，就在临安定都。当时不少主张抵抗的文武官吏都建议不要一味南迁，如徐梦莘《三朝北盟会编》中就载有吴伸所上的万言书，劝告赵构不要"止如东晋之南据"，可以代表当时有识之士的见解。李清照的这首小诗则是以诗歌形式写出的时事评论。

项羽在垓下一战，为刘邦所败，逃至乌江，乌江亭长劝他暂避江东，重振旗鼓，但他以“无颜见江东父老”而自杀。此事的得失可置之不论，但他的生为人杰、死为鬼雄的豪壮气概是令人感动的。举出项羽的不肯南渡，正是对怯懦畏葸、只顾逃命苟安的南宋君臣的辛辣讽刺。诗在字面上只是对千年以前英雄发感慨，但对时事的沉痛悲愤的谴责之情却溢于言表。

李清照之所以有如此沉痛悲愤的感情，是因为她本人正是在朝廷败逃的情势下被弄得家破人亡的。靖康之变迫使她丢弃了珍贵的图书文物而南奔。作为金石家和藏书家的丈夫赵明诚之死，和辛苦积聚的文物全数丧失，对她打击极大。李清照自己更因此而颠沛流离，尝尽人间艰辛。面对时局，她不能不兴起“汝为误国贼，我作破家人”(吕本中《兵乱后杂诗》)的怨愤。这种怨愤也正是当时千万蒙难人民共同的怨愤。百姓是无辜的，他们平时受尽剥削压迫，一旦事起，有守土保民之责的朝廷却不能保卫他们的安全，只顾自己忍辱偷生，委弃他们而一逃了事，不以见父老为羞。因此，此诗不仅是发抒了个人的悲愤，又是广大百姓的心声。这种诗篇出自一位封建时代女子之手，极为难能可贵。

（何满子）

【作者小传】

曾 幾

(1084—1166)　字吉甫，号茶山居士，河南(治今河南洛阳)人，其先居赣州(治所在今江西赣州)。入太学，后任将仕郎，赐上舍出身。南宋初，提刑江西、浙西。主张抗金，为秦桧排斥。后官至敷文阁待制，以左通议大夫致仕。谥文清。论诗与吕本中相类，亦主活法与顿悟。陆游曾师事之。有《茶山集》。

三衢道中　　曾 幾

梅子黄时日日晴，　小溪泛尽却山行。
绿阴不减来时路，　添得黄鹂四五声。

这是一首纪行写景的绝句，抒写诗人对旅途风物的新鲜感受。三衢，即衢州(今属浙江)，因境内有三衢山而得名。

首句点季候和天气。梅子黄时，正值江南初夏季节。这段时期，常常阴雨连绵。柳宗元《梅雨》：“梅实迎时雨”，赵师秀《约客》：“黄梅时节家家雨”，均可证。

这里说“日日晴”，一方面是强调今年黄梅季节天气的特殊；另一方面则是以天气的晴和，为下文写旅途风物的清新张本。

次句“小溪泛尽却山行”，明点“道中”。衢州地当浙江上游，境内多山，所以道途兼有水陆。这句是说，泛舟小溪，溯流而上，当不能再行进时，便舍舟登陆，循着山间小路继续前行。“却”字含有转折意味，它把诗人由水转陆时的新鲜喜悦感细微隐约地表现出来了。这句叙行程，“山行”二字启下三四两句。这首诗写的就是“三衢道中”所见所闻。

“绿阴不减来时路，添得黄鹂四五声。”读到这里，才知道诗人在不久前，已经循着与这次相反的方向，经过三衢道中一次，这次是沿原路回去。绝句贵简，诗人不去追述“来时路”的情景，只顺便在这里点出，并与这次返程所见所闻构成对照，以突出此次旅途的新鲜感受，在构思和剪裁上都颇见匠心。山路上，夹道绿阴，似乎和不久前来时所见没有什么两样，但绿阴丛中，时而传来几声黄鹂的鸣啭，却是来时路上未曾听到过的。这“不减”与“添得”的对照，既暗示了往返期间季节的推移变化——已经从春天进入初夏，也细微地表达出旅人归途中的喜悦。本来，在山路上看到绿阴繁翳，听见黄鹂鸣啭，可以说是极平常的事，如果单就这一点着笔，几乎没有什么动人的诗意美，但一旦在联想中织进了对“来时路”的回想和由此引起的对比映照，这就为本来平常的景物平添了诗趣。这首纪行诗，看似平淡无奇，读来却耐人寻味，其原因即在此。

（刘学锴）

苏秀道中自七月二十五日夜大雨三日，秋苗以苏，喜而有作　　曾　幾

一夕骄阳转作霖，　　梦回凉冷润衣襟。
不愁屋漏床床湿，　　且喜溪流岸岸深。
千里稻花应秀色，　　五更桐叶最佳音。
无田似我犹欣舞，　　何况田间望岁心！

这是一首充满轻快旋律和酣畅情致的喜雨诗。题内“苏秀道中”，指从苏州到秀州（今浙江嘉兴）的路上。这年夏秋间，久晴不雨，秋禾枯焦。至七月二十五日夜间止，大雨三日，庄稼得救。诗人欢欣鼓舞，写了这首七律。曾幾于高宗绍兴年间曾为浙西提刑，这首诗可能作于浙西任上。

首联从夜感霖雨突降写起，紧扣诗题。久晴亢旱，一夜之间，似火骄阳却忽然转化为人们企盼已久的甘霖。夜间梦醒，感到一股凉冷之意，这才发现雨已经

下了多时。“一夕”、“转”，说明事出意外而又久为人们所企盼。正因为是梦回之际忽感霖雨已降，炎氛全消，才特别具有一种意外的兴奋喜悦。“润”字不仅传出那种浸透全身的生理上的舒适感、清凉感，而且传出心理上的熨帖感、喜悦感。一夕秋霖仿佛将诗人的心田也滋润得复苏了。

“不愁屋漏床床湿，且喜溪流岸岸深。”颔联正写“喜”字。“屋漏床床湿”，用杜甫《茅屋为秋风所破歌》“床头屋漏无干处”而小加变化，“溪流岸岸深”用杜甫《春日江村》成句（杜诗这一联的出句是“农务村村急”）。一联之内，两用杜句，表情达意却极为自然贴切，不但表现了熟练的文字技巧，而且由于杜诗本身所包蕴的关怀民生疾苦的精神，连带着使这一联也表现出一种体恤民艰的崇高感情。而杜诗沉郁，此诗流利，又各具特色。这说明曾幾学杜，重在精神而不单纯袭其形貌。《诗人玉屑》云：“唐人诗喜以两句道一事，茶山（曾幾号）诗中多用此体。”这一联用的正是两句道一事的流水对，贴切地表现了诗人轻松喜悦的感情。“不愁”、“且喜”，一反一正，开合相应；“床床”、“岸岸”，叠字巧对，读来自有无穷的兴味。

“千里稻花应秀色，五更桐叶最佳音。”颈联承“且喜”句，进一步作酣畅淋漓的抒情。出句用唐代殷尧藩《喜雨》诗成句，想象“大雨三日”对解除旱象、“秋苗以苏”的作用。在诗人眼前，映现出一幅千里平畴、一片青绿的生机勃勃的画面。“应”字表明，这一画面是诗人的意中之象，从而更见其喜悦之情。对句收归眼前，直抒“听雨”之喜。秋雨梧桐，易使人产生凄清之感，常被词人用来抒写离情别恨，如温庭筠《更漏子》：“梧桐树，三更雨，不道离情正苦，一叶叶，一声声，空阶滴到明。”李清照《声声慢》：“梧桐更兼细雨，到黄昏，点点滴滴，这次第，怎一个愁字了得！”这里却一反这类悲秋伤离的情调，把雨落梧桐的潇潇声响当作最美妙的音乐来欣赏。说“五更”，可见诗人梦回以后，一直怀着欣喜之情听雨而彻晓未眠，不言“喜”字，而喜情自见。“最”字更突出了喜情的横溢。方回《瀛奎律髓》评此诗说：“三、四已佳，五、六又下得‘应’字、‘最’字有精神。”两句一出之想象，一为眼前实境，一诉之视觉，一诉之听觉，相互配合，共同传达出诗人的心态、心声。“五更”句尤显得新颖脱俗。

写到这里，诗人的欣喜之情已经抒发得很酣畅，似乎已达到最高潮，末联却就势转进一层作结：“无田似我犹欣舞，何况田间望岁心！”上句承前六句作一总束，以“犹”字作势逗下；下句以“何况”承接转进，引出“田间望岁心”，使“无田”者的欢欣鼓舞之情成为“田间望岁心”的有力映衬，突出了广大农民对这场甘霖的狂喜之情，反过来又进一步表现了诗人与农民同喜乐之心。纪昀评道：“精神饱满，一结尤完足酣畅。”(《纪批瀛奎律髓》)由于感情的真挚勃发，虽直抒尽致，却弥觉神完气足。

律诗因格律的限制，一般都趋于精练凝重。这首七律却写得特别流畅轻快，有如行云流水，读来几乎感觉不到格律的束缚。这种轻快的风格正与内容、感情相适应，显出活泼生动的风姿。

(刘学锴)

寓居吴兴　　曾　幾

相对真成泣楚囚，　遂无末策到神州。
但知绕树如飞鹊，　不解营巢似拙鸠。
江北江南犹断绝，　秋风秋雨敢淹留？
低回又作荆州梦，　落日孤云始欲愁。

这是诗人客居吴兴(今浙江湖州)时写的一首抒怀诗。

首联慨叹徒作楚囚相对，无计克服神州。《世说新语・言语》：“过江诸人，每至美日，辄相邀新亭，藉卉饮宴。周侯(周顗)中坐而叹曰：‘风景不殊，举目有山河之异。’皆相视流泪。惟王丞相(王导)愀然变色曰：‘当共戮力王室，克服神州，何至作楚囚相对！’”楚囚，用《左传・成公九年》钟仪南冠而絷，作郑人所献之楚囚事。这里说“真成泣楚囚”，含有始料所未及的意味。意思是说，自己原先根本没有料想到今天徒作楚囚相对而泣，尽管忧念国事，却拿不出任何有效的办法去克服神州，重到中原。这一联重笔突起，感慨无端，“真成”、“遂无”，开合相应，顿挫有力，表达出诗人忧心国事而又无策解除国难的苦怀。陆游《追感往事》说：“不望夷吾(管仲的字)出江左，新亭对泣亦无人。”可见在当时连这样真诚地忧念国事的士大夫也并不是很多。

“但知绕树如飞鹊，不解营巢似拙鸠。”颔联转写自己的处境与生性。出句用曹操《短歌行》：“月明星稀，乌鹊南飞。绕树三匝，何枝可依。”说自己流离失所，无所栖托，正如绕树的飞鹊。对句用拙鸠不善营巢事。《禽经》：“鸠拙而安。”张华注：“鸠，鸤鸠也。《方言》云：‘蜀谓之拙鸟，不善营巢，取鸟巢居之，虽拙而安处也。’”说自己正如不善营巢的拙鸠，不懂得为自己营建一个安乐窝。这一联一方面写出了自己南来后辗转流寓、无所栖托的处境，另一方面又表明了自己拙于营私、羞于“求田问舍”的习性，自伤自谦中含有自负之情与讽世之意。

“江北江南犹断绝，秋风秋雨敢淹留？”颈联承起联，进一步抒写忧国之情。上句说宋金之间仍然存在严重的对峙局面，江南江北，断绝音讯，“犹”字表明这种局面已非一日。下句说南宋当今的局势，正如凄冷的气候，秋风秋雨，凄其萧瑟，令人忧伤，自己又岂能长久淹留吴兴呢？这一联格调清疏轻快，表达的感情却沉重忧伤。这种风格，正是曾幾的典型作风，尤其表现于他的七律中。

“低回又作荆州梦，落日孤云始欲愁。”低回，这里含有徘徊流连的意思。荆州梦，似指依托有力者。汉末文人王粲离开长安，至荆州依刘表。这里说“荆州梦”，正与上文“绕树如飞鹊”相应。两句说，自己徘徊流连，不知所之，又梦想依托有力者以避乱，然而这只是一梦而已，反视自身，正如日暮时分的一片孤云，无依无靠，不由愁从中来。结句似从李白《送友人》“浮云游子意，落日故人情”化出。这里的“落日孤云”和颈联的“秋风秋雨”，都不必是眼前实景，而是带有某种象喻之义。全篇以家国之慨始，以身世之叹结，隔联相承。起得突兀，结得低回不尽。

（刘学锴）

发宜兴　　曾 幾

老境垂垂六十年，　又将家上铁头船。
客留阳羡只三月，　归去玉溪无一钱。
观水观山都废食，　听风听雨不妨眠。
从今布袜青鞋梦，　不到张公即善权。

曾幾在绍兴十二年(1142)将近六十岁时，曾客居宜兴数月，作有《宜兴邵智卿天远堂》、《游张公洞》等诗。本篇是他离开宜兴时所作。他在《宜兴邵智卿天远堂》诗中说：“问君许作邻翁否？阳羡溪边即买田。”看来并未实现久居阳羡(即江苏宜兴)的愿望。

“老境垂垂六十年，又将家上铁头船。”首联自叙年将六十而又有挈家远行之举，扣诗题“发宜兴”。垂垂，是渐近的意思，常与“老”连用。铁头船，指船头包有铁皮的船。以垂暮之年而又携家奔波道途，生活之不安定与老境之可伤不难想见。“又”字凄然，包蕴了宋室南渡以来一系列播迁流离、羁旅行役之苦。

“客留阳羡只三月，归去玉溪无一钱。”李商隐《奠令狐公文》有“故山峨峨，玉谿在中”之语，这里疑即以“玉溪”为故乡的代称。颔联出句承上，说自己客居宜兴时日之短，见生活之不安定；对句启下，说自己虽归故山，而囊空如洗，见生活之清贫与作吏之清廉。陆游《曾文清公墓志铭》说：“平生取与，一断以义，三仕岭外，家无南物。”足资参证。

颈联承“归去”，设想回到故居后的情景：“观水观山都废食，听风听雨不妨眠。”曾幾南渡后曾先后寓居上饶、山阴，这里所说的“观水观山”之地，未详所指，当指山水幽胜之乡。回去之后，闲居无事，但以观山赏水为务，遇到山水佳胜之处，恐不免因此废食。这里流露了对归隐之地清绝山水的神往，也透露出对赋闲生活的怅惘之情。表面上看，作者颇为闲适，实际上是故作排遣。下句的风雨，显系代指时势。“忧愁风雨”，本来是曾幾这样的爱国士大夫的夙心，但却说“听风听雨不妨眠”，似乎与己漠不相关，言外自含“安危大臣在，不必泪长流”（杜甫句）一类感慨。所谓“不妨”，正是虽不应如此，却不得不如此的意思。这一联语调轻松，意态闲逸，骨子里却隐含一缕无可奈何之情。陈衍《宋诗精华录》评论说：“茶山诗长处，有手挥目送之乐，如此诗第三段是也。”似乎只看到轻松闲适的一面，尚未联系作者身世。

“从今布袜青鞋梦，不到张公即善权。”布袜青鞋梦，指出世隐居之想与遨游山水之愿。杜甫《奉先刘少府新画山水障歌》：“若耶溪，云门寺，吾独胡为在泥滓，青鞋布袜从此始。”此用其辞意。张公，指宜兴境内的胜迹张公洞。作者《游张公洞》诗说：“张公洞府未著脚，向人浪说游荆溪（即宜兴）。”可见其风景的幽胜。善权，指善卷洞，在宜兴西南螺岩山上，与张公洞同为宜兴境内两个古洞，唐人已有纪游诗，至今犹为游览胜地。末联再回应题目，说从今以后，如果作徜徉山水之想，不是到张公洞，就是到善卷洞。对即将离开的宜兴表露了眷恋的情绪。

这首诗题为“发宜兴”，但除首、尾两联照应、回抱题目外，主要部分（颔、颈两联）却是想象归家后的情景。诗人所要抒发的，是由“发宜兴”所引起的身世之感，“纪行”并非主体，述怀才是中心。诗的整体构思正是围绕着述怀这个中心的。

曾幾是南宋初年著名诗人，曾因触忤秦桧去职。在写这首诗的头一年十二月，名将岳飞被秦桧以“莫须有”的罪名杀害，抗金形势发生巨大逆转。结合这一特定的历史背景，诗中所抒写的那种身世境遇之慨便不难得到进一步的理解了。

（刘学锴）

题访戴图　　曾　幾

小艇相从本不期，　剡中雪月并明时。
不因兴尽回船去，　那得山阴一段奇？

晋王徽之（字子猷）居山阴（浙江绍兴），一个雪夜忽忆戴逵，时戴在剡溪（曹

雪夜访戴图

〔元〕张　渥

娥江上游，自山阴可溯流上），遂连夜乘船往访。经一夜到达，没进门就回来了。人问其故，他说："吾本乘兴而行，兴尽而返，何必见戴？"事见《世说新语·任诞》及《晋书·王徽之传》。访戴之事向来只被视为魏晋名士任诞风度的表现，曾幾却由于画家的启发而从中看出一段新意，因此，这首《题访戴图》虽咏故事而不落窠臼。

一二句叙访戴事。王徽之访戴是乘舟前往，故云"小艇相从"。这次出访不是事先筹划，而是兴致勃发，临时决定的，故曰"本不期"。既是乘兴而往，那么，兴尽便归也就是十分自然的事了。"本不期"三字，道尽了魏晋名士纯任自然的意态。而王子猷所以心血来潮，是受了景物的感发。当时夜雪初霁，月色清朗，他中夜醒来，不能成寐，又读了左思《招隐诗》，忽然想起了戴逵（字安道），便动了出访的念头。"剡中雪月并明时"，既有画意，更具诗情。诗人将王子猷置于雪月并明的剡溪之上，益显其洒脱高远的风姿。

三四句进而发挥，说子猷因访戴而饱览了山阴一段奇景。这两句，似应作"不因兴发孤舟往，那得山阴一段奇。"但诗人却说"不因兴尽回船去"，更耐人寻思。盖乘兴而往，毕竟还有会友的意念，不能全神贯注静赏雪月。待打消访戴的念头而"回船去"，诗人才能凝神览胜。这里的"兴尽"是访戴之兴尽，而赏奇之兴转浓。要是他敲了戴门，进了戴家，岂不反败了这意兴？"兴尽回船去"五字，著以"不因"、"那得"，更饶兴味。

典故传习既久，容易成为熟套，了无新意。只有运用生活经验去读古人书，运用典故时方能光景常新。诗人认为，正因为王子猷风神洒落，把访戴而不见戴的事不挂心头，才能真正领悟到山阴山水之奇妙。不善于读书，不能探得古人心境，运用典故怎能如此深入一层？此外，此诗措语皆活。"本不期"、"不因"、"那得"等虚字互相呼应，使全诗一气呵成，读来极为流畅。这样的题画诗，无疑使画大为生色。

（周啸天）

食　笋　　　　曾幾

花事阑珊竹事初，　一番风味殿春蔬。
龙蛇戢戢风雷后，　虎豹斑斑雾雨余。
但使此君常有子，　不忧每食叹无鱼。
丁宁下番须留取，　障日遮风却要渠。

此诗收在今传本《茶山集》卷六，方回《瀛奎律髓》卷二十七"著题类"选之。

这是一首咏物诗,其具体写作年月不详。

开头两句写时令,并点醒题目。春末夏初,正是新笋登盘的时节。烂漫的春花已经接近尾声,新鲜的竹笋恰于此际萌发,那别具一格的鲜美风味,给诗人清贫的食单上添上了一味佳肴,足为春蔬之殿。这是题目的正面文字。

三四句描写竹笋萌生的形象。"云龙"、"雾豹"是常典,用来形容竹笋,却显得意象新奇。把小小的竹笋写得如此有声势、有色彩,也表现了诗人对它的浓厚兴趣。本来,用龙蛇写竹,是诗中传统手法,黄庭坚《刘明仲墨竹赋》云:"游戏翰墨,龙蛇起陆",是其例。唐代诗人卢仝更把竹笋称作"箨龙"、"箨龙儿",其《寄男抱孙》诗云:"竹林吾爱惜,新笋好看守。万箨包龙儿,攒迸溢林薮。"又云:"箨龙正称冤,莫杀入汝口。丁咛嘱托汝,汝活箨龙否?"戢戢,牛羊角的样子。《诗·小雅·无羊》:"尔羊来思,其角濈濈。"黄庭坚更用它来形容笋子,其《食笋十韵》诗云:"濈濈入中厨,如偿食竹债。"戢与濈同,此以龙角形容竹笋。蛇本无角,因龙蛇词习惯连用,遂连带及之,不必拘泥,正如下句虎豹,只取豹义,与虎无关,所谓偏义复词也。诗言"风雷"者,《礼记·月令》:仲春之月,"雷乃发声","蛰虫咸动,启户始出。"又季春之月,"生气方盛,阳气发泄,句者毕出,萌者尽达。"是春雷一发,蛰虫(包括龙蛇)随之启户,草木(包括竹笋)随之萌发,本是一连串的事。"雾豹"是常典,刘向《列女传》云:"南方有玄豹,雾雨七日不下食,欲泽其毛衣,成其文采,故藏以避害。"此以雾豹比竹笋之斑纹。曾幾在另一首《竹轩出笋》诗中亦云:"文章藏雾豹,头角触藩羝",用意与此略同。二句写春夏之交,在风雷雾雨之际,新笋破土而出,如龙角戢戢而动,如雾豹初露斑纹。诗人用隆重的笔触把竹笋写得如此绚烂多彩,能引起读者丰富的联想:会很自然地联想起那些隐居求志、养晦俟时的君子,一旦风云际会,出而整顿乾坤,崭然露其头角,炳然现其文章的盛况。这些文外曲致是耐人寻味的。

五六两句是诗人的祝愿,因食笋而想到的。方回评之云:"'有子'及'无鱼',事虽非竹,而善于引用。"纪昀评之云:"点化甚妙。"意思是指诗人把一些常见的典故用得很灵活,很恰当。《晋书》:"王徽之寄居空宅,便令种竹,曰:'何可一日无此君'?"后人据此把竹子称作"此君"。"有子"二字出于《诗经》,《大雅·大明》云:"文王嘉止,大邦有子。"后人本此用"有子"来称赞好的后代。曾幾在另一首《新种竹有笋》诗中也说:"此君非俗物,今岁有佳儿。""有佳儿"也就是"有子"的意思。"食无鱼"是《战国策》上的典故,冯驩客孟尝君门下,尝弹其剑而歌曰:"长铗归来乎食无鱼!"后人常用这个典故来表示贫士失职而鸣不平的意思。这两句诗,从表面看只不过是说,只要竹林常发出新笋,就不怕顿顿吃素,没有鱼肉。可是，当剖析了诗人用事的内涵时，就会领悟到更深的意蕴。那就是说：只要贤哲有后，继起有人，则诗人对自己的贫困生活是毫不介意的。这是诗人发自深心的祝愿。二句的意思是一气连贯而下的，这是曾幾处理律诗中的对偶句惯常使用的手法。黄昇《玉林诗话》云："唐人诗喜以两句道一事，曾茶山诗中多用此体，如：'若无三日雨，那复一年秋？''如何万家县，不见一枝梅！'此格亦甚省力也。"这两句用的正是这种手法。

结尾二句，拓开一层作结。意思是说，不要把笋子全吃完了，应该留下一些，让它生长成竹，因为还得依靠竹林给我们挡住太阳遮住风哩！"下番"的番字读去声，意思是轮次，下番犹言下一轮。杜甫《三绝句》："无数春笋满林生，柴门密掩断人行。会须上番看成竹，客至从嗔不出门。"旧注云：番字读去声，唐人口语。曾幾《新种竹有笋》诗亦云："西家应满地，上番欲横枝。"番字亦作去声读。但唐宋诗人也有用作平声者，如韩愈《笋》诗："且叹高无数，庸知上几番。"黄庭坚《和师厚栽竹》云："根须辰日斸，笋要上番成。"王禹偁《茶园十二韵》云："缄縢防远道，进献趁头番。"上番、头番，即上一轮、头一轮的意思。这首诗的结尾二句，前人对它颇有意见。清初诗人冯舒评此二句云："下番如何得成竹？"冯班评云："下番留不得，下番笋莫用了，茶山殊不格物。"纪昀又从另一角度提出批评说："末二句与'常有子'意不贯，既欲常食，不得云下番勿取矣。冯氏但讥下番笋不能成竹，茶山此语未体物，犹未深中其病。"这些评论都是不必要的，没有说服力的。诗人寄兴，原不必如此拘泥，所谓"欲常食"也不等于说完全吃光，不留一根，真像所谓"渭川千亩在胸中"似的。这和"下番勿取"并不矛盾。诗人因此番食笋，感到味美，遂思常食；但又想到障日遮风需要竹林，因而想到下一轮笋子应当留下点，这种曲折的心理描写，正是此诗寄兴深微的地方。至于冯氏所谓"下番笋不能成竹"，这提法本身就值得商榷。据王嗣奭《杜臆》卷四引种竹家的说法："种竹家前番出者壮大，养之成竹；后番出者渐小，则取食。"冯氏所据不过如此。但这里也只是说"后番出者渐小"，并没有说"下番笋"就绝对"不能成竹"。

东坡尝言："夫诗者不可以言语求而得，必将深观其意焉。"（《东坡后集》卷十《既醉斋五福记》）方回在谈到咏物诗中的寓意时说："学者观大旨可也。"许印芳《瀛奎律髓辑要》卷三云："凡咏物诗太切则粘滞，不切则浮泛，传神写意在离合间，方是高手。"曾幾是一个具有强烈的爱国思想的诗人，陆游记自己绍兴末年在会稽谒见曾幾的印象说："先生时年过七十，聚族百口，未尝以为忧，忧国而已。"（《渭南文集》卷三十《跋曾文清公奏议稿》。又，曾幾生平事迹，陆游《渭南文集》卷三十二《曾文清公墓志铭》记之最详。）这首诗，通过食笋，言外流露出诗人忧国忧民、欲得济世之才以救时艰的殷切希冀，读者应该“深观其意”，观其“大旨”，但不宜字比句附，胶柱求之。

（白敦仁）

【作者小传】

朱 弁

（1085—1144） 字少章，号观如居士，徽州婺源（今属江西）人。青年时在太学，以诗见重于晁说之。建炎初擢任通问副使赴金，为金所拘，不屈，留十六年始归。为秦桧所沮，终奉议郎。有《曲洧旧闻》、《风月堂诗话》等。

送 春

朱 弁

风烟节物眼中稀， 三月人犹恋褚衣。
结就客愁云片段， 唤回乡梦雨霏微。
小桃山下花初见， 弱柳沙头絮未飞。
把酒送春无别语， 羡君才到便成归。

朱弁是一个有气节的士大夫，曾于宋高宗建炎元年(1127)冬天出使金邦，因坚持正义，不受威胁利诱，被金邦拘留北方达十六年之久。从这首诗写的塞北春景与表现的故国之思来看，当是他被拘留时所作。

送春，本是一个常见的诗题，但作者能从自己特定的处境与心情出发，描绘塞北短促的春光，就别具新意。

全诗八句，反复咏叹塞北春天的短促，抒发思念故国的深情。诗的首联和颈联虽同样是写塞北春天的景物与人的感受，但层次不同，显示了时间的推移。首联着重表现塞北春天的姗姗来迟。三月的江南，已是百花斗艳、草长莺飞的暮春时节了，而塞北却仍寒气袭人，“风烟节物”（与春天季节相适应的自然风物）稀稀落落，人们还依恋着“褚衣”（以棉絮作衣谓褚），穿着过冬的棉袍。颈联则着重描写塞北春天的速归。“小桃”两句倒装，即“山下初见小桃花，沙头未飞弱柳絮。”意谓小桃花刚刚开放，柳絮也还未飘飞，春天就已经匆匆过去了。这无疑是一种夸张，但作者正是从对塞北春迟、速归，好似昙花一现的渲染中，衬托出江南丽春的宜人景色，而表现出对故国的无限深情。

在描写塞北春天短促的首联和颈联之间，作者插入写塞北“片云”、“细雨”的颔联，既预示在风风雨雨之中春将归去的信息，在结构上把首联和颈联的层次变化和时间推移联系起来，而“客愁”、“乡梦”的描写，更是直接抒发拘留异国之悲和思念故国之切的复杂感情。“客居”的悲愁，凝聚成片片的浓云，纷纷的细雨，把人从梦中的故园唤回。这种给客观事物涂上浓厚感情色彩的写法，增加了抒情的环境气氛，加强了艺术的感染力。

诗的最后一联点“送春”题意，而无限深情都在这“无语”和羡慕之中。这“把酒无语”，表现了作者被拘留金邦年复一年迎春送春所引起的痛楚，真可谓“此时无声胜有声”了。那对刚到即归的塞北之春的羡慕，又恰好流露出长期被留北庭归期未卜的辛酸。

这首诗的最大特点，在于构思巧妙。题为送春，但诗人没有用很多笔墨写惋惜春之将去，而是极力描写塞北春天的迟到速归，短促得几乎使人感受不到春天已经来临，虽未免夸张，但却含蓄、婉转地表现出诗人被留塞北时间的漫长，抒发了诗人对故国的忠贞与眷恋。

（邱俊鹏）

春　阴　　　　朱　弁

关河迢递绕黄沙，　惨惨阴风塞柳斜。
花带露寒无戏蝶，　草连云暗有藏鸦。
诗穷莫写愁如海，　酒薄难将梦到家。
绝域东风竟何事？　只应催我鬓边华！

这首诗为作者拘留金邦时所作，通过对塞北春天阴冷、萧瑟的描写，来倾泻诗人的故国之恋。

全诗明显地分为两部分：前两联着重描写塞北春天的阴冷、萧瑟，以应诗题《春阴》的“阴”。后两联直接抒发对故国的刻骨思念。

首联从大环境落笔，描写塞北平沙无垠，风沙蔽天，弱柳倾斜，一片荒凉、凄惨的景象。颔联用典型的事物来突出塞北变态、反常的春景。花香、草绿、鸟语、蝶舞、风和、日丽，原是春的象征，但在荒凉的塞北，这一切不是不复存在，就是完全失去常态。你看：花朵带着寒冷的露珠，在阴风中颤抖，伸向天际的草滩，好像连接着昏暗低垂的云层；没有翩翩起舞的戏蝶，也没有婉转歌喉的啼鸟，就连那乌鸦也深深地躲藏在草丛之中。

塞北的春天，当然不像朱弁笔下所描写的那样凄凉、阴惨。那么，诗人为什么要作这样的艺术处理呢？“言为心声”，祖国的山川、草木、人物、风俗、文化、历史，都可以引起远离故国、漂流异邦的人们强烈的爱国感情冲动。著名的丘迟

《与陈伯之书》，不是以“暮春三月，江南草长，杂花生树，群莺乱飞”的美丽春景，打动了叛梁投降北魏的陈伯之的故国之情吗？很明显，朱弁是南宋的使者，身虽被金邦拘留，但心却无时无刻不在思念自己的家国。他之所以要极力渲染塞北的春阴，无非是要唱出故国江南“千朵万朵压枝低”、“留连戏蝶时时舞，自在娇莺恰恰啼”的明媚春光和宜人春色。越是把塞北的春天写得阴冷可怖，就越是显得江南春色的明媚可爱，也就把作者内心思念故国的深情表现得更为充分、感人。

在极力渲染塞北春阴，以激起心中对江南春光的回忆的基础上，第三联直接抒发对故国的深长思念。分明是以诗来抒写对家国的刻骨思念，却偏说自己的诗技已穷，无能力表达像海一样深广的愁怀，而只好搁笔“莫写”了。这样写，正好反映了诗人内心不能用语言来表达的悲愁。“酒薄难将”的“将”作动词“送”或“助”讲。这一句笔力曲折，含有三层意思：第一，说自己被拘留异国，只有梦中才能回到故国；第二，尽管希望在睡梦中回到故国，却因日思夜想而辗转难寐；第三，在夜不能寐的情况下，只好借助酒力使之入睡，可是酒力薄弱，还未把梦送到家园，已酒醒梦回了。这种曲折的笔法，深刻地表达了诗人的实际感受，表明了诗人的诗技不仅没有穷尽，而且还很高妙。

尾联从另一角度进一步表现了诗人长期被拘留塞北，鬓增白发，日夜思念故国的悲痛心情。“绝域”一句，总括塞北的春阴，发出了“东风竟何事”的悲怆一问，紧接着回答说，塞北的东风只能使流落异邦的人徒增白发而已。“春风又绿江南岸”。东风本是使万物复苏的和煦之风，而在塞北，东风却是那样的凄厉、阴冷，它既未吹绽百花含笑，那只能是促人容颜衰老罢了。用这样的问答收束全诗，不仅从结构上缩结了全诗，而且表现了诗人被拘日久，虽然鬓生华发，但思念故国之情却毫不衰减，反而与日俱增的感情，增加了诗的意蕴。

朱弁的《送春》和《春阴》虽同样是以描写塞北春天来表达其故国之思，但角度却不相同。无论从艺术蕴藏的丰厚还是从技巧的细致、深刻来说，《送春》都不及《春阴》。它蕴藉、深邃，耐人咀嚼，如“酒薄难将梦到家”，“绝域东风竟何事？只应催我鬓边华”等，已成为广泛传诵的名句。

（邱俊鹏）

【作者小传】

李弥逊

(1085—1153)　字似之，自号筠溪翁，苏州吴县(今江苏苏州)人。大观三年(1109)进士。高宗朝，试中书舍人，再试户部侍郎。以反对议和忤秦桧，乞归田。晚年隐连江(今属福建)西山。有《筠溪集》。

春日即事　　李弥逊

小雨丝丝欲网春，　　落花狼藉近黄昏。
车尘不到张罗地，　　宿鸟声中自掩门。

这首诗大约是作者因反对和议而落职失势后所作。题为“春日即事”，说明这是因春日所见所闻有感而作。

首句“小雨丝丝欲网春”，写暮春时节的丝丝细雨，连续不断，相互交织，像是张开了一面弥天大网，要把即将逝去的春天网住。说雨丝如同网丝，将漫天丝雨想象成弥天大网，这还是比较平常的联想与比拟，但说雨丝“欲网春”，则是诗人的独特想象。“无边丝雨细如愁”(秦观《浣溪沙》)，这春日的丝雨，本来就容易唤起人们春光将逝的寂寞惆怅，而含愁的思绪与“小雨丝丝”之间又存在某种形象上、意念上的联系。因此，由雨丝之网——愁绪之网，进一步联想到它“欲网春”，就非常自然了。从这个意义上说，似乎不妨把“小雨丝丝”看作是诗人伤春愁绪的外化。

丝雨虽欲网春，但春毕竟网留不住。眼前所见，唯有“落花狼藉近黄昏”的景象而已。落花狼藉，是风雨摧残的结果，也是春天消逝的标志。春残，加上日暮，景象更加凄黯，诗人的寂寞惆怅也更深了。

第三四句转到诗人自身的处境：“车尘不到张罗地，宿鸟声中自掩门。”西汉翟公做廷尉的高官时，宾客阗门；等到失势废官，宾客绝迹，“门外可设雀罗”。这里用“张罗地”借指自己闲居之所，既表现门庭的冷落，更含有对趋炎附势的世态的慨叹。“宿鸟”应上“黄昏”。宿鸟声在这里恰恰反托出了张罗地的冷寂。“自掩门”的“自”字，传出了一种空廓无聊赖的意味，暗示像这样寂寞自处、与外界隔绝已非一日。这里虽不免流露出空寂落寞之感，但同时又含有对炎凉世态的不屑之意。如果将作者失势的原因(反对和议，触忤秦桧)与诗中所抒写的情景联系起来体味，则后两句所蕴含的感慨便更深了。

诗的前幅写春残日暮的景象，后幅写闲居生活的冷寂，而从“丝网”联想到“鸟罗”，从“黄昏”过渡到“宿鸟”、“掩门”，上下承接得很自然。　　(刘学锴)

东岗晚步　　李弥逊

饭饱东岗晚杖藜，　　石梁横渡绿秧畦。
深行径险从牛后，　　小立台高出鸟栖。

问舍谁人村远近， 唤船别浦水东西。
自怜头白江山里， 回首中原正鼓鼙！

李弥逊是南宋初年主张抗金、反对和议的一位重要人物。他和主战派名相李纲是好朋友，不仅政治倾向一致，也多有诗歌唱和。高宗朝，他反对秦桧向金人求和，被罢黜归田，隐居连江(今属福建)西山。这首诗就是归隐期间所作。题内“东岗”，当是西山东面的山岗。

“饭饱东岗晚杖藜，石梁横渡绿秧畦。”起句明点“东岗晚步”，次句紧接着勾画出一幅清新而饶有生意的图景：石桥一座，横跨小河，两边秧畦一片嫩绿。这景色，看似平常，却有画意。“横渡”，指桥横越两岸，但也暗藏“晚步”者的行踪。

“深行径险从牛后，小立台高出鸟栖。”颔联由田畴而登岗，具体描写“晚步东岗”时“深行”与“小立”的情景：在山间险峻小路上行走，谷深道狭，只能跟在牛的后面，小心翼翼，缓缓前行。走过险径，来到一座高台，稍事休息，登台四望，觉得栖鸟的树梢都在脚下。两句一写径险，一状台高，一写动态，一写静态，造句拗折而对仗工整，体现出宋诗生新瘦硬的风格。“牛后”一词出自战国谚语：“宁为鸡口，勿为牛后”，本是比喻之词。这里作实词来用，尤为新俏，前所未有。上句见涉险的怵惕之状，下句见登高的旷远之怀，刻画入微。

“问舍谁人村远近，唤船别浦水东西。”颈联转写登岗所见的情景：暮色苍茫中，远远近近，散布着几处村落，不知是谁，在向路人打听某家的住处；在水的这一边，有人在呼唤停泊在对岸的渡船(别浦，指河流入水的汊口)。这两句所写景物，都带有浓郁的村野田园情调，色调淡雅，诗情充溢。而且“问舍”、“唤船”，也是薄暮时分特有的景色。颔联以语句的生新与境界的奇险引人注目，颈联则是以语句的自然与境界的优美动人遐想。“问舍谁人”与“村远近”之间，“唤船别浦”与“水东西”之间，有一个短暂的停顿，读来但觉风神悠远。站在岗头遥望，“问舍”云云，只能从人的行动上想象得之，这就无形中透露出，诗人是把望中所见之景作为图画来看的。

以上三联，围绕“晚步”，从渡梁、登岗到遥望，移步换形，展示出一幅幅具有不同特点的清新画面，总的情趣都是愉悦的。尾联却突作转折，以感慨收束：“自怜头白江山里，回首中原正鼓鼙！”东岗的景色固然美好，但诗人却从眼前的如画江山，联想到战火方酣的中原故土，深深感到自己发白身闲，无法拯救国家的命运，不由感伤。这种尾联逆转作收的写法，使诗的前六句与后两句形成鲜明的对照，更加突出了诗人身处江湖而心系国事的胸襟，使这首写景诗的品格也连带着提高了。末句“回首中原正鼓鼙”，方点即收，不着议论，尤显得感慨无穷。

（刘学锴）

云门道中晚步　　李弥逊

层林叠巘暗东西，　山转岗回路更迷。
望与游云奔落日，　步随流水赴前溪。
樵归野烧孤烟尽，　牛卧春犁小麦低。
独绕辋川图画里，　醉扶白叟杖青藜。

这是作者寓居山阴（今浙江绍兴）期间写的一首山水田园诗。题内“云门”，是山阴县南若耶溪上一座山名。若耶溪长数十里，溪上有六座寺庙，云门寺为其冠。云门道上，是山阴风景佳胜之处。

首联总写云门道中所见，点明题中“晚步”。一路上，到处是密密层层的树林和重重叠叠的山峦。由于山多林密，到了傍晚时分，从东到西，望去一片幽暗微茫；加以山岗回绕，道路曲折，更增添了游人的迷茫之感。“山转岗回”，正点“晚步”，“路更迷”与上句“暗东西”，暗藏“晚”字。这一联将云门道中山林幽深的概貌和作者的活动情形大致写出，以下两联便转入具体的描叙。

“望与游云奔落日，步随流水赴前溪。”这一联从主体活动的角度着笔，出句与对句以“望”与“步”分别领起。傍晚的游云，向着苍茫的落日奔驰屯集，诗人的目光，也随着游云奔驰的方向，一直投向正在西沉的落日；清澈的流水，正潺潺流淌，诗人的脚步，也紧随流水的方向直到前溪。这一联不但句法新颖工巧，意思也比较新鲜。它不但含有“目力所及比脚力所及来得阔远”（钱锺书《宋诗选注》）这样一层前人诗中很少表现过的意蕴，而且显示了诗人引领遥望苍茫落日的身影与由此引起的阔远襟怀，透露了诗人随潺潺流水曲折前行的欢快轻松情绪。是写景、抒情、纪行紧密结合，辞意新颖不落俗套的佳句。

颈联“樵归野烧孤烟尽，牛卧春犁小麦低”，侧重从客观景物的角度着笔。上句写望中远山景色：傍晚时分，樵夫砍柴归来，远山上的野火渐渐熄灭，最后一缕孤烟也冉冉散尽了。下句写近处田野景色：薄暮时分，困乏的耕牛偃卧在犁边，田里的小麦还显得很低（透露出季节正当早春）。这一联将农事活动与自然景物融为一体，有远景，有近景，有动景，有静景，写景既紧扣“晚”步特点，又传出一种静谧安详的气氛。造语也清新可喜。

“独绕辋川图画里，醉扶白叟杖青藜。”尾联总收。“辋川”在陕西蓝田县，唐代诗人宋之问、王维在那里置有别业，风景极为优美。王维有《辋川集》二十首，分咏辋川景物，并画过《辋川图》。这里把云门道中的风景比作辋川画图，说一位白发苍苍的老叟喝醉了酒，正扶着一根青藜杖，独自绕着这优美得如同辋川图画的云门道中漫步。“辋川图画”，是对云门道中风景的总概括，也是诗人的总感受。在这个总背景上，织进了图画中的主体人物——“醉扶白叟杖青藜”。末联笔意之妙，不仅在于把诗人自己织进了这幅山阴版的“辋川图画里”，使自己成为与这幅天然图画融为一体的画中人，而且还在于出现了一个画外的自我。诗人仿佛具有分身术，跑到画外欣赏起这幅有自己在内的《云门道中晚步图》了。这种笔意，显然和山水画的发展以及由此产生的对山水画鉴赏活动的发展很有关系。这说明，到宋代，不但诗与画的结合更加密切，而且将绘画鉴赏也融进了诗歌创作。欧阳修的《醉翁亭记》的主角是“苍颜白发，颓然乎其中”的太守，也就是作者自己。但他却特意用一种虚拟的第三人称写法来描叙，造成了作者在画外欣赏《醉翁游宴图》的艺术效果。在这一点上，本篇的构思与其有相似之处。这首诗描绘晚步所见景物，笔法本是主实的；有此一结，化实为虚，不但笔法有了变化，诗境也添了空灵的意味。　（刘学锴）

【作者小传】

沈与求

(1086—1137)　字必先，号龟溪，湖州德清（今属浙江）人。政和五年(1115)进士。高宗朝，累官吏部尚书兼权翰林学士兼侍读，拜参知政事，除知枢除左司郎中。历官两浙江东漕副，直龙图阁。以病奉祠。有《雅林小稿》。

舟过荻塘　　沈与求

野航春入荻芽塘，　远意相传接渺茫。
落日一篙桃叶浪，[①]　薰风十里藕花香。
河回遽失青山曲，　菱老难容碧草芳。
村北村南歌自答，　悬知岁事到金穰。[②]

〔注〕 ① 桃叶浪：传说东晋王献之有爱妾名桃叶。一天，桃叶渡江北去，献之歌以送之。歌词是：“桃叶复桃叶，渡江不用楫。但渡无所苦，我自迎接汝。”这可能就是“桃叶浪”一名之由

来。诗里是借用，以指落日余晖映照下的波浪。　②悬知：料知，推想而知。岁事：农事。金穰：指丰收之年。《史记·天官书》："太岁所在，金穰、水毁、木饥、火旱。"

荻塘在今浙江湖州市南，传说是晋吴兴太守殷康为灌溉附近的农田而兴建的。沈与求的老家在德清，离荻塘不太远。他可能因事外出或从外地归来，乘船经过荻塘，有所感触，而后写出这首深情绵邈的诗歌。

诗人借景抒情，手法新颖。他把彼此间没有明显联系的意象缀合在一起，构成亦真亦幻的迷人境界。

首句于叙述中穿插描写，交代事情的发端，同时像聚焦那样，着力显示时空的接合点。"野航春入荻芽塘"，一个"芽"字把满塘春色移到读者的眼前，笔墨简淡而意境鲜明。次句由物起兴，抒发内心的感触：看了这无边的荻芽，这悠悠不尽的塘水，以及这空旷的郊野，不禁心潮起伏，遐想联翩。诗人如此迅速地调转笔锋，不写近景而写"远意"，旨在突破时空的拘限，尽情捕捉那变幻不已的自然风光。

三四句展示的是两种迥然不同的景象，一种是实景，那是诗人在"舟过荻塘"时摄取的：夕阳低挂在西天，余晖映照在粼粼的碧波之上，闪现出动人光彩。桃叶浪指水面荡漾着的微波，类似"春和景明，波浪不惊"（范仲淹《岳阳楼记》）那样一种状态。另一种是幻境，它是由实景引起的联想：荻芽不见了，看到的是亭亭的荷叶和荷花，暖风轻拂，到处飘散着醉人的芳香。这样写，一下子就把时令向前推进了三个月，由春而夏，两个季度的水上胜景联翩而至，给人以异乎寻常的美感享受。

五六句从水写到山，从夏写到秋，继续拓宽画面。青山曲折，河水回环，那是多么优美的境界。"河回遽失青山曲"，看来诗人着重表现的不是客观景象，而是主观感受。水性趋下，随物赋形，"河回"本是"山曲"造成的，这里却说因为"河回"，山才骤然失去它那曲折的身姿。这样的说法似乎不合物性物理，却真切地反映了人们乘船绕过山边急弯时所得的印象。这原是一种错觉，诗人为何要刻意表现它？联系下句，似有言外之意。"菱老"，表明已届深秋，此时，众芳摇落，碧草枯黄。"菱老难容碧草芳"，诗人故意把两者对立起来，好像碧草变枯是老菱嫉恨所致，言外含有感慨之意。诗人生活在南北宋之交，当时内忧外患，国势衰微。他在任殿中侍御史时，曾建议高宗赵构把都城从临安（今杭州）迁往建康（今南京），"以图恢复"，结果被逐出朝廷，派往台州当地方官。后来在任吏部尚书参知政事期间，与张浚意见不合，一度被迫去职。他的家国身世之感，必然会反映到诗作中来，但作为朝廷大员，他不可能像后来的陆游、刘克庄那样用激烈的言辞直抒胸臆。这两句诗大约就是这种心理的曲折反映。

末联是风情画。起句着一"自"字,可见村民的真率自然,生动地表现出农家之乐。想来丰收在望,他们难以抑制自己欢快的心情,于是发而为歌,此唱彼和。字里行间隐含着对农家生活的向往。

诗写山水,却语含感慨,意逸象外,次句的"远意"二字透露了其中消息。作者如果胸襟不高,技巧不熟,难望达到此等境界。 (朱世英)

石壁寺山房即事① 沈与求

望断南冈远水通, 客樯来往酒旗风。
画桥依约垂杨外, 映带残霞一抹红。

〔注〕 ① 山房:指僧舍。

这是一首"即事诗",写的是在石壁寺僧舍前眺望所见。石壁寺在今何处,已无法考实。从诗歌展示的景物看,当在江南无疑。《水经·渐江水》云:"縠水又东径乌伤县(按即今浙江义乌)之云黄山,山下临溪水,水际石壁杰立,高百许丈。"石壁寺可能就在这类山川相缪的地方。诗人另有以《石壁寺》为题的诗,说该寺所在的山峭壁连云,佛殿和僧寮就构筑在"危峤"(高耸的峰峦)和"侧涧"(倾斜的溪谷)之间。他的登山寻访,是因为那里"秀色可餐",而不是礼佛。可见石壁寺一带风景十分秀丽,怪不得诗人要以饱蘸色彩的画笔去描绘了。

和《石壁寺》诗不同的是,这首诗不写山和寺本身的状貌,而是集中笔墨描述山寺以外的远方景物,借客体来烘托主体,表现手法很像柳宗元的《始得西山宴游记》。开头"望断"一语笼罩全篇,以下所写都是诗人极目远眺的印象:南边山冈尽处,河道萦回如带,河面上的船只来来往往,乘风而行。这前两句静中有动,动静相谐。首句勾画山水概貌,用一"通"字把两者绾合起来。次句用"樯"指代行舟,"樯"原是悬挂风帆的桅杆,与下面的"酒旗风"紧密勾连。杜牧曾用"水村山郭酒旗风"(《江南春》)的诗句,描写江南的迷人风光。客樯来往于酒旗摇曳的和风中,境界很是优美。

上面所写,还不能充分表现出远景的特征。于是诗人转而描绘远处的画桥和垂杨:"画桥依约垂杨外",垂柳扶疏,画桥隐约可见。此时,夕阳西坠,落霞满天,水天相映,那桥也微泛红光,就像用朱笔轻轻涂抹而成,好一幅南宗山水画,令人神远。

这首诗通篇写景,可谓以诗作画。它画的全是远景,笔墨简淡,若隐若现。

它的美产生在眺望之中，朦朦胧胧，具烟水迷离之致。（朱世英）

【作者小传】

王 铚

生卒年不详。字性之，自称汝阴老民，汝阴（今安徽阜阳）人。因忤秦桧，遭摈斥。曾居庐山，南渡后寓居剡溪山中。绍兴初，为枢密院编修官。有《雪溪集》、《默记》、《四六话》等。

春 近　　王 铚

山雪银屏晓，　溪梅玉镜春。
东风露消息，　万物有精神。
索莫贫游世，　龙钟老迫身。
欲浮沧海去，　风浪阔无津。

此诗是借景抒怀之作。前四句写春近之景，后四句抒怀。

首联展示一幅春日将临的画面。包裹着积雪的山峦，起伏绵延，像一道银色的屏风。妙在着一"晓"字，不只使人感受到银装素裹的洁白，还强烈感受到那晨曦透射下晶莹的闪光。静踞的山峦，眠伏的积雪，顿时都带上活气。山雪，自然还显示着严冬的余威，然而就在这冰环雪绕的环境中，那涧谷中溪边的寒梅，已经迎寒张开笑脸，对水弄姿，报告着春天的消息，这就把"春近"之意写足了。这句妙在着一"春"字，有了它，不必细描寒梅的情景，而其花满枝头的倩影自在人们想象之中。以"银屏"状积雪的山峦，以"玉镜"状清澄的溪水，笔墨都算不上洒脱，甚至不免板滞之感，然而有了"晓"字、"春"字，便一似血通脉畅，死者都随着转活。艺术的辩证法常常在这种相反相成中创造出无限佳境。

"溪梅玉镜春"已经包含了"东风露消息"之意，次联首句偏再一语道破，岂非蛇足，破坏了诗的含蓄意境！不然，此时此处是少它不得的，因为要靠它带出下句："万物有精神"。这后一句，使诗境陡然得到展拓和升华。如果说首联不过写出了春近之"象"，那么这一联便写出了春近之"神"，抉发出春给万物带来的那种生机蓬勃的内质。陈衍评说"语有精神"，确能一语破的。

面对这生意盎然的春近气象，一己的身世、心境如何呢？恰恰相反。索莫，是枯寂无生气的样子。龙钟，是步履维艰的老态。贫穷落拓，而又老境将临，心情自然是抑郁的。作者在南宋高宗绍兴年间，得到常同的荐举，曾为枢密院编修官，后因忤奸相秦桧意，遭到贬斥。在腐败的政局中，他有志难伸，自不免潦倒落寞之感了。也许是春日的生机太刺激了诗人的索莫身世之感吧，也许是诗人索莫的身世使他更敏感于春日的生机吧，总之，二者因缘会合，把诗人置于刘禹锡所说“沉舟侧畔千帆过，病树前头万木春”的境地。强烈的对照，酿出浓郁的气氛，这又是艺术辩证法创造的奇境。

作者在写此诗之前，有一首诗的题目中说：“予请得庐山太平观，将归隐浙东。”故有末两句。前一句暗用孔子“道不行，乘桴浮于海”语意，虽说是显示出他的从宦海中引退避世的人生态度，但那持道不移、守志不阿的精神仍然激扬其中。不过风横浪险，恶波无涯，还没有找到安全的渡口，前途还是渺茫难料的。退身亦未必有路，足见他慨世之深，结得不弱。 （孙　静）

【作者小传】

陈与义

(1090—1139)　字去非，号简斋，洛阳（今属河南）人。政和三年(1113)登上舍甲科。官参知政事。其诗出于江西派，上祖杜甫，下宗苏轼、黄庭坚，自成一家。宋室南渡时，经历了战乱生活，诗风转为悲壮苍凉。元人方回立“一祖三宗”说，以杜甫为“一祖”，黄庭坚、陈师道及与义并列为“三宗”。有《简斋集》。

襄邑道中

陈与义

飞花两岸照船红，　　百里榆堤半日风。
卧看满天云不动，　　不知云与我俱东。

襄邑，宋代县名，即今河南睢县，当时有汴河通东京（今河南开封）。陈与义于政和三年(1113)登上舍甲科，担任了三年开德府教授。任满小住数月后，于政和七年晚春经襄邑入京。本诗即此时所作。诗人在此以艺术家的笔触描绘了大自然生动优美的画面，塑造了自己那富有个性的青年时代的英俊形象。

“飞花”二句，其“势如川流，滔滔汩汩，靡然东注”（胡穉《简斋诗笺叉叙》），令人目不暇接。可以想象到当时的情景：一艘顺流而行的航船在扬帆前进，一会儿在夹岸花林中穿行，一会儿又在长堤榆树间急驶，半天就已行进百里。真是顺风顺水，好不快意，虽无宗悫“乘长风破万里浪”那样的豪迈气势，但两岸花红榆绿，亦足使人心旷神怡。起句尤为精彩，两岸花“飞”，既是船中人眼中所见，衬托出行船之速；又描绘出暮春时节落英缤纷，成了花的世界。“照船红”是说，航船经过时，两岸“飞花”映照，泛起一片红光。唐代崔护有名句曰：“人面桃花相映红”（《题都城南庄》），与本句所描绘的情景有相似之处，都是以鲜花照人，渲染人物的神态。不过，两者又有不同。崔句写的乃是一位妙龄女郎在桃花丛中顾盼流眄，是一幅静态写生，显得婀娜妩媚。本句则写一位进京待选、以求施展才能的英俊青年，高卧舟中，花光相映，顺流而下，是一组动态镜头，显得潇洒俊逸。当时，陈与义不过二十七岁，即便按照当时的标准，也正是大有可为之年。作了三年学官，虽无显著政绩，却也没出岔子，此番进京，倘蒙皇上加恩，肯定会另有一番作为。何况时光是这样美好，加上天公助兴，换一个人，定会高声啸咏，以致手舞足蹈。但陈与义是一个性格内向的人，他能把自己内心的欢悦掩藏起来，因为他有更深的想法。

“卧看”二句写诗人仰卧舟中，注目蓝天所产生的错觉，把内心激动、外表安详的神态更加鲜明地描摹出来，并把读者的目光引向更加高远的天空、更加广阔的世界。直到“卧看”二字，画面中才正式出现这位英姿勃发的主人公。“满天云不动”是错觉，实为云与船俱动，是以动衬动，即以白云的流动衬托行船的快速，与首句作一对照。“云与我俱东”，则有干青云而直上之概，表现了诗人的抱负和信心，亦与次句的顺风顺水作呼应。这两句又表现了诗人对大自然景物的敏锐观察和准确描摹。凡在蓝天白云下乘船旅行过的人，大都有这样的体验：如果长时间注目蓝天，就会以为那朵朵白云总是停留不动，殊不知这乃是云随风飘、船趁风势，大致采取了相同速度作相同方向运动而使人产生的错觉。这两句诗准确地描绘了这种一般人所有而未能道出的感觉，表现出诗人卓越的艺术才能。

这首诗以红、绿、蓝、白相间，着色鲜艳，全用白描而不事雕琢，写得“光景明丽”“流荡自然”（刘辰翁《陈简斋集序》）。陈与义“少在洛下，已称诗俊”（楼钥《简斋诗笺叙》），这首诗真不愧为俊美之作。

（萧作铭）

雨　陈与义

萧萧十日雨，　稳送祝融归。
燕子经年梦，　梧桐昨暮非。
一凉恩到骨，　四壁事多违。
衮衮繁华地，　西风吹客衣。

胡穉《简斋先生年谱》:"政和八年戊戌,留京师,有《雨》诗云:'衮衮繁华地,西风吹客衣。'至十月,除辟雍录。"据此,可见这首诗是陈与义在宋徽宗政和八年(1118)作的,这时他二十九岁。陈与义二十四岁时,登政和三年上舍甲科,授开德府教授。政和六年,解任,七年春,入京;八年,留居京都,直到十月,才得到辟雍录的官职。这首诗是政和八年初秋之作,这时他罢任留京,等待官职,心情凄清郁闷,所以在《雨》这首诗中发抒出来。古代封建社会的士大夫常是将作官看作重要的出路,庸下者为的是图谋利禄,而有志之士则想借以实现其政治抱负。

陈与义作诗深受黄庭坚、陈师道的影响。黄、陈作诗,运思造境,琢句炼字,皆剥去数层,透过数层,贵清贵奇,"似参曹洞禅,不犯正位,切忌死语。"(任渊评陈师道诗语)陈与义作诗也是"天分既高,用心亦苦,务一洗旧常畦径,意不拔俗,语不惊人,不轻出也。"(葛胜仲《陈去非诗集序》)从这首诗中也可以看出陈与义的这个特长。为了便于说明问题,现将唐人李商隐的一首《细雨》诗与陈诗比较一下。李诗云:"萧洒傍回汀,依微过短亭。气凉先动竹,点细未开萍。稍促高高燕,微疏的的萤。故园烟草色,仍近五门青。"李诗写雨的正面,写雨中实在景物,常境常情,人人意中所有,其妙处在体物入微,描写生动,使人读之而起一种清幽闲静之情。陈诗则不然。他并不单纯地描写雨中景物,而是写动物植物以及诗人在雨中的感受,透过数层,从深处拗折,在空中盘旋。开头两句点出雨,说十日萧萧之雨("萧萧"同"潇潇",风雨声。《诗经·郑风·风雨》:"风雨潇潇"。)将炎热的夏天送走了。"祝融"是夏神,见《礼记·月令》,此处借用,指夏天。三四两句离开雨说,而又是从雨中想出,其意境凄迷深邃,绝非常人意中所有。同一鸟兽草木也,李诗中用"竹"、"萍"、"燕"、"萤",写此诸物在雨中之情况而已,陈诗用"燕子"、"梧桐",并非写燕子与梧桐在雨中的景象,而是写燕子与梧桐在雨中的感觉。秋燕将南归,思念前迹,恍如一梦;梧桐经雨凋落,已与昨暮不同。其实,燕子与梧桐并无此种感觉,乃是诗人怀旧之思、失志之慨,借燕子、梧桐以衬托出来而已。五六两句写诗人自己在雨中的感受。同一咏凉也,李诗则云"气凉先动竹",借竹衬出;陈诗则云"一凉恩到骨",直凑单微。"凉"上用"一"字形容,已觉新颖矣,而"一凉"下用"恩"字,"恩"下又用"到骨"二字,真是剥肤存液,迥绝恒蹊。陈诗造句之烹炼如此。第六句是说穷居寥落之感。《史记·司马相如传》写相如贫穷,"家徒四壁立",陈诗借此说他自己贫居失志,万事不顺心。末两句宕开去说。"衮衮",多也。"繁华地"指京都;韦应物《拟古》诗:"京城繁华地。"在繁华浩穰的京城之中,自己只是"西风吹客衣",言外有"冠盖满京华,斯人独憔悴"之慨。

政和年间,陈与义还是过着承平的生活,他所感慨的还只是个人的升沉得失,及至中原板荡,国势艰危,陈与义避兵南下,流转湖湘,所作诗篇,感时抚事,慷慨激越,寄托遥深,能够“以简严扫繁缛,以雄浑代尖巧”(刘克庄《后村诗话》前集卷二),这时,他的诗进入了更高的境界。 (缪 钺)

和张矩臣水墨梅五绝(其一、其三、其四、其五)① 陈与义

巧画无盐丑不除,② 此花风韵更清姝。
从教变白能为黑, 桃李依然是仆奴。

粲粲江南万玉妃,③ 别来几度见春归。
相逢京洛浑依旧, 唯恨缁尘染素衣。

含章檐下春风面, 造化功成秋兔毫。
意足不求颜色似, 前身相马九方皋。④

自读西湖处士诗,⑤ 年年临水看幽姿。
晴窗画出横斜影, 绝胜前村夜雪时。⑥

〔注〕 ① 矩臣:一作“规臣”。规臣、矩臣皆与义表兄弟。据《独醒杂志》,这幅墨梅为花光仁老所画。 ② 无盐:古代传说中的丑女,齐国人。 ③ 万玉妃:韩愈《辛卯年雪》诗:“白霓先启途,从以万玉妃。”白霓、玉妃均喻雪花。 ④ 九方皋:春秋时相马名手,伯乐荐之于秦穆公。公使求马,三月后得宝马,九方皋向穆公说是一匹黄色雌马。公使人取之,却是一匹黑色雄马。穆公怀疑九方皋不识马。伯乐说:九方皋相马,是“得其精而忘其粗,在其内而忘其外。”见《列子·说符》。 ⑤ 西湖处士:指林逋,其《山园小梅》“疏影横斜水清浅,暗香浮动月黄昏”一联,很有名。“临水”、“横斜影”皆用其诗意。 ⑥ 前村夜雪时:晚唐诗僧齐己《早梅》:“前村深雪里,昨夜一枝开。”此用其意。

梅花是纯白的,用水墨画梅,无法显示色泽。但在陈与义笔下,这缺陷竟然变成了诗情。诗人就从此生发,写下了这组兴寄深微、格调高远的七绝。

其一以桃李俗艳衬墨梅清姝,入笔便有波澜。在诗人看来,巧妙的画笔终不能改变无盐的丑陋;眼前这幅梅花,纵使画成黑色,也无损梅的风姿,它的格调依然远在桃李之上。因为,桃李浓艳,难免媚俗;梅虽墨色,却自清姝。一个“清”字,盛赞了梅花洁身自爱、孤高傲世的精神。“仆奴”一词,自然是对庸俗的鞭挞。“从教变白能为黑”,借用屈原《怀沙》“变白而为黑兮,倒上以为下”句意,巧妙地

把画里梅花变白为黑与人间薰莸不分、黑白颠倒相牵合,从尺幅幽姿见出大千世界,使诗境陡然升华。诗中隐然可见诗人孤芳自赏的胸怀和冷眼阅世的人生态度。

其三以花拟人,进一步开拓诗境。“万玉妃”用韩愈咏雪诗中语。韩诗以玉妃状雪,陈与义却用来转喻白梅;结句又用陆士衡“京洛多风尘,素衣化为缁”诗意,全诗从此生发联想,悬拟玉妃作为象喻。首句写旧日江南伊人倩影,次句叙别后缱绻情怀。三四转出今日京洛重逢,睹画如对伊人。风神虽然依旧,素衣惜已染污,暗切画里水墨梅花。一个“恨”字,突出了诗人对浊世的憎恶之情。通篇以人喻花,花中有我,风神跌宕而又含义深刻。

其四手法又变,改用赞美画师来写梅花。“含章檐下”用宋武帝寿阳公主故事。据《杂五行书》载:正月初七日,这位公主睡在含章殿檐下,梅花落在她额上,成五色花形,拂之不去,后世妇女乃效为“梅花妆”。诗一入手便把美人之面与高洁之花融合,衬出梅花的意态。次句说,原来这巧夺天工之画,出于画师生花之笔(秋兔毫即指毛笔)。这一句赞美画师的技法。后两句翻进一层,说这位画师不仅技法巧参造化,而且艺术境界极高。他把白梅画成黑色,乃是“遗貌取神”。他追求的是梅花意态之美,至于为白为黑,原不在意。正如善于相马的九方皋,“在其内而忘其外”,取其意而遗其形。陈与义本来擅长绘事,他以画家之眼欣赏这幅墨梅,在颜色的黑白上翻出新意,巧用九方皋相马故事,用“意足不求颜色似”一语,道破画中所包含的“意在牝牡骊黄之外”的境界。

第五首手法再变,着意写这幅墨梅悬于晴窗之上的艺术效果。先说自从读了林和靖“疏影”、“暗香”名句之后,便爱上梅花;然后说,眼前此幅梅花,比诗人齐己所状前村夜雪时独开之梅更为超绝。前两句说因诗爱梅,先以林和靖咏梅诗作铺垫,再说画中之梅更胜齐己诗中之梅,又翻进一层,诗情层层溢出。

这组水墨梅诗是陈与义二十九岁时成名之作。据说此诗传入宫廷,深得徽宗称赏,与义从此名满天下。看来这绝不是偶然的。试把几首诗分开来看,构思各具机杼,新意层出不穷;合而观之,又有相同的意境:因梅性格,见我精神。于是这组诗就有了一种兴寄深微的崇高美。其次,诗中的思想境界,又非出之以枯槁的议论,而是融铸在美好的意象之中,使全诗既有筋骨思理,又具丰神情韵。虽有议论,但不害其为优美的诗。刘克庄《后村诗话》认为,元祐以后,诗人迭起,简斋(与义号)品格,独在诸家之上。罗大经《鹤林玉露》也说“自黄(庭坚)、陈(师道)之后,诗人无逾陈简斋。”并谓:“其诗由简古而发秾纤。”诚然,变黄、陈之简古为秾纤,是陈与义有别于其他江西诗人的地方。

(赖汉屏)

以事走郊外示友　　陈与义

二十九年知已非，　今年依旧壮心违。
黄尘满面人犹去，　红叶无言秋又归。
万里天寒鸿雁瘦，　千村岁暮鸟乌微。
往来屑屑君应笑，　要就南池照客衣。

《宋史》本传记载，陈与义“天资卓伟，为儿时已能作文，致名誉，流辈敛衽，莫敢与抗”。但在二十四岁登徽宗政和三年（1113）上舍甲第后，却只被任命为文林郎、开德府教授这样闲散、卑微的官职。政和六年八月，与义解官归。至政和八年，复除辟雍录，这首诗即写于次年到任之后。因得不到重用而产生的怨恨与牢骚，是这一时期陈与义诗作的重要主题，也是这首诗的重心所在。

开头两句是对三十年的否定。否定什么？第一句中“知已非”用陶渊明《归去来辞》“实迷途其未远，觉今是而昨非”句意，所以否定的内容，当是作者自己对功名的追求。不过，陶渊明说“今是而昨非”，与义此诗却说“今年依旧”，其中包含着不能如陶令那样毅然归去来的难言苦衷，作者内心的悲怆就不是陶渊明可比的了。

第三句以下抛开过去，单说今年。颔联用人、秋作比，以秋归反衬人不仅难“归”，而且还不得不“犹去”的凄凉境遇。对于“黄尘满面”一副劳碌相的人，红叶只是“无言”，这神态，是同情诗人的不遇，或是劝其与秋同归？作者未讲，读者自可揣度。贺裳《载酒园诗话》谈到南宋诗歌时说：“陈简斋诗以趣胜，不知正其着魔处，然其俊气自不可掩。如……《以事走郊外示友》‘黄尘满面人犹去，红叶无言秋又归’……俱可观。”看出了这两句诗情味之所在。

如果说颔联是人、景一图，情、景互见的话，那么颈联则是用白描写景，情在景中了。天寒、雁瘦、岁暮、乌（鸟乌，即乌鸦）微，这一幅幅衰飒凄厉的图画，正是作者心灰意懒情绪的反映。鸿雁乃信使，今瘦则无力，当然是寄书难达了。乌鸦至日暮便聚栖在村舍附近，诗中着一“微”字，表示暮色苍茫中视野模糊，更显作者的茫茫之感。因而这一联在字句的背后，还有思家的意思在。

尾联回头点题。“往来屑屑”照应“黄尘满面”，用不堪奔波的情态描写，来说破“以事走郊外”，从这里可以知道题目中所说的“事”，当是诗人极为厌恶却又不能不为之奔走的“公事”。“君应笑”，在点明“示友”的同时又照应首联。不过这里从友人的角度看作者的宦游生涯，比第一联中的否定就更进了一步。“南池照客衣”，化用杜甫《太平寺泉眼》中“明涵客衣净”的诗句，是“示友”的另一个重要内容。杜甫在放弃华州司功参军之职后西入秦州，艰苦漂泊之中亦时时流连自然，太平寺之游即是诗人雅兴的流露。这种处境和爱好同陈与义此时的情况是相类似的。这首诗如此结尾，还足以使作者诗风中“俊雅”的一面成功地克服了由于牢骚太盛而可能产生的板滞和村伧气，把诗篇收束得雍容飘逸。

简斋早年的诗，常融新巧于平淡之中，自成一体。比如本篇意趣高远而描写沉着，感情苦涩而行文流丽，色彩丰富又不入秾艳，形象鲜明又不失尖巧，句法、字法都极平常却又不落俗套，正反映了陈与义诗风的独特之处。

此诗的情态描写也值得注意：用“黄尘满面”、“往来屑屑”写己，用“君应笑”状友，都极生动、形象，在主客之间构成既对立又统一的整体。此外，写鸿雁用“瘦”，写乌乌用“微”，不仅各具特征，宛然可见，而且很符合秋归之日的节令和本诗的题旨。

（李济阻）

中牟道中二首

陈与义

雨意欲成还未成，　归云却作伴人行。
依然坏郭中牟县，　千尺浮屠管送迎。

杨柳招人不待媒，　蜻蜓近马忽相猜。
如何得与凉风约，　不共尘沙一并来！

据宋人胡穉为陈与义（简斋）编订的年谱，宣和四年(1122)夏，简斋为母服丧已满三年，七月被任命为太学博士而入京，途经中牟（今属河南）而写此诗。诗人是丧满之后再登仕途，官位又有了提升，因而心情是舒畅而兴奋的。《中牟道中》正是以这种心情来写途中之所见所感。

两首绝句八个诗句分别写雨意、归云、坏郭（残破的城郭）、浮屠（宝塔）、杨柳、蜻蜓、凉风、尘沙。第一首从大处远处落笔，首句写气氛，满天乌云正酝酿着雨意；次句写雨前天空浮云游动，诗人名之曰“归云”，可见时近黄昏，该投宿了，不过中牟已近在眼前，雨意又“还未成”，所以诗人并不担心中途遇雨使人“断魂”，反而以闲适自在的心情感到飞渡的“归云”在伴送自己行路。第三句写中牟县城，那城郭虽残破，但“依然”二字表明是旧地重来，所以还是给诗人以亲切之感；末句写高高的千尺宝塔迎送着过往行人，三年前它送自己回乡，而今又迎接自己重返仕途。

第二首从细处近处着眼。首句写雨前微风,杨柳摇曳多姿,像是不等待媒介就来向行人讨好;次句写雨前蜻蜓低飞,当它飞近过往人马时,又像有所猜疑,远远飞开。凉风也卷来尘沙,凉风虽适意,尘沙却恼人,于是诗人展开异想,怎能与凉风约定,不要挟带尘沙同来!

两首各有描写侧面,但又是一个整体,其内含的情感相同自不待言,在结构上也是统一的。前首的首句为全诗铺设了将雨未雨的背景,为以下的写景提供了依据:浮云游动、蜻蜓低飞为夏季雨前所特有,清风拂动杨柳、裹带尘沙也与欲雨有关;次首末句与前首的首句形成关联与照应,如果雨意已成,凉风自不会裹挟尘沙而来了。

二诗作于途中,颇富动感,但其节奏却是舒缓的,好像感到诗人纡徐前进的步伐。归云伴行,浮屠送迎,固然明写出了"行";蜻蜓近马而又飞去,可见是缓缓而行;中牟县那残败的城郭不也是随着距离的缩短而越来越清晰,才使诗人辨认出还和旧时一样吗?一切都在徐缓的旋律中活动,唯独中牟县城依然像过去一样雄踞前方,显示着它的古老与凝重。动与静的和谐统一,使诗歌所构成的意境动而不流于浮,活而不趋于乱。

二诗的突出处在于幽默风趣的情调。这自然和诗人此刻的心情直接相关,但从诗歌的表现手法来说,这种情调与拟人手法的运用分不开。此诗的拟人不是简单地以人拟物,而是在比拟中赋予物以不同的性格,并使物与人进行交往。云能"行"能"归",已是拟人,而伴人行路,更显出对行人殷勤体贴的情意;浮屠之迎人送人本是人的感觉,而着一"管"字,送迎不但变成浮屠发自内心的行动,而且显示出它对人的热情与诚笃;杨柳之"招人",主动地表现出亲昵的情意;蜻蜓"近马"又"相猜",活泼而又顽皮。这种种事物各自以不同方式与行路的诗人进行着交往,于是唤起了诗人也要与景物进行交往的要求,想与凉风订约了,于是更添了诗的情趣。这颇具特色的拟人手法的运用,使两首绝句风趣幽默的情调油然而生,别具风情。后来杨万里诗歌的"奇趣"与"活法",恐怕是受到简斋诗的启发。

(顾之京)

清明二绝(其二)　　陈与义

卷地风抛市井声,　病夫危坐了清明。①
一帘晚日看收尽,　杨柳微风百媚生。

〔注〕 ①"病夫":一作"病扶"。

宣和四年(1122),由于知州葛胜仲的推荐,陈与义以《墨梅》诗见赏于徽宗。《清明二绝》即写于宣和五年,为其前期作品。"其一"云:"街头女儿双髻鸦,随蜂趁蝶学妖邪。东风也作清明节,开遍来禽一树花。"描写的是清明佳节人们户外游乐的情景。这首诗则表现了诗人自己清明时的情状,虽然抒写的不过是流连光景的闲情逸致,但也体现了诗人的个性和艺术风格。

前首已经渲染了少女的天真无邪和东风的通晓人意,本首起句便从这两方面落笔,意谓卷地的阵阵春风送来了街头的喧闹之声,通过听觉展现了熙熙攘攘的红男绿女的嬉笑游乐。"卷地风",语出韩愈《双鸟》诗"春风卷地起"句,"市井声"则化用了黄庭坚《张处士仁亭》诗"市声鏖午枕"句、陈师道《春夜》诗"风回晚市声"句等,且又是三一三句式。这似乎表明陈与义是个恪守江西派门户的诗人,但他在句子中间着一"抛"字,就使得全句神采飞动,避免了江西派时有的槎牙枯涩之病。"抛"字为平声、开口呼、爆破音,音节洪亮。既有"抛",则必有"接"。这样就活灵活现地传达出户外游春的热烈景象。可见诗人深得江西派作诗之法,而又工于变化,自辟蹊径。

户外的景色是如此美好,照常情,诗人当会迈步出门,投身游春的人流,去领略那大自然的风光,分享那人间的欢乐。但是,诗人是一个"容状俨恪,不妄笑言"的"清慎靖端"之人,且又"早衰多病",于是他便足不出户,正襟危坐,度过了这清明佳节。次句着一"危坐",又加一"了"字,就使读者仿佛看到诗人是抑制着自己的激动心情,而以严肃的态度在高堂端坐,度过了清明。这次句的冷峻便与首句的热烈构成鲜明对照,给读者留下深刻印象。

不过,这种冷峻只是一种假象。诗人写作此诗,在见赏于徽宗之后、被贬之前。当时他名震朝野,正是春风得意之时,而且大自然又是那么迷人,因此,他虽身坐高堂,其实是神游户外,在冷峻的外表下跳动着一颗火热的心。不仅起句透露了喜悦之情,三四两句更抒发了对生活的爱。这两句大意是说,端坐高堂,欣赏着帘外的美景,一直到太阳西下,游人散去,只剩下杨柳在落日余晖的映照下随着微风起舞,婀娜多姿,百媚俱生,真是赏心悦目。这样,诗人的精神活动就表露无遗,表明他是多么强烈地执著人生——热爱美!"百媚生",语本白居易《长恨歌》"回眸一笑百媚生",以人拟物,就更加强了这种对美和美感享受的描写。诗人这种对自然美的歌咏,与陶、谢、韦、柳一派诗人一脉相承,又有所发展变化。

这首诗虽无深意,但短短四句语气三变,写得曲折多姿,语句明畅,音节浏亮,风格清新俊丽,用白描勾勒抒发了内心的感情,既有江西诗派烹字炼句之精工,又有陶、谢、韦、柳妙契自然之神韵,博采众长,现于笔端。前人称它"与唐人

声情气息不隔累黍”（潘德舆《养一斋诗话》），是颇有道理的。　（萧作铭）

雨　晴　　　陈与义

天缺西南江面清，　纤云不动小滩横。
墙头语鹊衣犹湿，　楼外残雷气未平。
尽取微凉供稳睡，　急搜奇句报新晴。
今宵绝胜无人共，　卧看星河尽意明。

暑热蒸腾的盛夏，只有一阵雷雨能送来惬意的凉爽，《雨晴》所写正是酷暑中雷雨过后诗人内心所感受到的快意与舒畅。诗题“雨晴”，简练无华，看来并未明示诗人的爱憎，但其中的欣喜之情还是从“雨”、“晴”二字的连用中隐隐透露出来，为这首七律标明了情感的基调。

首联、颔联绘雨晴之景。“天缺西南”写浓灰的雨云已不能覆盖整个苍穹，天开了，西南方的天宇露出了蔚蓝，空中这“缺”出的一隅，首先标示出“晴”。“江面清”三字并非写雨后的江面，而是以江面的清平湛蓝来比喻天空西南一角的晴明之色。下句绘景，紧承上句，“纤云不动”写一隅蓝天挂着一抹淡淡白云，它似乎凝固在那里，纹丝不动。“小滩横”三字也不是写水中沙滩，而是承接“江面清”的又一比喻，一抹微云如同横在江面的一片小滩。首联写天空，两句前四字都是白描手法绘实景，后三字都是用比喻对实景加以形容，而两个比喻紧紧承接，前后照应，使二句之景融为一体，形成一幅完整的画面，形象逼真，色彩鲜明，又富立体感。颔联二句，诗人的视线由墙头的鹊叫自然地由仰视转为平视，而其落笔也自然地由绘形兼及绘声了。鹊叫声为画面平添生机，而那一身“犹湿”的羽毛，既写出雨后之初晴，又传达了鹊的迫不及待的报晴之心，情态活泼可爱。下句，随着“残雷”的低响，诗人的视线又由近而远，落笔也由形声兼顾转而以写声为主。“气未平”三字写雷声似怀有不平之意，不甘于立即销声匿迹。这一联，清脆的鹊语与低沉的残雷既成对比，又和谐一致，交织成急雨初晴时大自然的一首交响曲。鹊之能“语”又有“衣”，雷之能“残”更负气，都是拟人手法的运用，使写声的诗句更富于生气。诗人以拟人手法与情景对比抒发喜悦之情，读来甚为亲切。

颈联更以叙事抒发雨晴之喜。雨后微凉引起睡意，雨后新晴更牵动诗情，诗人的行动由安稳转为急切，心情由松缓转为激动，动静缓急的交替之中，跳动着一颗热爱自然美的诗心。睡意产生于先，诗情产生于后，但诗情胜过睡意，从而给人以积极之感。这一联用了六个带修饰语的词，“取”则“尽取”，“搜”则“急搜”,“凉”是“微凉”,“睡”是“稳睡”,“句”是“奇句”,“晴”是“新晴”,两个记事诗句因此十分具体可感。“供”与“报”字也不可忽略,“供”字写自然给人的提供,“报”(报答)字写出人对自然的回报,这正是人与自然的情感交流。

尾联从眼前情景宕开,推想清冷的雨后夜晚,卧看深邃高远的夜空那耿耿的星河。“尽意”二字,不仅描绘了星河分外的清明澄澈,更赋星河以生命,让它充分施展那闪烁迷人的光彩,也来报答雨后的新晴。“卧看星河尽意明”一句,虽从杜牧的“卧看牵牛织女星”点化而来,却无小杜诗句的寂寞之感,而是兴致勃勃。“今宵”的最佳境界(“绝胜”),即使无人共赏,也要独自卧看天河里灿烂的星光。尾联两句虽仍是叙事,但事中有景,景中含情;事外有意,余味不尽,确乎是“篇终接浑茫”了。

这是一首抒情诗,全诗八句,不着一个喜字,喜悦之情即蕴于写景叙事之中,饱含着耐人寻味的欢悦情绪。诗人写景善于捕捉变化中的瞬间,描绘出微妙多变的大自然,乍晴的天空,漂浮的白云,争喧的鹊噪,仅剩余威的残雷,都写得惟妙惟肖。全诗从空间的变化写到时间的推移,构成了多层次多侧面的丰富内涵。

(顾之京)

寒 食① 陈与义

草草随时事, 萧萧傍水门。
浓阴花照野, 寒食柳围村。
客袂空佳节, 莺声忽故园。
不知何处笛, 吹恨满清樽。

〔注〕 ① 寒食:《荆楚岁时记》:“去冬至一百五日,有疾风甚雨,谓之寒食。”

在南北宋之间,陈与义是位杰出的诗人。他开始时走江西诗派的路子,但不像其他江西诗派诗人的狭隘。特别是靖康以后,他避难襄、汉,流落湖、湘,家国之痛和抗金的激情又把他的诗带到更广阔的天地。他以前曾学习杜甫诗,这时,社会大变动的经历使他深刻反省,使他对老杜有了比较深刻的认识,得到了一些杜诗的神髓。《后村诗话》的作者刘克庄说他,“避地湖峤,行路万里,诗益奇壮”。诗人杨万里赞美他“诗风已上少陵坛”,认为陈与义后期学杜而似,大有进境。

上面这首《寒食》诗写于宣和七年(1125)春,时作者以监陈留(今属河南)税酒寓居其地之南镇。按胡穉《简斋先生年谱》,陈与义在六年之冬,因事被贬,由符宝郎贬授陈留酒监。冬末春初,抵陈留南镇。这是一个古老村镇。他在这里写下了贬职到任后的第一篇咏写节令的抒情诗。

古人对冬至以后一百零五天的寒食节是非常重视的。有许多节日的风俗，譬如不举火而食，到水边去祓除不祥，拜扫祖先坟茔，亲友往来互相馈赠，等等。可是诗人是在客居度过佳节的，何况他这回的被贬，完全是因为别人的牵连，是事出意外的。一家七八口人(《赴陈留二首》:“旧岁有三日，全家无十人。”)，在年尽残冬的季节来到这偏远的村镇，又逢新春佳节，自然是落寞不欢的，“草草随时事，萧萧傍水门。”马马虎虎地准备过节，勉勉强强地移席到门外水边。“草草”，指盘盏菲薄，勉力而办;“萧萧”，一般形容风声、马鸣声、木叶脱落声，在这里，是说心情冷瑟、落寞。

第一联“草草”、“萧萧”两句，以叙事带起，第二联即接上联的叙事而绘景。纵然主人勉随人事，心情不快，但天时却不管人事。诗人眼前的景物是清明艳丽的。因为春事已深，所以树木阴浓(“阴”同“荫”)，花光照野;因为家家寒食(第四句里的“寒食”，是不炊而食的意思，不是节令的“寒食”)，所以不见火烟，而柳色苍翠。第二联的绘景与第一联的叙事形成强烈的比衬。

前四句叙事绘景，后四句抒情。

“客袂空佳节，莺声忽故园。”诗人眺见花木繁荫，想到家家寒食，感觉到节日的气氛。再回头看看自己，客袖郎当，不胜其悲。忽一抬头，又闻间关莺语，若旧时相识，仿佛置身于洛阳故家。眼前的困苦状况与昔日的美好记忆回荡在诗人心中，其心情之酸苦，可以想见。“客袂”之下，着一“空”字，真有两袖清风，无可如何的景况;“莺声”之下，着一“忽”字，全是忘怀俄顷，向往京洛的深意。

“不知何处笛，吹恨满清樽。”方当诗人因呖呖莺声而忘怀俄顷、神游故园的时候，又忽从远处传来几声悠扬凄厉的笛声，于是莺啼暂歇，梦想中断，前此的落寞空虚，竟因几声哀笛，转成绵绵的怅恨，又回到席面之上。酒盏清凉，幽思绵邈，莫可言传，莫可名状。节日的庆赏到底是一场失意和冷落。

此《寒食》诗，确有杜甫即事咏怀的五言律诗的意味。元人方回说:“老杜、陈简斋诗，两句景即两句情，两句丽即两句淡。”(《桐江集》卷一《吴尚贤诗评》)此诗就是以情景丽淡交错成体，而又以“花”、“柳”、“莺”、“笛”点缀其中，遂成为一篇抒情佳制。

(韩小默)

发商水道中　　陈与义

商水西门语，　　东风动柳枝。
年华入危涕，　　世事本前期。

草草檀公策，　　茫茫杜老诗。
山川马前阔，　　不敢计归时。

这首《发商水道中》，是诗人南奔途中的第一首。胡穉《陈简斋年谱》“靖康元年”下云：“正月，北虏入寇，复丁外艰，自陈留寻避地，出商水，由舞阳次南阳……”可见这是作者在陈留酒监任上，因遇靖康之变，径从陈留南奔，道经商水（河南商水）而小憩，复又从商水登程时所作。这是一首感时感事的诗。

首联，地、时、事兼叙。于地，则商水西门；于时，则东风动柳，是早春时季；于事，则临别告语。“语”字大约也从杜诗学来。杜甫《哀王孙》：“不敢长语临交衢，且为王孙立斯须。”作者在商水小憩，现在又和陈州（商水属陈州）的故旧告别，斯须告语，见其奔亡道中，行程催迫。“商水西门语，东风动柳枝”两句，大有杜甫《发同谷县》“临歧别数子，握手泪再滴”之意。

次联，叙而兼议。“年华”，犹言年光。“年华入危涕”一句，从上“东风”句来，说年光虽然进入了一个新的春天，但是汴京失守，都下士民流散失所，莫不带着危苦涕泪。此联下句“世事本前期”是说，眼下时势方艰，但追本求源，也有其前事之因。“世事”暗射首句“西门语”，从而知道，西门窃语，必是时势艰难这番话题。

“草草檀公策”，紧承“世事”句，追究前事之因。“檀公策”，用刘宋时征北将军檀道济“三十六计，走为上计”事，讥刺北宋朝廷避金人、求苟安的失计。草草，鲁莽轻率。宋文帝元嘉七年，魏军南下，洛阳陷落，虎牢不守，继而进逼济南。时以檀道济为都护诸军事，率众救援。檀道济进至济上，初时颇有捷报，但后因粮饷不继而仓猝撤退，遂导致魏军的进一步深入。诗人用这个典故，追咎宣和末年北宋朝廷退避金兵，以致军机贻误、汴京被占的罪过。

“茫茫杜老诗。”“杜老”即杜甫。杜甫在入蜀以后以及在湖湘时期，写到安史之乱或各地军阀的战争时，多用“干戈茫茫”字眼。如《南池》诗：“干戈浩莽莽。”又如《惜别行送刘仆射判官》诗：“九州兵革浩茫茫。”陈与义此句，径直以杜甫自比，意思是说：他此后也只能像杜甫颠顿蜀中、流落荆南一样，吟咏些“干戈茫茫”的诗句了。

最末一联：“山川马前阔，不敢计归时。”作者自伤前途辽远，吉凶未卜，不敢率尔作归乡之计。感情凄恻，语意酸楚。

南宋诗评家刘辰翁（须溪）曾对陈与义诗逐一加以评点。他对《发商水道中》这首诗的“年华入危涕，世事本前期”二句，评云：“乱离多矣，何是公之能语也!”

称赞陈诗善叙乱离。刘又于“草草檀公策”以下四句,评云:“经历如新,不可更读。”又称赞陈诗善用典故。刘辰翁评诗,类多标新立异,有时竟近于诡怪。上引两条评语,说到陈与义诗有杜甫沉郁苍茫的气韵,尽管语焉不详,但可供赏析时的参考。

(韩小默)

北 征

陈与义

世故信有力, 挽我复北驰。
独冲七月暑, 行此无尽陂。
百卉共山泽, 各自有四时。
华实相后先, 盛过当同衰。
亦复观我生, 白发忽及期。
夕云已不征, 客子今何之?
愿传飞仙术, 一洗局促悲。
被襟阆风观, 濯发扶桑池。

靖康元年(1126)正月,金兵来攻,陈与义避地南迁,出商水,经舞阳,至南阳。七月,复北行还陈留。这首诗就是此次北行途中的作品。

从内容着眼,这首诗可分四段读。

首四句叙行程。与义本洛阳人,宦居陈留。金人南下时又正值父丧,所以在局势稍稍平静一点以后,他又不得不匆匆北上——这便是“世故”、“挽我”二语所指。用上“有力”、“挽”、“驰”等字眼,可见作者的身不由己和匆忙。

五至八句是就“无尽陂”中所见之“百卉”而产生的感想。这里所抒写的盛衰,实际上超出了草木,涉及人事,其中既有对自身、家庭、国家不幸遭遇的慨叹,又有盛衰以时,得势者且莫猖狂、幼弱者不必悲伤的寓意,为全篇定就了怨而不怒、哀而不伤的诗风之基调。

“亦复”四句由物之盛衰、国之兴亡联想到个人的衰老和迁徙,感情更为深沉。陈与义卒时年仅四十有九,写此诗时亦不过三十七岁,却早有“白发及期”之叹,这里除了别的因素以外,重要的是显示了时代和生活对一个有志者的打击、折磨。

国家无望,个人将老,哪里有诗人的出路!写到这里,文章似乎是无法再作下去了。但作者有自己的解脱办法,就是面向江湖或求助神道。阆风观是传说中位于昆仑山顶上仙人居住的地方,扶桑池是东方旸谷中长有神木扶桑的仙境。

这两句是从《离骚》"总余辔乎扶桑"，"登阆风而緤马"两句化来。全诗用"愿传飞仙术"等收尾，似表现出出世思想；但同时又说"一洗局促悲"，则又寄托了作者对社会安定的良好愿望。

靖康之变后，陈与义经受了国破、父亡（与义母已于十六年前谢世）的双重打击，受到极大的震动。刘克庄《后村诗话》前集卷二说他"建炎以后，避地湖峤，行程万里，诗益奇壮……造次不忘忧爱，以简洁扫繁缛，以雄浑代尖巧。第其品格，故当在诸家之上。"其实陈与义诗风的这种变化早在靖康之初就开始了。这首诗题为《北征》，其中的思想感情、气氛标格、布局章法，以至措词造句都有杜甫《北征》诸诗的味道，这说明作者已开始摆脱新巧，向着雄浑壮健发展。

这首诗在景物选用方面的独到之处，是能把客观事物同作者的感情极和谐地统一起来。比如叙述征途时用"七月暑"、"无尽陂"，自然是时令和路途特点的精彩概括，但同时也是作者被"世故"所"挽"，不得已北征的心情的极好反映，因为与义此行仅从今日河南省境内的南阳至陈留，若不是心绪不好，这段旅程是算不得十分艰难的。又如春天百花齐放，秋日万木结实，这是通理。可是夏天的草木呢？却是有的已经结果，有的刚刚开花，有的开始衰萎，有的才吐出新芽——因而用七月间的百卉来说明"各自有四时"的道理，是再恰当不过了。再如拿"夕云已不征"反衬自己南北奔波，效果是非常好的；然而用凝滞不动的夕云来描写酷热的夏天傍晚也同样十分成功。末段用"洗"、"被襟"、"濯"等词语，一方面切合"七月暑"的节候，另一方面又切合作者被烦躁所苦的心理状态，依然是写景、抒情融为一体的生动例证。　（李济阻）

感　事　　　　陈与义

丧乱那堪说，　干戈竟未休。
公卿危左衽，　江汉故东流。
风断黄龙府，　云移白鹭洲。
云何舒国步，　持底副君忧？
世事非难料，　吾生本自浮。
菊花纷四野，　作意为谁秋！

这首五言排律作者在邓州（今属河南）所写。按年谱：作者发商水后，继续南奔，至春末到达邓州南阳，寓居僚友之家。七月，作者复北还陈留，时事草草，不可留居，于是再从叶县方向南下，辗转至襄阳。建炎元年（1127）春，作者自襄阳之光化再入邓州，卜居城西。此诗即是年秋九月在邓所作。

诗题“感事”，总指靖康、建炎以来的丧乱事变，诸如汴京被占，徽、钦二帝被俘，高宗播迁，以及公卿士大夫窜亡等。“感事”之“事”，蕴含广泛，非指一时一事。

“丧乱那堪说，干戈竟未休。”在百感交集之下，话却说自从头。自从靖康丧亡离乱以来，国事扰攘，国土日蹙，所不忍言；而兵争干戈之事方兴未已，竟未能望其止息。“那堪”、“竟未”，感慨苍凉沉至。

“公卿危左衽，江汉故东流。”上句用《论语・宪问》：“微管仲，吾其被发左衽矣。”“左衽”，夷狄的服式。此句的意思是：公卿大夫害怕被金人所掳，化为夷狄之民，故而纷纷逃散。下句用《禹贡》：“江汉朝宗于海。”但陈诗此句，是切自己所在之地而言，因邓州是长江、汉水临近之地。“江汉故东流”，是诗人说自己一定要像江汉朝宗于海一样，追随建在东南的南宋朝廷。

“风断黄龙府，云移白鹭洲。”黄龙府，即和龙城，地当今吉林宁安。五代时，后晋石敬瑭割燕云十六州以谄媚契丹，契丹封他为“儿皇帝”。公元九四七年，契丹逼晋，并俘虏了石敬瑭之子石重贵，把他囚禁在黄龙府。北宋亡国以后，徽宗、钦宗被金人所掳，囚禁于五国城（五国城：辽国地名，后内附；划归黄龙府），其事与晋事相类。“风断”，风闻断绝，即消息隔绝之意。下句“云移白鹭洲”，“云”，紫云，天子之气；“白鹭洲”，长江中洲渚，在建康（今江苏南京）西南江中，以其上多白鹭而得名。当时宋高宗的朝廷移在扬州。这两句意谓：旧君远在黄龙府，音讯无闻；新君銮舆东幸，追随不及。这都是诗人所系念所感伤的事。

“云何舒国步，持底副君忧？”“云何”，犹言如何；“持底”，犹言用什么。诗人说，自己没有什么办法可以纾解国难，也没有什么办法可以分担君忧。

“世事非难料，吾生本自浮。”上句亦《发商水道中》“世事本前期”之意。意云：今时势艰危如此，固非难以预料，而是事出有因。“吾生本自浮”，虽则前事有因，而我生本自飘浮。命运如此，为之奈何？

“菊花纷四野，作意为谁秋！”时势艰危如彼，身世漂泊如此，已足使人感伤。然则秋日黄花，纷披四野，作此秋日之荣秀，更欲使何人观赏呢？

陈与义这首《感事》诗，确是逼近杜甫。从遣词用字上看，“那堪”、“竟未”，“危”、“故”，“断”、“移”等，都是沉实的字眼，有杜诗的风味。从比兴手法上看，“风断”、“云移”一联，以天象喻人事，也深得杜诗的兴寄之妙。至于以景抒情作结，又是杜甫即事咏怀一类诗作的常见章法。全篇苍凉沉郁，居然老杜气韵。纪昀在《瀛奎律髓》批注中说：“此诗真有杜意，乃气味似，非面貌似也。”诚为的评。

比纪昀稍晚的南阳人邓显鹤,著有《南村草堂文钞》,他在一篇序文中说:"自来诗人多漫浪湖湘间,如少陵、退之、柳州及刘梦得、王龙标辈,皆托迹沅、澧、郴、湘、衡、永间,绝无有至吾郡者,有之,自简斋始。"又说:"简斋先生诗,以老杜为宗,避乱湖峤,间关万里,流离乞食,造次不忘忧爱,亦与少陵同。""不忘忧爱",是杜甫的大节,也是简斋的大节。用这四个字去看这首《感事》诗,正是十分契合。

(韩小默)

得席大光书,因以诗迓之　　陈与义

十月高风客子悲,　　故人书到暂开眉。
也知廊庙当推毂,　　无奈江山好赋诗。
万事莫论兵动后,　　一杯当及菊残时。
喜心翻倒相迎地,　　不怕荒林十里陂。

这首诗写于高宗建炎元年(1127)十月。上年十一月,金人攻下汴京,徽、钦二帝被俘。此年五月,康王赵构即位南京(今河南商丘南),改元建炎。当此大乱之际,作者正寓居邓州(今属河南)。他忧心国事,无时不兴起家国之悲。"去岁重阳已百忧,今年依旧叹羁游"、"凉风又落宫南木,老雁孤鸣汉北州"(《重阳》)、"龙沙此日西风冷,谁折黄花寿两宫"(《有感再赋》),在这些充满了伤感的诗句中,表现出他忧国伤乱的情怀。此时突然接到老友席大光的书信,真是喜出望外,于是在高兴之余,写下了此诗。席大光,名益,绍兴三年(1133)曾参知政事。他早年在京城时,即与作者往来甚密。这次去郢州任官,途经邓州,将特意来探望老友。在动乱中,"有朋自远方来",当然是一大乐事,于是"以诗迓之"。迓,迎接之意。

"十月高风客子悲,故人书到暂开眉。"起调高骞,著一"暂"字,看出诗人前此是悲多乐少。这一联既写出了诗人自己的心情,又点出了迎客之意。

"也知廊庙当推毂,无奈江山好赋诗。"承"开眉"而来,既是对朋友得官的祝贺,也表明二人相聚,正好把臂同游,得啸傲河山之乐。"廊庙"指朝廷。"推毂"原意是推车前进,后来用以指推荐人才,这里喻朝廷任贤,致使故人得官。语本《史记·荆燕世家》:"本推毂高帝就天下,功至大。""无奈"二字,暗寓山河残破之意。

"万事莫论兵动后,一杯当及菊残时。"这两句是说:战乱之后,种种伤心之事无从说起,还是趁残菊尚在,早日到来,共饮一杯吧!这是劝说,也是宽慰。为什么诗人要讲这些话呢？原来席大光在河中府任上时，金人进攻，他弃城逃跑，因此受到朝廷严厉指责："弗思为国，专主谋生"，"坐令百万之民，皆被侵陵之毒。"（汪藻《浮溪集》卷十二）席大光作为一府之长，临难脱逃，自有罪责。但当国家需才之际，朝廷并不因他有失职守，弃而不用，反而在一年之后，又起用他到郢州任职。但席大光怎能忘记这一罪责呢？朋友的这种内疚，即令不说，诗人也会了解，所以在朋友到来之前，不能不略加宽慰，但又不能直指其事。怎么办？作者巧妙地采取了笼统的含蓄笔法。用"万事"概括一切，当然最大的痛苦也在其中。"兵动后"显然是暗指河中府失守之事。这种似明似暗的劝解，能不伤朋友的自尊心。他还怕朋友未能尽消心中苦痛，于是又加上一句："一杯当及菊残时"，更作宽慰。

诗人在劝慰朋友之后，接着又表现出迎接朋友的热烈心情。"喜心翻倒相迎地，不怕荒林十里陂。"（"喜心"句，语本杜甫《喜达行在所三首》之二："喜心翻倒极。"）听说你要来，我欣喜若狂，即令要走上十里荒岭，我也要前往相迎。从中可见诗人深厚诚挚的友情。

陈与义是学杜的，此诗感情诚笃，忠厚之情可比老杜。此外，虚字运用巧妙，"也知"、"无奈"、"莫论"、"当及"四语，使全诗前后呼应，转运灵便，气韵生动。可见诗人很能吸收江西诗派的长处。而且此诗语句明畅，音节浏亮，又能避免江西末流槎枒枯涩之病。所以刘克庄评论陈与义的诗说："以简严扫繁缛，以雄浑代尖巧。第其品格，当在诸家之上。"（《后村诗话》前集卷二）简严雄浑，此诗当之无愧。

（孟庆文）

正月十二日自房州遇虏至奔入南山十五日抵回谷张家

陈与义

久谓事当尔，① 岂意身及之。
避虏连三年， 行半天四维。②
我非洛豪士，③ 不畏穷谷饥。
但恨平生意， 轻了少陵诗。④
今年奔房州， 铁马背后驰。
造物亦恶剧， 脱命真毫厘。
南山四程云，⑤ 布袜傲险巇。⑥
篱间老炙背，⑦ 无意管安危。

知我是朝士，　亦复颦其眉。
呼酒软客脚，　菜本濯玉肌。⑧
穷途易感德，　欢喜不复辞。
向来贪读书，　闭户生白髭。
岂知九州内，　有山如此奇。
自宽实不情，　老人亦解颐。
投宿恍世外，　青灯耿茅茨。
夜半不能眠，　涧水鸣声悲。

〔注〕 ① 当尔：应当这样。 ② 四维：旧称天有四维，故天能不坠。《淮南子·天文训》："东北为报德之维，西南为背阳之维，东南为常羊之维，西北为谛通之维。"作者自东北方趋西南方避敌，故称"行半天四维"。 ③ 洛豪士：康骈《剧谈录》："唐乾符中，洛中有豪士，承藉勋荫，锦衣玉食，极口腹之欲。尝谓僧圣刚曰：'凡以炭炊饭，先烧令熟，谓之炼火，方可入炊；不然，犹有烟气，难餐。'及大寇先陷瀍洛，财产剽尽，昆仲数人，与圣刚同窜，潜伏山谷，不食者三者。贼烽稍远，徒步往河桥道中小店买脱粟饭于土杯同食，美于粱肉。僧笑曰：'此非炼炭所炊。'但惭靦无对。" ④ 轻了：了，了解；轻了，轻易地理解。 ⑤ 四程云：指山的四周皆为云雾所环绕。⑥ 傲险巇：傲，抵当；险巇，险峻的山崖。 ⑦ 老炙背：炙背，用"野人曝暄"故事。据《列子·杨朱》，宋国有田夫，自曝于日，谓其妻曰："负日之暄，人莫知者，以献吾君，将有重赏。"老炙背，敞开脊背晒太阳的老人。 ⑧ "菜本"句：菜本，菜根；濯玉肌。胡穉注："谓用温汤洗涤足垢，然后登上蒲席。"白居易《小岁日喜谈氏外孙女孩满月》诗："兰汤洗玉肌。"此活用其意，指用草根煎水洗脚。

这首长诗作于高宗建炎二年(1128)正月。是月十二日，作者在房州(今湖北房县)城遇金兵，奔入南山。十五日，抵达回谷张姓人家，在山中遇到同时逃难的孙信道、夏致宏、张巨山诸友，有诗酬和纪事，至春末始出山。此诗为刚抵回谷张家所作。诗中的南山，在房州城南三里，回谷是南山中的一个幽僻的山村。

诗的开篇"久谓事当尔"等四句，感叹自己早就料到时事将有变乱，却意料不到及己之身竟会遭逢如此巨大的世变。三年以来，奔走流离，逃避金兵南下的祸患，由东北的河南，奔向西南方的湖北，迢遥数千里，竟像经行了四维之半。据陈与义《年谱》(白敦仁编著)，从靖康元年(1126)正月金兵犯京师之后，作者始则去陈留，出商水，留南阳，南阳为古邓州，后又道经汝州、叶县、光化，辗转至房州，又道中遇金兵，仓皇趋南山回谷。先后三年，可见途程的艰苦。次四句"我非洛豪士……脱命真毫厘。"先说，我并不像《剧谈录》中所记的那个洛中豪士，此番避难，不怕在山谷里忍受饥饿之苦。只恨平生解事不多，体会不到杜甫在忧患中写的《述怀》、《彭衙行》、《北征》等篇辛酸悲苦的诗意，只在颠沛流离的日子里，才加深了对杜甫诗歌精神的理解。接着以“今年到房州”等六句，叙述奔到房州避乱的艰难狼狈情况，自己和难民们奔逃在前，金人的铁骑追逐在后，情景险恶，有时候危难竟存在于顷刻之间，差一点就要送命。这六句表明逃难脱险极为不易。从诗句来看，作者确实是在大动乱的洗礼中，才懂得时运的艰虞和人民深重的灾难。

紧接着以“南山四程云……欢喜不复辞”等十句，写脱险之后到南山回谷的情况。先写南山周围，云雾弥漫，自己芒鞋布袜，越过了险峻的山峰，抵住了山行崎岖的艰苦。次写回谷境地幽僻，篱落间晒着脊背的老汉，好像无意关心时局的安危，当他知道我是朝廷的官吏在逃难，这才蹙着眉头来接待我，并为我担忧，招呼拿点酒来为客人暖脚，用草根煎水让我洗濯脚上的垢污。我在穷途之中，受到这样的款待，真是衷心感德，出于内心的欣喜，也竟不用辞让了。这十句着重写在回谷张家，受到老人的关心和接待，表明在忧患穷途中易于感德的这种不同于寻常的心境。

最后一小节“向来贪读书”等十句，前六句写作者在惊魂甫定之余，受到老叟殷勤的款待，因而念及平生只知贪恋读书，有时闭户苦读，生了白的髭须，自己也不知道。哪知九州之内，竟然有如此的奇山，山中竟有如此纯厚深情的人，觉得过去宽谅自己，实在有些书生气，不谙情理。老人听了我的表白，禁不住大笑起来。后四句感叹此来投宿，对着茅屋中的青灯，恍然如在世外。全不知是因避乱而来，以致中夜难以成眠，听着山涧中流水的响声，又引起了悲凉的意绪。

全诗表现了作者在仓皇避难中忧虞、流落、感激、欣喜、悲辛的复杂心情，使作者在社会生活实践和诗歌创作的过程中，懂得了吾土吾民在生活中对于个人的重大意义，当自己的家国处于灾难中的时候，个人幸福是无所依托的，而当自己遭遇患难的当儿，这才感到人民深厚朴质的情谊所给予自己的温暖。全诗托意所在，大致就是如此。诗言志，读了此诗，就可以知道作者的心志了。

此诗苍茫浑厚，不事雕琢，句句发自胸臆，是直追老杜五古之作。

（马祖熙）

同左通老用陶潜《还旧居》韵　　陈与义

故园非无路，　今已不念归。
秋入汉水白，　叶脱行人悲。
东西与南北，　欲往还觉非。
勿云去年事，　兵火偶脱遗。

可怜岭崅影，　残岁聊相依。
天涯一樽酒，　细酌君勿催。
持觞望江山，　路永悲身衰。
百感醉中起，　清泪对君挥。

这是一首用陶潜《还旧居》原韵所作的和诗。左通老的名号事迹均不详。根据诗中"秋入汉水白"两句与"勿云去年事"两句，以及陈与义诗集中反映的与左通老的结识、交往来看，诗当是南宋高宗建炎二年（1128）秋离均阳（今湖北丹江口市西北）去岳州（州治在今湖南岳阳）时所作，作者时年三十九。

诗用陶潜《还旧居》韵，含有深意。陶诗是在社会动乱，归田之后三次移居，再次回到旧居之时所作。当他回到旧居时已是"阡陌不移旧，邑屋或时非。履历周故居，邻老罕复遗。"但总还算有居可还，而陈与义作此诗之时，就连这一点希望也破灭了。北宋钦宗靖康元年（1126），金兵南下，陈与义避乱，自河南南逃，于建炎二年八月至均阳，秋天又离均阳再往南到岳州。在这两年多的时间里，金人已牢牢控制着北中国的广大土地，而且还不时向南进逼，时势岌岌可危，故诗开头即语含悲痛地写道："故园非无路，今已不念归。"所谓"不念归"，并非是不想或不愿回去，而是有路已回不去了。陈与义另一首与此诗同时写的《均阳舟中夜赋》所云："汝洛尘未销，几人不负戈。"可以帮助理解"故园"两句的内涵。两句用"非无路"与"不念归"，一正一反，深刻地反映了当时的动乱现实和诗人的悲愤心情。"秋入汉水白"两句，交代这次离均阳南去的路线和时间。"汉水白"、"叶脱"，点明时间已是江水澄清、树叶飘坠的秋天。陈与义《欲离均阳而雨不止，书八句寄何子应》有"江城八月枫叶凋"之句，知其离均阳在八月。他由汉水舟行入长江，于十月抵岳州。这两句虽是对客观景物的实写，但在气氛上却更增添了"行人"的悲凉心情。

"东西与南北"两句承"行人"表明诗人当时行踪飘忽，感到天下之大，竟难觅一个安身之所。杜甫《追酬故高蜀州人日见寄》"东西南北更谁论，白首扁舟病独存"，感叹已再无人理解与漂泊无依的处境。韩愈《感春四首》之一"东西南北皆欲往，千山隔兮万山阻"，亦只叹息欲见所思道路之难。陈与义在此所表现的却是动乱年代人们欲寻一安宁之地而不可得的心情。"勿云去年事"两句，指建炎元年，金兵袭邓州（今属河南），陈与义仓皇出逃事。是年末，诗人自邓州出奔，明年正月初，陈与义逃至房州（今湖北房县），复遇金兵，仓皇奔入州南数里的南山中躲避，春末始出山。其《房州遇虏入南山》云："今年奔房州，铁马背后驰。造物亦恶剧，脱命真毫厘。”此诗“兵火偶脱遗”指此，不过，在时间上，是把去年末与今年初从邓州出奔直到避入南山连并叙述，笼统曰“去年”罢了。

“可怜竛竮影”以下四句，感叹自己形单影只，值此凶年(残岁，此处似不宜解作岁将尽。残，可解作凶恶，此指当时兵火遍地)，漂流到此相依。(竛竮，即“伶俜”。)在这即将离别之际，希望多停留一些时候，与君(指左通老)细酌共话。

诗的最后四句回应开首，感叹山河破碎，路长体衰。在这百感交集之时，挥泪与君告别。

诗人生当南北宋交替时代，民族矛盾异常尖锐。颠沛流离的生活，使他接触到广阔的社会现实，对杜甫的诗歌也有了新的体会。他在避乱中写的《发商水道中》云：“草草檀公策，茫茫老杜诗。”《正月十二日自房州遇虏至……》更为明白地说：“但恨平生意，轻了少陵诗。”他学习杜诗的最成功之处，在于能像杜甫那样，把描写个人颠沛流离之苦与抒写家国之痛结合起来，而使他成为这一时期学习杜甫最有成就的诗人。这首诗无论就写实的手法，还是就沉郁悲壮的风格来说，都明显地受到杜诗的影响。

(邱俊鹏)

登岳阳楼二首(其一)　　陈与义

洞庭之东江水西，　　帘旌不动夕阳迟。
登临吴蜀横分地，　　徙倚湖山欲暮时。
万里来游还望远，　　三年多难更凭危。
白头吊古风霜里，　　老木苍波无限悲。

岳阳楼是唐以来的名胜，多少墨客骚人、风流文士登楼观景，留下了无数脍炙人口的名篇佳作。陈与义这首《登岳阳楼》，“近逼山谷，远诣老杜”(方回《瀛奎律髓》卷一)，意境宏深，气象开阔，苍凉悲壮，堪称得杜调。

《登岳阳楼》原系二首，写于高宗建炎二年(1128)秋，此为第一首。靖康之变发生，宋代的诗人遭遇到了天崩地裂的大变动。国破家亡，流离失所，天涯沦落，到处颠沛。就是在这样的历史背景下，诗人在逃难三年后，登上了名胜岳阳楼。国家经此天翻地覆的大变动，从外观看，岳阳楼似曾依旧，照样在“洞庭之东江水西”，面朝着无边无际的洞庭湖，背靠着浩浩荡荡的长江水。在一片惨淡的夕阳余晖之下，楼上悬挂的帷幔一动不动。因家国之难，谁也无心观赏风景，如此名胜，这般凄凉，这般寂寞，社会的动乱于此可见一斑。凭栏眺望，诗人思绪翻滚。眼前的湖光山色虽已被沉沉的暮霭淹没，但一幕幕悲壮激烈的历史画卷却历历在目。三国时吴和蜀夺取荆州，吴将鲁肃曾率兵万人驻在岳阳。如今诗人“登临吴蜀横分地”，抚今思昔，感慨万千。由于朝廷的避敌政策，使多少仁人志士空怀凌云志，徒有报国心。诗人亦如此。他只得随着逃难的人群行路万里，避地湖峤，崎岖飘零，历尽千辛万苦，才来到这岳阳楼上“望远”、“凭危”。“万里来游还望远，三年多难更凭危”两句，是他从靖康元年(1126)春避难南奔的流离生活的概括。可是岳阳楼壮观的景色并未给他的心情增添多少喜悦。凭栏“吊古”，反而惹恨添愁，勾起了他满腹的家国之恨、身世之愁。年仅三十九，然鬓发已斑白的诗人，立于萧瑟的秋风中，面对“老木苍波”，眼看大片国土入于金人之手，自己则是一介书生，空怀愁绪，怎能不悲从中来？末联景中有情，情景相生。“风霜”既指秋风，又喻严峻的政治形势；“老木苍波”既是眼前实景，又包含了诗人历经风霜后的憔悴悲愁之绪。

历代诗评家皆以为，此诗是陈与义学杜的成功之作。颔联尤为宏壮雄丽，“造次不忘忧爱，以简洁扫繁缛，以雄浑代尖巧”(刘克庄《后村诗话》前集卷二)，自然令人想起杜甫《登岳阳楼》的名句“吴楚东南坼，乾坤日夜浮”所表现的宽阔宏伟的意境。杜诗喜以“万里”、“百年”作对，如“乾坤万里眼，时序百年心”(《春日江村》之一)、“万里伤心严谴日，百年垂死中兴时”(《送郑虔贬台州司户》)、“万里悲秋常作客，百年多病独登台”(《登高》)。此诗颈联效法杜甫《登高》诗的笔法，同样也是表现漂泊不定的生涯、离乡背井的感慨，但诗人并不生搬硬套，而是用“万里”、“三年”作对，既写出了逃难的路途遥远，又指出了逃难的具体时间，说明诗人学杜而又不泥于杜，故能高出当时诸家一筹。　　(沈时蓉　詹杭伦)

巴丘书事　　陈与义

三分书里识巴丘，　　临老避胡初一游。
晚木声酣洞庭野，　　晴天影抱岳阳楼。
四年风露侵游子，　　十月江湖吐乱洲。
未必上流须鲁肃，　　腐儒空白九分头。

诗人的曾祖陈希亮为凤翔知府时，苏轼曾为其僚属。陈氏原籍四川青神，希亮迁居洛阳，所以其后即为洛阳人。诗人青少年时期，正值大禁元祐学术。苏东坡、黄山谷都喜写诗，因此当局把诗看成元祐学术，读苏黄诗和写诗都属犯禁。但陈与义《墨梅》绝句，传入禁中，为徽宗所激赏，诗禁因而破除。诗人生当南北宋之交，饱尝金人南攻流离颠沛之苦，诗的气格也沉郁悲壮。江西诗派人推一祖

(杜甫)三宗(黄庭坚、陈师道和陈与义),可见对他的敬重。他的诗对南宋四大家(尤、杨、范、陆)也很有影响。这首《巴丘书事》,依据《年谱》,写于建炎二年(1128)避难巴丘(今湖南岳阳)之时①。

首句引用《三国志》说明巴丘的重要,为题目"书事"打下埋伏。《三国志》讲到巴丘,都和战争形势有关,《武帝纪》:"公(曹操)自江陵征备至巴丘",卷四十七《孙权传》:建安十九年,"鲁肃以万人屯巴丘",《周瑜传》:"瑜还江陵为行装,而道于巴丘病卒。"首句提出,读《三国志》时就认识巴丘的重要,总想能亲临其地。二句紧接"临老避胡初一游"。如果和杜甫"昔闻洞庭水,今上岳阳楼"相比,有同处,即多年夙愿,一旦得偿,但句中"避胡"二字却使此次之游充满辛酸。胡指金人,自不待言。自然是初游,接下即写所见景色及感受。三四是名句,胡应麟说它"得杜声响"(《诗薮·外编》卷五)。上句写秋冬风急天高的声势,酣字用得活,晚木指秋冬的树木。这句是耳闻,写声。下句写眼中所见,视线由广阔的洞庭野收至岳阳楼。"抱"字也用得活。这句是目睹,写色。上句给人一种动乱危迫的感觉,而下句却表现日影紧抱岳阳楼这一洞庭野的中心景点,又使人从动乱中透出一线安定的希望。两句相连,使读者从景色引起更多的联想。

五句接"临老避胡"而来,作者从宣和七年(1125)离京师到陈留,因金人入攻,辗转奔波,已经四个年头,"风露"二字既是自然界的风餐露宿,也含有政治上挫折和敌骑侵扰。这个"侵"字含义较深。下句写洞庭水落,湖里出现七大八小的沙洲。"吐"字用得特别生动险劲。"洲"上着一"乱"字,也隐寓世乱之感。

尾联最值得玩味,表面上是反用孙权使鲁肃屯巴丘事。巴丘处在东吴的上游,是边防要地,须得鲁肃这样的良将,方能把守。此诗表面是说,现在未必需要鲁肃这样的人镇守上游,自己是书呆子,却为上游无人而急得头发几乎全白了,但是"空"急无补于事。从结构上是回应首句。可是细细琢磨,这两句大有文章,题目叫《巴丘书事》,却没有写出什么事,原来所谓"书事",就是让读者从这尾联中去体会。这年七月,抗金老将宗泽在开封连呼三声"渡河",气愤而死。这是因为宋高宗采取逃跑政策,不敢亲冒矢石,北复中原。《三国志·鲁肃传》写周瑜至巴丘病重,上书孙权举鲁肃以自代。这里暗以周瑜比宗泽之死,但朝廷不知起用鲁肃这样"智略足任"的人才,言外之意,隐然有以鲁肃自负的味道。但不便明说,所以隐约其词,说"未必",说"空白",都该从反面理会。又怕读者不易理解自己的苦心,所以题中着"书事"二字,使人联系当时形势,思索得之。宗泽死在七月,但消息传到流亡中的陈与义耳中,已是十月,所以作者用"书事"二字以为暗示,使读者探索其难言之隐,忧国之情跃然纸上,至于作者是否有鲁肃那样的"智

略”,可不必深究。这首诗的最大特点,可以说是闪烁其词,因题见义。(周本淳)

〔注〕 ① 一般选本多言此诗作于建炎三年。但按《年谱》,陈与义建炎二年“八月离均阳,经高舍,度石城,上岳阳”,计其行程与此诗“十月”合。建炎三年“九月,别巴丘,由南洋抵湘潭”,诗中明言“十月”则断非建炎三年之作。

再登岳阳楼感慨赋诗　　陈与义

岳阳壮观天下传,　楼阴背日堤绵绵。
草木相连南服内,①　江湖异态栏干前。
乾坤万事集双鬓,　臣子一谪今五年。
欲题文字吊古昔,　风壮浪涌心茫然。

〔注〕 ① 南服:周代将王室直接管辖以外的地方,依其距京城的远近,分为九服。这里指南方偏远的地方。

高宗建炎二年(1128)秋,诗人避难流落洞庭之滨。那天下壮观的岳阳楼,强烈地吸引着诗人登临览胜,抒怀赋诗。在作这篇诗之前,作者已写下《登岳阳楼》七律二首。如今再次登临,依然是佳景览不尽,感慨抒不完。

本诗前四句,诗人着力描写岳阳楼周围的景观特征。在初登岳阳楼之时,诗人注意到了楼之地理方位:“洞庭之东江水西”(《登岳阳楼》);再次登临,诗人选择最佳观察角度,站在楼之西北角。从这一角度望出去,北面是浩浩长江,江风阵阵,浊浪腾涌,一往无前;江边长堤,曲折蜿蜒,连绵不断。西南面则是碧波千顷的洞庭湖,波光潋滟,湖岸草木葱茏,相连不绝,一直延伸到穷荒僻远的南方天边。江水浊黄,湖水清碧,对比强烈,异态纷呈。

面对此景,诗人凭栏良久,自身迁谪之恨、国家兴衰之感,不觉一齐涌上心头。万千感慨、诸种情怀,凝成掷地有声的一联诗句:

“乾坤万事集双鬓,臣子一谪今五年。”作者自徽宗宣和六年(1124)谪监陈留酒税以来,迄今已有五年了。五年之中,发生了多大的变化啊! 国无宁日,人无宁日。靖康之难,宋室南迁,诗人颠沛流离,到处流浪。是年,诗人仅三十九岁,但头发却已愁白了,真是天下之事、迁臣之恨都反映在双鬓之上。作者壮年头白,确是实写,非是夸张,同年所作诗曾多处提到。如《登岳阳楼》云:“白头吊古风霜里,老木苍波无限悲。”《巴丘书事》云:“腐儒空白九分头。”《晚步湖边》云:“终然动怀抱,白发风中搔。”可见诗人此时的景况确同杜甫一样:“白头搔更短,浑欲不胜簪。”陈衍《宋诗精华录》盛称“乾坤”一联为“学杜而得其骨”者,为家国之忧而心碎，而头白，正是杜诗与陈诗共具的思想特色。

此时，诗人思绪缥缈。登高怀古，乃题中应有之义。诗人联想到古往今来，与自己遭际略同的何止一人？昔时，汉代的贾谊被贬长沙，途经湘水，曾作赋以吊屈原。尾联所谓“欲题文字吊古昔”，即指此事。然而，作者此时的处境却比贾谊更坏，心境也比贾谊更劣。所以，即使像贾谊一样抒发吊古之情，也感到力不从心，难于下笔。于是只得面对风壮浪涌的长江、洞庭而茫然无语了。

为了表达欲语又止、抑塞难堪、郁戾不平的思想感情，此诗采用了拗体格律，音节拗怒，陡折峭拔，与老杜《白帝城最高楼》等拗体律诗格调相同。王嗣奭曾评杜甫拗体诗说：“愁起于心，真有一段郁戾不平之气，而因以拗语发之。公之拗体，大都如是。”（《杜臆》卷七）此说简斋亦足以当之，不愧“学杜而得其骨者”也。

（詹杭伦　沈时蓉）

居　夷　行①　　陈与义

遭乱始知承平乐，　居夷更觉中原好。
巴陵十月江不平，②　万里北风吹客倒。
洞庭叶稀秋声歇，　黄帝乐罢川杲杲。③
君山偃蹇横岁暮，④　天映湖南白如扫。
人世多违壮士悲，　干戈未定书生老。
扬州云气郁不动，　白首频回费私祷。
后胜误齐已莫追，⑤　范蠡图越当若为。
皇天岂无悔祸意，　君子慎惜经纶时。⑥
愿闻群公张王室，　臣也安眠送余日。

〔注〕①居夷：《论语》：“子欲居九夷。”为“居夷”一语所本。　②巴陵：古岳州，今湖南岳阳。　③“黄帝乐罢”句：传说黄帝曾于洞庭之野奏咸池之乐（见《庄子·天运》）。杲杲，日出之光。　④君山：在洞庭湖中。偃蹇（yǎn jiǎn）：高耸突兀貌。　⑤后胜：战国末期，后胜相齐，与宾客多受秦间金，劝齐王建朝秦，不修战备，不助五国攻秦，导致五国被秦灭亡以后，齐亦破灭（见《战国策·齐策》）。　⑥经纶：理出丝绪叫经，编丝成绳叫纶。统称经纶。引申为筹划治理国家大事。《易·屯》：“云雷屯，君子以经纶。”孔颖达疏：“经谓经纬，纶谓纲纶。”

高宗建炎二年（1128）十月，作者避乱湖南，作了这首七言古诗。前一年，金兵掠岳州（治所在今湖南岳阳）。本年十月，金兵攻青州，扬州形势危急。湘湖一带地方上，也连年都有祸乱。所以作者在这首诗中，深深地表白了忧虞时局之情，寄寓了“念乱望治”的心意。题为“居夷”，表明遭乱流寓边区，远离京城。

“夷”，指边远地区。

开头两句“遭乱始知承平乐，居夷更觉中原好”是一篇的主旨。表示遭逢兵祸以来，由于国破家亡，自己逃难在外的惨痛的教训，才意识到承平的欢乐。人们往往在承平的时候，体会不到生活的幸福，一旦遭逢祸乱，亲眼看到国家被残破，人民被屠杀，城市被摧毁，千家万户在腥风血雨中流离走死的情况，这才深切地感到承平的可贵，感到逃难到边远地方，即使幸免于难，哪里抵得上安居中原为好！作者在两年当中，由河南而避地襄汉，而转徙湖湘间，北望神州，胡骑遍野，江南一带也岌岌可危。所以在惊魂甫定之余，写下了这样沉痛的诗句。

第二段是“巴陵十月江不平”以下六句。写自己在湖南——即“居夷”的具体情况。十月的巴陵，湘江上面有汹涌不平的浪涛。强劲的北风，从万里吹来，几乎把征人吹倒。洞庭湖边，残留着的落叶稀少了，秋声也已经销歇了。从前黄帝在这儿演奏的咸池之乐，现在再也听不到了。川原上还留有杲杲之光，算是对这位祖先的留恋吧。君山在岁暮天寒的时候，还依旧耸立在湖里，天空映照下的湖南，就像扫过似的一片惨白。这就是现今湖南的景象。这六句用环境中凄惨的物象，暗寓时事的艰危，不平的江涛，凄厉的北风，都是比喻，湖南在当时还算是后方，已经如此萧条冷落，那么前方一带的景况，其凄惨景象也就可想而知了。

接着作者以“人世多违壮士悲”以下四句，表白自己虽然处在这样的环境之中，但忧时的激情，仍处炽热之中。前两句感叹人世多违，国家多难，固已使壮士兴悲；而干戈未定，金人的气焰方盛更使书生有国仇未报，年华易逝之恨。后两句对金人增兵南攻，深心忧虑，遥望扬州，云气郁然不动（当时高宗正驻跸扬州，云气，指帝王气。郁不动，是说王气很盛）。也许金兵像风暴一样，又将卷到那里，不免在客中频回白首，私衷祷祝朝廷能安然越险。这四句深蕴爱国的热情，显示作者虽然在颠沛流离之中，还在时刻为国家的前途担忧。

接着以“后胜误齐已莫追”等四句，希望朝廷能吸取过去奸臣误国的教训，不要再出现张邦昌一类的国贼。过去灾祸的造成，其中主要原因之一，是战备不修，奸臣通敌。就像战国时期齐国相后胜的贻误齐国一样。现在是往事难追，不堪回首了。然而像过去越国范蠡、文种那样图谋复兴国家的忠义之士，如李纲、赵鼎、韩世忠、岳飞等人却依然存在，应当怎样戮力同心，生聚教训来报效国家呢？这是应该尽心策划的。皇天难道没有个悔祸的意思，有志图谋恢复的忠义之士，正当掌握时机，慎惜自己，为朝廷施展经纶世事的才能啊！这几句表达了对国事深切的愿望。

最后两句：“愿闻群公张王室，臣也安眠送余日。”进一步倾吐自己的赤忱，表示倘能听到诸公张大国威，匡扶王室的勋业，驱逐金兵、恢复中原、还于旧京的喜讯，自己即便是老死在蓬门之下，送过这忧患余生，也心甘情愿啊！

全诗语重心长，激于爱国之情，起笔就启示人们一旦国家危亡，人民也就没有幸福可言。作者的体会是从血与火的惨痛教训中得来的。中间以十句揭示忧心如捣的情怀。“天映湖南白如扫”，是化用唐代诗人高适“胡天白如扫”诗句，把险危的境界，形象地展示在人们面前。说明只有惩前毖后，发奋图强，才能越过风险。作者认为国事仍有可为，因而用“后胜误齐”和“范蠡图越”两个对比鲜明的事例，激励南渡君臣要卧薪尝胆，上下一心，慎惜时机，力图兴复，那么皇天悔祸之时，山河重光之日，定可到来。结句更使此意深化，表明书生耿耿此心，虽有报国之志，但张大王室，在目前仍然有盼于衮衮诸公。所谓身在草莽，而心存魏阙(魏阙是指朝廷)，正是作《居夷行》的本意。

(马祖熙)

除夜二首(其一)　　陈与义

城中爆竹已残更，　朔吹翻江意未平。
多事鬓毛随节换，　尽情灯火向人明。
比量旧岁聊堪喜，　流转殊方又可惊。
明日岳阳楼上去，　岛烟湖雾看春生。

这首诗是陈与义于宋高宗建炎二年(1128)在岳阳(今属湖南)度除夕时所作。自从钦宗靖康元年(1126)金兵南下攻宋，次年，陷汴京，俘徽、钦二宗北去。这时中原大乱，形势危急。陈与义于靖康元年自陈留(这时他正监陈留酒税)避兵南下，经舞阳、南阳、叶县，又经方城(以上诸地均在今河南境内)，至光化(今属湖北)，又入邓州(今属河南)。建炎二年正月，自邓州往房州(州治在今湖北房县)，又至均阳(今湖北丹江口市西北)，度石城(今湖北钟祥)，至岳阳(以上据胡穉《简斋先生年谱》)。在这三年之中，陈与义饱经兵乱流离之苦，所以在除夕时作此诗抒怀。

头两句写除夕所闻，城中通宵放爆竹(古人于正月元旦爆竹于庭，以避山臊，以真竹著火爆之。后人卷纸为之，谓之爆仗，见《武林旧事》)，已经到残更了，而城外北风吹动江水，涛声澎湃，似有抑愤不平之意。“吹”字读去声。古时音乐之用竽笙箫管者谓之“吹”，后来引申为声响之意。“朔”是北方。“朔吹”即是指北风吹动的声响。“翻”字用得很生动。中间两联是抒怀。陈与义这时才三十九岁，并不算老，但是揽镜一照，鬓发已经变白，不由得怪它“多事”，言外是慨叹两年多来避兵转徙，艰苦备尝；唯有灯火明亮，“尽情”相慰，言外是慨叹客居岑寂，都是用含蓄之法。“鬓毛随节换”、“灯火向人明”，本是平常的诗句，但是加上“多事”与“尽情”，就把人的感受注入无知的“鬓毛”与“灯火”，显得意思深而句法活了。第五六两句是说，现在暂时安居岳阳，比起前两年的颠沛流离，差足自慰，但是转念一想，“流转殊方”，与家乡远隔千里，又很可惊叹。“聊”字与“又”字互相呼应，表现出忧喜交错之情。末两句换笔换意，宕开去说，预想明天元旦登岳阳楼，远眺“岛烟湖雾”，仿佛看到春天的来临，寄托对于明年国势好转的期望。前六句情致凄怆，结处转出前景之有望，能有远韵远神。纪昀称赞这首诗是“气机生动，语亦清老，结有神致”（纪评《瀛奎律髓》）。

这首诗不用华丽辞藻，也无典故，平淡自然，清空如话，但是读起来还是觉得韵味醇厚。陈与义作诗是近法黄（庭坚）、陈（师道），远追杜甫的。杜甫的七律诗，风格多样，其中即有清空如话的一种，黄、陈也擅长此体。如杜甫《和裴迪登蜀州东亭送客逢早梅相忆见寄》云：“东阁官梅动诗兴，还如何逊在扬州。此时对雪遥相忆，送客逢春可自由。幸不折来伤岁暮，若为看去乱乡愁。江边一树垂垂发，朝夕催人自白头。”又如黄庭坚《新喻道中寄元明》，都是以清空如话见长。陈与义可能受到这一类诗的启发。

（缪　钺）

己酉九月自巴丘过湖南别粹翁　　陈与义

离合不可常，　去处两无策。
眇眇孤飞雁，　严霜欺羽翼。
使君南道主，　终岁好看客。
江湖尊前深，　日月梦中疾。
世事不相贷，　秋风撼瓶锡。
南云本同征，　变化知无极。
四年孤臣泪，　万里游子色。
临别不得言，　清愁涨胸臆。

诗题所谓“己酉”，是指建炎三年（1129），可知此诗是本年陈与义离湖南岳阳去湖南邵阳时所作。巴丘，即巴陵，故城在今岳阳。岳阳宋时属荆湖北路，邵阳属荆湖南路，故云“过（去）湖南”。粹翁，《简斋集》胡穉注：“姓王名接”，时为岳州知州。

此诗是一首告别、哀时、叹己之作。如果把这一时期的战乱和诗人的行踪联系起来看，就会更深地理会作者在这踏上新的漂流之途之际，向在客居中结识和照顾自己的友人倾诉了多么深沉的对世事和自身的哀叹。

北宋钦宗靖康元年(1126)春，金兵进逼汴京(今河南开封)，陈与义便自陈留(河南开封境内)只身避乱出走，七月复还陈留接家属，于高宗建炎元年(1127)正月至邓州(今属河南)。年底，金兵犯邓州，他自邓州往房州(今湖北房县)，途遇金兵，险遭不测。建炎二年夏天至均阳(今湖北均县)，八月即离均阳，于十月初抵岳阳。建炎三年春，岳阳大火。火后，陈与义得王接照顾，寄居于其后园之君子亭。就在这年春天，金兵不断进扰江淮一带。宋高宗由扬州逃至镇江，再逃杭州。诗人暂居的岳州，经建炎元年金兵劫掠之后，一直动荡不安。《洞庭湖志》卷七《事纪》云："民非匿山谷，则泛江湖，邑境为墟。"可见动乱情况。是年五月，贵仲正作乱，攻陷岳州，陈与义避入洞庭湖。七月还岳阳，至九月则又离岳阳去邵阳。从前一年十月初到岳阳，到是年九月离去，刚好一年，故诗云："使君南道主，终岁好看客。"从靖康元年春，陈与义自陈留避乱出走，至写诗之时计，已四年有余。诗言"四年孤臣泪"乃举成数而言。

作为"四年孤臣"、"万里游子"的诗人，在这兵火遍地，乾坤动荡之时，往事既不堪回首，前途更是茫然，"离合不常"、"去处无策"，不能掌握命运与进退维谷之感冲口而出。而"世事不贷"，无处可依。"瓶锡"，是僧人随身所带之汲瓶与锡杖。"秋风撼瓶锡"，是说自己像行脚僧那样，漫无目的地漂泊四方，时乖命蹇之悲猛击内心。更为难堪的是，时势就像伴随自己的南来之云一样，变化不定而难以预卜。诗人就是这样在告别友人的时候，倾诉了乱离社会中人们普遍的哀伤与共同的心情，诗情是很深沉感人的。

(邱俊鹏)

咏水仙花五韵[①]　　陈与义

仙人缃色裘，　　缟衣以裼之。
青帨纷委地，　　独立东风时。
吹香洞庭暖，　　弄影清昼迟。
寂寂篱落阴，　　亭亭与予期。
谁知园中客，　　能赋《会真诗》。

〔注〕①故宫博物院所藏陈与义《咏水仙花》诗帖，最后四句作："万里北渚云，亭亭竟何思。唯应园中客，能赋《会真诗》。"本文据《简斋诗集》。

这首五言古诗作于高宗建炎三年(1129)，这年初春，作者流寓岳州，借住郡

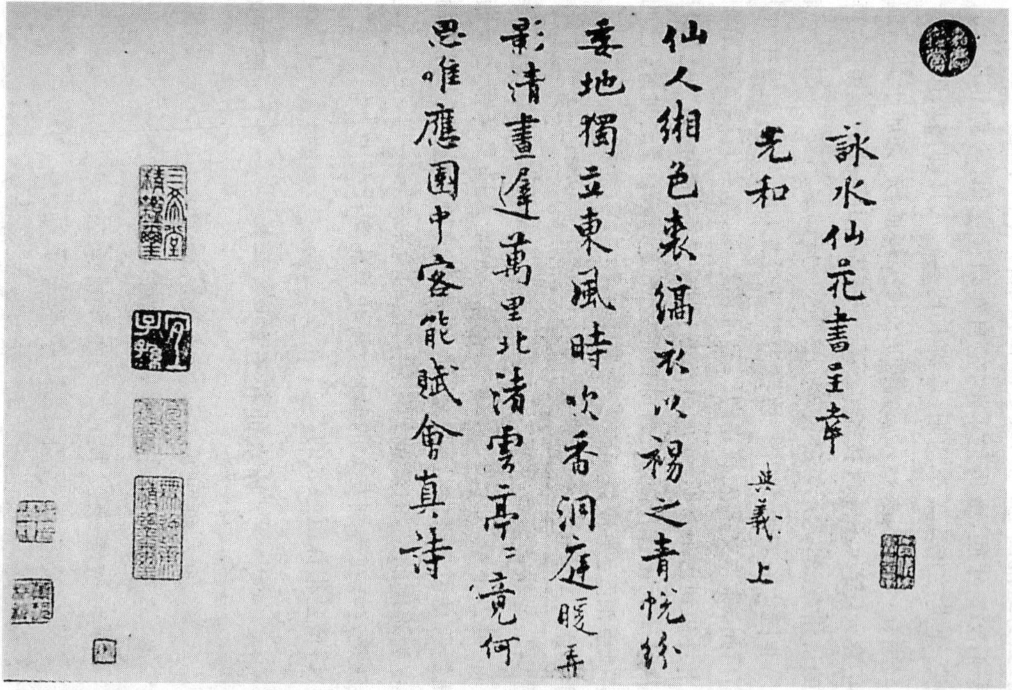

咏水仙花五韵帖

——〔宋〕陈与义

守王接后圃中的君子亭，因此自称园公。在小园中插上疏篱，篱落边上，水仙花正在开放。杏黄色的花蕊，玉色的花瓣，青色披离的花叶，组成独立在东风中吹香蕴暖的花枝花影。这花儿多么像一位美丽的仙子啊！作者因而用拟人的手法，写成此诗，至今故宫博物院中，还珍藏着此诗的手稿① 。

诗的首韵："仙人缃色裘，缟衣以裼之。"写仙子的衣着：她穿着缃色的衣裘（缃色，是淡黄色。裘，这里指内袄），披着洁白的丝质裼衣（缟衣，索丝制成的衣服。裼，袒而有衣叫裼，这里指罩在裘上的外衣），缃裘以比花蕊，缟衣以比花瓣，比喻非常恰切。第二韵："青帨纷委地，独立东风时。"写仙子的佩巾和她的仪态。（帨，女子佩巾。）青色的帔巾，优雅地飘落在地面，美丽的仙子，正含情伫立在东风初拂的春光之中哩！第三韵写仙子肌体中散发出来的香气和轻轻移动的倩影。"吹香洞庭暖，弄影清昼迟。"岳州在洞庭湖的东岸，此刻正是洞庭春暖的时候，仙子身上吹散出来的清香，融合在空气之中，她那曼丽的身影，轻盈地摆弄着，好像白天的韶光都为之陶醉，因而流驶得迟缓了。第四韵写仙子之情："寂寂篱落阴，亭亭与予期。"她寂静地处在篱落的深幽之处，就像幽谷中绝代的佳人，也带有梅花那样林下美人的风度。她亭亭玉立，临风低盼，好似和我有约期似的，在我流落的旅程中，送来些慰藉之情。这是作者的设想，也因为仙人从来就是多情的吧。第五韵是结笔，也是作者面对仙姿所作的表白："谁知园中客，能赋《会真诗》。"诗句中的"园中客"，显然是作者的自称。"会真诗"用元稹《莺莺传》中张生赋《会真诗》赠给崔莺莺的故事。这两句是说：仙子如此钟情，哪知园中之客，也竟能赋就"会真"的诗篇，以不负此情哩！

水仙花得名已久，江南各地，大多用盆栽水植，开花时仿佛是凌波仙子，但在湘江一带，当年还多种在篱落旁边。宋代诗人咏水仙花的诗很多。作者此诗，托美人芳草之意，寄寓自己追求美好芳洁的事物的心情，表示高洁芳香的水仙，虽然有时被冷落在幽寂的环境之中，但自有高士清赏，不至于辜负她的芳华。

（马祖熙）

春　寒　　　陈与义

二月巴陵日日风，　春寒未了怯园公。
海棠不惜胭脂色，　独立蒙蒙细雨中。

这首诗作于高宗建炎三年(1129)二月。当时南宋朝廷正处在风雨飘摇之际。金兵连陷青州、徐州，进攻楚州，大有席卷江北之势。高宗由扬州逃到镇江，再到杭州。此时作者正避乱于岳州(治所在今湖南岳阳)。这年正月,岳州发生大火,作者借郡守王接后园君子亭暂居,自号为“园公”(见自注)。他蒿目时艰,孤贞自守,见春寒细雨中独立的海棠,感物起兴,写了这首诗。

“二月巴陵日日风,春寒未了怯园公。”巴陵,古代郡名,治所在巴陵(今湖南岳阳)。二月的巴陵,春寒未尽,日日有风,料峭刺骨。对于漂泊异乡、僻居小园的诗人来说,这阴冷的天气更令人难以忍受。“怯园公”三字,道出了他此时的心境。

去年正月,金兵攻下邓州,作者逃难到房州,在房州险些被俘。此后离房州至均阳,经石城到岳州。一年之中,惊惶逃难,备尝险阻艰难。这两句平常的诗,只有结合诗人当时切身经历,才能体味出其中的含蕴。

“海棠不惜胭脂色,独立蒙蒙细雨中。”仲春二月,气候变化无常,五日一风,十日一雨,一阵寒风过去,便降下蒙蒙细雨。只见庭园之中,一株海棠,不惜污损胭脂之色,傲然挺立于蒙蒙细雨之中。这海棠,既有美艳之姿,又有清高之操。诗人用了“不惜”、“独立”等字面,更表现了海棠与春寒斗傲的孤高绝俗的精神。诗人写的是海棠,不是松竹,也不是梅菊,所以笔下所描绘的,不仅有孤傲的品格,而且有风流的雅致,与海棠的身份正相适合。而且诗人不仅写海棠,其中也隐含着自己的人格,不是泛泛咏物。写得既有风骨,又有雅致,堪称咏物诗的上乘之作。

海棠为名花之一,历代诗人多有歌咏,或赏其艳丽,或怜其凋落,大多风流有余,品格不足。唯有陈与义这首诗,别出新意,品格风流兼备。究其原因,在于他既融入了自己的思想、人格,又与海棠的形貌切合。 (孟庆文)

雨中对酒庭下海棠经雨不谢 陈与义

巴陵二月客添衣, 草草杯觞恨醉迟。
燕子不禁连夜雨, 海棠犹待老夫诗。
天翻地覆伤春色, 齿豁头童祝圣时。
白竹篱前湖海阔, 茫茫身世两堪悲。

建炎二年(1128)秋,陈与义抵岳阳,留居数月,不幸除夜后遇火灾,不得已而从王接(字粹翁,哲宗时枢密直学士王岩叟之子)借后园君子亭居之。此诗为建炎三年二月,居于君子亭时所作。

这年二月,巴陵(今湖南岳阳)天气不好,不是“三日雨”,便是“日日风”,而且还下过雪，加以诗人羁旅憔悴，“体不胜衣”，于是起句就以平缓的语调叙述了写诗的地点、时间以及诗人对环境的感受。不过，这表面的平静下实翻腾着汹涌的波涛。流离的诗人渴望恢复故土、结束战乱，而现实又是那样令人窒息，因此到次句就不再抑制自己，而出以愤激之词。“限醉迟”，即世人皆醉己独醒之意。诗人恨自己清醒得太久、沉醉得太迟，即便以酒浇愁，麻醉自己，也已无济于事，只能忧上加忧，正所谓“举杯消愁愁更愁”！（李白《宣州谢朓楼饯别校书叔云》）可见这首联二句虽为叙事，但写得跌宕起伏，用意深邃。

颔联二句为写景。就写法言，其“题外燕子对题内海棠，不觉添出，用笔灵妙。”（纪昀批语，见《瀛奎律髓刊误》）就寓意言，则“体物寓兴，清邃超特”（张嵲《陈公资政墓志铭》）。宋人诗词中，有以莺燕比喻趋炎附势、苟且偷安的小人，如“恨芳菲世界，游人未赏，都付与，莺和燕。”（陈亮《水龙吟·春恨》）这里的燕子也是既为实指，又含有比喻朝廷宵小之意。不禁，经受不住。三句表现了诗人对投降派的憎恶和谴责。四句意谓，海棠经雨不谢，尚在等待诗人吟咏，表现了对气节高尚者的崇敬和称颂。这一时期，诗人曾多次歌咏海棠，如“暮雨霏霏湿海棠”、“隔帘花叶有辉光”（《陪粹翁举酒于君子亭亭下海棠方开》）、“海棠不惜胭脂色，独立蒙蒙细雨中”（《春寒》）等，都是以海棠象征志趣高洁的人物。这二句，诗人是将自己的感情寓于对景物的描绘之中。

到颈联二句，诗人的感情达到了高潮。此联由句中自对（“天翻”对“地覆”、“齿豁”对“头童”）的“当句对”组成，语气庄重严肃，直抒胸臆，收到了将内心感情全部抒发出来的强烈效果。两句即杜甫“国破山河在，城春草木深”之意，意谓：靖康事起，国破家亡，草木无知，春色依旧，令人伤心不已；而自己年近四十，早衰多病，不能为王前驱，便只有遥祝圣明了。这二句“感时恨别，颇有一饭不忘君之意。”（罗大经《鹤林玉露》）内容和风格都逼近杜甫。

尾联二句为全诗作结。七句将前四句一并打住，把读者的目光再引到君子亭前的酒席上。“白竹篱”应是君子亭外的实景，意为竹篱在霏霏春雨中泛出白光。“湖海阔”则既指由眼前景物联想到广阔世界，又喻挽救时局的“湖海”之志。但是，国家既已“天翻地覆”，个人又是“齿豁头童”，如今飘荡在这茫茫湖海之上，四顾无依，念及此，能不悲愤填膺？“堪悲”前着一“两”字，就将五六句以至全诗所抒写的忧国之情，作了全面总结。

邓显鹤云：“少陵诗至夔州而始盛，简斋诗至湖峤而益昌。”（《南村草堂文钞》）是就二人沉郁苍凉的感世忧时之作而言。陈与义初至岳阳，便写了不少风格逼近杜甫之作，这首诗即其中之一。全诗由叙事、写景到抒情，层层推进，逐步形成高潮，而感慨悲壮，意境深阔，“其忧国爱民之意，又与少陵无间”。（胡稺《简斋诗笺又叙》）“胸中元自有江山，故向巴丘见一斑。”（袁说友《简斋》诗）从这首诗，即可窥见陈与义忧国深情之一斑。　（萧作铭）

次韵尹潜感怀　　陈与义

胡儿又看绕淮春，　叹息犹为国有人。
可使翠华周宇县，　谁持白羽静风尘？
五年天地无穷事，　万里江湖见在身。
共说金陵龙虎气，　放臣迷路感烟津。

周莘（字尹潜）是陈与义的诗友，其诗亦学杜甫。陈与义避乱襄汉、转徙湖湘之际，和周屡有倡和。此诗即其中之一，是一首因巨大历史事变而引发无限感慨的政治抒情诗。

靖康之变后，高宗即位，国祚似可中兴，但其实仍无宁日。建炎元年（1127）冬至二年（1128）春，金兵三路南犯，将宋高宗赶至扬州。二年冬至三年（1129）春，金兵又大举南下，连陷徐、泗、楚三州，直逼扬州，高宗仓惶渡江，经镇江、常州、吴江、秀州等地，最后到达杭州。这首诗为建炎三年（1129）四月所写，抒发了诗人深挚的爱国感情。

起句用虚实相济的手法，高度概括地叙述了三年来金兵两次大规模的进攻，像引信一样点燃了诗人心灵的火花。徐、泗、楚、扬均离淮水不远，金人第二次南犯，时值春季，故曰“绕淮春”。着以“又”字，则将前次来犯一并叙出，用语简洁。次句用“叹息”二字表出忧国之意，接以“犹为国有人”，则语带愤激。贾谊《治安策》曰：“犹为国有人乎？”陈与义以此语入诗，不只是宋人以文为诗的句法，更表明他忧国情殷，与贾谊相似。

三四句以问句组联，语气突兀、感情激越而又对仗工整。诗人大声疾呼：岂可使皇帝到处流亡，谁能指挥三军澄清宇内呢？“翠华”是皇帝仪仗中用翠鸟羽为饰的旗，常用以指皇帝。如杜甫《韦讽录事宅观曹将军画马图歌》云：“忆昔巡幸新丰宫，翠华拂天来向东。”“周宇县”，指周游天下，暗喻到处奔逃。“白羽”，指白羽扇，魏晋间人（如谢艾、顾荣）常持白羽扇指挥三军。苏轼《祭常山回小猎》诗云：“圣朝若用西凉簿，白羽犹能效一挥。”“风尘”则比喻战乱，杜甫《赠别贺兰铦》诗云：“国步初返正，乾坤尚风尘。”由此可知，陈与义写诗，确实“多用杜实字”（胡应麟《诗薮》外编卷五）、“句法能参杜拾遗”（仇远《仇山村遗集·读陈去非集》）。

颔联如此，颈联亦然。杜甫《夜闻觱篥》诗云："君知天地干戈满，不见江湖行路难。"上句言国多战乱，下句叹身久飘零。这首诗的五六句即从这两句脱胎而出，而又自述情事，并非蹈袭古人。自宣和七年（1125）金灭辽攻宋，到建炎三年（1129），五年中天翻地覆，变乱相仍。这种种事变，无穷感叹，尽纳入"五年天地无穷事"一句之中。"万里"句则叙个人奔走江湖，饱经忧患，幸而获全性命。"见在身"意为现时存在的躯体。（"见在"即"现在"）意思是说，现时的转徙流离，正由于五年的无穷事变。两句表达了一种因果关系，虽对仗工整而一气直下，不用嗟叹字面而嗟叹之意自见，忧愤之情溢于言表。

尾联是说自己在烟津迷路之上（意即对当前大势本不甚了然），感到金陵有帝王气，应定都于此。"共说"一语切"次韵感怀"之题，意谓这是他和周莘的共同主张。"龙虎气"，即天子气。《史记·项羽本纪》："范增曰：'吾令人望其气，皆为龙虎，成五采，此天子气也。'""放臣"，被贬谪的官吏，陈与义自宣和六年谪监陈留酒税，到此时仍未复官。定都于何地，是南宋主战派与投降派激烈斗争的一个重大问题。主战派力主定都金陵，旨在据此虎踞龙蟠之地，不仅可以凭借长江天险，抗击金兵南进，而且可以在有利时机挥师北伐，恢复中原。投降派畏敌如虎，只求偏安，不图恢复，则反对定都金陵。当时虽尚未定都，但陈与义从高宗一径南逃的行动中，已经感觉到了投降派的卑劣意图，于是就在诗中陈述了自己的主张。这时事态的发展，尚未达到建炎四年春高宗逃到温州时那样严重，诗人便只用了"放臣迷路感烟津"这种说法，纡徐婉转而用意闳深。

这首诗抚事感时，沉痛激越，寄托遥深，不独得杜诗句法，且亦得杜诗精神。由于身世、时代等多方面的主客观原因，陈与义后期诗歌的忧国爱民之意，与杜诗相近，成就确乎在同时代诗人之上。刘克庄评论说："元祐后诗人叠起，……要之不出苏、黄二体而已。及简斋出，始以老杜为师。……造次不忘忧爱，以简严扫繁缛，以雄浑代尖巧。第其品格，当在诸家之上。"（《后村诗话》前集卷二）杨万里也称赞他"诗宗已上少陵坛"（《诚斋集·跋陈简斋奏章》），大致都是不错的。

（萧作铭）

别　岳　州　　　　陈与义

朝食三斗葱，　暮饮三斗醋。
宁受此酸辛，　莫行岁晚路。
丈夫少壮日，　忍穷不自恕。
乘除冀晚泰，　乃复逢变故。

经年岳阳楼，　不见宫南树。
辞巢已万里，　两脚未遑住。
水落君山高，　洞庭秋已素。
浮云易归岫，　远客难回顾。
飘然一瓶锡，　未知所挂处。
寂寞《短歌行》，　萧条《远游赋》。
学道始恨晚，　为儒孰非腐？
乾坤杳茫茫，　三叹出门去。

此诗作于建炎三年(1129)，离开岳阳前往邵阳之时。诗人回顾所走过的人生道路，看看眼前的处境和时局，思绪万千，写下了这首记述自己前半生辛酸生活和倾吐内心忧愤的诗篇。因此，了解诗中涉及的当时某些世事和诗人个人的遭遇，便成了理解诗意的关键。

全诗大致可分为三个部分。第一部分八句带有对前半生的总结性质，表现出一种对国运衰微、命途多舛的怨叹。开始四句以葱味之辛、醋味之酸作喻，谓自己前半生所受的辛酸比食葱饮酸更觉难受。屈突通为官刚严，人皆忌惮。时人语曰："宁服三斗葱，不逢屈突通。"(见《旧唐书·屈突通传》)崔弘度为人残酷，时人语曰："宁饮三斗醋，不见崔弘度。"(见《隋书·崔弘度传》)"朝食"三句，从此化出。"莫行岁晚路"的"岁晚"，除指诗人的年龄外，更主要的是指北宋世运的衰颓。这样才能和下面的"逢变故"联系起来，也才能理解"丈夫少壮日"以下四句所含的国家命运与个人遭遇的不幸。

陈与义生当北宋徽宗时期，权奸当道，朝政日非，内忧外患日益严重。徽宗政和三年(1113)春末，二十四岁的陈与义以太学上舍生(优等生)免试及第，授文林郎，不久，授开德府(今河南濮阳)教授，到政和六年秋解职归京。从踏上仕途起，诗人一方面感叹"世事悠悠"，愤恨"众手云雨"的朝局；一方面也不满于自己"四年冷官桑濮地"的处境，因而觉得"思蓴未决，食荠转苦"(见《次韵周教授》、《次韵谢文骥》、《若拙弟说汝州可居，已约卜一丘，用韵寄元东》)。陈与义解除开德府教授任后，在京城闲居了两年，至政和八年冬始除辟雍录，到宣和二年(1120)丁内艰，去职居忧汝州(治所在今河南临汝)。其间所作诗多慨叹世路风波、仕途艰险。如说"朝风迎船波浪恶，暮风送船无处泊。"(《江南春》)"不忧稻粱绝，忧在罗网间。"(《杂书示陈国佐、胡元茂》)"试数门前客，终岁几覆车。"(《书怀示友十首》之六)"我策三十六，第一当归田。"(《书怀示友》之五)宣和四年，因王黼党羽葛胜仲荐，为太学博士，旋即以《墨梅》诗受知于徽宗。六年春，擢符宝郎。是年底，王黼罢相，陈与义因与葛胜仲交而被牵连，谪监陈留（今河南开封东南）酒税。陈与义与葛胜仲交往属实，但对王黼却有讥刺，对其笼络也有警惕（如《柳絮》、《十月》等诗），视为朋附王党，确系诬枉。因此，陈与义对此打击，颇为不满。故有诗云："三年成一梦，梦破说梦中。"（《寄汝州天宁寺觉心》）"岁晚陈留路，老马三振鬐。"（《赴陈留》）靖康元年（1126），金兵攻京师，诗人即开始了其后五年多的流亡生活。了解诗人这些简历和思想，就不难理会"丈夫少壮日"以下四句所包含的深广忧愤了。

第二部分八句，叙述来岳阳及又将离去的漂泊苦况。诗人于建炎二年秋自均阳来岳阳，此时适为一年，故云"经年岳阳楼"。"不见宫南树"，则是思念汴京之言，而表现了他对君国的关注与怀念。"辞巢"两句表述流离之苦；"浮云"两句感叹自己不如浮云，浮云还可以归山，而自己无家可归。

"飘然一瓶锡"两句承前一部分而开启诗的第三部分，以行脚僧之行踪不定，喻己之漂泊无依。"寂寞"两句意谓在寂寞的旅途中吟曹操的《短歌行》，在萧条的秋声中诵屈原的《远游》赋。屈原《远游》有句云："山萧条而无兽兮，路寂寞而无人。"此诗"萧条"、"寂寞"本此。曹操《短歌行》写于天下纷争之时，在感叹时光易逝、人生短促的同时，还表现了以平定天下为己任而求贤若渴的思想。联系上下文与在《短歌行》前加"寂寞"二字来看，此处诗人在借曹诗哀叹人生短促、客子无依的同时，也不无思贤者出而挽回艰危时势的感慨。屈原《远游》似作于被顷襄王放逐江南之时。王逸《〈远游〉序》云："屈原履方直之行，不容于世。上为谗佞所谮毁，下为俗人所困极。章皇山泽，无所告诉，乃深惟元一，修执恬漠。"联系诗的上下文，特别是紧接着的"学道始恨晚"两句，以及诗人在此以前即常思引退、归田（见前所引陈诗），并时与僧、道有交往来看，诗人在国家丧乱、个人被谪以及流亡之中赋《远游》，主要是要效法屈原"深惟元一，修执恬漠"，亦即《远游》中所云："惟天地之无穷兮，哀人生之长勤"；"内惟省以端操兮，求正气之所由。漠虚静以恬愉兮，澹无为而自得。闻赤松之清尘兮，愿承风乎遗则"。由此看来，"寂寞"两句，既表现了诗人对时局的关注、感叹，又反映了他在总结前半生的遭遇之后的不平与忧愁，而发出了为儒迂阔，学道（释、道之道）恨晚之叹。

全诗抒发了诗人对时局的哀叹与个人的不幸遭遇，不仅内容深广，风格也很沉郁顿挫，极似老杜晚年之作。

（邱俊鹏）

别孙信道[①]　　陈与义

万里鸥仍去，[②]　　千年鹤未归。

极知身有几，　　不奈世相违。[3]
岁暮蒹葭响，[4]　　天长鸿雁飞。
如君那可别，　　老泪欲沾衣！

〔注〕 ① 孙信道：孙確，字信道，沈晦榜甲科。建炎初，作京西运司属官，仅改京秩而卒，年止四十。 ② 鸥仍去：杜甫《赠韦左丞》诗："白鸥没浩荡，万里谁能驯。"这里以"鸥仍去"表明相别。 ③ 世相违：陶潜《归去来辞》："世与我而相违。" ④ 蒹葭：《诗·秦风·蒹葭》："蒹葭苍苍，白露为霜。"旧注：《蒹葭》为怀人之诗。

这首诗作于高宗建炎三年(1129)九月，作者此时因避乱正流寓湖南潭州(治所在今长沙)。在和友人孙信道分别的当儿，作了此诗，表明乱离中在异乡同知心朋友别离的痛苦。

开头两句说："万里鸥仍去，千年鹤未归。"作者这次和孙信道相遇，是在客中；相别，也在客中。当时金兵不断南进，长江中下游一带，遍野烽烟。前二年金兵就掠过岳州(治今湖南岳阳)，所以知友客地相逢，欲留无计；分别以后，会晤难期。首句用"鸥仍去"，表示终当相别；用"万里"，以示行程之远。古人往往用鸥盟代表朋友之情，以鸥波不定，显示友人之远去。孙信道是作者的旧友，故有"鸥仍去"之感。次句写自己也漂流在外，正如千年之鹤，长期无法回到故乡。这句用丁令威化鹤归回辽东的故事(见《搜神后记》)，但用意不同。丁令威化为千年之鹤，归来所见是"城郭如故人民非"，作者在乱离中，不仅归来无望；纵使归来，城郭人民，都已不同于往昔，何况作者的故乡洛阳又入于金人之手呢！第三四两句："极知身有几，不奈世相违。"前句用《左传》所引古人的话"畏首畏尾，身其余几"，表明深知怕前怕后，顾虑重重，非常不对，应当早作决定以不负此身，不致有岁月蹉跎之叹。后句表白自己也有志奋飞，寻求报效国家之路，但世事每与心志相违，难能如愿。作者也想早日离开湖南，此刻尚未决定，因此在思想上不免矛盾。第五六两句："岁暮蒹葭响，天长鸿雁飞。"前句写分别之际，已届深秋，所以用"蒹葭响"表示不久又有岁暮怀人之情。后句以"鸿雁飞"表示自己有怀归远引之思。这两句和起笔遥相呼应。"岁暮"句，预示别后之相思；"天长"句，志思归之心切。结尾两句："如君那可别，老泪欲沾衣。"前一句点明送别，表示不忍相别，而又不能不别的异乡送客的情怀。时局艰虞，何年再见，很难预料。所以临分之时，不觉老泪之几乎湿透衣裳，而凄然神伤！

作者诗集中和孙信道酬和的篇章很多，此别不久，作者就离湘入粤，而后又辗转经福建到浙江。而孙信道在播迁之后，去世较早。

(马祖熙)

伤　春　　陈与义

庙堂无策可平戎，　坐使甘泉照夕烽。
初怪上都闻战马，　岂知穷海看飞龙！
孤臣霜发三千丈，　每岁烟花一万重。
稍喜长沙向延阁，　疲兵敢犯犬羊锋。

这首诗是陈与义于高宗建炎四年(1130)在邵阳(今属湖南)所作。据胡穉《简斋先生年谱》,陈与义于建炎四年春至邵阳,居紫阳山。这时南宋国事危急。建炎三年十一月,金兵大举渡江,攻破建康(今江苏南京),十二月,入临安(今浙江杭州),高宗逃至明州(治今浙江宁波),乘舟入海。建炎四年正月,金兵破明州,以舟师追高宗,不及,高宗泛海逃至温州(今属浙江)。陈与义听到这个消息,心中非常愤慨忧念,所以作此诗以发舒之。

这首诗前四句一气贯注。头两句慨叹庙堂(即是朝廷)无有平戎之策,致使金兵深入。"甘泉照夕烽"是借用汉代故事。《史记·匈奴传》说,汉文帝时,"胡骑入代句注边,烽火通于甘泉、长安数月"。甘泉在今陕西淳化,汉帝有行宫在此。这句诗说,边塞的烽火照亮了甘泉宫,以汉事比况金兵逼近京都,用典贴切,而且形象化,如果直说则乏味了。第三四两句表示痛心。"上都"指京都,班固《西都赋》:"实用西迁,作我上都。""飞龙"二字出于《周易》乾卦爻辞:"九五,飞龙在天。"中国一向用"龙"象征皇帝,此处借用《周易》"飞龙"的成辞以比高宗,暗喻其逃难远走。这两句诗是说,正在惊怪敌人的"战马"逼近京都,怎能想到皇帝竟然被迫逃入穷海之中呢?"初怪"与"岂知"互相呼应,不但句法灵活,而且表达出深切的哀痛。按当时高宗仓皇渡江,建都尚未定,不过,建康、临安均在选择之中,所谓"上都",盖即指此,"初怪"正见敌来之速。也还另有一种解释,认为此诗前四句是从北宋末说起,"上都"指汴京,慨叹金兵攻取汴京三年之后,现在皇帝又被逼浮海逃难。这虽然也可以讲得通,但是总觉得追溯得远了一些。

第五六两句用虚浑之法,既伤叹国事,又融入自己。照一般作七律的方法,第五六两句很重要,应当或提起,或宕开,或转折,才能使通篇有远势。陈与义这里运化了李白、杜甫的诗句:李白《秋浦歌》第十五首:"白发三千丈,缘愁似个长。"杜甫《伤春》第一首:"关塞三千里,烟花一万重。""孤臣"是陈与义自称,因为忧国情深,头发都白了,将原句的"白发"改为"霜发",使其形象鲜明。杜甫《伤春五首》是他于代宗广德二年(764)在阆州所作,原注:"巴阆僻远,伤春罢始知春前已收宫阙。”原来在前一年，即是广德元年十月，吐蕃攻陷长安，代宗逃奔陕州，不久，郭子仪击退吐蕃，收复长安。杜甫作此诗时，因道远尚未听到收复的消息，所以他的诗中说：“天下兵虽满，春光日自浓。西京疲百战，北阙任群凶。关塞三千里，烟花一万重。……”表达了深切的忧国之怀。“关塞”二句是说，阆州离长安很远，虽然心怀忧念，而听不到消息。这种情况与陈与义身居湖南而忧念远在江浙的朝廷危难恰好相似，所以他借用杜甫这句诗以托喻，可谓非常贴切，既能意蕴丰融，而又兴象华妙，由此可见陈与义诗艺之精。末二句转出一意，称赞向子諲的勇敢抗敌，说明宋人是不肯屈服于强敌的。这两句的句法也是从杜诗“稍喜临边王相国，肯销金甲事春农”(《诸将》)学来的。向子諲于建炎中知潭州(州治在今湖南长沙)。建炎三年，金兵攻潭州，向子諲率军民坚守，金兵围城八日，城陷，子諲督兵巷战，夺南楚门突围而出，后又收溃兵继续抗金。向子諲原是直秘阁学士，故陈与义借用汉官的“延阁”以称之。“犬羊锋”即是指金兵。

陈与义这首诗，雄浑沉挚，声调高亮，与其《除夜》诗风格不同。陈与义作诗是取法黄(庭坚)、陈(师道)而上追杜甫，《除夜》诗还近似黄、陈，而这首诗却嗣响杜甫。钱锺书认为，杜甫律诗的声调音节是唐代律诗中最弘亮而又沉着的，黄庭坚和陈师道学杜甫，忽略了这一点，“陈与义却注意到了，所以他的诗，……词句明净，而且音调响亮，比江西派的讨人喜欢。”(《宋诗选注》146页)这段话说得很对。后来学杜甫而得其气格雄浑、音节高亮者也并不多，杰出者只有陆游、元好问，至于明代前后“七子”之学杜，浮声枵响，不足取也。

(缪 钺)

观 雨

陈与义

山客龙钟不解耕， 开轩危坐看阴晴。
前江后岭通云气， 万壑千林送雨声。
海压竹枝低复举， 风吹山角晦还明。
不嫌屋漏无干处， 正要群龙洗甲兵。①

〔注〕 ① 洗甲兵：《北堂书钞》引《六韬》：“武王伐殷，兵行之日大雨。太公曰：‘是洗濯甲兵。’”

建炎二年(1128)春，陈与义离开邓州，渡汉江南下。秋八月，由荆湖北路进入荆湖南路。三年，小留岳阳，过长沙时，与长沙帅向子諲款曲；岁杪，至衡州。四年初春，自衡州西入邵州，寓居于邵阳贞牟山中。初至贞牟，借当地主人之山居寄住。有《谢主人》一诗，云：“春禽劝我归，主人留我住；一笑谢主人，我自无归处。”感激中带有酸辛。又有《贞牟书事》一首，云：“抚世独余事，用舍何必同；眷此贞牟野，息驾吾其终。”似乎又得到许多慰藉。

虽然诗人不无欣幸和慰藉，但时事却更糟糕了。在东南一路，金兵已于前一年攻破了临安、越州，继而又从海道追逐宋帝，宋高宗从明州逃到温州。在湖湘这一路，当年的春天（建炎四年春），金兵已进逼长沙。不过湖湘一路情况稍有起色，就是这年二月，长沙守帅向子諲组织军民顽强坚守，局势有所和缓。陈与义其时写有《伤春》一诗，对东南的情势表示了忧虑，而对湖湘的抵抗给予赞扬。诗中说：“稍喜长沙向延阁①，疲兵敢犯犬羊锋。”

《观雨》一诗，写于四年的夏季，当时作者仍然寓居贞牟山居。此诗借“观雨”而抒写了局势的暂时光明所带来的振奋心情。

首联：“山客龙钟不解耕，开轩危坐看阴晴。”“山客”，作者自谓；“龙钟”，疲惫之态。“开轩”，也不是泛咏。作者既借主人之山居，因就其面势，开壁置窗，名之为“远轩”。这里的“轩”，应该就是他的“远轩”了。“危坐”，端坐。上句说“不解耕”，并非鄙弃农作之事，而完全是为了提醒下句的“看阴晴”。先谦言“不解耕”，然后翻笔说“看阴晴”，意思是说，虽疲癃不事农耕，但仍留心阴晴，足见其观雨的兴致非浅。“阴晴”，表面上是指天时，其实也是指人事，是说他关心时局。诗篇起笔处，即有气势，即有深意。

颔联：“前江后岭通云气，万壑千林送雨声。”这一联渲染雨前的声势。方当前江之水气与后岭之阴云，互相连通，兴云作雨之时，那万道沟壑、千顷林木，也在传送隐隐雷声。“前江后岭”、“万壑千林”，先在本句成对，然后又上下构成宽对。“通”与“送”，描摹逼真。

颈联：“海压竹枝低复举，风吹山角晦还明。”这一联描写雨中的情状。如果说，前一联渲染属虚，则此联的描写就是实了。“海”，指雨，说雨之来，如翻江倒海。“压”字有力。海字一定要压字配合，压字也一定要海字做主。“竹枝低复举”，写竹林在大雨中偃仰之状，真切如画。下句移到远处。远处，风吹云聚，云聚则山影晦暗不明；忽又吹散，云散则山角微露光明。雨中的风云开合、晦明变化，独独于“山角”见之，这也是精于物理的诗笔。

末联：“不嫌屋漏无干处，正要群龙洗甲兵。”结篇的这两句，写观雨的感受。作者说：方当我南方士众，整顿衣甲兵马，誓与金人决一死战之时，忽有此洗兵之雨，则群龙之兴作，真可谓有知时之灵了。既如此，则我屋之渗漏，漉漉满地，也在所不惜。这是因雨而寄怀，表示对抗金的胜利的渴望，为了重见太平，不顾个人利害。

这一联诗，全用杜甫的诗句，略加改动。上句用《茅屋为秋风所破歌》："床头屋漏无干处。"下句用《洗兵马》："净洗甲兵长不用。"杜甫当日写《洗兵马》，是希望尽快平服安史叛乱，然后濯甲洗兵，置于不用。陈与义"正要群龙洗甲兵"之句，却是整刷兵马，指日北伐的意思。含义有所不同。

简斋集中，咏雨之诗甚多，就中诗题直标为《雨》者，竟有七首。其他如《春雨》、《夏雨》、《秋雨》、《雷雨》、《细雨》、《连雨》、《喜雨》以及长题中有"雨"字者尚有许多，总计此类诗约有三十篇之多。陈诗虽惯于咏雨，但却以《观雨》一首写得最为神完气足。纪昀评此诗，赞赏最末两句，他说："前六犹是常语，结二句自见身份。"(《纪批瀛奎律髓》卷十七"晴雨类")其实，结二句，全用杜诗，论理应说此二句为"常语"。其实，此诗八句均好(只是"山"字重出，似是一个小小缺陷)，就整篇而言，确有杜甫夔州以后七律的气魄。只要把杜的《秋兴八首》、《登高》、《阁夜》诸作，和陈的《观雨》并读，是不难发现这点的。　（韩小默）

〔注〕 ① 延阁：是汉朝皇帝藏书所。当时长沙太守向子諲，以前曾担任过直秘阁学士，因而陈诗以"向延阁"称之。

雨中再赋海山楼　　陈与义

百尺阑干横海立，　一生襟抱与山开。
岸边天影随潮入，　楼上春容带雨来。
慷慨赋诗还自恨，　徘徊舒啸却生哀。
灭胡猛士今安有？　非复当年单父台。

作者写这首诗之前，另有一首《登海山楼》，所以题中有"再赋"二字。《广州府志》载："海山楼在镇南门外，宋嘉祐中，经略魏炎建……"又据胡穉《简斋先生年谱》，诗人于"绍兴元年辛亥春，出贺溪，溯康州，过封州，经五羊(即广州)，度庾岭，上罗浮……"这与《登海山楼》和《雨中再赋海山楼》二诗中所写的季节正相吻合。

从靖康元年(1126)诗人自陈留南奔，至绍兴元年(1131)春，历时五年，其间辗转流徙于今河南、湖北、湖南、广东等地。艰难的历程，不仅使他的生活发生了巨变，也使他亲身感受到国破家亡的痛苦，目睹了广大人民的灾难，而作为一个来自中原的诗人，南国的风光名胜，亦使他大大开拓了视野。这些使他的诗歌创作跨入了一个新的阶段。这就是前人所说的，"会兵兴抢攘，避地湘广……虽流离困阨，而能以山川秀杰之气益昌其诗，故晚年赋咏尤工"(葛胜仲《陈去非诗集序》)。“建炎间,避地湖峤,行万里路,诗益奇壮。造次不忘忧爱,以简严扫繁缛,以雄浑代尖巧,第其品格,当在诸家之上”(吴之振《宋诗钞·简斋诗集序》)。

本诗一二两句分写,上句写楼,下句写己。阑干,同栏杆。诗人说百尺高楼上的栏杆横海而立。这里不是孤立地写楼,而是使高耸的楼阁与辽阔的大海相对相映,海山楼于是更见雄伟。诗人置身于如此壮阔的空间,不禁想起:“一生襟抱与山开”,自己宏大的抱负亦如高山一样展示在天地之间。诗人还说过:“昔吾同年友,壮志各南溟。”(《杂书示陈国佐、胡元茂四首》)话虽不同,含意则一,都是壮志凌云的象征。第二联承首句,写登楼所见。所见虽多,而表现于全诗中的只此两句。因此,这两句必须在结构与风调上和全诗和谐统一,且有助于抒发感情、表现主题。这殊不容易。第三句“岸边天影随潮入”,“岸边”与“潮”是实写,“天影”,则是虚笔点染,用“随”字将虚与实、上与下融合一体,再以“入”字刻画出动态。陈与义擅长绘画,如果说在第一句诗的构图中已微露迹象,那么这里更表现了他那画家的眼光和技法。第四句“楼上春容带雨来”,“春容”二字下得浑涵,凡是春雨之前所见的种种气象,都包括在其中了。倚立楼头的诗人觉得正是这一切酿成了连绵春雨。诗中写到“雨来”即止,既照应了诗题,又巧妙地避开了“雨来”之后景象的正面描写,节省了笔墨。潮涌天影、风雨危楼的画面,不仅写出了诗人眼中所见的雄浑壮阔的景象,而且暗含诗人对那动荡不测的时代的感受。

第二联的景语为下一联创造了气氛,于是诗人转而抒怀。“慷慨赋诗”、“徘徊舒啸”,这本是为了排愁遣闷,但结果是更增悲恨。“还”字、“却”字用得精当,使得诗句富有起伏顿挫、回肠荡气的韵味。为什么会如此悲恨呢?那是因为“天下方有难,非血诚壮烈不足以解国家之忧”(《跋郭节度父墓志铭》)。而自己呢?“臣少忧国今成翁,欲起荷戟伤疲癃”(《雷雨行》);“腐儒徒叹嗟,救弊知无术”(《晚晴》);“忧世力不逮,有泪盈衣襟”(《次舞阳》)。徒怀忧国之心,而回天无力,只有自恨自哀而已。如果世有威镇边陲的“血诚壮烈”之士,岂不是能张扬国威,收复失地?然而,环顾四周,猛士安在哉?单父台,即宓子贱琴台,在今山东省单县。杜甫《昔游》诗说:“昔者与高李,晚登单父台。……是时仓廪实,洞达寰区开。猛士思灭胡,将帅望三台。君王无所惜,驾驭英雄材……”这是唐玄宗的盛世景象,如今诗人登海山楼,则是山河破碎,民生凋敝,朝廷昏聩,猛士何在?纵有,亦无报效之途。这与当年李、杜等人登单父台时的盛世景象真有天壤之别!所以说“非复当年单父台”。诗的结尾在怀古伤今的无限慨叹之中,将感情推到了高潮,也深化了诗的主题。“穷途劫劫谁怜汝,遗恨茫茫不在诗”(仇远《读陈去

非集》),雄浑悲壮,遗恨茫茫,正是这首诗的气象。（赵其钧）

渡　　江

陈与义

江南非不好，　　楚客自生哀。
摇楫天平渡，　　迎人树欲来。
雨余吴岫立，　　日照海门开。①
虽异中原险，　　方隅亦壮哉!②

〔注〕 ① 海门：指钱塘江入海处。 ② 方隅：角落。指江南。

这首诗作于高宗绍兴二年(1130)。前一年的夏天,作者在广南奉诏,由闽入越,趋赴绍兴行在,任起居郎。至本年正月,随车驾返回临安,诗为渡钱塘江而作。诗中表示宋室局处江南一隅,虽属偏安,但形势也很壮观;虽不若中原的险固,国事仍可有为,在基调上比较开朗。

“江南非不好,楚客自生哀。”由赋情写起,表明江南地带,并非不好。然而自金兵入据中原之后,转眼五年,黄淮地区,大部分已非吾土。所以思念故国,仍不免使楚客生哀。“楚客”,指的是作者自己。作者虽说是洛阳人,在避乱期间,曾辗转襄汉湖湘等地,长达五年,所以自称“楚客”。第三四两句:“摇楫天平渡,迎人树欲来。”写渡江时情景。摇桨渡江,远望水天连成一片,仿佛天水相平。由于船在前进,所以江岸远处的树,颇似迎人而来。这两句写景入神,且景中寓情。“天平渡”,示天水无际,前进的水路,呈现开阔苍茫的气象;“树迎人”,示行进之时,江树渐次和人接近。隐喻国家正招揽人才,所以自己也被迎而至。

第五六两句:“雨余吴岫立,日照海门开。”融情入景。“吴岫”,即吴山。吴山在钱塘县南,和城内凤凰山相对,下瞰大江,直望海门。“雨余”,是初晴。吴山明朗,云雾尽散,“雨余山更青”,故用“立”字示意。天晴了,红日高照,海门开敞,金碧腾辉,故用“开”字示意。两句写雨后景象,象征国运亦如久雨初晴,光明在望。结笔:“虽异中原险,方隅亦壮哉!”仍以赋情为主,赞美江南地带,尽管险固有异中原,但也擅有形胜,倘能卧薪尝胆,上下同心,凭借此处以为“生聚教训”的基地,则复兴的希望,必能给人以鼓舞。这两句回映起笔,“虽异”句和“生哀”句相应,“方隅”句和“江南”句相应。在章法上,首尾应接,抑扬相间,笔有余辉。

全诗借开朗景象,以示此行的欣喜,却能不露痕迹,使外景和内心一致,这是诗人用笔高妙的地方。

（马祖熙）

刘大资挽词二首

陈与义

天柱欹倾日，　堂堂堕虏围。
遂闻王蠋死，　不见华元归。
一代名超古，　千年泪染衣。
当时如有继，　犹足变危机。

一死公余事，　由来虏亦人。
使知临难日，　犹有不欺臣。
河洛倾遗愤，　英雄叹后尘。
煌煌中兴业，　公合冠麒麟。

这两首诗是追挽刘韐的，作于高宗绍兴四年(1134)前后。

靖康二年(1127)，金兵攻破汴京，刘韐被派出使金营，金人想逼迫他留下做官，刘不从自尽。后来南宋朝廷为了表彰他的忠节，追赠他为“资政殿大学士”，所以诗人尊称他为“大资”。

挽诗通常的写法是表彰死者的生平业绩并表示追悼之意，文字必须典雅、凝重，较难体现诗人的真情实感。所以古人的诗集中虽有不少挽诗，但往往流于平庸，还有不少“谀墓”之词，真正情文并茂的挽诗很少。陈与义这两首诗是挽诗中不可多得的好作品。

先看第一首。上古传说以为，天由八根“天柱”支撑，一旦天柱折断，就会倒塌。靖康之祸是一次天翻地覆的大事变，北宋王朝的宗庙社稷毁于一旦，所以诗人把它比拟为天柱倾倒。颔联用了两个典故：王蠋是战国时齐国的贤士，燕军侵齐，欲以为将，他坚决不从，自经而死。华元是春秋时宋国的大将，与郑国作战被俘，后逃归。这四句的意思是说：在那天崩地坼的时候，堂堂正正的刘韐陷于敌围，他没有能够生还，而是坚决拒绝敌人的胁迫，以死殉节。后四句是诗人的议论：刘韐一代英烈，名超前古，他的事迹将使千年之后的志士为之感愤流泪。如果当时有人后继，那么，国家的危机局面当可改变！

第二首诗全是议论。据史书记载，刘韐尽节之后，金人亦叹曰：“忠臣也。”所以诗人感慨地说：刘韐决心尽忠报国，早已死生置之度外，所以对他本人来说，殉节只是一件寻常的事情。金人毕竟也是人，刘韐的英勇行为会使他们明白，即使在大难降临之时，还是有坚守节义之臣的！黄河洛水，倾吐着先烈遗留的愤忾之情。后来的英雄将为之扼腕叹息，继其步武。中兴大业辉煌灿烂，刘韐的英名应该居于麒麟阁之首位。

刘韐是靖康事变中的烈士，殉难是他一生中的大节。这两首挽诗没有用一字一句去表彰刘韐平生的其他业绩或才能，而是集中笔墨颂扬他的节义。开门见山，重点突出，这是这两首诗的第一个特点。

这两首诗立论严正，词句工整，用典多出经史，行文之间有一种肃穆、正大之气，完全合乎传统的挽诗写法。更值得注意的是，他在这种严整的形式中，做到了议论精警，感情充沛，使作品具有很强的感染力。结合靖康之变以后的历史情况，可以看出诗人所以要在刘韐尽节七年之后作诗追挽，是含有深意的。诗中"遂闻王蠋死，不见华元归"两句，一方面是表彰刘韐可比古之烈士；另一方面又何尝不是讥讽许多贪生怕死之徒，他们临阵逃脱，丧师辱国，就像是"弃甲而复"的华元（事见《左传·宣公二年》）呢！而"当时如有继"两句，更是慨乎言之：如果当时大家都像刘韐那样坚贞不屈，又何至于毁弃社稷，仓皇南渡？所以说，这两首挽诗的意义决不单单是追悼先烈，它们同时又是诗人对那班靦颜事敌之辈的无情鞭挞。由于发这些议论时采用了多种手法，如"王蠋"、"华元"两个典故，一正用，一反用；"当时如有继"两句，又纯从反面设想以立论；所以表面上并无剑拔弩张之势，细读则觉得含义非浅，发人深省。宋诗长于议论，于此可见一斑。（莫砺锋）

得张正字书　　陈与义

送老茅屋底，　　天寒人迹稀。
一觞犹有味，　　万事已无机。
岁暮塔孤立，　　风生鸦乱飞。
此时张正字，　　书札到郊扉。

这首诗写于宋高宗绍兴五年（1135）冬。此年六月，作者因与宰相赵鼎议事不合，引疾辞去给事中，以显谟阁直学士提举江州太平观，卜居青墩镇，寓寿圣院后芙蓉浦上，称所居曰"南轩"。（见《陈与义年谱》卷四）青墩镇，在桐乡县（今属浙江）。作者过着"纸帐不知晓，鸦鸣吾当兴"（《小阁晨起》）、"解襟凭小阁，日暮归云多"（《小阁晚望》）的闲散生活，心情孤寂。正当他"幽怀眇无寄，萧瑟起悲歌"（《小阁晚望》）之时，接到了张正字的来信。张正字名嵲，字巨山，绍兴五年，经陈与义荐举任秘书省正字。张嵲《紫微集》中，有《将至临安，途中偶成，呈表叔陈给事去非》诗。诗中叙述建炎二年（1128）春正月，从邓州往房州，与陈与义避难南山事颇详，并谈及被举任官和感激之情。据《陈与义年谱》考证，“是冬，张嵲有诗见寄，作诗报之。”可知张正字信中即有此诗。作者在引退孤寂之时，忽然接到张正字的信和诗，当然喜出望外，于是写诗赠答。

“送老茅屋底，天寒人迹稀。”点明自己的境况。“送老”句，叹岁月流逝，一事无成，有伤老之情。“茅屋”指僧舍。《传灯录》：“咸泽禅师住杭州广严院，有僧问：‘如何是广严家风？’师曰：‘一坞白云，三间茅屋。’”“天寒”，暗点时序已到冬季。“人迹稀”，既指环境幽静，又有“门可罗雀”之意。诗一开始，格调就显得低沉，给人一种冷寞之感。

在这种环境下，什么东西能给诗人带来一点欢乐呢？酒当然是浇愁之物，能增添一点乐趣。“万事已无机”，正道出他此时的心境。《庄子·天地》云：“有机事者，必有机心。”“机事”指机巧之事。“机心”是权变之心。诗人此时只觉“一觞犹有味”，已不再有“机心”，当然对于人间万事机心全消了。从中可见诗人的心灰意冷。

后二句以写景烘托诗人孤寂之感。岁暮天寒，孤居僧舍，所见只有孤立之塔，乱飞之鸦。这两句，取境孤寂，语调悲凉，很有杜甫沉郁的风格。

“此时张正字，书札到郊扉。”尾联是写实之笔，承上六句而来，另辟新境，又照应诗题。正当诗人面对孤塔乱鸦，以酒浇愁，百无聊赖之际，忽有张正字的书札到此稀有人迹的柴门，内心的欣喜如何，是可想而知的了。张嵲的赠诗说：“末契托外亲，夙昔承顾盼。邓鄙听论诗，房陵共遭乱。”张嵲是诗人的表亲，又是从他学诗的学生，还是一同避乱的患难之交。接到这样一位亲友的书札，当然要更为欣喜了。尤其张诗的结尾说道：“存没割中肠，申章泪滂溅！”这种发自肺腑的真情，怎能不使诗人大为感动！

此诗不施藻绘，朴质老苍，沉郁之中有顿挫，能得杜诗之神。杨万里《跋陈简斋奏草》诗说：“诗风已上少陵坛。”此诗正是登上少陵之坛的作品。　（孟庆文）

怀天经、智老，因访之　　陈与义

今年二月冻初融，　睡起苕溪绿向东。
客子光阴诗卷里，　杏花消息雨声中。
西庵禅伯方多病，　北栅儒先只固穷。
忽忆轻舟寻二子，　纶巾鹤氅试春风。

这首诗作于绍兴六年（1136）二月，在这前一年诗人以病请求免官，六月，除显谟阁直学士，提举江州太平观。他离开朝廷，移居青墩（亦称青镇，今属浙江桐乡)。天经,姓叶,名懋;智老,即大圆洪智,是一位和尚。两人都住在乌镇(今属浙江桐乡),青镇与乌镇隔苕溪相对。陈与义集中另有《与智老、天经夜坐》一诗:“残年不复徙他邦,长与两禅同夜釭。坐到更深都寂寂,雪花无数落天窗。”此诗把他们之间那种心神相契的情谊,写得那么平实而又亲切。于此可见,诗人说“怀天经、智老,因访之”,绝不是偶一“怀”之,偶一“访之”,而是常怀、常访的,所以诗中虽说“忽忆”,实是深情的闪露。

苕溪,河名,据说因岸多芦苇而得名。其源出于天目山(在今浙江),经杭州、湖州等地,流入太湖。诗的首联说:今年(绍兴六年)二月一到,冰雪就开始融化了,那入冬以来水位低落的苕溪,已是满溪绿水,悠悠东流。这里透露了春的气息,也自然地领起下文。诗人面对着这万象更新的景色,不由得想起了自己,也想起了友人。“客子光阴诗卷里,杏花消息雨声中”,这一联当时广为传诵,魏庆之《诗人玉屑》(卷三)就把它列入“宋朝警句”之中。上句写客里光阴,吟诗度日,这是乐,是苦?下一句写雨中杏花,诗人对此,是怜,是惜?似乎难以觉察,因为这里看不到带有明显感情色彩的言词。“客子”对“杏花”,“雨声”对“诗卷”,好像是随意拈来。不过,也正因为“随意”,才更显得和谐自然。因此才有人赞为“平淡有功”(胡仔《苕溪渔隐丛话》);才有人说是“清思秀句,出于自然”(范大士《历代诗发》)。

靖康之变,诗人避乱湖湘,到绍兴五年寓居青镇,首尾十年。十年来思家忧国,无限心事,无人可说。如今抱衰病之躯,闲居青镇,只有吟诗度日而已。诗人心中怎能无所感慨,下联“多病”、“固穷”二语,虽说的是友人,也暗示着诗人的处境和态度。因此,那安贫淡泊的一面,又能使他以诗书自娱,保持心境的平静。这一联正是这种生活、心境的写照。所以陈衍评这两句诗说:“诗中皆有人在,则景而带情矣。”(《石遗室诗话》)这里所说的“诗中有人”,正是指和平淡泊、不慕荣利,万物静观皆自得的诗人形象。须细细体味,才能察出。

诗的第二联写己,第三联转而写友。西庵,智老所居。禅伯,即精通佛学的人。北栅,天经所居。儒先,犹儒生。固穷,指安于穷困,语本《论语·卫灵公》载孔子的话:“君子固穷,小人穷斯滥矣。”对朋友写得颇细致,诸如居所、思想、生活处境等都概括进去了,这是更能表现自己对朋友的了解和体贴,因而也就突出了彼此的友情。内容具体,语言凝重、整饬,这是第三联的特色。第二联如果也用同样的格调,岂不显得呆板了吗!因此,诗人就把写自己的一联表现得空灵、流走。这样既可以丰富诗的色调,又可以与尾联的那种欣然、飘洒的神情和谐合拍。五六两句暗扣题中的“怀”字,七八两句顺势而下,写题中的“访”字。高明的是诗人并不实写“访”,而是以虚笔写到意动即止。这样的结尾不仅照应了以上的内容，完满地收束了全诗，还留下了引而未发的余意，读者可以想见那一叶轻舟，疾驶在满溪绿水之上的情景，可以想见那船头上身披鹤氅（鸟羽所制的外衣）、头戴纶巾（用丝带做的头巾。纶巾和鹤氅均属六朝以来名士喜爱的穿戴，此处并非实指，乃喻指诗人装束之高雅），迎风而立，遥望乌镇的诗人形象；当然，还可以再想象那友人相见，挑灯夜话，“坐到更深都寂寂”等动人的场景，不过，这些都在诗的语言之外了。

（赵其钧）

牡　丹　　　　陈与义

一自胡尘入汉关，　　十年伊洛路漫漫。
青墩溪畔龙钟客，　　独立东风看牡丹。

此诗为陈与义咏物怀乡的名篇。读到此诗，自然很容易想起唐代岑参的怀乡诗《逢入京使》：“故园东望路漫漫，双袖龙钟泪不干。马上相逢无纸笔，凭君传语报平安。”由于个人性情、时代环境等的差异，这首诗比岑诗显得更为思力沉挚，悲凉凄楚。这首诗作于绍兴六年（1136）春，当时陈与义以病告退，除显谟阁直学士，提举江州太平观，寓居于浙江桐乡县北青墩（一名青镇）之寿圣院塔下，无论国家的局势，或者个人的身世，都使诗人感慨无限，他便以牡丹为题，抒发了自己真挚强烈的伤时忧国之情。

起句以回叙开篇，从金兵入汴写起。“一自”二字以口语入诗。此句语意陡峭，情感愤激。次句紧接起句，继续叙写十年来的漫长愁苦。靖康元年（1126）金兵攻破汴京（今河南开封），二年掳走徽钦二帝。北宋亡。从此诗人便流离失所，漂泊江湖，不觉已经十年。“伊洛”，即伊河、洛河，伊河为洛河支流，洛河为黄河支流，《国语·周语》云：“昔伊洛竭而夏亡。”因此，“伊洛”既指诗人的故乡洛阳，又暗寓他那亡国的隐痛。“路漫漫”亦兼有两重意思：其一谓十年颠沛，北望故乡，长路漫漫，无由再达，即所谓“还顾望旧乡，长路漫浩浩”（《古诗·涉江采芙蓉》）；其二谓国破家亡，乾坤板荡，虽无挽狂澜于既倒之力，但胸中的耿耿之志仍未消歇，即所谓“路漫漫其修远兮，吾将上下而求索”（屈原《离骚》）。可见前二句既有对敌方的谴责，又有对故国的怀恋，既有思乡之情，又有亡国之痛，而且“其用意深隐，不露鳞角。”（胡穉《简斋诗笺叉叙》）

三句亦与次句相承，意谓自己此时年龄虽未满半百，但体衰多病，早已疲惫乏力，数次以病剧辞，方得在此江南之青墩溪畔客居，此为身世抒写而语气平静舒缓，使感情的激流暂趋平缓，为末句蓄势。洛阳牡丹号称“天下第一”（欧阳修

《洛阳牡丹记》），然而此时洛阳被占，有家归不得，偏偏今天在他乡看见了牡丹，这自然会使诗人情不能已，感慨万千！“独立”，即谓“茕茕孑立，形影相吊”（李密《陈情表》）之意，表明诗人此时零丁孤苦，无有知音。陈与义出身世家，超世特立，不求显达而重名节，然而此时体衰多病，又孤掌难鸣，实无力报国，哀苦之情，令人黯然神伤。“东风看牡丹”，似乎勾勒了一幅闲暇有致的画面，其实乃是一种极为悲苦的写照。诗人强压住悲痛，将他那伤悼故国、悲叹身世的全部感情都倾注于江南海滨的牡丹上，但牡丹不语，岂解人意，诗人便只有暗吞伤心之泪了。本诗以“牡丹”为题，却在结句的最末二字才点出，这并非一般的点睛之笔，而是凝聚了诗人全部的感情，收到了强烈的艺术效果。

全诗自然流畅，“用事深隐处，读者抚卷茫然，不暇究索。”（楼钥《简斋诗笺叙》）此诗作于诗人逝世前两年，葛胜仲所谓陈与义晚年“赋咏尤工”（《陈去非诗集序》），确非虚语。

（萧作铭）

早 行

陈与义

露侵驼褐晓寒轻，　　星斗阑干分外明。
寂寞小桥和梦过，　　稻田深处草虫鸣。

温庭筠《商山早行》云：“鸡声茅店月，人迹板桥霜。”沈德潜说：“早行名句，尽此一联。”陈与义此诗与之相比，亦不逊色。

头一句，不说“鸡唱”，不说“晨起”，不说“开门”，不说“整车”或“动征铎”，而主人公已在旅途行进。“行”得特别“早”，既不是用“未五更”之类的语言说出，又不是用“流萤”、“栖禽”、“渔灯”、“戍火”、“残月”之类来烘托，而是通过诗人的感觉准确地表现出来。“驼褐”，是一种用兽毛（不一定是驼毛）制成的上衣，露水不易湿透；诗人穿上此衣，其上路之早可见。而“露侵驼褐”，以至于感到“晓寒”，其行之久，也不言而喻。

第二句，诗人不写“月”而写“星斗”。“星斗阑干分外明”，这是颇有特征性的景象。“阑干”，纵横貌。古人往往用“阑干”形容星斗，如“月没参横，北斗阑干”之类。月明则星稀，“星斗阑干”，而且“分外明”，说明这是阴历月终（即所谓“晦日”）的夜晚。此其一。露，那是在下半夜晴朗无风的情况下才有的。晴朗无风而没有月，“星斗”自然就“阑干”、就“明”，写景颇为确切、细致。此其二。更重要的还在于写“明”是为了写“睹”。黎明之前，由于地面的景物比以前“分外”暗，所以天上的星斗也就被反衬得“分外”明。

第三句“寂寞小桥和梦过”，可以说“立片言以居要，乃一篇之警策”。以梦与“寂寞小桥”结合，意象丰满，令人玩索不尽。赶路而作梦，一般不可能是“徒步”。独自骑马，一般也不敢放心地作梦。明乎此，则“寂寞小桥”竟敢“和梦过”，其人在马上，而且有人为他牵马，不言可知。

第一句不诉诸视觉，写早行之景；却诉诸感觉，写寒意袭人，这是耐人寻味的。联系第三句，这“味”也不难寻。过“小桥”还在做梦，说明主人公起得太“早”，觉未睡醒，一上马就迷糊过去了。及至感到有点儿“寒”，才耸耸肩，醒了过来，原来身上湿漉漉的；一摸，露水已浸透了“驼褐”。睁眼一看，“星斗阑干分外明”，离天亮还远呢！于是又合上惺忪睡眼，进入梦乡。既进入梦乡，又怎么知道在过桥呢？就因为他骑着马。马蹄踏在桥板上发出的响声惊动了他，意识到在过桥，于是略开睡眼，看见桥是个“小”桥，桥外是“稻”田，又朦朦胧胧，进入半睡眠状态。

第一句写感觉，第二句写视觉；三四两句，则视觉、感觉、听觉并写。先听见蹄声响亮，才略开睡眼；“小”桥和“稻”田，当然是看见的。而“稻田深处草虫鸣”，则是“和梦”过“小桥”时听见的。正像从响亮的马蹄声意识到过“桥”一样，“草虫”的鸣声不在桥边，而在“稻田深处”，也是从听觉判断出来的。诗人在这里也用了反衬手法。“寂寞小桥和梦过”，静中有动；“稻田深处草虫鸣”，寂中有声。四野无人，一切都在沉睡，只有孤寂的旅人“和梦”过桥，这静中之动更反衬出深夜的沉静，只有梦魂伴随着自己孤零零地过桥，才会感到“寂寞”。“寂寞”所包含的一层意思，就是因身外“无人”而引起的孤独感。而“无人”，在这里又表现天色尚“早”。“寂寞”所包含的又一层意思，就是因四周“无声”而引起的寂寥感。而“无声”，在这里也表现天色尚“早”，比齐己《江行晓发》所写的“鸟乱村林迥，人喧水栅横”要“早”得多。

这首诗的最突出的艺术特色，就表现在诗人通过感觉、视觉和听觉的交替与综合，描绘了一幅独特的“早行”(甚至可以说是“夜行”)图。读者通过“通感”与想象，主人公在马上摇晃，时醒时睡，时而睁眼看地，时而仰首看天，以及凉露湿衣、虫声入梦等一系列微妙的神态变化，都宛然在目；天上地下或明或暗、或喧或寂、或动或静的一切景物特征，也一一展现眼前。 （霍松林）

【作者小传】

周 莘

生卒年不详。字尹潜，钱塘(今浙江杭州)人。曾任岳阳决曹掾。与陈与义友善。

野泊对月有感　　周 莘

可怜江月乱中明，　　应识逋逃病客情。
斗柄阑干洞庭野，　　角声凄断岳阳城。
酒添客泪愁仍溅，　　浪卷归心暗自惊。
欲问行朝近消息，　　眼中群盗尚纵横。

周莘字尹潜，钱塘（今浙江杭州）人。苏轼诗中称为周长官的周邠就是莘的祖父，可见诗有家学。他在岳阳县做过“决曹掾”（管刑狱的助理），陈与义有好几首次韵尹潜的诗。在《简斋诗集》卷二十《周尹潜雪中过门不我顾遂登西楼作诗见寄，次韵谢之三首》称赞说：“深知壮观增诗律，洗尽元和到建安。”可见推重。胡穉注称他“苦思为诗，先生（指陈）与诸公皆钦畏之”。这首《野泊对月有感》大约作于建炎三年（1129）。当时北宋已亡，高宗即位临安（今浙江杭州），立足未稳，金兵南下，苗傅、刘正彦在杭州胁迫高宗让位，到处兵荒马乱。诗里充满忧时忧国的感情。方回《瀛奎律髓》编入“忠愤”门。

题目表明作者漂泊无归之感，着眼“野泊”二字。起句破空而来，忧愤无端，领起全篇。时荒世乱，万物失色，而江月不管兴亡，在乱中依旧光耀如昔，不能不引起作者的怜惜，这一句实际已交代了题目，“江月”点“野泊对月”，而“乱”字点明时世感慨，“可怜”二字已逗露情怀。二句对江月抒情，江月之明，应知我的难言之隐。“逋逃”是愤激之词，言漂泊无家，点足“野泊”二字。“病客”引起五六句的怀归之感。作者原可继续抒情，却用广阔的背景作一顿挫。三四两句是前人爱引的名句。明朝人是不大欢喜宋诗的，而胡应麟《诗薮・外编》卷五说：“周尹潜‘斗柄阑干洞庭野，角声凄断岳阳城’，陈去非‘晚木声酣洞庭野，晴天影抱岳阳楼’，二君同时，二联语甚相类，皆得杜声响，未易优劣。”上句望天无语，天上参横斗转，地上茫茫洞庭，点明“野”字，亦见望久，始见斗柄横斜；下句听角伤怀，角声暗寓兵乱，岳阳城在泊舟近处，凄断写角声，亦写听到角声的感受。这两句乍看气象开阔，细思情绪深沉，在写景中抒情。

五六承第二句来，以酒浇愁，酒随泪溅，所谓“举杯消愁愁更愁”。听浪思归，而无所归，故暗自惊心。五六表面对仗，意实相连而下，“酒添客泪”和“浪卷归心”互为表里。而“浪卷”字又扣“野泊”字。“愁”、“惊”两字引出尾联。若至五六为止，只见作客野泊思归，所感只在一家。尾联忽然推开，遥应第一句的“乱”字。而两句亦有顿挫，“欲问行朝近消息”从一身乱离，想到朝廷迁流不定，由忧一身到忧朝廷，结句把遍地兵荒马乱的情景写足，消息虽欲问而无由，其为忧愤，更何以堪。杜甫《登岳阳楼》结句云："戎马关山北，凭轩涕泗流。"也是由一身漂泊写到国家战乱。而此诗结句更甚于"戎马关山北"，因群盗纵横即在眼前也。方回评此诗云："只'江月乱中明'一句便高。三四悲壮，结句自可混入老杜集。"纪昀批云："起得超脱，深稳之中，气骨警拔，自是简斋劲敌。虚谷评亦非过誉。"方回和纪昀的意见都可参考。总之，此诗一起骞举，一结有茫茫无尽之感，而中间两联情景交融，很有老杜忧时念乱诸作的气味。诗中虽重一"客"字，不足为病。

（周本淳）

【作者小传】

邓　肃

(1091—1132)　字志宏，南剑沙县（今属福建）人。早年与李纲为忘年交。钦宗朝召对，补承务郎。张邦昌僭位，奔赴南京，擢右正言，罢归家居。有《栟榈集》。

偶成二首　　邓　肃

苍苔白石两清幽，　缥缈虹桥跨碧流。①
日过窗间腾野马，②　雨余墙角篆蜗牛。③
饥寒不作妻孥念，　笑语那知天地秋？
一炷水沈参鼻观，④　扫空六凿自天游。⑤

梦破南窗婣水沈，⑥　卧看索壁挂瑶琴。
丝丝细雨晚烟合，　阁阁鸣蛙蔓草深。
但得瓮边眠吏部，⑦　不妨胯下辱淮阴。⑧
何时楼上登晴景，　一醉聊舒万里心。

〔注〕①虹桥：又名飞桥，是我国古代的一种木拱桥。外形如长虹贯空，故名。　②野马：春月奔腾的游气。（见《庄子·逍遥游》郭象注）青春之时阳气发动，遥望薮泽，犹如奔马，称为野马。　③篆蜗牛：蜗牛爬行后留下的黏液，屈曲如篆文，称为蜗篆。　④鼻观：佛家有观想法，观鼻端白，称为鼻观。初时谛观，见鼻中气出如烟，身心内明。久之烟相渐销，鼻息成白，心开漏尽，诸出入息，化为光明，照十方界。谓之鼻观，是佛教修炼养性的一种方法。　⑤"扫

空”句：全句意为“扫空六种情欲，游心于天地之表。”六凿：指喜、怒、哀、乐、爱、恶六情。《庄子·外物》：“心无天游，则六凿相攘。” ⑥梦破：意为梦醒。 ⑦瓮边眠吏部：毕卓，晋新蔡人，大兴末为吏部郎，性嗜酒，邻宅酿熟，卓至其瓮间盗饮，为掌酒者所缚，明晨视之乃毕吏部，即解缚与主人共饮瓮侧。见《晋书》本传。后世诗文中用为嗜酒的典故。 ⑧胯下辱淮阴：《史记·淮阴侯列传》：“淮阴屠中少年有侮信者，曰：‘若虽长大，好带刀剑，中情怯耳！’众辱之曰：‘信能死，刺我；不能死，出我胯下！’于是信熟视之，俯出胯下，匍伏，一市人皆笑信，以为怯。”

诗人邓肃警敏多才，为人刚直。徽宗宣和年间（1119—1125），东南贡花石纲，他曾赋诗指责守令“搜求扰民”，因而被斥。《偶成二首》，作于被黜家居之后。第一首表现诗人不因贫困饥寒而改变自己操守的高尚情操；第二首表明诗人在闲居中设想借酒浇愁，不惜屈身勋志以求大用的心愿。通过诗中所抒发的情感，可以理解作者立身处世傲骨铮铮的态度。

首章起始两句写景。作者以苍苔白石相衬，以见环境的清幽；以虹桥缥缈、碧水潺湲，写景物的优美，这是庭院外边之景。三四两句，写太阳照过窗隙，浮动的游气，有如腾驰不停的野马；雨余之后，蜗牛向墙角爬行，留下丝丝的篆文。这两句体物入微，描写生动，是庭院内部之所见。以上几句都是从静中着笔，写贫士家居的生活，使人读后有幽雅闲适之感。那么在这样的环境中，主人公的心情，究竟是怎样的呢？作者在五六两句中写道：“饥寒不作妻孥念，笑语那知天地秋？”表白自己纵使在困穷的情况下，也不因妻孥的饥寒，而改变刚贞的节操；纵使时光易逝，转眼就是秋天，也感到天地无私，在家人的笑语声中，并没有悲愁的意绪。可见作者心情开朗，不为外物所奴役，不因时节的转换，而丧失旷达的情怀。因而使诗句中充满勃郁之情，显示出豪迈的气概。在幽居的生涯之中，作者焚香默坐，神志清怡，具有“贫贱不能移”的高致，而在结尾两句，把这种心志，写得更为深透。“一炷水沈参鼻观，扫空六凿自天游。”在鼻观中参透水沈的芳香，在心灵上扫空六凿——即喜怒哀乐好恶的情欲，把自己的神思和自然界打成一片，神游万仞之上，思出天地之表。不仅设想新奇，更寄寓了自己不屑与世俗浮沉的高情逸思。全诗前半写景，后半写意。不为含蓄，而有不尽之味；不作壮语，而见刚劲之情。首尾四句，从实写到神游；中间四句，从闲适到超迈，章法不同一般，但脉络井然，运思造境，皆有可观。

次章写午睡醒来以后的情景，首两句写梦醒以后，南窗边上正袅袅地旋起沉香的烟篆，此时静卧在床上，恰好看到墙壁上悬挂的瑶琴，知音难逢，这琴儿似乎已经闲挂得很久了。三四两句点明时间和季节。时候已是傍晚，门外飘着如丝的细雨，晚烟四合，塘边草际，响起阁阁的蛙声。索琴声歇了，蛙声却闹个不停；

室内的烟缕和室外的暮烟都渐渐地由淡而浓，就仿佛在人的心境上罩上一重烟雾。时届初秋，蔓草已经很深了，作者对此景象以五六两句，写出自己此刻的情怀："但得瓮边眠吏部，不妨胯下辱淮阴。"作者想到人世间能助人摆脱尘氛的当无过于酒，倘得像西晋的毕卓那样，沉醉之后，就倦眠在酒瓮边上，那该多好啊！倘能那样，即使受到像韩信那样的胯下之辱，也是心甘情愿的。这两句表示素志难酬的感慨，也是作者不惜降志辱身以求担当国家重任的心志的表白。从这里可以看出作者从闲适中突然爆发的激情。外边的雨丝还在飘洒，天还没有放晴，天，何时才能晴呢？作者在结尾用双关的语气写道："何时楼上登晴景，一醉聊舒万里心。"天阴得已久，时局也动荡不定，边境上满布的阴霾，正和暮霭一样吞噬着大地，几时才能把阴霾廓清呢？作者感叹地说：只要天能放晴，那么登楼一醉，即便自己仍然不为世用，也可以聊以舒解自己志在万里的情怀啊！这首诗在闲中见志，骨气劲猷，忧时之忧，溢于言表。

宋人的诗歌，往往造意深永，耐人寻思。在结构上多从深处拗折，在空际盘旋，于现实环境中，标出新的意象。作者《偶成二首》寓理于情，都从五六两句进行拗折，不落常轨。

（马祖熙）

【作者小传】

张元干

（1091—约1170） 字仲宗，号芦川老隐，又号芦川山人，福州长乐(今属福建)人。政和、宣和间，以词名。靖康元年(1126)李纲任亲征行营使，为属官。官至将作少监。秦桧当权，弃官而归。绍兴中，作《贺新郎》词送胡铨，忤秦桧，削除官籍。有《芦川归来集》、《芦川词》。

潇　湘　图　　　　张元干

落日孤烟过洞庭，　　黄陵祠畔白苹汀。
欲知万里苍梧眼，　　泪尽君山一点青。

《潇湘图》是一幅画，这是一首题画诗。"潇"在这里是水清深的样子，潇湘犹如说清湘。因为湘水流入洞庭，所以在古人，潇湘洞庭往往是混言不分的。

从诗中看，《潇湘图》的画面是：夕照中，一叶扁舟经过洞庭湖滨的黄陵祠前，君山遥处湖中，只呈现青青一点的痕迹。诗人没有直咏画面的景物，而是就景生发，利用有关神话传说，别构一动人情境，寓志抒怀，在优美的画面里注入深厚的情思与意蕴，把题画诗写得很活，写得很深。

关于湘水，很早就有尧的两个女儿——娥皇、女英的传说，散见于先秦以来多种古籍。相传二女嫁为舜妃，后来舜到南方巡视，死于苍梧，二妃追赶不及，死于江湘之间。所以《水经注》说二妃"神游洞庭之渊，出入潇湘之浦。"《博物志》还说二妃哭舜，"以涕挥竹，竹尽斑。"屈原《九歌》中有《湘君》、《湘夫人》两篇，王逸注以为《湘夫人》篇乃指尧之二女。这些优美的神话传说成为诗人构思的材料。

首句从整幅画面着眼，着意勾勒荒旷孤寂的环境，为下面抒写凄凉怨情酝酿气氛，所以突出了"落日"与"孤烟"。洞庭水势浩瀚，张孝祥《过洞庭》词所谓"玉鉴琼田三万顷"。天边一轮落日正贴近水面，最足以展示湖水的渺漫无涯，这落日黄昏自然又带来一天迷蒙的暮色。就在这辽阔黯淡的背景上，只有一叶扁舟一缕孤烟浮动，所酿出的幽独孤寂风味如何呢？唐人王维写大漠辽阔荒凉的名句云："大漠孤烟直，长河落日圆"，(《使至塞上》)诗人只撷取其"落日""孤烟"四字，移写洞庭，别成佳境，可谓善于用古。

次句转入黄陵祠前近景。黄陵祠即祭祀二妃的祠庙，在洞庭湖南岸。汀，水边沙洲。白苹，水草。《九歌·湘夫人》写湘夫人企望湘君云："登白薠兮骋望，与佳期兮夕张。"薠，一本作蘋。这里即取其词并隐用其句意。那湖上扁舟也许正朝着家乡的方向驶去，这黄陵祠中的二妃呢？当此日暮黄昏时刻，又伫立在白苹丛中骋望她们日夜怀思的舜了吧！这句以黄陵祠引入诗中歌咏的主角——二妃；用《湘夫人》句意引入诗中歌咏的主题——怀思，暗运诗意于写景之中，曲折含蓄，耐人寻味。

后二句集中刻画二妃对舜怀思的深沉。苍梧，即九疑山，传说为舜死处和葬地，在今湖南南部宁远县南，与洞庭遥处湖南南北两端，故言"万里"。苍梧眼，望苍梧之眼，仍从二妃一边说。一个"眼"字，时刻凝望系思的神态活现纸上。此据《艇斋诗话》，《宋诗纪事》引录此诗，"眼"作"恨"，也是怀思追想之恨意。君山，在洞庭湖偏北水域，相传为二妃所居。这二句紧接上句说，要想知道二妃对舜怀思之深，就看看那青青一点的君山吧，那就是二妃痛哭所流的最后一滴泪水。二句虽然仍是以泪写萦心伤悼之情，却避开一般常用的"斑竹"之典，即景生情，别构奇境。君山是即将滴落湖中的最后一滴泪水，那么，整个湖水自然都是二妃泪水汇成的了，悲痛之深，自可想见。

一幅《潇湘图》可以从不同的角度去题咏，为什么诗人特别摄取二妃思舜之情呢？这不能不说与作者伤时之感有关了。作者是北宋末、南宋初的爱国诗人、词人。北宋为金所灭，徽宗、钦宗二帝被掳到遥远的东北边荒。南宋立国之始，人们曾寄予很大的复兴希望，但最高统治集团一味妥协退让，失地不会收复，二帝也归返无期。当诗人看到《潇湘图》时，神话中与时事相类的情事不禁涌上心头，而借二妃的"酒杯"浇自已的块垒了。二妃之思内，糅合着作者对故君之思；二妃之泪里，掺和着作者慨事伤时之泪。大约也正因为渗透着作者伤时的感情。这个古老的神话故事才被写得这么深情感人。小诗的妙处就在于画面鲜明，情境动人，寄意遥深，蕴藉隽永。看来，抒写慨世伤时之情，并非只有剑拔弩张一种风格。

（孙　静）

登垂虹亭二首①　　张元幹

一别三吴地，②　　重来二十年。③
疮痍兵火后，　　花石稻粱先。④
山暗松江雨，⑤　　波吞震泽天。⑥
扁舟莫浪发，⑦　　蛟鳄正垂涎。⑧

熠熠流萤火，⑨　　垂垂饮倒虹。⑩
行云吞皎月，　　飞电扫长空。
壮观江边雨，　　醒人水上风。
须臾风雨过，　　万事笑谈中。

〔注〕 ① 垂虹亭：亭在吴江（今属江苏）垂虹桥上，垂虹桥又名长桥。　②《水经注》以会稽、吴郡、吴兴为三吴。即今绍兴、苏州、湖州一带。　③"重来"句：作者《芦川词》中，有《石州慢·己酉吴兴舟中》一阕。己酉为高宗建炎三年，和《登垂虹亭》诗作年相同。这句"重来二十年"，可见1109年左右他曾在江南作客。（据《芦川词》有《念奴娇·己卯中秋》垂虹之作，己卯为1099年，可知三十年前，作者也曾客吴中。）　④ 花石：宋徽宗宣和间曾敕令江南各地交奇花异石，运送花石的船只，称"花石纲"。　⑤ 松江：即吴淞江。　⑥ 震泽：太湖古称震泽。　⑦ 浪发：轻率地出发。　⑧"蛟鳄"句：暗示当时各地风波仍然险恶，时局还在动荡。蛟鳄：指蛟龙和鳄鱼。按：这年高宗车驾至余杭，有苗、刘之变，隆祐孟太后垂帘听政，以平内难。故作者有蛟鳄正垂涎之叹。　⑨ 熠熠：萤火的光亮。　⑩ 饮倒虹：传说虹能吸饮，称为虹饮。南朝宋刘敬叔《异苑》："晋义熙初，晋陵薛愿，有虹饮其釜澳，须臾噏响便竭，愿辇酒灌之，随投随涸。"

这两首诗作于宋高宗建炎三年（1129），是年春天，金兵南下，高宗从扬州仓皇渡江逃难，江北地区，大都失守。直到初秋，局势才稍为稳定。这时作者由故乡重来吴越，过吴江垂虹亭，感叹今昔，赋诗二首。

诗的首章，抒发了诗人旧地重游之感和对于时局的忧虞之情。开头两句："一别三吴地，重来二十年。"三吴指苏南浙西一带地区。作者在二十年前（徽宗大观四年）曾在吴越一带作客，那时正值承平，自己也正当壮年，如今重到这里，人已垂老，国家的局势也发生了巨大的变化。作者抚今思昔，以三四两句："疮痍兵火后，花石稻粱先"表示自己深沉的感慨。自从三年前金兵攻入中原以后，汴京失守，北方大地，疮痍满目，江淮地带，也沦为战区。而在宣和年间，朝廷却不恤民力，在江南一带征花石纲，全不关心农事，使得人心涣散，民怨沸腾。二十年间的往事，真是触目惊心。第五六两句，写这次重过垂虹亭，正值雨天，松江上面一派阴云；远处的山峰，都消失在云雾中间；太湖湖面，卷起吞天的波涛，而江南的局势也还没有完全安定。"山暗松江雨，波吞震泽天，"正是此刻的实况。结尾两句："扁舟莫浪发，蛟鳄正垂涎。"作者有感于当前风涛的险恶，深深地警戒自己说："这扁舟可不能轻率地开发啊，水里的蛟鳄，正在向人垂涎呢！"对当时的局势来说，这两句也有双关的语意，在江南的朝廷里，也正有坏人，企图伺机作乱哩。

次章写垂虹亭畔秋晚下雨的情况。作者登上垂虹亭之后，适逢初秋的傍晚。亭子的周围，闪动着熠熠的萤火；长长的垂虹桥，仿佛正垂在江边进行虹吸。雨是刚刚才停止的，仰视天空，行云吞没了皎洁的月亮，闪电扫过长空而来。接着又下起了晚雨，烟水苍茫的太湖上，一片迷蒙的雨景。闪电从云层里映起红光，呈现出壮观的景象。秋风从江面上卷来醒人的凉意。一会儿，风雨过去了，在笑谈中又出现了雨后的清景。天时是多么变化无常啊！这首诗的结尾两句"须臾风雨过，万事笑谈中"是作者此刻对天时的愿望，也是他对时局的愿望吧。　（马祖熙）

【作者小传】

王　琮

生卒年不详。字宗玉，括苍（治今浙江丽水东南）人。徽宗初登进士第。宣和中，任大宗正丞，提举永兴常平军路。靖康初，除左司郎中。历官两浙江东漕副，直龙图阁。以病奉祠。有《雅林小稿》。

题多景楼　　王　琮

秋满阑干晚共凭，　残烟衰草最关情。
西风吹起江心浪，　犹作当时击楫声。

多景楼在镇江北固山甘露寺内，宋代修建，取唐李德裕“多景悬窗牖”句意，故名。诗虽为题楼之作，但并未铺陈楼周围的壮丽景色，而绘出了一片肃杀苍凉的秋日景象。诗人王琮生当宋室南渡之后，官至直龙图阁，因而诗中显然寓有故国沦丧之痛和恢复中原的希望。

前两句说秋色正浓，诗人凭栏远眺，只见残烟衰草，一片凄凉，触动人的无限情思。首句中著一“满”字，使得无形的秋色似有了形体，而深秋的惨栗景象全在此一字中带出，令全句振起。北固山临江屹立，面对着滔滔奔逝的大江，诗人登楼北望中原，不禁感慨万端，因而“残烟衰草”不仅是直道眼前所见，而且象征了北方国土沦丧、江山残破，可知“最关情”三字绝非泛泛的悲秋，而有深沉的隐痛在。下两句便将这一层意思表现得更为明确。

西风吹水，江心之浪澎湃作响，犹如晋代祖逖北伐时中流击楫的声音。祖逖胸怀澄清天下、统一疆土的壮志，在这里渡江时击楫而誓曰：“（祖）逖不能清中原而复济者，有如大江。”（《晋书·祖逖传》）后两句借用祖逖北伐的典故，表达了诗人志在恢复的意愿。长江天堑，历来是兵家必争之处，三国、东晋、南北朝都曾以此为界，南北分而治之，北固山面临大江，登山临水，自然会产生思古之情，南宋的偏安正是历史上南北分割局面的重演，这在诗人看来无疑是一幕历史的悲剧，令人叹惋，因而登楼远眺，他便想起了往事，想起图谋恢复的英雄。南宋大词人辛弃疾的名作：“何处望神州？满眼风光北固楼。千古兴亡多少事？悠悠，不尽长江滚滚流。”（《南乡子·登京口北固亭有怀》）其中感事伤时与缅怀历史的情调正与此诗相近。只是此诗写来更为含蓄蕴藉，不像辛词那样豪放。

此诗虽然纯是景语，然无一不是情语，谢榛《四溟诗话》说：“作诗本乎情景，孤不自成，两不相背。凡登高致思，则神交古人，穷乎遐迩，系乎忧乐，此相因偶然，著形于绝迹，振响于无声。”即指出了诗中情景交融，浑合无间的关系，并特别强调了“登高致思”则能“神交古人”、“系乎忧乐”的特点，这首诗就是绝好的例子。登高、写景、怀古、叹时在此浑然一体，不可分割，遂令寥寥二十八字中余味曲包、诗意无穷。

（王镇远）

【作者小传】

张　嵲

（约1094—约1146）　字巨山，襄阳人。宣和三年（1121）上舍中第。绍兴中，官司勋员外郎，擢中书舍人，升实录院修撰。有《紫微集》。

读《楚世家》 张 嵲

丧归荆楚痛遗民，　修好行人继入秦。
不待金仙来震旦，[①]　君王已解等冤亲。[②]

〔注〕 ① 金仙：指如来佛。震旦：梵语中国的音译。 ② 等冤亲：《五灯会元》："佛家慈悲，冤亲相等。"

这首诗根据《史记・楚世家》所记载的惨痛史实，借咏古的诗题，感叹当时南宋统治者执行投降政策，委曲求全，甘心重蹈楚国的覆辙。全诗只有四句，句句写楚事，但隐喻的都是南宋初期的事，词意严正，微婉中带有讽刺。

诗的开头两句说："丧归荆楚痛遗民，修好行人继入秦"，概括了战国后期楚国三十多年的历史：楚怀王三十年(前299)秦楚武关之会，楚怀王为秦昭王所骗，被扣留在咸阳，秦国要挟怀王先行割让巫、黔中郡地，再行议定和约。怀王不听，因而被长期拘留。次年，怀王从间道逃往赵国，赵国不敢接纳，又被秦使追回到秦国。到楚顷襄王三年(前296)怀王客死于秦。秦归其丧于楚。当时楚国人民，举国哀痛，"如丧亲戚"。这在楚国是奇耻大辱，也是深仇大恨。楚人曾誓言："楚虽三户，亡秦必楚！"楚国王位的继承者、怀王的长子顷襄王，不但没有决心报仇雪耻，而且公然违背了楚国人民的意志，在怀王死后约三年，就图谋同秦国谈和。接着在顷襄王七年迎妇于秦，以后外交使臣不断来往，还几次和秦昭王作欢好的会见，忘却了从前的冤仇。这段史实，表明顷襄王对待秦仇的态度，恰恰和楚国人民相反，而和南宋初期的情况又多么相似啊！这两句显然是借古喻今，吐露自己对南宋初期对金求和的悲愤。宋钦宗靖康二年(1127)，金兵攻入汴京，徽宗钦宗被掳北去，北宋被灭，山河破碎，其惨痛的情况，远远超过历史上的荆楚，然而宋高宗赵构却是顷襄王一流的君主，仅在南宋建国初期的绍兴八年(1138)戊午，就和金国进行议和，甘愿偏安江左一隅，称藩称臣称儿皇帝，他的行径比楚国的顷襄王更加无耻和卑劣。徽钦二帝被掳，情况和楚怀王被拘禁在秦国已经相似；绍兴五年徽宗在五国城囚所被折辱而死，直到和议已成，才得归葬南方，也和楚怀王客死于秦而后归丧楚国的情况相类。宋高宗在屈膝求和之后，不仅朝奉金国的使者不绝于路，而且放弃了恢复大计，主战的大将，岳飞被冤杀，韩世忠被解除兵权，赵鼎、李纲等坚决主张抗金的重臣，纷纷被罢官贬谪，从此而后，有志之士，只有扼腕悲咤，饮恨吞声，比起当年的楚国，岂仅行人修好而已！作者生当其时，念及国家前途，是有深沉的悲愤的。

诗的后两句:“不待金仙来震旦,君王已解等冤亲。”承接前两句抒发感慨。楚国顷襄王不念国家大仇,和强敌秦国结好,这种“等冤亲”的举措,本为佛家所主张,在战国时期,佛教尚未传入中国,楚国的君主,就已经忘却不共戴天之仇,化“冤”为“亲”,岂不令人大惑不解?顷襄王“等冤亲”的无耻行径,是和楚国人民誓志报仇的意志格格不入的;那么高宗之求和,是在金仙已来震旦之后,难道就可以借佛家的教义,来寻求历史和人民的宽恕吗?作者所处的年代,正当南宋投降派竭力摧残主战人士的时候,为免祸起见,只有借古伤今,作微婉而沉痛的讽刺,忠愤之情,溢于言表,可以体会出他写作此诗时的心情。　(马祖熙)

【作者小传】

朱　松

(1097—1143)　字乔年,号韦斋,徽州婺源(今属江西)人。朱熹父。曾从程门弟子罗从彦学。政和八年(1118),同上舍出身。除秘书省正字。历官著作佐郎、史馆校勘。以吏部郎上章反对秦桧议和,出知饶州。有《韦斋集》。

答林康民见和梅花诗　　朱　松

寒崦人家碧溪尾,①　一树江梅卧清泚。②
仙姿不受凡眼污,　风敛天香瘴烟里。
向来休沐偶无事,③　谁从我游二三子。
弯碕曲径一携手,④　冻雀惊飞乱英委。
班荆劝客不延伫,⑤　酌酒赋诗相料理。⑥
多情入骨怜风味,　依倚横斜嚼冰蕊。
至今清梦挂残月,　强作短歌传素齿。
韵高常恨句难称,　赖有君诗清且美。
天涯岁晚感乡物,　归欤何时路千里?
柁楼一笛雪漫空,　回首江皋泪如洗。

〔注〕①寒崦(yān):即寒山。　②清泚(cǐ):清亮的水。泚,鲜明貌。　③向来:指示时间之词,有指往日者,亦有指近日者,此处系指“近日”。　休沐:古代官吏的例假。　④碕(qí):曲折的堤岸。　⑤班荆:班为“布”义,荆指杂草。班荆坐地,语出《左传》襄二十六年,言

朋友途中相遇,欢然交谈。 ⑥ 料理:此处系逗引义。韩愈《饮城南古墓上逢中丞过》诗:"为逢桃树相料理,不觉中丞喝道来。"

朱松是大理学家朱熹的父亲。然而,他的著名,却并不在这一点,而是由于他爱国,且又敢于和秦桧作斗争。秦桧决策议和,他却以吏部郎这一普通官员的身份,慨然陈奏,力言不可。这样就得罪了主和卖国的权贵,被逐出京,从此郁郁而终。

朱松到杭州作官,是在三十八岁时。在这之前的十几年,却一直在政和(今属福建)及尤溪(今属福建)任县尉。他心境的苦闷与抑郁,是可想而知的。这首《答林康民见和梅花诗》,从内容体会,大概就是作于在尤溪时。

林康民就是诗中所提到的那位朋友,诗中的"弯碕曲径一携手",所指的就是林。"寒崦人家"——那一带寒山,也就是林康民的住家处。这首诗先从梅花说起,说那里有一条碧莹的小溪,溪的尽头,有一株素梅,清瘦的树影,就照在那玻璃般的水里。这里的"卧"字,点出"疎影横斜",可见作者炼字之妙。接着说,这梅花秉有不同凡俗的风姿,因此,也就不愿被一般凡俗人的眼光所玷污,它让风敛住自己特异的香味——也就是人们常说的"暗香",甘愿在这湿热郁蒸的南方山林里过着寂寞生涯。值得注意的是,这里的表彰梅花,是不仅暗示着此处的梅花主人,且又更深地、朦胧地寄托着作者自己的心影。再接着便是叙事了,他说回忆那时候,在一次例假日子里,偶然出游,跟随着的还有几个学生辈。他们访景探幽,在一条曲折的溪岸上遇到林康民,携手交谈,兴致那么高,梅树上的冻雀都因此扑簌簌惊飞起来,让梅瓣掉得满地都是。主人殷勤留客,就在梅树下酌酒赋诗,边饮酒边欣赏,而这时的梅花,好像也格外显得容光焕发,以致逗引得他们更加诗兴勃发了。他们爱梅花的风味,又感谢梅花那沁人心骨的多情,便悠然地倚着它的枝干,细细品味那冰玉般的梅花的心灵——也就是它的蕊、它的内在品质。

以上是对一段往事的追忆。这段往事是如此难以忘怀,至今每逢更深夜静、残月在天,还是梦魂萦绕。作者又很谦虚地说,为了这种激情的冲动,他勉强写了首短诗,聊以给人们去歌唱。但是,写虽然写了,由于梅花的标格与风韵太高,我拙劣的诗句却委实不能与此相称啊!幸而你又有了和章,写得这般清新美丽,这才算没辜负了梅花哩。

写了上面的意思,作者的思路又有了一个波折,他转而想到:梅花该是他故乡的特产啊,他家在江西,江西的大庾岭,又称梅岭,那是古来最著名的梅花之乡,如今他远官福建,漂流天涯,岁月消磨,壮志空在,在这梅花开时,他怎能不愈加怀念故乡?但千里迢迢,归去何日?于是,他黯然了,他猛然忆起那离开家乡时的怅惘情景：那时是严冬季节，他是乘船出发的，他带着一枝笛排遣旅愁，可是笛声乍起，雪已漫空，这时他回首江岸，泪流满面，并且还记得那时吹的正是《落梅花》的调子哩。

能看得出来，这首诗含着对自己身世的吟叹。试一翻检朱松的文集《韦斋集》，看到他叙述未任福建县尉之前的生活，是"自顾其家，四壁萧然，沟壑之忧，近在朝夕"（见朱松《韦斋集》卷九《上赵漕书》）。后来到福建，虽然衣食问题缓解，但那种沉沦下僚的生涯，又全然有违自己的素愿，他感到"厄贫卑辱"（同上书卷十《清轩记》）。这种对身世的感慨，便正好曲折地反映在这首诗里。所以可以说，这首诗思想上是以意胜，而艺术手法上又出之以瘦硬幽淡，瘦硬中见清新，幽淡中见情味，这也就是宋诗的一种本色了。　　（潘同寿）

【作者小传】

曹　勋

（1098—1174）　字公显，号松隐，颍昌阳翟（今河南禹州）人。宣和五年（1123）以荫补承信郎，特命赴廷试，赐进士甲科。绍兴中，官至昭信军节度使。孝宗朝，加太尉，提举皇城司。卒赠少保，谥忠靖。有《松隐文集》、《北狩见闻录》。

入　塞　　　　曹　勋

仆持节朔庭，自燕山向北。部落以三分为率，南人居其二。闻南使过，骈肩引颈，气哽不得语，但泣数行下，或以慨叹，仆每为挥涕惮见也。因作《出、入塞》纪其事，用示有志节、悯国难者云。

妾在靖康初，　胡尘蒙京师。
城陷撞军入，　掠去随胡儿。
忽闻南使过，　羞顶羖羊皮。[1]
立向最高处，　图见汉官仪。
数日望回骑，　荐致临风悲。[2]

出　塞

闻道南使归，　路从城中去。

岂如车上瓶，③　犹挂归去路！
引首恐过尽，　马疾忽无处。
吞声送百感，　南望泪如雨。

〔注〕 ① 羖(gǔ)：黑色的公羊。 ② 荐：通“洊”，再次。 ③ 车上瓶：车上挂瓶，内盛油膏，供滑润车轴之用。

唐代国势强盛，疆土大拓，故诗人多有投笔从戎之志：“宁为百夫长，胜作一书生”(杨炯《从军行》)；“愿将腰下剑，直为斩楼兰”(李白《塞下曲》)。壮烈的战争场面、瑰丽的塞外风光，激励着诗人，写出了高昂雄放的诗篇：“黄沙百战穿金甲，不破楼兰终不还”(王昌龄《从军行》)；“莫遣只轮归海窟，仍留一箭定天山”(李益《塞下曲》)。在读了唐代边塞诗后，再观宋人之作，使人立刻想起《乐记》中的一句名言：“声音之道，与政通矣。”宋朝国势衰弱，疆域狭小，外患频仍，特别是靖康之变后，偏安江左，对金屈辱妥协，以求苟安。这层阴影，一直沉重地压在宋人心头。唐人强有力的自信、高昂的热情，已不可复得，表现在作品中，也失去了唐诗雄放的精神、豪迈的气概。即使像陆游那样的爱国诗人，也是悲壮而非雄壮，是激昂而非高昂。而更能反映时代面貌、时人心理的，则是曹勋《出塞》、《入塞》两诗，字里行间，充满了掩抑的哀思、凄婉的怨恨。

绍兴十一年(1141)至十二年，曹勋出使金国，迎接高宗母亲韦太后归来，途中目睹北方被占区的宋遗民凄苦之状，羞愤交集，故借《出塞》、《入塞》旧题，以讽当世之事，寄忧愤之情。从这个意义上说，这两首诗可谓白居易《新乐府》的嗣响。

这两首诗，都借被虏女子之口，道出当时被占区人民的羞愤之情、凄凉之况。《入塞》写遗民迎接宋使初入金国时的情状。前四句自述身世，说自己本是汴京良家妇女，靖康之变，被金人掠去。既为金国之虏，生活习惯必然随着改变，无论衣锦的闺秀，还是布褐的村姑，都得毡裘为裳、腥膻为味。金国“妇人以羔皮帽为饰”(洪皓《松漠纪闻》)，故诗中女子也头“顶羖羊皮”。入乡随俗，这本是不得已的事。但听说宋使来到，不禁顿感羞惭。这羞，是因自己身为汉人，而作金人装束而羞。但若那时是宋军收复失地，南使安抚遗民，那么这些被掳掠的百姓也将脱掉身上的毡裳，抛掉头上的皮帽，箪食壶浆，以迎王师。可实际上这时宋弱金强，即使羞穿此服，也不能不穿。梁启超赞叹杜甫“能用极简的语句，包括无限情绪，写得极深刻。”(《情圣杜甫》)“忽闻”两句，也是言简意深之句。句中没有一点夸张的描述，但把一个胸怀羞惭的女子在迎接宋使到来时那种复杂、悲愤的心情，曲折入微地传达出来。据《后汉书·光武本纪》载，刘秀为更始帝司隶校尉，率部入长安，前来迎接的汉三辅吏士流着泪说："不图今日复见汉官威仪！"西汉不过遭王莽之变，吏民尚有此感，那些宋朝遗民，其追念故国之情，无疑就更加迫切了。"汉官威仪"，对这些遗民来说，是故国的标志，为了能看清它，一个弱女子竟"立向最高处"。诗中所描写的，虽只是一个人的行动，但从中却可看出当时遗民争迎南使的热烈、激动景象。末两句写目送南使去后，数着日子，盼望他们回来，尽管见时别无所得，只是对着冷风，再洒一掬辛酸之泪。这时诗中女子的心情，已不是羞见，也不是图见，而是迫切想望见了。

《出塞》紧接《入塞》，写愁送南使归国之状。起句拈出一"闻"字，与上首"望"字呼应。前两句写南使归去的路程，这本是无关紧要的事，但从中反映了她（他们）情急意切，四处打听之状。想想自己悲苦的景况，转而羡慕车上的油瓶，那油瓶犹能随车返回南方，而自己却依然沦落异地，能不辛酸！这种写法，诗中常有，如王昌龄名句："玉颜不及寒鸦色，犹带昭阳日影来。"（《长信秋词》）被占区的人们，伸长头颈，唯恐使臣从眼前消失，牵挽之意何深！而疾驰的马队，转瞬即无影无踪，思归之心何切！第五六两句，一写被占区的百姓，一写南归使者，但反映的只是一个意思：对故土的怀念。最后两句写南使去后的涕泣之状。"少陵野老吞声哭"（杜甫《哀江头》），身在异族统治之境，纵有大恨，也不能放声大哭，杜甫是这样，宋朝遗民也是这样。但百感交并，又怎能压抑得住？唯有遥望南天，泪如雨下。而南宋使者，自身尚对金廷屈膝，又怎能对同胞有所安慰、有所帮助？眼看同胞凄苦之况，却又无可奈何，只得"挥涕惮见"，又怎能不感到屈辱和羞愤？而造成这种情况的，是由于朝廷的软弱无能，作者之意，自在言外。

这两首诗真实、细致地反映了北方人民强烈的故国之情，诗也写得深婉感人。

（黄　珅）

【作者小传】

朱　槔

生卒年不详。字逢年，徽州婺源（今属江西）人。朱松弟。有《玉澜集》。

夜坐池上用简斋韵　　朱　槔

落日解衣无一事，　　移床临水已三回。

斗沈北岭鱼方乐,① 月过秋河雁未来。②
疏翠庭前供答话, 浅红木末劝持杯。
明明独对苍华影,③ 莫上睢阳万死台。④

〔注〕 ① 鱼方乐:《庄子·秋水》:"庄子与惠子游于濠梁之上。庄子曰:'鯈鱼出游从容,是鱼乐也。'惠子曰:'子非鱼,安知鱼之乐?'庄子曰:'子非我,安知我不知鱼之乐?'"这个典故,多用于别有会心,自得其乐。 ② 雁未来:时值初秋,北雁尚未南飞。亦有雁书未来之意。 ③ 苍华:据《黄庭经》,发神为苍华,字太元。头发斑白,亦称苍华。 ④ 睢阳:唐代安史之乱时,张巡、许远坚守睢阳。巡每誓师,嚼齿穿龈。援乏城陷,巡、远皆不屈死。故城在今河南商丘南。

这首诗的作者朱槔,是南宋著名理学家朱熹的叔父。他少有逸才,不肯随俗俯仰。在困穷的境遇中,能自励其节,自壮其气。他的诗闲暇清适,略不见悲伤憔悴之态。有《玉澜集》传世,同代诗人尤褒为之作序。

诗题为"夜坐池上用简斋韵",简斋是陈与义的号,与义在南渡之后,所写诗多为感愤时事之作。诗中可以看出作者的节操和他在闲居生活中的心情。时节是初秋,夜晚还有些余热,诗人在池塘边上乘凉。首两句:"落日解衣无一事,移床临水已三回。"点明作者是在日落之后才来的,他解衣当风,移床临水,床的位置,不觉已换了三回了,可见追凉心切。第三四两句,写他乘凉直到深夜还未回去。星斗已经渐渐低沉了,池里的鱼儿,正在自得其乐,水面上不时可以听到鱼儿唼喋的声音。因为今晚是有月亮的,所以环境里所见的事物比较清晰。月亮渐渐地转到银河的西边了,可惜的是雁儿还没有飞来,这儿显得很静。第五六两句:"疏翠庭前供答话,浅红木末劝持杯。"池塘是和庭院靠近的,庭院里寂静无人,此时可供答话的,只有院子里稀疏的碧树了。在疏翠当中,还间有些浅红的花朵,想喝上点清酒,也只有这些花朵相劝持杯了。作者在如此幽静的环境中,不改居贫之乐,确实是难能可贵的。

结尾两句:"明明独对苍华影,莫上睢阳万死台。"是由深夜纳凉,陡然兴起的感慨。作者和其兄朱松,都是主张坚决抗金的志士。此时已届老年,夜深的当儿,虽也萧然自适,但此刻对影清池,深感时光易逝,机会难来,自己已是苍颜华发了。可是国仇未报,抗金的意志虽未消失,而秦桧等投降派揽有大权,自己也便无门报国,不能像张巡那样登台誓师,万死不辞了。"莫上睢阳万死台"之句,正是在闲适中陡然产生的悲愤,而这种心境,又显示着当时忧国志士共同的悲哀而无处控诉。

(马祖熙)

【作者小传】

刘子翚

(1101—1147)　字彦冲,号屏山,一号病翁,建州崇安(今属福建)人。以荫补承务郎。曾任兴化军通判。后退居武夷山,专事讲学。朱熹曾从其问学。有《屏山集》。

汴京纪事二十首(其一)　　刘子翚

帝城王气杂妖氛,　　胡虏何知屡易君。
犹有太平遗老在,　　时时洒泪向南云。

刘子翚《屏山集》中,最为脍炙人口的是那些愤慨国事的作品。《汴京纪事二十首》写于靖康之变以后。国都失守、国土破碎的深哀巨痛,使作者的笔触变得凝重、深沉而又犀利。这一组七言绝句不仅集中反映了作者感时忧国的思想感情,而且犹如一幅五光十色的历史画轴,以靖康之变为轴心,展现了发生于汴京的众多历史事件的风貌。

本篇为《汴京纪事二十首》中的开卷之作,着重表现汴京(今河南开封)失守、二帝被掳后,遗民怀念故国、渴望光复的痛苦。首句写金人占领汴京。“帝城”,即汴京。“王气”,指象征帝王运数的祥瑞之气。古人认为王气的聚散与国运的盛衰密切相关。刘禹锡《西塞山怀古》诗有“金陵王气黯然收”句,许浑《金陵怀古》诗亦有“玉树歌残王气终”句。“杂妖氛”,是喻指金人入犯。这一句隐含着作者对国运衰颓的深切叹惋和对金人入犯的强烈愤懑。次句是说金人不懂得“忠君爱国”的道理,因而并不在乎频繁地更换皇帝。“胡虏”,是对金人的蔑称。靖康二年(1127),徽宗、钦宗被掳北行,金人立张邦昌为楚帝;后至建炎四年(1130),金人重行占领汴京,复立刘豫为齐帝。“屡易君”,指此。从表面上看,这一句意在指斥金人不知礼义,其实,统全诗而观之,这里对金人的指斥不过是为下文揭示诗的主旨所作的一种铺垫——作者意在以不谙礼义的金人作为深明礼义的北宋遗民的反衬。所以,三四两句便掉转笔锋,表现北宋遗民铭心刻骨的故国之思。“太平遗老”,即北宋遗民。“南云”,借指南宋。那些在金人统治下的北宋遗民,自幼读圣贤之书,把国家社稷看得比生命还重要,因而,他们怀着莫大的痛苦,无时不在盼望南宋统治者挥师北伐,使京都早日得以光复。这里,“时时”,写其痛苦和盼望之久;“洒泪”,写其痛苦和盼望之深;“向南云”,则写其痛苦和盼望之专。相形之下,不仅“何知屡易君”的金人显得粗俗,而且但求苟安,不图恢复的南宋统治者也显得那样昏庸——作者正是想通过对北宋遗民行为的描写,揭露南宋朝廷文恬武嬉、不图振作。

这首诗之所以具有感人至深的艺术力量,除了应归功于对比、反衬手法的成功运用外,作者善于塑造典型的形象,也是原因之一。"时时洒泪向南云"一句,具有高度的概括力,将北宋遗民的心情表现得淋漓尽致。如果作干巴巴的描述,即便笔墨十倍于此,也难以收到同样的艺术效果。后来,陆游《秋夜将晓出篱门迎凉有感》诗中"遗民泪尽胡尘里,南望王师又一年"二句,虽然很难说是自刘诗脱胎而来,但化用其意的痕迹却殊为明显。(萧瑞峰)

汴京纪事二十首(其五) 刘子翚

联翩漕舸入神州, 梁主经营授宋休。
一自胡儿来饮马, 春波唯见断冰流。

这一首通过汴河的今昔变化,抒写了作者对于国事全非、盛时难再的忧愤。首句写北宋灭亡前汴河运输的盛况。联翩,是接连不断的意思。漕舸,是指给官家转运钱粮物资的船只。神州,指国都汴京。汴京原为汴州,梁太祖开平元年(907)升汴州为东都。后来江山易主,转归北宋,成为东京。北宋时东南一带的钱粮诸物主要是通过汴河运送到京城。当其盛时,但见舳舻首尾相衔,联翩而来,蔚为壮观;而汴河两岸,当也是高楼栉比,酒旗招展,一派繁华景象。抚今思昔,作者对此该是何等怀念!次句是对汴京兴衰史的简略勾勒。梁主,指梁太祖朱温。朱温定都汴京后,大兴土木,苦心经营,使汴京日趋繁华。其基业传留给北宋,经历代帝王增衍,商市、楼台、文物等,更是极一时之盛。然而,好景不长,如今,这一切俱已"休"矣。一个"休"字,既流露出作者的感伤,也隐含着作者对荒淫误国、断送祖宗基业的北宋统治者的愤慨和对金国的憎恨。三四两句仍就汴河着笔,指斥金人入犯使得今日汴河萧条如此。北宋统治者所奉行的"重文轻武、守内虚外"的基本国策,造成了"积贫"、"积弱"的财政危机和国防危机,乃致金兵长驱直入,攻占汴京。连年兵燹,破坏甚烈。于是,不仅旧日的京都繁华尽付东流,而且汴河也成了金兵的饮马之所,再也看不到当年的联翩漕舸,听不到当年的欢声笑语。春来极目,但见春水裹挟着断冰默然无语地缓缓流过。这种迥异于往昔的破败、荒凉景况,怎能不令人伤心惨目,百感交集?作者融情于景,笔触极为沉重。

显然,作者在这首诗中,试图采用纳须弥于芥子的笔法,以汴河作为一面镜子,映照出北宋由兴盛而衰亡的历史。“阅尽人间春色”的汴河是那一风雨如磐的时代的最好见证,作者独具慧眼地发现并开掘出这一描写对象所具有的典型意义,真实地再现了它昔日“联翩漕舸入神州”的繁华和今日“春波唯见断冰流”的荒凉,使今昔之间形成鲜明的对比,从而揭示了国事沧桑的重大主题。

(萧瑞峰)

汴京纪事二十首(其六)　　刘子翚

内苑珍林蔚绛霄，　　围城不复禁刍荛。
舳舻岁岁衔清汴，　　才足都人几炬烧。

这一首选择新的题材驰骋才思。北宋的覆亡,既有外因可究,又有内因可寻。从外因看,无疑是金兵的入犯所造成;从内因看,则分明是最高统治者的昏庸、荒淫所导致。这首诗便侧重从内因方面来总结北宋覆亡的历史教训,作为对南宋朝廷的规箴。作者紧紧围绕宋徽宗所建的宫殿苑囿来安排笔墨、展开描写,通过前后对比,对这位昏君穷奢极侈的行径和民怨沸腾的结局作了辛辣的嘲讽。

首句揭出徽宗置国计民生于不顾,耗费巨资、兴建宫苑。内苑,指御花园。珍林,指御花园中的奇花异木。为了满足一己的欲望,徽宗曾派朱勔等人到全国各地搜集奇花异石,经汴河运至京都,装修成一座精美绝伦的御花园,命名为万岁山,又名艮岳。徽宗曾亲作《艮岳记》,记其胜概。绛霄,指绛霄楼。此楼是艮岳中最壮丽的建筑。蔚,草木茂盛貌,这里作动词用。“内苑珍林蔚绛霄”,意即艮岳中的绛霄楼为无数奇花异木所簇拥。仅此一笔,就足可看出艮岳是何等富丽,而越是渲染艮岳的富丽,便越能揭露徽宗的荒淫,因此作者先故作惊叹之笔。次句纵笔一跳,由徽宗建园之时跃至金兵围城之日,而先前的惊叹也随之化为讥诮。刍荛,指打柴的人。靖康元年(1126)闰十一月,汴京被围,人民从万岁山上凿下石块作为炮石去抵抗金兵。十二月底,汴京失守,天冷多雪,人民便拆掉艮岳中的楼阁,砍光艮岳中的树木,权当柴烧。作者借这一史实,对徽宗进行冷嘲热讽。当年徽宗建园之时,曾大肆搜括民脂民膏;园成之后,则禁卫森严,人民即便偷觑其中,也会惹来杀身之祸。如今,值此围城之日,徽宗保命不暇,连人民进入御花园内凿石砍柴也无力阻止,真是可悲而又可笑。

第三句复将笔墨拉回到建园之时,追叙当年运送奇花异石的情景。舳舻,是船的代称。衔,在这里是接连的意思。为了给徽宗运送奇花异石,每年都有大船接连不断地航行在清澈的汴河中。程俱《采石赋》曾这样记录其情形:“山户蚁集,篙师云屯,输万金之重载,走千里于通津。”邓肃《花石诗》自序也写道:“根茎之细,块石之微,挽舟而来,动数千里。”这就是害得人民倾家荡产、妻离子散的“花石纲”。对徽宗这种不惜以苍生白骨构筑一己乐园的行径,刘子翚极为憎恶。在《游朱勔家园》一诗中,他曾一针见血地揭露说:“楼船载花石,里巷无袴襦。”这里,作者之所以描写当年舳舻之盛,是为了反衬后来的结局之悲。末句“才足都人几炬烧”,便将徽宗穷尽国力、营建宫苑的结局和盘托出。都人,指京城里的老百姓。由舳舻年复一年运载来的奇花异木,何须片刻,便化为京都百姓的炊烟缕缕。这一意想不到的结局本身就是对徽宗的莫大讽刺,而作者在句首着以“才足”二字,又大大强化了这种讽刺力量。与前句相比,这句不仅时、空都有所转移,而且笔墨也有所变换。前句下笔何重,这句下笔何轻;作者便用这种举重若轻的笔法,将满腹愤怒化为淡淡的一哂,从而收到了更有力的批判和揭露效果。

(萧瑞峰)

汴京纪事二十首(其七) 刘子翚

空嗟覆鼎误前朝, 骨朽人间骂未销。
夜月池台王傅宅, 春风杨柳太师桥。

组诗的前一首意在抨击昏君,这一首则意在鞭挞奸臣。昏君的荒淫无道,使奸臣得售其奸;而奸臣的曲意逢迎,又使昏君得逞其昏。正是由于昏君、奸臣沆瀣一气,胡作非为,才带来了始而丧权辱国、终而失土亡国的不幸现实。虽然作者写作此诗时,当年窃据国柄的蔡京、王黼等权奸早已化为不齿于人类的几抔粪土,但他们的祸国殃民,仍使作者块垒难消。于是,他将极度的愤怒和鄙夷凝聚在笔端,通过描写其身后的情形,将这伙奸臣更深更牢地钉在历史的耻辱柱上。

首句语极沉着,意极惨痛。“覆鼎误前朝”,谓前朝奸臣误国,招致了覆亡的惨祸。覆鼎,语出《周易·鼎》:“鼎折足,公覆𫗧”,比喻大臣失职。前朝,指北宋。这里,作者用一个“误”字对权奸葬送北宋朝廷的罪行作了精当的概括。然而,往事已矣,作者回想北宋覆亡之因,唯有空自叹息。着以“空嗟”二字,作者内心无力回天的郁闷灼然可见。次句“骨朽人间骂未销”承上句的“误”字而来,以饱含憎恶之情的议论揭示了奸臣弄权误国所应得的下场:尽管他们已埋骨荒冢,却仍然遭到人民不停的唾骂,他们生前的罪恶行径注定了将遗臭万年。“骂未销”,既见出人民对他们仇恨之深,反过来又证实了他们罪孽之大。三四两句由议论改为写景，笔法陡变，波澜顿起。前二句虽曾对那些死有余辜的权奸痛加挞伐，却没有明言他们究竟是谁。这两句中，作者便以曲折的诗笔，点出他们的姓名。王傅，指官封太傅楚国公的王黼；太师，则指官封太师鲁国公的蔡京。王黼，徽宗时担任宰相，卖官鬻爵，专事搜刮，被称为“六贼”之一。钦宗即位后受到贬斥，在流放路上被杀。蔡京，也是徽宗所宠信的奸臣，为“六贼”之首。钦宗即位，放逐岭南，死于途中。这里，作者拈出“王傅宅”和“太师桥”来加以描写，用意殊为深曲。王、蔡二贼生前曾不遗余力地搜刮钱财来营建府第园林，妄图享尽人间的荣华富贵。《靖康遗录》载，王黼的住宅位于阊阖门外，“周回数里”，“其正厅事以青铜瓦盖覆，宏丽壮伟。其后堂起高楼大阁，辉耀相对”。“又于后园聚花石为山”，侈丽之极。蔡京的府第则在都城之东，据《清波别志》卷下载，亦“周围数十里”，其豪华与“王傅宅”相仿佛。不过后来毁于大火。“太师桥”，指其遗址。历史的发展总是违背作恶多端的统治者的意愿。王、蔡当年“自言歌舞长千载，自谓骄奢凌五公”，岂知民心不可侮，国人不可欺，曾几何时，他们便身败名裂，为天下笑。于是，昔时金阶白玉堂，即今唯见“风”、“月”在。作者描写“夜月池台”、“春风杨柳”的目的，正是为了以“风”、“月”的永恒来反衬王、蔡等的丑恶生涯的短暂；同时也是为了形象化地说明：正如“风”、“月”将长留人间一样，王、蔡等权奸的臭名连同其府第将永远是人们唾骂的对象。说这两句“用意深曲”，即指此而言。全诗融议论、写景、抒情于一炉，时而直亮其刺，时而曲达其讽，可谓“刺”得深刻，“讽”得巧妙。

（萧瑞峰）

汴京纪事二十首(其十七)　　刘子翚

梁园歌舞足风流，　　美酒如刀解断愁。
忆得少年多乐事，　　夜深灯火上樊楼。

刘子翚这组题为“汴京纪事”的七言绝句，大都就某一历史事件抒发自己的感慨，并且较多地采用寓主观于客观的手法，将作者的主观感情寄寓在对历史事件的客观描述中，作者自己很少卷入历史事件中去，作为抒情主人公直接在诗中亮相。但偶尔也有例外。这一首便从追忆自己少年时的乐事着笔，使作者自己成为事件的中心。不言而喻，这是为了从多种角度、多种侧面表现家国沧桑的主题。

一二两句追忆昔日梁园的宴乐生活。梁园，一名兔园，位于汴京东南，汉梁孝王刘武所建，为游赏与延宾之所，当时名士司马相如、枚乘、邹阳等都曾为座上客。据《西京杂记》,中有百灵山,山有肤寸石、落猿岩、栖龙岫;又有雁池,池间有鹤洲、凫渚。其诸宫观相连,延亘数十里。“奇花异树、瑰禽怪兽毕备。”梁孝王“日与宫人宾客弋钓其中”。然而,“节物风光不相待,沧海桑田须臾改。”至唐时,梁园风流便已扫荡殆尽。李白《梁园吟》有句云:“梁王宫阙今安在?枚马先归不相待。无影歌舞散渌池,空余汴水东流海。”因此,这里的“梁园”当非实指,而是借代作者少年时所游历的某一宴乐场所。首句意为,回想“中州盛日”,在那不是梁园、胜似梁园的宴乐场所中,有观赏不尽的轻歌曼舞,足可追步前贤,风流自赏。次句反用李白《宣州谢朓楼饯别校书叔云》诗中“抽刀断水水更流,举杯消愁愁更愁”二句之意,说美酒佳酿犹如锋利的刀刃一样,可以斩断无形的愁绪。其实,即使酒能断愁,也只是在短暂的片刻,所谓“醉后愁虽解,醒来却依然”是也。作者之所以这样说,是因为其时自己正当少年,而“少年不识愁滋味”,纵然有些微的烦恼,那也只是“在初次人生展望中所感到的那种轻烟般的莫名惆怅与哀愁”,因而,“尽管悲伤,仍然轻快,虽然叹息,总是轻盈”(李泽厚《美的历程》中语)。如此之“愁”,凭借酒力,自然尽可消释。所以这一句所抒写的实际上是作者少年时的感受,而不是作者“而今识尽愁滋味”以后的体验。这是在理解时应当注意的。三四两句追忆昔日樊楼的宴乐生活。“忆得少年多乐事”,点明诗中所描写的都是自己青春华年的情景。“多”,见出作者所亲历的乐事不止诗中所记“梁园歌舞”与“樊楼灯火”二端,这里,不过择其要者形诸笔墨。细加玩昧,一种神往、欣羡之情从此句中漾出。末句可谓特写镜头。樊楼,是北宋时汴京的著名酒楼。本为商贾卖白礬之所,因名白礬楼,又谓之礬楼。一说楼主姓樊,故称樊楼。后改名丰乐楼。夜深时分,作者健步登上樊楼,凭窗而坐,一面举杯自酌,一面观赏满街灯火,真是其乐融融。全诗以此作结,显得风神摇曳。而时届深夜,酒楼犹开张,灯火犹通明,则当年汴京街市之繁华亦可想而知。

这首诗以忆旧为内容,而以伤今为题旨。虽然无一字道及现实,但由作者对“少年乐事”的无限神往,不难看出现实是怎样令人无法容忍!正因为现实如此,作者才倍觉过去的美好。伤今与忆旧,在这里可以说是互为因果:因伤今而忆旧,又因忆旧而更伤今。潜藏在诗中所追忆的“少年乐事”中的,是作者不堪山河破碎、市井萧条、身世飘零的隐痛。当然,不必讳言,诗中对“梁园歌舞”及“樊楼灯火”的欣羡,多少流露出士大夫的生活情趣,但作者之所以不无夸张地描写这些,并非为了表达醉生梦死的欲望,而是为了显示汴京陷落前歌舞升平的景象,抒发今非昔比、恍若隔世之感。吟诵全诗,分明可触摸到一种深沉的黍离之悲。

(萧瑞峰)

汴京纪事二十首(其二十)　刘子翚

辇毂繁华事可伤，　师师垂老过湖湘。
缕衣檀板无颜色，　一曲当时动帝王。

这是组诗的最后一首，选择又一位典型人物——北宋名妓李师师作为寄慨的对象，其旨固同，其径则异。

李师师，汴京人，相传幼年曾为尼，俗呼佛门弟子为师，李师师由此得名。后为妓，以歌舞名动京师，不仅当时名士周邦彦、晁冲之等多与往来，宋徽宗亦常微行至其家，留宿不还。终于入宫，封瀛国夫人。据宋无名氏《李师师外传》，金兵攻破汴京时，师师被张邦昌送往金营，不屈，吞金簪自杀。但宋张邦基《汴都平康记》、周密《浩然斋雅谈》却谓其靖康中流落南方。刘诗亦取此说。虽然诗中所描写的只是李师师个人生活的变化，但这种变化是与北宋的兴衰紧紧联系在一起的，读来并不觉内容单薄。

首句慨叹京都繁华荡然无存。辇毂，皇帝的车驾。一般多用“辇下”或“辇毂下”作为京师的代称。这里代称宋朝旧都汴京。追想汴京当年的繁华，真令人忧伤。这是作者在替即将出场的女主人公代传心声。是啊，作为帝王所宠幸的名妓，她早已与京都繁华结下不解之缘，如今繁华事歇，此身漂泊，回首往事，怎能不萦损柔肠？次句便将女主人公牵引出场。然而，展现在读者眼前的不是她当年美目流盼、粉面生春的丰采，而是她如今沦落异乡、风鬟雾鬓的踪影。“湖湘”指洞庭湖、湘江。张鼎祚《青泥莲花记》卷十三云：“靖康之乱，师师南徙，有人遇之于湖、湘间，衰老憔悴，无复向时风态。”这或许可以作为刘诗的注脚。以“垂垂老矣”、一无依托的弱柳之质，独身辗转于江湖间，用不再婉转的歌喉换取世人的怜悯，师师的这种遭遇，较之她过去“钿头云篦击节碎，一曲红绡不知数”(白居易《琵琶行》)的豪恣生活，不啻霄壤！从作者不动声色的描写中，我们隐隐感到一种糅合着家国之恨的同情。三四两句再次运用对比手法，别具深意地将李师师今日之困窘与当年之恩荣放置在一起，加以比照并观，启发读者领悟这一典型人物所具有的非同一般的社会意义。缕衣，指金线盘绣的舞衣；檀板，指唱歌时用的檀木拍板。帝王，指徽宗赵佶。岁月无情，生计寥落，李师师晚年卖艺时所用的舞衣、歌板，仍是宫中旧物，因而早已风蚀尘染，黯然失色。这实际上是暗喻李师师已色衰艺减，无复向时风态。看到她如今的情形，不明底细的人恐怕无论如何也想不到当年她歌喉甫发，便使徽宗意乱神迷，不能自持。“一曲当时动帝王”，既点出了李师师过去所受的恩宠，同时也带有揭露徽宗迷恋声色之乐，使得社稷倾覆、生灵涂炭，最终连自己心爱的歌女也保不住的意味。也许，在作者看来，李师师以缕衣檀板供奉帝王，不知居安思危，情犹可恕；徽宗身为人主，一味耽于淫乐，则罪实难逃。李师师今日的不幸，不也正是徽宗一手造成的吗？

这首诗由李师师这一典型人物的遭遇入手，进行深入开掘。李师师色艺双绝，曾深得徽宗宠幸，战乱后尚且流落他乡，备尝艰辛，则普通百姓遭遇之悲惨自不待言。而如果北宋不为金人所灭，李师师纵以色衰见弃，又何至于沉沦到这般地步？因而通过李师师个人生活的变化，可以清楚地看到北宋兴衰的历史。正因为这样，全诗虽然仅仅就李师师落墨，却给人历史的纵深感。这就叫“即小见大”，“见微知著”。

（萧瑞峰）

南 溪

刘子翚

聊为溪上游， 一步一回顾。
悠悠出山水， 浩浩无停注。
唯有旧溪声， 万古流不去。

通常认为，宋代道学家持“文词终与道相妨”的陈腐之见，大多不谙诗家三昧，偶尔技痒，试手作诗，也“率是语录讲义之押韵者耳”（刘克庄《吴恕斋诗稿跋》，《后村大全集》卷一百十一）。其实并不尽然。宋代道学家的诗歌中固然颇有味同嚼蜡的谈理之作，却也有一些谈理之作能突破理障而具理趣。至于出自道学家之手的某些吟咏性情、摹写山水的篇什，较之其他宋代诗人的同类作品则并无愧色。刘子翚的《南溪》即为一例。

“南溪”，今无考，或系作者故乡的一条“名不见经传”的河流。作者漫游溪上，心旌摇曳，借对溪水的摹写，将自己种种不落言筌、殆难直陈的感想曲折道出，读来颇有理趣。

一二两句写作者对南溪风光的迷恋。“聊为溪上游”，“聊”字点明作者乃闲中出游。日复一日的隐居生活，多少有些寂寞和空虚，无可奈何，作者只得涉足溪上，向大自然寻求精神寄托。果然，南溪一带的自然景色深深地吸引了他，使他流连忘返。“一步一回顾”，足见作者对南溪风光的迷恋之深。这里，虽然没有用任何笔墨渲染南溪风光的明媚、秀丽，但从频频回顾这一富于暗示的动作中，却不难想象南溪风光是怎样地引人入胜！这儿，既没有官场的污浊、尘世的喧嚣，也没有生活重轭下农家的呻吟，有的只是大自然的温暖、纯净的怀抱，作者怎能不分外沉迷，分外依恋？

三四两句笔锋一转，由主观情态的点染切入客观物态的描摹，试图在笔下再现溪水的蓬勃生机。初看，“悠悠”似与“浩浩”相忤；细味，“悠悠”是表现流速的不疾不徐，“浩浩”则是表现流势的无穷无已，二者之间并无牴牾。“溪涧岂能留得住，终归大海作波涛。”涓涓流淌的南溪之水执着地追求着自己的归宿，以悠悠之流，成浩浩之势，“穿崖透壑”，奔腾不息。这一极易引发读者联想的意象中，或许寄寓着作者的某种“深层意识”，而不仅仅象征着时间的流逝和世事的变迁。

五六两句再翻转前意，自溪声着笔。溪水一刻不停，浩浩而去；溪声则依然如故，长留旧地。世上既有变化动荡者如彼，也有一成不变者如此。也许，这就是作者所要表达的理趣。陆游《楚城》诗有云：“一千五百年间事，只有滩声似旧时。”这是借亘古如斯的滩声来映衬楚城的荒凉，抒发物是人非的沧桑之感。这首《南溪》虽然寓意未必相同，却同样给读者留下了想象和回味的余地。

接受美学告诉我们，作为信息的接受者和反馈者，读者在文学欣赏过程中，可以依据自己的生活经验和审美情趣，展开想象，进行艺术的再创造，以补充作者留下的空白。通常所说的“作者未必然，读者何必不然”，其意略同。正因为这样，刘子翚在这首诗中寄寓的究竟是什么感慨？今天已难以指实，也不必指实。但借助诗中的意象，我们却可以调动自己的艺术思维，领悟到关于社会、人生的某些哲理。“唯有旧溪声，万古流不去。”把这视为对某种信守不移的人生信念的写照，或者视为对某种一成不变的社会现象的比况，虽然未必契合作者的本意，却并不违背接受美学的原理。

（萧瑞峰）

策　　杖　　　　刘子翚

策杖农家去，　萧条绝四邻。
空田依垅峻，　断藁布窠匀。
地薄唯供税，　年丰尚苦贫。
平生饱官粟，　愧尔力耕人。

这首诗当是刘子翚晚年隐居于故乡屏山时所作。“策杖”，即扶杖。曹植《苦思行》有云：“策杖从我游，教我要忘言。”作者以龙钟之躯，扶杖漫步于村野之间，本为聊遣逸兴、稍怡闲情；谁知展现在他眼前的却是民生凋敝、四望萧条的阴暗图景。于是，作者“穷年忧黎元”的情怀不期然而生，忧愤之余，以言近旨远的诗笔，记录下自己的所见所感。

首联写乘兴过访农家，但见人烟稀少、屋舍零落。“萧条”，已点出衰败破落的农村现实，而“绝四邻”，更使人于“眼前突兀见此屋”之际，想见村间的寂寥和荒寞，并进而想见在这寂寥和荒寞中谋生的农家是何等的艰苦困顿。览于斯，感于斯，乘兴而来的作者不免兴味索然。如果循着作者感情发展的脉络细加考察的话，或许不难看出，上、下句之间隐含着一个情感转捩的过程。

颔联分别从生产资料和生活资料着笔，将“萧条”的总体印象化为具体而微的画面。“空田”句的“空”，应理解为空空如也，指禾稼已荡然无存。唯因其空旷，紧傍着堤岸的田野才显得格外峻整。至于空旷的原因，或许是统治阶级竭泽而渔，刚打下的粮食已悉被税去；或许是土地贫瘠，又罹水旱，庄稼难以生长。“断藁”句的“藁”指稻草，“窠”指农舍。着一“窠”字，巧妙而又形象地点明了农家安身之所的矮小；而“布窠匀”，则见出执着于生活的农家的勤劳：尽管铺于屋顶遮蔽风雨的只是一些折断的稻草，他们却不辞辛劳地铺得十分均匀。这一特定情境下的举动，辛酸地表明：虽然农民生计行将断绝，却仍然艰难地谋求生存，恰如不甘窒息的涸辙之鱼。这里的“空田”、“断藁”，进一步申足了“萧条”之意。

颈联将议论融入叙事，以犀利的笔触揭示了“萧条”的根源：农家薄地所出，仅够抵纳朝廷赋税。这样，即便遇上丰年，也无法摆脱啼饥号寒的困境。“苛政猛于虎，”农家不得安居乐业，只能纷纷“号呼而转徙，饥渴而顿踣”。这才带来“萧条绝四邻”的衰败景况。作者能看到并指出这一点，可谓独具胆识。

尾联沿用诗家“即景抒情”、“因事兴感”的惯伎，托出自己内心油然而生的感慨。作者不是以旁观者的身份，淡漠地注视着跃入眼帘的这一切，而是置身其中，像前代的杜甫、韦应物、白居易等人一样，将自己与农家加以比照，从而深愧自己不事力耕，却“饱食官粟”，得免冻馁之苦。这绝非言不由衷的官样文章，而是正义感和同情心的集中映现。作者感情的潮水这时已冲破闸门，倾泻于字里行间。

这是一首五言律诗，但其作意、作法却酷似白居易的新题乐府。看得出，作者不仅秉承了白居易“但伤民病痛，不识时忌讳”的现实主义精神，而且有意仿效白氏明白浅切的笔法，不事藻绘，尽洗铅华，以求其辞“质而径”、“直而切”，易于流播人口。

作者生当南北宋之交，民族矛盾的激化与阶级矛盾的加剧，使其寄居的乡村一片凋敝。因而，当他策杖叩访农家时，既不能品味杜甫“遭田父泥饮”时的感戴之意，也无法体验陆游“游山西村”时的欣慰之情，当然，更难以领略陶渊明笔下出现的“暧暧远人村，依依墟里烟”的宁静之象和“平畴交远风，良苗亦怀新”的温馨之景。难能可贵的是，作者没有对阴暗的现实作任何粉饰，而是以明快的线条，将其轮廓如实地展示给读者，并为自己无力改变它而深致叹惋。作者虽以道学家名世，其诗却多系念国计民生，较少令人生厌的道学气。（萧瑞峰）

【作者小传】

岳　飞

(1103—1142)　字鹏举，相州汤阴(今属河南)人。出身农家。北宋末投军，任秉义郎。南宋时，以上书反对南迁革职。后归宗泽，为留守司统制。建炎三年(1129)金兀术渡江南进，率军拒之，屡立战功。历少保、河南北诸路招讨使，进枢密副使。反对与金议和，终为秦桧所陷，以"莫须有"之罪被害。孝宗时追谥武穆。宁宗时追封鄂王。理宗时改谥忠武。有《岳武穆遗文》(一作《岳忠武王文集》)。

池州翠微亭　　岳　飞

经年尘土满征衣，　特特寻芳上翠微。
好水好山看不足，　马蹄催趁月明归。

岳飞是南宋初年的抗金名将。他从宋徽宗宣和四年(1122)十九岁从军，到绍兴十一年(1141)三十八岁时，被秦桧陷害身亡。为了抵抗金兵南下，保卫南宋的半壁山河，进而收复中原，长期转战在今两湖、浙、赣、苏、皖一带。绍兴四年和十一年，就曾两次在庐州(治所在今安徽合肥)，击败金兵，十一年还驻军舒州(治所在今安徽安庆)，因而这首作于池州(治所在今安徽贵池)的诗，难以确定其具体的写作时间。

"冲口出常言，法度去前轨。人言非妙处，妙处在于是。"(《诗颂》)苏轼这首论诗的诗，恰好道出了岳飞《池州翠微亭》的艺术特点。这首诗明白如话，不假雕饰，也没有用事用典，完全出之以口语、常言，却十分感人。其奥妙全在于以情取胜。这种"情"是从肺腑中倾泻出来的，所以，它冲口而出，是那样的自然、真挚。

只要了解了作者的身世、经历，就能较深地体味到诗中强烈的爱国感情。生当北宋末世的岳飞，亲眼看见了祖国的山河破碎，国破家亡，青年从军，以"还我河山"为己任。"三十功名尘与土，八千里路云和月"，冒矢石，受风霜，为的是"收拾旧山河"。在这种特定的历史情况下，岳飞对祖国山川的一草一木都怀着一种特殊的感情。正是在这样的情感支配下，这位连年征战的青年将军，在戎马倥偬之际，面对为之战斗的祖国山川，热爱之情，油然而生，发而为诗。

诗的首句叙述自己的经历，从而把登池州翠微亭放在一个特定的背景下面，使读者感受到时代和诗人的脉搏是一致的。第二句用“特特”以强调这次登临（“特特”，作特地、特别解，叠字有强调之意），表明戎马倥偬，登临难得，而把自己的戎马生活与大好河山从感情上联系起来，同时，在结构上又起到了转折的作用，把感情抒发的重心移到对故国的爱恋上来，为最后一联直抒胸臆作了铺垫。三四两句为全诗的中心。它展示了诗人对祖国的深厚情谊，使人们看到了诗人对祖国美丽河山流连忘返的心境，从而表现了诗的主旨。全诗即这样一气贯注，倾泻了一个驰骋沙场、为国而战的诗人的炽热感情。

《池州翠微亭》是岳飞“发于心而冲于口”的心声。它以它的真情和自然，叩击着读者的心扉，引起人们的共鸣。

（邱俊鹏）

题青泥市壁　　岳　飞

雄气堂堂贯斗牛，　誓将贞节报君仇。
斩除顽恶还车驾，　不问登坛万户侯。

这是一首“言志”的诗。青泥市，在今江西新干县境。赵与时《宾退录》云：“绍兴癸丑，岳武穆提兵平虔、吉盗，道出新淦，题诗青泥市萧寺壁间。淳熙间，林令梓欲摹刻于石，会罢去不果。今寺废壁亡矣。”据此，诗题似应作《题青泥市萧寺壁》较妥。

考之史事，岳飞确曾于绍兴三年癸丑（1133）奉命从江州（治所在今江西九江）前往虔州（治所在今江西赣州）、吉州（治所在今江西吉安）镇压陈颙、罗闲十、蓝细禾、彭友、李满等起义。这首诗虽作于前往镇压农民起义途中，但诗的主旨却不是表现对农民起义的仇恨，而表现了岳飞日夜思念的“还我河山”，洗雪靖康之耻的素志，也许可以从这一侧面说明岳飞是把击退金兵、收复中原视为当时的头等大事吧。

在艺术上，这首诗和《池州翠微亭》有一个共同点，就是直陈胸臆，语言平易。第一句喷射而出，成为全诗的主旋律。正是这种直冲霄汉的堂堂英雄之气，使岳飞不惧一切艰险、危难，勇往直前，而使金兵惊叹“撼山易，撼岳家军难！”此句中的“斗牛”，是以斗星和牛星指代天空。第二句的“报君仇”，指靖康二年（1127）金兵攻入京城汴梁（今河南开封），把徽、钦二帝和后妃、公主、驸马等赵氏宗室外戚，以及百工、技艺和图书、珍宝掳掠北去，北宋王朝灭亡的历史事件。下一句的“顽恶”，当然是指金兵，而“车驾”，则是以皇帝乘坐的车子指代徽、钦二宗。诗中表示要迎接徽、钦二帝还朝。最后一句展示了岳飞的思想境界。作为一个封建社会的武将，出生入死，不问（追求、计较）拜将封侯，只为报君仇，雪国耻。岳飞虽把忠君与爱国视为同一，但这是为当时社会历史条件所限，他比起那些追求功成名遂、封妻荫子的世俗之辈来，毕竟要高出得多吧！

《池州翠微亭》表现的是岳飞对祖国山河美的热爱，以情动人。这首《题青泥市壁》则表现了作者对丧地辱国之恨，而以其英雄之气感人。读这首诗，也如读作者的《满江红》词一样，激昂壮烈，“凛凛然有生气”。

在历史上，岳飞虽不以文名，传世的作品也不多，但正是表现在这两首诗中的爱和恨，使他的作品具有鲜明个性和强烈的感染力。　（邱俊鹏）

【作者小传】

董　颖

生卒年不详。字仲达，德兴（今属江西）人。绍兴初，从汪藻、徐俯游。

江　上　　　　董　颖

万顷沧江万顷秋，　镜天飞雪一双鸥。
摩挲数尺沙边柳，　待汝成阴系钓舟。

董颖大致生活在宋高宗绍兴初前后。这首诗作于何年难以考证，但从中却能窥见诗人生活的一个片断与性格气质的一个侧面。

尽管诗行之中没有出现诗人的身影，不过可以分明看到，一位浪迹天涯的游子——诗人本人，正站在江边沙滩上眺望江上秋景。首先进入他视野的，是“万顷沧江”。这里的“江”，自然不是指长江，而是指诗人客居之地的江，因为江水呈青苍色，故称“沧江”。万顷，形容其浩渺无边。时值高秋，江面上秋气弥漫，竟也使人觉得秋色同江水一样的浩瀚无际，因而诗人在“秋”字前冠上“万顷”这个修饰词，这真是秋满沧江、秋满人间了。

视野所尽，是水天相连处，所以诗人便由水而天，翘首仰视天宇。镜天，是说晴空无云，澄洁明净，犹如一面平展的镜子，这正是秋高气爽的天空景象。此时天宇之中,正飞翔着一对白鸥。飞雪,形容白鸥飞舞,忽高忽低,如同飞扬的雪花。此句写景承上启下,既为首句阒寂的秋江点缀了生意,两句组成一幅动静相间、浓淡相宜的江上秋色图,又是沟通江上景与心中情的桥梁,使三四两句很自然地过渡到诗人自己。

水天空阔,自由飞翔着的白鸥,成双成对,相伴相随,不由触动了诗人的心事,一丝孤寂之感便油然而生。据洪迈《夷坚乙志》卷十六记载,董颖是个穷愁潦倒的诗人。因此他的一生很可能为生计所迫而常年奔走异乡,"独在异乡为异客",也许不久又要登舟出发,再奔赴陌生的他乡,总之,末句已透露出了这个消息。所以此刻他触景伤情,感从中来,便收回目光,"摩挲数尺沙边柳"。抚弄着,抚弄着,情不自禁,要把心中的话儿告诉给身旁无知的柳,然而,千思万虑从何说起呢?蓦地,心际忽生奇想,便冲口而出:"待汝成阴系钓舟"。这一句真是石破天惊,可谓神来之笔,出人意表。千百年来,在诗人们的笔下,柳总与"别"相关,折柳赠别也好,咏柳赋别也好,莫不有一个"别"字在。而诗人在这里却不落众人窠臼,另翻新意,用拟人化的手法,把柳与"不别"搭在一起,祈请高仅数尺的小柳帮助自己:我要等待你枝条成荫时,系住我垂钓的扁舟,使我从此可以不别故乡、不别亲人。运思既妙、立意也高,字面上并不曾诉说羁旅孤客之怨思离情,而读者却能心领神会,这就比明白道出显得更动人,更隽永;著一"系"字,不仅抒写出了他自己惜别的心情,而且切合柳枝修长的特点,造语堪谓天然而含蓄、新颖而贴切。

全诗由江上景写到心中情,虽然传递了诗人的一缕轻愁,但景象开阔,格调明快,并不陷于颓丧,表现出诗人阔大开朗的精神气质。 (周慧珍)

【作者小传】

萧德藻

生卒年不详。字东夫,号千岩老人,闽清(今属福建)人。绍兴进士。官乌程令。为姜夔之师。曾从曾幾学诗。杨万里称其诗工致。有《千岩择稿》七卷,久佚。

登岳阳楼

萧德藻

不作苍茫去, 真成浪荡游。
三年夜郎客, 一柁洞庭秋。

得句鹭飞处，　　看山天尽头。
犹嫌未奇绝，　　更上岳阳楼。

岳阳楼坐落在岳阳(今属湖南)城西门上，唐朝开元年间所建。宋仁宗时，滕宗谅为巴陵郡(郡治即在岳阳)知州，曾经重修过。楼高三层，下瞰洞庭湖，为游赏胜地，因此自唐以来，写岳阳楼的诗文很多，如大诗人李白便有《与夏十二登岳阳楼》诗，杜甫也有《登岳阳楼》诗，北宋大政治家范仲淹则有《岳阳楼记》，其他不胜枚举。萧德藻这首与老杜同题之作，避开前人所写的角度，不从登楼览景上措笔，而写登临前的所感所游，于结句方点题登楼，可谓独辟蹊径了。

首联便发感慨："不作苍茫去，真成浪荡游。""苍茫"原意是指旷远无边的样子，"浪荡"则指放浪游荡，这里相对而言，乃是别有含义，不妨说诗人是抒发着这样的感慨：可叹我不能像范蠡那样，乘扁舟到遥远的五湖去，在那海阔天空处尽情遨游，却违背着心愿(抑或为生计所迫)，被拘在湖南(宋代为荆湖南路)，游来荡去。

颔联承上，叙述自己几年来的"浪荡游"。夜郎，古县名，一说在今湖南新晃西南。柁，同"舵"，这里代指船。诗人的慨叹原是不无道理的，他三年夜郎为客，今秋今日又泛一叶小舟在洞庭湖上，的确是不曾挪离湖南一步的"浪荡游"。关于萧德藻的生平，资料很少，不过，据此联所写，倒可补充一二。

颈联写游洞庭。感慨管感慨，得乐也且乐，身置八百里洞庭之上，目接湖光山色，诗人不由得兴致勃勃。随着船身的一颠一簸，他的眼光也上上下下、远远近近地搜寻着美景，忽而在白鹭翩翩起飞处，他捕捉住了美，从而激起了灵感，吟成诗句；忽而又在那遥远的天的尽头，他看到了隐隐青山。白鹭、远山，画面开阔；一动、一静，境界多变，然则诗人意犹未足，于是尾联便道："犹嫌未奇绝"，那又怎么办呢？干脆弃舟登岸，"更上岳阳楼"，他要高瞻远瞩，在更开阔的视野之中，去发现"奇绝"的景色。奇绝之景他定然望见不少，然其景象，前人已有不少描写，因此他便在此句上收住了笔，而留给读者自己去想象了。

感慨颇深，却境界阔大，故无消沉之感；对仗工稳，却自然浑成，故无板滞之嫌，是这首诗另一突出之处。

(周慧珍)

次韵傅惟肖　　萧德藻

竹根蟋蟀太多事，　　唤得秋来篱落间。
又过暑天如许久，　　未偿诗债若为颜。

肝肠与世苦相反， 岩壑嗔人不早还。
八月放船飞样去， 芦花丛外数青山。

傅惟肖曾知清江县(今江西樟树)，是一个颇能同情民生疾苦的良吏。他许是诗人的朋友吧，然其诗不传。萧德藻这首次韵诗，抒发了他亟想退隐的情怀。

前两联写他落寞潦倒的心情。首联怪蟋蟀。蟋蟀在地下活动，啮食植物根部，诗人房舍周围的篱笆(篱落)是竹子编成的，故云“竹根蟋蟀”。又晋崔豹《古今注》云:“蟋蟀，一名吟蛩。秋初生，得寒则鸣。”诗人独处室内，感到分外寂静、冷清，又在百无聊赖之中，听到了蟋蟀的鸣声。蟋蟀鸣声虽细，可在情绪本已不佳的诗人听来，觉得十分聒耳，况且那蟋蟀又是伴随着萧瑟之秋而来的，因此，诗人不由得责怪起蟋蟀来，怪它“太多事”了:“唤得秋来篱落间。”这未免有点错怪了蟋蟀，原本是它随秋而生，可诗人却怪它将秋唤来。因为其时诗人情怀既恶，也就管不得蟋蟀的蒙受不白之冤了。次联转而怨自己。恼人的秋天既已来了，诗人意识到这点时，心头又一惊:“又过暑天如许久”，不禁暗暗埋怨自己:计划要写的那些诗，至今都还不曾动笔——“未偿诗债”，真是难以为情啊!

由埋怨自己的“未偿诗债”，又进而埋怨自己的不早归山林(但话却是从反面说起)，因而在三联中倾诉自己所怀未伸。先明言:“肝肠与世苦相反”，世人肝肠，便是热衷仕进，看重名利，自己则与之相反，自甘淡泊，不求名利，不慕富贵，而唯有隐逸山林方是志趣所在。“苦”，含有此乃秉性所致，便是自己亦无可奈何之意。其时诗人也许正官乌程(今属浙江)令，因此接着便道，至今尚混迹官场(想当有原因)，不能如愿归隐山林，所以便是连那岩壑也在嗔怪我何以不早还了。“还”，含有自己原是山林中人而却流寓在外未归之意。

既想“还”而未能“还”，末联便生出幻想:就在这八月之中，我当能似陶靖节那样解职而归，可以放船像箭一样飞去，在芦花丛外，看到了青山座座，我就愿终老在这其中任何一座深山之中。末两句写出了诗人犹如网中之鱼忽得解脱，自由自在游回大海时的那种快感。这一联的虚写妙在逼真，仿佛实有其事。不过，后来诗人果如所愿，卜居在乌程的屏山。

这首诗虽然透露出了诗人的内心苦闷，但由于他笔致活泼，好以拟人化的手法从反面写来，如“蟋蟀唤秋”、“岩壑嗔人”，故给作品带来了幽默感，而冲淡了其中苦涩的况味。艺术上，虽字字锻炼，却又能不露斧凿之痕，好像是“满心而发，肆口而成”，于此可见诗人深厚的艺术功力。

(周慧珍)

古梅二首　萧德藻

湘妃危立冻蛟脊，　海月冷挂珊瑚枝。
丑怪惊人能妩媚，　断魂只有晓寒知。

百千年藓著枯树，　三两点春供老枝。
绝壁笛声那得到，　只愁斜日冻蜂知。

元人方回在评萧德藻诗时说："其诗苦硬顿挫，而极其工。"(《瀛奎律髓》卷六《次韵傅惟肖》诗末评语)尽管萧氏的诗集已佚，不能窥其全豹，但这两首留存的咏古梅七绝却的确体现出这种风格。

第一首咏凌晨的古梅。一二两句是拗句，乍读觉似李贺，细绎却又不然。因为李诗的比喻往往出人意表，匪夷所思，而此诗的设譬却"入人意中，出人头地"(袁枚《续诗品·割忍》)，可谓"从心所欲而不逾矩"者。诗人是熟读《楚辞》的，他凝视着枝上的梅花，眼前不禁浮现出湘妃亭亭玉立在蛟脊上的倩影。《九歌·湘夫人》中其实并没有这么一个场面，只是说"麋何食兮庭中，蛟何为兮水裔"，湘夫人所乘的乃是马。但诗人既把偃蹇蟠屈的梅枝想象成"冻蛟"，那无疑只有登上蛟脊的水神湘妃才能与枝上之花相比了。萧氏跟曾幾学过诗(张端义《贵耳集》卷上)，受过江西诗派的影响，此派作诗的特点之一是讲究"无一字无来历"，"湘妃"与"蛟"既同出一篇，可谓"俯拾即是，不取诸邻"(司空图《诗品》)，那自可移花接木，请湘妃的凌波之步踏上蛟背了。如果把"湘妃"换成别的什么美人或仙子，恐怕就没有这么贴切自然(即使把梅花比作洛神亦然，不但因为《洛神赋》中无蛟，不能就近取譬，最主要的是因为梅是江南之树，欲状梅花之神，"荣曜秋菊，华茂春松"般的北方女神总没有"要眇宜修"的南方女神来得适合)。首句的诗眼是"冻"字，有了此字，此花才非梅莫属。

诗人凝视着枝上的梅花，眼前乘蛟的女神忽又化为挂在珊瑚枝上的海月。也许有人会说，诗人的想象力并不算丰富，把树枝比作珊瑚并不新奇，不是西晋的潘岳早就把石榴树比做"若珊瑚之映绿水"(《石榴赋》)了吗？诚然，若仅仅一般地把梅枝比作珊瑚那的确是拾人牙慧，不过诗人赏梅是在侵晓，晨光熹微中的梅枝比在其他任何时刻都要酷似在半透明的海水中隐现的珊瑚。何况诗人又进一层以海月来比喻梅花，海月是一种半月形的白色贝类，与珊瑚同是海中之物，珊瑚挂海月的设想可谓镶合有情，裁缝无迹。再着一"冷"字，以喻着花梅树真称得上是形神皆似。

接着诗人就触景而有所感了：如果没有花的话，眼前的梅枝会是“丑怪惊人”的，而在花信来临的今日，岂止是“老树着花无丑枝”(梅尧臣《东溪》)，简直还显得“妩媚”了。范成大《梅谱后序》说：“梅以韵胜，以格高，故以横斜疏瘦与老枝奇怪者为贵。”但如果没有暄妍的花朵的妆扮，光秃秃的梅枝哪能呈现出“韵胜”和“格高”来呢？此句暗用了一个典故，如果不知道的话会有妨对整首诗的深入理解：《旧唐书·魏徵传》称魏徵“状貌不逾中人”，而唐太宗却说：“人言魏徵举动疏慢，我但觉妩媚。”“赋诗必此诗，定非知诗人”(苏轼《书鄢陵王主簿所画折枝二首》之一)，正是这一句开拓了诗境，在古梅身上寄托了更为深远的含意。

第四句似从林逋《山园小梅》诗“粉蝶如知合断魂”句脱胎而来。诗人感叹古梅的这种“丑怪”中的“妩媚”，只有“晓寒”为之“断魂”(义同“销魂”)，言下不胜知音难遇之感。末二句极抑扬顿挫之致，与其说是“咏梅”，倒不如说是自咏。不妨把“丑怪惊人能妩媚”看作是诗人对自己“苦硬顿挫而极其工”的诗风的自我评品。当然，“诗无达诂”，也可能是诗人对自己人品的夫子自道。

第二首是叠前韵之作，咏的是黄昏的古梅，却又换了一个角度。发端是一联对仗，用了拗救(“著”字宜平而用仄，“供”字宜仄而用平)；以“百千年藓”与“枯”、“老”诸字眼点出梅树之古，以“三两点春”极言梅花之少。声调和字面都给人以“苦硬”的印象，而且不再用“比”，改用了“赋”的艺术手法。“春”指梅花，这是古人习用的，典出刘宋陆凯《赠范晔》诗：“折梅逢驿使，寄与陇头人。江南无所有，聊赠一枝春。”

第三句是说古梅托根绝壁，已非人境，绝没有人来梅边吹笛，因为笛曲有《梅花落》、《梅花引》诸调，古人咏梅往往用吹笛来渲染气氛，如陈朝江总《梅花落》诗云：“金铙且莫韵，玉笛幸徘徊。”唐代韩偓《梅花》诗云：“龙笛远吹胡地月，燕钗初试汉宫妆。”殷尧藩《山中梅花》诗云：“铁心自拟山中赋，玉笛谁将月下横。”这儿不是“窥人其意而形容之”，而是“反其意而用之”。

末句是说梅花所怕的只是被冬日黄昏的蜜蜂知道，淡泊宁静的生活被破坏，与张九龄《感遇》诗“草木有本心，何求美人折”之句有异曲同工之妙。考萧德藻隐居屏山，那儿千岩竞秀，故自号千岩老人(见《乌程县志》卷二三本传)。味诗意当是借梅自咏，以明终隐之志。

这两首诗初看似乎表达了两种互相矛盾的心情：既叹息知音之少(第一首)，又表示不求人知(第二首)。实际上，二者并不抵牾，第二首乃是指“不知我者”而言，既不知我，那自然不希望他们来烦扰。将此二诗并读，可知萧诗的“顿挫”不但表现在一首诗的内部，还表现在同题的前后两首诗之间，真可谓“极其工”了。后来姜夔向他学诗，也同样“琢句精工”（见罗大经《鹤林玉露》丙集卷二），但扬弃了他的“苦硬”。（刘永翔）

【作者小传】

黄公度

（1109—1156）字师宪，莆田（今属福建）人。绍兴八年（1138）进士第一。除秘书省正字。罢为主管台州崇道观。忤秦桧，通判肇庆府。桧死召还。终考功员外郎。有《知稼翁集》、《知稼翁词》。

乙亥岁除渔梁村　　黄公度

年来似觉道途熟，　老去空更岁月频。①
爆竹一声乡梦破，　残灯永夜客愁新。
云容山意商量雪，　柳眼桃腮领略春。
想得在家小儿女，　地炉相对说行人。

〔注〕① 更：读平声，经历之意。

宋高宗绍兴二十五年（1155），是农历乙亥年。这年十月，专横跋扈、卖国投降的秦桧死了，人们纷纷起来揭露他的罪恶，群情激愤。在舆论的压力下，高宗召回一些受秦桧打击迫害的官员。作者当年遭贬出判肇庆府，这时也奉召回朝，在奔赴南宋都城临安（今浙江杭州）途中，大年三十行经闽北渔梁山下的渔梁村（今福建浦城县西北）。逆旅逢佳节，在无限感慨中，写下了这首诗。

诗以感怀发端。诗人多年来仕途奔波，宦海沉浮，阅历既多，自以为是谙练世情，老马识途了，但又觉得政治风云变幻莫测，首句用“似觉”点出对前途把握不定的心理状态，显示出茫茫身世之感。在旧岁将尽的年终，诗人看到年复一年，时光流逝，而自己却功业未就，老大无成，兴起了岁月蹉跎、流年虚度的嗟叹。次句的“空更”，语意深切，表达了诗人当时无任凄惘的心境。

佳节思亲，是人情之常，辗转客程，失去了家人团聚的欢乐，便到梦境中去寻求。却被爆竹声惊醒了。“爆竹”这一含有特定意义的形象，渲染了节日气氛，起了以景增情的作用。接着又用“残灯”、“永夜”，刻画环境的凄凉。在漫漫长夜中，独自伴着昏暗欲灭、摇曳不定的灯光，窗外又不时传来辞岁的爆竹声，叫人心碎。旅况的孤寂索寞，自然涌出“客愁新”的心情，以景衬情，颇见匠心。

“客愁”而说“新”，暗示已有旧愁，旅次逢岁末，又添了新愁。新愁承“乡梦”而来，愁的内涵，不言而喻。旧愁乃是诗人自叹：“无端却被东风误”（《题嵩台二绝》），可以从作者贬谪僻地的生活背景悟出，亦不觉晦涩。

三联用拟人手法写天气，宋人诗词常用这种写法，著名的有姜夔《点绛唇》词：“数峰清苦，商略黄昏雨。”此联上句描绘雪意浓酣，垂垂欲下的客中实景，进一步映衬游宦在外的艰辛和漂泊羁旅的寂苦，下句联想到腊尽春来，写出春回大地的旖旎风光。“柳眼”指初生的柳叶，元稹《寄浙西李大夫》四首之一：“柳眼梅心渐欲春。”“桃腮”指桃花，《剪灯馀话·秋千会记》：“正桃腮半吐，莺声初试。”从岁末欲雪到春光明媚，时间上有一个大的跨度。诗人运用对偶，把不同时间的意象组合在一起，在回环对比中，增加了境界之美，也表达了他想以未来欢乐的憧憬消解当前旅愁的愿望。英国诗人雪莱说过：“冬天来了，春天还会远吗？”作者在长期贬谪之后，盼来了重新起用的机会。他对这次临安之行充满了希望，残冬将尽，春天正向他走来，可以尽情领略“桃红柳绿”的春色，有机会施展自己的才华了。

然而诗人毕竟摆脱不开现实生活的羁绊，绵绵的乡愁使诗人展开想象，在空间上来了一个大的跳跃。诗的尾联，从对方落笔，将不尽的情思，浓缩在“想得”一语之中。说儿女们围坐在地炉边，念叨着自己，这比直说自己如何想念家人，倍加生动亲切。白居易的“想得闺中深夜坐，还应说着远行人。”（《邯郸冬至夜思家》）情景与此相似，惟黄公度借天真小儿女之口说出，更为动人。

作者以情出景，以景喻情，虚实结合，情景相生。在时地的跨度中，开拓了诗的意境，虽无大波澜，但用词鲜明，质朴真切。诗人入朝之后，因秦桧党羽仍然把持朝政，只得了个考功员外郎的闲职，没过多久，就赍志以殁，终年才四十八岁。他所憧憬的春天，终于没有来临。 （李　敏）

悲　秋　　黄公度

万里西风入晚扉，　高斋怅望独移时。
迢迢别浦帆双去，　漠漠平芜天四垂。
雨意欲晴山鸟乐，　寒声初到井梧知。
丈夫感慨关时事，　不学楚人儿女悲。

秋天，草木黄落，原野萧条。苍凉凄清的景象，最易触动离人游子的伤感，勾起羁旅行役的乡愁。宋玉《九辩》：“悲哉，秋之为气也”首开其端，古往今来，多少骚人墨客，从各自的身世经历，以“悲秋”，“秋兴”为题，抒发了思乡怀人的感慨。这首《悲秋》诗，并未凭秋色以诉离情，托秋意以写别恨，而是借秋景表达他的忧国之心，格调高致。

诗一开始，即紧扣题目，以“西风”点秋，以“怅望”点悲，展现出诗人在西风萧瑟中，独立书斋怅然想望的画面。首句在“扉”前着一“晚”字，交代了时间，又渲染了冷寂的气氛。次句在“斋”前着一“高”字，标明了立足点，为所见愈远作了铺垫。李白《折荷有赠》诗：“相思无因见，怅望凉风前。”情景与之约略相似，但此处写得较为含蓄深沉。诗人没有明说怅望什么，而是留下悬念，径直引着读者把目光投向远处的别浦。

“别浦”是通大江的小河汊。南朝宋代谢庄《山夜忧》诗：“凌别浦兮值泉跃，经乔林兮遇猿惊。”唐人郑谷《登杭州城》诗中，也有“潮来无别浦，木落见他山”的佳句。遥看别浦，双双行舟扬帆而去，渐渐隐没；极目凝望，广漠而静谧的荒野伸向远方；荒野尽头，天似穹庐，边际四垂，寥廓苍茫。萧瑟落寞的景象，映衬出诗人抑郁孤寂的心境。

作者黄公度，宋高宗绍兴八年(1138)举进士第一，曾任秘书省正字，时秦桧当权，因贻书台谏官言时政，被加上“讥谤”国事的罪名，贬为肇庆府通判。当时的台谏官(御史的别称)已成为秦桧排斥异己的工具，只要有一言一字稍涉“忌讳”，无不争先揭发邀功。这首诗作年无考，从内容上看，作者关切时事，委婉曲折地表示出对秦桧推行投降政策的不满。“雨意”一联，借眼前实景写出了蕴结在心底的情思。“雨意欲晴”和“寒声初到”，是自然气候的变化，又实中寓虚，隐喻政治气候的变化。诗人赋予“山鸟”、“井梧”以人的性格，用带有喻义的艺术形象，抒情的笔调，告诉人们：山鸟只是为目前的晴天而高兴，井边的梧桐却敏感到季节的变易。作者当时正处在宋金对峙的时代，那些沉湎于偏安局面的权贵们，仅希求一时的和平与欢乐，惟有关心国家命运的有识之士，才能看到隐伏着危机的苗头。“井梧翻叶动秋声”，诗人运用“井梧”的物候特征，含蓄不露地暗示他不甘于沉默，不屈于威压的决心。

最后，作者一变前文铺叙景物的格局，直抒胸臆，以“丈夫感慨关时事”的壮语作结，痛快淋漓地托出全篇主旨。并且断然鄙弃楚人宋玉伤时悲秋、惆怅自怜的儿女之情。诗人的伟大抱负，对个人穷通不萦于怀的豪迈气度，跃然纸上，读了令人击节赞赏。《四库全书总目提要》说作者“词气恬静而轩爽，无一切洟洟龃龉之态”，实属平允精当之论。

诗名《悲秋》，作者不写一个“秋”字，而是通过“西风”、“寒声”、“井梧”等事物的典型特征，刻画出秋的意境。全诗气韵生动，时人称其“诗效杜甫古律格，句法逼真”（见《宋诗钞·知稼翁集序》）。作者托景抒情，把复杂的思想感情，用简洁的形象表达出来，寓悲壮于闲淡之中，的确耐人咀嚼，引人涵咏寻味。 （李　敏）

道间即事　　黄公度

花枝已尽莺将老，　桑叶渐稀蚕欲眠。
半湿半晴梅雨道，　乍寒乍暖麦秋天。
村垆沽酒谁能择？　邮壁题诗尽偶然。
方寸怡怡无一事，　粗裘粝食地行仙。

这是一首纪行述怀之作。诗人以鲜明的笔触，刻画了江南初夏的田园风光，描述了恬淡闲适的行旅生活。

诗一起句，就选用富有时令特色的景物，点明了季节。“花”是春天的象征，“花枝已尽”用一“尽”字，写出了繁花凋落，春光消逝的景象。“莺”是报春的鸟，“莺将老”用一“老”字，说明雏莺渐长，啼声衰谢，春天已经归去。此中未遣一字表示感情，但已含有对韶华易逝的惋惜之情。次句又转换镜头，映出“桑叶渐稀”的画面。“渐稀”并非凋零，而是被采摘殆尽，这说明蚕要进入不食不动的眠期了。“蚕欲眠”以季节性和地区性的特点，形象地显示了诗人在初夏行经江南农村的情景。

“梅雨”是江南初夏特有的气候。诗人抓住这一季节特点，抒写路途境况，渲染初夏的气氛。黄梅雨是下一阵停一阵，行人还能在间歇中赶路，用“半湿半晴”形容梅雨天气的道路，十分贴切。要是阴雨连绵，道路泥泞，将另是一景。由于时下时停，阴晴不定，天气便是忽冷忽暖；这种“乍暖还寒时候”，正是农历四月麦收季节。诗人将抽象的时间概念，化为易于感知的意象，称之为“麦秋天”。《初学记》卷三引汉蔡邕《月令章句》：“百谷各以其初生为春，熟为秋，故麦以孟夏为秋。”唐罗隐《寄进士卢休》诗：“从此客程君不见，麦秋梅雨偏江东。”此虽指事不同，而光景仿佛。

上两联写景，突出了时令特征，而且用对偶句式，把各种物象组合在一起，互相衬托，像电影中的“叠印”镜头，将江南乡村的初夏景色刻画得鲜明生动。作者还把养蚕和麦收等农事活动摄入诗中，不仅丰富了季节感，同时也增添了浓郁的生活气息。

下两联转入叙事抒怀。诗人在梅雨时节赶路，已见羁旅行役之苦。走累了，也只能在乡村酒店歇歇脚，饮几杯水酒解解乏，更显出沉滞下僚，仕途奔波之艰辛。“谁能择”一句反问，深化了意境，隐隐露出蹭蹬失意的情怀。逆旅生活的另一侧面也反映了诗人随遇而安，恬然自适的心境。在邮馆客舍的墙壁上，即兴题诗，把偶然的感受信手写出，只不过是为了排遣旅途的寂寞，消除心头的郁闷。旅人皆然，己亦如是。“尽偶然”与“谁能择”相对应，用全称判断加强语势，蕴含着不得不随俗浮沉，与时俯仰的衷曲。

尾联笔意洒脱，诗人决心丢开烦恼，以旷达求解脱。“方寸”指心，心中无一事是说无所希求，心地洁净。“怡怡”一词，用意精到。《宋史·隐逸传·宗翼》：“隐而不仕，家无斗粟，怡怡如也。”诗人仕途坎坷，生活清苦，但还有“粗袭粝食”，自然应无怨尤。结句以“地行仙”自喻。地行仙是指住在人间的仙人，亦省作“地仙”，多用以比喻生活闲散，无所忧虑的人。白居易《池上即事》：“身闲富贵真天爵，官散无忧即地仙。”苏轼《乐全先生生日以铁拄杖为寿》诗：“先生真是地行仙，住世因循五百年。”这首《道间即事》诗虽然寄托了仕宦不达，有志未酬的感慨，也表现出不慕荣利，洁身自好的精神。

此诗用白描手法，把眼前常见景象组合入诗，不堆砌辞藻，写得简淡而不近俗，在宋诗中是很有情味的作品。　　（李　敏）

【作者小传】

陈　焕

生卒年不详。字少微，博罗(今属广东)人。绍兴中特科，调高要簿。

梅　花　　　　陈　焕

云里溪桥独树春，　客来惊起晓妆匀。
试从意外看风味，　方信留侯似妇人。

这是一首饶有新意的咏梅诗。

首句“云里溪桥”，先为梅花绘出衬景。“云里”言山之高且深，“溪桥”，见地之僻而雅。在这高山僻雅之地，忽然看到一树梅花，自是意外的喜悦。这是一株春情勃郁的梅花，不同于“昨夜一枝开”的雪中早梅，也不同于“暗香浮动”的月下幽梅，它别具孤芳自赏的韵致。下一“独”字，更见此花傲然特立、寂寞清癯的风姿。这个起句看似平实叙述,平实中自有一种高洁要眇的境界。再看次句:此花索居悄悄,就像山谷中的一位绝代佳人,天寒翠袖,自怜幽独。她生在这深山僻野、人迹罕到的地方,年年岁岁,春情寂寂,又何期能一遇知己,一展芳颜?现在竟然有此远客解人,披荆来相存问,又怎能抑制其内心的激动?于是,他乍惊复喜,灿然微笑,红粉匀妆,起迓雅客。"惊起晓妆匀"五字,写红梅初绽,风韵嫣然,极有情致。乍读之下,也许觉得奇怪:梅花怎能"惊起"?似不可解。细味之就会悟出,这完全是诗人一片奇妙的悬想,给无情之物敷上了主观之情。在诗人想象中,这位佳人长年寂寞,乍遇知音见赏,安得不惊?感恩知己,又怎能不粲然而笑,宛转而起?这一句写出诗人一往情深的痴心玄想,可谓摄花之魂。

三四两句转笔写诗人的兴会观感,"意外"上承"惊起"而生发联想。佳人惊起匀妆,是由于意外地遇客来赏。她芳枝微展,晓妆乍匀,自然有一种特殊的风味。这个"惊起"的"惊"字,正如杨玉环"九华帐里梦魂惊"(白居易《长恨歌》)的"惊"字一样。美人梦中惊起,比平常从容盛妆浓抹,自然别是一种风味。这种风味,唯能于意外中偶然得之,此则所谓"试从意外看风味"的含义。这是推开常境,翻进一层的写法。诗人既得此意外的、异乎寻常的风味,心荡神摇,于是妙想联翩而来,突然又翻出"方信留侯似妇人"这样一个奇特精警的结句。司马迁在《史记·留侯世家》里赞留侯张良说:"余以为其人计魁梧奇伟,至观其图,状貌如妇人好女。"这是说张良既具丈夫胸怀,英雄韬略;又有美如少女的外貌。当然,更可贵的是,他智勇绝伦,佐汉高祖刘邦取得天下后,封万户,位列侯,却能摒弃人间富贵,愿从赤松子作方外游,有一种高蹈自守的襟怀。这种襟怀,与独处云里溪桥、自甘幽独的红梅,一点相通;而留侯恂恂如处子的姣好外貌,又与这株梅花晓妆初匀的风韵,隐然相似。因此诗人设此奇喻,兼言双美。

用美人比梅花,古典诗词中累见不鲜,已近熟滥。陈焕这首诗,却以"客来惊起晓妆匀"七字写出此花特有的风神,这就在静态中有动态,在一般中见特殊,在熟滥中辟新境。咏梅而写其迎霜斗雪的精神,也是陈旧手法。此诗独以"留侯似妇人"为喻,便想落天外,异彩惊人。"留侯似妇人"这个典故,略具历史常识的人都知道;但何以把他和梅花联系起来,则又颇费思量。及至领悟到诗人用的是由梅花联想到美人,由美人联想到留侯这一连类的比喻,则又不能不豁然而激赏诗人的构思之巧,读之令人耳目一新。这就是宋诗深折透辟,咀嚼而弥感隽永的地方。不少人指宋诗"生涩枯淡"。贺裳《载酒园诗话》说,宋诗"敷衍多于比兴,蕴藉少于发抒。求其意长语短者,十不一二"。陈焕这首七绝,却正是形象丰腴、意长语短之作。

(赖汉屏)

【作者小传】

王十朋

(1112—1171)　字龟龄，号梅溪，温州乐清(今属浙江)人。绍兴二十七年(1157)进士第一。孝宗朝，历官国史院编修、起居舍人，侍御史，改吏部侍郎，历饶、湖等四郡守，以龙图阁学士致仕。卒谥忠文。有《梅溪集》。

夜雨述怀　　王十朋

夜深风雨撼庭芭，①　　唤起新愁乱似麻。
梦觉尚疑身似蝶，②　　病苏方悟影非蛇。③
浇肠竹叶频生晕，④　　照眼银釭自结花。⑤
我在故乡非逆旅，⑥　　不须杜宇唤归家。

〔注〕①庭芭：种在庭院里的芭蕉。　②身似蝶：《庄子·齐物论》："昔者庄周梦为蝴蝶，栩栩然蝶也。"因庄周有梦中化蝶之事，后来人们称梦境为"蝶梦"。　③影非蛇：用"杯弓蛇影"故事。汉应劭《风俗通·神怪》："杜宣饮酒，见杯中似有蛇，酒后遂感腹痛，多方医治不愈，后经友人告知是壁上赤弩照影于杯，其形如蛇，始感释然而病亦愈。"　④竹叶：酒名，又称竹叶青。　⑤银釭：银灯。　⑥逆旅：旅舍。

这首《夜雨述怀》，是作者早期的作品，作者壮年时期，正值秦桧当政，无心出仕，隐居故乡梅溪，聚徒讲学，在病后一个风雨交加的夜晚，写下这首诗，抒吐自己忧时的心情，以及有志难酬的苦闷。

诗的头两句："夜深风雨撼庭芭，唤起新愁乱似麻。"夜深了，窗外的风雨，正摧撼着院子里的芭蕉。这声音萧萧瑟瑟，唤起了诗人纷乱的新愁。他是在梦中惊醒的，清冷的环境，忧郁的愁思，使他有心绪如麻之感。接着第三四句："梦觉尚疑身似蝶，病苏方悟影非蛇。"写的是梦醒以后心情恍惚的情况。梦醒了，自己还在疑心此身已经化成蝴蝶；病是刚刚好转的，这才悟到先前怀疑的影子并非是蛇影。从虚幻到觉醒，本是病苏梦醒以后常见的心理状态，作者是一个正直的文人，也是有志之士。他之所以有这种心理情态，显然是渗有对时事的忧虑。不过在诗句中没有直接点明而已。诗的第五六两句："浇肠竹叶频生晕，照眼银釭自结花。"写的是排愁自遣之情。"竹叶"，自然是指酒，诗人想借酒浇愁，酒还未入愁肠，脸上已经频频泛起了酒晕。他坐对荧荧照眼的灯光，这灯芯上已经结上了灯花，灯花是报喜的，此刻哪有什么可喜的事呢？只好任其自由结花吧。这两句可见作者是盼望有遣愁的机会和可以舒怀的喜讯的。但就是这点心愿,在当时也难以实现。正在清愁难遣的时候,作者忽然听到杜鹃鸟的啼声,他感慨万千地写下了结句:“我在故乡非逆旅,不须杜宇唤归家。”杜宇就是杜鹃,它的啼声是“不如归去”,一般有家归未得的人听了之后,会触动思乡之情,作者此时身在故乡,并非旅居在外,所以感叹地说:我并没有离开故乡,不需你唤“不如归去”,劝我回家了。作者有志用世,但当时是豺狼当道,善类遭受摧残陷害的不知多少,作者只好郁郁家居。因此最后两句,才点明胸怀,倾诉出报国无门、壮怀难展的感慨。

全诗即景抒怀,从深宵风雨到午夜一灯;从梦觉以后的清愁,到听得杜宇啼声所引起的悲愤;步步深入,诗人的心境,自见于诗句之中。直到秦桧死后,诗人才出而应试,以经学淹通被选拔为第一,解除了长期以来内心的痛苦。

(马祖熙)

咏 柳　　王十朋

东君于此最钟情,　　妆点村村入画屏。①
向我无言眉自展,　　与人非故眼犹青。
萦牵别恨丝千尺,　　断送春光絮一亭。②
叶底黄鹂音更好,③　　隔溪烟雨醉时听。

〔注〕 ① 画屏:有彩绘或画饰的屏风。 ② 断送:送尽。 ③“叶底”句:用杜甫《蜀相》诗句“叶底黄鹂空好音”而变其句意。黄鹂,即黄莺。

这首《咏柳》诗,全从所咏的对象着笔,确切地说:咏的是春柳。全诗八句写了柳,也点染上春天的色彩。

开头两句:“东君于此最钟情,妆点村村入画屏。”东君,也就是人们乐于歌颂的春之神,他对于杨柳是最钟情的。只要春天的脚步来到了人间,陌头的杨柳,就首先呈现出金黄的颜色,渐渐地由鹅黄成为嫩绿。溪边村边池塘边,到处都是一样。它们把村村社社,装点在绿色的画屏中间。有了杨柳,人们便觉得春天的婀娜多姿;看到柳枝,人们就意识到他们又回到了风光旖旎的阳春的怀抱。的确,此时人们充满着青春的喜悦,仿佛生活在画图之间。这两句是总写。

接着三四两句从细处着笔,写柳眉和柳眼:“向我无言眉自展,与人非故眼犹青。”人们习惯地把柳叶和翠眉相比,一到芳春季节,千万丝杨柳一齐吐翠舒眉,含情展黛,尽管她们相向无言,却饶有动人的韵致。人们如果仔细观察一下,只要柳条上露出点点的生机，那最先苏醒的，便是青青的柳眼。杨柳是多情的，尽管不是故交，她也还是以青眼相待，从来不用冷眼白眼看人，经常保持温柔的心性。“青眼”是用阮籍能用青白眼的典故。作者在第三句，用“向我”这个词组领句，第四句却用了“与人”，这都是从主观方面去观察的，其实要是互换一下，句意还是一样。即：“向我”可以改成“对客”，“与人”可以改成“与余”，这是诗歌中常用的手法。第五六两句写柳丝和柳絮：“萦牵别恨丝千尺，断送春光絮一亭。”古人重视离别之情，往往在分手的当儿，折柳赠送行人，借柳条垂丝之长，萦牵离愁别绪，以示永不相忘。在春天将去的时候，柳老花飞，漫空飞絮，这纷飞的柳絮，仿佛送尽了春光，也恋恋不舍地送着行人在话别的长亭飞舞。“萦牵”、“断送”两个词都非常传神。

结尾两句写柳荫：“叶底黄鹂音更好，隔溪烟雨醉时听。”暮春时节，杨柳绿已成荫，这时候人们可以“载酒听鹂”，“叶底黄鹂三两声”，这呖呖的声音，娇柔宛转，人们喝点酒，坐在柳荫下面，听着黄莺的歌唱，陶醉在明媚的风光之中，也算得上是“赏心乐事”了。要是在吃醉的时候，隔着溪流，在烟雨迷蒙中听上一番，那么“细雨润莺声”，莺儿的歌喉，该更加清脆而圆润了。　（马祖熙）

韶美归舟过夔，留半月语离，作恶诗以送之，用韶美原章韵①

王十朋

弱羽年来正倦飞，② 　夔门邂逅故人归。③
人生一笑难开口，④ 　世事多端合掩扉。
况是桑榆俱暮景，⑤ 　何曾富贵已危机。⑥
明朝怅望仙舟远，⑦ 　百尺高楼上静晖。⑧

〔注〕 ① 夔：夔州的省称，州治在今四川奉节。作者曾知夔州。韶美：作者之友，身世不详。 ② 倦飞：陶渊明《归去来辞》：“鸟倦飞而知还。” ③ 夔门邂逅：夔门，指瞿塘峡。此处指夔州。邂逅：不期而遇。 ④ “人生”句：语本杜牧《齐山》诗：“人世难逢开口笑。” ⑤ 桑榆：比喻晚年，原指晚景。《太平御览》卷三引《淮南子》：“日西垂景在树端，谓之桑榆。” ⑥ 富贵危机：用东晋末诸葛长民的典故。诸葛长民将被刘裕杀害时，说：“贫贱常思富贵，富贵必履危机，今日欲为丹徒布衣，岂可得也。”（《晋书·诸葛长民传》） ⑦ 仙舟：用东汉名士郭太的典故。郭太曾与河南尹李膺（东汉党锢中的著名人物）同舟济河，众宾望之，以为神仙（见《后汉书·郭太传》）。仙舟本此。 ⑧ 静晖：原注云：“州宅有静晖楼。”

这首诗写在客中送别友人，寄寓自己也想辞官东归的思想，作者此时作夔州守，“恶诗”一语当为自谦。

开头两句:“弱羽年来正倦飞,夔门邂逅故人归。”弱羽谓不堪高飞的小鸟。表明自己几年来为官外郡,大有鸟倦思还之感。这次在夔州幸得与故人相遇,邂逅间周旋半月,彼此非常情亲,现在又送故人东归,而自己仍然留滞夔门,因而更加惆怅。第三四两句:“人生一笑难开口,世事多端合掩扉。”作者表示人生快意的时候殊少,难得有开口笑的机会;而世事却变化多端,不如掩着柴门家居的好。这两句和前面的“弱羽”、“倦飞”相应,说明自己思归的原因。

第五六两句:“况是桑榆俱暮景,何曾富贵已危机。”“桑榆”表明晚年,是日已西垂的暮景。作者感叹自己和韶美已经都届老年,彼此都浮沉宦海,何曾得到富贵,却已感到仕途到处存在着危机。这两句借以慰勉韶美,并再次表白思归的原因。

结尾两句:“明朝怅望仙舟远,百尺高楼上静晖。”着重写送别惜别的心情。韶美即将乘船东下,明朝再登静晖楼,凭高怅望,只怕故人的一舸仙舟,早已越过瞿塘峡口穿过万重山了。作者不写此刻的执手话别之情,而悬想明朝的登楼怅望之景。使送别的情谊,更深一层。表明此刻已殷殷难舍,那么明朝独自登楼怅望,必然更加难以禁受了。李白《黄鹤楼送孟浩然之广陵》诗云:“孤帆远影碧空尽,唯见长江天际流。”和这两句相比,有异曲同工之妙,李诗致送别后凝望之情,思致潇洒。这两句深情惜别,而又寓以自己思归的情绪,意境深沉,耐人寻味。

(马祖熙)

【作者小传】

韩元吉

(1118—1187)　字无咎,号南涧,开封雍丘(今河南开封)人,徙居信州上饶(今属江西)。韩维四世孙。以荫为龙泉县主簿。绍兴中知建安县。乾道九年(1173),权礼部尚书,使金贺生辰,还,除吏部侍郎。后知婺州,移知建安府,大兴学校,创修郡志。入为吏部尚书。后再知婺州,提举太平兴国宫。封颍川郡公。与朱熹友善。曾与叶梦得、曾幾、章甫、陆游、陈亮等相唱和。有《南涧甲乙稿》。

送陆务观福建提仓　　韩元吉

舣船相对百分空,①　京口追随似梦中。②
落纸云烟君似旧,③　盈巾霜雪我成翁。④
春来茗叶还争白,⑤　腊尽梅梢尽放红。

领略溪山须妙语，　　小迁旌节上凌风。⑥

〔注〕 ①“觥船”句：杜牧《题禅院》诗：“觥船一棹百分空，十岁青春不负公。”注引《晋书·毕卓传》：“（卓）尝谓人曰：‘但得酒满数百斛，四时甘味置两头，右手持杯，左手持蟹螯，拍浮酒船便足了一生矣。’”觥船：指载酒船以觥引酒。 ② 京口：今江苏镇江。 ③ 落纸：杜甫《饮中八仙歌》：“张旭三杯草圣传……挥毫落纸如云烟。” ④ 盈巾霜雪：古人喜著头巾，盈巾霜雪，意为满头白发。 ⑤ 茗叶：茶叶。宋人宋子安《东溪试茶录》：“茶之名者有七，一曰白叶茶，茶叶如纸，民间以为茶瑞。”福建武夷山产白叶茶。 ⑥ 旌节：古代使者所持之节。宋制：镇守一方的军政长官，得拥旌持节。凌风：亭名，在福建建安，韩元吉有登凌风亭题名录。此诗原注云：“仆为建安宰，作凌风亭。”

孝宗淳熙五年（1178）春季，陆游（字务观）由川蜀奉命调回京城临安（今浙江杭州）。这年秋天，陆游拜官提举福建常平茶盐公事（简称福建提仓），暂时回到山阴（今浙江绍兴）故居休假，在冬季启程赴任之前，韩元吉前来送行，临分手之际，写下了这首赠别的七律。

韩元吉和陆游一样是坚决主张抗金恢复中原的志士，自从陆游在孝宗乾道六年（1170）入蜀之后，他们分别已经九年了。这次刚刚晤面不久，却又离别，感叹年华易逝，人皆垂老，所以在诗中不胜惜别之情。全诗前四句深情忆旧，后四句寓情于景，着笔不多，语言真挚。

开头两句：“觥船相对百分空，京口追随似梦中。”首句写觥船送别。觥船是一种载酒的船，在船上依依话别，对饮离杯，回首当年，真有百事成空之感。次句追忆京口旧游。那是十五年前的事了。当时陆游任镇江通判，恰好作者来镇江省亲，两人同游金山，互相酬唱。明年，改元乾道，作者改任京官，又来镇江同游，有京口唱和一集，“道群居之乐，致离阔之思。”现在回想起来，竟像在梦中一样。这两句寄慨深沉，为全诗定了基调。

第三四两句：“落纸云烟君似旧，盈巾霜雪我成翁。”前句称誉陆游，虽然入蜀多年，而诗风慷慨，挥毫染翰，满纸云烟，气魄雄劲，不殊昔日。后句感叹自己，此刻已满头霜雪，在国事艰虞之秋，未能多为国家宣劳，匡扶时局，现在已成为皤然老翁了（作者长于陆游七岁，本年六十有一）。这两句分写两人当前的情况，表达了彼此都有壮志未酬的感慨。

接着五六两句，笔锋一转，借景抒情：“春来茗叶还争白，腊尽梅梢尽放红。”作者设想陆游到福建的时候，已是下一年的春天，那里的名茶——白叶茶，该争先吐出白色的芽叶了。而在此刻分手之时，已经腊尽春回，红梅花都已迎年开放一片嫣红了。这两句笔姿潇洒，深见作者旷达的胸怀。不专为别情所牵恋；而情景交融，不落凡响。结尾两句，再振一笔，以慰行人，并回映前文，有余音绕梁之妙。这两句说："领略溪山须妙语，小迂旌节上凌风。"作者和陆游在壮年的时候，都曾任官闽中。陆游开始做官的时候，任福州宁德县主簿，那时正当秦桧死后，陆游年三十四岁(1158)，作者也曾任过建安守。彼此对闽中溪山之胜，是非常熟悉的。现在陆游再度任官福建，旧地重来，已经相隔二十年了。所以结笔前一句是希望友人把妙笔重新点染那里的溪山。作者守建安的时候，曾登过那里的凌风亭，建安地近福州，所以在结句说："小迂旌节上凌风。"语意双关，希望陆游此去福州，不妨稍为迂回一下道路，登上凌风亭，一访那里的胜景，那么作者虽然未能同行，也可以因友人访问自己的旧游地而一慰平生了。　（马祖熙）

【作者小传】

吴 儆

(1125—1183)　字益恭，初名偁，休宁(今属安徽)人。绍兴二十七年(1157)第进士。历朝散郎，广南西路安抚使，知泰州，主管台州崇道观。卒谥文肃。有《竹洲集》。

寓壶源僧舍三绝　吴 儆

风檐淅淅褪新青，　书展残灯翳复明。
读罢《离骚》还独坐，　此时此夜若为情。

闷来掩卷已三更，　风露涓涓月满庭。
闲扑流萤冲暗树，　危梢点点堕寒星。

归来闭户还高枕，　窗隙微通月影斜。
风急忽惊乌鹊起，　空阶簌簌堕松花。

绝句三首以"寓壶源僧舍"为题。"寓"字表明诗人在寄居中写作，"壶源僧舍"是寄居的处所，"僧舍"即佛寺，表明这是一个幽深僻静之处。三首所写都是夜间情景，第一首写独坐夜读，第二首写月下扑萤，第三首写高枕无眠；三首绝句紧紧承接，以第一首为张本，构成一个整体。

第一首首句写居室之外，"风檐淅淅"四字写吹到屋檐下的淅淅风声，用声音烘托出夜深人静的境界；“褪新青”三字写草木在风声中渐渐消退了青青之色，用色彩的变化来表现秋天的悄悄降临。这是诗人独居僧舍夜读《离骚》所处的环境。第二句写居室之内，一盏残灯，展卷夜读。“残”字在光线上写出灯光的暗淡，从时间上写出已近深夜，从气氛上又表现出凄清。残灯之下，诗人目力能“翳”而“复明”，正表现了读书时精神的专注。第三句点出所读的书是《离骚》，而且是独自一人；“独坐”二字使人如见“读罢《离骚》”之后，诗人那凝神深思的神态，从而体会到《离骚》的内容是怎样地打动了诗人的心。末句直述，沉寂的时刻、孤独的夜晚，诗人的情感好像已完全与屈原融而为一了。

第二首写诗人被《离骚》所打动，掩上书卷，时至午夜，依然“闷来”不能入眠，于是步入庭中，展现在眼前的是“风露涓涓月满庭”的夜景，“涓涓”的“风露”暗示着清凉，满庭的月色带来了凄清。在枝叶荫蔽的暗影之中，飘荡着萤火虫的点点微光，此刻诗人“闲扑流萤”，无意中碰撞了暗中的树木，从高高的树梢上飘落的点点流萤就像夜空陨落的颗颗寒星。“闲”字并非安闲、消闲之意，诗人只是以这看似悠闲的动作来排遣胸中的“闷”气罢了。这“危梢点点堕寒星”一句，绘制了富于幻想色彩的境界，为诗歌添了画意，为夜景增了诗情。

第三首写回到室内，“闭户”“高枕”。从全诗看，“高枕”在此只表示安卧而不含“无忧”之意。以下写景，以三个诗句细写安卧之后的所见所闻。窗隙中透过偏斜的月影，暗示着时间的推移；窗外急起的风声和乌鹊惊飞之声过后，连那松花飘落空阶的细碎响声也清晰地传入耳鼓，暗示着僧舍深夜的寂静。景物的描写，从侧面反映出诗人的不能安眠。

吴儆是一位被同时人称许为“忠义果断，缓急可仗”（见《宋诗钞》）的人物，因此他夜读《离骚》而被屈原忧国忧民的胸怀与追求理想的精神所打动是很自然的，正襟危坐、彻夜无眠正是他深有所感而思绪联翩的表现。从诗人在思想感情上和屈原产生共鸣一事，读者似乎可以触到他那颗为国为民而要有所作为的心。

三首绝句以一大半篇幅写景，景又着重在光与声的描绘上。诗人通过多种手法来写光：以“月满庭”、“月影斜”直接描绘月光的澄澈；通过“翳”而“复明”的视觉感受间接表现出残灯光焰的摇曳惨淡；对萤光的漂流无定，则先用动词“流”来形容，继之以“寒星”自天而落的比喻。不同的光在全诗中并不孤立：残灯与流萤虽一内一外，却同样闪烁不定；室外既有月光又有萤光，月光洒向庭院，广大而平静，萤光却是在暗影中点点飘浮；同是月光又有着铺满庭除与穿隙射入的不同。灯光、月光、萤光，在诗中相互对比、相互映衬。诗人也用不同手法来写声：对微妙轻细不易被人感知的微风声、花落声，使用象声词“淅淅”、“簌簌”正面明写;对稍响而易于听得的急风声、乌鹊惊飞声反而只通过叙述一带而过。对光与声的这一番着力描写,手法颇高妙。但诗人的用意却是以明写暗、以声写静,用有力的反衬来渲染僧舍幽暗静寂的氛围,再把读《离骚》引起的感情波澜隐注于景物描写的背后。正是思绪连绵、夜不成寐才使诗人有可能仔细体味到僧舍夜间的幽静冷寂,而僧舍的环境越是幽暗静寞,就越反衬出诗人起伏的心潮。诗人以光与声反衬暗与静,再以环境的暗与静反衬心情的起伏难平,确是反衬手法在诗歌中的妙用。

诗歌中运用叠字本不鲜见,但这三首绝句中的叠字却颇具特色。"淅"、"簌"是双声,以两组双声的叠字来绘声,增加了声音的质感;"涓"、"点"是叠韵,以这两组叠韵的叠字来绘形,增加了物体的形象性:可谓深得叠字运用之妙。叠字之外,三绝中出现的重字也很多。"此时此夜",两个"此"字,有强调的意味;"月"自"满庭"到"月"之"影斜",两个"月"字暗示了时间的推移;但"还独坐"与"还高枕","闷来"与"归来","堕寒星"与"堕松花"等,则显出构词与组句方式的单调与重复,不能不说是白璧微瑕了。

（顾之京）

【作者小传】

陆 游

(1125—1210)　字务观,号放翁,越州山阴(今浙江绍兴)人。绍兴中应礼部试,为秦桧所黜。孝宗即位,赐进士出身,曾任镇江、隆兴通判。乾道六年(1170)入蜀,任夔州通判。乾道八年,入四川宣抚使王炎幕府。官至宝章阁待制。晚年退居家乡。工诗、文,长于史学。与尤袤、杨万里、范成大并称南宋四大家。其诗今存九千余首,清新圆润,格力恢宏,有《剑南诗稿》、《渭南文集》、《南唐书》、《老学庵笔记》等。

度浮桥至南台

陆 游

客中多病废登临,　闻说南台试一寻。
九轨徐行怒涛上,　千艘横系大江心。
寺楼钟鼓催昏晓,　墟落云烟自古今。
白发未除豪气在,　醉吹横笛坐榕阴。

陆游《跋盘涧图》说:"绍兴己卯、庚辰之间,余为福州决曹。"己卯、庚辰为绍

陆游像

——清刊本《古圣贤像传略》

兴二十九年(1159)、三十年,即陆游三十五岁与三十六岁时。决曹,汉郡佐官,在宋为司理参军。这首诗是绍兴二十九年初到福州之作。

陆游前期的诗,曾受梅尧臣以及“江西诗派”的吕本中、曾幾的影响,有一些涩淡的作品,但他才气横溢,有“小李白”之称,又自少喜读王维、岑参的诗,故雄伟瑰丽之作尤多,这首诗即属于后一类。

题为《度浮桥至南台》,度,或本作渡。浮桥,今福州市闽江旧大桥,原名万寿桥,宋时尚为由船只联成的浮桥,元代才改建石桥。宋梁克家辑《三山志》说:“浮桥。由郡直上南台,有江广三里,扬帆浩渺,涉者病之。”元祐八年,郡人王祖道“造舟为梁”,“北港五百尺,用舟二十”,“南港二千五百尺,用舟百”,舟上架板,“翼以扶栏,广丈有二尺,中穹为二门,以便行舟,左右维以大藤缆,以挽直桥路。于南、北、中岸植石柱十有八而系之,以备痴风涨雨之患。”可见规模相当大。南台,在浮桥南边。首联说客中多病,闻南台之名而试作一次探访,是出游缘起,平平叙入。次联写渡桥,表桥的壮观,诗笔也转为雄壮。“千艘横系”,指架桥;“九轨徐行”,指桥面广阔,如可行车马的“九轨大道”。江大水流急,故称“怒涛”;“徐”、“怒”互为映照。“九轨”、“千艘”是虚指、夸张之词,但看来浮桥的雄伟气象,非此不能表达,虚不妨实,以虚见实。颈联写至南台的所闻所感。宋时福州的大小寺庙很多,南台临江有天宁山,高可远眺郡城内外,山上有天宁寺,《三山志》说:“危楼万仞,波光入户,真江南之胜也。”附近还有泗州堂、钓鱼台院、高盖院等寺观,暮鼓晨钟,昏晓传声,故说“寺楼钟鼓催昏晓”。着一“催”字,便带有光阴在钟鼓声中暗暗消逝、年光虚度、壮志无成的感慨。南台地处城郊,四面多村落,江边眼界空阔,可以遥望云烟的起伏,这种情景,似乎古往今来就是如此。云烟自在起伏,不问古今的变化;古今的变化,也在云烟中自然过去。两者俱属无情,各行其是,互不关心;然又紧紧联系在一起:云烟不间古今,古今又运行于云烟中,故接着一句说,“墟落云烟自古今”。着一“自”字,也在冷静的叙述中透露感慨,并道出“古今”与“云烟”的联系。这一联境界阔,语调淡,然而感慨深。

结联转感慨为豪逸。初入中年,便提“白发”,有旧时一般文人喜欢言老的习气;但一转是“豪气”犹在,便以后者“遮拨”前者,显示乐观、自豪的心情。接下一句,说榕阴吹笛,而又是醉坐以吹,则是对乐观、自豪行动的具体描写,以形象补足上句。福州旧有榕城之称,据载:“三山(福州别名)多榕,治平四年,张伯玉守福州,编户植榕。熙宁以来,绿阴满城,暑不张盖。”记载可能有些夸张,但陆游写诗,距神宗熙宁年间不及百年,则榕树必然还很茂盛,故有坐榕阴吹笛之事。

这首诗虽是陆游早期作品,但已显露于晓畅流动中见雄壮的风格,《唐宋诗醇》所评中间二联是准确的："颔联写浮桥，语颇伟丽；五六雄浑中兴象自远，有涵盖一切之气。"可惜还未指出结联能以回抱之笔生豪逸之情的好处。（陈祥耀）

望江道中　　陆　游

吾道非耶来旷野，　江涛如此去何之？
起随乌鹊初翻后，　宿及牛羊欲下时。
风力渐添帆力健，　橹声常杂雁声悲。
晚来又入淮南路，　红树青山合有诗。

宋孝宗乾道元年（1161）夏，诗人由镇江通判调任隆兴府（今江西南昌）通判，溯江西上。本篇是船经望江（今属安徽）道中时所作。据末句，诗人到望江一带，已是"红树青山"的秋天了。

起联从眼前的江道发兴，起得劲健有力。《史记·孔子世家》："孔子知弟子有愠心，乃召子路而问曰：诗云'匪兕匪虎，率彼旷野。'吾道非邪？吾何为至于此？"首句即用此典。浩淼江波，茫茫旷野，一身孤孑，仆仆道途，伤心国事，无力回天，不免产生"吾道非耶"的感叹。《论语·微子》："滔滔者，天下皆是也，而谁以易之？"次句就眼前景色起兴，暗用其意。意思是：鸟兽不可与同群，我怎能避世？这一联正是由景及情，抒发了诗人的悲愤心情。陆游由镇江通判调任隆兴府通判，与他坚主抗战，"力说张浚用兵"有关。因此，他在调离前线的途中，产生"吾道非耶"和"滔滔皆是"之慨。自己过去的道路难道真的走错了吗？将来又究竟奔向何方？这正是诗人苦闷、寂寞和忧愤心声的流露。经史典故和散文化句法的运用，加强了苍古劲拔的气势。

颔联转笔写旅途中的早起晚宿："起随乌鹊初翻后，宿及牛羊欲下时。"乌鹊初翻，暗用曹操《短歌行》"月明星稀，乌鹊南飞。绕树三匝，何枝可依"诗意；"牛羊欲下"，用《诗·王风·君子于役》："日之夕矣，羊牛下来。"两句形容自己在道途中，每天乌鹊刚飞起，天尚未大亮时就动身出发；傍晚牛羊快要归家的时分才停船宿岸。这里写出了道途的辛苦，也隐透出无所依托的处境和外出行役的孤孑。句法上一下六，新颖工巧。

颈联由概述道路起宿转而描绘"望江道中"现境："风力渐添帆力健，橹声常杂雁声悲。"风力渐渐增强，风帆显得饱满，帆力也大多了；在轧轧的橹声中，常常杂有一两声孤雁的悲鸣。出句意兴稍为上扬，对句又转向下抑，扬抑之间，显示出诗人心潮的起伏变化。"雁声悲"，既透露孤孑之感与征行之苦，又暗示时令已到秋天，逗下“红树青山”，针线细密，过渡自然。上下句分别叠用“力”字、“声”字，句法浑圆。

“晚来又入淮南路，红树青山合有诗。”淮南路，宋代十五路之一，熙宁间分为东西二路。淮南西路辖境相当于安徽凤阳、和县以西，湖北黄陂、河南光山以东的江北淮南地区。这里当指属于淮南西路的望江道中一带。尾联瞻望前路，满眼红树青山，正可吟咏以自遣。这时诗人的心境平静下来，意绪稍稍振起，诗的情调也转为平缓。

（刘学锴）

新夏感事 陆 游

百花过尽绿阴成， 漠漠炉香睡晚晴。
病起兼旬疏把酒， 山深四月始闻莺。
近传下诏通言路， 已卜余年见太平。
圣主不忘初政美， 小儒唯有涕纵横。

这首七律，据末联“圣主初政美”之语，当作于孝宗即位之初，时间约为隆兴元年(1163)夏，时诗人自临安返山阴故里，借居云门寺。

首联写“新夏”景物：争芳竞艳的百花，已纷纷落尽，换以一片绿荫。缕缕炉香，在寂静中袅袅升起，诗人这时正在晏然静卧。两句写出初夏景色的特征，在充满生机的一片绿意中透出日长无事的闲静。诗人高卧晚晴，更显示出心态的平静。那静默中袅袅升起的炉烟便是这种心态的外化。

“病起兼旬疏把酒，山深四月始闻莺。”颔联分承“睡晚晴”与“绿阴成”，说自己病愈之后，难得喝酒；屈指算来，已有二十来天。所居的云门寺一带，山深林密，物候稍迟，直到四月，才头一次听到黄莺的鸣啭。上句写病后疏懒之态，下句带有春意尚存的欣喜。白居易《大林寺桃花》：“人间四月芳菲尽，山寺桃花始盛开。长恨春归无觅处，不知转入此中来。”“山深”句似亦微有此意，而山中与世相隔的意蕴也隐见言外。这一联初读时，上下句似不相涉，细味方感到其风调意境之美。一个患病新愈，有相当一段时间与外界没有接触的人，当他在“百花过尽绿阴成”的新夏，听到只有春天才有的流莺鸣啭，内心的欣喜是难以言喻的。谢灵运《登池上楼》写“卧痾”初起之际适遇“池塘生春草，园柳变鸣禽”的景色，与放翁此联的神味有相似处。

第三联转叙时事，正点题内“感事”：“近传下诏通言路，已卜余年见太平。”上句指孝宗即位之初下诏求直言事。在古代，君主广开言路(即使是极有限的)被视为政治清明的标志，因此，引出了下句，庆幸自己在暮年得见天下承平了。而这种心情，又透露出人们对高宗朝秦桧当权误国的不满。诗人时年三十九，已说“余年”，固然是旧时文人喜欢言老的习气，但也反映出现实政治对他的长期压抑。“近传”切上“山深”，与下“已卜”紧相呼应，表现出一种急切的期待和由衷的欣喜。

“圣主不忘初政美，小儒唯有涕纵横。”这一联上承“近传下诏”句，圣主指孝宗。他即位之初，锐意恢复，颇有振作气象，如诏中外士庶陈时政缺失，复胡诠官，追复岳飞官并以礼改葬，起用张浚等，故诗人誉为“初政美”，并希望“圣主”不要忘记，意思是说，要坚持实行美政，不要改变。这一句微含讽谏之意。从诗人的欣喜之情可以看出他的念念不忘国事之心。

清代诗评家方东树《昭昧詹言》评这首诗说：“前半新夏，后半感事。情真语朴，意境绝佳。”前半流美圆转，特具风调之美；后半直接抒感，诚挚之情溢于言表，方氏以“情真语朴”来概括，是很确切的。　（刘学锴）

晚　泊　　　　陆　游

半世无归似转蓬，　今年作梦到巴东。①
身游万死一生地，　路入千峰百嶂中。
邻舫有时来乞火，②　丛祠无处不祈风。③
晚潮又泊淮南岸，　落日啼鸦戍堞空。

〔注〕 ① 巴东：郡名。东汉末年益州牧刘璋置，包括今重庆市奉节、云阳、巫山诸县。 ② 乞火：借火。 ③ 丛祠：乡野林间的神祠。

宋孝宗乾道二年（1166），宋金和议已成，政局逆转，放翁以“交结台谏，鼓唱是非，力说张浚用兵”（《宋史·陆游传》）之罪，被劾免归，闲居山阴四年之久。乾道六年，始除夔州通判，初夏自里赴任，乘舟溯长江西上。此诗即作于西行途中。

首句自慨身世飘零，如九秋飞蓬。“转蓬离本根，飘飖随长风”（曹植《杂诗》），“多少残生事，飘零任转蓬”（杜甫《客亭》）。诗中一涉“蓬”字，诗人定有漂泊之恨。放翁于赴任前尝作诗自道：“残年走巴峡，辛苦为斗米。”（《投梁参政》）通判本属下僚，夔州又在蜀地，为此微禄，离家远游，岂能无感？但放翁志存国家，不忘用世，闲居多年，方得此职，又不能轻弃。故虽怀“转蓬”之叹，仍作“西游”之梦。次句“梦到巴东”，正可见其赴任前不平静的心情。理解了他这种心情，也就能够理解其同时所作诗，为何又有“四方男儿事，不敢恨飘零”（《夜思》）、

"不恨生涯似断蓬"(《武昌感事》)等句。这种矛盾的心情,伴随着他西上赴任,也充分表现在沿途所作诗篇之中。

颔联遥想入蜀途中的险难。沿长江入蜀,必经三峡,夔州即在瞿塘峡口。夔门雄峙,危岩欲坠,高江急峡,惊涛如雷;巫峡重峦叠嶂,水复江回,峡气萧森,日隐月亏;西陵礁石如林,险滩成堆,黄牛愁客,崆岭泣鬼。故诗中谓之万死一生之地、千峰百嶂之路。柳宗元谪官永州,复徙柳州,作诗自叹:"一身去国六千里,万死投荒十二年。"(《别舍弟宗一》)夔州僻远,与永州、柳州相近,放翁遭斥,不得重用,与子厚贬官情状也甚相似,故此句言"万死一生",就不仅说道路艰险,且有身世坎坷之恨了。

颈联写眼前所见。相邻之船,时有人借火;处处野庙,都有船子祈祷顺风,正是夜泊情景。

末联总结全篇。晚潮落日,点泊舟之时;淮南江岸,示泊舟之地;鸦啼戍楼,状泊舟所见之景。这二句虽多陈词,但此时此地此景,正可显示出久经战乱的荒凉萧瑟景状,也与诗人漂泊无归的凄凉心情正相吻合。诗题、诗情,于此一联,全部托出。

放翁论作诗,曾道:"大抵此业在道途则愈工,虽前辈负大名者,往往如此。愿舟楫鞍马间,加意勿辍,他日绝尘迈往之作,必得之此时为多。"(《与杜思恭书》)他此行入蜀,沿途作诗甚多,或写眼前景物,或咏历史陈迹,或抒心中情思,无不可观。但江山之助,必待有心之人。惟其有难已之情,方能随物赋形,对景写意,穷天地之变化,发造物之奥秘。长江万里,有多少客舟和放翁同时夜泊,但能即景命篇的又有几人?

(黄 珅)

秋夜读书每以二鼓尽为节　　陆 游

腐儒碌碌叹无奇,　独喜遗编不我欺。
白发无情侵老境,　青灯有味似儿时。
高梧策策传寒意,　叠鼓冬冬迫睡期。
秋夜渐长饥作祟,　一杯山药进琼糜。

陆游自少至老,好学不衰,集中写夜读的诗篇,到八十岁以后还多见。他诗歌创作的高度成就,和这种好学精神是分不开的。这首诗写于乾道元年(1165)秋天他初任隆兴(治所在今江西南昌)通判时,年四十一。

陆游到南昌前,任镇江通判,与友人韩元吉、张仲钦、王明清、张孝祥等,得同游、唱酬之乐。改判隆兴，孤寂无侣，郁郁寡欢，公余更加肆力读书。首联自叹为“碌碌无奇”的“腐儒”，只喜有古人的遗书可读，是夜读的缘起，诗笔平平；联系陆游的生平抱负和志趣，内涵却不简单。陆游早年即抱报国壮志，不甘以“腐儒”自居，又颇以“奇才”自负；自称“腐儒”与“叹无奇”，都含有“世不我许，我不世与”——即当道不明，才不见赏之慨。“独喜遗编不我欺”，则含有不屑与世浮沉，而要坚持得自“遗编”的“济世”理想之意；与五十二岁时作的《读书》的“读书本意在元元（指人民）”，六十七岁时作的《五更读书示子》的“暮年于书更多味，眼底明明见莘渭（指伊尹、吕尚的进身济世）”，“万钟一品不足贵，时来出手苏元元”，七十三岁时作的《读书》的“两眼欲读天下书，力虽不逮志有余。千载欲追圣人徒，慷慨自信宁免愚”，七十五岁时作的《冬夜读书示子聿》的“圣师虽远有遗经，万世犹存旧典型。白首自怜心未死，夜窗风雪一灯青”，八十一岁时作的《读书示子遹》的“忍饥讲虞唐（指尧舜治国之道）”，“古言（指儒家的“济世”理论与思想）不吾欺”，八十五岁时作的《读书》的“少从师友讲唐虞，白首襟怀不少舒。旧谓皆当付之酒，今知莫若信吾书”等句参看，其事自明。

次联从室内写夜读，是全诗最精彩的两句。陆游到老还以眼明齿坚自豪，而头上可能早已出现一些白发，故四十以前，即已谈及“白发”，这里出句也说是“白发无情侵老境”。这句孤立看便无奇；与下句作对，却构成很美的意境：头有“白发”逼近“老境”的人，对着“青灯”夜读，还觉得意味盎然，像儿时读书一样。“白发”、“青灯”，“无情”、“有味”，“老境”、“儿时”，一一相映成趣，勾人联想。凡是自幼好学，觉得读书有味（这是关键），到老犹好学不倦的人，读了这联诗，都会感到亲切，无限神往，沉浸于诗人所刻画的夜读情景。这一联与后期的《风雨夜坐》中的“欹枕旧游来眼底，掩书余味在胸中”一联，最能打动中老年人胸中的旧情和书味，把他们的欲言难言之境与情写得“如在目前”。诗人六十三岁时作的《冬夜读书》：“退食淡无味，一窗宽有余。重寻总角梦，却对短檠书”，七十七岁时作的《自勉》的“读书犹自力，爱日似儿时”等句，可和此联参证。

第三联从室外写秋夜。在“高梧”树叶的摇落声中传来“寒意”；重复敲打的更鼓报过二更，明日公务在身，虽书兴犹浓，而“睡期”却苦不能延。策策、冬冬，声声到耳；秋夜深更，情景逼真。第四联以写入睡前的进食作结。忍饥读书，一杯山药煮成的薯粥，却认为胜过“琼糜”。从进食情况表现作者的清苦生活和安贫乐道、好学不倦的情怀。八十四岁时作的《读书至夜分感叹有赋》的“老人世间百念衰，惟好古书心未移。断碑残刻亦在椟，时时取玩忘朝饥”等句，更可见出他这种生活与情怀贯彻始终。这两联笔调清淡，但意境不薄。

陆游诗风格在统一中富有多样化，这首诗是他的平淡疏畅又富有深味的作品。（陈祥耀）

上巳临川道中　　　陆 游

二月六夜春水生，　陆子初有临川行。
溪深桥断不得渡，　城近卧闻吹角声。
三月三日天气新，　临川道中愁杀人。
纤纤女手桑叶绿，　漠漠客舍桐花春。
平生怕路如怕虎，　幽居不省游城府。
鹤躯苦瘦坐长饥，　龟息无声惟默数。
如今自怜还自笑，　敛版低心事年少。
儒冠未恨终自误，　刀笔最惊非素料。
五更欹枕一凄然，　梦里扁舟水接天。
红蕖绿芰梅山下，　白塔朱楼禹庙边。

乾道三年(1167)春，诗人在隆兴府通判任上，被主和派以“交结台谏，鼓唱是非，力说张浚用兵”的罪名弹劾免职。二月初，他从南昌出发取道陆路，经临川、玉山等地回家乡山阴。三月初三(即题中“上巳”)，到达临川(今江西抚州)城外，准备去拜访一位名叫李浩(字德远)的朋友。这首七古就是其时所作。

起两句点明时令、行役。“二月六夜春水生”，用杜甫《春水生二绝》成句，这里只是大致交代出行时正遇春水初生的时节，次句正点题目。

接下来第三句“溪深桥断不得渡”，承首句“春水生”。溪、桥，当指盱水(即抚河)及河上的桥梁(是入临川城必经的桥)。因为溪深桥断，不能渡河入城，故而在城外客舍投宿，晚间睡卧中可以听到附近城头上吹角的声音。隔河听角，又是晚上，对近在咫尺的临川不得一睹风貌，更激起对它的想象。这是借此为下文作势。以上四句，总提“临川行”。

“三月三日”四句，转笔正面描绘上巳日临川道中情景。“三月三日天气新”，用杜甫《丽人行》成句，如同己出。“愁杀人”，形容春光的美好动人。“纤纤女手桑叶绿，漠漠客舍桐花春”，即具体描绘“愁杀人”的道中风景。“桐花春”，指桐花逢春开放。桐花红色，与呈青灰色的客舍相映；桑叶深绿，与纤纤素手相映。这风光，在温煦旖旎中带有轻淡的客愁。

“平生”四句，从临川道中所见转抒所感。“平生怕路如怕虎”，比喻新颖，与下句“幽居不省游城府”联系起来，为自己画出一幅厌弃尘俗的幽栖高士形象图。“鹤躯苦瘦坐长饥，龟息无声惟默数”两句，则进一步从外形的清瘦与平居的静默两方面显示了高士的形象。坐，因的意思，“鹤躯”句意谓因长饥而苦瘦。

“如今自怜还自笑，敛版低心事年少。儒冠未恨终自误，刀笔最惊非素料。”这几句大体上是从杜甫《莫相疑行》诗意化来，而翻出新意。“如今”二字，应上“平生”，折转到对当前处境的抒写，仍属道中所感。诗人感慨自己如今为了生计，不得不俯首低心，屈节事人，“年少”，当是指诗人的顶头上级。想来既可悲，又复可笑，因为这完全违背了自己的高洁本性。儒冠终误身(“儒冠”句化用杜诗“儒冠多误身”)，我并不悔恨；在幕府中以刀笔为业(指任通判之职)，与素愿相违，这才最为惊心。“未恨”、“最惊”，两相对映，感情浓烈。

“五更欹枕一凄然，梦里扁舟水接天。红蕖绿芰梅山下，白塔朱楼禹庙边。”最后四句，以梦想归隐作结。“五更欹枕”、“梦里”，遥应篇首“卧闻”；“梅山”，指梦里家山开遍梅花。禹庙在山阴，是诗人的家乡。这四句转出归隐之想，一结悠然，意境绵邈。“红”、“绿”、“白”、“朱”等色彩字叠用，更具清丽之致。戴第元说：“结是唐人七古正调，用对结尤老”(《唐宋诗本》评语)。

陆游前期的七古，虽然也学杜甫(像这一首甚至屡用杜甫成句)，但风格婉丽而不遒劲。他到达南郑前线以后，诗风起了变化，诗中才有纵横驰骤的气势。

(刘学锴)

游山西村　　陆　游

莫笑农家腊酒浑，　丰年留客足鸡豚。
山重水复疑无路，　柳暗花明又一村。
箫鼓追随春社近，　衣冠简朴古风存。
从今若许闲乘月，　拄杖无时夜叩门。

这是一首纪游抒情诗。

首联渲染出丰收之年农村一片宁静、欢悦的气象。腊酒，指上年腊月酿制的米酒。豚，是小猪。足鸡豚，意谓鸡豚足。这两句是说农家酒味虽薄，而待客情意却十分深厚。一个“足”字，表达了农家款客尽其所有的盛情。“莫笑”二字，道出了诗人对农村淳朴民风的赞赏。

次联写山间水畔的景色，写景中寓含哲理，千百年来广泛被人引用。“山重水复疑无路，柳暗花明又一村。”读了如此流走绚丽、开朗明快的诗句，仿佛可以看到诗人在青翠可掬的山峦间漫步，清碧的山泉在曲折溪流中汩汩穿行，草木愈见浓茂，蜿蜒的山径也愈益依稀难认。正在迷惘之际，突然看见前面花明柳暗，几间农家茅舍，隐现于花木扶疏之间，诗人顿觉豁然开朗。其喜形于色的兴奋之状，可以想见。当然这种境界前人也有描摹，这两句却格外委婉别致，所以钱锺书说“陆游这一联才把它写得‘题无剩义’”（《宋诗选注》）。人们在探讨学问、研究问题时，往往会有这样的情况：山回路转、扑朔迷离，出路何在？于是顿生茫茫之感。但是，如果锲而不舍，继续前行，忽然间眼前出现一线亮光，再往前行，便豁然开朗，发现了一个前所未见的新天地。这就是此联给人们的启发，也是宋诗特有的理趣。人人读后，都会感到，在人生某种境遇中，与诗句所写有着惊人的契合之处，因而更觉亲切。这里描写的是诗人置身山阴道上，信步而行，疑若无路，忽又开朗的情景，不仅反映了诗人对前途所抱的希望，也道出了世间事物消长变化的哲理。于是这两句诗就越出了自然景色描写的范围，而具有很强的艺术生命力。

此联展示了一幅春光明媚的山水图；下一联则由自然入人事，描摹了南宋初年的农村风俗画卷。读者不难体味出诗人所要表达的热爱传统文化的深情。“社”为土地神。春社，在立春后第五个戊日。这一天农家祭社祈年，热热闹闹，吹吹打打，充满着丰收的期待。这个节日来源很古，《周礼》里就有记载①。苏轼《蝶恋花·密州上元》也说：“击鼓吹箫，却入农桑社。”到宋代还很盛行。而陆游在这里更以“衣冠简朴古风存”，赞美着这个古老的乡土风俗，显示出他对吾土吾民之爱。

前三联写了外界情景，并和自己的情感相融。然而诗人似乎意犹未足，故而笔锋一转：“从今若许闲乘月，拄杖无时夜叩门。”无时，随时。诗人已“游”了一整天，此时明月高悬，整个大地笼罩在一片淡淡的清光中，给春社过后的村庄也染上了一层静谧的色彩，别有一番情趣。于是这两句从胸中自然流出：但愿而今而后，能不时拄杖乘月，轻叩柴扉，与老农亲切絮语，此情此景，不亦乐乎！一个热爱家乡，与农民亲密无间的诗人形象跃然纸上。

此诗写于孝宗乾道三年(1167)，在此之前，陆游曾任隆兴府通判，因为极力赞助张浚北伐，被投降派劾以“交结台谏，鼓唱是非，力说张浚用兵”的罪名，罢归故里。诗人心中当然愤愤不平。对照诈伪的官场，于家乡纯朴的生活自然会产生无限的欣慰之情。此外，诗人虽貌似闲适，却未能忘情国事。秉国者目光短浅，无深谋长策，然而诗人并未丧失信心，深信总有一天否极泰来。这种心境和所游之境恰相吻合，于是两相交涉，产生了传诵千古的“山重”、“柳暗”一联。

陆游七律最工。这首七律结构严谨，主线突出，全诗八句无一“游”字，而处处切“游”字，游兴十足，游意不尽。又层次分明，“以游村情事作起，徐言境地之幽，风俗之美，愿为频来之约”（方东树《昭昧詹言》）。尤其中间两联，对仗工整，善写难状之景，如珠落玉盘，圆润流转，达到了很高的艺术水平。　（邓韶玉）

〔注〕①《周礼·春官·籥章》：“凡国祈年于田祖，吹《豳雅》，击土鼓，以乐田畯（农官）。”又《地官·鼓人》：“以灵鼓鼓社祭。”

黄　州[①]　　　　陆　游

局促常悲类楚囚，[②]　迁流还叹学齐优。
江声不尽英雄恨，　天意无私草木秋。
万里羁愁添白发，　一帆寒日过黄州。
君看赤壁终陈迹，　生子何须似仲谋！[③]

〔注〕① 黄州：即今湖北黄冈。　② 楚囚：《左传·成公九年》：“晋侯观于军府，见钟仪，问之曰：‘南冠而系者，谁也？’有司对曰：‘郑人所献楚囚也。’”后借指处境窘迫之人。　③ 仲谋：即孙权。《三国志·吴书·吴主传》裴松之注：“曹公喟然叹曰：‘生子当如孙仲谋，刘景升儿子若豚犬耳。’”

此诗作于宋孝宗乾道六年（1170），时放翁西行入蜀，舟过黄州，见前代遗迹，念时势艰危，叹英雄已矣，顾自身飘零，无限伤感，油然而起，遂形诸诗篇。故题为《黄州》，诗却非专咏黄州；看似咏古之诗，实是伤怀之作。读此诗，决不可拘于题目，泥于文字，当于词意凄怆之处，识其愤激之情；于笔力横绝之处，求其不平之气；于音节顿挫之处，听其深沉之慨。

放翁越人，万里赴蜀，苦为微官所缚，局促如辕下驹。故首句即标其情，自悲如楚囚之难堪。《史记·乐书》：“自仲尼不能与齐优遂容于鲁。”司马贞《索隐》：“齐人归女乐而孔子行，言不能遂容于鲁而去也。”此所谓“齐优”，与放翁行迹，殊不相类。故次句“齐优”二字，实放翁信手拈来，率尔成对，未必真用以自喻。首联所写，全在“局促”、“迁流”四字，若泥于“楚囚”、“齐优”，以为放翁必有所指，反失诗意。

黄州位于长江中游，三国争雄之地。杜甫诗：“江流石不转，遗恨失吞吴。”（《八阵图》）颔联出句，即借用杜诗。此句“英雄”，似可指已被长江巨浪淘尽的三国风流人物。但放翁之意，本不在怀古，故此“英雄”，实是自道。其恨，正是上联所言“局促”、“迁流”之恨，是岁月蹉跎、壮志未酬之恨。颔联对句从李贺诗“衰兰送客咸阳道，天若有情天亦老”（《金铜仙人辞汉歌》）中化出。人虽多情，天意无私。衰兰送客，秋草迎人，于人倍增伤感，于天却是时之当然。而天之无情，又正衬出人心之不平。此联文约意深，笔力绝高。

颈联紧接上联。万里羁愁，正是英雄之恨；频添白发，又与草木摇落相映；一帆寒日，对照两岸秋声；黄州城下，点出兴感之地。放翁于此时、此地、此景，总有无限感慨，不能不吐，但又不欲畅言，故但借眼前景象，反复致意。中间两联，虽所写情景相似，但笔法错综，变化无端。

长江、汉水流域，有赤壁多处。苏轼谪官黄州，误信其地传说，言“黄州西山麓，斗入江中，石色如丹，传云曹公败处，所谓赤壁者”（《苕溪渔隐丛话后集》）。数游其地，作赋填词，语意高妙，堪称古今绝唱。其实苏轼所游之处，乃黄冈城外赤鼻矶，三国“赤壁之战”旧址，在今湖北蒲圻县东北，两者并非一地。但黄州赤壁，却因苏轼之故，声名大振。后人过黄州遂思赤壁，见赤壁又必追念昔日英雄。特别在偏安半壁，强敌入犯之时，更是思英雄再世，与敌抗衡。放翁于此，却偏道赤壁已成陈迹，万事尽付东流，世事成败，又何足道，生子何须定似仲谋。放翁一生，志在恢复失地，即使僵卧孤村，犹梦铁马，提笔狂书，思驱敌人，决不会出此消极之言。明王嗣奭评杜甫诗句“儒术于我何有哉，孔丘盗跖皆尘埃”时说：“总是不平之鸣，无可奈何之词。”（《杜臆》）此诗末联，也正是因当时小朝廷不思振作而发的无可奈何的不平之鸣。

（黄 珅）

哀郢二首

陆 游

远接商周祚最长， 北盟齐晋势争强。
章华歌舞终萧瑟， 云梦风烟旧莽苍。
草合故宫惟雁起， 盗穿荒冢有狐藏。
《离骚》未尽灵均恨， 志士千秋泪满裳。

荆州十月早梅春， 徂岁真同下阪轮。
天地何心穷壮士？ 江湖自古著羁臣。
淋漓痛饮长亭暮， 慷慨悲歌白发新。
欲吊章华无处问， 废城霜露湿荆榛。

南宋孝宗隆兴二年（1164），张浚大举北伐，符离战败，宋朝廷再度向金屈膝求和，达成隆兴和议。乾道二年（1166），官居隆兴（今江西南昌）通判的陆游，也以“交结台谏，鼓唱是非，力说张浚用兵”的罪名而被罢黜回乡。陆游在家乡（越州山阴)穷居四年,方于乾道六年出任夔州(今四川奉节)通判。初夏,他从家乡出发,沿长江西上入蜀,九月过荆州(今湖北江陵)。此地为战国时楚故都郢,他触景生情,怀古伤今,遂向慕屈子,慷慨悲歌,以屈原《哀郢》为题,写了两首七律,以抒发自己炽烈的爱国情怀。

第一首从回顾楚国兴起和发展的历史着笔,与其衰落败亡的结局以及今日遗址荒芜的景象,作强烈的对比。"远接商周祚最长,北盟齐晋势争强。"是说楚国远承商周二代的王业,国统由来久长,在发展鼎盛时期,曾和齐晋结盟,对抗强秦。楚原是商的属国,后至周,又被周成王正式封为诸侯国。因此可以说是"远接商周祚最长"了。"祚"指王统。

第二联顺接上联意,写楚国最终由盛而衰,以至为秦所灭。"章华歌舞终萧瑟",写的便是这种历史的结局。"章华",即章华台,楚国离宫,旧址有几处,此当指沙市之豫章台。当年章华台上的歌舞,早已萧瑟寂寥了,但是,"云梦风烟旧莽苍":楚地著名的云梦泽,气象依旧,风烟迷蒙,阔大苍茫。这里,诗人以章华歌舞之短暂与云梦风烟之永恒作强烈对比,抒发物是人非之慨叹,揭示出历史的发展是多么无情。

第三联由历史的回顾转为对眼前景象的描写:"草合故宫惟雁起,盗穿荒冢有狐藏。"当年郢都宫殿旧址,如今已野草滋蔓,唯见雁群时时飞起;早已被盗掘的荒坟野冢,如今成了狐兔藏身之所。这景象是多么凄凉败落,它既是诗人眼前所见之景,又是当年楚国衰亡的象征。而导致楚国衰亡的原因,正是屈原在《离骚》中所尖锐指出的,贵族蒙蔽君王,嫉贤害能,朋比为奸,惑乱国政。这一历史的教训,使得千秋仁人志士莫不感慨万端,热泪沾裳。末联"离骚未尽灵均恨,志士千秋泪满裳",是诗人对楚之衰亡所作的结论,也是全诗主旨之所在。"灵均"是屈原的字,"灵均恨",既是屈原在《离骚》中所无法尽情宣泄的家国无穷之恨,也是陆游在这首诗中所要表达的与屈原共命之叹。

第一首以议论起笔,以抒情落笔,中间两联写景,情寓于景。第二首则首尾写景,中间抒情,情因景而发。第一联:"荆州十月早梅春,徂岁真同下阪轮。""荆州",即指郢都;"徂岁",犹言过去的岁月;"下阪轮",即下坡的车轮,这里用以形容流光迅速。此联是说荆州十月便是早梅初开的小阳春气候了,时光的流逝真如同下坡的车轮,欲驻无由。作者由眼前季节、景物的转换,油然生出对岁月流逝的感慨,这是一个胸怀大志、迫切要求报国效命的志士的感慨,是在对自然界客观规律的认识中包含着对人事代谢现象的探寻。第二联由对屈原的怀想而抒发对古往今来仁人志士壮志难酬的愤慨,这是伤古,又是悼今。"天地何心穷壮士？江湖自古著羁臣。”写得极为沉重。是啊，天行有常，何曾有导致壮士途穷困厄之心；自古以来，皆因人事之非，以致多少像屈原这样的贞臣节士去国离乡，放逐江湖。这一切怎不令人顿生怨愤，非淋漓痛饮焉能排遣，非慷慨悲歌何以发泄。诗的第三联“淋漓痛饮长亭暮，慷慨悲歌白发新”正是表达这样一种感情。但是，诗人心中那报国无门的怨愤和苦闷是无法解脱的，所以“淋漓痛饮”于长亭薄暮之中，更显孤独；“慷慨悲歌”于白发初生之际，自增惆怅。这种心情只有泽畔行吟的屈子可以与之相通，美人迟暮悲今古，一瓣心香吊屈平。但眼前却是“欲吊章华无处问，废城霜露湿荆榛”，末联勾画出的这种荆榛满地、霜露侵人的惨淡景象，深深地印在诗人的心上，也引起读者的沉思。

陆游的优秀诗篇大都回荡着爱国激情。这两首诗在对楚国旧都的慨叹和对屈原的思慕之中，包含着对宋朝国土丧失的痛惜，对屈膝苟安、腐败昏聩的南宋小朝廷的怨愤。诗人的一纸诗情，又是通过郢都古今盛衰的强烈对比来表现的，并且借屈原的千古遗恨来发抒自己的爱国之情。杨万里说陆游诗“尽拾灵均怨句新”（《跋陆务观剑南诗稿》），正可概括这首诗的特色，读后，确如朱熹所云：“令人三叹不能自已。”（《答徐载叔赓》）

（李敬一）

秋夜怀吴中　　陆游

秋夜挑灯读楚辞，　昔人句句不吾欺。
更堪临水登山处，　正是浮家泛宅时。
巴酒不能消客恨，　蜀巫空解报归期。
灞桥烟柳知何限，　谁念行人寄一枝。

陆游于乾道六年（1170）赴夔州通判任时即慨叹“局促常悲类楚囚，迁流还叹学齐优”。国势不振，壮志难酬，因此他又常常寄同情于屈原：“离骚未尽灵均恨，志士千秋泪满裳。”后来终于有一个报效国家的机会——赴南郑佐王炎干办公事，但不到一年就被调任成都宣抚使参议官，诗人曾痛心地唱道：“渭水岐山不出兵，却携琴剑锦官城。”不久，又被调离成都，在蜀州、嘉州、荣州任职，过着“似闲有俸钱，似仕无簿书。似长免事任，似属非走趋”的生活。闲散之中，“匹马戍梁州”的英雄竟“身如林下僧”，所以同因谗遭逐的屈原感情上就更接近了。这首写于淳熙元年（1174）离蜀州通判任后的诗，即借思乡之情抒不能为国尽力之恨。

第一联中的“挑灯”、“句句”看似寻常，其实却是理解全诗的关键。这一联里诗人只说楚辞“不吾欺”，第三句又用《楚辞·九辩》“憭栗兮若在远行，登山临水兮送将归”句意，按一般理解，那么“不吾欺”的当是指楚辞中慨叹远游漂泊的诗句。这样理解自然不错，因为伤羁旅是本篇第二句以下着力描写的内容，也是全诗的重要主题。但是，如果研讨一下“挑灯”、“句句”四字，那么认识还有可能更进一步。诗言“挑灯”，当然是久读，因而所读的绝非楚辞中的一篇一章；又说“句句”，我们便知道“不吾欺”者就不单是“登山临水”一意，相反，贯穿在楚辞“句句”中的主要精神——关心国家命运、指斥权奸误国、对因谗被逐的不满等等，应该也是作者内心所深许的。严羽《沧浪诗话》说，写诗“语忌直，意忌浅，脉忌露”。陆游此诗即用“引而不发”的方式，把乡思和楚辞中的忧愤联系起来，不但形式上含蕴深曲，耐人咀嚼，而且内容也远远超过了一般游子怀乡、志士不遇的篇什。王世贞《艺苑卮言》卷四说：“诗自正宗之外，如昔人所称‘广大教化主’者，于长庆得一人，曰白乐天；于元丰得一人焉，曰苏子瞻；于南渡后得一人，曰陆务观。为其情事景物之悉备也。”把陆游和白居易、苏轼并列，可以说是当之无愧。

陆游七律，前人推崇备至。沈德潜说：“放翁七言律，对仗工整，使事熨帖，当时无与比埒。”刘克庄更说：“古人好对偶被放翁用尽。”这首诗中间四句不仅对偶亲切、自然、工致，而且含义也十分丰富。“临水登山”与“浮家泛宅”虽同写羁旅，但前者侧重远游，后者侧重漂泊，而且一句用“处”，一句用“时”，从空间和时间两方面突出作者的旅寓情怀。即使是“更堪”、“正是”这些虚字的使用，也道出了诗人已经不堪(更堪，岂堪、哪堪之意)宦游而又不得不继续寄旅的内心世界。颈联中“客恨”照应首联，当与楚辞“句句”所含之恨有关；“归期”照应颔联，同时又是“怀吴中”的进一步深化。“巴酒”不能消恨，可见旧恨犹在；“蜀巫”空报归期，则新恨又添。此外，“巴酒”、“蜀巫”虽是前人诗歌中常见的熟语，但是作者当时身在成都，用得便更显切当。

尾联离开前六句的思路独辟蹊径，由自己在蜀川怀吴中联想到吴中无人怀念自己，两相对比之下，更加显示了千里客居者的孤独和苦闷。写法上，这一联有两重含意：一是用“柳”音关“留”，明写留恋吴中——这是古人诗文中的常见用法；一是用“灞桥”意关京都(灞桥在长安东三十里的灞水上)，暗示朝廷中没有人赏识自己的才能——这则是本篇的独到之处。

(李济阻)

金错刀行　　陆　游

黄金错刀白玉装，　夜穿窗扉出光芒。
丈夫五十功未立，　提刀独立顾八荒。
京华结交尽奇士，　意气相期共生死。

千年史册耻无名，　　一片丹心报天子。
尔来从军天汉滨，　　南山晓雪玉嶙峋。
呜呼，楚虽三户能亡秦，　　岂有堂堂中国空无人！

孝宗乾道八年(1172)正月，陆游应四川宣抚使王炎之聘，自夔州(今四川奉节)赴陕西汉中任干办公事。任职时间虽然并不长，但"从戎驻南郑"(《九月一日夜读诗稿有感，走笔作歌》)，"射虎南山秋"(《三月十七日夜醉中作》)，卫戍大散关，初步实现了陆游"上马击狂胡，下马草军书"(《观大散关图有感》)的志向，更坚定了驱逐金兵、收复失地的信心，并把这种感情形诸笔墨。《金错刀行》即是从军后第二年供职嘉州(治今四川乐山)时所作。

此诗为七言歌行体，借咏刀以言志，抒发誓死抗金、坚信"中国"必胜的豪情。

第一二句开门见山，先写刀外观之美。以黄金涂面、白玉饰柄，金玉相映，可谓华美。但最可宝贵之处乃在于"夜穿窗扉出光芒"。此乃刀内质之美。黑夜时其光芒竟可穿透窗扉而射出，真是锋芒毕露，这是化用龙泉剑气冲牛斗的典故，移剑为刀。与他篇所写"宝剑"的"殷殷夜有声"(《宝剑吟》)有异曲同工之妙。宝剑夜有声是"慨然思遐征"，宝刀夜出光芒亦是"逆胡未灭心未平"(《三月十七日夜醉中作》)；其意不在刀剑，而在报国之心。

第三四句由刀而引出"提刀"人："丈夫五十功未立"，"丈夫"者，大丈夫之谓也，《孟子·滕文公下》曰："富贵不能淫，贫贱不能移，威武不能屈，此之谓大丈夫。"陆诗《胡无人》"丈夫出门无万里，风云之会立可乘"，正是形容大丈夫。"五十功未立"指年近五十而报国之功业未成。陆游此时四十八岁，曰"五十"乃取整数，此"丈夫"系自称，与其"丈夫无成忽老大"(《夏夜不寐有赋》)之句含义相同。"提刀独立顾八荒"，形象生动，意境苍凉。"提刀"人渴望立功，金错刀急欲衅血，但因种种阻碍，有志难申，他四顾八方，涌起几多悲凉之感。但既"提刀"，必将有所作为。诗人感慨万千，然而并不颓丧绝望。

值此天下兴亡、匹夫有责之时，诗人深感慰藉的是他并不孤立："京华结交尽奇士，意气相期共生死。"隆兴元年(1163)孝宗即位，起用张浚，准备北伐。此时陆游亦由大理司直迁枢密院编修，被孝宗召见，赐进士出身。陆游除积极提出军政建议外，并结交了一批力主抗金的奇卓之士，与张浚亦为知心，对其北伐事业更是热心支持。他们"相期共生死"，充满了胜利的希望。诗人的字里行间洋溢着同仇敌忾的自豪感。

"千年史册耻无名，一片丹心报天子。"这七八两句，又深入抒写了诗人与奇士的内心世界。他们并非汲汲于个人名利，此“名”乃是“功”的同义词，因为唯有杀敌立功，才可名垂青史。一个“耻”字深刻地表现了切盼“灭虏”立功名之心。“报天子”虽有忠君色彩，但在当时，“天子”与国家难以分开，故“报天子”亦即报效国家，因此诗人的“一片丹心”仍具积极意义。

第九句“尔来从军天汉滨”，“尔来”即“近来”。“南山晓雪玉嶙峋”，形容积雪之终南山。写山之洁白嶙峋，意在与刀之光芒四射相映衬，使得二者相得益彰。陆游尝建议：“经略中原，必自长安始；取长安，必自陇右始。当积粟练兵，有衅则攻，无则守。”（《宋史·陆游传》）他对汉中（陇右）“地连秦雍川原壮”（《归次汉中境上》）的雄壮山川、丰盛物产、豪迈民风非常欣赏，认为“会看金鼓从天下，却用关中作本根”（《山南行》），欲以汉中为恢复中原的根据地，因此到汉中，就产生了大干一番的雄心壮志，不能不兴奋激动。诗写至此，心潮澎湃，势不可遏，终于发出了最强音。

“呜呼，楚虽三户能亡秦，岂有堂堂中国空无人！”全诗蓄势至此，非此浩叹不能抒其豪情。前句借用了战国时两句楚民谣：“楚虽三户，亡秦必楚。”楚败于秦，楚人欲雪此恨，乃有此谣。诗人则借此典故比喻宋人之恨亦非雪不可。所谓“岂有堂堂中国空无人”之理！这一反诘句真是笔力千钧，充满浩然正气。“堂堂”，盛大貌。“中国”，这里指汉族所居之地。尽管事实上南宋国力衰微，但诗人感到正义在我，士气必盛，又有汉中之地，定能收拾河山。更何况“京华”多“奇士”，“中国”并非“空无人”，必能使“群阴伏，太阳升；胡无人，宋中兴！”（《胡无人》）慷慨之音、激越之气，跃然纸上，诗的结尾几句具有巨大的鼓舞力量。

陆游尝自述：“我昔学诗未有得，残余未免从人乞。力孱气馁心自知，妄取虚名有惭色。”（《九月一日夜读诗稿有感，走笔作歌》）又曰：“我初学诗日，但欲工藻绘。”（《示子遹》）但自从“四十（按：实际为四十八岁，此取整数，与“丈夫五十”义同）从戎驻南郑”，有了亲历军旅生活与接触社会现实的“诗外”功夫以后，诗风发生了根本转变，《金错刀行》即是一例。此诗意气慷慨，境界恢宏，声势雄壮，虽不乏议论，但“带情韵以行”（沈德潜《说诗晬语》），非语录押韵者所可比拟。此外，此诗四句一转韵，适应诗人感情的变化，语气自然，具大声鞺鞳之美。　（王英志）

山　南　行　　　陆　游

我行山南已三日，　如绳大路东西出。
平川沃野望不尽，　麦陇青青桑郁郁。
地近函秦气俗豪，　秋千蹴鞠分朋曹。

苜蓿连云马蹄健，　　杨柳夹道车声高。
古来历历兴亡处，　　举目山川尚如故；
将军坛上冷云低，　　丞相祠前春日暮。
国家四纪失中原，　　师出江淮未易吞；
会看金鼓从天下，　　却用关中作本根。

《山南行》这首诗，历来受到重视。究其原因，除了此诗形式上的特点之外，更主要的是因为它充分地表达了陆游对时事，对政局的看法，标志着诗人整个人生历程和创作生涯的转折点。

孝宗乾道八年(1172)，四十八岁的陆游离夔州(州治在今四川奉节)通判任上，被四川宣抚使王炎辟为四川宣抚使司干办公事。这年正月，陆游离开夔州，赴南郑上任，到达时已是暮春。南郑又名汉中，因在终南山之南，故曰山南。南郑的地理位置是“北瞰关中，南蔽巴、蜀，东达襄、邓，西控秦、陇，形势最重”(见《读史方舆纪要》卷五十六《陕西五》)。宋室南渡后，南郑更成为宋、金两国的必争之地。所以，当时不少人把它看成是恢复中原的根据地，甚至有人建议干脆迁都于此。明白了这一背景，再来读《山南行》诗，理解便能深入。

高宗绍兴初年，南郑曾入于金人之手。收复后，经多年休养生息，到陆游这一年来时，已是麦陇青青，桑林郁郁，平川沃野，大路如绳。陆游本来就极力主张：“经略中原必自长安始，取长安必自陇右(按：陇山以西，约相当于今天的甘肃六盘山以西，黄河以东一带)始。”(见《宋史·陆游传》)如今，当他亲眼看到南郑一带是如此的桑麻遍野，气俗雄豪，当他亲身体会到由此恢复故土大有希望，他怎能不精神振奋，壮心萌动？正是从这个时候起，陆游的生活和创作展开了新的一页。他直至暮年，仍念念不忘这一段“匹马戍梁州”的军旅生活。自此以后，他的诗作也更为飞扬踔厉。

函秦，指陕西、甘肃一带秦国故地，因其东有函谷关之险，故称“函秦”。“蹴鞠”，近似今天的踢球；“分朋曹”，指分组分队进行比赛。在南郑期间，诗人很留意风俗民情。秦俗尚武，民气豪健，秋千蹴鞠之风甚盛，陆游诗中曾多次言及。“苜蓿”，俗名金花菜，又名草头，为养马的上等饲料。“历历”，分明貌。将军坛，即拜将台，相传为汉高祖拜韩信为大将时所筑，故址在今陕西汉中的城南。丞相祠，蜀汉后主所立武侯庙，故址在今陕西勉县境定军山下，诸葛亮六出祁山，北伐中原，曾多次屯兵于此，死后也葬于此地。“四纪”，即四十八年，十二年为一纪；中原自高宗建炎元年(1127)入金人之手，到陆游写此诗时(1172)，已经四十六年，此言四纪，是举其成数。“师出江淮”句，是说长江、淮河一带，非形势利便之地，从那里出兵，收功不易。吞者，吞金之谓也。着一“吞”字，诗人气吞山河之概如见。“会”，应当，将该。“金鼓”，古代行军交战时用，此处代指王师。关中，指战国末期秦国故地，应包括秦岭以南的汉中，与今日关中即陕西，亦即函谷关与陇关之间的概念有所不同。本根，根本，即根据地。

这首诗，除了后四句是有关军国大事的议论外，其他部分好像都是对山南风土人情和自然景物的描写，貌似一篇旅途游记。其实，只要明白了当时的形势、陆游的主张，以及山南的地理位置，便能明白诗人的用意所在。这些描绘里面处处贯穿着诗人的愿望和主张。他之所以写平川沃野，麦陇青青，苜蓿连云，杨柳夹道，是因为他觉得此地财力可用；他之所以写地近函秦，气俗豪雄，是因为他觉得此地民心可用；而他引今据古，历数陈迹，也都是为了用来证明地利可用。由于全诗花了这么多笔墨对沿途风土人情作详细的描写，由于有了这么多有力的根据，所以，后四句的议论便水到渠成，令人读来无生硬和突兀之感；也正由于诗人在描写自然景物时带着很强的主观感情，所以，和单纯的模山范水之作相比，此诗就显得更有价值；并且诗人的感情所注不是一己的穷通，而是国家的兴衰，因此，和那些寄情山水、吟风弄月之作相比，此诗的格调就显得更高。

（刘禹昌　徐少舟）

归次汉中境上　　陆　游

云栈屏山阅月游，①　马蹄初喜踏梁州。
地连秦雍川原壮，　水下荆扬日夜流。②
遗虏孱孱宁远略？　孤臣耿耿独私忧。③
良时恐作他年恨，　大散关头又一秋。

〔注〕 ① 阅月：过了一个月。“阅”与“越”通。　② 荆扬：均古州名，此指湖北、江苏等地。　③ 孤臣：作者自指。

陆游于宋孝宗乾道八年（1172）正月自夔州赴汉中（今属陕西）任四川宣抚使司干办公事。在这年十月因事到四川阆中，这首诗即写于从阆中返回汉中境上。题中的“归次”是归途停留止息的意思。全诗先写诗人回到汉中的喜悦心情，然后通过对山川形胜及金人军事力量的描叙，抒发了他渴望光复国土的心愿。

诗一开始用“云栈屏山阅月游”，叙述了去阆中的经历和时间。从“阅月”得知诗人这次去阆中往返有一个多月光景。在这一个多月里，途中所见风光，主要写了“云栈”和“屏山”。“云栈”即连云栈。从汉中去阆中，沿路都是崇山峻岭，悬崖峭壁，十分艰险，前人架木为栈道，故称“云栈”。“屏山”即阆中名胜锦屏山，山上有大诗人杜甫的祠堂。诗人到阆中特意游览了锦屏山，并写下《游锦屏山谒杜少陵祠堂》一诗，表达了对杜甫的仰慕之情。诗人往来于汉、阆之间，所见景物很多，但这里只选了“云栈”和“屏山”，这样高度的概括，表现了他的精练特色。诗的第二句，既是点题，又表达了诗人回到汉中的喜悦心情。这里的梁州，即古代的梁州郡(治所在今汉中)，用以代指汉中。诗人这次远行归来，路途艰险，风尘仆仆，好不容易回到汉中，一看到广阔的汉中川原，当然有说不出来的喜悦。但诗人避而不说，却写出了“马蹄初喜踏梁州”。唐人孟郊用“春风得意马蹄疾”来形容中进士后的得意，而这里却用“马蹄初喜”反衬诗人回到汉中的欢快心情，真有出蓝之妙。

诗的三四句，承前意而来。汉中地连秦雍(指秦国故地，今陕西、甘肃一带)。秦川八百里，地势宽阔，民风豪壮，物产丰富。又有水利之便，汉水流经汉中平原，注入长江，更可远达荆州和扬州。山川形势如此好，正是兵家用武之地。诸葛亮北伐中原，就曾以此为根据地。诗人在描述汉中地理形势之后，接着又对金人的军事力量作了描绘。“遗虏孱孱宁远略”，“遗虏”是指金人留在陕西的兵力。“孱孱”形容敌方怯懦软弱无力。像这样兵力不多，又缺少战斗力的对方，怎会有深谋远略呢？言外之意是，正好趁此大好时机进行反攻，夺回失地，重整山河。陆游从青年时期就立下了匡扶之志，但不被重用，自来汉中之后，看到陕南的山川形胜，他心中又起收复中原的希望。他曾积极建议朝廷“经略中原，必自长安始，取长安，必自陇右始”。(《宋史·陆游传》)但此时南宋统治者已和金人订了“隆兴和议”，无意收复失地。当他看到“将军不战空临边”和“朱门沉沉按歌舞”(《关山月》)的情景时，不免黯然“私忧”，“孤臣耿耿独私忧”就是他当时心情的写照。此诗中间两联的描写，使读者既看到了汉中川原雄伟壮阔的地理形势，也看到了诗人深谋远虑的战略思想。而首联的“初喜”和颈联的“私忧”，不仅反映了陆游深沉的爱国热忱；而且在诗的写法上表现出跌宕多姿。

最后两句，抒发了诗人的感叹。这种感叹是承接“私忧”而来。诗人一生都在忧国忧民，而当他亲临西北前线，观察山川形胜，分析敌情之后，认为这时正是收复中原的大好时机，时不可失，机不再来，一旦失去，便成为千载的遗恨。“良时恐作他年恨”，正反映了诗人此时深切的忧虑。“恐作”是推测之语，也是论定之词。由他后来写的“中原机会嗟屡失”(《楼上醉书》)，更可证实诗人的判断是正确的。诗的最后一句，“大散关头又一秋”，表达了无可奈何的悲叹。大散关位于今陕西宝鸡市西南，当时是南宋的边防要塞，宋、金曾以关为界。陆游自从来到汉中以后，不仅积极向四川宣抚使王炎提出建议，由此收复中原；而且时着戎装，骑战马，戍守边关，“铁马秋风大散关”(《书愤》)形象地反映出陆游此时得意的军旅生活。然而年复一年，按兵不动，岁月空逝，壮志难伸，使他不得不发出“又一秋”的哀叹。最后两句，是全诗的总结，既要总括全诗，又要开拓出去，给人以深思遐想。此诗的尾联，虽说是表达了诗人壮志难酬的哀叹，又何尝不是对国家前途的无限深愁呢？

陆游诗向以“多豪丽语，言征伐恢复事”(见《鹤林玉露》)见称。此诗正表现了诗人的“寄意恢复”，而“云栈”和“地连”两联更见其“豪荡丰腴”(《南湖集·方回序》)的特色。这首律诗的另一特点是对仗工整，名词、动词、叠字都对得极工，无怪沈德潜说：“七言律队仗工整，使事熨帖，当时无与比埒。”(《说诗晬语》)

(孟庆文)

海　棠　歌　　　陆　游

我初入蜀鬓未苍，　南充樊亭看海棠。
当时已谓目未睹，　岂知更有碧鸡坊。
碧鸡海棠天下绝，　枝枝似染猩猩血。
蜀姬艳妆肯让人？　花前顿觉无颜色。
扁舟东下八千里，　桃李真成奴仆尔。
若使海棠根可移，　扬州芍药应羞死。
风雨春残杜鹃哭，　夜夜寒衾梦还蜀。
何从乞得不死方，　更看千年未为足。

据《广群芳谱》，古代“海棠盛于蜀，而秦中次之”，唐人贾耽曾称海棠为“花中神仙”。杜甫在蜀久，无海棠诗，世以为异，遂引起种种揣测。唐薛能《海棠》诗有“四海应无蜀海棠，一时开处一城香”之句，郑谷《蜀中赏海棠》诗有“浓淡芳春满蜀乡”之句，皆传诵。宋代咏海棠诗最著名的是苏轼咏黄州定惠院海棠的一篇七古和“只恐夜深花睡去”那首七绝。陆游在蜀多年，写的海棠诗最多，也最出色。这一首诗，却是嘉定元年(1208)八十四岁致仕家居时作，距他的逝世只有一年多，追思在蜀观赏海棠的事，高龄晚岁，而诗笔劲健，热情洋溢，不减当年，尤其难能可贵。

“我初入蜀”四句，写初到四川时在南充看海棠。陆游乾道八年(1172)离夔州通判任赴南郑四川宣抚司幕，途经南充，在该地的“樊亭”观赏海棠，《剑南诗稿》卷三留有绝句两首。本段前二句紧凑直书，已见劲气；“入蜀”是伏笔，与当前家居对照，“鬓未苍”也是伏笔，与当前老耄对照。后二句抑扬急转，顿挫有力。这四句描写海棠是宾陪，但起势不凡，以雄迈胜。

“碧鸡”四句，写碧鸡坊的海棠。碧鸡坊，在成都西南，《梁益州记》：“成都之坊百有二十，第四曰碧鸡坊。”陆游诗中，说成都海棠以蜀王故宫为盛，其次为碧鸡坊。他《花时遍游诸家园》的“走马碧鸡坊里去，被人唤作海棠颠”句，是人们所熟悉的。起二句正面描写，以“枝枝似染猩猩血”的惊人红艳概括碧鸡海棠为“天下绝”。后二句用“艳妆”的“蜀姬”作比喻和比较，“肯让人”极力扬蜀姬，“顿觉无颜色”急遽地贬抑蜀姬以赞海棠。诗人在其他诗中写海棠的花光花色，曾有“尽吸红云酒盏中”、“天地眩转花光红”等名句；以人比花，也有“蜀姬双鬟娅姹娇，醉看恐是海棠妖”的名句，和这诗描写的角度不同。这四句描写海棠是主体，比较细腻地刻画形象，但陡起陡落，承前顿挫之势，又从抑扬转折中显得更为峻峭。

“扁舟”四句，写离蜀东归后感到蜀中海棠的难得。“八千里”，言路程之长，叙归途，又为赞海棠张本。江南桃李，繁艳非常，而与蜀中海棠相比，只不过是“奴仆尔”；扬州芍药，天下驰名，见了海棠也“应羞死”。用烘托、夸张的写法盛赞海棠，透过了两层。这四句，笔势极雄迈，足以顶接前文，扬起后文。

“风雨”四句，写思念蜀地和蜀中海棠。蜀地多杜鹃鸟，传说为蜀帝杜宇魂魄所化，其声悲切。江南也有杜鹃，诗人每当“风雨春残”之际，“夜夜”在“寒衾”中闻鹃声而思蜀，以至梦游旧地，梦中所见的，是蜀中的海棠盛景。梦醒之后，还盼望能够长期看到，但愿长生不老，再看“千年”，也不感满足。他这样思念蜀中海棠，实际上是怀念中年在军幕中的充满豪情壮志的生活的一种反映。年光消逝，盛况难再，生平的种种理想都不可能实现，眼前景却是那样历历不饶人，这就更进一步地加深悲凉。这四句总束全诗，点清题旨，以豪放之笔写沉痛之情，矛盾激荡，伤心刻骨，陆游的诗篇往往以这样的意境结束，真有“老骥伏枥，志在千里。烈士暮年，壮心未已”的血泪横流之概。

（陈祥耀）

剑门道中遇微雨　　陆　游

衣上征尘杂酒痕，　　远游无处不消魂。
此身合是诗人未？　　细雨骑驴入剑门。

这是一首广泛传诵的名作，诗情画意，十分动人。然而，也不是人人都懂其深意，特别是第四句写得太美，容易使人“释句忘篇”。如果不联系作者平生思想、当时境遇，不通观全诗并结合作者其他作品来看，便易误解。

这首诗作于南宋孝宗乾道八年（1172）冬。当时，陆游由南郑（今陕西汉中）调回成都，途经剑门山，写了此诗。陆游在南郑，是以左承议郎处于四川宣抚使王炎幕中，参预军事机密。“大散关头北望拳，自期谈笑扫胡尘”（《追忆征西幕中旧事》），讲的就是当时的生活、思想。南郑是当时抗金前方的军事重镇，陆游在那时常常“寝饭鞍马间”（《忆昔》）。而成都则是南宋时首都临安（杭州）之外最繁华的都市。陆游去成都是调任成都府路安抚使司参议官；而担任安抚使的又是当时著名诗人，也是陆游好友的范成大。他此行是由前线到后方，由战地到大都市，是去危就安、去劳就逸。然而，诗人是怎样想的呢？

他先写“衣上征尘杂酒痕，远游无处不消魂”。陆游晚年说过：“三十年间行万里，不论南北怯登楼”（《秋晚思梁益旧游》）。梁即南郑，益即成都。实则前此的奔走，也应在此“万里”“远游”之内。这样长期奔走，自然衣上沾满尘土；而“国仇未报”，壮志难酬，“兴来买尽市桥酒……如臣野受黄河倾”（《长歌行》），故“衣上征尘”之外，又杂有“酒痕”。“征尘杂酒痕”是壮志未酬，处处伤心（“无处不消魂”）的结果，也是“志士凄凉闲处老”（《病起》）的写照。

“远游无处不消魂”的“无处”（“无一处”即“处处”），既包括过去所历各地，也包括写此诗时所过的剑门，甚至更侧重于剑门。这就是说：他“远游”而“过剑门”时，“衣上征尘杂酒痕”，心中呢？又一次黯然“消魂”。

引起“消魂”的，还是由于秋冬之际，“细雨”蒙蒙，不是“铁马渡河”（《雪中忽起从戎之兴戏作》），而是骑驴回蜀。就“亘古男儿一放翁”（梁启超《读陆放翁集》）来说，他不能不感到伤心。当然，李白、杜甫、贾岛、郑綮都有“骑驴”的诗句或故事，而李白是蜀人，杜甫、高适、岑参、韦庄都曾入蜀，晚唐诗僧贯休从杭州骑驴入蜀，写下了“千水千山得得来”的名句，更为人们所熟知。所以骑驴与入蜀，自然容易想到“诗人”。于是，作者自问：我难道只该（合）是一个诗人吗？为什么在微雨中骑着驴子走入剑门关，而不是过那“铁马秋风大散关”的战地生活呢？不图个人的安逸，不恋都市的繁华，他只是“百无聊赖以诗鸣”（梁启超语），自不甘心以诗人终老，这才是陆游之所以为陆游。这首诗只能这样解释；也只有这样解释，才合于陆游的思想实际，才能讲清这首诗的深刻内涵。

一般地说，这首诗诗句顺序应该是：“细雨”一句为第一句，接以“衣上”句，但这样一来，便平弱而无味了。诗人把“衣上”句写在开头，突出了人物形象，接以第二句，把数十年间、千万里路的遭遇与心情，概括于七字之中，而且毫不费力地写了出来。再接以“此身合是诗人未”，既自问，也引起读者思索，再结以充满诗情画意的“细雨骑驴入剑门”，形象逼真，耐人寻味，真是“状难写之景如在目前，含不尽之意见于言外”。但真正的“功夫”仍“在诗外”(《示子遹》)。 (吴孟复)

三月十七日夜醉中作　　陆 游

前年脍鲸东海上，　白浪如山寄豪壮。
去年射虎南山秋，　夜归急雪满貂裘。
今年摧颓最堪笑，　华发苍颜羞自照。
谁知得酒尚能狂，　脱帽向人时大叫。
逆胡未灭心未平，　孤剑床头铿有声。
破驿梦回灯欲死，　打窗风雨正三更。

乾道九年(1173)陆游四十九岁时，任成都府路安抚使司参议官，兼摄蜀州(治所在今四川崇州)通判，自蜀州返成都，夜宿驿站而作此诗。

这首诗可分为三段，开头四句为第一段，回忆过去。前年，指前几年，即三十五岁任福州决曹时。“脍鲸东海”，指自福州航行海上。那一年，他作《航海》诗，有“潮来涌银山，忽复磨青铜。饥鹘掠船舷，大鱼舞虚空”之句，作《海中醉题，时雷雨初霁，天水相接也》有“浪蹴半空白，天浮无尽青”，“醉后吹横笛，鱼龙亦出听”之句，可见其航行梗概。去年，指乾道八年他在王炎幕下任四川宣抚使司干办公事时。陆游壮年怀抱救国壮志，不但学文，亦曾习武，似乎颇有臂力，在南郑任内，有亲自射虎、打虎的事，集中写到此事的不少。句中“射虎”，指此；南山，指长安附近的终南山，南郑在它的南部，作者身在南郑，心驰长安，故常泛言及之。在“白浪如山”中去“脍鲸东海”；在南山射虎，直到寒夜始归，“急雪”洒满了“貂裘”。这种豪情壮举，岂是一般文人所有的？这四句选择了极典型的“壮举”来突出去年以前的“豪情”，组成一对“扇对”，既集中、整齐、锤炼，又显得飞动、雄伟。“脍鲸东海”稍显夸张，但总的看来是写实的，形象的新奇、激情的高涨，于中可见。诗的第二句有“寄豪壮”三字，这段起势，堪称“豪壮”非凡。

中间四句为第二段，写当前，是诗篇由豪壮到沉痛的一个转折、过渡。“今年”二句忽写“摧颓”，写“华发苍颜”，意境急转，气势猛跌，表现当前处境的颓唐。但写“最堪笑”，写“羞自照”，表现不甘心忍受这种处境。“谁知”二句，气势又转向豪壮。但“狂”有赖于“得酒”，“脱帽”只是向人“大叫”，这种行为带有无可奈何的挣扎，不免是苦中作乐、强颜欢笑。这四句表现理想与现实的矛盾，表现诗人在失望中的继续追求，在悲慨中带有豪壮，在豪壮中带有悲慨。

第三段，再写当前，表现刻骨的沉痛。上二段侧重叙事；本段侧重抒情，情与景密切结合，四句一韵，两层意思密不可分。“逆胡未灭”是诗人“心未平”的根源；这正是他一生的悲痛所在，也是本诗主导的思想感情所在，上文的追求和挣扎，都是它的外射。这种思想出于要求抗敌复土之情。正是这种爱国感情的强度与深度及其主客观矛盾，形成了诗人的豪壮气概与沉痛心情交织在一起。这一句开始倾吐沉痛的心情。接下去一句，以拟人化的手法，写久随身边而现在挂在床头的“孤剑”，有如长久而亲密的战友，深深了解诗人的心情，这时也与诗人同有“不平”之感，而发出“铿然”的鸣声，衬托出诗人的沉痛。“破驿”二句，通过景物描写，进一步渲染沉痛心情。不能灭敌，愤恨难消，寄身“破驿”之中，“梦回”之后，正是“三更”时分，听着“打窗”的“风雨”之声，看着“欲死”的昏灯，这是何等凄凉的况味！与第一段的豪情壮举对照，这种凄凉更觉难堪，显示了刻骨的沉痛。用一“死”字写灯昏尤有力，诗人好用这个字来写灯昏，如《白鹤馆夜坐》的“更阑灯欲死”，《夜坐灯灭戏作》的“忽因灯死得奇观”都是。这也是一种拟人写法，把灯火感情化了。

晏幾道的《阮郎归》词有一传诵的句子：“欲将沉醉换悲凉。”本诗第三段所写的，是深刻的“悲凉”；第二段所写的，正是“欲将沉醉换悲凉”；至于第一段，也可以说是“欲将豪壮换悲凉”吧！但本诗的悲凉，来自恶劣的社会背景，它是诗人解决不了的，是无法可“换”的。诗篇以豪壮的气概，映照深沉的悲痛，笔力饱满，情调激昂，有很强的感染力，成为诗人最有代表性的爱国诗篇之一。　（陈祥耀）

醉中感怀　　陆　游

早岁君王记姓名，　只今憔悴客边城。
青衫犹是鹓行旧，　白发新从剑外生。
古戍旌旗秋惨淡，　高城刁斗夜分明。
壮心未许全消尽，　醉听檀槽出塞声。

陆游曾在《史馆书事》一诗的自注中说：“绍兴辛巳，尝蒙恩赐对。”辛巳指高宗绍兴三十一年(1161)，陆游三十七岁。次年，孝宗即位，又被召见，他建议孝宗振肃纲纪。孝宗甚称“游力学有闻，言论剀切”，并赐进士出身。此后陆游对孝宗还有不少关于朝政的建议。这些便是诗的第一句所包含的内容。十多年之后，也就是孝宗乾道八年(1172)十一月陆游调任成都安抚使司参议官，第二年三月改任代理蜀州（治所在今四川崇州）通判，约在五月又改为代理嘉州（治所在今四川乐山）知州，《醉中感怀》就是这一年秋天在嘉州写的。几个月来频繁的奔波，加之心中的悲苦抑郁，使他心疲力竭，所以说“只今憔悴客边城”。

诗的一二句于今昔变化之中自然流露出“感怀”之意，意犹未足，于是再申两句——“青衫犹是鹓行旧，白发新从剑外生”。青衫，唐代八、九品文官的服色，宋代因袭唐制。陆游早年在朝廷任大理司直、枢密院编修官，都是正八品，所以说“青衫”。鹓行，又称鹓鹭，因二鸟群飞有序，喻指朝官的行列。这句诗的意思是说，身上穿的还是旧日“青衫”，那也就含有久沉下僚的感叹。剑外，指剑阁以南的蜀中地区，此处即代指当时陆游宦游的成都、嘉州等处。青衫依旧，白发新生，形象真切，自成对偶。同时，第三句又回应了第一句，第四句又补充了第二句，怀旧伤今，抚今追昔，回肠千转，唱叹有情，所以卢世漼说：“三四无限感慨”（《唐宋诗醇》引），倒是颇能发掘诗意的。

陆游的感慨不是凭空而来的。他在来成都之前，是在南郑（今属陕西）。南郑是当时西北前线的重镇，是四川宣抚使司驻地。宣抚使王炎是一位颇有才干的主战派人物，陆游在他幕中任干办公事，他曾向王炎“陈进取之策，以为经略中原，必自长安始；取长安必自陇右始”（《宋史·陆游传》）。诗人那时常常深入前线，来往军中，生活是紧张的、艰苦的，但也充满着欢乐和希望。他“朝看十万阅武罢。暮驰三百巡边行”（《秋怀》）；他“铁衣卧枕戈，睡觉身满霜；官虽备幕府，气实先颜行”（《鹅湖夜坐书怀》）。可是，事与愿违。乾道八年九月朝廷召还王炎，幕府人员旋即星散，陆游也只得离开南郑，调任成都府路安抚司参议官。辛苦付诸东流，希望化为泡影，画策虽工，良机已失，无怪他伤心，无怪他感慨！透过这一感慨，不仅可以看到诗人被伤害的心灵，也可以感受到那个郁闷的时代气息。

前四句从叙事中写自己的遭遇和感慨，五六两句转为写景——秋天，古堡上的旌旗在秋风中飘拂，笼罩着阴郁惨淡的气氛；夜深了，城头上巡更的刁斗声清晰可闻。这显然是一个战士的眼中之景，心中之情。“鬓虽残，心未死”（《夜游宫·记梦寄师伯浑》），古戍旌旗，高城刁斗，无不唤起他对南郑军中戎马生涯的怀念和向往。这一联虽是写景，却是诗中承上启下的枢纽，所以接着便说“壮心未许全消尽，醉听檀槽出塞声”。檀槽，用檀木做的琵琶、琴等弦乐器上架弦的格子，诗中常用以代指乐器。《出塞》，汉乐府《横吹曲》名，本是西域军乐，声调雄壮，内容多写边塞将士军中生活。诗人壮心虽在，欲试无由，唯有寄托于歌酒之中。尾联两句再经这么一层转折，就更深刻地反映了他那无可奈何的处境，及其愤激不平的心情，也刻画出诗人坚贞倔强的性格，可谓跌宕淋漓，而又余意不尽，确是一首借以了解陆游的好诗，也可以从中见到诗人七律造诣之深。

（赵其钧）

胡　无　人　　陆　游

须如蝟毛磔，　面如紫石棱。
丈夫出门无万里，　风云之会立可乘。
追奔露宿青海月，　夺城夜踏黄河冰。
铁衣度碛雨飒飒，　战鼓上陇雷凭凭。
三更穷虏送降款，　天明积甲如丘陵。
中华初识汗血马，　东夷再贡霜毛鹰。
群阴伏，太阳升；　胡无人，宋中兴！
丈夫报主有如此，　笑人白首篷窗灯。

陆游论诗文主张"以气为主"："某闻文以气为主，出处无愧，气乃不挠。"（《傅给事外制集序》）其内涵主要是强调文人无论出世还是入仕，都应该培养与保持高尚的品德、节气。此气表现于诗文中，便具有振奋人心、鼓舞士气的巨大精神力量。就当时形势而言，此"气"即是誓复中原的正气与壮气，"中原北望气如山"（《书愤》），"老夫壮气横九州"（《冬暖》），"白发未除豪气在"（《渡浮桥至南台》），"气可吞匈奴"（《三江舟中大醉作》）……指的都是此"气"。这样的"以气为主"之作具阳刚之美，"使人读之，发扬矜奋，起痿兴痹矣！"（姚范《援鹑堂笔记》）这首《胡无人》就是一个范例。

《胡无人》属七言歌行体，用的是古乐府篇名，但与诗意极为吻合，可见作者匠心。陆游长于七古，赵翼称其古体诗"才气豪健，议论开辟"，"意在笔先，力透纸背"（《瓯北诗话》），并非溢美。七言歌行往往长短句搭配，参差错落，抑扬顿挫，尤宜于表现雄放豪迈之气。《胡无人》就是一篇勃发着"要使胡无人"的"壮气"之作。

陆游于乾道九年（1173）摄四川嘉州事，面临的现实是：尽管"近闻索虏自相残"（《闻虏乱有感》），但南宋朝廷仍按兵不动。然而诗人的一腔忠愤不得不发。《胡无人》勾画了幻想中的北伐胜利图，酣畅淋漓地表现了爱国激情。

全诗可分三个层次：第一层想象北伐战斗的情景，表现了发扬蹈厉之气；第二层幻想北伐胜利的景象，抒发了必胜信心；第三层以议论作结，强调报国之志。

"须如蝟毛磔，面如紫石棱。"开首两句突兀而起：须毛如蝟毛一样有力地张开，显示出英武之气；面色如紫石棱一样闪烁，蕴含着壮怀。宛若一个面部特写镜头，一下子就把“丈夫”非凡之概展示于读者眼前，使人留下生气凛然的印象。据《晋书·桓温传》载：刘惔尝称桓温“眼如紫石棱，须作蝟毛磔，孙仲谋、晋宣王之流亚也”。陆游活用此典，恰到好处，不露痕迹。

“丈夫出门无万里，风云之会立可乘。”此“丈夫”乃诗人心目中报国志士的象征。“出门无万里”即“气无玉关路”(《夜读岑嘉州诗集》)之意，写大丈夫驰骋疆场、气吞万里之概。《易·系辞》曰：“云从龙，风从虎。”大丈夫就如乘云升天之龙，驾风出谷之虎，风云际会，正赶上北伐中原的战机。“立可乘”有二义：一突出了“丈夫”求战心切，刻不容缓，所谓“一闻战鼓意气生，犹能为国平燕赵”(《老马行》)；一表明“丈夫”早已秣马厉兵，恨不能立时“手枭逆贼清旧京”，真是斗志旺盛。

“追奔露宿青海月，夺城夜踏黄河冰。”诗笔又转向具体战斗行动，对仗句式铿锵有力。“追奔”、“夺城”可见“丈夫”参战时意气风发之态，鏖战之激烈不言而喻；“露宿”、“踏冰”写战斗环境的艰苦，也反衬出“丈夫”志气的坚不可摧；“青海月”、“黄河冰”，则形象地表明了疆场的广阔，更衬托出“丈夫”一往无前的气概。这两句视野开阔，形象飞动，气魄恢宏，堪称“力透纸背”。

“铁衣度碛雨飒飒，战鼓上陇雷凭凭。”这两句又从听觉方面来写，赞扬壮士乘胜前进的勇气：身披铁甲的勇士冒着飞雨，穿过飞沙走石地带，战鼓声传遍陇坂(在今甘肃东南与陕西接壤处)，如“凭凭”雷鸣，壮我胆气，灭敌威风！有这样不畏艰险的志士，有这样“逆胡未灭心未平”(《三月十七日夜醉中作》)的豪气，岂有金兵不灭之理？

上面是第一层次。火与剑终于开拓出胜利大道。在第二层次，诗人尽情描绘了胜利场面，表现了北定中原的强烈愿望。

“三更穷虏送降款，天明积甲如丘陵。”敌人势穷力竭，连夜送来降书，缴下的盔甲堆积如山，这是暗用汉光武破赤眉“集甲与熊耳山齐”之典。“中华初识汗血马，东夷再贡霜毛鹰。”“汗血马”系汉时产于大宛的良马，又称“天马”；“霜毛鹰”即白鹰，一种猛禽，唐时新罗等国曾贡此物。诗人借此二物，表明了他“四夷宾服”、“天下定于一”的理想。

诗人此时完全为自己虚构的胜利情景所激动，热血沸腾，振臂高呼：“群阴伏，太阳升；胡无人，宋中兴！”四个三字句一气直下，节奏短促有力，掷地可作金石声！它是议论，也是抒情。前两句为比兴，“群阴伏”，描摹出敌人威风扫地、诚惶诚恐之态，以喻金贵族必将以惨败而告终；“太阳升”则比喻大宋中兴、前程光明的前景。诗人的感情达到了高潮。

最后两句为第三层。“丈夫报主有如此，笑人白首篷窗灯。”“报主”实即报国。“有如此”即前两层所想象的壮美情景。诗人此时正值壮年，有刘越石（琨）、祖士稚（逖）枕戈待旦、闻鸡起舞之概，宁愿战死疆场，马革裹尸，不愿手抱一经，老死牖下。这最后两句所表白的正是此志，真可说能使“懦夫有立志”（《孟子·万章下》）。

刘克庄评陆游诗说：“力量足以驱使，才思足以发越，气魄足以陵暴。”唯有这种风格才能淋漓尽致地表现正气、壮气、豪气。《胡无人》正体现了这种风格。此诗语言明白如话，质朴自然，毫不雕琢。陆游认为“琢雕自是文章病，奇险尤伤气骨多”（《读近人诗》），还说过：“大抵诗欲工，而工亦非诗之极也。锻炼之久，乃失本旨；斫削之甚，反伤正气。”（《何君墓表》）既然“琢雕”、“斫削”有伤于诗之“气”，那么唯以自然出之，才可元气淋漓。《胡无人》正是如此。（王英志）

宴西楼　　陆游

西楼遗迹尚豪雄，　锦绣笙箫在半空。
万里因循成久客，　一年容易又秋风。
烛光低映珠幨丽，　酒晕徐添玉颊红。
归路迎凉更堪爱，　摩诃池上月方中。

这首七律作于淳熙元年（1174）诗人以蜀州通判摄理知州期间。这年六月，他有事至成都，在西楼宴饮后，有感而作此诗。

首联紧扣题目，从宴饮的场所——西楼着笔。首句先以“豪雄”二字虚点一笔，次句进一步就此着意渲染：“锦绣笙箫”，描绘其豪华壮美、歌管竞逐，暗藏题内“宴”字；句末缀以“在半空”三字，则西楼耸立天半的形象宛然在目。

“万里因循成久客，一年容易又秋风。”颔联从宴饮现境触发自己久客无成的感慨。因循，这里有时日蹉跎，一事无成的意思。万里作客，光阴虚度，忽然又到了秋风萧飒的季节。陆游从乾道六年（1170）入川，任夔州通判；八年入王炎幕，赴南郑前线；同年冬入剑门，先后在成都、蜀州、嘉州等地任职。到写这首诗时，首尾已达五年，确实是“万里”、“久客”了。这一联从表面看，似乎只是抒写留滞异乡的客愁和时序更迭的悲叹，实际上所包蕴的内容要深广得多。陆游怀着报国的雄心壮志，到了南郑前线，但未到一年，就因王炎去职而离幕入川。此后几年，一直无所作为。蹉跎岁月，壮志消磨，这对于像他这样的爱国志士，精神上是最大的折磨。“因循”、“容易”、“成”、“又”，感叹成分很浓。清代吴焯说，这两句“语轻而感深”（《批校剑南诗稿》），确有见地。

“烛光低映珠幪丽，酒晕徐添玉颊红。”颈联折归现境，续写西楼宴饮：烛光低低地映照着穿着盛装的女子，衬托得她们更加俏丽；酒晕渐渐扩散加深，使得她们的玉颊更加红艳。两句意境温馨旖旎。由于有颔联饱含悲慨的抒情在前，这一联所透露的便不是单纯的沉醉享乐，而是透出了无可奈何的悲凉颓放情绪。它使人感到，诗人醉宴西楼，置身衣香鬓影之中，只不过是为了缓和精神的苦闷而已。

“归路迎凉更堪爱，摩诃池上月方中。”摩诃池，故址在成都市旧县城东，为隋将萧摩诃所筑。宴罢归途，夜凉迎面，摩诃池上，明月方中。宴饮笙歌，驱散了心头的愁云惨雾，对此佳景，更生赏爱之情。至此，诗情振起，以写景作结。

（刘学锴）

长歌行 陆游

人生不作安期生， 醉入东海骑长鲸；
犹当出作李西平， 手枭逆贼清旧京。
金印煌煌未入手， 白发种种来无情。
成都古寺卧秋晚， 落日偏傍僧窗明。
岂其马上破贼手， 哦诗长作寒螀鸣？
兴来买尽市桥酒， 大车磊落堆长瓶；
哀丝豪竹助剧饮， 如巨野受黄河倾。
平时一滴不入口， 意气顿使千人惊。
国仇未报壮士老， 匣中宝剑夜有声。
何当凯旋宴将士， 三更雪压飞狐城！

此诗一起直抒壮怀，“辞气踔厉”，有如长江出峡，涛翻浪涌，不可阻遏。前四句诗实际上不是各自独立的四句诗，而是以“人生”为共同主语，所以必须一口气读到底，从而显示其奔腾前进、骏迈无比的气势。

这个长句的意思是：人生如果不能作一个像安期生那样的仙人，醉骑长鲸，在汪洋大海里纵横驰骋，就应当作一个像李西平那样的名将，消灭逆贼，收复旧京，使天下清平。李西平，指唐德宗时平服朱泚之乱、收复西京的名将李晟，因功封为西平郡王，故称为李西平。赵翼曾说陆游“使事必切”；又说陆游“才气豪健，议论开辟，引用书卷，皆驱使出之，而非徒以数典为能事，意在笔先，力透纸背”（《瓯北诗话》卷六），这可以说相当准确地概括了陆游使事极切极活的特点。就这个长句而言，用李西平的史实确切地抒发了自己的抱负，用事实际上起了比喻的作用。不难看出，“手枭逆贼”中的“逆贼”是以朱泚比喻女真统治者，“清旧京”中的“旧京”是以朱泚占据的唐京长安比喻入于女真统治者之手的宋京开封。北中国被占，南宋偏安一隅的历史形势，不都表现得一清二楚吗？

文须蓄势，诗亦宜然。此诗突然而起，二十八字的长句有如长风鼓浪，奔腾前进，但当其全力贯注于“手枭逆贼清旧京”之后，即不复继续前进，来了个“逆折”，折向相反的方面：“金印煌煌未入手”，壮志难酬，不胜愤懑！忽顺忽逆，忽扬忽抑，形成了第一个波澜。乍看变幻莫测，细玩脉络分明。李西平之所以能“手枭逆贼清旧京”，他的爱国心，他的将才等等，当然都起了作用；但更重要的是他得到执政者的重用，肘悬煌煌金印。自己呢，虽有将才和爱国心，而未能如李西平那样掌握兵权，“手枭逆贼清旧京”的壮志又怎能实现？

“金印煌煌未入手”一句连“折”带“抑”，“白发种种来无情”一句再“抑”，“成都古寺卧秋晚，落日偏傍僧窗明”两句更“抑”，直把起头用二十八字长句所抒发的一往无前的壮志豪情“抑”向低潮。“金印煌煌”，目前虽“未入手”，但如果是壮盛之年，来日方长，还可以等待时机。可是呢，无情白发，已如此种种（《左传·昭公三年》：“余发如此种种。”杜注曰：“种种，短也。”）！来日无多，何能久等呢？“成都古寺卧秋晚，落日偏傍僧窗明”，既补写出作者投闲置散，独居古寺僧寮的寂寞处境，又抒发了眼看岁月流逝、时不我与的焦灼心情。就一生说，已经白发种种，年过半百；就一年说，已到晚秋，岁聿其暮；就一日说，日已西落，黑夜将至。真所谓“志士愁日短”！而易逝的时光，就在这“古寺”中白白消磨，这对于一个渴望“手枭逆贼清旧京”的爱国志士来说，怎能不焦灼，怎能不痛心！

一“抑”再“抑”之后，忽然用一个反诘句凭空提起：“岂其马上破贼手，哦诗长作寒螿鸣？”形成又一波澜。这两句诗从语法结构上看，不是两句，而是一句，即所谓“十四字句”。意思是：难道我这个马上破贼的英雄，就只能无尽无休地像寒蝉悲鸣般哦诗吗？凭空提起，出人意外；然而细按脉理，仍从“犹当出作李西平，手枭逆贼清旧京”而来。穷极变化而不离法度。

接下去，通过描写“剧饮”抒发“手枭逆贼清旧京”的理想无由实现的悲愤：“兴来买尽市桥酒，大车磊落堆长瓶；哀丝豪竹助剧饮，如巨野受黄河倾。”真有“长鲸吸百川”的气概。但一味夸张地描写“剧饮”，难免给人以“酒徒”酗酒的错觉，因而用“平时一滴不入口”陡转，用“意气顿使千人惊”拍合，形成第三个波澜。

接下去，波澜迭起，淋漓酣纵："国仇未报壮士老"一句，正面点明"剧饮"之故，感慨万端，颇含失望之情；"匣中宝剑夜有声"一句，侧面烘托誓报国仇的决心，又燃起希望之火，从而引出结句："何当凯旋宴将士，三更雪压飞狐城！"

结句从古寺"剧饮"生发，又遥应首句，而境界更为阔大。"飞狐城"指飞狐口，在今河北涞源县北，古代为河北平原与北方边郡间的咽喉。诗人希望有一天能够掌握兵权，在收复北宋旧京之后继续挥师前进，尽复北方边郡，在飞狐城上大宴胜利归来的将士，痛饮狂欢，直至三更；大雪纷飞，也不觉寒冷。读诗至此，才意识到前面写"剧饮"排闷，正是为结句写凯旋欢宴作铺垫。而"三更雪压飞狐城"一句，又是以荒寒寂寥的环境，反衬欢乐热闹的场面。

赵翼说陆游的诗"炼在句前"，主要指在命意、谋篇方面的艰苦构思。这首《长歌行》写于淳熙元年(1174)，当时诗人已五十岁，离蜀州通判任，寓居成都安福院僧寮。他不从几年来的经历和当前的处境写起，却先写报国宏愿及其无由实现的愤懑，直写到"白发种种来无情"，才用"成都古寺卧秋晚，落日偏傍僧窗明"点明了当前的处境。然而这两句诗由于紧承上文而来，其作用又不仅是点处境。于此可见，作者很重视"句前"的"炼"。就这两句诗本身而言，在炼字炼句炼意方面也独具匠心。一个念念不忘"手枭逆贼清旧京"的志士竟然在古寺里闲住，直住到"秋晚"，其心绪如何，不难想见。他珍惜光阴，不愿日落，而日已西落；日已西落，不看见也罢了，而"落日"却"偏傍僧窗明"，硬是要让"窗"内人看见。这样的诗句，不经过锤炼能够写得出来吗？

陆游的诗，起势雄迈骏伟者很不少；结句有兴会、有意味，而无鼓衰力竭之态者尤其多。但首尾皆工，通体完美的作品在全集中所占的比例也不太大。这首《长歌行》则是首尾皆工、通体完美的代表作之一，方东树说它是陆游诗的"压卷"(《昭昧詹言》卷十二)，确有见地。

(霍松林)

成都大阅　　陆　游

千步球场爽气新，　西山遥见碧嶙峋。
令传雪岭蓬婆外，　声震秦川渭水滨。
旗脚倚风时弄影，　马蹄经雨不沾尘。
属橐缚裤毋多恨，　久矣儒冠误此身。

大阅，对军队的大检阅，语出《左传》桓公六年。宋代朝廷、州郡阅兵，都可以称"大阅"。淳熙二年(1175)，范成大知成都府，兼四川制置使，制置成都、潼川、利、夔四道，辟陆游为制置司参议官。这年秋天，陆游参加成都的阅兵大典而作此诗。

第一联写大阅的时令和环境。“千步球场”，写阅兵校场的阔大，这里在练兵讲武之余，也作踢球用，故以球场称之。诗不明点“秋”字，“爽气”二字写出秋季特征，即是点秋。“新”字既接“爽气”，写其新鲜；从第六句看，又兼写雨后，因为雨后的秋气尤其新鲜。第一句从近处写，第二句转写远处。西山，指盘亘成都北部、西南部的岷山山脉的山峦。“遥见”，指出向远处看。“碧嶙峋”写出山势峻峭，山色青碧。这一联用笔轻淡，却已把大阅的时令、环境写得鲜妍可爱，烘托出诗人参加大阅的愉快心情，远近俱到，景中有情。

中间两联写大阅的情况。颔联承第二句向远处开拓。雪岭，位于成都北部、松潘南部。蓬婆，《元和郡县志》说是大雪山的别名。诗中雪岭、蓬婆，泛指岷山主峰一带的山峰。“令传雪岭蓬婆外”，似是写实，因为这一带地区当时名义上属四川制置使统辖；而又带有理想和愿望，因为实际上地为吐蕃所占据。秦川，原指秦岭以北的关中平原地带；渭水，指横贯今陕西省的渭河；诗中用指长安附近之地。长安是汉、唐故都，当时被金人占据。陆游于乾道八年(1172)到南郑任四川宣抚使王炎的幕僚之后，时时向往于收复关中失地；同时他又认为收复长安与关中，是恢复中原的根本条件，愿望更为迫切。他诗中常提到这种愿望，如《山南行》:“会看金鼓从天下，却用关中作本根。”《送范舍人还朝》:“公归上前勉画策，先取关中次河北。”诗中的“声震秦川渭水滨”，是用夸张手法抒写理想与愿望，因为成都阅兵的号令之声，根本无法传到这些地区。这一联用理想与激情，渲染阅兵声势的盛大，笔调雄壮，气势一扬。颈联则转入写实，写风吹而旗影闪动，用“倚”字、“弄”字，见风势不大。“马蹄”能“不沾尘”，一是明指“经雨”之故，即雨后尘埃不扬；一是暗指士兵训练有素，驰马轻捷。这一联从动态中反映校场中的宁静、整齐、严肃的气氛，是对大阅的赞美，笔调精细、疏淡。

结联抒情。“属櫜缚裤”，写自己身着军装；“毋多恨”，写乐意为此。为什么乐意呢？因为诗人久抱从戎壮志，恨“儒冠”的“误此身”，这一句乃化用杜甫《奉赠韦左丞丈》“儒冠多误身”句。属櫜(gāo)，佩戴箭囊，语出《左传·僖公二十三年》。这一联在喜悦中带有感慨余音。

这一首诗写诗人以戎装参加阅兵，是符合他的志趣的，故情主喜悦；但当时朝政腐败，军事废弛，阅兵场面，无法过事铺张，故喜悦之情又只能以闲淡、冷静的笔触来描写。阅兵事件触动了诗人的理想与愿望，故闲淡中又着一联富有激情的雄壮笔墨；理想与现实的矛盾，最终在喜悦中又不免带出感慨。八句中笔调

多变，而以和易清远为主。（陈祥耀）

对　酒　　陆　游

闲愁如飞雪，　入酒即消融。
好花如故人，　一笑杯自空。
流莺有情亦念我，　柳边尽日啼春风。
长安不到十四载，　酒徒往往成衰翁。
九环宝带光照地，　不如留君双颊红。

这一首诗是淳熙三年(1176)春，陆游任四川制置使范成大的幕僚时作。全诗一韵到底，一气舒卷，可分为三层。

开头四句为第一层，写饮酒的作用和兴致，是“对酒”的经验和感受。这一层以善于运用比喻取胜。“酒能消愁”是诗人们不知道说过多少遍的话了，陆游却借助于“飞雪”进入热酒即被消融作为比喻，便显得新奇。以愁比雪，文不多见；飞雪入酒，事亦少有；通过“雪”把“愁”与“酒”的关系连接起来，便有神思飞来之感。对着“好花”可助饮兴，说来还觉平常，把花比为“故人”，便马上使人倍感它的助饮力量之大，因为对着好友容易敞怀畅饮的事，是人们所熟悉的。通过“故人”，把“好花”与“空杯”的关系连接起来，便有力量倍增之感。这两个比喻的运用，新鲜、贴切而又曲折，表现了诗人有极丰富的想象力和生活经验，有极高的艺术创造才能，它使诗篇一开始就带来了新奇、突兀而又真切动人的气概。诗人对于“飞雪”一喻是得意的，所以他在《读唐人愁诗戏作》中又有“飞雪安能住酒中，闲愁见酒亦消融”之句；对“故人”一事是深有体会的，所以他在《酒无独饮理》中又有“酒无独饮理，常恨欠佳客。忽得我辈人，岂计晨与夕”之句。

“流莺”两句为第二层，补足上文，表自然景物使人“对酒”想饮之意，并为下层作过渡。“流莺有情”，在“柳边”的“春风”中啼叫，承接上文的“好花”，显示花红柳绿、风暖莺歌的大好春光。春光愈好，即愈动人酒兴，写景是围绕“对酒”这一主题。这一层写景细腻、秀丽，笔调又有变化。

结尾四句为第三层，从人事方面抒写“对酒”想饮之故。长安，指代南宋的首都临安。自隆兴元年(1163)陆游三十九岁时免去枢密院编修官离开临安，到写诗之时，已历十四年了，故说“长安不到十四载”。第二句不怀念首都的权贵，而只怀念失意纵饮的“酒徒”，则诗人眼中人物的轻重可知，这些“酒徒”，当然也包括了一些“故人”。身离首都，“酒徒”、“故人”转眼成为“衰翁”，自然诗人身体的变化也会大体相似，则“衰翁”之叹，又不免包括自己在内。“酒徒”中不无壮志难酬、辜负好身手的人，他们的成为“衰翁”，不止有个人的身体变化之叹，而且包含有朝廷不会用人、浪费人才之叹。这句话外示不关紧要，内含深刻的悲剧意义。这两句在闲淡中出以深沉的感慨，下面两句就在感慨的基础上发出激昂的抗议之声了。“九环宝带”，指佩带此种“宝带”的权贵。《北史·李德林传》说隋文帝以李德林、于翼、高颎等修律令有功，赐他们九环带，《唐书·舆服志》则记载不但隋代贵臣多用九环带，连唐太宗也用过。“光照地”，又兼用唐敬宗时臣下进贡夜明犀，制为宝带，“光照百步”的典故。这句诗写权贵的光辉显耀。接下去一句，就用“不如”饮酒来否定它。用“留君双颊红”写饮酒，色彩绚丽，足以夺“九环宝带”之光，又与“衰翁”照应，法密而辞妍，既富力量，又饶神韵。

陆游写饮酒的诗篇很多，有侧重写因感慨世事而痛饮的，如《饮酒》、《神山歌》、《池上醉歌》等；有侧重因愤激于报国壮志难酬而痛饮的，如《长歌行》、《夏夜大醉醒后有感》、《楼上醉书》等；有想借酒挽回壮志的，如《岁晚书怀》写“梦移乡国近，酒挽壮心回”；本诗则侧重蔑视权贵而痛饮。开头奇突豪放，中间细致优美，结尾以壮气表沉痛，笔调灵活多变，而以豪壮为基调。清范大士《历代诗发》评：“始终极颂酒德，亦是放翁寄托之词”，“起有奇气”，是有见地之言。

（陈祥耀）

春　残　　　　陆　游

石镜山前送落晖，　　春残回首倍依依。
时平壮士无功老，　　乡远征人有梦归。
苜蓿苗侵官道合，　　芜菁花入麦畦稀。
倦游自笑摧颓甚，　　谁记飞鹰醉打围！

本篇作于淳熙三年（1176）春暮，时陆游五十二岁，任成都府路安抚司参议官兼四川制置使司参议官，实际上是闲职。春残日暮，触景增慨，写下这首七律。

“石镜山前送落晖，春残回首倍依依。”石镜山在今浙江临安。首句所写，是诗人对往日情事的回忆。遥送落晖，当日就不免年近迟暮、修名不立之慨；今日回首往事，更添时光流逝、年华老大之感。句法圆融而劲健。

“时平壮士无功老，乡远征人有梦归。”颔联承上“春残”、“回首”，抒写报国无门之叹和思念家乡之情。陆游从军南郑，本图从西北出兵，恢复宋室河山，但不到一年即调回成都，从跃马横戈的壮士变为驴背行吟的诗人。如今忽忽又已四年,功业无成,年已垂暮,因此有"壮士无功老"的感慨。宋金之间自从隆兴和议(1164)以来,不再有大的战事,所谓"时平",正是宋室用大量财物向金人乞求得来的苟安局面,其中包含着对南宋当权者不思振作的不满。既然无功空老,则何必远客万里,思乡之情也就倍加殷切,故说"乡远征人有梦归"。"无功"与"有梦"相对,情味凄然。

"苜蓿苗侵官道合,芜菁花入麦畦稀。"颈联宕开写景,紧扣"春残",写望中田间景象。暮春时节,正是苜蓿长得最盛的时候,故有"苗侵官道合"的景象。芜菁一称蔓菁,开黄花,实能食。司空图《独望》诗有"绿树连村暗,黄花入麦稀"之句,陆诗"芜菁花入麦畦稀"化用司空诗意。两句所描绘的这幅暮春图景,一方面透出恬静和平的意致,另一方面又暗含某种寂寥的意绪。

"倦游自笑摧颓甚,谁记飞鹰醉打围!"尾联总收,归到"倦游"与"摧颓"。末句拈出昔日"飞鹰醉打围"的气概,似乎一扬;而冠以"谁记",重重一抑,顿觉感慨横溢,满怀怆然。昔年的雄豪气概不过更增今日的摧颓意绪罢了。

"春残",在这首诗里是触景增慨的契机;既是自然景象,又兼有人生的象征意味。通过对春残景物的描写,诗人把情、景、事,过去和现在,自然与人事和谐地结合起来。 (刘学锴)

月下醉题　　陆 游

黄鹄飞鸣未免饥,　此身自笑欲何之。
闭门种菜英雄老,　弹铗思鱼富贵迟。
生拟入山随李广,　死当穿冢近要离。
一樽强醉南楼月,　感慨长吟恐过悲。

这一首诗作于淳熙三年(1176),诗人年五十二岁。这年春间仍任四川制置使司参议官;据《年谱》,六月罢职,以主管台州桐柏观的名义领祠禄,仍留成都。然从这年的诗篇看,诗人在春末夏初似已因事离职,如《饮保福》有"免官初觉此身轻"之句。

诗篇抒写壮志难酬、罢职闲居的感慨。前四句用"黄鹄"事起兴,写闲居情况。杜甫《同诸公登慈恩寺塔》诗的结尾说:"黄鹄去不息,哀鸣何所投?君看随阳雁,各有稻粱谋。"以"哀鸣"无"所投"的黄鹄自比;以"各有稻粱谋"的"随阳雁"比胸无大志、只谋衣食的常人,感慨自己因怀抱大志而遭遇饥寒。陆游在诗的起联,即运用杜诗作典故,抒发和杜甫同样的感慨。杜诗说黄鹄"何所投",此诗不明说自己罢职后所受饥寒的威胁，只用“黄鹄”的“未免饥”作比兴，倒过来用“自笑”“欲何之”扣住“此身”。语意达观、含蓄，但处境的艰难可知。诗人一贯想为国驰驱，收复失地，以“英雄”自命，现在却被迫“闭门种菜”，命运可能要他“老”于这种境遇之中，不免引起他的愤慨。颔联起句，却以闲淡语出之。对句用《战国策》冯谖客孟尝君家，不受重视，弹铗而歌“食无鱼”的故事，以自嘲富贵难求。这句表面说“思鱼”和叹“富贵迟”，实际上是表现对富贵并不强求。这两句也写得含蓄，但愤慨与达观之情并见。“黄鹄”句可与同期《遣兴》的“鹤料无多又扫空”句参看，“种菜”句可与同期《归耕》的“有圃免烦官送菜”句参看。

后四句写闲居心情。颈联以仰慕李广与要离明志。李广是汉初文、景、武帝时的名将，勇敢正直，爱护士卒，屡立战功，匈奴人称为“汉之飞将军”；曾被罢职居蓝田南山中，再起用仍不得封侯，终被迫自杀，“天下知与不知，无老壮，皆为垂涕”（见《史记·李将军列传》）。要离是春秋时勇士，曾为吴王阖闾行刺公子庆忌不成功，伏剑自杀，也是慷慨之士（见《吴越春秋》）。要离墓相传在苏州阊门外。诗说要“入山随李广”，指李广罢居南山射猎事；“穿冢近要离”，则表示死后墓地要与要离为邻。诗人对这两个失败英雄，常常形诸吟咏，如《躬耕》写“无复短衣随李广”，《江楼醉中作》写“生希李广名飞将”，《言怀》写“愿乞一棺地，葬近要离坟”，《感兴》写“起坟仍要近要离”，这是诗人意识到自己的悲剧遭遇与悲剧性格的表现。这一联诗也是慷慨辛酸，兼而有之。结联说要对月“强醉”，以解“过悲”之情；但一“强”字，一“过”字，更增辛酸之感。

诗从闲淡到慷慨到辛酸。情境可悲，而意气犹豪，不失陆游诗的特色；至于对仗与呼应的灵活自然，尤其是他的长技。（陈祥耀）

江楼醉中作　　陆　游

淋漓百榼宴江楼，　秉烛挥毫气尚遒。
天上但闻星主酒，　人间宁有地埋忧？
生希李广名飞将，　死慕刘伶赠醉侯。
戏语佳人频一笑，　锦城已是六年留。

本篇是淳熙四年（1177）诗人在成都时所作，时诗人五十三岁。在这前一年，诗人因积极主战而遭当权者之忌，被言官指斥为“燕饮颓放”，免去了知嘉州的任命，于是他干脆自号“放翁”。这首《江楼醉中作》，正是以“燕饮颓放”的方式发抒内心愤郁的一曲醉歌。

“淋漓百榼宴江楼，秉烛挥毫气尚遒。”淋漓，这里形容喝酒尽兴之状。榼(kē)，盛酒的器具。起联正点题面，说自己江楼宴饮，尽兴百榼，醉中秉烛挥毫，赋诗抒慨，意气十分遒劲。两句放笔直抒，意态豪纵，活现出放翁的自我形象。次句应题内“醉中作”。“尚”字传出顾盼自赏之状。

“天上但闻星主酒，人间宁有地埋忧?”颔联因醉酒而发抒内心的深沉忧愤。星主酒，指酒旗星。《后汉书·孔融传》李贤注引融与曹操书云：“天垂酒星之耀，地列酒泉之郡。”地埋忧，语出仲长统《述志诗》：“寄愁天上，埋忧地下。”两句说，只听说过天上有专门主管酒的酒星，哪里听说过人间有埋藏忧愁的地方呢？这表面上似乎是为自己的醉酒辩解，实际上却是借此表明：自己之所以“燕饮颓放”，正是由于忧愤填膺，又无地可埋忧的缘故。上句是宾，用“但闻”放开一步；下句是主，用“宁有”这样的反诘语勒转。

“生希李广名飞将，死慕刘伶赠醉侯。”汉代名将李广，屡败匈奴，匈奴称为“汉之飞将军”。西晋刘伶嗜酒。皮日休《夏景冲澹偶然作》之二：“他年谒帝言何事？请赠刘伶作醉侯。”颈联貌似平列“生希”、“死慕”，实则有因果关系：正因为“报国欲死无疆场”，生作李广无望，所以只能逃于醉乡，慕刘伶之死赠醉侯了。语气颇多感慨。这一联与上联交错相应，互相发明。

尾联回到“江楼”宴席现境：“戏语佳人频一笑，锦城已是六年留。”佳人，指宴席上陪侍的歌伎。陆游从乾道八年(1172)冬离南郑到成都，至此已首尾六年，所以说“锦城已是六年留”。这句下有自注说：“退之诗云：‘越女一笑三年留。’”这本是极言女子的魅力，能使远客逗留三年；这里说“戏语”、“一笑”，明显是宴席间的戏谑调笑之词。但它的内在涵义，却是忧愤自己投闲置散，报国无路，无可奈何地白白消磨了六年光阴。

这首诗写淋漓醉饮，写死慕刘伶，写戏语佳人，貌似颓放，但其实质却是对报国功业的追求和对现实处境的不满。即使是颓放的内容，也每每通过雄豪遒劲的诗句表现出来。纵怀醉歌中含有深沉的愤郁。这种诗风，是他入剑门以后，由于理想抱负不能实现而逐步形成的。前人评这首诗，或赞其“造句雄杰”(方东树《昭昧詹言》)，或赞其“裁对工整”(陈衍《宋诗精华录》)，似尚未涉及其精神实质。

(刘学锴)

万里桥江上习射　　陆 游

坡陇如涛东北倾，　　胡床看射及春晴。
风和渐减雕弓力，　　野迥遥闻羽箭声。

天上欃枪端可落，　草间狐兔不须惊。
丈夫未死谁能料？　一笴他年下百城。

万里桥，在四川成都南锦江上。淳熙四年(1177)正月孝宗有诏："自今内外诸军，岁一阅试"；"沿江诸军，岁再习水战"(《续资治通鉴》卷一四五)。这首诗就是记淳熙四年春天，诗人观看万里桥一带江上演练的情景，以及由此而触发的感想。

开篇写景，诗人从大处落墨，说放眼望去，那高高低低的丘陵，犹如起伏的波涛向东北倾流而下。这就诗题而言，似是闲笔，其实不然，那"如涛"的比喻，是很容易让人联想到江水滔滔的画面；同时，诗人将静的"坡陇"化成奔流的波涛，这阔大的境界，跃动的形象，不也隐含着诗人激动兴奋的心情吗？这便为全诗设置了背景，创造了气氛。胡床，即交椅，因为最初从域外传入，故称胡床。诗人说正当一个晴朗的春天，我坐在交椅上观看江上将士演习射箭。这一方面点题，一方面点明时间，而后者又为下文伏笔。

第二联紧承"春晴"生发。雕弓，指用雕画装饰的弓。古时角弓用胶黏结兽角制成，春天风和日暖，胶的黏力受到影响，所以弓的力量也有所减弱。但是，尽管"风和渐减雕弓力"，还是可以听到将士们射出的羽箭带着一声长啸，飞向旷野的远处。这两句诗一退一进，刻画出将士们认真演习，膂力不凡的形象。正因为这样，诗人才感到"天上欃枪端可落"。天欃、天枪，星名，都是彗星，古人认为它的出现主有兵乱，这里代指金人；端，正。狐兔，喻小盗小贼。五六两句是从上联引出来的议论，意思是如此习武练兵，正可击退金人的南犯，那些"草间狐兔"大可不必因此而惊慌。有这下一句作陪衬，更加强了上句的力量，更强调出收复失地的宏愿。颔联描写见闻，颈联借以发论，一实一虚，相得益彰。"端可"、"不须"二语，下得有力，并前后呼应。

尾联宕开一笔："丈夫未死谁能料？一笴他年下百城。"笴，箭杆。"一笴"句典出《战国策·齐策六》鲁仲连事。时燕军所占之齐地聊城为齐人所围，鲁仲连作书劝燕将识大势，及早归降，以箭将此书射入城内，燕将果降。这两句诗实是诗人抒怀咏志。男子汉大丈夫只要不死，谁能料到一定无所作为呢？他年有遇，我也能像鲁仲连那样，一箭下百城！壮怀激烈，气势磅礴，无怪方东树评曰："收语亦豪"(《昭昧詹言》)。这一豪壮的结语，使全诗的思想得到升华，精神为之一振，大大增强了诗的感染力，显示了陆诗豪迈雄健的风格。

陆游在蜀中的心情是极其苦闷的，但是，他不管在哪儿，不管自己只是个临时代理的地方官，也不管自己心情如何，每一次校阅，总是照常主持、参与，并热情赋诗。在他的诗集中可以看到乾道九年(1173)写的《八月二十二日嘉州大阅》，淳熙元年(1174)写的《蜀州大阅》，淳熙二年写的《成都大阅》，特别是淳熙三年陆游被人攻击为"燕饮颓放"，遭到落职处分之后，淳熙四年春他还要去观看万里桥江上习射，并写了这样一篇慷慨磊落、意气昂扬的诗篇。这些行动，这些诗歌的出现绝不是偶然的，它反映了诗人一贯重视习武练兵以抵制侵扰的思想，反映了诗人对恢复中原的执著追求，也表现出诗人身处逆境，心怀国事，忧天下之忧，而不计个人得失的可贵品格。可见他后来劝勉辛弃疾所说："深仇积愤在逆胡，不用追思灞亭夜"(《送辛幼安殿撰造朝》)，绝不只是口头上说说的，也绝不只是对别人的，而是自己早就是这样实践着的！明白了这些，就更能体会到这些作品的思想价值及其感人之处。

这首诗以景兴起，继而叙事，转而议论，结以抒怀。转接自然，愈转愈深，但又始终围绕着"射"字在写，因而与"射"字相关的"箭"，也就或明或暗、或虚或实地反复涉及，不过那背景、那含意又是各不相同的。　(赵其钧)

秋晚登城北门　　陆 游

幅巾藜杖北城头，　卷地西风满眼愁。
一点烽传散关信，①　两行雁带杜陵秋。
山河兴废供搔首，　身世安危入倚楼。
横槊赋诗非复昔，　梦魂犹绕古梁州。

〔注〕 ① 烽传：古时边境备警急，筑高土台，积薪草，夜间有寇警，即举火燃烧，以相传告，谓之举烽；白天则燃烧积薪或狼粪以望其烟，谓之燔燧。

这首诗写于宋孝宗淳熙四年(1177)九月。诗人当时在四川成都。一天他拄杖登上了城北门楼，远眺晚秋萧条的景象，激起了对关中失地和要塞大散关的怀念。进而抒发了壮志难酬的悲愤和忧国伤时的深情。

首句"幅巾藜杖北城头"，"幅巾"指不著冠，只用一幅丝巾束发；"藜杖"，藜茎做成的手杖。"北城头"指成都北门城头。这句诗描绘了诗人的装束和出游的地点，反映了他当时闲散的生活，无拘无束和日就衰颓的情况。"卷地西风满眼愁"是写诗人当时的感受。当诗人登上北城门楼时，首先感到的是卷地的西风。"西风"是秋天的象征，"卷地"形容风势猛烈。时序已近深秋，西风劲吹，百草摧折，寒气袭人，四野呈现出一片肃杀景象。当这种萧条凄凉景象映入诗人眼帘时，愁绪不免袭上心来。“满眼愁”，正是写与外物相接而起的悲愁。但诗人在登楼前内心已自不欢，只有心怀悲愁的人，外界景物才会引起愁绪。所以与其说是“满眼愁”，勿宁说是“满怀愁”。“满眼愁”在这里起承上启下的作用，而“愁”字可以说是诗眼。它既凝聚着诗人当时整个思想感情，全诗又从这里生发开来。这句诗在这里起到了点题的作用。

颔联“一点烽传散关信，两行雁带杜陵秋”。这两句是写对边境情况的忧虑和对关中国土的怀念。大散关是南宋西北边境上的重要关塞，诗人过去曾在那里驻守过，今天登楼远望从那里传来的烽烟，说明边境上发生紧急情况。作为一个积极主张抗金的诗人，怎能不感到深切的关注和无穷的忧虑呢？这恐怕是诗人所愁之一。深秋来临，北地天寒，鸿雁南飞，带来了“杜陵秋”的信息。古代有鸿雁传书的典故。陆游身在西南地区的成都，常盼望从北方传来好消息。但这次看到鸿雁传来的却是“杜陵秋”。杜陵（在今陕西西安市东南）秦置杜县，汉宣帝陵墓在此，故称杜陵。诗中用杜陵借指长安。长安为宋以前多代王朝建都之地。故在这里又暗喻故都汴京。秋，在这里既指季节，也有岁月更替的意思。“杜陵秋”三字，寄寓着诗人对关中失地的关怀，对故都沦陷的怀念之情。远望烽火，仰视雁阵，想到岁月空逝，兴复无期，不觉愁绪万千，涌上心头。

“山河兴废供搔首，身世安危入倚楼。”这联诗句，抒发了诗人的忧国深情。“山河”在此代表国家，国家可兴亦可废，而谁是兴国的英雄？“身世”指所处的时代。时代可安亦可危，又谁是转危为安、扭转乾坤的豪杰？山河兴废难料，身世安危未卜，瞻望前途，真令人搔首不安，愁肠百结。再看，自己投闲置散，报国无门，只能倚楼而叹了。

“横槊赋诗非复昔，梦魂犹绕古梁州。”这一联既承前意，又总结全诗。“横槊赋诗”意指行军途中，在马上横戈吟诗，语出元稹《唐故检校工部员外郎杜君墓系铭并序》：“曹氏父子鞍马间为文，往往横槊赋诗。”其后苏轼在《前赤壁赋》中也曾写过“横槊赋诗，固一世之雄也”。“横槊赋诗”在这里借指乾道八年（1172）陆游于南郑任四川宣抚使幕府职时在军中作诗事。他经常怀念的，正是“铁马秋风大散关”的戎马生涯，而现在这些已成往事。“非复昔”三字包含着多少感慨啊！诗人虽然离开南郑已有五年之久，但金戈铁马，魂绕梦萦，仍未去怀。“梦魂犹绕古梁州”道出了诗人的心声。他为什么念念不忘古梁州呢？古梁州州治在汉中，南郑、大散关皆在这个地区。诗人曾有以此为基地收复失土的宏伟计划，也曾建议四川宣抚使王炎，从这里进取中原。但良机已失，徒唤奈何？虽然如此，可是诗人仍未忘怀古梁州；不仅这时未忘，就是到了老年，退居山阴后，仍高唱着“当年万里觅封侯，匹马戍梁州”的词句。可见“梦魂犹绕古梁州”，正是报国心志的抒发，诗虽结束，而余韵悠长。

这首诗主要写诗人登城所见所想。写法是记叙与抒情相结合。开头两句记叙出游的地点、时间和感受，并点明题旨。第二联写远望烽火，仰观雁阵所兴起的失地之愁。第三联由失地而想到“山河兴废”和“身世安危”。最后追忆“横槊赋诗”，激起壮志难酬之悲。全诗以“愁”字为线索，贯穿全篇。边记事边抒情，层次清楚，感情激愤，爱国热情毕呈纸上。此外，如语言的形象，对仗的工整，也是此篇的艺术特点。 （孟庆文）

登拟岘台 陆 游

层台缥缈压城堙， 倚杖来观浩荡春。
放尽樽前千里目， 洗空衣上十年尘。
萦回水抱中和气， 平远山如蕴藉人。
更喜机心无复在， 沙边鸥鹭亦相亲。

拟岘台在蜀中，具体所在不详。《剑南诗稿》卷十二载八首以拟岘台为题的诗，中有“垂虹亭上三更月，拟岘台前清晓雪。我行万里跨秦吴，此地固应名二绝”之句，可见放翁对此处风物的激赏。

首联点题，拈出拟岘台的地形和登临的时序。“缥缈”以见层台之高，“浩荡”以明春意之广，两个形容词都用得颇为贴切。但相比之下，更为入神的还推一个“压”字。城堙依山，本自高大险峻，而层台雄踞其上，反使城堙见得矮小局促。诗人用“压”字将这种感受精确不移地表达了出来，不但更显示层台的巍峨，且将台与城从静止变为活动，从互相孤立变为浑然一体，使整个句子也产生了流动感。清人陈讦《剑南诗选题词》云：“读放翁词，须深思其炼字炼句猛力炉锤之妙，方得其真面目。”首联二句出语浅易，但下一“压”字，便振起全联精神，如试易以“出”、“跃”、“立”、“接”诸字，于平仄均无不合，而境界终逊一筹。放翁炼字妙处，于此可见一斑。

第三句照应第一句，以层台高峻，方能极目远眺，尽千里之远。第四句则生发第二句，因春色浩荡，才觉心旷神怡，涤十年尘虑。颔联二句既承上，又启下。于骋目惬心之际，眼前的景物不知不觉也变了样子，那便是颈联“萦回水抱中和气，平远山如蕴藉人。”在“衣上”凡尘洗涤一空的放翁看来，萦回曲折的江水，潺潺流去，毫无汹涌激荡之势，倒是充满一团和气；平缓起伏的峰峦，款款移来，不见峻峭陡拔之态，却似蕴藉深沉的哲人。颈联写景，但并非纯粹描山绘水，其间有诗人主观的思想感情。王国维《人间词话》云："有有我之境，有无我之境。有我之境，以我观物，物皆著我之色彩。"放翁这两句诗，所造的正是有我之境。春日登临，心头一片恬静，因此看得山山水水都那么冲淡，那么悠然。同样是拟岘台风光，在另一首《秋晚登拟岘望祥符观》中，却现出"雨昏回望殿突兀，秋晚剩觉山苍寒"的萧瑟之气来。什么原因呢？原来"中原未复泪横臆，故里欲归身属官"，国恨家愁，无可排解，眼中的山水又焉能不惨然变色！传情入景，或托景言心，是很有感染力的，所以"萦回水、平远山"一联可称全诗警策。

最后二句复言自己有情而无机心，故沙边鸥鹭可与相亲。《列子·黄帝》："海上之人有好鸥鸟者，每旦之海上从鸥鸟游。鸥鸟之至者百住而不止。其父曰：吾闻鸥鸟皆从汝游，汝取来，吾玩之。明日之海上，鸥鸟舞而不下也。"放翁"鸥鹭相亲"句，盖反用其意出之。末联结语拓开一层，言诗人在春光融融之中，浑然忘机，与天地万物化为一体，冲和淡泊的意境至此是表达得很圆满的了。微感缺憾的是末联造语似嫌直露，词意倾泻，不耐咀嚼。放翁有《九月一日夜读诗稿走笔作歌》，自论诗法云："琵琶弦急冰雹乱，羯鼓手匀风雨疾。诗家三昧忽见前，屈贾在眼原历历。"钱锺书《谈艺录》评曰："自羯鼓手疾、琵琶弦急而悟诗法，大可著眼。二者太豪太捷，略欠渟蓄顿挫；渔阳之掺、浔阳之弹，似不尽如是。若磬、笛、琴、笙，声幽韵慢，引绪荡气，放翁诗境中，宜不常逢矣。"用来评论此诗结语，也是适当的。

陆放翁诗，论者多称其雄浑豪健、峻峭沉郁；而这首诗则以雅洁冲淡、清新脱俗的格调反映了他的诗风的另一个侧面。吴仰贤《小匏庵诗话》以少陵、放翁并称，言"大家诗集中无体不包"，也不能说是虚誉。（蒋见元）

关山月　　陆　游

和戎诏下十五年，　将军不战空临边。
朱门沉沉按歌舞，　厩马肥死弓断弦。
戍楼刁斗催落月，　三十从军今白发。
笛里谁知壮士心，　沙头空照征人骨。
中原干戈古亦闻，　岂有逆胡传子孙？
遗民忍死望恢复，　几处今宵垂泪痕！

《关山月》，本为汉乐府横吹曲名，这里是古题新用。

隆兴元年(1163)宋军在符离大败之后,十一月,孝宗诏集廷臣,计议与金国讲和的得失。旋即达成和议,到了孝宗淳熙四年(1177),距朝廷下诏议和已近十五年了。朝廷文恬武嬉,不图恢复,诗人抚事伤时,不能自已,写下了这首沉痛感人的诗篇,时诗人年五十三。

诗的前几句主要是描写对与金议和所带来的恶果。"戎",本是中国古代对西方一种少数民族的称呼,这里是指女真族的金国。金国从灭辽、灭北宋之后,形成了与南宋对峙的局面,并不断进攻南宋,攻占了大片土地。腐朽的南宋朝廷不仅不奋发图强,收复失地,反而苟且偷安,屈膝求和。由于这一次的与金议和,所以,将军不战,军备松弛。战马久不临阵,只好在马厩中食肥老死;弓弦多年不用,也陈旧折断;连那白天当炊具夜里作更鼓用的刁斗,也只好催促光阴飞度,别无他用。更有甚者,那些居于沉沉朱户之内的朝廷大员,不顾国家安危,只知道及时行乐,歌舞升平。

然而,此时毕竟不是一个国泰民安的太平盛世。卧榻之侧,分明已让他人酣睡;国门之外,金人虎视眈眈。虽然朝廷上下企图偷安于东南的半壁河山,但中原遗民却盼望恢复,戍边壮士亟欲报国。在这首诗的后半部里,诗人表达的正是这些思想。在诗人看来,中原发生战事,这并不稀奇,因为古已有之。但像现在这样,让外族几十年来安然盘踞中原而不闻不问,听凭他们繁子衍孙,世代相传,真是千古罕见的事了。所以,应该整顿军备,恢复失土。然而,纵把横笛吹破,又有谁知壮士之心?月光照耀着那沙上的征人白骨,但如今朝廷不战,功业无成,他们是白白地失去了生命!中原遗民忍死含垢,南望王师,但朝廷并不打算恢复故地,他们的希望岂有实现之日?今宵该有多少遗民在伤心落泪啊!

这首《关山月》集中体现了陆游一生的政治主张。正如他的其他很多诗作一样,这首诗也是以情取胜,以气见长。初看起来,这首诗并没有什么特别的佳句,但仔细一品味,便会发现它句句是血,声声是泪。它所抓的是一些典型的、触目惊心的、令人愤慨的现象;它所表达的是强烈的忧国忧民的感情。由于此诗抓住了当时现实中的一些最反常的细节来加以描写,并且以一股浓烈深沉的感情和意气贯穿其中,使其浑然一体,不可句摘,故千百年来,人们只要一读起它,便不禁要欷歔感叹了。

(刘禹昌　徐少舟)

寓　驿　舍　　　　陆　游

闲坊古驿掩朱扉,　又憩空堂绽客衣。
九万里中鲲自化,　一千年外鹤仍归。

绕庭数竹饶新笋，　　解带量松长旧围。
唯有壁间诗句在，　　暗尘残墨两依依！

陆游四十八岁那一年，自夔州通判调到南郑，为四川宣抚使王炎幕宾。七个月后，改官成都，为范成大幕中参议。此后数年中，虽曾权判蜀州，摄知嘉、荣，总是以成都为中心，往来奔走。到成都时间短暂，多客寓驿舍寺院（五十岁到成都，曾客寓多福院，有“四到锦城身愈老”之句以纪其事）。这首《寓驿舍》即写其第三次寄寓于某一驿舍的思想感情。

大概，驿舍也因官职大小而异吧？他住的这个地方显然不是大僚下榻的处所。地属僻静“闲坊”（坊，街道），驿是陈旧“古驿”，门虽“朱扉”，却又常“掩”，客厅是荡荡“空堂”，诗一开头便仿佛把读者带进一个古寺，一种荒凉幽寂的气氛扑面而来。客衣初解，四观寂寥，不由人想起这些年的宦海浮沉，于是带出次联，写此行的心情感受。“鲲自化”用《庄子·逍遥游》鲲化为鹏故事，喻指不少得志者飞黄腾达，官运亨通，但他们扶摇直上，与我本不相干；“鹤仍归”用《搜神后记》中丁令威成仙后化鹤归来的故事，一方面切自己此日旧地重来，一方面有物是人非之叹。这一联用的两个典故，概言升沉异势，深寓感慨。三联紧承“仍归”，写此日追寻旧迹的行动。故地重游，驿中庭院已经起了变化。那片竹子比过去长得更多了，那株古松比过去长得更粗大了。竹子，他是一根根数过的；古松，他是解下腰带量过的。这哪里是在数竹、量松，他分明是在思量这些年闲抛的岁月，分明是在寻找这些年往来奔波的脚印啊！竹增松长，岁月如流。可见这数竹量松看似悠闲的动作中，实含有无穷感慨，万种凄惶。陆游当初入蜀，来到宋、金对峙的南郑前线，满怀恢复壮志。他曾一再代王炎谋划进取长安、恢复中原之策，也曾“华灯纵博，雕鞍驰射”，短衣刺虎，那意气何等豪纵。谁知不久王炎内召，他也改官成都，恢复大志，初既不行于江淮，今复受阻于西北。一番心事，都付东流；几多岁月，蹉跎以尽。今日故地重来，数竹量松而兴“木犹如此，人何以堪”的感叹，那感情是十分深沉复杂的。哪里去追寻流逝了的岁月？哪里去寻觅失去了的心？诗人在彷徨，在摩挲，突然，他发现了——

“唯有壁间诗句在，暗尘残墨两依依！”

这诗句题在壁上，字迹漫漶，蛛网尘封，尚依稀可以辨认。这壁上的诗句，留下了往日的雪泥鸿爪，也记下了当时的激烈壮怀。抚今追昔，他怎能不心事万千！结联“暗尘”、“残墨”，回应起句“闲坊古驿”，首尾回环，加深了全诗的怀往感旧之情。“依依”叠字收篇，声情缭绕，更留下无穷的酸楚，不尽的沉思，供人品味。

这首诗,气氛沉重,感情抑郁而强烈。从一起的“闲”、“古”、“掩”、“空”诸字,直贯结尾的“暗尘”、“残墨”,始终幽暗凄冷。客之孤独与堂之空旷的映衬,化鹤故事神幻色彩的渲染,数竹量松,摩挲残墨的行动,凡此种种,使气氛显得沉闷低回,给人一种压抑之感。从感情看,全诗神完气厚,沉痛深婉。而独具机杼的是:全诗无一字明说“情”,其意象却又处处含有深沉强烈的感情。比如说,以“闲坊古驿”寓天涯落拓,以鲲鹤变化概人事升沉,以竹松寄岁月不居,以残墨追怀往昔,个人的心迹,时代的风雨,都涵蕴其中,因此获得摧抑人心之力。至于中二联的对仗工绝,犹其余事。赵翼《瓯北诗话》激赏陆诗,谓其“以一筹莫展之身,存一饭不忘之谊”,“每结处必有兴会,有意味,绝无鼓衰力竭之态。”潘德舆《养一斋诗话》说,陆游七律中的佳者“著句既遒,全体亦警拔相称。盖忠愤所结,志至气从,非复寻常意兴”。他们评断陆诗,都从思想感情的诚挚深厚出发以探求其兴会风格,一可谓于牝牡骊黄之外,独具真赏。

(赖汉屏)

舟中对月 陆 游

百壶载酒游凌云, 醉中挥袖别故人。
依依向我不忍别, 谁似峨嵋半轮月。
月窥船窗挂凄冷, 欲到渝州酒初醒。
江空袅袅钓丝风, 人静翩翩葛巾影。
哦诗不睡月满船, 清寒入骨我欲仙。
人间更漏不到处, 时有沙禽背船去。

宋孝宗淳熙五年(1178)二月陆游自成都奉召东归。这首诗就写在过嘉州(今四川乐山)向渝州(今重庆)的旅船中。诗以“对月”为题,实际上抒写的是无人理解的孤单处境和凄凉情怀。

首四句说自己即将离开蜀地的时候,故人已经远远地留在后边,只有月亮是不懈的伴侣。起言“百壶”载酒,以示在凌云山设酒送行者之众多,但“谁似”二字轻轻一拨,就在故人的陪衬下突出了峨嵋山月同作者的联系。这是《舟中对月》一诗最成功的艺术手法之一:从此“月”便成了故人,下边的抒写全在“月”、“我”之间进行。

中间四句承第四句,着力写月。峨嵋之月到了渝州,尚且频频“窥船”,可见月有情;人近渝州,凌云之酒方才“初醒”,在浓醉的背后读者也许看得出“不忍别”时作者借酒浇愁的初衷，是人有意。更妙的是人初醒时看见的只有月光的“凄冷”，这里“月色恼人眠不得”竟成了“月挂凄冷眠不成”了。“钓丝”有二义，一指钓竿上的丝，一为竹名。“葛巾”是用葛布做的头巾，常为位卑者所服。诗中说“江空”、“人静”，因此“钓丝”当指竹，“葛巾影”当是作者自己的影子。“江空”两句不用“月”字，但竹形袅袅，人影翩翩，分明是一片空明的月光，状物至此，可谓神笔。对月只见“葛巾影”，不但再写孤独，而且以“起舞弄清影”启下句中的“哦诗”。

最后四句在前八句已经酝酿成的意境上再作突破，终于由孤寂进入飘逸，在清寒中寄寓作者对自我解脱的追求。诗至此，人由醉中别友到江船初醒，再到哦诗不睡；月则由峨嵋山巅到时窥船窗，再到清光满船，最后月光入骨、月人一体，把“舟中对月”这一题目发挥到淋漓痛快的地步。特别值得一提的是末尾两句。这两句中，“更漏不到”直承“我欲仙”，同时又用无更漏暗含唯有月满船的意思——这里明写更漏，暗写月光，但结果怎么样呢？结果是虚无的是更漏，实际存在的倒是月光。“沙禽背船”继续写“月满船”，因为只有月光明亮，离去的沙禽才清晰可见；不过，诗句又以沙禽背船而去照应诗人遗世欲仙：这两句字字不离“月”和“我”，却又能字字不涉“月”和“我”，像这样的诗句，真可谓炉火纯青，余音满万壑。《白石道人诗说》云：“一篇全在尾句，如截奔马。”本篇截中有纵，是善于收束的神品。

方东树的《昭昧詹言》对陆游诗颇多微词，但于此首却道：“超妙。太白、坡公合作。‘江空’二句正写留，重。‘哦诗’二句再议。收二句，三妙合空。”说它是李白、苏轼合作，大约首先是因为起句用东坡《送张嘉州》诗中“颇愿身为汉嘉守，载酒时作凌云游”，第四句、第六句用太白《峨嵋山月歌》：“峨嵋山月半轮秋，影入平羌江水流。夜发清溪向三峡，思君不见下渝州。”第八句又用太白《月下独酌》：“花间一壶酒，独酌无相亲。举杯邀明月，对影成三人。”不过，更重要的却是此诗清隽奔放，飘逸欲仙，酷似太白；轻灵流丽，如行云流水，又颇类东坡。然而也应该看到，陆游是一位个性十分鲜明的诗人，他向一切人学习长处，同时又主张：“文章最忌百家衣，火龙黼黻世不知。谁能养气塞天地，吐出自足成虹蜺。”在这种创作思想的指导下，他以超迈的笔力熔太白、坡公于一炉，自铸雄浑奔放、明朗流畅的风格，因而使这首诗既如李白、苏轼合作，又为陆游所独有。　（李济阻）

南定楼遇急雨[①]　　陆　游

行遍梁州到益州，[②]　　今年又作度泸游[③]。

江山重复争供眼，　　风雨纵横乱入楼。
人语朱离逢峒獠，④　　棹歌欸乃下吴舟。⑤
天涯住稳归心懒，　　登览茫然却欲愁。

〔注〕 ① 南定楼：《舆地纪胜·潼川府路泸州》："南定楼在州治，晁公武取诸葛《出师表》中语为名。" ② 梁州：此指汉中。 益州：此指成都。 ③ 泸：泸水，指金沙江经泸州这一段江流。 ④ 朱离：同侏离。《后汉书·南蛮传》："语言侏离。"形容异地语音难辨。 ⑤ 棹(zhào)歌：鼓桨而歌。棹，船桨。 欸乃：桨橹声。柳宗元《渔翁》："欸乃一声山水绿。"《苕溪渔隐丛话前集》引《元次山集·欸乃曲注》云："欸音袄，乃音霭，棹船之声。" 吴舟：高步瀛《唐宋诗举要》注："此诗吴舟当取喧哗进船之义，非吴、越之吴。"从诗句的文义上看，高说亦通。但这样解释，"吴舟"与上句"峒獠"就不能成对，故还是以吴、越之"吴"解为是。

放翁入蜀，奔走八年，先在汉中四川宣抚使王炎幕下供职，后调回成都。至宋孝宗淳熙五年(1178)二月，始奉召自成都东归。顺江而下，途经泸州，登南定楼，骤雨忽来，四顾茫茫，中心凄迷，遂即景命篇。

首联交代了在四川的行踪以及沿江东下，颔联写登楼所见。

南定楼在泸州州治，对江负山。江上风大，山间雨急，风雨相挟，纵横奔突，而在这雨横风狂之时，随着萧萧风声，透过森森雨幕，但见重岩叠嶂，百川千流，奔腾呼啸，竞赴眼底。因其风劲雨骤，更觉山重水复；而山洪奔涌，又衬出风紧雨急。一"争"字、一"乱"字，形象地写出暴风急雨时的景状，可谓传神。这两句与许浑名句"溪云初起日沉阁，山雨欲来风满楼"(《咸阳城东楼》)，在表现手法上相似，即都从瞬息即变的景物之中，抓住最能体现情景的形象来渲染。许浑笔下溪云四起、山风满楼，正是欲雨之景；而放翁笔下山重水复，风横雨乱，非急雨无此景象。写景如此，始可称工。

颈联继写眼前所见所闻。出句承山，兼写土俗。峒獠，旧时对居住在西南山地的少数民族的辱称。"泸控西南诸夷，远逮爨蛮，最为边隅重地。"(《舆地纪胜》)在宋之时，犹土俗犷陋，风教未开，语言外人难解。其地不可久留之意，隐现言外。对句承江，兼写行旅。"棹歌欸乃下吴舟"，犹杜诗"门泊东吴万里船"(《绝句》)。但"吴"字用在杜甫诗中，只是沿江东下之意，而在放翁诗中，则包含着不少乡情。这二句诗，分开看，都只是客观的描写，放在一起，则形成对照，含蓄地表达了归乡心情。

"客舍并州已十霜，归心日夜忆咸阳。无端更渡桑乾水，却望并州是故乡。"(贾岛《渡桑乾》)末联两句诗意，与贾岛诗有相似之处，但其时其情，又有很大不同。贾岛恨久客并州远隔故乡，今非但不能归去，反北渡桑乾，离家更远，故其情痛切。放翁久居蜀地，对此怀有一种特殊的感情，无论是汉中形胜，还是成都繁华，都使他依恋难舍。一旦离去，往事分明在目，惜别之情顿起，所谓惯住天涯、归心倦懒，便是此意。但十载为客，方许归去，思乡之情，终不能免。留也难安，去也难安，两种情思，一般缱绻。登高远望，仰对茫茫云天，欲向谁语？俯视迢迢原野，不辨去路。心无所主，怎不生愁！末联所写的，正是这种迷茫之情。

这首诗纵横驰突，跌宕飘忽。诗中忽写行役之促，忽写江山之胜，忽写风雨之狂，忽写土俗之陋，忽写归心之切，忽写登览之愁，句句转，笔笔奇，如山间云雨、大江波澜，幻变奇绝。故读此诗，须以神会其神，以气驭其气，于飘忽回荡之中，求诗之精神所在。此诗另一个显著特点是节奏极快，盖非快不能状瞬息万变之景，非快不能成此幻变奇绝之诗。首联连用梁、益、泸三地名，将十年旅宦、千里蜀中，概括在一联之中，如骏马注坡，读之可闻迅足踏地之声。　　（黄　珅）

楚　城　　　　陆　游

江上荒城猿鸟悲，　　隔江便是屈原祠。
一千五百年间事，　　只有滩声似旧时。

淳熙五年(1178)正月，孝宗召陆游东归。二月，陆游离成都，顺长江东下，五月初到达归州，作《楚城》及《屈平庙》等诗。据他所写的《入蜀记》，楚城在长江之南的“山谷间”，与归州（秭归）城及其东南五里的屈原祠隔江相望；而江中“滩声”，“常如暴风雨至”。

题为“楚城”，而只用第一句写“楚城”；第二句和三四句，则分别写“屈原祠”和江中“滩声”。构思谋篇，新颖创辟。

“江上荒城猿鸟悲”，先点明“城”在“江上”，并用“荒”和“悲”定了全诗的基调。“楚城”即“楚王城”，“楚始封于此”，是楚国的发祥地。楚国强盛之时，它必不荒凉；如今竟成“荒城”，就不能不使人“悲”！接下去，作者就用了一个“悲”字，但妙在不说人“悲”，而说“猿鸟悲”，用了拟人法和侧面烘托法。“猿鸟”何尝懂得人世的盛衰？说“猿鸟”尚且为“楚城”之“荒”而感到悲哀，则凭吊者之悲哀更可想见。“江上”二字，在本句中点明“楚城”的位置，在全诗中则为第二句的“隔江”和第四句的“滩声”提供根据，确切不可移易。

在第二句，诗人并没有直接回答“楚城”为什么“荒”，却用“隔江便是屈原祠”一句进一步确定“楚城”的地理位置，但不仅如此。

屈原辅佐楚怀王，主张彰明法度，举贤授能，东联齐国，西抗强秦，却遭谗去职。怀王违反屈原联齐抗秦的主张,使楚陷于孤立,为秦惠王所败。此后,怀王又不听屈原的劝告,应秦昭王之约入秦,被扣留,死在秦国。楚顷襄王继立,信赖权奸,放逐屈原,继续执行亲秦政策,国事日益混乱,秦兵侵凌不已。屈原目睹祖国迫近危亡,悲愤忧郁,自投汨罗江而死。至秦始皇二十四年(前 223),楚国终为秦国所灭。

明乎此,就不难理解:因为楚国的命运与屈原的遭遇密不可分,诗人一见“楚城”的荒芜,就想到了屈原的遭遇。

“江上荒城,——猿鸟悲!”从语气看,这是慨叹;就文势说,这是顿笔。楚城如此荒凉,连猿鸟都为之悲伤,而楚城的隔江,便是屈原的祠庙啊!这无限感慨中又蕴蓄了多少说不出、说不尽处。

两句诗,欲吐又吞,低回咏叹,吊古伤今,余意无穷。

三四两句,仍然是再伸前说。一二两句,只用“便是”绾合“江上荒城”与“屈原祠”,接下去似应伸说那两者之间的关系。然而这样写,其意便浅,所以诗人别出心裁,照应着第一句的“江上”与第二句的“隔江”去写“滩声”。

从屈原那时到现在,时间已过了一千五百年,除了江上的“滩声”仍像一千五百年前那样“常如暴风雨至”(《入蜀记》)而外,人间万事都不似旧时。“滩声”依旧响彻“楚城”,而“楚城”已不似旧时;“滩声”依旧响彻归州,而归州亦已不似旧时。陵变谷移,城荒猿啼,一切的一切,都不似旧时啊!

诗人在此以少总多,纳“楚城”和“屈原祠”于“滩声”之中,并以“滩声”的“似旧”反衬人间万事的非旧,而“楚城”之所以“荒”、“猿鸟”之所以“悲”、屈原之所以被后人修祠纪念,以及诗人抚今思昔、吊古伤今的无限情意,许多不便说、说不尽处,都蕴蓄于慨叹和停顿之中,令人寻味无穷。全诗也就到此结束,不再“伸说”,也无须“伸说”。

这首七绝,在运用反衬手法上也有独创性。第一句写楚城在“江上”,第二句写屈原祠在“隔江”,从而以两个“江”字引出响彻两岸的“滩声”,使四句诗形成了天衣无缝的整体。江水流怨,滩声吐恨,那流经楚城与屈原祠之间、阅尽楚国兴亡和人世巨变的江水及其“常如暴风雨至”的“滩声”,是为屈原倾吐怨愤之情呢,还是为南宋时期与屈原有类似遭遇的一切爱国志士倾吐怨愤之情呢?

(霍松林)

泊公安县

陆 游

秦关蜀道何辽哉! 公安渡头今始回。

无穷江水与天接，　不断海风吹月来。
船窗帘卷萤火闹，　沙渚露下苹花开。
少年许国忽衰老，　心折舵楼长笛哀。

此诗写于宋孝宗淳熙五年(1178)秋。整整八年前的一个秋日，诗人曾经乘舟溯江，经过湖北公安入蜀，在北临秦关的南郑前线以及成都等地任职。所以说："秦关蜀道何辽哉！公安渡头今始回。"一个"辽"字，一个"回"字，照应甚密，含蕴很深。不仅指时间的漫长，空间的辽远，更寓有诗人对最高统治者恩怨交织的复杂心情。

陆游入川后，曾参与四川宣抚使王炎的幕府工作。能够亲临宋金对峙的前线，"宾主相期意气中"，并参加了一些小的战斗，牛刀小试，兴奋异常。这时的孝宗，尚有恢复之意，王炎也在积极进行军事部署。然而陆游在南郑不到一年，王炎便被召回，随即免职，他的幕僚也被遣散。陆游奉调成都，北伐的热烈期待又一次破灭了。他仰天长叹："渭水秦关原不远，著鞭无日涕空横。"(《嘉州铺得檄遂行中夜次小柏》)此后五年，他的生活是"冷官无一事，日日得闲游"(《登塔》)，但热血无时不在沸腾："逆胡未灭心未平，孤剑床头铿有声"(《三月十七日夜醉中作》)。淳熙三年，他又一次受到打击，嘉州知州之职被罢免。淳熙五年，复起用为叙州知州，旋即奉诏到临安廷对。《泊公安县》就是他赴临安途中，舟经公安时所写。

孝宗对决策北伐是举棋不定的。他对陆游仅是赏识其文才而已。明乎此，"何辽哉"、"今始回"二语的内涵可知。陆游对此感慨很深："少鄙章句学，所慕在经世。诸公荐文章，颇恨非素志。"(《喜谭德称归》)"何辽哉"，写尽了八年外放之感，"今始回"，又透露出身赴廷对，以求一用之情。一冷一热，诗人饱经颠沛、壮志未泯的形象，跃然纸上。面陈素志的机会就在眼前，诗人心中又燃起了希望之火。他不由长长地吐出一口郁闷之气，凭靠在卷起窗帘的船窗口远眺——"无穷江水与天接，不断海风吹月来。船窗帘卷萤火闹，沙渚露下苹花开。"秋高气清，江天无际；诗人认为江海相通，故云海风送爽，月光如水，境界是何等的开阔！胸次是何等的高远！正与诗人心中的宏愿相交融。尽管已是黄昏，但萤火喧闹，苹花盛开，生意盎然。诗人虽然已经五十四岁，可理想之火，希望之花，不是也还在放射光辉么？

"少年许国忽衰老，心折舵楼长笛哀。"回首往事，二十岁时即已树立"上马击狂胡，下马草军书"(《观大散关图有感》)的志向，以身许国；时光奄忽，弹指间三十多年过去了，几经挫折，至今仍是一介“瘝儒”。此去临安，面见那位犹豫反复、优柔寡断的孝宗，又将会是怎样的结局呢？想到这里，心情不免又有些沉重。不知是谁，在舵楼上吹起了长笛，呜呜的哀音在晚风中飘荡。诗人不禁想起了二年前自己写的那首《关山月》中的两句：“笛里谁知壮士心，沙头空照征人骨！”耳边的笛音，不是也传出了爱国壮士的心曲吗？一样忠心几处同，然而前途渺茫，恢复难期，捐躯无地，“胡未灭，鬓先秋，泪空流”，怎不令人心折涕下啊！

陆游是把他创作的成熟期定在入川以后的。南郑前线火热的生活，使他觉得“诗家三昧忽见前……天机云锦用在我”，古体纵横飞动，律诗精练深至。这一首《泊公安县》，苍凉雄浑，意深境远。颔联气象阔大，浑然天成；颈联信手拈来，属对工巧。两联一远一近，一上一下，错落有致。且颔联之阔大承首联之辽远；颈联之细密启尾联之哀思，可谓珠圆玉润、毫无雕琢痕迹。正如杜甫夔州以后之诗，“豪华落尽见真淳”（元遗山《论诗绝句》中句）。（李正民）

初发夷陵　　陆　游

雷动江边鼓吹雄，　百滩过尽失途穷。
山平水远苍茫外，　地辟天开指顾中。
俊鹘横飞遥掠岸，　大鱼腾出欲凌空。
今朝喜处君知否？　三丈黄旗舞便风。

孝宗淳熙五年(1178)，陆游在度过八年的川陕生活之后，奉诏离蜀东归，往临安廷对。官船经岷江，过川江，顺流而下，端午过后便到达夷陵(今湖北宜昌)。这首诗是船发夷陵时写的，描写了夷陵江面的壮观景象，表达了诗人豁然开朗的心境。

起首一联“雷动江边鼓吹雄，百滩过尽失途穷”，是回顾到达夷陵之前，船过三峡时的惊心动魄的情景。古时放舟出峡，舟人往往击鼓而行，鼓声响如春雷，震彻两岸，气势雄壮。诗人经过瞿塘峡时便曾有“旗下画鼓如春雷”的惊叹。长江三峡向以滩险闻名于世，巨石暗礁密布水底，使得江流“峻激奔暴，鱼鳖所不能游”。而且三峡一带水道曲折，舟行江中，常有川尽途穷之感。因此，当闯过这些险滩到达夷陵的时候，惊魂甫定、充满喜悦的心情是可想而知的。

第二联写夷陵地段江面的壮阔。夷陵在三峡出口处，江水在峡中约束既久，至此则奔涌而出，一泻千里，江面豁然开阔。此时站在船头，极目远望，“山平水远”，江天一色，苍茫一派；而且回顾来路，指点眼前，峡内峡外两相对比，确有“地辟天开”之感。所以“山平水远苍茫外，地辟天开指顾中”，既是从阔远的画面上来描绘夷陵江面的景色，更刻画了初出三峡时那种豁然开朗、乍喜还惊的心情，生动传神。

第三联如同用近镜头，摄取了江面上一组美丽奇特的画景。“俊鹘横飞遥掠岸，大鱼腾出欲凌空”，是说雄鹰振翮奋飞，追风逐浪，掠岸而去；大鱼腾跃出水，几乎要凌空而上。前句写天上，后句写水面。前句中，“遥”字可见江面之宽，“掠”字可见鹰飞之迅；后句中，“腾”字状鱼之活泼，“欲凌空”，更形腾跃之势。此联与上联互相映衬，由远及近，由虚而实，将夷陵江面壮而又奇的景象描绘得十分生动。

末联写诗人自己的心情。“今朝喜处君知否？”诗人所喜何在？一方面当然是船行出峡，心胸为之开朗，喜悦之情油然而生；但另一方面更是对故乡的渴想和对未来充满希望的一种自慰之感，所以不由高唱“三丈黄旗舞便风”。“黄旗”本指战旗，陆游其他诗中便有“将军驻坡拥黄旗”、“大将牙旗三丈黄”等句。此处指诗人坐船上的旗帜。“便风”是顺风。沿江而下，轻舟顺风，旌旗猎猎，是令人惬意的。诗人从入川到出川，连同途中往返，已经十个年头了。十年间，虽然曾有过亲临前线戍边的生活，但更多的时候是不受朝廷重用，心头压着报国无门的痛苦。而这次奉诏还朝廷对，或许能向皇上倾吐报国的襟怀。果能如此，“三丈黄旗舞便风”便是驰骋疆场，为国杀敌的吉兆了。这种感情的表达与前三联的客观描写十分协调。

综观全诗，其特色有二：一是极尽点染之功，将一幅锦绣长江图展现在读者面前。作者的写景手法，既有大笔濡染，又有细致勾画，有远有近，或高或低，历历如绘。二是表达了对祖国山川的热爱和对生活的希望，热情洋溢，意气飞动，感人至深。

（李敬一　张　翰）

六月十四日宿东林寺　　陆　游

看尽江湖千万峰，　不嫌云梦芥吾胸。①
戏招西塞山前月，②　来听东林寺里钟。
远客岂知今再到，　老僧能记昔相逢。
虚窗熟睡谁惊觉？③　野碓无人夜自舂。④

〔注〕 ① 云梦：指云梦泽。古泽薮名。古人对今湖南、湖北一带湖泊沼泽的统称。② 西塞山：在今湖北大冶东，山临长江。 ③ 虚窗：敞窗。凡开窗必空其中，故解做敞窗。④ 野碓(duì)：此处指田野间用水力舂米的水碓。

淳熙五年(1178)正月,宋孝宗召陆游东归,二月诗人离开成都,顺江东下,秋天到达京城临安。这首诗写于六月东归过九江时。东林寺在九江庐山麓,为我国古代著名寺院之一。陆游在乾道六年(1170)入蜀,路过九江,曾游历庐山,并住宿在东林寺。经过九年宦游生活,这次又来到东林寺留宿,望明月,听钟声,洗心涤虑,心旷神怡,不免对游宦生活产生一种厌倦情绪。

"看尽江湖千万峰,不嫌云梦芥吾胸。"诗的起势突兀,好似千里归来,有说不尽的心意。事实也是如此。诗人由临安到夔州,再由夔州到南郑,然后调往成都府,又在蜀州、嘉州任官。最后顺江东下,来到九江。他宦游八年,不仅阅尽巴山蜀水;就是汉中、云栈、剑阁,也无不跋涉;至于长江、汉水,浩渺的洞庭湖也尽在游赏之中。诗人行程万里,真可以说是"看尽江湖",阅尽了"千万峰"。既已观赏过无数高山大川、奇峰秀水,那么云梦大泽又怎能芥蒂在我的心中?芥,芥蒂,本作"蒂芥",指细小的梗塞物。司马相如《子虚赋》:"吞若云梦者八九于其胸中,曾不蒂芥。"后来宋人把"蒂芥"颠倒用作"芥蒂",比喻为心里的怨恨或不快。如苏轼《送路都曹》诗有"恨无乖崖老,一洗芥蒂胸。"陆游的"不嫌云梦芥吾胸"句,既用了司马相如的句意,也含有苏轼诗句的意思。这句是说,云梦虽大,对于一个"看尽江湖千万峰"的人来说,它岂能梗塞在我的心中,言外之意,云梦在我心目中也不过是小小的水泽罢了,既能容纳它,也能忘却它;至于宦海沉浮,人间的恩怨,更算不得什么。这首诗以议论开始,形象地概括了诗人的行程,抒发了胸臆,表现出一种旷达的情怀。

"戏招西塞山前月,来听东林寺里钟",再次表现了诗人豪放豁达的胸怀。这本是写实之笔。诗人留宿在东林寺,眼望着天上皎洁的明月,耳听着寺里悠扬的钟声,这境界确实很清幽,但不免又想起一段往事。那是乾道六年八月中秋节。诗人曾记述过当时的月景:"空江万顷,月如紫金盘,自水中涌出,平生无此中秋也。"(《入蜀记》)这优美的中秋夜景,是诗人入蜀途经西塞山,在大江对岸留宿时所见到的。自此以后,那如紫金盘的明月似乎一直伴随着自己,今日在庐山脚下,又看到她,何不邀来共听古寺钟声。戏,嬉戏之意。诗人为什么对钟声那样感兴趣?月下闻钟,当然是一种美的享受。但用佛教的说法,寺院的钟声可以发人深省。是不是诗人也想要深省一番?这两句诗写得洒脱而含蓄,反映诗人对幽静的东林寺的喜爱。

"远客岂知今再到,老僧能记昔相逢。""远客"是诗人自谓。诗人没想到今日又旧地重游,真是喜出望外,而且老僧还曾记得昔日相逢的情景。这两句虽似浅近,但含意丰富,从中可见诗人倦于仕途,委心任运的思想。

这种心情，诗人虽没有直接描述，但从“虚窗熟睡谁惊觉？野碓无人夜自舂”中透露出来。“虚窗”指敞窗，敞窗入睡，而且睡得很熟，说明诗人心情坦然，忘怀一切。“谁惊觉”的“谁”字不仅指人，也包括各种声音。意思是说，究竟是谁把我从熟睡中惊起的呢？原来是远处村野传来的水碓夜舂声！“虚窗熟睡”点明题旨，全篇诗意尽蕴含其中。结句以野碓夜舂的田园生活把诗人沉寂的心带进一个新的境界。

从全诗来看，首联以议论入诗，这是宋人常用手法。颔联写邀月闻钟，涤除尘虑，表现对游宦的厌倦。颈联用转折含蓄的笔法，写与老僧话旧，表现出诗人对东林寺的深厚感情。尾联写山寺熟睡和野碓夜舂，点明题旨。此诗意境高旷超脱，得庄生委心任运之旨，所以姚鼐评为“最似东坡”（《五七言今体诗钞》卷九）。至于“野碓无人夜自舂”，虽说是化用唐韦应物的“野渡无人舟自横”（《滁州西涧》）句法，但别出新意。前者写静，后者写动，各有千秋。　　（孟庆文）

登赏心亭　　陆　游

蜀栈秦关岁月遒，　　今年乘兴却东游。
全家稳下黄牛峡，　　半醉来寻白鹭洲。
黯黯江云瓜步雨，　　萧萧木叶石城秋。
孤臣老抱忧时意，　　欲请迁都涕已流。

“君诗妙处吾能识，正在山程水驿中”，这是陆游对萧彦毓诗的赞语。诚然，“万象毕来，献予诗材”，是写出好诗的条件之一，陆游自己也何尝不是这样；但陆诗的感人之处，并不在写景的穷形尽相和叙事的丰满委曲，而是寓于景物和事件之内的激情。

此诗的写作时间上承《泊公安县》，亦为宋孝宗淳熙五年（1178）奉诏回临安时路上所作。《景定建康志》载：“赏心亭在（城西）下水门城上，下临秦淮，尽观赏之胜。”可见赏心亭是建在建康城上的亭子，登高远望，可以赏心悦目。陆游从四川回来舟经建康，登亭有感而赋此诗。

全诗的感情脉络，前半由一“兴”字点出，后半为一“忧”字包孕。“兴”乃因一线希望而引起——赴阙召对，将面陈恢复大计，或蒙采用，则宿愿得偿；“忧”，则是希望渺茫的表现——面对现实，他深知孝宗的软弱，国家前途如满目衰败之秋景。首句“蜀栈秦关岁月遒”，恰与《泊公安县》诗中的“秦关蜀道何辽哉”呼应，一说空间之远，一说时间之长；一写“蜀道”，突出“难”，一写“蜀栈”，突出“险”；“何迢哉”,以感叹语气状其偏远;“岁月遒”,则以兴奋语气言其东还。朱彝尊等人曾批评陆游诗的复句多,实际上如这两句,貌似“复句”,但各有意趣,故不能仅以形式的重复轻下断语。诗人被外放四川、陕南,一去八年,备尝艰辛,度过了不平常的岁月。“岁月遒”之“遒”本作强劲解,这句是指在南郑的一段戎马生活,故用“岁月遒”来形容,犹“岁月峥嵘”之意。回忆起来,按捺不住心头的喜悦之情,伏下句之“乘兴”。但“乘兴东游”之“兴”,却不是从“游”中来,而是从“东”中来的。诗人东行的目的是奉诏见孝宗,将有再进忠言的机会,这也是兴奋的重要原因;至于“游”,不过是乘着兴致高和顺路之便,沿途观赏罢了。于是,“全家稳下黄牛峡,半醉来寻白鹭洲”,一个“稳”,一个“醉”,呈现出诗人经险如夷,平安归来的心境。“黄牛峡”在今湖北宜昌西,长江流经此峡,水势湍急,而作者全家乘舟安然渡过,故着“稳下”二字表其幸运,上承“乘兴”,下启“半醉”。“白鹭洲”,在今南京西南长江中,李白《登金陵凤凰台》所云“一水中分白鹭洲”者是也。陆游既然要“乘兴东游”,此景岂能不观?于是,酒酣气张,登亭遥望,想一抒怀抱。

然而,映入诗人眼帘的,却是“黯黯江云瓜步雨,萧萧木叶石城秋”,一派肃杀凄凉的秋景。瓜步山在长江北岸六合境内,与建康遥遥相对。石城即石头城,北临长江,形势险峻。这两处都是历代兵家必争之地。南朝宋文帝元嘉二十七年(450),魏太武帝拓跋焘率军攻宋,曾至瓜步山,建立行宫,即后来的佛狸祠,辛弃疾《永遇乐》词中所谓“佛狸祠下,一片神鸦社鼓”,即指此。此地此景,不由使诗人忧从中来。回想十五年前(隆兴元年),自己曾向朝廷提出迁都建康的建议,被置之不理;这次赴阙,固将再陈迁都之策,但孤忠忧时,而朝廷避战,又能有何结果呢?如今登上建康城头,念及迁都之事,不禁涕泪交流,不能自已。这便是“孤臣老抱忧时意,欲请迁都涕已流”两句的意蕴。

建都建康,是主战派的一贯主张。他们认为从建康渡江,通过皖北,可以随时收复东京,这正是由“忧时”而求“光复”的一项重大决策。而主和派主张建都临安,一则为避金人的猜忌,二则当金兵南攻时,可以更方便地逃命,必要时还可以出海。故建都问题是和战两派斗争的一个焦点。在已经建都临安之后,陆游还念念不忘迁都建康,正是他“忧时”的表现。

从章法上看,前两联之“兴”与后两联之“忧”,形成对比,富抑扬顿挫之致;而前后又以爱国之情的线索贯穿,悲欢忧喜之情,无不以国事为因,这就使全篇浑然一体。

读陆游这首诗,很容易使人联想起辛弃疾的《水龙吟·登建康赏心亭》。辛弃疾登亭是在陆游前四年，他在赏心亭上"把吴钩看了，栏杆拍遍，无人会，登临意"，因此，"英雄泪"夺眶而出。陆诗的"忧时意"正是辛词的"登临意"。二人心心相印，千载以下，仍令人感叹不已。　(李正民)

冬夜听雨戏作二首(其二)　　陆　游

绕檐点滴如琴筑，　支枕幽斋听始奇。
忆在锦城歌吹海，　七年夜雨不曾知。

古代描写听雨的著名诗句，如王维的"山中一夜雨，树杪百重泉"(《送梓州李使君》)。孟浩然的"夜来风雨声，花落知多少"(《春晓》)。杜牧的"一夜不眠孤客耳，主人窗外有芭蕉"(《雨》)。李商隐的"秋阴不散霜飞晚，留得枯荷听雨声"(《宿骆氏亭寄怀崔雍崔衮》)。苏轼的"急雨潇潇作晚凉，卧闻榕叶响长廊"(《连雨涨江二首》)。都是偏于幽清的情境。陆游写雨的诗特别多，他在《夜雨》中写道："吾诗满箧笥，最多夜雨篇。"他的夜间听雨诗，有幽清、喜悦、悲凉、沉痛等情境，而这首诗却独以写豪放之境出奇。

这首诗写于淳熙五年(1178)秋诗人五十四岁初由四川回到故乡山阴时。起二句从山阴听雨说起：在屋檐边听雨，点点滴滴，声如琴筑；在清幽的书斋床上，支枕而听，其声始觉清奇有味。这二句稍作转折，但出以闲淡，为下文相反的笔调蓄势。结二句急转陡变，写出极为豪放绚丽的意境：七年中，生活于锦官城(成都别名)"歌吹"如"海"的环境，夜雨之声都不曾听到。诗人从乾道六年(1170)四十六岁时入蜀，到五十四岁离蜀回乡，前后九年；起先在夔州、南郑住过一段时间，以后到成都任安抚使、制置使的参议官，中间曾出任蜀州通判、摄知嘉州、荣州等职，但仍往返于成都与诸州之间，有七年时间长短不等地在成都住过。在南郑、成都过的是军府的生活，符合诗人的从军素愿，所以他后来对这两段生活，最为留恋和怀念，写的回忆诗篇最多。这两句就是回忆成都军府生活的。当时成都边境没有战事，军府晚上常有歌舞、鼓吹的盛会。在这种盛会中，诗人豪情发越，兴高采烈，有时忘了屋外响着雨声是很可能的。但"七年夜雨不曾知"，却是极度夸张。他的《怀成都十韵》的"椽烛那知夜漏残"，也有类似的夸张意味。这两句诗如果出于陈后主、江总一类人之手，便是沉醉声色、丧失心肝的表现；出于陆游之手，则性质不同，因为它是诗人热爱军中生活，借以抒发其强烈的豪情壮志的表现。不作如此夸张，便难以表现其豪放和热烈的感情。

这首诗以极端豪放的气概，大胆夸张的手法，为古今听雨诗创造一种壮丽、

新奇的意境，堪称独特无二。 （陈祥耀）

自咏示客 陆 游

衰发萧萧老郡丞， 洪州又看上元灯。
羞将枉直分寻尺， 宁走东西就斗升。
吏进饱谙箝纸尾， 客来苦劝摸床棱。
归装渐理君知否？ 笑指庐山古涧藤。①

〔注〕 ① 诗末自注："庐山僧近寄藤杖，甚奇。"

陆游在"西州落魄九年余"的五十四岁那一年，宋孝宗亲下诏令，调他回临安，似将重用；但不旋踵又外放福建，一年之后再调江西抚州供职，依然担任管理茶盐公事的七品佐僚。这首诗就是在抚州任内所作，诗里的"洪州"即今江西南昌，离抚州不远。

把自己这些年的生活、情怀写给朋友们看，提笔便有许多辛酸。诗人把这许多辛酸，熔铸在"衰发萧萧老郡丞"这个起句里，先给朋友们展示一幅自画像：白发稀短，老态颓唐，这已是一层辛酸；官位又不过是辅佐州长官的郡丞，而且是"老郡丞"——多年来一直作一些细碎事务，更加上一层辛酸。计自三十四岁初入官场，在宦海中沉沦二十多年，始终未曾独当一面，以展其抗敌救国的壮志雄心。岁月流逝，人生倏忽，自然界的酷暑严冬与政治生涯中的风刀霜剑，交相煎迫，他安得不老？虚掷少壮之年，空销凌云之志，又安得不颓？这个起句，挟半生忧患以俱来，把斯人憔悴的形象描绘得非常逼真，读之便令人泫然。第二句"洪州又看上元灯"是反接，以上元灯火的彻夜通明，反衬此翁的颓唐潦倒，更有酒酣耳热，悲从中来的感慨。于是引出颔联直抒胸臆，诗情步步展开："羞将枉直分寻尺，宁走东西就斗升。"这十四字是近年宦海生涯的概括。古制八尺为"寻"，"寻尺"犹言"高低""长短"。谗言可畏，三人成虎，世间枉直，一时谁能评断清楚？即以放翁而论，他一生受了多少冤枉？哪一件又曾得到公正的裁判？早在四川，他就有"讥弹更到无香处，常恨人言太刻深"（《海棠》）的感慨；去岁奉诏东归，孝宗有意任为朝官，又被曾觌等人从中梗阻，这些政治上的枉和直，是和非，是语言所能分辨其寻尺高低的么？何况，他本来就不屑向他们分辩，甚至以这种分辩为"羞"呢！显然，他对政治上的翻云覆雨、勾心斗角是十分厌恶的，对那些吠影吠声的群小是不屑一顾的。他宁愿作外郡佐僚，东奔西跑，就升斗之俸以糊口，这样倒能避开许多风波。这是陆游郑重的选择，也是无可奈何的选择。诗句中

“羞”字、“宁”字，下得很重，感慨遥深。

但是，高飞远引，甘居下僚，是不是就能使自己的心安适下来呢，不！远郡佐僚生涯，带给他的是更大的苦恼：“吏进饱谙箝纸尾，客来苦劝摸床棱。”“箝纸尾”用韩愈《蓝田县丞厅壁记》故事①，说明自己现任分管茶盐的佐僚，对主官只能唯唯诺诺，天天在公文上随着主官的意志画押签名，丝毫不能作主；甚至，连属吏也不把他放在眼里。他尝尽了俯仰随人的滋味。“饱谙”二字，浓缩了无限屈辱辛酸。下句“摸床棱”用《新唐书·苏味道传》中事②，全句说：好心的朋友来了，总是苦苦劝我遇事模棱两可，假装糊涂，不要固执己见。当然，这不失为一种处世自全之道；但，这岂是壮夫所为？岂是陆游所愿？

看来，进而分枉直，论是非，诗人不屑；退而走东西，就升斗，更是屈辱难忍，真是“乾坤大如许，无处著此翁”（《醉歌》），他是走投无路了。愈转愈深的诗情，逼得他说出了一句隐忍已久却又不得不说的话——“归装渐理君知否？笑指庐山古涧藤。”归隐山林，这是更大的退却，是在他心中酝酿了多年的无可奈何的退却！但是，他真正打算退隐么？要正确理解这句话，还得联系他一生出处行藏来看。他毕生心存社稷，志在天下，到老不忘恢复：“蹈海言犹在，移山志未衰”（《杂感》之三），怎么会真的想到退隐山林？就在早一年，他也写过“向来误有功名念，欲挽天河洗此心”（《夜坐偶书》）的话。显然，这不是认真的后悔，而是愤激的反语，应该从反面读。那么，“笑指庐山”这层归隐山林的意思，自然也只能从反面来理解了。我们从无可奈何的一再退却中，看出他对颠倒是非、不辨枉直的朝政的愤慨。所谓《自咏示客》者，也就是出示这样一种愤世嫉俗之情。

这首七律写的是一种特殊的人生痛苦，一种壮志难酬的苦恼悲哀，感情十分深沉。诗的抒情契机，全在一个“羞”字，一个“笑”字。这两个字是全诗线索，兴起许多波澜，构成许多转折，包含许多苦恼。在“羞”字里可以看到诗人的尊严，在“笑”字里可以看出诗人的眼泪。从句法上看，颔联属对工整，颈联用事贴切，增加了诗的容量。刘克庄在《后村诗话》中就曾激赏“箝纸尾”一联，谓“古人好对偶被放翁用尽”。在章法上，诗意层层退却，诗情却层层推进，愈转愈深，尽曲折回旋之能事，而全诗以衰颓气象起，以苦笑终，更加强了这首诗的感染力。

（赖汉屏）

〔注〕 ① 韩愈《蓝田县丞厅壁记》说，县丞有职无权，属吏抱来文书，左手挟卷正文，右手指着纸尾，要县丞签署，却不许他看清公文内容。详见《昌黎先生集》卷十三。 ②《新唐书·苏味道传》称“其为相，特具位，未尝有所发明，脂韦自营而已。”他对人说：“决事不欲明白，误则有

悔；摸棱持两端可也。”即遇事含含糊糊，不可认真决断。

五月十一日，夜且半，梦从大驾亲征，尽复汉唐故地，见城邑人物繁丽，云“西凉府也”。喜甚，马上作长句，未终篇而觉，乃足成之

陆 游

天宝胡兵陷两京，　北庭安西无汉营；
五百年间置不问，　圣主下诏初亲征。
熊罴百万从銮驾，　故地不劳传檄下；
筑城绝塞进新图，　排仗行宫宣大赦。
冈峦极目汉山川，　文书初用淳熙年；
驾前六军错锦绣，　秋风鼓角声闻天。
苜蓿峰前尽亭障，　平安火在交河上；
凉州女儿满高楼，　梳头已学京都样。

这首诗写于孝宗淳熙七年(1180)，陆游五十六岁。两年前，奉旨出川赴临安廷对时，曾向孝宗涕泣陈请出兵中原，可是孝宗却叫他担任“提举福建常平茶盐公事”的职务。后从福建建安调到江西抚州，官职不变，地方却强多了。这对陆游来说，是越级提拔，陆游也心知这是孝宗的特恩，但因为他始终不能忘怀“铁马秋风大散关”那一段战斗生活和从南郑兵出长安恢复中原的宏图大计，所以在这类后方“仓司”任上总是意气颓然。对恢复大业却始终萦怀，不免情入梦境。在江西任上，现实中无法实现的这个理想，梦中得到了升华，写下了这首诗。

陆游一生报国无门，因而他诗中的激昂慷慨总是和悲愤沉郁结合在一起。但这首诗却是另一种格调。诗人在梦中、醒后驰骋想象，场景宏丽，气魄雄迈，洋溢着山河统一的胜利激情。这类记梦诗，正是诗人对现实感到极大愤慨后精神上所找到的一种补偿。它异彩夺目，是全部陆诗的一个重要方面。而在九十多首记梦诗中，这一首又写得特别恣肆。

诗题长至四十八字，在叙写中见出豪情满怀。“从大驾亲征”，是举国同忾；“尽复”丧失数百年的“汉唐故地”，复地兴邦，是理所当然；“见城邑人物繁丽”，是山河生色；“云‘西凉府也’”，是兵临边塞，大功告成；“喜甚，马上作长句”，是诗情喷薄；“未终篇而觉，乃足成之”，则隐寓着并非全在梦境，诗中所写，正是现实的当务之急。这个诗题，如同一则简洁有致的抒情散文，读来兴味盎然。

全诗四用韵，四句一转，每转一韵，诗意递进一层。首韵四句，写孝宗诏告天

下，御驾亲征。这四句又从“天宝胡兵陷两京”写起，以追溯历史，说明这次复地动兵，乃王者正义之师。唐代自天宝十四载(765)安禄山发动叛乱后，国势逐渐衰弱。北庭、安西，是唐代在今新疆境内设置的两个都护府，后扩置方镇，德宗贞元年间被吐蕃攻占，从此这些地区“无汉营”，而且，“五百年间置不问”，到今天，才有“圣主下诏初亲征”之举。“置不问”，乃历朝无力收复而弃置不问。“五百年”，指作诗时上距天宝之乱四百二十五年，说五百年，是举其成数。“圣主”，指孝宗。陆游称为“圣主”，固然因为对自己有知遇之恩，也是因为这位皇帝登基之初，确曾有收复失地的雄心。这四句一气而下，天宝乱后的伤心史直贯入“圣主下诏初亲征”，显出这次军事行动的正气凛然，为下文叙写张本。

诗中写汉唐故地，只写北庭、安西，是举其远者而言。后晋石敬瑭割燕云十六州献契丹，使汉族政权退居白沟以南；靖康之变，金兵入据中原，又使宋室退居淮河以南；两宋诗人曾为这段伤心史不断慨叹过，当然都包括在此句之内了。其次，唐人早已在追怀的“平时安西万里疆”，正为陆游所衷心仰慕，他自己在《西凉行》中也说过：“北庭安西皆郡县，四夷朝贡无征战。”陆游瞩目汉唐盛世，诗题说“尽复汉唐故地”，而北庭、安西正是西北边境要地，所以要着意写。兴兵及于此地，中原大地已包括在内，固不待论；而又止于此地，并不再向外开疆拓土，所以为正义之师也。

次韵四句，极写出师胜利。“熊罴”，代指勇猛的将士。“熊罴百万从銮驾”，言其军容之壮。“檄”，指收复失地的宣谕文书。古代王朝在出师之前，要颁发檄书，敌人慑于声威，不战而降，称为“传檄而下”。这里说“故地不劳传檄下”，则传檄之劳也用不着；因是故地，人心向汉，都望风来归。这一句七个字囊括尽万里山河，直抵“绝塞”。其中暗写进军神速，人心向背。“绝塞”，极远的边塞，它照应开头，指原来北庭、安西辖地。兵至绝塞而止，于是，一面“筑城绝塞进新图”：修筑城堡以固边防，绘制新图以明疆域；一面又“排仗行宫宣大赦”：皇帝在行宫中排列仪仗，对掠城夺地的敌方宣布大赦。这里又暗写了不劫掠异邦，不报复杀戮，是在突出王者的仁义之师。

陆游诗歌中的爱国思想，有个耀眼的特色。在当时的民族矛盾中，他鼓吹抗金，鼓吹收复失地，但反对穷兵黩武，反对报复。“乾坤均一气，夷狄亦吾人”(《斯道》)：这就是他的民族观。“不须绝漠追败亡，亦勿分兵取河湟。但令中原歌时康，千年万年无馈粮”(《观运粮图》)：这就是他的睦邻主张。“诏书许尔以不死，股栗何为汗如洗”(《战城南》)，“还汝以旧职，牧羊辽海边”(《长歌行》)：这就是他在想象中的抗金全胜后，用优抚以释仇怨的主张。这种思想，在诗人中是极为可贵的。

三韵四句，则写全胜后的欢悦。先写重归一统的祖国山川，极目远望，冈峦起伏，壮丽非凡。次写辽阔的疆域政令归一，颁行全国的文书都在使用孝宗的淳熙年号了。人人都曾梦寐以求的理想，而今一旦实现，怎能不上下欢腾呢？君不见随驾的六军将士，衣着锦绣，五彩相错！君不闻劲烈的秋风中，欢声笑语，鼓角喧天！是举行庆功盛典呢，还是准备班师凯旋？这场面用浓墨重彩，写得景壮气豪，是全诗的抒情高潮。而结尾四句，却出以旖旎舒缓，像一路欢唱的溪流，诉说恢复中原后的和平气象。

"苜蓿峰"，今地未详；岑参赴安西都护幕府时作七绝诗《题苜蓿峰寄家人》，当为安西辖地；陆游不过借此代指边境。"亭障"，即守望亭、堡垒之类。"交河"，在今吐鲁番县西，源出天山；唐置交河县于此，为安西都护府治所；这里也是代指边地。"平安火"，边境上每三十里置一烽堠，无事则夜举烽火以报平安，故称平安火。"苜蓿峰前尽亭障，平安火在交河上"，是说尽复故地、大赦敌邦之后，边境上遍设堡垒，已加强防守，因而夜举烽火，永报平安。这是用两组镜头概写边疆安靖。最末两句则是一个秀丽的特写画面："凉州女儿满高楼，梳头已学京都样。""凉州"，即诗题中提到的西凉府，府治在今甘肃武威，北宋时被西夏攻占，现在回归祖国，当然有许多新气象，但只写了这件生活小事。凉州姑娘，满坐高楼，临街梳妆，已是一片太平景象，则"城邑人物繁丽"可知；姑娘们梳头又都在学京都流行的发式，改胡妆为汉饰，中原习俗被于四境，则人心之归一又可知。这个画面，有即小见大之妙。

此诗写的是梦境，诗人完全没有这种亲身经历。诗中的地名、年代、边制、史事，都从书本中来。不见经传的苜蓿峰，也是从前举岑参诗里来的；末句的高楼梳头，也可从《云谣集》所载唐人《内家娇》第二首："及时衣著，梳头京样。"得到印证。西凉府城邑人物繁丽，也明显见于元稹《和李校书新题乐府·西凉伎》："吾闻昔日西凉州，人烟扑地桑柘稠；葡萄酒熟恣行乐，红艳青旗朱粉楼。"余皆可知。换句话说，进军绝塞、尽复汉唐故地这些并非现实的场景，陆游是利用他所掌握的书本中的材料组织成的。但写的虽全是幻想，读来却浑然实情，而具有震撼人心的艺术力量，这就不是"资书以为诗"所能办得到的。收复失地本是当时社会各阶层最普遍最迫切的愿望；而陆游对抗金前途的信念，和人民息息相通，正是它，构成了这首诗的灵魂。有了这个灵魂，死材料可以变活；没有这个灵魂，活材料可以变死。宋人无不资书为诗，为诗恐亦未必能完全不"资书"，但人的气质有高下，诗的格调便迥异，当不可一概而论。　　（程一中）

夜泊水村　陆　游

腰间羽箭久凋零，　大息燕然未勒铭。①
老子犹堪绝大漠，　诸君何至泣新亭。②
一身报国有万死，　双鬓向人无再青。
记取江湖泊船处，　卧闻新雁落寒汀。

〔注〕 ① 燕然未勒：《后汉书·窦宪传》载，窦宪率部逐北单于，“遂登燕然山，去塞三千余里，刻石勒功，纪汉威德。”燕然，山名，即今蒙古杭育山。 ② 泣新亭：《世说新语·言语》载，晋室南渡，“过江诸人，每至美日，辄相邀新亭，藉卉饮宴。周侯中坐而叹曰：‘风景不殊，正自有河山之异。’皆相视流泪。唯王丞相愀然变色曰：‘当共戮力王室，克复神州，何至作楚囚相对！’”新亭，又名劳劳亭，三国吴建，在今江苏南京南劳劳山上。

此诗作于孝宗淳熙九年(1182)，时放翁主管成都府玉局观，奉祠居家，孤寂无聊。这和他所向往的“楼船夜雪”、“匹马秋风”的戎马生涯，和他“提刀独立”、“手枭逆贼”的远大抱负，相违殊甚。“此身谁料，心在天山，身老沧州！”(《诉衷情》)此诗所要表现的，就是这种矛盾。

在杜甫集中，有不少咏马诗。少陵写马，笔笔有意，句句含情，处处表现出一个轩昂磊落之士的形象。而读放翁此诗，则如见一匹骏马，意态雄杰，顾影长嘶。若能将此诗与少陵咏马诗比较参看，也许有助于运用想象，加深理解。

首联写遭时弃置而壮志未酬这样一个矛盾，使人如闻骏马不得其平的长鸣。“良相头上进贤冠，猛将腰间大羽箭。”(《丹青行》)杜甫用这二句诗，形容了凌烟阁上雄姿英发的功臣形象。放翁于此，以“久凋零”三字，反其意而用之，即使没有下面“燕然未勒”之语，其功业未就的叹息，也已属耳可闻。这是壮士的不平，是请缨的高呼。

颔联写诗人雄飞奋发的壮怀与达官贵人懦怯孱弱的矛盾，使人如闻骏马风厉猋举、亟思腾骞的骄嘶。“绝大漠”三字，出自《史记·卫将军骠骑列传》，是汉武帝表彰霍去病之语。今放翁虽已两鬓萧然，犹能横渡大漠，奋战沙场，胸中浩气，不让少年。可惜当时朝廷衮衮诸公，却只知楚囚相对，作新亭之泣，非但自身不能戮力王室，而且还阻人击楫中流。一面是“以一筹莫展之身，存一饭不忘之谊”(《瓯北诗话》语)，一面却是肉食者鄙，在其位不谋其政。两者形成了鲜明的对照。

颈联写诗人热血沸腾和岁月蹉跎的矛盾，使人如闻骏马腾山绝壑、赴人急难的慷慨之声。上句只有一个平声字，下句拗救，读来自有英姿勃发之感。为国雪耻，不辞万死，这是何等豪迈的气概！但如今放翁却如骏马伏枥，空有此怀，既不能图名青史，也不能长留青丝。镜中生涯，梦里功名，历代有志之士，常为之怵然而惊、凄然而悲、喟然而叹。“塞上长城空自许，镜中衰鬓已先斑。”（《书愤》）这感慨，在放翁诗中，尤觉深沉。

上面三联俱写诗人的报国情怀，末联点题，落到眼前景状。渡冰河，绝瀚海，只是梦中景象，眼前唯有一个孤寂的老翁，夜泊水村，卧闻雁唳。此联所写的萧条秋景，与上面的慷慨之词，似不相称，而这正是放翁的现状和其抱负的矛盾。在这寂寞的景况之中，诗人所发出的是不甘寂寞的呼声。就诗人来说，“骁腾有如此，万里可横行。”（杜甫《房兵曹胡马》）然而有志无时，找不到驰骋之地；但烈士暮年，壮心未已，依然“哀鸣思战斗，迥立向苍苍。”（杜甫《秦州杂诗》）这首诗的主题正在于此。

（黄　珅）

感　愤　　陆　游

今皇神武是周宣，　谁赋南征北伐篇？
四海一家天历数，　两河百郡宋山川。
诸公尚守和亲策，　志士虚捐少壮年！
京洛雪消春又动，　永昌陵上草芊芊。

以“喜论恢复”著称的陆游，曾因此多次获罪。宋孝宗淳熙六年（1179）和七年，他自福建和江西召还之际，曾有两次陛见的机会，诗人已经在激动地考虑着“宣温望玉座，何以待咨访”了，但却被权臣赵雄从中作梗，准其罢官还乡，并“无须入都”。此后，直到淳熙十二年，陆游只好住在家乡山阴，过着“卧读陶诗未终卷，又乘微雨去锄瓜”的田园生活。尽管“骏马宝刀俱一梦”，但诗人仍耿耿不忘对敌作战，收复失地。宦途的挫折和家乡的情趣都不能动摇他的意志。《感愤》这首诗便是一个有力的证据。

此诗写于淳熙十年冬，诗人已经五十九岁了，但对统一大业依然抱着热切的希望。“今皇”指宋孝宗。“周宣”就是西周的“中兴之主”周宣王，他任用仲山甫、方叔、召虎等人北伐“猃狁”，南征“荆蛮”又平定淮“夷”、徐“戎”，取得了赫赫战果。旧说《诗经》中的《六月》、《采芑》、《江汉》、《常武》等诗，就是赞美周宣王南征北伐的诗篇。“今皇”句是对孝宗的激励、期待；“谁赋”句则不仅对当朝将帅寄予希望，而且隐然以仲山甫等人自命。“赋”固应解作“写”，说是盼望着孝宗下令北伐，自己当感奋而赋诗，自无不可；但，陆游并不甘以诗人自居，就在写这首诗的前一年,他还发出“八十将军能灭虏”的壮语。只是由于昏君佞臣的当道,才使他“辜负胸中十万兵,百无聊赖以诗鸣。”所以,这里的“谁赋南征北伐篇?”就不仅仅是表现作者动笔的愿望,而是含有“为王前驱”,“手枭逆贼清旧京”的更为实在的意义。

然而实际上,“今皇”并不神武,并不主张北伐,不重用志在恢复的陆游就是明证。那么,此诗不是有阿谀之嫌了么?否。这是诗人苦口婆心的曲笔,是对孝宗失望而还未绝望时的希冀。诗人的抱负在当时只能通过皇帝的意旨来实现,今皇尽管不争气,但要决策北伐,还非他下令不可。以周宣王比孝宗,正表现出诗人渴望统一的深挚苦心。于此等处,正可体会陆游高于一般诗人的那种爱国激情。

“四海”两句是说:四海之内的百郡山川,本来都是宋朝的国土,统一是必然的趋势。历数即天历运行之数,也就是所谓天命、气运。两河,指黄河、淮河。黄河流域在金人统治区,淮河一线是当时宋、金国界。郡的建置,宋已废,这里是借用。全诗头两句意在激励求统一之志,这两句则认为统一必然能到来。

颈联转到眼前现实。现实是无情的:执政诸公“雍容托观衅”,借口伺敌人的空隙,不愿出兵北伐,仍然拘守着“和约”。宋、金在绍兴十一年(1141)结成和议,规定划淮为界,宋对金称臣,年贡银、绢各二十五万两、匹,并割唐、邓二州及陕西余地给金。诗中“和亲策”即指此。这一政策始于西汉初年对匈奴作战失败之后,以公主嫁匈奴单于来“和亲”,并岁奉匈奴金帛等物。执政者奉此和约为国策,使多少志士的宏愿付诸流水,诗人自己也“报国欲死无战场”,“放翁白发已萧然”,这是何等的悲痛!

然而,这位老诗人的感人之处正在于他身屡挫而志弥坚:“京洛雪消春又动,永昌陵上草芊芊。”诗人的恢复之志正如永昌陵上草,“野火烧不尽,春风吹又生”!京、洛,指汴京(今开封)、洛阳;汴京是北宋国都,洛阳是宋太祖陵墓——永昌陵所在地。芊芊,草茂盛的样子。大地回春,雪消草长,象征着生机。而作者特别点出汴京和永昌陵的春意,则和前所谓“天历数”者相应——大宋气运正佳,太祖皇泽正盛,显喻此时乃北伐的大好时机。首写今皇,末写太祖,其意若云:今皇纵不念“忍死忘恢复”之中原父老,独不恤祖宗之基业乎?诗人之用心,真可谓良苦矣!

全诗纯用赋体,直抒胸臆。开头的用典恰当有力;结句以自然的变化象征国运的盛衰,信念坚定,意味深长。

诗人热情虽高,头脑却清醒。这时他的虚职是“主管成都府玉局观”。这样

的闲差已不是第一次得到，真令人啼笑皆非。他痛心地写道："半世儿痴晚方觉"，这便是诗题大书"感愤"的原因。 （李正民）

书 愤 陆游

早岁那知世事艰？ 中原北望气如山。
楼船夜雪瓜洲渡， 铁马秋风大散关。
塞上长城空自许， 镜中衰鬓已先斑。
《出师》一表真名世， 千载谁堪伯仲间？

此诗作于孝宗淳熙十三年(1186)春，这时陆游退居于山阴家中，已是六十二岁的老人。从淳熙七年起，他罢官已六年，挂着一个空衔在故乡蛰居。直到作此诗时，才以朝奉大夫、权知严州军州事起用。因此，诗的内容兼有追怀往事和重新立誓报国的两重感情。

诗的前四句是回顾往事。"早岁"句指隆兴元年(1163)他三十九岁在镇江府任通判和乾道八年(1172)他四十八岁在南郑任王炎幕僚事。当时他亲临抗金战争的第一线，北望中原，收复故土的豪情壮志，坚定如山。以下两句分叙两次值得纪念的经历：隆兴元年，主张抗金的张浚以右丞相都督江淮诸路军马，楼船横江，往来于建康、镇江之间，军容甚壮。诗人满怀着收复故土的胜利希望，"气如山"三字描写出他当年的激奋心情。但不久，张浚军在符离大败，狼狈南撤，次年被罢免。诗人的愿望成了泡影。追忆往事，怎不令人叹惋！另一次使诗人不胜感慨的是乾道八年事。王炎当时以枢密使出任四川宣抚使，积极擘画进兵关中恢复中原的军事部署。陆游在军中时，曾有一次在夜间骑马过渭水，后来追忆此事，写下了"念昔少年时，从戎何壮哉！独骑洮河马，涉渭夜衔枚"(《岁暮风雨》)的诗句。他曾几次亲临大散关前线，后来也有"我曾从戎清渭侧，散关嵯峨下临贼。铁衣上马蹴坚冰，有时三日不火食"(《江北庄取米到作饭香甚有感》)的诗句，追写这段战斗生活。当时北望中原，也是浩气如山的。但是这年九月，王炎被调回临安，他的宣抚使府中幕僚也随之星散，北征又一次成了泡影。"楼船夜雪瓜洲渡，铁马秋风大散关"，这十四字中包含着多么丰富的愤激和辛酸的感情啊！

岁月不居，壮岁已逝，志未酬而鬓先斑，这在赤心为国的诗人是日夜为之痛心疾首的。陆游不但是诗人，他还是以战略家自负的。可惜毕生未能一展长材。"切勿轻书生，上马能击贼"(《太息》)；"平生万里心，执戈王前驱"(《夜读兵书》)

是他念念不忘的心愿。自许为“塞上长城”，是他毕生的抱负。“塞上长城”，典出《南史·檀道济传》，南朝宋文帝杀大将檀道济，檀在临死前投帻怒叱：“乃坏汝万里长城！”陆游虽然没有如檀道济的被冤杀，但因主张抗金，多年被贬，“长城”只能是空自期许。这种怅惘是和一般文士的怀才不遇之感大有区别的。

但老骥伏枥，陆游的壮心不死，他仍渴望效法诸葛亮的“鞠躬尽瘁”，干一番与伊、吕相伯仲的报国大业。这种志愿至老不移，甚至开禧二年(1206)他已是八十二岁的高龄时，当韩侂胄起兵抗金，“耄年肝胆尚轮囷”(《观邸报感怀》)，他还跃跃欲试。

《书愤》是陆游的七律名篇之一，全诗感情沉郁，气韵浑厚，显然得力于杜甫。中两联属对工稳，尤以颔联“楼船”、“铁马”两句，雄放豪迈，为人们广泛传诵。这样的诗句出自他亲身的经历，饱含着他的政治生活感受，是那些逞才摛藻的作品所无法比拟的。

(何满子)

临安春雨初霁　　陆　游

世味年来薄似纱，　谁令骑马客京华？
小楼一夜听春雨，　深巷明朝卖杏花。
矮纸斜行闲作草，　晴窗细乳戏分茶。
素衣莫起风尘叹，　犹及清明可到家。

陆游的这首《临安春雨初霁》写于淳熙十三年(1186)，此时他已六十二岁，在家乡山阴(今浙江绍兴)赋闲了五年。诗人少年时的意气风发与壮年时的裘马轻狂，都随着岁月的流逝一去不返了。虽然他光复中原的壮志未衰，但对偏安一隅的南宋小朝廷的软弱与黑暗，是日益见得明白了。这一年春天，陆游又被起用为严州知府，赴任之前，先到临安(今浙江杭州)去觐见皇帝，住在西湖边上的客栈里听候召见，在百无聊赖中，写下了这首广泛传诵的名作。

自淳熙五年被孝宗召见以来，陆游并未得到重用，只是在福建、江西做了两任提举常平茶盐公事；家居五年，更是远离政界，但对于政治舞台上的倾轧变幻，对于世态炎凉，他是体会得更深了。所以诗的开头就用了一个独具匠心的巧譬，感叹世态人情薄得就像半透明的纱。世情既然如此浇薄，何必出来做官？所以下句说：为什么骑了马到京城里来，过这客居寂寞与无聊的生活呢？

“小楼”一联是陆游的名句，语言清新隽永。诗人只身住在小楼上，彻夜听着春雨的淅沥；次日清晨，深幽的小巷中传来了叫卖杏花的声音，告诉人们春已深了。绵绵的春雨,由诗人的听觉中写出;而淡荡的春光,则在卖花声里透出。写得形象而有深致。传说这两句诗后来传入宫中,深为孝宗所称赏,可见一时传诵之广。历来评此诗的人都以为这两句细致贴切,描绘了一幅明艳生动的春光图,但没有注意到它在全诗中的作用不仅在于刻画春光,而是与前后诗意浑然一体的。其实,“小楼一夜听春雨”,正是说绵绵春雨如愁人的思绪。在读这一句诗时,对“一夜”两字不可轻轻放过,它正暗示了诗人一夜未曾入睡,国事家愁,伴着这雨声而涌上了眉间心头。李商隐的“秋阴不散霜飞晚,留得枯荷听雨声”,是以枯荷听雨暗寓怀友之相思。晁君诚“小雨愔愔人不寐,卧听羸马龁残刍”,是以卧听马吃草的声音来刻画作者彻夜不能入眠的情景。陆游这里写得更为含蓄深蕴,他虽然用了比较明快的字眼,但用意还是要表达自己的郁闷与惆怅,而且正是用明媚的春光作为背景,才与自己落寞情怀构成了鲜明的对照。在这明艳的春光中,诗人在做什么呢?于是有了五六两句。

“矮纸”就是短纸、小纸,“草”就是草书。陆游擅长行草,从现存的陆游手迹看,他的行草疏朗有致,风韵潇洒。这一句实是暗用了张芝的典故。据说张芝擅草书,但平时都写楷字,人问其故,回答说,“匆匆不暇草书”,意即写草书太花时间,所以没工夫写。陆游客居京华,闲极无聊,所以以草书消遣。因为是小雨初霁,所以说“晴窗”,“细乳”即是沏茶时水面呈白色的小泡沫。“分茶”是宋人泡茶的一种方法,即以开水注入茶碗后,用箸搅茶乳,使水波纹幻变成种种形状。无事而作草书,晴窗下品着清茗,表面上看,是极闲适恬静的境界,然而在这背后,正藏着诗人无限的感慨与牢骚。陆游素来有为国家作一番轰轰烈烈事业的宏愿,而严州知府的职位本与他的素志不合,何况觐见一次皇帝,不知要在客舍中等待多久!国家正是多事之秋,而诗人却在以作书分茶消磨时光,真是无聊而可悲!于是再也按捺不住心头的怨愤,写下了结尾两句。

陆机的《为顾彦先赠妇》诗中云“京洛多风尘,素衣化为缁”,不仅指羁旅风霜之苦,又寓有京中恶浊,久居为其所化的意思。陆游这里反用其意,其实是自我解嘲。“莫起风尘叹”,是因为不用等到清明就可以回家了,然回家本非诗人之愿。因京中闲居无聊,志不得伸,故不如回乡躬耕。“犹及清明可到家”实为激楚之言。偌大一个杭州城,竟然容不得诗人有所作为,悲愤之情见于言外。

(王镇远)

雪中忽起从戎之兴戏作四首　　陆 游

狐裘卧载锦驼车,　　酒醒冰髭结乱珠。

三尺马鞭装白玉，　雪中画字草军书。

铁马渡河风破肉，　云梯攻垒雪平壕。
兽奔鸟散何劳逐，　直斩单于衅宝刀。

十万貔貅出羽林，　横空杀气结层阴。
桑干沙土初飞雪，　未到幽州一丈深。

群胡束手仗天亡，　弃甲纵横满战场。
雪上急追奔马迹，　官军夜半入辽阳。

孝宗淳熙十三年(1186)，六十二岁的陆游赴严州(治所在今浙江建德东北)上任。临行前陛辞时，皇帝对他说："严陵山水胜处，职事之暇，可以赋咏自适。"(见《宋史·陆游传》)然而，诗人并没有一味地流连于山明水秀之中。他身在江南，魂恋塞北。一日，大雪弥漫，他不由萌发出投笔从戎、杀敌报国的豪兴。这四首绝句即作于此时。

第一首写雪中行军的艰苦生活。"狐裘"：狐皮大衣。"锦驼车"：装饰着锦幔的驼车。在这冰天雪地，尽管穿着狐裘，卧于锦驼车中，因酣饮而沉醉，但一觉醒来，只见须上结着一串串如珠的冰块，三尺马鞭上也裹满了雪(所以说"装白玉")。但是，诗人倚马而立，扬眉舒腕，盾上草军书。好一派豪壮气概。

第二首想象渡河攻城的战斗情景。"铁马"，指精壮的骑兵。"云梯"，攻城工具。单于，匈奴最高首领的称号，此代指金兵首领。"衅"，指用鲜血来祭自己初用之刀。此首的意思是，大雪之夜，铁马渡河，云梯攻垒，势如破竹，敌军士兵望风披靡，如鸟兽散，何劳追逐，还是直斩单于，祭我宝刀吧！

第三首是写大军出征的威武场面。貔、貅，均为古籍所载的猛兽名，常用来喻指勇猛的军队。"羽林"，汉、唐皇帝的禁卫军。"桑干"，古县名，在今河北蔚县东北。幽州，州治和所辖范围历朝有所不同，大致包括今河北北部和辽宁一大部分。前一首描绘攻战场面，诗情激烈动荡。这一首写大军出师，所以诗情是威武雄壮，并有暇整气象，颇有高适《燕歌行》的风格。

最后一首写想象中消灭金国的胜利结局。群胡，指金人。仗天亡，典出《史记》所载项羽"此天亡我"之语。陆游在这里的意思是说天亡金国，宋军大获全胜，追奔逐北，夜半入辽阳，终于一战功成，天下一统。辽阳，府名，治所在今辽宁辽阳，辽、金均曾置东京于此。

这四首诗虽然都可独立成章，但前后贯串，组成了一个整体。从内容上讲，它们基本上一致；从情节上讲，它们也互相联系。第一首写行军，第二首写一次战斗，第三首写更大的出征，第四首写最后胜利。环环相扣，步步向前，直到兴尽而止。虽然这些场面都是诗人一时兴之所至的想象之辞，但是，如果结合陆游的生平，结合他的其他许多作品来看，可知这四首诗绝非"戏作"，而是集中反映了他的平生壮志，既是诗人的回忆，又是诗人的理想。这些事对于诗人来说，是太熟悉了，太向往了，脑中时时会泛起。值此大雪之夜，诗思忽然涌出，于是提笔狂书，作成了这四首"戏作"。

这四首诗气势壮阔，笔力劲健，充满着一股积极乐观的情调，创造出一个雄奇豪迈的意境，直追盛唐高适、岑参诸人的边塞之作，亦不愧"小太白"之称。

（刘禹昌　徐少舟）

枕上偶成　　陆　游

放臣不复望修门，　身寄江头黄叶村。
酒渴喜闻疏雨滴，　梦回愁对一灯昏。
河潼形胜宁终弃，　周汉规模要细论。
自恨不如云际雁，　南来犹得过中原。

宋孝宗淳熙十六年（1189）冬，南宋朝廷以"嘲咏风月"的罪名，罢了陆游的官，面对这种无稽谗言和无理处置，陆游愤然离开临安，回到山阴故居。他虽然为官多年，却没有为自己积攒家财，相反的倒是"仕宦遍四方，每出归愈贫。"(《杂兴十首》)不过对于贫困，他倒是可以用前人安贫乐道的遗训来宽慰，此外，徜徉山水，啸傲林泉，讽诵诗书，长养子孙，都是可愉悦之事。这便是他自己所说的："溪上之丘，吾可以休。溪中之舟，吾可以游。"(《溪上杂言》)"脱粟未为饥，短褐未为寒。众毁心自可，身困气愈完。"(《寓怀》)当然陆游的心境也并非真的终日宁静，他说"一身不自恤，忧国涕纵横。"(《春夜读书感怀》)是的，私事可以不顾惜，但是国事怎能忘怀？《枕上偶成》一诗，作于庆元元年(1195)的冬天，正是这种生活和心境的写照。

第一句中的"放臣"，指放逐之臣，这是作者自称；"修门"，楚国郢都城门的名称，这里借指南宋都城临安，言下亦有以屈原自况之意。"放臣不复望修门"，起句突兀，读来自有一股愤然不平之气扑面而来。其实这对陆游来说，是蓄之也久，其发也烈。因为他当年离开临安时就已经痛下了这个决心，有诗为证："束书出东门，挥手谢国人。笑指身上衣，不复染京尘。"（《赠洞微山人》）既然"不复望修门"，那么此身何寄呢？这不寻常的起句，如高山落石，势不可遏，所以接着便顶上一句：那江畔遍地黄叶的村庄便是我的托身之所。"黄叶村"，既点出寄身之处，也于景色之中暗示了季节，并为尾联伏笔。

"长饥未必缘诗瘦，多闷惟须赖酒浇。"（《信步近村》）酒渴，即长时间没有酒喝如渴之思水。疏雨声声，听来犹如把壶沥酒，故曰"喜闻"，这比老杜"酒渴爱江清"的诗句，写得更有情致。不过，尽管沉沉白昼，无酒销愁，在睡梦之中还是尽可驰骋奇想的，可是一梦醒来，依旧是昏灯一盏，愁绪满怀。这挥之不去的愁情，究竟是什么呢？答案在下联——"河潼形胜宁终弃，周汉规模要细论"。河，黄河；潼，潼关；形胜，指地理形势的险要。这两句的意思是：像黄河、潼关那样形胜之地，难道就忍心这么永远地放弃了吗！要知道周汉两代都是以河潼为根基，而逐鹿中原，统一海内。朝廷对周、汉立国的规模不是应该细加思索吗？前句用反诘提问，后句引古喻今，论证了"会看金鼓从天下，却用关中作本根"（《山南行》）的思想。十四个字，如高屋建瓴，委婉而又恳切地击中时弊，正显示出诗人精于历史、谙熟国事，以及驾驭语言的功力。颔联，写村居生活，情景、神态细致入微，而又妙在实而不滞，第四句的"愁"字既是实写心境，也为思绪的发展打开通道。颈联便是"愁"字的延伸，妙在不再说"愁"，而是拓开一层，提出自己对时局的主张，立意颇为高远。诗到这里似乎话已说完，不过陆游毕竟才力不凡，他又借云间飞来之物别开一境——"自恨不如云际雁，南来犹得过中原"。接得不即不离，不即，因为宕开一笔，不说朝政，转言自己；不再议论，转而即景抒情。然而万变又不离其宗，秋冬之际，北雁南飞，这与首联"黄叶村"遥相呼应，意境和谐。而"自恨"云云，也正是出于对恢复中原的关切之情。似断实续，血脉相连，如此结尾，不仅完满地收束全诗，更把那报效无门的悲怆之情抒写得悠悠难尽，扣人心弦。

（赵其钧）

秋夜将晓出篱门迎凉有感二首　　陆　游

迢迢天汉西南落，　喔喔邻鸡一再鸣。
壮志病来消欲尽，　出门搔首怆平生。

三万里河东入海，　五千仞岳上摩天。

遗民泪尽胡尘里， 南望王师又一年！

六十八岁的放翁，被罢斥归山阴故里已经四年了。看来，平静的村居生活并不能使老人的心平静下来。尽管“食且不继”，疾病缠身，他依然心存天下，壮怀激烈。此时虽值初秋，暑威仍厉，天气的热闷与心头的煎沸，使他不能安睡。将晓之际，他步出篱门，以舒烦热，心头怅触，成此二诗。

第一首落笔写银河西坠，鸡鸣欲曙，从所见所闻渲染出一种苍茫静寂的气氛。“一再鸣”三字，可见百感已暗集毫端。三四句写“有感”正面。一个“欲”字，一个“怆”字表现了有心杀敌、无力回天的感慨。他几乎与宋朝的国难一起降临人间，出生的第三年就遇上徽、钦二帝被掳，北宋灭亡。亡国之痛，流离之苦，与他的年龄一齐增长。六十多年的身世之感、家国之痛，岂是一首绝句容纳得下！诗人把这一切熔铸在“搔首”这一细节中，诗情饱满，溢出纸外。

如果说，第一首以沉郁胜，第二首则是以雄浑胜。第一首似一支序曲，第二首才是主奏，意境更为辽阔，感情也更为沉痛。

“三万里河”指黄河，“五千仞岳”指华山，两者都在金人占领区内。诗一开始劈空而来，气象森严。山河本来是不动的，由于用了“入”、“摩”二字，就使人感到这黄河、华山不仅雄伟，而且虎虎有生气。但大好河山，陷于敌手，怎能不使人感到无比愤慨！“东入海”的黄河，仿佛夹着愤怒之气，倾泻而来；“上摩天”的华山，昂然挺立，直刺苍穹。这两句意境阔大深沉，对仗工整犹为余事。

“遗民泪尽胡尘里”的“尽”字，更含无限酸辛。眼泪流了六十多年，怎能不尽？但即使“眼枯终见血”，那些心怀故国的遗民依然企望南天；金人马队扬起的灰尘，隔不断他们苦盼王师的视线。以“胡尘”作“泪尽”的背景，感情愈加沉痛。

结句“南望王师又一年”，一个“又”字扩大了时间的上限。遗民苦盼，年复一年，但路远山遥，他们哪里知道，南宋君臣早已把他们忘记得干干净净！诗人极写北地遗民的苦望，实际上是在表露自己心头的失望。但失望又终究不同于绝望。诗人为遗民呼号，目的还是想引起南宋当国者的警觉，激起他们的恢复之志。他不是临终还希望“王师北定中原”吗？于此可见，全诗以“望”字为眼，表现了诗人希望、失望而终不绝望的千回百转的心情。这是悲壮深沉的心声。诗境雄伟、严肃、苍凉、悲愤，读之令人奋起。 （赖汉屏）

九月一日夜读诗稿有感走笔作歌 陆 游

我昔学诗未有得， 残余未免从人乞。

力孱气馁心自知，　妄取虚名有惭色。
四十从戎驻南郑，　酣宴军中夜连日。
打球筑场一千步，　阅马列厩三万匹。
华灯纵博声满楼，　宝钗艳舞光照席。
琵琶弦急冰雹乱，　羯鼓手匀风雨疾。
诗家三昧忽见前，　屈贾在眼元历历。
天机云锦用在我，　剪裁妙处非刀尺。
世间才杰固不乏，　秋毫未合天地隔。
放翁老死何足论，　广陵散绝还堪惜。

陆游的诗歌，前期广泛学习，风格在多样中已有自己的特色；中期豪迈俊逸的气概和爱国主义精神高度发展；后期爱国精神不衰退，诗笔稍趋平淡，而豪气犹存。这首诗写于绍熙三年(1192)六十八岁奉祠家居山阴时，是后期之作，总结他中期诗歌创作发展的经验。

起四句为第一段，写从军南郑以前的诗歌。起句“学诗未有得”，是说缺乏自得之妙，还未能很好地形成自己的独特风格。第二句，申明“未有得”的表现是还不免要“乞人残余”，意即还要在别人的创作中讨生活，向别人取材，向别人学技巧。三四句说当时在创作上虽然已“妄取”一点“虚名”，但对诗笔“力孱气馁”，未造雄劲，还有“自知”之明，回顾不免惭愧。这一段是自谦之词，为说明下段诗歌转变的重要性抑遏蓄势，事实上他这时期已有不少雄劲的作品。这段叙述中带议论，节奏较舒平，但语言紧凑、劲炼。

中间十二句为第二段，写从军南郑后诗境的转变，是全诗重点。这段以具体的描写为主，笔调急剧转向壮丽，是古代论诗作品的一段极为出色的描写。起联和结两联用散句，其余三联全用对偶。“四十”两句承上转接，为下文总冒。陆游入南郑王炎宣抚使幕时是四十八岁，为期不满一年，时间短，却成为他生活中最乐于回忆的一段，这是和他的“从军乐事世间无”(《独酌有怀南郑》)的志趣分不开的。“四十”岁是举整数；军中“酣宴”的“夜连日”带有夸张，与其志趣密切相关。“打球”一联写校场、球场的广阔，检阅时兵马的众多，“一千步”、“三万匹”，声势极盛。这一联是写室外的讲武、阅兵，写白天。“华灯”一联则是写军幕中晚上的“博弈”、歌舞；以“华灯”与“光照席”、“声满楼”写场面，以“宝钗艳舞”写人物，极壮丽。“琵琶”一联写乐声和鼓声，也是写幕中、写晚上，承上歌舞而来。弦乐、鼓乐并作，“弦急”表琵琶声的响亮，“手匀”表鼓手的熟练；“冰雹乱”形容弦声并显示弹者非一人,“风雨疾”形容鼓声也显示击者非一人,使人有繁弦急鼓、声声震耳之感。这一联比喻恰切,形象生动,也写得很有气势。这三联以夸张手法描写军中生活,旦暮兼备,演武与娱乐并写,突出其壮丽足以震撼人心的场景,但并非单纯写军中生活,而是为证明诗歌创作的体会服务的。本段结束四句即对此作出总结:有了这种生活,就可以使人受到触发而把握到诗歌的“三昧”(佛经语,这里用作要诀、要领之义),眼前“历历”分明地看到屈原、贾谊一类忧国诗赋的精神实质和根源,创作时能像神话传说中的织女“剪裁”用云霞织成的锦绣那样无须动用“刀尺”地巧妙天成。在本段中,诗人形象地告诉人们:他中期诗歌的进一步走向雄壮,是如何受南郑军中生活的刺激的,文学创作所受现实生活的影响是怎样在他自己的实践中体现的。这可与他的《示子遹》诗的“我初学诗日,但欲工藻绘。中年始稍悟,渐若窥弘大”等句参看。

最后四句为第三段,感叹自己的经验未必为他人所理解,从描写转向议论和抒情。他指出自己的实践体会,还未必为其他“才杰”所认识,如果对于生活与创作的关系,认识上有“秋毫”偏差,其效果的相去可能会有“天地隔”之远;又说自己虽无补于世,死不足惜,但这点体会不传达给他人,就像魏末嵇康被杀之前,他弹奏起独擅胜场的《广陵散》琴曲,成为世间绝调那样可惜。这里对自己经验体会的大力肯定,以感慨语气出之,感情转向深沉,语言也极劲练。

这首诗以夸张手法,出色地再现当年军中生活场景,以当年军中生活场景来阐明诗歌创作的经验和规律。理在事中,词藻工丽而气势雄壮,转接突兀而法度严密,是阐明生活与创作关系极有说服力,极有艺术感染力的不可多得之作。

(陈祥耀)

十一月四日风雨大作二首(其二) 陆 游

僵卧孤村不自哀, 尚思为国戍轮台。
夜阑卧听风吹雨, 铁马冰河入梦来。

南宋光宗绍熙三年(1192)农历十一月四日深夜山阴(今浙江绍兴)骤起一场风雨,震响了僵卧孤村的六十八岁老诗人的心弦。在此前二年他以“嘲弄风月”的罪名被弹劾罢官,归隐于山阴三山故居,但老骥伏枥而志在千里,此刻诗的灵感又随风雨同至。诗中强烈的报国感情、豪迈的诗风,使人读之足可“发扬矜奋,起痿兴痹”(姚范《援鹑堂笔记》)!

当时诗人境遇不佳,罢官时两袖清风,归居后祠禄亦时有中断,故曾有《薪米偶不继戏书》诗；经济上捉襟见肘之外，尚心力交瘁，时常卧病。但他“穷且益坚，不坠青云之志”（王勃《滕王阁序》语），仍发出高亢之音。“卧”而“僵”，形体可谓衰朽；“村”而“孤”，处境亦属艰难，但是“不自哀”三字颇有力量，显示出崇高的气节与情操。其一，诗人并未沉湎于一己之否泰荣辱而顾影自怜，他仍“杜门忧国复忧民”（《春晚即事》）；其二，“老病虽惫甚，壮气复有余”（《夜读兵书》），诗人“不自哀”是对复国大业仍充满胜利信心。“不自哀”以“僵卧孤村”来反衬，更显得其志坚定不移。

唯其“尚思为国戍轮台”，才能有“不自哀”之壮志。“轮台”原系汉代西域地名，为今新疆轮台县，这是借指宋代北方边疆。“尚思”是针对“僵卧孤村”而言，年近古稀，而又卧病，犹不失其当初渴望马革裹尸的“平胡壮士心”（《新春》），其忧国忧民的拳拳之念，是何等感人！

后两句转入实写。诗人心头始终郁结着慷慨之情，所以当夜深人静，忽听到窗外“风如拔山怒，雨如决河倾”（《大风雨中作》），岂能不触景生情，由风雨大作的气势联想到官军杀敌的神威！心似翻江，夜虽深而难寐；有所思，才有所梦。激动之余，入梦的是“铁马冰河”，诗人的感情至此推向高潮。冰河，泛指北方严寒之地，以此衬托抗金义士的坚强勇武及收复失地的斗志。“入梦来”，颇值得玩味。诗人化宾为主，写“铁马冰河”直闯入梦境，造成一种先声夺人的气势。这是陆游论诗文“以气为主”（《傅给事外制集序》）说的生动体现。“入梦来”又曲折地反映了现实的可悲。“诸公可叹善谋身，误国当时岂一秦？”（《追感往事》）朝廷衮衮诸公正在断送恢复大业。但诗人并不悲观，此诗总的基调是高昂向上的，情绪是令人鼓舞的。全诗意境开阔，气魄恢宏，又有很强的艺术概括力，赵翼称陆游诗“言简意深，一语胜人千百”（《瓯北诗话》），此诗正是一例。　　（王英志）

初夏行平水道中　　陆　游

老去人间乐事稀，　一年容易又春归。
市桥压担莼丝滑，　村店堆盘豆荚肥。
傍水风林莺语语，　满园烟草蝶飞飞。
郊行已觉侵微暑，　小立桐阴换夹衣。

平水在绍兴以东四十余里，以产茶著称。陆游曾几度在家乡山阴闲居，六十五岁以后，更是长期住在家里。诗以“老去”发端，似即写于晚年闲居期间。初夏的一天，诗人出东南郊向平水方向走去。初夏来临，春已归去，诗人不胜感慨。

首联便是以抒发感慨的议论提起：人老了,感到生活中乐事不多。时间一年年地过去,眼下春天又完了。这两句诗,联系陆游的经历来看,不应视作叹老嗟卑的陈词。诗人有志难伸,被迫赋闲,光阴空逝,欲挽无由,当此之际,不会没有“战马死槽枥,公卿守和约”(陆游《醉歌》)的激愤,只是这首诗没有触着这方面的话题,因而出语平和罢了。不过,“容易”和“又”二语,还是约略透出了一丝感慨之情。

中间两联就承接“春归”二字落笔,具体展示初夏时分平水道上的景象。

颔联写集市风光：桥上莼丝担,路旁小酒店。莼菜是一种水生草本植物,春天时嫩叶开始入菜,夏季时大量繁衍。因为莼菜的叶背和嫩茎胶状透明,切成丝做成羹,其味滑腻可口。陆游生于江南,对于其味深有体会,一个“滑”字,最能表现莼菜特色。桥头是过往行人必经之路,莼丝担停在桥头,可谓善于选择地址。从“压”字可见,担中莼丝数量不少。在这桥畔村头,酒店自然是少不了的。初夏时,豌豆、黄豆相继粒绽。江南村俗,带荚水煮,用以佐酒。村店中常可以见到用粗瓷碟子堆起几盘以招徕顾客。二句颇能表现时令特点与江南水乡的地方特色。

颈联转而写初夏自然风光：傍水林中,随风传来声声莺语。市上人家的园内,碧草如烟,蝴蝶翻飞。不说“莺语”、“蝶飞”,而说“莺语语”、“蝶飞飞”,动词叠用,情景热闹,读来更有亲切之感,表现了诗人的愉悦心情。

时当初夏,郊行稍久,即感暑气侵人。于是诗人便取出单衣,在梧桐阴下站立片刻,换下了夹衣。“小立桐阴换夹衣”,是这首诗中最动人之句。诗人描绘了这一生活琐事,而换衣之处是历来以喻清节的梧桐之阴,则更增添了几分雅致。

陆游除创作大量忧国忧民的诗篇之外,也写了不少富有生活情趣的作品,这首《初夏行平水道中》便是一例。

(陈志明)

书室明暖,终日婆娑其间,倦则扶杖至小园,戏作长句二首

陆 游

放翁老手竟超然, 俗子何由与作缘?
百榼旧曾夸席地, 一窗今复幻壶天。
梦回橙在屏风曲, 雨霁梅迎拄杖前。
吾爱吾庐得安卧, 笑人思颍忆平泉。

美睡宜人胜按摩, 江南十月气犹和。

重帘不卷留香久，　古砚微凹聚墨多。
月上忽看梅影出，　风高时送雁声过。
一杯太淡君休笑，　牛背吾方扣角歌。

这两首诗是绍熙五年(1194)陆游七十岁奉祠家居山阴时作，写他“婆娑”(盘旋)于书室内外的闲居生活。这时候，陆游已为他的书室起过“老学庵”、“书巢”等名字，反映出他老年好学不倦的精神；这一年他又在屋子东面整治了一个小园，也有“小园风月得婆娑”之句。诗篇主要写在“书室”与“小园”中的活动情况。

第一首。起联自表老年闲居的“超然”脱俗。“老手”，老年身手，犹老身。这联概述作冒。颔联出句忆旧，写壮年饮量大，能“席地”而坐，喝它“百榼”，忆南郑诗有“雪中痛饮百榼空”之句，即可说明。对句写当今，切题目的“明”字，写书室阳光明亮，窗边景色好，不异“壶中天地”；“壶天”，本指神仙境界，传说古代神仙施壶公，“常悬一壶，如五升器大，化为天地，中有日月，夜宿其内，自号壶天。”(《云笈七籤》)此表书室虽小陋，亦足徜徉自适。这联今昔对照，豪情消减、投老湖村的感慨，见于言外。颈联出句写梦醒之后看见曲折的屏风边放着一些橙子，不联系诗人其他作品，是不易解其用意的。“菊枕”和被迫与诗人离异的前妻唐琬有关，前人已注意到；“橙”与此事的关系，前人尚未注意。看来“橙”是容易引起诗人对失去了的爱情的回忆之物，试读《秋晴出游》的“梦回有恨无人会，枕畔橙香似昔年”，《十一月四日夜半枕上口占》的“檐间雨滴愁偏觉，枕畔橙香梦亦闻”等句，就可窥见此中消息。得此消息，才能体味这句诗的命意所在。对句写“雨霁”“拄杖”出游，迎面见着早梅的情景。要领会“迎”字的传神，可以参看《探梅》的“欲寻梅花作一笑，数枝忽到拄杖边”两句。结联写平屋小斋，亦自可爱，不必求田问舍，经营阔气的园林别墅。“吾爱吾庐”，用陶渊明《读山海经》“吾亦爱吾庐”句。思颍，指宋欧阳修知颍州后，喜欢颍州风物，买田筑室于其地；平泉，指唐李德裕在洛阳有平泉别墅，饶园林之胜。本诗陆游自注：“李卫公忆平泉山居，欧阳公思颍诗，皆数十首。”

第二首。起联写江南十月天气温和、“美睡宜人”，切题中的“暖”字。颔联写室中帘不卷而“留香久”，砚微凹而“聚墨多”，是细致的细节刻画，为陆游名句。这两联都写白天。颈联转写晚上，出句写“月”映“梅影”，幽细；对句写“风高”传送“雁声”，凄清。结联写喝淡酒亦可酣歌。用春秋齐桓公的卿相宁戚未出仕前为人挽车，在车前“扣牛角而歌”(见《吕氏春秋·举难》、《晏子春秋》等)的典故，自表颓放，而兼叹壮志未伸，含意隐微。

这两首诗把一些生活细节和片段感想组织起来。室内室外，白天晚上，怀旧写今，描景抒情，安排错落；思议古人，解嘲自适，壮气难回，旧恨萦心，随手拈来。感情中有喜悦的，有伤感的，有慷慨的，有凄恻的；描写有细致的，有疏淡的，有豪放的，有朴素的。不拘泥于一定的线索和集中的题材，而大要归于闲适清淡的风格和安贫乐道的意境。

（陈祥耀）

禹迹寺南，有沈氏小园。四十年前，尝题小词一阕壁间。偶复一到，而园已三易主，读之怅然　　陆　游

枫叶初丹槲叶黄，　　河阳愁鬓怯新霜。①
林亭感旧空回首，　　泉路凭谁说断肠？
坏壁醉题尘漠漠，　　断云幽梦事茫茫。
年来妄念消除尽，　　回向蒲龛一炷香。②

〔注〕 ① 河阳愁鬓：即潘鬓。晋潘岳曾为河阳令，其《秋兴赋》云："斑鬓发以承弁兮。"后世因以潘鬓为鬓发斑白的代词。 ② 蒲龛：蒲，蒲团，僧徒坐禅及跪拜之具。龛，供奉佛像或神像的石室或柜子。

据陈鹄《耆旧续闻》、刘克庄《后山先生大全集》、周密《齐东野语》诸书载，放翁初娶表妹唐琬（亦作婉），伉俪相得，以不得陆母欢心，遂至仳离。后唐氏改嫁，放翁亦再娶王氏。挥涕一别，两情竟隔。然昔日恩爱，常萦心头，虽身作别凤，犹心通灵犀。尝以春日出游，相遇于禹迹寺南之沈园，唐琬遣致酒肴，以表心意，放翁感其旧情，怅然久之，为赋《钗头凤》一阕，题园壁间。唐氏见而和之，未几怏怏而卒。光宗绍熙三年（1192），放翁故地重游，但见亭台深闭，楼阁长扃，鸿影不留，墨痕犹在，诵读遗篇，惊心触目。往事分明，触绪生悲，复作此诗，以抒长恨。

此诗之"眼"，为一"空"字。首联写空冷之景。玉露流空，秋山正寂，枫树初丹，槲叶已黄。当此之时，唯有一皤然老翁，愁对新霜。这二句连写枫"丹"、槲"黄"、霜"白"，通过色彩描绘，来渲染深秋景象。

颔联写空寞之感。秋景满眼，愁绪萦怀，而林间小亭，尤惹人旧情。昔日佳人于此殷勤致意，如今唯有诗人抚迹伤心。园林萧瑟，人去台空，回首往事，空生怅望。然幽明路隔，重见无期，青鸟难觅，衷肠谁诉？

颈联写空虚之情。生者肠已断，死者阒无闻。但见坏壁之上，题诗犹在，尘渍苔侵，依稀可辨。而昔日欢爱，已如巫山云散，高唐梦醒，事已杳杳，情犹绵绵。中间两联，与苏轼词"十年生死两茫茫，不思量，自难忘。千里孤坟，无处话凄凉"

《江城子》)，情意相似。只是东坡直抒情怀，放翁寓情于景。苏词真率，如江河直下；陆诗委婉，似溪流百折。

在此情此景之中，导致了诗人的空无之念。既然世事已如空花，空门也就成了唯一可以安慰心灵之处。末联谓近年已消尽一切非分的欲念，虔心顿首在佛龛之前。但这又何曾能平息那难愈的悲愤？“此身行作稽山土，犹吊遗踪一泫然。”《沈园》)这才是放翁晚年心情的真实写照。事实上，他对唐琬的一往深情，始终不能自已。在这似乎已经看穿一切的言词背后，正是诗人永远不能忘怀的长恨。

墨痕掩不住泪痕和血痕。据字面分析，此诗似以“空”字贯始终。但在那空冷之景中跳动的，正是一颗灼热的心；诗人的空寞之感，起于对幸福生活的无限向往；而若没有那难以忘却的旧情，也就不会产生眼下的空虚之感；至于空无之念，更是创巨痛深之后的愤激之言。否则，诗人决不会如此情深意切，诗也绝不可能具有这么巨大的感人力量。云空实未空，这是理解此诗的一把钥匙。

（黄　珅）

小舟游近村，舍舟步归四首(其四)　　陆　游

斜阳古柳赵家庄，　　负鼓盲翁正作场。①
死后是非谁管得，　　满村听说蔡中郎。②

〔注〕①作场：指艺人圈地演出。　②蔡中郎：东汉蔡邕，官至左中郎将，故称蔡中郎。流传的戏曲说唱，将他说成是一个背亲弃妻的负心汉，如《琵琶记》即演他与妻子赵五娘的离合故事。其实蔡邕性至孝，并没有重婚之事。

斜阳古柳，数家茅屋，江树带烟，青山沉雾。有失意骚人，朝天无路，屏居乡里，随意漫步。当此时，但觉湖山秀色，尽染襟袖；人世纷扰，暂离心头；且尽农家之乐，不以是非萦心。放翁暮年所作《小舟游近村》诗四首，对此情景作了真切的表现。

这组诗作于宋宁宗庆元元年(1195)，时放翁年逾七旬，隐居山阴已达六年。这里所录的是其中比较别致的一篇。诗人用速写手法，描绘了盲人说书这样一件事，虽着墨不多，然涵咏有致，其佳处全在神韵不匮，词意深远。

“神韵”一语，出自唐张彦远《历代名画记》，清王士禛力主神韵之说，使之成为谈艺者的一面大旗。王氏之神韵，乃清远之谓，具体一些说，即王、孟等人笔下的山水清音，但神韵实非清远的同义词，神韵诗也绝不止于山水清音，即使是纪事、写怀、登览、咏史，也都有不少神会韵远之作。

神即诗之精神，韵即言外远致。惟其神至，故更觉韵远。因为重神，故诗人不作琐屑的描写；因为重韵，故诗意决不停留在字面之上。如这首诗本记听盲翁说唱之事，但诗中对此却只用一句轻轻带过，对于盲翁的形状、说唱的场面，只字未提，便以一声感叹，结束全篇。而就在这声感叹之中，流露了诗人的情意，诗之精神顿出。因为诗中有神，故不可拘泥于字句，须将死句看活，以探求其意；因为诗中有韵，又不可不深入字句之中，讽咏涵濡，玩味其意。盲翁说唱，不过是诗人一时所见，借题发挥，其作诗之意原不在此。至于蔡邕故事，只是民间传说，其是其非，无关紧要，诗人也无意为之正名；即使正名，也正不了。但就在这声感叹之中，诗人晚年无可奈何、聊以自解之情，已尽在不语之中。因为不语，故又留下余地，让读者去寻索，去回味。此即谓之有神，此即谓之有韵，这样的诗，就是神韵不匮之诗。

（黄　珅）

六月二十四日夜分，梦范致能、李知几、尤延之同集江亭，诸公请予赋诗，记江湖之乐，诗成而觉，忘数字而已

陆　游

露箬霜筠织短篷，　飘然来往淡烟中。
偶经菱市寻溪友，　却拣蘋汀下钓筒。
白菡萏香初过雨，　红蜻蜓弱不禁风。
吴中近事君知否？　团扇家家画放翁。

陆游现存的九千多首诗中，除抒写豪情壮志和忧国忧民情怀的作品外，还有相当一部分作品描写日常生活中的各种情趣，如此诗即是。范致能，范成大的字。他和陆游交情甚厚。李知几，李石字，他性情刚直，不附权贵。尤延之，尤袤字，袤为南宋四大诗人之一，与陆游齐名。这首诗是宁宗庆元二年(1196)陆游在故乡越州山阴(今浙江绍兴)时据梦中所作而补写。其时，他已七十二岁，已在家乡闲居多年。此诗所描写的就是这段时间的生活情状。

“箬”，即箬竹，亦称篛竹，高不及一米，竿细枝多，叶片宽大，多产于江、浙、闽、广，常制作防雨用具。“筠”，竹子的青皮，用来编织器物，经雨不烂。“篷”，这里是指船篷。这首联的意思是说，自己驾着露箬和霜筠织成的短篷小舟，在淡烟缭绕的湖光山色中飘然而来，又飘然而去。此联淡雅飘逸，尤其是第二句，更是飘飘有仙气，活现出诗人的悠闲心境和高雅情趣。这两句，不禁令人想起唐人张志和《渔歌子》中的“青箬笠，绿蓑衣，斜风细雨不须归”，以及苏东坡《定风波》词

中的“竹杖芒鞋轻胜马”，“何妨吟啸且徐行”诸句，而陆句有出蓝之胜。

颔联承接上文，作细致的描写。诗人所寻的是“溪友”，可见也是隐逸之士。不过，他并不是特地寻访，而是“偶经菱市”，忽而想起，才起了寻访之念。可是溪友还未访得，又见到一汀的浮萍，不由得钓兴大发，于是握竿下饵，索性坐下钓起鱼来。“偶经”、“却拣”二语，前后呼应，转动灵活，使全联显得十分空灵，而且又补足了首联“飘然来往”之意。

第三联纯粹写景，描写更为细腻。菡萏，即荷花。雨后荷花，分外洁白，分外清香。白色的荷花，碧色的莲叶，加上一只红色的蜻蜓，色彩真是美极了。诗人不仅写了静态，还写了动态之美。红蜻蜓毕竟纤弱，在雨后的微风中，翻飞上下，不能自主。诗人体物之工巧，可说臻于极致。一般律句是四—三句式，这一联却是三—四句式。然而，由于字下得稳，对仗很工，声调也流畅，所以读来并无生拗之感。

第七句一笔挽回，诗人郑重其事地问范、李诸公说：“吴中近事你们知道吗？”乍见此句，读者以为作者有什么重大事件要讲。诗人的回答却是：吴中家家团扇之上，画着一个放翁。放翁，陆游别号。放翁者，放达老翁之谓也。小舟一叶，往来于淡烟之中。偶经菱市，欲访溪友；忽见蘋汀，却下钓筒。一阵雨过，菡萏飘香，蜻蜓戏水，红白碧相间，何等绚丽。诗人悠然四顾，悦目赏心。试问，这样一位老翁，非“放”而何？一般律诗的作法，是第三联作转折，末联收结。而此首前三联相承而下，末联既作转折，另辟新境，同时又总收前三联的意思。家家团扇上所画之放翁，岂非就是前六句所描摹的放翁吗？

陆游诗以兴会猋举，辞气踔厉擅场。不过作为一个大诗人，他有多种风格，此诗即以清新、飘逸、空灵见胜，表现了他诗歌风格的另一面。

（刘禹昌　徐少舟）

枕　上　作　　　　陆　游

一室幽幽梦不成，　高城传漏过三更。
孤灯无焰穴鼠出，　枯叶有声邻犬行。
壮日自期如孟博，　残年但欲慕初平。
不然短楫弃家去，　万顷松江看月明。

陆游自己曾说过：“诗因少睡成。”（《夜坐庭中》）翻一翻《剑南诗稿》，就会发现“因少睡”而“成”的诗确实不少，单以《枕上》和《枕上作》为题的就有二十九首，如果再加上如《雨夕枕上作》、《枕上口占》、《枕上感怀》之类便有近五十首。诗人怀恢复之念，伤金瓯之有缺，恨壮志之难成，而今垂垂老矣，从戎无日，而此情此志，犹刻刻不忘，每于夜深人静之际，感慨欷歔，形诸歌咏。这就是此类“枕上作”的来由。

诗的前四句写诗人在不寐之夜对周围环境的感受。因为夜不成寐，才能听到城楼上的更漏已经报过三更。也因为是在深夜，才能感到“孤灯无焰穴鼠出，枯叶有声邻犬行”。“孤灯无焰”，如何能知道“穴鼠出”呢？那只有是听声而知了。这是说室内。在室外，只听得窸窸窣窣的脚踏枯叶之声，可以推知，那是“邻犬”在行走。这两句细致刻画了静夜不寐的情景。

“枕上三更雨，天涯万里游。”（《枕上》）被淹没在如此黑暗、冷寂的气氛中的诗人，岂止是孤独难眠，更使他万千思绪齐涌心头——“壮日自期如孟博，残年但欲慕初平”。东汉人范滂，字孟博，他“少厉清节……有澄清天下之志”（《后汉书·党锢传》）。初平，即黄初平，“丹溪人也，年十五，家使牧羊，有道士将至金华山石室中，四十余年。其兄初起就初平学，共服松脂茯苓，至五百岁而有童子之色”（《神仙传》）。这两句诗将“壮日”与“残年”相对，在时间上有个相当大的跨度，在内容上也有许多省略，要将这省略的内容填补进去，方好理解由“自期如孟博”，到“但欲慕初平”的心理变化。陆游生于动乱，长于忧患，人民的悲苦，国家的分裂，父辈爱国思想的感染，使得他很早就立志报国，以天下为己任。这用他自己的话来说，就是“少小遇丧乱，妄意忧元元”（《感兴》）；“少年不自量，妄意慕管葛（管仲、诸葛亮）”（《自警》）等等，这些诗句都可以说是“壮日自期如孟博”的注脚。可是，生活所给予他的只有挫折和打击，几十年的岁月就在无数次希望、无数次努力和无数次幻灭中流逝了。行遍天涯千万里，报国欲死无战场。终于，不得不怀着失望的心情，拖着衰老的身躯，寂寞地回到故园。而今已是风烛残年（陆游写这首诗时已八十一岁），“既不能挺长剑以抉九天之云，又不能持斗魁以回万物之春”（《寒夜歌》）。贫病交加，僵卧孤村，抚今追昔，真想能够像黄初平那样走进“金华山石室”，修道成仙，远离尘世。用“壮日自期”与“残年但欲”相对，感慨极深。但是神仙之事悠邈，于是只得另觅安身立命之所，因而诗人到此笔锋一转，“不然短楫弃家去，万顷松江看月明”松江，即吴淞江，太湖的支流。此处似不必拘泥，可泛指江湖。这两句要联系上文来理解，意思是说，虽不得往“金华山石室”，也要泛舟江湖，与清风明月为伴。这看来是超脱语，其实，和李白所说的“人生在世不称意，明朝散发弄扁舟”一样，只是愤激之词罢了。他的另一些诗句：“八十将军能灭虏，白头吾欲事功名”（《冬夜不寐至四鼓起作此诗》）；“犹期垂老眼，一睹天下壮”（《秋怀十首……》）。才说出了他真正的心声，真正的期待。

诗的后四句，由回首往事生发开去，以豪放洒脱之词，抒发出深沉激烈之情，排宕开阖，波澜迭起，反复吟咏，只觉得无限辛酸，悲愤难抑。此亦可谓“忠愤蟠郁，自然形见，无意于工而自工”（《唐宋诗醇》评语）。　（赵其钧）

雪夜感旧　　陆　游

江月亭前桦烛香，　龙门阁上驮声长。
乱山古驿经三折，　小市孤城宿两当。
晚岁犹思事鞍马，　当时那信老耕桑。
绿沉金锁俱尘委，①　雪洒寒灯泪数行。

〔注〕 ① 绿沉金锁：杜甫《重游何将军山庄》诗：“雨抛金锁甲，苔卧绿沉枪。”

这首诗作于宋宁宗庆元三年（1197），陆游七十三岁，闲居山阴。诗从远处落笔，开篇便是忆“旧”。江月亭，在小益（今四川广元）道中；桦烛，以桦树皮为烛；龙门阁，在今广元市北；驮声，指运输马队的驮铃声；三折，即三折铺，在夔州至梁山道中；两当，指两当县，在今甘肃东南部。这前四句诗在写法上有几点值得体味：第一，句式灵活。一联中的地名在句首，二联中的地名便放在句尾；第二，景与事相融，然亦各有轻重隐显之别。首联偏于绘景，“事”（即诗人的经历）则是暗寓其中；二联以叙事为主，然而“乱山古驿”、“小市孤城”，却也是笔墨如画；第三，散而不散。这四句诗写了不同的地点、景象、事件，然而其中活动着同一个人物，即诗人自己，贯串着同一个内容，那便是二十几年前诗人从戎南郑，为积极筹划抗金而奔走于幕府、前线、军营……所以，只要将人物与背景融入诗中，就感到它们犹如一气呵成的四个镜头，而且似乎只有这样，才能酣畅淋漓地描绘出“忆昔轻装万里行，水郎山驿不论程”（《忆昔》）的生活与气概。同时，还可以体会到在那些不断闪过的镜头中，所饱含的幽美抒情的意境，那江月亭前桦烛飘香的夜晚，给人一种温馨的情味；那龙门阁上叮当的驮铃声，在远近的山林栈道之中回响飘荡，不也是极富于诗意的吗？三四两句虽然写了“乱山古驿”、“小市孤城”，然而一“经”一“宿”，顺流而下，一气贯注，非但没有艰难寂寞之感，反而衬托出意气昂扬、关山飞渡之势。因此，诗的前半虽然都是忆旧，又是一句一个地名，但是并不显得呆板、累赘，读来只觉得事真景切，活泼流走，而且那字里行间还流露出无限神往的情味。这，又为下文打下了基础。

诗的第三联用“晚岁”二字领起，从“旧”转到“今”。“犹思”二字，表明了诗人执著报国的心愿。“当时那信老耕桑”一语补叙了这一点,写得极沉痛。纪昀说:“六句逆挽有力。‘那信’二字尤佳,若作‘谁料’便不及”(《瀛奎律髓汇评》)。之所以“有力”,大概是由于这一句的出现,不仅将昔日之心和盘托出,而且又从另一个侧面强调了今日之志。于是诗人的悲愤,诗人对理想的执著便跃然而出。当年陆游在对南郑幕府和西北地形有所了解之后,他便认为,以南郑为基地,向关中进军,加上中原人民的配合,北伐的胜利是指日可待的,正如他在《晓叹》一诗中所说:“幽并从古多烈士,悒悒可令长失职。王师入秦驻一月,传檄足定河南北。”久已渴望报国的陆游,身在前线,眼看着如此有利的形势,他所向往的只能是草檄军书,扬鞭疆场,建功立业。他怎么能相信会有这么一天——“竟为农父死,白首负功名”(《初冬感怀二首》)呢!所以说“‘那信’二字尤佳”,因为它更能够表现出诗人当时的意气,并反衬出今日的失望之情。可是事与愿违。“大散关上方横戈,岂料事变如翻波”(《题严州王秀才山水枕屏》)。腐败的南宋朝廷坐失良机,终使恢复无望,诗人自己也不能请缨杀敌,只得过着“一联轻甲流尘积,不为君王成玉关”(《看镜》)的生活。当年“那信”之事,早已成了事实!然而,岁月蹉跎,壮心犹在,而今荒村雪夜,寒灯独坐,看着这委于尘埃的绿沉(即绿沉枪,枪杆漆作浓绿色)、金锁(即锁子甲),回首往事,“许国虽坚,朝天无路,万里凄凉谁寄音”(《沁园春·三荣横谿阁小宴》),怎不令人黯然神伤!

这首诗题为《雪夜感旧》,写法是先写“旧”,后写“今”,篇终点出“雪夜”。“雪洒寒灯泪数行”,既是点题,也与首句暗中呼应,原来是眼前的“雪洒寒灯”之夜,将诗人的思绪引到昔日的桦烛飘香之夜,往事历历,感慨不已,写得回环往复而又思致清晰。诗的前半忆旧,轻快流畅,后半写今,沉郁悲慨。但都是十分真实地描绘了诗人不同时期的思想风貌,不同之中又有着共同的基础,那就是诗人永不衰竭的报国热忱。正因为如此,两种风调,两种笔势,浑然成篇,相互烘托。感情上的辩证统一,与写作技巧上的变化相反相成,达到了水乳交融、相得益彰的境界。这种艺术境界的取得,恐怕不能仅仅归之于诗人的技巧,更主要的还是源于诗人的经历与报国深情。正如诗人自己所说:“必有是实,乃有是文”(《上辛给事书》)。是乃经验之谈,精辟之见。

(赵其钧)

书愤二首 陆 游

白发萧萧卧泽中, 只凭天地鉴孤忠。
厄穷苏武餐毡久, 忧愤张巡嚼齿空。
细雨春芜上林苑, 颓垣夜月洛阳宫。

壮心未与年俱老，　死去犹能作鬼雄。

镜里流年两鬓残，　寸心自许尚如丹。
衰迟罢试戎衣窄，　悲愤犹争宝剑寒。
远戍十年临的博，　壮图万里战皋兰。
关河自古无穷事，　谁料如今袖手看。

陆游的“书愤”诗有多首，这两首是他七十三岁时在山阴所作。他说：“盖人之情，悲愤积于中而无言，始发为诗。不然，无诗矣。”（《渭南文集》卷十五《澹斋居士诗序》）正是在这种思想的支配下，陆游经常在作品中抒发出浓勃深沉的积愤。这两首诗所抒发的，就是“塞上长城空自许”，“但悲不见九州同”的悲愤。

前一首抒发自己的满怀壮志和一片忠心不被人理解的愤懑。“泽中”，指诗人居住之地镜湖。其时，诗人年迈力衰，远离朝廷。他想到，光阴既不待我，衷肠亦无处可诉，只好凭天地来鉴察自己的一片孤忠。紧接着，诗人抚今追昔，想起了古人。苏武厄于匈奴，餐毡吞雪而忠心不泯。安史乱中，张巡死守睢阳数月，被俘后仍骂敌不止，最后竟嚼齿吞舌，不屈而死。我的耿耿孤忠，不减他们二人，有天地可鉴。此联补足上联之意。上林苑，汉时旧苑。它和“洛阳宫”，在这里都是用来代指皇宫所在之地。首二联情绪激昂，一气直下。这一联则描写细腻，对偶精工，起到了铺垫的作用。最后一联一吐胸臆，直点主题，语气激昂，情绪悲壮，表现了“亘古男儿一放翁”（梁启超《读陆放翁集》诗语）的英雄本色。“鬼雄”语本屈原《九歌·国殇》：“魂魄毅兮为鬼雄。”李清照有“死亦为鬼雄”之句，陆游或取其意。

在第二首中，诗人的愤慨和前一首有所不同。虽然这一首似乎是承接着上一首最后两句的壮志而来，但毕竟现实不可回避，理想终究总是理想，所以，到这一首的最后两句，诗人不得不发出无可奈何的叹喟。这一篇的首联和上篇“壮心未与年俱老”句，意思一脉相承，是说对镜照容，已是两鬓苍苍，但是年华虽逝，而自己的壮心依然赤热，不减当年。第二联承上：自己迟暮衰弱，不胜戎衣，但是，悲愤存胸，宝剑在握，寒光闪烁，还是想拼一拼的。于是想起了当年之事。那时，他一腔热血，满怀激情，为了收回失地，远戍的博（又作“滴博”、“滴博岭”，在今四川理县东南。这里泛指川、陕），鏖战皋兰（县名，在今甘肃兰州北）。然而，时光流逝，那自古以来的关河无穷之事（指征战疆场，澄清山河），在我身上终于无法实现。当年是壮志凌云，岂料到今日成了一个袖手旁观之人。其心情之悲痛苍凉，溢于字里行间。这便是后二联的意境。

陆游的这两首《书愤》诗，笔力雄健，气壮山河，充分地显示了他诗歌风格特征的一个主要方面。特别是其中表现出来的对国家、民族的每饭不忘、终生难释的深厚情意，更是陆游整个创作中的精华所在。纪昀在《瀛奎律髓刊误》中说："此种诗（按：指《书愤》"白发萧萧"一首）是放翁不可磨灭处。集中有此，如屋有柱，如人有骨。"这个见解是非常正确的。 （刘禹昌 徐少舟）

忆 昔 陆 游

忆昔从戎出渭滨，　　壶浆马首泣遗民。
夜栖高冢占星象，　　昼上巢车望虏尘。
共道功名方迫逐，　　岂知老病只逡巡。
灯前抚卷空流涕，　　何限人间失意人。

乾道八年（1172），陆游接受四川宣抚使王炎的邀请，赴南郑襄赞军务。这是陆游一生中唯一身临前线的机会，他自己也以为驱逐金兵、立功酬志的时候到了。因而诗人换上戎装，昼夜察看地形，打探敌军虚实，会同王炎积极策划收复长安。然而，南宋最高统治集团对内苟安偷生，对外坚持投降路线。所以，正在王炎和陆游认为长安唾手可得的时候，王炎被调离任，陆游也改任成都安抚使参议官。对此，陆游是不甘心的，尤其是随着年龄的增长，时局的变化，使他越来越感到希望渺茫。诗人的晚年，写了相当多的诗回忆他在南郑的军事生活，这首《忆昔》是其中的一首。

此诗写于宁宗庆元三年（1197），当时诗人处于闲职，以中奉大夫衔提举冲佑观。

"忆昔"这个题目，一般地说都应该包括两方面内容：对昔日生活的回顾和由此而产生的感想。这首诗即分两部分来写。

前两句写初到南郑。从南郑跨越秦岭，出大散关，即临渭河，所以说"出渭滨"。"壶浆"指酒浆。《孟子·梁惠王下》："箪食壶浆，以迎王师。""马首"出于《左传·襄公十四年》："鸡鸣而驾，塞井夷灶，唯余马首是瞻。"首句写作者当年曾随军强渡渭水。次句写关中百姓慰问宋军，并向他们泣诉在被占区所受到的屈辱，言外之意就是殷切期望宋军收复失地。三四句写在南郑的活动。高冢即高山。古人迷信，以为天上的星象可主人间的成败祸福。巢车是古时的一种战车，车上有用辘轳升降的瞭望台，人居其中，如在鸟巢，故名。这两句用"昼"、"夜"概括全天活动,可以从中体会到作者以全部精力投入北伐准备工作的炽烈感情。

后四句是忆后的悲愤心情。迫逐,等于说很快可以求得。“共道功名方迫逐”,用“大家都认为”功名屈指可得来展示诗人当年的壮志。从诗中可以看出,有马首泣诉要求收复失地的“遗民”,有昼夜苦心经营的将领,有“星象”之兆,有对“虏尘”的深入了解,“方迫逐”当是言之不诬的。“逡巡”的本义是踌躇不前、欲行又止,这里指一无进展。“岂知老病只逡巡”,用“没有料到”作转折,使前面句句之意急转直下,至末二句则与前半篇形成鲜明对比。如今他一边抚摸书卷,一边流泪。此处的书卷当指史籍。古往今来,多少英雄烈士,壮怀不能伸,老死牖下。诗人灯下披览史书,联想自己,不由悲从中来。想自己空怀报国之志,如今一事无成,将和历史上无数志士一样,赍恨以没世,能不伤心落泪?

这首诗以“忆昔”二字作题,并以此二字开头,以“何限人间失意人”结尾,表明题意。这种“首章标其目,卒章显其志”的诗歌表现手法,显系从《诗经》学来,白居易的新乐府即采取这种形式,而在近体诗中是少见的。章法上,此诗每两句构成一个小的意群,再由这四个链条组成全篇,结构天成,思路精密。语言运用上,作者深于锤炼,比如“壶浆马首泣遗民”,一句三意,写尽了北方遗民的心情。第三句用“栖”字,第四句用“上”字,把两句联系起来,因而一个不辞劳苦的忧国忧民的志士的形象就活跃在纸上了。第六句用“逡巡”写目前,不仅表现了一个“老病”者的行动特征,而且刻画出一个有志之士无法施展抱负的彷徨心理。此外,如“共道”、“迫逐”、“抚”等等,也都下得极有分寸。　（李济阻）

夏夜不寐有赋　　陆　游

急雨初过天宇湿,　大星磊落才数十。
饥鹘掠檐飞磔磔,　冷萤堕水光熠熠。
丈夫无成忽老大,　箭羽凋零剑锋涩。
徘徊欲睡还复行,　三更犹凭阑干立。

发抒请缨无路、报国无门、自伤老大的情怀,是陆游晚年诗篇中的重要内容。但在表现手法上,这首《夏夜不寐有赋》又别具机杼。

诗一上来写特殊的天气。“急雨初过天宇湿”七字统摄前四句,笼罩全篇。夏夜得雨,按说应该使人感到舒适凉爽,今乃不然。因是“急雨”,来势迅猛而时间短暂;又系“初过”,溽暑未消。这阵急雨将地面积热化为气浪蒸腾,初停时这种热浪特别逼人,因此这一番急雨过后,留下“天宇湿”的气象——天宇间弥漫着一股湿热的空气，使人气闷。且由于“急雨初过”，雨脚虽断，雨意仍浓，仰观天幕，依然黑云带雨，仅见少数大星闪着幽光。观此自不胜苍茫寥落之感：这就是“大星磊落才数十”提供的意象。在这种低气压中，万物自然烦躁不安，因而“饥鹘掠檐飞磔磔”。鹘是“隼”一类的猛禽，善于高飞搏击，此时也只能掠檐低飞而磔磔有声。“鹘”前加一“饥”字，益见其遑遑不安。此时萤虫也无力远飞，堕入水中，而发出闪烁之光。此光，与天宇间大星幽冷之光，两相映照，显出宇宙间一派凄迷幽暗景象。以上四种兴象，与放翁当时感受到的时代气息，是一致的。回首平生，他在青年时代即受压于奸相秦桧，后来又因反对招权植党的佞幸，激怒孝宗，贬居外官；三年后，复因“力说张浚用兵”，解职归里。后虽一度起用，老来还是因“嘲弄风月”的罪名，被劾去官。当时宋朝河山半沦金人之手。陆游力主抗金，锐意恢复，却不断受到排挤。在这个不眠的夏夜，他漫步中庭，种种家国身世之情，乃因急雨、大星、饥鹘、冷萤诸多兴象而激起层层波澜，逼出“丈夫无成忽老大，箭羽凋零剑锋涩”的五六两句。这是无可奈何的浩叹。“丈夫”本当有所作为，今乃一事无成，而人已老大，“学剑四十年，虏血未染锷”（《醉歌》），这是他个人的悲剧，也是时代的悲剧。但转而自思：回天乏术，浩叹又复何益？于是，在这两句之后，转而勾画出一个彷徨不安的自我形象。先是徘徊不定；继乃强自矜持，准备安寝；终因苦恨难平，复至中庭茫然地来回行走。“徘徊欲睡还复行”七字千回百转，写尽志士愤懑难平的起伏心潮。最后，这种种家国之情，凝于“三更犹凭阑干立”一句之中。诗篇已尽，诗情未已。

这首诗最值得注意的是前四句兴象构成的气氛色彩。这四句如易水之歌未发，击筑之声已自具悲慨；山雨欲来，先有狂风满楼。一种愤懑之气笼罩全诗。有了这前四句的积蓄，后半才转入正面抒情。但又点到即止，感情的闸门稍开即阖，最后以形象挽住全诗，笔酣意足却又引而不发，遂使此诗具有凄咽顿挫、激荡回旋的力量。

（赖汉屏）

幽居初夏　　陆 游

湖山胜处放翁家，　槐柳阴中野径斜。
水满有时观下鹭，　草深无处不鸣蛙。
箨龙已过头番笋，　木笔犹开第一花。
叹息老来交旧尽，　睡来谁共午瓯茶？

这诗是陆游晚年居山阴三山时所作。八句诗前六写景，后二结情；全诗紧紧围绕“幽居初夏”四字展开，四字中又着重写一个“幽”字。景是幽景，情亦幽情，但幽情中自有暗恨。

首句“湖山”二字总冒全篇，先从大处着笔，勾勒环境，笔力开张，一起便在山光水色中透着一个“幽”字。次句写到居室周围，笔意微阖。乡间小路横斜，四周绿阴环绕，有屋于此，确不失为幽居；槐树成荫，又确乎是“绕屋树扶疏”的初夏景象。这一句暗笔点题。颔联紧承首联展开铺写。水满、草深，鹭下、蛙鸣，自是典型的初夏景色。然上句着一“观”字，明写所见；下句却用“鸣蛙”暗写所闻。明、暗、见、闻，参差变化。且上句所言，湖水初平，入眼一片澄碧，视野开阔，是从横的方面写。白鹭不时自蓝天缓缓下翔，落到湖边觅食，人的视线随鹭飞而从上至下，视野深远，是从纵的方面写。而白鹭悠然，安详不惊，又衬出环境的清幽，使这幅纵横开阔的画面充满了宁静的气氛。下一“观”字，更显得诗人静观自得，心境闲适。景之清幽，物之安详，人之闲适，三者交融，构成了恬静深远的意境。从下句看，绿草丛中，蛙鸣处处，一片热闹喧腾，表面上似与上句清幽景色相对立，其实是以有声衬无声，还是渲染幽静的侧笔。而且，这蛙鸣声中，透出一派生机，又暗暗过渡到颈联“箨龙”、“木笔”，着意表现自然界的蓬勃生意，细针密线，又不露痕迹。“箨龙”就是笋，“木笔”又叫辛夷花，两者都是初夏常见之物。“箨龙”既“已过头番笋”，则林中定然留下许多还没有完全张开枝叶的嫩竹；“木笔”才开放“第一花”，枝上定然留有不少待放的花苞。诗人展示给我们的是静止的竹和花，唤起我们想象的却是时时都在生长变化之中的动态的景和物。

从章法看，这前六句纯然写景，而承转开阖，井然有序。颔联“水满”、“草深”是水滨景色，承前写“湖”；颈联“头番笋”、“第一花”，则是山地风光，承前写“山”。首句概言“湖山胜处”，两联分承敷衍，章法十分严谨。但颔联写湖，是远处宽处的景色；颈联写庭院周围，是近处紧处的风光。刘熙载《艺概·诗概》说：“律诗中二联必分宽紧远近”，这就在严谨中又有变化。

诗的前六句极写幽静的景色之美，显出诗人怡然自得之乐，读诗至此，真以为此翁完全寄情物外，安于终老是乡了。但结联陡然一转，长叹声中，大书一个“老”字，顿兴“万物得时，吾生行休”之叹，古井中漾起微澜，结出诗情荡漾。原来，尽管万物欣然，此翁却心情衰减，老而易倦，倦而欲睡，睡醒则思茶。而一杯在手，忽然想到往日旧交竟零落殆尽，无人共品茗谈心，享湖山之乐，于是，一种索寞之感，袭上心头。四顾惘然，向谁诉说？志士空老，报国无成，言念及此，能无怅怅？所以说这首诗在幽情中自有暗恨。

陆游这组诗一共四首七律，这里选的是第一首。四首诗都着意写幽居初夏景色,充满了恬静的气氛,但心情都显得不平静。第二首有句云:“闲思旧事惟求醉,老感流年只自悲”,可见旧事不堪回首,只求于一醉中暂时忘却。第三首颈联说:“只言末俗人情恶,未废先生日晏眠”,说明先生之所以“日晏眠”,乃由于“末俗人情”之险恶不堪问。第四首结联说:“移得太行终亦死,平生常笑北山愚”,则是嗟叹自己空有移山之志,而乏回天之力;笑愚公,其实是自慨平生。陆游晚年村居诗作,周必大评为“疏淡”(见《周益国公文忠集·与陆务观书》),刘熙载称为“浅中有深,平中有奇”。这类诗的渊源所自,历来论者无不指为“学陶”、“学白”。从他大量的写农村风光的诗来看,特别是从这首《幽居初夏》看,固然有陶渊明的恬静,白居易的明浅,但此外还另有陶、白所不曾具有的一境:他的心总是热的,诗情总是不平静的。即使所写景物十分幽静,总不免一语荡起微澜,在“一路坦易中,忽然触著”。梁清远《雕丘杂录》说:“陆放翁诗,山居景况,一一写尽,可为山村史。但时有抑郁不平之气。”这是陆游一生忧国忧民,热爱生活,积极用世,坚韧执著的个性的闪现,也正是这首《幽居初夏》的特色。 (赖汉屏)

沈园二首 陆 游

城上斜阳画角哀, 沈园非复旧池台。
伤心桥下春波绿, 曾是惊鸿照影来。

梦断香销四十年, 沈园柳老不吹绵。
此身行作稽山土, 犹吊遗踪一泫然!

陆游被誉为“亘古男儿一放翁”(梁启超《读陆放翁集》),尝自称“老夫壮气横九州”(《冬暖》),渴望“上马击狂胡,下马草军书”(《观大散关图有感》),是一个豪气冲天的大丈夫,写有大量天风海雨般的作品。但这只是其人其诗之一面(当然是主导方面)。他还有另一面,即个人家庭的悲欢离合,儿女之情的缠绵悱恻。他抒发此类感情的作品,写得哀婉动人。他一生最大的个人不幸就是与结发妻唐琬的爱情悲剧。据《齐东野语》等书记载与近人考证:陆游于高宗绍兴十四年(1144)二十岁时与母舅之女唐琬结琴瑟之好,婚后“伉俪相得”,但陆母并不喜欢儿媳,终至迫使于婚后三年左右离异。后唐氏改嫁赵士程,陆游亦另娶王氏。绍兴二十五年春,陆游三十一岁,偶然与唐琬夫妇“相遇于禹迹寺南之沈氏园。唐以语赵,遣致酒肴。陆怅然久之,为赋《钗头凤》一词题壁间”。唐氏见后亦奉和一首,从此郁郁寡欢,不久便抱恨而死。陆游自此更加重了心灵的创伤,悲悼之情始终郁积于怀，五十余年间，陆续写了多首悼亡诗，《沈园》即是其中最脍炙人口的两首。

《齐东野语》曰：“翁居鉴湖之三山，晚岁每入城，必登寺眺望，不能胜情，又赋二绝云：（引诗略）。盖庆元己未也。”庆元己未为公元1199年，是年陆游七十五岁。《沈园》乃诗人触景生情之作，此时距沈园邂逅唐氏已四十五年，但缱绻之情丝毫未减，反而随岁月之增而加深。

《沈园》之一回忆沈园相逢之事，悲伤之情充溢楮墨之间。

“城上斜阳”，不仅点明傍晚的时间，而且渲染出一种悲凉氛围，作为全诗的背景。斜阳惨淡，给沈园也涂抹上一层悲凉的感情色彩。于此视觉形象之外，又配以“画角哀”的听觉形象，更增悲哀之感。“画角”是一种彩绘的管乐器，古时军中用以警昏晓，其声高亢凄厉。此“哀”字更是诗人悲哀之情外射所致，是当时心境的反映。这一句造成了有声有色的悲境，作为沈园的陪衬。

次句即引出处于悲哀氛围中的“沈园”。诗人于光宗绍熙三年（1192）六十八岁时所写的《禹迹寺南有沈氏小园序》曰：“禹迹寺南有沈氏小园，四十年前（按：实为三十八年）尝题小词壁间，偶复一到，园已三易主，读之怅然。”诗中并有“坏壁醉题尘漠漠”之句。那时沈园已有很大变化；而现在又过七年，更是面目全非，不仅“三易主”，且池台景物也不复可认。诗人对沈园具有特殊的感情，这是他与唐氏离异后唯一相见之处，也是永诀之所。这里留下了他刹那间的喜与永久的悲，《钗头凤》这首摧人肝肺之词也题于此。他多么渴望旧事重现，尽管那是悲剧，但毕竟可一睹唐氏芳姿。这当然是幻想，不得已而求其次，他又希望沈园此时的一池一台仍保持当年与唐氏相遇时的情景，以便旧梦重温，借以自慰。但现实太残酷了，今日不仅心上人早已作古，连景物也非复旧观。诗人此刻心境之寥落，可以想见。

但是诗人并不就此作罢，他仍竭力寻找可以引起回忆的景物，于是看到了“桥下春波绿”一如往日，感到似见故人。只是此景引起的不是喜悦而是“伤心”的回忆：“曾是惊鸿照影来。”四十四年前，唐氏恰如曹植《洛神赋》中所描写的“翩若惊鸿”的仙子，飘然降临于春波之上。她是那么婉娈温柔，又是那么凄楚欲绝。离异之后的不期而遇所引起的只是无限“伤心”。诗人赋《钗头凤》，抒写出“东风恶，欢情薄”的愤懑，“泪痕红浥鲛绡透”的悲哀，“错！错！错！”的悔恨。唐氏和词亦发出“世情薄，人情恶”的控诉，“今非昨，病魂常恨千秋索”的哀怨。虽然已过了四十余春秋，而诗人“一怀愁绪”，绵绵不绝，但“玉骨久成泉下土”（《十二月二日夜梦游沈氏园亭》），一切早已无可挽回，那照影惊鸿已一去不复返了。然而只要此心不死，此“影”将永在心中。

《沈园》之二写诗人对爱情的坚贞不渝。

首句感叹唐氏溘然长逝已四十年了。古来往往以“香销玉殒”喻女子之亡，“梦断香销”即指唐氏之死。陆游于八十四岁即临终前一年所作悼念唐氏的《春游》亦云：“也信美人终作土，不堪幽梦太匆匆。”唐氏实际已死四十四年，此“四十年”取其整数。这一句充满了刻骨铭心之真情。

次句既是写沈园即目之景：柳树已老，不再飞绵；也是一种借以自喻的比兴：诗人六十八岁时来沈园已自称“河阳愁鬓怯新霜”（《禹迹寺南有沈氏小园》），此时年逾古稀，正如园中老树，已无所作为，对个人生活更无追求。“此身行作稽山土”，则是对“柳老”内涵的进一步说明。“美人终作土”，自己亦将埋葬于会稽山下而化为黄土。此句目的是反衬出尾句“犹吊遗踪一泫然”，即对唐氏坚贞不渝之情。一个“犹”字，使诗意得到升华：尽管自己将不久于人世，但对唐氏眷念之情永不泯灭；尽管个人生活上已无所追求，但对唐氏之爱历久弥新。所以对沈园遗踪还要凭吊一番而泫然涕下。“泫然”二字，饱含多少复杂的感情！其中有爱，有恨，有悔，诗人不点破，足供读者体味。

这二首诗与陆游慷慨激昂的诗篇风格迥异。感情性质既别，艺术表现自然不同。写得深沉哀婉，含蓄蕴藉，但仍保持其语言朴素自然的一贯特色。

（王英志）

陈阜卿先生为两浙转运司考试官，时秦丞相孙以右文殿修撰来就试，直欲首送。阜卿得予文卷，擢置第一。秦氏大怒。予明年既显黜，先生亦几陷危机。偶秦公薨，遂已。予晚岁料理故书，得先生手帖，追念平昔，作长句以识其事，不知衰涕之集也①

陆 游

冀北当年浩莫分，　斯人一顾每空群。
国家科第与风汉，　天下英雄惟使君。
后进何人知大老，　横流无地寄斯文。
自怜衰钝辜真赏，　犹窃虚名海内闻。

〔注〕 ① 陈阜卿：陈之茂，字阜卿，无锡人。绍兴二年(1132)，张九成榜下同进士出身。卒于建康府任内。秦丞相孙：秦桧孙秦埙。《宋史·萧燧传》及《四朝闻见录》作秦熺。

放翁报国之志，至老未衰，但生不逢时，至老未遇，自早岁无端遭秦桧贬黜，至暮年因受谤罢归乡里，命与仇谋，可谓穷矣！此诗作于宋宁宗庆元五年(1199)，时放翁复遭谴逐，奉祠居家，见陈公手帖，追思往事，感激知遇之心，忧谗嫉邪之意，并集胸中，情不能已，形于篇章。

全诗一气贯注，将知遇之感、身世之悲，自起句直贯篇末。韩愈《送温处士赴河阳军序》："伯乐一过冀北之野，而马群遂空。夫冀北马多天下，伯乐虽善知马，安能空其群邪？解之者曰：吾所谓空，非无马也，无良马也。"首联即追念伯乐，能从群马之中，识别良骥，以喻陈氏别具慧眼，能从众多考生之中，拔擢自己为第一。

风汉，即疯汉。据《玉泉子》："刘蒉，相国杨公嗣复之门生也，对策以直言忤时，中官尤所嫉忌。中尉仇士良谓杨公曰：'奈何以国家科第放此风汉及第耶？'"放翁好议论时政，并以此得罪，与刘蒉相似，其就试遭秦桧之忌，也与刘蒉为中官所嫉相类，故颔联出句引以自喻。又《三国志·蜀书·先主传》："曹公从容谓先主曰：'今天下英雄，唯使君与操耳。本初之徒，不足数也。'"放翁应试，陈氏览其文，深加奖许，擢置第一，故对句又引曹操独推刘备之语为喻。

大老，对德高望重者的尊称。《孟子·离娄上》："二老(指伯夷、吕尚)者，天下之大老也。"放翁对陈氏知遇之恩，铭心难忘，故以大老敬称。横流，喻局势动荡，此指秦桧当权之时。《论语·子罕》："天之将丧斯文也，后死者不得与于斯文也。"颈联出句慨叹陈公已死，其令德风流，竟不为后生小辈所知。对句自叹，以示奸佞当道，英才无所容身。愤激之意，溢于言表。

真赏，符合实际的赞赏，语出《梁书·王筠传》："知音者希，真赏殆绝。"末联自道衰老迟钝，功业未就，有负陈公赏识。但当日少年，今已名闻海内，可见陈公并未错赏，自己也不负陈公。看似谦词，其实充满了自负和不平。

在表现手法上，这首诗有两个特点：宋人好以才学为诗，前人屡表不满，滥于用事，已成作诗大忌。此诗通篇用典，本易流于晦涩，但由于其用事切而不僻，故能不堕事障，读之浑然，如同己出。另外，诗贵曲，此诗却直。事实上，当情意激昂之时，但觉胸中有千言万语，唯欲一吐为快，此时作诗，其言必直；而也只有直写胸臆，方能畅吐郁结。非直无以写其怀，非直无以见其真。语愈直，情愈深，意愈真。放翁此诗，即是一篇情深词直之作。

(黄　珅)

西　村　　　　陆　游

乱山深处小桃源，　　往岁求浆忆叩门。
高柳簇桥初转马，　　数家临水自成村。

茂林风送幽禽语， 坏壁苔侵醉墨痕。
一首清诗记今夕， 细云新月耿黄昏。

周密《武林旧事》记载："西陵桥又名西泠桥，又名西村。"但西泠桥在孤山之后，与此诗首句"乱山深处"之说不合，疑是山阴的一个小村庄。陆游另有《东村》诗，作于宋宁宗庆元六年(1200)，《西村》诗当也是闲居山阴期间所写。

西村是诗人旧游之地。这次隔了多时旧地重游，自不免有一种既熟悉又陌生的感觉。他观赏着沿途风光，时而引起对往事的回忆。

首联由西村思往事。西村群山环绕，仿佛是桃源世界。他还清楚记得当年游赏时敲门求水解渴的情景。"浆"，泛指饮料。

颔联写进山时的情况：走过柳树簇拥的小桥，就要勒转马头拐个弯，前面临水数户人家便是西村。对于摆脱尘世喧嚣的山水深处，诗人是心向往之的。他另有《小舟游近村舍舟步归》绝句："数家茅屋自成村，地碓声中昼掩门。寒日欲沉苍雾合，人间随处有桃源。"也把数家的小村视为桃源。此诗这两句富于动感，景物组合巧妙。"高柳簇桥"，似乎尚处于"山重水复疑无路"(陆游《游山西村》)的境地，而在"初转马"以后，眼前便是"数家临水自成村"，就进入了"柳暗花明又一村"(陆游《游山西村》)的境界。这与陶渊明《桃花源记》中"初极狭，才通人，复行数十步，豁然开朗"的写法颇为接近。这不仅回应了首句"小桃源"三字，而且从山回路转中展示了这一桃源境界。

颈联写入西村后所见所闻：周围树木茂密，不见啼鸟，但闻鸣声。当年来游之处，已是坏壁颓垣，自己醉书于上的诗句，也已斑斑驳驳，布满青苔。诗人觉得，眼前这情景很动人，值得怀恋，应当写一首诗留作纪念。

于是转入尾联。正当诗人吟哦之际，抬起头来，只见空中有几缕纤云，一弯新月。在此风景清佳的黄昏时刻，清诗自会涌上心头。

作为一首纪游诗，此诗的特点在于能够不为物累，脱去形似，用渗透感情的笔墨去捕捉形象，将自己深切体验过的、敏锐感受到的物象写入诗中，几乎每一笔都带感情。前人所谓"兴中有象，有人在"(王若虚《滹南诗话》)，所指的当是这一类作品。

(陈志明)

枕 上 作 陆 游

萧萧白发卧扁舟， 死尽中朝旧辈流。
万里关河孤枕梦， 五更风雨四山秋。

郑虔自笑穷耽酒，　李广何妨老不侯。
犹有少年风味在，　吴笺着句写清愁。

这首诗写于宋宁宗庆元六年(1200)，这时陆游已是七十六岁的高龄。淳熙十六年(1189)，他被罢官回山阴家居，也已十几年了。

陆游的山阴故居，乃水乡泽国，家中备有小船，所以他可以“萧萧白发卧扁舟”，酣然入梦。老诗人的身体躺在家乡的小船里，可心中仍在思虑着国家大事。当年和他意气相投，以恢复万里关河相期许的朋友，有不少人已经与世长辞。六年前，范成大卒；五年前，陈亮卒；四年前，赵汝愚自杀；本年初，朱熹卒。——这便是“死尽中朝旧辈流”所指。“中朝”，即朝中，朝廷。韩愈《石鼓歌》有“中朝大官老于事”。朋辈凋零殆尽，诗人自己呢？也已是风烛残年，只落得“老病有孤舟”而已。

但是，他那颗时刻不忘恢复中原故土的赤子之心，仍在顽强地跳动。身临前线虽不可能，可“故国神游”却谁也挡不住。据赵翼《瓯北诗话》统计，陆游的记梦诗有九十九首之多。对统一大业的热切盼望，使他朝思夜想，形诸梦寐。“万里关河孤枕梦，五更风雨四山秋”，也许，诗人从军南郑时“铁衣上马蹴坚冰”、“飞霜掠面寒压指”的生活，又复现在梦境？也许，诗人悬想过多次的“凉州女儿满高楼，梳头已学京都样”(《五月十一日夜且半梦从大驾亲征……》)的景象，又呈现在脑海？也许，诗人一向怀抱的夙愿“关河可使成南北，豪杰谁堪共死生”(《猎罢夜饮示独孤生三首》)，因朋辈的殒折和年华的流逝而益渺茫，故于梦中一展宏图？“孤枕梦”之“孤”，自是实写，然又恰与上联之“死尽”相对，照应极严。秋风秋雨声惊醒了诗人的美梦，把他从梦寐以求的万里关河之境拉回到束手无为的咫尺小舟之中。他睁开昏花的睡眼，发现已是五更天了，四山的秋色和着雨丝风片一齐向他袭来。回思梦中的情景，再看看自己现在的处境，他不由得想起两位古人——郑虔和李广。

“郑虔自笑穷耽酒，李广何妨老不侯”，唐玄宗时郑虔文才很高，他的诗、书、画，曾被玄宗赞为“三绝”；但生活贫困而嗜酒。汉将李广长于骑射，一生与匈奴七十余战，屡建奇功，但命运坎坷，终未封侯，最后自杀。陆游自信文可以比郑虔，武可以比李广，而自己晚年的遭遇也与郑、李相仿佛。就在写此诗的前一年，他已被准予致仕，实差和祠官一并勾销，不再食俸。“生理虽贫甚”(《致仕后述怀》)，但“绿樽浮蚁狂犹在”(《题庵壁》)，酒还是不能少的，只好自己酿造(见《村舍杂书》)。这两句中的“自笑”和“何妨”，是句中的诗眼，透露出诗人的心曲。

"自笑",非自我解嘲,而是欣慰之情的表现。当他出于政治斗争的考虑,决定辞官时,曾写过一首《病雁》诗,其中说:病雁"不辞道路远,置身湖海宽";而自己"虽云幸得饱,早夜不敢安",于是"乃知学者心,羞愧甚饥寒"。忍饥寒而免羞愧,故有欣慰之"自笑"。"何妨"者,境界颇高,所谓"君子坦荡荡,小人常戚戚",正可作为注脚。诗人所关心的,决非自己的名位权势。大而言之,是国家的统一;小而言之,是品德的高洁。既不能进而兼济天下救苍生,便退而独善其身持操守,纵未封侯拜相,又有何妨?况且,在内心的坦然、村酿的陶醉之外,还有少年时的风味积习,增添了无限的情趣——"犹有少年风味在,吴笺着句写清愁"。

这里的"清愁"既是前面所写"孤枕梦"的余波,也是秋风秋雨的阴影。梦里的万里关河,醒来变为一叶孤舟,梦中的驰骋沙场,醒来变为老病卧床,集中到一点,就是"白头不试平戎策,虚向江湖过此生"的终生遗憾,"这次第,怎一个愁字了得?"(李清照《声声慢》)"清愁"之情与"清秋"之景交融,情景相生。

全诗脉络分明:首联中之"卧扁舟",对上而言,紧承诗题《枕上作》之"枕上",对下而言,内启"孤枕梦"的出现,外启"四山秋"的环境描写;风雨惊觉后,梦境变为实境,但思绪未断,由想象中的"我",回到了现实中的"我";于是乃有"自笑"、"何妨"之论;尾联"吴笺着句"云云,再回应题目《枕上作》,重点则在"作"。堪称针线细密,无懈可击。

(李正民)

梅花绝句　　陆 游

闻道梅花坼晓风,① 雪堆遍满四山中。
何方可化身千亿? 一树梅前一放翁。

〔注〕 ① 坼:裂开,此谓花朵绽开。

此诗作于宁宗嘉泰二年(1202),时放翁七十八岁,闲居山阴。

上联写梅花不畏寒冽,笑迎晨风,纷繁似雪,遍开山中。这种描写,几乎是咏梅诗中的套语,常可看到,如杜甫诗"雪树元同色,江风亦自波。"(《江梅》)许浑诗"素艳雪凝树,清香风满枝。"(《闻薛先辈陪大夫看早梅因寄》)此诗引人注目的是下联。诗人用了一个奇特的设想,极表其爱梅之心:有什么方法能把自己化为千万个人,让每一枝梅花之前都有个放翁呢?吐语不凡。《红楼梦》写宝、黛诸人赋菊,其中史湘云《对菊》,有"萧疏篱畔科头坐,清冷香中抱膝吟"之句,写其依恋菊花之状,十分传神。李纨评道:"竟一时舍不得离了菊花,菊花有知,倒还怕腻烦了呢!"前人爱梅,亦有沁香入骨、爱之欲餐之语。但与放翁此诗对梅之状、爱梅之心相比，高下深浅自见。不过，这种设想并非放翁首创，显然出自柳宗元的《与浩初上人同看山寄京华亲故》："海畔尖山似剑铓，秋来处处割愁肠。若为化得身千亿，散上峰头望故乡。"但两首诗所表现的形象和意境，则全然不同。柳宗元谪居岭南，万里投荒，羁情凄凄，愁思郁郁，其状酸心，其语刻骨。而放翁逸兴遄飞，其对梅的狂态、赏梅的痴情，通过这一设想，得到了淋漓尽致的表现，格调极高。

自唐以来，世人盛赏牡丹，爱梅还是爱牡丹，几乎成了人品志趣雅俗高下的一个标准。隐居孤山的林逋，即以爱梅、咏梅著称。梅以韵胜，以格高，林逋所重，在其韵；放翁所重，在其格。放翁早年师事曾幾，曾幾尝问："梅与牡丹孰胜？"放翁以诗作答："曾与诗翁定诗品，一丘一壑过姚黄。"（《梅花绝句》）梅花的清风亮节，于放翁实为同气，故借梅抒写怀抱。这是放翁性喜咏梅，而且多咏梅的高格，不同于林逋专写其清神逸韵的原因。

此诗在放翁众多的咏梅诗中，更是别具一格。题是梅花，其意在人。不但写人赏梅之状，还隐喻其立身之德。上联写梅，只是下联写人的陪衬。诗人为了能与梅花相亲，不辞冒着清晨的寒风欣赏，则其独抱孤衷之意，自在言外。化身千亿，长在梅前。能与雪洁冰清的梅花心相印、意相通、语相接，则其人之高标绝俗，又跃然纸上。反过来，在百花园中，又有哪种名花，能与时穷见节之士心迹相通？能无愧骨沁幽香、气傲寒雪之美？也许此誉非梅莫属了。咏梅为了咏人，咏人又离不开咏梅，梅乎人乎，两实难分，读这首诗，应于此着眼。　（黄　珅）

秋夜思南郑军中　　陆　游

五丈原头刁斗声，　　秋风又到亚夫营。
昔如埋剑常思出，　　今作闲云不计程。
盛事何由观北伐，　　后人谁可继西平？
眼昏不奈陈编得，　　挑尽残灯不肯明。

此诗以《秋夜思南郑军中》为题，其中的"思"字不仅是联系"秋夜"同"南郑军中"的纽带，而且是贯穿全诗的灵魂。因而只要抓住这个"思"字，就不难探得作者的立意。

沉思，最容易引人进入幻觉状态。这首诗一二句用"秋风"点"秋夜"，用"五丈原"、"亚夫营"点"南郑军中"。句中虽未出现"思"字，但南郑军中生活的真切再现，凭借的却正是作者"思"得入神时所产生的幻觉，诗篇一开始便强烈地显示了作者同南郑的特殊关系，作者“思南郑军中”的意义也更重大了。五丈原在今陕西岐山县南，诸葛亮与司马懿交战，曾屯兵于此。亚夫营即细柳营，在长安西不远处，汉将周亚夫曾驻兵细柳，军令整肃，汉文帝称之为“真将军”。作者曾到过大散关，并未到过五丈原和细柳，首联两句全是想象之笔，表现出作者的理想和愿望。

然而南郑的一切毕竟成了过去。颔联是作者的思想又回到现实以后的产物：昔时在南郑军中，虽然立功机会渺茫，但那时不失为“埋剑”，仍有破土而出的机会；今天呢？诗人以八十一岁的高龄致仕家居，无所事事，有如闲云一片。埋剑，用雷焕事。西晋时斗、牛二宿之间常有紫气。吴亡，雷焕任丰城（今属江西）令，在丰城狱地下挖得二剑，一曰龙泉，一曰太阿。闲云，用贯休事。贯休献诗给吴越王钱镠，钱镠要求将诗中“一剑霜寒十四州”的“十四州”改为“四十州”，贯休说：州也难添，诗也难改，我是“闲云孤鹤”，哪儿的天空不能飞？于是离开了钱镠。陆游在这里自称闲云，当然含有对朝廷的失望之意。“不计程”补足“闲”字：任其飘浮，无法计程。

昔如埋剑，今作闲云，此生已矣。这是可悲的，不过只要报国有人，又何伤乎？颈联中作者的诗“思”再一次腾跃，由“思”昔日南郑到“思”今日的朝中之人。西平，唐将军李晟曾平服朱泚叛乱，收复长安，被封为西平郡王。陆游此诗作于开禧元年（1205），当时韩侂胄正积极准备北伐。次年五月，宋帝下诏伐金。陆游对此事是积极支持的。因而颈联两句似以西平王期待韩侂胄，诗句流露了急切盼望的心情。

不过，即使韩侂胄能够收回失地，自己无力参与，也终是憾事。尾联以年老反衬南郑生活可思不可得，颇露悲凉之意。“眼昏”唯伴“陈编”，这是“匹马戍梁州”的陆游所不能忍耐的；嵌入“不奈”二字，则更见诗人壮心难酬之状。末句以“灯”点“夜”，以“残”、“挑尽”、“不肯明”多方渲染，点出“思”得久、“思”得切。

这首诗在艺术上，有以下几点值得提出：一、诗以五丈原、亚夫营起头，整肃雄壮，具有震撼人心的力量。接下去诗思一再腾跃，说尽了“秋夜思南郑军中”这一题目的各个侧面。方东树《昭昧詹言》评此诗说：“起势峥嵘飞动，余亦往复顿挫”，即此意。二、这首诗不仅谋篇多施波澜，即使每一句中也极尽变化之能事，且以前半篇为例：首句用“五丈原”起，似欲以视觉写地，但接着来的却是有节奏的“刁斗声”。第二句以“秋风”起，我们才闻其声，不料诗人反以“亚夫营”写所见。第三句用“埋剑”的典故，一般是表述怀才不遇，然而这里所流露的却是诗人的自豪。第四句说“闲云”，在悠闲之中所寄托的反而是不尽的自伤。三、诗中多处使用典故，其中五丈原、亚夫营都是往长安的必经之地，西平王从朱泚手中夺回长安恰恰是作者当年所谋取的目标。这些典故，与诗中所写的内容，除在意义上熨帖吻合之外，还考虑到地理位置上的互相关联，思路是很细密的。（李济阻）

溪上作二首　　　　陆　游

落日溪边杖白头，　　破裘不补冷飕飕。
戆愚酷信纸上语，　　老病犹先天下忧。
末俗陵迟稀独立，　　斯文崩坏欲横流。
绍兴人物嗟谁在？　　空记当年接俊游。

伛偻溪头白发翁，　　暮年心事一枝筇。
山衔落日青横野，　　鸦起平沙黑蔽空。
天下可忧非一事，　　书生无地效孤忠。
《东山》《七月》犹关念，　　未忍沉浮酒盏中。

《溪上作二首》是陆游暮年在山阴时所作。其时，诗人感到自己将不久于人世。壮志未成，死有余憾，这是此诗的基调。这类感情在自古文人的诗中虽也时有所表现，但是，像陆游这样执著，这样念念不忘的，却并不多见。

在第一首中，诗人用感伤的笔调，描写自己老病交加，痛惜风俗陵迟崩坏，并嗟叹昔日的好友如今都已烟消云散，相继作古，无人可共功业。同时，诗人更表达了自己那种处乱世而独立，“先天下之忧而忧”的崇高品格。

时当落日，冷风飕飕，诗人身披破裘，拄杖溪边，临风独立，无穷感慨，都上心头。这是首联所描绘的境界。“杖白头”可见他的老病，“破裘不补”则表明他的贫穷落拓。颔联紧承上文，对自己真正心事作了表述。他之所以落到如此地步，是因为秉性戆直，坚信前贤先哲的训诫，百折不回。“戆愚”，喻自己信道之笃，不为时俗所转移；“酷信”，则见守道之坚、之死靡它。此时南宋朝廷不思振作，官僚士子歌舞湖山，举国都在沉醉之中，诗人虽是既老且病，却是举世皆醉我独醒，先天下之忧而忧。读着这两联，我们眼前仿佛看到了鹑衣麻鞋，白头拄杖，翘首北望的杜甫。陆游在这两联中所创造的形象以及表达的思想，和杜甫颇有相似之处。

颈联转入对世事的描写，同时也表达了自己的志事。“末俗”，指衰世的风俗人情。“陵迟”，即衰替败坏。“斯文”，语本《论语》所载孔子之语：“天之将丧斯文也，后死者不得与于斯文也。”这里指列圣相传之道。“横流”，“沧海横流”的简称，喻天下大乱。这句意思是说，世衰道弊，天下行将大乱。诗人看到了“末俗陵迟”，看到了“斯文崩坏”，所以不禁生发往事的回忆，不禁想起昔日的故人。“绍兴人物”，指当年与陆游志同道合、共图恢复的友朋故旧。“俊游”，即指“绍兴人物”。然而，时光流逝，老成凋谢，如今有谁还在世呢？现在所看到的，只是些竖儒宵小，夏虫不可与语冰，即使朝廷想有所作为，又能与谁共图大事呢？“嗟谁在”、“空记当年”二语，透露出了无限的沉痛与感叹。

第二首，主要是讲自己虽值暮年，仍然忧心国事，不改初衷。伛偻，驼背貌。筇，竹杖。“暮年”句看似平淡，实则颇有含意。伛偻溪头的支筇老叟，理当颐养天年，没有什么心事。“暮年心事”与“一枝筇”并列，语句的背后蕴含着多少牢骚与感慨。烈士暮年，忧思难泯，壮志未已。这正是此句的含意所在。第二联是移情于景。山衔落日，野旷天低。鸦起平沙，黑压压一片，蔽空而至。这一景物描写涂上了很浓的主观色彩，是烈士暮年眼中的萧索之境。到第三联，诗人笔锋一转，直抒胸臆，道出了自己暮年的心事。意谓：今日之天下，可忧之事知多少，而自己只是一介书生，虽有耿耿孤忠，却无地自效。不过，我人虽在野，军国大事、民生疾苦仍然萦绕于心，又怎能浮沉酒盏中，对此不闻不问呢？《东山》、《七月》，是《诗经·豳风》中的两篇诗名。前者是讲周公东征后战士归途思乡的情绪以及胜利返回的喜悦，此用来代指宋朝为收复失土而对金国用兵的战事；后者是写西周时期农夫们一年的劳作活动，此用来代指当时的国计民生。

陆游虽然师事曾幾，受过江西派的沾溉，但给予他诗歌创作影响最大的，是杜甫、岑参、白居易诸人。特别是这两首《溪上作》，其高度执著的爱国热情，其沉郁顿挫的艺术风格，更可见杜甫的影响。

（刘禹昌　徐少舟）

赏小园牡丹有感　　　陆　游

洛阳牡丹面径尺，　　鄜畤牡丹高丈余。
世间尤物有如此，　　恨我总角东吴居。
俗人用意苦局促，　　目所未睹辄谓无。
周汉故都亦岂远，　　安得尺箠驱群胡！

这首诗从赏小园牡丹联想到洛阳、长安牡丹的盛况，感叹这两处失地不能收复。写于嘉定二年（1209）的晚春，时陆游八十五岁，距他逝世还不到一年。

这首诗并不为题目所拘去写“小园牡丹”，而是从“赏”花“有感”生发开去，写到远处。前四句，叙事。鄜畤，秦文公祭祀白帝处，在今陕西富平县，汉属左冯翊，为长安"三辅"所辖，诗中借指长安一带之地。唐宋时代，长安、洛阳牡丹极盛。《唐国史补》："京城贵游尚牡丹三十余年矣。每春暮车马若狂，以不耽玩为耻。执金吾铺官围外寺观种以求利，一本有直数万者。"有高到"丈余"的牡丹，并不奇怪。洛阳的千叶牡丹，花面"大可径尺"，超过"姚黄"、"魏紫"等名种，也见于花谱。诗中起二句是实写，并非夸张，但能抓住要领，突出特点，使人感到长安、洛阳的可羡。前人写牡丹，语多绚丽；这里写牡丹，却用粗线条勾勒，只两句已把牡丹写足。陆游诗的老笔劲气，于起处已扑面而来。"世间尤物"句，承前两句作总评；"恨我"句以少年（"总角"古代指称少年人）居住江东吴越之地，不能见到两地名花为恨作转接，以补足赞叹、向往之情，并落脚到诗人自身，把写花与写诗人的生活和感想联系起来，使诗篇不成为脱离自身的单纯咏物之作。这两句以转带结，也写得非常遒健，使劲气保持不懈。

后四句议论。开头两句说有些人因为见识的"局促"狭隘，往往对自己眼睛没有见到的就否认其存在的可能，有如《庄子·秋水》所说的："井蛙不可以语于海"、"夏虫不可以语于冰"。这两句，从赏花的感想引起，从平时生活中得出一条经验，富有哲理意味。着一"苦"字，一"辄"字，可见出无限的感慨。来自生活实际，从作品形象生发，又渗透作者的深厚感情，这样的议论笔墨，既能益人之知，又能动人之情。结束两句，以"周汉故都"点明长安、洛阳两地的历史地位，以不能扬鞭执箠驱除敌人表明两地还在被占之中；"亦岂远"，愤恨当权派软弱无能、不能收复并不很远的失地。这两句点明"有感"的中心思想，是又一层的议论，这层议论，表现出诗人的一贯的理想愿望，带着他的更深的感慨，为全诗留下最沉痛、最激昂的尾声，又呼应赏花，呼应开头两句。陆游诗虽气势奔放直下，却都有回斡之力，所以雄迈而不嫌直致，倾泻而终趋沉厚。（陈祥耀）

示　儿　　　陆　游

死去元知万事空，　　但悲不见九州同。
王师北定中原日，　　家祭无忘告乃翁。

陆游卒于宁宗嘉定二年十二月。这首《示儿》诗是他临终前写的，既是他的绝笔，也是他的遗嘱。

作为一首绝笔，它无愧于诗人创作的一生。陆游享年八十五岁，现存诗九千余首。其享年之高、作品之多，在古代诗人中是少有的；而以这样一首篇幅短小、分量却十分沉重的压卷之作来结束他的漫长的创作生涯，这在古代诗人中更不多见。

作为一篇遗嘱，它无愧于诗人爱国的一生。一个人在病榻弥留之际，回首平生，百感交集，环顾家人，儿女情深，要抒发的感慨、要留下的语言，是千头万绪的；就连一代英杰的曹操，在辞世前还不免以分香卖履为嘱。而诗人却以“北定中原”来表达其生命中的最后意愿，以“无忘告乃翁”作为对亲人的最后嘱咐，这是极其难能可贵的。在这一点上，古往今来又有几个人能与他相比？

陆游生于北宋覆亡前夕，身历神州陆沉之恨，深以南宋偏安一隅、屈膝乞和为耻，念念不忘收复中原；但他从未得到重用，而且多次罢职闲居，平生志业，百无一酬，最后回到故乡山阴的农村，清贫自守，赍志以殁。他的一生是失意的一生，而他的爱国热情始终没有减退，恢复信念始终没有动摇。其可贵之处正在于他的爱是如此强烈，如此执著。这从他的大量诗篇可以看得出来；从这首《示儿》诗中，更会受到他对国家民族一往情深、九死不悔的精神的强烈感染。

南宋初年屡挫金兵的宗泽，在临终时，也念念不忘恢复大业，曾连呼“渡河”者三。徐伯龄在《蟫精隽》中称赞陆游的《示儿》诗说：“较之宗泽三呼渡河之心，何以异哉！”这一评语看到了这首诗有其悲中见壮的色彩。诗人在他的有生之年内，时时刻刻都以收复中原为念，到他写这首诗时知道再也不能实现这一愿望了。这不能不使他心怀沉痛之情，发为悲怆之音。但在同时，他又满怀信心，坚信最后一定有“北定中原”之一日。因此，这首诗的一个值得重视的特色是寓壮怀于悲痛之中，其基调并不低沉。

从语言看，这首诗的另一特色是不假雕饰，直抒胸臆。这里，诗人表达的是他一生的心愿，倾注的是他满腔的悲慨。诗中所蕴含和蓄积的感情是极其深厚、强烈的，但却出之以极其朴素、平淡的语言，从而自然地达到真切动人的艺术效果。贺贻孙在《诗筏》中就说这首诗“率意直书，悲壮沉痛……可泣鬼神”。这说明，凡真情流露之作，本来是用不着借助于文字渲染的，越朴素、越平淡，反而更能示其感情的真挚。

（陈邦炎）

【作者小传】

范成大

(1126—1193)　字致能，号石湖居士，苏州吴县(今属江苏)人。绍兴二十四年(1154)进士。历任处州知府，知静江府兼广南西道安抚使，四川制置使，参知政事等职。曾使金，不畏强暴，几被杀。晚年退居故乡石湖。以善写田园诗著称。与尤袤、杨万里、陆游并称南宋四大家。有《石湖居士诗集》、《石湖词》、《桂海虞衡志》、《吴船录》等。

秋日二绝(其一)　　范成大

碧芦青柳不宜霜，　染作沧洲一带黄。
莫把江山夸北客，　冷云寒水更荒凉。

这首诗是范成大青年时期的作品。范成大生于钦宗靖康元年(1126)，自幼即碰上南宋“小朝廷”苟安江南的局面。绍兴十一年(1141)他十六岁时，宋高宗、秦桧与金人订立“和约”，向金人称臣，年贡银绢二十五万两、匹，割淮水、大散关以北的土地与金，杀害爱国将领岳飞等，夺取韩世忠等人的军权，屈辱卖国，引起了广大爱国军民的无比愤慨。

这首诗借写江南秋景，讽刺南宋朝廷在江南半壁的残山剩水中过着苟且偷安的生活。起句选写芦、柳，表现江南水乡景物特色。前四字用颜色表示回溯春、夏季节。后三字，表面似写芦、柳属性，实为转入写秋、扣紧题目作过脉，七字中明连暗转。次句正面写秋，不说芦、柳本身变色，而说水边地带被染黄了，“黄”与上句“青”、“碧”映照，这便开阔了境界，增添了描写成分和色调感。

第三四句的意思是：江南虽以风景秀丽著名，但现在秋色萧条，却不宜再向北方客人夸耀了。“北客”两字，似不仅泛指北方居人，可能另有含意。宋、金和议之后，北使来临，宋朝君臣奴颜婢膝，竭力奉迎。他们邀请北使观赏江南风光，讨好献媚，只能使江山蒙受污辱，益增自己的无耻丑态。诗人愤恨之余，对他们冷刺一笔：“莫把江山夸北客”。结句申述不足“夸”之意，概括全诗。“冷”、“寒”照应秋“霜”；“云”、“水”，补充“沧洲”，进一步丰富了景物形象，显出荒寒萧索之状，用“更荒凉”三字结束，情景相生，尤显得无限凄咽，余韵邈绵。

生年略后于范成大的林升，写了《题临安邸》一诗，讽刺南宋君臣沉醉临安，忘记国耻，用意和范成大此诗相同。但林诗写春光，矛头直接指向统治者，在绮丽的诗句中明刺，用意醒豁；范诗写秋光，写主观的感受，似自抒感慨，在凄婉的诗句中暗讽，用意幽深。两诗意同而风调不同，各极其胜。　(陈祥耀)

浙江小矶春日　　范成大

客里无人共一杯，　故园桃李为谁开？
春潮不管天涯恨，　更卷西兴暮雨来。

这是范成大青年时期的诗篇，自抒客游之情，又带有感慨时局之意。范氏家居苏州，这时可能是他初游杭州。

范成大像

——清道光年间刊本《吴郡名贤图传赞》

起句从客地写起,以"无人共一杯"表孤单寂寞。第二句接入思家,转写故园,"桃李为谁开",表己身不在,春花开放无人欣赏,自占身份,又从花中点出季节。第三四句写在小矶眺望西兴。小矶,当是杭州东南钱塘江边旧时浙江渡、鱼山渡附近的一个石矶,它隔江面对萧山县的西兴。西兴,也称固陵或西陵。《水经注·浙江》:"浙江又经固陵城北。昔范蠡筑城于浙江之滨,言可以固守,谓之固陵,今之西陵也。"相传春秋吴越交战,越国战败后,越王勾践将入吴国为臣仆,越人在这里和他痛哭饯别,谈论国事,坚定了勾践复仇雪耻的决心。汉末建安时,孙策和王朗在这里进行争夺战;唐末裘甫的农民起义军曾占据此地,钱镠曾在此打败刘汉宏的部队。这是钱塘江边一个商旅出入的交通驿站,又是兵家战守的一个要地。诗写钱塘江潮挟着西兴的暮雨,向小矶飞洒而来。"春"字照应桃李季节,"暮雨"随潮飞"卷",也是春夏气象;杭州去苏州不远,本不必言"天涯","天涯恨"泛指客恨,但诗中又有比客恨更广的意思在,泛言不泛,反觉更能表现诗中意味;"不管"二字,责难中含有无限哀怨,浓化"恨"字;"卷"字有力地表现"春潮"与"暮雨"的关系,西兴与小矶的距离,以及"不管"的力量所在。作客孤单,在江边眺望对岸,春潮暮雨洒面而来,增添寒意,当然也会增添客愁。这两句借景抒情,进一步写了客愁。但它更深一层的言外之意应当是:勾践在西兴一别之后,能发愤图强,雪耻复国;南宋"小朝廷"的统治者却无此志气,无此作为,潮水冲激着这一有历史意义的地方,哪能不勾起人们的更深的反省,更广的愁恨呢?诗写当前和自身,意包远古和朝廷,大大扩展了诗的境界。

这首诗以朴素白描的语言,清新淡远的格调,抒写惆怅深沉的感情,余味曲包,又富画意,是范成大青年时期的出色绝句之一。 (陈祥耀)

碧 瓦 范成大

碧瓦楼前绣幕遮, 赤栏桥外绿溪斜。
无风杨柳漫天絮, 不雨棠梨满地花。

这首诗通篇写景,乍看起来,是一首绝妙的春日即景小诗。作者笔下秾丽的暮春之景,犹如一幅色彩绚烂、富有生趣的图画。近景,富丽堂皇的碧瓦楼,绣幕垂挂;远景,赤栏桥外,一泓清溪横斜,绿水淙淙;空中,杨柳飞絮,漫天飘舞;地上,梨花铺垫,洁白如雪。诗人把眼中所见碧楼、朱桥、烟柳、清溪、飞絮、棠梨等景物,井然有序地用两组对句,简练而又流畅地勾勒出来。整个画面,层次分明,有动有静,有声有色,花香水气,仿佛从画中溢出,给人以身临其境之感。读者从诗人描绘的优美画图中，获得了赏心悦目的自然美的享受。

这首诗，难道仅仅是描写自然风光？如果作者单纯是写暮春之景，那么用《春晚》或《暮春即景》之类的题目，岂不更贴切而达意？为什么偏偏选取句首"碧瓦"二字为题呢？从《碧瓦》这个别开生面的题目里，就暗示其中别有奥妙。"碧瓦"，青绿色的琉璃瓦。由"碧瓦"，自然会联想到"碧瓦朱甍"的华美宅邸。由此再联系绣幕、赤栏桥等景物，即可看出，诗人着力描绘的既非"烟村南北黄鹂语，麦垅高低紫燕飞"（王庭珪《二月二日出郊》）的村野田家之景，也不是"袅袅城边柳，青青陌上桑"（张仲素《春闺思》）的城郊郭外之色，而是贵富之家的苑囿。南宋小朝廷偏安半壁，歌舞西湖，如燕雀巢于幕上，不知祸之将至。这首诗描写的焦点，难道不正在这里？诗以"碧瓦"为题，意在让读者由此去寻求题旨。

首句"碧瓦楼前绣幕遮"，外观华丽美奂，但"碧瓦楼"中人在做什么？"绣幕"后又是怎样的场景？可惜被绣幕"遮"住了，看不见。诗人之所以不露幕后之景，用心在于让读者去想象：偏安一隅的王侯显贵，此刻正沉醉在一片笙歌声中，纵情声色。"销魂此地，君臣醉"，那管它"山河坠，烟尘起"（汪元量《六州歌头》词）！宋家万里中原土，换得钱塘十顷湖。"碧瓦楼"是贵侯们朝朝宴饮、夜夜歌舞之地，"绣幕"后是一幅醉生梦死的寻欢作乐图。朝廷如此腐败，国事何堪再问。诗的后一联以景传意，颇得风人之旨：

"无风杨柳漫天絮，不雨棠梨满地花"。阳春烟景，行将逝矣，为之奈何。这两句看似景语，实则为感情至深的情语。一番风雨后，匆匆春归去，诗人以此暗喻南宋小朝廷偏安局面的岌岌可危。辛弃疾《永遇乐》词说："舞榭歌台，风流总被、雨打风吹去。"而此诗描绘了一幅坠绿残红、飞絮飘零之景，意境与辛词相似，但笔致更为凄婉。林升《题临安邸》诗说："山外青山楼外楼，西湖歌舞几时休？暖风熏得游人醉，直把杭州作汴州！"对南宋小朝廷的醉生梦死，林诗是大笔挥洒，筋脉怒张的热讽，而此诗是情思内蕴，绵里藏针的冷刺，异曲同工，各呈其妙。

这首七绝，画外有音，意余象外。读者如深入一层去体会，便能领会到言在此而意在彼，收到了"作者得于心，览者会其意"（《一瓢诗话》语）的艺术效果。

（沈　晖）

催　租　行　　范成大

输租得钞官更催，　跟跄里正敲门来。
手持文书杂嗔喜："我亦来营醉归尔！"
床头悭囊大如拳，　扑破正有三百钱：

"不堪与君成一醉， 聊复偿君草鞋费。"

这首诗，只八句五十六字，却有情节、有人物，展现了一个颇有戏剧性的场面，使人既感到可笑，又感到可恨、可悲。

第一句单刀直入，一上来就抓住了"催租"的主题。全篇只有八句，用单刀直入法是适宜的，也是一般人能够想到、也能够做到的。还有，"催租"是个老主题，用一般人能够想到、也能够做到的单刀直入法写老主题，容易流于一般化。然而一读诗，就会感到不但不一般化，而且很新颖。这新颖，首先来自作者选材的角度新。请看："输租得钞"，这四个字，已经简练地概括了官家催租、农民想方设法交清了租、并且拿到了收据的全过程。旧社会的农村流传着一句老话："早完钱粮不怕官。"既然已经交清租、拿到了收据，这一年就可以安生了！诗人《催租行》的创作，也就可以搁笔了！然而不然，官家催租的花样很多。农民欠租，官家催租，这是老一套；农民交了租，官家又来催，这是新名堂。范成大只用"输租得钞"四个字打发了前人多次表现过的老主题，接着用"官更催"三个字揭开了前人还不太注意的新序幕，令人耳目一新。这新序幕一揭开，一个"新"人物就跟着登场了。

紧承"官更催"而来的"踉跄里正敲门来"一句极富表现力。"踉跄"一词，活画出"里正"歪歪斜斜走路的流氓神气。"敲"主要写"里正"的动作，但那动作既有明确的目的性——催租，那动作的承受者就不仅是农民的"门"，主要的是农民的心！随着那"敲"的动作落到"门"上，就出现了简陋的院落和破烂的屋子，也出现了神色慌张的农民。凭着多年的经验，农民从急促而沉重的敲门声中已经完全明白敲门者是什么人、他又来干什么，于是赶忙来开门。接下去，自然是"里正"同农民一起入门、进屋，农民低三下四地请"里正"就座、喝水……这一切，都没有写，但都在意料之中。没有写而产生了写的效果，这就叫不写之写。在这里，不写之写还远不止此，看看下文就会明白。"手持文书杂嗔喜"一句告诉人们："里正"进屋之后，也许先说了些题外话，但"图穷匕首现"，终于露出了催租的凶相。当他责问"你为什么还不交租"的时候，农民就说："我已经交清了！"并且呈上官府发给的收据。"里正"接过收据，始而发脾气，想说"这是假的"，然而看来看去，千真万确，只好转怒为喜，嬉皮笑脸地说："好！好！交了就好！我没有别的意思，只不过是来你这儿弄几杯酒，喝它个醉醺醺就回家罢了！"通过"杂嗔喜"的表情和"我亦来营醉归尔"的语气，把那个机诈善变、死皮赖脸、假公济私的狗腿子的形象，勾画得多么活灵活现！

"里正"要吃酒，农民将如何对付呢？催租吏一到农家，农民就得设宴款待。"里正"既然明说要尽醉方归，那么接下去，大约就该描写农民如何借鸡觅酒了。然而出人意外，作者却掉转笔锋，写了这么四句："床头悭囊大如拳，扑破正有三百钱：'不堪与君成一醉，聊复偿君草鞋费。'"钱罐"大如拳"，极言其小；放在"床头"，极言爱惜。小小的钱罐里好容易积攒了几百钱，平时舍不得用，如今逼不得已，只好敲破罐子一股脑儿送给"里正"，还委婉地赔情道歉说："这点小意思还不够您喝一顿酒，您为公事把鞋都跑烂了，姑且拿去贴补草鞋钱吧！"写到这里，就戛然而止，下面当然还有些情节，却留给读者用想象去补充，这也算是不写之写。

"里正"要求酒席款待，农民却只顾打破悭囊献上草鞋钱，分明牛头不对马嘴，难道不怕碰钉子、触霉头吗？不怕。因为"里正"口头要酒，心里要钱，农民懂得他内心深处的潜台词。何况，他口上说的与心里想的并不矛盾：有了钱，不就可以买酒吃吗？作者的高明之处，在于跨越"里正"的潜台词以及农民对那潜台词的心照不宣，便去写送钱。"扑破"一句，实际上用了杜诗"径须相就饮一斗，恰有三百青铜钱"的典故。扑破"悭囊"，不多不少"正有三百钱"，说明农民针对"里正""醉归"的要求，正是送酒钱，却又不直说送的是酒钱，而说"不堪与君成一醉，聊复偿君草鞋费"，其用笔之灵妙，口角之生动，也值得玩味。

苏辙在《诗病五事》里举《诗经·大雅·绵》及杜甫的《哀江头》为例，说明"事不接，文不属，如连山断岭，虽相去绝远，而气象联络，观者知其脉理之为一"，是"为文之高致"。所谓"事不接，文不属"，也就是大幅度的跳跃。这首诗的纪事，就不是寸步不遗，而是大幅度的跳跃，同时又"气象联络"。八句诗四换韵："催"、"来"押平声韵，"喜"、"尔"押上声韵，"拳"、"钱"押平声韵，"醉"、"费"押去声韵。韵脚忽抑忽扬的急遽转换，也正好与内容上的跳跃相适应。（霍松林）

横　塘　　范成大

南浦春来绿一川，　石桥朱塔两依然。
年年送客横塘路，　细雨垂杨系画船。

横塘是作者家乡吴县风景宜人的地方，它位于苏州西南十里，因唐代张继《枫桥夜泊》诗而闻名中外的枫桥，就在它的北端。作者曾不止一次往来经过横塘，对它极为熟悉，在《晚泊横塘》、《自横塘桥过黄山》等诗中，都曾咏及这个地方。这首以横塘为题的诗，则是写别情的。

诗的前两句紧扣送别之情来写景。首句点明送别的地点、节候。南浦，本地名。因屈原《九歌·河伯》有"子交手兮东行,送美人兮南浦"、江淹《别赋》中有"送君南浦,伤如之何"之句,后人便沿用以泛指水边送别之处,这里则是借指横塘。"绿一川"是说满眼平川都披上了春天的绿装。将横塘安放在这种背景上,使"春草碧色,春水渌波"(江淹《别赋》)融为一体,画面显得非常开阔而明丽。次句便在这画面上进一步点明横塘的景物特征:横塘之上有石桥跨越,桥上有亭,横塘之傍有横山,山上有朱塔屹立,石桥、朱塔,上下相望,有似依依难舍之意。"依然"二字,有人理解为"仍旧"、"如故",似欠妥。这里是取"惟世间兮重别,谢主人兮依然"(江淹《别赋》)之意,以表示留恋难分的样子,这样,在横塘景色的描写中,包含了作者主观的"览物之情",以关合后文。

诗的后两句转向直抒别情。在诗人眼里,那满川的浩荡春光,那"依然"的石桥、朱塔,都似乎是惜别的见证者,而用"年年"二字来表示送客的频繁,就更带有感情色彩。但第四句并未用任何离恨相思之词,只是把前面所展示的开阔画面,缩小到与这种感情色彩更直接相连的具体景物上来:那蒙蒙的细雨,那系于垂杨上下飘浮的小舟,似乎使人感触到了惜别双方那种"兰舟催发",何日重逢之情。这是因为雨丝风片,垂柳轻舟,象征着依依惜别之情,如刘禹锡的"长安陌上无穷树,只有垂杨绾别离",王维的"渭城朝雨浥轻尘,客舍青青柳色新"等,都是此类名句。范成大在这首诗里以细雨垂杨为结,不仅有此象征意义,而且与头两句的景物描写熔为一体,以抒情之笔写景,颇具风神情韵之美。　(唐富龄)

早发竹下　　范成大

结束晨装破小寒,　跨鞍聊得散疲顽。
行冲薄薄轻轻雾,　看放重重叠叠山。
碧穗吹烟当树直,　绿纹溪水趁桥弯。
清禽百啭似迎客,　正在有情无思间。

竹下,即黄竹岭,在今安徽休宁西。这里山明水秀,风景绝佳。范成大早年曾任徽州司户参军,这首诗当即作于此时。诗人写他早发竹下沿途的见闻和感受。

诗的开头两句,先点明出发时的情景:穿好晨装,跨马出行。"破小寒",点出季节是清秋。"散疲顽",暗示此行是在繁忙的公务之后。人们常有这样的体验:当紧张的工作之余,能有机会到郊野散散步,会感到特别轻松愉快。诗人正是怀着这种轻松愉快的心情,品赏竹下之景的。

诗人跨着马儿沿着山道行进，迎面而来的，一是雾，二是山。雾，不是混沌一片，而是“薄薄轻轻”，虚无缥缈。山，不是孤峰独峙，而是“重重叠叠”，连绵不断。“薄薄轻轻雾”，“重重叠叠山”，十个字，写出了皖南山区清秋黎明时特有的朦胧美。但是诗人所领略到的还不止于此。他坐在马背上看山中雾、雾中山，别有一番情趣：马在漫卷的轻雾中“得得”穿行，恍若冲开一道道轻纱似的帏幔；那从轻雾中闪出的重重叠叠山，仿佛是从帏幔中放出，一座，一座，千姿百态从身边闪过。“冲”，使流动的雾，化动态为静态；“放”，使静止的山化静态为动态。两者相生相映，构成了一幅扑朔迷离、奇趣横生的画面。

随着峰回路转，诗人的眼前又出现另外一番美景——

“碧穗吹烟当树直，绿纹溪水趁桥弯。”上句写炊烟（“吹”通“炊”），下句写溪水。碧穗般的炊烟从树顶上笔直地升起，绿绸似的溪水从小桥下弯弯地流过。这两句画意甚浓。炊烟，树丛，溪水，小桥，上下相映衬，一碧一绿，一直一弯，一静一动，在色彩、线条和态势上构成了错综变化之美，使整个画面玲珑剔透，有声有色。写“炊烟”突出“当树”，写“溪水”突出“趁桥”，展现出山村特有的风貌：山林茂密，村户人家的房屋、烟囱，被周围的高大树木所遮掩，所以只能看到炊烟从树顶上升起；溪涧纵横，全靠一座座小桥连接道路，所以溪水始终傍着小桥流逝。此联传出了这幅山村黎明图的神韵。炊烟“当树直”，暗示无风，同时还会使人联想到那炊烟下庄户人家生活的安宁与平静。“弯”字，又把那绕山穿桥的小溪身影勾画出来；一个“趁”字，更把汩汩溪流写活了。

这首诗摄取的最后一个镜头是林间百鸟的晨歌。鸟儿是山林的主人，它们迎着马背上的诗人欢呼歌唱，百啭千声。“清禽百啭似迎客，正在有情无思间”——在这美妙动听的“迎宾曲”声中，诗人心驰神醉，鸟儿们是真的有情还是出于无意，他恍恍惚惚难以分清了。

前人论诗云：“作诗要有情有景，情与景会，便是佳诗。”（见贺贻孙《诗筏》）这首纪游诗便是“情与景会”的佳作。诗人不仅把沿途景物的外貌特征准确地描摹出来，而且把自己的主观体验和感受融入景物之中，选用“冲”、“放”、“当”、“趁”等点睛的字眼，使诸多景物情态毕露；诗人观景时的愉悦心情，也就从景物的情态中透露出来了。

还值得一提的是，诗人范成大善于吸收前辈诗人的英华而自创新意。比如“碧穗吹烟当树直，绿纹溪水趁桥弯”一联，显然脱胎于唐人王维的名句“大漠孤烟直，长河落日圆”，但意境迥然不同。王维以“直”和“圆”，突出苍凉雄浑的塞外之景；范诗的“直”和“弯”，则是突出林深溪秀的南国风光。前者壮美，后者秀美。

学古而能创新，这首诗为我们提供了一个很好的范例。　（何庆善）

后催租行　　范成大

老父田荒秋雨里，　旧时高岸今江水。
佣耕犹自抱长饥，　的知无力输租米。
自从乡官新上来，　黄纸放尽白纸催。
卖衣得钱都纳却，　病骨虽寒聊免缚。
去年衣尽到家口，　大女临歧两分首。
今年次女已行媒，　亦复驱将换升斗。
室中更有第三女，　明年不怕催租苦。

这首诗是作者早期的作品。范成大二十九岁时中绍兴二十四年(1154)进士。以后出任徽州司户参军。徽州的治所在今新安江上游的安徽歙县。诗就是在任内写的。当时，作者大概三十几岁。在此之前，他已写过一首《催租行》，现在再写一首同类题材的诗，所以称《后催租行》。

这首诗描写当时农民在官府苛重租税下的悲惨情状，其真切、沉痛的程度，大大超过了以前作者赴试杭州时，自谓"效王建"而作的《乐神曲》、《缫丝行》、《田家留客行》、《催租行》四首，成为他反映南宋时代农民苦难生活的最有代表性的作品。

诗取数句一换韵的七言歌行体，客观地叙述一位老农一家的遭遇，诗人自己不出场，也不加评议。这是学习乐府民歌传统的表现方法。先用仄声韵四句交代这位老农当时的处境。秋霖成涝，昔日的高岸，如今全被淹没，成为洋洋的江水了；老父的田也因之而荒废。生计所迫，只好去替人家佣耕帮工。即便如此，仍挣不到一口饱饭，哪里还有能力去交米纳租呢！"抱长饥"，表明非偶尔挨饿，所以承以"的知"二字。的，的的确确之谓也。既然遭逢严重灾害，官府若计及民生，该当蠲免租税，开仓赈济才是。事实却不然，他们只知搜刮，根本不管百姓的死活。这里提出有无能力"输租米"来，正因为下文说的便是这件事，亦即所谓"点题"。而写催租之前，先说受涝，正为了能更深刻地表现主题——苛政猛于虎。

接着便写催租和纳租。纳租，先说卖掉衣服，至于卖女，情况当然更严重得多，这再留待下一步说，可见行文有层次。"自从"以下四句，两句一换韵，先平后仄，内容上也是两句说乡官，两句说老农。"乡官新上来"就是乡官新上任。俗话说："新官上任三把火。"最喜欢显示自己的吏治本领，以邀功于上司。在催收租赋上，最是关键，那怕遇上灾情，也不肯宽容。这就是白居易说的"长吏明知不申破，急敛暴征求考课"。(《杜陵叟》)因为能否收齐田赋是考核地方官成绩的标准。"黄纸"是指朝廷蠲免租赋的诏令，它是写在淡黄竹纸上的；"白纸"是指地方官自己出的仍要交田赋的命令。黄纸放(免)，白纸催，农民虚受皇帝"蠲免恩"的现象，当时是极为普遍的。这不但因为地方官吏从催租中能获私利，"亦以在上之意，吝于与而严于取也"(宋代胡寅语)。可见，朝廷的所谓"忧民"、"恩免"，都属虚伪。地方官吏早已摸透了最高统治者的这种心思，知道那些黄纸诏书，只不过是装装门面的空文，是毋须认真执行的。"抱长饥"的老农，既不得免租，就只好"卖衣"了。"卖衣得钱都纳却"，钱全用于交租了；这样，挨饿之外，又得挨冻。本已年老多"病"，加之"寒"气透"骨"，教他如何忍受！但诗人在叙述时却故意用一"虽"字，用一"聊"字，以放缓笔调说，冷虽冷，但总算还好，还暂时未被缚送到衙门去治罪，受鞭笞之苦。又写出官府在农民的眼里，比饥寒、病痛更为可怕。层层叙来，步步深入，让读者感受到老农在为生存而绝望地挣扎。

下面转入写卖女，就进入了高潮。老农有三个女儿，为了交纳租赋，每年得卖掉一个。先是大女儿："去年衣尽到家口，大女临歧两分首。""衣尽"承上而说，连御寒不可缺少的衣服都卖完了，家里凡可换钱的东西如箱笼桌椅等等都用于纳租，自不必再说。物已卖尽，就轮到卖家口。这样，大女儿就跟家人分手了。"临歧"，在歧路上；歧，岔路，引申为分离之处。"分首"，分头；分手，各自去寻找活路。接着轮到次女："今年次女已行媒，亦复驱将换升斗。"已经请媒人提过了亲事。光看上句，似乎没有什么不好，但下句说的却是她也要像她姐姐那样，以身子去换取少量的米了。可知这并非是通常的婚姻，而是卖给人家去当婢妾之类。称之为媒人，实则就是买卖的中间人。这是迫不得已，做女儿的自然更不愿意。所以说"驱将"，赶了她去；将，语助词。而用"亦复"二字，连接"去年"、"今年"，在意义上互为补充：情况一样，都是卖家口，换升斗，以纳租赋。这样，就很自然地、合乎逻辑地、然而又出乎人们意料地结出了诗意最精彩的最后两句："室中更有第三女，明年不怕催租苦。""苦"，是甚、凶的意思。明年催租再厉害，我也有办法对付了——把小女儿也卖掉就是。

唐宋诗文中反映赋敛之毒的作品不少。当时，农民被无休止的征求弄得家破人亡、卖儿鬻女的现象相当普遍。对这些现实无所闻知，不能动心，固然写不出好诗来；但仅有见闻，有同情心，而没有作诗的才能，也无济于事。一户农家卖掉三个女儿交租是够惨的了。但不妨站在作诗者的立场设想一下，倘不采用范成大的构思，也就是说换一种别的方式来表达，是否也可以呢？能否也收到同样感人的艺术效果呢？这恐怕是件大不容易的事。别的且不说，诗的结尾，可能有更好的处理方案吗？在白居易，也许就自己出面大声疾呼了。比如他的《红线毯》诗就说："地不知寒人要暖，少夺人衣作地衣！"但这种方式用于此诗是否合适呢？白居易惯于热讽，范成大长于冷嘲。热讽能直接表现诗人主观上的强烈爱憎，冷嘲则寓热于冷，在表现上更多含蓄蕴藏，给人以艺术上的满足。此诗的艺术感染力，正凝聚于带冷嘲性质的最后两句中。

题为"催租"，作者却并不直接表现如何"催"，而全写如何"纳"，而那种"纳"，正是"催"的结果；题意是通过反射完成的。诗为同情农家苦而作，但作者不仅没有直接说一句同情的话，连字面上也吝于说苦，倒是用些"聊免"、"不怕"之类字眼。冷言反语，十分真切地再现了这位老农饱尝痛苦、积愤在心的语气声口。诗的用韵也与内容紧紧配合，韵随义转。卖女六句，总以为同韵到底，谁知末两句"女"、"苦"又转一韵，给人以意外的感觉，而诗意与语调也正于结处陡变。形式服务于内容，所以取得了极好的艺术效果。（蔡义江）

州　桥　　　　　　范成大

州桥南北是天街，　　父老年年等驾回。
忍泪失声询使者：　　几时真有六军来？

这首《州桥》诗是范成大于宋孝宗乾道六年（1170）出使金邦时所写的七十二首绝句之一。州桥，指北宋故都汴京（今河南开封）城内横跨汴河的天汉桥。孟元老《东京梦华录》也多处提到此桥。诗以《州桥》为题，对作者和当时的人民来说，这不是一个寻常的地理名称，而是足以勾起故国黍离之悲的一座桥梁。

作者在诗题下自注云："南望朱雀门，北望宣德楼，皆旧御路也。"诗的首句就以白描手法指点出望中所见的桥南桥北的街道。诗句似淡淡着墨，并没有对这座桥、这条街的景象作任何渲染。淡淡着墨，朴素无华，但当年南宋人民读到这句诗时，会感到其分量是异常沉重的。诗笔下的这条街不是寻常的街道，而是象征北宋朝廷、象征人们心目中的故国的"天街"，也就是作者自注中的"御路"。而作者身临这座陷落了的故都，在这条街上"南望朱雀门，北望宣德楼"，当然更不胜今昔兴亡之感。他在这次出使的日记《揽辔录》中写道："过樠星门，侧望端门，旧宣德楼也。金改为承天门，五门如画。……使属官吏望者，皆陨涕不自胜。"联系这一记述，再来看这句诗，就可知其含蕴是多么深厚了。

当然，从整首诗看，作者深情所注，主要还不是汴京的桥梁、街道，而是在桥边、街头所接触的百姓，所以紧接着承以“父老年年等驾回”一句。汴京此时被金人占领已四十四年，当日的少年，此时已满头白发了。但岁月尽管流逝，而南宋使者所过之处，仍是“遗黎往往垂涕嗟啧”。（见《揽辔录》）作者以“年年”二字对遗民历久不衰的故国之思表达了极大的同情和敬意。这两个字也表露了，只图偏安的南宋朝廷是怎样年复一年辜负了人民的期待。

三四两句显现出一幕汴京父老遇到南宋使节时的动人场景。上句以“忍泪失声”四字传神地写出父老们的情态。他们面对故国使臣，一时间无穷悲愤齐上心头，恨不得放声痛哭，尽情一吐，而在那样一个环境中却不得不把到了眼眶边的泪水忍住，可又不得不把积压在心底的话讲出。本是千言万语，这片刻间都为悲哀所梗塞，只颤颤巍巍、不成声调地迸出了一句话，那就是：究竟几时才真有王师到来？这句问话中，“真有”二字也是传神之笔，写出了父老们的迫切心情，而且含意深长，暗藏着对南宋当局的诘问。

这首诗不仅使读者如临其境，还使读者窥见了诗中人物的曲折的内心活动。诗在到达顶点时戛然而止，可是并非语意都尽，而是余音袅袅，启人深思。诗人没有以使者身份回答这个问题，也没有以作者口吻发表议论；但他的感情，已经与诗笔叙说的事实、描绘的形象融合为一了。

如果要探索其“不尽之意”，不妨参读陆游的《夜读范至能〈揽辔录〉，言中原父老见使者多挥涕，感其事，作绝句》：“公卿有党排宗泽，帷幄无人用岳飞。遗老不应知此恨，亦逢汉节解沾衣。”可说是对《州桥》诗中父老的提问作了间接的答复。这就是父老年年失望的原因，也是使者无言以对的原因。　（陈邦炎）

画工李友直为余作《冰天》、《桂海》二图，《冰天》画使北虏渡黄河时，《桂海》画游佛子岩道中也。戏题

范成大

许国无功浪著鞭，　天教饱识汉山川。
酒边蛮舞花低帽，　梦里胡笳雪没鞯。
收拾桑榆身老矣，　追随萍梗意茫然。
明朝重上归田奏，　更放岷江万里船。

这首诗作于孝宗淳熙元年（1174），当时作者知静江府、广西经略安抚使。一

位名叫李友直的画工，为范成大画了《冰天》、《桂海》两幅画。《冰天》画乾道六年(1170)诗人为祈请国信使出使金国渡黄河时的情景，《桂海》画游佛子岩道中的情景(佛子岩距桂林十里，一山突起，山腰有上中下三洞)。诗人读画后，触动身世之感，题了这首诗。

“许国无功浪著鞭，天教饱识汉山川。”首联因《冰天》、《桂海》二图所展示的生平行踪兴感。“著鞭”用西晋刘琨书信中语：“吾枕戈待旦，志枭逆虏，常恐祖生先吾著鞭。”诗人回顾平生所历，感慨自己虽然以身许国，却没有能建立功勋，只不过枉自驱驰南北而已。这大概是上天故意让自己饱览汉家的山川吧。上句先一抑，下句紧接着似乎一扬，但这扬的背后却隐藏着更深的感愤和悲哀。许国无功，南北驱驰，只落得饱识山川，这仿佛是对自己生平抱负的一种嘲弄。“天教饱识”四字，自嘲中含有事与愿违的深悲。

“酒边蛮舞花低帽，梦里胡笳雪没鞯。”颔联承“饱识汉山川”，分写南、北所历。出句写南方宴饮歌舞场景：在酒筵歌席旁边，歌儿舞女们跳起了具有南方蛮风的舞蹈，帽上簪的红槿花随着舞姿而低昂。对句回忆出使金国途中情景：在胡笳悲鸣声中，出使的队伍在行进，路上的积雪淹没了马鞯(垫马鞍的鞯子)。这种情景，如今追忆起来，真像在梦里一样了。这两幅图景，一为桂林现境，一为使金往事，但都是由读画而产生的联想。前者在土风蛮俗的描绘中透出热烈的气氛，后者在北国冰天雪地的描绘中显出旅途的艰辛。而字里行间，又都隐含着“许国无功”的感喟。

“收拾桑榆身老矣，追随萍梗意茫然。”桑榆喻指晚景，萍梗喻指行踪无定。颈联由平生所历进而感慨萍梗浪迹、桑榆晚景，说自己年事已高，真该收拾桑榆，准备归隐了，多年来浮萍泛梗式的浪迹生涯，现在回想起来，真是意绪茫然。这一联用接近散文的句法抒写倦游思归之情，在“身老矣”、“意茫然”的叹喟中，显然也含有“许国无功”的感愤。

“明朝重上归田奏，更放岷江万里船。”尾联承“收拾桑榆”进一步点明“归田”本旨，说不久要向皇帝重上请求归隐的奏章，放船岷江，直下万里，回到自己的故乡。范成大写这首诗的时候(淳熙元年冬)，已经接到改官四川制置使(使府在成都)的朝命，因而设想自己从成都乘船归乡；他的故乡在平江府(治今苏州)，故说“更放岷江万里船”(暗用杜诗“门泊东吴万里船”句意)。

全诗以“许国无功”为核心，以《冰天》、《桂海》两幅画为触动联想、引起感慨的媒介，从回顾平生南北驱驰的经历，到感叹身世飘萍、年纪老大，到表明归田本意，表现了一个有报国之志的正直士大夫的人生历程和心灵历程。　(刘学锴)

乙未元日用前韵书怀，今年五十矣　　范成大

浮生四十九俱非，　楼上行藏与愿违。
纵有百年今过半，　别无三策但当归。
定中久已安心竟，　饱外何须食肉飞？
若使一丘并一壑，　还乡曲调尽依稀。

淳熙元年(1174)除夕，诗人写了一首七律，题为《甲午除夜，犹在桂林，念致一弟使虏，今夕当宿燕山会同馆，兄弟南北万里，感怅成诗》，用非、违、归、飞、稀为韵。第二天(即乙未元日)，诗人依前首韵脚，写了这首七律。

“浮生四十九俱非，楼上行藏与愿违。”起联因元日而行年五十抒感。《淮南子·原道篇》说：“故蘧伯玉年五十，而知四十九年非。”“四十九俱非”本此。楼上行藏，用《三国志》刘备责许汜语：“君求田问舍，言无可采，如小人欲卧百尺楼上，卧君于地，何但上下床之间耶?”意指远大的抱负。这一联慨叹自己年届五十，过去四十九年但觉其非。平生抱负，原很远大，如今检点一下行止，却深感事与愿违。所谓“四十九俱非”，是牢骚语。“知非”是婉辞，“违愿”才是实质。

“纵有百年今过半，别无三策但当归。”颔联分承一、二，抒写年老当归的感喟，说人生纵有百年之寿，自己如今已过了一半；既然在为人处世方面别无周到的良策，就只能是及早归隐了。三策，汉董仲舒以贤良对天人三策，为武帝赏识，任为江都相。后被人用为经世良谋的典故。所谓“别无三策”，是自嘲没有治国良方，语中颇含牢骚。所谓“但当归”，也就是迫于环境，不得不归了。

“定中久已安心竟，饱外何须食肉飞?”定，指入定，佛家坐禅时进入寂静的状态。颈联说自己久已如坐禅入定，心境清静安闲，不动名利之念；但求温饱，即已满足，此外何必更求富贵飞腾呢? 这一句乃化用曹操评吕布语：“饥则为用，饱则扬去”(见《三国志·陈登传》)，而另出新意。这表面上是表明自己知足不辱，实际上却含有不得已的苦衷。说“久已安心竟”，正透露出未能真正忘情。这一联造语新颖，富于理趣，贺裳《载酒园诗话》赞其“有新趣”。

“若使一丘并一壑，还乡曲调尽依稀。”一丘一壑，用《汉书·自叙传》：“若夫严子者，……渔钓于一壑，则万物不奸其志；栖迟于一丘，则天下不易其乐。”尾联承上“当归”之意与知足之旨，说假如自己能有一丘一壑可以归隐，那么，依稀的还乡曲调尽奏无妨(尽，听任之意)。言下之意是，既无归隐之处，听到还乡曲调，

难免惆怅。

纪昀评这首诗道:"纯作宋调,语自清圆,虽不免于薄。"所谓"宋调",有生涩瘦硬与圆熟平滑二种。范成大的这首诗,接近于后一种,清新流利,是其所长,浅易滑熟,是其所短。

(刘学锴)

蛇　倒　退　　范成大

山前壁如削,　山后崖复断。
向吾达陇首,　如海到彼岸。
那知下岭处,　慄甚履冰战。
牵前带相挽,　缒后衣尽绽。
健倒辄寻丈,　徐行仅分寸。
上疑缘竹竿,　下剧滚金弹。
岂惟蛇退舍,　飞鸟望崖反。
稍喜一径平,　犹有千石乱。
仍逢新烧畲,　约略似耕畔。
心知人境近,　犫末百忧散。
山民茅数把,　鬼质犊子健。
腰镰走迎客,　再拜复三叹。
谓"匪人所蹊,　官来定何干?
倘为饥火驱,　平地岂无饭?
意者官事迫,　如马就羁绊?"
我乃不能言,　付以一笑粲。

淳熙元年(1174)范成大由广西经略安抚使调任四川制置使;二年春离桂林赴成都。这是他入川路上经归州(治所在今湖北秭归)的一首纪行诗。蛇倒退,是归州东南的一处险峻山岭名。全诗三十二句,一韵到底。

前十六句为第一段,写蛇倒退山路的艰险。"山前"二句,以山岭前后都极陡峭,总冒可畏形势;"削"、"断"用字镵刻。"向吾"二句,写自山前登上山顶,以浮海登岸形容到达山顶的喜悦心情。这里用误认困难已过作倒跌,是欲伸先缩的写法。与杨万里《过松源晨宿漆公店》的"莫言下岭便无难,赚得行人错喜欢"句,作用相同。"那知"二句写不料从山后下行,更令人有"战战兢兢,如临深渊,如履薄冰”之惧，是转入伸展、进行细致描写的开始。“牵前”二句，写下山要前牵后缒（用带挽住），才能避免滑坠的危险。“缒”而至于“衣尽绽”，可见用力辛苦。这是下山的艰难可畏之一。“健倒”二句，写猛一跌倒，就会滑到“寻（八尺）丈”之远；慢步徐行，只觉进如“分寸”。这是下山的艰难可畏之二。“上疑”二句，爬竹竿比上登之难，滚金弹比下滑之快，“剧”字以“更甚”加倍强调。“岂惟蛇退舍，飞鸟望崖反（即返）。”一舍三十里，强调退避之远。前一句点蛇扣题，后一句用鸟飞且难加倍强调。这四句通过比喻、陪衬手法，进一步描写在蛇倒退这一山岭上下的艰难可畏，突出了它的险峻形象。“稍喜一径平，犹有千石乱。”说遇到一段较平坦的途径，仍有乱石阻碍。两句是结束语，又作了延伸的描写，自为转折，笔势不平。这一段语言朴素，描写具体生动，且句句作对，“向吾”四句成一扇对，其余为两句对。对偶工整而又自然，几乎使人觉察不出。扇对的“彼岸”运用佛经的词语，“履冰”一词出自《诗经·小雅·小宛》，斤两相称。从这一部分，可以看出范成大诗歌艺术技巧的高度纯熟。

后十六句为第二段，写和山下居民对答的情况。“仍逢”二句，说碰到一些新烧过的畲田，比起平原的，只能算是“约略”像耕地的样子，表示山田的不平和贫瘠。但道路情况已变，是另起一层。“心知”二句，说看到山田，知道接近居民住地，眉尖的忧愁消散，表示心情转变，又起一层。这两层是上下段转接的过渡。“山民”四句，写碰到居民。自此以下，是本段的中心内容。“茅数把”，居住简陋的小茅屋。“鬼质”，形容居民瘦怪模样，“犊子健”，形容他们动作轻捷。他们腰带挖土铁镵，碰着作者一行人，一面以礼相迎，一面为之叹息。四句中写屋写人，并引出下文的问答，简洁逼肖。以下六句，居民问话：“这山路不是一般人所能走的，你们当官的干吗来到这里？如果是因为生活驱使，难道平原上就没饭好吃？可能是受公事迫促，不得不行，像马匹受人束缚那样吧？”话虽简单，但道理却说得委曲详尽；看似单纯无知，实则切中要害。这中间当有作者平日的积思萦想补充其中，借对方的问话，以抒发自己的感慨。话问得这样的直率、真切，但牵涉的问题是很复杂的，故结尾两句，作者自表不能作答，只好付之一笑。问是作者设问，答是作者故作不答。处境和衷曲的难言之处，尽在“一笑”之中，故结语表情见意，出以含蓄。

前段精细写景，后半生动抒情，都在朴素语句中见工巧。黄庭坚、陆游入蜀道中，写峡路山林，都没有留下像范成大这样刻画细致的诗篇，故范氏《蛇倒退》这类山水诗实有开创特色。这种诗的功力，深得杜甫的秦州、同谷、入蜀一系列纪行五古的妙谛。

（陈祥耀）

判　命　坡　　　　范成大

钻天岭上已飞魂，　　判命坡前更骇闻。
侧足三分垂坏磴，　　举头一握到孤云。
微生敢列千金子？　　后福犹几万石君。
早晚北窗寻噩梦，　　故应含笑老榆枌。

这首诗是淳熙二年(1175)范成大入蜀途经归州(治所在今湖北秭归)时作。判命坡，归州东部的一个险峻山岭名。

起四句写坡。起联欲写判命坡，先以钻天岭作陪。钻天岭，一名钻天三星，亦在归州东部。登此岭的“惊魂飞动”，犹比不上判命坡的“骇人听闻”，一起笔势紧促，气氛紧张。颔联具体写判命坡的“骇闻”：峭壁之上的悬崖，犹如坏的石磴垂挂而下，攀登至此，连气也不敢透，只能“侧足三分”而行；抬头一看，好像手可握到天上的云气。既危且高，行人到此死生难卜，走过去才能肯定生命继续存在，所以叫做“判命坡”。“一握”，语本《三秦记》：“孤云两角，去天一握。”这两句自上到下，把“判命坡”写得惊险骇人，形象鲜明，语言劲炼，是全诗最精彩有力的句子。

后四句抒情。颈联出句，自谦生为微末之身，不敢像“千金之子”那样保重，运用“千金之子，坐不垂堂”的成语；对句自嘲，说世俗以大难不死为有后福，那么过了判命坡之后，能不能像“万石君”福气那样大？汉石奋，善以“谦恭谨慎”保持禄位，他和四个儿子的俸禄都达到“二千石”一级，世称“万石君”，《史记》有《万石君传》。这一联是诙谐戏谑之辞，否则，范成大怎会自视不如世俗的“千金之子”，而以贪图富贵、虚伪做作的石奋为比呢？结联设想归隐。“北窗”，用陶渊明归隐家居的典故；渊明《与子俨等疏》：“常言五六月中，北窗下卧，遇凉风暂至，自谓是羲皇上人。”“榆枌”，是枌榆的倒装，这样做，是为了叶韵。汉高祖刘邦为丰邑枌榆乡人，起兵时曾在枌榆社祈祷，后人因以枌榆代称故乡，见《史记·封禅书》。诗意说早晚要争取归隐，像陶渊明高卧北窗之下，那时候想起今天走过判命坡的“噩梦”般的情景，应该会更加愉快地坚定终老故乡的决心。这四句笔调转为诙谐闲淡，使结尾饶有余情。

范成大生平虽官位较高，外任镇帅，内官做到参知政事，但他不是一个热衷功名的人，居官勇于为国，又时时存退隐之心。这次由桂林赴四川制置使任，自谓是病后勉力而行，故准备动身之时，即写了“纵有百年今过半，别无三策但当归”的诗句。这次入蜀上三峡时，“以涨江不可泝，自此步行，备尝艰厄。”（见范氏所著《吴船录》）所经判命坡等处，都艰险异常，所以诗篇在描写经历山川当中，便动了“不如归”之情。全诗朴素自然，不见刻意经营之迹，但写景逼肖，写情有味，可见其功力之深。 （陈祥耀）

劳畬耕　　范成大

峡农生甚艰，　斫畬大山颠。
赤埴无土膏，　三刀财一田。
颇具穴居智，　占雨先燎原。
雨来亟下种，　不尔生不蕃。
麦穗黄剪剪，　豆苗绿芊芊。
饼饵了长夏，　更迟秋粟繁。
税亩不十一，　遗秉得餍餐。
何曾识秔稻？　扪腹常果然。
我知吴农事，　请为峡农言：
吴田黑壤腴，　吴米玉粒鲜。
长腰匏犀瘦，　齐头珠颗圆。
红莲胜彫胡，　香子馥秋兰。
或为虞舜余，　或自占城传。
早秈与晚穲，　烂炊甑甗间。①
不辞春养禾，　但畏秋输官。
奸吏大雀鼠，　盗胥众螟蝝。
掠剩增釜区，　取盈折缗钱。
两钟致一斛，　未免催租瘢。
重以私债迫，　逃屋无炊烟。
晶晶云子饭，　生世不下咽。
食者定游手，　种者长流涎。
不如峡农饱，　豆麦终残年。

〔注〕 ① 烂炊：从黄昌衢刻本，一本作“滥吹”。

这首诗是淳熙二年(1175)范成大入蜀途中在今重庆巫山写的。劳,读去声,安慰之意。畲耕事,见于作者题下所附序文:“畲田,峡中刀耕火种之地也。春初斫山,众木尽蹶;至当种时,伺有雨候,则一夕火之,藉其灰以粪(施肥);明日雨作,乘热土下种,即苗盛倍收,无雨反是。山多硗确(坚硬石块),地力薄,则一再斫烧始可蓺(种)。春种麦豆,作饼饵以度夏;秋则粟熟矣。官输甚微,巫山民以收粟三百斛为率(计算标准),财(才)用三四斛了二税(纳完春秋二租),食三物以终年,虽平生不识秔稻,而未尝苦饥。余因记吴中号多嘉谷,而公私之输顾重,田家得粒食者无几,峡农之不若也。作诗以劳之。”

前十六句为第一段,写巫山农民的畲耕生活。起二句说“峡农”(巫山在三峡地段)的生活困难,在大山顶上刀耕(斫)火种(畲),是总冒。“赤埴”二句,说土地坚硬黄赤,不肥沃,要三斫(三刀)才(财)能一种(田),申述起句的“艰”字。以下转写艰难中还可喜慰的一面。“颇具”四句,写峡农的经验和智慧:能观察气候,在雨前烧山,雨来赶快下种,懂得不这样作物就生长不好。“麦穗”二句,以“黄剪剪”、“绿芊芊”表作物的长势好,以长势暗示收成好。“饼饵”二句,紧接“长势”、越过“收成”,写一年中的生活:夏天吃豆麦做成的饼饵,秋天等待(迟,读去声,“等待”意)小米丰收作粮食。“税亩”四句,说每亩纳税不到收成的十分之一,纳税剩下来的粮食可得饱餐,虽一生没见过水稻长成的粳米,但摸着肚皮却经常填得饱饱的。这一段先冒后转,以冒作陪,以转作主,结构上主次分明;叙事则不仅分明,而且简洁;“麦穗”一联对偶句,尤其妍炼生动;“扪腹”一句用《庄子·逍遥游》“腹犹果然”语,与“穴居智”呼应,勾勒出峡农带原始性的生活,使人感到他们的生活虽较安定,但毕竟是很落后的。他们的落后生活,是复杂的社会病态造成的,人们读过之后,会油然兴起怜悯同情之心。

后二十八句为一段,历举吴地农民的生活情况,以安慰“峡农”。开头二句表明是作者的发言,以下是发言内容。“吴田”八句写作者故乡苏州一带的江南农民怎样种水稻:土壤肥黑,种成的稻米美如“玉粒”,叫“长腰米”的像瓠瓜子儿那样匀白,叫“齐头白”的像珠颗那样圆润,叫“红莲”的大大胜过菰米,叫“香子”的比秋兰还香;有的是从尧、舜时传下的老种,有的是从国外占城地方输入的新种;“早籼”与“晚稏”这些普通品种则是平常在炊器中煮食的。以下十四句写江南农民受官租私债剥削的情况:不辞春天插秧种稻的辛苦,只怕秋天的输纳官府租税。作奸舞弊的官吏像“大雀鼠”,强盗般的小差役和里长像成群的螟蛾和蝗虫那样夺去农民的稻米;他们用大量器(釜、区皆古量器名)来掠取剩余,用折收现钱(缗钱)的办法来增加农民的负担。缴租时两钟(亦量器名)两斛被当成一钟一斛，缴不起租身躯要被鞭打成瘢；加上地租、高利贷等私债的催迫，农民只好外逃，弄到屋无炊烟。亮晶晶像“云子”那样好的饭粒，农民自己生来从没有进过喉咙，吃它的都是游手好闲的人，耕种者只好经常流着口水看别人吃。结尾两句是发言的总结：江南农民在平地种着好水稻，还不及你们“峡农”用豆麦过年那样能够吃得饱。这一段与上段是一个大的对比：山地农民种植困难，生活简陋，但僻居野处，受剥削较轻，还能勉强用粗粮填饱肚子；江南水乡农民居住富庶地区，种得好稻谷，但是官租私债的负担重，结果还是吃不饱饭，不免于逃亡断炊；苦乐情况各有不同。本段又自为一个小对比：以收成稻谷的美好和农民生活的困苦作对比。小对比把农民受剥削的情况揭露得很鲜明、很尖锐。大的对比，则似乐而苦的“吴农”实际是苦，似苦而乐的“峡农”本质也是苦。对后者的安慰实出于勉强，代前者作控诉乃真正有力。这一段先把稻米写得极香美，多用对偶句，词句也像“珠颗”、“玉粒”那样美，劳动成果越美好，越显得农民不能享受自己成果的不公平，显出封建剥削的罪恶。后写农民被剥削，也多用对偶句，也写得简练、集中、生动。“早秈”、“晚稏”与“齐头白”、“长腰米”等已先作呼应；“螟蠓”、“鼠雀”、“云子”等又重加比喻。此段实是一幅宋代江南农村生活的真实的历史图卷。

全诗以朴素、简练和鲜妍的语言，曲折而又分明地反映宋代山区、水乡农民的艰苦劳动和受严重剥削的情况，表现了作者同情农民，反对“奸吏”、“盗胥”、“官租”、“私债”的罪恶的进步思想，是一篇很深刻、很典型的反映现实、揭露现实的诗篇。它的更深刻的意义，还在于提供例证，使读者看到，剥削之害更烈于自然条件的恶劣，即所谓“苛政猛于虎”之义。 （陈祥耀）

望 乡 台 范成大

千山已尽一峰孤， 立马行人莫疾驱。
从此蜀川平似掌， 更无高处望东吴。

孝宗淳熙元年(1174)，作者由知静江府(治所在今桂林)、广西经略安抚使被调四川制置使、知成都府，此诗即作于这次赴任途中。成都北面有望乡台，这里用它为题，不一定实指其地(从作者入川路线来看，不必经过这里)，主要是取登高远望，权以当归之意。

作者这次入川，心情相当复杂。一方面，他对“一身半世走奔波”(《戏书麻线堆下》)的仕宦生涯感到厌倦；另一方面，在山河破碎的形势下，又觉得应像“蚕老当作茧”(《初发桂林有出岭之喜……》)那样为国效力,有所作为。他带着这种矛盾的思绪,走上万水千山的旅途,本来拳拳于故乡的诗人,就更易见景生情,触发乡思。比如,当他途经长沙,在游道乡台时,便有“故园东北望,游子栏干曲”(《题岳麓道乡台》)的感慨;行至清湘县郊外,见到“紫荆闹桃李,冥冥一川花”的景色时,便联想到故乡更为明媚的春光,从而发出了“我宁不念归,愿作失木鸦”的浩叹,但又感到君恩重似“乔岳”(泰山),不应因征途遥远而犹豫徘徊。只有了解作者这种“乡心与宦身”(《清湘县郊外杂花盛开,有怀石湖》)的矛盾,才能更好地理解《望乡台》诗的内涵。

这首诗用简练朴质的语言,写了过去、当前和未来三种情景。头一句概括了过去几个月的艰难行程。这年早春,从桂林出发,经湖南而至荆州,然后沿秭归、巴东、巫峡、万州一线入川,时而舟楫浮江,时而越岭攀山,半载崎岖颠簸,至遂宁府始见平川。其间既有过钻天岭、判命坡那类令人“飞魂”的惊险,也有“野翁酌水煎茶献,自古人来到此难”(《九盘坡布水》)和“但阅关山过,都忘岁月催”(《金山岭》)的欣慰,这一切,都浓缩在“千山已尽”四字之中。眼前是一马平川,这最后一山,便显得孤峰独拔了。在这句里,“尽”字与“孤”字紧相呼应,不仅写出了眼前景色,字里行间还流露了终达目的地的愉快心情。按常情说,此时该策马扬鞭,急驰而下了。然而,诗的第二句,却反接头句之意,去写“行人”(指诗人自己)立马山头,缓辔踟蹰的场面。这样的描写含蓄地表现了诗人当时油然而生的特殊感触。接下去的两句便更进一层,直抒胸臆,申述立马踟蹰的原因。即将进入蜀川,再无崎岖之苦,但四周的高山,更加阻隔了与故乡的通路,连登高以望东吴(指作者故乡苏州)之处也没有了。这就把思乡之情更加深化了。蜀川,指四川盆地,用“平似掌”来比喻,形象而又贴切。诗人面对展现于眼前的蜀川,应是心情开朗,但到了川中,离乡愈远,乡思也愈切。正是这种相反的心情,构成了此诗深婉而不低沉、萦回而不失开阔的基调,准确地表现了诗人其时的感受。从中可见诗人表现微妙感情的艺术才能。(唐富龄)

荆渚中流,回望巫山,无复一点,戏成短歌　　范成大

千峰万峰巴峡里,　不信人间有平地。
渚宫回望水连天,　却疑平地原无山。
山川相迎复相送,　转头变灭都如梦。
归程万里今三千,　几梦即到石湖边。

淳熙三年(1176)，范成大辞去四川制置使职务，四年五月，离成都东下。八月，抵达湖北江陵，刚好这时候词人辛弃疾知江陵府兼湖北安抚使，邀他同游渚宫，范氏写了这首诗。江陵旧为荆州治所，荆渚，指江陵；诗写由江陵长江中流回头西望三峡的情景。每二句一韵，凡四转韵，每韵一意。

第一韵，写长江三峡峰峦之多。巴峡，原指重庆的嘉陵江峡，这里借指长江三峡，即瞿塘峡、巫峡、西陵峡。作者到了江陵，船已走过三峡，这里是回思。"千峰万峰"，极言峰多；"不信人间有平地"，船在万峰围绕之中，朝夕飘浮，好像永远走不到尽头，故有此想。起句正面写，落句故作疑辞从反面强调，有了落句，三峡地区山多的情景才显得突出，也就是跌宕转折之笔比直写之笔更为有力。

第二韵，写沿江西望，不见峡山。渚宫，春秋时楚国的别宫。范成大《吴船录》："淳熙丁酉八月壬申、癸酉泊沙头，江陵帅辛弃疾幼安招游渚宫。败荷剩水虽有野意，而故时楼观无一存者。后人作小堂亦草草。"可见渚宫当时已荒凉，所以诗意不在写渚宫，而在写由渚宫沿江西望。这一韵写的是与上一韵完全相反的情况，但笔法相同。"水连天"，极言江长水大，也是直写；"却疑平地原无山"，从江陵江边平坦之地遥望，江天一片空阔，略无高处，故又有此想，也是故作疑辞从反面强调。前后两韵，通过心理感受的细致描写，表现出峡里峡外两种完全不同的景象，而又互相映衬：因峡外的平旷而愈显得峡里的山多与山高；因峡里的山多与山高而愈显得峡外的平旷。三峡过了夷陵(今宜昌西北)之后，就进入平旷地区，《吴船录》说三峡中"山之多不知其几千里，不知其几千万峰，山之高且大如是。"然过了夷陵，"回首西望，则渺然不复一点；惟苍烟落日，云平无际，有登高怀远之叹而已。"清人张问陶《出峡泊宜昌府》诗："送尽奇峰双眼豁，江天空阔看夷陵。"描写了相似境界。

第三韵，写对前面山水变换情况的感想，由写景转入抒情。在写这诗时，范成大已几经仕途的转徙，自东至西，从南到北经历了许多山川，世事仕途、自然景象，回思起来，不免有纷纭如梦之感。故这一韵就山川的送迎变化，很自然地触发此感，"转头变灭都如梦"之句，脱口而出。就其经历看，这句显然不止指自然现象，兼含对世事仕途的感慨，两个拟人的"送迎"字面，透露其中内涵，自觉意味深长。

第四韵，写计算何日可以到家，"归程万里"，嫌路程之远；"今三千"，只走完三分之一，嫌行进之缓。"几梦"，做几回梦，承上句，意谓再经几次梦境般的山川旅程的变换。"石湖"，在苏州西南的太湖之滨，风景优美，是作者别业所在，他爱此别业，因以自号。"梦到石湖边"，即梦还家。这两句在叙事中，备见思念石湖、急于还家的心情。上句写长途艰难，下句写盼望速归。

这首诗在八句中四作转折，转得轻妙自然，如行云流水，而音节柔和，神韵悠远，在作者的七言古诗中是最为轻灵的作品之一。（陈祥耀）

鄂州南楼　　范成大

谁将玉笛弄中秋？　　黄鹤归来识旧游。
汉树有情横北渚，　　蜀江无语抱南楼。
烛天灯火三更市，　　摇月旌旗万里舟。
却笑鲈乡垂钓手，　　武昌鱼好便淹留。

淳熙四年(1177)范成大自四川东归，八月中秋前一天到达鄂州(今属湖北)，中秋夜，受当地官吏的招待同游南楼而作此诗。南楼，以东晋时镇武昌的征西将军庾亮游此而著名。《世说新语・容止》："庾太尉在武昌，秋夜气佳景清，使吏殷浩、王胡之之徒登南楼理咏。"庾后至登楼，"诸贤欲起避之，公徐云：'诸君少住，老子于此处，兴复不浅。'因便据胡床，与诸人咏谑，竟坐甚得任乐。"据考所游的南楼，是当时武昌城的一个谯楼，在今湖北鄂州市南。后人在今武汉市黄鹄(亦作"鹤")山上所建的南楼，又名白云楼、岑楼，把它当作庾亮所游之处，而地点实非。范成大这次登临的，也是黄鹄山上的南楼。《吴船录》记："壬午晚，遂集南楼，楼在州治黄鹤山上。"

起联"谁将"句点出游南楼在中秋，并闻歌管之声，暗用李白"黄鹤楼中吹玉笛"诗意；"弄"字写出吹笛者缓吹闲赏、边吹边赏之态，和游者的心情合拍。记中的"壬午晚"，即那年的中秋夜。"黄鹤"句，就南楼附近的黄鹤楼的骑鹤仙人的故事，点明所游地点，并表现涉想的遐远。这次中秋之游，作者有特殊的兴会，《吴船录》载："(南楼)轮奂高寒，甲于湖外，下临南市，邑屋鳞差……天无纤云，月色甚奇，江面如练，空水吞吐，平生所遇中秋佳月，似此夕亦有数；况修南楼故事，老子于此，兴复不浅也。""通计十三年间，十一处见中秋，亦可谓之游子。"除作此诗，并作《水调歌头》(细数十年事)词一首，云："俾鄂人传之。"这一联笔调飘逸。

次联，写南楼形胜。南楼隔江遥对汉阳，西面、北面为长江所怀抱。"汉树"句自唐崔颢《黄鹤楼》诗"晴川历历汉阳树"化来；"有情"，加重感情色彩；"横北渚"，贴切形势。"蜀江"句，即《吴船录》所谓"岷江自西南斜抱郡城东下"。"无语"除加重感情色彩外，又渲染夜静。"横"字、"抱"字，锤炼有力。

第三联，写鄂州城市和江面的夜景。当时鄂州商业发达，市面繁荣，《吴船录》载："沿江数万家，廛闬甚盛，列肆如栉，酒炉楼栏尤壮丽，外郡未见其比。盖川、广、荆、襄、淮、浙贸迁之会，货物之至者无不售，且不问多少，一夕可尽，其盛壮如此。"鄂州并且是长江中游的军事要地，官、商船舰云集，故以此二句状之。"灯火"是夜游所见，"月"字点明中秋；"三更市"，说夜市直到深更；舟来"万里"，又多高插"旌旗"，江面喧闹非凡；"烛天"写灯火之盛，"摇"字写月兼联江水，气势极为雄壮。

结联，自嘲流连鄂州景色，不及早还乡。上三联叙事、写景，这联转为抒情，笔调应接起联，以飘逸胜，兼带风趣。鲈乡，指作者故乡苏州一带鱼米之乡，暗用张翰在洛阳思吴中鲈鱼脍之典；"垂钓手"，指隐者，用以自喻；"武昌鱼好"，化用三国时"宁饮建业水，不食武昌鱼"的谣谚。此联萌归隐之心，与同时《水调歌头》词所写："想姮娥冷眼，应笑归来霜鬓，空敝黑貂裘。酾酒问蟾兔，肯去伴沧洲？"辞异情同。

范成大的诗，多清新淡远之作，此诗却写得遒逸雄壮，接近陆游，与陆游《黄州》一诗，声调气势都极接近。纪昀《瀛奎律髓刊误》评为："声调自好，然而浮声多于切响矣。"则近于苛求。

（陈祥耀）

初归石湖　　范成大

晓雾朝暾绀碧烘，　横塘西岸越城东。
行人半出稻花上，　宿鹭孤明菱叶中。
信脚自能知旧路，　惊心时复认邻翁。
当时手种斜桥柳，　无数鸣蜩翠扫空。

范成大的家乡苏州，城的西南十里有石湖，是太湖的一个支脉，与当时有名的姑苏前后台只相距半里，风景优美。诗人晚年就卜居于此。在写这首诗之前，他曾被朝廷先后派到边远的静江（桂林）和成都去做地方大吏，惠农、固边，都有政绩。回朝后，在淳熙五年（1178）四月，以中大夫作了参知政事（副宰相）。任职两个月，就因与孝宗政见不合，御史借细故弹劾，获罪落职，领祠禄回乡了。诗，就是这年六月，初到石湖时写的。其时，诗人五十三岁，他离开石湖，已经六年了。

这是一首七律。律诗在通常情况下，内容要紧切诗题，诗题也就成了内容的概括。此诗正如题目所标的，是写自己初归石湖时路上所见、所感，是与平日出外游赏不同的。此外，这次虽是罢相而归，但诗中并无失意消沉的情绪；相反的，

范湖草堂图(局部)

——〔清〕任熊

倒可以使人感觉到作者的心境是开朗的，自适的。他不大在乎仕途的升降得失，对宦海浮沉的厌倦和对石湖山水的眷恋，也使他这次能回家闲居，颇为恬然自安。

律诗论章法，有所谓起、承、转、合。起、承两联，诗意总是衔接得很紧的，所谓“要如骊龙之珠，抱而不脱”（杨载《诗法家数》）。此诗前四句一气相连，用于描写归到石湖时所见景物。首句先写晓光晨雾景象，同时点明是天方曙明。日光初出为暾；青中透红为绀。日光蒙上一层雾气，呈红青色，与天空的碧色相互烘染，色彩艳美。景物是客观的，写在诗中却能反映出作者的心情。杜甫陷贼脱身后，回到羌村探亲，写诗即以“峥嵘赤云西，日脚下平地”的画面起头；虽二者所写，一为夕照，一为晨曦，景物有别，但表现初归愉悦之情则一。第二句写诗人石湖别墅之所在。横塘在苏州西南十里，塘甚大，其北有枫桥，即唐代张继夜泊题诗处。越城，春秋末吴王阖闾所筑的越来溪故城，即石湖别墅所在地，诗人卜筑于此，因其城基，随地势高下而为亭榭。交待了地点方位，便写见到的田野和水塘景色。六月，田间水稻已开花，茂密深秀，一眼望去，路上行人都只露出半截身子；一只水宿的白鹭，在长满菱叶的池塘里，显得特别洁白可爱。这景象给人以清新、欢快的感觉。“行人”正归路所见，“宿鹭”与拂晓相应；而“半出”、“孤明”等字眼，尤用得富于表现力。唐人陶岘《西塞山下回舟作》诗有“鹭立芦花秋水明”的佳句，与此诗“宿鹭”句的意境仿佛，但又不相同。彼写秋水明澄，似见倒影；此写菱塘覆翠，白羽耀眼。“明”字在这里不形容水而形容鹭，所以与“孤”字配搭，与苏舜钦诗“时有幽花一树明”的“明”用法相同。稻花飘香，菱叶满塘，又是丰年的景象。这当然也会增添初归诗人的兴会。

前四句没有正面点出“初归”，只是通过初归者对所见一切都很有兴趣的眼光，来描写客观景物。如果后面仍旧没有交待，那就容易与平时清晨出游相混淆，不能做到紧扣诗题。所以，从第三联的“转”起，就突出了“初归”这层意思；同时也转入以写主观感受为主：“信脚自能知旧路，惊心时复认邻翁。”路是旧时认识的，所以只须信步走去，不怕走错；几次碰见老人，仔细辨认，吃惊地发现原来他们都是我从前的邻居。这两句写初归感受十分真切。又好在同置于一联之中，用的是“理殊趣合”的“反对”（刘勰《文心雕龙·丽辞》语）。上句说无心，下句说留意；上句安闲，下句惊讶；“信脚”易走错，反说“能知”，“邻翁”本熟悉，却要辨“认”；初归识路，是似新实旧，惊认邻舍，是熟已变生。总之，从不同角度，写出了阔别多年而重归故里的感受。

末联把今昔之感更明确地抒写了出来：“当时手种斜桥柳，无数鸣蜩翠扫空。”斜桥，当是石湖的一座桥名。蜩，即蝉，俗称知了。诗人说，昔日亲手种在桥边的柳树，如今已绿荫蔽天，蝉声满耳了。这里，令人联想到一个常用的典故：东晋大将桓温，北伐时，经过金城，看见自己从前手种的柳树“皆已十围，慨然曰：‘木犹如此，人何以堪！’攀枝折条，泫然流泪。”(《世说新语·言语》)但范成大此诗不能算用典，虽然他写诗时肯定也会想到这个典故，甚至可能觉得因为有此熟典，更可以加强今昔之感。所以说不能算用典，因为诗人写的首先是实事实景，再说，今昔之感的性质也不同。范成大见手种柳树长大，并没有“泫然流泪”，倒是流露出欣然赞赏之情，或许他还惋惜自己没有更早一点回到石湖来。“无数鸣蜩翠扫空”，写得有声有色，何等气象！苏轼有诗曰：“万里家山一梦中，吴音渐已变儿童。每逢蜀叟谈终日，便觉峨眉翠扫空。”(《秀州报本禅院乡僧》)“翠扫空”三字，即出于此。东坡用以写山，石湖用以状柳，借其语而翻出新意，但仍表示赞美。当然，其中也有感慨。诗以景语作结，映照发端，宕出远神，余味无穷，这是很高明的。

(蔡义江)

秋前风雨顿凉　　　　范成大

秋期如约不须催，　　雨脚风声两快哉！
但得暑光如寇退，　　不辞老境似潮来。
酒杯触拨诗情动，　　书卷招邀病眼开。
明日更凉吾已卜，　　暮云浑作乱峰堆。

这首诗为淳熙五年(1178)、六年间范成大居石湖时所作①，写立秋前雨后“顿凉”之喜。

起联，写“秋前风雨”。“秋期”句，谓立秋有固定日期，不烦人力去催。不过日期虽有固定，但暑气却未必在此时即能消退，秋后热是常见的，故次句说遇到“雨脚风声”而有“两快哉”之感。“快哉”，即宋玉《风赋》“快哉此风”意。起句写季节之常，次句写遇风雨之快。

次联，写喜凉之情。此诗前后三联笔致均较平，惟此联最精警。秋前之凉爽，本为人们所盼望的，故姜夔《平甫见招不欲往》的“人生难得秋前雨，乞我虚堂自在眠”之句，传诵人口。但写喜凉而用“如寇退”作为比喻的则极罕见。对句用“似潮来”譬喻老境来势的迅猛，亦不寻常，不像以潮比愁之为常见。苏轼《洞仙歌》词：“但屈指，西风几时来，又不道，流年暗中偷换。”可知迎凉、避老，两美难兼。诗以“但得”、“不辞”四字冠于句首，显出瞬息间心情的变化，表示宁为前者而牺牲后者，以坚决语气强调，和他后来所写《立秋二绝》中的“岁华过半休惆怅，且对西风贺立秋”，用意相近。这一联，就组织言，是工整的对偶；就气机言，又是语意贯连的流水对；所以兼有立意新颖、取譬奇特、语言精工、气机灵活的妙处。

第三联，写天凉后生活的变化。天气凉爽了，故觉酒杯可亲近，亲近酒杯，又收到“触拨诗情”之效；天热、眼病，都不利于看书，天气凉爽了，读书的兴致又起，“病眼”也就受“招邀”而继续去看书。“触拨”、“招邀”，从物拟人写来，角度有变化，用词也新鲜。这联所写“顿凉”之效，使上联所写之“喜”显得更有着落，起了以事足情，以绿叶扶红花的作用。

结联，预料未来情况。今日之凉，是否一现即退，开头尚有难卜之意，故有“但得”的假设之词。这一联则由于观察到“暮云”全作“乱峰堆”，云气犹浓，雨自不会骤歇，故能够肯定“明日更凉”，由当前写到未来，使“喜”意更深，余味盎然。

杨万里《石湖先生文集序》评成大诗：“大篇决流，短章敛芒，缛而不酿，缩而不窘。”陈讦《宋十五家诗选》评：“范石湖取境雅瘦，力排丰缛，然气韵自腴，故高峭而不寒俭。”王昶《舟中无事偶作论诗绝句四十六首》评：“石湖居士真清远”，这首诗的风格，庶几近之。

（陈祥耀）

〔注〕 ① 据周必大为范氏所作《神道碑》，六年范氏起知明州；然按范集编次及周氏所作《制词》，似六年范氏尚在家。

晚步吴故城下　　范成大

意行殊不计榛菅，　风袖飘然胜羽翰。
拄杖前头双雉起，　浮图绝顶一雕盘。
醉红匝地斜曛暖，　熨练涵空涨水寒。
却向东皋望烟火，　缺蟾先映槲林丹。

这诗与《秋前风雨顿凉》为同年之作，也写于苏州。吴故城，春秋吴国旧城，又名鱼城，遗址在今苏州市西横山之下。

起联写“步”字。意行，随意而行；“不计榛菅”，不畏杂乱的草木丛生，表吴城故址的荒凉，不只是古书所说的宫室为沼、麋鹿游于苏台了。“风袖”句，秋风轻吹，“两袖飘然”，胜似飞鸟振翼，表明季节及“步”时的姿态。“意行”、“风袖”这种词语，唐人用过，如刘禹锡诗“意行无旧路”，白居易诗“风袖低昂如有情”，然不多；宋人喜欢用，是宋诗求新求炼的一种用字法。这一联叙事，已带景；后三联全属写景，最后略带叙事。

颔联，写“步”时的仰观。拄杖缓缓前行，羽毛美丽的山鸡在杖前双双飞起；一头大雕在高塔上空盘旋，是“一”、是“双”，是杖前、是塔顶，写得很实；但不呆板，因为出句景丽而逼真，对句景壮而雄浑，笔法与气势都不平凡。

颈联，写“步”时的俯视，又点“晚”字。斜阳照着满地的红叶，使秋天的黄昏还带着暖意，澄澈平静的江水涵映天空，水涨时却也使寒意上升“醉红”指红叶，从白居易《醉中对红叶》的“醉貌如霜叶，虽红不是春”句化出；“熨练”指江水，从谢朓《晚登三山还望京邑》的“澄江静如练”句化出。用这两个词，也是宋人字法，“熨”字尤刻意提炼。“匝”字、“涵”字虽较经见，也用得妥帖有力。这一联一陆一水，一暖一寒，一红一白，一照一涵，一近一远，意象高度集中，映照得妍丽多彩，引人陶醉。

结联写“晚步”到月色初生。经过仰观俯察、近视远望之后，转向东边高处望望人家的烟火，不知不觉中，一轮缺月已经升于天空，照在红色的槲林上，景色在清幽中还保持着绚丽。这联虽带叙事并作结束，“槲林丹”呼应上文“醉红”，但写景仍有新的境界，结束中更作伸展。

尤袤说范成大诗“温润”，杨万里说它“清新妩丽”，翁方纲说作者“善作风景语”，读这首诗，可以看出这些特点。

（陈祥耀）

重阳后菊花二首　　范成大

寂寞东篱湿露华，　依前金靥照泥沙。
世情儿女无高韵，　只看重阳一日花。

过了登高菊尚新，　酒徒诗客断知闻。
恰如退士垂车后，　势利交亲不到门。

这二首诗作于淳熙十三年(1186)作者家居石湖时。

古代咏菊之诗，主要有三类：一是写赏菊、爱菊，如陶渊明的“采菊东篱下”、“秋菊有佳色”；二是借菊花以自表品格，如韩琦的“虽惭老圃秋容淡，且看黄花晚节香”；三是论菊，如元稹的“不是花中偏爱菊，此花开尽更无花”。这二首诗则是借菊讽世的，有其别致之处。

诗写人们重阳看菊之事。重阳与菊花的关系：汉高祖戚夫人的侍儿贾佩兰，从宫中放出，为扶风人段儒的妻子，她说汉宫中重阳有饮菊花酒以求长寿之举。事见《西京杂记》。陶渊明九月九日没有酒喝，坐在宅边菊丛中采菊，望见穿白衣的人走来，乃是王弘送酒，酒到就取喝。事见《续晋阳秋》。汝南人桓景九月九日登高避灾，除了系茱萸，又喝菊花酒。事见《续齐谐记》。到了宋代，都城汴京还盛行重阳赏菊之事，见《东京梦华录》。

第一首。起句先写重阳后的菊花无人观赏。“寂寞”，无人到来；“东篱”，因陶渊明诗意而后人借以特指菊花栽种之地。“湿露华”，菊花带着湿露，犹鲜嫩可爱。后三字与前三字对照，以见无人见赏的可惜，七字之中，自为比照，词意充实。第二句，又申述菊花之美，与重阳前相较，进一层比照。“依前”，不异重阳之前；“金靥”，形容金黄色的菊蕊；“照泥沙”，光彩照地，然只独照泥沙，有伤叹之意。第三四句“世情儿女”，指世俗之人；说他们没有超脱的情趣，即“无高韵”，所以只能应着节日故事，“看重阳一日”之“花”，实际上意在求福求寿，不解赏花。这诗借看菊事刺世人的庸俗。

第二首。起句写过了重阳“登高节”后，菊花尚新，也即第一首前二句的意思。第二句写“酒徒”与所谓“诗客”，都没有声息了，不再来赏菊花了。第三四句说菊花在节日与节后受人们的不同对待，恰好像当官的人辞官之后，“亲交”都不再“到门”探访一样。垂车，犹“悬车”，以悬挂车子表示不再当官上朝（即“致仕”）。范成大做过大官，这时“致仕”家居，大概也尝过世人这种冷淡的况味，故见重阳后的菊花有感而一发之。这首诗借看菊事刺世人的“势利”。

这二首诗借花抒感，感从事生，不是凭空而来，又抒发得自然，抒发得明白如话，有其独到之处；然好作议论，求明畅，不尚含蓄，又显出宋诗的特点。

（陈祥耀）

咏河市歌者　　范成大

岂是从容唱《渭城》？　　个中当有不平鸣。
可怜日晏忍饥面，　　强作春深求友声。

范成大的爱民诗继承了白居易、张籍、王建新乐府的现实主义精神，其中的《四时田园杂兴》等又深得刘禹锡竹枝词之神韵，清新轻巧，饶有民歌风味，颇负盛名。这首《咏河市歌者》虽系歌咏下层市民，亦与其田园诗同调，兼具新乐府、竹枝词二者的韵味。

河市原指宋代汴京城南至汴河之间的市区，后亦泛指一般通都要邑的濒河之市，这里是商旅云集，居民繁夥之地，也是民间艺人卖艺求生之处。范成大晚年退职家居，得以接近下层人民，写了不少关心民生疾苦的诗。这首诗就是以民间艺人为描写对象,而表现诗人深切同情和关怀下层人民的篇章。同时,借此抒发自己在政治上的失意之感。

诗首先从歌声写起,“从容唱《渭城》”,是说这位歌者正以高超技巧演唱《渭城曲》(即《阳关曲》、《阳关三叠》)。但又并非平直地叙写,因为他从歌者那纡徐婉转的演唱中,仿佛感受到了某种不平之气、激越之声,所以便以设问句开头,着“岂是”二字,意谓歌者难道是只传达了《渭城曲》的精妙,歌声中难道不蕴含着别的什么吗?这样,首句设问便为下文蓄势,至次句迸发而出:此人胸中应该是怀有不平才唱出了这样的歌声啊!这一问一答的两句抒写,生动地传达了这位歌者的心声。韩愈《送孟东野序》云:“大凡物不得其平则鸣……人之于言也亦然,有不得已者而后言,其歌也有思,其哭也有怀。凡出乎口而为声者,其皆有弗平者乎!”那么,这位歌者到底有什么思、怀,有什么不得已、不平呢?

至三四两句,便用一意义相承、对仗工稳的流水对消释了读者心中的疑团,原来诗人歌咏的是一位孤苦无告、身陷窘境的民间歌者。诗人从听觉感受的抒写转到了视觉形象的描绘,展示了一幅悲惨的画面:暮霭降临,歌者犹未进食,不得已而忍饥高歌,希求得到救助。此二句着一“忍”字、“强”字,则歌者强颜欢笑之情、境况凄凉之状,跃然纸上;而以“可怜”二字领起,则诗人的同情之意,亦历历可见。“求友声”一语,出自《诗·小雅·伐木》“嘤其鸣矣,求其友声”,由对歌者形态的描摹回到了对其歌声的叙写,既指春深阳关送友名曲《阳关曲》,与首句相应,又用以暗喻歌者因处境艰难、援手乏人而不由发出的噍杀之声,与次句相续,意境完整,含义深邃。

这首绝句音调和谐自然,婉转流利、曲折有致,语言朴素平易,用字工练轻巧,无忸怩造作之态,有竹枝民歌之风。范成大反映民生疾苦的诗很多,除了有名的《四时田园杂兴》、《腊月村田乐府》、《催租行》、《后催租行》等外,还有不少与《咏河市歌者》类似的篇章,对贩夫、卖卜者、鬻鱼菜者、卖药者等啼饥号寒的下层市民作了深情抒写,其中有的虽然只是他“被暖如熏”的睡梦之余的同情和叹息,但他那种“汝不能诗替汝吟”的精神,还是值得肯定的。　（萧作铭）

春日田园杂兴十二绝(其二、其三、其五、其六)　范成大

土膏欲动雨频催,　万草千花一饷开。
舍后芳畦犹绿秀,　邻家鞭笋过墙来。

高田二麦接山青,　傍水低田绿未耕。

桃杏满村春似锦，　踏歌椎鼓过清明。

社下烧钱鼓似雷，　日斜扶得醉翁回。
青枝满地花狼藉，　知是儿孙斗草来。①

骑吹东来里巷喧，　行春车马闹如烟。
系牛莫碍门前路，　移系门西碌碡边。②

〔注〕 ① 斗草：找些奇异的花草互相比赛，以新奇或品样多者为胜。 ② 碌碡(liù zhóu)：压平田地、碾脱谷粒的农具。石制，北方称为辗。

范成大是南宋四大家之一，同尤袤、杨万里、陆游齐名。他的诗秀雅清婉，自具一格，在当时就很受到称赏。他早年游宦四方，五十七岁以后，退职闲居，在苏州石湖过着优游度岁的生活。在这时期，他写了《四时田园杂兴》六十首，获得"田园诗人"的称号。这一组大型的田家诗，说得上是他晚年的名作。在此之前，如王维等人也写过些"田园诗"，却旨在抒发个人的闲情逸致，鸡犬牛羊和农民不过是借来点缀的诗料，说不上反映农民生活。范成大的"田园诗"就不同，他确能生动真实地写出农家的忧喜悲欢，写出农家的劳动生活，连带农村中的风俗习惯都大量收在笔底，恍如一幅农村风俗画的长卷。在此之前，诗坛还没有出现过，这正是范成大独创一格的作品，所以一向受到广大读者的注意。

这里选的是他《春日田园杂兴》中的四首，只能说是"窥豹一斑"。

这组诗写于孝宗淳熙十三年(1186)。那时宋、金分立，南北对峙，双方暂时处于休战局面。江南的农民，因此也得到稍喘一口气的机会，颇能显出一些生气。本组诗的第一首"土膏欲动雨频催"，是从自己的住宅写起。描写春光遍地涌来的气势，很是生动。

"土膏欲动"是说土地解冻、地气回苏。"雨频催"补一笔天气。天上和地下一齐动作，春的气息就很快蓬勃起来，因此"万草千花"纷纷茁长。"一饷"即一晌，是片时间的意思。写花草到处出芽、抽叶、开花，转眼之间，山上、地下、树林、屋角，全都变了样。这两句概括有力，形象鲜明，使人恍如看到一组描写春神活动的"卡通"。

下面两句一转，视野缩小，镜头转到院子一角。在屋后，一片荒废了的园地，虽然久已没人耕耘，可是野花杂草却拼命长起来，依然是绿葱葱的一片。再看墙根底下，忽然长出了几个竹笋的嫩芽。院子里本来没有种竹，怎么能长出笋来啊！

仔细一瞧,原来隔邻的竹根从地底横穿过来,毫不客气地把笋长到我家里了。

这最后一句可说是传神之笔。上面写了满山满野,百草千花,也写了舍后荒畦的绿秀,但是还嫌太泛,还不够饱满酣足,必须再来一笔放大的特写。这个镜头怎么找呢?凭着诗人的细心观察,终于给他找到了,那几棵破土而出来自隔邻的笋尖儿,不就是最好的诗料吗!于是诗人把它轻轻移来,放进诗中,整首诗顿然血肉充盈,精神饱满。请看,连隔邻的竹鞭(竹根横行伸展,所以叫竹鞭)也不肯受围墙的限制,竟然穿墙破土,钻进我的院子里来,春神的威力这还不厉害吗?诗人把"春"字写得如此生动活泼,形象鲜明,笔酣墨饱,实在不能不令人惊叹佩服。

"高田二麦"一首,着重描写清明节的自然景色。"二麦"是大麦、小麦。麦怕水耐旱,所以江南农民把它种在高田里。据宋应星《天工开物·乃粒篇》载,西起今四川、云南,东至今福建、浙江、江苏,以及安徽、湖南、湖北,这个广大地区中,种植小麦只占粮食总产的二十分之一,大麦更少。明代如此,南宋也该相差不远。因为麦子都种在高地,所以诗里说"二麦接山青"。用"接"字就暗指麦子还青,同山上的草色一样。此时,低处的水田还未到播种时期。《天工开物》说,清明浸种时,每石种子浇几碗冰水,可以解除暑气。可见清明正是浸种时候,所以说"傍水低田绿未耕"。诗人对耕种季节,观察细微准确,绝不是关在屋子里只凭翻书本说空话,而这又正是"田园诗"写得成功还是失败的关键。王维的"青菰临水映,白鸟向山翻"(《辋川闲居》),"牧童望村去,猎犬随人还"(《淇上即事田园》),"田夫落锄至,相见语依依"(《渭川田家》),还比较好写,因为大概不外如此;而范成大笔下描写的田园,就切实具体得多。

后面两句,写插秧之前农民趁闲庆祝节日。他只用"踏歌椎鼓过清明"七个字便交代过去。南宋时,城里人把寒食到清明节作为重大节日来庆祝,郊游、扫墓、插柳、上头、赛龙舟、演奏音乐等等,吴自牧《梦粱录》里记载了许多热闹的事。但在农村,大抵只是踏歌(踏脚作节拍唱歌)椎鼓罢了。这也可以看出城市和农村风俗不完全一样。

"社下烧钱"一首写的是春社(立春后第五个戊日为春社)时农民祭社公的热闹情景。《荆楚岁时记》说:"社日,四邻并结宗会社,宰牲牛,为屋于树下,先祭神,然后享其胙。"在当时的农村,这是祈祝丰收的重要节日。诗人运用简练的笔墨,先写祭社的场面,"烧钱"是焚化纸钱,那是向神表示敬意,送上一些财帛,讨好一番。自然又免不了大锣大鼓,尽情敲打,制造气氛。然后就在社公跟前,排开酒席,父老上坐,子弟在下,摆上祭肉之类,大家高兴喝酒。到了天晚,父老们先醉了,于是由年轻人扶着回家。这一节用的虽是粗笔大写,却已显出那种热烈的气氛。

下面转入特写镜头:醉了的父老们脚步蹒跚地走在回家的路上,却发觉路旁地上丢满了折下来的青枝绿叶,各色各样的花朵,一片乱糟糟的。老人不禁心里发笑,那些孩子们闹了半天的斗百草,不知到底谁输谁赢,如今却把辛辛苦苦找回来的东西,随便乱丢一气就完事了,想来也真可笑。这两句收拾得很有情韵。一场吵吵闹闹的斗百草没有一字加以描写,却从老人的醉眼中重新呈现出来,但又只是抛残了的东西。使人从中想象出刚才青少年们那股子傻劲。真有悠然不尽的情致。

斗百草这种游戏活动,最早见于《荆楚岁时记》,那是南朝时的风俗,唐代相沿下来,时间却是在端午节。那么,宋代有没有这种习俗呢?有人看到《东京梦华录》、《武林旧事》、《梦粱录》这些书没有记载,只偶见于词人作品中,以为宋代便已不流行了;但从范成大这首诗来看,却又分明还是存在的,只不过改在社日举行而已。

第四首"骑吹东来里巷喧",先是写远的一笔:又是车队,又是马队,又是乐队,旗帜招展,好一派气势,乡下人霎时惊动了,大人孩子纷纷跑出家门来瞧,嚷成一片。原来官老爷"行春"来了。那原是汉代就有的故事,太守每年春天,亲自巡视地方,劝耕、赈救。这做法到宋代还有。第二句就是点出这一队人马的来历。"闹如烟",看来是很有一番惊动。乡绅、父老、乡长、保长等,不免都要叩头迎接,在形式上大大摆弄一番的。不过诗人没有时间腾出笔墨去细细描写,却又是转过他那灵巧的笔尖,写一个老乡——也许是甲长什么的,吆喝放牛的孩子:"你这家伙呀,不要把牛拦在大路上,快把那畜生拴到那石滚子(北京叫石呆子)旁边去!"这一笔真够生动,官老爷的威风,老百姓的惊慌失措,放牛孩子的天真无知,全都活画出来了。

六十首《田园杂兴》,写了南宋苏州一带的农村风光,内容颇为丰富,佳作更是不少。这才是经得起寻味的"田园诗"。 (刘逸生)

晚春田园杂兴十二绝(其三、其六、其十) 范成大

蝴蝶双双入菜花, 日长无客到田家。
鸡飞过篱犬吠窦, 知有行商来买茶。

三旬蚕忌闭门中, 邻曲都无步往踪。

犹是晓晴风露下，　　采桑时节暂相逢。

雨后山家起较迟，　　天窗晓色半熹微。
老翁欹枕听莺啭，　　童子开门放燕飞。

先析第一首。暮春三月，清明谷雨前后，江南一带逐渐暖和。这时，正是春种春播和采摘春茶的大好时节，也是农民一年伊始的大忙时节。这首诗，就是从这种辛劳的沸腾生活中提炼出来的一个画面。

诗从写景入手，点明时令。在万紫千红，莺啼燕啭的明媚春光中，作者捕捉了蝶穿菜花的镜头入画，这就突出了农家所见的晚春特色，同时又从这一点上使人感触到整个春天的勃勃生机。第二句紧承上句，说日长人静，无客到家。原因何在呢？在于男耕女织，大家都去忙碌了。在这里，只是写结果，其原因自见，表现手法颇为高明。作者在《夏日田园杂兴》其一中所写的"日长篱落无人过，惟有蜻蜓蛱蝶飞"和《夏日》中所写"桑叶露枝蚕向老，菜花成荚蝶犹来"诸句，可与此诗参照。

后两句转写家中情况。第三句写农舍环境，似从陶渊明"狗吠深巷中，鸡鸣桑树巅"的诗句点化而来，但不是像陶诗那样用来衬托"性本爱丘山"的隐居情趣，而是表现了浓厚的农家生活气息。鸡飞狗叫，是因为陌生的行商惊动了它们，而行商下乡来走门串户，则是为了收购茶叶。在宋代，官府控制茶叶买卖，行商们只有获得官方发给的"长引"、"短引"，才能下乡收购，农民也要依赖他们来出卖新获的春茶。第三句和第四句是互为因果的。诗人妙在先说结果，后点明原因，以"知有"两字衔接，过渡自然。

从全诗来看，前两句与后两句之间互相映衬，互为因果：正因为平日无客到门，所以行商之来，便易惊动鸡犬；也正因为此时只有行商往来乡下，出入农家，就更加反衬出了那种生活节奏十分紧张和四野无闲人的农忙情况。

第二首说养蚕。养蚕缫丝是我国劳动人民的发明创造，随着蚕桑生产活动的出现和发展，以蚕事为题材的作品，很早就进入了文学领域，《诗经》中的《魏风·十亩之间》、《豳风·七月》等，就是周代描绘蚕桑活动的民歌。以后各代这类作品不断产生。到了宋代，涉及这一内容的诗词更多，如晏殊《破阵子》"巧笑东邻女伴，采桑队里逢迎"、女诗人朱淑贞《东马塍》"一塍芳草碧芊芊，活水穿花暗护田。蚕事正忙农事急，不知春色为谁妍"等，都从不同的角度，写出了自己的感受。范成大的这首诗则从一个侧面对蚕农的生产活动、思想情绪及有关民俗，作了耐人寻味的描绘。

诗从写蚕禁入手,来表现农民精心饲蚕的劳动情况和思想感情。蚕忌风俗,由来已久,据《礼记·月令》记载,每年春月(农历三月),国家要举行与蚕事相关的祭祀活动,并有某些相应的禁忌规定。统治者这样做,不只是为了表示对蚕事的重视,也包含有"以神道设教"之意。而广大农民在长期的生产实践中,一方面不断总结养蚕经验;另一方面又因蚕性娇弱,从择种孵化到蚕室的燥湿明暗和温差的变化等等,稍不注意,就要影响收成。由于当时的各种条件限制,农民还无法完全认识养蚕的规律,所以也对蚕桑的丰歉,感到神秘莫测,于是便有女化蚕,以衣披于人间,从而成为马头娘神等等传说。既然心造了神灵,便要向她祈祷,而且必多所禁忌。据云,吴地以四月为蚕月,在这期间,"村村多闭门。往来断亲党,啼叫禁儿孙。"(赵汝燧《蚕舍》)实际的禁忌,比诗中写及的更多,如妇女要独宿等等。范诗的头两句正是对这种情况的描述,写得虽很朴实,字里行间却凝聚了蚕农们精心养蚕的辛勤血汗,也披露了他们唯恐触禁而影响收成的紧张心情。一年一度的蚕桑活动,对于长期处于贫困状态中的农民来说,的确是一件攸关命运的大事。

诗的后两句宕开一笔,由户内的神秘气氛转向户外采桑活动的描写。在蚕月中,处于高度紧张状态中的农民,只有当他们来到大自然的怀抱,从事采桑活动的时候,才能获得稍稍松口气的机会。诗中的"晓晴风露",既点出了采桑的时节,展示了一幅清明拂晓,风露沾襟的画面,又写出了农民由充满禁忌的蚕室走出来后那种顿觉轻松的心情。最后一句,用"暂相逢"来描绘平时不敢往来的邻友之间在桑田相会的情况,更进一步表现了农民在此情此境下的欢悦之情。而这种短暂的相逢,又正好反衬了他们那种成日紧张的生活情况,也正因为成日紧张,所以这种短暂的相逢,才弥足珍惜。全诗张弛开合,相映相生,深得蚕农之心。这正是作者在洞察生活的过程中所获得的感受。

第三首描写晚春农家生活。在那"乡村四月闲人少,方了蚕桑又插田"(翁卷《乡村四月》)的大忙季节里,农民一方面五更起,三更眠,紧张地劳动;另一方面,他们也很希望略事休憩。这首诗正是描绘农家这种心理的涉笔成趣之作。

头两句写春雨过后,他们暂缓浇灌之劳,能够"起较迟"。这对于终年辛劳的农民来说,实是难得的休息时机。也许,当晨曦初放之际,他们尚酣睡未醒,在做着五谷丰登,六畜兴旺的美梦,丈夫可以不必担心妻子"催耕早,自扯蓬窗看晓星";妻子也不必"鸡唱三声天欲明,安排饭碗与茶瓶"(华岳《田家》),可以睡个安逸的好觉。也许,他们已经醒来,在商议着雨后的活计,估量着当年的年成,或者思虑着交租纳税等烦心之事……三四句紧承前文,择取两个富有特征的细节,进一步渲染了农家在雨后休憩中的生活情趣。莺儿在鸣啭,燕子在翱翔,点出了暮春三月的季候;攲枕谛听,传神地写出了农家老翁那种难得的适意之情;开门放燕,则表现了孩子的天真烂漫,向往春光的欢跃情态。这两句诗,不仅句式工整,而且清新活脱。

通观全诗,在色彩、声音、神情的有效融合和动景静景的有机结合中,展示了一幅春意盎然的田园图画。诗中的客体是雨后农家生活的一个侧面,它与"即此羡闲适,怅然吟式微"(王维《渭川田家》)的那种自我写照的田园诗是有所区别的。虽然,从诗情画意中所体现的某种闲适因素来看,也不无作者的主观色彩,如果把他那些反映农民苦难生活的作品对比来看,更可见出这点。但从这种对比中也可以说明,作者并不是有意识地掩饰农民的苦难,美化农民的生活。确切地说,在这种描写中,更多地是表现了他希望农民能够在过于紧张的劳动中获得暂时安适的良好愿望。

(唐富龄)

夏日田园杂兴十二绝(其一、其七、其九、其十一)　　范成大

梅子金黄杏子肥,　麦花雪白菜花稀。
日长篱落无人过,　惟有蜻蜓蛱蝶飞。

昼出耘田夜绩麻,　村庄儿女各当家。
童孙未解供耕织,　也傍桑阴学种瓜。

黄尘行客汗如浆,　少住侬家漱井香。
借与门前磐石坐,　柳阴亭午正风凉。

采菱辛苦废犁锄,　血指流丹鬼质枯。
无力买田聊种水,　近来湖面亦收租。

范成大有干练之才且有爱民之心,他多次做官,官阶也很高,但宦情淡薄,屡次以病乞休。清宋长白《柳亭诗话》有一则记载说,相传宋孝宗想叫他当宰相,但怕他"不知稼穑之艰难",故未授,范氏闻而作《四时田园杂兴》以自表白。这则传说是无稽的:一、范氏为人,绝不如此热衷仕宦,他作《四时田园杂兴》,在淳熙十三年(1186)六十一岁时,是做过参知政事、知明州、知建康府以后,自己坚决以病乞归石湖之时,更不会有此情趣。二、范氏反映"稼穑艰难"、民生疾苦的作品,

如前后《催租行》、《劳畲耕》等，数量不少，何待借此表白？《四时田园杂兴》这一组诗共六十首，属于"夏日"部分有十二首，现选出其中的四首。

其一，起二句写初夏江南农村的景色：虽"菜花"已"稀"而"杏"正"肥"，且"麦花雪白"而"梅子金黄"。以民歌风格写成对偶语句，调子清圆，景色优美，很有吸引力。第三句写夏日初"长"，但农事正忙，白天篱边很少过往的行人。因为江南四月，是割麦分秧的忙碌月份，农民整天在田地上劳动，早出晚归，故白天少见行人。陆游《江村初夏》有"江村夏浅暑犹薄，农事方兴人满野"之句，可见其情况。第四句又写景，说篱边"长日"，只见蜻蜓、蛱蝶在飞动。这一句合杜甫《曲江》"穿花蛱蝶深深见，点水蜻蜓款款飞"两句而为一，盖关中、江南，春末、夏初，景色有相近之处。陆游《村居初夏》有"小蝶穿花似茧黄"之句，范氏《初夏二首》也有"菜花成荚蝶犹来"之句，就专写蛱蝶了。这首诗三句写景，都显得很优美；只一句叙事，不直接写劳动，却从侧面透露劳动情况，也很有意味。

其七，用老农的口气写，这首正面写劳动，写得概括、朴素，结句又能表现农村儿童从小喜爱劳动及其天真情趣。"昼出耘田"指农夫，"夜绩麻"指妇女，合起来即是"男、女"，诗中称之为"儿女"，表出老农口气。"当家"，并非"持家"意，而是指各有"当行"，成为"惯家"能手。"童孙"，明用老农口气；"未解供耕织"，合上"儿女"、"昼夜"而言；初夏桑叶茂盛成阴，故能"傍桑阴学种瓜"，"学"指的是儿童情态。

其九，写农民照料"行客"，从好客中反映他们的仁厚、善良的品德。"行客"在"黄尘"中行走，汗流"如浆"，是盛夏情况。农民自己有在烈日下走路、劳动，汗如水流的经验，他们的关心"行客"，正是理所当然。"少住"句，请"行客"在家中喝喝清香的井水。"漱"为"喝"意，用字柔细；"少住侬家"，吴侬软语，显得温柔有情，"侬"字在古代有"你"、"人"、"我"之义，此处是称"我"，称"我"苏州话为"nei"，"香"字尤细，因为井水清凉，在大热天渴极的"行客"口中，自然觉得胜于琼浆，清香异常，此字一显出暑天井水之美，一显出饮者因难得而喜爱之情。"借与门前磐石坐"，写明请"行客""少停"的地点；"柳阴亭午正风凉"，描写地点之好。"亭午"，正午，补出酷热时候，呼应"汗如浆"；"柳阴"、"风凉"与"黄尘"道路相映照，更显出景色可爱。这首诗叙事中带描写，也极亲切、朴素而优美。

其十一，描写种菱农民被剥削的痛苦。江南的稻田、圩田，收成都不错，但农民负担繁重的租税，生活痛苦，田地也多被兼并，范成大《劳畲耕》一诗，对此已写得很详尽。有些农民，被迫放弃耕种稻谷，改在湖上以种菱为生，但也逃不过盘剥之苦，这首诗就是写江南农村这种情况的。第一句写农民丧失田地，只好废弃"犁锄"来"辛苦"地种菱、采菱。第二句，具体描写采菱的辛苦：采得指头流着

“丹”红的血，农民“枯”瘦得不像人形。“鬼质”，憔悴不像人之意，是范氏创造的名词，他《采菱户》的“采菱辛苦似天刑，刺手朱殷鬼质青。”也用过这个词。“无力买田聊种水，近来湖面亦收租。”则大声疾呼，为采菱农民倾诉苦况，无田可种而种菱，哪想到湖面也要收租！这句表明他们所以形成“鬼质枯”，正是由于无孔不入的沉重盘剥。这首诗言语朴素，但感情强烈，揭露深刻，带着农民的血泪和作者的愤恨。

范成大的《四时田园杂兴》，把自陶渊明以来直到唐代的王维、储光羲、孟浩然、韦应物等描写农村自然景物的诗歌传统，以及自《诗经·豳风·七月》以来直到唐代“新乐府”诗派的反映农村社会现实的诗歌传统融合起来了：不过不用古体，而改用七言绝句的形式。它从内容到形式，都有创造性，在我国诗歌发展史上，是很值得重视的。

（陈祥耀）

【作者小传】

周必大

(1126—1204)　字子充，又字洪道，自号平园老叟，吉州庐陵(今江西吉安)人。绍兴二十一年(1151)进士。中博学宏词科，授徽州司户参军。历官权给事中、中书舍人，言事不避权贵。任枢密使，创诸军点试法，整肃军政。孝宗淳熙末年拜左丞相。光宗时封益国公，后以观文殿大学士出判潭州(今湖南长沙)。宁宗初致仕。卒谥文忠。有《玉堂类稿》、《玉堂杂记》、《二老堂诗话》等，后人汇编为《益国周文忠公全集》。

入直召对选德殿，赐茶而退　　周必大

绿槐夹道集昏鸦，　敕使传宣坐赐茶。
归到玉堂清不寐，　月钩初照紫薇花。

被皇帝召见询问国事，对于臣子而言，自是大事。周必大当此恩遇，赋诗以抒怀，诗题即已明写其事。官员入宫朝见皇帝叫作“入直”，题中“入直”与“召对”相连，意即被皇帝召入宫内应对。

诗人“入直召对选德殿”事，在《宋史》卷三九一《周必大传》中有记载：宋孝宗召周必大等三人在选德殿应对，以“在位久，功未有成，治效优劣”，“命必大等极陈当否”，周必大在退出选德殿后向孝宗上书陈述兵将与郡守变易过于频繁的

弊病。《四朝闻见录》对孝宗夜召周必大入宫也有记载，却着重在金卮赐酒、玉盘贮枣的款待上。（见《宋人轶事汇编》卷十七）“入直召对”的原委本是一首长篇叙事诗的题材，但诗人以一首绘景记事的七绝来抒怀。

绝句以“敕使传宣坐赐茶”一句与诗题照应，将事情始末一笔带过，意思是皇帝派出使者传令入宫，朝见时皇帝赐茶款待。“归到玉堂清不寐”一句则是抒写被召见后的思想活动。“玉堂”是翰林学士院的代称，周必大当时在此供职。“归到玉堂”是直叙其事，“清不寐”是抒写情怀，“不寐”见其心潮起伏，“清”字是点睛之笔，反映出诗人此刻感情激动而不狂热，他在冷静地深深思索着朝政的得失；包含有国事重托的责任感在内，形象地展示了政治家的气度胸襟。

首尾两句是绘景。首句写黄昏入宫途中所见，末句写深夜退回玉堂后所见。乍看只是随所见而书，似与“入直召对”没有直接关系。其实不然，是“画中有意”（《白石诗说》），其中有诗人的匠心在。夏季的槐树本散发着细细的幽香，而黄昏已至，又是绿槐夹道，就给人以清幽、沉寂之感，而枝头上日暮返巢的乌鸦又为之涂上一层静穆的色彩，使画面色调偏于冷暗，景物中显示出的正是诗人被召见前肃穆的心情。末句之景与此不同，画面上，开放的紫薇代替了绿槐，如钩新月代替了昏鸦，气氛虽同样清幽，但色调偏于明丽。从“初上”二字可知诗人是看着下弦的新月冉冉升上花梢的，正与上句之“不寐”相照应。景物中所显示的是被召见后深沉而又充满希望和责任感的心情。值得注意的是这句暗中用典：唐开元元年(713)，改中书省为紫薇省，中书令（即宰相）为紫薇令。白居易为紫薇侍郎时，有《紫薇花》诗：“独坐黄昏谁是伴，紫薇花对紫薇郎。”周必大时为宰相，故用紫薇花写景，妙语双关，令人不觉。

此诗对“入直召对”的过程并没有具体记述，如果不了解那一段本事，通过明确的标题、简括的叙事和景物描摹，依然可以体会到孝宗此次召见决不同于汉文帝召见贾谊时的“不问苍生问鬼神”（李商隐《贾生》）的情景。这是由于诗人把丰富的政治历史内容隐含于写景抒怀之中，含蓄而不隐晦，既流露出对朝政的关切，又充满了画意诗情，耐人品味。

（顾之京）

行舟忆永和兄弟 周必大

一挂吴帆不计程，　几回系缆几回行。
天寒有日云犹冻，　江阔无风浪自生。
数点家山常在眼，　一声寒雁正关情。
长年忽得南来鲤，　恐有音书作急烹！

对于故乡，对于手足，人们总是怀着深深的依恋之情。周必大是庐陵（今江西吉安）人，当他离开家乡顺江而下前往吴地（江苏）时，漫长的水路，沿江的风物，无处无事不触动他的乡思，于是写了这首七律，以兄弟之忆，表故乡之思。题中“行舟”二字，标明了特殊的地点条件，全诗四联八句都与此二字有关，都从此二字落笔。

首联记事。“一挂吴帆”是说自水路前去吴地，“不计程”是无法计算路程，极言自乡至吴水路的遥远；下句承接上句，从船只多次的停泊与开行再写行舟之久。两个“几回”，见水路行程的单调与乏味，又与上句“不计程”相照应。虽不言“忆”，而“忆”意隐含其中。

颔联写景。这是一联工整的对偶句。上句写天空，下句写江面。江南秋色本是迷人，更何况此次又是江行。然而映入诗人眼帘的却不是“楚天千里”的一片“清秋”，而是“天寒”、“云冻”、“江阔”、“浪生”。“天寒”二字固然有诗人自己的感觉在内，“云”之能“冻”更是经过诗人感情滤化了的景物，表现了天色的阴霾、沉重。然而诗人还说，此刻天空是“有日”的，“有日”则云不应“冻”，但“云犹冻”，可见日色的晦暝，更增加了惨淡的气氛。再看江面，“江阔”本给人以显豁之感，再加“无风”，则更应是坦途，但“浪自生”显出了水势的汹涌。这一联描绘景色确切；“有日”、“无风”，一有一无，都能宕开一步。虽是景语，但也表现了诗人离乡远行时那黯淡、凄凉的心境。

颈联也是以工整的对偶写景。上句从“家山”之变为“数点”，可见诗人自登舟离家的那一刻起，就凝望着越来越远去的故乡；从“常在眼”三字，可以想见当这“数点”“家山”从视线中消失之际，它的形象却时时浮现在诗人眼前。上句浸透了诗人难以排遣的乡思乡愁。下句的“寒雁”与颔联的“天寒”相照应，点明时值深秋。凄冷萧瑟的秋天本来容易使人产生思乡之情，更何况此时大雁又正飞向诗人离别了的家乡，长空一声雁叫自然会牵动诗人满怀的愁情。诗句中的“关”就是牵连的意思。这一联中的“数点家山”与空中“寒雁”本是一幅淡远迷蒙的水墨画，一声雁叫又为这画幅增添了凄冷的气氛。颔联、颈联同属写景，但前一联写的是自然界之大景，情隐含于景中；后一联写的却是与诗人关系更为密切的远景，情与景结合更为紧密，抒情性也更为明显。

尾联转入叙事。“长年”是古时对船工的称呼，船工在行舟时捕得鲤鱼是很平常的事，诗歌的妙处在于诗人在“鲤”前加了“南来”二字，鱼是从家乡来的，然后借用这习见的事，通过“呼儿烹鲤鱼，中有尺素书”（《汉乐府·饮马长城窟行》）的典故，抒发盼望家书的急切心情。事借得巧，典故用得巧，表达了深沉的抒情意味，又不带斧凿痕，读者只体会到诗人一番思乡的心意，决不会"胶柱鼓瑟"地责备他烹鱼取书的行动荒悖。

从表面看，这首七律以"行舟"为线索，全诗四联围绕行舟分写行程之远、江行之险、家山寒雁、烹鱼取书；而究其内在的含义，忆兄弟、思故乡的情愫才是贯串全诗的一条主线，无论记事、写景、用典，其中包含的抒情成分是一层深似一层的。因此，除诗题而外，全诗无一字写及手足情，而手足之情甚浓；无一句明叙家乡恋，而家乡之恋自深。（顾之京）

己丑二月七日雨中读《汉元帝纪》，效乐天体 周必大

昭君颜如花， 万里度鸡漉。
古今罪画手， 妍丑乱群目。
谁知汉天子， 袪服自列屋。①
有如公主亲， 尚许穹庐辱。
况乃嫔嫱微，② 未得当玁鬻。③
奈何弄文士， 太息争度曲？
生传琵琶声， 死对青冢哭。
向令老后宫， 安得载简牍？
一时抱微恨， 千古留剩馥。
因嗟当时事， 贤佞手翻覆。
守道萧傅死， 效忠京房戮。
史臣一张纸， 此外谁复录？
有琴何人操？ 有冢何人宿？
重色不重德， 聊以砭时俗。

〔注〕① 袪(qū)：衣袖。 ② 嫔嫱(pín qiáng)：嫔与嫱都是宫中女官名。 ③ 玁鬻：即"猃狁"(xiǎn yǔn)，古代的游牧民族，这里代指匈奴。

古代诗歌以昭君出塞为题材的甚多，这些诗篇，大致可分为两类：一类是咏叹昭君的悲剧，对昭君的遭遇寄予同情；一类是借咏昭君而发议论，表达诗人的历史见解，实际上是为现实而发，简单地说就是借古喻今。周必大此诗属于后一类。己丑是孝宗乾道五年(1169)。是年二月七日，诗人读完《汉书·元帝纪》，有感而发，写作此诗。

这是一首以议论为主的诗。开头四句概述历史。对于昭君的美貌,诗歌并没有用什么笔墨描绘,只以首句"昭君颜如花"一个比喻来概括。王安石的《明妃曲》对王昭君有"颜色如花命如叶"的感慨,周必大借用了"颜色如花"的比喻,但通篇立论却是反王安石所谓"命如叶"的。对于昭君远嫁匈奴,全诗又仅以"万里度鸡漉"一句概述,"鸡漉"即鸡鹿塞,在今内蒙古磴口西北,是古代通往匈奴的交通要道。"古今罪画手"二句则是概括古往今来人们对画师毛延寿的责备,是他画妍为丑,惑乱了汉元帝的视线,才酿成昭君悲剧的。但以下"谁知汉天子"六句,语意却一转,分三层叙述昭君的命运谈不上悲惨。第一层说,汉家天子妃嫔满后宫,佳丽不计其数,意思是说,昭君即使不嫁到匈奴,也未必得宠。袪服代指妃嫔。列屋,众屋。第二层说以公主之亲,尚且为和亲而远嫁"穹庐"(毡帐),如汉初以来就有好几位皇帝亲属之女以公主名义远嫁匈奴。第三层说何况王昭君不过是个宫女,本非匈奴单于之匹,今远嫁单于,已是荣宠了。三层意思由"谁知"这一发问提起,又用"尚"、"况"两个副词步步加深其意。在这三层的基础上,以下"奈何弄文士"四句,转入对历代文人的质问:为什么那些舞文弄墨之士叹息着争相为昭君赋诗?昭君生前,传下了那忧怨的琵琶声,死后又有那么多人对青冢哭泣。这两句的意思是说王昭君生荣死哀,幸遇非常。这几句中,"奈何"意即为何,"太息"即叹息,"度曲"本是谱曲,此处借指赋诗,"青冢"即昭君墓,相传塞上草皆白色,独昭君墓草色青青,故名青冢。从这四句对"文士"的责问,引出下面两句假设:"向令老后宫,安得载简牍?"假如昭君老死于元帝后宫,又怎能留名史册?当然,诗人在此也并非完全否认昭君的不幸,但他认为昭君只不过是"一时抱微恨",却赢得了千百年来美好的名声。"剩"是多的意思,"馥"是香气,可以引申为美名、芳名。这里的"千载留剩馥"正与上面的"争度曲"、"载简牍"相呼应。诗篇如果写到这里止笔,只不过是作了一篇翻案文字而已,众口咏叹的昭君故事只是由悲剧转而为"不幸中之大幸"罢了。然而周必大在南宋算得上一位政治家,他对昭君出塞事所以要翻出新意,决不是故意立异,他深刻的用心在哪里?这就是本诗最后十句所论及的内容。诗人通过元帝纪中的史事,先用六句慨叹当时的朝政,今日呼为贤,明日诬为佞,如手掌之反复:萧望之在宣帝时任太子太傅,宣帝死太子即位后,继续担任辅佐之职,元帝诏书褒扬他"道(导)以经书,厥功茂焉",赐爵封邑,非常荣宠。但因宦官弘恭、石显的诬害,结果被逼自杀;京房曾向元帝进言任贤远不肖,也被石显等诬为谋反而弃市,这就是"守道萧傅死,效忠京房戮"两句的内涵。于是诗人提问:对这些"守道"、"效忠"的人除了史官在史书上记录一笔而外,又有谁再来称颂他们的功德?接下去"有琴何人操”、“有家何人宿”两个问句与上面“生传琵琶声”、“死对青冢哭”二句正成对比,萧傅、京房这样的忠臣贤士,有谁为他们谱曲吟唱?有谁为他们祭扫坟墓?从昭君与忠臣身后不同遭遇的对比中,诗人总结出“重色不重德”一句结论,鞭笞当时不正常的社会风气,结句“聊以砭时俗”更明确表示,自己创作的用意不过是用来讥刺时俗罢了。他所说的“时俗”虽包含古代,但主要是指南宋而言。可见,周必大的诗虽也从吟咏昭君事入手,但他却是有意一反历来旧调,借此题以发挥他意。这首诗周必大有自注:“古今赋昭君曲,虽大贤所不免,仆矫其说,无乃过乎?”也正表明了他的一番苦心。

此诗为读《元帝纪》后所作,作者所以单选取纪中昭君、萧望之、京房三人,是因为他们的命运虽各有不同,但都是被诬而遭害的悲剧人物;更因为昭君在不幸中名传千古,吟咏不衰,而对比之下萧望之与京房不免是被冷落了,作者即此命笔,针砭“时俗”。

周必大针砭“重色不重德”的“时俗”,其立论所本即《论语》中的“子曰:吾未见好德如好色者也。”(《子罕》)汉元帝是一位优柔寡断的君主,他宠信宦官,酿成宦官迫害贤臣的惨剧,并且开了后世宦官专权的先例,所以诗歌的针砭,首当其冲者就是汉元帝。我们今天固然难以断言曾官至宰相的周必大就是指斥宋朝皇帝的,但他的诗题标明“读元帝纪”,总还是透露了讽谏的意味。至于“时俗”的“重色不重德”是封建统治阶级腐朽意识的一种表现,周必大“砭”此“时俗”,也是具有积极意义的。

诗题标明“效乐天体”。唐白居易字乐天,“乐天体”指白居易创作的那种语意浅显、篇终点明主旨的政治讽喻诗。周必大此诗语言质朴,很少渲染藻饰,直抒己见、篇终显志,显然可见乐天体的痕迹。

此诗采取边叙述边议论的方式,又使用对比手法。全诗旨意在层层转折之中步步深入,叙述不显得平直,言理不觉得在说教,从内容到手法,都可说是历代咏昭君诗中别具一格的作品。

(顾之京)

【作者小传】

王 质

(1127—1189) 字景文,号雪山,郓州(治今山东东平)人,寓居兴国军(今湖北阳新)。绍兴三十年(1160)进士。孝宗朝,为枢密院编修官,出判荆南府,奉祠山居。有《雪山集》、《绍陶录》。

东流道中　　　　王　质

山高树多日出迟，　食时雾露且雰霏。[1]
马蹄已踏两邮舍，[2]　人家渐开双竹扉。
冬青匝路野蜂乱，　荞麦满园山雀飞。
明朝大江送吾去，　万里天风吹客衣。

〔注〕 ① 食时：古人一日两餐，早餐在日出之后，隅中（太阳当顶）之前，食时指的就是这段时间。雰霏：雾露浓密的样子。　② 邮舍：通称驿站，宋代称邮铺或邮舍，供传递文书的人员和官员歇宿换马的所在。

这首诗的题目也作《晚泊东流》，或是诗人乘船沿长江而下，路过东流，泊舟上岸时所写。

东流原是县名，在长江南岸，今属安徽东至县。那里冈峦相接，溪流纵横，风景清幽。这天，诗人骑着马在东流的驿道上行进。只见四周山高林密，绿色屏障连绵起伏，初升的太阳被遮得严严实实。直到早饭时分，依然雾气迷蒙。诗人策马走过两所邮舍（宋代的邮舍彼此相隔十至二十里）之后，路边的人家才相继打开竹编的门。渐渐地，一切都苏醒了，活闹了。路边的冬青树散发出缕缕清香，惹得野蜂成群而来，上下飞舞；园里的春荞麦有的已经结实，馋嘴的山雀不时前来啄食。置身于这个宁谧幽静而又生机勃发的环境里，倍感身心酣畅，真是难得的享受啊！诗人转而想到明天就要乘船离去，大江滚滚，天风吹衣，自是气势非凡，然而，“离恨恰如春草，更行更远还生。”（李煜《清平乐》）离开自己寓居的兴国军（今湖北阳新）愈来愈远，离开自己熟悉依恋的山区景物愈来愈远，那孤凄惆怅的情怀便会与日俱增。诗的末联语极豪放，但结句“万里天风吹客衣”，着一“客”字，顿呈回环跌宕之势，隐隐透露出游子的哀伤，与前六句意脉相连，浑然一体。

朴素、真切是这首诗的最大特色。开头从山区的常态落笔，并没有什么新奇之处，但读来倍感亲切，有如身临其境。原因之一是：它真实地展示了山区早晨（严格地说是上午大部分时间）所特有的环境气氛，不加修饰而境界顿出。原因之二是：诗人善于用虚字勾连烘托，使之前后关照，而又承转自然，不着痕迹。如次句的“且”字除强调雾露稠密，久不消散这一山区特有的景象外，还和第三句的“已”、第四句的“渐”相互映照，起了浓化情境、突出题旨的作用。

作者王质常以苏轼自况，他的诗放旷不羁，也确乎有点苏轼的气派。以这首为例，脚韵全然合律（除首句押“支”韵，余皆押“微”韵。宋人诗首句常邻韵通押，故不可视为出韵），中间两联对仗也很考究，当是律诗无疑。但平仄的安排不合律处甚多，如首句第二字“高”，四句第二字“家”，当用仄声处却用了平声，纯是拗体，读来自有一种挺拔瘦硬之感，与情韵悠长的唐调不同。

前三联都是描述“东流道中”景物的笔墨，没有大的起伏跳荡，末联落笔于时空的现场之外，风波突起，境界大异。诗人借助于自己的联想能力和腾挪功夫，使作品显得豪气横生，充分体现了宋诗风格。

（朱世英）

山行即事　　王 质

浮云在空碧，　来往议阴晴。
荷雨洒衣湿，　蘋风吹袖清。
鹊声喧日出，　鸥性狎波平。
山色不言语，　唤醒三日酲。

王质仰慕苏轼，曾说“一百年前”，“有苏子瞻”，“一百年后，有王景文”（《雪山集·自赞》）。他的诗，俊爽流畅，近似苏诗的风格。

这是一首五律，首联写天气，统摄全局。云朵在碧空浮游，本来是常见的景色；诗人用“浮云在空碧”五字描状，也并不出色。然而继之以“来往议阴晴”，就境界全出，精彩百倍。这十个字要连起来读、连起来讲：浮云在碧空里来来往往，忙些什么呢？忙于“议”，“议”什么？“议”究竟是“阴”好，还是“晴”好。“议”的结果怎么样，没有说，接着便具体描写“山行”的经历、感受。“荷雨洒衣湿，蘋风吹袖清”——下起雨来了；“鹊声喧日出，鸥性狎波平”——太阳又出来了。浮云议论不定，故阴晴也不定。

宋人诗词中写天气，往往用拟人化手法。姜夔《点绛唇》中“数峰清苦，商略黄昏雨”两句尤有名。但比较而言，王质以“议阴晴”涵盖全篇，更具匠心。

“荷雨”一联，承“阴”而来。不说别的什么雨，而说“荷雨”，一方面写出沿途有荷花，丽色清香，已令人心旷神爽；另一方面，又表明那“雨”不很猛，并不曾给行人带来困难，以致影响他的兴致。李商隐《宿骆氏亭寄怀崔雍崔衮》七绝云：“秋阴不散霜飞晚，留得枯荷听雨声。”雨一落在荷叶上，就发出声响。诗人先说“荷雨”、后说“洒衣湿”，见得先闻声而后才发现下雨、才发现“衣湿”。这雨当然比“沾衣欲湿杏花雨”大一些，但大得也很有限。同时，有荷花的季节，衣服被雨洒湿，反而凉爽些；“蘋风吹袖清”一句，正可以补充说明。宋玉《风赋》云：“夫风生于地，起于青蘋之末。”李善注引《尔雅》：“萍，其大者曰蘋。”可见“蘋风”就是从水面浮萍之间飘来的风，诗人说它“吹袖清”，见得风也并不算狂。雨已湿衣，再加风吹，其主观感受是“清”而不是寒，说明如果没有这风和雨，“山行”者就会感到炎热了。

“鹊声”一联承“晴”而来。喜鹊厌湿喜干，所以又叫“干鹊”，雨过天晴，它就高兴得很，叫起来了。陈与义《雨晴》七律颔联“墙头语鹊衣犹湿，楼外残雷气未平”，就抓取了这一特点。王质也抓取了这一特点，但不说鹊衣犹湿，就飞到墙头讲话，而说“鹊声喧日出”，借喧声表现对“日出”的喜悦——是鹊的喜悦，也是人的喜悦。试想，荷雨湿衣，虽然暂时带来爽意，但如果继续下，没完没了，“山行”者就不会很愉快；所以诗人写鹊“喧”，也正是为了传达自己的心声。“喧”后接“日出”，造句生新，意思是说：“喜鹊喧叫：‘太阳出来了！’”

“鹊声喧日出”一句引人向上看，由“鹊”及“日”；“鸥性狎波平”一句引人向下看，由“鸥”及“波”。鸥，生性爱水；但如果风急浪涌，它也受不了。如今呢，雨霁日出，风也很柔和；要不然，“波”怎么会“平”呢？“波平”如镜，爱水的“鸥”自然就尽情地玩乐。“狎”字也用得好。“狎”有“亲热”的意思，也有玩乐的意思，这里都讲得通。

尾联“山色不言语，唤醒三日酲”虽然不如梅尧臣的“人家在何许，云外一声鸡”有韵味，但也不是败笔。像首联一样，这一联也用拟人化手法；所不同的是：前者是正用，后者是反用。有正才有反。从反面说，“山色不言语”；从正面说，自然是“山色能言语”。惟其能言语，所以下句用了一个“唤”字。乍雨还晴，“山色”刚经过雨洗，又加上阳光的照耀，其明净秀丽，真令人赏心悦目。它“不言语”，已经能够“唤醒三日酲”；一“言语”，更会怎样呢？在这里，拟人化手法由于从反面运用而加强了艺术表现力。“酲”是酒醒后的困惫状态。这里并不是说“山行”者真的喝多了酒，需要解酒困；而是用“唤醒三日酲”夸张地表现“山色”的可爱，能够使人神清气爽，困意全消。

以“山行”为题，结尾才点“山”，表明人在“山色”之中。全篇未见“行”字，但从浮云在空，到荷雨湿衣、蘋风吹袖、鹊声喧日、鸥性狎波，都是“山行”过程中的经历、见闻和感受。合起来，就是所谓“山行即事”。全诗写得兴会淋漓，景美情浓；艺术构思，也相当精巧。

这首诗的句法也很别致。“荷雨”一联和“山色”一联，都应该是仄仄平平仄，平平仄仄平，但作者却将上句的末三字改成仄平仄，将下句的末三字改成平仄平，即将上下两句的倒数第三字平仄对换。杜甫的律诗，偶有这种句子。中晚唐以来，有些诗人有意采用这种声调。例如温庭筠《商山早行》的“晨起动征铎，客行悲故乡”，梅尧臣《鲁山山行》的首联“适与野情惬，千山高复低”，就都是上下句倒数第三字平仄对调。这样，就可以避免音调的平滑，给人以峭拔的感觉。（霍松林）

【作者小传】

尤 袤

(1127—1194) 字延之,号遂初居士,常州无锡(今属江苏)人。绍兴十八年(1148)进士。曾任泰兴令、江东提举常平等,官至礼部尚书兼侍读。立朝敢言,守法不阿。其诗与杨万里、范成大、陆游齐名,称南宋四大家。作品多已散佚。清人辑有《梁溪遗稿》。富藏书,著有《遂初堂书目》。

淮民谣 尤 袤

东府买舟船, 西府买器械。
问侬欲何为? "团结山水寨。
寨长过我庐, 意气甚雄粗;
青衫两承局,① 暮夜连勾呼。②
勾呼且未已, 椎剥到鸡豕;
供应稍不如, 向前受笞棰。
驱东复驱西, 弃却锄与犁;
无钱买刀剑, 典尽浑家衣。③
去年江南荒, 趁熟过江北;④
江北不可住, 江南归未得!
父母生我时, 教我学耕桑;
不识官府严, 安能事戎行!
执枪不解刺, 执弓不能射;
团结我何为, 徒劳定无益。
流离重流离, 忍冻复忍饥;
谁谓天地宽, 一身无所依!"
淮南丧乱后, 安集亦未久;
死者积如麻, 生者能几口!
荒村日西斜, 破屋两三家;
抚摩力不给,⑤ 将奈此扰何!⑥

〔注〕 ① 承局:公差。 ② 勾呼:传唤。 ③ 浑家:有二解:一、全家;二、妻子。此诗似

以作“妻子”解为宜。　④ 趁熟：逃荒。黄震《日钞》：“浙人乡谈……盖谓荒处之人于熟处趁求也。”　⑤ 抚摩：安抚、救济。　⑥ 将奈此扰何：奈何：对付。此句意谓如何对付得了这种扰害。

杜甫《三吏》、《三别》，上悯国难，下痛民困。暮年漂泊西南，虽身若飞蓬，犹心念社稷，于蜀中览元结《舂陵行》兼《贼退后示官吏作》，赋诗赞之：“道州忧黎庶，词气浩纵横。两章对秋月，一字偕华星。”(《同元使君〈舂陵行〉》)四百年后，又有尤袤上继杜、元，作《淮民谣》。

尤袤此诗，作于泰兴知县任内。据史载：“袤字延之，尝以淮南置山水寨扰民，不能保其家属，窃悲哀之，作淮南民谣一篇……”(《三朝北盟会编·炎兴下帙》)，这和元结“作《舂陵行》，以达下情”之意相似，也是一首为民请命之作。诗在所表现的内容和表达形式上，则受杜甫《三吏》、《三别》及白居易《新乐府》诸诗的影响。

这首诗在章法上和《潼关吏》相似。起首两句，描写当时情景。第三句一问，第四句一答，将诗的主题表出。宋代兵制，官军之外，尚有乡兵。“乡兵者，选自户籍，或土民应募，在所团练，以为防守之兵也。”(《宋史·兵志四》)这里所说的山水寨，即当时淮南的一种地方武装。这种组织，对于抗击金兵，起过一些作用，但也给人民带来许多骚扰危害，此诗所揭露的就是这种弊病。

自“寨长过我庐”起，直至下面“一身无所依”，全是一个流离失所的淮民的自述，具体描写了所受之苦。“寨长过我庐”以下八句，写抽丁时寨长粗暴傲慢，公差吆喝呼唤，乡人忙着杀鸡宰猪，供应稍有不合意之处，立即遭到一阵鞭打。这种敲诈勒索的情景，在古诗中常可看到。但即使这样，还是难逃被征入伍的命运。“驱东复驱西”以下四句，写抽丁后之苦：既已应征，就是兵，而非农了，故整年被东驱西赶，疲于戎事，把农事全荒废了。但这兵又是乡兵，只有义务，没有薪饷，甚至连买刀剑之钱，也要自己承担。一个农民，既不耕作，哪来的钱？为了买刀置剑，以至把妻子衣服当光。更见山水寨扰民之烈。这种典农卖地的情景，在古诗中也常可看到。此诗可注意的是尤袤揭示了一个矛盾：一方面官府不许人民务农，驱使他们从事戎行；另一方面又不承担任何责任，连军备开支也要他们自己承担——既要马跑，又不供草。组织山水寨，原是为了抗金保民，现反驱民于死地，那又要它何用？尤袤把这个矛盾深刻地揭示出来，也就揭露了当时一批官吏豪强，借建寨抗金为名，行夺民肥私之实的真相。这个矛盾在当时是没法解决的，既在淮南无法为生，那又为何不远走高飞，而坐以待毙呢？“去年江南荒”以下四句，对此作了回答，将诗意拓宽，由“团结山水寨”的扰民，进而言整个社会的不安。这个淮民原居江南，逃荒来到江北。江北以兵乱不能安生，江南因灾荒同样没有活路。天灾人祸荐至，百姓流离、无家可归的情景，跃然纸上。

“父母生我时”以下八句，言自己本是农家子弟，只习耕田种桑，连官府规矩都不懂，又怎能当兵打仗？把这样的人召集起来，不加训练，连武器都不会使，又有何用？这是十分明显的事实，难道那些官吏、寨长竟没看到，或不明白吗？事实上即使他们看到，也无动于衷，因为对不少人来说，组织山水寨，一方面是欺蒙上司，另一方面也是为了趁机勒索，至于这支队伍究竟有多少战斗力，原非其所考虑之事。这就进一步揭露了建立这种山水寨徒劳百姓、无补于事的实质。“流离重流离”以下四句，和上面“驱东复驱西”以下八句呼应。唐代孟郊一生潦倒，难免冻馁，尝作诗：“食荠肠亦苦，强歌声无欢。出门即有碍，谁谓天地宽！”（《赠别崔纯亮》）如今这淮民惨苦之状，更甚于孟郊，颠沛流离，饥寒交迫，茫茫天地，竟无容身之所。残酷的现实，终于迫使这个淮民发出了这样的愤激之言：“谁谓天地宽，一身无所依！”

杜甫于《潼关吏》结尾，紧接上面关吏之言，针对当时形势，围绕诗的主题，抒发自己的感慨和议论。此诗也是这样。自“淮南丧乱后”以下，为作者戒辞，言淮南已经丧乱，安定未久，人口稀少，村落荒凉，用具体的描述，道出了“州小经乱亡，遗人实困疲”（《舂陵行》）这样的慨叹。对此，官府原应加以安抚、救济才是。今无力救济，反加以扰害，百姓又怎么对付得了呢？在这疑问的背后，是一个明显的事实：民不堪其扰了！“抚摩力不给，将奈此扰何！”与元结“奈何重驱逐，不使存活为”，同一意思，只是语尤含蓄。

这种结尾的表现方式，在白居易《新乐府》的一些诗中也可看到，如《新丰折臂翁》、《上阳白发人》等。陈寅恪在释《新丰折臂翁》时说：“其篇末‘老人言，君听取’以下，即《新乐府序》所谓‘卒章显其志’者。”（《元白诗笺证稿》）白居易《新乐府》，是“为君、为臣、为民、为物、为事而作”（《新乐府序》），“惟歌生民病，愿得天子知”（《寄唐生》）。尤袤此诗为民请命之意，也在这结句中明白地表现出来。

（黄　珅）

题米元晖潇湘图二首　　尤　袤

万里江天杳霭，　一村烟树微茫。
只欠孤篷听雨，　恍如身在潇湘。

淡淡晓山横雾，　茫茫远水平沙。
安得绿蓑青笠，　往来泛宅浮家！

尤袤这两首六言诗，题于米友仁（字元晖）所画《潇湘白云图》后。这卷水墨画约丈余，是米友仁的代表作，卷后有谢伋、尤袤、洪适、洪迈、朱敦儒、朱熹等南宋十几位名人题跋，历代多有著录，现藏上海博物馆。尤袤有跋有诗，诗后署款为“淳熙辛丑中春十八日，梁溪尤袤观于秋浦”。淳熙辛丑，即宋孝宗淳熙八年（1181）。这时尤袤五十五岁，正提举江东常平。秋浦今属安徽池州。

两首诗虽可相对独立，但实为紧密结合的整体。诗人在构思时，是先有一个主意，然后才谋篇遣词，分写为两首的。两首的结构相同，都是前两句对画中景物作客观描写，后两句是诗人看画的主观感受，但两首的次序却不可颠倒。

“万里江天杳霭，一村烟树微茫。”从大处落墨，展现出画卷的全局，远处是万里江天，近处是一村烟树，杳霭微茫，一派烟雨迷蒙的景象。只这十二个字，便摄取了小米山水的特点，长江中下游寥廓的山川是他画里云山的原型，淡墨渍染，浓墨点簇的技法表现了夏天变幻无端的云情雨意。“只欠孤篷听雨，恍如身在潇湘”，两句是倒装，赞叹观赏小米画笔如见真山水，好像已置身于潇湘之上，只不过没有真的坐在船上听雨罢了。人们在观赏真山水时，往往感到江山如画，诗人在观赏画时，又感到画如江山。黄山谷《题郑防画夹》：“惠崇烟雨归雁，坐我潇湘洞庭。欲唤扁舟归去，故人言是丹青。”在赞美画如江山这个意思上，尤与黄相同，但就整首诗而言，尤对画的描写更具体而有特色。

一般说来，尤袤题米画，有了第一首，已可算是完成了任务。然而，他才思未尽，还要补充，还要深入。“淡淡晓山横雾，茫茫远水平沙。”这并非第一首前两句意义的重复，而是潜心玩味后所写出的小米画的精微奇妙之处。一句说山，一句说水，真是气韵生动，难得的艺术成就。大画家李唐有诗曰：“雪里烟村雨里滩，看之容易作之难。”大凡作画，静态易，动势难；明确肯定易，缥缈超忽难；写形易，传神难。山横雾、水平沙，还不难画；进而表现特定的时间和空间的态和势，就不那么容易了；再进而“淡淡”、“茫茫”，传达出山水的风姿神韵，足以移观者之情，境界就更高了。这样，小米墨戏幻化的不可思议之妙，也就轩豁呈露了。诗人进入这个画境，归返自然的遐想，也就油然而生——“安得绿蓑青笠，往来泛宅浮家！”第一首的“恍如身在潇湘”，还是暂时置身其间，而这两句则由艺术的审美活动，深入到人生的理想追求。画中的境界确是令人神往的，可是，要披戴绿蓑青笠，就得抛弃纱帽官服；长在江湖之上泛宅浮家，也就免除了尘俗的纷繁和仕途的荣辱。这在诗人确是个矛盾，“安得”二字，便是发自内心的感慨。如此结束全篇，同时也是对小米画更高的评价：能绘出如此境界的画家，其人之清高绝俗不言可知。

两首诗珠联璧合,不可分离,第一首待第二首而深,第二首也须合第一首而全。这确是宋人题画诗的上选,读者也可由此领会到一题分章的写法。

六言绝句并不多见,其原因为,一是单音节字的使用颇受限制,而单音节的字在近体诗中,常是诗人用心锤炼的诗眼所在;二是与五、七言诗相比,声调显得单调平缓。此体始于唐人,但作者甚少,洪迈《万首唐人绝句》中收录尚不足百首。到了宋代,作这一体的远比唐人多,王安石、苏轼、黄庭坚诸大家都有佳作。每首六言四句为两联,一联之中要求平仄相对,如“万里江天杳霭,一村烟树微茫”,便是“仄仄平平仄仄,仄平平仄平平”。其与五、七绝不同的是,不以失粘为病,如“一村烟树微茫”与“只欠孤篷听雨”(“仄仄平平平仄”),便不相粘连。但也有不失粘的,如“留春一日不可,种树十年未成。芳草断肠花落,绿窗携手莺声”(刘辰翁《春归》)。一句之中,通常读成三节,两字一顿,如“淡淡——晓山——横雾,茫茫——远水——平沙”。间或也有读成两节,三字一顿的,如“广平作——梅花赋,少陵无——海棠诗”(陆游《杂兴》)。四句两联中,一般是前联要求工整的对仗,如尤袤这两首的前联。也有前后两联都对仗的,如“买田何须近郭,作屋却要依山。青松共我终始,白鸟随人往还。”(彭汝砺《拟田园乐》)也有两联都不对仗的,如王安石《题西太一宫壁》的第二首。六言绝句有较多的佳作,也是宋人在中国诗史上的新贡献。 (徐永年)

【作者小传】

杨万里

(1127—1206) 字廷秀,号诚斋,吉州吉水(今属江西)人。绍兴二十四年(1154)进士。孝宗初,知奉新县,历太常博士、太子侍读等。光宗即位,召为秘书监。主张抗金。工诗,与尤袤、范成大、陆游齐名,称南宋四大家。初学江西派,后学王安石及晚唐诗,终自成一家,擅长“活法”,时称诚斋体。一生作诗二万余首。亦能文。有《诚斋集》。

癸未上元后永州夜饮赵敦礼竹亭闻蛙醉吟 杨万里

茅亭夜集俯万竹, 初月未光让高烛。
主人酒令来无穷, 恍然堕我醉乡中。
草中蛙声忽三两, 似笑吾人悭酒量。

只作蛙听故自佳，　何须更作鼓吹想。
尚忆同登万石亭，[1]　倚阑垂手望寒青。
只今真到寒林里，　吾人不饮竹不喜。

〔注〕 ① 万石亭：《大清一统志》卷二八三《永州府》万石山条："万石山在府城内，王存《九域志》：'县有万石山，上有亭，柳宗元有记，欧阳修有诗。'"又万石亭条："在零陵县北，唐刺史崔某建，以多石故名，唐柳宗元有记。"据此则万石亭实在城内。

诗题所说癸未上元，即宋孝宗隆兴元年(1163)。当时正值虞允文于采石矶战胜金人之后，高宗传位于孝宗。孝宗思有所作为，朝廷上下受到鼓舞，比较处于振兴的势头。这时的万里正在永州为零陵丞，上元指阴历正月十五日。按照当时风俗，上元节要举行灯会，地方官吏僚属要欢聚，这首诗正是在这样欢乐气氛下创作的。

"茅亭夜集俯万竹，初月未光让高烛"，是说明月初出，蟾光尚未照彻大地，在这时举行夜集，还要高燃红烛以补光亮之不足。三四两句说明主人善酒令，在这人间佳节，大家都欢快酣饮，进入醉乡了。五六两句指出这时"草中蛙声忽三两"，这些三三两两的蛙声似乎在笑我们的酒量不高。七八两句"只作蛙听故自佳，何须更作鼓吹想"，表明了作者对人生的看法。欣赏蛙鸣，就只能欣赏蛙鸣，万不可以为这些蛙鸣就像当官出衙仪仗前的鼓吹。《南齐书·孔稚圭传》："(稚圭)不乐世务，居宅盛营山水，凭机独酌，傍无杂事。门庭之内草莱不剪，中有蛙鸣，或问之曰：'欲为陈蕃乎？'稚圭笑曰：'我以此当两部鼓吹，何必效陈仲举！'"孔稚圭居宅盛营山水，表面上似乎高雅出尘，但他还把蛙鸣当作"两部鼓吹"，没有去掉作官的念头，所以唐人吴融《蛙声》诗就说："稚圭伦鉴未精通，只把蛙声鼓吹同。君听月明人静夜，肯饶天籁与松风"；他的另一首《西京道中闻蛙》也说："莫怪闻时倍惆怅，稚圭蓬荜在山阴"，都揭穿了孔稚圭没有忘情官位的心事。到了黄山谷手里，作了一首《薄薄酒》，又发展了吴融的诗意，写出了"传呼鼓吹拥部曲，何如春雨一池蛙"。照吴融的意思，蛙鸣与天籁、松风一样的悠扬好听，在那宁静的月夜，咯咯蛙鸣本富诗意，把它当作鼓吹，就是未能免俗，所以说"稚圭伦鉴未精通"。山谷本此意，干脆点出"传呼鼓吹拥部曲"的做官排场实不如春雨后池塘的蛙鸣。万里继两位作家之后，写出"只作蛙听故自佳，何须更作鼓吹想"。这是对当时永州上元夜集的同僚作委婉的讽刺，是对讲究官府排场者的棒喝！

九十两句是说，以前在永州城里，曾同登万石亭，倚阑远眺城外寒烟一碧的远山，当时的境界怎及此际的清幽！最末两句指出，今天到了万竹丛里的茅亭，又值人间佳节，如果不开怀畅饮，连竹子也会不高兴。

杨万里像

——湴塘忠节杨氏总谱

万里的诗以白描著名，早年他学江西派，中年后自出机杼，选用口语、俗语，创造出清新的意境，句法十分自然，内容轻松活泼，耐人寻味。本诗即是一例。此诗共十二句，凡四换韵，三四两句叶东韵，九十两句叶青韵，这都是平韵；一二两句叶屋韵，五、六、七、八四句叶养韵，最末两句叶纸韵，都是仄韵；平仄错综，因此读起来十分铿锵和谐，使人感到音节既有变化而又比较柔美。　（龙　晦）

过百家渡四绝句　　杨万里

出得城来事事幽，　涉湘半济值渔舟。
也知渔父趁鱼急，[1]　翻着春衫不裹头。

园花落尽路花开，　白白红红各自媒。
莫问早行奇绝处，　四方八面野香来。

柳子祠前春已残，　新晴特地却春寒。
疏篱不与花为护，　只为蛛丝作网竿。

一晴一雨路干湿，　半淡半浓山叠重。
远草平中见牛背，　新秧疏处有人踪。

〔注〕 ① 趁：追赶捕捉。按此义当读 niǎn，不读 chèn。

百家渡在永州零陵（今属湖南）城西湘江畔，此诗作于南宋孝宗隆兴元年(1163)春，此年是作者任零陵丞的最后一年，秋天就离任回都城临安。

杨万里的诗号称“诚斋体”，在南宋诗坛自成一家。而写作此诗时正是他创立他的独特风格的开始时期。他早期专学江西派，竭力效法黄庭坚、陈师道辈的奇崛险怪的作风。作此诗的前一年，即绍兴三十二年(1162)，他彻悟了这种屈己就人、依傍前人门户的写作方法有碍于创作个性的发挥，将以前所作的诗千余首付之一炬，从此诗格为之一变。南宋人诗话论及诚斋诗的独创性时，常盛称他的“活法”。“活法”一词，他的同时友人张镃、周必大就已提出，如张镃《携杨秘监诗一编登舟因成二绝》云：“目前言句知多少，罕有先生活法诗。”周必大的一首和诗也说：“诚斋万事悟活法。”前人对“活法”议论纷纭，有的还用禅理解释，说得十分玄虚。但质而言之，只是作诗须随着不同的感兴，别出心裁，不落俗套，别具新意罢了。

这样的诗才能显示作者自己的性格，不致千人一面，千篇一律。这就叫“活”。

从这四首写景诗，也可以看出诚斋的“活法”的一个方面，即抓住一个细节，抓住平凡景物中富于诗意的东西加以表现。如第一首，在湘水渡中不写山光水色，两岸风物，却抓住了中流的一只渔舟；又不写渔舟的种种，视线却集中在渔父身上；却又不写渔父的种种，单写他穿翻了衣衫，发髻不裹的自由疏放的服饰，体现了诗人对劳动者不拘礼法、衣着随便的欣赏之情。画面表现得光度集中，给人以极深刻的印象。

第二首写野径早行，提供给读者的也只有单纯的集中的印象：沿途红红白白、四方飘香的野花。诗人集中兴趣于郊野的自然景物，而景物中最耀眼的则是向行人献媚竞艳(他用了新颖的“自媒”二字)的路花。这时，他身外的一切都不在他眼里了，见到的只是白白红红之花，闻到的只是四面八方袭来的香气，他就将这刹那间的感兴形之于诗。诗句并不特别警拔，但诗人的兴会却表现得异常鲜明。

第三首写途经柳宗元祠堂。柳宗元曾被贬为永州司马，如果换一个居官永州的诗人，路过柳子祠，恐怕不免要怀古一番。可是杨万里的眼睛却盯住篱竿上的蜘蛛网。篱竿本来是编在栅栏上护花的，然而却成了蜘蛛结网的凭借。这是人们在园边宅畔常见的小事物，写入诗中，给人以异常的亲切感，也显示了诗人的童心。从中固然可以发现平凡的小东西中的诗情，若说其中含有某种讽喻，比如说，叹惜本应护花的材料却被蜘蛛作了网竿，是象征着柳宗元的不为世用的沦落，似乎也无不可。好诗常常是留着让读者充分想象的天地的。

以上三首都集中绘写景物中的某一个点，有如电影中的特写镜头；而第四首乍看似是写全景与远景。但细察之，置于画面中心的仍是吸引视觉的有生意的景象。道路和远山只是画面的背景，着重呈露的却是草中的牛背和秧间的人踪。诗人的用心始终是赋予平常事物以新鲜感。

杨万里诗机智灵动，不避俗语，很少用典或全不用典，小诗尤其如此。但第四首的第一联用拗格，首句第五字应用平声而用仄声字“路”，次句的第五字应用仄声而用平声字“山”，险韵拗句是江西派特征之一，于此可见他早期学黄庭坚的旧习尚未蜕尽。

（何满子）

和仲良春晚即事五首(其三、其四、其五)　　杨万里

欲与东风说，　休吹堕絮飞。
吾行正无定，　魂梦岂忘归？
花暖能醺眼，　山浓欲染衣。

只嫌春已老，　此景也应稀。

贫难聘欢伯，　病敢跨连钱?
梦岂花边到，　春俄雨里迁。
一犁关五秉，　百箔候三眠。
只有书生拙，　穷年垦纸田。

笋改斋前路，　蔬眠雨后畦。
晴江明处动，　远树看来齐。
我语真雕朽，　君诗妙斫泥。
殷勤报春去，　恰恰一莺啼。

这是一组和友人原题的诗作。仲良，张材的字，当时任零陵司法参军，作者任零陵丞，他们是同僚。“即事”，是就眼前景物情事抒感的意思。诗作于孝宗隆兴元年(1163)春天。原题五首，这里选三首。

首章抒惜春之情。首联因眼前杨花于东风中飘荡的晚春景象发兴，说自己想跟春风讲讲，别再把柳絮吹得到处飞舞飘落了。起用拟人化手法，调子飘忽轻灵，透出惜春心理。“堕絮”是春天消逝的标志，所以说“休吹”。首句用“欲与”作势，诗情显得摇曳有致。

“吾行正无定，魂梦岂忘归?”柳絮的飘荡无定，触发诗人对于自身处境遭际的联想，又由己身的飘荡无定进而联想到回乡的殷切愿望，所以有此二句。这就由上联的惜春转到羁旅之感和思归之念，而晚春景物正是触发这种感情的契机。两句似对非对，意致流宕，“正”、“岂”二字着意强调。

“花暖能醺眼，山浓欲染衣。”颈联回笔，续写晚春景物：花开得正繁艳，给人以暖融融的感觉，花色花光，几乎使人们的眼睛也受到了醺染；山色正浓，连人们的衣裳也几乎被染绿了。两句设色秾艳，用字精警。“暖”字以触觉通于视觉，与“红杏枝头春意闹”的“闹”字同一机杼，“醺”字则进一步将“暖”的感觉加以落实，使花的“暖”意更加突出。

“只嫌春已老，此景也应稀。”花暖山浓，春色固然繁艳动人，只是春光已老，这样的景色也越来越少了。这一联上承颈联，就势转回到“惜春”主旨上来，首尾相应。

这一首写惜春之情，但没有这类诗中通常具有的衰飒感伤情调，而是充满对美好晚春景色的赏爱流连,格调也清新明快。

次章抒贫病拙滞之情,仍扣"春晚"景物来写。起联"贫难聘欢伯,病敢跨连钱",说自己家贫难以买酒(欢伯,酒的代称),身病不敢骑马(连钱,毛色青白相杂的马,即连钱骢),因而无法出游赏春。"贫"、"病"二字点醒全篇主旨。

次联"梦岂花边到,春俄雨里迁。"紧承起联,说不仅不能外出游赏,而且连梦也没有到过花边,而春天却转瞬间就在风雨中消逝了。身不能出游,照说梦总可到花边,现在梦亦根本不能到,足见贫病已断绝了自己的美好梦想,而春天却在不知不觉中很快消逝。上句用反问语加以强调,下句用慨叹语加以渲染,将自己那种惋惜遗憾、怅然若失的心理和盘托出。

"一犁关五秉,百箔候三眠。"一犁,指春雨浸湿泥土的深度有一犁头那样深。十六斛为一秉,"五秉"指庄稼丰收。百箔,指众多的蚕箔(帘)。蚕上簇前需经初眠、二眠、三眠,至大眠方作茧。两句意谓,当这晚春季节,一犁春雨关系到庄稼的丰收,百家的蚕箔都在安排等待蚕的三眠。这联从自己的"贫"、"病"宕开,转从老百姓的农桑生产着笔,仍紧扣"春晚",目的是反跌出尾联。

"只有书生拙,穷年垦纸田。"垦纸田,义近于"笔耕",但这里含有自嘲无能的意味。苏易简《文房四谱》引《语林》:"以洪笔为锄耒,以纸札为良田,以玄墨为稼穑,以礼义为丰年。""纸田"盖出于此。这一联承上翻转作结,慨叹自己一介书生,拙于生理,一年到头只知道以文墨为事,无补于生计。"拙"字回应篇首"贫"、"病"。

这一首侧重写自身处境。中间两联略点春晚景物情事,主要意思在首尾两联。颔联是首联的延伸,颈联是尾联的衬托。

第三章又以描绘晚春景物为主。首联写庭园中晚春雨后景色:一场春雨过后,竹笋到处钻出地面,使书斋前整齐的道路也改变了形状,变得弯斜而不规则;蔬菜得到雨水的滋润,长得很快,舒展地贴伏在菜畦里。两句写春晚景物,清新而有生气,略无衰飒气息。"改"字"眠"字,似不着力,却真切,精确不移。

"晴江明处动,远树看来齐。"起联写近处景物,这一联转写远望之景:在晴日照映下,远处的江水有一段反射出明亮的光波,仿佛看得出江水的缓缓流动;远处的一片树木,看来显得非常整齐。上句见天气之晴和与视线之清晰,下句见视界之阔远,用笔细腻,写景真切。

颈联从春晚佳景拍合到诗歌唱酬上:"我语真雕朽,君诗妙斫泥。"雕朽,用《论语》孔子斥宰予"朽木不可雕"事,这里谦指自己的和诗写得很拙陋,不能改作润色;斫泥,用《庄子》郢匠运斤成风故事,比喻仲良原唱艺术技巧的高妙入神。

这一联明点题内“和”字，同时也为整个组诗作一总的收束。

“殷勤报春去，恰恰一莺啼。”尾联承“君诗”句，景、事双关，表面上是说流莺恰恰啼鸣，殷勤报春之去；实际上则以流莺之啼喻仲良的原唱——《春晚即事》。用流莺的鸣啭喻诗歌创作，向有其例，如李商隐《流莺》：“巧啭岂能无本意，良辰未必有佳期”即是。

这组诗是杨万里早期作品，造句用语，间有生硬凑泊之处，如“一犁”句及“欢伯”、“纸田”等语，但已显露出特有的风格和技巧。一是格调清新明朗，写春晚景物而无衰飒之气，抒贫病之情而不陷于伤感。二是转接活脱迅疾，给人一种奇趣，像这三首中的“吾行”一联，“梦岂”一联，都是显例。所以陈衍评道：“语未了便转，诚斋秘诀。”（《宋诗精华录》）

（刘学锴）

都下无忧馆小楼春尽旅怀二首[1]　　杨万里

病眼逢书不敢开，　春泥谢客亦无来。
更无短计销长日，　且绕栏干一百回。

不关老去愿春迟，　只恨春归我未归。
最是杨花欺客子，　向人一一作西飞。

〔注〕 ① 南宋孝宗乾道三年(1167)，杨万里由于张浚的推荐，除临安府教授。临安府即今浙江杭州，为南宋首都。开始还称临安府为“行在”，表示不忘故都汴梁。后来便直称为都城，故本诗题曰“都下”。而“无忧馆”则是作者给自己寓所起的名号。

第一首写寂寞无聊，第二首写思乡盼归。由于寂寞无聊，所以产生思乡盼归之念；也正由于深感寂寞无聊，所以思乡盼归之念也愈切。两首诗就是这样密切地联系着。

南宋时代，最高统治者安于现状、不思进取，从总的情况看，投降派在政府中占着主导地位，整个官场中的风气是沉闷、消极、得过且过的。杨万里正是处在这样的大环境里，很难有所作为。加以他是学官，似乎事情也不多，不过读读书会会客而已。第一首一二两句都是因果句：由于“病眼”，所以“逢书不敢开”；由于“春泥”，所以“谢客亦无来”。而这正是他感到寂寞的来由。

“更无短计销长日”，春末时节，日并不长，然而偏偏说“长日”，大概是从《诗经》的“春日迟迟”化来。这个“长”字，有力地表明了作者的寂寞无聊。因为越是无事可做，便越感到日长，这正反映了作者对这种生活的厌恶。“短计”，即肤浅之计,“短”与“长”字相对,连个短计也还想不出来,真是无法打发这漫长的一天。

他终于想出一个办法,便是“且绕栏干一百回”。围绕栏干行走,而且至于百回之多,岂不可笑!当然有点夸张,可是读者又感到真实,因为这正是绞尽脑汁想出的“短计”;他的“短计”,似乎只有如此。这句话写得很具体,也很形象,似乎可以看到一个百无聊赖的人,围绕着栏干不停地打转转。这个形象,似乎是可笑的,然而却是可悲的。

以上两句,特别是末句,质朴无华,形同口语,这正是杨诗在语言上的一个特点。

在百无聊赖中,不免思归了。作者此次寓居临安,是短暂的,没有多久,便由于“丁父忧”而回乡了。看来他很不习惯于这种“饱食终日,无所用心”的生活。

第二首“不关老去愿春迟”,暗点题目的“春尽”。春天已经过去,但他还希望春天走得慢一点。他明确表白这个愿望是“不关老去”的,那么究竟为什么“愿春迟”呢?

“只恨春归我未归”,这就道出了作者的积愫,也点出了题目的“旅怀”,原来是因为春已归去而自己却不能归去的缘故。“恨”字直贯“春归我未归”。看到春归,“我未归”之恨愈甚。

“最是杨花欺客子”,又转向“杨花”。杨花者,柳絮也。东风劲吹,杨花自然要飞向西去。“向人一一作西飞”,乃是春天的自然现象,然而作者却认为这是杨花的有意恼人,有意跟“客子”为难似的。杨万里江西吉州人,吉州在临安之西,杨花从临安西飞,飞向自己的故乡吉州,可是自己却不能西归!一个寄寓临安的“客子”,而且对临安的生活又是那样厌倦,怎能不对西飞的杨花既羡慕而又嫉妒呢!

这两句的构思较之上两句尤为巧妙。周必大说:“诚斋(杨万里)大篇短章……状物姿态,写人情意,则铺叙纤悉,曲尽其妙,笔端有口,句中有眼。”(《宋诗纪事》五十一引)“春归”已令人恨,更可恨者则是“杨花”,故用“最是”二字以表达进一层的“恨”。杨花无知,何能恼人?然而它的“一一向西飞”,岂不是明明有意向人炫耀?作者把无知的杨花写成有知,把杨花由于东风而西飞的自然现象,说成是故意恼人。把西飞的杨花,涂上了浓厚的感情色彩,从而表达了作者深重的思归心情。不知道周必大的评论是否也包括作者的构思,然而这种构思的确够得上“写人情意,曲尽其妙”的。 (李景白)

次日醉归 杨万里

日晚颇欲归, 主人苦见留。

我非不能饮，　老病怯觥筹。
人意不可违，　欲去且复休。
我醉彼自止，　醉亦何足愁！
归路意昏昏，　落日在岭陬。①
竹里有人家，　欲憩聊一投。
有叟喜我至，　呼我为“君侯”。
告以“我非是”，俯笑仍掉头。
机心久已尽，　犹有不下鸥。
田父亦外我，　我老谁与游？

〔注〕 ① 陬(zōu)：山脚。

此诗作于乾道四年(1168)，编在《江湖集》卷五。这一年，诗人四十二岁，丁父忧守制在家。编在这首诗前面两首诗的题目是：《人日诘朝从昌英叔出谒》、《暮宿半途》。昌英叔是诚斋的族叔，名辅世，号达斋，是诚斋绍兴二十四年同年进士，也是他的诗友，《江湖集》中二人唱和之作颇多。这首诗题目所称“次日”，盖承前“人日”(正月初七)而言，即乾道四年正月初八日。大约这年人日清晨，诚斋和昌英叔一道出外给人贺年，半路上在别人家里住了一夜，第二天下午打算回家，却被主人苦留劝酒，结果喝醉了。在醉归途中，偶然到一个农家憩脚，写了这首诗。

全诗分两段，写了两件事。前八句是第一段，写诗人和那个苦留劝酒的主人勉强周旋的情况。日暮欲归，被主人苦留劝酒，诗人本来是能喝几杯的，但现在“老病怯觥筹”，有点不胜酒力了。诗人这时才四十二岁，不能算老，但“叹老嗟衰”是一些士子文人的老习气，曹丕三十岁就说自己“已成老翁”，欧阳修自称“醉翁”时也还不满四十岁，他后来在自己诗中也承认：“我行四十犹强力，自号醉翁聊戏客。”又说：“我昔被谪居滁山，名虽为翁实少年。”所以，对于诗中的“老病”二字是不必过于认真的。诗人本意不愿留饮，但主人强嬲不休，那就好吧，喝就喝吧，喝醉了你总不劝了！拚着一醉，也没什么了不起！诚斋论诗，尝言“学诗须透脱，信手自孤高”(《和李天麟》)。这里“我醉彼自止，醉亦何足愁”，正表现了这种“透脱”的诗风和诗人“透脱”的个性。碰上什么纠缠不清的麻烦事，只要你肯“豁出去”，也就没什么了不起。

“归路意昏昏”以下至篇末为第二段，写诗人和一个田父交谈的情况。离开那主人家，诗人已经喝得神志昏昏了。一转眼夕阳西下，酒后无力，偶见竹林深处有一人家，打算略事休息。一位田父很高兴地出来接待诗人，一见面就把诗人唤作“君侯”。这称呼引起诗人很大震动，他急忙辩解：“我不是君侯，请不要这样称呼我！”然而无效，老头子笑了笑，只是摇头。“君侯”是古代对列侯的尊称，后世一般用来泛称显贵的官人。诚斋出身清寒，但他于绍兴二十四年（1154）中了进士，接着当了赣州司户，永州零陵县丞。张浚为相，推荐他出任临安府教授，入京不久，旋丁父忧，在家守制。官虽不大，但究竟是统治阶级中的一员，农民凭着自己的素朴感情，在他们眼里，你总是个“官”。“君侯”这称呼，鲜明地划出了统治阶级和劳动人民间的界限，这是一条鸿沟，一道高墙，把人们隔开了；诗人想越过它，但没有办到。这使人联想起鲁迅《故乡》中关于中年闰土的那段描写，随着闰土的一声“老爷”，作者止不住“打了一个寒噤”，他感到自己和童年时代的好友间“已经隔了一层可悲的厚障壁了”！想不到七百年前，随着田父的一声“君侯”，竟然在诗人杨诚斋身上引起十分类似的反应。他强烈地感到自己的孤独！他沉痛地呼吁：“机心久已尽，犹有不下鸥。田父亦外我，我老谁与游？”四句是全诗的结穴，一篇的精华。

《列子·黄帝》篇：“海上之人有好沤（鸥）者，每旦之海上从沤鸟游，沤鸟之至者百住而不止。其父曰：‘吾闻沤鸟皆从汝游，汝取来，吾玩之。’明日之海上，沤鸟舞而不下也。”诗中“不下鸥”这一形象所包蕴的内容是深广的，它远远超过了眼前这个一问一答的范围。诗人一向以诚心待人，但他所接触到的却总是那种无法冲破的隔膜和猜忌，这种千百年来由于不合理的社会制度所造成的人与人间的互相谋陷、钩心斗角的关系，是一种实际的存在，它是无形的，但又是强有力的。对于一个纯真的、不失赤子之心的诗人，这是多么可怕的悲哀，他感到无比的孤独和寂寞，连善良、纯朴的田父自己也无法接近，我还能从哪儿去找到一个忘机密友呢？这层意思，在前代诗人的作品中似尚未经人道过。诗人用诚挚的眼光看生活，他尖锐地感到了封建社会中这一可悲的事实，他以真挚、朴素的诗的语言反映了生活的这一深度。

全诗写了两种人，第一段中的主人不知是谁，但可以肯定是官场中的人物，诗人对他的感情是比较冷淡的，一般的。第二段写老农却是另一副笔墨，另一种情感。两相映衬，使全诗所表现出的内容超出了各个部分内容的简单相加，而构成一种新的质量，给人一种新的感受。全诗除“不下鸥”一事用典，其他纯用白描，愈朴素，愈真挚，一切都使人觉得历历在目。　（白敦仁）

夏夜追凉　　杨万里

夜热依然午热同，　开门小立月明中。

竹深树密虫鸣处，　时有微凉不是风。

“追凉”，即觅凉、取凉。较之“觅”、“取”，“追”更能表现对“凉”的渴求，杜甫“忆昔好追凉，故绕池边树”(《羌村三首》其二)诗意可见。夏夜苦热，外出取凉，这是古代诗人经常描写的题材，诚斋集中，以“夏夜”为题者便有多首。但这首诗在艺术处理上却有其独到之处：它撇开了暑热难耐之类的感受，而仅就“追凉”着墨，以淡淡的几笔，勾勒出一幅夏夜追凉图，其中有皎洁的月光，有浓密的树荫，有婆娑的竹林，有悦耳的虫吟，当然，还有作者悄然伫立的身影。

首句貌似平直，其实也有一层曲折：中午时分，烈日暴晒，是一天中最为酷热的时刻，而今，“夜热”竟然与“午热”相仿佛，则“夜热”之甚，可想而知。唯其如此，才引出次句诗人月下独立的形象。“开门”，点出作者原在室内。或许他本已就寝，因夜热故，辗转反侧，难以入梦，迫于无奈，才出门纳凉。而“月明”，则点出正值“月华皎洁”的三五之夜。这样，作者“独立”的目的，应该说是“追凉”与“赏月”兼而有之。追凉可得体肤之适，赏月则可得精神之快，难怪他要独立不移、执著若此了。第三句是对周围环境的点染：竹林深深，树荫密密，虫鸣唧唧。“竹深树密”，见其清幽；“虫鸣”，则见其静谧——唯其静谧，“虫鸣”之声才能清晰入耳。诗人置身其间，凉意顿生，于是又引出结句“时有微凉不是风”这一真切、细微的体验。“不是风”，点明所谓凉意，不过是夜深气清，静中生凉而已，并非夜风送爽。范成大《六月七日夜起坐殿庑取凉》诗亦云：“风从何处来？殿阁微凉生。桂旗俨不动，藻井森上征。”虽设问风从何来，但既然桂旗不动，可见非真有风，殿阁之“微凉”不过因静而生。人们通常说“心静自凉”，其理相若。因此，范诗实可与这首诗参读。

显然静中生凉正是作者所要表现的意趣，但这一意趣并未直接点明。如果没有“不是风”三字，读者很可能将“凉”与“风”联系在一起。陈衍《石遗室诗话》早就指出：“若将末三字掩了，必猜是说甚么风矣，岂知其不是哉。”然而，这首诗的妙处恰恰也就在这里。作者故意直到最后才将微露其本意的线索交给读者——既然明言“不是风”，善于神会的读者自当想到静与凉之间的因果关系；随即又当想到，前面出现的月光、竹林、树荫、虫鸣，都只是为揭示静中生凉之理所作的铺垫。这样，自然要比直截了当地道出本意更有诗味。大概这就是《石遗室诗话》所称道的“浅意深一层说，直意曲一层说”的旨趣。　(萧瑞峰)

虞丞相挽词三首(其一)　杨万里

负荷偏宜重，　经纶别有源。

雪山真将相，　赤壁再乾坤。
奄忽人千古，　凄凉月一痕。
世无生仲达，　好手未须论。

杨万里的诗以活法新意著称，他的一些七言绝句尤以妙趣横生、清新活泼的风格受人喜爱，被称为"诚斋体"。然而诚斋的诗集中尚有一些作品写得气格浑厚，感慨遥深，体现了他雄健宏大的笔力。《虞丞相挽词三首》就是这样的作品，这里所选的是其中第一首。

虞丞相指虞允文，他是南宋著名的儒将，绍兴三十一年(1161)金主完颜亮率兵南下，允文以中书舍人参谋军事，至采石(今安徽当涂境内)犒师，适主将王权罢免，三军无主，他毅然督战，大破金兵。这就是历史上著名的采石大捷。由于这次战争的胜利，南宋偏安的局面得以稳定下来，所以虞允文便成了斡转乾坤的英雄。之后，他上疏反对朝廷议和的主张，然终未被采纳，孝宗乾道三年(1167)出为四川宣抚使。后拜相，任用贤士。乾道九年再任四川宣抚使，次年在蜀病死。

杨万里与虞允文的交谊大约始于乾道六年，杨上《千虑策》，虞允文读后大为称赏，于是荐为国子博士，所以允文下世，诚斋之悲恸可知，故作此挽词，然词中绝口不提个人的知遇之恩与私交之厚，而纯从大处落笔，力图写出虞允文的平生功业。

首联说他宜担负起国家的重任，可见他才学兼富，德高望重；而他治国治军的谋略似超乎寻常，别有渊源，意指他以书生出将入相、功业卓著。当虞允文采石大败金兵之后，当时的宿将刘锜曾执其手曰："朝廷养兵三十年，今日大功乃出儒者!"可见时论颇奇其以儒生领兵克敌。此二句起势浑厚庄重，颇合虞允文的身份。

颔联用了两个典，概括而精练地道出了虞允文一生行迹。雪山即岷山，在四川境内，杜甫在《赠左仆射郑国公严公武》中极赞严武的出镇四川说："公来雪山重，公去雪山轻。"因虞为四川人，又两度为四川宣抚使，故诗人借杜诗之意，说他的将相功业犹如当日严武。赤壁，以三国时孙、刘联军大败曹操的史事比采石之捷，其中显以诸葛亮比虞允文。赤壁之战造成了魏、蜀、吴三国鼎立的局面，而采石之捷则稳定了宋、金南北对峙之势，故二者颇有类似之处。《宋史·虞允文传赞》就说："昔赤壁一胜而三国势成；淮肥一胜而南北势定；允文采石之功，宋事转危为安，实系乎此。"这两句诗的妙处，不仅在于用典极为贴切，而且概括力强，揭示了虞允文一生的主要功业，表现了诗人扛鼎的笔力。清末同光体著名诗人陈曾寿有《书诚斋集后》一首云："探汤绝笔见心期，诗格诚斋不厌卑。惯以纤新娱俗眼，还将狡狯出偏师。拔奇却有惊人技，白战曾无寸铁持。堪羡虞公身死日，堂堂博得一联诗。"自注云："予最喜诚斋《挽虞丞相》二句云：'雪山真将相，赤壁再乾坤。'真大手笔，向来无人拈出。"陈氏特别拈出此二句，意在揭示诚斋诗中这种气魄宏大，语言遒炼的一格，其实诚斋集中这样的例子不少，且也曾为前人道及，如刘克庄的《后村诗话》说："诚斋挽张魏公云：'出昼民犹望，回军敌尚疑。'只十个字而道尽魏公一生，其得人心且为虏所畏，与夫罢相解都督时事，皆在里许，然读者都草草看了。"正可与陈曾寿评此二句之语互参。

颈联写虞允文忽忽身亡，埋骨地下，只有一弯冷月相伴，极为凄凉寂寞。作者在这里有意写他身后的冷落，与前文功盖一世的业绩恰成对照，不仅令诗意曲折跌宕，而且也切合挽词口吻，在对比中表现出自己的无限感慨。但全诗毕竟还是以称颂为基调，所以尾联再折回到前半首的境界。

仲达是司马懿的字，他与蜀军作战多年，是与诸葛亮旗鼓相当的对手，诸葛亮病死于五丈原后，蜀军撤退，司马懿怕有伏兵不敢追击，而后来又追至赤岸，才知道诸葛亮的死讯，因而时谚曰："死诸葛能走生仲达。"杨万里这里还是以诸葛亮比虞允文，以为当今世上没有像司马懿这样具有雄才大略堪与诸葛亮对垒的人，那么还有谁称得上好手，可与允文匹敌呢？这句虽是顺着颈联凭吊允文的去世而来，因而用了诸葛亮身后的典故，但也由此写出了虞允文的才略过人，世无敌手，复与前二联绾合，章法谨严，可谓律体正格。　（王镇远）

小　池　　　　杨万里

泉眼无声惜细流，　树阴照水爱晴柔。
小荷才露尖尖角，　早有蜻蜓立上头。

这首绝句取景很别致，"泉"则曰"眼"，"流"则言"细"，荷是"小荷"，叶是"尖尖角"，这"尖尖角"上还立着个小小的蜻蜓：诗中之物，无不透着一个"小"字，加上诗题"小池"，通体小巧玲珑，天真妩媚。不待安排句法，只这些小巧天真的形象，已令人目悦神怡。

细玩这首诗，又不仅以小巧玲珑取胜，佳绝处在于巧妙地写出了自然物之间的亲密关系，表现了诗人静观自得的心情。起句"泉眼"、"细流"，本夏日平常光景，下一"惜"字，则仿佛泉眼故惜涓滴，无情化为有情。次句写"树阴"、"池水"，着一"爱"字，则又似绿树以池水作妆镜，展现其绰约丰姿。这两句把读者引入一个精致、温柔的境界，情味盎然，饶有兴趣。三、四句更推出胜境：新荷刚出水面，睡眼未开，那小小蜻蜓已自立于其上。一个"才露"，一个"早立"，前后接续，把蜻蜓和荷花相依相偎这一自然界和谐情景形容尽致。无限生机，多少天趣，集中在这个聚光点上，照亮了全诗。

诚斋写景小诗，最善于表现动态之美。他仿佛是一位高明的摄影师，用快速镜头捕捉到这稍纵即逝、妙趣横生的一瞬，在一瞬间留下永恒。他有精微的观察力，加以手眼敏捷，语言明快，能把这刹那所感表而出之，使人共喻。陈与义《春日》诗说："忽有好诗生眼底，安排句法已难寻。"诚斋诗妙在一个"趣"字。他不仅善于句法安排，而且善于速写那"忽有"的一瞬，构成气韵生动、情趣盎然的诗情画意，以此独步于南宋诗坛。（赖汉屏）

暮热游荷池上五首　　杨万里

玉砾金沙一径长，　暑中无处可追凉。
独行行到荷池上，　荷不生风水不香。

寒甃千寻汲井花，　病身一浴不胜佳。
追凉不得浑闲事，　烧眼生憎半幅霞。

细草摇头忽报侬，　披襟拦得一西风。
荷花入暮犹愁热，　低面深藏碧伞中。

也不多时便立秋，　寄声残暑速拘收。
瘦蝉有得许多气，　吟落斜阳未肯休。

空中斗起朵云头，　旋旋开来旋旋收。
初作鬔鬆松树子，　忽成髣髴柳花毬。

这是诗人淳熙五年(1178)在常州写的诗。诚斋以淳熙四年夏自漳州改知常州，这一组小诗，是他到常州后第二年夏天写的，编在《荆溪集》卷十。这是诚斋诗风开始转变时期的作品。在《荆溪集自序》中，诚斋自述其学诗经过说："予之诗始学江西诸君子，既又学后山五字律，既又学半山老人七字绝句，晚乃学绝句于唐人。学之愈力，作之愈寡。”到荆溪（在今江苏宜兴南，清代属常州府）后，忙于日常工作，很少作诗。一天，“忽若有悟，于是辞谢唐人及王、陈江西诸君子不敢学，而后欣如也。”“自此，每过午，吏散庭空，即携一便面，步后园，登古城，采撷杞菊，攀翻花竹，万象毕来，献予诗材：盖麾之不去，前者未雠，而后者已迫，涣然未觉作诗之难也。”这段话，深刻地描述了诗人创作心理活动中的这一巨大变化。他开始从前代诗人给自己的影响和束缚下解放出来，用自己天真的诗人的眼睛直接从生活（主要是自然界）中去发现诗；他采用前人称之为“生擒活捉”的手法去捕捉生活中稍纵即逝的诗的形象和诗的感觉，用新鲜、活泼乃至泼辣而又幽默的笔，敏捷地加以反映，从而创造了有名的“诚斋诗体”。这一组小诗，已经开始显示出诚斋诗风的这一新的特点。

常州的夏天是很炎热的，诗人这年夏天写的许多诗中都提到这一问题。他抱怨那“矮屋炎天不可居”，说自己的住处“不是城中是甑中”（《午热登多稼亭五首》）。面对着那“一叶不摇风寂然”（《苦热登多稼亭二首》）的闷热难堪的环境，渴望能找到一个清凉一点的地方，他来到了荷池上。

诗人沿着一条漫长的沙径独自行来。这条沙径，不是那种“绿竹入幽径，青萝拂行衣”（李白《下终南山过斛斯山人宿置酒》）的“幽径”，也不是“曲径通幽处，禅房花木深”（常建《题破山寺后禅院》）的“曲径”，而是一条一黄如金，一白如玉的沙砾铺成的松散的路径，没有一点生机，没有一点绿意，没有一点清凉感，它是那样的漫长，那样地使人烦躁难禁。诗人止不住埋怨说：“暑中无处可追凉”，他感到绝望了。到荷池去看看怎样呢？他独自行来，希望找一个凉爽的地方稍微透一口气。可是，迎接他的不是那种“荷风送香气，竹露滴清响”（孟浩然《夏日南亭怀辛大》）的清凉的荷池，而是“荷不生风水不香”的死水一塘，仍然是闷热难当。水，当然是不香的，可是，随着微风飘来的荷叶的香气，你会觉得连水也是香的。诗人埋怨说“水不香”，正好突出了“荷不生风”的郁闷无聊的烦热之感。这也是杨诚斋所谓“翻案法”（《诗人玉屑》卷一），他翻了孟浩然诗的案。三四两句间的这一曲折，有力地表达了诗人“追凉无地”的烦躁心情。

第二首写傍晚浴后，追凉不得的烦热之感。天气实在太热，诗人从深井里汲来一桶冷水，冲了冲凉，感到十分惬意。本想到荷池坐坐，清爽清爽，得到的却是相反的结果。且不用说“追凉不得”的失望了，这是小事，反正是新浴之后，尚能勉强忍受；糟糕的却是“烧眼生憎半幅霞”，真是火上添油，叫人生气。那火红一般的晚霞，把诗人的眼睛都给烧痛了！“烧”字当然意味着有“火”，而眼球怎么能经得起火烧火燎呢？这个"烧"字不仅强调出晚霞红似火的客观形象，也强调出诗人灼热难堪的主观感觉。如果把"烧"字去掉，换成其他字眼，比如说把全句改成"照眼红憎半幅霞"，效果就差得多。诗人偏要选择这样尖新的字眼，正是他手段泼辣的表现。"半幅霞"叩住了题目"暮热"的"暮"字。"井花"、"生憎"都是杜甫诗中用过的字眼，杜诗："儿童汲井华，惯捷瓶在手。"(《大云寺赞公房》之二。华，即"花"。)又："生憎柳絮白于棉。"(《送路六侍御入朝》)按《本草》："井花水，平旦第一汲者，令人好颜色。"此则泛指井水。"生憎"，惹厌的意思。"甃"，井壁也。

以上二首极写"追凉无地"、"追凉不得"的烦恼，为后三首作了必要的铺垫。从整个组诗来看，是一种欲扬先抑的布局和手法。

第三首，终于盼来了风，但仍然没有退凉。首先传来好消息的是池边的细草，它们摇头晃脑，向诗人报告说：风来了！于是，诗人的劲头也来了，他急忙敞开衣襟，尽情领受这十分难得的天公恩赐。"披襟"用宋玉《风赋》："有风飒然而至，(楚襄王)乃披襟而当之，曰：'快哉此风！'"值得注意的是，诗人特意选用了一个"拦"字；他既不用"披襟而当之"的"当"字，也不用杜甫用过的"吹面受和风"的"受"字或其他别的什么字；偏偏选了这个差不多没人用过的"拦"字。这再一次表现了诗人用字尖新，手段泼辣的特点。仔细咀嚼，这个字是下得饶有情趣的。"拦"是一个有意识、有目的的动作，诗人熬了一整天，好不容易看见细草摇头，知道风来；他简直迫不及待地敞开衣襟，企图把这起吹来的风全给拦住，不让它溜走一点。结果呢？拦是拦了，但所"得"不多，仅仅是"一西风"！"西风"前面加上一个数词"一"，也显得新颖、别致。是"一阵"、"一股"还仅仅是"一点儿"？这个"一"字，把苦热难熬、简直是斤斤计较的诗人在那儿屈指计算的神情全给写出来了。

风虽然吹了点，可惜不多，远远没有解决问题。为了表达出这种细微的分寸感，诗人把眼光投向了荷花。(这和第一首中的情况已经不同，在那里，酷热难当，无心细看，只用"荷不生风水不香"这个总的感受，笼统写过；与其说他关心的是"荷"，不如说他关心的是"风"。现在，究竟有了一点风，好受些了，可以看得仔细些了。)所谓"入暮犹愁热"，就是说长日的炎威仍然没有退尽。那些娇嫩的花朵还在碧绿的荷叶中躲躲藏藏，不敢抬起脸来，她们的心中还有余悸呢！把翠绿高擎的荷叶比作伞，把娇艳的荷花比作美人的颜面，这是传统诗人惯用的比喻。这首诗的新颖之处，在于他把花和叶联系起来，用"低面深藏"这个也是常见的拟人法，写出了事物的神态，奇妙地表达了"余热未尽"这一层主要的意思，使全诗顿时显得新鲜活泼、生动有趣。这就是杨诚斋所特有的"生擒活捉"的手法。他善于抓住生活中一瞬间浮现出的诗的意象，活脱脱地写它下来。不难看出，在这“入暮犹愁热”的荷花身上也投射着诗人的影子，他还没有从长日炎炎的困倦中完全苏生过来。

这首诗是整个组诗中最出色的一首，它接触到了《暮热荷池上》这个题目的中心之点，写得很有分寸，恰到好处。不应忘记题目的重心是“暮热”，不是“暮凉”。

第四首，傍晚蝉声，是荷池上所闻。头两句是诗人对残暑的诅咒：你这煊赫一时的炎威呀，立秋快要来了，你的好日子也快完蛋了；劝你还是知趣一点，把你那残余的威风早一点收起来吧！你听，随着暮蝉嘶鸣，这灼热的一天不是也快完了么？残阳、蝉声，也是传统诗歌中惯见的形象，似乎已没有什么新意可写了。此诗的新妙之处，就在于诗人从这个陈旧不堪的题材上发掘出了崭新的内容。诗人异想天开地对暮蝉提出了一个妙不可言的问题：你这瘦小的家伙，哪儿来的这么长的气，太阳都给你全叫下去了，你还不肯罢休？蝉儿究竟有多长的气？这是谁也没有注意，谁也没有想过的问题。这是诗人一瞬间的独特感受，他敏捷地抓住了它，并脱口而出，把它提了出来，使读者的思维也随之而活跃起来。这是诚斋诗所特有的幽默，风趣生动，令人发笑。

这首诗有什么寓意么？很难说。从诗人对残暑的诅咒及其对蝉声的惊叹看，也不妨作如是观。只是不要胶柱鼓瑟、穿凿附会就行了。

第五首写晚云，是荷池上所见。现在，不仅那“烧眼生憎”的晚霞已经敛尽，连残阳的余晖也在暮蝉声中消逝了。可是，这时的天空却并不寂寞，随着落日余晖的慢慢消逝，在辽阔的天幕上，陡然之间冒起一朵云头，它不住地舒展开来，又不住地收敛了去。开始呢，鬖鬖髿髿，令人联想到枝叶扶疏的松树子；可是，忽然之间又变了，变成一团团滚来滚去、像随风扬起的柳絮花毬。陶渊明《四时诗》云：“夏云多奇峰”，这是描写夏云的著名诗句。诗人却发现了“傍晚的”夏云的新异之点，抓住它那千姿百态的变易性和流动感，给以新的形象描绘，新的艺术渲染。他写得如此轻松，如此优美动人、新奇可喜。诗人把这种染上了浓郁的主观色彩的形象、氛围提供给读者，你也会情不自禁地从另一个新的角度去领会、观察那些陈旧景物，从而在新的层次上发现新的美点。全诗只是写景，读来却觉得情致绵绵。诗人的情绪逐渐好起来了，在他的笔下也不知不觉地流露出一种引人入胜的诗情画意。

五首小诗构成一个艺术整体，每一首又有自己各自独立的特点。读这组小诗，应细心体察诗人怎样从一些寻常事物中发掘出新的诗美，领会他在语言提炼上的新颖、脱俗。尖新，是诚斋诗在用字方面常见的特点。但要掌握好分寸。如果经常地过分玩弄太尖新的字眼，也会使人生厌，甚至感到轻薄和油滑。

（白敦仁）

新 柳 杨万里

柳条百尺拂银塘， 且莫深青只浅黄。
未必柳条能蘸水， 水中柳影引他长。

杨万里开始学诗，从江西派入手，但“学之愈力，作之愈寡”，十六年中只写了五百多首诗。孝宗淳熙五年(1178)，五十二岁的诗人“忽若有悟”，发现“万象毕来，献予诗材”，“涣然未觉作诗之难也”。此后十四个月中，他竟然“得诗四百九十二首”(《荆溪集》自序)，而且被时人交相赞誉，称之为“诚斋体”。巧得很，他这首《新柳》诗，恰是“忽若有悟”那一年写的，正可以通过它，品一品“诚斋体”的味儿。

第一句“柳条百尺拂银塘”，写的是远景。何以见得呢？“百尺”的柳条都收入眼帘，池水闪耀着银色的光芒。只有远观才能摄入这样长的垂柳，只有斜视才能看到水面的反光。这句诗以“百尺”状柳条，伏下了一个“长”，与篇末紧相呼应；写塘则冠以“银”字，给水面镀上了柔美的亮色；又写了和煦的春风——一个“拂”字不就带来了它的消息么？既是“拂”，则风之柔和、柳之婀娜、春之初至，都是“意在不言中”了。如果觉得“拂”字还有点虚，那么，第二句便以实实在在的“浅黄”的色彩，更明白地扣紧了题目。“且莫”二字，传神写照，流露出诗人爱惜新柳的深情。浅黄的新柳象征着初春，及至深青，则已是晚春了。故对新柳之情也即是对新春之情。“且莫”可作“切莫”解。这句仍是远景。“草色遥看近却无”(韩愈句)，“浅黄”的新柳之色，近看也会“无”的。

诗至此，情景毕现，似乎已无话可说，然而下两句却又翻出一层新意：原来柳条是蘸不到水的，它之所以能达“百尺”之长，是因为水中柳影把它“引伸”的缘故。这真是对事物的妙悟。试想，垂柳将及水面，微风吹动，柳枝轻扬，水上水下连成一片，该是多么优美的一幅画面！诗人漫步赏柳，由远而近，视线也由上而下，从岸上柳条写到水中柳影。这时，只允许诗人再写三个字，就必须结束全诗了。作者出人意料，他只用了一个非常亲切的“引”字，就把柳影，也即是把新柳，把整个画面都写活了。

平平常常的柳树，寥寥二十八字，居然能写得这样妙趣横生、情味隽永。它所表现出来的活泼、新颖、意趣和作者对自然景物的深情，正是“诚斋体”的特色。而杨万里写诗由难到易的奥妙，也正是由于他从学习书本转到了师法自然。他烧掉千余首江西体的诗以后留下来的存稿，大多是这一类写景物的小诗。它们以其新鲜活泼的生命力，冲破江西诗冷僻生涩的藩篱，赢得了历代读者的喜爱。

看来诚斋先生还颇有预见，他早就说过：“不留三句五句诗，安得千人万人爱。”（《醉吟》）

（李正民）

闲居初夏午睡起二绝句　　杨万里

梅子留酸软齿牙，　　芭蕉分绿与窗纱。
日长睡起无情思，　　闲看儿童捉柳花。

松阴一架半弓苔，　　偶欲看书又懒开。
戏掬清泉洒蕉叶，　　儿童误认雨声来。

杨万里的密友张镃曾论其诗云：“造化精神无尽期，跳腾踔厉即时追。目前言句知多少，罕见先生活法诗。”读诚斋这二首绝句，颇有助于我们对他的“活法”的理解。

第一首写诗人午睡初醒，齿颊间还存留着梅子的余酸。梅为解醒之物，可知诗人睡前曾以斗酒自遣，一个“软”字，表现出他的闲散的意态。四周一片静谧，一片碧绿，“分”字为蕉叶映窗传神。首二句点明了“初夏”之时。“日长睡起无情思”，承上，表明夏日昼长、百无聊赖之意，于是他只有“闲看儿童捉柳花”。写此诗时杨万里才四十岁，正在年富力强之时，看来真是闲得无聊之极了。

第二首写他由书斋闲步向庭中，清阴宜人，正可读书，却又懒得将书卷展开。上二句中“一”、“半”、“偶”、“懒”四字，又将闲散之态写得入木三分。他闲得无聊，捧起一掬清泉，随意撒向青葱的蕉叶，水声飒飒，使得那些正在捕捉柳花的儿童吃了一惊，诧异日照晴空，雨声究从何处而来。

然而这两首诗是否真是刻意表现百无聊赖的空虚心情呢？诗人《颐庵诗稿序》云：“然则诗果焉在？曰：尝食夫饴与荼乎？人孰不饴之嗜也？初而甘，卒而酸。至于荼也，人病其苦也；然苦未既，而不胜其甘。诗亦如是而已矣。”明乎此理，则可知上述这些字面上的意思，只是茶汁初上口时的“苦”味，如果细细品味一下，在“闲适”以至“懒散”的后面实有着一种清新的活泼泼的兴味。

陈衍《石遗室诗话》云，诚斋诗“大抵浅意深一层说，直意曲一层说，正意反一层,侧一层说”。此二诗正是用侧写影借之法,通过自身与儿童的精神交通,在极言闲散的同时委婉地表达了对充满活力的生活的向往追求。其深意均在二诗的结尾,对周遭止水一般的生活,他确实是恹恹无情绪。然而群童烂漫天真的游戏他却饶有兴味地关注。白居易有句云“谁能更学儿童戏,寻逐春风捉柳花”(《前日别柳枝绝句梦得继和又复戏答》),诚斋易“谁能”为“闲看”,虽然诗人已年届不惑,不能再与孩童们追逐嬉笑,然而“闲看”之中,正有着不胜歆羡之意。对于长年相伴的书本,不管是古圣述作,抑或时贤新著,现今诗人都已厌倦了,即使偶尔翻阅亦已懒得。他只想摆脱这一切,聆听一下天籁之音,泉洒蕉叶,结果更引起了群童的惊诧。可以想象,当诗人看到儿童们诧异的眼神,一定会发出由衷的微笑。于是诗人寂寞的心灵就在天真的儿童身上获得了苏生。

其时诗人丁父忧赋闲在家。先是,抗金派的首领张浚已荐他为临安府教授。这是他入仕以来第一个较重要的职务。然而因居丧三年之制所限,他只得放弃了一展抱负的机会。返家不久,战局失利,朝廷中以汤思退等人为首的主和派占了上风。张浚罢相,不久忧愤而亡。宋孝宗对金朝再次割地赔款,以叔侄之国相称。明白这一时代与个人环境,可进而理解这二诗中的闲散意绪,实是英雄无用武之地的烦愁,而对童心的向往又正是力图摆脱的抗争。诗中的这种潜意识,只要了解他服满后知隆兴县时的斐然政绩与乾道六年(1170)震动一时的《千虑策》,就不难看出了。

二诗创作的触机并不在午睡醒后的烦闷,而在于稍后见到童戏时瞬间的精神交通。儿童世界的天真无邪与成人生活的种种不惬意,适成鲜明的对照,使闲居苦闷的诗人得到一种由衷的快慰。他抓住了这“跳腾踔厉即时追”的生活场景与由此而生的感兴,融铸在二首小诗中。在这里诗人的闲愁与快乐始终不脱离这一场景。二诗看来各自成章,其实却以场景与感情的自然转换相联系,他将闲愁与儿童交替写来,由室内而室外,心情则由“闲看儿童捉柳花”到“儿童误认雨声来”,更逐渐展开,他笔笔写的都是闲。而从这闲中自然“酿”出最后的乐来。可见诚斋的活法的第一要义是善于捕捉活生生的生活场景,瞬间的活泼泼的感触兴会,加以自然的真朴的表现。他的意趣完全融洽在丰富的多样的生活画面中,因此意趣也就显得丰满而有层次,有立体性。这样他的诗就不枯瘠,不执着,鲜透活泼,自有别趣了。诚然,诗人的活法有反写,侧写,三折一反等法门,然而这些技法之所以往往获得成功,正在于是生活情景自然层次的提炼,因此他的好诗都有新茗一般清新而醇厚的韵味。舍此而仅从技法论活法,则必堕入尖新轻薄的恶趣。

(赵昌平)

插　秧　歌　　　杨万里

田夫抛秧田妇接，　小儿拔秧大儿插。
笠是兜鍪蓑是甲，　雨从头上湿到胛。
唤渠朝餐歇半霎，　低头折腰只不答：
"秧根未牢莳未匝，　照管鹅儿与雏鸭。"

此诗题为《插秧歌》，入手即表现了插秧的繁忙。插秧关系到收成的好坏，万不能失时。因而，值此时节，无论男女老少，一齐来到田头，各有所司，不敢稍有懈怠。三四两句通过对雨具和雨势的刻画，表现了插秧的艰苦。"笠是兜鍪蓑是甲"，"笠"指斗笠，是一种用竹篾编制的遮雨的帽子。"兜鍪"，即头盔，古代士兵常戴以防护头部。"蓑"，是用草或棕毛制成的一种可披挂在身上的雨具。"甲"指古代士兵所穿的护身铁衣。天公不甚作美，连连洒下雨水，正在插秧的农家夫妇只好戴上斗笠，披上蓑衣。这里，作者别出心裁地将"斗笠"比作头盔，"蓑衣"比作铁甲，不仅是为了变化生新，而且也是向读者暗示：插秧简直就是一场紧张的战斗，农家儿女正像全副武装的士兵一样在与天奋斗，与地拼搏。同时，两个形象化的譬喻的叠用，还化板滞为飞动，造成一种前人所盛赞的"活泼泼"的气势。"雨从头上湿到胛"，"胛"，指肩胛。雨势甚猛，尽管戴"盔"披"甲"，仍淋得浑身湿透，在如此恶劣的气候条件下插秧不辍，其艰苦可以想见。"农时不饶人"固然是其冒雨劳作的主要原因，但农家吃苦耐劳的精神藉此"一斑"也得到了充分的显现。五至八句通过描写农家夫妇的对话及对话时的情态，进一步表现了农家的勤劳和农事的紧张。前四句以朴素的语言、白描的手法，向读者展示了一幅生动的画面；这四句，作者除继续对活跃在画面上的农家夫妇进行点染外，还给它配上了声声入耳的画外音。"唤渠朝餐歇半霎"，渠，意即他；霎，即一会儿。这是写农妇招呼农夫小憩片刻，且去用餐。"朝餐"，点出农夫起早出工，直到现在还水米未沾。要不是农事已紧张到极点，何至如此？"低头折腰只不答"，这是写农夫的反应：他仍然保持着插秧的姿势，手脚不停地忙着，仿佛连抬起头来望一眼的功夫也没有。这里，"只不答"，并不是说他对农妇的呼唤置若罔闻，一声不吭，而是说他没有答应农妇"歇半霎"的请求。事实上，他用别的话题将农妇支吾了开去。"秧根未牢莳未匝，照管鹅儿与雏鸭"，便是他的答话。"莳"指栽种，"匝"指完毕。他说，秧苗刚种下去，尚未挺劲；况且，也还没有栽种完毕。言外之意是，在这当口，我怎么能歇得下呢？话虽简短，意实明了。同时他还嘱咐妻子：照管好家中饲养的雏鸭，提防它们来田里作践。真是时时尽力,事事操心!农家的勤劳、艰辛,全部凝聚在这朴实的答话中。

杨万里早年学诗曾从江西派入门,后来冲出江西诗派阵营,尽毁少作千余首,转而自开户牖,创立了"诚斋体"。诚斋体的特点之一是语言生动、自然、新鲜、活泼,富于幽默诙谐的风趣。这与"活法"自是相联系的。所谓"活法",包括新、奇、活、快等内容。这首《插秧歌》似是率口而出,却又不失耐人寻味的新鲜之意和活泼之趣,因而从中也可看出诚斋体的这一特点。较之当时故作艰深、讲究"无一字无来历"的江西派末流,这样的作品自然是别具一格。当然,所谓"活法",本是《江西诗社宗派图》的作者吕本中提出来的,其意在启发诗人"变化于法度之中,神明于规矩之外"。杨万里所倡导的"活法",底蕴都比这要丰富得多。除了上述的内容外,他还主张"万象毕来","生擒活捉",即努力用自己的眼和手,将"活泼泼"的自然风景和生活场景捕捉到笔底来加以表现,而不是像江西诗派那样向故纸堆中讨灵感。这首诗所表现的便是从丰富多彩的现实生活中撷取来的劳动场景,所以逼真而又自然。

(萧瑞峰)

二月一日晓渡太和江三首(其一、其二)　杨万里

绿杨接叶杏交花,　嫩水新生尚露沙。
过了春江偶回首,　隔江一片好人家。①

晓翠妨人看远山,　小风偏入客衣单。
桃花爱作春寒信,②　只恐桃花也自寒。

〔注〕①"隔江"句:据宋写本。乾隆吉安刻本"片"作"岸"。②春寒信:自小寒到谷雨共八个节气,一百二十日,每五日为一候,共二十四候,每候应一种花信,即每节三信。如惊蛰节三信,为桃花、棠棣、蔷薇;春分节三信,为海棠、梨花、木兰等。

南宋孝宗淳熙七年(1180)杨万里赴广东常平茶盐任,途经太和江(在今江西泰和),赋诗三首,这里选的是其一、二两首。

第一首第一句是作者平视近处所见;第二句是俯视下方所见;而第二首第一句则是翘首远望之所见。

这是作者过江之后,回顾对岸所见到的景象。按时间顺序说,先过江,才回顾;回顾,才见景。然而作者却先写了景物,然后才说"过了春江偶回首",这不仅点出题目之"渡",同时也才告诉读者:这些景物是在过江之后"偶回首"中所见到的。就全篇来说,这是一种倒装的章法。

作者在这里创造出一个优美而宁静的境界。“绿杨接叶杏交花”,柳枝摇曳,叶叶相接;杏花盛开,花花相交。花花叶叶,重重叠叠,含有无限生机。加以柳叶之嫩绿,杏花之娇红,红绿相映,带有一种诱人的色泽美。这个境界,给人以生气,又给人以美感。

“嫩水新生尚露沙”,用“嫩”形容水,令人产生喜悦之情;“新生”乃是比喻,令人产生怜爱之意。而有的地方,水又很浅,浅到了“尚露沙”的地步。小河的水,是那样清澈,缓缓地流着,又那样宁静,它既不是汪洋恣肆,也不是澎湃奔腾。

“晓翠妨人看远山”,不但明点题目之“晓”,而且也写出了晓景。早晨的雾气,还没有完全消失,远山是看不清楚的,这就又给那绿叶、红花、春水蒙上了一层晨霭,使得景色微带朦胧,然而它既不是“杨柳岸晓风残月”(柳永《雨霖铃》)那么朦胧,又不是“红杏枝头春意闹”(宋祁《玉楼春》)那么明媚,而是介于朦胧与明媚之间的自然美。

在这个优美而宁静的环境里,还居住着一些人家。“隔江一片好人家”,使得这宁静的环境又增添了生活气息。这个“好”字是个很通俗的字眼,也是内涵十分丰富的字眼,既包括了自然界的客观景物,也包括了作者的主观感情。他这次广东赴任,是仕途上的升迁。尽管他并不热衷于做官,然而升迁总是好事,心情愉快是可以理解的。

作者描写这些景物,是分三个层次写的:既写了平视所见的杨柳杏花,也写了俯视所见的新生春水,还写了翘首远望的晓翠远山。陈衍曾说:“宋诗人工于七言绝句而能不袭用唐人旧调者,以放翁、诚斋、后村为最:大抵浅意深一层说,直意曲一层说,正意反一层、侧一层说。”(见《石遗室诗话》卷十六)他又说:“宋诗中如杨诚斋,非仅笔透纸背也。言时折其衣襟,既向里折,又反而向表折。他人诗只一折,不过一曲折而已;诚斋则至少两曲折。他人一折向左,再折又向左;诚斋则一折向左,再折向左,三折总而向右矣。”(见《陈石遗先生谈艺录》)本诗正是从三个不同的角度写自然景物的,这就使读者感到层次曲折,富于变化。

第二首虽然也写了景,重点却在写“寒”,这是暗点“二月一日”和“晓”的。二月一日虽已进入仲春,然而正是乍暖还寒的时节,何况还是清晨呢?

“小风偏入客衣单”,早晨吹着小风,更感到寒气袭人。“客”当是作者自指。风本无知,不管你是“衣单”还是衣厚,它是照样吹的,而作者用一“偏”字,生动有力,似乎“小风”有意跟人为难似的。这就把无知的风写活了,同时又用“衣单”反衬春寒,使得寒意更浓。

“桃花爱作春寒信”,这个“信”是信用之信,桃花届时必开,极守信用,故称为

“信”。桃花之成为“春寒信”是桃花的特性和时令的产物，也就是说是这种树木的自然特征，本来没有什么愿意不愿意的问题，然而作者却说它“爱作”，这就赋予了桃花以人的特征。

“只恐桃花也自寒”，仍然采用拟人化的手法，“只恐”是作者推测之辞，由作者自己感到寒冷，推测到桃花也必然感到寒冷。这里作者与桃花似乎是两个亲密的朋友，互相体贴。这就能给予读者以亲切、生动的感觉。

这两首小诗(其实也包括第三首)，描绘了一个优美而宁静的境界，给人以美的享受。它语言流畅，诗意清新，信手拈来，自成妙谛。正如他自己所说的：“步后园，登古城，采撷杞菊，攀翻花竹，万象毕来，献予诗材，盖麾之不去，前者未雠，而后者已迫，涣然未觉作诗之难也。”(《诚斋集·荆溪集序》)在江西派诗风弥漫中，这种诗的确称得上是一股清泉。 (李景白)

舟过谢潭三首

杨万里

风头才北忽成南，　转眼黄田到谢潭。
仿佛一峰船外影，　褰帏急看紫巉岩。

夹江百里没人家，　最苦江流曲更斜。
岭草已青今岁叶，　岸芦犹自去年花。

碧酒时倾一两杯，　船门才闭又还开。
好山万皱无人见，　都被斜阳拈出来。

《舟过谢潭》，是孝宗淳熙七年(1180)诗人从家乡吉州赴提举广东常平茶盐任途中所作。

第一首写在疾驶的舟中所见。诗人这次赴广州，是溯赣江而上，越大庾岭入今广东境，再沿浈水(今北江)至真阳、广州。开头两句，写风向由向北忽而转成向南，顺风行驶，舟行迅疾，转眼间已经由黄田到了谢潭(黄田、谢潭，当是赣江上游地名)。两句中“才”、“忽”、“转眼”等词语迭见，表现出客观物象的瞬息变化以及它们间的相互关系，生动地显示出船行的迅疾与舟中人意外的喜悦及轻快感。

接下来两句，写在疾驶的舟中忽然瞥见山峰的情景——“仿佛一峰船外影，褰帏急看紫巉岩。”巉岩，本来形容岩石险峻，不生草木，这里指代峻险突兀的峰峦。舟行中忽然仿佛瞥见船外有一座山峰的影子，掀帘急看，那突兀险峻的紫色峰峦已经扑到了眼前。这里突出表现的仍是船行的迅疾。上句还是仿佛若有所见的缥缈峰影，下句却已是巉岩突兀在目，从仿佛瞥见到“褰帏急看”，不过瞬息间而已。这里利用同一物象在短时间内所引起的不同视觉感受，既透露出船行之快，也表现出旅人的突兀新奇感。

第二首写荒江舟行所见草青芦白的景象。起两句写夹江百里的荒寂与江流的弯曲。赣江上游，地当大庾岭北，相当荒僻，“百里没人家”的情景自是纪实。正因为荒寂无人，江流又弯弯曲曲，就更感到寂寞难耐，故说“最苦”。

三四两句，转写寂寞旅程中所偶然发现的两种异时而并存的自然景象：“岭草已青今岁叶，岸芦犹白去年花。”诗人这次南行，是在春天。山岭上朝阳的一面，今年春天的草叶已经返青泛绿，而近岸的水边，芦苇还残留着去年秋天开的白花。春草秋芦，异时而生，在通常的概念与印象中，是不可能同时出现在一个地方、一个画面上的。但大自然中却真实存在这种新故相映的景物。诗人敏锐地发现了，并感受到大自然毕竟丰富多彩，于是将它们毫不费力地描绘出来，不加任何说明，因为它们本身就含有无限的诗趣。

第三首写船行过程中欣赏斜阳映山的景色。“碧酒时倾一两杯，船门才闭又还开。”这两句意态安闲从容，画出在缓缓舟行中边饮酒边观赏景色的情景。“才闭又还开”，暗示一景刚过，一景旋来，启下两句。

“好山万皱无人见，都被斜阳拈出来。”中国古代山水画，常用力描绘山的皱褶，这里用“万皱”来形容“好山”，正是将画法移于诗，用画笔来表现山之美。不过，这两句着重表现的却是“斜阳”对美的发现所起的作用。在平常情况下，“好山万皱”是不易被注意的，但在斜阳映照之下，山的每一皱褶毕露无遗，它的姿态美充分显示了出来。“拈”有拈取之义，用在这里，显得新颖生动。

钱锺书曾指出杨万里诗擅长写生，“如摄影之快镜：兔起鹘落，鸢飞鱼跃，稍纵即逝而及其未逝，转瞬即改而当其未改；眼明手捷，踪矢蹑风。”这几首旅途即景之作正是绝妙的写生。它的成功，主要是善于捕捉转瞬即逝、不为一般人所注意的自然景物，用浅切明快的语言生动地表现出来，特别是像一三两首的后两句，这种快速写生的特长体现得最为显著。这一类诗，往往能给读者以新颖的美感。

（刘学锴）

明发房溪二首　　杨万里

山路婷婷小树梅，　为谁零落为谁开？
多情也恨无人赏，　故遣低枝拂面来。

青天白日十分晴，　　轿上萧萧忽雨声。
却是松梢霜水落，　　雨声那得此声清?

《明发房溪》收在其《南海集》，当是淳熙七年(1180)赴广州提举广东常平茶盐任途中所作。

第一首写路边的梅花。前两句写梅花的寂寞。"婷婷"，是美好的样子。山路旁一小树梅花，正在盛开，呈现出动人的意态。可是生长在这荒僻的地方，又有谁注意到呢？在寂寞中开花，又在寂寞中零落，这就是它的处境和命运。这两句的内容、意境与王维《辛夷坞》"木末芙蓉花，山中发红萼。涧户寂无人，纷纷开且落"相近，但王诗含蓄内敛，杨诗则外露直致。

三四两句转写梅花的"多情"："多情也恨无人赏，故遣低枝拂面来。"这里所描写的实际上只是梅枝拂面这样一个细节。但在诗人的想象中，这正是寂寞开无主的山梅多情的表现，它多么希望有人见赏啊。三句点"多情"、点"恨"，四句说"故遣"，这山梅就被人格化了，变成了有情之物。诗人在山梅身上发现了多情而又无人见赏的幽谷佳人的形象与个性，或者说，是诗人把这样一种形象与个性赋予了路边的山梅。不用说，这山梅中有诗人自己的影子。

第二首写松梢霜水的清韵。首句先写天气的晴朗，次句突作意外的转折："轿上萧萧忽雨声。"这就出现了波澜，构成了悬念，逗出下两句。

"却是松梢霜水落，雨声那得此声清?"抬头仔细观察，这"雨声"原来并非自天而降，而是从松梢滴落。这才知道，适才的"雨声"乃是松梢凝霜融化后滴落的霜水声。霜既洁白晶莹，松梢也是清洁无尘，松梢上的霜水自然极"清"，不但晶莹澄澈，而且还带着泠泠清韵。诗人虽然只写其声之"清"，但在读者的感觉印象中，这松梢霜水却具有清声、清色、清质等一切清纯的美。按一般绝句的写法，一二两句构成悬念之后，三四两句只要加以解释就可以了。但诗人却把晴日雨声的谜底在第三句直接挑明，然后又在这基础上，回过头去将"霜水"声与一般的"雨声"作比较，逗出第四句来。这就使诗意多了一层曲折，诗境也显得更为深邃。陈衍说："他人诗，只一折，不过一曲折而已；诚斋则至少两曲折。他人一折向左，再折又向左；诚斋则一折向左，再折向左，三折总而向右矣"(《陈石遗先生谈艺录》)。这段精到的评论很可以用来说明这首小诗的艺术构思。　(刘学锴)

峡山寺竹枝词五首(其一、其二)　　杨万里

峡里撑船更不行，　　棹郎相语改行程。①

却从西岸抛东岸，　依旧船头不可撑。

一水双崖千万萦，　有天无地只心惊。
无人打杀杜鹃子，　雨外飞来头上声。

〔注〕 ① 棹(zhào)郎：船夫。

广东北江有三峡，自南而北，清代诗人屈大均云："头中宿，尾贞阳，香炉一峡在中央。"中宿峡今称飞来峡，又叫清远峡、峡山，在清远城北二十三公里处，江水由北而下，到此为峡所束，咆哮激怒，涌浪拍山，五六月间，水势更盛，舟航时有危险。

淳熙七年(1180)，杨万里赴广东任新职，由北而南，经过峡山，上岸游览峡山寺，写过《题清远峡峡山寺》诗二首："只道真阳(即贞阳峡)天下稀，不知清远亦幽奇。攀崖下照龙湫水，细咏东坡老子诗。""见说岩中雪色猿，啸声时出翠微间。不看新月初三夜，却觅当时旧玉环。"第二年，他从广州北上，又经过此地，才真正领略到峡山航程的艰苦。因为船是逆流而上的，来到这千丈峭壁、江流汹涌的清远峡，风停水急，真是寸步难行。他在船上写了五首竹枝词，记述当时的境况。这里选了两首。

第一首，是写水势湍急，船走不动，船夫商量改变走法。他坐的是一条官船，笨大沉重，原是靠风帆行驶的，可是此时却停了风，就只好靠用篙来撑(因为两岸没有纤道，连拉纤也不行)。谁知船靠西岸走，水势很猛，用篙来撑，无法同冲下来的水力对抗。船夫摆弄了半天，毫无进展，他们彼此商量，不如改走东岸。于是把船抛到东岸去(抛，是船家用语，把船由此岸移到彼岸去叫抛)。不料东岸水势也一样的紧，到了东岸，一样挪移不动。船夫拼了命同水搏斗，坐船的人看了干发急，这就逼出这首诗来。

这首诗用的纯是白描手法，当日船行的艰苦，我们今天已无从领略，但是读了它，却又历历分明，仿佛当时情景如在目前。这正是杨万里的过人功夫。他在南宋诗人中，风格独创，新鲜活泼，可称素描圣手。即便是突起于眼前，稍纵即逝的微事，他也能以敏捷的灵感，手到擒来，放进他的诗囊里。这首"抛江"的描写，同样是一个明证。

第二首着重描写诗人自己此时的心情。清远峡两岸壁立，绝无平地，中间一水，两面高峰。此诗说："一水双崖""有天无地"，完全写实。"千万萦"指水的暗流在打转。船到了这里走不动，人又上不了岸，下看急湍，还有随时连船带人被吞掉的危险,所以说"只心惊"。要说这时候人的心情,是孤立无援,险象环生,仿佛坐在危城之中,四面受到敌兵围困,又是焦急,又是害怕。不料正在此时,头顶上却响起了鸟声。那是诗人熟悉的杜鹃的啼声。杜鹃是怎么啼的,有种种说法,最为人所知的是"不如归去!不如归去!"这种声音,平时听来还不觉得怎么,此时听了,就觉得那小家伙简直是针对船上的人挖苦、讽刺,"你们呀,还是转回头去吧!船走不了啦!不如归去!不如归去!"这家伙其实没安好心,你看它一忽儿停在桅顶,转眼又飞上山头,一忽儿穿入雨云之中,忽又直扑下来,绕着蠢笨的官船兜几个圈子,然后机灵地窜走了。它是那么自由自在,自己却是动弹不得。诗人看着、听着,简直气坏了。他手头又没有弹弓,不然的话,真想弯弓挟弹,亲手把它打下来才消气哩。

看来,一直困在船上,进既不能,退也不是的旅客,就会产生这种奇怪的念头,他只恨"无人打杀杜鹃子",消不掉满腔怨气。其实平心静气一想,不过是迁怒于鸟而已。事实也是如此,后来有一回他又经过此地,又写了一首《望清远峡》,那语气便完全不同:"刺船又入峡山间,江水初平失恶滩。道是峡山天下险,老夫只作坦途看。"忽然又神气起来了。 (刘逸生)

春晴怀故园海棠二首 杨万里

故园今日海棠开, 梦入江西锦绣堆。
万物皆春人独老, 一年过社燕方回。①
似青如白天浓淡, 欲堕还飞絮往来。
无那风光餐不得,② 遣诗招入翠琼杯。

竹边台榭水边亭, 不要人随只独行。
乍暖柳条无气力, 淡晴花影不分明。
一番过雨来幽径, 无数新禽有喜声。
只欠翠纱红映肉,③ 两年寒食负先生。④

〔注〕 ① 社:社日,古时祭社神(土地神)之日,有春、秋二社,春社是向社神祈请丰年之祭,秋社为收获后报谢社神之祭。 ② 无那:无奈。 ③ 翠纱红映肉:苏轼《寓居定惠院之东杂花满山有海棠一株》:"朱唇得酒晕生脸,翠袖卷纱红映肉。"形容海棠的淡红浅晕。 ④ 两句作者原注:"予去年正月离家之官,盖两年不见海棠矣!"

这两首诗,作于孝宗淳熙八年(1181),编入《南海集》中。时诚斋离家宦游,正在广州任内。二诗既不是单纯咏物，也不是直抒其怀，而是以景寓情，故笔笔写眼前春晴之色，句句着故园海棠之思，处处见作者怀乡之念。

第一首起句即点题。诚斋为江西吉水人，“江西”二字，承上“故园”。古人以为积思成梦，“梦”字既点题中“怀”字，也可见其怀念之深。昔人称成都二月，海棠花开，如锦绣裹城。宋祁《海棠》诗：“长衾绣作地，密帐锦为天。”此处用“锦绣堆”三字，形容海棠花团锦簇，如堆锦积绣。颔联、颈联写梦醒之后，眼前所见之景。颔联点题中“春”字，“万物皆春”是明点，“一年过社”是暗点。燕为候鸟，春来秋去，此“社”指春社。“人独老”、“燕方回”，俱从杜甫诗中化出，为感慨之词。杜甫诗：“江上形容吾独老，天涯风俗自相亲。”（《冬至》）这是古人作客他乡常有的感叹，是明慨。杜甫又有诗：“旧入故园曾识主，如今社日远看人。”（《燕子来舟中作》）见燕子处处筑巢，念此身飘飘难托，是暗慨。这两句，也都寓“怀”字在内。颈联补出“晴”字。杜甫诗：“天上浮云似白衣，斯须改变如苍狗。”（《可叹》）柳宗元文：“萦青缭白，外与天际。”（《始得西山宴游记》）俱以青、白形容云色。颈联出句写空中浮云，时多时少，故天色似青如白，或淡或浓，正是初晴景象。苏轼词：“萦损柔肠，困酣娇眼，欲开还闭。”（《水龙吟》）以美人困倦时欲开还闭的娇眼，形容柳絮将飞又堕的神态。对句即以直白之语，将苏词之意写出。黄州定惠院东小山有海棠一株，特别繁茂，苏轼谪居于此，每岁花开，必携客置酒，醉于树下。尾联暗用其意。出句言春光明媚，爱之欲餐，只可惜实不可得，徒劳此想罢了。对句承上句，作进一步想，言若能以诗将春光招入酒杯之中，岂不是可餐了吗？作者的爱惜之情，就在这奇特的设想中，生动、真切地表现出来。诚斋作诗，于结句每以出人不意为胜，于此可见一斑。

第二首首联拈出一“行”字，为全诗之眼。上一首，作者是站在一个固定的位置上，观察四周景色。在这一首中，作者已由静观转入游赏，以下数句，都是游览所得，故其描写，较之前一首，更富于变化。“行”上加一“独”字，就突出了作者此时孤寂、无聊之情。“独在异乡为异客”，怀念故园之意，隐然可见。中间两联，俱写眼前景致。乍，初、才。乍暖，暗点题中“春”字。杜甫诗：“隔户杨柳弱袅袅，恰似十五女儿腰。”（《绝句漫兴》）古人都称柳为“弱柳”，或曰“柳腰”，以状其娇弱婀娜之态。诚斋此处以“无气力”喻之，意同而语尤新，可谓俗字妙用。颔联下句，诗人的视线由柳移入远处花丛之中。淡晴、微晴，明点题中“晴”字，因是远眺，故但见模模糊糊的花影而已。颈联“一番过雨”，也暗点“晴”字。郑谷《海棠》诗：“秾丽最宜新著雨”。雨过天晴，正是海棠吐艳争鲜之时，而眼前所见，只是时节初暖，柳条娇弱，天色微晴，花影模糊的景色，此时此景，格外撩拨着诗人对故园海棠的怀念。“思而不见，搔首踟蹰”，正是这种心情，把诗人带到了幽寂的小径。但那春光中欢乐的鸟语，还是不断地闯入耳中，而鸟之喜悦，更衬出了人的烦闷。新禽，新生之鸟。庾信诗：“新禽解杂哢，春柳卧生根。”（《奉和法筵应诏诗》）故此句也暗点“春”字。中间四句，都写景致，但各不相同。颔联上句写柳，所重在姿态；对句写花，所重在形色；颈联对句写幽寂的境地，主于静；下句写鸟雀的喜悦，主于动，颇能见诚斋摹物写生的本领。眼前景色，固然很美丽，但对诗人来说，却总觉得少了些什么，故尾联提出“只欠”二字。为什么会有这种欠缺之憾？因为作者这时宦游他乡，已两年不见海棠，对景生情，顿生感慨。负，辜负。先生，诚斋自指。结句言自己辜负了两个春天。诗中所写春日景象，非不美好，而作者却有枉抛光阴之叹，可见眼前景色，徒增烦恼，而诗人重笔叠写，描摹渲染，也只是为了能更好地衬托此时愁对春晴的孤寂心情，以及对故园海棠的无限怀念。至此，诗之本意，也就完全挑明了。

诚斋自称：“予少作有诗千余篇，至绍兴壬午七月皆焚之，大概皆江西体也。”（《江湖集序》）可见其诗原自江西派入手，后虽弃之，然影响犹在。他对江西诗派，有批评，也有继承。江西派作诗论诗，俱重形式，主要表现有二：一是喜谈句律，偏重法度，如范温所言：“山谷言文章必谨布置。”二是重视才学，强调“无一字无来处”（黄庭坚《答洪驹父书》）。诚斋无疑是反对束缚绳墨、依傍古人的，但从上面的分析可见，这两首诗的章法却极其谨严，诗中句句都紧扣诗题“春晴怀故园海棠”，细针密缝，前后照应，一笔不懈。从表面看，此诗明白自然，若信手而出，但其中实有不少暗用前人诗句成语，只是融化入妙，混然无迹，读来不易觉察罢了。《西清诗话》载：“杜少陵云：‘作诗用事，要如禅家语：水中着盐，饮水乃知盐味。’此说，诗家秘密藏也……善用事者，如系风捕影，岂有迹邪！”（录自《苕溪渔隐丛话》前集）诚斋此诗，诚不愧此语。

（黄　珅）

暮泊鼠山闻明朝有石塘之险　　杨万里

下水船逢上水船，　　夕阳仍更涩沙滩。
雁来野鸭却惊起，①　我与舟人俱仰看。
回望雪边山已远，　　如何篷底暮犹寒？
今宵莫说明朝路，②　万石堆心一急湍。

〔注〕 ①“雁来”句：据宋写本。乾隆吉安刻本“起”作“去”。 ②“今宵”句：据宋写本。乾隆吉安刻本“宵”作“朝”，与诗意不合，非。

孝宗淳熙十一年(1184)冬,杨万里"丁母忧"服满,奉诏回临安。自吉州(今江西吉安)出发,当辗转进抵衢州(今属浙江)之后,便沿衢江、兰江、富春江顺水而下,"下水船逢上水船",正是在这段水程中的写实。

题目中的"闻明朝有石塘之险"这个信息是从哪里听来的呢?第一句正回答了这个问题。看来这个险滩距离鼠山不远,"上水船"刚过,便与作者的"下水船"相遇而同泊鼠山了。既然同泊一地,自然易于交流情报,便听到了这个情况,故称"闻"。次日一早,作者的下水船便要北上,很快便会到达险滩,故称"明朝"。所以这个信手拈来的诗句,不仅是即兴写实,还暗暗地担负着点题的妙用呢。

"夕阳仍更涩沙滩",夕阳正扣题之"暮"字。"涩"本不润滑之意,言夕阳将落未落,余光滞留沙滩。这时"雁来野鸭却惊起",大雁飞来,惊动了野鸭,乱飞起来。这就引起了"我与舟人俱仰看"。颔联两句,一气直下。陈衍评曰:"三、四似不对,而实无字不对。流水句似此,方非趁笔。"

作者在这里描绘出一个优美而又生意盎然的画面:它有着夕阳照射下的红霞和白色的沙滩,再加上远处的雪山,这个环境是很美的,又似乎是很静的。然而在这个静境里,由于大雁的飞来,惊起了野鸭,使得这个静境增加了不少生气。作者并不是旁观者,而是参加到画面里来,也成了画面里的一个人物,从而增强了这个画面的真实感。

在《朝天集》中,本诗之前,有《兰溪解舟》四首,其第一首云:"两岸千千万万峰,看来冷白复寒红。人言雪岭非银岭,三日晴光晒不融。"可见兰溪两岸多山,而且尽为白雪所覆盖。走了一段路程之后,雪山已过,逐渐远离,故称"回望雪边山已远"。既然雪山已远,似乎应该暖和一点了,可是"如何篷底暮犹寒"呢?船篷里,可以避风,可以御寒,然而仍然感觉到冷,这自然与"暮"有关;更重要的还在于时序,这首诗作于仲冬,正是寒冷季节。

"今宵莫说明朝路",这才明白点出题中的"明朝"。"石塘之险"不仅是"闻"来的,而且是"明朝"的事,那"今宵"就不必悬在心头,挂在唇边。这样说来说去又有什么用呢?其实所谓险滩,在作者看来,也没有什么了不起,不过是"万石堆心一急湍",不过是水石相激因而产生一股急流而已。"一"者,言其少也。从这个"一"字上,充分显示出作者对险滩的蔑视之意和镇定之心,这与众人之说来说去、惊慌失措,完全不同。

这首诗的语言,通俗易懂,质朴无华。不少句子,形同口语。比如:"下水"句,"我与"句、"今宵"句等。他自己说:"学诗须透脱,信手自孤高。"(《和李天麟二首》)这些诗句,真是即兴而作,信手拈来,毫无艰涩之弊。他又往往汲取俗语入诗，例如本诗第三句："雁来野鸭却惊起"，其中"野鸭"一词，即俗语，而诗文中一般是用"凫"的。吕留良在《宋诗钞》中评杨万里道："后村谓：'放翁学力也，似杜甫；诚斋（杨万里）天分也，似李白。'盖落尽皮毛，自出机杼。古人之所谓似太白者，入今之俗目，则皆俚谚也。……见者无不大笑。"这些"见者"对于杨诗的"俚谚"是嗤笑的，他们认为作诗必须用那文绉绉的字眼，"俚谚"岂能入诗？岂不知这正是"诚斋体"的一个重要方面。他的诗之所以使人感到清新、自然，与这种语言风格是有一定关系的。　（李景白）

题盱眙军东南第一山二首　杨万里

第一山头第一亭，　闻名未到负平生。
不因王事略小出，　那得高人同此行。
万里中原青未了，　半篙淮水碧无情。
登临不觉风烟暮，　肠断鱼灯隔岸明。

建隆家业大于天，　庆历春风一万年。
廊庙谋谟出童蔡，　笑谈京洛博幽燕。
白沟旧在鸿沟外，　易水今移淮水前。
川后年来世情了，　一波分护两涯船。

绍兴十一年（1141），宋高宗和秦桧合谋杀了主战的岳飞，百般屈辱地与金人媾和，订下了"割唐、邓二州，以淮水中流划疆"（《宋史·高宗纪六》）的和约。从此以后淮河便变成了宋、金二国的分界线，而盱眙正是宋金分界线上的重要城镇，宋人出使金国，金人南使宋国，规定都要在盱眙过境，宋人在盱眙执行外交迎送接待任务，看着那碧绿的淮水，当然会产生一种国土日蹙和国势积弱不振的悲伤愤懑心情。宋人在盱眙留下的诗是很多的，杨万里的《题盱眙军东南第一山》七律两首和《初入淮河》七绝四首，可算这类发抒爱国之情的最优秀的作品。

"东南第一山"以大书法家米芾题诗而得名，据《苕溪渔隐丛话后集》卷三十五记载："淮北之地平夷，自京师至汴口并无山，惟隔淮方有南山，米元章名其山为第一山，有诗云：'京洛风尘千里还，船头出没翠屏间。莫论衡霍撞星斗，且是东南第一山'。"又，《齐东野语》卷十二："时聘使往来旁午于道，凡过盱眙例游第一山，酌玻璃泉，题诗石壁以纪岁月，遂成故事。镌刻题几满。"杨万里于淳熙十六年（1189）借焕章阁学士为金国贺正旦接伴使，他就是在这样一个具体时间到盱眙执行任务，因而作出了一系列发抒爱国情感的诗歌。

先析第二首，作者首先以饱满充沛的热情歌颂了太祖、仁宗，追述了北宋的历史。“建隆家业大于天，庆历春风一万年”，太祖结束了五代割据局面，建立了统一的宋王朝，他的第一个年号就是“建隆”；仁宗享国最长，达四十三年之久，政治比较清明，在庆历年间国力鼎盛，旧史家和小说、讲史人都爱以仁宗为宋极盛之世。因此诗人把他们作为民族景仰的代表来歌颂，这样起题以唤起爱国之思的手法是比较精简凝练的。颔联点出徽宗信任奸臣蔡京、童贯，本来收复幽燕是应该的，但应该从政治、军事上充分准备，而徽宗信用的奸臣却以笑谈出之，结果收复幽燕落了空，为国家造成损害。颈联紧承颔联，指出了绍兴十一年(1141)与金约和造成了“易水今移淮水前”的局面。易水是河北的一条河，与白沟河相通[①]，用以象征宋辽的分界线。而今宋和金的分界线却南移到了淮河，感慨是深沉的。尾联最后表达了作者的愿望，愿国家强大，恢复中原，要改变淮河“两岸舟船各背驰”的局面，同时也只有在中原恢复之后，淮河才不成为界河，才可以“一波分护两涯船”。

第二首的历史背景明了之后，就不难读第一首了，万里的诗以白描、不掉书袋、不避俚俗著名，他善于从日常生活和眼前景物中，寻找题材。并能以新鲜活泼的笔触，发抒自己的思想感情，使人感到意境清新、感情真挚。本诗首联“第一山头第一亭，闻名未到负平生”，便是以非常接近白话的语句开始的。除“第一山”需要略加诠解外，没有一个难字。“第一山”在本诗里具有唤起读者注意，敲起国土沦丧的警钟作用，一开头就使人感到盱眙军这里不平常，使人感到作者在另一首《初入淮河》所表达的“人到淮河意不佳”的沉重气氛。颔联“不因王事略小出，那得高人同此行”，紧紧申明首联，若不是受朝命来接待金国使臣，怎么会到这样一个最前线的要地呢？颈联“万里中原青未了，半篙淮水碧无情”，倾泻了作者对中原的无限深情，表达了作者对在金人残酷统治下广大北方人民的怀念。“青未了”乃化用杜甫《望岳》“齐鲁青未了”诗句，来写望中的中原景色。中原是我们古老文化发祥之地，也是宋代的兴王之地，北宋的列祖列宗都葬在河南，然而因为徽宗的昏庸，以致入于金人之手，滔滔的淮水把本是一家的人民分割成两地而居，长期得不到统一，碧绿的淮水是何等的无情呵！这正如作者在《初入淮河》所说的“只余鸥鹭无拘管，北去南来自在飞”，淮河两岸的人民还不如淮河中鸥鹭，可以“北去南来自在飞。”还不如天边的归鸿，“一年一度到江南。”因此颈联十四个字表达了统一和收复失地的心愿，用非常经济的笔墨，收到了极好的效果。

尾联“登临不觉风烟暮，肠断鱼灯隔岸明”，对全诗再作一次概括，在暮霭苍茫的时候，从盱眙东南第一山北眺，可以看见被金人统治的淮河北岸渔火，那儿的人民该有多少辛酸和苦难，他们会有多少不堪忍受的痛苦要向亲人诉说，可是滔滔的淮河无情地把他们要想倾诉的话隔住了，而南岸的赵宋小朝廷却歌舞湖山，哪有雄心壮志去恢复失地呢！在这样临高远眺的时刻，望淮北，念中原，想南方，怎能不使诗人肠断心伤！

杨万里的诗风着意创新，“（故）其争新也在意，而不在词，当其意有所得，虽村夫牧竖之俚言稚语一切阑入，初不以为嫌，及其既成，则俚者转觉其雅，稚者转觉其老”（赵翼《杨诚斋诗集序》）。本诗在词汇上如“不因”、“小出”、“那得”都是当时的口语，但经过他巧妙的组合，完全不觉得质俚无文，真做到了赵翼所说“俚者转觉其雅，稚者转觉其老”。全诗音节铿锵，余韵悠扬，在他的诗集中，应该算是上品。

（龙　晦）

〔注〕 ① 易水，白沟：《大清一统志》卷十《保定府·易水》：“易水在定兴县西南自易州流入与拒马河合，即中易也。”又同卷《拒马河》云：“白沟乃巨马支津，下流在今涿州界，自宋以来始号巨马为白沟。”易水既流入巨马河，宋以来号巨马为白沟，当亦可视易水为白沟，故万里诗以“易水今移淮水前”咏宋金之分界。

晓出净慈寺送林子方　杨万里

毕竟西湖六月中，　风光不与四时同。
接天莲叶无穷碧，　映日荷花别样红。

这是一首描写西湖六月风光的七言绝句。

六月的杭州已经暑热难耐。但在清早还算凉快，尤其是位于西湖西南边的净慈寺一带，由于地处山水之间，更为凉爽。一天早晨，诗人呼吸着凉爽的新鲜空气，步出净慈寺，送友人林子方（官居直阁秘书）他去，路过西湖边。大概是因为很久未到西湖边了，突然间，满湖的莲叶荷花闯入了他的眼帘，大自然的美色一下子把他征服了。他不禁脱口而出，吟唱出了这首小诗。

开头两句是一个以“毕竟”领起的十四字句。在前七字中，“西湖”、“六月中”分别交代地点和时间；后七字指明此时此地的风光自有特色。如果按照一般语序，这十四字当为“西湖六月中风光，毕竟不与四时同”。诗人将“毕竟”提前，一是为了协调平仄；但主要的还是为了借助“毕竟”二字强调“风光不与四时同”的特定地点（“西湖”）与时间（“六月中”），同时由于修饰词（“毕竟”）远离开被修饰的词（“不同”），又便于造成一气贯穿的语势，恰恰符合触目兴叹、即兴吟成的口语化的特点。“四时”，即春夏秋冬四季。诗人原意是想说，满湖莲叶荷花的景色为六月所独具。但六月属夏，“六月中”的风光只能与春秋冬三时有异，岂能与四时不同？不过这正如“四季如春”的成语一样，是一种约定俗成的说法，不可拘泥于字面。“四时”，在这里只是泛指其他季节。

以上两句仿佛是诗人的一阵喝彩声，虽然并不具体，却饱含着感情。喝彩声过后，诗人具体地再现了使他动情至深的西湖六月的特异风光，这就是后两句所描写的：满湖莲叶、荷花，一直铺到水天相接的远方，在朝阳的辉映下，无边无际的碧绿与艳红真是好看极了！对于这后两句诗的理解，不可忽略的是彼此的互文关系，也就是说，在文义上是交错互见的：莲叶接天，荷花当然也是接天的；荷花映日，莲叶当然也是映日的。同样道理，莲叶既无穷又别样，荷花也别样又无穷。互文，这是古汉语中常见的一种修辞格式。古典诗歌由于精练的要求与格律上的限制，运用互文更为常见。有时表现在两句之间，如上例；有时也表现在一句之内，如“秦时明月汉时关”（王昌龄《出塞》），“秦”与“汉”，“明月”与“关”，都是错举见义，并非专属的，意思是秦汉时的明月映照着秦汉时的边关。

杨万里善于七绝，工于写景，以白描见长。就这几点来说，这首《晓出净慈寺送林子方》不失为他的代表作之一。从艺术上来看，除了白描以外，此诗还有两点值得注意：一是虚实相生。前两句直陈，只是泛说，为虚；后两句描绘，展现具体形象，为实。如果有虚无实，即只有一二句而无三四句，感情就会显得空泛，叫人无从把捉；如果有实无虚，即只有三四句而无一二句，只有具体的景色而不知道是何时何地之景，形象也就失去了它的规定性，影响到它存在的价值。此诗由于虚实结合，收到了相得益彰的效果。二是刚柔相济。后两句所写的莲叶荷花，一般归入阴柔美一类。诗人却写得极为壮美——境界阔大，有“天”，有“日”；语言也很有气势，“接天”，“无穷”。这样，阳刚与阴柔，壮美与柔媚，就在诗歌形象中得到了统一。难怪这首诗得到广泛的传诵。

（陈志明）

过扬子江二首　　杨万里

只有清霜冻太空，　更无半点荻花风。
天开云雾东南碧，　日射波涛上下红。
千载英雄鸿去外，[①]　六朝形胜雪晴中。
携瓶自汲江心水，　要试煎茶第一功。

天将天堑护吴天，[②]　不数殽函百二关。[③]

万里银河泻琼海，　一双玉塔表金山。④
旌旗隔岸淮南近，　鼓角吹霜塞北闲。
多谢江神风色好，⑤　沧波千顷片时间。

〔**注**〕 ① 鸿去：苏轼《和子由渑池怀旧》诗："人生到处知何似？应似飞鸿踏雪泥。泥上偶然留指爪，鸿飞那复计东西。" ② 天堑：语出《南史·孔范传》："长江天堑，古来限隔，虏军岂能飞渡？" ③ 百二：《史记·高祖本纪》："秦，形胜之国，带河山之险，县隔千里，持戟百万，秦得百二焉。"有二解：一说秦兵二万，足抵诸侯百万人；一说"二"乃倍数，秦兵百万，可当诸侯兵二百万。 ④ 金山：在镇江西北，与焦山对峙长江之中。 ⑤ 此句化用唐施肩吾《及第后过扬子江》诗："江神也世情，为我风色好。"

此诗作于孝宗淳熙十六年(1189)，编入《朝天续集》中，是感时伤怀之作。

第一首前两联，写江上景色。首联上句写空中流霜，寒气犹在，见其时为晨；下句写风平荻静，江水无波，状其日为晴；颔联出句写云开雾散，天色澄碧，复状其晴；下句写旭日初升，光芒似箭，又见其时为晨。前人描写日光，有"奔箭"之喻，颔联"射"字，正是以飞箭状日光。四句更以"荻花"、"东南"、"波涛"，点明其地。若诗就此结束，那也不过描写了清晨江面晴朗、平静的景象而已，但紧接着"千载英雄"一联，为全诗开拓了一个新的境地。

颈联对句用一"晴"字，将前两联的描写，作了一个概括。但诚斋将此"晴"字和"六朝形胜"连在一起，其意就不止于描写气候晴朗了。扬子江畔，为六朝故都所在，而南宋小朝廷，偏安江左，势弱可危，又与南朝十分相像。诚斋作诗，不便直指本朝，故借言前代。时南宋与金，已缔结和议，以割地、奉币、称侄的条件，换得了一个苟安局面，故扬子江畔，这今古战场，也暂趋平静。此处"晴"字，除指气候外，另含有形势平静之意。"六朝形胜雪晴中"，含蓄地写出了当时的政治、社会情况。"雪"字与上句"鸿去"呼应。前人常以"雪泥鸿爪"，喻人去事往，空余陈迹。此处"飞鸿"，显指"千载英雄"，也就是诚斋同一年在《初入淮河》中所歌颂的岳飞、韩世忠、赵鼎、张浚等名将良相，他们在南宋初期力主抗金，宣国威，筑皇基，但后来大多遭到秦桧的诛戮、排斥。故颈联字面上的意思是：昔日的英雄如飞鸿一去，邈然难追，空余山川形胜，映照着霁雪晴空。但若要探讨诗中更深一层的含义，则须把这联的上下句倒转来读：如今偏安江南的小朝廷，危弱可忧，可是到哪里，才能找到像当年力主抗金的那些名将良相呢？俯仰今昔，不胜感慨。"外"、"中"二字，看似漫不经意，但用于此诗，则有传神写照、画龙点睛的作用。著一"外"字，则"时无英雄"之叹可闻；著一"中"字，则"患在肘腋"之虑可见。在这两句诗中，饱含着作者对奸臣误国之愤慨，也流露出他对形势的耽忧。由景入情，将诗意推向高潮。

尾联回到题上，“汲江心水”，正是过江之时。但汲水煎茶，似乎只是一件闲事，语既不奇，意更平常，初读之，令人有“蛇尾”之感。清纪昀评此二句诗时就说：“用意颇深，但出手稍率，乍看似不接续。”（《瀛奎律髓刊误》）“用意颇深”，可谓一语中的，但谓“出手稍率”，恐难服诚斋之心。要真切理解此联，首先得弄清此诗作于何时，为何而作。时诚斋在秘书监任上，奉命为金国贺正旦使的接应使，于渡江之际，遥望金山，心有所感，形诸笔墨。据陆游《入蜀记》载：金山绝顶原有吞海亭一座，“每北使来聘，例延至此亭烹茶。”知此，则尾联所指，洞然可晓了。诚斋此时身负接待北使之命，遥望金山，顿起煎茶之想，国耻身辱，羞愤并集，故发此言。所谓“第一功”，并非如纪昀所说，只是为了凑韵，而是有激而发之词。联系颈联所言，其意就更加明白、深刻了。

咏长江诗，未有不写其气势之壮、形势之险者。第二首前两联，即将天险地利表出。殽函地势险要，为秦地天然屏障，苏秦始将连横，往说秦惠王，即有秦“东有殽函之固”（《战国策·秦策》）之语。首联极言长江之险，说即使殽函之固，也难与之相比。颔联以具体的形象加以形容，上句描写长江澎湃的气势，如万里银河，奔腾入海；下句描写金、焦两山挺拔的气概，如一双玉塔，对峙江岸。

颈联从正面写出当时形势。出句写江之北岸，战旗飘拂，正是淮南边备之地，著一“近”字，金人逼迫之势可见。范仲淹《渔家傲》：“羌管悠悠霜满地。人不寐，将军白发征夫泪。”对句写“鼓角吹霜”，正是边塞景象。塞北本指北方边土，此指金。淮河既成宋、金分界线，淮北便同塞北。宋既屈辱求和，金不劳一卒一箭，而得地获财，堪称安闲。著一“闲”字，则宋之无能、金之得意，自在言外。此句和前首“六朝形胜雪晴中”，同一意思。诚斋在极力描写长江天险之后，又作此言，究竟是什么意思呢？长江天堑，足资阻隔，诚非虚言。前代周瑜赤壁败曹，本朝虞允文又于采石大破完颜亮。诚斋于此，是不是也在说有此天险，足以为恃，纵使敌军近在眼前，也不足为虑呢？观诚斋同时所作诸诗，可知其意决非如此。“今古战场谁胜负，华夷险要岂山川？”（《舟过扬子江远望》）他明确认为：国之盛衰，赖良将贤相，不能凭恃险要。同时写的另一首《雪霁晓登金山》，其结句云：“大江端的替人羞！金山端的替人愁！”诚斋作此诗，正怀此感，只不过一直率激烈，一含蓄委婉，表现不同罢了。

这首诗在章法上和前首颇为一致：首、颔两联，描写江上景致，气象宏阔；颈联结合形势，感慨深远。此诗尾联，似乎也难与前三联相称，但实极有深意。对此，周汝昌有很好的诠释：“一结两句表面是感谢江神，庆幸渡江很快当，——可是假如敌兵来渡，只要'风色'一好，照样也是'沧波千顷片时间'，这就把开篇两句彻底推翻了！"(《杨万里诗选注》)南宋形势之危弱，长江天险之不足恃，于此表现得格外清楚，而诗人在前一首诗中对千载英雄的怀念，也就有了更加深刻的意义。

清潘定桂在《读杨诚斋诗集九首》中，特别指出："试读渡淮诸健句，何曾一饭忘金堤！"诚斋在接伴使任中，写了不少诗篇，忧时之心，愤激之情，不能自已，尽形诸言。其中一些诗，直陈时事，坦露胸怀，词语直率，感情真朴。而这两首诗，语特含蓄，意尤深沉，寄讽喻于笔墨之外，写忧愤于兴象之间，可谓微而显，婉而成章。诚斋尝感叹《诗三百》之后，温柔含蓄之味几绝，如这两首《过扬子江》诗，可谓有其味矣。

(黄　珅)

晚 风 二 首　　杨万里

晚日暄温稍霁威，　　晚风豪横大相欺。
做寒做冷何须怒，　　来早一霜谁不知。

晚风不许鉴清漪，　　却许重帘到地垂。
平野无山遮落日，　　西窗红到月来时。

这两首诗虽是以《晚风》为题，却不是写自然风光，而是反映作者某种特定的生活感受，似乎是有所寄托。

《晚风》二首作于光宗绍熙元年(1190)初。前一年冬，杨万里受命充当迎接金国贺正旦(春节)使的接伴使。他一向力主抗金，"刚毅狷介"，"思有补于国家"(周密《癸辛杂识》前集引倪思语)，但此时却要充当迎送金使的奉陪人员，而且朝廷主和，对金使还得优礼有加，杨万里内心的痛苦是可以想见的。"人到淮河意不佳"(《初入淮河四绝句》)就反映了这种心境。《晚风》二首正是在这一特定背景下写成的。

第一首写晚风趁日落减威之际肆虐，"做寒做冷"，凶暴欺人，诗人却正气凛然，嗤之以鼻"来早一霜谁不知"——你声嘶力竭地狂吼的结果，不就是来日早晨降下一点霜吗？这点小手段早已领教，谁人不知？首句"暄温"，是指晚日的热力；"霁威"，语出《汉书·魏相传》："为霁威严"，指怒气消释，"霁"本是"雨止"的意思。但诗中写"稍霁威"，是说晚日的威热稍减而并未完全止息，观下一首"西窗红到月来时"，亦可证明。

第二首,“晚风不许鉴清漪”,是第一首“晚风豪横大相欺”的注脚。“鉴”,照的意思。不许照清漪者,有二意,一是寒气袭人,“刮地风来何处避?”(见杨氏同期的诗《晓过丹阳县》),二是在豪横怒卷的狂风之下,水面浪起,已无“清漪”可赏。但它的本领也不过仅此而已——只要“重帘到地垂”,它便束手无策了!“却许”二字极妙,貌似写晚风的“恩准”,骨子里讥刺甚深——你难道不想吹掉重帘么?可惜办不到!

有了“重帘”作壁垒,诗人可以安心地隔窗远眺了——“平野无山遮落日,西窗红到月来时”,他望得那样远,望得那样久,他的思潮难以平静。面对着无力的夕阳、豪横的晚风,迎送金使的隆重场面又一一在脑海中浮现,金使的骄横傲慢、主和派官僚的卑词觍颜,如在目前。“大江端的替人羞!金山端的替人愁”(杨万里《雪霁晓登金山》),连山河也感受到奇耻大辱。苟安一隅的南宋小朝廷,犹如晚日,而刮地而来、猖狂一时的北风,不就是金人势力的象征么?然而诗人于忧愤中自有坚定的信念在:“西窗红到月来时”,即光明不灭,而当“月去”之时,东窗又已受日而“红”了。晚风的淫威岂能掩盖日月的光辉?陈亮《水调歌头·送章德茂大卿使虏》说:“胡运何须问?赫日正当中!”杨万里此诗,含义正同。

以北风喻金,还有一个出典。岳珂《桯史·施宜生》:“绍兴三十年,虏来贺正旦,宜生以翰林侍讲学士为之使……时戎盟方坚,国备大弛,而谍者传造舟调兵之事无虚日,上意不深信。馆者因以首丘风之……宜生顾其介不在旁,忽庾语(按:指暗语)曰:‘今日北风甚劲!’又取几间笔扣之曰:‘笔来,笔来!’”整整三十年后,杨万里仍在重演这屈辱的一幕。仍然是“甚劲”的“北风”,仍然是“国备大弛”的南宋,对这位念念不忘恢复的志士,是多么大的刺激呵!那么“笔来,笔来!”(提醒南宋要加强战备),也就是诗人此时此地的迫切呼声了。

咏物明志,托物以讽,是我国古典诗歌的传统表现手法之一。诚斋此诗寄慨遥深,议论严正,而又寓于准确、生动的形象之中。在晚日无力、晚风豪横的严酷背景下,忧愤而自信、凛然不可犯的诗人形象,屹立在人们的面前。

“试读渡淮诸健句,何曾一饭忘金堤?”(《楚庭耆旧遗诗》后集十九:《读杨诚斋诗集九首》之二)清人潘定桂对杨万里这类诗篇的赞赏,代表了后人的评价。

(李正民)

初入淮河四绝句 杨万里

船离洪泽岸头沙, 人到淮河意不佳。
何必桑干方是远, 中流以北即天涯。

刘岳张韩宣国威，　　赵张二相筑皇基。
长淮咫尺分南北，　　泪湿秋风欲怨谁？

两岸舟船各背驰，　　波痕交涉亦难为。
只余鸥鹭无拘管，　　北去南来自在飞。

中原父老莫空谈，　　逢着王人诉不堪。
却是归鸿不能语，　　一年一度到江南。

淳熙十六年(1189)冬，杨万里奉命去迎接金廷派来的“贺正使”(互贺新年的使者)，这是他进入淮河后触景伤怀所写下的四首绝句。

第一首写诗人入淮时的心情。

首两句总起、入题。交代了出使的行程和抑郁的心情，为这一组诗奠定了基调。诗人乘船离开了洪泽湖，由西北折入淮河，心情便已十分不快了。

自“绍兴和议”(1141)起，宋、金两国已由原来的兄弟关系降格为臣君关系。“隆兴和议”又改为侄叔关系。当时双方划定东起淮水，西至陕西宝鸡西南的大散关一线，为宋、金两国的国界线；宋每年向金纳银、绢各二十五万(两、匹)；金“册立”赵构为宋帝，双方往来文书，金人称“诏”，宋人称“表”。当时，出使金廷的使者，在感情上常感屈辱。诗人奉君命出使，只好憋着一肚子气，这种精神上的痛苦可想而知。

三四句写感慨，是“意不佳”的原因之一。“桑干”，即永定河上游的桑干河，在今山西省北部和河北省的西北部，唐代这里是与北方少数民族的交接处。“天涯”，原指极远的地区，这里指宋、金以淮河为界的边境线。这两句是说：何必要到遥远的桑干河才是塞北边境呢，而今淮河以北不就是天的尽头了么！淮河以北本是中原腹地，五十年以来，这里已成了南北隔绝之处。诗人面对淮河，不由得发出感叹，虽不大声疾呼，而诗人沉痛之情毕现。

第二首是对造成山河破碎的南宋朝廷的谴责。

南宋初年的名将刘锜、岳飞、张俊、韩世忠，力主抗金，屡建功勋。赵、张指赵鼎和张浚，都在南宋前期两度任相，重用岳、韩，奠定南宋基业。这些名将、贤相中除张俊后期投靠秦桧、参与陷害岳飞而加官晋爵外，其余都先后为秦桧及其党羽所害。

诗人在这里采取了欲抑先扬的手法。在第三句来了一个陡转，转到反面，而今竟然出现了“长淮咫尺分南北”的奇耻大辱的结果。前面的因和这里的果似乎产生了明显的矛盾，再加上结尾的“欲怨谁”一语，更是发人深思：究竟是怎么一回事？该由谁来负责？当时以高宗赵构和秦桧为首的主和派，执意与金妥协，因而出现了前方不断地打胜仗，后方却一再向金乞和的情况，把大片国土举以奉人，以换得暂时的苟安局面；更令人痛心的是，把一批抗金最力的优秀将领、大臣杀的杀，贬的贬，这怎能不使人在肃杀的“秋风”中涕泪满襟呢！诗人的愤懑之情，以婉语微讽，曲折道出，显得更为深沉。

第三首因眼前景物起兴，以抒发感慨。

淮河两岸舟船背驰而去，了无关涉；一过淮水，似乎成了天造地设之界。这里最幸运的要数那些在水面翱翔的鸥鹭了，只有它们才能北去南来，任意翻飞。两者相比，感慨之情自见。“波痕交涉”之后，著以“亦难为”三字，凝聚着作者的深沉感喟，藏锋不露，含思婉转，颇具匠心。

第四首写中原父老不堪忍受金朝统治之苦以及他们对南宋朝廷的向往。

前两句说：中原父老见到了南使（“王人”：帝王的使者），像遇到了久别的亲人一样，滔滔不绝地诉起苦来。“莫空谈”中一个“莫”字，即指排除了一切泛泛的应酬客套话。他们向使者谈的话题都集中在“诉不堪”（诉说不堪忍受金朝压迫之苦）这一点上。这是诗人想象中的情景，并非实事。因为根据当时的实际情况，南宋使者到了北方后不可能直接跟遗民通话，中原父老更不会面对面地向南使“诉不堪”。如韩元吉在《朔行日记》中说，出使的人“率畏风尘，避嫌疑，紧闭车内，一语不敢接……”但是中原遗民向往南宋朝廷之心，却用各种方式来表白：楼钥《北行日录》载：“都人列观……戴白之老多叹息掩泣，或指副使曰：‘此宣和官员也’！”又曹勋在他的《出、入塞》诗前小序说：“闻南使过，骈肩引颈，气哽不能语，但泣数行下，或以感慨。”范成大也在《揽辔录》中写道：“遗黎往往垂涕嗟啧，指使人云：‘此中华佛国人也。’老妪跪拜者尤多。”所以此诗所表达的中原父老的故国情思，虽非实事，但确是实情。

三四句借羡慕能南飞鸿雁来表达遗民们对故国的向往。“却是”，反是、倒是之意：羡慕的是鸿雁一年一度的南归；遗憾的是鸿雁不解人意，不能代为传达这故国之情。真是含不尽之意于言外。

这一组诗以“意不佳”为贯串全诗的感情主线：有“长淮咫尺分南北”、“中流以北即天涯”的沉痛感喟；也有“北去南来自在飞”和不能“一年一度到天涯”的向往和痛苦。前两首侧重于诗人主观感情的抒写，后两首则为淮河两岸人民、特别是中原遗民代言，主题鲜明，裁剪得体。全诗寓悲愤于和婉，把悲愤之情寄托在客观景物的叙写之中,怨而不怒,风格沉郁。语言平易自然,时用口语。这些都体现了“诚斋体”诗的特色。

(金子湘)

泊平江百花洲

杨万里

吴中好处是苏州, 却为王程得胜游。
半世三江五湖棹, 十年四泊百花洲。
岸傍杨柳都相识, 眼底云山苦见留。
莫怨孤舟无定处, 此身自是一孤舟。

这首七律是光宗绍熙元年(1190)诗人从临安赴建康(今江苏南京)江东转运副使任途次所作。平江,府名,治所在今江苏苏州,百花洲是当地的一个沙洲。

开头两句交代自己与苏州的因缘。平平叙事,颇有民歌风味。读来似乎是庆幸自己因王程之便而得游赏吴中佳胜,实际上却是为下文翻出感慨作势。“王程”二字已微露端倪。王程,谓为王事(公事)奔走的旅程,用法甚新。

“半世三江五湖棹,十年四泊百花洲。”杨万里于绍兴二十年(1154)中进士,初授赣州司户,继调永州零陵丞,以后历任内外官职,奔走于江湖间,到写这首诗时,已经半世(指一个人的半生)之多;十来年间,因王程所经,曾四次泊舟于百花洲畔。这一联用秀朗工整之笔概括了自己的漂泊羁旅的生活,其中含有身世之感,但调子并不沉重,毋宁说还带有一点悠然自赏的意味。从眼前的胜游回顾半世以来的行踪,从眼前的百花洲联想到所历的三江五湖,时间、空间都延伸扩大了。这一联在对仗上句法上有两个明显的特点,一是多用数目字成对,如“半”对“十”,“三”对“四”,“五”对“百”。二是上下句的句法并不同(下句的“泊”是动词,与上句的“江”为名词不同,五湖棹与百花洲也有所不同,平仄也不调)。这样一种对仗,表现出诗人的巧思,具有一种轻快流利、拗折错落的美感。

“岸傍杨柳都相识,眼底云山苦见留。”颈联承“四泊百花洲”,突出自己对这一带风物的熟悉。明明是诗人认得岸旁杨柳、依恋眼底云山,却故意将景物拟人化,从对面写来,说成是岸旁杨柳都认得自己,眼底云山也依依挽留。这样写,既饶情致,又不落套。诗人对此间风物的深情也更进一层地得到表现。

“莫怨孤舟无定处,此身自是一孤舟。”尾联承“半世三江五湖棹”,从眼前泊岸的孤舟兴感,说别再埋怨孤舟漂泊不定,将自己载往三江五湖,要知道,自己原就是一只不系的孤舟呵!上句先放开一步,下句却透过一层,揭示了事情的底蕴。这个结尾,将“四泊百花洲”所引起的感触与联想凝聚到一点上:身如孤舟,漂泊无定，从而点明了全诗的主旨。

杨万里的诗，活泼自然，富于新意，思想感情则每每不够深沉。这首抒写旅途感受的诗，思想深度原很有限，它的特点仍在轻快清新、洒脱自然。不但颔、颈两联对仗有如行云流水，一气舒卷，就连尾联的直抒人生感慨也显得轻松自如，毫不凝重。这种清畅流易的格调正是杨诗风格的一个显著特点。　（刘学锴）

桑茶坑道中八首(其二、其三、其五、其七)　杨万里

田塍莫道细于椽，　便是桑园与菜园。
岭脚置锥聊结屋，　尽驱柿栗上山巅。

沙鸥数个点山腰，　一足如钩一足翘。
乃是山农垦斜崦，　倚锄无力政无聊。

秧畴夹岸隔深溪，　东水何缘到得西？
溪面只消横一枧，①　水从空里过如飞。

晴明风日雨乾时，　草满花堤水满溪。
童子柳阴眠正着，　一牛吃过柳阴西。

〔注〕 ① 枧(jiǎn)：过水槽。

杨万里在《荆溪集自序》中说："万象毕来，献予诗材。"他作诗，从自然风物和社会生活中觅取题材和灵感，并用所谓"活法"来表现。所以他的诗能另辟新境，被称为"诚斋体"。

《桑茶坑道中》是八首七绝，写桑茶坑路上所见。这里选其中四首。

第一首，总写全景。"田塍莫道细于椽，便是桑园与菜园。"极写山农对于土地的珍惜及其利用率之高。田塍，这里指"畦埂子"。细于椽，是说那畦埂子比屋上的木椽还细，其对土地之珍惜，已不言而喻。这样细的田塍，也没有让它闲着，而是充分地利用来或种桑，或种菜。"莫道"与"便是"呼应紧密。不要说田塍比椽子还细，那就是桑园子和菜园子啊！

三四两句更精彩。"岭脚置锥聊结屋"，"置锥"一词，作者不一定有意用典，但它不能不使人想起《汉书·食货志》中的话："富者田连阡陌，贫者亡(无)立锥

之地。"这句诗是说：农民在岭脚留出一点仅可"置锥"的地方，准备搭房子，其贫困已不难想见。怎么知道那"置锥"之地是"聊结屋"的呢？大约由于那里堆放了些"结屋"的材料，才作出了那样的判断。按农家的习惯，屋子周围，是要种些果树的。如今只留"置锥"之地"结屋"，自然无地再种果树，于是诗人又写了一个画面："尽驱柿栗上山巅。"农家把本来应该种在屋子周围的柿栗一古脑儿赶到山顶上去了。——这写得多么"活"！

第二首，写山农的耕作之苦。"沙鸥数个点山腰，一足如钩一足翘。"写沙鸥，形态逼真。但"山腰"怎会有"沙鸥"呢？仔细一看，原来不是"沙鸥"，——"乃是山农垦斜崦，倚锄无力政无聊。""斜崦"，就是山坡。如前一首所写，山农对土地那么珍惜，那么充分利用，但还不满足，还要"垦斜崦"，这究竟是为什么？当然是因为已有的土地收入，还不足以养家活口。那"倚锄无力"的神态和"政无聊"（政，意同"正"）的心情，都可以使读者想得很多、很远。

第三首，写秧田和水源。"秧畴夹岸隔深溪"，写景如在目前。但作者并不是悠闲地欣赏这田园风光，而是看到"溪"那么"深"，关心"东水何缘到得西？"再一看，放心了，高兴了，于是又摄了一个镜头："溪面只消横一枧，水从空里过如飞。"这个镜头不仅摄得很巧妙，还在明快的色调中蕴含了对山农的劳动和智慧的赞颂之情。

第四首，写儿童牧牛情景。"晴明风日雨乾时，草满花堤水满溪。"山农尽管贫苦，但自然风光还是美好的。风日晴明，又刚下过雨，溪里水满，地面初乾，堤上野花盛开，草当然也很肥美。这"花堤"上，不是正好牧牛吗？于是，诗人用"摄影之快镜"，又摄下了两个镜头："童子柳阴眠正着，一牛吃过柳阴西。"牧童在柳阴"眠正着"，而牛则是"吃过柳阴西"，边吃草，边移动。这两句，把牧牛童子和牛的神态写活了，多么富有生活气息。

诗人的高明之处，在于本来是动的景物，他准确地摄下了动的画面，如"水从空里过如飞"、"一牛吃过柳阴西"等；本来是静的景物，他也能写活，如"尽驱柿栗上山巅"、"沙鸥数个点山腰"等。还有，画面里都或多或少地含蕴着思想意义，并非一览无余。

元人刘祁在《归潜志》卷八里说：李之纯"教后学为文，欲自成一家"。晚年"甚爱杨万里诗"，称赞道："活泼刺底人难及也。"清新、活泼，这的确是"诚斋体"的特点。

（霍松林）

舟中排闷

杨万里

江流一直还一曲，淮山一起还一伏。

江流不肯放人行，　淮山只管留人宿。
老夫一出缘秋凉，　半途秋热难禁当。
却借楼船顺流下，　逆风五日殊未央。
老夫平生行此世，　不自为政听天地。
只今未肯放归程，　安知天意非奇事？
平生爱诵谪仙诗，　百诵不熟良独痴。
舟中一日诵一首，　诵得遍时应得归！

这首《舟中排闷》诗，可分四层，每四句为一层。前两层写“闷”，第三层写究“闷”，最后一层写排“闷”。

起笔一层写路遥使人闷。四句分两层，从一正一反两个角度写路遥。一二句道舟行的江流“一直还一曲”，两岸的淮山“一起还一伏”，乃是正面写（水）路遥，因令舟中诗人产生了江流曲直总也走不完、淮山起伏总也看不完的感觉。三四两句，诗人又怪江流不肯放人走、淮山一个劲儿地留人宿，又是从反面写途长。走不尽的路，看不完的（同样的）山色和水光，当然要使诗人感到“闷”了。

次层写秋热、逆风令人闷。“老夫”，诗人自称。诗人原想得很美：趁着秋凉，坐船外出。却不料，半路中遇上了“秋老虎”，依旧是“赤日炎炎似火烧”，烧得诗人热不可当、苦不堪言。那知福无双至，“祸”不单行：本来，坐着楼船（有楼的游船），一路兴冲冲顺流而下，不曾料到接连五日，逆风“刁难”，这路就总也走不到头了。这意想不到的秋热、逆风，不能不让诗人深感气闷。

于是，诗人便在第三层中考究起事与愿违、而使我闷的由来。他道，我生此世，行事处世，从不自作主张，一切听凭天地，听其自然。那么，这一回行于这条水路上，老天却总也不放我归程，难道是另有安排？此岂非奇事？然而，老天虽有意旨，却不会言语，诗人问而不得其解，只得自己排闷了。

最末一层便写排闷。谪仙，指唐代大诗人李太白。当年太白初到长安，太子宾客贺知章一见而赏之曰：“此天上谪仙人也！”后人因以“谪仙”称之。诗人道，平生爱诵谪仙诗，而李谪仙乃是天真人（老杜《寄李白》诗云，“剧谈怜野逸，嗜酒见天真”），故其诗中多奇想、多痴语。诗人说，我自己也是个痴心人，不过，我之痴，可不是向太白学得的，“百诵不熟”谪仙诗，岂不是我自痴？如今，且让我这个痴心人，亦仿太白说句痴语吧：“舟中一日诵一首，诵得遍时应得归！”太白诗今存约九百余首，诗人之时，存诗当更多，诗人豁出去三年方得归家，可真是大痴之语了。想其时诗人自己必也忍俊不禁，“闷”便也自然而“排”了。

此诗有“闷”而不说怨语、怒语，却出之以自嘲语、痴语，故幽默而诙谐；其间插之以拟人化的描写，更显生动风趣；兼之语言平易浅近，犹如口语，新鲜活泼；真是一首典型的讲究“活法”的“诚斋体”诗。　（张成德）

八月十二日夜诚斋望月① 　杨万里

才近中秋月已清，　鸦青幕挂一团冰。
忽然觉得今宵月，　元不粘天独自行。

〔注〕 ① 南宋高宗绍兴二十四年(1154)杨万里进士及第，授赣州司户，继调永州零陵丞。时张浚谪居永州，万里力请始见。张勉以“正心诚意”之学，万里终身服之，并名其书室曰“诚斋”。

杨万里的朋友张镃在《携杨秘监诗一编登舟因成二绝》诗中写道：“目前言句知多少，罕有先生活法诗。”(《南湖集》卷七)这个评论道出了诚斋诗的主要特点。这首《八月十二日夜诚斋望月》就体现了这种特点，很能代表诚斋诗的风格。

俗话说：“月到中秋分外明。”诗的首句正是袭用这句俗语的语意。“才近”二字，扣题目的“八月十二”，只差三天，便是中秋，真称得上是“近”了。本来每月的望日，月亮都是光明的，而这句俗语突出的是“中秋”，重点在“分外”。分外者，特别之意也，即较之其他月份更要清亮一点。八月十二，虽还未到中秋，但却接近中秋；虽未达到“分外”，却也是“已清”了。这已初步道出了题意。

第二句，进一步写“望”。诗人所望见的是“鸦青幕挂一团冰”。仰望高空，俨如帷幕，色比鸦青，倍觉淡雅。在这淡雅的帷幕之上，悬挂着一轮明月，色泽的幽雅、美丽，颇能引人入胜。还不止此，在这里作者不说“月”而说“一团冰”。团者，圆也；而冰的内涵首先是凉，其次是亮，再次是白，这较之“一轮月”不仅更为形象，而且创造出一个既优美而又冷清，既光明而又幽雅的境界。它不仅给予读者以美的享受，而且能给人以情操上的陶冶。

第三句在全诗中是一个转折，是第二句到第四句的一个过渡。“忽然觉得今宵月”，通俗易懂，简直就是一句白话。这种语言，新鲜活泼，是诚斋诗特点之一。

第四句则说明“忽然觉得”的内容，也就是对“今宵月”的一个遐想。月是历代诗人最喜欢歌咏的景物之一，在诗人的笔下，月是千姿百态、各不相同的，而他们由月所引起的遐想，也是各自不同的。而诚斋能独辟蹊径，别有所想，石破天惊，出人意表。

他想的是这个月亮“元不粘天独自行”。“元”即“原”字，意思是“原来月亮并不是粘在天上而是独自行走的”。夜空片云全无，一轮明月高悬，似乎无所附丽，独自运行。设想新奇,月夜晴空的境界全出。

这不禁使人想到作者的另一首诗,即《晓行望云山》。这诗最后两句是:“却有一峰忽然长,方知不动是真山。”如果从科学的角度上讲,山是有消长的,有的上升,有的下降,不过升降很慢,是肉眼看不出来的。因此,古人认为山是永久如此,是不会“长”的。然而作者却想到山峰在“长”,这个想法和月亮的“元不粘天独自行”,有异曲同工之妙。

这种奇趣,正是诚斋诗的一个重要特点,它能给予读者以清新的感觉,从而使读者的思想也活跃起来。

总之,这首小诗,既创造出优美的境界,给人以美的享受;又出以新奇的遐想,启迪着人们的思路;而那种通俗的语言,虽然传统的诗家,视为“鄙俗”,却使人感到新鲜活泼。 (李景白)

五更过无锡县寄怀范参政、尤侍郎　　杨万里

苏州欲见石湖老,　到得苏州发更早。
锡山欲见尤梁溪,　过却锡山元不知。
起来灵台在何许?　回首惠山亦何处?
人生万事不可期,　怏然却向常州去。

这首诗编在《朝天续集》,作于光宗绍熙元年(1190)。题内“范参政”,指曾任参知政事的范成大;“尤侍郎”,指曾任礼部侍郎的尤袤。这诗是作者路过无锡寄怀范、尤之作。

“苏州欲见石湖老,到得苏州发更早。”石湖老,指范成大,他晚年退居故乡吴郡(今江苏苏州)石湖,号石湖居士。开头两句追述“过无锡”以前的情事:原想路过苏州时去拜访石湖老人,可是到了苏州却因为出发比预期更早而未果。这里揭示出主观愿望和客观情况的矛盾。

接下来两句,揽入本题:“锡山欲见尤梁溪,过却锡山元不知。”锡山,即无锡的别称;尤梁溪,指尤袤(梁溪是无锡城西水名,源出惠山,这里以其居地称之)。作者走的是水路,晚间行船,五更时过无锡,或因酣睡未醒,所以船虽已过其地而并不知。苏州欲见石湖而未能,无锡欲见梁溪而又错过。两处与预期的目的相左,正为结尾的感慨蓄势。以上四句,两两相对,“苏州”、“锡山”重复,“梁溪”、“石湖”相对,轻松洒脱中见出巧思。两处“欲见”而未见,引出“寄怀”。

“起来灵台在何许?回首惠山亦何处?”灵台,疑指苏州城西南的灵岩山;惠

山,在无锡城西,为江南名山。两句分承一二句与三四句,说五更后起来,不但苏州灵岩早已不知何所,就连无锡惠山也回首渺然了。这里透出一种怅然若失之感,是在两处“欲见”而未见的基础上再作一番渲染,使结尾的感慨更显得水到渠成。这两句也相对成文,笔致摇曳生姿。

“人生万事不可期,怏然却向常州去。”第七句总束上文,发抒感慨,点明主旨;第八句是感慨的余波,既续点行程,又留下不尽的余味。从旅途中两次预期的行动没有实现,引申出“人生万事不可期”,似乎有些小题大做,实际上很可能是诗人胸中先就郁积了这一段感慨,旅途中的情事不过触发了这种感慨而已。

短篇七古,与长篇之纵横驰骤、开合变化、淋漓酣畅、雄奇豪放者不同,这首七古写得疏朗、洒脱,仿佛略不经意。全诗只八句,但前四句却像是长篇七古的开头,似乎下文还有一大段酣畅淋漓的描绘和抒情。而作者却在稍加渲染之后突然收笔。这样一种开头放,收尾急,中间几乎等于空白的写法,构成了这首短篇七古特有的韵味,使读者在感到突兀之余,去涵泳玩索寓于轻松流畅中的人生感喟。

(刘学锴)

宿池州齐山寺,即杜牧之九日登高处　　杨万里

我来秋浦正逢秋,　梦里重来似旧游。
风月不供诗酒债,　江山长管古今愁。
谪仙狂饮颠吟寺,　小杜倡情冶思楼。
问着州民浑不识,　齐山依旧俯寒流。

这首诗编在《江东集》,是作者在建康任江东转运副使期间出行今皖南一带时所作。池州,今属安徽,唐代诗人杜牧曾于其地任刺史,作《九日齐山登高》诗,诗题中“齐山寺”,当即后世为纪念杜牧而建。

“我来秋浦正逢秋,梦里重来似旧游。”起联点明来秋浦(即池州)的时间和自己对这里的向往。首句叠用“秋”字,格调清爽流利,表现出轻松喜悦的心情;次句说自己早就向往秋浦,魂梦中曾到此地;这次来到池州,宛如梦中重来,游历故地了。以实为梦,以新游为旧游,写出对此地的亲切感情。

“风月不供诗酒债,江山长管古今愁。”风月,指自然风景,与下句“江山”对文义近。颔联就池州美好的江山风月抒发感慨。出句说这里的自然胜景老是不能偿付诗酒之债,言下之意是,诗人们为这里的美好景物所吸引,经常把它作为灵感的源泉和诗材的渊薮,以致供不应求。本来是平常的意思,用这样的方式表

达，便倍觉新颖而隽永。对句说，此间壮美的江山，古往今来，长久地牵系着诗人有感于国运盛衰、人事代谢的愁怀。说“长管”，正见盛衰代谢的古今相续。这一联将江山风月与古今人事相联系，有风景不殊而人事已非之感，于是引出下一联。

“谪仙狂饮颠吟寺，小杜倡情冶思楼。”颈联承上“诗酒”，分咏李白、杜牧在池州活动的两处遗迹。被称为谪仙人的李白以豪饮著称，他曾到过池州，作有《秋浦歌十七首》诸作；杜牧作过池州刺史，他的生活放荡不羁，多有抒写艳情之作，故说“倡情”。两句是说，李谪仙往年狂饮之处，后来建造了颠吟寺，杜牧之昔日冶游之处，后来建造了冶思楼。这一联概括池州胜迹，造语工巧而自然。

“问着州民浑不识，齐山依旧俯寒流。”两位大诗人当日的文采风流，如今问起当地州民，竟浑然不晓，只有那诗人登临过的齐山，依旧俯视着寒流。春秋时，齐景公曾登牛山，北望临淄，想到人生难免一死，不由泣下沾襟。杜牧生性旷达，反其意而作《九日齐山登高》，说：“古往今来只如此，牛山何必泪沾衣！”而今，登齐山的古人固然长已矣，即便是他们身后之名，也已寂然。可见，不仅“千秋万岁名，寂寞身后事”，而且死后之名是否能“千秋万岁”，也大为靠不住。此联暗用杜牧诗意，翻进一层，一结苍茫悠远。

（刘学锴）

池口移舟入江，再泊十里头潘家湾，阻风不至　杨万里

北风五日吹江练，　江底吹翻作江面。
大波一跳入天半，　粉碎银山成雪片。
五日五夜无停时，　长江倒流都上西。
计程一日二千里，　今踰滟滪到峨眉。
更吹两日江必竭，　却将海水来相接。
老夫早知当陆行，　错料一帆超十程。
如今判却十程住，　何策更与阳侯争？
水到峨眉无去处，　下梢不到忘归路。
我到金陵水自东，　只恐从此无南风。

这是一首描绘长江狂风巨浪的七言古诗，作于《宿池州齐山寺》之后。作者由池口（秋浦河入长江的浦口）移舟入长江复归建康途中，遇大风浪，受阻，因作此诗。题内“十里头”、“潘家湾”，是池口附近的地名。

一开头就濡染大笔，铺写长江的大风巨浪。起二句着重写风：“北风五日吹

江练,江底吹翻作江面。”一写持续时间之长,一写风力之猛。将江水比作匹练,使“吹翻”的形容有了形象上的根据,增加了真切感。次句是高度夸张之笔,但由于上句有“北风五日”作势,读者便不难从这夸张的形容中想见万里长江如巨大的匹练,不断搅动翻卷的惊心动魄情景以及巨浪滔天、江底水竭的伟观。次句正面写风,而浪之高之险也自寓其中。

接下来两句进一步写巨浪的起落。“大波一跳入天半”,写巨浪喷涌的气势,突出来势的迅猛和浪头的高耸,其飞跃入空的情状如在目前;“粉碎银山成雪片”,写巨浪跌落的奇景,突出其变幻的迅疾与景象的瑰奇,其瞬息变化的情状鲜明可感。两句一用白描,一用比喻,都妙于形容,令人有目不暇接之感。

“五日五夜无停时,长江倒流都上西。”从这两句开始,转笔专写逆风推浪,长江倒流的情景。如果说,前四句还只是在眼前景的基础上加以夸张渲染,那么从这以下便完全进入想象的领域。这是本篇诗思的一大转捩。长江从九江到建康这一段,作西南——东北流向,因而“北风五日吹江练”的结果,便引起“长江倒流都上西”的奇观。——这当然是想象与夸张。“长江倒流”正有力地表现了这“五日五夜无停时”的巨风神奇力量。

“计程一日二千里,今踰滟滪到峨眉。”诗人继续驰骋想象,并用极认真的里程计算来作极度的夸张:长江不但倒流,而且流速达到一日二千里;五日北风劲吹,则最初的浪头如今已经越过滟滪堆(在瞿塘峡),到达峨眉山下了(古代以岷江为长江正源)。明明在现实中是不可能产生的现象,读来却令人感到真实而生动。

“更吹两日江必竭,却将海水来相接。”顺流的长江有许多支流活水不断补充,而倒流的长江却是越流越枯。这就逼出更加奇特的想象:再刮两天风,这条倒流的长江必然水枯流竭,那就反而要让海水倒流进来与它相接了。本来是万里长江东入海,现在却是海水入江向西流了。尽管想象奇特,甚至似乎荒唐,然而按照作者的思路发展,却自合情理。

“老夫早知当陆行,错料一帆超十程。如今判却十程住,何策更与阳侯争?”阳侯,是传说中的水神。这四句在上文奇思幻想之后宕开一笔,插写阻风后的心理,使文势稍作顿挫。其中有原先的错料,有如今的追悔,有面对风涛险阻的无可奈何,将遇风受阻后的心情用诙谐的口吻生动地表现出来。

“水到峨眉无去处,下梢不到忘归路。”这两句又遥承上文“今踰滟滪到峨眉”,再发奇想:倒流的江水,到了峨眉山下就无处可去了(因为前面没有大海,水流无所归宿),而且后续的倒流江水接不上来,前面倒流的江水将来即使要回去,也会忘了归路。在诗人的想象中,这条倒流的长江前无归宿、后无退路,简直无所适从了。想入非非,出人意表,却又让人处处感到这种推想的合乎逻辑。

“我到金陵水自东,只恐从此无南风。”结尾两句,掉笔写想象中回到金陵后的情景:将来回到金陵,江水当然也恢复东流了,只耽心经此一场“北风五日”的巨大变异,此后就再也没有南风了。“无南风”遥应篇首,进一步显示了“北风”的威力。

这首诗除开头四句正面描绘长江风浪外,其余均从想象着笔。陈衍《宋诗精华录》评此诗说:“写逆风全就江水西流着想。惊人语,乃未经人道矣。”这里指出了此诗艺术构思的特点和独创性。长江西流,实际上是不可能出现的夸张想象,是违反常理的。诗人却偏要执着于这一想象,并进行层层的引申与推衍,生发出一系列奇特的想象,构成特有的谐趣。这可能正是这首诗引人重视的一个重要原因。

(刘学锴)

过松源,晨炊漆公店六首(其五)　杨万里

莫言下岭便无难,　赚得行人错喜欢。
正入万山圈子里,　一山放出一山拦。

本篇收在《江东集》,原为六首,这是第五首,是绍熙三年(1192)诗人在建康江东转运副使任上外出纪行之作。松源、漆公店,当在今皖南山区。

诗的内容很平常,读来却有一种新鲜感。它的佳处,就在于作者善于从日常生活里人们习见的现象中,敏感地发现和领悟某种新鲜的经验,并用通俗生动而又富于理趣的语言表现出来,能给人以某种联想与启示。人们可以哲理诗视之。

第一句当头喝起。“莫言下岭便无难”,这是一个富于包孕的诗句。它包含了下岭前艰难攀登的整个上山过程,以及对所历艰难的种种感受。正因为上山艰难,人们便往往把下岭看得容易和轻松。开头一句,正像是针对这种普遍心理所发的棒喝。“莫言”二字,像是自诫,又像是提醒别人,耐人寻味。

第二句申说、补足首句。“赚得行人错喜欢。”“赚”字富于幽默的风趣。行人心目中下岭的坦易,与它实际上的艰难正成鲜明对比,因此说“赚”——行人是被自己对下岭的主观想象骗了。诗人在这里只点出而不说破,给读者留下悬念,使下两句的出现更引人注目。

“正入万山圈子里,一山放出一山拦。”三四两句,承“错喜欢”,对第二句留下的悬念进行解释。本来,上山过程中要攀登多少道山岭,下岭过程中也相应地会

遇到多少重山岭。但历尽上山艰难的行人登上最高峰后，往往因兴奋喜悦而一心只顾享受下岭的坦易轻快，忘记了前面还有一系列山岭需要跨越。因此，当缺乏思想准备的行人下了一个山头，又遇到一个山头，发现自己正处在万山围绕的圈子里，这才恍然大悟：下岭的路程照样要遇到一系列的艰难险阻。山本无知，"一山放出一山拦"的形容却把山变成了有生命有灵性的东西。它仿佛给行人布置了一个迷魂阵，设置了层层叠叠的圈套。而行人的种种心情——意外、惊诧、厌烦，直至恍然大悟，也都在这一"放"一"拦"的重复中透露出来了。

然而，这首诗之所以讨人喜欢，却并不仅仅由于所直接抒写的这点内容和意趣，而且由于所描绘的现象，所抒写的体验，具有某种典型性，容易使人联想起生活中的类似现象，唤起类似的体验。例如，人们往往对最艰巨的行程比较有思想准备，而对走过这段行程后还会出现的艰难缺乏思想准备；只知道人们习知的艰难，而不懂得人们常常忽略的另一种艰难；这首诗似乎可以引起这方面的思索。

（刘学锴）

南溪早春 杨万里

还家五度见春容，　长被春容恼病翁。
高柳下来垂处绿，　小桃上去末梢红。
卷帘亭馆酣酣日，　放杖溪山款款风。
更入新年足新雨，　去年未当好时丰。

本篇编在《退休集》，是作者晚年退职家居期间所作。据首句，诗当作于宁宗庆元五年(1199)春。（作者退职家居，在光宗绍熙五年[1194]。）

首联扣合题目，概述还家五年来的景况。春容的鲜妍与病翁的衰老适成对照，所以说"春容恼病翁"。叹老中隐藏着不服老的情绪。这正是诗人虽年已衰暮，却仍然热爱早春景色的原因。以下两联，即写衰翁眼中的春容。

"高柳下来垂处绿，小桃上去末梢红。"颔联写柳绿桃红的早春景色。早春柳枝返绿时，总是首先从下垂的枝条末梢部分开始，故说"垂处绿"；而小桃花初绽时，也总是首先从上伸的枝条末端开始，故说"末梢红"。"下来"、"上去"，分写柳条、桃枝的特点；"垂处绿"、"末梢红"，则正是它们在春天到来时的显著变化。这两句观察细致，造语新颖，紧扣题目"早春"，写出"动人春色不须多"的特点。

"卷帘亭馆酣酣日，放杖溪山款款风。"颈联写"衰翁"在早春时节静居亭馆与步游溪山的感受。在华美的亭馆中，珠帘高卷，浓盛的日光映射着，满室充满了温煦的春晖和熏人的春意；拄着拐杖，在溪山郊野间放步漫游，迎面吹来了徐徐的春风。这一联将早春的暖日和风与“衰翁”居室及出游的活动结合起来写，传出了融怡的春意。“酣酣”、“款款”使人感到舒适欲醉。

“更入新年足新雨，去年未当好时丰。”末联转笔，以春雨兆丰年收结。进入新年之后，新雨下得很足，看来今年肯定是个丰收年景，相比之下，去年虽丰收，恐怕还算不上最好的年景。“更入新年”点“早春”。这个结尾，说明“衰翁”所醉心的并不仅仅是美好的“春容”，而且关切着民生荣悴。从艺术表现角度看，可能失之平直；但从思想内容看，却转出新意。

以衰翁写早春，本极易流于颓唐。这首诗的一个好处，正在于无颓唐之态，春天的色彩、活力、希望，都表现得相当充分。　　（刘学锴）

【作者小传】

吕　定

生卒年不详。字仲安，新昌(今属浙江)人。孝宗朝，以武功显。历殿前都指麾、龙虎上将军。博学工诗。有《说剑集》。

戏　马　台　　　　吕　定

据鞍指挥八千兵，　昔日中原几战争。
追鹿已无秦社稷，　逝骓方叹楚歌声。
英雄事往人何在？　寂寞台空草自生。
回首云山青矗矗，　黄流依旧绕彭城。

这是一首吊古诗。戏马台在今江苏徐州城南，高数十仞，项羽因山筑台，以观戏马，故名(见《徐州志》)，是项羽在古彭城的重要遗迹。

项羽在秦朝末年与其叔父项梁，响应陈胜、吴广的号召，起兵抗秦。在推翻暴秦的斗争中起了决定性的作用。在和刘邦的斗争中归于失败。“成则王，败则寇”，他的身后冷落得很。只有司马迁满怀激情写出了《史记》中的《项羽本纪》，详细而生动地叙写了他的英雄业绩，并予以热烈的赞扬。魏晋南北朝的文学作品很少涉及他。东晋末年，刘裕北伐，屯兵彭城，重阳日游戏马台，令当时著名诗人谢瞻、谢灵运等作诗欢送孔靖东归。在戏马台上作诗，照理总该提到项羽了，而二谢的《九日从宋公(刘裕时封为宋公)戏马台集送孔令》(见《文选》卷二十)的两首诗中竟无一语及之,项羽似乎已被人遗忘。在唐代,现存的近五万首诗篇中,有关项羽的作品也只有十多篇。对他责备的多,同情的少。有的把他的失败归之于无宏图远略,例如李白《登广武古战场怀古》诗中说:"楚灭无英图,汉兴有成功";有的把他的失败归之于天命,例如孟迟的《乌江》诗中说:"中分岂是无遗策,百战空劳不逝骓。大业固非人所及,乌江亭长又何知!"都是以成败论人,而把他的历史功绩完全抹杀。宋朝诗人看得起他的也很少。苏东坡在徐州修建黄楼,缺乏木料,把霸王厅拆掉,反映出项羽在此老心目中的地位是微不足道的,而吕定这首《戏马台》诗则是别具卓见、情味深长的作品。

项羽在吴中起兵反秦后,率领八千子弟兵渡江而西,及渡淮河,已发展到数万人,大军浩浩荡荡,挺进中原地区,向秦王朝发动了强大的攻势。登上戏马台,很自然地会想起这些往事,诗的开头两句"据鞍指挥八千兵,昔日中原几战争。"起势雄伟,只两句已描绘出一位叱咤风云的人物形象,"据鞍"二字尤见神采,且隐伏第四句诗意。两句诗里既未点出项羽姓名,也未标出霸王称号,即使抛开题目,也可以立即辨认出这个人物形象非项羽不足以当之。

颔联"追鹿已无秦社稷,逝骓方叹楚歌声"。上句盛赞他推翻秦朝的历史功绩,下句慨叹他的失败。"追"字本应作"逐",为了调整音节,改"逐"为"追"。"逐鹿"出自《汉书·蒯通传》:"秦失其鹿,天下共逐之。"颜师古注引张晏曰:"以鹿喻帝位也。"本意是说,秦朝的残暴统治激起了人们的反抗,群起而攻之,要夺取它的政权。但在这里除了用本意以外,还有另一种涵义,即指巨鹿救赵之战。这是项羽指挥的反抗秦朝的一次大规模的战争,结果杀了秦朝大将王离,招降了秦军主帅章邯,秦军主力全部投降,决定了它必然灭亡之势。所谓"已无秦社稷",是说它的政权土崩瓦解。经过这一战,项羽威名大振,成为诸侯之首,实际上已掌握宰割天下大权,这是他的鼎盛时期。又经过五年的较量,刘邦胜利,他失败了。"逝骓"一词出自垓下之围中项羽和虞姬诀别时所唱的歌辞:"时不利兮骓不逝,骓不逝兮可奈何!虞兮虞兮奈若何!"他听到楚歌四起,以为汉兵尽得楚地,乃突围南逃,到达乌江北岸自杀。从"追鹿"到"逝骓",经过了一个错综复杂的斗争过程,但这两句诗语却把它形象地概括出来,两句诗构成了两个生动的历史画面,形成了鲜明的对比,诗情跌宕,而又对仗工切,声调谐婉,可以看出诗人对史事的烂熟于胸以及在诗的语言艺术上的锤炼功力。

以上四句写项羽的生前,以下四句写他的身后。

颈联两句紧承颔联,抒发感慨。惊天动地的事业尽成往事,叱咤风云的人物已不可得见。戏马台是他当年观戏马的地方，可以想象，当他在这里时，曾出现过三军欢呼、万马腾跃的壮观场面，而今天呢？“寂寞台空草自生”。“台空”表明台上已空无一物，原来的建筑物已荡然无存，所看到的是“草自生”，这个“自”字用得很精，它表现出台上杂草纵横，无人料理。“寂寞”，“台空”，“草自生”，层层递进，描绘出台上的荒凉景象。这两句诗所表露的思想感情很耐人寻思，可以体会出诗人是在怀古伤今，且有自伤的成分。吕定活动在南宋中期，历任武职，做过殿前都指挥，龙虎上将军。南宋衰微的政治形势他是很清楚的，作为一个能诗的将军，他很懂得一个杰出人物会对政局起多么大的作用，他希望有一位像项羽这样的人物出来，恢复中原，重整山河。他这种意思，细玩“人何在”三字可以体会得到。他没有、也不可能认识到，南宋小朝廷对金的屈辱妥协已成为不可改变的国策，任何英雄人物也不可能施展他的才略，只要稍露锋芒就会被扼杀，岳飞的结局就是明证。又因为他本人也是一位将军，功勋盖世的项羽，身后尚且这样冷落，他本人呢，不言而喻，他自然地会对项羽身后的冷落产生伤感情绪，这种情绪在下句里表露得比较清楚。伤今与自伤就构成了这两句诗苍凉凄楚的情调。最后两句“回首云山青矗矗，黄流依旧绕彭城”，以自然形势作结。人事的变化是很快的，自然界的变化是极为缓慢的，往事已越千年，而彭城四周的青山如故，绕城的黄流依然，那么，将来的历史又是怎样发展呢？这就要让读者、后人去体会了。

这首诗立意高，用意深，情韵兼胜，毫无腐气，在宋人的同类诗中自是优秀之作。

（李廷先）

登彭城楼　　　　吕　定

项王台上白云秋，　　亚父坟前草木稠。
山色不随人事改，　　水声长近戍城流。
空余夜月龙神庙，　　无复春风燕子楼。
楚汉兴亡俱土壤，　　不须怀古重夷犹。

这是一首怀古诗，和作者另一首《戏马台》诗当是同一时期的作品。

今江苏徐州，在秦、汉时为彭城县，相传尧时封彭祖于此。这里地当南北之中，东近黄海，有群山环绕，河流交错，形势险要，自古为兵家必争之地。秦末起义军名义上的首领楚怀王先曾在这里建都，其后西楚霸王项羽也都于此。

取材于古人、古事的怀古诗（包括词、曲），在古代诗歌中数量是很大的。怀古诗源远流长，可以推到《诗经·王风·黍离》。据《毛传》说，这首诗是“悯宗周也。”据朱熹《集传》的解释是：“周既东迁，大夫行役至于宗周，过故宗庙宫室，尽为禾黍，悯周室之颠覆，徬徨不忍去，故赋其所见黍之离离与稷之苗，以兴行之靡靡，心之摇摇。”这大概是今天所能见到的最早的怀古诗。东汉初班固的《咏史》，开咏史诗的先例，也属于怀古之类，但有所不同。魏晋南北朝时期，这一类作品渐多，光是《昭明文选》所录，就有二十多篇。入唐以后，特别是中唐以后，咏史、怀古、咏古、览古一类的作品大量涌现。咏史和怀古的区别就在于咏史不受空间限制，可以任意选取古人、古事，借以评价得失是非；而怀古诗则是在某一历史遗迹上，触景生情，联想起和这个遗迹有关的古人、古事，借以抒发个人的感慨，当然也包括评价得失是非。

彭城在楚霸王之后的悠久岁月中，又有许多历史人物在这里产生、活动，又有许多历史事件在这里发生，但最煊赫的人物还是项羽，对历史发展影响最大的还是楚汉相争。所以项羽及其事迹就成历代彭城怀古诗的重要内容。吕定在另一首《戏马台》诗里，对项羽的失败，深表惋叹，在这首《登彭城楼》诗里，从另外一个角度抒发个人的感想。

诗的开头两句“项王台上白云秋，亚父坟前草木稠。”这个起法就含有深意。项王台即戏马台，为项羽观戏马之地，已见《戏马台》诗。亚父，即范增。他是彭城人，年七十，好奇计，随项羽反秦，受到尊重，称为“亚父”。在鸿门宴上，他要项羽果断地杀掉刘邦，而项羽优柔寡断，把刘邦放走。他认为项羽“竖子，不足与谋”，一气之下，离开楚营回故乡，未至彭城“疽发背而死”，事见《史记·项羽本纪》。据《徐州志》载，范增墓在戏马台西南约半里之地，元代有贾胡盗发其冢，得宝剑而去。诗人在彭城楼上一眼望去，看到戏马台上白云悠悠，亚父坟上草木丰茂，不禁想起了往事。照理，总该发议论了，但下面却转到了山色、水声上面，无一语说到项、范事，那么，他把他们君臣的一台、一坟并列出来是什么意思呢？不难领会，诗人在为项羽的失败再次表示惋惜，导致他失败的重要原因是没有采纳范增的建议，而使他离营返乡，也就是说项羽因不善用人而失败。刘邦就说过：“项羽有一范增而不能用，此其所以为我擒也。”(《史记·高祖本纪》)后代的评论者多数同意刘邦的意见，它有一定的正确性，诗人在这里表示出同一观点。宋人在诗里，特别是在怀古一类的诗里是爱发议论的，而这两句诗却意在言外，有蕴藉之致。

颔联两句“山色不随人事改，水声长近戍城流。”彭城楼上，环顾四周，可以看到云龙山、簸箕山、金磴山、马跑山、太山、桓山、彭城山、九里山、孤山、看花山；可以看到汴河、浊河、百步洪、吕梁洪。这些山，这些水，都是刘、项争夺天下在这一带鏖战的历史见证。一千多年过去了，刘、项之争早已成为历史上的陈迹，而群山还是当年的色，诸水还是当年的声，这表明人事的变化进程远远超过了自然界的变化，并隐蓄了下两句的诗意。

颈联两句“空余夜月龙神庙，无复春风燕子楼。”据地方志载，徐州北门外有古祠金龙庙，当即上句所说的龙神庙。燕子楼是唐朝贞元年间武宁节度使张愔旧第中的一幢楼台。张愔有爱妓名盼盼，善歌舞。张愔死后，她念旧爱而不嫁，居此楼十余年。诗人张仲素为张愔部属，素知其事，托盼盼语气，写绝句三首以抒幽怀（见《全唐诗》卷三六七），也尽其思致。宋神宗元丰年间，苏东坡守徐州时曾作《永遇乐》词，词序说：“彭城夜宿燕子楼，梦盼盼，因作此词。”可见此楼至北宋犹在。从唐德宗贞元到宋神宗元丰，已两百七十多年，而犹能宿人，当是经过后人整修，到吕定写此诗时，此楼则已荡然无存了。从颈联两句里可以体会到，上句里的龙神庙只是个陪衬，侧重的是下一句。龙神庙的存在与否，无关紧要，而它偏偏留下来；令人向往的燕子楼已不可复见。诗人之所以向往燕子楼，似乎不是追怀唐朝一个歌妓，而有更深的用意，他是在感叹宋朝的衰微，国土的沦亡。当年张愔镇守彭城，为唐屏藩，燕子楼中，曼舞轻歌，极一时之盛，而今天的彭城已非宋有，连燕子楼的遗迹也杳不可觅，诗人的伤时之意通过这一句委婉曲折地显示出来，“春风”二字尤耐人寻思。结联宕开一笔：“楚汉兴亡俱土壤，不须怀古重夷犹。”夷犹，犹豫不定之意，出自《楚辞·九歌》：“君不行兮夷犹。”楚灭也罢，汉兴也罢，今天都已成了土壤，何必再追思不止呢。一起收束，余味不尽。

（李廷先）

【作者小传】

朱 熹

(1130—1200) 字元晦，一字仲晦，号晦庵，又号晦翁，别称紫阳，徽州婺源（今属江西）人，生于南剑州尤溪（今属福建），后徙居建阳（今属福建）考亭。绍兴十八年(1148)进士。任泉州同安县主簿。淳熙时，知南康军，改提举浙东茶盐公事。光宗时，历知漳州、秘阁修撰等。宁宗初，为焕章阁待制。卒谥“文”。论学主居敬穷理，集北宋以来理学之大成，对经学、史学、文学、乐律以至自然科学都有贡献。有《四书章句集注》、《周易本义》、《诗集传》、《楚辞集注》及后人编纂的《晦庵先生朱文公文集》和《朱子语类》等。

赋水仙花 朱 熹

隆冬凋百卉，　　江梅厉孤芳。①
如何蓬艾底，②　亦有春风香。
纷敷翠羽帔，③　温艳白玉相。④
黄冠表独立，⑤　淡然水仙装。
弱植愧兰荪，⑥　高操摧冰霜。
湘君谢遗褋，⑦　汉水羞捐珰。⑧
嗟彼世俗人，　　欲火焚衷肠。⑨
徒知慕佳冶，⑩　讵识怀贞刚？
凄凉《柏舟》誓，　恻怆《终风》章。
卓哉有遗烈，　　千载不可忘。

〔注〕 ① 厉：严正。这里有严正自励的意思。 ② 蓬艾：蓬蒿，代指茅舍。 ③ 纷敷：分张，有荣盛的意思。翠羽帔：用翠鸟羽毛装饰的披风。帔：披风。 ④ 温艳：艳，青黑色。“温艳”，疑为“温靓”之误，即温静。白玉相：相，质。《诗经·大雅·朴棫》：“金玉其相”朱注：“相，质也。” ⑤ 黄冠：道士所戴。这里指女道士，女仙。 ⑥ 兰荪：兰与荪，皆香草。⑦“湘君”句：《楚辞·九歌·湘夫人》：“捐余袂兮江中，遗余褋兮澧浦。”写湘水女神，把自己的襜襦(单内衣)赠给爱人。湘君、湘夫人，都是湘水的女神。 ⑧“汉水”句：据《神仙传》说：“郑交甫游于汉皋(汉水之滨)，遇二女解佩珠相赠。”珰：耳珠，又称珠珰。捐珰：以耳珠赠人。⑨ 欲火：情欲过甚，猛烈如火。 ⑩ 佳冶：佳丽、妖冶。

朱熹是南宋著名的理学家，他的文学观点，基本上是继承了周敦颐、程颐等“文以载道”的主张，有“重道轻文”的倾向。然而他是很有文学修养的学者，他的诗和文都有相当高的成就，评论古今作家的作品也有很多精辟之见。他认为诗歌是“感于物而动，而发于咨嗟咏叹之余者。”“诗言志”，所言之志，皆应与教化有关。因此，他的诗作，多以明理言志为务，《赋水仙花》这首五言古诗，就是一例。

全诗共二十句，一韵写成。前十二句为一大段，着重描绘花的形象，赞颂花的品质。后八句为一段，是作者在评品花的风操以后所抒发的感慨。嗟叹世俗徒慕佳冶，不重刚贞，是缺乏高尚的情操所导致的结果，在诗中寓劝诫之意。

诗的开头四句是“兴”，诗人感叹严冬季节，百卉凋残，除却梅花严正地自励冰霜之操，以孤芳高格为人们清赏以外，又有水仙花开放在茅屋蓬窗之下，为东风送来春天的信息。诗人以江梅和水仙对举，以见水仙花品格也很高。次四句写水仙花的形象：先写纷披敷荣的花叶，仿佛仙子用翠羽制成的披风；次写花朵温馨倩好，仿佛玉质天生的佳丽；再写这位仙子戴着黄色的花冠，亭亭玉立，淡雅天然，不管是仪容和装饰，都不愧凌波仙子的称号。“水中仙子来何处，翠袖黄冠白玉英。”诗人在另一首咏水仙花的诗中曾这样描写过，但这里所写更为形象。这四句是“比”。再四句写水仙花高洁的操守：“弱植愧兰荪”写其谦逊，水仙的植本柔弱，形态和兰花有相似之处，也各有其独特的芳香，诗人以一个“愧”字，表明水仙内心境界的皎洁谦虚，真是恰到好处。“高操摧冰霜”咏其刚贞。这句“摧冰霜”的意思是不为冰霜所摧，这就可以和梅花傲雪的清操比美。“湘君”、“汉水”两句表其矜持端庄：她不像湘水的女神，把内衣送给爱人来求爱；也不像汉水的游女，轻易地把珠珰赠送给邂逅相遇之人。她凌波微步，顾盼多姿。操守既高，形象也就更加完美。这四句兼用“赋”、“比”的手法。以上是第一大段。

诗人在咏叹至此之后，以第二大段八句抒发自己的感想。这段前四句感叹世上庸俗的人，只知艳慕佳丽妖冶的美色，不知重视刚贞的节操。他们欲火如焚，热衷于冶容的浮艳，以致不少高洁的佳人、坚贞的烈女，往往为世俗所遗弃。在后四句中，作者举出《诗经·鄘风·柏舟》诗中誓死不变心的烈女，和《诗经·邶风·终风》诗中“静定”自守的女主人公，告诫人们对于这些卓然以高风亮节自誓的刚贞的女性，虽在千载之后，也还留下芳馨的典型，她们就像水仙花一样，不应被人们所忘记。

综观全诗，显然是以文载道的作品，但无腐气，堪称佳作。　　（马祖熙）

六月十五日诣水公庵雨作　　朱　熹

云起欲为雨，　中川分晦明。
才惊横岭断，　已觉疏林鸣。
空际旱尘灭，　虚堂凉思生。
颓檐滴沥余，　忽作流泉倾。
况此高人居，　地偏园景清。
芳馨杂悄蒨，　俯仰同鲜荣。
我来偶兹适，①　中怀淡无营。
归路绿泱漭，②　因之想岩耕。

〔注〕①兹适：即适兹。　②泱漭：广大貌。

这首诗是朱熹（晦翁）于夏日出游途中，忽遇阵雨而作。

全诗分四个层次。自“云起欲为雨”以下四句，写中途遇雨景象。这里应注意的是“云起”二字，“溪云四起”，是“山雨欲来”的征兆，下面二句所描绘的，都是四周景色因“云起”而产生的变化。杜甫描写雨时的云，有“紫崖奔处黑，白鸟去边明”(《雨四首》其一)之句，言云奔之处，紫崖便黑；云去之边，白鸟还明。次句“中川分晦明”写云遮之处，水面便暗；无云之处，水面还明，也正是这种景象。这里所以用“中川”而不用“大地”，因水面波光更易产生晦明之景。浮云飘游，转瞬遮掩了山岭。一个“横”字写出云之行迹，这里“横岭断”与韩愈诗中“云横秦岭”，为同一景象。“惊”字喻云起之速。晦翁所遇乃一场急雨，时值溽暑，雨前烈日当空，天无纤云，忽见四面云起，顿生惊讶之心。惊心未已，骤雨已泻，故下句又写林间雨鸣。从“才惊”二字，可知晦翁此时目光，尚未从岭云移开，雨降疏林，非其目见，只是感觉到而已，故不状雨形，但写雨声。这四句诗写出了一场急雨前后倏忽万变的景象。

自“空际旱尘灭”以下四句，写至庵后观雨的情景。一场大雨，驱散了空中炎氛，闲坐空堂，凉风习习，烦热顿消。“颓檐”二句，写雨将止时的景象。当大雨之时，雨水从檐上直泻而下，至檐水滴沥，雨已将止，而此点点滴滴，汇于檐上，便成积水，从崩塌之处倾泻，状若飞泉。这种景象，为人所常见，但大多又熟视无睹。故这二句诗，乍看并不觉奇，但细味则不能不叹服作者摹写景物的细致入微，非深于体物者，决不能作。

夏日急雨，无端而来，须臾即止，瞬息万变，不可名状，而此诗竟能用短短八句，清晰、形象地描写了整个下雨过程。从表现手法上看，此诗有二点值得注意：一是节奏甚快，二是形象鲜明。诗中抓住了急雨前后景物变化的一些特征(如“云起”、“晦明”、“岭断”、“林鸣”、“尘灭”、“凉思”、“滴沥”、“流泉”)，用“欲”、“才”、“已”、“忽”等强调时间变化的字眼，将它们串连起来，使诗中形象处在一种快速流动的过程之中。因为节奏快，故此诗前半部分的描写也如一场急雨，富于变化；因为形象鲜明，故虽变不嫌其烦，虽快不觉其乱。

自“况此高人居”以下四句，写雨后所见。“园景清”三字与前“旱尘灭”呼应，尘灭方能景清。“芳馨”二句，即写园景：香花幽草，在风中俯仰，方经雨润，更觉鲜艳繁盛。

末四句自道雨后心情。我碰巧来到这里，遇此急雨，心澄意闲，万念皆消。雨霁天清，登上归路，但见绿阴无际，四顾苍然，对此佳景，益发起躬耕山林之念。后面八句诗境淡远，词句清丽，既切合雨后景色，也与人一洗烦溽后的心情吻合。

晦翁论诗，推重陶(渊明)、韦(应物)、柳(宗元)，他曾自道作诗门径：“闻之诸先生，皆曰：作诗须从陶、柳门庭中来乃佳，不如是无以发萧散冲淡之趣，不免局促于尘埃，无由到古人佳处也。如《选》诗及韦苏州诗，亦不可不熟观。”（录自王懋竑《朱子年谱》）他认为陶渊明诗之所以高，正在其超然自得，趣味高远；韦应物诗“无一字做作，直是自在，其气象近道，意常爱之。”（《朱子语类》）这首咏雨诗，气象雍容，意境闲雅，趣味幽洁，措辞清婉，萧然脱俗，自然高远，在语言、风格上均酷似韦诗。在江西派末流逞才弄巧以及一般道学家借诗说理习气正浓之时，晦翁是一位能做诗的理学家，他的理论和实践，是值得重视的。　（黄　珅）

拜张魏公墓下　　朱　熹

衡山何巍巍，　湘流亦汤汤。①
我公独何往？　剑履在此堂。
念昔中兴初，　孽竖倒冠裳。
公时首建义，　自此扶三纲。
精忠贯宸极，　孤愤摩穹苍。
元戎二十万，　一旦先启行。
西征奠梁益，　南辕无江湘。
士心既豫附，②　国威亦张皇。③
缟素哭新宫，　哀声连万方。
黠虏闻褫魄，④　经营久彷徨。
玉帛骤往来，　士马且伏藏。
公谋适不用，　拱手迁南荒。⑤
白首复来归，　发短丹心长。
拳拳冀感格，　汲汲勤修攘。
天命竟难谌，　人事亦靡常。
悠然谢台鼎，　骑龙白云乡。
坐令此空山，　名与日月彰。
千秋定军垒，　岌嶪遥相望。
贱子来岁阴，　烈风振高岗。
下马九顿首，　抚膺泪淋浪。
山颓今几年，　志士日惨伤。
中原尚腥膻，　人类几豺狼！⑥

公还浩无期，　　嗣德炜有光。
恭惟宋社稷，　　永永垂无疆。

〔注〕 ① 汤汤(shāng)：大水急流貌。 ② 豫附：乐意归附。 ③ 张皇：张大。 ④ 褫魄：夺魄、丧魄。褫(chǐ)：剥去衣服。 ⑤“拱手”句：指张浚被贬到永州。拱手，喻“从容”。⑥ 几：接近，几乎成为。

这首诗是宋孝宗乾道三年(1167)朱熹偕张栻(魏公张浚长子)登南岳衡山谒张浚墓之作。张浚是南宋前期重臣。建炎三年(1129)在平江府(今江苏苏州)“同节制军马”，杭州的苗傅、刘正彦作乱，逼高宗退位。这时一些大将如韩世忠、张俊、吕颐浩等都无以为计，张浚毅然起兵，一举平定了苗、刘之乱。后来宋高宗要以秦桧为相，张浚认为不如赵鼎，因而受到秦桧的忌恨。张浚一贯主张收复失地，但没有成功。孝宗时张浚任枢密使，封魏国公，所以诗题称“魏公”，死后葬在衡山。朱熹和张浚长子栻(南轩)是好朋友。这年朱熹三十八岁。

这首五言古诗是朱熹诗中激昂慷慨的代表作。全诗四十八句，可以分为三节：前四句为第一节，写墓地的形势。衡山湘水，暗示张魏公的勋业声名与山水永存。三四句写自己的怀念。古代大臣的墓道前有享堂，所谓“剑履在此堂”即指在享堂中见到的遗物。第三句在结构上又引起下文。

从“念昔中兴初”至“骑龙白云乡”为第二节，赞叹张浚一生的功业和精神。这是全诗的主要部分，又可分为五层。前八句为一层，写首建义旗，平定苗、刘之乱。这是张浚生平最值得称道之事，所以叙述特详。“念昔”句总领本节二十八句，“孽竖”指苗、刘。“扶三纲”对“倒冠裳”而言，等于再造宋室。“精忠”二句用排比极力颂扬张浚的忠义之心，也是全诗的主旨所在。张浚平定苗、刘之乱事，《宋史·张浚传》中有详细记载。“元戎”二句指首先起兵讨平苗、刘。“西征”八句为第二层，写张浚当政时积极图谋恢复的精神。“西征”句指张浚经营陕西、四川，益州即成都，梁州即汉中。“南辕”句指平服杨么。“士心”二句从我方写张浚的声威，“缟素”句指徽宗之丧，与“精忠”句呼应。“黠虏”句写张浚的声威使敌人丧胆。这八句概括而有层次地写张浚当朝积极主战的精神和影响。“玉帛”四句为第三层，含蓄地写主和派得势，张浚被南贬。(玉帛，泛指礼器，引申为和好。“玉帛骤往来”，谓化干戈为玉帛，使节往来。)“白首”四句为第四层，指孝宗即位复用张浚，表现张浚虽老而谋国精神不衰。“感格”指感动皇帝放弃屈辱投降政策，“修攘”指修明政治，攘除灾祸。“天命”四句为第五层，写张浚功业未就忽然谢世。“谌”当“信”解，《古文尚书·咸有一德》说：“天难谌，命靡常”，《诗·大雅·荡》“天生烝民，其命匪谌。”古人对无可奈何或无法解释的事常委之于天命，这两句是说天命竟然难以信赖，而人事又变化无常，含蓄地批评朝廷和战屡变，任人不专。“悠然”二句写张浚去世。古人称伟人去世为仙逝，传说殷相傅说骑箕星，所以苏轼《韩文公庙碑诗》有“公昔骑龙白云乡”之句，这里以白云乡指天上。全句说，张浚见世事不可为，只好离开官位上天去了。台鼎指最高官位三公，因张浚曾任枢密使，故云。这句和“我公独何往”句相关合。这一节二十八句是这首诗的中心，也是最难措词的地方。因为朝廷用人不专，和战不定，使大好河山，未能收复，但朱熹在诗里不便明加指斥。另一方面，张浚平定苗、刘是建立奇勋，而其后用兵则败多胜少，最大的失败有两次，一为建炎四年的陕西富平之败，一为隆兴元年(1163)的安徽符离之败，南宋损失极为严重。朱熹为尊者、贤者讳，当然不能指责张浚指挥不当。所以除第一层详写外，其余部分有意简略，含糊其词，只着眼赞扬张浚的谋国之忠，而对他战败被斥，复起而无功等事则委之于天命人事之无常，这在当时认为是得体的。

最后十六句为第三节，分四层。“坐令”四句紧接上节，写张浚葬此，使山川生色，和第一节相呼应。定军垒指定军山，是诸葛亮的葬地，这里拿诸葛亮来赞美张浚。在结构上是承上启下，从张浚生平一笔挽回，写今日自己的谒墓。“贱子”四句为第二层，先写谒墓的时令，而景色的叙写也具有凄怆的气氛。“烈风”句很显然是受杜甫“岁暮百草零，疾风高岗裂”(《自京赴奉先县咏怀》)的影响。“下马”句点题目中的“拜”字。“抚膺”句写自己的感情，引起下一层对国势的慨叹。“山颓”句为第三层，写张浚死后几年，志士失气，国势岌岌可危，中原既未收复，人民都有几乎变为异族的危险。(豺狼，对金人的污蔑称呼。)这四句补足上层“抚膺”句的感叹。“公还”句为第四层，先收束“独何往”、“骑龙白云乡”、“山颓”等句的意思，知道死者不能复生。然后说张浚的儿子(栻、构)能继承父志，可告慰于死者。结尾两句，粗看起来，似草草收场，与上文无甚联系，实则作者是对张家世代忠义的极高赞美而不着痕迹。这两句紧接“嗣德炜有光”来，就是说朝廷如能信用像张浚父子等忠肝义胆的志士，国家即可长久；否则就不能免除“中原”二句所描写的可怕后果。

这首诗，结构谨严而又大开大合，叙事、议论、抒情结合在一起，既表现出对张浚忠义的景仰，又指斥投降派的误国，沉郁苍凉，不但在理学家中，即使在整个南宋诗坛上亦可称佳作。

(周本淳)

春　日　　　　朱　熹

胜日寻芳泗水滨，①　　无边光景一时新。

等闲识得东风面,② 万紫千红总是春。

〔注〕 ① 胜日:原指节日或亲朋相聚之日,此指晴日。 ② 等闲:寻常,随便。

诗中说理,历来遭到非议。理语和诗歌,仿佛是两个冤家,不能相容。但王夫之认为诗原于情,理原于性,未必一定分辕反驾,而晦翁的某些说理诗,尤为他所称赏。在晦翁集中,确有一些虽然说理,但不堕理障、富于情趣的作品,《春日》便是其中极出色的一篇,一直为人传诵。

王相注《千家诗》,认为这是游春踏青之作。从诗所写的景物来看,也很像是这样。首句"胜日"点时,"泗水"点地,"寻芳"二字,点明主题,下面三句,都是寻芳所见、所得。"寻"字不仅写出作者逸兴,也给诗添了不少情趣。次句虚写眼前所见,觉无限风光景物,焕然一新。这"新",既是春回大地、万象更新的新,也是出郊游赏、耳目一新的新。非春日不会有此新的景象,非寻芳也不会有此新的感觉。

下联用形象的语言,描绘了光景之新,抒写了寻芳所得。东风荡漾,拂面而来,眼前万紫千红的景象,尽是春光点染而成。"识"字承"寻"字,因"寻"而"识"。"万紫千红"承"光景一新",正是那色彩缤纷、生意盎然的鲜花,使风景焕然一新。东风将百花吹得烂漫多姿,故诗人从万紫千红之中,认识了东风;而又正是百花给春日带来了蓬勃的生气,故诗人又从万紫千红之中,感到了春天的气息。

从字面上看,这首诗写得生动流丽,浅显明白,人尽能解。但正是这种浅显明白,将不少人瞒过,引起了人们的误解。晦翁作此诗,其意决不在春光骀荡。诗的首句即道所游在泗水之滨,其地春秋属鲁,孔子尝居洙、泗之间,教授弟子。宋室南渡,泗水已入金人掌握之中,晦翁未曾北上,怎能于此游春吟赏?其实,诗中"泗水",乃暗指孔门,所谓"寻芳",即求圣人之道。在这首诗中,晦翁谕人,仁是性之体,仁的外现就是生意,所以万物的生意最可观,触处皆有生意,正如万紫千红,触处皆春。

提起晦翁说理诗的佳作,人们常举《观书有感》为例,称赞它寓哲理于生动、形象的比喻之中,富于理趣。但《观书有感》尽管不同于一般的说理诗,毕竟一望可知是说理诗,而《春日》诗形象更加鲜明,情景更加生动,描写更加自然,读了但觉春光满眼,如身游其间,竟不知是在说理,则其构思运笔之妙,尤胜于《观书有感》。

和一般道学家不同,晦翁比较重视创作的艺术技巧,重视作品文与质的统一。当然,他重文,完全是出于明道的需要,是为了使其道能行之久远。但在艺术作品中，形象永远大于思想，故后人读这首诗，所注意的只是诗中景象，而很少去求索它的本意，作为一篇单纯的游春诗看，它也具有很大的艺术感染力。对晦翁来说，却是他意料所不及的。

（黄　珅）

观书有感二首　　朱　熹

半亩方塘一鉴开，　天光云影共徘徊。
问渠那得清如许？　为有源头活水来。

昨夜江边春水生，　蒙冲巨舰一毛轻。
向来枉费推移力，　此日中流自在行。

从题目看，这两首诗是谈“观书”体会的，意在讲道理、发议论；弄不好，很可能写成“语录讲义之押韵者”。但作者写的却是诗，因为是从自然界和社会生活中捕捉了形象，让形象本身来说话。

先看第一首。

“半亩方塘一鉴开，天光云影共徘徊”，这景象就很喜人。“半亩方塘”，不算大，但它像一面镜子那样澄澈明净，天光云影，都被它反映出来，闪耀浮动，情态毕见。作为景物描写，这也是成功的。这两句展示的形象本身，能给人以美感，能使人心情澄净，心胸开朗。

这感性形象本身还蕴含着理性的东西，最明显的一点就是：“半亩方塘”里的水很深很清，所以能够反映天光云影；反之，如果很浅、很污浊，就不能反映，或者不能准确地反映。诗人正抓住了这一点，作进一步地挖掘，写出了颇有“理趣”的三四两句：“问渠那得清如许？为有源头活水来。”“渠”是个代词，相当于“他”，这里代“方塘”。“清”，已包含了“深”，因为塘水如果没有一定的深度，即使很清，也反映不出“天光云影共徘徊”的情态。诗人抓住了塘水深而且清就能反映天光云影的特点，但没有到此为止，进而提出了一个问题：“方塘”为什么能够这样“清”？而这个问题，孤立地看“方塘”本身，是无从找到答案的。诗人于是放开眼界，终于看到“源头”，找到了答案：就因为这“方塘”不是无源之水，而是有那永不枯竭的“源头”，源源不断地为它输送“活水”。

后两句，当然是讲道理、发议论，朱熹虽是理学家，但这和“语录讲义”很不相同：第一，这是对前两句所描绘的感性形象的理性认识；第二，“清如许”和“源头活水来”，又补充了前面所描绘的感性形象。因此，这是从客观世界提炼出来的富有哲理意味的诗,而不是“哲学讲义”。用古代诗论家的话说,它很有“理趣”,而无“理障”。

“方塘”由于有“源头活水”不断输入,所以永不枯竭,永不陈腐,永不污浊,永远深而且“清”,“清”得不仅能够反映出“天光云影”,而且能够反映出它们“共徘徊”的细微情态。——这就是这首小诗所展现的形象及其思想意义。

再谈第二首。

“昨夜江边春水生,蒙冲巨舰一毛轻”,其中的“蒙冲”也写作“艨艟”,是古代的一种战船。因为“昨夜”下了大雨,“江边春水”,万溪千流,滚滚滔滔,汇入大江,所以本来搁浅的“蒙冲巨舰”,就像鸿毛那样浮了起来。这两句诗,也对客观事物作了描写,形象比较鲜明。但诗人的目的不在单纯写景,而是因“观书有感”而联想到这些景象,从而揭示一种哲理。

“向来枉费推移力,此日中流自在行”,就是对这种哲理的揭示。当“蒙冲巨舰”因江水枯竭而搁浅的时候,多少人费力气推,力气都是枉费,哪能推动呢?可是严冬过尽,“春水”方“生”,形势就一下子改变了,从前推也推不动的“蒙冲巨舰”,“此日”在一江春水中自在航行,多轻快!

蒙冲巨舰,需要大江大海,才能不搁浅,才能轻快地、自在地航行。如果离开了这样的必要条件,违反了它们在水上航行的规律,硬是要用人力去“推移”,即使发挥了人们的冲天干劲,也还是白费气力。——这就是这首小诗的艺术形象所包含的客观意义。作者的创作意图未必完全如此,但我们作这样的理解,并不违背诗意。

前一首,至今为人们所传诵、所引用,是公认的好诗。后一首,似乎久已被人们遗忘了,但它同样是好诗,能给人以哲理的启迪:别做在干岸上推船的蠢事,而应为“蒙冲巨舰”的自在航行输送一江春水。　（霍松林）

奉酬九日东峰道人溥公见赠之作①　　朱 熹

几年回首梦云关,②　　此日重来两鬓斑。
点检梁间新岁月,　　招呼台上旧溪山。
三生漫说终无据,　　万法由来本自闲。
一笑支郎又相恼,③　　新诗不落语言间。

〔注〕 ① 溥公:事迹未详。道人,此指佛教僧人。 ② 云关:此处即指东峰。 ③ 支郎:支谦一名越,字恭明,汉灵帝时,其祖率月氏数百人,归化中国,拜率善中郎将,谦曾仕吴为博士,后隐居穹窿山。当时有“支郎眼中黄,形躯虽细是智囊”之语(见慧皎《高僧传》)。

这首诗是作者和他的方外之交东峰道人溥公酬赠的诗作。溥公和作者别后重逢，正值重阳，溥公有诗为赠，作者酬答了这首律诗。

诗的开头两句："几年回首梦云关，此日重来两鬓斑。"表明别后几年，经常思念自己的友人，回首前尘，当年聚首的云关，还频频萦现在梦寐之间，那里的东峰，正是溥公栖息之所。而这次重逢，恰好还在云峰，重逢的喜悦是可想而知的。虽说时光流逝，自己的双鬓已经斑白，但能会见故人，也就是莫大的安慰了。接着申足前意："点检梁间新岁月，招呼台上旧溪山。"检点梁间的燕子，它们自去自来，已经经历了不少新的岁月，燕巢犹在，已是新筑的了。那台上所见的溪山，还像旧时一样，妩媚迎人，似乎和老友招呼："你们旧日的游踪，还存留在这儿哩！"这两句进一步写重逢的喜悦，溪山依然如画，燕语如迎故人，岁月是消失了，却喜旧情还在。

五六两句，转进一层，写重逢以后谈论的内容："三生漫说终无据，万法由来本自闲。"尽管佛家爱说三生（前生、今生、来生），溥公也不例外，但作者看来"三生"毕竟是无据的。所谓万法归根，实皆本于寂静。（此处的"闲"，即佛家所谓寂静、寂灭。）佛家主张寂灭，追求不生不灭的涅槃境界。道家则主张清静无为。而儒家主张万物皆备于我，反身而诚；主张居敬慎独。但归根结蒂，佛家、道家的宗旨，其由来只在于一个"闲"字。闲则静，静则百念皆空，神完志适。这和儒家重视人事，主张格物致知、居仁由义，在观点上也是迥然不同的。这两句说明作者和溥公，尽管是知交，但对哲学上的观点不妨各有见解。

结尾两句："一笑支郎又相恼，新诗不落语言间。"作者知道上面"三生"、"万法"的说法，支郎必定不会同意，甚至还要相恼，这里以支郎代称溥公，交郎本是三国时期高僧支谦的称号。后世因尊称僧人为支郎。诗句中以"又相恼"表示和溥公的解说，早有不同。又以"不落语言间"表示，我之奉酬新诗的本意，只是表白自我的情志，真情所在，原是不落于语言之间的。这最后一句意思是说：新诗在语言之外，寓有深情。相逢一笑，溥公于"相恼"之外，当亦为重逢的喜悦，而欣然相谅吧。

全诗前半抒情，情中寓景；后半说理，理中见情。抒情之笔，充满重来的欣喜；说理之笔，深见高致。

（马祖熙）

偶题三首　　朱　熹

门外青山翠紫堆，　幅巾终日面崔嵬。①
只看云断成飞雨，　不道云从底处来。②

擘开苍峡吼奔雷， 万斛飞泉涌出来。
断梗枯槎无泊处， 一川寒碧自萦回。

步随流水觅溪源， 行到源头却惘然。
始悟真源行不到， 倚筇随处弄潺湲。

〔注〕 ① 幅巾：古代文士用绢一幅束发，称为幅巾，为一种表示儒雅的装束。崔嵬：山高大不平。 ② 底处：何处。

朱熹的诗歌，常常从偶然闲适的生活中悟出一种做人治学的大道理来。他着笔不多，却耐人深思，能够打开人们积极的思路。《偶题》三首，正是这类的诗篇。

第一首写他自己整天儒巾闲雅，面对门外的青山，山上翠紫成堆，山峰巍峨高大，山头云涛奔涌。在云浪断缺的地方，忽而成霖作雨，忽而雨过天晴，青山依然是翠紫鲜明，惬人心目。断云则飞向天际。作者在此时，不禁会心地想到：人们只会看到云腾致雨的现象，却不知云从何处飞来这个根底，因之悟出个凡事要追求根源的道理。云气蒸腾于深山大泽之间，深山大泽又是蛟龙窟宅之所在，这儿水气盛多，水气凝成云彩，云彩遇冷又降落为雨水，往返回环，为自然界带来了生气，为万物生长供给了源源不断的水分，这就是云的根底，在今天已成为尽人皆知的事理，而在当时还不被一般人所理解。然而作者的用意，却远不止此。作者认为修身、齐家、治国、平天下，都有个根底；治学力行，也有个根底。理解根底之所在，则探理求知，无往而不适；敦品励行，无施而不安。百花的芬馨，来源于阳光雨露的抚育，园丁辛勤的栽培；禾稼的丰收，来源于适时的种植，土宜的选择，农民辛劳的耕耘。凡事务必要寻求个根底，这就是诗人命意之所在。

第二首是作者对水的奋斗精神的赞歌。作者以为，人们除了知本务本以外，事业的成就，还在于奋斗的毅力和冲决不懈的精神。诗的前两句以“擘开苍峡吼奔雷”形象地描绘水在出山之时，尽管遇到艰难险阻，它澌流向前，勇猛地冲击阻挡它的山峡，终于以雷霆万钧的威势，腾吼激撞，从崇山峻岭中把苍崖巨峡擘开，取得斗争的胜利，从而使“万斛飞泉”奔涌而出，一泻千里，形成波澜浩瀚的壮观。后两句“断梗枯槎无泊处，一川寒碧自萦回”，紧承前句，表明水在注入平原以后，仍然奋斗不息，在波涛激荡之处，一切断梗枯枝，被淘洗一清，不容留泊，最后才有一川寒碧的江水，照映淡荡的天光云影，澄澈晶莹、回旋萦绕，自由自在地前进。在诗中，作者启示人们，只有奋斗才是成功之路，有毅力，有恒心，即使有千重阻力、万道难关也是可以攻破的。一往澄清的境界，只有在艰苦奋斗中才能够得来。

第三首启示人们探求真理的源泉，必须有笼罩全局的魄力，有识得整体的眼力，有辨别精粗巨细和综合归纳的能力，然后由博返约，自见真源。如果浅尝即止，一得自矜，满足于一点一滴、一鳞一爪的收获，是不能寻得来龙去脉之所在的。诗以探寻水源为例，作出哲理性的说明，可说是独具慧眼。

诗的前两句："步随流水觅溪源，行到源头却惘然。"表明随着流水的踪迹，沿溯寻源，本来无可非议，但在行到水源的尽处时，却感到那儿并非真源的所在而不免惘然。于是作者悟出一个道理，便在后两句写道："始悟真源行不到，倚筇随处弄潺湲。"意思是说：真正的源头往往来自千流万派，然后汇成一道清溪，奔注而下。如果漫步寻源，不肯多花探索的气力，或者穷尽一点，就认定是源头在此，往往不能寻得真源所在。作者根据自己的体会告诉人们，真源既不能一探便得，那就该随处追寻，多方探索，积之既久，则真源自现。于是他扶着筇杖，到处寻弄潺湲的水源，后来才悠然心会，豁然悟得万派归宗的道理。作者在诗里表明寻求真理之道，如探真源，须得涵泳玩索，融会贯通，去偏求全，去粗取精，然后真理始能朗然在目。倘若执其一端，认为真理就在这里，必然支离破碎，落入魔道。譬如管中窥豹，所见一斑，断非全豹；盲人摸象，各据一偏，是不能见到真象的，道理非常明显。

（马祖熙）

淳熙甲辰仲春，精舍闲居，戏作武夷棹歌十首，呈诸同游，相与一笑①　　朱　熹

武夷山上有仙灵，　山下寒流曲曲清。
欲识个中奇绝处，②　棹歌闲听两三声。

一曲溪边上钓船，　幔亭峰影蘸晴川。
虹桥一断无消息，　万壑千岩锁翠烟。

二曲亭亭玉女峰，　插花临水为谁容？
道人不作阳台梦，　兴入前山翠几重。

三曲君看架壑船，　不知停棹几何年？

桑田海水今如许，　泡沫风灯敢自怜。③

四曲东西两石岩，④　岩花垂露碧㲮毵。⑤
金鸡叫罢无人见，　月满空山水满潭。

五曲山高云气深，　长时烟雨暗平林。
林间有客无人识，　欸乃声中万古心。⑥

六曲苍屏绕碧湾，　茅茨终日掩柴关。
客来倚棹岩花落，　猿鸟不惊春意闲。

七曲移舟上碧滩，⑦　隐屏仙掌更回看。
却怜昨夜峰头雨，⑧　添得飞泉几道寒。⑨

八曲风烟势欲开，　鼓楼岩下水萦洄。
莫言此处无佳景，　自是游人不上来。

九曲将穷眼豁然，　桑麻雨露见平川。
渔郎更觅桃源路，　除是人间别有天。

〔注〕 ① 精舍：即武夷精舍。棹(zhào)歌：鼓桨而歌。棹，船桨。 ② 个中：其中。 ③ 泡沫风灯：《艺文类聚》卷七八徐陵《徐则法师碑》："假矣生民，何其夭脆。譬彼风雷，同诸泡沫。"苏轼《孙莘老求墨妙亭诗》："后来视今犹视昔，过眼百世如风灯。"均用以喻人生短促。 ④ 两石岩：指四曲东岸的大藏峰和与之隔岸对峙的仙钓台。 ⑤ 㲮毵(lán sān)：毛羽散垂貌。 ⑥ 欸(ǎi)乃：摇橹声。 ⑦ 碧滩：指獭控滩。 ⑧ 怜：爱慕，喜爱。 ⑨ "却怜"二句：别本又作："人言此处无佳景，只有石堂空翠寒。"

"武夷之奇奇以曲，武夷之曲可方舟。"(龚一清《游武夷》)武夷胜景，多在九曲。九曲溪发源于三保山，经星村入武夷山，折为九曲，至武夷宫前，汇于崇溪，盘绕山中约十五里。自武夷宫前溯流而上，但见千峰竞秀，万壑争流，水光山色，交相辉映，托出一幅"碧水丹山"的天然美景。最早在诗中全面描绘九曲胜景的，便是朱熹(晦翁)这十首棹歌。

宋孝宗淳熙十一年(1184)，晦翁于武夷五曲隐屏峰下，筑武夷精舍(后改名紫阳书院），爱此佳景，乘兴时游。晦翁性好山水，每至一溪一石，必流连赏玩，饮酒赋诗，以助逸兴。所作武夷九曲棹歌，诗中有画，笔端含情，历代赓和不绝，至今犹负盛誉。

“水回山便合，一曲一乾坤。”（衷宗周《丙夜再泛九曲》）九曲棹歌，各写一曲风光，而于每一曲，又拈出一胜，着力描绘，并以这些胜景为点，以诗人的游程为线，将它们串连起来，这样就使十首合成一篇，使诗中的描述也充满了流动感，故这组诗，又可作武夷九曲导游看。

第一首总写。所谓山上有仙灵，山下有九曲，并非将两者并论，而是以神仙陪衬九曲，言九曲即是仙境。这不仅从侧面突出了它的秀美，也为之增添了不少神奇色彩。春寒料峭，溪流婉折峰峦之间，故云“寒流曲曲”。欲识九曲奇观，不妨闲听棹歌，这是晦翁自道；而后人读这组诗，即使不曾身历九曲，固已神游其间，领略各处胜景，叹服作者在状物写景上的艺术才能。

自山前溯流而上，晴川一带为一曲。幔亭峰屹立溪岸，山峰如笔，晴川如砚，峰影倒映，似笔蘸砚。蘸字本无奇意，但用于此，既突兀，又贴切，可谓奇妙。这组诗写前几曲，每以神话穿插其间，这种描写，能使眼前景物获得生命，使之活动起来，从而增添了诗的情趣。幔亭峰以仙迹著称，据宋人祝穆《武夷山记》载：秦始皇二年，武夷君在幔亭峰顶设宴招待乡人，于空中架虹桥，接引二千余人上山。宴罢，乡人辞别下山。忽然风雨暴至，虹桥飞断。回视山顶，岑寂如初。今虹桥已断，仙乐难闻，洞天杳杳，久无音息，眼前惟见绿阴如烟，裹绕溪山，天上人间，终难相期，但令人神往而已。

自晴川溯流而上，是为二曲。夹岸诸峰耸峙，状若丛笋，其间玉女峰石色红润，亭亭玉立，天然娟秀，尤令人瞩目。峰顶草木参簇，宛若山花插鬓，峰影倒映，又似临水自照。如此丽质，悄立溪口，不知竟待何人？次句不仅将玉女峰写得娟好绰约，而且妩媚多情。玉女峰秀出溪边，其状与巫峡神女峰相似。昔楚王登阳台而梦神女，后人游武夷九曲，见玉女峰也常怀朝云暮雨之念。而此诗则说不暇作此缅想，因眼前风景迷人，作者游兴正浓，早已飞入前面翠峦之中。

三曲有小藏峰，又名仙船岩，峭壁千寻。东壁山罅间，有二艘木船，架于横木之上，半藏罅内，半悬空中，谓之“架壑船”。此船位于险壁，不知从何而来，任凭风雨吹打，不朽不坠，使人颇有神秘之感，故又称作“仙船”。晦翁认为，这是前世道路未通、川壅未决时夷落遗迹，故诗中有“不知停棹几何年”之语。由此一问，复生无限感慨。世事多变，沧海竟成桑田，况人生短促，本如泡沫风灯，转瞬即灭，于此觉悟，又岂敢自怜？前二曲均从大处泼墨，写眼前壮观，此诗则如画中特写，专咏一物，诗中虽未描绘三曲风光，但三曲之胜，同样使人难忘。

武夷九曲，非泛舟溪上，不能揽其胜，但其胜景，又尽在两岸峰峦。故这组诗虽以山水夹写，曲曲点水，但所重则篇篇在山。舟入四曲，两山迎面而来，大藏峰危立水际，仙钓台峭临溪畔，隔岸对峙，东西相望。岩上花浥清露，草木离披。大藏峰壁下有穴，相传古有鸡鸣，故名“金鸡洞”。如今那传说中的金鸡，已阒然无闻，惟有空山冷月，深潭寒水，伴人寂寥。下联所表现的情景，与崔颢名句“黄鹤一去不复返，白云千载空悠悠”（《黄鹤楼》）相似，但诗之意境幽邃深远，故作者的孤寂凄清之情，也表现得格外突出。

九曲中惟五曲地势宽旷，故更觉山势高峻；因山势高峻，故云气幽深；因云气幽深，故长期烟雨迷蒙；因烟雨迷蒙，故平林景暗。此诗上联所写景物，看似并列，但实如环，字字紧扣，相推出意，从中可见晦翁对景物观察之细、摹写之工。而在这种境况之中，竟有幽人，独自来往林间。下联“无人识”三字，寓意实深。武夷精舍即筑于平林洲上，晦翁常于此泛舟游赏，“有客”乃其自谓，所谓“欸乃声中万古心”，即其在此讲学求道之心，所谓“无人识”，即无人能理解他的深心。

从苍屏峰前转折东流，便是六曲。其间茅屋俨然，柴门长掩，何等清寂。而岩上落英缤纷，交柯云蔚，猿鸟悠然，春意闲淡。王维诗：“人间桂花落，夜静春山空。月出惊山鸟，时鸣春涧中。”（《鸟鸣涧》）以花落鸟惊烘托山空涧静。而晦翁这首诗则从猿鸟不惊，带出春意闲淡，而春意闲淡，又和那清寂的环境交融。两首诗的表现手法虽然有别，但产生的效果相同。无论环境清寂，还是春意闲淡，都是为了表达晦翁此时甘于寂寞，心与道俱。而这就是前一首诗中所说的“欸乃声中万古心”。

自六曲上溯，至獭控滩，是为七曲。回首顾望，隐屏峰苍然耸峙，仙掌峰直插云天。而昨晚一场急雨，又在峰头汇成几道山泉，飞流直下，喷溅生寒，格外令人怜爱。此时行程已过大半，胜景迭出，使人难舍，故诗的字里行间，也流露出对景物的依恋。

溪入八曲，山势渐开，不再像前面那样为幽深的云气、迷蒙的烟雨所笼罩。“开”字与一曲“万壑千峰锁翠烟”的“锁”字，遥相呼应。七曲滩险水急，牵挽颇艰，游人多至此而返。故诗中实写八曲胜景，仅“鼓楼岩下水萦洄”一句，而言此地非无佳景，自是游人畏难不上，故不见其胜罢了。这种感触，常常发生在涉足险远之中，如王安石的《游褒禅山记》，即发挥此意，成为名篇。

行尽九曲，山峰渐少，水面平广，眼前景象，豁然开朗。两岸桑麻雨露，开敞夷旷，分明桃源景象。而舟游九曲之途，与陶渊明笔下渔人误入桃源之路，也有所相似。故末句言桃源即在眼前，无需他求，收束全篇。辛弃疾游九曲，作诗道："行尽桑麻九曲天，更寻佳处可留连。"(《武夷三首》其三)乘兴觅胜，是人之常情，而晦翁不仅是寻胜，且有终焉之意，其故何在？与这组诗作于同时的《感春赋》，自道当时心情："触世涂之幽险兮，揽余辔其安之？慨埋轮而系马兮，指故山以为期。……自余既还归兮，毕藏英而发春。潜林庐以静处兮，阒蓬户其无人。……嗒掩卷以忘言兮，纳遐情于方寸。"正是这种心情使晦翁爱上九曲，有终焉之志，明白这些，也就能够理解他在五曲中所说的"欸乃声中万古心"的意思所在。

"春秋代序，阴阳惨舒，物色之动，心亦摇焉。""情以物迁，辞以情发。"(刘勰《文心雕龙·物色》)外界景物，在作诗之前，引起作者的灵感；在作诗之时，影响其感情；诗成之后，又反映在作品的风格之中。这组诗的语言，清新流丽，如翠木扶疏，清流潺湲，与其所咏的山水相称。而更值得注意的，还是诗中所表现的意境。惟其感情深沉，方能状此深远之境；也惟有如此意境深远之作，方能寓其深沉之情。但从内心情感的流露，到作品意境的形成，往往有待外界景物的触发。九曲景色，便在晦翁与棹歌之间起着这样的媒介作用。心物相感，情景交融，付于文字，便产生了如此清丽动人的作品。

(黄　珅)

【作者小传】

陈　造

(1133—1203)　字唐卿，晚号江湖长翁，高邮(今属江苏)人。淳熙二年(1175)进士。调繁昌尉。官至淮浙安抚使参议。有《江湖长翁集》。

都梁六首(其一、其二)　　陈　造

淮汴朝宗地，　孤埤只眼前。
谯楼西日淡，　戍鼓北风传。
破竹非无计，　浇瓜亦自贤。
客愁浑几许？　抚剑倚吴天。

天外纤云尽，　山巅望眼遥。
平淮剪绿野，　白塔界晴霄。
客里风光异，　吟边物象骄。

功名它日事，　　回首兴萧条。

都梁山位于今江苏盱眙东南，南宋时宋金边界线的淮河于附近流过。陈造可能是在四十岁左右时游此地，感慨颇多，故以“都梁”为题，写五律六首，这里选的是前二首。这两首都是写登临都梁山所望之景兼抒心中所生之情。

第一首以“淮汴朝宗地，孤埤只眼前”两句领起全诗。首句写骋望设想之境：淮河远接汴水，汴水又流经北宋京城汴梁，那里不正是原来群臣朝拜天子之地么？可现在却已入于金人之手。眼前所能见到的，只是这谯楼上的女墙孤独地耸立在山腰。两句一虚一实，兴亡之感顿生。颔联两句“谯楼西日淡，戍鼓北风传”，接首联第二句，写边塞望楼已被西下的日光涂上一抹淡淡的余晖，戍鼓声声更在北风中传送到耳畔。这前四句写望中所见，描绘出淮水边界萧瑟荒凉的景象。

后四句抒写心中的感怀。“破竹非无计”句，出自《晋书·杜预传》，杜预曾说：“今兵威已振，譬如破竹，数节之后，皆迎刃而解。”这里用此典，是就南宋抗金的形势而言，指出击败金人入犯并非无计可施。言外含有指责南宋朝廷屈辱苟安之意。“浇瓜亦自贤”句承上，用秦朝故侯召平在汉初隐居种瓜典故。在这里犹如说不肯与南宋小朝廷合作共事的隐者，嫉恶如仇，也自当视之为贤士。这两句是就南宋当时局势而生发的议论，针砭入理。最后两句“客愁浑几许，抚剑倚昊天”是感叹以明志之辞。作为这首诗的结尾，作者先以“客愁”总绾，这愁情既是仕宦羁旅之愁，也是日暮边关之愁，其中还寄托着忧国之情。这愁怨是无比浓深的，故曰“浑几许”。其次，诗人再以“抚剑”总收全诗。这里倚昊天而抚剑，相当于张孝祥词“念腰间箭，匣中剑，空埃蠹，竟何成！”(《六州歌头》)之意，居南而念北，山河破碎，恢复无期，有志难伸，忧愤难平。这一结尾，境界阔大，意象浑茫，振起了全诗的气势。

第二首写边界山野景象，同时也回应第一首，抒发了有感于时局的内心波澜。“天外纤云尽，山巅望眼遥。平淮剪绿野，白塔界晴霄。”这四句写诗人登上都梁高山所见开阔壮伟之景。那万里碧空，纤云皆无，都梁群峰一直绵延重叠到远方。银亮的淮河好像剪开绿色的田野划流而去，耸立的白塔又如晴空的分界。这里用“剪”和“界”两个动词，既是写景，又暗含统一的江山被强分为二的意思。所以这娇娆的美景，给诗人的感受却是“客里风光异”，落到一个“异”字上。“吟边物象骄”，诗人面对已成边界的壮伟江山，本应有健举的兴会，但抚及时局和个人的身世遭遇，不禁波澜顿起，感慨万端，从而发出：“功名它日事，回首兴萧条”

的长叹。

陈造自号江湖长翁，因为自认无补于世，置之江湖乃得其宜。他曾说："物无用曰长物，言无当曰长语。"所以才自称"长翁"，实含不受信用，愤世疾俗之意。这结尾两句，一方面切合自身，一方面也属愤慨之语，表现了对当局不思振作、屈辱求和，从而恢复无望的不满之情。言外之意是：国事日非，前景暗淡，他日回首这都梁山河的壮伟娇娆，怕也只能兴起无限萧条之感了。这两句关合全诗，含蕴是丰富而又深沉的，说明了诗人实在并不是超然物外的江湖隐者。（左成文）

田　家　谣　　陈　造

麦上场，蚕出筐，　此时只有田家忙。
半月天晴一夜雨，　前日麦地皆青秧。
阴晴随意古难得，　妇后夫先各努力。
倏凉骤暖茧易蛾，　大妇络丝中妇织。
中妇辍闲事铅华，　不比大妇能忧家。
饭熟何曾趁时吃，　辛苦仅得蚕事毕。
小妇初嫁当少宽，　令伴阿姑顽过日。[1]
明年愿得如今年，　剩贮二麦饶丝绵。
小妇莫辞担上肩，　却放大妇当姑前。

〔注〕①顽：作者自注："房谓嬉为顽。"案，时陈造为湖北房陵知州。

陈造是南宋较能反映社会现实以及劳动人民疾苦的一位诗人，很受陆游、范成大等大诗家的赏识。陆游为他的诗集作序，说他能"居今笃古，卓然杰立于颓波之外"，又说他的诗"不事浮响"，可见他诗歌的现实性是很强的，诗风也很质朴。

作者这一首古体叙事诗《田家谣》，宛如一幅田家劳动生活的风俗画，质朴纯美，充溢着浓郁的生活情趣。

全诗可分三个层次。第一层由农时入笔，写夏麦上场，春蚕出筐，这正是田家大忙的时节，恰好又是风调雨顺，"阴晴随意"。麦收过后，新秧又已泛青，只见那夫妻双双在田地里忙碌。这真是农家难得的好时光。这一层作者用夹叙夹议的笔法，写出了田家不误农时的勤劳和劳动的热情，赞叹之意已包融在字里行间。第二层集中笔墨写农家三妇。在蚕已作茧、蚕事正忙之时，大妇绕丝，中妇织帛。中妇年轻，忙里偷闲，不时还要用胭脂打扮一番，比不上大妇操劳顾家，忙得连吃饭都不能及时，一直辛苦到蚕事结束。小妇刚刚过门，不好就让她辛苦，只是陪着阿婆玩笑度日。这田家辛劳而又和美的情景，是通过家中三位媳妇各自不同的神态举止表现出来的。这里的笔法与辛稼轩《清平乐》词“大儿锄豆溪东，中儿正织鸡笼。最喜小儿无赖，溪头卧剥莲蓬”相似。辛词依次刻画人物以赞美农家的劳动生活。陈诗则从农家妇女来落笔，排行地位分明，神情各异，更富有浓郁的生活气息和诗的情趣。第三层写对明年继续得到好收成的祝愿，“剩贮二麦饶丝绵”，农家是多么希望辛苦劳动能结出丰硕的果实啊！作者在全诗的结尾，又补写一笔“小妇莫辞担上肩，却放大妇当姑前。”小妇今年是新嫁娘，理当照顾，明年就应该减轻大妇的负担，让她去陪陪阿婆了。

作者在这首古诗里反映了风调雨顺年景农民一家的辛勤劳动生活，也写出了劳动之家纯朴和美的家风，以及获得丰收的喜悦和愿望。作者的赞美田家之情是以质朴真切而又饶有情趣的笔触表现出来的。全诗风调纯美，情趣盎然。

（左成文）

题赵秀才壁　　陈 造

日日危亭凭曲栏，　　几层苍翠拥烟鬟。
连朝策马冲云去，　　尽是亭中望处山。

诗题的赵秀才是个什么人，已不可详知，陈造与他颇有交情，赠诗不止一首。他所居之地，可能是浙东一带。尽管人与地都不可确考，但并不妨碍我们理解和欣赏这首不寻常的小诗。

这首诗可说是语浅意新，情深景美。第一句入手极自然，每天都在高高的亭子凭着曲折的栏干，“日日”是久而不厌，“危亭”是高处立脚，不明说眺望而逗出了下句。“几层苍翠拥烟鬟”，真是一幅气韵生动的重峦拥翠图。“几层”是山水画构图里的深远法，山后有山，山上有山，一层深进一层，叠见重出，望不穿，猜不透。更加上“天降时雨，山川出云”，一座座峰峦时常被缥渺的云烟簇拥着，仿佛是美人的髻鬟，云烟又不时地流动着，变幻着，更使人目不暇接，浮想联翩。仅这两句，山之可爱和人爱此山之情，已跃然纸上，似乎无可再说的了。这两句固然好，但还不能有力地打动人心，因为前人诗中，已多有此境——“相看两不厌，只有敬亭山。”不是么？

三四句真正显出了宋代诗人的手段。如此好山，他并不以日日凭栏眺望为满足，硬是要脚踏实地，深入进去，寻幽探胜，穷尽此山美妙难测的奥秘。“连朝策马冲云去”，一朝不能穷尽而至于连朝，则山中境界的幽远，处处令人流连可知;"策马冲云",见得兴致勃勃,心情轻快。这连朝冲云而去的山,却又并非他处,依然是天天在亭子山看熟了的山呵。先起济胜之情,复有济胜之具,更增济胜之情,由虚而实,又由实返虚,似说尽而实未说尽,似刻露而意趣横生,益见山景之美不可尽,爱山之情不能已。

这种命意,还可找到同时代的范成大题为《白云岭》的诗来比较:路入千峰一线通,陆离长剑立天风。五年领客题诗处,正在孤云乱石中。相似的地方是:两人都写自己眺望曾游之山,并且都没有直写山中景物。不同的是,陈诗是久看之后生出无限向往而再度往游,范诗是伫看片时而追想昔日游踪。陈诗所写的山,层次和色彩都较范诗鲜明,陈诗抒发的对自然美的爱好,也较范诗强烈。当然,这仅是这两首诗的比较,若就总的成就而言,陈自然是逊于范的。(徐永年)

【作者小传】

薛季宣

(1134—1173)　字士龙,号艮斋,温州永嘉(今浙江温州)人。少时从伯父弼宦游,熟知南渡初事。后从程颐弟子袁溉学。绍兴末,为鄂州武昌令。乾道中进大理正,后知常州,未赴而卒。反对空谈义理,注重研究田赋、兵制、地形、水利等世务,开永嘉事功学派先声。有《浪语集》、《书古文训》。

春愁诗效玉川子　　薛季宣

春阴苦无赖,　巧解穷雕锼。
入我方寸间,　酿成一百万斛伤春愁。
我欲挹此愁,　寸田无地安愁刍。
沃以一石五斗杜康酒,①　醉心还与愁为谋。
愁肠九转疾车毂,②　扰扰万绪何绸缪。③
愁思傥可织,　争奈百结不可紬。④
我与愁作恶,　走上千尺高楼。
楼千尺,溯云汉,　只见四极愁云浮。
都不见铜盘之日,　缺月之钩。
此心莫与明,　愁来压人头。

逃形入冥室，　关闭一已牢。
周遮四壁间，　罗幕密以绸。⑤
愁来无际畔，　还能为添幽。
忧我有龙文三尺之长剑，　真刚不作绕指柔。
匣以明月、通天、虹玉、烛银之宝室，⑥
可以陆刬犀象、水断潜伏之蛟虬。
云昔黄帝轩辕氏，　用斩铜头铁额、横行天下之蚩尤。
拟将此剑斮愁断，⑦　昏迷不见愁之喉。
若士为我言，　子识愁意否？
愁至不忘，　以愁生有来由。
闭愁不足计，　空言学庄周。
日中之影君莫避，　处阴息影影不留。
疾行嫌足音，　不如莫行休。
因知万虑为萦愁之繂，⑧　忘怀为遣累之舟。
归来衲被盖头卧，　从他鼻息鸣齁齁。⑨
取友造物先，⑩　汗漫相与游。
朝跻叫阊阖，⑪　夕驾栖丹丘。⑫
天公向我笑，　金母为我讴。⑬
酌我以琼浆、玉液、朝阳、沆瀣之浓剂，⑭　俾我眉寿长千秋。
却欲强挽愁作伴，　愁忽去我无处踪迹寻行辀。⑮
惟有春华斗春媚，　一一茜绚开明眸。
又有平芜绿野十百千万头钝闷耕田牛，　踏破南山特石头。

〔注〕 ① 杜康：传说中酿酒的发明人。 ② 毂(gǔ)：本指车轮木，这里作车轮解。 ③ 绸缪：这里是缠缚、绵密的意思。 ④ 紬：抽引、整理。 ⑤ 绸：同“稠”，密。 ⑥ 明月、通天、虹玉、烛银：都是珍宝名，古有明月珠，通天犀。 ⑦ 斮：同“斫”(zhuó)，砍，斩。 ⑧ 繂(lǜ)：粗绳。 ⑨ 齁(hōu)：鼻息声。 ⑩ 造物：天帝。 ⑪ 阊阖：天门。《离骚》：“吾令帝阍开关兮，倚阊阖而望予。” ⑫ 丹丘：神话中的仙山。《远游》：“仍羽人于丹丘兮，留不死之归乡。” ⑬ 金母：即西王母，因西方属金，故称金母。 ⑭ 朝阳、沆瀣：出自《远游》：“餐六气而饮沆瀣兮，漱正阳而含朝霞”，王逸注：“朝霞者，日始欲赤黄气也。沆瀣者，北方夜半气也。”朝阳即朝霞。⑮ 辀(zhōu)：车辕。

这是一首政治抒情诗，题目中标明“效玉川子”。玉川子是唐代诗人卢仝的号。唐德宗贞元末到宪宗元和时期，诗坛上涌现了以韩愈为首的一派诗人，他们一反代宗大历以来圆熟浮丽的诗风，走上幽僻险怪一路。卢仝是这一派诗人中的著名人物，他的《月蚀诗》和韩愈的《陆浑山火》都是这一派诗风的代表作品，薛季宣这首《春愁诗》所仿效的就是卢仝的《月蚀诗》。

薛季宣活动在南宋高宗绍兴末到孝宗初期，乾道九年(1173)即病死，才四十岁。在宋、金对立中，他父亲薛徽言是一位主战派。绍兴十年(1140)，秦桧建议与金议和时，薛徽言时为起居舍人，他"自殿坳直前，引义固争，反复数计，中寒疾以卒。"(吕祖谦《吕东莱文集》卷七《薛常州墓志铭》)。薛季宣自幼受家庭教育并受岳飞、韩世忠等抗金的英勇事迹的鼓舞，也是一位坚定的主战派。他本人又是一位经学家，刚正嫉邪，做官严正。正当他壮年有为时期，宋孝宗任用张浚为主帅，指挥北伐，因将领不和，导致符离之败，结成隆兴和议，从此南宋一蹶不振，苟安一隅。这种形势对他来说是感到痛心疾首的，但又无力挽回这种衰颓的政治形势，于是发而为诗，一泄悲愤不平之气，构成了这首诗的主调。

全诗可分为三段。

从首句到"还能为添幽"为第一段，写春愁的产生。

开头四句就以恣肆之笔写出了郁结于心的春愁。"愁"本来是抽象的思想感情的活动，是看不见、摸不到的，但在诗人的笔下，却成了有形可见、并可斗量的具体形象。春天无赖，巧于雕愁镂恨，它进到自己只有方寸之地的心田里，造成了一百万斛的伤春愁。这比起"问君能有几多愁，恰似一江春水向东流"(李煜《虞美人》)、"春去也，落红万点愁如海"(秦观《千秋岁》)来，更为新奇，更为生动，使人对愁有了立体感；比起"犹恐双溪舴艋舟，载不动许多愁"(李清照《武陵春·春晚》)来，有了新的发展。方寸之地的心田和一百万斛的春愁之间发生了尖锐的矛盾。下边展开了怎样对付春愁的描写，越写越幻：把它容纳下来吧，心田里没有余地安置养愁的草；用美酒把他浇走吧，结果是"举杯浇愁愁更愁"，愁肠的转动比车轮的转动还要快，万端愁绪把自己困绕住而无法挣脱；把它织成布吧，怎奈它有百结在身，理不出个头绪来；走上高楼躲避吧，尽管楼高千尺，上冲霄汉，看到的仍然是愁云密布，不见日月；跑到暗室躲开吧，不管把房门关得多么牢固，四壁遮挡得多么严密，它仍然能掩袭而至，使冥室更加幽暗。这一大段诗情迷离惝恍，把春愁渲染得淋漓尽致，简直是弥天盖地，莫非愁思，无处不在，无处不有，对于它无计可施，怎么办呢？这就逗出了第二段的诗意。

从"忧我有龙文三尺之长剑"到"昏迷不见愁之喉"为第二段，写用剑斩愁而失败。

这一段里首先展开对龙文宝剑的夸张描写，为最后一句蓄势。"真刚不作绕指柔"句是反用晋朝诗人刘琨《重赠卢谌》"何意百炼刚，化为绕指柔"的诗意，表明这把宝剑的坚硬，宁折不弯。盛宝剑的匣子装饰着明月珠一类的珍宝，它锋利无比，可以陆斩犀象，水斩蛟龙。当年黄帝轩辕氏曾用它来杀掉铜头铁额、横行天下的蚩尤。用它来斩断愁根，照理定可取胜，谁知昏迷之中看不见愁的咽喉所在，这最后一着也失败了。

这一段里最重要的句子是"云昔黄帝轩辕氏，用斩铜头铁额、横行天下之蚩尤。"古代相传，黄帝大战蚩尤于涿鹿之野，斩杀蚩尤。涿鹿在今河北西北部，邻近北京市，这一带在南宋早期曾是金朝南下的大本营所在地。诗里的蚩尤显然是暗指金国。通过这一句，前边大段渲染的春愁的内在涵义便迎刃而解。所谓春愁是宋廷对金一再屈服所造成的衰颓形势的激发而产生的悲苦情绪，点明了这首诗的主题。

从"若士为我言"到末句为第三段，写解愁之方。

这一段诗意转折而下，主要采用《庄子》、《楚辞》的语意，构成了一个虚无缥缈的世界，想求得精神上的解脱。"若士"是从《庄子·秋水》里对河伯讲大道的"北海若"化来，"若"，据说是北海之神。若士劝诗人学庄周以解愁。下边"日中之影君莫避"四句就是化用《庄子·天下》里批评惠施的"穷响以声，形与影竞走"的语意。日光下的影子是躲避不了的，站在阴处，影子自然不留；快步走路而恶足音是不行的，停止不走，足音自然消失。从这个启示中，诗人悟出了"万虑为萦愁之绛，忘怀为遣累之舟"的道理。这是本段中最重要的两句。思虑太多，就成为系愁的绳索；反过来，什么都不想，把一切付之淡忘，所有的愁累就会消除，可以安然蒙头大睡，进入到逍遥自得的境界，取得最大的自由。在天帝之先找到朋友，相与遨游于广漠之野，早叫天门，晚栖仙山，看到天公笑，听到王母歌，饮到玉露琼浆，享寿千载。这时候即使强拉愁来作伴，它也会挣脱而去，无影无踪。眼前出现的是一派明媚春光，百花争妍，绚丽多彩，还可看到绿野上千万头老牛在踏着石头耕田。这一大段精神世界的描写，表面看来，诗人的愁已解除，心情已趋于平静，实际上仍是激愤心情的描写，只是手法不同。最后写耕田牛的拗折长句暗示出，人也要像它们那样，忍辱负重，不声不响，度着艰难的岁月。不平之情，见于言外，这是对于当时政治现实的嘲讽。他在另一首《春阴》诗里说："仰头望虚碧，冥冥密云遮。风尘政昏暗，逃形乏浮槎。顾影还自笑，狂游荡无家。驽头强应世，钝若倒拔蛇。"和这首诗可以互相印证，看出他的主旨所在。

在唐人诗里，感春、伤时一类的作品已经很多，南宋的诗人、词人更喜欢用春愁、春恨、感春、伤春之类的题目，抒写他们的家国之感，身世之悲。薛季宣这首《春愁诗》，就其内容来说，也不出当时常见的范围，但在艺术上却很有特色。全诗纯从想象着笔，豪气横溢，思如泉涌，波澜起伏。全诗六十三句中，盘空硬语，联翩而下，似庄似谐，塑造出各种光怪陆离的形象，例如开头四句对于春愁产生的描写，第二段中对于龙文宝剑的描写，第三段中对于耕田牛的描写，都出人意表。和诗情跌宕相应的是句式的变化，有三字句，四字句，五字句，六字句，七字句，九字句，十字句，十三字句，十四字句，最长的是十六字句。单是句式的变化，已经超过了卢仝。在这些句式中，几乎没有一句不拗折，越长越拗，正是诗人的着力所在，以表现胸中抑郁不平之气。例如第三句"入我方寸间"五字句之下，接以"酿成一百万斛伤春愁"九字句，以写愁绪之重。又如"云昔黄帝轩辕氏"七字句之下，接以"用斩铜头铁额、横行天下之蚩尤"十三字句，以写宝剑的锋利。又如"一一茜绚开明眸"七字句之下，接以"又有平芜绿野十百千万头钝闷耕田牛"十六字句，后边再接以"踏破南山特石头"七字句，以写耕牛的艰辛，读之如暴雨骤至，令人骇愕。用这种表现手法，把抽象的思想感情的活动写得这样酣畅，在宋人诗中是罕见的。乍看似乎险怪，实则皆有义理可寻，情深味厚。（李廷先）

【作者小传】

朱淑真

（约1135—约1180）　号幽栖居士，杭州钱塘（今浙江杭州）人。南宋初年时在世。出身仕宦之家，尝随夫宦游吴、越、荆、楚间。相传因婚嫁不满，抑郁而终。能画，通音律。词多幽怨。亦能诗。有《断肠集》、《断肠词》。

秋　夜　　　　朱淑真

夜久无眠秋气清，　烛花频剪欲三更。
铺床凉满梧桐月，　月在梧桐缺处明。

这是一首抒发幽情苦绪的诗，在艺术上颇具特色。

诗中所写，不过"秋夜无眠"四字，内容是屡见不鲜的，其妙处在于，作者只选取了三更前后铺床欲睡时的一个片断进行描写，又写得深婉含蓄，耐人寻思。前两句叙事，后两句写景，无一语抒情，而"情"字隐含其中，不仅有情，而且情很浓重。“夜久无眠秋气清”，点明“秋夜”二字，而且是“夜久无眠”；“烛花频剪欲三更”，把“夜久”具体化——“欲三更”。女主人公为什么“夜久无眠”？始终不肯直接说出，她让读者自己从诗里寻找答案，她只是向读者透露出自己在这漫漫之夜里的举动——“烛花频剪”。烛花即灯花。古人认为灯花是一种喜事的预兆，杜甫诗：“灯花何太喜，酒绿正相亲”（《独酌成诗》），可证，诗人对此也深信不疑。她在《秋夜牵情》诗里说：“灯花占断烧心事，罗袖长供挹泪痕。”显然，是频频结成的灯花，触动了她的心事。灯花频生，当有喜事，可命运偏使她不幸。此时的灯花怎能不牵动万千愁绪！当她从似幻似梦的忧怨中醒来，意识到时已三更，应当安歇的时候，诗人笔锋一转，潜移默运，把那愁绪融入景物描写中去了。妙的是，明明要写“无眠”，反从“欲睡”写起：“铺床凉满梧桐月”，铺床欲睡之际，才发现了那从梧桐叶间筛下来的满床月影。“凉”字照应题中“秋”字，既写天凉，也写心境之幽寂。由室内的月影，过渡到室外的月影，抬头向窗外一望：“月在梧桐缺处明”。后两句运用了顶针句法，写由望床上之月到望天上之月，造成了缠绵的情调。写月光，不从正面写，而是写梧桐叶间若隐若现的月影，桐与月交织成一个纡徐委曲的深邃意境。借以渲染题中“秋”字。同时，月与梧桐又是最能撩人情怀的景物。诗人曾经这样写道：“待将满抱中秋月，分付萧郎万首诗。”（《秋日偶成》）萧郎，唐诗中常用，指情郎。在这漫漫秋夜，孤衾独宿，烛花频剪，白马萧郎、天长地久之事渺不可得，伴我者唯有月华与桐影，此情此景，愁何以堪！至于后半夜的景况如何，就用不着写了，她哪里还能够入睡呢！景中寓情，以景写情，不言“愁”字，而句句带愁意，此诗的好处在此。

（张燕瑾）

【作者小传】

陈傅良

(1137—1203)　字君举，号止斋，温州瑞安（今属浙江）人。有文名。乾道八年（1172）进士。教授泰州，改太学录。光宗时由知桂阳军迁提举常平、茶盐转运判官。宁宗朝召为中书舍人兼侍读。官终宝谟阁待制。卒谥文书。有《止斋集》、《春秋后传》、《历代兵制》等。

用前韵招蕃叟弟①

陈傅良

细看物理愁如海，　遥想朋从眼欲花。

逆水鱼儿冲断岸，　贪泥燕子堕危沙。
百年乔木参天上，　一昔平芜着处佳。
行乐不妨随邂逅，　我无官守似蚳蛙。

落花风雨奈愁何？　愁亦不应缘落花。
尚可流觞追曲水，　底须占鹏似长沙？
无人晤语乌乌落，　为我食贫楼笋佳。
休说关河无限恨，　腹非空怒道旁蛙。

〔注〕①指《春晚一首约同志泛舟》。

蕃叟，是陈傅良族弟陈武的字。南宋中期以朱熹为代表的理学派提倡道学，攻击对金和议，主张革除弊政，当时，同他们为敌的人物韩侂胄掌权，便大规模地迫害理学派人士。庆元二年(1196)夏，作为理学派中坚分子的陈傅良被谗罢官，次年十二月，又明令省部公开登记赵汝愚、朱熹等五十九人入“伪学逆党籍”，傅良与陈武皆在党籍之列。一时“稍以儒名者，无以容其身。”(《宋史·朱熹传》)这两首诗就写在作者罢官后那种风雨飘摇的日子里。

第一首以抒发愤懑为主，兼及招游。物理，指事物的常理。朋从就是朋友。首联写作者从事物盛衰的大势中悟出人事沧桑的真谛以后“愁如海”、“眼欲花”的悲怆心情，为全篇张本。句中的“细看”、“遥想”既是由“物理”到“朋从”的媒介，又表现了作者睹物怀人时的冥想之状。中间四句连用三个比喻，反映了作者及其朋从遭受打击的过程，流露了作者的不满情绪。入庆元党籍的，多半是在野名流，文章道德均为世所重。所以诗中写鱼用“逆水”“冲断岸”，正象征着作者及其同人不畏强暴的勇敢精神；“贪泥”句隐喻贪权误国的韩侂胄之流。写树，更是“百年”、“乔木”、“参天上”连用，隐喻道学中人的风骨。“断岸”、“堕危沙”，则暗示贪权小人难得善终。七八句更是表现了诗人触处悟道，与自然合一的胸襟。蚳蛙，通作蚳鼃，战国时齐国大夫。据《孟子·公孙丑下》记载，蚳鼃曾进谏齐王，因未被采纳遂弃官而去。孟子就此事感慨道：“吾闻之也，有官守者，不得其职则去；有言责者，不得其言则去。我无官守，我无言责也。则吾进退，岂不绰绰然有余裕哉！”作者的意思是说，我无官守，自无言责，进退有余，尽可邂逅行乐。这是以愤懑之情，发为通脱之语。

第二首以劝游为主，兼述情怀，所以气象稍稍开阔，措辞也更作达观。首联用回环修辞格在“落花风雨”与“愁”之间构成若即若离的关系，因而十分巧妙地表达了两种相互矛盾的内容：一是作者愁思难解的情怀，一是劝对方驱散愁云的心迹。颔联用了两个典故。觞是古代的酒器，相当于现在的酒杯。东晋时王羲之等四十一位名流于三月三日在曲水边上流觞饮酒，与会者人人赋诗抒怀，王羲之还写了有名的《兰亭集序》，从此，流觞曲水便成了名人雅集的代称。第三句用这个故事，但说“尚可”，说“追”，则有聊作集会、暂效古人之意。西汉贾谊因被谗贬为长沙王太傅，曾作《鹏鸟赋》以自伤，内有用鹏鸟止于屋舍占卜吉凶的话。这首诗的第四句末自注“孟夏事”，正是用贾谊故事抒写自己被罢官的苦闷，但诗句冠以“底须”（等于说何须），意思是说不要像贾谊一样牢骚太盛——这是作者自解，也是对陈武的劝慰。颈联承第三句。晤语，指见面交谈。乌乌即乌鸦。“乌乌落”，一作“乌乌乐”，正好与下句“楼笋佳”对。《左传·襄公十八年》：“师旷告晋侯曰：‘乌乌之声乐，齐师其遁。’”楼，又作蒌；楼笋，植物名，嫩时可食。这两句一方面抒写自己罢官后，在当年从游或屏声匿迹、或改换门庭的情况下的孤独处境和贫困生活，另一方面又用乌乌乐、楼笋佳申足尚可游乐之意，促蕃叟速至。末联的“关河恨”，既指二人阻隔关山，不得把晤之恨，以切“招蕃叟弟”之题；又喻山河破碎的金瓯残缺之恨。腹非即腹诽，是口里不说心里不以为然的意思。汉武帝时颜异以腹非法令被杀，自是有腹非之法。《尹文子·大道上篇》记载：“越王勾践谋报吴，欲人之勇，路逢怒蛙而轼（凭靠着车前的横木致敬——引者）之。比及数年，民无长幼，临敌虽汤火不避。”末二句补足第四句不要过分伤怨之意，并用“空怒道旁蛙”暗示：没有像勾践那样着意扶持自强精神的当权者，恢复中原便只是一句空话。这里，作者把个人的遭遇归结到国家兴亡的大道理上，因而作品更有思想意义。

陈傅良的诗，郑振铎在《插图本中国文学史》中称其“苍劲”，卢镐在《止斋集跋》中说它“醇古经腴充满”，都肯定其成熟有根底。就这两首诗看，境界高阔，挥洒自如，用典贴切，比喻得当，用词洗练，具优游不迫之致，从中可见作者的经史修养。

（李济阻）

【作者小传】

徐　照

（？—1211）　字道晖，一字灵晖，号山民，温州永嘉（今浙江温州）人。终生布衣。诗以清苦为工。与徐玑、翁卷、赵师秀并称“永嘉四灵”。有《芳兰轩集》。

促　促　词　　　徐　照

促促复促促，东家欢欲歌，　西家悲欲哭。
丈夫力耕长忍饥，　老妇勤织长无衣。
东家铺兵不出户，　父为节级儿抄簿；
一年两度请官衣，　每月请米一石五；
小儿作军送文字，　一旬一轮怨辛苦。

唐代李益、王建、张籍等均有《促促词(曲)》。李益诗题一作《效古促促曲为河上思妇作》，知《促促词(曲)》当为乐府旧题。古词已佚。上述各诗均以“促促”叠唱起兴(促促，忙碌困迫意)，或伤贫困，或伤茕独。徐照此诗关键的两句是“丈夫力耕长忍饥，老妇勤织长无衣”，诗属悯农一类甚明。

诗的开头就是一欢一悲的对比：“东家欢欲歌，西家悲欲哭。”则诗人所伤“促促”者，在于“西家”。这是一双尽力耕织而长年缺衣少食的农夫农妇。“力耕长忍饥”、“勤织长无衣”所写出的劳者不获，原是封建社会中极普遍极典型的现象。诗人略略一点，就从此撇开而转写“东家”了。

“东家”父子俱当官差。其父为“节级”——系兵营中的小军官，其子则为“铺兵”——系城市坊巷间巡警或在铺驿递传文件的兵士，职位其实很低下，也不免劳苦。但在“西家”看来，他们是“欢欲歌”的，是很可羡的。因为他们毕竟能混得一身官衣穿(“一年两度请官衣”)，混得一口官粮吃(“每月请米一石五”)，而不至于忍饥受冻。而且他们的差事也不很苦，即以东家“小儿”而论，他因父亲庇护而顶了名铺兵的额子，并不用在外奔波，只消登记文件，传递一下罢了。“一旬一轮”，在力耕勤织的农家老夫妇眼中看来，何逸多于劳！然而东家青年却不这样想，他可觉得这份官差是够辛苦的，因而大有怨言。这里的潜台词是：真是生在福中不知福了。

这首诗写法很新颖。首先是它不一般地运用对比。诗中的“东家”“西家”，虽有贫富之级差，却并非贫富之两极，对比并不强烈。“东家”也有辛苦，也有怨尤，只是在“西家”看来不成辛苦，何必怨尤。人以为苦，我转艳羡，则我之苦况更甚于他人便不言而喻。这手法较一般对比为巧妙。

其次是妙于详略。简言之是声东击西，详宾略主，详心理而略动作。诗意在于伤悯“西家”之“促促”，但诗中正面写的只有三句。倒有七句写“东家”。写“东家”又并非纯客观的描述，而是通过“西家”的观感来写，反映着“西家”人在特定环境下的特定心理。通过他们的艳羡，来表现他们的贫困。手法很别致。

此诗具有一种咏叹语调。细加玩味，全诗感慨系由东家小儿的怨言引发，它当来自作者的生活体验和观察。而作者在表现这种感慨时，又完全借助于形象和场面，其思想倾向是从中自然流露的。诗的语言很干净，潜台词却丰富；笔调很流利，感情却沉痛。

（周啸天）

分题得渔村晚照　　徐　照

渔师得鱼绕溪卖，　小船横系柴门外。
出门老妪唤鸡犬，　收敛蓑衣屋顶晒。
卖鱼得酒又得钱，　归来醉倒地上眠。
小儿啾啾问煮米，　白鸥飞去芦花烟。

诗人徐照（字灵晖），是永嘉四灵之一。他和徐玑（号灵渊）、翁卷（字灵舒）、赵师秀（号灵秀）等人一样，标榜清瘦秀逸的诗风。他们学唐诗，只以姚合、贾岛为法。主张"捐书以为诗"，以"不用事"为第一格。他们的诗歌，气派都很小，情意枯窘，很少变化，一般只重视写点灵秀的思致。这首《分题得渔村晚照》是作者《芳兰轩诗集》中比较耐人寻味的诗篇。分题是旧时作诗方式之一。若干人相聚，分找题目以赋诗。见宋严羽《沧浪诗话诗体》。

这是一首反映渔民生活的小诗，全诗没有用一个典故。诗中描述了渔村中的一位渔夫，在辛苦地打了近一整天的鱼以后，时已傍晚，他把小渔艇拢了回来，横系在自家的柴门外，然后就沿溪叫卖去了。这时渔妇出得门来，先是招唤了门外的鸡狗，然后就趁着斜照替丈夫在屋顶上晾晒蓑衣。她期待着丈夫卖鱼得钱，好买点米回来，作成晚餐，让辛劳了一天的丈夫，和在家中饿着的小儿子能吃顿饱饭。久而久之，丈夫果然回来了。他卖鱼钱又买了酒，却把这点薄酒在回家的路上就胡乱地喝得个一醉，等赶到家的时候，闷声不响地躺在地上睡了。家里的小儿子却啼叫着索问煮饭的米。诗中并没有交代渔妇此时的情况，人们兴许会想到她大概在拉着儿子在一边啜泣了。这当儿天色已晚，溪边的白鸥，也都飞到烟霭苍茫的芦花丛中，去寻它们的安息之地了。这家生活的惨景，就自然地被摄入诗句中间。到此全诗戛然而止，以后的情况就留给读者自己去想象。

在这首诗中，读者寻不到像张志和《渔歌子》中的渔父那样"青箬笠，绿蓑衣，斜风细雨不须归"的悠然自得的形象；也寻不着柳宗元《渔翁》诗中的"烟消日出不见人，欸乃一声山水绿"那种令人神往的意境和山水清音。作者告诉人们：渔家的生活，并不都像前人诗歌中描绘的那样美好；他写的不是什么“烟波钓徒”之类的高人隐士，而是一个道道地地的贫苦的渔民。因而用不着去勾勒那些诗情画意的美妙境界，只把一种悲辛而又质朴的渔家生活，从一个侧面展示在人们面前，使人们意识到渔村中的渔民，他们既然是低层的劳动人民，他们清苦辛酸的处境，就应当引起人们的同情和重视，这首诗的意义就在于此。

全诗扣题很紧，在表现手法上，多用暗示的笔墨。如第四句暗示已是晚照，所以渔妇在屋顶晾晒蓑衣。第五句暗示渔人卖鱼得钱极少，他心情极度懊丧，才拼个薄酒自醉。第七句暗示这渔家已经断粮，卖鱼所得的钱也买不上一点米，这才横下心来，让全家去忍饥受饿。这些，都不难想象出来。作者大致认为这样的诗越朴素无华越好吧，所以只在结句用“白鸥飞去芦花烟”，淡淡地抹上一笔傍晚的景象，算是给人们一点灵秀之感。

（马祖熙）

【作者小传】

楼　钥

(1137—1213)　字大防，号攻媿主人，明州鄞县（今浙江宁波市鄞州区）人。隆兴元年(1163)进士。乾道间，以书状官从汪大猷使金，按日记叙途中见闻，成《北行日录》。官至参知政事。卒谥宣献。有《攻媿集》。

月夜泛舟姚江　　楼　钥

秋暑不可耐，　几思泛中川。
晚来兴有适，　溪船偶及门。
凉月才上弦，　平潮可黄昏。
倚楫纵所如，　卧看龙泉山。
长虹跨空阔，　过之凛生寒。
坐稳兴亦佳，　夜气方漫漫。
草虫鸣东西，　飞鸟相与还。
仰头数明星，　垂手摇碧澜。
主客惜此景，　不及携清樽。
无酒要不恶，　徜徉足幽欢。

幽欢有何好？ 扣舷澹无言。

姚江，在今浙江余姚市南。全诗紧扣着“月夜泛舟”，着重描写了月夜的姚江景色与泛舟时的感受。诗的开头六句，写自己在初秋炎热难耐的时候，多次想泛舟江中。现在终于在一个闲而有兴、潮平月上的黄昏，实现了这一愿望。这样开头，表现这次泛舟不是一种偶然的行动。诗的最后六句是写这次泛舟总的感受。始言由于被美丽的江景所吸引，来不及携酒游江，言外有惋惜之意。接着一转，说无酒却也不坏，能自由自在荡舟江中就够幽雅、愉快的了(徜徉，此处意戏荡)，最后再进一步补足这种“幽欢”就在恬静的无言之中。

诗的核心部分是描写月夜泛舟的中间十句。“倚楫纵所如”两句，表现这次月夜泛舟漫无目的，随兴所之，萧洒自得的情景。“倚楫”一句，明显地从苏轼《前赤壁赋》“纵一苇之所如”化出。但苏轼以一苇小舟，而凌万顷茫然之长江，不仅小大悬殊，极富于情趣、气象，而且其所寓之思绪亦极深微。“卧看龙泉山”一句，固然叙写出诗人泛舟时的自得心境，但若与苏轼“船上看山如走马，倏忽过去数百群”(《江上看山》)，“青山久与船低昂”(《出颍口初见淮山是日至寿州》)，那样形象描绘船行看山的感觉相比较，就未免觉得缺乏兴味了。

“长虹跨空阔”两句，写江桥飞架及船经桥下时的感受。“凛生寒”三字，比较具体地表达了船穿过桥洞时，由于桥梁悬空，洞内幽暗，以及水流较急，风亦较大所造成的紧张心情与感受。“坐稳兴亦佳”两句，紧接上两句写船穿过桥洞后的另一种心情与感受。“坐稳”一句，明显地化用杜甫《放船》“江流大自在，坐稳兴悠哉”诗意。杜甫《放船》作于寓居四川阆中时，全诗如下：“送客苍溪县，山寒雨不开。直愁骑马滑，故作放船回。青惜峰峦过，黄知橘柚来。江流大自在，坐稳兴悠哉。”诗写从苍溪顺嘉陵江而下，两岸青葱的山峰可惜尚未看清即已闪失在船后，前面一片橙黄映入眼帘分明是岸上的橘树林。“坐稳兴悠哉”，既表现水急舟速、江景如画的愉快心情，又对应“直愁骑马滑，故作放船回”，反映出因回程安排恰当而自得的情绪。两相比较，楼作却显得平直浅露，不免使人兴“天下几人学杜甫，谁得其皮与其骨”(苏轼《次韵孔毅父集古人句见赠》)之叹。

“草虫鸣东西”两句，从视、听角度写黄昏时候四野虫声唧唧，飞鸟连翼返巢的景象，抓住了夜幕降临时的某些特点，境界也比较开阔。“仰头数明星，垂手摇碧澜”两句，不仅对仗工整，语言也较生动，更主要的是它比较形象地表现了月夜的江天景色，以及诗人在月夜泛舟时轻快的心情与怡然自得的形象，可以说是这首诗写得最好的两句了。

这首诗完全采取叙述的手法。在叙述时脉络层次清楚，几乎是从久思泛舟，到泛舟时的所见所感，再到这次泛舟的总的体验，顺序写来，没有什么跳跃，加上语言比较平易，款款道来，萧散冲淡，颇有魏晋古诗风味，这是好的一面。但全诗在叙写中缺乏波澜起伏，显得比较平板。 （邱俊鹏）

大龙湫 楼 钥

北上太行东禹穴，　雁荡山中最奇绝。
龙湫一派天下无，　万众赞扬同一舌。
行行路入两山间，　踏碎苔痕屐将折。
山穷路断脚力尽，　始见银河落双阙。
矩罗宴坐看不厌，　骚人弄词困搜抉。
谢公千载有遗恨，　李杜复生吟不彻。
我游石门称胜地，　未信此湫真卓越。
一来气象不大侔，　石屏倚天惊鬼设。
飞泉直自天际来，　来处益高声益烈。
溟池倒泻三峡流，　到此谁能定优劣？
雁山佳趣须要领，　一日尽游神恶亵。
骊龙高卧唤不应，　自愧笔端无电掣。
轮囷萧索湍不怒，　非雾非烟亦非雪。
我闻涑雨初霁时，　喷击生风散空阔。
更期雨后再来看，　净洗一生烦恼热。

第一句“北上太行东禹穴”，可视为作者在写此诗之前游历过的地方。太行山，绵亘于今山西、河南、河北境内，主峰在山西。禹穴，相传为禹的葬地，在今浙江绍兴会稽山上。考楼钥行踪，只在宋孝宗乾道五、六年（1169、1170）随其舅父汪大猷使金时去过北方，写有《北行日录》，北上太行当在此时。据此，诗必写于作者北行南归以后。又大龙湫在今浙江乐清县境内之雁荡山中。淳熙年间（1174—1189），作者曾出知温州（今属浙江），乐清为其属县。诗很可能即写于知温州任内。

这首诗集中描写了大龙湫瀑布的雄奇壮丽，却并不单调。全诗可分为三层，三层都以瀑布为中心，而又写法各异。第一层，诗人先以“北上太行东禹穴，雁荡山中最奇绝”的比较方式定下基调，接着又用“龙湫一派天下无，万众赞扬同一舌”的定论式的语言来突出大龙湫为天下第一奇绝。接着写大龙湫位于深山峡谷之中，路隘、苔滑，崎岖难行，险些把专门登山穿的木屐的齿都折断了（据《南史·谢灵运传》记载，谢灵运喜寻幽探胜，为了爬山，特制一种有齿的木屐，世称“谢公屐”）。经过一番艰难之后，始见瀑布高悬，好像从天宫降下一样。面对如此奇观绝景，同行都围坐静观，久看不厌。进而从壁上留下的前人摩崖，联想到古代有多少诗人文士为这奇异景色所动，也难于找到恰当的语言来形容它，又一次突出大龙湫景色的奇绝难言。然后举出几个古代有代表性的诗人，再一次坐实大龙湫的奇绝确为天下之冠：南朝诗人谢灵运最喜欢登山临水，又善于描写山水，是有名的山水诗人，但他没有到过雁荡山，未曾目睹大龙湫的奇观绝景，会因此而遗恨千载。李白、杜甫是唐代的伟大诗人，如果他们复生，看见大龙湫的壮丽景色，定会吟咏不绝，写出优美动人的诗歌。这样，诗人就从大龙湫与其他奇山异水的比较和万众一口的赞扬之中，从自己及同行的观感之中，从对前代诗人也会对此奇绝景色所倾倒的想象之中，写出了大龙湫景色的奇绝为天下所无。

在从不同角度突出大龙湫的奇观绝景为天下所无之后，诗的第二层转入对大龙湫景色作比较冷静的探索和较为细致的描写。诗人先举出石门（我国以石门为名的名胜很多，仅浙江一省就有五处之多，此究指何处石门，难于确定）两相比较之后，从气象上突现了大龙湫的特点，在于它像屏风一样的倚天石壁和来自天际的飞瀑所形成的奇异景象和磅礴气势，简直是鬼斧神工。接着，诗人以倒泻的溟池（又称溟海，即传说中的天池。《列子·汤问》：“有溟海者，天池也。”）和湍急的三峡，进一步描绘了大龙湫瀑布自高处倾泻而下，奔腾汹涌。读至此，约略可以了解到大龙湫最主要的特点了。

诗的第三层推开一步，写出大龙湫的奇绝之处尚多，并且随着时间的不同而变化。眼前是久晴未雨的景象：湍急而不汹涌的瀑布，沿着陡峭的岩壁轮囷（弯弯曲曲的样子）而下，飞沫迷蒙，在空中飘浮，似烟非烟，似雾非雾（萧索：飘浮、疏散的样子。《史记·天官书》：“若烟非烟，若云非云，郁郁纷纷，萧索轮囷。”乃此两句所本）。接着，想象涑雨（暴雨）初霁（雨止），山洪暴发时的瀑布：奔腾咆哮的瀑布，喷射而下，撞击着岩石，山鸣谷应，山谷生风。而这壮阔的场面正是作者最希冀见到的，他期望涑雨初霁时再来观看，愿借这汹涌瀑布产生的凉风，洗净一生的烦恼、焦灼。是什么样的“烦恼热”？作者没有明说，也就只好由读者根据诗人写作时的处境与思想去体味了。

在写法上，诗人注意到尽可能使笔力曲折，富于变化。在第一层中，诗人在把大龙湫与其他山水作比较，以及引出几辈古人来突出大龙湫的奇绝之中，插入对大龙湫处所的描写。这不仅能使诗意更加深邃，而且也为下面描写大龙湫瀑布的高度和奇险作了铺垫。第二层带着一种冷静的探索和比较，诗也就带着一些议论的味道。但在用石门、溟池和三峡与大龙湫作比较时，角度和结论都有差别，而显得不重复、板滞。第三层以“雁山佳趣须要（反复、审慎之意）领”的议论领起，转入下面对暴雨前后景象不同的描写。用“骊龙高卧唤不应，自愧笔端无电掣”（骊龙：黑龙，神话传说中，龙司兴云布雨之职），来表现枯水时的瀑布，愧叹自己的笔不能像闪电那样发出惊人的力量，唤醒卧龙，使眼前轮囷萧索的瀑布立刻奔腾喧嚣起来。既富于想象，又增加了诗的气势。

全诗采用了不同的手法，从不同的角度，来描写大龙湫的奇观绝景，长处是笔力雄劲，颇多健句。但是多从虚处落笔，形象的描绘较少。而李白那首描写庐山瀑布的五言古诗，全诗二十二句，直接而形象地描绘瀑布的就有十四句之多。像“挂流三百丈，喷壑数十里。欻如飞电来，隐若白虹起。初惊河汉落，半洒云天里。”“海风吹不断，江月照还空。空中乱潨射，左右洗青壁。飞珠散轻霞，流沫拂穹石。”有色有声，神采飞动。苏轼《开先漱玉亭》对庐山开先禅院瀑布的描写：“擘开青玉峡，飞出两白龙。乱沫散霜雪，古潭摇清空。余流滑无声，快泻双石䃒。”也极生动而有气势。与之相比，楼钥此诗之写瀑布，就显得才气稍逊。

（邱俊鹏）

题《孟东野听琴图》因次其韵　　楼　钥

谁欤住前溪？　夜深以琴鸣。
天高颢气肃，　月斜映疏星。
橡林助萧瑟，　泉声激琮琤。
弹者人定佳，　能使东野听。
束带不立朝，　遥夜甘空庭。
龙眠发妙思，　神交穷杳冥。
不见弹琴人，　画出琴外声。
郊寒凛如对，　作诗太瘦生。
恨不从之游，　抚卷空含情。

唐代诗人孟郊（字东野），写过一首《听琴》，原诗如下：“飒飒微雨收，翻翻橡叶鸣。月沉乱峰西,寥落三四星。前溪忽调琴,隔林寒琤琤。闻弹正弄声,不敢枕上听。回烛整头簪,漱泉立中庭。定步屐齿深,貌禅目冥冥。微风吹衣襟,亦认宫徵声。学道三十年,未免忧死生。闻弹一夜中,会尽天地情。”全诗表现孟郊深夜听琴,为雅正的乐曲所动,整装静听的情景,以及通过琴曲领悟到的博大、丰富的思想感情,从而发出了“学道三十年,未免忧死生”的叹喟。

北宋著名画家李公麟(字伯时,号龙眠居士)根据孟郊《听琴》诗意,画了一幅《孟东野听琴图》。楼钥这首诗用孟郊《听琴》诗原韵(次韵)题李公麟画。

全诗分为四层:第一层六句。一二两句写弹琴者。这两句是根据孟诗“前溪忽调琴”而来。诗从弹琴者写起,突出了听琴的“听”。从这两句与后面“不见弹琴人”来看,李公麟原画既画孟郊《听琴》诗意,当以听琴者孟郊为中心,弹琴者或许处于疏林掩映、隐约可见的位置。三四两句写环境,补出第二句“夜深”,点明画面是一个秋天的深夜,白露横空,残月在天。也即是孟诗“月沉乱峰西,寥落三四星”的景象。第五句承“天高颢气肃”,写秋风摇动橡林,发出萧瑟的秋声,增强了琴声的悲凉。第六句承“前溪”,写出淙淙流水与琤琤琴声和谐共鸣。这两句虽然根据孟诗第二句与“前溪”的描写,补足画面的背景,但两句分别用“助”和“激”,不仅化静为动,变无声为有声,而且使自然音响与琴声相辅相成,表现了琴声的变化,增强了琴声的艺术效果。

第二层四句转入写听琴人孟郊。“弹者人定佳”一句,收束第一层六句写弹琴人,然后转入对听琴人的描写。“能使东野听”一句,只是含蓄地表现了孟郊的不同凡俗,“束带”两句则从人物的形象与内心的联系上,进一步表现孟郊高洁的本质。“束带”句反用《论语·公冶长》:“赤也束带立朝,可使与宾客言也。”(赤,孔子弟子公西华)写出画面上的孟郊虽然束带盛服,但却不是为了立于朝廷,尽心供职,而是心甘情愿地为了肃立敬听那纯正悦耳、启人心扉的琴声。据有关史料记载,孟郊四十六岁始进士及第。五十岁为溧阳尉,因不满意这一低下的官职,常游乐山水,吟诗自娱,以致政务废弛,最后辞官而去。五十六岁时,被河南尹郑余庆辟为水陆转运判官,仍不以政事为务,而以游赏吟诗为乐。三年后,丁母忧去官。“束带”两句是楼钥根据孟诗“回烛整头簪”以下四句和李画中孟郊的服饰,联系到孟郊为官的事迹及其生活、思想而作的联想,其用意在于突出孟郊听琴的高雅形象。

第三层四句转入对画家李公麟的为人及其画艺的赞扬。先说李公麟“发妙思”——画的立意很新妙,接着说这种“妙思”来源于画家李公麟与画中人物孟郊的精神相通,因而对孟郊的理解才能达到很深的地步。据史载,李公麟能诗善画，德行高洁，一生亦不得志。故苏轼《次韵子由书李伯时所藏韩干马》云："伯时有道真吏隐，饮啄不羡山梁雌。"（"饮啄"句出《论语·乡党》："山梁雌雉，时哉！时哉！"《正义》谓：孔子行于山梁，见雌雉饮啄得所，而叹其得时，感人之不得时。）"不见弹琴人"两句赞扬李公麟的画艺含蕴、深邃，能表现出一种画外的意趣。这里，楼钥把孟诗"学道三十年"以下四句所表现的听琴时的思绪与李画中孟郊听琴的神态巧妙地联系起来了。

最后四句，表现了楼钥对孟郊的无限仰慕之情。"郊寒"，出自苏轼《祭柳子玉文》"郊寒岛（指贾岛）瘦"，本是对孟郊诗风的评价，此处乃指孟郊其人一生寒苦、偃蹇。"作诗"句，相传李白《戏赠杜甫》诗："借问别来太瘦生，总为从前作诗苦"（生，语助词）。此言孟郊乃苦吟诗人，作诗呕心沥血，使之消瘦。这四句是楼钥从画面上凛然如生的孟郊形象，联系到他作诗的苦吟情景，从内心发出恨不能与之同游的无限敬仰之情。

这首诗用孟郊《听琴》诗原韵来题《孟郊听琴图》，难度较大。其最主要的特点，是作者较好地掌握了"诗中有画，画中有诗"这一特点，既从题画的角度出发，以画为主，又尽可能地发掘原诗的义蕴，把画和原诗结合起来，使"无声诗生有声画"（岑安卿《次韩明善题推蓬图》），展现了静止的画面所含蕴的思想、意趣。其次，是把对画面的展现，以及对画家的褒扬，对画中人孟郊的敬仰组合在诗中，从而表露出作者的思想倾向和审美情趣。（邱俊鹏）

【作者小传】

王　炎

（1138—1218）　字晦叔，婺源（今属江西）人。乾道五年（1169）进士。始令临湘。庆元中，官著作佐郎，出守湖州。终军器少监。与朱熹友善。有《双溪集》。

双溪种花二首

王　炎

双溪渐有杂花开，　每日扶筇到一回。
胜似名园空锁闭，　主人至老不归来。

苍头为我斸西山，①　扶病移花强自宽。

纵不为花长作主，　　何妨留与后人看。

〔注〕 ① 斸(zhú)：大锄，用作动词为挖掘。

双溪在婺源(今属江西)附近，是乐安江的源头部分，乐安江又称婺江，“婺源”一名即由此而来。吴之振的《宋诗钞》为王诗加按语曰：“王炎，字晦叔，新安婺源人。所居武水之曲，双溪合流，因以为号矣。”可见他对双溪依恋之深。

这两首绝句写他在双溪种花赏花的景况和心情。当时诗人可能已告老还乡，领受着类似陶渊明“开荒南亩际，守拙归园田”(《归园田居》)那样一种归耕的乐趣。

第一首写赏花。地点自然是双溪，时间没有明说，从诗歌展示的景象看，显然是在春天。春风送暖，双溪各种各样的花儿次第开放。首句的“渐”字表示花开不断，时有新花展现，因此每天都要拄着竹杖前往。“杂”字表示品种繁多，山间溪畔，色彩斑斓，风姿各异。诗人如今已离开官场，居于双溪之上，感到怡然自乐，同时对那些名利场中的人产生了怜悯之情。“胜似名园空锁闭，主人至老不归来。”名园之花虽然珍贵，但因主人奔走仕途，至老不归，以致空开空落，无人赏爱。自己虽是山野之人，无名园别墅，但日日赏花，胜似那些至老不归的富贵园主。

第二首写种花。诗人年高多病，携仆而行，来到双溪附近的西山种花。“苍头为我斸西山”，苍头就是老仆人。此刻，他既因种花而高兴，又想到自己余生有限，不能长作花主，不免感伤。不过，转而想，人去花在，后人仍可来此观赏，心情也就宽慰了。“强自宽”包含着几分无可奈何的酸楚滋味。然后又拓开一层，以旷达作结，表现了诗人的高致。

这两首诗语言通俗流畅，一气流转，显得紧凑而不局促，灵动而不浮滑。

(朱世英)

【作者小传】

辛弃疾

(1140—1207)　原字坦夫，后字幼安，号稼轩，济南历城(今山东济南)人。绍兴三十一年(1161)，聚众二千隶耿京共图恢复，为掌书记。奉京命奏事建康，闻京为张安国杀害，归擒安国，押至行在诛之。次年率部渡淮南归。历任湖北、江西、湖南、福建、浙东安抚使等职。一生力主抗金，曾献《美芹十论》、《九议》等，均未被采纳。长期落职闲居。其词豪放雄浑，悲壮激烈，与苏轼并称“苏辛”。有《稼轩长短句》。今人辑有《辛稼轩诗文钞存》。

送湖南部曲①　　辛弃疾

青衫匹马万人呼，②　　幕府当年急急符。③
愧我明珠成薏苡，④　　负君赤手缚於菟。⑤
观书老眼明如镜，　　论事惊人胆满躯。
万里云霄送君去，　　不妨风雨破吾庐。⑥

〔注〕 ① 部曲：部属。古代大将军营，设有各司其事的属官，称部曲。（见《后汉书·百官志》） ② 青衫：唐时为从九品小官的官服，其色青，称青衫。 ③ 幕府：古代大将行军，在帐幕中办公，称幕府。后来地方军政长官的官衙，也称幕府。急急符：紧急命令，也称"急急如律令"。 ④ 明珠成薏苡：《后汉书·马援传》："初，援在交趾，常饵薏苡实，用能轻身省欲，以胜瘴气。南方薏苡实大，援欲以为种，军还，载之一车……及卒后，有上书谮之者，以为前所载还，皆明珠文犀。"后世用薏苡明珠这个典故，指因涉嫌而受诬谤的人。薏苡实，即薏米。 ⑤ 於菟：楚人称虎叫於菟，见《左传》。 ⑥ 风雨破吾庐：杜甫《茅屋为秋风所破歌》："吾庐独破受冻死亦足。"

辛弃疾是南宋最杰出的爱国词人，但他的诗篇却很少为人所知。这首《送湖南部曲》作于宋孝宗淳熙七年（1180）冬季，其时作者正由湖南安抚使调职江西，一位部属小官前来告别，他赠送了这首律诗。全诗字里行间跳荡着热爱部属的激奋心情，展现出作者为人光明磊落的英雄本色。诗中虽然用了一些典故，但表达得极其自然，既寄寓了自己壮志未酬遭谗受谤的一腔忠愤，又显示出热情鼓励武勇有为的后进，使之为国效忠的胸怀。

从诗的内容来看，作者所送的部属，是位勇猛的壮士。诗的开头两句，气势突兀高昂，如疾风破空而来，军府下达了紧急的命令，这位壮士接下军令，身穿青色制服，跨上骏马，在万众欢呼声中腾跃向前，表现出惊人的勇敢。首句"青衫匹马万人呼"，乃化用杜甫《送蔡希曾都尉还陇右》诗句："身轻一鸟过，枪急万人呼"而浑然无迹。这位壮士完成了怎样的军务，这里却含而未发，以便开展下文。第三四两句"愧我明珠成薏苡，负君赤手缚於菟"，承前而来，也只从侧面回答，引人思考。据刘克庄《后村诗话》记这首诗的本事说："辛稼轩帅湖南，有小官，山前宣劳，既上功级，未报而辛去，赏格未下。其人来访，辛有诗别之云云。"联系诗句，原来这位壮士赤手缚虎（楚地方言称虎叫"於菟"），立了功劳，但作者此时却受谗去职，以致没有得到应得的赏赐。第三句用"薏苡明珠"这个典故，表明自己的去职，是因为遭受别人的诬谤，正像东汉马援当年南征交趾归来，载回一车薏米种子，被人诬枉成带回一车明珠一样。作者在湖南安抚使任中，当时只有两年，不仅建成一支湖南飞虎军，成为铁马金甲一应俱全的劲旅；而且还动用官仓储粮，以工代赈，浚筑陂塘，使农田收到灌溉之利。明明是在推行利国便民的善政，却因此受到权贵的诬控和排挤，那么“愧”从何来？可见作者所“愧”的，是自己部属有功未能把奖赏落实，不是在政治军事措施上有了差错。第四句“负君赤手缚於菟”，正是点明了“愧”的原因。从诗的一“愧”一“负”当中，可以看出作者关怀部属而不计较个人荣辱的高尚风格。

第五六两句是作者“素负志节”的自白。“观书老眼明如镜，论事惊人胆满躯”，表明自己惯于观书的老眼，明如宝镜，有知人之明。自己在论事方面，有胆有识，敢于挺身而出，仗义直言，不像他人那样畏首畏尾，顾虑重重。作者赤心为国，始终抱着恢复中原抗金必胜的信念，在孝宗乾道元年(1165)，他上过《美芹十论》，就宋金双方和与战的形势作具体分析，指出对金的斗争应积极争取主动，不要让“和战之权常出于敌”。他痛斥秦桧媚敌求和所起的摧抑民心、销沮士气的极坏作用。在乾道六年又对当时较有作为的宰相虞允文献过《九议》，指出抗击金人恢复国土，是关系国家和生民的大业，不是属于皇帝或宰相的私事。他的议论，英伟磊落，在当时主和派当权的时代是颇为惊人的。即使在淳熙七年他创建湖南飞虎营的时候，也曾经受中枢多次的阻挠和指责，甚至诬为“聚敛扰民”，但他敢于顶住这股压力，为了忠于国家，根本不顾个人的利害。诗中的“胆满躯”三字，正表明他之所以受谗被谤的原因。

诗的结尾两句，着重点明送别之情，第七句重点在被送者，祝愿对方鹏程万里，直上青云。第八句写自己送人的心情，只要被送的壮士有广阔的前途，到后来能为国家效忠宣劳，即使自己遭受政治上的挫折，在风雨交加的日子里，忍受“吾庐独破”的困厄生活也心甘情愿。这句用杜甫诗“吾庐独破受冻死亦足”句意，“不妨”两字，展示诗人先公后私、先人后己的优秀品质，表现一位久经沙场锻炼的大将热爱部属的可贵精神。

全诗脉络井然，中间四句意在笔先，力透纸背，第六句和第三句相应，第五句和第四句相应。诗中充满豪宕不平之气，显得悲壮而苍凉，雄健而沉郁。

（马祖熙）

【作者小传】

章　甫

生卒年不详。字冠之，鄱阳(今属江西)人，徙居真州(治所在今江苏仪征)。举秀才。少从张孝祥学。有《自鸣集》。

田　家　苦　　　　章　甫

何处行商因问路，　歇肩听说田家苦：
“今年麦熟胜去年，　贱价还人如粪土。
五月将次尽，　早秧都未移；
雨师懒病藏不出，　家家灼火钻乌龟。①
前朝夏至还上庙，　着衫奠酒乞杯珓；②
许我曾为五日期，　待得秋成敢忘报。
阴阳水旱由天公，　忧雨忧风愁煞侬；
农商苦乐原不同，　淮南不熟贩江东。”

〔注〕 ① 灼火钻乌龟：古代占卜之法。 ② 奠酒乞杯珓：古代占卜之法。

宋代的田园诗特别发达，它朝两个方向发展着：一是对田园风物的更为精细、别致的观察与刻画，二是对田家疾苦的更为真切、深沉的表现与同情。这两个方向的源头，都可以追溯到田园诗的开山祖晋代大诗人陶渊明那里。不过，它们的充分发展，则是在宋诗中完成的。尤其是后一方面的诗歌，显示了有别于其他时代的宋诗的特征。在宋诗中，诸如“田家”、“田家行”、“田家语”、“田家谣”、“田家咏”、“田家苦”等以“田家”为题材的诗非常之多，这反映了宋代诗人与农民的接近及对农民的关心。这些作品，除了远承陶诗的传统之外，显然也深受宋人最为崇拜的杜甫关心民生疾苦精神的影响。在这些歌咏田家的诗人中，章甫是较为出色的一个。章甫是陆游的朋友，和陆游一样，他的一生也是在风雨忧患中度过的，他的作品中多忧国忧民之作。尤其是一些有关田家的诗，如《悯农》、《忧旱》、《苦旱》等，都浸透了诗人对田家的深厚感情。这首《田家苦》，即是其中的一首上乘之作。

从内容看，这首诗可以分成四个层次。第一二两句是第一个层次，交代了田家诉苦的起因：某地一个商人向田家打听道路，农夫告诉了他。乘商人放下行李休息的时候，两人拉起了家常。农夫向这个萍水相逢的过路人陈诉了田家的苦恼。这一个开头，起得自然、亲切。田家的苦恼有两个，其一是“丰年贱价”的苦恼，这就是三四两句所说的内容，构成这首诗的第二个层次。尽管今年的麦子收成比去年更好，但田家的处境反而更糟了。因为麦子一丰收，那些商人便不愁贩不到粮食，于是乘机压价，使得麦子竟如粪土一般，田家没有从丰收中得到任何好处。

如果说“丰收”对田家而言是一种灾难的话，那么“歉收”则更将是一场灾难了。田家既愤慨于"贱价还人"这种不公平的社会现象,更害怕干旱水涝的自然现象。田家的第二个苦恼便是"忧雨忧风",这就是五至十二句所说的内容,构成这首诗的第三个层次。五月眼看着就要过去了,但早稻还没有插秧,因为天上司雨的"雨师"又是偷懒,又是装病,躲起来不肯露面,简单一点说,就是天旱无雨。这可急坏了田家,但靠天吃饭的田家又有什么办法呢?还不是只能求神拜佛,乞求神明的保佑。于是家家户户都用乌龟占卜。前一天正好是夏至,大家穿着像样的衣衫来到庙里,用酒祭奠神明,占卜询问休咎。结果神明答应五天之内下雨。田家暗淡的心里透进一丝希望之光,他们很诚恳地表示,到了秋收时一定不忘报答神明。这里,章甫接触到了一个很现实的问题,即在自然灾害面前田家的束手无策与愚昧迷信。在这首诗里,章甫对田家的迷信活动并没有加以评议,钱锺书先生说:"章甫对这种迷信是不赞成的——从《自鸣集》卷二《白露行》、卷三《悯农》、卷四《忧旱》、《白露》、卷五《苦旱》等诗里都看得出——因此他愈觉得农民的处境可怜。"(见《宋诗选注》)这是很有见地的。田家的愚昧,更衬托出他们的绝望和可悲,令人为之酸鼻。

农夫说完自己的两个苦恼,不禁对自己的不幸发出长叹,并把田家与商人的苦乐作了比较,这就是最后四句所说的内容,构成这首诗的第四个层次。田家的收成毫无保障,全视天气情况而定,整日价忧雨忧风,真使人愁煞;不像商人,如果淮南出现了自然灾害,粮食歉收,还可以到江东等别的地方去贩运。田家受天公支配,而行商则不然,所以农商的苦乐是不同的。这一结束,是上文的自然发展,又紧扣开头行商问路、农夫诉苦的情景,首尾相应,脉络甚密。

全诗中洋溢着的对田家的同情,给人们以强烈印象。从这首《田家苦》中,可以看出作者受到杜甫诗风的影响。

这首诗是由商农的一问一答所构成的,属于"对话体"。杜甫的名作《三吏》采用的即是这种对话体,这也是章甫受杜甫影响的一个证据。凭借这种"对话体",诗人可以模仿农夫的口吻,用通俗易懂、纯朴生动的语句,真切地道出田家的心声,增强诗歌的感染力。

这首诗的另一个特色是对比手法的运用。其中有两种对比。一种是明的,即农商苦乐的对比。在这个对比中,章甫很明显地是站在田家一方的。另一种是暗的,即"丰收"与"歉收"、"人祸"与"天灾"的对比。今年的麦子收成很好,胜过去年,但田家却反受压价之苦,这是"人祸";今年的水稻趋势不妙,久旱无雨,有可能颗粒无收,这是"天灾",无论是丰收还是歉收,是天灾还是人祸,田家都躲避不了不幸的命运。通过两个对比,更深刻地揭示了田家生活之苦。 (邵毅平)

即事十首(其三、其十)　章　甫

天意诚难测，　人言果有不？
便令江汉竭，　未厌虎狼求。
独下伤时泪，　谁陈活国谋？
君王自神武，　况乃富貔貅！

初失清河日，　骎骎遂逼人。
余生偷岁月，　无地避风尘。
精锐看诸将，　谟谋仰大臣。
懦夫忧国泪，　欲忍已沾巾。

这是章甫一组十首诗中的两首。约为宋孝宗隆兴二年(1164)所作。这年金兵南侵，由清河口入淮，张浚败绩。南宋朝廷失却抗金的信心，拟退守长江，结果与金再次签订屈辱和约。这就是“隆兴和约”，宋称金为叔，岁贡银减为二十万两、绢二十万匹，并割地以求和。南宋统治者所奉行的这一屈辱投降政策，不仅为广大人民所抵制，也使朝野众多正直爱国的人士深为忧虑和不满。章甫这组诗，题为“即事”，即就时事而抒发了议论和感慨，表现了伤时忧国的深情。

这里所选的第一首，主要是围绕决策于朝廷的帝王，写诗人的愤懑。首联用“天意”和“人言”对举的笔法说：皇帝的心思，实在是臣下所难以揣测；那宫外人们的种种传言，到底是否属实？这一联单刀直入，将众说纷纭的焦点集中在皇帝身上，反映了人心的惶惑。但从种种人言的迹象看来，似乎不仅赔款，还要割地，以求和局。皇帝果真是这样的意旨么？诗人不敢这样想，也不愿认为这是真实的。所以接两句议论：“便令江汉竭，未厌虎狼求”，如果真是乞和于金，即使竭尽江南的财力、物力，也不会满足他们的欲望。这两句虽属推论，恰恰道出了实情。想到这里，诗人不禁暗自流下了伤时忧国的清泪，并在伤心中又想到：有谁能够救危扶安，向皇帝陈述使国家强盛的计谋？这“独下伤时泪，谁陈活国谋”两句，是感慨和希望的交织，从中反映出诗人一片爱国的深情。结尾两句紧紧照应首联，“君王自神武，况乃富貔貅！”天意难测，人言信否？究其端，不过是战与和的问题，战则可以图强求胜，和则只能屈辱苟安以至覆亡。求战是有条件取胜的，尾联中的“自神武”、“富貔貅”，就申明了这一点。但是战是“和”，完全取决于皇帝的决策。所以这关合全诗的尾联，还包蕴着对帝王的讽谏：君王本是神明威武的，何况还有许多勇猛的士兵！言外犹如说：为什么不坚持抵抗？偏偏要割地赔款屈辱求和！

第二首写诗人对当时急迫形势的慨叹和忧心。失掉清河后，金兵继续南下，咄咄逼人。在这种形势下，诗人不禁慨叹：患难余生，虽可偷度岁月，却已无地可避战乱的烟尘。这里的患难余生，当指经历"靖康之难"等而言。完颜亮南侵不久，喘息甫定，烽烟又起，还能到哪里去躲避战火？"无地"二字感慨极深，喻示国土日蹙，再也不能退让逃亡了。接着作者生发两句议论：王师是否精锐，要看各位将军如何统率；而收复失地的大计，则仰仗于朝廷重臣的谋划。这里写出了诗人的劝勉之意，同时也含有讽意。对比之下，人微言轻的作者，自会被视为"懦夫"，可就是这样一位草茅下士，忧国情殷，忍不住热泪盈眶，泣下沾襟。这最后两句直抒胸臆，感慨悲凉。

这两首诗，作者以"位卑未敢忘忧国"的心情，直陈时弊，并且含蓄地指责了君王、权臣的苟安行径，表达了一片赤诚之心。诗用夹叙夹议的笔法，时带抒情的笔调，倾诉了作者的忧愤。语言质朴，风格沉郁，逼近老杜。 （左成文）

湖上吟　　章甫

谁家短笛吹《杨柳》？　何处扁舟唱《采菱》？
湖水欲平风作恶，　秋云太薄雨无凭。
近人白鹭麾方去，　隔岸青山唤不应。
好景满前难着语，　夜归茅屋望疏灯。

这首诗记游湖的印象，前六句写湖上见闻与情趣，末两句抒发感慨。

首联以两个对偶的问句发端：谁家的短笛在吹奏《折杨柳》的曲子？哪里的小船上正唱着《采菱曲》？诗人游湖之初，听到了笛音与菱歌，寻声望去，不见吹笛的人，也不见载着歌者的小船，便连发两问，表示巡视而一无所获。

颔联写视觉形象。转而注意到湖面上，风起了，湖水吹皱了。再抬起头来，天空飘着几片薄薄的秋云，看来还不会下雨。"雨无凭"，是说不可能下雨。"无凭"是没有根据的意思。

颈联记下了使诗人特别难忘的景象：湖中的白鹭大胆地接近游船，直到挥手驱赶方才离去；在船上对着隔岸的青山大声呼唤，声音消失在远方，并不发出回声。这一联描摹甚工：白鹭近人，挥而方去，足见此地游人之稀少，故白鹭见人，无丝毫惧意。而"青山唤不应"，则见湖面之空阔。

尾联抒情，以"好景满前"托住上面六句，并以此作为发抒感慨的对象。诗人在游湖时就为湖上的景色所感染，但一直没有构思好，找不到恰当的词句来表现。“难着语”，是说难以用语言文字来形容。因而晚上回到茅屋，依然在酝酿诗情，长久地望着窗外隐约可见的疏疏落落的几盏灯火出神。末句只说“望疏灯”，而不说结果是否得句。言尽意不尽，清音幽韵，袅袅不绝。　（陈志明）

【作者小传】

陈　亮

（1143—1194）　字同甫，世称龙川先生，婺州永康（今属浙江）人。绍熙四年（1193），光宗策进士，擢第一。授签书建安府判官，未赴任卒。力主抗金，遭当权者所忌，三度被诬入狱。倡导经世济民的“事功之学”，与朱熹有“王霸义利之辩”。词作风格豪放。有《龙川文集》、《龙川词》。

梅　花　　　　陈　亮

疏枝横玉瘦，　小萼点珠光。
一朵忽先变，　百花皆后香。
欲传春信息，　不怕雪埋藏。
玉笛休三弄，　东君正主张。①

〔注〕 ① 东君：司春之神。

陈亮是南宋著名的哲学家、政论家、词人，他胸怀大志，力主抗金恢复中原，和他的挚友辛弃疾一样，是一位爱国志士。他很少作诗，集中仅存这首咏梅花的五律。历来评选宋诗者，也很少注意，但这首诗是咏梅的佳作，也确能代表作者的气质和性格，和《龙川词》中几首咏梅词相比，显得更有特色。

诗的头两句“疏枝横玉瘦，小萼点珠光”对梅花的形态，略加描绘。作者以疏枝横玉，写已开的梅花；以小萼缀珠，写未开的梅萼。“瘦”，以见梅花的清姿；“光”，以见梅萼的俊采。用语相当质朴。明代毛晋跋陈亮的《龙川词》说：陈同甫词“不作一妖语媚语”。他的诗文也是这样，在《书作论法后》一文中他曾写道：“大凡论不必作好语言，意与理胜，则文字自然超众。故大手之文，不为诡异之体而自然宏富，不为险怪之辞而自然典丽。”他的《咏梅》诗，正是以“意与理胜”见长的。

第三四两句：“一朵忽先变，百花皆后香。”写梅花的标格。梅花开放，正当隆冬，百花还在沉睡当中，梅花却最先苏醒。向南的枝条，只要一朵冲寒先放，马上就带动全枝的次第争开。南枝开了，北枝也不甘示弱，不管是水边篱落、雪后园林,全不选择。“梅占百花魁”,它香在百花之先,不与百花竞艳。它是一种温馨高洁的花,冷艳幽香,赢得千古诗人的赞赏。第五六两句,写梅花的精神,“欲传春信息,不怕雪埋藏。”“数点梅花天地心”,见到梅花,人们便有春已归来的感觉。她不怕冰风的摧折,不怕寒雪的埋藏,这种傲雪凌霜的精神,正是梅花品格高贵之所在。

结尾两句“玉笛休三弄,东君正主张。”是写梅花的命运。笛曲有“梅花落”,又称“梅花三弄”、“落梅花”。花谢花开自有时,在梅花原不介意,但诗人表示惜花之意,感到玉笛横吹“落梅花”,似乎在催花早谢,所以感叹说:玉笛呵!你休得吹这三弄的哀曲吧,梅花自有自己的命运,东君正在为梅花作主张呢!“我劝东君多作主,永留清瘦雪霜姿。”这兴许是作者的愿望吧!

此诗令人想到这样的情况:南宋的陆游、陈亮、辛弃疾等人,他们都爱以梅花的标格比拟自己。陆游《卜算子·咏梅》:“无意苦争春,一任群芳妒。零落成泥碾作尘,只有香如故。”以梅花的劲节自比。陈亮词:“墙外红尘飞不到,彻骨清寒。”(《浪淘沙·梅》)以梅花的高洁自比。辛弃疾词:“更无花态度,全是雪精神。”(《临江仙·探梅》)以梅花仪态自比。这些写法,都着重抒情,以情韵胜;而陈亮的这首咏梅诗,则着重说理,以义理胜。

(马祖熙)

【作者小传】

赵　蕃

(1143—1229)　字昌父,一字章泉,其先郑州(今属河南)人,后寓居信州(治今江西上饶)。以荫入仕,祁州文学。曾为太和主簿,官终直秘阁。卒谥文节。刘克庄称其诗有陶、阮意。有《章泉集》。

雨后赠斯远　　赵　蕃

已是霜凝更雨湿,　　春其渐起但无痕。
莫嗟草色有垂死,　　定有梅花当返魂。
小驻要须穷日日,　　细寻无惜遍村村。
揩摩病眼从兹始,　　并待君诗洗睡昏。

一般说来,宋人的诗作,说理成分较重,雕琢痕迹较显,因而“于一唱三叹之音,有所歉焉”(严羽《沧浪诗话·诗辩》)。赵蕃这首《雨后赠斯远》,在宋诗中是有一定代表性的。但从中也可以感受到诗人春日的敏感以及希望有所作为的心情。斯远是作者友人，卜筑归隐有文才，曾从朱熹学。作者另有《斯远生日》诗。

首联见秋霜而思春日，表现了乐观进取的精神。“霜凝”，季节是在深秋。《礼记·月令》：“是月(季秋之月)也，霜始降，百工休。”曹丕《燕歌行》：“秋风萧瑟天气凉，草木摇落露为霜。”诗人面对降霜、下雨的深秋，并不慨叹“悲哉，秋之为气也”(宋玉《九辩》)，也不畏惧即将来临的严冬，而是觉得离春天愈来愈近了。“春其渐起但无痕”，是说春天正在逐渐临近，只是还没有全部显露出来罢了。这一联为全诗定下了明朗向上的基调。

颔联紧承首联，具体展示“春其渐起”的情状。霜威固然使草木摇落而变衰，但诗人认为不必为此嗟叹。自然界万物轮回，生生灭灭。一面在衰败，一面则在发生发展。在草色垂死之际，梅树正在恢复青春，酝酿作花。

颈联补足“定有梅花当返魂”这一判断，“小驻”与“细寻”互文见义。诗人的意思是，只要天天到各个村落去细细寻访，那么，定会在梅树梢头发现新春的消息。“穷日日”前冠以“要须”，“遍村村”前冠以“无惜”，见出要发现新春之难，也表现了诗人惜春、寻春心情的急迫与信念的坚定。梅花开放的季节是在“已兼残雪又兼春”(王贞白《春日咏梅花》)的冬末春初，深秋不能见到早梅。但是，“冬至一阳生”，正当草色垂死之际，梅花之魂已在悄悄返回。这是自然之势，必当如此。“定有”、“当”，用得很恰切。

尾联说，春日既已非遥，我要揩摩病眼，振作起来，静待斯远咏春的新诗寄到，以一洗我昏睡之态。此联归结到自己，并回应题中“赠斯远”之义。

方回评此诗说：“章泉(赵蕃字)爱用虚字拗斡，不专以为眼也。如‘春其渐起但无痕’，所用‘其’字是矣。此句甚妙。……‘日日’、‘村村’一联，亦不苟，劲瘦枯淡。”(《瀛奎律髓》卷十七)此诗外枯淡而内丰腴，颇有高格。“春其渐起但无痕”一句，熔诗情、哲理于一炉，感情细腻，寓意深远，可谓“一篇之警策”(陆机《文赋》语)。此诗首尾呼应，中间转折自如，章法井然。转折处善于用虚字斡旋，显得灵动而不板滞。这些都体现了江西派诗法的长处。(陈志明)

【作者小传】

叶　適

(1150—1223)　字正则，世称水心先生，温州永嘉(今属浙江)人。淳熙五年(1178)进士第二。历知蕲州、权吏部侍郎、知建安府兼沿江制置使、宝文阁待制兼江淮制置使。时韩侂胄以开边衅诛死，被劾附侂胄，夺职奉祠。遂闭门著述，自成一家，后世推为永嘉学派巨擘。有《习学记言》、《水心先生文集》。

鉏 荒 叶 适

鉏荒培薄寺东隈，　一种风光百样栽。

谁妒眼中无俗物，　前花开遍后花开。

叶适的诗，以用力勤苦，造语生新见称。叶适晚年，曾参与宰相韩侂胄北伐的规划。但韩轻躁冒进，急于事功，自取败亡。韩侂胄被杀后，叶适也被解去建康知府之职，投闲置散达十余年。这首《鉏荒》诗，就是他晚年所作。

诗题《鉏荒》。“鉏”即“锄”；鉏荒，就是垦荒锄草。这是一篇歌咏田园生活的诗。诗材虽是常见，但意味却也不浅。

“鉏荒培薄寺东隈”，写劳作之勤。不但垦荒除草，而且培土施肥，其经营之勤勉，亦煞费苦心。“寺东隈”，僧寺的东偏。隈，偏僻低下之地。作者选取僧寺外面的一角生地，辟置园林，是因为这里远离尘俗。从这一句里，就已经透露出这首标作《鉏荒》诗的意趣了。

“一种风光百样栽。”一种，同样。“风光”指花木绚丽的光彩。虽然不过是栽种花木（“一种风光”），但不是一色，而是“百样”。惟其“百样”，才见“风光”；要见“风光”，必须“百样”。鉏荒培薄，万紫千红，那个“风光”，也的确来之不易。

“谁妒眼中无俗物。”这一句却是诗中主脑。那样精心地莳弄，那样加意地区处安顿，为的就是“眼中无俗物”。现在，恶草除尽，花木葱茏，风色满眼，光景旖旎。在主人来说，可以赏心悦目；在旁观者看去，就难免有些嫉妒了。“谁妒”，任凭谁人去嫉妒。如果有谁嫉妒，那就随他去，而在我，不仅眼中无俗物，亦且心中无俗念。我之不俗，人奈我何！

“前花开遍后花开。”这结末的一句，补足了第二句“风光”的诗意，又点添了第三句“谁妒”的内容。不独眼中没有尘俗杂乱之物，还更有可夸的是，不待前花开遍，而后花又开；一番花色，一番光景。那些嫉妒我的人，岂不是妒不胜妒，又岂不枉然？

叶适此诗，虽表面上是咏写开荒除草，移花接木，以高雅夸于流俗，其实恐怕是还有更深的意趣。细检他的生平，可知他早年曾有许多作为，如他曾向孝宗举荐陈傅良等三十多人为朝士，又多次上书孝宗，痛切陈述国家机宜，后在建康知府任上，保卫江防又多贡献。这样一个有所作为者，在他一旦罢官投闲以后，是绝不会甘心退处的，必然是希望再有报效的时机。《鉏荒》一诗，“鉏荒培薄”、“风光百样”等句，怕就是隐寓着他的政治生活经历，而“前花开遍后花开”，更道出了

他的胸臆，更见出他的风节，似乎不应草草看过。（韩小默）

赠高竹有外侄　　叶　适

娶女已为客，　参翁又别行。
相随小书卷，　开读短灯檠。
野影晨迷树，　天文夜照城。
须将远游什，　题寄老夫评。

这是一首赠行的诗作。“外侄”，在这里是指女婿。高竹有是诗人这个女婿的姓名。高竹有将远行，诗人以岳翁的身份写诗相赠。

“娶女已为客，参翁又别行。”由开头这两句诗看，高之结姻于叶家，似是入赘。因为他不是纳聘迎娶，而只客中娶妻，所以说“已为客”。“参”，参拜行礼。“参翁又远行”，拜别了岳丈，又复远行。起首两句写得很恳切。翁对婿“娶女为客”的处境十分谅解和同情，因而题诗赠行，首先揭明这一点，使这位又要远行的有半子之谊的女婿心底里坦然无碍。

“相随小书卷，开读短灯檠。”娶妇为客的高竹有何以又有远行？诗题虽未指明，但从全篇的内容看，显然是去远方游学。入赘的子婿，要去远方游学，作为岳翁，就应该替他整备行装。如果是富有之家，免不了是仆马辉煌囊橐累累；无奈他这个岳翁，却力不能办，只好简便从事了。“相随小书卷，开读短灯檠”虽然是对偶句，但在意义上，“相随”贯以下八字。意思是：只能以些许书卷和灯具一盏相随前去，短灯以备开读书卷。翁对婿的赠与，虽然远非丰赡，但用意却很殷切：希望他勤苦攻读，以期有成。

“野影晨迷树，天文夜照城。”这两句是设想途中情景。晨行旷野，树影依微；夜宿城根，天光朗照。远行当此际，能不吟诗以抒怀？于是过渡到下联。

“须将远游什，题寄老夫评。”从客主两方面收束。《远游》，《楚辞》篇名，内容抒写离乡远游的悲凉情绪。汉代王逸作《楚辞章句》，定为屈原所作。宋以后《楚辞》研究家认为是摹拟《离骚》之作。此处“远游什”是借言。这两句的意思是：你须把远游途中写作的诗文，时时寄回，老夫（诗人自指）将予以细细评骘。结末这两句，与第二联“相随”一联照应，即嘱其不但要习读经史，而且还要揣摩诗文；诗文在达到熟练以前，难免粗疏，因而必须题寄老成人评审，庶几免于荡而不反。一篇殷切之意，至此遂告结束。

唐宋诗人写作的赠行送别诗，数量不少。如若细心阅读，则可以发现它们绝大部分是同辈相赠，不是交亲，就是僚友。如果是生徒子侄这样的晚辈人物，则宁可以散文形式写成赠序。这是因为对于晚辈的赠送，必然要有一番规勉教诲，于诗作的形式不大合宜。叶適的这首《赠高竹有外侄》，以翁而赠婿，有长者之分而无凛严之态，有规切之意而无腐迂之气，旨意殷殷，心长语重，算得上一首赠送晚辈的好诗。

（韩小默）

【作者小传】

张 镃

（1153—1235） 字功父，一字时可，号约斋，临安（今浙江杭州）人，先世居成纪（今甘肃天水）。张俊之后。官奉议郎、直秘阁，权通判临安府事，终左司郎官。曾参与谋诛韩侂胄。有《南湖集》。

杂 兴

张 镃

渊明膝上桐， 一丝不肯挂。①
弹声聒天地， 无人知此话。
谓琴只这是， 世间何用弦？
谓在有无中， 其然岂其然？

〔注〕 ① 一丝不肯挂："一丝不挂"，本为佛教语，用以比喻不染尘俗，此处借以说明琴上没有一根弦。

作者的《南湖集》中，有一组《杂兴》诗。这组诗大都写的是与古代人物有关的事迹。作者用杂感的方式，对这些事迹进行富于理趣的评论，本篇是其中的一首，就晋代陶渊明蓄有无弦琴事抒感。

据梁昭明太子萧统所作的《陶渊明传》称："渊明不解音律，而蓄无弦琴一张，每有酒适，辄抚弄以寄其意。"（《晋书·陶潜传》有相同的记载）

诗的前半"渊明膝上桐，一丝不肯挂。弹声聒天地，无人知此话"四句，前两句说，渊明膝上抚弄的古琴，一根琴弦也没有。琴是凭藉琴弦发音的，既然"一丝不挂"，这无弦琴自然便是无声琴了。后两句用假设语气，意谓即使弹声聒耳，也没有人晓知其意。聒，嘈杂。琴既无弦，何能有声？但渊明先生却在喝酒舒适之时，常常抚弄此琴，以娱心意，则是无声之中，也似乎被认为有声存在了。周代俞伯牙弹琴，友人钟子期理解他的琴音。伯牙志在高山，钟子期说："善哉！峨峨兮若泰山。”志在流水，钟子期说：“善哉！洋洋兮若江河。”成为伯牙的知音。后来钟子期去世，伯牙感伤再没有知音的人了，就此断弦，不再弹琴。（见《吕氏春秋·本味》）渊明先生蓄有无弦之琴，是否因为他处于那个变乱的时代，也有同样的伤感呢？但渊明平时不解音律，所以他的抚琴，只能是象征性的寄意罢了。倘若渊明先生自己认为此琴有声，即使弹声能使天地间充满繁杂的音响，也是没有人理解其中的意思的；若说是没有知音，这无弦琴，自然也谈不上断弦了。

后半四句“谓琴只这是，世间何用弦？谓在有无中，其然岂其然？”两用设问设答，意思是说：如果只有无弦琴才能算琴，那么世间的琴，又何必用弦呢？如果说，琴声只在若有若无之间，这难道是真的如此吗？作者认为这种琴，只能是渊明的琴，世上的琴并不如此。没有渊明的境遇，大可不必蓄上无弦琴，以自炫清高，自认为世间没有同调。据当时有关记载，作者卜居南湖，声伎服玩之盛，甲于天下，则知作者所爱的定是有弦之琴。苏轼《琴诗》说：“若言琴上有琴声，放在匣中何不鸣？若言声在指头上，何不于君指上听？”苏轼认为有好琴，还要有高妙的弹技，方能奏出高妙动听的乐曲。陶渊明既不解音律，当然说不上弹技。则是渊明之琴，只有当他抚弄的时候，他可以说“声音在有无之间”。抚弄是凭指头的，抚弄有弦之琴，才会发出音响；渊明之琴，既然无弦，凭指头抚弄此琴，也只能说仿佛有声，聊以供自家聆听其中的真意罢了，他人是不必为之诠释的。

（马祖熙）

过杨伯虎即席书事　　张　镃

四面围疏竹，　　中间着小台。
有时将客到，　　随意看花开。
拂拭莓苔石，　　招携码碯杯。
昏鸦归欲尽，　　数个入诗来。

这首五律是作者过访友人杨伯虎幽居的即兴诗（杨伯虎是作者友人，生平不详）。开头两句和结尾两句，着重写幽居小楼所见的清景；中间两联，着重写主人在这样幽雅的环境中的雅事。全诗着笔自然，很有韵味，结笔尤见精彩。

首韵：“四面围疏竹，中间着小台。”点小台（即小楼）的所在。四面围有稀疏的篁竹，中间着个小小的楼台，略示环境的幽静和雅致。竹疏，所以不妨碍看到外景；台建在中间，所以宜于登台四望。三四两句：“有时将客到，随意看花开。”写主人翁在这里的活动，主人不慕荣利，乐于淡泊的生活。他有时携客来此，但并不经常；客来以后，随意欣赏台边刚开放的花儿，主客都毫无拘束。这两句以“携客”“看花”，作为雅事之一。五六两句：“拂拭莓苔石，招携码磠杯。”第五句应第四句的看花，第六句应第三句的客至。客人到了，拂拭一下长有莓苔的石凳，可以坐下来小憩，领受竹韵花香。也可以喝上点芳酒，用不着备什么菜肴，却也心境陶然，乐在其中。因为平日少有来客，所以石凳上竟长上了莓苔；因为客人不俗，所以能怡然共饮，用玛瑙(码磠)杯互相敬酒。这两句以小坐饮酒，作为雅事之二。结尾两句：“昏鸦归欲尽，数个入诗来。”这两句写景，但景中寓有情事。表明主人和客人，不仅赏花、饮酒，而且还共赋诗。赋诗自然也是一种雅事。诗是从清赏中得来的，不事雕饰，不尚藻采，心灵上的感受，外界自然景象的情态，仰观俯察，都富有诗情画意。这两句的自然佳妙，正在于此。时间已是傍晚了，鸦背上还带有落日的余晖，在暮霭中，昏鸦也归飞欲尽了。这时欣然命笔，不觉有几点寒鸦，居然飞进了诗句。诗人的神志清明，诗句也像一幅淡雅的黄昏水彩画，诗的境界和画的意境，恰和作者的心境相吻合，三者融为一体，不必多事渲染，意象之工，极能传神。诗吟至此，也显得神完气足。

全诗写幽居清适之景，写携客、看花、饮酒、赋诗、怡情等事。好在写事不露痕迹，写景俊雅入妙，堪称佳作。可见作者诗风特色的一斑。作者为诗，于唐人学贾岛，于宋人师杨万里，都能登堂入室。在南宋是名家。(马祖熙)

庄器之贤良居镜湖上，作《吾亦爱吾庐》六首见寄，因次韵述桂隐事报之，兼呈同志(其三)① 张 镃

吾亦爱吾庐，　第一桂多种。
西香郁天地，　不假风迎送。
花开与花落，　真境未尝动。
群芳亦有时，　幻巧云锦综。
廓然清净观，　岂复计疏壅。
红红白白处，　政自见日用。②
江山虽阻修，③　此乐朝暮共。
逢场任竿木，④　何许非戏弄。
一笑和君诗，　是亦梦中梦。⑤

〔注〕 ① 庄器之贤良：汉代有贤良方正的选拔，简称贤良。庄曾被征应试而未赴，所以作者以贤良称之。作者《寄题庄器之招隐楼》诗说：“庄侯海内士，岂特静者类。深叹末俗竞，懒赴

殊科试。”可证。镜湖：又名鉴湖，在今浙江绍兴会稽山北麓，尽纳南山三十六源之水汇潴成湖，周围三百十一里。宋代以后淤塞，今唯城西南一段较宽的河道，仍称鉴湖。桂隐：作者所居园林在南湖滨林麓幽静处，有桂隐、玉照诸胜境。桂隐多桂，玉照多梅，著称当时。　② 政：同正。　③ 阻修：险阻修长。　④“逢场”句：竿木，竹杖。《传灯录》：“邓隐峰辞师，师云：‘什么处去？’曰：‘石头去。’师云：‘石头路滑。’云：‘竿木随身，逢场作戏。’”成语“逢场作戏”本此。句意谓人生只是逢场作戏，不必过于计较。　⑤ 梦中梦：喻幻境。《庄子·齐物论》：“方其梦也，不知其梦也。梦之中又占其梦焉，觉而后知其梦也。”

这首五言古诗是次韵之作。作者的友人庄器之作有《吾亦爱吾庐》六首，起句皆为“吾亦爱吾庐”。作者所居南湖，有桂隐、玉照诸胜，可以比美庄器之所居的镜湖胜景，因而次韵和诗六首，起句也都用“吾亦爱吾庐”，这里所录的是第三首。

诗的起四句所述，即为桂隐之胜。作者表示：我也爱我的居处，所以第一件事，便是在宅边多种桂树。桂花开于秋天，旧说秋之神主西方，所以桂花称西香或秋香。一当西香馥郁的时候，不必借助于秋风的吹送，这园亭里便充满了沁人的清香，使人神怡心旷。次四句是说：花开花落，自有其时，桂花也同样如此，但是吾庐的真境，却未尝改动。何况群芳也各自有其季节，各擅一时的芳华，它们所幻现的奇巧美妙的最色，仿佛云锦一样，也错综于吾庐所在的园林之间呢。下面四句，表明主人的心志。先说：“廓然清净观，岂复计疏壅。”庐的主人，也有辽阔清净的观感。“清净观”，本是佛家语，指远离罪恶与烦恼(见《俱舍论》)。这里用来指心地净洁。当心地开朗的时候，就可以不受外物的影响，不再计较外界疏通和阻塞的情况。次说：“红红白白处，政自见日用。”红红白白的群芳，红花也好，白花也好，都各自有其妙用，给环境增加绮丽的色彩。可见桂隐之胜，是以桂花为主体，而以其他花卉为映衬。主人达观超逸的心境，也便展示在读者的眼前。主人确有所爱，但也不排斥其他可爱的事物，因而真境常在，所爱亦常在。

结尾六句，主人进一步表明对人生的看法。主人认为江山虽然可以阻隔，道路可以修长，但有了放旷的情怀，尽管仅在自己的园林中，也朝暮各有其乐。所以说：“江山虽阻修，此乐朝暮共。”就整个人生来说，一切外界的富贵功名，也不过是逢场作戏，人所遭逢的事事物物，是到处都有戏弄的。任性率真，则我为外物的主人；拘墟局促，则我是外物的奴仆。一切都作如是观。所以说：“逢场任竿木，何许非戏弄。”最后作者更加重一笔说：即如今日一笑和君之诗，也只是即兴随缘，属于人生中的偶然之事，如果说，“人生如梦”，说这是梦中之梦，也未尝不可的哩！

这首诗表现了作者“淡忘荣利”的情怀。作者思致高远，才清诗瘦。元人方回读他的《南湖集》，说他为诗“得活法于诚斋(按：指杨万里)。”又说他“生长于富贵之门，辇毂之下，而诗不尚丽亦不务工。"就此篇而论，正是如此。此诗本意是述桂隐之胜，作者进而写园林居处之乐。本写桂花的秋香，而亦兼写对群芳的欣赏。末后则由园居之乐，而涉及对人生的观感。诗中"逢场作戏弄"以及"梦中梦"诸语，看似杂有消极意识，但实质是出于"淡忘荣利"的心情。作者生当南宋中期韩侂胄当权之世，目睹朝政黑暗、争权夺利、植党营私的现象，深为不满。而当时士大夫，又多以不务国事、柔媚取容为务，所以有这样的感慨。作者曾从陆游和杨万里学诗。所以方回有诗称他："端能活法参诚叟（按：指杨万里），更觉才情似放翁（按：陆游号放翁）。"方回只从他为诗的才情和法度立论，不涉及思想内容。清人鲍廷博《刻南湖集缘起》说："（所见）集中诸作，大半皆纪所居南湖桂隐、玉照诸胜，及与同时士大夫游宴酬答之篇。公舍宅所建之慧云寺，颓圮未尽，今过其处，水云飞淼，菰蒲丛生，而雉堞之环列依然，禽鱼之翔泳如昨，皆可因诗而想见其园居之乐也。"则知此诗作意，在于叙园居之乐，其他种种，皆为信手拈来之笔，盖不尚工丽而自见工丽如此。篇末诸语，本为感叹时事而发，不可因其作梦幻语自求解脱，即以"思绪似涉消极"论之。

（马祖熙）

竹轩诗兴　　张　镃

柴门风卷却吹开，　狭径初成竹旋栽。
梢影细从茶碗入，　叶声轻逐篆烟来。
暑天倦卧星穿过，　冬昼闲吟雪压摧。
预想此时应更好，　莫移墙下一株梅。

这首七律题为《竹轩诗兴》，写竹轩景物，自然清丽。从所写的景致中，可以看出作者本身的志趣。作者虽然出身于勋业很高的富贵之家，但心志清隽，爱好闲雅，摆脱了富贵子弟庸俗的习气。修竹本以它的高洁和潇洒，历来为文人雅士所激赏。在作者所处的竹轩中，四时都有佳趣，而这首诗所描写的，则以夏季的景物为主。

开头两句："柴门风卷却吹开，狭径初成竹旋栽。"写竹轩面对柴门，清风卷来，柴门被自然地吹开了。轩的前面，是刚刚开辟不久的小径，径边栽上了许多篁竹，环境是非常幽雅的。第三四两句："梢影细从茶碗入，叶声轻逐篆烟来。"写竹梢的清影和竹叶被风吹动的响声。妙在结合轩中的清事来写，显得自然而洒脱，足以引起诗人的诗兴。当轩静坐，竹梢的影子，都好像通过茗碗细细地落在轩中似的。篆烟飞起了，竹叶的音响，宛如随着篆烟轻轻地飘来。在静观当中，确实是体会得非常细致。第五六两句:“暑天倦卧星穿过,冬昼闲吟雪压摧。”仍然是写竹轩清趣,但和前两句意境显然不同。前两句写的是平时,这两句却写的是暑天的夜晚和冬天下雪的白昼。前两句以写竹为主,以轩中的品茗、焚香为辅。这两句以轩内倦卧看星和冬天对雪闲吟为主,而以“星穿过”和“雪压摧”相应地写竹,达到水乳交融、情景俱妙的程度。从诗句中作者告诉人们:暑天,这里宜于乘凉倦卧,可以看到星从修竹的上面穿过;冬天,坐在这儿吟诗,可以看到素雪压在竹枝的清景。这样倦卧也好,闲吟也好,竹轩都可以供以诗情、诗兴,而此情此景,都非在其他的处所所能领略到的。作者为诗,不求工而自工,从这几句诗中,也就可以使人心领而神会了。

结尾两句:“预想此时应更好,莫移墙下一株梅。”作者因此时尚在夏季,所以第六句所写的情事,只是虚写,是预想如此。作者设想到了冬季,这儿的清景,一定格外宜人。冬天是梅花的季节,梅花的寒香冷蕊,配上修竹的疏枝翠叶。纵使不是雪天,也便梅竹同清,使竹轩更有幽致。若是下雪的话,那么雪地咽梅花,静听竹林里敲金戛玉的声音,此境岂不更加清绝。所以作者在诗中叮嘱自己说:“莫移墙下一株梅,”梅花将为竹轩带来更多的诗兴啊!到那时节,是“日暮倚修竹”,还是欣赏月下的梅花,那就听自己的便了。

此诗清而不瘦,隽而不寒。句句扣题,但并不拘泥。作者尝从杨万里学诗,得其自然清丽。就此诗来说,风格也和姜夔相近,姜夔诗风俊雅,受到杨万里的激赏。杨万里报姜夔诗云:“新拜南湖为上将,近差白石作先锋。”南湖就是指作者,白石是指姜夔。作者有《南湖集》,为诗得力于诚斋(杨万里)、放翁(陆游)诸人,是南宋有影响的诗人之一。方回对他评价很高。　　(马祖熙)

【作者小传】

刘　过

(1154—1206)　字改之,号龙洲道人,吉州太和(今江西泰和)人,长于庐陵(今江西吉安)。四次应举,不中,流落江湖间。曾为陆游、辛弃疾所赏识,亦与陈亮友善。有《龙洲集》、《龙洲词》。

多景楼醉歌　　刘　过

君不见七十二子从夫子,　　儒雅强半鲁国士。

二十八将佐中兴，英雄多是棘阳人。①
丈夫生有四方志，东欲入海西入秦。
安能齷齪守一隅，②白头章句浙与闽？
醉游太白呼峨岷，奇才剑客结楚荆。
不随举子纸上学《六韬》，③不学腐儒穿凿注《五经》。④
天长路远何时到？侧身望兮涕沾巾！

〔注〕 ① 棘阳：西汉县名，战国时属楚，汉时属南阳郡，故址在今河南南阳南。 ② 齷齪：这里作拘谨解。 ③《六韬》：古代兵书名，相传为西周吕望作，实为战国时人著，今存六卷。 ④ 五经：即《诗》、《书》、《易》、《礼》、《春秋》。

刘过是南宋著名的一位豪放派词人，他的诗也很有豪气，惜为词名所掩，这首《多景楼醉歌》是他的诗作中具有代表性的作品之一。

刘过被人称为“天下奇男子，平生以意气撼当世。”（毛晋《龙洲词跋》引）但他在青年时，长期困于场屋，四次应试，都未得中，在功名上很不得意。他曾在《上袁苏州》诗里说：“十年无计困场屋，说著功名气拂胸。”又在《上周太保》诗里说：“科名数行泪，歧路一生心。”表明他对从科举求功名已经心灰意冷，遂决计离开书斋，浪游江湖，广交知已，另求报国之路。多景楼在京口（江苏镇江）北固山上甘露寺内，始建于北宋郡守陈天麟（见《京口志》）。北临大江，风光很美，苏东坡、米元章都有诗，辛弃疾镇京口时，也常到这里游赏。刘过在这里写下了这首醉歌，抒发他的激情。从他后来的游踪来看，当是他离开浙、闽以后不久的作品。

这首诗是七言歌行体，共十四句，前两句是一韵，第三句转韵，一气贯下，直到结语，气势奔放，感情激越。开头两句“君不见七十二子从夫子，儒雅强半鲁国士。”首先说到孔子当年所培养的七十二位弟子中，以儒雅著称的多半是鲁国人。这里所说的“七十二子”，并不是说孔子的学生就是这么多，据《史记・孔子世家》说“孔子以《诗》、《书》、《礼》、《乐》教弟子，盖三千焉，身通六艺者七十有二人。”可见所谓“七十二子”是指真正学到知识、学到本领的学生数。这中间孔子最得意的门生如颜渊、曾点、曾参等都是鲁国籍。这两句诗的意思是在表明，一个地区出了个杰出人物，会带动、影响很多人，因为同处一个地区，接触机会较多，沐风化雨，容易成长，言外之意是说自已所接触的都是些庸儒、腐儒，就是因为他们没有受过真正大儒的熏陶。在这里首先肯定了得到孔门真传的儒雅之士，是为了和下边所指斥的庸儒、腐儒区别开来。但这首诗的主题不是论“儒”，而是论“武”，所以这开头两句只起个陪衬作用，为的是引起下文。

下边陡转:"二十八将佐中兴,英雄多是棘阳人。"这两句才是诗的正题,是诗人向往的目标。二十八将是指辅佐东汉光武帝刘秀创建中兴大业的邓禹、吴汉、贾复、马武等二十八位将领,他们多半是南阳郡人,和刘秀是同乡。他们风云际会,附凤攀龙,建功立业,名垂后世,诗人对他们的追慕,从相反的方面反映了南宋的政治现实。宋孝宗、光宗时期,也就是诗人活动的时代,朝廷对金国屈服已久,国势衰弊,左右大臣,庸碌无能,因循苟安,不图恢复。这两句表明诗人希望南宋也能重振。为此中兴大业,他必须走向广阔的天地,默察形势,结交英豪。"丈夫生有四方志,东欲入海西入秦。"后一句是化用杜甫《奉赠韦左丞丈二十二韵》"今欲东入海,即将西去秦"的诗句,不同的是杜甫是要离开秦,而他却是要到秦去。秦,指关中地区,"秦中自古帝王州",周、秦、汉、唐都在这里建过都,都是很强盛的王朝。"东入海"只是陪衬,"西入秦"才是他的本意。他想起了当年那种局促斗室、寻章玩句的生活,一定要和它彻底决裂:"安能齷齪守一隅,白首章句浙与闽?"语气是很坚决的。他在《从军乐》诗里也说:"书生如鱼蠹书册,辛苦雕篆真徒劳",再一次表达了对书斋生活的厌恶情绪。

"醉游太白呼峨岷,奇才剑客结楚荆。"表现出诗人豪迈的气概,侠义的性格,很有李太白风味。太白山是秦岭的主峰之一,在陕西武功县南九十里,最高处耸入云霄,常年积雪。峨山、岷山都在蜀中。楚、荆指楚国故地,主要是指江陵、襄阳一带地区。这里西通巴蜀,东下三吴,南趋湖广,北走宛、洛,自古是兵家必争之地,南宋时期荆襄的得失,关系到政权的存亡,地位尤其重要。从这里往北到南阳、颍川、汝南等地,在战国时也属于楚地,都是出人才的地方,"汝颍多奇士"是出了名的,东汉末年更是藏龙卧虎之地,刘表镇荆州时期,天下奇才异能之士更多集中于此,诸葛亮曾在襄阳隐居,庞统、司马德操等都是襄阳人。南宋陈亮在《上孝宗皇帝书》中曾详细论证荆襄地位的重要,并且是人才辈出之地。所见与刘过相同。这两句诗不止是表现出他的豪情壮志,且可以看出他具有历史眼光。他确曾来过襄阳,他在《襄阳歌》里说:"襄阳真是用武国,上下吴蜀天中央。……土风沉浑士奇杰,乌乌酒后歌声发。"又在《忆鄂渚》诗里说:"中原地与荆襄近,烈士烈兮猛士猛。"多次发出呼声,哪里会有人理会!后来襄、樊失守,南宋王朝亦随之而灭亡,这是惨痛的历史教训。"不随举子纸上学《六韬》,不学腐儒穿凿注《五经》。"是对南宋士林学风的抨击。当时理学大兴,一批腐儒置国家安危于不顾,不是空谈性命,就是穿凿解经;一批举子纸上谈兵,借以猎取功名;十几万的场屋之士,文墨较好的寥寥无几,这都是当时的实际情况。诗人是无力改变的,他只是"不随","不学"而已,在当时已经是特异之士了。

结语两句“天长路远何时到？侧身望兮涕沾巾！”从张衡《四愁诗》“我所思兮在太山，欲往从之梁父艰，侧身望兮涕沾翰”化出。为什么到了结束语忽然转为悲伤的情调呢？不难理解，他的豪情壮志是在多景楼远望、在驰骋想象中迸发出来的。他不是要到秦中去吗？不是想“醉游太白呼峨岷”吗？从宋孝宗隆兴和议之后，宋朝和金国以淮河为界，他不要说到关中去，就是跨过淮河也不大可能，不是因为路远不能到，而是国势衰微，北方广大河山已尽入金人之手，所谓“路远”，是一种委婉的说法。他只能登高远望、神魂飞越，哪能实际到达，这怎不叫人涕下沾巾呢？读诗至此，恐亦将随之而泣下了！

这首诗语无华饰而爱国情深，具有很强的感染力。 （李廷先）

夜思中原 刘 过

中原邈邈路何长， 文物衣冠天一方。①
独有孤臣挥血泪， 更无奇杰叫天阊。
关河夜月冰霜重， 宫殿春风草木荒。
犹耿孤忠思报主， 插天剑气夜光芒。

〔注〕 ① 文物：礼乐、典章制度的统称。衣冠：指士绅、世家大族。

南宋从孝宗隆兴和议之后，长期对金邦屈服，君臣上下，忍辱偷生，逍遥岁月，激起了一些有为、有识之士的强烈不满，先后出现不少爱国诗人、词人，利用诗词抒发他们的忠愤。年辈较早的有陆游、张孝祥，其次是辛弃疾、陈亮，晚一点的是刘克庄。刘过是和陆游、辛弃疾同时且为好友的一位重要诗人、词人。他的爱国思想是一贯的，他在早年就曾上书朝廷，陈述恢复中原的方略，没有结果。他自负经纶之才而始终不遇，但热情到老不衰。在长期的流浪生活中，从多方面抒写他的忧国忧民的情怀，表现出他的恢复中原的思想，可以说是触景即发，例如《大雪登越州城楼》：“我独忍冻城上楼，欲擒元济入蔡州。”《望幸金陵》：“西湖真水真山好，吾君岂亦忘中原？”《题润州多景楼》：“烟尘茫茫路渺渺，神京（汴京）不见双泪流！”《题高远亭》：“胡尘只隔淮河在，谁为长驱一扫空？”《登凌云高处》：“更欲杖藜穷望眼，眼中何处是神州？”皆是。这首《夜思中原》也是其中的一首，写得沉郁悲壮，最为感人。

宋钦宗靖康元年（1126）十一月，金兵攻下汴京，次年春，把徽、钦二帝遣送东北，北宋灭亡。在以后的宋、金对峙中，南宋对金，一屈于高宗的绍兴和议，称臣纳币；再屈于孝宗的隆兴和议，纳币割地，以淮河为界，北方广大土地尽入金人之手，到作者写此诗时，至少已经六十多年。诗的起首两句紧扣题目中的“思”字，把笔势展开：“中原邈邈路何长，文物衣冠天一方。”以沉痛的笔调写出了对中原、对汴京的怀念：中原邈远，道路绵长；礼乐典制、世家大族所聚的汴京，天各一方。这两句为下边的抒写拓广了领域。所谓“路何长”，是一种委婉的说法，实际上从南宋的都城临安（浙江杭州）到淮河南岸重镇淮阴，不过千里路程；从淮阴渡淮河，进入中原，可以朝发夕至；如从荆州、襄阳一带北上中原，轻骑兼日可达。作者在他的《西吴曲·忆襄阳》一首词里说过“乾坤谁望？六百里路中原，空老尽英雄，肠断剑锋冷。”可见“文物衣冠天一方”的距离，不是空间辽远所造成，而是人为的政治因素所造成。从隆兴和议之后，宋廷畏金如虎，“恪守”协议，即使近在咫尺之地，也不敢轻越雷池一步，至于恢复中原，更非所想，年复一年，而形势如故，志士怎能不为之凄然伤怀！

颔联“独有孤臣挥血泪，更无奇杰叫天阊”转到了自己方面，追想当年曾为国家挥过血泪。这里是指他早年向朝廷上书陈述恢复方略而言。他的孤忠并没有受到赏识，他的才略没有得到施展，空落得四处流浪。他在《念奴娇·留别辛稼轩》一首词里说：“不是奏赋明光，上书北阙，无惊人之语。我自匆忙天未许，赢得衣裾尘土。”表现出他的怀才不遇的哀怨情绪，这几句词语，也正是“独有孤臣挥血泪”诗句的言外之意，弦外之音。下句慨叹当时没有奇杰的人物像他那样上书朝廷，力陈恢复大计。天阊，即天门，出自《离骚》“吾令帝阍开关兮，倚阊阖而望予”，这里借指朝廷。这一联诗句反映了当时朝政萎弱不振，同时也反映了他对宋廷仍抱有幻想，认为多几个奇杰人物把天门叫开，据理力争，就会震动“宸衷”，幡然醒悟，使国家兴复。是不是可能呢？在隆兴和议之后，最早叫天门的奇杰人物是辛弃疾，他曾向孝宗皇帝上《美芹十论》，全面论述兴复方略，洋洋洒洒，达数万言，结果呢，只不过叫他当个小小的朝官司农寺主簿，一个很有军事韬略的人物，却分配去管理农业生产。孝宗末年又一个叫天门的奇杰人物是陈亮，曾向孝宗连上三书，力倡恢复，不仅没有受到重视，反而激怒了一批庸懦官僚，交相攻击，斥之为“狂怪之士”。事实证明，隆兴和议之后，宋廷君臣已被吓破了胆，根本不会振作起来，不管有多少奇杰人物齐集天门叫喊，也是枉然。我们不能要求诗人对宋廷的腐朽虚弱本质有全面的认识，他的爱国精神毕竟是可贵的，这一联诗句感情激越，忠愤之气，溢于言外，有振聋发聩之力。

颈联“关河夜月冰霜重，宫殿春风草木荒”再宕开一笔，把思绪集中到边疆，集中到汴京方面。“冰霜重”是说天气严寒，这只是表面的意思，它的真正的内涵是说宋军无力闯过边关，挺进中原，使得恢复汴京，渺茫无期。“宫殿”承首联次句。春风吹来，本是草木争荣的时候，而汴京的帝王宫殿因为处在金人的统治之下，在春天里却是一片荒凉景象。那么，广大人民呢？其生活状况是可想而知的了。陆游在一首诗里说："遗民泪尽胡尘里，南望王师又一年"(《秋夜将晓出篱门迎凉有感》)，表达了金统治之下的广大人民深盼南师的情意。这个意思在此联里也可以体会得到。在艺术上对仗精切，而气韵流动，饶有唐人风味。

尾联两句"犹耿孤忠思报主，插天剑气夜光芒。"再转到自己方面。上句承第三句，表明过去挥过血泪，现在报主之志仍然未衰。下句用的是龙泉剑的典故。这把剑相传是春秋时期吴国的干将和越国的欧冶子二人合铸而成，锋利无比，后被沉埋于丰城(今属江西)监狱下的地层中。传说西晋初年，司空张华夜观天象，见牛宿、斗宿之间(江西地区的星宿分野)有紫气冲天，后遣人就地发掘，这把宝剑才又现于人间(见《晋书·张华传》)。这里诗人用来自比，虽被沉埋而精光不灭，仍然可以上插于天。这是壮语，也是真情语，他早在《下第》诗中就有"振海潮声春汹涌，插天剑气夜峥嵘"之句，这里再次用这个典故，表现出诗人的坚强性格，它的思想感情的基础是对国家人民的忠诚和热爱，这种思想感情往往是通过"报主"、"忠君"的形式表现出来，成为巨大的精神力量。这是不应以其人的事业成败，或是否有实际行动来论的。

七言律诗难在发端和结句，发端要放得开，要气象宏远；结语要收得住，要辞尽而意不尽。这首诗以悲语起，先把视线伸到中原，伸到汴京，颔联倒插，追忆当年挥洒血泪，颈联再推拓开去，把视线伸到边疆，再伸到汴京，最后以壮语作结，全诗开阖变化神完气足，过接自然，在七言律诗中是一首形式完美、情感动人的佳作。

(李廷先)

喜雨呈吴按察二首(其二) 刘 过

黄鹤山前雨乍过，　城南草市乐如何？
千金估客倡楼醉，　一笛牧童牛背歌。
江夏水生归未得，　武昌鱼美价无多。
棹船亦欲徜徉去，　古井而今淡不波。

这个题目的诗原有两首，这里所录的是第二首，作于江夏郡(治所在今湖北武汉江夏区)，具体年代不详。

诗题虽叫做《喜雨呈吴按察》，实际上是向吴按察陈情求助的诗。按察在南宋时是主管司法刑狱与官吏考核的官。作者是一位才华横溢、锐意进取的人物，但平生的遭遇很不幸，多次应试不中，长期流浪江湖，向各地的地方长官讨生活，用当时人的话说，叫做“客食诸侯间”(岳珂语，见《桯史》)。在各地的“诸侯”中最赏识他的要算辛弃疾。宋宁宗嘉泰年间，辛弃疾任浙东安抚大使兼绍兴知府时，刘过仿效辛的词调，写了一首《沁园春》“斗酒彘肩，风雨渡江”云云，辛弃疾大加赞赏，“致馈数百千”，热情接待他，畅谈数日，“垂别，赒之千缗”(均见《桯史》卷二)。完全是因为意气相投，才能得此厚赠。这时他已将近五十，到了晚年了。他在各地流浪的几十年中，遇到像辛弃疾这样的知己朋友并不多，受到的冷遇倒不少。他的《龙洲集》中，写给地方长官的诗有几十篇，中有不少诉苦的作品，如《谒郭马帅》云：“高卧百尺楼，闭门无晨炊”，《谒淮西帅》云：“解使愁肠能寸寸，空令泪眼已斑斑”，《简李文》云：“落魄陈平归汉日，中伤张禄入秦时”，《谒江华曾宰》云：“狐丘未死归心切，未有相如驷马车”等等。他的《喜雨呈吴按察》也是这一类的作品，不过是写得蕴藉不露罢了。第一首里有两句是：“湖水欲平江为退，秋田未旱雨先来。”可见是一场秋雨，而且是未旱先雨。作者用这两句诗来称赞吴按察的回天有力，使得风调雨顺，旱涝俱销。第二首的意思承第一首而来。

开头两句紧扣题目中的“喜雨”二字，把笔势伸展开来，先写雨，后写乐：“黄鹤山前雨乍过，城南草市乐如何?”黄鹤山一名蛇山，在长江南岸，是黄鹤楼所在地，这里是武昌的胜境。草市是古代对集市的一种称呼，有的地方称为“圩”，有的地方称为“墟”或“场”，大都是在民间自然形成的定期贸易场所。黄鹤山前一阵大雨刚过，城南集市上的人们就欢乐起来：“千金估客倡楼醉，一笛牧童牛背歌。”集市上活动最多的是商人。在古代，伴随着商人的活动，必然少不了依附他们为生的倡楼妓馆，他们一掷千金，征歌买醉；牛背牧童，一笛在手，发出了悠扬的曲声，好一派太平景象，预示着丰收在望。人们欢乐，为地方官增加光彩。对于吴按察的颂扬，在这两句欢乐场景的具体描写中显示出来。换句话说，这两句表面上是写估客、牧童的欢乐，实质上是颂扬吴按察治理有方，政通人和。地方官无不乐于听到这种颂扬之声。颈联转到自己方面来，是不是也同样欢乐呢?不见得。“江夏水生归未得”，“水生”承首句“雨”字而来，老早就动了回乡念头，现在大雨过后，江水上涨，正好轻舟东归而未得归，为什么呢? 弦外之音，一揣便知。“武昌鱼美价无多”，这句是化用三国时的一首童谣：吴主孙皓，想把都城从建业(今江苏南京)迁到武昌(今湖北鄂州)，那班王公大臣都不愿搬家，后来还是迁往，他们遂编造出一首童谣，说：“宁饮建业水，不食武昌鱼；宁还建业死，不止武昌居。”(见《晋书・五行志》)这里是反其意而用之，说武昌鱼味道很美，价钱也不贵。是不是可以留下来呢? 不一定。结语两句透露出自己欲去的心情：“棹船亦欲徜徉去，古井而今淡不波。”次句是化用白居易《赠元稹》“无波古井水，有节秋竹竿”的诗意，来比喻自己内心的枯寂，所以要棹船盘旋而去，是因为心潮已竭。他是个意气骏发、喜欢纵谈的人物，忽然说自己的心境是“古井不波”，言外之意就是没有受到吴按察应有的资助和关怀，他的物质上、精神上的“雨”没有下到自己的心田中来，空空看到秋雨过后，江水上涨而已。称颂之中，含有怨望之意，措词巧妙，委曲婉转，不露痕迹。

向达官贵人伸手求助的诗，写得太“亢”，当然不行；写得太“卑”，也有失身份，必须做到不亢不卑，方为得体。在这方面，李太白最为拿手，这首诗也仿佛似之。它反映了诗人社会生活的一个侧面，对于了解他的生平、思想都有一定的意义。

（李廷先）

挽张魏公　　刘 过

背水未成韩信阵，　　明星已殒武侯军。
平生一点不平气，　　化作祝融峰上云。

这首诗录自厉鹗《宋诗纪事》卷五十八，今传本《龙洲集》未载。

据《宋诗纪事》引《山房随笔》说，这首诗是刘过在辛弃疾浙东安抚使兼知绍兴府幕中，应张浚之子张栻的请求所作。据岳珂《桯史》载，刘过投奔辛弃疾在宋宁宗嘉泰四年(1204)，则此诗当是这一年的作品。魏公是张浚的封号，死于孝宗隆庆二年(1164)，这首《挽张魏公》诗上距张浚之死已经四十年。死了这么久，他的儿子还请人作挽诗，这种情况是很少见的。《山房随笔》载张栻请求刘过为他的父亲作挽诗的经过，说：“南轩(张栻号)邀(刘过)至公廨，置酒语之曰：‘先君魏公，一生公忠为国，功厄于命，来挽者竟无一章得此意，愿君有意为发幽潜。’改之(刘过字)即赋一绝，南轩为之堕泪。”张栻的一段话和刘过的挽诗，必须结合张浚的生平事迹才好理解。

张浚，字德远，汉州绵竹(今属四川)人。汴京破后，随高宗南下，受到器重。建炎三年(1129)，会合吕颐浩、刘光世之军，平服了苗傅、刘正彦的叛乱，擢为知枢密院事，掌握军权。他认为中兴当自关、陕始，他向高宗请求，愿入关中，经营恢复大业，并可确保东南。高宗以为川、陕宣慰处置使，并得便宜从事。建炎四年他在关中调集数十万大军向金兵发动攻势，战于富平(今属陕西)，宋军大败，他枉杀了大将赵哲，又杀了勇将曲端，尽失关中之地。绍兴五年(1135)，任尚书右仆射，同中书门下平章事兼知枢密院事，都督诸路军马，战功不多。绍兴十六年,因与秦桧不协,罢退闲居,近二十年。孝宗即位,起用为枢密使,都督建康、镇江府、江州、池州、江阴军军马。这时孝宗锐意恢复,他迎合孝宗之意,不经深谋熟虑,不作充分准备,即令李显忠、邵宏渊两将北进,收复宿州(今属安徽)。金兵大举反攻,战于符离(在宿州市北),宋军大败,军备尽失。隆兴二年(1164),请求辞官被准。南行路上得病,手书付二子说:"吾尝相国,不能恢复中原,雪祖宗之耻,即死,不当葬我先人墓左,葬我衡山下足矣。"(略据《宋史》卷三六一《张浚传》)

综观张浚一生,可以说是个志大才疏的人物,他几次掌握军政大权,显赫一世,但并无多大建树,反而遭到两次大败,损失严重,大伤南宋元气。性又忌刻,不能容人,排诋李纲、赵鼎,使不得安于其位。但他在宋、金对立中,始终是个主战派,反对和议,治事勤奋,对宋廷忠心耿耿,所以受到高宗、孝宗倚重,也赢得了时望。符离之败,受到朝野指责,是导致他下台的直接原因。张南轩所说的"功厄于命",即指符离之败而言。他的话里还反映出,张浚死后,舆论评价并不高。而张栻读了刘过的诗,竟被感动得"堕泪",何至于此呢?这要从诗的本身去理解。

第一句"背水未成韩信阵",用的是韩信破赵的典故。汉高祖三年(前204),刘邦遣张耳与韩信合兵击赵王歇、成安君陈余,韩信背水而战,大破赵军,斩陈余于泜水之上(《史记·淮阴侯列传》)。诗里用来比喻符离之战,说"未成韩信阵"表明此役的失败。第二句"明星已殒武侯军",用的是诸葛亮的典故,诸葛亮屯兵于武功(今属陕西)五丈原,据说得病将死之夜,有赤星投于亮营,顷刻,亮死。(《三国志·蜀志·诸葛亮传》裴松之注引《晋阳秋》)诗里用来比喻张浚之死,写出了他的不幸结局,他在事业上的失败是命里注定。一、二两句流露出对张浚的崇敬、惋惜心情。可以体会得出,这两句诗是从杜甫《蜀相》"出师未捷身先死,长使英雄泪满襟"两句化来。第三句"平生一点不平气",所谓"不平气",是说张浚由于壮志未酬而产生的抑郁愤懑的情绪,他,人虽死而精灵不灭,从何处显示出来的呢?第四句"化作祝融峰上云"作了回答。原来祝融峰上的云,就是张浚的壮志未酬的不平之气所化。祝融峰是南岳衡山的最高峰。古代传说,祝融曾为帝喾的火官,后世尊为火神,死后葬于衡山之阳,祝融峰因他而得名。张浚死后也葬于衡山下,诗人信手拈来,通过神思,构成了惊人之句,突出了张浚的"公忠为国"、志存社稷的高大形象。他将与祝融峰永久并存于天地之间。这比其他任何言辞的颂扬,要有力、要感人得多,这等于为张浚竖立了一座永不磨灭的丰碑,无怪乎张南轩读后"为之堕泪"了。

刘过这首诗是不是为了迎合张南轩的心意，对张浚的称颂有点过当？恐怕是夹杂了一些私人感情在内的，但主要的还应从刘过本人的政治思想方面去理解。他是一贯主张恢复，反对偏安局面的，这在他的诗词里有多方面的表现。张浚在事业上虽无大成就，但毕竟是一位著名的主战派，也正是在这一点上，受到刘过的崇敬，在张南轩的请求下，他才乐于命笔赋诗。还有，就是写这首诗时的政治形势：这时韩侂胄当国，欲建大功，以固其位，正在酝酿北进大计。刘过写这首诗不止是颂扬了已经死去四十年的张浚，也是在为开禧用兵(1207)大张声势，至于韩侂胄的北进失败，则是另一个问题了。 (李廷先)

【作者小传】

刘仙伦

生卒年不详。一名儗，字叔儗，庐陵(今江西吉安)人。布衣。诗名与刘过并称。有《招山小集》。

题张仲隆快目楼壁 刘仙伦

天上张公百尺楼， 眼高四海气横秋。
只愁笑语惊阊阖， 不管栏干犯斗牛。
远水拍天迷钓艇， 西风万里入貂裘。
面前不着淮山碍， 望到中原天尽头。

这首诗录自毛晋《南宋六十家集》本《招山小集》，和岳珂《桯史》所载有数字不同。《宋百家诗存》所录与《招山小集》同。

刘仙伦是一位布衣诗人，和刘过同乡、同时，刘过的《龙洲集》里有《赠刘叔拟(仙伦字)招山》的诗。他们二人不仅诗风相近，政治思想亦相近。他的《招山小集》里有《送陈惟定，惟定有伏阙上书之意，因以箴之》诗二首，第一首中有"江湖是处堪垂钓，虎豹当关莫上书"之句，可以看出他对南宋的政局是很不满的。岳珂《桯史》里还采录了他赠给岳周伯(岳珂兄)的两首诗，第一首是："昔年槌鼓事边庭，公相身为国重轻。四海几人思武穆(岳飞谥号)，百年今日见仪刑。笔头风月三千字，齿颊冰霜十万兵。天亦知人有遗恨，定应分付与中兴。"他热烈地颂扬岳飞的勋业，而把中兴的希望寄托在岳飞的孙子岳周伯的身上。他这首《题张仲隆快目楼壁》诗也不是一般的流连光景之作，而含有爱国的情意，外豪放而内实深沉。

张仲隆把他建的楼名为"快目"，可以想见，楼很高，登临其上，可以赏心快目，故以名楼。诗的起首两句"天上张公百尺楼，眼高四海气横秋。"以饱挟风雨之笔写出了楼的巍峨形势，可以睥睨四海，使人壮气横溢。为下边的具体抒写作了铺垫。这两句豪壮语看似自然浑成，一挥而就，实际上得来是很艰辛的。"天上张公"出自杜甫《赠翰林张四学士》"天上张公子，人间客使星"诗句。古代相传，玉皇大帝也姓张，如南朝诗人徐陵诗说："由来张姓本连天"(《杂曲》)。这四字不仅切张仲隆之姓，也切天帝之姓，可以说是妙语双关。"百尺楼"出自《三国志·魏志·陈登传》转引刘备对许汜语："如小人欲卧百尺楼上，卧君于地，何但上下床之间耶！"下句里的"横秋"也是有来历的，最早见于孔稚珪《北山移文》"霜气横秋"，杜甫《送韦评事赴同州判官》诗："老气横九州"，黄庭坚《次韵德孺五丈惠贶秋字之句》诗："老来忠义气横秋"。黄庭坚是刘仙伦的乡贤，他的诗句很可能是直接从黄句化出。他把几个典故、几句前人的诗融合成体气浑厚、寓意深刻的两句诗，而毫无饾饤之痕，这种锤炼之功是很惊人的，高出于一般江西派诗人之上。颔联"只愁笑语惊阊阖，不管栏干犯斗牛。"上句里的阊阖，指天门。出自《离骚》："吾令帝阍开关兮，倚阊阖而望予。"下句里的斗牛，指斗宿和牛宿，按照古代分野，吴地属于斗、牛之墟，即今浙江、江苏、安徽、江西诸省地。这两句诗承起联，突出写楼的高峻，人们在上边游目骋怀，谈笑风生，只恐惊动了天宫，却不管楼的栏干的直冲霄汉。上句虚写，下句实写。"愁"字活写出人们对楼的高峻感到惊奇的欢乐心理。这种兴会淋漓的描写目的是为末两句蓄势。

颈联"远水拍天迷钓艇，西风万里入貂裘。"再从视觉上、感觉上写楼的高峻。远远望去，天水相连，一叶钓艇，隐现其间；万里长风，透过貂裘，浸人肌骨，高处不胜寒。再作夸张描写，为末两句蓄势。尾联两句陡转："面前不着淮山碍，望到中原天尽头。"这是全诗的警句，也是全诗的点睛之笔。这么高的楼怎么会有淮山碍眼呢？原来当时宋、金以淮河为界，所谓淮山，显然是指淮南的山，而淮南的高山并不多，即使有些比较高的山，怎么也高不过诗里所写的"眼高四海"、栏干直冲斗牛的快目楼。淮山之所以会成为楼上远望的障碍，并不是淮山造成的，而是人为的政治因素造成的。隆兴二年(1164)宋孝宗主持的对金的和议，把淮河以北的广阔土地拱手奉于金人，从此中原被隔绝，难跨淮河一步，视之虽近而邈若山河。诗情波澜，奔腾而下，到这里就像巨流到了悬崖一样，一跌千丈，使登楼的人们顿时清醒过来：楼再高也望不到中原啊！也就是说，当人们登楼快目之际，不要忘记中原。诗人的盼望恢复之情和对快目楼主人的箴讽之义，从这两句里婉转地表现出来，戛然而止，使人唏嘘感叹，回味不尽，也使全诗放出光彩。如果没有这两句结语，这首诗可以说毫无意义。是真《骚》、《雅》之遗音，置之宋代第一流诗作中而无愧。

（李廷先）

题岳阳楼　　刘仙伦

八月书空雁字联，　岳阳楼上俯晴川。
水声轩帝钧天乐，　山色玉皇香案烟。
大舶驾风来岛外，　孤云衔日落吟边。
东南无此登临地，　遣我飘飘意欲仙。

今传毛晋《南宋六十家集·招山小集》中无此诗。本诗录自岳珂《程史》，《宋诗纪事》所录，也出于此书。

岳阳楼在今湖南岳阳市西城上，临洞庭湖东岸。此楼始建于唐玄宗开元年间宰相张说，以后屡加修葺，成为观赏洞庭景色的胜地。宋仁宗庆历年间，知岳州事滕宗谅又重建新楼，范仲淹为作《岳阳楼记》，其名益著。汪洋万顷、烟波浩渺的洞庭湖，激起了人们的遐想，有关它的神话和传说不断产生，这些神话、传说丰富了人们的想象，使得诗人、骚客目观神驰，能够孕育出奇情丽采的诗篇。大诗人屈原首发高唱："袅袅兮秋风，洞庭波兮木叶下！"（《九歌·湘夫人》）后起的诗人，如南朝的谢朓、阴铿，唐代的宋之问、张说、孟浩然、李白、贾至、杜甫、刘长卿、刘禹锡、韩愈、白居易、张祜、李群玉、雍陶、许裳、谭用之、周贺、韩偓等，名篇秀句，层见迭出，可以说好诗已经被他们写尽。作为宋代诗人来说，要在这个地方写出富有新意为人称赏的诗篇，压力是很大的，而刘仙伦的这首《题岳阳楼》，就是宋诗中的一首名作。

起联"八月书空雁字联，岳阳楼上俯晴川。"上句点明时间，下句点明地点。八月，在江南金风送爽，正是宜人的时节，而在北地，草木已衰，凉意已浓，不耐寒的鸿雁，已开始结队南飞。在洞庭湖辽阔的天空里，可以看到它们排成整齐的队形，或成"一"字，或成"人"字，联翩而过。古代相传，雁飞不过衡山，所以王勃在著名的《滕王阁序》中说："雁阵惊寒，声断衡阳之浦。"洞庭湖距离衡阳只不过几百里的路程，对于从塞北南下的鸿雁来说，已经接近终点，可以想见，它们在长空里展翅奋飞的情状，这本身就是一幅非常优美的画面。这句里用了"书空"一词，是有出处的。东晋的中军将军殷浩，因贸然用兵失败，被免官，他在贬所终日书空作"咄咄怪事"四字。事见《晋书·殷浩传》和《世说新语·黜免》。这里把人的书空用来作雁的书空，很有新意，而又浑然不见用典之痕，正所谓“用事而不为事使”，显出了诗人深厚的艺术功力。目送飞鸿，只是诗的开端，已经给人以宏阔之感。下句从“仰”转到“俯”，进入本题，“晴川”二字为下边的抒写作了安排。

颔联“水声轩帝钧天乐，山色玉皇香案烟。”上句写耳闻，下句写目见。八月，正是湖水平满的时候，孟浩然的《望洞庭湖》诗，也写于这个时候，开头两句就是“八月湖水平，涵虚混太清”写出了它的水势浩茫情况。这时候在岳阳楼上不止可以看到洪波涌起的壮丽景色，且可以听到惊涛拍岸所发出的清泠而有节奏的巨大响声。这种声响开人心胸，荡人魂魄，使得诗人不觉神驰千载之上，想起了轩帝的钧天乐。轩帝，即华夏始祖黄帝轩辕氏。钧天乐，是钧天广乐的简称，是神话中天帝的音乐，赵简子在梦中曾听到过。（见《史记·赵世家》）钧天广乐并非黄帝轩辕氏所奏，《庄子》说：“黄帝张咸池之乐于洞庭之野”，可见轩帝在洞庭之野所张奏的是咸池乐。但这并不妨事，反正是神话传说，诗人完全可以把两者结合起来，用来比况人间不易听到的惊涛的天籁响声。谢朓名句：“洞庭张乐地”也是用这个典故，却没有和“水声”联系起来。下句里的“山色”，就近处说，可能是指湖中的君山，实际上湖中的山，除了君山，还有团山，西边濒湖有艑山，东北濒湖有赤山（见《岳州志》）。在晴霭里，不管是远山近山，只是若隐若现，似有似无，难得看到它们的真容，诗人想落天外，用“玉皇香案烟”作为比喻，写出它们的迷蒙之状，可谓工妙，可能是从李白《望庐山瀑布》“日照香炉生紫烟”句化出。这一联就耳之所闻、目之所见着笔，构思新奇，而出语天然，极飘逸之致。

颈联“大舶驾风来岛外，孤云衔日落吟边。”上句再写湖上所见。此处何来大舶呢？洞庭湖是湘北水上交通要区，湘、沅、资、澧之水皆贯入之而转注大江，四通八达，无远不届，当年大诗人屈原第二次遭流放后，即从郢都东下，渡江而南，经洞庭湖转入沅水，西浮到湘西溆浦，至于商旅往来，更是四时不绝。这“大舶”很可能就是商船。当它们舳舻相接，帆影交横，乘风破浪，低昂前进时，自足以点缀湖上风光。诗人俯视晴川，所听到的是水声，看到的是山色、大舶，最后由“俯”转到“仰”，注视着天空，和第一句相应。这时晴空里出现一朵孤云，衔着落日，沉向吟边，它表明时间已迫近黄昏，这又是一幅苍茫壮阔的画面。这句里的“衔”字用得很生动形象，好像孤云有意迫日西下，“吟边”二字用得更为新俏，耐人寻味。可以设想，当诗人在岳阳楼仰观俯视，沉浸在绮丽景色中的时候，他似乎已经摒除了人世间的一切荣辱是非，“寂然凝虑，思接千载；悄焉动容，视通万里”（《文心雕龙·神思》），弥漫宇宙之间莫非诗情画意，这“吟边”就是他的诗思所及之处。在哪里呢？在广漠之野，在大荒之西，它的距离是不可用道里计的，它只存在于诗人想象之中。在一幅苍茫壮阔的画面中洋溢出诗人的逸致高情。尾联以"东南无此登临地"句来表示对岳阳楼形胜的赞赏;再用"遣我飘飘意欲仙"句表明自己在这里所得到的极高的精神享受。

刘仙伦是江西庐陵人,在他活动的宋孝宗淳熙年间,江西派的诗风还是很盛的,但这首诗却似乎没有受到它的影响,搞什么"夺胎换骨"、"点铁成金",专向僻经僻典以及古人诗句里讨生活,把诗写得枯涩少味。他是独往独来,很少依傍,信笔挥洒,诗意横生,而自成高格。当时人岳珂评此诗说:"新警峭拔,足洗尘腐而空之矣。"(《桯史》卷六)是很正确的评价。　(李廷先)

【作者小传】

敖陶孙

(1154—1227)　字器之,号臞翁(一作臞庵),又号体斋,福州福清(今属福建)人。庆元五年(1199)进士。历海门主簿、漳州教授、广东转运司主管文字,终奉议郎。与刘克庄、姜夔相过从。诗属江湖派,意气奇崛。有《臞翁集》、《诗评》。

洗竹简诸公同赋①　　敖陶孙

舍东修竹密如栉,②　一日洗净清风来。
脱巾解带坐寒碧,　置觞露饮始此回。
平林远霭开图画,　西望群山如过马。
诗翁意落帆影外,　孤村结庐对潇洒。
百年奇事笑谭成,③　向来无此苍龙声。
闲身一笑直钱万,　剜粉劚青留姓名。④

〔注〕 ① 简:用作动词,寄书之意。 ② 修:高。 ③ 谭:同谈。 ④ 剜:挖掉。劚:砍去。

敖陶孙喜竹,常常到朋友陈元仰家的竹林去,啸傲终日,兴尽而归。为此,他就游赏陈家竹林这个题材,一而再、再而三,一气写了三首诗,这是第一首。

这第一首诗题为"洗竹——简诸公同赋",写的是他与几位诗友同在陈家竹林赏玩、赋诗的情景。诗的开首就写"洗竹"。这里的"舍",就是竹主人陈元仰家的房舍。陈家房舍东面种满了修竹,一排排竹子,就像梳子齿那样密密地排列着。一日，丛竹被削去繁枝，别有一番明净清新的景象。他们簇拥着主人陈元仰，满心欢喜地观赏着这被修剪过的丛竹，其时清风徐至，更令人感到舒心惬意。彼此皆非外人，且世俗之礼又岂为我辈设哉？因此，他们干脆就脱巾解带，聚坐在竹林中。寒碧，指竹，竹色碧而能给人以清凉之感，故以之称竹。陆游《新竹》诗有句云："插棘编篱谨扶持，养成寒碧映涟漪。"寒碧即指竹。诗人与酒向来有着不解之缘，故而他们在竹林中摆上了酒壶、酒盅，开始了别有风味的"露饮"。"始此回"，乃诗人强调，今日竹中露饮是第一回，以后还有多回呢。

饮酒、谈笑中，诗人目光时时不忘穿过丛竹空隙遥望竹外景色。他先是看到，远处平原上有一片树林，正掩映在弥漫的云气之中，其景犹同抖开的一幅图画，颇具一种朦胧美。呷一口酒，诗人又向西望去，但见群山连绵起伏，煞似一匹匹骏马驰骋而过。继尔，诗人的注意力又被帆影外的一个去处所吸引，看那里片片白帆缓缓而移，必是有一条静如练的清川吧（等会儿倒可将它拈入诗中）。最后，诗人才把目光收回，看着眼前、身旁的丛丛青竹，心里对竹主人的构屋居于孤村得以日"对潇洒"之举，不由激赏不已。潇洒，清高脱俗之意，在这里，诗人把"潇洒"——清高脱俗这个具有人格美含义的词语赋予了青碧挺拔之竹，因此便以"潇洒"直称竹。

席间，诗友们你一言，我一语，笑谈着百年来的奇事，而又耳聆风动竹叶之声，无不感到十分爽快。苍龙，谓竹。竹色苍（青），竹叶交错如龙鳞，因称。苏轼有诗云："卧听谡谡碎龙鳞，俯看苍苍玉立身。"（《西湖寿星院此君轩》）即以苍龙代称竹。客人们皆盛赞竹主人，多亏他种植了如许青竹，而从前此地是听不到这"苍龙声"的。当谈到什么有趣的话题时，席间就爆发出一阵笑声。诗人因思道："闲身一笑直钱万，剜粉劖青留姓名"——富贵不足慕，"尘世难逢开口笑"（杜牧句），今日与诸公面对修竹，闲身一笑，价值万钱，赋诗为乐，镌于竹上，我辈亦能随竹而留名于后世了。诗以最后一句扣题"简诸公同赋"而收住了笔。

这首诗，以"洗竹"起笔，以"简诸公同赋"结穴，一首一尾，紧扣题面；中间宕出，或叙事，或写景，其事其景似乎已都离竹而去，然而，字里行间粘连着"寒碧"、"潇洒"、"苍龙"，又分明未曾离开竹林半步，结构上颇具开阖自如、不即不离之妙。另外，诗人潇洒，诗情潇洒，诗笔亦潇洒，读来别有情趣，又是此诗另一个特出之点。

（周慧珍）

用前韵谢竹主人陈元仰　　敖陶孙

热中襶襶令我汗，①　　日暮佳人期不来。

陈郎揖人不下榻，　　青山白云唤得回。
手开十亩萧郎画，　　个里何妨系我马？
食单得凉清可啜，　　毳褐分阴翠如洒。②
摇金戛玉真天成，　　梦捣风前茶臼声。
一川窈窕荷万柄，　　野翁得此甘辞名。

〔注〕 ① 襶褦(dài nài)：即褦襶，指衣服粗重宽大，即不合身而又不合时。这里指笠帽。② 毳(cuì)褐：毳，鸟兽细毛；褐，兽毛或粗麻制短衣。此处喻竹阴。

诗人上次在竹林与朋友聚会，作了一首《洗竹简诸公同赋》。那次朋友们想必已约定今日(写这首诗时)再会，因此诗人如约而来。可是不知何故，朋友们竟都爽约未到，仅诗人自己受到了竹主人陈元仰的款待，因用前韵写下这首诗，以感谢主人。

这一日诗人再来时，天已很热了，带着遮日笠帽，还是满头冒汗。朋友们原约定今日再聚，可是等到太阳下山了，还不见他们的踪影。"日暮佳人期不来"乃化用江淹"日暮碧云合，佳人殊未来"(《休上人怨别》)句。"佳人"指良友。既然他们不到，自然只有诗人独自接受款待了。第三句是活用"陈蕃下榻"的典故。原说东汉陈蕃做豫章(郡治在今江西南昌)太守时，不喜接待宾客，但特设一榻接待郡中名士徐稚，徐稚来了才把榻放下，他一走就又挂起来。竹主人恰也姓陈，因称为"陈郎"。诗人道，这位陈郎好客，但他待客"不下榻"。为什么呢？因为他无需室内接待，他有大片的竹林。他既"孤村结庐对潇洒"，侣青山(即上诗如"过马"之"群山")而友白云，那么现在客人来了，这"青山白云"他亦能唤回伴客，岂不比那陈蕃下榻更有雅趣？

诗人在主人的陪伴下，安闲自得地享受着竹林的幽趣。萧郎，是唐代画竹名家萧悦。他曾画了十五竿竹送给白居易，白居易便写了一首《画竹歌》夸赞他，其中两句道："萧郎下笔独逼真，丹青以来唯一人。""十亩萧郎画"，则又从苏轼《孤山二咏》之二《竹阁》两句中来："两丛恰似萧郎笔，十亩空怀渭上村。"现在诗人以之夸饰陈元仰的竹林，说他的这一大片(十亩，虚言其宽广)竹林，一似萧郎笔下逼真的画竹——既不乏自然美，又颇具一种艺术美，而这都是陈元仰亲手种植的。竹林既宽广，境界又如画，故而诗人道："个里何妨系我马？"个里，犹言此中，即竹林中。客人在观赏，主人则已就地摆开了便宴。食单(菜单)上的菜都是风味小菜：每碟每盘，都是由竹笋配制而成。大热的天，口中品味，感到一股丝丝凉意，因大赞其"清可啜"。啜，吃。其时，夏日余晖依旧灿灿，然而诗人坐在竹林之中，头上那密密层层的竹叶，像件浓密的毛料衣服为他遮成了阴影，而其色又苍翠欲滴，不由使诗人感到无比凉爽。

竹林中的享受自然远不止这些。又有那阵阵徐来之清风，吹动着竹叶，时时发出似摇金、似击玉的铿锵悦耳之声，仿佛是梦中听到的风捣茶臼声，这真是不可多得的天籁。竹林不远处，还盛开着一川鲜艳可爱的荷花。绿竹红荷，悦人眼目；临风酾酒，令人心醉，难怪诗人在最后一句要如此抒发感受了："野翁得此甘辞名"——倘若我拥有此片竹林，便甘愿解职，甘辞虚名了！这可实在是对竹主人陈元仰最好的感谢之语了。

艺术上，这首诗除笔致潇洒同前首外，还好以比喻作描绘，诸如"萧郎画"、"毳褐"、"摇金戛玉"、"梦捣"诸句，皆形象而生动，奇特而天成，读来自有一种天趣盎然之感。　（周慧珍）

竹间新辟一地，可坐十客，用前韵刻竹上　敖陶孙

竹君得姓起何代？①　渭川鼻祖慈云来。
主人好事富千埒，　日报平安知几回？
平生好山仍好画，　意匠经营学盘马。
别裁斗地规摩围，　自汲清池行播洒。
一杯寿君三径成，　请君静听风来声。
醉眠煮得石根烂，　以次平章身与名。

〔注〕①"竹君"句：相传殷末孤竹君之子伯夷、叔齐让国，周代殷，遂隐于首阳山，不食周粟，后其子孙以竹为姓。（见《通志·氏族·以国为氏》）

作为岁寒三友，竹历来颇得文人青睐，自古为之吟唱不绝。或咏其外观形态："作龙还葛水，为马向并州。"（梁元帝《赋得竹》）或咏其耐寒秉性："欲识凌冬性，唯有岁寒知。"（虞世南《赋得临池竹》）或咏其价值作用："叶酝宜成酒，皮治薛县冠。"（阴铿《侍宴赋得夹池竹》）更有借竹喻人、孤芳自赏者："无人赏高节，徒自抱贞心！"（刘孝先《竹》）但敖陶孙的这首叙事古风却不同，诗虽亦咏竹，却不直说竹的好处，而是通过描述主人公如何种竹、护竹、事竹、画竹，直至自辟庭园、邀友赏竹的高行雅意，显露其对竹的无比倾心，并曲折表达了自己准备醉卧竹径，终老林下，不复过问世事的祈向。

首二句因物赋形，缘情随事，写了竹的来历和有关竹的传说。诗以拟人化手法，取自问自答的形式，一开始便发人深思。一般说，凤尾森森，龙吟细细，对竹

摇曳多姿的外形美,人们早已领略;"贞而不介,弱而不亏"(谢庄《竹赞》),对竹虚中劲节的内在美,人们也击节叹赏。唯独对竹的"得姓起何代",除了考据家,大概谁也无意去追根寻源。而诗人匠心独运,先声夺人处,正在于此。第二句一连用了两个典故,一出《史记·货殖列传》:"渭川千亩竹,比其人皆与千户侯等。"一源《鸡跖集》:"如来慈心,如彼大云,荫注世界。"全句意谓:"渭川千亩"是关于竹君身世的最早传闻,其芸芸丛生、泽被人世者,无不由此繁衍而来。诗中的设问形式,吐语挺拔,出乎自然,不仅引起读者对下文、对竹君的浓厚兴趣,而且为诗末"醉眠"竹下、无视"身名",愿作别一种"千户侯"的主旨暗下伏笔。这一问一答,看似平凡,实质得益于古人不少,诸如:"天上何所有?历历种白榆。"(《陇西行》)"谁能为此曲?无乃杞梁妻。"(《古诗十九首》)"藁砧今何在?山上复有山"(《古绝句》)等等,应该说给诗人的启发不小。

按常规,诗人承接之笔应具体写竹君之姿态潇洒、极可人意,但以下四句却未停留于一般的描写和议论,而以有力的转笔将读者的思绪一下引向眼前的主人。因竹写人,以人见竹。作者撷取的是有关主人公日常生活中种竹、画竹的两个典型事例,以显示其爱竹之深。诗句运用了竹报平安与盘马弯弓两个典故,援古以证今。

段成式《酉阳杂俎续集·支植下》"童子寺竹"条云:"卫公(按:指唐相李德裕)言北都(按:今山西太原)唯童子寺有竹一窠,才长数尺,相传其寺纲维(按:指主持僧寺事务的和尚),每日报竹平安。"北竹罕见,弥足珍贵,"其寺纲维"视若珍奇、万般爱护,于此可知。作者以主人公比之,则其对竹的拳拳之心,殷殷之意,跃然纸面。唯因爱竹之情深,那就不只以事竹、护竹为满足,而是更求精心刻画,画出竹君之神采风韵!诗的第六句即用杜甫《丹青引》"诏谓将军拂绢素,意匠惨淡经营中"句意。句中"盘马",乃"盘马弯弓"之省词,语本韩愈《雉带箭》:"将军欲以巧伏人,盘马弯弓惜不发。"将军驰马盘旋,张弓欲射,但为求以巧伏人,故意引而不发;这位主人呢?为了以巧取胜,得其神似,也故意凝神握笔,等待灵感的到来,一挥而就。

"别裁斗地规摩围,自汲清池行播洒。"至此,作者才回扣诗题。这种欲擒故纵的手法,使全诗洄洑逶迤,跌宕生姿,避免了平铺直叙的单调和呆板。"竹间新辟一地,可坐十客",主人公精心选择,亲手于竹林辟出旋马之地,收拾得干干净净,邀了知己朋友来饮酒赏竹,原来是要将独乐变为同乐。

最后四句写作者的感受,也是诗的主旨所在。寿,向人进酒。三径,指代家园。语本汉赵岐《三辅决录·逃名》:"蒋诩隐于杜陵,舍中三径,唯羊仲、求仲从之游。”这位蒋诩，曾任兖州刺史，因不满王莽专政，遂告病辞官，隐居乡里，于院中自辟三径，杜门谢客，唯与羊仲、求仲来往交游。如今，身坐三径之中，耳听风鸣龙吟，诗人酒酣耳热，心驰物外。在举杯频频向主人祝贺之际，最终表示了自己愿长醉而不醒、视富贵如浮云的志趣。这种洁身自好的隐逸思想，与竹君的潇洒瘦劲融为一体，互相映衬。这种对竹的倾心，不由得使人想起晋代的王徽之："常居空宅中，便令种竹。闻其声，徽之啸咏，指竹曰：'不可一日无此君'！"（《晋书・王徽之传》）

值得注意的是，"醉眠煮得石根烂"，其发语摛词初不可解，然细细玩味，可谓意蕴丰富，兴旨遥深。据《水经・沔水》注："石根如竹根而黄色。"由竹根而联想到石根，此一奇也；由煮笋而联想到煮石，此二奇也。而奇中之奇，乃在"醉眠"中竟连"石根"也"煮烂"！这在事实上是不可想象的。"石根"难以"煮烂"，则诗人之长醉不醒由此可知。

统观全诗，脉络清晰，层次分明；轻唇利吻，音韵整饬。看似不着意经营，信笔挥洒，实则法度谨严，委曲条鬯。清陈衍曾评此诗："笔致潇洒，真是诗人之诗。"（《宋诗精华录》卷四）信然。

（聂世美）

【作者小传】

姜　夔

（约1155—1209）　字尧章，号白石道人，饶州鄱阳（今江西鄱阳）人。一生未仕。往来于鄂、赣、皖、苏、浙间。其诗初学黄庭坚、萧德藻，后深造自得，为杨万里所称。词尤有名。精音律，能自度曲。又擅书法。有《白石道人歌曲》、《白石道人诗集》、《诗说》、《续书谱》等。

过德清二首　　姜　夔

木末谁家缥缈亭，　　画堂临水更虚明。
经过此处无相识，　　塔下秋云为我生。

溪上佳人看客舟，　　舟中行客思悠悠。
烟波渐远桥东去，　　犹见阑干一点愁。

姜夔自三十三岁后寓居湖州，经常往来于湖州、杭州之间，德清县位于湖、杭中间，有水路与两地相通。《过德清》二首是一年秋季，诗人乘船过德清时所作。姜夔一生屡试不第，不曾任官，后期主要过着依附豪门的生活。因此在他的一些作品中，常表现出一种失意的落寞之情，《过德清》就是这样两首绝句。

诗人先写船行所见之景。舟经德清，远处的一角危亭首先从树梢间隐约显露出来，“缥缈”是高远隐约的样子，亭而缥缈，又隐隐出于木末(树梢)，使人产生飘浮无定之感；再经“谁家”这一问，更具有虚幻色彩。“画堂”是华丽的厅堂，但它“临水”，清冷明澈的秋水映出它的倒影，便见空明灵透。这样的景物只会给诗人增加惆怅与寂寞，于是产生了友情慰藉的需要。这感情上的要求正是诗歌转入下句叙事的契机。“经过此处无相识”，没有相识的人，友情只是空想，诗人是孤独的。“无相识”与首句“谁家”相印证，更见诗人的孤单。这时，“塔下秋云为我生”，只有秋云像是理解诗人的孤独，前来陪伴了。塔下秋云，没有绚丽的色调，只有清冷的气息，再加上“为我生”三字，更见四顾无人，诗人的心境越发显得落寞。

第二首开头，诗人把笔从自身宕开，以自己所见的“溪上佳人”为主人公，自己的“客舟”成为佳人的目中之物。佳人为什么“看客舟”？这从温庭筠之《忆江南》“梳洗罢，独倚望江楼”而“望尽千帆”与柳永《八声甘州》之“想佳人妆楼颙望，误几回，天际识归舟”可知，佳人是在盼望亲人乘舟归来。诗人由佳人之望归舟自然联想到妻子之望自己，所以次句转写自己。“舟中行客思悠悠”，行客、佳人并不相识，但行客的悠悠之思却是佳人之“看”所触发，所以思的内容如何，无须明说，已尽在不言中了。情既无须明言，下句便转入景物渲染，注情于景，“烟波渐远桥东去”，客舟随着烟波渐行渐远，穿桥而东去了，这是实写。同时，渐远的烟波也象征着行客思绪的绵缈不尽。诗人的构思是细密的，行客的思绪是佳人所触发，所以结尾一句又回到佳人身上，但不同于首句的直写，而是反过来从行客眼中落笔：“犹见阑干一点愁”。“阑干”同栏干，指佳人所在之处，“愁”是诗人内在之情。“犹见”二字，见佳人伫立之久；“一点”二字，既写船行的遥远，又表现愁思的凝聚。两首绝句，第一首以写景为主，间以叙事，第二首以叙事为主，间以写景，但景与事都是为了写情。末句推出一个“愁”字，这“愁”正是贯串两首的内在感情线索。

诗人采取自身与外物在情感上相交融的方式来抒情。所选取的外物第一首是秋云，第二首是佳人，秋云本无知感，佳人虽有知有情却与诗人既不相识又无关联，诗人只是通过“移情”的作用，将自己的情感赋予外物，使秋云为我而生，使佳人成为愁的对象，达到感情上的交融。无论诗人本身，还是秋云、佳人，都在“愁”中融为一体。

诗人在抒情中还运用了化实为虚、化虚为实的艺术手法。第一首，危亭画堂本是实体，但危亭着以“缥缈”二字，又加上“谁家”的疑问；再让画堂因“临水”而使它“虚明”，实物便带上了虚幻色彩。塔下秋云本是无情之物，诗人却把它幻化为有知有情以陪伴自己，使虚者转而为实。第二首“客舟”本是客观实体，但诗人从佳人眼中来写，实者转而为虚。悠悠思绪本是无形，诗人用浩渺无尽的烟波使之形象化，虚而有了实的效果。结尾处以“愁”凝结于阑干之上，更是以虚代实了。宋末张炎曾以“清空”二字概括姜夔的词风，这并不全面；但此诗虚实相生，却颇有“清空”的意味。

（顾之京）

送《朝天续集》归诚斋，时在金陵　　姜　夔

翰墨场中老斫轮，　真能一笔扫千军。
年年花月无闲日，　处处山川怕见君。
箭在的中非尔力，　风行水上自成文。
先生只可三千首，　回施江东日暮云。①

〔注〕 ① 回施：回，掉转。施，给予。又，施或作“拖”。

绍熙二年（1191）初夏，姜夔至金陵谒杨万里（诚斋），作此诗。《朝天续集》为杨万里所作诗集名。诗中概括了诚斋的艺术成就、创作风格、表现手法，短短八句，可作一篇诚斋评传读。

首句套用黄庭坚诗“翰墨场中老伏波”（《病起荆江亭即事》）。据《庄子·天道》：“轮扁曰：‘臣也，以臣之事观之。斫轮，徐则甘而不固，疾则苦而不入。不疾不徐，得之于手而应于心，口不能言，有数存焉于其间。臣不能以喻臣之子，臣之子亦不能受之于臣，是以行年七十而老斫轮。’”后称经验丰富、技艺高超的人为斫轮手。杜甫《醉歌行》：“词源倒流三峡水，笔阵独扫千人军。”上句谓文势浩瀚，下句言草书纵横。白石于此，以翰墨斫轮和笔扫千军，借喻诚斋在诗歌创作上的成就。首联语言刚健遒劲，如奇峰拔地而起，足以笼盖全篇。

诚斋作诗，其兴趣主要在描写自然景色，其成就也主要体现在这些写景诗中。颔联即着眼于此。出句写其数量之多。诚斋一生作诗万首，而所写尤以花月居多，故云花无闲日，月无暇时。韩愈诗：“孟郊死葬北邙山，从此风云得暂闲。天恐文章浑断绝，更生贾岛著人间。”（《赠贾岛》）此句即袭其意。对句写其质量之高。诚斋的写景诗，刻画生动，描摹入神，可谓得山川之精，勾花月之魄，故云山川亦畏为其俘获。杜甫诗：“老去诗篇浑漫与，春来花鸟莫深愁。”（《江上值水

如海势聊短述》)赵汸注:"盖诗人形容刻画,花鸟亦应愁怕,犹崔日用诗'朝来花鸟若有情'也。"(见《杜诗详注》)此句所谓"怕"者,正是杜诗"深愁"之意。

诚斋论诗,持"活法"之说,即不受前人束缚,直写眼前景象。诚斋尝自道:"自此每过午,吏散庭空,即携一便面,步后园,登古城,采撷杞菊,攀翻花竹,万象毕来,献予诗材,盖麾之不去,前者未雠,而后者已迫,涣然未觉作诗之难也。"(《诚斋集·荆溪集序》)其写景诗,所以能裁花镂月,使山川惧怕,正在于此。《孟子·万章下》:"由射于百步之外也,其至,尔力也;其中,非尔力也。"《周易·涣》:"风行水上,涣。"苏洵言风、水二物,无意乎相求,不期而相遭,故"此亦天下之至文也"。(《仲兄字文甫说》)颈联言其诗如箭之中的,非强力所致,如风行水上,自然成文,正是道其作诗透脱、涉笔成趣的自然活泼的风格。

刘克庄道:"放翁学力也,似杜甫;诚斋天分也,似李白。"(《后山诗话》)就诗的情趣、风格而言,诚斋和太白确有某些相似之处。欧阳修《赠王介甫》,以李白、韩愈相许:"翰林风月三千首,吏部文章二百年。"杜甫《春日怀李白》,有"渭北春天树,江东日暮云"之句。末联二句连读,言诚斋天分学力,足与太白相埒,故只宜作诗三千,与太白诗匹配。今诚斋之诗,远不止三千,言外之意,其诗之成就,实已超轶太白。

姜夔论诗,主"妙悟"、"圆活"之说,倡深远清和之境,其所作诗,以精妙见长。此诗出语爽利,绝无远韵,不类它作,纪昀言其"粗豪之气太重",或因此而发。

(黄　珅)

过垂虹　　　　姜　夔

自作新词韵最娇,　　小红低唱我吹箫。
曲终过尽松陵路,　　回首烟波十四桥。

这首七绝,是诗人于宋光宗绍熙二年(1191)除夕,携小红由石湖(苏州与吴江之间的风景区,范成大的别墅所在)范成大家,乘船归湖州(今属浙江),路过垂虹桥时所写,因此诗题也命为《过垂虹》。垂虹桥,北宋时建,地处今江苏吴县。桥东西长千余尺,前临太湖,横截松陵(吴江县的别称)。河光海气,荡漾一色,乃三吴之绝景。(此桥清代已废)

元人陆友《砚北杂志》有段记载:"小红,顺阳公(即范成大)青衣(家妓)也,有色艺。顺阳公之请老,姜尧章诣之。一日,授简征新声,尧章制《暗香》、《疏影》二曲,公使二妓肄习之,音节清婉。姜尧章归吴兴,公寻以小红赠之。其夕,大雪过

小红低唱我吹箫

——〔清末〕何元俊

垂虹,赋诗曰……”讲的便是这首诗的写作经过。

首句“新词”,即指《暗香》、《疏影》两首咏梅自度曲。“韵最娇”,便是上文所说“音节清婉”,或诗人自谓“音节谐婉”(《暗香·序》)。首句说,自己所填的《暗香》、《疏影》两首新词,音节谐和,声调柔婉。白石乃词坛名家,因此他对自己这两曲名作,并不过谦,许为“韵最娇”。欣然自得之情,溢于言外。

次句,欢乐情绪达到高潮。诗人高兴地说,归途中,有小红为伴。一路上,小红轻启樱唇,宛转低唱我的《暗香》、《疏影》;我自己则在一旁吹箫伴奏。诗人乐不可支,似有萧史、弄玉之想。

末两句写曲终回首。二支曲子唱毕,船已经走过了很长一段路程。“过尽松陵路”,实谓走过了垂虹桥,因桥“横截松陵”。故而下句道:回首远眺,但见刚刚经过的一座座画桥,如今都时隐时现,飘浮在缥缈烟波之中。其景恍如仙境,使诗人更添无限快意。

携伴佳人,吹吹唱唱,一路轻舟过垂虹,诗人陶然心醉,因此虽是隆冬雪天,诗中却毫无肃杀寒意,而是气氛热烈,情趣盎然,音调谐和,意象清雅,咏之沁人心脾。

(周慧珍)

平甫见招不欲往二首(其一)　　姜　夔

老去无心听管弦,　　病来杯酒不相便。
人生难得秋前雨,　　乞我虚堂自在眠。

平甫,是诗人挚友、南宋著名将领张俊之孙张鉴的表字。周密《齐东野语》卷十二载有一段姜夔自叙,说:“旧所依倚,惟有张兄平甫,其人甚贤。十年相处,情甚骨肉。”据夏承焘考证,诗人交张鉴始于绍熙四年(1193),诗人三十九岁;终于嘉泰二年(1202),是年张鉴卒,诗人四十八岁。首尾恰十年。(见《姜白石词编年笺校·行实考》)由此可推断,这首七绝当写于这十年之间,诗人四十来岁时。其时他已依倚张鉴定居在杭州。

时值夏末,张平甫邀请诗人去他家饮酒。但是,诗人没有赴会的兴致,便写了两首诗作答,本首是其一。

人届老年(诗人心境苍凉,自觉已进老年),情致淡漠,对这种宴饮酬酢的场合,未免产生一种倦怠之感,因此首句便直抒胸臆。管弦,指管乐器和弦乐器,这里代指宴会上的演奏。诗人告诉好友:年龄在逐年老去,心境渐趋平淡,我已实在没有心绪再去听那急管繁弦的演奏了,唯求耳根能够清静一些。仅此缘由,平甫定然不依,次句便进一步申说"不欲往"的原因。便,即适宜。诗人接着道:更何况,我现在健康欠佳,您也知道。病态恹恹,饮酒是不适宜的呀。理由充分,平甫不会见怪了,因此三四两句明确表白心愿。秋前雨,指夏末的雨。夏末雨可以去暑送爽。虚堂,是用《庄子》"虚室生白"的意思,形容空阔宁静的堂屋。乞,给与。诗人又向挚友恳切地说:夏末雨凉爽去暑,人生难得遇到几回。今日恰恰逢到这场好雨,因而还是让我在自己家中幽静的堂屋里自自在在地睡一会吧。

这首诗语言浅显,口吻平静。然而,诗人心境却未必如此平静。姜白石乃天涯沦落之人,政治上困顿、失意,始终是一个布衣。生活上几乎不得不完全依赖他人。为生计所迫,他长期辗转异乡,依人作客,不免时时有身世寥落之感。尤其在年过不惑的病中,更会觉得落寞怅惘。因此,他自然没有兴致去赴会,而宁可孤栖虚堂,享受"秋前雨"后的凉爽。这首诗,不仅风格沉郁,还令人觉得有一丝淡淡的悲凉情调,透纸而出。

(周慧珍)

昔游诗十五首(其五、其七、其十三)　　姜　夔

夔蚤岁孤贫,奔走川陆,数年以来始获宁处。秋日无谓,追述旧游可喜可愕者,吟为五字古句,时欲展阅,自省生平不足以为诗也。

我乘五板船,①　将入沌河口。②
大江风浪起,　夜黑不见手。
同行子周子,　渠胆大如斗。
长竿插芦席,　船作野马走。
不知何所诣,　生死付之偶。
忽闻入草声,　灯火亦稍有。
杙船遂登岸,　亟买野家酒。

扬舲下大江,③　日日风雨雪。
留滞鳌背洲,④　十日不得发。
岸冰一尺厚,　刀剑触舟楫。
岸雪一丈深,　屹如玉城堞。
同舟二三士,　颇壮不恐慑。
蒙毡闭篷卧,　波里任倾侧。

晨兴视毡上，　积雪何皎洁。
欲上不得梯，　欲留岸频裂。
扳援始得上，　幸有人见接。
荒村两三家，　寒苦衣食缺。
买猪祭波神，⑤　入市路已绝。
如今得安坐，　闲对妻儿说。

既离湖口县，　未至落星湾。
舟中两三程，　程程见庐山。
庐山遮半天，　五老云为冠。⑥
朝看金叠叠，　暮看紫巉巉。⑦
瀑布在山半，　仿佛认一斑。
庐山忽不见，　云雨满人间。

〔注〕 ① 五板：即“五板子”，和“三板子”都是水乡使用的小船，船上一般没有桅杆等设备。钱起《江行无题》诗之九十：“一弯斜照水，三板顺风船。” ② 沌河口：《水经注·沔水》：“沔水又东经沌河口，水南通县之太白湖，湖水东南通江处，谓之沌口。”按：沌口在沌水之阳，即今汉阳。 ③ 扬舲：开船。舲，有篷窗的小船。 ④ 鳌背洲：江边的小洲，在今湖南境内。按：今湖南常德北有鳌山，其北麓滨江，为鳌背洲。 ⑤ 买猪：此处指买猪肉。 ⑥ 五老：庐山峰名。《浔阳记》：“山北有五峰，于庐山最为峻极，其形如河中虞乡县前五老之形，故名。” ⑦ 巉巉：山崖险峭貌。

第一首诗写江行汉阳沌口(今属湖北武汉)附近，小船在黑夜里遭遇到巨大的风浪，幸得脱险的经过。全诗分三段。第一小段四句，叙述自己乘着小船，将要进入沌河口的时候，江上陡然风浪大作，黑沉沉的夜晚，伸手不见五指，小船随时有被巨浪吞没的危险。“五板”是一种小船，船上没有桅杆和布帆，江边的人家，常常用作短途行旅的工具。沌河口，简称沌口，在汉阳的西南。这段写小船黑夜遇到风险。

第二小段六句，写同行的周君(子周子：意为周先生，前一“子”字是敬称。)，在风狂浪大之时，他毫不畏怯，在茫茫的夜幕里，果断而勇敢地把长竿插在舱口权当桅杆，又挂上芦席代替蒲帆。于是小船像野马一样在汹涌的浪涛中，破浪直前。当这个时刻，船上的乘客蜷伏在小舱里任其颠簸，茫然不知所往(所诣，即“所往”之意)，死生也置之度外，仿佛能够得生，那只是偶然的事了。这一段写周君在紧急的当儿,智斗风浪的措施,妙在先不预示结果,让人们捏一把汗。

第三小段四句,写小船竟得安然脱险的经过,诗以“忽闻”两字陡转,船上的人,忽然听到船驶入江边草丛里的声音,又稍稍辨认出岸上星星的灯火,于是插下系船的小木桩(杙,小木桩。此处作动词用,意为系缆。故“杙船”即指系船于木桩。)大家欣然登岸,尽快地在野店里买点酒儿压惊,共庆脱险。

全诗记叙生动简洁,语言明白如话,使人们读后有如亲历其境之感。

第二首诗回忆江行为风雪所阻,留滞在鳌背洲上的情况。全诗分两大段:“扬舲下大江”以下至“波里任倾侧”为第一大段;“晨兴视毡上”至结句“闲对妻儿说”为第二大段。

第一大段前四句写乘着有船窗的小船,在江上飘扬东下。那知连日风雨交加,随后又朔风劲吹,飘起大雪,船停泊在江岸南边的鳌背洲旁,整整十天不能开发,这四句点明江行情况,留滞地点和停留时间,是事件的开端。中四句写江岸边上的坚冰,竟结得有一尺多厚,像刀剑一样,不时触着舟船。岸上雪深近丈,屹立如同白玉砌成的城墙。这四句极写雪深冰厚,冰雪不仅封住了前进的道路,船儿且有触冰沉裂的危险。后四句写同行的二三友人,在这冰封雪阻的当儿,还是胆壮得很,他们谁也没有恐惧的心情,蒙上毛毡,蜷卧在篷舱里面任凭船在寒波中摇摆倾侧,泰然处之。这四句写船上乘客的情况,他们在留滞期间并不慌乱,在小船上度过大风雪的夜晚,俟机出险。以上第一大段,集中写江行遇险。

第二大段十二句,写第二天清晨脱险登岸的经过。这段前六句,写清晨醒来,毛毡上已被钻进船舱的雪片覆盖上一层厚厚的皎洁的积雪。船上的人很想登上江岸,但苦于没有梯子。江岸被冰雪堆得高高的。想留在船上,却又耽心岸边冰块频频崩裂,异常危险。最后大家还是使尽气力,努力向岸上扳援,幸而岸上有居民相接,得以脱离险境。后六句写岸边的荒村上,只有三两家贫苦的住户。他们也正在寒冷的冰风素雪中忍受煎熬,他们缺衣少食,但很想买点猪肉祭祭波神,却是通往市上的路径已经断绝,就只得安坐在冰雪覆盖的小屋里,凄冷地对着他们的妻儿,诉说风雪之苦。正是“朱门歌管消寒夜,谁念江头风雪人?”这一大段以写船上的人清晨出险为主,以荒村人民贫苦的景况为衬托。在船上脱险的人们看来,这江岸边上的小茅屋里,如今就是他们感到幸福的所在了。

此诗层层转折,层层深入,语言高古简洁。用了入声韵,更增险急之感。

第三首诗仍然是写江行,具体写在彭泽湖口所见的庐山胜景。头四句写船离湖口之后,还没有赶到落星湾,在船上经过两三程水路,由于湖面开阔,庐山高大奇峭,所以程程都可以看到庐山不同的侧面,其景象也各自不同。湖口县就在彭泽湖口(原先是个集镇,南唐时,开始设县。今属江西九江),这里和落星湾接近(落星湾在星子县,《水经注》记载:"[彭泽]湖中有落星石,周回百余步,高五丈,上生竹木,传旧有星坠此,因以名焉。")。这两处都在庐山之东,在彭泽湖(又称鄱阳湖)的西北:苏轼有诗句云:"不识庐山真面目,只缘身在此山中。"作者从庐山东侧的水路上看山,那么他的所见,自然只是庐山的侧面的面貌了。

次四句写庐山胜景,全从远望着笔,庐山遮蔽着半个天空,五老峰上带了云帽。早晨看上去,金光重叠,霞彩缤纷;傍晚看去,夕阳返照,紫霭增辉,陡峭的巉崖上,呈现一派嶙峋的紫绛色。真是美丽壮观,豁人心目。后四句写所见的山畔飞瀑以及山间云气蒸腾变化的奇景。庐山上的瀑布,不止一处,而以香炉峰的瀑布最为瑰丽,作者是在湖舟上遥遥相望,所以只能仿佛中想见一斑,却不能看到全貌,正在作凝思想往的时候,忽然之间满山云气,奔腾汹涌,庐山霎时隐在云层中间,再也不能看到什么了。而云雨却弥漫人间,到处是迷迷茫茫,山上、江上、湖面上,浑然一色,变化之奇特,使人顿生"山在虚无缥缈间"之感。

此诗语言清淡流畅,不着意琢炼,然而能得舟行所见庐山之神,颇有空灵缥缈之致。

(马祖熙)

次石湖书扇韵 姜 夔

桥西一曲水通村, 岸阁浮萍绿有痕。
家住石湖人不到, 藕花多处别开门。

范成大书扇的原作已佚,姜夔这首次韵却留下了石湖悠然意远的风致。淳熙十四年(1187)的夏天,姜夔从湖州赴苏州谒见范成大。范的生日是六月初四,姜夔创作歌曲《石湖仙》为他祝寿:"……须信石湖仙,似鸱夷翩然引去。浮云安在,我自爱、红香绿舞。"这首书扇次韵,与词意相关,盖即一时所作。

这二十八个字,可算是惜墨如金,不仅描绘了一幅精雅、清幽的石湖图卷,而且传达出画笔难于表现的情韵。虽然范成大晚年营建的石湖别墅,经过七八百年的桑田沧海,于今早已化为劫灰,但石湖这片水域和湖堤上的九环洞桥依然存在,诗中的意境多少还可得到点印证。可以想象,姜夔当年造访石湖,是坐船而来的。"桥西一曲水通村",自然是江南水乡特有的景色,同时也自远渐近,显现出范氏别墅的方位。湖上烟波浩渺,湖岸林荫繁密,凭什么来认得"水通村"呢?"岸阁浮萍绿有痕",湖水和溪流相接的岸边滞留着绿色的痕迹,便是村中平静的池塘里飘流出来的浮萍。这正像武陵渔人发现水上飘流的桃花而寻到桃花源一样。“别有天地非人间”，这是个多么深邃的所在。

果然，“家住石湖人不到”。这自然是说范成大别墅的远绝烦嚣，实亦对范品格的称颂。范成大以廊庙之才，归隐江湖之上。他在朝时，希望能为恢复中原而竭智尽忠，但不得孝宗的信任，御史便挟私憾攻击，于是他落职而退隐石湖。他视富贵如浮云，惟恐缁尘再染素衣，所以“家住石湖人不到”。这“人”，应该是指那些趋炎附势，抗尘走俗的人。能够做到“人不到”，足见操守清介，志在遂初。因而，他能在隐居中怡然自乐，沉醉于自然美景之中。“藕花多处别开门”，专开门户在荷花繁盛的地方，是何等的雅人深致！这三四两句，写景实即写人，写人的品格、胸襟、情趣。

值得注意的是，范成大自己以石湖景物为题的诗中，写到的花木不少，并没有像姜夔这样突出地写荷花。被杨万里誉为“山水之胜，东南绝境”的石湖，也不以荷花擅胜。姜夔把荷花从石湖景物中特地拈出，就使这首诗呈现出诗人很有个性的感情色彩。从他的诗词里看出，除了梅花，他对荷花倾注了深情，有独特的赏好。他可使“冷香飞上诗句”，形成一种空灵、幽远的意境，这首诗便是很好的例证之一。

(徐永年)

除夜自石湖归苕溪十首(其一、其三、其五、其七)　　姜　夔

细草穿沙雪半销，　吴宫烟冷水迢迢。
梅花竹里无人见，　一夜吹香过石桥。

黄帽传呼睡不成，①　投篙细细激流冰。
分明旧泊江南岸，　舟尾春风飐客灯。

三生定是陆天随，　只向吴松作客归。②
已拼新年舟上过，　倩人和雪洗征衣。③

笠泽茫茫雁影微，　玉峰重叠护云衣。
长桥寂寞春寒夜，　只有诗人一舸归。

〔注〕 ① 黄帽：即俗称梢公，汉代称为“黄头郎”(见《汉书·邓通传》)　② 吴松：吴淞江，上海境内称苏州河，为黄浦江支流。　③ 倩：请。

本题乃组诗，共十首。光宗绍熙二年(1191)冬，诗人访石湖范成大，除夕乘

舟归苕溪途中所作。

南宋陈振孙《直斋书录解题》云:“石湖范致能尤爱其诗,杨诚斋亦爱之,赏其《岁除舟行十绝》,以为有裁云缝月之妙思,敲金戛玉之奇声。”

其一写旅途即景。除夕晚上,诗人自石湖归家。残雪在地,水上行舟;四野幽阒,夜寒袭人。油然生感,发而为诗。

前两句写远景。首句巧妙地点出时令。诗人不写寒凝大地,却状细草穿沙。撇开严冬,预报早春,立意高妙,总领全章。次句写“归”,又不滞于“归”。水悠悠流去,船徐徐前行,眺望来处,吴宫已在一片寒烟笼罩之中。此处以吴宫指代石湖所在地姑苏,吴宫荒草,冷烟渐起,自具一种萧索冷漠的气氛。而“迢迢”两字,回环的音节又平添感情色彩。此番石湖一游,颇得知遇。然诗人乃落拓游子,身世飘零之感随处触发。“南去北来何事?荡湘云楚水,目极伤心”(《一萼红》),“沈思年少浪迹……漂零久,而今何意”(《霓裳中序第一》)。这是诗人的境遇和性格所形成的一种淡泊、幽冷的个性,在诗中自然流露。

后两句写近景。夜色浓重,竹树掩映,不见梅影,但有暗香。“梅花竹里”明状梅而又不质实,“无人见”,足见境界清幽。“一夜吹香”暗写梅,极得风神飘渺之致。诗人似乎陶醉于梅香之中,不知不觉过了石桥。“姜白石词幽韵冷香,令人挹之无尽,拟诸形容,在乐则琴,在花则梅也。”(刘熙载《艺概》)此诗也是如此。

诗人构思高妙,精心选了细草、沙地、残雪、吴宫、烟水、梅花、竹丛、石桥八种景物。梅花乃主景,出之以虚笔,遗貌得神,形成“清空”的意境。这是诗人性格、情趣、修养对客观环境的契合,极见功力。正如清人朱竹垞所说,“尽洗铅华,极萧散自得之趣,故独步一时。”(《曝书亭集》)

其三写深夜舟行。题旨与上诗同,然取材角度、表现手法则异。体现出大手笔的艺术腕力。全诗取景于舟,以舟上动景入画。仿佛摄影中的特写镜头,把画面凝聚到一点。

首两句从听觉下笔,点出一个“归”字。黄帽代指舟人。他们连夜行舟,传呼不已,加上篙击流冰,嘶嘶作响。诗人因此而“睡不成”,表现了思归情切。

后两句由所闻写到所见。“睡不成”,诗人便把视线投向舱外。“分明旧泊江南岸”,一笔宕开。按理夜色深沉,视野模糊,这里却不用“依稀”、“隐约”,而说“分明”,足见诗人对江南岸印象之深。水上夜行,江南飘泊,乃姜夔谙熟之事。“夜深客子移舟处,两两沙禽惊起。”(《水龙吟》)“看尽鹅黄嫩绿,都是江南旧相识”(《淡黄柳》)。“旧泊”之处,使千思万绪,纷至沓来。对此,诗人欲说还休,并不展开。结句又把目光移到舟上。一放一收,舒卷自如。春风飐“客灯”者,实乃春意在“客心”之意，与王湾《次北固山下》“江春入旧年”一句同样高妙。旧年未尽，湖上却已春意盎然。这是诗人内心蕴含着的一种优美情致的自然流露。此句乃聚一篇之精神，语少意足，有无穷之味。

全诗意境隽美、蕴藉，体现了白石清妙秀远的诗风。

其五写舟上小景，拓开了诗人另一种思想境界。寓飘零身世于悠然超脱的意态之中。

首两句写“归”，又不同于一般之归。起句“定是”两字，寄寓了天涯飘泊之感。诗人把自己比作陆天随不无原因。唐末陆龟蒙号天随子，隐居不仕，常携书、茶灶、钓具，乘舟浪迹江湖。姜夔也因用世不得，飘泊为生，与龟蒙甚为相似。此意在其诗词中常见。“第四桥边，拟共天随住”(《点绛唇·丁未冬过吴淞作》)，“沉思只羡天随子，蓑笠寒江过一生”(《三高祠》)。人相似，诗亦然。杨万里为此而称赏他。“待制杨公以为‘于文无所不工’，甚似陆天随，于是为忘年友。”(见周密《齐东野语》)何况目下又适从范成大隐遁之处的石湖返回，野旷天寒，小舟激冰而行，恍若凭虚御风，远离尘嚣。一种悠然之致见于笔端。

后两句写实。“已拚”两字作承转。既已为天随后身，浪迹江湖已成定局，则舟上过年，倒也萧闲自在。“拚”乃不得不然之意。不得不在一叶扁舟上度过新年，其飘零生涯可知，一丝淡淡的哀愁从中透露而出。

结句画面生动，情趣盎然。请人和雪洗去仆仆征尘，一种自适之趣溢于言表，但掩饰不了心境的凄凉。

其七写夜渡太湖。呈现在读者面前的是一幅空蒙淡远、清旷寂寥的冬夜行舟图，深蔚含蓄，旨隐象外。

首两句写望中景。诗人纵目太湖，但见湖水浩渺，茫无际涯，天水之际，雁影依稀可见，极具飘渺孤凄之致。凝视远方，重叠的玉峰在云雾之中，若隐若现，明灭可睹。不说“云缭绕”而说“护云衣”，融情入景。此两句意在笔先，颇有意境，确是“以实为虚，化景物为情思”(范晞文《对床夜语》)。茫茫太湖之上一点雁影，与诗人孤舟而归的飘泊之情正相契合。杜甫诗云：“飘飘何所似，天地一沙鸥”(《旅夜书怀》)，诗人也有“燕雁无心，太湖西畔随云去”(《点绛唇·丁未冬过吴淞作》)之句，都是同样的比况。

后两句写近景。“只有诗人一舸归”。茫茫湖面，只有诗人一叶扁舟，悄然而行，俯仰之间，身世之感袭上心头，怎不倍感寂寞？

此篇之妙在落句。其一，不着声色，以景结情，收到无声胜有声的艺术效果。其二，篇末点出全文线索。诗中水、雁、云、山、桥，一些分散的物象都从诗人视野中出,以“归舟”贯串成章,意与象合,真如他自己所说,“自谓平生用心苦,神凝或与元气接”(《送项平甫倅池阳》)。 (许理绚)

湖上寓居杂咏十四首(其一、其二、其三、其九)　姜 夔

荷叶披披一浦凉，　青芦奕奕夜吟商。①
平生最识江湖味，　听得秋声忆故乡。

湖上风恬月淡时，　卧看云影入玻璃。
轻舟忽向窗边过，　摇动青芦一两枝。

秋风低结乱山愁，　千顷银波凝不流。
堤畔画船堤上马，　绿杨风里两悠悠。

苑墙曲曲柳冥冥，　人静山空见一灯。
荷叶似云香不断，　小船摇曳入西陵。

〔注〕 ① 商:古代五音(宫、商、角、徵、羽)之一。

杂咏多以组诗形式抒写零星感受,本题也是如此。宁宗庆元二、三年之间(1196—1197),诗人定居杭州,居西湖上孤山西泠。六年,作《湖上寓居杂咏》十四首。严杰《白石道人小传》说,姜夔于宁宗庆元三年,上书论雅乐,并进大乐议,诏付有司收掌,时有嫉其能者,以议不合而罢。五年,又作《饶歌鼓吹》十四章。但是,终于没有及第。以隐居为志的清气,正是这组《杂咏》的基调。

“荷叶披披”,西湖六七月,一片荷花世界,湖上红莲翠叶,天际新月一钩,孰不为之倾倒?然而诗人之意不在花上,却在叶边,别具深致。白石为人狷洁清高,“人之品格高者出笔必清。”(孙麟趾《词径》)他选取荷叶与青芦这类至清之物,不著色相,以淡语出之,创造出一种深远清高的境界。“披”指荷叶披散在湖面,此处用叠字“披披”,写出了荷叶的意态神韵。“一浦凉”,暗写风,著一“凉”字,表明无限秋思。与之对举的是湖边青芦。夜深人静,风吹苇叶瑟瑟作响,一片商声。“商,伤也,物既老而悲伤。”(欧阳修《秋声赋》)这种声音凄厉而肃杀。“青芦奕奕夜吟商”乃拟人手法,“奕奕”状其态。首二句出之以对句,两用叠字,低徊要眇。

三四句一转。“平生最识江湖味”一句,内涵甚丰,乃诗人一生经历凝聚而成。“最识”两字包含无限辛酸。“早岁孤贫,再走川陆”,“少小知名翰墨场,十年心事只凄凉”,“文章信美知何用,漫赢得天涯羁旅。”凡此种种,只一语而尽。前句用比兴,此处则直赋。

结句以“秋声”两字总上思绪,以情结景。王粲怀才不遇,天涯飘泊,因赋《登楼》以抒慨。白石此诗,亦同斯旨,只是出语更为蕴藉。

“湖上风恬”一首,抒写西湖的静态美,寄寓诗人向往自然,追求宁静的心境。

首二句着意写静。风恬月淡,明湖如镜,云影悠悠,好一个空灵澄澈的境界。“卧看”二字,道出了诗人的神态。

后二句寓静于动。在静得出奇之中,一叶扁舟飘忽而过,惊动了芦苇,摇动有声,更衬出了湖上的幽静。着以“忽”、“过”两字,舟行轻疾之状毕现。动静相衬,各极其妙,白石才思可谓精细深美。

姜白石为人襟怀冲淡,出世之念多于入世之想。“道人野性如天马,欲摆青丝出帝闲。”(《次韵武伯》)宁静的性格常使他对客观世界作审美静观,本诗即此审美观的体现。

“秋风低结”一首,诗人摄取眼前景,构成一幅湖上秋意图,借萧散自得的情趣,寓苍凉落寞的心境,颇类陆龟蒙的《自遣》诗。

起首二句从远处着墨,以粗淡之笔,渲染湖上一片秋阴。“秋云低结”,西湖四周的丛峦叠翠掩映于云雾之中,只见山影明灭,满眼愁凄之状。清人黄仲则说得好:“若说西湖似西子,此时意态只宜颦。”(《游漪园暮归湖上》)“乱山愁”三字,予山以情,神态全出。“烟外山容似客容”(清黄仲则《湖楼夜起》),岂非诗人悒郁之状的写照?山情即我情,水性即吾性,山水可哀可乐,主宰的则是诗人此时此刻的心绪而已!“人之悲喜,生于境,但亦‘本于心’。”(清王夫之《薑斋诗话》)此诗之谓也。

下二句笔法陡转,以清丽工细之笔刻画近景。白堤上长桥卧波的恬美幽隽境界,在愁云惨淡的背景上显得分外宁静,但见堤畔的画船和堤上的马,悠悠而过,完全是冷眼旁观的情状。白石究非汲汲于功名之辈,狷介清高的个性致使宁静的心境多于烦忧。“囊封万字总空言,露滴桐枝欲断弦;时事悠悠吾亦懒,卧看秋水浸山烟。”(《湖上寓居杂咏之八》)抒写的心情与此同。

此诗跌宕起伏,曲折多姿,以“愁”起,以“悠”结,构成复杂的诗境,此乃诗人复杂心境的曲折反映。

“苑墙曲曲”一首,写孤山西泠一带幽清的夜景。诗人选取曲苑烟柳,空山孤灯，荷叶小船等西湖风物，由远及近，由静及动，抒写西湖静趣，借以表达恬淡清静的内心世界。

一二句写远望中的西湖夜景，境界迷离幽约，如朦胧月夜的林下美人。

三四句写近景，以动衬静。“荷叶似云香不断”分明有风，所以香气不绝，一种动态含蕴其中。白石不写花香，偏爱叶香，清冷之气独得，亦其襟抱使然。在接天莲叶的湖塘上，小船摇曳而过，愈入愈深，把读者带进了一个幽邃的境界。

全诗动静相映，把一些彼此无关的物象连在一起，组成一支静夜曲，予人以无限幽趣。细味此诗，似饮清茶，“味淡而终不薄”，令人挹之无尽。 （许理绚）

姑苏怀古 姜 夔

夜暗归云绕柁牙， 江涵星影鹭眠沙。
行人怅望苏台柳， 曾与吴王扫落花。

大凡怀古诗，起句破题，直抒古今盛衰之感。本诗则起笔疏宕，不涉题旨，以恬淡的景语出之，别具一格。

首句一个“绕”字，归云的飞动之势可感，显示出大自然正处在微妙的瞬息变幻之中。刹那间云消天开，诗人站在船上，俯视江中，只见江水澄澈，群星璀璨。在这静谧开阔的背景上，白鹭眠于沙滩，悠然自得。前句写动，后句写静，动静相形，充满画意。白石以为，作诗的最高境界是自然高妙。他说：“语贵含蓄……若句中无余字，篇中无长语，非善之善者也；句中有余味，篇中有余意，善之善者也。”（《白石道人诗说》）透过景物，追求象外之旨，则石之韫玉，水之怀珠可探。晚云悠闲，江水澄清，星斗灿烂，白鹭自适，此乃江山永恒之意。诗人蓄意刻画一个清幽的境界，是借不变的姑苏夜景暗寓变化的人事。

“鹭眠沙”一句，笔宕得极远。下联一转，“怅望”两字将全篇约束在“怀古”之思上，引入正题。此转看似突兀，实与上句脉络贯穿，极尽纵收开阖之致。“苏台柳”的形象，在宁静的夜色中依稀可见，竟使旅人愀然动色。姑苏台乃当年吴王夫差所筑之宫殿，奢侈、豪华，以供吴王淫乐。“今王既变鲧、禹之功，而高高下下，以罢民于姑苏。”（《国语·吴语》）于是越国趁虚而入，“范蠡……击鼓兴师以随使者，至于姑苏之宫……遂灭吴。”吴王身死国灭，皆因逸豫忘身所致。诗人触景生情，他身处南宋末世，国势衰微之感油然而起。当时宋金对峙，南宋朝廷苟安半壁，以为已臻承平之世，高枕无忧，于是极园囿之乐，尽声色之娱。“山外青山楼外楼，西湖歌舞几时休”的诗句，乃当时社会的真实写照。姜夔虽一生困顿，寄身豪门，然对世事国运不是漠然置之的。只不过他流露的是淡淡的内心情感而已。此处"苏台柳"俨然是历史的见证。结句"曾与吴王扫落花"，道尽了千余年来"苏台"的沧桑，怀古伤今，饶有远韵。

此诗妙在碍而实通，放得开，收得拢。一起两句不着题旨，看似闲笔，却暗逗下文，让结句翻出深意。"空中荡漾最是词家妙诀。上意本可接入下意，却偏偏不入，而于其间传神写照，乃愈使下意栩栩欲动。"（刘熙载《艺概》）此诗正是达到了这样的境界。罗大经《鹤林玉露》说："姜尧章学诗于萧千岩，琢句精工。有诗云：'……曾与吴王扫落花'杨诚斋喜诵之。"白石七绝的佳处，在于既有情韵，又能设意新奇，具有笔力，可说是兼唐宋两派之长。难怪重"新趣"与"活法"的杨万里，要喜而诵之。

（许理绚）

钓 雪 亭 姜 夔

阑干风冷雪漫漫，　　惆怅无人把钓竿。
时有官船桥畔过，　　白鸥飞去落前滩。

据《吴江县志》记载，宋宁宗嘉泰三年（1203），吴江县尉彭法在县境"三高祠"旁建亭，因其地名"雪滩"，又据唐柳宗元《江雪》之诗，而取名为"钓雪亭"。时姜夔已经四十八岁。《钓雪亭》诗虽未注明甲子，但可确知是他后期的作品。

据宋人林至的《钓雪亭记》，亭本"面水波之冲，湖光之影"，"江湖一色，群鸟不度，四无人声。"姜夔这一首绝句又为钓雪亭增添了一层凄冷的气氛。他开篇就把人们带进了风雪寒江的钓雪亭上。漫漫，无边无际。亭本名钓雪，又当此风雪交加的寒夜，独倚阑干，四顾无人，自然使人联想到柳宗元的著名绝句——"千山鸟飞绝，万径人踪灭。孤舟蓑笠翁，独钓寒江雪。"如果这时有一位钓雪的蓑笠翁，也可稍慰诗人的寂寥之感，然而此时此地，却"无人"在寒江之上风雪之中"把钓竿"，这使诗人倍加惆怅。有了这"惆怅"二字，使人感到诗人已把自己溶入这钓雪亭的风雪之中。

三四句分写官船与白鸥。诗人运用朴素的直陈语式，没有描写，没有藻饰，却使官船与白鸥形象如画，船浮鸥落，并没有静止在这画面上。这突入画面的官船与白鸥是不是为风雪寒江增添了生气而稍稍慰藉了诗人的"惆怅"呢？恰恰相反。为公事而过往的官船绝非往日喧呼欢跃的游船画舫，独落前滩的白鸥也绝非往日群鸟的争鸣翔集，这是一个虽在运动但却冷寂无声的场面。官船与白鸥的出现，为寒江钓雪亭更增凄寒之色，为诗人倍添惆怅之情。这是一种反衬手法,船与鸥之动更显出诗人心境之冷寂。

在这首小诗中,首句是诗人着力描写的景物,是他为全诗所铺设的背景。惆怅的诗人、过往的官船、飞落的白鸥既是这背景下活动着的人和物,又对这背景起着渲染气氛的作用。全诗以首句为本,然而诗人的用意却不在于绘制钓雪亭的寒江风雪图,而在于以景寄情,抒发满怀冷寂索寞之情。(顾之京)

送范仲讷往合肥三首(其二、其三) 姜 夔

我家曾住赤阑桥, 邻里相过不寂寥。
君若到时秋已半, 西风门巷柳萧萧。

小帘灯火屡题诗, 回首青山失后期。
未老刘郎定重到, 烦君说与故人知。

“范仲讷”其人不详。姜夔这两首诗,从表面看来,清空如话,很容易懂,但是如果想深明其中义蕴,则需要与姜夔的词作联系起来看而加以探索。姜夔《白石道人歌曲》六十六首中,有将近三分之一的作品都与他所钟情的合肥歌女有关。因为这些词的写法隐约幽微,且多借物托喻,又往往乱以他语,所以读者多未能深明其本事。近人夏承焘作《姜白石词编年笺校》,其中有“合肥词事”一节,对于此问题做了详核的考释。其大意是说,当孝宗淳熙初年,姜夔二十余岁时,往来江淮间,曾至合肥,结识歌妓姊妹二人,善弹筝与琵琶,情好甚笃。别后时常思念。淳熙十四年(1187),姜夔离湘鄂往湖州,沿江东下,道出金陵,曾梦见合肥情侣,作《踏莎行》。光宗绍熙元年(1190),姜夔往合肥,次年正月,别去,作《浣溪沙》。时年约三十七岁。同年秋,又返合肥,作《凄凉犯》及《摸鱼儿》。此后词中遂无合肥踪迹,但仍时时有怀念之作。宁宗庆元三年(1197),作《鹧鸪天》二首,有“肥水东流无尽期,当时不合种相思”、“梦中未比丹青见,暗里忽惊山鸟啼”之句。此二词乃怀念合肥情侣最后之作,时姜夔四十三岁,距初识时将二十年矣。宋代词人与歌妓往还,形诸歌咏者甚多,但是像姜夔这样用情之专且久者殊不多觏。

姜夔《送范仲讷往合肥》诗中的情思,就是与上述情况有密切关系的。范仲讷大概是初次往合肥,所以姜夔在此诗“其二”中,首先介绍他自己以前在合肥居住时的情况:“我家曾住赤阑桥,邻里相过不寂寥。”姜夔《淡黄柳》词题序中曾说:“客居合肥南城赤阑桥之西,巷陌凄凉,与江左异,惟柳色夹道,依依可怜。”可与

诗中“我家曾住赤阑桥”句相印证。至于诗中“邻里相过不寂寥”的“邻里”，可能包括歌女姊妹。姜夔《淡黄柳》词云：“正岑寂，明朝又寒食。强携酒，小桥宅。”即写与歌女往来情事。所谓“小桥宅”，并非谓小桥边之宅，“小桥”是借用三国时东吴美人之名以指其钟情之歌女。夏承焘氏笺释：“《三国志・周瑜传》，大小桥皆从木，乔姓本作‘桥’。”这个意见是对的。(姜夔《解连环》词：“为大乔能拨春风，小乔妙移筝，雁啼秋水。”也是以大小乔喻歌女姊妹。)合肥柳树甚多，上文所引《淡黄柳》题序中即说，合肥“惟柳色夹道，依依可怜。”《凄凉犯》题序中也说：“合肥巷陌皆种柳，秋风夕起骚骚然。”所以此诗末二句说：“君若到时秋已半，西风门巷柳萧萧。”是预先估计之辞。同时，姜夔怀念合肥情侣之词经常说到柳，此处应亦是借柳表示对情侣的怀念。

此诗“其三”是嘱咐范仲讷到合肥后看望慰问他旧日的情侣。头两句是说，当年相聚甚欢，而别后未能如期重访。在绍熙二年(1191)姜夔离开合肥时，作《解连环》词，有“问后约空指蔷薇，算如此溪山，甚时重至”之句，可见当时临别曾指青山为誓，所以诗中说“回首青山失后期”，这并非泛话。末两句是嘱咐范仲讷对歌女姊妹说，自己一定会再来看望她们的。“刘郎”是姜夔自比，暗用古代神话传说中刘晨、阮肇入天台山采药遇仙女之事(见刘义庆《幽明录》)，又活用刘禹锡《再游玄都观》诗“前度刘郎今又来”之句。“故人”，即指歌女姊妹。

据夏承焘氏考证，姜夔自从绍熙二年离开合肥后，再未重往，然则送范仲讷诗大概是绍熙二年以后之作。后来，他的“未老刘郎定重到”的愿望迄未能实现，怀念之情时时写入词中，甚为缠绵凄怆。绍熙四年所作《水龙吟》词曾云：“我已情多，十年幽梦，略曾如此。”可以想见其心境矣。

这两首诗，既无华丽辞采，又无多少典故，纯用白描，平易如话，但是读起来，觉得韵味醇厚，情致沈绵，这是姜夔诗的特长。姜夔学诗是从江西派入手的，最初取法黄庭坚，步趋惟谨，很用苦心，后来“始大悟学即病，顾不若无学之为得。”(《白石道人诗集自序》)于是从黄诗中摆脱出来而归本于自然。他主张冥心独运，深造自得，曾说：“诗之不工，只是不精思耳。”姜夔作诗不多，在南宋不能成为大家，但是自有其独到之处。陈郁称赞说：“白石姜尧章，奇声逸响，率多天然，自成一家，不随近体。”(《藏一话腴》卷下)当时名诗人萧德藻、杨万里、范成大等都推重姜夔的诗。清王士禛不喜宋诗，但是独称姜夔诗“能参活句”，又说：“余于宋南渡后诗，于陆放翁之外，最喜姜夔尧章。”(《香祖笔记》)黄晦闻(节)《寒夜读白石道人集题后》诗云：“每从闲处深思得，讵向人前强学来。”(《蒹葭楼诗》)颇能道出姜夔作诗深造自得的用心之处。

(缪　钺)

【作者小传】

刘 翰

生卒年不详。字武子，长沙(今属湖南)人。高宗绍兴年间与张孝祥、范成大交游。有《小山集》。

石 头 城 刘 翰

离离芳草满吴宫，　　绿到台城旧苑东。
一夜空江烟水冷，　　石头明月雁声中。

唐代诗人刘禹锡《金陵五题》的第一首《石头城》，是专咏石头城的。刘翰的这首诗，虽然也以石头城为题，吟咏的对象却是整个金陵(今江苏南京)。这是一首吊古之作。作者抒写了对金陵"繁华事散"、古今沧桑的感慨。

首先映入诗人眼帘的，是草满吴宫的荒凉景象。"吴宫"，指三国时吴国的宫殿；"台城六代竞豪华"(刘禹锡《金陵五题·台城》)，第一代吴国的朝廷其实不在台城，而是在吴宫。首句从吴宫写起，接着，诗人的眼光从南到北，只见长满吴宫的野草，一直延伸到台城一带。台城原是吴国的后苑城，东晋成帝咸和年间(326—334)修建为新宫，名建康宫，从此成为东晋和南朝宋、齐、梁、陈的台省(中央政府)和宫殿的所在地。这样，第二句虽然只说台城一地，实际上却囊括了六朝的后五个朝代。以上两句，以空间写时间，用笔冷峻，寄慨深沉。当年的吴宫、台城，如今成了野草的世界。只这样一幅写生，没有直抒，不用议论，却抵得上千言万语。动词"满"的写形，"绿"的着色，形容词"旧"的映衬，更加深了抚今忆昔的伤悼之情。

后两句转而写夜间所见的景象，地点转到了城西北的石头城。当诗人来到石头城时，已是入夜时分。石头城是汉献帝建安十七年(212)孙权在石头山上构筑的。背靠清凉山，面临长江，形势险要，因而诸葛亮有过"石城虎踞"的赞语(见《太平御览》卷一五六引张勃《吴录》)。西晋初年，"一片降幡出石头"(刘禹锡《西塞山怀古》)，吴主孙皓在这里竖起投降的白旗；"潮打空城寂寞回"(刘禹锡《金陵五题·石头城》)，刘禹锡曾在附近踝躞，谛听过拍岸的江涛声。如今，诗人也来到了这里，眼望沿着城北流逝的长江，但见开阔的江面上空荡荡的，水气蒙蒙的江水给人以一种寒冷的感觉。再看石头城，寂寞地对着明月。这时，夜空中又传来了声声雁鸣。这城、这月、这夜空、这雁声，仿佛融成了一体，在诉说着六朝衰败以后的沉寂与凄清。第三句是转笔，写长江是为了落到末一句写石头城上。粗粗看去,后两句的写景似乎更为纯粹。但石头城连着整个六朝的历史,是六朝兴亡的见证。前两句以吴宫、台城分写六朝,到了这两句则已综合了吴宫、台城,而以“石头”在总说六朝了。此外,诗人的感情色彩在后两句的用字上也有所表露:“空”、“冷”等字暗藏着古今盛衰的对比;“一夜”,见出诗人徘徊之久与感慨之深。

全诗四句,读来如展长轴,由吴宫而台城而石头城,诗人的目光在空间横扫的同时,也完成了时间上的纵贯,几个画面说尽了金陵城古今的盛衰变化。末句的“雁声”,不只是增加了画外音,而且唯有添此“雁声”一语,全诗的意境才得以完成,结尾处方能显得唱叹有情,余音不尽。

在刘翰之前,刘禹锡的《石头城》曾使白居易叹为观止;许浑的《金陵怀古》,是金陵吊古诗中的又一首杰作。刘翰的《石头城》,既不同于许浑一气流转、以直抒见长的《金陵怀古》,也有别于刘禹锡同是以景写情的同题诗。尽管两篇《石头城》都有大江、明月,甚至都有“旧”、“空”、“月”等字,但刘翰这一首,写出了从白天到夜间的所见所闻,时间的脉络似更为清晰,所呈现的意境则更为凄冷。两首《石头城》,可谓春兰秋菊不同时而俱芳。（陈志明）

【作者小传】

汪　莘

(1155—1227)　字叔耕,号方壶先生,休宁(今属安徽)人。布衣。嘉定中应诏上封事,不用。晚年隐居柳塘。与朱熹友善。有《方壶存稿》。

湖上早秋偶兴　　汪　莘

坐卧芙蓉花上头,　　青香长绕饮中浮。
金风玉露玻璃月,　　并作诗人富贵秋。

这首绝句描写湖上早秋景物,使人耳目一新。把握季节变化之始作描写,说明诗人感觉的敏锐。但他不是抒发悲秋之感,而是讴歌物华之美。

起句“坐卧芙蓉花上头”,照应题中“湖上”二字。芙蓉即荷花。不说坐卧湖上,而说坐卧花上,是为了突出湖的特点:那满湖的荷花,竟使诗人有坐卧花上之感,把产生“偶兴”的环境写得很美。他没有描写那亭亭如盖的荷叶,而强调那盛开未衰的荷花,颇具用心,为下面的描写留下了地步。

面对秋日的荷塘,前代诗人曾经感叹过:“秋阴不散霜飞晚,留得枯荷听雨声”(李商隐《宿骆氏亭寄怀崔雍崔衮》),“菡萏香销翠叶残,西风愁起绿波间”(李璟《浣溪沙》词)。自然,眼前的荷塘还没有花枯叶残,但秋风一起,这一天还会远吗?问题不在于景物本身,而在于不同的诗人对秋有不同的感受。这首诗的作者在秋风乍起之际,感到的是“青香长绕饮中浮”。“香”由首句的“花”字而来;唯其花多,香才“长绕”。荷花以清香著称。此处不曰“清香”,而著一“青”字,写出了从翠叶绿波间飘出的那种只有荷花才有的清幽香气,好像花香也带有了青青之色,色味相托,传神极了。写花香又衬以酒香,花香“绕”、“浮”在酒香之上,更显出诗人“醉翁之意不在酒”,为花香所陶醉的感受。

第三句笔锋一转,开拓出一个新的境界:“金风玉露玻璃月”,把秋天的风、露、月萃于一句,逗出下文“富贵”二字。“金风玉露”本是常语,但加上“玻璃”二字,便觉新奇。一句诗写尽了秋天的物华之美。金、玉、玻璃,流光溢彩,但觉满眼金碧,又为下句埋下伏线。

结句“并作诗人富贵秋”,金风玉露、名花美酒,都被一个“并”字括住。前三句新境迭出,放得开;末一句收得拢,直截了当,颇见功力。“秋”前冠以“富贵”,已自出人意表;“富贵”上又加“诗人”,就更奇。荷,花之君子;荷香、明月与“富贵”何干?但这些却成了诗人特有的富贵。这是高洁清雅的诗人之“富贵”,不是世俗的金玉之富贵。以“富贵秋”状写其闲情逸致,既无酸寒态,又能化俗为雅,可说是既奇又确,让人满眼生新。

(张燕瑾)

次潘别驾韵[1]

汪 莘

野店溪桥柳色新, 千愁万恨为何人?
殷勤织就黄金缕, 带雨笼烟过一春。

〔注〕 ① 别驾:宋制,诸州通判亦称别驾。

古人写柳的诗不少。这些作品,内容虽说不一,但总以描画春景、抒写离愁别恨者居多。汪莘此诗从初春嫩柳中看到愁恨,看到衰败,是一首饶有新意的好作品。

“柳色新”本来是春天到来的象征,对一般人来说,它所带给的应当是生机盎然,是欣喜,是欢畅。可是由于作者是带着伤时伤别的心理去看待周围事物,因而偏偏在“柳色新”中看见了“千愁万恨”。他这种感受,大约是经过了两重推理:第一,诗人用“柳色新”这一美景同“野店溪桥”这一荒凉寂寞的背景相映衬,自然便从柳的被冷落想到人的不如意,因而就产生了愁与恨。第二,从柳的生长过程看，长出“黄金缕”一般的千枝万条是极不容易的，柳若有知，定然经过千般“殷勤”方始织就。但是这番殷勤的结果又将如何呢？不过是“带雨”、“笼烟”过一春就衰老、凋残了事，这怎能不使人“愁恨”呢？作者的思路演进，是自然的，又是别致的。把“千愁万恨”放在第二句，而把愁恨的原因分两层放在前后写，其安排布置也是巧妙的。

这首诗咏物寄情，好几处使用了把事物拟人化的手法。拟人，是一种非常复杂的修辞格，手法多样，譬如这首诗“带雨笼烟过一春”的“带”、“笼”二字，虽说表示的是动作，属于行为范畴，然而它们的意识性并非十分强烈，因此用之于没有思想的柳，也还多少可通——也就是说这一句更多的是写实，“拟人”，只具备一点影子。再如，“千愁万恨”的确是只有人才有的感情，用它来写柳，当然更接近于通常所说的拟人。不过诗中说“千愁万恨为何人”，显然还是说在“我”看来“你”如何如何，这跟直接写物怎么愁、怎么恨的纯粹的拟人化手法似乎也还有点区别——换句话说，这一句更多地表现为把事物人格化，但其中又不乏客观描写的成分。唯有“殷勤织就黄金缕”一句，干脆说柳很“殷勤”，尚且能“织”，因此就成为纯粹的拟人化。一篇只有四句的诗，手法如此丰富多变，已经是很费苦心了。更重要的是作者在物、我之间设计出多种多样的关系，就更有利于灵活、全面地抒发自己的感情。

另外，此诗写柳，但作者采用遗貌取神的表现方法，抛弃对优美柳姿的精雕细琢，而着力捕捉其神韵。以图画为喻，这是一幅揭示内在美的写意画，不是注重形似的工笔画。还有，诗人咏物，却能不为物役。在写得出神入化的柳色柳姿中，他能不留痕迹地注入自己的思想感情，使咏物与抒情熔于一炉。贺裳评姜夔咏蟋蟀的《齐天乐》词时说：“蟋蟀无可言，而言听蟋蟀者；正姚铉所谓‘赋水，不当仅言水，而言水之前后左右’也。”(《皱水轩词筌》)我们不妨也说：柳本身没有多少好写的，重要的是写看柳的人。这首诗咏物得其神理，抒情不滞不露，是一首文情并茂的佳作。

（李济阻）

【作者小传】

危　稹

(1158—1234)　本名科，字逢吉，号巽斋，又号骊塘，抚州临川(今属江西)人。淳熙十四年(1187)进士。调南康军教授，擢著作郎兼屯田郎官，出知潮州，又知漳州，终提举崇禧观。卒年七十六。文为洪迈所赏识。诗与杨万里相唱和。有《巽斋集》。

送刘帅归蜀[①]　　危 稹

万水朝东弱水西，　　先生归去老峨眉。
人间那得楼千尺，　　望得峨眉山见时。

〔注〕 ① 刘帅：题下原注云："后溪先生也。"按，后溪为刘光祖别号。光祖，字德修，简州阳安(今四川简阳)人，约与危稹同在孝宗淳熙年间进士及第，后官至起居郎、右文殿修撰，有《鹤林集》。刘帅或指此人。

此诗和一般送别诗内容相同：叙依依难舍之情，诉别后相思之苦。立意并不新鲜，但在表达这种情意时，诗人却自辟蹊径，使人耳目一新。

诗的起句就不凡："万水朝东弱水西"。弱水，古水名。《山海经·西山经》："劳山，弱水出焉，而西流于洛。"诗人为何开头不写送别却在水的流向上做文章？为何送别时竟想起"弱水"？读到下句"先生归去老峨眉"，才知端绪，原来诗人是以弱水西流隐喻友人西归。联系两个"水"字，我们又可以推想，友人一定是由水路归蜀。由此可以进一步推想，诗人是在江边送别这位好友；友人登舟而去，诗人久久伫立江头，对着那滚滚东流的万顷波涛，望着那缓缓西去的一片帆影。这一东一西的对比，使他不禁联想起那与"万水"流向相反的弱水。这一句起得突兀，同时又颇切题，有笼盖全篇之势。

诗的三四两句，想象尤为奇特。此二句由上句"先生归去老峨眉"生发。友人此行，并非暂别，而是告老还乡；归老之地又是那遥远的峨眉山，因此别后难再重逢，这就更增相思之苦。但是，万水千山遮望眼，怎能望到那遥远的峨眉山呢？这时，诗人也许是急中生"智"，也许是受王粲《登楼赋》的启发，他突然想到了楼——"人间那得楼千尺，望得峨眉山见时。"他以为如果登上千尺高楼，就可以望到数千里外的峨眉山，望到他的友人。

这首送别小诗，别出心裁，以奇想取胜，体现了宋诗善于翻出新意的特色。这些奇想，乍看无端，寻思有绪；既出人意料之外，又在人意想之中，使人感到既新颖独特，又合情合理。所以陈衍在《宋诗精华录》中评论说："用东坡'那有千寻竹'之意，翻'绝顶望乡国'之案。爱而不见，此诗出自真情。而错怨江南北山多者，亦望夫化石之痴想也。"

(何庆善)

【作者小传】

韩 淲

(1160—1224)　字仲止，一作子仲，号涧泉，信州上饶(今属江西)人。韩元吉之子。从仕不久即归。有诗名。有《涧泉集》。

风雨中诵潘邠老诗　　韩　淲

满城风雨近重阳，　　独上吴山看大江。
老眼昏花忘远近，　　壮心轩豁任行藏。
从来野色供吟兴，　　是处秋光合断肠。
今古骚人乃如许，　　暮潮声卷入苍茫。

江西派诗人潘大临，字邠老，以“满城风雨近重阳”一句名闻遐迩。后世诗人诵邠老此句，辄为一章，不独韩淲一人。每至“秋雨秋风愁煞人”之际，甚至已去重阳数日，仍有用此句领起赋诗者，何况韩淲登临吴山之时，重阳在即，又恰遇风雨，诗意与眼前景相合，情自随景而生，一时心潮起伏，难以自已，于是借用邠老原句，唱出这气势充沛、神完气足的一曲，以抒发心中的万千感慨。

写律诗出句难，对句更难。引别人的诗作出句，尤其又是引别人的名句，这就使对句难上加难。如果不相称，全诗就会黯然失色，显得气馁力衰。这里作者不愧为江西诗派在南宋的后劲，他不仅从字词的对称、押韵的协调等形式上用力，而且更注重意境的提炼，情感的升华，在邠老原句“满城风雨”的背景上，突出了抒情主人公的形象。出句既是借用，也是即景；对句使人物出场，两句共同说明时间、地点、环境、人物，毫无摘引之痕迹，一位在风雨飘摇中独立吴山之巅的诗人形象跃然纸上，出句、对句一气呵成，铢两悉称。

颔联由写景转为直抒胸臆。此诗作于宁宗庆元四年(1198)秋，时作者约四十岁。所谓“老眼昏花忘远近”，是叹惜自己虽在中年，已有老态龙钟之感。古人四十叹老，本是常事，何况当此倍思亲朋的佳节，诗人却独在异乡，独上吴山，风雨如晦，目力不济，垂暮之悲难免涌上心头。但是，老境可叹，远近可忘，壮心不可磨，理想不可抛。“壮心轩豁任行藏”，是说自己无论出仕还是休官，皆襟怀坦白，壮志不息。这一句神采飞扬，意气轩昂，将上句略有伤感的气氛扫荡无遗，有“居庙堂之高，则忧其民；处江湖之远，则忧其君”(范仲淹《岳阳楼记》语)的博大胸怀，表现出积极有为的进取精神。

“从来野色供吟兴，是处秋光合断肠”两句，亦景亦情。“秋来景物，件件是佳句”(潘邠老语，见费衮《梁溪漫志》)，在大自然面前，诗人们从来都是毫不隐晦地抒发自己的感情，寄主观情感于“野色”的。眼下可供作者“吟兴”的“野色”很多，可他却省略了对“是处秋光”的具体描绘，这就给读者提供了想象的空间：这里的秋光为什么会令作者有肝肠寸断之感？是山脚下浩浩荡荡的江水使诗人联想到了自己一去不复返的青春年华？还是那风雨中飘飘洒洒的黄叶令诗人联想到了自己飘零孤苦的身世？这里的心境似与“轩豁”的“壮心”在气氛上不吻合，实际上“壮心轩豁”是不可或忘的素志，而“断肠”之苦则是无可排遣的今愁。今愁正由素志的不能实现而引起，越是写志向远大，不能付诸实现时的愁苦就越大，如果不是因为心情愁苦，诗人何必冒风雨“独上吴山”呢？

尾联“今古骚人乃如许，暮潮声卷入苍茫”以景结情，语尽而思无穷。此刻的诗人，面对“断肠”的秋光，联想到“今古骚人”的共同命运，情感似江水翻腾，如波涛激越。种种复杂的感受不仅不易找到准确的词句来表达，而且若明白说出，全诗就会显得浅露，索然无味。所以作者在抒情将尽未尽之时，突然用景物收住，留下一个兼有画外音的生动画面：暮色苍茫中，江潮汹涌，奔腾向前。这画面，这声音，不仅给读者留下了深刻印象，而且给人以无穷的回味。诗人与“今古骚人”共有的感受究竟是什么？是身世飘零的悲叹？是年华已逝的哀惋？是壮志未酬的感慨？还是对理想抱负的执着？读者尽可以借助这个与作者当时思想感情相惬洽的画面自己去体会，去思索，这正是“文已尽而意无穷”之妙。

江西派的著名诗论家方回对此诗极为推重，以为它“悲壮激烈”、“轩豁痛快”、“感极而无遗”，为“入神”之作。细味此诗，斯无愧矣！（詹杭伦　沈时蓉）

雨多极凉冷　　韩 淲

焉知三伏雨，　已作九秋风。
木叶凉应脱，　禾苗润必丰。
地偏山吐月，　桥断水浮空。
鸡犬邻家外，　鱼虾小市中。

这首诗写因下雨而突然秋凉的情景。全诗扣住“雨”、“凉”二字写去，无处不是与雨、凉相关的景象。尾联的描写，富于水乡雨后特色，给人的印象尤为深刻。

首联取流水对的形式，一气呵成，表现了对天气突然转凉的惊诧之情。伏天是一年中最热的日子。出乎意料的是，今年的末伏下了几场雨，秋风忽起，转眼就进入了秋天。“三伏”，此指末伏，指立秋后第一个庚日起的十天。“九秋”，即秋季，因秋季共有九十天，故名。这一联以“焉知”提起，表示为始料所未及。“三伏雨”与“九秋风”对仗工整，且用“已”字强调，表明由伏入秋的迅速。

颔联是诗人的拟想之辞。诗人并未见到树叶的飘落，但猜想在这样的凉天，想必木叶已脱;他也没有见到庄稼的丰收,但既如此多雨,可以推测禾苗必丰。

颈联与尾联,写出诗人即目所见的景象。

看来诗人赶了一个早市,出门时,只见山后吐出一弯秋月,将落未落;"野桥经雨断"(刘长卿《碧涧别墅喜皇甫侍御相访》),河上的小桥已被淹没或冲走了,河水浮空,足见雨量之大。"地偏山吐月"句,看似与雨无关,其实仍与"雨"字关合:雨过放晴,碧天如洗,正好成为"山吐月"的明净的背景;雨后的空气异常清新,远望山、月,也就必然格外清晰。"山吐月"三字,出自杜甫"四更山吐月"句(《月》),"吐"字绝妙,但功在杜甫,这里只是袭用罢了。

尾联描写的是离家到集市所见之景。下雨时,鸡犬或躲在廊檐下,或避进窝棚里,憋闷得时间长了,一旦放晴,便撒欢似地跑向门前屋后,奔向野地之中。来到集市,则见无处不是活蹦乱跳的鱼虾。这两句形象而生动地写出了雨后水乡的特色。纪昀以为此诗后半部分离了题,他说:"后四句太脱本位。虽诗家题目在即离之间,而前半既从本位说入,后半不应另写别景。"(《瀛奎律髓刊误》)从以上的分析看来,这一批评似乎不确。

诗题叫"雨多极凉冷",但一读此诗,丝毫没有瑟缩之感。相反,诗人着力描写雨后大地的蓬勃生机与清新景色,读了使人心旷神怡。　　（陈志明）

【作者小传】

裘万顷

生卒年不详。字元量,新建(今属江西)人。淳熙十四年(1187)进士。嘉定初,除吏部架阁,迁大理寺司直,力请外任,添差江西抚幹。有《竹斋诗集》。

早　作　　裘万顷

井梧飞叶送秋声，　篱菊缄香待晚晴。
斗柄横斜河欲没，　数山青处乱鸦鸣。

这首诗题曰"早作",写的是秋天黎明时分的景色。"井梧飞叶送秋声,篱菊缄香待晚晴。"审一叶而知秋,诗的头两句即从落叶、篱菊这些富有鲜明季节特征的景物着笔,描画出富有诗意的金秋景色。那井旁的梧桐在晨风中落叶纷飞,传达着秋天的声息;篱边的菊花含苞待放,香气尚未发散,故曰"缄香"。这里写落叶,说“飞叶送秋声”;写篱菊,说“缄香待晚晴”。一个“送”字,一个“缄”字,一个“待”字,写出了浓重的秋意,意态蕴藉,极有情韵。

后两句“斗柄横斜河欲没,数山青处乱鸦鸣”,写黎明破晓的景象:北斗星的勺柄横斜天际,银河在晨曦中渐渐隐没,远处青山上传来群鸦的鸣噪声。诗人从星河的沉没,写到山鸦的啼叫,很有层次地展现了黎明的曙光和清晨的喧噪。“数山青处”是远山景象,与前面的“飞叶”、“篱菊”相映成趣,在这个背景上,诗笔一点,用“乱鸦鸣”三字收束全诗,点染出黎明时的欢闹气氛。

这首小诗,紧扣题中的“早”字,抓住秋天的季节特征,描绘了农村黎明时的景色:飞叶、黄花、星河、远山,并有“秋声”、“鸦鸣”点缀其间,不仅是一幅雅洁的秋晨图,而且是一首优美的晨光曲。诗中的篱菊、远山,颇有陶渊明“采菊东篱下,悠然见南山”的意境,但并不像陶诗那样偏于静态和心境的描写。这里的菊景山色,在晨风啼鸦的烘托下,显得颇有生气。 (阎昭典)

次余仲庸松风阁韵十九首(其四、其五、其六) 裘万顷

不见诗仙何逊来, 春风几度早梅开。
竹篱茅舍自清绝, 未用移根东阁栽。

恰则梅边春意萌, 困人天气又清明。
炉熏茗盌北窗下, 卧听緜蛮黄鸟声。①

已著遗经洗此心, 更寻流水濯吾襟。
经旬不涉溪边路, 荇带苔钱如许深。

〔注〕 ① 緜蛮:《诗·小雅·緜蛮》:“緜蛮黄鸟,止于丘阿。”朱熹《诗集传》训为鸟声。

三首诗都表现了作者“性恬退,不乐仕”(见赵与虤《娱书堂诗话》),隐居林下,自得其乐的悠闲恬淡之心情。

第一首借早梅喻己之清高。

梁朝诗人何逊有《咏早梅诗》,云:“衔霜当路发,映雪拟寒开”,“应知早飘落,故逐上春来。”可现在春风已经几度吹开了早梅,时令已过“上春”,早梅将要“飘落”了,还“不见诗仙何逊来”对花吟咏。什么原因呢?大概是早梅所处的地方太偏僻穷寒了吧?可作者心中自有主意:“竹篱茅舍自清绝,未用移根东阁栽。”早梅开在这乡间的竹篱边、茅舍旁,虽无人咏赏,却仍有其清雅动人的风姿、孤傲高

洁的气质,它的根子扎在这广袤的土地上,用不着专门为了供人欣赏而移栽到那达官贵人来来往往之处。古时有称宰相招致宾客之所为"东阁"的习惯,这里作者实际上是以早梅自况,表明宁愿在竹篱茅舍边平静地生活,而不愿跻身于闹哄哄的官场争名逐利。虽然没有如何逊这样的名人来咏赏这枝隐居乡村的"早梅",可是自己沐浴着春风,照样自得地开放,自在地生长,竹篱茅舍的隐居生活自有其无限清趣,混迹于官场有什么意思?孤傲雅洁的早梅正是孤芳自赏、自恃清高的诗人形象。

第二首写琐事,示己之清闲。

幽居乡村,无所事事,自然对季节的消逝、自然界的变化十分关注。首句承上一首诗而发,早梅开在"上春",故此云"梅边春意萌";清明属于仲春,已是春意正浓时,故用"恰"、"又"等关联词来形容作者对时光飞逝的惊叹心情。在这令人困乏疲倦的春日里,读书太伤神,游玩太累人,做什么事似乎都不适宜。作者的选择是:躺在北窗下,守着小火炉,耳听清脆的鸟鸣声,悠然自在地煎茶品尝。这真是一件既不劳神又能消遣,既不须出门、又能观赏到大好春光的美事!作者在《从人觅墨梅》诗中亦云:"熏炉束诗魂,茗盌驱睡思。"(《竹斋诗集》卷一)原来作者"炉熏茗盌"并非仅图清闲,在这"困人天气"里,他用喝茶来"驱睡思",以便头脑清醒地构思他的新作呢!当然,这种脱离实际的创作方法不足取,不过这又是另一回事了。

第三首以溪流表己之清白。

乍看这一首与上两首的联系不明显,但若考虑到作者"炉熏茗盌"是为了"束诗魂",那么对"已著遗经"就好理解了,这一首与上两首的内在联系也出来了。"遗经"是作者对自己诗作的称谓,因为他自负地以为自己的诗作是要遗留给后世作为经典的。他在北窗下品茶赏春、赋诗明志,用诗来洗涤内心的烦嚣,也就是用诗表明自己坚守清高之操、保持恬淡之志的心情。这之后,又信步来到野外的小溪边。清清的溪水明澈能见底,可以濯我衣襟,于是诗人内外皆清白,格外感到欣慰。他久久地站在溪边,仔细地观察着水中的荇菜和青苔。从"经旬不涉溪边路,荇带苔钱如许深"两句中,可以体会到诗人略感懊悔:自己怎么如此慵懒?十多天都没到野外小溪边来了。那水中参差不齐的荇菜、圆圆如钱的苔点都已长得那样深,真是有负于大好春光啊!这里又透露出作者在美好的大自然怀抱中的轻松和惬意。

这三首小诗,既可独立成篇,而又浑然一体;每篇各有重点,而又意脉连贯,共同表现了一个特色,即恬淡峻洁,非持此心志者不能为也。　(沈时蓉　詹杭伦)

雨　后　　　　裘万顷

秋事雨已毕，　秋容晴为妍。
新香浮穲稏，　余润溢潺湲。
机杼蛩声里，　犁锄鹭影边。
吾生一何幸，　田里又丰年。

金秋之季，一岁之运盛极而衰，最能摇荡人的情思。不过，历来文人看重的是秋雨之后红衰翠减的一面，使秋与悲结下了不解之缘。其实，秋季是收获的季节，自有一种春花春草所不能比拟的美。而这，只有热爱田园生活的人才能体会到。《雨后》此诗，正捕捉到了这种秋色之美。

首联："秋事雨已毕，秋容晴为妍。"秋事，指秋季收获之事，开篇即点明雨后，把秋色与农事联到了一起。第二句进一步表明，秋日晴明，景色美好。一个"妍"字为全诗定下了基调。

颔联："新香浮穲稏，余润溢潺湲。"写秋雨后的田园风光。前句写稻熟，照应"秋事"。穲稏是稻摇摆的样子。稻浪起伏，稻香阵阵，状丰收景象如在目前。后句写水涨，照应"雨毕"二字。潺湲是水流之声，一场秋雨，河渠涨满。着一"溢"字，甚为传神。更值得称道的是"余润"二字，既状水之充溢，又状雨之润物。

颈联："机杼蛩声里，犁锄鹭影边。"写秋雨后农事繁忙景象，秋景秋事互相衬托。前一句写农妇织作，写室内。机杼本指织机，这里指织作。蛩即蟋蟀，又名促织，立秋则鸣，"声如急织"（崔豹《古今注》），犹如催促妇女织寒衣。蛩声、机杼声都为秋天所特有，这两种声响，不仅内容一致，而且音响和谐，组成一首秋声交响曲。后一句写农夫劳作，写田间。犁锄，泛指农具，喻田间劳动。鹭即白鹭，捕食鱼类的一种水鸟。天水一片，澄澈明净，真如一幅水墨画。本诗以这一联对得最为工整。"机杼"对"犁锄"，"蛩声"对"鹭影"，不着一动词，而动态自可见。

结联："吾生一何幸，田里又丰年。"表现诗人对丰收景象的由衷喜悦。"一何幸"，即"多幸"之意。丰收本使人高兴，著一"又"字，说明是连年丰收，更让人高兴，著"一何"二字，写欣喜之极溢于言表，情状如见。

这是一首充满生活气息的田园诗。语虽淡而味实浓，赞美了男耕女织的勤劳，烘染出一派丰收景象，既是一幅优美的田园风光画，也是一幅充满生气的农村风俗画；诗人对田家的热爱之情充溢在字里行间。　　（张燕瑾）

【作者小传】

徐　玑

(1162—1214)　字文渊，一字致中，号灵渊，晋江(今属福建)人，自其父时移居永嘉(今浙江温州)。历官建安主簿，龙溪丞，武当、长泰令。诗以清苦为工。与徐照、翁卷、赵师秀并称“永嘉四灵”。与叶適、杨万里游。亦工书法。有《二薇亭集》。

泊舟呈灵晖　　徐　玑

泊舟风又起，　系缆野桐林。
月在楚天碧，　春来湘水深。
官贫思近阙，　地远动愁心。
所喜同舟者，　清羸亦好吟。

徐玑是“永嘉四灵”之一。“四灵”的诗，学唐人姚合、贾岛，好以清新刻露之词，写野逸清瘦之趣，诗意既贫，诗格亦狭，因此往往落入“酸寒”之境，为人所不屑道。这首五律，却能以清新疏淡的笔墨，抒写旅途之景，心中之情，且写得景秀情真，成为不可多得的佳作之一。

诗人一生，曾任建安主簿、龙游丞、武当令、长泰令，都是职卑位低的小官。这首诗，当写于其某次赴官泊舟途中，并将它呈献给“四灵”之首徐照(字灵晖)。

首联点题。泊，这里兼含停船、夜宿之意。一路行船，一路刮风，待靠岸停船之时，又起了风，船家便将缆绳系于野桐林的一株大树上。颔联绘景兼点泊舟时地。楚天，古时长江中下游一带属楚国，故用以指称南方的天空。诗人先翘首仰望天宇，皓月当空，天色一片瓦蓝(“碧”)。继又低头俯察船下，时当春令，兼之风起，湘水猛涨，深不可测。从诗人一俯一仰之间，可以明白：那是一个春季的月明之夜，诗人所乘之舟停泊在湖南湘水之上。这一联，巧点泊舟时地而又不露痕迹，对偶工整而无雕琢之嫌，并且写景秀美，色彩鲜明。

异乡美景，动人遐思，欣赏之余，诗人蓦然想起自己难以乐观的前程，便在颈联抒发其郁结内心的失意之情。阙，宫阙，这里借指京城。诗人无限感喟：仕途困顿，自己至今只是一介贫官，总想着能够靠近京师，当上一名京官，可也只是徒然向往而已，而今不是又得游宦他乡？旅途遥遥，任所远离京城临安(今浙江杭州)，也远离故乡永嘉(今浙江温州)，实在够引动人的愁心了。诗人思着、叹着，千愁万绪，纷至沓来，眼看将要一发而不可收了，却在无意之中瞥见舱内的一位同舟者，于是一扫怅惘情绪，转忧为喜："所喜同舟者，清羸亦好吟。"这位旅伴，虽很清瘦，却雅好作诗，漫漫旅途，这才给诗人带来了一丝喜悦。诗到此联，欣然结束。

这首诗，由景而情，由忧而喜，向诗友徐灵晖描摹了自己泊舟湘水的一个旅途片断，写得意脉连贯，运笔自如；诗境清新，语言平易，不事藻绘；情真景美，又疏淡有致，可属不酸之诗。

（周慧珍）

春日游张提举园池 徐 玑

西野芳菲路，　　春风正可寻。
山城依曲渚，　　古渡入修林。
长日多飞絮，　　游人爱绿阴。
晚来歌吹起，　　惟觉画堂深。

这首诗题为"春日游张提举园池"，但前六句写的全是途中情景。首句写西野之路，诗曰"芳菲"，可见那里春意正浓。次句说作者此行是为了着意寻春——首联一开始便定下春光与人两不相负的基调。春天是万花盛开的季节，若以常理推测，作者这次"寻"到的应该是花团锦簇的艳丽春色。然而出现在诗中的却只有城、渚（水边）、渡、林、飞絮、绿阴，况且，诗中写城用"山"，写渚用"曲"，写渡用"古"，写林用"修"，这种独具特色的选景、下字法，使读者处处感受到景物的幽雅恬淡，和一般寻春诗文中常见的浓紫姹红大异其趣，从这里可以看出作者不同凡响的喜好与追求。

作者这次专程去游张提举园池，而且主人家有画堂，有歌吹（歌吹指歌声和鼓吹声），因而那里应当是一个春意盎然、十分豪华的去处。可是，诗中不但只字不提张氏园池中的无边春光，而且即使在最后两句中，也只用"起"字轻轻带过歌吹，根本不去理会这歌吹是好是坏；对于画堂，则干脆说"惟觉"其"深"，置华美、堂皇于不顾。这种描写同前六句形成鲜明的对照，通过对照也就展示了此诗的立意：作者所寻求的，乃是淳朴的自然美，而不是充满富贵气的人工美。

徐玑生活在南宋中期相对稳定的社会里，和"四灵"中的其他三位伙伴一样，对生活又采取了"有口不须谈世事，无机惟合卧山林"（翁卷《行药作》）的逃世态度，反映在诗风上，则表现为对清瘦闲逸情趣的刻意追求。这首诗在万紫千红的春日景致中专门挑选那些幽僻淡远的物象进行艺术处理，正是作者生活态度和艺术观点的集中体现。在具体写法上，徐玑等人一反江西诗派"字字有来历"的创作倾向，力求在"淡语浅语中见出深厚的情趣来。"（郑振铎《插图本中国文学史》）叶適在《徐照墓志铭》中说徐照"有诗数百，斫思尤奇，皆横绝忽起……然无异语，皆人所知，人不能道耳。"用这几句话评价徐玑也是合适的。这首《春日游张提举园池》独辟蹊径，出人意料。全篇不用典故，不用僻字奇语，入诗的景物又极为寻常。但妙就妙在作者能用这些"皆人所知"的材料表达他异乎常人的志趣，含灵气于闲淡之中，正是徐玑诗中最可称道的地方。　（李济阻）

新　凉　　　　徐　玑

水满田畴稻叶齐，　日光穿树晓烟低。
黄莺也爱新凉好，　飞过青山影里啼。

徐玑是"永嘉四灵"之一，他的这首七绝，很能代表"江湖派"主流所主张的"捐书以为诗"的白描风格。

诗的题目叫"新凉"，但开头两句并没有直接写天气的凉爽，而是画出了一幅初秋乡村的晨景：田畦水满，稻苗成行，这显然是刚刚插好秧的晚稻田，初阳的光芒从树木中透射出来，早晨的雾气低低地压在田野上，这是水色、阳光、绿树、雾霭交织在一起的图画。句中的"满"、"齐"、"穿"、"低"等字，看似平凡，实际上都准确地画出了在初秋这个特定季节、早晨这个特定时间的景物特点。这幅图画虽然是视觉性的，但正因为诗人准确地抓住了初秋早晨景物的特征，所以就很自然地在读者心中引起"通感"，从而使字面上所没有的凉意在景物中透了出来。如果不是高手，死抱着题旨不放，直接就"凉"来刻画，充其量只能告诉读者凉，而不能使读者亲切地感到凉，这就是诗中歌咏事物"不窘于题"与"粘着于题"的区别。

下边两句虽露出"新凉"二字，但也还是没有直接写"新凉"本身，而是写黄莺：这个自然界的小生灵，熬过了暑热蒸腾的炎夏之后，也仿佛对新到来的秋凉欢欣鼓舞，飞到晨雾迷蒙的青山中发出悦耳的啼鸣。这两句，在前两句的"色"上又加上了"声"，诗的意境也就更加丰富，更加立体化了。这里莺鸟的形象以拟人化的方式写出，实际上，是诗人把自己在新凉中惬意的心境外射到鸟上了。

这首小诗的语言朴素、自然，没有凿削雕饰，也没有掉书袋，但给人的感受是清新、明快的。这种写诗方法，一反江西派末流资书以为诗的风气，虽略嫌小巧，但具灵秀之致，代表了"四灵"诗的佳处。　（李壮鹰）

【作者小传】

翁 卷

生卒年不详。字续古,一字灵舒,温州乐清(今属浙江)人。淳祐十年(1183)登乡荐,终于布衣。诗以清苦为主,与徐照、徐玑、赵师秀并称"永嘉四灵"。有《苇碧轩集》(一名《西岩集》)。

野 望

翁 卷

一天秋色冷晴湾, 无数峰峦远近间。
闲上山来看野水, 忽于水底见青山。

包括翁卷在内的"永嘉四灵",诗格狭小,才力也弱,然其作品的佳处即在有一种灵秀之气,给人以清新淡雅的美感,尤其是一些写景的小诗,不用浓彩重色,不用苦涩生造的语言,也不依靠典实和成语的点缀,纯用白描的手法、简单的意象,构成了醒豁清晰的画面,这首《野望》就是一例。

"一天秋色冷晴湾",并非奇语,然诗意却颇可寻味。秋色是无处不在的,而以"一天"形容之,更可见其无边无际。然而秋色本是虚无的,着一"冷"字,即令无形的秋色变得实在:晴日中的水湾已带上了寒意,那岂不是秋色溶入了水中?杜牧有"银烛秋光冷画屏"的句子,秋日的寒光自然可以令人生寒;而"秋色冷晴湾",则是靠着诗人的想象,将无形的秋色与实在的晴湾结合起来,将诉诸视觉的秋色与冷暖的感觉沟通起来,便造成了这句貌似平易却耐人咀嚼的诗句。

"无数峰峦远近间"一句也还是用了白描手法,写秋色中远近高低的山峦重叠,一直伸向天边。这两句诗的境界较阔大,但都是刻画静景,所以读来并未觉有刚健雄肆之感,还是不脱"四灵"清新秀朗的风格。它令人产生的艺术联想,不是"群山万壑赴荆门"式的气势,而是"山色有无中"的情趣。两句一写水,一写山,逗引起下文,于是三四两句就从山和水生发开去,写来妙趣横生。

三四两句的诗意是很简单的:诗人登山是为了看水,而在水里却看见了青山的影子。这是一个很普通的经验,却将南方秋色中青山绿水的美景尽收笔底了。"闲"字令人想见诗人闲云野鹤般的疏放风神,与景色的清空悠远正相契合;"野水"、"青山"给画面增添了萧散的野趣,与诗人的闲情逸兴融合无间。

作者很懂得诗贵有波折的道理。如这两句诗直接写水中见到青山之影,也就只是一般的写景状物。而此诗却先以上山看水作铺垫,顺理成章地想,下一句应是写水,水之悠远、清澈,水上之草,水边之树都可以成为诗人描写的对象,然而诗人笔锋一转，还是回到写山上来。“水底见青山”五字中将水之清、山之翠都包含了进去，而诗人有意将它放在全篇之末，又加上一“忽”字，便令这层意思特别醒豁突出，这本是诗人在此诗中想呈现给读者的主要意象，并巧妙地将它安排在最显眼、最突出的位置上，给读者留下了极深的印象。这种构思上的匠心，是值得借鉴的。

此诗题为“野望”，其实所写的景物很有限，只说了山和水，而且都是粗线条的勾勒，就像几笔淡墨挥洒的写意画，虽无细致的工笔重彩，但倒也能传出山水的精神，这可以说是“四灵”才短气弱的表现，但正是这种浅淡、单纯和明净的风格，成就了他们独特的诗艺。

（王镇远）

哭徐山民　　翁　卷

已是穷侵骨，　何期早丧身！
分明上天意，　磨折苦吟人。
花色连晴昼，　莺声在近邻。
谁怜三尺像，　犹带瘦精神。

翁卷字灵舒，在“永嘉四灵”中排第三位；诗题中的徐山民，即徐照，字灵晖，自号山民，位列“四灵”之首。“四灵”中翁卷、徐照都是布衣，尤其是徐照，生活更为贫苦，所以他很像是唐代的孟郊，作诗颇以歌咏寒苦为工，最后穷困而死。这首诗就是翁卷哭悼徐照的。因为是同命相怜，所以翁卷哭徐照，自然要比别人哭得深切些。

首联说徐照生前穷入骨髓，不料又这么早就离开了人世，既无天禄，又折人寿，亡友何其命苦！劈头这两句呼号，表现出诗人对死者命运的深切同情和自己难以抑制的悲恸。

然而诗人的“长歌当哭”，其目的并不仅止于宣泄己情，更重要的是在于感动别人。如果他毫无控制，一味呼天抢地，那就诗情大减了。诗人很懂得这个道理，所以“火候”掌握得很好，紧接着在第二联就马上来了一个转折：“分明上天意，磨折苦吟人。”意思是说，亡友的悲惨命运，当是上天的意旨，上天故意安排这样的命运来折磨他，以使他写出好诗。用韩愈的话来说，就是“夫和平之音淡薄，而愁思之声要妙，欢愉之辞难工，而愁苦之言易好也。是故文章之作，恒发于羁旅草野”（《荆潭唱和诗序》）。韩愈又说到李白、杜甫：“唯此两夫子，家居率荒凉。帝欲长吟哦，故遣起且僵”；白居易也是这样说李、杜的：“不得高官职，仍逢苦乱离。天意君须会：人间要好诗。”到了宋代，苏轼还是这样说：“谪仙窜夜郎，子美耕东屯。造物岂不惜，要令工语言”；“诗人例穷苦，天意遣奔逃”。翁卷的这两句也是这个意思。死者一生的命运既然是上天的安排，自然可以从中寻到一些安慰，这是诗人对自己悲情的自我排遣。但正是在此排遣之中，读者不是更能感到抑制在他胸中的悲痛之深吗？不过，这两句之所以来这样一个转折，目的也未必只是以抑制来增加感情力量。从根本上说，它是诗人思想深处消极倾向的反映。可以设想，如果这个"哭徐山民"的题目给后期的江湖派诗人刘克庄来写，他很可能由"悲"入"怨"，说不定要在诗中把引起这一悲剧的现实社会根子兜一兜。但"四灵"是以"泊然安贫贱"来自命的，所以翁卷尽管目睹亡友的悲惨命运也忍不住要"哭"，但总是"哀而不怨"，他宁可把悲剧的缘由归结于杳冥的"上天"，而不愿意去接触那个现实原因。翁卷在别的诗中说过："有口不须谈世事，无机惟合卧山林"(《行药作》)；又说："楚辞休要学，易得怨伤和"(《送蒋德瞻节推》)，如果把这些说法看作是本联的注脚，理解或许更能全面。

颈联与尾联应该合起来看，颈联写的是诗人眼中的春天之景，尾联写的是诗人眼中的亡友之像。"花色连晴昼，莺声在近邻"，这本是一片生机盎然的春天图画，然而在悲哀的诗人眼中却正是一个无情的刺激，所以在这绮丽的景色描绘之中，是隐含着诗人看花溅泪、闻鸟惊心的感受的。他想到草木无知，尚能岁岁更新，而自己的亡友，如今却只留下一张无人注意的三尺画像，像上依然带着他生前的那种瘦骨嶙峋的精神……这两联，通过景与像的对比，造成了一种强烈的"反差"，从而把睹景思人的沉痛感情表现得相当深切。一般人写诗，多用"情哀则景哀，情乐则景乐"的方法，像这首诗这样以明媚的春光来反衬悲伤心理的并不很多。这就是王夫之《薑斋诗话》中所说的"以乐景写哀"之法，此诗这一点做得颇为成功。

（李壮鹰）

乡 村 四 月　　翁 卷

绿遍山原白满川，　子规声里雨如烟。
乡村四月闲人少，　才了蚕桑又插田。

这是一首写江南农村初夏风光的诗。

前两句写自然景象。"绿"，写树木葱郁，"白"状水光映天。妙的是不直接点明树和水，而是从视觉角度着眼，用"绿"和"白"这两种对比之色来表现远望中的整体景象，色彩明丽动人。更妙的是，诗人不仅以捕捉到山水的色彩形象为满足，他还要写出山水的精神。农历四月已是初夏，自然不同于芽叶方抽、朦胧新绿的初春景象，所以在"绿"字之后用一"遍"字，"白"字之后著一"满"字。诗人写的不是一棵树、一片林，而是满山遍野的树；不是一条水溪、几畦秧田，而是视力所及的所有川渎。这才是初夏的景象。这是乡村的静景。下面又进一步描写："子规声里雨如烟"。以烟喻雨，把那如烟似雾、霏霏霂霂的细雨形象，描摹得非常传神。更妙的是还加上了"田家候之，以兴农事"(《本草·杜鹃》)的子规鸣声。雨是润物无声的细雨，景色凄迷，一加上这催耕的鸟声，便由静入动，显示了活泼的生机。

后两句写农事的繁忙。"乡村四月闲人少"一句，括尽乡村四月的景象。第四句补足上句之意。蚕桑，照应首句的"绿遍山原"；插田，照应首句的"白满川"。"才"和"又"两个虚字用得灵活，不言"忙"而"忙"意自见。

四句诗，有静有动，绘声绘色，鲜明如画，却又能补绘事所不及。述事纯用口语，颇似民歌，却又比民歌深沉。山水描写是为农民劳动勾画的背景，诗人对乡村生活的热爱之情见于言外。

（张燕瑾）

山　雨　　　　翁　卷

一夜满林星月白，　　亦无云气亦无雷。
平明忽见溪流急，　　知是他山落雨来。

季节不同、地域不同，所降的雨也会呈现不同的情状，描写雨也应有不同的写法。本诗描写的是山间之雨，为了表现这一特点，采用了新颖的手法。

一曰剪裁入妙，逗人想象。写雨而不从"雨"字正面着笔，前两句写雨前景象，后二句写雨后景象，"雨"本身的景象呢？偏偏略过不写。雨前，星月皎洁，无云无雷，一派晴和天气；雨后，溪深流急，不雨何以至此？切要的是一个"山"字。确实，诗人立足的"此山"，分明一夜星月交辉，雨从何来？原来，雨落在身所未到的"他山"。他山之雨是阵雨，不然，怎么会毫无察觉？此山本无雨，他山之雨注入溪水，宛转流到此山，使此山之水转急。此山天清月朗，他山一霎雨过，"阴晴众壑殊"(王维《终南山》)，山地气候自有其特点。诗人这样描写使山雨的特点全出。雨前雨后写得细腻分明，唯独于雨本身却未曾写。这正如要画月，偏去描绘云，以烘云的手法来托月，云成而月见。这是虚实相生之笔。

二曰借景叙事，意永情丰。这是一首写景诗，没有华丽辞句，就风格而论，纯如一幅水墨山水，却又是任何丹青妙手描不成的，因为抒情中包含了叙事，写景中揭示了心理。诗里描写了两个时间片断里的两种景象：而中间隔过的睡眠时间却正是"他山"降雨之时。从跳动的景物描写中，透露着人物感情心理的变化。"一夜满林星月白"，"夜"字"星"字本已点明是晴天，但诗人仍嫌不足，又写道：

“亦无云气亦无雷”，补足前句之意，进一步渲染。下一句用“平明”与前句的“夜”字相照应，又用“忽见溪流急”与昨夜的无云无雷相照应，包含了惊异的感情。从而作出了判断：“知是他山落雨来”。写雨、写景生动曲折，景中有情，很能体现江湖派小诗的长处。

（张燕瑾）

【作者小传】

某 尼

生卒年不详。罗大经《鹤林玉露》：“有尼悟道诗……亦脱洒可嘉。”

悟 道 诗 某 尼

尽日寻春不见春， 芒鞋踏遍陇头云。

归来笑拈梅花嗅， 春在枝头已十分。

此诗出自宋罗大经《鹤林玉露》。诗中写某尼四出寻春，找不到春的踪迹，归来从枝上的梅花，忽悟春原来就在自己身边，以此说明“道不远人”，不应“道在迩而求诸远”。某尼所悟，自孔、孟至禅宗，已屡有所言，但作为一首说理诗，能写得如此生动、形象，确不多见。即使撇开哲理不谈，作为一首单纯的寻春诗看，也是一篇佳作。

全诗仅四句，分二层写，上联是求道，下联悟道。前二句从时、空两个方面，分写寻春之事，“尽日”言其历时之久，“踏遍”见其行程之广。南朝陆凯与范晔交善，自江南寄梅花一枝，兼赠诗：“折花逢驿使，寄与陇头人。江南无所有，聊赠一枝春。”作者因梅见春，故在诗中不说踏遍“塞北烟”、“岭南雾”，而只提“陇头云”。次句写一个云游尼姑，竹杖芒鞋，出入于白云明灭之间，意境缥缈，风神超逸，诗中有画。苏曼殊名句“芒鞋破钵无人识，踏过樱花第几桥”，所表现的情景，与此诗极为相似。

上联写求春不得，从一“尽”字、一“遍”字，已闻山穷水尽之叹，但下联通过一“笑”字、一“已”字，表现了作者的顿悟，有柳暗花明之妙。正因为尽日不见、寻遍难觅，故一旦见春，喜上眉梢，一笑驱散了心头的愁云。梅花独冒冰霜，凌寒先开，无意争春，只报春信，此诗却说见梅而知“春已十分”，作者的喜悦之情，见于言外，并非当时真已春光烂漫了。末句与宋祁“红杏枝头春意闹”（《玉楼春》），词意仿佛。宋词著一“闹”字而境界全出，千古传诵，相比之下，此诗末句要平淡得多。但写红杏可用“闹”字，咏梅则绝不可。疏影横斜、暗香浮动，方是梅的本色。

“篱角黄昏，无言自倚修竹。”(姜夔《疏影》)前人咏梅，常誉之为一个冰清玉洁的美人，故写梅而用“闹”字，会贬低它的高格。“竹外疏花，香冷入瑶席。”(姜夔《暗香》)前人赏梅，无不为其清香所醉，故此诗用一“嗅”字，勾出了梅的精魂。在这“嗅”字之中，还流露出作者会心的喜悦、玩味不倦的感情。若改“嗅”为“看”，虽其意犹在，但神味索然了。

谈道诗最易堕入理障，流于枯涩，这首诗却写得极其生动传神。诗中的女尼，看来不是一个刻板、冷漠的出家人，而是一个天真活泼、充满人生乐趣的少女，所以这首说理诗，写得极其富于感情——这正是此诗艺术魅力的所在。（黄　珅）

【作者小传】

刘　宰

(1166—1239)　字平国，号漫塘病叟，镇江金坛(今属江苏)人。绍熙元年(1190)进士。调江宁尉，授泰兴令。宁宗朝，反对韩侂胄出兵攻金，告归奉祠。理宗立，屡辞官不就，退居达三十余年。谥文清。有《漫塘文集》。

开禧纪事二首　　刘　宰

“泥滑滑”，“仆姑姑”，
唤晴唤雨无时无。
晓窗未曙闻啼呼，
更劝沽酒“提壶芦”。
年来米贵无酒沽！

“婆饼焦”，“车载板”，
饼焦有味婆可食，
有板盈车死不晚。
君不见比来翁姥尽饥死，
狐狸嘬骨乌啄眼！

北宋灭亡以后，大批官僚及军人涌向南方，给那里的百姓增加了沉重的经济负担。当权者们苟安偷生、肆意搜刮，更加重了劳动群众的苦难。据《续资治通鉴》记载，宁宗以开禧为年号的三年(1205—1207)中，江南一带又连年旱涝，尤其是开禧三年七月，“大旱，飞蝗蔽天，食浙西豆粟皆尽”，同一年里又“沿江诸州水”(见《宋史·宁宗纪》)。纷至沓来的天灾人祸，使南宋人民经受着罕见的煎熬。

《开禧纪事》是两首禽言诗。这种诗的产生同给鸟儿命名有关，“模仿着叫声给鸟儿起一个有意义的名字，再从这个名字上引申生发，来抒写情感，就是‘禽言’诗。”（钱锺书《宋诗选注》）这首诗中加有引号的“泥滑滑”等就都是鸟的名字。

禽言诗的基础是联想。如果一首诗中出现两个以上的鸟名，联想就更困难。《开禧纪事》第一首就连用了三种鸟名。开头三句先由“泥滑滑”想到雨，由催人干活的“仆姑姑”想到晴。本来，雨和晴并不足怪，但因为这两种鸟的啼唤声“无时无”，以至“晓窗未曙”即来啼呼，所以在作者的心目中便自然地把过度的雨和晴同生活中的涝和旱联系起来。第四句中又由鸟鸣“提壶芦”联想到那是催人去沽酒。于是，几种联想碰在一起，因为旱涝频仍，“米贵无酒沽”的主题就悄然在作者的笔下流出了。

诗人的想象在第一首中是直线发展的，也就是说，诗中的想象同鸟声的含义是大体一致的。第二首则不然。“婆饼焦”当然不能吃，但诗人反而想象成“饼焦有味婆可食”；有“车载板”，至少是小康人家，正该好自营生，可是作者想出来的反而是“死不晚”。这里，诗人的联想来了个大转折，大腾跃。生而有饼可以充饥，死而有板可以入葬，如果也用第一首的方法推理，那么这样的人生在当时算是很幸运的了。然而诗中接下去却说：“君不见比来翁姥尽饥死，狐狸嚗骨乌啄眼！”这里作者的思路又一次出现大转折。

从整体上看，第一首比较含蓄，暴露也只到“米贵无酒沽”为止。到了第二首，作者不留情面地揭示南宋后期“中兴”的真相，展现了一幅惨不忍睹的画图。之所以能达到这个目的，同作者联想的几次飞跃是分不开的。比如：说饼焦可食，这“可食”足使人心酸；“有板盈车”因而“死不晚”，那么有板者的生存定是比死还难忍受。不过，“翁姥尽饥死”，死后落得个“狐狸嚗骨乌啄眼”的结局。相比之下，有焦饼充饥，有板作棺木，尽管辗转难熬，还算是上上大吉的了。可见诗人感慨之深沉。

禽言诗大都通俗活泼，幽默明快，富有讽刺情趣。好的禽言诗中别致的联想，出人意表的造语，常使人耳目一新。《苕溪渔隐丛话》说：“禽言诗当如药名诗，用其名字隐入诗句中，造语稳贴，无异寻常诗，乃为造微入妙。”《开禧纪事》二首措意造语均不在“寻常诗”之下，且感慨深沉，算得上禽言诗中的妙品。

作者刘宰，只在光宗朝作过江宁县尉、真州司法，“嘉定间，屡召不起，士论高之。”（韦居安《梅磵诗话》）从这两首诗看，他之“屡召不起”，很可能是因为看透了南宋社会的腐朽本质，因而洁身自好，入山唯恐不深。（李济阻）

野犬行　　刘宰

野有犬，林有乌，

犬饿得食声咿呜，　　乌驱不去尾毕逋。
田舍无烟人迹疏，　　我欲言之涕泪俱。
村南村北衢路隅，　　妻唤不省哭者夫；
父气欲绝孤儿扶，　　夜半夫死子亦殂。
尸横路隅一缕无。
乌啄眼，犬衔须，　　身上哪有全肌肤！
叫呼五百烦里闾，　　浅土元不盖头颅。
过者且勿叹，　　闻者且莫吁，
生必有数死莫逾，　　饥冻而死非幸欤！
君不见荒祠之中荆棘里，
脔割不知谁氏子。
苍天苍天叫不闻，　　应羡道旁饥冻死！

诗题下，作者曾自注："嘉定己巳作。"据《宋史》记载，宁宗嘉定二年(1209)，大旱岁饥。作者怀着对无力与自然灾害抗争、只得在死亡线上挣扎的劳动人民的深切同情，用朴挚的笔触，如实地记录了当时广大乡村所发生的惨绝人寰的一幕幕悲惨场面。令人读后，不禁与诗人一样涕泪俱下，为那些惨死的冤魂、苟延的生灵洒下一掬同情之泪。

"野有犬"以下六句，由兽及人，先从侧面下笔。野狗和乌鸦本是害怕人类的，可现在它们饿红了眼，什么也不怕了。野狗一边从喉咙里发出低沉的呜呜声，一边与乌鸦抢食。乌鸦则更猖狂，人去驱逐它，它也不睬，只是扑扇着翅膀，摇动着尾巴，换一个位置又继续与野狗争抢。野兽尚饥饿如此，人的饥饿程度之烈则可想而知。这种从侧面落笔的手法，往往比正面描写更有感染力，它给读者留下了联想的空间，扩大了诗歌的容量。犬、乌这样肆无忌惮地在抢食什么？诗人"欲言之"而"涕泪俱"，惨不忍睹的景象使他哽咽住了。诗歌在这里顿了一下，转写杳无人烟的村庄田野，似乎与上文犬、乌争食联系不紧，实际上既交代了犬、乌如此猖獗的原因，又写出了诗人当时不忍细看、抬起泪眼、长吁一声的神态，而且使读者心中留下了一个悬念。这样用远景一衬跌，就好像先把水闸住，待水位提高了再跌落下去，就更有力，而且使全篇有了起伏。

"村南村北衢路隅"以下十句，描写由侧面转入正面，好似镜头由远景转入特写。诗人展示了三个有代表性的家庭的悲惨遭遇：一是妻死夫哭；一是已失去母亲的孤儿正扶着即将气绝的父亲;还有一家是夫亡子丧,仅存寡妇。而"村南村北"、大街小巷,满耳可闻撕心裂肺的哭声,触目皆是横七竖八的尸体,陷于如此境地的何止数家!镜头再拉近,那横在路边的死者身上不仅没有一缕布帛,而且没有了一块完好的皮肤!至此作者才点明:原来犬、乌争食的对象就是这些死尸!诗人被眼前惨景震惊了。他叫来地保、请来乡亲埋葬尸体,可活着的人也饿得连掘坑的力气也没有了,草草盖上一层薄土,连死者的头都遮不住!这一段,每一个字都可以说是作者蘸着血泪写出来的。目睹哀鸿遍野、饿殍满道的悲惨情景,作者的感情非常激动,诗歌常用的含蓄不露的传统手法已不足以表达他此时此刻奔迸而出的激愤情绪,所以他用最简单平易的语言,只是将一桩桩惨烈的现实展示出来,一毫不隐瞒,一毫不修饰。虽然诗中并无表示强烈感情的字眼,但读者完全能够感觉得到此时作者愤激到了极点的情绪。

"过者且勿叹"以下八句,采用透过一层的写法,把全诗推向新的高潮。在上文,作者的激动之情已达顶点,所以继续往下写,就须稍稍平抑一下。这里,与其说作者在劝慰过路者勿叹息,毋宁说在自作宽解。这些冻死饿死的人总还算是幸运的了,死时总算落得一个完整的身躯。虽然"乌啄"、"犬衔",且无葬身之地,反正是个尸体。在这种年头,还有人吃人的事,你看那边荆棘丛中破祠庙里,正传来呼天喊地的惨叫声,不知谁人活生生地正被人宰割,遭此惨祸的人恐怕还会羡慕这些冻死饿死在道旁的人呢。本来冻饿而死、无处可葬而被野兽分食尸体是非常悲惨的事,作者却不这样写,而说人吃人才更惨,用人吃人来对比,冻死饿死不仅微不足道,而且颇为幸运,甚至还引人羡慕,这就更深一层写出了贫民所受苦难的深重。用这种透过一层的写法,作者沉痛之情也表达得更为淋漓尽致。

这首诗继承了汉乐府民歌的现实主义传统和表现手法,语言通俗浅易,长短句式错落有致,无论在内容上还是在艺术技巧上,都为同时诗人集中所少见,堪称佳作。

(沈时蓉　詹杭伦)

【作者小传】

葛天民

生卒年不详。字无怀,初名义铦,号朴翁,越州山阴(今浙江绍兴)人,徙台州黄岩(今浙江台州黄岩区)。初为僧,后还俗,居西湖上,所交皆胜士如杨万里、姜夔、赵师秀。其诗为叶绍翁所推许。有《无怀小集》。

江　上　　　　葛天民

连天芳草雨漫漫，　赢得鸥边野水宽。
花欲尽时风扑起，　柳绵无力护春寒。

“连天芳草雨漫漫”。下笔便勾画出一个莽苍的空间：漫漫春雨，芊芊芳草，从眼前直延展到视力所及的天边，迷蒙一片。雨漫漫，既见雨期之长，又见雨区之广，正是春雨特点。此句领起下文。

“野水宽”是“雨漫漫”的必然结果。“野水”，无名之水。野，与“野渡无人舟自横”（韦应物《滁州西涧》）的野义同。春雨绵绵，垄亩间纵横的水流，汇聚成白茫茫一片。鸥边，鸥鸟翱翔的水边。据说古时有爱鸥者，每日与鸥鸟游，鸥鸟至者以百数。其父闻之曰：“汝取来吾玩之。”次日至海上，鸥鸟舞而不下（《列子·黄帝》）。这里暗用典故，喻诗人乐于归隐，“居西湖上”（《宋诗纪事》卷五十九），生活悠闲自在。全句明写春雨，暗抒心志，虚实相生，极为含蓄。

以上雨景，气象莽苍宏大。后两句笔锋陡转，雨霁天晴，又一番景致：春风吹拂，花瓣飘落，柳絮轻飞，满地狼藉。这一切暗示，美好的春天即将归去。诗人惋惜之情，溢于言外。

“花欲尽时风扑起”。“扑”字，生动传神，颇具人意。写春风扑救落花，落花因“扑”，翩翩而“起”，情态毕现。风吹花落，本是自然之理。这里一反常情，却说风在扑救落花，挽留春色。事虽碍理，煞足以表现诗人痴情。分明是诗人惋惜，却偏说“风”去“扑起”，节外生枝，出人意表，饶有意趣。“春寒”，植物生长缓慢，花期延长。天气暖和，春花早开早谢。柳绵飞扬，是春色将尽的征兆。“柳绵无力护春寒”句内涵丰富。把“柳绵”设想为卫护“春寒”而生，运思新奇，一也；“柳绵”微薄“无力”，二也；“春寒”护不住，花期“欲尽”留不住，三也；诗人怅惘而无可奈何之情，自在言外，四也。寥寥七字，四层意思，将情、景、事熔铸一炉，极概括之能事。

构思的新颖，语言的脱俗，移情于景、借景抒情的手法，使诗情画意浓郁多姿，富有特色。

（邓光礼）

迎　燕　　　　葛天民

咫尺春三月，　寻常百姓家。
为迎新燕入，　不下旧帘遮。
翅湿沾微雨，　泥香带落花。

巢成雏长大， 相伴过年华。

自《诗经·邶风·燕燕》以来，燕就成为历代咏物诗词中常用的题材。燕子秋去春来，巢于檐下梁间，民间视为吉祥。燕“朝奇而暮偶”(《禽经》)，又名挚鸟。《南史·张景仁传》记载了这么个故事：霸城王整之姊，嫁为卫敬瑜妻，年十六而敬瑜亡。其父母舅姑劝她改嫁，她截耳置盘中为誓乃止。其住户有燕巢，常双飞来去，后忽孤飞。女感其偏栖，乃以缕系脚为志。后岁此燕果复更来，犹带前缕。于是女感而赋诗：“昔年无偶去，今春犹独归。故人恩既重，不忍复双飞。”足见燕在我国民间，早就与人们的生活、思想结下了不解之缘。

前人咏燕的作品很多，足资借鉴。但借鉴是为了创新。葛天民这首《迎燕》诗之所以可贵，就在于既学习传统，又另辟蹊径，立意、运思、炼字，皆别出心裁，具有新的境界。

题目《迎燕》，前此未见。“咫尺春三月”，点明时令。咫，八寸。用咫尺状春三月，见季节短暂，稍纵即逝，珍惜之情自不待言。接着，将刘禹锡《乌衣巷》“旧时王谢堂前燕，飞入寻常百姓家”对句删去首二字，组入本诗首联。虽属借用，但恰到好处。“寻常百姓”，表明主人身份：非富贵人家，其住宅非雕梁画栋式建筑可知。那么燕能否迎“入”呢？主人毫不怀疑。因为“惟有旧巢燕，主人贫亦归”(《吴礼部诗话》引)。燕不嫌贫爱富、趋炎附势。基于对燕这一品质的了解，主人抓紧咫尺光阴，忙着做“迎”的准备。在各项准备中，诗人选择了其中一件：“不下旧帘遮”。“帘”会妨碍燕的出入，故“不下”；“帘”惟其“旧”，才是“新燕”识别而“入”的标志；“帘”之所以“旧”，还具体表明主人是“寻常百姓”，无财力换上新“帘”。“为迎”句，直抒胸臆，是因；“不下”句，点明做法，是果。用词前呼后应，属对一虚一实，章法错落有致。

这位“寻常百姓”，终于迎“入”新燕。颈联暂撇下主人不写，着力刻画“新燕”：“翅湿沾微雨，泥香带落花”。二句宛若“微雨飞燕”图：暮春三月，杂花似锦，细雨霁霏，燕衔香泥，穿梭来往。“泥香”是“微雨”落花所致；“翅湿”是雨中飞行的结果。燕筑巢、生育，为追求幸福生活而辛勤忙碌，虽“翅湿”在所不辞，神情跃然纸上。

尾联，以饱含赞赏之情作结。新巢已成，雏燕长大，呢喃起舞，幸福地“相伴过年华”。全诗写了人与燕的关系。燕的自由自在，正是诗人隐居生活的反映；燕之乐，亦足见诗人之乐。前人谓：“咏物诗不待分明说尽，只仿佛形容便见妙处。”(《增补诗话总龟》后集引《吕氏童蒙训》)此诗堪称一例。

写法上，善于捕捉具有特征性细节，以点概面，以静显动，视觉美与嗅觉美交

织;似画,而又为画面所不可企及,显示了诗之为艺的特殊表现功能。(邓光礼)

【作者小传】

戴复古

(1167—?) 字式之,号石屏,台州黄岩(今属浙江)人。一生不仕。长期浪游江湖,卒年八十余。曾从陆游学诗,亦受晚唐诗影响,是江湖派中重要作家,以诗鸣江湖间五十年。有《石屏诗集》、《石屏词》。

夜宿田家 戴复古

簦笠相随走路岐, 一春不换旧征衣。
雨行山崦黄泥坂, 夜扣田家白板扉。
身在乱蛙声里睡, 身从化蝶梦中归。
乡书十寄九不达, 天北天南雁自飞。

戴复古是南宋江湖诗派中的名家,以布衣终身,曾漫游闽瓯、吴越、襄汉、淮南诸地。这首《夜宿田家》,反映了布衣寒士四方漂泊的凄苦生活和羁旅中的乡思。

此诗不施藻绘,概用直叙白描的手法抒怀。首联写一春之间东西漂泊,只有斗笠和伞具相伴随。"走路岐"见行迹的无定,"旧征衣"见仆仆道途之久且远。这两句概述了只身一人四处漂泊的情景,孤苦寒酸情味不言可喻。颔联两句入题,雨行山中又经过黄泥坂的跋涉,入夜才到一户农家寄宿。两句全用白描之笔刻画,"黄泥坂"和"白板扉",写来看似不经意,却正是着重描摹之处。雨行山路,已属不易,再经一道滑黏的黄泥坂,其困顿之状更可想见。而所寄宿的田家的贫困,从"白板扉"三字已足以反映出来。这两句承上,写旅途的孤单寂寞和艰辛困苦。有了这四句真切的描述,羁旅生活的情状尽出,于是下面转入意态描写。颈联两句写夜宿。旅途劳顿,深感疲乏,尽管耳畔一片蛙鸣鼓噪,依旧酣然入梦。不知多久,却又从化蝶的梦中悠然醒来,此刻真不知是蝴蝶化为我,还是我化为蝴蝶?这里用庄周化蝶的典故,抒写了自身的迷茫怅惘之感,所以两句中连用了两个"身"字,以表强调。尾联两句抒写乡愁。在凄清寂寞之中,不禁生起对亲人、对故乡的忆念之情。可是漂泊四方,萍踪不定,寄来的家书十有九收不到,徒见那高空的鸿雁,天北天南,飞来飞去而已。鸿雁在古代是书信的象征,意思是,只见鸿雁飞,却不见家书的到来。

这首诗层次清晰,流转自然,寻常词语的配合之间,自有新意,读来倍感亲

切。纯用白描手法，素朴真切，而又句句关情。虽无一语直接抒情，但羁旅愁情都蕴含在景物的刻画中。（左成文）

江阴浮远堂　　戴复古

横冈下瞰大江流，　　浮远堂前万里愁。
最苦无山遮望眼，　　淮南极目尽神州。

这首诗写作者在浮远堂眺望中所产生的山河破碎之感。

江阴位于长江之滨，诗中大江，即指长江。起句暗点江阴，次句明提浮远堂。唐人许浑尝于秋夕登楼作诗曰："一上高城万里愁"（《咸阳城东楼》），次句遣词、写意、造境，与许浑诗均相似。

"万里愁"是诗人登浮远堂的感喟。"愁"本是无形之物；"万里"是抽象的数词，一般都作夸张之用，如"万里心"、"万里情"、"万里忧"等。在这首诗中，由于借助江、山两个方面，来烘托、表现这种深愁，遂使原本抽象的情感，显得十分形象、真切，直贯末句。

上联写江，是近瞰。前人言"愁"，喜将"愁"与"水流"直接联系起来，比喻愁之深长。如李白诗"抽刀断水水更流，举杯消愁愁更愁。"（《宣城谢朓楼饯别校书叔云》）李煜词"问君能有几多愁，恰似一江春水向东流。"（《虞美人》）此诗将"大江流"与"万里愁"并提，既是望江水生愁、于江水寄愁，也是借江水喻愁。长江万里，愁亦万里；江流不尽，愁亦无尽；非"大江流"，不足言"万里愁"。

下联点山，是远望。前人写愁，也喜欢用山映衬，虽不像以水喻愁那么直接、明白，但往往更加含蓄、深切。借山寄愁，有两种表现形式。一种以山遮断视线为愁，以不见所思为恨，如欧阳修词"平芜尽处是春山，行人更在春山外。"（《踏莎行》）李觏诗"已恨碧山相阻隔，碧山还被暮云遮。"（《乡思》）另一种正相反，以无山遮掩为愁，以满目凄凉为恨，如此诗便道只因无山遮隔，致使中原沦陷之地，尽在眼底，触目辛酸，令人生悲。由于"无山"，故能"极目"，因"极目"而视通万里，由此而生"万里愁"。戴复古尚有《盱眙北望》一诗："北望茫茫渺渺间，鸟飞不尽又飞还。难禁满目中原泪，莫上都梁第一山。"写登高远望，无所遮隔，致使疮痍满目，涕泪难禁。这二首诗，虽一无山，一有山，但情意相似，只是《北望》诗用语显得更加含蓄。（黄　珅）

庚子荐饥三首　　戴复古

饿走抛家舍，　　纵横死路岐。

有天不雨粟，　　无地可埋尸。
劫数惨如此，　　吾曹忍见之？
官司行赈恤，　　不过是文移！

去岁未为歉，　　今年始是凶。
谷高三倍价，　　人到十分穷。
险淅矛头米，　　愁闻饭后钟。
新来慰心处，　　陇麦早芃芃。

杵臼成虚设，　　蛛丝网釜鬵。
啼饥食草木，　　啸聚斫山林。
人语无生意，　　鸟啼空好音。
休言谷价贵，　　菜亦贵如金！

“庚子”是宋理宗嘉熙四年(1240)。此时连续发生饥荒，浙东一带出现了“饿走抛家舍，纵横死路歧”的惨象。诗人有感于此，写了这组诗。题内“荐”字，是接连的意思。

第一首着重写饥荒的严重和官府赈济的徒具虚文。首联描绘出一幅惨绝人寰的荒年图景：因为连续的灾荒，许多人被迫抛家别舍，离乡背井，外出逃生，村庄里只剩下空落落的房舍。饿死的人到处都是，横七竖八地躺在道路上。上句写“走”(逃荒)，下句写“死”，这怵目惊心的景象，令人联想起柳宗元《捕蛇者说》中那一大段描绘农村饥荒情景的文字。散文可作淋漓尽致的描写，诗(特别是近体律诗)尚简练，只能概括出之，但惨不忍睹之状已可想见。

“有天不雨粟，无地可埋尸。”颔联承上“饿”、“死”进一步抒慨。埋怨天不雨粟，似乎无理，实际上这是用典。战国末年，燕太子丹被质于秦，秦王称“天雨粟，马生角”乃得归(见《史记·刺客列传》)。这里反用其意，强烈地表现出在死亡线上挣扎的饥民的心理状态。在他们看来，下雨等于下粟，久旱不雨，则真是天不雨粟了。说“无地可埋尸”，则死者塞途的情景可想。这是极力渲染饥荒的惨象，也是为下边的抒情作铺垫。

“劫数惨如此，吾曹忍见之？”颈联就前两联所描绘的情景直接抒感。从“惨如此”、“忍见之”可见作者的愤激之情已抑制不住，喷薄而出了。惨象如此，凡有恻隐之心的人都会尽力援助灾民。但是司牧民之职的官吏毫无所动，把事关民命的赈恤以一纸公文敷衍了事。真是毫无心肝！颈联的直抒感慨于是引出了尾联二句。

“官司行赈恤，不过是文移。”上二句，作者的感情已发抒殆尽，似已无话可说。此二句一笔收回，再说眼前荐饥之事。语气看似趋于平缓，实际上是诗意加深一层，骨子里极为沉痛。“官司”句一扬，仿佛给人以希望；下句“不过”云云，重重一抑。扬抑之间，作者的悲愤之情也就披露无遗。

第二首着重写民生的困穷。首联说，与今年之凶相比，去岁的歉收简直算不了什么，正点题内“荐饥”二字。颔联具体写今年之“凶”：谷价猛涨三倍，人民已到了山穷水尽的地步。这一联直陈其事，然而其中蕴含着强烈的感情，所以不假修饰，脱口而出。

颈联转写度荒：“险淅矛头米，愁闻饭后钟。”矛头淅米，出《世说新语·排调》：“桓南郡与殷荆州语次……作危语。桓曰：‘矛头淅米剑头炊。’”这里是形容米很少，只能在矛头这样大的地方来淘洗。“饭后钟”用王播事。《唐摭言》：“王播少孤贫，尝客扬州惠照寺木兰院，随僧斋餐。诸僧厌怠，播至，已饭矣。”寺僧鸣钟进食，“饭后钟”即餐毕鸣钟，闻钟而往，已不得食。这里说“愁闻饭后钟”，是暗示由于饥荒，连寺院也不布施了，只能空自听到饭后钟罢了，这一联连用二典，将饥民穷极无聊的情景表现得相当深刻而生动。

“新来慰心处，陇麦早芃芃。”芃芃，这里形容麦子的茂密。尾联由“愁”转“慰”，仍写度荒。说新近总算有了让人安慰的情况，田垄上的新麦早已长得一片茂密，看来吃青苗有希望了。然而，这种“慰心”，不过是“医得眼前疮，剜却心头肉”罢了。在“慰心”的后面是辛酸的眼泪。

第三首在描绘荒年情景的同时道出了它的严重后果。起联说，因为闹饥荒，舂米的木杵和石臼都成了无用之物，大锅小釜蛛网尘封。暗示这一带的百姓断炊已久，到处呈现出一片死寂的凄凉景象。

“啼饥食草木，啸聚斫山林。”饥民以草木为食，而平地草木亦尽，有些人就啸聚山中，砍伐林木，除此之外，还有什么办法呢！只有坐以待毙了。

“人语无生意，鸟啼空好音。”幸存的人辗转挣扎，讲起话来有气无力，了无生意；春天鸟儿的啼啭，本来是很悦耳动听的，可是此时又有谁来欣赏呢？只能是空为好音而已。上句写残存者的奄奄一息，下句写他们失去了生活乐趣。两句纯用白描，却真切而深刻。

“休言谷价贵，菜亦贵如金！”荒年连续，饥民无食，引起谷价踊贵，菜价如金。

钱锺书《宋诗选注》说："古书里常说荒年的饥民'面有菜色'，这里说连菜都吃不到"。这是很能发明诗意的。这一首的写法是起联先描绘出荒年断炊的凄凉景象，以下三联，分别从不同方面揭示出它的严重后果。

这三首诗，用浅切的语言，写出了饥荒年景的惨象和人民面临的绝境，写得深刻感人，是南宋末期反映社会现实的优秀诗篇。（刘学锴）

梦中亦役役　　戴复古

半夜群动息，　五更百梦残。
天鸡啼一声，　万枕不遑安。
一日一百刻，　能得几时闲？
当其闲睡时，　作梦更多端。
穷者梦富贵，　达者梦神仙。
梦中亦役役，　人生良鲜欢。

这首五言古诗用通俗浅切的语言表现了一个以前诗人很少写过的题材——"梦中亦役役"，抒写了诗人对人生的感受。役役，是劳苦不休的意思。

人生的辛苦寡欢，特别是为追逐名利而营营不休，苏轼在词中曾不止一次地表示过对它的厌倦："世路无穷，劳生有限，似此区区长鲜欢"（《沁园春》），"长恨此身非我有，何时忘却营营"（《临江仙》）。但还都只是写醒时的区区营营，而戴复古这首诗，却进一步写到了"梦中亦役役"，这就把"人生良鲜欢"的主旨表达得更为深刻充分。因为这意味着，为追逐名利而营营不已已经侵入到"闲睡时"，整个人生就没有片刻安闲了。

全诗十二句，分为前后两段。前段六句着重写日间醒时的营营役役，后段六句着重写夜间睡时的营营役役，前后相连贯，逼出"人生良鲜欢"的主旨。从内容上看，醒时与睡时的役役，同样是为了表现人生的鲜欢，后者是前者的发展与深化；从艺术表现上看，前者的作用是为了衬垫后者。值得注意的是，诗人写醒时的役役，并不作详尽描叙，而是从五更梦残、万枕不安着笔，用概括虚涵的写法将醒时的纷纷扰扰一笔笼罩，留待梦时具体写出。梦中的役役，也只用"穷者梦富贵，达者梦神仙"两句概括，梦中所追求的正是日间所追求的反映。

这首诗基本上是叙述议论，没有多少具体的描写，议论的成分尤重。但由于议论的明快畅达、语言的朴素通俗，读来并不感到枯燥乏味，而是觉得亲切平易，意新理惬，容易使人联想到白居易的诗风。（刘学锴）

寄韩仲止

戴复古

何以涧泉号？ 取其清又清。
天游一丘壑， 孩视几公卿。
杯举即时酒， 诗留后世名。
黄花秋意足， 东望忆渊明。

韩淲，字仲止，自号涧泉，是南宋著名词人韩元吉的儿子，在当时颇有诗名，与赵蕃并称，即所谓“信上二泉”（韩仲止和赵蕃都是信州上饶人。赵蕃号章泉）。辛弃疾寓居上饶期间，与韩、赵二人交往颇密，现存稼轩词中有怀念或酬和他俩的词作多首。

“何以涧泉号？取其清又清。”首联从韩仲止自号涧泉说起。这种从所赠寄的对象姓名、字号上做文章的写法，诗中多有，如李商隐《赠司勋杜十三员外》：“杜牧司勋字牧之，清秋一曲杜秋诗”即其例。这种写法，运用得当，易见亲切与清畅；运用不当，则易成滑调。这两句用自问自答方式，语调亲切活泼，内容却严肃郑重。诗人另有《挽韩仲止》诗云：“雅郑不同俗，休官二十年。隐居溪上宅，清酌涧中泉。”可见韩仲止为人确属清高绝俗、不慕荣利。

颔联承“清”字，颂其品格胸襟之清高：“天游一丘壑，孩视几公卿。”天游，语出《庄子·外物》：“心有天游。”（郭象注：“游，不系也。”）义近“天放”，即一任自然的意思。“一丘壑”出《汉书·自叙传》：“栖迟于一丘，则天下不易其乐。”这里指幽栖之地。这一联说韩仲止委心任运，游于山林丘壑之间，而自得其乐；把名公巨卿看得如同孩童一样，根本不把他们放在眼里。两句画出一位清高绝俗、不慕荣华的高士形象。

颈联转写韩仲止高士风度的另一面：“杯举即时酒，诗留后世名。”两句从《晋书·张翰传》“使我有身后名，不如即时一杯酒”化出，赞赏韩仲止嗜酒能诗，既能充分享受现世的生活乐趣，又能留后世不朽的声名。这是赞美他的才华，更是歆羡他的生活态度与生活作风。饮酒赋诗，向来被看作高士的一种标志。有此一联，韩仲止的形象便显得更丰满了。

“黄花秋意足，东望忆渊明。”尾联因上联的“诗”、“酒”与眼前的“黄花”产生联想，结出“寄”字。庭院里的菊花开得正茂盛，呈现出一片傲霜的“秋意”，面对黄花的劲节，不由得延颈东望，想念这位嗜酒能诗、具有黄花风神品格的陶渊明式的高士。

这首诗从“涧泉”的名号发兴，紧紧围绕“清”字，对韩仲止的清高品格作了多方面的描写，语言风格也清新明快，与内容相适应。尾联以“忆渊明”回抱“清”字，一截便住，有悠然不尽之致。

(刘学锴)

大热五首(其一)　戴复古

天地一大窑，　阳炭烹六月。
万物此陶镕，　人何怨炎热？
君看百谷秋，　亦自暑中结。
田水沸如汤，　背汗湿如泼。
农夫方夏耘，　安坐吾敢食？

古代诗歌中，描写酷热炎蒸的诗不少，戴复古的这一首却颇有新意。

开头两句，把天地比作一座炽热的大窑，把暑热炎蒸比作充满阳气的炭火在猛烈燃烧。这比喻形象、贴切，却不算新鲜，因为《庄子》中即有“今以天地为大炉”的说法，贾谊《鹏鸟赋》“天地为炉兮，造化为工；阴阳为炭兮，万物为铜”更直接为戴诗所本。“烹”字生动地展现出暑热犹如炭火的烹烧，给人以炎威灼人之感，现在浙江南部方言中犹有“烹窑热”这样的形容语。

按这两句所写的情况，人是不能不“怨炎热”的。但三四两句却突然转出新意：“万物此陶镕，人何怨炎热？”此，指天地这座大窑。这里突出强调了“炎热”之功：陶镕万物，使之成长。这一转折，从大处高处着眼，把人的“怨”从个人范围中解脱出来。在全篇中，这是一个关键。有此一转，下面的内容便如顺水之舟，乘流直下了。

“君看百谷秋，亦自暑中结。”五六两句，进一步发挥“万物此陶镕”这一主旨。暑热，正是庄稼生长结实的重要条件。这个事实极平常，但从来写暑热的诗人却很少想到这一点。这不能不说是与人民的生活比较隔膜的缘故。反过来，也就说明戴复古对生活有较深的体验。“百谷秋”的“秋”字，是个动词，指秋天谷物的成熟收获。

七八两句因“百谷秋”而联想到农夫的劳动，转出另一层新意：“田水沸如汤，背汗湿如泼。”这两句写六月水田劳动的辛苦，虽然是寻常语，却非有实际体会者不能道，与唐人李绅的“锄禾日当午，汗滴禾下土”可以后先媲美，都是本色的语言。汤，指开水。由于前面讲了“百谷”“暑中结”，这里续写炎夏艰苦的田间劳动，就使人进一步领悟这“暑中结”并不单纯指自然条件，而是应该包括农夫的暑中劳动。

这就自然引出最后两句：“农夫方夏耘，安坐吾敢食？”这一类的话，在白居易、韦应物等人的作品中，已经见过，但由于戴复古是从苦热这样一个新的角度说的，读来仍感新鲜。

北宋诗人王令《暑旱苦热》的后半说："昆仑之高有积雪，蓬莱之远常遗寒。不能手提天下往，何忍身去游其间！"气魄的雄大超过了许多诗人，也为戴复古此诗所不及；但戴诗却比王诗更接近现实生活。至于民胞物与的精神，则又是两首诗共同的思想基础。

将气候描写与悯农的内容结合起来，前代诗人不乏其例，但将它们和理趣结合，则是戴复古此诗的特点。

（刘学锴）

【作者小传】

赵师秀

(1170—1219) 字紫芝，号灵秀，温州永嘉（今属浙江）人。绍熙元年(1190)进士。曾任高安推官。诗以清苦为主，与徐照、翁卷、徐玑并称"永嘉四灵"。曾选辑唐人诗歌成《众妙集》一卷。有《清苑斋集》。

薛氏瓜庐

赵师秀

不作封侯念，　悠然远世纷。
惟应种瓜事，　犹被读书分。
野水多于地，　春山半是云。
吾生嫌已老，　学圃未如君。

赵师秀是南宋后期的"江湖派"诗人，他与他的同乡好友徐照、徐玑、翁卷并称为"永嘉四灵"，虽然名字列在"四灵"的末位，但从整个来看，他的诗才是在其他三位之上的。这首《薛氏瓜庐》，是他的诗中比较好的一篇。

先看题目：薛氏，指同为江湖派诗人的薛师石，字景石，永嘉人，与"四灵"过从甚密，常以诗相唱和。他卓荦有大志，隐居不仕，尝筑室于会昌湖西，并名其室为"瓜庐"，有"瓜庐诗"一卷行世。赵师秀这首五律，就是题咏薛师石的"瓜庐"的。

首联"不作封侯念，悠然远世纷"，写出薛师石不求利禄，超乎世俗的情怀。《史记·萧相国世家》载：汉初有个人叫召平，秦朝时曾做过东陵侯，秦亡不仕，种瓜于长安青门外，世称青门瓜。赵师秀在这里赞扬薛氏"不作封侯念"，显然是暗用了这个掌故。"悠然"，超远之貌，在这里似乎兼有"心远"与"地偏"两重意思在内。结庐之境远隔嚣尘，这是“地偏”；胸襟之中不慕功名，这是“心远”，索居于会昌湖西的薛师石是做到了这两点的。

颔联“惟应种瓜事，犹被读书分”，是写这位隐士所从事的事情。看了这一联，会使人想起陶渊明《读山海经》中的两句：“既耕且已种，时还读我书”。隐逸之士，其劳动并非为了糊口，其读书并非为了功名，而都不过是精神寄托而已。试想，耕种累了就读读书，“半耕半读”，这是一种多么充实、自在而又富于情趣的生活！不过赵师秀这两句与陶渊明的诗句情旨虽同，在句法上却有一点区别，容易为人忽略：陶渊明的诗句是说，把地种上之后，闲下来就回家读书，字面本身就透出一种从容、闲适之意。而赵师秀的两句是说：每日只顾忙着应付种瓜的事还不算，而且要抽出一半儿时间来读书。看他这“惟应……犹被……”的句式，分明是透着忙上加忙的意思。其实，这里是通过“忙”来写闲的。宋人诗中本有所谓“闲人有忙事”的说法，毋宁说，种花、养鸟的“忙”，正造就了闲适生活的内容。同样地，诗人这里也是通过种瓜、读书的“忙”，来把薛师石超然遗世的闲适之情巧妙地映带出来了。赵师秀写诗，爱化用前人的诗意（见魏庆之《诗人玉屑》卷十九“赵天乐”条），这两句，化用得还是比较成功的。

颈联“野水多于地，春山半是云”，也是点化前人的诗句而成（姚合《送宋慎言》有句云：“驿路多连水，州城半在云”），写的是薛氏瓜庐四周的景色，前一句写湖沼的景象非常贴切，后一句写远处的云山也很传神，为读者展现出一幅生动的画图。这是一种洋溢着“野趣”的、不带人工痕迹的自然美景，与隐士的情怀是那样的合拍。可以说，此外境本身就是隐士心境的反照。

尾联“吾生嫌已老，学圃未如君”，直接抒发诗人对于薛氏瓜庐的感触。“学圃”句，典出《论语·子路》：“樊迟请学稼，子曰：吾不如老农；请学为圃，曰：吾不如老圃”。“圃”就是种蔬菜，这里指薛师石以种瓜隐居而言。两句的意思是说：可惜我已经老了，不能到瓜庐来跟你一同隐居。这一句惋惜的慨叹，在诗中起的是“卒章显志”的作用，从而把诗人自己对隐居生活的羡慕与向往正面传达出来。

全诗虽然用了几个典故，但用得贴切自然、不露斧凿痕，不像江西派末流那样生硬，那样搬弄学问。此外，章法布置有序，所以读来颇为流畅。（李壮鹰）

岩　居　僧　　赵师秀

开扉在石层，　尽日少人登。
一鸟过寒木，　数花摇翠藤。

茗煎冰下水，　　香炷佛前灯。
吾亦逃名者，　　何因似此僧？

赵师秀喜写五律，继承了唐代贾岛、姚合的苦吟之风，对诗篇作惨淡经营。但他不是用奇句惊人，而是把语言磨炼得自然清新。

首联点明题申“岩居”二字：“开扉在石层，尽日少人登。”僧人所居不是琉璃殿阁参差的宝刹，也不是游人熙攘的胜境，而是罕有人迹的深山。他只是在岩间凿室而居。“开扉”二字看似平常，实则表现了僧人俭朴的生活和淡泊的心境。

颔联再进一步，具体描绘僧人所居的山间景象：“一鸟过寒木，数花摇翠藤。”承上句“少人登”而来，创造出一个清幽境界。人少，故静寂；山深，故幽邃，给人以冷气森森的感觉。“寒木”之“寒”，不是气候寒暖之寒，乃指其境界的幽寂，即所谓“四面竹树环合，寂寥无人，凄神寒骨，悄怆幽邃”（柳宗元《至小丘西小石潭记》）之意。著一“寒”字，境界全出。写鸟飞用一“过”字，十分精练。这不是归巢心切的疾飞之鸟；也不是陶然自得于山林之乐的鸟。这鸟无忧无虑，不思不想，看似有一定目的，实在又没有什么欲求，它只是穿林而“过”。一个“过”字，看似信手拈来，实是推敲苦吟而成。非“过”字，不足以衬托“岩居僧”心地的淡泊、平静。写花，不写其香和色，而写其在清风中轻摇之态，表现了山花无拘无束之神。花鸟本是愉情之物，但诗人所要表现的，不是花鸟的赏心悦目，而是山居环境的清幽，以衬托岩居僧心地的淡泊。

颈联顺势一转，具体描写岩居僧的生活：“茗煎冰下水，香炷佛前灯。”幽居山岩，清茶一杯，可谓心远地偏了，而煎茶的又是“冰下水”。“冰”，不取其寒，而取其洁。向来以冰喻清白，如“冰心”、“冰壶”、“冰清玉洁”、“冰魂雪魄”之类都是。“冰下水”所喻，亦是此意，以表现饮水人的离尘出世。焚香礼佛，是僧伽生活的写照，点明题中“僧”字。

前面的描写，已经融入了诗人的向往之情，到尾联就径直发出感叹：“吾亦逃名者，何因似此僧？”我也是一个不求世誉之人，怎样才能像此岩居僧那样逃于空虚、避世而居呢？向往之意溢于言表。这一联是前六句内在感情的直接表露，是主题思想的点睛。诗人所赞美的，是逃名而不是佞佛，所描绘的境界，是清寂幽邃，却不是没有生机，其意境颇具禅味。诗人旨在逃避世纷，表现洁身自好的情操，但不免消极之讥。

全诗所用，皆习见语，无惊人之笔，但精练自然，无斧凿痕，自具一种野逸清瘦的风格，颇得晚唐诗的神髓，表现了江湖派的特点。诗人曾说：“泊然安贫贱，

心夷语自秀。”(《哭徐玑》)此诗正如其人。　　(张燕瑾)

数　日　　赵师秀

数日秋风欺病夫，　尽吹黄叶下庭芜。
林疏放得遥山出，　又被云遮一半无。

历代写秋风落叶的诗很多，如屈原的“袅袅兮秋风，洞庭波兮木叶下”，杜甫的“无边落木萧萧下”，都是广为传诵的名句，但往往与秋日肃杀悲凉的气氛联系在一起，而赵师秀的这首诗，却颇能别出心裁，以轻巧灵妙之笔写出。

秋色已深，秋风正劲，诗人大概是小病了几天，及至起身一看，那原先长满叶子的树枝上竟变得光秃秃的，而荒芜的庭园中却遍地是黄叶。这本来是“草木摇落而变衰”的凄凉景象，然诗中“欺病夫”三字表现了诗人对自然界的衰败抱以调侃戏谑的态度。读这两句诗，并不令人生悲秋之情，这样就跳出了前人咏落叶诗的樊篱，摆脱了悲苦的情调。

后两句顺着落叶而来，因树叶脱尽，所以树林显得稀疏，本来被密枝繁叶遮住的远山便呈现出它的雄姿，然而一片白云飞来，又将它刚刚露出的身影遮去了一半。树木是稀疏的，山又是遥远的，再加上淡淡的云，半隐半现的山峰，构成了一种淡远清幽的境界，用“诗中有画”这句诗家常语来评此诗，是再恰当不过的了。诗人显然是在追求一种清远的画境，这在中国的画中被称为神品、逸品，也正是中国文人画特别注重的意境；在诗论中，便是所谓“冲淡”、“疏野”、“清奇”的风格。无论是主张“味外味”的司空图，还是标榜神韵的王士禛，对这种“天外数峰，略有笔意”(王楙评《史记》语)的手法都是奉为至上的。

《梅磵诗话》中说：“杜小山问句法于赵紫芝，答曰：‘但能饱吃梅花数斗，胸次玲珑，自能作诗。’”可见赵师秀的诗意在追求不食人间烟火的境界，此诗中写景取意的淡泊悠远正是他这种主张的实践。

“四灵”诗追求清新淡雅，因而尽量避免锤炼的痕迹，但他们在字句的推敲上也还是很用力的，正如他们所师法的唐代诗人贾岛、姚合一样，语虽平淡，却时露吟思艰苦之状。如这首诗中“黄叶下庭芜”之“下”，“放得遥山出”之“放”字，显然都不是信手拈来而是精心选取的。

诗题《数日》，只是取首二字而已，与诗意无涉，一本题作《绝句》，可见题目的无关紧要。　　(王镇远)

约 客 赵师秀

黄梅时节家家雨， 青草池塘处处蛙。
有约不来过夜半， 闲敲棋子落灯花。

与人约会而久候不至，难免焦躁不安，这大概是每个人都会有的经验，以此入诗，就难以写得蕴藉有味。然而赵师秀的这首小诗状此种情致，却写得深蕴含蓄，余味曲包。

"黄梅时节"，正是江南的梅雨季节，"家家雨"极言雨水之多。因为雨多天闷，长满了青草的池塘中蛙声不断，处处皆是。这两句遣字造句平易畅达，而所描绘的景象也只是江南夏夜常见之景。然而这绝不是诗人信笔拈来的泛泛之语，而是一个孤寂者深夜期客不至的特殊感受。雨声、蛙声为什么对他显得特别清晰？原来，他静候着的是友人的叩门声，然而入耳的却是雨声、蛙声，夜越深就显得越响。

"有约不来过夜半"，这一句才点明了诗题，也使得上面两句景物、声响的描绘有了着落。与客原先有约，但是过了夜半还不见人来，无疑是因为这绵绵不断的夜雨阻止了友人前来践约。夜深不寐，足见诗人期待之久，希望之殷，读诗至此，似乎将期客不至的情形已经写尽，然而末句一个小小的衬垫，翻令诗意大为生色。

"闲敲棋子落灯花"，这句只是写了诗人一个小小的动态，然而在这个动态中，将诗人焦躁而期望的心情刻画得细致入微。因为孤独一人，下不成棋，所以说"闲敲棋子"，棋子本不是敲的，但用来敲打，正体现了孤独中的苦闷；"闲"字说明了无聊，而正在这个"闲"字的背后，隐含着诗人失望焦躁的情绪。

人在孤寂焦虑的时候，往往会下意识地作一种单调机械的动作，像是有意要弄出一点声响去打破沉寂、冲淡忧虑，诗人这里的"闲敲棋子"，正是这样的动作。"落灯花"固然是敲棋所致，但也委婉地表现了灯芯燃久，期客时长的情形，诗人怅惘失意的形象也就跃然纸上了。敲棋这一细节中，包含了多层意蕴，有语近情遥，含吐不露的韵味。可见艺术创作中捕捉典型细节的重要。

这首诗另一个明显的特点是对比手法的运用。前两句写户外的"家家雨"、"处处蛙"，直如两部鼓吹，喧聒盈耳。后两句写户内的一灯如豆，枯坐敲棋，阒静无聊，恰与前文构成鲜明对照，通过这种对照，更深地表现了诗人落寞失望的情怀。由此可知，赵师秀等"四灵"诗人虽以淡泊清新的面目出现，其实颇有精心结

撰的功夫。　　（王镇远）

【作者小传】

高　翥

（1170—1241）　字九万，号菊磵，余姚（今属浙江）人。初名公弼，后改名翥。孝宗时游士。有《信天巢遗稿》。

春　怀　　　　高　翥

江南春尽尚春寒，　　添尽征衣独掩关。
日暮酒醒闻谢豹，　　所思多在水云间。

江南春早而今已春暮，江南春暖而春尽尚寒，惊时序之不常，念家山之迢遥，情怀不堪。用春尽、春寒作两层明说，却于暗中隐约透露内心深处乡思之苦、隐忧之深。头一句说江南春尽，含意实为不应再寒，不应寒而实寒亦有两层含意，即一，真正时令之不常，于人心无关，可不论。二，本已不寒，而离人愁苦，因足不出户，体力既衰，加之心情忧郁，故他人不寒而自己独寒。此谓之话中之话。自然界固有所谓倒春寒之说，但亦只是"春寒恻恻"，客中衣物虽少，而长年在外或不致不足过冬，则更不致"添尽"征衣，而仍需"掩关"。诗为诗人心头事，以表达心中情绪为主，初不论事物之合乎情理与否，但求传神而已，是谓之"夸张"。

既无奈何只好忍此孤寂而"独掩关"，则门外事似已不欲见闻，以求得一时之平静，可是日暮更值酒醒，而杜鹃声声偏来恼人。则此时此境却欲将此一片"春怀"往何处发落？谢豹，杜鹃别称，啼声如："不如归去"，故亦称思归鸟。为春寒而添尽征衣，对征衣而又闻杜鹃，独掩关却又关不住杜鹃于远处催归，则掩关何益？本自心上多事，并不关时序，亦不关杜鹃，王岩叟诗曰："怨风怨雨两俱非，风雨不来春亦归，"郝经诗曰："夜久有怀独闻鹤，春归无语怨杜鹃。"归既不得，不怨风雨，不怨杜鹃，却又能去怨谁？该怨亦罢，不该怨亦罢，要使人不怨，总非易事。连用两个"尽"字，起到进一层说的作用。

绝句结处之佳者，要在寄意深远，故宁虚勿实，往往实处见工整，虚处见空灵，而愈虚，则愈易收回荡含蓄之功。因之第三句之转折为诗家公认为要害之处，无第三句为之跌宕起伏，则第四句无水到渠成之势。

前两句既云春尽矣而春寒凌人，征衣虽添尽矣，仍需掩关。春深似海，而春愁亦复似海，其间客中情怀，已如醉如梦，如怨如诉了，更何堪酒醒，更何堪酒醒时正值黄昏？而最恼人的杜鹃却偏偏在此时此地又向耳边哀啼。

此情此景，眼前既无人可以倾诉，即使有人可诉，而千言万语，又不知从何说起，甚至连自己亦不知道满腹愁思究竟想要说些什么。"剪不断，理还乱，"正就是这种既抛不掉，又说不出、理不清的滋味，于惆怅中只是感到在自己的感情中只有一片苍茫的云水，无限心事尽都融汇在这云水苍茫之中。是云水，抑是愁思，已无法分别，亦无需分别，只此苍茫朦胧一片春愁而已。

前三句说得很具体，但情怀郁结，哀怨有之，而不免衰飒，诗人的精神世界，只至末句方出。此犹佛家之一声断吓，警悟多少世人。前三句只是最后一句的陪衬，至此句则一片苍茫，油然而至，气韵为之骤变。读者至此，方见作者胸怀。

"多在云水间"的"多"字，一解大部分，一解往往，时常。此处以时时、往往为胜。以此处与时序密切联系，谓谢豹啼后，应归而不得归，故所思常在云水之间。

"云水"一词，不单指自然景物，还有其他含义。所谓"江湖（云水云云）魏阙"，以明官不易为，有出世归隐之志。南宋江湖派诗人名其集曰"江湖"，且因作诗引出一场文字狱，这就很难说他们只是"食客"、"游士"。不管他们是"狷者"也罢，"狂者"也罢，南宋腐朽的政府均不予宽假，这是事实。

在南宋那样的政局中，江湖派大多数诗人都有两重困难：一是做官难，因为不愿同流合污，贻害国人；二是不做官也难，作两句含蓄幽怨的诗亦会身遭横祸。此即为当时诗人"寄情云水"的一项重要原因。所以，这首诗中的结句，亦不应视为"逃避现实"，这在当时黑暗势力统治之下，是否也可以作为一种颇为含蓄的控诉呢？

（孙艺秋）

晓出黄山寺　　　　高 翥

晓上篮舆出宝坊，　野塘山路尽春光。
试穿松影登平陆，　已觉钟声在上方。
草色溪流高下碧，　菜花杨柳浅深黄。
杖藜切莫匆匆去，　有伴行春不要忙。

游春踏青，观赏风光，实为赏心悦目之乐事，何况又刚从寺庙里出来，山清水秀的春色同寺庙里沉静肃穆的气氛一比较，使人有豁然开朗之感，自然心情更舒畅，兴致愈勃发，所以诗中处处透露了诗人的欢欣愉悦之情，以及对美好大自然的无限眷恋。

篮舆，即竹轿；宝坊，是对寺庙的敬称。作者首句即点题，说明自己天一破晓便乘竹轿离开寺庙了。这里没有申说留宿寺庙的原因，宋代和尚多有能诗者，有些诗名还很大，作者也许昨夜是与黄山寺一位诗僧切磋诗艺，探讨哲理，大有所得，余兴犹存；出得庙门，又见一路春光扑面，春色宜人，因此格外高兴。“野塘山路尽春光”一句，概括了下山途中的景物。这里作者之所以没有细细勾勒野塘边、山路旁的景色，是由于天刚破晓，景物尚在朦胧之中，不易看得真切，加上作者又是乘坐竹轿，不比步行能驻足细赏。但一个“尽”字，见一路映入诗人眼帘的尽是明媚的春光，已足以传达出满心愉悦之情了。

山路曲曲，松林层层。从“穿松影”一语可见下到山脚，登上坦途，太阳已经升起了。黄山寺已被层峦叠翠所遮，只从山巅云际隐隐约约传来阵阵的钟声。山之高、林之密、路之远，尽在不言之中。

下得山来，“平陆”的春光与“山路”相比，又有动人之处。颈联“草色溪流高下碧，菜花杨柳浅深黄”，写出了春日田野风光的特征。一条小溪，蜿蜒曲折，碧波荡漾；溪岸两旁，郁郁葱葱，碧草吐芳。草在岸上绿，水在岸下绿，是水染绿了草？还是草映绿了水？一片片菜花翻波涌浪，一排排杨柳婀娜多姿。菜花黄得浓，柳丝黄得淡，浓淡相间，深浅相配，协调和谐，宛如画境，真可谓“撩人春色不须多”。置身于这生气盎然的一片大好春光之中，谁人能不动情呢？

“杖藜切莫匆匆去，有伴行春不要忙。”诗人在撩人春色的诱惑下，终于从竹轿上走下来了。他不满足于“坐轿观花”，而要拄上藜杖，漫步田野，细细地欣赏体味。大自然的千姿百态，春天里的万紫千红，匆匆浏览，岂能深刻体会到个中三昧？所以诗人劝告同行之人，“有伴行春不要忙”。这里既流露出对美好春光的无限眷恋之意，又谈出了一种生活中审美的经验：在观赏美景时，应该保持一种高度闲适的心境，细细观摩，慢慢体味，才能深入认识美的事物的真谛，而不能走马观花，浅尝即止。作者在《天台曹园》诗中也说：“平生看花法，不学蜜蜂忙。”蜜蜂采花是为着酿造蜂蜜，实质上是一种追求功利的表现；诗人赏花是为着审美，而审美在形式上对个人来说，是一种自由的观照，而不是一种功利的欲求，所以审美时应该抛弃功利之心，进入一种专注忘情的境界。也许，诗人昨夜在黄山寺庙同和尚谈论的正是这类道理吧？

（沈时蓉　詹杭伦）

秋　日　　　高　翥

庭草衔秋自短长，　悲蛩传响答寒螿[①]。
豆花似解通邻好，　引蔓殷勤远过墙。

〔注〕 ① 蛩(qióng):蟋蟀。螿(jiāng):蝉类。寒螿,寒蝉。

春秋时节的景物,似乎触处皆是诗。在诗人眼中,一草一虫,一花一叶,都是那样可爱,那样富有情趣,信手拈来,许多名篇佳作便问世了。这首小诗,即是作者在夏末秋初,伴着习习秋风,漫步在自家小院里的一时兴来之作。它好似随口吟出,那样自然天成,毫无做作,显得趣味盎然,别具风致。

小草对于秋天的到来是最敏感的,第一阵秋风便会吹黄它的叶尖。当作者漫步庭院时,首先映入眼帘、提醒他时令已秋的景物恐怕也是那绿中开始泛黄的小草。所以作者不写花,不写树,而是下笔先写草。一个"衔"字,传神地刻画出了小草长长短短的叶梢上的那一点枯黄。这时候的秋色还不明显,自然界还以绿色为主,代表秋天的黄色只有小草叶尖上的那一点。作者着意刻画这一点,把无形的秋具体化,仿佛是小草伸长脖子首先衔住了秋的衣角,而后秋才会张开它金色的翅膀去拥抱整个庭院以至世界,这是多么有趣而又活灵活现的描写。凉风至,白露降,蟋蟀、寒蝉感阴气而啼,这是夏末秋初的又一个显著特色,于是作者接着描写那躲在草丛里、墙角边的秋虫此起彼伏、互相答和的鸣唱声。在一片聒噪的虫鸣声中,作者漫步来到墙边,抬头望去,只见长长的豆荚藤蔓上缀着一朵朵淡色的小花,曲曲弯弯地越过墙头,伸向隔壁邻居院中。此情此景,不禁触动了他的情怀。俗话说:"远亲不如近邻。"平日里邻居之间和睦相处、友好往来的种种往事霎时涌上心头,诗人把满腔感激之情寄托在这长长的豆荚藤上,请藤儿替自己给邻居殷勤地问声好吧。藤儿在秋风中摇摇摆摆,已过墙头,真像通人意似的。

全诗四句皆写景,然而客观景物中无不倾注了作者的主观感情。小草泛黄"衔"秋色,秋虫鸣叫发"悲"声,无一不是作者的主观意识。特别是"似解通邻好"一句,更是"有我之境"。把自然景物描写得如此有人情味,不仅使本来普普通通的景物变得可亲可爱,而且使诗歌含蓄有味,曲折有致。

情韵意思俱胜,体现了宋人绝句之长。尽管诗中之景限制在小庭院内,但细致具体,且亲切有味,有即小见大之妙。读者可以从这些具体的小景物联想到庭院以外的大景象。"一叶知秋",正可用以概括此诗的艺术特点。 (詹杭伦 沈时蓉)

【作者小传】

赵汝镃

(1171—1246) 字明翁,号野谷,袁州(治今江西宜春)人,太宗八世孙。嘉泰二年(1202)进士。嘉定中分司镇江管榷。江湖派诗人,有《野谷诗集》。

途　中　　　　赵汝鐩

雨中奔走十来程，　　风卷云开陡顿晴。
双燕引雏花下教，　　一鸠唤妇树梢鸣。
烟江远认帆樯影，　　山舍微闻机杼声。
最爱水边数株柳，　　翠条浓处两三莺。

这是一篇途中纪景的诗篇，记诗人在一次春日出行时路途所见。当然诗人也并非只是客观地写景，而着重表现的乃是自己的感受，实际上是一篇春日旅途的即兴诗。

诗的开首写这次出行是在雨中赶路，长途出行而又恰逢阴雨，这是十分令人懊丧的。因为冒雨，不得不急急匆匆地"奔走"，而路途又远，其狼狈之态可见。但下句却突然一转，"风卷云开陡顿晴"，阵风起处，天开云散，天气忽然放晴。风卷去了满天的乌云，晴光四射；赶路者的烦闷心情，也从而被一扫而光。下面紧接着写诗人途中所见到的一片清新动人的春景。

"双燕引雏花下教，一鸠唤妇树梢鸣。"前句写乳燕习飞，后句写鸠鸟唤偶，这正是春日所特有的景象。习飞的幼雏，无力高翔，只是在双亲的引导下，在花丛中时起时落，此写低处所见；而鸠鸟的叫声，又引着诗人向高处望去。原来不甘寂寞的鸠鸟，正满怀希望的唱着他的爱情之歌。称鸠鸟觅偶为"唤妇"，颇具谐趣。这两句联在一起，表现出一俯一仰、所见所闻，皆一片动人的春景、春情、春色。

五六两句，一写远眺，一写侧闻。春日雨后的江面，笼罩着迷迷蒙蒙的雾气，但远处的帆影依稀可辨；侧耳静听，山中农舍中，札札的机杼声，隐约可闻。"远认"、"微闻"，表现诗人在如画的春景中，不断地、极力地在调动自己的感官，捕捉着和体味着春日途中的乐趣。诗的最后，用"最爱"轻轻一转，把最令人陶醉的春景呈现出来，传达给读者："最爱水边数株柳，翠条浓处两三莺。"水畔翠柳浓密之处，有两三只婉转歌唱的黄莺，时藏时现。柳树翠带飘扬，一片新绿，黄莺跳跃枝头，活泼可爱，多么美的春光，多么生意盎然的气氛啊！

本诗写诗人春日途中所见，从苦雨忽而放晴写起，开始就流露出一种惊喜愉悦之情。下面两联写花下引雏的双燕，写枝头唤偶的鸣鸠，写远处江面的帆影，写空山农舍的机杼声，给人一种上下远近、耳目所及、美不胜收的印象。最后则集中突出一个镜头，用最美的意境结束全诗，赏心悦目，令人难忘。　（褚斌杰）

耕　织　叹　　赵汝鐩

春催农工动阡陌，　耕犁纷纭牛背血。
种莳已遍复耘耔，[①]　久晴渴雨车声发。
往来逻视晓夕忙，　香穗垂头秋登场。
一年辛苦今幸熟，　壮儿健妇争扫仓。
官输私负索交至，　勺合不留但糠秕。[②]
我腹不饱饱他人，　终日茅檐愁饿死！

春气熏陶蚕动纸，　采桑女儿哄如市。
昼饲夜餧时分盘，　扃门谢客谨俗忌。[③]
雪团落架抽茧丝，[④]　小姑缫车妇织机。
全家勤劳各有望，　翁媪处分将裁衣。
官输私负索交至，　尺寸不留但箱笥。
我身不暖暖他人，　终日茅檐愁冻死！

〔注〕 ① 莳(shì)：移栽，指插秧。耘：除草。耔(zǐ)：用土壅禾苗的根。 ② 合(gě)：容量单位，升的十分之一。 ③ 扃(jiōng)门：闭门。古时养蚕的时候，禁忌生人入户。 ④ 雪团：指雪白的蚕茧。

全诗两章，一写耕，一写织，较全面地反映了古代农民终年辛苦而又不得温饱的生活。诗以“叹”名篇，充满了感情。

反映民间疾苦的作品，在我国古代诗歌中并不少见，但本篇在构思、达情上，却自有其更为感人之处。第一章写耕，可分两个层次，首先极写农民劳作的艰辛，对丰收的渴望，以及幸而获得好收成后的无限喜悦心情。但接着用“官输私负索交至”一转，写出了一番饥饿凄凉景象。这种急转陡落的手法，增加了揭露现实的深度。第二章写织，与第一章结构对称，效果也相同。

另外，本诗在写法上是直陈其事，用许多诗句作铺排，但语句简练，用词形象，并带有感情。因此，并不显得平板。

农桑生产是有季节性的，第一章从春耕写起：“春催农工动阡陌，耕犁纷纭牛背血。”首句用“催”字，表示季节不等人，给人一种紧迫感。阡陌，是田间小路；动阡陌，写沉寂了一冬的田间小路上，又开始人群往来，人影晃动，农民一年的劳动开始了。破土耕田，是很劳累的，但下句对此则用“牛背血”来表示。为了翻开僵硬的土地而奋力不停,以至拉犁的耕牛,竟背穿滴血,其劳动的强度和艰辛可知。

“种莳已遍复耘耔,久晴渴雨车声发。”耕田犁地还只是第一步,接着是下种、移秧、除草、培土,恰逢天旱不雨,还要车水灌田。上句在种、莳之后,用“已遍”一顿,表示田耕了,种下了,秧也移栽了,看来是可以稍息一下了;但接着又用“复”字一转,说明要从事的劳动还很多,使人感到田间农事一桩接一桩,根本无休息之时。下句“久晴渴雨”,表达了农民在发生旱情时的那种焦虑不安的心情。“往来逻视晓夕忙”,农夫不断地往来巡视,总是放心不下,惟恐有什么差错。终于丰收在望了,“香穗垂头秋登场”,多么喜人！这二句写农民心理,体贴入微。“一年辛苦今幸熟,壮儿健妇争扫仓。”一年的辛苦,终于迎来了丰收。一个“幸”字,可见农民的庆幸心理,言外之意是:农夫终年辛劳,但不得温饱的时候居多。而“争扫仓”的“争”字,则透露了农民幸获丰收的喜悦之情。

以上八句,对全诗来说,还只是铺垫,后四句才是诗人所要表达的主题。

丰收的年景,给全家带来了希望和欢乐,但转眼间却又成为泡影,“官输私负索交至,勺合不留但糠秕”。官课私债交逼而至,结果刚入仓的粮食,又颗粒不留的给了他人,所余下的只是一点点稻糠谷秕而已。“我腹不饱饱他人,终日茅檐愁饿死!”这就是在“耕者无其田”制度下农民的悲惨命运。

第二章写织。耕桑是古代衣食的来源,只是养蚕织布多由妇女承担。劳动的内容不同,从事劳动的人不同,因此本章对人物活动和心理描写,也与前章有所不同。如写春气熏陶,春蚕孵化出来以后,姑娘们纷纷到桑林去采桑,用“哄如市”来形容,把一群采桑女边劳动边说笑的热闹情景逼真地写了出来。诗在写了饲蚕、抽茧、纺织的辛苦劳动以后,说“全家辛勤各有望,翁媪处分将裁衣”。眼前的成果,是全家老小经过昼夜辛勤劳动取得的,在丰收的喜悦中,理所当然地每个人都怀着自己的一份希望,即使不敢奢望,总还是每个人可以添件新衣了。特别是年轻的姑嫂们,谁不爱美? 她们的心情也许更加殷切,早在缫车、织机的扎扎声中,就有了自己的打算。当一匹匹织物从织机上取下来的时候,做为主持家务的老人也满心欢喜,开始筹划着如何剪裁和分配。但也就正在这时,“官输私负索交至”,官府的虎狼之吏接踵而至,结果是“尺寸不留空箱笥”。“我身不暖暖他人,终日茅檐愁冻死!”农民的这种遭遇,怎不令人同情呢!

这首诗全用直书其事的赋体,语言朴素无华,但却又感人至深。原因何在呢? 从诗的内容看,诗人对农民的劳动、生活是非常熟悉的。对他们的细微心理、朴素的愿望是深有体会的,特别是对他们的遭遇,怀有深厚的同情。因此,全诗生活气息浓厚,令人感到真实、深切。另外在构思上,诗人先铺写农民的劳动,刻画丰收的景象和农民的喜悦，然后引满而发，写出他们的遭遇，这样就更加有力地揭露了不合理的社会现实。“尽道丰年瑞，丰年事如何?”（罗隐《雪》）正是此诗所要表现的主旨。丰年已然如此，如果遇到灾荒年景，岂不要转死沟壑了吗?诗用古体，朴实厚重，而且通篇用仄声韵，给人一种郁结难伸的感觉，这都增加了它的艺术感染力。（褚斌杰）

【作者小传】

陈 均

（1174—1244） 字平甫，号云岩，又号纯斋，莆田（今属福建）人。曾为太学生。端平初授迪功郎，辞不受。有《九朝编年举要》。

九江闻雁 陈均

烟波渺渺梦悠悠， 家在江南海尽头。

音信稀疏兄弟隔， 一声新雁九江秋。

此诗抒写乡情。诗人的家乡在福建莆田，兄弟们都在故乡，而自己“独在异乡为异客”（王维《九月九日忆山东兄弟》），只身在九江，难得收到来自家乡的口信或书信。离家日久，不免怀念日深。初秋的一天傍晚，诗人独自来到长江边上。但见暮霭沉沉，江水浩浩，一种“日暮乡关何处是，烟波江上使人愁”（崔颢《黄鹤楼》）的感觉，不觉涌上心头。

首句的“烟波渺渺”，当是即目所见。“烟波”透露出，地点是在江边，时间是暮色苍茫的傍晚。“渺渺”，既是江水空阔的实写，也是诗人爱而不见、心情落寞的象征。诗人自诉，不只白日里思念故乡，而且在夜间也常在做思乡之梦，但即使在梦里，故乡也是悠悠难寻。这一句前四字与后三字自对，增强了抒情的气氛；叠字“渺渺”、“悠悠”，在字义和字音上正好表现了宣泄不尽的如水渺渺、似梦悠悠的乡情。第二句是上一句的补笔，以离家之远表思乡之切。“海尽头”三字，语似夸张，却更显出欲归不能的急切心情。

第三句推进一层，说的是不仅家乡辽远，而且少有音信，从而把思乡之情写足。二三句寓抒情于叙事，分说家乡与亲人的情况。至此，似乎话已说尽，如果再说自己如何怀乡，势必叠床架屋，故末句宕开一笔。

末句中的“新雁”，暗示时令是在初秋，“一声”进而表明初秋伊始。“西风紧，北雁南飞”（王实甫《西厢记》第四本第三折）。当年庾子山滞留北国，见到“唯有河边雁，秋来南向飞”（《重别周尚书》）而无限伤情。如今当诗人听到一声新雁，乡情自然也就更浓。再看四周，金风乍起，秋叶初零，诗人像是突然发现九江已处处都是秋色了。末句的妙处在于：所谓“新雁”，也许去年来过，然而今年却是初次出现；雁鸣只有“一声”，事实上不可能，但唯有第一声最能触人乡思。句内自对也很有情味：“一声新雁——九江秋”，仿佛雁声是原因，“九江秋”是结果，这当然与实际不符。但从另一方面来说，雁声正是入秋的标志，闻雁声而悟到秋天的来临，顺理成章。这一句如同“一叶落知天下秋”一样，见出诗人感情的细腻。但二句又明显不同。“知”是诉诸理智的，而“九江秋”是诗人在听到新雁第一声时的突然发现，是他乡游子的瞬间感受。末句与首句都是以景写情：首句中，诗人伫立江头，如痴如醉，故乡的情景与亲人的面影时时浮现在眼前。经过二三句的反复抒情，至末句，诗人已经出神，仿佛融入了那一片无边无际的秋色之中，无处不是秋色，也无处不是乡情了。

（陈志明）

【作者小传】

洪咨夔

（1176—1235）　字舜俞，号平斋，临安於潜（今浙江临安西）人。嘉定元年（1208）进士。知龙州。理宗朝，累官刑部尚书、翰林学士、知制诰。卒谥忠文。有《春秋说》、《平斋文集》、《平斋词》。

狐　鼠　　　　洪咨夔

狐鼠擅一窟，　虎蛇行九逵。
不论天有眼，　但管地无皮。
吏鹜肥如瓠，　民鱼烂欲糜。
交征谁敢问，　空想素丝诗。

宋代官府机构庞大，人事臃肿，这些大大小小的官吏非但无济于国，反而鱼肉百姓。当时的有识之士对此无不深恶痛绝。

洪咨夔在南宋官至刑部尚书，是当时抨击弊政的著名人物，这首《狐鼠》是他讥刺朝政的一篇力作。

“狐鼠”是“城狐社鼠”的省语，这个典故出自《韩非子》。本意是指城墙上的狐狸,土地庙里的老鼠,比喻仗势作恶之人。此诗开篇从狐鼠落笔,又拈出这二字为诗题,就已点明诗的主旨在于讽刺满朝的贪官污吏。

首联描绘了一幅虎狼当道的图景。九逵,指都城的大道。晋代谢鲲称佞臣刘隗为城狐社鼠,为朝政的混乱而忧愤不已(见《晋书·谢鲲传》);李白在《蜀道难》中把据险叛乱、残害人民的军阀喻为虎蛇,用"朝避猛虎,夕避长蛇"的诗句,传达出心中的忧愤。洪氏以"狐鼠"对"虎蛇",不仅对仗工整,且用意深长,引出下文。

次联以犀利的笔触揭示官吏尽情搜刮的狰狞面目。人在走投无路时往往呼告上苍。此处化用东汉蔡文姬《胡笳十八拍》"为天有眼兮,何不见我独漂流"的诗意。俗语常以"刮地皮"比喻贪官无止境的诛求。唐朝诗人卢仝《萧宅二三子赠答》云"扬州恶百姓,疑我卷地皮"。此二句意谓:在那些城狐社鼠心目中,管他天是否有眼,只管刮地皮就是了。言外之意是:天公愦愦,奈此狐鼠何!"天有眼"、"地无皮"都是前人陈语,诗人顺手拈来,看似毫不经意,然属对工整,如同己出。"不论"、"但管"四个虚字呼应紧密,使全句气机流动,了无板滞之感,而讥刺之意,已自然流出。元人王构《修辞鉴衡》引《诗宪》说:"因袭者,因前人之语也。以陈为新,以拙为巧……古人亦有蹈袭而愈工,若出于己者,盖思之精则造语愈深也。"此联正是如此。

"吏鹜肥如瓠,民鱼烂欲糜",以吏与民相比,形象鲜明。鹜,鸭子;瓠,葫芦。诗人用"肥白如瓠"四字,描绘出贪官污吏的丑态:一个个像肥鸭一样,蹒跚摇晃。而民生鱼烂,百姓像刀俎上的鱼肉,任人作脍作羹。这句是化用《春秋公羊传》"鱼烂而亡"语及晋惠帝"何不食肉糜"语,凝练精警,含蕴丰富。钱锺书说:"把'吏抱成案,雁鹜行以进'(韩愈《蓝田县丞厅壁记》)、'肥白如瓠'、'鱼肉良民'、'鱼烂'、'糜烂'等成语联合在一起,是地道的江西派手法。"(《宋诗选注》)

"交征谁敢问","交征"语出《孟子·梁惠王上》"上下交征利而国危矣"。"谁敢问"三字道出了人民愤怒的心声。人民敢怒而不敢言,只好寄希望于清官。"空想素丝诗"一句,极含蓄有致。"素丝"诗指《诗经·召南·羔羊》"羔羊之皮,素丝五纮"。《诗小序》云"召南之国化文王之政,在位皆节俭正直,德如羔羊也。""素丝"诗是赞美清廉之官的。言"想",表明了人民的希望。言"空想",又道尽了人民的失望。委曲道来,意味无穷。

善于融化典故成语,是这首诗艺术上最显著的特点。洪氏诗风受江西派影响很大。江西派倡导"化腐朽为神奇",主张"以故为新",但末流之弊,流于文字游戏。洪氏这首诗多用典故成语,可谓"无一字无来历",但能统之以意,"虽取古人之陈言入于翰墨,如灵丹一粒,点铁成金也"(黄庭坚《答洪驹父书》)。全诗流利自然，取譬设喻，各尽其妙；明讽暗刺，酣畅淋漓，艺术表现力极强。所以钱锺书《宋诗选注》说："也许宋代一切讥刺朝政的诗里，要算这一首骂得最淋漓痛快、概括周全。"

（鲍　恒）

泥　溪　　　　洪咨夔

沙路缘江曲，　斜阳塞轿明。
晚花酣晕浅，　平水笑窝轻。
喜荫时休驾，　疑昏屡问程。
谁家刚齐饼，　味过八珍烹。

宋人写诗动辄用事。严羽《沧浪诗话·诗辨》批评宋诗"其作多务使事，不问兴致，用字必有来历，押韵必有出处"。此风至杨万里而为之一变，他突破了江西派的樊篱，直接取法自然，创制了清新活泼的"诚斋体"。洪咨夔虽师法江西派，但也从杨万里那里吸取了有益的营养，时而走出"资书为诗"的象牙之塔，到大自然中，呼吸一两口新鲜空气，作一些写景小诗，虽是素妆淡抹，倒也别有一番风味。这首《泥溪》写旅途的感受，格调清新，语言平易，颇有诚斋之风，代表了洪咨夔诗风的一个方面。

诗从途中落笔，首句从路写起：一条沙路沿着江边蜿蜒，忽隐忽现。诗人在轿中向外眺望，轿在行走，外界的景物也随之移动。诗人准确地把握了这一景象，"曲"字似随意拈来，却细贴物情。次句点明时间已近黄昏，也说明诗人已在路上走了一天，与后面"疑昏屡问程"相呼应。"塞"字，想得奇，用得活。这是化虚为实。"塞"与"明"又相反相成。本来塞满了应该是黑暗的，但由于塞的是阳光，反而显得更加明亮。用字新警峭拔。

对此斜阳江曲之景，诗人的兴致被激发起来了。他左顾右盼，映入眼帘的，是路边一丛丛开放的野花，是平静的水面上偶尔荡起的一丝波纹，于是奇思妙想，联翩而至，那夕阳映照下的野花颜色不正像姑娘酒后脸上淡淡的红晕吗？而那水面上的一轮涟漪又多么像姑娘脸上浅浅的笑窝！诗人敏锐地捕捉住"晚花"和"平水"的特征，又通过形象美好的比喻，将这些特征一下子呈现在人们眼前。以美人脸色喻花色，以美人笑靥喻水波，并不新鲜，但诗人以"轻"、"浅"二字略加点染，便形神俱出，极有韵致。晚花与"斜阳"关合，一片嫣红，楚楚动人。"轻"字描绘出波纹之细，著一"笑"字，更仿佛姑娘们轻轻的笑语在随波荡漾。"轻""浅"二字，是诗人在大自然中获得的真切体验，饱含着诗人的主观感受，是景语，更是情语。从中正可以窥见诗人内心的轻松愉快。明袁中道《沮漳道中》诗云:“桨后圆涡如酒靥,舟头沸水似茶声”只是直比,情致远逊。

后四句于叙事中写景抒情。“时”“屡”点出轿在行进之中。“喜荫”表明诗人对树荫的流连。“疑昏”又透露出诗人急欲赶路的心情。“喜荫”而“休驾”,“疑昏”而“问程”,诗人的神态表情尽在其中。当苍茫的暮色中,升起几缕炊烟,飘来一丝丝炊饼的香味时,诗人不禁感叹:这饼的味儿可真要胜过珍馐玉馔了。(齐,通剂,调也,调和味道谓之剂。)八珍自然是美味,诗人却说饼胜八珍,看是无理,实是无理而妙,因为它真切地揭示了饥肠辘辘的旅人在天色将晚时的心理,富有生活气息。

这首小诗的题材是平凡的,表现手法也是质朴的,但由于作者从自然出发,从真实的生活感受出发,不拘泥于典故辞藻,所以天真自然,诗味颇浓。

(徐定祥 鲍 恒)

促织二首 洪咨夔

一点光分草际萤,　　缫车未了纬车鸣。
催科知要先期办,　　风露饥肠织到明。

水碧衫裙透骨鲜,　　飘摇机杼夜凉边。
隔林恐有人闻得,　　报县来拘土产钱。

这两首诗题为“促织”,但并非咏物,只不过以“促织”为喻,借题发挥,言在此而意在彼。

“促织”,蟋蟀之别名。崔豹《古今注・鱼虫》云:“促织,一名投机,谓其声如急织也。”故名曰促织,民间亦称之为纺织娘。作者抓住“促织”与纺织之间的联系,借“促织”巧妙关合社会现象,揭露了赋税之繁苛,反映了民生的艰难,取材虽小,其意深远。

第一首以促织比织妇,着力描写织妇的艰辛。时已夜半,草地上只有流萤在飞闪;然而村中仍然回荡着织机的声音。缫车,缫丝用具,有轮旋转以收丝,故称缫车。纬车,即纺车。这里也暗含着“促织”的鸣声。首二句无一字写人,只作侧面烘托,笔墨简劲,神余言外。

三四句直接点出蟋蟀。催科,指催租税。(租税有法令科条,故称催科。)作者以拟人化的笔法,写蟋蟀也仿佛知道交官的租税应早早备办好,于是它伴着织机的鸣声,沐着风露,忍着饥肠,促织到天明。这里明写蟋蟀,暗喻织妇。“风露饥肠”状蟋蟀酸辛之态，暗含织妇劳苦之义，其中又深寓着作者的怜悯之情。写促织，正是写织妇。

这首诗不从正面落笔，而是通过环境的点染，典型细节的提炼，描绘出一幅夜织图。笔法简练，耐人寻味。

第二首的重点则在对赋税制度的揭露与讽刺。“水碧衫裙”拟促织之态，又与织妇的形象关合，描写细腻而又形象。“飘摇机杼夜凉边”写蟋蟀在织机旁浅吟低唱，笔触轻灵。三四两句笔锋一转，诗人郑重地向蟋蟀发出了警告：蟋蟀啊蟋蟀，你们可要小心，不要高唱“促织、促织”，只怕树林那边有人听见，报告到县里，那些官吏也会来收你们土产钱的。这真是极度的夸张，然而达到了本质的真实。不言人民的负担如何沉重，却说蟋蟀只因鸣声如同织机之声，那些官吏便会闻声追踪而来，索要租税。这是最辛辣的讽刺，又是最深刻的揭露。

古诗中言苛政者甚多。有人直说，如杜荀鹤《山中寡妇》云：“任是深山更深处，也应无计避征徭。”有人说得很含蓄，如陆龟蒙《新沙》：“蓬莱有路教人到，亦应年年税紫芝。”而洪氏此诗，既像事实（因为说得郑重其事）又是虚拟（因为这毕竟不是生活的真实）。戏语中含着苦痛，诙谐中透出严峻，讥讽之意见于言外。

这两首绝句，所言各有重点，可独立成篇，但内在联系紧密，又是一个完整的艺术统一体。在表现手法上，通篇采用比体，揭露深刻却又曲折委婉，讽刺辛辣又能以幽默出之，很具感染力。此外，此诗音调和谐，颇有韵致，避免了有些宋调诗的粗硬之病。

（徐定祥　鲍　恒）

【作者小传】

魏了翁

(1178—1237)　字华父，号鹤山，邛州蒲江（今属四川）人。庆元五年(1199)进士。理宗朝，累官签书枢密院事，改资政殿学士，后为福建安抚使知福州。卒赠太师，谥文靖。有《鹤山集》、《九经要义》。

十二月九日雪融夜起达旦　　魏了翁

远钟入枕雪初晴，　衾铁棱棱梦不成。
起傍梅花读《周易》，　一窗明月四檐声。

这首七绝不知作于何年，总之是一个严冬的十二月九日之夜。

这一天的深夜,远处不知何地响起一阵钟声,传入枕上人的耳内,他被唤醒了。于是这位诗人支起身子往窗外瞧:哦,下了这么多天的大雪,今夜终于放晴了!还在化着雪呢!“雪初晴”点题“雪融”。

俗语说:下雪不冷化雪冷。诗人重新拥衾而卧时,感到冷极了:不仅“布衾多年冷似铁”(杜甫句),而且又“棱棱”,形容衾的棱角四起不贴身,这便使诗人更觉冷不可耐了,因而思道,既然冷得难以入睡,不能重续前梦,就干脆起床吧。

他起了床,三句“起”字扣题“夜起”。步到窗前。月光洒满在窗户上,好亮啊!窗外四檐下,只听得“滴答、滴答”的融雪声,“四檐声”又扣题“雪融”二字。略站片刻,诗人从桌上拿过《周易》,便依傍在窗台上的梅花(盆)边上,就着月光读起来。《周易》又名《易经》,是儒家的重要经典。渐渐的,诗人便读得津津有味了,什么冷的感觉啦、融雪的“滴答”声啦,都扔到了脑后。不知不觉间,天已大亮了,最后暗点诗题“达旦”。

研读《周易》的诗境,另一位宋代诗人叶采的一首七绝《暮春即事》中亦有,其诗道:“双双瓦雀行书案,点点杨花入砚池。闲坐小窗读《周易》,不知春去几多时。”二人之诗,谁先谁后,谁受了谁的影响,都未能考定,因叶采的生平不详,唯知其宝庆初为秘书监,而魏了翁其时也在世(魏卒于1237年)。从诗意看,二人都读书入神,忘了时间的逝去(尽管一是“达旦”,一是“不知春去几多时”,程度有别),而从意境看,叶诗有其特色,自不待言,但魏诗显然更胜一筹,其后二句诗,白雪(虽然没有明点)、皓月、梅花,构成一个纯净、空明、幽雅的特定环境,诗人便在如此背景下,捧卷读着《周易》,意境何等高洁,何等清雅!真是不可多得的《月夜傍梅读易图》。因此,《梅磵诗话》所评“后二句寄兴高远,人所传诵”,是不无道理的。 (周慧珍)

【作者小传】

华 岳

(?—1221) 字子西,别号翠微,贵池(今属安徽)人。武学生。开禧元年(1205),上书请诛韩侂胄、苏师旦,下大理寺鞫治,囚建宁狱中。侂胄诛,放还。登嘉定武科第一,为殿前司官属。因谋去丞相史弥远,下临安狱,杖死东市。其诗豪纵。有《翠微北征录》。

田家十首(其三、其四、其六、其十) 华 岳

老农锄水子收禾, 老妇攀机女织梭。

苗、绢已成空对喜，　　纳官还主外无多。

鸡唱三声天欲明，　　安排饭碗与茶瓶。
良人犹恐催耕早，　　自扯蓬窗看晓星。

村獒奋迅出篱笆，　　欲吠还休唤可拏。
不是忘机太驯狎，　　那回曾宿那人家。

拂晓呼儿去采樵，　　祝妻早办午炊烧。
日斜枵腹归家看，　　尚有生枝炙未焦。

《田家》诗共十首，第二首为“农夫日炙面如煤，丝妇缫成雪一堆。早早安排官税了，莫教耆长上门催”。这里选的“老农”一首，是紧承第二首来的。“纳官”外，加了一个“还主”，把封建剥削的残酷，写得更全面了。因为封建剥削除了“官税”外，还有地主的地租与高利贷。就诗来看，“锄水”(即耘田)、“收禾”，“攀机”、“织梭”，互文见义，写出男耕女织，辛劳勤苦，自种至收，或攀(扳)或织，曾无稍息之时。及至苗已成禾，丝已成绢，自会相对欣然而害；然而只是白(空)喜欢，因为纳官、还主之外，所余已无多了。宋人写此种题材的诗很多，赵汝鐩《耕织叹》中“一年辛苦今幸熟，壮儿健妇争扫仓。官输私负索交至，勺合不留但糠秕；我腹不饱饱他人，终日茅檐愁饿死”。“雪团落架抽茧丝，小姑缫车妇织机；全家勤劳各有望，翁媪处分将裁衣。官输私负索交至，尺寸不留但箱笥；我身不暖暖他人，终日茅檐愁冻死。”与此诗所写尤近。由此可见，此诗是当时社会的真实写照。

“其四”，更从农妇角度，看出农民的辛苦。它先写农妇未明即起，为丈夫“安排”好饭碗、茶瓶；而其丈夫(良人)“犹恐催耕早”，已经“扯”开茅蓬的窗户观看天色，其实还是“晓星”在天的时候。从“催耕”来看，这家大概是雇农。地主用延长耕作时间，来加重剥削；农家夫妇只好起得更早，特别是其惴惴不安之心情，充分反映出封建剥削与压迫之严重。它与前诗所写可以互相补充。

“其六”写的是另一种情趣。写自己经过某村某家时，有条猛犬(獒)从篱笆中“奋迅”而出。但却“欲吠还休”，唤它一声，它便驯服下来。这是诗中很少有人写过的。范成大《四时田园杂兴》中有“鸡飞过篱犬吠窦，知有行商来买茶”，与此稍有相似，而此诗专就狗写，描写得也更具体些，特别是写猛犬而又驯服，引人思索其原因。接下先借用《列子·黄帝》中“郑人狎鸥”为喻，指出不是犬性驯良，并点出由于过去"曾宿那人家",所以犬还认识自己。"那人"是谁?按在此首前,有"绯裤衣衫紫系腰,揽衣随过水平桥";在此首后,有"堪笑东风也相谑,暗牵裙带系人腰"。可以参看。钱锺书说他"……真率坦白的写出来,不怕人家嫌他粗犷或笑他俚鄙",此诗正复如此。

"其十",先写农夫出工前,"呼儿采樵",嘱(祝)妻早炊;但到"日斜枵腹(空着肚子)归家"时,饭尚未做成,原因是"旋斫生柴带叶烧"(杜荀鹤《山中寡妇》),当然难烧。这是从农夫方面,从"缺烧"方面来描写农民生活之苦的。与"其四"所写,角度不同,写实则一。诗歌所写是最集中的形象,总是通过一点来显示生活真实的。作者抓住一点描写,让形象说话(如"间有生枝炙未焦"),颇能含不尽之意见于言外。

华岳原是武学学生,因上书皇帝,触怒权相韩侂胄,被贬建宁。此诗当为在建宁时所作。作者关心国事,又比较接近人民,有一定生活基础,故写得真实生动,颇为动人。 (吴孟复)

酒楼秋望 华 岳

西风吹客上阑干, 万里无云宇宙宽。
秋水碧连天一片, 暮霞红映日三竿。
花摇舞帽枝尤软, 酒入诗肠句不寒。
古往今来恨多少, 一时收拾付杯盘。

首两句,点明秋日登楼远望。"西风吹客",用的是拟人法,把"西风"写活了,形象、生动,耐人寻味。"上阑干"点出登楼。与华岳同时的敖陶孙《西楼》诗云:"只有西楼日日登,栏干东角每深凭。"相较之下,便见此诗笔力简劲。第二句接写"望"字。"万里无云"是望中所见,又是"秋高气爽"的季节特征。"万里无云",在今天还活在人民群众口头上(安徽即如此,华岳正是安徽人)。用现成之口语,写特征之景色,故能自然、生动而概括力强。"宇宙宽"是由"万里无云"而引出之感觉。既是天朗气清的写照,又是豪放襟怀的反映。白居易说"不羁天地阔",盖只有具有豪放不羁之襟怀,然后始能感受到乾坤之大与宇宙之宽。

三四两句,紧承第二句,并进一步作具体描绘。第三句写水天相连,是俯视所见,是就平地写的。水天一碧,把读者引向远方。第四句暮霞映日,是仰视所见,是就空际写的。日映霞红,又把读者引向更广阔的空际。这样,不仅写出宇宙之广阔,而且色彩鲜艳,生气盎然,与"水天空阔"者不同。那是由于南宋这时危而未亡，与后来文天祥、邓剡时不同。

三四句写的是楼外之景；五六句则回到酒楼，写楼中情、事。宋代酒楼中每有歌舞。“花摇舞帽”，是花姿亦是舞态；“枝”是花枝，亦是腰肢，语带双关。融花与舞为一体，加上一个“摇”字、一个“软”字，写出了婀娜神态与旖旎风光，实为“以乐景写哀”。

第六句写酒。有花有酒，对酒当歌，这时怎样想呢？上面写到宇宙之宽、风光之美，似乎“信可乐也”；然而当时是时运多艰之时，作者又是关心现实、有志恢复之士，“酒入诗肠”，热情涌动，俯仰今古，万“恨”毕来，自然会悲歌慷慨。“枯肠得酒生铓角”，这便是“句不寒”的原因。而“句不寒”三字中，也就包含着说不尽、写不出的感时忧国的愤激之情。这句由景入情，由旖旎风光转入悲歌慷慨，大有“铁骑突出刀枪鸣”之概。

第七句遥承前四句，点出“秋望”之感，言外写出忧时爱国之心情；第八句说“收拾付杯盘”。是愤激之词，是反语。爱国有心，报国无路，只好借酒浇愁，才是作者的本意。所以说“句不寒”，亦正在此。这就不仅总束全诗，而且有“曲终奏雅”之妙。

作者处于国势阽危之日，感事忧时，借登楼饮酒以排遣。然而，乾坤之大，歌舞之软，相引相激，反而更增“恨多少”之感慨。从诗来看，“事不接，文不属，如连山断岭，虽相去绝远，而气象连络，观者知其脉理之通也。盖附丽不相凿枘，此最为文之高致”（苏辙《诗病五事》）。此诗即有这种妙处。懂得这一点，对于诗歌欣赏，特别是对宋诗的欣赏，是很必要的。因为宋人的“以文为诗”，主要表现在此。

当然，这首诗也还有不足之处。一是“三竿‘日’”，如《齐书·天文志》“日出高三竿”，刘禹锡《竹枝词》：“日出三竿春雾消”，苏轼《题潭州徐氏春晖亭》：“曈曈晓日上三竿”，皆就晓日言。苏轼《溪阴堂诗》：“酒醒门外三竿日，卧看溪南十亩阴”，亦非指斜阳。这里却用来与“暮霞”相映，就未免有“趁韵”之嫌。二是第五句过于纤巧，而第六句稍近粗放，特别是两者用在一起，读来很不调和，或者说“工力不敌”。看来，因华岳本是武人，他所读之书，所掌握之词汇比较有限，不能像苏轼、陆游那样博极群书、语言丰富、思路开阔，作起诗来，能运用自如。此杜甫之所以要“读书破万卷”也。当然，这与用僻典、堆词藻也有不同；但因噎废食，轻视读书、积学，自然也是不对的。指出这一点，对于借鉴古诗，应该是很必要的。

（吴孟复）

骤　雨　　　　华　岳

牛尾乌云泼浓墨，　　牛头风雨翻车轴。

怒涛顷刻卷沙滩，　　十万军声吼鸣瀑。
牧童家住溪西曲，　　侵晓骑牛牧溪北。
慌忙冒雨急渡溪，　　雨势骤晴山又绿。

这是一首写景诗。写农村中夏日急雨之壮观，与唐代田园诗人写静中逸趣，有所不同；而且它是从牧童眼中来的，作为牧童生活的插曲，比之曾巩“朱楼四面钩疏箔，卧看千山急雨来”（《西楼》），苏轼“黑云泼墨未遮山，白雨跳珠乱入船”（《六月二十七日望湖楼醉书》），虽语言之精工稍逊，但又别有生活气息。

诗中写的是：一个家住溪西的牧童，一早就骑着牛去溪北放牧。正在放牧时，忽然乌云翻滚，风雨骤至。牧童慌忙冒雨向西南方向渡溪回村，可是雨又“骤晴”，“山又绿”了。

作者巧妙地把风雨骤至之场景提到开头，突兀而起，使人惊心动魄。头两句写的与苏轼所写有些相似，但又有不同。苏轼是远处观赏，而作者所写是雨中感觉。远观故看得远（如云之遮山）、看得细（白雨跳珠）；雨中感觉就不会如此。那只能是云色雨声。“泼浓墨”，喻云色之黑；它未写“遮山”，但从后面之“山又绿”看，“遮山”便意在言外。“翻车轴”的“车”是水车，水车戽水，轴翻水涌，发出声音，这里用以形容风雨之声。一以喻色，一以喻声。一以写暴雨将至未至；一以写风雨已经到来。而两者相距，只有牛头牛尾之间，正如今天俗谚说的“夏雨分牛脊”。这里确能把夏雨特征写出。

三四两句进一步用多种比喻写出风雨之势。“顷刻”言来势之猛，“十万军声”状雨声之壮。“怒涛卷”上“沙滩”，借潮水之汹涌，以喻雨势奔腾。“军声吼”如“鸣瀑”，以“鸣瀑（瀑布）”喻“军声”，又以“军声”喻风雨之声。梅尧臣《江心遇雷雨》：“声喧釜豆裂，点急盎茧立”，郑獬《滞客》：“忽惊黑云涌西北，风号万窍秋涛奔”，皆可互参。苏轼说“壮观应须好句夸”（《望海楼晚景》），作者正是着力以“好句”来夸“壮观”。

后三句是补笔。“溪西”应指西南，“溪北”应指西北，即修辞学上所谓“互文”。牧童迎着风雨向西南走，故牛头已经下雨，而牛后还只是乌云。点得清楚，补得必要。尤妙的是第四句忽又一转，写出雨晴山绿，与苏轼“雨过潮平江海碧”一样，写出夏日阴晴瞬息变化的奇观。“山又绿”的“又”尤足玩味。

作者刻画壮观，自见豪气。虽精练纯熟，不如苏轼，而放笔写去，转折自如，多用口语，朴素清新，富有生活气息，能以显示出他的“粗豪使气”的诗格。比“江西派”之难涩与“四灵”之小巧，又自不同。　　（吴孟复）

江上双舟催发　　　　华　岳

前帆风饱江天阔，　后帆半出疏林阙。
后帆招手呼前帆，　画鼓轻敲总催发。
前帆雪浪惊飞湍，　后帆舵尾披银山。
前帆渐缓后帆急，　相将俱入芦花湾。
岛屿萦洄断还续，　沙尾夕阳明属玉。
望中醉眼昏欲花，　误作闲窗小横幅。

华岳作诗，好像画家写生一样，每幅写一段光景。这幅写“江上双舟”，要是作为一幅画，可题为《江上双舟图》。

首段四句，先写双舟出发。前舟已在江中，后舟方“出疏林”，“画鼓轻敲”，“招手”相“呼”，扣紧“双”字，写出“催发”。杜甫诗有“打鼓发船”之句，范成大也有“叠鼓催船”（《晚潮》）之语，可见打鼓催船，是唐宋时（六朝已然）习惯如此。妙在以“江天”、“疏林”作背景，用“风饱”、“半出”写动态。

次段四句，接着写双舟行驶江中。第一二句突出舟前、舟后的“雪浪”、“银山”，写出乘风破浪之景。

接着二句，又写双舟以次到达港湾，“相将俱入”，衬以“芦花”，风景极美。

前面八句，写了“发船”、“行船”与“停船”三个阶段，不用典故，不使奇字，着墨不多，而景色鲜明。

最后四句，又写了湾旁的“岛屿萦洄”，水鸟（属玉是一种水鸟）悠闲，连同前面写的双舟，映照在夕阳之下，真如一幅画图。末二句，诗人把风景如画明点出来，有似林逋的“忆得江南曾看着，巨然名画在屏风”（《乘公桥作》），但这里作者别具手眼，把这一意境用“醉眼昏花”而“误作”引出，显得更为自然。（吴孟复）

【作者小传】

岳　珂

（1183—约1243）　字肃之，号倦翁，相州汤阴（今属河南）人。岳飞孙。嘉定间，出守嘉兴，定居于府西北之金陀坊。官至户部侍郎、八路制置茶盐使。曾作《金陀粹编》，辑集其祖岳飞资料，为辩诬。与辛弃疾、刘过相善。有《刊正九经三传沿革例》、《桯史》、《愧郯录》及《玉楮集》等。

病虎　　岳 珂

长风吹谷白日暗，　旷野人稀云黯淡。
狐狸啸舞豺狼嗥，　病虎妥尾行蓬蒿。
天寒泉冻山骨高，　皮枯髀痒霜爪搔。
纷纷晴雪飑落毛，　垂头帖耳身腥臊。
群鸦槎牙噪古木，　磷火半青新鬼哭。
走麕过前不能逐，　目视耽耽蹲朴樕。①
毛风血雨天地肃，　何日跳踉看食肉。
天生万物有盛时，　当年一啸天助威。
坐看云起行引儿，　当途宁复论老罴。
一朝老去守岩窦，　落叶满山冰雪后。
壮心空在筋力疲，　寂寞长饥眠白昼。
古来豪杰多沉沦，　不用为鼠皆若人。
范雎折胁西入秦，②　内史长叹田甲瞋。③
可怜百兽为披靡，　转顾不如圈中豕。
男儿奋跲亦渠似，④　肯复虚为倚崖死！
君不见南山白额曾报恩，　墙头金枕投何人？⑤

〔注〕 ① 麕：又作麞，即獐子。耽耽，注视貌。朴樕，槲树的别名。 ②"范雎"句：《史记·范雎蔡泽列传》载：范雎在魏国，受须贾、魏齐迫害，被打得"折胁摺齿"，后侥幸脱难，西入秦国，终得重用，拜相封侯。 ③"内史"句：《史记·韩长孺列传》载：韩安国因事下狱，狱吏田甲辱之，安国怒曰："死灰独不复燃乎？"田甲答曰："燃即溺之。"不久梁国缺内史，汉朝起拜安国为梁内史。内史，代指韩安国。 ④ 跲（jiá）：绊倒。 ⑤ 金枕：《太平广记》卷四百三十一载：周义喜助人，一只被官府追捕的猛虎化为少年登门求助，周义慨然藏之于家达百余日。猛虎离去后，又化为少年，乘夜逾墙入周义家，抛下金枕一个以报恩。

宋诗与唐诗相比，风格和表现手法差异很大。比如，对同一题材，唐人已写得烂熟的，宋人喜取其不为前人注目的另一侧面，开掘下去，创出新境界。同样是咏虎之作，将这首《病虎》同唐诗的两个名篇——张籍《猛虎行》和李贺同题之作相比，就可看出这种差别。虎在古人心目中，多半被当作凶猛和恶势力的象征。张籍、李贺正是根据传统的喻义，将猛虎来比喻中唐时期割据一方为非作歹的藩镇与地方豪强。然而喻有多边，虎的形象也并非只可视为凶恶的化身。岳珂别开生面地抓住虎之病废与英雄受困二事的相似之点,以虎来象征失意英雄,遂使此诗呈现与张籍、李贺二作相异的崭新意境与风格。其次,张、李二诗通篇只刻画虎之形状动态,无一句议论,倾向性在描写中自然流露;岳珂却在铺陈描画之后用了约三分之一的篇幅来大发议论,将自己的倾向性从字面上公然宣布出来。凡此种种,都是典型的宋诗作法。

一上来四句,在凄凉的旷野气氛的渲染中,引出了病虎憔悴的形象。放眼望去,这荒原天低云密,白日无光;侧耳一听,凄厉的野风掠过山谷,带来阵阵野兽的叫声。这就突出了环境的阴森可怖。这个非人之地,正是禽兽出没的场所。可是,这儿一边是狐狸豺狼这些乘时得志之徒在撒欢跳跃,另一边却是病废的老虎忧郁地在蓬蒿中踯躅。群兽是啸舞且嗥,纵横驰骋;而昔日的“兽中之王”现在却步履维艰,吞声藏形。通过这样鲜明的对比描写,病虎处境之狼狈已跃然纸上。

接下来四句具体而细致地刻画了虎之病态。时当严冬,泉冻林枯,饥寒交迫的病虎山骨高耸,瘦得可怜。昔日身躯健美,花纹灿然;如今却皮枯毛落,身痒难耐。它病态恹恹,垂头帖耳,大约已到垂死之时了。可有谁理会它呢?这当儿,“群鸦槎牙噪古木,磷火半青新鬼哭”,黑暗中只有乌鸦与野鬼在伴着它哀叫哭泣,似准备为它送丧!

疾病的困扰,已使此虎委顿不堪,但更难堪的是它因此无法再振昔日威风,跳踉捕食了。“走麢”四句,承上文而来,写出了病虎心有余而力不足的神态:连那些平日闻虎啸而丧胆的小獐子都公然在它面前大摇大摆地走过,它呢,只能趴在槲树下目送它们远去,徒唤奈何!对眼下这“毛风血雨天地肃”的悲惨境地,它还能再忍受吗?它饥火中烧,渴望着早日病愈,以便重新逞威山林。

以上这一大段,情调低沉,画面色彩阴暗。然而这满纸凄冷的渲染,正是为下文迸发悲愤之情蓄势。“何日跳踉看食肉”一句,已从写形过渡到写神,而且出之以急切的诘问,饱含着作者的主观企盼之情。

从“天生万物有盛时”到“寂寞长饥眠白昼”八句,笔势振起,含泪高歌,转入抒情与议论,将全诗引进高潮。目睹虎之病与窘,人们在同情和叹息之余,不禁会问:它为何落到这步田地?它难道原来就是这样的吗?作者断然回答:不,虎同万物一样也有其“盛时”!当年它吟啸从心,若天助其威。它坐则掌握着山间的风云,行则有虎子翼从,驰骋大道,何曾把那些臃肿笨拙的老罴放在眼里!可一旦老投岩窦,愁处冰雪,则空怀壮心,无力再振雄风。落得冻饿交加,连大白天也只好睡觉,何等可悲!“壮心”一句,化用曹操“烈士暮年,壮心不已”的诗句,意更悲怆。读到此我们方才明白，作者慨叹猛虎之病，原来是喻指人间英雄失路之悲。这一段巧妙地赋予病虎以人的性格与感情，亦虎亦人，这样就为下段反过来以人比虎，发抒悲慨埋下了伏笔。

从"古来豪杰多沉沦"到结尾这十句，纯乎议论，意在借题发挥，点明写作此诗的寓意。虽然写得贲张刻露，但由于紧扣虎的形象来议论，所以并不显得枯燥，反而更见激情。先是由虎及人，点明古来英雄皆同此虎之失意；英雄得志则如虎，不用则为鼠。接下去连用两个典故，以加强说服力。范睢当初在魏国受须贾、魏齐之害，折胁摺齿，几乎丧命；汉初韩安国坐牢时备受狱吏田甲折磨，梦想着有朝一日"死灰复燃"。从这些豪杰的遭遇可知，他们有为之日，就像老虎健旺之时，一声怒吼，百兽为之披靡；而一旦遭难，也如虎之病卧，连圈中的猪都不如！但作者接着揭示：男儿颠踬之时固有类于病虎，但病虎犹思食肉，英雄焉能甘心老死牖下！诗的最末两句，用虎投金枕报答周义收容之恩的传说作结，意思是说：老虎受人之恩尚且能报答，英雄豪杰若能以国士待之，定当报知遇之恩。这种始终以虎比人的写法，比抽象的议论和呼喊更具力量。

岳珂精心塑造病虎的形象，究竟是为什么呢？这就需要了解作者的家世、生平和时代。

岳珂是南宋抗金名将岳飞的孙子。当年他那英雄的祖父在抗金战场上所向无敌，如虎啸生风，使金兵闻风披靡，犹如百兽慑于虎威。不料后来遭到卖国贼秦桧的迫害，死于冤狱，这比老病岩窦的虎更惨，比遭难后又脱险的范睢、韩安国更不如。岳飞死后四十一年，岳珂出世。这时虽然岳飞的冤案已经平反，但南宋偏安之局已成，国势积弱，恢复中原的事业更为渺茫。继岳飞之后，"志士仁人，抱愤入地"（陆游《跋傅给事帖》）的现象并未改变。因此，岳珂虽然继承家庭的爱国传统，很想有所作为，一方面奔走呼号，为祖父辩诬，搜集和编辑岳飞的著作以激励时人；另一方面又宣传抗金，议论时政。但凡此种种，都无法改变时局。他自己也遭受过当局的打击迫害，于嘉定年间坐诬去官。到嘉熙初年皇帝察其"前枉"而特诏复官时，他已五十五岁。《病虎》一诗见于他嘉熙二年至四年（1238—1240）这三年内创作并自编的集子《玉楮集》。这时下距南宋亡国仅三十多年。眼看中兴无望，功业不成，年近花甲的岳珂怎能不发出生不逢时的感叹？如此看来，他在这种背景下写出《病虎》这样的咏物抒愤的诗篇，就是可以理解的了。不必坐实诗中某一细节是指某事，但可以肯定，诗中创造的意境和形象，正是岳家三代及当时抗金志士们不幸遭遇的缩影和象征。

（刘扬忠）

【作者小传】

王　迈

(1184—1248)　字贯之,号臞轩居士,仙游(今属福建)人。嘉定十年(1217)进士。调南外睦宗院教授,召试学士院,改通判漳州。淳祐中,知邵武军。卒赠司农少卿。有《臞轩集》。

简同年刁时中俊卿诗①　　王　迈

时中吾诤友也,未第时作《老农行》以讽其长官,言词甚苦。今为绥宁簿,被郤帅檄②,来董虎营③二千间之役;诸邑疲于应命,民间悴于科募。一日禀帅,又欲任浮屠④宫宇之责,帅以小缓谢之。余退而作诗,即以所讽令者讽之。

读君《老农诗》,　一读三太息。
君方未第时,　忧民真恳恻。
直笔诛县官,　言言虹贯日。⑤
县官怒其讪,　移文加诮斥。
君笑答之书,　抗词如矢直。
旁观争吐舌:　“此士勇无匹!”
今君已得官,　一饭必念国。
民为国本根,　岂不思培植?
其如边事殷,　赋役烦且亟。
虎营间二千,　鸠工日数百。⑥
硬土烧炽窑,　高岗舆巨石。
山骨惨无青,　犊皮腥带赤。
羸者赪其肩,⑦　饥者菜其色。
憔悴动天愁,　搬移惊地脉。
吏饕鹰隼如,⑧　攫拏何顾惜。
交炭不论斤,　每十必加一。
量竹不计围,　每丈每赢尺。⑨
军则新有营,　谁念民无室?
吏则日饱鲜,　谁悯民艰食?

州家费不赀，⑩　　帑藏空储积。⑪
间有小人儒，⑫　　旁献生财策。
大帅今龚、黄，⑬　　岂愿闻此画？
夏潦苦不多，　　秋旱势如炙。
愿君在莒心，　　端不渝畴昔。⑭
蔡人即吾人，　　一视孰肥瘠？⑮
筑事宜少宽，　　纾徐俟农隙。⑯
至如浮屠宫，　　底用吾儒力？
彼役犹有名，　　何名尸此役？⑰
君言虽怂恿，　　帅意竟缩瑟。
同年义弟兄，　　王事同休戚。
相辨色如争，⑱　　相与情似昵。
余言似太戆，⑲　　有君前日癖。
责人斯无难，　　亦合受人责。
我既规君过，　　君盍砭我失？
面谀皆相倾，　　俗子吾所疾。

〔注〕 ① 简：作动词用，写信。同年：同科中进士者。 ② 檄：以文书征召。 ③ 董：监造。虎营：兵营。 ④ 浮屠：此指佛寺。 ⑤ 虹贯日：白气上贯日光，是说人的精诚引起天象变化。用聂政刺韩傀故事，见《战国策·魏策》。 ⑥ 鸠：聚集。 ⑦ 赪(chēng)：赤色。 ⑧ 饕(tāo)：贪婪凶狠。 ⑨“交炭”四句：是说人民每交十根炭，就要多交一根；每交一丈竹竿，就要多交一尺。 ⑩ 不赀(zī)：不可计量。⑪ 帑藏：库藏的金帛。 ⑫ 小人儒：品德恶劣的读书人，语本《论语》“汝为君子儒，毋为小人儒”。 ⑬ 龚黄：龚遂、黄霸，西汉贤刺史。 ⑭ 在莒(jǔ)：借用齐桓公作公子时困于莒的典故。莒，地名，即今山东莒县。这里指刁时中“未第时”。二句是说愿君未第时的忧民之心，现在像从前一样不变。 ⑮ 蔡：古国名，在今河南，此指刁时中做官之地。肥瘠：厚薄。 ⑯ 纾(shū)徐：宽缓。 ⑰ 尸：主持。 ⑱ 辨：同“辩”，争论。 ⑲ 戆(zhuàng)：刚直不随和。

诗人的朋友、同科进士刁时中，在没有中进士做官的时候，曾经仗义执言，作《老农行》诗讽其长官，同情人民的疾苦；做了绥宁(今属湖南)主簿之后，他变了，变得不知体恤百姓了。这时，王迈任潭州(州治在今湖南长沙)观察推官，有感于此，便写了这首诗给他，进行规劝。

刁时中前后的变化，只有对比才能揭示；孰是孰非，也只有对比才使人看得分明。所以这首诗在描写上也采取了对比手法。

写刁时中"未第时",全从虚处着笔。劈头一句以"读君《老农诗》"领起,谈对其诗、其人的认识。但对其诗的内容又一字不提,对其人其事也不作正面描述,而是围绕其诗其人写了三种人的反应。一是诗人自己深为刁时中至诚的忧民精神所感动,认为他"直笔诛县官"的为民请命行为,大有古侠士的精神,精诚感天,白虹贯日,竟使得诗人"一读三太息",用"一"与"三"数字多寡的对比,表示感动之深。二是县官被《老农诗》刺中痛处,竟至于"怒",以正式公文加以"诮斥"。三是旁观者的反应:他们认为刁时中既笔诛县官于前,又严词回答移文于后,是无比英勇的行为。用"争吐舌"这个表情细节,描写旁观者惊异、敬佩同时又不无担心的心理,具体而又传神。刁时中回答县官的"书"里写了什么内容,诗人又故意语焉不详,只用一"笑"字与县官之"怒"进行对比,刻画刁时中坦荡无畏的胸怀。通过写几种人的反应,突现了刁时中的形象。在这种烘云托月手法的运用之中,洋溢着诗人的敬佩赞赏之情,更有助于表现刁时中未第时的无畏精神。

但是,诗人的目的并不是要赞扬刁时中的过去,而是要批评刁时中的现在。写过去,仅仅是为了同现在进行对比。因而,前一段立意虽然巧妙,写得却很简略,把重点描写摆在他做官以后。

做官以后的刁时中变了。为了突出他得官以后的表现,诗人采用了与前相反的一种描写手法,处处从实处落墨,用工笔细细写出一件件具体事实,详尽非常。

诗人首先肯定得官后的刁时中还有忧国之念,这给他接受劝告改正错误留有余地,为最后的规劝做了铺垫。但是,民为国本,念国就一定要忧民,诗笔一转又引入正题,指出现在的刁时中,已经没有以前那种至诚的忧民之心了。接着便描写他居官后的所作所为,而把监造兵营作为重点描写,用层层铺叙的手法,渲染百姓所受的两重痛苦。一是写烧窑拉石的艰难。具体任务绕过不写,径写其结果。山,因开采而变秃;牛,因磨伤而带血,还发出腥味。山骨无青,加一"惨"字,感情色彩极强。然后着眼于烧窑拉石的民工:食不果腹、肩背磨红。此情此景,苍天为之愁容惨淡,大地为之魂魄惊动。诗人对此,怎不伤心?二是写小吏的贪酷。本来已是"赋役烦且急"了,再加上小吏乘机勒索,更弄得民不堪命。而这一切,都是在刁时中主持下发生的。刁时中由布衣变成官员,他的作为也就由"忧"民变成"扰"民。诗人对人民疾苦的同情、对刁时中的不满,充溢于字里行间。

诗人的目的是对朋友讽劝,使之翻然悔悟。于是又动之以情。用四句隔句对,军与民、吏与民,一乐一苦,一逸一劳,状其害民;耗费无数,库藏空虚,小人献策,生不义之财,岂能博得正直上司的欢心?此言其对自己也不利。那么军营就不修了？当然不是。边防需要哪能不修？于是进一步说明做这类事应当体恤民情、宽缓时日，酌情在农闲时进行。现在夏既无雨，秋又干旱，便不相宜了。应当把当地之民跟家乡人民一样看待，不要改变未第时的忧民之心。军营之筑尚且如此，修建佛寺就更是师出无名了，何况是在"诸邑疲于应命，民间悴于科募"的情况之下呢！最后点明交友之道，君子爱人以德，越是义同兄弟，越应当规劝。在王事上既同忧戚，遇事也就敢于坚持原则进行争论。一些俗人当面互相吹捧，背后却互相倾轧，我对此是最痛恨不过的了。这里有两处议论意思较为婉曲：一是"余言似太戆，有君前日癖"；二是"责人斯无难，亦合受人责"。这两处看来是诗人在为自己解释，其实也是对朋友进一步的规劝。你未第时为了百姓可以这样对待县官，我就不可以为了百姓这样对待自己的朋友吗？话说得有理有情，面面俱到，刁时中读诗至此，还会有什么话好说呢？从内容上看，它又与刁时中"未第时"的描写起到了首尾呼应的作用，使结构更趋完整。

全诗凡七十行、三百五十言，全用赋体，敷陈其事而直言之，不借助比兴手法。前写刁时中得官前后的不同表现，叙事中带有很强的倾向性，为后面的议论提供依据；议论则是这种感情的自然发展，前后有着有机的联系。全诗不仅在铺排上井然有序，而且围绕一个中心、有着真挚而又统一和谐的感情，用诗里的一句话说，就是："忧民真恳恻"。自始至终，在写法上虽腾挪变化，而神气不散，颇有章法，同时也有韵味，有个性。诗人是有棱有角、敢怒敢骂的"奇男子"（《臞轩集·反"艳歌曲"》），此诗也是有情有理、亦讽亦劝、有境界、见精神的好诗篇。（张燕瑾）

观猎行 王迈

落日飞山上，　　山下人呼猎。
出门纵步观，　　无遑需屐屧。
至则闻猎人，　　喧然肆牙颊：①
或言歧径多，　　御者困追蹑；②
或言御徒希，　　声势不相接；
或言器械钝，　　驰逐无所挟；
或言卢犬顽，③　　兽走不能劫。
余笑与之言：　　"善猎气不慑。
汝方未猎时，　　战气先萎苶。④
弱者力不支，　　勇者胆亦怯。

微哉一雉不能擒，　　虎豹之血其可喋？⑤
汝不闻去岁淮甸间，　　熊罴百万临危堞，⑥
往往被甲皆汝曹，　　何怪师行无凯捷！”
呜呼！安得善猎与善兵，使我一见而心惬！

〔注〕 ① 牙颊：口齿之间。 ② 困：钱锺书《宋诗选注》：“‘困’原作‘因’，疑是误字。” ③ 卢犬：黑色善走的狗。 ④ 苶(nié)：苶然，疲倦貌。 ⑤ 喋(dié)：通“蹀”，蹈、踏。喋血：段玉裁《说文解字注》谓“流血满地污足下也”。 ⑥ 危堞：堞，城上女墙。此处“危”字作垂危解。诗意为：以百万大军攻打垂危之城，理应献捷，但因作战的都是懦弱之徒，故不能取胜。

狩猎之风，由来已久。《诗经》有《吉日》之章，《周礼》有《司马》之篇。及乎汉、唐，代有其举。但朝代屡更，情况亦异，诗人所咏，各不相同。就中可以看出世运之升降，国力之盛衰。王迈这首诗借观猎以抒发他对南宋末期武备松弛的感叹，大约作于开禧兵败之后。

前四句扣题点出“观猎”。纵步，放步、急步。无遑，无暇。为了急于观猎，连鞋子也顾不上穿，表达出作者的迫切心情。他的观猎不是因为他好武，也不是凑热闹，而是出于对国家命运的关切。

“至则闻猎人”以下十句，写出门所见。狩猎非同儿戏，须有一往直前的勇气。而眼前这些猎人，却正在那里大争口舌；有的说岔路太多，不知从哪条路追赶；有的说人手太少，造不成声势；有的说武器太钝，杀不死野兽；有的说猎犬太弱，追不上豺虎。在那种种遁辞的背后，反映出他们胆怯、畏难的心理。回想起盛唐诗人笔下所写奋迅的狩猎场面：“草枯鹰眼疾，雪尽马蹄轻。”（王维《观猎》）“箭逐云鸿落，鹰随月兔飞。”（李白《观猎》）意气风发的豪情：“暮云空碛时驱马，秋日平原好射雕。”（王维《出塞》）“短衣匹马随李广，看射猛虎终残年。”（杜甫《曲江》）再看眼下这些所谓猎人的言行，使人不能不感叹两种时代风气的巨大差异。这种差异，由当时社会政治造成。宋自南渡之后，一直迟疑于战、和之间，忍辱碍于时议，欲战沮于胆力。方用岳飞抗金，复倚秦桧主和；虞允文采石献捷，恢复之议暂起，韩侂胄两淮丧师，和议之风重兴；君图其安，臣贪其利，由是苟且之心顿起，迁延之计遂行。“侂胄死，宁宗谕大臣曰：‘恢复岂非美事，但不量力尔。’”（《宋史·韩侂胄传》）这种心理，与南宋小朝廷相始终。故此数句，不仅是那些猎人的写照，也是南宋小朝廷在对抗外敌上软弱无力的生动表现。

自“余笑与之言”以下十二句，为诗人对猎人所言。“善猎气不慑”，为一篇之纲。夫战，勇气也，故前人重一鼓作气。如今尚未出猎，气已先泄，如此，则一只野鸡都难捉到，又怎能和虎豹格杀，喋血奋进？打猎尚且畏惧，又怎能在战场上和敌人拼搏？诗人即景生慨，通过下面“汝不闻去岁淮甸间”四句，明白地将这层意思道出。淮河地区为宋、金交壤，乃争战之地。史载宁宗开禧二年(1206)，韩侂胄北伐。此四句疑即隐指其事。韩侂胄恃宠专权，欲借北伐，立功自固，兵败身戮，为世所诟。而王迈对北伐之举，全无非议，却怪罪懦夫，言披甲作战的都是像猎人那样的无用之徒，不能取胜，又何足怪！

无独有偶，有亲附韩侂胄之嫌的陆游，也写过一首观猎诗，从正面塑造了一个“善猎气不慑”的打虎英雄形象：“虬须豪客狐白裘，夜来醉眠宝钗楼。五更未醒已上马，冲雪却作南山游。千年老虎猎不得，一箭横穿雪皆赤。拏空争死作雷吼，震动山林裂崖石。”(《大雪歌》)这和王迈诗中畏首畏尾的猎人，真不止天壤之别。但两首诗的主题、两位诗人的感情是相同的，他们都力主北伐抗金，勇于为国捐躯。陆游诗结句云：“人间壮士有如此，胡不来归汉天子？”王迈诗结句云：“呜呼！安得善猎与善兵，使我一见而心惬！”两首诗都包含着对壮士直捣幽燕的希望，对宋军软弱无能的叹息。只是陆游始终对“王师北定中原日”怀着信心，故诗中希望掩盖了叹息，而王迈此诗作于宋师北伐失败不久，故叹息多于希望。好猎本于主战，观猎见其立功之念，这是两首诗、两个诗人的共同之处。

弋猎之举，从来都是习武练兵的一个方面。汉武帝连年征伐，穷兵黩武，亦好田猎，声势浩大，以致“河江为阹，泰山为橹，车骑雷起，殷天动地”(司马相如《上林赋》)。盛唐国势强盛，士气高昂，故在诗人笔下，展现出俊逸豪迈的风貌。宋势弱力薄，又不重田猎，即民间狩猎，也乏前代的生气和勇力。汉、唐诗中所表现的那种令人神往的场面，已邈然难追，即使是像王迈这样的轩昂磊落之士，也已难写出汉、唐诗中的壮观。非不欲，实不能也。 (黄 珅)

读渡江诸将传 王 迈

读到诸贤传， 令人泪洒衣。
功高成怨府， 权盛是危机。
勇似韩彭有， 心如廉蔺希。
中原岂天上？ 尺土不能归！

这是一首议论时事的诗。诗中发议论太多，易令人生厌，但这首诗却写得深沉感人。《渡江诸将传》可能是指章颖的《南渡十将传》。

首联以作者读传洒泪破题，起势峭拔突兀。诗人洒衣之泪不仅构成悬念，使读者产生急欲竟读的强烈要求，而且给全诗定下一个沉郁、悲怆的基调。

中间四句略举《渡江诸将传》的内容，是作者洒泪的原因。第三句写立功之后，忌者甚众，所以成了“怨府”。第四句写诸将握权，遭秉政者的嫉妒，危机即伏于此。《南渡十将传》卷一说刘锜抗金有方，屡建战功，但“一时辈流嫉其能，力沮遏之”。卷二说“（秦）桧之贪功以自专，忌贤害能，堕中兴之大计”。作者在诗中用了“成”字、“是”字，可见这类现象并不是仅有的。颈联中的韩、彭指刘邦时的韩信、彭越，均以武功著称；廉、蔺指战国时赵国名臣廉颇、蔺相如，他们以能捐弃私嫌、共御国敌而传“负荆请罪”的佳话。“希”通“稀”，是少的意思。这两句肯定诸将的“勇”，同时对他们的“心”提出指责。《文献通考·兵考六》中有这样一段话：“诸将自夸雄豪，刘光世、张俊、吴玠兄弟、韩世忠、岳飞，各以成军雄视海内……廪饩惟其所赋，功勋惟其所奏……朝廷以转运使主馈饷，随意诛剥，无复顾措。志盛意满，仇疾互生。”似乎可以用来作第五六句的注脚。

最后两句把对诸将的品评归结到当时社会的主要问题——恢复中原上。“天上”极言高不可及，但着一“岂”字，则故意一纵，把收复失地写得并非艰难；“尺土”极言其少，在同“岂天上”的对照中，把作者恢复中原的愿望和对诸将的惋惜推到了极度。

这首诗一方面对不以国家民族利益为重的谗嫉者加以抨击，另一方面也对南渡诸将不能精诚团结、一致抗敌提出了批评，揭示了南宋上层集团之间，以及将相之间一种为一般人所忽略的矛盾，表现了诗人敢于议论是非的性格和他认识问题的深刻性。但诗中把“尺土不能归”的主要责任归于诸将之不能团结对敌，却稍失偏颇。

在写法上值得注意的首先是这首诗巧妙的结构方式。诗的首尾四句是作者的感慨，中间是对诸将的评议：这种首尾包容的写法，使全诗形成一个浑然的整体。其次，中间四句又用对比的方式抒写议论，因而议论的中心“功”、“权”、“勇”、“心”四者显得格外突出、明晰。最后，在遣词用字方面，首句说“读到”不说“读完”或“读竟”，因而作者那种边读边哭的强烈感情得到了有力的表露。第五句中的“有”，意即“尚有”，与下句的“希”对照，暗示与勇力相比，精诚团结更为重要，这是很有见识的。

（李济阻）

【作者小传】

许　棐

（？—1249）　字忱父，号梅屋，海盐（今属浙江）人。嘉熙中，隐居秦溪，仰慕白居易、苏轼。有《梅屋诗稿》、《融春小集》。

泥孩儿　　　　许棐

牧渎一块泥，　装塐恣华侈；①
所恨肌体微，　金珠载不起；
双罩红纱厨，　娇立瓶花底。
少妇初尝酸，　一玩一心喜；
潜乞大士灵：　生子愿如尔。
岂知贫家儿，　呱呱瘦于鬼；
弃卧桥巷间，　谁或顾生死！
人贱不如泥，　三叹而已矣。

〔注〕 ① 塐(sù)：同塑，把黏土揉捏成人或物的像。

许棐是南宋江湖派诗人。江湖派诗对表现现实多比较冷漠，可是也有一部分诗反映了民生疾苦。《泥孩儿》即是一例。许棐嘉熙中(约 1239 年左右)隐于秦溪，植梅于屋之四檐，号四梅屋，屋四壁贮书数千卷，中悬白居易、苏轼画像。这表明许棐对白居易、苏东坡甚为仰慕；这首《泥孩儿》的风格很接近白居易的"讽喻诗"。

全诗可分四个层次。

第一层次(第一至第六句)稍事铺叙，描写了"泥孩儿"之华艳奢侈。所谓"泥孩儿"即儿童泥塑像。首句点明"泥孩儿"之原料乃野外饮牛马小河沟的一块烂泥，此亦暗示其本质低贱。第二句写用烂泥揉捏成"泥孩儿"时却极尽修饰打扮之能事，一个"恣"字又突出人工美化的不惜工本。"泥孩儿"如何"华侈"，难以尽言，诗人巧妙地避实就虚，让人去遐想，故第三四句通过人(表面是塑像者，实际是命人塑"泥孩儿"的主人——"少妇")的心理活动来烘托"泥孩儿"的华艳奢侈：遗憾的是"泥孩儿"肌体太小，经受不住"金珠"的重压，否则定要金玉满身。言外之意是凡其"载"得起的"华侈"，皆已见于其身了。虽然难于在"泥孩儿"身上再锦上添花，但不妨主人另想妙法，那就是第五六句所描写的：用双层的红纱帐把"泥孩儿"罩起，以免纤尘污染，主人宠爱之真如同千金之子；再置一瓶名花于其身边陪伴，使之益显姿态的娇美。这一层写"泥孩儿"之"华侈"，实即写其主人之奢靡，从中已显露出诗人讽喻的锋芒。

"泥孩儿"被主人如此宠爱，其奥妙何在呢？诗人进而由物及人，明确地把"泥孩儿"与"少妇"挂上钩，使诗意深入一层。这就是第二层次(第七至第十句)

所写。“泥孩儿”之所以福星高照，是由于“少妇初尝酸”。此“少妇”当然是富家少妇，其“初尝酸”，意为刚怀孕而喜吃酸食。“一玩一心喜”，即点明了“泥孩儿”与“少妇”的关系，它是“少妇”喜爱之物。“玩”者，玩赏“泥孩儿”也；“喜”者，喜“泥孩儿”“装㩙恣华侈”也。一玩一喜，写少妇之心理状态生动传神。“少妇”何以喜呢？第九十句又进一步道出“泥孩儿”与“少妇”腹中子的密切联系。“潜”即暗地里，“乞大士灵”就是祈求观音大士显灵。民间早就流传“送子观音”之说，认为观音大士主妇女生育之事，《太平广记》中即曾记载“未有子息”者因祈求观音而得子的故事。但此“少妇”既已“初尝酸”，本该满足，又何必多此一举而“乞大士灵”呢？原来富贵人自有富贵人的希望，她不仅要乞子，更要乞富贵之子。

在第三层次(第十一至十四句)诗人笔锋陡然一转，把另一幅“贫家儿”凄惨的现实画面呈现于人们的面前，此时诗人对“少妇”的嘲讽已变而为愤慨了。“岂知”二字颇有分量，显示出责问的口吻：你哪里知道贫家的孩子，“呱呱瘦于鬼”！“呱呱”，从听觉角度写婴儿饥饿之状，其哭声揪人心肺；“瘦于鬼”的比喻，从视觉角度写婴儿形象的干瘦，令人目不忍睹。它与“泥孩儿”的华侈适成鲜明对照，其中寓有诗人强烈的义愤。“弃卧桥巷间”，又深入描写“贫家儿”遭遇之惨；其父母非到山穷水尽地步，怎忍心为此！它又与“泥孩儿”的“双罩红纱厨，娇立瓶花底”相对比：一个是活生生的人被遗弃于天地之间，一个是“一块泥”却被置于花团锦簇之中；世道是何等的不公！“谁或顾死生”，有谁去看他是死还是活呢！这并非人心不善，实际从侧面反映了广大生民挣扎于饥饿与死亡线上而自顾不暇。此时的“贫家儿”与那“泥孩儿”何啻天壤之别！王粲《七哀诗》中所写饥妇弃子的历史悲剧仍在重演。

“人贱不如泥，三叹而已矣。”最后一层次采用了白居易“卒章显其志”(《新乐府序》)的方法。诗人经过前面的逐层铺叙之后，对“泥孩儿”“华侈”的义愤与对“贫家儿”惨剧之悲悯的两种感情，至此已如二水交汇，激涌起高潮，促使他不能不站出来明确表态了：“人贱不如泥！”这是全诗画龙点睛之笔，写来如水到渠成，瓜熟蒂落。这也是对不合理的社会现实的揭露与控诉，足以引起读者的共鸣。

《泥孩儿》是一首咏物诗，但并非单纯咏物，而是借物写人，人物对照，揭露了不合理的社会现实。构思巧妙，为了突出主题，先不写人——“贫家儿”之贱，反而先写物——“泥孩儿”之贵，且写得充分，把势蓄足，然后再引出“贫家儿”，使得人与物对照强烈，就使“人贱不如泥”的思想更突出、更深刻而催人泪下；诗的形象也更显得生动鲜明。全诗采用白描手法，语言质朴自然，既不堆垛典故，亦不刻意雕饰，自有“一味白描神活现”(袁枚《仿元遗山论诗》)之妙。　(王英志)

乐府二首 许 棐

妾心如镜面， 一规秋水清；
郎心如镜背， 磨杀不分明。

郎心如纸鸢， 断线随风去；
愿得上林枝， 为妾萦留住。

“乐府”一词有几种含义，其一指乐府民歌的诗体。此二诗总题《乐府》即取民歌义。古代乐府民歌以两汉乐府民歌与南北朝乐府民歌对后世影响最大。许棐这两首民歌体，乃是学习南朝乐府民歌之作，无论内容还是形式都与南朝“吴声歌”或“西曲歌”相似。南朝乐府民歌的内容几乎都是情歌，且大半出于下层女子之口，偏于抒情；篇幅短小，一般为五言四句，善用比兴手法，语言清新自然，口语化。这些特点《乐府》二首皆已吸取。

第一首模拟一个女子口吻，抒发自己纯真痴情，但情郎态度暧昧，因而产生了幽怨。她性情温柔，心地单纯，并不直抒胸臆来发泄怨恨，而是以梳妆时常见的镜子为喻，正反对照，含蓄委婉地道出心中之意。

“妾心如镜面”是一个明喻修辞格。“妾”是诗的抒情女主人公自称的谦词。“镜”指铜镜，“镜面”是经过磨制可以照人的正面。“心如镜面”的比喻很新颖。镜面清澈如“秋水”，如同女子心地之纯洁澄净。这里先以镜比心，继以秋水比镜，比中套比，含义更深。“秋水清”比镜是借喻修辞格。这两句是“妾”对其内心感情的自我表白。但心如“秋水清”的具体内涵并不明言，含蓄蕴藉，耐人寻味。“秋水清”的本质是澄净，如同女子对情郎的一往情深而毫无杂质。此心又如同“镜面”，光可鉴人，比喻内心坦白。这是一个多么纯洁的女子！

但是好心无好报，被如此美好的心灵所追求的情郎又如何呢？“郎心如镜背。”“镜背”与“镜面”相对，晦暗无光，甚至达到了“磨杀不分明”的程度。“磨杀”极言女子对男子痴情，“不分明”则突出了男子对她的暧昧态度。他何以“不分明”，也未明言。或许是见异思迁，另有新欢。

总之，“郎”的态度是暧昧的，与“妾”的态度一加对照，抒情主人公由爱而生怨，怨因爱而益深。诗人对女子的同情与对男子的谴责亦尽在不言中。

第一首中的“郎心”“不分明”，而第二首所写的“郎心”却极为“分明”，不过比之“不分明”走得更远。此诗中的情郎与女子曾热恋过，或许有过不少甜蜜的日子,甚或曾立下过白头偕老的海誓山盟。但好景不长,"郎心"朝秦暮楚,"心如纸鸢"。纸鸢即风筝。风筝飘游于九霄,忽上忽下,亦东亦西,犹如"郎心"对爱情态度的游移不定。尽管"妾"以真诚的爱情红线去牵引,力图把"郎心"从云外收回,但它终于"断线随风去"。此两句隐含着"妾"因"郎"的负心而产生的深切痛苦。但是她还不忍心绝情,她仍怀着一线希望,幻想郎能一朝幡然悔悟,因此她从内心深处暗自祈祷:"愿得上林枝,为妾萦留住!""上林"是汉代皇帝花园的名称,在长安西。"上林枝"借指高大的树木。诗中女主人公根据风筝断线后常被高枝挂住的现象而产生借助某种力量为她"萦留住""郎心"的奇想。此愿固然表明"妾"的痴情,但也从侧面反映了女子地位的可怜与可悲。

此诗感情的抒发比第一首稍为直率,但仍不失蕴藉。语言风格近似古乐府,清新自然,接近口语,具有"质而不俚,浅而能深,近而能远"(胡应麟《诗薮》)的乐府民歌特点。

(王英志)

秋斋即事　　　　许　棐

桂香吹过中秋了,　　菊傍重阳未肯开。
几日铜瓶无可浸,　　赚他饥蝶入窗来。

"秋斋",秋日的房舍;"即事",就眼前事物抒感;《秋斋即事》,写秋日居处之所见所感。它以平淡的笔触,渲染出一种寂寥的氛围,衬托出诗人内心的无聊与不平之意。

前两句先写秋斋外自然景色,寓空寂之感。但诗人并未直截了当地点破诗意。他只是讲:桂花芳香与中秋佳节相与逝去。"桂香"的记忆或许仍在心头残留几分,不过真"桂香"毕竟早已于时空中"吹过",难于寻觅,这就更令诗人怅然若失了。此时正近重阳,根据经验,该是"园菊抱黄华"(江总《衡州九日诗》)之日,大可与中秋时飘香之金桂比美。更使人向往的是古来相传的习俗:"九月九日采菊花与茯苓松脂,久服之令人不老"(《初学记》);"九月九日佩茱萸,食饵,饮菊花酒,云令人长寿"(《西京杂记》)。魏人钟会《菊花赋》描写过:"何秋菊之奇兮,独华茂乎凝霜。……于是季秋初月,九日数并,置酒华堂,高会娱情,百卉雕瘁,芳菊始荣,纷葩晔晔,或黄或青。"可见重阳菊盛,该是赏心悦目、尽兴娱情的良辰美景。但诗人此刻的"即事"竟是"菊傍重阳未肯开"。这菊花不知为何要性子,明明已近重阳佳节却甘于寂寞而不肯"秋耀金华"(左贵嫔《菊花颂》)。但愿它不是故意作弄诗人。不过"未肯开"三字说明它的固执,诗人对此,无可奈何。

秋斋之外的环境既如此清寂，那么秋斋之内又如何？室内可写之物甚多，但诗人目光为何惟独注视着“铜瓶”呢？因此瓶乃花瓶，与花有关。“铜瓶”昔日当有过花团锦簇、姹紫嫣红的际遇，春兰秋菊曾为它装点。但今日重阳它却孑然一身，空空如也，“几日”而“无可浸”，其凄清冷落之情，不言而喻，于是过渡到末句。“赚”者，诳骗之意。蝴蝶本是“秋园花落尽，芳菊数来归”（徐昉《赋得蝶依草应令诗》）的，此称“饥蝶”，可知是无菊可餐之蝶。尽管斋内花瓶本空，但它仍引诱饥不可耐之蝶“入窗来”。人之“饥”是真，蝶之“饥”是幻，这里真幻交融，人蝶相映，人的心绪借蝶的感受以表出之，把诗人内心烦闷无聊之感写到了极点，充分体现了宋诗的特色。诗人这种心情，无疑是对现实不满的一种折光。

此诗把感情抒写得曲折有致，似淡而浓。语言通俗易懂，又不乏炼字工夫，诸如“肯”、“赚”、“饥”，皆生动传神。沈德潜《说诗晬语》曰：“七言绝句，以语近情遥，含吐不露为主，只眼前景、口头语，而有弦外音、味外味，使人神远。”许棐此诗庶几近之。

（王英志）

【作者小传】

刘克庄

（1187—1269） 初名灼，字潜夫，号后村居士，莆田（今属福建）人。以荫入仕。淳祐六年（1246）赐同进士出身。官至工部尚书兼侍读，以龙图阁学士致仕。卒谥文定。尝受学于真德秀。诗词颇有感慨时事之作，为江湖派重要作家。有《后村先生大全集》。

北来人二首 刘克庄

试说东都事，　添人白发多。
寝园残石马，[1]　废殿泣铜驼。[2]
胡运占难久，　边情听易讹。
凄凉旧京女，　妆髻尚宣和。[3]

十口同离仳，[4]　今成独雁飞！
饥锄荒寺菜，　贫著陷蕃衣。[5]
甲第歌钟沸，　沙场探骑稀。

老身闽地死，　不见翠銮归！⑥

〔注〕①寝园：即陵园，指北宋诸帝墓陵，均在今河南巩义。②铜驼：西晋索靖曾感叹洛阳宫门的铜驼将埋没在荆棘丛中(见《晋书·索靖传》)，后人常用以形容亡国后残破景象。③宣和(1119—1125)：宋徽宗年号。④离仳(pǐ)：离别。⑤"蕃"通"番"，陷蕃衣，指在金人统治区所著金人之衣。⑥翠銮：皇帝的车驾，这里代指徽、钦二帝。

这是一个从北方、从金人统治下南逃的人，怀着沉痛的心情，诉说故都及其附近荒凉景况和自己的悲惨经历。诗歌通篇都是这位"北来人"说的话，作者没有出面铺叙事件、描绘场景，也没有穿插任何评判的语言，而作者的思想感情完全可从北来人的叙述中体会出来。这样的叙事诗，显然是从杜甫"三吏"、"三别"一类的诗化出。

诗由两首五律组成。第一首描述北宋都城汴梁(今河南开封)被占后的状况。开头"试说"二字含义深婉，隐约透露主人公不愿说、不忍说的悲抑心境。从而表明他的诉说是应别人的要求，不得已而为之的。这样，一箭双雕，写说者也就写了听者。听者身居东南，心里却老是惦记着北方的骨肉同胞，急欲知道他们的近况；对于故都汴梁，更是魂牵梦萦，一往情深。面对这样的问讯者，"北来人"怎能缄口不言？他诉说着，带着撕心裂肺的痛苦，以致白发频添，忧伤至极。接着正面写东都，交代忧伤的原因。宫殿、铜驼，是都城内的景物，石马是北宋诸帝陵园中的景物。然而，陵园内的石马已残破不堪，长眠于此的北宋诸帝死后还要蒙受亡国之耻，若地下有知，当是何等的痛苦！宫门外的铜驼倾倒在荒烟蔓草之中，回忆昔日的繁华景象，亡国之痛和身世之悲一齐涌上心头，不禁泣下如雨。诗人选用这些最富特征的事物，涂以想象的浓烈色彩，对入于金人之手的都城面貌进行了艺术概括，用笔简洁而境界全出。"寝园残石马，废殿泣铜驼"，上句一个"残"字显示了陵园的悲惨变化；下句一个"泣"字则寄托了京都居民的哀痛，彼此映照，情景相生，使人感慨万千，低回不已。

故都虽已残破不堪，而遗民的复国信念却始终没有动摇过，以致把边境传来的于南宋不利的消息，当作谣言，不愿听信。那些旧日京师的妇女，如今虽已素发飘萧，境况凄凉，但衣着妆束仍是当年模样。故国之思，终未消歇。

第二首"北来人"介绍自己南逃的际遇和感触。一家十口同时离开北方，为的是过上安稳日子。不料频罹祸患，亲人相继丧生，如今独自一人，伶仃孤苦，犹如失群的孤雁，竟至无处栖身，被迫寄宿荒凉的寺院，吃的是自家种的蔬菜，穿的还是从中原带来的金人服装……个人的遭遇已然不堪忍受，国家的境况更加令人沮丧。南来以后看不到卧薪尝胆、秣马厉兵的图强之举，那些深院大宅里的当权者,整日歌舞宴乐,不问边情,不忧国事,长此以往,恐怕连偏安的局势也难维持,又如何谈得上收复失地呢?“老身阆地死,不见翠銮归!”结语哀痛绝望。

这两首诗大约作于宁宗开禧二年(1206,刘克庄时年二十岁)至理宗端平二年(1234,是年金亡)之间,距离徽、钦二帝被俘、北宋覆亡的靖康二年(1127)至少有九十年之久,这时徽、钦二帝早入泉壤,根本不可能活着乘“翠銮”归来,北宋末年的“京女”恐怕也没有健在的了。然而人们的恢复信念并没有随着时间的流逝而转弱,他们一直按照自己选择的方式进行反抗和斗争。主人公的携家南走,就是抗争的一种表现,其他像“凄凉旧京女,妆髻尚宣和”,显示的也是坚毅不屈的气节。

此诗在表达上有三个特点,其一是作者不转述中间环节,让主人公直接面对读者说话,这样,读者便会感到诗中所陈都是诉说者的亲身所历,语语发自肺腑。其二是运用对比的手法,以中原遗民思念故国与南宋小朝廷权贵歌舞升平相对比,褒贬之意不言而喻。其三是以叙事代替抒情。诗中也有直接抒情的语言,如开头的“试说东都事,添人白发多”和结尾的“老身阆地死,不见翠銮归”等,但纵观全篇,叙事是其基本手段,从东都说到南国,依次点染,脉络分明,其中提到的人和事都具有某种典型性,融汇成一体,寄托着诗人忧国忧民的深长情意。冯煦说,刘克庄的词“拳拳君国,似放翁”;“志在有为,不欲以词人自域,似稼轩”(见《宋六十一家词选例言》)。他的诗也是如此,常常针对“国脉微如缕”(《贺新郎》词)的现状抒发感慨,令人哀痛,又使人奋发。总之,这两首诗注重写实,却不失之板滞,原因在于以情疏导,质朴之外,更见自然流动,颇能体现诗人自己的风格。(朱世英)

戊辰即事　　刘克庄

诗人安得有青衫?　今岁和戎百万缣!①
从此西湖休插柳,　剩栽桑树养吴蚕。②

〔注〕 ① 和戎:指与金人议和。缣(jiān):古代一种质地细软的丝织品。百万(匹)是累计数,其中有夸张的成分。 ② 吴蚕:品种精良的蚕。古以姑苏(今江苏苏州)为中心的吴地盛产蚕丝,故称。

开禧二年(1206),宋宁宗采纳大臣韩侂胄的意见,出兵攻金。结果因谋划不周,指挥不力,打了败仗,于是归“罪”于韩,把他杀了,而后函封其首,派人送往金廷乞和。嘉定元年(1208),即夏历戊辰年,和议告成。从此,宋每年向金增纳白银三十万两,细绢三十万匹。这是继“隆兴和议”① 之后的又一次和约,“戊辰即事”指的就是这次媾和之事。

诗从个人生活境况的变迁落笔:冬去春来,理应脱下棉衣,改着青衫。“青衫”一词似从“青衿”演化而来，它是读书人穿的一种衣服。而今，这种衣服已无从获得，因为朝廷搜刮了百万匹细绢，奉献给金人，以换取暂时安定，哪里还考虑平民百姓的生活！于是诗人情不能遏，迸出下面两句：从今以后，不要再在西湖一带莳花插柳，所有空地都栽种上桑树，大力养蚕，这样一来，百万匹缣也就有了着落，我这寒士也就可以再度穿上青衫了。

这首诗开头设问，引起读者的思考，接着说明原因。短短两句话，从个人说到国家，揭出南宋当局“和戎”政策的实质，概括的生活面极广。例如“诗人安得有青衫”，既表明作者个人的贫困，又反映了普遍存在着的社会现象，这样写，寓一般于个别之中，意思更为深广。诗的末二句很幽默：“从此西湖休插柳，剩栽桑树养吴蚕”，虽然语含讥刺，但也不纯然是反语。因为“和戎”的国策如不改变，即使遍地树桑，也难填金人的欲壑。诗人的言外之意是，希望朝廷文臣武将，不再歌舞湖山，醉生梦死。作者同时词人陈德武在《水龙吟》词里表达了类似的想法：“东南第一名州，西湖自古多佳丽。……十里荷花，三秋桂子，四山晴翠。使百年南渡，一时豪杰，都忘却平生志。”“力士推山，天吴移水，作农桑地。”为了不让人们继续沉溺下去，他们都说应使西湖成为农桑之地。当然，这说不上是认真的设想，他们真正的意思是要求朝廷注意国计民生，不再文恬武嬉。总之，这首绝句写得委婉而又辛辣，情溢乎辞，令人激动不已。用诗说理，能达到此等境界，委实难能可贵。

（朱世英）

〔注〕 ① 隆兴和议：指宋孝宗隆兴二年(1164)与金人达成的和议。

筑　城　行　　刘克庄

万夫喧喧不停杵，[①]　　杵声丁丁惊后土。
遍村开田起窑灶，　　望青斫木作楼橹。[②]
天寒日短工役急，　　白棒诃责如风雨。
汉家丞相方忧边，　　筑城功高除美官。
旧时广野无城处，　　而今烽火列屯戍。
君不见高城鳖鳖如鱼鳞，[③]　　城中萧疏空无人。[④]

〔注〕 ① 杵：筑土的木槌。 ② 楼橹：古代用以瞭望敌情的无顶盖的木制高台。 ③ 鳖(yà)鳖：参差不齐的样子。 ④ 萧疏：稀疏冷落。

这是一首揭露黑暗现实、对人民疾苦表示同情的诗。在腐朽的官僚统治之下，好事亦会变成坏事，在这首诗里所写的“筑城”就是一例。筑城本是为了保卫人民，在战争年代就更应如此。可是，实际情况却是变保民为扰民、害民。

前六句描绘筑城情景。诗人首先从听觉角度着笔，描绘出人声、杵声交杂的筑城景象。前两句使用顶针句式，上递下接，造成一种连绵的气势，使人感到声声相连，不得停息，于是，后面“惊后土”三字才真实、自然，有着落。然后又从视觉角度着笔，描绘烧窑、斫木的情景。用了“遍村”、“望青”四字，村里所有的农田都用来烧窑，所有的树木都砍来做楼橹，一幅全民动员筑城的情景历历如绘。以上四句还只是一些现象，五六两句，诗人的笔触又深入一层，“工役急”，一个“急”字，引出了下一句“白棒呵责如风雨”，把手持棍棒、口吐恶言的监工酷吏，刻画得凶相毕露。这样大张旗鼓地筑城，究竟是否出于安全的考虑？如果确是这样，即使呵责太甚，也情有可原了。然而诗人告诉人们：

“汉家丞相方忧边，筑城功高除美官。”原来，这个筑城运动是赖以“除美官”的手段。仅仅两句诗，无一贬词，而官僚政治的腐败，地方官吏的假公济私，却十足勾画出来了，真是入骨三分，足见诗人眼光的敏锐。这两句是全诗主题思想的点睛之笔，不仅在思想内容上使全诗生色，在结构上也起着上下勾连的作用。

诗的最后四句，意在描写筑城带来的后果，妙在借景寄意，不着议论。诗人把他金刚怒目的强烈感情，完全融入四句对比鲜明的景物描写中去：昔日无城的旷野，而今屯戍林立——这是写由“无”变“有”；然而只见高城鳞次栉比，却不见城中之人——这是写由“有”变“无”。筑城本是要保卫人民的，而今却无民可保了。人呢？那筑城的、烧窑的、斫木做楼橹的“万夫”哪里去了？迁徙他乡了？不，筑城时不迁移，城筑好了哪有迁徙之理？原来是在“白棒呵责”之下，困顿而死了！那嶪嶪高城，正是筑城者的尸骨垒成；而筑城官员正可以此邀“功”，加官晋爵了，至于万民的死活，管他作甚！诗人的愤激之情，至此喷薄而出。

在诗中，诗人不发一句议论，全用事实说话，事实胜于雄辩，最有说服力。诗所鞭笞的不仅仅是筑城的地方官员。那“忧边”的丞相，不管有无需要、不顾人民死活，只要筑城就给以奖掖提拔，虽无一贬词，却也昏庸可见了。 （张燕瑾）

苦 寒 行

刘克庄

十月边头风色恶，　官军身上衣裘薄。
押衣敕使来不来？　夜长甲冷睡难着。
长安城中多热官，　朱门日高未启关。
重重帏箔施屏山，　中酒不知屏外寒。

南宋政权局于东南一隅，先是受到金邦、后是受到蒙古政权的威胁，怎样巩固边防，防止外来侵扰，是关系到国家存亡的重大问题，刘克庄这首诗是从一个侧面反映出当时边防情况。

前四句写边疆的士卒生活。十月的边疆，气候恶劣，守边的兵士，却衣裘单薄。仅仅两句，就写出了十分反常的现象。“风色恶”，即使一般百姓，也已厚衣上身，而边防士卒却是衣单身寒。这就突出了问题的严重性。“押衣敕使来不来？夜长甲冷睡难着。”这两句把士卒的苦寒同“押衣使”联系起来了。押衣使迟迟不来，不仅士卒身受其苦，更重要的是造成了边防危机：军士衣冷难睡，一旦有了敌情，将何以应付？那么，押衣使又为何迟迟不来呢？诗人并不直接作答，反而描绘了另一种景象。

诗的后四句描写京城大官的生活。长安是汉、唐旧都，往往用以代指京城，这里指南宋都城临安。那些京城高官，日上三竿，依然重门深锁，在层层的暖帘和屏风之内，高卧未起。他们酒醉饭饱，怎知道屋外的寒冷！

表面看来，诗人只是把两种截然不同的生活情景并列在一起，作客观的描绘，不加任何评论。实际上，这种对比本身就包含着爱憎褒贬，显示着二者之间的内在联系。在具体描写中，诗人又注意了多方照应，比如，“热官”，就是有权势的大官，著一“热”字，其气焰熏天之状可见，与军士的“冷”适成对照。贵人的“朱门日高未启”和戍卒的“夜长甲冷难睡”，则构成了更为鲜明的对照。一方面，是十月边头风色恶，身上衣裘薄；另一方面，则是中酒不知寒，芙蓉帐暖度春宵。这是以上层统治集团纸醉金迷之“乐”，来反衬边防戍卒之“苦”。诗人把强烈的感情，寓于形象描写之中，既显豁，又蕴藉。此外，达官贵人之所以能歌舞升平，全仗戍卒的艰苦守边，而这些显贵们但知热衷功名利禄，对此是不会加以考虑的，即使是押送寒衣的例行公事，也迟迟不办。试问，一旦大敌猝至，将如何抵御？那时，今日的热官只有沦为阶下囚，巨宅细软、歌儿舞姬，也只有成为他人的囊中物。这些，都是题外的话，留待读者去思索了。

（张燕瑾）

军　中　乐　　刘克庄

行营面面设刁斗，　帐门深深万人守。
将军贵重不据鞍，　夜夜发兵防隘口。
自言虏畏不敢犯，　射麋捕鹿来行酒。
更阑酒醒山月落，　彩缣百段支女乐。

谁知营中血战人，　无钱得合金疮药！

诗题为“军中乐”，但军中乐的，可不是广大的兵士，而是将军。诗的前八句就围绕一个“乐”字着笔，描写将军的生活。开始两句先描写将军的生活环境：军营四周都有夜间打更巡逻的兵士，中军大帐戒备森严，有万人把守。刁斗，古代军中用具，铜质，白天可以烧饭，夜间用来打更。“面面”与下句的“深深”相对，写出了军营肃穆的景象。从这两句诗来看，颇有战争的气氛，警惕性之高、戒备之严还真像个边防将军的样儿！接着，诗人之笔又深入一层，带领读者穿过重重的卫士，看到了帐中的将军。将军的职责就是行军打仗，就要过戎马生涯。这位将军却不然，他自恃身份贵重，不披铠甲、不骑战马，夜夜只派遣兵士去防守险要的关口。将军而不据鞍马，难道是一员儒将，“运筹帷幄之中，决胜千里之外”(《史记·高祖本纪》)？不，诗人又指出：将军自以为敌方不敢进犯，于是行围射猎以助酒兴了。畋猎，古人认为可以申文武之教(见《晋书·乐志下》)，可以激发人的豪情。可惜这位将军全不是为此，他只是为了猎获一些麋鹿来佐酒。但还不止于此，古人认为军中有女子，会影响军队的士气(见《汉书·李陵传》、杜甫《新婚别》)，而这位将军却有女乐随军。诗人跳过将军饮酒歌舞寻欢作乐的场面不写，却抓住酒醒后赏赐歌女的情景作描绘：月落更尽，将军酒醒，把成百段的彩绸彩缎赏赐给歌儿舞女。更阑月落，写将军佚乐之久；彩缣百段，写将军赏赐之豪。歌舞的场面呢？诗人不著一字，却通过将军的沉醉、赏赐的无度，让读者去想象其豪华奢靡。不从正面着笔，却能尽得其意。

诗的最后两句情调突变，由将军转向兵士，由写乐转为写悲。士卒苦战受伤，却无力支付治刀伤的药费。这样的鲜明对比，具见诗人的愤慨之情。

对一个将军来说，要想指挥战争取得胜利，首先要看他能否正确分析当时的军事形势。诗里的将军对形势的判断是：“虏畏不敢犯”，妙的是前面加了“自言”两字，这便有深意。他只是自以为如此，事实如何，那是另一回事了。再说，将军自己是否真的以为“虏畏不敢犯”呢？也不见得。如果真是这样，他就不会“行营面面设刁斗，帐门深深万人守”，也不会“夜夜发兵防隘口”了。他明知敌军猖獗，才用重兵守卫。可惜，不是用重兵守边，而是用重兵严密保卫自己寻欢作乐。明知形势如此，偏说形势如彼，自欺欺人。这不是麻痹大意，而是不顾国家安危，不顾士卒，不恤边事，但求及时行乐。一方是射猎行酒，轻歌曼舞，另一方则是转战沙场，血流如注；一方是百万缠头，一掷无吝色，另一方则是呻吟反侧，无钱合药；这种种对比，不仅揭示出官兵的对立、将军的腐朽，边防的危殆也可想而知了。

诗中所写并不是诗人在危言耸听，而是南宋现实的写照。“营幕之间，饱暖有不充，而主将歌舞无休时；锋镝之下，肝脑不敢保，而主将雍容于帐中”（辛弃疾《美芹十论》第六），就是这首诗最好的注脚。诗人对将军的愤恨、对士卒的同情、对边防的担忧之情，在对比间也就显而易见了。　　（张燕瑾）

冶　城　　　　刘克庄

断镞遗枪不可求，　西风古意满原头。
孙刘数子如春梦，　王谢千年有旧游。
高塔不知何代作，　暮笳似说昔人愁。
神州只在阑干北，　度度来时怕上楼。

冶城在今江苏南京市内朝天宫一带。据《六朝事迹》记载，这里本来是春秋时代（一说是东吴）一个冶铸中心，所以叫冶城。古代这里冶铸的主要是刀枪剑戟等兵器，而冶城又是历史上兵家必争之地，多次成为南北相争的要冲。因而诗人们来此漫游登临，多半会触动他们历史兴亡、人事沧桑的感慨，写出怀古伤今的诗篇。生当南宋末期的刘克庄，面临北土被占、偏安江左而又恢复无望的政治局面，这种感情自然格外强烈，这首《冶城》诗就是一首表面怀古实则伤今，将古今时空交织在一起的力作。

首联直承“冶城”二字起兴。这里既然曾是冶铸兵器之所，历史上多少威武雄壮的战斗活剧在此上演，那么要找一些断箭残枪，帮助人们辨认历史的遗迹总是不困难的吧？劈头闯入我们眼帘的“断镞遗枪”四字就这样和“冶城”直接相关，而带着一种凝重的历史感。可是紧接着却是“不可求”三字，一下子又把我们抛入一种茫茫然无可奈何的情境之中，历史的无情也就不言而喻了。因而下句“西风古意满原头”就蕴藏着一股悲哀苍凉的感情，“西风”是现实可感的，“古意”是抽象内在的，将二者结合起来，说它们“满原头”，就使那抽象的思想活动变得形象化了。而“西风”的萧瑟之感又和历史无情产生的悲凉之情十分协调。

颔联由“古意”生发，将时空转向往昔。“天下英雄谁敌手？曹刘。生子当如孙仲谋。”（辛弃疾《南乡子・登京口北固亭有怀》）可是孙权、刘备这些英雄豪杰也全被历史淘汰了，他们那些叱咤风云、横枪跃马的非凡事业到头来还不是一场春梦吗？东晋的谢安和王羲之曾登临冶城，“悠然远想，有高世之志”，今天诗人重来他们的旧游之地，却已物是而人非，大有“旧时王谢堂前燕，飞入寻常百姓家”的感慨。这一联选取孙刘和王谢这些和冶城有关的典型的历史人物作为怀古的对象,是十分恰当的。

颈联则又从历史回到了现实。“高塔”是所见,但却已“不知何代作”,“暮笳”是所闻,入诗人耳中,也似乎在倾诉古人的感慨悲愁。现实的景物全由于“移情”作用而感染上了诗人的主观色彩。塔用“高”修饰,笳用“暮”修饰,这些普通字眼其实都在平淡中见出功夫,因为塔之高和“不知何代作”的历史之长久有一种词性上的相关,更能暗示出一种情感上的悠远之想。而迷茫凝重的暮色也和渺远深沉的历史在情态上互相映衬。再者,这首诗抽象的抒发较多,这里用“高塔”“暮笳”这样富有形象感的字眼加以调剂也是必要的。

如果没有最后一联,那么这首诗不过是一般的怀古,并无多少特别深刻的内涵。“神州只在阑干北,度度来时怕上楼”,把怀古和严峻的现实结合起来,诗的意境一下子提高了。原来诗人的惆怅、悲哀、感慨、消沉,并不是文人墨客的无病呻吟,而有着现实生活的深刻根源。大好河山,长期不复,南宋的统治者们却只知苟且偷安,连半壁河山也岌岌可危,这怎能不使一个有爱国心的诗人感到无限的痛苦呢?我每次来冶城游历,不愿意登高远望,并不是真的害怕“发思古之幽情”,为古人担忧,只是不忍心看到那入于敌手的锦绣江山啊!“度度来时怕上楼”,强调了每一次都为金瓯残破而不忍登临,可见其感情之沉痛强烈。刘克庄之所以能成为“江湖派”诗人里的佼佼者,和他这种深挚的爱国之情不无关系吧。(梁归智)

赠防江卒六首(其五、其六)　　刘克庄

战地春来血尚流,　残烽缺堠满淮头。①
明时颇牧居深禁,②　若见关山也自愁。③

一炬曹瞒仅脱身,④　谢郎棋畔走苻秦。⑤
年年拈起防江字,　地下诸贤会笑人。⑥

〔注〕 ① 烽:烽火,也称烽燧。古代在边境上设烽火台,遇有敌警,在台上烧起烽火来报警。堠(hòu):瞭望敌情的土堡。淮头:淮河边上。 ② 明时:太平时期,也可作政治清明的时期解。颇牧:指廉颇和李牧。战国时期赵国的良将。深禁:禁戒森严的深宅大院。 ③ 关山:这里指边疆。 ④ 曹瞒:曹操小名阿瞒。 ⑤ 谢郎:指谢安。苻秦:东晋十六国时氐族建立的前秦,君主姓苻,故称苻秦。这里指秦王苻坚。 ⑥ 地下诸贤:指周瑜、谢安等人。

南宋王朝自孝宗隆兴二年(1164)和议之后,主和派再度当权,放弃了北伐抗金恢复中原的政策,前沿阵地,武备废弛,一时文恬武嬉,国运一蹶不振。宁宗开禧二年(1206)韩侂胄定议伐金,因准备得很不充分,打了败仗。此后十多年间,

宋金双方经常发生战争,互有胜负,至嘉定十七年(1224)重行议和。诗人刘克庄激于爱国热情,对边境情况以及国家在军事方面存在的危机非常担心,《赠防江卒》六首正是在这样心情下写成的,诗约作于嘉定和议前后。

前一首,表现作者对普通战士的关怀,对前线防务不修的深切忧虑,对不顾国家安危泰然安居后方的将领感到痛心,并作了辛辣的讽刺。起句“战地春来血尚流”,严正地表明,前线战争仍在不断发生,情势仍然吃紧,仅在今年春天,战士们仍在流血作战。那么前线的防备情况是怎样呢?第二句告诉人们:千里淮河沿线,烽残堠缺,武备荒弛。原来用以举烽报警的烽火台,现在已残缺了;原来用以瞭望敌情的土堡,现在已缺毁了,而且整个淮河防线都是如此,对敌方的警戒全无,又怎能抗敌制胜呢?第三四两句:“明时颇牧居深禁,若见关山也自愁”,诗人沉痛地指出,当时不仅边防不修,负责军事的某些将军,他们不是在前方指挥战事,在刀光剑影中生活;而是躲在后方警卫森严的深宅大院里享乐。他们根本不和战士们同甘共苦,更不了解前线的情况。当时并不是什么“明时”,将军们也并无廉颇、李牧的将略。他们看不到战地上还在淌着新流的鲜血,闻不到残烽断堡中发散出来的血腥味,这又是多么令人悲愤的事啊!然而作者的笔墨,并不停留在单纯的讽刺上,而是希望将军们觉察到时局的艰危,有所警惕,告诫他们要共赴国难。“若见关山也自愁”,正是点明了这层意思。如果将军们到边境上看看,他们也许会发愁吧!诗意感慨深沉,抒发了诗人忧虞国事的胸怀。

后一首,诗人针对南宋当时存在于士大夫之间的“吴楚之脆弱,不足以抗衡中原”的谬论,举出历史上南方军队抗击北方入犯者的两个战例,说明只要决心抗金,掌握敌情,就能不失时机地“以弱胜强,以少胜多”。汉末建安十三年(208)赤壁之战,由于周瑜、诸葛亮等人同心协力,利用曹军的弱点,用计火攻,赤壁一战把几十万曹兵杀得大败,曹操仅以身免。东晋太元八年(383)淝水之战,前秦苻坚大举南犯,步骑并进,号称百万。苻坚曾夸耀自己的兵力说:“投鞭于江,可以断流”,可见军威之盛。东晋的宰相谢安,在强敌压境、举国震惊的情况下,他有谋有断,指挥若定,在决战之前还在和人对棋,态度非常镇定。终于以八万兵力,一鼓作气,把苻坚的军队击溃,东晋得以转危为安。“一炬曹瞒仅脱身,谢郎棋畔走苻秦”,是作者对这两次战役的概括。以南宋的国力而论,远远超过当年抗击曹操的孙权和刘备,也胜过当年的东晋。因之从赤壁之战、淝水之战来分析,充分表明,只要指挥统一,坚决御侮,吴楚之士完全可以战胜北方之敌。诗人感叹南宋并不是没有像周瑜、谢安一流的人才,却因执行投降路线,坐失良机,以致忠义愤发具有将帅之才的志士,得不到报国的机会。在秦桧掌权的时候,达成可耻的绍兴和议，媚敌求和，摧残忠勇，岳飞以“莫须有”的罪名含冤而死，其他抗金名将，多被迫解除兵权，郁郁老死牖下。主战的大臣赵鼎等人，被贬被罢职，民心摧沮，士气消沉，国家再没有一点生气。嗣后孝宗继位之初，虽曾一度有志恢复，但不久之后，主和派又占了上风，达成隆兴和议。像辛弃疾那样“智略无前、文武兼备”，久经沙场锻炼的人才，长期遭受排挤和打击，徒然使英雄志士，悲愤填膺。可见南宋并非没有人才，而是有才不用。作者念及国家前途，抚今思昔，感慨万端。诗的后两句：“年年拈起防江字，地下诸贤会笑人”，正是前面引用的历史事例和当前的情况对照来写的。南宋王朝虽然也年年提起防江的事，但实际上是边防废弛，对虎视眈眈的金人，全无戒备之心，在主和派操纵之下，充任将领者多为因循苟且的庸才，这样的情势，倘使当年的周瑜、谢安诸贤地下有知，又怎能不失笑呢！全诗借古喻今，深沉激壮，发人深省。（马祖熙）

郊　行

刘克庄

一雨饯残热，　忻然思杖藜。
野田沙鹳立，　古木庙鸦啼。
失仆行迷路，　逢樵负过溪。
独游吾有趣，　何必问栖栖？

这首诗紧扣题目，写郊野独行景象和感受。一起先写郊行之因：“一雨饯残热，忻然思杖藜。”意谓夏天的阵雨驱走了炎热，雨后清新凉爽的空气唤起了诗人郊游的雅兴，忻然扶杖而行。“忻然”一词道出了作者因雨后清凉而产生的身心两方面的快感。一个“饯”字形容雨后暑气消散情景，活泼传神。

中间两联正面描写郊行。颔联写郊行所见：“野田沙鹳立，古木庙鸦啼。”诗人放眼望去，只见在一望无际的野田里栖息着点点沙鹳，从参天古木的浓荫深处不时传来几声乌鸦的啼叫，给这幽寂的旷野更增添了几分凄清。作者不事藻饰，不着颜色，只捕捉住富有特征的景物，寥寥几笔便勾勒出一派静谧旷远的郊野景象，从中透露出闲适恬淡的心情。

颈联承上继写诗人郊外的行踪：“失仆行迷路，逢樵负过溪。”这两句不作任何刻画渲染，但读者正可从中领悟到郊原景色的天然野趣，令人流连忘返，以及诗人郊行时萧散自得的神态和浓烈的游兴。

末联进一步抒发自己的感情：“独游吾有趣，何必问栖栖？”“栖栖”，形容忙碌不安的样子，语本《论语·宪问》：“微生亩谓孔子曰：‘丘何为是栖栖者与？无乃为佞乎?'"问,从事的意思。此联意谓:此地尽可避世,我倚杖独游,颇有自得之趣,何必栖栖遑遑,奔走道途呢?至此,读者便不难明白,作者在这首诗里所要表现的便不只是一次郊行的过程,而是表现了避世之想,以示对现实的不满。这才是诗作的旨趣所在。

此诗句句扣题,首联写郊行兴起之因,中间两联写郊行,末联抒郊行之趣。结构完整,针线细密。文笔清疏简淡,气韵流畅,既展现了郊野清幽的境界,又透露出作者萧散的情怀,颇有姚合、贾岛诗的风味。 (张明非)

示 同 志　　刘克庄

满身秋月满襟风,　敢叹栖迟一壑中。
除目解令丹灶坏,　诏书能使草堂空。
岂无高士招难出,　曾有先贤隐不终。
说与同袍二三子,　下山未可太匆匆。

刘克庄一生正直耿介,爱国忧民,却为当时腐朽的南宋朝廷所不容,仕途颇多坎坷,所以在他的诗里每每流露出愤世嫉俗的情绪。此诗即借慨叹隐居之难和劝人隐逸不出,曲折地表达了他的这种感情。

起句"满身秋月满襟风",生动地描绘出隐逸的情趣,使人自然联想起唐代诗人王维描写隐居生活的名句"松风吹解带,山月照弹琴"(《酬张少府》)。这里虽未直接刻画人物,但透过"秋月"、"秋风"的环境和两个"满"字,仿佛使人看到了诗人超尘脱俗、清高飘逸的隐士形象。隐居生活既是如此闲适自得而又充满着情趣,所以下面紧接着说自己虽栖迟深壑而未敢叹息。"敢",即"岂敢";"栖迟",指淹留、隐遁。实际上这句已流露出仕途失意的情绪,现出进既不容于朝、退又不甘于隐的无可奈何的复杂心情。

接下来中间四句,用对偶的句式、铺排的手法渲染隐居之难。"除目解令丹灶坏,诏书能使草堂空。""除目",指朝廷的任免名单;"诏书",指皇帝的命令文告。这里均用以指代荣华富贵。唐人姚合《武功县中作》中即有"一日看除目,终年损道心"之句,与此用意相同。"丹灶",指道士炼丹的灶,引申为修道;"草堂",指文士避世隐居之所,暗用孔稚珪《北山移文》之意,这里均用以指代隐逸生活。这两句意思是说,功名利禄常常动摇人隐居的志向。"岂无高士招难出,曾有先贤隐不终。"这两句是说:历史上虽然有过不为名利所动、坚隐不出的志行高洁之士,但也不乏未能坚持操守隐居始终的先贤。"岂无"、"曾有",开合相应,对仗极为工整，不仅以古人为例说明隐居之难，而且借古喻今，讽刺了那些所谓"先贤"不过是矫情作伪的假隐士，如周颙、卢藏用之流。在平淡的语言外壳下蕴含着诗人对虚伪世态的愤激之情。

结末两句"说与同袍二三子，下山未可太匆匆。""同袍"，语出《诗经·秦风·无衣》："岂曰无衣，与子同袍。"表示友爱。"同袍二三子"，化用《论语》中孔子指门徒"二三子盍各言尔志"的话，借指志同道合的友人。这两句一方面紧承上文，一方面照应题目，情词恳切地劝诫友人未可轻易下山。语言虽平易得近乎口语，却极富包孕，诗人多少难言的隐痛、对现实社会的清醒认识以及对黑暗政治的无比愤慨，尽寓其中。

此诗最大的特点是，既不作景物描绘，也不用词藻雕饰，只以议论为主，直抒胸臆。这种手法往往容易流于浅露，但因作者言之有物，中含感慨，同时又能直中见曲，将明确的诗意以委婉纡徐的语气出之，所以读来不使人感到抽象。（张明非）

归至武阳渡作　　刘克庄

夹岸盲风扫楝花，　　高城已近被云遮。
遮时留取城西塔，　　篷底归人要认家。

这首诗选取的是游子将抵家时的一个片断情景，表现了久客思家之情。诗题《归至武阳渡作》，统领全篇的，正是一个"归"字。

一二句"夹岸盲风扫楝花，高城已近被云遮"，重在写景，又在景中寓之以情。首先点明诗人归来走的是水路。其时是楝花盛开的初夏，轻舟而下，诗人伫立船头，"高城已近"，家乡正在眼前，心情正与这顺风快船一般轻快。后半句波折顿起，天边飘来乌云，一下将高城遮没，诗人的情绪也一转而为懊丧。思家心切，如今得见"高城"，又为乌云所遮，怎不令人惋惜！

三四句"遮时留取城西塔，篷底归人要认家"，由写景转入抒情，情中有景。乌云遮没高城，虽然可恼，但无可奈何，只望乌云能放过城西高塔，因为它正是借以认家的指南，他的家，就在城西塔下。诗人思归之情在此达到了顶点，全诗随之戛然而止。

写景与抒情的妙合无垠是这首诗的特点。水岸、疾风、楝花、城池、乌云、高塔，都是归人眼中所见之景，无不染上感情色彩。诗中所抒发的都是真情实感，绝无矫揉造作之态。刘克庄在宋末诗名甚大，一生中诗风数变。这首诗明白如话，质朴直率，可以见出他诗风的一个方面。（黄　刚）

落　梅　　　　刘克庄

一片能教一断肠，　可堪平砌更堆墙。
飘如迁客来过岭，　坠似骚人去赴湘。
乱点莓苔多莫数，　偶粘衣袖久犹香。
东风谬掌花权柄，　却忌孤高不主张。

此诗是刘克庄的咏梅佳作。嘉定年间，诗人任建阳（今属福建）令时，赋了这首《落梅》诗，其中有"东风谬掌花权柄，却忌孤高不主张"之句，被言官李知孝等人指控为"讪谤当国"，一再被黜，坐废十年。这就是历史上有名的"落梅诗案"。诗人对此深感不平，他后来所写"梦得因桃数左迁，长源为柳忤当权。幸然不识桃与柳，却被梅花误十年"（《病后访梅九绝》）及"老子平生无他过，为梅花受取风流罪"（《贺新郎·宋庵访梅》），都强烈地表露了他难以抑制的愤懑。但正直孤高的诗人并没有因此而屈服，相反从此便开始了他大量的咏梅诗词的写作（一生写了一百三十多首咏梅诗词），托物寄情，一发而不可收，表现了他的铮铮傲骨和高洁的品格。

这首《落梅》确乎不同于一般以体物入妙为主的咏物诗，而是有着深刻的寓意。当时南宋朝廷已经奄奄一息，濒于灭亡，统治阶级的上层人物却依旧沉迷在西湖的"销金窟"里醉生梦死。目睹此情此景，爱国忧民的诗人真是万分痛心。他由自己备受压抑报国无门、有志难伸的境遇，自然联想起历史上屈原、韩愈、柳宗元等仁人志士，空怀一腔忠愤却不得重用反遭迫害的悲惨遭遇，不禁对历代当权者嫉贤妒能、排斥异己的卑劣行为产生了极大的愤慨。但这一切又不便明言，于是便将自己内心的悲愤和不满通统借"落梅"曲折地传达出来。

诗一起便描绘了一幅凄凉衰败的落梅景象，透露出作者浓重的感伤，奠定了全诗凄怆忧愤的基调。"一片能教一断肠，可堪平砌更堆墙。"每一片飘零的梅花都使诗人触目愁肠，更哪堪那残破凋零的花瓣竟如雪片一般纷落，铺满了台阶又堆上了墙头呢？这两句诗与李后主《清平乐》词中的名句"砌下落梅如雪乱，拂了一身还满"所描写的意境极为相似，同样生动地表现了诗人惜花复伤春的情感。正是眼前这凄清的自然景象唤起了诗人对社会、人生的丰富联想。

颔联承上，用工整的对仗、形象的比喻进一步刻画落梅："飘如迁客来过岭，坠似骚人去赴湘。"两句诗不仅生动描绘出落梅在风刀霜剑摧残下枯萎凋零、四散飘坠的凄惨情景，而且高度概括了历史上无数"迁客"、"骚人"颠沛流离的不幸遭遇。"迁客来过岭"，用"一封朝奏九重天，夕贬潮州路八千"的韩愈的典故；"骚人去赴湘”,指柳宗元因“永贞革新”失败被贬永州(今湖南零陵)一事。然而,这里的“迁客”、“骚人”又不仅指韩、柳,而且泛指漫长的封建社会里包括屈原、李白、白居易、刘禹锡、陆游等人在内的一切仕途坎坷的有才有志之士,含蕴极为丰富。在手法上,诗人将典故融化在诗里,如水中着盐,不见痕迹,显示了他在这方面的深厚功力。同时,用“迁客”、“骚人”迁谪放逐的遭遇来比喻“落梅”,不仅表达了对梅花的深刻同情,而且是对“迁客”、“骚人”梅花般高洁品格的赞美。取譬十分贴切。

颈联继写落梅之结局:“乱点莓苔多莫数,偶粘衣袖久犹香。”“乱点莓苔”,写曾经是那么美好高洁的梅花如今却沉沦萎顿于泥土之中,寂寞凄凉地与莓苔之类为伍。“多莫数”,极尽梅花凋残之形容,表现出诗人对其不幸命运的无限叹惋。但接下去却将笔锋一转,写梅花飘摇零落而不失其高洁,香气经久不灭。这两句与陆游《咏梅》中“零落如尘碾作泥,犹有香如故”异曲同工,赞美的显然不只是梅花,更是指那些虽身遭挫折而不改初衷、不易志节的“迁客”、“骚人”,运笔委婉,寄托遥深。

以上三联反复烘托渲染落梅景象,尾联在此基础上抒发议论,点明正意,是全篇的画龙点睛之笔。通常诗人在描写落梅之后多抒发自己的伤感,这里却别具会心地责备东风说:“东风谬掌花权柄,却忌孤高不主张。”表面上谴责东风不解怜香惜玉,却偏偏掌握了对众花生杀予夺的大权,忌妒梅花的孤高,任意摧残它,实则将暗讽的笔触巧妙而曲折地指向了历史上和现实中一切嫉贤妒能、打击人才的当权者。同时寄托了自己仕途不遇的感慨以及对当前这个弃毁贤才的时代的不满。笔力奇横,言近旨远,讽喻之意、不平之气,溢于言表。

这首咏梅诗通篇不着一梅字,却不仅刻画出梅花的品格和遭遇,而且处处透露出诗人的自我感情,是咏物诗的上乘之作。然而运笔却又是那么委婉,写梅又似写人,其旨在有意无意之间,表明诗人十分善于将悲愁感兴巧妙地融汇在诗歌形象之中,故能将咏物与抒怀结合得如此天衣无缝。此诗从咏梅这一常见题材中发掘出不平常的诗意,新颖自然,不落俗套,启人深思。从哀感缠绵中透露出来的那股抑塞不平之气,正是广大文士愤慨不平心声的集中表露,无怪当权者视为“讪谤”,一再加害于他,而这便是此诗的旨趣所在。 (张明非)

西 山

刘克庄

绝顶遥知有隐君, 餐芝种术麈为群。
多应午灶茶烟起, 山下看来是白云。

这首七绝,用笔曲折,含蕴丰富,而又不失韵致,很能体现宋人七绝的长处。

诗的描写对象是一位“隐君”。开头突兀而起,把读者的目光一下子直接引向西山的“绝顶”。山的绝顶自然是人迹罕至,这位隐君子只是被人们所“遥知”,欲见极难。芝,指灵芝草,古人认为灵芝是仙草,服之可以长生;术,白术,也是一种药草。这句是说,这位隐君子仙风道骨,不与人间往来,只与麋鹿为伴。这个人物带有一种神秘感,自然地引起读者的强烈兴趣:这个“隐君”是谁?为什么独自隐居在深山绝顶?

接下去,诗人似乎应该回答读者的疑问,正面写隐者的面目了。但他没有这样做,而是把笔锋一转,描写了一个特定场面。“多应”是揣测之词,这两句诗的意思是,多半是隐君午灶煮茶,炊烟飘起,在山下看来,犹似朵朵白云,缭绕山顶。诗人拉开空间距离,把读者置于山下尘寰,只能遥望高居于绝顶之上的隐君。绝顶令人仰之弥高,茶烟如云的形象更给人以缥缈难寻的感觉。从这里,我们看到诗人写人物的手法颇为巧妙别致,他虽然没有直接表示自己的情感,但是读者从这多方面的烘托中仍不难看到诗人对这位隐君的仰慕之情。

西山在何处,隐君子为谁,今天已无从考证。刘克庄是一个关心现实的诗人,写了不少反映民生疾苦、抨击时政的诗篇。他笔下的隐士也都是一些“白首不弹冠”(《寄赵昌文》)、“闭户自为千载计,入山又忍十年贫”(《寄韩仲正》)的耿介之士。这首诗中的“隐君”宁与麋鹿为群,也不愿混迹于人世的尘嚣之中,也应是一个志行高洁、落落寡合的人,否则不会得到刘克庄的衷心倾慕。(何大江)

【作者小传】

周　弼

生卒年不详。字伯弼,汶阳(今山东曲阜)人。周文璞之子。嘉定进士。曾为江夏令。宦游吴、楚、江、汉之间四十年,所到皆有作,声腾名振江湖,为江湖派诗人。工画,以善墨竹擅名。有《端平集》。

夜　深　　　　周　弼

虚堂人静不闻更,　独坐书床对夜灯。
门外不知春雪霁,　半峰残月一溪冰。

这是一首即事成咏的小诗,描写诗人雪夜读书的情景。题目用“夜深”而不用“夜读”,可知其侧重点不在于写读书,而在于写读至夜深时分周围环境给予自己的感受,这种感受,实际上又从侧面表现了一种专心夜读的意趣。

一二两句，首先从室内氛围写起，然后点出读书人。“虚堂”、“人静”、“不闻更”，都是“独坐书床对夜灯”的读书人的感觉。按正常的顺序，那么应当是“独坐书床对夜灯，虚堂人静不闻更”。现在倒过来，先写感觉，后写感觉的主体，正是为了突出夜深人静的环境气氛。“虚堂”是视觉感受，“人静”、“不闻更”是听觉感受。诗人独坐书床，灯下苦读，不知不觉已到深夜，竟连更声也没有听到。短短两句，紧扣题目，把深夜室内的景象给写尽了。

关于绝句的章法，元人杨载的《诗法家数》认为：“大抵起承二句固难，然不过平直叙述为佳，从容承之为是，至于宛转变化工夫，全在第三句，若于此转变得好，则第四句如顺流之舟矣。”此诗前两句写夜深，也只是“平直叙述”，“从容承之”，其妙处正在于第三四句。诗人宕开诗境，转换空间，由室内而“门外”，妙在避实就虚，另辟新境。门外，不知什么时候，春雪已经停了。远望天空，一弯残月挂在半山；近看门前，一溪流水悄然成冰。这一切都是在诗人夜读时不知不觉中发生的，暗示时间的推移，夜读已久。“不知”二字，看似平淡，细细玩味，便觉相当传神，它如实地写出诗人久读后起身开门四望的瞬间感受，也透露了诗人夜读后安恬自得的心情。

王维《秋夜独坐》云：“独坐悲双鬓，空堂欲二更。雨中山果落，灯下草虫鸣。”也是从视觉、听觉的感受，从室内、室外的不同侧面，来表现秋夜独坐时的空寂心情。但一写秋夜，一写春夜；一写上半夜，一写下半夜；一写坐禅，一写读书。二者具体内容和意境都不同。王维欣赏的是一种虚空感：静心默坐，听凭时光在自然界的变化中悄悄流逝。周弼自得的是一种充实感：灯下夜读，不负时光的暗转。尽管周弼描绘的重点也在于室内氛围和室外夜景，诗所烘托的却是一个勤奋好学的读书人形象。

（刘德重 顾伟列）

【作者小传】

姚 镛

生卒年不详。字希声，号雪篷，又号敬庵，剡溪（今浙江嵊州）人。嘉定十年（1217）进士。为吉州判官，擢守赣州，后贬衡阳。有《雪蓬稿》一卷传世。

访中洲

姚 镛

踏雨来敲竹下门， 荷香清透紫绡裙。
相逢未暇论奇字， 先向水边看白云。

此诗题目名曰访“洲”，实是访人；虽是访人，诗中重点却是洲中景色；文字上虽从洲上景色着笔，而诗之情趣，则仍在主客之间对生活的默契，心情的交流。

全诗四句，初看似平淡易懂，实际上是深入浅出，亦即含意很深，而文字简明。诗人不于晴日来访友，而于雨天来。看来这踏雨情趣，亦如夜雪访戴。踏雨敲门，而且是竹下之门，则主人的胸怀可知。主客之间同此情怀，所谓“二三知己，不足为外人道”者，竟泄露春光为外人道矣。

荷花得雨，清香四溢，亭亭玉立之状可想。雨丝花香，令人心醉。此句虽是写自然景色，而诗人之精神世界亦如雨中荷花，于迷蒙中散其沁人清香。王国维曰：“昔人论诗词，有景语情语之别。不知一切景语，皆情语也。”意谓诗中之景为情而设，原不存在离开人的感情作纯事物描写之艺术家及艺术品也。此句写敲门时所见，自有一种野趣生于笔底。

绝句以第三句为重，因于转折处能见出作者功力。转得好，才能承上启下；转得好，才能收得好，才能有警句。

说起“奇字”，那是扬雄的“专业”，所谓奇字，是一种异于小篆的字体，是一种不可以用六书偏旁推知的文字，今已失传。扬雄曾以奇字得祸，投阁几死，故稼轩词曾有“识字扬雄曾投阁”的话。姚镛这里的奇字实际上指的是学术探讨。从字面看，作者似乎有意在雨天来找主人谈些疑难问题的，但是，一种在诗人看来更为紧迫而重要的事情，使他无暇实现原来的意愿，只是同前来开门的主人急忙冒雨走向水边，看那雨中出岫的茫茫的白云。“未暇”与“先向”二语，看似轻松，实则很具急迫感。这种急他人所不急之务，正好刻画了他们的情操。

诗论家说：“诗人善道没要紧语”，诗人亦善作没要紧事。所谓要紧没要紧，正是诗人、艺术家不同于一般人之处，在一般人看来是没要紧的事，在诗人看来，却为要务。

论奇字已可算作“没事忙”，而有更先于此者，即“看白云”是也。陶弘景隐居山中，召之不起，齐高帝问其“山中有何佳处?”答诗曰：“山中何所有，岭上多白云，只可自怡悦，不堪持寄君。”历代诗家对白云都有特定的感受，南宋的张炎甚至名其词集为《山中白云》。联系到南宋后期政治的腐败以及正人的被排斥情况，这第四句对现实不满之情，自在言外。

（孙艺秋）

【作者小传】

冯去非

(1192—?)　字可迁，号深居，南康都昌(今属江西)人。淳祐元年(1241)进士。干办淮东转运司。宝祐四年(1256)，召为宗学谕。

所　思　　冯去非

雁自飞飞水自流，　　西风不寄小银钩。
斜阳何处横孤簟，　　十二阑干一样愁。

这是一首语淡情浓，韵味悠远的好诗。作者冯去非，字可迁，号深居，南宋淳祐元年进士，曾任宗学谕之职。元人方回称其"诗峭健，晚颇深晦"(《桐江集·跋冯深居诗》)。可惜他的诗文流传到今天的并不多。

首句点明季节：是一个秋风萧瑟、北雁南飞的秋日。这样的季节，这样的景物，最易勾人离愁。游子望归雁而忆故里，思妇对秋风而念远人。诗中写大雁之去，不是"远飞"、"南飞"、"高飞"，而是"飞飞"，刻画出雁群南飞不已的情景。作者身当此境，目睹征鸿，心已随之远去，但恨无双翼，依然羁留他乡；水流不止，却偏偏无情，不能载我归舟，只是徒增一番愁苦。两个"自"字，使客观景物带上了浓厚的主观色彩，充分体现了作者的怅惘之意，无可奈何之情。

既是思归不得，退而求其次，就盼望着得到一纸家书，更何况传说鸿雁有传书之能。可惜，就连这一点聊胜于无的安慰也得不到。西风无情，吹来了无边愁思，却不解寄送书信。辛弃疾《祝英台近》云："是他春带愁来，春归何处，却不解、带将愁去？"构思已颇奇特。冯去非的想象却更深了一层，盼西风在"带愁来"的同时，也能为他做件好事，但又终于成空。客观事物的无情再次和主观愿望形成强烈的对比。同时也为三四两句作好了铺垫。

"小银钩"，指书法的遒美，这里用来代替"书信"。语本白居易《写新诗寄微之偶题后》："写了吟看满纸愁，浅红笺纸小银钩。"浅红的笺纸、秀劲的书法，再加字里行间充溢着深情厚爱。作者并未正面描绘他所思念着的那个人，但通过"小银钩"三字，她的形象已跃然纸上。

当此秋风落叶之际，她究竟在做什么？可是在思念远方的亲人？作者极目天际，神驰万里，于是，他的想象中出现了如下的图景：那渐渐西沉的夕阳，长长的日影，透窗而入，照着孤寂的床簟。"横孤簟"三字，既表现了日长难耐，时光流逝之慢，又包含了多少空床独寝的凄凉意味。而用"何处"两字一问，看似无理，却传达出天涯遥望，不胜茫茫的感慨之情。

长日空闺，凄清寂寞，闺中人究在何处？第四句才从室内的"孤簟"移向室外的"阑干"。这令人联想到古乐府《西洲曲》中的名句："望郎上青楼，楼高望不见，尽日栏干头。栏干十二曲，垂手明如玉。"作者只以"十二阑干"四字出之，便描绘了一位长日凭阑，脉脉凝眸的美好的女性形象。而“一样愁”又将浮想联翩之笔，归结到眼前，两地愁思，一样情怀。温飞卿词云：“照花前后镜，花面交相映，”用以形容这首诗的意境，是很适当的。

（黄　明）

【作者小传】

叶绍翁

(1194—?)　字嗣宗，号靖逸，建安（今福建建瓯）人。其学出于叶適，与真德秀友善。诗属江湖派。有《四朝闻见录》、《靖逸小集》。

游园不值　　叶绍翁

应怜屐齿印苍苔，　　小扣柴扉久不开。
春色满园关不住，　　一枝红杏出墙来。

叶绍翁属江湖诗派，擅长写七言绝句，这首《游园不值》更是万口传诵。

这首诗的好处之一是写春景而抓住了特点，突出了重点。

诗人不是写一般的春景，而是写早春之景。早春之景，最有特征性的一是柳色，二是杏花。陆游的《马上作》说：“平桥小陌雨初收，淡日穿云翠霭浮。杨柳不遮春色断，一枝红杏出墙头。”用“杨柳”的金黄、嫩绿衬托“红杏”的艳丽，可谓善于突出重点；叶绍翁的诗，特别是第四句，也许是从此脱胎的。但题目各异，写法也不同。陆游以《马上作》为题，故由大景到小景，先点“平桥”、“小陌”、“翠霭”、“杨柳”等等，然后突出“一枝红杏”。叶绍翁则以《游园不值》为题，故用小景写大景，先概括大地“春色”于一“园”，强调“春色”不但满园，而且“满”到“关不住”的程度，其具体表现是：“一枝红杏出墙来”。陆诗和叶诗都用一个“出”字把“红杏”拟人化，但前者没有写明非“出”不可的理由；后者却先用“关不住”一“呼”，再用“出墙来”一“应”，把“一枝红杏”写得更活。

这首诗的好处之二是“以少总多”，含蓄蕴藉。例如“屐齿印苍苔”，就包含许多东西。仅就写景而言，“苍苔”生于阴雨，“屐”多用于踏泥，“苍苔”而“屐齿”可“印”，更非久晴景象。陈与义《怀天经智老因访之》说：“客子光阴诗卷里，杏花消息雨声中。”陆游《临安春雨初霁》则说：“小楼一夜听春雨，深巷明朝卖杏花。”叶绍翁看来也是从“春雨”声中听到了杏花消息，但他避熟就生，不明写“春雨”，却用“屐齿印苍苔”加以暗示。“春色”既已“满园”，而且“满”得“关”也“关不住”，那么进园去逐一观赏，该多好！然而就是进不去，只能在墙外看看那“出墙来”的“红杏”，而且仅仅是“一枝”，岂非莫大的遗憾！可是这“一枝红杏”，正是“满园春色”的集中表现，眼看出墙“红杏”，心想墙内百花；眼看出墙“一枝”，心想墙内万树，不正是一种余味无穷的美的享受吗？

这首诗的好处之三是景中有情，诗中有人，而且是优美的情、高洁的人。

题为《游园不值》，“不值”者，不遇也。作者想进园一游，却见不上园主人。那么主人是怎样的人呢？门虽设而常关，“叩”之又“久不开”，其人懒于社交，无心利禄，已不言可知。门虽常关，而满园春色却溢于墙外，其人怡情自然，风神俊朗，更动人遐想。

这首诗的好处之四是不仅景中含情，而且景中寓理，能够引起许多联想，从而给人以哲理的启示和精神的鼓舞。“春色”一旦“满园”，那“一枝红杏”就要“出墙来”向人们宣告春天的来临。一切美好的、向上的、生机勃勃的事物，都具有顽强的生命力，难道是墙能围得住、门能关得住的吗？

（霍松林）

登谢屐亭赠谢行之① 叶绍翁

君家灵运有山癖，　平生费却几两屐？
从人唤渠作山贼，　内史风流定谁识！
西窗小憩足力疲，　梦赋池塘春草诗。
只今屐朽诗不朽，　五字句法谁人追？
天台览遍兴未已，　天竺山前听流水。
秦人称帝鲁连耻，　宁向苍苔留屐齿。
乙庵是渠几代孙，　登山认得屐齿痕。
摩挲苔石坐良久，　便欲老此岩之根。
吾侬劝渠且归去，　请君更学遥遥祖。
遥遥之祖定阿谁？　曾出东山作霖雨。
乙庵未省却问侬，　莫是当年折屐翁？

〔注〕 ① 谢屐亭：在天竺山（今属浙江）。

诗词中常用古人古事题材以抒写作者的怀抱，寄托个人的理想。这首七言古体诗，通过对谢行之的同姓古人谢灵运平生志趣的描写，表达了诗人“身在江湖，心怀魏阙”，流连山林，又不甘于淡泊的矛盾心情。

全诗二十二句，可分两大段。从起句到“宁向苍苔留屐齿”，是第一段，综叙谢灵运的怀才莫展，肆意游遨，不肯混同于世的坎坷遭遇。

“君家”四句，开门见山，径直以“山癖”概括谢灵运“寻山陟岭，必造幽峻，岩障千重，莫不备尽”的爱好。接着扣紧题目，以“平生费却几两屐”的疑问表示慨叹。灵运“登蹑常著木屐，上山则去前齿，下山去其后齿”，这句说他平生游山玩水，不知道穿坏了多少双木屐。他“尝自始宁南山，伐木开径，直到临海，从者数百人。临海太守王琇惊骇，谓为山贼”（以上所引均见沈约《宋书》本传）。诗中“山贼”一语即从这里来。诗人借用“山贼”的称呼，以形容他的狂放。谢灵运轻蔑会稽太守孟颉，孟颉怀恨，告到朝廷，说他有“异志”，也就是说他想谋反。逼得他连夜赶到京城去申诉。幸而朝廷没有治罪，以“见诬”销案，不久就派他去做临川内史。诗人对谢灵运为了排遣政治上的不满情绪而表现出的狂放，认为是名士风流，对他因此不为当世所容寄予深切的同情。诗人似乎满怀着个人的身世之感，以“定谁识”的慨叹，喊出了蕴结在心底的不平。

“西窗”四句，极言灵运诗才之美，拈出《登池上楼》诗中名句“池塘生春草”，推崇他的“五字句法”冠绝一时。钟嵘《诗品》中引《谢氏家录》：“康乐每对惠连，辄得佳语，后在永嘉西堂，思诗竟日不就，寤寐间，忽见惠连，即成‘池塘生春草’。”诗中“梦赋”即用此典，意在渲染灵运的“学博才高”，并借以衬托下句的“屐朽诗不朽”。“屐朽”象征年光流逝，人事变迁，与谢诗的传诵千古相对照，突出了谢灵运在诗歌创作上的成就。谢灵运在扭转玄言诗风，开创山水诗派方面，确实有卓越的贡献，他第一个把山水作为诗的主要题材，用清新的语言，摹写自然美，写出了不少“名章迥句”。元好问在《论诗三十首》中也说：“池塘春草谢家春，万古千秋五字新。”于此可见影响之深远。

“天台”四句，诗人以天台、天竺概括永嘉、会稽两郡的佳山胜水，说明谢灵运不管政事，一味探奇寻幽，浙东地区到处留有他的游踪。后被任为临川（今属江西）内史，到临川后，“在郡游放，不异永嘉”，以不恤民事，又受到监察官的纠举，被免官逮捕。被逮时他曾发兵抗拒，并赋诗明志说：“韩亡子房奋，秦帝鲁连耻。本自江海人，忠义感君子。”表白自己与刘宋王朝的对抗，是为了忠于晋室。后被杀于广州。诗人也把这首《临川被收》诗中的话，作为灵运肆意游遨、“宁向苍苔留屐齿”的思想根源。刘裕代晋之后，旧朝的豪门世族和新朝的寒门士族虽然存在着矛盾，但谢灵运（他是东晋大将康乐侯谢玄的孙子）为了保持自己的显贵地位，曾竭力和新朝皇帝搞好关系，企图挤进权力中心，当初并没有“秦人称帝鲁连耻”的想法。少帝即位，谢灵运受到了排挤，从此政治形势的发展，越来越对他不利,他这才以恣情山水来消解心头的忧愁,以故作豁达来排遣仕途蹭蹬的苦闷。

从"乙庵是渠几代孙"到篇末是第二大段,通过诗人和谢行之的对话,揭示出诗人对仕与隐的看法。

乙庵是谢行之的别号。"乙庵"四句,以"认得屐齿痕"的想象,写行之沿着他祖先走过的山径攀登,以虚衬实,暗含着对山林生活的向往。然后进一步以"摩挲苔石"烘托出"老此岩根"的隐逸情怀,意与境和谐自然,给人以真切之感。

诗人没有直接宣示自己的理想,"吾侬"以下,借劝勉友人,搬出谢安东山再起的典故,表明文人走向山林,只不过是一种政治性的退避,实际上仍然蕴含着待时而起的用世热情。"谢公终一起,相与济苍生"(李白《送裴十八图南归嵩山》之二)。即使是江湖派诗人也期待着"若岁大旱,用汝作霖雨"(《书·说命上》),既不是像谢灵运那样任情狂放,落得一个悲剧性的结局,也不是纯然陶醉于岩谷野趣,没世而名不称焉。

本篇以登谢屐亭为触发点,从追忆谢灵运的生平事迹入手,引出对仕与隐的看法。全诗叙事明净,承转分明,尤其是以"屐"字的历史含义联结全篇,切题切意,一线贯穿,颇见匠心。虽然同一"屐"字在诗中五次出现,由于所取角度不同,故不觉重复,反而感到步步深入,印象深刻。古体诗用韵比较自由,可以随意转韵,容许邻韵通押。作者充分发挥了这一特点,能够不受多少拘束,充分表达自己的思想。此诗或二句或四句一换韵,用陌、职、支、纸、元、御、麌诸韵,平仄韵递用,篇末二句用冬东韵促收,遒劲有力。晚宋诗人中,写出这样清拔的古风,的确是不多见的。

(李　敏)

夜书所见　　叶绍翁

萧萧梧叶送寒声,　江上秋风动客情。
知有儿童挑促织,　夜深篱落一灯明。

节候迁移,景物变换,最容易引起旅人的乡愁。《文心雕龙·物色》说:"春秋代序,阴阳惨舒,物色之动,心亦摇焉。"作者客居异乡,静夜感秋,写下了这首情思婉转的小诗。

草木凋零,百卉衰残,是秋天的突出景象。诗词中常以具有物候特征的"梧叶",置放在风雨之夜的典型环境中,表现秋的萧索。韦应物《秋夜南宫寄沣上弟及诸生》诗:"况兹风雨夜,萧条梧叶秋。"就采用了这一艺术手法。

此诗以叠字象声词置于句首,一开始就唤起读者听觉形象的联想,造成秋气萧森的意象，并且用声音反衬出秋夜的寂静。接着用一“送”字，静中显动，引出“寒声”。在梧叶摇落的萧萧声中，仿佛含有砭骨的寒气；以听觉引起触觉的通感之法渲染了环境的凄清幽冷。

“寒声”是谁送来的呢？第二句方点出“秋风”。“月寒江风起”，来自江上的阵阵秋风，触发了羁旅行客的孤寂情怀。晋人张翰，在洛阳做官，见秋风起，因思故乡的莼菜羹和鲈鱼脍，就辞官回家了。此诗作者耳闻秋风之声，牵动了旅中情思，也怅然欲归。这两句用“梧叶”、“寒声”和“江上秋风”写出了秋意的清冷，实际上是用以衬托客居心境的凄凉。再以“动”字揭出“客情”，情景凑泊，自然贴切，弥见羁愁之深。

三四两句，从庭内移到户外，来了个大跨度的跳跃。这两句是倒装句，按意思顺序，应该前后互移。诗人意绪纷繁，难以入睡，转身步出户外，以排遣萦绕心头的羁思离愁，但眼前的夜景又给他以新的感受。

“秋夜促织鸣，南邻捣衣急”（谢朓《秋夜》）。那茫茫的夜色中，闪现在篱落间的灯火，不正是“儿童挑促织”吗？这种无忧无虑、活泼天真的举动，与诗人的凄然情伤、低回不已，形成鲜明的对比。姜夔《齐天乐》词咏蟋蟀句：“笑篱落呼灯，世间儿女。”也是写的这种景象。清人陈廷焯认为这是“以无知儿女之乐，反衬出有心人之苦，最为入妙”（《白雨斋词话》卷二）。

这首诗也有这个意思。暗夜中的一盏灯光，在诗人心灵的屏幕上映现出童年生活的片断：“儿时曾记得，呼灯灌穴，敛步随音”（张镃《满庭芳·促织儿》）。眼前之景与心中之情相遇合，使诗人陷入了对故乡的深沉思念之中。他以“篱落一灯”隐喻自己的“孤栖天涯”，借景物传达一片乡心，与“江上”句相关联，收束全篇，尤觉秋思洋溢，引人遐想。

这首诗先写秋风之声，次写听此声之感慨，末两句点题，写户外所见。全诗语言流畅，层次分明，中间转折，句似断而意脉贯串。诗人善于通过艺术形象，把不易说出的秋夜旅人况味委婉托出而不落入衰飒的境界。最后以景结情，辞淡意远，颇耐人咀味。和他同时的江湖派诗人许棐，在《赠叶靖逸》诗中说：“声华馥似当风桂，气味清于著露兰”（见《梅屋诗稿》），正可以用来说明这首诗的风格特征。

（李　敏）

田家三咏　　叶绍翁

织篱为界编红槿，　　排石成桥接断塍。
野老生涯差省事，　　一间茅屋两池菱。

田因水坏秧重播，　家为蚕忙户紧关；
黄犊归来莎草阔，　绿桑采尽竹梯闲。

抱儿更送田头饭，　画鬓浓调灶额烟；
争信春风红袖女，　绿杨庭院正秋千。

叶绍翁流落江湖，浪迹荒村，无官无职的社会地位，使他易于了解农村生活。在这组诗里，他截取江南初夏农村的一个侧面，描绘野老农妇的生活状况，在逸兴野趣之中饱含着对劳动人民的深切同情。

第一首是写田园风光。随着诗人的脚步，且走且看，首先映进眼帘的是一道用木槿编织的绿篱，那上面正开着夺目的红花。蜿蜒的田埂小路伸向一间低矮的茅屋，在田埂断缺的地方，用石块排成的桥把两边连接着，茅屋的两边是种满了菱角的池塘。诗人用“红槿”、“断塍”、“茅屋”、“池菱”等具有时令特色和地方风味的景物，创造出清新宁静的境界，令人感受到一种“幽丽”之美。在写景中，诗人宕开一笔，夹入一句“野老生涯差省事”的咏叹。“差”是甚辞，有“最”、“颇”义。作者诗中习用此语，如“十年林下隐，差觉世缘轻”(《寓居》)。另一首《贵游》诗中亦有“林下幽人差省事，笔床茶灶便登舟”之句。“差省事”即“最省事”，表面上是写野老生活欲望单纯，安于淡泊，实际上却是慨叹野老“无力买田聊种水”(范成大《四时田园杂兴》)的清苦。作者的思想感情，往往通过他的审美观念折射出来，在他所选择描绘的景物中融汇着他自已的意趣，所以有人说：“一片自然风景就是一种心情。”诗人刻画的野老生涯，自然染上了个人的感情色彩，反映出他幽独自赏，超脱尘俗的情志。一种被弃置不用的才士心绪，萦绕在红槿断塍之间，表达了诗人难以直言的衷曲。

第二首写农事活动。一句一景，好像是由一个个镜头组接成的电影，镜头拉过，农村生活的图景就展现在我们眼前。“田因水坏秧重播”，揭出劳动生产的场面。“重播”一语渲染了忙碌的气氛，与“野老生涯”相呼应，显示出稼穑的艰辛。田里忙，家里也不清闲，“家为蚕忙户紧关”，关门闭户是因为养蚕期间，禁忌生人进门。明谢肇淛《西吴枝乘》：“吴兴以四月为蚕月，家家闭户，官府勾摄征收及里闬往来庆吊，皆罢不行，谓之蚕禁”(《说郛续》卷二六)。诗人没有多费笔墨摹写养蚕的劳作，而是运用环境烘托的艺术手法，以“户紧关”喻写“蚕忙”，化繁为简，让读者通过想象去补足。

接着诗人变换角度，把镜头推向空阔的软草平莎，又把读者的视线引向闲放着的竹梯，在紧张繁忙的氛围中映现恬然闲静的场景，体现出农村生活的节奏。尤其是用颜色字联成偶句，归来的“黄犊”和采尽的“绿桑”，黄绿相融，动静对比，点缀出一幅明丽和谐的图画，给人以优美的艺术享受。

四句分写四景，仿佛诗人行吟其间，从野外到农家，近看远望，变化而不板滞。由于空间的不断转换，调动了读者的视觉，增加了移动感，造成身历其境的艺术效果。

第三首写农妇的勤劳和俭朴。作者选用“抱儿”、“送饭”两件最能表现妇女辛劳的事，以少概多，勾勒出淳朴的农村妇女形象。农村妇女整天忙碌，无暇打扮自己，只能在烧饭的间隙，拌和灶头的烟灰，描画一下自己的鬓角。“画鬓”是宋代妇女流行的妆饰，苏轼就曾用“双鸦画鬓香云委”的诗句形容妇女的头发样式。诗人在这里捕捉在灶间用灶灰画鬓的情景，表现农村妇女爱美而又无力购买粉黛，只得用灶灰代替，用意是很深的，读者可吟味其中蕴含着的社会意义。

三句笔锋一转，诗人以“争信”的疑问句式，加强语势，表明了爱憎。再用“春风”衬出“红袖女”，为“正秋千”作铺垫：天朗气清，春风吹拂，牵动了“红袖女”的玩乐之心。“绿杨庭院”紧承上句，借地点交代“红袖女”的高门闺秀身份，然后推出“正秋千”的游乐场景作结。意境既出，便戛然而止，给读者以想象的余地，韵味特别悠长。

白居易《代卖薪女赠诸妓》诗：“一种钱唐江畔女，著红骑马是何人!”此诗构思造意与白诗相近，可能受到它的启迪。

作者用通俗浅近的语言，描写农村生活，充溢着浓郁的乡土气息。讴歌田家的辛勤劳动，注入了诗人关念民生的真挚感情，亲切动人。末句把抽象的思想化为生动的形象，讽喻之意，自在其中，在宋代田园诗中不失为上乘之作。　（李　敏）

【作者小传】

武　衍

生卒年不详。字朝宗，号适安，汴(今河南开封)人。工诗，与戴复古、刘克庄交游，同属江湖派诗人。理宗淳祐元年(1241)自序其集。有《适安藏拙余稿》《适安藏拙乙稿》。

柳　枝　词

武　衍

灵和殿里最风流，　　三月飞花满御楼。

换得玉人眉样巧， 一春浑不下帘钩。

《柳枝词》的形式类似七绝，内容大多与杨柳有关，或吟咏杨柳本身，或借有关杨柳的典故来歌唱古今之事。这首《柳枝词》是借咏柳来写宫女之怨。

开头两句，交代环境与季节，写杨柳婀娜多姿，杨花轻柔纷飞之态。首句“灵和殿里最风流”，既点明帝宫的特定环境，又巧妙引出“灵和柳”的典故。“灵和殿”，是南齐武帝萧赜的宫殿名，因种有垂柳而享有盛名。《南史·张绪传》：刘悛之为益州刺史，向朝廷献“枝条甚长，状若丝缕”的蜀地之柳，齐武帝将它种在灵和殿前，赏玩不已，赞曰：“此杨柳风流可爱，似张绪当年时。”张绪是齐武帝的宠臣，吐纳风流，甚得武帝的赏识。此句用“灵和殿”逗出“灵和柳”，出语简约而含蓄；以“风流”状杨柳柔枝披拂，临风曼舞的可人之态。“飞花”即柳絮，也称杨花。“满”字，写尽杨花随意纷飞之状。“御楼”承接“灵和殿”，指帝居。这两句全是写柳，妙在诗中未现柳字，但是柳枝袅娜，柳絮飘飞之态，跃然纸上。诗人开笔写柳，目的是用柳来与人相比，领起下文：由杨柳受到齐武帝的赏爱，暗衬宫女未受君宠，言宫女命运不如杨柳；由春来杨花到处飞，暗衬宫女被幽禁，失去自由，命运不如杨花。构思巧而韵味长。

三四两句，以深婉的笔触，富有特征的画面，描摹了宫女欲得君王宠幸而终不可得的幽怨凄清的心境。“换得玉人眉样巧”，刻画了宫女临镜梳妆的意态。“女为悦己者容”，宫女修饰打扮，是希望能以自己妍丽的容貌赢得君王的欢心。“眉样巧”，是巧眉样的倒装。春柳之叶，纤细秀美，古代诗文中常以“柳叶”来形容女子眉之美。这位宫女最后是否受到君王的宠幸呢？诗人用“一春浑不下帘钩”这一委婉的方式作了回答。这个结句，意味深长，隐隐地透露了宫女的哀怨。诗人以凄婉的笔调，浑成的语言，比兴的手法，让读者自己去体味画外音。帘外是飞絮漫天，一派骀荡春光，而楼头春色不到，冷落孤寂。“浑不下”三字，其情至苦，其言至哀，指宫女楼头没有春天，不言怨而怨自在其中。

此诗深婉含蓄，情思绵邈，格虽不甚高，但有神韵，颇得晚唐温（庭筠）、韦（庄）诗的胎息。

（沈 晖）

宫 词 武 衍

梨花风动玉阑香， 春色沉沉锁建章。
唯有落红官不禁， 尽教飞舞出宫墙。

在漫长的封建社会里，多少年轻女子被掠（美其名曰“选”）进皇宫，终身禁锢于宫墙之内，青春活活葬送。这是古代女子的悲剧。古典诗歌中描写宫廷生活的“宫词”，常取此为题材，为不幸的宫女倾诉苦衷。武衍这首宫词，以深惋之笔，借景托情，描写宫女被禁锢的悲哀和渴望自由而不可得的怨恨之情。

诗从描写宫苑春色起笔。春天是万紫千红的美好季节，可是宫苑里却“春色沉沉”，一片沉寂；只有那雪白梨花飘舞于阑干阶砌，更显宫禁之凄凉。建章，汉宫名，后泛指宫阙。“春色”，是妙语双关，既是指自然美景，也是喻宫女的青春。“锁”，则是诗眼。满庭春色，闭锁于高墙之内，无由泄漏；宫女的华年，也锁于重门之内，白白消逝。由这“锁”字，自然地引出下面两句：“唯有落红官不禁，尽教飞舞出宫墙。”“出宫墙”，这是宫女的愿望，因此那落花“飞舞出宫墙”的眼前之景，特别触动她们的心，她们恨不得立即变成落花，飞舞而出。落花在这里不仅起了引情作用，也起了对比衬托作用：落花飞出，无从禁止，而自己身锁重门，插翅也难飞，人不如花。“唯有”一句，更暗示宫禁森严，无处不戒备。“禁”字与上句“锁”字相呼应，更烘托出宫女的不自由。

此诗构思精巧，写宫女之怨，但并未点出宫女，也没有着一“怨”字，只勾勒出特定景物的情态和气氛，引起读者必然的联想，使读者“由其所写之景物而冥观未写之景物，据其所道之情事而默识未道之情事”（钱锺书《管锥编·谢赫〈古画品〉》语），有心领神会之妙。此外，诗人以比和赋相结合。以春色喻佳人之年华，以落红飞舞出宫墙反衬宫女的身不由己，这是“比”的手法。后两句用“唯有”、“尽教”等字眼直抒胸臆，又是“赋”的手法。诗意既婉曲又显豁，很有唐人风味。

（何庆善）

秋夕清泛　　武　衍

弄月吹箫过石湖，　冷香摇荡碧芙蕖。
贪寻旧日鸥边宿，　露湿船头数轴书。

这诗是诗人秋夜泛舟游石湖的即兴之作。石湖在今苏州市西南，通太湖，连横塘，接胥门运河，风景秀丽，历来为文人雅会胜地。诗人正是怀着雅兴来游此湖的。

诗从描写石湖夜景和诗人雅兴起笔：“弄月吹箫过石湖，冷香摇荡碧芙蕖。”秋月玲珑，湖光潋滟，小舟在碧荷丛中穿行；坐在船头的诗人，吹着箫，观赏着湖上的皎皎明月，品尝着清风送来的缕缕荷香……这该是多么迷人的境界啊！这里，“弄月吹箫”的诗人，已经与明月、湖光、小舟、碧荷交融在一起，和谐地组合在这幅天然画图之中了。这两句用字精妙，“冷香”的“冷”，不仅突出了芙蓉出水之香的特色，也使我们感到秋意，与诗题“秋夕”相呼应。“摇荡”一词，尤其传神，不仅显示出“碧芙蕖”在清波中摇曳多姿的倩影，也把小舟之荡漾、月光之浮沉、箫声之起伏以及诗人心情之激荡，一齐活脱脱地表露出来，使整个画面分外有情韵。

诗人此行难道仅仅是欣赏湖上夜景吗？

诗的第三句作了巧妙的回答——“贪寻旧日鸥边宿”。“旧日”，暗示诗人是故地重游。鸥，语本《列子·黄帝》：“海上之人有好沤鸟者，每旦之海上，从沤鸟游，沤鸟之至者百住而不止。”（沤即“鸥”）所以后人以“鸥边”、“鸥盟”喻隐居。可见诗人此行是为了寻访旧日栖隐之所。“贪”字表明他寻访心切。“露湿船头数轴书”，见诗人寻觅旧踪，流连忘返。“露湿”，说明夜已很深。这里不说露湿衣襟，却说露湿船头数轴书，表明诗人一编在手，啸傲湖山的自得之乐。

这首小诗句句入画，字字传情。诗人善于摄景，融情于景，寥寥几笔，情态毕露。清人方蕙岜盛赞武衍绝句：“摹写景物，吟咏性情，多有可笔于丹青者。”（《适安藏拙稿·跋》）这首诗便是一个例证。

（何庆善）

【作者小传】

赵希槛

生卒年不详。字谊父，汴（今河南开封）人。宋太祖九世孙。喜读书能文，宝庆间颇著诗名，江湖派诗人。有《抱拙小稿》。

次李雪林苕溪寄来韵二首

赵希槛

云散烟收渺渺秋，　蛩声四壁起新愁。
西风万里乾坤眼，　不到斜阳十二楼。

风梧声里万家秋，　一片吟心不著愁。
夜半酒醒银烛冷，　月移凉梦过西楼。

这两首次韵诗的韵脚是李雪林由湖州（苕溪）寄来的。诗人将此情况作为诗题，其实便也等于是无题诗了。两首诗如同两组小镜头，分别摄下了诗人在一个秋日的傍晚与入夜后的身影。

第一首写的是傍晚。以时间顺序而言，似应把第二句提前。亦即诗人先是在室内听到四周墙根下，此伏彼起的蟋蟀的唱和声。“蛩”，蟋蟀。这声声不断报道着秋已来临的寒蛩声，也许使诗人想到了“悲哉秋之为气也”（宋玉《九辩》）的意境吧，所以，本已情怀欠佳的诗人（由“新”字中可以味得），心中隐隐然地，又产生了一种似悲秋非悲秋的新愁。然而，诗人是比较善于转移自己情绪的，他步出房外，举首仰望天宇，但见悠远的天宇，云散烟收，秋高气爽，精神不由为之一振。迎着西风，诗人又放眼万里天地。“万里乾坤眼”自老杜《春日江村》中“乾坤万里眼”而来，然意思已变。天下形势尽收眼底，心境更自开朗了。那边斜阳下，高耸着豪门的层层高楼（十二楼），诗人只是用眼角的余光瞟了一下，他不愿意正看它。不到，意即不看。此时，原先占据在他心中的愁云，已消逝得无影无踪了。

第二首似乎是第一首的续篇，时间是由入夜到夜半。夜晚，秋风刮得更紧了，梧桐叶在风中不断地发出窸窸窣窣之声。千家万户都被笼罩在这浩瀚无边的秋意之中。饮罢酒，就着烛光，诗人铺开白纸，准备挥毫赋诗。其时心中之愁既然早已不知去向，那么眼下胸中之诗情洒落在纸上，便也全然不见愁了。兴尽入寝，直至半夜，酒力发散，方从梦乡中醒来。睁眼一看，桌上银烛早已熄灭。恍恍惚惚的，诗人记得自己曾在这耀眼的（梦中觉着）月光下，做了个梦，如今从梦中醒来，再寻这秋月，却见这冰凉的月光早已移过了自己所身处的这个西楼。

将这傍晚、夜晚两组小镜头衔接起来，追踪诗人活动的身影，可以发现，诗人断断续续、隐隐约约地写出了他的心境由抑郁到逐渐开朗的过程。这一过程，又是交织在对秋气、秋意、秋声的描绘及其感受上，因此，诗境显得朦胧而颇耐人吟味。

（周慧珍）

次萧冰崖梅花韵　　赵希棤

冰姿琼骨净无瑕，　　竹外溪边处士家。
若使牡丹开得早，　　有谁风雪看梅花？

赵希棤，在理宗宝庆年间（1225—1227）“颇著诗声”，但传世作品不多，有《抱拙小稿》一卷，诗不及百首。后人评论他的七绝“尤觉瑰妍有态”，是江湖派诗人的流亚。这首《次萧冰崖梅花韵》是唱和之作，但萧冰崖的《梅花》原韵已亡佚，无从比较，所以只能从和诗本身来体味了。

首句“冰姿琼骨”描摹梅花的形态，与毛滂的“冰肌玉骨终安在，赖有清诗为写真”、陆游的“广寒宫里长生药，医得冰魂雪魄回”，词语相类似。冰、琼等字无非是形容梅花的晶莹剔透，紧接着一个“净”字，便概括了这种特性。首句虽起得平淡，但十分贴切。

第二句写梅花开在竹篱外、小溪边这些清幽的处所。古来咏梅诗何啻千百，而梅花绽开的地点，在诗人笔下却是迥异的。杜子美见梅而起客愁，他吟咏的梅花开在江边（雪树元同色，江风亦自波）；王介甫以梅象征高士，他笔下的梅花僻处墙角（墙角数枝梅，凌寒独自开）；陆放翁孤芳自赏，他词中的梅花便落寞地立在驿站断桥（驿外断桥边，寂寞开无主）。这首诗写梅花开在高洁的处士之家，暗用林逋典故，自然也有其感慨和喻义。这一句以映衬的笔法，不正面写梅而梅花的身份自见。

第三四句是全诗精神所在。诗人从反面着笔，忽发奇想，提出牡丹与梅花孰早孰迟的设问。是啊，倘若牡丹花开早于梅花，姚黄魏紫，国色天香，观者如云，趋之若鹜，又有谁会顾及幽香一缕、寂寞零落的梅花呢？如此一设一问，诗人心中一股落落寡合的牢骚便跃然纸上。赵希橹的生平今天已不可详知，从这首诗看来，恐怕作为宗室后裔的他也是颇有些抑郁不平之气的。但是，诗的意味并不止于此。牡丹虽好，毕竟不可能开在梅花之前；早春凛冽的寒风中，能够斗艳吐芳的，毕竟只有冰姿玉骨的梅花。于是乎，这种冰清玉洁的名花，终于受到人们的青睐，不惜冲风踏雪，来相寻访，它真正的标格和价值于兹乃见，赵氏咏梅的真正用意亦于兹乃见。这种欲扬故抑的方法，曲折变幻，比平铺直陈的赋法更具感染力。而读者在咀嚼之余，自能体会到第一、二句看似平淡，但所起的铺垫作用，却不可小觑。

自古咏梅佳句，层出不穷。林逋的“疏影横斜水清浅，暗香浮动月黄昏”，形容尽致；齐己的“前村深雪里，昨夜一枝开”，意境清丽。这首诗虽无此类警句，但它宕开一层，与牡丹作比，一句反问，两层波澜，使读者兴到神驰，联想到一定的哲理，含蓄隽永，是很耐回味的。

（蒋见元）

【作者小传】

俞 桂

生卒年不详。字晞郄，号渔溪，仁和（治今浙江杭州）人。绍定五年（1232）进士。曾出守海滨。与吴仲孚、陈起诗文相往复，同为江湖派诗人。有《渔溪诗稿》。

过 湖

俞 桂

舟移别岸水纹开， 日暖风香正落梅。

山色蒙蒙横画轴，　　白鸥飞处带诗来。

在一个天初暖、日初长的好时光，诗人乘小船过湖，诗兴油然而生，不觉身心俱适。在怡然自得之余，又将过湖时难忘的景象摄入笔底，写下了这首《过湖》诗。

前两句写过湖离岸时的情景。“落梅”，见出已是初春；“日暖”，当是上午日上三竿之后。天气暖洋洋的，和风播散着花香，时而可以见到疏淡的梅花悄悄飘落。正是这时候，诗人乘坐的小船划向对岸，湖水漾起了一个又一个涟漪。

从前两句中，尽管也可以体会到诗人心情的怡悦，但主要是初步的景物描写，为进一步描写作铺垫。后两句是诗中的警句。“山色蒙蒙”，令人想起苏轼咏西湖的名句“山色空蒙雨亦奇”（《饮湖上初晴后雨》）。当然，这里的“蒙蒙”并非由于下雨，因为前面已交代了“日暖”。“蒙蒙”的景象，当是由山间云气造成。进入山中，“空翠湿人衣”（王维《山中》诗），远远望去，是雾蒙蒙的一片。“横”字是说山色蒙蒙的景象在横向上展开，与姜夔写西湖景色的“山横春烟”（《角招・为春瘦》序）类似。但“春烟”似较轻淡缥缈，而“蒙蒙”显得更模糊恍惚。美有明朗与朦胧之分，如火榴花与雾中之花，各有情致。诗人在游湖时所见山色，正是一种朦胧的美。这种朦胧的美，如同戴上面纱的少女，逗人想象。诗人捕捉到了生活的美，但并不满足，又以图画作比。图画是画家对现实生活的再创造。在诗人看来，眼前这蒙蒙山色，正似一幅画轴。末句可说是点睛之笔。晴空下，湖面上，山色如画，忽有白鸥翩翩飞来，诗情即时涌现。苏轼赞王维诗曰“诗中有画”（《书摩诘蓝田烟雨图》），赞其画曰“画中有诗”（同上）。而俞桂此诗的后两句，兼有王维诗、画艺术之胜：诗中有画，画里套诗，境界十分优美。此句更佳之处在于：不说对景而生诗情，却说白鸥带诗而来，更有诗家所谓活泼的鸢飞鱼跃、天机自得之趣。

（陈志明）

送人之松江　　俞　桂

西风萧瑟入船窗，　　送客离愁酒满缸。
要记此时分袂处，　　暮烟微雨过松江。

离别多种多样，别情或深或浅，因而表现别情的诗作也是千姿百态。俞桂的这首自有它的特点。

“西风萧瑟入船窗”点明节候（秋天）、送别地点（船上），并为下面写离愁张势。

第二句意味很深长。刚才西风萧瑟的一派动感到此戛然而止。“送客离愁酒满缸”，一团凝重、一片沉寂，两人对坐，滴酒未沾，心心相印却默默无言。“此时无声胜有声”（白居易《琵琶行》），沉默中蕴藉着深厚的情谊。此刻，时间仿佛停滞不前，留下一段空白供他们体味往日的友情、今日的别情、来日的思念之情。情绪万种，使人肠断。“别绪静愔愔，牵愁暗入心”（韩偓《别绪》），又加之“萧瑟西风”、“暮烟微雨”，心情更觉沉重，以致准备好的一大杯酒仍然满满的。

酒能消愁，亦能忘忧，所以前人许多送别诗都写到饮酒，俞桂和友人原本也想以酒消愁，可是“借酒消愁愁更愁”，那深深的离愁，又怎能排遣？相对无言之后留下的是双方刻骨铭心的记忆。

行时已到，“兰舟催发”，眼看就要分别，千言万语凝聚为一句：“要记此时分袂处”。要，时时，总要的意思；分袂代指分别。别时所见颇多，为什么单单要记住“此时分袂处”呢？因为友人自此远去，孤独自此开始。

最后一句余音袅袅，凝聚并深化了别时的所有感情。诗的头句是渲染别时的环境气氛，用“西风萧瑟”潜露出离别的凄切之情，尾句则是以默默作结。然正惟默默，才使离情更无法收束。“西风萧瑟”已自寂寞凄清，怎奈还有漠漠暮烟、蒙蒙微雨，一直追逐着孤独的友人悠悠远去。一片凄楚空蒙，真有点使诗人难以自持了。

这首送别诗读来使人有黯然魂销之感，不像李白“故人西辞黄鹤楼，烟花三月下扬州”（《送孟浩然之广陵》）那么俊爽可喜，以浓丽的春色为背景，虽写离别但不伤悲；也不像高適“莫愁前路无知己，天下谁人不识君”（《别董大》）那么乐观旷达，以开朗的胸襟、豪迈的语调一扫离愁；倒很有些王维“惟有相思似春色，江南江北送君归”（《送沈子福归江东》）的情致，然而却更为凄楚凝重。（梁瑞玲）

【作者小传】

安如山

生卒年不详。字汝止，广汉（今属四川）人。善击剑，左右射，读经史百氏之书。端平元年（1234），安抚曹友闻辟掌书记，不起。后东下，老于会稽。

曹　将　军

安如山

将军精悍姿，　齿齿碎铁石。

在昔童稚中，　但闻饱经术。
纵横骋柔翰，①　丹雘间金碧。②
有司塞明昭，　敝邑屈词伯。
芹香春水生，　冠玉侍重席。③
脱略章句陋，　搜抉穷理窟。
未及文化成，　其如王土窄！
丈夫报主怨，　岂必蒙清秩。
苍然请去位，　满面秋栗烈。
纠合熊虎群，　旌旆扬广陌。
正当摩厉间，　一鼓拔劲敌。
屯兵沔水源，　千里斧戩戩。④
浩荡排烟旻，　西极安屼嵲。
奈何国无人，　腐儒秉旄钺。
赏予入私门，　金汤授盗贼。
公时奋臂争，　反遭献玉刖。⑤
三军视马首，　恸哭天下壁。
功成坐龃龉，　愤怒须插戟。
中宵拔剑赴，　肃肃整劲翮。
吐气风云生，　搴旗陷坚列。
贯穿死生地，　蹀血天地黑。
势虽众寡悬，　形未雌雄决。
路穷断首尾，　众尽乃手格。
岂知龙虎逝，　黯淡山川色。
百万尚震惊，　呜呼死诸葛。
长城但自坏，　千古痛稠结。
肉食无远谋，　野史有直笔。
酒酣歌节士，　皛皛霜月白。⑥

〔**注**〕 ① 柔翰：毛笔。 ② 丹雘：油漆用的红色颜料。 ③ 重席：古代的坐席，以多寡分尊卑。因而重席指被人尊敬的人。 ④ 戩：同截。戩戩：犹言察察，这里是鲜明的意思。 ⑤ 献玉刖：指卞和献玉反遭刖刑的故事。 ⑥ 皛(xiǎo)皛：皎洁。

曹将军即曹友闻，宋末同庆府(治所在今甘肃成县)栗亭县人，字允叔。宝庆二年(1226)进士，初授绵竹尉，改辟天水军教授。元军南下，曹友闻在秦填、同庆、阶州、青野原、阳平关、仙人关等地的战斗中表现了高超的军事才能，为南宋赢得了一连串的胜利，因而被授予眉州防御使、左骁卫大将军、利州驻扎御前诸军统制等一大堆头衔。不久，在保卫大安的战斗中，由于不懂军事的制置使赵彦呐一意孤行，置友闻于强敌之下，力战，死之。安如山的《曹将军》既是一篇用诗歌形式为他写的传记，又是一首英雄主义的颂歌。其中不少生动、详细的描写还可补史书记载之不足。

全诗分四段。

开头到"搜抉穷理窟"为第一段，写友闻同元军交手以前的生活。这一段的结构十分巧妙。从时间、经历着眼，每六句各成一层：前一层写步入仕途之前，后一层写从政以后。但另换一个角度看，则第一、二句与其下十句各成整体：前两句写友闻的武将风貌，后十句写他的学问文章。若按后一种结构方式理解，那么第七、八句中的"塞"字、"屈"字就十分重要——在国难当头的日子里，曹友闻本来可以成为一位带兵杀敌的良将，现在却只能作一名教导诸生、掌管课试的教授，这中间有对友闻文章经术的褒奖，又有对其不得任用的惋惜，自然还为下文的描写作了极好的铺垫。

"未及文化成"到"西极安屼嵲"为第二段，写友闻在同庆、阶州一带战斗中的不凡身手和赫赫战功，照应首句的"精悍姿"。这一段抛开具体战役，而以高度概括的笔触突出曹友闻的种种品质，成功地塑造了一个为国尽忠、不图名利，韬略在胸、指挥若定，威风凛凛、善于克敌制胜的指挥官形象。具体描写中有肖像("满面"句)，有议论("丈夫"两句)；有战前的切磋("正当"句)，有战时的场面("纠合"两句)，也有休战时的军容("千里"句)；有关于胜利的描写("一鼓"句)，还有对胜利后形势的展望("浩荡"两句)，写得充实整炼而又极尽变化，深得诗歌叙事之三昧。

"奈何国无人"至"千古痛稠结"为第三段，详写大安之战与曹友闻的壮烈牺牲。当时元军进逼蜀门，赵彦呐传檄曹友闻据守大安，以保入蜀要道。友闻驰书彦呐说："沔阳，蜀之险要，吾重兵在此，敌有后顾之忧，必不能越沔阳而入蜀。又有曹万、王宣首尾应援，可保必捷。大安地势平旷，无险可守，正敌骑所长，步兵所短，况众寡不敌，岂可于平地控御。"但是，"彦呐不以为然，一日持小红牌来速者七。"(《宋史·曹友闻传》)曹友闻不得已，只好移兵大安。战斗中他虽巧用计谋，但终因寡不敌众，结果全军覆没。在关键时刻，友闻面对强敌，"极口诟骂，杀所乘马以示必死”，最后与弟曹万同时殉难。这第三段又可分三层理解：“奈何国无人”到“愤怒须插戟”写驻兵大安、沔阳之争，只是诗中舍弃了争论过程的叙述，而用人物形象的塑造生动地判清了是非。诗中写赵彦呐采用了层层深入的方法：首言“腐儒”，还不过只是个不懂军事的糊涂虫；继言“赏予入私门”，则暴露了他趁国难以肥私的丑恶灵魂。让这种人来“秉旄钺”，“金汤授盗贼”自是必然结果。诗人用赵彦呐的形象，客观上还揭露了南宋末年军界的现实。对于曹友闻，这一层里仅用一个动作描写（“奋臂争”）、一个外貌刻画（“须插戟”）和一个群众场面（“三军”二句），便深刻揭示了一个有才能的军事将领在这种极难处理的时刻的内心世界。从“中宵拔剑赴”到“众尽乃手格”写战斗场面。这一层同第二段对战斗的描写形成强烈对照：第二段写胜利，因而有一股不可阻挡的豪迈气势；这一层写失败，所以处处潜伏着悲凉的阴影。比如，同是写友闻，第二段说“苍然请去位，满面秋栗烈”，写得主动、坚定、胸有成竹；这一层说“中宵拔剑赴，肃肃整劲翮”，则更多地表现了他怀愤上阵的情态和以死报国的决心。又如，同是写战争，第二段说“正当摩厉间，一鼓拔劲敌”，情绪是那样昂扬；这层说“贯穿死生地，蹀血天地黑”，天地也为之变色。“岂知龙虎逝”以下六句写主人公殉难。这六句中三句取比，三句抒情。在叙事将终之际，在主人公牺牲以后，诗篇改用这种饱含感情的笔墨，是很能打动读者的。“死诸葛”用诸葛亮死后三军百姓痛哭的故事，“长城坏”用檀道济临死前自称“万里长城”事。诸葛亮为蜀国重臣，曹友闻镇守蜀门正如南宋长城，所以诗中用这两个典故是非常贴切的。

“肉食无远谋”以下四句为第四段。这一段用议论的方式结束全篇，继承了《史记》以来在传记之后加写“赞语”的传统，既抒发感想，又表明写作意图，是叙事诗的结尾法。“肉食”句用《左传》庄公十年“肉食者鄙，未能远谋”的典故。诗人把“肉食”与“野史”并提，表达了对赵彦呐一类在位者的鄙视和自己写《曹将军》诗的意图。末二句一方面用酒酣作歌、仰首望天稍稍松弛气氛，一方面又让读者在掩卷之后进入“此时无声胜有声”的艺术境地。

我国古代叙事诗一般都具有以下特点：篇幅短小，只述写故事的大略梗概，抒情性强。这首诗正继承了这一传统。不同的是常见的叙事诗由于篇幅限制，总是截取生活的一个片断作为表现对象，而此诗独能在二百八十字中概括主人公的一生，并且运用多种表现手法，把人物形象塑造得既完整又丰满，这在宋人的叙事诗中是罕见的。

（李济阻）

【作者小传】

乐雷发

生卒年不详。字声远，号雪矶，舂陵（今属湖南宁远）人。宝祐元年(1253)特科第一。授馆职，四年以病归。长于诗赋，有《雪矶丛稿》。

逃　户

乐雷发

租帖名犹在，　何人纳税钱？
烧侵无主墓，　地占没官田。
边国干戈满，　蛮州瘴疠偏。
不知携老稚，　何处就丰年？

这是一首咏事诗。叙写南宋王朝内外交困给人民带来的灾难和困苦。诗人乐雷发写此诗的时代，正值北方新兴的蒙古帝国灭金之后举兵南下，及南宋王朝政治、经济濒临崩溃之际。诗人抨击并揭露了南宋王朝在此危急之秋的苛政。

诗以"逃户"为题，以"逃户"为线索，在全诗中却未写一"逃"字；但诗人深沉的笔触已写出"逃户"的奔亡情景，以抨击时政之弊端。这种手法，是诗人的匠心所在。

诗的开首两句说："租帖名犹在，何人纳税钱？"交租的名册还留有"名"，但"纳税钱"的人呢？暗示人们："纳税钱"的人已经"逃"了。浓墨重笔，读后心情为之一沉，"纳税钱"者"逃"向哪里？为什么要逃亡？引人深思，引人寻觅，为读者设下了"悬念"。

诗人的心情是沉重的，抬眼望去，大地广袤，荒漠无垠……。诗人沉沉地、慢慢地在画轴上下笔："烧侵无主墓，地占没官田。"无主墓地一座连着一座，被野火吞噬着，诗人虽着墨不多，而户主逃亡后乡里一派荒凉破败景象，则宛然在目。农民如不是迫不得已，岂会逃离世代居住的家乡？究竟是什么原因迫使他们逃亡呢？

诗人没有明说，然而首联的"租帖"、"纳税钱"却透露了其中消息。原来是横征暴敛压得人民喘不过气来，除逃亡外别无出路。当时贾似道当权，成立官田所，括民田为公田。公田的租税远过于私田，农民因而纷纷逃亡。"地占没官田"，即此弊政的写照。

但是他乡的情形又是怎样呢？颈联"边国干戈满，蛮州瘴疠偏"二句回答了这一问题。蒙古军步步进逼，南宋所辖只南方一隅之地，故云“边国”、“蛮州”。即使在这一隅之地，也是烽火遍地，即“干戈满”。南方刀耕火种的“瘴疠”之地，平时自顾不暇，如今又来了那么多“逃户”，境况又将如何呢？

于是，引出了最后两句“不知携老稚，何处就丰年”，和首联相呼应。至此，全诗达到了高潮。诗人对人民的同情之感，对苛政的愤激之情也达到了极点。

乐雷发的诗颇受江湖派的影响，然而也不尽然。从此诗看，风格雄伟，情调激昂；特别是他处在南宋末年朝政腐败、经济凋敝的危急之中，能有同情人民、忧虑国家、鞭挞当政的正义感，确是值得褒扬的，在宋末小家之中比较突出。宋后期，五律诗好的不太多，此诗语言质朴、意境浑厚，继承了杜甫以来的优良传统，没有江湖派通常的纤巧之病。（卢文周）

送丁少卿自桂帅移镇西蜀　　乐雷发

琼海收兵玉帐闲，　又移斋舰泝涪湾。
三边形势全凭蜀，　四路封疆半是山。
魏将旧闻侵剑阁，　汉兵今欲卷函关。
细倾瑞露论西事，　想在元戎指顾间。

南宋理宗绍定六年（1233）蒙古军围攻金之南京（今河南开封），次年宋和蒙古军又联合攻金。金主完颜守绪逃至蔡州自缢，金朝灭亡。

其时，宋和蒙古暂时还没有处于敌对状态，这便带给南宋朝野相当一部分人以恢复希望。于是在端平元年（1234）六月，理宗即接受赵范、赵葵的建议，乘中原空虚，发兵三京（宋三京为：东京开封府，南京应天府〔商丘〕，西京河南府〔洛阳〕）。这首诗第六句后原注：“时会有三京之役”，即指此。正当此时，丁黼（字少卿）由桂州调任成都制置使，乐雷发便写了这首诗送他。

首联写丁黼从桂州调到四川。琼海，泛指今广东、广西一带，玉帐即征战时主将所居的军帐，斋舰是一种较大的舰船，涪，水名，即涪江，又名内江，在四川境内。丁黼由桂州从东南移舰入蜀，所以诗中说泝（“溯”的异体字）。这一联用“闲”、“又”等字眼把桂、蜀两地联系起来，含有丁黼已获战果将再立新功的意思，为下文叙写作了铺垫。

颔联紧承第二句，由丁少卿入蜀导入对四川的描述。前一句写蜀地在军事上的重要性。“三边”，等于说边界。当时的四川由于远离都城临安，又为山川阻隔，是南宋西部边防最薄弱的地区，金兵曾多次进攻四川，所以诗中说“全凭蜀”。

后一句写四川的地理特点，“半是山”三字，不仅极精练地概括了这里的山川形势，而且用天险可守为上文的“全凭蜀”之议提供了依据，使守卫四川的丁黼到职后的作为非常突出地显示了出来。

颈联顺接第四句，说丁黼西行胜利可待，兵发三京指日可下，申足了颔联诗意。“魏将”指三国时魏将钟会，他曾试图通过剑阁入蜀，结果被蜀将姜维打败。“汉兵”指汉王刘邦之军，刘邦曾带兵先发夺取函谷关，成功地阻止了项羽的进军。上句用“闻”写外敌侵蜀失败，下句用“卷”写汉兵夺关成功，用典用字都极为得体。

尾联点明送行主题。瑞露是一种酒名，这里代指美酒。西事，有关西方之事。《南史·乐蔼传》载：“永明八年，荆州刺史巴东王子响称兵反，及败，焚烧府舍，官曹文书一时荡尽。齐武帝见蔼，问以西事，蔼占对详敏，帝悦，用为荆州中从事，敕付以修复府州事。”本篇用“西事”一词，既以乐蔼比丁少卿，有嘉奖、推赞意，又从地理位置上切合蜀川，同末句联系起来，意思是说西蜀之事在丁少卿的指顾之间即可治好——使诗中对丁黼寄托重望的主旨得到有力的收束。

这首诗写在金亡以后、元兵南下之前，代表了当时普遍存在的恢复中原的乐观情绪，因此诗篇意境开阔、情调昂扬，有一股掩抑不住的豪迈气氛充溢于字里行间。钱锺书《宋诗选注》说，乐雷发“在当时的诗名并不大，其实算得宋末小家里一位特出的作者，比较有雄伟的风格和激昂的情调。”由于内容的关系，这种风格和情调在此诗中表现得更为充分。此外，这首诗在有限的篇幅中还成功地使用了双线条描写法：以丁少卿移帅西蜀为主，兼及宋室进军三京，用天下大势衬托丁黼治蜀；又以丁黼治蜀推及天下大势，配合得当，严密无间。 （李济阻）

秋日行村路　　乐雷发

儿童篱落带斜阳，　豆荚姜芽社肉香。①
一路稻花谁是主？　红蜻蛉伴绿螳螂。

〔注〕 ① 社肉：社祭时所供之肉，祭后分给各户。

这是一首描写田园风光的诗。作者乐雷发少年时代就以聪明机敏闻名，但成年后却屡试不第。后经宋理宗亲自招试，才赐特科第一。然而在职期间又因多次议论时政，不为当权者所容，失望之余，只好退隐云矶。这首诗中对淳朴、自由、优美的农村风光的描绘，显然反映了作者政治上失意之后对新的生活道路的探求。

反映在诗中的是作者在秋日村路上的一段感受：渐渐地，作者行近了一处村落，这里的一切同熙熙攘攘、明争暗斗的城市生活是那样的大异其趣。大人们劳累了一天，有的也许在作收工前的最后整理，有的也许已经在家里安然歇息，因而篱笆前嬉戏着的顽皮儿童，使这幅村舍图充满了纯真无邪的稚气。再近一点，则可见篱笆内高高悬挂着的豆荚，和茁壮地冒出地面的姜芽相映生辉，青翠可爱。这时一股奇香随风袭来，作者精神不禁为之一振：原来是大家在烹煮社肉——这种原始的古风，不正反映出村民的淳朴性格吗？回头再看小路两旁，依然是绵延不断的稻田，红的蜻蛉，绿的螳螂，点缀着竞相怒放的稻花，其间和谐、自然的情调，不由得使刚从尔虞我诈的官场中退出的诗人感到深深的陶醉。

这首短诗清新可爱，含蓄隽永。作者主要采用了白描手法，由事物本身显示其美。出现在诗中的，有儿童、篱落、斜阳、豆荚、姜芽、社肉的香味以及稻花、红蜻蛉、绿螳螂等一系列农村里常见景物，这一系列的景物构成的画面，到底美不美？诗中没有正面表明，而是留给读者去想象。这种用名词来显示事物的性质、状态等方法，主要依靠的是作者对事物的精细选择和巧妙安排，其难度较大，然而使用得好，却可以收到含蓄不露、意味深长的效果。

值得注意的是，这首诗在白描中，并不是纯客观地把景物罗列出来，而是贯穿着诗人的感情，对景物着力点染。比如第三句问“一路稻花谁是主?”稻花自开，本来是没有主人的；但经作者这么一问，稻花自由自在、无拘无束开放的特点更其突出了——这种明明知道稻花无主，但写作中却先假设它有主，然后问一声主人是谁，最后得出“原来无主”的结论，这就是古人所说的“勾勒法”。再比如，末句写蜻蛉、螳螂，不仅用了“红”、“绿”这种非常鲜明悦目的颜色，而且在中间嵌进一个“伴”字，把两种没有思想的小生物写得相依相伴、和美融洽，委婉地寄托了作者的理想，这种写法也是十分别致的。（李济阻）

【作者小传】

冯取洽

生卒年不详。字熙之，号双溪翁，延平（今福建南平）人。宋理宗淳祐初前后在世。工词，常与黄升唱和。

自题交游风月楼 冯取洽

平揖双峰俯霁虹， 近窥乔木欲相雄。

一溪流水一溪月，　八面疏棂八面风。
取用自然无尽藏，　高寒如在太虚空。
落成恰值三秋半，　为我吹开白兔宫。

这是一首题赞诗，题于新楼落成之际。诗人登佳楼而览胜景，缘胜景而生奇思，全诗拢山、水、风、月于笔底，溢豪情逸兴于纸外，兴来神来，意到笔随，境界高远，天然入妙。

首联写风月楼的雄伟气势，一开篇便凭空而起，出语不凡。诗人首先从楼的外围景观写起，烘托出楼势的高拔。风月楼与周围的两座山峰遥遥相对，登楼远眺，可以平视两峰之巅。“平揖”二字，甚有气势。而从楼上观看雨后彩虹，则需俯视才行。这是以双峰和彩虹映衬楼的居高。再看近旁的乔木，枝干耸云，也大有与楼比高称雄之势，这是以乔木映衬新楼的巍拔。这里，巧用对面写来的手法，以景衬楼，不从正面直言楼高，而楼高自见。从景物的配置来看，远有双峰，近有乔木，下有彩虹，诸般景物，相映成趣，组成一幅宏丽的画面，也展示了新楼所处的自然环境。从人的情态看，诗人由远眺、俯察到“近窥”，其上下顾盼，目接神驰的情态宛然如见，其览物赞叹之情也溢于言表。

颔联两句，既是写景，又交代了风月楼得名的缘由。新楼处于山环水抱之中，有一溪流水，萦回映带。秋夜月明，登楼望溪，只见月光照于溪水之上，溪月交辉。此句暗点了楼名中的“月”字。下句写秋夜清风四起，八面楼窗，八面受风，凉风习习，回旋楼中，多么惬意可人！此句又暗点楼名中“风”字。这一联，以数字入诗，构成巧对，初读似信口而出的常语，细味觉用语工巧而浑成，意境空灵而淡远，所以前人称此联为“秀杰之句”（见《诗人玉屑》）。

古人以为，良辰、美景、赏心、乐事，四者难并。新楼落成，可谓赏心乐事；清风明月，可谓良辰美景。如今四美皆具，诗人更觉逸兴遄飞。于是，诗的后半首由写景导入抒情。

苏轼在《前赤壁赋》中曾说：清风、明月等自然美景，是“造物者之无尽藏也”。颈联“取用自然无尽藏”，即化用苏轼成句，既切眼前景，又合此际情。新楼落成，万千景象，络绎奔会；无尽宝藏，呈于楼前。“取用”二字，将新楼构筑之妙和盘托出。下句放开一步，自己沉浸于此良辰美景之中，不禁心醉神迷，飘飘欲仙。苏轼《水调歌头》词有“高处不胜寒”之句，这里暗用苏词语意，以虚写实，既照应了楼高风寒，又写出了诗人感情的升华。

尾联“落成恰值三秋半，为我吹开白兔宫”，更进一步将天上人间联系了起来。上句的“三秋半”，点明新楼落成之日，恰值九月十五。下句的“白兔宫”本指月亮，这里语涉双关，明言天上月宫，暗指新成之楼。将新成之楼比作月宫仙阙，已充满奇情异彩，而将圆于三秋半的明月、成于三秋半的新楼，同视为天造地设的美好景物，赞美万里长风，为我吹开明月一轮，也为我造就新楼一座，更属想落天外的奇思。前人论诗，认为结句以“宕出远韵”为佳。此诗结句，涉想新奇，“吹开”二字，出人意表，正是“宕出神韵”的妙结。

作为一首题楼诗，通篇藉山、水、风、月等自然景物的陪衬，突出新楼之高之美。诗人以我观物，即景起兴，可谓题楼诗中“大手笔”之作。（刘德重　顾伟列）

【作者小传】

方　岳

(1199—1262)　字巨山，号秋崖，歙州祁门(今属安徽)人。绍定五年(1232)进士。历南康军及滁州教授、太学正、宗学博士等。淳祐中，知南康军，后知袁州。先后触忤贾似道、丁大全，被劾罢官。其诗与刘克庄齐名。有《秋崖集》、《秋崖先生小稿词》。

三　虎　行

方　岳

黄茅惨惨天欲雨，　老乌查查路幽阻。
田家止予且勿行：　“前有南山白额虎；
一母三足其名彪，　两子从之力俱武；
西邻昨暮樵不归，　欲觅残骸无处所。”
日未昏黑深掩关，　毛发为竖心悲酸，
客子岂知行路难！
打门声急谁氏子，　束蕴乞火霜风寒；
劝渠且宿不敢住，　袒而示我催租瘢。
呜呼！李广不生周处死，　负子渡河何日是！

此诗以虎害寓政治讽刺之意。南宋末年，统治者加剧了对劳动人民的盘剥压榨，置百姓生死于不顾。当时许多诗人都反映了这一黑暗悲惨的现实，如洪咨夔《狐鼠》诗说：“狐鼠擅一窟，虎蛇行九逵。不论天有眼，但管地无皮。”揭露官吏勾结横行，无法无天。黎民百姓因而到了“内煎外迫两无计，更以饥躯受笞箠”（利登《野农谣》）这样求生不得的地步。方岳这首歌行体古诗，以铺叙的笔法，生动的情节，揭露了苛政残民甚于猛虎的严酷现实，读来分外感人。

此诗分三层。第一层写诗人止宿农户，听田家诉及三虎伤人事。首句中的“黄茅”是指瘴气，每当茅草枯黄的季节发生，故以“惨惨”来形容。路逢瘴气，天又欲雨，在乌鸦叫声中，路途更显得幽暗险阻。开头这两句，渲染出一片阴森险恶的气氛，为下文写三虎作了铺垫。接着从田家劝阻“勿行”的诉说中，引出凶恶的猛虎及其伤人的惨事，最后以“客子岂知行路难”的感慨收束。这一层铺写较为详密、具体，重点是对虎害的描述以及听者心惊胆战的心理刻画，为揭示题旨作了铺叙。第二层写“谁氏子”甘冒虎险而强行的场面。其中一个“催租瘢”的画面，笔致简练，含蕴丰富。这里说明了此子宁冒虎险而不敢留宿的直接原因；也暴露了官吏催逼租赋的凶狠残暴；更在贪吏与猛虎的间接对照中，揭示了“苛政猛于虎”的题旨。诗人在一、二两层中，都是以客观的描述，用事实来说话，不著一字评说，但作者所要揭示的问题和所持的态度已明显表现出来。最后一层，借历史人物抒发了诗人内心的感叹。曾射杀猛虎的李广不得复生；为民除害杀虎斩蛟的周处，也早已逝去。而时下也再找不到像汉朝弘农太守刘昆那样的清廉官吏，他的德化使猛虎都负子渡河，离境而去。这样仁政爱民的父母官，在何年何日才能到来。在这沉痛的慨叹中，包蕴了深深的愤慨。这一层连用三个典故，自然熨帖，含蓄深沉，而又感情浓郁，更加强了此诗的讽刺力量。（左成文）

农谣五首 方 岳

春雨初晴水拍堤，村南村北鹁鸪啼。
含风宿麦青相接，刺水柔秧绿未齐。

问舍求田计未成，一蓑锄月每含情。
春山树暖莺相觅，晓陇雨晴人独耕。

小麦青青大麦黄，护田沙径绕羊肠。
秧畦岸岸水初饱，尘甑家家饭已香。

雨过一村桑柘烟，林梢日暮鸟声妍。

青裙老姥遥相语：　　今岁春寒蚕未眠。

漠漠余香着草花，　　森森柔绿长桑麻。
池塘水满蛙成市，　　门巷春深燕作家。

这是由五首七绝组成的一组农事风光诗。每首诗写一景一事，既各自成篇，又脉络相连。总题“农谣”，可作一篇来读。

这组诗由第一首“春雨初晴”起笔，至第五首“门巷春深”收结，依次描绘了由春初至春末农村田园的场景风光。其中有农田的自然风景，也有农事劳动和农村生活的画面。全诗清新自然，透露着诗人安于农村耕织生活的一派欣喜之情。

第一首描绘了春初雨后农田风光。春来水涨拍击着护田的河堤，小村南北都响起了鹁鸪求偶的啼叫声。在生机盎然的春光里，只见那摇风的冬麦早已泛出一片青绿，而稻田里刺破水面的嫩秧却还没有长齐。这第一首作为组诗的开端，有声有色地描绘了田园春初的风光，满含郁勃的生意。

第二首联系自身生计写春日农忙的情景。首句“问舍求田计未成”意蕴就颇为丰富。“求田问舍”，出自《三国志·魏志·陈登传》，本意为唯知广置田产房舍而无远大之志，是刘备讥讽许汜之语。方岳本为有志之士，因忤权要史嵩之、贾似道、丁大全而罢官居乡，坎坷终身。曾自吟：“吾贫自无家，客户寄村疃”（《秋崖先生小稿·燕来巢》）又曾说：“仕宦已忘如隔世，力田断不似逢时”（《山中》诗）。所以这里用“问舍求田”典，实为自嘲并有嘲世之意，犹如说自己丢官务农而家贫，自然谈不上求田问舍，这也正好与贪欲如史、贾之流者殊途。因而戴月披蓑来夜锄，却也每含躬耕自乐之情。尽管“晓陇雨晴人独耕”，却也有“春山树暖莺相觅”这宜人的美景来相伴，并不觉得独自“力田”有什么辛苦和寂寞。

第三首写收成季节的田园风光和有劳而获的欣喜之情。一二两句写：田野里的小麦虽然还是一片青葱，而大麦则已枯黄，稻田的周围有一条条弯弯曲曲的沙路环绕着。首句乃化用汉桓帝时童谣：“小麦青青大麦枯”，仅易“枯”为“黄”。第三句“秧畦岸岸水初饱”照应第一首末句“刺水柔秧绿未齐”，以“岸岸”形容畦秧高高的长势，预示着今年的好收成。怀着喜悦的心情，日暮归村，闻到了家家新麦饭的香气。“尘甑”，典出东汉范冉（字史云）。范冉有气节，家贫，有时绝食，而穷居自若，闾里为之歌曰：“甑中生尘范史云”（《后汉书·独行传》）。这里以“尘甑”代指贫苦人家，说他们平时锅里落满灰尘，现在家家都有米煮饭了。这后两句细致的描绘，有着浓郁的生活气息，也是亲身参加了劳动，并享受劳动后欣喜之情的人，才会有的深切体验。

第四首写村中蚕事。首二句描绘雨后村中烘干桑叶、柘叶的景象，一阵春雨过后，几乎家家都在燃柴烘桑，烟气升腾，笼罩全村。到傍晚，烟雾散去，悦耳的鸟鸣在林梢响起。为什么村中会出现这样的景象呢？一位青裙白发的老妇人遥遥相告，原来是今年春寒，蚕宝宝迄今未能入眠，还需饲以桑叶柘叶的缘故啊！在如画的描绘中，平添一笔老农妇的话语，使全首诗更富于活泼的生气。

最后一首描写春深的景色，并以燕子来巢收结全组诗歌。春深草长花艳，香气四溢，缭绕不尽，桑麻也是一片青葱茂密。由于今春雨水充足，池塘俱满，蛙声喧闹，直如集市的嚣音。春去夏来，小燕也在人家门巷间飞来飞去，忙于作巢孵雏。诗人以恬静闲适的外境写出了淡泊自适、安于此乡的心情。

这一点，在方岳的许多诗篇中都是可以找到证明的，如《梦寻梅》（见本书），又如《读白诗效其体》之二："归来亦云幸，潇散月下杯。山池芰荷过，野岸芙蓉开。幅巾一筇竹，适可眠秋崖。"

诗人经过了险恶仕途之后，将身心抒放于山林田园之间，自有其"白鸟无尘事，青山自故人"（见《次严陵》）的无穷乐趣，何况还能躬耕于田亩之间，体验到农事劳动的甘苦，更是别有一番滋味。《秋崖先生小稿》中多数诗篇是放归山林以后之作，因而"诗主清新"（见《宋诗钞》按语。下同）并能"刻意入妙"，"逸韵横流"。这组《农谣》五首正体现了这些特色，可称为他的代表作。　（左成文）

湖上四首　　方岳

沙暖鸳鸯傍柳眠，　春来亦懒避湖船。
佳人窈窕惜颜色，　自照晴波整翠钿。

今岁春风特地寒，　百花无赖已摧残。
马塍晓雨如尘细，　处处筠篮卖牡丹。

绿波如画雨初晴，　一岸烟芜极望平。
日暮落花风欲定，　小楼弦管压新声。

游人抵死惜春韶，　风暖花香酒未消。
须向先贤堂上去，　画船无数泊长桥。

方岳以《湖上》为题的七绝不止上述四首。除绝句外，他还有题为《湖上》的七律，颔联"杨柳得春青眼旧，山峦留雪白头新"，虽然有明显的刻镂痕迹，但它的工巧、形象以及拟人化手法的成功运用，还是给人留下了深刻的印象。

这四首七绝，写春日西子湖上风光，宛然四幅湖上春游图。

第一首写佳人游湖。画的一端，柳垂沙暖，对对鸳鸯交颈而卧。游船从旁边经过，它们也懒得躲开。画面和谐、宁静。在画面的主题位置上，一位窈窕佳人，对着波平如镜的水面整理着翡翠头饰。她绰约多姿，顾影自怜，那一对对鸳鸯，是否已触动了她的怀春之思呢？诗人没有明说，不过，一个"惜"字，透露了其中消息。

第二首写湖边卖牡丹。诗人在春寒的背景上摄下雨中马塍的全景，进而让一位位卖花女郎从画面深处走出来。"如尘细"的"晓雨"轻笼画面，增加了几分朦胧的诗意。上一首开门见山写鸳鸯、佳人，这一首层层铺垫，最后点到正题。以今年春风特别寒、百花无可奈何已被摧残讲起，愈益显出装点春光的马塍牡丹之值得珍爱。马塍在钱塘门西北，以种花出名。南宋都城临安（今浙江杭州）的花卉，都来自马塍。花农每天采摘鲜花卖到城里。这一首展示的是一幅雨丝风片中的湖上卖花图。

第二首时间是在早上，第三首则写日暮雨后的情景。雨后初晴，湖山如洗，碧波漾漾；在沉沉暮霭中极目望去，芳草芊芊，如梦如烟。日已暮，风渐息。这时小楼一角，传出了阵阵管弦之声。末句"压新声"，是说演奏新曲。"压"的原意是按捺，这里指吹弹演奏。此诗有声有色有动有静，有近景有远景，境界非常优美。

第四幅写游人对先贤的敬仰。游人拼命爱惜春光，尽情赏玩，带着几分酒意，在暖风花香中将船停在长桥边，向先贤堂上走去。西湖边的"先贤堂"，在苏堤南端第一桥映波桥之北，又名仰高祠，祭祀许由等四十人并列女孙夫人等五人。"长桥"，在净慈寺以东。第三句的"须"，作"应该"、"必定"讲，是料想之辞。诗人从"画船无数泊长桥"的事实中，推想出游人们是到先贤堂去瞻仰、凭吊先贤的，但画面并未正面展现。末两句暗示出对人们有大功大德的人物，总不会被忘记，他们只会受到永久的尊敬。

四首诗既写出了自然风光，也写出了人情风俗，诗笔婉丽，意境清新。

（陈志明）

春　思　　方　岳

春风多可太忙生：　长共花边柳外行。

与燕作泥蜂酿蜜， 才吹小雨又须晴。

首句就把春风拟人化，说她总太忙，使人有亲切之感。是全诗的纲领，用以提起后面三句。多可，即“多所许可”，有宽容、随和的意思。“太忙生”的“生”字，是语助词，如杨万里《过五里径》诗：“野水奔来不小停，知渠何事太忙生”，方岳《雨中有感》诗：“山蛰惊尘已发声，移花移竹正忙生。”这一句是说春风很随和，什么事都肯干。作者不只是说春风“忙”，而且说“太忙”，何以见得呢？以下三句作了说明。

“长共花边柳外行。”长，长久的意思。共，喻形迹密迩。“长共”二字，一从时间，一从空间，写出了东风与花柳关系之密切。“立春之日，东风解冻。”（《礼记·月令》）“东风暗换年华”（秦观《望海潮》）。东风似一位携着一枝神奇彩笔的出色画家，一路行来，一路给花柳着上颜色。他“密添宫柳翠，暗泄路（一作‘露’）桃红。”（杨衡《咏春色》）由于他的爱抚，春花由疏而密：开始时的“竹外桃花三两枝”（苏轼《题惠崇春江晓景》），转眼成了“乱花渐欲迷人眼”（白居易《钱塘湖春行》），随后又变为“千朵万朵压枝低”（杜甫《江畔独步寻花》）。至于柳树，先是“绿柳才黄半未匀”（杨巨源《城东早春》），不久变为“轻条未全绿”（沈约《伤春》），进而化作“万条垂下绿丝绦”（贺知章《咏柳》）。终至于：“李白桃红杨柳绿，天涯无处不春风”（刘秉忠《三月》），“绿树交加山鸟啼，晴风荡漾落花飞”（欧阳修《丰乐亭游春》）。三个月中，春风一刻不停，真是“太忙”了。

“与燕作泥蜂酿蜜。”替燕子造出春泥，帮蜜蜂酿成蜜糖。句中的“与”字，是“替”、“帮”的意思。所谓“与燕作泥”，是说春风解冻，给燕子准备了做窝的春泥；“（与）蜂酿蜜”，是说春风吹开了花朵，为蜜蜂酿蜜创造了条件。一句说着二事，“燕作泥”、“蜂酿蜜”，共用一个“与”字，造成促迫的语势，不说“太忙”而愈见其忙了。

末句说天时，“才吹小雨又须晴。”春风带来春雨，春雨过后，天又转晴。一个“才”字，接以一个“又”字，相承而下，语调急促。加上一个“须”字，就更有意味。大地回春，自然界的一切，都要仰仗春风照应，万物生长，需要细雨滋润，但下得太久，也要转为祸害。所以雨下不久，就得赶快放晴。须，必须之意。这句把春风忙碌之状写得更足。

此诗格调清新，不用典实，通篇拟人，富于动感，体物入微，又很有韵致。

（陈志明）

观 渔 方 岳

林光漏日烟霏湿， 鸬鹚簇立春沙碧。

湘竿击水雪花飞，　鸬鹚没入春溪肥。
银刀拔剌争三窟，　乌兔追亡健于鹘。
搜渊剔薮无噍类，①　余勇未厌心突兀。
十十五五斜阳边，　听呼名字方趋前。
吐鱼筠篮不下咽，　手捽琐碎劳尔还。
呜呼，奇哉子渔子，　塞上将军那得尔！

〔注〕 ① 噍类：原指活人，语本《汉书·高帝纪上》"（项羽）尝攻襄阳，襄阳无噍类，所过无不残灭。"噍，咀嚼之意。这里指尚生存的鱼儿。

这首诗完整地记叙了鸬鹚（即鱼鹰）在渔夫的指挥下捕捉鱼儿的全过程。读着此诗，仿佛也和作者一起站在河岸边，怀着新奇的心情，饶有兴味地观看着这场鱼鹰与鱼儿之间进行的追击战，并情不自禁地为鱼鹰的勇敢拍手叫好。

首起四句，是写捕鱼开始之前的情景。和煦的阳光，透过树杈枝叶，直泻地面。只见烟霭纷纷，湿气腾腾，这是近河的树林在朝阳下特有的景象。首句七字，不仅点明了时间地点，写出了眼前景色的特点，而且为下文写捕鱼作了铺垫。有树必有水，有水就有鱼。穿过林间，来到河岸，这就自然引出第二句"鸬鹚簇立春沙碧"。"簇立"在沙滩上的鸬鹚身上黑中带绿的羽毛把沙滩都映成了青绿色，它们正静静地等候着渔夫的命令。猛然间，渔夫手中的竹篙挥动了，竹竿拍打着水面，溅起雪白的浪花，下水的信号发出来了！鸬鹚就像接到了冲锋命令的战士，一下子全部没入水中。"春溪"下著一"肥"字，则写出了春水弥漫之状。春水方生，鱼儿必多，鸬鹚攫食之心也必切。这样多的鸬鹚竟然能令行禁止，无一混乱，又足见渔夫平素训练有方。

"银刀拔剌争三窟"以下四句，写鱼鹰在水中追逐捕食鱼儿的情景。在鱼鹰的袭击下，鱼儿在拼命地逃跑。有的急不择路，跃出水面；有的躲进深渊或水草丛中。可是鱼鹰毫不放松，到处搜寻，直到把水中生存的鱼儿全部捕捉，仍意犹未足，余勇尚存。"乌兔追亡健于鹘"一句，作者巧妙地化用了两个成语，用"乌飞兔走"形容快，用"兔起鹘落"形容狠。尽管狡兔三窟，也难对付动作敏捷、目光犀利的老鹰的攻击，犹如眼前的鱼儿使出浑身解数也逃不出鱼鹰之口一样。这四句既写出了攻击者鱼鹰的勇敢，又写出了被攻击者鱼儿的可怜。

"十十五五斜阳边"以下四句，写水中追逐搜捕结束后，鱼鹰回到岸边交纳战利品的情景。时近薄暮，夕阳西下，一群群鱼鹰抖掉身上的水珠，回到岸边。作者用"十十五五"而不用常见的"三三两两"，正与上文的"簇立"相呼应，也是形容鱼鹰数量之多。它们身带斜阳,井然有序地听从渔夫的呼唤。呼到自己名字时,就上前将口中捕捉到的鱼儿吐到竹篮里。然后渔夫挑选出其中零碎的鱼块喂它们,以示慰问。从这个动作中,可以联想到渔夫脸上满意的笑容以及他对赖以谋生的生产工具——忠诚勇敢的鱼鹰的爱怜之情。

一天的猎渔结束了,目睹这一切的作者被深深吸引住了。眼前的场面是那样不可思议,鱼鹰竟然通人性似的,乖乖地听从渔夫的调遣,就像兵士服从军令。作者情不自禁地从心底发出赞叹:"呜呼,奇哉子渔子,塞上将军那得尔!"威风凛凛犹如驻防戍边、指挥千军万马的塞上大将军一样的渔夫形象,这才正面出现在读者眼前。读者这才恍然大悟:诗人赞美鱼鹰,更赞美它们的主人渔夫。当然难以设想,没有渔夫的精心训练,如此众多的鱼鹰能够如此听从号令。上文重点描写的是鱼鹰的形象,但通过那击水溅花的湘竿,那呼唤鱼鹰名字的叫声,那拿小鱼慰劳鱼鹰的大手,已经多侧面地烘托出了渔夫的形象。结尾明白说出对渔夫的赞叹,接着又缀上一句"塞上将军那得尔",这就使全诗主题深化,不仅停留在对捕鱼场面的记叙,对渔夫的勤劳与智慧的钦敬,而且借对渔夫的赞扬,讽刺那些宋末守边将军的庸懦无能,使这首诗具有更深刻的现实意义。

(沈时蓉　詹杭伦)

泊歙浦　　方岳

此路难为别,　丹枫似去年。
人行秋色里,　雁落客愁边。
霜月倚寒渚,　江声惊夜船。
孤城吹角处,　独立渺风烟。

这首诗写的是游子的羁旅之感。

首联"此路难为别,丹枫似去年",说虽然是暂时停泊,却感到不忍分别,因为岸上火红的枫叶勾起了去年的回忆,年复一年,漂泊依旧,怎能不使人对它感到留恋呢?游子的思想感情通过今昔的时空差距曲曲表现出来。而"丹枫"这一色彩强烈的景物十分引人注目,"霜叶红于二月花",多看看它,亦可以聊解客愁。

"人行秋色里,雁落客愁边。"上联的丹枫已点明了季节,因而这一联再加重渲染。萧瑟的秋天本来就容易引起悲凉的感情,何况是一个人孤零零地出门在外呢?举目无亲,只有南归的大雁好似同情旅人的孤寂,暂时停下来相陪伴。"雁落客愁边",这一句措辞是很妙的,是景语,也是情语。客愁是无形的、抽象的，秋雁则是有形的实物，把具体形象与抽象的感情结合起来，说雁落到了“客愁边”，就使抽象的“客愁”也好像可触可见了，收到生动的艺术效果。

“霜月倚寒渚，江声惊夜船。”这两句进一步描写孤舟旅泊的所见所闻，展示出一个广阔凄清的背景，烘托出游子的孤单和寂寞。从时间上来说，这一联也进了一层，由白天写到夜晚。霜露满江，月亮似乎也感到寒意，忽听吹角之声越江而来，格外凄厉，船上难眠的旅人不由得吃了一惊，更感到了旅况的凄凉。“江声”即指下联的“吹角”之声传到江中，在寂静的月夜里是震动人心的，故用了个“惊”字。

“孤城吹角处，独立渺风烟。”最后一联把诗人的身影突出地刻画出来，孤城在岸上耸立，小船独泊在江边，而船上正站着孤独的游子，面对万里寒江，倾听城中传来的号角声，不禁分外感到天地的寥廓，人生的渺小，前途的渺茫了。他是否由自然的“风烟”联想到人生的风波？是想到了不能团聚的家人呢，还是想起了历史上的风流人物而发思古之幽情？或者想到了别的什么？妙在这一切都没有揭明，而只出现了一个“独立”的人影，一切尽在不言中了。

这首诗借景抒情，不事雕琢，造语自然，很有晚唐人风味。　　（梁归智）

梦　寻　梅　　　方　岳

野径深藏隐者家，　岸沙分路带溪斜。
马蹄残雪六千里，　山嘴有梅三四花。
黄叶拥篱埋药草，　青灯煨芋话桑麻。
一生烟雨蓬茅底，　不梦金貂侍玉华。

梅花在古代是隐逸的象征，北宋著名的隐逸诗人林逋就以“梅妻鹤子”传为佳话。这首诗题为《梦寻梅》，正表现了诗人对隐逸生活的追求。诗一开始就推出一个幽雅僻静的背景，宛转的山溪，洁净的沙路，一条曲折的小径通向藏在山林深处的隐者之家。这幅富有诗意的图画，是从“寻梅”的诗人的眼里看出的。妙在这是诗人的梦境，带有理想的色彩，所以更显得幽静脱俗。

如果说首联是一个远镜头，展示出一幅很有诗意的背景画卷，那么第二联就是近景的特写。“马蹄残雪六千里”，一位风尘仆仆的诗人策马而来，他已经奔走了几千里地，面对这突然出现的山乡幽景，他不由自主地勒马慢行，终于停了下来。“残雪”二字点明了节令。这位诗人为什么奔波呢？他在追寻什么呢？他为什么在这儿停下来了呢？“山嘴有梅三四花”，原来答案在这儿。诗人不远千里苦苦追寻的就是山坳里这几朵早开的梅花！山口这三四朵梅花占据了全部镜头，在“六千里”追寻的映衬下，显得格外珍贵崇高。弦外之音自然也曲曲传出了：梅花是诗人理想和情操的象征。这句白描的诗因此具有丰富的内容，诗人追求理想的执著，理想实现后的狂喜激动，以及梅花作为理想象征的身份格调，全蕴藏其中。

感情在颔联达到了高峰，因而颈联就是一种“反跌”，显得优悠自如。“黄叶拥篱埋药草，青灯煨芋话桑麻”，用纯粹白描的笔墨写出隐居生活的乐趣，亲切自然，自由自在。这是理想实现之后沉浸其中而悠然自得的心境写照。这里没有再提梅花，然而梅花的精神风格却已融汇其中。这首诗的一个鲜明特点，就是题为“寻梅”，全诗却只有一句写到梅花，其余全是衬托和侧写，因为梅花只是一种生活态度的象征，关键是要写出它的精神，而不在于刻意描绘。

前六句都写梦境，最后一联则是跳出梦境后的总结性的感慨。为什么诗人要在梦中追求梅花和隐逸呢？这里作了夫子自道。方岳一生坎坷，屡遭贬谪，因而产生了一种对仕途官场十分反感厌恶的思想情绪，“一生烟雨蓬茅底，不梦金貂侍玉华”，正是这种思想情绪的写照。金貂是汉代的官饰，玉华是唐代的宫名，这里代指出仕作官。诗人表示了对仕宦生涯的决绝态度，赞美自由的隐居生活，这就是全诗题旨之所在。

（梁归智）

【作者小传】

戴 昺

(1200—?) 字景明，号东野，天台（今属浙江）人。戴复古从孙。嘉定十二年(1219)进士。授赣州法曹参军。有《东野农歌集》。

天台道上早行　　戴 昺

筤舆轧轧过清溪，①　溪上梅花压水低。
月影渐收天半晓，　两山相对竹鸡啼。②

〔注〕 ① 筤(biān)舆：竹子编成的舆床。 ② 竹鸡：一种山鸟。一名“泥滑滑”，又名“鸡头鹘”。

这首七绝是诗人在天台道上早行路过清溪的写景诗。天台山是浙江著名风景区。它峭拔多姿，峰峦争秀，流泉飞瀑，汇聚成溪。《天台府志》载：清溪，在天台县西五里，源出关岭，其支流有六。诗人行经的清溪，不一定实指。“清”，当是形容词,状溪水质地色泽之美。

诗人早起乘坐篑舆,发出“轧轧”响声。一条蜿蜒的溪水,无声无息地流着。皎洁的月光,照得溪水晶莹澄澈,镜一般明亮。“溪上梅花压水低”,一“压”字,写出了梅花盛开的情景,千朵万朵,争艳斗奇,压得花枝儿沉甸甸的,似乎贴近水面。这一句创造了一个梅花白,溪水清,暗香浮动,水面水中花枝相映的境界。这句诗不能说没有受到杜甫“黄四娘家花满蹊,千朵万朵压枝低”(《江畔独步寻花》)的启发,而和姜白石《暗香》词“长记曾携手处,千树压、西湖寒碧”的意境更为相近,写出了梅花的风神,更得象外之妙。

诗人被清溪幽美的景色所迷,竟忘记赶路。而时间却像平静的溪水,悄悄流逝。景物清晰的图像模糊了,月光也暗淡了。“月影渐收”的“收”,煞是活脱,好像“月影”带来的良辰美景不愿让人多得一样,硬要无端“收”去。而“收”,并不即刻全“收”;“收”上着一“渐”字,写出“收”的动态:缓缓进行,人不惊觉。大概是怕过分让诗人扫兴吧。运笔轻巧,下字灵动,诗情画意中又平添几分情趣。“天半晓”,以口头语言准确地捕捉住“黎明前黑暗”刹那间的时态特点,用词精当,体物入微。正当诗人眼前一片朦胧之际,“两山”之间,“竹鸡”啼叫,此唱彼和,深山幽谷,顿时热闹起来。天,已亮了。

全诗但写景,无一字言及心中之乐,而诗人为清溪晓景之美所陶醉之乐,却跃然纸上。语言清新明快,形象富有特色,给人以娱目悦心的艺术享受。(邓光礼)

夜过鉴湖　　　　戴　昺

推篷四望水连空,　　一片蒲帆正饱风。
山际白云云际月,　　子规声在白云中。

“山阴道上行,如在镜中游”(《会稽县志》引王羲之语),概括了鉴湖山水的美。鉴湖在今绍兴市南郊,古跨山阴、会稽两县。历代文人歌咏鉴湖之作颇多。戴昺《夜过鉴湖》艺术上与众不同的是,它不假雕琢,不事粉饰,径直以朴素的语言,白描的手法,如实绘出鉴湖夜色的天然风采,以其本身的美而引人入胜。

诗题点明时间、地点、事件:诗人乘船夜过鉴湖。首句,“推篷”两字,暗示船身低矮狭小,一伸手就能推开顶篷,动作情态活现。抬头“四望”,但见水天相连,茫茫无垠。诗人乘坐“一片蒲帆”之船,“正饱风”疾进。帆,是蒲草编织的,可见设备简陋,船身轻巧。“饱”字,既画出“蒲帆”承风鼓起的形象,又显示船行速度的飞快,用词准确传神。

“蒲帆”离湖岸不远了。岸边的山，隐隐约约浮现在视线之内。“山际”，白云缭绕；“云际”，月轮高挂；风吹云移，山峦起伏，月色时明时暗，图景晦明不定，如真似幻。鉴湖清幽、瞬息多变的夜景，足以令人心旷神怡。

“蒲帆”继续飞驰。子规的啼声刺破夜空，传入耳鼓。这迹象说明：船距岸越来越近了，天快亮了。循声望去，原来子规却隐藏在白云深处。迷离朦胧，可闻而不可见。

全诗四句，多层次地勾画出鉴湖扬帆夜景：“水连空”的湖面，“饱风”的“蒲帆”，起伏的山峦，浮动的白云，出没云海的明月以及“云际”传来的子规声声。这一切图像，构成一个“真中有幻，动中有静，寂处有音，冷处有神”（吴雷发《说诗菅蒯》）的立体空间境界，画面形象随“蒲帆”的移动而变换，既有可触性，又有流动感。读此诗，恍若身临其境，夜过鉴湖，心胸为之一畅。二十八字中，“白云”二见，“山际”、“云际”各一见。文字的复出，造成回环的声韵，轻快的节奏，增强了诗的音乐美。

（邓光礼）

夏曼卿作新楼，扁曰“潇湘片景”，来求拙画且索诗

戴 昺

有此一楼足，　悠然万虑忘。
拓开风月地，　压断水云乡。
四野留春色，　千峰明夕阳。
眼前无限景，　何处认潇湘！

夏曼卿其人不详，当是诗人的朋友。据诗题，可知戴昺不仅是诗人，亦能作画。画，想来是也作了，但作得如何，情况不详。诗便是这首五律。

首联总起，赞美楼主拥有此楼的悠然自得心情。首句起笔突兀，恰似平地起高楼：“有此一楼足”，紧扣诗题，又包举全篇：因能时览美景，故而心满意足。次句便说主人登斯楼，则心旷神怡，万虑皆忘，何其自得！

中间二联引人入胜。颔联先作概写。道主人（或者有客人随同）登楼眺景，清风轻拂，明月高悬，大自然在这里向人辟开了一块美好的胜地，令人觉得简直可以压倒那水云弥漫、以风景秀丽著称的去处（又多数是那隐者居游之地）。在此联中，诗人以“风月地”来概言其景之美，又以“压断水云乡”来反衬其美，然则究竟何以美，却尚无一字道及。颈联便作具体描绘。其时已近晚春，但一眼望去，只见四方原野（意即整个原野）上，还是郁郁葱葱，万紫千红，好一派明媚春光。“留”，写

那春色仿佛也有情，因为这里美，故而愿意留在此地而不离去。因此“留春色”固然为这里增添了美，然春色亦欲“留”这儿，则更显得这里是极美的了。“留”字用得很精，可谓词约而义丰。红日西沉时，那夕阳的余晖洒照在千峰（千，言其多）之上，似乎为它们披上了一层鲜明耀眼的薄纱。“明”，写这夕阳好像也很知趣，临走尚不忘为此地更添一分明丽景色。“明”，形容词作动词，在这里也用得很新。

四野、千峰，万紫千红、金光灿烂，交相辉映，令人流连忘返，因而逼出末联的由衷赞美：“眼前无限景，何处认潇湘！”诗人道：登览者眼前既景致佳绝，风光无限，那么又何须到哪处去认取潇湘？此地便是潇湘啊！末句呼应“潇湘片景”，便戛然而止。

探究诗题，细味诗意，诗人似乎并不曾亲临夏曼卿所建之楼，因此在描写其地景色时，他不作精雕细刻式的描绘（也无法精雕细刻），而只是挥洒大笔进行概写（如颔联）与涂抹（如颈联），然而也鲜明地写出了“潇湘片景”的特定美景，显示了诗人富于想象和描写景物的艺术功力。

（周慧珍）

【作者小传】

叶　茵

（约1200—？）　字景文，号顺适。笠泽（今江苏苏州吴江区）人。江湖间诗人，不慕荣利，萧闲自放，名其所居曰“顺适堂”。与徐玑、林洪相唱和。其诗闲雅清矫，与魏野、林逋的风格相近，多为抒写淡泊心境之作。著作今存《顺适堂吟稿》五卷。

山　行　　叶　茵

青山不识我姓字，　　我亦不识青山名。
飞来白鸟似相识，　　对我对山三两声。

这首小诗，在内容和写法上都有点特别：写山行与“姓字”何干？白鸟“三两声”究属何意？前无交代，后无说明，突然而起，戛然而收。乍读颇费解，但细细吟哦，却能从中体察出一种意境，领略到一种情趣。

出现于诗的前两句，只有“青山”和“我”，没有第三者，可见诗人是独行于山间；两个“不识”，又说明诗人是新来，而非重游。由此不难想象，踽踽独行的诗人，眼前所见只有陌生的青山。“山”与“我”，互不相识，冷眼相觑，这气氛该有多么沉闷。在这样的情景中,诗人发出“青山不识我姓字,我亦不识青山名”的叹息,不是很自然吗? 独行的“我”与孤峙的“山”,都想互通姓名,相结为友,苦于无人从中介绍。这时正巧“白鸟”飞来。这位第三者的出现,顿时使气氛活跃起来——

“飞来白鸟似相识,对我对山三两声。”白鸟,泛指鸥鹭之类长着白羽的鸟。白鸟为山间溪上所常见,它的出现,本属平常,但此时此地,诗人见到这“似相识”的白鸟,不能不产生“他乡遇故知”之感。“我”见白鸟“似相识”,“山”见白鸟当然更不陌生,因此这“白鸟”俨然是“我”与“山”这一对陌生伙伴的共同好友。于是这位热心者连忙出面介绍,“对我对山三两声”。白鸟叫唤当然出自无心,但因为“我”“有心”,于是仿佛觉得鸟也并非无意。诗到此戛然而止,好像很突兀,其实恰到好处,山行之乐至此和盘托出,独行山间原不寂寞。

这首山行拾趣的即兴小诗,文字见天真,饶有风趣。在写法上,采取剪影式,捕捉住最唤起“诗心”的吉光片羽,不加修饰,以存其真。但中有包孕,读者自能领会。

(何庆善)

机 女 叹 　　　　叶 茵

机声咿轧到天明, 　万缕千丝织得成。
售与绮罗人不顾, 　看纱嫌重绢嫌轻。

有一类诗,用口头语,写平常事,粗看平淡无奇,细吟则寄意深微。叶茵的《织女叹》就是这样的作品。

这首诗写织女(即“机女”)生活,先写“织”,后写“售”。织,吃尽千辛万苦。从那通宵“咿轧”的机声,我们仿佛看到机旁织女“一梭声尽重一梭,玉腕不停罗袖卷”(王建《织锦曲》)的劳作情景。一匹纱,一卷绢,“万缕千丝织得成”,该要耗费织女多少心血啊! 但是,“织得成”并不算“成”,还要“售”得出。织女们将精心制作的织物送到大户人家去出售,事先当然满怀希望,以为会受到称赞,售得好价,结果呢? 大失所望——“售与绮罗人不顾,看纱嫌重绢嫌轻”。“绮罗人”,借指富贵人。他们不屑细看就说:纱,嫌重;绢,嫌轻。两个“嫌”字,把富贵骄人之状刻画尽致。至于织女随后如何,诗人不说了。读者可以想象,她们一定是满含眼泪而归。

读完《机女叹》,很自然地会联想起晚唐诗人秦韬玉的《贫女》诗:“蓬门未识绮罗香,拟托良媒益自伤。……苦恨年年压金线,为他人作嫁衣裳。”此诗写贫女,又不仅仅写贫女,而另有寄托:“语语皆贫女自伤,而实为贫士不遇者写牢愁抑塞之怀”(俞陛云《诗境浅说》)。叶茵笔下的“机女”,和秦韬玉笔下的“贫女”,

是类似的。我们从“机女”身上，同样可以看到“贫士不遇者”的影子。南宋末年，权奸当路，仕进道隘。诗人叶茵是参透了这一点的。他深知“明主弃孤寒”、“世间行路难”，因此“梦不赴槐安”（见《次游法西寺韵二》），一生谢绝仕途，隐身笠泽，宁作“江湖萧散客”（见《参选有感》诗）。由此可见，他写《机女叹》，就像秦韬玉写《贫女》一样，是有所寄托的。三四两句妙语双关，字面讽刺一般富贵人，骨子里是对轻视寒士、扼杀人才的当朝显贵的鞭挞。

这首诗看似款款道来，不动声色，但隐含着深深的愤激之情。在南宋江湖派诗中，自属上乘之作。

（何庆善）

【作者小传】

张道洽

生卒年不详。字泽民，号实斋，衢州开化（今属浙江）人。端平二年（1235）进士。曾从真德秀学。为池州签判，后辟襄阳推官。生平作咏梅诗三百余首。

梅　花　　　张道洽

行尽荒林一径苔，　竹梢深处数枝开。
绝知南雪羞相并，　欲嫁东风耻自媒。
无主野桥随月管，　有根寒谷也春回。
醉余不睡庭前地，　只恐忽吹花落来。

宋代善写梅花的诗人很多，张道洽即是一位。他“平生作梅花诗三百余首”（见《宋诗纪事》卷六十五），方回称赞他的梅花诗“篇有意，句有韵”（《瀛奎律髓》），在数量上、质量上都不弱于林逋、苏轼、陆游等诗人。

此诗以寻梅起兴，写出了梅花的精神，不是以风神胜，而是以标格胜。

首联说寻梅。诗人所见的，是荒林野径的早梅，在竹梢深处只开放了“数枝”。这一联渲染环境，以梅花前后左右之物烘托出了梅的清高之格、疏野之性。

中间两联从眼前的“数枝”说开去，详写梅花之神。“绝知南雪羞相并”，是说尽管梅花似雪，但它羞于与向阳之雪为伍。这是诗人从南雪的易于融化而梅花不易凋落所引出的联想，可见梅花不随俗浮沉，自有其坚贞的品性。梅花开于冬春之际，诗人据此又引出“欲嫁东风耻自媒”的联想。东风，指春风。张先《一丛花令》："不如桃杏，犹解嫁东(一作"春")风。"这句意谓，梅花有羞耻之心，不愿像桃杏那样自炫自媒，委身于东风。颔联从一冬一春两面写，颈联则转从梅树生长之处写梅花的习性。"无主野桥随月管，有根寒谷也春回"，有的梅树长在野桥旁，无人管领，只有夜月仿佛是它的主人；有的梅树长在寒谷中，只要有根在，到了春天依然会抽枝吐蕊。上句说梅花远离尘嚣，自由自在；下句说它执著之性，百折不回。前一句以野桥、冷月烘托，境界高洁。下一句以"寒谷"反衬"春回"，以见其意志之坚贞与生命力之旺盛。

诗人在另外两首题为《咏梅》的七律中说："才有梅花便不同。""才有梅花便自清。"以上两联便是对梅花的"不同"与"自清"的写照，颂扬梅花精神，笔带感情，是有我之境。诗人惜花心切，因而又写出了尾联："醉余不睡庭前地，只恐忽吹花落来。"日后酒醉之后，不要因为赏花而睡于庭前梅树之下。因为一旦风吹花落，飘到身上，难免玷污了梅花。林俊《看梅偶感》诗说："雪篷昨夜还扶醉，移近梅花一处眠。"张籍《梅溪》诗说："不教人扫石，恐损落来花。"张道洽正好把这两种爱花心理联系到了一起，想亲近梅花，但又不敢睡到梅树下，怕污损落下的花瓣。尾联是虚写，是诗人想象之辞，可见诗人爱惜梅花，几乎无微不至。

此诗作为咏物诗，成功之处在于对所咏对象不滞不脱，若即若离。首联与尾联偏于叙事抒情，但并没有撇开梅花去写；中二联专写梅花，但又并不作纯客观的描叙。诗人移情于物，借物抒情，处处无非梅花，又处处无非诗人自身。

(陈志明)

【作者小传】

林希逸

生卒年不详。字肃翁，号竹溪，又号鬳斋，福清(今属福建)人。端平二年(1235)进士。历官翰林权直，兼崇政殿说书，直秘阁，知兴化军。景定中，官司农少卿，终中书舍人。江湖派诗人，有《竹溪十一稿》、《老子口义》、《庄子口义》、《鬳斋续集》等。

溪　上　谣

林希逸

溪上行吟山里应，　山边闲步溪间影；
每应人语识山声，　却向溪光见人性。

溪流自漱溪不喧，　山鸟相呼山愈静。
野鸡伏卵似养丹，　睡鸭依芦如入定。
人生何必学臞仙，　我行自乐如散圣。
无人独赋溪山谣，　山能远和溪能听。

本诗作者林希逸，是南宋有名的山水画家。南宋时期山水画很盛行，写山水的诗也很多。那时朝廷偏安一隅，国事不可问，许多文人厌倦世事，遁入山林。他们啸傲湖山，作画吟诗，借以寻求精神的寄托。《溪上谣》正是在这一社会背景下产生的。

诗人以传神之笔，绘出了一幅意境幽远的“溪山图”。溪绕山间，泉流石上。诗人行吟闲步，罕闻人语，但见溪光。溪流自漱，泠泠作响；山鸟相呼，嘤嘤成韵。野鸡伏卵，似高士养丹；睡鸭栖芦，如老僧入定。……这里，没有喧嚣，没有束缚，一切宁静、和谐、自由自在。置身其间，真有出尘之感。

这幅宁静的画面，与当时动乱的社会现实形成了鲜明的对照。这也曲折反映了当时南宋人民渴望安定的心愿。

这首诗着力创造静的意境。诗人善于捕捉静的景物在特定环境中所显示的动态。诗中的主景是山和溪，诗人并没有孤立地描述山如何幽，溪如何静，而是抓住行吟时溪山的独特反应来描写溪山：“溪上行吟山里应，山边闲步溪间影；每应人语识山声，却向溪光见人性。”这四句写得很逼真。在深山独行过的人都会有这样的体验：满眼溪山，寂静无人，求伴心切，对声和影特别敏感，见到溪中倒影，会感到那小溪分外亲切；听到空谷回声，会感到那青山特别可亲。这四句诗正写出了这种体验。“每应人语识山声”一语，尤其体察入微。山，因有远近、高低、隐显等差别，因此“每应人语”的回音，就不会是一个腔调，而是或疾或徐，或强或弱，此起彼伏，各有其妙，故“山声”可以识别。“识”字使人们听到了众山回应的不同声响；也反映出“行吟者”与山相识之深，故听其声而即能识。总之，这四句化静为动，把溪和山都写活了。它们似乎有灵性，有感情，诗人吟啸，山同声应和；诗人闲步，溪形影不离。山和溪成了行吟诗人的会心好友，因此他虽“独步”而不孤，“无人”而有伴。溪影山声，使这幅静的画面显露出生气，富于情趣。而且，移动的溪影，回应的山声，又恰恰衬托出这里的幽静。

为了进一步创造静的意境，诗中还选取“溪流自漱”、“山鸟相呼”之声和“野鸡伏卵”、“睡鸭依芦”之态，作为山声、溪影的点缀。前者继续从声音上以动显静，故曰“溪不喧”、“山愈静”。后者则变换手法，直接写静态：“野鸡伏卵似养丹，睡鸭依芦如入定。”这一联状物工巧，以老僧“入定”（静坐敛心，入于禅定）比喻野鸡伏卵，以道士“养丹”（静候金丹炼成）比喻睡鸭依芦，新颖独到，风趣盎然，使这幅恬静的溪山图更添情韵。身处此境，诗人“自乐如散圣”，因为山溪都是能“和”、能“听”，似有灵性，何其可爱。

这首诗采用歌谣体式，随意而吟，自然闲散，如行云流水。这与诗人抒写闲逸恬静之情是很合拍的。韵用去声，也很得体。去声为下滑音，尾音长，读起来轻和悠远，给人以幽静之感，从音响上烘托了静的意境。

诗和画相同，要创造静的意境，并非容易。欧阳修《六一题跋》云：“飞走迟速，意近之物易见，而闲和俨静，趣远之心难形。”这首《溪山谣》，创造静的意境颇为成功。由于作者既是诗人，又是画家，所以能兼取诗画之长，把诗情和画意结合起来，在选景、构图、表现手法以及韵律诸方面，都有独到之处。（何庆善）

【作者小传】

萧立之

(1203—?) 一名立等，字斯立，号冰崖，宁都（今属江西）人。淳祐十年(1250)进士。知南城县，历南昌推官、辰州判。后归隐。江湖派后期诗人，诗为罗椅、谢枋得所赏。有《萧冰崖先生诗集》。

送人之常德　　萧立之

秋风原头桐叶飞，幽篁翠冷山鬼啼。
海图拆补儿女衣，① 轻衫笑指秦人溪。
秦人得知晋以前，降唐臣宋谁为言？
忽逢桃花照溪源，请君停篙莫回船！
编蓬便结溪上宅，采桃为薪食桃实。
山林黄尘三百尺，不用归来说消息。

〔注〕 ①“海图”句：杜甫《北征》诗：“床前两小女，补绽才过膝；海图拆波涛，旧绣移曲折。”

这是一首借咏怀古迹而感慨时事的送别诗。送人往常德去，就不能不想起那里有一个“桃源”。提起桃源，自从陶渊明作《桃花源记》之后，可以说是无人不知，咏《桃源》的诗不断产生。这些诗，或抒凡夫俗子误入“仙源”之叹（王维《桃源行》)，或寓神仙渺茫、桃源荒唐之讥(韩愈《桃源图》)，或寄"天下纷纷经几秦"之慨(王安石《桃源行》)；而从南宋遗民诗作中，感受到的却是另外一种味道。

这首《送人之常德》没有流于一般送别诗词伤春怀远的旧套，它把重点放在行人去处的摹写上，因情造境，感慨深沉，咏唱出那一时代亡国遗民的共同心声。全诗可分为三个层次。开头四句为第一个层次，一二两句扣题面，桐叶秋风、幽篁山鬼，烘托出凄冷的送别气氛，"幽篁"句从《楚辞·九歌》化出。然后笔锋迅转，从收拾衣装，匆匆行色，进入"笑指秦人溪"的茫茫征路。下面八句，是全诗的主旨所在。"秦人"至"请君"四句，为诗的第二个层次，先指出桃花源之所以吸引人，不在于幽美的风景，而在于它是避世的清净乐土："秦人得知晋以前，降唐臣宋谁为言?"桃源中人世代安居，过着远离劫乱使人羡慕的生活，他们"不知有汉，无论魏晋"，再向后数，"降唐臣宋"的盛衰兴亡，更不会有人告诉他们了。这两句，蕴藏着国破家残的极大悲哀，暗示了寻地避世的迫切期望，所以紧接着就说，若遇桃源，便堪终老："忽逢桃花照溪源，请君停篙莫回船!"

最后四句是第三层次，更加透出了现实的气息。作者不是驰骋想象描绘仙乡景色，而是写编蓬结宅、采薪食果的隐遁生涯，这正是"深山处处人夷齐，锄荒饭蕨填朝饥"(见萧立之《春寒叹》)的遗民生活的写照。在古代，伯夷、叔齐式的避世遗民，耻食周粟，采薇深山，是屡见不鲜的。此诗最后的结语是："山林黄尘三百尺，不用归来说消息。"人世间黄尘满目，如此污浊，何须留恋，倘寻得一片乐土可以栖身避世，不足为外人道，免得下次再来，寻不到路径。"莫回船"、"不用归来"，语重心长，曲曲传出了南宋遗民的处境和心情。

比萧立之稍晚的方回，在所作《桃源行》的序中说："避秦之士非秦人也，乃楚人痛其君国之亡，不忍以其身为仇人役，力未足以诛秦，故去而隐于山中尔。"可以作为萧立之此诗的注脚。

(顾复生)

春　寒　叹

萧立之

一月春寒缩牛马，　束桂薪刍不当价。
去年霜早谷蕃熟，　雨烂秧青无日晒。
深山处处人夷齐，　锄荒饭蕨填朝饥。
干戈满地此乐土，　不谓乃有凶荒时。
今年有田谁力种?　恃牛为命牛亦冻。
君不见邻翁八十不得死，　昨夜哭牛如哭子。

在“干戈满地”的动乱之秋，江南广大地区又遭受着多雨烂秧和天寒地冻的严重自然灾害。这首诗以高度的概括，深刻的同情，展现出真实的社会生活画面，情调沉郁苍凉。

“一月春寒缩牛马”，首句即扣题，点出春寒降临、酷冷难耐的天气，这句诗本自鲍照《代出自蓟北门行》：“马毛缩如猬，角弓不可张。”杜甫《前苦寒行》：“汉时长安一丈雪，牛马毛寒缩如猬。”皆谓天气骤冷，牛马被冻得把毛踡跼起来，像刺猬一样。本诗则把上述生动描写凝集在“缩牛马”三字之中，起到渲染春寒严酷的作用。“束桂薪刍不当价”，这是化用“米珠薪桂”的成语。《战国策・楚策三》云：“楚国之食贵于玉，薪贵于桂。”后人常以“米珠薪桂”喻物价昂贵。薪虽贵于桂，但是为了免于冻死，只得不计高价，忍痛购买，由此愈可见春寒之烈给人们带来的苦痛。

“去年霜早谷蕃熟，雨烂秧青无日晒”。从章法上看，这两句是进一步追述“束桂薪刍不当价”的原因。“雨烂”、“霜早”引起庄稼歉收，薪刍自当昂贵。饥荒又加春寒，升斗小民将何以度日呢？于是引出中间四句。自“深山处处人夷齐”，至“不谓乃有凶荒时”。大意是说伯夷、叔齐为表明气节，不食周粟，采薇度饥，终至饿死首阳山。那些避难深山的遗民，原来以为兵荒马乱、干戈满地之际，所居之地尚属世外桃源，岂料到秧烂田中，颗粒未收，连采食薇蕨也不可能了。这四句不着议论，以叙事寄感慨，为下文的抒情蓄势。

最后四句，突然收束到眼前现实中来，作者的感情迸发而出，直抒胸臆：农人以耕田为命，耕牛被冻死以后，纵使有田，又如何去耕种呢？邻家的八十老翁，遭此惨祸，恸哭失声，就像死了儿子一般，真正是字字血泪，感人至深。

这首诗艺术上颇有特色，作者不发空泛的议论，而是尽量抑制感情，渲染环境的悲剧气氛最后选取八十邻翁这一人物形象，描述他“哭牛如哭子”的情节。因小见大，即事言情，比起大声疾呼更能打动读者的心弦。值得注意的是，作者未发个人的牢骚，而是把慨叹植根于现实生活的不幸和灾难之中，表现出时代的苦难。他不仅仅是从宋遗民角度谴责元廷不顾民生，而是有着更深广的同情心，显示了系心民瘼的博大胸怀，立意超出了单纯发抒旧君故国之思的遗民诗，当是空谷传音之作。

（张锡厚）

第　四　桥　　萧立之

自把孤樽擘蟹斟，　　荻花洲渚月平林。
一江秋色无人管，　　柔橹风前语夜深。

这首小诗题曰“第四桥”，然并不写桥，味其诗意，实写夜泊第四桥。

诗写得颇有情趣。首句是诗人描绘的自我形象。孤，是人孤，方觉手中酒杯亦孤。“独酌无相亲”，难免不产生茕茕孑立的凄凉之感，所以句中着一“孤”字。然而，桥畔、舟前，景物宜人：荻花（生于水边状似芦苇的一种植物）洲渚（《尔雅·释水》：“水中可居者曰洲，小洲曰渚。”），月洒平林，波静秋江，柔橹咿呀，微风披拂，都使人领略到一种诗意美，所以诗人情绪又并不低沉，而是兴致勃勃，擘蟹下酒，自斟自酌，乐在其中。这位潇洒脱略的诗人形象，便跃然纸上了。

四句诗中景物描写占了三句。三句之间乃是递进的关系：随着诗人饮酒、微醺、将入醉乡而逐渐加浓景物的拟人化色彩。首句，诗人刚刚把住酒杯，留意寻觅四周，看到近处的荻花洲渚，远处的一抹平林，沐浴在皎洁月华中，颇有一种清俊疏朗之美。这还是客观的写生。下句，在随风微漾的舟中，诗人观赏身旁秋江碧波，感到分外幽寂，不由道：“一江秋色无人管。”江本无须人管，却以为要管而竟无人管，言外之意，当是碧江秋色应有人赏而竟无人赏。此时，诗人似已微醺。景色之中，已略著拟人化的色彩了。末句，诗人沉醉欲眠，玉山将颓，于朦胧恍惚之中，耳畔不停地响着柔橹的咿呀声（船家乘着月白风清，又在悄悄摇船前行了），因思道：是橹在这深夜微风中自言自语吧。这全然是拟人化的笔致了。

钱锺书很欣赏这最后一句的描写。他以为，李白的“大舶夹双橹，中流鹅鹳鸣”（《淮阴书怀寄王宋城》）二句，是以鸟叫来比橹声，颇为真切；又认为，宋人的描写更细腻，想象橹是在咿哑独唱或呢喃自语，例如贺铸《生查子》：“双橹本无情，鸦轧如人语”、洪咨夔（《过四望山》）的“柁移船解语，帘舞酒求知”、吴元伦《舟中》的“橹鸣无调乐，帆饱有情风”等；他还指出，萧立之这最后一句的描写，则不仅是个比喻，且把当时的景色也衬出来了。（见《宋诗选注》）的确，这首诗的末句，不仅拟人化地比喻了摇船时的橹声，而且巧妙地、不露痕迹地嵌入了“风”、“夜深”等字眼，描绘出了那微风轻拂的夜深景致。连同第二三句中嵌入的“月”与“秋”，使读者不难理解，此乃月白风清之秋夜也。诗人艺术概括力之高，于此可见。

（张仁健）

茶陵道中　　　萧立之

山深迷落日，　　一径窅无涯。①
老屋茅生菌，　　饥年竹有花。②
西来无道路，③　南去亦尘沙。④
独立苍茫外，　　吾生何处家！

〔注〕 ① 窅(yǎo):深远貌。 ② 竹花:《太平御览》卷九六二引《唐书》:"开成四年,襄阳三县山竹结实成米,百姓采食。"又《本草纲目·竹》:竹花"白如枣花,结实如小麦,子无气味,而澹江、浙江人号为竹米,以为荒年之兆。" ③ 西来:犹西行。道路:《穆天子传》:"天子觞西王母于瑶池之上,西王母为天子谣曰:'白云在天,山陵自出;道里悠远,山川间之;将(请)子无死,尚能复来。'" ④ 尘沙:化用"虫沙"典故,喻战死的将士。语本《太平御览》卷九一六引《抱朴子》:"周穆王南征,一军尽化,君子为猿为鹤,小人为虫为沙。"(今本《抱朴子·释滞》文字略异)

这是一首南宋遗民诗。诗作于作者官止辰州(今属湖南)通守,宋亡后阖门归隐宁都萧田(今属江西)老家时。诗写当年奔窜茶陵(今属湖南)道中之所见、所闻、所思,发语沉痛,情韵凄绝,对仗工稳,气脉流注,将禾黍之悲、亡国之痛表现得淋漓尽致。

"山深迷落日,一径窅无涯。"诗的首联是写景:极目远眺,但见丛山交叠,遮天蔽日,羊肠曲折,绵亘无涯。惨淡的夕照下,诗人满腹凄凉,步履维艰,正行进在崎岖的山路上。这是一幅远景,意象苍茫,凝重含蓄,一开始便在读者心头笼罩下一片阴影,使人顿生茫然若失的沉重感。因为"山深",虽有余晖却难见"落日";因为"一径"横斜,晚照中更见其窅冥深远。诗人描绘的图景极其黯淡,其首句之"迷",尤值得深思玩味:因为对"落日"的迷茫,无疑隐寓了诗人对宋朝灭亡的无比痛惜,表现了一种中心无主、身归何处的凄苦心境。大凡旧时文人,每爱以"日"喻君主,如以"日角"称帝王之象,以"日表"谀天子仪容,以"日下"代皇城京都。是故诗之首联非只泛泛写景,它实际上是帝昺沉海、国脉衰竭的象征。所以这"迷"决非"映"、"余"、"隐"、"遮"一类字眼所能替代,充分显示了作者字锤句炼的功底。

颔联是一组特写近景。一般说菌类喜潮湿阴暗,屋老而茅生菌,其破败之象可见。竹,本是观赏植物,六十年一花,花结实(即竹米,制粉可食),其竹则枯。尽管以笋为蔬由来已久,《诗经》、《周礼》早有记载,但国中一旦只能以竹米为生,荒年之兆、世道艰险由此可知。诗人选择食、住这人生两大问题,来表现国破家亡后广大人民的悲惨生活,这是很有典型意义的。值得指出的是,同是写景,首、颔二联表现手法却不尽相同:一远观,一近视;一深衷托寄,一体物指事;一意象苍茫,一悲惋衰飒;一晦隐沉深,一具体鲜明。两联前后连缀,相辅相成,使画面富有层次,颇具表现力,为诗的下半篇因景生情,最终逼出亡国遗民无家可归之主旨作了渲染和铺垫。

"西来无道路,南去亦尘沙。"面临亡国之秋,诗人悲叹连声,大有日暮途穷之意。他想飞升西土,可是"道里悠远,山川间之",自然登天乏术;他想南下勤王,如其早时《请兵道中作》诗所云:"微生千里间关意,净洗妖氛待相霖",可惜为时已晚。王师覆没,猿鹤虫沙;赴难不及,入地自告无门。这两句诗连用了两个典故：一出《穆天子传》，一出《抱朴子》。既紧扣诗题，又切合实际；虽道眼前景，实写心中事。巧妙贴切，了无痕迹，形象生动地反映了诗人进退失据、生死两难的困境，可谓活用典故的范例。

尾联二句乃总摄全诗，写了诗人“遭世抢攘”（赵鹤龄《萧冰崖先生诗集序》）、无处安身立命的悲怆愁苦。“独立苍茫外”，乃用杜甫《乐游园歌》中“此身饮罢无归处，独立苍茫自咏诗”句意。显然，作者之去官归隐实出无奈，作为一位气节坚贞的诗人，他不愿“可怜潘岳辈，只待拜东尘”（《又答前人二首》），更无法忍受“门外逢人作胡跪，官中投牒见番书”（《又和寄罗涧谷》）的生活。“吾生何处家”？叩天，天无回响；问地，地不作声。此后，他只能“山里黄齑犹可饱，天涯白草更堪居”（《再韵寄罗涧谷》），过着“村栖几见芦穿膝，室毁欲无茅盖头”（《次曾楚山》）的痛苦生活。

明代罗伦《萧冰崖先生诗集叙》称：“公诗宗江西派。涧泉赵公、章泉韩公推爱涧谷罗公，公为涧谷所知，则其诗可知矣。”但细读《茶陵道中》，却并无瘦硬生涩、峻峭刻露的感觉。全诗貌似平易，细味之则见艰深；脉络清晰，层层进逼；既有形象，亦兼议论；晓鬯似宋调，气骨追唐人，确实有情往兴悲、诗来引泣的艺术效果。

（聂世美）

偶　成　　　　萧立之

雨妒游人故作难，　禁持闲了下湖船。
城中岂识农耕好？　却恨悭晴放纸鸢。

本诗即景抒情，故题曰《偶成》，通过对阴雨连绵的两种不同态度的对比，深刻揭露了贫富矛盾。唐代李约《观祈雨》说：“朱门几处看歌舞，犹恐春阴咽管弦。”朱门大族在大旱之日不愿天阴，恐怕管弦之声不能悦耳。二诗思想主题和艺术手法都十分接近。两者区别只在于，一写多雨，一写天旱。

首句即别出心裁，不写游人厌雨，却写雨“妒忌”游人，所以连绵不休。“故作难”三字，说似乎雨故意与游人作对。天公不作美，即便是城中富贵人家也无可奈何。“禁持闲了下湖船”，意思是说，天公禁止游湖，游船只得闲却。这两句表面上只是客观叙写，实际上对那种只知玩乐，不识农时的人，已深加谴责。“故作难”、“禁持闲了”等词正透露了作者的感情，只不过手法较为委婉蕴藉。

然而，作者意犹未尽，后两句补足前两句之意。农人看到雨水，首先想到的是耕作，而城里富贵人家不知田家盼雨之情，只恨没有晴天，不能去放风筝。“却恨”和“悭”，生动地写出了城里富贵人家的心理状态。前两句是婉讽，后两句则是直斥了。宋代曹勋《和次子耜久雨韵》第二首:“第忧沉稼穑,宁问浸芙蓉。”陆游《春早得雨》第二首:“稻陂方渴雨,蚕泊却忧寒。更有难知处,朱门惜牡丹。”也都是写天雨时城乡之间两种不同的态度,以见朱门大族只知享乐,不顾民生疾苦。这种对比的艺术手法在诗词中常见。但是这首《偶成》语句浅近平易,构思新巧明快,婉与直兼而有之,别有一番情趣。

此诗以议论为主,但是即事见理,不流于枯燥,用常得奇,意思深析透辟,充分体现了宋诗的特色。 (张锡厚)

【作者小传】

毛 珝

生卒年不详。字元白,号吾竹,三衢柯山(今属浙江)人。有诗名于端平间。有《吾竹小稿》。

甲午江行 毛 珝

百川无敌大江流, 不与人间洗旧仇。
残垒自缘他国废, 诸公空负百年忧。
边寒战马全装铁,① 波阔征船半起楼。
一举尽收关洛旧,② 不知消得几分愁?

〔注〕 ① 铁:铁甲。 ② 关洛:关中、洛阳,此泛指中原。

宋理宗端平元年甲午(1234)春,宋将孟珙会同蒙古兵攻入蔡州,金主完颜守绪自缢,金亡。宋与蒙古以陈、蔡为疆,各引师归。赵范等人欲乘时抚定中原,理宗纳其议,六月,诏出师收复三京。理宗此举迎合了人们雪耻之望,故振奋了军民斗志,重新燃起了北定中原的希望之火。

诗至南宋末,由于国势衰微,格调低沉,即使那些忧国伤时之作,也凄切悲凉,无复奋激慷慨之声。毛珝这首诗,格调高昂,迥出流辈,后人常慨叹不图于晚宋复见此雄壮之作。其实,这正是时局使然,是甲午北伐战争在当时诗坛激起的反响。

首联由眼前壮观,带出胸中激情,出语即奇,将诗意顿时推向高潮。大江东流,一泻千里,气势浩荡,岂百川所能匹敌。但这天险,在当时却只能聊以维持半壁山河,淮河以北即非宋地,胡骑奔突,遗民吞声。靖康耻,终未雪,臣子恨,岂能灭！下句即申述此意，言滔滔江水，始终未能替人洗雪旧仇。这是长江之羞，更是宋室之耻。首联于悲中寓劝，有此一声感叹，诗之精神陡起。

毛翊作诗之时，金已灭亡，但首联却说旧仇未报，其故何在？颔联作了回答。江边营垒，原为抵挡金兵入犯而筑，如今金已灭亡，兵弭垒废。但金之亡，实赖蒙古兵力，故出句言这些营垒因他国之力而废。金自兵入汴京，至亡于蒙古，历时百年。其间南宋朝廷诸臣，虽怀忧愤之心，却无北定之才，如今金已为他国所灭，宋终未亲雪其耻，故对句言“空负百年忧”。“空”字写尽当时朝廷的虚怯无能。颔联本是讥刺之辞，仍含劝勉之意。

往事已矣，本无须多说，颔联所以有此言，非仅痛恨往昔，实有望于今日。颈联写江上所见：战马披甲，楼船横江。古人形容军阵，常以铁马、楼船作为象征，如：“楼船夜雪瓜州渡，铁马秋风大散关。”（陆游《书愤》）这里所写的，正是出征前的景象。由于作者对这次北伐寄予厚望，故这二句诗也写得劲健有力。

面对眼前壮观，作者发出了心中呼声：一举收复中原，还我河山。这种希望，原已随着岁月的流逝，在屈辱中逐渐消失，如今又重新升起。和此诗作于同时的一首词，起句便道：“万灶貔貅，便直欲、扫清关洛。”（黄机《满江红》）但过去的屈辱毕竟太甚，过去的痛苦毕竟太多，即使能够尽收失地，心中愁恨，又能消得几分？但这并不是说愁恨无时可了，如果这样，那北伐还有什么意义？末联于望中也寓劝意，其意全在强调宋之深仇大恨，从而激励出征将士的斗志。

前人论诗，强调开阖并举，抑扬相济。故一首诗就气势言，常如水面波浪，时起时伏：“或极天高峙，崒焉不群”，“或修江耿耿，万里无波”。（皎然《诗式》）而这首诗却如钱塘江潮，波涌涛起，颙颙昂昂，势不可遏。像这样的诗，极易流于叫嚣，若才力不够，更是难免声嘶力竭之讥。此诗的成功，全赖其气足以济之。文以气为主，气盛则辞达。范开论辛弃疾词，言“其气之所充，蓄之所发，词不能不尔也。”（《稼轩词序》）毛翊作此诗，其全盛之气，愤激之情，注射言语之中，勃然动乎纸上，故辞亦不能不尔也。

（黄　珅）

【作者小传】

柴　望

（1212—1280）　字仲山，号秋堂，又号归田，衢州江山（今属浙江）人。嘉熙间，为太学上舍，除中书奏名。淳祐六年（1246）元旦日蚀，因上《丙丁龟鉴》下狱，寻放归。景炎二年（1277），端宗即位，荐授迪功郎、国史馆编校。宋亡不仕。有《秋堂集》。

越王勾践墓　　柴 望

秦望山头自夕阳，　伤心谁复赋凄凉？
今人不见亡吴事，　故墓犹传霸越乡。
雨打乱花迷复道，　鸟翻黄叶下宫墙。
登临莫向高台望，　烟树中原正渺茫。

越王勾践墓，在今浙江绍兴。这是一首吊古伤今之作。

“秦望山头自夕阳，伤心谁复赋凄凉?”秦望山在绍兴东南，为这一带众峰之冠，相传因秦始皇登山以望南海而得名。首联点出勾践墓所在之地，兴起吊古之情。眼前这苍茫的景象最易触动兴亡之感，何况孽子孤臣，系心故国，能不肠断心伤？首句着一“自”字，次句着“谁复”二字，与“伤心”、“凄凉”等字面相应，更显示伤心人无可告语的寂寞与悲哀。

颔联承“夕阳”、“凄凉”，正面抒写吊古之思：“今人不见亡吴事，故墓犹传霸越乡。”这里的“亡”字是被消灭的意思，言被越国所消灭。亡吴与霸越的兴亡历史足以引起人们的深思。昔日勾践卧薪尝胆，生聚教训，终于灭吴以雪耻。南宋小朝廷偏安一隅，不思报仇，使亡吴之事终于不能在当世再现。今日在此霸越之乡，俯仰今古，真是痛何如哉！“不见”、“犹传”，前后相应，曲折地表达了诗人的沉痛之情。

“雨打乱花迷复道，鸟翻黄叶下宫墙。”这一联专就越王勾践墓抒情。吊古诗多结合眼前景抒写今昔沧桑之感。这两句中的“雨打乱花”、“鸟翻黄叶”正是眼前实景，而“复道”、“宫墙”则是想象中的越国宫殿之景。雨打乱花，落红纷纷委地，这里也许是当年越宫的复道吧，可是现在再也无从辨认了。飞鸟翩翻，黄叶飘零，这落叶所坠之处也许就是昔日的宫墙吧，现在也只能想象了。这一联紧承“传”字，将现境与想象融合交织，抒写了今昔的沧桑之感。霸越已成陈迹，霸越的历史恐怕也很难重演了。这正是诗人在深情缅怀中蕴含的感慨。哀悼霸越，实际上是在哀悼南宋。

“登临莫向高台望，烟树中原正渺茫。”向，临、在的意思。尾联遥承篇首“伤心”、“凄凉”，推开一层作结，说切莫登临高台，北望故国，因为中原大地，正在一片烟树迷茫之处。言外含有恢复中原之事渺茫无期，远望故国，不过徒增伤心而已！

（刘学锴）

江　心　寺　　　柴望

寺北金焦彻夜开，　一山却似小蓬莱。①
塔分两岸波中影，　潮长三门石上苔。②
遗老为言前日事，　上皇曾渡此江来。
中流滚滚英雄泪，　输与高僧入定回。

〔注〕①蓬莱：旧传海上有蓬莱、方丈、瀛洲三座神山(见《史记·封禅书》)。　②三门：寺院大门，也称山门。佛家有三解脱门之说，即空门、无相门、无住门。

这首咏江心寺的七律，是作者在南宋亡国以后不久所作。作者于宋亡之后，自称宋朝逋臣，漂流各地，在经过江心寺时，感念今昔，写了此诗。江心寺位于今温州瓯江江心的小岛上，建炎四年(1130)金兵南犯，宋高宗由临安南奔，曾经渡过此江，当时的行宫就设在江心寺里。在作此诗不久之前，文天祥为了组织抗元力量，也曾越过重重的艰险，由海道来到过永嘉(今浙江温州)。

首联："寺北金焦彻夜开，一山却似小蓬莱。"作者感叹此寺北方的金山、焦山一带，原是南宋的江防要地，韩世忠和岳飞的军队，曾经在这一线大破金兵。金山的江天寺、焦山的定慧寺，都能为英雄们保卫国家的功勋作见证。如今镇江早为元军占领，金焦门户彻夜开放，江防不复存在，而此处的小山，却还像海中的小蓬莱一样，"安然"峙立在瓯江的中流。"彻夜开"、"却似"二语，颇含感慨。

第三四两句写景："塔分两岸波中影，潮长三门石上苔。"先写寺塔，塔势平分着沉浸在江心的山影；再写潮水，潮涨时，山门石上的苔痕也浸在水中，环境极为幽美。可叹的是江山换了主人，看到这里的光景，只能增加人们的哀痛。"遗老为言前日事，上皇曾渡此江来"二句，从遗老口中，谈论起往日上皇(指宋高宗赵构)曾经避兵此地，渡过瓯江，往昔国家虽然也处于阽危的境地，后来终能形成偏安之局。如今却是山寺依然存在，而复国的希望，已很渺茫。

尾联写情，并总结全诗："中流滚滚英雄泪，输与高僧入定回。"这两句表述兴亡之痛，东流滚滚的瓯江，这中间浸沉过多少英雄的泪水，而国事已无可挽回。抗元英杰文天祥等人，虽然也曾来到过永嘉，而在今天，他们的血泪，也只有留下千古的遗恨。因之此情此景，只能使山寺里的高僧在入定以后，增加些难忘的哀思了。

全诗意旨沉痛，运笔微婉，多用暗示笔墨，如以"金焦彻夜开"暗示江防不再存在，"遗老"句暗示亡国之恨，"输与"句暗示国运难回。"人世几回伤往事，山形依旧枕寒流。"(刘禹锡句)不觉慨乎言之。　(马祖熙)

月夜溪庄访旧　　柴 望

山山明月露，　何处认梅花？
石室冷疑水，　溪流白是沙。
清吟幽客梦，　华发故人家。
相见即归去，　已应河汉斜。

柴望是宋末遗民诗人，宋亡后，自称“宋逋臣”。这首五律，作于宋亡后，收在《天地间集》，内容是写月夜溪庄访故人的经过与感受。

“山山明月露，何处认梅花？”一开头就展现出一个清寒皎洁的环境。在这样的环境中，到哪里去寻认高雅绝俗的梅花呢？诗人此行，是为访旧，非为寻梅，这里说“何处认梅花”，不仅是指梅花与友人的居处有关，而且是以梅花喻友人的品格高洁，风神洒落。这就使“月夜溪庄访旧”之行带上了某种象征和比喻的色彩，眼前这清莹的环境也更引人遐想了。这一联点题内“访”字。

“石室冷疑水，溪流白是沙。”颔联描绘寒月映照下的溪庄内外景色，正点题内“月夜溪庄”。石室，指故人幽居。清冷的月光笼罩着石室，看上去像是浸满了一泓寒水；庄外溪流，月光映带，望去好似一片白沙。两句写月夜溪庄，一派幽冷的色调。

“清吟幽客梦，华发故人家。”颈联进一步写到溪庄主人，即诗人所寻访的故人。清吟幽客、华发故人所指相同。两句语意融贯，说在故人家里，看到对方已是满头华发，在寒夜清吟声中，这位幽雅的高人似乎正沉浸在缥缈的梦境中。上一联烘托溪庄环境，此联直接描写主人风神。

“相见即归去，已应河汉斜。”尾联写访罢而归。以上三联，写的都是目接之现境，这一联则转为想象中归去之境，意谓与友人相见之后就动身返回，预计到家时已经是河汉西斜的黎明。用笔的这一变化，使诗境灵动起来，留下了不尽的余味。

这首诗意境清迥幽冷，语言明洁省净。写景是为了写友，写友也就是写己，即景即友即己，三者融为一体。所表现的意境正是遗民们离世高蹈、洁身自好的精神。

（刘学锴）

和通判弟随亨书感韵　　柴 望

风沙万里梦堪惊，　地老天荒只此情。
世上但知王蠋义，　人间唯有伯夷清。

堂前旧燕归何处？　　花外啼鹃月几更？
莫话凄凉当日事，　　剑歌泪尽血沾缨。

这是作者在南宋亡后写的一首伤悼故国的七律。他的弟弟随亨写了一首题为“书感”（内容当亦抒写故国沦亡之痛）的诗，这是和《书感》原韵之作。通判，是州郡官吏，地位略次于州府长官。

“风沙万里梦堪惊，地老天荒只此情。”起联以沉痛之情、隐约之词抒写亡国之恨，正点题目“书感”。风沙万里，隐指恭帝德祐二年（1276），临安沦陷，皇帝、太后、妃嫔等尽被元人俘虏北去。地老天荒，极言时间的久远。两句是说，回想当年，国破家亡，三宫北去，跋涉于万里风沙，言念及此，梦魂堪惊；天荒地老，此恨难消。此联揭示主旨，涵盖全篇。

“世上但知王蠋义，人间唯有伯夷清。”颔联连用两个忠义、高洁之士的故实，来曲折表达自己的民族气节。王蠋义，事见《战国策・齐策》。燕破齐，燕将乐毅听说齐国的王蠋是著名的贤者，命令军队环绕王蠋居处三十里不许入内，备礼拜访，请他到燕国去，蠋辞谢不往。燕人劫之，蠋遂自缢。齐大夫听说此事，叹道：“蠋布衣也，义不北面于燕，况在位食禄者乎？”伯夷清，用伯夷、叔齐于殷亡后避居首阳山，义不食周粟事。孟子曾赞扬伯夷是“圣之清者”。这两句是说，只有像王蠋那样不屈节事燕，方可称义；像伯夷那样不食周粟，方可称清。“但知”、“唯有”，强调的意味很重，言外隐然含有对许多觍颜事新朝的宋朝士大夫的强烈不满。诗人当时的身份是在野的布衣，元朝都城正好在燕国故地，用王蠋义不事燕的典故来表示自己的气节，正相切合。

“堂前旧燕归何处？花外啼鹃月几更？”颈联借“旧燕”、“啼鹃”来表达故国之思与亡国之痛。出句化用刘禹锡《乌衣巷》：“旧时王谢堂前燕，飞入寻常百姓家。”国破家亡，故家旧族的堂前燕子，现在又归向何处呢？言外有无所依托的意蕴。对句用望帝失国、魂化啼鹃故事，不但暗示亡国之痛，而且更深月明，花外啼鹃，更渲染了一种凄厉的气氛。这啼鹃，也不妨看作诗人的化身。文天祥《金陵驿》：“山河风景元无异，城郭人民半已非。满地芦花和我老，旧家燕子傍谁飞？从今别却江南路，化作啼鹃带血归。”也用旧燕、啼鹃来抒写家国之痛，意蕴与这一联近似，可以互参。

“莫话凄凉当日事，剑歌泪尽血沾缨。”复国无望，空余长恨。往事凄凉，何堪回首！剑歌泪尽，热血沾缨，为之奈何！抒写亡国之痛极为深切感人。（刘学锴）

【作者小传】

道 璨

(1213—1271) 僧人。号无文,俗姓陶,豫章(今江西南昌)人,家居饶州(治今江西鄱阳)。初住饶州荐福寺,旋住开元寺,后复还荐福寺。有《柳塘外集》。

题景苏堂竹　道 璨

一叶复一叶,　也道几翻覆。
一点复一点,　书墨要接续。
亲见长公来,　一节不肯曲。
见竹如见公,　北麓能不俗。
回首熙丰间,　几人愧此竹?

景苏堂在今江西瑞昌。苏轼在神宗元丰七年(1084)四十八岁时,由黄州贬所调离,取道高安,告别其弟子由后,路过瑞昌,在亭子山的崖石上题了字,墨点洒落在竹叶上。据说自此以后,亭子山周围的竹子,每一片叶上都有墨点。到理宗景定年间(1260—1264),王景琰任瑞昌主簿,将亭子山的部分竹子移栽于厅堂前,堂上挂了一块"景苏堂"的匾额,表示仰慕之情。这厅堂是当年苏轼过夜的地方。一时赋诗的很多,道璨这首《题景苏堂竹》,便是其中之一。元代吴师道《吴礼部诗话》评此诗说:"语虽直致而意佳。"大体符合实际。

前四句先写竹叶。景苏堂前竹,以叶子最有特色。诗人的眼光自然而然被吸引了过去。"也道几翻覆",是以竹叶的翻覆暗寓历史的变化。从苏轼崖上题字算起,到道璨写作此诗时已八十年上下,其间变法与反变法斗争,方腊等的起义,宋金之间的战争,宋室的南迁……说不尽世事沧桑,故以竹叶"几翻覆"喻世事之变化。"书墨要接续",是说竹叶上的点点墨痕要代代相传,永不褪去。这一句与"也道几翻覆"隔句相应,意思是尽管竹叶翻覆,世事多变,但苏轼留下的墨痕,他立身的精神,应该接续不断,长留人世。

五六两句接写竹身。当年亲眼见到过苏轼的竹子,同他一样傲岸,直节不屈。说眼前之竹在八十年前"亲见长公来",按之事实并不确切。但诗人本意只在抒情写怀,借竹以寓对苏轼的景仰,事实如何,无关宏旨。

七八句又由苏轼引出王景琰来。"北麓",王景琰的号。他把竹子移栽到厅堂前，见到竹子就像见到苏轼一样，诗人认为，这正是王景琰能够免于浅俗的原因。这两句表面上只是在说王景琰，实际上却是透过一层写苏轼之高节。

末两句是诗人的感慨之辞。“熙丰”，指熙宁、元丰，宋神宗的两个年号。“熙丰间”正是变法与反变法激烈斗争之时。熙宁二年，王安石开始变法。变法之初，苏轼正在权开封府推官任上，上了七千余字的长篇奏疏，激烈反对。哲宗元祐年间（1086—1094）司马光得势，要废弃免役法，恢复差役法。苏轼、范纯仁等又站出来反对。两派斗争时，有不少假公济私的投机者，但苏轼直道而行，不依附，不谄谀，不以私害公，其直节如同此竹，同章惇、吕惠卿诸人相比，真有天渊之别。“回首熙丰间，几人愧此竹”，意思是面对此竹之直节，党争中有多少人能不愧于心？从反面衬托了苏轼品格之高尚。《吴礼部诗话》所说的“意佳”，当即指此。

（陈志明）

【作者小传】

家铉翁

（1213？—1297）　号则堂，眉州（治今四川眉山）人。以荫补官。知常州。迁浙东提点刑狱。官至端明殿学士、签书枢密院事。元兵至临安近郊，丞相吴坚、贾馀庆檄天下守令以城降，不从。宋亡，不仕。精于《春秋》。有《则堂集》。

寄江南故人　　家铉翁

曾向钱塘住，　　闻鹃忆蜀乡。
不知今夕梦，　　到蜀到钱塘？

家铉翁是眉州（治所在今四川眉山）人，长期在南宋朝廷做官，亡国时已官至端明殿学士、签书枢密院事。因不署招降檄文而招怨元军，随吴坚使元被扣留，但拒不出仕，始终眷念故国，所以元人修的《宋史》也说他“义不二君，辞无诡对”。这首《寄江南故人》，就是羁留燕京时所作。

“曾向钱塘住”，“钱塘”指南宋都城临安，“向”犹“在”。“闻鹃忆蜀乡”，是说对故乡四川，虽然早就离开，但只要一听到那“不如归去”的杜鹃声，便勾起无限乡情。这两句从字面上看，四川是他的故乡，临安是他的第二故乡，写的都是乡情。但细细品味，又使人隐约感到包含有深沉的故国之思。所谓“曾向钱塘住”，话说得很婉转，意思是指曾长期在临安做官，与宋王朝关系密切；临安是值得怀念的地方，仕宋是难以忘怀的岁月。第二句由“闻鹃”而“忆蜀乡”，一因鹃鸣似唤人归去，再则因蜀人闻鹃而怀念古帝杜宇。这两句在顺序上，置钱塘于蜀乡前，又以内涵丰富的闻鹃事关合前后，下面领起“忆蜀乡”，上面则暗与宋都临安相照应。通过这样的词语组合所隐约表现的家国之痛是极为深沉的。

可是故乡也好，故都也好，都在遥远的南方。一个被羁留北国的亡国之臣，是不可能飘然南归的。但他的家国之思是这样执著，这样强烈，现实中无法满足的情思，只有到梦中去追求了。三四两句的精警处正在于此，尤其妙在“不知”二字。“不知”是揣测之词，“今夕梦”是还没有到来的情境；今夕有梦是肯定的，只是不知梦到钱塘，还是梦到巴蜀。今夕有梦之所以能肯定，在于往时夜夜有梦；不知今夕梦到钱塘还是梦到巴蜀，是因为往时夜夜之梦皆在钱塘、巴蜀而不及他处。这就把这个亡宋遗臣在羁留中执著强烈的家国之思表现得淋漓尽致。而这，又是用一句似不经意的平易口语说出来的。执著强烈而又不经意出之，反能使读者感受更深。

出语平淡而寄情深邃，也是诗歌的一种高境。这首小诗，字句朴素如道家常，内涵却很丰富。加上“寄江南故人”这样一个同样朴素的诗题相衬托，诗中蕴含的家国之思就不唯自感而已，还有它明显的落处。当时流落南北的遗老孤臣还大有人在，诗中的深情，不也是对这些“江南故人”的精神鼓舞吗！

（程一中）

【作者小传】

刘 黻

(1217—1276) 字声伯，温州乐清人。淳祐十年(1250)入太学。由学官试馆职。度宗朝，历官吏部尚书、兼工部尚书、兼中书舍人、侍读。卒谥忠肃。有《蒙川遗稿》。

题江湖伟观

刘 黻

柳残荷老客凄凉， 独对西风立上方。
万井人烟环魏阙， 千年王气到钱塘。
湖澄古塔明寒屿， 江远归舟动夕阳。
北望中原在何所？ 半生盈得鬓毛霜。

刘黻，度宗朝曾任吏部尚书、端明殿学士。元兵攻下临安，拥端宗、帝昺入海，亲自经历了南宋衰亡过程。这首诗写于南宋灭亡之前。作者把他对南宋社会生活的体验融入景物描写中去，从中可以看出都城临安既繁华又荒凉的特殊风貌，表现出作者忧国伤己的情怀。

诗题中的江指钱塘江，湖指钱塘湖（即西湖）。首联写柳、荷、客、风。客是作者自指，上方即地势最高处。从人到物，全是一片衰飒凄凉的情态，一开始便给“伟观”罩上阴沉残破的影子。中间四句写景。颔联先写湖边的临安——这里既是“王气”所钟，又有“万井人烟”，可见其繁荣发达。“魏阙”本指古代宫门上巍然高出的楼观，后代用以代指朝廷。“钱塘”是临安的别称。南宋统治者以临安为“行在所”，实际上是不敢承认他们已在那里建都。而诗中却用上“魏阙”、“千年王气”等词语，其中就隐含着对偏安局面的讥刺。颈联把镜头从“万井人烟”上移开，着力描写江和湖。西湖素以水碧、塔秀、岛奇见长，前一句中的“澄”、“明”二字就抓住了它最本质的特征。后一句写江，“归舟”和“夕阳”虽然是这幅江景图中的主要内容，但不可忽视句中的“远”字和“动”字——因为远，所以不能尽见，只可依稀辨出夕阳下的归舟；而一个“动”字，勾出夕阳洒在江面上的金鳞为归舟所摇乱时的美妙景致，给全篇的描写多少增添了点动态美。末联点明题意。由于钱塘是“王气”所在，因而“北望”句用中原何在论国事；因为作者对西风而伤怀，所以“半生”句用“鬓毛斑”叹自己（盈，通嬴）。总之，国运不兴，仕途潦倒，正是国事、私事最不堪回首的时候，因而结尾处所包含的哀痛是深沉而接近绝望的。

这是一首对景伤怀之作。西湖素以秀美著称，而宋代的临安，又“烟柳画桥，风帘翠幕，参差十万人家”，“重湖叠巘清嘉，有三秋桂子，十里荷花”（柳永《望海潮》），自南宋建都于此后，正是它的全盛时期。然而作者独能借富丽之景抒凄凉之怀：钱塘不失其秀，江湖不减其美，却和谐地同悲怆情怀融而为一，这是作者写景的高明之处。

这首诗的内容每两句一变，因而全诗可以分成四个部分。但作者在描写时又非常注意四者之间的过渡和关联。比如第二句末用了“上方”一词，有了它，中间四句所写的景象才能尽收作者眼底。第二联写钱塘，那里是南宋都城，因而诗中说是“王气”已到。然而直承这两字而来的第三联，却分明有“王气黯然”的慨叹。第六句写江，天色将晚时的归舟最容易激起“吾归何处”的感情，这又自然地引出末联中原何处、半生虚度的感叹来。

（李济阻）

【作者小传】

许月卿

(1217—1286) 字太空,后字宋士,号泉田子,人称山屋先生,婺源(今属江西)人。理宗朝赐进士及第。历承直郎,浙西运干。贾似道当国,试馆职,言不合,罢归故里闭门著书。宋亡不出。有《先天集》。

追赋暮游 许月卿

余庚子冬,挈挈离广陵①,将肄奉常试业②于京师。舟泊无锡,日已暮,与王希圣微服游南禅③,盖访古也。参寥题名壁无恙。寺记有碑,碑阴结字甚伟,视之蔡京也。出门烟树苍然,数僧偶语而已。余与希圣却立四顾曰:此佳景也,当写之为诗。而举子业乱其中,不能就。暇日追想,宛在其目,为诗以寄希圣,其明年冬十一月也。岁月驱人,又可一慨。

锡山舟泊似荒村, 微服南禅古迹存。
壁上姓名今已远, 碑阴人物了能言。
薄游草草寒侵袖, 远思悠悠风满轩。
携手出门烟树密, 数僧离立语黄昏。④

〔注〕 ① 挈挈:匆忙貌;广陵:今江苏扬州。 ② 奉常:官名,秦代九卿之一,汉改称太常,掌宗庙礼仪,兼掌选试博士。奉常试,借指宋代由礼部主持的进士试。全句意为准备参加礼部试。 ③ 王希圣:作者之友,生平不详;南禅:无锡锡山佛寺名。 ④ 离立:相并而立。

作者许月卿在青年时曾怀着报国之心到扬州,投效于名将赵葵幕中,以军功补进武校尉。庚子(嘉熙四年,即1240年)之冬,罢武职,离扬州赴京城临安,准备参加科举考试。他取水路南下,一天黄昏,舟泊无锡,上岸游南禅寺。这首诗就是一年以后追写此游之作。

宋诗中的写景记游之作,常用"敷陈其事而直言之"的赋体。这首诗所用的即是典型的平铺直叙的手法。其记叙的层次与格局,脱胎于韩愈那首黄昏游山寺的《山石》。韩诗凡二十句,依游览顺序写出了黄昏到寺、夜深留宿、天明离去三个阶段的活动。此诗也依次写了三个阶段:舍舟访寺,寺中览古,出寺所见。作者以足所履、眼所见的真实景物与感受来组织诗篇,这些正与《山石》略同。"锡山舟泊似荒村,微服南禅古迹存。"首联从登岸寻寺徐徐写起,交待了此次访游的路线、目的和古寺的背景。发端稍嫌平直,但记叙极为清楚,用词也简练准确。一个"荒"字笼罩全篇,将隆冬古寺的环境特征概括地形容出来了,这是大处落墨的点染之笔。以下各句,皆紧扣寺景。

次联专写古迹。作者选取入诗的是两处较有名气、印象也较深的北宋遗迹。"壁上姓名"与"碑阴人物"何所指,诗序中已先交待:题壁人是著名诗僧参寥子(道潜),他和大诗人苏轼有交往;而碑文则是徽宗时奸相蔡京的手笔。韩愈《山石》写寺中古迹也是二句:"僧言古壁佛画好,以火来照所见稀。"这是虚写、泛写;因古迹剥落,所见甚少,不无遗憾之情。本诗却是实写。寺虽荒凉,古迹却完好无损,了然在目,比起韩愈之"所见稀"来幸运多了!这种实写,并不流于质实呆滞,因为"今已远"与"了能言"二语暗含迹存人亡的今昔之慨,有化实为虚之妙,并为下文"远思悠悠"张本。这里景中已暗逗出情。

阴冷的黄昏,荒凉的佛寺,触目的古迹,这种种实景,无不给人以凄凉难耐之感。于是诗的后半由记叙转入即景抒情。"薄游草草"一联,情景交融,以抒情为主。这里几组形容词和动态词用得非常传神入妙。"草草"极言匆匆来游,心悬功业而无心细赏眼前景物。"悠悠"形容因眼前景物而牵引出来的遐想。"远思"的内容是什么呢?可能是因览古而想到光阴易逝,当趁少壮建立功业;更可能是因蔡京的字而感叹宋朝的衰微。蔡京在北宋末,为徽宗大兴土木,加重剥削人民,被称为"六贼"之首,政治败坏,引起金兵进攻。这里"寒侵袖"与"风满轩"两组描写,以"侵"与"满"两个动态词为中心组成,侧重于游人的主观感受,而又烘托出古寺里凄清寒冷的环境氛围。

诗的尾联从抒情折入写景,将全诗最佳境界托出。这两句景语,用笔疏淡,远景(黄昏烟树)与近景(僧人站立偶语)映衬十分得当,人物动态(游客与寺僧)的勾勒与背景(暮色)的渲染十分生动、逼真,宛然一幅黄昏古寺写意画。这里以景语结束全诗,既富"诗中画"之趣,加重了作品的美感;又加浓了抒情气氛,含蓄曼远,耐人寻味。后半章这种于顺叙中微动波澜、就景叙情、情景合一的写法,好在基本上破除了前四句的铺陈所带来的平直单调,如颊上添毫,使全篇终于达到了写景与抒情和谐统一的境地。

此诗的风格特征是平淡。通篇平易质朴,粗读之,无一奇语警句,枯淡乏味;细品之,幽韵冷香,浑成流畅,富于平淡质朴的美。(刘扬忠)

挽李左藏　许月卿

少年谓子气横秋,　壮已边城汗漫游。
箧仕弗如归亦好,　读书未了死方休。

半生懒意琴三叠，　千古诗情土一丘。
月落锡林烟雾冷，　松风无籁自飕飕。

许月卿的诗有苏轼风，“当时谓之再生子瞻。”（《先天集·宋运千山屋先生行状》）南宋亡后，他穿丧服，“三年不言，后虽言，尝如病狂。”（《宋人轶事汇编》卷十九）可知他是一位忠于宋朝的遗民。

这首《挽李左藏》七律是一首挽诗。诗人以沉郁悲壮的笔调抒发了对李左藏的崇敬和哀悼之情。左藏，是管理国库的官员。“宋初诸州贡赋均输左藏。南宋又设左藏南库。”（《续文献通考》）

诗分二段。前六句为第一段，诗人选择典型事例，形象而又概括地追忆李左藏的一生。

“少年谓子气横秋，壮已边城汗漫游。”首联总领全篇，写出李左藏豪爽、喜游的性格。这位李左藏从少年时代起就不同凡响，很有大丈夫气概。“少年谓子”即“谓子少年”。横秋，本指充塞秋空的霜气，如孔稚圭《北山移文》说：“风情张日，霜气横秋。”这里引申为少年盛气。汗漫，不着边际，《淮南子·俶真》说：“徙倚于汗漫之宇。”“汗漫游”，是说李左藏壮年时在边远的城市尽情游玩。

颔联称赞李左藏退隐、勤学的清高品德。筮仕，初次做官。古代人将出外做官，先占卦问吉凶，故称初次做官为“筮仕”。弗如，不如意。李左藏初做官不得意，就退归林下，闲居家中，读书度日，直到生命终结。

“半生懒意琴三叠，千古诗情土一丘。”颈联写李左藏擅长弹琴和作诗。三叠，古代奏琴曲之法。李左藏用琴声诉说自己半生懒意于功名、志在山水的雅志。他的诗也做得好，可以千古流传。如今琴声歇绝，千古诗情也埋藏在一丘黄土之中。哀挽之情自在言外。

“月落锡林烟雾冷，松风无籁自飕飕。”尾联是第二段，写诗人凭吊好友之情。月夜，诗人来到李左藏的坟前，“近泪无干土，低空有断云。”长夜漫漫，月落乌啼，四周晨雾似烟，松风不是箫管，不能吹奏悲哀的乐曲，只能发出“飕飕”的响声，犹如悲凉的哀曲。月夜凭吊，可见诗人与李左藏生前友好，怀念情深。诗中所说的“锡林”，可能指锡山上的树林，《读史方舆纪要·浙江·绍兴府会稽县》说：“锡山，在浙江省绍兴县东，锡之产地。”又可能指无锡。如“锡山欲见尤梁溪，过却锡山元不知”（杨万里《五更过无锡县寄怀范参政尤侍郎》），以及“舟泊无锡日已暮”（许月卿《先天集·追赋暮游》）。

此诗情真语挚，表现出诗人沉郁的艺术风格。“作词之法，首贵沉郁，沉则不浮，郁则不薄。……诗之高境,亦在沉郁。"(陈廷焯《白雨斋词话》卷一)这首诗的沉郁,表现在内容深厚,感情激越,特别是尾联,融情入景,造成了凄冷的意境,烘托出诗人悲伤的感情。月沉雾冷,松风飕飕,绵绵哀思,见于言外。一结悠然。（李良镕）

【作者小传】

李彭老

生卒年不详。字商隐,号筼房。淳祐中官沿江制置司属官。工词,与周密、吴文英等相唱和。

吊贾秋壑故居[1]　　李彭老

瑶房锦榭曲相通,　　能几番春事已空。
惆怅旧时吹笛处,　　隔窗风雨剥青红。

〔注〕 ① 此诗见周密《齐东野语》卷十九"贾氏园池"条。题目为《宋诗纪事》所加。

贾秋壑即贾似道,南宋理宗、度宗两朝宰相。他蒙上欺下,弄权误国。开庆元年(1259),蒙古兵围攻鄂州(今湖北武昌),他率兵援救,私自向蒙古忽必烈求和,答应称臣纳币。蒙古兵撤退后,他又谎报军情,说是"诸路大捷"。宋理宗昏庸轻信,给他加官为少师,封爵为卫国公。他更加作威作福,掠夺别人的财产,奸淫别人的妻女,打击异己的正直官吏,杀害正直的太学生。而理宗竟在景定三年(1262)正月,下了一道诏书,说贾似道"有再造功",把前代皇帝在西湖边上修建的一座御花园赐给他。度宗时,权势更盛,封他为太师,平章军国重事,总揽朝政,生杀由己,无恶不作,民愤达于顶点。

这座御花园原名"集芳园",其中"古木寿藤,多南渡以前所植者,积翠回抱,仰不见日,架廊迭磴,幽眇逶迤,极营度之巧。"贾似道对这个御花园还不满足,又在旁边扩修了"后乐园"和"养乐园",亭台楼阁有一百多处,成为西湖边上最大的住宅和花园。贾似道在这儿荒淫作乐,自以为应该如此享受,一些阿谀逢迎的文人,替他做文章,说他能够"后天下之乐而乐",公然把他比成范仲淹。德祐元年(1275)元兵大举渡江,贾似道罪行暴露,被革职放逐,在南遣途中,被监送人杀死,不久宋朝也随之而亡。西湖边上的贾似道故居,自然也日趋荒凉了。

于是,就有些诗人看到贾似道故居的兴废而发生感叹,如汤益的"檀板歌残陌上花,过墙荆棘刺檐牙……败屋春归无主燕,废池雨产在官蛙"(见周密《齐东野语》),就表现了兴废之感。李彭老这首七绝,首句拈出"瑶房锦榭曲相通"七字,用"瑶"和"锦"的修饰词,点明建筑物的华丽,用"曲"字点明了园亭的深邃、繁复,而贾似道故居的全貌,隐然在目。次句点明时间并不太久,昔日的繁华已经消失。这繁华消失到什么程度了呢?当然不可能一一写出来,也不必一一写出来。"风雨剥青红"五字,作了代表性的回答。贾似道故居,是以花木见长的,不过十多年,"旧时吹笛"之"处",也就是旧时奢纵享乐之处,"红"花和"青"叶都被"风雨"剥落了,其他建筑物可想而知。在这首诗里,作者对贾似道似乎没有谴责,但对贾似道的失败,也无疑是感到高兴的,"能几番春事已空",难道不是拍手称快的语气么?

(刘知渐 鲜述文)

【作者小传】

陈 起

生卒年不详。字宗之,号芸居,亦自号陈道人,钱塘(今浙江杭州)人。宁宗时乡贡第一。书商。曾刊行《江湖集》等。江湖派诗人。宝庆初,以诗祸为史弥远所黥。有《芸居乙稿》。

湖上即事　　陈 起

波光山色两盈盈，　短策青鞋信意行。
葑草烟开遥认鹭，　柳条春早未藏莺。
谁家艳饮歌初歇，　有客孤舟笛再横。
风景无穷吟莫尽，　且将酩酊乐浮生。

此诗写湖上风光。"即事",指所见所闻。

首联提起,总说湖光山色明媚动人,而自己穿青鞋、携短杖,随兴所至。"青鞋",黑布鞋。杜甫诗云:"若耶溪,云门寺,吾独何为在泥滓?青鞋布袜从此始"(《奉先刘少府新画山水障歌》),可见青鞋结实耐穿。"信意行",即"任意行"。

颔联与颈联分写物态人情。

颔联上句写湖上所见:朦胧的水气逐渐消散,可以望见远处水草边的白鹭。"葑",原指菰(茭白)的根,这里以"葑草"泛指水草。下句写岸边景象:时间尚在早春,柳树刚发芽,显得枝叶稀疏,看得见停在枝头的黄鹂。

这一联写自然景观,由湖中到岸上;颈联写宴游,则由岸上到湖中。谁家摆开酒席，又有红粉佳人唱曲助兴。“艳饮”，指有歌妓舞女助兴的酒宴。而湖上孤舟之内，又有人吹起了横笛，呜呜声越过了夜空。一热一冷，构成对照。

诗人对此无穷之景，吟唱不尽，于是开怀畅饮，进入醉乡。悠悠世上，唯有醉乡最乐。这就是尾联所寄的情趣。

这首诗通篇用赋体，构思与描写并无多少特色。但从结构上看，却称得上排比有序，层次清晰：首联叙事，概括介绍游山玩水之事；中二联用写意笔法描画了沿湖上下的物态人情，分别从视觉与听觉两面写出；尾联抒情，以饮酒作乐将笔墨宕开，实际上仍反扣到游湖的乐趣上。前人评许浑《鹤林寺中秋夜玩月》诗为：“意境似平，格律实细。”（汪师韩《诗学纂闻》）移用来评陈起此诗，也很恰当。

（陈志明）

夜过西湖　　陈　起

鹊巢犹挂三更月，　　渔板惊回一片鸥。
吟得诗成无笔写，　　蘸他春水画船头。

诗的题目叫“夜过西湖”，那就不是“夜游西湖”，更不是“游湖觅诗”了。从第三句“吟得诗成无笔写”，也可见并不是作好准备有意去寻诗；却偏偏写出了诗，真是所谓“几处觅不得，有时还自来。”（贯休《诗》）

前两句写景，词意平平。首句点题中之“夜”，时已“三更”，弦月犹在，抬头望去，似挂在鹊巢之上。这时候，早已群动全息，万籁无声。次句接写诗题中的“湖”字。就在这一寂静的背景上，响起了敲击渔板的声音。渔板，即榔板，一称“渔榔”。多用于夜间捕鱼时。潘岳《西征赋》中有“鸣榔”，李善注引《说文》说：“榔，高木也，以长木叩舷为声……所以惊鱼令入网也。”元人刘永之诗云：“余烬落寒灯，卧闻渔板响。”此刻，它响得那样突然，以致熟睡的鸥鸟被惊醒，成片地竞相飞回。

大概是鹊巢、弦月、渔板响、鸥鸟飞，触发了诗人的雅兴，诗思突然在他心中萌动，从而转出了后两句来。诗已吟成，却无笔墨可以写定，岂不扫兴？正是在这一跌宕中翻出了以指代笔、以水代墨、以船板当纸的精彩的末句。蘸水写字当然留不下印迹，此句妙处就在明知留不下印迹，却偏要“蘸他春水画船头”。这种雅兴本身，岂不就颇具诗情么？

陆游说：“文章本天成，妙手偶得之。”（《文章》）明代谢榛说：“诗有天机，待时而发，触物而成，虽幽寻苦索，不易得也。”（《四溟诗话》卷二）陈起《夜过西湖》诗

的成功,也许就属于这一类情况。　（陈志明）

【作者小传】

利　登

生卒年不详。字履道,号碧涧,金川(今属四川)人。宝庆间流离奔徙。淳祐元年(1241)进士,仕至宁都尉。江湖派诗人。有《骳稿》。

次琬妹月夕思亲之什追录　　利　登

缓作行程早作归,　倚门亲语苦相思。
白头亲老今多病,　不似当初别汝时。

利登青年时期,有一段时间社会很不安定,他曾携同母亲和妹妹到处奔波"避乱"。据曹庭栋《宋百家诗存·骳稿序》载:"履道(利登字)扶持母妹,避乱于梅川。……会盗旋犯梅川,仓皇徙佛岩,又徙崆峒。"利登有《梅川行》、《盗犯金川境扶持母妹复走兴安有怀》等诗作,记叙了当年流离逃亡之苦。后来他妹妹利琬出嫁了,有《月夕思亲》诗,这首诗是利登和答之作。

第一句"缓作行程早作归",语似平淡,却出自至情。将"缓"与"早"对比连贯而写,格外表现出盼归之切。可能利琬夫家有事远行,利琬对行前是否归省探母尚在踌躇,所以利登这样说。下句"倚门亲语苦相思"就道出了"早作归"的迫切性。老母亲天天倚门而望,在想念你啊。这句诗塑造出一个盼女心切的老人形象,表达了人人都能领略体会的亲子之情,具有强烈的感染力。

"白头亲老今多病,不似当初别汝时。"这一联紧承上句,再把倚门盼女的老母形象加以突出,母亲老了,头发白了,身体多病了,真是"日薄西山,气息奄奄,人命危浅,朝不虑夕",和当初你出嫁与母亲分别的时候已经大不相同了!将过去的硬朗康健和现在的年老多病相对比,表现出自己依恋老母的深情,也最足以感动对方。像这一类诗,不靠词藻妆点,不以才思取胜,只写出发自内心的真情实感,就成为动人的佳作了。　（梁归智）

田家即事　　利　登

小雨初晴岁事新,　一犁江上趁初春。
豆畦种罢无人守,　缚得黄茅更似人。

“春雨贵似油”，“小雨润如酥”，这场雨惟其“小”，才适合春耕的需要。“小雨初晴”，雨下得及时，也晴得及时。春日初晴，万物如洗，正是犁田的大好时光，不言喜而喜悦之情自见。在众多农事中，诗人单选春耕来说。春耕活动缺不了人、牛和犁。三者中，又略去前二者不写，只突出了“犁”。光滑的犁面迎着“初晴”的阳光，闪闪驰动，不写人的牵牛扶犁，而一幅春耕的图画就展现在眼前，形象宛然。

“豆畦种罢无人守”，剪去人们播种的情事不写，而径直点出“豆畦”已经“种罢”，人和牛早就转移，又到别的田亩里抢春耕去了。无人守护新播种的“豆畦”，难道不怕飞鸟来啄食吗？农夫自有办法：“缚得黄茅更似人”，黄茅人在田里迎风摇动，鸟雀望而却步，这是在农田里常常看到的景物，但一入诗，便觉别开生面，风趣横生，构成了一幅色彩鲜明的农村画面。

此诗一步一景，移步换形，从雨晴写起，犁田、种豆、缚草人等事，一一顺序道来，剪裁得宜。语言通俗，不事雕琢，于平淡中见新奇，寓风趣于朴实。在南宋后期专讲工致细巧的江湖派诗风中，可谓独树一帜，别具情韵。　（邓光礼）

野农谣　　利登

去年阳春二月中，
守令出郊亲劝农。
红云一道拥归骑，
村村镂榜粘春风。
行行蛇蚓字相续，
野农不识何由读？
惟闻是年秋，
粒颗民不收：
上堂对妻子，
炊多籴少饥号啾；
下堂见官吏，
税多输少喧征求。
呼官视田吏视釜，
官去掉头吏不顾。
内煎外迫两无计，
更以饥躯受笞棰。
古来邱垅几多人，
此日孱生岂难弃！
今年二月春，
重见劝农文。
我勤自钟惰自釜，
何用官司劝我氓？
农亦不必劝，
文亦不必述，
但愿官民通有无，
莫令租吏打门叫呼疾。
或言州家一年三百六十日，
念及我农惟此日。

在封建社会，地方官每年春天下乡鼓励农民从事生产，叫“劝农”。如《后汉书·郑弘传》注引文：“太守常以春行所主县，劝人农桑，振救乏绝。”实际上，劝农常流为官样文章，而且往往借劝农骚扰农民。利登的这首《野农谣》就十分生动地揭示了“劝农”的真相，代农民喊出了愤怒的呼声。

诗从“去年”春天说起。“守令出郊亲劝农”，突出一个“亲”字，太守和县令老爷都亲自下乡，似乎郑重其事，重视劝农。但实际情况怎样呢？“红云一道拥归骑，村村镂榜粘春风”，守令下乡的声势排场倒不小，张伞撑盖，仪仗随从很多，像一片红云拥护着，可是他们只是下乡来抖抖威风，招摇一下就回去了。只在每个乡村留下了一道木刻的“劝农”告示，大功就算告成。榜文上歪歪斜斜一大片，在不识字的乡野农民眼中，真像蛇行蚓走，哪里知道写些什么呢？唐太宗李世民描写恶劣难认的草书曾说：“行行若萦春蚓，字字如绾秋蛇。”这里借用这个比喻，则是从目不识丁的农民角度说的，和农民的身份很符合，既生动又具有讽刺意味。所谓“劝农”的敷衍塞责、不负责任也就充分地表现出来了。

“劝农”如果仅仅是一种例行公事倒也罢了，更严重的是春天劝了农，秋天就要收租纳税。对农民来说，这才是更要命的。尤其遇上了荒年，就越发难过了。因而下面就展现出一幅被逼征租税的悲惨图画。尽管是颗粒未收的荒歉之年，农民们连肚子都填不饱，妻儿老小嗷嗷待哺，啼饥号寒，来征收租税的官吏们却像虎狼一般凶恶，催逼不已。农民们苦苦哀求，请督税的税官看看歉收的农田，让闯进家里逼租的税吏瞧瞧空空的锅碗，可是官吏们却根本不管不顾，掉头而去，哪肯有半点通融！农民们被逼得上天无路，入地无门，只好拼着饥饿的躯体忍受官府的责打。“古来邱垅几多人，此日孱生岂难弃！”到了这个时候，真觉得活着不如死了好。写到这里，自然形成了全诗的一高潮，农民的悲惨遭遇历历如绘，叫人怵目惊心。这一节的艺术感染力全在于白描，写出了农民的苦况，也就显出了“劝农”的虚伪。

下面又转到“今年”春天，“劝农”的那一套又来了。由于有了上年痛苦的经验教训，就情不自禁地发出了对虚伪“劝农”的强烈抗议。“我勤自钟惰自釜，何用官司劝我氓？”一钟等于六斛四斗，一釜是六斗四升，勤劳收获就多，懒惰收获就少，哪里需要你们当官的来鼓励我们生产呢？“农亦不必劝，文亦不必述，但愿官民通有无，莫令租吏打门叫呼疾。”这是对“劝农”的嘲讽，向官府的呼吁，发自农民心底的声音，其中包含着很深的愤慨，是对封建剥削的血泪控诉。

愤慨、呼吁、控诉，其实都没有用，因为印把子抓在人家手里。因而结尾转成了一种深刻的讽刺：“或言州家一年三百六十日，念及我农惟此日。”“家”字相当于“公家”的“家”,“州家”即“州官”。怪不得大家说州官老爷一年三百六十天只有“劝农”的这一天才想到我们农人呢,还不是为了秋天狠狠地盘剥我们吗?这句讽刺话里包含着一种无可奈何的深深的愤恨。

古代讲“劝农”的诗不少,与利登同时的郑清之、许及之、刘克庄、方岳等就都写有同类诗篇,但都不及利登这一首揭露得深刻、表现得大胆。作为一个封建时代的知识分子,能够这样站在农民的立场上说话,实是难能可贵。艺术上运用去年和今年,去年春与去年秋的时空错综,既有描写,又有抒发,把揭露、控诉、讽刺融为一体,表现手法是相当高的。（梁归智）

【作者小传】

郑　震

生卒年不详。更名起,字叔起,号菊山,福州连江人。思肖之父。

荆南别贾制书东归①　　郑　震

来时秋雨满江楼,　　归日春风度客舟。
回首荆南天一角,　　月明吹笛下扬州。

〔注〕①制书:皇帝命令的一种,用于行大赏罚,授大官爵,改革旧政,宽赦降虏,由中书舍人起草,故用以代指中书舍人。

从诗的题目看,这是一首赠别诗。从诗的内容看,却毫无别意、别情。诗人喜形于色,巴不得早早离开荆南(今湖北江陵),尽快顺流而下,直到扬州。

前两句用对偶,诗人满含感情地把“来时”与“归日”作了鲜明的对比:当年来荆南,正好是秋雨淅沥的季节,在凄风苦雨中登上江楼,此情此景,记忆犹新;今天终于得以离去,上天仿佛也懂得我的心情,让春风为我送行。看来诗人到达荆南后,并不怎么得意,而急于要离开。

前两句的地点虽不能确指,但不妨看成是在下船之初的荆南。第三句的“回首”、“天一角”,逗露出“轻舟已过万重山”(李白《早发白帝城》),已是在远离荆南的江行途中。这“回首”,不是留恋,无关别意,而是如释重负的回顾。“荆南,我终于离开了你!”心中似在这样说,只是没有说出来罢了。

末句从“回首”转而前瞻,由白日转写夜间。月明如水,春风拂面,诗人独立船头,吹响短笛,心绪如同出峡的江水一样无拘无束。而更美的扬州,还在前头。李白《黄鹤楼送孟浩然之广陵》诗中有"烟花三月下扬州"一句,那是送人,以烟花点出三月扬州烟雨朦胧之美。郑震这一句是自我写照,境界则显得更为清幽。此外,"天下三分明月夜,二分无赖是扬州"(徐凝《忆扬州》),"二十四桥明月夜,玉人何处教吹箫"(杜牧《寄扬州韩绰判官》),"月明"、"吹笛"二语,用在这里十分贴切。

这首诗风格明快,表现了诗人欢悦的感情。诗人采用特定的顺序写法:时间从秋到春,由日而夜,不作倒叙,没有插笔;地点由荆南而途中而扬州,步步远去,加之声调和谐,故而读来如行云流水。

(陈志明)

【作者小传】

林 升

生卒年不详。淳熙时士人。

题临安邸

林 升

山外青山楼外楼, 西湖歌舞几时休!
暖风熏得游人醉, 直把杭州作汴州。

这是一首古代的"墙头诗"。据《宋诗纪事》,作者林升是宋孝宗淳熙间临安一位士人,生平无考。

用对辽、西夏、金的屈辱退让换取苟安,是赵宋王朝自开国起即已推行的基本国策。其结果是,中原被占,两朝皇帝做了俘虏。然而,此一教训并未使南宋最高统治集团略为清醒;他们不思恢复,继续谋求"王业之偏安"。绍兴二年(1132),宋高宗第二次回到杭州,这水光山色冠绝东南的"人间天堂"被他看中了,有终焉之志,于是建明堂,修太庙,宫殿楼观一时兴起,达官显宦、富商大贾也相继经营宅第,壮大这"帝王之居"。几十年中,杭州终如北宋的汴州,成了这班寄生虫们的安乐窝。

"山外青山楼外楼,西湖歌舞几时休",诗人抓住了最有代表性的两个形象——华丽的楼台和靡曼的歌舞,从空间的无限量与时间的无休止,写尽了杭州的豪华和所谓承平气象。然而正言若反,这层层的楼台不能不使人联想到殷纣王的鹿台、楚王的章华台、吴王的馆娃宫与隋炀帝的江都宫；这无休止的歌舞，即弃远而言近，犹令人想起陈后主的《玉树后庭花》和唐明皇的《霓裳羽衣曲》。“暖风熏得游人醉”，“熏”字极为传神。江淹《别赋》云：“闺中风暖，陌上草熏。”那些西湖上的“游人”，大约正是因此而陶醉。一个“熏”字，把这些人的醉梦之态写足。这些醉生梦死之徒，毫无忧患意识，忘乎所以，竟把杭州当成了汴州！昔日汴京城内，巨宅别墅，秦楼楚馆，歌舞无虚日，终至朝廷倾覆，歌儿舞女，金银珠玉，尽入金人的囊中。今日南渡的贵富之家，歌舞湖山，乐不思蜀，正蹈汴京陷落的覆辙而不知。岂不可悲！含蕴甚富，愤慨极深，然而不作谩骂之语，正是此诗特点。　（艾荫范）

【作者小传】

何应龙

生卒年不详。字子翔，杭州钱塘（今浙江杭州）人。嘉泰二年（1202）进士。曾任太学博士、著作佐郎、知汉州。江湖派诗人。有《橘潭诗稿》。

见　梅　　　何应龙

云绕前冈水绕村，　忽惊空谷有佳人。
天寒日暮吹香去，　尽是冰霜不是春。

我国古代诗歌，诗和画常常融为一体。读这一首诗，犹如欣赏一幅情意深深的画，心中油然而生“诗中有画，画中有诗”的美感。

起句“云绕前冈水绕村”，七个字中出现了：白云、山冈、溪水、村落，缀以两“绕”字，把景物有机地组合在一起。在这错落有致、清雅古朴的环境中，诗人心神恬适。正在此时，抬眼看去，“忽惊空谷有佳人”。诗人的惊奇之情跃然纸上；眼前一亮，“佳人”从天而降。但这“佳人”不是“人”，而是借喻梅花，梅花生长在这空旷寂寥的环境中，犹如空谷佳人，引起了读者的无限遐想，正是于无神字处传出梅花的风神。

第三句“天寒日暮吹香去”，与上句“惊”比，似是高峰已过的“平原”；实际上相反，这句把梅花的性格作了更深刻的描绘。前两句，看到的是梅花的孤独和她的外形美，这一句进一步挖掘和描写了梅花的内在性格美和精神境界的高尚。这句中的“香”字，不宜简单地理解作静态的“芳香”，而应理解成“不断地散溢着芳香（动态的）”，才较完整。从中可以看到梅花不畏严寒的不屈不挠的精神，这正是梅花的精魂！此句恰做到了古代诗评所说的，绝句“宛转变化工夫，全在第三句。”（元杨载《诗法家数》）最后一句，“尽是冰霜不是春”点明题意，既以冰霜喻梅，又以冰霜喻己。早于何应龙七百年，鲍照赞梅“霜中能作花，露中能作实”，已是借梅抒志。此诗也是如此，借此倾诉自己生不逢时、不能一展抱负的襟怀，流露了欲争春而不得的悲凉心境。

此诗情景交融，颇具兴象，赞梅是表象，其所喻极为明显：抱负既不能伸展，唯有顾影自怜、孤芳自赏而已！（卢文周）

客 怀 何应龙

客怀处处不宜秋， 秋到梧桐动客愁。
想得故人无字到， 雁声远过夕阳楼。

《客怀》一诗，抒发了异乡客怀念家乡、怀念亲故的情怀。诗人没有像宋玉在《九辩》中那样直抒胸臆，而是缓缓写来、轻轻落笔：“客怀处处不宜秋”。起句不见景物，开宗明义，道出了天涯游子四处奔波、百无聊赖的心情。因为“秋到梧桐动客愁”，无情的秋天终于来到了：那秋雨梧桐的萧瑟景象即时引起了“羁旅而无友生”的无限惆怅！第一二句没有描写秋景，只交待了时令与景物；也没有细腻地刻画“客”的心理，只是平淡地用了一个“愁”字。从“梧桐”，读者可以联想到“秋雨梧桐叶落时”的情景，牵动了处在“雨滴梧桐秋夜长”之际的异乡客，使他萌生了寂寞、空虚、孤独的情怀。客怀本是难遣，加以秋风秋雨，使人更何以堪。“处处”二字更加深了这种意思。

“想得故人无字到”承上句之“愁”而来，诗人没有直泻而下，笔意到此一顿，表明他亟切地盼望能见到亲人、故人从家乡来的片言只语，借以自慰，结果是“无字到”——毫无信息，更是愁上添愁。“雁声远过夕阳楼”，倚楼远眺，听到的是远去的“雁声”，看到的是黄昏的“夕阳”。没有用缠绵的情词描写思念之情，只用了一个“想”字；也没有着力渲染“触景生情”之景，只写了“声”和“光”。雁，使人产生传递书信的联想。这里诗人用虚笔写。不写“雁”而写其“声”：大雁已飞过晒满夕阳的高楼而渐渐远去，唯有即将消失的雁声尚在耳际回响。不见彩笺，空闻雁声，漂泊天涯的孤客又作何想呢？

清人曹庭栋（号六圃）在何应龙的《橘潭诗稿》（曹庭栋辑《宋百家诗存》卷十四）的序中说，何应龙的“七言绝句，本法晚唐，所存之作兼多缠绵旖旎之思。”又曰：“此种句调全似韩偓‘香奁体’。”何应龙的诗，当时已列为“江湖体”。从《客怀》一诗所反映的思想和表现的艺术手法看，似不宜归诸"香奁体"。因为他的诗尽管缠绵旖旎，但还没有"脂粉气"，如本诗便是。

何应龙是钱塘(今浙江杭州)人，被遣四川。此诗就是客地清寒生活的写照，虽境界不怎样高，然而写来娓娓动人，情味悠长，具晚唐神韵，在江湖派中属于上乘之作。

（卢文周）

【作者小传】

葛起耕

生卒年不详。字君顾，丹阳(今属江苏)人。负才沦落，以诗自鸣。有《桧庭吟稿》。

楼　上　　　　葛起耕

楼上何人吹玉箫，　　数声和月伴春宵。
断肠唤起江南梦，　　愁绝寒梅酒半销。

葛起耕属南宋江湖派诗人，颇多旅思乡愁之作，诗思清巧，诗意凄婉，具有晚唐风味。这首《楼上》即是一例。

"楼上何人吹玉箫，数声和月伴春宵。"开头这两句首先点出了时间和季节。一个初春的夜晚，明月如镜，高悬天宇，小楼上不知是谁吹起了玉箫，悠扬的箫声和着明亮的月光，共同陪伴这春日的良宵。这里，诗人用"和"、"伴"二字，把箫声、月光、春宵有机地联系了起来，造成了良辰美景的恬静优美的氛围。

在这样一个背景上，三四两句，笔调一转："断肠唤起江南梦，愁绝寒梅酒半销。"倾诉了天涯游子飘零羁旅之愁。诗人只用一个"唤"字，便把恬静优美的气氛与忧愁的心情结合在一起。"断肠"，古人诗中，常用来表现忧伤之情，诗人在这里用以表现一种"断肠人在天涯"的心绪。这句因平仄格律关系，用的是倒装句式，意思是：箫声、月色，唤起了天涯断肠人的江南之梦，(断肠，即指断肠人。)诗人是丹阳人，江南即指其故乡。"愁绝寒梅酒半销"，是全诗最精彩的一句。王维《杂咏》诗有"寒梅著花未"句，把自己对故乡的思念寄托在故乡的寒梅上。诗人流落天涯，百感交集，他想借酒浇愁，忘却愁苦，但一见寒梅，酒已"半销"，无奈愁何，故而"愁绝"。诗人的飘零之感，思乡之情，"愁绝寒梅酒半销"七字已尽括其中。

王夫之《薑斋诗话》云:"以乐景写哀,以哀景写乐,一倍增其哀乐。"《楼上》就是使用了这种"乐景写哀"的方法。红楼箫声,春宵月色,对于飘零游子说来,却是倍添愁绪。诗的首二句的氛围,使三四句所表现的孤独、忧愁更为突出,更为明显。欲抑先扬,构成跌宕。

此诗用的是萧韵,三个韵脚字同声,全诗用语轻柔、婉丽,读来自有一种宛转流利、缠绵悱恻的美感。

(于绍卿)

【作者小传】

罗与之

生卒年不详。字与甫,一字北涯,螺川(今江西吉安)人。端平间累举不第,遂归隐。晚年潜心性命之学。江湖派诗人,其诗为刘克庄所称赏。有《雪坡小稿》。

寄衣曲三首

罗与之

忆郎赴边城, 几个秋砧月。
若无鸿雁飞, 生离即死别。

愁肠结欲断, 边衣犹未成。
寒窗剪刀落, 疑是剑环声。

此身傥长在, 敢恨归无日!
但愿郎防边, 似妾缝衣密。

罗与之这三首小诗,各自独立,又互相关联,俨然一部抒情组曲。诗借一个丈夫从军独守空房的妇人之口,抓住缝制和寄送冬衣这一特定情景,用朴素的语言,表达了这位妇女思念亲人,但又希望丈夫为保卫国家而坚守边防的复杂而深沉的心理。

如果说这三首诗是一部组曲的话,那么第一首便是引子或序曲。它要告诉人们的是:为谁送衣,为何送衣。

首句用平铺直叙的语言交代寄衣者的身份和寄衣的缘由:丈夫赴边御敌,

已经好几个年头，现在秋风又起，又要为他准备寒衣了。一个“忆”字，巧妙道出了时间的流逝，告诉读者，夫妻分离已经很久了。“赴边城”则点出了空间的距离之远，为下一联的“鸿雁飞”张本。耐人寻味的是第二句：“几个秋砧月。”李白《子夜四时歌·秋歌》云：“长安一片月，万户捣衣声。秋风吹不尽，总是玉关情。何日平胡虏？良人罢远征。”写的是同一主题。罗与之用简练的语言把李白《秋歌》隐含在自己的诗里，既扩大了诗歌的容量，又点化了主题，同时也交代了时令。“几个”，则强调时间之久，与前句“忆”字相照应。接着又写道：“若无鸿雁飞，生离即死别。”鸿雁，是传递书信的使者，书信对于长期与亲人分离的人，无疑是一种精神上的最大慰藉。所以杜甫说：“烽火连三月，家书抵万金。”可是在这首诗里，作者要讲的是：她和丈夫的联系仅凭一纸书信，一旦连这一点也做不到，那么这种“生离”和“死别”又有什么两样呢！这十个字，表达了一个思妇对亲人的思念之切，对长期分离的怨恨之深。如果说李白的“秋风吹不尽，总是玉关情”是不动声色的借景抒情，那么这位妇人无疑是在直抒胸臆了。这序曲的基调是低沉和悲凉的。

第二首写了思妇制作寒衣时的心境。“愁肠结欲断”，写思愁之苦：肠为之结，且因之断。如果联系第二句来理解，即可发现诗人的妙语双关：思妇实际上是在用自己的愁肠编结着寒衣。但因思夫情切，故觉寒衣迟迟“犹未成”。下两句写夜以继日赶制寒衣的情景。“寒窗”，一般用以形容冬天的寒冷和清静。元稹《西归绝句》“寒窗风雪拥深炉”，即用此意。但在这首诗中则主要用以表现独守空房的凄凉和孤独。在这孤寂氛围中，一个人坐在窗下默默赶制寒衣，四周是那样的静，以致剪刀落下之声也听来如此清晰。这种声音对常人来说，也许毫不足道，但对这位日夜思念着远戍边疆的丈夫的妇人来说，却显得触耳惊心。她仿佛听到了丈夫剑环的铿锵声。诗人把思妇的感情移于外物，从而更有力地渲染了所要表达的感情。这种联想，对一个赶制征衣的思妇来说，是自然和合理的。反过来说，也只有日夜思念征夫的人，才可能产生这种联想。而这种联想又恰到好处地表现了思念之切、情爱之深，与一、二句呼应。

寒衣制成，组曲也进入尾声。第三首写寄衣时的祝愿。“此身傥长在，敢恨归无日”。这一联写出了思妇无限怨恨的心情。“敢恨”犹言“不敢怨恨”，“岂敢怨恨”。人的感情到了极点时，往往会讲反话。事实上这位思妇心里明白，丈夫一去数年，生还的希望微乎其微，她胸中充满了怨恨。由于用反话来写，这种怨情就表现得更有力量。如果诗人的笔触到此为止，那么这三首小诗给人留下的只不过是消极和沉闷。可是笔锋一转，急剧地奏出了全诗的最强音，把组曲推向了高潮：但愿我的丈夫坚守边城，让边防像我所制的寒衣一样，严密无缝！这乃是点睛之笔，全诗的思想因之得到升华，前二首的沉闷感一扫而空。读到这里，不禁对这位思妇产生了深深的崇敬之情。为了国家的安宁，她不惜牺牲个人的幸福。这正是这首诗积极意义之所在，也正是它能在众多题材相同的作品中显出光彩的原因。

罗与之生活的南宋后期，北方的金国和蒙古贵族严重地威胁着南宋的安全。南宋人民始终生活在战争的阴影下。《寄衣曲》正是这种形势的反映。此诗通过一个妇女之口控诉了不义战争给人民带来的苦难，表达了人民对这种战争的抗争，以及他们为了国家的安宁，情愿作出重大牺牲的博大胸怀。诗写的是一位妇女，一个家庭，但它无疑具有广泛的代表性。全诗语言朴素简练，感情真挚深沉，联想丰富自然，很有特色。

（朱杰人）

看 叶

罗与之

红紫飘零草不芳，　始宜携杖向池塘。
看花应不如看叶，　绿影扶疏意味长。

《看叶》是罗与之晚年的作品。诗人以特有的敏锐，撷取自然界普通素材，写出了一个老年人特殊的生活感受。全诗情趣盎然，含蓄而富于哲理。

第一句写繁花似锦，野草芳菲的春天的逝去。“红紫”指花，诗人用花的色彩来指代一切鲜花。“芳”指草的芳香。鲜花凋谢，芳草也失去了迷人的幽香——春天过去了。第二句“始宜携杖向池塘”。这里应注意“始宜”和“携杖”。“始宜”写诗人的心情并不因春天的消逝而惋惜、懊丧，恰恰相反，诗人这才感到有所“宜”。这显然和常人的意愿相反。但“携杖”两个字却解释了原因——这是一个拄着手杖的蹒跚老人的感受。对他说来，春天早已逝去，惋惜也无济于事。那么，是不是无景可赏呢？不见得。“向池塘”三字表明，诗人找到了一个幽雅别致的环境。第三句点题：看花不如看叶。为什么？因为“绿影扶疏意味长”。错落有致、忽明忽暗的叶影，不也另有一番情趣吗？“意味长”有两层意思。一是说，这种闲雅的景致多么意味深长；一是说，绿叶不像鲜花那样生命短暂，它献给人们的美感是长远的。

这首诗写得很含蓄。诗人要告诉人们的似乎是这样一个道理：春天是短暂的，热爱生活的人们不应只留恋春天的多姿多彩，春天过后，照样有令人陶醉的景色。罗与之曾有这样的诗句：“古来至宝多横道，何事荆山泣卞和。”显然他是在为自己的怀才不遇而愤慨。联系到红紫飘零后的携杖独行，联系到累举不第而归隐的生活经历，可以说，这是诗人对自己失意的一生的一种自我安慰。

罗与之晚年潜心性命之学，写了不少道学诗。他的这首《看叶》，蕴含哲理，写得清新可爱。这是从真切的生活感受出发的缘故。诗人巧妙地抓住了富于启发性的自然现象，用朴素、自然的语言，含蓄、蕴藉的笔法，来表现深刻的哲理和丰富的情趣，因而使这首诗显得意味深长，令人回味无穷。　（朱杰人）

商　　歌　　罗与之

东风满天地，　贫家独无春。
负薪花下过，　燕语似讥人。

《商歌》是一个古老的诗歌题式。春秋时的宁戚就曾唱过两首自鸣不平的《商歌》。"商"是我国古代五音中象征萧瑟秋天的，所以"商歌"属秋。可是罗与之的《商歌》，讲的却是春天里的事。

《礼记·月令》云："孟春之月，东风解冻。"东风乃是春天的象征。《商歌》用"东风满天地"开头，说明春色充盈于天地之间。春风送暖，万物复苏，这是一个多么令人陶醉的季节。可是诗人紧接着笔锋一转，写道："贫家独无春。"这个"独"字用得很有力。本来春天是造化对人类的厚赐，它应该属于所有的人，可是在诗人所生活的现实环境中，那些贫苦人却"独无春"。一个"独"字，把贫苦人排斥于春天之外。是因为春风对穷人特别吝啬吗？请听诗人的回答："负薪花下过，燕语似讥人。"原来大自然给予每个人的机会都是均等的，只是因为贫富的不同，那些为了生计而苦苦劳作的人才不能享受到春天的温暖。为了谋生，贫苦人不得不整天背负沉重的柴薪，去换取"身上衣裳口中食"（白居易《卖炭翁》）。虽然从鲜艳芬芳的花丛下经过，他们也不可能有欣赏一番的闲情逸致。这种情景和富人的踏青赏花形成鲜明对照。连那些在花间呢喃私语的燕子，也好像是在讥笑这些不懂得珍惜春光的人。这是多么辛酸的场面！

这首诗语言朴素明快，多用烘托对比的手法。一方面渲染春天无处不在，一方面又用"独无春"来表示春并不属于所有的人；写"贫家"无春，言外之意是唯有富室有春；写"负薪"，同时又写"花下"。这就使对比鲜明，动人心魄。此外，作者巧妙运用传统诗题作反面文章，诗言春，而题却言秋。这就使人联想到晋代成公绥《啸赋》中的一句话："动商则秋霖春降。"作者的用意很明白，春，对穷苦人家来说，无异于秋天的萧瑟凄凉。

像《商歌》这样写“春非我春”(《汉郊祀歌·日出入》)，“愁思看春不当春”(杜审言《春日京中有怀》)，“万物皆及时，独余不觉春”(孟郊《长安羁旅行》)的诗，在罗与之以前并不少见，但这首《商歌》着力表现贫富劳逸的不均，就使诗的主题从个人感情的樊篱中跳出来，具有更深刻的社会意义。同时诗中所表现的对下层劳动人民的同情，也属难能可贵。 (朱杰人)

【作者小传】

陈允平

生卒年不详。字衡中，一字君衡，号西麓，四明(今属浙江)人。少从杨简学。德祐时授沿海制置司参议官。元初以人才征至北都，不受官。与何应龙、周密往来。有《西麓诗稿》。

小　楼

陈允平

寒空漠漠起愁云，　玉笛吹残正断魂。
寂寞小楼帘半卷，　雁烟蛩雨又黄昏。

这首七绝题为《小楼》，写的是小楼中诗人之愁。

时间是秋天，从“雁”从“蛩”(蟋蟀)可知。“自古逢秋悲寂寥”(刘禹锡《秋词》)，诗人亦然，故其第三句道：“寂寞小楼帘半卷。”这个“寂寞”，是他内心深处的寂寞。志满意得者、生活美满者，大概很少有感到内心寂寞之时。诗人心中郁结着某种不快或不满，所以独处小楼时，便感到分外孤独。既冷冷清清(发于内而感于外的)，必寻寻觅觅(以转移一下自己的意念)，于是便在那小楼上，傍着半卷的帘子向外远眺。

然而，心中本有愁，无奈触处皆成愁。从帘外，诗人第一眼望到的，是广漠而沉寂的天空。秋凉，天宇怕也是凉的吧，因冠以“寒”字。漠漠寒空之中，阴云密布，凝结不开，在诗人看来，云亦在愁，故道“愁云”。愁人盯着愁云看，岂非是愁上加愁？

恰在这时候，随风送来一阵凄清的笛声。是“谁家玉笛暗飞声”？诗人情不自禁地侧耳倾听。待到一曲终了，诗人只觉销魂。那么，这笛里吹来的究竟是什么曲调？传达出的又是什么情感？是《梅花落》，抑是《折杨柳》？是无限羁情，还是不尽离愁？诗人不曾说出。总之，这如泣如诉的笛声，正与其情会，因而他益发生愁了。

此时，天空中雨丝蒙蒙，时有雁阵穿雨而过；墙外楼下的蟋蟀，也声声不已。在那密密的雨帘后面，他又发现了袅袅炊烟，黄昏又悄然来临了。如此种种，迫使他吟出了这一句："雁烟蛩雨又黄昏"！这"又"字含蕴着诗人心中多少愁意。另外，诗人于无意之中，从"又"字透露出了一段消息：我愁绪萦怀，绝非今日始。昨日，前日……都在愁中。他已经不止一日体会到，黄昏（以及黄昏后的黑夜），是愁人难捱的时光，难怪今日寂寞楼头，他要呼唤"又黄昏"了。

整首诗中，诗人始终不曾道破因何而愁，（或许是不便明说吧）而只是将心中之愁（这逢秋而愈甚的愁），借助当前的秋景、秋情，曲曲地传达了出来，缠绵悱恻，含蓄蕴藉，读来别有一种悠悠难尽的情韵。（张成德）

登西楼怀汤损之　　陈允平

杨柳飘飘春思长，　绿杨流水绕宫墙。
碧云望断空回首，　一半阑干无夕阳。

汤损之当是诗人的一位朋友。春意盎然的一个黄昏，诗人登上西楼眺望，突然怀念起他来，便写下了这首富有情韵的七绝。

一上西楼，凭高俯瞰，只见春色满目，好不绚丽。柳树上的千条万缕在晴空微风之中，依依拂水，丝丝弄碧。一条清澈的春水，在两岸葱茏绿杨的掩映下，环绕着宫墙，缓缓流去。此诗当作于南宋都城临安，即今杭州，故云宫墙。

沐浴在这骀荡春光之中，本应心情愉悦，可是，诗人却自觉春思萦心，不可解脱。春思，春日里的各种想法，此处侧重指怀想汤损之。也许是那本关别情的杨柳牵起了他的别思；也许是悠悠的流水唤起了他俩之间深长友谊的回忆；总之，他已情不能已，痴痴地凝望着碧云尽处，沉浸在对往事的回想之中。"碧云"，暗用江淹"日暮碧云合，佳人殊未来"（《拟休上人怨别》）的诗意。然而，猛然之间，他又省悟了过来：往事如烟，即使望断碧云，也只是"空回首"而已。诗人怀着无限的怅惘之情，看见："一半阑干无夕阳"——夕阳正在悄然隐去，一半阑干上已看不见阳光了。诗至此，以景收笔，不了而了，透发出一种不言而神伤的情韵。

诗人将繁盛而明丽的春光，与自己寂寥而黯然的情思，组织在二十八字之中，在这不协调之中，写出了诗人对友人汤损之的怀念之情。而情与景又是水乳交融，密不可分。正是这种艺术手段，使这首小诗富有情韵，别具魅力。

（张成德）

【作者小传】

陆 壑

生卒年不详。字景思，号云西，会稽（今浙江绍兴）人。绍定五年（1232）进士。官礼部员外郎、崇政殿说书。

退宫人　　陆 壑

破箧犹存旧赐香，　　轻将魂梦别昭阳。①
只知镜里春难驻，　　谁道人间夜更长！
父母家贫容不得，　　君王恩重死难忘。
东风二月垂杨柳，　　犹解飞花入苑墙。②

〔注〕 ① 昭阳：汉代后宫殿名，本为成帝宠妃赵昭仪所居，后人常借指皇后居处。②“解”：一作“禁”。“解”字妥，较“禁”字深曲。

此诗见于谢翱编《天地间集》。据宋濂《谢翱传》，《天地间集》应为五卷。但全书早佚，今所存二十首诗，《四库全书总目提要》以其为“后人摭他书所云见《天地间集》者”。因多为宋遗民抒发故国之思的作品，数百年来遂以《天地间集》为遗民怀旧诗的结集。今全本不存，真相莫辨，然细审存诗，亦不尽然；《退宫人》一篇，即难入此类。全诗仅“君王恩重死难忘”一句，或可视为心怀故主。但从全诗看，似写旧日宫女眷念宫廷，难以坐实为遗民怀旧之作。作者生平不详。《宋诗纪事》载：陆壑为陆佃（王安石的学生，陆游的祖父）五世孙，绍定五年（1232）进士，官礼部员外郎、崇政殿说书。绍定五年下距德祐之变（1276）四十四年，陆壑此时或尚存，亦已七十老翁，欲寄故国之思，大有可言者，似不必借此退宫人而发。陆壑入仕后，理宗、度宗两朝五十年间，多次遣散宫人，故此诗应为同情宫人之作。

诗题《退宫人》，指已被遣放的宫女。宫女是从民间掠夺而来，但并非都能终生留在帝王家，多数因年老或例遣、特遣而放回民间，再更换一批新的。宫人的命运很悲惨，见于唐人诗的很多。她们在宫中虽然衣食丰足，精神上却遭受无情的折磨，绮罗珠玉所包裹的却是无限辛酸。本诗中的“退宫人”，大概是因年长色衰被遣出的，而放归以后，境况又如何呢？

诗一开头，用倒叙手法，写她半夜从梦中惊醒。她正沉浸在旧日的好梦中，又回到了雕梁画栋的皇家后宫。可是，梦被惊醒，“轻将魂梦别昭阳”。“轻将”二字，点出这位昔日宫女醒来之后，心情是多么懊恼！看来她宁愿长留梦中，不想回到现实来。但梦境终归不能长留，当好梦醒来，首先想到的是那只破箱子里保存至今的一点香料，那是旧日的皇家赏赐。一点香料，能勾起许多往事，她醒后也仍然在向往那已经失去了的宫女生涯。

梦中，醒后，这位退宫人半夜里的情思并不温馨，相反比过去在宫中更为凄凉。过去在宫中，“只知镜里春难驻”，总担心青春易逝，盼望早日遣出宫门，有个婚配归宿。那时候，她对未来有过许多幻想；而现在呢，“谁道人间夜更长”！深宫禁苑的苦海是脱离了，但哪想到一切都成泡影，长夜漫漫，比宫中更难打发呢！当年的希望竟然破灭，根本原因是“父母家贫容不得”。遣归以后，贫困的父母养不活她，她现在要为衣食愁苦了。这个单纯得可怜的女子，甚至本诗作者，当然不懂得黄宗羲所说的“为天下之大害者，君而已矣”（《原君》）的道理，她只知道从直觉对比中，感到“君王恩重死难忘”。过去的苦海，现在反成了记忆中的乐园，她怎能不留恋呢？颈联这两句，既直写宫人今日的境况，又反照首联梦中醒后的心情，中间有跌宕回环之妙。但是，对往日的怀念，只能是现实痛苦的催化剂，永远不能给身处困境的退宫人带来生机。“东风二月垂杨柳，犹解飞花入苑墙”，漫天飞舞的杨花柳絮还可随风飘入禁城内苑，她连那杨花也不如，宫禁森严，宫女是可以遣而复返的吗？结尾这两句，显然是从王昌龄的《长信秋词》“玉颜不及寒鸦色，犹带昭阳日影来”化出。王诗以“玉颜”不及“寒鸦”为比，色彩和感情都极强烈；本诗以飞花暗喻身世，虽嫌落套，但哀怨的心曲还是表现得很含蓄深沉的。

人在现实中感到痛苦，就会向往未来，但当所向往的未来一旦变成更加痛苦的现实，而又无法回到过去，只能一方面被更加痛苦的新的现实所钳制，一方面在追怀过去中挣扎。这个被遣放的宫女正是这样一种境况。唐宋诗中写宫怨者多，而写退宫之怨者很少，这首《退宫人》诗，是宫怨诗的进一步开拓，对封建社会一大批被损害妇女的悲惨命运，作了更深刻的揭示。（程一中）

【作者小传】

丁　开

生卒年不详。字复见，长沙人。负气敢言。向士璧被问，上疏具陈士璧有大功，不宜推究。奏上，羁管扬州，岁余卒。

可 惜 丁 开

日者今何及？ 天乎有不平！
功高人共嫉， 事定我当烹。
父老俱呜咽， 天王本圣明。
不愁唯党祸， 携泪向孤城。

这首诗是为南宋末年的名将向士璧鸣不平的，大约作于向士璧被诬致死，即宋理宗景定二年（1261）前后。

向士璧，字君玉，常州人。他精明干练，才气过人。当元兵南下，合州（治所在今重庆市合川区）告急时，士璧不待朝命，进军归州（治所在今湖北秭归）并捐赠家产百万资助军费，屡立奇功。开庆元年（1259），涪州（治所在今重庆市涪陵区）危急，权臣贾似道以枢密使宣抚六路，阴谋解除士璧兵权，士璧拒不从命，以计奏捷，后又一战有功，解除潭州（治所在今湖南长沙）之围。事后，朝廷赐士璧金带，并晋升为兵部侍郎兼转运使。

贾似道入相后，权倾中外，进用群小，对德高望重的向士璧深为嫉恨，暗中指使走卒以莫须有的罪名一再弹劾。士璧被撤职罢官，送漳州（今属福建）居住。贾似道又稽查士璧守城时所用钱粮，将士璧逮至行部，责成赔偿。似道幕属极意迎合其意图，必欲置士璧于死地而后快，士璧终被残害致死。士璧死后，贾似道仍不肯罢休，又将其妻妾拘捕，责偿钱粮。

丁开为人正直敢言，向士璧被诬时，他义愤填膺，独自诣阙上疏，力陈士璧赫赫战功，以为军府小费不宜再加推究。他的刚直激怒了当局，被羁管扬州（今属江苏），一年后便死去了。他为仗义执言，付出了自己的生命。

诗题为"可惜"，态度极为明朗。开头两句，呼天抢地：时间一去不复返，天哪，你为什么这样不公平！这是愤怒的呼声，正义的呼声。"日者今何及"，说时间已经过去，向士璧被诬已成定局。狂澜既倒，社稷苍生已经无望。"天乎有不平"，是对昏主权相的愤怒控诉，也是对向士璧的高度赞扬。

颔联用一个工整的对句，就首联"不平"二字展开。劳苦功高，必然要遭到奸佞的嫉恨，功臣注定了要遭杀身之祸。烹，古时的一种酷刑，即以鼎镬煮杀人。"飞鸟尽，良弓藏；狡兔死，走狗烹。"这不仅是向士璧个人的遭遇，也是历史上许多有为之士的共同遭遇。"功高人共嫉，事定我当烹。"两句诗具有高度的概括性、丰富的历史内容，愤激之气溢于言表。

向士璧战功赫赫，仍不能逃脱贾似道的魔掌，难怪一切正直的父老兄弟要为他的遭遇一洒同情之泪了。着一“俱”字，可见士璧平素深得民心，他被诬一事，在南宋朝野引起了多大的震动。在惋惜、呜咽之余，人们自然要推究士璧被问一事的前因后果。据说“天王”本是“圣明”的，为什么会出现这样的冤狱呢？（“天王圣明”，语出韩愈《拘幽操》）矛头再一次直接指向昏主奸相。一个“本”字，笔意微婉，讽刺尖刻。

尾联转写个人心境。向士璧被诬致死，自己又因党祸牵连遭贬，满腹愁怨无可名状，作者却说“不愁”，既是不愁，贬谪孤城，当可泰然处之，却又接以“携泪”。始之以“不愁”，继之以“携泪”，貌似自相矛盾。但“不愁”上着一“唯”字表明作者“不愁”的只是个人的遭遇。除此之外，大有可愁可痛哭者在。元军频繁进攻，国势危殆，向士璧今又惨死，又怎能不使诗人潸然泪下呢？作者的泪，并非个人自伤身世、慨叹飘零之泪，而是忧国忧民之泪。

“不平则鸣”，向士璧如此功高反遭杀身之祸，激起了诗人极大的愤慨，有如骨鲠在喉，不得不吐。全诗直抒胸臆，感情激越，语言犀利。尾联沉郁凝重，更加强了诗情的感染力。全诗苍凉沉痛，逼近杜甫五律。（雷履平　赵晓兰）

建　业　　丁　开

谁遣凄凉满眼中，　蘋花渺渺又秋风。
龙蹲虎踞江山大，　马去牛来社稷空。
纵有千人惟诺诺，　本无百岁更匆匆。
乾坤颠倒孤舟在，　聊复残生伴钓翁。

建业，即今之南京，秦时称秣陵，三国时孙权建都于此，改名建业。自孙权建都之后，南方王朝多定都于此，南京遂有“六朝古都”、“十朝都会”之号。

“谁遣凄凉满眼中，蘋花渺渺又秋风。”建业作为历史名都，本应是帝王们建功立业，大展宏图之所。不料在作者看来，却是一片衰飒。蘋花渺渺，秋风飘荡，读者似乎已经感到有一阵寒意透入了胸襟。“谁遣”二字，表现出了普通人的无力与造物的无凭。

“龙蹲虎踞江山大，马去牛来社稷空。”第一联以景入诗，第二联便由景及事。龙蹲虎踞，是说建业城的地势。乐史《太平寰宇记》：“蜀诸葛亮使于吴，谓大帝曰：‘钟山龙蟠，石城虎踞，真帝于所都也。’”马去牛来，亦是用典。《晋书·元帝纪》：“初，《玄石图》有‘牛继马后’，故宣帝深忌牛氏。遂为二榼，共一口,以贮酒焉。帝先饮佳者,而以毒酒鸩其将牛金。而恭王妃夏侯氏,竟通小吏牛氏而生元帝,亦有符云。"晋宣帝,即司马懿。晋元帝,即司马睿,乃是东晋的开国之主。因东晋亦以建业为首都,故丁开引用此典,以合咏古之题。司马懿因为害怕牛氏夺取其江山,以诡计毒杀其将牛金,却不料夏侯妃与牛氏私通,生下了司马睿,到底还是做了皇帝,这真可谓莫大的讽刺。但是话又说回来,"晋之东虽曰'牛继马后',终为守司马氏之祀"(《容斋随笔·晋之亡与秦隋异》),历史的吊诡,江山的无定主,于此倒是可见一斑。虎踞龙蟠的地势犹在,或是姓牛或是姓司马的皇帝却换了一代又一代,思念到此,谁又能不满怀感慨?

"纵有千人惟诺诺",此又由第二联的叙事转入感慨议论。《史记·商君列传》:"千羊之皮,不如一狐之腋;千人之诺诺,不如一士之谔谔。武王谔谔以昌,殷纣墨墨以亡。"到底是什么造成了历朝历代如流水般的轮换?"千人惟诺诺",这似乎是在感慨时事,又像是在回答历史。世间本无永恒,生命如此,社稷亦是如此。即使帝王们肯勤勤惕惕,臣子们都肯殚心输死,政权都未必能存长久,更何况是一个千人诺诺不肯尽进忠言的时代?

"乾坤颠倒孤舟在,聊复残生伴钓翁。"末联由议论又回归到自身命运。乾坤颠倒,四字下得沉痛。孤舟、残生,四字下得凄苦。士不得遇,故只好与钓翁为伴,这岂不是国家的灾难么?

丁开所处的时代,南宋的统治已经走入晚期,权臣弄权,民弊丛生。据《谷音》小传所载,丁开本是"负气敢言"之人,但即便是如此有骨鲠的激昂之士,亦写下如此感伤而绝望的吊古诗。由此观之,即便国家政权还没有最后垮台,其实亦已经距离灭亡不远了。

本诗之长,乃在全以意绪为支撑。作者一不做奇拗之句,二不肯过多的堆叠典故,炫耀学问,而唯取一二和建业相关的故事稍加点染,其情之哀痛,思之深切,以及生之落寞,自然感人。前人谓宋诗至宋末一变,显然,这一变是和宋末士人心态的变化紧密相联的。

(刘竞飞)

【作者小传】

严 羽

生卒年不详。字仪卿,又字丹丘,号沧浪逋客,邵武(今属福建)人。精于诗论,倡"妙悟"与"兴趣"说。有《沧浪集》、《沧浪诗话》。

有感六首(其一、其三)　　严　羽

误喜残胡灭，　　那知患更长！
黄云新战路，　　白骨旧沙场。
巴蜀连年哭，　　江淮几郡疮？
襄阳根本地，　　回首一悲伤。

闻道单于使，　　年来入国频。
圣朝思息战，　　异域请和亲。
今日唐虞际，　　群公社稷臣，
不防盟墨诈，　　须戒覆车新。

严羽论诗，标举“妙悟”、“兴趣”，谓“当以盛唐为法”(《沧浪诗话》)。但明人胡应麟云：“仪卿识最高卓，而才不足称”(《诗薮》)。其实，他身处宋末动乱时代，不乏感时忧国的佳作，五律组诗《有感》即是明证。此题原有六首，这里选其中两首。

关于《有感》的写作年代，学者看法不一：有人认为写于理宗端平三年(1236)以后，有人认为写于度宗咸淳三年(1267)以后。这里采用前一说。理宗端平元年，宋师与蒙古军联合灭金，乘势收复了东京汴梁(今河南开封)、西京洛阳。但蒙古很快翻了脸。端平二年后，即挥戈南下，进军四川、湖北、安徽等地。端平三年，襄阳守将叛变，献城出降，严重影响了战局。《有感》就是反映这一历史动乱、抒发悲凉感慨之情的组诗。严羽诗近体学杜甫，风格沉郁苍凉。《有感》不仅题目采自杜诗，而且风格、语言皆有杜诗风味。

第一首首联两句起得沉郁顿挫，给人一种压抑感。“残胡灭”指国力衰微的金国终于在宋师与蒙古师合击下灭亡。“百年仇耻幸已雪”(《四方行》)，岂不可喜？哪知宋朝协助蒙古灭金，自撤藩篱，对蒙古觊觎南宋之心，君臣竟懵无所知，岂不可悲？一个“误”字下得沉着有力。蒙古师比金兵为害更烈，故曰“患更长”。首联虽仅两句，但诗意递进转折，极尽顿挫之致。颔联出句描写战尘蔽天的场面；宿患方除，新敌已至；对句描写沙场情景：旧骨未瘗，战尘又起。这二句对仗工整，一“新”一“旧”，把历史与现实用“患”字贯穿起来，容量颇大，有很强的概括性。此联学习杜甫《有感》“白骨新交战，云台旧拓边”的句法，但意境自不同。颔联承首联写“患”之意，颈联写患“更长”的内涵。金兵只占据了中原，蒙古师却长驱直入到四川、安徽、湖北等地。"巴蜀连年哭"："巴蜀"，即今四川一带；"连年"，见为患时间之长，"哭"，极写生灵涂炭之惨。"江淮几郡疮"，"几郡"写出为患之广，"疮"以满目疮痍喻蒙古师之酷。此联从时间与空间两方面描写，意境阔大，感情深沉。尾联着重抒写诗人对襄阳之失的"悲伤"，预示着来日大难。襄阳乃军事重镇，故曰"根本地"。此城一失，蒙古师即能长驱直入，南宋将后患无穷，所以诗人要"回首一悲伤"。至此，诗人忧国忧民之情已跃然纸上，其内心的痛苦亦表露无遗而催人泪下了。

后一首写蒙古派使者入宋议和一事，并表白了诗人对此事的深刻见解。《沧浪诗话》反对"以文字为诗，以才学为诗，以议论为诗"，但宋诗好发议论的特点在此诗中仍有体现，从中可以感受到诗人对国家命运时时萦系于怀的情思。首联先写耳闻的一个事实。这既表明自己隐居的身份，也反映了诗人并非与世隔绝。"单于"原指匈奴最高首领。此"单于使"指蒙古派遣的特使。值此大动干戈之际，"单于使"为何"年来入国频"呢？颔联接着就解说了原因。"圣朝"指宋，"异域"指蒙古。一个"思息战"，一个"请和亲"，似乎双方都有握手言和乃至结秦晋之好的诚意。其实，宋朝"思息战"是真，既然"巴蜀连年哭，江淮几郡疮"，灾难深重的宋朝廷自然渴望化干戈为玉帛，与蒙古和平共处，但这只是一厢情愿而已。蒙古"请和亲"却是假，历史上诚然有过汉族封建王朝与少数民族首领联姻而和睦友好的佳话，但此时蒙古贵族的"请和亲"只是缓兵之计，以利再战，并以此麻痹宋朝军民的斗志。诗人的头脑是清醒的，对蒙古贵族的认识亦入木三分。他以一个在野之民的身份对此原无须置喙，但居然按捺不住而借诗句向圣朝奏陈了。颈联二句当然是套语，不过是借此过渡到尾联："不防盟墨诈，须戒覆车新。""盟墨"指双方签订的和约，"覆车"喻失败的教训。诗人真诚地指出：如果不认识对方签订和约只是狡诈的手段，那么就要重蹈历史上因轻信"盟墨"而吃亏上当的覆辙。"不"与"须"两个副词用得自然巧妙，使尾联也构成工整的对仗句式，给人以深刻的印象。"卒章显其志"，明确地揭示主题，豁然醒目。诗人之所以把话说得直露，实乃出于忧国之心，故直言讽谏，无所顾忌了。后一首以议论为主，但有振聋发聩之力。

（王英志）

临川逢郑遐之之云梦　　严　羽

天涯十载无穷恨，　老泪灯前语罢垂。
明发又为千里别，　相思应尽一生期。
洞庭波浪帆开晚，　云梦蒹葭鸟去迟。

世乱音书到何日？　关河一望不胜悲！

“临川”，今江西抚州临川；“郑遐之”，诗人的旧友；“之”乃动词，意为前往；“云梦”原为古泽薮名，一般指今湖北长江两岸地区。诗人与郑遐之于动乱年代中离别多年，但这一天两人竟于临川不期而遇，可惜郑氏次日即离去，诗人有感而发则为此诗。

首联先写两人相逢的情景：“天涯十载无穷恨”，直接抒情，二人相隔天涯十余年，尝尽人世动乱之苦，心头怎能不蓄积起无穷的怨恨呢？“老泪灯前语罢垂”，乃寓情于景。杜甫诗云：“人生不相见，动如参与商。今夕复何夕，共此灯烛光？”（《赠卫八处士》）动乱中旧友重逢本是难事，一旦如愿，焉能不感慨万千？灯前话旧，又该倾诉几多衷曲！他们大约说尽了十载的相念之苦，但也许只三言两语，感到千思万绪难以尽言，只有泪眼相对。此时无声胜有声，诚如诗人论诗所言：“不涉理路，不落言诠”，又如“羚羊挂角，无迹可求”（《沧浪诗话》）。

首联写“逢”，旨在突出离。在逢与离的矛盾中，实以离为主，逢为次。这是诗人匠心之所在。此外，逢是写实，离是虚拟，而笔墨主要用于渲染为写离情别恨而虚设的情景。“明发又为千里别”，一“又”字该有多深的隐痛！昔日“天涯十载无穷恨”，固然不堪回首，但毕竟尚有今日之邂逅而得短暂的慰藉；明日的“千里别”，须何年何月才能再次欢聚呢？别时容易见时难，此别或许即成永诀也未可知。“相思应尽一生期”，这一预测相当悲观，是有现实根据的。诗人代郑氏想象归来重逢之艰难。于是颈联借象明意：“洞庭”或“云梦”，是郑氏欲往之地，此行之不可中止，自有其原因。但那里并非世外桃源，同样荆棘丛生，此去能否安然归来，亦在未知之数。他一旦羁留归不得，诗人也就只能与之梦中相遇了。“帆开晚”，指郑氏归帆难以升起；“鸟去迟”，喻郑氏临行不舍，回首依依。（“去”，离开。）“蒹葭”指初生幼嫩的芦苇。此句取《诗经·秦风·蒹葭》诗意，“云梦蒹葭”隐含伊人可望而不可即之意，暗示诗人与郑氏只能相望而难以重逢。“蒹葭”一词的运用使“鸟去迟”的含义更为深邃。

人生相会何以如此之难？尾联回答了这一问题，从而把诗的意境向深度与广度开拓。诗人把个人之间的悲欢离合与社会的安定动乱联系了起来，使诗具有了深刻意义。“人生不相见”，实与社会治乱相关。太平盛世，百姓安居乐业，即使出游，亦多一帆风顺，往返自如。动乱岁月，百姓颠沛流离，朝不保夕，出门在外，“道阻且长”，重逢谈何容易！这正是“相思应尽一生期”的现实根据。友人重逢应以社会安定为条件。然而诗人身处乱世，后会难必，不能不发出“世乱音书到何日”的感叹。可见诗人盼四海安宁之心是何等迫切。但现实是“关河一望不胜悲!”关河何以令人悲？诗人未明说而留给读者去想象，以收“言有尽而意无穷”(《沧浪诗话》)之效。诗以“无穷恨”开篇，又以“不胜悲”收尾，前后呼应，益显得沉郁悲凉。

(王英志)

和上官伟长芜城晚眺 严 羽

平芜古堞暮萧条，　归思凭高黯未消。
京口寒烟鸦外灭，　历阳秋色雁边遥。
清江木落长疑雨，　暗浦风多欲上潮。
惆怅此时频极目，　江南江北路迢迢。

这首诗大约写在理宗端平年间诗人漫游吴越之时。芜城是扬州的别名，南朝诗人鲍照曾作《芜城赋》，将乱后的广陵城(今江苏扬州)称作芜城(芜是荒废的意思)，以后便沿用下来。上官伟长名良史，是严羽的同乡好友。这次他们异地相逢，同登扬州古城晚眺，各有题咏。上官的原作已失传，现只存这首和诗。

“平芜古堞暮萧条”，诗篇一上来就刻画了古城周围的一片萧条景象。平芜，指原野，扬州地处平原，郊野一望无际，深秋时节，草木凋零，给人以荒芜的感觉。堞，本指城上锯齿状的矮墙，亦称女墙，这里指代整个城墙。在广漠的荒原之中，古老的城墙孤零零地矗立着，加上夜幕悄悄降临，这一切都显出一种冷落萧瑟的气氛。由此自然而然引出诗人的“归思”。作客异地，登临凭眺，本来就容易激发乡情，何况眼前呈现的又是这样凄清的景物，怎不令人黯然魂消？开首这一联给全诗定下了基调。

中间两联写登临所见，一远一近。京口，即今江苏镇江，在扬州的对岸，隔江相望。历阳，今安徽和县，距离更远。从扬州城上眺望出去，京口一带的袅袅炊烟尚明灭可睹，而历阳那边的风物则遥不可辨，只剩下一抹秋色。这一联都是写的远景，其中仍有稍近和更远之分，用“鸦外”和“雁边”暗示区别，写得很有层次。

然后，诗人的目光收回来，注视于近处的江面。深秋的江水色调清冷，片片落叶坠入江中，溅起水珠，有如雨点。由于天色渐晚，江面水口风力增大，预示着涨潮的时刻就要到来。本联写景中结合人的感受，体物工细入微，常为后人称引。而“清江木落”、“暗浦风多”的境界，跟上联的几缕寒烟、一抹秋色，远近相映，浓淡互衬，合组成一幅江天惨淡的水墨图，更进一步烘托了诗人的愁思。

写景已毕，结尾一联又折落到归思乡情的主题上来。诗人此时频频极目远望，故乡遥隔千山万水，渺不可见，只有漫漫长道，贯通江南江北，向着天边延伸而去。面对此情此景，又怎能不叫人感慨万端，惆怅不已呢？篇末明点“惆怅”，而妙在不说破惆怅的根由，把一片乡情隐没于“江南江北路迢迢”的画面中，就显得含蓄而有余味。

本诗是和答乡里亲朋之作，对故乡的深切怀念，从思想感情上把他们联系在一起，所以诗中不必再叙交谊，而交谊即在其中。通篇采用白描手法写景抒情，不炫弄才学，不琢雕文词，有别于一般的宋人诗作，可以看出诗人倾心于唐诗的趣尚。而意境衰飒，作风清迥刻削，仍缺少盛唐诗歌的浑厚气象。前人批评严羽“志在天宝以前，而格实不能超大历之上”(《四库全书总目》)，甚至贬之为“许浑境界”(王世贞《艺苑卮言》)，就是指他的这类作品。

(陈伯海)

访益上人兰若①　　严　羽

独寻青莲宇，　　行过白沙滩。
一径入松雪，　　数峰生暮寒。
山僧喜客至，　　林阁供人看。
吟罢拂衣去，　　钟声云外残。

〔注〕 ① 兰若：即寺庙，梵文 Āranya 音译“阿兰若”的略语。

严羽以《沧浪诗话》最为后世说诗者所称道。他以禅喻诗，对诗歌创作提出了一些精到的见解。尽管其中在禅、诗两方面都有错误之处，但他对佛学还是有一定研究的。他与佛门弟子不仅有联系，而且过从甚密。这首诗就是记叙他为了寻访一位法名益的和尚，过沙滩，穿松林，踏积雪，冒严寒，跋山涉水，只身进山的情景。

上人，对和尚的敬称；青莲宇，即和尚庙。由于青莲瓣长而广，形如眼目，佛书中多用来比喻佛祖的眼睛，所以人们就用“青莲宇”来代指和尚住的寺庙。首先，作者着力点出“青”、“白”二字，接着又以青松白雪为主体，层峦叠嶂为背景，描绘出一幅清淡雅致的山林图，用这种清雅的环境、静谧的气氛，来渲染还未露面的益上人及其兰若的超俗不凡。可以想象，居住在这样既“青”且“白”的环境中的益上人，一定是位操行清白的高僧；位于这深山中的寺庙，也一定是个清静肃穆的去处。果然，诗人的不期而至，使平时深居简出的僧人喜出望外，他殷勤地陪伴客人观赏景致，参观庙宇。山水佳胜，建筑精美，僧人又好客，诗人自然要对这样一个远离尘嚣之处羡慕不已了。他与寺庙主人一起吟诗作赋，欣然忘情。告辞归去时，恋恋不舍之意油然而生，那悠悠飘扬于云天之外的钟声牵动着他的情怀，寄托着他对僧友的思念，也给全诗带来了无限的韵致。

一般诗评家都以为严羽"论诗甚高"，而写诗却"专宗王孟"，"囿于思想，短于才力"（陈衍《宋诗精华录》卷四）。这首诗亦是学习王、孟诗那种清雅的格调、冷寂的气氛、静谧的意境，以及化静为动、以虚衬实等表现手法。从字面看，"独"、"青"、"白"、"寒"、"暮"、"残"等都给人一种凉飕飕的感觉；"青莲"、"白沙"、"松雪"、"山僧"、"林阁"、"钟声"又共同构成了一个格调高雅的整体。"一径入松雪"，巧妙地化景物为情思。本是静止的弯弯山路用"入"字一形容，就有了动态，有了情感。"数峰生暮寒"，写出了静谧深僻的环境。诗人感受到的寒冷，本是来无影、去无踪的，而此刻仿佛正从斜阳照射下白雪覆盖着的山峰顶上升腾而起，若在热闹场合，能产生这种细微的感觉吗？结尾的钟声，给人的印象格外深刻。这是以景结情的手法。作者认为，诗的最高妙之处，在于"羚羊挂角，无迹可求"，在于"透彻玲珑，不可凑泊，如空中之音，相中之色，水中之月，镜中之像，言有尽而意无穷"。也就是说，诗歌创作在艺术表现上不应该太实、太切，应该给人可以意会难以言传的美感，给人回味无穷的余地。从这首诗、特别是结句来看，作者是在努力实践自己的理论的。

（詹杭伦　沈时蓉）

送戴式之归天台歌　　严　羽

吾闻天台华顶连石桥，　石桥巉绝横烟霄。
下有沧溟万折之波涛，　上有赤城千丈之霞标。
峰悬蹬断杳莫测，　中有石屏古仙客。
吟窥混沌愁天公，　醉饮扶桑泣龙伯。
适来何事游人间？　飘飖八极寻名山。
三花树下一相见，　笑我萧飒风沙颜。
手持玉杯酌我酒，　付我新诗五百首。
共结天边汗漫游，　重论方外云霞友。
海内诗名今数谁？　群贤杂沓争相推。
胸襟浩荡气萧爽，　豁如洞庭笠泽月，
寒空万里云开时。

人生聚散何超忽！　愁折瑶华赠君别。
君骑白鹿归仙山，　我亦扁舟向吴越。
明日凭高一望君，　江花满眼愁氛氲。
天长地阔不可见，　空有相思寄海云。

严羽集子里有不少友朋赠答的诗，而以这首送别戴复古的七言长歌写得最好，这和他们之间友情的深挚是分不开的。戴复古，字式之，号石屏，黄岩（今属浙江）人。他是南宋后期的著名诗家，平生绝意仕进，长年浪迹江湖，与当时名流多有交往。理宗绍定五年（1232），他来到严羽的家乡邵武（今属福建）任军学教授，和比他晚一辈的严羽一见如故，结成了忘年之交。他特别器重严羽对诗学的精深研究，加以"风雅与骚些，历历在肺腑"的赞语，还说要把自己的五百篇诗稿托付严羽整理编集（见戴复古《祝二严》）。严羽当然也对这位前辈诗人热忱感戴，倾慕备至。他们经常朋辈三五在一块诗酒酬唱，切磋诗艺，度过了一段难忘的时日。大约在第二年秋后，戴复古辞官还乡，严羽就写了这首长诗送别。

诗题送别，却从归去的场所落笔。天台山，在今浙江东部，戴复古的老家黄岩就在它附近。华顶是天台山的主峰，上多悬崖、峭壁、石梁、飞瀑等名胜。赤城则是天台山的南大门，因土色皆赤、状似城堡而得名，孙绰《游天台山赋》："赤城霞起而建标"，可以看出它的巍峨形势。诗篇开头先勾画了天台山优美的自然环境：那石桥横空、云烟缭绕的华顶峰，那壁立千仞、烂若霞照的赤城山，那山脚下汹涌的波涛，那杳深莫测的谷底，处处显得清幽奇绝，超凡逸俗。从这样的环境中引出人物，自然而然给人物身上涂染了一层"古仙客"的色彩，显得别有风致。

接下来，诗篇转向人物本身的描绘。"吟窥混沌愁天公"，是说戴复古的诗笔能穷究宇宙万物的奥秘，使天公也为之发愁。"醉饮扶桑泣龙伯"，形容他的酒量大，能喝干海水，使龙王哀泣（扶桑是神话中的树名，生长在东海日出的地方）。"适来何事"二句，则写他长年漫游四方，醉心于山水名胜。诗才、酒量、游兴的描述，都紧紧扣住人物高举逸尘的素质特征，配合以夸张、幻想的笔调，更加重了人物的"仙"气。

随后叙及戴复古与自己的交往。三花树，一名贝多树，一年开花三次，原产印度，汉以后传入我国，树叶可以代纸，印度人多用来抄写佛经。李白《鸣皋歌奉饯从翁清归五崖山居》曾写道："去时应过嵩少间，相思为折三花树。"就是着眼于它和佛经的联系，用以寄托出世的襟怀。作者这里把自己与戴复古的会见安排在“三花树下”，也是为了暗示在逃仕归隐的人生道路上，双方志趣相投。进而写到在一块喝酒，戴复古以诗稿托付，以及相约遨游天下、结识仙侣等，还是围绕着诗、酒、游来表现人物的“仙”气，并反映出彼此倾心相交的共同思想基础。

“海内诗名”以下五句，转入写戴复古的名望与胸襟。戴复古毕竟是以诗行世，所以这里着力突出他的诗名。用了一个“数”字，表示数一数二，誉重当世；再用“杂沓”和“争”字，刻画众人对他的敬服与推许，意态极为生动。巨大的声望而又配合以豁达的胸怀。诗中以洞庭湖、太湖的月亮打比，可以想见，在那粼粼碧波之上的广阔空间，晴云开处，一望无垠，明月清辉，天水澄澈。这种光风霁月般的襟怀，才是最值得人们尊崇的。

对题赠的对象作了多方面叙写之后，诗篇末尾才折落到送别上来。作者感慨人生聚散的匆促，他告诉朋友说：等你回故乡后，我也要驾着一叶小舟去漫游吴越，还说要折一朵“瑶（宝玉）华（花）”作为临别的纪念。“愁折瑶华”一语，脱胎于《楚辞·离骚》中的“溘吾游此春宫兮，折琼枝以继佩。及荣华之未落兮，相下女之可诒”。屈原折下“琼枝”，是要找一位下界的女子以结同心；本诗的作者折“瑶华”相赠，则是以永结友谊自誓。正因为他送走的是有着这样特殊情谊的挚友，所以还会想到别后的相望与相思。相望相思而不可见，天长地阔，此恨绵绵，唯有将一点永不泯灭的忆念之情，托之于飘忽的海云作万里传递而已。收结这一笔，渲染了相思的苦痛与执著，给全篇增添了摇曳不尽的风神。

这首诗在抒述友情上是比较成功的。它不限于描写送别的场面，而能够对题赠的对象从多样化角度进行传神的勾勒，充分展示了人物高逸出群的精神气质，由此落脚到惜别，分外情深。作者论诗推崇李白、杜甫，写诗也刻意仿效李、杜。从这首诗里，不仅接触到诗人丰富的想象和错落多变的音调，还能品味出李白诗歌特有的那种飘逸的气度和跌宕的风神，尤其是中间插入“海内诗名”五句，破偶为奇，变化无常，深得太白乐府之神理。这说明严羽的学习前人，亦自有他的成绩，不能一概斥之为模拟学步。

（陈伯海）

【作者小传】

张　琰

（？—1276？）　字汝玉，广陵（治今江苏扬州）人。有节概。补州牙兵。随制置李庭芝溃围，战死。

出塞曲二首　　张　琰

腰间插雄剑，　中夜龙虎吼。
平明登前途，　万里不回首。
男儿当野死，　岂为印如斗！
忠诚表壮节，　灿烂千古后。

朝发山阳去，　暮宿清水头。
上马左右射，　捷下如猕猴。
先发服勇决，　手提血髑髅。
兵家互胜负，　凡百慎前筹。

张琰，南宋广陵人。曾在李庭芝部下当州牙兵(麾下掌旗的兵)。元兵破城后，在撤退途中，众将士逃散，唯有张琰一人奋力抵抗，终于以寡不敌众，壮烈牺牲。张琰这种英勇顽强的献身精神的形成，可以在这两首《出塞曲》中找到根源。

第一首以出征为中心，抒写从军参战的目的。雄剑是传说中干将所铸宝剑之一。“中夜”即半夜。《拾遗记》、《殷芸小说》、《世说新语》等书中都有关于名剑作龙虎吼的记载，这里拿剑的吼叫思动反衬佩剑者杀敌守土的壮志。第三四句写进军。作者以“不回首”承接“平明”、“万里”，这样，不但在艰苦的行军中突出了主人公的精神世界，而且在极艰苦与极高尚之间留下空白，形成悬念，因而自然地导入后半篇。五六句用“当”与“岂为”配合，“野死”与“印如斗”对照，从侧面点明没有个人打算；最后两句以“壮节”、“千古后”作结，从正面交代作者的追求与目的。这首诗出自一个州牙兵的手笔，其不为“印如斗”的思想情操，足使古往今来千百篇“卒使功名建，长封万里侯。”(张宣明《使至三姓咽面》)“万里不惜死，一朝得成功。画图麒麟阁，入朝明光宫。”(高适《塞下曲》)一类诗句相形见绌。

第二首以征战为中心，寄托只要精心谋划就能克敌制胜的用意。一二句中的“山阳”、“清水”不但是两个地名，而且同其他词语配合，使诗中有山有水、有朝有暮，进而从时间和地域两方面写艰苦而神速的进军。古代山阳县有好几个，这里当是指商州之山阳，在今陕西商州之南；清水当是指今甘肃的清水县。“上马”两句写主人公高超的武艺，可以同“左射右射必迭双”(《李波小妹歌》)、“仰手接飞猱，俯身散马蹄。狡捷过猴猿，勇剽若豹螭”(曹植《白马篇》)并读。五六句说取胜。其中前一句是因，后一句是果。同时，“勇决”承上四句，“先发”启末两句；

而且句中用上“血髑髅”这样骇人视听的字眼,还有突出主人公性格的作用。最后两句中,“凡百”泛指一切事,这里是指军事而言;“前筹”本来是指张良借用刘邦面前的箸(即筷子)为其指划筹谋的故事,这里是策划、谋划的意思。这两句点明作者的立意:“兵家”句退一步说胜败并不足怪,“凡百”句接着说只要当权者对战略、战术精心策划,那么,骁勇的战士就一定能夺取胜利——张琰生当南宋末年,在那风雨如晦的日子里,能够有这种雄心壮志和远见卓识,无疑是难能可贵的。

这两首采用乐府古题写成的军旅生活诗,上继汉魏以来征戍诗作(包括民歌)的优良传统,活现出一位以身报国而不计较个人名利、勇猛顽强、武艺超群、有胆有识的英雄形象,读来慷慨悲壮,大有盛唐边塞诗的气势。但是,诗中又有以身殉国的明确表示,有“兵家互胜负”一类的议论,因而又具有南宋末年特殊的时代气息。在描写中作者有意识地学习了前代文人诗歌的创作经验,同时又借鉴了民歌的艺术手法,形成了诗歌不奥亦不浅、不典亦不俗、自然流畅而又严谨整炼的艺术风格,在同类作品里,是很有特色的。 (李济阻)

【作者小传】

吴锡畴

生卒年不详。字元伦,自号兰皋子,休宁(今属安徽)人。咸淳间,南康守叶阊聘主白鹿洞书院,不赴。其诗颇为吕午、方岳所赏。有《兰皋集》。

春 日　　吴锡畴

韶光大半去匆匆,　几许幽情递不通。
燕未成家寒食雨,　人如中酒落花风。
一窗草逆濂溪老,　五亩园私涑水翁。
无赋招魂难独笑,　且排春句答春工。

这是一首感春伤时之作。它与作者其他纯然赞颂田园之乐的作品颇为不同,它隐曲地透露了哀国的忧思。作者吴锡畴,南宋末年人,死后第三年南宋即亡。他刻志于学,慕东汉隐士徐穉、茅容之为人。咸淳间,南康守叶阊聘为白鹿洞书院堂长,不赴,以闲居山林为乐。性喜艺兰,自号“兰皋子”,因以名集,寓幽独自芳之意(事见《四库全书总目》、《休宁县志》)。

这首诗的开头,与宋代许多名家,如苏轼、秦观、陈与义等写《春日》的诗不同，他们都是从写景入手，而作者却直抒胸臆："韶光大半去匆匆，几许幽情递不通。"他感叹韶光过得太快，内心有一种郁结隐秘之情难以倾诉。这"幽情"究竟是什么？从表面看似是伤春，从全诗看它暗含着忧国伤时的隐痛。盛春已经过去了，这大宋朝的国运不也如美好春光一样一去不复返了么！故这"幽情"既是伤春，亦是忧国，它浑然一体，隐约朦胧，难以表述，因而使诗人感到郁闷惆怅。

颔联紧承首联之意，写诗人在春景中所见所感："燕未成家寒食雨，人如中酒落花风。"上句写眼前景，下句抒胸中情。燕子在寒食节的雨中飞来飞去，衔泥做窝，引起诗人无限感慨：燕现时虽未成家，但终有成窝安家之日，而宋朝大势已去，无法挽回。人在落花时节如"中酒"一样昏昏沉沉，黯然伤情。这既写出了梅雨季节身体不适的感受，又写出了伤时的精神状态，把生理和心理上萎靡困顿、哀怨忧伤表现得神形兼似，至妙入微！这一联由于画面别具一格，颇受世人的赞赏。《四库全书总目提要》说："春日诗'燕未成家寒食雨，人如中酒落花风'句，又为方岳所赏，并见于方岳跋中。然集中佳句，似此者尚颇不乏，岳偶举其一二耳。盖其刻意清新，虽不免偶涉纤巧，而视宋季潦倒率易之作，则尚能生面别开。"

颈联，是上二联思想情绪的转折和过渡，作者轻轻荡开其幽情，以草木娱己。"一窗草逆濂溪老，五亩园私涑水翁。"濂溪老，指周敦颐，晚年定居于庐山，世称濂溪先生。涑水翁，指司马光，陕州夏县（今属山西）涑水乡人，世称涑水先生；神宗时居洛十五年，以读书、钓鱼、采药、灌花为乐。他曾写《独乐园记》，记载了这一悠闲自得的生活。作者以"濂溪老"、"涑水翁"喻己，借田园隐逸生活遣怀。联中"逆"、"私"二字用得极为精到。逆，迎接之意。私，当"偏爱"解。这两句用拟人手法，赋予绿草田园以人性人情，写出它们对其主人公的亲昵之状，曲折而又深切地表现了诗人对田园生活的喜爱之情。这两字写活了田园，深化了人物性格。而《兰皋集》（宜秋馆汇刊宋人集）作"忆"、"思"，使诗意单调，画面呆板，诗味索然。

尾联进一步明朗前意，以超脱现实的闲适态度来排解幽情。"无赋招魂难独笑，且排春句答春工。"招魂，用屈原《招魂》典。秦昭王骗楚怀王至秦国，威胁他割地，怀王不从，昭王将其拘留，三年后客死于秦。正在流放中的屈原，得此消息，写了《招魂》，表示了对死于异国的怀王的吊唁和对楚国命运的哀伤。作者生活在偏安一隅的南宋，回想靖康之难，徽宗、钦宗被金人掳至北方，终死于五国城，其遭际颇似楚怀王。北宋灭亡，南宋依然不振，至作者生活的时代，已危在旦夕。他心中自是不能平静，但说"无赋"，是克制感情，毅然予以超脱。因为"招魂"不但无济于事，反添忧伤，倒不如置之度外为好，更何况自己难得有这种清欢的时候，姑且赋诗遣兴以酬答春天造化之工吧！上句"无赋"，用得果断！下句

“且排”，实属无可奈何，其“幽情”虽得以暂时排解，但又怎能从心中消除呢！从这里可以看出作者内心深处无法忘怀现实的矛盾痛苦，但他又毕竟是位隐逸诗人，故终以逃避现实以求解脱。

“幽情”是全诗的主脑，起承转合、凝聚开化，均以此为中心，诗情画意、主体客体融而为一，造语新颖，在艺术上颇具特色。 （苏者聪）

林和靖墓 吴锡畴

遗稿曾无封禅文， 鹤归何处认孤坟。
清风千载梅花共， 说着梅花定说君。

这是一首凭吊林和靖墓的诗。林和靖即林逋，字君复，钱塘人，性恬淡好古，不趋荣利，后隐居西湖孤山，死后葬于孤山北麓，其墓南宋绍兴年间建。

开端一句“遗稿曾无封禅文”，是对林逋高尚人格的赞颂。梅尧臣在《林和靖先生诗集序》中说：“若高峰瀑泉，望之可爱，即之愈清，挹之甘洁。”就是这种人格的写照。林逋曾作《自作寿堂因书一绝以志之》一诗，末两句说：“茂陵他日求遗稿，犹喜曾无封禅书。”这首诗作于大中祥符年间，可能是讽刺均州参军许洞在路途献文颂谀真宗封禅。前句引用汉武帝求司马相如遗稿得封禅书的典故。封禅，是古代帝王在泰山祭天地的一种活动，场面很大，既扰民又伤财。秦始皇、汉武帝、唐玄宗都有过封禅大典，而宋真宗又继而为之，许洞之流，不但不规谏，反而贡谀，林逋对此大为不满。他回顾自己一生，自诩没有写过这类谀词。他的清高成了洁身自好的士大夫师法的楷模。而今作者来到林逋墓前，首先想到的是他的高洁情操，于是把握住他一生中最引以自豪的事，以抒发自己的胸怀。南宋度宗咸淳年间，作者被南唐知州叶阊聘为白鹿洞书院山长，不就，他的心本与林和靖息息相通，二人都是清高的隐君子，所以，诗一开端就突兀顿起，气足神满，给人以深刻的印象。

紧接第二句“鹤归何处认孤坟”，从林逋生前为人的幽独高洁，写到死后的孤寂悲凉，暗寓着作者对林逋的深切同情和身后寂寞的不平！作者为什么要写“鹤归”？是因林逋对鹤有着特别的深情。他的“梅妻鹤子”是人们所熟知的。“鹤归”一句，借以衬托林逋墓前杂草丛生以致使鹤难以辨认的荒凉冷寞的景象。这句既是叙事，更是抒情，托物寓意，韵味悠长。

作者似乎觉得这一句还不足以表现这位和靖先生身后的寂寞，于是接着又写道：“清风千载梅花共”，这是一个凄清的意境，是上一句的补充；而梅花则是其高洁人格的极好陪衬。如果说第二句是写林逋死后的孤寂，那么这一句既是写现在，又是写未来，把他身后的清高幽独延伸到一个遥远的时空之中，以显示其人品之高，可与清风梅花共千古。

二三两句通过景物寄寓情怀，而第四句则与首句一样，是感情的直接抒发："说着梅花定说君"。孤山探梅，自古就是西湖胜事之一，每当人们探梅时，他们自然就会想起、说起林逋来，他们说些什么呢？也许是赞颂他咏梅的名句："疏影横斜水清浅，暗香浮动月黄昏"；也许是夸耀他爱梅喜鹤、鄙视荣利的高洁情操……此句语浅而意深，词淡而味浓，情思绵邈，令人遐想，与首句暗相照应，而作者自己的仰止之情也就意在言外了。

（苏者聪）

【作者小传】

皇甫明子

（？—1276）　字东生，四明（今属浙江）人。喜乘舟挂帆，载琴、樽、书籍、钓具，往来于江湖间。后发狂，蹈海而死。

海　口　　皇甫明子

穷岛迷孤青，　飓风荡顽寒。
不知是海口，　万里空波澜。
蛟龙恃幽沉，　怒气雄屈蟠。
峥嵘挟秋阴，　挂席潮如山。
荧惑表南纪，　天去何时还？
云旗光惨淡，①　腰下青琅玕。②
谁能居甬东？　一死谅非难。
呜呼朝宗意，　会见桑土干。

〔注〕① 云旗：始见《离骚》："载云旗之逶迤"。那是屈原写想象中的远行，此处指皇帝的出行。　②"腰下"句：杜甫《哀王孙》："腰下宝玦青珊瑚，可怜王孙泣路隅。"古人有在水为珊瑚，在陆为琅玕的说法，张衡《四愁诗》"美人赠我金（《艺文类聚》作"翠"）琅玕"，曹植《美女篇》"腰佩翠琅玕"，江淹《神女赋》"解琅玕而相要"，可见琅玕指佩饰。这句有两层含义：一是联想到杜甫那首诗，带着珊瑚宝玦而去乞食为奴，这是什么滋味？苟且偷生，不如一死。这一层不是主要的。二是玉以表德，以玉佩来自励，要无愧于玉石的坚贞。而此佩为先人所遗，更不能使之受污。用"琅玕"是因为韵脚而然。皇甫明子是四明（今浙江宁波）的世家，性豪侈，腰下佩玉也是即物生情，以之自勉。文中只取第二层意思，避免枝蔓。又《太平御览》有"青琅玕"为

"珠圭"之解,或以为表君之失势,不能执圭而藏于腰下。二句皆指君言,亦可参考。

这首诗作于元至元丙子(1276)的秋天。这年正月,元兵的前锋到达临安(今浙江杭州),宋恭帝奉表请降,三月元兵把谢太后和皇帝都掳至北方。五月,益王即帝位于福州,改元景炎,是为端宗,九月,元兵分道进攻闽、广。十一月,元兵入福建。在秋天,宋的大势已去。皇甫明子眼见国亡无日,不愿作新朝顺民,就蹈海而死。这首诗可能是他蹈海前的绝笔。

全诗十六句,分为两节。前八句为第一节,作者以险狠凄厉的语句在读者面前展现出一幅海口恶风图。飓风大作,一片昏沉,原来见到的青色小岛也迷蒙不可辨认了。"穷"、"孤"等字特别凄厉。二句"寒"上缀以"顽"字,也表现炼字的特色。飓风鼓荡起的寒气无法驱除。两句一写目击,一写身受,表现出海口风涛的险恶。三句从反面点题,宕开一笔,四句写一望万里,只见波澜。五六两句想象海口飓风之起,是潜沉水底的蛟龙倚恃幽暗而作恶鼓怒所致。前四句实写,这两句虚拟。七八句叙写挂帆出海,海浪如山,那种峥嵘的气势就像要把整个阴沉的秋空攫取到海里吞掉似的。这两句接"蛟龙"两句来,写其作祟猖狂到如此程度。以上八句极写风涛险恶,阴类猖獗,不可一世。用词造语都表现这种特点。这几句所写自然景物的阴森可怖,正象征当时政治形势的险恶,引出下文的感愤。

"飘风不终朝,骤雨不终日。"飓风一过,天已入夜,仰望星空,感伤国事,矢志自沉,这是后面八句的中心。"荧惑"两句慨叹宋帝奔向南方,难以复归。"荧惑"为火星的别名。古人把天象和人事联系起来,认为"荧惑"如果失次,就有大难临头。现在"荧惑"照到南方,天已去(皇帝逃亡),何时能回(意谓回归无日)。看看天上的云旗惨淡无光,皇帝的出巡前途暗淡。俯视腰间的宝佩,感慨万端。应该无愧于玉佩的坚贞,宁死不屈,引出下面两句。这两句一上一下,大开大合,含蕴较深。《左传·哀公二十二年》:"十一月丁卯,越灭吴,请使吴王居甬东。辞曰:'孤老矣,焉能事君?'乃缢。"吴王夫差尽管无道失国,但最终不肯做越国的臣虏,愤而自缢,还算有点骨气。而今年初太后和恭帝已经做了俘虏,有辱国格,现在强兵穷追,前途难料。"谁能"两句既望端宗能在不得已情况下身殉社稷,不可再忍辱偷生;也暗示自己不难以一死殉国。这两句沉痛悲愤之极,真可以惊天地而泣鬼神。他后来恸恨国亡,也蹈海而死,不愧为大丈夫。"朝宗"二句一结,尤为壮烈。百川归海,谓之朝宗,然而海也有枯干之时。《神仙传》里记麻姑说,曾经三次看到沧海变成桑田。此处暗用这个典故,指斥"恃幽沉"的蛟龙,你即使猖狂,也不会长久,沧海很快就会变成桑田。上半首以海势隐写敌方之猖獗骄横,这结尾即以"会见桑土干"来诅咒敌方的迅速灭亡。这和"楚虽三户,亡秦必楚"

的复兴信念，后先辉映，这样就把“一死谅非难”的沉痛推向壮烈，诗也就此戛然而止，耐人寻味，鼓人斗志。

这是宋遗民诗集《谷音》一百零一首中最为激昂悲愤的一篇五古。（《谷音》，元初杜本编。《宋史·隐逸传》称本“屡征不起，隐居武夷山中”，可见其为南宋遗民。“谷音”大约是取《庄子》中“空谷足音”之意，表示这些诗人和他自己一样，崇尚气节，不仕异代。《四库全书总目提要》称此书“所录乃皆古直悲凉，风格遒上”。）这不是墨写的诗歌，而是血写的誓词。读此诗，应领会其凛然不可犯的正气，自不必斤斤于字句之间。全诗一气喷薄，又千锤百炼，很有“横空盘硬语”的特色，经得起咀嚼和推敲。无愧于“《谷音》一卷独铮铮”（王士禛《论诗绝句》）的评价。

（周本淳）

【作者小传】

龚　开

(1221—1305)　字圣予，号翠岩，又号龟城叟，淮阴（今江苏淮安市淮阴区）人。景定间，任两淮制置司监官。宋亡后，潜居不仕。精于经术，善书工画，尤擅人物、山水。有《龟城叟集》辑本。

瘦　马　图　　　龚　开

一从云雾降天关，　空尽先朝十二闲。
今日有谁怜瘦骨？　夕阳沙岸影如山。

这是一首题画诗。元人吴师道在《吴礼部诗话》中说，龚开工诗，且善画马，每画即题诗于后。他曾看见三幅极佳，《瘦马图》便是其中的一幅。因此，这是一首自题诗，大约写在宋亡后，是诗人晚年的作品。

诗人画的是一匹瘦马，但起笔却从图外、马的从前写起。先朝，指亡宋。十二闲：闲，马厩，《周礼·夏官·校礼》曰：“天子十有二闲，马六种。”一二句，诗人介绍此马昔日的不同凡响：这是一匹天上的神马，当其四蹄腾空、驾云乘雾从天关降到人间来时，竟连当初南宋皇帝的所有御马都大为逊色，真是“一洗万古凡马空”（杜甫句）。三四两句，诗笔方才落到图上的瘦马，描摹它今日的形态，已是大不如昔了：它站在岸边的沙滩上，夕阳把它的嶙峋瘦骨的影子投在地上，倒像是一座瘠瘦的山形。如此一匹瘦马，还有谁来怜爱它呢？

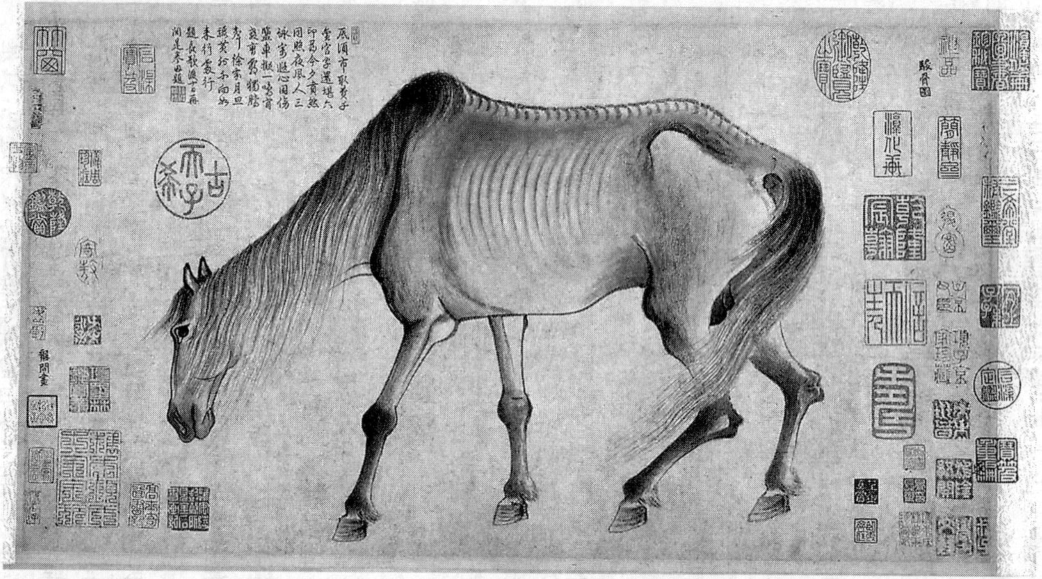

瘦马图

——〔宋〕龚开

表面诗意很简单，然而，其中却有着诗人寄托之深意在。自然，不能说，这匹瘦马就是诗人本人形象的拟物化。不过，词气之间，又的确隐隐地传达出了这位遗民诗人的思想感情。且看这匹瘦马：嶙峋耸峙，状如山形，尽管形态瘦不可言，可是它却依旧保持着“先朝”时的雄峻如山的骨相。再思这匹昔日骏马，何以今日如此瘦？也许是它宁为瘦马、也决不食“元”粟的缘故吧。这同诗人何其相似乃尔！吴莱的《桑海遗录序》说，诗人曾经与陆秀夫同居广陵幕府。广陵幕府是指宋末镇守扬州的淮东制置司李庭芝的幕府。宋亡后，龚开潜居深隐不仕，靠卖画为生，最后竟以守志而死。试想，当初曾有多少士大夫，望风屈节，入仕元朝，包括宋朝宗室赵孟頫。然而，这位官职并不显的诗人兼画家，却威武不能屈，贫贱不能移，忠宋气节坚贞如山。图、诗、我，物我两契，该不是偶然的巧合吧？这首《瘦马图》诗，正是诗人孤芳自怜的心情的流露。

诗的前两句，赞美瘦马的昔日神采，并不曾着力形容，仅用“空尽先朝十二闲”七个字就把瘦马从前的雄俊之姿描绘出来。既然集天下马类精华的“十二闲”御马都相形失色，则此马之神骏自可想见了。这一笔是虚写：究为如何神骏，诗人未曾说及，留给读者想象。后两句实写瘦马的今日形态，与前两句形成鲜明对比，最能见出瘦马难能可贵的精神气质。全诗对比、虚实，相反相成；诗情、画意，相得益彰；形神兼备地描画了瘦马形象，曲折含蓄地表达了诗人本意，构思之巧、手法之妙，令人叹服。

（周慧珍）

【作者小传】

谢枋得

(1226—1289)　字君直，号叠山，信州弋阳（今属江西）人。宝祐四年(1256)与文天祥同科中进士。除抚州司户参军，即弃去。曾为建康考官，出题以贾似道政事为问，遂罢斥，谪居兴国军。德祐元年起为江东提刑、江西招谕使，知信州，率兵抗元。城陷后，流亡建阳，以卖卜教书度日。后元朝迫其出仕，福建行省参政魏天祐强制送往大都（今北京），乃绝食而死。门人私谥文节。原有集，已散佚，后人辑有《叠山集》。

庆全庵桃花

谢枋得

寻得桃源好避秦，　桃红又见一年春。
花飞莫遣随流水，　怕有渔郎来问津。

陶渊明写过一篇《桃花源记》和一首《桃花源》诗，描述了一个与现实对立的理想世界。谢枋得这首《庆全庵桃花》诗，借桃花引出桃源故事，力图把他转徙山间的眼前现实转化为陶渊明笔下那个理想世界，以抒写自己比桃源中人更为决绝的谢世之志。

“寻得桃源好避秦”，全用《桃花源记》原意。这里的“避秦”，当然是“避元”。作者避元入山，只身转徙，当然不会像世外桃源那样“屋舍俨然，鸡犬相闻”；只在精神上有相通处：“桃红又见一年春”，就是这种孤寂中的“怡然自乐”了。三四两句陡然一转，翻出新意。当年那个捕鱼为业的武陵人不是因见落英缤纷才缘溪发现了避世达五百年的绝境吗？现在桃花又开，可不能让飞落的花瓣再随流水漂出。为什么呢？因怕又有一位渔郎循此发现自己的隐居处，这个当代的世外桃源啊！

《桃花源记》中的那个武陵渔郎入桃源曾受到热情款待，挨家吃过酒食，临行时，桃源中人请求他“不足为外人道”。但渔郎无信，归途处处作标志，回去告诉了太守，还引人再来寻找。“花飞莫遣随流水，怕有渔郎来问津”，曲折地表现出作者决意绝世之志。翻出这一层意思，并非为了求诗意的新奇。“渔郎问津”在当时确有所指。《宋史》本传载：至元二十三年(1286)程文海荐宋臣二十二人，以枋得为首，辞不起；二十四年忽必烈降旨召之，又不赴；二十五年，降元的老师留梦炎复出荐举，枋得遗《却聘书》绝之，终不行。最后，福建行省参政魏天祐为了邀功，竟将他强押入都，终至绝食而死。这些昭昭史事，正是“渔郎问津”的具体内容，谢枋得又焉得不“怕”呢！

（程一中）

武夷山中　　谢枋得

十年无梦得还家，　　独立青峰野水涯。
天地寂寥山雨歇，　　几生修得到梅花？

南宋亡国后，谢枋得仍以江东提刑、江西招谕使知信州(治所在今江西上饶)的身份在今浙赣交界处抵抗元兵。不久，信州失守，他改名换姓逃入闽赣边境的武夷诸山，抗节隐居，转徙山区十二年之久。这首诗写于隐居后期，东南一带的抗元烽火已被扑灭，元朝统治者正开始访求亡宋遗臣，收买汉族士大夫。

诗题中之“武夷山”，其峰峦之胜，古今驰名；南距建阳不出百里，谢枋得隐居后期曾卖卜论学于建阳市中，此武夷山当为其游踪出没处。但是这首诗并非实写山景，而是作者面对当时的政治情势在借题发挥，别有一种意境在。首句“十年无梦得还家”，指抗元兵败后的十年间从未还家。这里不说“未还家”，却说“无梦得还家”，简直连还家的梦也不曾有过，可见其决绝之情。谢枋得的家乡失守时，妻儿被掳，国亡家毁，早已无家可还，这是一方面。另一方面，古代前朝的遗民，在无可奈何的情况下，总是逃入深山以表示不臣服新朝政权。他的“无梦得还家”，正是表明前此十年之志：抗节隐居。这一句领起下文。

决绝到连还家的梦也不曾有过，栖息山间也就怡然自得了。“独立青峰野水涯”，奇峰挺秀，野水悠悠，是一幅绝妙的水墨画，但这又不纯是写武夷奇观，中间倾注着诗人的思想感情，这巍然挺立的青峰，实际上也是诗人自己的性格、形象的写照。

第三句一转。“天地寂寥山雨歇”，简直辨不清是真在写沉寂的山中气象，还是在叹息人间的万马齐喑？南宋亡国后，东南各地的武装抗元斗争曾持续好几年，当时正转徙山间的谢枋得，不免欣欣然有山雨欲来之感、东山再起之志；可是不久，抗元的武装都被镇压，近十年过去了，而今是一片沉寂。这种政治情势的变化，对于绝世孤臣是十分严峻的考验。诗人何以自处？诗中并未明说。但在这“天地寂寥山雨歇”之际，末句忽然提到独立世外，傲霜吐艳的山中梅花，并深致仰慕之情，无疑他要以梅格自期。他后来不应元廷的征召，屡荐屡辞，最后强征入都，终于绝食殉节。如此坚决的不合作态度，在这首诗中早已表白了。

这是一首咏怀诗，不是写景诗。“即景抒怀”、“托物言志”，是古代诗人经常采用的手法。此诗作者自置于青峰野水之间，以梅花品格相期许，正是借此以言志。

（程一中）

春日闻杜宇　　谢枋得

杜鹃日日劝人归，　　一片归心谁得知！
望帝有神如可问，　　谓予何日是归期？

这是一首思乡之作。谢枋得于德祐元年（1275）以江东提刑、江西招谕使知信州。不久，元军破城，枋得妻李氏、二子、一女、二婢及弟、侄等皆被拘于建康，后除二子移狱广陵得释之外，全部死在狱中。在此前后，另一弟谢禹被元人斩于九江；枋得的伯父徽明在当阳县战死，徽明之二子“趋进抱父尸，亦死”。只有枋得之母以年老免于一死，独活到至元二十三年（1286）。国破家亡，枋得于是变易姓名入建宁唐石山，后转茶坂，徙建阳，卖卜为生。过着“朝迁暮徙，崎岖山谷间”（《叠山集·叠山先生行实》）的生活。元世祖统一中国后，方移居闽中。在长期奔波逃亡之中，他抚今思昔，怀念老母，其情难禁，因而表现在这首诗中的对故乡的依恋之情，就绝不是一般的思乡之作所能比拟的了。

杜宇，通称杜鹃，相传是古时蜀王望帝（名杜宇）的魂魄所化。这种鸟的啼声有两个显著特点：一是声声连鸣不断，凄厉悲凉，似泣似诉，所以民间有杜鹃直到啼血方住的传说；一是它的叫声恰似在说“不如归去”，因而古人又常称之为“催归鸟”。谢枋得此诗，便抓住了杜鹃鸟啼声的这些特点来抒写自己的感情。其最成功之处是把思乡情绪写得缠绵往复、回肠荡气。为了构成这种艺术境界，作者主要采用了以下一些方法：

首先，在短小的篇幅里，作者高度地集中了诗歌的题材，使全诗紧紧围绕着一人（作者自己）、一物（杜宇）、一事（归）展开。即使光从字面上看，四句中就有两句出现了抒情主人公，两句出现了杜宇，三句出现了“归”字。如果进一步研读，那么应该说是句句不离人、物、事三者。这种反复吟唱的办法，类似民歌中的复沓，读毕之后，好像仍有“杜宇催人归，我归，我归，我归……”的旋律不断萦绕耳际，给人的印象是十分强烈、明晰的。

其次，这首诗的结构也十分巧妙。诗篇一开始先用杜鹃催归起兴，内言“日日”，可见此鸟的殷勤多情，好像在说物有情而人无意。但是接上来的第二句却说，我的归心之切无人知道，自然连催归鸟杜鹃也是不能理解的。这样一来便使起兴的杜鹃反倒成了铺垫，从而把作者思归的情绪推到了高峰。后两句在前两句的基础上进一步深化，使人与杜鹃之间形成直接联系，用人向物发问的方式，表达作者对归期的盼望和对可能出现的永无归期的忧虑。通观全篇，这种由物（劝归）到人（思归），再由人（问归）到物（预示归期），最后仍然归结到人（归期何时）的结构方式，在人、物、事三者之间构成循环不断的关系，极符合作者所要表达的缠绵不绝、难解难断的思想感情。

由于艺术手法的成功，这首诗感染力是很强的，读之令人唏嘘不已。

（李济阻）

北行别人　　谢枋得

雪中松柏愈青青，　扶植纲常在此行。
天下岂无龚胜洁，　人间不独伯夷清。
义高便觉生堪舍，　礼重方知死甚轻。
南八男儿终不屈，　皇天上帝眼分明。

谢枋得，南宋遗民。宋亡，变易姓名隐居闽中。后来为福建行省参政魏天祐强迫北行，至元都燕京，不食而卒。这首诗就写在北上前夕。

首联一开始就把舍生取义的打算明确地告诉了送别诸人。“纲常”指三纲五常，此处指“君臣”一纲。下文中的“义”、“礼”的用法与此同。此联意谓，我犹如雪中松柏，不改青青之色，此去目的正在扶植“纲常”，至于个人生死，早已置之度外。用意与文天祥《正气歌》相同，凛然正气溢于言表。

颔联用了两个典故。龚胜是西汉人，哀帝时为光禄大夫。王莽篡汉后曾遣使者欲拜胜为讲学祭酒，龚胜说：“岂以一身事二姓”，并从此不开口饮食，十四日而卒。伯夷是商代孤竹君之子，商亡，他和弟弟叔齐耻食周粟，逃进首阳山采薇而食，以至饿死山中。龚胜和伯夷是千百年来人们递相传扬的忠臣义士的表率，作者以他们作比，不仅是在为自己树立学习的榜样，而且在句中冠以“岂无”、“不独”字样，大有“今日将与我而三”的气概。

如果说颔联是照应首句，用比喻来显示自己的凛然正气，那么颈联便是承接第二句，直陈此行的意义。生和死历来是人生最重要的抉择，但这首诗中说“生堪舍”、“死甚轻”，就是因为义重于生的缘故。在这里作者把生、死、礼、义作了最认真的衡量，得出了最明晰的结论。

尾联总提全篇。南八，即唐朝时的南霁云。据韩愈《张中丞传后叙》记载，霁云随张巡守睢阳，安史叛军破城以后，他和张巡同时被俘，在被害之前，“巡呼云曰：‘南八，男儿死耳，不可为不义屈！’云笑曰：‘欲将以有为也，公有言，云敢不死！’即不屈。”第七句全用韩愈文中词语，至今读来似乎仍然可见张巡呼告、霁云笑答时的情景神态，而作者也正把自己比作告别张巡的南霁云，宣告大丈夫有死无降，表示了以身殉节的决心。末句用“皇天上帝眼分明”作结，句意既指南霁云的不屈精神有皇天可鉴，也指自己虽将被迫北上，但一片忠心，对天可表。

这首诗中所表现的凛凛气概和不屈不挠的气节是感人至深的。据《坚瓠集》载，枋得此诗一出，和者甚众。“张叔仁诗云：‘打硬修行三十年，如今证验作儒仙。人皆屈膝甘为下，公独高声骂向前。此去好凭三寸舌，再来不值半文钱。到头毕竟全清洁，留取芳名万古传。’枋得会其意，甚称之。”可见在当时就曾有过很大的反响。

这首诗的艺术性，首先表现在它特殊的结构方式上。如果我们把全诗分成一二句、三至六句、七八句三个部分，那么就不难发现各部分的前一半是用比兴体，后一半则用赋体，这样处理既使作品鲜明生动，又避免了单用一种手法可能产生的枯燥之弊。其次，作者选用了一些很富有表现力的虚字，也给此诗增色不少。比如颔联中的“岂无”、“不独”，不仅表示自己要追配古人，还表明决不向元朝统治者屈膝。再如五六句中的“堪”、“甚”二字，一说“值得”，一说“特别”，表明自己早就下定了“舍生取义”的决心。此诗的最大意义，就是表现了孟子所说的“威武不能屈”的大丈夫精神。

（李济阻）

【作者小传】

何梦桂

(1229—1303) 字岩叟，初名应祈，字申甫，别号潜斋，淳安（今属浙江）人。咸淳元年(1265)进士。授台州军事判官。官至大理寺大卿。入元，累征不起。有《潜斋集》。

夜坐有感

何梦桂

银汉无声玉漏沉，　楼高风露入衣襟。
洞龙睡熟云归岫，①　枝鹊啼干月满林。
瓮里故书前世梦，　匣中孤剑少年心。
征鸿目断阑干角，　吹尽参差到夜深。②

〔注〕 ① 岫(xiù)：有洞穴的山。 ② 参差：即排箫，古乐器名。

这首诗见于何梦桂的《潜斋集》，《宋诗钞》卷九十也入选。宋亡以后，何梦桂为了避免元朝的累次征辟，离开他的家乡浙江，在湖南沅陵小西源筑室隐居。这首诗便是他隐居小西源后的作品。在元朝统治下，南人特别被歧视，何梦桂作为南宋的遗民，眷怀故国之情自然是很深切的，在《夜坐有感》里所抒发的正是这种感情。

第一句“银汉无声”四字借用苏轼名句（《阳关词·中秋月》：“银汉无声转玉盘”），写出一种夜静更深、天清地肃的气象。“玉漏沉”是作为“银汉无声”的对衬，“沉”是沉重的意思，漏声沉重，更显得深夜虚空的静穆。第二句更进一步写夜深。前人说，杜甫《月夜》诗“鬟湿臂寒（香雾云鬟湿，清辉玉臂寒）见看月之久”（见仇兆鳌注）。这里的“风露入衣襟”，也是这样的手法。“楼高”则隐喻出世之意。夜深坐久，可以想见隐居出世者的孤寂。

颔联写周遭的夜景。上句写得虚而远，对句则写得实而近。作者《挽宁谷居士何公》诗云:“隐谷云归龙已去”,《蛟龙歌》云:“安得此身化为云,随龙上下云无心”,和第三句参照来看,比兴之旨就很明显了。“云从龙”(《易·文言》),古来往往用以比喻君臣之义。“洞龙睡熟”,比喻赵氏遗孤(帝昺)的政权早已不存在了。“云归岫”,比喻作为遗民的诗人和他的同志者,也远居岩薮,埋名隐姓。从诗的表面看,它是写小西源这样“深山大泽,实生龙蛇”(语见《左传·襄公二十一年》)的夜景,而骨子里则寄寓作者亡国之痛,高蹈之情。第四句是化用“月明星稀,乌鹊南飞,绕树三匝,何枝可依”(曹操《短歌行》)的诗意。作者的《拟古》诗云:“南枝栖越鸟,忍逐北风飞?北风藐万里,分死无回期。骨朽化为尘,魂魄将南归。”表明自己宁死也不屈服于元朝,可以和这一句参看。“枝鹊啼干”,乌鹊啼声强烈的感情色彩,实则是隐喻诗人自己悼念故国之泪已枯,悲痛之情可以想见。

颈联两句是作者在深夜里的心情的抒写。“瓮”非藏书之所,而“故书”已入“瓮里”,读书生涯真变成了“前世”之“梦”。他现实的处境,可想而知。“剑”入“匣中”,但“少年”的“心”志未灭。“剑”的前面用个“孤”字,可见同志之少;“书”的前面用个“故”字,可见旧习之深。这两句既描绘了他当时无可奈何的现实处境,又表达了不甘现状的愤激之情。在当时遗民中,他这样的情怀,是很有代表性的。

结尾两句,又回到夜深,而且诗的最后,把“夜深”两字,明白写出来。“征鸿目断”即“目断征鸿”。“阑”,同“栏”。“阑干角”回应开头第二句的“楼高”。在夜里,诗人倚着栏杆的一角,遥望征鸿,自然是看不到的。“征鸿”自来是音讯的象征,“目断征鸿”,实际上是说宋朝复兴的讯息再也盼不到了。诗人的心情是郁闷而悲凉的,何以排遣呢?“吹尽参差到夜深”。“参差”是排箫,这一句是化用《楚辞·九歌·湘君》“望夫君兮未来,吹参差兮谁思”句意。诗人所盼望的“夫君”,不是别人而是宋朝的故君。他吹箫吹到深夜,为的是寄托对故国故君的悼念。

这首诗的音调是低沉婉转的,诗中大量采用比兴手法,以表现深沉的故国之情,有很强的艺术感染力。

（屈守元）

【作者小传】

陈文龙

(1232—1271)　字志忠,一字君贲,兴化军(治今福建莆田)人。咸淳四年(1268)进士第一。累迁参知政事。元兵至杭,乞归养。益王立于福州,复拜参知政事,充闽广宣抚使。元兵攻城,通判曹澄孙降,被俘至杭,饿死。谥忠肃。

元兵俘至合沙，诗寄仲子　　陈文龙

斗垒孤危势不支，　书生守志定难移。
自经沟渎非吾事，　臣死封疆是此时。
须信累囚堪衅鼓，①　未闻烈士竖降旗。
一门百指沦胥尽，②　唯有丹衷天地知。

〔注〕①累囚：被拘系的囚徒。《左传·成公三年》："两释累囚，以成其好。"②沦胥：相率的意思。出自《诗经·大雅·抑》"无沦胥以亡"，谓相率沦丧也。

这首诗录自厉鹗《宋诗纪事》卷七十五。

南宋灭亡前后，壮烈殉国、死义的文臣、文人之多，在历史上是少见的。这大概和宋朝建立以来的三百年的"养士"政策有很大关系。厓山之役，抱少帝赵昺投海而死的陆秀夫，是进士出身。在他之后，被俘到大都（燕京），始终不屈，最后从容就义的文天祥，是状元出身；后于文天祥在大都死义的是他的同年进士谢枋得。这些史实是人们熟知的。另外还有一位状元，早在陆秀夫、文天祥之前，即为保卫宋王朝而自觉地献出了生命，他的事迹，却不大为后人所知，此人就是陈文龙。

陈文龙，兴化军（治所在今福建莆田）人，宋度宗咸淳四年（1268）廷对第一（即俗称状元）。文章清丽，受到贾似道的赏识，官至参知政事（副宰相）。由于反对贾似道误国误民的乖张措施，遭到贬谪。益王赵昰立于福州，复拜参知政事，守兴化军。元兵大举攻城，通判曹澄孙投降，他力屈被俘，即日绝食，到杭州死。事迹详见《宋史·忠义传》。他的诗流传下来的仅有这首《元兵俘至合沙，诗寄仲子》，慷慨悲壮，可和唐代张巡《守睢阳作》媲美，可以说是文天祥《正气歌》的前奏。

当时元人以数十万大军分路扑向福州，欲以消灭益王政权。兴化军只有少数地方武装，力量悬殊，怎么也挡不住元兵的进攻，起首一句"斗垒孤危势不支"，表明了守兴化军的艰苦形势。"斗垒"，营垒小而不坚，既孤且危，其势难支。他在极端艰危之中并不动摇："书生守志定难移"，表明自己虽是书生，然守土有责，一个"定"字表现出他的坚韧不拔的志向。颔联两句，紧承上句而来。《论语·宪问》载孔子和他的弟子子贡，评论管仲的为人。子贡说，管仲原是公子纠的旧臣，齐桓公杀了公子纠，管仲不能为公子纠而死，也就罢了，到后来还作齐桓公的相，为他治理国家，不能算是"仁者"。孔子回答说："管仲相桓公，霸诸侯，一匡天下，民到于今受其赐，微管仲，吾其被发左衽矣。岂若匹夫匹妇之为谅也，自经于沟渎而莫之知也。”对于管仲不像一般人那样，讲小信小义，轻易地自经沟渎之中为公子纠而死，而能立大功于天下，予以高度赞扬。颔联上句“自经沟渎非吾事”，即化用孔子的语意，表明自己志向宏远，决不作无谓的牺牲，而要为国立功，并逗出下句的诗意：“臣死封疆是此时”。国君死社稷，大臣死封疆，这是孔门的教导，在他看来，是天经地义。不幸出了叛徒，战败被俘，这对他又是严峻的考验，他怎样对待呢？“须信累囚堪衅鼓”。“衅鼓”，以血涂鼓的间隙。古代新铸器成，杀牲畜以血涂其隙，因以祭之，叫做“衅”（《孟子》“将以衅钟”赵岐注）。诗里的意思是说，宁可被敌人杀掉用他的血去涂鼓，也不会屈服。“未闻烈士竖降旗”，是反用后蜀孟昶花蕊夫人《述国亡诗》“君王城上树降旗，妾在深宫那得知”的诗意，表明决不投降。结联两句“一门百指沦胥尽，唯有丹衷天地知。”上句反映出他家属十口，相继死难，从题目来看，只有第二子犹存。末句表明自己的碧血丹心可贯天地。

这首诗大气磅礴，感情郁勃，可撼懦夫心灵。中间四句化用经语、前人诗句，多方面地表现坚强不屈之志，而语语沉着，力透纸背，不腐不冗，尤见锤炼功力。作者是中国古代传统的爱国思想陶冶出来的一位忠臣，他的临危不惧、临难不苟的精神，对于后来的陆秀夫、文天祥、谢枋得等人都有一定的影响，他这首作品也应该受到重视。

（李廷先）

【作者小传】

俞德邻

（1232—1293）　字宗大，号太玉山人，温州永嘉（今属浙江）人，徙居京口（今江苏镇江）。咸淳九年（1273）进士。入元不仕，遁迹以终。有《佩韦斋集》、《佩韦斋辑闻》。

姑苏有赠　　俞德邻

画楼珠翠列娉婷，　辽鹤重来失故城。
商女不知宁有恨，　徐娘虽老尚多情。
一帘花雨谈幽梦，　双桨莼波急去程。
却倚阊门重回首，　笳声呜咽暮云横。

这首诗录自《宋诗略》。

南宋的遗民诗人、词人,有姓名及作品流传的不下百家。他们身在草野,心存胜朝,通过各种题材、各种形式抒发自己的沧桑之感、身世之悲。最著名的如谢翱、谢枋得、林景熙、汪元量、郑思肖、周密、刘辰翁、蒋捷、张炎等,都留下了不少为人传诵的作品。王沂孙词名虽高,但屈节仕元,是不当计算在内的。俞德邻在遗民诗人中名不大著,而就诗来说,却写得深婉感人,如《老病》云:"老病幽栖觉懒吟,眼观时态独关心。古今不泯春秋笔,天地难欺暮夜金。幸有别肠堪贮酒,未愁短发不胜簪。柴门一闭从春尽,桃李飞花叶又阴。"他这首《姑苏有赠》写得更有情意,所谓"有赠",是赠给一个妓女的。

起句"画楼珠翠列娉婷",写诗人在画楼里见到了一列的佩珠戴翠的娇娘。按照一般的写法,这一句之后应该写寻欢作乐的场面,这里第二句却是"辽鹤重来失故城",触景生情,感慨顿生,不过这个"情",不是男女之"情",它是什么情呢?这要从句子里所用的典故说起。据托名陶渊明的《搜神后记》载,丁令威,辽东人,学道于灵虚山。成仙后化成鹤回到故乡,止于城门华表柱上,有一少年举弓欲射之,鹤飞起盘旋空中而歌道:"有鸟有鸟丁令威,去家千年今始归;城郭如故人民非,何不学仙冢累累!"这则神话反映了南朝动乱时期人们期求解脱苦难的愿望。诗里用这个典故并不拘泥于原意,只是借以抒发感慨。"重来"二字表明宋亡之前是来过的,这次再来,见到的已不是昔日的姑苏,而是另一个世界了!也就是说,那时候是宋朝的天下,而今江山易主,景物全非,这"失故城"三字里蕴涵着无限的伤感情意。

"商女不知宁有恨",承起句而来,乃化用杜牧《泊秦淮》"商女不知亡国恨,隔江犹唱《后庭花》"的诗意,商女指的是沦落风尘的年轻妓女,她们不知宋朝的兴亡,没有经历过易代的地覆天翻的变化,也不会有亡国之恨,也很难理解自己此时此地的情怀。由这一句逗出下一句的诗意:"徐娘虽老尚多情"。"徐娘"用的是梁元帝徐妃的典故,《南史》卷十二《徐妃传》说她"徐娘虽老,犹尚多情"。诗里用来比喻先前相识的那位妓女,离别多年,风貌虽变而旧情犹在,只有她还可以畅叙幽情。由这一句逗出下联。

"一帘花雨谈幽梦",紧承上句,点明了来游的时间。在春雨淅沥的夜里,和那位"徐娘"追叙"幽梦"。这个"幽梦"是指从前的欢乐情景,今夕话旧,恍惚如梦。谈到过去,也必然谈到现在,国破家残,身世飘零,不觉悲从中来,怎么还能久留呢?陡转下句"双桨莼波急去程",一个"急"字反映出匆匆离去时的悲伤情绪。水中多莼是吴地特有的风光,莼可以作羹,其味鲜美,这种莼羹还曾引起西晋诗人张翰的故园之思,从洛阳辞官回到家乡,避免了"八王之乱"。诗里用"莼波"二字，似非无意，它隐隐地透露出回归旧庐的心情。

"却倚阊门重回首"，为什么倚于阊门不堪回首呢？重，读去声，"难"的意思。诗人既眷恋"徐娘"，又眷念繁华的姑苏，依依不忍离去，照理说，应当频频回首。但是，这一姑苏古城现在已不在宋朝之手了，若再回首，徒增伤感。"重回首"三字含情无限。"笳声呜咽暮云横"，这最后一句是全诗的点睛之笔，一切苦恨全从这里生发而出。胡笳是古代流行于西北边疆和塞北地区的一种管乐器，它的声音是很苍凉的，姑苏城里也只有在元兵占领之后，才能听到这种北国之声。当它在傍晚时分，在繁盛的阊门传入诗人的耳鼓时，它触及了诗人的隐痛，一阵酸楚，涌上心头，"呜咽"就是他听到笳声时的主观感受，"呜咽"的不是笳声而是他的心声。他的缅怀故国的情意，在这句里得到充分的表现。

唐宋的诗人、词人赠妓的作品不少，但大多是借以抒写自己的落拓之感，或者是对对方的沦为"下贱"表示深切的同情。这首诗却是借花月之缘，抒亡国之恨，而又写得凄怆感人，在南宋的遗民诗中是很有深度的作品。　（李廷先）

【作者小传】

周　密

(1232—1298)　字公谨，号草窗、蘋洲、四水潜夫、弁阳老人等，济南（今属山东）人，后居吴兴（今属浙江）。早年随父往来闽、浙，景定间，为临安府幕属，后监和剂局、丰储仓，为义乌令。宋亡不仕。其词与吴文英（梦窗）并称"二窗"。亦能书画。有《草窗词》、《武林旧事》、《癸辛杂识》、《齐东野语》、《云烟过眼录》等。编有《绝妙好词》。

夜　归　　　　周　密

夜深归客依筇行，　冷磷依萤聚土塍。
村店月昏泥径滑，　竹窗斜漏补衣灯。

这首小诗描写深夜归家的情景。一开头，"夜深归客"四字，点明了诗题"夜归"。为什么要连夜赶回去呢？诗中没有交代。但联系以下几句，读者可以想象，这大约是位出门已久的游子，思家心切，到了归途中最后一段路程，便不愿在外投宿多耽搁一夜，而宁愿日夜兼程，摸黑赶路，以致深夜到家。诗中撷取的正是将到未到时的情景。"筇"本是竹的一种，这里代指竹杖。"依筇行"三字，勾画出归客的形象。透过归客倚杖蹒跚而行的身影，可以想见深夜行路的艰难，也可以推知游子劳顿的旅况和近乡情切的心理。

第二句看来是写走过村外野地的情景：土塍（田埂）上，影影绰绰的鬼火、星星点点的流萤。通过深夜荒径冷气森森、幽光闪烁的环境，烘托出归客孤身夜行的凄凉，也反衬出归客不顾这一切，急切归家的心境。途中越是阴冷，就越是令人急于早点回到温暖的家中。

第三句写终于进村了，首先见到的村店。在昏暗的月色衬托下，村店显得阒寂而冷漠，但在诗人看来，家乡的村店却给深夜的荒野带来了生意，一种家在咫尺的亲切感油然而生。转过村店，不就快到家了么？“泥径滑”三字，正是写诗人脚下加快了步伐，因而更感觉到路滑难行。他就在这一步一滑中，匆匆转过村店，越来越走近久盼的家门。

随着画面的延伸，猛然，一幅充满人情味的图景展现在归客眼前——“竹窗斜漏补衣灯”。这是出人意外的。夜那么深了，四周黑黝黝的，全村都入睡了，可是唯独自家竹窗还透出灯光，隐约可见灯下补衣的身影。啊，那不就是他所思念的、温暖的家么？此刻，那熟悉的身影强烈叩击着归客的心扉。全诗至此，戛然停笔，含意未伸。然而曲终情在，透过有尽的语言，诗人表现的是一种百感交集、难以诉诸言表的复杂感情：有经长途奔劳终于顺利抵家的兴奋，有对辛勤操持的妻子的爱怜，也隐含因自己久出以致家境清寒的歉疚……陆龟蒙《钓侣》诗有“归时月堕汀洲寒，认得妻儿补网灯”二句，周密此句似由此脱胎而来。但较之陆诗，此句没有点明屋内人的身份，只借“补衣灯”暗示灯下人，取神遗貌，含有不尽之意，耐人寻味。

这首诗除第一句点题并交代主人公外，底下三句移步换形，写主人公越走离家越近，环境景物不断变化，人物心情也不断变化发展，通过具有典型特征的形象描绘：倚筇的归客、凄冷的磷萤、昏月下的村店、竹窗斜漏的灯光，写景句句扣住“夜”字，写情句句不离“归”字，从而景真情真地写出了远出的归客在深夜赶路和即将回到温暖家庭时的感受，读来亲切动人。

（刘德重　顾伟列）

野　步　　周密

麦陇风来翠浪斜，　　草根肥水噪新蛙。
羡他无事双蝴蝶，　　烂醉东风野草花。

这是一首即景而作的小诗。诗题“野步”，意谓郊野漫步。诗中描写的，是诗人漫步郊野所见的春日景色。

漫步春日郊野，处处可见整齐的麦垄、青青的麦苗。首句"麦陇风来翠浪斜"，从远处着眼，将麦田动景捕捉入诗，用素描笔法，写出郊野的勃勃生机，透出一派春意。"翠"字点出麦色，也带出季节。"斜"字描摹动态，又照应"风来"，点出春风徐徐吹拂，麦陇泛起绿波的生动图景。总观起句七字，色彩鲜明，动态宛然，是心与景会，妙语天成的佳句。

接下去，再从近处着笔："草根肥水噪新蛙"。春天是生命的萌动、万物复苏的季节。沟中草根蕃孳，水草肥美，更有栖于水草中的新蛙，争相欢鸣，噪声一片，让人强烈感受到生命的活力与春天的气息。

"羡他无事双蝴蝶，烂醉东风野草花。"三四两句从细微处落墨，把描写的焦点集中到双双彩蝶上。这两句以"羡"字领起，一气旋转，运笔如行云流水。诗人带着欣羡的主观感情色彩，"以我观物，故物皆着我之色彩。"（王国维《人间词话》）。他赋予笔下蝴蝶以人的感情，彩蝶翩跹，为和煦的春风所陶醉，为野草花的鲜妍芬芳所吸引，以至沉醉花丛，流连不去。"烂醉"二字，语新意丰，既传达出春天的芳馨氛围与醉人魅力，描绘出蝴蝶追逐春色的如醉情态，也将诗人目睹此景时的陶然之情和盘托出。其实，岂止是蝴蝶"烂醉"，诗人也已陶然醉矣。

此诗以漫步郊野为线索，移步换景，依次展现春日郊野的物色。字里行间充溢着盎然生意，给人以触目皆新之感。诗境宛如画景，但似画又不同于画，赋予读者的是多种感官的审美感受。古人对写景诗有"诗传画外意，贵有画中态"（晁以道《和苏翰林题李甲画雁》）之说，《野步》正是这样一首诗情与画意巧妙融合的佳作。

（刘德重　顾伟列）

西塍秋日即事　　周　密

络纬声声织夜愁，　酸风吹雨水边楼。
堤杨脆尽黄金线，　城里人家未觉秋。

这首西塍秋日即事诗（"即事诗"是以当前事物为题材的诗），写的是杭州西马塍向晚的秋景。

诗人伫立在水边楼上。迎面酸风（侵人肤体之寒风）扑面，风吹雨珠，纷纷扬扬，也不时飘洒到人的身上来。在这凄风苦雨的暮色之中，纺织娘（络纬）不知躲在何处，一声接一声地哀鸣着，仿佛在不停地替多愁善感者编织着愁恨。不过，诗人此刻心头却并无愁绪,故此,他不再去理会那凄切的鸣声,而是透过雨帘风幕,细细寻找起秋在大地的踪迹。终于,他发现长堤上丝丝弄碧的柳树柔条几经秋阳、秋风,早已枯黄,再加上今夜的这场风雨,又使它断落不少。然而杭州城里"参差十万人家"(柳永《望海潮》词),人们熙来攘往,奔走红尘,有谁去顾及大自然季节的更替,感到秋意已浓呢。

这首诗境平易而味隽永,不知是有意摹仿,还是偶然巧合,元代贡性之的名作《涌金门见柳》,好像是有意跟周密这首诗对照似的,其诗曰:"涌金门外柳垂金,几日不来成绿阴。折取一枝入城去,使人知道已春深。"虽所写季节不同,而立意极为相近。 (张仁健)

西塍废圃 周密

吟蛩鸣蜩引兴长, 玉簪花落野塘香。
园翁莫把秋荷折, 留与游鱼盖夕阳。

西塍,即西马塍,在钱塘门西北。这首小诗写的是杭州西马塍废圃的秋景。废圃又兼秋日,其景该是秋风飒飒,木叶萧萧,一派萧瑟凄凉景象。然而非也,诗人的笔下,废圃秋景诚然不如"春色嗾人狂",却也颇有一番情致。

首句写秋虫,并藉以点明时令。吟蛩,蟋蟀的别名。鸣蜩,鸣蝉。二虫之鸣,皆在暑尽秋来之时。秋至虫鸣,往往被用来描写秋景的萧索或抒写骚人思妇的愁情苦意,如"寒蝉凄切"(宋柳永《雨霖铃》)、"蛩声四壁起新愁"(宋赵希榕(《次李雪林苕溪寄来韵》)及"愁听寒螀(寒蝉)泪湿衣"(唐张仲素《秋闺思》)等,皆是。总之,是一种使人怕听、令人避之不迭的悲鸣声。然而,诗人在此处却说"引兴长",意谓秋虫之鸣引起的不是愁思,而是兴致,其心情之愉悦可知。

次句写秋花。玉簪,花名,一种花蕊如簪头,色洁白如玉,颇清香的花。这里自然不必坐实,泛指秋花即可。写秋花,况且又是那委地之秋花,怕是要引起人"无可奈何花落去"的喟叹了。然而诗人却紧接以"野塘香"三字,道那秋花飘落在野塘里,使野塘不时散发出缕缕幽香,诗人的闲适心情可想。

最后两句写秋荷、游鱼。漫步在西马塍废圃内的这位善于发现美、领略美的诗人,又在红衣脱落的荷塘里,寻觅到如此妙景:夕阳洒照在荷叶上,鱼儿在荷叶下往来翕忽,自得其乐,那荷叶恰似张开的伞,为鱼儿遮着秋阳。赏之、怜之,诗人不由发出郑重的叮咛之语:"园翁莫把秋荷折,留与游鱼盖夕阳"——怕园翁拔掉此伞,从而破坏了这荷盖、游鱼相得益彰的整体之美。

前两句诗,诗人已不落俗套,抹掉了秋景萧瑟衰飒的色彩,写出了景色的怡人处。后两句诗,则不单写出了景色的娱人,饶有情趣,而且,将荷叶比伞的譬喻也有新意。晚唐诗人郑谷《莲叶》诗道:"多谢浣溪人不折,雨中留得盖鸳鸯",苏轼《赠刘景文》云:"荷尽已无擎雨盖,菊残犹有傲霜枝",与周密年辈相接的许棐《枯荷》诗亦曰:"万柄绿荷衰飒尽,雨中无可盖眠鸥",皆以荷叶比做雨伞,唯此诗说成是遮阳之伞,便诚如钱锺书所说,"算是小小翻新"(《宋诗选注》)了。

再则,"情哀则景哀,情乐则景乐"(见吴乔《围炉诗话》),诗人笔下废圃秋景依然宜人,怕是与诗人其时心情的愉悦也不无关系。　　(张仁健)

【作者小传】

文天祥

(1236—1283)　字宋瑞,一字履善,号文山,吉州庐陵(今江西吉安)人。宝祐四年(1256)进士第一。历知瑞、赣等州。德祐元年(1275),元兵东下,在赣州组义军,入卫临安(今浙江杭州)。次年任右丞相,出使元军议和,被扣留。后脱逃至温州。景炎二年(1277)进兵江西,收复州县多处。不久败退广东。次年在五坡岭(在今广东海丰北)被俘。拒绝元将诱降,于次年送至大都(今北京),囚禁三年,屡经威逼利诱,誓死不屈,编《指南录》,作《正气歌》,大义凛然,终在柴市被害。有《文山先生全集》。

晓起二首(其二)　　文天祥

远寺鸣金铎,　　疏窗试宝熏。
秋声江一片,　　曙影月三分。
倦鹤行黄叶,　　痴猿坐白云。
道人无一事,　　抱膝看回文。

文天祥一生忠义,刚正不阿。开庆元年(1259),在他初入仕途不久,即上书乞斩宦官董宋臣,未达目的,自免官归。后来董宋臣入为都知,文天祥再次上书,极言其罪。贾似道专权,天祥屡忤其意。咸淳六年(1270),贾似道指使台谏张志立构罪弹劾,文天祥遂被罢官。当时的南宋政治极端腐败,导致了抗元的军事上节节失利。在这种环境里,文天祥举措艰难。咸淳七年,他营建宅舍于庐陵南百里的文山,打算寄情于山水之间。闲居文山期间,他写了《晓起》两首,此其二。

文天祥像

——清道光年间刊本《吴郡名贤图传赞》

在被形势和奸佞们逼得无路可走的时候，文天祥常有遁世之想。他在《赠适庵丹士》一诗中说:"本是儒家子，学为方外事。此身恨凫短，有意求蝉蜕。"这首《晓起》诗，也是这种思想支配下的产物。比如作者以"倦鹤"、"痴猿"自比，就表明了他对世务的厌弃。"黄叶"、"白云"，也当是世外环境的象征。此外，首句用"远寺"、"金铎"，末联称"道人"，说"无一事"，也都是这种情绪的明显表露。诗中的其他词句虽然用得比较婉曲，但只要稍加推敲，就会发现无一处不渗透着作者的这种思想感情。比方说，使用"宝熏"，正是要用其飘溢出来的氤氲香气在作者的室内形成一股脱尽尘务的仙气。颔联写秋声用"江一片"，写曙影用"月三分"，似乎也在说这里毫无市井的喧嚣和官场的秽浊。末句中的"回文"，是一种字句回环往复都能成义的诗歌体裁，极不易写。再说，作者在文山闲居，读的书一定不少，但这里单说"看回文"者，就是为了反映他"无为"的生活。至于"抱膝"，更别于正襟危坐。如果说"看回文"是表现道人无所事事的精神生活，那么"抱膝"所透露的，则是道人疏懒闲散的外形特征。

除了抒情集中以外，描写错落有致也是本诗的主要特征之一。诗中有两种声响：远寺渺茫的钟声和神秘无边的秋声，它们韵律各异，然而却是一个"道人"在"晓起"时所能听到的全部声音。诗中也有两种光亮：曙光和月色。作者写曙光用"曙影"，可见此光朦胧；叙月色曰"三分"，可见此光也并非明亮——这里，两种光调和谐美，清幽疏淡，应该是诗人恬静心情的写照。从颜色方面看，诗中有叶的黄——这种叶是阅尽春风行将归藏的叶；有云的白——这种云是无拘无束自行自止的云。总之，诗中从不同角度描写的声、光、色，再加上宝熏所散发出来的使人飘然欲举的香气，极有力地表现了《晓起》这个题目的内涵和作者的写作意图。此外，"远寺"句写远，"疏窗"句写近；"秋声"句用听觉，"曙影"句用视觉；"倦鹤"两句虚写，其他六句实写；写鹤曰"行"，写猿曰"坐"；前六句偏重写物，后二句收笔写己，也都极尽变化之能事。

这首诗在用词上也是经过精心选择的，某些词语似乎是随手拈来，可是却能在自然之中毫不费力地表达出作者的情绪。如寺院多在村外，因而"远寺"的"远"字似乎很平常，但是正是这个"远"字决定了铎声的悠扬和缥缈，也只有如此的铎声，才能同作者淡远平静的心声相呼应。再如写窗用"疏"字，好像也没有多少深意。其实不然。从现有史料看，文天祥家产甚丰，屋舍也还华丽。然而他的生活态度是:"予于山水之外，别无嗜好。衣服饮食，但取粗适，不求鲜美。于财利至轻，每有所入，随至随散，不令有余。"(《纪年录》)尤其在写此诗前后，作者更加追求超脱。所以一个"疏"字不仅反映了他物质生活的特点，更重要的是体现了他的心灵世界。作者还千锤百炼地铸就了一些词语，用来寄托更加深重的心思。如：鹤善飞而用“倦”，猿机敏而用“痴”，人们不禁要问一个“为什么”。经这一问，就可能知道这里的鹤与猿定然有一种特殊的遭遇，也定然有一些特殊的怨和愁。这种遭遇及怨和愁，读者当从诗人的身上去寻找。（李济阻）

夜 坐

文天祥

淡烟枫叶路，细雨蓼花时。
宿雁半江画，寒蛩四壁诗。
少年成老大，吾道付逶迤。
终有剑心在，闻鸡坐欲驰。

文天祥在德祐元年(1275)起兵勤王以前，过着一种被迫罢官、退归文山的闲适生活，烟雨寒江非但没能销蚀他报效国家的决心，反而更加坚定挽狂澜于既倒的信念。这首诗正是文天祥抒发雄心壮志的力作。

前四句描写秋天景色，以一种疏淡自然的笔触，巧妙地捕捉住大自然怀抱中最动人的镜头。

首联写近景。“淡烟枫叶路，细雨蓼花时。”随着天色向晚，缀满枫叶的路面笼罩在淡淡的轻烟之中，在如丝的细雨里蓼花开放得愈发娇艳。“淡烟”、“细雨”，用得很有分寸，预示着秋夜愈来愈近，景色也渐渐迷蒙起来，只有染红的枫叶和开着红花的蓼蓝还是那样的引人注目，短短十字把具有浓淡之别的秋夜景色描绘得如此真切，既见巧思，又深得自然之妙。

颔联写远景。“宿雁半江画，寒蛩四壁诗。”作者以一种由远及近，又由静及动的艺术手法进一步表现秋夜的沉寂。“宿雁半江画”，半江秋水，宿雁成群，这是静景的勾勒。“寒蛩四壁诗”，秋气清寒，蛩(蟋蟀)声四壁，这是动景的描写。这种动静结合的描写，相映成趣。“悲哉，秋之为气也。”诗人当此之际，不禁慷慨悲歌，一抒胸中积愫，引发出下面四句。

颈联触景生情。“少年成老大，吾道付逶迤。”紧承前四句，诗人笔锋一转，对自己即将进入不惑之年，反躬自问。“少年成老大”，是化用“少壮不努力，老大乃伤悲”(《文选·长歌行》)的古辞。文天祥二十一岁时，状元及第，二十四岁入京为官，但因秉性刚正不阿，直言上疏，常常得罪权贵，罢官而去。这对一个要求根除弊端、整治朝纲，力图保住半壁江山的有为之士，无疑是莫大的打击，故而有“少年老大”的慨叹。“吾道付逶迤”，紧接上句，喟然兴叹。儒家历来以“行道”为己任,而要行道,就必须出仕。如今独自一人,枯坐空山,又如何能把"吾道"付诸实施呢?"逶迤",此处形容遥遥无期。但是,诗人志在报国,岂能就此甘休呢!

末联意思直转,诗情陡然振起。"终有剑心在,闻鸡坐欲驰。""闻鸡"是用刘琨、祖逖"闻鸡起舞"的典故。《晋书·祖逖传》云:"(逖)与司空刘琨,俱为司州主簿,情好绸缪,共被同寝。中夜闻荒鸡鸣,蹴琨曰:'此非恶声也。'因起舞。"后以"闻鸡"喻立志报国、习武不辍。"坐欲驰",《庄子·养生主》:"夫且不止,是谓坐驰。"成玄英疏:"谓形坐而心驰。"这里谓诗人心绪不宁,神往着匡扶大业。最后两句是全诗主旨所在,着意抒发诗人秋夜独坐时的内心活动,率直地表示"丈夫壮气须冲斗"(《生日和谢爱山长句》)的雄心和报效国家建立不朽勋业的抱负。可谓健笔纵横,气宇轩昂,真实地表现出诗人的品格和节操。

诗的前四句写景绘色,后四句抒情言志。写景时不刻意模山范水,而是淡墨渲染;抒情时辞真意切,直抒胸臆,忠肝义胆,历历可见。这种苍茫浑厚的意境,不露雕琢痕迹而富有真情实感的表现手法,深得老杜五言律的神髓。

(张锡厚)

过零丁洋　　文天祥

辛苦遭逢起一经,　干戈寥落四周星。
山河破碎风飘絮,　身世浮沉雨打萍。
惶恐滩头说惶恐,　零丁洋里叹零丁。
人生自古谁无死,　留取丹心照汗青!

此诗是文天祥《指南录》中的一篇,为其代表作之一,约作于祥兴二年(1279)——被元军俘获的第二年正月过零丁洋之时。后来元军元帅张弘范一再逼他写信招降南宋在海上坚持抵抗的张世杰,他出示此诗以明志节。

"辛苦遭逢起一经,干戈寥落四周星。"作者面临生死关头,回忆一生,感慨万千,从何写起呢?他只抓住两件大事,一是以明经入仕,这是关系他个人政治前途的大事;二是"勤王",这是关系宋王朝存亡的大事。他深感知遇之恩,满怀救国图报之志,以此两端起笔,就极好地写出了当时的历史背景和个人的心境。"四周星",是指德祐元年(1275)正月,文天祥以全部家产充当军费,响应朝廷号召"勤王",至祥兴元年十二月在五坡岭战败被俘,恰是四年时间。这四年,为了挽救王室,他竭尽全力,折冲樽俎,辗转兵间,但仍未能挽回局势。"干戈寥落",是就国家整个局势而言。据《宋史》记载,朝廷征天下兵,但像文天祥那样高举义旗为国捐躯者寥寥无几。因为干戈寥落，孤军奋战，难以御敌，战争打得愈来愈惨，致使宋朝危在旦夕。作者用“干戈寥落”四字，暗含着对苟且偷生者的愤激，对投降派吕师孟、贾余庆、刘岊等一伙的谴责！“寥落”，一作“落落”，其意相反，则是指作者自己频繁的战斗生涯，但所揭示的内涵远不及“寥落”广阔。

接着还是从国家和个人两方面抒写，如果说首联是从纵的方面追述，那么，颔联则是从横的方面渲染，不过写得更为深沉。“山河破碎风飘絮，身世浮沉雨打萍”，它是“干戈寥落”、孤掌难鸣的必然结局。一个以巩固王室为己任的重臣，眼见山河破碎，端宗在逃难中惊悸病死，八岁的卫王赵昺在陆秀夫等拥立下，行朝设在崖山海中，追兵一到，随时都有覆灭的可能，大宋江山已如风中柳絮，无法挽回，能不痛心泣血？作者用凄凉的自然景象喻国事的衰微，极深切地表现了他的哀恸。果不出诗人所料，写此诗后约二十天——祥兴二年二月初六，陆秀夫背负帝昺投海殉国，南宋就此灭亡。亡国孤臣有如无根的浮萍飘泊水上，无所依附，这际遇本来就够惨了。而作者再在“萍”上着“雨打”二字，就更显凄苦。而这不正象征着文天祥政治上的一生么！他当初入朝不久，即因忤权贵董宋臣、贾似道而屡被罢斥；在抗元斗争中，出生入死，一次被扣，两次被俘，为尽节自杀，曾服毒，又绝食，却偏偏不死。而今家破人亡，老母被俘，妻妾被囚，大儿丧亡，自己也身陷敌手。这遭遇还不够惨么！所以说，这“身世浮沉”，并非是指个人仕途的穷通，而是概括着作者艰苦卓绝的斗争和坎坷不平的一生。这一联对仗工整，比喻贴切，形象鲜明，感情挚烈，读之使人怆然！

五六句紧承前意，进一步渲染生发。惶恐滩，原名黄公滩，在今江西万安县赣江之中，是赣江十八滩之一，水流湍急，是最险的一滩，人们乘船渡此滩十分惊恐，故又称“惶恐滩”。景炎二年(1277)，文天祥的军队在空坑(江西吉水附近)被元兵打败后，曾从惶恐滩一带撤退到福建汀州。前临大海，后有追兵，如何闯过那九死一生的险境，转败为胜，求得“救国之策”？这是他当时最忧虑、最惶悚不安的事了。而今军队溃散，身为俘虏，被押送过零丁洋，能不感到孤苦伶仃？这一联特别富有情味，“惶恐滩”与“零丁洋”两个带有感情色彩的地名自然相对，而又被作者运用来表现他昨日的“惶恐”与眼前的“零丁”，真可谓诗史上的绝唱！设若没有如此的亲身经历和出众的艺术才华，是绝难写出这样出色的对句来的。

以上六句，作者把家国之恨、艰危困厄渲染到极致，哀怨之情汇聚为高潮，而尾联却一笔宕开：“人生自古谁无死，留取丹心照汗青！”以磅礴的气势、高亢的情调收束全篇，表现出他的民族气节和舍生取义的生死观。这联壮语感召了后代多少志士仁人为正义事业而英勇献身！谢榛说：“结句当如撞钟，清音有余”(《四溟诗话》)。由于结尾高妙,致使全篇由悲而壮,由郁而扬,形成一曲千古不朽的壮歌。

(苏者聪)

南　安　军　　　　文天祥

梅花南北路,　风雨湿征衣。
出岭谁同出?　归乡如不归!
山河千古在,　城郭一时非。
饿死真吾事,　梦中行采薇。

帝昺祥兴二年(1279),南宋最后一个据点厓山被元军攻陷,宋朝灭亡。文天祥在前一年被俘北行,于五月四日出大庾岭,经南安军(治所在今江西大余)时写此诗。

一二两句略点行程中的地点和景色。大庾岭上多梅树,又称梅岭,岭南是广东南雄,岭北是江西大庾,作者至南安军,正跨越了梅岭的南北两路。此处写梅花不是实景,而是因梅岭而说到梅花,借以和"风雨"对照,初步显示了行程中心情的沉重。

颔联两句,上句是说行程的孤单,而用问话的语气写出,显得分外沉痛。下句是说这次的北行,本来可以回到故乡庐陵(今江西吉安),但身系拘囚,不能自由,虽经故乡而犹如不归。这两句抒写了这次行程中的悲苦心情,而两"出"字和两"归"字的重复对照,更使得声情激荡起来。

颈联两句承首联抒写悲愤。上句化用杜甫《春望》"国破山河在"名句,而说"山河千古在",意思是说,宋朝的山河是永远存在的,不会被元朝永远占领,言外之意是宋朝还会复兴,山河有重光之日。下句是化用丁令威化鹤歌中"城郭犹是人民非"句意,是说"城郭之非"只是暂时的,也就是说,宋朝人民还要继续反抗,继续斗争,广大的城池不会被元朝永远占据。这两句对仗整饰,蕴蓄着极深厚的爱国感情和自信心。

最后两句表明自己的态度:决心饿死殉国。他出之以言,继之以行,于是开始绝食,意欲死在家乡。而在绝食第五天时,即已行过庐陵,没有能死在家乡。又过了三天,在监护人的强迫下,只好开始进食。诗中用伯夷、叔齐指责周武王代商为"以暴易暴",因而隐居首阳山,不食周粟,采薇而食,以至饿死的故事(见《史记·伯夷列传》),表示了誓不投降的决心。"饿死真吾事",说得斩钉截铁,大义凛然,而且有实际行动,不是徒托空言,读来感人肺腑。

文天祥被俘四年，一直坚拒投降，最后为元朝所杀，表现出高度的气节，光耀史册。他在被俘以至被杀期间，写了许多诗，还用杜甫诗句集成许多首诗，抒写自己的胸怀，表现出强烈的爱国感情，显示出民族正气，这首诗只是其中的一首。这首诗逐层递进，声情激荡，不假雕饰，而自见功力。作者对杜甫的诗用力甚深，其风格亦颇相近，即于质朴之中见深厚之性情，可以说是用血和泪写成的作品。

（张志岳）

金陵驿二首(其一)　　文天祥

草合离宫转夕晖，　孤云飘泊复何依？
山河风景元无异，　城郭人民半已非。
满地芦花和我老，　旧家燕子傍谁飞？
从今别却江南路，　化作啼鹃带血归。

这首诗是祥兴元年(1278)文天祥被俘后，次年押赴元都燕京(今北京)途经金陵(今江苏南京)时所作。

在元军大举南下之时，为挽救摇摇欲坠的赵宋王朝，诗人曾积极募集将士，组织抗战。谁曾料，如今竟成了阶下囚！自己壮志未酬，而故国河山已经沦亡，诗人心中怎能不感慨万千？在这首诗中，诗人既写出了黍离之悲，亡国之痛，又写出了爱国之情和报国之心。

金陵是六朝故都。南宋初，高宗曾短期留驻于此，建有行宫。当初，这里画廊飞檐，金碧辉煌，何等繁华，何等气派！可如今，却是衰草斜阳，满目疮痍，一片凄凉。封建社会里，皇帝是国家的象征，而皇宫又是皇帝的所在。宫室的荒凉破败，就意味着政权的丧失，国家的沉沦。这里，诗人正是以一片惨淡的夕阳斜照着长满衰草的离宫的景色，暗寓南宋朝廷已如夕阳之沉沦，宗国覆灭，诗人也就无所依托了。于是不禁仰天长叹，自己就像那天边漂浮的孤云，归宿在哪里？漂泊向何方？这里“孤云”既是实景也是自比。

面对这残酷现实，身为囚徒的诗人已经无能为力。他只能发出“山河依旧，人事已非”的感慨。“山河风景元无异，城郭人民半已非”，前句化用“新亭对泣”、后句化用丁令威化鹤回辽东的典故，采用对比手法，用依然如故的青山绿水反衬经战争摧残后城垣颓坏、人民离散死亡，感慨极深。

接着，又以“满地芦花”和“旧家燕子”表达了家国沧桑之感。在“故垒萧萧芦荻秋”的季节里，“金陵王气黯然收”(刘禹锡《西塞山怀古》)。自己同秋天的芦花一样随风飘零，并且即将为故国殉难。刘禹锡《乌衣巷》诗云："旧时王谢堂前燕，飞入寻常百姓家。"现在，一片浩劫，旧家燕子将飞往何处呢？这里，既有身家之感，又有黍离之悲。

社稷如此，个人的命运也就微不足道了。诗人决心以一死来报效国家。最后两句，化用《楚辞·招魂》"魂兮归来哀江南"的语意和望帝死后化为杜鹃的神话，表示现在我虽被迫离开故乡，决无生还之望，但一片忠魂，终归南土。我死之后要化成啼血的杜鹃鸟，飞回江南。诗人这种心志，可谓哀苦之至，同他流传千古的名句"人生自古谁无死，留取丹心照汗青"一样，表现了视死如归的英雄气概和坚定不渝的民族气节，感动了后世的许多人。

文天祥在宋亡后写的诗，悲壮慷慨，气贯长虹，这首是代表作之一。此诗触景生情，景中寓情，巧妙地化用典故，将自己的亲身感受、金陵的历代兴亡以及前人的咏叹等交织在一起，抒发了自己深沉而又复杂的内心情感，柔婉含蓄但又淋漓尽致，外柔内刚，沉挚悲壮。这种以鲜血和生命写出来的诗篇，值得珍视。

（詹杭伦）

建 康 文天祥

金陵古会府，　南渡旧陪京。
山势犹盘礴，　江流已变更。
健儿徙幽土，　新鬼哭台城。
一片清溪月，　偏于客有情。

文天祥于南宋祥兴元年(1278)十二月二十日兵败被俘，次年四月二十日押离广州，前往元大都(今北京)。六月十二日行至建康，逗留到八月二十四日复渡江北上。这首诗就是在建康写的。

建康，今南京。三国吴、东晋、南朝的宋、齐、梁、陈以及五代时的南唐均在此建都，所以诗中称之为"古会府"(会府，即都会)。宋高宗南渡之初曾驻跸于此，因而诗中又说是"旧陪京"。开头两个点明建康地位的诗句，很容易使人想起王勃《滕王阁序》的开头："豫章故郡，洪都新府"。不过这两句并非在泛泛地介绍建康的历史，而是把它放在"会府"、"陪京"的位置上，使之越发显示出同国家兴亡的关系来，并进而说明作者所以一入建康便感慨系之的原因。同时，句中的一个"旧"字，还仿佛在向我们表示：陪京之事，已为陈迹，只可追抚，不得而再了！

三四句继言建康的变化。盘礴，也写作盘薄，据持牢固的样子。山势既然盘礴，江流也当依旧，这才是生活的真实，因为改朝换代并不能使山河改观。然而，国家变了，人事变了，作者的感情也变了，所以在诗人看来山势依旧，而江流已非。这种用艺术的真实“破坏”生活的真实而成的句子，古人叫做“无理语”。“无理语”有极强的表现力，清人贺裳称之为“无理而妙”（《皱水轩词筌》），并说：“理实未尝碍诗之妙……但是于理多一曲折耳”（吴乔《围炉诗话》引）。之所以能够“多一曲折”，是由于感情的作用；反过来又因为有了这一曲折，感情被表达得更集中、更突出了。

自然，天翻地覆，建康也不能独无变化。最大的变化是这里的人。“幽土”，即远土。“台城”又名苑城，故址在今南京市玄武湖畔，晋成帝曾于其地筑建康宫。元人入主中原后，宋朝的忠臣良将非迁即死。“健儿”、“新鬼”包括了忠于宋室的一切人；“徙幽土”、“哭台城”则是他们最可能有的归宿。本应居于城中的人偏徙幽土，含冤的鬼魂竟哭于往日繁华的台城，这里叙写的是建康的现实，也泣诉了作者的情怀。从写法上看，中间四句采用两两相对的形式：三五句真事直写，朴素、有力；四六句虚事实描，强烈、感人。

末二句写对月伤怀。大约是山河供愁、人事催泪，所以当不堪回首的时候，作者只能掉头去看“清溪月”。也只有这月“偏于客有情”。有什么样的情？作者不说，但读者从亡国以后的陪京“月”，同被俘以后解送北上的“客”的联系中，不难得出答案。这里，诗篇以欲言又止的姿态刹尾，是有意留给读者以广阔的想象天地。无言的结果，可能敌得过万语千言。

文天祥被俘后所作诗，苍凉悲壮，字字是血。《宋诗钞》的编纂者说：“自《指南录》以后，与初集格力，相去殊远。志益愤而气益壮，诗不琢而日工，此风雅正教也……呜呼！去今几五百年，读其诗，其面如生，其事如在眼者，此岂求之声调字句间哉！”算是识得文天祥诗的真正价值。“内容好，形式自然会好”的理论肯定是错误的。但具备一定艺术修养的作家，在有了真情实感之后即使不假雕琢，喷薄而出的作品，也一定比一些无病呻吟时雕彩镂金之作更有分量。读文天祥的诗，在这一点上也许也能给人以启迪。

（李济阻）

真州驿

文天祥

山川如识我，　故旧更无人。
俯仰干戈迹，　往来车马尘。
英雄遗算晚，　天地暗愁新。
北首燕山路，　凄凉夜向晨。

真州，治所在今江苏仪征。文天祥被俘北上途中，于祥兴二年(1279)八月二十七日在这里驿馆暂住。三年前，即南宋德祐二年(1276)正月，文天祥曾随吴坚等“祈请使”离开临安，准备到元大都去会见忽必烈。不料一入北营即遭扣押。二十八日他们被送到镇江。次日夜，在即将离开镇江时，文天祥等人设计逃脱，走入真州城内。在这里，文天祥原想与守将苗再成计议反攻，他以为自己已探知北军虚实，只要上下齐心，则“中兴机会，庶几在此”。谁想他被误认为是元人奸细，险些儿遭到杀害。不久，文天祥被逐出城外。他“不得已，变姓名，诡踪迹，草行露宿，日与北骑相出没于长淮间。穷饿无聊，追购又急，天高地迥，号呼靡及”(《指南录后序》)。如今他作为俘虏被监押着经过这块地方，难免要勾起对往事的回忆而感慨万千了。

前半篇写所见。第一句写地，一开始便揭示了作者同真州的特殊关系。诗句把“我识山川”巧妙地说成“山川识我”，并在中间嵌进一个“如”字，表达了恍惚之情，引出第二句。第二句写人。文天祥曾任南宋丞相，同真州之间又有一段特殊关系，因而这里自然有不少“故旧”。可是眼下社稷倾覆，江山易主，又到哪里去找那些故旧呢？“更无人”三字一方面表达对旧友的怀念与伤悼，另一方面还抒写了作者难言的隐痛。第三四句写干戈遍地，尘土眯目，描绘了一幅山河蒙尘的景象。这两句用铺陈法，字面上虽然不带情绪，可是骨子里充满了对元军的恨恨不已之情。

后半篇抒情怀。“遗算”，等于说失策，这里自然是指当年真州守将未能采用作者的谋略，但似乎还有对亡国原因的议论。文天祥始终认为南宋之所以灭亡，责任全在贾似道；而朝廷若能早用自己做丞相，元军就到不了南方。第六句写遗算的结果——唯留暗愁。句中先说“天地”皆愁，可见愁思之广；次言“暗”愁，可见愁思深沉；末言愁“新”，可见愁思浓烈——五字之中，说尽了愁绪的各个方面。末二句回到“道经真州驿”的主题。“北首燕山路”似乎只述跋涉去向，不过从一抵真州即已黯然伤神来推测，“燕山路”三字后头，就必然潜藏着入元都后的更大悲愁。“凄凉夜向晨”是全篇唯一直抒胸臆之句(“天地暗愁新”尚借天地而言)，也是写足白天情事之后唯一写夜晚的句子，用这样的诗句结尾，能使全诗的抒情味更浓，白天的感受也因之变得更强烈。

这首诗紧紧围绕“真州驿”落墨，主题集中、明晰。又因为作者同真州关系特殊，因此内容充实，感情真切。结构上，前四句写事，但事中含情；后四句抒情，但情缘事发——中间绝无割裂的痕迹。再就各句间的关系来看，首句说“山川如识我”，三四句即写“我”所见到的山川。山河残破，原因是“英雄遗算晚”；而正由于

“英雄遗算晚”，天地才有“暗愁”，作者也才“北首燕山路，凄凉夜向晨”——这种一环套一环的构思方式，为诗篇形成纵横密织、天衣无缝的艺术风格，并与主题的集中性相表里，充分地表达了作者道经真州时复杂、深沉的思想感情。

（李济阻）

过平原作①

文天祥

平原太守颜真卿，② 长安天子不知名。③
一朝渔阳动鼙鼓，④ 大江以北无坚城。
公家兄弟奋戈起，⑤ 一十七郡连夏盟。⑥
贼闻失色分兵还，⑦ 不敢长驱入咸京。⑧
明皇父子将西狩，⑨ 由是灵武起义兵。⑩
唐家再造李郭力，⑪ 若论牵制公威灵。
哀哉常山惨钩舌，⑫ 心归朝廷气不慑。
崎岖坎坷不得志，⑬ 出入四朝老忠节。
当年幸脱安禄山，白首竟陷李希烈。
希烈安能遽杀公？宰相卢杞欺日月。⑭
乱臣贼子归何处？茫茫烟草中原土。
公死于今六百年，忠精赫赫雷当天。

〔注〕 ① 平原：唐代郡名，治所在今山东德州。（原治所在今山东平原，天宝初改。） ② 颜真卿：字清臣，唐临沂人。玄宗天宝年间任平原太守。 ③“长安”句：《资治通鉴》载，安禄山反，真卿遣平原司兵李平由间道奏闻。玄宗始闻禄山反，河北郡县皆风靡，叹曰：“二十四郡，竟无一人义士耶？”及李平至，乃大喜曰：“朕不知颜真卿作何状，乃能若是！” ④ 渔阳：古蓟州，今天津蓟县、北京平谷等地。在唐代为范阳节度使所辖。鼙鼓：战鼓。天宝十四载(755)冬十一月，安禄山反于范阳，附和者有卢龙、密云、汲、邺、渔阳等郡。 ⑤ 公家兄弟：指颜真卿及其从兄颜杲卿。 ⑥ 夏盟：夏，华夏。天宝十四载十一月，颜杲卿、袁履谦等也起兵常山，真卿遣杲卿甥卢逖潜告杲卿，约以连兵断禄山归路，以缓其西侵之谋，一时河北诸部响应，凡十七郡皆归朝廷，其附禄山者，惟范阳、卢龙、密云、渔阳、汲、邺六郡。 ⑦“贼闻”句：禄山闻常山平原起兵，大惧，时已破洛阳，乃使史思明率平卢兵攻常山，蔡希德自怀州会兵，不敢遽攻长安。 ⑧ 咸京：代指长安。 ⑨ 西狩：皇帝逃奔在外，讳称为狩。明皇西奔，所以称西狩。 ⑩ 灵武：唐时称灵州，朔方节度使治所，今宁夏灵武西南。天宝十五载七月，唐肃宗李亨即位灵武，改元至德，传檄四方，起兵讨贼。 ⑪ 再造：重建，也作复兴解。李郭：指李光弼和郭子仪，平定安史之乱的主要将领。 ⑫ 常山：唐郡名，今河北正定一带。颜杲卿曾为常山太守，后世称颜常山。钩舌：天宝十五载正月十五日，史思明攻陷常山，杲卿被执送洛阳，骂不断，被断舌，不能复骂，卒受剐刑而死。颜氏一门死于刀锯者三十余人。时真卿仍镇平原。 ⑬ 崎岖坎坷：

形容道路不平，此处指艰难辛苦。　⑭ 卢杞：唐德宗时宰相，为人奸险，有口才，鬼貌蓝色，素恶颜真卿忠直，李希烈反，杞因劝德宗遣真卿前往宣谕其军，实欲除之。

这首七言古诗，是文天祥在兵败潮阳五坡岭被俘的次年（1279），被押解至大都燕京途中经过平原所作。在诗中作者热情洋溢地歌颂了颜真卿、杲卿兄弟的历史功绩，赞叹他们在反抗安（禄山）、史（思明）叛乱的斗争中所表现的忠贞壮节，表现出作者自己爱憎分明的感情。全诗声情激壮，像是一篇严正的史论，读了之后，使人激昂感奋。

全诗可分三部分：第一部分十二句，以史家的直笔显示，唐代平定安史之乱，颜真卿兄弟所起的巨大作用是牵制安禄山的兵力，使之不敢长驱西侵长安，然后郭李大军才得以发挥威力，讨平叛乱。开头四句，写安禄山发动叛乱。当时承平日久，在"渔阳鼙鼓动地来"的情势下，"大江以北无坚城"，叛军所过郡县，望风瓦解，这时首先仗义起兵的，是平时不被天子所知的平原太守颜真卿。在真卿从间道奏闻安禄山叛变之后，唐玄宗才下诏布置防务和讨伐，难怪玄宗感慨地说："朕不知颜真卿作何状，乃能若是！"这四句极写安禄山之反，情势严重，又庄严地提出作者所要歌颂的历史人物。接着"公家兄弟奋戈起"四句，写出了平原、常山两郡起义兵的巨大影响，在平原起兵的同时，真卿的从兄常山太守颜杲卿也起兵讨逆，相约连兵断安禄山归路。真卿兄弟都是书生，奋戈一呼，一时河北诸郡纷纷响应，凡十七郡结成同盟，推真卿为盟主，共兵二十余万。安禄山此时已攻破东都（洛阳），闻讯变色，害怕归路断绝，只得分路东还，延缓西犯时间。这四句和前四句形成对比，波澜壮阔，使紧张的局势为之一缓。接着写到明皇父子由长安西奔，太子李亨即位灵武，以郭子仪、李光弼为主力的朔方劲兵东征，经历了为时八年的奋战，终于平定叛乱。作者总结说，唐朝重建之功，虽然是李、郭诸将血战沙场的结果，但牵制之力，则是由于平原、常山倡义所致。"唐家再造李郭力，若论牵制公威灵"两句，皇皇史笔，实为千古不移之论。

第二部分八句，分写颜常山、颜平原先后秉忠殉难，威武不屈，正气凛然，千秋宗仰。但仍以颜真卿的事迹为主，主次分明。前四句写常山兵败，颜杲卿被俘，在洛阳就义之前，痛骂逆贼，惨遭钩舌的酷刑，忍受肢解而死。颜真卿在其兄一家三十余口全被惨杀以后，心向国家，并不因此感到震慑，经历长期的艰难辛苦，始终镇守河北一带，区处诸郡军务，出入玄、肃、代、德四朝，以忠贞为天下表率。次四句写颜平原的殉节，指出颜真卿当年历经艰辛，幸而未遭安禄山之害，但在大局已定的德宗建中四年（783），却因宰相卢杞谗害，在淮西节度使李希烈反叛之后，被派遣前往宣谕，终于以接近八十的高龄，痛斥叛逆，被李希烈缢死。

诗中表明李希烈的罪行,固然不容饶恕,而卢杞用心险恶,尤为令人发指。“希烈安能遽杀公?宰相卢杞欺日月”两句,既严正地揭示卢杞的奸险狠毒,也指出当时君主的昏庸,易于为谗佞的巧言所蒙蔽。唐玄宗为李林甫所蒙蔽,养虎贻患,造成一场空前残酷的安史之乱;唐德宗受卢杞的欺蒙,对卢杞借刀杀人,除去他素所厌恶的刚直老臣颜真卿,一点也不觉察,致使唐代中期以后,国运濒危。这段历史事迹,是可为悲叹的。

诗的第三段是结尾四句,前两句对乱臣贼子的下场作了总结,安禄山、李希烈、卢杞之流,如今已和荒烟蔓草,同归湮没,遗臭万年,受到历史的无情鞭挞。而莽莽中原,依然如故。颜真卿的忠精壮节,却声名赫赫,如雷霆当空,威严凛厉,给后世留下了光辉的典范。“公死于今六百年,忠精赫赫雷当天。”既和上两句作鲜明的对比,又是全诗的结论,戛然而止,大笔淋漓。

全诗对颜真卿兄弟崇高的节操、刚贞义烈的精神热烈赞颂,论断严正,层次井然,写得悲壮奋昂,感人肺腑。尤为可贵的是,作者写此诗时,正在押解途中,可见写诗的目的,除了表彰历史人物可歌可泣的英雄事迹以外,更在于借此激励自己,坚定自己不屈的信念。作者在被押解北上途中,写了不少诗篇,如《怀孔明》、《刘琨》、《祖逖》、《颜杲卿》、《许远》等,通过对这些忠肝义胆的历史英烈的歌颂,来表达自己光昭日月的志节,本篇是其一例。

(马祖熙)

和中斋韵(过吉作)

文天祥

功业飘零五丈原,　　如今局促傍谁辕?
俯眉北去明妃泪,　　啼血南飞望帝魂。
骨肉凋残唯我在,　　形容变尽只声存。
江流千古英雄恨,　　兰作行舟柳作樊。

中斋,邓剡的号。剡字光荐,祥兴时(1278—1279)官礼部侍郎,深得文天祥器重。元军攻陷广州,邓剡携全家逃入深山。元兵追到,放火烧了房子,除邓剡本人得脱外,一家十二口全部被难。他逃至厓山,不久,厓山兵溃,投水自尽未果。后来便同文天祥一起解送北去。在南宋灭亡前后,朝臣中投降、逃亡者甚多。邓剡独以节义自持,因而同文天祥的感情更接近了。信赖和友谊是他们北上途中唯一的安慰,因此他们不时以诗文唱和,来打发难熬的日子。“万里论心晚,相看慰离乱”(文天祥《又呈中斋》),就是他们这段生活的写照。

此诗副题中的“吉”,指吉州,是文天祥的故乡。在这里,诗人度过了他的青少年时期。咸淳十年(1274)十二月,元军攻破鄂州,宋室上下大为震惊,谢太后下诏勤王。文天祥首擎义旗,以吉州为中心,广召兵卒,开始了他拯救南宋危难的战斗生活。长期隐逸不出的邓剡也加入文天祥义军,力谋恢复。如今,两位志士被押着经过故地,感慨自然是说不完的。

首联开宗明义,慨叹功业飘零。这大约是一踏上吉州的土地,作者便情不自禁地想起了他十年寒窗时所梦想的,夺魁天下时所憧憬的,以及率兵勤王时所追求的功业。如今这一切都成了泡影,因此他自比在五丈原早卒的诸葛亮。诸葛亮辅佐蜀汉,称得上忠诚与智慧双全,然而终于"出师未捷身先死"者,是由于国家大势已去的缘故。这种情形与文天祥相似,所以这个比喻是贴切的。不过,从另一方面看问题,则作者的命运又远非诸葛亮可比。诸葛亮死在国亡之前,他没有来得及尝到亡国的滋味,更没有体验过作囚徒的屈辱。因而诗人在拿诸葛亮自比之后,立即又以"局促"的辕下驹自比,以"傍谁辕"自伤(这里用的是《史记·魏其武安侯列传》中的典故),其内心的悲苦,一步比一步得到更深入的表露。

颔联照应首句,写功业飘零之恨。其中第三句以眉代形,讲自己的行程;第四句以魂指心,说自己精神的归宿。明妃即王昭君。望帝是古时蜀王,相传他禅位后化成杜鹃,终日哀鸣不止。在即将被迫进入北国、悲泪难禁这两点上,文天祥同明妃类似;在啼血长鸣这一点上,他又与望帝相仿,因此颔联的两个典故也是两个比喻。"北"、"南"二字,不仅切合明妃、望帝的故事,也切合作者当时的实际,用得非常贴切。

颈联照应第二句,写无所依傍的处境。中斋一家的遭遇已如上述,文天祥被捕后家人也非死即俘,所以前一句说"骨肉凋残"。文天祥的身体本来不错,但在做俘虏之初曾吞服二两脑子(即冰片)自杀。北上途中,他又于五月二十五日开始绝食,希望在七八天后到达故乡吉州时"瞑目长往,含笑入地"。两次自杀虽然都未成功,可是从此以后身体显然地衰弱下来了,再加上不断的"啼血",所以诗中说"形容变尽"。"只声存"的"声",既指口语,也指文字,并从后一义出发,表明只有同中斋互相唱和,才是目前生活中可以互相慰藉的事。

尾联前一句运用联想,一方面呼应首句,一方面又把"英雄恨"扩大到千古之内。这样写不仅寄寓了兴衰的慨叹,而且"恨"字也显得更沉重了。末句中的"柳作樊",借用《诗经·齐风·东方未明》"折柳樊圃,狂夫瞿瞿"的诗语。《诗经》的原意是柳木本来柔脆,不能用作园圃的藩篱(樊,藩也)。"兰作行舟柳作樊"也是由江流产生的联想,大意是说:我不屈的节义正如兰作的行舟,而元人的逮捕、杀戮,不过是折柳作樊而已。这一句含蓄隐曲,诗味极长。同时诗篇结尾处别作高亢的格调，也同遗民们惯写的哀曲不同。通常把文天祥俘后诗作分为激昂和悲凉两类，这首诗可说是悲凉中兼带激昂的作品。

诗人近故乡而想到功业，身北上而想到明妃，心南驰而想到望帝，见江流不尽而想到千古英雄遗恨无穷，同时又有舟和樊的比喻，自始至终，不断地、巧妙地使用了联想。这种写法，使诗篇触处成文，旁及古今而流畅自然，落笔眼底而意在九霄。其中不仅可以看出作者的大义凛然，且可看出深厚的艺术功力。 （李济阻）

除 夜

文天祥

乾坤空落落， 岁月去堂堂。
末路惊风雨， 穷边饱雪霜。
命随年欲尽， 身与世俱忘。
无复屠苏梦， 挑灯夜未央。

这是在元世祖忽必烈至元十八年除夕，文天祥被关在燕京（今北京）牢狱里写的诗。

文天祥是至元十九年（1282）十月在燕京柴市英勇就义的。十八年的除夕，是他在人世间过的最后一个除夕。身陷牢狱，面对死亡。在这理当家家团聚的除夕，这位伟大的民族英雄在想些什么？他的感受如何？这首诗真实地记录了当时他的思想活动，反映了他的精神状态。

诗的首联，从广袤无垠的空间和绵长不尽的时间下笔，气魄不凡。乾坤，此指空间。落落，广大之意。岁月，即时间。堂堂，大貌，这里是浩荡阔大之意。虽然诗人的身体被囚禁在这仅仅广八尺、深四寻，“单扉低小，白间短窄”（《正气歌序》）的土牢房里，但他的思绪已飞出了小扉窄窗，在故国的山河大地上遨游。乾坤广大，岁月流逝，江山依旧，而已易主，言念及此，能不伤心？

在元兵南犯、南宋王朝临近“末路”之时，文天祥曾兴兵抗元，企图挽狂澜于既倒。当这更深夜静、万籁俱寂之时，那屡“惊风雨”、紧张激烈的战斗生活犹历历在目。“惊风雨”三字，凝练地概括了诗人当日勤王抗元的多少情事。而现在关押在这遥远的北方，身不由己，饱受雪霜之苦。“饱雪霜”既是指身体受到北方严寒的侵袭，也是暗喻精神上遭受元人的折磨。称元都燕京为“穷边”（极远的边地），是就南宋辖区而言，表现了诗人对元廷的轻蔑，同时也反映出对南宋故土的深深思念。

在这除夕之夜，诗人预感到自己的生命即将随着一年之终而结束。他早已下定以死成仁、以死明志的决心，因此面对死亡，他是那样坦然，那样平静，对世上的一切再无留恋。实际上，对故国的山川大地他是那样眷恋；对他亲自领导的抗元斗争他是那样难以忘怀。他不再留恋的“身与世”是指自己的生命，是指元军占领下的世道。这就更有力地衬托出了诗人的一片耿耿之心。

古代风俗，元旦日，合家团聚饮屠苏酒。可此刻诗人独处囚房，只有孤灯相伴，恐怕连饮屠苏酒的梦也不会做了。今昔的强烈对比，令人倍觉凄凉。漫漫长夜，何时才是尽头？诗人夜不能寐，孤灯独坐，一遍又一遍默默地挑着灯花。多少忠愤之情，多少难言之意，都尽包含在这默默无语的“挑灯”动作里了。

诗人通过诗歌所表现的身陷牢狱仍心系天下安危的宽广胸怀和面对死亡无所畏惧，既慷慨而又从容的精神状态，永远鼓舞着后人。　（沈时蓉）

正　气　歌　　文天祥

余囚北庭①，坐一土室。室广八尺，深可四寻②。单扉低小，白间③短窄，污下④而幽暗。当此夏日，诸气萃然：雨潦四集，浮动床几，时则为水气；涂泥半朝⑤，蒸沤历澜⑥，时则为土气；乍晴暴热，风道四塞，时则为日气；檐阴薪爨⑦，助长炎虐，时则为火气；仓腐寄顿⑧，陈陈⑨逼人，时则为米气；骈肩杂遝⑩，腥臊污垢，时则为人气；或圊溷⑪，或毁尸，或腐鼠，恶气杂出，时则为秽气。叠是数气，当侵沴鲜不为厉⑫，而予以孱弱俯仰其间，于兹二年矣，无恙。是殆有养致然，然尔⑬亦安知所养何哉？孟子曰⑭：“我善养吾浩然之气。”彼气有七，吾气有一，以一敌七，吾何患焉！况浩然者，乃天地之正气也。作《正气歌》一首。

天地有正气，杂然赋流形。⑮下则为河岳，上则为日星。于人曰浩然，沛乎塞苍冥。⑯皇路当清夷，⑰含和吐明庭；⑱时穷节乃见，一一垂丹青：⑲

在齐太史简，⑳在晋董狐笔，㉑在秦张良椎，㉒在汉苏武节；㉓为严将军头，㉔为嵇侍中血，㉕为张睢阳齿，㉖为颜常山舌；㉗或为辽东帽，㉘清操厉冰雪；或为《出师表》，㉙鬼神泣壮烈；或为渡江楫，㉚慷慨吞胡羯；或为击贼笏，逆竖头破裂。㉛是气所磅礴，凛烈万古存。当其贯日月，生死安足论！地维赖以立，㉜天柱赖以尊。㉝三纲实系命，㉞道义为之根。嗟余遘阳九，㉟隶也实不力。㊱楚囚缨其冠，㊲传车送穷北。㊳鼎镬甘如饴，㊴求之不可得。阴房阒鬼火，㊵春院闷天黑。㊶牛骥同一皂,[42]鸡栖凤凰食。一朝蒙雾露,[43]分作沟中瘠。[44]如此再寒暑,百沴自辟易。[45]哀哉沮洳场,[46]为我安乐国。岂有他谬巧,阴阳不能贼!顾此耿耿在,仰视浮云白。悠悠我心忧,苍天曷有极!

哲人日已远,典刑在夙昔。风檐展书读,古道照颜色。

〔注〕 ① 北庭:汉代以匈奴所居之地为北庭,这里指元都燕京。 ② 寻:八尺为寻。 ③ 白间:垩白的窗户。 ④ 污下:低洼。 ⑤ 半朝:半个屋子。朝(cháo):宫室。 ⑥ 历澜:泥潦翻滚。 ⑦ 爨(cuàn):烧火做饭。 ⑧ 仓腐:仓中腐烂的粮食。寄顿:存放。 ⑨ 陈陈:语本《史记·平准书》:"太仓之粟,陈陈相因。"指积压陈久。 ⑩ 骈肩:肩靠肩。两物并列称骈(pián)。杂遝(tà):纷乱。 ⑪ 圊溷(qīng hùn):厕所。 ⑫ 侵沴(lì):恶气侵袭。厉:疾病。 ⑬ 然尔:然而,尔同而。 ⑭ 孟子曰:见《孟子·公孙丑上》。 ⑮ 流形:各种品类、形体,指宇宙间的万物。 ⑯ 沛乎:盛大的样子。苍冥:天空。 ⑰ 皇路:国运,国家的政治局面。清夷:清明而安定。 ⑱ 明庭:圣明的朝廷。 ⑲ 丹青:本指绘画。代指史册。 ⑳ 在齐太史简:《左传》襄公二十五载齐大夫崔杼杀齐庄公,"太史书曰:'崔杼弑其君。'崔子杀之。其弟嗣书而死者二人,其弟又书,乃舍之。南史氏闻太史尽死,执简以往,闻既书矣,乃还。"简,竹片,古代无纸,文字书在竹简上。 ㉑ 在晋董狐笔:《左传》宣公二年载赵穿杀晋灵公。"太史(董狐)书曰:'赵盾弑其君。'以示于朝。宣子(赵盾)曰:'不然!'对曰:'子为正卿,亡不越境,返不讨贼,非子而谁?'……孔子曰:'董狐,古之良史也,书法不隐。'" ㉒ 在秦张良椎:张良,先世为韩国人。秦灭韩,张良募力士为韩报仇,得力士沧海君,为铁椎重百二十斤,狙击秦始皇于博浪沙,误中副车,后更姓名亡匿,始皇下令大索不得(见《史记·留侯世家》)。 ㉓ 在汉苏武节:苏武出使匈奴,持汉节十九年,坚贞不屈,匈奴流放他在北海牧羊(见《汉书·苏武传》)。 ㉔ 为严将军头:东汉末,刘璋命严颜守巴郡,张飞攻巴郡,俘严颜,要他投降,严说:"我州但有断头将军,无降将军。"(见《三国志·蜀书·张飞传》) ㉕ 为嵇侍中血:晋惠帝永兴元年,侍中嵇绍从惠帝战于汤阴,军败,飞矢雨集,侍卫皆散,绍以身蔽帝,死,血沾惠帝衣,事后,左右要取衣洗净,惠帝说:"此嵇侍中血,勿去!"(见《晋书·嵇绍传》) ㉖ 为张睢阳齿:唐代安史之乱时张巡守睢阳。《旧唐书·张巡传》:"巡神气慷慨,每与贼战,大呼誓师,眦裂流血,齿牙皆碎。……及城陷,尹子奇谓巡曰:'闻君每战,眦裂,嚼齿皆碎,何至此耶?'巡曰:'吾欲气吞逆贼,但力不遂耳!'子奇以大刀剔巡口,视其齿,存者不过三数。" ㉗ 为颜常山舌:颜常山,指安史之乱时常山太守颜杲卿。安禄山反,杲卿起兵讨贼,城破被俘。骂贼不绝,贼钩断其舌,曰:"复能骂否?"杲卿被节解,含糊而绝。(见《新唐书·颜杲卿传》) ㉘"或为辽东帽"二句:管宁字幼安,以汉末政治混乱,避居辽东,着皂帽力田,自励清操终身不仕。(见《三国志·魏志·管宁传》) ㉙"或为出师表"二句:蜀汉后主建兴五年,诸葛亮率大军北伐曹魏,当出兵前,上《出师表》(见《三国志·蜀志·诸葛亮传》)。 ㉚"或为渡江楫"二句:祖逖,东晋元帝时为奋威将军,誓志收复中原。《晋书·祖逖传》:"逖统兵北伐,渡江,中流击楫而誓曰:'不能清中原而复济者,有如此江!'词气慷慨,闻者感动。" ㉛"或为击贼笏"二句:唐德宗时,朱泚谋反,太尉段秀实以笏击泚,并唾面大骂,泚举臂自捍,中额流血匍匐而走。秀实遂遇害(见《旧唐书·段秀实传》)。 ㉜ 地维:古时以为大地四方,四角有大绳(指粗绳)维系,故称地维。 ㉝ 天柱:古人相传,天有八柱承之,故称天柱(见《山海经·神异经》)。 ㉞ 三纲:指儒家伦理"君为臣纲,父为子纲,夫为妻纲"(见《白虎通义》),称为三纲,用以维持社会与家庭的等

级秩序。　㉟ 阳九：犹言厄运，道家以天厄为阳九。遘：遭逢。　㊱ 隶也实不力：隶，仆役。这是作者对自己的谦称。　㊲“楚囚”句：《左传》成公九年：“晋侯观于军府，见钟仪，问之曰：‘南冠而縶者谁也？’有司对曰：‘郑人所献楚囚也。’”钟仪，楚国人；南冠，示不忍忘楚国。㊳ 传车：驿车。穷北：荒远的北方。　㊴ 鼎镬(huò)：皆锅属。古代有用鼎镬将人煮死的酷刑。饴：糖。　㊵ 阴房：囚室。阒：寂静。鬼火：磷火。　㊶ 闷：锁闭。　㊷ 皂：马槽。㊸ 蒙雾露：感染疾病。　㊹ 分(fèn)：分所应该。瘠：枯骨。　㊺ 百沴：各种邪恶之气。辟易：退避。　㊻ 沮洳场：低湿的地方。

《正气歌》是一首光华灿烂的诗篇。诗中充满了浩然正气，表现出作者坚贞的民族气节，威武不能屈、富贵不能淫的战斗精神以及死生不渝的崇高信念。

作者于宋帝昺祥兴元年(1278)十二月，在潮阳五坡岭兵败被俘，次年十月解达元都燕京。囚系土室，环境污浊，艰苦备尝，而毅然拒绝了元统治者多番的利诱威胁。作者认为支持他坚持不屈的精神力量就是正气。也就是孟子所说的充塞于天地之间的至大至刚的浩然之气。因而以“正气”为题，以正气发端，作成此歌。作歌时间是在被囚二年之后，即元世祖忽必烈至元十八年(1281)的夏天。

诗可分为三大段：从“天地有正气”到“一一垂丹青”十句为第一段。首言浩然之气的根源，是天地正气在人身上的体现。表明天地间的正气，万物各有不同的承受，“杂然”赋予“流形”。“流形”指各种物体。其在地面，则为奔流浩瀚的长江大河，巍峨雄峙的岱宗华岳；其在天上，则为光华的日月，璀璨的星辰；其赋之于人，则为浩然之气。这种正气，无往而不在，不以时间的推移而改变，充塞于天地之间。表明当国家承平的时代，禀有正气的人，在圣明的朝廷上，得以和平地表露出来，为国家出力报效，而使国泰民安；当国家遇到危难之时，就显出刚毅坚贞的志节，不辞见危授命、为国捐躯，在史册上留下万古长存的英名。这四句写得堂堂正正，气象阔大。重点在于表明“时穷节见”，才是正气禀赋于人的严重考验，“皇路清夷”的治世，只作为陪衬的笔墨。

自“在齐太史简”至“道义为之根”二十四句为第二段。以下列举历史上十二位忠义之士的壮烈事迹，都是“时穷节见”的体现，是正气所发挥的巨大威力：齐太史的简书，晋董狐的直笔，秦张良的博浪沙铁椎，汉苏武十九年坚毅不屈的壮节，东汉严颜的宁愿断头，晋嵇绍的宁倾热血，唐张巡的嚼齿穿龈，颜杲卿骂贼断舌，固已使自己义烈行为，惊天地而泣鬼神。即如诸葛亮《出师表》的“鞠躬尽瘁，死而后已”；晋代祖逖的渡江击楫，誓复中原；汉末管宁的辽东力耕，清操自励；段秀实的持笏击贼，血染逆庭，都在史册上留下了不可磨灭的一页。

上述事例表明正气是维系天柱、地维、人伦并使之绵亘古今而不绝的巨大力量。作者赞叹正气广大雄厚，磅礴所及，凛烈万古。当正气横贯日月的时候，人们可以把生死置之度外，由此而地维赖之以立，天柱赖之而尊，纲常因之而得以维系，人世的一切伦理道德，莫不系于正气而存在。借以说明宇宙间各方面的关系之所以井然有序，都以正气作为根本。人世之能够维持，全凭道义为其支柱；而道义的根本就是正气，所以正气尤为可贵。

自“嗟余遘阳九”到结尾共二十六句是第三段，可分为三个层次：

第一层六句：“嗟余遘阳九”至“求之不可得”。感叹自己遭逢国家大变乱的厄运。身为朝廷仆役，没有能够竭忠效诚，尽力挽回国运，实在感到惭愧。更不幸的是自己也沦为楚囚，被元军用驿车送往荒远的北方。句中用楚人钟仪被俘后囚系晋国，始终戴着南方的冠帽，以示不忘故国的深情。用“穷北”一词，以示对元人的蔑视。既而表示自己在被俘之后，就已决心为国献身，即使鼎镬酷刑摆在面前，也甘之如饴，决不避退。作者的心志坚如磐石，尽管元朝统治者使尽威胁利诱的伎俩，毫不动摇，他的凛然正气，曾使元人为之震慑。

第二层十六句，由“阴房阒鬼火”至“苍天曷有极”，写狱中情况。牢房里寂静无声，磷火出没。虽在春天，囚房紧闭，阴森幽暗。自己被囚禁在这里，和其他狱卒、囚徒杂处在一起，就好像骏马被拴在牛槽里，凤凰被关在鸡笼里和鸡共食一样，其辛酸是不待言的。在这样恶劣的境地里，承受着诸种恶气的侵袭，一旦蒙受雾露，得病而死，可以料知必定要成为沟壑中的死尸。可我在这儿已经再易寒暑，却依然无恙，种种邪恶之气，竟至为我避退了。如此卑下潮湿不堪人居的囚牢，现在倒成了我的安乐国，难道我有什么特殊智谋巧计，能使诸种阴阳外气不能侵害我吗？正是正气赋予我的耿耿忠心，使我把自己的荣辱、生死看作浮云，不萦于心，置之度外。可我怀抱的忧心，仍然是无穷无尽的，正像苍天一样广阔无垠，何曾有个尽头呢！显然作者此时所忧的，并不是他自己的生命，而是残破的山河，苦难的人民。当此沧海横流之际，他又怎能不忧心如焚呢！

第三层四句，点明作歌主旨。往古的贤哲（指上文所举的十二位义烈之士），虽然离开我们已经远了，但他们留下了正气所钟的义烈行为，给人们树立了做人的榜样。我坐在檐边，展诵圣贤的书籍，不觉古代传统的美德，正以其光华照彻我的容颜，使我明确了成仁取义的道理，怀着满腔正气，坚定执著地激励我自己，永远为正义而生，为正义而死，上不愧国，下不愧民，不惜付出我的鲜血。

《正气歌》全诗集中、强烈地表现出作者光辉的思想和高尚的胸怀，展示了诗人崇高的精神面貌，把爱国主义精神，发扬到前所未有的高度。特别是诗中展现的浩然的正气和坚贞的节操，对后世志士仁人有巨大的影响。全诗不尚雕饰而大气包举，感情真挚而韵味深厚，显受杜甫诗的启发。诗中虽有大段议论，但是读来不觉得有高头讲章式的腐气，而只觉得真力弥漫，大气磅礴。原因在于，诗人所言，句句发于肺腑，绝非门面言道。

（马祖熙）

【作者小传】

连文凤

(1240—?)　字百正（一作伯正），号应山。三山（今福建福清）人。在宋曾为官。宋亡不仕。至元二十三年(1286)吴渭邀谢翱、方凤等举月泉吟社，征诗四方。文凤托名罗公福，入选为第一名。

春日田园杂兴　　连文凤

老我无心出市朝，　　东风林壑自逍遥。
一犁好雨秧初种，　　几道寒泉药旋浇。
放犊晓登云外垄，　　听莺时立柳边桥。
池塘见说生新草，　　已许吟魂入梦招。

宋亡以后，浦江人吴渭在吴溪联络故宋遗老成立“月泉吟社”。至元二十三年(1286)，他们拟以《春日田园杂兴》为题组织会员赋诗。到第二年正月，共收到诗作二千七百三十五篇。评议结果，连文凤这一首获得第一名。《宋诗纪事》评论说：“众杰作中，求其粹然无疵，极整齐而不窘边幅者，此为冠。”

这首诗之所以得到如此高的评价，首先是因为它恰当地表现了宋遗民们的心理状态。首句中的“市”本指交易买卖的场所，“朝”指官府治事的场所。诗篇以“老我”起头，把他们不入闹市、不进州府的原因归结为年老，其用意是避开不与蒙古贵族合作的实质。然而“市朝”二字又常指争名争利的地方，因而诗中又有着不为名利而俯首新朝的暗示。次句中，“东风”点“春日”，“林壑”点“田园”，“逍遥”点“杂兴”，既自然破题，又能在同“市朝”的对比中寄托作者的身心。中间四句进一步申说第二句，不但可从柳桥听莺一句中看出作者及其同人们那种十足的名士派头，而且即使是写劳作的另外三句，也用上了“好”、“旋”、“云外”等字眼，使人觉得他们的生活是那样的惬意和充满着诗情。第七句化用谢灵运《登池上楼》中“池塘生春草”句意。谢灵运这句诗是千古名句，据说他曾自称“有神助，非我语也”。后来吴可曾称赞道：“池塘春草一句子，惊天动地至今传。”（《藏海诗话》)元好问《论诗三十首》中也说:“池塘春草谢家春,万古千秋五字新。”这里作者一方面用它来继续补足春日田园的美景,另一方面又由此导入诗“兴”,与末句联系起来,那意思是说只要眼前有春草生于池塘,那么如谢灵运一般似“有神助”的诗思,便来催人吟出不尽的佳句。

自然,这首诗为大家所看重,还在于它高超的艺术技巧。这些技巧主要是:第一,诗篇始终紧扣“春日田园杂兴”这个题目,同时又颇能挥洒自如地抒写隐逸生活和自身感受,此即“极整齐而不窘边幅者”。第二,如前所述,这首诗既隐隐约约地透露了对现实的不满,但通篇又写得十分轻松潇洒,不怨不恨,极符合“温柔敦厚”的诗教,在“月泉吟社”的成员们看来,这当然是最高明的作品。

(李济阻)

【作者小传】

韩希孟

(1241—1259) 巴陵(治今湖南岳阳)人。魏公五世孙。襄阳贾尚书子琼之妻。能诗。开庆初,元兵至岳阳,为卒所掠,投水死。

练裙带诗①

韩希孟

我质本瑚琏, 宗庙供蘋蘩。
一朝婴祸难,② 失身戎马间。
宁当血刃死, 不作衽席完。
汉上有王猛, 江南无谢安。
长号赴洪流, 激烈摧心肝。

〔注〕 ① 练:染晒为练,因以指练过的白色丝绢。 ② 婴:缠系,引申有遭、陷意。

这首诗,出自《宋史·列女传》:“韩氏女,字希孟,……大元兵至岳阳,女年十有八,为卒所掠,将挟以献其主将。女知必不免,竟赴水死。越三日得其尸,于练裙带有诗曰……(即此诗,略。)”但在陶宗仪《南村辍耕录》卷三“贞烈”条下,另出韩希孟《练裙诗》,长至七十八句,三百九十字,几近八倍,韵也不同。其中广为铺叙,对宋室兴亡,尤费词墨。诗末又说韩希孟死后三十余年,托梦赵孟頫“为书其诗,则节妇之名,因公之翰墨而愈不朽矣”。大概在元代,韩希孟事迹和诗在士大夫中广为流传，《辍耕录》所记五言长句，则疑为宋朝遗民据此诗敷演而成。

诗是赋体，写得简洁质朴，有汉魏古风。首联表明自己的身份。“瑚琏”，本是宗庙祭器，因以喻出身高贵或才质不凡。《宋史》说希孟是北宋宰相韩琦的裔孙，聪敏知书；《辍耕录》说她是“襄阳贾尚书之子琼之妇”；韩、贾都是高门，故有此“瑚琏”之喻。但“瑚琏”与下句中“蘋蘩”互见，则又暗用了一条古代礼法，表明自己还正当燕尔新婚。古礼：女之将嫁，必采蘋藻合鱼为牲，先礼于宗庙。句中用“蘋蘩”，亦蘋藻之类，皆浮萍科植物；“宗庙供蘋蘩”，不光是照应首句中的瑚琏祭器，也说明自己用蘋蘩装在瑚琏中祭过祖先，行过了婚前大礼。

以下四句，写她在战乱中为元兵掳掠，不甘受辱的志节。这四句应联系开头两句作解。一方面，这样一位出身高门的新婚贵妇人，竟身陷虎口，遭此厄难，而不能为国家所庇护，岂不是人可悲，国也可悲吗？另一方面，既为瑚琏之质，行过蘋蘩之礼，虽身入他人之手，又岂可受枕席之辱而不一死殉节呢！这里，个人的祸难就和国家的沦亡联系在一起了。

“汉上有王猛，江南无谢安”两句，用了两个典故。王猛为氐族政权前秦的大臣。前秦建都长安，而汉水源出陕西，故称前秦为“汉上”。谢安是东晋宰相。东晋偏安建业（今江苏南京），因以“江南”指东晋。这两人都有出色的政绩、军功，都强固了各自的国势。所谓“汉上有王猛，江南无谢安”，是说元蒙得良将兴邦，南宋因权奸误国，但不忍直说伤心的现实，故借历史点出。这两个典故用得极妙。前秦和东晋对峙为敌，但王猛生前认为东晋无隙可乘，临死曾劝苻坚不可兴兵南下。王猛死后八年，苻坚不用猛言，集九十万大军企图一举灭晋。时谢安为相，临危不惧，使弟侄辈大败前秦军于淝水，乘胜夺回中原大片土地；而苻坚逃回关中，旋即被杀亡国。淝水之战使东晋振威，前秦覆国，乃因“汉上无王猛，江南有谢安”，而韩希孟所处的南宋末世，恰恰是相反的悲剧，变成“汉上有王猛，江南无谢安”了。王猛、谢安之有无互易，是用汉民族历史上的胜利来反衬今天的失败，意谓用人得失，可以兴邦或丧国。当时一位青年妇女竟有这样的历史见识，确属可贵。

这位青年贵妇人，对自己突然遭到的祸难，当然是极为震惊、十分痛苦的；但由此而想到家国之痛，就更使她满腔悲愤，满腔怨恨。一个弱女子，无力反抗，只有“长号赴洪流”！当年轻的生命离开人间时，在洁白的裙带上写下这首诗，她要把心中撕肝裂胆的怨屈愤恨之情留给后世。希望秉政者能治理好国家，保护臣民不受灾难。一个多么纯朴、多么高尚的愿望呵！　　（程一中）

【作者小传】

汪元量

(1241—约1317) 字大有，号水云，一说水云子，临安钱塘(今浙江杭州)人。咸淳进士。南宋末，以善琴供奉内廷。元灭宋，随三宫被虏北去。曾访文天祥于狱中。后为道士南归，往来于匡庐、彭蠡间。所作多纪实诗篇，述亡国之痛。有《水云集》、《湖山类稿》。

醉歌十首(其三)

汪元量

淮襄州郡尽归降，　鼙鼓喧天入古杭。
国母已无心听政，　书生空有泪成行。①

〔注〕 ① 成：一作"千"。

汪元量《醉歌》十首，写德祐二年(1276)春南宋亡国的史事。当时帝㬎不足五周岁，由祖母谢太后临朝称制，皇室阍弱；文武大臣则"日坐朝堂相争戾"。当元军进抵临安东北的皋亭山时，孤儿寡母不战而降。接着是皇帝、全太后(谢太后因病暂留临安)、宗室大臣、宫妃等皆被掳北去。汪元量是宋度宗的侍臣①，出入内廷，得宠宫闱②，他眼见这种种情状，有许多难言的痛苦。除《醉歌》外，还写了《湖州歌》九十八首、《越州歌》二十首和许多七律七古，都是抒发亡国之痛。汪的友人李鹤田说："其亡国之戚，去国之苦，艰关愁叹之状，备见于诗。"(《湖山类稿跋》)另一位南宋遗民刘辰翁说：在这些诗里，"忧、悲、恨、叹无不有。"(《湖山类稿叙》)

诗题《醉歌》，隐含众人皆醉之意。"皋亭山上青烟起，宰执相看似醉酣"(《湖州歌》之一)，正是题意注脚，也是"忧悲恨叹"的中心。汪元量认为，南宋亡国，罪在宰执大臣。《醉歌》第一首，把坚守六年终于举城降元的吕文焕誉为"十载襄阳铁脊梁"，而对隐匿军报、坐视不救的贾似道则跺脚捶胸："声声骂杀贾平章。"组诗从开始落笔，字句间就充满极为悲愤的感情。

这一首写大兵压境。淮，指两淮，襄，指荆襄。"淮襄州郡尽归降"——长江中下游南北两岸的广袤领土上，在一年多的时间内，守将望风披靡，一片降幡。如此惨败的结果，自然是导致元军"鼙鼓喧天入古杭"。古杭，即临安，隋文帝时已置杭州，故称古杭。鼙鼓，本是军中战鼓，此处用以指代元军。"鼙鼓喧天"，极写敌军声势；"入古杭"之"入"字，则表明如蹈无人之境，哪有一点交兵的气氛？

大局如此，罪不在州郡守将，汪元量另有诗云："师相平章误我朝，千秋万古恨难消。萧墙祸起非今日，不赏军功在断桥。"(《越州歌》之六)语虽浅露，但对朝廷执政的恨叹之声却极响亮。

第三句中的"国母"指帝㬎的祖母谢太后，即组诗第五首中提到的谢道清。她临朝称制，当时年已六十七岁，多次受宰执权臣的愚弄，面对这个残破局面，何来挽狂澜的心力？所以说"已无心听政"。末句的"书生"，应是汪元量自称，也可泛指不在位谋政的忧国儒生。这些人读圣贤书，沾朝廷恩，当此国亡家破之时，只有长歌当哭。"有泪成行"，已是悲痛，着一"空"字于前，则尤显悲凉。读至此，不免使人想到李贺的名句："不见年年辽海上，文章何处哭秋风！"(《南园》之六)虽别是一种心境，悲愤之情则完全相通。

这首诗的前两句明写战局惨败，暗写权臣误国；镜头从万里淮襄的一片降幡摇向元军直入都城临安，再推出两个特写：宫廷黯淡，儒生痛哭。远近疏密，自成格局。

(程一中)

〔注〕① 一般认为汪元量是"供奉内廷的琴师"，其实，他不止以"善琴受知绍陵"(《钱塘县志·文苑传》)，诗、琴而外，亦能画，有陈谟《题吕仲善所藏汪水云草虫卷子》诗可证。陈泰《送钱塘琴士汪水云》诗中，还有"东观初令习书史，宝诏再直行丝纶"一类的话。他又熟谙典籍，常自称"书生"。　② 李吟山《赠汪水云》诗："青云贵戚玉麟儿，曾逐銮车入紫闱。王母窗前窥面日，太真膝上画眉时。"

醉歌十首(其四)　　汪元量

六宫宫女泪涟涟，　　事主谁知不尽年。
太后传宣许降国，①　　伯颜丞相到帘前。②

〔注〕① 传宣：一作"宣传"。　② "伯颜"句：《宋史》之《少帝纪》、《谢后传》及《元史》之《世祖纪》、《伯颜传》，皆不言伯颜曾入宋宫，伯颜亦不曾与皇室见面，授受皆由递转。且两宫北上时，"宋主求见，伯颜曰：'未入朝，无相见之礼。'"(《元史·伯颜传》)案史载：北上后，自谢、全两太后下至宫人，有愁死异乡的；有出家为尼的；有歌楼为妓的；有守贞自缢的；还有千余人，作为赏物，"分嫁幽州老斫轮"……，结局极为悲惨。

《周礼·天官》："以阴礼教六宫。"郑玄注："皇后寝宫有六。"六宫原指皇后，后亦泛指妃嫔。宫廷里侍候后妃的宫女有几千人，这首诗就从数量最多的这一部分人——宫女的角度写南宋降国。

一开始说"六宫宫女泪涟涟"，几千名宫女也感到了亡国之痛。这些人从民间进入宫廷，与皇室本是层层叠叠的主奴关系，但在锦衣玉食的生活环境中，在帝后乃至尊至贵的思想的潜移默化中，又不自觉地把自己的命运与主子们拴在一起。她们的亡国之痛，自然不会像士大夫那样感天下兴亡，忧社稷苍生，而是预感到赖以生存的大厦将倾，所以有“事主谁知不尽年”的悲痛。

“事主谁知”是“谁知事主”的倒装。“不尽年”，意即“不能一辈子”。不能一辈子服事主子，竟然悲痛得涕泣涟涟，这在今天看来不可思议，却是当时的现实。此处作者借宫女之口表述自己的旧君故国之思。

宫女们的悲痛是“事主不尽年”，而“事主不尽年”的起因则是“太后传宣许降国”。降国既定，昔日的“春风雨露”，眼前的“玉楼金阙”，都将顿成旧梦。那不可捉摸的新的命运又是什么呢？诗人忽发奇想，最后七个字冒出一句“伯颜丞相到帘前”。据史载，伯颜本人未入宋宫，当然不可能出现在太后垂帘听政的珠帘前。但这是宫女们对未来命运的惴惴之情。她们虽深居内廷，未必知道有忽必烈，但进逼临安的元军统帅伯颜却是人人闻名，谈虎色变的。惊恐中似乎觉得伯颜迎面走来，这对她们来说，后果将如何呢？其惴惴不安之情可想。

全诗从宫女方面写亡国之痛，形象完整。首句实写宫女悲痛，第二句虚写；第三句写实降国，第四句进一步虚写。虚写的是宫女们隐藏在内心的悲痛、惶恐之情，都从实写而来，又开拓、深化了实写的悲剧含义。这种虚实相间的写法，扩大了诗的容量，将无限辛酸熔铸在短短的七言四句中。

（程一中）

醉歌十首(其五)

汪元量

乱点连声杀六更，① 荧荧庭燎待天明。②

侍臣已写归降表，③ 臣妾佥名谢道清。④

〔注〕 ① 乱点连声：一作“花底传筹”。 ② 荧荧：微光闪烁貌。“荧荧庭燎待天明”，一作“风吹庭燎灭还明”。 ③ 已写归降表：一作“奏罢降元表”。 ④ 佥：同“签”。

德祐二年(1276)正月十八日，元军进驻皋亭山，宋主即派使臣奉传国玺、降表至军前请降。伯颜要宋宰臣出议降事，二十二日，谢后命吴坚、文天祥、谢堂等来见，伯颜扣留文天祥，以降表仍书宋号，派人复往易之，并勒索谢后、幼帝招降未附州郡的手诏。这首诗大约写的是二十三日或二十四日的早朝情景(新降表和手诏伯颜已在二十四日勒索到手)，句句写得锥心刺骨，把谢太后签署降表时的心情披露无遗。

首句中的“六更”，是宋宫廷中最后一个更次。每夜本止五更，程大昌《演繁露》载，因宋初宫中忌讳“寒在五更头”的民谣，故五更之后加打六更。《新义录》则谓“宫内于四更末，即转六更，……终宋之世无五更。”“杀”，即“收煞”。六更煞住,百官入朝;这一天的早朝气氛显得格外凄惨。报时的更鼓声,自有节奏,六更节奏更是庄重;但节奏庄重的更鼓声,在此时的谢太后听来,却变得“乱点连声”。“乱点连声”的不是更鼓,是太后心烦意乱;更鼓本不乱,乃太后心乱也。

第二句中的“庭燎”,指火炬。《周礼·秋官》:“凡邦之大事,共坟烛庭燎。”郑玄注:竖在门外的叫坟(大)烛,门内的叫庭燎,“皆所以照众为明”。太后领幼主登朝,殿上早燃起庭燎以待天明。着一“待”字,朝堂上诚惶诚恐、坐以待旦之状可以想见。

第三四两句,推进一层,写谢后诚惶诚恐的症结所在。这一天早朝,伯颜勒索的新降表和手诏,侍臣已送呈御案;但传国玺在五天前就交出去了,六岁的皇帝还不会写字,谢后登朝不过是来签字画押,但不许再称宋主。三朝国母,皇家至尊,除了在祖宗面前,几曾向人称“臣”称“妾”?帝后名讳,天下尊而避之,如今要亲笔签上“臣妾谢道清”,笔落处,即使“祖宗三百年宗社遽至殒绝”,此真是奇耻大辱。这一笔落下去该有多沉重,她又怎能不感到椎心泣血的悲伤呢!但在文字上,后两句纯属白描。此时此事,已毋须曲语,只要直陈,谢后的悲伤和作者的同情,都自在其中了。

后人多认为这首诗,尤其后两句,是作者对谢后降国的“微辞”,甚至判为“指责”。这个说法始于钱谦益,他在《书汪水云集后》一文中,据《湖州歌》第七十一、八十五两首和本诗“臣妾佥名谢道清”句,说什么“紫盖入洛,青衣行酒,岂足痛哉!”其实,“臣妾”之“妾”,不过女子卑称,非指小妻。后来潘耒在同题文中对此驳论甚详,可以推倒钱说。《四库全书总目提要》说汪元量“以本朝太后,直斥其名,殊为非体”。这显为迂腐之说。据事直书,正所以显示作者的悲悯之情,何碍于“体”!

（程一中）

醉歌十首(其八)　　汪元量

涌金门外雨晴初,　　多少红船上下趋。①
龙管凤笙无韵调,　　却挝战鼓下西湖!②

〔注〕 ① 红船:即彩船。趋:急行疾驰。 ② 挝(zhuā):敲打。

临安西城,沿湖有四座禁门:钱塘、涌金、清波、钱湖。“涌金门外”,就是西湖;“雨晴初”即“雨初晴”,因押韵倒装。春雨放晴,湖面上水光潋滟,堤岸澄明,山色堆翠,每当此时,南宋君臣总要游湖赏春。汪元量在《越州歌》中曾沉痛回忆亡国前的往事,第十八首写的便是这种游乐景象:“内湖三月赏新荷,锦缆龙舟缓缓拖。醉里君王宣乐部,隔花教唱采莲歌。”

首句所点明的时间、地点,很容易使人想到南宋君臣的“西湖歌舞”。现在呢,又是春到人间,雨过天晴;风物依旧,湖面上仍然有无数彩船,——“多少红船上下趋”。但已不是“锦缆龙舟缓缓拖”那种富贵安适的情景而是占领军一片狂欢,上下穿梭。最后两句说:彩船上已听不到皇家乐部的悦耳音乐,只有战鼓噪耳,满湖喧嚣,取代了龙管凤笙;彩船的主人已不是宋朝君臣,而是元军将士了!

全诗写元军游西湖。“上下趋”、“挝战鼓”,一派杂乱景象,与恬然秀丽的西湖风光形成对照。四句写的都是眼前实景:胜利者的喧嚣恣肆。它又与旧朝昔日的迷恋湖山、沉湎歌舞相对照。西湖风光的恬然秀丽、南宋君臣的迷恋歌舞,人所共知,故诗中“不着一字”,仍有“象外之象”,一经吟咏,便可“尽得风流”。所谓“暖风吹得游人醉,直把杭州作汴州”,终于演成这样的事实:山河易主,美丽的西湖也跟着变为南下铁骑的喧闹场所了。　　　　(程一中)

醉歌十首(其九)　　汪元量

南苑西宫棘露牙,[1]　　万年枝上乱啼鸦。[2]
北人环立阑干曲,　　手指红梅作杏花。

〔注〕 ① 牙:同“芽”。 ② 万年枝:即冬青树。冬青以其常绿不凋,多植于宫廷皇陵,故称万年枝。

南苑西宫是南宋宫廷中赏心悦目的憩息之所。皇家园林,有宫娥太监逐日修整,应是花团锦簇,四时不衰。可是眼前的宫苑:荆棘露芽,冬青啼鸦,却显出一片凄凉。起笔两句布景,从凄凉景色中又暗示出花木已无人管理。国降之后,宫廷中上上下下都在悲伤、惶恐,伯颜又命“取宋主居之别室”(《元史·伯颜传》),谁还去观赏花木,料理园林呢!

这两句,在炼字炼句上很有特色:将对比鲜明的词语组织在同一诗句中,以造成强烈的艺术效果。第一句中,棘芽示荒凉,与宫苑对;第二句中,鸦啼显悲苦,与冬青对。初呈荒芜的宫苑景色有许多可写,但只写了棘芽、鸦啼这两种。而“棘露芽”不缀于草木丛生之地,偏在南苑西宫;“乱啼鸦”不见于枯枝夕照之中,偏置冬青树上。诗人的炼字炼句,也是在创造形象,这样组合对比,更能激起南宋臣民的亡国之痛。

宫苑中荒凉初呈,点出气氛,笼罩全篇;但点睛之笔却在后面两句。第三句中的“北人”,指元军官兵;“立”而言“环”,则站在曲形阑干前的不是一两个,而是一群。一群北兵竟然闯入深宫内苑,这"九重禁地"也就不复尊严了!北兵的闯入宫苑,在物象上给荒芜景色带来喧噪,而在感情上却把凄凉转为沉痛。第四句顺承而下,闯入宫苑的北兵,不光聚众"环立",而且肆意"手指"。亡国宋臣睹此情景,当作何想呢?

红梅是梅中珍品,惠洪《冷斋夜话》说:"其种来自闽、湘。"种植江南,元兵不识,乃误指为杏花。但诗人抓住这个细节,不止是要表现元兵的无知,似乎还埋藏有更多的隐曲。梅花,在诗人笔下,总是象征着美艳、高傲、洁操,而杏花则常被鄙薄为妖冶媚时之物;两者格有高下,不可混同。现在,诗人笔下写的是北兵指梅为杏,而充塞于诗人胸中的却是人世巨变:山河破碎,王室倾覆,美物遭劫,志士受辱……一切的美丑、善恶都被这场人世巨变弄颠倒了。郑板桥所谓"手中之竹,又不是胸中之竹",汪元量笔下的指梅为杏,又何止于指梅为杏呢!全诗借宫苑所见写亡国之痛,读者当能于此等处识深意于隐微,从清丽的诗句中体味它所包含的无限悲痛。

(程一中)

醉歌十首(其十)　　汪元量

伯颜丞相吕将军,　　收了江南不杀人。
昨日太皇请茶饭,　　满朝朱紫尽降臣。

首句"吕将军",指困守襄阳后来降元的吕文焕。吕于咸淳九年(1273)二月降元后,元世祖忽必烈诏命赴阙,封为襄汉大都督。伯颜率兵攻宋,行前,忽必烈对他说:"昔曹彬以不嗜杀平江南","汝能不杀,是吾曹彬也。"① 伯颜心领神会,兵发襄阳时,建议"江汉未下之州,请令吕文焕率其麾下临城谕之。"(见《元史·世祖纪》)于是在进军途中,吕文焕成了招降州郡的活样板。伯颜用他开路,沿途厚遇降将,不断产生连锁反应,一年多时间,使"淮襄州郡尽归降",逼近临安而垂手灭宋。"曹彬以不嗜杀平江南"的办法,在伯颜心目中,大概就是兵家所谓"不战而屈人之兵",其核心便是招降之术。

这首诗劈头两句:"伯颜丞相吕将军,收了江南不杀人",即指此。表面上作者对元朝所标榜的"不杀人平江南"并未直斥其伪,但就中加上一个"了"字,却使它变得似是而非:不杀人是以"收了江南"为条件的,江南未"收",又焉能不杀人。其实,伯颜用吕文焕招降,并非真的不杀人。汪元量北上所见:"淮南兵后人烟绝,新鬼啾啾旧鬼哭。"(《湖州歌九十八首》其三十二)《南归对客》:"长流漂白骨,满目皆畏途。"这是淮南战场的惨象。临安城内呢,"乱离多杀戮,水畔几人啼。”(《杭州杂诗和林石田》第十四首)西湖边也是一派惨象。但南朝君臣,寄希望于请降议和,结果以“收了江南”即南宋亡国而告终。

所以,第三四两句用一件事概写亡国之哀而惨,与前两句暗相照应。“朱紫”是以服色代宰执大臣。衣朱紫而为降臣,按封建道德,食君禄不报,已是遗臭百代,何况“满朝朱紫尽降臣”呢!这个王朝的文武大员,面对征伐和招降,简直全都成了一堆废物。“太皇”指谢后。不说谢后也是“降臣”,但说她“昨日请茶饭”,这就是汪元量的“哀而不怨”。“请茶饭”为了何事,不去管它;只就文字上不用“摆华宴”之类而偏用“请茶饭”,则“三朝国母”的形象,已使作者哀怜不已!既是“满朝朱紫尽降臣”,谢后即使是降国之首,也不过随人俯仰罢了,作者无意深责,只有“哀而不怨”了。

本诗是《醉歌》的最后一首。汪元量的一些组诗,如《湖州歌》、《越州歌》等,总是在其最后一诗中凝聚着组诗的总主题。这首诗也比较集中地表现了“国亡于酣醉中”的题意。

(程一中)

〔注〕①《元史·世祖纪》与《伯颜传》并载其事。此处所引忽必烈语,前句据列传,后句据本纪。

送琴师毛敏仲北行三首(其一)　　汪元量

西塞山前日落处,①　　北关门外雨来天。
南人堕泪北人笑,　　臣甫低头拜杜鹃。

〔注〕①“前”:《水云集》作“边”。

今存汪元量诗集,有两个最早的本子:一是《湖山类稿》五卷本,一为《水云集》。这首诗自《宋诗钞》以来,选家据《水云集》,多定为《钱塘歌》第二首,实误。今据《湖山类稿》径改为本题,并略加辨正。在《湖山类稿》中,《钱塘歌》仅一首,为七言八句,刘辰翁评其风格曰:“此诗脱老杜。”这首七言绝句,诗题不是《钱塘歌》,而排为《送琴师毛敏仲北行》三首七绝之一,刘辰翁亦有评语:“三诗似山谷。”但在《水云集》中,这首七绝却与那首七言八句摆在一起,总题为《钱塘歌》;《送琴师毛敏仲北行》的另两首,则诗、题皆佚。刘辰翁明说“脱老杜”的《钱塘歌》为“此诗”,“似山谷”的《送琴师毛敏仲北行》为“三诗”,可知《类稿》编排不误。《水云集》并列七绝、七古于《钱塘歌》下,两诗体制不一,则恐系传抄之误。

这首送别诗,写的是德祐之难中作者的悲愤心情。南宋亡国那几天,元军先自皋亭山进驻城北十五里,又以水陆舟师据守钱塘口,造成威逼形势;后移师湖州，与南北驻军三面钳制临安，以勒索降表和招谕未附州郡的手诏。首句中的“西塞山”，在今浙江湖州境。这里用西塞山指代湖州，实则指当时胁迫降国的湖州驻军。次句中的“北关门”，是临安北门，当初自皋亭山进驻城北十五里所造成的威逼之势正在“北关门外”。这两句并非写元军灭宋进兵的路线，而是借元军的部署抒写作者对伯颜挟重兵威迫宋主降国的悲愤。写诗时元兵当已移师湖州，故时间顺序可以倒后为前；又用“日落处”、“雨来天”这类阴暗凄凉的词语缀于“西塞山前”、“北关门外”，以烘托当时形势的严重，隐括南宋拱手亡国之惨。

但前两句主要是点明形势，渲染气氛，还没有充分表达作者的感情。第三句“南人堕泪北人笑”，补足了前两句，使悲愤达到顶点。“南人堕泪”，不只是亡国臣民一般的伤心落泪，而有如“少陵野老吞声哭”，是郁结心胸极度悲痛的吞声堕泪！“北人笑”也不是胜利者一般的欢笑，而是眼见无士卒抗守，无大臣殉国，兵临城下，不发一矢，竟可玩南宋君臣于股掌之上的无限满足的纵声狂笑！“南人堕泪”与“北人笑”强烈对比，深刻地表达了面对如此亡国的极度悲愤。

毛敏仲何许人，又何事北行，皆失考。既同为琴师，汪元量能悲歌慷慨、一诉衷曲于此君之前，其品格情操当亦如之。所以作者在唤起友人的悲愤感情之后，接着用杜甫的《杜鹃》诗意共勉。蜀中传说，古帝杜宇归隐亡去，其魂化为鹃，蜀人因闻鹃啼而怀念杜宇。安史乱中，两京陷落，乾元二年(759)杜甫避难入蜀，曾闻鹃下拜，借蜀俗寄故国之思：“我见常再拜，重是古帝魂”，“身病不能拜，泪下如迸泉。”“臣甫低头拜杜鹃”句正用此意。这是说毛敏仲要离故都北行了，自己也难卜去所，但不管到哪里，都会像杜甫低首拜杜鹃那样，永远怀念宋室。汪元量有真切的亡国之痛，眷怀故主，始终不渝。这首送别诗，不写离愁别绪，亦无排遣宽慰语，在凄凉婉转的诗句中，宣泄他的亡国之痛。这正是身世家国之恨随事倾泻的汪诗特色。

（程一中）

徐　州①　　汪元量

白杨猎猎起悲风，　满目黄埃涨太空。
野壁山墙彭祖宅，②　麈花粪草项王宫。③
古今尽付三杯外，　豪杰同归一梦中。
更上层楼见城郭，　乱鸦古木夕阳红。

〔注〕 ① 此诗写作时间尚难确定，可能作于被俘北上途中或南归途中。 ② 彭祖：即彭铿，传说中的长寿人物，尧帝封之于彭城，故名。据说活了八百岁，到周代才死。彭城后来改名徐州，故徐州有传说的彭祖墓。 ③ 麈(mò)：尘埃。项王宫：项羽曾以彭城为西楚都城，故徐

州有项王宫古迹。

徐州是淮海地区的名城,是历来兵家必争之地。金兵南下,元兵南下,都遭到破坏。到南宋灭亡,元朝一统之时,诗人来到徐州,就只看到一片荒凉的景象了。风吹白杨,猎猎(风声)作响,如悲泣之声;黄色的尘埃,好像要涨到太空,彭祖宅和项王宫这些古迹,都破败不堪,凄凉满目了。他喝着酒遐想,古往今来的兴衰成败,都不用再管,只管喝酒罢,世间多少英雄豪杰,都不过是同归一梦而已。他上楼望望,看见城郭之外,只剩下孤零零的一两株古树,点点乱鸦点缀着夕阳,除了凄凉的景色之外,便一无所有了。

全诗层次分明,首二句点出环境,白杨叶子脆硬,有风时碰击作响,使人感到悲哀,这里是化用古诗"白杨多悲风"的旧句,表现诗人目中所见的凄凉景物。黄尘满天,也是北方特有的景象,因为黄土层的城市和道路积累细土很多,一起风时,黄尘就弥漫天空,在凄凉之外,又加上了沉闷。三四两句,写名胜古迹无人游赏而被湮没。彭祖是一个号称长寿的古代名人,但现在墓前只剩下野壁山墙;项羽是个"力拔山兮气盖世"的英雄,而今剩下的遗迹,也只不过是一些蒙尘的杂花和污秽的杂草而已。在这种环境下,诗人悲愤无端,只好借酒浇愁,排遣悲愤,五六两句都是"万事不如杯在手"之类的套话,但其中仍然蕴涵着无限的悲愤。他说的"古"和"今",自然包括南宋王朝在内,南宋灭亡了,自己无能为力,只好"尽付三杯"之"外";他所说的"豪杰",自然也包括文天祥等在内,文天祥失败而且牺牲了,也是"同归一梦"。但诗人的思想境界是以悲愤出之的。写到这里,他悲愤达于极点,只好上城楼看看夕阳中的徐州城郭,看看城郭内外的乱鸦和古木,环境是凄凉的,心境当然也是凄凉的。

此诗炼字很有特色。如"黄埃涨太空"的"涨"字,似乎是该用"满"字,他却用"涨"字,使读者感到黄尘由地面向上浮动,有似水涨,增加了立体感。又如"塺花粪草"的"塺"字和"粪"字,都是修饰词,塺,相当于尘埃的意思,塺花即沾满尘埃的花。"粪"字本来是名词,引申为污秽,就可作修饰词来使用了。读者从"塺花粪草"四字中,可以想象出大兵之后的名胜古迹,无人游览,无人欣赏,景象凄凉,立体感也很强。

(刘知渐 鲜述文)

湖州歌九十八首(其六) 汪元量

北望燕云不尽头,[1] 大江东去水悠悠。
夕阳一片寒鸦外, 目断东南四百州。[2]

〔注〕 ① 燕云：宋代曾设置燕山府路及云中府路，包括今河北、山西两省北部地区，简称燕云。燕山后为元都城所在。 ② 东南：一本作“东西”。四百州：指南宋统治下的府、州、军一级行政区域。宋朝全盛时，号称“八百军州”；南宋以后，失去北方土地，减去一半为“四百军州”。此处“四百州”即指南宋治下的区域，是约数而非实数。

南宋亡后，诗人作为元军的俘虏之一，和宫女们离开临安，坐船北上的途中，想到自己是被押送到燕山一带去的，燕山原是唐朝的土地，五代时的石敬瑭，曾经把“燕云十六州”出卖给契丹，北宋末年虽曾一度收复，后来被女真占领，燕山府就成为金朝的政治中心，如今又成了元朝的政治中心。诗人北望燕云，顿生茫茫之感，此次北去，前程渺渺，未知来日如何。眼前江水东流，仍然是悠悠不断，象征南宋的国运一去不复返了。放眼一看，西坠的夕阳下，只剩一片寒鸦，而寒鸦飞过的空间一望无际，这辽阔的空间，不正是南宋统治下的“四百州”吗？“四百州”的军民是不是还在继续反抗呢？诗人的双目，望“断”了“四百州”，望“断”了“四百州”的土地和人民，感情是十分沉痛的。

四句诗只写一个“望”字，向北边“望”着自己将被押前往的燕云，不知命运如何？向眼前“望”着大江东去，江水“悠悠”，无力挽回颓势；向整个东南的“四百州”一望，不胜依恋之情。这依恋之情，不是诗人个人的，而是全部俘虏的。诗人在另一首《越州歌》里面写过：“东南半壁日昏昏，万骑临轩趣幼君。三十六宫随辇去，不堪回首望吴云。”不正说明这一依恋之情的普遍性么！　　（鲜述文）

湖州歌九十八首(其十)　　汪元量

太湖风卷浪头高，①　　锦柁摇摇坐不牢。②
靠着篷窗垂两目，　　船头船尾烂弓刀。③

〔注〕 ① 卷：一本作“起”。 ② 锦柁：指船。锦，喻船之华丽；柁，同“舵”。 ③ 烂：灿烂。

诗人和宫女们作为俘虏，跟随元军由运河北上，经过太湖，风浪较大，即兴成诗。在太湖遇见大风，船身簸得十分厉害，他和宫女们从未经过这样大的风浪，在船上无法坐稳，极为难受，只好靠在船篷的小窗，低首而坐。瞟着船头船尾那些闪光的弓箭和刀剑，不由得怵目伤心。

全诗写出俘虏们无可奈何的心情，先写船只经过太湖，正值气候恶劣，不惯坐船的人，何曾见过这样大的风浪。接着写船上人在风浪中的表现，就是全身动摇，坐不安稳。“坐不牢”三字中蕴含着无限的痛苦，他们一定会回忆宫廷的安定生活，一定会埋怨那些贻误军机的将军，埋怨那些主张投降的大臣，埋怨接受投降的太皇太后，正是这些人造成了他们此刻的痛苦。第三句，用他们都在风浪中垂下眼皮的这一情景，表明他们都无心欣赏太湖风光，内心必然感到一种耻辱和恐惧，这耻辱和恐惧的根源，在第四句的“船头船尾烂弓刀”七字中，沉重地和盘托出来了。

全诗着重写诗人和宫女们的痛苦心情，这心情不是从口中说出，而是用太湖的风浪和船头船尾的弓刀烘托出来。在太湖风浪和满船弓刀的环境之下，对他们的心情描写，只淡淡地使用“坐不牢”、“靠篷窗”、“垂两目”等字样，表面上着力不多，实际上力重千钧，因为字字从诗人肺腑中流出，是血和泪凝聚而成的语言，非身历其境者不能道。

（鲜述文）

湖州歌九十八首(其二十八) 汪元量

官军两岸护龙舟，① 麦饭鱼羹进不休。
宫女垂头空作恶， 暗抛珠泪落船头。

〔注〕 ① 官军：指元兵。龙舟：指宋太后和赵㬎的座船。

这是汪元量被俘北上途中所见的生活场面之一。它写元兵押解宋太后和皇帝赵㬎的座船北上途中，元兵是在两岸保护着座船前进的。对船上的供应，也很周到，麦饭鱼羹不断地送上来。这些麦饭鱼羹，不单是送给太后和皇帝，同时也送给同船北上的宫女。但是，宫女们闻着鱼羹，就发呕作恶，低头不语，暗暗地把珍珠似的眼泪抛洒在船上，其悲伤之状可想。

全诗虽只四句，却画出了一幅生动的现实情景。第一句的“官军两岸护龙舟”，就蕴含了严酷的生活内容。元朝的“官军”为何要在龙舟经行的河道夹岸保护，难道真是给俘虏来的太后和皇帝一点面子么？不是。封建社会里的皇帝，就是政权的象征，当宋帝赵㬎成了俘虏的时候，大江两岸的军民，在扬州守臣李庭芝、姜才的率领下，准备在途中劫走赵㬎，以便号召反元。元兵深知厉害，因而自赵㬎一出宫门，就加强了防御，“官军两岸护龙舟”正是加强防御的措施。表面上毕恭毕敬，实际上杀气腾腾，诗人对此是有深切感受的。接着的“麦饭鱼羹进不休”，表面上是元兵优待俘虏，实际上仍是“护”字的补充，俘虏们是不领这个“情”的。三四两句，写被俘宫女发恶心，流眼泪，作为第二句的注脚。南方妇女是喜欢鱼羹的，为何反而“作恶”，甚至“暗抛珠泪”呢？因为她们有亡国的痛苦，知道目下虽受优待，然而前途茫茫，今后的情形难以设想。根据历史记载，这些宫女后来往往自杀，说明诗人对他们的精神状态是早就有所了解的。（鲜述文）

湖州歌九十八首(其三十八)　　汪元量

青天淡淡月荒荒，　两岸淮田尽战场。
宫女不眠开眼坐，　更听人唱《哭襄阳》。

诗的前半首写从船上眺望到的景色。首句写月夜的天空，是仰视所见。本来天还是平时的天，月还是平时的月，但此时在诗人的眼底笔下，使人感到天色是这样惨淡，月色是这样荒寒，从而把行色烘托得格外凄凉。次句从夜空写到地面，是平视所见。平时长满农作物的运河两岸，经过战乱，这时在月光下只见疮痍满眼，一片荒芜。这一句实写所见景象，而字里行间隐含着诗人对这场战争的愤恨，也展示了人民在战争中所承受的巨大苦痛。可以与这句诗参读的有《湖州歌九十八首》(其三十二)："芦荻飕飕风乱吹，战场白骨暴沙泥。淮南兵后人烟绝，新鬼啾啾旧鬼啼。"还有第四十九首："长淮风定浪涛宽，锦棹摇摇上下湾。兵后人烟绝稀少，可怜战骨白如山。"汪元量的《湖山类稿》及《水云集》中以大量篇什记述了宋亡前后的史实，被后人推为"诗史"。诗人笔下描摹的当时淮河平原的凄凉景象，正是当时的真实写照。

诗的下半首由景入情。第三句诗从远方写到近处，从船外写到船中，从景物写到了人。画面上出现的是一位不眠的宫女，在全副武装的元兵押送下，是不易安寝的；也如第三十首所说，"抛却故家风雨外，夜来归梦绕西湖"，在归思乡愁的煎熬下，更是难以入睡的。这里写的是宫女，当然不眠的还有诗人自己；这里只写了人物失眠的状态，而在诗句的背后，自可想见人物的处境及其内心活动。但诗人没有紧承这一句去写失眠者的不幸身世和愁苦心情，而在第四句中转而写由外界传入失眠者耳中的凄凉呜咽的《哭襄阳》歌声。这篇末的歌声，点破了本是一片死寂的画面，也把诗篇的气氛渲染得更加悲怆。

诗篇最后写到《哭襄阳》，不仅起了渲染气氛作用，也起了画龙点睛的作用。元军于度宗咸淳三年(1267)大举攻宋时，襄阳首当其冲。当地军民在吕文焕指挥下苦守六七年之久，牵制住了元军，而当时的宰相贾似道始终坐视不救，在临安(今浙江杭州)过着极为糜烂的生活。结果，襄阳一失守，元军就势如破竹，直下临安。诗人在《醉歌》第一首中曾写了这一事件："吕将军在守襄阳，十载襄阳铁脊梁。望断援兵无信息，声声骂杀贾平章。"广大的人民对此非常痛心，因而在民间流传开一支《哭襄阳》的歌曲。诗人就借这支歌点出了船中人之所以国亡家破、沦为俘虏的直接原因，也通过这支歌表达了自己的一腔悲愤，从而在诗的终

篇处留下了发人深思的篇外之意、弦外之音。 （陈邦炎）

湖州歌九十八首(其四十二) 汪元量

丞相催人急放舟， 舟中儿女泪交流。
淮南渐远波声小，① 犹见扬州望火楼。②

〔注〕 ① 淮南：此指扬州。宋代淮南东路制置使署设于扬州。故得以“淮南”指扬州。② 望火楼：当指瞭望烽火的军事设施。

这是诗人作为俘虏，随船北上所见的画面之一。当宋太后和幼君赵㬎被元军押解北上时，扬州守将李庭芝和姜才拒绝投降，并在瓜洲布兵，准备劫走太后和幼君，结果没有成功，元兵终于抢渡瓜洲而北去了。元统帅伯颜丞相鉴于宋朝军民的反抗行为，因而催促俘虏船队急速离开扬州，以免意外，这就是“丞相催人急放舟”的历史背景。此时，俘虏船上的男男女女，失去了希望，哪能不涕泗“交流”呢？他们的泪眼，是为了离去江南，连长江北岸淮南东路制置使所在的扬州也渐行渐远，长江里的波声也渐远渐弱了。只有设在扬州高山上的望火楼还可以看见。这望火楼，是扬州守将李庭芝(淮南东路制置使)、姜才的军事设施。只要这望火楼还在，就说明扬州军民还在抵抗，宋政权还存在一线希望。

全诗用的是白描手法，首句写元朝伯颜丞相下令开船，迫使俘虏们离开扬州。其间包涵着一场惊险的斗争。一个“催”字，表明元朝的伯颜丞相害怕宋军劫走俘虏。次句写“舟中儿女”因为离开扬州而伤心呜咽，泣下沾襟。李庭芝、姜才拒绝接受宋朝太后的投降诏书，坚守孤城，寄托了南宋的一线希望。如今，“舟中儿女”不得不离开扬州，不得不离开为复国而战的军民，怎能不痛苦流泪呢？第三句接写这些失望的“舟中儿女”，留恋地回望扬州，他们留心静听江中的“波声”，寻求暂时的安慰。后来“波声”渐小，扬州已经越来越远了。第四句写他们还痴心地在望，只有扬州的望火楼还依稀在望，可惜可望而不可即。手法简洁明朗，又有思想感情上的深度。 （鲜述文）

湖州歌九十八首(其四十五) 汪元量

销金帐下忽天明，① 梦里无情亦有情。
何处乱山可埋骨， 暂时相对坐调笙。

〔注〕 ① 销金帐：饰以金线的帐子。

此诗所写，是运河途中俘虏的生活。被俘北上的宋室宫女们，夜晚在舟船中睡熟于销金帐下,忽然天明了,感到一夜都在做梦,梦中情事迷迷糊糊,似乎无情,又似乎有情。所梦见的是吉是凶,她们没有说出,但前途的险恶,是完全可以预料的。由临安(今浙江杭州)经运河南段、运河北段到大都(今北京),全是上水,走得很慢,不知何时才能到达目的地,她们也不知道命运将如何摆布自己,或者死在途中,或者到达目的地以后被折磨致死,无从预料,而必死是可以断言的,只不知这把骨头埋在哪处乱山而已。她们想来想去,无可奈何,还是在未死之前,暂时抚弄一下乐器来自遣吧!

全诗四句,全是白描手法,首句写销金帐下的宫女睡醒了。次句写她们睡醒后回味梦境的惺忪状态。第三句一转,写她们的心理活动,由梦境而产生了前途茫茫、不知埋骨何处的感慨。第四句写她们在前途茫茫的无意识状态中"相对调笙",字面上看不出悲哀,而"暂时"二字中却蕴含了无限的忧思愁情。这不仅是宫女们的感情,也是诗人自己的感情,诗人和宫女同样被押北上,他是一位琴师,是靠音乐为生的。他和宫女之间有着共同语言和共同感情,因而此诗是写宫女还是写诗人自己,也就难以说清了。

(鲜述文)

湖州歌九十八首(其六十)　　汪元量

锦帆百幅碍斜阳,　　遥望陵州里许长。
车马争驰迎把盏,　　走来船上看花娘。①

〔注〕 ① 花娘:唐、宋时人对歌妓的称呼,此指被俘宫女。

这首诗,写南宋俘虏北上,路过陵州(治所在今山东德州)泊船时的情景。陵州这个城市,长约一里多路,是北方较大的中等城市之一。在金朝灭亡以后,元兵占领陵州已经三十多年,人口逐渐多了起来。俘虏船队一到,地方官吏就迎着船队劝酒,祝贺伯颜的胜利,也有很多人借此机会上船来看美丽的宫女,这实际上是对俘虏的侮辱。

四句诗,是俘虏滞留在陵州运河时的一幅小画面。首句的"锦帆百幅碍斜阳",点出伯颜丞相押解宋朝俘虏,船队众多,"百幅"只是个约数,实际上并不止此。次句从诗人眼中看出了陵州的繁荣景象,表明了这个城市在长期战乱以后,安定下来,开始走向繁荣。第三句表明元朝地方官吏在向元朝胜利者祝贺,诗人已经有点难受。第四句写当地人上船来看宫女,就更加恶心了。前两句的感情还平淡,有客观描写的意味;后两句虽然也是写实,但作为失败者方面的诗人来说,明显地感到不舒服,写实之中仍然充满着痛苦的感情色彩。全诗基本上写事

而没有写情，但情在其中，跃然欲出。（鲜述文）

湖州歌九十八首(其八十五)　汪元量

客中忽忽又重阳，　满酌葡萄当菊觞。①
谢后已叨新圣旨，②　谢家田土免输粮。③

〔注〕 ① 菊觞：菊花酒。古人以菊的花、茎、叶，混入黍米酿酒，称"菊花酒"。次年重九时用作饮料。 ② 叨：承蒙。新圣旨：元朝皇帝的圣旨。 ③ 输粮：缴纳田赋。

这是汪水云(元量)作为宋朝俘虏到达元朝首都以后的作品之一。原来，伯颜丞相率领的元兵，于元世祖至元十三年(1276)正月包围临安时，垂帘听政的南宋太皇太后谢氏率领皇太后全氏及幼君赵㬎向伯颜投降了。谢氏名道清，汪元量在《醉歌》中所写："乱点连声杀六更，荧荧庭燎待天明。侍臣已写归降表，臣妾佥名谢道清"，就是记述这件史实的。因为谢后率领媳妇和孙儿投降，到达元朝政治中心以后，受到较好的优待，多次参加盛大的宴会。作为谢太后琴师的汪元量，在谢后身边弹琴伺候，也亲眼看到过这些宴会的情况，在《湖州歌》中对此也有所反映。本诗写于重阳节(九月九日)，按照当时的习惯，这一天要赏菊，要喝菊花酒。但在今年的重阳，诗人离开了南方的家乡，失去了赏菊、饮菊花酒的机会，只能以蒙古人常喝的葡萄酒来代替菊花酒了。谢后其时颇受优待，元朝皇帝已经下令免收谢家土地应交的田赋。言外之意是，谢后出卖南宋政权的代价，不过如此而已。

四句诗都是记实，前两句记述诗人重阳节客居北方，不能赏菊，不能饮菊花酒的异乡之感，虽然也喝了点葡萄酒，哪儿赶得上菊花酒那样的清香而且富有诗意呢？后两句写诗人在此时听到免收谢后田赋这一事时，就顺口说了出来，不杂一点议论，不加一点褒贬，让读者自己去体会，似乎诗人对这件事已经冷漠无情，而内心的痛苦自在其中。谢后所受的优待不少，诗人只选择了这一件事来写，是很有深意的。原来谢后降元时，曾请求保全"宗庙社稷"。如今，她获得了什么呢？不过获得免收土地田赋的优待而已，言外之意，暗示了降元的"不智"。诗人采用这样的写法，大有"皮里阳秋"之意。（鲜述文）

秋日酬王昭仪　汪元量

愁到浓时酒自斟，　挑灯看剑泪痕深。
黄金台愧少知己，　碧玉调将空好音。

万叶秋风孤馆梦，　一灯夜雨故乡心。
庭前昨夜梧桐语，　劲气萧萧入短襟。

王昭仪名清惠(昭仪是宫中女官名)，能诗。汪元量在度宗朝以善琴被召，即事谢后与王昭仪。南宋亡，汪元量与王清惠等俱被掳北去，后元量乞为道士南归。这期间汪、王二人多有诗歌往还，《宋诗纪事》卷八十四存清惠诗四首，都是写给汪元量的。

无声是最大的悲哀。辛弃疾《丑奴儿》词中有："而今识尽愁滋味，欲说还休，欲说还休，却道'天凉好个秋'"几句，算是把愁写到了极致。汪元量此诗的开头，采用的也是这种方法。其中"愁到浓时"总提，以下分写斟酒、挑灯、看剑、流泪，诗句不再言愁，但愁绪自见。在这种地方，辛词用说话表现，汪诗用动作表现，可谓异曲而同工。又，第二句用辛弃疾《破阵子》词中"醉里挑灯看剑，梦回吹角连营"的成句，浑然再现了一个报国无门的志士形象。只是此诗再缀以"泪痕深"三字，显示了一个宫廷乐师在亡国以后的心理状态，已不能和当年的辛弃疾相比了。

颔、颈两联，一叹知音少，一抒故乡情，既应题，表明只有王昭仪方能引为知己，又以家乡之思暗寓亡国之痛，显示出作者的创作意图。据《上谷郡图经》，黄金台在今河北易县东南十八里，燕昭王置千金于其上，以延天下士，遂以为名。又，《乐府诗集》卷四五引《乐苑》："碧玉歌者，宋汝南王所作也。碧玉，汝南王妾名。"颔联前一句说空有黄金之台，后一句说枉调碧玉之歌，反复陈述的既是作者同王清惠在元大都的孤寂处境和悲怆情怀，又含有他们洁身自好，不与元人贵族和宋室降臣们为伍的坚贞节操。颈联先写秋风中颤抖的"万叶"，衬托别梦不成，再用孤灯夜雨衬托归思难禁——自然，这里的"故乡心"表达的仍是对宋室的追念。写法上，前两句用典故直抒胸臆，后两句用环境反衬乡心，手法变化，效果极好。

末联故意宕开，由抒情转入写景，用梧桐语、劲气(即寒气)构成凄切悲凉的意境，为上文中已经酝酿出来的感情设计了大自然的深沉回响，因而使作者的"浓"愁有充溢寒空、砭人肌肤之势。

李珏跋《湖山类稿》说："吴友汪水云出示《类稿》，纪其亡国之戚，去国之苦，艰关愁叹之状备见于诗。微而显，隐而彰，哀而不怨，欷歔而悲，甚于痛哭。""微"与"显"，"隐"与"彰"，本来是互相对立的，但水云(元量号)独能把它们和谐地统一起来，形成自己特殊的艺术风格。就这首诗而言，其中"少知己"、"空好音"、

"孤馆梦"、"故乡心"等等，几乎可以说是千百年来被文人学士们唱烂了的陈词，因而人们可能误认它是一首等闲之作——这是此诗"显"与"彰"的一面。但如果知人论世，稍作进一步的考察，那么汪元量只要愿意攀附元朝新贵，则"黄金台"必不甚远，故乡也可"荣"归，由此又可断定这首诗中的知己之叹、故乡之思绝不能作通常意义来理解——这又是此诗"隐"与"微"的一面。（李济阻）

潼　关[①]　　汪元量

蔽日乌云拨不开，　昏昏勒马度关来。
绿芜径路人千里，　黄叶邮亭酒一杯。[②]
事去空垂悲国泪，　愁来莫上望乡台。[③]
桃林塞外秋风起，[④]　大漠天寒鬼哭哀。

〔注〕 ① 此诗，疑为汪元量送赵㬎到甘州（今甘肃张掖）出家，返回大都（今北京），路经潼关时作。 ② 邮亭：古时的驿站。 ③ 望乡台：汉成帝时，边兵被迫离境，筑台望乡，后来成为旅客思念家乡的常用典故。 ④ 桃林塞：即桃林，在今潼关以东，灵宝以西地区。

元世祖至元二十六年（1289），汪元量送南宋被俘的末代皇帝赵㬎到甘州（今甘肃张掖）出家后，返回大都（今北京），路过潼关，感慨万端，写了这首抒情诗[①]。诗人是在一个阴云黯黯的天气骑马来到潼关的。他在路上看到绿草还没有全黄，但邮亭附近的树叶已黄，时间可能是夏历的八月了，而诗人还流浪在千里之外，他在邮亭里喝了一杯酒，想起了国和家，想念故君赵㬎，名为出家而实际是被软禁"甘州山寺"。想念家乡所在的江南，而又欲归不得，但他最难割舍的，还是那位被软禁甘州的旧君——赵㬎。（此诗作于何时，说法不一。这里对帝㬎学佛地点，暂采杨树增的考证，因而推论此诗作于由甘州返回大都途中，较合情理。杨文见《中华文史论丛》1983年第4辑。）

全诗由景到情，第一句是写景的，但乌云蔽日的景，给人以抑郁的气氛，仍然是在为诗人的心情写照。第二句写诗人"勒马度关"，用"昏昏"二字，强化了无可奈何的痛苦心情。三句的"绿芜"，四句的"黄叶"，景物色彩不同，而"人千里"和"酒一杯"的心情，怀念家乡，欲归不得的心情，和景是配合一致的。五六两句深入一层地诉说自己无国可归，有家难奔的悲愤之情。十多年前，元兵进入临安，旧君赵㬎被俘北来，抗元英雄文天祥也在大都就义。如今旧君又被送去做和尚，这不是"大事已去"的现实么？既然"大事已去"，自己想尽点忠心，也无能为力，只剩下一点眼泪而已！那么，自己还有什么事情可做呢？国亡君逐，家乡也未必能够回去,纵有无限的乡土之思,也不敢上望乡台去望望,为什么?一方面是故乡远在江南,望也望不见,一方面是俘虏望乡,可能被认为有反抗嫌疑。不敢望而干脆说"莫上望乡台",真是一字一泪,诗人这时可能已经考虑过回大都一次,请求"黄冠南归",但谁知会不会得到允许呢?七八两句写自己虽然感到"大事已去",但十多年追随赵㬎的君臣关系,仍然不能忘情。他从"桃林塞"西望,看不见沙漠之外的甘州,而日暮时的烟霭起来了,更起悲愁之思。愁自己在千里遥遥的潼关,望不见流放甘州的旧君,只能想象沙漠那边凄凉山寺没有一个人陪伴这位旧君,他只能听鬼哭的哀声了。鬼是不存在的,但古人相信沙场上定有鬼哭,"天阴雨湿声啾啾",不是大诗人杜甫对鬼哭的想象描写么!汪元量想象赵㬎居住的甘州山寺,一定有鬼在哭,年仅十几岁的故君多么可怜啊!汪元量和赵㬎不仅是君臣关系,同时还是师生关系,公义加私情,使得这首诗特别沉痛感人。

(刘知渐　鲜述文)

〔注〕 ① 赵㬎到甘州学佛为至元二十五年十月事,汪元量经由蒙古草地送他到甘州,返回时应当是二十六年。据诗中"绿芜"、"黄叶"字样,假定为是年秋八月,大体近之。王清惠送汪元量南归诗序,虽有"水云留金台一纪"的话,从德祐二年(1276)算起,到至元二十六年(1289)仅多数月,并不矛盾。《续通鉴》系汪元量南归事于至元二十五年,不甚允当。

太皇谢太后挽章二首　　汪元量

羯鼓喧吴越,　伤心国破时。
雨阑花洒泪,　烟苑柳颦眉。
事去千年速,　愁来一死迟。
旧臣相吊后,　寒月堕燕支。

大漠阴风起,　羁孤血泪悬。
忽闻天下母,　已赴月中仙。
哀乐浮云外,　荣枯逝水前。
遗书乞骸骨,　归葬越山边。

挽章即挽诗,是专为悼念死者而作的诗。

太皇谢太后名道清,天台(今属浙江)人,理宗皇后。度宗即位,尊为皇太后,时汪元量以善琴入宫,事之。咸淳十年(1274)七月度宗崩,年仅四岁的嘉国公㬎即位,谢太后临朝听政,不久被尊为太皇太后。在此后的岁月里,国运既衰,君弱臣寡，谢太后尽力支撑，为维护南宋政权作出了一些努力。德祐二年(1276)元兵攻下临安，赵㬎向元人上表乞降，称是“谨奉太皇太后命”而为之，汪元量也有诗云：“侍臣已写归降表，臣妾佥名谢道清”，可见在灭亡前夕的南宋，谢道清是国家大事的决策人，也是朝廷权力的象征。谢太后卒于宋亡后数年。这两首诗在元人统治下悼念宋朝旧主，实际上是对故宋的挽歌，表达的是作者的亡国之痛，和一般的挽诗不同。

第一首用国破引出谢太后的北迁。首联点明国破。羯鼓系胡乐，这里代指元军，“喧吴越”是说元军攻下临安，这两句用震耳惊心的羯鼓声起头，突出了元军的强大声势，宋军无力抵抗，导致国亡，“伤心”二字也因之更见分量。颔联借物寓情，前一句说花瓣上落下的雨滴就像哀悼国亡的泪水，后一句说对着这样的悲惨局面，连柳也为之颦眉。这两句是从杜甫《春望》诗“感时花溅泪，恨别鸟惊心”化来，烘托出作者的亡国之痛。颈联由写景转入议论。“事去”之“事”指国家灭亡之事，“千年速”是说很快就成为陈迹；“一死迟”是诗人自陈胸怀，表明自己没有以死殉国，仍然苟活下来。这两句在对比中作者把自己的命运同南宋的命运联系在一起，感情越发强烈。尾联铺叙。“寒月”借指谢太后，与后一首中的“月中仙”用法近似。“燕支”，山名，在今甘肃境内，是汉代匈奴活动的地区，这里代指元都。宋亡后谢道清被掳北上，软禁在元大都(今北京)，所以说“堕燕支”。这首诗用南宋故地吴越开头，用北地燕支结尾，作者的匠心于此可见。

第二首专写谢太后之死。首句用大漠阴风起兴，这种狂风卷地、昏暗无边的环境气氛，把谢后之死渲染得感天地泣鬼神，与前首一样，一开始便强烈地表达了作者的思想感情。第二句中的“羁孤”是作者自指。汪元量初随太后北上，后乞为道士南归杭州。在饱尝了亡国、作囚、漂泊的痛苦之后，如今又遇上旧主逝世，所以“羁孤”二字含着无限的酸辛。颔联说太后之死。据《西湖志余》记载，谢道清母毛氏怀她时就曾“夜者梦五色霞罩体”。《宋史》本传更说谢后幼时浑身黧黑，一目有瞖。长大后却突然“病疹，良已，肤蜕，莹白如玉”，接着又被医生治好了眼睛。关于谢太后本来就有这么多神奇传说，后来又是“天下母”，所以“月中仙”三字也就并非俗套。颈联作宽解之词，说哀乐、荣枯都不足计。在元人统治下一个故宋遗老如此故作达观之语，无异在说生有何益、死何足悲，因而潜藏着更大的悲哀。尾联叙太后遗书。国破身亡，她不能如前辈后妃那样入葬皇陵，对于一个颇有作为的太皇太后来说，这是十分难堪的，因而作者用遗书和归葬结束全篇，非常得体。

这两首诗各成整体，同时又相互照应、巧设过渡。在用词上作者能使普通词语别见新义，增强了语言的表达能力。如用“喧”字写羯鼓，便可以在鼓声聒耳的同时看出胜利者志得意满的神态；用“悬”字写泪，既写血泪难抑，又写哭诉无门，表现了诗人的困难处境；用“赴”写飘然仙逝，一方面跟“月中仙”配合无间，一方面又同“哀乐”、“荣枯”的议论相一致——这些地方都可以看出选词用字的精当。

（李济阻）

利　州　　　　汪元量

云栈遥遥马不前，　风吹红树带青烟。
城因兵破悭歌舞，　民为官差失井田。①
岩谷搜罗追猎户，　江湖刻剥及渔船。
酒边父老犹能说：　“五十年前好四川！”

〔注〕 ① 井田：此处不指古时井田制，仅代指土地。

汪元量在宋帝赵㬎被送到甘州（治所在今甘肃张掖）安置以后，请求元朝政府准许他“黄冠南归”，黄冠是道士的帽子，戴起黄冠就表示已经出家，不过问政治了，因而活动也比较自由。但是南归后的汪元量并未忘记家国之痛，他四处游历，把自己的悲痛写进了诗篇。他游到利州（州治在今四川广元）时，写出了这首七律，反映了四川人民的痛苦。在宋代，“四川”一词为“川陕四路”的简称，它包括益州路、梓州路、利州路、夔州路，而利州路是南宋后期西陲重镇，曾是川陕四路抗金、抗元的军政中心，地势十分险要。

宋宁宗的开禧二年(1206)亦即金章宗的泰和七年，蒙古的成吉思汗开始对北方造成威胁，不到三十年，金国被灭。成吉思汗的四子拖雷在灭金过程中同时攻打南宋，曾由汉中一直攻到川西、川东，使四川受到很大的破坏。后来，由于余玠以合川钓鱼城为中心，组织了有效的抵抗，拖雷的儿子蒙哥做了皇帝以后，亲征合川，也被余玠率领的军民，打死在钓鱼城下，直到元世祖至元十六年(1279)，才因熊耳夫人的出卖，钓鱼城的战斗被迫停止。

在这五十多年中，四川曾遭受严重的破坏。到汪元量路过利州的时候，四川已是满眼荒凉了。汪元量的《利州》一诗，形象地概括了这一时代的生活真实，使读者从寥寥五十六字中窥见了四川人民的痛苦。

汪元量来到利州的年代，是不能确指的，但不难想象，诗人骑马经过七盘关、五丁关的栈道，马也走得很慢，因而有“云栈遥遥马不前”的感叹。这时正是深秋天气，满山都有红叶，他续用“风吹红树带青烟”的句子，把地理和时令都形象地点了出来。接着，就重点地写人民生活。首先，他进入利州城，发现城市残破不堪，居民“朝不保夕”，哪儿还有心情去歌舞呢？“城因兵破悭歌舞”表明了利州城的残破，是由于兵燹。接着又写农民失去土地的现实，他用“民为官差失井田”七字，表明了广大农民因“官差”繁重而典卖土地或抛弃土地，失去了生产资料。少数农民逃避“官差”，转到山中靠打猎为生，转到江中以捕鱼为业，也同样逃不了“搜罗”、“刻剥”的命运。“岩谷”二句，画出了当时四川人民生活的痛苦。最后，诗人在酒店中摄取了利州遗民的一句话：“五十年前的四川多好啊！”其实，五十年前的四川也并不见得好，但和此时的荒凉残破景象相比，五十年前的四川就好得多了。七个字中包含了无限的家国之痛。作者下字很有功力，中四句的“悭”、“失”、“追”、“及”等字，把各种悲惨形象组织起来，有深度也有广度，分寸都很准确，一点也不显得空泛。全诗如实反映了宋元易代之际的社会现实，堪称“诗史”。风格沉郁苍凉，逼近老杜。

（刘知渐　鲜述文）

【作者小传】

王　奕

生卒年不详。字伯敬，号斗山，玉山（今属江西）人。宋末前后在世。入元，特补玉山教谕。有《东行斐稿》。

送谢叠山先生北行　　王　奕

皇天久矣眼垂青，　　盼盼先生此一行。
遗《表》不随诸葛死，　《离骚》长伴屈原清。
两生无补秦兴废，　　一出仍关鲁重轻。
白骨青山如得所，　　何须儿女哭清明。

这首诗录自厉鹗《宋诗纪事》卷七十九。题目中所说的“谢叠山”即谢枋得。叠山号枋得。他是南宋遗民。元世祖至元二十三年、二十四年（1286—1287）两次召他至大都（今北京）做官，均被拒绝。至元二十五年，福建地方官强迫他北上，他即日食果菜，以示必死。次年到达大都，得病，迁居悯忠寺，见壁上有《曹娥碑》，泣曰：“小女子犹尔，吾岂不汝若哉！”早已降元的南宋旧臣留梦炎，遣使持药杂米以进，枋得怒曰：“吾欲死，汝乃欲生我耶？”弃之于地，终不食而死（略据《宋史》卷四二五《谢枋得传》）。

谢枋得之死，上距文天祥至元十九年就义已经七年，他是南宋死义的最后一人，与文天祥先后辉映。他在临北行之前，写了一首《北行别人》七律表明自己不屈之志。当时步他的诗韵为他送行的有游古意、叶爱梅、毛静可、魏天应、蔡正孙等，另外还有陈达翁、王济源的送行诗（均见《叠山集》附录）。诗多勉励宽慰语，写得最为沉郁感人的是王奕这首和韵送行诗，厉鹗乃根据《西江诗话》采录，不在《叠山集》附录之内。

起联“皇天久矣眼垂青，盼盼先生此一行。”继谢枋得原诗末联“南八男儿终不屈，皇天上帝眼分明”的诗意，而加以深拓。第一句说谢枋得在南宋灭亡之后，长期隐居，两次拒绝元朝招聘之命，铁骨铮铮，受到皇天的“垂青”。“垂青”是用晋朝诗人阮籍“能为青白眼”的典故，意即眷赏，另眼看待。诗里的内在涵义是说谢枋得的人格已经受到天帝的长期眷赏，应当继续坚持下去，不负苍天。第二句表明作者的期望。“盼盼”这个叠词透露出作者殷切期待的心情，期待什么呢？下边写出来了。颔联“遗《表》不随诸葛死，《离骚》长伴屈原清。”用两位古人的事迹进行劝勉。诸葛亮在《出师表》里表明自己对蜀汉事业“鞠躬尽瘁，死而后已”。他实践了自己的诺言，他，人虽死而《出师表》没有随他死去，而永远传于人间。屈原在他的《离骚》巨作里，反复陈述了他对楚国的忠贞不二之情，到后来他宁愿自沉汨罗，下从彭咸，也不肯同流合污；《离骚》这篇巨作伴随着屈原清风亮节而长存天壤。言外之意很清楚，就是希望对方以诸葛亮和屈原为楷模，不能对元朝降身屈节。

颈联“两生无补秦兴废，一出仍关鲁重轻。”用的是鲁地两儒生的典故。秦朝末年，陈胜、吴广起兵反秦，秦朝博士鲁人叔孙通，见天下大乱，知秦必亡，逃归故乡，参加了项梁、项羽领导的起义军。项羽失败后投汉。刘邦定天下后，要他定群臣朝见皇帝的礼仪制度，他回到鲁地征聘儒生三十多人作为助手。有两位儒生不赞成他的作为，不肯应征。叔孙通说他们二人是“不知时变”，遂与其他儒生西上长安制定了朝仪，受到封赏（见《史记》卷九十八《叔孙通传》）。诗里用这个典故的意思是说，鲁两生的行为对秦朝的兴废是不起什么作用的，但只要一出来就关系到鲁地的声望的轻重，不出则重，一出则轻。这里用来比喻谢枋得到大都去关系到宋王朝的声誉，应当坚持到底，为已经灭亡的宋朝争光。这个典故用得贴切而含意深厚，对于谢枋得来说，是精神上的鼓励，也是恳切的忠告：千万不能失节啊！末联，“白骨青山如得所，何须儿女哭清明”两句勉励对方宁杀身以成仁，勿求生以伤义，青山处处，可埋白骨，只要死得其所，自足不朽，何须葬身故乡，赢得儿女们清明时节的哭声呢。这两句是全诗的主旨所在，也是全诗的警句。它形象地概括了中国古代忠臣义士的生死观，也是诗人自己的生死观。较之“何须马革裹尸还”的情意尤为深厚，几可与文天祥“人生自古谁无死，留取丹心照汗青”名句争辉。谢枋得到大都后，终于不负平生之志，从容死义。他是不朽的，这首送行诗可与他的不朽业绩并传。 (李廷先)

【作者小传】

彭秋宇

生卒年不详。南宋末人。其诗收入《忠义集》。

秋兴二首(其二) 彭秋宇

西风卷地送凄凉，　目断归帆落日黄。
雁过江天云漠漠，　龙游沧海水茫茫。
故人入梦三更月，　近事惊心两鬓霜。
试把浊醪浇磊磈，　尊中犹带芷兰香。

《四库全书总目》有《忠义集》七卷，采宋末遗老诸作而成。“于时宋史未修，盖藉诗以存史也。”(《四库全书总目提要》卷一八八)这首诗即选自《忠义集》，作者彭秋宇，身世不详。从诗的内容看，大概南宋灭亡时作于东海边。

秋兴，感秋寄兴。晋代潘岳有《秋兴赋》，杜甫流离夔州有《秋兴八首》，彭秋宇的《秋兴二首》在创作方法上明显地受了杜甫《秋兴八首》的影响。

《秋兴二首》其一点明了写作时间。“四方玉帛燕山北，万里帆樯海水东。”是说蒙古兵攻占了临安，接着又占了南宋的许多城市，并把所夺的财物运往北方，南宋小朝廷只有逃入海中。据《宋史·瀛国公纪》说：“(至元)十六年正月壬戌，张弘范兵至厓山……(二月癸未)……(陆秀夫)乃负(帝)昺投海中，后宫及诸臣多从死者，七日，浮尸出于海十余万人。”后杨太后及大将张世杰皆死之。《秋兴二首》当即作于至元十三年(1276)帝昰入海至十六年帝昺投海死之间。

这是第二首，写诗人登临纵目所产生的感慨、忧虑，最后以忠贞自许作结。饱含慷慨激昂之情。

“西风卷地送凄凉，目断归帆落日黄。”首联写登高望远，思念友人。诗人登临高处，眺望大海，秋风时时吹拂，景色凄凉。“西风”即秋风，《秋兴二首》其一说：“沙尘破褐客秋风”，暗指蒙古兵大举南下。文天祥《题碧落堂》说：“近来又报秋风紧，颇觉忧时鬓欲斑。”可证。“目断归帆”，即目送归帆直到望不见。“归帆”有所指，中有诗人的朋友，现正随南宋小朝廷转战海中，诗人思念此中的朋友，就是盼望南宋复兴，盼望他们能打回来。然而国势有如落日，“落日黄”，金黄色的落日快要沉没在海中，也就是说，天将黑了，暗喻南宋朝廷即将沉沦，这怎不使诗人忧虑呢？

“雁过江天云漠漠，龙游沧海水茫茫。”颔联写南宋小朝廷一去不返。漠漠，云密布的样子。气候不好，大雁唱着悲歌飞走了，大雁虽去，春日尚能返回，然而南宋小朝廷飘流海上，却一去不返。空旷的海面上，水天茫茫，怎不叫诗人感慨万端呢？龙，喻君主。时宋帝流亡海上，故曰“龙游沧海”。茫茫，既写海水，又喻消息茫茫。

“故人入梦三更月，近事惊心两鬓霜。”颈联写诗人梦见故人，忧心国事。日有所思，夜有所梦，醒来却是空梦一场，“落月满屋梁，犹疑照颜色。”窗外正悬着三更的明月。近事，指南宋军队在海上被蒙古兵击败事，诗人为此忧愁得两鬓都变白了。

“试把浊醪浇磊磈，尊中犹带芷兰香。”尾联写诗人借酒浇愁，并表明志向。浊醪，浊酒。磊磈，众石累积的样子，此处喻胸中不平之气。诗人借浊酒消除胸中的愁闷，尊，酒杯。酒杯中却有芷兰的香味。芷兰是《离骚》“兰芷变而不芳兮”句中所指芳草。也就是说，诗人决心像屈原一样坚定，决不屈服于元朝的统治。诗至此，格调由悲哀转为高昂，使读者感到，诗人不仅是高人，而且是义士。

这首诗前四句写景物，句句写景，又句句言情，情景交融，构成一种悲凉的诗的境界。后四句叙事、抒情、言志相结合，含蓄而又形象地表现了诗人的耿耿忠心。此诗的风格沉郁悲壮，语不虚设，颇能感人。

（李良镕）

【作者小传】

真山民

生卒年不详。真名不详，自呼山民，或云本名桂芳，建宁浦城（今属福建）人。宋末进士。宋亡窜迹隐沦。有《山民集》。

山亭避暑　　真山民

怕碍清风入，　丁宁莫下帘。
地皆宜避暑，　人自要趋炎。
竹色水千顷，　松声风四檐。
此中有幽致，　多取未伤廉。

真山民是宋朝的遗民，他痛遭国亡，隐姓埋名，而以山民自呼。山民，即山野之民，表示他绝意仕进，与元朝不合作的态度。

"山亭"，坐落在山间的亭子。这个山亭就是气候凉爽而宜于避暑的地方。"暑"字还寓有深意，暗指元朝统治的残酷；当时它实行民族歧视的政策，特别对"南人"（元朝分全国人民为蒙古人、色目人、汉人、南人四等，南人即原南宋地区的汉人，地位最低下。）采取高压的手段。林景熙《枯树》诗中的"暑路行人惜"，寓意相同。

"怕碍清风入，丁宁莫下帘。"山亭之所以宜于避暑，是由于地势高旷，树木茂密，经常刮风，要让风吹进亭来，就得把帘子挂起。"丁宁"，嘱咐之意，可以是嘱咐别人，也可以是心语口地嘱咐自己。

"地皆宜避暑，人自要趋炎。"上面"丁宁"句已暗藏"亭"字，这里"地皆"句明点"避暑"。又"宜避暑"承上"清风入"来，因有清风入而宜于避暑，所以就到山亭来。但有些人却与他不同调，欢喜向热处行。程晓所说的："今世褦襶子，触热到人家"（《嘲热客诗》）就是这种人。这句诗寄托了作者自己避开元朝的虐政而隐居不仕的意思，包含了民族感情。"趋炎附势"是一句成语，此处的"趋炎"，可看作与"附势"同义，暗指降元朝做贰臣的那些人，和他自己成了鲜明的对照。

"竹色水千顷，松声风四檐。"二句写山亭的幽致。一则亭边长着竹子，竹子临水，水广千顷。杜甫有"修竹不受暑"（《陪李北海宴历下亭》）的诗句，何况竹外有水，水竹相映，更添凉意。再则亭边还长着松树，高而且大，经风能起波涛之声。"乔木易高风"（杜甫诗句），风满四檐，多么凉爽！杜甫《四松》云："清风为我起，洒面若微霜。"这山亭的松风，不也可以使人有着同样的感受么？

"此中有幽致，多取未伤廉。""幽致"，清幽的景致，这已经在第五六句作了具体的描写，第七句就用"幽致"二字点出来。"廉"，不贪，不苟取。风之为风，不为任何人所私有，可以多取，无伤于廉。苏东坡《前赤壁赋》有云："惟江上之清风，与山间之明月，耳得之而为声，目遇之而成色，取之无禁，用之不竭。"正是同一道理。联系第三四句来理解，这"廉"字也寄托了不仕元朝的意思。因为出仕新朝，就是贪图富贵，丧尽廉耻，像上面所斥责的趋炎附势那种人了。

这首诗主要是写景，景中寓情。就写景来说，地多清风，树有松竹，还有水，这是山亭的幽致，正宜作为避暑的胜地。诗分两层写，前四句为一层，写挂帘纳风，来此避暑，题面"山亭避暑"四个字全写到了。后四句为一层，写水竹，写松风，景色殊为幽致，乃补足上文，愈见得此山亭于避暑为宜。故虽分两层写，而下层深化了上层的意思，彼此有区别又有联系，成为一个有机的整体。从这些写景的诗句中，不是可以看出作者的情趣和襟怀吗？而且有的地方还寄托了深意，如“避暑”、“趋炎”，乃表明自己不降志辱身，与以做贰臣为荣者大异其趣。结处仅就自己一面说，与“避暑”句相承接，因为这是他意中侧重之点。古云“诗如其人”，于此可见。

（胡守仁）

泊白沙渡　　真山民

日暮片帆落，　渡头生瞑烟。
与鸥分渚泊，　邀月共船眠。
灯影渔舟外，　湍声客枕边。
离怀正无奈，　况复听啼鹃。

地之以白沙渡名者非一处。杜甫有《白沙渡》诗，写的是嘉陵江上游；这里的白沙渡，乃是今浙江建德市西南新安江的一个渡口。

“日暮片帆落，渡头生瞑烟。”二句交代泊船的时间和地点，作者乘坐一只小船，傍晚时分停泊在白沙渡。“片帆”，船上张的布幔，利用风力，推着船向前驶。苏东坡就有“长风送客添帆腹”（《八月七日初入赣过惶恐滩》）的诗句。开船张帆，停船落帆。“瞑烟”，晚烟，所谓暮色苍然，是“日暮”的点染之笔。

“与鸥分渚泊，邀月共船眠。”“鸥”是水鸟，“渚”是水中陆地，“泊”是船停下来。《列子·黄帝》说海上有个好鸥鸟的人，日从鸥鸟游，鸥鸟越来越多，随后想捕捉它给父亲玩，它们就舞而不下。这个故事表明：人无机心，可以与鸥鸟相狎。作者正是这样的人。又从鸥鸟游者，其人必置身江湖之上，而不以爵禄自縻，于此也暗示了不仕元朝的意思。月在天上，影落船中，就好像是被作者邀来同眠似的。把第三四句分别与王安石《题舫子》的“眠分黄犊草”，李白《月下独酌四首》其一的“举杯邀明月”对比一下，显然此原于彼，而又自具熔锤。

“灯影渔舟外，湍声客枕边。”“渔舟”，就是作者乘坐的那只小船，从船上见到了别处的灯光。“湍”，急流，声音壮猛。韩愈有这么几句描绘滩声的诗：“浩浩复汤汤，滩声抑更扬。”（《宿龙宫滩》）大概急湍的声响与此相仿佛，作者在枕上自然会被它搅得不能入睡。

“离怀正无奈，况复听啼鹃。”第六句“客枕”，表明作者离开了自己的家，第七句便点出“离怀”二字。“无奈”，无可如何。这时作者正在想家，意不自得，可又偏偏听到杜鹃叫，似乎在劝人不如归去①，这不更添人愁思么？“听啼鹃”，还有深刻的寓意。相传杜鹃是蜀帝杜宇的魂所化,结合作者的身世,他的怀念故国之情,不是可以从这里想象得之么?《四库全书总目提要》称他“黍离麦秀②,抱痛至深,而无一语怼及新朝”。其实,他既痛悼国亡,就必然对新朝有反感,只是为了免招祸害,把话说得十分含蓄,令人不易看出来而已。

苏东坡说王维“诗中有画,画中有诗”(《东坡志林》)。又说“诗画本一律,天工与清新”(《书鄢陵王主簿所画折枝二首》其一)。真山民这首诗就是可以入画的,也是巧夺天工,意味清新的。甚至可以说,它是一幅画师画不出的图画。画面是:作者坐着小船,晚烟中停在渡口,与白鸥分渚而泊,同明月共船而眠,别处见灯光,湍声喧枕边:这是多么好的自然风光,给了作者美的享受。可是他离开了家,不免为此而生愁,再听到不如归去的杜鹃声,更令人难堪。可以说,上六句写景,景中有情,表示了作者与众异趣,不仕元朝的气节。下二句言情,情附景出,并寓有深意,表示了作者念家和亡国之痛。梅尧臣说:“状难写之景,如在目前,含不尽之意,见于言外。”(欧阳修《六一诗话》)此诗有之。正因为这样,在作者是既得于心,在读者就能会以意了。　　(胡守仁)

〔注〕 ① 不如归去:托名师旷的《禽经》云:“春夏有鸟,若云不如归去,乃子规也。”按子规即杜鹃。 ② 黍离麦秀:《诗经·王风》中的《黍离》,是周大夫伤闵周室颠覆而作,因首句“彼黍离离”而得篇名。箕子过殷墟,伤感宫室毁坏,生长禾黍,而作麦秀之歌。后人每用“黍离”、“麦秀”表示亡国之痛。

泊舟严滩　　真山民

天色微茫入暝钟,　严陵湍上系孤蓬。
水禽与我共明月,　芦叶同谁吟晚风?
隔浦人家渔火外,　满江愁思笛声中。
云开休望飞鸿影,　身即天涯一断鸿。

这首诗如同一幅淡淡的水墨画,但是读者吟咏之余,不禁会感到,这种闲淡是出于作者的沉沉哀愁。诗中写的是羁旅之愁,这愁里蕴含着时代的特定内容。

起首两句叙事,紧扣诗题。时近黄昏,钟声在微茫的暮色中鸣响回荡,钟声的清越悠扬更显出夜的深沉清寂。气氛是冷清的,背景是暗淡的,诗篇就在这幽暗的背景上展开。由夜幕降临大地、钟声长鸣引出诗的第二句。严陵湍,即严陵濑,也叫严滩,位于今浙江桐庐县南。从桐庐到於潜,共有十六濑,严陵濑便是其中的第二濑。相传这是东汉严子陵钓鱼之处。严子陵，余姚人，少年时代曾与汉光武帝刘秀同学，刘秀称帝后，子陵隐姓埋名，归隐富春山（在今浙江桐庐）。泊舟严滩是写实，但写实中仍有很深的寓意。真山民是南宋著名理学家真德秀的后裔，宋亡后埋名隐迹，自号山民。遁迹山林的真山民在著名的隐士严子陵垂钓的地方泊舟，这件事意味深长。它写了作者的行踪，也表明了追踪子陵、终老江湖的心愿。如蓬草一样飘泊无定的一叶小舟，就停靠在这样一个微茫暗淡的地方，显出诗人的寂寞哀愁。

颔联坐实"孤"字，画面疏淡清冷。如果说首联的"孤"，点出了作者泊舟严滩时的孤寂之情，颔联则是"染"，寥寥几笔，渲染出严滩冷寂的夜景和诗人凄苦的内心世界。明月高照，对月怀人，这是无数诗人反复吟咏过的动人诗题，也是对远方游子的莫大慰藉。然而这一轮皎洁的明月，有谁可以和诗人分享呢？只有禽鸟的鸣声相依为伴，也只有和似乎有知的水禽分享素月的光辉。晚风习习，拂面而来，又有谁可以一起吟咏呢？也只有瑟瑟作响的芦叶吧！这两句写作者孤苦无依的苦痛，"与我"、"同谁"，互文见义，写出了一片沉郁之思，真切感人。

颈联翻进一层，仍写自己的凄苦孤寂。星星点点的渔火，三三两两的人家，笑语欢声随风飘送，使游子倍增哀愁。这哀愁有如满江滚滚滔滔的流水，无边无际，无休无止。它无端袭来，无可排遣。清亮的笛声在静寂的夜空回旋，更添加了游子的愁怨。

相传雁足系帛，能传书信。鸿雁的到来，是孤寂生活的希望和慰藉，理应翘首以待，作者却出以"休望"，身历国家兴亡的巨变，孑然一身，形影相吊，已永远失去了生活的欢乐和希望，鸿雁来了，也无书可传。"休望"，写出心情的绝望，语气决断，也极沉痛。结句承上句"飞鸿"，即以失群的孤雁自比，总束全篇。孤雁的凄惶无依，正象征着诗人羁旅飘泊的生涯。雁为候鸟，尚能南来北往，重返故园，自己无家可归，则身世的凄苦，又有过于断雁者。以比喻作结，无限哀痛之情见于言外。

这首诗写泊舟严滩的所见所闻所感，而以"愁思"二字贯串其中，叙事、写景、抒情密切结合，层层翻进，最后以比喻作结。诗人抒写情怀，如泣如诉，没有什么惊人之笔，甚至也未见锤炼之功，但因都是真实感情的自然流露，读来分外感人。

（雷履平　赵晓兰）

杜鹃花得红字　　真山民

愁锁巴云往事空，　只将遗恨寄芳丛。
归心千古终难白，　啼血万山都是红。

枝带翠烟深夜月，　魂飞锦水旧东风。
至今染出怀乡恨，　长挂行人望眼中。

这是一首咏物诗，咏物是为了言志。诗人吟咏杜鹃花，是为了寄托故国之思。李白的《宣城见杜鹃花》云："蜀国曾闻子规鸟，宣城还见杜鹃花。一叫一回肠一断，三春三月忆三巴。"就是在异乡见杜鹃盛开，触动思乡之情而作。"得红字"，指诗人和朋友分韵赋诗，分到的是"红"字，"红"属"东"韵，这首诗押的即为"东"韵。

前两联写杜鹃，从虚处着笔。尽管没有精细刻画，但哀怨动人的传说，已给杜鹃抹上一层神秘的色彩。

起句的前四字写景，巴，指巴蜀之地(今四川)。巴蜀一带的上空，愁云密布，天空黯淡。"往事空"三字由写景转入人事。往事，指"望帝春心托杜鹃"(李商隐《锦瑟》)之事。据《华阳国志》、《蜀王本纪》等书记载，周代末年，七国称王，杜宇也在蜀称帝，号曰望帝。望帝委派其相鳖泠凿巫山治水，有功于世。望帝自以为德薄，便效法上古帝王禅让之例，让位给鳖泠，号曰开明。望帝归隐以后，精魂化为杜鹃，杜鹃啼鸣出血，啼声是"不如归去"，便是朝夕思归之意。空，就鸟而言，指往事已化为烟尘，空无所有。这句直入传说，领起全篇，勾人心魄。

往事既已如烟，也就万念俱灰，不再有什么憾事了，作者却继之以"遗恨"，既有"遗恨"，又何"空"之有？可见上句的"空"，不过是一句聊以自慰的话罢了。用一"只"字，写出种种的愁怨都会烟消云散，唯独这对于故国刻骨铭心的眷恋之情，是永远也不可能磨灭的。"只"字还写出诗人一种无可奈何的绝望心情，面对如烟的往事，一筹莫展，只有将深沉的思念寄托在满山怒放的杜鹃花上。这里的"往事"，语义双关。既指望帝称帝，归隐化而为鸟的"往事"，更指南宋王朝昔日的昌盛繁荣景象。而"遗恨"，既指杜鹃背井离乡，日夜思归的恨，更指王朝覆灭的家国之恨，寓意深沉。

第二联承上而来，杜鹃啼曰"不如归去"，然而杜鹃思归的一片苦心，能向谁倾诉，又有谁理解？杜鹃千古难白的归心，象征着诗人内心深处难以言说的万般情思。啼鹃啼血，染红了千山万岭，开出了满山的红杜鹃。"千古"，状时间的久长，"万山"，状地域的宽广。唯其千古难白，愁怨更为深长；唯其万山红遍，遗恨尤为沉重。千峰万峦，鲜血染成，色彩浓丽，景象悲壮。次句第三字当作平声，这里用仄声，第五字则用平代仄以为补救。这种声调的拗折更使全句具挺拔之致。

第三联的出句，笔锋一转，从正面写花。在夜月的笼罩下，青翠的雾霭萦绕着杜鹃花丛生的枝条。这一句是实写，但仅此一笔，又远远宕开。下面说，杜鹃的精魂早已乘着昔日和暖的东风，飞回朝思暮想的锦水之滨。由杜鹃的魂飞锦水，更可见故国之思的深长缠绵，鸟犹如此，人何以堪！翠烟、夜月、精魂、东风，在这里交织成一片纯美的诗情，意象凄美动人。

第四联由杜鹃思归啼血、魂飞锦水生出。那满山的红杜鹃原来是用碧血染出，飘泊天涯的亡国遗孤见此，能不伤心泪零？结句正面出现“行人”，点出题意，诗人的家国之恨，也是碧血染成，永无休止。

文天祥在被押解赴燕京途中，曾作有两首《金陵驿》诗，最后两句是：“从今别却江南路，化作啼鹃带血归。”同样借啼血的杜鹃，抒写家国兴亡之感，正可与这首诗比观。

（雷履平　赵晓兰）

【作者小传】

郑　协

生卒年不详。宋末遗民。其诗收入《天地间集》。

溪桥晚兴　　郑　协

寂寞亭基野渡边，　春流平岸草芊芊。
一川晚照人闲立，　满袖杨花听杜鹃。

出现在这首诗中的景物是优美、宜人的：有亭有渡，自然可憩可览；流平岸，草芊芊，方见春意盎然；一川晚照，正是“夕阳无限好”的时候；人无事闲立，恰好景与神会；此时杨花扑袖成色，鹃啼入耳成声——诗中形、神、光、色、声，动、静兼备，境界很美。

但是，出现在这首诗中的景物又略嫌寂寞：不但于亭基曰“寂寞”，于渡曰“野”，明确表露了作者感情，即使写春流也只说“平岸”（不同于“涨岸”、“拍岸”），写人只说“闲”说“立”，写杨花只说“满袖”（是停止、冷落的，不是飞舞、生动的）——全是静谧、恬淡的。诗末的杜鹃，虽然声声聒耳，但“鸟鸣山更幽”，这几声鹃啼，却恰恰反衬了环境的清幽和作者的孤独。

景色是优美、平静的，论理，人也该是被陶醉而心无纤虑的。其实不然。此诗主人公的感情是凄楚悲凉的，心潮是起伏不定的。主人公在想什么？他在痛悼亡宋，在为元朝入主中原而饮恨泣血。这，只要品味一下"听杜鹃"三字，读者就会明白。杜鹃，据传是望帝的魂魄所化，它的叫声凄厉哀婉，令人愁绝。作者是南宋遗民，他听泣血鹃声而动情，涌上心头的自然是故国之思、亡国之痛。假如我们再把这鹃声放回到诗中所描绘的那个特殊环境中去，那么问题就更明显了：亭基寂寞，野渡无人，作为亡国孤臣，作者感到的应该是难堪的凄凉。春流已涨，春草又绿，然而国复何时？这里透露的不只是时不我待的焦虑，更多的是报国无日的怅惘。此时夕阳将下，鸟入林，兽归窟，作者不禁想到人将焉归？所恨的是野渡无舟可济，诗人只好任杨花牵惹情丝，凭鹃声献愁供恨了。

这首诗以含蓄不露见长。诗歌的表现方法是多种多样的，但中国旧诗多是篇幅短小的抒情作品，因而人们更注意含蓄。梅圣俞说写诗要"含不尽之意，见于言外"。司空图也特别欣赏"不着一字，尽得风流。语不涉己，若不堪忧"的风格。郑协此诗通篇写景，但因为选材得当，描写有术，所以能够既婉曲又真切地表露作者心迹，算得上一篇"不着一字，尽得风流"的佳作。 （李济阻）

【作者小传】

罗公升

生卒年不详。字时翁，永丰（今属江西）人。以军功授本邑尉。宋亡，曾北游图恢复。有《沧州先生集》。

戍 妇

罗公升

夫戍关西妾在东，　东西何处望相从。
只应两处秋宵梦，　万一关头得暂逢。

这是一首思妇诗。诗题《戍妇》，可见女主人公是一个普通戍卒的妻子。丈夫久戍关西，她独处闺中，又正当桂魄初生、轻罗已薄的秋夜，窗外可能还频频传来邻妇们捣衣的砧杵声，这一切，怎能不牵动她的万里愁思？可是，空闺寂寂，"便纵有千种风情，更与何人说？"于是，她只得把万一相逢的希望托诸秋梦。

类似题材的作品，在唐人诗歌中很多，如沈佺期的《独不见》："卢家少妇郁金堂，海燕双栖玳瑁梁。九月寒砧催木叶，十年征戍忆辽阳。白狼河北音书断，丹凤城南秋夜长。谁谓含愁独不见，更教明月照流黄！"李白的《子夜吴歌》："长安一片月，万户捣衣声。秋风吹不尽，总是玉关情。何日平胡虏，良人罢远征？"张仲素的《秋闺思》:"碧窗斜月霭深晖,愁听寒螀泪湿衣。梦里分明见关塞,不知何路向金微。"分别从不同角度刻画出思妇们的心情:卢家少妇的失望和担忧,长安女子的深情和希冀,秋闺思妇的悲愁和怅惘。罗公升这首诗中的戍妇却与众不同。在与丈夫各分东西、音问不通,不知"何处望相从"的情况下,她既不敢过分乐观、盲目希冀,又不甘长期为失望和担忧所折磨,更不是那种悲悲切切、惘然无措的人,她把与丈夫相逢的侥幸寄托在秋宵梦境!粗粗读去,在边患频繁的宋代,这似乎也不失为一种聊以自慰、以求得暂时的心境宁静的方法;但细细体味:"只应"、"万一"、"暂逢",字里行间分明又透出一种无可奈何的情绪。真可谓痴绝,凄绝!

此诗前二句的构思显然是受到唐代女诗人陈玉兰《寄夫》诗的启发。陈诗云:"夫戍边关妾在吴,西风吹妾妾忧夫。一行书信千行泪,寒到君边衣到无?"二诗起句十分相似,都是用"当句对"的手法来突出夫妻相隔天涯的状况,然陈诗仅用"边关"和"吴"来说明二地距离之远,此诗却以"东"、"西"二字相起,先让读者产生一种遥遥相望却不能相聚的心理效应,也就是王闿运所谓的"不能名言,但恰入人意"(《湘绮楼说诗》),接着才用"东西何处望相从"一句挑明补足,这就可以收到较强的艺术效果。

全诗用第一人称写出,语气直率,感情真切,颇有民歌风味。　　(陈文华)

秋　怀　　　　罗公升

旧日方山子,　凄凉寄一箪。
虫声来倦枕,　秋思入凭栏。
已是肱三折,　那堪指一弹。
中宵更风雨,　谁念客毡寒。

罗公升的祖父罗开礼曾随文天祥勤王,兵败被俘,绝食而死。公升本人南宋末以军功授县尉。后曾北游图谋恢复,事虽不成,但其坚贞意志却为世人敬仰。这首诗因秋起兴,抒发的便是他不能恢复宋室的怅惘和苦闷。

此诗以"秋怀"为题,作者所用的方法是使自己的诗思紧紧围绕住"秋"字展开,而那个"怀"字,则被暗暗地寓寄在秋日的种种感受之中。试看:第一联以方山子自喻,虽与"秋"字无关,但"凄凉"一词,倒也容易让人体味到秋日的气息。到了颔联,作者用"秋思"、"虫声"明点"秋"字,而对"怀"字却只用"倦枕"、"凭栏"二语逗引。为什么诗人夜来"倦枕",日间"凭栏"?他是有意让人们在"虫声"、

“秋思”中去体会，换句话说，他是寓“怀”于“秋”。颈联中的“肱三折”大约是全诗最直截了当地抒写情怀的地方。“肱”，指手臂。《左传·定公十三年》：“三折肱知为良医。”诗中使用这个典故，从字面上推知是阅历广、挫折多的意思，可是诗人“怀”的真正内容，读者还得结合他北游恢复不果的经历，和下句“那堪指一弹”中去探求。“指一弹”，指时间极短。诗人由秋日的万物凋零想到时光流逝，岁月蹉跎，痛感到宋室东山再起的希望愈来愈渺茫——这才是他的真“怀”所在。尾联中写秋日景况及个人的感受。作者的情怀在这一联中透露了点消息：一是以“风雨”、“毡寒”表现心地凄凉，一是以“谁念”表现处境孤独——总之，孤掌难鸣、恢复无望的主题的表达，凭借的仍然是精心设计的秋景描写和作者在这种环境中的特殊感受。“景语即情语”。这首诗能驱使景语传达丰富的感情，与情语妙合无间，足见作者属思之妙。

此诗用典不多，但颇具特色。比如“肱三折”是人们所熟知的，通常是用以比喻对某事阅历多，积累经验，自能造诣精深。罗公升仅取“阅历多”一端，并由此引申开去，却抒写挫折多、事情不顺利。作者没有背离原典的本意，与下句相结合，更见深沉的感慨。再如，首联中的方山子指北宋人陈慥，他晚年隐居在光州、黄州之间，“庵居蔬食，不与世相闻”，几乎是一个不食人间烟火的“隐仙”。罗公升复宋不成，遁迹于山林，因此引以自比，是很自然的。不过，仅仅认识到这一点还嫌不够。因为作者如果只用方山子的超然遁世自况，那么这两句诗意就同以下六句中一再叙写的不能解脱的烦恼相矛盾。其实，一般人心目中飘然忘机的方山子还有另一面。苏轼《方山子传》记载：“前十有九年，余在岐下，见方山子从两骑，挟二矢，游西山。鹊起于前，使骑逐而射之，不获。方山子怒马独出，一发得之。因与余马上论用兵，及古今成败，自谓一世豪士。今几日耳？精悍之色，犹见于眉间，而岂山中之人哉？”他的遁入林泉，苏轼曾说：“稍壮，折节读书，欲以此驰骋当世，然终不遇。晚乃隐居于光、黄间……。”全面地看《秋怀》诗，我们觉得当年想“驰骋当世，然终不遇”、身在岩穴但“精悍之色，犹见于眉间”的方山子，才应当是罗公升乐于相伴的同调——因此，此诗用方山子事，也与一般人只取其隐逸者不同。

（李济阻）

【作者小传】

柯茂谦

生卒年不详。字退之，瑞阳（今江西高安）人。

鲁　港　　　柯茂谦

十年回首付沾襟，　　断甲沉沙齿齿深。
可惜使船如使马，　　不闻声鼓但声金。
人歌鬼哭都堪史，　　木落江空正独吟。
遗老萧条渐无语，　　酒旗飐飐出芦林。

鲁港，地名，在今安徽芜湖西南约三十里，是小淮水流入长江的港口。

南宋末期，贾似道把持朝政，恣行威福，言路断绝。元军已沿江东下，贾似道仍歌舞葛岭（山名，在浙江杭州西湖北）纵情行乐。当时，朝野群情激愤，一致要求似道出师。他万般无奈，始开都督府于临安，但一直按兵不动。直到第二年（德祐元年，1275）正月才出兵，据《宋史·贾似道传》记载，贾似道出师时，金帛辎重之舟，舳舻相衔百余里。行至安吉时，似道乘坐的大船因负载过量，胶附堰中，千人入水牵引，仍纹丝不动，只得改乘他船。南宋军事腐败如此，鲁港的惨败自在预料之中。

贾似道到达芜湖后，先遣人出使元军，请称臣输岁币，元丞相伯颜不从。似道便将精兵七万交孙虎臣统领，战舰二千五百艘交夏贵统领，自将后军，驻军鲁港。元军与孙虎臣对阵，虚张声势，呼声动天。前锋才接战，孙便遁入其侍妾所乘舟中，军中顿时大乱，夏贵亦不战而走。贾似道仓皇失措，未见元兵便鸣金收兵。元军乘机截击，宋军被杀及溺死者不计其数，江水尽赤，武器粮草全被元军缴获。贾似道与孙虎臣等单舸奔还扬州，这便是历史上所谓“鲁港之败”。《鲁港》即写此事。

鲁港之败发生在宋恭帝德祐元年，作者写这首诗时，距惨败已有十年之久，可见此诗乃作于宋亡后，即至正二十一年（1284）前后。

首句摄人心魄，领起全篇。“十年”，点明写作的时间。“回首”，指出这是凭吊鲁港故地之作。国破家亡，往事不堪回首，忆之，但有涕泣沾襟而已。次句即写鲁港故地所见。断甲，断裂的铠甲。“折戟沉沙铁未销，自将磨洗认前朝”，是晚唐诗人杜牧《赤壁》诗中名句。《赤壁》和《鲁港》同样以地名作题，同样从眼前具体之物——“折戟”、“断甲”兴感，但杜牧写“折戟”，意在赞美周瑜的军事才能，此处的“断甲沉沙”却是哀叹南宋的覆亡。两者着眼点不同。齿齿，指断裂的甲胄在泥沙上印下的痕迹。这句诗造语平淡，却表达了作者触目惊心的感受。

颔联回顾当年的作战经过，以“可惜”二字贯通全联。据《古今注》下卷《杂注》第七:“孙权时名舸为赤马,言如马之走陆也,又以船名驰马。”“使船如使马”,本指南人惯行水路,这里借以讽刺南宋水军乘船疾走的狼狈之状。以贾似道为首的一伙南宋将领,腐化堕落,本无斗志。他们指挥作战,不是一鼓作气,奋勇杀敌,而是未见元兵便鸣金收兵,以至溃败而归。“声”,这里用作动词,作敲击解。“鼓”、“金”均为作战时使用的乐器,“金”系用金属制成。古时作战,“击金则退,击鼓则进”(《吕氏春秋·不二》高诱注)。迎敌而只知鸣金,怎能不兵败如山倒呢?

颈联的出句追叙往事,对句则抒发今情。“人歌鬼哭”,写鲁港之败的惨状。堪,能够,足以。史,载入史册。历史的教训是不能忘记的,但这一次的教训实在是太深刻太惨痛了,甚至连吸取教训的机会也没有。“木落江空”,是凄清的深秋景色,也是作者阴冷的内心世界的反映。“独吟”,表现出诗人的孤寂之感。尾联出句表明心境,次句写眼前所见。从“独吟”到“无语”,此时此地,任何语言都成了多余。眼前一片黄茅白苇,只有几面酒旗在萧瑟秋风中飘拂。遗老孤臣的心境,也就尽在不言中了。

鲁港之败后,南宋江汉守臣均弃城溃逃,太平、和州守臣也相继降元,国势一发不可收拾。鲁港之败的第二年,伯颜进军临安,宋恭帝降,南宋遂亡。可以说,鲁港之败,宋军主力覆没,加速了南宋王朝的灭亡。

鲁港之败是南宋末年举国上下为之震惊的大事。就在兵败后半月,词人刘辰翁即赋《六州歌头》,尖锐地抨击了恬不知耻地自命“胜周公”的贾似道的祸国误民。文天祥怒不可遏,也作有《鲁港》一诗,北行到燕京后,还集杜诗为《鲁港之遁》。可见此事在当时的震动是很大的。这首诗写于十年之后,仍然充满激愤,表现出遗民的哀痛。

(雷履平 赵晓兰)

【作者小传】

邵 定

生卒年不详。字中立,自号六芗老人,吉州庐陵(今江西吉安)人。性爱花木,宅边植梅、竹、兰、桂、莲、菊。通《周易》、《春秋》。

山 中

邵定

白日看云坐, 清秋对雨眠。

眉头无一事，　　笔下有千年。

这是一首两两作对的五言绝句。白日清秋，看云对雨，应作互文看，白日指终日如此，清秋概括四季，这两句写出主人公的超尘脱俗，除了天然景物，一切不放在心上。第三句是承一二句来，既然一切都不值得放在心上，自然不会愁眉不展。邵雍诗“生平不作皱眉事，天下应无切齿人”，可以作此句注脚。如果诗中只表现这点意思，那主人公只是一个脱俗之士而已。这末一句却看出作者的自信来，表示自己的著述必可传之永久。这句看起来好像和上边三句不相干，其实前三句正是末句的条件。正因为思想上不受世俗的干扰，对世俗所追求的东西毫不放在心上，才能专心著述，可望达到“笔下有千年”的境地。这几句诗是邵定的自我写照。他温粹博雅，精通《周易》和《春秋》。在住宅边种植梅、竹、兰、桂、莲、菊等各十几棵，大约取它们的高洁脱俗。他自己穿上古装衣服，逍遥其中，自称“六芗老人”。了解邵定这样的生活，就可体会，这首诗确可称为实录。

邵定是宋遗民，他的脱俗是气节坚贞的一种表现，所以“笔下有千年”的核心思想是保持操守，仰不愧天，俯不怍人，也就是龚开评方凤诗所说的“由本论之，在人伦，不在人事。等而上之，在天地，不在古今”（见《宋诗纪事》卷七八）的意思。

（周本淳）

【作者小传】

詹　本

生卒年不详。字道生，建安（治今福建建瓯）人。元丞相江万里荐为郎，持钓竿渡溪而去，不知所终。

闲　中　　　　詹　本

万事问不知，　　山中一樽酒。
扫石坐松风，　　绿阴满巾袖。

表面看来，这首小诗写的是一种悠闲自得的境界。住于深山，万事不问，对酒独酌。到户外扫扫山石，坐在松树下乘乘凉，满身都是绿阴，这该多自在。使人想起李白那首绝句：“问余何意栖碧山，笑而不答心自闲。桃花流水窅然去，别有天地非人间。”（《山中问答》）但如果联系詹本的身世来理解，这首诗里包含的内容和李诗就有较大的区别。李诗表现出超然脱俗的襟怀，詹诗却表现出一种凛然不可犯的民族气节。詹本在宋亡后，坚决不与元朝统治者合作。元朝丞相江万里举荐他为郎官，先写封信给他。詹本正坐在门前石上钓鱼，江万里派的使者来了。使者不认识他，就问他："詹本住在哪儿？"他把手一指说"前边"，就拿着渔竿渡过小溪，后来不知所终。这首小诗，在"闲"的后面隐藏着这种可贵的气节。第一句的"问"字很重要，随你什么人，我一律不予理睬，不是"不知"而是不屑与谈。这就表现出遗民的倔强性格。"扫石坐松风"既是即景，也含深意。"岁寒然后知松柏之后凋。"陶渊明《归去来辞》："景翳翳其将入，抚孤松而盘桓。"都以松树象征劲节。这里的松风绿阴都含有这层意思，和王维"松风吹解带，山月照弹琴"的纯写闲适之趣表同而实异。这首小诗短短二十字，从一种表面悠然自得的情趣中，体现出一个亡国遗民的孤芳自赏、不忘故国的精神。这种精神是《谷音》一书中作者所共有。这些诗作是他们所处时代和一种难言之隐在字里行间的流露。

（周本淳）

【作者小传】

郑思肖

(1241—1318) 字忆翁，号所南，自称三外野人，连江（今属福建）人。少为太学上舍，应博学宏词试。元兵南下，痛国事日非，上书，不报。后隐居苏州。工墨兰，兼工墨竹。有《所南翁一百二十图诗集》、《郑所南先生文集》等。又有《心史》，明崇祯十一年(1638)苏州承天寺浚井时被发现，有说为后人伪托。存世画迹有《国香图卷》等。

咏制置李公芾

郑思肖

举家自杀尽忠臣，　仰面青天哭断云。
听得北人歌里唱：　"潭州城是铁州城！"

郑思肖是宋末一位具有坚贞气节的诗人。诗品出于人品，七绝《咏制置李公芾》之成为一首令人感泣、给人力量的"正气歌"绝非偶然。

诗题中"制置"即制置使，掌措置捍卫疆土的军事，宋代多由安抚使兼任。"李公芾"即李芾，字叔章，"公"乃尊称。据《宋史》载：芾为人刚介，不畏强御，强力过人，治事勤勉。知临安府时曾与奸臣贾似道对抗而被罢官。后蒙古军南攻，大败贾似道于芜湖，芾乃复官任潭州(治所在今湖南长沙)制置使兼湖南安抚使。芾立誓“以家许国”，德祐元年(1275)七月至潭州，当即召募丁勇，栅江修壁，准备迎敌。是年九月蒙古右丞阿里海牙于攻取湖北州郡后又攻至潭州，以大军围城。芾与军民拼死抵抗，终因寡不敌众，蒙古兵于除夕登城。李芾乃命帐下沈忠：“吾力竭，分当死；吾家人亦不可辱于俘，汝尽杀之，而后杀我。”沈忠迫不得已而从命，事毕亦自杀。潭州百姓闻之，亦多举家自杀。闻此惊心动魄的壮举，郑思肖怎能不热血沸腾，引吭高歌？

“举家自杀尽忠臣”，既是对惊天地、泣鬼神之举的记叙，亦是饱含激情的评论。“举家自杀”令人痛惜，更使人肃然起敬；“尽忠臣”是高度的赞美。郑氏《题画菊》云：“宁可枝头抱香死，何曾吹堕北风中！”李公芾与潭州军民正是这傲骨铮铮的“菊花”！

“仰面青天哭断云”，诗转向具体描写诗人惊悉李芾举家饮刃消息后的悲痛哭泣之状，“仰面青天”写其状，天不助宋，为之奈何？“哭断云”写其声。断云，即残碎之云，以喻山河破碎。此句写诗人之悲哭，同时亦是从侧面讴歌李芾“举家自杀”之忠烈。

“听得北人歌里唱：‘潭州城是铁州城！’”这两句是在前句从诗人的角度歌颂李芾等“忠”的基础上，又从敌方的角度进一步歌颂其“勇”。忠为勇的前提，勇乃忠的表现。当时蒙古军气焰甚盛，不可一世，既大败贾似道于芜湖，又攻取湖北州郡，可谓势如破竹，谁知在潭州被阻三个多月，遭到李芾率领的军民“死伤相藉，人犹饮血乘城殊死战”的顽强抵抗。李芾慷慨登陴，与诸将分地而守，亲冒矢石督战，有来招降者皆杀之。蒙古军着实领教了潭州军民的厉害。事实迫使他们不能不怀着钦佩和畏惧的心情承认：“潭州城是铁州城！”赞“潭州城”实即赞潭州城守卫战的统帅李芾。此句收束得很有力量，充满了诗人赞誉之情，城虽破，但“铁州城”的形象将永远彪炳于史册！

此诗采用白描手法，自然朴实；熔记事、议论、抒情于一炉；正面与侧面抒写相辅；热烈地赞扬了李芾与潭州军民的悲壮事迹，也抒发了诗人爱国的拳拳之心。

(王英志)

德祐二年岁旦二首　　郑思肖

力不胜于胆，　逢人空泪垂。
一心中国梦，　万古《下泉》诗。
日近望犹见，　天高问岂知！
朝朝向南拜，　愿睹汉旌旗。

有怀长不释，　一语一酸辛。
此地暂胡马，　终身只宋民。
读书成底事，　报国是何人！
耻见干戈里，　荒城梅又春。

德祐二年(1276)三月，元军攻下临安，帝㬎和全、谢二太后被俘。这年元旦(即岁旦)，诗人郑思肖在元军占领下的苏州，一方面已经预感到山雨欲来的形势，一方面又不甘心大好河山之断送，于是满怀郁愤，写成了这两首诗。

先看第一首。起句中的“胆”指胆略。全句意谓徒有报国之志，怎奈无力回天。一开始便以不能救国自责。次句著一个“空”字，意谓无可奈何，只能垂泪，写足上句之意。两句中诗意跌宕，作者的忠贞之情即在跌宕中推向高峰。中间四句从社会方面写逢人垂泪的原因。“中国梦”指希望南宋强大和一统江山的幻想，句末缀一“梦”字，表明作者也知道这种幻想的不切实际。《下泉》是《诗经·曹风》中的一篇，反映的是曹国人民在国家混乱、民生艰难的情况下求安望治的思想。郑思肖此诗，前一首中有“天高问岂知”，后一首中有“报国是何人”，可见诗人是在借《下泉》之诗抒写自己的心声。不过，诗中冠以“万古”二字，似乎还在说：《下泉》诗传唱千年，但曹国人民那样的痛苦却从未断绝。这里诗人把自己的哀伤同万古兴衰治乱联系在一起，内容更为丰富，意义也更为重大。“日”喻皇帝。“日近望犹见”是反衬，经这一衬，天的“高”而难“问”就愈突出——作者在此对当权者微露失望之情。尾联中的“朝朝”表示盼望之切，“汉旌旗”代表南宋政权。第三句“中国梦”所指，第四句“《下泉》诗”所喻，以及五六句“望”、“问”的内容，其实全包括在“汉旌旗”三字之中，因而作者用这样一句结尾，可谓是收得充实、有力。

再看第二首。“有怀长不释”是说有一种心事常常放不下。什么心事，作者没有立即解释，反倒先用“一语一酸辛”来表示此“怀”在他感情上的反响。这样安排，增强了诗篇的抒情性，“怀”的内涵也越发惹人注目了。“此地”以下四句是对“怀”的内容的说明。“此地暂胡马”：对元军占领苏州表示轻蔑；“终身只宋民”：表示自己对宋朝忠贞、坚定的态度。这两句中的“暂”字、“只”字分量很重，在抒情中占有非常重要的地位。“读书成底事，报国是何人”，交代诗人伤怀的另一原因。这两句形式上是使用反问，表达的却是对报国决心的强调和肯定。末二句收束全篇。有“此地暂胡马”和“读书成底事”二句在前，“耻见”两字便显出千钧之力。“荒城梅又春”是这两首诗中唯一点题的诗句，一个“荒”字写尽了元军占领下苏州的情状，一个“又”字表达的是作者逢春愈益伤神，所以这一句又可看作是主题的形象概括。

这首诗写亡国前的痛楚，感情极为深沉。据说郑思肖在宋亡以后“遇岁时伏腊，辄野哭南向拜”。（卢熊《苏州府志·郑所南小传》）这两首诗长歌当哭以迎岁旦，并于诗中明确写入“朝朝向南拜”，可见他对宋朝眷恋之深。

全诗意虽凝重，语句却不板滞。多处使用转折手法，诗情更显得跌宕跳跃。如两首的起句“力不胜于胆”之后，继以“逢人空泪垂”；“有怀长不释”之后，继以“一语一酸辛”。再如“一心中国梦”叙说恢复的希望，“万古《下泉》诗”却示意这种希望自古难全。“日近望犹见”退一步说，“天高问岂知”则逼进一层：宋帝近在临安，犹可望见，而朝廷风雨飘摇，朝不保夕，结局将如何呢？仰面问天，可是天高难问。这些都是从转折中表现深情，因而具有愈转而愈深的艺术效果。（李济阻）

伯牙绝弦图　　郑思肖

终不求人更赏音，　只当仰面看山林。
一双闲手无聊赖，　满地斜阳是此心。

《伯牙绝弦图》见于《所南翁一百二十图诗集》，诗人在自序里说：“今或遇图而作，或遇事而作，而或者又欲俱图之。”《伯牙绝弦图》是否即诗人所画，已不可考，这首诗是题在此幅画上的。

伯牙绝弦的故事，见于《列子·汤问》。伯牙，传说是春秋时人，擅长鼓琴。钟子期，楚国人，精通音律。伯牙鼓琴时，若志在高山，子期便以为“巍巍若太山”，伯牙志在流水，子期亦以为“汤汤若江河”。子期死后，伯牙以为世无知音，便破琴绝弦，终身不复鼓琴。《伯牙绝弦图》即取材于此。

在《一百二十图诗集》里，可以参看的还有一首《钟子期听琴图》，诗是这样写的：“一契高山流水心，形神空静两忘情。似非父母所生耳，听见伯牙声外声。”形神空静，两心相契，这是多么难得的知音。子期一旦溘然长逝，给伯牙留下的深刻心灵创痛，也就可想而知了。这首诗正是借伯牙绝弦的故事，以写自己家国兴亡的痛苦和悲哀。

第一句写绝弦的原因。“再也不要去寻求知音吧！”起得突兀，声泪俱下，是绝望的哀鸣。“海内存知己，天涯若比邻”，渴求知音，本是人情之常，这里却一反常情，说得这样明确和决断，使人不得不进一步追寻其中的情由。不求赏音，决不是不需要知音。伯牙琴中旨趣，只有子期能解，现在子期与世长辞，解者渺不可得。破琴绝弦，便是当然之举了。绝弦破琴，语气决断，更见其痛苦的深沉。

在这一声叹惋之后，诗人似乎应当抒写伯牙失去知音的哀痛之情了。然而并没有写，只出之以淡淡一笔："只当仰面看山林。"知音永别，琴毁弦绝，无可言说，只得"仰面看山林"。不作悲愤语而更见其悲愤之情。

然而失去知音的痛苦，又如何能够忘却呢！一双手之所以"闲"，是因为破琴绝弦，不复鼓琴。一个"闲"字，写出了伯牙深刻的孤寂之感，显示出伯牙极大的内心痛苦。

末句写伯牙绝弦后的心情，不是一泻无余，而是从景见情，表现十分含蓄。"满地斜阳"，景色是美丽的，可惜它"已近黄昏"。对夕阳的留恋和叹惋，正象征着伯牙内心难以言传的情绪。

郑思肖工诗善画，但他在诗集自序里又说，宋亡后，"凡有求皆不作，绝交游，绝著作，绝倡和，渐绝诸绝以了残妄。"他在宋亡后"渐绝诸绝"的忠肝义胆，和伯牙在子期死后毁琴绝弦的高尚情操息息相通。"满地斜阳是此心"，正是借伯牙以喻自己宋亡后画兰不画土的耿耿之心，是全诗之警策。 （雷履平 赵晓兰）

送友人归 郑思肖

年高雪满簪， 唤渡浙江浔。
花落一杯酒， 月明千里心。
凤凰身宇宙， 麋鹿性山林。
别后空回首， 冥冥烟树深。

首联切合题目，写友人的形象和送别的地点。友人年事已高，满头如雪的白发，是一位皤然老叟。簪，古人蓄发，用簪绾结长发。杜甫《春望》："白头搔更短，浑欲不胜簪"，就是指的男子用簪绾长发。友人归去，取道水路，送行的地点是在浙江边，浔，水滨。这两句各自构成一幅简单的画面，迎风飘拂的白发和烟水迷离的江面互相映衬，显出一种悲凉的气氛。

颔联作为首联的补充，出句点明送别的时节和情景，暮春时节，群芳凋零。花落花飞，红消香断，诗人本已感慨丛生，更何况在此落花时节，友人又要千里归去呢？与友人就此握别，何日重逢，能否再见，均未可卜，此情此景，怎不令人黯然神伤！只有这临别的一杯酒，也许能略壮行色，并可将恼人的离愁别绪冲淡些吧！对句即从眼前实景推开一层，虚写抒情，是劝慰朋友，也聊以自慰，不要为别离过分感伤，虽相隔千里，也可以共享皎洁的月光。语出谢庄《月赋》："美人迈兮音尘阙，隔千里兮共明月。"与苏轼"但愿人长久，千里共婵娟"同意。

一二两联多系实写，故颈联纯从虚处着笔，避免了文情的板滞。这一联以两个精整的对句，写友人、也是自己的抱负和志趣。诗人送别的友人是谁，这位友人的性格节操以及千里归去的缘由，一二联均阙而未提，但从作者送别的深情厚谊，隐然可见这位朋友的高尚人格。这两句便点明友人此行是归隐山林，因而可以推测这首诗写作的时间当在宋亡以后。上句以《庄子》中背负青天高飞九万里的大鹏（即凤凰）来比友人放情江海作逍遥游。下句以山林麋鹿喻友人的疏野之性。两句既是赞友人，也是自喻。但是郑思肖系心家国，就在元兵已南下，南宋王朝濒临绝境之际，还以极大的义愤，叩阍上书太后、幼主（恭宗），激昂慷慨。所以他与友人此时的离世高蹈，决不是性喜山林，而是表现了决不向新朝俯首的气节。

尾联勒回，关合"送别"，在友人的归帆渐远渐隐之际，回眸凝望，只有烟雾萦绕的林木，昏黑幽暗，深不可测。"冥冥烟树深"，是写景，也暗示作者在易代之际心情的沉重和迷乱。这是诗中唯一完全写景之句，富于象征性。它深化了诗的意境，余音不尽，具唱叹之致。

（雷履平　赵晓兰）

【作者小传】

方　凤

（1241—1322）　字韶卿，一字景山，人称岩南先生，婺州浦江（今属浙江）人。试太学，举礼部均不第。以特恩授容州文学。后归隐仙华山，为同里义乌令吴渭聘授家塾。有《存雅堂稿》。

哭陆秀夫　　方　凤

祚微方拥幼，　势极尚扶颠。
鳌背舟中国，　龙胡水底天。
巩存周已晚，　蜀尽汉无年。
独有丹心皎，　长依海日悬。

德祐二年（1276）春，南宋恭帝降元，时居礼部侍郎的陆秀夫与张世杰等先后立度宗的两个庶子赵昰、赵昺为帝，自温州、福州而南海各地继续抗元三年，最后退至今广东新会南面的厓山。祥兴二年（1279）二月，元将张弘范据海口，绝汲道，强攻厓山。张世杰腹背受敌，败走帝昺舟中，复断缆夺港而去。"秀夫度不可脱，乃杖剑驱妻子入海，即负王赴海死，年四十四。"（《宋史·忠义传》）陆秀夫面对强兵，苦撑危局，一片孤忠，壮烈殉国。此诗以《哭陆秀夫》为题，作者作为南宋遗民，哀痛之情可以想见。

首句中的“祚”，指皇位、国统；其时谢后、恭帝已降国，宋室倾覆，诗人不忍称“亡国”故言“祚微”。而陆秀夫于危局中拥立幼主，以延宋祚，在作者看来，这本身就是值得赞誉的壮举。句中着一“方”，强化了对“祚微拥幼”的赞誉，又隐伏着无力回天的一丝悲凉。次句是首句的补充。“势极”指危急的时局。极，尽。“颠”，指颠沛于东南沿海的流亡政权。“势极尚扶颠”，也是含有悲凉的赞誉，但进一步补足了“祚微拥幼”的困顿危难，因而也更显出陆秀夫的品格可贵。这两句中，历史事迹都被略去，陆秀夫的气骨精神却被鲜明地提炼出来。龚开评方凤诗“在人伦不在人事”，“在天地不在古今”，是说他的诗不斤斤于事变得失，而着重写出一种磅礴天地间的正气来。这个特色，于此可见。

颔联两句，用了两个典故关合实事以颂扬赵昺政权和陆秀夫负帝投海。赵昺自硇洲移厓山，居舟中；张世杰迎战张弘范时，“结大舶千余作水寨”，亦在舟中。赵昺政权本不过栖于舟中，但此舟一日在，宋朝一日不亡，所以称为“舟中国”；“鳌背”，指海中，语见《玉篇》卷二十五“鳌”字下：“传曰：有神灵之鳌，背负蓬莱山，在海中。”又《太平御览》卷三十八引《玄中记》：“东南之大者，巨鳌焉；以背负蓬莱山，周回千里。”第四句写陆秀夫背着八岁的赵昺投水殉国，所以说追随天子乘龙上了天；但投水是实，上天为虚，只好说“水底天”。这里的“龙胡”，用的是黄帝轩辕氏的典故：“黄帝采首山铜，铸鼎于荆山下。鼎既成，有龙垂胡髯下迎黄帝。黄帝上骑，群臣后宫从上者七十余人，龙乃上去。”（见《史记·封禅书》）又相传陆秀夫等立赵昺于硇洲时，有黄龙见于海上。诗作者将这些古今传说苦心关合，炼出对仗工整意蕴丰富的一句——“龙胡水底天”，就使陆秀夫君臣的投海结局，于悲壮之外，增添了崇高之美。

颈联也是两句用典。周的末代君主赧王死后，虽有两个宗室政权西周和东周继续存在，但周势已衰，七雄并争，封于巩（今河南巩义）的东周在三十余年后最后为秦所灭，周室遂亡。所谓“巩存周已晚”，即指此。建安二十五年（220），曹丕废刘协称帝，汉亡；第二年，自称中山靖王之后的刘备继汉祚建元章武，国号汉，都于成都，史称“蜀汉”。四十三年后，蜀汉终亡于魏。所谓“蜀尽汉无年”，指此。方凤举周末、汉末的宗室政权延续国祚，都因大势而短暂告终，正是不忍直指同为宗室的赵昺政权也无力回天，终遭覆灭。这个事实，是借古言及，在无限叹惜中委婉道出的。宋朝确实是沦亡了，但陆秀夫这样的忠臣烈士虽败犹荣，虽死犹生。所以最后两句说：独有这一片皎皎丹心，伴随高悬于海上的红日，将永

远照耀着千秋后世!　　（程一中）

北山道中　　方　凤

起犯春霜一径寒，　清游乘兴约吟鞍。
眼中最恨友朋少，　尘外频闻山水宽。
溪落旧痕枯野埠，　树浮空翠湿危栏。
岩头几处县冰白，①　已作群羊化石看。②

〔注〕①县：同悬。　②"已作"句：传说皇初平性情良谨，十五岁便被道士带入金华山石室中。四十多年后，他的哥哥初起听一道士说他在金华山牧羊，便入山找到他。问他所牧羊在何处。初平指着白石说，羊在这里。他哥哥不信，于是初平叱（呼叫）道："羊起！"白石立刻变成数万头羊。后来初平弟兄都成了仙。初平改字为赤松子，初起改字为鲁班。（见《太平广记》卷七引《神仙传》，今本《神仙传》"皇"误作"黄"。）

方凤这首诗见《存雅堂遗稿》卷二。北山，指金华山（在今浙江金华北）。金华山多洞穴，相传是仙人赤松子得道处。六朝以来的隐遁之士多居于此。南宋遗民也往往聚会在这个地区。据《金华洞天行纪》（见《存雅堂集》卷四、五，又名《金华游录》，有误题为谢翱撰者），方凤及其子樗，偕同谢翱、陈公凯、陈公举、吴似孙、郑子有、叶谨等遗民在元至元二十六年（1289）正月游金华山，十一日启行，十五日至宝积观，观前为卧羊山，即皇初平叱石成羊处。诗盖写于此时。因为北山之游，并未终止（此游直到二十五日始返），所以题为"道中"。当时宋亡已十年。一些遗民怀念故国的情怀，往往寄之于诗。《月泉吟社》便是这个地区的遗民唱和之作，诗的评选者即为方凤和谢翱。这一首诗不仅寓托遁世之意，还流露出愤激不平、对元统治者不屑一顾的思想。

起句"起犯春霜"，即点明这是严寒尚厉的正月，所以一路之上，但有寒威。"犯"字并贯"霜""寒"，隐约表现出遗民傲世的性格。第二句接承上句，似乎很平淡，然而用"乘兴"和"约"等字眼，说明他们的这次游山兴致很高，是约好前来的。这样就逗出颔联。

颔联抒写游山的情怀。第三句的意思是表达得十分清楚的。志同道合的"友朋"，经过十年的凋谢，一天一天地"少"，这是眼前"最恨"（隐寓不甘之意）的一桩事。第四句推开，"尘外"是隐遁者常用的语言，下面连接"山水宽"，不仅点明北山的题目，而且一个"宽"字，还表露出遗民对于故国山水的向往。面对秀丽的山水，游赏者的心情如何呢？这一联道出了作者这次游山的情怀，所以要乘兴遨游，既是因为同志不多了，也是借以追求世外广大山川之美的享受，遗民复杂的心情，无限的感慨，抒写得很充分。

颈联写途中之景，又写景外之意。在对北山景物的描绘中，充满了浓厚的感情色彩，表露出兴亡之感。“溪落旧痕”的“落”字，“枯野埠”的“枯”字，都是遗民的时移世异之后心情的写照。“树浮空翠湿危栏”的景象，也写得阴沉黯淡，远非赏心悦目的游观。这两句承上句末的“山水宽”落墨，“登山则情满于山，观海则意溢于海”（《文心雕龙·神思》）。是诗题的正面描写，也是衷情的自然流露。

结尾两句是写北山著名的皇初平叱石成羊胜迹，但作者的写法却不一般。他眼里的“群羊”是岩头“县冰”，不是“化石”（由石头变化而成）。把县冰权看作石化的羊群，这不单是对叱石成羊故事的否定，而且自然会令人想到张彖的“冰山”之喻（见《开元天宝遗事》上）。石羊不过是县冰的幻影，元朝政权在遗民心目中只不过是春来便消的冰山！这样写，既切合了叱石成羊这个北山胜迹；又照应了犯寒春游诗的起首；更重要的是借景抒发，表露了遗民对于元政权的轻蔑。

宋濂曾以杜甫比方凤，那倒不一定恰当；但他称道方凤“晚遂一发于咏歌，音调凄凉，深于古今之感”（《浦阳人物记》卷下）。这样的评价，看来还是中肯的。这一首诗，在方凤的诗作，乃至宋遗民的诗作里，都有一定的代表性。

（屈守元）

【作者小传】

文及翁

生卒年不详。字时学，号本心，汉州绵竹（今属四川）人，徙居吴兴（今属浙江）。登进士第。历官参知政事。景定间言公田事，有名朝野。宋亡，元世祖累征不起，闭门著书。

山中夜坐　　文及翁

悠悠天地间，　　草木献奇怪。
投老一蒲团，　　山中大自在。

文及翁曾任参知政事，宋亡不仕，闭门著书。这首诗就是写他在山中的隐居生活的。

诗题为《山中夜坐》，山中景色，已属清幽，加之时当夜晚，蒲团静坐，气氛更为恬静淡泊，定下了诗的基调。

开头两句写山中景色。悠悠，状天地的寥廓，景象开阔深远。献，奉献，这里将草木拟人化，即在浩瀚的宇宙中，草木都有了知觉，竞相呈现各种奇形怪状的姿态。这句隐喻宋亡后世态翻覆，种种怪事不堪入目。

后两句承“奇怪”而来，由写景转而写心境。蒲团，用蒲草编织的垫子，僧人打坐或跪拜时用。投老，到老、临老。在草木争奇斗怪的热闹场合中插入“蒲团”，本来是不协调的。加之是“投老”，坐一辈子，直到生命终结，不能不使人为之叹惋。但面对社会现实而富于正义感的诗人，既不能力挽狂澜，又不甘心依附元朝，除终老蒲团外别无他途。“自在”而冠以“大”，似乎诗人对这种归隐生活，是十分喜爱和赞赏的。

据李有《古杭杂记》记载，文及翁及第后，与同科进士游览西湖，即席赋《贺新郎》一首。词中说：“余生自负澄清志。”又说：“借问孤山林处士，但掉头笑指梅花蕊。天下事，可知矣！”可见文及翁本来是一个胸有大志、一心图谋恢复的有为之士，从他对林处士的讥诮，也可看出他对那些自命风雅、不问国事的所谓“高人隐士”是如何深恶痛绝了。这样一位血性男儿，要在寂静的山林里孤坐蒲团以了残生，这里头当蕴含多少难言的隐痛！平和的外表下深藏着的，是亡国的哀痛和愤激，外表越是恬淡和闲适，内心的痛苦也就越是深切和沉重。应该说，这种“自在”的归隐生活，是作为社会的对立面而存在的，是对现实的抗争。

南宋末年的词人刘辰翁有一首《柳梢青》词，其中写道：“那堪独坐青灯！想故国高台月明。辇下风光，山中岁月，海上心情。”在清冷的山中夜晚，青灯独坐，念念不能忘情的，仍然是旧君故国，前朝父老。文及翁和刘辰翁的身世和心境，完全相通。

（雷履平　赵晓兰）

【作者小传】

梁　栋

(1242—1305)　字隆吉，其先湘州（治今湖南长沙）人，后迁居镇江（今属江苏）。咸淳四年（1268）进士。辟宝应簿，调钱塘仁和尉。宋亡，归武林。弟柱入茅山为道士，往依之。

金陵三迁有感　　　梁　栋

憔悴城南短李绅，　　多情乌帽染黄尘。

读书不了平生事， 阅世空有后死身。
落日江山宜唤酒， 西风天地正愁人。
任它蜂蝶黄花老， 明月园林是小春。

作者“金陵三迁”的详情，今已不可考。从诗中大致可以推测，这首诗是作者因被谗在金陵(今江苏南京)屡遭贬官，有感而作，当作于宋亡前。

开头两句写中唐诗人李绅，并以李绅自况。据两唐书本传记载，李绅形状短小精悍，擅长写诗。白居易《拙集编成十五卷因题卷末戏赠元九李二十》云：“每被老元偷格调，苦教短李伏歌行。”可见时人称之为“短李”。李绅在元和初年登进士第后，曾任国子助教，不久便东归金陵。观察使李锜十分爱重李绅的才华，延为从事。李绅禀性刚直，李锜专横跋扈，想背叛朝廷，便令李绅为他起草疏文，绅不肯。李锜大怒，准备杀害他，先把他囚禁起来。李锜事败，才得以免祸。首联所写就是这件事。这两句说，城南的矮小诗人李绅，经历坎坷，形容憔悴。他多愁善感、系念世事，乌黑的帽子上落满尘土。两句诗用粗线条勾勒出李绅的也是作者自己的形象，手法洗练。

颔联即从首联引申而来，展开“憔悴”、“多情”的含蕴，笔墨也从以李绅自比转向直接叙写自身。虽刻苦攻读，手不释卷，对平生所历世事却不甚了然；饱经风霜，阅尽世态，却只能眼睁睁看着大好河山任人践踏，一腔热血无从抛洒。这联的出句和对句的前后两部分，各自形成鲜明的对比。“读书”而“不了平生事”，“阅世”而“空有后死身”，出语舒缓，感情却十分愤激。

颈联推开一层，是赋也是比。落日残照，是眼前实景，也象征着南宋王朝的没落凋零，飒飒西风则象征着笼罩在南宋国土上的萧瑟寥落气氛。“落日”、“西风”，景象悲壮，令人想起相传为李白所作的《忆秦娥》中的名句：“西风残照，汉家陵阙。”不过，梁栋诗中“落日”、“西风”带有更为强烈的时代悲剧色彩。“唤酒”、“愁人”，与首联的“憔悴”、“多情”相应，写出了在天下多故的南宋末年一个正直士大夫忧心如焚的心理状况，感情十分沉痛。

前面三联，气氛沉重压抑，结尾两句却陡然一转，格调为之一振。蜂蝶黄花老，翻用苏东坡诗意。苏东坡《南乡子·重九涵辉楼呈徐君猷》：“万事到头都是梦，休休，明日黄花蝶也愁。”这里是说，尽管秋色愁人，然而在明月的照临之下，园林小春的景色还是十分动人的。小春，俗称小阳春。农历十月间，阳光和煦，景色宜人，大有春意，故称小春。结句是全诗的点睛之笔，肃杀中透露出生机，痛苦中孕育着希望，它表达了作者身处逆境泰然自若的人生态度。

这首诗艺术上比较平直，前三联情调较衰飒，但有此作为铺垫，尾联的转折就显得更为有力，格调高亢。尾联亦赋亦比，以景结情，也使全诗有了含蓄不尽的意蕴。“明月园林是小春”，从这个生意盎然的诗句，可以窥见作者淡泊自然的人生态度的真实底蕴。

相传梁栋虽好吟咏，但平日诗作，均无存稿，人问其故，回答说：“吾诗堪传，人将有腹稿”，的确，梁栋那些倾注着他对祖国、人民的热爱和关注，寄托了对美好生活坚定信心的优秀诗篇，几百年来口耳相传，吟诵不绝，这是对诗人诗歌成就的最公正的评价。

（雷履平　赵晓兰）

四禽言　　梁　栋

不如归去，锦官宫殿迷烟树。
天津桥上一两声，叫破中原无住处，① 不如归去。

脱却布袴，贫家能有几尺布？
织尽寒机无得裁，② 可人不来廉叔度，脱却布袴。

行不得也哥哥，湖南湖北春水多。
九嶷山前叫虞舜，③ 奈此乾坤无路何！行不得也哥哥。

提葫芦，年来酒贱频频沽。
众人皆醉我亦醉，哀哉谁问醒三闾？④ 提葫芦。

〔注〕① 叫破：极言啼声绵延之长。处：时。　② 寒机：散发着寒意的织布机。　③ 九嶷山：又称苍梧山，在今湖南省宁远县西南。　④ 三闾：官名，此指曾任三闾大夫的屈原。

《禽言》这类诗篇，是人们根据自己的想象，悬解鸟雀啼叫的声音，给啼鸟取出各种意义的名字，并巧妙地将这些名字融入诗中，引申发挥，以抒发自己的情感的作品。梁栋的《四禽言》，写了四种鸟雀，正是借鸟名表达自己的思想感情。

第一首写杜鹃，意在慨叹中原的战乱和残破。宋钦宗靖康二年(1127)，京师失守，北宋遂亡。宋高宗即位后，偏安江左，无意恢复，从此中原人民长期生活在金统治之下，这首诗就是有感于此而作的。

杜鹃，又叫杜宇、子规，每年初夏时啼叫不绝。传说周代末年，杜宇在蜀中称帝，号望帝。后来禅位其相，魂魄化为杜鹃，啼声凄厉（见《华阳国志》）。首句即根据杜鹃的啼声，想象出杜鹃正呼叫着："不如归去！"锦官城，即成都，相传当地锦工织锦，濯之江流，锦色鲜明。锦官，主管治锦的官，后遂称成都为锦官城。锦官城是杜鹃的故乡，那里繁花似锦，风景如画，鳞次栉比的宫殿掩映在浓密的绿树丛中，与锦官城的富庶繁华截然不同的，是天津桥的凄清和冷寂。天津桥，桥名，在河南洛阳，跨洛河，隋炀帝大业元年(605)造。《尔雅·释天》："箕斗之间，汉津也。"桥架洛水上，洛水贯都，有天汉津梁气象，故称为天津桥。天津桥闻杜鹃，用邵雍事。邵雍是北宋中叶的理学大师，据《邵氏闻见录》卷十九记载，宋英宗治平年间，邵雍与客散步天津桥上，闻杜鹃啼声，惨然不乐。客问其故，邵雍说，禽鸟飞类，能先得地气。天下将乱，地气自南而北，洛阳旧无杜鹃，杜鹃自南方而至，天下从此将多变。这里说，战乱频仍，杜鹃闻知地气，从蜀地北上，它在天津桥上徘徊着，啼叫着。"一两声"状啼声的稀落，稀稀落落的啼声更映衬出桥上的冷清。杜鹃凄厉的啼声传遍中原，没有止息的时候。中原残破如此，连南来的杜鹃也无法立足，它飞动着，啼叫着："不如归去！"杜鹃急切思归，较邵雍闻杜鹃心神惨然一事，更深刻地写出了中原的破败景象。

中原凋敝如此，在南宋王朝统治下生活的广大人民，境况又如何呢？第二首诗对此作了形象的回答。

这一首写布谷，布谷啼声的谐音又作"脱却布袴"。内忧外患，交相逼迫。城池废弃，田园荒芜，哀鸿遍野，民不聊生。织女终年辛劳，却没有可供自己裁剪的布匹。织女的不幸使人想起"昨日入城市，归来泪满襟"的蚕妇。织女和蚕妇生活的时代、身世遭遇不尽相同，但社会生活中尖锐的阶级对立则又是共同的。饥寒交迫的生活，使纯朴善良的百姓产生了不切实际的幻想，希望现实生活中再次出现像廉叔度那样的好官。廉叔度，名范，京兆杜陵人，据《后汉书》记载，廉叔度在任地方官时，随俗化导，各得治宜，后迁任蜀郡太守。成都民物丰盛，住房拥挤，为防火，旧制禁民夜作，但火灾仍时有发生。廉叔度废除旧制，严使储水，百姓安居乐业，日夜劳作，过上了丰衣足食的生活。当时的歌谣说："廉叔度，来何暮！不禁火，民安作，平生无襦今五袴。"廉叔度，这里借指关心人民疾苦的廉洁官吏。可人，使人满意的人。实际上，南宋末年，贪官污吏狼狈为奸，横行天下，社会黑暗，以贾似道为首的群奸，交通贿赂，卖官鬻爵，搜刮民财，无恶不作。"江南之地，尺寸皆有税，而民力弊。"(《宋史·贾似道传》)像廉叔度那样的清官是不会再有了，百姓食不果腹，衣不蔽体。"脱却布袴"，是鸟声，也是人民悲惨生活的写照。

南宋官场腐败堕落，无可救药，人们只得把希望寄托在王朝的最高统治者——皇帝身上，于是诗人写下了第三首诗。

第三首写鹧鸪。“行不得也哥哥”是鸟叫的谐音，也是一声沉重的叹息。南宋最高统治者的昏聩无能，致使国事不可收拾，不能不使人缅怀起古代的贤君。湖南、湖北秀丽的山川、粼粼的春水孕育了许多动人的传说。相传古代的贤君虞舜南下巡狩，崩于苍梧之野，葬于九嶷之山。南宋社会百孔千疮，人们在九嶷山前呼唤着古代的贤明君主，但一切的渴求和呼唤不过是徒劳无功，乾坤虽大，无奈走投无路，在极度失望之余，不禁从心里迸发出一声绝望的呼号“行不得也哥哥”！

国土残破，人民流离，群奸专权，皇帝庸懦，南宋国势摇摇欲坠。痛心疾首，无可排遣，只得频到醉乡，以酒浇愁，于是，诗人写下了第四首诗。

这一首诗写鹈鹕，这是一种形如鹞子但形体较小的鸟儿，“提葫芦”是人们对鹈鹕叫声的想象。本来是频沽解忧，却托之于“酒贱”，蕴含着作者难言之痛。“众人”二句，反用《楚辞·渔父》典故。伟大的爱国诗人屈原因为“举世皆浊我独清，众人皆醉我独醒”(《渔父》)，两遭放逐，以至自沉汨罗。如今南宋君臣文恬武嬉、醉生梦死，即使有屈原那样爱国的思想，清醒的头脑，又何补于世？不如狂饮烂醉，随波逐流，以了残生吧！结句一声“提葫芦”，愤激之至，也沉痛之至。

古代诗歌里有不少《禽言》诗，如唐代白居易的《和〈思归乐〉》，宋人梅尧臣的《禽言》、《啼鸟》，苏轼的《五禽言》，周紫芝的《禽言》等。白居易的《和〈思归乐〉》说：“人生百岁内，天地暂寓形……身委《逍遥》篇，心付《头陀经》……尚达生死观，宁为宠辱惊？……任意思归乐，声声啼到明。”梅尧臣的《啼鸟》也称：“公多金钱赐醇酎，名声压时为不朽。”他们或抒写乐天知命、旷达超脱，或希冀流芳千古、声名不朽。与之相比，梁栋的《四禽言》，堪称“寓意甚远，诸作不及”(《山房随笔》)。南宋疮痍满目的社会现实在《禽言》的旧形式中得到了反映，使这组诗具有较为深广的历史内容。四首诗各自独立成篇，又首尾连贯，浑然一体，有“诗史”意义。

（雷履平　赵晓兰）

渊明携酒图　　梁　栋

渊明无心云，　才出便归岫。
东皋半顷秫，　所种不常有；
苦恨无酒钱，　闲却持杯手；
今朝有一壶，　携之访亲友。
惜无好事人，　能消几壶酒；
区区谋一醉，　岂望名不朽！

闲吟篱下菊， 自传门前柳。
试问刘寄奴， 还识此人不？

这是一首题画诗，原画及画的作者已不可考，然而从诗篇传神的描绘中，仍可想见画图的风貌。

陶渊明是我国东晋时代的大诗人。他在做彭泽县令时，不肯“为五斗米折腰”，弃官回乡，“夫耕于前，妻犁于后”，过着“击壤以自欢”的隐居生活，直至去世。

陶渊明归隐以后，因为对农村生活有了深刻、真切的体验，创作了不少优秀的诗篇。他的愤世嫉俗，不愿和统治者同流合污的高尚情操和他的诗歌的独特艺术成就，千百年来，赢得了人们的尊敬，他蔑视权贵，不向黑暗现实妥协的可贵气节，成为中国士大夫阶层反抗黑暗社会的精神支柱。这首诗就是借对陶渊明隐居生活的赞美和向往，曲折地表达了自己隐迹山林，不求名利和反抗黑暗现实的决心。

题画诗始见于唐代，杜甫就曾写过不少题画诗。因为是对画的题咏之作，所以一定要与原画切合，从这一点说来，诗的内容受到画面的制约。但诗歌作为文学的一个部类，和画又有区别。跟绘画相比，诗歌纵横驰骋，有更广阔的表现力。因此题画诗不是画面内容的简单再现，而是要借题发挥，充分调动作者的创造能力，借助画面直接形象的触发，表现画面难以表现的内容。诗画交辉，形象便更加丰满。

绘画作为一种造型艺术，只能表现一刹那的景象和意态，因此，画家总是选取一个“最有包孕的时刻”作为表现的对象。“今朝有一壶，携之访亲友”正是这样一个最富想象的片断，全诗就是从此生发开来的。

诗篇开门见山，触及本题。先总写一笔，用一个贴切的比喻，概括了陶渊明的形象。开头两句说，陶渊明像山头一朵无心的白云，出仕是迫不得已的，方才出仕，便告归隐。岫，山洞。才出，极言时间之短。渊明曾三次出仕，每次时间都不长，最后一次任彭泽县令，只有八十多天，便弃官归隐。他在《归去来辞》中说：“云无心以出岫，鸟倦飞而知还。”开首两句便从陶作脱化而来。以下六句写陶渊明的归隐生活。渊明归隐后曾在《归去来辞》中抒写田园生活的种种乐趣：涉园成趣、矫首遐观、亲戚情话、琴书消忧、登高舒啸、临流赋诗等等。在众多的情事中，作者只写了种秫，从而引出下文的酒，过渡很自然。东皋种秫是泛说。东皋，东边的高地，指田地。秫，高粱，这里指酿酒用的粮食。萧统《陶渊明传》记载，渊明任彭泽令时，“公田悉令吏种秫，曰：‘吾常得醉于酒足矣。’”渊明归隐后，“幼稚盈室，瓶无储粟”，生活拮据。“半顷”，已见所种之少，而“所种”又“不常有”，更见境况之窘迫。然而渊明乐乎天命，不以“口腹自役”，对此倒不在乎，所引为憾事的，只是无钱沽酒。这几句写渊明携酒的前因，有了这些曲折，便能以昨日之“无”衬托今日之“有”，一旦一壶在手，其心情之欢快是可以想见的。以下二句转入画面形象的直接描绘，即渊明手携一壶，出访亲友。但作者的笔墨并不作细部刻画，仅此二句，便戛然而止。下文即就渊明携酒寄慨抒怀：可惜没有共酌之人，独自一人，能饮几壶呢？一个“惜”字，既写渊明，也写作者自身的孤寂感。接下去的几句概述渊明的高洁志趣，渊明曾作《饮酒》诗，诗中写道：“采菊东篱下，悠然见南山。”又作《五柳先生传》以自况，寄托“不戚戚于贫贱，不汲汲于富贵”的情操。末两句即从此宕开，并以诘问句作结。刘寄奴，南朝宋武帝刘裕的小名，东晋末年刘裕率兵北伐，灭南燕、后秦，并曾收复洛阳、长安等地，后代晋称帝。陶渊明与刘裕曾同官晋朝，可说是旧相识，他在刘裕代晋后，耻事二姓，作品只书甲子，不用刘宋年号。这里不说渊明不愿臣服新朝，而说刘寄奴“还识此人不”，表达了对渊明高尚人格的赞美向往之情，也曲折地表现了作者洁身自好，决不与元朝统治者合作的决心，寓意很深刻。

然而陶渊明的隐居是不得已的，在黑暗现实面前，不得不采取消极反抗的形式，他笔下精卫与刑天的坚毅顽强形象（见《读山海经》诗），荆轲“西上刺秦王”的英雄气概（见《咏荆轲》诗），正曲折表现了他内心深处的用世之志。梁栋在宋亡后，不愿为新朝效力，先归武林闲处，后又隐居大茅山中。他是怀着悲愤的心情走上归隐之路的，最后二句就是这种心情的迸发。所以此诗的基调是悲愤而非闲适。

一般题画诗往往先描绘画面形象。这首诗却从虚处着笔，不是工笔，而是写意，重在传神，寥寥数语，呼之欲出，看似写渊明，实则处处写自己，几乎可以看作是“自题造象”之作。

（雷履平　赵晓兰）

野水孤舟　　梁　栋

前村雨过溪流乱，　行路迷漫都间断。
孤洲尽日少人来，　小舟系在垂杨岸。
主人空有济川心，　坐见门前水日深。
袖手归来茅屋下，　任他鸥鸟自浮沉。

这首诗写作的时间不详，从诗的内容和语气判断，大约作于南宋灭亡之前。

前四句写景，点出题目。开头两句写“水”，着重写水的“乱”，以切合诗题的“野”。骤雨初歇，积水茫茫，四溢的溪涧淹没了平日的行路。“迷漫”，写出了水的漫无边际，“间断”则写出由于地势的高低不平，被淹没的道路时隐时现，观察是很细致的。这两句写眼前实景，是赋，也是比，暗示了由于时代狂风骤雨的侵袭，国家的命运和个人的前途都面临着巨大的危机，前程茫茫，杳不可知。两句诗描绘了雨后溪流烟水迷漫的景象，从中也透露出作者彷徨、迷惘的心情。

下面两句由溪流、行路的全景推到孤洲小船的特写镜头，写诗人的生活环境。孤洲，孤独的水中高地。尽日，整天。身处与外界隔绝的孤洲，整天又没有来客造访，在河岸垂杨的幽淡背景上，只有水波轻轻拍打着一叶维系的小舟。“洲”之“孤”与“舟”之小，可见诗人处境的凄苦孤寂，气氛幽冷而低沉。这两句写景，但景中有情。

后面四句由写景转为咏怀，因为有前面四句的写景作基础，抒情便有了依据，不显得突然。主人，诗人自称。济川，渡河。诗人虽然想乘舟渡河，无奈门前流水，水势有增无减，渡水的打算便成了泡影。这两句也是亦赋亦比，南宋末年，国势飘摇，每况愈下，诗人即使有恢复中原，振兴国家民族的宏伟抱负，也完全没有施展的可能。“坐见”，即坐视，无可如何之意。与杜甫《后出塞》：“坐见幽州骑，长驱河洛昏”中的“坐见”意同。在黑暗现实面前，诗人深感自己的无能为力，着一“坐”字和“空”字，写出了诗人心情的绝望和愤惋。结尾两句即承接而来，雨过水流，行路间断，野水日深，济川无望，在诗人一切的追求、希企都归于幻灭之时，自然逼出最后两句，袖手归来，栖迟茅屋，不惊鸥鸟任其浮沉。据《列子·黄帝》载：海上有人喜欢鸥鸟，每天早上与之嬉戏，鸥鸟也成群结队地飞到海上来。有一天，他父亲要他把海鸥捉回家来以供玩赏，第二天早上再去海上时，鸥鸟便“舞而不下”，和他疏远了。后世往往以鸥鸟不惊喻与世无争的隐士。这里用以表达作者隐居山林，不再以世事为怀的决心。表面上恬淡闲适，似与尘世绝缘，其实这不过是作者目睹国家残破而又无力回天的愤激之语。

梁栋所处的时代和他的身世遭遇都注定了他不可能忘情于社会现实。据有关史料记载，梁栋在南宋灭亡后，曾归武林闲处守道，安贫淡如，后又从其弟入茅山归隐。就是在这样淡泊的归隐生活中，诗人仍然以他强烈的故国之情，写下了这样的诗句：“神光不破黑暗恼，山鬼空学《离骚》吟。我来俯仰一慨慷，山川良昔人民今。安得长松撑日月，华阳世界收层阴。”(《大茅峰》)据说梁栋把这首诗题在墙壁上，被人告密，以为谤讪朝廷，逮捕入狱。从《大茅峰》的愤激更可证实在

《野水孤舟》的恬淡表面之下,有着更深层次的感情内容。

这首诗比兴深婉,颇具特色。以雨后野水比喻国事的不可收拾,以行路间断比喻前途渺茫,以水深而济川不果比喻抱负的无法施展,若隐若现,反复缠绵,给读者的联想提供了自由驰骋的广阔天地。全诗只字不提国势,但字里行间却洋溢着作者对国家、民族命运的关注、焦灼以至失望愤慨的情绪,含蕴是深广的。

（雷履平　赵晓兰）

【作者小传】

王　镃

生卒年不详。字介翁,括苍(治所在今浙江丽水东南)人。尝官县尉。宋亡,弃官隐湖山,名所居曰月洞。有《月洞吟》。

山　中　　　　王　镃

荣枯皆定数,　　枉作送穷吟。
有色非真画,　　无弦是古琴。
青松秦世事,　　黄菊晋人心。
尘外烟萝客,　　相寻入远林。

王镃,字介翁,南宋末年作过县尉。宋亡后隐居不仕,与尹绿坡等人结社赋诗以遣日。《山中》就是他避世心理的自我剖露。

诗以荣枯有定起头,接着便写自己甘心安贫守贱,不愿作送穷悲吟,一开始便树立了一个有见识、有气节,同时又求解脱、作达观的抒情主人公形象。诗言"皆定数",含有国家兴亡、个人穷达都非人力所能改变的意思,因而作者在亡国之后无可奈何的心情得到了充分的暗示,下句中的"枉"字也以此更见分量。送穷是一种古代风俗,多在正月间进行。文人墨客的"送穷吟",多半是借题发挥,比如韩愈的《送穷文》、姚合的《送穷诗》等。

国家倾覆,自己又不愿觍颜臣事新朝,那么身心将向何处安顿呢?中间四句便是对这个问题的回答。"有色非真画":真画当然是有色的,但作者追求的是萧然物外的境界,是无色可施的境界,是真画所不能有的情调,因而这句表现的是作者远离浊世的情趣。"无弦是古琴":萧统《陶靖节传》说:"渊明不解音律,而蓄无弦琴一张,每酒适,辄抚琴以寄其意。"这里,作者以陶渊明自期,表明处此地变天荒之际，无话可说，唯有与古为徒。“青松秦世事”：据《汉书》记载：“秦始皇上封泰山，逢疾风暴雨，赖得松树，因复其道，封为大夫松也。”作者心存避世，不愿像泰山松那样受秦封，而是要像陶渊明那样，在晋亡后但书甲子，不写刘宋纪年。渊明爱菊，故下句曰“黄菊晋人心”。这两句形成强烈对比，在对比中表达了作者的选择。以上四句都是以意象来表现精神境界，含蕴幽深。

最后两句总括全诗主旨。“烟萝客”又叫烟萝子，是古代一位修道者的名号。苏轼《游张山人园》诗有：“壁间一轴烟萝子，盆里千枝锦被堆。”“入林”，《世说新语·赏誉》：“谢公道：‘豫章若遇七贤，必自把臂入林。’”作者欲寻烟萝客，一同把臂入林，这里更道出了他的入山避秦之心。

王镃在南宋只作过小小的县尉，却颇具气节，因而在元朝统治下选择了避入山中以度余年的道路。这首诗一方面在“荣枯”、“送穷”等处寓寄了对故国的怀念和不同新朝当权者合作的态度，一方面又极力追寻与世相忘的生活道路，跟同期诗歌中常见的那些悲泪满纸之作不同。从艺术角度看，此诗语言闲淡而意境深刻，自然形成一种清幽而沉郁的风格，在宋末诗人的作品中，是一首难得的好诗。

（李济阻）

【作者小传】

林景怡

生卒年不详。字德和，号晓山，温州平阳（今属浙江）人。林景熙之兄。

晓　起

林景怡

天鸡弄喔咿，　残星在斜汉。
整衣出幽扉，　山城漏初断。
微微水风生，　冉冉田露散。
此时游葛天，① 淡然空百羡。
海色上寒梢，② 渐识梅花面。

〔注〕 ① 葛天：即葛天氏。《吕氏春秋·古乐》张揖注：“葛天氏，三皇时君号。” ② 海色：将晓的天色。

这是一首借景抒情诗。诗中的主要形象，尽管只是天鸡、星汉、更漏、水风、田露、海色、梅花等一系列景物的叠印，但作者不与新政权合作，决心作亡国遗民的坚贞信念仍然随处可见。诗篇前六句描写破晓风物，其中所传达的清冷气氛，极容易使人想到诗人在亡国以后的孤独处境。假如我们顺着这条思路再追下去，那么七八句中的“游葛天”、“空百羡”，则应当是作者鄙弃现实社会的表示，至于篇末的梅花，它那冲寒独开的傲骨和冰清玉洁的芳质，似乎更是诗人气节的象征。

这首诗在景物描写上有两个显著特点：第一，景物的选用和处理，是紧紧围绕抒情重点进行的。比如称鸡为“天鸡”，写门曰“幽扉”，出门所感到的是风是露，都非常切合一个决意避世，追求天真、自然的幽人情趣。又如天明之后，诗人看见的只有“梅花面”，这里对梅花风骨的暗示是题旨所在，寓寄了作者的孤贞高洁之志。再如，出门时还只是“漏初断”时节，诗篇结束时却已“海色上寒梢”了，在这么长的时间里作者顶着晨风“游葛天”、“空百羡”，也正显示了他内心不能排遣的亡国之痛，以及对避世生活的执着追求。第二，诗中攫入了鸡声、残星、更漏、水风、田露、海色、梅花等众多的景物，但是作者并不作细致的刻画，而是在景物的巧妙配合中，形成一种清秀幽洁的气氛，展示了“在山泉水清”的境界，从而使读者逐渐把握到诗人不同元朝统治者合作，决心皈依自然的追求。整首诗，便在景与情的高度统一、谐和中，显示了诗人的创作意图。

从结构安排上看，此诗内容是完全依照时间先后展开的：由初醒时听见鸡声、看见星汉，到整衣出门意识到已是漏断时分，再到出门后迎面而来的水风，冉冉无边的田露，直至暮色渐收，梅花的风标依稀可辨。这种结构方式，最与读者的思路相一致，因而使诗歌自然流畅。最后一句“渐识梅花面”，更是点睛之笔，含不尽之致于言外。

（李济阻）

【作者小传】

林景熙

(1242—1310)　熙一作曦，字德阳（一作德旸），号霁山，温州平阳（今属浙江）人。咸淳七年（1271）自太学生授泉州教官。历礼部架阁、从政郎。入元不仕。有《林霁山集》等。

京口月夕书怀　　林景熙

山风吹酒醒，　　秋入夜灯凉。

万事已华发，　　百年多异乡。

远城江气白，　　高树月痕苍。

忽忆凭楼处，　　淮天雁叫霜。

林景熙生于宋理宗淳祐二年(1242)，从这首诗在《白石樵唱集》中的位置和诗中“华发”、“百年”等词句看，应当是宋亡以后的作品。

作者的老家在温州平阳，这首诗是他旅居京口时的感怀之作。京口，即今江苏镇江。月夕，即月夜。年老漂泊，是人生途中最难堪的境遇之一，尤其是在自己功业无成，国破家残之后。这当儿如果再碰上衰飒的秋天，面对衰败的景象，那么凄凉酸楚的情怀就更加难以抑制了。杜甫有句云：“万里悲秋常作客，百年多病独登台。”(《登高》)便是这种特殊的感情和典型环境相统一的范例。林景熙此诗在景物的描写上，颇有杜意。

诗以“山风吹酒醒”开端，用“淮天雁叫霜”煞尾，略去了饮酒前的苦恼，也不写借酒浇愁的衷肠，只用酒醒后一刹那间的所见、所想、所忆来抒发郁结在胸中的愁绪，深得含蓄蕴藉之致。首联写初醒，山风、秋、夜、灯、凉都是室内所感觉到的。在这两句诗的背后，可以清晰地看见一位深夜对孤灯而闷坐的诗人形象。颔联是初醒时所想：“万事”而使生白发，可见事事皆不如意；百年又“多”在异乡，可见长期漂泊生涯之艰苦——这是全诗中最为明确地披露了作者心迹的两句，于此我们可以体会到诗人把含而不露的艺术手法运用得何等成功。颈联是所见。上句写平视，由于在夜晚，因而远城的方向只有一片“江气”；下句写仰望，因为天空云遮雾罩，所以树梢头唯存一点“月痕”——这里，作者用“江”、“白”、“痕”、“苍”等字把左右上下写得混沌一片，既符合当时的时令天气，又符合诗人酒方醒时朦胧的视觉，更符合他苍凉迷茫的内心世界，显示了作者驾驭语言的功力。尾联写所忆，是对白天登楼情景的回想。“雁”和“霜”同样是牵惹情思之物，末句以“雁叫霜”戛然而止，一方面是对饮酒前情绪的暗示，另一方面，这种“欲说还休”的写作方法可以启发读者不尽的遐想。

这首诗以酒微醒时身边事物发端，继写清醒后对灯感怀，再写为摆脱苦闷而抬头时所见，又由仰首望天联想到入醉前登楼所见的水天一色的长淮，写得自然连贯、首尾完整。此外，诗句结构特殊，也是这首诗的一个显著特点。比如第二、三、四、八各句，就都不是按照汉语句子的通常结构方式组成的。这种特殊句型的采用，不但能在有限的字句中汇入丰富的事物，使这些事物间产生各种巧妙的联系，而且使诗句摇曳多姿，形成一种峭拔清隽的风格。　（李济阻）

商　妇　吟　　林景熙

良人沧海上，　孤帆渺何之？
十年音信隔，　安否不得知。
长忆相送处，　缺月随我归。
月缺有圆夜，　人去无回期。
回期倘终有，　白首宁怨迟。
寒蛩苦相吊，① 青灯鉴孤帏。
妾身不出帏，　妾梦万里驰。

〔**注**〕 ① 蛩：蟋蟀的别称。

以夫妇喻君臣，是我国古代诗歌的常见方法。知不足斋丛书本《霁山先生集·商妇吟》下注云："此篇以商妇自比而寓思君之意。"《宋诗纪事》此诗题下也注有："寓思君之意"，都指出了《商妇吟》是有所寄托而作。这样构思，就能把政治色彩浓郁的内容用人情味十足的形式表达出来，风格缠绵悱恻，可以产生较强的感染力。

林景熙在南宋时官礼部架阁，转从政郎。宋亡不仕，以义行著称。特别在杨琏真伽发掘宋陵时，他化妆成乞丐，收高、孝二陵的遗骨于竹箩中，回来后分贮两函，移葬东嘉，受到世人敬重。杨琏真伽发陵事在至元二十二年(1285)。一说在至元二十一年，距德祐二年(1276)元兵攻占临安，恭帝赵㬎被俘正好十年。这首诗中有"十年音信隔"一句，当写在收葬陵骨前后。

帝㬎被俘北去之后，继立的赵昰、赵昺相继死于海上，此诗所忆，当是帝㬎。全诗十四句，可分三层读。前四句专述思念。"沧海"云者，表面上是说"良人"(即丈夫)渡海经商，实际上是指帝㬎在元大都的孤立处境。"何之"二字已道尽赵㬎去后的暗淡前程，诗中又复用"孤帆"、"渺"加以渲染，使"思君之意"一开始便来得格外强烈。"十年音信隔，安否不得知"两句看似寻常，但能在十年之后还想到旧君的"安否"，作者忠于故宋之心可见。

中间六句兼写别时和归期，是感情最强烈的地方。"长忆"两句写别时。诗写送人，却不说君去，单言我归。这样的写法，使抒情的重点集中在送行者身上，从不忍说"良人"离去的情态和送行者掩泣而归的形象中，反映了思念者的痴情。"月缺"两句从别时说到归期，使用的是对比手法。"圆夜"的"圆"，既是写月，又与"团圆"的"圆"双关。"回期"两句遥想归来。"良人"一去，已是十年，音信渺邈，然而这位思妇还以“回期倘终有，白首宁怨迟”自誓，表现作者的“思君之意”、“对君之忠”，透入纸背。

末四句承“白首宁怨迟”，写自己的操守。鲍照《拟古》之七有“秋蛩扶户吟，寒妇成夜织”，这里用其意。“寒蛩”两句以寒蛩、青灯、孤帏作为思妇的伴侣，可见她独处之孤寂和节守之坚贞。最后两句中的“身”、“梦”，是从形体说到精神；“不出帏”实际上寄托了不与元朝统治者合作的怀抱；“万里驰”则表达了对宋君的耿耿忠心。用这样两句结尾，深沉凝重，大大扩展了诗歌的内容含量。

诗人在宋亡后十年还念念不忘故主，甚至希冀恢复，其精神感人至深。在表现方法上，作者一方面动用各种手段，成功地塑造了一个血肉饱满的思妇形象，另一方面又着意使每一个字句都暗含有思君的寓意，因而读来委婉深曲，多姿多态。章祖程说，林景熙的诗“本义理以为元气，假景物以为形质，濯冰雪以为精神，剪烟云以为态度。朱弦疏越而有遗音，太羹元酒而有遗味。其真诗家之雄杰欤！”(《〈白石樵唱〉注》)读这首诗，可以约略体会到林诗的艺术造诣。

此诗在艺术上的某些成就，还反映了作者很注意从民间文学中汲取养料。尤其是诗中采用了民歌中常见的反复和顶针的修辞手法，形成诗歌回肠荡气的独特风格，对表达难割难舍的思想感情，都起到了积极作用。比如，“缺月随我归”，以缺月随我含团圆难再之意，已极哀痛；可是接下去的“月缺有圆夜”，却以月缺为并非最可悲者，最可悲的还是自己要经受更大的煎熬了。再如“人去无回期。回期倘终有”两句顶针，先说回期不再，已近绝望；继以回期倘有为假设，则思念之切莫此为甚。还有，“青灯鉴孤帏”以孤帏为伴，表明岁月凄凉；“妾身不出帏”则表明不辞凄凉而自守；重复使用“帏”字，使诗意一步逼进一步，作者的深挚感情也就随之而出了。

(李济阻)

山窗新糊有故朝封事稿阅之有感　　林景熙

偶伴孤云宿岭东，　　四山欲雪地炉红。
何人一纸防秋疏？　　却与山窗障北风。

这是一首借景抒怀，睹物伤情的小诗。在“四山欲雪”之际，作者发现新糊的窗纸上有故朝封事稿，阅读之余，感慨系之，即事抒发“山河破碎，谁之咎欤”的怅恨之情。

前两句写景。首先点明所居之地，“偶伴孤云宿岭东”，意味着作者四处漂泊，远离人烟。在南宋灭亡以后，作者备尝亡国之痛。他既不能图谋匡复基业，便只得遁迹世外，誓不与新朝合作，“偶伴孤云”，正是作者忠贞品格的真实写照。

其次，写所处之时，“四山欲雪地炉红”，时近冬令飞雪的季节，故而有山窗糊纸之举。“欲雪”上应题目中的“新糊”，而又与“炉红”，形成强烈的对比，把外景“四山欲雪”与内景“地炉火红”鲜明地映现出来。在这样一个远离嚣世的温暖小屋里，似乎可以恬适安坐，实则不然，作者思绪难平，孤臣孽子之心耿耿在怀，当他忽然发觉山窗上新糊的故朝封事稿时，不禁引起无限的怅恨。前两句写景为后两句抒情作了很好的铺垫。

后两句即事抒情。“何人一纸防秋疏”，作者以用设问语句，意在提起人们的注意力。“防秋”，秋高马肥时北边敌人常常乘机内犯，而在秋季加强边备，故曰“防秋”。此处指有关抵御元军入犯的封事稿。何谓封事？《文心雕龙·奏启》云：“自汉置八仪，密奏阴阳，皂囊封板，故曰封事。”可见封事乃是官吏上书时的密封奏章，常常涉及国家机密要事。像这样重要的机密奏稿，当时不见用于朝廷，现在反落到糊窗纸的地步。朝廷举措如此，国家焉得不亡？“却与山窗障北风”，寓意尤为深刻。表面上看，作者是不动声色，款款道来，只要细细吟咏，便可感到其中包含着多少悲愤，多少感慨。注家评曰：“此诗之工在‘防秋疏’、‘障北风’六字间，非情思精巧道不到也。然感慨之意，又自见于言外。”

作者旨在抒写自己的怨愤之情，却没有直抒其怀，而是从写景叙事中加以暗示，以一种藏而不露、寓意深远的手法，曲折地表达内心的感慨。全诗蕴含丰富，悱恻与悲壮兼而有之。

（张锡厚）

冬　青　花　　林景熙

冬青花，　　花时一日肠九折。
隔江风雨晴影空，　　五月深山护微雪。
石根云气龙所藏，　　寻常蝼蚁不敢穴。
移来此种非人间，　　曾识万年觞底月。
蜀魂飞绕百鸟臣，　　夜半一声山竹裂。

林景熙是宋朝的遗民，每于诗中寄托故国之思，多凄怆之音。

冬青树，汉朝的宫殿与宋朝诸帝的陵墓都种植它。这诗以冬青花为题，有它的特殊意义。宋亡后，番僧杨琏真伽发掘南宋诸帝的陵墓，林景熙、唐珏、郑宗仁、谢翱等收其遗骨，装在以文木做的匮子里，葬于会稽（今浙江绍兴）山中，又从宋帝殿移来冬青树植其上，以为标志。林景熙还写了《梦中作四首》①，唐珏也写了一篇《冬青行》,俱咏此事。

“冬青花,花时一日肠九折。”这诗名为咏冬青花,实则伤悼宋帝遗骨,所以见到冬青花而一日肠九折。司马迁《报任安书》云:“肠一日而九回。”“肠九折”即“肠九回”之意,言悲痛已极。

“隔江风雨晴影空,五月深山护微雪。”“隔江”,指宋故都临安(今浙江杭州),从埋骨的会稽来说,与临安隔了一条钱塘江。那里已沦入元军之手,所以说风雨如晦,阴沉沉的,连一点晴的影子也没有。“五月”是冬青花盛开的时候,花小色白,故以“微雪”代之。“深山”,指宋帝埋骨的会稽山。这两句所描写的景色,有黑暗与光明之分,从而寄托了作者憎爱的感情。

“石根云气龙所藏,寻常蝼蚁不敢穴。”“龙”,君象,埋的是宋帝遗骨,故云“龙所藏”。石为云根,因云触石而出,又其下藏着龙,而《易》有“云从龙”之语,故云“石根云气”。“蝼”,即蝼蛄,与蚂蚁同为微贱之物,它们都不敢在这地方穴居,从而表示了作者对宋帝的尊敬。

“移来此种非人间,曾识万年觞底月。”厉鹗《宋诗纪事》引陶宗仪《辍耕录》云:“唐(珏)[②]葬骨后,又于宋帝殿掘冬青树植所函土堆上。”正因为冬青树是从宋帝殿移来,故云“此种非人间”,“万年觞”,指御用的酒杯,祝天子万寿无疆之词。语本班超上汉明帝疏:“窃冀未便僵仆,目见西域平定、陛下举万年之觞。”

“蜀魂飞绕百鸟臣,夜半一声山竹裂。”“蜀魂”,指杜鹃,相传它为蜀帝杜宇之魂所化,所生之子,寄在百鸟巢中,百鸟代为哺育,若臣之于君,故云“百鸟臣”。杜甫有《杜鹃》诗,其中写它“生子百鸟巢,百鸟不敢嗔,仍为餧其子,礼若奉至尊”,就是根据传说的,但于中有寄托,只是借咏杜鹃为名而已。这里又寄托了什么呢?“蜀魂”,隐喻宋帝的魂,“百鸟臣”,隐喻宋遗民如林景熙者向他称臣,不以国亡变心,也就是对元朝的不屈,表示了凛若秋霜的气节。杜宇本为蜀主,后失位,故为其魂所化的杜鹃,鸣声极哀。“夜半”,深夜,隐喻元朝的黑暗。杜鹃叫一声,山竹为裂,表明它怨恨到了极点,这不就是宋帝对元朝所抱的态度么?林景熙既为宋尽臣节,那他也必然恨宋帝之所恨。唐珏的《冬青行》云:“上有凤巢下龙穴。君不见犬之年,羊之月,霹雳一声天地裂。”表示了与林景熙同样的思想感情。

中国诗歌的传统写法有所谓“赋”、“比”、“兴”。其中比、兴更为广泛地被历代诗人采用着。《冬青花》这首诗是用的兴体。兴乃托事于物,故其事隐。《冬青花》是有它的本事的,不明乎此,就无法理解它。本事中史实与人结合在一起,所以要知人论世。这首诗给了读者鲜明的形象,一切围绕冬青花并展开去加以描绘。诸如写冬青花长在深山里，开着雪一般的白花，这里与隔江的满天风雨，成了清浊不同的两个世界。贴近冬青花的石根底下有龙藏着，并且这花不是从人间来，它曾与万年觞有着深厚的因缘。杜鹃鸟又经常围绕它飞鸣，声裂山竹。在这些鲜明形象的背后，都实有所指，是词在此而意在彼的。冬青花本是很普通的花木，可是借着它寄托了深刻的意思，诚如《文心雕龙·比兴》所说："称名也小，取类也大。"

（胡守仁）

〔注〕①《梦中作四首》：周密《癸辛杂识》、陶宗仪《辍耕录》皆以为唐珏作，而《宋诗钞》载于林景熙诗中，《四库全书总目提要》亦以属之林景熙。今从后说。②唐珏：参加收葬宋帝遗骨之一人，《辍耕录》以主谋者归之，故把他作为代表。

梦中作四首[①] 林景熙

珠亡忽震蛟龙睡，轩敝宁忘犬马情。
亲拾寒琼出幽草，四山风雨鬼神惊。

一坯自筑珠丘陵，双匣犹传竺国经。
独有春风知此意，年年杜宇泣冬青。

昭陵玉匣走天涯，金粟堆前几暮鸦。
水到兰亭转呜咽，不知真帖落谁家？

珠凫玉雁又成埃，斑竹临江首重回。
犹忆年时寒食祭，天家一骑捧香来。

〔注〕①此诗一说为唐珏作，此据《宋诗钞》。

元世祖至元二十一年(1284)，江南总摄番僧杨琏真伽盗宋帝陵寝。这在中国历史上是罕见的事，南宋遗民无不痛心疾首。事后，作者与郑宗仁、谢翱等一同暗中将宋帝的骸骨搜集、埋葬起来。宋高宗、孝宗的骸骨埋在兰亭(今浙江绍兴西南)，后来又找到理宗的骸骨，合埋在一起。这组诗就是为此而写。因为当时元统治者实行高压政策，作者担心写得太明显招来横祸，所以隐约其词，托言梦中所作。

第一首是记叙皇陵被掘，作者等人搜集骸骨之情形。相传深渊里的骊龙颔下的宝珠须待骊龙睡熟后才能去摘取，作者用"珠亡忽震蛟龙睡"来影射皇陵被掘，而群情为之震动。“珠亡”即指殉葬珠宝被劫；“龙睡”即指宋帝死后长眠。国破家亡，臣民不能不感到痛苦；而现在竟然皇帝的陵墓也被人发掘，其痛苦更是无以复加。即便车敝，拉车的犬马也难以忘情，何况是宗国覆灭、先帝尸骨被辱，作为前朝的臣民怎能袖手旁观呢？作者等人扮成乞丐，背着竹箩，带着竹夹，暗中贿赂那些曾参与掘墓的人，将高宗、孝宗的骸骨装成两盒，悄悄运走，“亲拾寒琼出幽草”就是记叙这件事，“寒琼”是对诸帝骸骨的美称。这一壮烈义举使天地鬼神都为之感动，最后一句“四山风雨鬼神惊”实则包含了这两重意思。

第二首是想象先朝皇帝在九泉之下的哀伤。“一坯自筑珠丘陵”化用了一个古代神话。相传舜埋葬在苍梧之野，许多神鸟嘴里含着青沙珠飞来，在葬处积成一个堆，称珠丘。这里作者把兰亭的宋帝新葬处比成舜陵，将埋骨诸人比作神鸟。“珠丘”里葬着宋帝的两盒骸骨，却不敢明说，只能托言盒中装的是佛经，而佛经来自天竺国（印度），所以此云“双匣犹传竺国经”。这里的秘密独有春风知道，除了春风可以毫无顾忌地年年来这里祭扫凭吊外，谁又敢冒此风险呢？身后如此孤独寂寞、凄凉萧条，身在九泉之下的先朝皇帝怎能不哭泣悲伤？“杜宇”是用望帝死后化为杜鹃、含泪啼血、飞回江南的传说，以此比作宋帝。冬青是宋宫中常栽的树木，重葬遗骨后也用此树作为标志。九泉之下的先朝皇帝，只好日复一日、年复一年地用眼泪来浇灌冬青树了。

第三首是写南宋遗民们对先帝的怀念之情。“昭陵玉匣”是指唐太宗随葬的王羲之《兰亭集序》的真本。可是后人将太宗昭陵掘开后，却没有见到装有真帖的玉匣。这是作者暗喻宋帝的骸骨在被掘暴露后又迁走了。“金粟堆前几暮鸦”是形容宋帝诸陵被掘之后的残破荒凉。诸帝遗骸已秘密改葬兰亭，但许多南宋遗民不知它们被抛散到什么地方去了，因此悲伤不已。作者巧妙地借兰亭真帖的失踪而引起人们系挂的典故，比喻宋帝遗骸的失散引起遗民的怀念之情，笔法隐晦，而喻义妥帖。

第四首是抒发自己的亡国之痛。“珠凫玉雁”，指墓中殉葬物。诸陵被盗，殉物自然也化为尘埃。“斑竹临江首重回”，是借二妃哭舜的故事来说明自己对故国的深情厚意。舜死于苍梧之野，娥皇、女英二妃哭于湘江，在竹子上留下斑斑泪痕。而诗人此刻虽已重新埋葬了诸帝骸骨，但回思前事，仍感悲痛。尤其当他回忆起当年每逢寒食节，皇家都要派专使捧着香来扫墓，可现在如何呢？作者今昔对比，更禁不住热泪纵横，为覆亡的故国、为遭此厄运的先帝洒下悲痛的泪水。

此诗凄怆悱恻，吞吐呜咽，代表了南宋遗民睠怀旧君故国的拳拳心意。

（詹杭伦　沈时蓉）

溪　亭　　林景熙

清秋有余思，　日暮尚溪亭。
高树月初白，　微风酒半醒。
独行穿落叶，　闲坐数流萤。
何处渔歌起？　孤灯隔远汀。

在诗歌中，如果能在真实描摹客观景物的同时，又把诗人的某种独特感受倾注在景物描写之中，使读者从思想上受到感染，艺术上得到享受，这就需要诗人在思想深度和艺术造诣两个方面下功夫。林景熙的《溪亭》诗正是借景抒情，达到情景交融的艺术境界的佳作。

首联破题。“清秋有余思，日暮尚溪亭”。表明全诗以溪亭为中心，逐一描绘周围的清秋初月的景色。乍读起来，似有恬静闲适的印象，细细品味，又觉不然。诗人徙倚溪亭，观览景色，思绪纷披，直至日暮，尚徘徊不下。“余思”，是指诗人在南宋灭亡之后，时时所怀有的旧君故国之思，同那种多愁善感的“悲秋”有着本质的区别。不了解首句所要表达的意图，就会把全篇看成单纯写景之作。只有真正领悟到诗人在特定的历史环境下的心理状态，才能透过迷蒙的景色去探索诗人的悠悠孤愤和高洁品格。这种破题法，既无“突兀高远，如狂风卷浪，势欲滔天”（《诗家法数·律诗要法》）的气派，也没有运用比兴的表现手法，而是语淡辞婉，直叙其事，于平淡之中留下意余象外的情韵。

颔联紧承一二句。“高树月初白”，是说高高树巅挂着一弯洁白的初月，切上联“日暮”。“微风酒半醒”，在微风吹拂之下，诗人酒意初醒，与上联“余思”呼应。当此之时，诗人心绪不宁，“余思”萦绕，难以去怀，从其半醉半醒的精神状态，不正说明他感慨至深吗！

颈联写诗人举止。“独行穿落叶”，踽踽独行之状如见，“穿”字尤妙。“闲坐数流萤”，独坐无聊，只得藉数流萤以遣闲，其侘傺不平的心情可以想见，用一“数”字，更见生动。这两句诗把其复杂的矛盾心情注入形象鲜明的画面，不难看出，其中隐现着诗人对生活的感受和时代乱离的影子。注家评曰：“此联本平，然用‘穿’、‘数’二字，便觉精神振竦，所谓五言诗以第三字为眼，是也。”足见诗人用字之工。

末联写景。“何处渔歌起，孤灯隔远汀。”一声声悠长的渔歌，打乱了诗人的冥思遐想，举目四顾，只有远处水面上飘动着一点若明若暗的灯火，此情此景，倍添凄凉孤寂，蕴含着国破家亡、飘泊无依之感。

通观全诗，以景传情，用富有象征意义的景物描写，寄寓诗人的感慨余思，情韵深长，颇具特色。

（张锡厚）

书陆放翁诗卷后

林景熙

天宝诗人诗有史，　杜鹃再拜泪如水。
龟堂一老旗鼓雄，　劲气往往摩其垒。
轻裘骏马成都花，　冰瓯雪椀建溪茶。
承平麾节半海宇，　归来镜曲盟鸥沙。
诗墨淋漓不负酒，　但恨未饮月氏首。
床头孤剑空有声，　坐看中原落人手。
青山一发愁蒙蒙，　干戈况满天南东。
来孙却见九州同，　家祭如何告乃翁！

这首诗主要抒发作者读陆游诗卷以后的感想，壮怀激烈、气势雄浑，充分表现了南宋遗民的爱国情怀。

开头两句"天宝诗人诗有史，杜鹃再拜泪如水。"引用两个典故：一是"诗史"，杜甫经天宝之乱，时事概见于诗，史称其善陈时事，律切精深，号为"诗史"。二是"杜鹃"，传说周朝末年蜀国君主望帝，名叫杜宇，后禅让退隐，死后魂化为鸟，暮春啼叫，以致口中流血，名为杜鹃。杜甫《杜鹃》诗云："杜鹃暮春至，哀哀叫其间。我见常再拜，重是古帝魂。""杜鹃"一词遂寓有"思君"之意。开头两句的起法，即与众不同，它不是直书陆游及其诗卷，而是从远处写起，由天宝离乱引出诗史，由诗史引出杜甫，又由杜甫引出"杜鹃"之句。反复渲染生当乱世而又忧国思君的悲剧氛围，为后面赞颂陆游的英雄气概和高尚情操作了铺垫。这种由远及近、由此及彼的写法，便把全诗所要表达的忧国思君的主旨，生动地显现出来。三四两句称赞放翁的诗歌造诣。"龟堂"，是放翁在绍兴故居所建的堂名。"一老"即指放翁。"旗鼓雄"、"摩其垒"是用军事作比，说他才力雄富，可以直追杜甫，深入堂奥。

自"轻裘骏马成都花"，至"坐看中原落人手"八句诗分别描绘陆游壮岁从戎，暮年归隐的生涯，以及有心杀敌，无力回天的情怀，是全诗的关键所在，既是叹放翁，也是叹自己，更是叹国家。"成都"、"建溪"皆是放翁游宦之地。"镜曲"，指绍兴鉴湖，放翁晚年退居之处。"月氏首"，典出《汉书·匈奴传》，谓老上单于杀月氏王，以其头为饮器，这里借指金朝皇帝。陆游的诗篇慷慨悲歌，爱国情殷，本诗作者甚表钦佩，但是他不是笼统的颂赞，而是选取陆游一生中最具典型意义的事件，予以生动的艺术描绘，"成都花"、"建溪茶"、"盟鸥沙"等诗句，把陆游一生的各个侧面，一一展现在读者眼前，剪裁得当，情景相生。作者对放翁为人有着深刻的理解，虽时隔几十年，然而心心相印，犹旦暮遇之。原因在于有共同的爱国心。

"床头孤剑空有声，坐看中原落人手。"这是反用陆游诗句"逆胡未灭心未平，孤剑床头铿有声"(《三月十七日夜醉中作》)。意思是说床头孤剑虽然还能铿然作响，报效国家的雄心尚在，但已无济于事，中原大地已完全易手。"空有"、"坐看"，既对陆游的壮志未酬寄以无限同情，又抒发了自己的亡国之痛。"青山一发愁蒙蒙，干戈况满天南东。""青山一发"，用苏轼《澄迈驿通潮阁》"青山一发是中原"句。青山一发之处，是中原的大好河山，可惜早已入于元人之手，剩下的只是一片蒙蒙哀愁。何况元军又向东南，正在彻底摧毁偏居一隅的南宋王朝，其愁如何，更可想见了。

"来孙却见九州同，家祭如何告乃翁。"最后这两句，本于陆游的《示儿》诗："死去元知万事空，但悲不见九州同。王师北定中原日，家祭毋忘告乃翁。"放翁临死之际，还念念不忘王师北定中原，使九州一统。而今其裔孙确实看到了"九州同"，但这是元朝统治下的"九州同"，不是乃祖心目中的"九州同"，当家祭之日，又如何告禀呢？

此诗将叙事与抒情紧紧融合在一起，雄浑而劲健。结构上既有腾挪变化，又承接自然。诗的风格是言近旨远、意深辞婉，句句发自肺腑，缠绵中见悲壮，在林景熙诗中很有代表性。

（张锡厚）

梦　回　　林景熙

梦回荒馆月笼秋，　何处砧声唤客愁。
深夜无风莲叶响，　水寒更有未眠鸥。

本诗虽以"梦"为题，却不同于一般的纪梦诗。其特点是叙写大梦初醒后的精神状态和对周围景物的独特感受，借以抒发郁积心头的离愁别恨。不直接写梦，而梦在诗中；不直接写情，而情溢言表，正是这首诗的成功之处。

"梦回荒馆月笼秋"，首句即破题，不是写梦，而是写梦回，以梦回衬托幻境旋灭，极言异乡飘泊之苦。开篇便如愁云乍起，"荒馆"、"月笼秋"使全诗弥漫着一片悲怆的气氛。诗人梦境如何，由此可以推知。俗语说：日有所思，夜有所梦。诗人在家国破灭之后，并未随波逐流，仍保持着坚贞的气节。他的梦中所见当然不会是风和日暖，只能是一片凄凉景象。一梦初醒，又只见秋月惨淡，客馆荒凉，那真是无处可逃愁了。

“何处砧声唤客愁”，当诗人还处在似梦非梦、似醒未醒的状态，从远处传来的捣衣声，勾唤起诗人“身在异乡为异客”的愁苦情怀。“砧声”和“客愁”相对，有很深的含意。妇女秋夜捣衣；为远人制作衣裳，诗人从阵阵捣衣声中不免触发起无限的愁肠。诗人梦醒时的愁苦，并非是单纯的离愁别恨，而蕴有更深广的家国沧桑之感。

“深夜无风莲叶响，水寒更有未眠鸥。”这两句重在写景，但又从景物描写中反衬出诗人愁肠百结，彻夜不寐的心境。“无风”、“叶响”是对立的矛盾现象，深夜无风，何来莲叶的响声，原来是“水寒更有未眠鸥”，是尚未入睡的鸥鸟在莲叶中辗转反侧。此句既是写景，又是述情，“未眠鸥”正是诗人的自况，寄托了他的弦外之音。

这首诗描写秋夜景色的孤寂，恰和自己的悲愁心情相印，但作景语，而其情自见，确是抒情诗的佳作。

（张锡厚）

【作者小传】

谢 翱

（1249—1295） 字皋羽，晚号宋累，又号晞发子，福安（今属福建）人，后迁居浦城（今属福建）。元兵南下，率乡兵投文天祥，任谘议参军。入元不仕。曾至浦江，与方凤、吴思齐等结月泉吟社。天祥被害于大都，作《西台恸哭记》。有《晞发集》，辑有《天地间集》。

效孟郊体三首

谢 翱

闲庭生柏影，　荇藻交行路。
忽忽如有人，　起视不见处。
牵牛秋正中，　海白夜疑曙。
野风吹空巢，　波涛在孤树。

落叶昔日雨，　地上仅可数。
今雨落叶处，　可数还在树。
不愁绕树飞，　愁有空枝垂。
天涯风雨心，　杂佩光陆离。
感此毕宇宙，　涕零无所之。
寒花飘夕晖，　美人啼秋衣。
不染根与发，　良药空尔为。

闺中玻璃盆，　贮水看落月。
看月复看日，　日月从此出。
爱此日与月，　倾泻入妾怀。
疑此一掬水，　中涵济与淮。
泪落水中影，　见妾头上钗。

谢翱，字皋羽，号晞髮子，是南宋末年的爱国诗人。曾投文天祥部下，任谘议参军。天祥被杀，他变姓名逃亡，继续进行抗元活动，并与一批爱国文士互相用诗歌唱和，发抒亡国之痛。他的这一类抒情诗，艺术上颇重苦思锤炼，主要继承李贺、孟郊的风格而加以变化。这组学孟郊的诗，就是有意用孟诗的手法来表达自己难言的隐痛。

这三首诗总标题是“效孟郊体”，它所提示的，仅仅是在风格情调与艺术技巧上学习孟郊。因而这实际上是三首无题诗。谢翱的许多诗，即使有明确标题的，也都闪烁其辞，这几首写得更加隐晦。但只要了解诗人的思想与身世，以及宋亡后的特殊背景，这些诗就不难索解了。

谢翱生于淳祐九年(1249)。当他刚成年时，元兵已大举南下，南宋半壁河山即将沦亡。后来他尽捐家财募集乡兵，投入文天祥的部队，随军转战闽、粤、赣各地。因此，在文天祥遇难前，他不可能在“闲庭柏影”中从容吟咏。且从诗中喻义来看，宋亡以前，不能说鸟巢已空，树上只余空枝。从这三首诗的内容和情调可断定，这是宋亡以后之作。宋亡后，元朝统治者对敢于反抗的“南人”的镇压极其残酷。宋遗民要想抒发故国之思，只得隐约其辞。谢翱的散文名篇《登西台恸哭记》就隐称文天祥为“唐宰相信公”，对天祥遇难则以“以事过张睢阳庙及颜杲卿所尝往来处”这样的隐语表述；对同登西台哭祭的三友则以“友人甲乙若丙”代之。他的几首哭文天祥的诗更隐称天祥为“所知”、“所思”等。这三首效孟郊体的无题诗，也是不得已而用隐曲之笔，来痛悼宋朝之亡和怀念故人的。它们的主题与内容和《登西台恸哭记》及哭文天祥的几首五律诗相近。《登西台恸哭记》云：“予恨死无以藉手见公(天祥)，而独记别时语，每一动念，即于梦中寻之。或山水池榭，云岚草木，与所别之处及其时适相类，则徘徊顾盼，悲不敢泣。”这三首诗中寻寻觅觅、如梦如幻的凄楚气氛，正与上述情景大致相同。所不同的是，上述散文和五律诗都肯定写于天祥牺牲之后，而这三首诗，从其中对所怀之人若有所盼的情绪来推测，则可能作于天祥被俘后尚未遇难之时。三首诗未必是一次写就，但互有联系，可作为一个整体来理解。

第一首，以漫漫秋夜喻宋亡后社会的萧条之状。前四句写独步庭中的如梦如幻之感，以寄亡国哀思。“牵牛”二句进一步写幻觉，突出了亡国孤臣的绝望之感。这当儿，只有“野风吹空巢，波涛在孤树”这个景致是实实在在的，决非幻觉。这两句是说：在自外而入的元人“野风”的摧残下，南宋这个“巢”被扫空了！现在江山易主，只有元军的“波涛”在继续扫荡江南这棵“孤树”！南宋遗民喜用秋风秋雨摧毁鸟巢来比喻国亡之祸，如汪元量《越州歌》云：“秋风吹雨暗天涯，越鸟巢翻何以家?”谢翱此诗与汪诗同义。

第二首从前首末尾二句生发，专写亡国之痛和没有出路的悲哀。前六句，以秋雨叶落使飞鸟失去荫蔽之处来比喻自己国亡之后托身无所。这与林景熙《南山有孤树》诗“南山有孤树，寒乌夜绕之，惊秋啼眇眇，风挠无宁枝”的寓意相同，可见当时遗民诗人们的感受都是一致的。二诗中绕枝而飞的比喻，是从曹操《短歌行》“绕树三匝，何枝可依”句意变化而来。“天涯”以下八句，则从庭院、孤树引向广阔的外部世界，慨叹河山沦落，志士无计。“天涯风雨心”和“涕零无所之”二句是全诗关键，强烈暗示所咏之愁决非才子感秋的闲愁，而是家国之大愁深愁！后四句，“美人”是自喻。“啼秋衣”者，哭国之亡。不愿以“良药”染白发，喻自己的守节不屈。

第三首则以闺情为托词，抒写对文天祥的深切怀念。从字面呈现的形象来看，这里写的是一个闺中女子独守空房，用盆盛水看日升月落，以遣愁闷。这个艺术构思来自孟郊。孟郊《杂怨》之三云：“浪水不可照，狂夫不可从。浪水多散影，浪夫多异踪。持此一生薄，空成万恨浓。”谢翱反其意而用之，改“恨”为爱，改“不可照”为执著地照，改“异踪”、“散影”为清晰、确定之踪影。可谓善学前人而变化者。此诗若作单纯的闺情诗看，亦富有情致，但谢翱是另有寄托的。日与月，比喻作者所终身崇敬的文天祥。天天盛水照日月者，乃思天祥而不可见。“疑此一掬水，中涵济与淮”二句，更是故意泄漏机关之笔。按天祥景炎三年

(1278)被俘,次年二月厓山破后,元军主帅张弘范劝降无效,便派人押送他赴燕京。十月份才到燕京,路上耽延八个月之久。照史书记载和天祥本人的《金陵驿》、《平江府》、《过淮》、《过平原作》等诗所记,他北上的路线是经今苏州、南京、渡长江、过淮河,泛济水,从山东入河北;仅是从厓山到淮河这一段路就走了半年。谢翱写此诗的时候,天祥大约已渡淮越济,快入燕地了。他大概已打听到了天祥的行踪,故在诗中写了淮河济水,表达自己对这位英雄人物的日夜悬念之情。自比闺人而将对方比作征夫,这种手法在古典诗歌中常见。

谢翱诗之学孟郊,目的乃在于寄寓自己不便明言的特殊感受。张戒《岁寒堂诗话》评孟郊诗云:"郊之诗,寒苦则信矣,然其格致高古,词意精确,其才亦岂可易得?"谢翱的五古也是格致高古,词意精确,虽不脱孟郊的藩篱,其才亦不易得。至于寄寓亡国哀思的凄楚迷离境界,则为孟诗所无。　(刘扬忠)

铁　如　意　　　谢　翱

仙客五六人,　月下斗婆娑。
散影若云雾,　遗音杳江河。
其一起楚舞,　一起作楚歌。
双执铁如意,　击碎珊瑚柯;
一人夺执之,　睨者一人过。
更舞又一人,　相向屡傞傞;
一人独抚掌,　身挂青薜萝。
夜长天籁绝,　宛转愁奈何。

这首诗是作者为了悼念文天祥殉国而写的。

元世祖至正十六年(1279),文天祥兵败被俘,押解到大都(今北京),虽经百般威胁利诱,始终坚贞不屈,至正十九年从容就义,年仅四十七岁。

据胡翰《谢翱传》记载,谢翱早年绝意仕进,闭门读书。宋端宗景炎元年(1276),文天祥到了当时的行都福安(今属福建),被端宗任命为枢密使,都督诸路兵马,进兵南剑州(今福建南平),开府聚兵,图谋恢复。谢翱也变卖家产,率乡兵数百人赴难,任谘议参军。在与文天祥相处的短短几个月中,这位谢翱仰慕已久的雄杰,给他留下了终身难以忘怀的印象。

文天祥殉国后,谢翱悲不能禁。第二年(1283),他过姑苏,这是文天祥恭帝德祐元年(1275)开府旧治,他触景生情,"望夫差之台,而始哭公焉。"至正二十三年又“哭之于越台”(即越王台,在今广东广州北越秀山上)。至正二十七年,又与友人吴思齐、冯桂芳、严侣登西台(即子陵台,在今浙江桐庐富春山,相传为汉光武帝时隐士严光钓鱼处)绝顶。西台地势险峻,孤绝千丈,谢翱等为文天祥设立牌位,酹酒恸哭,并以竹如意(一说铁如意)击石,作楚歌为天祥招魂,歌词说:“魂朝往兮何极!莫归来兮关水黑!化为朱鸟兮有味焉食?”歌毕,竹石俱碎。诸人又移榜中流,感喟赋诗,谢翱也作有《西台哭所思》以寄托哀思。《铁如意》便是记叙这件事的。

为死者招魂,是古代民间习俗。楚怀王客死秦国后,屈原痛惜不已,曾为其作《招魂》。谢翱深慕屈原,曾取屈原《少司命》句,自号“晞髪子”,并作有《楚词芳草图谱》。为文天祥招魂一事,看来是受了屈原的影响。

诗的开头四句,总叙月下歌舞的概况。在皎洁的月光下,有五、六个仙人婆娑起舞。他们散乱的身影如同迷蒙的云雾,依稀可辨;袅袅的余音回旋良久,飘散到杳杳的远方。仙客,这里指仙人。“仙客”与“月下”对举,更具虚无飘渺之致。“散影”、“遗音”,则见诗境的空灵无迹。寥寥数语,平平叙来,为读者勾画出一个朦胧飘忽的境界。

以下十句,就“影”和“音”展开描写,是诗篇的主要部分。仙客中有一人翩翩起舞,楚舞,这里泛指南方的舞蹈;有一人引吭高歌,楚歌,这里泛指南方的歌曲。这两句诗乃从《史记·留侯世家》载刘邦对戚夫人说的话“为我楚舞,吾为若楚歌”化出,而含义完全不同。志士郑思肖在宋亡后,坐必南向,岁时伏腊,望南野哭。和“南向”、“望南”一样,“楚舞”、“楚歌”寄托了作者对于故国的怀念。仙客楚歌楚舞,激昂慷慨,他们手中所持的铁如意,将珊瑚树美丽多姿的枝条击得粉碎。如意,是古时的一种观赏器物,一般用竹、铁等制成,长约三尺多,柄端可作指形、芝形等。以如意击珊瑚,借用《世说新语·汰侈》事。晋时石崇与王恺斗富,曾用铁如意击碎王恺所藏的珍奇的珊瑚树。这里借用这个典故,切合本事的以铁如意击石,自然浑成,不着迹象。

另外几位仙客的动作更为生动,一人夺过歌舞者手中的如意,加入了歌舞的行列,另一人却以目斜视,从他身边飘然而过。加入队列的还有另外一个人,他们微带醉意,歌舞不停。傞傞,这里是醉舞不停的样子。接着作者的笔锋转向另一个人,用一“独”字,写出了此人的超群脱俗,不同凡响。他像屈原笔下的山鬼一样,“披薜荔兮带女萝”,并以手击节,为歌舞者助兴。至此,诗篇铺叙详赡,层次分明,一幅“月夜歌舞图”已清晰地展现在人们眼前,气氛似乎是欢快的。最后两句却陡然翻转,夜色沉沉,万籁俱寂。“愁修夜而宛转兮”(《楚辞·哀时命》),

在这漫漫的黑夜里，何时才能见到希望的曙光，何时才能盼到金色的黎明呢？“宛转”，辗转不能入睡的样子。一句“宛转愁奈何”，突出了作者忧心忡忡，愁肠百结的心境。原来仙客的月下歌舞，不过是长歌当哭，聊以发泄心中的忧愤而已。作者花了那么多的笔墨描绘月下歌舞的情景，实在不是闲笔，而是为篇末的跌宕蓄势。一个反跌，作品便戛然而止，收得突兀，却又耐人寻味，余韵无穷。

明人胡应麟以为：“宋末盛传谢皋羽歌行，虽奇邃精工，备极人力，大抵李长吉锦囊中物耳。”（《诗薮》外编卷六）《宋诗钞》也称“（谢翱）古诗颉颃昌谷”（《谢翱传》）。谢翱的诗，深受李贺一派影响，想象丰富，构思奇特，具有浓郁的浪漫主义色彩，从《铁如意》可见其诗风的一斑。李贺的诗歌，本来以意境幽僻、清冷艳丽著称，谢翱的诗，虽也新颖奇险，变幻莫测，然而南宋末年国势的危殆以及元兵南下后国破家亡的惨痛体验，却赋予他的诗歌丰富的历史内容和强烈的时代气息。和李贺诗歌意象的虚幻冷艳相比，谢翱的诗更具现实成分，声情绵邈，音节苍凉悲壮，有强烈的艺术力量。

谢翱与友人登西台以如意击石，声震林木，本为悼念文天祥，为文天祥招魂，而作品却不从正面描写登西台经过，无一字提及文天祥，无一语涉及史实，而是以叙述登台歌舞为主，借助客观景象的细致描绘和气氛的有力渲染，构筑成空灵迷离的意境，因而大大地丰富了诗篇的内涵。元人任士林说：“（谢翱）所作歌诗，其称小，其指大，其辞隐，其义显，有风人之余，类唐人之卓卓者，尤善叙事。”（《松乡集·谢翱传》）这是很有见地的。

伤悼知音的云亡，在中国古典诗歌里是屡见不鲜的。“朋友之墓，有宿草而不哭焉。”（《礼记·檀弓上》）宿草，隔年的草。随着时间的推移，对死者的哀悼之情逐渐淡忘，本来是人情之常。然而谢翱登西台恸哭，上距文天祥殉国，已有整整八年之久。“凋悴缘何事，青青忆旧丛。”对倾覆的故国的怀想，对为国捐躯的烈士的悼念之情也与日俱增。“国破山河在”，诗人终其身不能无哭，然一腔热泪无处抛洒，强捺义愤，长歌当哭，作者内心的伤痛是可以想见的。有人将谢翱的西台恸哭，比之于汉高祖时追随田横自杀的五百门客，其实，谢翱忧国忧民的高风峻节，是“士为知己者死”的田横之客所无法比拟的。这也是数百年来谢翱的诗歌一直传诵不衰的重要原因。

（雷履平　赵晓兰）

西台哭所思[1]　　谢　翱

残年哭知己，　　白日下荒台。

泪落吴江水,② 随潮到海回。
故衣犹染碧, 后土不怜才。③
未老山中客, 惟应赋《八哀》。④

〔注〕 ① 西台:浙江桐庐县富春江岸,有东台、西台,俱传为严光垂钓的钓台。 ② 吴江:指富春江,三国时属吴地,故称为吴江。 ③ 后土:本指大地,这里是"皇天后土"这一复词的偏举,实指天地而言。 ④ 八哀:即杜甫在夔府所作的《八哀》诗。内容为哀悼张九龄、李光弼、王思礼等八位人物。

诗人谢翱在二十八岁时(1276),元兵攻下临安,俘虏了宋朝皇帝赵㬎。文天祥在福建起兵抗元,诗人追随文天祥,参加了勤王军。至元十九年(1282)十二月初九日,文天祥在大都就义。谢翱隐居南方,每逢文天祥就义的日子,总要找个秘密的地方来哭祭他。至元二十七年是文天祥就义后的第九个年头,谢翱于这年的十二月初九日傍晚,来到浙江桐庐县富春江的西台,设置文天祥灵主,悄悄哭祭。回到船上时,写下了这首五言律诗。(见谢翱《登西台恸哭记》及黄宗羲所作注释。据《梨洲遗著汇刊》本。)

十二月初九日是文天祥就义的日子,也是年岁将残的日子,诗人登上富春江畔"高数百尺"的西台,冒着被元兵搜捕的风险,哭祭了文天祥。他回想十五年前,自己还是一个"布衣"青年的时候,由于抗元的共同愿望,被文天祥选拔为谘议参军,确可称为"知己"。十五年后的今天来哭祭"知己",正好是白日落下西台的黄昏时候,心境十分凄凉,他感到自己的眼泪流入了富春江,将会随着钱塘江潮而流入东海,又将随着海潮而返回富春江里,海潮常常要返回来,自己的眼泪也将永无休止地返回来,对民族英雄表示哀悼。

他想象文天祥就义之前,在大都被囚禁了三四年,多次拒绝元朝的诱降,身上穿着宋朝的"故衣",不肯更换,最后终于碧血染"故衣"而保持了自己的名节,这句是化用《庄子》"苌弘血化为碧"语意。无情的皇天后土,为什么不爱惜这样的人才而让他失败呢?四十二岁的诗人想到自己虽然"未老",也只能无所作为而隐居山中,像杜甫写《八哀》诗来哀悼张九龄、李光弼等英雄人物一样,写诗来哀悼文天祥了。

全诗只有八句,第一句点出哭祭的日子是"残年",第二句点出哭祭的时间是傍晚,第三四句写自己泪随潮涌,东流而复返,悲痛之情,回旋往复,不能自已。五六两句哀痛文天祥的牺牲,埋怨天地的无情。七八两句诉说自己只能悄悄地写诗来表示哀痛。整个诗篇都显得平平淡淡,不假雕琢而自然悲痛,但这悲痛是从热血中喷射出来的,因而整个诗篇也是用血写成的。读了此诗,不难想象诗人在荒台之上,“以竹如意击石”招魂,而“竹石俱碎”(《登西台恸哭记》)的情景,多么令人悲怆啊!

（刘知渐　鲜述文）

过杭州故宫二首　　谢　翱

禾黍何人为守阍?　　落花台殿黯销魂。
朝元阁下归来燕?　　不见前头鹦鹉言!

紫云楼阁燕流霞,　　今日凄凉佛子家。
残照下山花雾散,　　万年枝上挂袈裟。

这两首诗是谢翱在南宋亡后凭吊杭州故宫废址时所写,以抒发他的故国之思。

托物寄慨,触景兴悲,是这类诗作常用的手法。如唐李益的《隋宫燕》:“燕语如伤旧国春,宫花一落旋成尘。自从一闭风光后,几度飞来不见人”及崔橹的《华清宫四首》之二:“障掩金鸡蓄祸机,翠环西拂蜀云飞;珠帘一闭朝元阁,不见人归见燕归”,都是借落花、归燕来吊古伤今或哀时悯乱。谢翱这两首诗的第一首与此同一机杼,但作为遗民,对故国宫苑的凭吊,其感情的沉痛、凄楚,则非李益、崔橹可比。一二句写南宋故宫被毁坏后的荒凉景象:昔日有桓桓武士秉钺持戟而守卫的宫阍,如今一片死寂,阒不见人;在曾经是千官鹄立、花迎剑佩的地方,如今但见台荒殿冷,落花满地。通过这寥寥数字的景物描写,仿佛看到诗人吞声潜行、凄凉徘徊的身影,感受到他那浓重的感伤情绪。这两句诗里的“禾黍”、“黯销魂”,都有来历:“禾黍”,有两个出处:一是《诗·王风·黍离》,诗序说,东周的大夫出行至旧都镐京时,看到“故宗庙宫室尽为禾黍,闵(悯)周室之颠覆,彷徨不忍去”,因而作了《黍离》这首诗;一是《史记·宋微子世家》,箕子朝周路过殷墟,看见商朝故宫毁坏,“生禾黍”,十分感伤,因作《麦秀》之歌,歌词的第一句就是“麦秀渐渐兮,禾黍油油。”谢翱在篇首着以“禾黍”二字,就是以箕子之吊殷商、周大夫之悯宗周,来暗喻自己对南宋国都沦亡、宫殿荒废的深沉感叹,不但用典贴切,而且一起就点了题;至于当时杭州故宫的废址是否也种上了庄稼,“彼黍离离”、“麦秀渐渐”,却并不是主要的,不必求之过实。“黯销魂”,用了江淹《别赋》的“黯然销魂者,唯别而已矣”,此中亦颇有深意。杜甫在安史之乱长安陷落时,有“少陵野老吞声哭,春日潜行曲江曲。江头宫殿锁千门,细柳新蒲为谁绿”之句,但他还抱有“五陵佳气无时无”的信念,坚信长安还能被官军收复。而谢翱的凭吊故宫，却是抱着亡国之恨，是真正的死别吞声之哭。因此，用了《别赋》中“黯然销魂”这一成句，是很痛切的。

接下来两句：“朝元阁下归来燕，不见前头鹦鹉言！”朝元阁是唐代长安骊山上的阁名，它与华清宫、长生殿都是天宝年间唐玄宗、杨贵妃经常游宴的处所，因此也都是安史之乱后在唐人诗中经常出现的地名。谢翱在这里只是借用来泛指杭州故宫的建筑。另一位南宋遗民林景熙《故宫》诗中有两句：“烟深凝碧树，草没景阳钟。”凝碧池在唐代的东都洛阳，景阳宫则是南朝陈都城金陵的宫名，故章宜竹在注里指出：“先生诗中引用台池宫阙之名，亦不必杭州皆有之，特借以形容故都耳。”这一说明，也适用于谢翱此诗。“不见前头鹦鹉言”，化用唐朱庆馀《宫词》“鹦鹉前头不敢言”句，但意思完全不同：朱诗是描写两位宫女并立琼轩，“含情欲说宫中事”，但看见前头有鹦鹉，怕它学舌，因而不敢言说；而谢翱却是通过燕子归来，连它的伙伴鹦鹉也找不着了，暗示南宋宫廷中从前人来人往，笑语声喧，引得鹦鹉频频学舌，而如今人去殿空，鹦鹉更是无处寻觅了。这是深入一层描写故宫的寥落和寂静。因见归燕而想到不见鹦鹉，这一突发的感想是颇独特的，而又妙在将人的感叹与惆怅借燕发出。比之前人诗中的“燕语如伤旧国春”与“不见人归见燕归”，谢翱的诗句更有思力，具见其诗受孟郊、李贺影响，苦思锤炼的特点。

元兵进入杭州后，南宋故宫许多建筑成为佛寺，而且多为番僧所居。林景熙《故宫》诗中“王气销南渡，僧坊聚北宗”，与汪元量《孤山和李鹤田》诗中“林西楼观青红湿，又逊僧官燕梵王”等句，都反映了这一事实；这里第二首诗所写的也是此事。一二句：“紫云楼阁燕流霞，今日凄凉佛子家。”紫云楼也是唐代长安楼阁名，在曲江畔，故杨玢诗云：“紫云楼下曲江平。”此指杭州故宫中的楼阁。燕，即宴。流霞，指美酒。佛子，菩萨的通称，亦指僧徒。这两句是说过去南宋君臣宴饮过的皇宫楼阁，如今成了番僧供奉菩萨的庙宇。三四句“残照下山花雾散，万年枝上挂袈裟”，进一步用富有象征性的景物来表达无限凄凉的兴亡之感：“西风残照，汉家陵阙”，紫云楼上的筵席终于结束了，夕阳下山，花光雾气，也随之消散，被称为万年枝的冬青树上，如今挂满了僧人的袈裟。关于末句的含意，也可能同时隐指南宋少帝赵㬎与全太后北上大都后出家为僧、尼之事。联想到宋徽宗曾以“万年枝上太平雀”为题试画院诸生，南宋宁宗杨皇后《宫词》亦有“秋声轻度万年枝”之句，真是“故国不堪回首”呵！

“南渡君臣轻社稷”，南宋是偏安的政权，主和派意见常占上风，宫中生活暇豫安逸。因此，《过杭州故宫》诗中写到宫中养鹦鹉、“燕流霞”，是含着对南宋君臣苟且偷安、不思恢复，“直把杭州当汴州”的指责与叹惋的。

综观谢翱这两首诗，其特点是沉痛而含蓄。这与《登西台恸哭记》十分相似。尤其是大量融入唐人诗的语词、意境，借唐喻宋，以长安喻杭州，与《登西台恸哭记》中所写“故人唐宰相鲁公”，以颜真卿喻文天祥，是同样的手法。因此，《过杭州故宫》从内容到思想感情，从语言到表现手法，都可以看作是《登西台恸哭记》的伯仲之作，也是南宋遗民诗中重要的篇章。（王翼奇）

书文山卷后　　谢　翱

魂飞万里程，　天地隔幽明。
死不从公死，　生如无此生。
丹心浑未化，　碧血已先成。
无处堪挥泪，　吾今变姓名。

这是文天祥就义后不久，谢翱为他的诗文集题写的诗。卷，这里指诗文集。文天祥的集子是他斗争生活的艺术记录，他的后期诗文作品大都写得慷慨悲壮，气势磅礴。谢翱的题诗没有直接评述文天祥的诗文作品，而是抒写情怀，寄托哀思。抒发对为国献身的民族英雄的深切哀悼之情，实际上也就是对他的诗文集作出了历史的公正评价。

起句劈空而来，元世祖至正十九年（1282），文天祥在历尽磨难之后，在大都（今北京）壮烈牺牲。文天祥殉国的不幸消息传来，谢翱肝胆俱裂，痛不欲生。但作者并不简单叙述自己悲痛欲绝的心情，而是写自己在噩耗传来后的极度痛苦和迷乱中，突然产生了一个强烈的愿望，要飞越千山万水，到万里之外的北国去和死者见面。据记载，宋端宗景炎元年（1276），谢翱投文天祥戎幕，次年二月，他们在漳水之滨洒泪而别，从此未能再见。对知友的思念，使谢翱“每一动念，即于梦中寻之”，而与文天祥临歧执手时的切切话语，也时时萦绕耳际。分别久长，思念深切，因此在乍一听见英雄的死讯后，产生了这样的愿望，看来奇特，其实也是很自然的。“飞”，写出了作者心情的焦灼不安。明知对方已经死去但仍希望见面，这里头有多少痴情，多少渴望！“魂飞万里程”，这是从比悲痛更深的层次落墨的，即所谓“透过一层”的写法。

次句承上而来，却又急转直下。当精魂不辞万里之遥，跋山涉水，到达北国之后，却又“上穷碧落下黄泉，两处茫茫皆不见”，在深深的悲哀和失望中，梦魂猛醒过来，原来所知已物化，幽明隔绝，再无相见之时。这是何等痛心的事，对飞越万里的精魂来说，无异于一声晴天霹雳。然而这是严酷的事实。“飞”的急切和“隔”的绝望，在这里形成了极其强烈的对照。诗人悲不能已，痛哭着迸出了下面两句：“死不从公死，生如无此生。”忠臣死得其所，自己苟且偷生，又有什么意趣？这两句用“死”、“生”二字所组成的奇特对偶句，蕴蓄着极深挚的感情，格外哀切动人。

第三联转向正面写文天祥，进一步抒发哀痛心情。“人生自古谁无死？留取丹心照汗青”，这是文天祥表明心迹、充满正气的诗句。如今，耿耿丹心仍在，而英雄却带着未酬的壮志，含恨离开了人世。碧血，用苌弘事。《庄子·外物》：“苌弘死于蜀，藏其血，三年化为碧。”唯其丹心未化，愈觉其碧血先成的可悲可叹；唯其碧血先成，愈觉其丹心未化的可歌可泣。这联写文天祥，仍归结于自己的悼念之情，感情郁结而悲壮。

尾联推进一层。痛苦是需要发泄的，尤其是郁结已久之情。然而在残酷的现实生活中，竟然没有可以发泄自己感情之处。伤心之泪，未能明流，只得暗吞。懂得了诗人“无处堪挥泪”的难以言说的隐痛，在此后多年中，他浪迹四方，“每至辄感哭”之情，也就可以理解了。末句委婉地表示决心，将埋名隐姓，遁迹山林，决不与统治者合作。语气平和，但忠愤抑郁之气仍勃勃于言意之表。

《书文山卷后》以饱含感情的笔触，抒写深沉的家国兴亡之痛。由闻知死讯、渴求重见到死生相隔、无缘重逢；再由壮志未酬、血沃大地，到无处挥泪，决心归隐，百转千回，从深处着笔，写到至情处，不辨是诗是泪。作者本以工于锤炼著称，这首诗却以白描见长，字字用血泪凝成，读之令人泣下。（雷履平　赵晓兰）

秋夜词　　谢　翱

愁生山外山，　　恨杀树边树。
隔断秋月明，　　不使共一处。

谢翱生当南宋末年，是一位坚贞不渝的爱国诗人。元兵破宋时，他率乡兵投奔文天祥，任谘议参军。文天祥被元人拘禁后，谢翱隐姓埋名，漫游东南，不时抒发持志不屈、怀恋故国的思想感情，表现出高尚的气节。《秋夜词》就是这种思想感情的自然流露。

“愁生山外山，恨杀树边树”。诗人为了表现胸中郁积多年的“愁”和“恨”，不是采取怒发冲冠式的直接表露，而是借物寓怀，以一种环境衬托的比喻手法，巧妙地利用“山外山”、“树边树”的视觉形象，引发出诗人亲身经历国破家亡的遗恨和愁怨。这里所说的山外之“山”，树边之“树”是指被元军占领的一片混浊世界，乍一瞥见，愁恨之情莫可遏止。这两句诗简洁明快，对仗工整，取景设喻又非常浅近贴切。山、树本可以使人赏心悦目，然而在孤臣遗民眼中，只能勾引起无限的愁和恨。它同杜甫的“感时花溅泪，恨别鸟惊心”(《春望》)的名句相比，虽然不如杜诗之工，但是移情于物，托景寄情，从而抒发强烈思想感情的表现手法，还是颇有特色的。

“隔断秋月明”，紧承前两句，诗人大胆设想，如果眼前的“山”和“树”能够隔断秋月之明，就可以使自己看不见外边的世界。事实上这是不可能实现的，但诗人以此表示与元廷不共戴天的气节。“不使共一处”，这是全诗的结句，以含蓄的手法揭示主题。诗人虽来明言同谁“不共一处”，不过，从诗人所写“无处堪挥泪”(《书文山卷后》)，“我愁无地可耕渔”(见《宋遗民录》)等句，则可以清楚地看出，正是灭宋的元代统治者，使诗人陷入“无处”、“无地”的厄运，所以诗人在月色如银的秋夜迸发出的愁恨，不能仅仅看作是个人的恩怨。确切地说，全诗乃是针对元代统治者发出的反抗心声，誓欲隔断明亮的秋月，再不与元代新贵们“共一处”，其态度之坚决，气节之坚贞，给读者以强烈的感受。

这首诗以浅近通俗的语言，生动质朴的比喻，率直地表示亡国之恨，境界很高。元人任士林评谢翱诗曰：“所作歌诗，其称小，其指大，其辞隐，其意显，有风人之余，类唐人之卓卓者。”(《松乡集·谢翱传》)由本篇亦可见诗人风格之一斑。

(张锡厚)

【作者小传】

赵　㬎

(1271—1323)　即宋恭帝。度宗子。咸淳九年(1273)，封嘉国公。次年即位，年四岁。德祐二年(1276)，奉表降元，元兵入临安，被执北去，降封瀛国公。后出家为僧。

在燕京作①　　赵　㬎

寄语林和靖，②　　梅花几度开？
黄金台下客，③　　应是不归来。

〔注〕 ① 原诗见陶宗仪《南村辍耕录》，标题为《宋诗纪事》所加。 ② 林和靖：北宋诗人，隐居西湖，在孤山种梅甚多。 ③ 黄金台：燕昭王曾筑黄金台以待贤士，遗迹在今天津蓟县，

此处代指燕京(即大都)。

赵㬎,是南宋王朝的末代皇帝,四岁时,父亲度宗赵禥死,他继承了帝位,由祖母太皇太后谢氏代管朝政,改元德祐元年(1275)。这时,元兵已经南下,次年二月攻下临安(今浙江杭州),群臣替太皇太后谢氏领衔写了归降表,年幼的皇帝赵㬎当然也投降了。汪元量"侍臣已写归降表,臣妾佥名谢道清"(《醉歌》)的诗句,就反映了这个事件。

太皇太后谢氏(名道清)、皇太后全氏和皇帝赵㬎号称"三宫",于德祐二年(1276)三月,被元兵作为俘虏,押送到大都,赵㬎被降为瀛国公。到元世祖至元二十五年(1288)又被送到甘州(今甘肃张掖)去学佛,法名合尊,又称为木波讲师。他在大都作"客"十二年,出家时才十八岁。出家前十二个年头,在俘虏生活中长大,从汪元量读书,学会了作诗。这首诗应当是"客"居大都时所作的。(或云此诗系送汪元量南归之作,实误。此从《南村辍耕录》。)

诗意很简单,他不敢明说怀念临安,因为临安是宋朝的故都,一怀念就可能被杀,南唐后主李煜不就是因为写了"小楼昨夜又东风,故国不堪回首月明中"这首《虞美人》词而被宋太宗赵光义毒死么?自己今天的境遇,和三百年前的李煜完全相似,他怎敢怀念临安呢?于是,他想到了西湖孤山的梅花,想到二百年前栽种梅花的林和靖。"寄语林和靖,梅花几度开"十字,可以解为:问问栽种梅花的主人,我离开临安以后,梅花开过几次了。两者都是无意识的"痴语",牵扯不到"故国之思"上去,而淡淡的哀愁却从这"痴语"中流露出来。

接着,他写了"黄金台下客,应是不归来"十字,似乎想表明自己是燕昭王黄金台下之"客",受到了"礼貌的招待"而并非俘虏,不打算回临安去了。事实上是"命中注定"不可能回去了。他不敢像李煜那样,说什么"无限江山,别时容易见时难",致遭杀身之祸,但"应是不归来"的"应是"二字,仍然包含了"无可奈何"的感情。陶宗仪说:"二十字含蓄无限凄戚意思,读之而不兴感者几希。"(《南村辍耕录》)对于感受较深的元代士人来说,这种评论是可以理解的。

(刘知渐 鲜述文)

附　录

诗人年表

公元	干支	帝王年号	诗　坛	史　事
960	庚申	太祖建隆 元	魏野生(—1019)	“陈桥兵变”。　后周殿前都点检赵匡胤推翻后周,建立宋朝,是为宋太祖。后周昭义节度使李筠、淮南节度使李重进先后起兵反宋,太祖率军破之。
961	辛酉	二	寇準生(—1023)	宋太祖“杯酒释兵权”,罢石守信等典禁兵。　南唐中主李璟卒,子后主煜即位。
962	壬戌	三	钱惟演生(—1034)	宋禁举人呼知举官为师及自称门生。　复置书判拔萃科。　禁镇将干预县吏政事。
963	癸亥	四 乾德 元		宋始行以文官知州事之制,置诸州通判。刊行《重定刑统》。灭荆南、湖南。
964	甲子	二		宋复置贤良方正等科。　以赵普为相,置参知政事(副相)。　攻后蜀。
965	乙丑	三		宋灭后蜀。置诸路转运使,由中央集中财权。
966	丙寅	四		辽攻宋易州。宋攻北汉。
967	丁卯	五	林逋生(—1028)	辽攻宋益津关。
968	戊辰	乾德 六 开宝 元		宋攻北汉。
969	己巳	二		宋太祖亲征北汉,围太原;辽援北汉,宋军退。
970	庚午	三		宋减州县官吏,增俸给。　攻南汉。
971	辛未	四	刘筠生(—1031)	宋灭南汉。　放免岭南男女被卖为奴婢者。　置广州市舶司。　南唐改国号为江南。

公元	干支	帝王年号	诗　　坛	史　　事
972	壬申	五		宋初行殿试。
973	癸酉	六	柳开进士及第。	宋太祖亲试举人于讲武殿,此后殿试为常式。　整饬诸州试举,严禁私荐。　赵普罢相。
974	甲戌	七	杨亿生(—1020)	宋攻江南。　薛居正等修《五代史》(《旧五代史》)成。宋辽初议修和通聘。
975	乙亥	八		宋军下金陵,李煜降,江南亡。
976	丙子	九 太宗太平兴国　元		吴越国王钱俶朝宋,旋遣返。　十月,宋太祖卒。弟光义即位,是为太宗。
977	丁丑	二		宋太宗大增进士及诸科录取人数,达五百名。命李昉、徐铉等编纂《太平御览》、《太平广记》。　命诸州直属中央。诏国子监给庐山白鹿洞书院《九经》。
978	戊寅	太平兴国　三		宋建崇文院,藏书八万卷。　吴越钱俶入朝,献国土。　平海节度使陈洪进献漳、泉二州。南方平。
979	己卯	四	穆修生(—1032)	宋灭北汉。　太宗攻辽至幽州,在高粱河大败。
980	庚辰	五	司马池生于本年或989年(—1041) 寇準进士及第。 张咏进士及第。	宋定役法。　宋破辽兵于雁门关。辽破宋兵于瓦桥关。
981	辛巳	六		宋赵普复相。　置差遣院考校京朝官考绩。
982	壬午	七	李昉、徐铉等奉敕编纂大型诗文总集《文苑英华》。	辽景宗卒,圣宗即位,萧太后临朝称制。
983	癸未	八	王禹偁、郑文宝进士及第。《太平御览》成书,凡一千卷。	宋分三司为盐铁、户部、度支三部,各置使。　赵普罢相。辽改国号为大契丹。
984	甲申	九 雍熙　元		宋罢诸州农师。　开江南盐禁。
985	乙酉	二		宋进士唱名赐及第。唱名始此。江南饥。复禁盐、榷酤。
986	丙戌	三	《文苑英华》修成,凡一千卷。	宋与契丹交战,宋将杨业败死。
987	丁亥	四	柳永生?(—约1053)	宋置三班院。　始给百官实俸。
988	戊子	端拱　元		宋赵普再相,吕蒙正同相。　置秘阁于崇文院,藏书万余卷。　契丹始建立贡举制度。

公元	干支	帝王年号	诗　　坛	史　　事
989	己丑	端拱 二	范仲淹生(—1052)	宋置杭州市舶司。　契丹攻宋,大败。
990	庚寅	淳化 元	张先生(—1078)	宋赵普罢相。　铸淳化元宝钱,自此改元必铸钱。　契丹封李继迁为夏国王。
991	辛卯	二	晏殊生(—1055) 徐铉卒(916—)	宋置诸路提点刑狱。　李继迁降宋,赐姓名赵保吉。
992	壬辰	三	杨亿赐进士及第。	宋复试合格进士,始用糊名考校之法。　初置常平仓。　置磨勘院。
993	癸巳	四		宋分磨勘院为审官院及考课院,分别考校京朝官及州县官。　蜀民王小波聚众起义。　罢盐铁、户部、度支使,置三司使。
994	甲午	五	石延年生(—1041) 寇準为参知政事。 蒨桃为寇準之妾。	王小波战死(淳化四年十二月),李顺继之,破成都,称大蜀王,旋败死。
995	乙未	至道 元		李顺余部败散。
996	丙申	二	宋庠生(—1066)	宋至道年间兵数六十六万六千,禁军数三十五万八千。
997	丁酉	三	杨朴太宗年间在世。 潘阆太宗、真宗年间在世。 知扬州王禹偁上疏陈冗兵、冗官之弊。	宋太宗卒。太子恒即位,是为真宗。　分全国为十五路。
998	戊戌	真宗咸平 元	宋祁生(—1061) 刘筠进士及第。	
999	己亥	咸平 二	曾公亮生(—1078)	宋初给外官职田。　置明州市舶司。　契丹大举攻宋。
1000	庚子	三	余靖生(—1064) 杨徽之卒(921—) 柳开卒(947—)	宋益州戍卒起义,奉王均为主,建号大蜀,旋败。　契丹破宋兵于瀛州。
1001	辛丑	四	王禹偁卒(954—)	宋分川、峡为益、利、梓、夔四路,后遂称四川。　裁汰冗吏十九万五千八百余人。　西夏李继迁反宋攻灵州。
1002	壬寅	五	梅尧臣生(—1060)	宋扩京城。　减河北冗官。　李继迁陷灵州。
1003	癸卯	六		西夏李继迁卒。子德明即位。
1004	甲辰	景德 元	晏殊以神童召试,赐同进士出身。 寇準拜相。	契丹大举攻宋。　宋寇準力排南迁之议。真宗亲征至澶州,被围。　宋与契丹订“澶渊之盟”,岁与契丹银绢三十万。

公元	干支	帝王年号	诗坛	史事
1005	乙巳	二	石介生(—1045) 杨亿、刘筠、钱惟演等参与编纂《册府元龟》,于秘阁相互唱和,后由杨亿编为《西昆酬唱集》,世称“西昆体”,真宗、仁宗年间风行一时。	宋辽自本年起互贺元旦及君主生辰。 宋复诏举贤良方正等六科。
1006	丙午	三	文彦博生(—1097) 寇準罢相。	宋是岁较咸平六年户增五十五万,余赋增三百四十六万余。
1007	丁未	景德 四	欧阳修生(—1072)	宋真宗听信王钦若,造作“天书”,议封禅。言祥瑞者大盛。 景德年间有户七百二十二万余(一作七百四十一万余),官一万余员。
1008	戊申	大中祥符 元	苏舜钦生(—1048) 韩琦生(—1075) 赵抃生(—1084)	宋诈称“天书”下降,庆贺改元。 封泰山,祭孔子,耗费八百余万贯。 是岁大稔,米斗七钱。
1009	己酉	二	李觏生(—1059) 苏洵生(—1066) 潘阆卒(?—) 穆修进士及第。	宋修昭应宫,供奉“天书”。命天下建天庆观,耗资无数。道教由是大盛。 契丹萧太后卒。
1010	庚戌	三		契丹封李德明为夏国王。
1011	辛亥	四	邵雍生(—1077)	宋命诸州置孔子庙。 蜀中“交子”(纸币)始以三年为流通期限。“交子”约真宗初年由商人发行,纸币始此。
1012	壬子	五	祭襄生(—1067)	宋真宗称“天尊下降”,大事庆贺。
1013	癸丑	六	郑文宝卒(953—)	宋禁宦官干预公事。《册府元龟》修成。
1014	甲寅	七	寇準复相。	
1015	乙卯	八	陶弼生(—1078) 张咏卒(946—) 范仲淹进士及第。 寇準罢相。	
1016	丙辰	大中祥符 九		宋修两朝国史成。
1017	丁巳	天禧 元	周敦颐生(—1073) 惠崇卒(?—) 惠崇与希昼、保暹、文兆、宇昭等合称“九僧”。	宋诸路饥荒。
1018	戊午	二	文同生(—1079)	契丹连年攻高丽。

公元	干支	帝王年号	诗　　坛	史　　事
1019	己未	三	黄庶生(—1058) 刘敞生(—1068) 曾巩生(—1083) 王珪生(—1085) 司马光生(—1086) 魏野卒(960—) 寇準复相。	
1020	庚申	四	杨亿卒(974—) 寇準罢相。	
1021	辛酉	五	王安石生(—1086)	宋本年纳税田数五百二十四万七千五百八十四顷余，为北宋以来最高数字。
1022	壬戌	乾兴 元	郑獬生(—1072)	宋真宗卒。子桢即位，是为仁宗，年十三，太后听政。
1023	癸亥	仁宗天圣 元	刘攽生(—1089) 寇準卒(961—) 余靖进士及第。	宋议减冗费。置益州交子务。
1024	甲子	二	宋庠、宋祁、曾公亮进士及第。	宋书放交子，禁私造，限在川蜀流通，为历史上政府发行纸币之始。
1025	乙丑	三	范仲淹上《奏上时务书》，提出改革文风主张。	
1026	丙寅	四		
1027	丁卯	天圣 五	韩琦、文彦博进士及第。	宋校定医书，摹印颁行。　医官院上所铸针灸铜人。
1028	戊辰	六	王安国生(—1074) 徐积生(—1103) 林逋卒(967—)	宋改诸路上供物科率法。
1029	己巳	七	晁端友生(—1075)	宋复置制举十科。
1030	庚午	八	欧阳修、张先、石介进士及第。 欧阳修入西京留守钱惟演幕府，与梅尧臣定交。	宋新修国史成。　改盐法。
1031	辛未	九	刘筠卒(971—)	辽圣宗卒。子宗真即位，是为兴宗，太后摄政。
1032	壬申	十 明道 元	王令生(—1059) 穆修卒(979—)	宋置谏院。　西夏李德明卒。子元昊即位。
1033	癸酉	二	范仲淹为右司谏。	宋刘太后死，仁宗亲政。

公元	干支	帝王年号	诗　　坛	史　　事
1034	甲戌	景祐 元	张舜民生?(—?) 钱惟演卒(962—) 苏舜钦、柳永、赵抃进士及第。梅尧臣落第。	契丹兴宗亲政。　西夏攻宋。　是年,宋有户一千零二十九万,口二千六百二十万。
1035	乙亥	二	郭祥正生(—1113) 梅尧臣知建德县。	西夏元昊并沙州。
1036	丙子	三	范仲淹为天章阁待制、权知开封府,以言事切直,忤宰相,贬知饶州。 欧阳修坐范仲淹"朋党",贬夷陵县令。	西夏创建文字。
1037	丁丑	四	蔡确生(—1093) 苏轼生(—1101)	契丹在黑龙江流域设节度使,统辖女真"五国部"。
1038	戊寅	景祐 五 宝元 元	孔文仲生(—1088) 晏幾道生(—1110) 司马光进士及第。 欧阳修知乾德县。	宋诏戒朋党。　西夏元昊称帝。
1039	己卯	二	苏辙生(—1112) 梅尧臣知襄城县。	宋裁减浮费。　整饬贡举法。
1040	庚辰	三 康定 元	方惟深生(—1122) 范仲淹、韩琦并为陕西经略安抚副使;范仲淹兼知延州。	西夏攻宋。
1041	辛巳	二 庆历 元	司马池卒(980 或 989—) 石延年卒(994—)	宋攻西夏,在好水川大败。修《崇文总目》成。
1042	壬午	二	王安石、王珪、黄庶、石象之进士及第。 梅尧臣监湖州盐税。	契丹胁宋割关南地,宋增岁币银绢各十万。　西夏击败宋军。
1043	癸未	三	道潜生(—1102) 晏殊拜相。 范仲淹、韩琦并为枢密副使。范仲淹旋为参知政事,锐意改革,史称"庆历新政"。 欧阳修知谏院。	西夏与宋议和。　宋重定磨勘法、荫子法。　沂州兵士王伦等起义,旋败。
1044	甲申	四	王雱生(—1076) 孔平仲生(—1111) 晏殊罢相。 苏舜钦任集贤校理、监进奏院,援例以卖废纸钱设宴,被劾,除名为民,此后居苏州沧浪亭。	宋令州县皆立学。　改贡举法。宋夏和议成立,岁给夏银绢茶等二十五万五千。

公元	干支	帝王年号	诗　　坛	史　　事
1045	乙酉	庆历 五	黄庭坚生(—1105) 石介卒(1005—) 范仲淹以“朋党”罢参政，出知邠州。 韩琦出知扬州。 欧阳修出知滁州。	宋复磨勘、荫子、贡举旧法。
1046	丙戌	六	刘敞、刘攽、杨蟠、袁陟进士及第。	
1047	丁亥	七	王安石知鄞县。	宋贝州兵士王则起义。 庆历年间兵数一百二十五万九千，禁军八十二万六千。　冗兵、冗官、增岁币，财政日益困难。
1048	戊子	八	李之仪生(—1127) 苏舜钦卒(1008—) 苏舜钦与梅尧臣齐名，并称“苏梅”。 文彦博拜相。 欧阳修知扬州。 张俞在世。	宋王则起义失败。　黄河在商胡决口。西夏元昊卒，子谅祚嗣位(出生方三月)，是为毅宗。　宋毕昇于庆历年间发明活字印刷术。
1049	己丑	皇祐 元	秦观生(—1100) 李唐生(—1130) 文同进士及第。 欧阳修知颍州。	宋裁陕西兵三万五千余人，岁省缗钱二百四十五万。广源州侬智高起兵。是岁，纳税田数二百十五万顷，较天僖初减十分之六，逃税土地约达十分之七。
1050	庚寅	二	晏殊知永兴军，辟张先为通判。	契丹与西夏连年战争，本年议和。
1051	辛卯	三	米芾生(—1107) 梅尧臣赐同进士出身。 王安石通判舒州。	宋旧制太学生二百人，改以一百人为限。
1052	壬辰	皇祐 四	贺铸生(—1125) 范仲淹卒(989—)	侬智高建“南天国”，称帝。
1053	癸巳	五	陈师道生(—1102) 晁补之生(—1110) 柳永卒?(987—) 晁端友、郑獬进士及第。	宋改贡举法。　侬智高败亡。
1054	甲午	六 至和 元	张耒生(—1114) 欧阳修为翰林学士兼史馆修撰，主修《新唐书》。	
1055	乙未	二	晏殊卒(991—) 欧阳修奉使契丹。 王安石赴京，途经高邮，王令以诗谒见。	宋封孔子四十七世孙孔宗愿为衍圣公。衍圣公始此。　礼部上贡举条例。　韩琦言里正、衙前之害。

公元	干支	帝王年号	诗 坛	史 事
1056	丙申	三 嘉祐 元	周邦彦生(—1121) 梅尧臣为国子监直讲。 王安石为群牧判官,初识欧阳修。	宋以龙图阁学士包拯权知开封府,贵戚宦官为之敛手。
1057	丁酉	二	潘大临生(—1106) 欧阳修主持进士考试,梅尧臣为试官,倡平实之风,为北宋诗风文风转变一大契机。 苏轼、苏辙、曾巩、冯山进士及第。 王安石知常州。	
1058	戊戌	三	黄庶卒(1019—) 欧阳修加龙图阁学士,权知开封府。 王安石为度支判官,上万言书,主张变法。	宋裁省冗费。 定制科等第授官法。
1059	己亥	嘉祐 四	李觏卒(1009—) 王令卒(1032—) 蔡确进士及第。 王安石提点江东刑狱。	
1060	庚子	五	邹浩生(—1111) 宗泽生(—1128) 梅尧臣卒(1002—) 曾公亮为枢密使。 欧阳修为枢密副使,与宋祁同修《新唐书》成。 王安石为三司度支判官。	
1061	辛丑	六	宋祁卒(998—) 孔文仲进士及第。 欧阳修为参知政事。 苏轼上《进策》、《进论》,始授大理评事签书凤翔府判官。	宋三馆秘阁上所编校书九千四百五十卷。
1062	壬寅	七	邵雍时居洛阳天津桥。	
1063	癸卯	八	孔武仲进士及第。	宋仁宗卒。嗣子曙即位,是为英宗;旋以病,太后听政。
1064	甲辰	英宗治平 元	余靖卒(1000—)	宋英宗亲政。 西夏攻宋秦凤、泾原一带。
1065	乙巳	二	饶节生(—1129) 苏庠生(—1147) 张舜民、孔平仲进士及第。 孔平仲与兄文仲、武仲时号“三孔”。	宋朝臣议尊英宗生父濮安懿王为皇,引起争论,史称“濮议”。

公元	干支	帝王年号	诗　坛	史　事
1066	丙午	三	宋庠卒(996—) 苏洵卒(1009—) 司马光受命主修《资治通鉴》。	契丹改国号为大辽。　宋尊濮安懿王为皇,反对者均被黜。　是岁,宋有户一千二百九十一万、口二千九百零九万。
1067	丁未	治平 四	洪炎生(—1133) 蔡襄卒(1012—) 黄庭坚、王雱、徐积进士及第。 欧阳修罢参政,出知亳州。 王安石知江宁府。	宋英宗卒。子顼即位,是为神宗。　西夏毅宗谅祚卒,子秉常即位,是为惠宗。 宋治平年间,垦田四百三十万顷,有官二万四千员,兵数减至一百十六万二千,其中禁军六十六万三千。
1068	戊申	神宗熙宁 元	谢逸生(—1113) 刘敞卒(1019—) 王安石越次入对,为翰林学士兼侍讲,上书主张变法。 王安国赐进士及第。	
1069	己酉	二	王安石为参知政事,始行新法。 曾公亮致仕。	宋设制置三司条例司,遣使察诸路农田、水利、赋役,变法开始。　行青苗法、均输法,颁农田水利敕。
1070	庚戌	三	唐庚生(—1120) 司马光致书王安石,反对新法,判西京御史台,此后居洛十五年。 王安石拜相。	宋罢制置三司条例司,归中书省。　立保甲法。　开封府试行免役法。
1071	辛亥	四	惠洪生(—1128) 苏轼因反对新法被贬,通判杭州。 欧阳修致仕,居颍州,撰《六一诗话》,为最早以"诗话"命名的论诗著作。其后,司马光撰有《温公续诗话》,刘攽撰有《中山诗话》。	宋改贡举法,罢诗赋及明经诸科,改以经义论策取士。　立太学生三舍法:外舍七百人,内舍二百人,上舍一百人。
1072	壬子	熙宁 五	郑獬卒(1022—) 欧阳修卒(1007—) 欧阳修为北宋诗文革新运动领袖,一扫宋初"西昆体"余风。	宋行市易法、保马法、方田均税法。　置熙河路。　王韶击败羌木征。
1073	癸丑	六	周敦颐卒(1017—) 张耒、关澥进士及第。 刘次庄赐同进士出身。 晁补之谒苏轼。	宋置经义局,命王安石提举,修《诗》、《书》、《周礼》三经义。　置律学,命官、举人皆得入学习律令。　王韶收复河西走廊一带,史称"熙河大捷"。
1074	甲寅	七	王安国卒(1028—) 王安石罢相,知江宁府。 苏轼知密州。	宋大旱,流民入京,监安上门郑侠献所绘流民图,反对新法。　韩绛、吕惠卿继续推行新法。　行手实法、置将法。

公元	干支	帝王年号	诗 坛	史 事
1075	乙卯	八	韩琦卒(1008—) 晁端友卒(1029—) 王安石复相。	郑侠遣送英州编管。 宋与辽争地界,失地七百里。罢手实法。
1076	丙辰	九	王雱卒(1044—) 王安石再次罢相,出判江宁府。 王珪拜相。	
1077	丁巳	十	叶梦得生(—1148) 邵雍卒(1011—) 苏轼知徐州。 秦观谒苏轼。 郭祥正、吕南公、饶节在世。	黄河大决,淹四十五州县,田三十余万顷。
1078	戊午	元丰 元	程俱生(—1144) 刘一止生(—1160) 张先卒(990—) 曾公亮卒(999—) 陶弼卒(1015—) 黄庭坚以诗函寄苏轼,为苏轼所推许。	宋元丰年间,神宗继续推行新法。
1079	己未	二	汪藻生(—1154) 王庭珪生(—1171) 文同卒(1018—) 晁补之进士及第。 苏轼于知湖州任上,因诗被诬下狱,史称“乌台诗案”。	宋增太学生,外舍二千人,内舍三百人,上舍一百人,并立考试升舍法。
1080	庚申	三	苏轼谪居黄州。 潘大临从苏轼游。 黄庭坚知吉州太和县。	
1081	辛酉	四	孙觌生(—1169) 曾巩为史馆修撰,管勾编修院。	西夏梁太后专朝政。 宋夏交战,互有胜负。
1082	壬戌	五	周紫芝生(—1155) 邹浩进士及第。 苏轼在黄州,西游赤壁。 曾巩为中书舍人。 司马光、文彦博等于洛阳聚会赋诗,时称“耆英会”。 李之仪、杜常、方泽在世。	宋改官制,设中书、门下、尚书三省,均不置长官,宰相官名改为尚书左仆射兼门下侍郎,尚书右仆射兼中书侍郎。 徐禧筑永乐城,被西夏军攻取。
1083	癸亥	六	李纲生(—1140) 曾巩卒(1019—)	西夏请和,贡于宋,允复岁赐。

公元	干支	帝王年号	诗　　坛	史　　事
1084	甲子	元丰 七	吕本中生(—1145) 李清照生(—约1151) 曾幾生(—1166) 赵抃卒(1008—) 晁端友卒?(? —) 苏轼移汝州,途中晤王安石于金陵蒋山。 黄庭坚监德州德平镇。 司马光等修《资治通鉴》成。	宋熙宁、元丰年间府库充实,小邑所藏钱米亦不下二十万。
1085	乙丑	八	朱弁生(—1144) 李弥逊生(—1153) 王珪卒(1019—) 秦观进士及第。 司马光复出为门下侍郎,主国政。 苏轼移常州、知登州,旋奉调入京。	宋神宗卒。　子煦即位,是为哲宗,年十岁,太皇太后临朝听政。　罢保甲、保马、方田均税等法。
1086	丙寅	哲宗元祐 元	沈与求生(—1137) 王安石卒(1021—) 司马光卒(1019—) 俞紫芝卒(? —) 苏轼为中书舍人、翰林学士、知制诰。 苏辙奉使契丹,还为御史中丞。	宋司马光尽废新法,罢黜新党人物,史称"元祐更化"。　立十科取士法。　以崇政殿说书程颐为首的"洛党"与以苏轼为首的"蜀党"相互攻讦,史称"洛蜀党争"。　西夏惠宗卒,子乾顺立,是为崇帝。
1087	丁卯	二	陈师道由苏轼推荐为徐州州学教授。	宋复置贤良方正等科。　设泉州市舶司。朝臣形成洛、蜀、朔三党。
1088	戊辰	元祐 三	孔文仲卒(1038—) 黄庭坚、秦观、晁补之、张耒同在秘阁任职,集于苏轼门下,号"苏门四学士"。	苏颂主持制成水运仪象台(天文钟)。
1089	己巳	四	刘攽卒(1023—) 苏轼出知杭州,任上曾疏浚西湖,筑"苏堤"。 惠洪受度为僧。	宋立经义、诗赋两科,自是习诗赋者多,专经义者十无一二。
1090	庚午	五	陈与义生(—1139) 文彦博致仕。	宋朝臣倾轧加剧。
1091	辛未	六	邓肃生(—1132) 张元幹生(—1170后) 宗泽进士及第。 苏轼召为翰林学士承旨,旋出知颍州。	西夏屡扰宋境。

公元	干支	帝王年号	诗坛	史事
1092	壬申	七	苏轼调知扬州，召为兵部尚书兼侍读，旋改礼部尚书。 苏辙为门下侍郎。 贺铸由苏轼等举荐，为承事郎，监北岳庙。	宋立考察县令课绩法。 朝廷“朋党”之说日盛。
1093	癸酉	八	蔡确卒(1037—) 高荷元祐年间为太学生。 洪炎元祐末进士及第。 苏轼出知定州。 黄庭坚、秦观同为国史院编修。	宋哲宗亲政。
1094	甲戌	元祐 九 绍圣 元	张嵲生?(—1146?) 冯山卒(?—) 苏轼谪居惠州。 苏辙、黄庭坚、秦观、晁补之、张耒、陈师道等均遭贬黜。 晁冲之隐居阳翟具茨山。	宋朝廷兴“绍述”之说，“新党”执政，罢黜旧党人物。 罢试诗赋，专以经义取士。复行免役法。
1095	乙亥	二	贺铸为鄂州宝泉监。	宋置宏词科。 复行青苗法。
1096	丙子	三		宋以蔡京为翰林学士承旨。
1097	丁丑	四	朱松生(—1143) 文彦博卒(1006—) 叶梦得、胡直孺、寇国宝进士及第。 唐庚绍圣年间进士及第。 苏轼移居儋州(今海南岛儋县)。	宋再贬元祐旧党。 西夏军屡攻宋境。
1098	戊寅	五 元符 元	曹勋生(—1174) 贺铸自编《庆湖遗老诗集》。	西夏攻宋平夏城，大败，后国势渐衰。
1099	己卯	二		宋夏议和。
1100	庚辰	三	秦观卒(1049—) 石悫进士及第。 苏轼等遇赦内移。 陈师道为秘书省正字。	宋哲宗卒。弟端王赵佶即位，是为徽宗。
1101	辛巳	徽宗 建中靖国 元	刘子翚生(—1147) 苏轼道卒于常州(1037—)。 苏轼继欧阳修后主盟北宋文坛、诗坛，完成诗文革新运动。 李彭此前曾与苏轼、张耒唱和。 王琮徽宗初进士及第。 贺铸为泗州通判。 李清照与赵明诚结婚。	辽道宗卒；孙延禧即位，是为天祚帝。道宗晚年佞佛，国势渐衰。

公元	干支	帝王年号	诗　坛	史　事
1102	壬午	崇宁 元	道潜卒(1043—) 陈师道卒于建中靖国元年十一月,公元入本年(1053—)。 陈师道与黄庭坚并称"黄陈"。	宋以蔡京为右相,定文彦博、司马光、苏轼、秦观等百余人为"元祐奸党",刻石,禁"元祐学术"。
1103	癸未	二	岳飞生(—1142) 徐积卒(1028—) 汪藻进士及第。	宋以蔡京为左相,令销毁三苏、黄庭坚、秦观等人著作,重申禁"元祐学术"。　置医学。
1104	甲申	三		宋重定党籍,以司马光为首,共三百〇九人,立"元祐党人碑"。　置书、画、算三学。
1105	乙酉	四	黄庭坚卒(1045—) 黄庭坚诗自成一家,号"山谷体",开"江西派"诗风,与苏轼并称"苏黄"。	宋颁方田法。　以宦官童贯为陕西制置使。造"九鼎";制"大晟乐";建宝成宫;祀黄帝;设苏州应奉局,由朱勔领其事,收罗奇花异石,名"花石纲"。
1106	丙戌	崇宁 五	潘大临卒(1057—) 方惟深特奏名,授兴化军助教。	宋以"星变",毁"元祐党人碑",赦"元祐党人",罢书、画、算、医四学。　蔡京罢相。宋夏通好。
1107	丁亥	大观 元	米芾卒(1051—) 李清照随赵明诚归居青州乡里。	宋蔡京复相。
1108	戊子	二		宋蔡京进为太师,童贯加节度使。　分批除一百四十余人党籍,分别复党人官爵。
1109	己丑	三	黄公度生(—1156) 孙觌、李弥逊进士及第。 贺铸致仕,居苏州。	宋蔡京致仕。
1110	庚寅	四	晏幾道卒(1038—) 晁补之卒(1053—) 惠洪《冷斋夜话》作于崇宁、大观年间。 魏泰崇宁、大观年间不仕,晚年作《临汉隐居诗话》。 晁冲之大观、政和年间居京,与吕本中相过从。	宋罢宏词科,改立词学兼茂科。
1111	辛卯	政和 元	孔平仲卒(1044—) 邹浩卒(1060—) 韩驹政和初赐同进士出身。 吕本中《江西诗社宗派图》约作于本年前后,"江西诗派"由是得名,后发展为宋代最大的诗歌流派。	宋童贯使辽,燕人马植见贯,献取燕之策,从贯归宋。

公元	干支	帝王年号	诗坛	史事
1112	壬辰	政和二	王十朋生(—1171) 苏辙卒(1039—) 李纲进士及第。	宋改定官名，尚书左仆射为太宰兼门下侍郎，右仆射为少宰兼中书侍郎，以太尉为武阶之首。
1113	癸巳	三	郭祥正卒(1035—) 谢逸卒(1068—)(谢迈为谢逸从弟。) 陈与义登上舍甲科，任开德府教授。周莘与陈与义友善。	宋修政和五礼新仪成。 女真族首领完颜阿骨打嗣为都勃极烈。
1114	甲午	四	张耒卒(1054—) 孙觌制举登科。	完颜阿骨打反辽，屡破辽兵。 宋与西夏战事复起。
1115	乙未	五	沈与求进士及第。	完颜阿骨打称帝，改名旻，国号大金，建都会宁，是为金太祖。 金兵破辽黄龙府。
1116	丙申	六		宋徽宗于上清宝箓宫大会道士，道教益盛。 金兵陷辽东京(今辽阳)。
1117	丁酉	七	左纬政和年间在世。	宋以殿前都指挥使高俅为太尉。 徽宗自称教主道君皇帝。置提举人船所，专一措置花石纲及诸路进奉事。
1118	戊戌	八 重和元	韩元吉生(—1187) 王庭珪进士及第。 朱松同上舍出身(朱槔为松弟)。 贺铸以太祖贺后族孙，恩迁朝奉郎。	辽金议和。 宋金遣使通好。 宋立道学升贡法。 给道观田。 焚毁佛经中诋忤道儒二教之词。
1119	己亥	重和二 宣和元	贺铸再度致仕。	宋以金辽议和，停止与金通好。宋江起义约在本年或本年前。 金完颜希尹制作女真字。
1120	庚子	二	唐庚卒(1070—)	宋罢道学。 金兵破辽上京。 宋、金约定夹攻辽。 方腊起义，克睦州、歙州、杭州，童贯率军镇压。
1121	辛丑	三	周邦彦卒(1056—) 刘一止进士及第。 张嵲上舍登科。 程俱赐上舍出身。	宋江起义失败。 方腊起义失败。
1122	壬寅	四	方惟深卒(1040—) 王寀卒？(？—) 陈与义为太学博士。	金兵陷辽中京、西京。宋攻燕京失败。金兵取燕京。 宋造万岁山成，周围十余里，运四方奇花异石置其中。 是岁，宋有户二千八十八万二千三百五十八，口四千六百七十三万四千七百八十四。
1123	癸卯	五	曹勋赐同进士出身。 阮阅编成诗话汇编《诗总》。	宋予金岁币外，另燕京代税钱一百万缗，换得燕京及蓟、景六州之地。金太祖卒。弟吴乞买即位，改名晟，是为金太宗。

公元	干支	帝王年号	诗 坛	史 事
1124	甲辰	六	韩驹为中书舍人。 吕本中为枢密院编修。	宋蔡京领三省事。 禁收藏苏轼、黄庭坚之文。 京东、河北等地爆发农民起义。
1125	乙巳	宣和 七	吴儆生(—1183) 陆游生(—1210) 贺铸卒(1052—) 李纲为兵部侍郎。 吴涛在世。	金兵擒获辽帝,辽亡。 宋蔡京再度致仕。 金兵两路南下攻宋。 宋徽宗禅位于太子桓,是为钦宗。 太学生陈东等上书请杀蔡京等六贼。
1126	丙午	钦宗靖康 元	范成大生(—1193) 周必大生(—1204) 江端友赐同进士出身。 李纲为尚书右丞。	金兵渡河攻东京,宋割地赔款请和。 宋除元祐党禁。 贬蔡京,诛童贯、朱勔等。高俅卒。 宋廷主战、主和两派斗争激烈。 金兵复攻宋,宋命康王赵构为天下兵马大元帅。 金兵攻破东京。 金始以汉制立官府。
1127	丁未	二 高宗建炎 元	李之仪卒(1048—) 王质生(—1189) 尤袤生(—1194) 杨万里生(—1206) 李纲为相,旋罢。 宗泽为知开封府、东京留守。	金立张邦昌为楚帝,掳徽、钦二帝及大批官员、工匠、金银器物北去。 北宋亡。宋康王赵构于南京(今河南商丘)即位,是为高宗。南宋自此始。 高宗旋杀陈东等。 太行山"八字军"及北方民众纷起抗金。 金开贡举,分南北榜,分取宋、辽之士。 高宗南迁扬州。
1128	戊申	二	宗泽卒(1059—) 惠洪卒(1071—) 朱弁使金,被拘。 李纲谪居万安军(今海南万宁)。 叶梦得为户部尚书,其《石林诗话》约作于南渡前后。	宋以诗赋、经义二科取士。 自绍圣以来,举人不习诗赋近四十年。 金兵大举南下。
1129	己酉	建炎 三	饶节卒(1065—) 道璨南渡前后在世。 李清照于本年赵明诚卒后,依弟李迒南奔。	宋高宗渡江南逃,一度被迫退位,旋复辟。至建康,走浙西,又由海路逃往温州。金兵破扬州、建康、临安。 宋废元祐党籍。
1130	庚戌	四	朱熹生(—1200) 李唐卒(1049—) 江端友卒(? —)	金取东京。 韩世忠阻击北归金兵,在黄天荡激战。 岳飞收复建康。 洞庭湖钟相、杨幺起义。 金子大名立刘豫为齐帝。 秦桧建炎初被掳北去,本年归宋,自称从金营率眷逃出,主和议。
1131	辛亥	绍兴 元	叶梦得为江东安抚大使,兼知建康府。 王铚绍兴初在世。	宋秦桧拜相。 吴玠、吴璘在和尚原两次击败金兵。 发行纸币"关子"。

公元	干支	帝王年号	诗坛	史事
1132	壬子	二	邓肃卒(1091—) 徐俯赐进士出身。 董颖绍兴初从徐俯、汪藻游。 陈与义为中书舍人,兼侍讲。	宋复置贤良方正科。 高宗返临安。 伪齐刘豫移都东京。 金试进士,令勿取中原人。 秦桧罢相。 洞庭湖杨么称大圣天王,势渐盛。
1133	癸丑	三	陈造生(—1203) 洪炎卒(1067—)	金兵入汉中。宋金议和,遣使通问。 罢词学兼茂科,改置博学宏词科,后复行元祐以十科举士之制。
1134	甲寅	四	薛季宣生(—1173) 李清照卜居金华。 徐俯权参知政事,以论事不合,致仕。	金与伪齐军大举攻宋,为韩世忠、岳飞部所败,以缺粮退去。
1135	乙卯	绍兴 五	朱淑真生?(—约1180) 韩驹卒(?—) 李清照返临安定居。 李纲复起为江西路安抚制置大使。 陈与义为给事中,旋告病归。	金太宗卒。阿骨打嫡长孙亶即位,是为熙宗。 宋徽宗卒于五国城(今黑龙江依兰)。 岳飞破洞庭湖水寨,杨幺败死。
1136	丙辰	六	吕本中赐同进士出身。 陈与义为翰林学士,知制诰。	宋韩世忠围淮阳,旋退。 岳飞攻伪齐,克数县。 伪齐军攻宋,旋败退。
1137	丁巳	七	陈傅良生(—1203) 楼钥生(—1213) 沈与求卒(1086—) 陈与义为左中大夫,参知政事。 李纲解职,自此不复出。	宋秦桧为枢密使。 金废刘豫,取消伪齐政权。
1138	戊午	八	王炎生(—1218) 黄公度进士及第。 胡诠上疏力抵和议,被放逐;王庭珪以诗送行,坐讪谤流夜郎。 李弥逊为户部侍郎,以反对和议放归,此后隐居连江(今属福建)西山。 强行父追记《唐子西文录》(即《唐庚诗话》)。	宋秦桧复相,兼枢密使,贬黜主战派,自此专主和议。 金以经义、词赋两科取士,颁行官制,定封国制。
1139	己未	九	陈与义卒(1090—)	宋金"绍兴和议"成立。宋对金称臣,岁贡银、绢各二十五万两、匹,金许还河南、陕西地及徽宗"梓宫"与高宗母韦太后。 金内哄。 太行山抗金义军大起。 西夏崇宗卒。子仁孝即位,是为仁宗。

公元	干支	帝王年号	诗　　坛	史　　事
1140	庚申	绍兴 十	辛弃疾生(—1207) 李纲卒(1083—) 徐俯卒(？—) 朱弁在金作《风月堂诗话》。	金毁和议,复取河南、陕西,又分兵攻宋,受挫。　岳飞收复淮宁、颍昌、郑州、洛阳等地,直抵朱仙镇。　宋高宗从秦桧议,诏岳飞及诸路军班师,复地尽失。
1141	辛酉	十一	岳飞被诬下大理狱。 《诗总》重订本易名《诗话总龟》刊行。	宋解除张浚、韩世忠、岳飞兵权。割唐、邓二州予金,划淮为界,岁币银绢各二十五万,和议复成。
1142	壬戌	十二	岳飞被杀于绍兴十一年十二月,公元入本年(1103—)周紫芝绍兴年间进士及第,本年始得官,其《竹坡诗话》约作于此前(?)。	宋进誓表于金,称臣割地,以大散关为界。金册封高宗为宋帝,还徽宗"梓宫"及韦太后。　宋以秦桧为太师、魏国公。
1143	癸亥	十三	陈亮生(—1194) 赵蕃生(—1229) 朱松卒(1097—) 朱弁拘留于金十六年,始放归。	蒙古反金。金不能制。　宋金互贺正旦,自是以为常。　金仿宋律,制定皇统新律。
1144	甲子	十四	程俱卒(1078—) 朱弁卒(1085—) 陆游与唐琬结婚,后被迫离异。	宋复置教坊。　宋金互贺生辰,自是以为常。　秦桧请禁野史,以子熺领国史,毁弃与桧有关诏书章疏。
1145	乙丑	十五	吕本中卒(1084—)	宋遣官措置两浙经界,查田均税。　增太学生额为七百人。　金颁女真小字。
1146	丙寅	绍兴 十六	张嵲卒?(1094?—) 叶梦得致仕,居湖州。	宋太学外舍生以一千人为额。　金册封蒙古首领为国王,被拒。　西夏尊孔子为文宣帝。
1147	丁卯	十七	刘子翚卒(1101—) 苏庠卒(1065—) 陈焕绍兴年间中特科。 张戒《岁寒堂诗话》约作于绍兴年间(?)。	金岁遗牛羊米绢与蒙古以和。　孟元老《东京梦华录》成书。
1148	戊辰	十八	叶梦得卒(1077—) 朱熹、尤袤进士及第。 胡仔《苕溪渔隐丛话》前集成书。	金修《辽史》成。　西夏修内学,选名儒主教。
1149	己巳	十九		金相完颜亮(阿骨打庶孙)杀金熙宗自立,是为海陵炀王。　福建农民起义。
1150	庚午	二十	叶適生(—1223)	金大杀宗室及大臣。　宋建州饥民起事。
1151	辛未	二十一	周必大、萧德藻进士及第。 李清照卒?(1084—)	金置国子监。
1152	壬申	二十二		宋虔州兵变,旋败。

公元	干支	帝王年号	诗　　坛	史　　事
1153	癸酉	二十三	张镃生(—1235) 李弥逊卒(1085—)	金迁都燕京,改称中都大兴府。以中京大定府为北京;以汴京开封府为南京;辽阳府为东京,大同府为西京,如旧。
1154	甲戌	二十四	刘过生(—1206) 敖陶孙生(—1227) 汪藻卒(1079—) 范成大、杨万里进士及第。 陆游因去年秋试原列第一,在秦桧孙秦埙之上,本年应试被黜。	宋令诸州皆以中秋日试举人。　金发行纸币"交钞"。
1155	乙亥	绍兴 二十五	姜夔生?(—1209) 汪莘生(—1227) 周紫芝卒(1082—) 陆游遇前妻唐琬于山阴沈园,为赋《钗头凤》词。	宋秦桧卒。　前所勒停编管诸人令任便居住。
1156	丙子	二十六	黄公度卒(1109—)	宋自秦桧卒,言者纷纷,下诏禁之。　钦宗卒于金。　金强迁女真奚、契丹人户至中原居住,搜括民田发给移民。
1157	丁丑	二十七	王十朋、吴儆进士及第。	宋令国子监生及进士习诗赋者皆兼习经义。
1158	戊寅	二十八	危稹生(—1234) 陆游为宁德县主簿。 黄彻《䂬溪诗话》约成于本年。	金谋南下。
1159	己卯	二十九		金多次爆发农民起义。
1160	庚辰	三十	韩淲生(—1224) 刘一止卒(1078—) 王质进士及第。 陆游与周必大定交。	金各族人民反抗加剧。 宋户部发行"会子"(纸币)。
1161	辛巳	三十一	辛弃疾聚众从耿京起义抗金。	宋仍以经义、诗赋两科取士。　金迁都汴京,金帝完颜亮大举攻宋。　金东京留守完颜雍自立为帝,是为世宗。　南下金军兵变,完颜亮被杀。　金遣使与宋议和。是岁金有户三百余万。
1162	壬午	绍兴 三十二	徐玑生(—1214) 辛弃疾受耿京派遣,率部南渡,请命于宋。 陆游为枢密院编修,兼圣政所检讨,赐同进士出身。 杨万里为永州零陵丞,自焚其少作诗千余首,诗风初变。	宋许金议和。高宗禅位。　嗣子昚即位,是为孝宗。　昭雪岳飞。

公元	干支	帝王年号	诗　　坛	史　　事
1163	癸未	孝宗隆兴 元	楼钥进士及第。 葛立方《韵语阳秋》成书。	宋逐附秦桧者。　用张浚议，出兵攻金，先胜后败，复议和。
1164	甲申	二	曾幾致仕。 陆游为镇江府通判。	金攻宋，连下数州。　宋遣使议和，割商、秦之地，称叔侄之国，改岁贡为岁币，各减五万，地界如旧。史称“隆兴和议”。
1165	乙酉	乾道 元	辛弃疾上《美芹十论》，反对议和。 陆游改隆兴府通判。	“隆兴和议”成立。此后宋金战事稍息。
1166	丙戌	二	刘宰生(—1239) 曾幾卒(1084—) 范成大超迁吏部员外郎被劾，请领“祠禄”归里。	宋罢两浙市舶司，自是海外贸易以泉州、广州为主。
1167	丁亥	三	戴复古生(—?) 胡仔《苕溪渔隐丛话》后集成书。	宋改盐法。
1168	戊子	四	范成大起知处州。	宋判度支赵不敌言：每年内外开支约五千五百万缗有奇，若赋税无缺，收支可相抵。
1169	己丑	乾道 五	孙觌卒(1081—) 王炎进士及第。 范成大为礼部员外郎，兼崇政殿说书、国史院编修，擢起居舍人，兼实录院检讨。	宋以虞允文为相。　措置两淮屯田。
1170	庚寅	六	高翥生(—1241) 赵师秀生(—1219) 张元幹卒于本年后(1091—) 范成大奉使赴金，全节而归，升中书舍人。 杨万里上《千虑策》三十道，召为国子博士。 辛弃疾上《九议》，陈恢复之计。 陆游入蜀，任夔州通判。 朱熹以母丧，辞胡铨荐。	宋均役、限田。　修《四朝会要》成。　为岳飞立庙于鄂州，额称“忠烈庙”。
1171	辛卯	七	王庭珪卒(1079—) 王十朋卒(1112—) 范成大忤权贵，再次奉祠归里。	黄河决口，淹金南京及孟、卫等州。
1172	壬辰	八	赵汝鐩生(—1246) 陈傅良进士及第。 范成大起知静江府，兼广南西道安抚使。 辛弃疾知滁州。 陆游赴兴元任四川宣抚使幕府。	宋改尚书左右仆射、同中书门下平章事为左右丞相。

公元	干支	帝王年号	诗　　坛	史　　事
1173	癸巳	九	薛季宣卒(1134—) 陆游摄知嘉州。 高翥、吕定、武衍、刘仙伦孝宗年间在世。	金世宗谕太子、诸王勿忘女真语言文字及风俗,令女真人不得译为汉姓。　金洛阳县民起事,杀知县,逃入宋界。
1174	甲午	淳熙 元	陈均生(—1244) 曹勋卒(1098—) 范成大为敷文阁待制,四川制置使、知成都府,辟陆游为参议。 杨万里知漳州。	宋湖北茶贩赖文政聚众起义。　金禁卫士讲汉语。
1175	乙未	二	陈造进士及第。 辛弃疾为提点江西刑狱。 朱熹、陆九渊“鹅湖之会”,理学两派此后长期论争。	赖文政转战湖南、江西、广东,败降被杀。
1176	丙申	三	洪咨夔生(—1235) 范成大为权吏部尚书。	金京府设学。　以女真文译《史记》、《贞观政要》等书成。
1177	丁酉	四		宋禁两税浮收及预征夏税。
1178	戊戌	五	魏了翁生(—1237) 叶適进士及第。 范成大以中大夫参知政事,权监修国史,旋落职归里。 杨万里作《荆溪集序》,诗风又变,此后诗自成一家,号“诚斋体”。 陆游离蜀东归,提举福建常平茶盐。 陈亮上书陈恢复之计。	赐岳飞谥武穆。
1179	己亥	淳熙 六	范成大起知明州,兼沿海制置使,为端明殿学士。 杨万里为提举广东常平茶盐,升广东提点刑狱。 陆游改为提举江西常平茶盐。 辛弃疾知潭州,兼湖南安抚使。 朱熹知南康军,访白鹿洞遗址,奏复其旧,从事讲学。	宋吕祖谦编《宋文鉴》成。
1180	庚子	七	朱淑真卒?(约 1135—) 辛弃疾改知隆兴府,兼江西安抚使。	宋禁书坊擅刻书籍。　修四朝国史成。
1181	辛丑	八	陆游闲居山阴。 辛弃疾被劾落职,闲居上饶带湖。 朱熹为提举浙东常平茶盐。	宋诏复白鹿洞书院。

公元	干支	帝王年号	诗 坛	史 事
1182	壬寅	九	魏仲恭辑朱淑真诗为《断肠诗集》并作序。 范成大病归，隐居石湖。	
1183	癸卯	十	岳珂生(—约1243) 吴儆卒(1125—) 翁卷登乡荐。 朱熹奉祠。	宋改盐法。 禁道学。 李焘纂《续资治通鉴长编》成。 金译《易》、《书》、《论语》、《孟子》成。
1184	甲辰	十一	王迈生(—1248) 周必大为枢密使。	
1185	乙巳	十二	杨万里为吏部郎中。	宋王偁《东都事略》成书。
1186	丙午	淳熙 十三	陆游起知严州。 姜夔《白石道人诗说》约成于本年。	黄河决卫州。
1187	丁未	十四	刘克庄生(—1269) 韩元吉卒(1118—) 裘万顷、危稹进士及第。 周必大拜相。 杨万里为秘书少监。 朱熹为提点江西刑狱。 陆游选己作二千五百余首编为《剑南诗稿》刊行。	宋太上皇高宗卒。 金再禁女真人改汉姓，并禁学南人衣装。
1188	戊申	十五	杨万里忤旨，出知筠州。 陆游除军器少监。 辛弃疾、陈亮“鹅湖之会”。	金建女真太学。
1189	己酉	十六	王质卒(1127—) 周必大为左丞相，旋罢。 尤袤为权礼部侍郎，以周必大党，罢去。 杨万里为秘书监，借焕章阁学士为接伴金国贺正旦使。 陆游为礼部郎中，兼实录院检讨。 章甫、林升淳熙年间在世。	金世宗卒。 皇太孙璟嗣位，是为章宗。 宋孝宗禅位于太子惇，是为光宗。 宋南渡初岁入不满一千万贯，至淳熙末增至六千五百三十万贯以上。 金命官再修《辽史》。
1190	庚戌	光宗绍熙元	赵师秀、刘宰进士及第。 杨万里出为江东转运副使，权总领淮西、江东军马钱粮，忤宰相，奉祠归里，自是不复出。 陆游闲居山阴。	金设应制及宏词科。 是岁金有户六百九十三万九千。
1191	辛亥	绍熙 二		金以百姓与女真屯田户不睦，许双方通婚。令女真字直译为汉字，罢国史院书写契丹字者；仍禁女真人以姓氏译为汉字。

公元	干支	帝王年号	诗　坛	史　事
1192	壬子	三	冯去非生(—?) 范成大起知太平州,逾月而归。 辛弃疾为提点福建刑狱。 朱熹筑室于建阳考亭定居。	金修曲阜孔庙。　建卢沟桥成。
1193	癸丑	四	范成大卒(1126—) 陈亮进士及第。 辛弃疾知福州,兼福建安抚使。	西夏仁宗卒。子纯祐即位,是为桓宗。
1194	甲寅	五	叶绍翁生(—?) 尤袤卒(1127—) 陈亮卒(1143—) 刘翰绍熙年间在世。 朱熹知潭州,兼荆湖南路安抚使;受荐为焕章阁待制兼侍讲。 辛弃疾罢归。 杨万里《诚斋诗话》约作于光宗、宁宗年间。	宋孝宗卒。光宗不问丧事。　太皇太后更立太子扩,是为宁宗,尊光宗为太上皇。以韩侂胄为枢密都承旨。　金黄河决阳武,灌封丘而东。
1195	乙卯	宁宗庆元 元	辛弃疾于江西铅山瓢泉建舍闲居。	宋韩侂胄弄权,数贬逐朝臣;斥道学为"伪学",自是攻击道学者渐起。
1196	丙辰	二	朱熹落职罢祠。 楼钥力争朱熹宜留内筵,罢归。	宋禁用"伪学"之党。
1197	丁巳	庆元 三	周必大《二老堂诗话》约成于本年。	宋籍"伪学"赵汝愚、朱熹等五十九人。
1198	戊午	四		金修长城以御蒙古。
1199	己未	五	方岳生(—1262) 敖陶孙、魏了翁进士及第。 陆游年七十五,重游沈园。	宋加韩侂胄少师,封平原郡王。　稍弛"伪学"之禁。颁《统天历》。
1200	庚申	六	戴昺生(—?) 叶茵生?(—?) 朱熹卒(1130—) 陆游致仕。	宋太上皇光宗卒。　加韩侂胄太傅。金限进士额为六百人。
1201	辛酉	嘉泰 元		金改定赡学养士法;新修《泰和律》成。
1202	壬戌	二	赵汝镃进士及第。 陆游权同修国史、兼秘书监。	宋弛"伪学"之禁。　加韩侂胄太师。修《庆元条法事类》成。　蒙古族首领奇渥温铁木真击败乃蛮,受金封为"察兀图鲁"(招讨使)。
1203	癸亥	三	萧立之生(—?) 陈造卒(1133—) 陈傅良卒(1137—) 辛弃疾起知绍兴府,兼浙东安抚使。	

公元	干支	帝王年号	诗坛	史事
1204	甲子	四	周必大卒(1126—) 何应龙嘉泰年间进士及第。 辛弃疾知镇江府。 陆游再度致仕。 蔡梦弼《草堂诗话》成书。	宋追封岳飞为鄂王。 严科举请托之禁。蒙古铁木真攻杀乃蛮部太阳汗。太阳汗子屈出律西走。
1205	乙丑	开禧 元	华岳为武学生,上书请诛韩侂胄,被编管建宁。	宋诏诸军密为行军之计,准备北伐。 以韩侂胄为平章军国事,位丞相上。
1206	丙寅	二	杨万里卒(1127—) 刘过卒(1154—) 何汶《竹庄诗话》成书。	西夏李安全废其主纯祐自立,是为襄宗。宋削秦桧王爵,改谥缪丑。 宋下诏伐金,诸路多败。 金大举攻宋。 铁木真统一蒙古,称成吉思汗,后被尊为元太祖。
1207	丁卯	三	辛弃疾卒(1140—)	宋史弥远等杀韩侂胄,向金求和。 金修《辽史》成。 蒙古攻西夏。
1208	戊辰	嘉定 元	洪咨夔进士及第。 华岳放还,嘉定中登武科状元。	宋复秦桧王爵。 宋金嘉定和议成立,改称伯侄之国,岁币增为三十万,另给"犒军钱"银三百万两,送韩侂胄首至金。 以史弥远为右丞相。金章宗卒,叔卫王永济即位,是为卫绍王。
1209	己巳	二	姜夔卒(约 1155—) 刘克庄以郊恩奏补将仕郎。	宋郴州黑风峒李元砺聚众起义。 金试宏词科。 蒙古攻西夏,迫西夏求和而去。
1210	庚午	三	陆游卒(1125—) 陆游诗号"放翁体",与尤袤、杨万里、范成大并称"尤杨范陆",后被称为南宋中兴四大家。	时连年旱蝗饥馑,贫民多聚众起事。 李元砺起义失败。
1211	辛未	嘉定 四	徐照卒(? —) 徐照、徐玑、翁卷、赵师秀号"永嘉四灵",其诗称"四灵体"。	蒙古攻金入居庸关。 山东红袄军起义。西夏襄宗卒。子遵顼即位,是为神宗。屈出律灭西辽。
1212	壬申	五	柴望生(—1280)	宋以朱熹《论语集注》、《孟子集注》立学。蒙古攻金西京(今大同),不克,北撤。
1213	癸酉	六	道璨生(—1271) 家铉翁生?(—1297) 楼钥卒(1137—)	蒙古取金东京(辽阳),大举南攻,下九十余州。金卫绍王为其下所杀,章宗兄昇王珣立,是为宣宗。
1214	甲戌	七	徐玑卒(1162—) 叶茵曾与徐玑唱和。	蒙古围金中都(燕京),金宣宗求和。 金迁都南京(汴京)。 山东红袄军大盛,杨安儿称帝,后败死。
1215	乙亥	八		蒙古连陷金北京、中都,袭金南京,收城邑凡八百六十二。 金求和于蒙古,以不肯割地称臣,未成。

公元	干支	帝王年号	诗 坛	史 事
1216	丙子	九		蒙古四出扰金。 金收复数十城。
1217	丁丑	十	刘黻生(—1276) 许月卿生(—1286) 王迈、姚镛进士及第。	金攻宋。 山东红袄军复盛。 宋下诏攻金,自是宋金连年构兵。 蒙古攻西夏。
1218	戊寅	十一	王炎卒(1138—)	蒙古陷金太原府及汾州、平阳等地。 蒙古俘杀屈出律,占西辽地。
1219	己卯	嘉定 十二	赵师秀卒(1170—) 戴昺进士及第。	宋红巾军起义,入利州。 金兵入宋淮南,至六合,被击退。 蒙古成吉思汗第一次西征。
1220	庚辰	十三		宋金互攻。 金请和于蒙古,被拒。
1221	辛巳	十四	龚开生(—1305) 华岳卒(?—) 葛天民曾与姜夔交游。	宋与蒙古遣使通好。 蒙古陷金山东。
1222	壬午	十五	裘万顷卒(?—)	金兵渡淮攻宋,破庐州,旋退。 蒙古陷金河中府,攻陕西。
1223	癸未	十六	叶適卒(1150—)	金收复河中府。 金宣宗卒,太子守绪即位,是为哀宗。 蒙古攻西夏。 西夏神宗禅位于子德旺,是为献宗。
1224	甲申	十七	韩淲卒(1160—) 周弼嘉定年间进士及第。 计有功《唐诗纪事》初刻于本年。 汪莘、武衍、刘仙伦嘉定年间在世。	金求和于宋,"榜谕"更不南下。 红袄军为蒙古军所败。 宋宁宗卒。皇侄沂王昀即位,是为理宗。 蒙古第一次西征结束。
1225	乙酉	理宗宝庆 元	临安书商陈起刊行《江湖集》,忤史弥远,被流放。诏禁士大夫作诗。是为"江湖诗案"。 叶绍翁在世(?)。	宋楚州军乱。 金京东、河北五十四城附于蒙古。
1226	丙戌	二	谢枋得生(—1289)	蒙古攻西夏。 西夏献宗惊恐卒。弟晛立,是为末主。
1227	丁亥	宝庆 三	敖陶孙卒(1154—) 汪莘卒(1155—) 利登、赵希槛宝庆年间在世。	宋诏奖朱熹及所撰《四书集注》,追封徽国公。 西夏降于蒙古,国亡。 蒙古成吉思汗卒。幼子拖雷监国。 蒙古军入长安,金守潼关。
1228	戊子	绍定 元	戴复古与严羽结识。 严羽《沧浪诗话》始撰于此前(?)。	宋江西、湖南、福建百姓多聚众起事。
1229	己丑	二	何梦桂生(—1303) 赵蕃卒(1143—)	蒙古遵成吉思汗遗嘱,拥其第三子窝阔台为大汗,后被尊为元太宗。 开始制订赋税制度。

公元	干支	帝王年号	诗　　坛	史　　事
1230	庚寅	三		蒙古遣使令金纳币议和，被拒。　欲以汉地为牧场，耶律楚材争之，并言征税之利，乃定税制，选用汉、女真士人为十路征收课税使。
1231	辛卯	四		蒙古破金凤翔、河中，进逼汴京。　蒙古攻宋，旋退。蒙古始立中书省及地方官制。
1232	壬辰	五	陈文龙生(—1277) 俞德邻生(—1293) 周密生(—1298) 方岳、陆壑、俞桂进士及第。	蒙古破金潼关，围汴京，约宋夹攻。　金哀宗出奔归德。
1233	癸巳	六	诗禁解，陈起放还，刊行《江湖续集》等。《江湖集》及续集等所收诗人被称为“江湖派”。	金汴京降于蒙古。　蒙古陷洛阳。　金哀宗奔蔡州。　蒙古约宋合攻蔡州。蒙古修孔子庙。
1234	甲午	端平 元	危稹卒(1158—) 安如山端平前后在世。	金哀宗传位于末帝，自缢；城为宋、蒙军所破，末帝死于乱军中。金亡。宋军入汴京、洛阳，败于蒙古，旋退。
1235	乙未	二	张镃卒(1153—) 洪咨夔卒(1176—) 林希逸、张道洽进士及第。 刘克庄为枢密院编修，兼权侍右郎官，被劾外放。	蒙古攻宋，又攻高丽，并开始第二次西征。是岁，蒙古籍燕京等三十六路户八十七万三千七百八十一，口四百七十五万四千九百七十五。
1236	丙申	三	文天祥生(—1283) 罗与之、毛珝端平年间在世。	蒙古大举攻宋，入淮西，前锋至合肥。蒙古始用交钞。　括户口属之州县，并定民户公私赋税丝米之额。又立编修所、经籍所，编集经史。
1237	丁酉	嘉熙 元	魏了翁卒(1178—)	蒙古继续攻宋至安丰。 蒙古始以经义、词赋、论三科取士。
1238	戊戌	二		蒙古遣使至宋议岁币，宋持和战之议不决。蒙古建太极书院于燕京，传播程朱理学。
1239	己亥	三	刘宰卒(1166—)	宋收复襄阳等地。　蒙古攻宋重庆。
1240	庚子	四	连文凤生(—?) 许棐嘉熙年间隐居秦溪。	宋两浙大饥，临安尤甚。
1241	辛丑	淳祐 元	韩希孟生(—1259) 郑思肖生(—1318) (郑震为思肖父。) 汪元量生(—约 1317) 方凤生(—1322) 冯去非进士及第。 冯取洽、葛起耕在世(?)。 武衍自序其集。	宋诏以周敦颐、张载、程颢、程颐、朱熹从祀孔庙，黜王安石从祀。　蒙古窝阔台汗卒，乃马真后称制。　蒙古军入成都。

公元	干支	帝王年号	诗 坛	史 事
1242	壬寅	二	梁栋生(—1305) 林景熙生(—1310)	蒙古军破蜀中数州,破通州。 蒙古第二次西征结束。
1243	癸卯	三	岳珂卒?(1183—) 刘克庄为侍右郎官,再罢。	宋与蒙古战于蜀。
1244	甲辰	四	陈均卒(1174—) 魏庆之《诗人玉屑》成于本年前。	蒙古扰寿春。 吐蕃约在本年接受蒙古大汗管辖。
1245	乙巳	五		宋收复五河(今安徽五河南)。 蒙古掠宋淮西,至扬州而去。
1246	丙午	六	赵汝镃卒(1172—) 柴望上书忤宰相,下狱。 刘克庄赐同进士出身。	蒙古立窝阔台长子贵由为大汗,后被尊为元定宗。 亡金将士据太行山反抗蒙古十余年,至是始降。 宋以理宗贵妃弟贾似道为京湖制置使,兼知江陵府。
1247	丁未	七	李彭老淳祐中为沿江制置司属官。	蒙古扰宋泗州。
1248	戊申	八	王迈卒(1184—)	蒙古贵由汗卒,其后海迷失称制。
1249	己酉	九	谢翱生(—1295) 许棐卒(?—)	蒙古扰宋淮西。
1250	庚戌	十	萧立之进士及第。	宋以贾似道知扬州,兼两淮制置大使。
1251	辛亥	淳祐 十一		蒙古立拖雷子蒙哥为大汗,后被尊为元宪宗。 蒙哥使皇弟忽必烈总治漠南军事。免儒士徭役。
1252	壬子	十二		蒙古徙窝阔台汗子孙及诸王于各边地,赐海迷失后死。 忽必烈至临洮,作攻蜀计。
1253	癸丑	宝祐 元	乐雷发特科状元。	蒙古大封同姓,忽必烈受关中封地。 忽必烈分兵三路攻云南,破大理。 旭烈兀率军进行第三次西征。
1254	甲寅	二		蒙古军俘大理王,大理亡。 蒙古城光化以经营荆襄。
1255	乙卯	三		蒙古兴学校于京兆。 蒙古自吐蕃击降西南各部族。
1256	丙辰	四	文天祥于本年中状元,谢枋得进士及第。乐雷发告病归,闲居以诗自遣。	蒙古开通云南与西川之路,会师攻宋。在滦水北筑城,经三年而成,即上都开平府。
1257	丁巳	五	谢枋得为考官,忤贾似道,谪居兴国军。 刘克庄《后村诗话》前后集约撰于此前十年间。	蒙古击降安南。

公元	干支	帝王年号	诗　坛	史　事
1258	戊午	六		蒙古大举攻宋，破西川等地。
1259	己未	开庆 元	韩希孟卒(1241—) 丁开在世。	蒙古蒙哥汗卒。　忽必烈渡江围鄂州。宋以贾似道为相，兼枢密使。　贾似道请划江为界，奉币求和，忽必烈许之，急北归争位。
1260	庚申	景定 元		宋加贾似道少师，封卫国公，又进太子太师。　蒙古忽必烈称大汗于开平，后称元世祖。　忽必烈弟阿里不哥称大汗于和林。　蒙古厘定内外官制。
1261	辛酉	二		宋贾似道查核各地军费，大将多获罪。 蒙古设翰林国史院，修辽金史。　忽必烈大破阿里不哥。
1262	壬戌	三	方岳卒(1199—) 刘克庄权工部尚书，兼侍读。 范晞文《对床夜语》成于本年前。	蒙古始定中外官俸。　以郭守敬提举诸路河渠，自此大兴水利。　用阿合马理财赋。
1263	癸亥	四		宋置官田所，括买公田。　蒙古始立枢密院，升开平府为上都。
1264	甲子	五	文及翁景定年间在世。 刘克庄以病目致仕。	蒙古阿里不哥势穷，至上都降。　世祖定都燕京，改称中都。　宋理宗卒。太子禥即位，是为度宗。　蒙古立诸路行中书省，以后遂以行省为地方行政区域名称。
1265	乙丑	度宗咸淳 元	何梦桂进士及第。	宋加贾似道太师，封魏国公。　蒙古定制：各路以蒙古人为达鲁花赤，汉人充总管，回回人充同知。　蒙古省并州县二百余。
1266	丙寅	二	刘克庄《后村诗话》续集成于本年。	蒙古诏省、院、台、部、宣慰司、廉访司及部府幕官之长均用蒙古、色目人。
1267	丁卯	三	詹本在世。	宋以贾似道平章军国重事。　蒙古修孔庙，筑大都宫城。
1268	戊辰	四	陈文龙、梁栋进士及第。 刘克庄《后村诗话》新集成于本年。	蒙古罢诸路女真、契丹、汉人为达鲁花赤者。　蒙古置御史台。　蒙古军围攻襄阳。　宋行义役法。
1269	己巳	五	刘克庄卒(1187—)	蒙古定朝仪。　八思巴制成蒙古新字。
1270	庚午	六		蒙古立尚书省、司农司(寻改大司农)，建村社制度。
1271	辛未	七	赵櫽生(—1323) 道璨卒(1213—) 林景熙自太学生授泉州教官。(林景怡为景熙兄。)	宋置“士籍”，开具乡里、姓名、年甲、三代、妻室，令乡邻结勘，于科举条制无碍，方许纳卷。　蒙古改国号为大元。

公元	干支	帝王年号	诗 坛	史 事
1272	壬申	度宗咸淳八		元并尚书省入中书省，改中都为大都。
1273	癸酉	九	俞德邻进士及第。	元军取樊城、襄阳。
1274	甲戌	十	吴锡畴咸淳年间在世。 汪元量咸淳年间进士及第，宋末以善琴供奉内廷。 真山民宋末进士及第。	元世祖下诏攻宋，以伯颜为帅，取鄂州。 宋度宗卒。 子㬎即位，是为恭帝，年四岁，太皇太后听政。 以贾似道都督诸路军马。
1275	乙亥	恭帝德祐元	谢枋得以江东提刑、江西招谕使知信州。 陈允平为沿海制置司参议。 文天祥组织义军入卫临安。	宋贾似道败师罢职，后安置循州，为押者杀于途。 元军取建康、太平、和州、平江等地，攻扬州、潭州，破常州。 宋求和，被拒。
1276	丙子	德祐元 端宗景炎元	刘黻卒(1217—) 张琰卒？(？—) 皇甫明子卒(？—) 文天祥为右丞相，出使元营被拘，逃归，至温州。 汪元量随六宫被掳往大都(燕京)。 谢枋得隐遁建宁唐石山中。	元军破扬州、潭州，迫临安，宋恭帝请降，与太后等被掳北去。 陆秀夫、张世杰等于温州奉益王昰(九岁)为天下兵马都元帅，旋于福州即位，是为端宗。 元兵入闽，张世杰奉端宗乘海船南走，于惠州遣使请降。
1277	丁丑	二	陈文龙卒(1232—) 文天祥转战江西。	广东诸郡降元。 张世杰奉端宗走井澳(今广东中山市南海中大横琴岛下)。
1278	戊寅	三 帝昺祥兴元	文天祥在五坡岭(今广东海丰北)被俘。	宋端宗卒。陆秀夫等立卫王昺(八岁)。
1279	己卯	祥兴二	陈文龙卒(？—) 王奕、王镃、邹定、罗公升、连文凤、柯茂谦、家铉翁、郑协、彭秋宇宋末在世。 文天祥被押往大都(燕京)。	宋元海军在厓山决战，宋军大败。陆秀夫负幼帝投海死。张世杰于退军途中溺死。宋亡。

说明：

1. 本表列宋代诗人生卒年或大致在世年代以及科举及第时间，重要诗人酌录其仕历、行迹及交游，并酌收宋代诗坛重要事件及重要诗话著作，附列宋代政治、经济、军事、文化诸方面简要史事，供参考。
2. 本表所录诗人范围，以诗作收入本辞典者为限。
3. 本表资料取自《宋史》、《续资治通鉴长编》、《续资治通鉴》、《宋诗钞》、《宋百家诗存》、《宋诗纪事》等书；近人著作，则参照翦伯赞等《中外历史大事年表》、沈起炜《中国历史大事年表(古代)》、钱锺书《宋诗选注》、《辞海》以及有关诗人年谱、评传等而有所择取；多用新说或成说，少数有所考订。
4. 旧历纪年与公元对照，有年底年初的跨年问题，本表中凡确知为旧历年底已入公元次年者，均按公元系年，并于行文中予以说明。

(刘德重)

宋诗书目

说　明

一、本书目收录历代有关宋诗的总集、合集、别集、评论与资料，注明书名、编撰者、卷数和版本。编撰者如为清以后人，不再注出时代。关于版本，一般选择较早或较通行的一种著录。

二、本书目限收国人编撰并在国内刊行的著作，酌收部分稿本或抄本。建国以后的著作只限于正式出版物。

三、宋人别集往往诗文合刊，一般均予收录。后人编选的总集与合集，其诗文合编及与其他朝代诗歌合编的，择其与宋诗关系较大者著录。

四、前人诗话、评论极多，择其要者若干予以著录。

五、书目按类排列，大致各以年代先后为序。有关的注本、选本之类则附列于本集之后，低一格起行。有关同一诗人的研究著作编排在一起。

六、本书目收录年限截至二〇一四年。台湾省和香港等地区的出版物暂缺。由于资料等条件的限制，疏误难免，仅供参考。

总集·合集

西昆酬唱集　宋杨亿辑。二卷。清咸丰四年(1854)邵武徐氏刊本。

　西昆酬唱集注　王仲荦注。中华书局1982年印行。

　西昆酬唱集　清周桢、王图炜注。上海古籍出版社1985年印行。

同文馆唱和诗　宋邓忠臣等撰。十卷。《四库全书珍本初集》本。

会稽掇英总集　宋孔延之辑。二十卷。《四库全书》本。

清江三孔集　宋孔文仲、孔武仲、孔平仲撰。宋王蓪编。四十卷。《四库全书》本。

又，明郭子章辑。三十四卷。胡思敬辑《豫章丛书》本，1919年印行。

三刘先生家集　宋刘涣、刘恕、刘羲中撰。清钞本。

新喻三刘文集　宋刘敞、刘攽、刘奉世撰。清乾隆十五年(1750)水西刘氏刊本。

山游倡和诗　宋释契嵩辑。一卷。清光绪中钱唐丁氏刊本。

二程全书　宋程颢、程颐撰，宋朱熹辑。《四部备要》本。

　二程文集　十二卷。清同治五年(1866)福州正谊书院刊本。

　二程集　王孝鱼校点。中华书局1981年印行。

坡门酬唱集　宋邵浩辑。二十三卷。清影宋钞本。

晁氏三先生集　宋晁迥、晁冲之、晁说之撰。宋黄汝嘉辑。明嘉靖中晁氏宝文堂重刊本。

古今岁时杂咏　宋蒲积中辑。四十六卷，《四库全书》本。

严陵集　宋董棻编。九卷。《四库全书》本。辑录六朝至南宋初严州人诗文。

南岳唱酬集　宋朱熹等撰。一卷。《四库全书珍本初集》本。

声画集　宋孙绍远编。八卷。《四库全书》本。唐宋人题画诗。

皇朝文鉴 宋吕祖谦辑。一百五十卷。《四部丛刊初编》影印宋刊本。

五百家播芳大全文粹 宋魏齐贤、叶棻辑。一百十卷。《四库全书》本。

永嘉四灵诗 宋徐照、徐玑、翁卷、赵师秀撰。四卷。南陵徐乃昌影汲古阁钞残宋本,1925年印行。

宋四灵诗 蒋剑人选。上海中华书局1940年印行。

永嘉四灵诗集 陈增杰校点。浙江古籍出版社1985年印行。

成都文类 宋扈仲荣、杨汝明、费士威等编。五十卷。《四库全书》本。录汉至南宋成都人诗文。

天台集 宋李庚、林师蒧辑。前集三卷,续集三卷。宋林表民辑前集别编一卷,续集别编一卷。《四库全书》本。辑录唐宋人天台题咏。

南宋群贤小集 宋陈起辑。原本已佚,后由清顾修重辑。清嘉庆六年(1801)石门顾氏读画斋刊本。辑危稹、罗与之、高翥等七十一家诗。

南宋群贤小集十一种 二十卷。清钞本。

南宋群贤小集七种 七卷。清钞本。

六十家名贤小集 宋陈起辑。七十七卷。清冰蕸阁钞本。

江湖小集 宋陈起辑。九十五卷。《四库全书》本。辑录南宋洪迈、叶绍翁、严粲等六十二家诗文。

江湖后集 宋陈起辑。二十四卷。《四库全书》本。辑录南宋巩丰、周弼、刘子澄等四十七家诗。

前贤小集拾遗 宋陈起辑。五卷。《南宋群贤小集》本。

增广圣宋高僧诗选 宋陈起辑。前集一卷,后集三卷,续集一卷,补遗一卷。《南宋群贤小集》本。

中兴群公吟稿戊集 宋陈起辑。七卷。《南宋群贤小集》本。

群贤小集补遗 清鲍廷博辑。十五卷。《南宋群贤小集》本。辑危稹、高翥等十五家诗。

汲古阁景钞南宋六十家小集 宋陈起辑,上海古书流通处影印本。1921年刊行。辑戴复古、刘过、周文璞等六十家诗。

知不足斋辑录宋集补遗 清鲍廷博辑。十一卷。上海古书流通处据鲍氏知不足斋钞本1922年影印。辑姜夔、吴惟信等十一家诗。

南宋八家集 清鲍廷博辑。十六卷。上海古书流通处据鲍氏知不足斋钞本1922年影印。辑薛师石、翁卷、赵师秀等八家。

月泉吟社诗 宋吴渭辑。一卷。《丛书集成初编》据《诗词杂俎》本。选"春日田园杂兴诗"六十名作者七十余篇。

分门纂类唐宋时贤千家诗选 一名后村千家诗选。宋刘克庄辑。二十二卷。清康熙四十五年(1706)扬州诗局刊本。

千家诗 宋谢枋得编选。东海文艺出版社1957年印行。

千家诗新注 王启兴等注。湖南人民出版社1981年印行。

千家诗新绎 陕西人民出版社1981年

印行。

千家诗新注　杨业荣、宋锡福编。广东人民出版社1982年印行。

千家诗注析　汤霖、姚枫编。甘肃人民出版社1982年印行。

千家诗新注　赵兴勤、杨侠注。四川人民出版社1982年印行。

千家诗评注　张哲永编。华东师范大学出版社1982年印行。

新校千家诗　吴绍烈、周艺校点。安徽人民出版社1983年印行。

苏门六君子文粹　宋陈亮辑。七十卷。《四库全书》本。辑黄庭坚、秦观、晁补之、张耒、陈师道、李廌六家。

谨依眉阳正本大宋真儒三贤文宗　宋□□辑。宋刊本。

诗家鼎脔　宋□□辑。二卷。《四库珍本初集》本。

两宋名贤小集　宋陈思辑。元陈世隆补。三百八十卷。钞本。辑杨亿至潘音一百五十七家。

附:宋诗外集　元陈世隆编。瞿氏铁琴铜剑楼旧钞本。

全芳备祖前集、后集　宋陈景沂编。前集二十七卷,后集三十一卷。《四库全书》本。仿《艺文类聚》,宋代记载特详。

柴氏四隐集　宋柴望等撰。五卷。清嘉庆三年(1798)知不足斋钞本。

宋旧宫人诗词　宋汪元量辑。一卷,《丛书集成初编》据《知不足斋丛书》本。

天地间集　宋谢翱辑。一卷,《丛书集成初编》本据《知不足斋丛书》本。

宋诗拾遗　宋陈世隆辑,二十三卷,钞本。

诗苑众芳　宋刘瑄辑。一卷。《丛书集成初编》据《十万卷楼丛书》本。

古今诗材　宋詹光大辑,八卷。《四库全书》本。

诗準四卷,诗翼四卷　宋何无适、倪希程辑。宋刻本。

谷音　元杜本编。二卷。明汲古阁刊本。《丛书集成初编》据《诗词杂俎》本。辑宋末逸民诗。

瀛奎律髓　元方回辑。四十九卷。明成化三年(1467)刊本。

瀛奎律髓刊误　清纪昀批点。清康熙间吴之振刊本。

忠义集　元赵景良辑。七卷,明汲古阁刊本。录宋遗民诗二卷。

宛陵群英集　元汪泽民、张师愚辑。十二卷。《四库全书》本。辑宋初至元宛陵人诗。

宋艺圃集　明李蓘辑。二十二卷,续集三卷。明隆庆中暴孟奇、李蓘刊本。选录宋诗人二百余人作品。

环谷杏山二先生诗稿　宋汪晫、汪梦斗撰。六卷。明隆庆三年(1569)汪廷佐刊本。

石仓宋诗选　明曹学佺辑。一百七卷。明刊本。

宋诗啜醨集　明潘问奇等辑。四卷。清刊本。

蔡氏九儒书　宋蔡发等撰。明蔡有鹍辑。清雍正十一年(1733)庐峰书院刊本。

宋元四十三家集　明潘是仁辑。明万历中刊本。有赵抃、唐庚、陈与义等十六家诗。

编选四家宫词　明黄鲁曾辑。明嘉靖三十一年(1552)郭云鹏刊本。有花蕊夫人、宋徽宗、王珪三家。

三家宫词 明毛晋辑。三卷。明汲古阁刊本。有花蕊夫人、王珪二家。

二家宫词 宋徽宗、杨皇后撰。明毛晋辑。二卷。汲古阁本。

又,《丛书集成初编》据《诗词杂俎》本。

诗词杂俎 明毛晋辑。民国上海医学书局刊本。

历代诗家初集、二集 一名历朝诗选。清戴明说,范士楫、魏允升辑。初集五十六卷,二集八十六卷。清顺治十三至十四年(1656—1657)汲古阁刊本。

宋诗钞初集 清吴之振、吴尔尧、吕留良辑。一〇六卷。清康熙十年(1671)吴氏鉴古堂刊本。目录中列诗人一百家,实辑王禹偁、徐铉、韩琦等八十四家。各家附有小传。

又,李宣龚校。商务印书馆1935年《万有文库》本。

宋诗钞选 清吴孟举、吴自牧辑。清康熙十年(1671)三余堂藏本。

御定佩文斋咏物诗选 清康熙四十五年奉敕编,四百八十六卷。《四库全书》本。

御定历代题画诗类 清陈邦彦辑。一百二十卷。《四库全书》本。

御选宋金元明四朝诗 清张豫章等辑。三百十二卷。清康熙四十八年(1709)武英殿刊本。其中宋诗七十八卷。

临川文献 宋晏殊等撰。清胡亦堂辑。二十五卷。清康熙十九年(1680)梦川亭刊本。

宋诗删 清顾贞观辑。二十五卷。清康熙中刊本。

宋十五家诗选 清陈订辑。清康熙三十二年(1693)刊本。选梅尧臣、欧阳修、曾巩至文天祥十五家诗。

宋诗删 清邵嵩辑。二卷。清康熙中刊本。

宋四名家诗 清周之麟、柴升辑。清康熙中刊本。苏轼、黄庭坚、范成大、陆游四家。

宋诗类选 清王史鉴撰。二十四卷。清康熙五十一年(1712)乐古斋刊本。

唐宋八家诗 清姚培谦辑。清雍正五年(1727)遂安堂刊本。

南宋群贤诗选 清陆钟辉辑。十二卷。清雍正中晚晴书屋刊本。

唐宋诗醇 清弘历辑。四十七卷。清光绪七年(1881)刊本。

宋元诗会 清陈焯辑。一百卷。清钞本。

南宋四家律选 宋陆游、范成大、杨万里、刘克庄撰。知至道斋课本。五卷。清乾隆中钞本。

千首宋人绝句 清严长明辑。十卷。商务印书馆1936年刊本。

宋百家诗存 清曹庭栋辑。二十卷。清乾隆五至六年(1740—1741)嘉善曹氏二六书堂刊本。辑贺铸、魏野、穆修等一百家诗。

宋诗略 清汪景龙、姚埙辑。十八卷。清乾隆三十四年(1769)刊本。

宋诗别裁集 一名宋诗百一抄。清张景星、姚培谦、王永祺辑。清乾隆二十六年(1761)刊本。

又,中华书局 1973 年点校本。

宋金三家诗选　清沈德潜编。齐鲁书社影印乾隆刻本,1983 年印行。

宋诗纪事　清厉鹗撰。一百卷。清乾隆十一年(1746)刊本。

又,商务印书馆《万有文库》本,1937 年印行。

又,上海古籍出版社 1983 年点校本。

宋诗纪事补遗　清陆心源撰。一百卷,补正四卷。清光绪十九年(1893)刊本。

宋诗纪事拾遗　屈彊辑。1947 年世界书局刊本。

三苏全集　宋苏洵、苏轼、苏辙撰。清弓翊清辑。清道光七年(1827)、十二年(1832)眉州刊本。

三苏文集　清邵希雍辑。清宣统元年(1909)上海会文学社刊本。

经进三苏文集事略　罗振常辑。上海蟫隐庐刊本。

宋金元诗永　清吴绮辑。二十卷,补遗二卷。《四库全书》本。

五七言今体诗钞　清姚鼐编。十八卷。清嘉庆三年(1798)刊本。

又,中华书局《四部备要》本。

历代大儒诗钞　清谷际岐辑。六十卷。清嘉庆十九年(1814)采兰堂刊本。

乾坤正气集　清姚莹、顾沅、潘锡恩辑。五百七十四卷。清道光二十八年(1848)泾县潘氏刊本。

乾坤正气集选钞　清吴焕采辑。九十七卷。清光绪十三年(1887)刊本。

宋元明诗三百首　清朱梓、冷昌言辑。清道光二十一年(1841)状元阁刊本。

又,徐元校注。浙江人民出版社 1983 年标点本。

两宋诗词选　匡扶选注。新疆人民出版社 1984 年印行。

历朝古体近体诗笺评自知集　清柴友诚选。十二卷。清道光八年(1828)宝研斋刊本。

樵川四家诗　清周揆源辑。清咸丰三年(1853)蕉堂刊本。

宗岳二公集　宋宗泽、岳飞撰。清同治中半亩园刊本。

诸葛宗岳史四公文集　清刘质慧辑。清同治十二年(1873)三原刘氏刊本。

豫章三洪集　宋洪炎、洪明、洪刍撰。清洪汝奎辑。清光绪二年(1876)《洪氏晦木斋丛书》本。

樵川二家诗　清徐幹辑。六卷。清光绪七年(1881)邵武徐氏丛书本。

沈氏三先生文集　宋沈遘、沈括、沈辽撰。清光绪二十三年(1896)浙江书局刊本。

西江诗派韩饶二集　宋韩驹、饶节撰。清沈曾植辑。清宣统二年(1910)姚棣沈氏刊本。

宋代五十六家诗集　清坐春书塾选辑。清宣统二年(1910)北京龙文阁石印本。辑王安石、苏轼、郑侠、王令等五十六家。

十八家诗钞　清曾国藩辑。二十八卷。商务印书馆刊本。1920 年印行。

宋诗钞补　清管廷芬、蒋光煦辑。上海商务印书馆 1915 年排印本。辑王禹偁、徐铉、韩琦等八十五家。

宋人小集六十八种　一〇六卷。清金氏文端楼钞本。

宋人小集四十二种 清陈德溥辑。清海宁陈氏钞本。辑陶弼、李涛、严粲等四十二家诗。

宋人小集十五种 清□□辑。清钞本。辑陈襄、朱南杰、葛天民等十五家。

宋元人诗集八十二种 清法式善辑。二百七十卷。清钞本。

宋金元诗选 清吴翌凤辑。五卷。斯雅堂刊本。

宋诗选粹 清侯廷铨撰。十五卷。清刊本。

濂洛风雅 清张伯行辑。九卷。《正谊堂全书》本。

宋金明诗善鸣集 清陆次云辑。蓉江怀古堂刊本。

三宋人集 清方功惠辑。清光绪七年(1881)巴陵方氏刊本。辑柳开、尹洙、穆修三家。

二李唱和集 宋李昉、李至撰。罗振玉辑。上虞罗氏刊本。1914年印行。

四宋人集 胡思敬辑。《豫章丛书》本。1919年印行。辑王安礼、曾肇、谢逸、李彭四家。

九宋人集 胡思敬辑。《豫章丛书》本。1920年印行。辑曾协、欧阳澈、王子俊、王阮、陈杰、胡梦昱、章甫、洪迈、赵善括九家。

吉州二义集 宋王炎午、罗椅撰。胡思敬辑。《豫章丛书》本。1920年印行。

戴鹿牀手写宋元四家诗四种 戴熙辑。中社1928年影印。

唐宋三大诗宗集 易大厂辑。上海民智书局1933年印行。辑唐杜审言、宋赵湘、黄庶三家。

宋庐陵四忠集 刘峙辑。吉安刘氏刊本1937年印行。

宋诗精华录 陈衍评选。四卷。上海商务印书馆刊本1937年印行。

又,曹旭校点。江西人民出版社1984年印行。

宋人集 李之鼎辑。二百七十三卷。1937—1945年南城李氏宜秋馆刊本。辑寇準、陈舜俞、金君卿等六十一家诗文集。

宋诗选 陈幼璞选注。商务印书馆1947年印行。

唐宋诗举要 高步瀛选注。中华书局上海编辑所1959年印行。

宋五家诗选 朱自清辑。上海古籍出版社1981年印行。选梅尧臣、欧阳修、王安石、苏轼、黄庭坚五人诗。

宋诗选 程千帆、缪琨选注。古典文学出版社1957年印行。

宋诗选注 钱锺书选注。人民文学出版社1958年印行。

宋诗一百首 中华书局上海编辑所1958年印行。

宋人绝句三百首 潘中心、房开江选。贵州人民出版社1984年印行。

新选千家诗 李华、李如鸾选注。人民文学出版社1984年印行。

千家绝句 葛杰、仓阳卿选注。花山文艺出版社1984年印行。

全宋诗 傅璇琮、孙钦善等主编。北京大学出版社1998年印行。

全宋词 唐圭璋辑,王仲闻参订,孔凡礼补辑。中华书局1999年印行。

全宋文 曾枣庄、刘琳主编。上海辞书出版社、安徽教育出版社 2006 年印行。

宋代辞赋全编　曾枣庄、吴洪泽编。四川大学出版社 2008 年印行。

宋代传状碑志集成　曾枣庄编。四川大学出版社 2012 年印行。

别　集

徐公文集　一名骑省集。宋徐铉撰。三十卷，附录一卷。《四部丛刊初编》据黄丕烈校钞本影印。

又，三十卷附补遗一卷，校勘记一卷。《四部备要》本。

河东集　宋柳开撰。十六卷。《四部丛刊初编》据旧钞本影印。

咸平集　宋田锡撰。三十卷。李氏宜秋馆《宋人集》本。

乖崖集　宋张咏撰。十二卷，附录一卷。《续古逸丛书》据宋本影印。

乖崖集存　六卷。清光绪十五年(1889)李氏代耕堂刊本。

王黄州小畜集　宋王禹偁撰，三十卷。《四部丛刊初编》据宋刊配吕无党钞本影印。北京图书馆出版社 2004 年据中国国家图书馆藏宋绍兴十七年黄州刻递修本影印。

小畜外集　十三卷。《四部丛刊初编》据影宋写本影印。

钜鹿东观集　宋魏野撰，十卷。清宣统三年(1911)新阳赵诒琛峭帆楼丛书本。

寇忠愍公诗集　一名寇莱公集。宋寇準撰。三卷，明嘉靖十四年(1535)蒋鏊刻本。

又，《四部丛刊三编》据明本影印。

又，七卷。《南宋名贤小集》本。

苕溪集　宋刘一止撰。五十五卷。清钞本。

南阳集　宋赵湘撰。六卷。聚珍板江西书局本。又，《丛书集成初编》本。

逍遥集　宋潘阆撰。一卷。清乾隆道光间鲍氏知不足斋本。

河南穆公集　宋穆修撰。三卷。《四部丛刊初编》据述古堂影宋钞本影印。

春卿遗稿　宋蒋堂撰。一卷。清光绪二十一年(1895)武进盛氏刊本。

宋林和靖先生诗集　宋林逋撰。四卷，补一卷。《四部丛刊初编》据影写明黑口本影印。

林君复诗　清戴熙选。一卷。中社刊《戴鹿牀手写宋元四家诗》本。

武夷新集　宋杨亿撰。二十卷。浦城留香室刊本。

祖英集　宋释重显撰。二卷。《四部丛刊续编》据宋本影印。

雪窦显和尚明觉大师颂古集拈古集瀑泉集　宋释重显撰。三卷。《四部丛刊续编》据宋刊本影印。

文庄集　宋夏竦撰。三十六卷。《四库全书珍本初集》本。

文正集　宋范仲淹撰。二十卷，别集四卷，补编五卷。《四部丛刊初编》据明翻元天历本影印。

又，九卷。清同治八至九年(1869—1870)福州正谊书院刊本。

范文正公文集　中华书局 1985 年据古逸丛书本影印。

范文正公集　宋范仲淹撰。北京图书馆出版社 2006 年据中国国家图书馆藏,元天历至正间褒贤世家家塾岁寒堂刻本影印。

范仲淹全集 宋范仲淹撰,李勇先,王蓉贵校点。四川大学出版社2002年印行。

晏元献遗文 宋晏殊撰。一卷,补编三卷。李氏宜秋馆《宋人集》本。

二晏词笺注 宋晏殊、晏幾道撰,张草纫笺注。上海古籍出版社2008年印行。

王正美诗 宋王操撰。一卷。《两宋名贤小集》本。

杜祁公摭稿 宋杜衍撰。一卷。《两宋名贤小集》本。

肥川小集 宋刘筠撰。一卷。《两宋名贤小集》本。

菘坪小稿 宋李维撰。一卷。《两宋名贤小集》本。

漫园小稿 宋王琪撰。一卷。《两宋名贤小集》本。

张都官集 宋张先撰。一卷。《两宋名贤小集》本。

安陆集 一卷补遗一卷。清黄锡庆刻本。

张先集编年校注 宋张先撰,吴熊和、沈松勤校注。上海古籍出版社2012年印行。

孙明复小集 宋孙复撰。三卷。清康熙五年(1666)孙氏刊本。

文恭集 宋胡宿撰。五十卷。武英殿聚珍板本。

又,《丛书集成初编》本。

宋真宗御制玉京集 宋赵恒撰。六卷。清钞本。

武溪集 宋余靖撰。二十一卷。明成化九年(1473)苏韡刻本。

元宪集 宋宋庠撰。三十六卷。武英殿聚珍板本。

宋景文集 宋宋祁撰。六十二卷,补遗二卷,附录一卷。武英殿聚珍板木活字本。

景文集 六十二卷,拾遗二十二卷。武英殿聚珍板福建本。

河南集 宋尹洙撰。二十八卷。《四部丛刊初编》据春岑阁钞本影印。

宛陵先生集 宋梅尧臣撰。六十卷,拾遗一卷,附录一卷。《四部丛刊初编》据明本影印。

梅尧臣诗 夏敬观选注。商务印书馆《国学小丛书》本。

梅尧臣集编年校注 朱东润注。上海古籍出版社1980年印行。

梅尧臣诗选 朱东润选注。人民文学出版社1980年印行。

镡津集 宋释契嵩撰。二十二卷。明弘治十二年(1499)释如卺刻本。

欧阳文忠公集 宋欧阳修撰。一百五十三卷。明天顺六年(1462)程宗刻本。

欧阳文忠公集 五十卷。明初刻本。

居士集 五十卷,外集二十五卷。《四部丛刊初编》据元刊本影印。

欧阳先生文粹 宋陈亮、明郭云鹏撰。二十卷,遗粹十卷。明嘉靖二十六年(1547)郭云鹏宝善堂刊本。

庐陵诗钞 八卷。清雍正五年(1727)遂安堂《唐宋八家诗》本。

欧阳永叔集 商务印书馆1958年印行。

欧阳修诗文选注 王镁注。贵州人民出版社 1979 年印行。

欧阳修诗选　施培毅选注。安徽人民出版社 1982 年印行。

欧阳修全集　宋欧阳修撰，李逸安编。中华书局 2001 年印行。

欧阳修集编年笺注　宋欧阳修撰，李之亮笺注。巴蜀书社 2007 年印行。

欧阳修诗编年笺注　宋欧阳修撰，刘德清、顾宝林、欧阳明亮笺注。中华书局 2012 年印行。

包拯集　宋张田编。中华书局 1963 年印行。

徂徕集　宋石介撰。二十卷。清康熙五年(1716)泰安知州石键刊本。

徂徕石先生文集　陈植锷点校。中华书局 1984 年印行。

潞公集　宋文彦博撰。四十卷。明嘉靖五年(1526)王溱刻本。

文潞公集　宋文彦博撰。山西人民出版社 2008 年印行。

文潞公诗校注　宋文彦博撰，侯小宝校注。三晋出版社 2014 年印行。

龙学文集　一名洛阳九老祖龙学文集。宋祖无择撰。十六卷。李氏宜秋馆《宋人集》本。

安阳集　宋韩琦撰。五十卷，别录三卷。明正德九年(1514)张士隆刻本。

韩魏公集　二十卷。清同治八至九年(1869—1870)福州正谊书院刊本。

安阳集编年笺注　宋韩琦撰，李之亮、徐正英笺注。巴蜀书社 2000 年印行。

乐全集　宋张方平撰。四十卷。《四库全书珍本初集》本。

苏学士文集　宋苏舜钦撰。十六卷。《四部丛刊初编》据震泽徐氏刻本影印。

苏舜钦集　沈文倬校点。中华书局上海编辑所 1961 年印行。

赵清献公文集　宋赵抃撰。十六卷。宋景定元年(1260)陈仁玉刻元明递修本。

又，十卷本。明成化七年(1471)阎铎刊本。

伊川击壤集　宋邵雍撰。二十卷。明成化刊本。

邵子诗钞　兴国萧朗峰附注。三卷。清嘉庆二十年(1815)仁厚堂刊本。

邵雍集　宋邵雍撰，郭彧编。中华书局 2010 年印行。

嘉祐集　宋苏洵撰。十五卷。《四部丛刊初编》据宋钞本影印。

又，十四卷本。明刻本。

又，二十卷本。清康熙三十七年(1698)邵仁泓刻本。

嘉祐集笺注　宋苏洵撰，曾枣庄、金成礼笺注。上海古籍出版社 1993 年印行。

直讲李先生文集　一名盱江集。宋李觏撰。三十七卷，外集三卷。《四部丛刊初编》据明正德间本影印。

蔡忠惠集　一名端明集。宋蔡襄撰。三十六卷。明万历四十四年(1616)蔡善继刊本。

蔡襄集　宋蔡襄撰。上海古籍出版社 1996 年印行。

莆阳居士蔡公文集　宋蔡襄撰。北京图书馆出版社 2004 年影印。

石曼卿诗集　宋石延年撰。一卷。《两宋名贤小集》本。

映雪斋集 宋孙抗撰。一卷。《两宋名贤小集》本。

富郑公诗集 宋富弼撰。一卷。《两宋名贤小集》本。

南阳集 宋韩维撰。三十卷。附录一卷。《四库全书》本。

古灵集 宋陈襄撰。二十五卷。宋刻本。

陶邕州小集 宋陶弼撰。一卷。李氏宜秋馆《宋人集》本。

邕州小集 一卷。清宣统元年(1909)番禺沈氏刊本。

陶阁史诗集 二卷,附录一卷。清光绪二十六年(1900)陈氏刊本。

宋濂溪周元公先生集 宋周敦颐撰。十卷。明天启三年(1623)黄克俭刊本。

周濂溪先生全集 清张伯行辑,杨浚重辑。十三卷。清同治五年(1866)福州正谊书院刊本。又,《丛书集成初编》本。

周子全书 清董榕辑。清乾隆中刊本。

周敦颐集 宋周敦颐撰,陈克明点校。中华书局2009年印行。

范蜀公集 宋范镇撰。一卷。《两宋名贤小集》本。

杏花村集 宋唐询撰。一卷。《两宋名贤小集》本。

梅谏议集 宋梅挚撰。一卷。《两宋名贤小集》本。

公是集 宋刘敞撰。五十四卷。清光绪二十五年(1899)广雅书局本。又,《丛书集成初编》本。

丹渊集 宋文同撰。四十卷,拾遗二卷。《四部丛刊初编》据明本影印。

文同诗选 河增鸾、刘泰焰选注。四川文艺出版社1985年印行。

元丰类稿 宋曾巩撰。五十卷。元大德八年(1304)丁思敬刻本。

又,三十四卷本。金代中叶临汾刻本。

又,五十一卷本。明成化八年(1472)南丰县刻本。

元丰类稿补 二卷。清同治光绪间陆心源《潜园总集群书校补》。

曾南丰先生文粹 十卷。明嘉靖二十八年(1549)安氏刻本。

曾巩集 陈杏珍、晁继周点校。中华书局1984年印行。

华阳集 宋王珪撰。六十卷,附录十卷。《四库全书》本。

又,四十卷本。武英殿聚珍本广雅书局本。《丛书集成初编》本。

温国文正公文集 一名传家集。宋司马光撰。八十卷。《四部丛刊初编》据宋绍兴三年(1132)本影印。

司马文正公集略 三十一卷,诗集七卷。明嘉靖四年(1525)吕柟刻本。

张横渠先生文集 宋张载撰。十二卷。清同治五年(1866)福州正谊书院刊本。

张子全书 清嘉庆十一年(1806)郿县刊本。

张载集 中华书局1978年印行。

苏魏公集 宋苏颂撰。七十二卷,清钞本。

临川先生文集 宋王安石撰。一百卷。宋绍兴二十一年(1151)王珏刻元明递修本。

又,七十卷本。日本宫内省摄影本。

临川先生文集　中华书局上海编辑所1959年印行。

王文公文集　中华书局上海编辑所1962年印行。

王文公文集　唐武标校。上海人民出版社1974年印行。

王荆文公诗注　宋李壁注。五十卷。清乾隆五(1740)至六年张宗松清绮斋刻本。

王荆文公诗笺注　宋王安石撰，宋李壁笺注。中华书局上海编辑所1958年印行。高克勤点校，上海古籍出版社2010年印行。

王荆公诗集李壁注勘误补正　清沈钦韩撰。四卷。王荆公文集注八卷。吴兴刘氏嘉业堂刊本。

王荆公诗文沈氏注　中华书局上海编辑所1959年印行。

王安石诗文选注　江西师范学院中文系选注。江西人民出版社1974年印行。

王安石诗文选注　广州铁路局广州分局等王安石诗文注释组选注。广东人民出版社1975年印行。

王安石诗文选读　上海第一纺织机械厂工人理论小组、上海师范大学中文系七三级工农兵学员注释。人民文学出版社1975年印行。

王安石著作选注　红河洲三结合注释组、云南大学中文系注释。云南人民出版社1975年印行。

王安石诗文选　北京大学中文系文学专业七三级师生编。北京人民出版社1976年印行。

王安石诗文选评　宋王安石撰，高克勤评注。上海古籍出版社2002年印行。

游定夫先生集　宋游酢撰。一卷。清同治六年(1867)刊本。

伐檀集　宋黄庶撰。二卷。李氏宜秋馆《宋人集》本。

金氏文集　宋金君卿撰。二卷。李氏宜秋馆《宋人集》本。

都官集　宋陈舜俞撰。十四卷。李氏宜秋馆《宋人集》本。

萝轩外集　宋杨备撰。一卷。《两宋名贤小集》本。

泗州集　宋张公庠撰。一卷。《两宋名贤小集》本。

宫词　一卷。明毛氏汲古阁据宋书棚本景钞《十家宫词》本。

王校理集　宋王安国撰。一卷。《两宋名贤小集》本。

明道先生诗集　宋程颢撰。一卷。《两宋史贤小集》本。

陈副使遗稿　宋陈洎撰。一卷。《两宋名贤小集》本。

三径集　宋蒋之奇撰。一卷。《两宋名贤小集》本。

寄亭诗遗　宋章楶撰。一卷。《两宋名贤小集》本。

郧溪集　宋郑獬撰。二十八卷。清乾隆钞本。

又，二十八卷本补遗二卷。《湖北先正遗书》本。

彭城集　宋刘攽撰。四十卷。武英殿聚珍板福建本。又，《丛书集成初编》本。

章安集　宋杨蟠撰。一卷。黄岩杨氏《台州丛书后集》本。

西溪集 宋沈遘撰。十卷。《四部丛刊三编》据明复宋本影印。

长兴集 宋沈括撰。十九卷。《四部丛刊三编》据明复宋本影印。

祠部集 宋强至撰。三十五卷。武英殿聚珍板本。

忠肃集 宋刘挚撰。二十卷,拾遗一卷。武英殿聚珍板广雅书局本。又,《丛书集成初编》本。

节孝集 宋徐积撰。三十卷。明嘉靖四十四年(1565)刘祐刊本。

徐集小笺 段朝瑞撰。三卷。《楚州丛书》本。

钱塘集 宋韦骧撰。十六卷。清钞本。

净德集 宋吕陶撰。三十八卷。武英殿聚珍板广雅书局本。

忠宣文集 宋范纯仁撰,二十卷。元刻明修本。

倚松老人集 宋饶节撰。三卷。《四库全书》本。

东坡全集 宋苏轼撰。一百十二卷。明嘉靖十三年(1534)江西刊本。

东坡七集 一百十卷。清光绪三十四年(1908)至宣统元年(1909)端方宝华盦本。

东坡全集 一百十五卷。《四库全书》本。

又,八十四卷本。清道光十二集(1832)刊本。

又,七十五卷本。明陈明卿订正。文盛堂藏板。

东坡先生编年诗 清查慎行撰。五十卷。清乾隆二十六年(1761)香雨斋本。

苏文忠公诗集 清纪昀评。五十卷。清同治八年(1869)韫玉山房刻本。

坡仙集 十六卷。明万历二十八年(1600)刊本。

东坡先生诗集注 宋王十朋注。三十二卷。明王永积刻本。

又,二十五卷本。《四部丛刊初编》影印宋务本堂刊本。

苏文忠公诗合注 清冯应榴撰。五十卷。清同治九年(1870)刊本。

苏诗补注 清翁方纲注。八卷。清乾隆四十七年(1782)刊本。

苏文忠公诗编注集成 清王文诰撰。一百三卷。清嘉庆二十四年(1819)刊本。

东坡分体诗钞 清姚培谦撰。十八卷。清康熙六十年(1721)刊本。

东坡养生集 清王如锡编。清丘象升评。十二卷。清康熙六十年(1721)刊本。

东坡和陶合笺 清温、汝能合笺。四卷。清嘉庆间顺德温氏刻本。

经进东坡文集事略 宋郎晔注。六十卷。蟫隐庐本。

重校宋苏文忠公寓惠录 清翁方纲校并跋。四卷。明嘉靖五年(1526)顾遂刻本。

宋苏文忠公居儋录 明陈荣选辑。五卷。明万历二十三年(1595)陈荣选刻清顺治十八年(1661)王昌嗣重修本。

施注苏诗 宋施元之、宋顾禧撰。四十二卷。清康熙三十八年(1699)宋荦刻本。

苏轼诗选　陈迩冬选注。人民文学出版社 1957 年印行。

苏东坡集　三册。商务印书馆 1958 年印行。

苏东坡诗词选　陈迩冬选注。人民文学出版社 1960 年印行。

苏轼选集　刘乃昌选注。齐鲁书社 1980 年印行。

苏轼诗集　清王文诰辑注，孔凡礼点校。中华书局 1982 年印行。

苏轼诗选注　吴鹭山等编。百花文艺出版社 1982 年印行。

苏轼选集　王水照选注。上海古籍出版社 1984 年印行。

苏轼全集　宋苏轼撰。上海古籍出版社 2000 年印行。

苏轼文集　宋苏轼撰，孔凡礼、茅维注。中华书局 2004 年印行。

东坡乐府笺　宋苏轼撰，清朱孝臧编年，龙榆生校笺，朱怀春标点。上海古籍出版社 2009 年印行。

苏轼文集编年笺注　宋苏轼撰，李之亮笺注。巴蜀书社 2011 年印行。

苏轼词编年校注　宋苏轼撰，邹同庆、王宗堂校注。中华书局 2002 年印行。

栾城集　宋苏辙撰　八十四卷。《四部丛刊初编》据明嘉靖蜀藩活字本影印。又，五十卷本。明清梦轩刻本。

栾城应诏集　十二卷。《四部丛刊初编》据明嘉靖刊本影印。

栾城集　宋苏辙撰，曾枣庄、马德富校点。上海古籍出版社 1987 年印行。

苏辙集　宋苏辙撰，陈宏天、高秀芳校点。中华书局 1990 年印行。

冯安岳集　宋冯山撰。十二卷。李氏宜秋馆《宋人集》本。

丰清敏公诗文辑存　宋丰稷撰。一卷。《四明丛书》本。

吴郡乐圃朱先生余稿　宋朱长文撰。十卷，补遗一卷。清康熙五十一年(1712)朱岳寿刻本。

宫词　宋赵佶撰。三卷。影印宋刻本。

无为集　宋杨杰撰。十五卷。宋绍兴十三年(1143)赵士彭无为军刻递修本。

范太史集　宋范祖禹撰。五十五卷。《四库全书珍本初集》本。

西塘集　宋郑侠撰。十卷。明万历三十七年(1609)叶向高等刻本。

鄱阳先生诗集　宋彭汝砺撰。十二卷。清嘉庆二十三年(1818)周彦、高泽履刻本。

陶山集　宋陆佃撰。十六卷。武英殿聚珍板福建本。又，《丛书集成初编》本。

广陵集　宋王令撰。二十卷。吴兴刘氏《嘉业堂丛书》本。

王令集　沈文倬校点。上海古籍出版社 1980 年印行。

广陵先生文集　文物出版社 1982 年据《嘉业堂丛书》印行线装本。

王魏公集　宋王安礼撰。八卷。李氏宜秋馆《宋人集》本。

画墁集　宋张舜民撰。八卷。清乾隆至道光间《知不足斋丛书》本。又，《丛书集成初编》本。

舒嬾堂诗文存　宋舒亶撰。三卷补遗一卷。《四明丛书》第八集本。

演山集　宋黄裳撰。六十卷。《四库珍本初集》本。

曲阜集 宋曾肇撰。四卷。胡思敬辑《豫章丛书、四宋人集》本。

云巢编 宋沈辽撰。十卷。《四部丛刊三编》影明复宋本。

豫章黄先生文集 宋黄庭坚撰。三十卷。《四部丛刊初编》影宋刻本。

山谷诗注 三十九卷。《内集》注,宋任渊撰,二十卷;《外集》注,宋史容撰,十七卷;《别集》注,宋史季温撰,二卷。《四部备要》本。

又,山谷诗注,三十九卷。《丛书集成初编》本。

山谷老人刀笔 二十卷。元刻本。

黄太史精华录 宋任渊辑。明朱承爵刻本。

黄庭坚诗选 潘伯鹰选注。古典文学出版社 1957 年印行。

黄庭坚诗选 陈永正选注。广东人民出版社 1984 年印行。

黄庭坚诗选注 陈永正选注。上海古籍出版社 1985 年印行。

豫章黄先生词 宋黄庭坚撰,龙榆生选编。中华书局 1957 年印行。

黄庭坚诗集注 宋黄庭坚撰,宋任渊等集注。中华书局 2003 年印行。

山谷诗集注 宋黄庭坚撰,宋任渊注。上海古籍出版社 2003 年印行。

山谷词校注 宋黄庭坚撰,马兴荣、祝振玉点校。上海古籍出版社 2011 年印行。

济南集 宋李廌撰。八卷。李氏宜秋馆《宋人集》本。

晏叔原先生集 宋晏幾道撰。一卷。清康熙十九年(1680)本。

龙云集 宋刘弇撰。三十二卷,附录一卷。胡思敬辑《豫章丛书》本。

淮海集 宋秦观撰。四十卷,后集六卷,长短句三卷。明嘉靖十八年(1539)张綎刻本。

又,十七卷本,后集二卷,词一卷,补遗二卷。清道光十七年(1837)二十一年(1841)王刻本。

淮海集笺注 宋秦观撰,徐培均笺注。上海古籍出版社 1994 年印行。

秦观集编年校注 宋秦观撰,周义敢、程自信、周雷校注。人民文学出版社 2001 年印行。

淮海居士长短句笺注 宋秦观撰,徐培均笺注。上海古籍出版社 2008 年印行。

宛丘集 宋张耒撰。七十六卷。《四库全书》本。

张右史文集 六十卷。《四部丛刊初编》据旧钞本影印。

柯山集 五十卷,拾遗十二卷,续拾遗一卷。武英殿聚珍板福建本。又,《丛书集成初编》本。

张文潜文集 十三卷。明嘉靖三年(1524)郝梁刻本。

柯山集补 十二卷。清陆心源辑。清同治光绪间《潜园总集》本。

张耒集 宋张耒撰,李逸安点校。中华书局 1990 年印行。

周邦彦集 宋周邦彦撰。蒋哲伦校编。江西人民出版社 1983 年印行。

清真集 宋周邦彦撰,吴则虞点校。中华书局 1981 年印行。

清真集校注　宋周邦彦撰，孙虹、薛瑞生校注。中华书局2002年印行。

清真集笺注　宋周邦彦撰，罗忼烈笺注。上海古籍出版社2008年印行。

西台集　宋毕仲游撰。二十卷。武英殿聚珍板福建本。又，《丛书集成初编》本。

灌园集　宋吕南公撰。二十卷。《四库珍本初集》本。

跨鳌集　宋李新撰。三十卷。《四库珍本初集》本。

参寥子集　宋释道潜撰。十二卷。《四库全书》本。

参寥子诗集　十二卷。《四部丛刊三编》据宋刊本影印。

青山集　宋郭祥正撰。三十卷，续集五卷。清道光九年(1829)刊本。

钱塘西湖百咏　一卷。清光绪六年(1880)《武林掌故丛编》本。

后山先生集　宋陈师道撰。三十卷。明弘治十二年(1499)马暾刻本。

又，二十四卷。《四部备要》本。

后山诗注　宋任渊注。十二卷。明弘治十年(1497)袁宏刻本。又，《丛书集成初编》本。

后山居士文集　上海古籍出版社1982年印行。

后山诗注补笺　宋陈师道撰，宋任渊注，冒广生、冒怀辛补注。中华书局1995年印行。

济北晁先生鸡肋集　宋晁补之撰。七十卷。《四部丛刊初编》影印明诗瘦阁仿宋刊本。

晁氏琴趣外篇　宋晁补之撰，龙榆生注。中华书局1957年印行。

晁氏琴趣外篇・晁叔用词　宋晁补之、晁冲之撰，刘乃昌校注。上海古籍出版社1991年印行。

宝晋英光集　宋米芾撰。八卷。《丛书集成初编》本。

宝晋山林集拾遗　十卷。宋刊本。

龟山集　宋杨时撰。四十二卷。明万历十九年(1591)林熙春刊本。

又，六卷本。清同治间福州正谊书院刊本。

云溪居士集　宋华镇撰。三十卷。《四库全书珍本初集》本。

乐静集　宋李昭玘撰。三十卷。《四库全书珍本初集》本。

具茨晁先生诗集　宋晁冲之撰。一卷。明晁氏宝文堂刻本。

晁具茨先生诗集　十五卷。道光十年(1830)《晁氏丛书》本。

景迂生集　宋晁说之撰。二十卷。《四库全书》本。

嵩山文集　二十卷。《四部丛刊续编》据旧钞本影印。

姑溪居士集　宋李之仪撰。前集五十卷，后集二十卷。清宣统三年(1911)吴尌刻本。

道乡集　宋邹浩撰。四十卷。明正德七年(1512)邹翎刊本。

宗忠简公集　宋宗泽撰。七卷。清同治光绪间《金华丛书》本。又，《丛书集成初编》本。

又，四卷本。清道光二十八年(1848)《乾坤正气集》本。

又，六卷本。明崇祯十三年(1640)黄

正宾刻本。

滆水集　宋李复撰。十六卷。《四库全书》本。

庆湖遗老集　宋贺铸撰。九卷。李氏宜秋馆《宋人集》本。

东山词　宋贺铸撰，钟振振校注。上海古籍出版社1989年印行。

庆湖遗老诗集校注　宋贺铸撰，王梦隐、张家顺校注。河南大学出版社2008年印行。

贺铸词集　宋贺铸撰，钟振振注。上海古籍出版社2013年印行。

学易集　宋刘跂撰。八卷。武英殿聚珍板福建本。又，《丛书集成初编》本。

和靖集　宋尹焞撰。十卷。明嘉靖九年(1530)洪珠刻本。

又，八卷本。清光绪九年(1883)传经堂刊本。

襄陵集　宋许翰撰。十二卷。《四库全书珍本初集》本。

横塘集　宋许景衡撰。二十卷。清光绪元年(1875)《永嘉丛书》本。

东堂集　宋毛滂撰。十卷。《四库全书珍本初集》本。

西渡集　宋洪炎撰。一卷，补遗一卷。清光绪二十年(1894)朱氏惜分阴斋刻本。

日涉园集　宋李彭撰。十卷，补遗一卷。胡思敬《豫章丛书》本。

陵阳集　宋韩驹撰。四卷。《四库全书》本。

摛文堂集　宋慕容彦撰。十五卷，附录一卷。清光绪二十三年(1897)武进盛氏《常州先哲遗书》本。

谢幼槃竹友集　宋谢薖撰。十卷。《续古逸丛书》据宋本影印。

东莱诗集　宋吕本中撰。二十卷。《四部丛刊续编》据日本内阁文库藏宋钞本影印。

东莱先生诗集　宋吕本中撰。北京图书馆出版社2006年据中国国家图书馆藏宋庆元五年黄汝嘉刻江西诗派本影印。

慈受拟寒山诗　宋释慈受撰。一卷。《四部丛刊初编》，《寒山诗》附，据影宋本影印。

芦川归来集　宋张元幹撰。十卷。《四库全书》本。

芦川归来集　上海古籍出版社1978年印行。

芦川词笺注　宋张元幹撰，曹济平笺注。上海古籍出版社2010年印行。

高峰文集　宋廖刚撰。十二卷。《四库珍本全书初集》本。

丹阳集　宋葛胜中撰。二十四卷。清光绪二十二年(1896)武进盛氏《常州先哲遗书》本。

忠穆集　宋吕颐浩撰。八卷。《四库全书珍本初集》本。

吕颐浩集　宋吕颐浩撰。浙江古籍出版社2012年印行。

刘给事集　宋刘安上撰。五卷。清同治十二年(1875)《永嘉诗人祠堂丛刻》本。

豫章文集　宋罗从彦撰。十八卷。明成化中冯孜刊本。

又，十卷本。清同治间福州正谊书院刊本。

刘左史集　宋刘安节撰。四卷。清同治十二年(1875)《永嘉诗人祠堂丛刻》本。

毘陵集　宋张守撰。十五卷。《四库全书》本。

又,十六卷本。武英殿聚珍板广雅书局本。又,《丛书集成初编》本。

眉山诗集十卷文集　宋唐庚撰。十四卷。清雍正三年(1725)汪亮采南陔草堂活字本。

又,三十卷本。《四部丛刊三编》据闽侯龚氏大通楼藏旧钞本影印。

又,二十卷本。宋刻本。

忠惠集　宋翟汝文撰。十卷,附录一卷。《四库全书珍本初集》本。

斜川集　宋苏过撰。六卷,附录二卷。《四部备要》本。

又,六卷本。乾隆五十二年(1787)鲍氏知不足斋刊本。《丛书集成初编》本。

苏过诗文编年笺注　宋苏过撰,舒星、蒋宗许、舒大刚笺注。中华书局2012年印行。

石林居士建康集　宋叶梦得撰。八卷。清宣统三年(1911)叶德辉刻《观古堂丛书》本。

卢溪集　宋王庭珪撰。五十卷。明嘉靖五年(1526)梁英刻本。

初寮集　宋王安中撰。八卷。清乾隆间翰林院钞本。

东窗集　宋张扩撰。十六卷。《四库全书珍本初集》本。

北山小集　宋程俱撰。四十卷。《四部丛刊续编》据影宋写本影印。

筠溪集　宋李弥逊撰。二十四卷。《四库全书珍本初集》本。

鸿庆居士集　宋孙觌撰。四十二卷,清光绪二十一年(1895)武进盛氏《常州先哲遗书》本。

檆溪居士集　宋刘才邵撰。十二卷。《四库珍本全书初集》本。

浮溪集　宋汪藻撰。三十六卷。《四库全书》本。

又,三十二卷本。《四部丛刊初编》据武英殿聚珍板本影印。

浮溪文粹　十五卷。明正德元年(1506)马金刻本。

浮沚集　宋周行己撰。九卷。武英殿聚珍板福建刊本。又,《丛书集成初编》本。

又,八卷本。《四库全书》本。

北湖集　宋吴则礼撰。五卷。李氏宜秋馆《宋人集》本。

竹隐畸士集　宋赵鼎臣撰。二十卷。《四库全书珍本初集》本。

大隐集　宋李正民撰。十卷。清钞本。

北海集　宋綦崇礼撰。四十六卷,附录三卷。《四库全书珍本初集》本。

溪堂集　宋谢逸撰。十卷。胡思敬《豫章丛书》《四宋人集》本。

华阳集　宋张纲撰。四十卷。《四部丛刊三编》据明刊本影印。

老圃集　宋洪刍撰。二卷。《四库全书》本。

默成文集　宋潘良贵撰。八卷。清康熙三十六年(1697)黄珍刻本。

王著作集　宋王苹撰。八卷。李氏宜秋馆《宋人集》本。

洪龟父集 一名清非集。宋洪朋撰。二卷。《四库全书珍本初集》本。

茶山集 宋曾幾撰。八卷。武英殿聚珍板福建本。

云溪集 宋郭印撰。十二卷。《四库全书珍本初集》本。

东牟集 宋王洋撰。十四卷。《四库全书珍本初集》本。

紫微集 宋张嵲撰。三十六卷。沔阳卢氏《湖北先正遗书》本。1925年刊行。

邓绅伯集 宋邓深撰。二卷。李氏宜秋馆《宋人集》本。

忠肃集 宋傅察撰。三卷。清光绪十八年(1892)傅以礼刊本。

龟溪集 宋沈与求撰。十二卷。明万历二十八年(1600)沈子木刻本。

李延平先生文集 宋李侗撰。四卷。清同治五年(1866)福州正谊书院刊本。

松隐文集 宋曹勋撰。四十卷。吴兴刘氏《嘉业堂丛书》本。

又,三十九卷本《四库全书》本。

又,文物出版社1982年线装本。

三余集 宋黄彦平撰。四卷。李氏宜秋馆《宋人集》本。

北山文集 宋郑刚中撰。三十卷,末一卷。清同治十二年(1873)《金华丛书》本。

又,《丛书集成初编》本。

梁谿集 宋李纲撰。一百八十卷,附录六卷。清刻本。

李忠定文集 三十九卷。清光绪中爱日堂刊本。

李忠定公集选 明左光先、李嗣立选。四十八卷。清康熙间李荣芳重刻本。

李忠定公别集 十卷。邵武徐氏刻本。

李清照集 中华书局上海编辑所1962年印行。

漱玉集注 王延梯注。山东人民出版社1963年印行。

李清照集校注 王学初校注。人民文学出版社1979年印行。

李清照集校注 宋李清照撰,王仲闻校注。人民文学出版社1979年印行。

李清照诗文选注 刘忆萱编。上海古籍出版社1981年印行。

重辑李清照集 黄墨谷编。齐鲁书社1981年印行。

李清照诗词评释 蓝天等注评。广东人民出版社1983年印行。

李清照诗词评注 侯健、吕智敏撰。山西人民出版社1985年印行。

李清照集笺注 宋李清照撰,徐培均笺注。上海古籍出版社2002年印行。

雪窗小集 宋张良臣撰。一卷。汲古阁影钞《南宋六十家小集》本。

又,补遗一卷。汲古阁影钞《南宋六十家小集》本。

说剑吟 宋吕定撰。一卷。《两宋名贤小集》本。

东斋吟稿 宋陈岘撰。一卷。《两宋名贤小集》本。

巽斋小集 宋危稹撰。一卷。《两宋名贤小集》本。

文杏山房杂稿 宋郑克己撰。一卷。《两宋名贤小集》本。

五桃轩集 宋夏倪撰。一卷。《两宋名贤小集》本。

潘郊老小集 宋潘大临撰。一卷。《两宋名贤小集》本。

怡云轩诗集　宋姚孝锡撰。一卷。《两宋名贤小集》本。

醉轩集　一卷。《宋百家诗存》本。

环碧亭诗集　宋沈晦撰。一卷。《两宋名贤小集》本。

李敷诗集　宋李易撰。一卷。《两宋名贤小集》本。

扪膝稿　宋俞汝砺撰。一卷。《两宋名贤小集》本。

琴溪集　宋李宏撰。一卷。《两宋名贤小集》本。

椒亭小集　宋康与之撰。一卷。《两宋名贤小集》本。

鱼乐轩吟稿　宋张维撰。一卷。《两宋名贤小集》本。

李文简诗集　宋李焘撰。一卷。《两宋名贤小集》本。

葆真居士集　宋折彦质撰。一卷。《两宋名贤小集》本。

艮斋集　宋谢谔撰。一卷。《两宋名贤小集》本。

抚松集　宋吕愿中撰。一卷。《两宋名贤小集》本。

延月楼诗稿　宋李若川撰。一卷。《两宋名贤小集》本。

介轩诗集　宋赵汝谈撰。一卷。《两宋名贤小集》本。

东阁吟稿　宋赵汝回撰。一卷。《两宋名贤小集》本。

艇斋小集　宋曾季貍撰。一卷。《两宋名贤小集》本。

辛稼轩诗文钞存　邓广铭辑校。古典文学出版社1957年印行。

稼轩词编年笺注　宋辛弃疾撰，邓广铭笺注。古典文学出版社1957年印行。

忠正德文集　宋赵鼎撰。十卷。《四库全书》本。

宋陈少阳先生文集　宋陈东撰。十卷。明天启五年(1625)贺懋忠刻本。

陈修撰集　四卷。清道光二十八年(1848)《乾坤正气集》本。

乡贤公遗著　宋邬大昕撰。一卷。清光绪宣统间广州刊本。

相山集　宋王之道撰。三十卷。《四库全书珍本初集》本。

横浦集　宋张九成撰。二十卷。《四库全书》本。

忠惠集　宋翟汝文撰。十卷。《四库全书珍本初集》本。

栟榈集　宋邓肃撰。二十五卷。清嘉庆十九年(1814)邓廷桢重刊本。

又，十六卷本。《四库全书》本。

书斋集　宋朱松撰。十二卷。《四部丛刊续编》据明刊本影印。

玉澜集　宋朱槔撰。一卷。《四部丛刊续编》《韦斋集》附。

崧庵集　宋李处权撰。六卷。李氏宜秋馆《宋人集》本。

庄简集　宋李光撰。十八卷。《四库全书珍本初集》本。

忠愍集　宋李若水撰。三卷。《四库全书》本。

李忠愍公集　一卷。清道光二十八年(1848)《乾坤正气集》本。

藏海居士集　宋吴可撰。二卷。李氏宜秋馆《宋人集》本。

增广笺注简斋诗集　宋陈与义撰。三十卷。附《无住词》一卷。胡学士续添简斋诗笺,附《简斋先生年谱》一卷。宋胡穉撰年谱。元刻本。

简斋集 十六卷。武英殿聚珍板广雅书局本。又,《丛书集成初编》本。

简斋诗外集 一卷。《四部丛刊初编》影印旧钞本。

陈与义集 吴书荫、金德厚点校。中华书局1982年刊行。

陈与义集校笺 宋陈与义撰,白敦仁校笺。上海古籍出版社1990年印行。

雪溪集 宋王铚撰。五卷。《四库全书》本。

斐然集 宋胡寅撰。三十卷。《四库全书珍本初集》本。

郴江百咏 宋阮阅撰。一卷,辑补一卷。李氏宜秋馆《宋人集》本。

屏山集 宋刘子翚撰。二十卷。明正德七年(1512)刘泽刻本。

欧阳修撰集 宋欧阳澈撰。七卷。《四库全书》本。

又,三卷本。清道光二十八年(1848)《乾坤正气集》本。

飘然集 三卷。胡思敬辑《豫章丛书》《九宋人集》本。

胡澹庵先生文集 宋胡铨撰。三十二卷。清乾隆二十二年(1757)练月楼刻本。

岳集 宋岳飞撰。明徐阶辑。五卷。明嘉靖十五年(1536)焦煜刻本。

又,《岳忠武王集》。一卷。《艺海珠尘》本。《丛书集成初编》本。

岳忠武王全集 宋岳飞撰。扫叶山房1927年印行。

岳飞集辑注 宋岳飞撰,郭光注。中州古籍出版社1997年印行。

灊山集 宋朱翌撰。三卷,补遗一卷,附录一卷。清乾隆至道光本。《知不足斋丛书》本。又,《丛书集成初编》本。

委羽居士集 宋左纬撰。一卷。黄岩杨氏刊《台州丛书后集》本。

石门文字禅 宋释惠洪撰。三十卷。明万历二十五年(1597)径山寺刻本。

东溪集 宋高登撰。六卷。清道光三十年(1850)金山钱氏漱石轩刊本。

又,二卷本。清同治五年(1866)福州正谊书院刊本。《丛书集成初编》本。

汉滨集 宋王之望撰。十六卷。《湖北先正遗书》本1925年刊。

梅溪集 宋王十朋撰。五十四卷。明正统五年(1440)刘谦刊本。

王十朋全集 宋王十朋撰。上海古籍出版社1998年印行。

颐堂先生文集 宋王灼撰。五卷。《续古逸丛书》据宋本影印。

莆阳知稼翁文集 宋黄公度撰。十一卷,附录一卷。李氏宜秋馆《宋人集》本。

艾轩先生文集 宋林光朝撰。十卷。明正德十六年(1537)郑岳刻本。

又,九卷。《四库全书珍本初集》本。

五峰集 宋胡宏撰。五卷。《四库全书珍本初集》本。

应斋杂著 宋赵善括撰。六卷。胡思敬辑《豫章丛书》本。

湖山集 宋吴芾撰。十卷,补遗一卷。黄岩杨氏《台州丛书》已集本,1919年刊行。

唯室集 宋陈长方撰。四卷。《四库全书珍本初集》本。

侍郎葛公归愚集　宋葛立方撰。十卷，补遗一卷。清光绪二十二年(1896)武进盛氏《常州先哲遗书》本。

盘洲文集　宋洪适撰。八十卷，附录一卷，拾遗一卷。《四部丛刊》(二次印)本。

野处类稿　宋洪迈撰。二卷，集外诗一卷。胡思敬辑《豫章丛书》《九宋人集》本。

南涧甲乙稿　宋韩元吉撰。二十二卷，拾遗一卷。武英殿聚珍板福建本。又，《丛书集成初编》本。

拙斋文集　宋林之奇撰。二十卷。《四库全书》本。

文定集　宋汪应辰撰。二十四卷，拾遗一卷。武英殿聚珍板福建本。又，《丛书集成初编》本。

鄮峰真隐漫录　宋史浩撰。五十卷。清乾隆四十一年(1776)史氏刊本。

默堂先生文集　宋陈渊撰。二十二卷。《四部丛刊三编》影印影宋钞本。

夹漈遗稿　宋郑樵撰。三卷。清道光三十年(1850)金山钱氏漱石轩本。

又，《函海》本。《丛书集成初编》本。

郑樵文集　宋郑樵撰，吴怀祺校。书目文献出版社1992年印行。

浮山集　宋仲并撰。十卷。《四库全书珍本初集》本。

澹轩集　宋李吕撰。八卷。《四库全书珍本初集》本。

香溪集　宋范浚撰。二十二卷。清光绪元年(1875)永康胡氏退补斋刊本。又，《丛书集成初编》本。

太仓稊米集　宋周紫芝撰。七十卷。清钞本。又，明初刊本。

竹洲集　宋吴儆撰。二十卷，附录一卷。明弘治六年(1493)吴雷亨刻本。

棣华杂著　一卷。《四库全书》本《竹洲集》附。

悦斋文钞　宋唐仲友撰。十卷。清光绪元年(1875)永康胡氏退补斋刊本。

诚斋集　宋杨万里撰。一百三十三卷。《四部丛刊初编》影印日本影宋钞本。

又，八十五卷本。清乾隆六十年(1795)吉安刻本。

诚斋诗集　四十二卷。《四部备要》本。

杨万里选集　周汝昌选注。中华书局上海编辑所1962年印行。

诚斋先生集　宋杨万里撰。北京图书馆出版社2004年据中国国家图书馆藏宋淳熙绍熙间刻本影印。

杨万里集笺校　宋杨万里撰，辛更儒笺校。中华书局2007年印行。

石湖居士诗集　宋范成大撰。三十四卷。清康熙二十七年(1688)顾氏依园刻本。

又，二十卷本。清康熙二十七年黄昌衢藜照楼刻本。

范石湖诗集注　清沈钦韩注。三卷。《广雅书局丛书》本。《丛书集成初编》本。

石湖诗集　一卷。《丛书集成初编》本。

范成大诗选　周汝昌选注。人民文学出版社1959年印行。

范石湖集　中华书局上海编辑所1962年点校本。

范成大佚著辑存　孔凡礼辑。中华书局1983年印行。

魏文节遗书 宋魏杞撰。一卷,附录一卷。《四明丛书》第七集本1940年刊行。

燕堂诗稿 宋赵公豫撰。一卷。李氏宜秋馆《宋人集》本。

剑南诗稿 宋陆游撰。八十五卷。《四部备要》本。

渭南文集 五十卷。明弘治十五年(1502)华珵铜活字印本。

又,五十二卷。明正德八年(1513)年梁乔刻本。

放翁诗选 前集。宋罗椅辑。十卷;后集,宋刘辰翁辑,八卷;别集,明人所续,一卷。明嘉靖十三年(1534)黄漳刻本。

陆游诗选 游国恩、李改之选注。人民文学出版社1957年印行。

陆放翁诗词选 疾风选注。浙江人民出版社1958年印行。

陆游诗选 季吉选注。人民文学出版社1962年印行。

陆游选集 朱东润选注。中华书局上海编辑所1962年印行。

陆游集 中华书局1976年点校本。

陆游选集 余冠英选。人民出版社1979年印行。

陆游诗词选析 苏州市教师进修学院编。江苏人民出版社1980年印行。

放翁词编年笺注 宋陆游撰,夏承焘,吴熊和笺注。上海古籍出版社1981年印行。

陆游诗选 陆应南选注。广东人民出版社1984年印行。

剑南诗稿校注 钱仲联校注。上海古籍出版社1985年印行。

海陵集 宋周麟之撰。二十三卷,外集一卷。《四库全书》本。

陈子高遗稿 宋陈克撰。一卷。太平金氏木活字本1915年印行。

雪山集 宋王质撰。十六卷。武英殿聚珍板广雅书局本。

又,十二卷,清钞本。

又,《丛书集成初编》本。

梁谿遗稿 宋尤袤撰。诗钞一卷,文钞一卷。清康熙三十九年(1700)尤侗刻本。

庐陵周益国文忠公集 宋周必大撰。二百卷,首一卷,附录五卷。清道光二十八年(1848)欧阳棨瀛塘别墅刻咸丰元年(1851)续刻本。

郑忠肃奏议遗集 宋郑兴裔撰。二卷。《四库全书珍本初集》本。

于湖居士文集 宋张孝祥撰。四十卷,附录一卷。《四部丛刊初编》影宋刊本。

于湖居士文集 上海古籍出版社1980年点校本。

张孝祥词校笺 宋张孝祥撰,宛敏灏校笺。中华书局2010年印行。

双溪集 宋苏籀撰。十五卷,附遗言一卷。清咸丰元年(1851)《粤雅堂丛书第八集》本。又,《丛书集成初编》本。

竹轩杂著 宋林季仲撰。六卷。清光绪中瑞安孙氏刊《永嘉丛书》本。

莲峰集 宋史尧弼撰。十卷。《四库全书珍本初集》本。

嵩山居士集 宋晁公溯撰。五十四卷。《四库全书》本。

九华集 宋员兴宗撰。二十五卷。《四库全书珍本初集》本。

志道集　宋顾禧撰。一卷。《丛书集成初编》据《粤雅堂丛书》本。

江湖长翁文集　宋陈造撰。四十卷。明万历四十六年(1618)李之藻刊本。

范杨溪先生遗文　宋范端杲撰。一卷。《四部丛刊续编》《范香溪先生文集》附。

范蒙斋先生遗文　宋范端臣撰。一卷。《四部丛刊续编》《范香溪先生文集》附。

晦庵先生朱公文集　宋朱熹撰。一百卷,续集十一卷,别集十卷。明嘉靖十一年(1532)张大轮、胡岳刻本。

又,正集一百卷,续集十一卷,别集十卷,目录二卷。《四部丛刊初编》影印明嘉靖本。

朱文公大同集　宋陈利用辑。十卷。元至正十二年(1352)都璋刻明修本。

朱文公武夷棹歌注　宋陈普注。一卷。《丛书集成初编》据《佚存丛书》本。

文公朱先生感兴诗　宋蔡模辑。一卷。《丛书集成初编》据《佚存丛书》本。

朱子诗集　十二卷。明程瑧编。明正德十六年(1517)歙县刻本。

唐荆川选辑朱文公全集　明唐顺之辑。十五卷。明刻本。

朱子诗集　清洪力行辑。五卷。清康熙间刻本。

云庄集　宋曾协撰。五卷。胡思敬辑《豫章丛书》本。

双峰猥稿　宋舒邦佐撰。十卷。清道光二十九年(1849)刊本。

缙云文集　宋冯时行撰。四卷。《四库全书珍本初集》本。

浪语集　宋薛季宣撰。三十五卷。清同治间孙氏诒善祠塾刊本。

网山集　宋林亦之撰。八卷。《四库全书珍本初集》本。

鄱阳集　宋洪皓撰。四卷,拾遗一卷。洪氏《晦木斋丛书》本。

澹斋集　宋李流谦撰。十八卷。《四库全书》本。

攻媿集　宋楼钥撰。一百十二卷,拾遗一卷。清光绪二十五年(1899)广雅书局刻本。

又,《四部丛刊初编》影印武英殿聚珍本。又,《丛书集成初编》本。

又,一百二十卷本。清初钞本。

楼钥集　宋楼钥撰,顾大朋校。浙江古籍出版社2010年印行。

香山集　宋喻良能撰。十六卷。永康梦选楼刊《续金华丛书》本1924年刊行。

东莱集　宋吕祖谦撰。四十卷。《四库全书》本。

吕东莱先生文集　二十卷。清同治光绪间《金华丛书》本。

东莱吕太史文集　十五卷,别集十六卷,外集五卷,附录三卷。永康梦选楼刊《续金华丛书》本1924年刊行。

吕祖谦全集　宋吕祖谦撰。浙江古籍出版社2008年印行。

罗鄂州小集　宋罗愿撰。六卷,附录二卷。清康熙五十二年(1713)程哲七略书堂刻本。

又,鄂州小集七卷。附罗郢州遗文。《粤雅堂丛书》本。《丛书集成初编》本。

罗郢州遗文 宋罗颂撰。一卷。清康熙五十二年(1713)程哲七略书堂刻本《罗鄂州小集》附。

止斋先生文集 宋陈傅良撰。五十二卷,附录一卷。明正德元年(1436)林长繁刻本。

涉斋集 宋许及之撰。十八卷。清乾隆翰林院钞本。

义丰集 宋王阮撰。一卷。胡思敬辑《豫章丛书》本1919年刊行。

双溪集 宋王炎撰。二十七卷。《四库全书》本。

又,十二卷本。清康熙五十七年(1718)婺源王氏重刻本。

崔舍人玉堂类稿 宋崔敦诗撰。二十卷,附一卷。《粤雅堂丛书三编》本。又,《丛书集成初编》本。

崔舍人西垣类稿 二卷。《粤雅堂丛书三编》《崔舍人玉堂类稿》附。又,《丛书集成初编》本。

宫教集 宋崔敦礼撰。十二卷。清乾隆翰林院钞本。

东塘集 宋袁说友撰。二十卷。《四库全书珍本初集》本。

倪石陵书 宋倪朴撰。一卷。李氏宜秋馆《宋人集》本。

定川遗书 宋沈焕撰。二卷,附录四卷。《四明丛书》第四集本。1936年刊行。

平庵悔稿 十四卷。宋项安世撰。丙辰悔稿一卷。悔稿后编六卷。补遗一卷。清钞本。

又,十二卷本。《宛委别藏》影钞本。

尊白堂集 宋虞俦撰。六卷。《四库全书珍本初集》本。

方舟集 宋李石撰。二十四卷。《四库全书珍本初集》本。

絜斋集 宋袁燮撰。二十四卷,拾遗一卷。武英殿聚珍板福建本。又,《丛书集成初编》本。

袁正献公遗文钞 二卷,附录三卷。《四明丛书》第四集1936年刊行。

止堂集 宋彭龟年撰。二十卷。《四库全书》本。

又,十八卷本、武英殿聚珍板本。《丛书集成初编》本。

新注朱淑真断肠诗集 宋郑元佐撰。十卷,补遗一卷,后集七卷。清光绪二十三年(1897)钱唐丁氏刊《武林往哲遗书》本。

朱淑真断肠诗集 宋朱淑真撰。十卷,补遗一卷。《彊园丛书》本。

朱淑真集注 浙江古籍出版社1985年印行。

朱淑真集注 宋朱淑真撰,宋魏仲恭辑,宋郑元佐注,冀勤辑校。中华书局2008年印行。

詹元善先生遗集 宋詹体仁撰。二卷。清嘉庆中浦城祝氏留香室刊本。

象山先生文集 宋陆九渊撰。二十八卷,外集四卷。明成化中陆和、陈复等刻本。

陆象山先生全集 清李绂评点。三十六卷。《四部备要》本。

陆象山先生集节要 清方宗诚辑。六卷。清同治七年(1868)新建吴氏皖城刊《半亩园丛书》本。

陆九渊集 宋陆九渊撰,钟哲点校。中华书局1980年印行。

定斋集　宋蔡戡撰。二十卷。清光绪二十二年(1896)武进盛氏刊本。

慈湖先生遗书　宋杨简撰。二十卷。明嘉靖四年(1525)秦钺刊本。

慈湖先生遗书抄　明杨世思辑。六卷。明万历潘汝桢刻本。

云庄集　宋刘爚撰。十二卷。《四库全书》本。

蠹斋铅刀编　宋周孚撰。三十二卷。《四库全书》本。

缘督集　宋曾丰撰。二十卷。清乾隆翰林院钞本。

舒文靖公类稿　宋舒璘撰。四卷，附录二卷。《四明丛书》第四集1936年刊行。又，二卷本。《四库全书》本。

省斋集　宋廖行之撰。十卷，附录一卷。《四库全书珍本初集》本。

烛湖集　宋孙应时撰。二十卷。《四库全书》本。

后乐集　宋卫泾撰。二十卷。《四库全书珍本初集》本。

昌谷集　宋曹彦约撰。二十二卷。《四库全书珍本初集》本。

育德堂外制　宋蔡幼学撰。五卷。民国永嘉黄氏排印《敬乡楼丛书》本。

疏寮小集　宋高似孙撰。一卷。《南宋群贤小集》本。

疏寮小集补遗　一卷。《南宋群贤小集》补遗。

骚略　三卷。李氏宜秋馆《宋人集》本。

竹斋诗集　宋裘万顷撰。三卷，附录一卷。《四库全书》本。

裘竹斋诗集　六卷。清钞本。

毅斋诗集别录　宋徐侨撰。一卷。宛委别藏钞本。

水心先生文集　宋叶适撰。二十九卷。明正统十三年(1436)黎谅刻本。

水心先生别集　十六卷。清钞本。

叶适集　刘公纯等点校。中华书局1961年印行。

南湖集　宋张镃撰。十卷。清乾隆至道光间《知不足斋丛书》第八集本。《丛书集成初编》本。

北溪大全集　宋陈淳撰。五十卷，外集一卷。《四库全书》本。

陈北溪先生文集　十四卷，补遗一卷。清光绪九年(1883)《西京清麓丛书》本。

勉斋先生黄文肃公文集　宋黄榦撰。四十卷，语录一卷，年谱一卷，附集一卷。元刻延祐二年(1315)重修本。

黄勉斋先生文集　八卷。清同治五年(1866)福州正谊书院刊本。

自鸣集　宋章甫撰。六卷。胡思敬辑《豫章丛书》本1919年刊行。

南轩先生文集　宋张栻撰。四十四卷。明嘉靖元年(1522)刘氏翠岩堂慎思斋刻本。

张南轩先生文集　七卷。清同治五年(1866)福州正谊书院本。

南轩先生诗集　七卷。清钞本。

张栻集　宋张栻撰，邓洪波点校。岳麓书社2010年印行。

崔清献公全集　宋崔与之撰。十卷。上海古籍扫描本。

又，五卷本。《丛书集成初编》据《岭南遗书》本。

梅山续稿　宋姜特立撰。十七卷，杂文一卷,长短句一卷。清钞本。

敏斋稿 宋吕殊撰。一卷。《续金华丛书》本1924年刊行。

云谿稿 宋吕皓撰。一卷。《续金华丛书》本1924年刊行。

山房集 宋周南撰。九卷。清乾隆翰林院钞本。

龙川先生文集 宋陈亮撰。三十卷。明龙川书院朱彦霖等刻本。

陈亮集 中华书局1974年点校本。

杨太后宫词 宋杨皇后撰。一卷。铁琴铜剑楼影宋本1913年刊行。

洺水集 宋程珌撰。三十卷。《四库全书》本。

又,二十六卷本。明嘉靖二十五年(1546)程元昞刻本。

龙洲集 宋刘过撰。十四卷。附录二卷。《四库全书》本。

又,十卷本。清光绪中广汉钟登甲乐道斋刊本。《丛书集成初编》本。

又,三卷本。《两宋名贤小集》本。

龙洲集 上海古籍出版社1978年点校本。

龙洲词校笺 宋刘过撰,马兴荣校笺。江西人民出版社1999年印行。

二薇亭集 宋徐玑撰。四卷。明万历中《宋元四十三家集》本。

又,一卷本。如皋冒氏刊《永嘉诗人祠堂丛刻》本。

漫塘刘先生文前集 宋刘宰撰。三十六卷。明正德十六年(1521)任佃刻嘉靖八年(1529)王臬续刻本。

又,漫塘文集 文物出版社1982年线装本。

南海百咏 宋方信孺撰。一卷。《琳琅秘室丛书》第三集本。

琼琯白玉蟾武夷集 宋葛长庚撰。八卷。元建安余氏刻明修本。

白玉蟾海琼摘稿 十卷。明嘉靖十二年(1533)唐胄刻本。

安晚堂诗集 宋郑清之撰。六十卷。《四明丛书》第八集本。1948年刊行。

芸庵类稿 宋李洪撰。六卷。《四库全书珍本初集》本。

宋宗伯徐清正公存稿 宋徐鹿卿撰。六卷。胡思敬辑《豫章丛书》本。

西山先生真文忠公文集 宋真德秀撰。五十一卷。明正德十五年(1520)张文麟、黄巩刻本。

真西山先生集 八卷。清同治间福州正谊书院刊本。

西园康范诗集 宋汪晫撰。一卷,附录三卷。明嘉靖二十年(1541)汪茂槐刻本。

涧泉集 宋韩淲撰。二十卷。《四库全书珍本初集》本。

乾道稿 宋赵蕃撰。二卷。武英殿聚珍板木活字本。又,《丛书集成初编》本。

淳熙稿 二十卷。武英殿聚珍板木活字本《乾道稿》附。又,《丛书集成初编》本。

章泉稿 五卷,拾遗一卷。武英殿聚珍板福建本《乾道稿》附。又,《丛书集成初编》本。

野谷诗稿 宋赵汝鐩撰。六卷。《南宋群贤小集》本。

方泉集 宋周文璞撰。三卷本。《南宋群贤小集》本。

渔墅类稿 宋陈元晋撰。八卷。《四库全书珍本初集》本。

沧州尘缶编 宋程公许撰。十四卷。《四库全书珍本初集》本。

平斋文集 宋洪咨夔撰。三十二卷。《四部丛刊续编》影印影宋钞本。

东涧集 宋许应龙撰。十四卷。《四库全书珍本初集》本。

默斋遗稿 宋游九言撰。二卷，增辑一卷。李氏宜秋馆《宋人集》本。

翠微南征录 宋华岳撰。十一卷。《四部丛刊三编》影旧钞本。

蒙斋集 宋袁甫撰。二十卷，拾遗一卷。武英殿聚珍板广雅书局本。《丛书集成初编》本。

清献集 宋杜范撰。二十卷。《四库全书》本。

雪峰空和尚外集 宋释慧空撰。不分卷。日本刻本。

姜白石诗词全集 宋姜夔撰。七卷。清乾隆八年(1743)随月读书楼本。

白石诗集 一卷，词集一卷。清康熙五十七年(1718)曾时灿华苹书屋刻本。

白石道人诗集 二卷，集外诗一卷，附录一卷，附录补遗一卷。《四部丛刊初编》影江都陆氏刊本。

白石道人四种 清乾隆八年(1743)江都陆氏刊二十一年(1756)歙县江春补刊本。

白石道人诗集 一卷。《南宋群贤小集》本。

又，二卷本。附集外诗，诸贤酬赠诗，诸贤酬赠诗词补遗。《榆园丛刻》本。《丛书集成初编》本。

白石诗词集 夏承焘校辑。人民文学出版社1959年印行。

姜白石诗词 杜浩铭选注。江西人民出版社1981年印行。

姜白石词编年笺校 宋姜夔撰，夏承焘笺校。上海古籍出版社1981年印行。

姜白石词笺注 宋姜夔撰，陈书良笺注。中华书局2009年印行。

重校鹤山先生大全文集 宋魏了翁撰。一百十卷。《四部丛刊初编》影宋刊本。

注鹤山先生渠阳诗 宋王德文注。一卷。明刻本。

渠阳集 宋魏了翁撰，张京华标点。岳麓书社2012年印行。

鹤林集 宋吴泳撰。四十卷。《四库全书珍本初集》本。

篔窗集 宋陈耆卿撰。十卷。《四库全书珍本初集》本。

宋宝章阁直学士忠惠铁庵方公文集 宋方大琮撰。四十五卷。明正德八年(1513)方良节刊本。

又，三十七卷本。《四库全书》本。

玉楮集 宋岳珂撰。八卷，附录一卷。《三怡堂丛书》本1922年刊行。

玉楮诗稿 四卷。《两宋名贤小集》本。

棠湖诗稿 一卷。《丛书集成初编》本。

棠湖诗稿 宋岳珂撰。北京图书馆出版社2006年据天津图书馆藏宋临安府陈宅书籍铺刻本影印。

臞轩集 宋王迈撰。十六卷。《四库全书珍本初集》本。

敝帚稿略 宋包恢撰。八卷。李氏宜秋馆《宋人集》本。

竹林愚隐集 宋胡梦昱撰。一卷。胡思敬辑《豫章丛书》《九宋人集》本1915年刊行。

浣川集 宋戴栩撰。十卷。民国永嘉黄氏《敬乡楼丛书》本。

退庵先生遗集 宋吴渊撰。二卷。明吴伯敬刻本。

张氏拙轩集 宋张侃撰。六卷。《四库全书珍本初集》本。

定庵类稿 宋卫博撰。四卷。《四库全书珍本初集》本。

寒松阁集 宋詹初撰。三卷,附录一卷。李氏宜秋馆《宋人集》本。

方壶存稿 宋汪莘撰。九卷。明汪璨等刻本。

方壶先生集 四卷。清雍正刻本。

友林乙稿 宋史弥宁撰。一卷。宋嘉定刻本。

友林乙稿 古籍出版社1957年排印本。

方是闲居士小稿 宋刘学箕撰。二卷。清初毛氏汲古阁影元钞本。

竹坡类稿 宋吕午撰。五卷。清钞本。

颐庵居士集 宋刘应时撰。二卷。清乾隆嘉庆间鲍氏刻《知不足斋丛书》本。《丛书集成初编》本。

克斋集 宋陈文蔚撰。十七卷。《四库全书》本。

陈克斋先生集 五卷。清同治间福州正谊书院刊本。

履斋遗集 宋吴潜撰。四卷。《四库全书》本。

信天巢遗稿 宋高翥撰。一卷。《四库全书》本。

秋堂集 宋柴望撰。三卷。《四库全书》本。

秋堂集补遗 一卷。《柴氏四隐集》附。明万历中刊本。清嘉庆中钞本。

苇碧轩诗集 宋翁卷撰。四卷。明万历中刊《宋元四十三家集》本。

苇碧轩集 一卷。《南宋群贤小集》本。

芳兰轩诗集 宋徐照撰。五卷。明万历中刊《宋元四十三家集》本。

芳兰轩集 一卷。《南宋群贤小集》本。又,三卷本,补遗一卷。民国永嘉黄氏《敬乡楼丛书》本。

清苑斋诗集 宋赵师秀撰。四卷。明万历中刊《宋元四十三家集》本。

石屏诗集 宋戴复古撰。十卷。明弘治十一年(1498)宋鉴、马金刻本。

石屏续集 四卷。清钞本。

后村先生大全集 宋刘克庄撰。一百九十六卷。《四部丛刊初编》据旧钞本影印。

后村居士集 五十卷。宋刻本。

后村居士诗 二十卷。宋刻元修本。

后村词笺注 宋刘克庄撰,钱仲联笺注。上海古籍出版社1980年印行。

后村先生大全集 宋刘克庄撰。四川大学出版社2008年印行。

刘克庄集笺校 宋刘克庄撰,辛更儒笺校。中华书局2011年印行。

耻堂存稿 宋高斯得撰。八卷。武英殿聚珍板福建本。

又,《丛书集成初编》本。

宋学士徐文惠公存稿 一名矩山存稿。宋徐经孙撰。五卷,附录一卷。明万历四十二年(1614)徐鉴刻本。

泠然斋集 宋苏泂撰。八卷。《四库全书珍本初集》本。

吾汶稿 宋王炎午撰。十卷。《四部丛刊三编》据明钞本影印。

客亭类稿 宋杨冠卿撰。十四卷。《湖北先正遗书》本 1923 年印行。

何北山先生遗集 宋何基撰。三卷。清光绪八年(1882)胡氏刊本。

又,四卷本。《金华丛书》本。《丛书集成初编》本。

严沧浪诗集 宋严羽撰。六卷。明万历中《宋元四十三家集》本。

沧浪严先生吟卷 三卷。明正德十二年(1517)胡仲器刻本。又,《适园丛书》本。

沧浪集 四卷。明刻本。

芸居乙稿 宋陈起撰。一卷,补遗一卷,附录一卷。清光绪二十一年(1895)钱唐丁氏刊《武林往哲遗著》本。

灵岩集 宋唐士耻撰。十卷本。《续金华丛书》本 1924 年刊行。

三山郑菊山先生清隽集 宋郑起撰。一卷。《四部丛刊续编》据侯官林佶手钞本影印。

梅屋集 宋许棐撰。五卷。《四库全书》本。

梅屋诗稿 一卷,融春小缀一卷,橱屋第三稿一卷,梅屋第四稿一卷。《南宋群贤小集》本。

献丑集 一卷。李氏宜秋馆《宋人集》本。

秋崖先生小稿 宋方岳撰。四十五卷,又三十八卷。明嘉靖五年(1526)方谦刻本。

鲁斋集 宋王柏撰。二十卷。民国补刊本《金华丛书》本。

楳埜集 宋徐元杰撰。十二卷。《四库全书》本。

又,十一卷。《乾坤正气集》本。

庸斋集 宋赵汝腾撰。六卷。《四库全书珍本初集》本。

渔溪诗稿 宋俞桂撰。二卷,乙稿一卷,补遗一卷。清光绪二十二年(1896)钱唐丁氏刊《武林往哲遗著》本。

可斋杂稿 宋李曾伯撰。三十四卷,续稿八卷,续稿后十二卷。《四库全书珍本初集》本。

克斋先生尊德性斋小集 宋程洵撰。三卷,补遗一卷。清乾隆至道光本《知不足斋丛书》第三十集本。

彝斋文编 宋赵孟坚撰。四卷,补遗一卷。《嘉业堂丛书》本 1914 年印行。

雪窗集 宋孙梦观撰。二卷,附录二卷。《四明丛书第二集》本 1934 年刊行。

戴仲培先生诗文 宋戴埴撰。一卷。1936 年《四明丛书第四集》本。

碧岩诗集 宋金朋说撰。二卷。清钞本。

李忠简公文溪存稿 宋李昴英撰。明嘉靖十年(1531)李翱刻崇祯三年(1630)李振鹭重修本。

癖斋小集 宋杜旃撰。一卷。永康胡氏《续金华丛书》本 1924 年刊。

汶阳端平诗隽 宋周弼撰。四卷。《南宋群贤小集》本。

膚斋续集 宋林希逸撰。三十卷。《四库全书》本。

竹溪十一稿 一卷。《两宋名贤小

集》本。

东野农歌集 宋戴昺撰。五卷。《四库全书珍本初集》本。

北磵集 宋释居简撰。十卷。《四库全书》本。

碧梧玩芳集 宋马廷鸾撰。二十四卷。胡思敬辑《豫章丛书》本1915年刊。

雪坡舍人集 宋姚勉撰。五十卷,补遗一卷。胡思敬辑《豫章丛书》本1916年刊行。

兰皋集 宋吴锡畴撰。二卷。李氏宜秋馆《宋人集》本。

本堂集 宋陈著撰。九十四卷。《四库全书》本。

蛟峰文集 宋方逢辰撰。八卷,外集四卷。明天顺七年(1463)方中刻本。

四明文献集 宋王应麟撰。五卷。《四明丛书》第一集本。

王尚书遗集 一卷。清钞本。

臞翁诗集 宋敖陶孙撰。二卷。汲古阁影钞《南宋六十家小集》本。

观我轩集 宋方信孺撰。一卷。《两宋名贤小集》本。

无怀小集 宋葛天民撰。一卷。汲古阁影钞《南宋六十家小集》本。

转庵集 宋潘柽撰。一卷。《两宋名贤小集》本。

退庵先生遗集 宋吴渊撰。二卷。《南宋群贤小集》本。

雪篷稿 宋姚镛撰。一卷。汲古阁影钞《南宋六十家小集》本。

心游摘稿 宋刘翼撰。一卷。汲古阁影钞《南宋六十家小集》本。

招山小集 宋刘仙伦撰。一卷。汲古阁影钞《南宋六十家小集》本。

小山集 宋刘翰撰。一卷。汲古阁影钞《南宋六十家小集》本。

适安藏拙余稿 宋武衍撰。一卷。《宋人小集四十二种》本。

适安藏拙余稿 二卷。《两宋名贤小集》本。

桂岩吟稿 宋朱晞撰。一卷。《两宋名贤小集》本。

静佳龙寻稿 宋朱继芳撰。一卷,乙稿一卷。《两宋名贤小集》本。

采芝集 宋释斯植撰。一卷,续集一卷。《南宋群贤小集》本。

实斋咏梅集 宋张道洽撰。一卷。《宋百家诗存》本。

学吟 宋朱南杰撰。一卷。汲古阁影钞《南宋六十家小集》本。

宁极斋稿 宋陈深撰。一卷。李氏宜秋馆《宋人集》乙编本。

阆风集 宋舒岳祥撰。十二卷。《嘉业堂丛书》本。

又,文物出版社1982年线装本。

云泉诗 宋薛嵎撰。一卷。汲古阁影钞《南宋六十家小集》本。

又,二卷本。《两宋名贤小集》本。

苇航漫游稿 宋胡仲弓撰。四卷。《四库全书珍本初集》本。

涧谷遗集 宋罗椅撰。三卷。胡思敬辑《豫章丛书》本。

萧冰厓诗集拾遗 宋萧立之撰。三卷。《四部丛刊续编》据明刊本影印。

潜山集 宋释文珦撰。十二卷。《四库全书珍本初集》本。

雪矶丛稿 宋乐雷发撰。五卷。《四库全书》本。

又，四卷本。《两宋名贤小集》本。

先天集 宋许月卿撰。十卷，附录二卷。《四部丛刊续集》据明嘉靖刊本影印。

瓜庐集 宋薛师石撰 一卷。如皋冒氏《永嘉诗人祠堂丛刻》本 1926 年刊。

龟城叟集 宋龚开撰。辑一卷，附录一卷。如皋冒氏《楚州丛书》第一集本。

陆忠烈公遗集 宋陆秀夫撰。一卷。如皋冒氏《楚州丛书》第一集本。

郑所南先生文集 宋郑思肖撰。一卷，附录一卷，补遗一卷。清乾隆至道光本《知不足斋丛书》第二十一集本。

所南翁一百二十图诗集 一卷。《四部丛刊续编》。据侯官林佶钞本影印。又，《丛书集成初编》本。

锦钱余笑 一卷。《四部丛刊续编》《所南翁一百二十图诗集》附。

心史 七卷。明崇祯十二年(1639)张国维刻本。

郑思肖集 宋郑思肖撰，陈福康点校。上海古籍出版社 1991 年印行。

秋晓先生复瓿集 宋赵必瑑撰。四卷，末一卷，附录一卷。清道光二十年(1840)伍元薇诗雪轩刻本。

仁山集 宋金履祥撰。六卷。《四库全书》本。

仁山先生金文安公文集 五卷。民国补刊《金华丛书》本。《丛书集成初编》本。

草窗韵语 宋周密撰。六卷。乌程蒋氏乐地盦刊本。

秋声集 宋卫宗武撰。六卷。《四库全书珍本初集》本。

文山先生全集 宋文天祥撰。二十八卷。明嘉靖三十一年(1552)鄢懋卿、宁宠刻本。

文山先生文集 十七卷，别集六卷。明景泰六年(1455)韩雍、陈价刻本。

新刻宋文丞相信国公文山先生全集 二十卷。明崇祯三年(1630)毓秀斋张宾宇刻本。

指南录 四卷。清宣统二年(1910)东雅社排印本。

指南后录 三卷。清宣统二年(1910)东雅社排印本。

集杜句诗 四卷。明天顺文珊刻本。

文山诗选注 宋文天祥撰，张玉奇注。江西人民出版社 1986 年印行。

云卧诗集 宋吴汝式撰。一卷。汲古阁影钞《南宋六十家小集》本。

看云小集 宋黄文雷撰。一卷。汲古阁影钞《南宋六十家小集》本。

竹庄小稿 宋胡仲参撰。一卷。汲古阁影钞《南宋六十家小集》本。

露香拾稿 宋黄大受撰。一卷。《南宋群贤小集》本。

桧庭吟稿 宋葛起耕撰。一卷。汲古阁影钞《南宋六十家小集》本。

蒙川遗稿 宋刘黼撰。四卷，补遗一卷。清同治光绪间瑞安孙氏《永嘉丛书》本。

学诗初稿 宋王同祖撰。一卷。永康《续金华丛书》本 1924 年刊行。

叠山集 宋谢枋得撰。十六卷。《四部丛刊续编》据明刊本影印。

宋谢文节公集 六卷。清同治五年(1866)皖城藩署刻本。

西麓诗稿 宋陈允平撰。一卷。《四明丛书》第七集本。

存雅堂遗稿 宋方凤撰。五卷。《续金华丛书》本。

庸斋小集 宋沈说撰。一卷。《两宋名贤小集》本。

石堂先生集 宋陈普撰。四卷。清初钞本。

须溪集 宋刘辰翁撰。十卷。《四库全书》本。

又,七卷。胡思敬辑《豫章丛书》本。

须溪四景诗集 四卷。李氏宜秋馆《宋人集》本。

刘须溪先生记钞 八卷。明嘉靖五年(1526)王朝用刊本。

须溪词 宋刘辰翁撰,吴企明校注。上海古籍出版社1998年印行。

东斋小集 宋陈鉴之撰。一卷。《两宋名贤小集》本。

玉溪吟草 宋林表民撰。一卷。黄岩杨氏《台州丛书》己集本。

顺適堂吟稿甲乙丙丁戊集 宋叶茵撰。五卷。汲古阁影钞《南宋六十家小集》本。

剪绡集 宋李弃撰。二卷。《丛书集成初编》本。

梅花衲 一卷。《南宋群贤小集》本。

柳塘外集 宋释道璨撰。二卷。李氏宜秋馆《宋人集》本。

又,四卷。《四库全书》本。

自堂存稿 宋陈杰撰。四卷。胡思敬辑《豫章丛书》本。

林湖遗稿 宋高鹏飞撰。一卷。《两宋名贤小集》本。

鸥渚微吟 宋赵崇鉘撰。一卷。汲古阁影钞《南宋六十家小集》本。

山居存稿 宋陈必复撰。一卷。汲古阁影钞《南宋六十家小集》本。

抱拙小稿 宋赵希橹撰。一卷。《南宋群贤小集》本。

蒙泉诗稿 宋李涛撰。一卷。《南宋群贤小集》本。

皇荂曲 宋邓林撰。一卷。《南宋群贤小集》本。

靖逸小集 宋叶绍翁撰。一卷。汲古阁影钞《南宋六十家小集》本。

吾竹小稿 宋毛珝撰。一卷。《南宋群贤小集》本。

芸隐倦游稿 宋施枢撰。一卷。丹徒陈氏刊《横山草堂丛书》本。

芸隐横舟稿 一卷。丹徒陈氏刊《横山草堂丛书》本《芸隐倦游稿》附。

性善堂稿 宋度正撰。十五卷。《四库全书珍本初集》本。

橘潭诗稿 宋何应龙撰。一卷。光绪二十二年(1896)钱唐丁氏刊《武林往哲遗著》本。

东山诗选 宋葛绍体撰。二卷。李氏宜秋馆《宋人集》本。

乐轩集 宋陈藻撰。八卷。《四库全书》本。

蒙隐集 宋陈棣撰。二卷。李氏宜秋馆《宋人集》本。

雪坡小稿 宋罗与之撰。二卷。汲古阁影钞《南宋六十家小集》本。

雅林小稿 宋王琮撰。一卷。汲古阁影钞《南宋六十家小集》本。

菊潭诗集 宋吴惟信撰。一卷。汲古阁影钞《南宋六十家小集》本。

梅屋吟 宋邹登龙撰。一卷。《南宋群贤小集》本。

北窗诗稿 宋余观复撰。一卷。《南宋群贤小集》本。

端隐吟稿 宋林尚仁撰。一卷。《南宋群贤小集》本。

华谷集 宋严粲撰。一卷。《两宋名贤小集》本。

潜斋文集 宋何梦桂撰。十一卷。《四库全书》本。

雪岩吟草甲卷忘机集 宋宋伯仁撰。乌程蒋氏乐地盦据宋本影刊1923年印行。

西塍集 一卷，续稿一卷。李氏宜秋馆《宋人集》本。

海陵稿 一卷。李氏宜秋馆《宋人集》本。

竹所吟稿 宋徐集孙撰。一卷。汲古阁影钞《南宋六十家小集》本。

在轩集 宋黄公绍撰。一卷。《四库全书珍本初集》本。

梅岩文集 宋胡次焱撰。十卷。《四库全书珍本初集》本。

秋江烟草 宋张弋撰。一卷。汲古阁影钞《南宋六十家小集》本。

斗野支稿 宋张蕴撰。一卷。汲古阁影钞《南宋六十家小集》本。

雪林删余 宋张至龙撰。一卷。《两宋名贤小集》本。

骳稿 宋利登撰。一卷。李氏宜秋馆《宋人集》本。

芳洲集 宋黎廷瑞撰。三卷。胡思敬辑《豫章丛书》本。

古梅吟稿 宋吴龙翰撰。六卷。《四库全书》本。

又，五卷。李氏宜秋馆《宋人集》本。

芝田小诗 宋张炜撰。一卷。清光绪二十二年(1896)钱唐丁氏刊《武林往哲遗著》本。

云泉诗稿 宋释永颐撰。一卷，补遗一卷。清光绪二十二年(1896)钱唐丁氏刊《武林往哲遗著》本。

孙耕闲集 宋孙锐撰。一卷。清咸丰中仁和韩氏刊本。

陵阳先生集 宋牟巘撰。二十四卷。《吴兴丛书》本。

则堂集 宋家铉翁撰。六卷。《四库全书珍本初集》本。

北游诗集 宋汪梦斗撰。一卷。李氏宜秋馆《宋人集》本。

庐山集 宋董嗣杲撰。五卷。《四库全书珍本初集》本。

英溪集 一卷。《四库全书珍本初集》《庐山集》附。

西湖百咏 二卷。清光绪七年(1881)钱唐丁氏刊《武林往哲遗著》本。

佩韦斋文集 宋俞德邻撰。二十卷。故宫博物院影印《天禄琳琅丛书》第一集本，1932年刊行。

又，十六卷本。《四库全书》本。

霁山先生集 宋林景熙撰。五卷。明天顺七年(1463)吕洪刻本。

霁山先生白石樵唱 六卷，文集四卷。明嘉靖十年(1531)冯彬刻本。

霁山集 六卷，附拾遗。鲍氏《知不足斋丛书》本。《丛书集成初编》本。

又，中华书局上海编辑所1960年排

印本。

林景熙诗集校注 宋林景熙撰，陈增杰校注。浙江古籍出版社 1995 年印行。

林景熙集补注 宋林景熙撰，章祖程、陈增杰注。浙江古籍出版社 2012 年印行。

湖山类稿 宋汪元量撰。五卷。清光绪二十三年(1897)钱唐丁氏刊《武林往哲遗著》本。

水云集 一卷，附录三卷。清光绪二十三年(1897)钱唐丁氏刊《武林往哲遗著》本。

增订湖山类稿 孔凡礼辑校。中华书局 1984 年印行。

双行精舍校汪水云集 王献唐校。齐鲁书社 1984 年印行。

汪元量集校注 宋汪元量撰，胡才甫校注。浙江古籍出版社 1999 年印行。

勿轩集 宋熊禾撰。八卷。《四库全书》本。

真山民诗集 宋真山民撰。四卷。明万历中《宋元四十三家集》本。

真山民集 一卷，逸诗一卷。清嘉庆十七年(1812)祝氏留香室刻《浦城遗书》本。

晞发集 宋谢翱撰。十卷。明万历四十六年(1618)郭鸣琳刻本。

又，六卷本。明嘉靖三十四年(1555)程煦刻本。

登西台恸哭记 一卷。说郛(宛委山堂本)卷一百十四。

冬青树引注 明张丁撰。一卷，附录一卷。《四库全书》《晞发集》附。

勿斋集 宋杨至质撰。二卷。李氏宜秋馆《宋人集》本。

字溪集 宋阳枋撰。十一卷，附录一卷。《四库全书珍本初集》本。

字溪集 二卷。明《永乐大典》本。

巽斋文集 宋欧阳守道撰 二十七卷。《四库全书》本。

月洞吟 宋王镃撰。一卷。李氏宜秋馆《宋人集》本。

紫岩诗选 宋于石撰。三卷，补遗一卷。清光绪十五年(1889)于国华留耕堂刻本。

九华诗集 宋陈岩撰。一卷。李氏宜秋馆《宋人集》本。

待清轩遗稿 宋潘音撰。一卷。李氏宜秋馆《宋人集》本。

古逸民先生集 宋汪炎昶撰。二卷，附录一卷。《宛委别藏》本。

百正集 宋连文凤撰。三卷。清乾隆至道光间《知不足斋丛书》第十三集本。

富山遗稿 宋方夔撰。十卷。《四库全书珍本初集》本。

伯牙琴 宋邓牧撰。一卷，补遗一卷。清乾隆至道光间《知不足斋丛书》第十一集本。

伯牙琴 张岂之、刘厚祜标点。中华书局 1959 年印行。

心泉学诗稿 宋蒲寿晟撰。六卷。《四库全书珍本初集》本。

慎独叟遗稿 宋陈植撰。一卷。李氏宜秋馆《宋人集》《宁极斋稿》附。

牧莱脞语 宋陈仁子撰。二十卷，二稿八卷。清初影元钞本。

岁寒三友除授集 一卷，无肠公子除授集一卷。宋吴必大撰。明钞本。

孝诗　宋林同撰。一卷。《丛书集成初编》本。

嘉禾百咏　宋张尧同撰。一卷。清光绪二十九年(1903)长沙叶德辉《观古堂汇刻书》刊本。

华亭百咏　宋许尚撰。一卷。钞本。

金陵百咏　宋曾极撰。一卷。清光绪二十九年(1903)长沙叶德辉《观古堂汇刻书》本。

史咏集　宋徐钧撰。二卷。《续金华丛书》本。

一瓢稿剩稿　宋翁森撰。一卷。1935年李镜渠辑《仙居丛书》本。

古遗小集　宋韩性同撰。一卷。《两宋名贤小集》本。

慵庵小集　宋邵桂子撰。一卷《两宋名贤小集》本。

瑞州小集　宋陈□撰。一卷。《两宋名贤小集》本。

拙斋别集　宋王□撰。一卷。《两宋名贤小集》本。

悟真集　宋李□撰。二卷。明正统《道藏》本。

赵宝峰先生文集　宋赵偕撰。二卷。清钞本。

评论及资料

历代诗话　清何文焕辑。五十八卷。清乾隆三十五年(1770)序刊本。

又,中华书局点校本,1981年印行。辑录钟嵘《诗品》以下唐至明代诗话二十七种。

历代诗话续编　丁福保辑。七十六卷。民国五年(1916)无锡丁氏印本。

又,中华书局点校本,1983年印行。辑录唐孟棨《本事诗》以下唐至明代诗话二十八种。

历代诗话　吴景旭撰。中华书局上海编辑所1958年印行。诗经、汉魏至明代诗文典故诠释。

诗话总龟　宋阮阅辑。前集四十八卷,后集五十卷。《四部丛刊初编》据明嘉靖本影印。分门别类整理汇编诗话、笔记近二百种。

诗话　明杨成玉辑。明弘治三年(1490)刊本。收宋刘攽《贡父诗话》等宋人诗话八种。

诗学指南　清顾龙振辑。八卷。清乾隆二十四年(1759)刊本。辑录《诗法正论》等唐、宋、元诗论、诗式四十一种。

诗触　清朱琰辑。清乾隆嘉庆间刊本。辑录钟嵘《诗品》等诗话十六种。

花薰阁诗述　清雪北山樵辑。清嘉庆二十二年(1817)序刊本。辑录《渔洋答问》等诗话九种。

谈艺珠丛　清王启原辑。清光绪十二年(1885)长沙玉尺山房刊本。辑录钟嵘《诗品》等诗话二十七种。

诗林广记　宋蔡正孙撰。常振国、绛云点校。二十卷。中华书局1982年刊行。选录晋、唐、宋诗近七百首并引诗话资料多种。

古今诗话　明陈继儒辑。八卷。明刊本。部分辑录钟嵘《诗品》以下唐至明诗话八十种。

清诗话　丁福保辑。五十一卷。上海古籍出版社1978年点校本。辑录王夫之《蕙斋诗话》等清人诗话四十三种。

清诗话续编　郭绍虞辑。富寿荪校点。上海古籍出版社 1983 年印行。辑录毛先舒《诗辩坻》等清人诗话三十四种。

宋诗话辑佚　郭绍虞辑。中华书局 1980 年印行。辑录《王直方诗话》等宋人散佚诗话三十六种。

宋诗话考　郭绍虞撰。中华书局 1979 年印行。

历代诗话选注　张葆全、周满江撰。陕西人民出版社 1984 年印行。选注宋至近代诗话。

全闽诗话　清郑方坤撰。十二卷(宋元部分五卷)《四库全书》本。荟萃闽人诗话及与闽有关诗作。

事实类苑　宋江少虞撰。六十三卷。民国武进董氏仿宋刊本。

又,宋朝事实类苑。八十卷。上海古籍出版社 1981 年点校本。辑录北宋遗文轶事。

宋朝事实　宋李攸撰。二十卷。《四库全书》本。记述宋代史实及典章制度。

宋人轶事汇编　丁传靖辑。中华书局 1981 年排印本。

宋人轶事汇编　周勋初主编。上海古籍出版社 2014 年印行。

宋稗类钞　清潘永固辑。三十六卷。《四库全书》本。分类辑录宋人诗话与说部。

类说　宋曾慥撰。六十卷。明天启六年(1626)刊本。笔记小说总集。

说郛　元陶宗仪辑。清陶珽编次。一百二十卷。清顺治三年(1646)宛委山堂刊本。

又,一百卷。民国间涵芬楼据明抄本排印。辑录汉魏至宋元经史、笔记、诗话六百余种。

江邻几杂志　一名嘉祐杂志。宋江休复撰。一卷。《稗海》本。记述北宋遗闻杂事。

遁斋闲览　宋范正敏撰。一卷。《说郛》本。

墨客挥犀　宋彭乘撰。十卷。《稗海》本。

续墨客挥犀　十卷。《宛委别藏》本。记述宋代遗闻杂事及诗话文评。

东坡志林　仇池笔记　宋苏轼撰。华东师范大学出版社 1983 年点校本。收笔记杂感等三百篇。

后山谈丛　宋陈师道撰。四卷。《丛书集成初编》据《宝颜堂秘笈》本。

明道杂志　宋张耒撰。一卷。《续百川学海》本。

高斋漫录　宋曾慥撰。一卷。《学海类编》本。记述宋代典章制度、士大夫事迹及诗文评。

五总志　宋吴炯撰。一卷。《丛书集成初编》据顾氏山房本。记闻见杂事,论诗推重黄庭坚。

鸡肋编　宋庄绰撰。三卷。《丛书集成初编》据《琳琅秘室丛书》本。

春渚纪闻　宋何薳撰。十卷。涵芬楼刊本 1918 年印行。

又,上海古籍出版社 1988 年点校本。笔记杂录、记述苏轼和他的同时代文人事迹。

墨庄漫录　宋张邦基撰。《稗海》本。《丛书集成初编》本。记轶闻杂事及诗文评论考证。

过庭录　宋范公偁撰。一卷。《稗海》本。记述传闻杂事及诗文资料。

青箱杂记　宋吴处厚撰。十卷。《稗海》本。记南宋社会见闻杂事及诗话。

独醒杂志　宋曾敏行撰。《丛书集成初编》据《知不足斋丛书》本。记述两宋轶闻杂事。

清波杂志　宋周煇撰。十二卷。《四部丛刊续编》据宋刊本影印。记南宋轶闻与诗文资料。

清波别志　宋周煇撰。三卷。《知不足斋丛书》本。

桯史　宋岳珂撰。十五卷。《四部丛刊续编》据元刊本影印。

又，中华书局1981年点校本。记宋代朝政得失与士大夫轶闻。

耆旧续闻　宋陈鹄撰。十卷。《知不足斋丛书》本。记两宋轶闻及文人遗事。

曲洧纪闻　宋朱弁撰。十卷。《知不足斋丛书》本。

又，《丛书集成初编》据《学津讨原》本。录存部分诗文资料及北宋见闻。

新编醉翁谈录　宋金盈之撰。八卷。《适园丛书》本。记汴京风俗逸闻及诗文杂事。

游宦纪闻　宋张世南撰。十卷。《丛书集成初编》据《知不足斋丛书》。

又，中华书局1981年点校本。记南宋轶闻杂事。

挥麈录前录　四卷，后录十一卷，三录三卷，余话二卷。宋王明清撰。《丛书集成初编》据《津逮秘书》本。记宋代典章制度及轶闻。

玉照新志　宋王明清撰。六卷。《学津讨原》本。记朝野旧闻、神怪故事及前人逸作。

东轩笔录　宋魏泰撰。十五卷。《稗海》本。

又，中华书局1981年点校本。记北宋士大夫遗闻轶事。

贵耳集　宋张端义撰。一卷，二集一卷，三集一卷。《学津讨原》本。记朝廷轶闻及诗话。

懒真子　宋马永卿撰。五卷。《稗海》本。

宾退录　宋赵与时撰。十卷。《知不足斋丛书》本。

又，上海古籍出版社1983年点校本。记见闻杂事及诗文资料。

梁溪漫志　宋费衮撰。十卷。《知不足斋丛书》本。

又，上海古籍出版社1985年点校本。记北宋朝廷典章制度及轶事。

铁围山丛谈　宋蔡絛撰。六卷。《学海类编》本。记北宋时遗闻旧事。

萤雪丛说　宋俞成撰。二卷。《儒学警悟》本。

归田录　宋欧阳修撰。二卷。《欧阳文忠公全集》本。

又，中华书局1981年点校本。

东斋记事　宋范镇撰。五卷，补遗一卷。《丛书集成初编》据《守山阁丛书》本。记北宋朝野见闻。

邵氏闻见录　宋邵伯温撰。前录二十卷，后录三十卷。《丛书集成初编》据《津逮秘书》本。

又，中华书局1983年点校本。记北宋遗闻杂事。

却扫编 宋徐度撰。三卷。《丛书集成初编》据《津逮秘书》本。记北宋及南宋初朝廷典章制度、历史资料。

默记 宋王铚撰。一卷。《百川学海》本。

扪虱新话 宋陈善撰。四卷。《儒学警悟》本。

又,夏敬观校点,民国间商务印书馆排印本。

能改斋漫录 宋吴曾撰。二十卷。中华书局上海编辑所1960年点校本。录存部分唐宋诗文资料。

容斋随笔 宋洪迈撰。十六卷,续笔十六卷,三笔十六卷,四笔十六卷,五笔十卷。《四部丛刊续编》据北图藏宋刊本配明弘治活字本影印。

又,上海古籍出版社1978年点校本。录存部分唐宋诗文资料。

容斋诗话 宋洪迈撰。六卷。《丛书集成初编》据《学海类编》本。唐宋诗文评论。

老学庵笔记 宋陆游撰。十卷,续笔记二卷。中华书局1979年点校本。录存部分唐宋文学史料。

猗觉寮杂记 宋朱翌撰。一卷。宛委山堂《说郛》本。

青琐高议 宋刘斧撰。二十卷。上海古籍出版社1983年点校本。记传奇杂事志怪小说。

瓮牖闲评 宋袁文撰。八卷。聚珍版江西刊本。记典故事实及评论诗词。

又,上海古籍出版社1985年点校本。

靖康缃素杂记 宋黄朝英撰。十卷。《丛书集成初编》据《墨海金壶》本。

又,上海古籍出版社1983年点校本。

石林燕语 宋叶梦得撰。十卷,考异一卷,宇文绍奕撰。《稗海》本,《丛书集成初编》本。记北宋时典章制度与轶事。

萍洲可谈 宋朱彧撰。三卷。《丛书集成初编》据《守山阁丛书》本。

西溪丛语 宋姚宽撰。二卷。《丛书集成初编》据《学津讨原》本。

四朝闻见录 宋叶绍翁撰。五卷。《丛书集成初编》据《知不足斋丛书》本。记南宋典章制度及遗闻杂事。

道山清话 宋王□撰。一卷。《丛书集成初编》据《百川学海》本。记遗闻杂事。

鹤林玉露 宋罗大经撰。十六卷。明万历刊本。《稗海》本。

又,中华书局1983年排印本。读书心得与唐宋诗评论。

齐东野语 宋周密撰。二十卷。《学津讨原》本。《丛书集成初编》据《稗海》本。

又,1983年中华书局点校本。记宋代朝野见闻杂事。

避暑录话 宋叶梦得撰。二卷。《学津讨原》本。《丛书集成初编》本。记宋代遗闻杂事及唐宋诗文评论。

石湖纪行三录 宋范成大撰。一卷。《知不足斋丛书》本。记北上使金见闻。

芥隐笔记 宋龚颐正撰。一卷。《知不足斋丛书》本。

涧泉日记 宋韩淲撰。三卷。《丛书集成初编》据《聚珍版丛书》本。品评人物与诗文。

云谷杂记 宋张淏撰。中华书局1958年排印本。

梦溪笔谈　宋沈括撰。胡道静校注。二十卷，补笔谈三卷，续笔谈十一篇。中华书局1957年印行。录存部分诗文资料。

癸辛杂识　宋周密撰。前集一卷，后集一卷，续集二卷，别集二卷。《丛书集成初编》据《稗海》本。记琐事杂言及遗文。

困学纪闻　宋王应麟撰。清翁元圻注。商务印书馆1959年排印本。读书心得和诗文评论。

演繁露十六卷续演繁露六卷　宋程大昌撰。《学津讨原》本。考证名物典故及诗文事类。

侯鲭录　宋赵令畤撰。八卷。《知不足斋丛书》本。记北宋元祐中诗话及旧事。

泊宅编　宋方勺撰。十卷。中华书局1983年点校本。记北宋末与南宋初见闻杂事。

云麓漫钞　宋赵彦卫撰。十五卷。海昌蒋氏别下斋刊本。记宋时遗闻杂事及考证名物。

爱日斋丛钞　宋叶□撰。五卷。《守山阁丛书》本。考证名物典故及评论诗文。

朱子语类　宋黎靖德辑。一百四十卷。明成化九年(1473)陈炜刊本。

又，八十卷，清程川重编。清雍正三年(1725)刊本。记朱熹与其门人问答之语。

黄氏日钞　宋黄震撰。九十五卷。《四库全书》本。

又，清乾隆间汪佩锷校刊本。读书随笔。

东京梦华录注　宋孟元老撰。邓元诚注。商务印书馆1959年印行。记北宋汴京风俗轶闻。

习学记言序目　宋叶适撰。五十卷。中华书局1977年点校本。

隐居通议　元刘壎撰。三十一卷。清康熙中刊本。

归潜志　元刘祁撰。十四卷。《丛书集成初编》据《知不足斋丛书》本。记金代遗记及人物传记。

霏雪录　明刘绩撰。一卷。《学海类编》本。记元代遗闻及评论诗文。

南村辍耕录　明陶宗仪撰。三十卷。中华书局1959年排印本。记元代法令制度及考订诗文。

庶斋老学丛谈　元盛如梓撰。三卷。《知不足斋丛书》本。记南宋及元代事及诗文评论。

敬斋古今黈　元李冶撰。八卷。《畿辅丛书》本。

四库全书总目(集部)　清永瑢等撰。中华书局1965年刊本。

文献通考·经籍考　元马端临撰。商务印书馆1936年刊本。

宋史艺文志　元脱脱等撰。八卷。《丛书集成初编》据《八史经籍志》本。

宋史艺文志补　清黄虞稷、倪灿撰。一卷。辑入《抱经堂丛书》刊《群书拾补初编》。

郡斋读书志　宋晁公武撰。四卷，附志一卷，后志二卷，二本四卷，考异一卷。《四部丛刊三编》据宋淳祐中袁州刊本影印。传世最早的私家书目，有较大参考价值。

直斋书录解题　宋陈振孙撰。二十二卷。聚珍板广雅书局本。早期私家书目，有较大参考价值。

唐宋诗名句索引　孙公望撰。湖南人民出版社 1985 年印行。

六一诗话　宋欧阳修撰。一卷。与《白石诗说》《滹南诗话》合刊。人民文学出版社 1983 年印行。

温公续诗话　宋司马光撰。一卷。《历代诗话》本。

中山诗话　宋刘攽撰。一卷。《历代诗话》本。考证议论颇有可取。

后山诗话　宋陈师道撰。一卷。《历代诗话》本。主张诗文宁拙毋巧，宁朴毋华。

临汉隐居诗话　宋魏泰撰。一卷。《历代诗话》本。评论唐及北宋人诗作。

竹坡诗话　宋周紫芝撰。一卷。《历代诗话》本。

紫薇诗话　宋吕本中撰。一卷。《历代诗话》本。

许彦周诗话　宋许觊撰。一卷。《丛书集成初编》据《百川学海》本。记元祐诸人言行。

叶先生诗话　一名石林诗话。宋叶梦得撰。中华书局上海编辑所 1958 年排印本。论诗推重王安石。

唐子西文录　宋唐庚撰。一卷。《历代诗话》本。

珊瑚钩诗话　宋张表臣撰。三卷。《历代诗话》本。评论诗文间及杂事。

竹庄诗话　宋何溪汶撰。二十四卷。《四库珍本初集》本。

又，常振国、绛云点校。中华书局 1984 年印行。选录汉至宋诗四百余首并附以评论。

韵语阳秋　宋葛立方撰。二十卷。上海古籍出版社 1979 年点校本。评论、记录宋及宋以前诗人流派与得失。

二老堂诗话　宋周必大撰。一卷。《历代诗话》本。

梅氏诗评　宋梅尧臣撰。一卷。《格致丛书》本。

观林诗话　宋吴聿撰。二卷。《历代诗话续编》本。

续金针诗格　宋梅尧臣撰。一卷。《格致丛书》本。

诚斋诗话　宋杨万里撰。一卷。《历代诗话续编》本。

庚溪诗话　宋陈岩肖撰。二卷。《历代诗话续编》本。《丛书集成初编》本。历叙唐宋诗人，评论精要。

草堂诗话　宋蔡梦弼撰。二卷。《历代诗话续编》本。

玉壶诗话　宋释文莹撰。一卷。《丛书集成初编》据《学海类编》本。

优古堂诗话　宋吴幵撰。一卷。《历代诗话续编》本。论述北宋人诗作为主。

艇斋诗话　宋曾季貍撰。一卷。《历代诗话续编》本。

藏海诗话　宋吴可撰。一卷。《历代诗话续编》本。

砻溪诗话　宋黄彻撰。十卷。《历代诗话续编》本。论诗大抵以风教为主，不尚雕华。

冷斋夜话　宋释惠洪撰。十卷。《丛书集成初编》据《津逮秘书》本影印。

对床夜语　宋范晞文撰。五卷。《历代诗话续编》本。唐宋诗文评论。

白石道人诗说　宋姜夔撰。一卷。人民文学出版社1983年点校本。

诗人玉屑　宋魏庆之撰、王仲闻校。二十卷。上海古籍出版社1978年点校本。辑录诗话、资料，内容以南宋人语为主。

后村诗话　宋刘克庄撰。前集二卷，后集二卷，续集四卷，新集六卷。《适园丛书》本。

又，中华书局1983年点校本。

江西诗派小序　宋刘克庄撰。一卷。《历代诗话续编》本。

石门洪觉范天厨禁脔　宋释惠洪撰。上海商务印书馆1958年排印本。

娱书堂诗话　宋赵与虤撰。二卷。《历代诗话续编》本。

梅硐诗话　宋韦居安撰。三卷。《历代诗话续编》本。唐宋诗评论。

环溪诗话　宋吴沆撰。三卷。《丛书集成初编》据《读画斋丛书》本。

风月堂诗话　宋朱弁撰。二卷。明万历中绣水沈氏刊《宝颜堂秘笈广集》本。

苕溪渔隐丛话　宋胡仔撰。廖德明校点。人民文学出版社1962年印行。辑录北宋以前诗话资料。

岁寒堂诗话　宋张戒撰。二卷。《历代诗话续编》本。反对宋人以议论为诗。

余师录　宋王正德撰。四卷。《丛书集成初编》据《墨海金壶》本。

沧浪诗话校释　宋严羽撰。郭绍虞校释。人民文学出版社1961年印行。分诗辨、诗体、诗法、诗评、诗注五门，论诗大旨以盛唐为宗。

抒情录　宋卢怀撰。一卷。宛委山堂《说郛》本。

诗评　宋敖陶孙撰。一卷。《丛书集成初编》据天都阁藏书本。

诗学规范　宋张镃撰。一卷。《格致丛书》本。

滹南诗话　金王若虚撰。三卷。人民文学出版社1983年印行，与《六一诗话》、《白石诗说》同刊。

山房随笔　元蒋子正撰。一卷。《历代诗话》本。

诗法家数　元杨载撰。一卷。《历代诗话》本。

木天禁语　元范梈撰。一卷。《历代诗话》本。

诗学禁脔　元范梈撰。一卷。《历代诗话》本。

吴礼部诗话　元吴师道撰。一卷。《历代诗话续编》本。

修辞鉴衡　元王构编。二卷。中华书局上海编辑所1958年排印本。上卷论诗、诗法、句法、诗体、用事。下卷论文。

林下偶谈　宋吴子良撰。四卷。《丛书集成初编》影印《宝颜堂秘笈》本。

吴氏诗话　宋吴子良撰。二卷。《丛书集成初编》据《学海类编》本。

深雪偶谈　宋方岳撰。一卷。《丛书集成初编》据阳山顾氏文房本。唐宋诗文评论。

浩然斋雅谈　宋周密撰。一卷。《丛书集成初编》据《聚珍版丛书》本。诗文评论。

东坡诗话录 元陈秀明辑。三卷。《丛书集成初编》据《学海类编》本。

诗薮 明胡应麟撰。上海古籍出版社1962年排印本。系统评论诗经至元代各代诗人及作品。

少室山房笔丛 明胡应麟撰。三十二卷，续集十六卷。中华书局上海编辑所1958年排印本。

谈艺录 明徐祯卿撰。一卷。《历代诗话》本。

艺苑卮言 明王世贞撰。十六卷。明万历十七年(1589)樵云书舍刊本。

艺圃撷余 明王世懋撰。一卷。《丛书集成初编》据《学海类编》本。

存余堂诗话 明朱世爵撰。一卷。《历代诗话》本。

升庵诗话 明杨慎撰。十四卷。《历代诗话续编》本。诗选、诗评及诗话。

四溟诗话 明谢榛撰。四卷。人民文学出版社1961年印行，与《薑斋诗话》同刊。

怀麓堂诗话 明李重阳撰。一卷。《知不足斋丛书》本。论诗主张音调法度，反对摹拟。

诗法正论 元傅若金撰。一卷。《格致丛书》本。

宋遗民录 明程敏政撰。十五卷。《知不足斋丛书》本。辑录宋遗民诗词杂文。

昭昧詹言 清方东树撰。汪绍楹点校。人民文学出版社1961年排印本。重要诗歌理论著作，为桐城派早期诗论代表。

薑斋诗话 清王夫之撰。二卷。人民文学出版社1961年排印本，与《四溟诗话》同刊。对诗经至明代诗歌渊源演变有精辟见解。

薑斋诗话笺注 戴鸿森笺注。人民文学出版社1981年点校本。

白石诗词评论 清许增辑。一卷。《丛书集成初编》据《学海类编》本。

艺概 清刘熙载撰。上海古籍出版社1978年点校本。分论诗、文、赋、词、曲各体，见解精辟。

初白庵诗评 清张载华辑。三卷。清乾隆四十二年(1777)涉园观乐堂刊本。

咏物七言律诗偶记 清翁方纲撰。一卷。清光绪七年(1881)谟觞室刊本。

柳亭诗话 清宋俊撰。三十卷。清康熙四十六年(1707)刊本。

带经堂诗话 清王士祯撰。清张宗柟纂辑。夏闳校点。人民文学出版社1983年印行。清代诗歌理论"神韵"说的代表作。

随园诗话 清袁枚撰。赤玫校点。人民文学出版社1960年印行。清代诗歌理论"性灵"说的代表作。

说诗晬语 清沈德潜撰。高时显、吴汝霖辑校。中华书局1955年印行。提倡格调论。

东目馆诗见 清胡寿芝撰。四卷。清嘉庆十一年(1806)有翛然处刊本。

瓯北诗话 清赵翼撰。霍松林、胡主佑校点。人民文学出版社1963年印行。

钝吟杂录 清冯班撰。一卷。《清诗话》本。

江西诗社宗派图录 清张泰来撰。一卷。

《清诗话》本。

寒厅诗话 清顾嗣立撰。一卷。《清诗话》本。

蠖斋诗话 清施愚山撰。一卷。《清诗话》本。

诗学纂闻 清汪师韩撰。一卷。《清诗话》本。

拜经楼诗话 清吴骞撰。四卷。《清诗话》本。

岘佣说诗 清施补华撰。一卷。《清诗话》本。

贞一斋诗说 清李重华撰。一卷。《清诗话》本。

原诗 清叶燮撰。一卷。人民文学出版社 1979 年排印本。与《一瓢诗话》、《说诗晬语》同刊。是体系较完整的诗歌理论著作。

诗辩坻 清毛先舒撰。四卷。《清诗话续编》本。

春酒堂诗话 清周容撰。一卷。《清诗话续编》本。

诗筏 清贺贻孙撰。一卷。《清诗话续编》本。

载酒园诗话 清贺裳撰。一卷。《清诗话续编》本。

古欢堂集杂著 清田雯撰。三卷。《清诗话续编》本。

围炉诗话 清吴乔撰。六卷。《清诗话续编》本。

雨村诗话 清李调元撰。二卷。《清诗话续编》本。

葚原诗说 清冒春荣撰。四卷。《清诗话续编》本。

问花楼诗话 清陆鎣撰。三卷。《清诗话续编》本。

老生常谈 清延君寿撰。一卷。《清诗话续编》本。

退庵随笔 清梁章钜撰。一卷。《清诗话续编》本。

筱园诗话 清朱庭珍撰。四卷。《清诗话续编》本。

西圃诗说 清田同之撰。一卷。《清诗话续编》本。

兰丛诗话 清方世举撰。一卷。《清诗话续编》本。

龙性堂诗话 清叶矫然撰。初集、续集。《清诗话续编》本。

剑谿说诗 清乔亿撰。二卷，又编一卷。《清诗话续编》本。

岘斋诗谈 清张谦宜撰。八卷。《清诗话续编》本。

诗学源流考 清鲁九皋撰。一卷。《清诗话续编》本。

石洲诗话 清翁方纲撰。陈迩冬校点。八卷。人民文学出版社 1981 年印行，与《谈龙录》同刊。

又，《清诗话续编》本。

纪河间诗话 清纪昀撰。清邵承照辑。三卷。清光绪二十七年(1901)刊本。

义门读书记 清何焯撰。五十八卷。清乾隆三十四年(1769)承恩堂刊本。读书笔记。

谈龙录 清赵执信撰。陈迩冬校点。一卷。人民文学出版社 1981 年印行。驳斥王士祯“诗主神韵”之说。

北江诗话 清洪亮吉撰。六卷。《丛书集成初编》据《粤雅堂丛书》本。

西河诗话 清毛奇龄撰。八卷。清康熙中《西河合集》本。

诗义固说 清庞垲撰。二卷。《清诗话续编》本。

匏庐诗话 清沈涛撰。三卷。清光绪四年望云仙馆刊《檇李遗书》本。

静居绪言 清阙名撰。一卷。《清诗话续编》本。

朱子全书论诗 清李光地等撰。清康熙中内府刊《朱子全书》本。

养一斋诗话 清潘德舆撰。十卷。清道光十六年(1836)刊本。

诗源辨体 清许学夷撰。三十六卷,后集二卷。海上聚庐 1922 年排印本。

饮冰室诗话 梁启超撰。人民文学出版社 1959 年排印本。

六一居士传 宋欧阳修撰。《旧小说丁集》本。商务印书馆 1933 年印行,上海书店 1985 年重印。

增订欧阳文忠公年谱 清华孳亨撰。一卷。《昭代丛书》丙集补卷三。

欧阳文忠公年谱 清杨希闵撰。一卷。清光绪四年《豫章先贤九家年谱》本。

穆参军(修)遗事 宋□□撰。一卷。《四部丛刊初编》《河南穆公集》附。

盱江(李觏)年谱 宋□□撰。《四库全书·盱江集》附。

直讲李先生年谱 一卷。《四部丛刊初编》《直讲李先生文集》附。

盱江先生年谱 清冯行撰。一卷。《盱江全集》附录本。

元公(周敦颐)年表 宋度正撰。一卷。明天启中刊本《宋濂溪元公先生集》。

周濂溪年谱 明周木撰。一卷。《周元公全集》本。

周子年谱 清董榕撰。一卷。《周子全书》本。

古灵先生年谱 宋陈晔撰。一卷。《古灵先生文集》附。

丹渊(文同)年谱 宋家诚之撰。一卷。《四部丛刊初编》《丹渊集》附。

曾文定公(巩)年谱 清杨希闵撰。一卷。清光绪四年《豫章先贤九家年谱》本。

曾南丰年谱 孙葆田撰。传抄本。

曾子固年谱 周明泰撰。一卷。民国二十一年(1932)北京刊本。

温公(司马光)年谱 明马峦撰。六卷。明万历中刊本。

司马太师温国文正公年谱 清顾栋高撰。八卷,卷后一卷,遗事一卷。民国吴兴刘氏刊《求恕斋丛书》本。

宋司马文正公年谱 清陈宏谋撰。一卷。《司马文正公传家集》附录本。

王荆文公年谱 宋詹大和撰。一卷。《王荆文公诗笺注》附录本。

王荆公年谱 清蔡上翔撰。二十五卷,卷首三卷,杂录二卷,附录一卷。中华书局 1959 年排印本。

王荆国文公年谱 清顾栋高撰。三卷。民国吴兴刘氏刊《求恕斋丛书》本。又,大东书局 1935 年铅印本。

祠部公(强至)年谱 清强汝询撰。三卷。《求益斋文集》本。

明道先生(程颢)年谱 明赵滂撰。一卷。《程朱阙里志》本。

明道先生年谱 清池生春、诸星勺撰。五卷。《二程子年谱》本。

明道年谱 管道中撰。《二程研究第三编·二程年谱》中华书局 1937 年印行。

伊川先生(程颐)年谱　宋朱熹撰。一卷。《朱子文集大全类编》本。

伊川先生年谱　明赵滂撰。一卷。《程朱阙里志》本。

伊川先生年谱　清池生春、诸星勺撰。七卷《二程子年谱》本。

程伊川年谱　姚名达撰。商务印书馆1936年印行。

伊川年谱　管道中撰。《二程研究第三编·二程年谱》中华书局1937年印行。

沈括事迹年表　胡道静撰。《梦溪笔谈校证》本。上海出版公司1956年印行。

东坡先生年谱　宋王宗稷撰。一卷。《东坡全集》附。

东坡纪年录　宋傅藻撰。一卷。《四部丛刊初编》《东坡先生诗》附。

苏轼年谱　孔凡礼著。中华书局1998年印行。

乌台诗案　宋朋九万撰。一卷。《函海》本。

乌台诗案　宋周紫芝撰。一卷。《学海类编》本。

东坡事类　清梁廷枏撰。二十二卷。清道光中刊《藤花亭十七种》本。

苏诗编年总案　清王文诰撰。四十五卷。《苏文忠公诗编注集成》本。

苏颍滨(辙)年表　宋孙汝听撰。一卷。清光绪宣统中刊《藕香零拾》本。

宋人所撰三苏年谱汇刊　王水照编。上海古籍出版社1989年印行。

山谷先生(黄庭坚)年谱　宋黄

撰。三卷。《四库全书·山谷内集》附。

山谷年谱　宋任渊撰。一卷。《山谷诗集注》本。

黄文节公(庭坚)年谱　清杨希闵撰。一卷。清光绪四年《豫章先贤九家年谱》本。

重编淮海先生(秦观)年谱节要　清秦瀛撰。一卷,附年谱补案。《四部备要·淮海集》附。

米海岳(芾)年谱　清翁方纲撰。一卷。《粤雅堂丛书》本。

陈后山(师道)年谱　陈兆鼎撰。国学图书馆1937年印行。

石林(叶梦得)遗事　叶德辉辑。三卷,附录一卷。《郎园先生全书》本。

简斋先生(陈与义)年谱　宋胡穉撰。一卷。《四部丛刊·增广笺注简斋诗集》附。

辛稼轩先生年谱　梁启超著。中华书局1936年印行。

辛稼轩先生年谱　邓广铭著。商务印书馆1947年印行。

洪文惠公(适)年谱　清钱大昕撰。《潜研堂全书》本。

宋儒龟山杨先生(时)年谱　清毛念恃撰。一卷。《延平四先生年谱》本。

宋杨文靖公龟山先生年谱　清张夏撰。二卷。清康熙中刊本。

杨龟山先生年谱考证　清黄璋撰。一卷。《藜照庐丛书》1936年刊本。

宗忠简公(泽)年谱　宗嘉谟撰。二卷。常熟桐柏山庄1939年刊本。

忠公(邹浩)年谱　谢应芳撰。《思贤录》本。

吕忠穆公(颐浩)年谱　□□撰。北图藏钞本。

豫章罗先生(从彦)年谱 清毛念恃撰。一卷。《延平四先生年谱》本。

宋李忠定(纲)年谱 清杨希闵撰。一卷。《四朝先贤六家年谱》本。

李易安年谱 李文裿撰。一卷。明社出版部1929年铅印本。

胡宗简公(胡铨)年谱 胡翯撰。四卷。贵阳中央日报社1945年铅印本。

岳忠武王(飞)行实编年 宋岳珂撰。六卷。《金陀粹编》本。

宋岳鄂王(飞)年谱 清钱汝雯撰。六卷。1924年铅印本。

陆放翁(游)年谱 清赵翼撰。一卷。收入《瓯北诗话》。

陆放翁先生年谱 清钱大昕撰。一卷。《潜研堂全书》本。

陆游年谱 于北山撰。中华书局1961年印行。

陆游年谱(增订本) 于北山撰。上海古籍出版社1985年印行。

杨文节公(万里)年谱 清邹树荣撰。一卷。南昌邹氏《一粟园丛书》本。

紫阳文公先生(朱熹)年谱 明李默撰。五卷。明嘉靖中刊本。

紫阳文公先生年谱 明李吾弼撰。五卷。明刊本。

紫阳朱夫子年谱 清朱烈撰。二卷。清康熙二年刊本。

朱子年谱 清黄中撰。一卷,附录一卷。清康熙中泳古堂刊本。

朱子年谱 清王懋竑撰。四卷,考异四卷,朱子论学切要语一卷。《粤雅堂丛书》本。

朱子年谱纲目 清李元禄撰。十二卷,提纲一卷,补遗续补一卷。清嘉庆中刊本。

朱子年谱 清张大昌撰。一卷。浙江书局刊本。

陆文安公(象山)年谱 清杨希闵撰。二卷。清光绪四年刊《豫章先贤九家年谱》本。

陈亮年谱 童振福撰。商务印书馆1936年铅印本。

陈龙川(亮)年谱 颜虚心撰。商务印书馆1940年铅印本。

刘克庄年谱 程章灿著。贵州人民出版社1993年印行。

文天祥年谱 杨德恩著。商务印书馆1939年印行。

谢枋得年谱 俞兆鹏著。江西教育出版社1989年印行。

陆秀夫年谱 蒋逸雪著。商务印书馆1936年印行。

谢皋羽年谱游录注 明黄宗羲著。国学保存会1906年印行。

绝句论 洪法为撰。商务印书馆《百科小丛书》本。

诗学 黄节撰。1918年北京大学出版部印行。

宋代文学 吕思勉撰。1929年商务印书馆《万有文库》本。

宋诗派别论 梁昆撰。1932年商务印书馆刊本。

谈艺录 钱锺书撰。1948年开明书店刊本。

又,中华书局增补本1984年印行。

陈石遗先生谈艺录 黄曾樾编。1931年中华书局刊本。

宋诗研究　胡云翼撰。商务印书馆刊本。

宋诗研究　庄慰心撰。大东书局刊本。

诗词散论　缪钺撰。上海古籍出版社1982年印行。

宋诗散论　张白山撰。上海古籍出版社1984年印行。

中国文学批评史(三)　罗根泽撰。中华书局上海编辑所1961年印行。

唐宋诗之争概述　齐治平撰。岳麓书社1983年印行。

唐宋诗百首浅析　周仁济、曾令衡撰。湖南人民出版社1980年印行。

唐宋绝句选注析　姚奠中主编。程秀龙、陆浑注析。山西人民出版社1980年印行。

唐宋绝句选析　马汉彦编著。广西人民出版社1981年印行。

唐宋律诗选释　刘树勋撰。长江文艺出版社1981年印行。

唐宋诗词赏析　郑孟彤撰。广东人民出版社1981年印行。

唐宋诗词赏析　张碧波、李宝堃编。黑龙江人民出版社1982年印行。

唐宋诗文鉴赏举隅　霍松林著。人民文学出版社1984年印行。

欧阳修　袁行云撰。中华书局1961年印行。

苏洵评传　曾枣庄撰。四川人民出版社1983年印行。

苏洵　金国永撰。中华书局1984年印行。

苏轼　王水照撰。上海古籍出版社1981年印行。

苏轼文学论集　刘乃昌撰。齐鲁书社1982年印行。

苏轼新论　朱靖华撰。齐鲁书社1983年印行。

东坡诗论丛　苏轼研究学会编。齐鲁书社1983年印行。

东坡文论丛　苏轼研究学会编。四川文艺出版社1986年印行。

苏东坡　颜中其撰。黑龙江人民出版社1983年印行。

苏东坡轶事汇编　颜中其编注。岳麓书社1984年印行。

苏轼文艺理论研究　刘国珺撰。南开大学出版社1984年印行。

苏轼及其作品　丛鉴、柯大课撰。吉林人民出版社1984年印行。

三苏文艺思想　曾枣庄撰。四川人民出版社1985年印行。

苏门四学士　周义敢撰。上海古籍出版社1983年印行。

秦少游　何琼崖撰。江苏人民出版社1983年印行。

爱国诗人陆游　欧小牧撰。古典文学出版社1957年印行。

陆游传论　齐治平撰。古典文学出版社1958年印行。

陆游研究　朱东润撰。中华书局上海编辑所1961年印行。

陆游　喻朝刚撰。黑龙江人民出版社1983年印行。

古典文学研究资料汇编(陆游卷)　孔凡礼、齐治平编。中华书局1962年印行。

古典文学研究资料汇编(杨万里、范成大卷)　湛之编。中华书局上海编辑所

1964 年印行。
古典文学研究资料汇编(黄庭坚和江西诗派卷) 傅璇琮编。中华书局 1978 年印行。
李清照资料汇编 褚斌杰等编。中华书局 1984 年印行。
李清照研究论文集 济南市社会科学研究所编。中华书局 1984 年印行。
辛弃疾资料汇编 辛更儒编。中华书局 2005 年印行。
瀛奎律髓汇评 元方回撰。李庆甲集评校点。上海古籍出版社 1986 年印行。
唐宋词十七讲 叶嘉莹著。岳麓书社 1989 年印行。
唐宋词通论 吴熊和著。浙江古籍出版社 1989 年印行。
两宋文学史 程千帆、吴新雷著。上海古籍出版社 1991 年印行。
宋代传记资料索引补编 李田玲编著。四川大学出版社 1994 年印行。
宋代文学思想史 张毅著。中华书局 1995 年印行。
现存宋人著述总录 刘琳、沈治宏编。巴蜀书社 1995 年印行。
宋文纪事 曾枣庄、李凯、彭君华编。四川大学出版社 1995 年印行。
宋代文学通论 王水照、吴河清、吕肖奂、朱刚、杨庆存著。河南大学出版社 1997 年印行。
宋诗话全编 吴文治主编。江苏古籍出版社 1998 年印行。
中国文学史 袁行霈主编。高等教育出版社 1999 年印行。
宋人别集叙录 祝尚书著。中华书局 1999 年印行。
宋代文学研究 张毅主编。北京出版社 2001 年印行。
宋人行第考录 邓子勉编著。中华书局 2001 年印行。
宋人年谱丛刊 吴洪泽、尹波著。四川大学出版社 2003 年印行。
宋人总集叙录 祝尚书著。中华书局 2004 年印行。
中国文学家大辞典·宋代卷 曾枣庄主编。中华书局 2004 年印行。
宋代文学与宋代文化 曾枣庄著。上海人民出版社 2006 年印行。
二十世纪宋史研究论著目录 方建新著。北京图书馆出版社 2006 年印行。
宋代诗学通论 周裕锴著。上海古籍出版社 2007 年印行。
南宋文学史 王水照,熊海英著。人民出版社 2009 年印行。
宋代文学编年史 曾枣庄、吴洪泽著。凤凰出版社 2010 年印行。
宋人文集篇目分类索引 邓广铭、张希清著。中华书局 2013 年印行。
词话丛编补编 葛渭君主编。中华书 2013 年印行。

(黄 明、北 渚)

名句索引

一　画

一千五百年间事，只有滩声似旧时。 …… 1029
一川晚照人闲立，满袖杨花听杜鹃。 …… 1533
一日虚声满天下，十年从事得途穷。 …… 704
一水护田将绿绕，两山排闼送青来。 …… 275
一心中国梦，万古《下泉》诗。 …… 1541
一叫一春残，声声万古冤。 …… 84
一百八盘携手上，至今犹梦绕羊肠。 …… 604
一年好景君须记，最是橙黄橘绿时。 …… 477
一朵忽先变，百花皆后香。 …… 1235
一江秋色无人管，柔橹风前语夜深。 …… 1412
一声横玉静穿云，响振疏林叶空委。 …… 817
一径入松雪，数峰生暮寒。 …… 1455
一夜西窗雨不闻。 …… 151
一帘晚日看收尽，杨柳微风百媚生。 …… 889
一凉恩到骨，四壁事多违。 …… 883
一觞犹有味，万事已无机。 …… 928
一路稻花谁是主？红蜻蛉伴绿螳螂。 …… 1390
一溪流水一溪月，八面疏棂八面风。 …… 1392

二　画

〔一〕

二十男儿面似冰，出门嘘气玉蜺横。 …… 315
十日春寒不出门，不知江柳已摇村。 …… 443
七千里外二毛人，十八滩头一叶身。 …… 490

〔丿〕

人未放归江北路，天教看尽浙西山。 …… 400
人世多违壮士悲，干戈未定书生老。 …… 907
人生自古谁无死，留取丹心照汗青！ …… 1485
人生识字忧患始，姓名粗记可以休。 …… 363
人生到处知何似？应似飞鸿踏雪泥。泥上偶然留指爪，鸿飞那复计东西？ …… 345
人生难得秋前雨，乞我虚堂自在眠。 …… 1268
人似秋鸿来有信，事如春梦了无痕。 …… 446
人行图画里，鸟度醉吟中。 …… 693
人行秋色里，雁落客愁边。 …… 1400
人言九事八为律，傥有江船吾欲东。 …… 577
人言落日是天涯，望极天涯不见家。 …… 175

人间风日不到处，天上玉堂森宝书。 …………………………………… 553
人间那得楼千尺，望得峨眉山见时。 …………………………………… 1286
儿女不知来避地，强言风物胜江南。 …………………………………… 847
几日铜瓶无可浸，赚他饥蝶入窗来。 …………………………………… 1351
几年鱼鸟真相得，从此江山是故人。 …………………………………… 747
九万里中鲲自化，一千年外鹤仍归。 …………………………………… 1024
九日清尊欺白发，十年为客负黄花。 …………………………………… 692
九死南荒吾不恨，兹游奇绝冠平生！ …………………………………… 503
九轨徐行怒涛上，千艘横系大江心。 …………………………………… 980

〔乛〕

了知不是梦，忽忽心未稳。 ………… 690

三 画

〔一〕

三十六陂春水，白头想见江南。 …… 245
三万里河东入海，五千仞岳上摩天。 …………………………………… 1051
三边形势全凭蜀，四路封疆半是山。 …………………………………… 1389
三过门间老病死，一弹指顷去来今。 …………………………………… 398
三峡江声流笔底，六朝帆影落樽前。 …………………………………… 666
寸指不沾泥，鳞鳞居大厦。 ………… 93
大舶驾风来岛外，孤云衔日落吟边。 …………………………………… 1256
丈夫生有四方志，东欲入海西入秦。安能龌龊守一隅，白头章句浙与闽？ …………………………………… 1246
与燕作泥蜂酿蜜，才吹小雨又须晴。 …………………………………… 1398
万里江山来醉眼，九秋天地入吟魂。 …………………………………… 210
万里波心谁折得？夕阳影里碎残红。 …………………………………… 766
万卷藏书宜子弟，十年种木长风烟。 …………………………………… 627
万紫千红总是春。 …………………… 1198
万壑有声含晚籁，数峰无语立斜阳。 …………………………………… 15

〔丨〕

小荷才露尖尖角，早有蜻蜓立上头。 …………………………………… 1147
小楼一夜听春雨，深巷明朝卖杏花。 …………………………………… 1047
小黠大痴螳捕蝉，有余不足夔怜蚿。 …………………………………… 577
山山明月露，何处认梅花？ ……… 1420
山川相迎复相送，转头变灭都如梦。 …………………………………… 1103
山平水远苍茫外，地辟天开指顾中。 …………………………………… 1032
山外青山楼外楼，西湖歌舞几时休！ …………………………………… 1436
山色蒙蒙横画轴，白鸥飞处带诗来。 …………………………………… 1383
山好更宜余积雪，水生看欲倒垂杨。 …………………………………… 789

山林黄尘三百尺，不用归来说消息。 …… 1410
山河千古在，城郭一时非。 …… 1487
山河破碎风飘絮，身世浮沉雨打萍。 …… 1485
山重水复疑无路，柳暗花明又一村。 …… 989
山泉吾所爱，声到夜台无？ …… 197
山静似太古，日长如小年。 …… 790

〔丿〕

千里稻花应秀色，五更桐叶最佳音。 …… 863
夕阳一片寒鸦外，目断东南四百州。 …… 1512
夕阳牛背无人卧，带得寒鸦两两归。 …… 323
夕阳暝色来千里，人语鸡声共一丘。 …… 772

〔丶〕

门外不知春雪霁，半峰残月一溪冰。 …… 1367

〔乛〕

已恨碧山相阻隔，碧山还被暮云遮。 …… 175
子美集开诗世界，伯阳书见道根源。 …… 17
马蹄残雪六千里，山嘴有梅三四花。 …… 1401
乡村四月闲人少，才了蚕桑又插田。 …… 1298

四　画

〔一〕

丰年处处人家好，随意飘然得往还。 …… 235
王师北定中原日，家祭无忘告乃翁。 …… 1081
开遍杏花人不到，满庭春雨绿如烟。 …… 527
天上但闻星主酒，人间宁有地埋忧？ …… 1017
天上欃枪端可落，草间狐兔不须惊。 …… 1019
天风吹笑语，响落千岩静。 …… 799
天末海门横北固，烟中沙岸似西兴。 …… 250
天生大材竟何用？只与千古拜图像！ …… 611
天外黑风吹海立，浙东飞雨过江来。 …… 388
天地不能笼大句，鬼神无处避幽吟。 …… 169
天地有正气，杂然赋流形。下则为河岳，上则为日星。 …… 1497
天地何心穷壮士？江湖自古著羁臣。 …… 992
天地涵容百川入，晨昏浮动两潮来。 …… 168
天地寂寥山雨歇，几生修得到梅花？ …… 1468
天池水落层层见，玉女窗明处处通。 …… 488
天远楼台横北固，夜深灯火见扬州。 …… 506

天忽作晴山卷幔，云犹含态石披衣。 ………… 833
天放旧光还日月，地将浓秀与山川。 ………… 177
天阔鸟行疑没草，地卑江势欲沉山。 ………… 189
天寒日短工役急，白棒诃责如风雨。 ………… 1355
天寒有日云犹冻，江阔无风浪自生。 ………… 1122
天翻地覆伤春色，齿豁头童祝圣时。 ………… 914
无风杨柳漫天絮，不雨棠梨满地花。 ………… 1085
无计驱愁得，还推到酒边。 ………… 785
无可奈何花落去，似曾相识燕归来。 ………… 73
无肉令人瘦，无竹令人俗。人瘦尚可肥，俗士不可医。 ………… 384
无穷江水与天接，不断海风吹月来。 ………… 1031
无数青山隔沧海，与谁同往却同归？ ………… 851
云日明松雪，溪山进晚风。 ………… 693
云乱水光浮紫翠，天含山气入青红。 ………… 207
云容山意商量雪，柳眼桃腮领略春。 ………… 967
云散烟收渺渺秋，蛩声四壁起新愁。 ………… 1380
云路惭高鸟，渊潜羡巨鱼。 ………… 843
五年天地无穷事，万里江湖见在身。 ………… 916
五更千里梦，残月一城鸡。 ………… 124
五亩渐成终老计，九重新扫旧巢痕。 ………… 448
五岭莫愁千嶂外，九华今在一壶中。 ………… 488
不因兴尽回船去，那得山阴一段奇？ ………… 867
不论天有眼，但管地无皮。 ………… 1327
不拟伊优陪殿下，相随《于芳》过楼前。 ………… 730
不识庐山真面目，只缘身在此山中。 ………… 457
不知今夕梦，到蜀到钱塘？ ………… 1423
不知织女萤窗下，几度抛梭织得成。 ………… 41
不能手提天下往，何忍身去游其间。 ………… 310
不惜卷帘通一顾，怕君着眼未分明。 ………… 715
不堪与君成一醉，聊复偿君草鞋费。 ………… 1087
不管烟波与风雨，载将离恨过江南。 ………… 10
太山秋毫两无穷，巨细本出相形中。 ………… 483
车尘不到张罗地，宿鸟声中自掩门。 ………… 875

〔丨〕

日长睡起无情思，闲看儿童捉柳花。 ………… 1153
日落汀洲一望时，柔情不断如春水。 ………… 35
日暮北风吹雨去，数峰清瘦出云来。 ………… 745

日暮北来惟有雁，地寒西去更无州。 …… 32
日暮拥阶黄叶深。 …… 808
水于天下实至险，山亦起伏为波涛。 …… 241
水光潋滟晴方好，山色空蒙雨亦奇。 …… 382
水枕能令山俯仰，风船解与月徘徊。 …… 371
水到兰亭转呜咽，不知真帖落谁家？ …… 1565
水隔淡烟修竹寺，路经疏雨落花村。 …… 4
见尽人间妇，无如美且贤。 …… 102

〔丿〕

长为风流恼人病，不如天性总无情。 …… 642
长江绕郭知鱼美，好竹连山觉笋香。 …… 440
长枪大剑笑安用，白发苍颜空自怜。 …… 813
长洪斗落生跳波，轻舟南下如投梭。 …… 428
长桥寂寞春寒夜，只有诗人一舸归。 …… 1273
长铗归来夜帐空，衡阳回雁耳偏聪。 …… 689
长淮忽迷天远近，青山久与船低昂。 …… 365
从今别却江南路，化作啼鹃带血归。 …… 1488
从此西湖休插柳，剩栽桑树养吴蚕。 …… 1354
从此蜀川平似掌，更无高处望东吴。 …… 1102
从教变白能为黑，桃李依然是仆奴。 …… 885
今日有谁怜瘦骨？夕阳沙岸影如山。 …… 1465
今古骚人乃如许，暮潮声卷入苍茫。 …… 1287
分明旧泊江南岸，舟尾春风飐客灯。 …… 1273
月在楚天碧，春来湘水深。 …… 1293
风光不要人传语，一任花前尽醉归。 …… 129
风定小轩无落叶，青虫相对吐秋丝。 …… 655
风急忽惊乌鹊起，空阶簌簌堕松花。 …… 978
风急啼乌未了，雨来战蚁方酣。 …… 546
风翻蛛网开三面，雷动蜂窠趁两衙。 …… 712
凤凰身宇宙，麋鹿性山林。 …… 1544

〔丶〕

忆得少年多乐事，夜深灯火上樊楼。 …… 953
心似蛛丝游碧落，身如蜩甲化枯枝。 …… 626
心犹未死杯中物，春不能朱镜里颜。 …… 565
心随汝水春波动，兴与并门夜月高。 …… 629

〔乛〕

丑怪惊人能妩媚，断魂只有晓寒知。 …… 965

双燕引雏花下教，一鸠唤妇树梢鸣。 …… 1323
书当快意读易尽，客有可人期不来。 …… 711
幻出生绡三万幅，游人浑在画图中。 …… 836

五 画

〔一〕

玉室金堂余汉士，桃花流水失秦人。 …… 394
玉堂卧对郭熙画，发兴已在青林间。 …… 557
玉颜自古为身累，肉食何人与国谋？ …… 141
玉颜流落死天涯，琵琶却传来汉家。 …… 146
未生白发犹堪酒，垂上青云却佐州！ …… 563
未用较得失，那能记宫商？ …… 819
未必柳条能蘸水，水中柳影引他长。 …… 1152
未必薄云能作雨，从来秋日自多阴。 …… 318
未到江南先一笑，岳阳楼上对君山。 …… 600
巧作斜行字，催归去国人。 …… 713
正入万山圈子里，一山放出一山拦。 …… 1185
正字不知温饱未，西风吹泪古藤州。 …… 588
功高人共嫉，事定我当烹。 …… 1448
功高成怨府，权盛是危机。 …… 1346
去年今日关山路，细雨梅花正断魂。 …… 444
世上岂无千里马？人中难得九方皋！ …… 629
世上但知王蠋义，人间唯有伯夷清。 …… 1420
世间无最苦，精爽此销磨。 …… 102
世事非难料，吾生本自浮。 …… 896
世态已更千变尽，心源不受一尘侵。 …… 631
世情儿女无高韵，只看重阳一日花。 …… 1111
古人冷淡今人笑，池水年年到旧痕。 …… 623
古来妾薄命，事主不尽年。 …… 677
可使食无肉，不可使居无竹。 …… 384
可怜日晏忍饥面，强作春深求友声。 …… 1112
可惜小舟横两桨，无人催送莫愁来。 …… 780
可惜不当湖水面，银山堆里看青山。 …… 601
平生一点不平气，化作祝融峰上云。 …… 1252
平生最识江湖味，听得秋声忆故乡。 …… 1276
平沙千里经春雪，广陌三条尽日风。 …… 55
平明忽见溪流急，知是他山落雨来。 …… 1299
平明登前途，万里不回首。 …… 1459
东风知我欲山行，吹断檐间积雨声。 …… 381
东风忽起垂杨舞，更作荷心万点声。 …… 287
东风便试新刀尺，万叶千花一手裁。 …… 200

东风谬掌花权柄，却忌孤高不主张。 …… 1365
东风露消息，万物有精神。 …… 881

〔丨〕

北人环立阑干曲，手指红梅作杏花。 …… 1508
归心千古终难白，啼血万山都是红。 …… 1531
归来笑拈梅花嗅，春在枝头已十分。 …… 1300
叶落风不起，山空花自红。 …… 677
只欠翠纱红映肉，两年寒食负先生。 …… 1162
只有书生拙，穷年垦纸田。 …… 1139
只应两处秋宵梦，万一关头得暂逢。 …… 1534
只知镜里春难驻，谁道人间夜更长！ …… 1446
只看云断成飞雨，不道云从底处来。 …… 1201
只恐夜深花睡去，故烧高烛照红妆。 …… 456
只恐春风有机事，夜来开破几丸书。 …… 773

〔丿〕

生当作人杰，死亦为鬼雄。 …… 861
生拟入山随李广，死当穿冢近要离。 …… 1016
乍暖柳条无气力，淡晴花影不分明。 …… 1162
丘原无起日，江汉有东流。 …… 684
付与儿孙知伏腊，听教鱼鸟逐飞沉。 …… 631
白云自占东西岭，明月谁分上下池。 …… 400
白鸟忽点破，残阳还照开。 …… 67
白发无情侵老境，青灯有味似儿时。 …… 986
白发齐生如有种，青山好去坐无钱。 …… 624
白沟旧在鸿沟外，易水今移淮水前。 …… 1166
白战不许持寸铁。 …… 481
白菡萏香初过雨，红蜻蜓弱不禁风。 …… 1060
乐意相关禽对语，生香不断树交花。 …… 75
处处园林皆有主，欲寻何地看春归？ …… 527
鸟飞云水里，人语橹声中。 …… 696
鸟飞不尽暮天碧，渔歌忽断芦花风。 …… 332
鸟不住啼天更静，花多晚发地应偏。 …… 832

〔丶〕

主恩不与妍华尽，何限人间失意人！ …… 705
主家十二楼，一身当三千。 …… 676
半生忧患里，一梦有无中。 …… 717
半记不记梦觉后，似愁无愁情倦时。 …… 184
半湿半晴梅雨道，乍寒乍暖麦秋天。 …… 970
汉恩自浅胡自深，人生乐在相知心。 …… 257

〔乛〕

发短愁催白，颜衰酒借红。 ……… 717

六 画

〔一〕

老子犹堪绝大漠，诸君何至泣新亭。 …………………………………… 1043

老牛粗了耕耘债，啮草坡头卧夕阳。 …………………………………… 534

老来岁月能多少，看得栽花结子成? …………………………………… 822

地皆宜避暑，人自要趋炎。 ……… 1527

耳目所及尚如此，万里安能制夷狄? …………………………………… 147

臣结春陵二三策，臣甫杜鹃再拜诗。安知忠臣痛至骨，世上但赏琼琚词。 …………………………………… 618

吏进饱谙箝纸尾，客来苦劝摸床棱。 …………………………………… 1038

西窗一雨无人见，展尽芭蕉数尺心。 …………………………………… 826

百川无敌大江流，不与人间洗旧仇。 …………………………………… 1416

百尺阑干横海立，一生襟抱与山开。 …………………………………… 924

百舌黄鹂方用事，汝音虽好复谁听? …………………………………… 523

百辟动容观奏牍，几人回首愧朝班? …………………………………… 834

有此一楼足，悠然万虑忘。 ……… 1404

有约不来过夜半，闲敲棋子落灯花。 …………………………………… 1318

有恨岂因燕凤去，无言宁为息侯亡? …………………………………… 43

有情芍药含春泪，无力蔷薇卧晓枝。 …………………………………… 658

死不从公死，生如无此生。 ……… 1579

死去元知万事空，但悲不见九州同。 …………………………………… 1081

至今思项羽，不肯过江东。 ……… 861

〔丨〕

此地暂胡马，终身只宋民。 ……… 1542

此身行作稽山土，犹吊遗踪一泫然! …………………………………… 1070

此身合是诗人未? 细雨骑驴入剑门。 …………………………………… 1002

当此不知谁客主，道人忘我我忘言。 …………………………………… 244

当时亦笑张丽华，不知门外韩擒虎。 …………………………………… 468

当其下手风雨快，笔所未到气已吞。 …………………………………… 352

早知不入时人眼，多买燕脂画牡丹。 …………………………………… 663

曲终过尽松陵路，回首烟波十四桥。 …………………………………… 1266

岂惟见惯沙鸥熟? 已觉来多钓石温。 …………………………………… 448

〔丿〕

年年拈起防江字，地下诸贤会笑人。 …………………………………… 1360

年年送客横塘路，细雨垂杨系画船。 …………………………………… 1088

朱门沉沉按歌舞，厩马肥死弓断弦。 …………………………………… 1023

朱楼四面钩疏箔，卧看千山急雨来。 …………………………………… 205

竹根蟋蟀太多事，唤得秋来篱落间。 ………………………………… 963
竹深树密虫鸣处，时有微凉不是风。 ………………………………… 1145
伤心桥下春波绿，曾是惊鸿照影来。 ………………………………… 1070
自作新词韵最娇，小红低唱我吹箫。 ………………………………… 1266
自言不作《封禅书》，更肯悲吟《白头曲》！ ………………………………… 461
自言正直动山鬼，岂知造物哀龙钟。 ………………………………… 464
自怜衰钝辜真赏，犹窃虚名海内闻。 ………………………………… 1072
自经沟渎非吾事，臣死封疆是此时。 ………………………………… 1474
向来枉费推移力，此日中流自在行。 ………………………………… 1199
似青如白天浓淡，欲堕还飞絮往来。 ………………………………… 1162
后死翻为累，偷生未有期。 ………… 843
行人半出稻花上，宿鹭孤明菱叶中。 ………………………………… 1106
行人怅望苏台柳，曾与吴王扫落花。 ………………………………… 1278
舟中贾客莫漫狂，小姑前年嫁彭郎。 ………………………………… 427
会看金鼓从天下，却用关中作本根。 ………………………………… 998
多事鬓毛随节换，尽情灯火向人明。 ………………………………… 909
争信春风红袖女，绿杨庭院正秋千。 ………………………………… 1376

〔丶〕

壮心未与年俱老，死去犹能作鬼雄。 ………………………………… 1065
问渠那得清如许？为有源头活水来。 ………………………………… 1199
关河自古无穷事，谁料如今袖手看。 ………………………………… 1065
江山如此不归山，江神见怪警我顽。 ………………………………… 361
江山重复争供眼，风雨纵横乱入楼。 ………………………………… 1028
江山重叠故人稀。 ………………… 5
江月转空为白昼，岭云分暝与黄昏。 ………………………………… 244
江北秋阴一半开，晚云含雨却低徊。 ………………………………… 272
江头千树春欲闇，竹外一枝斜更好。 ………………………………… 453
江南旧日经行地，尽在于今醉梦中。 ………………………………… 754
江流不肯放人行，淮山只管留人宿。 ………………………………… 1179
江湖尊前深，日月梦中疾。 ………… 910
安得夫差水犀手，三千强弩射潮低。 ………………………………… 390

〔一〕

好山万皱无人见，都被斜阳拈出来。 ………………………………… 1158
好水好山看不足，马蹄催趁月明归。 ………………………………… 959
好作新诗寄桑苎，垂虹秋色满东南。 ………………………………… 667

好是满江涵返照，水仙齐著淡红衫。…… 172
好峰随处改，幽径独行迷。…… 97
戏招西塞山前月，来听东林寺里钟。…… 1033
观书老眼明如镜，论事惊人胆满躯。…… 1229
红颜胜人多薄命，莫怨春风当自嗟。…… 147

七 画

〔一〕

形胜三分国，波流万世功。…… 750
远戍十年临的博，壮图万里战皋兰。…… 1065
投荒万死鬓毛斑，生出瞿塘滟滪关。…… 600
却是归鸿不能语，一年一度到江南。…… 1174
却是松梢霜水落，雨声那得此声清？…… 1160
芰荷声里孤舟雨，卧入江南第一州。…… 746
花如解语迎人笑，草不知名随意生。…… 733
苍天苍天叫不闻，应羡道旁饥冻死！…… 1303
杖藜切莫匆匆去，有伴行春不要忙。…… 1320
杏花飞帘散余春，明月入户寻幽人。…… 430
更无柳絮因风起，惟有葵花向日倾。…… 215
更无短计销长日，且绕栏干一百回。…… 1141
更教仙骥旁边立，尽是人间第一流。…… 45
吾道非耶来旷野，江涛如此去何之？…… 983
豆花似解通邻好，引蔓殷勤远过墙。…… 1321
豆畦种罢无人守，缚得黄茅更似人。…… 1432
来何容易去何迟，半在心头半在眉。…… 171
连朝策马冲云去，尽是亭中望处山。…… 1210

〔丨〕

时方随日化，身已要人扶。…… 687
吴中近事君知否？团扇家家画放翁。…… 1060
吴侬生长湖山曲，呼吸湖光饮山绿。…… 461
里胥休借问，不信有官权。…… 112
园翁莫把秋荷折，留与游鱼盖夕阳。…… 1480
困卧北窗呼不起，风吹松竹雨凄凄。…… 515
吟余小立阑干外，遥见樵渔一路归。…… 191
吟得诗成无笔写，蘸他春水画船头。…… 1431
吹尽柳花人不见，春旗催日下城头。…… 518
呜呼，楚虽三户能亡秦，岂有堂堂中国空无人！…… 996

〔丿〕

我比杨花更飘荡，杨花只是一春忙。 …… 814
我自只如常日醉，满川风月替人愁。 …… 643
我亦且如常日醉，莫教弦管作离声。 …… 136
我身不暖暖他人，终日茅檐愁冻死！ …… 1324
我诗如曹郐，浅陋不成邦。公如大国楚，吞五湖三江。 …… 551
我家江水初发源，宦游直送江入海。 …… 360
我腹不饱饱他人，终日茅檐愁饿死！ …… 1324
我愿天公怜赤子，莫生尤物为疮痏。 …… 495
利市襕衫抛白纻，风流名纸写红笺。 …… 12
私书归梦杳难分。 …… 151
何人一纸防秋疏？却与山窗障北风。 …… 1562
何方可化身千亿？一树梅前一放翁。 …… 1076
何处飞来双燕子？一时衔在画梁西。 …… 753
何必桑干方是远，中流以北即天涯。 …… 1173
何事春风容不得？和莺吹折数枝花。 …… 16
但作奇寒侵客梦，若为一震静胡烟！ …… 775
但知斩马凭孤剑，岂为摧车避太行！ …… 531
但恨平生意，轻了少陵诗。 …… 899
但恐苏耽鹤，归时或姓丁。 …… 596
但得众生皆得饱，不辞羸病卧残阳。 …… 841
但得暑光如寇退，不辞老境似潮来。 …… 1109
低徊顾影无颜色，尚得君王不自持。 …… 254
身世从违里，功言取次休。 …… 684
身在乱蛙声里睡，身从化蝶梦中归。 …… 1307
身经两世太平日，眼见四朝全盛时。 …… 186
身健何妨远？情亲未肯疏。 …… 683
身游万死一生地，路入千峰百嶂中。 …… 985
近人白鹭麾方去，隔岸青山唤不应。 …… 1234
近人积水无鸥鹭，惟见归牛浮鼻过。 …… 588
坐对真成被花恼，出门一笑大江横。 …… 594
坐感岁时歌慷慨，起看天地色凄凉。 …… 224
狂脱酒家春醉后，乱堆渔舍晚晴时。 …… 29

〔丶〕

应会逐臣西望意，故教溪水只西流。 …… 722
冷于陂水淡于秋，远陌初穷到渡头。 …… 65
忘却问君船住处，夜来清梦绕西城。 …… 302

闲上山来看野水，忽于水底见青山。 …… 1296
沙平风软望不到，孤山久与船低昂。 …… 427
穷者梦富贵，达者梦神仙。梦中亦役役，人生良鲜欢。 …… 1311
灾疾资千悟，冤亲并一空。 …… 702
良人犹恐催耕早，自扯蓬窗看晓星。 …… 1333
初如食橄榄，真味久愈在。 …… 134

〔㇕〕

君不见七十二子从夫子，儒雅强半鲁国士。 …… 1245
君看赤壁终陈迹，生子何须似仲谋！ …… 991
君看陌上春，令人笑拍手。 …… 300
妙质不为平世得，微言惟有故人知。 …… 226
忍泪失声询使者：几时真有六军来？ …… 1093
鸡飞过篱犬吠窦，知有行商来买茶。 …… 1116
纵被春风吹作雪，绝胜南陌碾成尘。 …… 266

八 画

〔一〕

青山在屋上，流水在屋下。中有五亩园，花竹秀而野。 …… 417
青山缭绕疑无路，忽见千帆隐映来。 …… 273
青枝满地花狼藉，知是儿孙斗草来。 …… 1114
青春白日无公事，紫燕黄鹂俱好音。 …… 631
青溪天水相澄映，便是临春阁上魂。 …… 746
青墩溪畔龙钟客，独立东风看牡丹。 …… 931
抱儿更送田头饭，画鬓浓调灶额烟； …… 1376
拄杖前头双雉起，浮图绝顶一雕盘。 …… 1110
苦竹绕莲塘，自悦鱼鸟性。 …… 584
昔如埋剑常思出，今作闲云不计程。 …… 1077
若无天下议，美恶尽成空。 …… 686
若为借与春风看，无限珠玑咳唾中。 …… 690
若使人人祷辄遂，造物应须日千变。 …… 368
若使牡丹开得早，有谁风雪看梅花？ …… 1381
茂陵他日求遗稿，犹喜曾无封禅书。 …… 54
英雄事往人何在？寂寞台空草自生。 …… 1187
林间有客无人识，欸乃声中万古心。 …… 1204
林亭感旧空回首，泉路凭谁说断肠？ …… 1058
林疏放得遥山出，又被云遮一半无。 …… 1317
枥马羸难出，邻鸡冻不歌。 …… 597
杳杳天低鹘没处，青山一发是中原。 …… 501
画桥依约垂杨外，映带残霞一抹红。 …… 880

卧听疲马啮残刍。 ………………… 305
卧看满天云不动，不知云与我俱东。
………………………………… 882
事去千年速，愁来一死迟。 ……… 1521
雨过潮平江海碧，电光时掣紫金蛇。
………………………………… 374
雨后双禽来占竹，秋深一蝶下寻花。
………………………………… 195
雨意欲成还未成，归云却作伴人行。
………………………………… 888

〔丨〕

明时颇牧居深禁，若见关山也自愁。
………………………………… 1360
岸傍杨柳都相识，眼底云山苦见留。
………………………………… 1176
岭上晴云披絮帽，树头初日挂铜钲。
………………………………… 381

〔丿〕

知有儿童挑促织，夜深篱落一灯明。
………………………………… 1374
知时如有信，决起亦相亲。 ……… 713
垂天雌霓云端下，快意雄风海上来。
………………………………… 500
侍臣已写归降表，臣妾佥名谢道清。
………………………………… 1506
侧出岸沙枫半死，系船应有去年痕。
………………………………… 271
侧足三分垂坏磴，举头一握到孤云。
………………………………… 1099
依山筑阁见平川，夜阑箕斗插屋椽，
………………………………… 607
依然坏郭中牟县，千尺浮屠管送迎。
………………………………… 888
舍后芳畦犹绿秀，邻家鞭笋过墙来。
………………………………… 1113
金风玉露玻璃月，并作诗人富贵秋。
………………………………… 1283
金鸡叫罢无人见，月满空山水满潭。
………………………………… 1204
忽然觉得今宵月，元不粘天独自行。
………………………………… 1180
饱吃惠州饭，细和渊明诗。 ……… 606

〔丶〕

京兆知名不敢捕，倚天长剑著崆峒。
………………………………… 725
夜月池台王傅宅，春风杨柳太师桥。
………………………………… 952
夜栖高冢占星象，昼上巢车望虏尘。
………………………………… 1066
夜凉吹笛千山月，路暗迷人百种花。
………………………………… 153
夜阑卧听风吹雨，铁马冰河入梦来。
………………………………… 1054
浅深山色高低树，一片江南水墨图。
………………………………… 203
河分冈势断，春入烧痕青。 ……… 26
定中久已安心竟，饱外何须食肉飞？
………………………………… 1096
试从意外看风味，方信留侯似妇人。
………………………………… 971
试数交游看，方惊笑语稀。 ……… 812
诗书发冢功名薄，麋鹿同群岁月长。
………………………………… 707
诗穷莫写愁如海，酒薄难将梦到家。
………………………………… 873

〔一〕

孤臣霜发三千丈，每岁烟花一万重。 ………… 921
孤灯无焰穴鼠出，枯叶有声邻犬行。 ………… 1061
始悟真源行不到，倚筇随处弄潺湲。 ………… 1202
细雨足时茶户喜，乱山深处长官清。 ………… 381
细雨春芜上林苑，颓垣夜月洛阳宫。 ………… 1064
细草穿沙雪半销，吴宫烟冷水迢迢。 ………… 1273
细草摇头忽报侬，披襟拦得一西风。 ………… 1148
细随绿水侵离馆，远带斜阳过别洲。 ………… 293
细数落花因坐久，缓寻芳草得归迟。 ………… 279
经行东坡眠食地，拂拭宝墨生楚怆！ ………… 611

九　画

〔一〕

春风又绿江南岸，明月何时照我还？ ………… 231
春风自是人间客，主张繁华得几时？ ………… 509
春风取花去，酬我以清阴。 ………… 277
春风春雨花经眼，江北江南水拍天。 ………… 640
春风骋巧如剪刀，先裁杨柳后杏桃。 ………… 116
春风疑不到天涯，二月山城未见花。 ………… 132
春色恼人眠不得，月移花影上栏干。 ………… 229
春色满园关不住，一枝红杏出墙来。 ………… 1371
春江水暖鸭先知。 ………… 467
春雨断桥人不度，小舟撑出柳阴来。 ………… 801
春洲生荻芽，春岸飞杨花。河豚当是时，贵不数鱼虾。 ………… 89
持归空惭辽东豕，努力明年趁头市。 ………… 757
持家但有四立壁，治病不蕲三折肱。 ………… 542
城中岂识农耕好？却恨悭晴放纸鸢。 ………… 1415
挥毫不似人间世，长乐钟声梦觉时。 ………… 289
草草杯盘供笑语，昏昏灯火话平生。 ………… 228
茫然不悟身何处，水色天光共蔚蓝。 ………… 805
故人相见自青眼，新贵即今多黑头。 ………… 630
南八男儿终不屈，皇天上帝眼分明。 ………… 1470
南人堕泪北人笑，臣甫低头拜杜鹃。 ………… 1510
相知四海孰青眼，高卧一庵今白头。 ………… 779
相逢未暇论奇字，先向水边看白云。 ………… 1368

树阴满地日当午，梦觉流莺时一声。 …… 156
要看银山拍天浪，开窗放入大江来。 …… 83

〔丨〕

点检梁间新岁月，招呼台上旧溪山。 …… 1200
是处青山可埋骨，他年夜雨独伤神。 …… 438

〔丿〕

钟唤梦回空怅望，人传书至竟沈浮。 …… 846
钩帘百顷风烟上，卧看青云载雨过。 …… 826
看尽江湖千万峰，不嫌云梦芥吾胸。 …… 1033
看花应不如看叶，绿影扶疏意味长。 …… 1442
秋色入林红黯淡，日光穿竹翠玲珑。 …… 162
重华一去宁复得，天下纷纷经几秦？ …… 252
重帘不卷留香久，古砚微凹聚墨多。 …… 1057
重楼杰观屹相望，表里山河自一方。 …… 714
食贫自以官为业，闻说西斋意凛然。 …… 627
胜地几经兴废事，夕阳偏照古今愁。 …… 292
胜似名园空锁闭，主人至老不归来。 …… 1227
独有丹心皎，长依海日悬。 …… 1545
独有孤臣挥血泪，更无奇杰叫天阍。 …… 1248
独有春风知此意，年年杜宇泣冬青。 …… 1565
急雪脊令相并影，惊风鸿雁不成行。 …… 581

〔丶〕

将飞更作回风舞，已落犹成半面妆。 …… 79
音信稀疏兄弟隔，一声新雁九江秋。 …… 1326
养性霜刀在，阅人清镜空。 …… 556
前树未回疑路断，后山才转便云遮。 …… 283
逆水鱼儿冲断岸，贪泥燕子堕危沙。 …… 1217
洗砚鱼吞墨，烹茶鹤避烟。 …… 30
恰如退士垂车后，势利交亲不到门。 …… 1111
觉后不知新月上，满身花影倩人扶。 …… 653
宫女不眠开眼坐，更听人唱《哭襄阳》。 …… 1515
客子光阴诗卷里，杏花消息雨声中。 …… 929
客来梦觉知何处？挂起西窗浪接天。 …… 450
扁舟系岸依林樾，萧萧两鬓吹华发。 …… 770
神州只在阑干北，度度来时怕上楼。 …… 1359

说着梅花定说君。 …………………… 1462

〔乛〕

退食归来北窗梦，一江风月趁鱼船。
…………………………………… 577
眉头无一事，笔下有千年。 ……… 1539
勇似韩彭有，心如廉蔺希。 ……… 1346
绝色天下无，一失难再得。虽能杀
画工，于事竟何益？ ………………… 147
绝知南雪羞相并，欲嫁东风耻自媒。
…………………………………… 1407
绝壁笛声那得到，只愁斜日冻蜂知。
…………………………………… 965

十 画

〔一〕

起傍梅花读《周易》，一窗明月四檐声。
…………………………………… 1331
都为主人尤好事，风光留住不教回。
…………………………………… 199
哲人日已远，典刑在夙昔。风檐展
书读，古道照颜色。 ……………… 1498
恐君回首高城隔，直倚江楼过夕阳。
…………………………………… 803
莲生淤泥中，不与泥同调。 ……… 536
莫问早行奇绝处，四方八面野香来。
…………………………………… 1137
莫把江山夸北客，冷云寒水更荒凉。
…………………………………… 1083
莫嫌荦确坡头路，自爱铿然曳杖声。
…………………………………… 452
荷叶似云香不断，小船摇曳入西陵。
…………………………………… 1276
荷花入暮犹愁热，低面深藏碧伞中。
…………………………………… 1148
恶风横江江卷浪，黄流湍猛风用壮。
…………………………………… 701
真是真非安在？人间北看成南。
…………………………………… 547
桃花雨过碎红飞，半逐溪流半染泥。
…………………………………… 753
桃花爱作春寒信，只恐桃花也自寒。
…………………………………… 1156
桃花流水在人世，武陵岂必皆神仙？
…………………………………… 475
桃花嫣然出篱笑，似开未开最有情。
…………………………………… 822
桃李春风一杯酒，江湖夜雨十年灯。
…………………………………… 542
夏鼎几迁空象物，秦桥未就已沉波。
…………………………………… 57

〔丨〕

逍遥堂后千寻木，长送中宵风雨声。
…………………………………… 515

〔丿〕

缺月昏昏漏未央，一灯明灭照秋床。
…………………………………… 224
倦鹊绕枝翻冻影，飞鸿摩月堕孤音。
…………………………………… 808
爱君修竹为尊者，却笑寒松作大夫。
…………………………………… 792
胸中元自有丘壑，故作老木蟠风霜。
…………………………………… 573

〔丶〕

凌波仙子生尘袜，水上轻盈步微月。 ………… 593
高柳簇桥初转马，数家临水自成村。 ………… 1073
脊令各有思归恨，日月相催雪满颠。 ………… 640
料得清贫馋太守，渭滨千亩在胸中。 ………… 416
烛天灯火三更市，摇月旌旗万里舟。 ………… 1105
酒边父老犹能说："五十年前好四川！" ………… 1523
海压竹枝低复举，风吹山角晦还明。 ………… 922
海棠不惜胭脂色，独立蒙蒙细雨中。 ………… 913
浮云易归岫，远客难回顾。 ………… 918
浮萍破处见山影，小艇归时闻草声。 ………… 70
家家养子学耕织，输与官家事夷狄。 ………… 221
诸君有意除钩党，甲乙推求恐到君。 ………… 786
读书不了平生事，阅世空有后死身。 ………… 1550
谁人敢议清风价？无乐能过百日闲。 ………… 165
谁开一窗明，纳此千顷静。 ………… 816
谁知营中血战人，无钱得合金疮药！ ………… 1358
谁怜三尺像，犹带瘦精神。 ………… 1297
谁道田家乐？春税秋未足。 ………… 93

〔乛〕

能与贫人共年谷，必有明月生蚌胎。 ………… 603

十一画

〔一〕

推愁不去如相觅，与老无期稍见侵。 ………… 808
接天莲叶无穷碧，映日荷花别样红。 ………… 1168
黄金台愧少知己，碧玉调将空好音。 ………… 1518
黄莺也爱新凉好，飞过青山影里啼。 ………… 1295
黄楼不独排河流，壮观弹压东诸侯。 ………… 330
萦回水抱中和气，平远山如蕴藉人。 ………… 1022
乾坤万事集双鬓，臣子一谪今五年。 ………… 906
乾坤都向此中宽。 ………… 320
梦岂花边到，春俄雨里迁。 ………… 1139
梦绕云山心似鹿，魂惊汤火命如鸡。 ………… 438
梧桐真不甘衰谢，数叶迎风尚有声。 ………… 748
梅子留酸软齿牙，芭蕉分绿与窗纱。 ………… 1153
梅花竹里无人见，一夜吹香过石桥。 ………… 1273
雪山真将相，赤壁再乾坤。 ………… 1146

雪中行师等儿戏,夜取蔡州藏袖里。 ······ 796

〔丨〕

眼中犀角真吾子,身后牛衣愧老妻。 ······ 438
眼昏不奈陈编得,挑尽残灯不肯明。 ······ 1077
野水无人渡,孤舟尽日横。 ······ 38
野水自添田水满,晴鸠却唤雨鸠归。 ······ 602
野水多于地,春山半是云。 ······ 1314
野风吹空巢,波涛在孤树。 ······ 1570
野凫眠岸有闲意,老树着花无丑枝。 ······ 120
晚木声酣洞庭野,晴天影抱岳阳楼。 ······ 904
晚花酣晕浅,平水笑窝轻。 ······ 1329
唯有孤栖旧时鹤,举头见客似长言。 ······ 397
唯有南风旧相识,偷开门户又翻书。 ······ 286
唯有落红官不禁,尽教飞舞出宫墙。 ······ 1378
唯有鹭鸶知我意,时时翘足对船窗。 ······ 20

〔丿〕

梨花院落溶溶月,柳絮池塘淡淡风。 ······ 72
做寒做冷何须怒,来早一霜谁不知。 ······ 1172
售与绮罗人不顾,看纱嫌重绢嫌轻。 ······ 1406
得句鹭飞处,看山天尽头。 ······ 963
舳舻岁岁衔清汴,才足都人几炬烧。 ······ 951
欲与东风说,休吹堕絮飞。 ······ 1138
欲传春信息,不怕雪埋藏。 ······ 1235
欲把西湖比西子,淡妆浓抹总相宜。 ······ 383
欲知万里苍梧眼,泪尽君山一点青。 ······ 937
欲知垂尽岁,有似赴壑蛇。 ······ 358
欲唤扁舟归去,故人言是丹青! ······ 562
欲验春来多少雨? 野塘漫水可回舟。 ······ 749
猎回汉苑秋高夜,饮罢秦台雪作天。 ······ 730

〔丶〕

商女不知宁有恨,徐娘虽老尚多情。 ······ 1475
断肠声里无形影,画出无声亦断肠。 ······ 644
断梗枯槎无泊处,一川寒碧自萦回。 ······ 1202
清风无力屠得热,落日着翅飞上山。 ······ 310
清风明月无人管,并作南楼一味凉。 ······ 613
清禽百啭似迎客,正在有情无思间。 ······ 1089
渐见灯明出远寺,更待月黑看湖光。 ······ 373
渔郎更觅桃源路,除是人间别有天。 ······ 1204

深夜无风莲叶响，水寒更有未眠鸥。 …… 1569
惆怅东栏一株雪，人生看得几清明！ …… 414
惆怅旧时吹笛处，隔窗风雨剥青红。 …… 1429
寄语重门休上钥，夜潮留向月中看。 …… 390

〔乛〕

绿阴不减来时路，添得黄鹂四五声。 …… 862
绿杨白鹭俱自得，近水远山皆有情。 …… 157
绿遍山原白满川，子规声里雨如烟。 …… 1298

十二画

〔一〕

堤杨脆尽黄金线，城里人家未觉秋。 …… 1479
喜极不得语，泪尽方一哂。 …… 690
搔首与谁论往事，星河无语下城头。 …… 827
蒌蒿穿雪动，杨柳索春饶。 …… 597
蒌蒿满地芦芽短，正是河豚欲上时。 …… 467
落木千山天远大，澄江一道月分明。 …… 641
朝元阁下归来燕？不见前头鹦鹉言！ …… 1577
朝元阁上西风急，都向长杨作雨声。 …… 760
雁来野鸭却惊起，我与舟人俱仰看。 …… 1164
棋罢不知人换世，酒阑无奈客思家。 …… 153
雄气堂堂贯斗牛，誓将贞节报君仇。 …… 960
辍耕扶日月，起废极吹嘘。 …… 687

〔丨〕

凿开鱼鸟忘情地，展尽江河极目天。 …… 77
晴江明处动，远树看来齐。 …… 1139
晴窗影落石泓处，松煤浅染饱霜兔。 …… 583
最苦无山遮望眼，淮南极目尽神州。 …… 1308
最是杨花欺客子，向人一一作西飞。 …… 1141
遗民泪尽胡尘里，南望王师又一年！ …… 1052
蛛网屋煤昏故物，此生惟有梦来时。 …… 633
嗟哉生计一如此，谬入王民版籍论。 …… 114
黑云翻墨未遮山，白雨跳珠乱入船。 …… 371

〔丿〕

铺床凉满梧桐月，月在梧桐缺处明。 …… 1215
鹅鸭不知春去尽，争随流水趁桃花。 …… 732
剩欲出门追语笑，却嫌归鬓逐尘沙。 …… 712

〔丶〕

童子柳阴眠正着，一牛吃过柳阴西。……………………………………… 1177

童孙未解供耕织，也傍桑阴学种瓜。……………………………………… 1119

湘东一目诚堪死，天下中分尚可持。……………………………………… 626

渺渺孤城白水环，舳舻人语夕霏间。……………………………………… 661

渡口唤船人独立，一簑烟雨湿黄昏。……………………………………… 838

游人不管春将老，来往亭前踏落花。……………………………………… 137

游人脚底一声雷，满座顽云拨不开。……………………………………… 388

惶恐滩头说惶恐，零丁洋里叹零丁。……………………………………… 1485

愧我明珠成薏苡，负君赤手缚於菟。……………………………………… 1229

寒炉余几火？灰里拨阴、何。……… 597

遍身罗绮者，不是养蚕人！………… 180

〔乛〕

疏烟明月树，微雨落花村。………… 84

疏影横斜水清浅，暗香浮动月黄昏。……………………………………… 49

疏篱不与花为护，只为蛛丝作网竿。……………………………………… 1137

隔林恐有人闻得，报县来拘土产钱。……………………………………… 1330

隔断秋月明，不使共一处。……… 1580

登临吴蜀横分地，徙倚湖山欲暮时。……………………………………… 903

登高回首坡垅隔，但见乌帽出复没。……………………………………… 344

缕衣檀板无颜色，一曲当时动帝王。……………………………………… 955

十三画

〔一〕

携瓶自汲江心水，要试煎茶第一功。……………………………………… 1169

楼头夜半风吹断，月在浮云浅处明。……………………………………… 524

楼台见新月，灯火上双桥。………… 673

楼船夜雪瓜洲渡，铁马秋风大散关。……………………………………… 1046

赖是丹青不能画，画成应遣一生愁。……………………………………… 65

〔丨〕

睡思乍来还乍去，日长披卷下帘时。……………………………………… 669

睡觉莞然成独笑，数声渔笛在沧浪。……………………………………… 337

暖风熏得游人醉，直把杭州作汴州。……………………………………… 1436

蜂房各自开户牖，处处煮茶藤一枝。……………………………………… 638

蜀魂飞绕百鸟臣，夜半一声山竹裂。……………………………………… 1563

〔丿〕

催科知要先期办，风露饥肠织到明。……………………………………… 1330

遥知不是雪，为有暗香来。……… 270

解作江南断肠句，只今惟有贺方回。 …… 614

〔丶〕

痴儿不了公家事，男子要为天下奇。 …… 834
新月已生飞鸟外，落霞更在夕阳西。 …… 744
意足不求颜色似，前身相马九方皋。 …… 885
意态由来画不成，当时枉杀毛延寿。 …… 254
数声好鸟不知处，千丈藤萝古木昏。 …… 838
数声柔橹苍茫外，何处江村人夜归？ …… 525
数亩荒园留我住，半瓶浊酒待君温。 …… 444
慈母眼中血，未干同两乳。 …… 109
满地斜阳是此心。 …… 1543
满眼落花多少意，若何无个解春愁？ …… 311
满朝朱紫尽降臣。 …… 1509
窥人鸟唤悠扬梦，隔水山供宛转愁。 …… 276

〔乛〕

群蚁争收坠翼，策勋归去南柯。 …… 599

十四画

〔一〕

碧云望断空回首，一半阑干无夕阳。 …… 1445
碧眼胡儿三百骑，尽提金勒向云看。 …… 9
墙头语鹊衣犹湿，楼外残雷气未平。 …… 891
愿得人间皆似我，也应四海少荒田。 …… 14

〔丿〕

舞阳去叶才百里，贱子与公俱少年。 …… 624
舞罢青蛾同去国，战残白骨尚盈丘。 …… 334
管城子无食肉相，孔方兄有绝交书。 …… 555
疑此江头有佳句，为君寻取却茫茫。 …… 789

〔丶〕

豪华尽出成功后，逸乐安知与祸双？ …… 247
遮时留取城西塔，篷底归人要认家。 …… 1364
瘦蝉有得许多气，吟落斜阳未肯休。 …… 1148

十五画

〔一〕

横看成岭侧成峰，远近高低各不同。 …… 457

〔丨〕

蝴蝶双飞得意，偶然毕命网罗。 …… 599

〔丿〕

镌镵物象三千首，照耀乾坤四百春。 …… 321

箭在的中非尔力，风行水上自成文。
…………………………………… 1265

〔丶〕

摩诘得之于象外，有如仙翮谢笼樊。
…………………………………… 352
摩挲数尺沙边柳，待汝成阴系钓舟。
…………………………………… 961
褒贬无一词，岂得为良史？ ………… 21
潮中有妾相思泪，流到楼前更不流。
…………………………………… 803
鹤闲临水久，蜂懒采花疏。 ………… 51

十六画
〔一〕

燕未成家寒食雨，人如中酒落花风。
…………………………………… 1460

〔丿〕

雕栏能得几时好，不独凭栏人易老。
…………………………………… 379

十七画
〔一〕

藏书万卷可教子，遗金满籯常作灾。
…………………………………… 603

〔丿〕

繁星晓埭闻鸡度，细雨春场射雉归。
…………………………………… 61

十八画
〔一〕

藤萝得意干云日，箫鼓何心进酒樽。
…………………………………… 623

廿 画
〔乛〕

譬如妖韶女，老自有余态。 ………… 133

廿一画
〔一〕

露箬霜筠织短篷，飘然来往淡烟中。
…………………………………… 1060

廿五画
〔丶〕

戆愚酷信纸上语，老病犹先天下忧。
…………………………………… 1079

诗人笔画索引

说 明

一、本索引收录本书中有姓名的全部诗人，诗人右边的数字表示该诗人所在正文的页码。

二、本索引按诗人姓名第一个字的笔画排列，首字画数相同的，按第一、二笔的笔形及字形结构(左右、上下、包围、整体)排列；同首字的，按词目字数多少排列；同字数的，按第二字的笔画笔顺分先后，第二字相同的，依第三字，余类推。

三、一、丨、丿、丶、乛以外的笔形作如下处理：提(㇀)归入横(一)，捺(㇏)归入点(丶)，笔形带钩或曲折的(如㇇、𠃌、𠃊、㇈、𠃊、∠)等都归入折(乛)。

二 画

丁开 ………………… 1447

四 画

王十朋 ………………… 973
王令 ………………… 307
王迈 ………………… 1341
王安石 ………………… 221
王安国 ………………… 288
王质 ………………… 1126
王炎 ………………… 1227
王禹偁 ………………… 12
王奕 ………………… 1524
王庭珪 ………………… 830
王珪 ………………… 210
王铚 ………………… 881
王寀 ………………… 766
王琮 ………………… 940
王雱 ………………… 526
王镃 ………………… 1557
尤袤 ………………… 1130
毛珝 ………………… 1416
文及翁 ………………… 1548
文天祥 ………………… 1481
文同 ………………… 191
文兆 ………………… 25
文彦博 ………………… 129
方凤 ………………… 1545
方岳 ………………… 1393
方泽 ………………… 759
方惟深 ………………… 518
孔文仲 ………………… 508
孔平仲 ………………… 528
邓肃 ………………… 935

五 画

左纬 ………………… 811
石[illegible] ………………… 814
石介 ………………… 128
石延年 ………………… 75
石象之 ………………… 170
叶绍翁 ………………… 1371
叶茵 ………………… 1405
叶梦得 ………………… 813
叶適 ………………… 1237
乐雷发 ………………… 1388
冯山 ………………… 338
冯去非 ………………… 1369
冯取洽 ………………… 1391
司马光 ………………… 213
司马池 ………………… 65

六 画

吕本中 ………………… 843
吕定 ………………… 1187
吕南公 ………………… 303
朱弁 ………………… 872
朱松 ………………… 943
朱淑真 ………………… 1215
朱槔 ………………… 947
朱熹 ………………… 1191
华岳 ………………… 1332
危稹 ………………… 1285
刘一止 ………………… 818
刘子翚 ………………… 949
刘仙伦 ………………… 1254
刘过 ………………… 1245
刘次庄 ………………… 753
刘克庄 ………………… 1352
刘攽 ………………… 285
刘宰 ………………… 1301
刘敞 ………………… 202
刘筠 ………………… 55

刘翰 …………………… 1282
刘黻 …………………… 1424
关澥 …………………… 754
米芾 …………………… 665
江端友 ………………… 756
宇昭 …………………… 27
安如山 ………………… 1384
许月卿 ………………… 1426
许棐 …………………… 1347
孙觌 …………………… 836

七 画

严羽 …………………… 1450
苏庠 …………………… 770
苏洵 …………………… 180
苏轼 …………………… 339
苏舜钦 ………………… 154
苏辙 …………………… 511
杜常 …………………… 760
李之仪 ………………… 649
李纲 …………………… 841
李弥逊 ………………… 874
李唐 …………………… 663
李清照 ………………… 852
李彭 …………………… 733
李彭老 ………………… 1429
李觏 …………………… 172
杨万里 ………………… 1134
杨亿 …………………… 59
杨朴 …………………… 28
杨徽之 ………………… 3
杨蟠 …………………… 506
连文凤 ………………… 1501
吴涛 …………………… 810
吴锡畴 ………………… 1460
吴儆 …………………… 978
利登 …………………… 1432
何应龙 ………………… 1437
何梦桂 ………………… 1472
余靖 …………………… 84
邹浩 …………………… 761
辛弃疾 ………………… 1228
汪元量 ………………… 1504
汪莘 …………………… 1283
汪藻 …………………… 821
沈与求 ………………… 878
宋祁 …………………… 78
宋庠 …………………… 77
张元幹 ………………… 937
张耒 …………………… 734
张先 …………………… 70
张咏 …………………… 5
张俞 …………………… 179
张琰 …………………… 1458
张舜民 ………………… 323
张道洽 ………………… 1407
张嵲 …………………… 941
张镃 …………………… 1240
陆游 …………………… 980
陆壑 …………………… 1446
陈与义 ………………… 882
陈文龙 ………………… 1473
陈允平 ………………… 1444
陈师道 ………………… 676
陈均 …………………… 1326
陈亮 …………………… 1235
陈起 …………………… 1430
陈造 …………………… 1207
陈焕 …………………… 971
陈傅良 ………………… 1216
邵定 …………………… 1538
邵雍 …………………… 184

八 画

武衍 …………………… 1377
范成大 ………………… 1082
范仲淹 ………………… 66
林升 …………………… 1436
林希逸 ………………… 1408
林逋 …………………… 46
林景怡 ………………… 1558
林景熙 ………………… 1559
欧阳修 ………………… 131
罗与之 ………………… 1440
罗公升 ………………… 1534
岳飞 …………………… 959
岳珂 …………………… 1337
周必大 ………………… 1121
周邦彦 ………………… 749
周莘 …………………… 933
周密 …………………… 1477
周紫芝 ………………… 838
周敦颐 ………………… 190
周弼 …………………… 1367
郑文宝 ………………… 10
郑协 …………………… 1533
郑思肖 ………………… 1540
郑震 …………………… 1435
郑獬 …………………… 281
宗泽 …………………… 763

九 画

赵炅 …………………… 1581
赵师秀 ………………… 1314
赵汝鐩 ………………… 1322

赵抃 …… 167
赵希槛 …… 1380
赵蕃 …… 1236
某尼 …… 1300
胡直孺 …… 764
柯茂谦 …… 1536
柳开 …… 9
柳永 …… 68
保暹 …… 23
皇甫明子 …… 1463
俞桂 …… 1382
俞紫芝 …… 293
俞德邻 …… 1475
饶节 …… 767
姜夔 …… 1263
洪炎 …… 774
洪咨夔 …… 1327
姚镛 …… 1368
贺铸 …… 669

十　画

秦观 …… 654
敖陶孙 …… 1258
袁陟 …… 197
真山民 …… 1527
柴望 …… 1417
晁补之 …… 720
晁冲之 …… 725
晁端友 …… 305
晏殊 …… 71
晏幾道 …… 509
钱惟演 …… 43
徐玑 …… 1293
徐铉 …… 1
徐积 …… 296
徐俯 …… 801
徐照 …… 1218
翁卷 …… 1296
高荷 …… 772
高翥 …… 1319
郭祥正 …… 328
唐庚 …… 781
家铉翁 …… 1423
陶弼 …… 189

十一画

黄公度 …… 967
黄庭坚 …… 536
黄庶 …… 199
萧立之 …… 1410
萧德藻 …… 962
梅尧臣 …… 85
曹勋 …… 945
龚开 …… 1465
章甫 …… 1230
梁栋 …… 1549
寇国宝 …… 771
寇準 …… 35

十二画

彭秋宇 …… 1526
葛天民 …… 1304
葛起耕 …… 1439
董颖 …… 961
韩淲 …… 1286
韩元吉 …… 976
韩希孟 …… 1502
韩驹 …… 802
韩琦 …… 163
惠洪 …… 792
惠崇 …… 26
程俱 …… 815
道潜 …… 523
道璨 …… 1422
曾公亮 …… 82
曾巩 …… 205
曾幾 …… 862
谢茝 …… 780
谢枋得 …… 1467
谢逸 …… 778
谢翱 …… 1570

十三画

蒨桃 …… 41
楼钥 …… 1221
裘万顷 …… 1289
詹本 …… 1539

十四画

蔡确 …… 337
蔡襄 …… 186

十五画

潘大临 …… 750
潘阆 …… 34

十六画

薛季宣 …… 1211
穆修 …… 63

十七画

戴昺 …… 1402
戴复古 …… 1307
魏了翁 …… 1331
魏泰 …… 520
魏野 …… 30

篇目笔画索引

说 明

一、本索引收录本书中的全部篇目，篇目右边的数字表示该篇目所在正文的页码。

二、本索引按篇目第一个字的笔画排列，首字画数相同的，按第一、二笔的笔形及字形结构（左右、上下、包围、整体）排列；同首字的，按词目字数多少排列；同字数的，按第二字的笔画笔顺分先后，第二字相同的，依第三字，余类推。

三、一、丨、丿、丶、乛以外的笔形作如下处理：提（㇀）归入横（一），捺（㇏）归入点（丶），笔形带钩或曲折的（如㇇、㇆、𠃊、㇈、㇄、𠃋）等都归入折（乛）。

一画

乙未元日用前韵书怀，今年五十矣 …… 1096
乙亥岁除渔梁村 …… 967

二画

〔一〕

二月一日晓渡太和江三首（其一、其二） …… 1156
二月二日出郊 …… 833
十一月二十六日松风亭下梅花盛开 …… 492
十一月四日风雨大作二首（其二） …… 1054
十二月十九日夜中发鄂渚，晓泊汉阳，亲旧携酒追送，聊为短句 …… 616
十二月九日雪融夜起达旦 …… 1331

〔丿〕

八月十二日夜诚斋望月 …… 1180
八月十五日看潮五绝 …… 390
八月七日初入赣过惶恐滩 …… 490
八月望夜无月有感二首（其一） …… 78
入直召对选德殿，赐茶而退 …… 1121
入塞 …… 945
九日和韩魏公 …… 183
九日寄秦觏 …… 692
九日置酒 …… 81
九月一日夜读诗稿有感走笔作歌 …… 1052
九江闻雁 …… 1326
九绝为亚卿作（其三、其四、其五、其八） …… 802

〔乛〕

又答斌老病愈遣闷二首 …… 584

三画

〔一〕

三月十七日夜醉中作 …… 1004
三虎行 …… 1393
三衢道中 …… 862
大风留金山两日 …… 432
大龙湫 …… 1223
大热五首（其一） …… 1313
与毛令方尉游西菩寺二首 …… 400
与进士宋严话别 …… 7
与郑介夫 …… 509
万里桥江上习射 …… 1018

〔丨〕

上巳临川道中 …… 988
上枢密韩公、工部尚书胡公 …… 852
小舟游近村，舍舟步归四首（其四） …… 1059
小池 …… 1147
小村 …… 114
小斋即事 …… 819
小隐自题 …… 51
小楼 …… 1444
山中 …… 1538

山中 …………………… 1557
山中夜坐 …………… 1548
山中闻杜鹃 ………… 774
山行 …………………… 1405
山行即事 …………… 1128
山园小梅 …………… 49
山雨 …………………… 1299
山南行 ……………… 997
山亭避暑 …………… 1527
山馆 …………………… 85
山窗新糊有故朝封事稿阅之有感 …… 1562
山路梅花 …………… 338

〔乛〕

己丑二月七日雨中读《汉元帝纪》，效乐天体 …………… 1124
己酉九月自巴丘过湖南别粹翁 ………… 910
己酉乱后寄常州使君侄 ……………… 828
子由将赴南都，与余会宿于逍遥堂，作两绝句，读之殆不可为怀，因和其诗以自解。余观子由自少旷达，天资近道，又得至人养生长年之诀，而余亦窃闻其一二，以为今者宦游相别之日浅，而异时退休相从之日长，既以自解，且以慰子由云 ……… 420
子规……………………… 84
子瞻诗句妙一世，乃云效庭坚体，盖退之戏效孟郊、樊宗师之比，以文滑稽耳。恐后生不解，故次韵道之。子瞻《送杨孟容》诗云："我家峨眉阴，与子同一邦。"即此韵 ……………… 551
乡村四月 ………… 1298
乡思 ………………… 175

四画

〔一〕

丰乐亭游春三首 …… 137
王充道送水仙花五十枝，欣然会心，为之作咏 ……………… 593
王维吴道子画 ……… 352
开禧纪事二首 …… 1301
天台道上早行 …… 1402
元丰行示德逢 ……… 236
元兵俘至合沙，诗寄仲子 …………… 1474
无题 …………………… 72
无题三首（其一） …… 43
云门道中晚步 ……… 877
云涛石 ……………… 646
五月十一日，夜且半，梦从大驾亲征，尽复汉唐故地，见城邑人物繁丽，云"西凉府也"。喜甚，马上作长句，未终篇而觉，乃足成之 ……… 1040
五更过无锡县寄怀范参政、尤侍郎 …… 1181
五禽言（其一、其三、其四、其五） …… 839
太皇谢太后挽章二首 ………………… 1521

〔丨〕

日长简仲咸 ………… 17
中牟道中二首 ……… 888
中秋夜吴江亭上对月怀前宰张子野及寄君谟蔡大 ……………… 159
水村闲望 …………… 295
水谷夜行寄圣俞、子美 ……………………… 133
见梅 ………………… 1437

〔丿〕

午枕 ………………… 265
午枕 ………………… 276
牛酥行 ……………… 756
长歌行 ……………… 1010
分题得渔村晚照 ………………… 1220
月下怀裴如晦、宋中道 ……………………… 115
月下醉题 ………… 1016
月夜与客饮酒杏花下 ……………………… 430
月夜泛舟姚江 …… 1221
月夜溪庄访旧 …… 1420

勿愿寿 …………………… 304
风雨中诵潘邠老诗 …………………… 1287
凤凰台次李太白韵 …………………… 334

〔丶〕

六月二十七日望湖楼醉书五绝(其一、其二) …………… 371
六月二十日夜渡海 …………………… 503
六月二十四日夜分,梦范致能、李知几、尤延之同集江亭,诸公请予赋诗,记江湖之乐,诗成而觉,忘数字而已 ………… 1060
六月十五日诣水公庵雨作 ………… 1193
六月十四日宿东林寺 …………………… 1033
六年正月二十日,复出东门,仍用前韵 …………………… 448
忆昔 ……………… 1066
忆钱塘江 ………………… 172

〔乛〕

巴丘书事 ………………… 904
以事走郊外示友 …… 887
予以事系御史台狱,狱吏稍见侵,自度不能堪,死狱中不得一别子由,故作二诗授狱卒梁成,以遗子由 …………………… 438
双井茶送子瞻 ……… 553
双溪种花二首 …… 1227
书王定国所藏烟江叠嶂图 ………………… 474
书友人屋壁 ………… 30
书丹元子所示李太白真 ………………… 486
书文山卷后 ……… 1579
书双竹湛师房二首 …………………… 395
书寿堂壁 …………… 54
书李世南所画秋景二首(其一) ……… 471
书陆放翁诗卷后 …………………… 1568
书林逋诗后 ………… 461
书河上亭壁四首(其三) …………………… 37
书哀 ………………… 103
书室明暖,终日婆娑其间,倦则扶杖至小园,戏作长句二首 …… 1056
书扇 ………………… 653
书湖阴先生壁二首(其一) …………… 275
书愤 …………… 1046
书愤二首 ……… 1064
书鄢陵王主簿所画折枝二首 …………… 472
书磨崖碑后 ……………… 617

五画

〔一〕

示儿 ……………… 1081
示三子 ……………… 690
示长安君 …………… 228
示同志 ……………… 1363
示张寺丞王校勘 …… 73
打麦 ………………… 324
正气歌 …………… 1497
正月二十日,与潘、郭二生出郊寻春,忽记去年是日同至女王城作诗,乃和前韵 ………………… 446
正月二十日往岐亭,郡人潘、古、郭三人送余于女王城东禅庄院 ……………… 443
正月十二日自房州遇虏至奔入南山十五日抵回谷张家 …… 899
古梅二首 ……… 965
可惜 ……………… 1448
石头城 …………… 1282
石苍舒醉墨堂 ……… 363
石鼓歌 ……………… 347
石壁寺山房即事 …… 880
戊子三月二十一日殇小女称称三首(其一、其二) ………… 108
戊辰即事 ……… 1354
平甫见招不欲往二首(其一) ………… 1268

东岗晚步 …… 875
东坡 …… 452
东城送运判马察院 …… 116
东栏梨花 …… 414
东流道中 …… 1127
东溪 …… 120

〔丨〕

北山 …… 279
北山道中 …… 1547
北行别人 …… 1470
北来人二首 …… 1352
北陂杏花 …… 266
北征 …… 895
北斋雨后 …… 195
北窗 …… 580
北塘避暑 …… 165
归至武阳渡作 …… 1364
归次汉中境上 …… 999
归雁二首 …… 713
甲午江行 …… 1416
田家 …… 695
田家十首(其三、其四、其六、其十) …… 1332
田家三咏 …… 1375
田家即事 …… 1432
田家苦 …… 1231
田家语 …… 93
田家谣 …… 1209
四月二十三日晚同太冲、表之、公实野步 …… 776
四禽言 …… 1551

〔丿〕

禾熟 …… 534
代小子广孙寄翁翁 …… 528
代意二首(其一) …… 59
白鹭 …… 786
用前韵招蕃叟弟 …… 1216
用前韵谢竹主人陈元仰 …… 1259
乐府二首 …… 1350
冬青花 …… 1563
冬夜听雨戏作二首(其二) …… 1037

〔丶〕

半山春晚即事 …… 277
汉武 …… 57
讯囚 …… 781
记梦 …… 289

〔乛〕

司马君实独乐园 …… 417
出颍口,初见淮山,是日至寿州 …… 365
出塞 …… 945
出塞曲二首 …… 1459
边户 …… 144
发安化回望黄州山 …… 747
发宜兴 …… 866
发商水道中 …… 893
对竹思鹤 …… 45
对酒 …… 1014
对雪 …… 21

六画

〔一〕

寺斋睡起二首 …… 577
老樵 …… 303
机女叹 …… 1406
过平原作 …… 1492
过平舆,怀李子先,时在并州 …… 629
过永乐文长老已卒 …… 398
过扬子江二首 …… 1169
过百家渡四绝句 …… 1137
过苏州 …… 157
过杨伯虎即席书事 …… 1241
过松源,晨炊漆公店六首(其五) …… 1185
过杭州故宫二首 …… 1577
过垂虹 …… 1266
过湖 …… 1382
过零丁洋 …… 1485
过德清二首 …… 1263
再登岳阳楼感慨赋诗 …… 906
西山 …… 1366
西台哭所思 …… 1575
西村 …… 1073
西湖春日 …… 290
西楼 …… 205

西塍废圃 …………… 1480
西塍秋日即事 …… 1479
在燕京作 …………… 1581
百步洪二首(其一)
…………………………… 428
有美堂暴雨 ………… 388
有感 ……………………… 738
有感六首(其一、其三)
…………………………… 1451
戍妇 …………………… 1534
成都大阅 …………… 1012
夷门行赠秦夷仲 …… 725

〔丨〕

早发 …………………… 763
早发竹下 …………… 1089
早行 …………………… 932
早作 …………………… 1289
同左通老用陶潜
《还旧居》韵 ……… 901
同官倡和用山字韵
…………………………… 764
吊贾秋壑故居 …… 1429
岁晏村居 …………… 128
岁晚 …………………… 273
岁晚相与馈问,为"馈岁";酒食相邀,呼为"别岁";至除夜,达旦不眠,为"守岁"。蜀之风俗如是。余官于岐下,岁暮思归而不可得,故为此三诗以寄子由 ……… 357
岁暮自桐庐归钱塘 …… 34

〔丿〕

竹轩诗兴 …………… 1244
竹间新辟一地,可坐十客,用前韵刻竹上
…………………………… 1261
竹枝歌九首 ………… 511
竹阁 …………………… 387
伤春 …………………… 921
自巴陵略平江、临湘,入通城,无日不雨,至黄龙奉谒清禅师,继而晚晴,邂逅禅客戴道纯款语,作长句呈道纯 …… 602
自咏示客 …………… 1038
自题交游风月楼
…………………………… 1391
后元丰行 …………… 239
后湖晚坐 …………… 700
后催租行 …………… 1091
行舟忆永和兄弟
…………………………… 1122
行色 …………………… 65
舟下建溪 …………… 519
舟中二首(其一) …… 701
舟中对月 …………… 1026
舟中排闷 …………… 1178
舟过荻塘 …………… 878
舟过谢潭三首 …… 1158
合流遇潘子真,出斯文相示,因置酒。子真,黄九门人 …… 650
杂兴 …………………… 1240
多景楼 ……………… 207
多景楼醉歌 ……… 1245

〔丶〕

庄器之贤良居镜湖上,作《吾亦爱吾庐》六首见寄,因次韵述桂隐事报之,兼呈同志(其三) ………… 1242
庆全庵桃花 ……… 1467
刘大资挽词二首 …… 927
次二十一兄季此韵
…………………………… 730
次元明韵寄子由 …… 640
次日醉归 ………… 1142
次石湖书扇韵 …… 1272
次李雪林苕溪寄来韵二首 …………… 1380
次余仲庸松风阁韵十九首(其四、其五、其六) ……………… 1290
次萧冰崖梅花韵
…………………………… 1381
次琬妹月夕思亲之什追录 ……………… 1432
次韵子瞻不赴商幕三首(其二) ……… 513
次韵子瞻以红带寄眉山王宣义 ………… 567
次韵子瞻武昌西山
…………………………… 548
次韵子瞻题郭熙画秋山 ……………… 557
次韵马荆州 ……… 590

次韵王定国扬州见寄 …… 563
次韵王荆公题西太一宫壁二首 …… 546
次韵天锡提举 …… 799
次韵太守向公登楼眺望二首 …… 659
次韵中玉水仙花二首 …… 592
次韵公实雷雨一首 …… 775
次韵文潜 …… 610
次韵尹潜感怀 …… 916
次韵孔宪蓬莱阁 …… 168
次韵平甫金山会宿寄亲友 …… 250
次韵东坡还自岭南 …… 651
次韵李节推九日登南山 …… 694
次韵伯氏长芦寺下 …… 634
次韵柳通叟寄王文通 …… 564
次韵秦太虚见戏耳聋 …… 433
次韵秦少游春江秋野图二首 …… 699
次韵夏日 …… 706
次韵高子勉十首(其三、其四、其七、其十) …… 596
次韵黄斌老所画横竹 …… 583
次韵盖郎中率郭郎中休官二首 …… 630
次韵傅惟肖 …… 963
次韵幾复和答所寄 …… 566
次韵裴仲谋同年 …… 624
次潘别驾韵 …… 1284
关山月 …… 1023
州桥 …… 1093
江上 …… 272
江上 …… 278
江上 …… 961
江上 …… 1305
江上双舟催发 …… 1337
江上秋夜 …… 524
江上渔者 …… 66
江心寺 …… 1419
江宁夹口二首 …… 269
江宁夹口三首(其三) …… 271
江阴浮远堂 …… 1308
江间作四首(其一、其三) …… 750
江南春二首(其二) …… 35
江楼醉中作 …… 1017
池口风雨留三日 …… 636
池口移舟入江,再泊十里头潘家湾,阻风不至 …… 1183
池州翠微亭 …… 959
汝坟贫女 …… 95
安乐窝 …… 184
军中乐 …… 1357
农谣五首 …… 1394
访中洲 …… 1368
访石林 …… 821
访杨云卿淮上别墅 …… 26
访益上人兰若 …… 1455

〔乛〕

寻隐者不遇 …… 33
丞相温公挽词三首 …… 686
戏马台 …… 1187
戏呈孔毅父 …… 555
戏答元珍 …… 132
观书有感二首 …… 1199
观雨 …… 922
观猎行 …… 1344
观渔 …… 1398
约客 …… 1318

七画

〔一〕

花下饮 …… 299
劳畬耕 …… 1100
劳歌 …… 736
苏子瞻哀辞 …… 326
苏秀道中自七月二十五日夜大雨三日,秋苗以苏,喜而有作 …… 863
杜鹃花得红字 …… 1531
村行 …… 15
村居 …… 323
村豪 …… 112

杏花 …………………… 264
李太白杂言 ………… 297
李思训画长江绝岛图
…………………… 426
连州阳山归路 ……… 847

〔丨〕

呈寇公二首 ………… 41
吴门道中二首 ……… 837
吴中田妇叹 ………… 375
吴松道中二首 ……… 723
听宋宗儒摘阮歌 …… 570
别孙信道 …………… 919
别岳州 ……………… 917
别黄徐州 …………… 704
别滁 ………………… 136

〔丿〕

牡丹 ………………… 931
利州 ……………… 1523
兵乱后杂诗五首(其一、
其四、其五) ……… 843
伯牙绝弦图 ……… 1543
迎燕 ……………… 1305
饮湖上,初晴后雨二首
(其二) …………… 382

〔丶〕

辛丑十一月十九日既
与子由别于郑州西
门之外,马上赋诗一
篇寄之 …………… 343
冶城 ……………… 1359
闲中 ……………… 1539
闲居 ……………… 216
闲居初夏午睡起二
绝句 …………… 1153
判命坡 …………… 1099
泛吴松江 ………… 20
泛淮 ……………… 696
泛颍 ……………… 478
沧浪亭怀贯之 …… 162
汴京纪事二十首
(其一) ………… 949
汴京纪事二十首
(其二十) ……… 955
汴京纪事二十首
(其十七) ……… 953
汴京纪事二十首
(其七) ………… 952
汴京纪事二十首
(其五) ………… 950
汴京纪事二十首
(其六) ………… 951
沈园二首 ………… 1070
怀天经、智老,因访之
…………………… 929
怀友二首 ………… 335
怀金陵三首(其二、
其三) …………… 746
怀嵩楼新开南轩与郡
僚小饮 ………… 151
初入淮河四绝句 … 1173
初见嵩山 ………… 745
初归石湖 ………… 1106
初发夷陵 ………… 1032
初到黄州 ………… 440
初夏行平水道中 … 1055
初晴游沧浪亭 …… 161

〔乛〕

即事 ……………… 262
即事二首 ………… 826
即事十首(其三、其十)
…………………… 1233
张求 ……………… 783
张良 ……………… 259
陈阜卿先生为两浙转
运司考试官,时秦丞
相孙以右文殿修撰
来就试,直欲首送。
阜卿得予文卷,擢置
第一。秦氏大怒。
予明年既显黜,先生
亦几陷危机。偶秦
公薨,遂已。予晚岁
料理故书,得先生手
帖,追念平昔,作长句
以识其事,不知衰涕
之集也 ………… 1072
陈留市隐 ………… 556
陈留市隐者(有引)
…………………… 709
纯甫出释惠崇画要予
作诗 …………… 232
纳凉 ……………… 657
纵笔三首 ………… 497

八画

〔一〕

奉答李和甫代简二
绝句 …………… 642

奉酬九日东峰道人溥公见赠之作 …… 1200
武夷山中 ………… 1468
武昌阻风 …………… 759
武昌松风阁 ………… 607
苦雨初霁 …………… 177
苦寒行 …………… 1356
昔游诗十五首(其五、其七、其十三) ………………… 1269
范饶州坐中客语食河豚鱼 ……………… 89
林和靖墓 ………… 1462
枕上作 …………… 1061
枕上作 …………… 1074
枕上偶成 ………… 1050
画工李友直为余作《冰天》、《桂海》二图,《冰天》画使北虏渡黄河时,《桂海》画游佛子岩道中也。戏题 …… 1094
雨 …………………… 883
雨中对酒庭下海棠经雨不谢 …………… 914
雨中再赋海山楼 …… 924
雨中游天竺灵感观音院 ……………… 370
雨中登岳阳楼望君山二首 ……………… 600
雨后 ……………… 1292
雨后池上 …………… 287
雨后赠斯远 ……… 1236
雨多极凉冷 ……… 1288
雨晴 ………………… 891
雨晴后步至四望亭下鱼池上,遂自乾明寺前东冈上归二首 ………………… 442

〔丨〕

明发房溪二首 …… 1159
明妃曲二首(其一) …………………… 254
明妃曲二首(其二) …………………… 257
咏水仙花五韵 ……… 911
咏制置李公芾 …… 1540
咏河市歌者 ……… 1112
咏草 ………………… 293
咏柳 ………………… 974
咏路 ………………… 761
咏愁 ………………… 171
岸贫 ………………… 111
岩居僧 …………… 1315

〔丿〕

钓雪亭 …………… 1279
垂虹亭 ……………… 667
和才叔岸旁古庙 …… 86
和上官伟长芜城晚眺 ………………… 1454
和子由渑池怀旧 …… 345
和王介甫明妃曲二首 …………………… 146
和中斋韵(过吉作) ………………… 1494
和仲良春晚即事五首(其三、其四、其五) ………………… 1138
和李上舍冬日书事 ……………………… 808
和束熙之雨后 ……… 314
和君贶题潞公东庄 ……………………… 217
和张矩臣水墨梅五绝(其一、其三、其四、其五) …………… 885
和陈君仪读太真外传五首(其四) ……… 633
和邵尧夫安乐窝中职事吟 ……………… 219
和周秀实田家行 …… 830
和周廉彦 …………… 744
和经父寄张缋二首 ……………………… 531
和秦太虚梅花 ……… 453
和陪丞相听蜀僧琴 ……………………… 199
和通判弟随亨书感韵 ………………… 1420
和《淮上遇便风》…… 158
和寇十一晚登白门 ……………………… 714
和宿硖石寺下 ……… 167
和答元明黔南赠别 ……………………… 581
往富阳、新城,李节推先行三日,留风水洞见待 …………… 377
所思 ……………… 1370
金山寺 ……………… 320

金山行 …………………… 332
金山晚眺 ……………… 662
金乡张氏园亭 ……… 75
金陵三迁有感 …… 1549
金陵怀古 ……………… 211
金陵怀古四首 ……… 247
金陵驿二首(其一)
………………… 1488
金错刀行 ……………… 995
采凫茨 ………………… 282
狐鼠 …………………… 1327

〔丶〕

京口月夕书怀 …… 1559
夜书所见 ………… 1374
夜归 ……………… 1477
夜半闻横管 ……… 817
夜发分宁寄杜涧叟
………………… 643
夜过西湖 ………… 1431
夜过鉴湖 ………… 1403
夜至永乐文长老院，
文时卧病退院 …… 397
夜坐 ……………………… 748
夜坐 ……………… 1484
夜坐有感 ………… 1472
夜坐池上用简斋韵
………………… 947
夜泛西湖五绝(其三、
其四、其五) ……… 373
夜直 ……………………… 229
夜雨述怀 …………… 973
夜泊水村 ………… 1043
夜泊宁陵 …………… 804
夜思中原 ………… 1248
夜深 ……………… 1367
夜宿田家 ………… 1307
郊行 ……………… 1362
庚子荐饥三首 …… 1308
妾薄命二首 ……… 676
放歌行二首 ……… 715
於潜僧绿筠轩 …… 384
法惠寺横翠阁 …… 379
河北民 ……………… 221
泗州东城晚望 …… 661
泗州僧伽寺塔 …… 368
泊公安县 ………… 1030
泊平江百花洲 …… 1176
泊白沙渡 ………… 1529
泊舟严滩 ………… 1530
泊舟呈灵晖 ……… 1293
泊船瓜洲 …………… 231
泊歙浦 …………… 1400
泥孩儿 …………… 1348
泥溪 ……………… 1329
怪石 ………………… 201
定林 ………………… 267
官舍竹 ……………… 19

〔乛〕

建业 ……………… 1449
建康 ……………… 1489
居夷行 ……………… 907
孤山寺端上人房写望
………………… 46
姑苏有赠 ………… 1475
姑苏怀古 ………… 1278
练裙带诗 ………… 1502
织妇怨 ……………… 193

九画

〔一〕

春日 ………………… 822
春日 ……………… 1197
春日 ……………… 1460
春日二首 …………… 732
春日五首(其一) …… 658
春日书事 …………… 739
春日田园杂兴 …… 1501
春日田园杂兴十二绝
(其二、其三、其五、
其六) …………… 1113
春日怀秦髯 ……… 733
春日即事 …………… 875
春日即事二首(其二)
………………… 849
春日郊外 …………… 789
春日独酌(其一、其二) …
………………… 328
春日闻杜宇 ……… 1469
春日游张提举园池
………………… 1294
春日登楼怀归 ……… 38
春归 ………………… 785
春尽 ………………… 283
春阴 ………………… 873
春近 ………………… 881
春怀 ……………… 1319
春怀示邻里 ……… 712
春雨 ………………… 749
春居杂兴二首(其一)
………………… 16

春残 …………………… 1015
春思 …………………… 1397
春晚 …………………… 812
春晴怀故园海棠二首 …………………… 1162
春游 …………………… 311
春游湖 …………………… 801
春寒 …………………… 107
春寒 …………………… 913
春寒叹 …………………… 1411
春愁诗效玉川子 …………………… 1211
城南 …………………… 206
城南行 …………………… 285
城南杂题四首(其三) …………………… 204
赴官寿安泛汴 ………… 740
赴建康过京口呈刘季高 …………………… 813
荆门别张天觉 ………… 520
荆州十首(其一、其二、其四) …………………… 340
荆南别贾制书东归 …………………… 1435
荆渚中流,回望巫山,无复一点,戏成短歌 …………………… 1103
茶陵道中 …………… 1413
胡无人 …………………… 1007
荔支叹 …………………… 494
南丰先生挽词二首 …………………… 684
南安军 …………………… 1487
南园饮罢留宿,诘朝呈鲜于子骏、范尧夫彝叟兄弟 ………… 214
南邻萧寺丞夜访别 …………………… 91
南定楼遇急雨 …… 1027
南堂五首 …………………… 450
南朝 …………………… 61
南溪 …………………… 956
南溪早春 …………… 1186
柳州开元寺夏雨 …… 845
柳枝词 …………………… 10
柳枝词 …………………… 1377
柳絮 …………………… 55
柳絮二阕 …………………… 163
残叶 …………………… 178

〔丨〕

临川逢郑遐之之云梦 …………………… 1452
临安春雨初霁 …… 1047
临终作 …………………… 197
贵侯园 …………………… 64
贵溪在信州城南,其水西流七百里入江 …………………… 722
蚁蝶图 …………………… 599
思王逢原三首(其二) …………………… 226
峡山寺竹枝词五首(其一、其二) …… 1160
幽居初夏 …………… 1068

〔丿〕

拜张魏公墓下 …… 1195
看叶 …………………… 1442
秋夕清泛 …………… 1379
秋日 …………………… 1321
秋日二绝(其一) …………………… 1083
秋日三首(其一、其二) …………………… 655
秋日行村路 ………… 1390
秋日寄满子权 ………… 318
秋日登海州乘槎亭 …………………… 742
秋日酬王昭仪 …… 1518
秋江 …………………… 525
秋兴二首(其二) …………………… 1526
秋怀 …………………… 149
秋怀 …………………… 1535
秋怀二首 …………………… 647
秋径 …………………… 24
秋夜 …………………… 1215
秋夜二首(其一) …… 508
秋夜怀吴中 ………… 994
秋夜词 …………………… 1580
秋夜思南郑军中 …………………… 1077
秋夜将晓出篱门迎凉有感二首 ………… 1051
秋夜读书每以二鼓尽为节 …………………… 986
秋思寄子由 ………… 539
秋前风雨顿凉 …… 1109
秋斋即事 …………… 1351
秋晚悲怀 …………………… 176
秋晚登城北门 …… 1020

重阳后菊花二首 …………………… 1111
重展西湖二首(其一) …………………… 77
促织二首 ………… 1330
促促词 …………… 1219
禹迹寺南,有沈氏小园。四十年前,尝题小词一阕壁间。偶复一到,而园已三易主,读之怅然…………… 1058
追赋暮游 ………… 1426
待月台 ……………… 415
剑门道中遇微雨 …………………… 1002
逃户 ……………… 1388
食笋 ……………………… 869

〔丶〕

哀郢二首 …………… 992
度浮桥至南台 ……… 980
弈棋二首呈任公渐(其一) …………… 625
送丁少卿自桂帅移镇西蜀 …………… 1389
送人之松江 ……… 1383
送人之常德 ……… 1410
送门人欧阳秀才游江西 …………… 125
送王四十五归东都 …………………… 1
送王郎 ………………… 540
送友人归 ………… 1544
送内 ……………………… 681
送刘帅归蜀 ……… 1286
送吴先生谒惠州苏副使……………… 698
送张寺丞觐知富顺监 ………………… 213
送陆务观福建提仓 ………………… 976
送范仲讷往合肥三首(其二、其三) …… 1280
送范德孺知庆州 …… 544
送春 ……………… 405
送春 ……………… 872
送项判官 ………… 261
送胡邦衡之新州贬所二首 …………… 834
送琴师毛敏仲北行三首(其一) …… 1510
送董元达 ………… 778
送《朝天续集》归诚斋,时在金陵 ………… 1265
送湖南部曲 ……… 1229
送谢叠山先生北行 ……………… 1524
送戴式之归天台歌 ……………… 1456
洗竹简诸公同赋 ……………… 1258
宫词 …………… 1378
客中初夏 ………… 215
客怀 …………… 1438

〔乛〕

郡圃 春晚 ……… 166
退宫人 ………… 1446
昼眠呈梦锡 ………… 535
除夜 …………… 1496
除夜二首(其一) …… 909
除夜对酒赠少章 …… 717
除夜自石湖归苕溪十首(其一、其三、其五、其七) …… 1273
癸未上元后永州夜饮赵敦礼竹亭闻蛙醉吟 ………… 1134
绝句 ………………… 523
绝句 ………………… 527
绝句 ………………… 527
绝句 ………………… 811
绝句 ………………… 814
绝句二首(其一) …… 754
绝句二首(其二) …… 755
绝句四首(其四) …… 711

十画

〔一〕

耕织叹 ………… 1324
秦淮夜泊(辛未正月赋) ……………… 673
蚕妇 ……………… 179
捕蝗至浮云岭,山行疲苶,有怀子由弟二首 ……………… 402
都下无忧馆小楼春尽旅怀二首 ……… 1141
都下追感往昔因成二首 …………… 727
都梁六首(其一、其二) …………… 1207

挽李左藏 …………… 1427
挽张魏公 …………… 1252
壶中九华诗并引 …… 488
莎衣 ………………… 28
真州驿 ……………… 1490
真兴寺阁 …………… 355
栖禅暮归书所见二首 ………………… 787
桃源行 ……………… 252
桃源行 ……………… 824
夏日 ………………… 39
夏日三首(其一) …… 739
夏日田园杂兴十二绝(其一、其七、其九、其十一) ………… 1119
夏日绝句 …………… 861
夏日游南湖 ………… 780
夏日登车盖亭(其三) ………………… 337
夏夜不寐有赋 …… 1067
夏夜追凉 ………… 1144
夏曼卿作新楼,扁曰"潇湘片景",来求拙画且索诗 …… 1404
夏意 ………………… 156
轼在颍州,与赵德麟同治西湖,未成,改扬州。三月十六日湖成,德麟有诗见怀,次韵 …………… 483

〔丨〕

逍遥堂会宿二首并引 ………………… 515
晓出净慈寺送林子方 ………………… 1168
晓出黄山寺 ……… 1320
晓起 ……………… 1558
晓起二首(其二)…… 1481
哭张六并序 ……… 301
哭陆秀夫 ………… 1545
哭徐山民 ………… 1297
哭曼卿 …………… 155

〔丿〕

铁如意 …………… 1573
徐州 ……………… 1511
徐州黄楼歌寄苏子瞻 ………………… 329
徐孺子祠堂 ……… 622
途中 ……………… 1323
饿者行 …………… 309

〔丶〕

高邮陈直躬处士画雁二首 ……………… 459
郭明甫作西斋于颍尾,请予赋诗二首 …… 627
病中游祖塔院 …… 385
病牛 ……………… 841
病后登快哉亭 …… 674
病虎 ……………… 1338
病起 ……………… 702
病起荆江亭即事十首(其一、其六) …… 588
效孟郊体三首 …… 1570
唐崇徽公主手痕 …… 140
浙江小矶春日 …… 1083
浯溪中兴颂诗和张文潜二首 …………… 858
酒楼秋望 ………… 1334
海口 ……………… 1463
海州道中二首 …… 741
海陵病中五首(其一) ………………… 851
海棠 ……………… 456
海棠歌 …………… 1001
浪花 ……………… 766
悟真院 …………… 280
悟道诗 …………… 1300
宴西楼 …………… 1009
读长恨辞 ………… 174
读书 ……………… 848
读老杜诗集 ……… 321
读渡江诸将传 …… 1346
读《楚世家》………… 942
被酒独行,遍至子云、威、徽、先觉四黎之舍三首(其一) …… 499
冥冥寒食雨 ……… 818

〔乛〕

陶者 ……………… 93
陪润州裴如晦学士游金山回作 ………… 506
桑茶坑道中八首(其二、其三、其五、其七) ………………… 1177

十一画

〔一〕

探春 ……………… 200

菱溪大石 …………… 142
黄州 ……………………… 991
梦 ………………………… 850
梦中亦役役 ……… 1311
梦中作 ………………… 153
梦中作 ………………… 187
梦中作四首 ……… 1565
梦回 ……………… 1569
梦后寄欧阳永叔 …… 124
梦寻梅 …………… 1401
梦游三首(其一) ……… 2
梦登河汉 …………… 104
梅花 …………………… 270
梅花 …………………… 971
梅花 ……………… 1235
梅花 ……………… 1407
梅花绝句 ………… 1076
梅雨 …………………… 122
曹将军 …………… 1384
雪中枢密蔡谏议借示
范宽雪景图 ……… 130
雪中忽起从戎之兴戏
作四首 ………… 1048
雪后书北台壁二首
……………………… 411
雪后到乾明寺,遂宿
……………………… 445
雪后黄楼寄负山居士
……………………… 693
雪夜感旧 ………… 1063

〔丨〕

虚堂 …………………… 40
晨起裴、吴二直讲过门
云,凤阁韩舍人物
故,作五章以哭之
(其一、其二) …… 119
野犬行 …………… 1302
野水孤舟 ………… 1555
野色 …………………… 67
野农谣 …………… 1433
野步 ……………… 1478
野泊对月有感 ……… 934
野望 ……………… 1296
晚云 …………………… 113
晚风二首 ………… 1172
晚步吴故城下 …… 1110
晚泊 …………………… 985
晚泊长台驿 …………… 6
晚泊岳阳 …………… 149
晚春田园杂兴十二绝
(其三、其六、其十)
……………… 1116
蛇倒退 …………… 1097
鄂州南楼 ………… 1105
鄂州南楼书事四首
(其一) ……………… 613
崇胜寺后,有竹千余竿,
独一根秀出,人呼为
竹尊者,因赋诗…… 792

〔丿〕

移居东村作 ………… 832
第四桥 …………… 1412
偶成 …………………… 767
偶成 ……………… 1415
偶成二首 …………… 935
偶题三首 ………… 1201
假山 …………………… 307
得张正字书 ………… 928
得席大光书,因以诗
迓之 ……………… 898
猛虎行 ………………… 88
祭常山回小猎 ……… 412

〔丶〕

商妇吟 …………… 1561
商歌 ……………… 1443
望乡台 …………… 1102
望云楼 ……………… 196
望江道中 …………… 983
望海楼 ……………… 666
望海楼晚景五绝(其二)
……………………… 374
清江曲 ……………… 770
清明 …………………… 620
清明二绝(其二) …… 889
清明后同秦帅端明会
饮李氏园池 ……… 129
清燕堂 ……………… 669
淮民谣 …………… 1130
渊明携酒图 ……… 1553
渔家傲 ……………… 720
淳熙甲辰仲春,精舍
闲居,戏作武夷棹
歌十首,呈诸同游,
相与一笑 ……… 1203
悼亡三首 …………… 101
寄内 …………………… 530
寄外舅郭大夫 ……… 683
寄吕穆仲寺丞 ……… 409
寄刘孝叔 …………… 406

寄江南故人 ……… 1423
寄衣曲三首 ……… 1440
寄砀山主簿朱九龄 …………………… 12
寄洪与权 …………… 312
寄贺方回 …………… 614
寄黄幾复 …………… 541
寄隐居士 …………… 779
寄韩仲止 ………… 1312
寄题荣州祖元大师此君轩 ……………… 586
寄题徐都官新居假山 …………………… 100
宿九仙山 …………… 394
宿云梦馆 …………… 151
宿甘露僧舍 ………… 82
宿西山精舍 ………… 25
宿池州齐山寺，即杜牧之九日登高处 …………………… 1182
宿芥塘佛祠 ………… 672
宿洞霄宫 ………… 52
宿济州西门外旅馆 …………………… 305
宿鄭侯镇二首 ……… 827
谒狄梁公庙 ………… 798
谒荆公不遇 ………… 518

十二画

〔一〕

越王勾践墓 ……… 1418
喜雨呈吴按察二首（其二） ………… 1250
插花吟 ……………… 185
插秧歌 …………… 1155
煮海歌 ……………… 68
葛溪驿 ……………… 224
葛蕴作《巫山高》，爱其飘逸，因亦作两篇（其二） ………… 241
落花二首（其一） …… 79
落梅 …………… 1365
韩幹马十四匹 ……… 423
惠崇春江晓景二首（其一） …………… 467

〔丨〕

悲秋 ………………… 968
赏小园牡丹有感 ………………… 1080
暑旱苦热 …………… 310
暑热思风 …………… 317
跛子瞻和陶诗 ……… 606
啼鸟 ………………… 139
赋水仙花 ………… 1192

〔丿〕

筑城行 ………… 1355
策杖 ………………… 957
答林康民见和梅花诗 ………………… 943
畲田词五首（其一） …………………… 14
畲田词五首（其四） …………………… 14
鲁山山行 …………… 96
鲁从事清晖阁 ……… 63
鲁港 …………… 1537

〔丶〕

道间即事 …………… 970
滞客 ………………… 281
湖上四首 ………… 1396
湖上早秋偶兴 …… 1283
湖上吟 ………… 1234
湖上即事 ………… 1430
湖上寓居杂咏十四首（其一、其二、其三、其九） ………… 1276
湖州歌九十八首（其二十八） …… 1514
湖州歌九十八首（其十） ………… 1513
湖州歌九十八首（其八十五） …… 1518
湖州歌九十八首（其三十八） …… 1515
湖州歌九十八首（其六） ………… 1512
湖州歌九十八首（其六十） ……… 1517
湖州歌九十八首（其四十二） …… 1516
湖州歌九十八首（其四十五） …… 1516
渡江 ………………… 926
游山西村 …………… 989
游西湖 ……………… 517
游园不值 ………… 1371
游庐山宿栖贤寺 …… 291
游金山寺 …………… 360
游赏心亭 …………… 210

游嘉州龙岩 …………… 181
寒食 ………………………… 892
寒食寄郑起侍郎 ……… 4
寓居吴兴 ……………… 865
寓驿舍 ……………… 1024
寓壶源僧舍三绝 …… 978

〔乛〕

登西楼怀汤损之
………………………… 1445
登州海市并叙 ……… 464
登赤壁矶 ……………… 809
登拟岘台 …………… 1022
登快哉亭 ……………… 708
登快阁 ………………… 641
登垂虹亭二首 ……… 939
登岳阳楼 ……………… 962
登岳阳楼二首(其一)
………………………… 903
登宝公塔 ……………… 243
登原州城呈张贲从事
………………………… 31
登彭城楼 …………… 1189
登赏心亭 …………… 1035
登谢屐亭赠谢行之
………………………… 1372
登鹊山 ………………… 719

十三画

〔一〕

瑜上人自灵石来,求鸣玉轩诗,会予断作语,复决堤,作一首 ……………… 793
楚城 ………………… 1029
楼上 ………………… 1439
感事 ………………… 896
感春十三首(其一、其八) ……………… 734
感愤 ………………… 315
感愤 ………………… 1044

〔丨〕

虞丞相挽词三首(其一) ………… 1145

〔丿〕

筼筜谷 ……………… 416
简同年刁时中俊卿诗
………………………… 1341
催租行 ……………… 1086
微雨登城二首(其一)
………………………… 202
鉏荒 ………………… 1238

〔丶〕

新市驿别郭同年 ……… 5
新城道中二首 ……… 381
新柳 ………………… 1152
新夏感事 …………… 984
新凉 ………………… 1295
新晴 ………………… 286
新晴山月 …………… 192
新喻道中寄元明用觞字韵 ………… 604
数日 ………………… 1317
溪上作二首 ……… 1079
溪上谣 ……………… 1408
溪亭 ………………… 1567
溪桥晚兴 …………… 1533
塞上 ………………………… 9
塞上赠王太尉 ……… 27

十四画

〔一〕

碧瓦 ………………… 1085
碧湘门 ……………… 189
聚星堂雪 …………… 481
暮泊鼠山闻明朝有石塘之险 ………… 1164
暮热游荷池上五首
………………………… 1148
歌元丰五首(其五)
………………………… 235
霁夜 ………………… 530

〔丨〕

蜡梅 ………………… 773

〔丿〕

僧舍小山三首(其一、其二) ………… 729

〔丶〕

瘦马图 ……………… 1465
韶美归舟过夔,留半月语离,作恶诗以送之,用韶美原章韵 ……………… 975
端午遍游诸寺得禅字
………………………… 437
潇湘图 ……………… 937

漫兴二首 …………… 822

十五画

〔一〕

横山堂二首 ………… 836
横塘 ……………… 1088
敷浅原见桃花 ……… 753
醉中留别永叔、子履 …………………… 98
醉中感怀 ………… 1005
醉眠 ………………… 790
醉歌十首(其十)…… 1509
醉歌十首(其八)…… 1507
醉歌十首(其九)…… 1508
醉歌十首(其三)…… 1504
醉歌十首(其五)…… 1506
醉歌十首(其四)…… 1505

〔丨〕

题子瞻枯木 ………… 573
题西太一宫壁二首 …………………… 245
题西林壁 …………… 457
题西溪无相院 ……… 70
题竹石牧牛并引 …… 575
题华清宫 …………… 760
题多景楼 …………… 940
题米元晖潇湘图二首 ………………… 1132
题江湖伟观 ……… 1424
题访戴图 …………… 867
题阳关图二首 ……… 644
题杜子美书室 ……… 169
题李愬画像 ………… 795
题张仲隆快目楼壁 ………………… 1254
题青泥市壁 ………… 960
题画 ………………… 663
题盱眙军东南第一山二首 …………… 1166
题岳阳楼 ………… 1256
题郑防画夹五首(其一、其二) …………… 562
题《孟东野听琴图》因次其韵 ………… 1225
题春晚 ……………… 190
题赵秀才壁 ……… 1210
题胡逸老致虚庵 …… 603
题杜二首并序(其一) …………………… 705
题临安邸 ………… 1436
题诸葛祺田家壁 …… 670
题阊门外小寺壁 …… 772
题落星寺四首(其三) …………………… 638
题景苏堂竹 ……… 1422
题湖南清绝图 ……… 806
题滕王阁 …………… 292
嘲秦觏 ……………… 689

〔丿〕

儋耳 ………………… 500
德祐二年岁旦二首 ………………… 1541
虢国夫人夜游图 …………………… 468

〔丶〕

潼关 ……………… 1520
澄迈驿通潮阁二首 …………………… 501

十六画

〔一〕

薛氏瓜庐 ………… 1314

〔丨〕

赠女冠畅师 ………… 654
赠刘景文 …………… 477
赠防江卒六首(其五、其六) …………… 1360
赠高竹有外侄 …… 1239
赠黄鲁直 …………… 302

〔丶〕

凝香斋 ……………… 208

十七画

襄邑道中 …………… 882
豁然阁 ……………… 816
骤雨 ……………… 1335

十八画

璧月 ………………… 173

廿一画

赣上食莲有感 ……… 536

图书在版编目(CIP)数据

宋诗鉴赏辞典：新一版 / 缪钺等著. 一上海：上海辞书出版社，2015.7(2025.10 重印)
ISBN 978-7-5326-4366-0

Ⅰ.①宋… Ⅱ.①缪… Ⅲ.①宋诗-鉴赏-词典
Ⅳ.①I207.22-61

中国版本图书馆 CIP 数据核字(2015)第 083258 号

SONGSHI JIANSHANG CIDIAN (XINYIBAN)

宋诗鉴赏辞典(新一版)

缪 钺等 著

责任编辑 霍丽丽 辛 琪
特约编辑 杨月英
装帧设计 姜 明
技术编辑 顾 晴

出版发行 上海世纪出版集团
上海辞书出版社®(www.cishu.com.cn)
地 址 上海市闵行区号景路 159 弄 B 座(邮政编码：201101)
印 刷 安徽新华印刷股份有限公司
开 本 890 毫米×1240 毫米 1/32
印 张 54.5
字 数 1 900 000
版 次 2015 年 7 月第 1 版 2025 年 10 月第 10 次印刷
书 号 ISBN 978-7-5326-4366-0/I·255
定 价 128.00 元